RÉPERTOIRE

UNIVERSEL ET RAISONNÉ

DE JURISPRUDENCE.

TOME NEUVIÈME.

JUIFS.—LET.

CET OUVRAGE SE TROUVE AUSSI CHEZ

DONDEY-DUPRÉ PÈRE ET FILS, IMP.-LIB.,

RUE RICHELIEU, N° 47 *bis*, ET RUE SAINT-LOUIS, N° 46;

Et chez les Libraires des Départemens dont les noms suivent :

AGEN.............	P. P. NOUBEL.
AIX.............	AUBIN.
AMIENS.........	ALLO.
ANGERS.........	FOURRIER-MAME.
BESANÇON.......	BINTOT.
BORDEAUX.......	LAVVALLE, TEYCHENEY.
BOURGES.........	VERMEIL.
CAEN	Dame BLIN, née LEBARON.
CHARTRES.......	GARNIER–ALLABRE.
CLERMONT.....	VEYSSET (AUGUSTE). THIBAUT-LANDRIOT.
COLMAR.........	PANNETIER ET REISSENGER.
DIJON...........	LAGIER (Victor). GAULARD-MARIN.
DOUAI.........	TARLIER.
GRENOBLE.......	PRUDHOMME, succr de DURAND.
LIMOGES.........	ALBIN.
LYON...........	L. BABEUF, FAVERIO. FAURE fils et Cie.
METZ...........	HUSSON frères.
MONTPELLIER....	POMATHIO-DURVILLE.
NANCY.........	SENEF jeune. GRIMBLOT (GEORGES).
NISMES.........	POUCHON.
ORLÉANS........	HUET PERDOUX.
PAU..........	PERRIS.
POITIERS.........	BARBIER.
RENNES.........	MOLLIEX. DUCHESNE.
ROUEN.........	FRÈRE (ÉDOUARD). Veuve RENAULT.
TOULOUSE......	VIEUSSEUX. SENAC.

FALAISE. — IMPRIMERIE DE BRÉE.

RÉPERTOIRE

UNIVERSEL ET RAISONNÉ

DE JURISPRUDENCE,

Ouvrage de plusieurs Jurisconsultes,

RÉDUIT AUX OBJETS DONT LA CONNAISSANCE PEUT ENCORE ÊTRE UTILE,

ET AUGMENTÉ

1° DES CHANGEMENS APPORTÉS AUX LOIS ANCIENNES PAR LES LOIS NOUVELLES, TANT AVANT QUE DEPUIS L'ANNÉE 1814;

2° DE DISSERTATIONS, DE PLAIDOYERS ET DE RÉQUISITOIRES SUR LES UNES ET LES AUTRES ;

Cinquième Édition,

REVUE, CORRIGÉE ET FONDUE AVEC LES ADDITIONS FAITES DEPUIS 1815 AUX EDITIONS PRÉCÉDENTES,

PAR M. MERLIN,

Ancien Procureur-Général à la Cour de Cassation.

TOME NEUVIÈME.

JUIFS. — LET.

PARIS,

J.-P. RORET, LIBRAIRE, QUAI DES AUGUSTINS, N° 17 bis.

GARNERY, LIBRAIRE, RUE DE L'OBSERVANCE, N° 10.

M DCCC XXVIII.

RÉPERTOIRE

UNIVERSEL ET RAISONNÉ

DE JURISPRUDENCE.

———————

JUIFS, Sect. I.

* JUIFS. C'est le nom qu'on a donné aux Israélites qui, après la captivité de Babylone, retournèrent dans la Palestine, d'où ils furent chassés et entièrement dispersés par l'empereur Titus, vers les premiers temps de l'ère chrétienne.

Depuis cette époque, les Juifs ont presque partout été déclarés incapables de posséder des biensfonds ; on ne leur a laissé de ressources pour subsister, que le commerce, profession long-temps méprisée par la plupart des peuples de l'Europe ; c'est pourquoi on la leur abandonna dans les siècles barbares, et comme ils s'y enrichirent nécessairement, on les traita d'infames usuriers. Les rois ne pouvant fouiller dans la bourse de leurs sujets, mirent à la torture les Juifs, qu'ils ne regardaient pas comme des citoyens. Ce qui se passa en Angleterre à leur égard, peut donner une idée de ce qu'on exécuta contre eux dans les autres pays. Le roi Jean ayant besoin d'argent, fit emprisonner les riches Juifs de son royaume, pour en extorquer de leurs mains ; il y en eut peu qui échappèrent aux poursuites de sa chambre de justice. Un d'eux, à qui l'on arracha sept dents l'une après l'autre, donna mille marcs d'argent à la huitaine. Henri III tira d'Aaron, Juif d'York, quatre mille marcs d'argent, et deux mille pour la reine. Il vendit les autres Juifs de son pays à Richard, son frère, pour un certain nombre d'années, *ut quos rex excoriaverat, comes evisceraret*, dit Mathieu Paris.

On n'oublia pas d'employer en France les mêmes traitemens contre les Juifs ; on les mettait en prison, on les pillait, on les vendait, on les accusait de magie, de sacrifier des enfans, d'empoisonner les fontaines ; on les chassait du royau-

me. On les y laissait rentrer pour de l'argent ; et dans le temps même qu'on les tolérait, on les distinguait des autres habitans par des marques infamantes.

Il y a plus : la coutume s'introduisit dans ce royaume, de confisquer tous les biens des Juifs qui embrassaient le christianisme. Cette coutume si bizarre, nous la savons par la loi qui l'abroge : c'est l'édit du roi, donné à Baville le 4 avril 1593. La vraie raison de cette confiscation, que l'auteur de *l'Esprit des lois* a si bien développée, était une espèce de droit d'amortissement pour le prince ou pour les seigneurs, des taxes qu'ils levaient sur les Juifs comme serfs main-mortables auxquels ils succédaient ; or, ils étaient privés de ce bénéfice, lorsqu'ils embrassaient le christianisme.

En un mot, on ne peut dire combien, en tout lieu, on s'est joué de cette nation d'un siècle à l'autre. On a confisqué leurs biens lorsqu'ils recevaient le christianisme ; et bientôt après on les a fait brûler, lorsqu'ils ne voulaient pas le recevoir.

Enfin, proscrits sans cesse de chaque pays, ils trouvèrent ingénieusement le moyen de sauver leurs fortunes et de rendre pour jamais leurs retraites assurées. Bannis de France sous Philippe-le-Long, en 1318, ils se réfugièrent en Lombardie, y donnèrent aux négocians des lettres sur ceux à qui ils avaient confié leurs effets en partant, et ces lettres furent acquittées. L'invention admirable des lettres de change sortit du sein du désespoir ; et pour lors, seulement, le commerce put éluder la violence, et se maintenir par tout le monde.

Depuis ce temps là, les princes ont ouvert les

yeux sur leurs propres intérêts, et ont traité les Juifs avec plus de modération.

Ils sont aujourd'hui tolérés en France, dans la province d'Alsace, dans la ville de Metz, et en Lorraine.

[Pour traiter avec le plus d'ordre qu'il est possible tout ce qui les concerne, nous diviserons cet article en cinq sections :

Il s'agira, dans la première, de leur état en Alsace ;

Dans la seconde, de leur état à Metz et en Lorraine :]

[[Dans la troisième, de leur état en Piémont, en Savoie et dans le comté de Nice.]]

[Dans la quatrième, nous passerons en revue les règles et les décisions qui sont communes aux Juifs de toutes les provinces de France.]

[[Et nous ferons connaître, dans la cinquième, les changements qui se sont opérés à leur égard depuis 1789.]]

[Section I. *De l'état des Juifs en Alsace.*

Cette partie de notre article sera divisée en cinq paragraphes.

Le premier aura pour objet l'établissement des Juifs en Alsace, le droit de les y recevoir et de les en expulser, la police concernant ceux d'entre eux qui sont étrangers de la province, mendians et vagabonds ; les redevances qu'ils paient en reconnaissance de l'habitation qu'on leur accorde.

Le second roulera sur leur état quant au commerce et à l'industrie, les charges publiques auxquelles ils contribuent, et les règles particulières concernant leurs mariages, leurs sermens, leur admission au bénéfice de cession, leurs séparations de biens d'avec leurs femmes, la gestion des affaires qui les intéressent collectivement, leurs actes de mariage, de naissance et de décès.

Dans le troisième, il sera question de leurs rabbins ;

Dans le quatrième, de leurs acquisitions d'immeubles ;

Dans le cinquième, des règles concernant les prêts à intérêt, les contrats et les autres actes qui les regardent, et des mesures prises par le gouvernement en 1778, 1779 et 1780, au sujet des fausses quittances dont on s'est prévalu contre eux.

§ I. *Établissement des Juifs en Alsace. Droit de les y recevoir et de les en expulser. Police concernant ceux d'entre eux qui sont étrangers, mendians ou vagabonds. Redevances qu'ils paient en reconnaissance de l'habitation qu'on leur accorde.*]

I. Il faut, relativement aux Juifs, diviser cette province en trois parties.

La première contient la ville de Strasbourg, les terres de l'évêché, celles du comté de Hanau, enfin, celles de tous les gentilshommes dont les fiefs relevaient autrefois immédiatement de l'Empire.

La seconde comprend les dix villes autrefois impériales, de la préfecture de Haguenau.

La troisième est la Haute-Alsace, qui reconnaissait, avant le traité de Munster, la souveraineté particulière de la maison d'Autriche.

Dans la première partie, les seigneurs se sont conservé la faculté de recevoir des Juifs et de les congédier, ainsi que le droit de leur accorder telle liberté, et de leur imposer telles conditions qu'ils jugent à propos. Il paraît néanmoins que l'évêque de Strasbourg et le comte de Hanau n'ont pas cru qu'il leur fût inutile d'avoir recours à l'autorité du roi, pour être maintenus dans le droit de recevoir des Juifs : il en est fait mention dans les lettres-patentes que sa majesté leur a accordées : elle a fixé en faveur de l'un et de l'autre, à douze écus par an, le droit qu'ils peuvent lever sur chaque famille juive ; et à pareille somme, la première permission accordée à une famille de s'établir dans leurs terres.

A l'égard de la ville de Strasbourg, les Juifs y furent anciennement accusés d'en avoir empoisonné les puits et les fontaines : on instruisit contre eux une procédure, en conséquence de laquelle on prétend qu'ils furent brûlés, au nombre de deux mille, dans leur propre cimetière, où la populace les avait enfermés.

Quoi qu'il en soit, depuis ce temps, les magistrats de Strasbourg n'ont plus souffert qu'aucun Juif s'établît dans cette ville.

Dans les dix villes de la préfecture de Haguenau, il y a beaucoup de familles juives qui ont été introduites par la seule permission des magistrats, lesquels ont continué d'en user à cet égard, comme ils faisaient avant le traité de Münster, lorsqu'ils exerçaient des droits régaliens sous la dépendance immédiate de l'Empire.

On trouve cependant qu'à Landau il n'y en avait aucun, lorsque cette place a été cédée au roi en 1648 ; le premier Juif y parut en 1680, sur une permission que lui donna M. de Monclar, commandant dans la province, qui faisait les fonctions de grand-bailli de Haguenau. Cette permission porte seulement que ce Juif ne pourra se mêler d'autre commerce que de celui des bestiaux, de vendre des habits faits, et de prêter de l'argent à intérêt. Il fut donné dans la suite, par le même, plusieurs semblables permissions, pour les villes de Landau, Wissembourg, et autres lieux.

A l'égard de la Haute-Alsace, où la souveraineté particulière de la maison d'Autriche a toujours été reconnue, le droit d'y recevoir des Juifs n'appartenait qu'aux archiducs, comme souverains, ou, pour mieux dire, comme exerçant les droits de la supériorité territoriale, à laquelle les gentilshommes, possesseurs des terres, étaient eux-mêmes sujets.

II. Il est vrai cependant que, depuis long-temps, des seigneurs particuliers, quoique non immédiats de l'Empire, se sont attribué le pouvoir d'admettre des Juifs dans leurs terres, ce qui s'observe encore actuellement.

[C'est ce qu'a fait, en 1730, la communauté de Wintzenheim.

Ce bourg est divisé en deux seigneuries, dont l'une, nommée Hohenlandsberg, appartient à la ville de Colmar ; l'autre, appelée la Reichsvotey de Kaysersberg, est gouvernée par un prévôt dont l'office est tenu en fief du roi, et porte le titre de reichsvogt.

En 1669, il s'y trouvait deux familles juives.
En 1681, il y en avait déjà quatre.
En 1698, il y en avait neuf.
En 1710, dix-neuf.
En 1719, vingt-quatre.

Il paraît qu'en 1726, il y en avait vingt-cinq familles, savoir, quatre dans la seigneurie de Hohenlandsberg, et vingt-une dans la Reichsvogtey.

Le 11 octobre 1730, la communauté de Wintzenheim a fait assigner tous les Juifs du lieu, pour voir dire que le nombre de familles juives dans tout le bourg serait réduit à quatre, ainsi que d'ancienneté, et que tous les autres seraient tenus d'en sortir incessamment. Le sieur de Borrey, reichsvogt, a été assigné en même temps pour se voir faire défenses de ne plus admettre de Juifs à Wingtzenheim au-dessus du nombre de quatre.

Par arrêt rendu sur instance le 19 décembre 1752, le conseil souverain « a débouté les deman-
» deurs de leurs demandes, et les a condamnés
» aux dépens envers la communauté des Juifs de
» Wintzenheim, ceux au regard du sieur de Bor-
» rey, compensés entre les parties ; et faisant droit
» sur les réquisitions du procureur-général du roi,
» a fait défenses au sieur de Borrey, de recevoir à
» l'avenir aucun Juif étranger dans le bourg de
» Wintzenheim ; et aux Juifs qui y étaient actuel-
» lement établis, d'y faire aucune nouvelle acqui-
» sition d'immeubles. »

Les motifs de cet arrêt nous sont retracés en ces termes par M. le premier président de Boug, dans le recueil des ordonnances d'Alsace, tome 2, page 62 :

« C'est la progression de l'établissement des Juifs à Wintzenheim, au vu, su et consentement de la communauté, qui, à mesure que le nombre avait augmenté, avait passé différentes transactions avec eux, au sujet du pâturage et de ce qu'ils devaient payer pour les impositions, jointe au droit appuyé de titres authentiques et incontestables produits par le sieur de Borrey, en qualité de reichsvogt de la Reichsvogtey de Kaysersberg, de recevoir des Juifs, qui opéra le débouté de la demande qu'avait formée la communauté.

» Mais pour empêcher en même temps l'abus que le reichsvogt pourrait faire de ce droit, il lui fut fait défense, par l'arrêt, de recevoir à l'avenir aucun Juif étranger dans le bourg, et aux Juifs qui s'y trouvaient pour lors établis, d'y faire aucune nouvelle acquisition d'immeubles. »

Par arrêt du 27 septembre 1762, le conseil souverain d'Alsace a ordonné que celui dont on vient de parler serait exécuté ; en conséquence, que onze Juifs qui y sont dénommés, seraient tenus de se défaire des maisons qu'ils avaient acquises depuis cette époque, et les a condamnés aux dépens.

Le 5 janvier précédent, il était intervenu, sur la requête de la communauté de Wintzenheim, un arrêt par lequel Goetschel Wurmser, Juif étranger, qui était venu s'y établir, avait été condamné à quitter le lieu avec sa femme et ses enfants, dans la huitaine, à peine d'éjection de ses meubles sur le carreau.

Le 5 février de la même année, autre arrêt sur la requête de la même communauté, qui condamne Hirschel Kann, Juif de Soultzbourg, à sortir de la partie du bourg nommée Hohenlandsberg. Ce particulier s'y est rendu opposant, et comme il s'est d'abord prévalu d'une permission que lui avait accordée le magistrat de Colmar en sa qualité de seigneur, il a été ordonné, par arrêt du 23 avril 1763, que ce magistrat serait mis en cause.

Par arrêt du 17 novembre 1764, rendu entre toutes les parties, Kann a été débouté de son opposition ; et par conséquent il a été jugé que la défense portée par l'arrêt de 1752, s'étendait même à la partie du bourg dont le magistrat de Colmar est seigneur.

Au surplus, il ne faut pas croire que tous les seigneurs jouissent également du droit de recevoir les Juifs dans leurs terres. On peut voir ce qu'a écrit à cet égard M. de Boug, dans l'ouvrage déjà cité, tome 1, pages 551 et 552.

III. Un Juif a-t-il besoin de la permission du roi, ou de celle du seigneur, pour s'établir dans le lieu de sa naissance ?

Cette question, qui est commune à la Haute et à la Basse-Alsace, s'est présentée au conseil souverain en 1755.

Meyerhoif, Juif, né à Lingolsheim, et dont le père avait obtenu du seigneur du lieu la permission d'y fixer son domicile, avait sollicité et n'avait pas pu obtenir une permission semblable pour lui-même. Cependant il s'obstina à rester dans la seigneurie, et il fallut, pour l'en faire sortir, que le bailli interposât son autorité, en rendant à cet effet une ordonnance qui lui enjoignait de quitter le village, avec sa femme, dans l'espace de huit jours, à peine de 50 florins d'amende. Meyerhoif appela de cette ordonnance au directoire de la noblesse de la Basse-Alsace, où il fit intimer le sieur de Landsberg, seigneur de Lingolsheim. Sentence du 12 novembre 1754, qui la confirme. Second appel au conseil souverain.

« La question à juger (dit M. de Boug, tome 2, page 461) était, comme l'on voit, de savoir si le fils d'un Juif domicilié dans une seigneurie, pouvait obliger le seigneur de lui accorder l'habitation ; l'appelant soutenait qu'étant natif de Lingolsheim, issu d'un père qui jouissait du droit d'habitation et de protection, il devait avoir la faculté de s'établir dans le même lieu, dans le domicile de son père, aux offres qu'il faisait de payer au seigneur le droit de protection accoutumé, depuis le temps de son mariage.

» Dans son principe, le droit de recevoir des Juifs était un de ces droits régaliens qui n'appartenaient qu'à l'empereur seul.

» Suivant les publicistes, l'empereur Charles IV le communiqua le premier aux électeurs par la bulle d'or, et ensuite à différents autres princes et états d'Empire. Il est constant que c'est à cette première source du droit public d'Allemagne qu'on rapporte le privilége qu'ont les électeurs de recevoir des Juifs.

» Charles-Quint, à son avénement au trône de l'Empire, trouva tant d'états particuliers en possession de ce droit, soit à titre de concession, soit par usurpation, qu'il préféra, en bon politique, d'annexer ce droit à la supériorité territoriale, plutôt que d'en dépouiller ceux qui en jouissaient.

» Depuis ce temps, la noblesse médiate et les landsas ont participé à ce même droit, et tous ceux qui s'en sont trouvés en possession lors de la réunion de l'Alsace à la couronne, y ont été maintenus.

» Il n'en est pas de même de l'expulsion des Juifs, qui tient toujours aux droits attachés à la souveraineté, ou tout au moins aux droits de la supériorité territoriale ; le souverain seul peut l'exercer, ou ceux qui jouissent des droits de quasi-souveraineté, à la province, ceux auxquels le roi a bien voulu l'accorder par des lettres-patentes particulières. Mais les simples gentilshommes et les villes jadis impériales ne peuvent pas exercer ce droit sans cause, ou sans une condition expresse sous laquelle les Juifs auront été reçus. Ces principes généraux, qui forment un des points du droit public de cette province, étant ainsi posés, il s'agit d'examiner le particulier de la cause, d'approfondir la question qu'elle présentait.

» Il est vrai que le père de l'appelant avait été reçu par le seigneur dans le lieu de Lingolsheim ; mais cette réception avait été personnelle, et le fils ne pouvait tirer aucun droit de la faveur accordée à son père, parce que jamais il n'a été imaginé qu'un Juif reçu dans un endroit, y acquiert le droit de cité pour lui et pour ses descendans. Cette prétention répugne à l'opinion que nous avons et que l'on doit avoir de la nation juive, qui n'est que tolérée précisément et par grâce ; et elle est aussi contraire à l'usage observé dans la province, qu'attentatoire à l'arrêt de réprobation prononcé contre cette même nation par la Divinité même.

» Le Juif n'a aucun domicile fixe ; il est condamné à errer perpétuellement ; cette peine le suit partout, et lui dit sans cesse qu'il ne peut se promettre aucune stabilité nulle part. Le retour même dans la terre de ses pères lui est interdit à jamais. Il est donc révoltant qu'un particulier de cette nation proscrite veuille forcer un seigneur à le reconnaître et à lui accorder une sorte de protection, par la seule raison que ce seigneur aura bien voulu recevoir le père de ce Juif dans sa terre, et que ce Juif lui-même y est né.

» Les Juifs ne sont ni citoyens ni bourgeois.

» La loi 8, C. de Judæis et cælicolis, les admet, à la vérité, à la participation du droit civil ; quant aux actions et à la justice distributive ; omnes Romanis legibus conferant et excipiant actiones. Cette disposition de la loi est fondée sur l'humanité, qui veut que la justice pèse les droits de tous les hommes dans la même balance ; mais cette loi n'a jamais reçu d'extension à l'ordre politique et aux droits de cité.

» Les Juifs ne font point partie de cet ensemble qui forme le corps politique. Condamnés par l'oracle éternel à errer sur la surface de la terre, sans roi, sans magistrat, sans établissement permanent, ils sont étrangers partout ; leur retraite, quelque part qu'ils la choisissent, n'est que de tolérance, et ils ne doivent la faculté personnelle d'habiter dans un lieu, qu'à la convention faite avec le seigneur qui la leur accorde.

» Cette faculté n'est de droit que pour leur personne ; et l'on ne peut concilier avec l'idée d'une simple tolérance celle d'un droit perpétuel, transmissible à tous les descendants. Cette transmission de pouvoir résider, est la prérogative la plus éminente du droit de bourgeoisie ; et si les Juifs l'avaient, ils seraient réellement bourgeois ; ils auraient le droit le plus précieux du citoyen le plus privilégié. Que deviendrait donc cette proscription qui interdit aux Juifs jusqu'à l'espérance d'un état solide et permanent ? et quels inconvéniens n'entraînerait pas la jurisprudence que celui de Lingolsheim cherchait à introduire ?

» Aucun état n'a encore accordé les droits de citoyen aux Juifs ; aussi est-il vrai de dire que les découvertes utiles, le travail pénible et assidu, les manufactures, l'agriculture, rien, en un mot, de tout ce qui peut rendre un état florissant, n'entre dans leur système ; mais pratiquer toutes sortes d'usures, offrir aux dissipateurs ou à d'infortunés débiteurs des ressources qui hâtent leur ruine, voilà leur principale industrie ; ils ne peut pas être autre dans des gens qui regardent eux-mêmes tous les états où ils vivent comme un lieu d'exil, et se croient autorisés par leur religion à duper au moins tous ceux qui n'en sont pas.

» Si les seigneurs, ou les villes d'Alsace qui ont le droit de recevoir des Juifs, étaient tenus de recevoir tous les enfants de ceux qui ont été reçus ci-devant dans leurs seigneuries ou dans leurs villes, il est évident que ce serait une charge énorme pour les bourgeois, pour les citoyens, pour les vrais sujets du roi, et même une perte réelle pour l'état.

» On sait que le célibat est en horreur parmi les Juifs, ainsi que la stérilité, raison pourquoi ils se marient dès qu'ils sont nubiles ; et si l'un des conjoints vient à mourir, il est très-rare que l'autre ne passe à de seconds liens. Cette nation, multipliée à l'infini, forcerait donc bientôt les vrais citoyens, les cultivateurs, à abandonner le domicile de leurs pères, et à s'expatrier pour faire place aux Juifs. De là, quel bouleversement et quelle perte pour le public et pour l'état? Quelle servitude pour les fiefs à perpétuité?

» En vain les Juifs disent-ils qu'il y a de l'injustice, et même de l'inhumanité, à forcer des enfants uniques, des fils aînés, héritiers présomptifs de leurs pères, à abandonner des maisons qui leur appartiennent de droit; que les fils représentant le père, se soumettant aux mêmes conditions que lui, doivent avoir le droit et la consolation de conserver un domicile dans la maison paternelle.

» Tous ces grands mots s'évanouissent, si l'on fait un retour sur les principes et sur notre jurisprudence. A la vérité, le fils représente son père dans les droits successifs; mais il ne faut pas confondre ces droits avec ceux qui sont attachés aux droits de cité : dans ceux-là, la nature, le sang même parle; dans ceux-ci, c'est une disposition de droit civil qui fait également loi : suivant celle-là, l'enfant hérite de son père et le représente; dans celle-ci, la qualité d'enfant ne vient point en considération; c'est la règle qu'elle renferme qui prononce, et cette règle doit être inviolable, surtout vis-à-vis une nation envers laquelle on n'est nullement lié, et qui n'est soufferte que par grâce.

» Enfin, l'appelant lui-même, convaincu de tous ces principes, s'était adressé avec son père au sieur de Landsberg, intimé, pour en obtenir l'agrément de l'habitation dans le lieu de Lingolsheim, avec offre de payer le droit de protection accoutumé. Comment donc, après cette démarche, pouvait-il prétendre obtenir forcément, ou comme un droit, ce qu'il avait aussi formellement reconnu ne pouvoir tenir que de la bonne volonté du seigneur?

» Tels furent les motifs de l'arrêt du 9 décembre 1755, par lequel la sentence du directoire fut confirmée purement et simplement. »

Après la mort du nommé Feissel, Juif domicilié à Wissembourg, Isaac Feissel, son fils unique, s'adressa au magistrat de la même ville pour être autorisé à y continuer sa demeure, sous l'offre de payer au roi et à la ville les droits ordinaires.

Par décret ou ordonnance du 21 avril 1766, ce Juif fut débouté de sa demande.

Appel au conseil souverain, avec intimation du magistrat.

La cause portée à l'audience, Feissel répéta tous les moyens qu'avait employés Wolf lors de l'arrêt du 9 décembre 1755. Il excipa surtout de sa qualité de fils unique. Mais les mêmes motifs qui avaient fait débouter Wolf, déterminèrent le conseil souverain à rendre, le 22 août 1767, un arrêt par lequel l'appellation fut mise au néant, avec amende et dépens.

Le nommé Isaac Alexandre, ayant perdu son père qui était établi à Haguenau, et dont il était, comme dans l'espèce précédente, fils unique, présenta au magistrat de cette ville une requête par laquelle il conclut à ce qu'en considération de la demeure que son père, sa mère, et ses ancêtres y

avaient faite depuis un temps immémorial, il lui fût pareillement permis de s'y établir.

Cette permission lui fut refusée par ordonnance du 29 août 1769, qui en même temps lui enjoignit de sortir de la ville avec sa femme et ses enfants, dans la huitaine, à péril d'y être contraint par toutes voies dues et raisonnables.

Le Juif interjeta appel de cette ordonnance, et fit intimer le procureur fiscal, dont le magistrat prit le fait et cause.

A l'audience, on fit valoir, de part et d'autre, les moyens qui avaient été employés lors des deux arrêts dont nous venons de parler. Le Juif, surtout, appuyait sur la circonstance qu'il était fils unique, qu'il avait succédé à son père et hérité de sa maison, et qu'il était contre l'humanité d'obliger un fils de vendre la maison paternelle, pour aller s'établir ailleurs.

Par arrêt du 29 avril 1773, le conseil souverain confirma l'ordonnance, et condamna le Juif à l'amende et aux dépens.

IV. Mais si le père vivait encore, pourrait-on empêcher son fils de s'établir dans le lieu où il a été permis à celui-là de fixer sa demeure?

Cette difficulté s'est élevée en 1751, entre le seigneur de Sierentz et le nommé Judel Ulmo. Par arrêt du 17 décembre de cette année, le conseil souverain d'Alsace a ordonné que le Juif serait « tenu de se retirer et de sortir du lieu de » Sierentz dans trois jours, à peine de désobéis- » sance. »

V. Une veuve Juive communique-t-elle au second mari qu'elle épouse, la permission qui lui a été accordée de demeurer, soit dans une ville, soit dans un village?

Voici une espèce dans laquelle cette question a été agitée et jugée.

Nathan Jacob, Juif d'Haguenau, étant mort, la nommée Kohlé, sa veuve, épousa Abraham Samuel, Juif étranger.

Elle présenta ensuite une requête au magistrat, pour le faire recevoir à la manance et protection des Juifs.

Décret du 28 septembre 1767, portant qu'il sera mis néant sur sa requête.

Le 16 novembre suivant, nouveau décret qui ordonne à Abraham Samuel de vider la ville dans les vingt-quatre heures.

Opposition à cette ordonnance de la part de la Juive. Autre décret du 2 décembre qui l'en déboute.

Appel au conseil souverain d'Alsace, où l'affaire tomba dans l'appointement.

« L'appelante soutenait (dit M. de Boug, ibid., page 464) que la demande qu'elle avait faite au magistrat d'Haguenau, était d'autant plus favorable, qu'il était constant que le droit d'empêcher une veuve Juive de se marier, ne compétait ni aux seigneurs ni aux villes d'Alsace. Cela étant, c'était mal à propos que le magistrat d'Haguenau entendait faire sortir son mari de la ville, d'autant plus qu'il ne pouvait lui interdire à elle la faculté de tenir un valet, et à plus forte raison d'avoir son mari chez elle, parce qu'elle jouissait des priviléges de son premier mari, et qu'elle possédait deux maisons dans la ville; qu'ainsi, à tous égards, les décrets dont était appel étaient injustes.

» Le magistrat répondit que le droit de la ville d'Haguenau n'avait point une source obscure; que, par diplôme de l'empereur Charles IV, donné à Haguenau, le premier mardi après la Saint-Martin de l'année 1355, cette ville avait obtenu le droit de recevoir les Juifs, ainsi et de même que l'empereur et l'Empire en avaient usé jusque-là dans cette ville; que, par un autre diplôme de l'empereur Sigismond, de l'année 1436, ce droit avait été confirmé au magistrat de la même ville, et que pour prévenir l'introduction clandestine, et au préjudice du droit du magistrat, d'aucun Juif, cet empereur avait fait défenses à toutes personnes de vendre, louer, et céder à des Juifs leurs maisons à Haguenau, sans le consentement et l'agrément du magistrat, à peine d'une amende de trente marcs d'or pur;

» Que la ville d'Haguenau avait constamment usé de ce privilége, et qu'il n'y existait pas un Juif qui n'eût été reçu et agréé par le magistrat; qu'en conséquence, le magistrat avait fait un règlement le 18 mars 1720, portant que nul Juif ne pourrait établir que de ses enfants dans la ville, et que même il ne pourrait le faire qu'après en avoir obtenu la permission du magistrat; règlement qui avait pareillement été observé.

» Le magistrat invoqua enfin la jurisprudence du conseil, fixée par plusieurs arrêts, et notamment par ceux du 9 décembre 1755, et du 22 août 1767.

» L'instance ayant été distribuée à M. Garnier, arrêt intervint, à son rapport, le 10 juin 1771, par lequel le conseil, par les mêmes motifs qui avaient fondé les précédents, mit l'appellation au néant, condamna l'appelante à l'amende et aux dépens. »

VI. D'après ces différentes espèces, il ne sera pas difficile de décider celle-ci : un Juif qui a épousé la fille d'un autre Juif autorisé à demeurer dans un lieu, peut-il profiter de la permission accordée à son beau-père, pour y fixer lui-même son habitation ?

Il est évident que non; et c'est précisément ce qu'a jugé un arrêt du conseil souverain d'Alsace, du 27 octobre 1756, rendu contre le nommé Goetschel Nederer, Juif, qui, sous le prétexte qu'il avait épousé la nommée Zerlé, fille de feu Schiélé Mauser, et belle-fille de Meyer Lévy, Juifs de Wintzenheim, voulait y former son établissement.

La question s'est représentée peu de temps après, dans des circonstances plus favorables.

Le nommé Hirschel Kann, Juif, né à Soulzbourg, s'étant marié avec la fille d'Alexandre Bloch, Juif de Wintzenheim, vint demeurer en ce lieu; et son beau-père le reçut chez lui.

Sommé de sortir de Wintzenheim, il garda le silence. Par arrêt sur requête, du 5 février 1762, le conseil souverain le condamna à vider le lieu dans la huitaine; et il fut ordonné que, ce terme écoulé, ses meubles seraient jetés sur le carreau.

Kann forma opposition à cet arrêt, et la cause fut plaidée contradictoirement.

Mais en vain Kann insista-t-il sur le mariage qu'il avait contracté avec une fille de Wintzenheim, sur ce qu'il n'était venu demeurer avec son beau-père, homme âgé et infirme, que pour le soulager; qu'il ne tenait point ménage à part; aucune de ces considérations ne put faire fléchir la règle générale; et par arrêt du 17 novembre 1764, il fut débouté de son opposition avec dépens.]

VII. Il paraît que, vers la fin du règne de Louis XIV, il fut proposé au gouvernement d'expulser tous les Juifs d'Alsace.

Du moins, il existe une lettre écrite par M. le chancelier, le 15 juin 1715, dans laquelle il est dit que « sur le rapport qui a été fait à sa majesté, » des titres et concessions en conséquence desquels les Juifs sont établis en Alsace, elle n'a » pas jugé à propos d'y rien changer, ni de les inquiéter pour les obliger d'en sortir.

[Les Juifs ont encore obtenu, en 1765, une preuve signalée de l'humanité avec laquelle il est dans l'intention du gouvernement de les traiter. M. le maréchal de Contades, commandant en Alsace, a publié le 5 novembre de cette année, une ordonnance par laquelle il a été « fait très-expresses inhibitions et défenses aux habitants des communautés de la province, à tous autres, de molester, insulter, ou maltraiter les Juifs en façon » quelconque, soit en leurs personnes, celles de » leurs femmes, enfants ou domestiques, dans leurs » maisons, sur les grands chemins, ou ailleurs; » avec défenses pareillement de commettre aucune violence ni indécence dans les synagogues » et cimetières des Juifs, à peine, contre les délinquants, d'être punis exemplairement; » et il » a été ordonné aux chefs et préposés des communautés, de tenir la main à ce que ladite ordonnance fût exécutée, d'arrêter les contrevenants, » d'en rendre compte sur-le-champ à M. le maréchal, pour être par lui statué tel châtiment » qu'il appartiendrait, à peine contre lesdits chefs » et préposés d'être punis personnellement, en cas » de négligence ou de connivence de leur part. »

VIII. Il y a, dans le recueil de M. Bourg, une autre ordonnance du même officier général, en date du 4 novembre 1762, qui contient des dispositions sévères contre les Juifs extraprovinciaires, mendians et vagabonds. Mais voici ce qu'ont substitué à ces dispositions les lettres-patentes de Louis XVI, du 10 juillet 1784, que le conseil souverain d'Alsace a enregistrées le 26 avril suivant :

« Art. 1. Les Juifs répandus dans la province d'Alsace qui, à l'époque de la publication des présentes, n'y auront aucun domicile fixe ni connu, et qui n'auront payé ni le droit de protection à nous dû, ni ceux de réception et habitation appartenants aux seigneurs ou aux villes, ni la contribution aux charges des communautés, seront tenus, dans trois mois, à compter du jour de ladite publication, de sortir de ladite province, quand bien même ils offriraient de payer lesdits droits et ladite contribution. Voulons que ceux desdits Juifs qui, après l'expiration du terme fixé par le présent article, seraient trouvés dans ladite province, soient poursuivis et traités comme vagabonds et gens sans aveu, suivant la rigueur des ordonnances.

» 2. Faisons très-expresses inhibitions et défenses à tous seigneurs et à toutes villes et communautés, jouissant du droit de seigneurie, d'admettre à l'avenir aucun Juif étranger, jusqu'à ce qu'il en ait été par nous autrement ordonné.

» 3. Les Juifs étrangers qui se rendront en Alsace, pour raison de commerce ou autres affaires, seront tenus de rapporter des certificats ou passeports signés du magistrat des lieux où lesdits Juifs résident ordinairement; lesquels certificats contiendront leurs noms, qualités et professions, la désignation des lieux où ils devront se rendre, et le temps pendant lequel ils se proposeront d'y séjourner. Ces certificats ou passeports seront par eux représentés au magistrat de la première ville d'Alsace par laquelle ils passeront, lequel magistrat visera ces passeports. En vertu desdits passeports ainsi visés, lesdits Juifs pourront séjourner pendant les trois mois dans les lieux de la province qui y seront spécifiés. Ils pourront, au surplus, si les circonstances l'exigent, obtenir du magistrat desdits lieux la permission d'y prolonger leur séjour pendant six semaines. S'il ne se trouve point de magistrat dans l'endroit, ladite permission pourra leur être délivrée par le juge.

» 4. Tous les Juifs étrangers qui s'introduiront en Alsace, sans avoir satisfait à ce qui est prescrit par l'article précédent, seront arrêtés et punis suivant la rigueur des ordonnances concernant les vagabonds et gens sans aveu.

» 5. Faisons très-expresses inhibitions et défenses à tous rabbins, et autres Juifs, de donner à l'avenir des billets d'étape ou logement, en vertu desquels un Juif puisse aller loger dans la maison d'un autre, et s'y faire nourrir. Défendons pareillement à tous Juifs résidant en Alsace, de fournir aucune retraite aux Juifs étrangers; et à tous aubergistes, cabaretiers et autres habitans de les loger et recevoir, si, au préalable, ils ne leur ont représenté les passeports dont ils doivent être munis, le tout à peine de 500 livres d'amende contre chacun des contrevenans......

» 6. Lorsque les Juifs auront été reçus par les seigneurs qui ont le droit de les recevoir, et qu'après avoir payé le droit de réception, ils auront acquitté exactement le droit annuel d'habitation, ils ne pourront être congédiés par lesdits seigneurs que pour méfaits ou mauvaise conduite dûment constatés par les juges des lieux. »

IX. Ce dernier article nous conduit naturellement à rechercher quel est le prix auquel les Juifs achètent la tolérance dont ils jouissent en Alsace.]

Depuis que la province d'Alsace a passé sous la domination du roi, on ne voit pas qu'il ait été rien réglé à cet égard, jusqu'en 1672.

Le fermier du domaine exposa alors à M. Poncet, qui était intendant, qu'il avait appris que les seigneurs de la Haute-Alsace exigeaient des Juifs une espèce de taille, ou redevance annuelle, qui n'appartenait qu'au souverain, et ne pouvait être levée sans concussion par d'autres que ceux qui avaient charge de lui; sur quoi il en demanda la restitution à son profit.

Les seigneurs répondirent que ce droit leur appartenait, qu'ils en avaient toujours joui sous la domination de la maison d'Autriche, et même sous celle du roi, depuis la paix de Munster; qu'il était vrai que, du temps des archiducs, les Juifs payaient à la régence d'Ensisheim, 10 florins et demi par famille, pour le droit de protection; mais que c'était indépendamment de ce que les seigneurs étaient en droit de lever.

Sur cette question, M. Poncet prononça, par une ordonnance contradictoire du 19 août 1672, qu'à l'avenir, et aux fêtes de Noël, chaque famille juive paierait aux fermiers du domaine, 10 florins et demi pour le droit de protection, sans préjudice du droit des seigneurs, qu'il taxa à dix florins, tant pour le droit d'habitation, que celui de pâtures, corvées, chauffages, et autres généralement quelconques.

En 1675, le fermier du domaine prétendit que le droit que les Juifs payaient en exécution de cette ordonnance, ne concernait uniquement que la liberté qui leur était donnée de rester dans la province, et d'aller d'un lieu à un autre; mais qu'ils n'en devaient pas moins être assujettis à payer un péage corporel, à raison de 40 sous par homme à cheval, et de 20 sous par homme à pied, toutes les fois qu'ils entraient dans la province ou en sortaient, suivant un tarif arrêté par M. Colbert, intendant, le 12 janvier 1663.

Les Juifs soutinrent, au contraire, qu'ils étaient quittes de tout, au moyen du droit de protection; que le tarif de 1663 était relatif à un précédent de 1952, dans lequel il était porté que le péage corporel ne serait levé que sur les Juifs étrangers et autres que ceux qui étaient sous la protection du gouvernement d'Alsace.

M. de La Grange le décida de cette manière, par une ordonnance du 2 mars 1674; il a postérieurement encore confirmé cette décision, par une seconde ordonnance du 24 août 1681, portant que les Juifs sujets au droit de protection, seraient exempts de tout péage corporel pour leurs personnes.

Il faut observer ici que, quand ces ordonnances ont été rendues, le roi n'était en possession que de la Haute-Alsace et des dix villes de la préfecture de Haguenau; aussi n'ont-elles lieu encore aujourd'hui que dans la même étendue. Les Juifs y paient annuellement 10 florins et demi, par chaque famille, aux fermiers du domaine, et 10 florins aux seigneurs ou magistrats; au moyen de quoi, ils sont toujours sortis de la province et y sont toujours entrés, sans être assujettis à aucun péage corporel.

[Observez encore que les chantres des synagogues et les maîtres d'école, sont exempts du droit de protection dû au roi. C'est ce qu'a décidé M. de Blair, intendant d'Alsace, par une ordonnance du 8 janvier 1766, rendue contradictoirement entre les préposés et principaux de la nation juive de cette province, et le directeur des fermes, au sujet d'un procès-verbal dressé par les commis des domaines au département de Landzer, contre cinq Juifs domiciliés à Sierentz.

La même chose avait été décidée précédemment par M. de Vanolles, l'un des prédécesseurs de M. de Blair. Il y a une ordonnance de ce magistrat, du 23 juillet 1748, qui maintient les maîtres d'école Juifs et les chantres de synagogues de la province d'Alsace, n'ayant ni maison en propre, ni commerce, dans la possession où ils sont d'être exempts du droit de protection envers le roi; et en conséquence, renvoie les nommés Lévi Walck et Barack, de l'assignation qui leur avait été donnée par les procès-verbaux dressés contre eux.]

Dans les terres de l'évêché de Strasbourg, celles du comté de Hanau, et d'autres qui étaient autrefois immédiates, les Juifs qui y résident ne payaient point le droit de protection au roi, mais ils ont été assujettis au péage corporel, jusqu'au temps où il a été aboli. V. ci-après, sect. 4.

Il y a encore une ordonnance du subdélégué général de l'intendance, du 26 mai 1755, qui porte « que les veuves juives demeurantes dans les » terres de l'ancienne domination, soit qu'elles » résident séparément avec leurs enfants non ma-» riés, soit qu'elles se mettent en condition chez » leurs enfants mariés ou autrement, continue-» ront d'acquitter à l'avenir, et même d'avance, » de six mois en six mois, le droit de protection » dû au roi, tant pour elles que pour leurs enfants » non mariés, à raison de 8 livres 15 sous par cha-» que année, sauf aux fermiers des domaines à en » exempter celles qui se trouveront dans le cas » d'indigence ou d'impossibilité, par les procès-» verbaux qui seront dressés par ses commis pour » en constater.»

[§ II. État des Juifs en Alsace, par rapport au commerce et à l'industrie. Charges publiques auxquelles ils contribuent. Règles particulières concernant leurs mariages, leurs serments, leur admission au bénéfice de cession, leurs séparations de biens d'avec leurs femmes, la gestion des affaires qui les intéressent collectivement, leurs actes de naissance, de mariage et de décès.]

I. Le privilège que les Juifs ambitionnent le plus, est celui de faire le commerce librement. Ils n'ont rien négligé pour en jouir dans la province

d'Alsace; mais on ne le leur a accordé qu'avec des restrictions.

Le 1er juillet 1686, M. de La Grange rendit une ordonnance entre les marchands des villages d'Alsace, et les Juifs, portant défenses à ces derniers, sous peine arbitraire, d'exposer leurs marchandises en vente dans aucun lieu de la province, excepté les jours de foires et marchés.

Cette question s'étant renouvelée en 1700, M. de Lafond, alors intendant, défendit, par une ordonnance contradictoire, aux Juifs, de tenir boutique ouverte, sinon dans les foires et marchés; et leur permit néanmoins, pour les autres temps, de faire leur commerce dans leurs maisons. Il y a encore une ordonnance de M. de La Houssaye, du 18 juin 1700, portant confirmation des précédentes rendues sur cette matière.

[Le bailli de Biesheim, village appartenant à l'ancienne ville de Brisach, ayant porté, le 30 décembre 1722, une ordonnance qui défendait à tous les Juifs du lieu de tuer ou débiter aucune viande, grosse ou petite, la communauté juive en interjeta appel au conseil souverain de Colmar, et y obtint, le 14 janvier suivant, un arrêt qui, par provision, maintint les Juifs « dans le droit et la pos-» session de tenir boucherie, tuer et débiter des » grosse et petite viandes, à charge par eux de les » faire visiter préalablement de la manière accou-» tumée, avant de les exposer en vente.»

Les magistrats de l'ancienne ville de Brisach formèrent opposition à cet arrêt; et, par celui qui fut rendu contradictoirement le 13 mai 1723, sur les conclusions de M. le Laboureur, avocat-géné-ral, le conseil a mis les parties hors de cour sur l'appel, « après la déclaration faite par les magis-» trats, qu'ils consentaient que les Juifs amenas-» sent les bestiaux en la boucherie commune du » lieu de Biesheim, pour y être tués par eux-» mêmes en telle quantité qui leur serait nécessaire » pour leur subsistance seulement, en laissant les » quartiers de viande qu'il ne leur est pas permis » par leur loi de consommer, aux bouchers chré-» tiens du même lieu, qui s'en chargeraient à » quatre deniers meilleur marché par livre que le » prix porté par le taux ordinaire.»

Un autre arrêt de la même cour, du 8 mai 1752, a fait défenses, tant aux Juifs de Bergheim, qu'à tous autres, de débiter ouvertement de la viande, dans leurs boucheries, les jours de fête et » de dimanche, pendant le service divin.»

II. A l'égard des mariages des Juifs, voici ce que portent les lettres-patentes du 10 juillet 1784:

« Art. 6. Nous faisons très-expresses inhibitions et défenses à tous Juifs et Juives actuellement résidans en Alsace, de contracter à l'avenir aucun mariage sans notre permission expresse, même hors des états de notre domination, sous peine, contre les contractants, d'être incontinent expulsés de ladite province.

» Défendons en conséquence aux rabbins, de procéder à la célébration d'aucun desdits mariages, à moins qu'il ne leur soit apparu de notre permission, sous peine, contre lesdits rabbins, d'une amende de 3,000 livres, qui ne pourra être réputée comminatoire, et d'expulsion en cas de récidive.....

» 24. Les Juifs et Juives mariés légitimement ne pourront, s'ils viennent à se convertir, se remarier avec des catholiques, qu'autant qu'ils seront veufs. Déclarons nuls tous mariages de cette espèce qui auront été contractés postérieurement à la publication du présent règlement, et bâtards tous les enfants qui naîtront desdits mariages.»

III. Les mêmes lettres-patentes contiennent sur les autres objets énoncés en tête de ce paragraphe, les règles que voici :

« Art. 18. Les Juifs qui seront admis à rendre témoignage, soit au civil, soit au criminel, et auxquels le serment aura été déféré, seront tenus de le prêter le la même manière que font les Juifs établis en Allemagne, et de suivre à cet égard le formulaire qui sera prescrit par notre conseil souverain d'Alsace, et envoyé dans les sièges de son ressort, pour y être observé.

» 19. Les Juifs ne pourront être admis au bénéfice de cession de biens, que du consentement des trois quarts de leurs créanciers chrétiens. Leurs femmes ne pourront user du bénéfice de séparation de biens au préjudice des créanciers chrétiens de leurs maris. Permettons toutefois aux femmes juives de stipuler par leurs contrats de mariage, qu'elles ne seront pas communes en biens avec leurs maris, et qu'elles pourront administrer et gérer, sous leur propre nom, leurs apports présents et à venir, à condition qu'en ce cas les contrats de mariage seront insinués au greffe de la juridiction du domicile des maris.

» 20. Les Juifs ne pourront agir en justice qu'en leur propre et privé nom, sauf à ceux qui résideraient dans un même lieu à plaider en nom collectif, lorsqu'ils auront un intérêt commun. Voulons, au surplus, que les affaires qui concerneront les Juifs en général continuent d'être traitées et suivies par des agens qu'ils auront dans la province, lesquels seront désignés sous le nom de syndics des Juifs, et seront élus par eux sous l'autorité du commissaire départi.

» 21. Défendons aux Juifs de s'assembler en aucun cas, sans y avoir été autorisés par le commissaire départi. Voulons que, lorsque les syndics auront dressé les rôles de répartition des sommes que les Juifs seront dans le cas de lever sur eux-mêmes, soit pour leurs besoins, soit pour le soulagement de leurs pauvres, lesdits rôles ne puissent être exécutoires qu'autant qu'ils auront été approuvés par le commissaire départi.

» 22. Autorisons lesdits syndics à faire, toujours avec l'autorisation du commissaire départi, la répartition des impositions royales, auxquelles les Juifs sont assujettis en Alsace, et toutes les autres fonctions remplies jusqu'ici par les préposés généraux.

» Les préposés particuliers élus par les communautés des Juifs, seront et demeureront chargés,

privativement à tous autres, du soin de veiller et tenir la main à l'exécution des ordres qui pourront être adressés auxdites communautés, relativement au recouvrement des sommes dont nous aurons ordonné l'imposition sur elles, ainsi qu'à la levée des deniers destinés à acquitter les dépenses communes à tous les Juifs de la province, que celles qui sont particulières à chaque communauté. Lesdits préposés auront pareillement le droit de convoquer des assemblées, lorsque les circonstances le requerront, et de présider celles dans lesquelles se feront les élections du chantre et du sergent. Ils dresseront les rôles de la répartition à faire entre tous les contribuables, des sommes destinées à acquitter les salaires desdits chantre et sergent. S'il s'élevait, dans l'intérieur des synagogues, quelques contestations qui puissent troubler l'ordre et la tranquillité qui doivent régner dans ces assemblées, ils prescriront provisoirement tout ce qui leur paraîtra convenable pour arrêter sur-le-champ le désordre, et prévenir de nouveaux troubles, jusqu'à ce qu'il y ait été autrement pourvu en la forme ordinaire ; et si quelques-uns desdits Juifs refusent d'obéir auxdits préposés, ceux-ci auront le droit de prononcer contre eux des amendes, lesquelles ne pourront toutefois excéder la somme de 3 livres....

» 25. Lorsque les Juifs d'Alsace se marieront, qu'il leur naîtra un enfant, ou qu'ils viendront à mourir, ceux qui auront contracté lesdits mariages, les parens de l'enfant, ceux du mort, et, à leur défaut, ses amis ou voisins, seront tenus, deux jours au plus tard après lesdites naissances, mariages ou morts, d'en faire leur déclaration par-devant le juge du lieu, et ce à peine de 100 livres d'amende, laquelle déclaration dûment signée, tant par le déclarant que par ledit juge, spécifiera la date exacte desdits mariages, naissances ou morts, ainsi que les surnoms et qualités de ceux sur lesquels elle portera, et sera inscrite dans deux registres cotés et paraphés, dont l'un restera entre les mains dudit juge, et l'autre sera par lui envoyé au greffe de notre conseil souverain d'Alsace, pour y rester déposé, et pour qu'on puisse y recourir, le cas échéant. Il ne pourra être exigé qu'un droit de 5 sous pour chaque déclaration, et pour chaque extrait qui en sera délivré.»

IV. Les lettres-patentes du 10 juillet 1784 contiennent sur les actes de commerce qui sont permis aux Juifs, les dispositions suivantes :

« Art. 8. Permettons aux Juifs d'Alsace d'y prendre des fermes à bail dans les communautés où ils auront été admis, mais à condition qu'ils demeureront dans lesdites fermes, et qu'ils les exploiteront eux-mêmes. Les autorisons aussi à louer, mais pour les cultiver également eux-mêmes, des vignes, des terres, et généralement toute autre espèce de fonds. Leur défendons, au surplus, d'employer des domestiques chrétiens, soit à l'exploitation desdites fermes, soit à la culture desdites vignes et terres. Voulons, en outre, qu'ils aient la faculté d'entreprendre des défrichemens, de se charger de l'exploitation des mines de charbon de terre ou autres ; enfin de traiter de toute espèce d'ouvrages, soit pour le service public, soit pour le compte des particuliers. Notre intention, au reste, est qu'ils ne puissent soustraiter ni pour lesdites entreprises et exploitations, ni pour lesdits ouvrages.

» 9. Nous avons permis et permettons aux Juifs établis dans notre province d'Alsace, d'y faire la banque, ainsi que toute sorte de négoce, trafic et commerce en gros et en détail, à la charge par eux de se conformer aux règlements concernant le commerce. Les autorisons, en outre, à y établir des manufactures et fabriques d'étoffes ou autres ouvrages, ainsi que des forges, verreries et faïenceries, à la charge par eux d'obtenir les permissions qui seraient requises pour nos sujets. Voulons, au surplus, que leurs livres et registres soient tenus en langue vulgaire. Leur défendons expressément de s'y servir de la langue hébraïque, à peine de 1,000 livres d'amende. »]

V. Quant aux exemptions des Juifs, ils ont obtenu une ordonnance de M. de La Grange, le 8 mai 1680, par laquelle il est défendu à tous les magistrats de la province d'Alsace, de tirer aucun billet de logement de gens de guerre sur les Juifs, qui doivent seulement être tenus de fournir, par chaque famille, un lit garni pour les troupes.

[Cette ordonnance a été confirmée par un arrêt du conseil d'état, du 4 mars 1747, qui en même temps a déterminé la nature et le taux des impositions auxquelles les Juifs d'Alsace sont assujettis tant en paix qu'en guerre.

§ III. *Des rabbins des Juifs d'Alsace.*

I. Il paraît que les Juifs de la Haute et Basse-Alsace n'ont pas eu de rabbin reconnu légalement avant 1681. Le 21 mai de cette année, le roi leur accorda des lettres-patentes portant que sa majesté, par le désir qu'elle avait de « donner moyen » aux Juifs résidants de la Haute et Basse-Alsace » d'avoir un rabbin, » leur permettait de se servir pour tel du nommé Aaron Wormser, de la famille des Juifs de Metz. Ces lettres-patentes furent enregistrées au conseil souverain d'Alsace, le 25 juin suivant, à la charge que le rabbin serait tenu de résider au Neuf-Brisach, qui était alors le siége de cette cour, et d'y faire les exercices de la religion des Juifs dans une maison qui serait désignée par deux conseillers, en présence du procureur-général.

Ces lettres-patentes furent mal exécutées, ou ne le furent point du tout. Le roi lui-même reconnut la nécessité de donner plus d'un rabbin aux Juifs de cette province. Il en nomma deux, l'un pour la Haute-Alsace, l'autre pour la Basse.

Ce dernier trouva même plusieurs concurrents qui lui disputèrent l'exercice de ses fonctions. L'évêque de Strasbourg, le comte de Hanau, et les gentilshommes immatriculés au directoire du corps de la noblesse de la Basse-Alsace, avaient établi des rabbins dans leurs terres respectives,

et l'on imagine bien qu'ils faisaient tous leurs efforts pour les maintenir dans ces places.

La contestation a été décidée en 1738 par des lettres-patentes du 23 avril, qui, en consacrant la prétention de ces seigneurs, ordonne que le rabbin nommé par le roi n'exercera ses fonctions que dans la préfecture royale d'Haguenau, dans les bailliages supérieurs et inférieurs de Lauterbourg et de Flexbourg, dans les villes de Landeau, Fort-Louis, Wissembourg, et dans les autres lieux de la Basse-Alsace qui ne dépendent point de l'évêque de Strasbourg, du comte de Hanau, ni du directoire de la noblesse.

Ces lettres-patentes n'exceptaient pas le magistrat de Strasbourg ; les officiers qui le composent se sont pourvus au conseil d'état, et y ont obtenu, le 19 août 1739, un arrêt par lequel ils ont pareillement été maintenus dans leur possession de nommer des rabbins aux Juifs domiciliés dans les terres de leur dépendance.

II. Le titre de rabbin confère à celui qui en est revêtu, la qualité de juge des Juifs de son département, en matière de religion, de police, et d'intérêts civils.

Il est défendu aux juges ordinaires d'empêcher l'exécution des sentences des rabbins ; mais elles ne peuvent être exécutées qu'avec leur *pareatis* ; s'ils le refusent, on se pourvoit au conseil souverain d'Alsace, qui l'accorde toujours. Témoin, entre autres, l'arrêt qu'il a rendu le 9 septembre 1767, sur la requête d'un Juif de la Basse-Alsace, et qui est rapporté dans le Recueil de M. de Boug, tome 2, page 765.

Indépendamment de la formalité du *pareatis*, il faut que les sentences des rabbins soient signifiées avant qu'on puisse les mettre à exécution. Un arrêt du conseil souverain, du 3 juin 1740, « fait » défenses aux rabbins de passer outre à l'exécu- » tion de leurs sentences, qu'au préalable elles ne » soient signifiées, à peine de tous dépens, dom- » mages et intérêts. »

III. Les rabbins font encore les fonctions de notaires pour les actes que les Juifs passent entre eux.

Ces actes emportent-ils hypothèque ?

Le conseil souverain d'Alsace a décidé que non, relativement aux contrats de mariage ; et sans doute il en doit être de même des conventions ordinaires, qui sont bien moins favorables.

L'arrêt que ce tribunal a rendu à ce sujet, est du 21 janvier 1701. Le réquisitoire du procureur général qui en contient les motifs, porte « qu'il » aurait eu avis que les Juifs établis en cette pro- » vince, passaient des contrats de mariage devant » leurs rabbins, qu'ils prétendent porter hypo- » thèque pour sûreté de la dot, et autres effets » que la femme doit avoir apportés lors de son » mariage, et conformément auxdits contrats, et » ce au préjudice de tous autres créanciers du mari ; » de sorte qu'arrivant dissolution du mariage, la » femme emportant les meilleurs effets qui se » trouvent lors du décès du mari, les autres créan-

» ciers sont frustrés de leur créance , quoique de
» pareils contrats ne puissent passer en justice que
» comme actes sous seing-privé ; et qu'étant d'ail-
» leurs sujets à beaucoup de suppositions , de
» fraudes et de variations qui pourraient se com-
» mettre , de concert avec lesdits rabbins , au
» préjudice des créanciers, il est nécessaire d'y
» pourvoir. »

Ce sont ces considérations qui ont dicté l'arrêt
dont il s'agit. Il « ordonne qu'à l'avenir les mi-
» nutes des contrats de mariage passés par les Juifs
» de la province d'Alsace par-devant leurs rabbins,
» seront déposées quinze jours après la passation
» d'iceux chez des notaires ou autres personnes
» publiques , pour y avoir recours en cas de be-
» soin ; faute de quoi faire, on n'aura aucun
» égard à la date desdits contrats en justice, pour
» donner hypothèque aux parties contractantes
» contre leurs créanciers. »

IV. Les rabbins peuvent-ils apposer les scellés
et faire les inventaires après décès ?

Un arrêt du conseil souverain de Colmar,
rendu en forme de règlement le 27 septembre
1719, le leur avait défendu indistinctement, sur le
motif que leurs commissions *ne leur attribuaient
aucune juridiction réelle.*

Mais la communauté des Juifs de la Haute-
Alsace a formé opposition à cet arrêt par le
ministère du rabbin de Ribauvillé. Elle a représenté

« Que, comme suivant leur loi, l'établissement
des tuteurs aux mineurs , les partages et inventaires , sont un point de religion entre eux , y
ayant des règles qui défendent de nommer des parents pour tuteurs , sinon en cas de nécessité et de
dispenses expresses , y ayant des lois pour leurs
partages qui ne sont point conformes aux lois civiles ; ils s'étaient toujours servis du ministère du
rabbin établi en Alsace par lettres-patentes accordées par le roi , conformément à l'usage de Metz ,
en conséquence duquel le rabbin, dans le
cas de décès de l'un d'entre eux, apposait son cachet sur les effets de la succession , à l'effet de la
garantir d'abus et de divertissement au préjudice
des créanciers et des mineurs; cérémonie qui rend
les Juifs très-circonspects, et leur fait regarder
comme chose sacrée l'apposition du cachet faite
par leur rabbin ;

» Que , depuis cet usage , il ne s'était trouvé
aucun abus ; le tout ayant été discuté avec bonne
foi , et n'y ayant point eu de plainte ; les sup-
pliants l'évitant d'autant plus , qu'ils ne peuvent
se maintenir dans la protection du roi , qu'en
usant de fidélité et de soumission à celui qui a
autorité sur leurs consciences ;

» Qu'on ne peut pas dire que ce soit une juridiction qu'ils exercent, lorsqu'aucun chrétien
n'étant intéressé à une succession, le rabbin met
son cachet, et fait l'établissement du tuteur et le
partage , suivant la loi ;

Que ce serait une étude particulière et peu
usitée pour les baillis , de s'entremettre dans ces

sortes de cas, qui sont absolument des préceptes de
leur religion ; que depuis que le roi a réuni à sa
couronne la province d'Alsace , et du temps des
empereurs, les rabbins ont toujours fait ces fonctions sans aucune interruption, ayant même rendu
des sentences entre les Juifs, qui tiennent lieu de
chose jugée par juridiction volontaire, et ont toujours été exécutées par ordre de M. le procureur-
général , sauf à se pourvoir à l'encontre par-devant
les juges ordinaires. »

Sur cet exposé, arrêt du 20 septembre 1720,
qui, en interprétant celui du 27 septembre 1719,
« ordonne que le suppliant continuera de faire les
» fonctions de rabbin , telles et en la même ma-
» nière que fait le rabbin des Juifs de Metz ,
» conformément aux lettres-patentes de sa ma-
» jesté, du 8 avril 1711, enregistrées au conseil
» le 4 mai suivant ; ce faisant, a permis et permet
» aux Juifs de la Haute-Alsace de se servir de lui
» en cette qualité ; fait défenses aux juges des lieux
» de l'y troubler, ni d'apposer le scellé sur les
» biens et successions des Juifs, et de procéder à
» la confection des inventaires, s'ils n'en sont
» requis, ou s'il ne leur appert qu'il y aille de
» l'intérêt d'un chrétien. »

V. Au surplus, la juridiction des rabbins est
tellement limitée aux affaires des Juifs entre eux,
qu'un arrêt du conseil souverain, du 10 juillet
1754, a jugé que « des chrétiens, tiers-saisis à
» la requête d'un Juif et en vertu de la sen-
» tence d'un rabbin , ne peuvent être assignés
» par-devant ce dernier pour faire leur déclara-
» tion : » ce sont les termes de l'intitulé de cet
arrêt, tel qu'il est imprimé dans le recueil de M. de
Boug.

VI. Observez encore que les Juifs ne sont point
obligés de se pourvoir devant un rabbin pour
les contestations qu'ils ont entre eux, et qu'elles
peuvent être portées dans les juridictions ordinaires.

C'est par ce motif qu'un arrêt du conseil souverain d'Alsace, du 12 mai 1754, a ordonné qu'il
serait mis néant sur la requête de Jacob Lévi,
Juif de Lauterbourg, expositive « que le rabbin
» des Juifs de son domicile résidait à Worms; que,
» quoique étranger du royaume, il avait connu
» plusieurs fois de difficultés qui s'étaient élevées
» de Juif à Juif; mais que cet abus avait été
» réprimé par différents arrêts; que cependant il
» avait plusieurs actions à former contre des
» Juifs du bailliage de Lauterbourg , et que ,
» comme il ne pouvait, pour ces sortes de cas, de
» Juif à Juif, s'adresser qu'à un rabbin , il sup-
» pliait la cour de lui permettre de se pourvoir par-
» devant celui d'Haguenau ou de Ribauvillé, sauf
» l'appel. »

Cette demande a été rejetée par l'arrêt cité,
mais avec la clause : *sauf au suppliant à se pourvoir pardevant le bailli du bailliage de Lauterbourg.*

Il a été rendu un arrêt semblable, le 23 janvier 1753, sur la requête d'Isaac Mayer, Juif d;

Ribauvillé, contenant qu'il se trouvait obligé de se pourvoir contre un Juif de Wintzenheim, et qu'il ne pouvait le faire pardevant le rabbin de la Haute-Alsace, parce qu'il était son beau-père; ce qui le mettait dans la nécessité de recourir à la justice du conseil souverain, pour en faire nommer un.

VII. Une autre observation beaucoup plus importante, est que la juridiction des rabbins a été considérablement restreinte par l'art. 13 des lettres-patentes du 10 juillet 1784 :

« Les rabbins établis, soit par nous, soit par les seigneurs qui ont le droit d'en nommer (porte cet article), continueront de connaître, comme par le passé, de toutes les contestations qui pourront survenir entre Juifs seulement, concernant l'observation de leurs lois; ainsi que de toutes les affaires de police civile dans lesquelles nos sujets ne seront point impliqués.

» Dans tout autre cas que ceux désignés par le présent article, tous les Juifs établis dans toutes les communautés d'Alsace, seront et demeureront soumis aux officiers de justice et de police des lieux. »

VIII. Disons un mot sur une question que sans doute nos lecteurs se sont déjà faite : où se portent les appellations des jugements des rabbins?

L'auteur du *Traité du droit commun des fiefs* dit, tome 2, que, dans la Haute-Alsace, elles ressortissent nuement du conseil souverain : ce qui est vrai; mais il ajoute que, dans la Basse-Alsace, elles sont toutes portées devant les magistrats dans les villes, et devant les baillis dans les terres des seigneurs; et en cela il se trompe. Entre mille preuves que nous pourrions donner du contraire, nous choisirons, dans le recueil de M. Boug, tome 2, page 695, l'arrêt du conseil souverain de Colmar, du 8 mars 1765, qui, en enjoignant à tous les juges du ressort d'accorder des *pareatis* sur les sentence des rabbins, de la Haute et de la Basse-Alsace, énonce clairement qu'il n'appartient qu'à cette cour de les réformer en cas d'appel.

Il y a cependant quelques exceptions à cette règle. Écoutons M. de Boug, tome 1, au commencement.

« Les appels des sentences rendues par le rabbin nommé par M. l'évêque de Strasbourg pour les terres de son évêché, se relèvent à la régence de Saverne.

» Ceux des sentences rendues par le rabbin nommé par M. le prince de Hesse-Darmstadt, pour le comté de Hesse-Hanau-Lichtemberg, se portent à la régence de Bouxwiller.

» Ceux des sentences que rend le rabbin nommé par le directoire de la noblesse pour les terres immatriculées, se relèvent au directoire présidial.

» Les appels des sentences rendues par les rabbins nommés par le roi et par les seigneurs qui en ont le droit, se portent directement au conseil souverain d'Alsace. »

Nous n'avons parlé jusqu'ici que du civil.]

IX. Quant au spirituel et aux cérémonies relatives à leur religion, les rabbins les règlent en dernier ressort; du moins ils prétendent qu'on ne doit pas recevoir l'appel de ce qui a été statué par eux sur cette matière; et il n'y a point en Alsace d'exemple du contraire.

[Du reste, le conseil souverain d'Alsace ne souffre pas que les Juifs transgressent les décrets portés par leurs rabbins en matière de religion et de police civile.

C'est ce que prouve notamment l'arrêt rendu par ce tribunal, le 2 décembre 1704, sur la requête de Samuel Lévi, rabbin de la province, demeurant à Colmar. On voit celui-ci, dans le préambule, exposer :

« Que depuis que sa majesté lui a accordé des lettres-patentes pour faire la fonction de rabbin, et le conseil, différents arrêts qui ordonnent l'exécution d'icelles; et lui donnent pouvoir et caractère de régler les différends concernant l'observation de leur loi, et les affaires de police civile d'entre les sujets de sa nation, il aurait remarqué que plusieurs familles qui se contentaient de porter le nom de Juifs, mais qui ne vivaient pas selon la loi, non contentes de leur mauvaise conduite, en entraînaient encore d'autres;

» Le suppliant les ayant voulu détourner de ces mauvaises mœurs, et leur ayant aussi voulu faire connaître que, quoiqu'ils fussent Juifs, il ne leur était pas permis par la loi d'exiger des intérêts au delà de la raison, de manière ni d'autre, ni sous aucun prétexte; et leur voulant imposer une espèce de réforme pour les tirer de l'opprobre et de la haine implacable qu'ils se sont attirée par leur mauvaise conduite, et tâcher de les faire vivre autant qu'il était possible selon les lois de leur législateur; il fut fort surpris de rencontrer des esprits assez rebelles pour lui dire en face qu'ils ne recevraient jamais de correction de lui; et quoique son caractère de rabbin lui donnât le pouvoir de mettre ces sortes de gens au ban de la synagogue, il n'en a pas voulu user sur-le-champ, s'étant contenté de les en menacer, ce qui leur aurait fait perdre tout-à-fait le respect, en l'injuriant de plusieurs paroles des plus atroces et plus offensantes, même jusqu'à le menacer de le maltraiter; et comme ces particuliers sont des esprits inquiets, capables de soulever une sédition parmi la nation, puisqu'il y en a eu d'assez hardis pour lui soutenir qu'il suffisait d'être Juif, pour impunément exiger des intérêts outrés, et user de surprise *avec les autres nations que la leur*, et tinrent d'autres discours qui mériteraient punition exemplaire; enfin, ce sont des personnes qui, ne se souciant des lois divines et humaines, sont par conséquent indignes de la protection de sa majesté, de sorte qu'il a été conseillé, pour avoir l'exécution de ses décrets, d'avoir recours à l'autorité du conseil. »

L'arrêt rendu sur cette requête, « permet au » suppliant, en sa qualité de rabbin, de mettre

» à exécution les décrets qu'il rendra pour l'obser-
» vation de la loi judaïque et de la police civile
» seulement qui doit être observée parmi les Juifs;
» enjoint à eux d'y obéir, et de déférer à ses
» décrets, à peine d'être mis au ban, s'il y
» échoit. »

L'arrêt qui est intervenu le 31 octobre 1750, sur
la requête du rabbin Samuel Weil, n'est pas moins
remarquable.

Celui-ci avait exposé que, par lettres-patentes de 1711, enregistrées au conseil souverain
dans le courant du mois de mai de la même année,
il avait obtenu l'office de rabbin de la Haute-
Alsace.

« Cette qualité (avait-il ajouté) lui donne
juridiction tant pour les affaires contentieuses
entre les Juifs que pour la police et les cérémonies prescrites par la loi. Il a été maintenu
en possession de ses fonctions, tant par différents arrêts du conseil, que par des lettres à lui
adressées par le commissaire départi en cette province.

» Au mois de septembre dernier, le nommé
Lazare, Juif de Gruzenheim, vint se plaindre au
suppliant que Baruch, préposé des Juifs de la
communauté dudit lieu, l'avait imposé comme
possédant la valeur de 1,600 écus, tandis que de
fait il n'avait pour tout vaillant qu'environ la
valeur de 1,300 écus; ledit Baruch ne fit que se
jouer des exhortations du suppliant, et continua
à exiger les impositions dudit Lazare sur le pied
de 1,600 écus; les plaintes de ce particulier engagèrent le suppliant à écrire une nouvelle lettre
audit Baruch, et dans laquelle il réitéra les mêmes
ordres, avec édiction de 24 livres d'amende en
cas de désobéissance de sa part; cette lettre fut
dénoncée le même jour par le chantre de la synagogue. Baruch méprisa la lettre et les ordres; et,
par une vexation digne de l'animadversion de la
justice, il voulut punir celui qu'il opprimait, parce
qu'il avait crié contre l'oppression: pour
parvenir à ses vues, il fit défenses au tuteur de la
communauté des Juif de Grusenheim, de tuer les
bestiaux dont Lazare avait besoin pour la mande
légale, de sorte que ce Juif se trouvait dans l'impuissance de vivre: le suppliant, informé de cela
par les plaintes dudit Lazare, ordonna audit Baruch de lever ses défenses; mais il persista dans
son opiniâtreté.

» Comme cette conduite est, non-seulement un
mépris formel des ordres du suppliant, mais encore
une infraction à la police, attendu qu'il n'appartient qu'au suppliant d'interdire l'usage des viandes légales aux Juifs coupables, il a recours à
l'autorité du conseil. »

C'est sur cet exposé qu'a été rendu l'arrêt cité:
il a ordonné que les ordres du suppliant, dénon-
» cés audit Baruch les 26 et 27 du présent mois,
» seront exécutés suivant leurs formes et teneur;
» ce faisant, a fait et fait défenses audit Baruch
» d'imposer ledit Lazarre, Juif de Grusenheim,
» pour une somme au-delà de 1,300 écus, à peine

» de désobéissance et de 300 livres d'amende; a
» ordonné et ordonne pareillement que le tuteur
» ou schlæchter de la communauté des Juifs dudit
» lieu, continuera de tuer audit Lazare les bes-
» tiaux dont il aura besoin pour la viande légale,
» et ce, nonobstant les défenses dudit préposé, à
» peine de 50 livres d'amende, tant contre le
» tueur que contre le préposé; et a condamné ledit
» Baruch aux frais du voyage du suppliant, coût
» et sceau du présent arrêt. »

§ IV. Des acquisitions d'immeubles faites
par les Juifs d'Alsace.

Il est permis aux chefs de famille juives qui sont
autorisés à demeurer en Alsace, d'y acquérir chacun une maison, mais rien au delà.

Salomon Brunswick, et Marc Brunswick, son
frère, Juifs domiciliés à Thaun, ayant fait l'acquisition d'une maison autre que celle qu'ils habitaient, et de plusieurs arpents de vignes, le procureur fiscal de cette ville obtint au conseil souverain de Colmar, les 27 février et 18 mars 1755,
deux arrêts qui leur enjoignirent de se défaire incessamment de ces biens, quoiqu'il y eût plusieurs
années qu'ils les possédaient. Sur leurs refus d'y
obéir, M. le procureur-général en fit rendre un
troisième, le 25 septembre suivant, qui ordonna
que s'ils ne s'étaient pas défaits, dans le mois, des
biens dont il s'agissait, ces biens seraient vendus à
l'enchère.

Un autre arrêt rendu sur le réquisitoire du
même magistrat, le 11 mars 1757, ordonne que
cinq Juifs de Marmoutier, qui avaient acquis depuis plusieurs années cinq maisons, une masure et
d'autres biens, seront tenus d'en vider leurs mains
dans le mois, à l'exception des maisons qu'ils habitent, sinon et ce temps passé, que ces immeubles seront vendus publiquement à la requête du
procureur fiscal du lieu.

« Suivant l'usage (dit M. le premier président
» de Boug, tome 2, page 459,) il est permis aux
» Juifs d'acheter des biens-fonds; mais ils sont
» obligés de les revendre dans l'année. »

Cette obligation a lieu même relativement aux
terrains qu'ils acquièrent pour en faire des cimetières, à moins qu'ils n'en aient préalablement
obtenu la permission.

Le 31 mai 1768, M. le procureur-général du
conseil souverain de Colmar a donné un réquisitoire contenant que certains Juifs de la Haute-Alsace, ayant acquis récemment à Zillisheim un
corps de biens fort considérable, s'étaient avisés
d'en détacher un enclos attenant au village, pour
» leur servir de sépulture, sans avoir au préalable
» obtenu la permission qui leur était pour ce né-
» cessaire; qu'une pareille entreprise, contraire
» aux ordonnances, et qui annonçait que les Juifs
» voulaient se mettre au-dessus de toutes les
» règles, » devait exciter l'animadversion du conseil.

L'arrêt rendu le même jour, sur ce réquisitoire, « a fait défenses de convertir l'enclos en lieu

» de sépulture pour les Juifs de Zillisheim ou au-
» tres, leur enjoint d'en disposer par vente ou au-
» trement, enfin qu'ils rentrent dans le commerce,
» et ce dans le délai compétent.»

Voici, au surplus, ce que portent, sur cette
matière, les lettres-patentes du 10 juillet 1784 :

« Art. 10. Faisons très-expresses inhibitions et
défenses à tout Juif d'acquérir sous son nom ou
sous celui d'aucun autre particulier, soit par contrat de vente volontaire, soit par adjudication,
soit à titre de cession en paiement de rentes ou
extinction de capitaux, aucuns biens-fonds de
quelque nature qu'ils soient, même sous la condition de les revendre dans l'année. Déclarons dès
à présent nulles et de nul effet toutes les ventes,
adjudications ou cessions de biens-fonds qui pourraient leur être faites.

» 11. Pourront néanmoins les Juifs continuer
d'acquérir, à titre de propriété, les maisons nécessaires pour leur habitation personnelle seulement,
ainsi que les jardins qui y seront contigus ; pourvu
néanmoins que ces maisons et jardins soient proportionnés à l'état et aux besoins de l'acquéreur,
ce qui sera vérifié et réglé par le sieur intendant
et commissaire départi, devant qui ils seront tenus de se pourvoir à cet effet.»

On peut encore voir là-dessus la sect. 4 de cet
article, et les mots *Retrait sur les Juifs*.

§ V. *Règles concernant les prêts à intérêts
et les autres actes faits par les Juifs. Mesures prises par le gouvernement en 1778,
1779 et 1780, relativement aux fausses quittances dont on s'est prévalu contre eux.*

I. Les Juifs, en Alsace, sont par rapport à l'u-
sure, ce qu'ils sont partout. En Alsace, comme
ailleurs, ils prêtent à intérêt.

Mais peuvent-ils, dans cette province, transporter à des chrétiens leurs créances usuraires ?

Cette question s'est présentée à l'audience du
conseil souverain de Colmar, le 21 juin 1714.
Après que les avocats des parties eurent exposé
leurs moyens respectifs, les gens du roi ont dit,

» Que l'espèce de la cause leur présentait une
occasion favorable de s'élever contre un abus trop
digne de leur censure, pour leur permettre de rester dans le silence ;

» Qu'ils apprenaient avec douleur que plusieurs
chrétiens de cette province exerçaient le judaïsme
envers leurs frères, et que, par un commerce honteux, ils se faisaient un revenu de la misère de
leur prochain ; que n'osant faire de conventions
usuraires, le détour dont on se servait, était de
se faire subroger aux droits des Juifs qui les avaient
faites ; que des personnes même de crédit et d'autorité tombaient dans cet égarement ; un Juif qui
se sentait coupable remettait son action à une personne puissante, dont le rang éblouissait le débiteur obéré, et lui faisait abandonner son droit,
qu'il aurait soutenu contre son créancier originaire, contre lequel il aurait demandé justice, et
contre lequel il l'aurait sans doute obtenue ;

» Qu'il leur paraissait qu'on sentait assez, sans
qu'il fût besoin d'un plus long discours, combien
ce procédé était odieux ;

» Que cependant ils étaient informés que le mal
croissait de jour à autre, et qu'une infinité de particuliers se trouvaient actuellement dans ce cas,
plus durs et plus barbares mille fois que les Juifs
mêmes, lesquels observent très-ponctuellement
entre eux la règle qui leur est prescrite dans les
livres de leur loi, de ne point accabler d'usure les
personnes de leur religion ;

» Qu'ils ne pouvaient se taire à la vue d'un si
grand désordre ; qu'ils devaient se roidir plus le torrent était grand, et qu'ils auraient à se reprocher
s'ils ne proposaient les moyens d'apporter un
prompt remède à un mal si pressant ;

» Qu'ils n'étaient point les premiers qui eussent
fait leurs efforts pour anéantir cette coutume,
qu'un grand prince, avant eux, avait jugée digne
d'être l'objet d'une de ses lois qui marquait assez
l'indignation dont il était justement animé ; c'est
celle par laquelle l'empereur Charles V condamne
les *cessionnaires de l'iniquité des Juifs*, à perdre
leur dû, et fait défenses à toutes personnes de passer aucun acte de ces sortes de cessions.

» Cette sage disposition se trouve en deux articles séparés dans les constitutions impériales qui
ont été recueillies par Melchior Goldast. *Actiones
snas*, dit l'empereur dans l'art 50, *Judæi contra
christianos nulla ex causa cedunto* ; *cessa amit-
tanto* ; et dans l'article suivant : *hujusmodi ces-
siones nulli magistratus, notarii, scribæ conscri-
bunto* ; *alioquin de officiis et honoribus dejician-
tur* ; *cæteri idem ausuri, carcere et aliis modis
puniantur.*

D'après ces considérations, le conseil souverain
de Colmar, par arrêt du 21 juin 1714, a déclaré
nul le transport dont il s'agissait, et faisant droit
sur les conclusions du ministère public,

« A fait défenses à toutes personnes, de quelque qualité et condition qu'elles fussent, de se
rendre à l'avenir cessionnaire d'aucun Juif, à
peine de perdre leur dû, et sous telles autres peines
que de droit.

» Fait pareillement défenses à tous notaires,
greffiers et autres personnes publiques, de passer
aucun acte de cette nature, aussi sous telles peines
que de droit.

II. Un autre arrêt de la même cour, du 19 janvier 1717, « fait défenses aux notaires et tabel-
» lions du ressort de plus passer obligations en fa-
» veur et au profit des Juifs, que sur deniers
» réels, à découvert, nombrés et délivrés en
» présence desdits notaires ou tabellions, dont
» ils seront tenus de faire mention dans lesdites
» obligations, comme aussi de plus renouveler
» lesdites obligations, sous prétexte de décompte
» ou autres ; le tout à peine de faux, d'interdiction
» contre les notaires et tabellions, et d'amende
» arbitraire.

Quels ont été les motifs de ce règlement ? Nous
l'apprenons par le réquisitoire sur lequel il est in-

tervenu. M. le procureur-général y expose « qu'il
» est informé de toutes parts des usures que des
» Juifs insatiables exercent impitoyablement sur
» les chrétiens....; que c'est dans les prêts d'argent
» où la ruse et la fraude judaïques s'exercent et
» s'accroissent chaque jour, en se faisant passer
» des obligations pour des sommes plus fortes que
» celles qu'ils prêtent..; que le second piége qu'ils
» tendent aux pauvres débiteurs, est de renouveler
» incessamment les obligations sur des décomptes
» faux et impies, où ces monstres de la société ci-
» vile convertisse à la fois leur gain illicite en sort
» principal. »

C'est encore pour prévenir les fraudes judaïques, qu'ont été rendus trois arrêts de règlemens
des 19 février 1735, 20 mai 1769 et 23 décembre 1772.

Le premier est rapporté ci-après, sect. 4, n° 5.

Le second « ordonne qu'à l'avenir tous billets
» obligatoires, autres que pour le fait de banque
» et de commerce, qui seront passés au profit des
» Juifs, et qui ne seront pas entièrement écrits et
» signés de la main des débiteurs, seront rédigés,
» écrits et signés en présence de deux témoins ir-
» réprochables, lesquels signeront pareillement
» lesdits billets, à peine de nullité; ordonne en
» outre que les billets et promesses sous signature
» privée, d'une date antérieure au présent arrêt,
» et qui ne seront pas conformes à cette disposi-
» tion, seront dans le délai de trois mois, datés
» et visés par les greffiers des lieux, aussi à peine
» de nullité, pour lesquels visa il leur sera payé
» deux sous. »

Le troisième arrêt « fait défenses à tous notaires,
» tabellions et greffiers du ressort, de passer des
» contrats obligatoires entre chrétiens et Juifs,
» lorsqu'ils seront obligés de se déplacer, ailleurs
» que dans les maisons des prévôts, et en leur
» absence, dans celle de l'un des préposés des
» lieux; leur enjoint de prendre pour témoins
» de bons bourgeois, gens sans reproches, et d'in-
» sérer dans leurs actes les noms des particuliers
» chez qui lesdits actes seront passés; le tout à
» peine de 3,000 livres d'amende, et d'être pro-
» cédé contre lesdits notaires, tabellions et gref-
» fiers à l'extraordinaire, et en cas de récidive. »

Cet arrêt a été rendu sur la remontrance faite
par M. le procureur-général, que « la facilité de
» la plupart des greffiers et tabellions du ressort
» de se transporter dans les maisons des Juifs, pour
» y passer les actes des obligations que les chré-
» tiens contractaient avec eux, exposait ceux-ci
» sans cesse à être surpris et trompés par l'artifice
» et la ruse que les Juifs employaient dans ces
» circonstances, pour leur faire valoir leurs projets
» iniques. »

Les lettres-patentes du 10 juillet 1784 renouvellent ces règlements, avec quelques modifications.

« Art. 14. Ne pourront à l'avenir les Juifs contracter avec aucun de nos sujets, soit pour prêt
d'argent, soit pour vente de grains, bestiaux et

d'autres objets de quelque nature que ce soit, que
par actes passés devant notaires, ou par billets et
marchés rédigés en présence de deux préposés de
la communauté, qui signeront lesdits billets et marchés, et assisteront à la numération des derniers.
Voulons qu'en cas de contraventions au présent
article, les billets ou marchés soient nuls, et que
le Juif qui les aura souscrits, soit expulsé de
notre royaume.

» 15. Exceptons néanmoins de la disposition
portée par l'article précédent, les lettres de change,
billets à ordre et autres écrits usités entre les Juifs
et ceux de nos sujets qui exercent la profession de
banquier ou de négociant, pourvu que les écrits
dont il s'agit ne soient relatifs qu'au fait de la
banque et du commerce.

» 16. Faisons défenses à tous Juifs d'écrire et
signer en caractères hébraïques les quittances qu'ils
donneront à leurs débiteurs, et les écrits qu'ils
feront avec eux. Déclarons nuls et de nulle valeur
tous écrits et toutes quittances de cette espèce qui
seront rédigés autrement qu'en français, ou dans
la langue vulgaire usitée en Alsace; sauf lorsqu'un Juif ne saura ni écrire ni signer son nom
en français ni en allemand, à y suppléer, en observant les formalités que les ordonnances prescrivent à cet égard.

» 17. Leur faisons pareillement défenses de stipuler dans les billets qui seront faits à leur profit,
des fournitures de grains et autres denrées et marchandises pour le paiement des intérêts et capitaux
par eux prêtés, à peine de nullité desdits billets.
Voulons que lesdits intérêts ne puissent être sti-
pulés qu'en deniers et au taux ordinaire. »]

Avant cette loi, et dès 1733, le gouvernement
avait cru devoir mettre un frein à l'usure des Juifs,
par une déclaration du 24 mars, portant que « les
» Juifs qui feront des prêts, affirmeront devant
» les notaires que les prêts ne renferment, même
» secrètement, aucune convention usuraire, de
» laquelle affirmation sera fait mention dans les
» contrats, à peine de nullité contre les actes, et
» de faux contre les Juifs; que ceux de cette nation
» qui se trouveront avoir commis quelque dol,
» fraude, surprise ou usure, ou qui auront ac-
» cumulé les intérêts avec les capitaux, outre la
» nullité des actes et la perte de leurs créances,
» dont les débiteurs seront déchargés par la seule
» vérification du fait, seront condamnés à payer
» aux parties plaignantes le double des sommes
» portées dans lesdits actes, et à une amende de
» 500 livres, qui pourront être contraints
» par corps; le tout sans préjudice de l'action cri-
» minelle. »

Mais au mois de septembre de la même année,
les Juifs avaient obtenu un sursis à l'exécution de
cette déclaration. Il est dit, dans le préambule des
lettres-patentes du 12 septembre 1733, qui portent
cette surséance, « que sa majesté a trouvé nécessaire
» de s'occuper de l'examen des lettres-patentes du 24
» mars 1603, 13 novembre 1605, 24 janvier 1632,
» et 23 septembre 1657, rendus en faveur des

» Juifs établis à Metz, ainsi que de nouveaux » éclaircissemens à prendre, tant sur les dispositions contenues ès-dites lettres-patentes et arrêts » de règlemens intervenus en conséquence, que » sur le commerce des Juifs établis en la ville et » généralité de Metz, en la province d'Alsace. »

Il paraît par là que les règlemens faits pour les Juifs de Metz, qu'on va faire connaître, doivent être communs à ceux d'Alsace; et en effet, l'ordonnance de M. de La Grange, intendant d'Alsace, du 2 mars 1674, qui décharge les Juifs demeurant sous la protection du roi en Alsace, de tous péages corporels, ordonne qu'ils jouiront, dans cette province, des mêmes privilèges dont jouissent ceux de la généralité de Metz.

[III. Mais avant de passer aux Juifs de Metz, nous devons rendre compte de deux lois que des circonstances extraordinaires ont fait rendre depuis peu concernant ceux d'Alsace.

Voici d'abord ce que portent les lettres-patentes adressées le 9 novembre 1778 au conseil souverain de Colmar, et que cette cour a enregistrées le 11 décembre suivant :

« Louis..... Nous sommes informés que, sur la dénonciation qui vous a été faite par notre procureur-général, qu'il se fabriquait et distribuait en Alsace beaucoup de fausses quittances que l'on opposait particulièrement aux Juifs qui sont domiciliés dans cette province, en paiement des sommes qu'ils pouvaient être dans le cas de réclamer contre leurs débiteurs, vous auriez permis d'informer de ces faits, et qu'ensuite des informations faites en conséquence, plusieurs particuliers auraient été décrétés de prise de corps et conduits dans les prisons de la conciergerie du palais à Colmar; que depuis, et sur les conclusions de notre procureur-général, il serait intervenu, le 11 juillet dernier, un arrêt, par lequel, pour les causes y énoncées, vous auriez ordonné, entre autres dispositions, que, dans le mois à compter du jour de sa publication, tous laboureurs, vignerons, artisans, journaliers, bourgeois, manans, et autres de la classe du peuple, débiteurs des Juifs, seraient tenus de déposer, aux frais de ces derniers, dans les greffes des juridictions de leur domicile ou dans les études des notaires les plus prochains, les quittances qu'ils pourraient avoir sous seing-privé, signées sous les noms des Juifs en caractères hébraïques ou vulgaires, et ce, à peine de nullité et de rejet desdites quittances, pour icelles être paraphées et rester déposées jusqu'à ce qu'il en fût autrement ordonné, à moins que lesdites quittances n'eussent été signifiées avant la signification dudit arrêt, avec défenses à tous Juifs de donner à l'avenir à leurs débiteurs de l'état et qualités susdites, aucunes quittances, que par-devant personnes publiques, ou à défaut de celles-ci dans les lieux de la résidence, par-devant deux préposés des communautés, à peine de 100 livres d'amende, lesquelles quittances seraient données aux frais des Juifs créanciers. Nous sommes également informés

que, malgré la teneur des dispositions de cet arrêt, la distribution des quittances de l'espèce de celles dont il s'agit, a toujours continué, et qu'il en a été déposé un nombre infini de celles-là, d'où il en est résulté des frais immenses pour les créanciers. Dans ces circonstances, nous avons considéré que, s'il importe au maintien du bon ordre, comme à la sûreté et à la confiance publiques, d'arrêter le cours de pareils excès, l'intérêt de nos sujets, celui des individus de la nation juive qui vivent sous notre protection, et à qui nous sommes toujours disposés à en faire ressentir les effets, demandent en même temps que nous procurions aux uns comme aux autres les moyens d'obtenir une prompte justice sur leurs prétentions respectives, et d'éviter leur ruine qu'opérerait infailliblement la multitude des discussions particulières sur chaque article de créance ou de dettes, et les frais immenses auxquels elles donneraient lieu. Ces considérations nous ont déterminés à réunir dans un seul et même tribunal toutes les demandes relatives aux paiemens qui peuvent être réclamés de la part des Juifs et contestés par nos sujets, et de lui donner les pouvoirs nécessaires pour les terminer sommairement, de manière néanmoins qu'en simplifiant l'instruction en ce qui concernera les objets civils, le crime de faux ne demeure pas impuni; et que ceux qui ont eu le malheur de le commettre, soit par eux-mêmes, soit par suggestion ou autrement, ne puissent échapper à la sévérité des lois, s'ils venaient à y persévérer en insistant sur la validité des quittances qu'ils ont déposées, ou qu'ils viendraient à produire par la suite, et qui, par l'événement de l'instruction, seraient reconnues pour n'être pas de l'écriture et de la signature de ceux auxquels ils les auraient attribuées; et c'est sur quoi nous avons résolu d'expliquer nos intentions.

» A ces causes....., nous avons évoqué à nous et à notre conseil, tant la procédure criminelle commencée à la requête de notre procureur-général en notre conseil souverain d'Alsace, que toutes inscriptions de faux particulières qui auraient été ou pu être formées à la réquête d'aucuns Juifs contre leurs débiteurs chrétiens, ensemble toutes les contestations nées et à naître pour raison des créances des Juifs contre tous laboureurs, vignerons, artisans, journaliers, bourgeois, manans, et autres de la classe du peuple, en quelques sièges et juridictions qu'elles aient été portées; le tout, circonstances et dépendances, avons renvoyé et renvoyons en la première chambre de notre conseil souverain d'Alsace, pour y être statué par elle souverainement et en dernier ressort, par un ou plusieurs jugemens, suivant l'exigence des cas. Attribuons, à l'effet de tout ce que dessus, à ladite chambre, toute cour, juridiction et connaissance, et icelle interdisons à toutes nos cours et autres juges. Sans nous arrêter à l'arrêt de notre conseil souverain d'Alsace, du 11 juillet dernier, voulons que toutes les quittances déposées en exécution dudit arrêt, soient remises sans frais par les greffiers, notaires ou autres dépositaires d'icelles, aux particuliers qui voudront les retirer, soit pour en faire usage, soit pour les supprimer. N'entendons que ceux desdits particuliers qui auront de la sorte supprimé dans le délai d'un mois leurs quittances, en en reconnaissant librement la fausseté, à laquelle la contagion de l'exemple aurait pu les entraîner, puissent être recherchés pour raison de la fabrication d'icelles. Leur remettons en ce cas, et pour cette fois seulement, la peine prononcée par nos ordonnances, et imposons sur ce silence à notre procureur général. Ordonnons que les Juifs seront tenus de signifier à leurs débiteurs et produire devant ladite chambre, ou tels commissaires et bureau d'icelle qu'elle jugera à propos de nommer à cet effet, et ce, dans le délai de six mois, à dater de la publication des présentes, les titres quelconques en vertu desquels ils forment des prétentions contre les chrétiens de la susdite classe ; et que ces derniers seront tenus de fournir dans le même délai, à compter du jour de la signification qui leur aura été faite desdits titres, leurs réponses et moyens au contraire, ensemble les quittances dont ils entendront se servir, passé lequel délai ni les unes ni les autres n'y seront plus recevables. Autorisons ladite chambre à faire comparaître, si le cas échoit, les parties devant lesdits commissaires ou bureau, pour être ouïs sur leurs dires et moyens respectifs, soit pour la vérification des quittances qui pourraient être arguées de faux, soit pour la reconnaissance des autres faits qui pourraient être articulés, soit pour accorder termes aux débiteurs, déférer des affirmations, et généralement ordonner, pour l'instruction la plus sommaire desdites contestations, tout ce qui sera jugé le plus expédient. Lui donnons, pour raison de ce, tout pouvoir, autorité et dispense nécessaires par ces mêmes présentes, pour ce regard seulement et sans tirer à conséquence en aucun autre cas. Voulons en outre que, dans les séances que tiendra ladite chambre aux jours et heures qui seront indiqués par le président d'icelle, ou celui qui présidera en son absence, toutes les créances des Juifs, ainsi que les frais et dépens, y compris ceux du dépôt faits en exécution dudit arrêt, du 11 juillet dernier, soient liquidés par elle définitivement et en dernier ressort ; et cependant, par provision et jusqu'à ce que la liquidation soit achevée, nous avons fait et faisons très-expresses inhibitions et défenses, tant aux Juifs qu'aux chrétiens de la susdite classe, de contracter entre eux de nouvelles obligations, ou faire aucuns actes tendant à se libérer, si ce n'est par-devant personnes publiques, ou au moins deux préposés des lieux, à peine de nullité desdites obligations et actes, et de telle amende que la chambre jugera à propos d'arbitrer.

À ces lettres-patentes, en ont succédé d'autres des 7 avril 1779 et 27 mai 1780. Je n'ai pas pu me procurer les premières ; mais elles sont rappelées dans les secondes, qui sont ainsi conçues :

« Louis..... , par nos lettres-patentes du 6 no-

vembre 1778, nous avions attribué à la première chambre de notredit conseil souverain d'Alsace la connaissance des inscriptions de faux et des contestations relatives aux créances des Juifs d'Alsace sur des gens de la classe du peuple de ladite province ; et par nos secondes lettres-patentes du 7 avril 1779, nous avons expliqué nos intentions en ce qui concerne les créances par lesquelles les Juifs de ladite province seraient dans le cas d'agir contre leurs débiteurs chrétiens de la classe du peuple. Nous avons fait connaître suffisamment quels étaient les motifs qui nous avaient déterminés à donner ces deux règlements ; mais nous sommes instruits, d'une part, que, malgré que quelques-uns de ceux qui ont été convaincus du crime de faux aient été punis suivant la rigueur des lois, cet exemple n'avait encore pu arrêter le cours d'un pareil désordre ; de l'autre part, qu'une multitude d'autres débiteurs, bien qu'éloignés de faire usage d'un moyen si dangereux, mais pressés par des poursuites des Juifs leurs créanciers, ont récriminé contre eux, en les taxant d'usure, en sorte que, cherchant par cette accusation à éloigner l'instant d'être condamnés au paiement d'une dette contractée en connaissance de cause, et constatée par un titre dont ils avouaient la légalité, ils se mettent dans l'obligation absolue de prouver l'usure, mais s'exposent en même temps à tous les inconvéniens qui doivent résulter d'une accusation de ce genre, s'ils viennent à y succomber. Nous n'entendons point priver nos sujets de la faculté d'employer les différens moyens qu'ils peuvent opposer légitimement pour leur défense ; mais nous envisageons en même temps que, si le crime d'usure est, de tous, celui dont la preuve s'acquiert le plus difficilement, il est de leur intérêt, ou qu'ils n'entreprennent pas légèrement et sans s'être bien consultés, une accusation dont le poids retombait sur eux faute de preuve, ne fait qu'augmenter la masse de leurs dettes, et entretient dans les esprits une fermentation et une animosité que nous avons à cœur d'éteindre ; ou que, s'ils se croient fondés à prendre la voie dont il s'agit, ils aient du moins de leur côté la facilité de la suivre, comme leurs créanciers doivent l'avoir du leur pour défendre à l'occasion, sans être exposés les uns et les autres aux longueurs et aux frais inséparables du genre d'instruction qu'elle exige. Nous avons considéré d'ailleurs que le nombre des contestations relatives aux quittances arguées de faux, est devenu très-considérable ; qu'en y comprenant celles relatives aux créances contre lesquelles les débiteurs ont opposé l'accusation d'usure, où ils voudront l'opposer par la suite, il deviendrait, pour ainsi dire, impossible de terminer les unes et les autres, si nous n'y pourvoyions par notre autorité ; et dans de pareilles circonstances, où il s'agit du bien et de la tranquillité d'une partie des sujets de notre province d'Alsace, et de faire jouir les individus de la nation juive des effets de la protection que nous voulons bien lui accorder, nous avons jugé devoir

3.

prendre des mesures propres à simplifier autant
qu'il sera possible l'instruction de celles des affaires qui en sont susceptibles par leur nature, et
d'en accélérer le jugement, sans néanmoins que
l'ordre du service de la première chambre de notre
conseil souverain d'Alsace puisse en être dérangé,
ni le cours des affaires interrompu.

» A ces causes....., ordonnons que nos lettres-
patentes des 6 novembre 1778 et 7 avril 1779 seront exécutées selon leur forme et teneur, en ce
qui n'y sera pas dérogé par ces présentes, à l'effet
de quoi..... voulons et nous plaît ce qui suit :

» Art. 1. Nous avons évoqué à nous et à notre
conseil toutes les plaintes que les débiteurs chrétiens de la classe du peuple ont formées ou voudront former par la suite pour faits d'usure contre
les Juifs, pour raison des créances que ces derniers
ont répétées ou répéteront contre eux, et nous
avons renvoyé et renvoyons la connaissance desdites plaintes en la première chambre de notre
conseil souverain d'Alsace, à laquelle nous attribuons, en tant que besoin est ou serait, toute
cour, juridiction et connaissance que nous interdisons à toutes nos cours et juges. Défendons auxdits débiteurs de se pourvoir, pour raison de ce,
ailleurs qu'en ladite chambre, à peine de nullité,
cassation de procédure et de tous dépens, dommages et intérêts.......

» 4. Voulons que tous débiteurs chrétiens de la
classe du peuple qui ont opposé aux Juifs leurs
créanciers de fausses quittances, soient dûment
avertis par des publications ordinaires, et même
aux prônes des églises paroissiales, d'avoir à retirer, dans deux mois pour tout délai, lesdites
quittances, et à s'en désister ; sinon et à faute de
ce faire dans ledit délai, et celui passé, voulons
qu'ils soient poursuivis et jugés comme faussaires,
suivant la rigueur des ordonnances.

» 5. Autorisons en outre la première chambre
de notredit conseil à accorder, régler et fixer, selon l'exigence des cas, les délais que les débiteurs
chrétiens demanderont et requerront pour le paiement de ce qu'ils doivent aux Juifs, à la charge
toutefois des intérêts du principal à raison de cinq
pour cent : lesquels courront du jour que les délais auront été accordés.

Le conseil souverain de Colmar a enregistré ces
lettres-patentes, le 22 juin 1780.]

SECTION II. *De l'état des Juifs à Metz
et en Lorraine.*

I. Le premier établissement des Juifs à Metz,
paraît s'être fait en 1567, en vertu d'une ordonnance du maréchal de la Vieuville, alors gouverneur de Metz, qui permit à quatre familles juives
de s'y établir, et de s'employer au prêt d'argent
sur gages. Ces quatre familles se multiplièrent jusqu'au nombre de vingt-quatre ; elles obtinrent,
le 20 mars 1603, du roi Henri IV, sur l'avis du
duc d'Épernon, gouverneur de Metz, des lettres-
patentes, portant que ce prince prend *sous sa protection et sauve-garde les vingt-quatre ménages*

*juifs, descendus des huit premiers établis à Metz
sous le règne de son prédécesseur ; qu'ils y continueront leur demeure et résidence, et qu'ils pourront trafiquer et négocier suivant leurs franchises,
libertés et coutumes anciennes, prêter argent sur
gages et sans gages.*

En 1632, le nombre des Juifs s'étant accru à
Metz, ils s'adressèrent au roi Louis XIII, qui,
par ses lettres-patentes du 24 janvier de cette année, confirma les dispositions contenues dans celles
de son prédécesseur.

Le 23 mai 1634, intervint un arrêt en forme de
règlement au parlement de Metz, à la suite d'une
instance entre les corps de métiers et les Juifs, qui
permit à ceux-ci le commerce de marchandises
d'orfévrerie, d'argenterie et de friperie, avec défenses à eux de faire le commerce de marchandises
neuves. La disposition de cet arrêt, rendu avec les
corps de métiers et de marchands, prouve que,
dans ce temps-là, les Juifs étaient en usage de ne
faire venir, vendre et débiter à Metz, que des marchandises vieilles.

[Le 10 avril 1647, autre arrêt entre les bouchers
chrétiens et les bouchers juifs de Metz, qui maintient ceux-ci dans la liberté « à eux accordée d'a-
» cheter aux marchés publics et ailleurs, du bétail,
» et y exposer, vendre et débiter la chair, ainsi
» que les autres bouchers, en payant par eux les
» droits de ville et maltôtes ordinaires. »]

Le 25 septembre 1657, les Juifs obtinrent de
nouvelles lettres-patentes confirmatives des précédentes, avec pouvoir de commercer toutes sortes
de marchandises suivant leurs libertés, franchises
et coutumes (1).

Se fondant sur la généralité de cette disposition,
ils étendirent leur commerce de vieilles marchandises à celui de marchandises neuves ; entreprise
qui excita de nouveau la réclamation des corps de
marchands, lesquels s'opposèrent à l'enregistrement
des lettres-patentes dont il s'agit.

Les Juifs représentèrent que, s'étant établis à
Metz par la bonté des rois, il fallait leur donner
moyen d'y subsister ; que, supportant les charges
publiques, ils ne devaient pas être traités moins
favorablement que les étrangers non naturalisés,
qui avaient la liberté de vendre des marchandises
étrangères de toute espèce ; ils distinguèrent ainsi,
dans les marchandises neuves, celles qui étaient
fabriquées chez l'étranger, et celles du crû du
pays ; ils demandèrent acte de ce qu'ils n'entendaient faire le commerce de marchandises neuves
que comme marchands forains, c'est-à-dire en ma-
gasin, sans exposition ni boutique ouverte.

Le parlement de Metz saisit l'affaire sous ce
point de vue, et rendit un arrêt contradictoire le
21 janvier 1658, par lequel les marchands et autres furent déboutés de leur opposition ; et les Juifs

_____

(1) [Il y est dit aussi qu'ils « ne pourront » à l'avenir choisir
» un rabbin, et l'appeler des familles des Juifs établis hors
» du royaume, sans au préalable s'être retirés par devers le
» roi, pour en obtenir la permission. »]

maintenus et gardés dans la possession de commercer des marchandises étrangères, comme faisaient les marchands forains.

Les marchands se pourvurent par requête civile contre cet arrêt, sur le fondement qu'il était contraire à celui de l'année 1634; mais, par un autre arrêt du mois de juillet 1658, ils furent encore déboutés de leur requête civile.

En 1694, les marchands tentèrent de faire restreindre la liberté accordée aux Juifs de faire commerce de marchandises étrangères, à de certains temps de l'année, sur le fondement de prétendus statuts anciens des corps de marchands, qui avaient été perdus et recouvrés; mais le parlement de Metz, invariable à cet égard, rendit un troisième arrêt contradictoire, le 16 juillet 1695, par lequel il maintint la communauté des Juifs dans la possession de vendre, en tout temps de l'année, des marchandises étrangères.

Les marchands se pourvurent en cassation contre cet arrêt, et le 11 juillet 1696, il intervint au conseil d'état un autre arrêt par lequel les marchands furent déboutés de leur demande en cassation.

En 1718, les différens corps des marchands de la ville de Metz se réunirent pour demander au roi que le nombre des Juifs fût réduit, comme étant à charge au public, et qu'il leur fût fait défenses de faire aucun commerce ni trafic, que celui du prêt d'argent à honnête intérêt.

Par arrêt contradictoire rendu au conseil d'état le 9 juillet de la même année, le roi, faisant droit sur le tout, ayant aucunement égard aux requêtes et mémoires des différens corps de marchands de la ville de Metz, et voulant néanmoins traiter favorablement les Juifs établis dans ladite ville,

Ordonna que les lettres-patentes des rois ses prédécesseurs seraient exécutées selon leur forme et teneur; et en conséquence permit aux Juifs établis à Metz, d'y continuer leur demeure au nombre de quatre cent quatre-vingts familles seulement, et leurs descendans, aux conditions suivantes:

Qu'à la diligence de M. le procureur-général ou de son substitut au bailliage de la ville de Metz, il serait dressé, par les élus ou chefs de la communauté des Juifs, sans frais, un état de ces quatre cent quatre-vingts familles, et de toutes les personnes de l'un et de l'autre sexe dont elles seraient composées, lequel état serait déposé au greffe dudit bailliage, pour y avoir recours quand besoin serait;

Que chacun des pères et des mères de famille serait tenu de faire enregistrer au greffe du bailliage tous les enfants qui leur naîtraient de l'un et de l'autre sexe; pour raison de quoi il ne serait payé que cinq sous pour tous droits, au greffier;

Que les filles ou veuves juives ne pourraient à l'avenir attirer à Metz aucun Juif étranger par mariage;

Que les Juifs seraient tous obligés de demeurer dans le quartier Saint-Ferron, sans qu'ils pussent

posséder ni louer maisons, magasins, écuries, granges, caves ou greniers dans les autres quartiers de la ville, à peine, contre les contrevenans, d'amende qui ne pourrait être au-dessous de 3,000 liv. contre le Juif contrevenant, et de 1,000 liv. contre le propriétaire;

Qu'ils seraient tenus de payer annuellement, ainsi que par le passé, à l'hôpital de Saint-Nicolas, la somme de 450 livres, à quoi avaient été commués les 200 francs messins d'ancien droit, établi le 6 août 1567; plus, 175 livres à la ville, à quoi avait été évalué le droit d'entrée et de sortie qui se levait anciennement sur chaque Juif; et 200 livres pour le logement du vicaire de la paroisse de Sainte-Ségolène;

Qu'ils ne pourraient choisir un rabbin, sans la permission et l'approbation de sa majesté;

Qu'ils ne pourraient aller par la ville, ni travailler en public, les jours de dimanche et de fête, sinon par l'ordre ou permission des commandans, de l'intendant ou des magistrats de Metz, ou dans un cas de nécessité urgente;

Qu'ils se conformeraient, pour le prêt d'argent, aux lettres-patentes des rois prédécesseurs de sa majesté, et aux règlemens faits sur cette matière, et ne pourraient garder les gages qui leur auraient été remis, au-delà du terme d'une année, ou de quinze mois au plus, après lequel temps, ils seraient tenus de les faire vendre, à peine de perdre les sommes qu'ils auraient prêtées;

Qu'ils ne pourraient prêter sur gages aux femmes en puissance de maris, aux enfans de famille, ni aux domestiques, à peine de perdre, ce qu'ils auraient prêté, et de plus grande peine, s'il y échéait;

Qu'ils ne pourraient acheter, troquer, ni prendre pour gages aucune arme de soldats ni de bourgeois;

Qu'ils ne pourraient pareillement recevoir pour gages les outils des artisans, ouvriers, laboureurs et journaliers;

Que leurs droits et hypothèques leur seraient conservés sur les immeubles de leurs débiteurs, selon les règles de la justice, et conformément aux ordonnances, lois, usages et coutumes du pays;

Qu'ils seraient obligés de procéder devant les juges et consuls de Metz, dans les matières consulaires, pour les contestations qu'ils auraient avec les chrétiens, sauf l'appel au parlement, dans les cas qui y sont sujets; sa majesté leur réservant, pour les contestations de Juifs à Juifs, la liberté de se pourvoir devant leur rabbin, et aux chefs de leur communauté, la connaissance de leur police, religion, coutumes, cérémonies et impositions;

Qu'il leur serait permis d'avoir des boucheries particulières pour la nourriture de leurs familles, avec défenses aux bouchers juifs de tuer un plus grand nombre de bestiaux que ce qui est absolument nécessaire pour la subsistance des mêmes familles, ni de vendre aux chrétiens d'autre viande que celle des quartiers de derrière des animaux, et les chairs de ceux qui auraient été reconnus viciés des vices qui empêchent les Juifs d'en manger, suivant leur loi, à peine de 1,000 livres d'amende contre les contrevenants;

Qu'ils seraient tenus de commettre deux Juifs experts, pour visiter tous les animaux qui seraient tués dans leurs boucheries, et reconnaître ces vices, lesquels experts seraient obligés de tenir un registre fidèle de la quantité de bœufs, veaux et moutons qui auraient été trouvés viciés de ces sortes de vices, et de ceux qui ne seraient point viciés, avec mention du nom des bouchers juifs qui les auraient tués et les débiteraient; et prêteraient serment devant l'un des conseillers du parlement de Metz qui serait commis pour cet effet, de bien et dûment s'acquitter de cette visite, d'avertir le procureur-général du roi des contraventions qui pourraient arriver, pour les amendes encourues être par lui poursuivies, et de remettre entre ses mains le registre dont il s'agit de six mois en six mois; à la charge en outre que les jurés bouchers de Metz continueraient leurs visites et inspections sur les boucheries des Juifs, ainsi qu'ils avaient droit de faire sur les autres boucheries, et qu'il s'était observé par le passé;

Qu'en cas de contravention à aucun de ces articles, les pères et les mères seraient responsables de leurs enfants, et les maîtres de leurs domestiques, pour le paiement des amendes qui auraient été encourues.

II. Quant à la Lorraine, l'état des Juifs dans cette province a d'abord été fixé par une déclaration du duc Léopold, du 20 octobre 1721. Cette loi a permis à cent quatre-vingts familles juives de continuer leur résidence dans les états de ce prince, d'y exercer leur religion, et de tenir leur synagogue sans bruit ni scandale, dans une de leurs maisons, sous la dépendance de la synagogue principale de Boulai, avec défense de reconnaître aucune synagogue étrangère, en quelque matière que ce fût: il a en même temps été permis à ces Juifs de commercer, en se conformant aux ordonnances, usages, statuts et règlements des lieux où ils seraient domiciliés.

Par arrêt du 11 juin 1726, le conseil du duc Léopold ordonna aux Juifs établis dans les états de ce prince, qui tiendraient des maisons à titre de propriété ou de location, dans l'intérieur des villes, bourgs ou villages, et qui se trouveraient mêlées avec celles des catholiques, de se défaire de ces mêmes maisons par vente ou autrement, et d'en sortir dans le mois, à peine, contre les propriétaires juifs, de confiscation de leurs maisons, et contre ceux qui ne seraient que locataires, de 2,000 livres d'amende. Il fut d'ailleurs réglé que les Juifs qui avaient droit de résider en Lorraine, seraient tenus de s'adresser, dans les villes, aux officiers de police, et dans les villages, aux maires et gens de justice, pour que ceux-ci leur désignassent; à l'écart, dans les endroits les moins fréquentés, des terrains ou maisons pour leurs habitations; en sorte que, parmi leurs maisons, il ne

pût y en avoir d'intermédiaires appartenantes aux sujets catholiques du duc.

Les usures que les Juifs exerçaient en Lorraine, surtout dans les campagnes, donnèrent lieu à un édit remarquable du 30 décembre 1728, qui fut enregistré à la cour souveraine le même jour. Cette loi déclara nuls tous les billets et actes sous seing privé, qui seraient faits avec les Juifs, tant pour argent prêté, que pour vente de marchandises ou autre engagement; mais les lettres de change, les billets à ordre et les autres qui sont usités dans le commerce, furent exceptés de la prohibition.

Il fut en outre ordonné que, dans le cas où des Juifs se seraient rendus coupables de dol et d'usure envers quelques sujets catholiques, ils seraient punis par la perte de leurs créances, et tenus de payer le double de ses créances au débiteur, outre une amende de 500 francs, sans que ces peines pussent être remises ni modérées par les juges.

Enfin, un arrêt rendu au conseil d'état du feu roi Stanislas, le 29 janvier 1753, forme le dernier état de la jurisprudence relativement aux Juifs de Lorraine. Voici ce qu'il porte:

» Le roi s'étant fait représenter l'arrêt du conseil d'état du 26 décembre 1733, donné sur la requête du chef de la communauté des Juifs résidants dans ses états, par lequel il a été permis à toutes les familles juives comprises dans la répartition qui avait été faite, en exécution d'un arrêt du 26 juillet précédent, et montant à cent quatre-vingts, de continuer leur résidence dans ses états, jusqu'à son bon plaisir; les impositions sur les Juifs ayant depuis continué d'être faites sur le pied desdites cent quatre-vingts familles, sa majesté ne croit pas devoir déranger leurs établissements, ni les frustrer du bénéfice de ces arrêts: étant aussi informée de différens abus et inconvéniens qui naissent de l'exécution de l'ordonnance donnée par le duc Léopold, le 5 décembre 1728, concernant les actes qui se passent avec les Juifs, elle trouve à propos d'en suspendre l'exécution. Ouï sur le rapport du sieur Ronot, sa majesté, en son conseil, a ordonné et ordonne:

» 1° Que le nombre des Juifs qui seront admis dans ses états, demeurera fixé jusqu'à son bon plaisir, à cent quatre-vingts familles, et que sous le nom de famille seront compris le chef et tous ses enfans et descendans des mâles, demeurant dans une seule et même maison, sans préjudice aux acquisitions faites jusqu'à ce jour par aucuns d'eux, en vertu de permission, et aux désignations faites dans quelques-uns des lieux de leur résidence, des rues ou terrains pour y former des habitations, dans lesquels ils seront maintenus;

» 2° Que les syndics desdits Juifs déposeront dans le mois, au greffe de son conseil, un rôle ou état exact de tous les Juifs, chefs de famille, qui sont actuellement dans ses états, contenant leurs noms et le lieu de la résidence actuelle de chacun d'eux; pour être faite et arrêtée en sondit conseil, la liste de ceux qu'elle jugera à propos de tolérer en chacun lieu, jusqu'audit nombre de cent quatre-vingts familles, et de suite envoyée et publiée partout où besoin sera ;

» 3º Que lesdits Juifs résidant dans ses états composeront une seule communauté, de laquelle sa majesté a nommé et établi pour syndics, Salamon Alcan, Isaac Behr, et Michel Godechaux, demeurant à Nancy ;

» 4º Ceux qui dans la suite pourraient obtenir de sa majesté permission de s'établir dans ses états, pour remplacer des familles actuelles qui seraient éteintes, seront tenus de faire registrer ladite permission au greffe du bailliage de la résidence, et de la communiquer au premier officier du lieu, à peine de privation de la grâce;

» 5º Ordonne au surplus sa majesté, que les édits, ordonnances, déclarations et arrêts de réglements, donnés, tant au sujet de l'exercice de leur religion, que de la police, commerce et autrement, seront suivis et exécutés, à la réserve néanmoins de l'ordonnance du 30 décembre 1728, concernant les actes qui se passent avec les Juifs; dont sa majesté a suspendu et suspend l'effet et l'exécution jusqu'à ce qu'elle en ait autrement ordonné.»

Cet arrêt a été revêtu de lettres-patentes, et enregistré au parlement de Lorraine le 5 avril 1753.

Le 22 avril 1762, cette cour a rendu, sur le réquisitoire du procureur-général, un arrêt par lequel elle a ordonné que les premier, second, troisième et quatrième chefs de l'arrêt du conseil du 26 janvier 1753, et le rôle arrêté le 26 avril suivant, seraient exécutés selon leur forme et teneur; en conséquence, que toutes les familles juives qui étaient établies en d'autres lieux du ressort que ceux que spécifiait ce rôle, seraient tenues de sortir des états dans le mois, sinon qu'elles en seraient expulsées, et leurs effets confisqués au profit du domaine du roi.

[[SECTION III. *De l'état des Juifs en Piémont, en Savoie et dans le comté de Nice.*

Les constitutions du roi de Sardaigne du 7 avril 1770, contiennent un titre exprès sur les *Juifs*. C'est le 8e du livre 1er, et il est divisé en 13 chapitres.

Le premier oblige les Juifs d'habiter, dans les villes où ils sont tolérés, des quartiers *séparés et fermés.*

Le second leur fait défense de bâtir de nouvelles synagogues, et leur enjoint de célébrer leur culte à voix basse.

Le troisième leur interdit toute acquisition d'immeubles.

Le quatrième les assujettit à porter une marque distinctive.

Le cinquième détermine les effets qu'il leur est défendu d'acheter et de négocier.

Le sixième prononce des peines contre les Juifs qui blasphémeraient le nom de Dieu et ceux des saints.

Le septième les oblige de *demeurer renfermés pendant les jours de la passion de J. C.*

Le huitième défend de les attirer par force à *notre sainte foi.*

Le neuvième les garantit de toute attaque, de toute insulte et de tout trouble dans leurs rits religieux.

Le dixième défend aux *convertis du judaïsme, de converser avec les Juifs.*

Le onzième maintient dans la possession de tous leurs biens, les Juifs convertis à la foi.

Le douzième est rapporté ci-après, sect. 4, nº 1.

Le treizième déclare les Juifs justiciables, tant au civil qu'au criminel, des tribunaux ordinaires. *V.* ci-après, sect. 5, § 6.]]

SECTION IV. *Décisions particulières concernant les Juifs.*

1º Il existe, sous la date de l'an 1280, un règlement qui fait défenses aux Juifs d'avoir des domestiques chrétiens de l'un ou de l'autre sexe. On ne sait pas par qui il a été fait; mais il se trouve au registre *Olim* du parlement de Paris, feuillet 5o.

[Voici comment il est conçu : *Statutum fuit et ordinatum quod aliqui christiani seu christianæ non morentur in domibus Judæorum ut eis serviant, et quod Judæi aliquos christianos seu christianas in suis domibus ut eis serviant, retinere non præsumant.*

Le conseil souverain de Colmar a adopté ce règlement à son ressort, par un arrêt de règlement du 19 janvier 1717.

Mais il l'a modifié, par un autre du 25 janvier 1766.

Les préposés des Juifs de la Haute et Basse-Alsace avaient représenté que, par la loi de Moïse, il leur est enjoint de sanctifier le jour du sabbat, et de s'abstenir de tout ouvrage; que de tous temps ils s'étaient servis de chrétiens de bonne volonté qui avaient vaqué dans leurs maisons aux travaux nécessaires et prohibés par la loi, dont le roi daignait tolérer l'exercice en cette province, et qu'ils récompensaient largement ces petits services ; de sorte que c'eût été nuire à quantité de personnes qui se trouvaient dans la nécessité, que de leur interdire une ressource capable de les soulager dans leur misère; que les évêques de Bâle, par différens décrets qu'ils rapportaient, avaient autorisé cet usage dans leur diocèse; que cependant quelques procureurs fiscaux, moins par zèle que par intérêt, faisaient défenses aux justiciables de leur district de secourir les Juifs les jours de sabbat, et les menaçaient de fortes amendes; qu'il était pourtant visible que cet usage immémorial n'était point contre les bonnes mœurs, qu'il était autorisé même en Italie, ainsi que dans toutes les villes du royaume où il y avait des Juifs.

C'est sur cet exposé qu'est intervenu l'arrêt cité. Il permet aux Juifs « d'employer dans leurs maisons, les jours de sabbat, les chrétiens qui vou-

» dront y vaquer aux ouvrages défendus par leur
» loi; mais audit temps seulement, et sans que
» lesdits ouvrages puissent être dirigés à aucun
» acte d'exercice du judaïsme, ni se fassent ès
» jours de dimanches et de fêtes non dispensés pour
» le travail. »

V. l'art. 8 des lettres-patentes du 10 juillet 1784,
rapporté ci-devant, sect. 1, § 5, n° 4.]

[[Les constitutions sardes, du 7 avril 1770,
liv. 1, tit. 8, chap. 12, contiennent, sur cette matière, les dispositions suivantes :

α Art. 1. Il ne sera permis aux chrétiens, de
quelque sexe qu'ils soient, d'habiter avec aucun
Juif, sous prétexte de le servir, ou sous quelque
autre prétexte que ce puisse être.

» 2. Les chrétiens ne feront aucun traité de
vente, achat, ni autre négoce de marchandises
avec les Juifs les jours de dimanche, ou d'autres
fêtes solennelles, pendant lesquelles il a été ci-
devant défendu de tenir des foires ou marchés.

» 3. Il n'est pas défendu, les autres jours non
fêtés, d'aider d'une manière permise, et de trafiquer avec eux, pourvu qu'on ne nourrisse pas
leurs enfants dedans ou dehors de leurs habitations.

» 4. Aucun chrétien ne pourra entreprendre des
ouvrages pour le service et profit des Juifs, qui
l'obligent de rester continuellement avec eux, ou
de passer la nuit dans leurs maisons.

» 5. Ceux qui contreviendront à quelqu'une
des susdites défenses, encourront la peine de dix
écus, et subsidiairement celle d'une mois de prison. »]]

[2° L'arrêt du conseil souverain de Colmar du
19 janvier 1717, défend aussi aux Juifs de tenir
cabaret, à peine de 500 livres d'amende.

5° Un autre arrêt du même tribunal, en date
du 27 novembre 1690, α fait défenses à tous Juifs
» du ressort et autres, de se transporter dans
» les villes, bourgs et villages, les jours de fêtes
» et dimanches, pour y trafiquer, à peine de
» 100 livres d'amende, et de plus grande, s'il y
» échoit. »

5. Par une déclaration du 29 août 1710, enregistrée au parlement de Metz, le 23 septembre
suivant, le roi étant informé que plusieurs Juifs
de cette ville, faisant la banque ou le commerce,
affectaient de tenir leurs registres en langue hébraïque, pour couvrir plus facilement leurs usures,
ordonna qu'ils seraient obligés de tenir des registres dans la forme prescrite par l'ordonnance,
et en langue française : faute de quoi, ils seraient
déchus de toute action pour raison des sommes
qu'ils prétendraient leur être dues, déclarés incapables de faire aucun commerce de banque, ou
autre de quelque nature que ce fût, et condamnés
en outre à 2,000 livres d'amende.

V. ci-devant, sect. 1, § 2, n° 4, l'art. 9 des
lettres-patentes du 10 juillet 1784.

5° Un arrêt du conseil souverain d'Alsace, du
19 février 1735, α fait défenses à tous Juifs de ne
» plus donner, ni signer, en lettres hébraïques,
» aucune quittance et autres actes concernant leurs
» débiteurs chrétiens ; a ordonné et ordonne qu'ils
» les rédigeront, ou tout au moins les signeront
» à l'avenir en langue vulgaire, et, en cas qu'ils
» ne sachent écrire en langue vulgaire, ils les feront
» rédiger par un tiers, en présence de deux témoins
» chrétiens qui y signeront avec lesdits Juifs ; leur
» fait défense d'ajouter rien en langue hébraïque
» à leurs signatures : le tout à peine de faux et
» de nullité contre les Juifs contrevenans. »

V. ci-devant, sect. 1, § 5, n° 2, l'art. 16 des
lettres-patentes du 10 juillet 1784.]

6° L'art. 1er de l'édit du mois de mars 1685,
concernant la police des îles françaises de l'Amérique, a enjoint aux officiers royaux de chasser
de ces îles tous les Juifs, et à ceux-ci d'en sortir
dans l'espace de trois mois, sous peine de confiscation de corps et de biens.

[7° Un Juif peut-il être entendu en témoignage
pour un autre Juif contre un chrétien ?

V. l'article *Témoin judiciaire.*

8° Sur l'indissolubilité du mariage des Juifs,
V. l'article *Mariage*, sect. 2, § 1, n° 5, et § 2 ;
et ci-devant, sect. 1, § 2, n° 2.

9° Sur la faculté que le *Deutéronome* leur
accorde de répudier leurs femmes, *V.* l'article
Divorce.]

10° Par arrêt du 20 février 1731, le conseil a
cassé deux arrêts rendus au parlement de Dijon,
les 22 juin 1721, et 29 juillet 1730, qui avaient
autorisé quelques Juifs établis à Bordeaux, à
trafiquer pendant un mois de chaque saison de
l'année, dans toutes les villes et autres lieux du
ressort de ce parlement ; et il a été fait défense à
tout Juif de trafiquer, vendre ou débiter des
marchandises dans aucun lieu du royaume, autre
que celui où il aurait son domicile.

[11° Peut-on admettre les Juifs dans les corps
d'arts et métiers ?

Alexandre Salomon, Juif, demeurant à Bouxwiller, avait obtenu, le 13 février 1747, une ordonnance du juge du lieu, qui lui permettait d'y
débiter de l'huile, et même voulait qu'il fût reçu
à la maîtrise des huiliers de cette seigneurie ; mais
sur l'appel qui en fut interjeté par les préposés
et maîtres de cette communauté, auxquels se
joignit le procureur-général du conseil souverain
de Colmar, cette cour, par arrêt du 4 mai 1751,
a fait défense à Salomon Alexandre, de plus vendre
ni débiter de l'huile dans la seigneurie de Bouxwiller et ses dépendances, et l'a condamné aux
dépens.

M. de Boug, tome 1, page 387, nous apprend
les motifs de cette décision.

D'abord, dit-il, l'ordonnance du 13 février 1747,
était contraire aux statuts du corps des huiliers de
Bouxwiller, qui excluaient les Juifs de ce commerce.

« Mais (ajoute-t-il) un motif supérieur encore
a engagé le ministère public à s'élever contre l'ordonnance, et le conseil à faire droit sur ses réquisitions ; c'est le principe de droit public univer-

sellement reconnu, que les Juifs ne peuvent entrer dans aucun corps de maîtrise d'arts et métiers. On sait qu'ils n'ont négligé aucune occasion qu'ils s'imaginaient pouvoir leur être favorable pour y être admis, et acquérir en France un droit de bourgeoisie; mais il leur a été refusé de tout temps et partout.

» Leurs derniers efforts à ce ce sujet (continue M. de Boug), mais aussi vains que les précédents, ont été en 1767, après l'édit du mois de mars de cette même année. »

On sait que, par cet édit, le roi a offert à tous ses sujets qui se destinent aux diverses professions, des brevets qui les dispensent des frais d'apprentissage, de ceux de réception, et les investissent les pourvus, sans autres formalités, de tous les droits attachés à la maîtrise.

Le législateur a fait plus : pour mettre ces brevets à la portée de tous ceux à qui ils pourraient convenir, il a permis de les lever tout à la fois aux nationaux et aux étrangers.

Pour fixer ceux-ci dans ses états, il a joint à ce premier avantage d'autres prérogatives non moins précieuses.

En étendant l'édit qu'il venait de publier, il a voulu, par des lettres-patentes du 23 juin suivant, 1° que, sur la représentation même du brevet ou de la quittance qui en tient lieu, le sujet pourvu fût installé, sans autre cérémonie, par le juge ordinaire; 2° qu'il lui fût permis d'élever boutique, d'établir un commerce public, de jouir de tous les priviléges et de toutes les distinctions du corps auquel il se serait fait aggréger; 3° que l'étranger possesseur d'un tel brevet fût, par cela même, affranchi du droit d'aubaine; qu'il pût en sûreté acquérir, succéder et transmettre.

En vertu de ces lois, deux Juifs ont levé des brevets de maîtrise pour la ville de Thionville; ils les ont présentés au juge de police, avec prière de recevoir leur serment, et de les mettre en possession des droits et des priviléges que le roi leur avait accordés.

Ce juge a ordonné la communication de la requête et des brevets au corps des marchands et à celui des officiers municipaux.

Ceux-ci ont formé opposition à l'enregistrement des brevets, et à la réception des deux Juifs qui les avaient obtenus.

Le juge de Thionville a admis cette opposition, et a débouté les deux Juifs de leurs demandes.

Appel de la part de ces derniers à la cour souveraine de Nancy, à laquelle était alors réuni le ressort du parlement de Metz.

M. Lacretelle, leur défenseur, partagea ses moyens en trois propositions.

Il soutint 1° que les deux lois dont les Juifs réclamaient l'exécution, les appelaient, comme tous les autres sujets du roi, à la grâce qu'il avait même destinée aux étrangers; 2° que cette grâce leur ouvrait nécessairement les portes de toutes les villes où ils en apportaient les titres; 3° que c'était un moyen d'adoucir leur sort et d'élever

leurs âmes; moyen que la politique, la raison et l'humanité devaient saisir.

« D'abord (dit M. Lacretelle) les brevets créés par l'édit de 1767, peuvent appartenir aux Juifs, et on ne les a pas exclus de la permission générale de les lever.

» Pourquoi les Juifs ne seraient-ils pas les hommes qu'elle a en vue ? A-t-on jamais douté de leur sagacité, de leur industrie, de leurs ressources dans le commerce et dans les arts?

» Ne les voit-on pas lutter tous les jours, par une activité ingénieuse, contre une concurrence qui semble à chaque instant les écraser, contre des lois qui leur lient les mains sur les opérations les plus sûres, contre la défiance même que les vices inséparables de leur misère n'excitent que trop ?

» Est-il indigne de la sagesse, de la bonté d'un législateur, de relever une race qui se soutient par sa seule habileté, au milieu de la proscription qui l'environne; qui, par les prodiges qu'elle enfante continuellement, peut faire espérer les plus grands services; qui serait encore précieuse par sa patience seule, par son application et son intelligence dans les petits détails ?

» Enfin, n'exercent-ils pas tous, parmi nous, un commerce et une industrie ? Pourquoi seraient-ils éloignés des avantages que l'on veut faire à l'industrie et au commerce ? »

Mais on objectait aux Juifs, que la loi n'avait voulu favoriser que les compagnons, et qu'ils étaient seuls désignés dans l'édit. Voici ce que répondait pour eux M. la Cretelle.

» En premier lieu, ce n'est pas des *compagnons* seuls qu'il est parlé; c'est encore des *aspirants* : ainsi la disposition devient plus étendue.

» Ce dernier mot a aussi sa valeur, qu'il ne faut pas laisser échapper. L'*aspirant* est celui que son talent, ses besoins, sa fortune et son goût déterminent pour une profession et pour un métier. Tout le monde, dans ce sens, peut être *aspirant*, et l'est en effet à l'art qu'il croit le plus propre à satisfaire ses désirs, et à lui procurer des succès. Ce mot n'a pas d'autre signification.

» En second lieu, l'on a eu si peu intention de borner la grâce à ce qui s'appelle *compagnons* et *apprentis*, que l'on admet indifféremment tous les sujets qui se présenteront, sans s'informer de leur capacité et de leur expérience.

» On suppose l'une et l'autre inséparables du dessein de s'appliquer à une profession. Nul chef-d'œuvre à faire ; nulle preuve d'apprentissage à fournir. Toutes ces formalités sont abolies, ou plutôt sont suspendues dans ce cas, qui est particulier.

» Le roi veut récompenser le zèle et le talent, ou bien les venger de l'injure de la fortune; il se réserve, sans doute, de faire un choix; mais ce choix dispense de tout.

» En troisième lieu, de ce que le roi a eu en vue, dans sa disposition, les *compagnons* et les *apprentis*, il ne s'ensuit nullement qu'il n'a pensé qu'à eux. Un but spécial dans une loi n'en exclut pas un général. Bien des sujets peuvent avoir une aptitude marquée pour une profession, et ne l'avoir pas exercée. Serait-il juste, serait-il dans l'intention de la loi, de les en éloigner, jusqu'après qu'ils y auraient été compagnons ou apprentis ?

» La loi ne l'exige pas ; on ne peut donc le demander. Les Juifs sont précisément dans ce cas.

» En un mot, rien dans la loi qui les exclut, ou qui les appelle directement. Ce ne serait donc que comme Juifs, en haine de leur nation, de leur religion, qu'ils seraient rejetés.

» Mais que sont les Juifs relativement à nous? Car il faut qu'ils soient quelque chose ; il faut qu'ils tiennent à nous par quelques rapports, à moins qu'on ne les ravale au-dessous de l'humanité, qu'on n'en fasse des êtres qui n'ont pas même le nom générique commun avec les autres peuples.

» On ose soutenir qu'ils peuvent s'honorer du titre de Français, de régnicoles.

» Il n'y a aucune de nos provinces où ils n'aient des établissements. Ils sont, à la vérité, exclus de tous les autres lieux. Mais là où on leur a ouvert un asile ils sont habitants, ils sont sujets du roi ; ils vivent soumis à nos lois, protégés par elles ; ils promettent fidélité au gouvernement, ils lui paient des impôts ; ils n'ont aucun des caractères auxquels on a marqué les étrangers parmi nous ; ils succèdent les uns aux autres ; le fisc n'a aucune prise sur eux, que dans le cas de mort civile ; ils contestent devant nos tribunaux, sans être obligés de donner caution pour leur solvabilité.

» Ils font, si l'on veut, une nation à part, une nation dégénérée, à qui la gloire, ni l'honneur, ni rien de tout ce qui flatte le cœur de l'homme, ne peut appartenir.

» Nous les reléguons souvent dans un espace séparé ; nous leur laissons leurs mœurs, mais nous en craignons la contagion. Nous leur avons ôté toute influence sur la terre même qu'ils habitent ; nous semblons nous être réservé le pouvoir de les en détacher à chaque instant, pour les rendre à leur profond abandon : mais ce n'est là qu'une manière d'exister moins solide, moins douce, moins honorable que la nôtre. Elle n'est point une ligne de séparation, une barrière qui les retranche du nombre de ceux que nos souverains gouvernent et protégent.

» Encore une fois ils font pour l'état tout ce que nous faisons nous-mêmes. Obéissance, loi, impositions, tout cela les concerne comme nous, quoique d'une manière différente.

» Ils sont donc des sujets du roi.

» Mais veut-on les voir comme le plus noble des avantages? Veut-on qu'ils soient absolument des étrangers parmi nous ? Qu'au moins ils le soient relativement aux provinces où ils ne sont pas reçus. Ils n'en sont

pas moins compris dans la grâce accordée par l'édit.

» Au contraire, ce sont eux singulièrement que cette loi veut favoriser ; ce sont eux qu'elle adopte, qu'elle comble d'avantages, qu'elle veut s'attacher par les liens de la reconnaissance et de l'intérêt. Tout ce qu'ils n'avaient pas encore obtenu leur est actuellement accordé ; ils ne sont plus étrangers à l'état, ni à la plupart des privilèges des citoyens.

» Un édit du roi a établi de nouvelles places dans les corps et métiers, des places qu'on obtient par une faveur particulière, et d'une manière moins onéreuse : elles sont offertes aux divers sujets des diverses nations. L'on ne regarde ni à la qualité, ni à la religion. L'on n'exige d'eux que fidélité au roi, et soumission aux lois de l'état, et à celles du corps où ils se font recevoir. Cette loi doit avoir son effet, indépendamment de toutes celles qui pourraient leur être opposées.

» Elle n'a pas été faite en vain. La grâce qu'elle accorde doit avoir son effet. Ces principes renversent toutes les objections des adversaires des Juifs.

» Le corps des marchands et l'hôtel commun se réunissent pour leur contester le droit d'habitation dans leur ville. Ils se fondent sur ce qu'ils appellent nos lois publiques, qui n'admettent cette nation que dans quelques pays et avec des restrictions.

» On suppose que ces prétendues lois publiques existent et que telles sont leurs dispositions.

» Mais elles sont révoquées dans ce point ; elles ont reçu une atteinte salutaire de la même main qui les avait posées. La loi nouvelle réclame son exécution. Les particuliers qu'elle concerne, et dont elle se jouerait sans cela, ont un droit acquis, un droit incontestable.

» Nous ne connaissons pas de lois existantes qui rejettent les Juifs de l'enceinte de nos contrées. On les a vus poursuivis tour à tour par la calomnie, par la haine et par le fanatisme, le plus affreux délire de la nature humaine, qui n'a si bien punis de la rage qu'il leur a inspirée.

» Des lois insensées ont voulu les priver de l'eau et du feu dans des temps barbares ; d'autres, d'une injustice moins absurde, les ont bannis ; d'autres encore, d'une cruauté perfide, les laissaient s'enrichir, pour les dépouiller ensuite.

» Mais elles ont toujours cédé à l'or, à l'intrigue, qui savaient les combattre ; quelquefois même elles ont été effacées par les larmes de ce peuple qui semble né pour l'avilissement, l'infortune et l'adresse.

» Il s'est perpétué, sous l'abri même de cette législation qui le détestait.

» De sorte que l'on peut dire que ces différentes lois, sous lesquelles on a voulu l'accabler, sont oubliées et anéanties par leur inexécution même. Elles ne sont donc plus, contre lui, que des armes déjà émoussées par le temps, et dont la raison interdit l'usage.

» C'est singulièrement dans le pays messin qu'ils ont une protection plus signalée à réclamer.

» Les Juifs étaient établis dans ce pays avant qu'il passât sous la domination française. Depuis ils s'y sont toujours maintenus ; ils s'y sont toujours regardés comme citoyens ; ils ont donné des preuves honorables de leur fidélité au prince.

» La ville de Thionville même les a reçus. Cette ville ne sait que se louer des Juifs ; elle n'a pas cru même pouvoir se dispenser envers eux , du devoir de la gratitude , et elle les repousse aujourd'hui comme des ennemis , ou plutôt elle veut les écraser comme des reptiles dangereux !

» Mais on prétend qu'ils vont infecter toute la ville de leurs vices ; on tremble pour le commerce , d'où ils vont enlever la bonne foi ; on tremble pour la tranquillité des citoyens , qu'ils vont séduire et ruiner par des offres désastreuses ; on tremble pour la jeunesse , qu'ils conduiront à la perte des mœurs par celle de la fortune.

» Il nous siérait mal d'insulter à ces craintes , que nous devons nous efforcer de calmer ; elles sont fondées ; elles nous accablent d'autant plus que nous les méritons. Mais le mal n'est rien quand on peut le prévenir. N'y a-t-il donc pas ici de règlement à faire , de précaution à prendre ?

» Au reste , parce que des moyens pernicieux ont souvent été la ressource de la misère et de l'avilissement , faut-il donc que le malheureux , qui les traîne à sa suite , ne trouve pas un coin sur la terre où il puisse verser des larmes moins amères ?

» Nous ne devons pas glisser aussi légèrement sur un objet qui tient à l'ordre public , aux droits de l'humanité. Voyons donc si les craintes que l'on avance sont, sans remède, pour ne pas être sans raison. Voyons encore si le remède ne sort pas même de la faveur que l'on accorde aux Juifs.

» Il semble que cette cause, dans sa simplicité, fait naître une question importante : elle consiste à savoir si, lorsqu'on propose d'adoucir le sort des Juifs parmi nous, les tribunaux qui veillent aussi sur le dépôt sacré des mœurs et de la félicité publique, doivent se faire revêtir d'une inflexible sévérité, ou d'une compassion encourageante.

» On sait que ce peuple, répandu et proscrit dans toute la terre, le même partout, le même depuis qu'il est déchu de sa passagère grandeur, toujours menacé et toujours subsistant, paraît ne savoir plus que porter des fers, et braver le mépris.

» Ménagé par l'avarice, plutôt que par la politique ou par l'humanité, toujours faible au milieu même des richesses, se rendant quelquefois nécessaire, et rarement utile, tels sont les traits sous lesquels on le reconnaît dans tous les pays.

» En France, on lui fait un honneur qu'il ne reçoit presque nulle part ; c'est de le haïr et de le craindre.

» On le croit dangereux pour les mœurs, pour le commerce ; on souffre impatiemment ses super-

stitions, sa persévérance dans ses erreurs, dans ses usages ; on lui fait un reproche même de sa soumission, que nous nommons lâcheté. On observe effectivement que, familiarisé avec le mépris, il fait de la bassesse la voie de sa fortune. Incapable de tout ce qui demande de l'énergie, on le trouve rarement dans le crime ; on le surprend sans cesse dans la friponnerie.

» Séparé de toutes les propriétés, l'or, qui les représente, fait sa passion unique.

» Barbare par défiance, il sacrifierait une réputation, une fortune entière, pour s'assurer la plus chétive somme.

» Sans autre ressource que la ruse, il se fait une étude de l'art de tromper. L'usure, ce monstre qui ouvre les mains de l'avarice même, pour l'assouvir davantage, qui, dans le silence, dans l'ombre, se déguise sous mille formes, calculant sans cesse les heures, les minutes d'un gain affreux, va partout épiant la faiblesse, le malheur, pour leur porter ses perfides secours ; ce monstre paraît l'avoir choisi pour son agent.

» Voilà tout ce que l'inquisition la plus rigoureuse pourra recueillir contre le peuple Juif ; et l'on avoue qu'il y a de quoi être effrayé du portrait, s'il est fidèle. Il ne l'est que trop ; c'est une vérité dont il faut gémir.

» Mais est-ce là le tort de l'homme ? Est-ce seulement celui de sa situation ? C'est ce que notre légèreté ne nous a pas encore permis d'approfondir.

» Ce n'est pas devant des magistrats qu'il faut réfuter cette opinion barbare et insensée, qui fait croire à quelques esprits qui se plaisent dans le soupçon du mal, que les vices que nous venons de retracer tiennent à la nature même des Juifs ; qu'ils sont inséparables de leurs mœurs, de leurs idées, de leur religion même : des magistrats qui passent leur vie à faire du bien aux hommes, ne sont pas faits pour les mésestimer.

» L'histoire, il est vrai, nous montre les Juifs toujours dans les mêmes occupations, dans le même caractère, dans le même état, depuis leur décadence.

» Mais leur histoire n'est autre chose qu'un enchaînement de disgraces et de malheurs.

» Si nous les considérons aussi dans la Hollande, dans quelques parties de l'Allemagne, dans les colonies anglaises, surtout, dans tous les pays où le commerce les a un peu rapprochés de la condition ordinaire des hommes, nous les trouverons plus honnêtes, plus fidèles dans leurs traités, sensibles à l'honneur, et lui sacrifiant quelquefois la richesse.

» Aujourd'hui même, un des princes qui règne en Europe, se félicite d'avoir secouru l'humanité et le malheur ; il trouve dans les Juifs des talens qui pourront l'aider à s'élever autant, par le commerce que par la guerre.

» Il les a même vus s'appliquer aux sciences, et prétendre à la distinction du génie. Dédaignant le préjugé, il n'a pas craint de consacrer une

draient à contracter, mais après la naissance de l'enfant.

» Sa majesté a décidé qu'il fallait appliquer à ce cas, la loi générale du royaume, suivant laquelle tout enfant né bâtard doit être élevé dans la religion catholique, parce qu'il appartient au souverain, et conséquemment à la religion de l'état. S'il a ci-devant été réglé, par rapport aux luthériens d'Alsace, que les enfants conçus et nés illégitimes, mais légitimés par un mariage postérieur à leur naissance, pouvaient être élevés dans le culte de leurs pères, pourvu qu'au temps du mariage ils n'eussent pas atteint l'âge de cinq ans, il est visible que cette exception au principe général ne saurait s'adapter à la religion des Juifs. En effet, dès l'instant de la naissance d'un bâtard, la nécessité de le baptiser est imposée, et cette obligation est commune aux luthériens et aux catholiques; au lieu qu'elle ne peut être remplie par les Juifs, qui ne connaissent que la circoncision, et non le baptême. Or, rien ne doit priver un enfant de l'avantage de recevoir ce sacrement; et lorsqu'il est devenu chrétien par le baptême, le mariage de ses parents ne peut plus le faire passer de cet état à celui de Juif.

» La seconde question regardait les enfans conçus illégitimes, mais légitimés par un mariage antérieur à leur naissance. Il s'agissait de savoir s'il devait être libre aux pères, et mères juifs de les élever dans leur religion; et sa majesté a jugé pour l'affirmative. C'est que toutes les lois des nations rendant légitimes les enfants nés pendant et constant le mariage, il s'ensuit que le principe concernant les enfants nés bâtards, est étranger au cas de cette espèce.

» La troisième question roulait sur un objet qui, comme vous le savez, n'est pas sans exemple. Elle consistait à savoir s'il y avait quelque fondement à mettre obstacle au mariage d'une fille juive qui, déclarant sa grossesse devant le juge du domicile, indiquerait pour père de l'enfant un garçon juif, lequel, de son côté, conviendrait du fait et se présenterait pour épouser la mère. Sa majesté a jugé qu'il ne devait point être apporté d'empêchement à la célébration d'un tel mariage, sur le simple soupçon que la fille aurait eu commerce avec un chrétien qu'on voudrait faire passer pour le père. En effet, la présomption que le garçon juif, qui s'avoue l'auteur de la grossesse et qui consent au mariage, est vraiment le père de l'enfant, paraît suffisante pour ne pas autoriser des procédures dont il ne peut résulter qu'un scandale public. »

16° La lettre ministérielle que nous venons de citer, porte encore que les syndics des Juifs d'Alsace « avaient formé une demande qui tendait à ce » que le roi voulût bien déclarer commune avec » eux, une ordonnance rendue, le 15 juillet 1728, » en faveur des Juifs de Bordeaux, ordonnance » qui défend à tous supérieurs de communautés de » recevoir dans leurs maisons, les enfants de ces » Juifs, sous prétexte de religion, avant l'âge de

» douze ans; mais que sa majesté a rejeté ce chef » de demande. »

17° On a vu plus haut, sect. 1, § 1, que le gouvernement ne souffre point, en Alsace, que les Juifs y soient injuriés impunément.

Le parlement de Paris vient de rendre un arrêt qui prouve que les Juifs des autres provinces ont droit à la même justice de notre part.

Le sieur Worms, Juif, était accusé d'usure par le sieur de Saint-Janvier. L'objet de cette accusation était important : il s'agissait d'un contrat de rente au principal de 130,000 livres que le sieur de Saint-Janvier avait vendu au sieur Worms, et pour lequel il prétendait n'avoir pas reçu 20,000 francs.

M. de Sèze défendait le sieur Worms, qui était appelant d'un décret d'ajournement personnel décerné contre lui par le lieutenant criminel du Châtelet; et il demandait l'évocation du principal, la décharge du sieur Worms, même l'impression et l'affiche de l'arrêt. Ces demandes paraissaient bien extraordinaires de la part d'un Juif accusé d'usure; mais elles étaient justes, parce que le sieur Worms était homme; et le parlement les lui a adjugées par l'arrêt du 29 janvier 1785.]

[[18° Dans quelle forme les Juifs doivent-ils prêter serment en justice ? V. l'article Serment, § 3.

Section. V. Changements opérés dans l'état des Juifs en France depuis 1789.

§ I. Les Juifs sont reconnus citoyens français.

Considérés en France comme étrangers, et exclus par conséquent de tous les droits de cité, les Juifs qui y étaient nés et établis en 1789, ne furent pas admis à cette époque dans les assemblées primaires du peuple français pour la nomination des députés aux états généraux; et ils ne le furent pas davantage dans les assemblées communales qui furent formées en exécution de la loi du 14 décembre de la même année, pour l'élection des officiers municipaux. Pouvaient-ils ne pas sentir tout ce qu'une pareille exclusion avait d'humiliant ? Ils réclamèrent de toutes parts, et de nombreuses pétitions arrivèrent en leur nom à l'assemblée constituante.

La question s'engagea dès le 24 décembre 1789, à l'occasion d'un projet de décret qui fut présenté pour faire déclarer les non catholiques capables de tous les emplois civils et militaires comme les autres citoyens. Des voix s'élevèrent pour que les Juifs fussent exceptés; et l'assemblée constituante, en adoptant relativement aux non catholiques en général la proposition qui lui était faite, déclara n'entendre rien préjuger relativement aux Juifs, sur l'état desquels elle se réserva de prononcer.

Le combat ne pouvait pas tarder à se renouveler. Le 30 avril 1790, il fut présenté à l'assemblée constituante un projet de décret tendant à faire jouir des droits de citoyens tous ceux qui, nés hors du royaume de parens étrangers, étaient établis en France, pourvu qu'ils y eussent un domicile continu depuis cinq ans, et qu'ils y eussent ou acquis des immeubles, ou épousé une Française, ou formé un établissement de commerce, ou reçu dans quelque ville des lettres de bourgeoisie. Ce projet n'éprouva aucune opposition ; mais il fut demandé par amendement que l'on y comprît littéralement les Juifs. Après de longs débats, le décret fut adopté tel qu'il avait été proposé ; mais on y ajouta : sans entendre rien préjuger sur la question de l'état civil des Juifs, qui a été et qui est ajournée.

Enfin, par un décret du 27 septembre 1791, sanctionné le 13 novembre suivant, la question a été résolue en ces termes :

« L'assemblée nationale, considérant que les conditions nécessaires pour être citoyen français, et pour devenir citoyen actif, sont fixées par la constitution, et que tout homme qui, réunissant lesdites conditions, prête le serment civique, et s'engage à remplir tous les devoirs que la constitution impose, a droit à tous les avantages qu'elle assure ;

» Révoque tous ajournemens, réserves et exceptions insérés dans les précédens décrets relativement aux individus qui prêteront le serment civique, qui sera regardé comme une renonciation à tous priviléges et exceptions introduits précédemment en leur faveur. »

§ II. Conséquence du droit de cité accordé aux Juifs, par rapport aux formes particulières auxquelles les lois et les règlemens antérieurs à 1789, avaient assujetti les obligations souscrites en faveur des Juifs d'Alsace.

J'ai établi dans un plaidoyer du 2 ventose an 9, rapporté dans mon Recueil des Questions de droit, aux mots Arrêt de règlemens, § 1,

1° Que les Juifs d'Alsace, en devenant citoyens français, ont été affranchis du joug de toutes les lois particulières, de tous les règlemens locaux qui avaient assujetti leurs contrats à des formes spéciales ;

2° Que cet affranchissement n'a cependant pas d'effet rétroactif, et qu'on doit encore déclarer nulles les obligations qui, passées à leur profit avant la publication du décret du 27 septembre 1791, n'ont pas été revêtues alors de ces formes ;

Et j'y ai rappelé au même endroit un arrêt de la cour de cassation du 25 ventose an 10, qui consacre formellement la seconde de ces propositions.

§ III. Suites données par l'assemblée constituante aux lettres-patentes de 1779 et 1780, rapportées ci-dessus, sect. 1, § 5, pour la liquidation des créances des Juifs d'Alsace sur les chrétiens de la classe du peuple.

La liquidation ordonnée par les lettres-patentes de 1778, 1779 et 1780, n'était pas, à beaucoup près, terminée à l'époque de la convocation des états-généraux en 1789 ; et les assemblées primaires de la province d'Alsace avaient en conséquence recommandé très-expressément à leurs députés, de demander qu'il fût pris des mesures pour consommer cette grande opération, à laquelle tenait pour beaucoup la tranquillité du pays.

De là, le décret de l'assemblée constituante, du 28 septembre 1791, qui porte :

« 1° Que, dans le mois, les Juifs de la ci-devant province d'Alsace, donneront aux directoires des districts du domicile des débiteurs, l'état détaillé de leurs créances, tant en principal qu'intérêts sur les particuliers non Juifs, dénommés dans les anciens règlemens de la ci-devant classe du peuple de la même province ;

» 2° Que les directoires de districts prendront aussitôt tous les renseignemens nécessaires pour constater les moyens connus des débiteurs pour acquitter ces créances ; qu'ils feront passer ces renseignemens, avec leur avis sur le mode de liquider ces créances, aux directoires des départemens du Haut et du Bas-Rhin ;

» 3° Que les directoires des départemens du Haut et du Bas-Rhin donneront, sans délai, leur avis sur ce mode de liquidation, communiqueront cet avis aux Juifs, et l'enverront, avec les observations de ces derniers, au corps législatif, pour être statué ce qu'il appartiendra.

Les opérations ordonnées par cette loi, ont-elles été faites ?

C'est ce que j'ignore, et ce qu'il est même inutile de rechercher. Il suffit que l'on sache que, s'il elles ont eu lieu, il ne s'en est ensuivi aucun décret du corps législatif.

§ IV. Nouvelles usures exercées par les Juifs de quelques départemens septentrionaux. Mesures prises en conséquence par le gouvernement. Assemblée des notables Juifs à Paris en 1806. Grand sanhédrin tenu dans la même ville en 1807. Décrets rendus à la suite de l'une et de l'autre.

I. L'assemblée constituante, en disant aux Juifs, Vous êtes citoyens français, n'avait changé ni leurs mœurs ni leurs habitudes ; il ne faut donc pas s'étonner que ceux d'entre eux dont l'usure avait été jusqu'alors l'unique profession, l'aient continuée depuis.

De là des plaintes qui, parvenues jusqu'au trône, et discutées pendant plusieurs séances au conseil d'état, ont inspiré au chef du gouvernement l'acte le plus sage, le plus politique et le plus grand qui ait été fait sur les Juifs depuis leur dispersion.

Cet acte est le décret du 30 mai 1806 ; en voici les termes :

« Sur le compte qui nous a été rendu que, dans plusieurs départemens septentrionaux de notre empire, certains Juifs n'exerçant d'autre profession que celle de l'usure, ont, par l'accumulation des intérêts les plus immodérés, mis beaucoup de cultivateurs de ces pays dans un état de grande détresse ; nous avons pensé que nous devions venir au secours de ceux de nos sujets qu'une avidité injuste aurait réduits à ces fâcheuses extrémités. Ces circonstances nous ont fait en même temps connaître combien il était urgent de ranimer parmi ceux qui professent la religion juive, dans les pays soumis à notre obéissance, les sentimens de morale civile qui malheureusement ont été amortis chez un trop grand nombre d'entre eux par l'état d'abaissement dans lequel ils ont long-temps langui, état qu'il n'entre point dans nos intentions de maintenir ni de renouveler. Pour l'accomplissement de ce dessein, nous avons résolu de réunir en une assemblée les premiers d'entre les Juifs, et de leur faire communiquer nos intentions par des commissaires que nous nommerons à cet effet, et qui recueilleront en même temps leur vœu sur les moyens qu'ils estiment les plus expédiens pour rappeler parmi leurs frères l'exercice des arts et des professions utiles, afin de remplacer par une industrie honnête, les ressources honteuses auxquelles beaucoup d'entre eux se livrent de père en fils depuis plusieurs siècles. A ces causes, sur le rapport de notre grand-juge ministre de la justice, et de notre ministre de l'intérieur, notre conseil d'état entendu, nous avons décrété et décrétons ce qui suit :

» Art. 1. Il est sursis pendant un an, à compter de la date du présent décret, à toutes exécutions de jugemens ou contrats, autrement que par simples actes conservatoires, contre les cultivateurs non négocians des départemens de la Sarre, de la Roër ou Mont-Tonnerre, des Haut et Bas-Rhin, de Rhin-et-Moselle, de la Moselle et des Vosges, lorsque les titres contre ces cultivateurs auront été consentis par eux en faveur des Juifs.

» 2. Il sera formé, au 15 juillet prochain, dans notre bonne ville de Paris, une assemblée d'individus professant la religion juive et habitant le territoire français.

» 3. Les membres de cette assemblée seront, au nombre porté au tableau ci-joint, pris dans les départemens y dénommés, et désignés par les préfets parmi les rabbins, les propriétaires et les autres Juifs les plus distingués par leur probité et leurs lumières.

» 4. Dans les autres départemens de notre empire non portés audit tableau, et où il existerait des individus professant la religion juive au nombre de cent au moins de cinq cent, le préfet pourra désigner un député ; pour cinq cents et au-dessus jusqu'à mille, il pourra désigner deux députés, et ainsi de suite. »

II. En exécution de ce décret et d'ordres ultérieurs qui en ont étendu les art. 2, 3 et 4 à ce qu'on appelait alors le royaume d'Italie, cent treize Juifs, choisis parmi les rabbins, propriétaires, les négociants et les banquiers, se sont réunis à Paris le 15 juillet suivant ; et le 26 du même mois ils se sont constitués en assemblée, sous la présidence de M. Abraham Furtado, Juif portugais, domicilié à Bordeaux.

Trois jours après, MM. Molé, Pasquier et Portalis, maîtres des requêtes, commissaires du chef du gouvernement pour communiquer avec cette assemblée, se sont rendus dans son sein, et lui ont proposé douze questions, sur chacune desquelles ils l'ont invitée à *faire connaître la vérité tout entière.*

Ces questions ont été discutées par l'assemblée dans ses séances des 4, 7 et 12 août ; et en voici le résultat.

« Les députés français, professant la religion de Moïse, arrêtent que la déclaration suivante précédera les réponses qu'elle doit faire aux questions qui lui sont adressées par les commissaires de sa majesté....

» L'assemblée.... déclare, au nom des Français qui professent la religion de Moïse, que, pour se rendre dignes des bienfaits que sa majesté leur prépare, ils sont dans l'intention de se conformer à ses volontés paternelles ; que leur religion leur ordonne de regarder comme loi suprême la loi du prince en matière civile et politique ; qu'ainsi, lors même que leur code religieux, ou des interprétations qu'on lui donne, renfermeraient des dispositions civiles ou politiques qui ne seraient pas en harmonie avec le Code français, ces dispositions cesseraient dès-lors de les régir, puisqu'ils doivent, avant tout, reconnaître la loi du prince et lui obéir ;

» Que, par une suite de ce principe, dans tous les temps, les Juifs se sont fait un devoir de se soumettre aux lois de l'état, et que, depuis la révolution, ils n'en ont point reconnu d'autre, ainsi que tous les Français....

» *Première question.* Est-il licite aux Juifs d'épouser plusieurs femmes ?

» *Réponse.* Il n'est point licite aux Juifs d'épouser plusieurs femmes Ils se conforment généralement dans tous les états de l'Europe, à l'usage de n'épouser qu'une seule femme. Moïse ne commande pas expressément d'en prendre plus d'une, mais il ne le défend pas. Il semble même adopter implicitement cet usage comme établi, puisqu'il règle la loi des successions entre les enfants de plus d'une épouse. Quoique cet usage existe dans tout l'Orient, néanmoins les anciens docteurs leur prescrivent de ne prendre plus d'une femme qu'autant que leur fortune leur permettra de pourvoir à tous leurs besoins.

» Il n'en fut pas de même en Occident ; le désir de se conformer aux usages des nations de cette partie de l'Europe parmi lesquelles ils s'étaient répandus, leur avait fait renoncer à la polygamie. Mais, comme quelques individus se le permettaient encore, cette circonstance détermina, dans le onzième siècle, la convocation d'un synode à Worms, présidé par le rabbin Guerson, et composé de cent rabbins. Cette assemblée prononça anathème contre tout Israélite qui se permettrait à l'avenir d'épouser plus d'une femme.

» Quoique ce synode n'eût pas fait cette défense pour toujours, l'influence des mœurs européennes a prévalu partout.

» *Seconde question.* Le divorce est-il permis par la religion juive ? Le divorce est-il valable sans qu'il soit prononcé par les tribunaux, et en vertu des lois contradictoires à celles du Code français ?

» *Réponse.* La répudiation est permise par la loi de Moïse ; mais elle n'est point valable, si elle n'est préalablement prononcée par les tribunaux en vertu du Code français.

» Aux yeux de tous les Israélites, sans exception, la soumission à la loi du prince est le premier des devoirs. C'est un principe généralement reçu parmi eux, que dans tout ce qui concerne les intérêts civils et politiques, la loi de l'état est la loi suprême. Avant qu'ils eussent été admis en France à la jouissance des droits des autres citoyens, et lorsqu'ils vivaient sous une législation particulière qui leur permettait de se régir selon leurs usages religieux, ils avaient la faculté de répudier ; mais il était extrêmement rare qu'ils en usassent.

» Depuis la révolution, ils n'ont reconnu à cet égard que les lois françaises : lors de leur admission aux droits des citoyens, les rabbins et les principaux Juifs dans toute la France, se présentèrent dans toutes les municipalités des lieux, et y prêtèrent le serment de se conformer en tout aux lois, et de n'en point reconnaître d'autres pour régler leurs intérêts civils.

» Ils ne peuvent donc plus regarder comme valable la répudiation prononcée par leurs rabbins, puisque, pour avoir ce caractère, elle doit l'être auparavant par les tribunaux : car, de même qu'en vertu d'un arrêté des consuls (1), les rabbins ne peuvent imposer la bénédiction nuptiale sans qu'il leur ait apparu de l'acte des conjoints devant l'officier civil, de même ils ne peuvent prononcer la répudiation qu'autant qu'il leur ait apparu le jugement qui la consacre. Quand même l'arrêté précité n'aurait pas statué à cet égard, la répudiation rabbinique ne serait pas valable : car, selon les rabbins qui ont écrit sur le Code civil des Juifs, tels que Joseph Carro dans l'*Abénèse*, la répudiation n'est valable qu'autant qu'il n'existe aucun empêchement quelconque ; et comme à l'égard des intérêts civils, la loi de l'état serait un empêchement, puisque l'un des conjoints pourrait s'en prévaloir contre l'autre, il résulte nécessairement que, sous l'influence du Code civil, la répudiation rabbinique n'est point valable. Ainsi, depuis que les Juifs contractent devant l'officier civil, nul parmi ceux qui tiennent aux observances religieuses, ne peut se séparer de sa femme que par un double divorce, celui de la loi de l'état, et celui de la loi de Moïse ; et sous ce rapport, on

_____
(1) Il est rapporté aux mots *Bénédiction nuptiale.*

peut assurer que la religion juive est parfaitement en harmonie avec le Code civil.

» *Troisième question.* Une juive peut-elle se marier avec un chrétien, et une chrétienne avec un Juif, ou la loi veut-elle que les Juifs ne se marient qu'entre eux ?

» *Réponse.* La loi ne dit point qu'une juive ne puisse se marier avec un chrétien, ou une chrétienne avec un Juif ; elle ne dit pas non plus que les Juifs ne puisse se marier qu'entre eux.

» La loi ne prohibe nominativement les mariages qu'avec les sept nations cananéennes, avec Amon et Moab, et avec les Egyptiens.

» La défense à l'égard des sept nations est absolue. Celle avec Amon et Moab se borne, selon plusieurs talmudistes, aux hommes de ces deux nations, et non aux femmes ; on croit même qu'il faut que celles-ci aient embrassé la religion juive. Quant aux Egyptiens, la défense est limitée à la troisième génération. La prohibition ne s'applique qu'aux peuples idolâtres. Le Talmud déclare formellement que les nations modernes ne le sont pas, puisque, comme nous, elles adorent le Dieu du ciel et de la terre. Aussi y a-t-il eu, à différentes époques, des mariages entre les Juifs et les chrétiens en France, en Espagne et en Allemagne ; ils furent successivement tolérés et défendus par les lois des princes dans les états desquels les Juifs ont été reçus.

» Il en existe aujourd'hui quelques-uns en France ; mais on ne doit point laisser ignorer que l'opinion des rabbins est contraire à ces sortes d'alliances. Selon leur doctrine, quoique la religion de Moïse n'ait point défendu aux Juifs de s'allier avec ceux qui ne sont pas de leur religion ; néanmoins, comme le mariage, d'après le Talmud, exige, pour sa célébration, des cérémonies religieuses appelées *Kiduschim*, et la bénédiction usitée en pareil cas, nul mariage n'est valable religieusement qu'autant que ces cérémonies ont été remplies. Elles ne pourraient l'être à l'égard des deux personnes qui ne reconnaissent pas également ces cérémonies comme sacrées ; et dans ce cas, les époux pourraient se séparer sans qu'ils eussent besoin du divorce religieux ; ils seraient regardés comme mariés civilement, mais non religieusement.

» Telle est l'opinion des rabbins, membres de l'assemblée. En général ils ne seraient pas plus disposés à bénir le mariage d'une chrétienne avec un Juif, ou d'une juive avec un chrétien, que les prêtres catholiques ne consentiraient à bénir de pareilles unions. Cependant les rabbins reconnaissent que le Juif qui se marie avec une chrétienne, ne cesse pas pour cela d'être Juif aux yeux de ses coreligionnaires, tout comme l'est celui qui épouse une Juive civilement et non religieusement.

» *Quatrième question.* Aux yeux des Juifs, les Français sont-ils leurs frères, ou sont-ils des étrangers ?

» *Réponse.* Aux yeux des Juifs, les Français sont leurs frères, et ne sont point étrangers.

» L'esprit des lois de Moïse est conforme à cette manière de considérer les Français.

» Lorsque les Israélites formaient un corps de nation, leur religion leur prescrivait de regarder les étrangers comme leurs frères.

» C'est avec une touchante sollicitude que leur législateur leur ordonne de les aimer. *Souvenez-vous*, leur dit-il, *que vous avez été étrangers en Égypte.*

» Les égards, la bienveillance envers les étrangers, sont recommandés par Moïse, non comme une exhortation à la pratique de la morale sociale, mais comme une obligation imposée par Dieu même. *En moissonnant vos champs*, leur dit-il, *n'y retournez pas pour prendre les poignées d'épis qu'on y aurait oubliées. Laissez-les pour le pauvre, L'ÉTRANGER et la veuve. Ne maltraitez point l'étranger et ne lui faites point de tort. Aimez-le, donnez-lui du pain, fournissez-lui des vêtements dans le besoin. Je suis l'Éternel, votre Dieu : l'Éternel aime l'étranger.* (Deutéronome, 22 ; Lévitique, 29, Exode, 22 et 23.)

» A ces sentiments de bienveillance pour l'étranger, Moïse ajoute l'amour général pour l'humanité : *Aime ton semblable comme toi-même.*

» David s'exprime aussi en ces termes : *Le Seigneur notre Dieu est plein de bonté ; sa miséricorde s'étend sur toutes ses œuvres.* Cette doctrine est professée par le Talmud.

» Ceux qui observent les Noachides (ce sont les préceptes donnés à Noé), dit un talmudiste, quelles que soient d'ailleurs leurs opinions, nous sommes obligés de les aimer comme nos frères, de visiter leurs malades, d'enterrer leurs morts, d'assister leurs pauvres, comme ceux d'Israël ; enfin, il n'y a point d'acte d'humanité dont un vrai Israélite puisse se dispenser envers l'observateur des Noachides. Qu'est-ce que ces préceptes ? de s'éloigner de l'idolâtrie, de ne point blasphémer, de s'abstenir de tout adultère, de ne tuer ni blesser son prochain, de ne voler ni tromper, de ne manger de la chair des animaux qu'après les avoir tués ; enfin, de maintenir la justice. Ainsi, tous nos principes nous font un devoir d'aimer les Français comme nos frères.

» Un païen ayant consulté le rabbin Hillel sur la religion juive, et voulant savoir en peu de mots en quoi elle consistait, Hillel lui répondit : *Ne fais pas à ton semblable ce que tu ne voudrais pas qu'on te fît ; voilà*, dit-il, *toute la religion ; tout le reste n'en est que la conséquence.* Une religion qui a de pareilles bases, une religion qui ordonne d'aimer l'étranger, qui prêche la pratique des vertus sociales, exige, à plus forte raison, que ses sectateurs regardent leurs concitoyens comme leurs frères.

» Et comment pourraient-ils les regarder autrement, lorsqu'ils vivent sur le même sol, qu'ils sont régis et protégés par le même gouvernement et par les mêmes lois, qu'ils jouissent des mêmes

droits et remplissent les mêmes devoirs ? Il y a même entre le Juif et le chrétien un lien de plus qui compense amplement la différence de religion : c'est le lien de la reconnaissance. Ce sentiment, qu'une simple tolérance nous avait inspiré, a reçu, par les nouveaux bienfaits du gouvernement depuis dix-huit ans, un degré d'énergie qui associe en tout notre destinée à la destinée commune des Français. Oui, la France est notre patrie, les Français sont nos frères ; et ce titre glorieux, en nous honorant à nos propres yeux, est un sûr garant que nous ne cesserons jamais de le mériter.

» *Cinquième question.* Dans l'un et dans l'autre cas, quels sont les rapports que leur loi leur prescrit avec les Français qui ne sont pas de leur religion ?

» *Réponse.* Ces rapports sont les mêmes que ceux qui existent entre un Juif et un autre Juif. Nous n'admettons d'autre différence que celle d'adorer l'Être suprême, chacun à sa manière.

» On a vu, par la réponse à la question précédente, quels sont les rapports que la loi de Moïse, le Talmud et l'usage nous prescrivent avec les Français qui ne sont pas de notre religion ; aujourd'hui, que les Juifs ne forment plus une nation, et qu'ils ont l'avantage d'être incorporés dans la grande nation, ce qu'ils regardent comme une rédemption politique, il n'est pas possible qu'un Juif traite un Français qui n'est pas de sa religion, autrement qu'il ne traite un de ses coreligionnaires.

» *Sixième question.* Les Juifs nés en France et traités par la loi comme citoyens français, regardent-ils la France comme leur patrie ? Ont-ils l'obligation de la défendre ? Sont-ils obligés d'obéir aux lois et de suivre toutes les dispositions du Code civil ?

» *Réponse.* Des hommes qui ont adopté une patrie, qui y résident depuis plusieurs générations, qui, sous l'empire même des lois particulières qui restreignaient leurs droits civils, lui étaient assez attachés pour préférer au malheur de la quitter, celui de ne point participer à tous les avantages des autres citoyens, ne peuvent regarder en France que comme Français ; et l'obligation de la défendre est, à leurs yeux, un devoir également honorable et précieux.

» Jérémie, chap. 29, recommande aux Juifs de regarder Babylone comme leur patrie, quoiqu'ils ne dussent y rester que soixante-dix ans. Il les exhorta à défricher des champs, à bâtir des maisons, à semer et à planter. Sa recommandation fut tellement suivie, qu'Esdras, chap. 11, dit que, lorsque Cyrus leur permit de retourner à Jérusalem pour rebâtir le second temple, il n'en sortit de Babylone que quarante-deux mille trois cent soixante ; que le nombre n'était composé que de prolétaires, et que tous les riches restèrent à Babylone.

» L'amour de la patrie est parmi les Juifs un sentiment si naturel, si vif, et tellement conforme à leur croyance religieuse, qu'un Juif français en

Angleterre se regarde, même au milieu des autres Juifs, comme étranger; et qu'il en est de même des Juifs anglais en France.

» Ce sentiment est à ce point, que l'on a vu des Juifs français, dans la dernière guerre, se battre à outrance contre les Juifs des pays avec lesquels la France était en guerre.

» Il y en a plusieurs qui sont couverts d'honorables cicatrices, et d'autres qui ont obtenu sur le champ d'honneur des témoignages éclatans de leur bravoure.

» *Septième question.* Qui nomme les rabbins ?

» *Réponse.* Depuis la révolution, dans les lieux où il y a assez de Juifs pour pourvoir à l'entretien d'un rabbin, il est nommé par les chefs de famille à la pluralité des suffrages, après que l'on a pris des informations sur sa moralité et sur sa capacité. Cependant ce mode n'est pas uniforme; il varie selon les localités, et aujourd'hui, tout ce qui a rapport à l'élection des rabbins, est dans l'incertitude.

» *Huitième question.* Quelle juridiction de police exercent les rabbins parmi les Juifs ? Quelle police judiciaire exercent-ils parmi eux ?

» *Réponse.* Les rabbins n'exercent aucune juridiction de police parmi les Juifs. La qualification de *rabbin* ne se trouve nulle part dans la loi de Moïse. Elle n'existait pas davantage du temps du premier temple, et il n'en est fait mention que vers la fin du second.

» A ces époques, les Juifs se régissaient par des *sanhédrins* ou tribunaux. Il y en avait un suprême appelé le *grand sanhédrin*, qui siégeait à Jérusalem, et qui était composé de soixante-onze juges.

» Il y avait des tribunaux subalternes, composés de trois juges, pour les affaires civiles et de police, et un autre de vingt-deux juges, qui siégeait dans le chef-lieu pour les affaires plus importantes, et que l'on qualifiait de *petit sanhédrin.*

» Ce n'est que dans le Misna et le Talmud que l'on trouve, pour la première fois, la qualification de *rabbin*, pour désigner un docteur de la loi; et c'était ordinairement la voix publique, sur la réputation dont il jouissait, qui le faisait appeler *rabbin*.

» Lorsque les Israélites furent entièrement dispersés, ils formèrent de petites communautés dans les lieux où il leur fut permis de se réunir en certain nombre.

» Là, il y eut quelquefois un rabbin et deux autres docteurs qui, sous le nom de *bethdin*, c'est-à-dire maison de justice, rendaient des jugemens. Le rabbin faisait les fonctions de président, et les deux autres celles de juges ou d'assesseurs.

» Les attributions comme l'existence de ces tribunaux ont toujours dépendu, jusqu'à nos jours, de la volonté des gouvernemens sous lesquels les Juifs ont vécu, et selon le degré de tolérance dont ils ont joui. Depuis la révolution, il n'existe plus

en France ni dans le royaume d'Italie, aucun de ces tribunaux de rabbins. Les Juifs, devenus citoyens, se sont conformés en tout aux lois de l'état: aussi les attributions des rabbins, dans les lieux où il y en a, se bornent-elles à prêcher la morale dans les temples, à bénir les mariages, et à prononcer les divorces.

» Dans les lieux où il n'y a point de rabbin, le premier Juif instruit dans sa religion peut, selon la loi, bénir un mariage sans l'assistance d'un rabbin; ce qui est sans doute un inconvénient dont il importe de prévenir les suites, en attendant la défense faite aux rabbins, par l'arrêté des consuls, du 1er prairial an 10, et à toutes les autres personnes qui seraient appelées à bénir un mariage.

» A l'égard de la police judiciaire parmi eux, comme ils n'ont aucune hiérarchie ecclésiastique constituée, aucune subordination de fonctions religieuses, ils n'en exercent aucune.

» *Neuvième question.* Ces formes d'élections, cette juridiction de police judiciaire, sont-elles voulues par leurs lois, ou seulement consacrées par l'usage ?

» *Réponse.* Les réponses faites aux questions précédentes, dispensent de rien dire sur celle-ci. On peut seulement faire remarquer, qu'en supposant que les rabbins eussent conservé de nos jours quelque juridiction de police judiciaire, ce qui n'est pas, cette juridiction, non plus que les formes d'élection, ne seraient point voulues par les lois, mais seraient seulement établies par l'usage.

» *Dixième question.* Est-il des professions que la loi des Juifs leur défende ?

» *Réponse.* Il n'en est aucune : au contraire, le Talmud (*V.* Kiduschim, chap. 1er) déclare positivement que le père de famille qui n'enseigne pas une profession à son enfant, l'élève pour la vie des brigands.

» *Onzième question.* La loi des Juifs leur défend-elle de faire l'usure à leurs frères ?

« *Réponse.* Le Deutéronome, chap. 21, v. 19, porte : *Vous ne prêterez point à intérêt à votre frère, ni de l'argent, ni du grain, ni quelque autre chose que ce soit.*

» Le mot hébreu *necheh*, que l'on a traduit par celui d'*usure*, a été mal interprété. Il n'exprime, en langue hébraïque, qu'un intérêt quelconque, et non un intérêt usuraire : il n'a donc point la signification que nous donnons aujourd'hui au mot *usure.*

» Il est même impossible qu'il ait cette signification : car cette expression est relative, et il n'y a rien dans le texte qui serve de terme à sa relation. Qu'entendons-nous par le mot français *usure* ? N'est-ce pas un intérêt au-dessus de l'intérêt légal, là où la loi a fixé le taux de ce dernier ? Si la loi de Moïse n'a point fixé ce taux, peut-on dire que le mot hébreu signifie un intérêt illégitime ? Le mot *necheh* est dans la langue hébraïque ce qu'est dans la langue latine le mot *fœnus.* Ainsi, pour qu'il y ait lieu de croire que ce mot pût signifier *usure*, il faudrait qu'il en existât un autre qui signifiât *intérêt* : de cela seul que ce mot n'existe point, tout intérêt est usure ou toute usure est intérêt.

» Quel était le but du législateur, en défendant à un Hébreu de prendre intérêt d'un autre ? C'était de resserrer entre eux les liens de la fraternité, de leur prescrire une bienveillance réciproque, et de les engager à s'aider les uns les autres avec désintéressement.

» La première pensée avait été d'établir entre eux l'égalité des biens, et la médiocrité des fortunes particulières : de là l'institution de l'année sabbatique et de l'année jubilaire, dont l'une revenait tous les sept ans, et l'autre après cinquante ans. Par l'année sabbatique, toutes les dettes se prescrivaient : l'année jubilaire amenait la restitution de tous les biens vendus ou aliénés.

» Il était facile de prévoir que la différente nature des terrains, le plus ou le moins d'industrie, les fléaux du ciel qui pourraient frapper l'un et épargner l'autre, devaient nécessairement apporter de l'inégalité dans les produits ; que l'Israélite malheureux aurait recours à celui que la fortune aurait favorisé. Moïse n'a pas voulu que celui-ci profitât de l'avantage de sa situation, et fît payer au premier le service qu'il venait réclamer de lui ; qu'il aggravât ainsi le malheur de son frère, et s'enrichît lui-même en l'appauvrissant. C'est dans cette vue qu'il leur a dit : *Ne prêtez point à intérêt à votre frère.* Mais quels prêts pouvaient se faire les Juifs entre eux, dans un temps où ils n'avaient aucun commerce, où il circulait si peu d'argent, où la plus grande égalité régnait dans les propriétés? Ce ne pouvait être que quelques bestiaux, quelques instruments de labourage : et Moïse voulait que ces services fussent gratuits : il ne voulait faire de son peuple qu'un peuple de laboureurs. Long-temps même après lui, et quoique l'Idumée fût assez voisine des côtes de la mer, occupées par les Tyriens, les Sidoniens, et autres nations navigatrices et commerçantes, leur législateur semblait les en éloigner. Ainsi, il ne faut point considérer la défense de Moïse comme un principe de loi de commerce, mais seulement comme un principe de charité. Selon le Talmud, il ne s'agit que du prêt en quelque sorte domestique, du prêt fait à un particulier peu fortuné : car s'il s'agissait d'un prêt fait à un négociant, même Juif, il serait permis sous la condition d'un profit relatif au risque.

» Autrefois le mot *usure* ne présentait aucune mauvaise acception ; il signifiait simplement un intérêt quelconque.

» L'expression d'*usure* ne peut plus rendre le sens du texte hébreu ; aussi la Bible d'Osterwald et celle des Juifs portugais appellent *intérêt* ce que Sacy, d'après la Vulgate, appelle usure (1).

» Ainsi, par la loi de Moïse, le simple prêt à intérêt, non-seulement entre Juif et Juif, mais encore entre un Juif et un compatriote, sans distinction de religion, est défendu. Il doit être gratuit toutes les fois qu'il s'agit d'obliger celui qui réclame notre secours, et que l'emprunt n'a pas pour objet une entreprise de commerce. Il ne faut pas perdre de vue que ces lois si belles et si humaines, à une époque si reculée, ont été faites pour un peuple qui formait alors un état, et tenait une place parmi les nations.

» Qu'on jette un regard sur les restes de ce peuple infortuné : dispersés chez tous les peuples de la terre, on verra que depuis que les Juifs ont été dépossédés de la Palestine, il n'y a plus eu pour eux de demeure commune, de propriété, d'égalité primitive à maintenir. Quoique remplis eux-mêmes de l'esprit de leur législation, du moment où le principe de la loi n'existait plus, ils ne devaient plus la suivre ; et on les a vus, sans aucun scrupule, prêter à intérêt aux Juifs commerçants, comme aux hommes d'un culte différent.

» *Douzième question.* Leur défend-elle, ou leur permet-elle de faire l'usure aux étrangers ?

» *Réponse.* Nous avons vu dans la réponse à la question précédente, que la défense de l'usure, considérée comme l'intérêt le plus modique, était moins un principe de commerce qu'un principe de charité et de bienfaisance. C'est sous ce point de vue qu'elle est également condamnée par Moïse et par le Talmud, et que la défense, sous ce rapport, s'applique autant à nos concitoyens qui ne sont pas de la même religion, qu'à nos coreligionnaires.

» Cette disposition de la loi qui permet de prendre intérêt de l'étranger, ne se rapporte évidemment qu'aux nations avec lesquelles on a des relations de commerce : autrement il y aurait une contradiction manifeste entre ce passage et vingt autres des livres sacrés. *Aimez l'étranger, parce que le Seigneur votre Dieu l'aime; donnez-lui la nourriture et le vêtement. Il n'y aura qu'une même loi pour vous et pour les étrangers qui sont dans votre pays. Que la justice se rende également, parmi vous, aux étrangers et à vos concitoyens. Que maudit soit celui qui fera le moindre tort à l'étranger; traitez l'étranger comme vous-mêmes.*

» Ainsi, la restriction ou la défense s'applique à l'étranger qui résidait dans Israël ; l'Écriture le met sous la sauve-garde de Dieu : c'est un hôte sacré, et Dieu fait un devoir de l'accueillir comme la veuve et l'orphelin.

» Il est évident que le texte, *extraneo fœnerabis, et fratri tuo non fœnebis*, ne peut s'entendre que des nations étrangères avec lesquelles on fait le commerce ; et même en ce cas, l'Écriture, en permettant de prendre intérêt de l'étranger, n'entend point par là aucun profit excessif, odieux à celui qui le paie. *Non licuisse Israelitis*, disent les docteurs, *usuras immoderatas exigere ab*

(1) *V.* le mot *Usure* dans Trévoux ; Pastoret, sur la *Législation de Moïse*, page 454 ; et Puffendorff, *Droit de la nature et des gens*, pages 482 et 484.

extraneis etiam divitibus, res est per se nota.
» Moïse, s'il était législateur des Juifs, était-il
législateur de l'univers? Les lois qu'il donnait au
peuple que Dieu lui avait confié, allaient-elles devenir les lois du monde? *Vous ne prendrez point
d'intérêt de vos frères.* Quelle garantie avait-il que
dans les relations qui devaient naturellement s'é-
tablir entre la nation juive et les nations étrangères,
ces dernières renonceraient aux usages généralement
répandus dans le commerce, et prêteraient aux
Juifs sans exiger aucun intérêt? Et alors fallait-il
qu'il consentît à les sacrifier, à les appauvrir, pour
enrichir les peuples étrangers? N'est-il pas absurde
de lui faire un crime de la restriction qu'il a mise
au précepte du Deutéronome? Quel est le législateur qui ne l'ait regardée comme un principe naturel de réciprocité?

» Combien, à cet égard, la législation de Moïse
est plus simple, plus noble, plus juste et plus humaine que celle des Grecs et des Romains! Vit-on
jamais parmi les anciens Israélites, ces scènes de
scandale et de révolte provoquées par la dureté
des créanciers envers les débiteurs; ces fréquentes
abolitions de dettes, pour éviter qu'une multitude
appauvrie par les exactions des prêteurs, ne se li-
vrât au désespoir.

» La législation mosaïque et ses interprètes
ont distingué, avec une humanité digne d'éloge,
les divers usages de l'argent emprunté. Est-ce pour
soutenir la famille? l'intérêt est défendu. Est-ce
pour entreprendre un commerce qui fait courir un
risque aux capitaux du prêteur? l'intérêt est permis,
même de Juif à Juif. Prête aux pauvres, dit Moïse.
Ici le tribut de la reconnaissance est le seul intérêt;
le salaire du service rendu est dans la satisfaction
de l'avoir rendu. Il n'en est pas de même du riche
qui emploie des capitaux dans l'exploitation d'un
grand commerce; là, il permet que le prêteur soit
associé au profit de l'emprunteur; et comme le
commerce était, pour ainsi dire, nul parmi les Israélites, exclusivement adonnés au labourage, et
qu'il ne se faisait qu'avec les étrangers, c'est-à-
dire, les nations voisines, il fut permis d'en partager le profit avec elles.

» C'est ce qui fit à M. de Clermont-Tonnerre, dans l'assemblée constituante, ces paroles
remarquables: *L'usure, dit-on, est permise aux
Juifs. Cette assertion n'est fondée que sur une interprétation fausse d'un principe de bienfaisance
et de fraternité, qui leur défendait de prêter à
intérêt entre eux.* Cette opinion est celle de Puffendorff, et d'autres publicistes. On s'est fort étayé
contre les Juifs d'un passage de Maimonides, qui
semble avoir fait un précepte de l'expression *l'ano-
chri tassich.* Mais si Maimonides n'a pas craint de
soutenir cette opinion, on sait que le savant rabbin
Abarbanel a réfuté ce sentiment d'une manière
victorieuse. On trouve encore dans le Talmud,
traité de *Macot,* que l'un des moyens d'acquérir
la perfection, est de prêter sans intérêt à l'étranger
même idolâtre. Au reste, quelle que fût, s'il est
permis de s'exprimer ainsi, la condescendance de

Dieu pour les Hébreux, on ne saurait raisonnablement soutenir que ce père commun des hommes
a pu dans aucun temps commander l'usure.

» Le sentiment de Maimonides, qui avait sou-
levé contre lui tous les docteurs juifs, fut principalement condamné par les fameux rabbins Moïse
de Gironda et Salomon Benadaret; d'abord, sur
ce qu'il s'était appuyé du sentiment de Siffri, docteur particulier, dont la doctrine n'a pas été
sanctionnée par le Talmud : car il est de règle générale que toute opinion rabbinique qui n'est pas
sanctionnée dans cet ouvrage, doit être considérée
comme réfutée; en second lieu, parce que si Maimonides a entendu que le mot *nochri,* c'est-à-dire
étranger, regardait le Cananéen, peuple proscrit
de Dieu, néanmoins il n'aurait pas dû confondre
le droit public, qui dérivait d'un ordre extraordinaire de Dieu aux Israélites, considérés comme
nation, avec le droit privé d'un particulier contre
un autre particulier de cette même nation.

» Il est incontestable, d'après le Talmud, que
l'intérêt même entre Israélites est permis, lorsqu'il s'agit d'opérations de commerce, dans lesquelles le prêteur, en courant une partie des risques de l'emprunteur, s'associe aussi à ses profits.
C'est l'opinion de tous les docteurs juifs.

» On voit que les opinions absurdes et contraires
à la morale sociale, que peut avoir avancées un
rabbin, ne doivent pas faire porter un jugement
défavorable sur la doctrine générale des Juifs, de
même que les idées semblables avancées par des
théologiens catholiques, ne doivent pas être mises
sur le compte de la doctrine évangélique. On peut
en dire autant de l'imputation faite aux Hébreux
d'avoir une disposition naturelle à l'usure. On ne
peut pas nier qu'il ne s'en trouve quelques-uns,
mais en bien plus petit nombre qu'on ne pense, qui
se livrent à ce honteux commerce, défendu par
leur religion.

» S'il en est quelqu'un qui s'écarte à cet égard
des lois de la délicatesse, n'est-il pas injuste d'imputer ce vice à cent mille individus? Ne le serait-
il pas de l'imputer à tous les chrétiens, parce
qu'il s'en trouve qui se le permettent? »

III. Ces réponses mises sous les yeux du chef
du gouvernement, MM. les commissaires ont
annoncé à l'assemblée, le 18 septembre, qu'il les
avait vues avec satisfaction.

« Mais (ont-ils ajouté) les communications que
nous venons vous faire en son nom, prouveront
bien mieux que nos paroles, tout ce que cette assemblée doit attendre de son auguste protection...

» Les Juifs, accablés du mépris des peuples, et
souvent en butte à l'avarice des souverains, n'ont
pas encore été traités avec justice. Leurs coutumes et leurs pratiques les isolaient des sociétés,
qui les repoussaient à leur tour; et ils n'ont cessé
d'attribuer aux lois humiliantes qui leur étaient
imposées, les désordres et les vices qu'on leur reproche. Aujourd'hui même encore, ils expliquent
l'éloignement de quelques-uns d'entre eux pour
l'agriculture et les professions utiles, par le peu

de confiance que peuvent prendre dans l'avenir des hommes dont l'existence dépend, depuis tant de siècles, de l'esprit du moment et du caprice de la puissance. Désormais ne pouvant plus se plaindre, ils ne pourront plus se justifier.

» Sa majesté a voulu qu'il ne restât aucune excuse à ceux qui ne deviendraient pas citoyens; elle vous assure le libre exercice de votre religion et la pleine jouissance de vos droits politiques : mais, en échange de l'auguste protection qu'elle vous accorde, elle exige une garantie religieuse de l'entière observation des principes énoncés dans vos réponses. Cette assemblée, telle qu'elle est constituée aujourd'hui, ne pourrait à elle seule la lui offrir; il faut que ces réponses, converties en décisions par une autre assemblée d'une forme plus imposante encore et plus religieuse, puissent être placées à côté du Talmud, et acquièrent ainsi, aux yeux des Juifs de tous les pays et de tous les siècles, la plus grande autorité possible. C'est aussi l'unique moyen de répondre à la grandeur et à la générosité des vues de sa majesté, et de faire éprouver l'heureuse influence de cette mémorable époque à tous vos coreligionnaires.

» La foule des commentateurs de votre loi en a sans doute altéré la pureté; et la diversité de leurs opinions a dû jeter dans le doute la plupart de ceux qui se lisent. Il s'agit donc de rendre à l'universalité des Juifs, l'important service de fixer leur croyance sur les matières qui vous ont déjà été soumises. Pour rencontrer dans l'histoire d'Israël une assemblée revêtue d'une autorité capable de produire les résultats que nous attendons, il faut remonter au grand sanhédrin. C'est le grand sanhédrin que sa majesté se propose de convoquer aujourd'hui. Ce corps tombé avec le temple, va reparaître pour éclairer par tout le monde le peuple qu'il gouvernait : il va le rappeler au véritable esprit de sa loi, et lui en donner une explication digne de faire disparaître toutes les interprétations mensongères; il lui dira d'aimer et de défendre le pays qu'il habite; et il lui apprendra que tous les sentimens qui l'attachaient à son antique patrie, il les doit aux lieux où, pour la première fois, depuis sa ruine, il peut élever sa voix.

» Enfin, selon l'ancien usage, le grand sanhédrin sera composé de soixante-dix membres, sans compter son chef.....»

Le grand sanhédrin a été effectivement convoqué à Paris, et toutes les synagogues de l'Europe ont été invitées à y envoyer des députés. Il s'est constitué le 4 février 1807.

Et du 9 du même mois au 4 mars de la même année, il a porté les décrets suivans :

« Béni soit à jamais le Seigneur Dieu d'Israël, qui a placé sur le trône...... un prince selon son cœur!

» Dieu a vu l'abaissement des descendans de l'antique Jacob; et il a choisi.... pour être l'instrument de sa miséricorde.

» Le Seigneur juge les pensées, lui seul commande aux consciences; et son Oint chéri a permis que chacun adorât le Seigneur selon sa croyance et sa foi.

» A l'ombre de son nom, la sécurité est entrée dans nos cœurs et dans nos demeures, et nous pouvons désormais bâtir, ensemencer, moissonner, cultiver les sciences humaines, appartenir à la grande famille de l'état, le servir et nous glorifier de ses nobles destinées.

» Sa haute sagesse a permis que cette assemblée, célèbre dans nos annales, et dont l'expérience et la vertu dictaient les décisions, reparût après quinze siècles et concourût à ses bienfaits sur Israël.

» Réunis aujourd'hui sous sa puissante protection dans sa bonne ville de Paris, au nombre de soixante-onze docteurs de la loi et notables d'Israël, nous nous constituons en grand sanhédrin, afin de trouver en nous le moyen et la force de rendre des ordonnances religieuses conformes aux principes de nos saintes lois, et qui servent de règle et d'exemple à tous les Israélites.

» Ces ordonnances apprendront aux nations, que nos dogmes se concilient avec les lois civiles sous lesquelles nous vivons, et ne nous séparent point de la société des hommes.

» En conséquence, déclarons,

» Que la loi divine, ce précieux héritage de nos ancêtres, contient des dispositions religieuses et des dispositions politiques;

» Que les dispositions religieuses sont, par leur nature, absolues et indépendantes des circonstances et des temps;

» Qu'il n'en est pas de même des dispositions politiques, c'est-à-dire de celles qui constituent le gouvernement; et qui étaient destinées à régir le peuple d'Israël dans la Palestine, lorsqu'il avait ses rois, ses pontifes et ses magistrats;

» Que ses dispositions politiques ne sauraient être applicables depuis qu'il ne forme plus un corps de nation;

» Qu'en consacrant cette distinction déjà établie par la tradition, le grand sanhédrin déclare un fait incontestable; qu'une assemblée des docteurs de la loi réunie en grand sanhédrin pouvait seule déterminer les conséquences qui en dérivent;

» Que si les anciens sanhédrins ne l'ont pas fait, c'est que les circonstances politiques ne l'exigeaient point; et que depuis l'ancienne dispersion d'Israël, aucun sanhédrin n'avait été réuni avant celui-ci.

» Engagés dans ce pieux dessein, nous invoquons la lumière divine, de laquelle émanent tous les biens, et nous nous reconnaissons obligés de concourir, autant qu'il dépendra de nous, à l'achèvement de la régénération morale d'Israël.

» Ainsi, en vertu du droit que nous confèrent nos usages et nos lois sacrées, et qui déterminent que dans l'assemblée des docteurs du siècle réside essentiellement la faculté de statuer, selon l'urgence des cas, ce que requiert l'observance desdites lois, soit écrites, soit traditionnelles, nous procéderons dans l'objet de prescrire religieusement l'obéissance aux lois de l'état en matière civile et politique.

» Pénétrés de cette sainte maxime, que la crainte de Dieu est le principe de toute sagesse, nous élevons nos regards vers le ciel, nous étendons nos mains vers son sanctuaire, et nous l'implorons pour qu'il daigne nous éclairer de sa lumière, nous diriger dans le sentier de la vertu et de la vérité, afin que nous puissions conduire nos frères pour leur facilité et celle de leurs descendans.

» Partant, nous enjoignons, au nom du Seigneur notre Dieu, à tous nos coreligionnaires des deux sexes, d'observer fidèlement nos déclarations, statuts et ordonnances, regardant d'avance tous ceux de France et d'Italie qui les violeront ou en négligeront l'observation, comme péchant notoirement contre la volonté du Seigneur, Dieu d'Israël.

» *Art. 1. Polygamie.*

» Le grand sanhédrin, légalement assemblé ce jour, 9 février 1807, et en vertu des pouvoirs qui lui sont inhérens, examinant s'il est licite aux Hébreux d'épouser plus d'une femme, et pénétré du principe généralement consacré dans Israël, que la soumission aux lois de l'état, en matière civile et politique, est un devoir religieux,

» Reconnaît et déclare que la polygamie, permise par la loi de Moïse, n'est qu'une simple faculté; que nos docteurs l'ont subordonnée à la condition d'avoir une fortune suffisante pour subvenir aux besoins de plus d'une épouse;

» Que, dès les premiers temps de leur dispersion, les Israélites répandus dans l'Occident, pénétrés de la nécessité de mettre leurs usages en harmonie avec les lois civiles des états dans lesquels ils s'étaient établis, avaient généralement renoncé à la polygamie, comme une pratique non conforme aux mœurs des nations;

» Que ce fut aussi pour rendre hommage à ce principe de conformité en matière civile, que le synode convoqué à Worms en l'an 4790 de notre ère, et présidé par le rabbin Guerson, avait prononcé anathème contre tout Israélite de leur pays qui épouserait plus d'une femme;

» Que cet usage s'est entièrement perdu en France, en Italie et dans presque tous les états du continent européen, où il est extrêmement rare de trouver un Israélite qui ose enfreindre les lois des nations contre la polygamie. En conséquence, le grand sanhédrin, pesant dans sa sagesse combien il importe de maintenir l'usage adopté par les Israélites répandus dans l'Europe, et pour confirmer en tant que besoin ladite décision du synode de Worms, statue, et ordonne, comme précepte religieux;

» Qu'il est défendu à tous les Israélites de tous les états où la polygamie est prohibée par les lois civiles, et en particulier à ceux de l'empire de France et du royaume d'Italie, d'épouser une seconde femme du vivant de la première, à moins qu'un divorce avec celle-ci, prononcé conformé-

ment aux dispositions du Code civil, et suivi du divorce religieux, ne les ait affranchis des liens du mariage.

» 2. *Répudiation.*

(*V.* l'article *Divorce*, sect. v, § 15.)

» 3. *Mariage.*

» Le grand sanhédrin, considérant que, dans l'empire français et le royaume d'Italie, aucun mariage n'est valable qu'autant qu'il est précédé d'un contrat civil devant l'officier public; en vertu du pouvoir qui lui est dévolu, statue et ordonne,

» Qu'il est d'obligation religieuse pour tout Israélite français et du royaume d'Italie, de regarder désormais, dans les deux états, les mariages civilement contractés, comme emportant obligation civile; défend en conséquence à tout rabbin, ou autre personne dans les deux états, de prêter leur ministère à l'acte religieux du mariage, sans qu'il leur ait apparu auparavant de l'acte des conjoints devant l'officier civil, conformément à la loi.

» Le grand sanhédrin déclare, en outre, que les mariages entre Israélites et chrétiens, contractés conformément aux lois du Code civil, sont obligatoires et valables civilement; et que bien qu'ils ne soient pas susceptibles d'être revêtus des formes religieuses, ils n'entraîneront aucun anathème.

» 4. *Fraternité.*

» Le grand sanhédrin, ayant considéré que l'opinion des nations parmi lesquelles les Israélites ont fixé leur résidence depuis plusieurs générations, les laissait dans le doute sur leurs sentiments de fraternité et de sociabilité qui les animent à leur égard, de telle sorte que ni en France, ni dans le royaume d'Italie, l'on ne paraissait point fixé sur la question de savoir si les Israélites de ces deux états regardaient leurs concitoyens chrétiens comme frères, ou seulement comme étrangers;

» Afin de dissiper tous les doutes à ce sujet, le grand sanhédrin déclare,

» Qu'en vertu de la loi donnée par Moïse aux enfants d'Israël, ceux-ci sont obligés de regarder comme leurs frères les individus des nations qui reconnaissent Dieu créateur du ciel et de la terre, et parmi lesquels ils jouissent des avantages de la société civile, ou seulement d'une bienveillante hospitalité; que la sainte écriture nous ordonne d'aimer notre semblable comme nous-mêmes, et que, reconnaissant comme conforme à la volonté de Dieu, qui est la justice même, de ne faire à autrui que ce que nous voudrions qui nous fût fait, il serait contraire à ces maximes sacrées de ne point regarder nos concitoyens français et italiens, comme nos frères;

» Que, d'après cette doctrine universellement reçue, et par les docteurs qui ont le plus d'autorité dans Israël, et par tout Israélite qui n'ignore point sa religion, il est du devoir de tous d'aider, de protéger, d'aimer leurs concitoyens, et de les traiter sous tous les rapports civils et moraux, à l'égal de leurs coreligionnaires;

» Que, puisque la religion mosaïque ordonne aux Israélites d'accueillir avec tant de charité et d'égard les étrangers qui allaient résider dans leurs villes, à plus forte raison leur commande-t-elle les mêmes sentimens envers les individus des nations qui les ont recueillis dans leur sein, qui les protègent par leurs lois, les défendent par leurs armes, leur permettent d'adorer l'Éternel selon leur culte, et les admettent, comme en France et dans le royaume d'Italie, à la participation de tous les droits civils et politiques.

» D'après ces diverses considérations, le grand sanhédrin ordonne à tout Israélite de l'empire français et du royaume d'Italie, et de tous les autres lieux, de vivre avec les sujets de chacun des états dans lesquels ils habitent, comme avec leurs concitoyens et leurs frères, puisqu'ils reconnaissent Dieu créateur du ciel et de la terre, parce qu'ainsi le veut la lettre et l'esprit de notre sainte loi.

» 5. *Rapports moraux.*

» Le grand sanhédrin, voulant déterminer quels sont les rapports que la loi de Moïse prescrit aux Hébreux envers les individus des nations parmi lesquels ils habitent, et qui, professant une autre religion, reconnaissent Dieu créateur du ciel et de la terre;

» Déclare que tout individu professant la religion de Moïse, qui ne pratique point la justice et la charité envers tous les hommes adorant l'Éternel, indépendamment de leur croyance particulière, pèche notoirement contre sa loi;

» Qu'à l'égard de la justice, tout ce que prohibe l'écriture sainte comme lui étant contraire, est absolu et sans exception des personnes;

» Que le Décalogue et les livres sacrés qui renferment les commandemens de Dieu à cet égard, n'établissent aucune relation particulière, et n'indiquent ni qualité, ni condition, ni religion auxquelles ils s'appliquent exclusivement; en sorte qu'ils sont communs aux rapports des Hébreux avec tous les hommes en général; et que tout Israélite qui les enfreint envers qui que ce soit, est également criminel et répréhensible aux yeux du Seigneur;

» Que cette doctrine est aussi enseignée par les docteurs de la loi, qui ne cessent de prêcher l'amour du Créateur et de sa créature (*Traité d'Abbot*, chap. 6, fol. 9), et qui déclarent formellement que les récompenses de la vie éternelle sont réservées aux hommes vertueux de toutes les nations; que l'on trouve dans les prophètes des preuves multipliées qui établissent qu'Israël n'est pas l'ennemi de ceux qui professent une autre religion que la sienne; qu'à l'égard de la charité, Moïse, comme il a déjà été rapporté, la prescrit au nom de Dieu comme une obligation; *Aime ton prochain comme toi-même, car je suis le Seigneur.... L'étranger qui habite dans votre sein, sera comme celui qui est né parmi vous; vous*

l'aimerez comme vous-mêmes; car vous avez été aussi étrangers en Égypte. Je suis l'Éternel votre Dieu. (Lévit., chap. 19, v. 34.) David dit : *La miséricorde de Dieu s'étend sur toutes ses œuvres* (Ps. 145, v. 9.) *Qu'exige de vous le Seigneur,* (dit Michée)? *Rien de plus que d'être juste, et d'exercer la charité* (chap. 6, v. 8). *Nos docteurs déclarent que l'homme compatissant aux maux de son semblable, est à nos yeux comme s'il était issu du sang d'Abraham* (Hirubin, chap. 7);

» Que tout Israélite est obligé envers ceux qui observent les noachides, quelle que soit d'ailleurs leur religion, de les aimer comme ses frères, de visiter leurs malades, d'enterrer leurs morts, d'assister leurs pauvres comme ceux d'Israël; et qu'il n'y a point d'acte de charité ni d'œuvres de miséricorde dont il puisse se dispenser envers eux.

» D'après ces motifs, puisés dans la lettre et l'esprit de l'écriture sainte, le grand sanhédrin prescrit à tous les Israélites, comme devoirs essentiellement religieux et inhérens à leur croyance, la pratique habituelle et constante, envers tous les hommes reconnaissant Dieu créateur du ciel et de la terre, quelque religion qu'ils professent, des actes de justice et de charité dont les livres saints leur prescrivent l'accomplissement.

» 6. *Rapports civils et politiques.*

» Le grand sanhédrin, pénétré de l'utilité qui doit résulter, pour les Israélites, d'une déclaration authentique qui fixe et détermine leurs obligations comme membres de l'état auquel ils appartiennent, et voulant que nul n'ignore quels sont à cet égard les principes que les docteurs de la loi et les notables d'Israël professent et prescrivent à leurs coreligionnaires dans les pays où ils ne sont point exclus de tous les avantages de la société civile, spécialement en France et dans le royaume d'Italie;

» Déclare qu'il est de devoir religieux pour tout Israélite né et élevé dans un état, ou qui en devient citoyen par résidence ou autrement, conformément aux lois qui en déterminent les conditions, de regarder ledit état comme sa patrie; que ces devoirs qui dérivent de la nature des choses, qui sont conformes à la destination des hommes en société, s'accordent, par cela même, avec la parole de Dieu.

» Daniel dit à Darius, qu'*il n'a été sauvé de la fureur des lions, que pour avoir été fidèle à son Dieu et à son roi.* (Chap. 6, v. 23.)

» Jérémie commande à tous les Hébreux de regarder Babylone comme leur patrie : *Concourez de tout votre pouvoir,* dit-il, *à son bonheur.* (Jér. chap. 5). On lit dans le même livre le serment que fit prêter Guédalya aux Israélites : *Ne craignez point,* leur dit-il, *de servir les Chaldéens; demeurez dans le pays; soyez fidèles au roi de Babylone, et vous vivrez heureusement* (Ibid. chap. 11, v. 9.)

» *Crains Dieu et ton souverain,* a dit Salomon. (Prov. chap. 24, v. 21.)

» Qu'ainsi, tout prescrit à l'Israélite d'avoir pour son prince et ses lois, le respect, l'attachement et la fidélité dont tous ses sujets lui doivent le tribut;

» Que tout l'oblige à ne point isoler son intérêt de l'intérêt public, ni sa destinée, non plus que celle de sa famille, de la destinée de la grande famille de l'état; qu'il doit s'affliger de ses revers, s'applaudir de ses triomphes, et concourir, par toutes ses facultés, au bonheur de ses concitoyens:

» En conséquence, le grand sanhédrin statue que tout Israélite né et élevé en France et dans le royaume d'Italie, et traité par les lois des deux états comme citoyen, est obligé religieusement de les regarder comme sa patrie, de les servir, de les défendre, d'obéir aux lois, et de se conformer, dans toutes ses transactions, aux dispositions du Code civil;

» Déclare en outre, le grand sanhédrin, que tout Israélite appelé au service militaire, est dispensé par la loi, pendant la durée de ce service, de toutes les observances religieuses qui ne peuvent se concilier avec lui.

» 7. *Professions utiles.*

» Le grand sanhédrin, voulant éclairer les Israélites, et en particulier ceux de France et du royaume d'Italie, sur la nécessité où ils sont, et les avantages qui résulteront pour eux, de s'adonner à l'agriculture, de posséder des propriétés foncières, d'exercer les arts et métiers, de cultiver les sciences qui permettent d'embrasser des professions libérales; et considérant que si, depuis long-temps, les Israélites des deux états se sont vus dans la nécessité de renoncer en partie aux travaux mécaniques, et principalement à la culture des terres, qui avait été, dans l'ancien temps, leur occupation favorite, il ne faut attribuer ce funeste abandon qu'aux vicissitudes de leur état, à l'incertitude où ils avaient été, soit à l'égard de leur sûreté personnelle, soit à l'égard de leurs propriétés, ainsi qu'aux obstacles de tout genre que les règlements et les lois des nations opposaient au libre développement de leur industrie et de leur activité;

» Que cet abandon n'est aucunement le résultat des principes de leur religion, ni des interprétations qu'en ont pu donner leurs docteurs, tant anciens que modernes, mais bien un effet malheureux des habitudes que la privation de l'exercice de leurs facultés industrielles leur avait fait contracter;

» Qu'il résulte, au contraire, de la lettre et de l'esprit de la législation mosaïque, que les travaux corporels étaient en honneur parmi les enfans d'Israël; et qu'il n'est aucun art mécanique qui leur soit nominativement interdit, puisque la sainte écriture les invite et leur commande de s'y livrer;

» Que cette vérité est démontrée par l'ensemble des lois de Moïse et de plusieurs textes particuliers, tels entre autres que ceux-ci:

» *Psaume* 127: *Lorsque tu jouiras du labeur*

de tes mains, tu seras bienheureux, et tu auras l'abondance. »

» *Prov.*, chap. 28 et 29: *Celui qui laboure ses terres aura l'abondance: mais celui qui vit dans l'oisiveté, est dans la disette.*

» *Ibid.*, chap. 24 et 27: *Laboure diligemment ton champ, et tu pourras après édifier ton manoir.*

» *Misna*, *Traité d'Abbot*, chap. 1: *Aime le travail et fuis la paresse.*

» Qu'il suit évidemment de ces textes, non-seulement qu'il n'est point de métier honnête interdit aux Israélites; mais que la religion attache du mérite à leur exercice, et qu'il est agréable aux yeux du Très-Haut que chacun s'y livre, et en fasse, autant qu'il dépend de lui, l'objet de ses occupations;

» Que cette doctrine est confirmée par le Talmud, qui, regardant l'oisiveté comme la source des vices, déclare positivement que le père qui n'enseigne pas une profession à son enfant, l'élève pour la vie des brigands. (*V.* Kiduschim, chapitre 1.)

» En conséquence, le grand sanhédrin, en vertu des pouvoirs dont il est revêtu,

» Ordonne à tous les Israélites, et en particulier à ceux de France et du royaume d'Italie, qui jouissent maintenant des droits civils et politiques, de rechercher et d'adopter les moyens les plus propres à inspirer à la jeunesse l'amour du travail et à la diriger vers l'amour des arts et métiers, ainsi que des professions libérales, attendu que ce louable exercice est conforme à notre sainte religion, favorable aux bonnes mœurs, essentiellement utile à la patrie, qui ne saurait voir dans des hommes désœuvrés et sans état, que de dangereux citoyens;

» Invite en outre, le grand sanhédrin, les Israélites des deux états de France et d'Italie, d'acquérir des propriétés foncières, comme un moyen de s'attacher davantage à leur patrie, de renoncer à des occupations qui rendent les hommes odieux ou méprisables aux yeux de leurs concitoyens, et de faire tout ce qui dépendra de nous pour acquérir leur estime et leur bienveillance.

» *Prêts entre Israélites.*

» Le grand sanhédrin, pénétré des inconvéniens attachés aux interprétations erronées qui ont été données au verset 19 du chapitre 23 du Deutéronome et autres de l'écriture sainte sur le même sujet, et voulant dissiper les doutes que ces interprétations ont fait naître, et n'ont que trop accrédités sur la pureté de notre morale religieuse, relativement au prêt,

» Déclare que le mot hébreu *necheh*, que l'on a traduit par celui d'*usure*, a été mal interprété; qu'il n'exprime, dans la langue hébraïque, qu'un intérêt quelconque, et non un intérêt usuraire; que nous ne pouvons entendre par l'expression française d'*usure*, qu'un intérêt au-dessus de l'intérêt légal, où la loi a fixé un taux à ce dernier; que de cela seul que la loi de Moïse n'a point fixé de taux, l'on ne peut pas dire que le mot hébreu *necheh* signifie un intérêt illégitime ; qu'ainsi, pour qu'il y eût lieu de croire que ce mot eût la même acception que celui d'*usure*, il faudrait qu'il en existât un autre qui signifiât intérêt légal ; que ce mot n'existant pas , il suit nécessairement que l'expression hébraïque *necheh* ne peut point signifier *usure*.

» Que le but de la loi divine, en défendant , à un Hébreu le prêt à intérêt envers un autre Hébreu , était de resserrer entre eux. les liens de la fraternité , de leur prescrire une bienveillance réciproque , et de s'engager à s'aider les uns les autres avec désintéressement :

» Qu'ainsi , il ne faut considérer la défense du législateur divin que comme un précepte de bienfaisance et de charité fraternelle ;

» Que la loi divine et ses interprètes ont permis ou défendu l'intérêt , selon les divers usages que l'on fait de l'argent. Est-ce pour soutenir une famille ? l'intérêt est défendu. Est-ce pour entreprendre une spéculation de commerce qui fait courir un risque aux capitaux du prêteur ? l'intérêt est permis , quand il est légal , et qu'on peut le regarder comme un juste dédommagement. *Prête au pauvre*, dit Moïse ; ici le tribut de la reconnaissance, l'idée d'être agréable aux yeux de l'Éternel, est le seul intérêt ; le salaire du service rendu est dans la satisfaction que donne la confiance d'une bonne action ; il n'en est pas de même de celui qui emploie des capitaux dans l'exploitation de son commerce ; là , il est permis au prêteur de s'associer au profit de l'emprunteur :

» En conséquence, le grand sanhédrin déclare, statue et ordonne, comme devoir religieux, à tous Israélites , et particulièrement à ceux de France et du royaume d'Italie , de n'exiger aucun intérêt de leurs coreligionnaires toutes les fois qu'il s'agira d'aider le père de famille dans le besoin, par un prêt officieux ;

» Statue en outre, que le profit légitime du prêt entre coreligionnaires n'est religieusement permis que dans le cas de spéculations commerciales qui font courir un risque au prêteur, ou en cas de lucre cessant, selon le taux fixé par la loi de l'état.

» 9. *Prêts entre Israélites et non Israélites.*

» Le grand sanhédrin, voulant dissiper l'erreur qui attribue aux Israélites la faculté de faire l'usure avec ceux qui ne sont pas de leur religion, comme leur étant laissée par cette religion même et confirmée par leurs docteurs talmudistes ;

» Considérant que cette imputation a été, dans différens temps et dans différens pays, l'une des causes des préventions qui se sont élevées contre eux; et voulant faire cesser dorénavant tout faux jugement à cet égard, en fixant le sens du texte sacré sur cette matière ;

» Déclare que le texte qui autorise le prêt à intérêt avec l'étranger , ne peut et ne doit s'entendre que des nations étrangères avec lesquelles on faisait le commerce , et qui prêtaient elles-mêmes aux Israélites : cette faculté étant basée sur un principe naturel de réciprocité ;

» Que le mot *nochri* ne s'applique qu'aux individus des nations étrangères , et non à des concitoyens que nous regardons comme nos frères ;

» Que même , à l'égard des nations étrangères , l'écriture sainte, en permettant de prendre d'elles un intérêt, n'entend point parler d'un profit excessif et ruineux pour celui qui le paie , puisqu'elle nous déclare ailleurs que toute iniquité est abominable aux yeux du Seigneur ;

» En conséquence de ces principes , le grand sanhédrin , en vertu du pouvoir dont il est revêtu, et afin qu'aucun Hébreu ne puisse à l'avenir alléguer l'ignorance de ses devoirs religieux en matière de prêt à intérêt envers ses compatriotes , sans distinction de religion ;

» Déclare à tous Israélites , et particulièrement à ceux de France et du royaume d'Italie , que les dispositions prescrites par la décision précédente sur le prêt officieux ou à intérêt d'Hébreu à Hébreu , ainsi que les principes et les préceptes rappelés par le texte de l'écriture sainte sur cette matière , s'étendent tant à nos coreligionnaires , sans distinction de religion , qu'à nos coreligionnaires ;

» Ordonne à tous, comme préceptes religieux, et en particulier à ceux de France et du royaume d'Italie , de ne faire aucune distinction à l'avenir en matière de prêt , entre concitoyens et coreligionnaires , le tout conformément au statut précédent ;

» Déclare, en outre, que quiconque transgressera la présente ordonnance , violera un devoir religieux , et péchera notoirement contre la loi de Dieu ;

» Déclare enfin que toute *usure* est indistinctement défendue, non-seulement d'Hébreu à concitoyens d'une autre religion, mais encore avec les étrangers de toutes les nations , regardant cette pratique comme une iniquité abominable aux yeux du Seigneur ;

» Ordonne également le grand sanhédrin , à tous les rabbins , dans leurs prédications et leurs instructions , de ne rien négliger auprès de leurs coreligionnaires pour accréditer dans leur esprit les maximes contenues dans la présente décision.

IV. Par décret du 17 mars 1808 , le chef du gouvernement a ordonné l'exécution d'un règlement que l'assemblée générale des Juifs avait arrêté dans sa séance du 10 décembre 1806 , et qui est ainsi conçu :

« Les députés composant l'assemblée des Israélites , convoqués par décret du 30 mai 1806 , après avoir entendu le rapport de la commission des neuf , nommée pour préparer les travaux de l'assemblée , délibérant sur l'organisation qu'il conviendrait de donner à leurs coreligionnaires de l'empire français et du royaume d'Italie , relativement à l'exercice de leur culte et à sa police intérieure , ont adopté unanimement le projet suivant :

» Art. 1. Il sera établi une synagogue et un consistoire israélite dans chaque département renfermant deux mille individus professant la religion de Moïse.

» 2. Dans le cas où il ne se trouvera pas deux mille Israélites dans un seul département, la circonscription de la synagogue consistoriale embrassera autant de départemens de proche en proche, qu'il en faudra pour les réunir. Le siége de la synagogue sera toujours dans la ville dont la population israélite sera la plus nombreuse.

» 3. Dans aucun cas, il ne pourra y avoir plus d'une synagogue consistoriale par département.

» 4. Aucune synagogue particulière ne sera établie, si la proposition n'en est faite par la synagogue consistoriale à l'autorité compétente ; chaque synagogue particulière sera administrée par deux notables et un rabbin, lesquels seront désignés par l'autorité compétente.

» 5. Il y aura un grand rabbin par synagogue consistoriale.

» 6. Les consistoires seront composés d'un grand rabbin, d'un autre rabbin, autant que faire se pourra, et de trois autres Israélites, dont deux seront choisis parmi les habitans de la ville où siégera le consistoire.

» 7. Le consistoire sera présidé par le plus âgé de ses membres, qui prendra le nom d'ancien du consistoire.

» 8. Il sera désigné par l'autorité compétente, dans chaque circonscription consistoriale, des notables au nombre de vingt-cinq, choisis parmi les plus imposés et les plus recommandables des Israélites.

» 9. Ces notables procéderont à l'élection des membres du consistoire, qui devront être agréés par l'autorité compétente.

» 10. Nul ne pourra être membre du consistoire, 1° s'il n'a trente ans ; 2° s'il a fait faillite, à moins qu'il ne soit honorablement réhabilité ; 3° s'il est connu pour avoir fait l'usure.

» 11. Tout Israélite qui voudra s'établir en France, ou dans le royaume d'Italie, devra en donner connaissance, dans le délai de trois mois, au consistoire le plus voisin du lieu où il fixera son domicile.

» 12. Les fonctions du consistoire seront :

» 1° De veiller à ce que les rabbins ne puissent donner en public, soit en particulier, aucune instruction ou explication de la loi, qui ne soit conforme aux réponses de l'assemblée, converties en décisions doctrinales par le grand sanhédrin ;

» 2° De maintenir l'ordre dans l'intérieur des synagogues ; surveiller l'administration des synagogues particulières ; régler la perception et l'emploi des sommes destinées aux frais du culte mosaïque, et veiller à ce que, pour cause ou sous prétexte de religion, il ne se forme une autorisation expresse, aucune assemblée de prières ;

» 3° D'encourager par tous les moyens possibles les Israélites de la circonscription consistoriale, à l'exercice des professions utiles, et de faire con-

naître à l'autorité ceux qui n'ont pas de moyens d'existence avoués ;

» 4° De donner, chaque année, à l'autorité, connaissance du nombre de conscrits israélites de la circonscription.

» 13. Il y aura, à Paris, un consistoire central composé de trois rabbins et de deux autres Israélites.

» 14. Les rabbins du consistoire central seront pris parmi les grands rabbins ; et les autres membres seront assujettis aux conditions de l'éligibilité portées en l'art. 10.

» 15. Chaque année, il sortira un membre du consistoire central, lequel sera toujours rééligible.

» 16. Il sera pourvu à son remplacement par les membres restans. Le nouvel élu ne sera installé qu'après avoir obtenu l'agrément de l'autorité compétente.

» 17. Les fonctions du consistoire central seront, 1° de correspondre avec les consistoires ; 2° de veiller, dans toutes ses parties, à l'exécution du présent règlement ; 3° de déférer à l'autorité compétente toutes les atteintes portées à l'exécution dudit règlement, soit par infraction, soit par inobservation ; 4° de confirmer la nomination des rabbins, et de proposer, quand il y aura lieu, à l'autorité compétente, la destitution des rabbins et des membres des consistoires.

» 18. L'élection du grand rabbin se fera par les vingt-cinq notables désignés en l'art. 8.

» 19. Le nouvel élu ne pourra entrer en fonctions qu'après avoir été confirmé par le consistoire central.

» 20. Aucun rabbin ne pourra être élu, 1° s'il n'est natif ou naturalisé Français ou Italien du royaume d'Italie ; 2° s'il ne rapporte une attestation de capacité, souscrite par trois grands rabbins italiens, s'il est Italien, et français, s'il est Français ; et à dater de 1820, s'il ne sait la langue française en France, et l'italienne dans le royaume d'Italie : celui qui joindra à la connaissance de la langue hébraïque quelques connaissances des langues grecque et latine, sera préféré, toutes choses égales d'ailleurs.

» 21. Les fonctions des rabbins sont :

» 1° D'enseigner la religion ;

» 2° La doctrine renfermée dans les décisions du grand sanhédrin ;

» 3° De rappeler en toute circonstance l'obéissance aux lois, notamment et en particulier à celles relatives à la défense de la patrie, mais d'y exhorter plus spécialement encore tous les ans, à l'époque de la conscription, depuis le premier appel de l'autorité jusqu'à la complète exécution de la loi ;

» 4° De faire considérer aux Israélites le service militaire comme un devoir sacré, et de leur déclarer que, pendant le temps où ils se consacreront à ce service, la loi les dispense des observances qui ne pourraient point se concilier avec lui ;

6

» 5° De prêcher dans les synagogues, et réciter les prières qui s'y font en commun pour (le chef de l'état) et la famille (régnante) ;

» 6° De célébrer les mariages et de déclarer les divorces, sans qu'ils puissent, dans aucun cas, y procéder, que les parties requérantes ne leur aient bien et dûment justifié de l'acte civil de mariage ou de divorce.

» 22. Le traitement des rabbins, membres du consistoire central, est fixé à 6,000 francs ; celui des grands rabbins des synagogues consistoriales, à 3,000 francs ; celui des rabbins des synagogues particulières sera fixé par la réunion des Israélites qui auront demandé l'établissement de la synagogue ; il ne pourra être moindre de 1,000 francs. Les Israélites des circonscriptions respectives pourront voter l'augmentation de ce traitement.

» 23. Chaque consistoire proposera à l'autorité compétente un projet de répartition entre les Israélites de la circonscription, pour l'acquittement du salaire des rabbins : les autres frais du culte seront déterminés et répartis sur la demande des consistoires, par l'autorité compétente. Le paiement des rabbins, membres du consistoire central, sera prélevé proportionnellement sur les sommes perçues dans les différentes circonscriptions.

» 24. Chaque consistoire désignera, hors de son sein, un Israélite non rabbin, pour recevoir les sommes qui devront être perçues dans la circonscription.

» 25. Ce receveur paiera par quartier les rabbins ainsi que les autres frais du culte, sur une ordonnance signée au moins par trois membres du consistoire. Il rendra ses comptes chaque année, à jour fixe, au consistoire assemblé.

» 26. Tout rabbin qui, après la mise en activité du présent règlement, ne se trouvera pas employé, et qui voudra cependant conserver son domicile en France ou dans le royaume d'Italie, sera tenu d'adhérer, par une déclaration formelle et qu'il signera, aux décisions du grand sanhédrin. Copie de cette déclaration sera envoyée par le consistoire qui l'aura reçue, au consistoire central.

» 27. Les rabbins, membres du grand sanhédrin, seront préférés, autant que faire se pourra, à tous autres pour les places de grands rabbins. »

Par un autre décret du même jour, 17 mars 1808, le chef du gouvernement a prescrit, pour l'exécution de ce règlement, les mesures suivantes :

« Art. 1. Pour l'exécution de l'art. 1er du règlement délibéré par l'assemblée générale des Juifs, exécution qui a été ordonnée par notre décret de ce jour, notre ministre des cultes nous présentera le tableau des synagogues consistoriales à établir, leur circonscription et le lieu de leur établissement.

» Il prendra préalablement l'avis du consistoire central.

» Les départemens de l'Empire qui n'ont pas actuellement de population israélite, seront classés par un tableau supplémentaire, dans les arrondissemens des synagogues consistoriales, pour les cas où les Israélites venant à s'y établir, ils auraient besoin de recourir à un consistoire.

» 2. Il ne pourra être établi de synagogue particulière, suivant l'art. 4 dudit règlement, que sur l'autorisation donnée par nous en conseil d'état sur le rapport de notre ministre des cultes et sur le vu, 1° de l'avis de la synagogue consistoriale ; 2° de l'avis du consistoire central ; 3° de l'avis du préfet du département ; 4° de l'état de la population israélite que comprendra la synagogue nouvelle.

» La nomination des administrateurs des synagogues particulières sera faite par le consistoire départemental, et approuvée par le consistoire central.

» Le décret d'établissement de chaque synagogue particulière en fixera la circonscription.

» 3. La nomination des notables dont il est parlé en l'art. 8 dudit règlement, sera faite par notre ministre de l'intérieur, sur la présentation du consistoire central et d'avis des préfets.

» 4. La nomination des membres des consistoires départementaux sera présentée à notre approbation par notre ministre des cultes, sur l'avis des préfets des départemens compris dans l'arrondissement de la synagogue.

» 5. Les membres du consistoire central dont il est parlé en l'art. 13 dudit règlement, seront nommés pour la première fois par nous, sur la présentation de notre ministre des cultes, et parmi les membres de l'assemblée générale de Juifs ou du grand sanhédrin.

» 6. Le même ministre présentera à notre approbation le choix du nouveau membre du consistoire central, qui sera désigné chaque année selon les art. 15 et 16 dudit règlement.

» 7. Le rôle de répartition dont il est parlé à l'art. 23 dudit règlement, sera dressé par chaque consistoire départemental, divisé en autant de parties qu'il y aura de départemens dans l'arrondissement de la synagogue, soumis à l'examen du consistoire central, et rendu exécutoire par les préfets de chaque département. »

Mais remarquez que de toutes ces dispositions, il y en a plusieurs qui sont modifiées par les ordonnances du roi des 26 juin 1819 et 20 août 1823, que l'on peut voir dans le *Bulletin des lois*, nos 290 et 625, 7e série.

V. Enfin, par un troisième décret du même jour, le chef du gouvernement a ainsi fixé provisoirement les droits et les devoirs des Juifs.

« Tit. 1. Art. 1. A compter de la publication du présent décret, le sursis prononcé par notre décret du 30 mai 1806 pour le paiement des créances des Juifs est levé.

» 2. Lesdites créances seront néanmoins soumises aux dispositions ci-après.

» 3. Tout engagement pour prêt fait par des Juifs à des mineurs, sans l'autorisation de leurs tuteurs ; à des femmes sans l'autorisation de leur mari ; à des militaires, sans l'autorisation de leur capitaine, si c'est un soldat ou un sous-officier ; du chef du corps , si c'est un officier , sera nul de plein droit , sans que les porteurs ou cessionnaires puissent s'en prévaloir, et nos tribunaux autoriser aucune action ou poursuite.

» 4. Aucune lettre-de-change , aucun billet à ordre, aucune obligation ou promesse , souscrite par un de nos sujets non commerçant au profit d'un Juif, ne pourra être exigé, sans que le porteur prouve que la valeur en a été fournie entière et sans fraude (1).

» 5. Toute créance dont le capital sera aggravé d'une manière patente ou cachée , par la cumulation d'intérêts à plus de 5 pour 100, sera réduite par nos tribunaux.

» Si l'intérêt réuni au capital excède 10 pour 100, la créance sera déclarée usuraire, et comme telle annulée.

» 6. Pour les créances légitimes et non usuraires , nos tribunaux sont autorisés à accorder aux débiteurs des délais conformes à l'équité.

» Tit. 2. Art. 7. Désormais , et à dater du 1er juillet prochain, nul Juif ne pourra se livrer à aucun commerce, négoce , ou trafic quelconque, sans avoir reçu , à cet effet , une patente du préfet du département , laquelle ne sera accordée que sur des informations précises , et que sur un certificat 1° du conseil municipal, constatant que ledit Juif ne s'est livré à aucun trafic illicite ; 2° du consistoire de la synagogue dans la circonscription de laquelle il habite , attestant sa bonne conduite et sa probité.

» 8. Cette patente sera renouvelée tous les ans.

» 9. Nos procureurs-généraux près nos cours sont spécialement chargés de faire révoquer lesdites

patentes par une décision spéciale de la cour , toutes les fois qu'il sera à leur connaissance qu'un Juif patenté fait l'usure ou se livre à un trafic frauduleux.

» 10. Tout acte de commerce fait par un Juif non patenté sera nul et de nulle valeur.

» 11. Il en sera de même de toute hypothèque prise sur des biens par un Juif non patenté , lorsqu'il sera prouvé que ladite hypothèque a été prise pour une créance résultant d'une lettre-de-change, ou pour un fait quelconque de commerce , négoce ou trafic.

» 12. Tous contrats et obligations souscrits au profit d'un Juif non patenté , pour des causes étrangères au commerce, négoce au trafic, pourront être révisés par suite d'une enquête de nos tribunaux. Le débiteur sera admis à prouver qu'il y a usure, ou résultat d'un trafic frauduleux ; et si la preuve est acquise, les créanciers sont susceptibles , soit d'une réduction arbitrée par le tribunal, soit d'annulation , si l'usure excède 10 pour 100.

» 13. Les dispositions de l'art. 4, tit. 1er du présent décret , sur les lettres-de-change , billets à ordre, etc. , sont applicables à l'avenir comme au passé.

» 14. Nul Juif ne pourra prêter sur nantissement à des domestiques ou gens à gages ; et il ne pourra prêter sur nantissement à d'autres personnes , qu'autant qu'il en sera dressé acte par un notaire , lequel certifiera dans l'acte que les espèces ont été comptées en sa présence et celle des témoins, à peine de perdre tout droit sur les gages , dont nos tribunaux et cours pourront en ce cas ordonner la restitution gratuite.

» 15. Les Juifs ne pourront , sous les mêmes peines, recevoir en gage les instruments , ustensiles, outils et vêtemens des ouvriers , journaliers et domestiques.

» Tit. 3. Art. 16. Aucun Juif non actuellement domicilié dans nos départemens du Haut et du Bas-Rhin , ne sera désormais admis à y prendre domicile.

» Aucun Juif, non actuellement domicilié , ne sera admis à prendre domicile dans les autres départemens de notre Empire , que dans le cas où il y aura fait l'acquisition d'une propriété rurale , et se livrera à l'agriculture , sans se mêler d'aucun commerce , négoce ou trafic.

» Il pourra être fait des exceptions aux dispositions du présent article, en vertu d'une autorisation spéciale émanée de nous.

» 17. La population juive, dans nos départemens, ne sera point admise à fournir des remplaçans pour la conscription ; en conséquence , tout Juif conscrit sera assujetti au service personnel (1).

---

(1) Cette disposition est-elle applicable aux créances qui , avant le décret dont elle fait partie, avaient été consacrées par des jugemens passés en force de chose jugée ?
Quatre arrêts de la cour de cassation, des 18 et 19 juin, 4 septembre et 18 décembre 1800, ont décidé que non :
« Attendu (porte le dernier) qu'à la différence du décret purement provisoire de 1806, qui parle de jugement, le décret définitif de 1808 est absolument muet à cet égard ;
» D'où il résulte déjà que le législateur n'a pas voulu comprendre, dans ce dernier décret, les créances résultantes des jugemens ayant toutefois acquis l'autorité de la chose jugée ;
« Que ce qui le prouve singulièrement, c'est le silence absolu qu'il garde sur de semblables créances dans cet article 4, c'est qu'il fait cependant l'énumération des créances qu'il entend soumettre à la preuve que la valeur en a été fournie entière et sans fraude, et où l'on ne voit figurer que celles dues par lettres-de-change , par billets à ordre , par promesses et par contrats ; en sorte qu'il est évident que le législateur n'a pas eu alors en vue les créances qui avaient subi l'épreuve judiciaire ;
Un arrêt semblable a encore été rendu le 5 février 1812 : il est rapporté au mot Preuve, sect. 2, § 3, art. 1, n° 7.
Quant aux précédens, on les trouvera dans le Bulletin civil de la cour de cassation.
V. l'article Effet rétroactif, sect. 3, § 9, n° 7.

(1) Par une décision du 9 juillet 0802, le chef du gouvernement a modifié cette disposition, en autorisant les conscrits de la religion israélite à prendre des suppléans entre eux.

» *Dispositions générales.*

» Art. 18. Les dispositions contenues au présent décret, auront leur exécution pendant dix ans, espérant qu'à l'expiration de ce délai, et par l'effet des diverses mesures prises à l'égard des Juifs, il n'y aura plus aucune différence entre eux et les autres citoyens de notre Empire; sauf néanmoins, si notre espérance était trompée, à en proroger l'exécution pour tel temps qu'il sera jugé convenable.

» 19. Les Juifs établis à Bordeaux et dans les départemens de la Gironde et des Landes, n'ayant donné lieu à aucune plainte, et ne se livrant pas à un trafic illicite, ne sont pas compris dans les dispositions du présent décret (1). »

VI. Sur les noms que les Juifs peuvent et doivent prendre, V. l'article *Nom*, § 6.

§ VI. *Réclamations particulières des Juifs piémontais.*

Le chap. 1er du tit. 8 du liv. 1er des constitutions sardes, du 7 avril 1770, rappelé ci-dessus, sect. 3, avait été suivi d'un décret du roi de Sardaigne, du 23 décembre 1796, qui aggravait extrêmement le sort des Juifs piémontais.

Pendant la réunion du Piémont à la France, ce décret a excité des réclamations sur lesquelles a été statué, en ces termes, par un avis du conseil d'état, du 5 septembre 1808, que le chef du gouvernement a revêtu de son approbation, le 10 du même mois, mais qui n'est aujourd'hui qu'une pièce historique :

« Le conseil d'état qui, d'après le renvoi à lui fait par ordre de sa majesté, a entendu le rapport des sections de législation et des finances sur celui du grand juge ministre de la justice, tendant à faire statuer sur plusieurs réclamations des Juifs d'Alexandrie et du ci-devant Piémont, contre les propriétaires des maisons qu'ils habitent en vertu d'un décret du roi de Sardaigne, du 23 décembre 1796;

» Vu lesdites réclamations, dans lesquelles les Juifs d'Alexandrie et du ci-devant Piémont exposent qu'aux termes des constitutions sardes, ils avaient, dans les villes où l'on tolérait leur présence, un quartier dans lequel ils étaient obligés de fixer leur demeure, et que les propriétaires des maisons étaient contraints de ne louer qu'à eux, moyennant un prix fixé par le gouvernement; qu'en raison de cette obligation, beaucoup d'entre eux avaient passé avec les propriétaires des baux à longues années, pour le paiement desquels leur communauté était solidaire; qu'ils étaient tenus de toutes les réparations, moins celles des quatre gros murs; qu'au moyen de ces baux sur lesquels ils hypothéquaient les dots et les reprises des femmes, ils avaient pu observer entre eux un droit fondé sur les principes de leur religion, droit qu'ils appellent *casaca* (qui défend à tout Juif de louer la maison précédemment louée par un autre Juif ou habitée par lui, si ce n'est de son consentement); que si, par le fait de la réunion du Piémont à la France, sans qu'il y ait un acte du gouvernement qui détruise celui du ci-devant roi de Sardaigne, les propriétaires des maisons qu'ils habitent, pouvaient augmenter les loyers ou donner congé, ils se verraient tout à coup sans asile, et privés de la jouissance des droits qu'ils avaient hypothéqués sur leurs baux; que, leur communauté n'existant plus, si ce n'est doivent être déchargés de la responsabilité solidaire qui pesait sur eux, qu'étant chargés de toutes les réparations, moins celles des quatre gros murs, ils ont droit à une partie de l'indemnité que la loi a accordée aux propriétaires des maisons qu'ils habitaient, dont l'utilité publique a exigé la démolition.

» Vu l'extrait d'un jugement du tribunal de première instance de Verceil, qui, sur les poursuites d'un propriétaire tendant à faire expulser un Juif de sa maison, déclare qu'aux termes de l'art. 8 du Code civil, tout individu jouissant des droits civils, pouvant prendre un logement où bon lui semble, les liens et obligations dépendans de la gêne qui forçait les Juifs à habiter dans un quartier, et les propriétaires des maisons à ne louer qu'à des Juifs, devaient être dissous;

» Vu les réponses et observations des propriétaires des maisons habitées par les Juifs;

» Le décret sus-mentionné du roi de Sardaigne;

» Considérant que la permission d'habiter en Piémont était donnée aux Juifs par des lois temporaires qui n'existent plus; que, par conséquent, les Juifs ne pouvaient raisonnablement se former des droits d'une permission qui pouvait n'être pas renouvelée;

» Considérant, d'un autre côté, que nul ne pouvant s'enrichir aux dépens d'autrui, si les Juifs avaient fait dans les maisons qu'ils habitaient, des dépenses qui auraient augmenté ces maisons de valeur, il serait équitable de leur en tenir compte;

» Est d'avis que les prétentions respectives des propriétaires contre les Juifs locataires, ou de ceux-ci contre les propriétaires, doivent être décidées par les règles ordinaires, et que la connaissance de tous ces différends appartient aux tribunaux. »]]

JURANDE. Ce mot désigne quelquefois la charge de juré d'une communauté de marchands ou artisans; quelquefois il désigne le temps pendant lequel un juré exerce cette charge; et quelquefois enfin il désigne le corps des jurés. V. l'article *Corps d'arts et métiers.*

*JURAT. Le nom de Jurat se donne aux officiers municipaux de la ville de Bordeaux.

---

(1) La disposition de cet article a été étendue, par un décret du 15 juin 1808, aux Juifs établis à Livourne; et, par un autre décret du 22 juillet suivant, aux Juifs du département des Basses-Pyrénées.

Les Jurats de Bordeaux ont un pouvoir beaucoup plus étendu que celui des échevins de Paris. Non-seulement ils ont la police de la ville, comme l'ont à Lyon les échevins avec le prévôt des marchands ; ils ont encore la justice criminelle, concurremment et même par prévention avec le lieutenant criminel ; ce qui réduit à bien peu de chose les fonctions et le pouvoir de cet officier. Ils intitulent ainsi leurs ordonnances : *De par messieurs les maire et Jurats, gouverneurs de Bordeaux, juges criminels et de police.*

Les Jurats exercent une partie de la juridiction qui, suivant l'ordonnance de la marine, du mois d'août 1681, doit appartenir aux officiers des amirautés. Ils ont, par exemple, la police des chemins destinés pour le halage des vaisseaux venant de la mer, quoique l'art. 6 du tit. 2, liv. 1er de l'ordonnance citée, ait en général attribué cette police à l'amirauté. (M. DELACROIX.)*

[[Les Jurats de Bordeaux ont été supprimés par la loi du 14 décembre 1789. V. l'art. *Échevins.*]]

* JUREMENT. Ce mot se prend quelquefois pour le serment, l'affirmation qu'on prête en justice. (V. les articles *Affirmation* et *Serment.*)

Mais ce mot employé au pluriel signifie ordinairement *blasphèmes, imprécations, exécrations.*

Saint-Louis fit des réglemens sévères contre les Juremens et les blasphèmes ; les ordonnances postérieures ont aussi établi des peines contre ceux qui profèrent des Juremens en vain. L'art. 86 de l'ordonnance de Moulins défend tous blasphèmes et Juremens du nom de Dieu sous peine d'amende, et même de punition corporelle, s'il y échet. (M. GUYOT.) *

[[Les lois actuelles ne sévissent plus contre les Juremens. V. l'article *Blasphème.*]]

JURÉ. Ce mot est, dans les anciennes chartes et dans quelques coutumes, parfaitement synonyme de *consul, échevin, conseiller de ville*, etc.

Nous voyons dans les *Antiquités de Caen*, par Huet, qu'on nommait autrefois les échevins de cette ville, bourgeois-*Jurés* ; que, depuis, on les qualifia de *Jurés et commis au gouvernement de la ville*, conseillers-*Jurés au gouvernement de Caen*, conseillers et gouverneurs de la ville, et enfin, échevins.

Une charte de commune de l'an 1227, que l'on trouve dans le tome 4 des ordonnances des rois de France, porte : *In primis ut eligant quatuor homines qui jurent fidelitatem castri et habitantium in eo ; et talem habeant potestatem et juridictionem in castro sancti Joannis et in appendiciis suis, qualem habent apud Divionem major et Jurati communiæ Divionensis...... Et illi quatuor jurati possint mutari per singulos annos.* Un peu après, la charte appelle *scabini*, ceux qu'elle avait auparavant qualifiés de *Jurati.*

L'usage d'appeler *Jurés*, les juges municipaux des villes, n'était pas particulier à la France.

C'est ce qu'attestent ces termes d'une ordonnance de Jacques II, roi de Majorque : *Item, quando scribemus consulibus vel Juratis alicujus universitatis nobis subditæ, scribetur sic : Jacobus.... fidelibus nostris Juratis civitatis Majoricensis, vel consulibus villæ nostræ de Perpiniano, salutem et gratiam.*

On lit aussi dans une charte de Venceslas, duc de Brabant, de l'an 1378, rapportée par Lemire (Miræus), tome 2, page 1027 : *Concessimus eis (aux habitans de Louvain), et dedimus quod 21 Juratis de consilio prædicti oppidi nostri, nunc et in posterum singulis annis erunt undecim Jurati ex bonis nostris hominibus patriciis Lovaniensibus, et decem Jurati ex bonis nostris hominibus opificum.*

Quelquefois on employait indistinctement le mot *Jurés* pour désigner les officiers municipaux et les simples bourgeois. C'est ce que nous remarquons particulièrement dans une charte de commune de l'an 1331, rapportée au tome 5 des ordonnances des rois de France, page 676 : *Lesdits maires et Jurés*, porte l'art. 2 de cette charte, ont la prinse, détention et cognoissance de tous leurs Jurés.

Dans l'usage actuel, les mots *Jurés* et *échevins* ne sont plus synonymes que relativement à un petit nombre de coutumes, parmi lesquelles on remarque principalement celle de Binche en Hainaut, dont le premier article ordonne que le prévôt de la ville *conduira les bourgeois par loi et par le dit des Jurés.*

A Valenciennes, les juges municipaux sont à la fois *Jurés* et *échevins.* La coutume leur donne cette double qualité, et ils la prennent dans toutes leurs sentences. On prétend que c'est comme *Jurés* qu'ils exercent la haute justice, et que c'est comme *échevins* qu'ils exercent la moyenne et la basse. « Comme *Jurés* (dit l'auteur » anonyme de quelques observations manuscrites » sur la coutume de cette ville) ils ont le droit » de punir les crimes, et le pouvoir de faire des » réglemens de police à la sémonce du prévôt-le- » comte, ou de son lieutenant : comme *échevins*, » ils jugent, à la semonce du mayeur, toutes les » matières de succession, toutes les actions réelles, » toutes les amendes, et généralement tous les » autres cas de moyenne et basse justice. »

J'ai consulté, sur cette distinction, un ancien magistrat de Valenciennes, qui réunit aux connaissances les plus profondes, une modestie et une urbanité peu communes. Voici mot pour mot ce qu'il m'a répondu : « Il y avait autrefois à » Valenciennes des *Jurés de la paix* et des éche- » vins ; mais depuis long-temps ces deux qualités » sont réunies, et c'est pour cela qu'ils sont nom- » més *Jurés et échevins.* On trouve la distinc- » tion de ces deux qualités dans les art. 170, » 175, 176, 178, 182, 183, 185, 186, 187, » et autres de la coutume de Valenciennes, » de 1619. »

A Saint-Amand, les Jurés diffèrent des échevins ; on en distingue de deux sortes, les *francs Jurés* et les *petits Jurés*.

Les *francs Jurés* sont des officiers permanens, et établis par commission du seigneur haut-justicier de cette ville ; ils sont au nombre de quatre ; ils forment en quelque sorte le conseil des échevins ; ce sont ordinairement d'anciens notables qui ont exercé plusieurs fois les fonctions échevinales.

Les *petits Jurés*, ou simplement les *Jurés*, sont des officiers que choisissent les échevins à chaque renouvellement de l'échevinage, sous l'agrément du seigneur ; ils sont au nombre de sept. Ces officiers n'assistent que rarement aux jugemens des procès civils, mais leur présence est essentiellement requise dans ceux des procès criminels, et les sentences qui y interviennent, sont rendues au nom des *grand-maire*, *Jurés* et *échevins*. On trouve l'origine de leur établissement dans une charte de Philippe, comte de Flandre, en date de l'an 1160 ; intitulée : *Lex Sancti Amandi*. On y remarque ces passages : *Judiciis paris dicendis quoniam homines Sancti Amandi debent interesse, tres aut quatuor prudentiores de Pabula* (la Pelve, canton de la Flandre, dans lequel est situé Saint-Amand) *sint cum Juratis, ut pro velle Abbatis discendis intersint judiciis.*

La coutume de Bruxelles donne une signification particulière au mot *Juré*. On voit par les articles 52, 53, 54 et suivans du tit. 1 de cette loi municipale, qu'elle entend par doyens ou *Jurés*, des personnes choisies par les échevins dans chaque corps de métiers, pour faire partie du troisième membre des états de la ville.

A Fumay, bourg du pays de Liége, les *Jurés* sont des officiers chargés de l'administration des affaires communes ; ils n'ont rien de commun avec les échevins, juges ordinaires du lieu.

[[Les Jurés de Valenciennes, de Binche et de Fumay ont été supprimés, avec les anciennes municipalités, par la loi du 14 décembre 1789 ; ceux de Saint-Amand l'ont été, avec les justices seigneuriales, par les lois du 4 août 1789 ; ceux de Bruxelles l'ont été, avec les jurandes, par la loi du 2-17 mars 1791.]]

* JURÉ, JURY (1). On nomme *Juré* celui qui, n'ayant point de caractère public de magistrature, est appelé devant le tribunal pour y rendre, sur des faits, une déclaration d'après laquelle le tribunal prononce ensuite conformément à la disposition de la loi qui s'applique aux faits tels qu'ils ont été déclarés. La réunion des Jurés appelés pour délibérer et faire leur délibération sur des faits, compose le *Jury*.

_____

(1) Cet article, à l'exception de ce qui s'y trouve entre deux doubles crochets, appartient à M. le président Barris. Je le donne ici tel que ce magistrat l'a rédigé en 1807 pour la troisième édition de cet ouvrage : j'y ajouterai seulement les dispositions du Code d'instruction criminelle de 1808, correspondant à la législation qui y est exposée, et la discussion des principales questions qu'elles ont fait naître.

La dénomination de *Juré* et de *Jury* dérive de serment qui est exigé en justice des Jurés, et par lequel ils promettent de faire leur déclaration en leur honneur et conscience.

Les attributions des Jurés ne furent pas toujours bornées à décider des points de fait. Ils ont été long-temps juges des contestations civiles et des actions criminelles.

Les Jurés, en effet, considérés dans leur origine, n'étaient autre chose que les prud'hommes ou les pairs qui étaient choisis dans chaque affaire, pour prononcer sur un différend ou sur une plainte ; sous ce point de vue, cette institution remonte aux premiers âges du monde : car, lorsque les hommes, ne formant point encore un état, un corps de nation, vivaient en peuplades ou en hordes, sans lois positives, s'il s'élevait une querelle, on devait la soumettre au jugement des vieillards ou des voisins ; voilà les jugemens par *Jurés*, par *prud'hommes* ou par *pairs*, c'est-à-dire par les égaux des parties contendantes.

Ces sortes de jugemens étaient en usage chez tous les peuples du Nord qui ont envahi le midi de l'Europe ; et ils furent substitués par eux en Allemagne, en France, en Angleterre et en Italie, aux formes qui y étaient pratiquées pour rendre la justice.

Ils s'y maintinrent quelque temps sous le régime de la féodalité ; ils étaient un contre-poids et un adoucissement aux fléaux d'une aristocratie dont les usurpations devinrent intolérables ; mais dont le principe avait eu pour objet de maintenir et de fortifier la subordination militaire. Les vassaux se jugeaient réciproquement entre eux, dans les cours des seigneurs ; ceux-ci se jugeaient de même entre eux, dans la cour du roi.

On a vu, à l'article *Homme de fief*, comment disparurent peu à peu, en France, les jugemens par Jurés ou par pairs.

Il en resta pourtant quelques traces en Angleterre ; ils y furent renouvelés par plusieurs de ses rois, et consacrés dans la grande charte. Les jugemens par Jurés y ont encore lieu, en certains cas, dans les matières civiles, et dans tous les cas, en matière criminelle. Mais les jurés ne prononcent que sur des faits, et la loi est appliquée par des magistrats investis d'un caractère permanent, comme la conclusion des prémisses de faits déclarés constatés par les Jurés.

L'assemblée constituante, qui, bien que quelquefois égarée par de fausses théories, eut toujours le sentiment de ce qui est grand et beau, entreprit de rappeler parmi nous l'institution des Jurés.

Plusieurs de ses membres insistèrent fortement pour que cette institution fût admise dans les matières civiles comme dans les matières criminelles ; mais enfin l'opinion de ceux qui pensaient qu'elle devait être restreinte aux affaires du grand criminel, prévalut ; et c'est ainsi que fut rendue la loi du 16-29 septembre 1791, qui établit les jugemens par Jurés pour les crimes emportant peine afflictive ou infamante.

Il n'entre pas dans le plan de cet article d'examiner les avantages et les inconvéniens de cette institution, de discuter s'il serait utile, ou de l'abolir, ou de la conserver dans son état actuel, ou de la modifier. L'opinion publique est encore indécise sur cette grande question : des deux parts sont des raisons fortes, des autorités recommandables : le gouvernement en fait l'objet de ses méditations, et bientôt sa sagesse prononcera (1). Mais de quelque manière que cette question soit décidée, il ne peut pas être sans utilité de faire connaître comment est organisée parmi nous la procédure par Jurés : si cet article cesse, en tout ou en partie, d'appartenir à la législation, il appartiendra à l'histoire.

La loi du 16-29 septembre 1791 a été modifiée par celle du 3 brumaire an 4, organique de la constitution de l'an 3. Cette loi a elle-même éprouvé des changemens par des lois postérieures. C'est la législation telle qu'elle existe aujourd'hui, que nous allons présenter.

§ 1. Des Jurés en général, des qualités requises pour l'être, des incompatibilités, des exclusions.

I. Les Jurés sont, parmi nous, des citoyens appelés à l'occasion d'un délit qui est passible d'une peine afflictive ou infamante, pour examiner le fait allégué contre le prévenu ou l'accusé, et décider, d'après les preuves qui leur sont soumises et leur conviction personnelle, si le délit existe, et quel est le coupable. (*Art. 206 du Code du 3 brumaire an 4.*)

Ils ne sont point fonctionnaires publics : ils n'ont qu'un caractère temporaire et relatif à l'affaire pour laquelle ils sont convoqués. (*Art. 207, ibid.*)

II. On distingue les Jurés en Jurés d'accusation et en Jurés de jugement : les premiers sont appelés pour décider si une accusation doit être admise : les seconds, pour juger si l'accusation est fondée.

[[Le Code d'instruction criminelle de 1808, n'admet plus que des Jurés de jugement, il supprime les Jurés d'accusation, et délègue aux cours royales le pouvoir dont ceux-ci étaient précédemment investis.]]

III. L'âge de trente ans accomplis est nécessaire pour pouvoir légalement remplir les fonctions de Jurés. (*Art. 483 du Code du 3 brumaire an 4.*)

[[« Nul ne peut remplir les fonctions de Juré, » s'il n'a trente ans accomplis, et s'il ne jouit des » droits politiques et civils ; à peine de nul-» lité. » Ce sont les termes du *Code de 1808*, *art. 381.*

De là un arrêt de la cour de cassation, du 26 avril 1822, qui est ainsi conçu :

« Vu les art. 381 et 393 du Code d'instruction criminelle ;

» Attendu qu'il est établi, par un extrait de naissance qu'a produit le réclamant à l'appui de son pourvoi, et par les renseignemens transmis à la cour, sur le vu de cet extrait, en exécution de son interlocutoire du 28 mars dernier, que Pierre Cambuston, qui a concouru à la déclaration du Jury contre le réclamant, n'était alors âgé que de vingt-huit ans ; d'où résulte violation de l'article 381 précité ;

» Par ces motifs, la cour casse et annule la formation du tableau du Jury ; les débats qui ont eu lieu, la déclaration qui en a été la suite, et l'arrêt de la cour d'assises des Basses-Pyrénées, du 28 février 1822, portant condamnation du nommé Garnousset, dit Blasy, à la peine de mort...... (1). »

Le 12 juillet de la même année, autre arrêt qui prononce de même et par les mêmes motifs (2).

Pour qu'il n'y ait pas lieu à la nullité prononcée par l'art. 381 du Code d'instruction criminelle, est-il nécessaire que le Juré ait trente ans accomplis au moment de l'inscription de son nom sur la liste destinée à former le tableau du Jury, ou suffit-il qu'il ait cet âge au moment où, désigné par le sort, il est porté sur ce tableau ?

Un arrêt de la cour de cassation, du 3 octobre 1822, a jugé expressément « que, d'après l'arti-» cle 381 du Code d'instruction criminelle, il suf-» fit, pour l'exercice légal des fonctions de Juré, » de l'âge de trente ans accomplis au moment de » la formation du tableau ; que c'est seulement » par son inscription sur ce tableau qu'un Juré » entre dans l'exercice de son caractère (3). »

Mais il ne suffirait pas que ce Juré eût trente ans accomplis au moment où, après la clôture des débats et le résumé du président, il entre dans la chambre du conseil pour délibérer avec ses collègues ; et c'est ce qu'a jugé un arrêt de la cour de cassation du 19 prairial an 12, rapporté dans le recueil de M. Sirey, tome 4, partie 2, page 140.

Le même arrêt a jugé une autre question qui est rappelée à l'article *Naissance (acte d'), § 2.*]]

IV. Ces fonctions sont incompatibles avec celles des membres du corps législatif, des ministres, des juges, des officiers de police judiciaire, et des procureurs (du roi) près les tribunaux civils ou criminels. *Art. 404. (Code du 3 brumaire an 4.)*

[[« Les fonctions de jurés sont incompatibles » avec celles de mininistres, de préfets, de sous-» préfets, de juges, de procureur-général et (du » roi) près les cours et tribunaux, et de leurs sub-» stituts. Elles sont également incompatibles avec

---

(1) [[Elle a prononcé, depuis la rédaction de cet article, en maintenant le jury. *V.* ci-après, § 1, n° 2.]]

(1) Bulletin criminel de la cour de cassation, année 1822, page 181.
(2) *Ibid.* page 292.
(3) Jurisprudence de la cour de cassation, tome 22, page 348.

» celles de ministre d'un culte quelconque. » (*Code de 1808*, art. 584.)

Les juges suppléans sont-ils compris dans cette disposition ? *V.* ci-après, § 4, n° 6, le plaidoyer du 27 décembre 1811.]]

Si l'institution des Jurés est maintenue dans la nouvelle organisation de justice criminelle, qui se mûrit dans le silence et le recueillement, il sera peut-être important de réduire ces incompatibilités; elles excluent du tableau des Jurés, dans les campagnes, presque tous les hommes indépendans de la séduction par leur fortune, et les plus propres par leurs lumières, à donner à la délibération du Jury une direction sage et juste. Que des officiers de police judiciaire ne puissent point être Jurés dans des affaires dans lesquelles ils ont exercé cette qualité, on voit là un motif raisonnable ; mais qu'ils ne puissent pas l'être dans celles où leur ministère n'a point été mis en action, c'est ce qui doit paraître extraordinaire ; et pourtant en excluant du tableau des Jurés, d'une manière générale et absolue, les officiers de police judiciaire, on en exclut les juges de paix (1), les maires (2), les adjoints, les commissaires de police ; etc., c'est-à-dire, une grande partie des hommes les plus capables de reconnaître la vérité dans les ombres d'un débat.

Les membres du corps législatif dont les fonctions ne sont aujourd'hui que de quelques mois, ne devraient être non plus écartés de celles de Jurés, que pendant la durée de la session législative (3).

V. Les septuagénaires peuvent se dispenser d'être

jurés. *Art. 484 du Code du 3 brumaire an 4* (1).

VI. Ceux dont l'exercice des droits de citoyens est suspendu, ne peuvent pas être Jurés. C'est

(1) [[« Les conseillers d'état chargés d'une partie d'administration, les commissaires du roi près les administrations ou régies, les septuagénaires, seront dispensés, s'ils le requièrent. » Voilà ce que porte le Code de 1808, art. 385.

On voit que cet article n'excepte pas les membres du corps législatif, et qu'il soumet implicitement à la règle générale les conseillers d'état qui ne sont chargés d'aucune partie d'administration.

Mais les membres du corps législatif ne peuvent-ils pas se dispenser des fonctions de Jurés pendant la session de ce corps ?

Sur cette question, comme sur celle de savoir si les sénateurs, lorsqu'il existait un sénat, pouvaient exercer ces fonctions et s'ils pouvaient s'en excuser, le conseil d'état a donné, le 12 juillet 1800, un avis que le chef du gouvernement a revêtu de son approbation le 16 du même mois, et qui est ainsi conçu :

« Le conseil d'état, qui, d'après le renvoi, a entendu le rapport de la section de législation sur celui du grand-juge ministre de la justice, présentant la question de savoir si les Jurés peuvent être pris parmi les sénateurs ;

» Vu le chap. 5 du tit. 2, liv. 2, du Code d'instruction criminelle, et notamment les art. 382, 383, 384 et 597.

» Considérant, d'un côté, que, dans la réforme de l'instruction criminelle, un des principaux objets du législateur a été d'affermir l'institution du jury, en la rendant plus utile et en environnant d'une considération plus grande ; qu'à cet effet, il a voulu faire concourir à son exercice les hommes les plus distingués de l'ordre civil et politique ; que, par l'article 382, il a exigé comme élémens essentiels de sa composition les conditions de la propriété, de la science et de l'industrie, en déterminant les classes et les états de la société où se rencontrent principalement ces avantages ; qu'il n'a fait à cette règle générale d'autres exceptions que celles énoncées aux articles 383, 384 et 385 ; qu'ainsi, tout citoyen qui appartient à une des classes désignées dans l'art. 382, et n'est pas compris dans une des exceptions portées aux articles suivans, est évidemment appelé par la loi à remplir les fonctions non moins honorables qu'utiles de Juré ;

» Considérant, d'un autre côté, que, si les membres mêmes des premiers corps de l'état et les principaux fonctionnaires et officiers publics ne sont point affranchis de ce devoir, il est cependant subordonné à l'exercice des fonctions attachées à leur titre, lesquelles constituent leur principale obligation envers le souverain ; qu'ainsi, dans la concurrence, ils ne doivent pas eux-mêmes préférer les fonctions de Juré, qui ne sont pour eux-mêmes qu'accessoires, et dans l'exercice desquelles ils peuvent d'ailleurs être facilement suppléés ; qu'en agir autrement, soit de leur part, soit de la part des préfets dans la formation des listes de Jurés, soit de la part des cours d'assises dans le jugement des excuses proposées par ces fonctionnaires, c'est méconnaître la sage intention de la loi et les véritables rapports des devoirs publics ;

» Considérant, en outre, qu'aux termes de l'art. 107 du Code civil, les fonctionnaires investis de fonctions conférées à vie, ont leur domicile dans le lieu où ils doivent exercer ces fonctions ;

» Est d'avis

» 1° que les membres du sénat qui ne peuvent invoquer aucune des exceptions portées aux art. 383, 384 et 385 du Code d'instruction criminelle, peuvent être appelés à remplir les fonctions de Juré ;

» 2° qu'ils ne doivent être compris que dans les listes de Jurés formées pour le service de la cour d'assises de Paris ;

» 3° Que, toutes les fois qu'un sénateur ainsi appelé s'excuse, soit sur la nécessité de remplir ses fonctions de sénateur, soit pour cause d'absence autorisée, la cour d'assises ne peut se dispenser d'admettre cette excuse :

» 4° Qu'il en est de toute excuse de ce genre proposée par les membres du conseil d'état et ceux du corps législatif pendant la session de ce corps. »]]

(1) [[Les juges de paix sont encore exclus des fonctions de jurés, parce que ce sont des juges proprement dits, mais ils ne sont plus comme officiers de police judiciaire.

(2) [[Aujourd'hui, les maires sont juges en tant qu'ils tiennent quelquefois le tribunal de police (*V.* l'article *Tribunal de police*) ; mais ils ne le sont qu'accidentellement ; et par cette raison, le ministre de la justice a plusieurs fois répondu, et la cour de cassation juge constamment qu'ils peuvent être jurés.

Cependant ils ne sont pas seulement appelés accidentellement aux fonctions de juges ; ils le sont encore et de la même manière aux fonctions d'officiers de police judiciaire ; et par cette raison, l'on jugeait sous le Code du 3 brumaire an 4, qu'ils étaient incapables d'être Jurés.

« Vu (porte un arrêt de cette cour, du 13 juin 1800) l'art. 456 du Code du 3 brumaire an 4 ;

» Attendu qu'il est constaté que Thomas Loquet, l'un des Jurés de jugement qui ont assisté aux débats de cette cause, était maire de la commune de Plomodiern ; que, d'après la loi du 7 pluviôse an 9, les maires sont officiers de police ; qu'aux termes de l'art. 484 du Code précité, les officiers de police ne peuvent être membres du Jury ; d'où il suit que la cour de justice criminelle du département du Finistère, en prononçant comme elle l'a fait, d'après la déclaration d'un Jury dont un maire était membre, a commis une usurpation de pouvoir ;

» La cour casse et annulle.... »

Et si la qualité accidentelle d'officier de police judiciaire suffisait, sous le Code de brumaire an 4, pour exclure les maires des fonctions de Jurés, comment pourrait-elle ne plus produire le même effet sous le Code d'instruction criminelle ?]]

(3) [[*V.* la note 4 ci-après.]]

une conséquence nécessaire de la loi du 6 germinal an 8 (1).

Cette exclusion frappe, suivant l'art. 5 de l'acte
constitutionnel du 22 frimaire an 8,

« Les débiteurs faillis,

« L'héritier immédiat, détenteur à titre gratuit
de la succession totale ou partielle d'un failli ;

« Les domestiques à gages, attachés au service
de la personne ou du ménage,

« Ceux qui sont en état d'interdiction judiciaire,
d'accusation ou de contumace (2). »

Mais elle n'atteint pas celui qui serait dans les
liens d'un mandat d'arrêt, et qui aurait été reçu à
caution. Ses droits de citoyen ne sont pas encore
suspendus ; ils ne peuvent l'être que par la déclaration affirmative du Jury d'accusation. C'est ce
qui a été jugé par un arrêt de la cour de cassation
du 12 messidor an 6.

VII. Les parens, à quelque degré que ce soit, peuvent concourir, comme Jurés, à la même déclaration ; la loi ne fait pas de la parenté, pour les
Jurés, un motif d'exclusion, et on ne peut pas
suppléer à ses dispositions : la faculté de récusation répond d'ailleurs à tous les inconvéniens et
à toutes les objections que peut présenter cette décision. On l'a quelquefois combattue par l'analogie
des fonctions des Jurés et de celles des juges ; mais
cette analogie n'est pas parfaitement exacte ; on
ne peut pas d'ailleurs créer des analogies. V. l'article *Parenté* et le *Recueil de Questions de droit*,
au mot *Jury*, § 2.

[[VIII. Suivant l'art. 383 du Code de 1808, « nul
» ne peut être Juré dans la même affaire où il
» aura été officier de police judiciaire, témoin,
» interprète, expert ou partie, à peine de nul-
» lité. »

IX. Le Code de 1808 ne se borne pas à déterminer quels sont ceux qui sont exclus ou peuvent
s'excuser des fonctions de Jurés. Il circonscrit
aussi le cercle dans lequel le choix des Jurés doit
être fait.

« Les Jurés (porte-t-il, art. 382) seront pris,

» 1° Parmi les membres des collèges électoraux ;

» 2° Parmi les trois cents plus imposés, domiciliés dans le département ;

» 3° Parmi les fonctionnaires de l'ordre administratif à la nomination du roi ;

» 4° Parmi les docteurs et licenciés de l'une ou
de plusieurs des quatre facultés de droit, médecine, sciences et belles-lettres, les membres et
correspondans de l'institut et des autres sociétés
savantes reconnues par le gouvernement ;

» 5° Parmi les notaires ;

» 6° Parmi les banquiers, agens de change, négocians et marchands payant patente de l'une des
deux premières classes ;

» 7° Parmi les employés des administrations

---

jouissant d'un traitement de 4,000 francs au
moins.

» Aucun Juré ne pourra être pris que parmi
les citoyens sus-désignés, sauf toutefois ce qui est
dit à l'art. 386. »

L'art 386 est ainsi conçu :

« Quiconque ne se trouvant dans aucune des
classes désignées en l'art. 382, désirerait être admis à l'honneur de remplir les fonctions de Juré,
pourra être compris dans la liste, s'il le demande
au préfet, et si, après que le préfet aura obtenu
des renseignemens avantageux sur le compte du
requérant, et les aura transmis au ministre de l'intérieur, le ministre accorde une autorisation à cet
égard.

» Le préfet pourra également faire d'office la
proposition au ministre. »

X. Peut-on prendre pour Juré, un militaire en
activité de service, qui réunit d'ailleurs toutes les
qualités requises par l'art. 382 ?

Alexis Blazy a soutenu la négative dans une
requête en cassation d'un arrêt de la cour d'assises du département de l'Arriége, du 24 juillet
1812, qui l'avait condamné à une peine afflictive, d'après la déclaration d'un Jury dont avait
fait partie un chef de bataillon en activité de service.

Mais, par arrêt du 3 septembre de la même année, au rapport de M. Van Toulon,

« Attendu que le membre du Jury contre lequel
on réclame, possédait les qualités nécessaires pour
être porté sur la liste, et que nulle raison n'autorisait la cour d'assises de l'exclure, aussitôt qu'il
n'avait pas été récusé par le prévenu ;

» La cour rejette le pourvoi..... »

XI. Une déclaration du Jury peut-elle être arguée de nullité devant la cour de cassation, sur
le fondement que, parmi les Jurés qui ont pris
part, ou qui étaient compris dans la liste sur laquelle avait été formé le tableau du Jury, il se
trouvait un ou plusieurs citoyens qui n'avaient
pas les qualités civiles ou politiques requises pour
être admis à cette fonction ?

Jean-Louis Mora, condamné par un arrêt de
la cour d'assises du département de l'Escaut, à la
peine de mort, disait, pour moyen de cassation,
que, dans la liste des trente-six Jurés sur laquelle
avait été formé le tableau du Jury qui l'avait jugé,
il se trouvait un particulier désigné comme *l'un
des six cents plus imposés du département*. Or,
ajoutait-il, ce n'est point parmi *les six cents*,
mais parmi *les trois cents plus imposés de chaque
département*, que la loi permet de choisir les Jurés.
Donc la liste des trente-six était incomplète ; donc
le tableau du Jury qui a été formé sur cette liste
est nul ; donc la déclaration de ce Jury est comme
non avenue.

Mais par arrêt du 2 juillet 1812, au rapport de
M. Bauchau,

« Attendu que la formation du tableau primitif
des Jurés est un acte d'administratration dont il
n'appartient pas à la cour de connaître ;

---

(1) [[Et de l'art. 381 du Code de 1808.]]
(2) [[Et ceux qui sont interdis, par jugement rendu en
police correctionnelle, des droits civiques, de certains droits
civils et de famille. V. l'article *Interdiction des droits civiques*.]]

» La cour rejette le pourvoi..... »

Le 25 mai 1812, arrêt de la cour d'assises du département du Pas-de-Calais, qui condamne Maxime Franqueville à la peine de la réclusion pour vol qualifié. Maxime Franqueville se pourvoit en cassation contre cet arrêt, et dit, entre autres moyens :

« Le sieur Després, maire de Douvrin, onzième Juré désigné par le sort pour faire partie du Jury dans mon affaire, n'avait aucune qualité pour remplir cette fonction, d'après l'art. 382 du Code d'instruction criminelle. Il n'est ni membre du collège électoral, ni l'un des trois cents plus imposés du département.

» Il est bien fonctionnaire public de l'ordre administratif, mais point du nombre de ceux à la nomination du roi, comme le veut expressément le § 3 de l'art. 382 ; car il n'est maire que d'une commune d'arrondissement qui, par sa population, doit recevoir son maire de la main du préfet ; et il n'a été appelé à cette fonction que par le préfet du département.

» Enfin, il ne réunit aucune des autres qualités requises par le même article. »

Par arrêt du 9 juillet suivant, au rapport de M. Liborel,

« Attendu que les Jurés désignés par le préfet, sont censés réunir toutes les qualités civiles et politiques exigées par la loi, et qu'il n'entre point dans les attributions de la cour de les vérifier ;

» La cour rejette le pourvoi..... »

Le 10 septembre de la même année, arrêt, au rapport de M. Audier-Massillon, qui, par les mêmes motifs, rejette le recours en cassation de Germain Verrea et de Vilman-Feiter, contre un arrêt de la cour d'assises du département de la Roër, qui les condamnait à la peine de la réclusion, recours qu'ils fondaient sur le fait que l'un des Jurés dont la déclaration avait déterminé leur condamnation, n'était qualifié que de *jurisconsulte*, sans qu'il eût obtenu aucun degré dans la faculté de droit, et n'avait aucune des autres qualités requises par l'art. 382.

XII. Peut-on prendre pour Jurés des citoyens qui n'entendent pas la langue française ?

Dans une des affaires dont il vient d'être parlé, Jean-Louis Mora soutenait que la déclaration du Jury d'après laquelle il avait été condamné à la peine de mort, était nulle, parce que, parmi les Jurés qui y avaient pris part, il y en avait plusieurs qui n'entendaient pas le français.

Mais par l'arrêt cité du 2 juillet 1812, ce moyen a été rejeté comme le précédent, « attendu que, » pour le service des débats, il avait été nommé » un interprète, conformément au vœu de la » loi. »]]

XIII. Ces notions générales ainsi développées, nous allons expliquer successivement,

Comment se composent les listes élémentaires des tableaux des Jurés d'accusation et de jugement.

Comment se forment ensuite ces tableaux :

Nous ferons connaître quels sont les droits de récusation de l'accusé et de la partie publique ; les fonctions et les devoirs des Jurés.

Nous séparerons ce qui concerne les Jurés d'accusation de ce qui regarde les Jurés de jugement.

Nous traiterons enfin d'un genre particulier de Jury, qu'on nomme *Jury spécial*, et qui doit être exclusivement employé dans certaines affaires.

§ II. Des listes sur lesquelles doivent être composés les tableaux des Jurés d'accusation et de jugement.

. I. La loi ayant exigé que les Jurés eussent la qualité de citoyen, l'autorité administrative, essentiellement juge [[provisoire]] de cette qualité, a dû être chargée de participer à la confection des listes sur lesquelles doivent être formés les tableaux des Jurés ; et, en effet, c'est à cette autorité qu'ont été attribuées les opérations qui doivent déterminer et clore ces listes.

Son concours avec l'autorité judiciaire, dans ces actes préliminaires de la procédure, est d'ailleurs une garantie de plus en faveur de l'accusé.

C'est la loi du 5 germinal an 8, qui règle aujourd'hui le mode de la formation des listes élémentaires des tableaux des Jurys. Voici ce qu'elle prescrit.

Tous les trois mois, chaque juge de paix désigne, dans son arrondissement, un nombre de citoyens triple de celui que cet arrondissement aurait dû fournir en exécution de l'art. 487 du Code du 3 brumaire an 4, c'est-à-dire qu'il doit désigner trois citoyens jusqu'à 21,500 habitans ; six, depuis 1,501 jusqu'à 2,500 ; et ainsi de suite. Il envoie cette liste de désignation au sous-préfet, qui, après l'avoir examinée et réduit aux deux tiers, la fait passer au préfet du département.

Le préfet, après avoir réduit à la moitié, par la voie du sort, et en présence du conseil de préfecture, chacune des listes envoyées par les sous-préfets, en compose une liste générale, qu'il divise en autant de listes partielles qu'il y a de tribunaux d'arrondissement dans le département, en ne plaçant, dans chacune d'elles, que des citoyens de l'arrondissement auquel elle est destinée.

Il envoie ensuite au président de la cour de justice criminelle la liste générale, et cette liste sert pour la formation du tableau du Jury de jugement.

Il envoie de même à chaque directeur de Jury, la liste partielle destinée à son arrondissement ; et c'est sur ces listes partielles que les tableaux du Jury d'accusation sont respectivement formés dans chaque arrondissement.

Ces listes sont renouvelées tous les trimestres, et elles doivent être faites quinze jours avant l'ouverture du trimestre pour lequel elles doivent servir. (Art. 1 *de la loi du 2 pluviose an 9.*)

En cas de retard dans leur envoi, on doit employer la dernière reçue : le cours de la justice ne doit être ni arrêté ni suspendu. (Art. 2, *ibid.*)

Les préfets sont spécialement chargés de veiller à la formation des listes et à leur envoi en temps utile : ils sont responsables des retards, s'ils ne font pas connaître ceux des fonctionnaires auxquels ils doivent être imputés. (*Ibid.*)

Les juges de paix prévenus de négligence sur ce point, doivent être poursuivis comme coupables de forfaiture. (*Ibid.*)

[[A toutes ces dispositions, le Code de 1808 substitue les suivantes :

« Art. 387. Les préfets formeront, sous leur responsabilité, une liste de Jurés, toutes les fois qu'ils en seront requis par les présidens des cours d'assises. Cette réquisition sera faite quinze jours au moins avant l'ouverture de la session.

» Si la cour est divisée en une ou plusieurs sections, chaque président pourra, dans le cas où le nombre des affaires l'exigerait, requérir une liste de Jurés pour la section qu'il préside.

» Dans tous les cas, la liste sera composée de soixante citoyens; elle sera adressée de suite au président de la cour d'assises ou de section, qui sera tenu de la réduire à trente-six dans les vingt-quatre heures, à compter du jour de la réception, et de la renvoyer, dans le même délai, au préfet, qui la fera parvenir, ainsi qu'il sera dit ci-après, à tous ceux qui doivent la recevoir.

» 388. Chaque préfet enverra la liste, ainsi réduite, au grand-juge ministre de la justice, au premier président de la cour royale, au procureur-général près la même cour, au président de la cour d'assises ou de section, et, de plus, au procureur royal criminel, s'il y en a un dans le département pour lequel la liste est destinée.

» 390. La liste des Jurés sera comme non-avenue après le service pour lequel elle aura été formée.

» 391. En adressant les nouvelles listes de Jurés au grand-juge ministre de la justice, les préfets y joindront la note de ceux qui, portés sur la liste précédente, n'auraient pas satisfait aux réquisitions.

» Le ministre de la justice fera, tous les ans, un rapport sur la manière dont les citoyens inscrits sur les listes, auront rempli leurs fonctions.

» Si quelque fonctionnaire, appelé comme Juré, n'a point répondu à l'appel, le rapport l'indiquera particulièrement.

» Sa majesté se réserve de donner aux Jurés qui auront montré un zèle louable, des témoignages de sa satisfaction.

» 392. Nul citoyen, âgé de plus de trente ans, ne pourra être admis aux places administratives et judiciaires, s'il ne prouve, par un certificat de l'officier du ministère public près la cour d'assises dans le ressort de laquelle il a résidé, qu'il a satisfait aux réquisitions qui lui ont été faites toutes les fois qu'il a été inscrit sur une liste de Jurés, ou que les excuses par lui proposées ont été valables, ou qu'il ne lui a encore été fait aucune réquisition. Nulle pétition ne sera admise, si elle n'est accompagnée de ce certificat. »]]

II. La liste générale et les listes partielles sont aussi respectivement envoyées à tous ceux dont les noms y sont inscrits, dix jours au moins avant le commencement du trimestre pour lequel ces listes ont été faites, afin qu'ils puissent proposer à temps les excuses ou les motifs qui pourraient les empêcher de se rendre, s'ils étaient appelés par le sort, à être membres du Jury. Les citoyens portés dans les listes partielles, doivent donner connaissance de leurs excuses au directeur du Jury, deux jours au moins avant celui de la formation du tableau du Jury d'accusation pour lequel ils désirent d'être excusés. Les citoyens inscrits sur la liste générale, doivent de même instruire le président de la cour de justice criminelle de leurs raisons d'empêchement, deux jours au moins avant le premier du mois pendant lequel ils désirent ne pas faire partie du tableau du Jury de jugement. Art. 489, 495 et 510 *du Code du 3 brumaire an 4.*

[[« La liste entière ne sera point envoyée aux citoyens qui la composent; mais le préfet notifiera, à chacun d'eux, l'extrait de la liste qui constate que son nom y est porté. Cette notification leur sera faite huit jours au moins avant celui où la liste doit servir.

» Ce jour sera mentionné dans la notification, laquelle contiendra aussi une sommation de se trouver au jour indiqué, sous les peines portées par le présent Code.

» A défaut de notification à la personne, elle sera faite à son domicile, ainsi qu'à celui du maire ou de l'adjoint du lieu : celui-ci est tenu de lui en donner connaissance. » *Code de 1808*, article 389.]]

III. Le même citoyen peut être successivement placé sur les quatre listes qui se font pendant une année; mais une fois qu'il a assisté à un Jury de jugement, il peut s'excuser d'y assister une seconde fois, dans le cours de la même année, à moins qu'il n'habite la commune où siège la cour de justice criminelle. (*Code du 3 brumaire an 4,* art. 491.)

[[« Le Juré qui aura été porté sur une liste, et aura satisfait aux réquisitions à lui faites, ne pourra être compris sur les listes des quatre sessions suivantes, à moins toutefois qu'il n'y consente. » *Code de 1808*, art. 591.]]

§ III. *Du Jury d'accusation; époque et mode de sa formation; convocation et assemblée des Jurés; leurs attributions, et déclarations qu'ils ont à faire* (1).

Lorsqu'un directeur de Jury, après l'instruction

_____

(1) [[Tout ce paragraphe est aujourd'hui sans objet.]]

que lui prescrit la loi du 7 pluviose an 9, a reconnu dans la prévention portée contre un individu, le caractère d'un crime emportant peine afflictive ou infamante, il rend une ordonnance par laquelle il traduit cet individu devant un Jury d'accusation.

Le magistrat de sûreté, de son côté, dresse un acte dans lequel il expose le fait et toutes ses circonstances; il y détermine la nature du délit avec le plus de précision qu'il est possible, et y désigne et dénomme celui qu'il accuse d'en être l'auteur. Cet acte se nomme *Acte d'accusation* (1).

C'est sur cet acte, ainsi que sur les pièces qui y sont relatives, ou qui sont produites à l'appui, que les Jurés doivent délibérer.

Mais, avant de parler de ce que les Jurés ont à faire, nous devons faire connaitre comment se forme le tableau du Jury.

Le quinzième et le dernier jour de chaque mois, le directeur du Jury compose le Jury d'accusation qui est destiné aux affaires de la quinzaine suivante.

A cet effet, il fait tirer publiquement au sort, en présence du magistrat de sûreté, partie poursuivante, et sur la liste partielle qui lui a été envoyée par le préfet, ainsi qu'il a été dit dans le paragraphe précédent, les huit citoyens qui doivent en former le tableau.

Ce nombre de Jurés est rigoureusement nécessaire; il en est de même du tirage au sort et de sa publicité.

La loi n'admet de récusation contre les Jurés d'accusation, ni en faveur du prévenu, ni en faveur de la partie publique. Il n'y a donc pas de notification à faire au prévenu du tableau du Jury d'accusation.

Lorsqu'il y a lieu d'assembler le Jury d'accusation, ceux qui doivent le composer, sont avertis quatre jours d'avance du jour fixé.

Cette notification est exigée à peine de nullité, afin que le prévenu ne soit pas privé, par le fait de la partie poursuivante, des Jurés que le sort lui a donnés.

Tout Juré qui ne se rend pas sur cette notification, est condamné, sans appel, par le directeur du Jury, à dix jours d'emprisonnement, et à 25 fr. d'amende, avec impression et affiche du jugement dans toutes les communes de l'arrondissement, à moins qu'il ne prouve qu'il a été retenu par maladie grave, ou par force majeure. *Loi du 12 germinal an 5.*

On a vu dans le paragraphe précédent, que les citoyens inscrits sur la liste partielle du trimestre, qui prévoient, pour l'un des jours d'assemblée du

Jury d'accusation, quelque obstacle qui pourrait les empêcher de s'y rendre, s'il arrivait qu'ils y fussent appelés par le sort, ils sont tenus d'en donner connaissance au directeur du Jury deux jours au moins avant celui de la formation du tableau pour lequel ils désirent d'être excusés.

La valeur de l'excuse a dû être jugée par le directeur du Jury, dans les vingt-quatre heures, et avant la formation du tableau du Jury, le magistrat de sûreté entendu. Art. 496 *du Code du 3 brumaire an 4.*

Si l'excuse a été jugée suffisante, le nom de celui qui l'a présentée, a dû être retiré, pour cette fois, de la liste sur laquelle s'est fait le tirage.

Si elle a été jugée non valable, son nom a dû être soumis au sort, comme les autres (*art. 497, ibid*); et si le tirage l'a compris parmi les huit citoyens qui doivent former le Jury, il a dû lui être signifié que son excuse a été rejetée, qu'il est sur le tableau des Jurés, et qu'il ait à se rendre au jour fixé pour leur réunion. (*Art. 498.*)

S'il ne se rend pas sur cette notification, dont la forme est déterminée par cet art. 498, il est condamné, ainsi qu'il a été dit plus haut.

Le tableau du Jury d'accusation une fois formé le 15 ou le dernier du mois, il ne doit point être changé par de nouveaux tirages, sous prétexte d'excuses admises depuis sa formation, jusqu'au jour indiqué pour l'assemblée du Jury. La loi n'autorise pas ces remplacemens intermédiaires.

Mais le jour indiqué pour l'assemblée arrivé, s'il manque un ou plusieurs Jurés, le directeur du Jury les fait remplacer par un ou plusieurs citoyens de la commune du lieu où le Jury se trouve assemblé.

Ce remplacement est fait au sort, en présence du public et du magistrat de sûreté, sur la liste partielle envoyée par le préfet, et subsidiairement, parmi les citoyens du lieu âgés de trente ans accomplis. (*Art. 500.*)

Dans les communes où il y a plusieurs directeurs du Jury, qui sont conséquemment plus populeuses, et où les procès criminels sont plus nombreux, les tableaux du Jury peuvent être formés tous les jours, et le Jury assemblé quatre jours après la formation de son tableau. (*Loi du 22 nivose an 4.*)

Le Jury d'accusation, dans les autres communes, ne peut être convoqué que pour le 15, ou le dernier de chaque mois. (*Décret du 16 frimaire an 14, et art. 491 du Code du 3 brumaire an 4.*)

Les Jurés s'étant réunis au jour indiqué, ils sont obligés de rester à leur poste, jusqu'à ce qu'ils aient rempli la mission pour laquelle ils ont été appelés. (*Loi du 13 germinal an 5.*)

Le directeur du Jury les rassemble dans la salle qui leur est destinée; ni le prévenu ni les témoins ne paraissent devant eux.

Le directeur du Jury, en présence du magistrat de sûreté, leur adresse les paroles suivantes: « Citoyens, vous promettez d'examiner avec atten-

---

(1) [[Aujourd'hui l'acte d'accusation est dressé par le procureur-général de la cour royale; et il ne l'est qu'après que la cour royale a mis le prévenu en état d'accusation. V. l'article *Acte d'accusation*, et mon *Recueil de Questions de droit*, au mot *Accusation*.]]

» tion les pièces qui vous seront présentées, d'en
» garder le secret, de vous expliquer avec loyauté
» sur l'acte d'accusation qui va vous être remis,
» et de ne suivre ni les mouvemens de la haine
» ou de la méchanceté, ni ceux de la crainte ou
» de l'affection. »

Chacun des Jurés répond individuellement, *je
le promets.* (Art. 236 du Code du 3 brumaire an 4.)

Le directeur du Jury expose ensuite aux Jurés
l'objet de l'accusation; il leur explique avec clarté
et simplicité les fonctions qu'ils ont à remplir; et,
afin qu'ils ne perdent jamais de vue l'objet de
leur mission, il leur fait lecture de l'instruction
suivante, qui demeure inscrite en gros caractère,
dans la salle destinée à leurs délibérations :

« Les Jurés d'accusation n'ont pas à juger si le
prévenu est coupable ou non, mais seulement s'il
y a déjà des preuves suffisantes à l'appui de l'accusation.

» Ils aperçoivent aisément le but de leurs fonctions, en se rappelant les motifs qui ont déterminé la loi à établir un Jury d'accusation. Ces
motifs ont leur base dans le respect pour la liberté
individuelle. La loi, en donnant au ministère actif
de la police le droit d'arrêter un homme prévenu
d'un délit, a borné ce pouvoir au seul fait de
l'arrestation.

» Mais une simple prévention, qui souvent a
pu suffire pour qu'on s'assurât d'un homme, ne
suffit pas pour le priver de sa liberté pour l'instruction d'un procès, et l'exposer à subir l'appareil d'une procédure criminelle.

» La loi a prévenu ce dangereux inconvénient :
et à l'instant même où un homme est arrêté par
la police, il trouve des moyens faciles et prompts
de recouvrer sa liberté, s'il ne l'a perdue que par
l'effet d'une erreur ou de soupçons mal fondés,
ou si son arrestation n'est que le fruit de l'intrigue, de la violence, ou d'un abus d'autorité; il
faut alors qu'on articule contre lui un fait grave:
ce ne sont plus de simples soupçons, une simple
prévention, mais de fortes présomptions, un commencement de preuves déterminantes, qui doivent
provoquer la décision des Jurés pour l'admission
de l'acte d'accusation. »

Après lecture de cette instruction, le directeur
de Jury, le magistrat de sûreté toujours présent,
fait celle de l'acte d'accusation, ainsi que de
toutes les pièces qui y sont relatives. Il remet
ensuite ces pièces aux Jurés, avec les dépositions
des témoins et les interrogatoires du prévenu.
(Art. 20 et 21 de la loi du 7 pluviose an 9.)

Cela fait, le directeur du Jury et le magistrat de
sûreté se retirent.

Les Jurés restent et délibèrent entre eux sans
désemparer.

Le plus âgé est le chef; il les préside et recueille
les voix.

Ils n'ont pas le droit d'examiner si le délit porté
dans l'acte d'accusation, mérite peine afflictive ou
infamante, ni si le prévenu est coupable ou non;
ils doivent seulement juger, comme il est dit dans

l'instruction dont il leur a été fait lecture, s'il y a
des présomptions suffisantes pour soumettre le prévenu à l'épreuve et à l'appareil d'une procédure
criminelle.

Trop souvent les Jurés d'accusation se sont
écartés de cet objet de leur institution : on les a
vus bien des fois usurper les pouvoirs qui n'appartiennent qu'au Jury de jugement, peser les preuves
comme s'ils avaient à prononcer une condamnation, et par une déclaration négative sur une instruction qui, devant eux, n'est jamais qu'ébau-
chée, rendre à la liberté des hommes sur lesquels
la solennité du débat eût ramené vraisemblablement la conviction pleine et entière du crime.

Si la majorité des Jurés trouve que l'accusation
doit être admise, leur chef met au bas de l'acte
d'accusation, cette formule affirmative : *La déclaration du Jury est : Qui, il y a lieu.*

Si la majorité des Jurés, ou seulement quatre
d'entre eux, trouvent que l'accusation ne doit pas
être admise, leur chef met au bas de l'acte cette
formule négative : *La déclaration du Jury est :
Non, il n'y a pas lieu.* (Art. 243 du Code du 3
brumaire an 4.)

S'il y a une partie plaignante qui, n'ayant pas
pu s'accorder avec le magistrat de sûreté, soit sur
les faits, soit sur la nature de l'acte d'accusation,
ait rédigé un acte d'accusation particulier, les
Jurés déterminent celle des deux accusations qui
doit avoir lieu; ils admettent l'une par la formule
ci-dessus énoncée, et rejettent l'autre par la formule contraire; ou bien ils rejettent l'une et
l'autre par la formule négative. (Art. 227 et 244.)

Si les Jurés estiment qu'il y a lieu à une accusation, mais différente de celle qui est portée dans
l'acte ou dans les actes d'accusation sur lesquels
ils délibèrent, leur chef met au bas : *La déclaration du Jury est : Il n'y a pas lieu à la présente
accusation.* (Art. 245.)

Dans ce cas, le magistrat de sûreté peut, sur les
déclarations écrites des témoins et sur les autres
renseignemens, dresser un nouvel acte d'accusation.

La même faculté est accordée à la partie plaignante, qui, conformément à ce qui vient d'être
dit, a présenté un acte particulier d'accusation,
(art. 246); mais ce droit que la loi donne à la partie plaignante de dresser un acte particulier d'accusation, n'est presque jamais exercé; et l'on peut
dire que les dispositions de la loi qui y sont relatives,
ne sont plus qu'une théorie dont aucune procédure
criminelle n'offre aujourd'hui l'application.

Dans tous les cas, la déclaration des Jurés est
datée et signée par leur chef, qui la remet en leur
présence au directeur du Jury.

Cette signature est essentielle à la déclaration,
qui n'aurait aucun caractère sans elle. (Art. 247.)

Mais quoique l'art. 240 du Code du 3 brumaire
an 4 prescrive que le plus âgé des Jurés soit leur
chef, et qu'ainsi il paraisse au premier aperçu que
la signature exigée par l'art. 257, doive être apposée par celui des Jurés qui a le plus d'âge, cette

conséquence n'est pourtant pas rigoureusement vraie. L'art. 240, qui d'ailleurs ne porte pas la peine de nullité, doit être entendu sainement et dans un sens susceptible d'exécution. Or, il arrive fréquemment que le plus âgé des Jurés ne sait point ou ne peut pas signer ; il ne peut pas alors présider le Jury, puisque l'art. 247 exige, à peine de nullité, que la déclaration du Jury soit signée par celui qui en a été le chef. Il faut donc expliquer l'art. 240 dans ce sens, que les Jurés doivent être présidés par le plus âgé de ceux d'entre eux qui savent ou peuvent signer ; et l'art. 245, dans ce sens encore, que la déclaration du Jury doit être signée par celui des Jurés qui, conformément à ce que nous venons de dire, a été matériellement leur chef. Or, comme les Jurés ne doivent pas dresser de procès-verbal de ce qui se passe dans leur sein après la sortie du directeur du Jury, la présomption légale doit toujours être que celui d'entre eux qui a signé leur déclaration, a été le plus âgé de ceux qui savaient ou pouvaient signer, et qui, sous ce rapport, a été leur chef. Aucune preuve ne pourrait être admise contre cette présomption de droit.

C'est ce qu'ont jugé deux arrêts de la cour de cassation, rendus au rapport de M. Aumont, le 4 septembre 1807.

Si, contre toute vraisemblance, les Jurés refusaient de faire et de remettre leur déclaration dans les formes que nous avons développées, le directeur du Jury devrait employer, pour les y contraindre, les moyens que lui donnent les art. 250 et 251 du Code du 3 brumaire an 4.

Lorsque plusieurs prévenus sont compris dans le même acte d'accusation, les Jurés peuvent diviser leur déclaration, admettre l'accusation contre les uns et la rejeter à l'égard des autres. (Art. 252.)

Le prévenu, à l'égard duquel le Jury a déclaré qu'il n'y a pas lieu à accusation, est mis sur-le-champ en liberté ; et il ne peut plus être poursuivi à raison du même fait, à moins que, sur de nouvelles charges, il ne soit présenté un nouvel acte d'accusation.

Il y a de nouvelles charges toutes les fois que de nouveaux indices, quelle qu'en soit la nature, présentent par eux-mêmes ou par leur rapprochement avec les indices qui ont servi de base au premier acte d'accusation, des présomptions nouvelles.

Si le Jury a déclaré qu'il y avait lieu à accusation, le directeur du Jury rend, sur-le-champ, une ordonnance de prise de corps qui doit contenir l'ordre de conduire l'accusé à la maison de justice établie près la cour de justice criminelle.

En vertu de cette ordonnance, l'accusé est transféré de la maison d'arrêt à la maison de justice, dans peu de jours. Il paraîtra devant le Jury du jugement, ce Jury qui doit prononcer sur son honneur, sa liberté, peut-être sa vie. Il n'a pu exercer de récusation contre les Jurés qui l'ont présumé coupable ; il ne les a pas vus ; il n'a pu se faire entendre devant eux ; mais il n'était encore question que de savoir s'il y avait des char-

ges suffisantes pour le poursuivre. Aujourd'hui tout est d'un plus grand intérêt : le péril est devenu imminent ; l'accusé est placé entre l'honneur et la honte, la vie et la mort. Aussi la loi va-t-elle l'environner de toute sa sollicitude ; elle va lui fournir tous les moyens d'écarter l'influence des passions et de faire valoir sa défense. C'est dans cet objet qu'elle a fixé les règles de la formation du tableau du Jury de jugement, du débat qui doit avoir lieu devant ce Jury, et de la déclaration qu'il doit rendre. Nous allons développer ces règles.

§ IV. Du Jury de jugement.

I. Le Jury de Jugement s'assemble le 15 de chaque mois, sur la convocation qui en est faite le 5 par le président de la cour de justice criminelle. (Article 232 du Code du 3 brumaire an 4.)

[[Aujourd'hui, la tenue des assises a lieu dans chaque département tous les trois mois ; mais elles peuvent se tenir plus souvent, si le besoin l'exige. (Code de 1808, art. 259.) V. la loi du 20 avril et le décret du 6 juillet 1810.]]

Les accusés, qui n'arrivent à la maison de justice qu'après la convocation, peuvent être jugés par ce Jury, si le procureur-général le requiert, et s'ils y consentent. (Code de brumaire an 4, Art. 336.)

[[« Les accusés qui ne seront arrivés dans » la maison de justice, qu'après l'ouverture des » assises, ne pourront y être jugés que lorsque » le procureur-général l'aura requis, lorsque » les accusés y auront consenti, et lorsque le » président l'aura ordonné. » (Code de 1808, art. 451.)]]

II. Le nombre de douze Jurés et de trois adjoints est nécessaire pour former un Jury de jugement. (Code du 3 brumaire an 4, article 337.)

[[« Le nombre de douze jurés est nécessaire » pour former un Jury. » (Code de 1808, article 393. V. ci-après, n° 23.)]]

Les adjoints sont destinés à coopérer à une nouvelle déclaration du Jury, lorsque, comme nous le dirons plus bas, la cour de justice criminelle croit unanimement qu'il y a erreur au préjudice de l'accusé, dans la déclaration émise par les douze Jurés. [[Le Code de 1808 n'admet plus de Jurés adjoints. V. ci-après, n° 22.]]

III. Nul ne peut être Juré de jugement dans la même affaire où il a été Juré d'accusation. (Article 502 du Code du 3 brumaire an 4.)

[[V. l'art. 383 du Code de 1808, rapporté ci-dessus, § 1, n° 7.]]

IV. Le tableau du Jury de jugement se forme le premier de chaque mois. A cet effet, le président de la cour de justice criminelle, en présence de deux officiers municipaux qui promettent de garder le secret, présente au procureur-général la liste générale qui lui a été adressée par le préfet du département.

Le procureur-général a la faculté d'en exclure un nom sur dix, sans donner de motifs.

Le reste des noms est mis dans un vase, pour être tiré au sort, et former le tableau tant des douze Jurés que des trois adjoints. (Art. 503 , *ibid.*)

Le tableau des Jurés de jugement ainsi formé, est présenté à l'accusé, qui peut, dans les vingt-quatre heures, et sans donner de motifs, récuser ceux qui le composent : les Jurés récusés sont remplacés par le sort. (Art. 504.)

Quand l'accusé a exercé vingt récusations, celles qu'il présente ensuite, doivent être fondées sur des causes dont la cour de justice criminelle juge la validité. (Art. 505.)

S'il y a plusieurs coaccusés, ils peuvent se concerter pour exercer les vingt récusations que la loi leur accorde, sans qu'ils soient tenus d'en déclarer les motifs.

Ils peuvent aussi les exercer séparément.

Mais dans l'un et dans l'autre cas, la faculté de récuser, sans en déclarer les motifs, ne peut s'étendre au-delà de vingt Jurés, quel que soit celui des accusés. (Art. 506 et 507.)

Si les accusés ne se concertent pas pour récuser, le sort règle entre eux le rang dans lequel se feront les récusations ; et dans ce cas, chacun d'eux récuse successivement un des Jurés, jusqu'à ce que la faculté de récusation soit épuisée. (Art. 508.)

Les accusés peuvent se concerter pour récuser une partie des vingt Jurés, sauf à exercer ensuite séparément le reste des récusations, suivant le rang fixé entre eux par le sort. (Article 909.)

IV². Toutes ces dispositions sont ainsi remplacées dans le Code de 1808.

« ART. 394. La liste des Jurés sera notifiée à chaque accusé, la veille du jour déterminé pour la formation du tableau. Cette notification sera nulle, ainsi que tout ce qui aura suivi, si elle est faite plus tôt ou plus tard.

» 199. Au jour indiqué, pour chaque affaire, l'appel des Jurés, non excusés et non dispensés, sera fait avant l'ouverture de l'audience, en leur présence, en présence de l'accusé et du procureur-général.

» Le nom de chaque Juré répondant à l'appel, sera déposé dans une urne.

» L'accusé, premièrement, et le procureur-général récuseront les Jurés qu'ils jugeront à propos, à mesure que leurs noms sortiront de l'urne, sauf la limitation exprimée ci-après.

» L'accusé ni le procureur-général ne pourront exposer leurs motifs de récusation.

» Le Jury de jugement sera formé à l'instant où il sera sorti de l'urne douze noms de Jurés non récusés.

» 400. Les récusations que pourront faire l'accusé et le procureur-général, s'arrêteront lorsqu'il ne restera que douze Jurés.

» 401. L'accusé et le procureur-général pourront exercer un égal nombre de récusations ; et cependant, si les Jurés sont en nombre impair, les accusés pourront exercer une récusation de plus que le procureur-général.

» 402. S'il y a plusieurs accusés, ils pourront se concerter pour exercer leurs récusations ; ils pourront les exercer séparément. Dans l'un et l'autre cas, ils ne pourront excéder le nombre des récusations déterminé pour un seul accusé par les articles précédens.

» 403. Si les accusés ne se concertent pas pour récuser, le sort réglera entre eux le rang dans lequel ils feront les récusations.

» Dans ce cas, les Jurés récusés par un seul et dans cet ordre, le seront pour tous, jusqu'à ce que le nombre soit épuisé.

» 404. Les accusés pourront se concerter pour exercer une partie des récusations, sauf à exercer le surplus suivant le rang fixé par le sort. »

IV³. Il est à remarquer, sur l'art. 394, qu'en admettant le 5 décembre 1811, le recours d'Auguste-Aimable Picptus, contre un arrêt de la cour d'assises du département du Calvados qui le condamnait à la peine de mort, la cour de cassation a cassé cet arrêt, « attendu que, soit des pièces du » procès déposées au greffe de la cour le 20 sep- » tembre dernier, soit des nouvelles pièces pro- » duites en exécution de l'arrêt interlocutoire de » la cour du 15 octobre suivant, il ne résulte pas » qu'il ait été satisfait au vœu de l'art. 394, à l'é- » gard dudit Picptus. »

Dans le fait, la liste des Jurés, au lieu d'être notifiée à celui-ci, l'avait été à un autre accusé détenu dans la même maison.

Il ne pouvait pas y avoir de difficulté là-dessus : le défaut de notification de la liste étant constaté, l'application de la peine de nullité prononcée par l'art. 394, devenait indispensable.

Mais cet article a fait naître plusieurs autres questions. Voici les plus importantes :

1° Quelle est la liste des Jurés dont cet article ordonne la notification à chaque accusé ? Est-ce la liste des soixante qui est dressée par le préfet, conformément à l'art. 387 ? Est-ce celle des trente-six à laquelle le président de la cour d'assises doit, suivant le même article, réduire la liste du préfet? Est-ce enfin la liste des trente qui est formée « en exécution de l'art. 395, dans le cas où, au jour indiqué, il manque plus de six Jurés sur les trente-six qui ont été appelés ?

Il est évident, par la contexture de l'art. 394 et par son rapprochement avec l'art. 395, que c'est de la liste des trente-six que le premier de ces articles prescrit la notification à peine de nullité ; et cela est écrit en toutes lettres dans les arrêts de la cour de cassation, des 21 septembre 1815, 6 juillet 1821 et 12 avril 1822, dont il va être parlé sur les deux questions suivantes.

2° Mais y aurait-il nullité, si, au lieu de la liste des trente-six formée en exécution de l'article 387, on ne notifiait à l'accusé que la liste des trente formée en exécution de l'art. 395 ?

Oui, sans doute, puisque l'art. 394 porte expressément que *la notification sera nulle, ainsi que tout ce qui aura suivi, si elle est faite ou plus tôt ou plus tard que la veille de la formation du tableau*, et que ce n'est jamais que le jour de la formation du tableau qu'est dressée la liste des trente.

Il est cependant énoncé en toutes lettres, dans deux arrêts de la cour de cassation, et clairement supposé dans deux autres, que la notification de la liste des trente-six peut être suppléée par celle de la liste des trente. Mais faisons bien attention aux espèces sur lesquelles ces arrêts ont été rendus, et à la manière dont ils prononcent.

Le premier, du 6 juillet 1821, est ainsi conçu :

« Vu l'art 394 du Code d'instruction criminelle;

» Vu aussi l'expédition en forme du procès-verbal du tirage au sort qui a été fait le 21 mai pour le complément de la liste des Jurés jusqu'au nombre de trente, conformément à l'art. 395, ladite expédition transmise au greffe de la cour en exécution de son arrêt interlocutoire du 21 juin dernier;

» Attendu que, *si la liste des Jurés, dont l'art. 394 ordonne la notification aux accusés, est essentiellement la liste des trente-six, formée ainsi que le prescrit l'art. 387,* il peut cependant être suppléée à la notification de cette liste, et le vœu de l'article 394 est rempli par la notification de la liste des trente Jurés formée d'après l'art. 395; mais que la notification de cette liste ne peut satisfaire à l'obligation de l'art. 394, qu'autant qu'elle contient tous les noms des Jurés dont cette liste est composée, lorsqu'elle est signifiée;

» Et attendu qu'on n'a pas notifié à l'accusée la liste des trente-six, que c'est seulement la liste des trente formée conformément à l'art. 295 qui lui a été notifiée le 21 mai; que le procès-verbal du même jour contate que à l'époque de cette notification, les sieurs Gallien et Milon faisaient partie de cette liste; que le nom du sieur Milon a été en effet porté dans la notification faite à l'accusée, mais que le nom du sieur Gallien n'y a pas été compris, quoiqu'il eût été appelé dans la liste par le même tirage que le sieur Milon; que le sieur Gallien a postérieurement fait partie du tableau des douze; qu'il a siégé au débat et participé à la délibération du Jury; que la notification faite à l'accusée a donc été incomplète, insuffisante, et que l'art. 394 a été violé;

» D'après ces motifs, la cour casse et annulle ladite notification; casse par suite le tableau du Jury, les débats et l'arrêt par lequel la cour d'assises du département de l'Aisne a condamné, le 23 mai dernier, Marie-Anne Lecocq à la peine de mort (1).»

Le second arrêt est du 12 avril 1822 :

« Vu (porte-t-il) les art. 394 et 395 du Code d'instruction criminelle;

» Attendu qu'aux termes de l'art. 394 de ce Code, la liste des Jurés doit être notifiée à chaque accusé, la veille du jour déterminé pour la formation du tableau du Jury, *à peine de nullité*;

» Que *cette liste est celle de trente-six Jurés, formée en exécution de l'art. 387 du même Code;*

» Que, cependant, suivant l'art. 395, quand le nombre des Jurés qui se présentent pour concourir à la formation du Jury, est au-dessous de *trente,* il suffit que ce nombre de *trente* soit complété de la manière prescrite par ledit art. 395, pour qu'il soit procédé légalement au tirage des douze qui doivent composer le tableau; que de là il s'ensuit que la notification de la liste des trente-six est probablement suppléée par la notification d'une liste de *trente,* ayant caractère légal pour être membres du Jury;

» Mais que l'art. 394 prescrivant la notification de la liste des Jurés à l'accusé, à peine de nullité, il en résulte que cette liste, qui doit être ainsi notifiée, doit être nécessairement composée au moins de trente jurés; qu'une liste moindre ne saurait en effet être considérée comme une liste de Jurés, puisque le tableau des douze ne peut être formé que sur une liste de trente au moins;

» Et attendu que, dans l'espèce, la copie de la liste des Jurés remise à l'accusé, le 7 mars, par l'huissier Gardiol, et qu'il représente, ne contient que *vingt-neuf* noms; que l'original de l'exploit de notification apprend que le nom omis dans la liste qu'a reçue l'accusé, est celui du sieur Durandelle; qu'il est constaté par le procès-verbal de la formation du Jury, que le sieur Durandelle est l'un des *trente* Jurés qui ont concouru à cette formation, et que son nom est sorti de l'urne;

» Que la récusation exercée contre ce Juré par l'accusé, ne saurait détruire le fait matériel de la remise audit accusé d'une liste de vingt-neuf Jurés seulement, et couvrir une nullité expressément prononcée par la loi;

» Que le Juré Durandelle, dont le nom n'avait pas été notifié à l'accusé, ne pouvant pas devenir légalement un de ses juges, était sans caractère pour concourir à la formation du Jury; que ce Jury a donc été formé sur une liste de *vingt-neuf Jurés*, incomplète conséquemment et insuffisante; et que la déclaration d'un Jury ainsi illégalement formé, n'a pu être une base légale de la condamnation prononcée par la cour d'assises;

» D'après ces motifs, la cour casse et annulle la notification faite à l'accusé Polge, d'une liste de vingt-neuf Jurés; casse, par suite, le tableau du Jury, et tout ce qui a suivi, notamment l'arrêt de la cour d'assises portant condamnation dudit Polge à la peine capitale (1).....»

Le troisième et le quatrième arrêts, qui sont des 15 et 22 mai 1823, ont été rendus dans des espèces où il avait été notifié aux accusés des listes de

_____

(1) Bulletin criminel de la cour de cassation, tome 26, page 307.

(1) *Ibid.*, tome 27, page 159.

de trente Jurés complétées de la manière prescrite par l'art. 395, mais dans chacune desquelles, sur les trente Jurés, il y en avait un qui ne pouvait pas en remplir les fonctions, dans l'une, parce qu'il avait servi de témoin, et dans l'autre, parce qu'il avait figuré comme expert dans l'instruction (1).

Voici comme est conçu celui du 15 mai, auquel est parfaitement conforme celui du 22, sauf que le mot *expert* y est substitué au mot *témoin* :

« Vu l'art. 383 du Code d'instruction criminelle, d'après lequel *nul ne peut être Juré dans la même affaire où il aura été témoin.....;*

» Vu aussi l'art. 394 du même Code, qui prescrit, à peine de nullité, que la liste des Jurés soit notifiée à chaque accusé ;

» Attendu qu'il ne peut être satisfait à cet article que par la notification d'une liste de Jurés, qui contienne au moins un nombre de Jurés ayant les qualités requises pour en remplir les fonctions, suffisant pour le tirage au sort du tableau du Jury, conformément à l'art. 395;

» Que, dans l'espèce, une liste de trente Jurés seulement a été notifiée, le 16 avril, à Joseph Lelann; que, le lendemain, jour de l'ouverture du débat et lors de la formation du tableau du Jury, il a été reconnu que le sieur Deniel, l'un des trente Jurés ainsi notifiés, ne pouvait en exercer les fonctions, comme ayant déjà été témoin dans l'instruction, et ayant même été assigné pour les débats; qu'en conséquence il a été procédé à son remplacement par le tirage au sort ;

» Qu'il s'ensuit qu'il n'a été notifié à l'accusé que vingt-neuf Jurés pouvant légalement participer au tirage et à la formation du tableau ;

» Que cette notification a donc été insuffisante; que la disposition de l'art. 394 ne peut donc pas être réputée avoir été exécutée;

» D'après ces motifs, la cour casse et annulle la notification de la liste des Jurés, faite au demandeur; et casse, par suite, les débats tenus et l'arrêt rendu contre lui par la cour d'assises du département du Finistère..... »

Supposons que, dans chacune de ces quatre espèces, il eût été notifié à l'accusé une liste bien complète et bien légale de trente Jurés. Qu'aurait-il fallu pour que cette notification pût couvrir le défaut de celle de la liste de trente-six, prescrite par l'art. 394? Bien évidemment il eût fallu, en équiparant celle-là à celle-ci, procéder ultérieurement comme si c'eût été sur celle-ci que l'on eût dû former le tableau du Jury, et par conséquent représenter, le lendemain au plus tôt, la liste de trente à l'accusé, pour y exercer les récusations autorisées par la loi. Cela résulte nécessairement, et de ce que ce n'est que pour mettre l'accusé à portée d'acquérir sur les urés qui doivent prononcer sur la culpabilité dont il

est prévenu, les connaissances nécessaires pour les agréer ou les récuser, que l'art. 394 exige l'intervalle d'un jour entre la notification de la liste de ces Jurés et la formation du tableau; et de ce qu'aux termes du même article, il y a nullité toutes les fois que le tableau du Jury est formé, et que, par suite, l'accusé est réduit à faire ses récusations, avant le lendemain de la notification que cet article prescrit.

Que l'on doive modifier par ces explications l'assertion consignée dans les deux premiers des arrêts dont il s'agit; qu'*il peut être suppléé à la notification de la liste des trente-six Jurés par la notification de la liste des trente Jurés formée d'après l'art. 395*, c'est ce dont il y a d'autant moins lieu de douter, qu'elle paraît avoir été empruntée d'un précédent arrêt de la même cour, dans lequel elle ne peut pas être raisonnablement entendue dans un autre sens. Cet arrêt est celui du 18 octobre 1811, dont *la jurisprudence de la cour de cassation*, tom. 17, partie 2, page 319, nous présente ainsi le sommaire : « Le tableau des Jurés » peut être formé sur une liste de trente, complé- » tée pour une autre affaire que celle dont il s'agit; » mais, dans ce cas, il faut que cette liste de trente » soit notifiée à l'accusé, conformément à l'ar- » ticle 394 du Code d'instruction criminelle. Cette » notification dispense de celle de la liste des » trente-six; elle la remplace bien plus utilement » pour l'accusé qu'elle rend irrecevable à proposer, » comme moyen de cassation, le refus qui lui au- » rait été fait, sur sa réquisition, de former cette » liste de trente au jour indiqué pour son affaire » particulière. (*Code d'instruction criminelle*, ar- » ticle 394.) »

3° Lorsque, dans le cas prévu par l'art. 395, il est procédé au remplacement de quelques Jurés absens ou excusés, est-il nécessaire, à peine de nullité, de notifier les noms de ces remplaçans à l'accusé auquel a déjà été notifiée la liste des trente-six?

Cette notification n'est prescrite, ni par l'article 394, ni par l'art. 395: elle ne l'est point par l'art. 394, puisqu'il n'y est question que de la liste des trente-six; elle ne l'est pas davantage par l'art. 395, puisqu'il se borne à prescrire le mode de remplacement de ceux des Jurés de la liste des trente-six dont l'absence, l'excuse ou la dispense réduit cette liste à moins de trente; il est donc impossible que le défaut de cette notification emporte nullité.

Et c'est ce qu'ont jugé trois arrêts de la cour de cassation : le premier, du 19 décembre 1812, sur le recours de Cornu ; le second, du 7 janvier 1815, sur le recours de Blondel ; le troisième, du 21 septembre 1815, sur le recours d'Anne Metivier et de Vincent Mercier. Il suffira de transcrire ici les motifs du dernier de ces arrêts :

« Attendu, sur le mémoire présenté par les condamnés, que la disposition du Code d'instruction criminelle, art. 394, n'est relative qu'aux Jurés portés sur la liste des trente-six; qu'elle ne s'ap-

8

plique point aux Jurés qui composent la liste des trente Jurés formée en vertu de l'art. 395 ; que la liste des trente-six primitivement formée a été régulièrement notifiée aux demandeurs ; qu'ainsi le vœu de la loi a été satisfait ;

» Attendu d'ailleurs que la procédure est régulière, et qu'il y a eu une juste application de la peine aux faits déclarés constans par le Jury ;

» Par ces motifs, la cour rejette le pourvoi.... (1) »

4° Comment doivent être entendus les termes suivans de l'art. 394 : « cette notification sera » nulle, ainsi que tout ce qui aura suivi, *si elle* » *est faite plus tôt ou plus tard*? » La nullité qu'ils prononcent est-elle absolue? En d'autres termes, l'accusé est-il recevable à proposer cette nullité, si elle résulte de ce que la notification lui a été faite plus de vingt-quatre heures avant la formation du tableau du Jury? Et de son côté, le ministère public est-il recevable à faire valoir la nullité qui résulte de ce que le tableau du Jury a été formé avant qu'il se fût écoulé vingt-quatre heures depuis la notification de la liste des trente-six Jurés à l'accusé?

Six arrêts de la cour de cassation, des 26 décembre 1811, 20 mars 1812, 19 janvier 1813, 12 juillet 1816, 14 août 1817 et 16 janvier 1818, ont jugé que l'accusé n'est pas recevable à se prévaloir de ce que la notification lui a été faite plus tôt que ne le veut la loi, parce qu'il est sans intérêt pour se plaindre d'une accélération qui lui a été favorable, en ce qu'il a eu d'autant plus de temps pour préparer ses récusations (2).

Et de là il suit que le procureur-général ne serait pas lui-même recevable à se plaindre de ce que la notification aurait été faite *plus tôt*; mais qu'il le serait à se plaindre de ce qu'elle aurait été faite *plus tard*.

5° La notification est-elle valablement faite à un accusé, lorsque l'exploit porte que la copie lui en a été remise parlant à son coaccusé?

La négative est évidente, et voici un arrêt de la cour de cassation, du 12 mars 1818, qui la consacre formellement.

« Vu l'art. 394 du Code d'instruction criminelle....;

» Attendu que, d'après cet article, la liste des Jurés devait être notifiée à chacun des coaccusés ; que cette notification ne pouvait être faite que par la remise à chacun d'eux de la copie de cette liste ; que Parabère, coaccusé de Simon, était sans caractère pour recevoir la copie destinée à ce dernier ; que l'énonciation constatant qu'il l'a reçue, ne prouverait nullement qu'il l'a remise à Simon ;

» Et attendu que, dans l'exploit de notification de la liste des Jurés, il est dit qu'il a été baillé et laissé copie de ladite liste et de l'exploit à Parabère et à Simon, en parlant à Parabère, tant pour lui que pour Simon, son coaccusé ; que rien ne prouve légalement que Parabère ait remis à Simon la copie qu'il aurait prise pour lui, ni par conséquent que Simon l'ait reçue ; d'où il suit qu'à l'égard de ce dernier, la notification prescrite, à peine de nullité, par l'art. 394 du Code d'instruction criminelle, n'est nullement constatée ;

» La cour casse et annule...... (1) »

6° La notification serait-elle également nulle, si la copie de l'exploit qui la contient, était laissée à l'accusé *en parlant au concierge de la prison?*

Oui, sans doute, parce que la prison dans laquelle l'accusé est détenu, n'est pas son domicile, et que ce n'est que pour les significations faites à domicile que les concierges, portiers ou autres domestiques sont considérés, à l'égard des habitans des maisons auxquelles ils sont attachés, comme des mandataires chargés de recevoir pour eux les copies d'exploits qui leur sont destinées.

Ainsi l'a jugé un arrêt de la cour de cassation, du 13 novembre 1818.

« Vu (porte-t-il) l'art. 394 du Code d'instruction criminelle....;

» Attendu qu'il résulte de cet article que chacun des accusés doit recevoir, par la copie qui doit lui en être laissée, la notification de la liste des Jurés la veille du jour déterminé pour la formation du tableau ;

» Qu'il est constaté, dans l'espèce, par l'exploit original de la notification de la liste des Jurés, sous la date du 15 octobre, et joint aux pièces que cette notification n'a pas été faite aux demandeurs, en parlant à leurs personnes, mais seulement en parlant au concierge de la prison où ils étaient detenus ; que ce n'est pas non plus à eux que la copie de cette notification a été remise, mais qu'elle a été laissée au concierge pour eux ;

» Que rien n'établit que chacun d'eux ait reçu cette copie des mains de ce concierge, la veille du jour déterminé pour la formation du tableau ;

» Que, d'après le susdit art. 394, la notification qui a été faite pour l'exécution de cet article, est donc nulle ainsi que tout ce qui a suivi ;

» D'après ces motifs, casse et annulle la notification de la liste des Jurés portée dans l'exploit du 15 octobre dernier ;

» La cour casse et annule de même tout ce qui a suivi, et spécialement l'arrêt de condamnation rendu le 19 octobre contre les nommés Philippart (Michel) et Philippart (Julie), demandeurs, par la cour d'assises du département du Nord (2). »

---

(1) Jurisprudence de la cour de cassation, t. 17, partie 2, page 16 ; et partie 2, pages 316 et 320.
(2) *Ibid.*, tome 16, page 520 ; tome 17, partie 2, page 319 ; et tome 18, pages 80 et 93.

(1) Bulletin criminel de la cour de cassation, tome 21, page 98.
(2) *Ibid.*, page 427.

IV. L'art. 399 a donné lieu à une question qui peut se représenter fréquemment : c'est de savoir si le conseil de l'accusé doit, à peine de nullité, être présent à la formation du tableau du jury.

L'affirmative a été soutenue dans une requête en cassation d'un arrêt de la cour d'assises du département de l'Aisne, qui avait condamné Louis Peulait à la réclusion.

Mais cette requête a été rejetée, le 1er octobre 1812, au rapport de M. Oudart, « attendu » que le Code d'instruction criminelle ne permet » pas que le conseil de l'accusé soit présent à la » formation du tableau de douze Jurés. »

Ce n'est pourtant pas à dire pour cela que la présence du conseil de l'accusé à la formation du tableau du Jury, en entraîne la nullité, et par suite, celle de toute la procédure subséquente, quand même le ministère public aurait formellement requis l'exclusion du conseil, et que sa réquisition eût été rejetée. C'est ce qu'a jugé un arrêt de la cour de cassation, du 29 avril 1813 (1), et l'on en sent la raison : sans doute, dans ce cas, la composition du Jury a été illégale, mais qui est-ce qui serait recevable à en tirer un moyen de cassation après le jugement définitif du procès? L'accusé, s'il vient à être condamné? Il ne peut pas se plaindre d'une infraction faite en sa faveur. Le ministère public? Il n'avait que vingt-quatre heures pour attaquer la décision par laquelle l'accusé a été admis à exercer sa récusation par l'organe ou d'après l'avis de son défenseur; il ne l'a pas fait, il ne peut plus le faire.

Mais que serait-ce si le ministère public, au lieu de laisser exécuter une pareille décision, la frappait tout de suite d'un recours en cassation?

Cette question s'est présentée dans une espèce où ce n'était pas le président seul (à qui il appartenait exclusivement de statuer sur tout ce qui était relatif à la formation du tableau du Jury), mais la cour d'assises qui avait rendu la décision attaquée; et c'était un double motif pour que cette décision ne fût pas maintenue; voici les faits.

Le 5 octobre 1820, il est procédé, devant la cour d'assises du département du Doubs, au tirage au sort des Jurés qui doivent prononcer sur une accusation de vol portée contre les nommés Delaire et Tissot.

A la vue du premier nom qui sort de l'urne, le défenseur des accusés déclare récuser pour eux le Juré auquel ce nom s'applique.

Le ministère public s'oppose à ce que cette récusation soit admise; et à l'appui de son opposition, il soutient que la faculté de récuser le nombre de Jurés fixé par la loi, est personnelle à l'accusé; que, pour exercer cette faculté, l'accusé n'a pas besoin de l'assistance de son défenseur; que tel est le vœu des art. 399 et suivans

du Code d'instruction criminelle; qu'en effet, lors du tirage des Jurés, l'audience n'est pas encore ouverte, ni l'examen de l'affaire commencé, et que l'opération se fait seulement en présence des Jurés, de l'accusé et du ministère public; que, lorsque la loi accorde à l'accusé un droit ou une faculté qu'elle entend rendre commune au défenseur, elle s'en explique formellement, comme on en peut juger par le rapprochement des art. 319 et 355 avec les articles qui viennent d'être cités; que, d'ailleurs, de l'oubli de cette règle résulteraient des inconvéniens graves, tels que beaucoup de récusations de complaisance, d'autres faites selon des vues générales, ou d'après les sentimens particuliers du défenseur, sans que ces récusations fussent réellement dans la volonté de l'accusé. En conséquence, le ministère public conclut à ce que le défenseur soit tenu de se retirer.

Cette réquisition est combattue par le défenseur des accusés, et il intervient, sur-le-champ, un arrêt par lequel la cour d'assises admet la récusation dont il s'agit, « Attendu qu'en matière cri- » minelle, rien n'est plus sacré que la latitude » que la loi donne à l'accusé pour sa défense; que » les tribunaux doivent surtout le protéger, en in- » terprétant en sa faveur toutes les dispositions » qui ne sont pas formellement prohibitives des » moyens par lesquels l'accusé pense pouvoir par- » venir à établir son innocence; que la loi per- » mettant à l'accusé de communiquer avec son » défenseur, à partir de l'interrogatoire devant le » président de la cour d'assises, le défenseur peut » assister l'accusé au moment le plus important » pour lui, où les noms des Jurés de jugement » sont proclamés; que ce conseil pourrait donc » instruire l'accusé des récusations qu'il devrait » faire, à mesure que le moment en serait indiqué » par le tirage, ce qui n'est pas autre chose » qu'exercer lui-même lesdites récusations. »

Le ministère public se pourvoit en cassation contre cet arrêt, et se borne à le dénoncer comme violant l'art. 399 du Code d'instruction criminelle. Mais la cour de cassation y trouve de plus un vice d'incompétence; et le 1er décembre 1820, elle rend, au rapport de M. Rataud, un arrêt par lequel,

« Vu les art. 294, 309, 394, 399 et 405 du Code d'instruction criminelle;

» Attendu 1° que, d'après ledit art. 294, un conseil n'est accordé à l'accusé que pour l'aider dans sa défense;

» Que la défense de l'accusé ne commence qu'avec l'accusation du ministère public devant la cour d'assises, après l'ouverture du débat;

» Que ce n'est, en effet, qu'alors que le conseil dont le ministère va être mis en exercice, doit recevoir du président, d'après l'art. 311, l'avertissement des devoirs auxquels il doit demeurer soumis dans la défense qui lui a été confiée;

» Que, si l'art. 302 l'autorise à communiquer avec l'accusé, dès après son interrogatoire, et à prendre communication de toutes les pièces, c'est

(1) Jurisprudence de la cour de cassation, tome 17, page 320.

afin qu'il puisse préparer les moyens qu'il pourra faire valoir en sa faveur, lorsqu'il aura à l'aider dans sa défense contre l'accusation;

» Que c'est d'ailleurs à l'accusé personnellement que doit être faite la notification de la liste des Jurés, prescrite par l'art. 394, afin qu'il puisse examiner lui-même quels sont ceux de ces Jurés à l'égard desquels il peut lui convenir d'employer le droit de récusation que la loi lui accorde;

» Que le droit de récusation est donc personnel, et qu'il doit être exercé par l'accusé, d'après son sentiment intime, sans le concours d'inspirations étrangères qui pourraient ne pas avoir son intérêt pour objet, qui lui seraient peut-être quelquefois nuisibles, et qui, du moins, ne pourraient le plus souvent être appréciées par lui;

» Que l'accusé ne doit donc pas être assisté dans l'exercice de ce droit, par un conseil qui pourrait substituer à sa volonté ses propres préventions ou ses affections, et qui, du reste, n'étant appelé par la loi que pour l'aider dans sa défense, serait sans qualité pour intervenir, ni même être présent dans des actes qui se font avant que la défense soit ouverte par la mise en action de l'accusation devant la cour d'assises;

» Que ce n'est aussi qu'en présence de l'accusé, du procureur-général et les Jurés, que l'art. 399, veut qu'il soit procédé à l'exercice des récusations, et, par suite de cet exercice, à la formation du tableau du Jury;

» Que cet article n'autorisant pas la présence du conseil de l'accusé, son concours aux opérations qui y sont réglées, et même sa seule assistance, seraient une violation de la loi, et une extension arbitraire du droit de défense qu'elle accorde;

» Attendu 2° que, d'après ledit article 399, le tableau du Jury doit être formé avant l'ouverture de l'audience de la cour d'assises;

» Que, d'après les articles 509 et 405, la cour d'assises doit prendre séance immédiatement après la formation de ce tableau;

» Qu'elle n'a donc pas dû y participer; qu'elle est donc sans caractère pour connaître des réclamations ou des incidens qui peuvent s'élever dans une opération qui doit être faite et consommée, avant que ses membres se soient réunis en tribunal, pour l'examen qui doit en être la suite;

» Que, d'après la relation nécessaire de l'article 399 avec l'article 395, et d'après l'essence des fonctions du président, c'est à lui qu'il appartient de diriger la formation du tableau du Jury et l'exercice des droits qui s'y rattachent; que c'est aussi à lui à prononcer sur les contestations qui peuvent s'élever dans cette opération préliminaire à l'exercice de la juridiction de la cour d'assises;

» Et attendu que la cour d'assises du département du Doubs, par son arrêt du 3 octobre dernier, s'est permis de statuer sur une contestation survenue, relativement à l'exercice des récusations, dans l'opération de la formation du tableau du Jury, entre le procureur-général et les conseils des accusés Delaire et Tissot; qu'en cela elle a violé les règles de sa compétence;

» Attendu qu'en statuant ainsi par excès de pouvoir, elle a jugé que le droit de récusation accordé aux accusés, pouvait être exercé par leurs défenseurs, et qu'à cet effet, ceux-ci avaient droit d'être présens au tirage pour la formation du tableau; en quoi elle a violé les art. 294, 394 et 399 du Code d'instruction criminelle;

» D'après ces motifs, la cour casse et annulle son arrêt, et pour être prononcé conformément à la loi, sur les réquisitions faites par le procureur-général, lors de la formation du Jury, dans le procès instruit contre Delaire et Tissot, ainsi que sur l'opposition des défenseurs de ces accusés à ces réquisitions, renvoie devant le président de la cour d'assises du département de..... (1).

Au surplus, V. l'article Récusation, § 3, art. 2.]]

V. Lorsque les citoyens inscrits sur les listes servant à former le tableau des Jurés de jugement, prévoient, pour le 15 du mois suivant, quelque obstacle qui pourrait les empêcher de se rendre à l'assemblée du Jury, s'il arrivait qu'ils y fussent appelés par le sort, ils en donnent connaissance au président de la cour de justice criminelle, deux jours au moins avant le premier du mois pendant lequel ils désirent d'être excusés. (Art. 510.)

La valeur de cette excuse est jugée dans les vingt-quatre heures par la cour de justice criminelle. (Art. 511.)

Si l'excuse est jugée suffisante, le nom de celui qui l'a présentée est retiré, pour cette fois, de la liste.

Si elle est jugée non valable, son nom est soumis au sort comme les autres. (Art. 512.)

Si celui qui a présenté l'excuse, est désigné par le sort pour être, soit l'un des douze qui forment le tableau du Jury de jugement, soit l'un des trois Jurés adjoints, il lui est signifié que son excuse a été jugée non valable, qu'il est sur le tableau du Jury, et qu'il ait à se rendre au jour fixé pour l'assemblée des Jurés. (Art. 513.)

Tout Juré qui ne s'est pas rendu à son poste sur la sommation qui lui a été faite, est condamné par la cour de justice criminelle aux peines prononcées par la loi du 10 germinal an 5, à moins qu'il ne prouve qu'il a été retenu par une maladie grave ou par force majeure.

[[« Tout Juré qui ne se sera pas rendu à son poste, sur la citation qui lui aura été notifiée, sera condamné, par la cour d'assises, à une amende, laquelle sera, pour la première fois, de cinq cents francs; pour la seconde, de mille francs; et pour la troisième, de quinze cents francs. Cette dernière fois il sera, de plus, déclaré inca-

(1) Ibid., tome 25, page 430.

pable d'exercer à l'avenir les fonctions de Juré. L'arrêt sera imprimé et affiché à ses frais.

» Dans tous les cas, le nom du Juré condamné sera envoyé au préfet, pour être compris dans la note prescrite par l'art. 391. (*Code de 1808, art. 396.*)

» Les peines portées en l'art. 396 sont applicables à tout Juré qui, même s'étant rendu à son poste, se retirerait avant l'expiration de ses fonctions, sans aucune excuse valable, qui sera également jugée par la cour. » (*Ibid.*, art. 398.)

V. ci-après, n° 6, le plaidoyer et l'arrêt du 27 décembre 1811.]]

VI. Dans tous les cas, s'il manque un ou plusieurs Jurés au jour indiqué, le président les fait remplacer par des citoyens de la commune où siége la cour de justice criminelle, lesquels sont tirés au sort sur la liste partielle de l'arrondissement du Jury d'accusation dont cette commune fait partie, et subsidiairement parmi les citoyens du lieu, ayant atteint trente ans accomplis. (*Code du 3 brumaire an 4, art. 515.*)

« Dans tous les cas, s'il y a, au jour indiqué, moins de trente Jurés présens non excusés ou dispensés, le nombre de trente Jurés sera complété par le président de la cour d'assises; ils seront pris publiquement, et par la voie du sort, entre les citoyens des classes désignées en l'art. 382, et résidant dans la commune; à l'effet de quoi le préfet adressera, tous les ans, à la cour, un tableau desdites personnes. » (*Code de 1808*, art. 395.)

Le remplacement d'un Juré, contre lequel ni le procureur-général ni l'accusé n'aurait élevé de réclamation au moment où il se serait opéré, pourrait-il, après la déclaration du Jury et le jugement, être argué de nullité par l'un ou l'autre?

Jean Barrié, demandeur en cassation d'un arrêt de la cour d'assises du département de l'Aude, qui le condamnait à la réclusion et à la flétrissure, attaquait incidemment un arrêt précédent de la même cour qui, dans la formation du tableau du Jury par lequel avaient été jugés les faits compris dans l'acte d'accusation, avait exclu de la liste et fait remplacer le sieur Rey, sous le prétexte qu'il était juge suppléant.

Il est vrai (ai-je dit à l'audience de la section criminelle, le 27 décembre 1811) que, dans l'exactitude des principes, les juges suppléans ne sont pas compris dans la disposition de l'art. 384 du Code d'instruction criminelle, qui déclare les fonctions de juge incompatibles avec celles de Juré : il est vrai que le grand-juge ministre de la justice l'a ainsi décidé, et que vous l'avez jugé de même.

» Mais si de là il suit que la cour d'assises du département de l'Aude a mal à propos, et par un excès de précautions, rayé le sieur Rey du tableau du Jury, s'ensuit-il également que Jean Barrié peut se faire de cette radiation un moyen de nullité contre l'arrêt qui l'a condamné?

» Ce n'est ni d'office, ni sur la réquisition du ministère public, que la cour d'assises a rayé le sieur Rey du tableau du Jury. Elle ne l'en a rayé que sur sa propre réclamation, et cette réclamation, Jean Barrié ne l'a point combattue; il y a donc acquiescé. Dès lors, peut-il être aujourd'hui écouté dans la critique qu'il fait de la radiation du sieur Rey? Si le sieur Rey, au lieu de dire qu'il était incapable des fonctions de Juré, avait allégué une excuse pour s'en dispenser; s'il avait dit, par exemple, qu'il était septuagénaire, et que son assertion, tenue d'abord pour vraie, se fût par la suite trouvée fausse; Jean Barrié serait-il aujourd'hui recevable à soutenir que le sieur Rey a été remplacé illégalement, et que la délibération à laquelle son remplaçant a concouru est nulle? Non, sans doute : il suffirait, dans cette hypothèse, que le remplacement du sieur Rey eût été fait dans les formes prescrites par la loi. Et pourquoi n'en serait-il pas de même ici? Où il y a identité de raison, la décision doit naturellement être la même.

» Et vainement Jean Barrié vient-il vous dire qu'il n'était présent, ni à la réclamation élevée par le sieur Rey pour se faire rayer du tableau du Jury, ni à la prononciation de l'arrêt qui, d'après cette réclamation, a ordonné le remplacement du sieur Rey.

» Le contraire est prouvé par cet arrêt même. On y voit en effet que le sieur Rey n'a réclamé, que son remplacement n'a été ordonné, qu'à la suite de *l'appel nominal des Jurés compris dans la liste des trente-six.* Or, cet appel nominal a dû, aux termes de l'art. 399 du Code d'instruction criminelle, être fait *en présence de l'accusé,* et nous devons croire, jusqu'à la preuve du contraire, que c'est ainsi qu'il a été fait.

» Par arrêt du 27 décembre 1811, au rapport de M. Oudart,

« Attendu que l'excuse accordée à un juge suppléant porté sur la liste des Jurés, ne peut donner ouverture à cassation;

» La cour rejette le pourvoi... »]]

VII. Telles sont les dispositions du tit. 22 du liv. 2 du Code du 3 brumaire an 4, sur la formation du tableau du Jury devant lequel doivent s'ouvrir les débats pour l'acquittement ou la condamnation de l'accusé. Leur rédaction est si laconique, qu'il est difficile d'y trouver une solution satisfaisante sur tous les cas qui peuvent s'y présenter; il en est résulté que la manière de procéder a varié dans les différentes cours de justice criminelle, et que la cour de cassation, forcée de fixer une jurisprudence uniforme, et ne pouvant la fonder sur la lettre de la loi, s'est quelquefois déterminée, dans ses décisions, par le sens qui conciliait le mieux avec les principes d'humanité qui sont toujours supposés avoir été la règle du législateur.

La réformation du Code du 3 brumaire an 4 paraît trop prochaine pour qu'il convienne d'entrer dans de grands détails sur les difficultés qui se rencontrent dans l'exécution de ses dispositions. Nous nous bornerons donc, dans le sujet qui nous occupe, à proposer quelques questions qui paraîtront peut-être mériter une disposition législative, si, l'institution des Jurés étant maintenue, on en renouvelle l'organisation.

1° Les vingt-quatre heures indiquées dans l'article 504, sont-elles un délai accordé à l'accusé pour exercer ses récusations péremptoires, ou bien sont-elles un temps limité dans lequel doivent s'opérer toutes les récusations péremptoires et les remplacemens qu'elles rendent nécessaires ?

Si ces vingt-quatre heures ne sont qu'un délai accordé à l'accusé pour délibérer sur ces récusations, ce délai n'est-il relatif qu'à la récusation péremptoire que l'art. 504 l'autorise de former contre tous les Jurés qui composent le tableau primitif ? Ou devra-t-il lui être donné un nouveau délai pour exercer, dans les remplacemens, les autres récusations péremptoires qui lui appartiennent d'après l'art. 605 ?

A-t-il un délai indéfini pour proposer ses récusations motivées ?

En supposant le cas où il affecterait de n'exercer ses récusations péremptoires qu'une à une, aura-t-il un délai de vingt-quatre heures pour chaque récusation ? Je m'explique : on présente à l'accusé le tableau du Jury, conformément à l'art. 504, au bout de vingt-quatre heures, il récuse péremptoirement un des Jurés. Ce Juré est remplacé ; on notifie ce remplacement à l'accusé ; celui-ci récuse encore péremptoirement le Juré remplaçant. Ces récusations péremptoires peuvent aller jusqu'à vingt ; pour chacune de ces récusations, l'accusé aura-t-il un délai de vingt-quatre heures, de manière qu'il puisse prolonger la formation définitive du tableau, et la retarder jusqu'au vingt du mois ? Cependant la séance doit s'ouvrir le 15, et le Jury doit être convoqué le 5 (art. 352).

Renverra-t-on à une autre séance, à un autre mois ? Mais le tableau qui a été présenté à l'accusé, aura cessé d'avoir une existence légale : on peut même supposer que ce tableau soit le troisième du trimestre ; les Jurés qui le composent auront, à l'expiration du mois, bien moins de caractère encore ; la liste générale sur laquelle ils ont été pris, aura été anéantie ; elle aura été remplacée par une nouvelle liste.

[[L'art. 399 du Code de 1808 rend cette question inutile.]]

2° Les remplacemens des Jurés récusés doivent-ils être faits en présence de deux officiers municipaux, ainsi que doit être fait le tirage primitif ?

[[Il n'intervient plus d'officiers municipaux dans la formation du tableau du Jury.]]

3° Faudra-t-il du moins qu'ils soient faits publiquement ?

[[Oui. V. l'art. 395 du Code de 1808.]]

4° Les remplacemens qui se font à l'ouverture des débats, en exécution de l'art. 514, doivent-ils aussi être faits en présence d'officiers municipaux,

ou publiquement ? Peuvent-ils être faits à la chambre du conseil, par le président, assisté seulement des membres de la cour de justice criminelle, du procureur-général et du greffier ?

[[Les remplacemens ne se font plus à l'ouverture, mais avant l'ouverture des débats, et ils se font toujours publiquement. V. l'art. 395 du Code de 1808.

Résulte-t-il nécessairement de ce mot publiquement, que le remplacement ne puisse se faire qu'à l'audience ? V. le plaidoyer et l'arrêt du 3 septembre 1812, rapportés au mot Faux, sect. 4, § 34.

Il a été élevé une autre question sur la partie du même article qui porte que, « dans tous les cas, » il y a, au jour indiqué, moins de trente Jurés » présens, non excusés ou non dispensés, le nom- » bre de trente Jurés sera complété par le président » de la cour d'assises : ils seront pris, pa la voie » du sort, entre les citoyens des classes désignées » en l'art. 382, résidant dans la commune. »

Le 12 mars 1819, il avait été notifié à l'accusé Leroy, traduit devant la cour d'assises d'Evreux, une liste de trente-un Jurés, dont vingt-cinq seulement se présentèrent, le lendemain 13, à l'appel du tirage au sort. Il n'en manquait donc que cinq pour compléter le nombre de trente, et par conséquent il n'y avait lieu à appeler, pour porter la liste à ce nombre, que cinq citoyens de la ville d'Evreux. Cependant il en fut appelé six, et le dernier d'entre eux, le sieur Vallée, fut placé par le sort sur le tableau du Jury.

Le Jury ainsi formé déclara l'accusé coupable, et de là s'ensuivit un arrêt de condamnation contre Leroy.

Celui-ci se pourvut en cassation, et soutint que la composition du Jury était vicieuse, et que, par suite, sa déclaration était nulle.

Le vice de la composition du Jury était évident ; mais était-ce une raison pour frapper la déclaration qui en était émanée, d'une nullité qui n'est pas expressément prononcée par la loi ?

Oui, sans doute, puisqu'il y a nullité toutes les fois qu'il y a incompétence ; et c'est ce qu'a jugé la cour de cassation, par un arrêt du 29 avril 1819, ainsi conçu :

« Vu l'art. 395 du Code d'instruction criminelle... ;

» Considérant que nul citoyen ne peut concourir pour former le Jury, s'il n'en a reçu la mission de la loi ;

» Qu'un Jury, formé sur un nombre de citoyens parmi lesquels il s'en trouve un ou plusieurs à qui la loi n'en a pas donné la mission, est donc illégal, et conséquemment sans caractère pour prononcer sur le sort d'un accusé ;

» Que, d'après l'art. 395 précité du Code d'instruction criminelle, lorsqu'il se présente au jour indiqué pour la formation du Jury, moins de trente Jurés de ceux portés sur la liste qui a été notifiée aux accusés, il ne peut être joint aux Jurés présens que le nombre nécessaire pour compléter celui de trente ;

» Que les citoyens résidant dans la commune où se tiennent les assises, et qui sont portés sur le tableau qui doit être dressé par le préfet, conformément audit art. 395, n'ont donc de caractère pour remplir les fonctions de Jurés, qu'autant qu'ils sont nécessaires pour compléter la liste primitive jusqu'à trente, d'où suit que ceux d'entre eux qui sont appelés au-delà de ce nombre, sont sans qualité, et que leur participation à la composition et à la déclaration du Jury, vicie ses actes et les frappe de nullité;

» Considérant que, dans l'espèce, il est constaté par le procès-verbal de la formation du Jury, qu'il s'est présenté vingt-cinq jurés de ceux portés sur une liste de trente-un qui avait été notifiée la veille à l'accusé; que, pour compléter les Jurés jusqu'au nombre de trente, il ne devait donc en être pris que cinq sur le tableau des citoyens de la commune, désignés pour remplacer les Jurés absens;

» Que néanmoins six de ces citoyens ont été tirés au sort et joints aux vingt-cinq Jurés présens, ce qui en a porté le nombre à trente-un; que c'est sur cette liste de trente-un qu'a été formé le tableau des douze Jurés, et que, parmi ces douze, s'est trouvé le sieur Vallée, le dernier des six, pris en remplacement; que le Jury ainsi formé a donc été illégal et sa déclaration nulle;

» La cour casse et annulle... (1) »

Un arrêt semblable a été rendu le 27 mars 1823.]] (2)

5° Les Jurés qui, sur la notification qui leur est faite, que le sort les a désignés pour faire partie du Jury, envoient une excuse, doivent-ils être remplacés avant l'ouverture des débats, ou bien ne peuvent-ils l'être qu'à cette époque et conformément aux dispositions de l'art. 515?

[[Ils doivent l'être suivant l'art. 395 du Code de 1808, au jour indiqué pour l'ouverture des débats.]]

6° Si leur remplacement est opéré avant le jour indiqué pour l'examen, de quelles formalités doit être accompagné ce remplacement? Le délai de vingt-quatre heures se renouvelle-t-il encore pour les récusations de l'accusé? Celui-ci conserve-t-il le droit de récusation péremptoire, s'il ne l'a pas épuisé sur la présentation du tableau primitif?

[[Aujourd'hui le tableau du Jury ne se forme, et par conséquent le droit de récusation ne s'ouvre, qu'après que les remplacemens sont effectués. V. le Code de 1808, art. 397 et 399.]]

7° L'accusé peut-il exercer son droit de récusation sur les remplacemens qui ont lieu à l'ouverture des débats? Quel délai lui est-il accordé pour cet exercice? Peut-il, à ce moment, exercer d'autres récusations que des récusations motivées?

8° Si plusieurs accusés contre lesquels il a été dressé différens actes d'accusation, qui sont prévenus de délits différens, et qui, conséquemment, doivent être jugés séparément, ne peuvent être tous présentés aux débats le 15, faudra-t-il donner connaissance aux uns et aux autres, dès l'ouverture de la première séance, des remplacemens qui viennent d'être opérés à raison de l'absence d'un ou de plusieurs des Jurés; ou bien ne devra-t-on faire connaître ces remplacemens aux différens accusés qu'au moment de l'ouverture du débat qui doit avoir lieu pour chacun d'eux?

[[Ces questions ne peuvent plus se présenter, d'après la manière dont la formation du tableau et le droit de récusation sont organisés par les art. 399 et suivans du Code de 1808.]]

9° Si ces remplacemens sont communiqués à ces différens accusés à l'ouverture de la séance du 15, comme il se pratique dans plusieurs cours de justice criminelle, ceux qui doivent être jugés le 18 seulement, par exemple, auront-ils, pour récuser les Jurés remplaçans, un délai de vingt-quatre lieures, dont ne peuvent jouir les accusés à l'égard desquels le débat doit s'ouvrir immédiatement après ces remplacemens?

10° Dans le cas de remplacemens qui se font conformément aux dispositions de l'art. 515, la liste des citoyens du lieu ayant trente ans accomplis, sur lesquels le sort doit se tirer subsidiairement, doit-elle comprendre nécessairement, même dans les grandes cités, tous les citoyens de la ville ayant l'âge requis? ou bien le sort peut-il être tiré sur un certain nombre de ces citoyens? Jusqu'à quel point peut être restreint ce nombre? Par qui doit en être faite la liste?

[[V. l'art. 395 du Code de 1808.]]

Les difficultés que nous venons de proposer, ne sont pas les seules que fasse naître l'application du tit. 12 du liv. 2 du Code du 3 brumaire an 4, mais elles sont les plus importantes; ce sont celles qui se renouvellent le plus souvent dans la pratique, et qu'il est le plus difficile de résoudre sans sortir du texte de la loi. Il a bien fallu qu'elles fussent décidées ou plutôt tranchées par la jurisprudence; mais outre que des règles de simple jurisprudence ne peuvent pas avoir de base certaine et immuable, il convient, en matière criminelle surtout, que les formes de procéder soient fixées par des dispositions législatives précises et non équivoques.

Je reviens au positif de la loi.

VIII. Il peut arriver qu'un procès criminel ait paru de nature à entraîner de longs débats, pendant lesquels des événemens de force majeure pourraient enlever au Jury un ou plusieurs de ses membres.

La loi du 25 brumaire an 8 porte que, dans ce cas, les cours de justice criminelle sont autorisées à ordonner, avant le tirage sur la liste générale, qu'indépendamment de douze Jurés et de trois adjoints, il sera tiré au sort trois autres Jurés suppléans qui assisteront aux débats et y feront les

(1) Bulletin criminel de la cour de cassation, tome 24, page 173.
(2) Ibid., tome 2, page 117.

remplacemens qui pourront y devenir nécessaires, suivant l'ordre dans lequel ils auront été appelés par le sort.

Mais ces remplacemens, pendant le cours des débats ne peuvent jamais avoir lieu que pour des empêchemens d'une nécessité impérieuse. Car la loi du 13 germinal an 5 impose aux Jurés, d'une manière absolue, le devoir de rester à l'examen d'une affaire entamée devant eux, jusqu'à sa consommation, quelle que puisse être la durée de son instruction. Elle leur défend même de se retirer pour aller remplir des fonctions publiques quelconques auxquelles ils pourraient avoir été appelés depuis l'ouverture des débats.

[[Mais la loi du 25 brumaire an 8, subsiste-t-elle encore ? N'est-elle pas abrogée par le Code d'instruction criminelle de 1808 ?

Voici une espèce dans laquelle la question s'est présentée.

Le 7 novembre 1811, la cour d'assises du département de Sambre-et-Meuse étant assemblée pour statuer sur l'acte d'accusation dressé contre Jean-Joseph Guilmot, Dieudonné Guilmot et Nicolas Plümen, le procureur criminel requiert, « attendu » que l'affaire dont il s'agit est susceptible de » longs débats, qu'il soit procédé, conformément » à la loi du 25 brumaire an 8, au tirage de trois » Jurés, adjoints pour remplacer ceux des douze » Jurés qui pourraient tomber malade pendant les » débats, et que la cour s'adjoigne un ou plu- » sieurs juges pour pouvoir, au besoin, servir à » effectuer les remplacemens autorisés par l'art. 4 » de ladite loi. »

Les accusés déclarent ne pas s'opposer à cette adjonction.

Par arrêt du même jour,

« Vu la loi du 25 brumaire an 8 et les art. 399 et 400 du Code d'instruction criminelle ;

» Considérant 1° que le Jury de jugement est formé à l'instant où douze noms de Jurés sont sortis de l'urne; 2° que les récusations peuvent continuer, tant qu'il existe dans l'urne plus de douze noms de Jurés à sortir ; ce qui rend incompatibles avec la nouvelle loi, les dispositions de celle du 25 brumaire ci-dessus citées.;

» La cour déclare qu'elle ne peut adjoindre de nouveaux Jurés aux douze qui doivent former le tableau. »

Le 9 du même mois, arrêt qui acquitte les deux accusés.

Le 10 décembre suivant, le procureur-général de la cour d'appel de Liége se présente au greffe de cette cour, et « déclare se pourvoir, conformément » à l'art. 278 du Code d'instruction criminelle, » en cassation de l'arrêt de la cour d'assises du » département de Sambre-et-Meuse, du 7 novem- » bre... ledit pourvoi fondé sur ce que la loi du » 25 brumaire an 8 n'est pas révoquée, que ses » effets doivent ressortir, et qu'ils peuvent avoir » lieu, en ne considérant alors le Jury comme » formé, qu'à l'instant où quinze noms de Jurés se- » raient sortis de l'urne, et en faisant cesser les

» récusations, lorsqu'il n'y aurait plus dans l'urne » que quinze noms de Jurés. »

L'affaire est en conséquence portée à la cour de cassation.

« Le recours en cassation sur lequel vous avez à statuer en ce moment (ai-je dit à l'audience de la section criminelle, le 31 janvier 1812), est-il recevable ? C'est la première question qui s'offre, dans cette affaire, à votre examen.

» Nous sommes informés, par une lettre du procureur criminel du département de Sambre-et-Meuse, du 15 de ce mois, que les accusés, au sujet duquel il avait fait la réquisition rejetée par l'arrêt de la cour d'assises de ce département, du 7 novembre 1811, ont été acquittés par une ordonnance du président de cette cour, du 9 du même mois.

» Dès-lors, il est évident, d'après les art. 278, 374 et 409 du Code d'instruction criminelle, que la demande en cassation de l'arrêt du 7 novembre ne pouvait être formée que dans les vingt-quatre heures suivantes; elle ne l'a été que le 10 décembre ; elle l'a donc été trop tard.

» Mais ne devons-nous pas requérir, pour l'intérêt de la loi, l'annulation de l'arrêt qui vous est irrégulièrement dénoncé ?

» Cet arrêt avait deux réquisitions à juger : l'une qui tendait à faire tirer au sort les noms de trois Jurés adjoints, l'autre qui tendait à faire commettre trois juges suppléans, pour assister aux débats et remplacer, en cas de besoin, les Jurés et les juges qui pourraient tomber malade.

» Ces deux réquisitions avaient cela de commun, qu'elles étaient l'une et l'autre fondées sur la loi du 25 brumaire an 8, et sur la supposition que cette loi était encore en vigueur.

» La cour d'assises du département de Sambre-et-Meuse a rejeté la première, et n'a rien prononcé sur la seconde.

» De là, deux questions : l'une, si l'arrêt dont il s'agit doit être cassé, pour n'avoir pas ordonné le tirage au sort des noms de trois Jurés adjoints ; l'autre, s'il doit être cassé, pour n'avoir pas statué sur la réquisition relative aux juges.

» La première question nous paraîtrait devoir être résolue négativement, si la cour d'assises s'était bornée à dire qu'il n'y avait pas lieu d'adjoindre trois Jurés supplémentaires aux douze qui seraient les premiers désignés par le sort ; car la loi du 25 brumaire an 8 n'est pas impérative; « lorsqu'un procès criminel (porte l'art. 1er de » cette loi) paraîtra de nature à entraîner de longs » débats, le tribunal, avant le tirage de la liste » des Jurés, pourra ordonner qu'indépendamment » de douze Jurés et de trois adjoints, il sera tiré » au sort trois autres Jurés qui assisteront aux dé- » bats. » Il n'y a là, comme vous le voyez, qu'une faculté dont les juges peuvent user ou ne pas user, suivant les circonstances ; et sans doute, déclarer qu'il n'y a pas lieu d'en user, ce n'est pas contrevenir à la loi qui l'accorde.

» Mais la cour d'assises a été plus loin; elle a

dit *qu'elle ne pouvait adjoindre de nouveaux Jurés aux douze qui devaient former le tableau ;* elle a par conséquent jugé par le dispositif, comme elle a cherché à établir par les motifs de son arrêt, que la loi du 25 brumaire an 8 est abrogée par le Code d'instruction criminelle.

» Il est vrai que le Code d'instruction criminelle ne renouvelle pas les dispositions de cette loi. Mais, d'une part, il ne la révoque pas ; de l'autre, il ne contient aucune disposition qui la contrarie ou en rende l'exécution impraticable ; et tout le monde sait qu'une loi subsiste tant qu'elle n'est pas abrogée, ou par une disposition expresse, ou par une disposition inconciliable avec elle ; tout le monde sait que les lois nouvelles sont toujours censées se référer aux lois antérieures qu'elles ne contrarient pas ; *posteriora leges ad priores pertinent, nisi contraria sint,* dit la loi 28, D. *de legibus.*

» Nous savons bien que ce principe n'est applicable ni au Code civil, ni au Code de procédure, ni au Code de commerce, ni au Code pénal de 1810 ; mais pourquoi ne l'est-il pas ? Il ne l'est pas au Code civil, parce que l'art. 7 de la loi du 30 ventôse an 12 déclare que « les lois romaines, les or-» donnances, les coutumes générales ou locales, » les statuts, les réglemens cessent d'avoir force de » loi générale ou particulière *dans les matières qui* » *sont l'objet des lois composant le présent Code.* » Il ne l'est pas au Code de procédure civile, parce que l'art. 1041 de ce Code abroge expressément *toutes lois, coutumes, usages et réglemens relatifs à la procédure civile.* Il ne l'est pas au Code de commerce, parce que le dernier article de la loi du 16 septembre 1807, qui termine ce Code, porte, en toutes lettres, « qu'à dater du premier janvier » 1810, toutes les anciennes lois touchant les ma-» tières commerciales sur lesquelles il est statué » par le présent Code, sont abrogées. » Il ne l'est pas enfin au Code pénal de 1810, parce que l'article 484 de ce Code ne maintient, de toutes les lois pénales antérieures, que celles qui régissent des *matières non réglées* par ce Code même.

» Or, le Code d'instruction criminelle ne dit nulle part rien de semblable ; nulle part il ne nous offre la clause abrogatoire que renferme le Code civil, le Code de procédure civile, le Code de commerce et le Code pénal ; et certainement nous ne pouvons pas y suppléer une clause aussi importante.

» Mais, a dit la cour d'assises du département de Sambre-et-Meuse, il résulte des art. 399 et 400 du Code d'instruction criminelle, que le Jury de jugement est formé à l'instant où douze noms de Jurés non récusés sont sortis de l'urne, et que les récusations peuvent continuer tant qu'il existe dans l'urne plus de douze noms de Jurés ; ce qui amène nécessairement la conséquence que l'accusé est autorisé à exercer des récusations jusqu'à ce qu'il ne reste plus que douze noms à sortir. Or, cette faculté est inconciliable avec l'exécution de la loi du 25 brumaire an 8, d'après laquelle il faudrait que les récusations cessassent du moment qu'il ne se trouverait plus dans l'urne que quinze noms de Jurés.

5ᵉ. TOM. IX.

La loi du 25 brumaire an 8 est donc implicitement abrogée par le Code d'instruction criminelle.

» Ce raisonnement est spécieux, mais est-il bien concluant?

» D'abord, l'art. 400 du Code d'instruction criminelle serait-il violé, si, dans le cas prévu par la loi du 25 brumaire an 8, les récusations s'arrêtaient au moment où il ne resterait que quinze noms de Jurés dans l'urne? Nous ne le pensons pas. En disant *que les récusations s'arrêteront lorsqu'il ne restera que douze Jurés,* il est censé dire que les récusations s'arrêteront lorsqu'il ne restera dans l'urne que le nombre de Jurés nécessaire pour former le tableau du Jury. C'est donc entrer dans son esprit, lorsque le tableau du Jury doit être composé de quinze Jurés, que de faire cesser les récusations à l'instant où il ne reste que quinze noms de Jurés dans l'urne ; et vous savez que, toutes les fois qu'il y a opposition entre la lettre et l'esprit d'une loi, c'est toujours à son esprit qu'il faut s'attacher de préférence : *Scire leges non hoc est verba earum tenere, sed vim ac potestatem,* dit la loi 17, D. *de legibus.*

» Ensuite, veut-on tenir rigoureusement à la lettre de l'art. 400? Veut-on que l'accusé puisse, dans le cas prévu par la loi du 25 brumaire an 8, continuer ses récusations tant qu'il reste dans l'urne plus de douze noms de Jurés?

» Eh bien ! dans ce système, il arrivera de deux choses l'une : ou l'accusé usera de son droit, ou il n'en usera pas.

» S'il n'en use pas, l'exécution de la loi du 25 brumaire an 8 s'alliera parfaitement avec l'article 400 du Code d'instruction criminelle.

» S'il en use, l'on considérera la liste des Jurés comme insuffisante ; on en formera une supplémentaire de la manière indiquée par l'art. 395, c'est-à-dire comme s'il y avait moins de trente Jurés présens, et on la portera au quart de la première liste, afin qu'il y ait entre elle et le nombre des Jurés adjoints, la même proportion qu'entre la première liste et la seconde des douze Jurés, Par ce moyen, les deux lois seront exécutées : celle du 25 brumaire an 8 le sera littéralement, et le Code d'instruction criminelle le sera suivant son véritable esprit,

» Il n'est donc qu'un vain paralogisme, l'argument sur lequel la cour d'assises du département de Sambre-et-Meuse s'est fondée pour déclarer la loi du 25 brumaire an 8 abrogée par le Code d'instruction criminelle, Le Code d'instruction criminelle n'abroge pas la loi du 25 brumaire an 8, La cour d'assises du département de Sambre-et-Meuse a donc violé la loi du 25 brumaire an 8, en rejetant la première réquisition du procureur criminel.

» Mais s'il est évidemment prouvé que l'arrêt de cette cour doit être cassé, pour avoir rejeté la première réquisition du procureur criminel, il ne l'est pas moins que cet arrêt doit également être cassé pour n'avoir pas statué sur la seconde réquisition du même magistrat.

9

» Il y aura lieu à cassation, porte l'art. 408 du Code d'instruction criminelle, *lorsqu'il aura été omis ou refusé de prononcer, soit sur une ou plusieurs demandes de l'accusé, soit sur une ou plusieurs réquisitions du ministère public, tendant à* USER D'UNE FACULTÉ *ou d'un droit accordé par la loi, bien que la peine de nullité ne fût pas textuellement attachée à l'omission de la formalité dont l'exécution aura été demandée ou requise.*

» Et remarquez, messieurs, que l'on ne parviendrait pas même à justifier l'arrêt dont il s'agit, en considérant son silence sur la seconde réquisition du procureur criminel comme un rejet implicite de cette réquisition. Car alors se présenteraient, pour le faire annuler de ce chef, toutes les raisons qui concourent à établir que la loi du 25 brumaire an 8 n'est pas abrogée; et ces raisons ne seraient même pas, nous ne dirons pas affaiblies, mais combattues par celles qu'y a opposées la cour d'assises du département de Sambre-et-Meuse.

» Admettons en effet, pour un moment, que les dispositions des art. 399 et 400 du Code d'instruction criminelle soient inconciliables avec la faculté d'adjoindre trois Jurés aux douze qui forment le tableau du Jury de jugement : au moins on ne trouvera rien, soit dans ces dispositions, soit dans les autres textes du même Code, qui ne puisse parfaitement se concilier avec l'adjonction de trois juges pour remplacer éventuellement ceux des membres du tribunal criminel qui pourraient tomber malades pendant les débats.

» Ainsi, la loi du 25 brumaire an 8 fût-elle abrogée quant aux Jurés-adjoints, elle ne le serait certainement pas quant aux juges suppléans.

» Et par ces considérations, nous estimons qu'il y a lieu de déclarer le procureur-général de la cour de Liége non-recevable dans son recours en cassation; faisant droit sur nos conclusions, casser et annuler, dans l'intérêt de la loi, l'arrêt de la cour d'assises du département de Sambre-et-Meuse, du 7 novembre 1811, et ordonner qu'à notre diligence, l'arrêt de cassation à intervenir sera imprimé et transcrit sur les registres de la cour. »

Arrêt du 31 janvier 1812, au rapport de M. Busschop, par lequel,

« Considérant, sur le pourvoi du procureur-général près la cour de Liége, que ce pourvoi n'a point été déclaré dans le délai fixé par la loi;

» La cour le déclare non recevable;

» Et statuant sur la demande faite d'office par le procureur-général près de cette cour, et dans l'intérêt de la loi;

» Considérant que si la loi du 25 brumaire an 8 contient des mesures de prévoyance utiles pour assurer plus promptement l'expédition des affaires criminelles, et que cette loi n'a point été expressément abrogée par le Code d'instruction criminelle de 1808, néanmoins ladite loi de brumaire relative à l'adjonction des Jurés, ne peut se concilier avec les dispositions des art. 395 et 399 dudit Code d'instruction criminelle, d'où il suit que l'ar-

rêt précité du 7 novembre 1811, rendu par la cour d'assises du département de Sambre-et-Meuse, en déclarant que de nouveaux Jurés ne pouvaient être adjoints aux douze qui devaient former le tableau, n'est en contravention à aucune loi,

» Mais vu l'art. 408 du Code d'instruction criminelle.....;

» Et attendu que le réquisitoire du ministère public, sur lequel la cour d'assises avait à statuer, avait pour objet, non-seulement l'adjonction de Jurés, mais aussi l'adjonction de juges, aux termes de l'art. 4 de la loi précitée du 25 brumaire an 8, et que ladite cour a omis de statuer sur cette dernière partie du réquisitoire ;

» La cour, faisant droit à la demande du procureur-général, casse et annule, dans l'intérêt de la loi seulement, l'arrêt de la cour d'assises du département de Sambre-et-Meuse du 7 novembre 1811, en ce qu'il a omis de prononcer sur la demande d'adjonction de juges..... »

S'il fallait entendre littéralement une note qui se trouve dans le *Journal des audiences de la cour de cassation*, année 1822, page 420, il paraîtrait que la question s'étant représentée depuis, a été jugée conformément à l'opinion que j'avais embrassée dans les conclusions ci-dessus : « Un arrêt du 11 » avril 1817 (y est-il dit), rendu sur le pourvoi de » Jean Verdier, décide que l'adjonction de Jurés » supplémentaires autorisée par la loi du 25 bru- » maire an 8, *peut avoir lieu* sous l'empire du » Code d'instruction criminelle. »

Mais que signifient, dans cette note, les mots *peut avoir lieu?*

Voici trois autres arrêts d'après lesquels on ne peut les entendre que comme signifiant que *des Jurés supplémentaires peuvent être adjoints aux Jurés, du consentement formel de l'accusé et du ministère public*, et non autrement.

Le premier a été rendu le 30 août 1816, au rapport de M. Busschop, dans une espèce qui fait suffisamment connaître la manière dont il est motivé :

« Considérant (porte-t-il) qu'un Jury n'a de caractère légal que lorsqu'il a subi l'épreuve des récusations que la loi autorise;

» Qu'en effet, l'exercice des récusations n'est pas une formalité extrinsèque à la composition du Jury, qu'il est une condition substantielle et un élément nécessaire du pouvoir qui lui est confié ;

» Que l'art. 399 et suivans du Code d'instruction criminelle ci-dessus cités, ont fixé le nombre de récusations qui peuvent être faites par le ministère public et par l'accusé ;

» Que ce nombre est déterminé d'après la combinaison du nombre des douze Jurés dont se compose le Jury, avec le nombre de trente-six Jurés sur lesquels le tirage au sort doit avoir lieu pour la formation de ce Jury;

» Que la combinaison sur laquelle se détermine le nombre des récusations serait donc renversée, et le droit des récusations restreint, si, dans l'exécution desdits art. 399 et suivans, on augmentait, par le tirage des Jurés suppléans, le nombre de douze Jurés sur lequel les dispositions de ces articles ont été réglées;

» Que néanmoins il peut être utile et même nécessaire, dans certaines affaires dont les débats peuvent occuper plusieurs séances, d'adjoindre aux douze Jurés du tableau définitif, des Jurés suppléans pour les remplacer en cas de maladie ou d'empêchement pendant les débats et la délibération;

» Mais que *cette adjonction, qui n'a été ni admise ni prévue par la loi, ne peut être légitime que lorsqu'elle a été autorisée par le consentement formel du ministère public et de l'accusé, et que les Jurés suppléans ont été par eux agréés;*

» Qu'elle ne peut être régulière que lorsque les Jurés suppléans ont été désignés, sans que par cette désignation il y ait eu omission ou violation des dispositions prescrites par la loi pour la formation du tableau des douze Jurés;

» Qu'il s'ensuit, en premier lieu, que les articles 399 et suivans du Code d'instruction criminelle, doivent être exécutés dans la formation du tableau des douze Jurés, sans qu'il soit apporté de modification ni de restriction à l'exercice des récusations admises par lesdits articles;

» Qu'en second lieu, le tirage ne pouvant être fait, d'après l'art. 395 du Code, que sur un nombre de trente-six Jurés, il ne peut y avoir possibilité à la désignation des Jurés suppléans, que dans le seul cas où le tirage des douze Jurés, et l'exercice légal des récusations à leur égard, n'auraient pas épuisé le nombre des Jurés dont les noms ont été déposés dans l'urne; et qu'il ne peut jamais y avoir conséquemment plus de Jurés suppléans qu'il n'est resté de noms dans l'urne après que le Jury a été formé;

» Qu'en troisième lieu, et dans le cas où il est resté dans l'urne des noms de Jurés après la formation du tableau des douze, le ministère public et l'accusé doivent déclarer qu'ils consentent à ce qu'il en soit tiré un ou plusieurs, à l'effet de désigner les Jurés suppléans pour remplacer les membres du tableau des douze qui pourraient être empêchés pendant le cours des débats, ou pendant la délibération;

» Qu'en quatrième lieu, et indépendamment de ce consentement à la désignation des Jurés suppléans, les Jurés tirés ainsi en vertu de ce consentement, doivent être individuellement agréés par le ministère public et par l'accusé, en cette qualité de Jurés suppléans; qu'il ne peut être question, à leur égard, du droit limité de récusation, qui n'a été établi par la loi que relativement au tableau des douze;

» Que ce n'est que par cette manière de procéder que la loi n'est pas violée, et que, s'il est ajouté à ses dispositions, les accusés ni le ministère public n'ont pas le droit de s'en plaindre, puisque les Jurés suppléans avaient reçu de la loi le caractère de Jurés; que, s'ils ont exercé ce caractère dans un cas non prévu par elle, c'est par leur

consentement, et que, dans leurs personnes, ils ont été individuellement agréés par eux;

» Mais attendu que, dans l'espèce, il a été nommé deux Jurés suppléans sans que l'accusé ait donné son consentement à cette nomination; que si cette nullité est demeurée sans effet, et si, conséquemment, elle est devenue sans objet, parce que ces Jurés suppléans n'ont point concouru à la déclaration du Jury, il demeure néanmoins constant, d'après la preuve qui en est portée dans le procès-verbal du tirage, que, pour faire cette nomination cumulativement avec celle des douze Jurés du tableau, sur le nombre de trente Jurés seulement dont les noms avaient été déposés dans l'urne, le droit de récusation qui, d'après ce nombre de trente, devait être de *neuf* pour l'accusée, relativement à la formation du tableau des douze Jurés, a été restreint à *huit*, par l'ordre du président; que l'accusée a exercé ces huit récusations; mais que, d'après l'avertissement du président, elle n'a pu les étendre au delà;

» Que, conséquemment, les Jurés composant le tableau des douze, n'ont pas subi l'épreuve des récusations qu'admettait la loi en faveur de l'accusée;

» Que le Jury n'a donc pas eu un caractère légal, et que, dès-lors, sa déclaration n'a pu servir de base à la condamnation de l'accusée; que cette condamnation a donc été une fausse application de la loi pénale;

» D'après ces motifs, la cour faisant droit au pourvoi d'Adélaïde Coutard, casse et annulle la formation du tableau du Jury, casse par suite les débats, la déclaration du Jury et l'arrêt de condamnation du 15 juillet 1816 (1). »

Dans l'espèce du second arrêt, il avait été adjoint d'office un juge suppléant aux cinq conseillers de la cour d'assises, et, du consentement formel des accusés, deux Jurés suppléans, aux douze Jurés désignés par le sort. Après la déclaration du Jury, à laquelle un des Jurés suppléans avait pris part, il est intervenu, le 20 mai 1820, un arrêt qui a condamné les accusés aux peines de la banqueroute frauduleuse.

Ceux-ci s'étant pourvus en cassation, ont soutenu, pour premier moyen, que l'art. 1er de la loi du 23 brumaire an 8, qui permettait l'adjonction de juges suppléans pour compléter éventuellement le tribunal criminel, avait été abrogé par le Code de 1808; et qu'ainsi la cour d'assises, en adjoignant d'office un juge suppléant à ses cinq membres, avait violé l'art. 252, qui fixait à cinq le nombre de magistrats qui devait la former.

Et ils ont ajouté, pour second moyen, non pas que la loi du 23 brumaire an 8 s'opposât à ce que, de leur consentement et de celui du ministère public, des Jurés supplémentaires pussent être adjoints aux douze Jurés; mais que leur consen-

---

(1) Bulletin criminel de la cour de cassation, tome 20, page 136.

tement à cette adjonction ne les avait pas privés du droit de récuser celui des deux Jurés supplémentaires qui avait remplacé l'un des douze Jurés empêchés; que leur droit de récusation ne s'était ouvert à son égard, qu'au moment où le sort l'avait désigné comme remplaçant; que le président aurait dû alors les interpeller d'agréer ou de récuser ce Juré; qu'il ne l'avait pas fait, et que par conséquent il ne les avait pas mis à portée d'exercer leur droit de récusation en entier.

Mais par arrêt du 17 juillet 1820,

« Attendu, sur le premier moyen de cassation, qu'une loi particulière ne peut être abrogée par une loi générale, que par une disposition formelle ou par des dispositions inconciliables avec celles de cette loi; que le Code d'instruction criminelle ni le décret du 20 avril 1810 n'ont point abrogé la loi du 25 brumaire an 8 sur l'adjonction des juges supplémentaires, par aucune disposition formelle; qu'ils ne l'ont pas non plus implicitement abrogée en prescrivant des dispositions inconciliables avec elle; que cette loi subsiste donc dans cette partie; que d'ailleurs, dans l'espèce, le juge supplémentaire n'a participé au jugement d'aucun incident particulier, ni à l'arrêt définitif, ce qui rend le moyen sans objet;

» Attendu sur le deuxième moyen, qu'il est constaté que les deux Jurés suppléans ont été adjoints aux douze Jurés dans les formes les plus régulières; qu'il est établi, en effet, que les accusés et le ministère public ont donné un acquiescement formel à la nomination de deux Jurés suppléans; que ces deux Jurés suppléans ont été tirés au sort sur les Jurés restant après la formation du tableau des douze Jurés; que, dans ce tirage, les accusés ont exercé leurs récusations contre les Jurés suppléans ainsi tirés au sort; que les sieurs Lecomte et Briden ont été admis comme Jurés supplémentaires après ces récusations; que, de ce fait, il résulte qu'ils n'ont pas été récusés, et qu'ils ont donc été personnellement agréés; que le Juré Schoelcher n'ayant pu continuer ses fonctions dans le Jury, ledit sieur Lecomte a été appelé, du consentement du ministère public et des accusés, à le remplacer; que le consentement des accusés à la coopération personnelle dudit sieur Lecomte aux fonctions de Juré, a, donc été, à cette époque, quoique surabondamment, renouvelé;

» Là, la cour rejette le pourvoi..... (1) »

Le troisième arrêt, qui est du 15 septembre de la même année, est ainsi conçu :

« Statuant sur le pourvoi de Bidault, Gaubert, Foulion et Bert envers l'arrêt de la cour d'assises de Paris, du 1er juillet dernier;

» Vu l'art. 393 du Code d'instruction criminelle ainsi conçu : *le nombre de douze Jurés est nécessaire pour former un Jury*;

» Attendu que, d'après la législation du Code

d'instruction criminelle, *les Jurés adjoints, qui sont nommés pour remplacer, pendant les débats et dans la délibération du Jury, les Jurés qu'un empêchement de force majeure oblige de se retirer, ne tiennent pas des dispositions de la loi le droit de prononcer sur les faits des poursuites; qu'ils ne peuvent donc être investis de ce droit que par le consentement explicite, ou du moins implicite du ministère public et des accusés; que, pour qu'il puisse être nommé des Jurés adjoints, il faut donc qu'il y ait consentement du ministère public et des accusés pour cette nomination; qu'il faut en outre que les Jurés-adjoints soient pris parmi les citoyens ayant légalement le caractère éventuel de Jurés, et qu'ils soient personnellement agréés par la partie poursuivante et les accusés;*

» Et attendu que, dans l'affaire soumise à la cour, il y a bien eu consentement du ministère public et des prévenus à la formation d'un tableau de Jurés adjoints; que les Jurés adjoints qui ont été désignés, ont tous été pris parmi des citoyens qui tenaient de la loi le droit de devenir des Jurés; mais que, du procès-verbal des débats, ni d'aucune autre pièce de la procédure, il ne conste que ces Jurés adjoints aient été personnellement agréés par les prévenus; qu'ils aient ainsi reçu, par leur consentement, le droit de prononcer sur les frais des poursuites; qu'il ne conste pas non plus qu'il ait été fait, aux prévenus, aucune interpellation à cet égard; que rien ne peut donc établir qu'il y ait eu de leur part une acceptation implicite de ces Jurés; que, s'ils n'ont pas spontanément réclamé contre la participation du sieur Langlacé aux fonctions de Juré, en remplacement du sieur Lescot, rien ne les obligeait à faire cette réclamation; que de leur silence ne peut résulter qu'ils aient agréé ce Juré adjoint, parce que ce silence pouvait être déterminé par d'autres motifs; que le sieur Langlacé a donc été sans caractère pour participer aux débats et à la délibération du Jury; que le Jury n'a donc pas été formé, ainsi que l'exige l'art. 393 du Code d'instruction criminelle, de douze citoyens ayant qualité pour être Jurés; qu'il en résulte une nullité substantielle qui vicie sa déclaration;

» D'après ces motifs, la cour casse et annulle le tableau du Jury et sa déclaration,.... (1) »]]

IX. J'ai fait connaître par quels procédés la loi forme le tableau du Jury ordinaire de jugement qui doit prononcer sur l'accusation délivrée par le premier Jury. Si ces dispositions sur cet objet ne sont pas toujours claires, si quelquefois elles sont insuffisantes, elles sont toutes lumineuses et généreuses; mais dans le débat qui va s'ouvrir, la loi prend encore un plus grand caractère de sagesse et de bonté : elle a prévu et ordonné tout ce qui pouvait en écarter l'erreur; plus le danger est devenu menaçant pour l'accusé, plus elle est devenue douce et compatissante, plus elle a été prévoyante

---

(1) *Ibid.*, tome 25, page 363.

(1) *Ibid.*, page 454.

et même complète dans les règles d'instruction qu'elle a tracées. Voici l'analyse de ses dispositions, liv. 2, tit. 6.

X. La cour de justice criminelle est en séance; les Jurés sont réunis; ils prennent place ensemble, suivant l'ordre de leur nomination, sur des siéges séparés du public et des parties, en face de ceux qui sont destinés à l'accusé et aux témoins.

[[*V.* l'art. 309 du Code de 1808.]]

Les Jurés adjoints se placent aussi dans l'intérieur de l'auditoire, mais séparément des autres.

[[On a déjà vu, n° 2, que le Code de 1808 n'admet plus de Jurés-adjoints.

Y a-t-il nullité lorsque les débats ne commencent pas immédiatement après la formation du tableau du Jury? *V.* le plaidoyer et l'arrêt du 3 septembre 1812, rapportés au mot *Faux*, sect. 1, § 54.]]

Le président fait entrer l'accusé, ses conseils, les témoins et la partie plaignante, s'il y en a une.

L'accusé comparait à la barre, libre, sans fers, et seulement accompagné de gardes pour l'empêcher de s'évader. Le président lui dit qu'il peut s'asseoir, lui demande son nom, son âge, sa profession, sa demeure.

[[*V.* l'art. 310 du Code de 1808.]]

Les conseils de l'accusé promettent ensuite de n'employer que la vérité pour sa défense.

[[Aujourd'hui, le président avertit seulement le conseil de l'accusé, « qu'il ne peut rien dire » contre le respect dû aux lois, et qu'il doit s'ex- » primer avec décence et modération. » (*Code de* 1808, art. 311.)]]

Le président de la cour adresse ensuite aux Jurés et leurs adjoints le discours suivant : « Citoyens, » vous promettez d'examiner avec l'attention la » plus scrupuleuse les charges portées contre un » tel...; de n'en communiquer avec personne jus- » qu'après votre déclaration; de n'écouter, ni la » haine ou la méchanceté, ni la crainte ou l'af- » fection : de vous décider d'après les charges et » moyens de défense, suivant votre conscience, et » votre intime et profonde conviction, avec l'im- » partialité et la fermeté qui conviennent à un » homme libre. »

[[*V.* le Code de 1808, art. 312.]]

Chacun des Jurés et de leurs adjoints appelé nominativement par le président, répond : *Je le promets.*

[[Aujourd'hui, « chacun des Jurés, appelés » individuellement par le président, répond, en » levant la main, je le jure, à peine de nullité. » (*Code de* 1808, art. 312.)]]

Immédiatement après, le président avertit l'accusé d'être attentif à ce qu'il va entendre. Le greffier fait la lecture de l'acte d'accusation. Après cette lecture, le président rappelle à l'accusé le plus clairement possible, ce qui est contenu dans cet acte d'accusation, et lui dit : « Voilà de quoi » vous êtes accusé; vous allez entendre les charges » qui seront produites contre vous. »

[[*V.* le Code de 1808, art. 313 et 314.]]

Le procureur-général expose le sujet de l'accusation, et présente la liste des témoins qui doivent être entendus, soit à sa requête, soit à celle de la partie plaignante, s'il y en a une.

Cette liste est lue par le greffier.

[[*V.* le Code de 1808, art. 315.]]

Le président ordonne ensuite aux témoins de se retirer dans une chambre destinée à cet effet, et dont ils ne peuvent sortir que pour déposer.

[[*V.* le Code de 1808, art. 316.]]

XI. Les témoins déposent séparément, l'un après l'autre, suivant l'ordre de la liste.

[[*V.* le Code de 1808, art. 317; et les mots *Serment* et *Témoin judiciaire.*]]

Le président demande à l'accusé s'il veut répondre à ce qui vient d'être dit contre lui.

L'accusé peut, par lui-même, ou par ses conseils, questionner le témoin, et dire, tant contre lui personnellement, que contre son témoignage, tout ce qu'il juge utile à sa défense.

Le président, les juges, le procureur-général et les Jurés peuvent faire au témoin ou à l'accusé toutes les interpellations qu'ils croient nécessaires à la manifestation de la vérité.

[[*V.* le Code de 1808, art. 319; et le mot *Interpellation*, n°. 1.]]

Chaque témoin, après sa déposition, reste dans l'auditoire, jusqu'à ce que les Jurés s'en soient retirés pour donner leurs déclarations.

[[*V.* le Code de 1808, art. 320.]]

Après l'audition des témoins produits par le procureur-général et par la partie plaignante, l'accusé fait entendre des siens, s'il y en a. L'accusé peut faire entendre des témoins pour attester qu'il est homme d'honneur, de probité et d'une conduite irréprochable : les Jurés ont tel égard que de raison à ces témoignages.

[[*V.* le Code de 1808, art. 321.]]

Les témoins, par quelque partie qu'ils soient produits, ne peuvent jamais s'interpeller entre eux.

[[*V.* le Code de 1808, art. 322.]]

L'accusé peut, par lui-même, ou par ses conseils, demander que les témoins, au lieu de déposer séparément, soient entendus en présence les uns des autres. Il peut demander encore, après qu'ils ont déposé, que ceux qu'il désigne se retirent de l'auditoire, et qu'un ou plusieurs d'entre eux soient introduits et entendus de nouveau, soit séparément, soit en présence les uns des autres.

Le procureur-général a la même faculté à l'égard des témoins produits par l'accusé.

[[Le Code de 1808 ajoute, art. 326: « Le pré- » sident peut aussi l'ordonner d'office. »]]

XII. Pendant l'examen, les Jurés, le procureur-général et les juges peuvent prendre note de ce qui leur parait important, soit dans les dépositions des témoins, soit dans les défenses de l'accusé, pourvu que la discussion n'en soit pas arrêtée ou interrompue.

[[*V.* le Code de 1808, art. 328.]]

XIII. Il ne peut être lu aux Jurés aucune déclaration écrite de témoins non présens à l'auditoire.

Devant le Jury d'accusation, il n'y a rien que d'écrit : devant le Jury de jugement, au contraire, l'instruction écrite est écartée des débats; et il n'y en peut être lu que ce qui est nécessaire pour faire observer, soit aux témoins, soit à l'accusé, les variations, les contrariétés et les différences qui peuvent se trouver entre ce qu'ils disent devant les Jurés, et ce qu'ils ont dit précédemment.
[[V. l'article *Interrogatoire*, n° 3.]]

Néanmoins, si les débats ont lieu contre un accusé précédemment jugé par contumace, les dépositions des témoins décédés pendant son absence, sont lues aux Jurés, qui y ont tel égard que de raison, en observant toujours que les preuves écrites ne sont point la règle unique de leur décision, et qu'elles ne leur servent que de renseignement. (*Art.* 477 *du Code du* 3 *brumaire an* 4.)
[[V. le Code, art. 477.]]

XIV. A la suite des dépositions des témoins et des dires respectifs auxquels elles donnent lieu, le procureur-général et la partie plaignante, s'il y en a une, sont entendus, et développent les moyens qui appuient l'accusation.

L'accusé et ses conseils peuvent répondre.

La réplique est permise; mais l'accusé a toujours la parole le dernier.
[[V. le Code de 1808, art. 335.]]

XV. L'examen d'un procès une fois entamé ne peut être interrompu, ni suspendu, et il doit être continué jusqu'à la déclaration du Jury inclusivement, sauf les intervalles nécessaires pour les besoins et le repos des juges, des Jurés et des témoins.
[[V. le Code de 1808, art. 363.]]

XVI. Lorsque l'accusé n'a plus rien à dire pour sa défense, le président déclare que les débats sont terminés.

Il résume l'affaire, et la réduit à ses points les plus simples : il fait remarquer aux Jurés les principales preuves pour et contre l'accusé.

Il leur rappelle les fonctions qu'ils ont à remplir (1).

Et, pour cet effet, il leur donne lecture de l'instruction suivante, qui est, en outre, affichée en gros caractère dans la chambre destinée à leur délibération :

« Les Jurés doivent examiner l'acte d'accusation, les procès-verbaux et toutes les autres pièces du procès, à l'exception des déclarations écrites des témoins, des notes écrites des interrogatoires subis par l'accusé devant l'officier de police, le directeur du Jury et le président du tribunal criminel.

» C'est sur ces bases, et particulièrement sur les dépositions et les débats qui ont eu lieu en leur présence, qu'ils doivent asseoir leur conviction personnelle; c'est cette conviction que la loi les charge de dénoncer; c'est à cette conviction que la société, que l'accusé s'en rapporte.

La loi ne leur demande pas compte des moyens par lesquels ils se sont convaincus; elle ne leur prescrit point de règles desquelles ils doivent faire particulièrement dépendre la plénitude et la suffisance d'une preuve; elle leur prescrit de s'interroger eux-mêmes dans le silence et dans le recueillement, et de chercher, dans la sincérité de leur conscience, quelle impression ont faite sur leur raison les preuves rapportées contre l'accusé et les moyens de sa défense. La loi ne leur dit point : Vous tiendrez pour vrai tout fait attesté par tel ou tel nombre de témoins. Elle ne leur dit pas non plus : Vous ne regarderez pas comme suffisamment établie toute preuve qui ne sera pas formée de tel procès-verbal, de telles pièces, de tant de témoins ou de tant d'indices. Elle ne leur fait que cette seule question, qui renferme toute la mesure de leurs devoirs : Avez-vous une intime conviction ?

» Ce qu'il est bien essentiel de ne pas perdre de vue, c'est que toute la délibération du Jury de jugement porte sur l'acte d'accusation : c'est à cet acte qu'ils doivent uniquement s'attacher, et ils manquent à leur premier devoir, lorsque, pensant aux dispositions des lois pénales, ils considèrent les suites que pourra avoir, par rapport à l'accusé, la déclaration qu'ils ont à faire. Leur mission n'a pas pour objet la poursuite ni la punition des délits : ils ne sont appelés que pour décider si le fait est constant, et si l'accusé est, ou non, coupable du crime qu'on lui impute. »

[[Cette instruction ne doit plus être lue par le président à l'audience; mais elle doit l'être aux Jurés par leur chef, lorsqu'ils sont retirés dans leur chambre. Il faut d'ailleurs qu'elle soit affichée dans cette chambre, en gros caractères. V. le Code de 1808, art. 336 et 342.]]

XVII. Ensuite le président, au nom et de l'avis de la cour, pose toutes les questions qui résultent tant de l'acte d'accusation que des débats, et que les Jurés doivent décider.

La première question tend essentiellement à savoir si le fait qui forme l'objet de l'accusation, est constant ou non.

La seconde, si l'accusé est, ou non, convaincu de l'avoir commis, ou d'y avoir coopéré.

Viennent ensuite les questions qui, sur la moralité du fait, et le plus ou le moins de gravité du délit, résultent de l'acte d'accusation, de la défense de l'accusé ou du débat.

Le président les pose dans l'ordre dans lequel les Jurés doivent en délibérer, en commençant par les plus favorables à l'accusé.

Dans les délits qui renferment des circonstances indépendantes les unes des autres, comme dans une accusation de vol, pour savoir s'il a été commis de nuit, avec effraction, par une personne domestique, avec récidive, etc., les questions relatives à ces circonstances sont présentées chacune séparément, sans qu'il soit nécessaire de commencer par les moins aggravantes.

L'accusé, ses conseils, le procureur-général et

(1) V. le Code de 1808, art. 335 et 336.

les jurés peuvent faire des observations sur la manière dont les questions sont posées, et la cour en décide sur-le-champ.

Il ne peut être posé aucune question complexe.

Il n'en peut être posé aucune sur des faits qui ne seraient pas portés dans l'acte d'accusation, quelles que soient les dépositions des témoins. Mais les Jurés peuvent être interrogés sur une ou plusieurs circonstances non mentionnées dans l'acte d'accusation, quand même elles changeraient le caractère du délit, résultant du fait qui y est porté. Ainsi, sur l'accusation d'un acte de violence exercé envers une personne, le président peut, d'après les débats, poser la question de savoir si cet acte de violence a été commis à dessein de tuer.

[[Sur tout cela, le Code de 1808 fait de grands changemens à celui du 3 brumaire an 4. Voici ses termes :

« Art. 336. Le président.... posera les questions ainsi qu'il sera dit ci-après.

» 337. La question résultant de l'acte d'accusation, sera posée en ces termes : *L'accusé est-il coupable d'avoir commis tel meurtre, tel vol, ou tel autre crime, avec toutes les circonstances comprises dans le résumé de l'acte d'accusation ?*

» 338. S'il résulte des débats une ou plusieurs circonstances aggravantes, non mentionnées dans l'acte d'accusation, le président ajoutera la question suivante, *l'accusé a-t-il commis le crime avec telle ou telle circonstance.*

» 339. Lorsque l'accusé aura proposé pour excuse un fait admis comme tel par la loi, la question sera ainsi posée : *Tel fait est-il constant ?*

» 350. Si l'accusé a moins de seize ans, le président posera cette question : *L'accusé a-t-il agi avec discernement ?* »

e reviendrai sur ces dispositions au mot *Questions. (Procédure par Jurés.)*]]

XVIII. Le président, après avoir énoncé les questions, les remet par écrit aux Jurés, dans la personne de leur chef.

Il leur remet aussi toutes les pièces du procès, à l'exception des déclarations écrites des témoins et des interrogatoires écrits de l'accusé.

Il leur annonce que la loi les oblige de se retirer dans leur chambre pour en délibérer ; et il leur rappelle qu'elle leur défend de communiquer avec personne, jusqu'après leur déclaration.

Il fait en même temps reconduire l'accusé dans la maison de justice.

[[L'art. 341 du Code de 1808 renouvelle toutes ces dispositions, mais il ajoute (et l'on verra ci-après, n° 21,) l'objet de cette addition) que « le » président avertira les Jurés que, si l'accusé est » déclaré coupable du fait principal, à la simple » majorité, ils doivent en faire mention en tête » de leur déclaration. »

V. le plaidoyer du 6 février 1812, rapporté au mot *Tentative*, n° 6.]]

XIX. Les Jurés retirés dans leur chambre, y discutent les questions qui ont été posées par le président.

Celui d'entre eux qui se trouve le premier inscrit sur le tableau, est leur chef. *(Art. 385 du Code du 3 brumaire an 4.)*

[[« Les questions étant posées et remises aux » Jurés, ils se rendront dans leur chambre, pour » y délibérer. Leur chef sera le premier Juré sorti » par le sort, ou celui qui sera désigné par eux, » et du consentement de ce dernier. » Ce sont les termes du Code de 1808, art. 342.]]

XX. Ils ne peuvent, dans les vingt-quatre heures, de leur réunion, voter pour ou contre qu'à l'unanimité ; pendant ce délai et dans le cas où les opinions ne sont pas unanimes, ils sont exclus de toute communication extérieure ; si, après les vingt-quatre heures expirées, ils n'ont pu s'accorder pour émettre un vœu unanime, ils doivent le déclarer, et se réunir de nouveau pour faire leur déclaration à la majorité absolue. *(Art. 33 de la loi du 19 fructidor an 5.)*

Si, dans cette nouvelle délibération, il y a partage entre eux sur une ou plusieurs des questions qui leur sont soumises, leur déclaration doit être faite sur ces questions à la décharge de l'accusé, comme si la majorité des voix avait prononcé en sa faveur. *(Loi du 8 frimaire an 6.)*

Lorsque les Jurés sont en état de donner leur déclaration, ils font avertir le président, qui commet l'un des juges pour la recevoir, dans la chambre du conseil, en présence du procureur-général.

Si la délibération a été unanime, le résultat en est de suite rédigé par écrit, en autant d'articles séparés qu'il y a de questions décidées.

S'il n'y a pas eu unanimité sur toutes les questions, les Jurés font individuellement, à haute voix, et en l'absence des uns des autres, leur déclaration ; ils choisissent ensuite, dans la main du juge qui leur présente deux boules, l'une noire, l'autre blanche, celle qui, est propre à exprimer leur opinion, et ils la déposent ostensiblement, dans une boîte de la couleur, semblable à celle de la boule qu'ils ont choisie.

Pour éviter toute méprise, les boules sont construites de manière que la boule noire ne puisse pas entrer dans l'ouverture de la boîte blanche.

Le chef des Jurés fait sa déclaration le premier : quand il a achevé, il reste dans la chambre du conseil avec le juge et le procureur-général. Les autres Jurés se retirent à mesure qu'ils ont fini leur déclaration.

Le Juré qui a déclaré que le fait n'est pas constant, n'a pas d'autre déclaration à faire ; et sa voix est comptée en faveur de l'accusé, sur les questions suivantes.

Le Juré qui, ayant trouvé le fait constant, a déclaré que l'accusé n'en est pas convaincu, ne fait aucune autre déclaration ; et sa voix compte également en faveur de l'accusé sur les questions qui pourront suivre.

Le Juré qui a déclaré le fait constant et l'accusé convaincu, donne ensuite sa déclaration sur la moralité du fait, d'après les questions intentionnelles posées par le président.

Lorsque, sur plusieurs questions intentionnelles, présentées dans leur ordre graduel, un Juré en a décidé une en faveur de l'accusé, il n'a plus de déclaration à faire sur celles qui suivent.

Mais tant qu'il en juge une contre l'accusé, il faut qu'il prononce sur les questions ultérieures, jusqu'à ce qu'il ait donné son opinion sur toutes celles que le tribunal a posées.

Dans les questions relatives aux circonstances indépendantes l'une de l'autre, qui se trouvent dans le même délit, le Juré qui a voté sur une en faveur de l'accusé, ne continue pas moins de donner son opinion sur les autres.

Les Jurés ne peuvent prononcer sur d'autres délits que ceux qui sont portés dans l'acte d'accusation, ni se dispenser de prononcer sur aucun de ceux qui y sont portés.

Chaque Juré prononce les diverses déclarations ci-dessus dans la forme suivante : il met la main sur son cœur, et dit : *Sur mon honneur et ma conscience, le fait est constant*, ou *le fait ne me paraît pas constant ; l'accusé est convaincu*, ou *l'accusé ne me paraît pas convaincu ; il a commis tel fait méchamment et à dessein*, ou *il ne me paraît pas avoir commis*, etc.

Les douze Jurés ayant achevé de donner leur déclaration individuelle, ils rentrent tous dans la chambre du conseil. Les boîtes y sont ouvertes devant eux, par le juge, en présence du procureur-général, et les déclarations partielles sont rassemblées pour former la déclaration générale.

[[Tout ce mode de délibération est ainsi changé par le Code de 1808 :

« Art. 343. Les Jurés ne pourront sortir de leur chambre qu'après avoir formé leur délibération. L'entrée n'en pourra être permise, pendant leur délibération, pour quelque cause que ce soit, que par le président et par écrit. Le président est tenu de donner au chef de la gendarmerie de service, l'ordre spécial, et par écrit, de faire garder les issues de leur chambre. Ce chef sera dénommé et qualifié dans l'ordre. La cour pourra punir le Juré contrevenant, d'une amende de cinq cents francs au plus. Tout autre qui aura enfreint l'ordre, ou celui qui ne l'aura pas fait exécuter, pourra être puni d'un emprisonnement de vingt-quatre heures.

» Les Jurés délibéreront sur le fait principal, et ensuite sur chacune des circonstances.

» 345. Le chef du Jury les interrogera d'après les questions posées, et chacun d'eux répondra ainsi qu'il suit :

» 1° Si le Juré pense que le fait n'est pas constant, ou que l'accusé n'en est pas convaincu, il dira : *Non, l'accusé n'est pas coupable*. En ce cas, le Juré n'aura rien de plus à répondre.

» 2° S'il pense que le fait est constant, et que l'accusé en est convaincu, il dira : *Oui, l'accusé est coupable d'avoir commis le crime avec toutes les circonstances comprises dans la position des questions*.

» 3° S'il pense que le fait est constant, et que

l'accusé en est convaincu, mais que la preuve n'existe qu'à l'égard de quelques-unes des circonstances, il dira : *Oui, l'accusé est coupable d'avoir commis le crime avec telle circonstance ; mais il n'est pas constant qu'il l'ait fait avec telle autre.*

» 4° S'il pense que le fait est constant, que l'accusé en est convaincu, mais qu'aucune des circonstances n'est prouvée, il dira : *Oui, l'accusé est coupable ; mais sans aucune des circonstances.*

» 546. Le Juré fera de plus, s'il y a lieu, une réponse particulière pour les cas prévus par les art. 339 et 340.

» 347. La décision du Jury se formera, pour ou contre l'accusé, à la majorité, à peine de nullité. En cas d'égalité de voix, l'avis favorable à l'accusé prévaudra. »

V. le plaidoyer du 6 février 1812, rapporté au mot *Tentative*, n° 6.]]

XXI. La déclaration des Jurés étant ainsi consommée et rédigée par écrit, ils rentrent dans l'auditoire et y reprennent leurs places.

Le président leur demande quel est le résultat de leur délibération sur chacune des questions qu'il leur a présentées.

Le chef des Jurés se lève et dit : *Sur mon honneur et ma conscience, la déclaration du Jury est que*......

Il donne lecture de cette déclaration, telle qu'elle a été arrêtée dans la chambre des Jurés ; il la signe et la remet au président, qui la signe aussi et la fait signer par le greffier.

[[L'art. 348 du Code de 1808 dit la même chose, sauf qu'il existe qu'après les mots, *sur mon honneur et ma conscience*, le chef du Jury ajoute, *devant Dieu et devant les hommes.*

Au surplus, il résulte de l'un comme de l'autre article, que c'est à l'audience de la cour d'assises, et non dans la chambre des Jurés, que le chef du Jury doit signer la déclaration, et qu'il ne doit même la signer qu'après l'avoir prononcée publiquement.

La cour d'assises ne pourrait donc pas annuler la déclaration, sous le prétexte que le chef du Jury ne l'aurait pas signée dans la chambre des Jurés avant de rentrer à l'audience. C'est cependant ce qui est arrivé dans l'espèce suivante.

Le 28 août 1812, les nommés Louis Michel, dit le Grenadier, et Jean Harel sont mis en jugement devant la cour d'assises du département du Calvados. Les débats terminés, le président pose les questions ; le Jury en délibère dans sa chambre ; et rentré à l'audience, le chef prononce une déclaration, après la lecture de laquelle il se dispose à la signer. Mais la cour d'assises la déclare nulle, précisément parce qu'elle n'était pas signée au moment où la lecture en a été faite, *et ordonne aux Jurés de se retirer dans leur chambre pour délibérer.*

En conséquence, nouvelle déclaration du Jury, d'après laquelle Michel, dit le Grenadier, est condamné à vingt ans de travaux forcés.

Michel, dit le Grenadier, se pourvoit en cassation; et, par arrêt du 2 octobre 1812, au rapport de M. Audier-Massillon,

» Attendu qu'il résulte du procès-verbal de la séance, qu'il existait, à l'égard de Louis Michel, une première déclaration du Jury, qui a été lue publiquement à l'audience, en conformité de l'article 348 du Code d'instruction criminelle; que cette déclaration n'était ni nulle ni irrégulière, pour n'avoir pas été signée par le chef du Jury avant la lecture, puisque ce n'est qu'après la lecture que l'art. 349 veut qu'elle soit signée par le chef et remise par lui au président, le tout en présence des Jurés; et que, dès-lors, elle ne pouvait être soumise à aucun recours, suivant l'art. 350 dudit Code;

» Que, cependant, la cour d'assises, au lieu de faire exécuter l'art. 346, en faisant signer cette même déclaration par le chef du Jury, l'a, sur ce seul motif, qualifiée d'irrégulière, et l'a regardée comme nulle, en ordonnant aux Jurés de rentrer dans leur chambre pour délibérer;

» Qu'après cette délibération, il a apporté une déclaration du Jury, dont il a été fait encore lecture à l'audience en présence des Jurés, et sur laquelle l'arrêt de condamnation contre ledit Louis Michel a été rendu; mais qu'il n'est pas prouvé au procès que cette déclaration fournie après la seconde délibération, soit conforme à la première; que, sur la feuille contenant les questions posées par le président, on voit une première déclaration non-signée et bâtonnée, qui était favorable à l'accusé, en ce qu'il était déclaré coupable de vol sans aucune des circonstances comprises dans la position des questions; et à la suite se trouve une autre déclaration signée par le chef du Jury, qui porte que l'accusé est coupable avec toutes les circonstances; ce qui augmente les doutes sur l'état de la déclaration du Jury, lors de la première lecture et avant la seconde délibération;

» Attendu qu'en l'état il n'existe aucune déclaration du Jury qui puisse servir de base à un jugement régulier, la première ne pouvant plus être légalement constatée, et la seconde étant l'effet d'une seconde délibération réprouvée par ledit article 350 du Code;

» La cour casse et annulle....... »

La déclaration du Jury serait-elle nulle, si le chef du Jury n'avait pas écrit en tête, dans la chambre des Jurés, ces mots : *sur mon honneur et ma conscience, devant Dieu et devant les hommes*; et s'il n'écrivait ces mots que dans la salle d'audience avant de prononcer la déclaration?

Le 1er juin 1812, le Jury auquel avaient été soumises, par le président de la cour d'assises du département de Maine-et-Loire, les questions résultant de l'acte d'accusation dressé contre Louis Routian, sort de sa chambre, et rentre dans la salle d'audience. Le chef commence ainsi la lecture de la déclaration : *La déclaration du Jury est...* Le président l'interrompt, et lui fait observer qu'il doit faire précéder ces mots de la formule, *sur mon honneur et ma conscience, devant Dieu et*

5°. TOME IX.

devant les hommes. Le chef du Jury répond qu'il n'a pas écrit cette formule, prend une plume, et ajoute cette formule en tête de la déclaration.

Le même jour, arrêt qui condamne Louis Routian à la peine des travaux forcés pendant cinq ans.

Louis Routian se pourvoit en cassation, et se fait un moyen de ce que la déclaration du Jury a été apportée à l'audience sans contenir la formule *sur mon honneur et ma conscience, devant Dieu et devant les hommes.*

Mais par arrêt du 16 juillet 1812, au rapport de M. Bauchau,

« Attendu qu'il a été satisfait à l'art. 348 du Code d'instruction criminelle,

» La cour rejette le pourvoi.... »]]

Il arrive quelquefois que le premier inscrit sur le tableau du Jury, ne peut pas lire sa déclaration. Il doit être alors remplacé, pour cette lecture, par un autre Juré, en suivant l'ordre du tableau : dans ce cas, la déclaration du Jury doit être signée par celui qui en a fait la lecture. C'est ce qu'a jugé un arrêt de la cour de cassation rendu au rapport de M. Basire, le 5 pluviôse an 13.

XVIII°. La déclaration du Jury n'est sujette ni à appel ni à révision; elle est réputée une vérité judiciaire.

[[« La déclaration du Jury ne pourra jamais » être soumise à aucun recours. » Ce sont les termes de l'art. 350 du Code de 1808.

L'art. 351 ajoute, et c'est une innovation importante : « si néanmoins l'accusé n'est déclaré » coupable du *fait principal* qu'à une simple majorité, les juges délibéreront entre eux sur le » même point; et si l'avis de la minorité des Jurés » est adopté par la majorité des juges, de telle » sorte qu'en réunissant le nombre des voies, ce » nombre excède celui de la majorité des Jurés et » de la minorité des juges, l'avis favorable à l'ac- » cusé prévaudra. »

De la plusieurs questions.

1° Y a-t-il lieu à l'application de cet article lorsque le Jury déclare l'accusé coupable du fait principal, *à la majorité*, sans expliquer si c'est à la majorité absolue ou à la majorité simple?

On a soutenu l'affirmative pour Jean Barrié, demandeur en cassation d'un arrêt de la cour d'assises du département de l'Aude, qui le condamnait à la réclusion et à la flétrissure, pour crime de faux.

« Mais (ai-je dit à l'audience de la section criminelle, le 27 décembre 1811) ce moyen paraît destitué de toute espèce de fondement.

» Le Jury a déclaré, *à la majorité*, que la pièce arguée de faux était fausse; *à l'unanimité*, que le coaccusé de Jean Barrié n'était pas fabricateur de cette pièce; *à la majorité*, que Jean Barrié était coupable de complicité de faux.

» Que signifient ces mots, *à la majorité*? Désignent-ils, comme le prétend Jean Barrié, *la simple majorité* dont parlent les art. 341 et 351 du Code d'instruction criminelle?

» Non, sans doute. Les Jurés avaient été avertis

10

par le président que, si l'accusé n'était déclaré coupable qu'à la *simple majorité*, ils devaient l'énoncer en tête de leur déclaration. Or, ils ne l'ont pas fait; ils ont dit, en tête de leur déclaration, que Jean Barrié était coupable, non *à la simple majorité*, mais *à la majorité*: et il est clair que ces mots, mis en opposition avec ceux qu'ils auraient dû employer dans le cas prévu par les art. 341 et 351, désignent une majorité plus considérable que la majorité simple, une majorité telle que la loi l'exige pour ajouter pleine foi à la déclaration du Jury, pour dispenser les juges de joindre leurs suffrages à ceux des Jurés. »

Par arrêt du 27 décembre 1811, au rapport de M. Oudart,

« Attendu que les Jurés n'ayant pas déclaré que leur réponse avait été arrêtée à la majorité de sept voix contre cinq, il n'y avait pas lieu à la vérification prescrite par l'art. 351 :

» La cour rejette le pourvoi.... »

Il a été rendu depuis un grand nombre d'arrêts semblables. (*V.* notamment celui du 6 février 1812, qui est rapporté au mot *Tentative*, n° 6.)

2° Mais qu'est-ce qu'entend l'art. 351, par les mots *coupable du fait principal?*

On trouvera au mot *Tentative*, n° 6, une espèce dans laquelle cette question a été agitée.

En voici une autre dans laquelle la même question s'est représentée sous une face beaucoup plus importante.

Le 23 octobre 1811, arrêt de la cour royale de Metz, qui met en accusation et renvoie devant la cour d'assises du département de la Moselle, Joseph Best, prévenu du crime de meurtre, comme ayant tué, d'un coup de fusil, un particulier qui était monté sur un de ses poiriers et en volait les fruits.

A l'audience de la cour d'assises, l'accusé soutient que l'homicide n'a pas été volontaire de sa part, qu'il n'a été que l'effet d'une imprudence, que d'ailleurs il serait excusable, aux termes de l'art. 319, § 2, du Code pénal.

En conséquence, le président pose ainsi la question à décider par le Jury : « Joseph Best, accusé, » est-il coupable d'avoir, le 27 août 1811, commis » un homicide sur Michel Gael, demeurant à » Ratzviller, en tirant sur lui un coup de fusil, » lorsqu'il était sur un poirier appartenant à l'ac- » cusé, avec toutes les circonstances comprises » dans le résumé de l'acte d'accusation, lesquelles » sont, que l'homicide a été commis volontaire- » ment? Est-il constant que l'accusé n'a porté ce » coup que pour se défendre contre l'auteur d'un » vol ou pillage exécuté avec violence dans sa pro- » priété? »

Le Jury répond,

« *A la majorité absolue*, que Joseph Best est coupable d'avoir, le 27 août 1811, commis un homicide sur Michel Gael, en tirant sur lui un coup de fusil, lorsqu'il était sur un poirier appartenant à l'accusé ;

» *A la majorité simple*, que l'accusé est coupable de l'avoir commis volontairement ;

» *A la majorité absolue*, qu'il n'est pas constant que l'accusé n'ait porté ce coup de feu que pour se défendre contre l'auteur d'un vol ou pillage exécuté avec violence dans sa propriété. »

Sur cette déclaration, arrêt du 8 janvier 1812, par lequel ;

» Considérant que la question de savoir si l'homicide a été commis volontairement, constitue le *fait principal* de l'accusation portée contre Joseph Best ; que le Jury ne s'étant déclaré sur ce point qu'à une majorité simple, la cour doit en délibérer, aux termes de l'art. 351 du Code d'instruction criminelle ; la cour ordonne qu'il en sera délibéré. »

» Et, après en avoir délibéré, la cour déclare que quatre de ses membres, contre un, adoptent l'avis de la minorité des Jurés, qu'il en résulte donc que l'accusé n'est coupable que d'un homicide simple. »

Par un autre arrêt du même jour,

« Ouï l'accusé et son conseil, sur l'application de la peine, qui ont déclaré s'en rapporter à la commisération de la cour ;

» Ouï aussi le procureur-général, qui a requis la condamnation à l'emprisonnement de deux années ; à une demande de 600 francs et aux dépens ;

» La cour, après en avoir de nouveau délibéré,

» Vu l'art. 319 du Code pénal, portant que l'homicide commis involontairement, par maladresse, imprudence, etc., sera puni d'un emprisonnement de trois mois à deux ans, et d'une amende de 50 francs à 600 francs ;

» Condamne Joseph Best à deux années d'emprisonnement à 50 fr. d'amende et aux dépens. »

» Le 11 du même mois, le procureur-général déclare au greffe « se pourvoir en cassation, en ce » que, contrairement à l'art. 341 du Code d'in- » struction criminelle, l'accusé ayant été déclaré » coupable du fait principal à l'unanimité des Jurés, » la cour a délibéré sur des circonstances sur » lesquelles les Jurés ne s'étaient déterminés qu'à » une simple majorité. »

« Avant de nous occuper du moyen de cassation qui vous est proposé dans cette affaire (ai-je dit à l'audience de la section criminelle du 19 mars 1813), nous devons examiner si le recours auquel il sert d'appui est recevable.

» La raison de douter est que le procureur-général paraît avoir acquiescé à l'arrêt qu'il attaque aujourd'hui : il a, en effet, calqué ses conclusions relatives à l'application de la peine sur la déclaration formée, en exécution de cet arrêt, par la combinaison des voix des juges avec celles des Jurés ; et il s'est en conséquence borné à requérir que l'accusé fût condamné, comme il l'a été, à des peines correctionnelles.

» Mais, sans rechercher si le ministère public peut par son seul acquiescement, et avant l'expiration du délai que la loi lui accorde, élever une barrière contre l'exercice de la faculté qu'il a de se pourvoir en cassation ; nous observerons qu'ici on ne peut pas dire que le procureur-général ait véritablement acquiescé à l'arrêt dont il s'agit.

» D'abord, il n'a pris aucune part à cet arrêt. Cet arrêt a été, comme il devait l'être, rendu sans conclusions préalables du procureur-général.

» Ensuite, une fois cet arrêt rendu, le procureur-général n'avait aucun moyen pour en empêcher l'exécution. Or, exécuter un arrêt dont l'exécution est forcée, est-ce y acquiescer, dans la véritable acception de ce mot ? Non, assurément ; et dès-là, point de fin de non-recevoir à opposer au recours en cassation qui vous est soumis.

» Mais ce recours est-il fondé, ou, en d'autres termes, a-t-on d'assises a-t-elle violé l'art. 351 du Code d'instruction criminelle, en ordonnant qu'elle délibérerait sur la question que les Jurés n'avaient résolue qu'à la simple majorité ? C'est là ce qui appelle toute l'attention de la cour.

» Une chose bien constante, c'est que l'art. 351 du Code d'instruction criminelle n'investit pas les juges du droit, et ne leur impose pas le devoir de délibérer sur toutes les questions que le Jury n'a décidées qu'à la majorité simple ; c'est qu'il ne les investit de ce droit, et ne leur impose ce devoir que relativement à la question qui a pour objet le fait principal ; c'est qu'une fois cette question résolue par le Jury à une majorité de plus de sept voix sur douze, le Jury doit décider irrévocablement toutes les autres à la simple majorité.

» Mais que doit-on entendre, dans l'art. 351, par le fait principal ?

» Et d'abord, lorsque le fait matériel dont l'acte d'accusation charge l'accusé, constitue par lui-même un délit, est-ce à ce fait que l'on doit attribuer la dénomination de fait principal ; ou bien ne doit-on réputer tel, que la circonstance qui imprime au fait le caractère de crime ?

» Par exemple, un homme est accusé d'un vol commis avec effraction extérieure. Le vol n'est, par lui-même, qu'un délit ; il ne devient crime que par la circonstance aggravante de l'effraction extérieure. Qu'arrivera-t-il, si le Jury déclare à l'unanimité que l'accusé est coupable de vol, et que, sur la question de savoir s'il a commis le vol avec effraction extérieure, il ne prononce contre l'accusé qu'à la majorité simple ? Faudra-t-il alors que la cour d'assises, considérant l'effraction extérieure comme le fait principal, délibère sur cette circonstance, et joigne les opinions de ses membres aux opinions des Jurés, pour former du tout une majorité quelconque ?

» L'affirmative a été soutenue devant vous par Honoré Sénéchal, à l'appui de sa demande en cassation d'un arrêt de la cour d'assises du département de l'Oise, qui, dans l'espèce que nous venons de supposer, l'avait condamné, comme coupable de vol avec effraction extérieure, à la peine des travaux forcés. « C'est dans l'intérêt de l'accusé (disait-il), que la délibération des juges a été introduite : elle doit donc frapper sur le point le plus intéressant pour l'accusé. Or, en fait de vol, les circonstances accessoires font plus contre l'accusé que le fait principal ; car sans circonstances, le fait ne caractériserait qu'un délit correctionnel ;

et avec la circonstance déclarée contre moi d'une simple majorité, on trouve un crime qualifié. C'est donc là que gît le fait principal, puisqu'en retirant cette circonstance, la nature du fait éprouve un changement notable.

» Mais, par arrêt du 10 janvier dernier, au rapport de M. Audier-Massillon, vous avez rejeté le recours d'Honoré Sénéchal, attendu que l'art. 351 du Code d'instruction criminelle n'exige la délibération des juges sur le fait principal, que dans le cas où l'accusé a été déclaré coupable, à une simple majorité, du fait principal ; que, dans l'espèce, le vol dont Sénéchal était accusé, était le fait principal ; que l'effraction n'en était qu'une circonstance aggravante ; et que ledit Sénéchal a été déclaré coupable du vol, par le Jury, à l'unanimité.

» En serait-il de même, si le fait matériel dont l'acte d'accusation charge l'accusé, ne constituait par lui-même ni un crime ni un délit, et s'il n'acquérait l'un ou l'autre caractère que par les circonstances dont il est environné ?

» Par exemple, l'homicide n'est par lui-même ni un délit ni un crime ; car il peut être commandé par l'autorité publique ; il peut être commis par la nécessité d'une juste défense ; et, hors de ces deux cas, il ne devient crime que lorsqu'il est commis volontairement ; il ne devient délit, que lorsqu'étant involontaire, il est commis par imprudence, par maladresse, par inattention, par suite d'une contravention aux règlemens. Qu'arrivera-t-il donc si l'accusé est déclaré par le Jury, à la majorité de plus de sept voix, auteur de l'homicide, énoncé dans l'acte d'accusation ; et que, sur la question de savoir s'il a commis cet homicide, soit volontairement, soit par imprudence, maladresse, ou contravention aux règlemens, le Jury ne prononce contre lui qu'à la simple majorité ? Faudra-t-il que la cour d'assises, considérant cette question comme portant sur le fait principal, en délibère, et joigne les opinions de ses membres à celles des Jurés ?

» Pour résoudre ce problème, consultons le texte de la loi. Si l'accusé n'est déclaré COUPABLE du fait principal qu'à une simple majorité, les juges délibéreront entre eux sur le même point ; voilà comment s'exprime le législateur. Et il est évident qu'en réunissant les mots déclaré coupable, aux mots du fait principal, il entend par ceux-ci un fait qui a, par lui-même, soit le caractère de crime, soit le caractère de délit : car on ne peut pas être coupable d'un fait qui, par lui-même, n'est ni délit ni crime ; on ne peut pas être coupable d'un fait que la loi reconnaît pour innocent. Le législateur ne se contente donc pas, pour exclure le juge du droit et le dispenser du devoir de délibérer, d'une majorité de plus de sept voix, de la part du Jury, sur le fait matériel qui est innocent par lui-même ; il exige donc également une majorité de plus de sept voix, sur la circonstance qui peut seule rendre l'accusé coupable, sur la circonstance qui peut seule ranger le fait matériel dans la classe des crimes ou dans celle des délits.

» Mais, remarquons-le bien, nous supposons, dans l'hypothèse qui nous occupe en ce moment, que le Jury déclare simplement, à la majorité de plus de sept voix, que l'accusé est *auteur* de l'homicide qui lui est imputé.

» Que faudrait-il donc décider si, comme dans notre espèce, le Jury déclarait, à la majorité de plus de sept voix, que l'accusé est *coupable* de cet homicide ?

» Au premier aspect, voici les idées qui se présentent à l'esprit sur cette question.

» L'accusé ne peut être *coupable* de l'homicide, qui lui est imputé, qu'autant qu'il l'a commis, ou volontairement, ou par imprudence, maladresse, etc.

» Déclarer l'accusé *coupable* de cet homicide, c'est donc déclarer qu'il y a eu, de sa part, ou un délit, ou un crime; c'est donc déclarer qu'il a commis l'homicide, ou par imprudence, maladresse, etc., ou volontairement; c'est donc le placer dans l'alternative, ou d'être condamné à une peine afflictive ou infamante, comme meurtrier, ou d'être condamné à une peine correctionnelle, comme homicide, imprudent ou maladroit : c'est donc prononcer sur le *fait principal* imputé à l'accusé, puisqu'encore une fois c'est juger que, si l'accusé n'a pas commis un crime, il a du moins commis un délit.

» Dès-lors, plus de différence entre le cas où l'accusé est déclaré coupable d'un vol, à la majorité de plus de sept voix, et le cas où, à la même majorité, il est déclaré coupable d'un homicide. Dans un cas comme dans l'autre, il y a décision légale, définitive et irrévocable sur le fait principal; et dans un cas comme dans l'autre, toute délibération est interdite à la cour d'assises sur les circonstances qui peuvent placer ce fait dans la classe des crimes plus ou moins graves, quelle que soit d'ailleurs la majorité à laquelle la déclaration du Jury se forme sur ces circonstances.

» La cour d'assises du département de la Moselle paraît donc, sous ce rapport, avoir violé, par l'arrêt qui vous est dénoncé, l'art. 351 du Code d'instruction criminelle.

» Mais d'un autre côté, il faut bien faire attention que, dans notre espèce, Joseph Best n'était accusé que d'un homicide volontaire; qu'il ne l'était point, qu'il ne pouvait même point l'être d'un homicide commis par imprudence ou maladresse, puisqu'un pareil homicide n'est qu'un délit, et que les cours d'assises n'en peuvent pas connaître; que, quand même, dans le débat, il aurait allégué l'une ou l'autre de ces deux dernières causes, pour faire atténuer la peine qu'il pouvait avoir encourue, le président n'aurait pas été tenu d'en faire l'objet d'une des questions qu'il avait à poser (1); et qu'ainsi, le Jury ne devant être interrogé que

sur les circonstances constitutives du crime, énoncées dans l'acte d'accusation, ou articulées dans le débat, c'était uniquement sur le fait de l'homicide volontaire, que portait et devait porter la question soumise au Jury par le président de la cour d'assises.

» Dès-lors, qu'a fait le Jury, en déclarant d'abord, à la majorité de plus de sept voix, que l'accusé était coupable d'avoir commis un homicide sur Michel Gael; ensuite, à la simple majorité, qu'il était coupable de l'avoir commis volontairement? Il a divisé en deux branches une question qui lui était présentée comme indivisible; et il l'a résolue, dans la première branche, d'une manière absolument insignifiante. Car, qu'importe que l'accusé ait commis un homicide, s'il ne l'a pas commis volontairement? Il ne pourrait être coupable, d'après l'acte d'accusation, qu'autant qu'il aurait commis volontairement cet homicide. Il le serait aussi sans doute, s'il avait commis cet homicide par imprudence ou maladresse. Mais encore une fois, ce n'est point de cela qu'il est accusé; ce n'est conséquemment point de cela que le Jury le déclare coupable. Le Jury n'a donc pu, en le déclarant, par la première partie de sa réponse, coupable d'avoir commis cet homicide, avoir en vue que le fait matériel de l'homicide même. Le mot *coupable* ne peut donc pas avoir eu, dans la pensée du Jury, l'acception qu'il a dans celle du législateur; il ne peut donc avoir eu, dans la pensée du Jury, d'autre acception que celle du mot *auteur*. La première partie de la réponse du Jury à la question posée par le président, ne décidait donc pas cette question, quant au *fait principal*. Il fallait donc, pour ôter à la cour d'assises le droit de délibérer sur la seconde partie de cette réponse, que, dans cette seconde partie, le Jury formât sa déclaration à la majorité de plus de sept voix, comme il l'avait formée dans la première.

» Pour nous convaincre de plus en plus de cette vérité, examinons ce qui serait arrivé si, en décidant la seconde branche de la question posée par le président, le Jury eût déclaré que Joseph Best n'avait pas commis l'homicide volontairement.

» Dans cette hypothèse, la cour d'assises aurait-elle pu condamner Joseph Best à la peine correctionnelle portée contre les auteurs d'homicides commis involontairement, mais par imprudence ou maladresse?

» Non sans doute, et nous en avons déjà dit la raison : c'est que les Jurés n'auraient pas pu être censés avoir déclaré Joseph Best coupable d'une imprudence ou une maladresse dont il n'était pas accusé; c'est que les Jurés n'auraient pas pu être censés avoir résolu contre Joseph Best une question sur laquelle le président ne les avait pas interrogés.

» On se serait donc alors trouvé dans le cas prévu par l'art. 364 du Code d'instruction criminelle. *La cour* (y est-il dit) *prononcera l'absolution de l'accusé, si le fait dont il est* DÉCLARÉ COUPABLE *n'est pas défendu par une loi pénale.*

(1) V. l'article *Non bis in idem*, n° V.

On aurait donc alors été forcé d'absoudre Joseph Best.

» Et de là, la conséquence nécessaire que Joseph Best n'a pas été déclaré coupable du fait principal de l'accusation, par cela seul qu'il a été déclaré coupable d'avoir commis l'homicide dont il était accusé ; qu'il ne l'a été que par la seconde partie de la réponse du Jury, portant qu'il était coupable d'avoir commis cet homicide volontairement, et que la seconde partie de la réponse du Jury n'ayant été donnée qu'à la simple majorité, il y avait lieu, de la part de la cour d'assises, à user du droit que lui conférait, à remplir le devoir que lui imposait l'art. 351 du Code d'instruction criminelle.

» Mais de là suit une autre conséquence sur laquelle notre ministère nous oblige, pour l'intérêt de la loi, d'appeler votre attention.

» C'est que, si la cour d'assises n'a pas violé l'art. 351 du Code d'instruction criminelle, elle a du moins violé l'art. 364 du même Code.

» En effet, nous venons de voir que, dans le cas où le Jury eût résolu en faveur de l'accusé la question de savoir si c'était volontairement qu'il avait commis l'homicide, l'accusé eût dû être absous, quoique déclaré coupable du fait matériel de l'homicide, parce que ce fait ne constituait, par lui-même, ni un crime ni un délit.

» Or, par la délibération de la cour d'assises, les choses sont revenues au même point que si le Jury eût prononcé de cette manière. La cour d'assises devait donc absoudre Joseph Best, d'après cette délibération, comme elle eût dû l'absoudre dans le cas où le Jury, prévenant cette délibération y eût déclaré, à une majorité quelconque, que Joseph Best n'était pas coupable d'avoir commis volontairement l'homicide dont il était accusé. La cour d'assises a donc à la fois appliqué faussement l'art. 319 du Code pénal et violé l'art. 364 du Code d'instruction criminelle.

» Dans ces circonstances et par ces considérations, nous estimons qu'il y a lieu, en ce qui concerne la demande du procureur-général de la cour (royale) de Metz, en cassation de l'arrêt de la cour d'assises du département de la Moselle, du 8 janvier dernier, de la rejeter ; et faisant droit sur nos conclusions, casser et annuler, dans l'intérêt de la loi, l'arrêt de la même cour et du même jour, qui condamne Joseph Best à un emprisonnement de deux années et à une amende de 50 francs ; et ordonner qu'à notre diligence, l'arrêt à intervenir sera imprimé et transcrit sur les registres de ladite cour. »

Par arrêt du 19 mars 1812, au rapport de M. Busschop.

« Considérant que le fait principal dont parle l'art. 351 du Code d'instruction criminelle, ne peut être entendu que d'un fait qui constitue une infraction aux lois, à laquelle la cour d'assises peut appliquer une peine aux termes de l'art. 365 dudit Code ; que, dans l'espèce, le fait de l'accusation était un homicide commis hors les cas dé-

terminés par l'art. 319 du Code pénal, mais commis volontairement par l'accusé ; que cet homicide n'était donc punissable qu'autant qu'il aurait été commis volontairement ; et qu'ainsi, il ne pouvait être considéré comme fait principal, en l'isolant de la volonté de l'accusé ;

» Qu'il suit de là, que le Jurés n'ayant déclaré qu'à la simple majorité de sept voix contre cinq, que l'accusé avait agi volontairement, la cour d'assises a pu et dû délibérer sur l'existence de cette circonstance de volonté de la part de l'accusé ; et qu'en le faisant ainsi, elle a fait une juste application dudit art. 351 du Code d'instruction criminelle ;

» D'après ces motifs, la cour rejette le pourvoi de procureur-général près la cour (royale) de Metz. »

Pourquoi cet arrêt n'a-t-il pas cassé, dans l'intérêt de la loi, celui de la cour (royale) de Metz ?

J'ai tout lieu de croire que c'est par oubli. Ce qu'il y a de certain, c'est que les conclusions qui tendaient à cette cassation, étaient fondées sur la loi, et même sur la jurisprudence de la cour de cassation. (V. l'arrêt du 10 février 1809, rapporté dans mon Recueil de Questions de droit, au mot Jury, § 1, et celui du 30 mai 1812, rapporté ci-après, aux mots Non bis in idem, n° V.)

Quoi qu'il en soit, la décision que renferme l'arrêt du 19 mars 1812, sur la question de savoir ce qu'on doit entendre dans l'art. 55, par les mots fait principal, se retrouve encore dans les deux arrêts suivans.

Le nommé Vautrois était accusé, devant la cour d'assises du département de l'Aisne, d'avoir commis un attentat à la pudeur, avec violence, envers la nommée Rosine B......, âgée de sept ans et demi ;

La question posée en conséquence par le président de la cour d'assises, le Jury répond que l'accusé est effectivement coupable, mais seulement (ajoute-t-il) à la majorité de sept voix contre cinq, relativement à la circonstance de la violence.

Sur cette déclaration, arrêt de la cour d'assises qui condamne Vautrois à la peine portée par les art. 331 et 332 du Code pénal.

Mais Vautrois se pourvoit en cassation ; et par arrêt du 2 février 1815, au rapport de M. Vasse,

« Vu l'art. 351 du Code d'instruction criminelle..... ;

» Attendu que l'attentat à la pudeur dont était accusé Pierre-Auguste-Joseph Vautrois, n'ayant pas été commis publiquement, il ne pouvait prendre un caractère de criminalité quelconque que par la circonstance de la violence ; que cette circonstance faisait donc partie du fait principal ; que les Jurés ne l'ayant décidée qu'à la majorité simple, les juges de la cour d'assises devaient délibérer d'après ce qui est prescrit par l'art. 351 ; que ce n'était que sur le résultat de cette délibération que la loi pénale pouvait être appliquée ;

» Par ces motifs, la cour casse et annule.....»

Sur une accusation du même genre, portée contre Antoine Vincent, devant la cour d'assises du département de la Nièvre, le Jury répond 1° à l'unanimité, que l'accusé est coupable d'avoir commis un attentat à la pudeur, sur la personne d'une femme, dans un chemin ; 2° à la simple majorité, qu'il a commis cet attentat avec violence.

Après la lecture de cette déclaration, le défenseur de l'accusé prend la parole, et conclut à ce que la cour délibère sur la circonstance aggravante de la violence, conformément à l'art. 351.

Mais ces conclusions sont rejetées, et Vincent est condamné à la peine de la réclusion.

Recours en cassation de la part de Vincent ; et le 22 mars 1721, arrêt, au rapport de M. Basire, par lequel,

« Vu l'art. 351 du Code d'instruction criminelle..... ;

» Attendu que le fait principal dont parle cet article, est essentiellement un fait puni par la loi ;

» Que, dans l'espèce, le Jury, par la première partie de sa réponse, délibérée à l'unanimité, avait déclaré l'accusé coupable d'avoir commis un attentat à la pudeur, sur la personne d'une femme ;

» Que la circonstance de la violence, n'ayant pas été portée, dans cette première partie de la réponse du Jury, le fait par lui déclaré ne constituait pas un crime ;

» Que la publicité de l'attentat n'y étant pas non plus énoncée, ce fait n'avait pas le caractère de délit ;

» Que ce fait ne formait donc pas un fait principal ;

» Qu'il ne pouvait le devenir que par la réunion de cette première partie de la déclaration du Jury avec la seconde, dans laquelle la circonstance de violence était décidée à la majorité simple ;

» Que cette circonstance, nécessaire dans l'espèce, pour former le fait principal, en faisait partie substantielle ; qu'elle ne pouvait être considérée comme une simple circonstance aggravante ;

» Que le fait principal ne se trouvant ainsi décidé que par la majorité simple du Jury, il y avait lieu à l'application de l'art. 351 du Code d'instruction criminelle ; et il devait être délibéré par la cour d'assises, sur la totalité de la réponse du Jury, dont toutes les parties devaient être réunies pour former un fait principal ;

» Que néanmoins la cour d'assises n'a point délibéré sur l'ensemble ni sur aucune des parties de cette réponse, et qu'elle en a fait la seule base de la condamnation qu'elle a prononcée ;

» En quoi elle a violé l'art. 351 du Code d'instruction criminelle, et par suite l'art. 331 du Code pénal ;

» D'après ces motifs, la cour casse et annulle la décision par laquelle la cour d'assises du département de la Nièvre a déclaré qu'il n'y avait lieu à être délibéré par elle sur la réponse émise par le Jury contre Antoine Vincent ; casse et annulle de même l'arrêt par lequel cette cour a condamné cet

accusé, le 19 février dernier, à la peine de la réclusion.... (1) »

Quoique l'art. 351 du Code d'instruction criminelle établisse très clairement que, lorsqu'il y a majorité de plus de deux voix sur le fait principal du crime, la majorité simple suffit pour les circonstances aggravantes, on n'a pas laissé de soutenir le contraire dans une demande en cassation d'un arrêt de la cour d'assises du département du Gard, qui, sans délibération préalable des juges sur les questions décidées par les Jurés, avait condamné François Duttés à la peine de mort, d'après une déclaration de Jury portant, à la majorité absolue, que l'accusé avait commis volontairement un homicide, et à la majorité simple, qu'il l'avait commis avec préméditation.

Mais, par arrêt du 27 août 1812, au rapport de M. Bauchau,

» Attendu que les Jurés ayant décidé, à la majorité absolue, le fait principal, il n'y avait pas lieu, sans la circonstance de la préméditation, à l'application de l'art. 351 du Code d'instruction criminelle,

» La cour rejette le pourvoi..... »

Le même principe a été consacré par deux autres arrêts de la cour de cassation : le premier, du premier mai 1812, dont on peut voir l'espèce dans le bulletin criminel de la cour de cassation ; le second, du 15 octobre 1813, ainsi conçu :

» Le procureur-général expose qu'il se croit obligé de dénoncer à la cour un arrêt qui lui paraît violer ouvertement la loi.

» Le 18 mars dernier, arrêt de la cour d'appel du grand-duché de Berg, qui met en accusation Guillaume-Henri Blindt, prévenu d'avoir blessé Daniel Esser, et de l'avoir rendu, par là, incapable de toute espèce de travail pendant vingt jours.

» En exécution de cet arrêt, et sur l'acte d'accusation dressé en conséquence, Guillaume-Henri Blindt est mis en jugement, le 16 août, devant la cour d'assises du département du Rhin, séant à Dusseldorf.

» Les débats terminés, le président pose ainsi les questions sur lesquelles le Jury doit délibérer : Première question : « L'accusé Guillaume-Henri » Blindt est-il coupable d'avoir, lors de la que- » relle que son frère Godefroy Blindt et lui ont eue, » le 5 octobre de l'année dernière, avec Daniel » Esser, dans la maison de ce dernier, à Dussel- » lampchen, 1° blessé celui-ci à la tête avec une » pierre à chaux, dans la maison ; 2° de l'avoir » blessé, près de l'entrée dans la basse-cour, par » un grand coup de pierre, tellement que ledit » Esser, par suite de ces actes de violence, a été » alité et dangereusement malade durant pendant plusieurs » mois ? » —Deuxième question : « L'accusé a-t-il » été dans le cas de nécessité actuelle de défense ? »

_____

(1) Bulletin criminel de la cour de cassation, tome 26, page 110.

— *Troisième question :* « L'accusé a-t-il été pro-
» voqué à ces actes de violence par des coups et
» violences graves envers sa personne de la part de
» Daniel Esser. »

« Le Jury répond à la première question, *oui ;*
à la seconde, *non ;* et à la troisième, *non encore*,
mais à la majorité de sept voix seulement.

» Les choses en cet état, la cour d'assises, faisant l'application de l'art. 351 du Code d'instruction
criminelle, délibère elle-même sur la troisième
question ; et, adoptant à la majorité l'avis de la
minorité des Jurés, déclare « que l'accusé a été
» provoqué aux actes de violence en question par
» des coups et violences graves envers sa per-
» sonne, de la part de Daniel Esser.

» En conséquence, arrêt qui, au lieu de condamner Blindt à la peine de la réclusion qu'il eût
dû subir d'après la déclaration du Jury et conformément à l'art. 309 du Code pénal, ne le condamne,
vu les circonstances atténuantes, et conformément
à l'art. 326 du même Code, qu'à un emprisonnement de six mois.

» En procédant ainsi, la cour d'assises du département du Rhin a faussement appliqué l'art. 351,
et violé l'art. 350 du Code d'instruction criminelle.

» Suivant l'art. 350, *la déclaration du Jury ne
peut jamais être soumise à aucun recours*, ni par
conséquent être revisée par la cour d'assises.

» L'art. 351 modifie cette règle générale par une
exception : *si néanmoins*, porte-t-il, *l'accusé n'est
déclaré coupable du fait principal qu'à une simple
majorité, les juges délibéreront entre eux sur le
même point.*

» Mais cette exception était étrangère à l'espèce
dont il s'agit. L'accusé Blindt avait été déclaré, à
une majorité de plus de sept voix, *coupable du
fait principal*, c'est-à-dire convaincu d'avoir porté
à Daniel Esser des coups qui l'avaient mis en
danger de mort pendant plusieurs mois ; et ce n'é-
tait que sur la question de savoir s'il y avait eu
provocation violente de la part de Daniel Esser
que les Jurés avaient donné leur déclaration négative à la simple majorité.

» Il n'y avait donc pas lieu à l'application de
l'art. 351 ; et dès-lors, l'accusé Blindt devait être
condamné comme ayant blessé Daniel Esser, sans
y avoir été provoqué par des violences graves.

» Le texte de l'art. 351 est trop clair pour laisser
là-dessus le plus léger doute ; mais d'ailleurs, c'est
en ce sens que la cour l'a constamment interprété
par ses arrêts.

» Ce considéré, il plaise à la cour, vu l'art. 442,
l'art. 351 du Code d'instruction criminelle, l'art. 309 et l'art. 326 du Code pénal,
casser et annuler, dans l'intérêt de la loi, l'arrêt
par lequel la cour d'assises du département du Rhin
a délibéré sur la troisième des questions proposées
au Jury par son président ; casser et annuler par
suite, et pareillement dans l'intérêt de la loi,
l'arrêt définitif de la même cour, qui réduit à un
emprisonnement de six mois la peine de la réclu-

sion encourue par l'accusé Blindt ; et ordonner qu'à
la diligence de l'exposant, l'arrêt à intervenir sera
imprimé et transcrit sur les registres de ladite cour.

» Fait au parquet, le 11 septembre 1813. *Signé* Merlin.

» Ouï le rapport de M. Busschop....,

» Vu les art. 442, 408, 416, 350, 351 et 410
du Code d'instruction criminelle, et les art. 309,
321 et 326 du Code pénal.....;

» Considérant que la déclaration du Jury faite
contre l'accusé, à la simple majorité de sept voix
contre cinq, ne peut être soumise à la délibération
de la cour d'assises dans la forme de l'art. 351
précité, que lorsque ladite déclaration porte sur la
culpabilité du fait principal de l'accusation ; que,
relativement à tous autres faits et circonstances,
la déclaration du Jury, n'eût-elle été faite contre
l'accusé qu'à la simple majorité, rentre dans les
dispositions générales de l'art. 350, également
précité, qui défend de soumettre la déclaration
du Jury à aucun recours ; que, sur les trois questions qui lui ont été proposées dans l'espèce, le
Jury a déclaré, sur les deux premières, à une majorité plus forte que de sept voix contre cinq,
1° que l'accusé Guillaume-Henri Blindt était coupable d'avoir porté à Daniel Esser des coups, et
donné des blessures dont celui-ci a été dangereusement malade pendant plusieurs mois ; 2° que
l'accusé n'avait point été dans le cas de légitime
défense ; que le Jury a déclaré à la simple majorité,
sur la troisième question, que l'accusé n'avait
point été provoqué auxdits actes de violence par
des coups ou violences graves envers sa personne ;
que cette dernière déclaration ne portant point sur
le fait principal de l'accusation, mais seulement
sur un fait accessoire d'excuse, ne pouvait donc
être soumise à la délibération de la cour d'assises ;
d'où il suit que, dans cet état, l'accusé devait être
condamné à la peine de la réclusion portée par
l'art. 309 du Code pénal ; que néanmoins la cour
d'assises, en violant l'art. 1350, et en appliquant
faussement l'art. 351 du Code d'instruction criminelle, a délibéré sur la troisième question ; et,
adoptant à l'unanimité l'avis de la minorité des
Jurés, n'a condamné l'accusé qu'à un emprisonnement de six mois, aux termes de l'art. 226 du
Code pénal ; qu'en procédant et jugeant ainsi, la
cour d'assises a évidemment outrepassé les bornes
de sa compétence, violé et faussement appliqué les
lois pénales ci-dessus citées ;

» La cour casse et annule, dans l'intérêt de la
loi.......»

Du reste, on voit, par l'arrêt du 19 mars 1812,
que, dans les procès sur crimes qui se composent
indivisiblement du fait et de sa moralité, le seul
fait matériel ne constitue pas ce que la loi appelle
fait principal, et que la cour d'assises peut et doit
délibérer, lorsque l'accusé étant déclaré *coupable*
du fait matériel à une majorité de plus de sept voix,
ne l'est du fait intentionnel qu'à la simple majorité. C'est ce que la cour de cassation a encore
jugé dans l'espèce suivante.

Le 14 mars 1812, Marie-Françoise Carré est mise en jugement devant la cour d'assises du département de l'Oise, sur un acte d'accusation d'incendie.

Le Jury déclare à une grande majorité qu'elle est coupable du fait d'incendie ; et à la majorité simple, qu'elle a commis ce fait volontairement.

Sur cette déclaration, arrêt du même jour qui condamne Marie-Françoise Carré à la peine de mort.

Mais Marie-Françoise Carré se pourvoit en cassation ; et le 30 avril suivant, arrêt, au rapport de M. Bauchau, par lequel,

« Vu l'art. 351 du Code d'instruction criminelle... ; vu aussi l'art. 412 du même Code... ;

» Attendu que le crime dont la réclamante a été accusée, se compose de deux parties constitutives et essentielles, savoir, le fait d'incendie et la volonté d'incendier ; que sur la première partie, le Jury s'est prononcé à l'unanimité, qu'il n'en est pas de même de la seconde ; que, bien que le sens attaqué par la loi au mot *coupable*, dont le Jury s'est servi, emporte tout à la fois la déclaration du fait matériel, et de son caractère criminel, cette acception générale et légale cesse, lorsqu'elle est restreinte par la déclaration du Jury ; que dans l'espèce, il paraît constant que le Jury n'a pas attaché à ce mot *coupable*, le sens général et complexe de la loi, vu que le crime dont la réclamante a été accusée, n'ayant été, d'après l'acte d'accusation, accompagné d'aucune circonstance aggravante, le Jury n'a pu considérer comme circonstance, et n'avait pour objet, dans la seconde partie de sa déclaration, que la volonté de l'accusée ; que le Jury n'ayant prononcé sur cette volonté qu'à la majorité de sept voix contre cinq, la cour d'assises n'a pu se dispenser de la délibération prescrite par l'art. 351 ci-dessus cité, sans violer, ni faire l'application d'une loi pénale à un fait non légalement caractérisé crime, sans violer cette loi ;

» Par ces motifs, la cour casse et annule..... »

3° Lorsqu'il est douteux, par la manière dont est rédigée la déclaration du Jury, si c'est sur le *fait principal* ou sur la circonstance aggravante que le Jury a déclaré avoir délibéré à la simple majorité, que doit faire la cour d'assises. »

Le 11 juin 1812, le président de la cour d'assises du département des Vosges soumet au Jury une question ainsi conçue : « L'accusée Marguerite » Sewatte est-elle coupable d'avoir, dans le mois » de février et mars dernier, volé à Landri-Poirson, » du blé, des chemises, une serviette, plusieurs » bouteilles de vin et d'eau-de-vie, avec circon- » stance que ces vols ont été commis par une do- » mestique dans la maison son maître ? »

A cette question, le Jury répond : « Oui, l'ac- » cusée est coupable d'avoir volé du blé seulement, » avec la circonstance qu'elle était domestique, » décidé à la majorité simple de sept voix contre » cinq. »

Sur cette réponse, la cour d'assises ordonne aux Jurés de se retirer dans leur chambre, pour expliquer si c'est à la simple majorité qu'ils ont tout à la fois déclaré que l'accusée était coupable et qu'elle était domestique ; ou si c'est seulement sur le point de savoir si l'accusée était domestique, qu'ils ont fait leur déclaration à la simple majorité.

En conséquence, nouvelle déclaration du Jury, portant « que la majorité simple a eu lieu sur la » circonstance aggravante seulement. »

Et par arrêt du même jour, Marguerite Sewate est condamnée à la peine de la réclusion.

Elle se pourvoit en cassation, et soutient qu'ayant acquis, par la première déclaration du Jury, le droit de faire délibérer les juges sur le fait principal, elle n'a pas du seconde déclaration ; et que la seconde déclaration est nulle, ainsi que tout ce qui s'en est ensuivi.

Par arrêt du 9 juillet 1812, au rapport de M. Chasle.

« Attendu que la première déclaration du Jury n'expliquait pas d'une manière claire et positive si la majorité simple portait sur le fait principal, ou sur le fait de la circonstance aggravante seulement, ou bien sur les deux faits cumulativement ;

» Que, dès-lors, il devenait nécessaire de faire expliquer le Jury à cet égard, ce qui a été fait ; que la preuve que le Jury n'avait pas opiné d'abord, ainsi que le prétend la demanderesse, à la majorité simple sur le tout, résulte de sa seconde déclaration par laquelle il a dit positivement que la majorité simple a eu lieu sur la circonstance aggravante seulement ; que cette déclaration ne laisse aucun doute sur ce que la demanderesse était domestique dans la maison où elle a commis le vol ;

» La cour rejette le pourvoi.... »

4° Quel doit être, dans le cas prévu par l'article 351, le sort de l'accusé qui, ayant contre lui sept Jurés et deux juges, a pour lui trois juges et cinq Jurés ? L'accusé peut-il être acquitté sur la seule déclaration de la cour d'assises que, dans la délibération qui a eu lieu entre les juges, la majorité s'est déterminée en sa faveur ? Ne faut-il pas, pour la légalité de son acquittement, que la déclaration de la cour d'assises énonce qu'il y a eu pour lui, dans la déclaration des juges, une majorité de quatre voix ?

La première question, qui n'en fait, à proprement parler, qu'une avec la seconde, s'est présentée dans les espèces suivantes.

Le 15 décembre 1812, Jean Polders est mis en jugement devant la cour d'assises du département de la Roër, sur un acte d'accusation dressé contre lui par le procureur-général de la cour de Liège.

Le Jury l'ayant déclaré coupable du fait principal, mais à une simple majorité, les juges délibèrent entre eux sur le même point ; et leur délibération terminée, le président annonce qu'elle a pour résultat trois voix pour, et deux voix contre l'accusé. En conséquence, il déclare que l'accusé est acquitté.

Recours en cassation de la part du ministère public.

Le 29 avril 1813, arrêt, au rapport de M. Oudard, par lequel,

« Vu l'art. 351 du Code d'instruction criminelle, les art. 408, 362 et 565 du même Code, et l'art. 7 de la loi du 20 avril 1810 ;

» Attendu qu'il est constaté, par le procès-verbal de la séance, que les Jurés n'ayant déclaré qu'à une simple majorité que l'accusé est coupable du fait principal, les juges ont délibéré sur le même point, et que le nombre des voix des Jurés et des juges qui l'ont déclaré coupable a excédé le nombre des voix des Jurés et des juges qui lui étaient favorables ; qu'ainsi, il n'y avait pas lieu à son acquittement, et que la cour d'assises devait condamner l'accusé, déclaré coupable, aux peines portées par la loi ;

» Que tout arrêt, tout jugement qui n'est pas rendu par le nombre de juges prescrit, doit être déclaré nul ; et que l'ordonnance par laquelle le président a seul prononcé sur la déclaration des Jurés et la déclaration des juges, desquelles il résulte que l'accusé est coupable, a violé les lois ci-dessus citées ;

» La cour casse et annulle l'ordonnance rendue le 15 décembre 1812, par le président de la cour d'assises du département de la Roër, qui déclare Jean Polders acquitté de l'accusation..... »

Le 15 juillet 1813, Jean-Baptiste Juillerat est mis en jugement devant la cour d'assises du département du Haut-Rhin, sur un acte d'accusation par lequel il est prévenu de meurtre avec préméditation et guet-apens.

Les débats terminés, le Jury le déclare coupable, à la simple majorité.

D'après cette déclaration, et conformément à l'art. 351 du Code d'instruction criminelle, la cour d'assises se retire dans la chambre du conseil pour délibérer sur la question de savoir si l'accusé est coupable ou non.

La délibération terminée, la cour rentre à l'audience, et le président déclare que la majorité de trois juges s'est réunie à la minorité des Jurés ; en sorte que l'accusé n'est déclaré coupable qu'à la majorité de neuf voix contre huit.

Là-dessus, réquisition du substitut du procureur-général pour l'acquittement de l'accusé.

Et arrêt conforme à cette réquisition.

Jean-Baptiste Juillerat et le procureur-général se pourvoient en cassation, le premier, en ce que l'arrêt, tout en l'acquittant, le déclare coupable ; le second, en ce que l'arrêt prononce un acquittement au lieu d'une condamnation.

Le 26 août 1813, arrêt, au rapport de M. Chasle, par lequel,

« Vu les art. 351, 362 et 565 du Code d'instruction criminelle ;

» Attendu qu'il a été constaté, tant par le procès-verbal de la séance du 15 juillet dernier que par l'arrêt attaqué, que les Jurés n'ayant déclaré qu'à une simple majorité que l'accusé était coupable du

5e. TOME IX.

fait principal, les juges ont délibéré sur le même point, et que le nombre des Jurés et des juges qui ont déclaré l'accusé coupable, a excédé le nombre des Jurés et des juges qui lui ont été favorables ; qu'ainsi, il n'y avait pas lieu à prononcer son absolution, et que la cour d'assises aurait dû lui appliquer les peines établies par la loi ;

» La cour rejette le pourvoi de Jean-Baptiste Juillerat.... ;

» En faisant droit sur le pourvoi régulièrement formé par le procureur-général de la cour de Colmar contre le même arrêt, la cour casse et annulle ledit arrêt, tant pour fausse application de l'art. 351 du Code d'instruction criminelle, que pour violation des art. 362 et 565 du même Code ; renvoie ledit accusé Juillerat... pardevant la cour d'assises du département du Bas-Rhin, pour prononcer contre ledit accusé les peines qu'il a encourues d'après la loi, à raison du crime d'assassinat dont il a été déclaré convaincu à la majorité des suffrages réunis des Jurés et des juges de la cour d'assises du département du Haut-Rhin, par leurs délibérations du 15 juillet dernier. »

Le 15 octobre suivant, arrêt de la cour d'assises du département du Bas-Rhin, ainsi conçu :

« Attendu que de la délibération du Jury il résulte que sept voix ont prononcé la culpabilité contre cinq qui ont prononcé la non-culpabilité ; que, conséquemment, deux voix étaient déjà contre l'accusé ; que, dans ce cas, la loi appelant la cour à délibérer, parce qu'elle n'a pas considéré comme suffisante, pour une condamnation, cette majorité de deux voix, la cour d'assises de Colmar, dans sa délibération, a donné trois voix en faveur de l'accusé et deux voix contre lui, ce qui réduit la première majorité de deux voix à une seule ; que, dans ce cas, l'art. 351 du Code d'instruction criminelle n'impose pas l'obligation de prononcer une condamnation, et reste muette sur ce point ; que l'avantage de l'accusé s'étant donc accru d'une voix dans les deux délibérations du Jury et de la cour d'assises de Colmar, il paraît conséquemment naturel que, puisque deux voix ne pouvaient pas opérer une condamnation, une seule le peut encore moins ; que le principe général en matière criminelle étant que, dans tous les cas de doute et d'incertitude, on doit se décider en faveur de l'accusé ;

» La cour, à l'unanimité, vu les art. 351 et 358 du Code d'instruction criminelle, a déclaré et déclare ledit Jean-Baptiste Juillerat absous de l'accusation portée contre lui..., »

Recours en cassation contre cet arrêt, de la part du procureur criminel du département du Haut-Rhin.

Juillerat intervient et conclut,

« 1° A ce que le recours soit rejeté ;

» 2° A ce qu'en cas d'annulation de l'arrêt de la cour d'assises du département du Haut-Rhin, le procès soit renvoyé à une autre cour d'assises, non pour être procédé à l'application de la peine sur la déclaration subsistante des Jurés et des juges, mais pour être procédé à de nouveaux débats et à une nouvelle déclaration. »

11

L'affaire, en cet état, est portée, conformément à la loi du 16 septembre 1807, devant les sections réunies, sous la présidence de M. le grand-juge, ministre de la justice.

« Les conclusions subsidiaires de l'accusé Juillerat, qui tendent (ai-je dit à l'audience du 8 janvier 1814) à ce que, dans le cas où vous annuleriez l'arrêt qui vous est déféré, de nouveaux débats soient ouverts, sur les faits, devant une autre cour d'assises, ne peuvent sans doute mériter aucune discussion. Il est trop évident que, si vous cassez l'arrêt qui vous est déféré, vous laisserez subsister, relativement aux faits, la déclaration qui en forme la base. C'est d'ailleurs un point déjà jugé par l'arrêt de votre section criminelle du 26 août dernier, et cet arrêt conserve à cet égard toute son autorité, puisqu'à cet égard, l'arrêt de la cour d'assises du Haut-Rhin ne les contrarie nullement.

» Nous n'avons donc à examiner ici qu'une seule question, celle de savoir quel doit être, dans le cas prévu par l'art. 351 du Code d'instruction criminelle, le sort de l'accusé qui a contre lui sept Jurés et deux juges, et pour lui cinq Jurés et trois juges, ou, en d'autres termes, si la simple majorité composée des voix des Jurés et des juges qui le déclarent coupable, doit prévaloir ou céder à la minorité composée des voix des Jurés et des juges qui le déclarent non coupable.

» Pour résoudre cette question, nous devons nous fixer sur trois textes du Code d'instruction criminelle, l'art. 347, l'art. 350 et l'art. 351.

» L'art. 347 porte que *la décision du Jury se formera pour* ou CONTRE *l'accusé, à la majorité, à peine de nullité; en cas d'égalité de voix, l'avis favorable à l'accusé prévaudra.*

» L'art. 350 veut que la déclaration du Jury ne puisse *jamais être soumise à aucun recours.*

» Si la loi s'en tenait là, il est clair que l'accusé qui aurait contre lui sept voix et pour lui cinq voix seulement, serait, par cela seul, irrévocablement déclaré coupable.

» Mais là la loi craint que la culpabilité de l'accusé ne soit pas suffisamment constatée par une épreuve qui n'a fourni qu'une majorité de deux voix; et plus humaine que l'ordonnance de 1670, qui voulait, tit. 25, art. 12, que l'avis le plus sévère prévalût lorsqu'il l'emportait de deux voix sur l'avis le plus doux, elle ouvre à l'accusé une nouvelle chance : elle appelle les juges à délibérer entre eux le point qui a occupé les Jurés, et elle déclare que, *si l'avis de la minorité des Jurés est adopté par la majorité des juges, de telle sorte qu'en réunissant le nombre des voix, ce nombre excède celui de la majorité des Jurés et de la minorité des juges, l'avis favorable à l'accusé prévaudra.*

» Que fait là la loi par cette disposition?

» Elle modifie sans doute les deux articles précédens. D'après les deux articles précédens, l'accusé qui a cinq voix pour et sept voix contre lui, serait déclaré coupable *sans aucun recours*; et ce-

pendant un recours lui est ouvert par l'art. 351. L'art. 351 le lui ouvre même indépendamment de sa volonté, et sans qu'il soit besoin d'aucune réclamation de sa part. L'art. 351 forme donc une exception à l'art. 350, comme à l'art. 347.

» Mais ce recours que l'art. 351 ouvre à l'accusé, quelle en est la nature? Est-ce un appel du Jury à la cour d'assises? Et par l'art. 351, la loi constitue-t-elle la cour d'assises juge d'appel de la déclaration du Jury?

» Si telle est la volonté de la loi, nul doute que l'arrêt attaqué ne doive être maintenu; car dans tout tribunal d'appel, c'est la majorité des juges dont il est composé qui forme le jugement; et jamais on ne s'est avisé de réunir, pour former le jugement d'un appel, les voix des juges du tribunal de première instance aux voix des juges du tribunal supérieur.

» Mais est-ce bien comme tribunal d'appel, que la cour d'assises procède dans le cas déterminé par l'art. 351?

» Pour qu'elle pût, dans ce cas, procéder comme tribunal d'appel, il faudrait que la loi l'eût expressément dit; et non-seulement elle ne l'a point dit, mais elle n'aurait pas pu le dire sans se mettre en opposition avec elle-même, sans dénaturer absolument l'institution du Jury.

» Inutile d'objecter que, dans le cas prévu par l'art. 352, la déclaration du Jury est soumise à la cour d'assises comme à un juge d'appel, et que dès-lors elle peut bien l'être aussi dans le cas prévu par l'art. 351.

» Où a-t-on pris que c'est comme à un juge d'appel, que l'art. 352 soumet la déclaration du Jury à la cour d'assises? Si, dans le cas déterminé par cet article, la cour d'assises procédait comme juge d'appel, elle ferait ce que, dans son opinion, le Jury eût dû faire : elle donnerait une nouvelle déclaration à la place de celle du Jury; elle ne renverrait pas l'accusé, comme l'art. 352 l'y oblige, devant un autre Jury, pour y subir une seconde épreuve.

» Donc ce n'est pas comme un juge d'appel que la cour d'assises procède dans le cas déterminé par l'art. 352.

» Donc on ne peut pas conclure de l'art. 352 que, dans le cas déterminé par l'art. 351, la cour d'assises devienne juge d'appel de la déclaration du Jury.

» Mais si ce n'est pas comme juge d'appel que la cour d'assises procède dans le cas déterminé par l'art. 351, en quelle qualité procède-t-elle donc dans ce cas?

» L'art. 351 nous le dit lui-même très-clairement : elle procède comme associée aux Jurés, comme appelée par la loi à prendre une délibération qui s'amalgame avec la leur, comme chargée par la loi de combiner les deux déclarations et d'en proclamer le résultat définitif et absolu.

Et de là il suit nécessairement que, pour qu'un accusé ayant sept voix contre et cinq voix pour lui, soit déclaré non coupable, il ne lui suffit pas d'obtenir trois voix dans la cour d'assises, mais qu'il faut qu'il y obtienne au moins quatre voix ; et que, si les voix des Jurés et des juges réunis en sa faveur, ne l'emporte pas au moins d'une sur les voix des Jurés et des juges réunis pour le déclarer convaincu, sa condamnation devient inévitable.

» Aussi la loi est-elle là-dessus très-positive. Elle dit bien que l'*avis favorable à l'accusé prévaudra, si l'avis de la minorité des Jurés est adopté par la majorité des juges* ; mais cette majorité des juges, quels sont les élémens qui doivent la composer ? La loi se contente-t-elle d'une majorité quelconque ? Se contente-t-elle d'une majorité simple ? Se contente-t-elle d'une majorité de trois voix sur cinq ? Nullement : elle veut que cette majorité soit telle (en telle sorte) « qu'en réunis- » sant le nombre des voix, ce nombre excède celui » de la majorité des Jurés et de la minorité des » juges. »

» Dans le système de l'arrêt attaqué, l'art. 351 doit être entendu comme s'il ne contenait que ces mots : *si l'avis de la minorité des Jurés est adopté par la majorité des juges, l'avis favorable à l'accusé prévaudra* ; il doit être entendu comme s'il ne devait faire une abstraction complète de l'explication intermédiaire qui sépare ces deux membres de phrase ; il doit être entendu comme si ces deux membres de phrase le composaient en entier, comme si le législateur n'avait su ce qu'il voulait dire et était censé n'avoir rien dit, quand, après ces mots, la *majorité des juges*, il a ajouté, *en telle sorte*, etc.

» Or, peut-on ainsi mutiler une loi ? peut-on ainsi généraliser, peut-on ainsi rendre commune à tous les cas où la majorité des juges se déclare pour l'accusé, une disposition que se restreint elle-même, par son propre texte, au cas où cette majorité est formée par le concours de quatre voix ? Et que deviendrait la législation, si cette manière d'interpréter les lois pouvait être tolérée.

» Mais, dit la cour d'assises du département du Bas-Rhin, l'art. 351 est muet sur la manière de prononcer à l'égard de l'accusé qui, par le résultat combiné des deux délibérations, se trouve avoir neuf voix contre et huit pour lui. Il faut donc interpréter le silence de cet article en faveur de l'accusé. L'accusé doit donc, en ce cas, être déclaré non coupable.

» Ce raisonnement serait bon, si l'art. 351 était le seul d'où dépendît le sort de l'accusé à l'égard duquel les voix qui doivent le régler, se divisent. Mais cet article est précédé d'un autre, qui supplée à son silence sur le cas dont il s'agit ; il est précédé de l'art. 347, qui veut, en termes généraux, que la décision du Jury se forme, *pour* ou CONTRE *l'accusé, à la majorité des voix* ; et il faut fermer les yeux à la lumière de l'évidence, pour ne pas voir que l'art. 351 n'est qu'une exception à cette disposition générale ; pour ne pas voir que l'exception qu'il contient, ne déroge à cette disposition générale, que pour le cas où sept Jurés seulement

votent contre l'accusé ; pour ne pas voir que l'unique objet de cette exception est de faire déclarer non coupable l'accusé qui réunit les voix de quatre juges aux voix de cinq Jurés ; pour ne pas voir que, cette exception cessant lorsque deux juges se réunissent contre l'accusé aux sept Jurés qui l'ont déjà déclaré coupable, la disposition générale reprend tout son empire, et veut que la culpabilité de l'accusé soit proclamée.

» Vainement, après cela, la cour d'assises du Bas-Rhin vient-elle encore dire que *l'avantage de l'accusé s'étant accru d'une voix dans les deux délibérations du Jury et de la cour d'assises de Colmar, il paraît naturel que, puisque deux voix ne pouvaient pas opérer sa condamnation, une seule le peut encore moins.*

» Cette objection n'est qu'une critique de la loi ; elle ne peut conséquemment rien prouver contre l'interprétation que le texte même de l'art. 351 nous force de donner à la disposition qu'il exprime.

» Ajoutons que cette critique de la loi est aussi peu fondée qu'elle est indécente.

» La loi aurait pu, sans blesser aucune convenance, sans s'exposer au plus léger reproche d'une trop grande rigueur, n'exiger, pour la condamnation de l'accusé, que la simple majorité des Jurés ; elle aurait même pu s'étayer, à cet égard, et de l'exemple de l'art. 12 du tit. 25 de l'ordonnance de 1670, qui avait si long-temps régi la France, qui si long-temps avait été regardé en France comme une disposition douce et humaine, et de celui de l'art. 53 de la loi du 19 fructidor an 5, qui était encore en vigueur au moment où elle a été rédigée.

» Ce qu'elle aurait pu faire, elle ne l'a pas voulu : au lieu de regarder comme définitivement jugé coupable, l'accusé déclaré tel par une simple majorité de sept voix sur douze, elle lui accorde la chance d'une nouvelle épreuve. Mais elle ne lui accorde pas purement et simplement ; elle y met la condition que, si cette nouvelle épreuve ne lui procure pas quatre voix dans la cour d'assises, il restera dans l'état où la déclaration du Jury l'avait placé ; et par là, elle ne fait qu'user du droit qui appartient essentiellement à tout bienfaiteur, d'environner son bienfait de toutes les restrictions qu'il juge convenables.

» Qu'importe, après cela, que, par le résultat de la nouvelle épreuve, l'accusé se trouve condamné à la simple majorité de neuf voix sur dix-sept ? Qu'importe qu'alors il soit condamné par la pluralité d'une seule voix, tandis qu'avant la nouvelle épreuve, la pluralité de deux voix n'a pas été jugée suffisante pour le condamner ?

» La loi le veut ainsi, et elle a le droit de le vouloir, parce qu'elle a eu celui de dire que l'accusé serait condamné, dès la première épreuve, par la seule pluralité de deux voix ; et que, qui peut le plus, peut nécessairement le moins. Il y a mieux ; elle doit le vouloir, parce qu'ayant fait pour l'accusé tout ce qui était possible, elle doit faire aussi pour la société tout ce que l'ordre public exige; et que l'accusé qui, après l'épuisement de toutes les ressources employées pour le faire juger non-coupable, est jugé coupable à la simple pluralité des voix, doit passer pour tel aux yeux de la société.

» Au surplus, si quelque chose était encore nécessaire pour achever de vous convaincre que c'est dans ce sens que l'art. 351 doit être entendu, nous citerions le discours de l'orateur du gouvernement, qui contient *l'exposé des motifs* de cette partie du Code d'instruction criminelle. M. Faure y dit littéralement que, *d'après la disposition de l'art. 351, l'accusé, déclaré coupable à la simple majorité, sera cependant acquitté, si l'opinion favorable à l'accusé est adoptée par un nombre de juges tel que ce nombre, réuni à celui de la minorité des Jurés, forme au total la majorité.* L'accusé déclaré coupable à la simple majorité du Jury, ne doit donc être acquitté qu'en cas d'accomplissement de la condition exprimée par le mot *si*. Cette condition manquant, l'accusé doit être condamné.

» On peut, nous le savons, opposer au discours de l'orateur du gouvernement, celui de l'orateur de la commission de législation du corps législatif.

» Mais, qu'a dit l'orateur de cette commission? Pour que l'accusé soit acquitté dans le cas prévu par l'art. 351, il faut *que les juges se trouvant d'avis contraire à la pluralité des Jurés, soient en majorité; de telle sorte que, leurs suffrages réunis à ceux des cinq qui composent la minorité du Jury, donnent une pluralité qui surpasse celle qui avait condamné.*

» *Une pluralité qui surpasse celle qui avait condamné!* que signifient ces termes? Signifient-ils que, pour l'acquittement de l'accusé, la loi ne considère, d'un côté, que la majorité des juges réunie à la minorité du Jury; et de l'autre, que la majorité du Jury, sans faire attention à la minorité des juges? Si c'est là ce qu'a entendu l'orateur de la commission, nous devons dire hautement qu'il n'a pas interprété la loi, mais qu'il l'a tronquée; car la loi veut que, dans le calcul des suffrages émis dans les deux délibérations, entrent, non-seulement ceux de la minorité du Jury et de la majorité des juges, mais encore ceux de la minorité des juges, comme ceux de la majorité du Jury. Et à qui pourrait-on persuader que l'orateur de la commission ait eu la pensée de tronquer la loi qu'il expliquait? Non : il est bien plus naturel de croire qu'une expression inexacte lui est échappée, et qu'en disant, *une pluralité qui surpasse celle qui avait condamné,* termes que l'on ne pourrait rapporter qu'à la majorité du Jury, il a voulu dire, *une pluralité qui surpasse celle qui condamne,* termes qui se rapporteraient à la réunion des suffrages de la majorité du Jury et de la minorité des juges, et cadreraient parfaitement avec le texte de la loi.

» Par ces considérations, nous estimons qu'il y

a lieu de recevoir Jean-Baptiste Juillerat, partie intervenante; faisant droit sur son intervention, et sans s'arrêter à ses conclusions subsidiaires, faisant pareillement droit sur le recours en cassation du procureur-général de la cour de Colmar, casser et annuler l'arrêt de la cour d'assises du département du Bas-Rhin, du 15 octobre 1813; renvoyer Jean-Baptiste Juillerat devant une autre cour d'assises, pour être procédé à un nouvel arrêt, d'après la déclaration formée contre lui par la majorité des suffrages réunis des Jurés et des juges de la cour d'assises du département du Haut-Rhin; et ordonner qu'à notre diligence, l'arrêt à intervenir sera imprimé et transcrit sur les registres de la cour d'assises du département du Bas-Rhin, »

Par arrêt du 8 janvier 1814, au rapport de M. Retaud,

« Vu les art. 347 et 351 du Code d'instruction criminelle;

» Et attendu que, par l'art. 347, il est établi en principe général, que la décision du Jury se forme, contre l'accusé, à la majorité des voix; que si, dans le cas où l'accusé n'a été déclaré coupable du fait principal qu'à une simple majorité, c'est-à-dire, par sept des douze Jurés qui composent le Jury, la loi a voulu, dans son art. 351, lui donner une nouvelle chance d'acquittement; si elle a appelé, à cet effet, les juges de la cour d'assises à délibérer entre eux sur le même fait principal qui avait été décidé contre l'accusé par la majorité du Jury, elle a apposé à cette disposition d'indulgence deux conditions qui doivent toutes les deux être remplies, pour que l'avis favorable à l'accusé puisse servir légalement de base à son acquittement: la première, que l'avis de la minorité des Jurés qui a déclaré l'accusé non coupable, soit adopté par la majorité des juges; la seconde, que cette majorité des juges soit telle qu'en réunissant leurs voix avec celles de la minorité des Jurés, le nombre de voix formé par cette réunion, excède celui de la majorité des Jurés et de la minorité des juges; que, lorsque ces deux conditions exigées par l'art. 351 ne se trouvent pas toutes les deux remplies, l'accusé rentre, de droit, dans l'application du principe général posé dans l'art. 347, et sa condamnation doit être prononcée d'après la déclaration du Jury formée contre lui, à la majorité de sept Jurés contre cinq.

» Que Jean-Baptiste Juillerat a été déclaré coupable d'un meurtre commis avec préméditation et de guet-apens, par une majorité de Jurés de sept contre cinq; que les juges de la cour d'assises du département du Haut-Rhin, ayant délibéré entre eux sur le même fait, conformément à l'art. 351 du Code d'instruction criminelle, l'avis de la minorité des Jurés n'a été adopté que par trois des cinq juges composant cette cour; que le nombre de trois juges, réuni à celui des cinq Jurés qui avaient formé la minorité du Jury, n'a point excédé le nombre formé par la minorité des juges et la majorité des Jurés; qu'il lui est, au contraire, resté inférieur ; qu'il n'y avait donc pas lieu à l'application de la disposition exceptionnelle de l'art. 351 ; que l'avis favorable à l'accusé ne pouvait pas prévaloir, et que celui-ci devait être condamné, sur la déclaration du Jury émise contre lui à la majorité de sept voix contre cinq, d'après le principe général et absolu de l'art. 347 ;

» Que néanmoins la cour d'assises du département du Bas-Rhin, déléguée par la cour pour statuer sur cette déclaration, conformément à la loi, a prononcé l'absolution de l'accusé ; que cet arrêt d'absolution a été une fausse application et même une violation de l'art. 351, ainsi qu'une contravention formelle à l'art. 347, qui est prescrit à peine de nullité ;

» La cour casse et annulle......»

On a déjà dit que la seconde question rentre absolument dans la première ; et en voici la preuve. Le 13 avril 1814, Marie-Françoise Poulard, accusée de vol, est mise en jugement devant la cour d'assises du département du Loiret.

Le Jury la déclare coupable du fait principal, mais à la simple majorité.

En conséquence, et conformément à l'art. 351 du Code d'instruction criminelle, les juges de la cour d'assises délibèrent entre eux.

La délibération terminée, le président annonce, sans autre explication, que l'avis de la minorité des Jurés est adopté par la majorité des juges ; et la cour d'assises, se fondant sur cette déclaration, rend un arrêt par lequel l'accusée est acquittée.

Mais le ministère public se pourvoit en cassation ; et, par arrêt du 12 mai suivant, au rapport de M. Rataud,

« Vu les art. 347 et 351 du Code d'instruction criminelle ;

» Et attendu que, par l'art. 347, il a été établi, en principe général, que la décision du Jury se forme, contre l'accusé, à la majorité des voix ; que, si, dans le cas où l'accusé n'a été déclaré coupable du fait principal qu'à une simple majorité, c'est-à-dire que sept des douze jurés qui composent le Jury, la loi a voulu, dans son art. 351, lui donner une nouvelle chance d'acquittement ; si elle a appelé à cet effet les juges de la cour d'assises à délibérer entre eux sur le même fait principal, qui avait été décidé contre l'accusé par la majorité du Jury, elle a apposé à cette disposition d'indulgence deux conditions qui doivent toutes les deux être remplies, pour que l'avis favorable à l'accusé puisse servir légalement de base à son acquittement : la première, que l'avis de la minorité des Jurés qui a déclaré l'accusé non coupable, soit adopté par la majorité des juges ; la seconde, que cette majorité de juges soit telle, qu'en réunissant leurs voix avec celles de la minorité des Jurés, le nombre de voix formé par cette réunion excède celui de la majorité des Jurés et de la minorité des juges ;

» Que, lorsque ces deux conditions exigées par l'art. 351, ne se trouvent pas toutes les deux réun-

plies, l'accusé rentre, de droit, dans l'application du principe général posé par l'art. 347, et sa condamnation doit être prononcée sur la déclaration du Jury formée contre lui à la majorité de sept Jurés contre cinq ;

» Que, dans l'espèce, les Jurés n'ayant déclaré la nommée Poulard coupable du fait principal de vol dont elle était accusée, qu'à la simple majorité, et les juges ayant délibéré entre eux sur le même point, il a bien été déclaré que la majorité des juges s'était réunie à l'avis de la minorité des Jurés, ce qui remplissait l'une des conditions exigées par l'art. 351 du Code ; mais que rien n'établit ni même n'indique que cet avis de la minorité des Jurés ait été adopté par une majorité des juges telle, qu'en réunissant le nombre de voix, ce nombre excédât celui de la majorité des Jurés et de la minorité des Juges ;

» Qu'ainsi, restant incertain si l'autre condition également voulue par la loi, pour que l'avis favorable à l'accusé pût prévaloir, se trouvait aussi remplie, il n'existait point de base légale pour l'application de la disposition exceptionnelle de l'art. 351 ;

» Que cependant la cour d'assises d'Orléans a déclaré la nommée Poulard acquittée de l'accusation portée contre elle ; que cet arrêt d'acquittement a donc été, en l'état de la déclaration faite par les juges, une fausse application de l'art. 351 du Code, et une contravention formelle à l'article 347, qui veut, à peine de nullité, que la déclaration pour ou contre l'accusé se forme à la majorité ;

» La cour casse et annulle, comme incomplète et insuffisante, la déclaration faite par les juges de la cour d'assises d'Orléans dans l'affaire dont il s'agit ; et par suite l'arrêt d'acquittement rendu par ladite cour, le 15 avril dernier......»

La même chose a été jugée depuis par quelques autres arrêts de la même cour.

Mais cette jurisprudence a été réformée par la loi du 24 mai 1821, ainsi conçue : « A l'avenir, » et lorsque, dans le cas prévu par l'art. 351 du » Code d'instruction criminelle, les juges seront » appelés à délibérer entre eux sur une déclara- » tion du Jury formée à la simple majorité, l'avis » favorable à l'accusé prévaudra, toutes les fois » qu'il aura été adopté par la majorité des juges. »

Voici comment s'est expliqué le ministre de la justice en présentant les motifs de cette loi à la chambre des députés :

« Les motifs de l'art. 351 avaient été qu'une déclaration de non-culpabilité ne pût être acquise à l'accusé que par une majorité combinée de juges et de Jurés supérieure au nombre des juges et des Jurés qui déclareraient la culpabilité ;

» Bien que l'ensemble de ce système fût évidemment conçu dans des vues d'humanité, et d'une juste protection pour les accusés, l'art. 351 a excité de vives réclamations. Effectivement il résulterait de cet article que, dans une affaire que la loi soumettrait à la délibération de la cour, la minorité l'emportait sur la majorité ; il en résultait que la loi, pour obtenir une majorité, combinait les voix des deux corps appelés à délibérer séparément et successivement sur un même point, ce qui est contraire à l'usage constant ; enfin, que la loi qui avait trouvé insuffisante pour la condamnation, une majorité de deux voix, sept sur douze, se contentait, sur un plus grand nombre, d'une majorité d'une seule voix, neuf sur dix-sept. Sur 40 ou 50 déclarations du Jury, il s'en présente ordinairement une à la simple majorité des Jurés, ce qui rend très-rare le cas où cette déclaration n'est adoptée que par la minorité de la cour. Mais dans une matière aussi grave, et lorsqu'il importe tant que la vérité légale de chaque décision acquière le plus haut degré de certitude morale, le gouvernement a pensé qu'il était conforme aux intérêts bien entendus de la justice, de vous proposer de modifier l'art. 351 du Code d'instruction criminelle, de manière que l'avis favorable à l'accusé prévaille toutes les fois qu'il aura été adopté par la majorité des juges.

» Par cette modification, il arrivera que, si la déclaration de la majorité de la cour est conforme à celle de la majorité du Jury, la condamnation sera basée sur une des plus fortes garanties de certitude, l'opinion identique de deux corps présens aux mêmes débats, et qui auront délibéré séparément et indépendamment l'un de l'autre. Que si la déclaration de la cour est contraire à celle de la majorité simple du Jury, il est raisonnable alors d'admettre qu'il y a doute, et que, dans le doute, l'accusé doit être acquitté. »

On ne peut sans doute qu'applaudir à la loi dictée par ces motifs, en tant qu'elle apporte un adoucissement à la disposition de l'art. 351 du Code d'instruction criminelle ; mais il n'en est pas moins à regretter qu'au lieu de se borner à une correction partielle de cette disposition, elle ne l'ait pas abrogée, ainsi que l'art. 347, et qu'elle n'ait pas rétabli la disposition de la loi du 29 septembre 1791, suivant laquelle la décision du Jury ne pouvait se former contre l'accusé qu'aux trois quarts des voix.

Il est remarquable en effet que le rapporteur de la commission chargée par la chambre des députés de lui rendre compte du projet de cette loi, avait expressément reconnu « que l'art. 351 altère le » Jury dans son essence, et qu'il serait d'un grand » intérêt qu'on rétablit, dans sa simplicité, dans » sa pureté primitive, le principe fondamental de » cette institution. »

Il convenait encore que le même article « con- » fond des choses distinctes par leur nature; qu'il at- » tribue, dans une circonstance déterminée, la con- » naissance du fait aux juges du droit, et que, par » cela seul, il porte une atteinte essentielle au prin- » cipe sur lequel est fondé l'institution du Jury. »

Et c'est ce qu'ont parfaitement démontré plusieurs des orateurs qui ont parlé sur ce projet de loi. Écoutons notamment M. Royer-Collard, à la séance du 8 mai 1821 :

« La loi proposée est un remède à l'art. 351 du Code d'instruction criminelle. Pour apprécier le remède, il faut connaître le mal. Il est donc nécessaire avant tout, de soumettre à une analyse exacte et l'article dont il s'agit, et les idées qui ont dirigé les auteurs du Code.

» Il y a dans les affaires criminelles douze juges du fait. Si ces juges sont le vrai Jury, ou s'ils n'en sont, comme je le crois, que la dégénération et la corruption, c'est ce dont il ne s'agit pas en ce moment. Ils ont le nom de Jury, et ce nom seul est précieux ; en rappelant les principes de cette grande institution, il les maintient jusqu'à un certain point, et fort heureusement pour notre pays, les hommes n'y sont pas si faciles à abaisser que les choses.

» Le Jury n'a que deux manières de prononcer sur un accusé : coupable, ou non coupable. Tout état intermédiaire, après le jugement, formerait une condition indéfinissable, qui n'est avouée ni par la raison, ni par l'humanité. Le plus amplement informé est effacé de nos lois. Dans le doute, a dit M. le garde-des-sceaux en vous présentant le projet de loi, l'accusé doit être acquitté. Et sur ce point, quelque graves que soient les autorités, j'ose dire qu'elles ne sont pas nécessaires.

» Voilà un principe d'éternelle justice que nous rencontrons d'abord, et que nous ne perdons pas de vue. Dans le doute, l'accusé doit être acquitté.

» La déclaration faite par le Jury que l'accusé est coupable, devant être immédiatement suivie de l'application de la peine, et la peine étant en beaucoup de cas la mort, la justice veut que la déclaration du Jury emporte la certitude. Quelle est la majorité qui remplira la condition absolue de la certitude? Je repète que c'est de la certitude qu'il s'agit, non sans doute de la certitude géométrique, mais de la certitude morale, qui a aussi ses principes et son évidence. Je n'ignore point que la raison de l'homme l'abuse, de même que ses passions l'égarent ; mais plus il est faible et léger, et sujet à l'erreur, plus il doit prendre de précautions contre lui-même, plus il lui convient de trembler quand il exerce sur ses semblables le droit divin de vie et de mort.

» Quelle est donc la majorité à laquelle s'attachera la certitude légale? C'est la question fondamentale, la question inévitable.

» Je ne m'égarerai point dans les législations anciennes ou étrangères. Je rappellerai seulement que l'ordonnance de 1670, dont la rigueur fit quelquefois frissonner le président de Lamoignon et l'avocat-général Talon, l'ordonnance de la procédure secrète et de la torture, ne permettait pas que, même dans les jugemens d'instruction, le sort des accusés fût jamais décidé par une seule voix. Les jugemens, disait cette ordonnance, passeront à l'avis le plus doux, si le plus sévère ne prévaut que de deux voix.

» Il est à remarquer qu'ici le nombre pair et le nombre impair des juges ne sont pas distingués. Cependant la disposition que je viens de rapporter avait des effets bien différens dans l'un ou dans l'autre cas. En effet, si le nombre des juges est pair, une différence de deux voix n'exprimé qu'une majorité simple ; mais s'il est impair, comme il faut trois voix pour en faire deux, la majorité simple ne suffit plus pour condamner. Ainsi, dans un tribunal de cinq juges, tel que nos cours d'assises, selon l'ordonnance de 1670, si l'accusé n'avait contre lui que la majorité simple de trois voix, il serait acquitté de plein droit; il ne pourrait être condamné que par une majorité de quatre voix.

» Je reviens au Code d'instruction criminelle. Quelle est, dans le système du Code, la majorité qui donne la certitude.

» Je vois d'abord que la loi n'hésite point, si la déclaration du Jury est unanime; ou si elle est formée par onze voix, ou par dix, ou par neuf, ou encore par huit ; dans chacune de ces majorités, la certitude est acquise. Mais si elle n'est formée que par sept contre cinq, la certitude est suspendue, la loi s'arrête, elle se trouble, elle doute. Le doute de la loi est un fait qui ne peut pas être contesté ; car si elle doutait pas, elle condamnerait ou elle acquitterait. Elle ne fait ni l'un ni l'autre; l'accusé reste ce qu'il était, un prévenu. Donc la loi doute.

» Dans le doute, disions-nous tout à l'heure avec M. le garde-des-sceaux, l'accusé doit être acquitté. Voilà que la loi doute, et cependant elle n'acquitte pas. Ainsi, le principe tutélaire qui, dans toutes les législations connues, tourne le doute en faveur de l'accusé, ce principe est abandonné. C'est là, messieurs, la grande erreur du Code, celle qui a entraîné à sa suite toutes les autres. Le Code est désormais hors de la justice ; il n'y pourrait plus rentrer que par inconséquence.

» Suivons-le. La loi doute. Pour sortir d'incertitude, elle ordonne, non pas un plus ample informé, mais un plus amplement jugé ; elle appelle de la déclaration du Jury à un autre tribunal, la cour d'assises composée de cinq juges. Je dis qu'elle appelle, et je me sers de ce mot à dessein, parce qu'il est le seul qui exprime, ou plutôt qui raconte fidèlement ce qui se passe. Les juges, dit l'art. 351, délibéreront ENTRE EUX sur le même point. Le projet de loi marque plus distinctement encore la délibération séparée et indépendante des juges; et il énonce plus clairement et avec plus de bonne foi que, de cette délibération, va dépendre uniquement le sort de l'accusé.

» La loi appelle donc. Son appel, ainsi que nous l'avons vu, est fondé sur ce que, dans le cas de la majorité simple de sept Jurés qui condamnent, contre cinq qui acquittent, elle doute ; et ce n'est pas défiance du Jury : au contraire, il est tellement préféré par elle, qu'elle en a fait le droit commun. Le vice de la déclaration, à ses yeux, est uniquement dans ce partage de sept contre cinq ; deux voix lui semblent trop peu pour condamner, trop pour acquitter. C'est de cette perplexité que l'appel doit la tirer. Mais pour cela, il faut absolument qu'il arrive l'une de ces deux choses : ou le tribunal d'appel jugera à une majorité plus forte, ou bien, la majorité ne changeant pas, ne croissant pas, une seconde épreuve sera regardée par la loi comme plus décisive, quoique semblable à la première : on ne peut pas admettre d'autre hypothèse, par exemple, celle d'une majorité décroissante, sans taxer la loi d'absurdité, et il n'est pas encore temps.

» Dans le premier cas, celui où le nouveau tribunal jugerait à une majorité plus forte, l'appel est superflu, il n'y a qu'à transporter ● même majorité dans le Jury.

» Le second cas est celui où une seconde épreuve, semblable à la première, serait regardée comme plus décisive.

» Je suppose, pour la similitude parfaite, que l'appel du premier Jury est porté à un autre Jury, et que dans celui-ci les voix se partagent exactement de la même manière, cinq pour l'accusé, sept contre. Et, après le second Jury, j'en appelle un troisième, un quatrième, j'en appelle cent, où le même partage se répète, et je dis, avec la double autorité du sentiment et de la raison, qu'à la centième déclaration, le doute est mieux fondé qu'à la première. Comment l'accumulation des doutes produirait-elle, constituerait-elle la certitude ? Comment le doute s'évanouirait-il en se fortifiant ? Et ce n'est pas là une subtilité, un artifice de mots ; c'est une vérité morale que vous trouverez au fond de vos âmes, si vous voulez y descendre. Si cent Jurys de suite ne vous avaient jamais donné que la majorité simple, ayant hésité à la première, vous oseriez bien moins condamner à la centième, ou plutôt il vous serait évident qu'il ne faut pas condamner.

» On lit dans les motifs du projet de loi que, dans le cas de deux majorités conformes, la condamnation est basée sur une des plus fortes garanties de la certitude, l'opinion identique de deux corps qui ont délibéré séparément et indépendamment l'un de l'autre.

» Il y a ici une omission considérable. Les majorités dont il s'agit, sont des majorités simples en matière criminelle. Or, dans chaque majorité simple en matière criminelle, ce que la loi recueille, ce n'est pas une opinion, c'est un doute. Si elle recueillait des opinions, elle s'arrêterait à la première, elle ne songerait pas à renouveler l'épreuve. Le vice du raisonnement de M. le garde-des-sceaux se révèle par la pluralité même sur laquelle il se fonde. La première délibération vous donne-t-elle la certitude ? N'allez pas plus loin, laissez là votre appel. Ne la donne-t-elle pas ? La seconde, sous une loi semblable, ne la donnera pas davantage. En passant du doute au doute, vous n'avez pas fait un pas vers la certitude.

» Je n'ai point encore parlé de l'art. 351 du Code et du projet, et il me semble que j'ai tout dit sur l'un et sur l'autre. L'art. 351, qui, de peur de condamner à la majorité simple des Jurés, con-

la soustraction dont il était accusé, mais qu'il ne l'a pas faite frauduleusement, n'a rien de contradictoire, vu qu'il est possible de soustraire un objet sans vouloir se l'approprier ni en frustrer le propriétaire; que, si, dans le sens de la loi, le mot *coupable* emporte l'idée du fait et de l'intention criminelle, ce mot cesse d'avoir un sens aussi étendu lorsque le Jury l'a expressément borné, comme dans l'espèce, en le réduisant au fait matériel, et en excluant en termes formels l'intention du crime;

» Qu'en annulant ladite déclaration, par son arrêt du 5 février de la présente année, la cour d'assises du département de Sambre-et-Meuse a violé les articles ci-dessus transcrits, et par suite a fait fausse application de la loi pénale, en prononçant la peine de cinq années de réclusion sur la seconde déclaration d'un Jury qui, par une première déclaration régulière, avait été dépouillé de tout caractère légal;

» Par ces motifs, la cour casse et annulle ledit arrêt du 5 février, et, par suite, celui du même jour, par lequel elle a condamné ledit Vanderschelden à cinq années de réclusion. »

XXII°. Revenons au Code du 3 brumaire an 4.]]

Après avoir dit que la déclaration du Jury n'est sujette à aucun recours, l'art. 415 ajoute que néanmoins, mais seulement dans le cas où l'accusé a été déclaré convaincu, si la cour de justice criminelle est unanimement d'avis que les Jurés se sont trompés, elle peut ordonner que les trois adjoints se réuniront aux douze Jurés, pour donner une nouvelle déclaration.

Cette nouvelle déclaration ne peut être requise ni par l'accusé, ni par le procureur-général, ni par aucun des Jurés : elle ne peut être ordonnée que d'office et immédiatement après que la déclaration du Jury a été prononcée à l'audience.

[[Cette disposition du Code du 3 brumaire an 4, est remplacée par l'art. 352 du Code de 1808, ainsi conçu :

« Si, hors le cas prévu par le précédent article, les juges sont unanimement convaincus que les Jurés, tout en observant les formes, se sont trompés au fond, lequel elle a condamné, elle déclarera qu'il est sursis au jugement, et renverra l'affaire à la session suivante, pour être soumise à un nouveau Jury, dont ne pourra faire partie aucun des premiers Jurés.

» Nul n'aura le droit de provoquer cette mesure; la cour ne pourra l'ordonner que d'office, et immédiatement après la déclaration du Jury aura été prononcée publiquement, et dans le cas où l'accusé aura été convaincu, jamais lorsqu'il n'aura pas été déclaré coupable.

» La cour sera tenue de prononcer immédiatement après la déclaration du Jury, même quand elle serait conforme à la première. »

Sur ces mots, *immédiatement après que la déclaration du Jury aura été prononcée publiquement,* il s'est élevé une question qui peut se représenter encore.

Le 3 janvier 1812, Jean Polderdyck et Joseph Otto, accusés d'avoir volé, la nuit, des volailles dans une basse-cour attenant à une maison habitée, sont traduits devant la cour d'assises du département des Deux-Nèthes.

Le Jury déclare Jean Polderdyck non coupable, et Joseph Otto coupable du vol dont il s'agit.

En conséquence, le président rend une ordonnance qui acquitte Jean Polderdyck de l'accusation portée contre lui.

Le procureur criminel se lève, et requiert, à l'égard de Joseph Otto, l'application de la peine portée par l'art. 386 du Code pénal.

Mais la cour, vu l'art. 352 du Code d'instruction criminelle, attendu que la cour est unanimement d'avis que les Jurés, tout en observant les formes, se sont trompés au fond, déclare d'office qu'il est sursis au jugement, et renvoie l'affaire à la session prochaine, pour être soumise à un nouveau Jury. »

Le procureur criminel se pourvoit en cassation contre cet arrêt.

« L'arrêt qui vous est dénoncé (ai-je dit à l'audience de la section criminelle, le 27 février 1812), a-t-il violé l'art. 352 du Code d'instruction criminelle, en ordonnant, après avoir entendu les conclusions du ministère public tendantes à l'application de la loi pénale, le renvoi de l'affaire sur laquelle il s'agissait de statuer, à la prochaine session de la cour d'assises? Et, s'il a violé cet article, doit-il être cassé?

» De ces deux questions, la seconde n'est pas douteuse; car il est généralement reconnu que la peine de nullité est attachée, de plein droit, à l'infraction de toute loi qui, pour empêcher un acte, se sert de termes prohibitifs, NE PEUT, NE POURRA : *negativa præposita verbo* POTEST (dit Dumoulin sur la loi 1, D. *de verborum obligationibus,*) *tollit potentiam juris et facti; et inducit necessitatem præcisam, designans actum impossibilem.*

» Mais la première question présente plus de difficultés.

» Sans contredit, l'art. 352 du Code d'instruction criminelle serait violé, si une cour d'assises, convaincue qu'un accusé a été mal à propos déclaré coupable, attendait, pour renvoyer l'affaire à la prochaine session, un autre moment que celui où la déclaration du Jury vient d'être prononcée, si elle ne faisait pas ce renvoi immédiatement après la prononciation de la déclaration du Jury; comme il serait violé, si elle faisait ce renvoi autrement que d'office; comme il serait violé, si elle faisait ce renvoi autrement qu'à l'unanimité.

» Mais une cour d'assises n'est-elle pas censée faire ce renvoi immédiatement après la prononciation de la déclaration du Jury, lorsque, sans désemparer, et avant de s'occuper d'autre chose, elle le fait à la suite des conclusions que prend le ministère public pour l'application de la loi pénale?

» On peut dire pour la négative, que les con

clusions du ministère public rompent la continuité entre la prononciation de la déclaration du Jury et la délibération de la cour d'assises sur la question de savoir s'il y a lieu ou non de renvoyer l'affaire à la session prochaine; et que, dès-lors, il ne peut plus y avoir de véritable *immédiatité* de l'une à l'autre.

» Mais n'y aurait-il pas trop de rigueur à interpréter ainsi l'art. 352?

» Quel est le but de la loi, en exigeant que la délibération sur le renvoi suive immédiatement la déclaration du Jury? C'est d'empêcher que les juges ne soient distraits par d'autres affaires, de l'impression qu'ont faite sur eux les débats; c'est pour empêcher que l'on n'emploie des sollicitations particulières pour troubler leur conscience et leur arracher une délibération à laquelle, dans le premier moment, elle ne les aurait pas portés.

» Or, est-ce aller contre ce but, que de ne pas commencer la délibération avant que le ministère public prenne la parole pour requérir l'application de la loi pénale.

» Non, assurément. Alors même, les juges ont encore présent à la mémoire tout ce qui a été dit dans les débats: ils ont encore l'esprit frappé et rempli de tout ce qui milite pour ou contre l'accusé: ils sont encore, à cet égard, au même point que si le Jury venait immédiatement de prononcer sa déclaration.

» Il y a plus: alors même, il n'y a encore rien qui, de leur part, ait rompu l'*immédiatité* qu'exige la loi pour qu'ils puissent délibérer sur la déclaration du Jury. Il n'est encore intervenu, de leur part, aucun acte qui se soit placé entre la déclaration du Jury et leur délibération, et qui ait formé un intervalle de celle-ci à celle-là.

» Conçoit-on, d'ailleurs, que le ministère public pût être, par son plus ou moins de promptitude à prendre la parole après la déclaration du Jury, le maître de priver ou de ne pas priver l'accusé de la ressource que l'art. 352 lui permet encore d'espérer? Conçoit-on qu'il pût dépendre de lui d'empêcher, par le soin qu'il aurait de se lever avec la rapidité de l'éclair, à l'instant même où le dernier mot de la déclaration du Jury serait sorti de la bouche du chef des Jurés, une délibération à laquelle il doit être absolument étranger, et qui ne peut être prise que d'*office*? Conçoit-on qu'il pût, par son fait, rendre impossible une délibération qu'il n'a pas le droit de provoquer?

» Nous estimons qu'il y a lieu de rejeter le recours en cassation du procureur criminel. »

Arrêt du 27 février 1812, au rapport de M. Busschop, par lequel,

« Considérant que l'arrêt par lequel la cour d'assises du département des Deux-Nèthes a prononcé le sursis au jugement et le renvoi de l'affaire à la session suivante, a été rendu d'office; qu'entre la déclaration du Jury portant conviction de l'accusé, et ledit arrêt, ladite cour n'a ni suspendu la séance, ni fait aucun acte de procédure; et que, dès-lors, son arrêt de sursis et de renvoi est fondé sur la juste application de l'art. 352 du Code d'instruction criminelle.

» Considérant, au surplus, que, dans l'examen et les débats toutes les formes prescrites par la loi, à peine de nullité, ont été observées;

» D'après ces motifs, la cour rejette le pourvoi du procureur criminel près la cour d'assises du département des Deux-Nèthes. »

Au surplus, *V.* l'article *Révision de procès*, § 3, art. 2, n⁰ˢ 2 et suivans.]]

XXIII. La délibération du Jury est rigoureusement astreinte aux formes que nous venons de développer, qui sont prescrites par le Code du 3 brumaire an 4. En cas de contravention à une de ces formes, la déclaration est nulle. La cour de justice criminelle est tenue de la rejeter, et d'ordonner aux Jurés de se retirer sur-le-champ dans leur chambre, pour en faire une nouvelle. (*Article* 414.)

[[Cette disposition ne se retrouve pas littéralement dans le Code de 1808; mais ce Code paraît, au premier abord, la renouveler implicitement. En disant que, si les juges sont unanimement convaincus que les Jurés, *tout en observant les formes*, se sont trompés au fond, la cour déclarera qu'il est sursis au jugement, et renverra l'affaire à la session suivante, » l'art. 352 semble insinuer que, si les Jurés se sont écartés des formes qui leur sont prescrites, la cour doit regarder leur déclaration comme non avenue, et en ordonner une nouvelle.

Toutefois, il y a là-dessus une distinction importante à faire entre les formes extrinsèques à la délibération des Jurés et les formes qui en constituent la substance.

Les formes extrinsèques se réduisent à deux: 1⁰ avant de commencer la délibération, le chef des Jurés doit faire leur faire lecture de l'instruction consignée dans l'art. 342; 2⁰ les Jurés ne peuvent sortir de leur chambre qu'après avoir formé leur déclaration.

Les formes substantielles sont 1⁰ que les Jurés doivent délibérer au nombre de douze; 2⁰ qu'ils doivent résoudre toutes les questions posées par le président; 3⁰ qu'ils ne peuvent les résoudre contre l'accusé qu'à la majorité.

L'omission ou la violation des formes extrinsèques emporte-t-elle la nullité de la déclaration des Jurés?

Non. La cour de cassation l'a ainsi jugé par plusieurs arrêts, en rejetant des demandes en cassation d'arrêts de condamnation de cour d'assises, fondés sur le fait que les Jurés, après s'être retirés dans leur chambre à la suite de la position des questions, en étaient sortis et avaient communiqué au dehors, avant d'avoir formé leur déclaration. L'un de ces arrêts a été rendu le 9 janvier 1812, au rapport de M. Chasle et sur mes conclusions, contre Herbaut et Potet, demandeurs en cassation d'un arrêt de la cour d'assises du département de la Vienne.

A plus forte raison, n'y aurait-il pas nullité,

si les Jurés n'avaient communiqué au dehors que pendant le cours des débats. (*V.* le plaidoyer et l'arrêt du 6 février 1812; rapportés au mot *Tentative*, n°. 6.)

Mais il en serait tout autrement de la violation ou de l'omission des formes substantielles. Témoin l'arrêt suivant que la cour de cassation a rendu le 2 novembre 1811, au rapport de M. Aumont :

» Vu l'article 393 du Code d'instruction criminelle...;

» Attendu que de cet article il résulte que le nombre de douze Jurés est substantiel au caractère du Jury et aux fonctions que la loi lui attribue ; qu'il ne peut donc y avoir de délibération du Jury valable, lorsqu'elle n'a pas été prise par le concours de douze Jurés ; que la lecture et la signature de cette délibération en sont inséparables, et qu'elles en forment le complément ; que cette lecture et cette signature doivent donc être faites avec le concours et en la présence des douze Jurés ; que l'absence de l'un d'eux anéantit le Jury, et lui ôte tout caractère.

» Attendu que, dans l'espèce, la délibération du Jury a été lue par leur chef en l'absence de l'un des douze Jurés ; que ce chef du Jury, en l'absence d'un des douze Jurés, a été sans caractère pour certifier et faire réputer constant que cette délibération avait été par lui signée tous les Jurés présens ; que la déclaration sur laquelle a été prononcé l'arrêt de condamnation de Joseph Petitjean, ne pouvait donc être considérée comme l'ouvrage d'un Jury composé ainsi qu'il est dit à l'art. 393 du Code d'instruction criminelle ; qu'elle n'a donc pu servir de base légale à ladite condamnation ;

» Par ces motifs, la cour casse et annulle la déclaration des Jurés sur laquelle a été rendu l'arrêt de la cour d'assises du département de la Côte-d'Or, du 29 août dernier; casse par suite ledit arrêt...»]]

XXIV. La cour de justice criminelle doit de même prononcer la nullité de la délibération des Jurés, et les faire procéder à une nouvelle déclaration, si cette déclaration, quoique régulière dans ses formes extérieures, renferme des réponses qui, par leur contradiction, se détruisent les unes les autres. La loi veut, en effet, une déclaration sur laquelle il puisse être rendu une ordonnance d'acquittement, ou un jugement d'absolution, ou un jugement de condamnation. Or, une déclaration dont les réponses se contrarient et s'anéantissent respectivement par leur sens contradictoire, ne peut amener aucun de ces résultats : elle doit donc être réputée comme non avenue, ou plutôt il n'existe réellement pas de déclaration. La cour de justice criminelle doit donc ordonner aux Jurés d'en émettre une nouvelle. [[*V.* l'article *Contradiction*, et l'arrêt rendu par la cour de cassation, le 21 août 1807, au rapport de M. Oudot, sur le recours de Devoldes.]]

La même chose a été jugée sous le Code d'instruction criminelle de 1808, par un arrêt du 23 juillet 1812;

« Vu (porte-t-il) l'art. 410 du Code d'instruction criminelle ;

» Et attendu que, pour qu'il y ait juste application de la loi pénale, il faut que la condamnation soit prononcée sur un fait précis qui ait été déterminé par la loi, comme devant être passible de la peine qu'elle a fixée ;

» Attendu que Donnant et Mantonnat avaient été mis en accusation, soit comme auteurs, soit comme complices des vols qui étaient l'objet de la poursuite ; que les Jurés, interrogés sur les différens faits élémentaires de la complicité, tels qu'ils étaient portés dans l'acte d'accusation ou qu'ils avaient pu résulter des débats, ont fait aux questions qui leur avaient été proposées, des réponses qui se détruisent les unes par les autres, et ne présentent conséquemment aucun résultat clair, aucun fait précis sur lequel il ait pu être fait une juste application de la loi pénale ;

» Que, néanmoins, sur ces réponses, Donnant et Mantonnat ont été condamnés par application des art. 386 et 59 du Code pénal ; que cette condamnation a donc été une fausse application de ces articles ;

» D'après ces motifs, la cour casse et annulle l'arrêt rendu le 7 mai 1812 par la cour d'assises du département de Seine-et-Marne, contre Alexis Donnant et Alexis Mantonnat ;

» Et, attendu le vice radical de la déclaration du Jury, sur laquelle il ne pourrait être légalement prononcé par une nouvelle cour d'assises, ni d'après l'art. 364, ni d'après l'art. 365 du Code d'instruction criminelle, la cour renvoie les accusés, en état d'ordonnance de prise de corps, devant la cour d'assises du département de Seine-et-Oise, pour y être procédé de nouveaux débats, à une nouvelle déclaration du Jury et à un nouvel arrêt, conformément à la loi. »

Mais il faut bien se garder de considérer comme contradictoire une déclaration de Jurés qui réellement ne le serait pas. *V.* l'arrêt du 25 mars 1812, rapporté ci-dessus n°. 22°.

Ce que nous disons de la déclaration *contradictoire*, il faut le dire également d'une déclaration *incomplète*, ou, en d'autres termes, d'une déclaration qui ne répond pas à toutes les questions posées par le président.

Le 29 novembre 1810, arrêt par lequel la cour spéciale du département d'Eure et Loir se déclare compétente pour juger Laurent Robillard, prévenu 1°. d'avoir fabriqué une lettre par laquelle le sieur Brissard était supposé écrire au sieur Terrier, son débiteur, de payer la somme due entre les mains de Laurent Robillard lui-même; 2°. d'avoir effectivement touché la somme due, en présentant cette lettre.

Le 13 décembre suivant, cet arrêt est confirmé par la cour de cassation.

Le procès n'étant pas encore jugé au moment de l'installation de la cour (royale) de Paris, il est renvoyé à cette cour, qui, par arrêt du 16 février 1811, met Laurent Robillard en état d'accusation, et le traduit devant la cour d'assises du département d'Eure-et-Loir, « Attendu que des pièces » et de l'instruction, il résulte des charges suffi- » santes contre lui d'avoir, dans le courant d'avril » 1809, commis, méchamment et à dessein de nuire » à autrui, un faux en écriture privée, en écrivant » et signant une lettre missive au nom de Brissard, » et d'avoir fait usage de la pièce fausse sachant » qu'elle était fausse. »

D'après cet arrêt le procureur-général dresse, contre Laurent Robillard, un acte d'accusation qu'il termine ainsi : « En conséquence, Laurent » Robillard est prévenu d'avoir, méchamment et » à dessein de nuire à autrui, commis un faux en » écriture privée, et d'avoir fait usage de la pièce » fausse. »

Le 21 mars 1811, cet acte d'accusation est soumis à la cour d'assises.

Les débats terminés, le président pose ainsi la question : « L'accusé Laurent Robillard est-il cou- » pable d'avoir commis le crime de faux dont il » s'agit, avec toutes les circonstances comprises au » résumé de l'acte d'accusation ? »

Et les Jurés y font la réponse suivante : « Oui, » l'accusé est coupable d'avoir commis le crime de » faux dont il s'agit; mais il n'est pas constant » qu'il l'ait commis à dessein de nuire à autrui, » en s'appropriant la somme. »

Au même instant, il intervient, sur les réqui- sitions du procureur criminel, un arrêt par lequel la cour d'assises, « attendu que la déclaration des » Jurés, telle qu'elle a été présentée par leur chef, » implique contradiction, et qu'elle mettrait la » cour dans l'impossibilité de prononcer, si cette » déclaration devait subsister, déclare nulle ladite » déclaration, et ordonne que les Jurés se retire- » ront de suite dans leur chambre pour en former » une nouvelle. »

En exécution de cet arrêt, les Jurés rendent une nouvelle déclaration, ainsi conçue : « Oui, » l'accusé est coupable d'avoir commis le crime de » faux dont il s'agit, avec toutes les circonstances » comprises au résumé de l'acte d'accusation. »

En conséquence, arrêt qui, appliquant à Lau- rent Robillard les art. 41, 42 et 45 de la sect. 2 du tit. 2 de la seconde partie du Code pénal du 25 septembre 1791, et les art. 2 et 6 de la loi du 23 floréal an 10, le condamne à quatre années de fers et à la flétrissure.

Laurent Robillard se pourvoit en cassation con- tre cet arrêt.

« Violation de l'art. 364 du Code d'instruction criminelle, en ce que la cour d'assises, au lieu d'acquitter le réclamant d'après la première décla- ration du Jury qui était tout en sa faveur, a en- joint au Jury de faire une seconde déclaration ; violation de l'art. 352 du même Code, en ce qu'au lieu de renvoyer l'affaire à la session suivante, comme elle devait le faire en annulant la première déclaration du Jury, la cour d'assises l'a soumise à une nouvelle délibération des mêmes Jurés. Tels sont (a-t-je dit à l'audience de la section criminelle,

le 9 mai 1811,) les deux moyens de cassation qui vous sont proposés dans cette affaire.

» Le premier serait, sans réplique, si la première déclaration du Jury eût été valable. Alors, sans doute, l'accusé n'étant déclaré coupable que d'un fait auquel la loi n'infligerait aucune peine, la cour d'assises aurait dû l'absoudre, et l'art. 364 du Code d'instruction criminelle ne lui aurait pas permis de prononcer autrement.

Mais si la première déclaration du Jury était nulle, qu'a dû faire la cour d'assises ? Sans con- tredit, elle a dû, comme elle l'a fait, enjoindre aux Jurés d'en former une nouvelle : car elle ne pou- vait statuer sur l'acte d'accusation, que d'après une déclaration du Jury ; et il est bien constant qu'une déclaration du Jury ne peut être censée exister, qu'autant qu'elle est régulière ; ce qui est nul, est, aux yeux de la loi, comme s'il n'exis- tait pas. Ainsi, point de déclaration régulière du Jury ; point d'arrêt à rendre par la cour d'assises.

» A la vérité, on ne retrouve pas dans le Code d'instruction criminelle, la disposition de l'art. 414 du Code des délits et des peines, du 3 brumaire an 4, qui disait : *en cas de contravention de la part des Jurés, à l'une des règles qui leur sont prescrites par les articles 385 et suivans, leur dé- claration est nulle ; et le tribunal criminel est tenu, à peine de nullité du jugement, qui pourrait intervenir sur le fond, de la rejeter du procès, en leur ordonnant de se retirer sur-le-champ, dans leur chambre, pour en former une nouvelle.*

» Mais si le Code d'instruction criminelle ne renouvelle pas formellement cette disposition, du moins il en conserve l'esprit, ou plutôt il la pré- suppose : « si les juges sont unanimement convain- » cus (porte-t-il, art. 352) que les Jurés, *tout* » *en observant les formes*, se sont trompés au » fond, la cour déclarera qu'il est sursis au juge- » ment, et renverra l'affaire à la session sui- » vante.... » De ces mots, *tout en observant les formes*, il résulte bien clairement, que les juges ne sont liés par la déclaration du Jury, et qu'ils ne sont obligés, lorsqu'ils sont unanimement con- vaincus qu'elle est erronée, de recourir au remède que leur indique cet article, qu'autant que les Jurés y ont observé toutes les formes requises pour sa va- lidité : il en résulte par conséquent que, si la dé- claration du Jury manque de quelques-unes de ces formes, les juges ne doivent y avoir aucun égard ; et par une conséquence ultérieure et nécessaire, il en résulte que les juges doivent, en ce cas, ordon- ner aux Jurés de former une nouvelle déclaration.

» Il reste donc à savoir si la cour d'assises du département d'Eure-et-Loir a fait, dans notre es- pèce, un usage légitime du pouvoir qu'elle avait d'annuler, pour vice ou pour défaut de forme, la déclaration que le chef des Jurés avait proclamée à l'audience, après leur première délibération.

» Sur quel fondement a-t-elle annulé cette dé- claration ? Elle l'a annulée sur le fondement qu'*elle impliquait contradiction*; et il faut convenir qu'en le supposant ainsi, cette déclaration aurait présenté un vice de forme intrinsèque et substantielle, qui eût dû manifestement la faire considérer comme non avenue. Car ce qu'il y a de plus essentiellement requis dans une déclaration de Jurés, c'est qu'elle décide les questions de fait sur lesquelles elle doit intervenir; et elle est nécessairement viciée dans sa forme intrinsèque et substantielle, si elle laisse des questions indécises. Or, il est évident qu'elle ne les résoud pas, il est évident qu'elle les laisse indécises, lorsqu'elle se contredit, lorsqu'elle répond *oui* et *non*. Aussi la cour a-t-elle, par cinq arrêts des 5 messidor, 6 messidor et 28 fructidor an 8, 19 prairial an 10 et 20 novembre 1806, cassé des jugemens de tribunaux criminels, qui étaient fondés sur des déclarations contradictoires de Jurés; et il n'y a aucune raison pour qu'elle ne juge pas encore de même sous le Code d'instruction criminelle.

» Mais y a-t-il véritablement contradiction dans la déclaration du Jury dont il est question ?

» L'affirmative ne serait pas douteuse, si la première partie de cette déclaration devait être prise dans le sens qu'elle offre au premier coup-d'œil, c'est-à-dire si l'on pouvait supposer qu'en déclarant *l'accusé coupable d'avoir commis le crime de faux dont il s'agit,* le Jury avait eu l'intention de déclarer l'accusé coupable d'avoir commis ce faux dans un dessein criminel, dessein qui peut seul imprimer à un faux quelconque le caractère de *crime.*

» Est-ce donc bien là ce qu'a voulu dire le Jury ? Nous ne le pensons pas; et notre opinion est fondée sur le texte même de la loi, qui forçait le Jury à attacher un autre sens aux expressions qu'il a employées.

» L'art. 337 du Code d'instruction criminelle porte que « la question résultant de l'acte d'accu- » sation, sera posée en ces termes : l'accusé est-il » *coupable* d'avoir commis tel meurtre, tel vol ou » tel autre *crime,* avec toutes les circonstances » comprises dans le résumé de l'acte d'accusation. » Et l'art. 345 ajoute : « Si le Jury pense,...... que » le fait est constant, que l'accusé en est con- » vaincu, mais qu'aucune des circonstances n'est » prouvée, il dira, *oui, l'accusé est coupable, mais* » *sans aucune des circonstances.* » Remarquez qu'il peut arriver tel cas où le fait porté dans l'acte d'accusation, cesse d'être criminel par cela seul qu'il se trouve dépouillé des circonstances dont l'acte d'accusation l'environnait. Cependant, alors même, la loi veut qu'il soit qualifié de *crime* dans la réponse du Jury; elle veut qu'alors même, l'accusé soit déclaré *coupable,* si réellement il est auteur de ce fait; et c'est ce que prouve encore plus clairement l'art. 364, lorsqu'il dit : « la cour » prononcera l'absolution de l'accusé, si le fait » dont il est déclaré *coupable* n'est pas défendu » par une loi pénale. » Les mots *crime* et *coupable,* ne sont donc pas alors employés par le Jury, dans leur sens ordinaire; ils ne sont donc alors employés que pour désigner le fait et l'au-

teur du fait matériel, qui devient crime par l'effet de telles ou telles circonstances. La première partie de la déclaration du Jury, annulée, comme contradictoire, par la cour d'assises du département d'Eure-et-Loir, signifie donc seulement que l'accusé a commis le faux porté dans l'acte d'accusation; elle ne signifie donc pas que l'accusé a commis ce faux dans le dessein du crime. Il n'y a donc pas de contradiction entre la première et la seconde partie de cette déclaration.

» Mais cette déclaration n'est-elle pas vicieuse sous un autre rapport ? Et si l'arrêt qui l'a annulée, ne peut pas être justifié dans les motifs qui en forment le préambule, ne peut-il pas du moins l'être dans son dispositif ?

» Très-certainement cette déclaration est nulle, si elle est incomplète, ou, en d'autres termes, elle ne résoud pas, dans toutes ses branches, la question posée par le président.

» Et quelle est cette question ? C'est de savoir si l'accusé a commis le faux dont il s'agit, *avec toutes les circonstances comprises dans le résumé de l'acte d'accusation ;* c'est-à-dire s'il l'a commis *méchamment et à dessein de nuire à autrui.*

» Que répond le Jury à cette question ? Que l'accusé a commis le faux, mais qu'il ne l'a pas commis *dans le dessein de nuire à autrui,* en s'appropriant *définitivement* la somme.

» Or, par cette réponse, résoud-il la question dans toutes ses branches ? Non, évidemment non.

» En fabriquant une fausse lettre, dans la vue de se faire délivrer par le débiteur du sieur Brissard, une somme qui ne devait être payée que dans les mains de celui-ci, l'accusé pouvait sans doute n'avoir pas le dessein de *s'approprier définitivement* cette somme. Mais il n'avait pas besoin d'aller jusque-là pour nuire, soit au débiteur du sieur Brissard, soit au sieur Brissard lui-même. Eût-il eu alors la pensée de rendre, un jour ou l'autre, soit à celui-ci, soit à celui-là, l'argent qu'il se ferait compter au moyen de la fausse lettre, il était toujours dans son intention de nuire à chacun d'eux. Car c'était essentiellement nuire au débiteur du sieur Brissard, que de le mettre dans le cas de payer une seconde fois ce qu'il devait à son créancier, sauf à exercer contre l'accusé qui lui avait escroqué le montant, une action récursoire toujours fort incertaine. C'était essentiellement nuire au sieur Brissard lui-même, que d'appauvrir, même momentanément, son débiteur, et, par là, de l'exposer au danger de ne pouvoir pas en exiger une seconde fois ce que l'accusé lui avait fait payer indûment et à l'aide d'un faux.

» Donc le Jury a mal à propos particularisé, par sa réponse restreinte à une manière de nuire, une question qui, par sa généralité, embrassait toutes les manières possibles d'empirer la condition du sieur Brissard et de son débiteur. Donc il n'a pas résolu cette question dans toutes ses branches. Donc sa déclaration était incomplète. Donc la cour d'assises du département d'Eure-et-Loir a dû l'annuler. Donc le premier moyen de cassation du demandeur ne mérite aucun égard.

» Le deuxième est déjà réfuté par ce que nous venons de dire sur le pouvoir qu'ont essentiellement les cours d'assises, d'annuler et de faire recommencer sur-le-champ les déclarations du Jury qui se trouvent entachées de vices radicaux.

» De là, en effet, il résulte que l'on ne peut pas étendre au cas où une déclaration du Jury est déclarée nulle, la disposition de l'article 350 du Code d'instruction criminelle, qui veut que, dans le cas où une déclaration régulière du Jury est reconnue injuste au fond par les suffrages unanimes des juges, la cour d'assises sursoie au jugement, et renvoie l'affaire à la session suivante.

» Et par ces considérations, nous estimons qu'il y a lieu de rejeter le recours de Laurent Robillard. »

Par arrêt du 9 mai 1811, au rapport de M. Busschop ;

« Vu les pièces du procès et le mémoire présenté par le réclamant à l'appui de son pourvoi ;

» Considérant, sur le premier moyen, qu'il résulte des dispositions combinées des art. 241, 337 et 345 du Code d'instruction criminelle de 1808, que les Jurés doivent répondre d'une manière entière et catégorique sur les circonstances du crime, telles qu'elles sont déterminées dans le résumé de l'acte d'accusation ; que, conséquemment, la déclaration des Jurés est vicieuse et contraire au vœu de la loi, toutes les fois qu'elle restreint ou modifie d'une manière quelconque lesdites circonstances ;

» Que, dans l'espèce, le faux, qui a fait l'objet de l'accusation, était déterminé par la circonstance qu'il avait été commis dans le dessein de nuire à autrui ; que les Jurés, au lieu de donner, sur cette circonstance, une réponse simple et catégorique, l'ont modifiée, en déclarant que le coupable n'avait point eu le dessein de s'approprier *définitivement* la somme qu'il s'était fait payer au moyen du faux ; que cette déclaration ainsi modifiée, n'a pas été une réponse à la question générale et absolue qui avait été proposée sur la moralité du faux ;

» D'où il suit qu'en annulant cette déclaration des Jurés, et en leur ordonnant de procéder à une nouvelle délibération, la cour d'assises s'est exactement conformée à la loi ;

» Considérant, sur le second moyen, que l'article 352 du Code d'instruction criminelle n'est applicable qu'au cas où les juges seraient unanimement convaincus que les Jurés se sont trompés sur la *conviction* de l'accusé, et que ce cas ne s'est point présenté dans l'espèce actuelle.

» Considérant enfin, que les dispositions des art. 294 et 296 du Code d'instruction criminelle ont reçu leur exécution ; que, dans la procédure et les débats de la cour d'assises, il n'a été omis aucune formalité prescrite à peine de nullité, et que d'ailleurs la peine a été justement appliquée ;

» La cour rejette le pourvoi... »

Même décision dans l'espèce suivante.

Le 27 mai 1812, le président de la cour d'assises du département du Pas-de-Calais, pose ces deux questions :

« 1º Clémence Lecomte, accusée, est-elle coupable d'avoir, dans le courant de l'été dernier, volé du linge et des effets dans la maison du sieur Coquelin, où elle était domestique à gages ?

» 2º Est-elle coupable d'avoir, postérieurement à ce premier vol, commis un autre vol de linge et d'effets chez le sieur Grebet, où elle travaillait habituellement ? »

Le Jury répond :

« Oui, l'accusée est coupable d'avoir commis le vol repris dans la première question.

» Non, il n'est pas constant qu'elle ait commis le vol repris dans la seconde question. »

A la vue de cette déclaration, la cour d'assises la déclare nulle, « Attendu que, ne répondant » pas à la question de domesticité, elle se trouve » incomplète, et ordonne aux Jurés de se retirer » dans leur chambre pour délibérer une réponse » régulière. »

En exécution de cet arrêt, nouvelle déclaration ainsi conçue :

« Oui, l'accusée est coupable d'avoir commis le crime avec toutes les circonstances comprises dans la première question.

» Non, il n'est pas constant qu'elle ait commis le vol de linge et d'effets repris dans la seconde question. »

En conséquence, arrêt qui condamne Clémence Lecomte à la peine de la réclusion.

Clémence Lecomte se pourvoit en cassation ; mais, par arrêt du 9 juillet 1812, au rapport de M. Chasle,

« Attendu que la première déclaration du Jury était incomplète, puisqu'il n'avait pas été répondu à la question aggravante du fait de domesticité qui lui avait été proposée, la cour d'assises s'est conformée à la loi en annulant cette déclaration, en ordonnant que les Jurés rentreraient dans leur chambre pour délibérer de nouveau et s'expliquer sur cette question ; qu'étant résulté de la seconde déclaration, que la demanderesse a commis le vol dont il s'agit, dans une maison où elle était domestique à gages, la peine a été légalement appliquée ;

» La cour rejette le pourvoi..... »]]

XXV. La déclaration du Jury peut être contraire à une autre déclaration précédemment rendue par un autre Jury sur les mêmes faits ; c'est-à-dire qu'il peut arriver qu'un Jury décide affirmativement sur un fait qui avait été jugé négativement par un Jury antérieur. Ce cas se présente quelquefois, lorsque tous les prévenus d'un même crime n'ont pas pu être soumis au même débat, soit parce qu'ils n'étaient pas tous arrêtés, soit parce qu'ils n'étaient pas encore tous connus. Ces deux déclarations contradictoires sont nécessairement, l'une vraie, l'autre fausse ; mais elles n'en sont pas moins toutes les deux irréfragables ; elles n'en sont pas moins toutes les deux une vérité judiciaire à l'égard de ceux pour ou contre lesquels elles ont été respectivement rendues. Cette contradiction peut s'expliquer, ou par l'indulgence d'un des Jurés, ou par le genre de défense des accusés, ou par l'effet des nouvelles preuves ; mais elle est toujours affligeante, puisque, s'il en peut résulter qu'il y a eu acquittement d'un coupable, il peut en résulter aussi qu'il y a eu condamnation d'un innocent. Si l'institution des Jurés est maintenue, le législateur croira sans doute convenable d'ajouter à la législation criminelle quelques dispositions sur des cas, qui n'est point une hypothèse idéale, mais dont j'ai vu plusieurs exemples : il est même nécessaire d'y pourvoir, quelles que soient les bases et les formes qu'on adopte pour le jugement des crimes, parce qu'il peut se présenter dans les arrêts des tribunaux, comme dans les déclarations des Jurés.

[[Le Code de 1808 y a pourvu en effet. V. l'article *Révision de procès*, § 3, art. 2.]]

XXVI. Mais je reviens à l'accusé, sur lequel j'ai fait délibérer le Jury.

S'il a été déclaré non convaincu, ou bien s'il a paru aux Jurés que le fait a été commis involontairement, sans intention de nuire, ou pour la légitime défense de soi ou d'autrui, le président prononce l'acquittement conformément aux articles 424 et 425 du Code du 3 brumaire an 4.

[[L'art. 358 du Code de 1808 dit la même chose. V. l'article *Ordonnance de juge*, n° 2.]]

Si les Jurés ont, au contraire, déclaré l'accusé convaincu, il est procédé pour sa condamnation, d'après les art. 425 et suivans du même Code.

[[V. les articles 362 et suivans du Code de 1808.]]

XXVII. L'affaire est ainsi terminée : les Jurés n'ont plus de caractère ; ils sont rentrés dans la classe ordinaire des citoyens : mais ils rapportent dans leurs foyers le sentiment d'une conscience satisfaite, et l'honneur d'avoir été utiles à leur pays, si, pénétrés de la sainteté de leur ministère, ils ont cherché la vérité sans passion, et ont déclaré leur conviction avec la simplicité d'un cœur pur et le courage de l'homme de bien.

Pourquoi faut-il qu'une institution qui rassure les citoyens contre l'endurcissement et la prévention si funeste à l'innocence, que peut produire l'habitude de juger les crimes ; qu'une institution qui conserve les formes populaires, sans pouvoir jamais inquiéter la monarchie ; qu'une institution qui donne pour juges, à un accusé, des citoyens indépendans de toute espèce d'influence, ses égaux, ses pairs ; en même temps qu'elle donne à la société une garantie que le crime ne restera pas impuni, par l'intérêt qu'ont les propriétaires à ce qu'il soit vengé ; qu'une institution enfin qui nous rappelle les premiers âges du monde, lesquels nous l'ont transmise à travers les ruines des siècles ; pourquoi faut-il que cette institution, dont les formes sont simples, touchantes, patriarcales, dont

la théorie flatte et entraîne l'esprit par une séduction irrésistible, ait été si souvent méconnue, trompée par l'ignorance et la pusillanimité, prostituée peut-être par une vile et coupable corruption ?

Rendons pourtant justice aux erreurs, même à la prévarication des Jurés : ils ont trop de fois acquitté des coupables ; mais il n'a pas encore été prouvé qu'ils eussent jamais fait couler une goutte de sang innocent ; et si l'on pouvait supposer qu'ils eussent vu quelquefois le crime là où il n'y en avait qu'une apparence trompeuse et fausse, ce ne serait pas leur conscience qu'il faudrait accuser ; ce serait la fatalité malheureuse des circonstances qui auraient accompagné l'accusation, et qui auraient trompé de même les juges les plus pénétrans et les plus exercés à rechercher la vérité et à la démêler du mensonge.

Mais les reproches qu'ont souvent mérités les Jurés, c'est d'avoir cédé à une fausse commisération, ou à l'intérêt qu'étaient parvenus à leur inspirer les familles d'accusés qui avaient un rang dans la société ; c'est souvent d'être sortis de leurs attributions, qui se bornent à prononcer sur la vérité des faits, pour vouloir apprécier ces faits et les juger d'une manière différente de la loi. Trop souvent ils ont voulu voir une action innocente là où la loi avait dit qu'il y avait un crime, et alors ils n'ont pas craint de se jouer de la vérité pour tromper et éluder la loi. J'ai vu cent exemples de ces usurpations de pouvoir et de ce despotisme des Jurés. Je n'en citerai qu'un qui a eu lieu, il n'y a pas un an, devant la cour de justice criminelle du département de Sambre-et-Meuse.

Lambert Pyrotte était accusé d'avoir fait une fausse déposition, en faveur d'un accusé prévenu d'assassinat. La loi du 5 pluviose an 2 punit de vingt ans de fers le faux témoignage fait à la décharge d'un accusé.

Il paraissait aux Jurés que déposer contre la vérité pour soustraire un accusé aux peines de la loi, n'était pas une action condamnable, ou du moins que, si c'était un délit, il ne méritait pas une peine aussi sévère. Ils sortaient évidemment de leurs fonctions : il ne leur appartenait pas de se rendre juges de l'accusé : mais enfin ils voulaient sauver l'accusé : en conséquence, après avoir déclaré, sur la première question, « qu'il était constant que » Lambert Pyrotte avait fait une fausse déposi- » tion ; » ils déclarèrent, sur la seconde, « qu'il » n'était pas constant qu'il eût agi dans une inten- » tion coupable. » Ces deux réponses étaient nécessairement contradictoires, parce que l'intention criminelle est inséparable d'un faux témoignage.

La cour de justice criminelle du département de Sambre-et-Meuse rendit donc un arrêt par lequel elle annula cette déclaration, comme inconciliable dans ses différentes parties ; et elle ordonna que les Jurés se retireraient pour procéder à une nouvelle déclaration.

Mais les Jurés étaient décidés à acquitter l'accusé ; et ceux qui venaient de déclarer que Py-

rotte était convaincu d'avoir fait une fausse dé-
position, déclarèrent, dans leur seconde délibération, qu'il *n'était pas constant que Pyrotte eût*
fait une fausse déposition.

Le président fut en conséquence obligé de prononcer, en faveur de l'accusé, une ordonnance
d'acquittement et de mise en liberté.

Sera-t-il possible d'améliorer l'institution des
Jurés, et d'en prévenir les écarts souvent trop
scandaleux? Gardons-nous d'en douter.

Que l'on commence par composer le Jury de
propriétaires intéressés à punir le crime pour le
rendre plus rare; que surtout on en éloigne les
artisans, les petits cultivateurs, hommes chez qui
sans doute la probité est heureusement fort commune, mais dont l'esprit est peu exercé, et qui,
accoutumés aux déférences, aux égards, cèdent
toujours à l'opinion de ceux de leurs collègues
dont le rang est plus distingué; ou qui, familia-
risés seulement avec les idées relatives à leur profession, n'ont jamais eu, dans tout le reste, que
des idées d'emprunt ou d'inspiration. On sait qu'aujourd'hui ce sont ces hommes qui, dans presque
toute la France, forment toujours la majorité des
Jurés; mettez au milieu d'eux un homme d'un
état plus élevé, d'un esprit délié, d'une élocution
facile, il entraînera ses collègues, il décidera la
délibération; et si cet homme a le jugement faux
ou le cœur corrompu, cette délibération sera
nécessairement mauvaise. (1)

Mais pourra-t-on parvenir à vaincre l'insouciance
des propriétaires riches et éclairés, à leur faire
abandonner leurs affaires, leurs familles, leurs
habitudes, pour les entraîner dans les villes, et leur
y faire remplir des fonctions qui tourmentent quelquefois la probité, et donnent des inquiétudes
d'autant plus vives que la conscience est plus délicate? Pourquoi non? Pourquoi les mêmes classes
de citoyens qui, dans les huit ou dix premiers
mois de 1792, se portaient avec tant de zèle à
l'exercice de ces fonctions, les fuiraient-elles aujourd'hui, surtout si, pour les y rappeler, la loi
fait mouvoir les deux grands ressorts qui sont dans
sa main, si elle s'engage à récompenser l'exactitude et à punir la négligence? (2)

Cependant on n'aura pas tout fait, en assurant
la bonne composition des Jurés, il faudra encore,
pour qu'ils ne sortent jamais de leurs attributions,
pour qu'ils se bornent à prononcer sur les faits
dans le sentiment de leur conviction, qu'il soit
apporté dans nos lois pénales des modifications
que sollicitent aussi la raison et la justice.

Ce fut sans doute une louable conception dans
l'assemblée constituante, de ne rien laisser à l'arbitraire de l'homme pour la distribution des peines,
et de faire fixer par la loi, non-seulement la peine
de chaque délit, mais encore l'aggravation de peine

que doit entraîner chaque circonstance plus ou
moins criminelle de chaque délit.

Mais si cette conception est séduisante dans la
théorie, est-elle praticable, est-elle utile dans le
cours ordinaire des affaires criminelles?

Qui ne sait que les délits se modifient à l'infini,
qu'ils s'aggravent ou s'atténuent par mille circonstances que la loi ne peut ni déterminer ni prévoir;
que la peine d'un même crime doit paraître quelquefois trop douce à l'égard de tel accusé, et
qu'en même temps elle doit paraître atroce à l'é-
gard de tel autre? Placez entre ces deux accusés,
le Juré le plus sage, sa conscience se soulèvera
contre la loi, en vain lui direz-vous qu'il ne lui
appartient pas d'examiner quelle est la peine que
doit entraîner sa déclaration: l'humanité criera
plus haut au fond de son cœur; et, dans cette lutte
pénible entre son devoir et ce qu'il croira être
juste, il s'égarera, il résistera à sa conviction, il
acquittera un scélérat, pour ne pas frapper trop
rigoureusement un homme moins coupable.

Ne vous méfiez pas tant des tribunaux; fixez
pour chaque délit un *maximum* et un *minimum*
de peine: mais laissez ensuite à la conscience des
juges d'étendre ou de restreindre la condamnation
entre ces deux limites, suivant les circonstances
personnelles ou matérielles que chaque affaire
pourra présenter: eux seuls peuvent apercevoir et
apprécier ces circonstances. Que le législateur soit
donc moins jaloux de sa puissance; et qu'il croie à
la vertu des juges; les Jurés y croiront aussi, et
alors, assurés que la peine ne sera pas en disproportion avec le crime, ils seront fidèles à leurs
attributions; n'ayant plus besoin de trahir la
vérité pour prévenir ce qui leur paraîtrait injuste, ils la diront avec ardeur et inflexibi-
lité. (1)

Il serait peut-être encore convenable de réduire
et de simplifier les questions sur lesquelles on fait
prononcer les Jurés, de ne plus leur présenter de
ces questions abstraites, qui ne peuvent être souvent entendues que par des esprits très-exercés aux
idées métaphysiques, de ces questions vagues de
moralité dont le sens indéterminé trompe souvent
les meilleures intentions, et produit quelquefois,
dans les déclarations des Jurés, des contradictions
qui choquent la raison et la justice.

Mais je sors du plan que je me suis tracé en
raisonnant ainsi sur l'institution des Jurés, sur
ses abus et sur les moyens de l'améliorer. Je ne me
suis proposé dans la rédaction de cet article, que
d'en faire connaître l'organisation, et j'aurai rempli
ma tâche lorsque j'aurai fait connaître une espèce
particulière de Jury qu'on nomme *Jury spécial*,
et auquel la loi soumet exclusivement certains
genres d'affaires criminelles.

_____

(1) [[*V.* l'art. 382 du Code de 1808.]]
(2) [[*V.* les articles 391 et 392 du Code de 1808.]]
5e. TOME IX.

(1) [[Ce vœu est rempli, à beaucoup d'égard, par le Code
pénal de 1810.]]
(2) *V.* les articles 337, 338, 339 et 340 du Code de 1808.

13

§ V. *Du Jury spécial.*

Je ne pense pas, comme bien des gens, que, pour être propre aux fonctions de Juré, il suffise d'avoir *une intelligence ordinaire et de la probité.* Si l'accusé paraissait seul aux débats avec les témoins, il ne faudrait sans doute que du bon sens pour reconnaître la vérité dans des déclarations et des réponses faites avec simplicité et dégagées de tout raisonnement; mais il y paraît presque toujours assisté d'un ou de plusieurs défenseurs, qui, par des interpellations captieuses, embarrassent ou égarent les témoins; et, par une discussion subtile, souvent sophistique, quelquefois éloquente, enveloppent la vérité des nuages, et rendent l'évidence même problématique. Certes, il faut plus que de bonnes intentions, il faut plus que du bon sens, pour ne pas se laisser entraîner à ces fausses lueurs, pour se garantir des écarts de la sensibilité, et pour se maintenir immuablement dans la ligne du vrai, au milieu de ces insidieuses impulsions données en même temps à l'esprit et au cœur.

Mais il est des affaires qui, pour être bien appréciées, exigent encore plus que l'habitude du raisonnement, sur lesquelles on ne peut avoir des notions exactes que par une certaine érudition ou par des connaissances pratiques sur les objets auxquels elles se rattachent. La loi l'a reconnu, et elle a créé des Jurés spéciaux, c'est-à-dire des Jurés qui doivent être pris parmi les citoyens capables de donner une déclaration juste sur les crimes qui ne se réduisent pas à des faits simples et matériels, et dans lesquels le caractère des faits se décide ou se nuance par un rapprochement avec certaines lois d'ordre public. Mais en créant les Jurés spéciaux, la loi a déterminé aussi quels étaient les crimes qui leur seraient exclusivement soumis.

Ces crimes sont 1º les attentats contre la liberté ou sûreté individuelle des citoyens; 2º ceux qui ont été commis contre le droit des gens; 3º la rébellion à l'exécution, soit des jugemens, soit de tous les actes exécutoires émanés des autorités constituées; 4º les troubles occasionnés et les voies de fait commises pour entraver la perception des contributions, la libre circulation des subsistances et des autres objets de commerce; 5º les négligences, abus et malversations des gardes-champêtres; 6º les faux en écritures ou en fabrication; 7º les banqueroutes frauduleuses, la concussion, le péculat, les vols de commis ou d'associés en matière de finance, commerce ou banque, la forfaiture, et toute affaire qui a pour objet un écrit imprimé.

Les tableaux des Jurys spéciaux d'accusation et de jugement peuvent être formés, et ces Jurys peuvent s'assembler, les jours que les directeurs du Jury et les présidens de cours de justice criminelle trouvent respectivement convenable de fixer pour chaque affaire.

Ces tableaux se composent par le sort, tiré publiquement sur des listes partielles et générale qui sont faites aussi, comme celles qui sont destinées au Jury ordinaire, d'après les dispositions de la loi du 6 germinal an 8.

Pour la formation de ces listes, chaque juge de paix désigne, dans son arrondissement, tous les trois mois, les dix-huit citoyens qu'il croit les plus propres à remplir les fonctions de Juré spécial: il envoie cette liste de désignation au sous-préfet qui, après l'avoir réduite aux deux tiers, la fait passer au préfet.

Celui-ci, après avoir réduit à la moitié chacune des listes envoyées par les sous-préfets, en forme une liste générale qu'il divise en autant de listes partielles qu'il y a de tribunaux d'arrondissement dans le département, en ne plaçant dans chacune d'elles que les citoyens de l'arrondissement auquel elles sont respectivement destinées.

Il envoie au président de la cour de justice criminelle la liste générale qui doit servir pour la composition du Jury spécial de jugement.

Il envoie de même à chaque directeur du Jury la liste partielle relative à son arrondissement; et c'est sur ces listes partielles que sont formés, dans chaque arrondissement, les tableaux de Jurys spéciaux d'accusation.

On aperçoit, en rappelant ce qui a été dit dans le § 2, qu'il n'y a de différence, pour la formation des listes destinées aux Jurys spéciaux, et pour celle des listes destinées aux Jurys ordinaires, que dans les élémens de ces listes, dans le nombre des citoyens que doit présenter le juge de paix, et dans le choix qu'il doit en faire: la législation est du reste la même pour les unes et pour les autres.

Le Code du 3 brumaire an 4 avait prescrit un mode différent pour la formation des listes destinées aux Jurys spéciaux, et ce mode, peut-être, convenait bien davantage à l'objet qu'a eu la loi dans la création de cette espèce de Jury. D'après les art. 518 et 519 de ce Code, pour former le Jury spécial d'accusation, le commissaire du pouvoir exécutif près le directeur du Jury, choisissait seize citoyens ayant les qualités et les connaissances nécessaires pour prononcer sainement et avec impartialité, sur le genre du délit qui était l'objet de la poursuite; et sur ces seize citoyens, on en tirait au sort huit pour composer le Jury d'accusation.

La liste destinée à former le Jury spécial de jugement, était dressée par le président de l'administration départementale qui choisissait à cet effet trente citoyens ayant les qualités et les connaissances relatives au délit sur lequel l'accusation avait été déclarée; et sur ces trente citoyens, le président de la cour de justice criminelle en faisait tirer au sort quinze pour former le tableau du Jury spécial de jugement.

Ce mode de former les listes assurait à chaque crime, des Jurés dont les connaissances ou l'expérience étaient relatives à ce qui en ferait la matière.

Dans le système de la loi du 6 germinal an 8, au contraire, l'expert en écritures est confondu avec l'homme de lettres ; le fondeur de métaux avec le publiciste et le jurisconsulte, le savant avec l'artiste. C'est pourtant le sort qui doit choisir dans ce mélange des différens talens ; et il peut facilement arriver que, dans ces chances bizarres, il désigne un orfèvre, un écrivain, pour prononcer, comme Juré spécial, sur un attentat commis contre le droit des gens, ou sur des troubles occasionnés pour entraver la circulation du commerce.

Ce sera au législateur, s'il conserve l'institution des Jurés, à apprécier ce vice que paraît renfermer la loi du 6 germinal an 8.

Le nombre des Jurés qui doivent composer les tableaux des Jurys spéciaux d'accusation et de jugement, est le même que le Jury ordinaire.

La loi ne dit pas que, pour former le tableau du Jury spécial de jugement, le sort doive être tiré publiquement ; il est convenable néanmoins de donner à l'accusé cette garantie de l'exactitude d'une opération qui intéresse si essentiellement son honneur et son existence.

La notification de ce tableau doit être faite à l'accusé comme dans le Jury ordinaire : il a le droit d'exercer ses récusations, dans le même nombre et suivant le même mode. Le procureur-général a aussi, de son côté, les mêmes droits de récusation. (V. la loi du 6 germinal an 8.)

Enfin, pour les débats, pour la déclaration du Jury, pour la peine encourue par les Jurés qui ne se sont pas rendus au jour indiqué, sur la sommation qui a dû leur en être faite, la législation est encore, en tous points, la même.

[[Le Code de 1808 n'admet plus de Jurés spéciaux.]]

[[§ VI. *Législation actuelle du royaume des Pays-Bas sur toute cette matière.*

Quoique le Code de procédure criminelle de 1808 soit encore en vigueur dans le royaume des Pays-Bas, l'institution du Jury n'y a cependant plus lieu. Voici comment un arrêté législatif, du 6 novembre 1814, en a prononcé l'abolition, et l'a raccordée avec la forme de procéder que ce Code prescrit aux cours d'assises.

« Art. 1er. L'institution du Juré dans les affaires qui seront soumises aux cours d'assises, est abolie.

» 2. Dans le résumé de son plaidoyer, le ministère public proposera les questions sur lesquelles il trouvera nécessaire que la cour statue, sauf à l'accusé à faire à cet égard, par lui-même ou par son défenseur, telles observations qu'il jugera convenir.

» 3. Les juges, après en avoir délibéré, prononceront à la majorité de voix sur les questions de culpabilité et de circonstances aggravantes ou atténuantes.

» 4. Le ministère public requerra l'application de la peine, et la partie civile fera ses réquisitions pour restitution des dommages et intérêts.

» 5. Aucune audience criminelle ou correctionnelle ne sera publique avant le commencement des plaidoyers, qui, ainsi que les arrêts et jugemens, continueront d'être prononcés publiquement.

» 6. Il sera procédé pour le surplus conformément aux articles 363 et suivans du Code d'instruction.

» 7. La déclaration de la cour mentionnée en l'art. 3, ne sera soumise à aucun recours (1). »]]

JURÉS DE CATTEL. On a vu à l'article *Cattel*, que ce mot signifie *effet mobilier* : ainsi, les termes *Jurés de Cattel* doivent désigner en général des officiers assermentés pour des objets relatifs aux meubles et droits mobiliers ; et c'est en ce sens que la coutume de la ville et du chef-lieu de Valenciennes qualifie de *Jurés de Cattel*, des personnes à qui elle donne le pouvoir de rédiger les conventions mobilières.

L'art. 5 de cette coutume contient sur ce point une disposition qui mérite une attention sérieuse : « les échevins (porte-t-il,) durant le temps » de leur échevinage, peuvent recevoir tous con- » trats et conventions mobiliaires ; et aussi après » ledit échevinage expiré, demeurent le parfait de » leurs vies *Jurés de Cattel*, et en cette qualité » peuvent recevoir et passer tous contrats et recon- » naissances mobiliaires seulement, pourvu qu'il » y ait deux Jurés du moins à ce faire. »

Cette article présente plusieurs questions à résoudre.

La première est de savoir si l'édit du mois d'avril 1675, portant défenses à tous autres qu'aux notaires et hommes de fief d'instrumenter en Hainaut, a dérogé au droit de la coutume que Valenciennes attribue à cette matière aux Jurés de Cattel.

La raison de douter est que cet édit ne renferme aucune exception en faveur des officiers dont nous parlons.

La raison de décider résulte de ces termes de l'édit même : « Et d'autant qu'en notre pays et » comté de Hainaut, suivant et conformément aux » chartes d'icelui, les actes et contrats personnels » se reçoivent par des hommes de fief, au nombre » prescrit par lesdites chartes ; pour d'autant moins » déroger audit usage, voulons et ordonnons » que dorénavant tous actes et contrats qui seront » faits dans l'étendue dudit pays et comté de Hai- » naut, du ressort de notre conseil souverain de » Tournai (*depuis parlement de Douai,*) soient » reçus par un notaire-homme de fief, qui instru- » mentera ès-dites qualités de notaire-homme de fief, » assisté d'un autre homme de fief seulement...... » Défendons et interdisons à tous autres hommes » de fief, pays de Hainaut, de recevoir aucuns actes » et contrats de leur chef et sans l'intervention » desdits notaires hommes de fief, à peine de nul- » lité, et de tous dépens, dommages et intérêts des » parties. »

_____

(1) Journal Officiel du royaume des Pays-Bas, tome 5, page 489.

Pourquoi cet édit conserve-t-il aux hommes de fief de Hainaut le droit d'assister à la passation des contrats? C'est parce que les chartes générales leur attribuent le droit d'instrumenter en toutes sortes de matières. Or, les *Jurés de villes franches* sont mis à cet égard, par l'art. 2 du chap. 109 des chartes générales, sur la même ligne que les hommes de fief : « toutes obligations, pour être exécutoires » (porte-t-il,) devront être connues, et passées » paradevant hommes de fief, *Jurés de franches* » *villes*, etc. » Ainsi, puisque l'édit cité a permis aux hommes de fief de continuer d'instrumenter en se faisant assister d'un notaire homme de fief, on peut dire par la même raison, que les Jurés de Cattel de Valenciennes peuvent encore recevoir des contrats, pourvu qu'avec eux y interviennent des notaires-Jurés de Cattel de la même ville. C'est de cette manière que l'usage, le plus sûr interprète des lois, a expliqué l'édit de 1675. Les contrats se passent tant à Valenciennes que dans le chef-lieu du même nom, par un notaire assisté de deux Jurés de Cattel, quand il n'a pas lui-même cette qualité, ou d'un seul, quand il en est revêtu.

Ce que nous disons ici suppose (et tel est en effet l'usage) que les Jurés de Cattel de Valenciennes, soit qu'ils aient cette qualité par la seule nomination du magistrat, ou qu'ils l'aient acquise par l'exercice des fonctions d'échevins, conformément à l'art. 5 de la coutume, peuvent instrumenter dans toute l'étendue du chef-lieu ; il faut cependant en excepter les cantons de cette partie du Hainaut qui appartiennent actuellement à la maison d'Autriche.

Il résulte aussi de ce que nous venons de dire, une différence remarquable entre les échevins de Valenciennes et les Jurés de Cattel, par rapport au droit de recevoir des contrats. Les premiers peuvent exercer ce droit sans notaires, comme on l'a vu aux mots *Couvent* et *Echevins*, au lieu que l'intervention des notaires est essentielle pour donner aux seconds le pouvoir d'instrumenter.

On remarquera, à cette occasion, que réciproquement les notaires du chef-lieu de Valenciennes ne peuvent recevoir aucun contrat sans être assistés de Jurés de Cattel ou d'hommes de fief. Ce serait en vain qu'ils prétendraient suppléer à la présence de ces officiers par celle de deux témoins ; cette usage, usitée dans l'intérieur de la France et dans la plus grande partie des Pays-Bas, ne l'est pas dans le Hainaut, où les actes qu'on veut rendre authentiques, ou qui doivent l'être par leur nature, ne peuvent être reçus que par des officiers publics, c'est-à-dire, par un notaire homme de fief, assisté d'un simple homme de fief, ou si c'est dans une ville franche, par un notaire assisté de deux Jurés, ou d'un seul, si le notaire a aussi cette qualité.

L'article 5 de la coutume de Valenciennes ne donne, comme on l'a vu, aux Jurés de Cattel que le droit de recevoir des *contrats et conventions mobiliaires*. Faut-il prendre ces mots à la lettre, et en conclure que le pouvoir des officiers dont

nous parlons, soit borné aux contrats qui ont des meubles pour objet ? Non, Coquille nous apprend dans ses *Institutions au droit Français*, titre *des communautés*, que les anciens praticiens confondaient les actions personnelles et les actions mobiliaires, et qu'ils désignaient les unes et les autres par le même nom. Cette autorité seule suffit pour prouver que la coutume de Valenciennes entend par *conventions meubiliaires*, toute obligation personnelle, sans distinguer si son objet est un meuble ou un immeuble : et si l'on ajoute à cela, que, suivant les principes auxquels les erreurs des praticiens ne peuvent jamais porter atteinte, une obligation purement personnelle est toujours mobilière ; soit qu'elle tende à l'acquisition d'un meuble ou d'un immeuble, comme je le démontrerai à l'article *Nantissement*, § 1, n° 5, on ne doutera plus que les échevins et Jurés de Cattel ne puissent recevoir toutes sortes de contrats ; et tel est en effet l'usage de Valenciennes.

Mais, dira-t-on, pourquoi la coutume ajoute-t-elle le mot *meubiliaire* au mot *convention* ? Ne fait-elle pas entendre par-là qu'elle reconnaît différentes sortes de conventions, et par conséquent, que les échevins et Jurés de Cattel ne peuvent pas les recevoir toutes indistinctement ?

Pour répondre à cette objection, ne perdons pas de vue le mots *personnels* et *mobiliers*, appliqués aux contrats, sont parfaitement synonymes, et par conséquent que *convention mobilière* signifie précisément la même chose que *contrat personnel*. Cela posé, dira-t-on attribuer à des officiers publics le droit de recevoir toutes sortes de *contrats personnels*, c'est borner leurs fonctions aux obligations dont l'effet ne doit pas s'étendre au delà de la personne ou des meubles de l'obligé, et conséquemment leur ôter le droit de recevoir des contrats qui tendent à aliéner des immeubles, comme la vente, le bail à rente, etc. ? Ce serait une absurdité de raisonner ainsi : car il est certain qu'en donnant à un officier public, tel qu'un notaire, un homme de fief, un Juré de Cattel, le droit de recevoir toutes sortes de contrats personnels, on donne à ses fonctions toute l'étendue dont elles sont susceptibles.

En voulons-nous une preuve sans réplique ? Comparons l'édit du mois d'avril 1675, à l'art. 2 du chap. 109 des chartes générales.

D'un côté, l'édit porte que, « dans le Hainaut, » suivant et conformément aux chartes d'icelui ; » les actes et contrats personnels se reçoivent par » des hommes de fief. »

De l'autre, il est dit dans l'art. 2 du chap. 109 des chartes générales, que TOUTES OBLIGATIONS, *pour être exécutoires, devront être connues et passées par devant hommes de fief.*

Les mots *contrats personnels* et *toutes obligations* signifient donc nécessairement la même chose.

Pour jeter un nouveau jour sur cette conséquence, reprenons les termes de l'édit de 1675 : « Et d'autant qu'en notre pays et comté de Hai-

» naut, suivant et conformément aux chartes d'i-
» celui, *les actes et contrats personnels se reçoi-
» par des hommes de fief.....*, pour d'autant moins
» déroger audit usage, voulons et ordonnons que,
» dorénavant, *tous actes et contrats* qui seront
» faits dans l'étendue dudit pays....., soient reçus
» par un notaire homme de fief, qui instrumen-
» tera és-dites qualités, assisté d'un autre homme
» de fief seulement. »

On voit dans ce texte, que le législateur emploie indifféremment les mots *actes et contrats
personnels*, et les mots *tous actes et contrats*. Il
est donc bien clair que donner à un officier public
le droit de recevoir les contrats personnels ou mobiliers, c'est précisément la même chose que de-
lui donner le droit de recevoir toutes sortes de
contrats, quel qu'en soit l'objet.

Mais pourquoi ajouter les mots *personnels* et
mobiliers à celui de *contrats*? Tous les contrats
ne sont-ils pas personnels et mobiliers?

Pour entendre ceci, il faut savoir que, dans les
pays de nantissement, on divise les contrats en
personnels et en réels. Les premiers sont ceux qui
obligent simplement la personne, sans affecter les
biens; tel est un contrat de vente avant la tradition. Les seconds sont ceux qui affectent les biens.
Pour former des contrats de cette deuxième espèce, il faut que la tradition effective ou symbo-
lique, concoure avec l'obligation personnelle;
ainsi, avant la tradition, un contrat est toujours
personnel ou mobilier, et c'est la tradition qui le
rend réel.

L'art. 137 de la coutume d'Amiens explique
très-bien cette différence : « Contrats de vendi-
» tion d'héritages ou rentes, baux à-cens, héredi-
» taux ou à vie, ou à louage, permutation, do-
» nation et autres..... *sont réputés purs person-
» nels et mobilières.....*, si ce n'est que lesdits
» contrats soient reconnus pardevant les seigneurs
» dont lesdits héritages obligés sont tenus, ou les
» officiers de leur justice ; en ce faisant sont réa-
» lisés. »

Cet article prouve deux choses : l'une, que le
sens des mots *conventions mobilières*, ne doit
point être restreint, dans la coutume de Valenciennes, aux contrats qui ont des meubles pour
objets : la seconde, que, si cette coutume, en parlant des Jurés de cattel et des échevins, ajoute le
terme *mobilière*, au mot *convention*, c'est uniquement pour faire entendre, d'un côté, que le pouvoir des Jurés de cattel se borne à recevoir les contrats, et qu'il ne s'étend point jusqu'à les réaliser;
et d'un autre côté, que les échevins doivent être
en plus grand nombre pour réaliser une obligation, que pour la recevoir. En effet, il suffit qu'ils
soient deux pour cette dernière opération, au lieu
que, pour la première, il faut, aux termes de l'article 50, qu'ils soient au nombre de sept, sans
comprendre le mayeur.

Ce que nous venons de dire, combiné avec les
articles *Couvent*, *Echevins* et *Homme de fief*,
fait voir très-clairement qu'à Valenciennes, ou

peut passer un acte de trois manières différentes,
savoir, devant deux échevins, devant un notaire-
Juré de cattel et un simple Juré de cattel, ou enfin
devant un notaire homme de fief et un simple
homme de fief. Mais, que devrait-on penser d'un
acte, dans la confection duquel on aurait fait intervenir tout à la fois des échevins, des notaires,
des Jurés de cattel et des hommes de fief?

Cette question s'est présentée au parlement de
Douai dans l'espèce suivante.

Le sieur Maloteau de Guerne voulant faire passer au sieur Maloteau son cousin, tous les biens
qu'il avait dans la coutume de la châtellenie de
Lille, choisit, pour cet effet, la seule voie autorisée par cette coutume pour disposer à titre gratuit ; il fit donc à Valenciennes, le 22 septembre
1755, un acte de donation entre-vifs, conçu en
cette forme : *Par-devant messieurs les Jurés et
échevins de la ville de Valenciennes, à l'adjonction de notaire royal, Jurés de cattel et hommes
de fief du Hainaut, de la même résidence, soussignés, fut présent....*

Cette donation fut attaquée par les sieurs Dop-
chy, Pollart et Delos, héritiers des biens qui en
étaient l'objet. Ils se fondaient:

1° Sur ce qu'on avait rassemblé dans l'acte toutes les espèces d'officiers publics auxquels la coutume, l'usage et la loi, donnent le droit d'instrumenter;

2° Sur ce que l'acte n'avait pas été *par-devant
notaires*, conformément à l'ordonnance de 1731,
mais *par-devant les Jurés et échevins de Valenciennes à l'adjonction d'un notaire*, qui n'y faisait apparemment d'autre fonction que celle d'é-
crivain.

Le premier de ces moyens était évidemment mal
fondé. La surabondance des formalités ne pouvait
donner lieu à l'annulation de l'acte : *utile non
vitiatur per inutile.....*

Le second moyen n'était pas plus solide. Les
mots *à l'adjonction* ne pouvaient signifier autre
chose, si ce n'est que l'acte était passé en présence des deux échevins, du notaire, des Jurés de
cattel et des hommes de fief; et quoiqu'on eût
donné aux échevins le premier rang, au lieu de le
donner au notaire, il n'en était pas moins vrai
que l'acte avait été aussi bien passé devant le notaire que devant les échevins: d'ailleurs, en faisant intervenir les juges municipaux dans l'acte,
il était naturel de leur donner la préséance sur un
simple notaire.

La prétention des héritiers du donateur était
donc insoutenable ; aussi furent-ils déboutés par
arrêt rendu au rapport de M. Merlin d'Etreux.

III. Les contrats reçus par des Jurés de cattel,
sont appelés *ayuwes*: c'est ce qu'indiquent ces
termes de l'art. 74 de la coutume de Valenciennes:
*Si quelqu'un se trouve redevable par obligation
passée par-devant Jurés de cattel de notredite ville,
que l'on dit ayuwe.....* (V. l'article *Ayuwe*.)

IV. L'exécution de ces contrats se fait d'une
manière toute particulière : nous en rendrons

compte à l'article *Tenue par la loi*, mot qui exprime la saisie pratiquée sur un immeuble en vertu d'un acte de cette espèce.

V. Les fonctions des Jurés de cattel ne sont pas bornées à recevoir des contrats. L'art. 5 de la coutume de Valenciennes semble, il est vrai, annoncer le contraire ; mais 1° l'art. 35 fait voir que leur intervention est encore nécessaire dans les *actes d'ajour*, espèce d'exploits qu'on fait dans la coutume de Valenciennes, pour parvenir au paiement de rentes hypothéquées sur des biens fonds (1). 2° l'art. 114 prouve aussi que les Jurés de cattel peuvent recevoir les testamens *qui se font des biens de nature mobilière, si avant que lesdites dispositions se fassent en ladite ville, banlieue et chef-lieu.*

Il faut observer, sur cette dernière disposition, que les Jurés de cattel ne peuvent plus recevoir de testament sans être assistés d'un notaire. C'est ce qui résulte de ce que nous avons dit plus haut, relativement aux contrats.

Remarquez aussi, que les Jurés de cattel peuvent, en observant la forme que nous venons d'indiquer, recevoir des testamens dans lesquels on dispose des biens-fonds ; mais leur présence ne suffit pas pour donner à ces actes toute la perfection qui leur est nécessaire ; il faut, en outre, qu'on les fasse reconnaître devant deux échevins du lieu où l'héritage est situé. C'est ce qui résulte de l'art. 110 ; et c'est en ce sens qu'on doit expliquer la restriction que l'art. 114 semble faire du pouvoir des Jurés de cattel, aux testamens *qui se font des biens de nature mobilière.*

[[VI. Les Jurés de cattel ont été supprimés en même temps que les hommes de fief instrumentans. V. l'article *Homme de fief.*]]

*JURIDICTION. Pouvoir de celui qui a droit de juger.

Quelquefois ce mot signifie le ressort, l'étendue du lieu où un juge a ce pouvoir. Quelquefois on entend par *Juridiction*, le tribunal où l'on rend la justice.

On dit, *faire acte de Juridiction*, pour dire user du pouvoir juridictionnel.

On appelle *degré de Juridiction*, les différens tribunaux dans lesquels on peut plaider successivement pour la même affaire, et l'ordre qui est établi pour procéder dans une Juridiction inférieure avant de pouvoir porter l'affaire à une Juridiction supérieure. (*V.* les articles *Appel* et *Dernier ressort.*)

Les Romains avaient trois sortes de Juridictions dont le pouvoir était différent :

« Celle de magistrats du premier ordre qui avaient *merum et mixtum imperium*, c'est-à-dire l'entière Juridiction, comme on dirait parmi nous, haute, moyenne et basse-justice ; »

D'autres d'un ordre inférieur, qui n'avaient que le *mixtum imperium*, dont le pouvoir était moins étendu, et ressemblait à peu près à la *moyenne justice* ;

Enfin des Juridictions simples qui ressemblaient assez à nos *basses-justices*.

Mais ces diverses Juridictions, quoique de pouvoir différent, ne formaient pas trois degrés de Juridiction pour l'appel. (M. GUYOT)*

[[JURIDICTION CONTENTIEUSE. On appelle ainsi, par opposition à la *Juridiction gracieuse, ou volontaire*, celle qui s'exerce entre deux ou plusieurs parties dont les prétentions se combattent respectivement, et qui aboutit à un jugement en faveur de l'un et au désavantage de l'autre. *V.* l'article *Juridiction gracieuse.*]]

[[JURIDICTION DÉLÉGUÉE. Termes fréquemment employés dans les lois romaines.

Les Romains considéraient la magistrature comme une sorte de propriété qu'on pouvait céder et déléguer, tant qu'on en était revêtu. *Quæcumque jura magistratus jure competunt, mandari possunt*, dit la loi 5 de *Jurisdictione* (1).

Cet usage passa de Rome dans les Gaules, et nos premiers rois la tolérèrent : de là les substituts que se donnèrent les ducs, qui, se regardant comme propriétaires de leurs offices, finirent par les rendre patrimoniaux et héréditaires, et firent de leurs substituts eux-mêmes de véritables officiers.

A la renaissance des communes et de l'autorité royale, il fut créé des baillis et des sénéchaux, pour remplir, au nom du roi, les fonctions qu'avaient précédemment exercées les ducs et les comtes. Aussi ignorans que l'avaient été ceux-ci, il fallut bien leur permettre de se faire remplacer, dans l'administration de la justice, par des lieutenans instruits des formes judiciaires et du fond des lois. Cependant, on n'en vint là que peu à peu. L'ordonnance de Charles VI de 1388 leur enjoignaient très-expressément d'exercer leurs offices en personne : et si elle leur permettait de se donner des lieutenans, ce n'était que pour les intervalles où ils se trouvaient légitimement empêchés : *Volumus insuper et ordinamus quod omnes senescalli, Ballivi et alii judices nostri officia quæcumque sibi commissa, personaliter exerceant : nec illa per eorum locatenentes, nisi in casu necessitatis et alterius legitimi impedimenti, et impedimento duntaxat durante, faciant exerceri.*

Dans la suite, on fut plus indulgent ; mais l'abus qui en résulta ayant ouvert les yeux au Gouvernement, non seulement on réserva au roi seul le droit de nommer les lieutenans des baillis et sénéchaux, ce qui (suivant Loyseau, *Traité*

_____

(1) *V.* l'article *Ajour.*

_____

(1) On peut voir là-dessus de grands détails dans Loyseau, *Traité des Offices*, liv. I, chap. 5 ; et dans le commentaire de Voët sur le *Digeste*, titre *de jurisdictione.*

des offices, liv. 1er, chap. 5, n° 57) se fit sous François 1er : mais on ôta à ceux-ci l'exercice de leurs charges, qui furent, par ce moyen, réduites à des titres purement honorifiques.

Ainsi, dans le dernier état de notre jurisprudence antérieure à 1790, il n'était pas permis à un juge de déléguer son pouvoir à un particulier. Il est vrai que, dans son absence, il pouvait être remplacé par le plus ancien avocat du siége ; mais ce n'était point lui qui opérait cette délégation, elle ne venait que de la loi ; et cela est si vrai qu'il ne pouvait pas commettre nommément tel ou tel avocat pour le remplacer.

C'est ce qui résulte de plusieurs arrêts.

Le parlement de provence, entre autres, en a rendu un, le 15 juillet 1685, par lequel, « fai- » sant droit sur la requête du procureur-général » du roi, conformément aux ordonnances de Sa » Majesté, arrêts et règlemens de la cour, (il.) » fait inhibitions et défenses à tous juges royaux » de la province, d'établir en leur absence ou » empêchement, ou aux avocats, d'accepter » pareille commission, à peine de nullité de » procédures et jugemens, et de répondre en » leur propre nom des dommages - intérêts des » parties ; sauf, en cas d'absence ou d'empêche- » ment, à être procédé au fait de la justice, par » l'ancien avocat, l'ordre du tableau gardé.... » (Recueil de M. le président de Régusse, page 154.)

Il a été rendu un arrêt semblable au parlement de Dijon, le 8 juillet 1695. (Raviot sur Perrier, question 265, n° 23.)

La loi du 24 août 1790, en substituant un nouvel ordre judiciaire à l'ancien, n'a rien changé au principe de l'*indélégabilité* de la Juridiction. Les lois qui l'ont suivie interprétée ou modifiée, ont même donné à ce principe une plus grande extension qu'il n'en avait précédemment. (*V.* l'article *Avocat*, § 5.)

Il y a cependant un cas où les juges peuvent encore, comme ils pouvaient avant 1790, déléguer leur Juridiction : c'est lorsque, dans les procès pendans devant eux, on a besoin de faire, dans un lieu éloigné, une enquête, une descente de juge, ou tout acte semblable. Alors, le tribunal à qui appartient la connaissance de l'affaire, peut et même doit, comme le remarque Loyseau (à l'endroit cité, n° 59) *commettre l'expédition au juge des lieux, et non à autres, comme à des avocats ou à des juges d'un autre territoire.*

Ainsi, dans ce cas là même, le pouvoir de déléguer est très-borné, et cela vient, dit encore Loyseau, de ce que *nous observons à présent en France, qu'autre que le prince ne peut commettre la puissance publique à celui qui ne l'a pas.*

C'est sur ce principe que sont fondés deux arrêts du parlement de Paris, des 7 mai 1709 et 14 février 1756.

Par le premier, rendu à Tournelle, au rapport

de M. Feydeau de Brou, la cour a fait défense au lieutenant criminel de Reims de commettre un avocat ou un praticien pour informer sur les lieux, hors de son ressort ; lui adjoint d'adresser, en pareil cas, une commission rogatoire au plus prochain juge des lieux, pour entendre les témoins ; a déclaré nulle la procédure dont il s'agissait, et a ordonné qu'elle serait recommencée aux frais du lieutenant criminel de Reims, par celui de Châlons.

Le second arrêt a été pareillement rendu à la Tournelle, et sur les conclusions de M. l'avocat-général Joly de Fleury, entre le sieur Grandchamp et les sieur et dame Dupuy. Le juge supérieur du bailliage de Montpensier avait commis le juge de Chambon pour se transporter hors du ressort de celui-ci, à l'effet d'y informer. L'arrêt cité lui a fait *défenses de commettre aucun juge hors l'étendue de son ressort* (1).

Remarquez au surplus qu'un juge inférieur ne peut pas en déléguer un autre pour juger un procès dont il est saisi, mais seulement pour faire quelque acte d'instruction. C'est la disposition expresse d'un arrêt de règlement du parlement de Paris, du 10 juillet 1665.

Mais il est des cas où les procès dont est saisi un tribunal, peuvent être renvoyés, soit par le tribunal auquel il ressortit, soit par la cour de cassation, devant un autre juge de la même qualité. *V.* les articles *Cour de cassation*, n° 3 ; et *Évocation*, § 2.]]

JURIDICTION GRACIEUSE ou **VOLONTAIRE**. Ces termes semblent se définir d'eux-mêmes ; cependant quelques explications sont nécessaires pour en bien déterminer la signification.

1. J'ai déjà dit à l'art. *Juridiction contentieuse*, que la chose exprimée par ces mots, est l'opposé de la chose désignée par les termes *Juridiction gracieuse* ou *volontaire*. Et en effet il existe, dans le droit romain, un texte célèbre dans lequel ces deux sortes de Juridiction sont, d'une manière frappante, mise en opposition l'une avec l'autre : c'est la loi 2, D. *de officio proconsulis*. Les proconsuls (y est-il dit) peuvent, dès qu'ils ont mis le pied hors de la ville de Rome, pour se rendre dans leurs provinces, faire toute espèce d'acte de Juridiction volontaire ; ainsi, on peut, dès ce moment, adopter un enfant, émanciper un fils de famille, ou affranchir un esclave, devant eux. Mais ce n'est que dans son territoire que chacun d'eux a l'exercice de la Juridiction contentieuse : *Omnes proconsules, statim quam urbem egressi fuerint, habent jurisdictionem, sed non contentiosam, sed voluntariam : ut ecce manumitti apud eos possunt tam liberi quam servi, et adoptiones fieri.*

Ce texte nous donne déjà une idée de ce qui

_____

(1) Denizart, au mot *Commission.*

des testamens olographes et mystiques , ainsi que l'ordonnance de dépôt de ces actes dans les minutes d'un notaire, qui ne doivent, comme je l'établirai à l'article *Testament*, sect. 2, § 4, art. 5, être précédés d'aucune espèce de connaissance de cause.

Il en serait de même de l'émancipation, qui, suivant l'art. 477 du Code civil, n'exige, de la part du père, qu'une simple déclaration appuyée de la preuve que son enfant a atteint l'âge de quinze ans révolus.

Il en eût été de même encore, dans le droit romain, de la manumission, sauf le cas où, projetée par un mineur de vingt ans, elle ne pouvait, aux termes du chapitre second de la loi *OElia Sentia,* avoir son effet qu'en vertu d'une autorisation accordée en connaissance de cause (1).

Mais il faudrait rayer de la liste des actes de juridiction volontaire, jusqu'à l'adoption, qui cependant y est formellement comprise par la loi 2, D. *de officio proconsulis.*

En effet, Voët prouve lui-même que, suivant le droit romain, d'après lequel il parle, l'adoption ne pouvait avoir lieu, ni si l'adoptant n'avait pas au moins dix-huit ans plus que l'adopté, ni s'il était notoirement privé des organes de la génération, ni s'il avait passé l'âge de soixante ans, ni s'il avait des enfans légitimes, à moins que, dans ces deux derniers cas , des causes graves n'en sollicitassent la dispense en sa faveur (2). Il fallait donc bien qu'avant de confirmer une adoption par son ministère, le magistrat s'assurât que l'adoptant ne se trouvait dans aucun des cas d'incapacité déterminés par la loi; comme il faut encore aujourd'hui, aux termes de l'art. 355 du Code civil, qu'avant de déclarer qu'*il y a lieu à l'adoption*, le tribunal *vérifie* 1° *si les conditions de la loi sont remplies ;* 2° *si la personne qui se propose d'adopter, jouit d'une bonne réputation.*

Mais si l'adoption ne laisse pas d'être un acte de juridiction volontaire, quoiqu'elle exige une connaissance préalable de cause, pourquoi la nécessité d'une connaissance préalable de cause ôterait-elle le caractère d'actes de juridiction volontaire à la dation de tutelle et à l'autorisation d'aliéner les biens des mineurs? Et, dès-là, comment ne pas convenir que ce n'est pas d'après la nécessité ou non nécessité de la connaissance préalable de cause, que l'on doit juger si tel acte appartient ou non à la juridiction volontaire, mais uniquement d'après la nature de son objet? Comment ne pas réputer acte de juridiction volontaire, tout juge-

ment, toute ordonnance de justice qui intervient, suivant l'expression de Pothier, in *volentes*, n'importe que ce soit avec ou sans connaissance de cause, n'importe que la connaissance de cause, lorsqu'elle est nécessaire, doive être plus ou moins approfondie?

La question de savoir si, dans l'exercice de la juridiction volontaire, le juge n'a que des fonctions passives à remplir, doit donc se résoudre par une distinction très-simple.

Ou il s'agit d'un acte de juridiction volontaire qui, tels que l'ouverture d'un testament olographe ou mystique, et l'ordonnance de dépôt de ces actes dans les minutes d'un notaire, n'exige aucune connaissance de cause ; et alors il est clair que le juge ne peut pas plus refuser l'interposition de son autorité, qu'un notaire ne peut refuser de passer un acte de son ministère, lorsqu'il en est requis.

Ou il s'agit d'un acte de juridiction volontaire qui ne peut être fait qu'en connaissance de cause ; et dans ce cas, nul doute que le juge ne puisse, lorsqu'il y a lieu, éconduire la partie qui en forme la demande.

IV. Mais quels sont les élémens de la *connaissance de cause* qui, dans ce dernier cas, doit précéder, de la part du juge, l'interposition de son autorité? En d'autres termes, le juge est-il astreint, dans les actes de juridiction volontaire, comme il l'est dans les actes de juridiction contentieuse, à ne prononcer que *secundum allegata et probata?*

D'Argentrée, sur l'art. 1er de la coutume de Bretagne, distingue deux sortes de connaissances de cause : l'une, qu'il appelle *informatoriam*, parce qu'elle résulte de tous les moyens propres à éclairer la religion du juge, et qu'il applique aux actes de juridiction volontaire; l'autre, qu'il appelle *legitimam*, parce qu'elle ne peut résulter que des preuves recueillies par les voies légales, et qu'il applique aux actes de juridiction contentieuse.

Ainsi, dit M. Henrion de Pansey, en adoptant cette distinction lumineuse, « dans les actes de la » juridiction volontaire, le juge peut se décider par » ses connaissances personnelles; dans ceux de la » juridiction contentieuse, il est obligé de juger » *secundum allegata et probata.* Dans les pre- » miers, il peut prendre pour base de sa décision » les faits articulés par le demandeur, ou refuser » d'y croire par des motifs qui lui sont personnels; » au contraire, dans les seconds, lorsqu'un fait es- » sentiel est dénié par l'une des parties, il ne lui » est pas permis de le tenir pour certain; et quel- » que connaissance qu'il en ait d'ailleurs, il doit » en ordonner la preuve. »

Cette théorie est pleinement justifiée par l'article 355 du Code civil : « le tribunal réuni en la » chambre du conseil, et après s'être procuré les » renseignemens convenables, vérifiera, 1° si tou- » tes les conditions de la loi sont remplies; 2° si » la personne qui se propose d'adopter, jouit d'une » bonne réputation. » Ainsi, comme le disait l'orateur du tribunat, en portant la parole sur cet

____

(1) Institutes de Justinien, titre *quibus manumittere non licet*, § 4.

(2) Voici comment s'exprime ce jurisconsulte, titre *de adoptionibus*, n° 6 : in utraque , tam adrogatione quam adoptione, requisitum fuit ut adoptans *bona pubertate*, id est , decem et octo annis, antecederet adoptatum, nec in universum esset ad generandum inhabilis, adoptione scilicet naturam imitante. § 4 et 9, inst. h. t. ; insuper sexagenario major esset, ac liberis careret aliis legitimo matrimonio progenitis, nisi aliud suaderent graves causæ. L..15, § 2, L. 17, § 3, D. h. t.

article devant le corps législatif, à la séance du 2 germinal an 11, « les juges n'ont point, comme » dans tous les autres actes de leur juridiction, des » preuves à recueillir, mais des renseignemens à » se procurer. Ils ont à vérifier si l'adoptant jouit » d'une bonne réputation; sage disposition qui fait » de l'adoption le prix et le partage exclusif de la » probité, et qui éloigne à jamais la crainte qu'elle » puisse servir de voile à des combinaisons reprou- » vées par la morale. Mais cette disposition même » vous montre la nature du pouvoir confié aux » tribunaux : c'est un pouvoir purement discré- » tionnaire. La loi remet dans leurs mains le dépôt » des mœurs : leur conscience publique. Aussi ne » sont-ils soumis à aucune des formes ordinaires de » l'instruction et des jugemens : tout se fait dans » la chambre du conseil, et sans qu'ils aient à » rendre compte des motifs de leur décision.»

Les juges n'ont sans doute pas, dans tous les actes de la juridiction volontaire, un pouvoir dis- crétionnaire aussi étendu, et l'on en verra la preuve à l'article *Testament*, sect. 2, § 4, art. 5 ; mais ils ont, dans tous, celui de se procurer personnel- lement tous les renseignemens propres à les éclai- rer sur le bien ou mal fondé de la demande qui leur est adressée.

V. On a remarqué plus haut, n° 1, une autre distinction établie par la loi 2, D. *de officio pro- consulis*, entre les actes de la juridiction volon- taire et les actes de la juridiction contentieuse : c'est que, tandis que les seconds ne peuvent être faits par le juge que dans son territoire, les pre- miers peuvent être faits en quelque lieu que ce soit.

Le § 1 de la loi 36, D. *de adoptionibus et emancipationibus*, est encore plus formel : les manumissions et les adoptions (est-il dit) peu- vent être faites devant un proconsul, même hors de la province qui lui est assignée : *apud procon- sulem, etiam in ea, provincia quam sortitus non est, manumitti et in adoptionem dari posse placet*.

La loi 17, D. *de manumissis vindicta* déclare également que *apud proconsulem postquam urbem egressus est, vindicta manumittere possumus.*

C'est dans le même esprit que la loi 36, D. de *adoptionibus et emancipationibus*, dit que *eman- cipari filium à patre quocumque loco posse con- stat, ut exeat de patria, potestate; et en effet, comme l'observe Pothier, n° 9, ces termes quo- cumque loco signifient évidemment etiam extra provincium.*

Ils signifient aussi, suivant le même juriscon- sulte, que, pour la validité d'une émancipation, il n'est pas nécessaire que le magistrat qui y pré- side, siége dans son tribunal, et qu'il peut y prê- ter son ministère partout où il en est requis, même sur son passage et dans le bain; *item non solum pro tribunali, sed in transitu, in bal- neo*, etc.

Et c'est ce que décident expressément, pour la manumission ou l'affranchissement des esclaves,

les lois 7 et 8, D. *de manumissis vindicta* (1).

Enfin, la loi 3, D. *de tutelis*, après avoir éta- bli, § 2, qu'il doit être nommé un curateur au pupille pour agir en son nom contre son tuteur, lorsqu'il a des intérêts à démêler avec lui (fonc- tion qui est exercée aujourd'hui par le subrogé- tuteur,) ajoute, § 3, que la nomination de ce tu- teur peut être faite en tout lieu et en tout temps : *quolibet loco et tempore curatorem dari posse.*

Il n'est question, comme l'on voit, dans tous ces textes, que de l'adoption, de l'émancipation, de la manumission et de la dation de curateur; mais il n'est pas un interprète qui ne convienne que la décision doit en être étendue à tous les actes de juridiction volontaire (2).

On sent néanmoins qu'elle ne peut plus être d'aucun usage pour ceux de ces actes qui, tels que la déclaration *qu'il y a, ou qu'il n'y a pas lieu à l'adoption*, et l'autorisation accordée à un mineur d'aliéner ses immeubles, consistent dans des jugemens rendus par un tribunal entier. La pu- blicité est, pour tous les jugemens, quelqu'en soit la nature ou l'objet, une forme essentielle; et ils ne peuvent être rendus publiquement, dans le sens de la loi, hors du tribunal même.

Il y a plus : l'art. 1040 du Code de procédure civile porte, sans distinction entre les actes de la juridiction volontaire et les actes de la juridiction contentieuse, que « tous actes et procès-verbaux » du ministère du juge, seront faits au lieu où » siège le tribunal. »

Il est seulement à remarquer que cet article ne prononce pas la peine de nullité, et qu'aux termes de l'art. 1030, *aucun acte de procédure ne peut être déclaré nul, si la nullité n'en est pas formel- lement prononcée par la loi.*

VI. Une autre particularité propre aux actes de juridiction volontaire, c'est qu'ils peuvent être faits les jours fériés, à la différence des actes de juridiction contentieuse qui ne peuvent l'être que les jours ouvrables. C'est du moins ce que décide la loi 9, C. *de feriis*, par rapport aux actes d'é- mancipation et manumission (*in his tamen et emancipandi et manumittendi cuncti licentiam habeant, et super his acta non prohibeantur*); et tous les auteurs sont d'accord qu'il en est de même de tous les actes appartenant à la juridiction volontaire.

Voët n'en excepte pas même ceux de ces actes qui, à raison de ce qu'ils ne peuvent être faits qu'en connaissance de cause, tels que la dation de tutelle et l'autorisation d'aliéner les biens des mi- neurs, lui paraissent, comme on l'a vu plus haut, n° 3, tenir de la nature des actes de juridiction contentieuse ; *nec feriæ*, dit-il, *actibus hisce ex-*

_____

(1) *Non est omnino necesse pro tribunali manumittere; itaque plerumque in transitu servi manumitti solent, cum aut lavandi, aut gestandi, aut ludorum gratia prodierit prætor, aut procon- sul, legatusve Cæsaris.*

Ego, cum in villa cum prætore fuissem, passus sum apud cum manumitti, et si lictoris præsentia non esset.

(2) *V*. l'article *Mariage*, sect. 4, § 1, n° 3, 3me question.

pediendis impedimento videntur: il ajoute que cela résulte de la loi 2, D. *de feriis*; et en effet, cette loi porte textuellement que l'on peut, même les jours fériés, *etiam diebus feriatis*, s'adresser au préteur pour faire nommer des tuteurs ou des curateurs, *prœtorem adire ut tutores aut curatores dentur*.

On a déjà vu, au n° précédent, la loi 3, § 3, D. *de tutelis*, déclarer pareillement que le curateur qui, dans notre jurisprudence, prend le nom de subrogé-tuteur, peut être nommé en tout temps, *omni tempore*; et la loi 8, § 2, D. *de tutoribus et curatoribus datis*, décide de même que *dari tutor omni die poterit*.

VII. Mais voici une différence bien plus frappante encore, que les lois romaines nous offrent entre les actes de Juridiction volontaire et les actes de Juridiction contentieuse : c'est que le magistrat, qui est sans pouvoir pour les seconds, toutes les fois qu'il y est personnellement partie, et qui doit même s'en abstenir lorsque ses proches parens y ont intérêt, peut expédier les premiers, non-seulement pour ses parens les plus proches, mais encore pour lui-même.

La loi 18, § 2, D. *de manumissis vindicta*, porte que le fils de famille peut, du consentement de son père, affranchir ses esclaves devant son père même, lorsque celui-ci est élevé à une magistrature qui lui donne caractère pour recevoir un acte de manumission : *filius quoque, volontate patris apud patrem* (1) *manumittere potest*.

La loi 2 du même titre décide que le pupille qui est sous la tutelle d'un préteur, peut moyennant l'autorisation que lui en donne celui-ci, en qualité de tuteur, affranchir ses esclaves devant lui, considéré comme magistrat : *apud prœtorem eumdemque tutorem, posse pupillum, ipso auctore, manumittere constat*.

Et réciproquement, dit la loi 1, D. *de officio prœtoris*, le père d'un préteur peut affranchir ses esclaves devant son fils, quoique non encore émancipé : *apud filium familias prœtorem, potest pater ejus manumittere*.

Le magistrat compétent pour recevoir les actes d'émancipation ou d'adoption, dit également la loi 4, D. *de adoptionibus*, peut présider à l'émancipation de ses propres enfans, ou à l'adoption qu'en fait un étranger : *magistratum apud quem legis actio est, emancipare filios suos, et in adoptionem dare apud se posse*, Neratii *sententia est*.

Il y a plus : suivant la loi 2, D. *de officio prœtoris*, un préteur peut être émancipé ou donné en adoption devant lui-même : *sed etiam ipsum apud se emancipari, vel in adoptionem dari placet*.

La loi 3, D. *de adoptionibus*, dit la même chose pour le fils de famille qui est consul ou président de province : *si consul vel prœses filius familias sit, posse eum apud semetipsum vel emancipari, vel in adoptionem dari, constat*.

(1) *Prœtorem aut consulem*, dit Pothier, dans ses Pandectes, à l'endroit cité.

Un président de province, ajoute la loi 2 : D. *de officio prœsidiis*, peut adopter devant lui-même, comme il peut, devant lui-même, émanciper son fils ou affranchir son esclave. *Prœses apud se adoptare potest, quemadmodum et emancipare filium, et manumittere servum potest*.

Il n'y a nul doute, dit également la loi 1, § 2, D. *de officio consulis*, que les consuls ne puissent affranchir leurs esclaves devant eux-mêmes : *consules apud se servos suos manumittere posse nulla dubitatio est*.

Mais sur tout cela, il se présente deux questions ; la première, si dans le droit romain, la règle écrite dans les textes que l'on vient de transcrire, était commune à tous les actes de juridiction volontaire sans distinction ; la seconde, s'ils peuvent encore être pris pour guides dans notre jurisprudence, où de ces actes où le juge ne remplit qu'un ministère passif, soit pour ceux qu'il ne peut expédier qu'en connaissance de cause.

Sur la première question. Voët n'hésite pas à embrasser la négative : en plaçant, comme on l'a vu plus haut, n° 3, la dation de tutelle et l'autorisation d'aliéner les immeubles des mineurs, dans la catégorie des actes de juridiction contentieuse, en tant qu'ils ne peuvent être faits qu'en connaissance de cause ; il en conclut que, lorsque le juge est lui-même partie dans ces actes, il ne peut pas y interposer son ministère : *in propria causa non satis recte hœc a judice expediuntur*; et il en dit autant de la *manumission* dans le cas du chapitre second de la loi *OElia Sentia*.

Cette doctrine est assurément fort raisonnable : on peut même l'appuyer de deux textes du droit romain qui sont relatifs à la dation de tutelle. Un préteur, dit la loi 4, D. *de officio prœtoris*, ne peut pas se conférer à lui-même la tutelle d'un pupille, *prœtor neque tutorem ipse se dare potest*. La loi 4, *de tutoribus et curatoribus datis*, répète littéralement la même chose ; et Brunneman, sur la première de ces lois, en trouve les motifs dans la connaissance de cause qui doit nécessairement précéder la nomination du tuteur : *Quœritur* (ce sont ses termes) *an prœtor seipsum tutorem constituere possit? Videtur affirmandum, quia potest prœtor circa seipsum jurisdictionem voluntariam exercere. Sed negatur, quia in constitutione tutoris aliqua cognitio necessaria est, an sit idoneus, an expediat pupillo ; quod circa seipsum expedire prœtor nequit*.

Mais nous avons vu plus haut, n° 3, que l'adoption ne pouvait pas plus dans le droit romain, qu'elle ne le peut dans nos mœurs, avoir lieu qu'en connaissance de cause ; et cependant les nombreux textes que nous venons de passer en revue, la comprennent expressément dans la liste des actes de Juridiction volontaire auxquels le juge, qui s'y trouve partie, peut procéder devant lui-même, *apud seipsum*. Comment accorder ces textes avec ceux qui ôtent au préteur la faculté de se nommer lui-même tuteur ?

Ce n'est pas tout. La manumission ne pouvait, comme on l'a déjà dit, avoir lieu, de la part du mineur de vingt ans, propriétaire d'esclaves, qu'autant qu'elle était autorisée en grande connaissance de cause ; et néanmoins la loi 20, § 4, D. *de manumissis vindicta*, porte en toutes lettres qu'un mineur de vingt ans, élevé par dispense à la dignité de consul, peut affranchir ses esclaves devant lui-même : *Consul apud se potest manumittere, etiamsi evenerit ut minor annis vigenti sit.*

Il est vrai qu'elle est, sur ce point, contrariée par le § 2 de la première du titre *de officio consulis*, dans laquelle il est dit que, *si evenerit ut minor viginti annis, consul sit, apud se manumittere non poterit ; cum ipse sit qui ex senatus-consulto consilii causam examinat : apud collegam vero, causa probata, potest.*

Mais que conclure de l'opposition qui se trouve, à cet égard, tant entre celle-ci et la précédente, qu'entre la précédente et les deux lois par lesquelles il est défendu au préteur de se conférer à lui-même une tutelle ? Rien autre chose, si ce n'est qu'au lieu d'un système complet et bien combiné dans toutes ses parties, le droit romain ne nous offre, sur notre première question, que des décisions décousues et incohérentes.

C'est déjà un grand pas de fait vers la solution de notre deuxième question.

En effet, de ce que les lois romaines ne peuvent pas nous servir de raison écrite, relativement aux actes de Juridiction volontaire qui sont de nature à ne pouvoir être expédiés qu'en connaissance de cause, il résulte d'abord que nous ne devons, par rapport à ces actes, consulter que la raison naturelle qui certes ne permet pas qu'un juge prononce lui-même, dans une matière sujette à examen, sur l'admissibilité ou l'inadmissibilité d'un acte quelconque, dans lequel il est personnellement partie ; et, dans le fait, il n'est personne qui ne regardât comme un insensé, soit le juge qui, demandant à adopter un enfant, voudrait s'asseoir au milieu de ses collègues pour délibérer avec eux sur la question de savoir s'il y a lieu à l'adoption qu'il propose, soit le président d'un tribunal de première instance, qui, institué légataire universel par un testament olographe ou mystique, s'aviserait de rendre, d'après l'art. 1008 du Code civil, une ordonnance par laquelle il s'enverrait lui-même en possession des biens du testateur.

Ensuite, il n'y a, à la vérité, dans les lois romaines, aucune discordance sur la nature du juge d'interposer son ministère, pour son propre compte, dans les actes de Juridiction volontaire qui n'exigent aucune connaissance de cause ; à la vérité, elles s'accordent à décider qu'un père peut, en sa qualité de juge, présider lui-même à l'émancipation de son fils, c'est-à-dire à l'acte de Juridiction volontaire, qui est le plus simple de tous et le moins susceptible d'examen ; mais il s'en faut de beaucoup qu'elles nous présentent en cela le caractère de sagesse qui leur donne encore, sur tant de matières, l'autorité de raison écrite.

Un acte quelconque de l'autorité publique ne peut certainement être valable, s'il n'est authentique ; et aucun acte ne peut être réputé authentique, s'il ne fait pleine foi de son contenu. Or, comment pourrait faire pleine foi de son contenu, un acte dans lequel se trouverait personnellement partie, le juge qui y interposerait son ministère ? Il faudrait pour cela que la règle de droit et de bon sens, *nul ne peut être témoin dans sa propre cause*, fût limitée aux matières contentieuses. Et comment pourrait-elle l'être ? Il est dans l'essence même des choses qu'elle soit générale ; s'il répugne à la raison que l'on soit témoin dans sa propre cause, lorsqu'on a en tête un contradicteur, il n'y répugne pas moins que l'on puisse, dans sa propre cause, attester soi-même un fait qui ne donne lieu, quant à présent, à aucune contestation (1).

VIII. Il reste, entre la Juridiction volontaire et la Juridiction contentieuse, une dernière différence sur laquelle nos usages sont parfaitement en harmonie avec les principes du droit romain : c'est, dit M. Henrion de Pansey, « Que celui » qui a recours à la Juridiction volontaire, ne de-» mande au juge que l'interposition de son auto-» rité, et que ceux que des prétentions contradic-» toires forcent de s'adresser aux tribunaux, leur » demandent d'abord une sentence, c'est-à-dire » de prendre connaissance de leurs moyens et de » les juger, et n'invoquent l'autorité du juge que » secondairement, et, pour l'exécution de cette » même sentence ; ce qui a fait dire aux jurisconsultes que la Juridiction volontaire est *magis* » *imperii quam Jurisdictionis*, et que la conten-» tieuse est *majis jurisdictionis quam imperii.* »

« De là (dit encore le même magistrat) résulte » la conséquence fort notable que, de droit com-» mun, la Juridiction volontaire est attachée à la » justice ordinaire et territoriale, et que les » juges extraordinaires ne peuvent l'exercer qu'en » vertu d'une délégation expresse. »

Ainsi, les justices de paix n'étant, comme on l'a établi aux mots *Juges de paix*, § 2, que des *tribunaux extraordinaires et d'exception*, il est clair qu'elles ne peuvent concourir à la nomination des tuteurs et recevoir les actes d'émancipation, que parce que les art. 416 et 477 du Code civil leur en délèguent expressément le droit.]]

* **JURISCONSULTE.** C'est celui qui est versé dans la science des lois, qui fait profession du droit, et de donner conseil.

Les anciens donnaient à leurs Jurisconsultes le nom de *sage* et de *philosophe*, parce que la philosophie renferme les premiers principes des lois, que son objet est de nous empêcher de faire ce qui est contre les lois de la nature, et que la philosophie et la jurisprudence ont également pour objet l'amour et la pratique de la justice.

Les Jurisconsultes de Rome étaient ce que sont,

---

(1) *V.* l'article *État-civil* (*actes de l'*), § 4, n° 8.

parmi nous, les avocats consultans, c'est-à-dire ceux qui, par les progrès de l'âge et le mérite de l'expérience, parviennent à l'emploi de la consultion, et que les anciennes ordonnances appellent *advocati consilarii*. Mais à Rome, les avocats plaidant ne devenaient point Jurisconsultes ; c'étaient des emplois tout différens.

Les Jurisconsultes acquirent une grande autorité, lorsque Auguste eut accordé à un certain nombre d'entre eux le droit exclusif d'interpréter les lois, et de donner des décisions auxquelles les juges étaient obligés de se conformer ; il donna même à ces Jurisconsultes des lettres ou brevets ; en sorte qu'ils étaient regardés comme officiers de l'empereur.

Caligula, au contraire, menaça de détruire l'ordre entier des Jurisconsultes, mais cela ne fut pas exécuté ; et Adrien confirma les Jurisconsultes dans les priviléges qui leur avaient été accordés par Auguste.

Théodose le jeune et Valentinien III, pour ôter l'incertitude qui naissait du grand nombre d'opinions différentes, ordonnèrent que les ouvrages de Papinien, de Caïus, de Paul, d'Ulpien et de Modestin, auraient seuls force de loi ; et que, quand ces Jurisconsulte seraient partagés, le sentiment de Papinien prévaudrait.

Ceux qui travaillèrent, sous les ordres de Justinien, à la composition du Digeste, firent cependant aussi usage des ouvrages des autres Jurisconsultes, lesquels s'étaient multipliés jusqu'à plus de deux mille volumes. On a marqué au haut de chaque loi, le nom du Jurisconsulte, et le titre de l'ouvrage dont il était tirée.

On prétend qu'après la confection du Digeste, Justinien fit supprimer tous les livres des Jurisconsultes : quoi qu'il en soit, il ne nous en reste que quelques fragmens.

Quelques auteurs ont entrepris de rassembler les fragmens de chaque ouvrage, qui sont à part dans le Digeste et ailleurs ; mais il nous manque encore une grande partie qui serait nécessaire pour bien connaître les principes de chaque Jurisconsulte. (M. GUYOT.)*

[[M. Henrion, dans son *Traité de la compétence des juges de paix* (page 412 de la dernière édition) fait, sur le mot *Jurisconsulte*, une observation qu'on trouve naturellement ici sa place.

« Dans le cours de cet ouvrage (dit-il) j'ai alternativement employé les qualifications de *Jurisconsultes* et *d'auteurs* ; j'ai rarement donné la première et souvent la seconde. Il est temps d'en dire la raison, et de m'expliquer sur la différence qui existe entre ces deux expressions, différence qui ne me paraît pas assez généralement sentie.

» Quiconque écrit bien ou mal, et fait imprimer, se place dans la classe des auteurs. Aussi y a-t-il de bons et de mauvais auteurs, et il n'y a pas de mauvais Jurisconsultes. On ne dit pas de l'auteur d'une compilation indigeste sur les lois, c'est un mauvais Jurisconsulte ; on dit, c'est un mauvais écrivain.

» Pour être auteur en jurisprudence, il suffit donc d'avoir fait un livre sur les lois. Mais il s'en faut bien que ce livre confère toujours à son auteur la qualification de Jurisconsulte, et même on peut la mériter ou l'obtenir sans avoir fait un volume.

» Nous en avons un exemple dans ce sénateur (M. TRONCHET), que le chef du gouvernement a si justement proclamé *le premier Jurisconsulte de la France*..

» Qu'est-ce donc qu'un Jurisconsulte ?

» C'est l'homme rare doué d'une raison forte, d'une sagacité peu commune, d'une ardeur infatigable pour la méditation et l'étude, qui, planant sur la sphère des lois, en éclaire les points obscurs, et fait briller d'un nouvel éclat les vérités connues ; qui non-seulement aplanit les avenues de la science, mais en recule les bornes ; qui indique aux législateurs ce qu'ils ont à faire, et laisse à ceux qui voudront marcher sur ses traces, un fil qui les conduira sûrement dans cette vaste et pénible carrière.

» Tel *Dumoulin*, dans son Traité des fiefs, et dans ses notes sur les Coutumes rédigées au commencement du seizième siècle ; plusieurs de ces dispositions portaient l'empreinte de la barbarie du moyen âge, il les juge : et ces jugemens, la plupart renfermés dans un seul mot, ont tous été sanctionnés par les législateurs ou par les tribunaux.

» Tel encore *Loyseau*. On venait de rendre les offices vénaux et héréditaires. Il fallait, pour ce nouveau genre de propriété, créer des règles nouvelles ; il l'a fait : il n'a laissé d'autre gloire à acquérir dans cette partie, que celle de bien entendre son ouvrage.

» Tel enfin *Delaurière* : personne encore n'était remonté aux origines de nos diverses coutumes. Dédaignant les riches moissons qu'il pouvait faire dans le champ de la Jurisprudence, il recherche, il découvre, il réunit les anciens monumens ; ce qui n'était guère moins difficile, il parvient à les entendre : et du sein de ce cahos, il fait jaillir la lumière sur toutes les parties du droit français.

» Voilà les *Jurisconsultes*. Que tous les hommes de loi indistinctement continuent de prendre cette qualification, aucun acte de l'autorité publique ne leur défend ; mais que chacun se juge, et décide s'il en a le droit. »]]

* JURISPRUDENCE. C'est la science du droit.

On entend aussi par le terme de *Jurisprudence*, les principes qu'on suit en matière de droit dans chaque pays ou dans chaque tribunal, l'habitude où l'on est de juger de telle manière une question, et une suite de jugemens uniformes qui forment un usage sur une même question.

La Jurisprudence a donc proprement deux objets : l'un, qui est la connaissance du droit ; l'autre, qui consiste à en faire l'application.

Justinien la définit : *divinarum atque humana-*

rim rerum notitia, *justi atque injusti sciencia* ; il nous enseigne par là que la science parfaite du droit ne consiste pas simplement dans la connaissance des lois, des coutumes et des usages ; mais qu'elle demande aussi une connaissance générale de toutes les choses, tant sacrées que profanes, auxquelles les règles de la justice et de l'équité peuvent s'appliquer.

Ainsi, la Jurisprudence embrasse nécessairement la connaissance de tout ce qui appartient à la religion, parce qu'un des premiers devoirs de la justice, est de lui servir d'appui, d'en protéger l'exercice, réprimer les voies de fait qui pourraient la troubler, et de s'opposer à tout ce qui pourrait tourner au mépris de la religion et de ses mystères.

La Jurisprudence exige pareillement la connaissance de la géographie, de la chronologie et de l'histoire ; car on ne peut pas bien entendre le droit des gens et de la politique, sans distinguer les pays et les temps, sans connaître les mœurs des diverses nations, et les révolutions qui sont arrivées dans leurs gouvernemens ; et l'on ne peut pas bien connaître l'esprit d'une loi, sans savoir ce qui y a donné lieu, et les changemens qui y ont été faits.

La connaissance de toutes les autres sciences et de tous les arts et métiers, du commerce et de la navigation, entre pareillement dans la Jurisprudence ; n'y ayant aucune profession qui ne soit assujétie à une certaine police dépendante des règles de la justice et de l'équité.

Tout ce qui regarde l'état des personnes, les biens, les contrats, les obligations, les actions et les jugemens, est aussi du ressort de la Jurisprudence.

Les règles qui forment le fond de la Jurisprudence, se puisent dans trois sources différentes : le droit naturel, le droit des gens et le droit civil. *V.* les articles *Droit* et *Droit naturel*. (M. GUYOT.)*

JURISPRUDENCE DES ARRÊTS. (*V.* les articles *Arrêt* et *Autorités*.)

*JUSSION. Commandement du roi par lettres scellées, adressées à des juges supérieurs ou autres, de procéder à l'enregistrement de quelque édit, ordonnance ou déclaration, ou de faire quelque autre chose qu'ils ont refusé. Quand les premières lettres de Jussion n'ont pas eu leur effet, le roi en fait expédier d'autres qu'on appelle *itérative Jussion*, ou *seconde Jussion*, *secondes lettres de Jussion*. (M. GUYOT.)*

[[L'usage de ces lettres est devenu inutile, depuis que les cours supérieures n'ont plus le droit de délibérer sur l'enregistrement des lois. *V.* l'article *Enregistrement*.]]

[[JUSTICE. Ce terme reçoit plusieurs acceptions différentes.

On indiquera d'abord ces acceptions ; on parlera ensuite de l'administration de la Justice.

§ 1. *Diverses acceptions du mot* Justice.

1° L'empereur Justinien, dans ses institutes, liv. I, tit. I, définit la Justice, une volonté ferme et constante de rendre à chacun ce qui lui est dû : *Justitia est constans et perpetua voluntas jus suum cuique tribuendi.*]]

*2° Le terme de *Justice* se prend aussi pour la pratique de cette vertu.

3° Quelquefois il signifie *droit* et *raison*.

4° En d'autres occasions, il signifie le *pouvoir de faire droit à chacun*, ou l'administration de ce pouvoir.

5° Quelquefois encore *Justice* signifie le *tribunal où l'on juge les parties*; et souvent la *Justice* est prise pour les officiers qui la rendent. (M. GUYOT.)*

[6° Le terme de *Justice* se prend aussi, dans les anciennes chartes, pour l'officier qui représentait le propriétaire de la Justice dans sa cour, et qui, par sa *conjure*, imprimait aux *hommes jugeans* le pouvoir dont ils avaient besoin pour l'exercice de leurs fonctions.

C'est en ce sens que ce mot est employé dans une charte de Marguerie Ire, fille du roi Philippe-le-Long, comtesse de Flandre, donnée dans la ville d'Arras, l'an 1367, pour terminer plusieurs contestations entre le bailli et les échevins de Béthune.

Cette charte avait été précédée d'une autre du mois de janvier 1272, par laquelle Robert II, comte d'Artois, avait réglé la juridiction des échevins d'Arras.

Voici ce qu'elle porte, art. 2 : « le bailli ou » sous-bailli, ou tout autre que ce soit, ne pourra » tenir personne en prison pour assassinat ou in- » fractions de trèves, pendant plus de treize jours; » à compter du moment que les échevins auront » requis notre Justice (*Justitiam nostram*), de » les conjurer sur ce fait (*quod ipsa eos super* » *facta conjuret*) ».

L'art. 3 ajoute : « si le bailli ou sous-bailli » d'Arras, ou tout autre Justice que ce soit, » (*quod si ballivus aut subballivus Atrebatensis*, » *seu alia Justitia quæcumque fuerit*), veut dire » contre un homme pris et arrêté dans l'échevi- » nage d'Arras, qu'il a usé de violence ou pro- » noncé des injures contre nos sergens ou nos » autres officiers, il doit le dire et proposer devant » les échevins ».

Nous avons sous les yeux, et nous pourrions accumuler ici, une foule d'autres chartes qui attribuent au terme dont il s'agit, la même signification ; nous nous bornerons à observer que l'auteur du grand Coutumier de Normandie en a fait lui-même la remarque. Voici comment il s'exprime, chap. 3 : *Aulcunes fois l'on appelle Justice le bailli ou autre justicier quelconque, qui a pouvoir de justicier ses hommes. Si comme l'en dict : la justice du roi tient ses assises en cette ville.*]

[[C'est à la quatrième de ces acceptions que nous croyons devoir nous attacher ici.

Si le pouvoir de juger est l'un des principaux attributs de l'autorité souveraine, l'exercice de ce pouvoir est aussi l'une de ses premières obligations.

Comment ce pouvoir a-t-il été exercé jusqu'à nos jours ? Comment l'est-il actuellement ? C'est ce que nous allons examiner.

§ II. De l'administration ancienne et actuelle de la Justice.

En cherchant dans l'histoire, en suivant chez les peuples qui nous ont précédés, l'érection des magistratures destinées à conserver le dépôt des lois, nous ne trouvons à cet égard que des lumières très-confuses sur la plus haute antiquité. Nous avons peu de monumens des lois des Grecs ; nous sommes encore moins instruits de celles des Perses, des Égyptiens et de tant d'autres peuples bien plus vantés que connus; mais c'est surtout leur manière de les faire exécuter que nous ignorons.

Il est assez probable qu'à Sparte, on n'avait pas grand besoin de Justice distributive : les procès devaient être rares dans une ville peuplée de maîtres fainéans et de travailleurs esclaves. N'ayant ni or, ni argent, ni, à proprement parler, de propriété, ils ne pouvaient guère avoir de querelles.

A Athènes, elles devaient être fréquentes. On avait à se disputer beaucoup de choses chez un peuple industrieux, adonné aux sciences, aux arts, au commerce, à tout ce qui flatte et développe les passions. Il fallait, dans une telle ville, le frein des lois, et des hommes choisis exprès pour en diriger l'usage. Mais, qui étaient ces hommes ? Quelles règles suivaient-ils ? Comment rendaient-ils leurs sentences? Les écrivains ne nous en ont pas instruits.

On parle bien d'un aréopage qui suspendait les décisions du peuple, quand elles étaient injustes. Mais cela ne pouvait regarder que les affaires générales ; dans les cas particuliers, ce tribunal était juge ordinaire : au lieu de suspendre des jugemens, il a prononcé lui-même, comme il fit contre Socrate; car ce philosophe ne fut point condamné par le peuple, il le fut par l'aréopage, qui fit exécuter sa sentence sans appel.

Ce n'était point là le seul tribunal qui décidait de la fortune des citoyens : on voit par les anciens monumens, et surtout par Aristophane, qu'il existait à Athènes d'autres juges tirés au sort, et dont les vacations étaient payées par l'État. Ces emplois, dit-on, étaient fort multipliés; on en comptait plus de trois mille. Mais quelle apparence qu'il y eût trois mille juges, dans un pays où il ne se trouvait pas cent mille habitans ? Nous sommes donc assez bien fondés à dire que nous ignorons pleinement cette partie de l'histoire de la Grèce. Il est même à croire que le voile qui la couvre, ne sera jamais levé. Nous pouvons devi-

ner seulement que les lois n'y étaient rien moins que simples, et que les juges y étaient fort nombreux.

On ne trouve pas à Rome la même obscurité. On y voit très-distinctement, dès son origine, les sénateurs rendre la justice avec les rois, et ensuite avec les consuls qui succédèrent à ceux-ci. Mais ils ne connaissaient point des matières criminelles ; le roi ou les consuls les renvoyaient au peuple qui les jugeait dans ses assemblées, on nommait des commissaires pour en connaître. Dans l'absence du roi ou des consuls, ils étaient suppléés par le préfet de la ville.

On établit ensuite deux questeurs qu'on chargea de tenir la main à l'exécution des lois, de rechercher les crimes, et de faire tous les actes d'instruction nécessaires, pour soumettre les coupables à la vengeance publique.

Vers l'an 388 de Rome, les consuls, obligés de passer la plus grande partie de leur temps à la tête des armées, firent créer un préteur, pour rendre, à leur place, la justice dans la ville. Cet officier connaissait des affaires civiles et de police; il commettait quelquefois les édiles et d'autres personnes pour l'aider, soit dans l'instruction, soit dans le jugement des procès ; mais c'était toujours en son nom que la justice se rendait ; il prononçait les sentences, et les faisait exécuter.

Bientôt, pour se faciliter davantage la décision des questions de droit, le préteur choisit, dans chacune des trente-cinq tribus, cinq hommes des plus versés dans l'étude des lois : on les appela Centumvirs, quoiqu'ils fussent au nombre de cent soixante-quinze. C'était dans cette classe qu'il prenait ses assesseurs pour les questions de droit ; mais pour les questions de fait, son choix n'était pas limité ; il appelait qui il voulait, sans distinction d'ordres.

En 604, le peuple abdiqua en faveur du préteur, la juridiction criminelle qu'il avait exercée jusqu'alors ; et les questeurs qui furent rendus perpétuels, continuèrent, sous les ordres du préteur, les fonctions qu'ils avaient exercées sous ceux du peuple.

A l'égard des provinces, on distinguait celles qui étaient du département du sénat, d'avec celles qui étaient du département du peuple.

Dans les premières, la Justice était administrée par des proconsuls qui avaient chacun sous eux plusieurs subdélégués, qu'ils envoyaient sous le titre de Legati Proconsulum, dans les différens lieux de leurs gouvernemens, pour y corriger les désordres, ou du moins pour en instruire le magistrat supérieur. (V. la loi 1, C. de officio Proconsulis et Legati.)

Ces Legati étaient défrayés par l'État, et reçus par tout avec des honneurs distingués. Cicéron nous apprend qu'un sénateur qui voulait voyager avec quelque agrément, avait soin de se faire donner des lettres de Legatus honoraire ; et il en obtint pour lui-même.

Dans les provinces dépendantes du peuple, il y

avait un préteur ; et, comme celui de Rome, il
était secondé dans ses fonctions par d'autres officiers qui lui étaient subordonnés.

On l'appelait *Prœtor provincialis*, pour le distinguer du préteur de Rome, qui était désigné
par le titre de *Prœtor urbanus*.

Sur la fin de la république, on donna à celui-
ci un collègue qu'on nomma *Prœtor peregrinus*,
le préteur étranger, parce qu'il était établi pour
connaître des causes des étrangers.

On créa encore six autres préteurs pour juger
avec le préteur *urbanus* toutes les affaires capitales ;
et l'on assujétit les préteurs provinciaux à siéger
avec eux pendant toute l'année qui précédait leur
départ pour leurs provinces.

Les préteurs furent encore plus multipliés dans
la suite : on en créa deux pour la police des vivres ; et, sous le triumvirat, il y avait dans Rome
jusqu'à soixante-quatre préteurs, qui avaient tous
des tribunaux particuliers.

Quand les empereurs eurent envahi l'autorité
suprême, ils se réservèrent le pouvoir, non seulement de faire les lois générales, et de veiller comme
censeurs à leur exécution, mais aussi d'en faire
l'application comme magistrats. Auguste fut très-
soigneux d'exercer ce pouvoir ; il se rendait lui-
même sur la place, lieu consacré à l'administration publique de la Justice. Il opinait dans les
jugemens. Il rendait des sentences, et se chargeait
de recevoir celles des autres.

Il fut imité par plusieurs de ses successeurs ; et
c'est à ce propos que Montesquieu dit, dans son
Esprit des lois, liv. 6, chap. 5, que « quelques
» empereurs romains eurent la fureur de juger.
» Nuls règnes (ajoute-t-il) n'étonnèrent plus l'u-
» nivers par leurs injustices. »

Mais cette assertion est-elle bien exacte ? Montesquieu cherche à la justifier par l'exemple de
Claude, de qui Tacite dit (*Annal. lib. 11*),
« qu'ayant attiré à lui le jugement des affaires, et
» les fonctions des magistrats, il donna occasion
» à toutes sortes de rapines. » Mais Claude était
un imbécile, et certainement le fait d'un imbécile
ne prouve rien. Du reste, ce ne fut point en se
portant pour arbitre entre les citoyens devenus ses
sujets, que Claude annonça la petitesse de son esprit. Ce droit, qu'on l'accuse d'avoir usurpé, ne
fut dédaigné chez les Romains que par les tyrans.
Il était scrupuleusemente exercé par les bons princes : Vespasien, Trajan, Adrien, Antonin, Marc-
Aurèle, étaient attentifs à rendre la justice par
eux-mêmes. Ils ne croyaient pas que l'empire leur
imposât de fonction plus honorable ni plus précieuse.

Cette coutume s'abolit sous leurs successeurs,
presque tous aussi ignorans que barbares, et qui,
pour la plupart, loin de connaître la Justice, ne
jouissaient pas même de la raison. Constantin,
fastueux, occupé des guerres civiles, des progrès
de la religion chrétienne, de la construction d'une
seconde Rome, ne put ou ne voulut pas se soumettre à un usage pénible. Le philosophe Julien le

5ᵉ. TOME IX.

fit revivre avec éclat, mais cet usage périt avec
lui. Depuis sa mort, on ne vit plus de princes examiner en personne les affaires de leurs sujets. Ils
laissèrent dans les mains des juges ordinaires les
balances de la Justice ; et il faut avouer que la
quantité de lois introduites peu à peu dans l'empire, en avaient fait un fardeau accablant. Il n'é-
tait pas possible qu'un empereur les sût toutes.
Avec la meilleure envie d'être juste, il se serait
exposé à faire une injustice, s'il avait cru mal à
propos devoir suivre les anciennes ordonnances,
ou à paraître les favoriser, s'il avait voulu en faire
sur-le-champ de nouvelles (1).

Quels étaient donc les juges qui déchargeaient
les empereurs du soin de rendre la Justice ? Il y
en avait de différentes sortes.

Auguste avait réduit le nombre des préteurs de
Rome à seize, et il avait établi au-dessus d'eux le
préfet de la ville, *prœfectus urbis*, dont la juridiction s'étendait jusqu'à cinquante stades à la
ronde. Il connaissait seul des affaires où quelque
sénateur se trouvait intéressé, et des crimes commis dans toute l'étendue de son département ; il
avait seul la police dans la ville, et il recevait l'appel des sentences des préteurs.

Il avait sous lui des curateurs de la ville, *curatores urbis*, espèce de commissaires de police qui
étaient répartis dans les différens quartiers de
Rome, un préfet des vivres, *prœfectus annonæ*,
et un préfet du guet, *prœfectus vigilum*.

Celui-ci avait une espèce de juridiction sur les
voleurs, les filous, les malfaiteurs et tous les gens
suspects qui commettaient des désordres pendant
la nuit ; il pouvait les faire arrêter, les conduire
en prison, et même les faire punir sur-le-champ,
s'il s'agissait d'une faute légère ; mais lorsque le
délit était grave, ou que l'accusé était d'une condition notable, il devait en référer au préfet de la
ville.

Chaque province était gouvernée, soit par un
président, soit par un proconsul.

On comptait dans les dix-sept provinces qui partageaient les Gaules, six proconsuls et onze présidens, tous magistrats, tous dépositaires de la
puissance publique, tous chargés de l'administration de la Justice, de la police et des finances.

Mais d'où venait cette distinction entre le titre
de proconsul et celui du président ? Elle avait été
introduite par Auguste. Sous le gouvernement ré-
publicain, les provinces qui dépendaient du sénat,
avaient eu à leur tête, comme on l'a vu plus haut,
des proconsuls, qui étaient nommés par le sénat
lui-même. Auguste n'osa changer sur-le-champ
cet ordre ancien ; mais il inventa un autre titre
de dignité, celui de président, *præses provinciæ*.
Ainsi, laissant au sénat, par rapport aux proconsuls, l'apparence d'un choix dont il était bien sûr
de devenir le maître, il se chargea seul de conférer
les titres de présidens ; et en faisant le département

_____

(1) *V.* l'article *Pouvoir judiciaire*, § 1.

15

général de l'empire, il mit dans la classe des proconsuls, l'apparence d'un choix dont il est bien sûr de devenir le maître, il se chargea seul de conférer les titres de présidens; et en faisant le département général de l'empire, il mit dans la classe des provinces qui seraient gouvernées par ceux-ci, toutes celles où il était nécessaire d'entretenir des troupes. Devenu par là maître des légions, même en temps de paix, il eut bientôt à sa disposition toutes les dignités de l'empire : et sous ses successeurs, tous les magistrats supérieurs des provinces, quelque nom qu'ils portassent, furent désignés, par le nom général de recteurs, *Rectores provinciarum*, et regardés comme officiers de l'empereur.

A l'ombre de ces magistratures impériales, les cités, c'est-à-dire les villes qui, dans les Gaules, jouissaient du droit de bourgeoisie romaine, et dont le nombre se montait à cent quinze dans le commencement du cinquième siècle, exerçaient une espèce d'autorité démocratique, qu'elles confiaient à des magistrats municipaux.

On sait que tous les sujets de l'empire étaient ou libres et ingénus, ou esclaves. Ceux-ci pouvaient être affranchis, et alors on les appelait *liberti*, mais cela est étranger à notre objet. Ce que nous devons remarquer, c'est qu'il existait dans les cités trois classes différentes d'hommes libres.

La première était celle des sénateurs. Conseils nés des villes, ils y tenaient le rang le plus distingué, et ils pouvaient aspirer aux plus hautes dignités.

Au-dessous d'eux étaient les *curiaux*. Ce mot seul (dit Moreau dans son premier *Discours sur l'Histoire de France*, page 154) annonce que Rome avait servi de modèle aux cités des provinces. On se rappelle l'ancienne division du peuple romain par curies, et l'on sait que le partage par centuries ne fut imaginé depuis, que pour rendre les suffrages des riches plus puissans, en rejetant dans les dernières centuries, toutes les tribus des pauvres qui faisaient le plus grand nombre. Cette politique était inutile dans l'administration des autres cités. Le peuple y fut donc divisé par curies, soit que ce partage eût été ordonné par Auguste, soit qu'il eût été réglé librement par les cités elles-mêmes. Les curies composées de tous ceux qui étaient d'une condition et d'une origine honorable; leurs noms inscrits sur un rôle, représentaient un état général de tous ceux qui avaient droit de suffrage dans les assemblées; ils étaient les assesseurs nés du magistrat; et appelés par lui au tribunal, ils devenaient les juges de leurs concitoyens. Chargés des affaires communes de la cité, même de l'imposition et du recouvrement des deniers publics (qu'ils faisaient par les mains de ceux d'entre eux qu'on appelait *décurions*), obligés de délibérer sur tout ce qui intéressait la généralité des habitans, ils étaient nommés par les lois elles-mêmes, *civitatis minor senatus*, le petit sénat de la ville. Aussi choisit-on parmi eux tous les officiers municipaux. L'administration de la cité était leur propre affaire, et ils en répondaient aux magistrats de l'empire.

Il paraît que, dans la suite, la distinction des différentes curies s'est perdue, qu'on n'a plus connu dans les cités qu'une seule classe de curiaux, et qu'alors, le mot *curie* n'a plus été employé que pour désigner le corps des citoyens qui avaient voix délibérative dans les affaires, et le droit d'assister à l'assemblée qu'on nommait *placitum*, plaid.

La troisième classe des personnes libres était composée de simples *possesseurs* ou *ingénus*. On donnait indifféremment l'une et l'autre dénomination, non-seulement aux habitans des bourgs et des campagnes, mais encore à ceux des cités qui par l'infériorité de leur état, ne pouvaient aspirer au tableau de la curie.

Chacune des cités que peuplaient ces différentes classes d'habitans, était le chef-lieu d'un territoire plus ou moins étendu, que l'on nommait *pagus*, et qui renfermait un certain nombre de bourgs et de villages.

C'était dans le *forum*, c'est-à-dire dans la place publique de la cité du canton, que se tenait le tribunal; le peuple assistait, comme à Rome, à l'instruction des affaires; et c'était en sa présence qu'on les jugeait.

C'étaient les officiers du prince qui faisaient exécuter les jugemens rendus dans ces assemblées; eux seuls avaient le pouvoir d'envoyer au supplice les coupables qui en avaient été jugés dignes.

Quand on se croyait injustement condamné par ces jugemens, on pouvait en appeler aux tribunaux de l'empire, c'est-à-dire aux recteurs des provinces, soit qu'ils portassent le titre de proconsuls, soit qu'ils eussent celui de présidens.

Ceux-ci ne jugeaient pourtant pas en dernier ressort. On pouvait appeler de leurs décisions au tribunal du préfet du prétoire.

Les préfets du prétoire avaient été établis par Auguste. Capitaines des gardes du prince, par le titre de leur institution, dit Moreau (à l'endroit cité, page 143), ils commandaient les cohortes prétoriennes destinées à veiller à la sûreté du palais, ou de la tente de l'empereur, qu'ils ne quittaient jamais. Instrumens nécessaires de la tyrannie des princes injustes et violens dont ils exécutaient les ordres, ministres naturels des princes indolens et voluptueux dont ils flattaient les goûts, sous le règne des uns et des autres, ils usurpèrent peu à peu le pouvoir le plus étendu; et ce pouvoir, par la nature de la chose, fut d'abord arbitraire.

Auguste avait créé deux préfets du prétoire qu'il tira de l'ordre des chevaliers. Tibère, plus absolu, n'en eut qu'un; ce fut le fameux Séjan, ministre d'un prince faible et soupçonneux, qui le sacrifia au ressentiment du peuple.

Le pouvoir de ces officiers emprunta dans la suite l'appareil des formes, et n'en fut que plus tyrannique. Ils eurent un tribunal; ils éclipsèrent les préteurs; ils furent magistrats, ils furent généraux d'armée, ils furent ministres ; tel fut ce Perennis, visir de Commode, qui, sous un maître livré à ses plaisirs, gouverna seul l'empire et fut assassiné.

Cet abus eut les suites qu'on devait en attendre, et l'on vit ce qu'on a toujours vu, les souverains tyrannisés, eux-mêmes par le despotisme qu'ils avaient introduit. Les cohortes prétoriennes devinrent à Rome ce qu'est aujourd'hui, à Constantinople, cette milice de janissaires qui élève et détruit les sultans. Pendant les trois premiers siècles de l'empire, dix empereurs furent sacrifiés à l'ambition des préfets du prétoire, dont plusieurs même se placèrent sur le trône qu'ils avaient ensanglanté.

Constantin sentit que le pouvoir énorme qui avait été attaché à cet office, devenu la première charge de l'empire, était également capable d'enchaîner et le souverain et ses sujets. Il ôta aux préfets l'autorité militaire qui les avait rendus si terribles ; il ne leur laissa que la puissance civile, et il la régla.

Jusqu'à lui, il n'y avait eu que deux préfets du prétoire, celui d'orient et celui d'occident. Il en établit quatre, à chacun desquels il assigna un territoire sous le nom de diocèse. L'un de ces départemens fut composé de la Lybie, de l'Égypte et des provinces que l'empire possédait en Asie. Le second eut la Grèce, la Panonnie et les provinces adjacentes. L'Italie, les îles voisines, et cette partie de l'Afrique qui s'étend jusqu'à la Lybie et jusqu'à l'Océan, formèrent le troisième diocèse. Le quatrième, enfin, fut composé des Gaules, de l'Espagne et de la Grande-Bretagne (1).

Les préfets du prétoire n'eurent plus que l'administration des affaires de Justice, de police et de finances. Ils furent les premiers magistrats civils de l'empire ; avec un tribunal et une juridiction souveraine, ils eurent une foule d'officiers à leurs ordres, et le pouvoir le plus étendu sur tous ceux qui partagèrent, en quelque degré que ce fût, le gouvernement politique des provinces ; mais ils n'eurent plus, comme autrefois, le commandement des troupes. La suprême autorité sur les armées fut attachée aux offices de maîtres de la milice, que Constantin créa pour contre-balancer le pouvoir énorme de la préfecture. On donna à ceux-ci une espèce de territoire, un département dans l'étendue duquel tout le militaire était à leurs ordres. Ces offices, suprêmes chacun dans son genre, avaient des fonctions séparées ; leurs droits ne pouvaient se confondre, se prêtaient un mutuel secours pour le bien de l'empire, et pouvaient rarement se réunir contre lui (2).

Les maîtres de la milice prirent différens noms, suivant la nature des troupes dont ils avaient le commandement. On distingua les maîtres de la cavalerie d'avec ceux de l'infanterie : leur titre était viri illustres; celui du préfet du prétoire était vir clarissimus. Mais les uns et les autres ne reconnaissaient au-dessus d'eux que la dignité de l'empereur, et n'étaient comptables qu'à sa personne.

C'était au tribunal du préfet du prétoire que se portaient en dernier ressort toutes les affaires d'administration civile. Il était le protecteur et le surveillant suprême du gouvernement populaire et municipal, établi dans toutes les cités. Tous les officiers obligés de maintenir ce gouvernement, sans en excepter les recteurs des provinces, étaient médiatement ou immédiatement subordonnés à son tribunal. Il publiait, comme autrefois le préteur de Rome, des réglemens auxquels les juges étaient obligés de se conformer (1) ; il punissait et destituait les officiers soumis à son ressort (2) ; il connaissait seul des injustices qu'ils commettaient, lors même que celui qui s'en plaignait avait un grade militaire (3). Enfin, on s'adressait à lui pour la subsistance des troupes et pour le paiement de leur solde (4).

Les officiers militaires qui étaient immédiatement au-dessous des maîtres de la milice, étaient nommés ducs ou comtes. Ils avaient chacun leur district particulier dont ils prenaient le nom ; car, au lieu qu'autrefois le mot duc signifiait un chef donné à une troupe, et qui la commandait partout où elle se portait, on commença dans le quatrième siècle à appeler duc ou comte d'une province, un officier qui y résidait, et y commandait, au nom de l'empereur, à tout le militaire (5).

Les ducs et les comtes avaient au-dessous d'eux les tribuns ; ceux-ci les centeniers. Nous ne ferons pas ici une nomenclature des différens offices civils et militaires, qui avaient part à l'une et à l'autre administration ; nous nous contenterons d'observer que, si le maître de la milice et ceux qui lui étaient subordonnés, n'avaient aucune espèce d'autorité sur les magistrats municipaux, le préfet du prétoire, par la même raison, n'avait aucun ordre à donner à tous ceux qui commandaient les troupes. Ces défenses réciproques sont très-énergiquement exprimées dans une loi des empereurs Valentinien-le-Jeune, Gratien et Théodose : Viri illustres, y est-il dit, comites et magistri peditum et equitum, in provinciales nullam penitus habeant potestatem, nec amplissima præfectura in militares viros.

Indépendamment des comtes qui commandaient en chef sur un vaste département, il paraît qu'on en établit encore un très-grand nombre dans les subdivisions des provinces. Chaque cité avait, comme on l'a déjà dit, son territoire sur lequel

----

(1) Moreau, à l'endroit cité.
(2) Ibid., page 187.

(1) Loi 2, C. de officio præfecti prætorii.
(2) Loi 3, eod. tit.
(3) Loi 4, eod. tit.
(4) Loi 2, C. de officio præfecti Africani.
(5) Moreau, à l'endroit cité.

elle exerçait la puissance publique. Depuis Théodose, on trouve, dans plusieurs de ces territoires, des comtes armés du pouvoir militaire, et chargés vraisemblablement, tantôt de venir au secours des cités, tantôt d'empêcher que leur liberté ne dégénérât en licence; mais ils n'avaient aucun droit de police, et ils ne prenaient aucune part à l'administration de la Justice : toujours à la tête des troupes, ils prêtaient main-forte aux magistrats civils, arrêtaient les brigands, les livraient aux' juges municipaux, se chargeaient de faire exécuter leurs jugemens, mais ne jugeaient point avec eux, et leur prescrivaient encore moins les formes qu'ils devaient suivre (1).

Il y eut donc depuis Constantin, dans les Gaules, comme partout ailleurs, deux hiérarchies des magistrats ; car il suffit de parcourir les lois du Code, notamment les titres *de judicibus militaribus*, et *de judicibus civilum administrationum*, pour se convaincre que les dignités militaires étaient des offices aussi bien que les magistratures civiles. Les officiers qui commandaient aux troupes, comme ceux qui étaient à la tête des tribunaux, portaient tous également le titre de juges.

Le préfet du prétoire des Gaules, de l'Espagne et de la Grande-Bretagne faisait sa résidence à Trèves ; ce ne fut que cent cinquante ans, environ avant la chute totale de l'empire, que son siége fut transporté à Arles. Il avait sous lui trois *vicaires* qui partageaient entre eux son département. Le premier est nommé dans la *notice de l'empire*, le vicaire des dix-sept provinces des Gaules, mais chacune n'en avait pas moins son recteur particulier (2).

Toutes ces magistratures civiles disparurent à l'entrée de Clovis dans les Gaules. Le tribunal du préfet du prétoire fut remplacé par une assemblée que présidait le roi lui-même, et qui était nommée par les Gaulois *placitum*, par les Francs *mallum*. Les évêques et tous les grands de la nation y étaient appelés, tous y donnaient leur suffrage, soit qu'il fût question de terminer des contestations, ou de faire des réglemens.

Quant aux recteurs des provinces, on les avait oubliés au milieu des troubles que l'invasion des barbares et leurs différens établissemens avaient produits; et ces magistrats militaires, ces ducs, ces comtes, que les lois du Code qualifient *Judices militares*, s'étaient crus en droit de remplir toutes les fonctions. Clovis devait trop à la puissance des armes, et il la regardait trop comme un attribut essentiel de sa souveraineté, pour ne pas favoriser ce changement. Tout était armé autour de lui, même les officiers de sa maison. Ainsi fut abrogé, par un usage contraire, mais universel, ce sage réglement qui autrefois avait séparé deux pouvoirs dont la confusion produisit dans la suite tous les désordres de la monarchie (3).

Il paraît que les premiers rois multiplièrent considérablement le nombre des ducs et des comtes. On voit par une des formules de Marculfe, que chaque *pagus* avait un magistrat de l'un ou de l'autre nom, immédiatement soumis au roi, et chargé de l'administration du territoire; or, on l'a déjà dit, le *pagus* était un district plus ou moins grand, composé d'une cité et de quelques bourgs ou villages qui en dépendaient ; mais cela n'empêchait pas que certaines provinces ne fussent gouvernées par un magistrat principal, qui avait sous lui des officiers inférieurs, entre lesquels le territoire est subdivisé.

On passait d'ailleurs du comté d'une ville au comté d'une province, ou même à une dignité supérieure ; et il arrivait encore plus souvent que le roi choisissait parmi les officiers de sa maison, ceux qu'il élevait aux magistratures : car, quoique, dans la suite, les offices du palais soient devenus les premières dignités du royaume, ils n'avaient pas encore acquis ce haut degré de considération que leur procurèrent peu à peu la confiance et la faveur du maître. Ceux qui en étaient revêtus, n'étaient que domestiques et conseillers du prince : inférieurs aux ducs et aux comtes, on les voit, dans l'histoire de Grégoire de Tours, solliciter et obtenir des duchés et des comtés, comme des récompenses de leurs services : c'est que les ducs et les comtes étaient réellement magistrats, dépositaires du pouvoir, et à la tête de toute l'administration de leur district.

Quelles étaient leurs fonctions ? Il ne faut pour les connaître, que faire attention à la formule que Marculfe nous a conservée de leurs provisions. Ils étaient, dans le plaid royal, les assesseurs du monarque, et dans la province, les *agens*, c'est-à-dire, les exécuteurs de ce qui avait été arrêté dans le plaid. La plupart des diplômes de la première race les désignent sous le nom général d'agens, *omnibus agentibus;* et voilà pourquoi leur district est nommé *actio*.

1° Ils devaient au roi fidélité *: fidem alligatam' erga regimen nostrum*, porte la formule déjà citée; et c'était en vertu de cette obligation, qu'ils devaient, aux ordres du monarque, tantôt assembler, commander et conduire les troupes du département; tantôt venir prendre séance au plaid, pour rendre compte de leur administration, et y délibérer sur les besoins de leur province.

2° Ils devaient procurer justice à tous les sujets de leur territoire, et la leur faire rendre à chacun, suivant la loi de sa nation : *ut omnes populi ibi commanentes, tam Franci, Romani, Burgundiones, vel reliquæ nationes sub tuo regimine degant et moderentur, et eos recto tramite secundum legem et consuetudinem eorum regas*.

3° Ils étaient les défenseurs particuliers des veuves et des pupilles : *viduis et pupillis maximus defensor appareas*. C'était donc à eux à requérir tout ce que le faible ne pouvait requérir lui-même; ils avaient à remplir, à cet égard, tous les devoirs qui ont été depuis prescrits aux officiers que nos

---

(1) Moreau, à l'endroit cité, pag. 15.
(2) *Ibid.*, pag. 152.
(3) *Ibid.*, à l'endroit cité, 2ᵉ discours, page 50.

rois ont chargés du ministère public dans les tribunaux (1).

4° C'était également à ce titre, qu'ils faisaient la recherche des brigands, des voleurs et des malfaiteurs : ils les poursuivaient à main armée, *solatio collecto*, dit partout Grégoire de Tours ; les amenaient dans les prisons, et les faisaient ensuite juger par le tribunal. *Male factorum ac latronum scelera severissime reprimantur, ut populi bene viventes debeant consistere quieti.* Ce sont encore les termes de la formule de Marculfe.

5° Enfin, ils étaient chargés de la perception de tous les impôts et de tous les revenus publics ; ils nommaient dans leur district les différens collecteurs ou receveurs, entre les mains de qui les trésoriers des cités étaient obligés de payer, et ils faisaient conduire le tout dans le trésor du prince : *Et quidquid de ipsa actione in fisci ditionibus speratur, per vos metipsos, singulis annis nostris ærariis inferatur.*

Voilà quels furent, sous Clovis et sous ses enfans, les devoirs de ces magistrats armés : réunissant ainsi aux fonctions militaires qu'ils avaient exercées sur le déclin de l'empire, toute l'autorité qui avait appartenu aux magistrats civils, les principaux détails de l'administration roulaient sur eux; et comme ils étaient, pour la plupart, dans une profonde ignorance des formes judiciaires, ils ne demandèrent pas mieux que de conserver les plaids. Chacun d'eux assemblait le sien dans la ville de sa résidence; et ce plaid était composé 1° des ecclésiastiques, singulièrement de l'évêque, s'il y en avait un, et des autres prélats qui se trouvaient avec lui; 2° des vicomtes ou centeniers, c'est-à-dire, des magistrats inférieurs et subordonnés, que le comte avait dans son département; 3° des officiers de sa maison; 4° des administrateurs municipaux de la cité où se tenait le plaid. Ainsi, cette assemblée était, dans la province, l'image de celle que le roi tenait lui-même dans sa cour (2).

Au-dessous du plaid de la province, on trouve celui des cités. Les magistratures de celles-ci continuèrent d'être électives; la nomination s'en faisait, ou dans une place publique, ou dans le champ de Mars, si la cité en avait un ; car ces formes d'élection qui rappelaient l'ancienne administration romaine, subsistaient encore sous nos premiers rois ; et ils les maintinrent si bien, que, quoique le comte de la ville fût un officier royal tenant du prince ses provisions et son institution, Clovis et ses successeurs permirent souvent aux cités de leur présenter elles-mêmes. On voit dans notre histoire plusieurs exemples de ce choix; et Grégoire de Tours parle, entre autres, d'un Euphomius, qui, lorsque Chilpéric eut chassé Léodaste, fut élu à sa place comte de Tours. Le roi voulut que la cité nommât elle-même le magistrat qui devait la présider.

Cette coutume ne fut pas pourtant générale, et le plus souvent le comte fut nommé directement par le roi. On en trouve la preuve et l'exemple dans le chap. 22 du liv. 5 de Grégoire de Tours. Mais la cité avait le choix libre de ses autres officiers, et le chap. 21 du même livre nous fait voir qu'on les nommait *Judices locorum*.

Le plaid de la cité se tenait par le comte ; il y appelait, outre les officiers employés à l'administration municipale, les principaux citoyens qui autrefois, sous le nom de curiaux, avaient été les principaux membres de la commune, et convoqués aux délibérations. Tous assistaient au plaid, mais ils ne jouissaient pas tous du même pouvoir; car dans les affaires où la loi exigeait un certain nombre, soit pour rendre un jugement, soit pour imprimer à un acte un caractère d'authencité, le comte choisissait parmi eux les assesseurs ou les témoins qui lui étaient nécessaires : c'étaient ces notables que nos Français nommaient, *Ratchimbourgs* ou *Sogibarons* (1).

Du reste, c'était dans ces assemblées municipales que se traitaient toutes les affaires publiques et particulières ; car alors, dans toutes les cités des Gaules, la forme de tous les actes civiles exigeait le concours des témoignages des habitans ; les conventions, les translations de propriété, les testamens, tout se passait en présence de témoins, et après une instruction où le peuple avait beaucoup de part.

C'était dans le sein de ces cités gauloises que s'étaient conservées des lumières qui servirent à guider la nation conquérante. Au milieu des désordres qui accompagnent toujours une révolution de cette nature, les villes avaient gardé leurs usages ; ils tempérèrent, ils adoucirent, ils réglèrent peu à peu l'exercice de la puissance des ducs et des comtes ; car quand ceux-ci tenaient leurs assises, les officiers municipaux qu'ils y appelaient, étaient en état de dire : *C'est ainsi que les choses se sont toujours passées.* Les évêques, dans le plaid du roi, rendirent le même service que les magistrats dans les plaids des comtes (2).

Nous voyons, dès les premiers commencemens de la monarchie, cet usage des plaids si bien établi, qu'outre ceux qui étaient assemblés par les magistrats ordinaires, on en trouve plusieurs tenus par des commissaires du souverain, qui sous le nom de *legati*, parcouraient les provinces. Ainsi, Chilpéric envoie un comte, avec ordre de rendre la Justice dans les pays qu'il visitera. Cet officier, à mesure qu'il avance, fait annoncer le jour où il tiendra son plaid; on les voit, dans le chap. 4 du liv. 5 de Grégoire de Tours, indiquer ce plaid à Poitiers pour les calendes de mars ; car c'était le premier de chaque mois que se tenaient, dans les cités des Gaules, les assises judiciaires; et, comme chez les Francs, le mois de mars com-

(1) Moreau, page, 64.
(2) *Ibid.*, page 69.

(1) Moreau, 2e discours, page 73.
(2) *Ibid.*, page 75.

mençait l'année , la plus solennelle de ces assises fut toujours celle qui se tint le premier de ce mois.

Il faut , au reste , dans tous les plaids , soit des provinces, soit des cités , bien distinguer les juges qui formaient les décisions, d'avec le magistrat qui les faisait exécuter. On comprenait aussi ce dernier sous l'expression générale de *Judices* , mais c'était en lui seule que résidait l'autorité du prince : il était dépositaire de la puissance publique ; les membres de la cité n'étaient que conseils et témoins nécessaires : ils avaient droit de délibérer et pouvoir de juger; mais la force appartenait au roi et à ses officiers , et lorsque la cité avait prononcé, le ministère de ceux-ci était forcé : le refusaient-ils sans empêchement légitime? ils prévariquaient ; et voilà pourquoi, lorsque le jugement était injuste , ceux qui l'avaient délibéré , en demeuraient seuls responsables (1).

Y avait-il alors , comme sous les empereurs romains, ouverture à la voie d'appel? Le chap. 23 du liv. 7 de l'histoire de Grégoire de Tours , ne permet pas d'en douter, et la chose est d'ailleurs démontrée par une infinité de textes.

Le quatrième capitulaire de l'an 806 porte que, *si quelqu'un se plaint d'un jugement , il comparaîtra devant le roi.* Par un autre de 755, en est dit que, *si un homme vient au palais pour suivre une affaire , et qu'auparavant l'évêque et ses officiers en aient eu connaissance, dans le cas où elle aurait un objet ecclésiastique , ou le comte , supposé qu'elle soit civile , et qu'il ne puisse soutenir le bien jugé, il sera puni* (2). Ainsi , il était défendu d'appeler , qu'on n'eût été jugé par l'évêque ou par le comte.

On voit par tous ces détails, que nos premiers rois conservèrent à la Justice la même organisation, les mêmes ministres, le même ordre , que lui avaient donnés les lois des empereurs romains ; qu'ils substituèrent seulement le plaid royal au tribunal suprême que le préfet du prétoire, l'autorité des ducs et des comtes à celle des proconsuls et des présidens , et que ce fut là le seul changement que l'établissement des Français produisit dans l'administration civile.

Mais ce changement devint la source d'une anarchie funeste à ceux mêmes qui l'avaient opéré. En confondant le pouvoir militaire avec la puissance civile , nos premiers rois firent du corps de la magistrature un corps de tyrans, qui , après avoir vexé la nation par des oppressions abitraires, dépouilla le trône de ses plus belles prérogatives, et se rendit patrimoniales des fonctions qui , dans leur origine , n'étaient que précaires et amovibles.

Cette confusion des deux pouvoirs , dit Moreau (tome 1, page 74) fut la source , l'unique source de tous les désordres : après avoir dégradé le monarque sous la première race, elle finit, sous la seconde, par dégrader la monarchie elle-même.

On est étonné quelquefois de ces défections générales qui , sous les successeurs de Charlemagne, livrèrent le prince aux complots perfides de ses ennemis : c'est que tout était office et magistrature ; c'est que trente ducs ou comtes, en abandonnant le monarque, lui enlevaient tout ce qu'il avait de sujets armés pour sa défense. On ne connaissait , de degrés en degrés , que le service immédiat ; le duc et le comte devaient obéissance au roi , les magistrats inférieurs la devaient au duc et au comte ; et la chaîne coupée au pied du trône, ne pouvait plus s'y rattacher que par le même anneau qui avait été rompu : tous les autres suivaient le sort de celui-ci.

Ces désordres éclatèrent plus que jamais sous Charles-le-Chauve. Ce prince faible perdit tout ; il commit de grandes injustices et de fatales imprudences ; les magistrats immédiats, qui pour caractériser leurs devoirs et leurs intérêts communs , commencèrent à se nommer *pairs*, se confédérèrent; il fallut négocier : on exigea leurs sermens ; on leur en fit ; on viola ces sermens , et de ce moment on ne regarda plus la soumission que comme un traité : on examina ce qu'on avait promis, et non ce qu'on devait antérieurement à la promesse.

Alors commence l'anarchie féodale. L'autorité et les droits du prince subsistent , mais il ne peut ni exercer l'une ni faire respecter les autres. Tout se dégrade; les officiers du roi deviennent propriétaire de sa Justice ; il n'a plus de magistrats pour la rendre en son nom; les juridictions municipales mêmes disparaissent, tout est féodal, tout se gouverne par les lois des fiefs; et les juges ne sont plus que des possesseurs de fonds qui les rendent *pairs* de plein droit. (*V.* l'article *Homme de fief.*)

Le mal était à son comble, lorsque Hugues Capet monta sur le trône ; mais le remède naquit de l'excès même. Les seigneurs ou leurs représentans avaient des passions; ils faisaient des injustices : lors même que leur jugement était équitable, le plaideur condamné avait intérêt de n'en rien croire. Il fallait donc, ou lui donner une ressource qui pût lui servir de barrière contre la prévarication, s'il y en avait, ou s'il n'y en avait pas, le réduire au silence par un second jugement, semblable au premier. D'ailleurs quand deux habitans de terres ou de villes différentes, avaient des démêlés , il fallait bien décider par quel seigneur ils seraient jugés. La compétence n'étant point déterminée, engendrait des haines , des tracasseries entre les grands, tandis que les affaires des petits languissaient.

On était donc obligé de recourir à une autorité supérieure; par là, de degrés en degrés, on remontait jusqu'au *souverain fieffeux* ; et la cour du roi , féodale comme toutes les autres , était le dernier terme des appels.

On sait comment les Capétiens, forcés d'admettre dans cette cour la magistrature armée et propriétaire qui composait le corps de la pairie ; parvinrent à lui associer une magistrature purement civile , qui , créée pour aider, diriger la pre-

(1) Moreau, page 117.
(2) Recueil des capitulaires de Baluze, tome 1er, pag. 828 et 951.

mière dans ses fonctions, finit par l'en exclure, en lui apprenant que le pouvoir militaire peut vaincre, mais qu'il n'administre point.

En même temps que les nouveaux venus commençaient, dans la cour du roi, à s'asseoir à côté des anciens pairs, on établissait, pour les terres du domaine royal direct, quatre grands bailliages qui connaissaient, par appel, de tous les jugemens rendus dans les cours des seigneurs, et jugeaient même en première instance, lorsqu'il y avait conflit de juridiction.

Ces quatre bailliages suffisaient alors. D'un côté, l'affranchissement n'était pas encore général, ni, par conséquent, les procès bien nombreux. Quelles disputes pouvaient avoir entre eux des serfs qui ne possédaient rien? D'un autre côté, les grands vassaux ne reconnaissaient pas ces nouvelles juridictions. Plusieurs en établissaient chez eux de pareilles : mais l'idée toujours subsistante de vassalité, les empêchait d'y rattacher l'autorité suprême dans tous les cas. On continua donc toujours, pour les affaires importantes, à se présenter devant la cour du roi, ou, comme on parlait dès-lors, devant le parlement.

Mais le parlement ne s'assemblait que peu de jours pendant l'année. Quand les affranchissemens furent devenus presque universels, les contestations se multiplièrent : la cour du roi s'en trouva surchargée ; et les plaideurs eurent à gémir, tant sur les frais où les engageait la nécessité de suivre une juridiction ambulante, que sur la difficulté d'obtenir un arrêt pendant le petit espace de sa durée.

Ces inconvéniens déterminèrent, en 1302, Philippe-le-Bel à rendre le parlement sédentaire. Il le fixa à Paris, regardé depuis long-temps comme la capitale du royaume, quoique les rois n'y résidassent pas toujours. Ce fut le premier tribunal établi, nommément pour connaître en dernier ressort des querelles particulières entre les citoyens.

Dans le même temps, des motifs semblables déterminèrent Philippe-le-Bel à créer un second parlement pour le Languedoc, et à fixer dans la ville de Rouen le siége de l'échiquier de Normandie. Ces provinces étaient nouvellement réunies au domaine de la couronne. La politique des rois y facilitait l'affranchissement des vilains, pour affaiblir les barons. Les autres provinces, encore soumises à leurs seigneurs, avaient moins besoin de sauvegarde contre les abus de la liberté, parce qu'elle y était moins commune.

Bientôt vinrent les guerres désastreuses contre les Anglais. Plusieurs de nos rois furent successivement couverts de honte par ces redoutables ennemis. Le sage Charles V répara les pertes et les infortunes de ses prédécesseurs. Mais son fils, imbécille et furieux, les surpassa toutes. La démence de Charles VI et les trahisons de ses oncles livrèrent la patrie à des étrangers. On vit un Anglais sacré roi de France dans Paris : un prince français, Louis VIII, dans un autre temps, avait reçu la couronne d'Angleterre au milieu de Londres ; mais il y a une destinée pour les faits comme pour

les hommes. On s'est souvenu du sacre de Paris : on a oublié celui de Londres.

Ces temps malheureux de trouble et d'anarchie, où les hommes puissans se servaient des faibles pour renverser les lois générales, n'étaient guère propres pour en établir de particulières. Aussi vit-on languir la Justice et ses interprètes. Ils restèrent dans le silence, tant que la fureur et les soldats eurent seuls le droit de se faire écouter. Mais de tant de malheurs éclatans, il résulta un bien secret. Ces guerres civiles qui tranchaient tous les liens, coupèrent aussi celui de la servitude. Les serfs employés si long-temps à désoler leur pays, retirèrent au moins du sang qu'ils avaient versé, l'avantage de se voir indépendans. Ce fut parce que la France avait été, durant cent ans, couverte de soldats, qu'elle n'eut plus que des habitans libres, quand Charles VII et la fameuse Pucelle l'eurent reconquise. Depuis ce moment, elle jouit, dans l'intérieur, d'un calme profond, jusqu'au temps où des querelles de religion y introduisirent de nouveaux troubles, plus cruels et plus déplorables que les précédens.

Ce fut dans cet intervalle qu'on acheva de donner, dans le royaume, une forme stable à l'administration de la Justice. On voit les créations de parlemens se suivre avec rapidité. Le commerce, fruit de la liberté et de la paix, en ramenant l'abondance, multipliait les objets de discussion. Il fallait donc aussi multiplier les tribunaux chargés de les vider, et c'est ce qui arriva. On sortait d'un chaos pénible ; on songeait à prendre des précautions pour ne plus retomber dans un autre, au moins aussi dangereux. Mais les institutions humaines sont rarement parfaites. Des précautions prises contre le désordre, naquirent bientôt les abus qui le favorisèrent, comme on voit, dans les cérémonies publiques, le peuple pénétrer dans l'enceinte dont on veut l'exclure, à la faveur des barrières mêmes qui lui en défendaient l'entrée.

On n'avait pas ôté aux seigneurs particuliers le droit de juger les contestations qui survenaient entre leurs vassaux, autrefois leurs esclaves. Les bailliages royaux, destinés à veiller sur leur conduite, à rectifier leurs jugemens, subsistaient toujours. Les grands propriétaires des fiefs en avaient établi dans leurs dépendances, et par-là il s'était formé des bailliages seigneuriaux, qui, dans chaque district, jouissaient de la suprême autorité, au moins dans les cas qui ne méritaient point d'être portés à l'ancienne cour du roi. C'étaient, par le fait, des tribunaux souverains qui occupaient la première place. La création des nouveaux parlemens les mit à la seconde. L'intention des rois, en érigeant ceux-ci, était évidemment de soulager leurs sujets, de leur assurer le moyen d'obtenir la Justice, et non pas de l'acheter par des délais, en un mot, de rendre les jugemens plus prompts et plus faciles. Il arriva tout le contraire. Par les nouveaux établissemens, on n'ôtait aux anciens que la souveraineté. On n'osa, ou on ne pensa pas à supprimer, soit les petites juridictions qui saisissaient les querelles à la source, sans les terminer, soit les tribunaux intermédiaires, à qui l'on ôtait désormais le droit de les faire finir. Faute de l'une ou de l'autre suppression, en voulant hâter la marche de la Justice, on la ralentit; en cherchant à la rapprocher des citoyens, on l'en éloigna.

Ce ne fut pas tout. Philippe-le-Bel, en créant ou rendant sédentaires, pendant son règne, trois parlemens, leur distribua tout son royaume. Il donna le Languedoc à celui de Toulouse, et laissa la Normandie entière à celui de Rouen. Celui de Paris, le premier héritier et presque le successeur immédiat du plaid royal, fut mieux partagé. L'Anjou, le Poitou, le Berri, l'Auvergne, le Lyonnais, lui furent attribués, comme l'Isle de France, la Picardie et la Flandre, qui se trouvaient à sa portée. On ne songea pas que l'étendue de ces attributions, honorable pour les juges, était infiniment onéreuse pour les plaideurs. Il n'y avait aucun règlement qui fixât le point où devait finir l'autorité des petites juridictions provinciales; le droit de rendre un arrêt définitif dans tous les cas, parut donc appartenir aux seules cours supérieures. Il fallut venir à Paris faire décider la légitimité du moindre billet fait à Lyon. On ne put pas répéter à Coutances le loyer d'une maison sans avoir un arrêt de Rouen. La décision qu'on trouvait auparavant près de soi, il fallut l'aller chercher à cent lieues; et la seule dépense du voyage surpassa souvent l'objet contesté.

Si cet inconvénient ne fut pas sensible du premier abord, est-ce à la sagesse de nos pères qu'il en faut faire honneur? Peut-être plaidaient-ils moins; mais peut-être aussi crut-on leur en ôter le goût, en augmentant les frais nécessaires pour s'y livrer, et rien ne pouvait être plus mal vu : c'était vouloir faire reculer des frénétiques par l'aspect d'un abîme. Aussi ne tarda-t-on pas à sentir que ce faible obstacle était inutile pour arrêter les puissans qui le franchissaient, et dangereux pour les faibles qui venaient s'y engloutir. Il fallut donc chercher un autre remède. Ne pouvant arrêter le cours des procès qui s'augmentaient de jour en jour, on songea au moyen de les terminer plus promptement.

Mais aux guerres contre les Anglais succédèrent celles d'Italie, moins dangereuses pour l'état, et presque aussi funestes pour les particuliers. Charles VIII, Louis XII, François Ier, prodiguèrent, au-delà des Alpes, leurs trésors, leur propre sang, celui de leurs sujets; ils allèrent conquérir et perdre avec rapidité des royaumes éloignés. Ces expéditions aussi coûteuses qu'inutiles, ces longues et fréquentes absences, empêchèrent les monarques de donner toute l'attention nécessaire à l'administration intérieure, et le désordre redoubla.

Enfin, Henri II, malheureux comme ses prédécesseurs, mais plus sédentaire qu'eux, fut averti par la grandeur du mal, de la nécessité d'y remédier. Il s'occupa sérieusement du projet de fixer dans les provinces plusieurs tribunaux qui pussent y terminer les procès : il voulut ne laisser aux

cours supérieures, suivant l'esprit de leur institution, que l'embarras des grandes causes, et l'inspection sur les tribunaux subalternes, qu'il destinait à vider en dernier ressort, mais avec moins de frais, les affaires de moindre importance ; de là, l'édit qui créa, en 1551, des présidiaux dans toutes les villes un peu considérables du royaume.

A cette institution succéda bientôt, sous Charles IX, celle des juridictions consulaires. (V. l'article *Consuls des Marchands*.)

Auparavant et depuis, furent encore créées des juridictions spéciales pour les droits du fisc, pour les affaires du domaine et pour celles des eaux et forêts. (V. les articles *Élection*, *Grenier à sel*, *Cour des aides*, *Domaine public*, *Bois* et *Forêts*).

Ni ces juridictions, ni les bailliages et sénéchaussées, ni les autres siéges royaux ordinaires, ni les justices seigneuriales, n'éprouvèrent aucune secousse avant la révolution de 1789. Mais il n'en fut pas de même des parlemens. Leur résistance à l'édit du mois de décembre 1770, qui circonscrivait leurs attributions par rapport à l'enregistrement des lois, en fit supprimer quelques-uns, amena le démembrement de plusieurs, et introduisit dans l'ordre judiciaire des présidiaux renforcés, l'un desquels on donna le nom de *conseil supérieur*. (V. ces mots.)

Louis XVI, à son avénement au trône, crut devoir détruire l'ouvrage de son aïeul : il rétablit la magistrature sur l'ancien pied; et les choses restèrent en cet état jusqu'à la grande époque où l'autorité royale, tantôt attaquée et tantôt défendue par les parlemens, se vit contrainte de s'abandonner au torrent qui devait incessamment l'engloutir elle-même.

Ils furent supprimés, et avec eux le furent également toutes les juridictions tant ordinaires que d'exception, par la loi du 7-12 septembre 1790.

Déjà, par la loi du 24 août précédent, avaient été créés, pour les remplacer dans l'administration de la Justice, des juges de paix, des tribunaux de commerce.

Bientôt après, furent institués les tribunaux criminels et des tribunaux de police correctionnelle et municipale. Ceux-ci entrèrent en activité immédiatement après la publication de la loi du 22 juillet 1791. Ceux-là ne furent installés qu'en janvier 1792.

La constitution du 5 fructidor an 3 maintint les Justices de paix, les tribunaux de commerce et les tribunaux criminels, à peu près tels qu'ils avaient été organisés par l'assemblée constituante. Mais elle changea entièrement et l'administration de la Justice civile ordinaire, et l'administration de la Justice correctionnelle, et l'administration de la Justice municipale : elle attribua la première à des *tribunaux civils de département* ; la seconde à des tribunaux qu'elle appela *correctionnels*, mais dont la composition différait totalement de ceux qu'avait créés la loi du 22 juillet 1791 ; et la troisième aux Justices de paix, qu'elle érigea, à cet effet, en *tribunaux de police*.

De ces trois institutions, la loi du 27 ventôse an 8 ne maintint que la dernière ; elle réunit les tribunaux correctionnels aux tribunaux civils de première instance ; et, laissant aux tribunaux criminels le droit que leur avait attribué la constitution du 5 fructidor an 3, de juger les appels des jugemens des tribunaux de première instance en matière correctionnelle, elle créa, pour juger les appels des jugemens de ces mêmes tribunaux en matière civile, les *tribunaux d'appel* que le sénatus-consulte du 28 floréal an 12, qualifia, depuis, de *cours*.

Les cours d'appel restèrent, à la dénomination près, jusqu'à la mise en activité du Code d'instruction criminelle de 1808 et de la loi du 20 avril 1810, telles que les avait instituées celle du 27 ventose an 8.

Mais la juridiction des tribunaux criminels ne fut plus la même à tous égards : il en fut distrait, par les lois des 18 pluviose an 9, 23 floréal an 10, 2 et 13 floréal an 11, 23 ventose an 12, 19 pluviose an 13, et 12 mai 1806, plusieurs objets qui furent attribués à des *tribunaux criminels spéciaux*.

Enfin, le Code d'instruction criminelle de 1808 et la loi du 20 avril 1810, en maintenant les tribunaux civils et correctionnels de première instance, les tribunaux de police et les tribunaux de commerce, ont créé, pour remplacer les cours d'appel, des *cours* que l'on appelle *royales* depuis la restauration de 1814 ; pour remplacer les cours de Justice criminelle, des *cours d'assises ;* et pour remplacer les tribunaux criminels spéciaux, des *cours spéciales* dont la suppression a suivi de très-près la restauration de 1814.

V. les articles *Pouvoir judiciaire, Souveraineté, Juge, Jugement, Juge de paix, Tribunal d'arrondissement, Tribunal correctionnel, Tribunal de police, Tribunal de commerce,, Cour royale, Cour d'assises, Cour spéciale, Cas, § 5, Compétence, Incompétence, Appel, Cassation, Cour de cassation, Dernier ressort, etc.*]

JUSTICE DU MARCHÉ. *V.* l'article *Feuillie.*

JUSTICE MILITAIRE. *V.* l'article *Délit militaire.*

JUSTICE MUNICIPALE. *V.* les articles *Commune* et *Justice,* § 2.

*JUSTICE SEIGNEURIALE se dit de celle qui, étant unie à un fief, appartient à celui qui en est le seigneur, et est exercée en son nom par ceux qu'il a commis à cet effet.

Les Justices seigneuriales sont aussi appelées *justices subalternes,* parce qu'elles sont inférieures aux Justices royales.

On leur donne le surnom de seigneuriales subalternes, pour les distinguer des Justices royales et municipales.

L'origine de la plupart des Justices seigneuriales est si ancienne, que la plupart des seigneurs n'ont point le titre primitif de concession, soit que leur Justice soit dérivée du commandement militaire qu'avaient leurs prédécesseurs, soit que ceux-ci l'aient usurpée dans des temps de trouble et de révolution.

Au reste, les Justices qui sont établies, quelle qu'en soit l'origine, sont toutes censées émanées du roi, et lui seul peut en concéder de nouvelles, ou les réunir ou démembrer ; lui seul pareillement peut y créer de nouveaux offices.

Les Justices seigneuriales sont devenues patrimoniales, en même-temps que les bénéfices ont été transformés en fiefs, et rendus héréditaires.

On distingue trois sortes de Justices seigneuriales ; la haute Justice, la moyenne Justice, et la basse Justice. (M. GUYOT.) *

[[Par l'art. 6 des lois du 4 août 1789, *les Justices seigneuriales sont supprimées sans indemnité.*]]

* JUSTICE VICOMTIÈRE se dit dans quelques coutumes, comme en Artois et en Picardie, de la moyenne Justice qui appartient de droit à tout seigneur, dès qu'il a un homme de fief, c'est-à-dire dès qu'il a un fief dans sa mouvance. Elle a été ainsi appelée, parce que les vicomtes, dans leur première institution, n'avaient que la moyenne Justice. *V.* l'article *Justice seigneuriale.* (M. GUYOT.) *

* JUSTICIABLE, qui doit répondre devant certains juges.

En général, tout particulier est Justiciable du juge sous la juridiction duquel il a son domicile établi. Cependant, en matière de police, chacun est Justiciable du juge du lieu où il a commis quelque contravention aux règlemens de police, quand même il n'y aurait pas son domicile. En matière criminelle, on est justiciable du juge du lieu où le délit a été commis. On peut aussi, en matière civile, devenir Justiciable d'un juge autre que celui du domicile. *V.* l'article *Compétence.* (M. GUYOT.)

JUVEIGNEUR. Terme usité dans la coutume de Bretagne, en matière féodale, pour désigner le puiné relativement à l'aîné.

K.

KEURE, KEUR-FRÈRE, KEUR-SŒUR, KEUR-HEERS. Termes fréquemment employés dans les coutumes de la Flandre flamande, et

dans les anciennes chartes de la même province.

I. Le mot *Keure* n'est pas dérivé, comme le

croit du Gange, du mot latin, *Curia*, cour, assemblée, mais du verbe flamand *Keuren*, qui signifie *juger, statuer, approuver publiquement*. C'est ce qui résulte de plusieurs actes dans lesquels il désigne un statut, une loi, un règlement.

Donavi plenam potestatem observandi sive tenendi statuta terræ Wasiæ, quæ vulgariter dicuntur Keure. Ce sont les termes d'une charte de l'an 1283, que l'on conserve au bureau des finances de la ci-devant chambre des comptes de Lille. Cette charte avait été précédée d'une autre, donnée en 1241 au même pays de Waës : *Ego Thomas, Flandriæ et Hannoniæ comes, et Johanna Flandriæ et Hannoniæ comitissa, concedimus hominibus Wasiæ; tam præsentibus quam futuris ad nostrum dominium spectantibus, legem quæ vulgariter dicitur Choro, presenti pagina contentam, perpetuo et inviolabiliter observandam.*

Le chartrier de l'abbaye de Saint-Pierre-lès-Gand renferme un acte de l'an 1070, dans lequel on remarque ces paroles : *statutiones quæ plebaia lingua Keure vocantur, super quoslibet sancto Petro attinentes non agat.*

On trouve, dans le chartrier de l'abbaye de Saint-Bertin, deux autres pièces qui attribuent le même sens au mot dont il s'agit.

La première, est une charte donnée en 1201, par Baudouin, comte de Flandre : *Et quia avus meus Theodoricus comes,* CHORAM *apud Arkes vobis habendam putavit, et homines suos jurare fecit, concedo ut eamdem perpetuo habeatis.*

La seconde pièce, est une loi portée pour le bourg d'Arques, près de Saint-Omer, dont il est parlé dans le passage que nous venons de rapporter. Cette loi, qui est datée de l'an 1231, porte : *Hominibus nostris de Arkes legem uratam, quæ* CHORA *vulgariter appellatur, dedimus et concessimus in hunc modum.... ; jurare debent etiam omnes in villa manentes* CHORAM *et legem villæ.*

II. La coutume du pays de Langle en Artois, rédigée en 1586, veut, art. 3, que « tous cas de » crime, d'injure, délits, maléfices et faits énor-» mes, sauf les cas privilégiés (soient jugés), à » la conjure du Bourgrave, selon les *Keures* et sta-» tuts anciens. »

A Bergues-Saint-Winock, on est dans l'usage d'appeler *Keure*, le territoire sur lequel s'étend immédiatement la juridiction échevinale de cette ville.

III. Les mots *Keure-frère* et *Keure-sœur* signifient littéralement *frère et sœur de loi*. On appelle ainsi les bourgeois d'une même ville, parce qu'ils vivent sous une loi commune.

Nous avons parlé, aux articles *Bourgeois, Confraternité de coutume* et *Écart*, de tout ce qui peut avoir rapport au droit de *bourgeoisie* dans la Flandre flamande.

IV. Les *Keur-heers* sont des officiers munici-

paux chargés de faire exécuter les *Keures*. La charte de 1201, citée ci-dessus, les désigne en latin par le mot *choremanni*, formé de *chora*, dont on vient de voir la signification, et de *man*, terme flamand, qui signifie *homme*. Voici les paroles de cette charte : *Et pax et justitia firmius in eadem villa teneatur,* CHOREMANNI *vestri, voluntate et assensu vestro et consilio hominum ecclesiæ vestræ, per emendationem semper legem Choræ affirmare poterunt et corroborare.*

Laurière fait mention d'une charte de 1315, qui porte : *Cum abbas conventus sancti Saumerii ei bosco essent, et fuissent in possessione et saisina conjurandi* CORMANNOS *et scabinos villæ de Colonia prope Calesium, habendique et faciendi executionem judicatorum per eosdem factorum, quotiès casus se offerre contigit....*

Il y a des endroits où les *Keur-heers* sont tout à-la-fois *échevins* : par exemple, à Bergues-Saint-Winock, ces deux mots sont, depuis un temps immémorial, employés conjointement pour désigner les officiers qui exercent la justice haute, moyenne et basse, qui maintiennent la police et administrent les affaires communes de la ville et de la châtellenie. Une charte de l'an 1410, rapportée dans les ordonnances du Louvre, tome 9, page 585, déclare que *seront faiz et créés de par nous jusques à vingt-quatre échevins et cueriers pour le gouvernement d'icelle notre châtellenie (de Bergues-Saint-Winock).* Les échevins de cette ville prennent encore le titre de *Keur-heers* dans tous les actes qui s'expédient en leur nom, et le parlement de Flandre est pareillement dans l'usage de le leur donner dans tous les arrêts où il est question d'eux.

Dans d'autres endroits, les *Keur-heers* forment un tribunal séparé de celui des échevins. On lit dans la *Keur* d'Arque, que nous avons déjà citée : *Scabini judicent de iis quæ pertinent ad scabinos : Choremanni de pace tractent et de utilitate communitatis villæ et foris factorum emenda-tione.* On voit par ces termes, que les Keur-heers, de ce bourg, sont bornés à l'administration de la police et de la justice criminelle. La formule de leur serment rapportée dans la même loi, mérite une attention particulière : *jurare debent Choremanni primo jus ecclesiæ servaturos, jus etiam abbatis et ecclesiæ sancti Bertini, jura viduarum et orphanorum, pauperum et divitum, et omnium hominum tam externorum quam juratorum suorum, super causis quæ coram ipsis venerint et ad juramentum suum pertinuerint, jus et legem dicere nec obmittere propter gratiam vel timorem, odium vel amorem.*

Les expressions suivantes de la même charte prouvent que les Keur-heers d'Arques ne doivent exercer leurs fonctions qu'en vertu de la *conjure* du représentant du seigneur ; *Similiter justitiarius jurare debet, et addere juramento quod omni jus petenti justitiam faciet judicio Choremannorum.*

Dans le comté de Langle, les *Keur-heers* sont

aussi distingués des échevins. C'est ce que prouvent les art. 4 et 5 de la coutume de ce pays ; voici comment ils sont conçus :

« Pour dire droit, y a huit échevins qui se renouvellent par chacun an, par commissaires dudit comté, qui connaissent de toutes matières personnelles, des arrêts et des héritages cottiers, lesquels jugent à la conjure du bourgrave dudit pays.

« Item, par ladite coutume y a huit Keur-heers, qui semblablement se renouvellent chacun an par lesdits commissaires, lesquels ont accoutumé de connaître de tous cas de crime, d'injure, délits, maléfices et faits énormes, sauf des cas privilégiés en les déterminant à la conjure dudit bourgrave, selon leurs Keures et statuts anciens, et si ont accoutumé de tenir plaids pour lesdits cas de trois en trois jours. »

L'article 7 de la même coutume porte que les Keur-heers ont encore, conjointement avec les francs-hommes et les échevins, « connaissance de » la police et gouvernement dudit pays, tant des » vivres, fourrages, Dicages (V. ce mot), Keures » édits, ordonnances et autres choses nécessaires » pour le bien et entretenement dudit pays, et par » devant lesdits (trois bancs d'officiers) se rendent » par chacun an les comptes dudit pays publique- » ment par cris d'église. »

Il y a encore d'autres cas où les Keur-heers du pays de Langle exercent leur juridiction de main commune avec les échevins. L'art. 17 de la coutume déjà citée ordonne que, « quand il échoiera » une succession que personne ne voudra appré- » hender, il sera, par ordonnance desdits éche- » vins et Keur-heers, commis quelque personnage » idoine curateur des biens. »

Les Keur-heers de Gand, sont appelés échevins de la Keure ou du haut banc. Ils forment le premier ordre de la juridiction municipale de cette ville ; ceux des parchons ou bas-bancs forment le second. Les échevins de la Keure ont, suivant les articles 14 et 15 de la concession Caroline du 30 avril 1540, la connaissance de toutes les actions personnelles, réelles et mixtes, tant en matière criminelle que civile. L'art. 16 de la même loi attribue aux échevins des parchons le droit exclusif de connaître des successions, de tutelles, des injures verbales et de quelques autres matières semblables. Ces dispositions sont renouvelées et développées par la coutume de Gand, rubr. 1 ; art. 1, 9, 12, 17, 22, rubr. 3 ; rubr. 22, art. 3 ; rubr. 22, art. 1 et 14 ; rubr. 23, art. 3, etc.

Une singularité remarquable dans l'échevinage de Gand, est que l'on peut appeler du banc de la Keure comme de celui des Parchons, aux deux bancs réunis, qui forment alors ce qu'on appelle la vierschaere. L'art. 5 de la rubr. 1 de la coutume porte que « l'on peut, en appelant à la vierschaere » des sentences et appointemens rendus en l'une et » l'autre des deux lois, y proposer de nouveaux » faits, et les vérifier, sans provision plus ample » de relief ou de requête civile. »

La coutume de Bailleul, rubr. 1, art. 33, appelle Keur-heers des officiers nommés par les échevins pour avoir inspection sur les denrées.

V. Du Cange et le supplément de Laurière, aux mots Chora et Choremanni, et les articles Echevins, Tuteurs en chef, Langle, Vierschaere, etc. (1).

[[Il n'existe plus de Keur-heers : l'art. 1er de la loi du 14 décembre 1789 les a implicitement compris dans la suppression de tous les anciens offices municipaux. V. l'article Echevins.]]

L.

*LABOUREUR. Par ce mot, on entend désigner l'homme utile et laborieux dont l'habitation est dans les campagnes, qui ouvre et déchire le sein de la terre, qui l'ensemence et moissonne les épis où se trouve le grain dont nous nous nourrissons après qu'il a été broyé, pulvérisé, et a subi cette métamorphose qui lui donne une forme solide connue sous le nom de pain. Il tire son origine du mot laborare, qui signifie travailler ; et comme ce travail est, à raison de son objet, le travail par excellence, on a nommé l'homme qui s'y consacre, Laboureur, c'est-à-dire, le travailleur.

Tous les législateurs qui ont senti combien il était intéressant d'encourager l'homme, naturellement ennemi de la gêne et de la fatigue, à la culture de la terre, ont eu grand soin de l'y exciter par des priviléges et des distinctions. Tous les peuples chez lesquels l'état de cultivateur a été honoré, ont toujours été riches et puissans. On est disposé à aimer, à défendre un sol qui nous nourrit ; on y tient. Le mot de patrie devrait être inconnu dans un pays où il n'y a pas de campagnes fertiles ; car on ne peut regarder comme patrie, qu'une région qui est, pour ceux qui l'habitent, ce qu'une mère est pour ses enfans.

Aux yeux de la raison, l'état de Laboureur est le premier de tous ; celui qui l'a choisi, ne doit la conservation de son existence qu'à lui-même ; il ne vit que par lui, et fait encore vivre les oisifs qui lui achètent son superflu.

Dans les siècles d'ignorance et de barbarie, où l'on ne trouvait rien de plus noble que de ne pas savoir lire, et d'être toujours armé pour défendre

---

(1). M. Bouchette, avocat à Bergues-Saint-Vinock, nous a fourni des matériaux pour cet article.

ses torts, et pour en commettre de nouveaux, on dédaignait l'état de Laboureur; mais à mesure que nous nous sommes avancés vers la lumière de la saine raison, nous avons senti tout le prix d'un travail qui écarte la famine et amène l'abondance. Jamais on n'a plus écrit en faveur de l'agriculture que dans ce siècle-ci; jamais les Laboureurs n'ont eu de défenseurs plus zélés et de plus illustres imitateurs. Les lois sont même venues à leur secours; les unes, pour les autoriser à vendre leurs denrées librement dans toute l'étendue du royaume, et même, dans certains cas, à les exporter chez l'étranger; les autres, pour les déterminer à entreprendre de nouveaux défrichemens:

V. les articles *Bail*, *Charrue*, *Chasse*, *Défrichement*, *Ferme*, *Gibier*, *Grains*, *Juge de paix*, *Moisson*, *Pâturage*, *Privilège de créances*, etc. (M. DE LA CROIX.) *

[[*LABOURT* (pays de). *V.* l'article *Infançon.*]]

[[LAC. On donne ce nom à de grands amas d'eau rassemblés au milieu d'un continent, et qui ne se dessèchent jamais. Il en est qui sont formés par des eaux affluentes, et d'autres par des eaux stagnantes.

La police pour la pêche dans les Lacs, est la même que pour celle dans les fleuves et les rivières.

V. l'ordonnance du mois d'août 1669, et les articles *Etang* et *Pêche*.]]

* LACS. On appelle ainsi des pièges formés en nœuds coulans, faits avec du crin, de la ficelle, du fil de laiton, etc.

Ces sortes de pièges forment une méthode sourde, non point toujours secrète, mais presque toujours infaillible, pour détruire le gibier.

C'est pour cette raison que les ordonnances en ont constamment interdit l'usage, à peine du fouet et de trente livres d'amende pour la première fois, de flétrissure et de bannissement en cas de récidive.

Cette défense est portée par l'art. 12 du tit. 30 de l'ordonnance de 1669, conforme en cela à la disposition des ordonnances de 1600 et de 1601, art. 9.

Mais elle n'a pour objet que les braconniers; elle ne concerne pas ceux qui ont le droit de chasse, et qui sont les maîtres de disposer à leur gré de tout le gibier existant dans l'étendue de leurs terres; il n'y a à cet égard d'exception que pour le cerf, la biche et le faon, qui sont, de droit, un gibier *réservé.*

Il est d'ailleurs peu de seigneurs qui ne soient jaloux de conserver le gibier de leurs terres: si, pour le prendre, ils font usage de Lacs, c'est moins pour détruire que pour se procurer un amusement particulier.

De plus, on ne présumera jamais que pour un pareil fait, le législateur ait voulu imprimer à un

seigneur la tache d'infamie, jointe à la peine que prononce l'ordonnance sur ce sujet. Cela s'imagine d'autant moins, qu'en rapprochant la disposition des ordonnances pour la chasse, on voit qu'il ne s'agit que de peines pécuniaires, et non de peines afflictives, quand c'est un gentilhomme qui est tombé dans quelque contravention à ce sujet.

On voit encore, par l'art. 2 des anciennes instructions sur le fait des chasses, « que personne » ne pouvait tendre aucuns engins et filets, pour » prendre faisans ou perdrix, sans le congé des » hauts justiciers en leurs hautes justices. »

De plus, l'art. 16 de l'ordonnance du mois de mars 1515 ne défend l'usage de ces sortes de Lacs, qu'à ceux qui n'ont pas le droit de chasse : « avons prohibé et défendu (porte cet article), » prohibons et défendons à tous nos sujets non » nobles, et non ayant droit de chasse ou privilège » de nous, qu'ils n'aient chiens, collets, filets, » Lacs ou autre engins à chasse, ne prendre liè- » vres, hérons, perdrix ni autre gibier, sur peine » de confiscation, etc. »

D'où il résulte que les défenses portées par les ordonnances, ne sont que contre les braconniers, et non contre les seigneurs hauts-justiciers ou de fief, parce qu'ils peuvent disposer à leur gré du gibier de leur terre, cette liberté étant attachée au droit de chasse que leur donne leur qualité : c'est donc une erreur de la part de ceux qui soutiennent une opinion contraire, sur le fondement de la disposition de l'ordonnance de 1669, qu'ils interprètent trop à la rigueur.

[[Aujourd'hui, suivant l'art. 15 de la loi du 22 avril-1er mai 1790, « il est libre, en tout temps, » au propriétaire ou possesseur, et *même au fer-* » *mier*, de détruire le gibier dans ses récoltes » (même) non closes, en se servant de filets ou » autres engins qui ne puissent pas nuire aux » fruits de la terre. »

Il n'y a même plus d'exception à cet égard pour le cerf, la biche et le faon. Car les lois du 4 août 1789 ont rendu à tout propriétaire le droit de détruire ou faire détruire, sur ses possessions, *toute espèce de gibier. V.* l'article *Chasse.*]]

On ne doit pas conclure de ce que nous avons dit, que ceux qui ont obtenu la permission de chasser sur une terre, aient pour cela la liberté d'y tendre des Lacs, parce que cette méthode pour prendre le gibier étant très-destructive, ils ne peuvent s'en servir qu'avec l'agrément de celui qui leur a permis de chasser. S'il en était autrement, il arriverait que ceux auxquels on aurait accordé des permissions de chasse, seraient les maîtres d'en user d'une manière contraire à la volonté du seigneur qui les aurait données; et cela serait contre la raison, qui veut que, dans l'usage d'une chose, on se renferme dans les bornes prescrites par celui qui l'a accordée.

S'il ne s'agissait cependant que d'oiseaux de passage, tels que les bécasses, grives, canards, etc., dont le séjour n'est que momentané dans une terre, on pense que la permission de chasse comprendrait celle de prendre ces sortes de gibier avec les Lacs, étant très-ordinaire de se servir de cette méthode, à moins toutefois que le seigneur n'y eût pas consenti. (M. Henriquez.) *

*LAIE. On appelle ainsi, en termes d'eaux et forêts, une route pratiquée par l'arpenteur autour d'un canton de bois destiné à être vendu.

L'art. 6 du tit. 15 de l'ordonnance des eaux et forêts, du mois d'août 1669, veut que l'arpenteur fasse, en présence du sergent de la garde, les Laies nécessaires pour le mesurage.

L'art. 7 défend de donner plus de trois pieds aux Laies destinées au passage des portes-perches et des marchands qui vont visiter les ventes. En cas de contravention, l'arpenteur qui fait des Laies plus larges, doit être condamné à une amende de cent livres, et à la restitution du double de la valeur du bois abattu.

Suivant l'art. 8, les bois abattus dans les Laies, appartiennent à l'adjudicataire, sans que les arpenteurs ni les sergens à garde y puissent prétendre aucune part; il leur est défendu de les enlever à peine de cent livres d'amende et d'interdiction; et la même défense est faite aux riverains, à peine de punition exemplaire. (M. Guyot.)

[[V. les articles Délit Forestier et Malversation.

[[LAIS et RELAIS. On entend par Lais, les alluvions que forment la mer, les fleuves et les rivières, aux propriétés riveraines; et par Relais, les terrains que la mer, les fleuves et les rivières abandonnent insensiblement, en se retirant d'une rive et en se portant sur l'autre.

L'art. 340 de la coutume de Bourbonnais, conforme en cela au droit commun de la France, adjugeait les Lais des rivières non navigables ni flottables aux seigneurs hauts-justiciers. « La rivière » (portait-il) tolt (ôte) et donne au seigneur haut » justicier; elle ne donne aucunement au seigneur » très-foncier et propriétaire qui n'a point ladite » justice; et sera la croissance que la rivière donne, » au seigneur haut-justicier, qui s'appelle com- » munément Lais. »

Les Relais des rivières non navigables ou flottables appartenaient également au seigneur haut-justicier.

Aujourd'hui, les Lais et Relais des rivières de toute espèce appartiennent aux propriétaires riverains. (V. les articles Alluvion et Attérissement.) Les Lais et Relais de la mer ont toujours fait et font encore partie du domaine public. V. l'art. 558 du Code civil.]]

LALLŒU (pays de). C'est le nom collectif de quatre paroisses considérables des Pays-Bas Français, savoir, la Ventie, Sailly, Fleurbais et la Gorgue.

I. Voici ce qu'en dit le président Dubois d'Hermanville, dans son Recueil d'arrêts du parlement

de Flandre, page 97 : « Les quatre paroisses du » pays de Lallœu et le bourg de la Gorgue (1) » composent un francalleu qui était autrefois du » patrimoine de la chaire de Saint-Pierre, donné » depuis à l'abbaye de Saint-Vaast d'Arras, en » faveur de laquelle ce petit pays a été amorti, » de manière qu'il n'a été sujet à aucun impôt ni » subside envers aucun prince séculier. »

On voit par là que le mot Lallœu a été formé par corruption d'allœu, et qu'on a donné cette dénomination à ce pays par le même motif qu'on a appelé franc-alleu un petit canton de l'Auvergne, qui jouit à peu près des mêmes exemptions.

Maillard dit, en ses notes sur le décret d'homologation de la coutume d'Artois, « qu'un arrêt du 7 décembre 1596 a fait ressortir le pays de Lallœu dans les affaires ordinaires, à la salle abbatiale de Saint-Vaast, et de là au conseil provincial d'Artois. »

Des lettres-patentes du mois d'août 1671 avaient uni et incorporé le pays de Lallœu aux châtellenies de Lille, Douai et Orchies, « pour, par les » états de ces châtellenies, y exercer les mêmes » droits qu'ils exerçaient sur les paroisses et com- » munautés de leur ancien arrondissement, avec » permission d'y imposer tels centièmes et autres » moyens usités qu'ils jugeraient convenir, pour » le paiement de l'aide, leur attribuant, à cet effet, » toute juridiction en première instance, sauf l'ap- » pel au conseil provincial d'Artois. »

Et de là était née une question de compétence sur laquelle s'explique ainsi le président Dubois d'Hermanville à l'endroit cité.

Les états de Lille ont acquis au moyen de cette union, une juridiction immédiate sur ce pays, en ce qui concerne la levée des impôts : mais la difficulté est de savoir si cette union a distrait ces habitans du ressort de l'Artois, où ils étaient justiciables en toute matière. Et, il a paru que les lettres-patentes du mois d'août 1671, ne contenaient point de dérogation à la juridiction des juges de l'Artois, ni d'attribution du ressort au parlement de Flandre.

» C'est pourquoi, dans l'appel que Jacques Wallerand de Baulincourt avait interjeté à la cour, de la sentence rendue contre lui par le juge des états de Lille, sur le fait des impôts, en faveur de Philippe Cardon, habitant de la paroisse de la Ventie, ledit Cardon a proposé un déclinatoire, soutenant que l'appel devait être porté au conseil d'Artois, et qu'il était mal intimé à la cour. Ce qui a ainsi été jugé par arrêt du 16 juin 1690, sur les conclusions du procureur-général du roi.

Les lettres-patentes, qui avaient donné lieu à cette contestation, n'avaient été enregistrées au conseil d'Artois qu'en vertu de lettre de jussion. Les états d'Artois ne tardèrent pas à se pourvoir

(1) Le bourg de la Gorgue, distingué de la paroisse du même nom n'est point du pays de Lallœu, quoiqu'il jouisse des mêmes exemptions. (V. le coutumier général de Riche- bourg, tome 1er, pages 376 et 377.)

au conseil, pour en faire ordonner le rapport. Les habitans du pays de Lallœu donnèrent une requête à la même fin, et demandèrent en même temps d'être remis en l'état où ils étaient avant leur union aux châtellenies de Lille, Douai et Orchies, sous l'offre de continuer le paiement de 870 mines d'avoines d'ancienne redevance, et de 10,500 livres qui leur avaient été imposées, à titre d'aides, par les états de Lille. L'abbaye de Saint-Vaast ne vit par tous ces mouvemens d'un œil tranquille; elle donna pareillement une requête pour faire révoquer l'union et se faire rétablir dans l'état où elle se trouvait, par rapport à ce pays, avant le mois d'août 1671. De son côté, le bourg de la Gorgue demanda d'être remis dans son ancienne indépendance des états de Lille et de ceux d'Artois, et maintenu dans tous ses droits et priviléges.

Le conseil a statué sur toutes ces demandes, par un arrêt du 15 novembre 1717, qui

« Ordonne que les lettres-patentes du mois d'avril 1671, portant union dudit pays de Lallœu à la châtellenie de Lille, seront rapportées et demeureront nulles et comme non avenues;

« Ce faisant, sa majesté a réuni et réunit ledit pays de Lallœu à la province et comté d'Artois, pour être régi et gouverné par les états d'Artois, comme le reste de ladite province, sans néanmoins que le présent arrêt puisse nuire ni préjudicier au gouverneur de Lille, qui continuera d'exercer la même autorité que par le passé dans ledit pays de Lallœu, comme étant compris dans ses provisions : et sera le bourg de la Gorgue censé et réputé de la province de Flandre, comme il l'a toujours été : maintient, au surplus sa majesté, les abbé et religieux de l'abbaye de Saint-Vaast d'Arras, dans les droits, priviléges et juridictions qui leur appartiennent sur ledit pays de Lallœu, pour en jouir par eux de la même manière qu'ils en ont joui ou dû jouir avant l'année 1671. »

II. Le coutumier général de Richebourg, renferme trois rédactions de la coutume du pays de Lallœu, des 1er mars 1543, 7 novembre et 2 décembre 1669 : mais elles sont toutes imparfaites et inexactes. On en a fait une nouvelle dans notre siècle, et elle a été confirmée par lettres-patentes du 28 juin 1743, enregistrées au parlement de Paris, le 27 juillet suivant.

Le dernier article de cette nouvelle coutume, renvoie à celle d'Artois la décision des cas non prévus, et par là abroge l'ancien usage, qui était, suivant Maillart, de suppléer par la coutume non homologuée de l'abbaye de Saint-Vaast, à celle du pays de Lallœu.

III. Les échevins du pays de Lallœu ont été maintenus, par un arrêt du conseil du 18 mars 1698, dans le droit et possession de connaître de toutes les affaires civiles, criminelles et de police, et de recevoir par deux d'entre eux toutes sortes de contrats.

L'article premier de la nouvelle coutume porte même que leur juridiction s'étend sur les fiefs comme sur les rotures; mais, suivant l'art. 3, ce

n'est point à eux à passer les *devoirs de loi* des fiefs : ce droit n'appartient qu'aux hommes de fief, dont ces biens relèvent.

V. les articles *Echevins*, *Hommes de fief*, *Entrevestissement*, etc.

[[IV. Les priviléges du pays de Lallœu ont été abolis par l'art. 10 des lois du 4 août 1789. Les communes qui le composent, sont aujourd'hui comprises dans l'arrondissement de Béthune, département du Pas-de-Calais.]]

* LAMANEUR. C'est un pilote ou marinier qui fait le lamanage, c'est-à-dire, qui conduit les vaisseaux étrangers dans les rades ou dans les ports, lorsque les parages sont dangereux et inconnus à ceux qui les abordent.

Il y a aussi des Lamaneurs vers l'embouchure des rivières : on les loue pour éviter les bancs, les syrtes et autres dangers que la mer déplace presque tous les ans, comme à Rouen, par exemple, où il y a des Lamaneurs fixés de deux lieues en deux lieues.

1. Quoiqu'il soit libre à tout maître de navire de prendre un pilote-Lamaneur ou de s'en passer (1), il lui importe néanmoins d'en prendre un, quand même il connaîtrait parfaitement le port, les rades, la rivière où il veut entrer, ou dont il doit sortir. La raison en est qu'à défaut de cette précaution, il prend les dangers sur son compte, et se rend responsable de tout le dommage qui peut en résulter aux propriétaires du navire et aux marchands chargeurs. C'est la disposition expresse de la loi 13, § 2, D. *locati*; et celle de l'art. 9 du titre *des Avaries* d'une ordonnance de Philippe II, roi d'Espagne, qui prononce, en outre contre le maître, une amende de 100 livres, sans examiner s'il a été requis ou non par son pilote ou par son équipage, de prendre un Lamaneur, comme l'ordonnance de Wisbuy semble le désirer.

Au surplus, la liberté de prendre ou de ne pas prendre de pilote, n'a pas lieu lorsqu'il s'agit d'entrer dans les ports ou rivières où se trouvent entretenus des vaisseaux du roi : il faut, en cas pareil, que les bâtimens marchands de cent tonneaux et au-dessus prennent nécessairement des pilotes pour les conduire et éviter les abordages, à peine, contre les contrevenans, de cinquante livres d'amende, applicable aux hôpitaux de marine, et de réparation du dommage en cas d'abordage. C'est ce qui résulte de l'art. 5 du tit. 1 du livre 2 de l'ordonnance du mois d'avril 1689. (M. Guyot.) *

[[II. Les dispositions de cette ordonnance et celles du tit. 5 du liv. 4 de l'ordonnance de la marine, du mois d'août 1681, du règlement du 15 août 1725, de la déclaration du 24 octobre 1743, du règlement du 10 mars 1784 et de la loi du 15 août 1792, sont refondues, avec quelques modifications, dans le décret du 12 décembre 1806, qui est ainsi conçu :

(1) [[*V.* ci-après l'article 54 du décret du 12 décembre 1806.]]

« Chap. 1. *Conditions pour l'admission des pilotes-Lamaneurs ; leur examen, leurs fonctions, et les marques distinctives de leur état.*

» Art. 1 Le ministre de la marine et des colonies fixera le nombre des pilotes-Lamaneurs dans chaque port où il en existe, et dans ceux où il sera jugé nécessaire d'en établir, sur les propositions des chefs d'administration de la marine, et de l'avis des chambres du commerce.

» 2. Nul ne pourra être reçu pilote-Lamaneur ou locman, s'il n'est âgé de vingt-quatre ans : s'il n'a au moins six ans de navigation, pendant lesquels il aura fait deux campagnes de trois mois au moins, au service de l'État ; et s'il n'a satisfait à un examen sur la manœuvre, la connaissance des marées, des bancs, courans, écueils, et autres empêchemens qui peuvent rendre difficiles l'entrée et la sortie des rivières, ports et havres du lieu de son établissement.

» Les services sur les bâtimens de l'État, comme ceux sur les navires du commerce, devront être extraits des rôles d'armement, et certifiés par les administrateurs de la marine.

» 3. L'examen des pilotes sera fait, en présence de l'administrateur du quartier des classes, par un officier de vaisseau ou de port, deux anciens pilotes-Lamaneurs et deux capitaines du commerce, qui seront nommés par l'officier commandant du port.

» Cet examen sera gratuit ; et il est défendu à ceux qui se feront recevoir pilotes-Lamaneurs, de payer aucun droit ni rétribution aux examinateurs ; et à ceux-ci d'en recevoir, sous peine de destitution.

» 4. Lorsque plusieurs marins concourront pour une place de pilote-Lamaneur, celui qui sera jugé avoir subi l'examen prescrit, de la manière la plus satisfaisante, sera admis de préférence.

» 5. Le ministre de la marine expédier une lettre d'admission à chacun des pilotes-Lamaneurs admis : cette lettre sera enregistrée au bureau de l'inscription maritime de leur résidence.

» 6. Pour être reconnus en leur qualité, les pilotes porteront une petite ancre d'argent, de cinquante millimètres (deux pouces) à la boutonnière de leur habit ou gilet.

» 7. Les fonctions des pilotes-Lamaneurs exigeant un service continuel, qu'il serait dangereux d'interrompre, ils seront exempts d'être levés et commandés pour le service de l'État et pour tout autre service personnel.

» Chap. 2. *Remplacement des pilotes.*

» Art. 8. Il y aura des aspirans pilotes ; dont le nombre ne pourra excéder le quart des pilotes-Lamaneurs, et qui seront destinés à les seconder et à les remplacer. Les marins admis à servir en qualité d'aspirans, devront avoir subi le même examen que celui des pilotes.

» 9. Tout pilote qui, par son grand âge ou ses infirmités, sera hors d'état de remplir complètement son service, sera obligé d'en prévenir l'administrateur préposé à l'inscription maritime, qui l'autorisera à s'adjoindre, s'il y a lieu, l'aspirant examiné le plus ancien, lequel sera tenu de faire le service et de donner audit pilote le tiers des bénéfices ; et à défaut de sa déclaration, l'administrateur du quartier maritime nommera un aspirant adjoint sous les mêmes conditions.

» 10. Toute place vacante par mort ou par démission sera donnée à l'aspirant admis en cette qualité et le plus ancien au service, lorsque sa conduite sera sans reproche.

» 11. L'aspirant qui aura servi d'adjoint, conservera ses droits à la première place vacante, et sera remplacé auprès du pilote infirme par l'aspirant admis, qui viendra immédiatement après lui.

» Chap. 3. *Inspection et police des pilotes-Lamaneurs.*

» Art. 12. L'inspection du service des pilotes est exercée par les officiers militaires chefs des mouvemens maritimes, par les officiers préposés à la direction du pilotage, et, en l'absence de ceux-ci, par les officiers des ports du commerce. Ces derniers rendront compte du résultat de leur inspection à l'administrateur de la marine en résidence dans les ports.

» 13. Lorsqu'il y aura plusieurs stations, les pilotes devront porter, dans la partie supérieure de leurs voiles, et sur les deux côtés au-dessus de la bande du premier ris, la lettre initiale du nom de leur station, et les numéros qui leur seront indiqués par l'officier d'administration chargé de l'inscription maritime au lieu de leur résidence. La même lettre et le même numéro seront inscrits à l'arrière de leur chaloupe.

» 14. Les pilotes-Lamaneurs ne pourront, sous peine de huit jours de prison, s'écarter du lieu de leur domicile ou arrondissement, sans un congé par écrit de l'officier d'administration préposé à l'inscription maritime, qui ne devra en accorder que pour des causes absolument nécessaires. En cas de récidive, il en sera rendu compte au ministre de la marine : il en sera de même, si leur absence a excédé la durée de huit jours.

» 15. Les pilotes qui abandonneront leurs fonctions pour naviguer au petit cabotage, ou pour pratiquer les pêches lointaines, seront, par décision du ministre, déchus de leur qualité de pilotes-Lamaneurs, et en conséquence inscrits de nouveau sur la matricule des gens de mer de service. Alors ils seront commandés à leur tour pour servir sur les bâtimens de l'État.

» 16. Il sera tenu, au bureau de l'inspection maritime de chaque port, une matricule particulière, où seront enregistrés les pilotes-Lamaneurs, leur âge, la date de leur admission comme aspirans et comme pilotes, les services signalés qu'ils auront rendus, les récompenses qui en auront été la suite, leurs manquemens, leurs fautes graves, et les punitions qu'ils auront subies ; enfin la cessation de leur service, soit par mort, démission ou infirmités.

» 17. Le service de pilote, dans chaque station, sera fait à tour de rôle pour la sortie. Néanmoins, tout capitaine qui voudra prendre un pilote à son choix, en aura la faculté ; alors , il paiera le pilotage en entier au pilote à qui revenait la conduite du navire, et audit cas ce dernier perdra son tour.

» 18. Tout pilote, à quelque station qu'il appartienne, est tenu de faire la manœuvre convenable pour faciliter l'abordage de la chaloupe du pilote de la prochaine station par lequel il va être relevé ; il sera même tenu, lorsque le navire ne devra pas mouiller à la station où il le conduit, de faire le signal indiqué à l'art. 20 du présent règlement, dès qu'il sera en vue de cette station, afin que le pilote de tour se prépare et ne retarde pas le navire.

» 19. Tout pilote de tour qui ne se présentera pas vis-à-vis la station à bord du navire qui aura fait le signal aura perdu son tour, et le premier pilote de la même station pourra le remplacer; à défaut, le pilote qui se trouvera à bord, pourra conduire le navire à la station suivante , sans crainte d'être démonté, et il gagnera le pilotage.

» 20. Le signal qui annoncera le besoin d'un pilote, sera le pavillon français à la tête du grand mât, pour les bâtimens de l'État; à la tête du mât de misaine, pour ceux du commerce; et, pour l'un et l'autre, le pavillon en berne et en poupe.

» 21. Aussitôt que le pilote sera à bord d'un navire, il fera amener les pavillons, faute de quoi, il sera tenu de payer douze francs en dédommagement à chaque pilote qui se présenterait pour aborder le navire.

» 22. Si un bâtiment amené par un pilote dans un port, provient de pays suspect de contagion, et que ledit bâtiment ne puisse conséquemment être admis à la libre pratique, le pilote conduira le bâtiment à l'endroit fixé pour les visites et précautions sanitaires, sans communiquer avec lui, s'il est possible. Le pavillon de quarantaine sera arboré à la tête du mât d'artimon ; et , si le navire n'a qu'un mât, le pavillon sera frappé sur l'étai de beaupré et d'une manière visible.

» 23. Lorsqu'un pilote aura abordé un bâtiment destiné à entrer dans le port, il lui fera arborer de suite le pavillon de sa nation, et il préviendra le capitaine qu'il doit faire éteindre tous les feux avant d'être en dedans du port. Il sera puni de huit jours de prison, si , avant de mettre un navire à quai , il ne lui a pas fait décharger ses fusils et canons, et transporter ses poudres à terre.

» 24. Les pilotes-Lamaneurs seront obligés de tenir toujours leurs chaloupes garnies d'avirons, voiles et ancres, et d'être en état d'aller au secours des bâtimens, au premier ordre ou signal , ou lorsqu'ils les verront en danger, à peine , contre ceux qui s'y refuseraient , d'être poursuivis sur la dénonciation qui en sera faite, et d'être condamnés à un mois de prison, ou à la peine d'interdiction, et même à une punition plus grave , si le cas y

échet, sauf à faire taxer particulièrement , par le tribunal de commerce , leurs salaires en cas de tempête , eu égard au travail qu'ils auront fait et aux risques qu'ils auront courus.

» Tout pilote qui refuserait de marcher quand il en sera requis, sera puni de quinze jours de prison , et interdit en cas de récidive.

» 25. Le pilote-Lamaneur qui entreprendra , étant ivre, de piloter un bâtiment, sera condamné à la perte de son salaire , à un mois de prison, et destitué en cas de récidive. Il en serait de même s'il manquait au respect que tout individu doit au capitaine qui le commande.

» Si le manque de respect, de la part du pilote , était accompagné de menaces ou de voies de fait , le pilote serait arrêté et traduit devant le tribunal compétent, pour être jugé et puni suivant la gravité des faits.

» 26. Les Lamaneurs doivent piloter les bâtimens qui se présentent les premiers; et il leur est en conséquence défendu de préférer les plus éloignés aux plus proches , à peine de 25 francs d'amende.

» Cependant, si l'un des bâtimens en vue était en danger, les pilotes seraient tenus alors de l'aborder le premier ; tout bâtiment en péril devant être secouru de préférence à tout autre.

» 27. Si le pilote se présente au bâtiment qui aura un pêcheur à bord, avant que les lieux dangereux soient passés, il sera reçu ; et le salaire du pêcheur sera déduit sur celui du Lamaneur, eu égard à la distance du lieu que le pêcheur aura parcourue à bord du bâtiment.

» 28. Tout pilote convaincu d'avoir fait quelque manœuvre tendant à blesser les intérêts des autres pilotes, ou d'avoir négligé une commission dont l'omission aura produit le même effet, sera tenu de restituer ce qu'il aura perçu , en cas de récidive, sera puni d'un mois d'interdiction.

» 29. Il est défendu à tout marin qui ne serait point reçu pilote-Lamaneur , de se présenter pour conduire les navires à l'entrée et sortie des ports et rivières. Les contrevenans seront punis , la première fois , d'une amende qui ne pourra excéder 50 francs et trois mois de prison ; la peine sera double, en cas de récidive.

» 30. Tout pilote est tenu de donner la préférence à un bâtiment de l'État, sous peine d'un mois de prison. La même peine sera infligée à celui qui aura évité de conduire un bâtiment de l'État, lorsqu'il en aura été requis : en cas de récidive, il sera interdit et levé comme matelot de classe inférieure pour le service de l'armée navale.

» 31. Tout pilote qui , s'étant chargé de conduire un bâtiment de l'État ou du commerce, et ayant déclaré en répondre, l'aura échoué ou perdu par négligence ou par ignorance ou volontairement, sera jugé conformément à l'article 40, (du tit. 2 ,) de la loi du 22 août 1790 (1).

_____

(1) Cet article est ainsi conçu : « Tout pilote-côtier cou-
» pable d'avoir perdu un bâtiment quelconque de l'État eu

» 52. Le capitaine est tenu, aussitôt que le pilote-Lamaneur est à son bord, de lui déclarer combien son navire tire d'eau, sous peine de répondre des événemens, s'il a recélé plus de trois décimètres (dix pouces.) Le capitaine doit aussi faire connaître la marche du navire, ses qualités et défauts, afin qu'il puisse se régler pour la manœuvre.

» 33. Il sera libre aux capitaines et maîtres de navires français et étrangers, de prendre les pilotes-Lamaneurs que bon leur semblera pour entrer dans les ports et rivières, sans que, pour sortir ils puisseent être contraints de se servir de ceux qui les ont fait entrer.

» 34. Tout bâtiment entrant ou sortant d'un port devant avoir un pilote, si un capitaine refusait d'en prendre un, il serait tenu de le payer comme s'il s'en était servi.

Dans ce cas, il demeurera responsable des événemens; et s'il perd le bâtiment, il sera jugé suivant l'article 51 du présent règlement. Sont exceptés de l'obligation de prendre un pilote, les maîtres au grand et au petit cabotage, commandant des bâtimens français au-dessous de quatre-vingts tonneaux, lorsqu'ils font habituellement la navigation de port en port, et qu'ils pratiquent l'embouchure des rivières. (1)

» Mais les propriétaires des navires chargeurs, ou tous autres intéressés, pourront contraindre les capitaines, maîtres et placés, à prendre des pilotes; et ils auront la faculté de les poursuivre devant les tribunaux, en cas d'avaries, échouemens et naufrages occasionés par le refus de prendre un pilote.

» 35. Il est expressément défendu aux pilotes de quitter les navires qu'ils conduiront, avant qu'ils soient ancrés dans les rades, ou amarrés dans les ports, ainsi que d'abandonner ceux qui sortiront avant qu'ils soient en pleine mer, au-delà des dangers, à peine de la perte de leurs salaires, de trente francs d'amende, d'interdiction pendant quinze jours, et de plus forte punition, s'il y a lieu. Il est défendu aux capitaines de retenir les pilotes au-delà du passage des dangers, et aux pilotes de monter à bord contre le gré des capitaines.

* du commerce, lorsqu'il s'était chargé de sa conduite, et qu'il avait déclaré en répondre, si c'est par négligence ou ignorance, sera condamné à trois ans de galères; si c'est volontairement il sera condamné à mort.»

Les jugemens d'Oléron contenaient sur ce point des dispositions fort singulières : «Si un locman ou Lamaneur (portait l'art. 23) prend une nef à mener à Saint-Malo ou autre lieu, s'il manque, et ladite nef s'empire par sa faute, qu'il ne sache conduire, et par ce, les marchands reçoivent dommages, il est tenu de rendre lesdits dommages, et s'il n'a de quoi, doit avoir la tête coupée.»

L'art. 24 ajoutait : « Et si le maître ou un des mariniers, ou aucun des marchands lui coupe la tête, ils ne seront pas tenus de payer l'amendement; mais toutefois l'on doit savoir, avant de faire, s'il a de quoi. »

(1) V. ci-après les arrêts de la cour de cassation des 8 floréal an 10 et 20 messidor an 11, rapportés ci-après n° 3.

» 36. Tout pilote qui conduira un navire entrant sur son lest, ne souffrira pas qu'il soit mis du lest sur le pont, ni à portée d'être jeté à l'eau ; il s'opposera formellement à ce qu'il en soit versé dans les passes, rades, ports et rivières ; et s'il s'apercevait que, malgré sa défense, il en aurait été jeté à l'eau, il en rendra compte, aussitôt sa mission remplie, à l'officier militaire chef des mouvemens maritimes, ou à l'officier chef du pilotage, ou à l'officier de port du commerce.

» Les pilotes qui négligeaient de faire de suite leurs rapports de cette contravention, de la part des capitaines, seront punis de huit jours de prison : les capitaines délinquans seront condamnés, conformément à l'article 6, tit. 4, livre 4, de l'ordonnance de 1681, à une amende de 500 francs pour la première fois ; et, en cas de récidive, leurs bâtimens seront saisis et confisqués.

» 37. Il est expressément enjoint aux pilotes-Lamaneurs de visiter journellement les rivières, rades et entrées des ports où ils sont établis, de lever les ancres qui y auront été laissées sans bouées, d'en faire dans les vingt-quatre heures leur déclaration à l'officier militaire des mouvemens maritimes, au bureau du pilotage et au capitaine de port du commerce.

» 38. S'ils reconnaissaient quelques changemens dans les fonds et passages ordinaires des bâtimens, et que les bouées, tonnes ou balises ne soient pas bien placées, ils seront tenus de faire des déclarations prescrites par les articles 36 et 37.

» 39. Les maîtres et capitaines de navires et les pilotes qui auront été forcés, par la tempête ou autre accident, de couper leurs câbles et de laisser leurs ancres en rade, seront tenus d'y attacher, si faire se peut, des orins et bouées en bon état et capables de lever lesdites ancres, et d'en faire la déclaration prescrite par les articles 36 et 37.

» Les ancres et câbles seront levés au premier temps opportun par les pilotes, et conduits à bord des bâtimens auxquels ils appartiennent, dans le cas où il n'y aurait pas déjà été pourvu par les équipages mêmes desdits bâtimens ou par d'autres bâtimens.

» Lorsque lesdites ancres seront trouvées sans bouées, il sera payé, si le bâtiment est français, pour droit de sauvetage, le quart de la valeur desdites ancres et câbles; le sixième, si elles sont trouvées sans bouées. Pour un bâtiment étranger, il sera payé la moitié si l'ancre est trouvée sans bouée; et le tiers, si elle a une bouée, le tout au dire d'experts qui seront nommés, l'un par le chef des pilotes, et l'autre par le capitaine ou maître du bâtiment.

» Si l'ancre appartient à un bâtiment de l'État, elle sera levée par les soins de l'administrateur de la marine ou du capitaine de port; et les droits de sauvetage seront payés en proportion des travaux qui auront eu lieu.

» Chap. 4. Des salaires des pilotes.

» Art. 40. Les pilotes ne pourront exiger une plus forte somme que celle portée au tarif dressé

17

dans chaque port, sous peine de la restitution de la totalité du pilotage qu'ils auront reçu, d'être interdits pendant un mois; et, en cas de récidive, ils le seront à perpétuité.

» 41. Il sera dressé, dans chaque port où ce travail n'a pas encore été fait, et pour chaque station, un tarif des droits de pilotage pour les bâtimens nationaux et étrangers, conformément à la loi du 15 août 1792.

» L'administration de la marine et le tribunal de commerce du lieu, concourront à la direction de ce tarif, qui, avant d'être soumis à l'approbation du ministre de la marine et des colonies, devra être préalablement examiné et discuté par le conseil d'administration de la marine, établi dans le chef-lieu de la préfecture maritime.

» Lorsqu'il y aura lieu à modifier ces tarifs, il sera procédé de la même manière à leur révision.

» Le même mode sera suivi, lorsque les préfets maritimes reconnaîtront que, pour faciliter et assurer le service du pilotage dans les ports de leur arrondissement, il est nécessaire de déterminer, par des réglemens particuliers et appropriés aux localités, les dispositions auxquelles les pilotes et les capitaines de navires devront être assujétis.

» 42. Lorsque, dans un port de commerce, les armateurs et négocians voudront se réunir pour entreprendre le service du pilotage, et que les pilotes attachés à ce port consentiront à l'arrangement qui leur sera proposé, les préfets maritimes détermineront, conformément à la loi du 15 août 1792, les conditions d'après lesquelles le service du pilotage sera réglé, le nombre de chaloupes qui devra être constamment entretenu, la nature de leur armement, les salaires des pilotes, le mode de la recette des droits perçus sur les navires nationaux et étrangers, et l'inspection à laquelle le service sera soumis.

» Dans ce cas, les négocians et armateurs éliront annuellement trois d'entre eux, lesquels, réunis à l'officier de l'administration, préposé à l'inscription maritime et à l'officier de marine chef des mouvemens maritimes, ou à l'officier chef du pilotage, formeront une commission administrative pour maintenir le bon ordre et la régularité dans le service du pilotage.

» Tous les arrêtés de cette commission, avant d'être exécutoires, devront être soumis à l'examen de l'administrateur supérieur de la marine, lequel, lorsqu'il y aura lieu, prendra les ordres du ministre.

» Cet administrateur et les trois négocians désignés par la chambre du commerce, se réuniront pour examiner et arrêter, dans le cours du mois de janvier, les comptes des recettes et dépenses faites pendant l'année précédente par la commission administrative.

» Dans les ports où le service du pilotage sera établi suivant le mode indiqué ci-dessus, il sera accordé, sur les fonds du pilotage, une solde de

retraite aux pilotes que leur âge et leurs infirmités empêcheraient de continuer leurs fonctions, et qui auraient donné leur démission.

» Cette solde sera réglée par la commission administrative, suivant la nature et la durée de leurs services : tout ou partie de cette solde sera réversible à la veuve, à titre de pension alimentaire.

» 43. En cas de tempête et de péril évident, une indemnité particulière, fixée par le tribunal de commerce, sera payée par le capitaine au pilote; elle sera réglée sur le travail et les dangers qu'il aura courus.

» 44. Toutes promesses faites aux pilotes-Lamaneurs et autres mariniers, dans le danger du naufrage, sont nulles.

» 45. Les pilotes rendus à bord du navire, pourront renvoyer de suite leurs chaloupes, à moins que le capitaine ne leur remette sur-le-champ une demande par écrit de les laisser pour le service du navire; et, en ce cas, il sera alloué au pilote la somme portée par le tarif, arrêté dans le port pour chaque jour que la chaloupe aura été employée à ce service.

» 46. Lors d'un gros temps, si la chaloupe d'un pilote, en abordant un navire à mer, reçoit quelques avaries, elle sera réparée aux frais du navire et de la cargaison, et il en sera de même si la chaloupe se perd en totalité.

» 47. Dans tous les cas, pour que les pilotes puissent réclamer une indemnité, ils seront tenus de produire un certificat du capitaine, qui constatera la perte des chaloupes ou leurs avaries; et si le capitaine s'y refusait, le fait sera constaté par l'enquête faite dans l'équipage du navire et celui de ladite chaloupe.

» 48. Les courtiers et consignataires des navires étrangers sont responsables du paiement des droits de pilotage d'entrée et de sortie.

» 49. Pour assurer la perception des droits de pilotage, tous consignataires de navire seront tenus, dans les vingt-quatre heures de l'arrivée du navire à eux adressé, où dont ils auront la consignation, de faire, au bureau du pilotage, ou au bureau du capitaine de port, s'il n'y a pas de bureau de pilotage, une déclaration par écrit et signée d'eux, contenant les nom, espèce, pavillon et tonnage du navire, son tirant d'eau sous charge et lège, le nom du capitaine, maître ou patron, le lieu d'où il a été expédié, la date de son arrivée, le nombre de tonneaux chargés, et s'il est arrivé en relâche, ou s'il est destiné pour le port.

» Les consignataires seront tenus de faire pareille déclaration à la sortie (1).

_____

(1) Un arrêté du Roi des Pays-Bas, du 8 mars 181.. prend une mesure plus efficace encore pour assurer la perception du droit de pilotage : « Dorénavant (porte-t-il) les » navires marchands, tant nationaux qu'étrangers, sans dis-» tinction, entrant ou sortant des ports ou hâvres de ce » royaume, ne pourront obtenir leur passeport ou leur acte

» Chap. 5. *Des tribunaux compétens pour les affaires du pilotage, en matière civile, correctionnelle.*

» Art. 50. Les contestations relatives aux droits de pilotage, indemnités et salaires de pilotes, seront jugées par le tribunal de commerce du port.

» Les pilotes-Lamaneurs qui devront être punis par des peines correctionnelles, telles que la prison ou l'interdiction pendant moins d'un mois, seront jugés par l'officier chef des mouvemens maritimes, ou par celui préposé à la direction du pilotage; et en l'absence de ceux-ci, par l'officier du port de commerce, sous l'autorisation de l'administrateur supérieur de la marine, ou de celui préposé à l'inscription maritime.

» Les délits qui devront donner lieu à des peines plus graves, à des amendes et à des peines afflictives, seront jugés par les tribunaux de police correctionnelle et les cours de justice criminelle.

» 51. Lorsque les délits auront été commis à bord d'un bâtiment de l'État, ou que les faits seront, par leur nature, de la compétence de l'autorité maritime et qu'ils intéresseront le service de l'État, ils seront jugés suivant les lois et règlemens de la marine.

» 52. Dans tous les cas comportant punition, la peine sera double, lorsqu'un bâtiment de l'État aura été l'objet du délit.

» 53. Le montant des amendes prononcées contre les pilotes, par quelque tribunal que ce soit, sera versé dans la caisse des invalides de la marine du port où les délits et contraventions auront eu lieu.

» 54. Une expédition de tous les jugemens prononcés contre les pilotes, sera adressée à l'administrateur de la marine dans le quartier, sur les registres duquel le pilote sera inscrit, afin qu'il en soit pris note sur la matricule des pilotes.

» 55. Chaque pilote ou aspirant admis sera muni d'un exemplaire du présent règlement, lequel, dans chaque port, sera placardé dans le bureau de l'administrateur préposé à l'inscription maritime, dans celui du chef du pilotage et du capitaine de port.

» 56. Le grand-juge ministre de la justice, et le ministre de la marine et des colonies, sont chargés, chacun en ce qui le concerne, de l'exécution du présent décret, qui sera inséré au Bulletin des lois. »

III. On a vu plus haut que l'ordonnance de la marine de 1681 laissait aux maîtres des navires la liberté de prendre des pilotes-Lamaneurs ou de s'en passer. De là est née une contestation dont l'objet et la décision sont retracés dans un arrêt de la cour de cassation, rendu le 8 floréal an 10, entre Réné Borée, Gaspar Prieur, et d'autres pilotes-Lamaneurs, demandeurs en cassation d'un arrêt de la cour d'appel de Rouen, d'une part; Pierre Exmelin et Jean-Baptiste Carrey, mariniers sur la rivière de Seine, défendeurs, de l'autre.

Cet arrêt est ainsi conçu :

« La Seine, qui se jette dans la mer, offre des écueils et des dangers aux navigateurs qui veulent la remonter ou la descendre.

» Il paraît que c'est surtout depuis le Havre et Honfleur jusqu'à Villequier, que le trajet est périlleux.

» Pour prévenir les naufrages et autres accidens, il y a eu depuis long-temps à Quillebœuf, point milieu du passage dangereux, des pilotes-Lamaneurs, dont les fonctions ont pour objet spécial de reconnaître journellement l'état de la rivière, et d'être toujours prêts à secourir et diriger les navires; les maîtres des navires sont tenus de leur payer, pour le pilotage, une rétribution modérée et réglée par la justice.

» Cette rétribution fut fixée par un tarif de 1565.

» En 1759, un arrêt de règlement du parlement de Rouen renouvela les dispositions des lois anciennes, et fixa les droits des pilotes-Lamaneurs et des capitaines de navire.

» Il fit défense à tout capitaine français ou étrangers, d'entreprendre la traversée périlleuse sans se servir de pilotes, et il ordonna aux pilotes-Lamaneurs de se présenter au premier signal et d'avoir des secours toujours prêts.

» En 1783, les pilotes-Lamaneurs ne percevaient encore leur salaire que sur le pied du tarif de 1565.

» Une sentence, rendue par l'amirauté de Quillebœuf, le premier mai 1763, sur les conclusions du ministère public, d'après l'avis de la chambre du commerce de Rouen et des officiers municipaux de Quillebœuf, accorda aux pilotes-Lamaneurs une augmentation de salaire. Elle porta principalement sur les navires étrangers.

» Les navires de quinze tonneaux et au-dessus, furent compris dans le nouveau tarif.

» Par une autre sentence du 19 mars 1791, l'amirauté de Quillebœuf défendit au nommé Coulon, et à tous autres capitaines et maîtres de navires, de naviguer sans pilote de Quillebœuf, et il fut enjoint aux pilotes de piloter les navires montant ou descendant la rivière.

» Une loi du 6 nivose an 3 a doublé le salaire des pilotes-Lamaneurs; elle y a assujéti tous les bâtimens étrangers ou français, même ceux appartenans à la république.

» Il paraît qu'au commencement de l'an 8, les défendeurs ont navigué sans pilote, du Havre à Rouen, et de Rouen au Havre, avec des navires,

---

* de décompte, de l'administration des droits d'entrée et de
* sortie et des accises, que lorsque les capitaines ou comman-
* dans de ces navires auront produit à l'entrée, au bureau de
* première déclaration; et au départ, aux employés pour la
* sortie, un certificat constatant qu'ils ont acquitté ou fait
* acquitter, conformément aux règlemens, le droit de pilo-
* tage, soit qu'ils aient fait usage d'un Lamaneur ou qu'ils ne
* s'en soient pas pourvus. » (*Journal officiel du royaume des*
Pays-Bas, tome 14, n° 9.)

d'une capacité bien au-dessus de quinze tonneaux.

» Les demandeurs en cassation les ont fait assigner devant le tribunal de commerce de Pont-Audemer, pour se voir, 1° faire défense de naviguer à l'avenir sans appeler et admettre à leurs bords un pilote-Lamaneur; 2° condamner à l'amende de 60 francs de dommages-intérêts.

» Le tribunal de commerce a déclaré les pilotes-Lamaneurs mal fondés dans leur demande contre les défendeurs en cassation, et a ordonné en même temps que les règlemens des 16 août 1759 et 19 mars 1791, seraient exécutés selon leur forme et teneur à l'égard des navires au-dessus de quarante tonneaux,

» Sur l'appel, le tribunal d'appel, séant à Rouen, a considéré que ni l'ordonnance de 1681, ni les règlemens cités n'ont, ni dans leurs dispositions ni dans leurs motifs, d'application aux maîtres des barques et petits bateaux, commandés par des maîtres faisant habituellement le petit cabotage de la rivière de Seine, puisque ces maîtres ayant une pratique constante de la rivière, ont par ce moyen une connaissance directe des bancs et attérissemens, ce qui les met en état d'éviter les écueils; que d'ailleurs le peu de tirant d'eau de ces barques et petits bateaux leur fait franchir avec facilité les passages.

» Il a considéré en outre que le tribunal de commerce de Pont-Audemer avait excédé ses pouvoirs, en tant que, par son jugement, il avait fait un règlement, ce qui n'était pas dans ses attributions.

» En conséquence, par jugement du 13 thermidor an 8, le tribunal a confirmé le jugement de première instance, relativement à la disposition, qui déboutait les demandeurs en cassation, et a déclaré nulle celle portant règlement.

C'est de ce dernier jugement que la cassation est demandée par les pilotes-Lamaneurs de Quillebœuf.

» Cette demande est principalement fondée, tant sur l'arrêt de 1759, portant défense à tous capitaines français et étrangers, descendant la rivière, vu les dangers qui se rencontrent dans la traversée de Quillebœuf, d'entreprendre le trajet de Villequier à Quillebœuf, sans se servir de pilote, que sur la loi du 6 nivose an 3, par laquelle le salaire des pilotes-Lamaneurs, fixé par un tarif du mois de mai 1783, est provisoirement augmenté de moitié, par tous les bâtimens de la république indistinctement, soit qu'ils appartiennent à la nation ou au commerce, et pour tous les bâtimens étrangers. »

» Sur quoi, ouï le rapport du citoyen Cochard...;

» Vu l'arrêt de règlement du parlement de Rouen, sous la date du 16 août 1759, ainsi conçu : *fait défenses à tous capitaines français et étrangers descendant la rivière, vu les dangers qui se rencontrent dans la traversée de Quillebœuf, d'entreprendre le trajet de Villequier à Quillebœuf, sans se servir de pilotes, à cet effet, faire les signaux convenables pour appeler sur leur bord un pilote-Lamaneur;*

» Vu aussi le tarif arrêté le 1er mai 1783, par l'amirauté de Quillebœuf, qui fixe le taux des rétributions dues aux pilotes-Lamaneurs, et qui comprend dans lesdites rétributions tous les bâtimens sur ladite rivière de Seine, depuis le port de trois cents jusqu'à celui de quinze tonneaux; vu enfin le décret de la convention nationale, en date du 6 nivose an 3, qui, en ordonnant que le tarif du 1er mai 1783 sera exécuté, augmente néanmoins de moitié le salaire dû aux pilotes-Lamaneurs;

» Et attendu que, dans le fait, il est constant que les navires frétés sur la rivière de Seine par les défendeurs, excédaient chacun le port de quinze tonneaux; d'où il suit qu'en les affranchissant de la nécessité d'être dirigés dans la traversée de Villequier à Quillebœuf par des pilotes-Lamaneurs, et en les dispensant, en conséquence, de leur payer la rétribution déterminée par ledit tarif, confirmé et augmenté par ladite loi, le tribunal d'appel de Rouen a expressément contrevenu aux règlemens, ainsi qu'à ladite loi du 6 nivose an 3, ci-dessus cités;

» Par ces considérations, le tribunal, faisant droit à la demande en cassation formée par lesdits demandeurs contre le jugement du tribunal d'appel de Rouen, du 13 thermidor an 8, casse et annulle ledit jugement; renvoie en conséquence, sur le fond, les parties pardevant le tribunal d'appel de Paris, pour leur être fait droit ainsi qu'il appartiendra. »

En exécution de cet arrêt, l'affaire a été reportée devant la cour d'appel de Paris, qui a prononcé, le 23 thermidor de la même année, comme l'avait fait celle de Rouen.

Les pilotes-Lamaneurs se sont pourvus de nouveau en cassation; et conformément à l'art. 76 de la loi du 27 ventose an 8, leur demande a été renvoyée devant les sections réunies.

« Cette cause, (ai-je dit à l'audience de ces sections, le 20 messidor an 11) paraît devoir se réduire à des termes tres-simples. Nous bornerons la discussion que nous devons en faire, à l'examen des motifs du jugement qui vous est dénoncé.

» Le premier motif de ce jugement est qu'*Exmelin et Carrey ne sont que des conducteurs de barques ou petits bateaux et non de navires*, dénomination qui n'appartient qu'aux bâtimens qui naviguent au large et sur les côtes.

» Sans doute, le tribunal d'appel de Paris a voulu conclure de là, qu'Exmelin et Carrey ne peuvent pas être considérés comme capitaines de navires; et qu'en conséquence, on ne peut pas leur appliquer les dispositions de la sentence en forme de règlement, confirmée par l'arrêt du parlement de Rouen du 16 août 1759.

» Mais d'abord, on sait que le mot *capitaine* est un terme générique, qui comprend dans sa signification tous ceux auxquels appartient où est confié le commandement, la direction d'un bâtiment de mer. *Capitaine*, dit M. Lescalier, dans son *Dictionnaire de marine*, tome 2, page 314 :

c'est en général le titre que l'on donne à celui qui commande un vaisseau ou autre bâtiment.

» Il est vrai, comme le remarque le même auteur, tome 3, page 673, que, dans l'usage le plus ordinaire, la dénomination de *capitaine* est, en fait de bâtiment de commerce, employé spécialement pour désigner le commandant d'un gros navire ; que, suivant ce même usage, le commandant d'un petit bâtiment est connu dans l'Océan sous le nom de *maître*, et dans la Méditerranée sous celui de *patron*.

» Mais au moins, il résulte de là que, dans l'Océan, on désigne le plus communément par l'expression *maîtres*, les commandans des petits bâtimens de commerce ; et il n'en demeure pas moins constant que, pris dans toute sa généralité, le mot *capitaine* s'emploie pour désigner le commandant du moindre bâtiment, comme pour désigner le commandant du plus gros navire.

» Cela posé, il est évident que, dans l'arrêt du parlement de Rouen de 1759, on doit entendre par *capitaines*, ceux qui commandent même des bâtimens de l'espèce dont il est ici question ; et il y en a trois raisons qui, réunies et combinées ensemble, nous paraissent sans réplique.

» La première, c'est que l'arrêt ne distingue pas entre les capitaines qui commandent de gros navires et les capitaines qui commandent de petits bâtimens.

» La seconde, c'est que, dans le vu de l'arrêt dont le dispositif fait des injonctions aux capitaines, les dénominations de *maître* et de *capitaine* sont à plusieurs reprises employées comme synonymes parfaits.

» La troisième, c'est que la sentence rendue en forme de règlement par l'amirauté de Quilleboeuf, le 17 mars 1791, fait expressément défense à tous *capitaines, et maîtres de navires, de naviguer dans ces parages sans pilote de Quilleboeuf* même.

» Et qu'on ne dise pas que cette sentence ne doit pas ici faire la loi. Elle doit faire loi, par cela seul qu'elle n'a jamais été réformée ; elle doit faire loi, parce qu'en tant qu'elle contient un règlement, elle n'est pas un acte du pouvoir judiciaire, mais un acte de l'autorité administrative ; car vous savez que les art. 8 et 11 du décret du 7 septembre 1790, formant le tit. 14 de l'organisation judiciaire, prouvent qu'au moment où elle a été rendue, les amirautés n'exerçaient plus le pouvoir judiciaire, mais seulement l'autorité administrative ; elle doit faire loi enfin, parce que les actes de l'autorité administrative ne peuvent, en aucun cas, être réformés par les tribunaux.

» En second lieu, c'est une grande erreur de prétendre que, dans cette sentence, le mot *navire* ne peut s'entendre que des gros bâtimens qui naviguent en pleine mer et sur les côtes.

» L'amirauté de Quilleboeuf, de qui est émanée la sentence de 1791, n'avait sûrement pas oublié, en la rendant, en quel sens elle avait employé le mot *navire* dans celle du 1er mai 1783, portant

règlement des salaires des pilotes-Lamaneurs ; et il est impossible de douter que le sens dans lequel elle l'avait été employé dans celle-ci, ne soit le même qu'elle a entendu lui donner dans celle-là.

» Or, dans la sentence du 1er mai 1783, elle s'était servie des mots *navires de quinze, de vingt, de trente, de quarante, de cinquante tonneaux.* Elle avait donc, dans cette sentence, compris sous la dénomination de *navires*, même les bâtimens qui ont donné lieu à la contestation actuelle ; car les défendeurs ont constamment avoué que le port en excédait de beaucoup quinze tonneaux.

» Il est donc évident qu'elle les a également compris sous cette dénomination dans la sentence de 1791.

» Le second motif du tribunal d'appel de Paris est que l'*ordonnance de 1681 laisse, d'une part, aux navigateurs la faculté d'appeler ou non des pilotes*, et permet, de l'autre, *aux maîtres de navires de se servir de pêcheurs, à défaut de pilotes ; d'où il suit que la loi considère le pêcheur comme un marin-pratique, auquel un patron de barque naviguant habituellement sur la même rivière, doit être assujéti.*

» Là-dessus, trois observations.

» 1° Il est vrai que l'ordonnance de la marine de 1681 paraît laisser aux capitaines et maîtres de navires, la faculté de prendre ou de ne pas prendre des pilotes-Lamaneurs dans les lieux où l'autorité publique a jugé à propos d'en nommer ; mais elle ne déroge pas aux règlemens locaux qui établissent une législation contraire.

» Or, ce n'est point par forme d'introduction d'un droit nouveau, ce n'est qu'en exécution des règles antérieures même à l'ordonnance de 1681, que l'arrêt de 1759 et la sentence de 1791, rendent l'emploi du ministère des Lamaneurs nécessaire et d'obligation dans les parages de Quilleboeuf.

» D'ailleurs, quand cet arrêt et cette sentence seraient directement en opposition avec le texte formel de l'ordonnance, dès que l'un n'a pas été cassé ni rétracté, dès que l'autre n'a pas été infirmé, l'un et l'autre devraient, pour les parages de Quilleboeuf, l'emporter dans les tribunaux sur le texte de l'ordonnance elle-même ; car, encore une fois, ce sont des règlemens d'administration : et il appartient pas aux tribunaux de réformer les règlemens d'administration, même lorsqu'ils contrarient la loi.

» 2° Il est vrai que l'art. 6 du tit. 3 du liv. 4 de l'ordonnance de 1681 permet aux capitaines et maîtres de navires de prendre des pêcheurs à défaut de pilotes-Lamaneurs pour piloter leurs bâtimens ; mais l'article suivant ajoute aussitôt : *si le Lamaneur se présente au maître qui aura reçu un pêcheur à bord avant que les lieux dangereux soient passés, il sera reçu, et le salaire du pêcheur sera déduit sur celui du Lamaneur.* Ainsi, le pêcheur ne peut jamais entrer en concurrence avec le pilote-Lamaneur ; dès que le pilote-Lamaneur paraît, il faut que le pêcheur se retire ; et, par une conséquence nécessaire, quand on pourra assimiler Exmelin et Carrey à des pêcheurs, ce ne serait pas une raison pour leur laisser la faculté de piloter eux-mêmes leurs bâtimens, lorsque des Lamaneurs se présenteraient pour le faire.

» 3° L'ordonnance ne laisse pas à tous ceux qu'il plaît au tribunal d'appel de Paris de qualifier de *marins-pratiques*, elle ne leur laisse pas la faculté de suppléer les pilotes-Lamaneurs ; elle ne la laisse qu'aux pêcheurs ; et ni Exmelin ni Carrey ne sont pêcheurs ; ni Exmelin ni Carrey ne pourraient conséquemment remplacer les pilotes-Lamaneurs ; comment donc voudrait-on qu'ils puissent les exclure ?

» Le troisième motif du tribunal d'appel de Paris, est que, dans le fait, *Exmelin demeure à Quillebœuf sur l'écueil même ; que Carrey demeure à Aizier, entre Villequier et Quillebœuf ; d'où il résulte que nécessairement ils connaissent mieux que qui que ce soit les parages qu'ils habitent, et qu'il serait contraire, non seulement à la liberté, mais à la raison, d'exiger que, pour sortir de leur domicile ou pour y rentrer, ils envoyassent à 4 lieues d'un côté, et à 3 lieues de l'autre, pour demander un guide ; que, dans le droit, l'arrêt du parlement de Rouen de 1759 n'a été rendu que pour les navires qui montent et descendent ; et font des voyages de long cours, pour la sûreté de la grande navigation, et non pour de petits bateaux conduits par des maîtres-pratiques domiciliés sur et au milieu de l'écueil.*

» Mais en s'expliquant ainsi, le tribunal d'appel de Paris affecte toujours de ne parler que de l'arrêt de 1759, et de ne pas reconnaître que ce qu'il peut avoir d'obscur et d'incomplet, est éclairci et suppléé par le règlement de 1791. L'arrêt de 1759, qui d'ailleurs n'est pas restreint aux bâtimens qui font des voyages de long cours, ne dispose, il est vrai, que relativement à ceux qui descendent la rivière, sans doute parce que c'était un navire descendant la rivière qui avait donné lieu à la contestation sur laquelle il a prononcé ; mais le règlement de 1791 va beaucoup plus loin : d'une part, il comprend dans sa disposition et les navires qui descendent la rivière et ceux qui la remontent ; de l'autre, il fait généralement *défense à tous capitaines, et maîtres de navires, de naviguer dans ces parages sans pilote de Quillebœuf ;* et assurément les mots *naviguer dans ces parages*, sont indéfinis et illimités ; ils ne sont susceptibles ni d'exception ni de réserve ; ils s'appliquent aussi bien aux navires dont les maîtres demeurent dans les parages de Quillebœuf, qu'aux navires dont les maîtres ont ailleurs leur domicile.

» Il y a plus : ce règlement frappe expressément sur les navires légers, comme sur les navires chargés : soit, dit-il, *que les navires soient chargés, soit qu'ils soient légers.* Il exclud donc tous les prétextes que les maîtres pourraient alléguer pour se dispenser de faire piloter leurs bâtimens par les Lamaneurs. Il est donc applicable à tous les navires, à tous les maîtres de navires sans distinction, sans restriction quelconque.

» Et d'ailleurs, nous l'avons déjà dit, ce règlement est un acte de pure administration ; il n'appartient pas aux tribunaux de le modifier par des interprétations motivées sur des inconvéniens plus ou moins graves, plus ou moins réels ; si Exmelin et Carrey croient, par leur position, pouvoir obtenir que ce règlement ne leur soit pas applicable, c'est au gouvernement qu'ils doivent s'adresser ; les tribunaux sont, à cet égard, sans pouvoir.

» Le quatrième motif du tribunal d'appel de Paris, est *que le tarif du 1er mai 1783 se borne à fixer les droits qui sont dus pour les navires sujets au pilotage, et que le décret du 6 nivose an 3 n'a pour objet que d'augmenter ce tarif.*

» Mais que peut-on conclure de là ? Sans doute si le tarif du 1er mai 1783 et la loi du 6 nivose an 3 étaient isolés, s'ils ne se rattachaient pas à des règlemens antérieurs qui nécessitaient le ministère des Lamaneurs dans les parages de Quillebœuf, on ne pourrait inférer ni de l'un ni de l'autre que les Lamaneurs pussent forcer les maîtres de navires à les employer au pilotage de leurs bâtimens. Mais, rapprochés des règlemens antérieurs, combinés avec eux, ils appuient, ils corroborent les inductions qui sortent de ces règlemens ; et de ce rapprochement, de cette combinaison, il résulte une preuve évidente, une démonstration parfaite, que l'arrêt de 1759 et la sentence de 1791 sont applicables aux moindres bâtimens de mer comme aux plus gros vaisseaux.

» Le cinquième motif du tribunal d'appel de Paris est que les *barques des petits caboteurs*, telles que celles d'Exmelin et de Carrey, n'ont jamais été assujétis à se faire piloter ; qu'ainsi, *la demande des pilotes-Lamaneurs est une innovation.*

» Mais, cette assertion est authentiquement démentie par le jugement rendu le 3 thermidor an 5, contre Exmelin lui-même, et par l'acquiescement qu'Exmelin y a donné en exécutant la condamnation que ce jugement prononçait contre lui.

» Il n'importe que ce jugement ne puisse pas ici produire, en faveur des pilotes actuellement en cause, une exception de chose jugée, par la raison qu'aucun d'eux n'était partie dans la contestation qu'il a terminée. Il prouve toujours que les pilotes actuellement en cause, n'ont pas élevé contre Exmelin et Carrey une prétention déjà condamnée par l'usage. Il prouve toujours que l'usage, le plus sûr interprète des règlemens, avait prononcé contre Exmelin et Carrey ; et c'est pour nous un motif de plus pour vous proposer de casser le jugement du tribunal d'appel de Paris. C'est à quoi nous concluons. »

Arrêt du 20 messidor an 11, au rapport de M. Zangiacomi, par lequel,

« Considérant que l'ordonnance de la marine est sans application à la cause, puisque la matière est régie par des règlemens particuliers, postérieurs à cette ordonnance, vu ces règlemens, et 1° l'arrêt rendu par forme de règlement par le ci-devant parlement de Rouen, le 16 août 1759....., le tarif arrêté le 1er mai 1783, par l'amirauté de Quillebœuf....; 2° le décret de la convention, du 6 nivose an 3....;

» Considérant que cette loi et ces règlemens ne font aucune distinction entre les bâtimens qui ont telle ou telle forme, ni entre ceux qui sont conduits par des marins experts ou inexperts; mais qu'il s'applique indistinctement à tous les bâtimens de 15 tonneaux et au-dessus;

« Considérant que la jurisprudence est uniforme sur ce point, ainsi qu'on le voit par une sentence de l'amirauté de Quillebœuf, du 19 mars 1791, et par d'autres jugemens rendus par le tribunal de commerce de Rouen et de Quillebœuf;

» Considérant, enfin, que les bâtimens d'Exmelin et de Carrey excédaient chacun le port de 15 tonneaux, et, par conséquent, qu'en les exemptant du pilotage et de la rétribution due aux pilotes, le tribunal d'appel de Paris, par le jugement dénoncé, violé les règlemens ci-dessus et la loi du 6 nivose an 3;

» Le tribunal casse et annulle....;

IV. Les règlemens qui ont motivé cet arrêt, sont-ils encore obligatoires depuis la promulgation du décret du 12 décembre 1806?

Ils ne le sont plus, d'après l'art. 34 de ce décret, pour *les maîtres en grand et petit cabotage commandant des bâtimens* FRANÇAIS *au-dessous de 80 tonneaux, lorsqu'ils font habituellement la navigation de port en port, et qu'ils pratiquent l'embouchure* de la rivière de la Seine.

Mais ils le sont encore pour tous les autres, et cela résulte clairement du même article.

V. Les articles *Navigation, Navire* et *Pilote.*]]

[[LANDE. *V.* les articles *Communaux, Terres vaines et vagues* et *Vacans.*]]

LANGLE (PAYS DE.) C'est ainsi qu'on appelle un petit canton de la province d'Artois, qui faisait autrefois partie de la châtellenie de Bourbourg en Flandre, et qui depuis en a été détaché, pour être uni au bailliage de Saint-Omer.

La manière dont la justice s'administre en ce petit pays, d'après sa coutume homologuée par des lettres-patentes de Philippe II, roi d'Espagne, du 23 juin 1586, mérite de fixer un instant l'attention de nos lecteurs.

Les *francs-hommes* (1), c'est-à-dire les possesseurs des fiefs mouvans du roi, à cause de sa maison appelée *Ghüsellhuus,* connaissent de toutes les causes féodales, à la *conjure* d'un bailli nommé par le roi.

Les échevins, qui se renouvellent chaque année pas les commissaires du roi, connaissent, à la *conjure* d'un *bourgrave,* dont l'office est inféodé, *de toutes matières personnelles, des arrêts et des héritages côtiers.*

Les *keur-heers* dont le renouvellement se fait de la même manière que celui des échevins, exercent la justice-criminelle, à la *conjure* du même bourgrave.

Lorsqu'il se présente quelque affaire épineuse au siège des échevins ou à celui des keur-heers, les uns et les autres peuvent faire assembler les *francs-hommes;* et ceux-ci sont tenus de les *assister de conseil et avis, à la détermination de la question et difficulté réservée.*

L'appel des jugemens rendus par les *francs-hommes* et les échevins, se porte au bailliage de Saint-Omer, de là au conseil provincial d'Artois, et enfin au parlement de Paris. Celui des jugemens émanés des keur-heers, ne peut aller au-delà du conseil d'Artois, parce que ce tribunal est souverain en matière criminelle.

[[Il n'y a plus dans le ci-devant pays de Langle, ni échevins, ni keur-heers, ni francs-hommes. *V.* les articles *Échevins, Homme de fief, Keure* et *Justice seigneuriale.*]]

[[LANGUE DE L'ORDRE DE MALTE. *V.* l'article *Malte.*.

[[LANGUE FRANÇAISE. Cette Langue aujourd'hui si correcte, si claire, si riche des productions de nos plus illustres écrivains, que toute l'Europe a adoptée pour ses actes diplomatiques, et que tout étranger, tant soit peu instruit, tient à honneur de savoir comme sa Langue maternelle, il a un temps où elle était, en quelque sorte, dédaignée par nos magistrats et par nos jurisconsultes, qui se faisaient gloire, les uns de rendre leurs jugemens, les autres d'écrire leurs mémoires et leurs consultations, en latin.

I. C'est à Louis XII qu'est dû le premier effort du gouvernement pour faire cesser cet usage d'autant plus étrange que l'on ne parlait alors au palais qu'un latin barbare. Ce prince commença par ordonner que les enquêtes, les informations et toutes les procédures criminelles se fissent en langue vulgaire. « Pour obvier (porte l'art. 47 de son » ordonnance du mois de juin 1510) aux abus et » inconvéniens qui sont par ci-devant advenus, » au moyen de ce que les juges desdits pays » de droit écrit ont fait les procès criminels des- » dits pays en latin, et toutes enquêtes pareille- » ment, avons ordonné et ordonnons, afin que » les témoins entendent leurs dépositions et les cri- » minels, que, lesdites enquêtes en quelque matière » que ce soit, seront faites en vulgaire et langage » du pays où seront faits lesdits procès criminels et » enquêtes, autrement ne seront d'aucun effet ou » valeur.»

François Ier, par son ordonnance du mois

___

(1) Cette dénomination, employée par l'art. 3 de la coutume, justifie clairement la définition qu'a donnée M. Henrion de Pansey du mot *Franc-homme V,* cet article.

août 1539, a confirmé et étendu cette disposition. L'art. 110 de cette loi veut d'abord que les «arrêts soient faits et écrits si clairement qu'il n'y ait ni puisse avoir aucune ambiguïté ou incertitude, ni lieu à en demander l'interprétation; » et l'art. 111 ajoute : « et pour ce que telles choses sont sou-» ventes fois advenue sur l'intelligence des mots » latins contenus èsdits arrêts, nous voulons que » dorénavant tous arrêts, ensemble toutes autres » procédures, soit des cours souveraines ou autres » subalternes et inférieures, soit de registres, en-» quêtes, contrats, commissions, sentences, tes-» tamens, et autres quelconques actes et exploits » de justice, ou qui en dépendent, soient pronon-» cés, enregistrés et délivrés aux parties en langage » maternel français, et non autrement. »

On a vu au mot *Débouté* quelle fut la cause occasionnelle de cette loi.

Le parlement de Paris avait, comme presque tous les corps, un attachement aveugle pour ses anciens usages : celui dont il s'agit, ne fut pas le moins difficile à extirper. Mais l'art. 35 de l'or-donnance de Roussillon, du mois de janvier 1563, lui porta le dernier coup : « Les vérifications de » nos cours de parlemens sur nos édits, ordonnan-» ces ou lettres-patentes (ce sont les termes de cette » loi,) et les réponses sur requêtes, seront faites » dorénavant en langage français, et non en latin, » comme ci-devant on avait accoutumé faire en » notre cour du parlement à Paris ; ce que voulons » et entendons être pareillement gardé par nos » procureurs-généraux. »

Les officiaux continuèrent cependant de faire leurs procédures et de rendre leurs jugemens en latin. Mais par l'art. 27 de l'ordonnance du mois de janvier 1619, il fut dit que « tous actes, sen-» tences, conclusions et autres procédures des of-» ficialités et autres juridictions ecclésiastiques, se-» raient conçus en langage français, hors pour » ceux qui devraient être envoyés à Rome, les-» quels seraient expédiés en latin, comme de cou-» tume. »

Ce n'était pas assez d'avoir interdit l'usage de la langue latine dans les actes publics; il fallait en-core, du moins pour les actes de la même nature, rendre l'usage de la Langue française obligatoire dans les pays où elle n'est pas celle du peuple ; et c'est à quoi ont pourvu diverses lois.

L'édit de 1621, portant *création du parlement de Pau*, dans le ressort duquel on parle béarnais, veut expressément que les procédures y soient fai-tes, et les arrêts rendus en français.

Un édit du mois de décembre 1683, enregis-tré le 4 janvier 1684, au parlement de Flandre, veut « que dorénavant il ne puisse être plaidé dans » la ville d'Ypres, et dans toutes les autres villes » et châtellenies de la Flandre occidentale qu'en » Langue française ; défendons pour cette fin » (ajoute-t-il) à tous avocats et procureurs, de » se plus servir de la langue flamande, soit pour » les plaidoyers, soit pour les écritures ou autres » procédures; et aux magistrats desdites villes et

» châtellenies de le souffrir, ni de prononcer leurs » jugemens qu'en Langue française, à peine de » nullité et de désobéissance. »

Un arrêt du conseil, du 30 janvier 1685, « or-» donne que toutes les procédures faites devant » les juges de la province d'Alsace, soit supérieurs » ou subalternes, les actes, contrats et autres ex-» péditions, de quelque nature qu'elles puissent » être, soit qu'elle soient faites par des notaires, » ou greffiers de ladite province, en fait de judi-» cature ou autrement, seront écrites en Langue » française; fait très-expresses défenses à tous ju-» ges, magistrats, baillis, notaires, greffiers, et » à tous autres qu'il appartiendra, d'en recevoir » aucune en langue allemande, à peine de nullité » desdits actes, contrats et procédures, et de 500 » livres d'amende. » Cet arrêt est imprimé dans le Recueil des ordonnances d'Alsace (publié par M. le président de Boug, tome 1er, page 145) avec cette note en marge : *non exécuté générale-ment.*

Un édit du mois de février 1700, cité par Bril-lon, au mot *Langue*, porte « que toutes les pro-» cédures qui se feront dans les siéges et juridic-» tions des pays de Roussillon, Conflans et Cer-» dagne (où l'on parle catalan,) les délibérations » des magistrats, des villes et communautés, les » actes des notaires, et généralement tous actes » publics qui se passeront èsdits pays, seront mis » et couchés en Langue française, à peine de nul-» lité. »

Nonobstant cet édit, les curés de Roussillon s'étaient maintenus dans l'usage de rédiger en lan-gué catalane les testamens nuncupatifs qu'ils re-cevaient. Mais la déclaration du 24 mars 1754, enregistrée au conseil souverain de Perpignan, le 6 mai suivant, prononça de nouveau, art. 1er, la nullité de tout testament nuncupatif qui serait ré-digé autrement qu'en Langue française, et ne fit, art. 4, remise de cette peine, *par grâce spéciale et sans tirer à conséquence,* qu'en faveur de ceux desdits testamens faits par des testateurs qui se-raient décédés avant ou dans les trois mois de l'en-registrement de la présente déclaration.

II. Telles sont les lois de l'ancien régime sur la nécessité de l'emploi de la Langue française dans les actes publics. Il y a apparence qu'elles n'ont pas été observées partout avec une parfaite exac-titude, puisque le 2 thermidor an 2, la conven-tion nationale s'est crue obligée d'en rendre une dont voici les termes :

« Art. 1er. A compter du jour de la publication de la présente loi, nul acte public ne pourra, dans quelque partie que ce soit du territoire de la ré-publique, être écrit qu'en Langue française.

» 2. Après le mois qui suivra la publication de la présente loi, il ne pourra être enregistré aucun acte, même sous seing-privé, s'il n'est écrit en Langue française.

» 3. Tout fonctionnaire ou officier public, tout agent du gouvernement qui, à dater du jour de la publication de la présente loi, dressera, écrira ou souscrira, dans l'exercice de ses fonctions, des procès-verbaux, jugemens, contrats, ou autres actes généralement quelconques, conçus en idiomes ou langues autres que la française, sera traduit devant le tribunal de police correctionnelle de sa résidence, condamné à six mois d'emprisonnement, et destitué.

» 4. La même peine aura lieu contre tout receveur du droit d'enregistrement, qui, après le mois de la publication de la présente loi, enregistrera des actes, même sous seing-privé, écrit en idiomes autres que la Langue française. »

Cette loi excita beaucoup de réclamations de la part des députés de la ci-devant Alsace ; et ces réclamations donnèrent lieu, le 16 fructidor de la même année, à une nouvelle loi par laquelle, « la convention nationale, après avoir entendu le » rapport de son comité de législation, sur les dif- » ficultés qui, dans plusieurs communes, entra- » vaient l'exécution de la loi du 2 thermidor, rela- » tive à la nécessité d'écrire en français tous les » actes publics, décréta que l'exécution de la loi » du 2 thermidor serait suspendue jusqu'à ce qu'il » lui eût été fait un nouveau rapport sur cette ma- » tière par ses comités de législation et d'instruc- » tion publique. »

Le nouveau rapport qu'ordonnait cette dernière loi, n'ayant été fait ni à la convention nationale, ni aux corps législatifs qui lui ont succédé, le sursis à l'exécution de la loi du 2 thermidor an 2 avait le même effet qu'une abrogation, proprement dite ; et les inconvéniens de cet état de choses se faisaient chaque jour sentir de plus en plus, lorsque le gouvernement a cru devoir, pour le faire cesser, prendre, le 25 prairial an 11, un arrêté ainsi conçu :

» Art. 1. Dans un an, à compter de la publication du présent arrêté, les actes publics dans les départemens de la ci-devant Belgique, dans ceux de la rive gauche du Rhin, et dans ceux du Tarano, du Pô, de Marengo, de la Stura, de la Sesia et de la Doire, et dans les autres où l'usage de dresser lesdits actes dans la langue de ces pays se serait maintenu, devront tous être écrits en Langue française.

» 2. Pourront néanmoins les officiers publics, dans les pays énoncés au précédent article, écrire à mi-marge de la minute française la traduction en idiome du pays, lorsqu'ils en seront requis par les parties.

» 3. Les actes sous seing-privé pourront, dans ces départemens, être écrits dans l'idiome du pays, à la charge par les parties qui présenteront des actes de cette espèce à la formalité de l'enregistrement, d'y joindre, à leurs frais, une traduction française desdits actes, certifiée par un traducteur juré (1). »

III. Cet arrêté a donné lieu aux mêmes réclama-

tions que la loi du 2 thermidor an 2, non plus de la part de la ci-devant Alsace, mais de la part de l'île de Corse, et des départemens nouvellement réunis au territoire français, tant sur la rive gauche du Rhin qu'au-delà des Alpes.

Voici ce qui a été statué sur ces réclamations.

Décret du 19 ventôse an 13.

« Art. 1. Il est sursis dans l'île de Corse, jusqu'à ce qu'il en soit autrement ordonné, à l'exécution de l'arrêté du 24 prairial an 11, qui ordonne qu'à compter du jour de sa publication, tous les actes publics seront écrits en Langue française dans les pays réunis à la France.

» 2. Cette surséance n'aura néanmoins lieu qu'à l'égard des notaires, juges de paix et officiers de l'île de Corse qui sont actuellement en exercice, et sous la condition qu'aucun candidat ne pourra être admis, à l'avenir, à l'exercice des fonctions de ces offices, sans avoir préalablement justifié de sa connaissance de la Langue française, et de sa facilité à écrire dans cette Langue. »

Décret du 13 thermidor an 13.

» Art. 1. Il est sursis, jusqu'à nouvel ordre, relativement aux procès-verbaux des gardes-forestiers, dans les départemens au-delà des Alpes, à l'exécution de l'arrêté du 24 prairial an 11, portant que, dans un an, à dater du jour de sa promulgation, les actes publics seraient rédigés en Langue française dans les départemens réunis.

» 2. Lesdits gardes-forestiers sont en conséquence autorisés à continuer de rédiger en langue italienne les procès-verbaux et autres actes relatifs à l'exercice de leurs fonctions. »

Décret du 22 fructidor an 13.

» Les dispositions du décret du 19 ventôse an 12, qui accorde une surséance pour l'emploi de la Langue française dans la rédaction des actes publics en Corse, sont communes et applicables à l'île d'Elbe. »

Décret du 2 nivôse an 14.

« Les procès-verbaux des gardes-forestiers des quatre départemens de la rive gauche du Rhin, pourront, jusqu'au premier janvier 1810, être rédigés dans l'idiome du pays (1) ; et dès à présent, nul ne pourra être reçu garde-forestier, s'il ne sait la Langue française. »

Décret du 20 juin 1806.

« Art. 1. Le délai accordé pour rédiger les actes publics en Langue française, dans le ressort de notre cour d'appel de Gênes, est prorogé, à compter du premier juillet prochain, de six mois pour la ville de Gênes, de huit mois pour les villes de Parme et de Plaisance, d'un an pour les chefs-lieux du département et d'arrondissement des Apennins et de Montenotte ; et de dix-huit mois pour les autres villes, bourgs et villages des trois départemens de la ci-devant Ligurie, de l'arrondissement de San-Remo, et des États de Parme et de Plaisance.

---

(1) Cette disposition a été modifiée par un décret du 22 décembre 1812, que l'on trouvera ci-après, à l'ordre de sa date.

(1) Un décret du 20 novembre 1809 a prorogé ce délai jusqu'au 1er janvier 1815.

» 2. Il sera pourvu au remplacement des officiers publics des pays énoncés dans le précédent article, qui, passé le délai fixé, rédigeraient des actes publics ou plaideraient en idiome de ces pays.

» 3. Après les délais déterminés dans l'article premier, aucun candidat ne sera admis à l'exercice des fonctions de notaire, de juge de paix et d'officier ministériel, dans les trois départemens de Gênes, des Apennins et de Montenotte, dans l'arrondissement de San-Remo et dans les États de Parme et de Plaisance, sans avoir justifié de sa connaissance de la Langue française. »

Décret du 23 avril 1807.

« Art. 1. Les délais accordés par notre décret du 20 juin 1806, pour rédiger les actes publics en Langue française dans les États de Parme et de Plaisance, sont prorogés : savoir jusqu'à la fin de 1807 pour les villes de Parme et de Plaisance ; et jusqu'à la fin de 1808, pour les autres villes, bourgs et villages des mêmes États.

» 2. Les dispositions des art. 2 et 3 de notre décret du 20 juin 1806 recevront leur pleine et entière exécution, à l'expiration des délais fixés par l'article qui précède. »

Décret du vi mai 1807.

« Les divers délais accordés par notre décret du 20 juin 1806, pour rédiger les actes publics en Langue française, dans la ci-devant Ligurie, sont prorogés d'une année, seulement en ce qui concerne les contrats, les testamens et tous actes devant notaire. »

Décret du 4 mars 1808.

« Art. 1. Les délais accordés par notre décret du 23 avril dernier, pour rédiger les actes publics en Langue française dans les états de Parme et de Plaisance, et qui ont dû expirer pour ces deux villes le premier janvier de la présente année, sont prorogés, pour la ville de Plaisance seulement, jusqu'à la fin de 1808.

» 2. Les dispositions des art. 2 et 3 de notre décret du 20 juin 1806, recevront, à l'expiration du délai fixé par l'article précédent, leur pleine et entière exécution, notamment en ce qui concerne l'obligation de connaître la Langue française pour être admis à l'exercice des fonctions publiques. »

IV. Depuis ces décrets, le territoire de l'empire s'est successivement agrandi par plusieurs réunions ; de là les décrets suivans :

Décret du 30 janvier 1809.

« Art. 1. Dans un an, à compter de la publication de notre présent décret, les actes publics dans les villes de Flessingue, Wesel, Cassel, Kehl et leurs dépendances, seront écrits en Langue française.

» 2. Sont applicables auxdites villes et leurs dépendances, les dispositions des art. 2 et 3 de l'arrêté du 24 prairial an 11, relatif aux départemens de la ci-devant Belgique, de la rive gauche du Rhin et de la vingt-septième division militaire. »

Décret du 9 avril 1809.

« Considérant 1° que les peuples de nos départemens de la Toscane, sont, de tous les peuples de l'ancienne Italie, ceux qui parlent le dialecte italien le plus parfait, et qu'il importe à la gloire de notre empire, et à celle des lettres, que cette langue élégante et féconde se transmette dans toute sa pureté.....; nous avons décrété et décrétons ce qui suit... La langue italienne pourra être employée en Toscane, concurremment avec la Langue française, dans les tribunaux, dans les actes passés devant notaires et dans les écritures privées.... »

Décret du 8 novembre 1810.

« Art. 61. A compter du 1er janvier 1813 (1), les actes publics ne pourront, dans les départemens des Bouches-du-Rhin et des Bouches-de-l'Escaut, être écrits qu'en Langue française ; jusque-là ils pourront être écrits indifféremment dans les deux langues.

» 62. Ceux qui présenteront à l'enregistrement, des actes, soit publics, soit sous seing-privé, rédigés en langue hollandaise, seront tenus d'y joindre, à leurs frais, ou aux frais de leurs commettans, une traduction française desdits actes, certifiée par un traducteur juré (2).

» 63. Les officiers publics pourront même, après l'expiration du délai fixé par l'art. 61 ci-dessus, écrire à mi-marge de la minute française la traduction en idiome du pays, lorsqu'ils en seront requis par les parties.

» 64. A compter du 1er janvier 1813, nul ne pourra nous être présenté comme candidat pour les places de juge, d'officier du ministère public ou de greffier, s'il n'a préalablement justifié de sa connaissance de la Langue française. Il en sera de même pour les places de notaire, d'avoué et d'huissier. »

Décret du 29 novembre 1810.

« La langue allemande pourra être employée concurremment avec la Langue française, dans le département de l'Ems oriental, dans les tribunaux, dans les actes d'administration, dans ceux des notaires et dans ceux sous signature privée. »

Décret du 26 décembre 1810.

Même disposition pour le département du Simplon.

Décret du 4 juillet 1811, concernant les départemens Anséatiques.

« Art. 143. La langue allemande pourra être employée concurremment avec la Langue française, dans les tribunaux et dans les actes publics et privés.

_____

(1) Par un autre décret du 29 du même mois « l'époque à laquelle les actes publics ne pourront, dans les départemens des Bouches-du-Rhin et des Bouches-de-l'Escaut, être écrits qu'en Langue française, est prorogé indéfiniment »

(2) V. ci-devant, n° 2, note sur l'art. 3 de l'arrêté du 25 prairial an 11.

» 144. Ceux qui présenteront à l'enregistrement, des actes, soit publics, soit sous seing-privé, rédigés en langue allemande, seront tenus d'y joindre, à leur frais, ou aux frais de leurs commettans, une traduction française desdits actes, certifiée par un traducteur juré (1). »

Décret du 30 septembre 1811, relatif aux provinces Illyriennes.

« Art. 32. Les langues italienne et allemande pourront être employées concurremment avec la Langue française, dans les tribunaux et dans les actes publics et privés.

» 33. Ceux qui présenteront à l'enregistrement des actes, soit sous seing-privé, rédigés en langue italienne ou allemande, seront tenus d'y joindre, à leurs frais, ou aux frais de leurs commettans, une traduction française desdits actes, certifiée par un traducteur juré (2).

» 34. De même, dans toutes les affaires portées devant le petit conseil et la cour de cassation de l'empire, les parties ou leurs avocats seront également tenus de joindre, à leurs frais ou à ceux de leurs commettans, une traduction française, certifiée par un traducteur juré, des actes et mémoires qu'ils produiront en langues italienne ou allemande. »

Décret du 28 décembre 1811.

« Les dispositions des art. 143 et 144 de notre décret du 4 juillet dernier, et celles des art. 32 et 33 de notre décret du 30 septembre suivant, concernant l'organisation des départemens Anséatiques et des provinces Illyriennes, sont déclarées communes aux sept départemens de la Hollande. »

Décret du 22 décembre 1812.

« Art. 1. Dans les départemens réunis où, d'après nos décrets, la Langue du pays est employée concurremment devant les tribunaux et dans les actes publics, les actes judiciaires ainsi que tous autres actes publics ou privés, rédigés dans la langue du pays, pourront être présentés à l'enregistrement, sans qu'il soit besoin d'y joindre une traduction française.

» Sont exceptés, toutefois, les actes qui, par leur nature, pourraient donner lieu au droit proportionnel d'enregistrement, à l'égard desquels actes les receveurs de l'enregistrement sont autorisés d'exiger qu'une traduction française y soit jointe.

» 2° Lorsqu'un acte rédigé dans la langue du pays, sera présenté à l'enregistrement dans un département où la Langue française est seule reçue, ou dans un département qui a conservé l'usage des deux langues, mais dont l'ancienne langue est différente de celle qui a servi à la rédaction de cet acte, une traduction française y sera nécessairement jointe.

» 3° Les traductions ci-dessus mentionnées seront faites par un traducteur assermenté.

(1) *V.* ci-devant, n° 3, même note.
(2) *V.* ci-devant, n° 2, même note.

» 4° Aucun journal, quel que soit son titre, sera assujéti à être imprimé dans les deux Langues.

» Ne sont point comprises dans la présente disposition les nouvelles politiques, lesquelles seront imprimées à deux colonnes, dont l'une française, lors même qu'elles ne seraient pas l'objet principal du journal où elles sont insérées ; et si les articles sont extraits d'un journal français, le texte français sera conservé.

» 5° Il est dérogé aux décrets antérieurs, en ce qu'ils auraient de contraire, au présent décret.....»

V. On voit par ces divers décrets, que, sauf un très-petit nombre d'exceptions locales, les dispositions de nos anciennes lois sur la nécessité d'écrire en français tous les actes publics, sont actuellement communes à toutes les parties de la France, et doivent y être observées rigoureusement.

Mais, comment allier l'exécution de ces dispositions, en ce qui concerne les testamens notariés des personnes qui ne savent pas le français, avec celle de l'art. 972 du Code civil, qui oblige les notaires d'écrire le testament *tel qu'il leur est dicté* par le testateur ?

Le 13 brumaire an 14, Marie-Joséphine Scheins, épouse du sieur Daniel Brammerz, fait, à Aix-la-Chapelle, un testament dont voici le préambule et la clôture :

« Pardevant nous Jean-Népomucène Quirini et Edmon Limmermann, notaires publics, résidans dans la ville d'Aix-la-Chapelle, chef-lieu du département de la Roër, soussignés, assistés des sieurs Jean-Pierre Bussel, curé desservant, et Charles-Joseph Malemandier, vicaire de la paroisse succursale de Saint-Michel de cette ville, l'un et l'autre majeurs, républicoles, et jouissant de leurs droits civils, demeurans audit Aix-la-Chapelle ; et appelés spécialement au présent acte : fut présente la dame Marie-Joséphine Scheins, épouse de M. Daniel Brammerz, marchande de draps, demeurante en cette ville, couchée dans son lit, malade de corps, et néanmoins saine d'esprit, mémoire, entendement et jugement, ainsi qu'il nous est bien apparu à nous notaires et témoins ; laquelle, craignant d'être prévenue par la mort, avant d'avoir disposé de ses biens, a requis nous notaires de recevoir son testament et ordonnance de dernière volonté, qu'elle nous a dicté en présence desdits témoins, en sa langue naturelle allemande, ainsi et de la manière comme ledit testament a été écrit de la main de l'un des notaires, savoir, par moi Jean-Népomucène Quirini, ainsi qu'il suit en français....

» Le présent testament a été ainsi, comme dit est ci-dessus, dicté par la susdite testatrice Marie-Joséphine Brammerz, née Scheins, à nous notaires soussignés, et écrit par moi Jean-Népomucène Quirini, et ensuite lu à haute et intelligible voix, par moi Quirini, l'un desdits notaires, à la testatrice ; le tout, mon confrère présent, ainsi qu'en présence des susdits témoins, en la présence desquels et de mon susdit confrère , je , notaire Quirini , ai , en même-temps, donné à ladite testatrice l'interprétation de ce présent testament en langue allemande ; et a , ladite testatrice, déclaré de l'avoir bien entendu , et d'y persévérer comme étant entièrement conforme à sa dernière volonté. Ainsi fait et passé, etc. »

Après la mort de la testatrice, le sieur Dalmen, héritier institué, se met en possession de la succession. Le sieur Brammerz qui , à défaut de dispositions testamentaires , est appelé par la loi , en qualité d'époux survivant , à succéder à sa femme , se pourvoit devant le tribunal civil d'Aix-la-Chapelle , pour faire déclarer le testament nul.

Par jugement du 20 mars 1806 , ce tribunal ordonne que le testament sera exécuté.

Le sieur Brammerz appelle de ce jugement , et soutient qu'il est en opposition manifeste avec l'article 973 du Code civil.

« Pour qu'il ne contint point (dit-il) une violation manifeste de cet article , il faudrait nécessairement admettre qu'un testament , dicté dans une langue par le testateur , et écrit dans une autre langue par le notaire , peut être considéré comme ayant été *écrit tel qu'il a été dicté*. Il faudrait admettre encore que la lecture faite au testateur de ce testament , écrit dans une langue qu'il n'entend pas, est moralement possible , c'est-à-dire qu'une lecture qui ne produit que de vains sons , auxquels le testateur n'attache aucune idée , est propre à lui faire connaître que ses volontés ont été exactement déposées sur le papier.

» Si on n'adopte pas cet étrange système dans toute son étendue , on invoquerait en vain l'arrêté du 24 prairial an 11 : car il est bien établi , dans le droit , que cet arrêté ne peut autoriser une contravention formelle à la loi ; et dans le fait , qu'il n'a pas autorisé celle dont il est question. Il n'y a donc qu'un point unique à éclaircir. Il consiste à fixer le sens de l'article 972 , en ce qui concerne les mots *dicté et écrit tel qu'il est dicté*.

» Or, quel homme de bonne foi s'avisera jamais, de lui-même , de penser qu'un testament *dicté* dans une langue , et *écrit* dans une autre, *soit écrit tel qu'il a été dicté?* Sans doute, ce sens ne s'offre pas naturellement dans les termes de la loi. C'est déjà contre lui un grand préjugé.

» Dès-lors , il faut avoir recours aux commentaires et à la subtilité des argumentations. Mais il n'est pas de matière où ces sortes d'interprétations soient plus impérieusement réprouvées, que lorsqu'il s'agit des formalités testamentaires , et surtout lorsque de telles interprétations tendent à rendre ces formalités plus faciles , et à diminuer les garanties données à la société , qu'un testament ne contient que la volonté du testateur , et la contient toute entière. Car, bien loin de là , ces formalités sont toujours prises et expliquées dans le sens le plus sévère.

» Le testament *doit être écrit tel qu'il est* DICTÉ.

Le notaire ne peut donc écrire, ni plus , ni moins, ni autrement , que ce qui est prononcé par le testateur. Il doit consigner sur le papier ses propres mots. La loi n'aurait pas si scrupuleusement fait usage du mot DICTER, si elle avait voulu être moins exigeante. Elle se serait bornée à ordonner que le testateur exprimerait au notaire ses désirs et ses volontés , en laissant à celui-ci le soin de les rédiger , comme il se pratique pour les autres actes.

» La loi a employé le mot DICTER. Elle a donc voulu, suivant la définition que l'académie donne du mot DICTER, que le testateur *prononçât mot à mot ce que le notaire devait écrire en même temps*.

» Le notaire qui écrit dans une autre langue , n'écrit point ce que *dicte* le testateur. Il le traduit ; il peut donc le dénaturer ; il ne laisse point au testateur le moyen de reconnaître si ses propres intentions ont été fidèlement rendues. Il trompe donc de toutes les manières le vœu de la loi.

» L'influence du notaire est souvent désirable pour les transactions entre-vifs ; il est le guide, le conseil , la lumière des parties. Cette influence est toujours dangereuse et formellement réprouvée par la loi pour les actes qui renferment les dispositions testamentaires : voilà pourquoi la loi exige qu'elles soient écrites par le notaire , sous la dictée du testateur.

» Dans les autres actes, le notaire est *rédacteur* ; dans les testamens il n'est que *copiste* , il écrit.

» Mais s'il n'est pas même *rédacteur* , comment aurait-il la faculté d'être *interprète* , faculté , qui lui ouvrirait un champ bien plus vaste pour s'immiscer dans les volontés du testateur et en disposer ?

» Il ne s'agit point ici d'applications personnelles qui seraient odieuses , mais il s'agit de principes devant la cour suprême spécialement chargée par les constitutions de l'empire, de conserver le pur texte des lois , d'en maintenir la stricte observance , d'y rappeler sans cesse les tribunaux qui s'en écartent. Or, il ne faut pas beaucoup donner carrière à son imagination pour entrevoir les énormes dangers du système adopté par la cour d'appel de Liège. Dans ce système , une connaissance insuffisante de l'une des deux langues , ou un manque de probité dans l'officier ministériel, va opérer les plus grands bouleversemens dans les fortunes. Le testateur est complètement à la merci de ceux qui reçoivent ses dispositions.

» Inutile d'opposer l'arrêté du gouvernement du 24 prairial an 11.

» 1°. Cet arrêté est antérieur au Code civil , et le Code civil l'a nécessairement modifié (1).

» 2°. Ce qui est établi en général pour la sûreté

(1) Erreur. Le titre *Donations et Testamens*, du Code civil, a été décrété le 13 floréal de l'an 11, et conséquemment avant l'arrêté dont il s'agit.

des conventions ne suffit pas pour la sûreté des *testamens*.

» Le notaire devait rédiger en *français* le protocole du testament : mais il devait écrire en *allemand* lorsqu'il s'agissait des dispositions du testateur ; parce qu'alors il n'était plus *rédacteur*, mais simple *écrivain*. »

» Ou si le notaire avait dû pour obéir à l'arrêté du 24 prairial an 11, écrire en français mêmes les dispositions testamentaires, il aurait dû, par respect pour l'art. 972 du Code civil, écrire aussi la même disposition en allemand en marge du français.

» Ainsi, ou l'arrêté du 24 prairial an 11 n'était pas une règle pour le notaire écrivant sous la dictée d'un testateur ;

» Ou ce notaire avait dû concilier l'observation de cette règle avec l'observation de l'art. 972 du Code civil.

Nonobstant ces raisons, arrêt du 23 juillet 1806, par lequel la cour de Liége confirme le jugement du tribunal civil d'Aix-la-Chapelle :

« Attendu que l'arrêté du 24 prairial an 11 prescrit impérieusement et sans distinction, que tous les actes publics soient rédigés en Langue française ; qu'un testament reçu par deux notaires en présence de deux témoins, est un acte public ; qu'on ne peut donc attaquer la validité du testament dont il s'agit, par le motif qu'il aurait été dicté en allemand par la testatrice et écrit en Langue française par le notaire Quirini, surtout dès qu'il a été lu et interprété à la testatrice en présence du second notaire et des témoins y dénommés, connaissant tous les Langues allemande et française ;

» D'où il résulte que les formes prescrites par l'art. 972 du Code civil ont été suffisamment exécutées, et qu'on ne pourrait adopter l'interprétation que l'appelant peut donner à cet article, et les nullités qu'il prétend en faire résulter, sans contrevenir aux dispositions de l'arrêté du 24 prairial an 11, ci-dessus mentionné. »

Le sieur Brammerz se pourvoit en cassation ; mais arrêt du 4 mai 1807, au rapport de M. Basire.

« Attendu que l'arrêté du 24 prairial an 11 porte qu'un an après sa publication, les actes publics dans les départemens de la ci-devant Belgique et dans ceux de la rive gauche du Rhin, devront tous être écrits en Langue française ;

» Attendu que de cette obligation prescrite sans distinction d'aucune espèce d'acte, il suit que foi doit être ajoutée aux testamens écrits en français par les notaires qui les reçoivent dans ces départemens, même lorsque ces testamens sont dictés par des habitans qui ignorent la Langue française ;

» Attendu d'ailleurs que toutes les formalités prescrites par le Code civil ont été remplies dans le testament dont la validité est prononcée par l'arrêt qu'attaque Daniel Brammerz ;

» La cour rejette le pourvoi..... »

Cette décision est en parfaite harmonie avec celle que le gouvernement avait précédemment donnée sur les réclamations de la chambre de discipline des notaires de Bruxelles, tendantes au rapport de l'arrêté du 24 prairial an 11, et motivées sur la prétendue impossibilité de faire, pour les testamens, concorder l'exécution de cet arrêté avec celle de l'art. 972 du Code civil. Voici ce que contient à ce sujet une lettre du ministre de la justice, du 4 thermidor an 12, au procureur-général de la cour d'appel de Bruxelles :

« Le gouvernement a expressément ordonné, monsieur, que l'arrêté du 24 prairial an 11 serait exécuté ; ainsi, toute observation contraire est absolument superflue. Au surplus, la loi ne met aucun obstacle à l'exécution de cet arrêté ; lorsqu'elle dit, art. 972, que le testateur dictera son testament ; elle ne dit point que ce sera en français : on ne peut forcer quelqu'un de parler une langue qu'il ne sait point ; le notaire est seulement tenu de rédiger le testament en Langue française.

» Rien n'empêche qu'il n'en fasse une traduction en flamand, à mi-marge ; l'arrêté même du 24 prairial l'y autorise, article 2 ; mais cette traduction n'aura pas l'authenticité de la rédaction française. »

Je reviens là-dessus dans mon *Recueil de Questions de droit*, au mot *Testament*, § 17 ; et j'y traite en même temps la question de savoir si un testament par acte public, dont les témoins n'entendent pas la langue dans laquelle les dispositions en sont dictées et écrites, est valable.

VI. Au surplus, tous les règlemens qui, dans les pays, momentanément réunis à la France, avaient prescrit l'usage exclusif de la Langue française dans les actes et dans les procédures, ont été révoqués du moment où ces pays sont rentrés sous la domination de leurs anciens gouvernemens, ou soumis à la domination d'autres souverains.

C'est ainsi que, par un arrêté du 18 juillet 1814, le gouvernement général de la Belgique a déclaré que « les actes notariés pourraient être rédigés en » flamand ou en français, selon la volonté des par- » ties, ou en toute autre langue connue par le no- » taire et les parties (1). »

Un second arrêté, du 1er octobre suivant, a fait un pas de plus : il a ordonné que les actes rédigés en flamand, dans la Belgique, seraient enregistrés sans qu'il fût nécessaire d'y joindre une traduction française, et que les actes de l'état civil seraient tenus dans la langue usitée dans chaque commune ; après quoi, il a ajouté, art. 3 : « Il sera disposé » par un arrêté particulier pour ce qui concerne » les autres objets sur la matière, nommément » pour ce qui concerne la plaidoirie, et les actes » des procédures tant civiles que criminelles, dans

_____

(1) Journal officiel du royaume des Pays-Bas, tome 2, page 446.

» les départemens et les arrondissemens ou la
» langue flamande est usitée (1). »

Un troisième arrêté, du 15 septembre 1819, a
été plus loin :

« A dater du 1er janvier 1823 (a-t-il dit, article 5,) aucune autre langue que la langue nationale, ne sera reconnue légale pour les affaires
publiques dans les provinces de Limbourg, de
la Flandre orientale, de la Flandre occidentale
et d'Anvers; en conséquence, les autorités administratives, financières et militaires, collèges et
fonctionnaires, sans distinction ; seront tenus, à
commencer de ladite époque, de se servir exclusivement de la langue nationale dans toutes les affaires qui concernent leurs fonctions.

» Ne sont point comprises (a-t-il ajouté, art. 6)
dans les dispositions du présent arrêté, les provinces du Brabant méridional, de Liége, du Hainault,
de Namur et le grand-duché de Luxembourg;
mais nous nous réservons d'étendre ses dispositions
par un arrêté spécial.

» 1° Aux villes et communes de la province du
Brabant méridional dans lesquelles un examen
ultérieur nous aura démontré que la langue flamande est la langue du pays;

» 2° Aux villes et communes des autres provinces, lesquelles avaient été précédemment réunies à des provinces où la langue est différente de
celle usitée dans les provinces dont elles font partie maintenant (2) ».

Enfin, un quatrième arrêté, du 26 octobre 1822,
déclare que, « à partir du 1er janvier 1823, les
» dispositions de l'arrêté du 15 septembre 1819
» seront rendues applicables à toutes les villes et
» communes dans les arrondissemens de Bruxelles
» et de Louvain, province du Brabant méridional,
» lesquelles, par suite de l'arrêté du 5 juillet
» dernier, ne se composeront désormais que de
» communes où la langue flamande est la langue
» nationale (3). »

VII. Une déclaration du jury est-elle nulle, par
cela seul qu'il y est intervenu un citoyen qui n'entendait pas la langue française, lorsque d'ailleurs
il a été nommé un interprète pour le service des
débats? V. l'arrêt du 2 juillet 1812, rapporté au
mot Jury, § 1, n° 7.

Au surplus, V. les articles Interprète, Juif,
Notaire, etc.]]

* LANGUEDOC. Province considérable de
France, composée de deux généralités, qui ont
pour chef-lieux Toulouse et Montpellier, et pour
lesquelles il n'y a néanmoins qu'une seule intendance.

Dupuy dit, dans son Traité des droits du roi,
que cette province, qu'on appelait Narbonnaise du

temps d'Auguste, a été successivement nommée
Septimanie, Gothie, province de Saint-Gilles et
Languedoc ; et il observe qu'il est nécessaire d'être
prévenu de ces dénominations, parce qu'elles se
rencontrent souvent dans les anciennes histoires et
dans les titres de la province.

On peut voir ce que dit cet auteur, pour prouver
que le comté de Toulouse a été de tout temps un
fief de la couronne de France, et que les comtes
en ont toujours fait hommage à nos rois ; que ce
comté advint au roi en 1270, après la mort d'Alphonse, comte de Poitiers, et de Jeanne sa femme,
unique héritière du comte de Toulouse, en conséquence du traité fait au mois d'avril 1228, avec
saint Louis ; et que le roi Jean réunit nommément à la couronne le comté de Toulouse, avec le
duché de Normandie, celui de Bourgogne et le
comté de Champagne, par lettres-patentes du mois
de décembre 1361. (M. Guyot.) *

[[Le ci-devant Languedoc a été régi par les
lois romaines (en tant qu'elles n'étaient contraires
ni aux lois générales de la France, ni aux usages
locaux), jusqu'à la promulgation du Code civil.
V. l'art. 7 de la loi du 30 ventose an 12.]]

[[LANSAGER. Terme employé dans la coutume de Liége, tantôt comme verbe, tantôt comme
substantif.

Comme verbe, il signifie acquérir ; et c'est dans
ce sens que l'art. 28 du chap. 6 dit : Feumain ne
peut LANSAGER héritages d'enfant dont il est
Feumain ; ce qui revient à ce texte de la loi 34,
§ 5. D. de contrahenda emptione, au Digeste :
tutor rem pupilli emere non potest.

Comme substantif, il signifie acquéreur ; et
c'est dans ce sens que l'art. 7 du chap. 7 dit que,
« Pour conquérir tel bien (saisi) incommuable-
» ment, convient en faire livrer la possession par
» justice et en faire publication par l'église, ce
» qu'a lieu au regard des créanciers et Lansagers
» postérieurs, ou qu'ils (quoi qu'ils) aient con-
» naissance de la saisie et exécution. »

V. les articles Feumain et Nantissement.]]

* LAPIN. Sorte d'animal quadrupède qui a
beaucoup de rapport avec le lièvre dans la con-
formation du corps.

La multiplication des lapins dans les forêts du
roi, ayant occasionné des dommages immenses sur
les terres dont elles sont environnées, il a été
rendu au conseil d'état, le 21 janvier 1776, un
arrêt pour ordonner la destruction de ces animaux.
Il contient les dispositions suivantes :

« ART. 1. L'art. 11 du tit. 30 de l'ordonnance
des eaux et forêts du mois d'août 1669, qui a
prescrit la fouille et le renversement des terriers,
et la destruction des Lapins, sera exécuté selon sa
forme et teneur (1).

_____

(1) Journal officiel du royaume des Pays-Bas, tome 5,
page 209.
(2) Ibid., tome 14, partie 2 2, n° 48.
(3) Ibid., tome 17, partie 3, n° 46.

_____

(1) Cette loi est ainsi conçue:
« Les officiers de nos chasses seront tenus, dans six mois

» 2. Dans le cas où, par l'inexécution de ce qui est porté par l'article ci-dessus, les habitants des villages et communautés situés dans l'étendue des capitaineries, éprouveraient dans leurs récoltes des dégâts par les Lapins, ils adresseront au sieur intendant et commissaire départi pour l'exécution des ordres de sa majesté, une requête signée du syndic et des plus anciens et principaux d'entre eux, qui contiendra l'étendue et l'évaluation du dommage qu'ils souffrent.

» 3. Le sieur intendant fera procéder, sans frais, par un subdélégué ou par telle autre personne qu'il jugera à propos de commettre, à la vérification, tant du dommage que de l'estimation qui en aura été faite par la requête, dont celui qui aura été commis, délivrera, s'il y échoit, son certificat au syndic.

» 4. Le syndic auquel il aura été délivré un certificat, pourra requérir, au nom de sa communauté, l'exécution de l'article premier du présent arrêt, dans le canton qui aura donné lieu aux dommages ; il pourra, en conséquence, demander aux officiers de la capitainerie la permission, qui ne pourra être refusée, de s'y transporter aux jours qui leur seront indiqués au moins huit jours d'avance, avec le nombre suffisant de batteurs et ouvriers, pour procéder au renversement des terriers et à la destruction des Lapins.

» 5. Aux jours indiqués, les officiers de la capitainerie feront trouver sur les lieux un ou plusieurs gardes de ladite capitainerie ; le garde du triage ou canton dans lequel l'opération sera exécutée, sera pareillement tenu de s'y trouver, ou, en cas d'absence et légitime empêchement, d'y faire trouver le garde du triage ou canton le plus prochain.

» 6. Le sieur intendant et commissaire départi fera aussi trouver sur les lieux son subdélégué, ou telle autre personne commise par lui à cet effet, qui pourra, si les circonstances le requièrent, dresser procès-verbal ; et l'opération ne pourra être différée sous prétexte d'absence, soit des gardes de la capitainerie, soit du garde de la maîtrise.

» 7. Si la destruction se fait dans des parties de bois qui, quoique situées dans les capitaineries, appartiennent à des particuliers, les propriétaires seront avertis du jour qui leur aura été indiqué, à l'effet de pouvoir s'y trouver, ou d'y envoyer leurs gardes ou autres personnes ayant pouvoir d'eux, pour veiller à la conservation de leurs bois.

après la publication des présentes, de faire fouiller et renverser tous les terriers de Lapins qui se trouveront dans nos forêts, à peine de 500 livres d'amende et de suspension de leurs charges pour un an ;
« Et au cas qu'ils y manquassent dans ce temps, enjoignons aux maîtres particuliers, leurs lieutenans, nos procureurs et autres officiers de nos maîtrises, de le faire incessamment, et de prendre les Lapins avec furets et poches, sous les mêmes peines ».

» 8. Le syndic sera tenu de donner une liste exacte des batteurs et ouvriers, et de veiller à ce qu'aucun d'eux ne s'écarte du lieu des battues ou du travail ; et en cas de délit, l'amende sera solidaire contre lui et contre ceux qu'il aura conduits.

» 9. Fait sa majesté très-expresses inhibitions et défenses, à peine d'amende, à tous batteurs et ouvriers, de détourner ni recéler aucun Lapin ; leur enjoint de les remettre aux gardes de la capitainerie.

» 10. Fait pareillement sa majesté défenses de tuer ni prendre aucune pièce de gibier, autre que les Lapins, à peine de 5 francs d'amende par chaque pièce, payable solidairement, et de quatre jours de prison contre le délinquant.

» 11. Il ne pourra être coupé ni endommagé aucun bois, que la nécessité indispensable n'en ait été reconnue par le garde de la maîtrise, qui assistera à la destruction, lequel sera tenu d'en dresser un état sommaire.

» 12. Cet état contiendra l'espèce et quantité de menus bois qui auront été coupés et arrachés, et sera, après le travail, déposé au greffe de la maîtrise, pour être, ledit bois, vendu, soit au profit de sa majesté, soit au profit des propriétaires, sans frais, et sur la simple estimation qui en sera faite par les officiers de la maîtrise.

» 13. S'il était coupé ou endommagé quelque bois, sans que la nécessité en ait été constatée, et sans l'assistance du garde de la maîtrise, il en sera dressé procès-verbal par le garde de la maîtrise, pour être ensuite procédé dans la forme prescrite par l'ordonnance des eaux et forêts de 1669 ; et l'amende sera prononcée solidairement contre le syndic et ceux qu'il aura conduits.

» 14. Dans le cas où le défoncement des terriers endommagerait quelques routes, les travailleurs seront tenus de les rétablir sans le moindre retardement, faute de quoi il y sera pourvu à leurs frais.

» 15. Pourront les entrepreneurs des plantations, repeuplemens et recepages dans les forêts de sa majesté, procéder dans l'enceinte desdites plantations, repeuplemens et recepages, à la destruction des Lapins et au renversement des terriers, en prenant néanmoins la permission, qui ne pourra leur être refusée, des officiers de la capitainerie, et en présence des gardes de ladite capitainerie.

» 16. Enjoint sa majesté, aux officiers de ses chasses, de faire procéder à la destruction totale des Lapins dans ses capitaineries, dans les plaines, dans les vignes, dans les remises, et dans les bois isolés, d'une étendue moindre de cent arpens ; et dans le cas où il s'en trouverait dans lesdites plaines, vignes, remises et bois de petite étendue, sans qu'il soit nécessaire de justifier qu'ils aient causé un dégât notable, il sera permis aux propriétaires des terres et bois où sont les terriers, et à ceux des terres adjacentes, de procéder à leur entière destruction, en prenant préalablement la permission, qui ne pourra leur être refusée, des officiers de la capitainerie, et en présence des gardes de ladite capitainerie : enjoint sa majesté aux intendans et commissaires départis dans ses provinces, aux grands maîtres des eaux et forêts et officiers des maîtrises et officiers des capitaineries, de tenir la main, chacun en droit soi, à l'exécution du présent arrêt. (M. GUYOT)*

[[*V.* les articles *Capitainerie, Chasse, Garenne* et *Gibier.*]]

[[LARRIS. J'ai vu d'anciens titres où ce terme désigne des terres vagues, des landes, des flégards, des wareschaix. *V.* les articles *Communaux, Flégards,* et *Vacans.*]]

* LATENT. Ce terme est usité au palais en ces phrases : *vices Latens; servitudes Latentes.* On appelle *vices Latens,* la pousse, la morve et la courbature, qui sont les trois maladies des chevaux qu'il est possible de cacher pendant un temps. Le vendeur doit à cet égard la garantie pendant neuf jours.

Les *servitudes Latentes* sont celles qui ne sont pas en évidence. (M. GUYOT.) *

[[*V.* les articles *Rédhibitoire* et *Servitude.*]]

[[LATRINES. *V.* le décret du 10 mars 1809, relatif à la construction des Latrines ou fosses d'aisances dans la ville de Paris.]]

LAZARETH. *V.* l'article *Quarantaine.*

* LECTURE DES CONTRATS. C'est une formalité prescrite par la coutume de Normandie, pour faire courir, en faveur des acquéreurs d'immeubles, l'année que cette coutume accorde aux lignagers du vendeur pour exercer le retrait.

Voici comme s'explique à ce sujet l'art. 455 de cette coutume : « La lecture se doit faire publiquement et à haute voix, à jour de dimanche, » issue de la messe paroissiale du lieu où les héritages sont assis, en la présence de quatre témoins pour le moins, qui seront à ce appelés, et signeront l'acte de publication sur le dos du contrat, dont le curé ou vicaire, sergent ou tabellion du lieu qui aura fait ladite Lecture, est tenu de faire registre, et n'est reçu aucun à faire preuve de ladite Lecture par témoins; pourront néanmoins les contractans, pour leur sûreté, faire enregistrer ladite Lecture au greffe de la juridiction ordinaire.»

Cette loi semble désigner quatre sortes de personnes pour procéder à la Lecture dont il s'agit; mais, par un édit du mois d'avril 1694, le roi a attribué aux notaires-gardes-notes, créés dans la province de Normandie par les édits du mois de juillet 1677 et 16 juin 1685, le droit de faire Lecture de contrats de vente et de tous autres contrats ou actes translatifs de propriété de biens sujets à retrait, à l'exclusion des curés, vicaires, sergens, tabellions de hauts-justiciers et de tous autres.

Et, par une déclaration du 14 septembre 1720,

Sa Majesté a validé les Lectures faites jusqu'alors par d'autres que par des notaires, dérogeant à cet égard et pour le passé seulement, à l'édit du mois d'avril 1694.

Par arrêt du 16 mars 1618, rendu contre le nommé Yvelin, le parlement de Rouen a déclaré nulle une lecture, parce qu'elle portait simplement qu'elle avait été faite un jour de dimanche, sans exprimer que c'avait été à l'issue de la messe paroissiale.

Lorsque la formalité dont il s'agit, n'a pas été remplie, l'art. 463 veut que le retrait des héritages vendus puissent être exercé pendant trente ans.

Si les héritages acquis en Normandie, dépendent d'une église qui soit située hors du ressort de cette province, la Lecture ordonnée par la coutume, peut se faire *au prochain marché des choses vendues, ou en la juridiction ordinaire dont les terres et héritages vendus sont dépendans.* Telles sont les dispositions de l'art. 456. (M. GUYOT.)*

[[Ces dispositions sont devenues sans objet par l'abolition du retrait lignager. *V.* l'article *Retrait lignager.*]]

* LÉGALISATION. C'est l'attestation que donne un officier public de la vérité des signatures apposées à un acte, ainsi que des qualités de ceux qui l'ont fait et reçu, afin qu'on y ajoute foi dans un autre pays.

I. Comme il n'y a aucune loi qui ait établi la formalité des Légalisations, on ne sait pas précisément quand cet usage s'est introduit; mais il y a, au trésor des chartres, une copie des statuts des tailleurs de Montpellier délivrée par deux notaires royaux de la même ville, au bas de laquelle sont deux légalisations datées de l'année 1523 : la première, donnée par le juge royal de Montpellier; la seconde, par l'official de Maguelonne.

L'effet de la Légalisation est, comme l'enseigne la définition de cette formalité, d'étendre, d'un lieu à l'autre, la preuve de l'authenticité d'un acte : elle tient lieu d'une enquête que l'on ferait pour constater la qualité et la signature du notaire, greffier ou autre officier public qui a reçu l'acte, parce que le caractère public de ces sortes d'officiers n'est censé connu que dans l'endroit où ils ont leur résidence.

On pratique en France diverses Légalisations; et il y a plusieurs sortes d'officiers publics qui ont le pouvoir de légaliser. A Paris, c'est le lieutenant civil qui légalise les actes passés devant les notaires au Châtelet, les extraits de baptême, mariage, sépulture, etc.

En Lorraine, l'art. 20 du titre *des lieutenans généraux des bailliages,* de l'ordonnance du duc Léopold, du mois de novembre 1707, indique les officiers auxquels appartient la Légalisation des actes de notaires et tabellions, et les émolumens qu'ils peuvent percevoir à cet égard.

« La Légalisation des actes des notaires et tabellions (porte-t-il), sera faite par le lieutenant-général seul, qui y apposera le petit sceau des sentences, dont il a la garde, et percevra pour toutes choses la somme de 2 francs, le sceau y compris;

» Mais dans les lieux où il y aura prévôt ayant juridiction avec le bailliage, le droit de Légalisation appartiendra au prévôt, à l'égard des actes des notaires et tabellions établis dans l'étendue de sa prévôté, et qui auront été reçus pardevant lui, pour raison desquels il percevra un franc, le sceau y compris, à la réserve néanmoins de ceux qui seront residens dans le lieu de l'établissement du bailliage, dont la Légalisation appartiendra au lieutenant-général, quoiqu'il y ait un prévôt établi. »

Et l'art. 23 du même titre attribue la Légalisation des actes des greffiers au chef de la compagnie où sert le greffier dont l'acte doit être légalisé.

Les officiers qui ont caractère pour légaliser, ne doivent faire aucune Légalisation, qu'ils ne connaissent la qualité de l'officier qui a reçu l'acte, la signature et le sceau qu'il a coutume d'apposer aux actes qui se passent pardevant lui : s'ils n'en ont pas une connaissance personnelle, ils peuvent légaliser l'acte d'après ce qu'ils tiennent par tradition, ou à la relation d'autrui, pourvu qu'ils s'informent des faits qu'il s'agit d'attester.

De là il suit naturellement qu'on peut légaliser, non-seulement les actes expédiés par des officiers qui sont encore vivans, mais aussi ceux qui ont été expédiés anciennement par des officiers qui sont morts au temps de la Légalisation, pourvu que la qualité, la signature et le sceau de ces officiers soient connus par la tradition ou autrement.

Pour connaître plus particulièrement par quels officiers chaque espèce d'actes doit être légalisé, il faut d'abord distinguer les actes émanés des officiers publics des justices seigneuriales, d'avec ceux qui sont émanés des officiers royaux.

Les actes reçus par des officiers de justice seigneuriale, tels que les greffiers, peuvent être légalisés par le juge seigneurial de la justice où ces officiers sont immatriculés; et cette Légalisation est suffisante pour étendre l'authenticité de l'acte dans le ressort de la justice supérieure, soit royale ou seigneuriale, du moins à l'égard du juge supérieur, qui doit connaître la signature et le sceau des juges de son ressort : mais s'il s'agit de faire valoir l'acte auprès d'autres officiers que le juge supérieur, en ce cas, il faut une seconde Légalisation donnée par le juge supérieur, qui atteste que le juge inférieur qui a légalisé, est réellement juge, et que ce sont sa signature et son sceau qui sont apposés à la première Légalisation.

Si cette seconde Légalisation n'est donnée que par un juge de seigneur, elle ne rend l'acte authentique que dans son ressort, parce qu'on n'est pas obligé ailleurs de connaître la signature ni le sceau de tous les juges des seigneurs : mais si cette seconde Légalisation est donnée par un juge royal, l'acte devient authentique dans le royaume, et même dans les pays étrangers, parce que le sceau royal est, comme on l'a déjà dit, connu partout.

Quant aux actes émanés d'officiers publics royaux, lorsqu'on veut les rendre authentiques hors du lieu de la résidence des officiers qui les ont reçus, on les fait légaliser par le juge royal du lieu où ces officiers font leur résidence, lequel y appose le sceau de la juridiction.

On peut aussi les faire légaliser par les officiers municipaux des villes où les officiers royaux font leur résidence, auquel cas ces officiers municipaux apposent le sceau de la ville, et non le sceau royal. Ces sortes de Légalisations sont les plus authentiques, surtout pour faire valoir un acte en pays étranger, parce que les sceaux des villes ne changent point, sont plus connus que le sceau particulier de chaque juridiction, et que d'ailleurs le sceau de la ville est en quelque sorte plus général et plus étendu que celui de la juridiction, puisque la juridiction est dans la ville, et même qu'il y a souvent plusieurs juridictions royales dans une même ville.

Les actes émanés d'officiers publics de finances, comme les certificats, quittances, procès-verbaux des commis, receveurs, directeurs et préposés dans les bureaux du roi, doivent être légalisés par les officiers supérieurs des finances, tels que les receveurs généraux, trésoriers généraux, payeurs des rentes, et autres semblables officiers, selon la nature des actes qu'il s'agit de rendre authentiques hors du lieu de la résidence des officiers qui les ont reçus.

Les actes émanés des officiers militaires, comme les quittances, congés, etc., donnés par les capitaines, lieutenans, majors, doivent, pour faire foi, être légalisés par les officiers généraux leurs supérieurs; et ensuite on fait légaliser par le ministre de la guerre la Légalisation donnée par ces officiers supérieurs.

Il en est de même pour ce qui concerne la marine, le commerce, les universités, et toutes les autres affaires civiles. Ce sont les officiers supérieurs qui légalisent les actes émanés des officiers subalternes.

Lorsqu'on veut faire connaître l'authenticité d'un acte dans les pays étrangers, outre les Légalisations ordinaires que l'on y appose pour le rendre authentique partout le royaume, on le fait encore légaliser, pour plus grande sûreté, par l'ambassadeur, envoyé, consul, résident, agent, ou autre ministre de l'état dans lequel on veut faire valoir l'acte.

L'ordonnance de la marine, titre des consuls, art. 23, porte que tous les actes expédiés dans les pays étrangers où il y aura des consuls, ne feront aucune foi en France, s'ils ne sont légalisés par eux.

Lorsqu'on produit en France des actes reçus en pays étranger par des officiers publics, et légalisés dans le pays par l'ambassadeur d'un autre ministre de France, on légalise au bureau des affaires étrangères la Légalisation donnée par l'ambassadeur, envoyé, ou autre personne ayant caractère public.

Le ministre du roi qui a le département des affaires étrangères, atteste que celui qui a légalisé l'acte en pays étranger, a réellement le caractère mentionné dans la Légalisation, et que c'est la signature et le sceau dont il a coutume d'user.

Quand on veut faire valoir un acte reçu dans certains pays étrangers où le roi n'a point de ministre, on peut le faire légaliser par quelque Français qui s'y rencontre fortuitement, pourvu que ce soit une personne attachée à la France par quelque dignité connue; auquel cas cette personne, à défaut du ministre de France, a caractère représentatif pour légaliser.

Quant aux actes qu'il convient de légaliser, on doit observer en général, qu'à la rigueur tous ceux qui sont émanés d'un officier public, tel qu'un notaire, commissaire, huissier, etc., quand on les produit hors du lieu où l'officier qui les a reçus, fait ses fonctions, ne font point preuve de leur authenticité, s'ils ne sont légalisés.

On exige surtout que les procurations soient légalisées lorsqu'on s'en sert hors du lieu de l'exercice des notaires qui les ont reçues; cette formalité est expressément ordonnée par tous les édits et déclarations rendus aux sujets des rentes viagères, qui exigent que les procurations passées en province, par les notaires, soient légalisées par le juge royal du lieu de leur résidence; et ce sont là les seules lois qui parlent des légalisations.

A l'égard des jugemens, on ne les légalise point. (M. Guyot.)*

[[II. Les lois nouvelles n'ont rien changé aux anciennes, quant à la Légalisation des actes passés en pays étranger.

A l'égard des actes passés en France devant notaire, on a vu à l'article *Certificat de vie*, quelles étaient les dispositions de la loi du 6-27 mars 1791.

La loi du 25 ventose an 11, qui forme, sur cette matière, le dernier état de la légalisation, porte, art. 28 : « Les actes notariés seront léga» lisés, savoir, ceux des notaires à la résidence des » tribunaux d'appel, lorsqu'on s'en servira hors » de leur ressort; et ceux des autres notaires, lors» qu'on s'en servira hors de leur département. La » Légalisation sera faite par le président du tri» bunal de première instance de la résidence du » notaire, ou du lieu où sera délivré l'acte ou » l'expédition. »

III. Celui qui fait sciemment usage d'un faux acte public, peut-il échapper à la peine portée par l'art. 147 du Code pénal, sous le prétexte que cet acte n'est point légalisé et qu'il devrait l'être ?

V. l'article *Faux*, sect. 1, § 11 bis.

IV. Le défaut de Légalisation d'un acte notarié, lorsqu'on s'en sert hors du ressort du notaire qui l'a reçu ou qui en a délivré expédition, emporte-t-il la nullité des poursuites faites pour l'exécution de cet acte?

Non, parce que l'art. 28 de la loi du 25 ventose an 11 dit bien que, dans le cas dont il s'agit, *les actes notariés seront légalisés*, mais n'ajoute pas

qu'à défaut de cette formalité, ils cesseront d'être authentiques, et encore moins que les poursuites faites pour leur exécution seront nulles.

C'est au surplus ce qui a été jugé dans l'espèce suivante.

Le sieur Jouenne, domicilié dans le ressort de la cour royale de Rouen, est poursuivi en expropriation par le sieur Saint-Julien, en vertu d'un acte reçu par un notaire de Paris.

Il se pourvoit d'abord en nullité du commandement, et il se borne à soutenir, à l'appui de sa demande, qu'il n'est pas débiteur.

Cette exception est rejetée, et le commandement est déclaré valable, d'abord, par un jugement du tribunal de première instance de Neufchâtel, ensuite, par un arrêt de la cour royale de Rouen.

En conséquence, continuation des poursuites, et fixation de l'adjudication préparatoire au 20 juin 1816.

Ce jour là même, le sieur Jouenne présente, contre la procédure, un moyen de nullité qu'il fait résulter de ce que le titre constitutif de la créance ayant été passé à Paris, ne pouvait être mis à exécution dans le ressort de la cour royale de Rouen, qu'après avoir été légalisé par le président du tribunal de première instance du département de la Seine.

Jugement et, sur l'appel, arrêt qui rejette ce moyen.

Recours en cassation fondé sur l'art. 28 de la loi du 25 ventose an 11. Vainement prétend-on, dit le sieur Jouenne, que cet article ne porte pas la peine de nullité; il s'agit ici de l'authenticité du titre : or, sans légalisation, un acte notarié n'est authentique que dans le département ou dans le ressort de la cour royale où réside le notaire. Hors de là, la signature de cet officier public peut-être méconnue, elle ne fait plus foi par elle-même; l'obéissance n'est plus due aux dispositions de l'acte, et les officiers ministériels ne peuvent le mettre à exécution. Or, si tel est l'état d'un acte non légalisé hors des limites fixées par la loi, comment dire que la Légalisation n'est pas prescrite à peine de nullité ? Comment dire qu'un commandement à fin de saisie immobilière, fait en vertu d'un acte semblable, n'est pas nul, quand l'art. 551 du Code de procédure dispose qu'il ne peut être *procédé à aucune saisie mobilière ou immobilière, qu'en vertu d'un titre exécutoire* ?

Mais, par arrêt du 20 juillet 1817, au rapport de M. Brillat de Savarin,

« Attendu que *la formalité de la Légalisation n'est pas exigée à peine de nullité*, et qu'en opposant le défaut de cette formalité, le sieur Jouenne avait pour but de faire déclarer nul un commandement déjà déclaré valide par un jugement passé en force de chose jugée;

» La Cour rejette le pourvoi....... »

On voit que le recours en cassation du sieur Jouenne n'eût pas pu être accueilli, quand même le moyen sur lequel il l'étayait, eût été fondé en soi, parce que déjà la prétendue nullité du commandement, fait en vertu de l'acte non légalisé dont il s'agissait, avait été couverte par le jugement et l'arrêt qui avaient déclaré ce commandement valable (1); mais que, par son arrêt de rejet, la cour de cassation n'en a pas moins réprouvé expressément ce moyen, et par conséquent jugé qu'il n'aurait pu y être pris aucun égard, même dans l'hypothèse où les choses eussent encore été entières.

En effet, comme l'avait déjà dit l'arrêt de la cour de cassation, du 22 octobre 1812, rapporté à l'endroit indiqué au n° précédent, *la Légalisation d'un acte n'est point constitutive de son authenticité, elle n'en est que la preuve.* Le sieur Jouenne aurait donc bien pu, au moment où il lui avait été signifié un commandement en vertu d'un titre authentique et exécutoire non légalisé, demander qu'il fût sursis à toute poursuite ultérieure, jusqu'à ce que ce titre eût été revêtu de la formalité de la Légalisation; mais se faire du défaut de Légalisation de ce titre, un moyen de nullité contre le commandement, il ne le pouvait évidemment pas.]]

*LÉGAT. Les Légats du saint-siége sont des ambassadeurs extraordinaires que le pape envoie dans les pays catholiques pour le représenter et pour y exercer sa juridiction. C'est par ce nom singulier qu'ils se distinguent des ministres des autres puissances, et des nonces, qui ne sont que les ambassadeurs ordinaires du souverain pontife.

Les canonistes en comptent trois espèces: les premiers, sont les Légats *à latere*; les seconds, les Légats envoyés, *legati missi*; les troisièmes, sont les Légats nés, *legati nati.*

Les Légats *à latere* tiennent le premier rang parmi ceux qui sont honorés de la Légation. C'est dans le sacré collège que le souverain pontife choisit ceux à qui il confère la plénitude de sa puissance. On les appelle *à latere,* comme les magistrats de l'ancienne Rome se nommaient *missi da latere,* quand ils étaient tirés de la cour, et, pour ainsi dire, des côtés de l'empereur.

Nous ne saurions trop déplorer, avec l'abbé Fleury, les maux qu'ont causés à l'église les légations de la cour romaine. C'étaient, dit ce judicieux historien dans son quatrième *discours sur l'Histoire ecclésiastique,* c'étaient des mines d'or pour les cardinaux, et ils en revenaient chargés de richesses.

On lit dans les cahiers du tiers-état de l'assemblée des États tenus à Tours en 1484: *sont venus trois ou quatre Légats qui ont donné de merveilleuses évacuations à ce pauvre royaume, et voyait-on mener les mulets chargés d'or et d'argent.*

Selon l'abbé Fleury, le scandale occasionné par l'avarice, le faste et l'insolence des Légats, les réglemens arbitraires qu'ils faisaient au préjudice de l'ancienne discipline, leur attention à croître le

despotisme de la cour qui les envoyait, la cessation des conciles, tels ont été les fruits de ces ambassades et trop fréquentes et trop solennelles. Il attribue à la même cause la prééminence des cardinaux sur les archevêques et évêques, si contraire à l'institution de Jésus-Christ.

Mais revenons aux trois espèces de Légats dont nous avons parlé.

Comme les cardinaux-Légats sont élevés par leur dignité au-dessus des autres Légats, ils ont une autorité beaucoup plus étendue que ceux qui sont appelés *legati missi.* On entend par *Légats envoyés,* ceux qui sont honorés de la légation sans être cardinaux; tels sont les nonces et internonces, qui, dans quelques pays, exercent une juridiction: si, avant de partir pour leur destination, ils touchent le bout de la robe du pape, ou qu'ils reçoivent leur mission de la propre bouche du saint-père, leurs *facultés* portent qu'ils sont envoyés avec la puissance des Légats *à latere,* mais alors même leurs pouvoirs sont plus limités que ceux des Légats-cardinaux.

Les nonces n'exerçant en France aucune juridiction, nous ne reconnaissons de Légats envoyés par le pape, que ceux qui ont la qualité de Légats *à latere;* et pour nous, la distinction de trois sortes de Légats est chimérique.

Les *Légats nés* sont des archevêques aux siéges desquels est attachée la qualité de Légat. Tel est parmi nous l'archevêque de Reims, dont la légation est un titre d'honneur qui ne lui donne ni prééminence ni fonctions.

Lorsque le pape veut envoyer un Légat en France, il est obligé d'en donner avis au roi, de l'instruire des motifs de la légation, et de s'assurer que la personne qu'il a choisie pour cet important emploi, sera agréable à sa majesté.

Boniface VIII a vainement tenté de se soustraire à une obligation que lui imposaient les libertés de l'église gallicane et l'autorité indépendante d'un monarque attentif à la défendre contre les atteintes et les abus de la puissance pontificale. Jean XXII n'a pas eu plus de succès: la France a rejeté la constitution par laquelle ce pape prétendait au droit d'envoyer des Légats dans tous les états catholiques, sans l'agrément des souverains. On peut voir dans le chap. 23 des *preuves des libertés de l'église gallicane,* les permissions accordées à ce sujet depuis Philippe-le-Bel.

Les souverains pontifes avaient eux-mêmes observé d'obtenir cette permission dès les premiers temps de la monarchie.

Saint Grégoire, voulant envoyer un Légat en France l'an 599, le proposa à la reine Brunehaut. Voici les termes de la lettre de pape, qui n'a pas été l'un des moins attentifs à conserver les droits de son siége: *Ut personam si præcipitis, cum vestræ auctoritatis assensu, transmittamus,*

Les Légats étant arrivés en France, même avec la permission du roi, ne peuvent prendre les marques de leur dignité, qu'après avoir obtenu le con-

(1) *V.* l'article *Chose jugée,* § 1 *bis.*

sentément du monarque par des lettres-patentes dûment enregistrées. Quoiqu'ils fassent porter devant eux la croix levée en sortant de Rome, ils sont obligés de la mettre bas en arrivant sur les frontières du royaume jusqu'à la vérification de leurs pouvoirs, ou du moins jusqu'à ce que le roi leur en accorde la permission.

Les bulles de légation sont présentées au parlement avec les lettres-patentes dont elles sont revêtues ; mais la cour n'enregistre les unes et les autres qu'avec des modifications qui mettent à couvert les libertés de l'église gallicane, les droits de la couronne, ceux des évêques, des collateurs, des gradués et des expectans. C'est ce qui se voit dans le chap. 24 et 25 des preuves de nos libertés, et dans un recueil fait par M. de Thou, d'après la vérification des *facultés* des cardinaux Farnèse, Sadolet et de quelques autres. Mais, par égard pour les papes, à qui ces modifications ne sont point agréables, on ne les met pas sur le repli des bulles ; on y marque seulement qu'elles ont été vérifiées, et l'on fait savoir au Légat, par un acte particulier, les modifications portées par l'arrêt d'enregistrement. Les registres du parlement des 19 et 20 juillet 1596, nous apprennent que cette cour, en examinant les bulles du cardinal de Médicis, voulait mettre sur le repli les protestations qu'elle faisait contre les entreprises du pape, et qu'elle aurait exécuté son dessein sans une défense expresse du roi.

Outre les modifications que le parlement appose aux bulles des Légats, il ordonne, par une clause particulière, qu'ils promettront au roi, par écrit, de n'user de leurs pouvoirs qu'autant de temps qu'il plaira à sa majesté et de la manière qu'elle voudra (1).

Le cardinal de Sainte-Praxède donna des lettres qui renferment cette promesse, le 11 janvier 1456.

Quoique le Légat puisse porter les marques de sa dignité, après l'enregistrement des lettres-patentes, il doit néanmoins faire retirer son porte-croix lorsqu'il approche du lieu où est le roi : cela fait voir que les Légats n'ont de juridiction qu'autant que le roi a daigné leur en permettre l'exercice.

En 1480, Sixte IV voulant se réconcilier avec Louis XI, et ménager une paix solide entre ce prince et Maximilien, duc d'Autriche, envoya en France le cardinal Julien de la Rovère, son neveu, depuis pape sous le nom de Jules II. Les ambassadeurs du roi qui allèrent au-devant du Légat, lui déclarèrent que, pour cette fois seulement et sans tirer à conséquence, le roi voulait bien consentir qu'il fît les fonctions de Légat, et qu'il en portât les marques en entrant dans le royaume, sans préjudice des franchises et privilèges dont lui

et ses ancêtres avaient toujours joui, avec protestation que le roi n'entendait point, par ce consentement et cette permission, déroger à aucun de ses droits. Le cardinal Légat déclara, par un acte en bonne forme, daté du 2 août, qu'il n'abuserait point des égards qu'on avait pour lui ; qu'il reconnaissait toutes les franchises et prééminences de la couronne ; que loin d'y donner atteinte, il voudrait pouvoir les augmenter ; et ce qui est digne de remarque, il ajouta que les cardinaux de Rouen et d'Avignon, Légats en France avant lui, avaient donné des lettres expresses pour la conservation de tous ces droits, et que son dessein n'était pas de s'écarter des usages établis dans le royaume.

Le cardinal d'Amboise donna, le 31 mai 1503, un acte portant promesse de sa part, de n'user de la qualité de Légat en France, qu'autant qu'il plairait au roi son souverain seigneur.

Le cardinal de Clermont, Légat d'Avignon, en donna un semblable le 17 novembre 1514 ; le cardinal de Luxembourg, Légat en France, le 11 novembre 1516 ; le cardinal de Boisi, le 4 septembre 1519 ; et le cardinal Duprat, le 17 septembre 1524 (1).

C'est sur la foi de ces promesses, que les lettres-patentes du roi, portant permission d'exercer les fonctions de Légat dans le royaume, ont toujours été enregistrées au parlement, sous des modifications expresses auxquelles les Légats ont toujours été obligés de se conformer. On n'a jamais eu égard en France aux provisions de bénéfices, ni aux grâces et autres actes que les Légats ont pu accorder et expédier, qu'autant qu'ils étaient conformes à ces modifications.

Il ne suffit pas que la bulle des *facultés* du Légat soit enregistrée au parlement de Paris, il faut encore qu'elle soit revêtue de la même autorité dans tous les parlemens sur lesquels doit s'étendre sa légation. Si la bulle portait que la légation n'est que pour la France, elle n'aurait point lieu sur les archevêchés de Lyon, de Vienne et de Besançon : le Légat n'y exerce sa juridiction que quand la bulle dit, *in Franciam et adjacentes provincias*. Cet usage est fondé sur ce que ces provinces étaient autrefois du royaume de Bourgogne, et qu'à Rome on change difficilement le style ordinaire.

Telles sont les entraves que la sagesse de nos rois a cru devoir mettre à l'exercice des *facultés* des Légats ; mais en même temps qu'elle opposait des digues puissantes aux entreprises d'une cour ambitieuse, elle a honoré le chef de l'église d'une manière éclatante dans ceux qui le représentent.

Cependant les grands honneurs rendus aux Légats, ne remontent point à des temps bien reculés.

Charlemagne fit emprisonner les Légats d'A-

(1) Preuves des libertés de l'église gallicane, chap. 23, n° 2.

(1) *Ibid.*

drien Ier ; ceux de Benoît XII éprouvèrent des traitemens encore plus fâcheux.

L'histoire rapporte que Louis XI avait peu de respect pour les Légats : il laissa écouler deux mois sans vouloir donner audience au cardinal Bessarion ; et quand il la lui accorda, ce fut, dit Brantôme, pour le prendre par la barbe, et le tourner en ridicule. Le prélat outragé reprit sur-le-champ la route d'Italie ; mais son chagrin et sa mauvaise santé ne lui permirent pas d'arriver jusqu'à Rome, il mourut à Ravenne, âgé de soixante-dix-sept ans. *Quelle perte !* s'écrie sur cela le cardinal de Pavie en écrivant à l'évêque de Téramo, son ami ! *Malheureuse France, qui nous cause tant de deuil, qui nous prive d'un père et de notre conseil ! comment pourras-tu expier une si grande faute ?*

Le cardinal de la Rovère, dont nous avons déjà parlé, eut un accueil plus favorable du même prince, avec qui il passa quelques jours à Vendôme. Il se rendit ensuite à Paris, où tous les corps le reçurent avec beaucoup d'appareil : les rues par où il passa pour aller à Notre-Dame, étaient tapissées ; l'université le fit complimenter par un de ses principaux docteurs : le cardinal de Bourbon l'accompagna partout et le régala magnifiquement.

Le cardinal Balue, devenu Légat après onze ans d'une prison bien méritée, fut accueilli avec honneur du roi Charles VIII. Le parlement néanmoins défendit de le reconnaître pour Légat, et de le laisser paraître avec sa croix et les autres marques de sa dignité. Après bien des discussions, la cour leva les défenses qu'elle avait portées, et Balue fut reçu à Paris avec les solennités ordinaires ; mais cela n'empêcha pas le procureur-général d'interjeter un acte d'appel au pape *mieux conseillé*, et de protester contre tout ce que le Légat pourrait entreprendre au sujet de la provision des bénéfices.

La légation du cardinal d'Amboise, le ministre et l'ami du bon roi Louis XII, est remarquable par les honneurs qu'on s'empressa de lui rendre. Ses pouvoirs furent enregistrés sous la clause ordinaire d'en modérer l'usage suivant les coutumes, prérogatives et libertés de l'église gallicane : mais quand il fit son entrée à Paris comme Légat, le chancelier de France s'y trouva, le corps de ville et les députés des cours souveraines allèrent au-devant de lui ; à la porte de la ville, on lui donna le dais, qui fut porté par les échevins, ce qui ne s'était pas pratiqué auparavant, et ce qui ne s'est fait depuis qu'en 1664, lors de l'entrée du cardinal Chigi, neveu d'Alexandre VII.

D'Amboise vint au parlement le 21 février 1502, accompagné de deux cardinaux et d'un grand nombre d'évêques. La croix était portée devant lui, et deux présidens à mortier allèrent à sa rencontre.

Dans la suite, la légation ayant été continuée au même cardinal, sans fixer aucun terme, et sous cette clause générale, *tant qu'il plaira au pape,* l'université et le procureur-général formèrent des oppositions à l'enregistrement ; mais Louis XII donna des lettres de jussion, et les pouvoirs du cardinal furent enregistrés, sans autre condition que de ne rien faire contre les coutumes et les libertés de l'église gallicane.

Les cardinaux français Duprat et de Boisi, tous deux Légats en France, n'eurent pas de peine à conserver les distinctions accordées à la haute faveur dont jouissait le cardinal d'Amboise. Mais les papes voyant que les Légats français ne portaient point leur argent à Rome, ils ne nommèrent plus de Légats de notre nation, si ce n'est le cardinal de Joyeuse, qui n'eut d'autre pouvoir que celui de tenir sur les fonts de baptême le fils de Henri IV, depuis Louis XIII, au nom du pape Paul V, et le cardinal de Vendôme, délégué pour tenir aussi sur les fonts le dauphin, fils de Louis XIV, au nom de Clément IX, en 1668.

Sous le règne de Henri II, le cardinal Caraffe prétendit que le parlement devait aller en corps au-devant de lui. On fit des remontrances à Henri, qui, pour faire cesser tout différend, obligea cette cour à envoyer un grand nombre de députés.

Les historiens du temps rapportent que ce Légat voyant venir le peuple en foule pour recevoir sa bénédiction, disait en la donnant : *Quandoquidem populus iste decipi, vult, decipiatur.*

Sous le règne de Charles IX, le cardinal d'Est, quoique parent de ce monarque, eut beaucoup de peine à faire agréer sa légation : le chancelier de l'Hôpital scella ses lettres-patentes par très-exprès commandement de sa majesté, et écrivit au bas des mêmes lettres qu'elles avaient été scellées malgré lui. On contesta au cardinal la faculté de conférer les bénéfices, et on le força de prêter au roi serment de fidélité.

Le cardinal Morosini, envoyé sous Henri III, fut obligé à la même prestation de serment.

Les légations avaient commencé de déchoir en France, depuis que les papes avaient cessé de nommer les favoris de nos souverains. La ligue ranima le courage et les prétentions des Légats. Le cardinal Carjétan allait prendre la place du roi au parlement, lorsque le président Brisson, célèbre par sa fin tragique, l'arrêta par le bras pour l'en empêcher.

Le cardinal de Plaisance, qui vint peu de temps après, eut la témérité de vouloir présider aux états, et se placer sous le dais au-dessus du duc de Mayenne.

La visite que fit Henri IV au cardinal de Médicis, qui s'était arrêté au château de Chanteloup, près Arpajon, combla de joie le pape Clément VIII, qui envoya en France, peu de temps après le cardinal Aldobrandin ; mais celui-ci, quoique neveu du souverain pontife, ne reçut pas le même honneur, et il eut la hardiesse de s'en plaindre comme d'un manquement. Ce Légat devait savoir que l'exemple du cardinal de Médicis ne pouvait tirer à conséquence, attendu que la visite de Henri IV avait été faite *incognito*, et, comme le dit M. de Thou, dans son histoire, *sine pompa regali.* Le même prince, avait envoyé le prince de Condé, encore enfant, au-devant du cardinal de Médicis, pour l'accompagner dans son entrée à Paris. La cour de Rome, qui tire avantage de tout, en a fait mal à propos un devoir aux Français; depuis ce temps, et ce qu'il y a de remarquable, c'est que, il n'y a point eu d'entrée de Légat qui n'ait été honorée de la présence de quelque prince du sang. Louis XIII ne voulut point faire visite au cardinal Barberin, envoyé en France en 1625; mais il ordonna au duc d'Orléans, son frère, d'aller au-devant de ce Légat, et de lui donner la main. Le prince de Condé et le duc d'Enghien, son fils, se trouvèrent à la rencontre du cardinal Chigi.

Il serait trop long de rapporter les diverses prétentions des Légats en France, enhardis sans doute par les honneurs extraordinaires qu'on leur décernait dans les autres cours : et comment leur orgueil ne se serait-il pas exalté, lorsqu'ils se souvenaient que les Légats restaient couverts en présence des rois de Castille et d'Aragon, qui, non contens d'aller au-devant d'eux, leur parlaient la tête découverte. Jaloux à juste titre de la dignité de leur couronne, les monarques français n'ont jamais subi le joug humiliant d'un tel cérémonial; ils ont bien su distinguer la déférence due au chef de l'église, d'avec la bassesse des hommages rendus par quelques princes faibles ou superstitieux à une cour ambitieuse. Ce n'est point en avilissant la majesté des rois qu'on doit honorer la puissance des pontifes, comme ce n'est point en dégradant le sacerdoce qu'on doit accroître l'autorité de l'empire.

Outre les différends que les Légats ont eus avec nos princes, ils ont eu des démêlés avec les évêques français. Fondés sur le cérémonial romain, ils ne voulaient pas permettre aux prélats de porter le rochet et le camail en leur présence. Cette prétention, qui commença lors de la légation du cardinal Aldobrandin en France, dura jusqu'au cardinal Barberin. Ne serait-il pas étrange que les évêques ne pussent point porter devant les ministres plénipotentiaires du pape, ce qu'ils portent en présence de nos rois? N'est-il pas scandaleux que les Légats veuillent s'élever au-dessus de la majesté des souverains? Aussi cette ridicule prétention s'est-elle anéantie comme tant d'autres. Les évêques qui accompagnèrent le cardinal Chigi, avaient tous le rochet, le camail, et même le chapeau vert que doivent porter les évêques dans les cérémonies les plus remarquables : cependant, par respect pour le pape, les archevêques, les primats, ceux même qui ont la qualité de Légats nés, ne portent point la croix haute devant le Légat d latere, à plus forte raison devant le pape lui-même; ainsi, dans le concile de Clermont, il n'y avait que la croix d'Urbain II.

S'il en faut croire les canonistes ultramontains, les Légats d latere sont ordinaires dans les provinces de leur légation. Le décret du pape Clément IV, rapporté dans la collection des décrétales

de Grégoires IX vient à l'appui de cette doctrine, que quelques auteurs français ont eu l'imprudence d'adopter. Si les cours séculières du royaume ne regardent point le pape comme ordinaire dans nos églises, à plus forte raison doivent-elles renfermer les Légats dans les bornes de la juridiction extraordinaire qui leur est confiée. Le concile de Trente, *sess. 24, chap. 20, de reformatione*, défend expressément aux Légats *d latere*, aux nonces et aux gouverneurs ecclésiastiques, de troubler l'exercice de la juridiction des évêques dans les causes qui sont du for ecclésiastique, et de procéder contre les clercs sans la réquisition de leur évêque, si ce n'est dans le cas où il négligerait de les punir. Jean ou Janus Acosta, célèbre jurisconsulte de Cahors, observe qu'autrefois pour conserver avec plus de précaution les droits des métropolitains, les papes mettaient cette clause dans les facultés de leurs Légats : *salvis privilegiis metropolitanorum*; ce qui est bien remarqué dans le chap. *servatis*, que rapporte Gratien, et dans la neuvième des lettres du pape Hormisdas à l'évêque de Séville.

Les maximes de France étendent ces dispositions jusqu'aux évêques, et interdisent aux Légats, au pape lui-même, de connaître en première instance, par leurs commissaires, des causes ecclésiastiques au préjudice des ordinaires : cependant elles permettent aux Légats, dans les causes dévolues au souverain pontife, de donner des commissions *in partibus*, selon la forme prescrite par le concordat avec les clauses requises.

Lorsque les bulles de légation leur donnent un pouvoir plus étendu, le parlement restreint leurs facultés par des modifications. Ainsi, les juges délégués par eux ne peuvent agir qu'après qu'on a passé par tous les degrés de la juridiction ecclésiastique, qui sont au-dessous de celles du pape. Telle est la disposition précise des *libertés de l'église gallicane*, art. 45, où l'on lit encore ce qui suit : « Desquels juges délégués les appellations, si aucunes s'interjettent, doivent aussi » être traitées jusqu'à finale décision d'icelles, et » ce par juges du royaume à ce délégués; et s'il » se fait au contraire, le roi peut décerner des » lettres inhibitoires à sa cour du parlement, ou » autre juge, où se peut la partie y ayant intérêt » pourvoir par appel comme d'abus. »

Les lois qui défendent aux Légats de troubler la juridiction de l'ordinaire, leur interdisent d'adresser la commission pour donner le *visa*, à d'autres qu'à l'évêque diocésain, ou à son grand vicaire, ou de commettre la fulmination des grâces et des dispenses, à d'autres qu'à l'official qui doit en connaître.

Suivant les règles de la police du royaume, les Légats *d latere* ne peuvent faire citer devant eux les sujets du roi, ni exercer sur eux aucun acte de juridiction contentieuse, soit par citation, évocation, délégation ou autrement; ils ne le pourraient pas même dans le cas où les parties consentiraient de procéder devant eux, ainsi que l'ont observé Pithou et Fevret, parce qu'il ne dépend point des parties de se choisir des juges contre le droit public.

Des principes que nous venons d'établir, il suit qu'en matière contentieuse, les Légats n'ont point de juridiction, pas même sur les exempts, c'est-à-dire sur les corps, chapitres et communautés qui jouissent, en vertu de titres valables, de la prérogative de l'immédiatité au saint-siége. Mais les règlemens donnés par les Légats aux corps dont il s'agit, doivent être toujours exécutés lorsqu'ils sont revêtus des lettres-patentes enregistrées dans les parlemens : *Nemini dubium esse volumus quin Legatorum sedis apostolicæ statuta edita in provincia sibi commissa, durent tanquam perpetua, licet eadem postmodum sint egressi* (Grégoire IX, chap. *nemini, extra, de officio legati*).

Les Légats ne peuvent pas connaître des affaires portées directement au saint-siége. (Innocent III, chap. *licet.*)

Quoiqu'ils aient reçus une plénitude de puissance, ils ne peuvent rien statuer sur certaines affaires, sans un pouvoir spécial exprimé dans les bulles de leur légation. Telles sont les translations des évêques, les suppressions, les érections, les unions des évêchés, et les bulles des bénéfices consistoriaux, dont le concordat réserve expressément la nomination au pape. Long-temps auparavant, Innocent III avait reproché au cardinal de Saint-Laurent, son Légat, d'avoir transféré, sans un pouvoir spécial, l'évêque de Troja au siége de Palerme. Dans le chapitre *nisi*, ce pape interdit à son Légat l'union et la division des évêchés.

[[Mais ces limitations du pouvoir des Légats n'ont lieu que d'eux au pape. Le cardinal Caprara ayant, en sa qualité de Légat *à latere*, autorisé la réunion de la ville de Cassel et du bourg de Kostheim, dépendans du diocèse de Francfort, au diocèse de Mayence, par un décret du 27 juillet 1807, dans lequel il faisait mention de l'autorisation spéciale qu'il avait reçue à cet effet du souverain pontife, il s'est agi, dans la séance du conseil d'état du 26 décembre de la même année, de savoir si, dans le décret qu'il y avait à rendre pour l'exécution de ce décret, on exprimerait que le cardinal Légat avait été spécialement autorisé par le pape à prononcer cette réunion; et il a été unanimement convenu que cela était inutile : « Quand la mission d'un Légat *à latere* est reconnue (a dit M. le rapporteur), il s'entend que ce ministre extraordinaire a reçu tous les pouvoirs nécessaires pour remplir sa mission. Il peut bien arriver que, dans les discussions qui s'élèvent entre ce ministre et le gouvernement, il allègue les limites de son autorisation; mais la plupart du temps, ces allégations sont des prétextes; et il paraît surtout peu convenable d'insérer ces détails, qui sont purement relatifs à un protocole étranger, dans un acte public du gouvernement de sa majesté. »]]

Ces Légats ne peuvent pas non plus empêcher ceux qui ont une commission particulière du saint-siége de l'exécuter. (Célestin III, chap. *stardus.*)

Les Légats ne peuvent également subdéléguer ou commettre en leur absence, ou autrement, aucun vicaire ou substitut ayant pareils pouvoirs et les mêmes facultés qu'eux. C'est ce que porte l'arrêt de vérification des facultés du cardinal de Boisi. Les gens du roi, dans l'avis qu'ils donnèrent en 1604, sur la bulle de légation accordée au cardinal de Lorraine, établissent cette maxime, que le légat ne peut subdéléguer pour l'exercice de sa légation, sans exprès consentement du roi : elle est aussi prouvée et établie par Dumoulin.

La puissance du Légat ne doit pas être plus étendue que celle du pape qui le commet.

La légation finit par la mort du Légat, ou quand le temps fixé pour l'exercice de la légation, par les lettres-patentes et par l'arrêt d'enregistrement, est expiré, ou quand le roi lui a fait signifier sa révocation, en cas que les lettres-patentes et l'arrêt d'enregistrement ne fixent point le temps de la légation. Ces clauses sont toujours insérées dans les modifications des bulles des Légats, quoique ces bulles portent que la légation durera autant qu'il plaira au pape. Les légations indéfinies n'ont point été admises en France; c'est pourquoi les Légats, avant d'exercer leurs pouvoirs, promettent de n'en faire usage qu'autant qu'il plaira au roi.

Si, le temps de la légation étant expiré, on accorde au Légat des lettres-patentes de prorogation, il faut les faire enregistrer au parlement; et dans ce cas, les secondes sont restreintes de droit par les mêmes modifications que les premières.

Lorsque le Légat sort du royaume, il est obligé de laisser en France les registres des expéditions du temps de sa légation, et d'en remettre les sceaux entre les mains d'une personne nommée par le roi, qui en expédie les actes aux parties intéressées.

Nous avons un procès-verbal du 8 août 1573, dressé par le lieutenant-général de Lyon, de la remise des registres et expéditions du cardinal Ursin, Légat en France, faite par ses officiers en passant par cette ville, à son retour, entre les mains d'un bourgeois, banquier de Lyon, pour être envoyés à M. le procureur-général. Les deniers qui proviennent de ces expéditons sont employés en œuvres pies, suivant qu'il est réglé par le roi. Si le Légat ne laisse pas son sceau, le parlement ordonne à une personne qu'il députe, de sceller les expéditions d'un sceau particulier qui est destiné à cet effet. (*Libertés de l'église gallicane*, art. 60.)

Selon l'arrêt d'enregistrement des *facultés* du cardinal de Ferrare, Légat en France, du 19 janvier 1561, et suivant un usage observé de temps immémorial dans le royaume, les dataires, registrateurs et autres expéditionnaires de la légation doivent être nés ou naturalisés français. Quand les officiers du Légat ont fait quelques malversations, on procède contre eux, comme on l'a fait en 1522 contre ceux du cardinal de Barri, Légat *à latere*.

Nos canonistes français ne s'accordent pas sur l'expiration de la légation par la mort du pape; mais dans le doute, s'il y en avait sur cette maière, on devrait présumer la commission révoquée par la mort du souverain pontife, parce que l'autorité des Légats porte atteinte à celle des ordinaires, qui est toujours favorable. Ainsi, nous ne devons point admettre la décrétale de Clément IV, de 1265 ou 1266, insérée dans le Sexte, au titre *de officio Legati,* qui mande au cardinal de Sainte-Cécile, que sa légation n'a point expiré par le décès d'Urbain IV. (M. l'abbé Remy.) *

[[Aujourd'hui, les cours de justice ne vérifient plus les bulles par lesquelles le pape nomme des *Légats à latere.* Mais ces bulles ne peuvent, comme toutes les autres expéditions de la cour de Rome, avoir aucun effet, ni même être publiées ou imprimées en France, sans une autorisation préalable du gouvernement.

Voici l'arrêté que le gouvernement a pris, le 18 germinal an 10, sur la bulle du cardinal Caprara :

« Les consuls de la république, sur le rapport du conseiller d'état chargé de toutes les affaires concernant les cultes, le conseil d'état entendu, arrêtent ce qui suit :

» Art. 1. Le cardinal *Caprara,* envoyé en France avec titre de Légat *à latere,* est autorisé à exercer les facultés énoncées dans la bulle donnée à Rome le lundi 6 fructidor an 9, à la charge de se conformer entièrement aux règles et usages observés en France en pareil cas, savoir :

» 1° Il jurera et promettra, suivant la formule usitée, de se conformer aux lois de l'État et aux libertés de l'église gallicane, et de cesser ses fonctions quand il en sera averti par le premier consul de la république ;

» 2° Aucun acte de la légation ne pourra être rendu public, ni mis à exécution, sans la permission du gouvernement ;

» 3° Le cardinal Légat ne pourra commettre ni déléguer personne sans la même permission ;

» 4° Il sera obligé de tenir ou faire tenir registre de tous les actes de sa légation ;

» 5° Sa légation finie, il remettra ce registre et le sceau de sa légation au conseiller d'état chargé de toutes les affaires concernant les cultes, qui le déposera aux archives du gouvernement ;

» 6° Il ne pourra, après la fin de sa légation, exercer directement ou indirectement, soit en France, soit hors de France, aucun acte relatif à l'église gallicane.

»Art. 2. La bulle du pape contenant les pouvoirs du cardinal Légat sera transcrite en latin et en français sur les registres du conseil d'état, et mention en sera faite de l'original, par le secrétaire du conseil d'état ; elle sera insérée au bulletin des lois. »

V. les articles *Bulle, Avignon* et *Ministre public.*]]

LÉGATAIRE. On appelle ainsi celui à qui est faite, par testament ou tout autre acte de dernière volonté, une donation dont l'héritier doit lui faire la délivrance.

Tout ce qui peut avoir rapport au fond et à la forme de ces sortes de donations sera la matière de l'article *Legs.* Nous nous bornerons ici aux Légataires même, c'est-à-dire aux objets dans lesquels leur personne est considérée ou mise en action.

Nous diviserons cet article en huit paragraphes.

Le premier comprendra la division des Légataires en particuliers et en universels ; la différence qu'il y a entre les uns et les autres et un héritier, et ce qui résulte du concours des qualités d'héritier et de Légataire dans une même personne.

Dans le deuxième, on verra quelles sont les personnes à qui l'on peut léguer.

Dans le troisième, le temps qu'il faut considérer pour savoir si un Légataire est habile ou incapable.

Dans le quatrième, quels sont les principes sur l'acceptation et la répudiation des Légataires.

Dans le cinquième, la conduite que doit tenir un Légataire pour se procurer la jouissance de la chose qui lui est léguée ;

Dans le sixième, par quelles actions le Légataire peut demander la délivrance de son legs, contre qui il doit les diriger, dans quel tribunal il doit les porter, et comment doit se faire le paiement des legs ;

Dans le septième, quelles sont les charges dont un Légataire est tenu ; comment et jusqu'à quelle concurrence il doit les supporter ; dans quels cas et comment il peut s'en affranchir ou en être affranchi ; à quelles peines il s'expose, lorsqu'il ne les remplit pas ;

[[Dans le huitième, quels droits sont dus pour l'enregistrement des legs, et de quelle manière ils doivent être liquidés.]]

§ I. *Division des Légataires en particuliers et en universels. Différence des uns et des autres d'avec un héritier. Concours des qualités d'héritier et de Légataire dans une même personne.*

I. On distingue deux sortes de Légataires, les Légataires universels et les Légataires particuliers.

Un Légataire universel est celui à qui le testateur laisse la totalité ou une portion par quotité de ses biens disponibles, comme une moitié, un tiers, un sixième.

[[Nous disons *la totalité ou une portion par quotité* ; et telle était, en effet, la règle que l'on suivait, à cet égard, dans notre ancienne jurisprudence. Mais cette règle est modifiée par le Code civil.

« Le *Legs universel* (porte-t-il, art. 1003) est la disposition testamentaire par laquelle le testateur donne à une ou plusieurs personnes l'universalité des biens qu'il laissera à son décès.

» Le *Legs à titre universel* (porte l'art. 1010), est celui par lequel le testateur lègue une *quotepart* des biens dont la loi lui permet de disposer, telle qu'une moitié, un tiers, ou tous ses immeubles, ou tout son mobilier, ou une quotité fixe de tous ses immeubles ou de tout son mobilier ».]]

Un Légataire particulier est celui à qui le testateur ne laisse que des choses particulières, soit en espèce, comme une maison ; soit en genre, comme un troupeau, soit enfin en quantité, comme une somme d'argent.

La distinction du Légataire universel d'avec le Légataire particulier est de la plus grande importance, surtout lorsqu'il est question de savoir quelles charges ils doivent supporter l'un et l'autre ; mais cette distinction n'est pas toujours aisée à faire.

Pour qu'un legs soit universel, il ne suffit pas toujours qu'il comprenne la totalité, ou une quotité d'une certaine espèce de biens. Un arrêt du 24 mars 1680, rapporté par Lebrun, *Traité des Successions*, liv. 4, chap. 2, sect. 2, n° 53, a déclaré particulier un legs de *tous les livres* du testateur. Il faudrait dire la même chose d'un legs de tous les meubles meublans, de tous les habits, de tous les biens-fonds d'une certaine province, d'une hérédité qui était échue au testateur. « Mais » (dit Lebrun, à l'endroit cité, n° 46) si on lègue » tous ses meubles et droits mobiliers, le legs est » universel : ainsi, nous ne distinguons que trois » sortes de biens dont on puisse faire des disposi- » tions universelles, en se conformant à la disposi- » tion des coutumes : les meubles, les acquets et » les propres. »

[[*V.* l'article *Droits successifs*, n° 9 ; et l'art. 1010 du Code civil, rapporté ci-dessus.]]

Pourrait-on regarder comme universel un legs qui serait fait en termes particuliers, mais qui comprendrait réellement tout ce que le défunt possédait d'une certaine espèce de biens ? Non, répond Ricard, *Traité des Donations*, part. 3, n° 1526, parce que, « dans les successions, nous » ne considérons pas seulement le présent et ce » qui nous paraît, mais nous y comprenons aussi » la possibilité et l'espérance ; d'ailleurs, le legs » étant d'un corps particulier, la disposition est » certaine et arrêtée ; et il n'en est pas de même » quand il est question d'un legs universel et in- » défini, par exemple, de tous les acquets, parce » que, la disposition étant conçue en ces termes, » elle ne peut recevoir son application que suivant » la maxime du droit, *bona non dicuntur, nisi* » *deducto œre alieno* ; et les acquisitions du dé- » funt ne peuvent être dites telles qu'en déduisant » les dettes dont elles sont chargées. »

Mais, dans ce cas, l'héritier ne peut-il pas, en abandonnant au Légataire tous les acquets du défunt, rendre universel le legs particulier que le testateur aurait fait de tels ou tels biens provenant de ses acquisitions ?

Ricard décide encore pour la négative, parce que ce serait altérer les dispositions du défunt, ce qui n'est pas au pouvoir de l'héritier.

Cependant, ajoute le même auteur, si l'héritier était en cela aidé de la loi, c'est-à-dire, si, par

TOME IX.

l'abandon qu'il ferait, il se restreignait aux biens dont la coutume interdisait la disposition au testateur, cet abandon changerait le legs particulier en legs universel.

La chose a été ainsi jugée par arrêt rendu à la quatrième chambre des enquêtes, le 6 août 1743, inséré dans le Recueil de Lépine de Grainville, page 234.

II. La différence d'un héritier d'avec un Légataire particulier, se fait sentir d'elle-même : l'un n'est donataire que de choses certaines et déterminées, l'autre est successeur d'une universalité.

De là vient qu'un enfant peut, en répudiant l'hérédité de son père, demander le legs dont celui-ci l'a gratifié ; et c'est ce qu'a jugé un arrêt du parlement de Toulouse du 6 mai 1699, rapporté par Catellan. En effet, quand deux objets sont tout à fait disparates, rien n'empêche d'accepter l'un et de rejeter l'autre : il ne faut pas même distinguer à cet égard si le cohéritier à qui le testateur a fait un prélegs, est étranger ou descendant. La loi 17, § 2, D. *de legatis* 1°, dit en général que, *si uni ex heredibus fuerit legatum*, *hoc ei deberi officio judicis familiæ erciscundæ manifestum ; sed et si abstinuerit hereditate*, *consequi eum legatum posse constat.*

Si cependant le testateur faisait des prélegs à un héritier qu'il instituerait seul, celui-ci ne pourrait pas retenir les prélegs en répudiant, soit parce qu'on lègue inutilement à un héritier unique, suivant la loi 18, D. *de legatis* 1°, soit parce que la répudiation de toute l'hérédité testamentaire rendrait tous les legs caducs, suivant le § 2, Inst. *quibus modis testamenta infirmentur.*

Il faut aussi remarquer que les prélegs ne pourraient pas non plus être demandés par le cohéritier qui répudierait sa portion héréditaire, s'il paraissait que le testateur ne les eût faits qu'en considération de l'institution. On peut voir à ce sujet Boniface, tome 5, page 151.

III. Il ne paraît pas d'abord aussi aisé de discerner un héritier d'avec un Légataire universel. La loi 128, D. *de regulis juris*, semble même nous porter à les confondre : *Hi qui in universum jus succedunt*, dit-elle, *heredis loco habentur.*

Cependant, un peu d'attention fait sentir l'extrême différence qu'il y a de l'un à l'autre. Un héritier est saisi, au moment de l'ouverture d'une succession, de tous les droits actifs et passifs qui la composent ; un Légataire universel, au contraire, n'est, comme on le verra ci-après, saisi de rien avant que l'héritier lui ait fait la délivrance de son legs. Ainsi, l'un reçoit de la loi ou de la volonté du défunt (dans le pays où elle a ce pouvoir), l'impression de la maxime *le mort saisit le vif* ; l'autre attend la saisine de celui que le testateur a chargé de remplir ses dispositions. Le premier représente la personne du défunt ; le second n'est qu'un simple successeur des biens. Ce claves, les mêmes principes sur les simples legs qu'on appelle *nomen juris*, *universum jus defuncti*, repose sur la tête de celui-là ; celui-ci n'a pas le même avantage, et conséquemment on ne peut pas lui appliquer la règle de droit que nous venons de citer.

Cette différence amène naturellement la résolution d'une question qui s'est présentée au parlement de Paris. Une mère avait fait tous ses enfans Légataires universels pour partager entre eux également tous ses biens. Un de ses enfans ayant renoncé à la succession, voulut ensuite prendre part dans le legs ; ses frères s'y opposèrent, et l'en firent débouter par sentence du présidial d'Abbeville ; mais, sur l'appel, la sentence fut infirmée le 20 février 1674, et il fut ordonné que délivrance serait faite au fils qui avait renoncé de sa part du legs universel porté dans le testament de sa mère.

Le *Journal des Audiences* nous retrace les moyens que les parties employaient dans cette affaire.

Les intimés disaient qu'un Légataire universel tient la place d'un héritier, surtout en ligne directe ; qu'ainsi, leur frère ayant renoncé à sa part héréditaire, ne pouvait plus la demander en qualité de Légataire universel.

L'appelant répondait qu'il avait renoncé au droit que lui donnait la coutume, mais non à celui que la volonté de sa mère lui déférait ; que la loi 91, D. *de regulis juris*, porté expressément que *quoties duplici jure defertur alicui successio, repudiato novo jure quod ante defertur, superes vetus* ; que l'on peut, aux termes de la loi 70, D. *de acquirenda hereditate*, accepter l'hérédité légitime après avoir répudié l'hérédité testamentaire ; qu'ainsi, rien n'oblige de donner à la renonciation à une succession l'effet d'une renonciation au legs, d'autant plus que *nemo præsumitur jactare suum*.

[[Aujourd'hui le Légataire universel a les mêmes droits que l'héritier institué ; mais ils ne sont *saisis*, l'un et l'autre, de l'universalité des biens du défunt, que dans le cas où celui-ci n'a pas laissé d'héritiers légitimes à qui la loi réserve une quotité de ses biens.

A l'égard du légataire à titre universel, il n'est *saisi* en aucun cas ; et il faut toujours qu'il obtienne la délivrance, soit des héritiers légitimes, soit des Légataires universels ou héritiers institués. *V.* le Code civil, art. 1004, 1006 et 1011 ; et ci-après, § 5 et 7.]]

IV. Ce que nous avons dit jusqu'à présent, suppose visiblement que les qualités d'héritier et de Légataire universel ou particulier, ne sont pas tellement opposées l'une à l'autre, qu'elles ne puissent jamais concourir dans la même personne. Le droit commun autorise en effet ce concours ; et il n'y a qu'un certain nombre de coutumes qui le défendent. *V.* l'article *Héritier*, sect. 6, § 10.

L'arrêt du 24 mars 1683, que nous avons rap-

porté à l'endroit qui vient d'être indiqué, pour faire voir que la coutume d'Amiens permet de réunir dans une même succession collatérale les qualités d'héritier et de Légataire, a encore prononcé sur une question assez remarquable : c'est de savoir si celui de plusieurs co-légataires qui s'est porté héritier, et qui, en cette qualité, prend sa part dans les quatre quints des propres, est obligé de rapporter dans la masse du legs universel, pour être partagée également entre lui et ses co-légataires qui ne sont point héritiers.

On disait, pour établir l'affirmative, qu'un testateur est toujours présumé vouloir l'égalité entre tous ceux qu'il a appelés à un même legs universel.

On répondait 1°, que l'héritier ayant un droit naturel dans les quatre quints des propres, on ne pouvait pas présumer que le défunt l'eût voulu obliger de les rapporter dans le legs, puisque ces biens étaient disponibles ; 2° que, si le testateur l'avait voulu, il ne l'aurait pu faire que par forme de peine ; qu'il aurait dit qu'il voulait que l'héritier portât dans la masse du legs universel la part qu'il prendrait dans les quatre quints des propres pour la partager avec ses co-légataires, et qu'autrement il demeurerait exclu de la part qu'il avait dans ce legs ; que c'est tout ce que le testateur pouvait faire pour disposer indirectement de la part légale de l'héritier ; qu'il ne l'avait point fait ; qu'il avait donc laissé l'héritier dans ses droits ; 3° qu'on ne pouvait rien suppléer au testament dans une espèce où l'on voulait dépouiller un héritier de la portion des propres que la coutume lui donnait, pour la faire passer à des co-légataires qui n'étaient point appelés par la loi ; qu'il eût fallu pour cela une disposition expresse et formelle ; que l'héritier est saisi, *certat de damno vitando* ; que le légataire veut le dépouiller ou partager avec lui, *certat de lucro captando* ; que toute la faveur est donc pour l'héritier, et que l'on ne pouvait pas, dans l'espèce, interpréter à son préjudice la volonté du défunt.

Sur ces raisons, il est intervenu une sentence du bailliage d'Amiens, qui a débouté les Légataires non héritiers de leur demande, à fin d'obliger l'héritier Légataire de rapporter et mettre en partage la portion qu'il avait prise dans les quatre quints des propres ; et sur l'appel que les premiers ont interjeté de cette sentence, elle a été confirmée par l'arrêt cité.

[[*V.* l'article *Héritier*, sect. 6, § 10, n° 11.]]

§ II. *Quelles sont les personnes à qui l'on peut léguer ?*

I. On peut léguer à tous ceux qui ne sont déclarés par aucune loi incapables de libéralités testamentaires. [[*Code civil*, art. 902 (1).]]

___

(1) Est-il au pouvoir des tribunaux de réduire des legs faits à des personnes capables ? *V.* l'article *Réduction de legs*.

LÉGATAIRE, § II. 165

Il y a, à cet égard, deux sortes d'incapacités, l'une respective, l'autre absolue. Ce que nous avons dit aux mots *Institution d'héritier*, sect. 5, donne une idée suffisante de cette distinction.

Nous n'entrerons pas ici dans le détail des incapacités respectives ; on les trouvera développées sous le mot qui vient d'être cité, et dans les articles *Avantage*, *Adultère*, *Chirurgien*, *Concubinage*, *Confesseur*, *Apothicaire*, *Médecin*, *Avocat*, *Procureur*, *Incapacité*, etc.

Les incapacités absolues sont à peu près les mêmes pour les Légataires que pour les héritiers. Nous allons les parcourir dans le même ordre que nous avons suivi à l'article *Institution d'héritier*.

II. Il est constant que les personnes étrangères au testateur, et même inconnues de lui, ne doivent pas être mises au nombre des incapables de ses libéralités.

Il est également hors de doute que les personnes incapables de léguer ne sont pas, à ce seul titre, incapables de recevoir des legs.

III. Dans l'ancien droit romain, les posthumes, qui ne devaient pas tomber, en naissant, sous la puissance du testateur, étaient regardés comme inhabiles à profiter d'un legs : *Posthumo quoque alieno inutiliter antea legabatur*, dit Justinien en ses Institutes, § 26. Mais ce législateur a corrigé cette jurisprudence : *Sed*, ajoute-t-il, *nec hujusmodi species penitus est sine justâ emendatione relicta*. Il faut voir sur ce point l'article que nous venons de citer.

On trouve dans le recueil de Boniface, un arrêt du parlement de Provence, du 4 avril 1786, qui juge valable un legs fait par un père à ces posthumes, quoiqu'ils fussent nés d'une seconde femme.

IV. Ceux qui ne sont ni nés ni conçus au temps de la mort du testateur, peuvent-ils recueillir les legs qu'il leur a faits ?

L'affirmative souffrait d'autant moins de difficulté avant l'ordonnance de 1735, que les institutions mêmes étaient regardées comme valables en pareil cas. Aussi, trouvons-nous dans le *Journal des Audiences* un arrêt du 20 mars 1643, qui a fait délivrance d'un legs à un enfant dont la naissance était postérieure de treize mois au décès du testateur. Brillon et Denizat en rapportent un autre du 11 août 1724, qui a jugé solennellement la même chose, sur les conclusions de M. l'avocat général Gilbert des Voisins.

Mais l'ordonnance de 1735 n'a-t-elle point dérogé à cette jurisprudence, en déclarant, art. 49, que *l'institution d'héritier faite par testament, ne pourra valoir*, en aucun cas, *si celui ou ceux au profit de qui elle aura été faite*, n'étaient ni nés ni conçus alors du décès du testateur ?

Il faut répondre que non : cette loi ne parle que de l'institution d'héritier ; on ne peut donc pas l'étendre aux legs : car toute loi nouvelle qui abroge, corrige ou modifie le droit ancien, doit être resserrée dans ses termes précis.

Il y a d'ailleurs, sur ce point, une raison de différence entre l'institution et le legs : l'institution ne peut pas être suspendue, ou du moins elle ne peut l'être que par une disposition conditionnelle ; il faut qu'elle ait, ou qu'elle puisse être censée avoir son effet aussitôt que la succession est ouverte ; et comme cela est impossible quand l'institué n'existe pas encore, il a paru convenable au législateur de la déclarer nulle en ce cas. Les legs, au contraire, peuvent être suspendus pendant un certain temps ; on peut même en limiter la durée ; et, comme disent les interprètes, *legari potest ad tempus et ex tempore*. Ainsi, rien n'empêche qu'ils ne puissent comprendre des personnes à naître, et qu'ils ne doivent recevoir une entière exécution lorsque les Légataires sont nés.

Denizat trouve cependant cette opinion « très » *extraordinaire*, parce que (dit-il) la première » condition pour être Légataire, est sans doute » d'exister, puis qu'il faut avoir, non-seulement » l'existence naturelle, mais même l'existence » civile, et qu'il est impossible de concevoir » une propriété actuelle résidante sur la tête » d'un individu qui n'existe point encore, et » qui peut-être n'existera jamais. » Mais cet écrivain ne connaissait sans doute pas la loi 51, D. *de legatis 2°*, qui permet de léguer à un incapable pour le temps où il sera capable ; ce qui emporte certainement la faculté de léguer à un enfant à naître, pour le temps où il sera né. Voici les paroles de ce texte : *Si ita quis testamento suo caviset, illi quantum plurimum per legem accipere potest, utique tunc cum quando capere potuerit, videtur ei relictum*.

[[D'ailleurs, personne ne peut sûrement interpréter mieux l'art. 49 de l'ordonnance de 1735, que son illustre rédacteur. Or, voici ce que M. le chancelier d'Aguesseau écrivait à ce sujet, au parlement de Provence, le 23 novembre 1737. « On » ne doit pas comparer les legs ou fidéicommis, » ni les donations entrevifs faites à des personnes » nées et à naître, avec l'institution d'héritier ; » dans les deux premiers genres de dispositions, » il y a toujours, au temps de la mort du testa- » teur, ou à l'instant de la donation, une per- » sonne existante qui recueille la succession ou » qui accepte la donation, et qui, profitant de la » libéralité du testateur ou du donateur, ne peut » refuser d'accomplir, dans la suite, les conditions » qui lui sont imposées : mais dans le cas de l'in- » stitution d'un héritier qui n'est ni né ni conçu » lors de la mort du testateur, la disposition porte » entièrement à faux ; l'institution s'anéantit de » droit par le défaut d'existence de la personne » instituée ; et c'est en vain qu'on veut la ressus- » citer dans la suite à la naissance de l'héritier in- » stitué, parce qu'il n'est pas possible de feindre » qu'il a existé avant que d'être. »

Au surplus, l'art. 706 du Code civil, en renouvelant la disposition de l'art. 49 de l'ordonnance de 1735, l'étend aux simples legs.]]

V. Les Romains suivaient, par rapport aux esque sur les institutions. La loi 12, § 2, D. *de le-gatis* 1°, porte que *regula juris civilis est ut quibus ipsis legare possumus, eorum quoque servis legare possimus.*

Cette règle admettait une exception à l'égard de l'héritier : quoiqu'on pût lui faire des prélegs, on ne pouvait cependant pas léguer à son esclave. *An servo heredis recte legemus quæritur ; et constat pure inutiliter legari :* ce sont les termes du § 32, Inst. *de legatis.*

Les serfs et les main-mortables qu'on voit encore en certaines provinces sont incontestablement habiles à recueillir les legs.

[[Il n'en existe plus dans aucune partie de la France. *V.* l'article *Main-morte.*]]

VI. Les prisonniers de guerre étaient, dans le droit romain, considérés, relativement à la faculté de recevoir des legs, comme par rapport à celle d'être institués héritiers. S'ils mouraient dans les fers, les legs qu'on leur avait faits pendant leur captivité, devenaient caducs ; si au contraire, ils rentraient dans le sein de la patrie, ils recueillaient ce qui leur avait été légué. *Si ei qui in hostium potestate est, Legatum fuerit, et is apud hostes decesserit, nullius momenti legatum erit, quamvis postliminio confirmari potuit,* dit la loi 101, § 1, D. *de legatis* 1°.

Dans nos mœurs, les prisonniers de guerre sont indistinctement habiles à être Légataires. S'ils meurent captifs, ils transmettent leurs legs à leurs héritiers ; s'ils recouvrent la liberté, il les recueillent eux-mêmes, parce que, dans un cas comme dans l'autre, ils ne perdent aucun des droits de cité.

VII. Les excommuniés sont indubitablement capables de legs ; les hérétiques, au contraire, en sont incapables. Nous avons rapporté, aux mots *Institution d'héritier,* sect. 5, § 1, n° 7, les textes qui établissent ces deux propositions, et expliquent singulièrement en quel cas la seconde doit avoir lieu.

L'incapacité des hérétiques n'a cependant pas toujours été reconnue en France. Lorsque la religion prétendue réformée y était tolérée, les partisans de cette secte avaient les mêmes droits que les catholiques pour recevoir des libéralités testamentaires. Nous trouvons néanmoins deux arrêts qui nous apprennent qu'on cherchait même alors à se rapprocher, jusqu'à un certain point, des lois romaines. Par le premier, rendu le 20 janvier 1569, « un legs pitoyable de cinq cents livres, » laissé aux pauvres de l'église réformée, fut ad- » jugé au bureau des pauvres. » Ce sont les termes de Chenu sur Papon, liv. 20, tit. 6, n° 6. Par le second, intervenu le 16 janvier 1626 et rapporté au *Journal des Audiences,* il fut jugé « qu'un » legs fait par un particulier de la ville de Chartres, » de la religion prétendue réformée, aux pauvres » de ladite religion, devait appartenir à l'Hôtel-» Dieu de ladite ville, où doivent être reçus tant » les catholiques que ceux de la religion prétendue » réformée, indifféremment..... Et d'autant qu'en

» la cause deux particuliers avaient pris la qualité » de procureurs de la communauté des pauvres de » la religion prétendue réformée, il fut ordonné, » suivant les conclusions de M. l'avocat-général » Talon, que la qualité serait rayée. »

[[Aujourd'hui la loi n'attache plus aucun effet civil à la différence des cultes *V.* l'article *Institution d'héritier,* sect. 5, § 1, n° 7.]]

VIII. Les aubains ne peuvent être faits Légataires universels, ni même Légataires particuliers, parce que les actes qui pourraient seuls leur donner ces qualités, tirent toute leur force du droit civil, auquel ne participent point les étrangers non naturalisés.

On leur permet cependant de recevoir des legs alimentaires, par la raison qu'en matière d'alimens, on ne considère pas si celui qui en a besoin, est capable ou non des effets civils.

La loi 10, D. *de capite minutis,* établit nettement cette exception : *Legatum in annos singulos vel menses singulos relictum, vel si habitatio legetur, morte quidem Legatarii legatum intercidit : capitis diminutione tamen perseverat, videlicet quia tale legatum in facto potiusquam in jure consistit.*

Brillon nous a conservé un arrêt du 19 mai 1711, qui confirme la disposition de ce texte. Il s'agissait d'une pension viagère d'alimens qui avait été léguée à Marie d'Hellersbon, veuve du sieur de Macigné, étrangère non naturalisée, qui s'était mariée en France et avait un enfant regnicole. On lui opposait sa qualité d'aubaine, et l'on se prévalait particulièrement de ce que son fils avait reçu de la même testatrice plus de vingt mille écus : on inférait de là que son fils pouvait lui fournir des alimens ; qu'elle avait même une action pour l'y forcer ; qu'ainsi rien n'obligeait d'adoucir en sa faveur la règle de droit public, qui déclare les étrangers inhabiles à recevoir par testament. Elle répondait qu'en fait de legs alimentaires, il est indifférent qu'on soit regnicole ou aubain ; que la fortune de son fils n'était pas une raison suffisante pour la priver d'une libéralité que la testatrice ne lui avait faite que pour lui épargner une action dure et fâcheuse. Sur ces moyens il a été rendu, aux requêtes du palais, une sentence qui a fait délivrance du legs contesté ; et l'héritier en ayant interjeté appel, elle a été confirmée par l'arrêt cité, rendu sur les conclusions de M. de Lamoignon. La cour ajouta néanmoins que le Légataire ne pourrait jouir de son legs, qu'en demeurant dans le royaume.

Nous avons rapporté, au mot *Alimens,* un arrêt semblable, du 20 décembre 1737.

On peut voir aussi ce que disait à ce sujet M. Talon, lors de l'arrêt du 2 mars 1665, rapporté au *Journal des Audiences.*

[[Quant à la législation actuelle sur cette matière, *V.* l'article *Étranger,* § 1, n° 6.]]

IX. Les personnes condamnées à la déportation, ou aux mines, étaient, dans le droit romain, sur la même ligne que les étrangers, c'est-à-dire, incapables de toute autre espèce de legs que de ceux qui étaient destinés à leur procurer des alimens. La loi 8, D. *de his quæ pro non scriptis habentur* le déclare formellement : *Si in metallum damnato quid extra causam alimentorum relictum fuerit, pro non scripto est....; nam pœnæ servus est.* Cette jurisprudence reçoit parmi nous une application exacte aux criminels condamnés pour toujours au bannissement hors du royaume ou aux galères perpétuelles, [[aujourd'hui, aux travaux forcés à perpétuité ou à la déportation. *V.* l'article *Déportation,* n° 6.]]

X. Les simples relégués n'étaient pas inhabiles chez les Romains à recevoir des legs ; et la même chose a lieu dans nos mœurs à l'égard des condamnés aux galères ou au bannissement pour un temps limité.

XI. En général, il faut tenir pour constant, que la mort civile, soit par condamnation, soit par profession religieuse, rend celui qui en est affecté, incapable de toute disposition testamentaire ; mais il y a deux exceptions à cette règle.

La première concerne les legs d'alimens : deux arrêts des 16 mai 1565 et 14 août 1584, rapportés par Charondas et Montholon, ont déclaré valable un legs d'usufruit fait à un religieux mendiant pour l'entretenir dans ses études. Un autre arrêt du 17 février 1615, rapporté par Auzanet, a jugé qu'un testateur avait pu léguer une pension viagère à un carme (1).

Boutaric, dans ses *Institutions au Droit français,* page 178, rapporte un arrêt du parlement de Toulouse, de 1691, qui va plus loin, puisqu'il casse la renonciation faite par un religieux à un pareil legs, sans le consentement de son monastère.

On sent néanmoins qu'il est des cas où la mort civile met empêchement à l'exécution des legs d'alimens. Par exemple, ce serait en vain qu'on ferait une pareille libéralité à un condamné à mort par contumace, puisqu'il ne pourrait pas en former la demande, tant qu'il serait en défaut de se représenter. Il en serait de même d'une personne qui aurait encouru la mort civile, par son émigration. Comme les pensions viagères léguées aux aubains, ne doivent leur être payées qu'autant qu'ils demeurent en France, il est évident qu'un regnicole qui se serait rendu volontairement aubain en quittant sa patrie, serait non-recevable à demander le paiement d'un legs de cette espèce, tant qu'il ne rentrerait pas en France.

C'est sur ce fondement qu'un arrêt du parlement de Toulouse, du 18 août 1725, cité par Serres, dans ses *Institutions au Droit français,* liv. 2, tit. 4, § 3, a déclaré le sieur de Vissec non-recevable à demander un legs de deux mille livres de rente viagère, parce qu'il était banni à perpétuité

du royaume. Serres qui défendait l'héritier légitime, soutenait subsidiairement que, quand même le Légataire eût été capable de profiter de cette disposition, comme un religieux l'est de recueillir un legs d'alimens, au moins il n'aurait pu en former la demande que par l'organe de M. le procureur-général. Mais, sans doute, on pouvait lui répondre que le ministère public n'était point fait pour demander le paiement d'un legs qui devait se consumer hors du royaume. Tout porte donc à croire que l'arrêt dont il s'agit, n'a été déterminé que par le principe général qui vient d'être énoncé (1).

La seconde exception concerne les chevaliers de Malte. Un arrêt célèbre, et dont nous rapportons les circonstances dans le § 3 de l'article *Malte,* n° 2, a jugé qu'ils peuvent recevoir des legs particuliers, et en poursuivre eux-mêmes le paiement en justice.

XII. Les enfans mâles des condamnés pour crime de lèse-majesté, ne peuvent recevoir aucun legs, pas même de pension viagère. La loi 5, C. *ad legem Juliam majestatis,* est très-précise sur ce point : *Testamentis nihil capiant, sint perpetuo egentes et pauperes.* « De ces derniers termes (dit » Furgole,) il résulte clairement qu'ils sont même » déclarés incapables de recevoir des libéralités à » titre d'alimens : car le mot *nihil,* qui est univer- » sel négatif, exclud tout, et ne peut souffrir au- » cune exception ; la loi voulant qu'ils soient » toute la vie dans la misère et dans l'infamie, » comme l'ajoute la même loi, *infamia eos pa- » terna semper sequatur.* »

Il faut cependant remarquer, et cette observation s'applique à ce que nous avons dit là-dessus aux mots *Institution d'héritier,* sect. 5, § 1, n° 12, que plusieurs auteurs considèrent ces peines comme hors d'usage dans les pays coutumiers. Écoutons Christyn, dans ses décisions du grand conseil de Malines, tome 4, décis. 196 : *Pœnæ hæ non servantur in Gallia quoad filios, quod etiam aliqui tenuerunt quoad eos qui sunt in hoc Belgio : servatur enim eis legitima in bonis patris, vel illis ipsis præstantur alimenta, succedunt que aliis consanguineis et extraneis, nec efficiuntur infames moribus nostris, testibus Rebuffo et pluribus aliis per sum citatis.*

[[Aujourd'hui, les enfans des condamnés pour crime de haute trahison, jouissent, dans toute la France, des mêmes droits civils que si leurs pères étaient morts dans leurs lits. *V.* la loi du 21 janvier 1790, art. 1 ; le Code civil, art. 901 ; et la loi du 30 ventose an 12, art. 7.]]

XIII. L'ancien droit romain déclarait les célibataires incapables d'être faits Légataires par d'au-

(1) Il faut cependant remarquer que la dispensation des legs n'appartient pas au religieux Légataire, mais à son supérieur. C'est même sous le nom de celui-ci que doit être intentée l'action en délivrance.

(1) [[S'il en faut croire Agier, dans le *Supplément au Journal du palais de Toulouse,* tome 1, page 288, cet arrêt n'a rien jugé de ce que lui prête Serres : il a, au contraire, admis le condamné au bannissement perpétuel à ester en jugement, et lui a accordé une portion du legs alimentaire qu'il réclamait. *V.* mon *Recueil de Questions de droit,* aux mots *Mort civile,* § 3.]]

tres que leurs cognats jusqu'au sixième degré. Le même droit réduisait à la moitié les legs faits aux personnes mariées qui avaient perdu leurs enfans. Mais la loi 1, C. *de infirmandis pœnis cœlibatus,* a abrogé ces deux incapacités.

XIV. Les femmes, que la loi *Voconia* rendait autrefois inhabiles à être instituées héritières, sont, dans nos mœurs, comme dans le dernier état du droit romain, aussi capables que les hommes de recueillir les legs dont elles sont gratifiées.

XV. Ce que nous avons dit aux mots *Institution d'héritier,* sect. 5, § 1, n° 15, relativement à la veuve remariée dans l'an du deuil, ou *non petitis tutoribus,* s'applique ici sans la moindre restriction.

XVI. Les bâtards, que l'ancien droit romain avait frappés d'une incapacité absolue, comme on l'a vu à l'article que nous venons de citer, ne sont plus incapables que respectivement à leurs pères, mères et autres ascendans; encore ceux-ci peuvent-ils leur laisser des legs particuliers, pourvu qu'ils ne soient pas trop considérables, les dispositions universelles ou excessives étant les seules prohibées à leur égard. [[*V.* l'article *Bâtard,* sect. 2.]]

XVII. Nous avons examiné à l'article *Institution d'héritier,* sect. 5, § 1, n° 17, si les gens de main-morte, légitimement établis, sont capables de legs universels.

Quant aux legs particuliers, on n'a jamais douté qu'ils ne fussent habiles à les recueillir, ou du moins cette question n'a souffert de difficulté que par rapport aux communautés dévouées, par leur constitution, à l'indigence et à la mendicité. La Clémentine *exivi de paradiso,* ouvrage du concile général de Vienne, les a déclarés incapables d'institutions, de legs considérables, et même de legs modiques d'immeubles et de rentes (1).

Un arrêt du 24 mars 1585, rapporté dans l'ancien style du parlement de Paris, part. 5, quest. 62, en a adopté la disposition, en déboutant une communauté mendiante de sa demande en délivrance d'une rente qui lui avait été léguée.

Le parlement de Provence annula pareillement, en 1752, un legs de 100 livres de rente fait aux capucins de Jonquières.

Mais comme la défense de recevoir des immeubles ou des legs excessifs de meubles, renferme implicitement la permission de recueillir des libéralités modiques qui n'ont pour objet que des effets mobiliers, les religieux mendians sont regardés comme habiles par rapport aux dispositions de cette dernière espèce.

« Ils peuvent (dit Ricard), prendre ce qui leur est laissé pour le bâtiment de leurs maisons et les autres nécessités absolues, en ce que les choses qui leur sont données ne conviennent pas aux termes de leur règle, ni à la rigueur de leurs vœux.

» C'est ce qui a été jugé par plusieurs arrêts, et entre autres, par un du 22 juin 1643, donné en l'audience de la grand'chambre, par lequel le legs de la somme de 18,000 livres, fait aux capucins du faubourg Saint-Jacques, pour être employée à rebâtir leur monastère et à leurs autres nécessités, fut confirmé.

» Le même a été depuis jugé par arrêt donné en la même audience le 19 janvier 1645, en ordonnant l'exécution d'un legs de 3,000 livres, fait par le nommé Maurepas aux capucins de la ville d'Amiens, à prendre sur une rente qui lui était due, pour être employé à l'acquisition d'une maison située proche leur monastère, ou à leurs autres nécessités. »

Il y a dans le recueil de Soëfve, un arrêt semblable, du 18 mars 1655.

Maynard, liv. 5, chap. 28, en rapporte un du parlement de Toulouse, du 2 août 1584, qui confirme pareillement un legs de 500 livres fait à une communauté de cordeliers pour la réparation du couvent. Les religieux mendians (dit-il à ce sujet) ne peuvent posséder aucun immeuble, ni même aucune rente annuelle et perpétuelle, *tant petite soit-elle,* parce que la propriété est contraire à leur règle, dont l'extrême indigence est comme l'âme et le fondement. Mais (continue-t-il) on ne peut pas conclure de là qu'un legs modique de 500 livres, destiné aux réparations du couvent, blesse leur observance, puisqu'il leur est permis *victum quærere per mendicitatem,* et conséquemment de recevoir tout ce qu'il faut pour réparer leur habitation, sans laquelle ils ne pourraient remplir les devoirs de leur état.

Le *Journal des Audiences,* tome 4, liv. 11, chap. 25, fait mention d'un arrêt sans date, qui confirme sur ce principe « le legs fait aux capucins » de Chinon, d'une maison pour loger les filles » qui ont soin des ornemens de leur sacristie et de » recevoir les aumônes qui leur sont faites. »

Il a même été jugé par arrêt du 20 août 1696, que les capucins sont capables de recevoir une rente qui leur est léguée par forme d'aumône. Dans cette espèce, le marquis de Nesle avait laissé par son testament une rente de 200 livres, à titre d'aumône, aux capucins établis à Nesle, à condition que, s'ils en sortaient, elle passerait

---

(1) Voici les termes de cette loi canonique : *Necesse habent fratres qui se expropriatione tanta a temporalibus abstraxerunt, ab omni eo quod dictæ expropriationi esset vel posset videri contrarium, abstinere : quia igitur in successionibus transit non solum usus rei, sed et dominium suo tempore in heredes, fratres autem præfati nihil sibi in speciali acquirere vel eorum ordini possunt, etiam in communi, declarando dicimus quod successionem hujusmodi quæ etiam ex sua natura indifferenter ad pecuniam et etiam ad alia mobilia et immobilia se extendunt (considerata sui puritate voti), nullatenus sunt capaces. Nec licet eis valorem hereditatum talium vel tantum earum partem, quod præsumi posset hoc in fraudem fieri, quasi sub modo et forma legati sibi dimitti facere, vel sic dimissa recipere, quin potius ista sic fieri ab ipsis simpliciter prohibemus. Cumque annui reditus inter immobilia censentur à jure; ac hujusmodi reditus obtinere paupertati et mendicitati repugnet, nulla dubitatio est quod prædictis fratribus reditus quoscumque, sicut et possessiones vel eorum etiam usum (cum eis non reperiatur concessus) recipere vel habere (conditione considerata ipsorum) non licet.*

l'Hôtel-Dieu de la même ville. L'Hôtel-Dieu réclama la rente, sur le fondement que les capucins étaient incapables de la recevoir. Les héritiers, par la même raison, soutenaient que le legs était caduc et comme non écrit. Les capucins disaient, au contraire, qu'encore que, par leur règle, il leur fût défendu de posséder aucun bien en propre, ils pouvaient cependant recevoir tout ce qu'on voulait bien leur donner par forme d'aumône et d'alimens.

« L'affaire portée à l'audience de la troisième chambre des enquêtes (dit Augeard), M. l'a-
» vocat-général d'Aguesseau, se tint à la sévérité
» de la règle, et conclud contre les capucins : mais
» la cour, regardant le legs comme une aumône,
» suivant les termes du testament, le confirma
» par arrêt du 20 août 1696. »

Furgole va plus loin : il soutient que les religieux mendians sont capables d'institutions universelles, et à plus forte raison de legs considérables. Il se fonde sur ce que les lois romaines permettent aux fidèles de faire des libéralités de toute espèce aux corps et communautés ecclésiastiques, et qu'il n'y a point d'ordonnance dans le royaume qui y ait dérogé :

« Il suffit (ce sont ses termes) que les religieux de Saint-François professent une règle approuvée, et que leurs couvens soient légitimement établis, pour qu'on ne doive pas les distinguer des autres ordres qui sont déclarés capables des institutions comme des dispositions à titre particulier........., sauf néanmoins qu'étant incapables, selon leur règle, de posséder aucun bien immeuble, ils doivent vendre tous ceux qui se trouvent dans la succession, en employer le prix aux nécessités de leur ordre, ainsi que les supérieurs le jugeront convenable.

» Le renoncement volontaire qu'ils ont fait à la possession de toutes sortes de biens en général et en particulier, ne doit pas les faire considérer comme incapables des institutions, tandis qu'il n'y a aucune loi du royaume qui produise cette incapacité. »

Mais ce système est plus spécieux que solide. Il ne faut pas de loi expresse pour rendre les religieux mendians incapables de recevoir des dispositions considérables ; il suffit, pour cela, que leur constitution leur interdise la possession des biens temporels, tant en commun qu'en particulier, parce que le prince qui les a reçus dans ses états, est censé ne leur avoir permis d'y exister qu'en se conformant à leurs règles fondamentales. Aussi, le parlement de Toulouse, quoique très-attaché au droit écrit, paraît-il regarder comme incontestable l'incapacité dont nous parlons. C'est ce qui résulte d'un arrêt rapporté par Albert, au mot *Testamens*, § 25, qui a déclaré nulle une substitution faite en faveur des capucins, et confirmé des legs particuliers qui leur étaient laissés par le même testament.

Une observation qui ne s'applique pas seulement aux religieux mendians, mais encore à tous les gens de main-morte, est que les déclarations de 1738 et 1739, rendues pour la Flandre, le Hainaut et le pays Messin, et l'édit de 1749 commun à tout le royaume, défendent de faire à l'avenir aucune disposition de dernière volonté pour donner aux gens de main-morte des biens immeubles ou réputés tels ; les mêmes lois veulent que de telles dispositions soient déclarées nulles, quand même elles seraient faites à la charge d'obtenir des lettres-patentes, ou qu'au lieu de léguer directement des biens prohibés aux gens de main-morte, le testateur aurait ordonné qu'ils seraient vendus ou régis par d'autres personnes, pour leur en remettre le prix ou les revenus. Il faut donc rayer de tous les ouvrages publiés avant l'émanation de ces lois, tout ce qu'ils renferment pour établir la capacité des gens de main-morte de recevoir des legs d'immeubles ou de droits réels par testament, à la charge de les faire confirmer par le roi, ou de mettre les biens hors de leurs mains dans un certain temps : cette jurisprudence ne peut plus être d'aucun usage.

Il faut cependant remarquer que, par deux déclarations des 20 juillet 1762 et 26 mai 1774, enregistrées dans quelques parlemens, il est permis aux hôpitaux et autres établissemens de charité, aux églises paroissiales, aux fabriques, et aux tables des pauvres, de recevoir par dispositions de dernière volonté, depuis l'édit de 1749, et à l'avenir, des rentes, des biens-fonds et d'autres immeubles, le tout sous certaines conditions dont on a rendu compte aux mots *Main-morte* (gens de).

Parmi les communautés religieuses, qui sont comprises dans le nombre des corps de main-morte de qui il vient d'être parlé, il en est dont les membres ne font que des vœux simples.

De là la question de savoir si un legs d'immeubles fait, soit à un religieux, soit à une religieuse d'une pareille communauté, est valable.

Cette question s'est présentée au parlement de Paris en 1782. Voici le fait, tel qu'il est rapporté dans la *Gazette des Tribunaux* :

« Le sieur Gravier, après avoir été long-temps chanoine de Saint-Aignan d'Orléans, résigna son bénéfice au sieur Auger, chez lequel il s'était mis en pension, et qui était directeur de la communauté du Bon-Pasteur d'Orléans.

» Le sieur Gravier l'avait aidé dans le soin de cette direction ; il prenait un intérêt sensible à cette communauté, et voulut lui en donner des preuves dans un testament olographe qu'il fit le 23 janvier 1779.

» Le sieur Gravier avait formé son état lui-même. Sa famille n'était pas distinguée, ses héritiers présomptifs étaient pauvres. La fille Maillet, veuve du nommé Pitre, chargée d'enfans, et le nommé Maillet, étaient ses neveux à la mode de Bretagne ; il avait encore pour parent éloigné la fille Badin, et la sœur Douville, supérieure de la communauté du Bon-Pasteur.

» Dans le préambule de son testament, il observe que le peu de biens qu'il laisse ne lui vient, pas de sa famille, qu'il les doit à la divine providence; que dès-là, il se croit permis d'en disposer à son gré, sans que personne puisse s'en plaindre, n'ayant que des parens éloignés et en état de subvenir à leurs propres besoins; et que le résultat des dispositions qu'il va faire, est le fruit de mûres réflexions faites devant Dieu, pour ne rien faire que de justes et de raisonnable. Il fait ensuite différens legs particuliers. Il donne 150 livres aux pauvres de la paroisse d'Olivet; des livres de piété à un cousin éloigné; 150 livres à la fille Badin, sa cousine; 300 livres et quelques meubles à une domestique; 150 livres au sieur Béranger, mari d'une de ses parentes éloignées; ensuite un legs universel du surplus de son mobilier à la communauté des filles du Bon-Pasteur d'Orléans, qu'il nomme et institue ses Légataires universelles.

» Et à l'égard de ses immeubles, consistant en rentes perpétuelles sur particuliers, montant à 850 livres 14 sous 6 deniers, il les donne et lègue à la demoiselle Douville, sa cousine, supérieure de la communauté du Bon-Pasteur, qu'il nomme et institue sa Légataire universelle quant à cet objet, à la charge de faire à sa domestique une rente viagère de 100 livres.

» Il nomme l'abbé Auger, chanoine de Saint-Aignan d'Orléans (son résignataire), et directeur de la communauté du Bon-Pasteur, son exécuteur testamentaire, et le prie d'accepter une pendule à répétition, et des livres de théologie, déclarant qu'il porterait avec un extrême plaisir plus loin ses largesses en faveur du sieur Auger, s'il ne craignait de faire de la peine à son bon cœur, en diminuant ainsi les legs du Bon-Pasteur.

» Après la mort du sieur Gravier, les scellés furent apposés sur ses effets; on procéda à l'inventaire; la sœur Douville, supérieure de la communauté du Bon-Pasteur, forma, tant en son nom qu'au nom de la communauté, devant le bailli de la justice de Saint-Aignan, contre les héritiers du sieur Gravier, sa demande en délivrance des deux legs universels portés au testament. Une sentence par défaut lui a adjugé ses conclusions. Les héritiers en ont interjeté appel au châtelet d'Orléans, où, la cause plaidée contradictoirement, sentence est intervenue, qui, en confirmant la première, a ordonné l'exécution du testament, et la délivrance des legs universels à la sœur Douville, en affirmant par elle, quant à celui des immeubles, qu'elle ne prêtait son nom directement ni indirectement à la communauté, et qu'elle entendait profiter seule de ce legs universel.

» La veuve Pitre a interjeté appel de cette sentence au parlement de Paris; et elle en a demandé l'infirmation et la nullité du legs universel fait à la sœur Douville. Elle a fondé ses moyens de nullité sur ce que la sœur Douville étant engagée par des vœux, elle était incapable de recevoir des legs, parce que le vœu en religion emportait la renonciation au monde et à ses biens temporels. Elle soutenait aussi que la circonstance de la durée d'un an, pour les vœux que l'on fait dans la communauté du Bon-Pasteur, n'empêchait pas que la personne liée ne fût pendant cette année frappée de l'incapacité d'hériter, comme tout autre religieux, sans pouvoir, même en rentrant dans le monde, répéter les successions ouvertes pendant la profession, et ne recouvrant le droit que pour celles à venir. Elle citait en sa faveur l'édit de Henri IV, de 1605, qui, vis-à-vis des Jésuites dont les vœux n'étaient que des vœux simples de la durée d'un an, décidait, art. 15, que ceux de la société ne pouvaient, tant que leurs vœux subsistaient, prendre ni recevoir aucunes successions directes ni collatérales; et que sortis de la congrégation, ils pourraient rentrer dans leurs droits comme auparavant.

» La veuve Pitre soutenait d'ailleurs que la sœur Douville n'était que le prête-nom de sa communauté, à qui le testateur avait voulu faire passer tous ses immeubles, ce que l'édit de 1749 prohibe disertement. La preuve de ce fait, elle la tirait du contexte même du testament du sieur Gravier et de ses liaisons avec la communauté qu'il chérissait tendrement.

» La sœur Douville soutenait au contraire, que les vœux faits dans sa communauté ne l'empêchaient pas de recueillir des successions, ni des dispositions universelles; qu'elle entendait jouir réellement et faire son profit personnel du legs dont il s'agissait, sans prêter son nom à sa communauté.

» Arrêt du 6 juillet 1782, conforme aux conclusions de M. l'avocat-général Joly de Fleury, qui a confirmé la sentence, et par conséquent le testament, avec amende et dépens. «

[[On jugerait encore de même aujourd'hui, si un héritier légitime s'avisait de contester un legs fait à un membre individuel d'une des aggrégations religieuses qui sont autorisées par le gouvernement; car on ne fait et on ne peut faire, dans ces aggrégations, que des vœux simples.

Quant aux vœux solennels, il n'en peut plus être faits en France; et il ne résulte plus aucune incapacité de ceux qui ont été prononcés sous l'ancien régime. V. les articles *Profession monastique*, *Renonciation à une succession future*, §. 6; et *Vœu*.

A l'égard des corporations de toute espèce qui existent encore, il peut leur être fait des legs universels comme des legs particuliers; mais elles ne peuvent les accepter qu'avec l'autorisation du gouvernement. V. les articles *Donation*, sect. 3, § 2; et *Institution d'héritier*, sect. 5, § 1, n° 17.]]

XVIII. Les legs faits à des personnes incertaines, sont régulièrement considérés comme non écrits. Nous avons donné à l'article *Institution d'héritier*, sect. 5, § 1, n° 18, un détail suffisant de tout ce qui peut avoir rapport à cette règle et aux exceptions qu'elle admet.

Voici deux espèces, qui rentrent dans l'une de ces exceptions.

Un Languedocien qui demeurait à Paris depuis long-temps, y fit son testament; et par cet acte, légua à..... *Biou aîné, natif d'Aspirant, en Languedoc, son cousin, 300 livres de pension annuelle et viagère.*

Le testateur avait en Languedoc plusieurs parens, nommé Biou : Antoine Biou, l'un d'eux, très-âgé, avait toujours reçu de lui certains secours; il était même son cousin-germain, mais il ne prouvait pas qu'il fût né à Aspirant. Les autres Biou étaient des jeunes gens; leur parenté au testateur était très-éloignée, et d'ailleurs il ne les avait jamais connus; mais leur père, nommé Biou de Montvert, avait écrit au testateur différentes lettres, par lesquelles il lui demandait des secours, et qui étaient restées sans réponse : ces lettres n'étaient signées que du nom de Montvert, le seul sous lequel cet homme était connu.

Dans cette position, le legs fut demandé par Antoine Biou et par le fils aîné de Biou de Montvert.

La cause portée au Châtelet, il intervint sentence qui ordonna qu'Antoine Biou serait tenu de justifier, dans six mois, qu'il était natif d'Aspirant, sinon que délivrance des legs serait faite à Biou de Montvert : mais par arrêt du 8 juin 1758 cette sentence fut infirmée, et le legs adjugé à Antoine Biou.

Le sieur Dalleré, officier fruitier chez le roi, vieux garçon, n'ayant pas de parens proches, mais beaucoup de parens très-éloignés qu'il avait perdus de vue, avait été le seul artisan de sa fortune et de son avancement; il est mort au mois d'avril 1783, après avoir fait un testament, en date du 1er du même mois. Par cet acte, il a institué deux Légataires universels, l'un de tout son mobilier, et l'autre de tous ses immeubles. Le légataire du mobilier était une personne certaine et nommée : son legs n'a pas été contesté; mais le legs des immeubles était ainsi conçu :

« Je donne tous mes immeubles, tant propres qu'acquets, ensemble ma charge chez le roi, sous la réserve et distraction des quatre quints des propres seulement, à un enfant-trouvé de la maison des Enfans-Trouvés de Paris, du sexe masculin, qui sera nommé et choisi par M. le premier président du parlement, parmi les plus âgés, à la charge et condition de prendre mes noms de baptême et de famille; ensemble, de se faire recevoir dans ma charge d'officier de bouche chez le roi, si, par les soins et les bons offices de M. le premier président, dont je désire pour ledit enfant la bienveillance et la protection, il peut obtenir du roi la permission de se faire recevoir dans ledit office;

« A la charge, en outre, que, dans le cas du décès dudit enfant choisi, avant l'âge de vingt-cinq ans et sans enfans légitimes, l'universalité des biens compris audit legs, appartiendra à tel autre enfant de la même maison, du même sexe, et de même âge, choisi également par M. le premier président, aux mêmes clauses, charges et conditions que ci-dessus ».

Après la mort du testateur, M. le procureur-

général du parlement de Paris a fait assigner les héritiers de Jean Dalleré, pour voir prononcer la délivrance du legs universel au profit de l'enfant-trouvé, qui serait choisi et nommé par M. le premier président, selon les termes du testament.

Les héritiers ont demandé la nullité du legs, sur le fondement qu'il était fait *incertæ personæ*.

M. Seguier, avocat-général, portant la parole pour M. le procureur-général, a soutenu la validité de la disposition. Ce magistrat a dit que, quoique la personne du Légataire universel ne fût pas nommée, néanmoins le legs ne pouvait pas être considéré comme fait *incertæ personæ*, puisqu'il était fait à une personne d'une maison désignée clairement, d'un âge déterminé, au choix et à la nomination de M. le premier président; que les lois ne défendent pas de faire un legs à une personne d'une maison désignée clairement, d'un âge déterminé, au choix et à la nomination de M. le premier président; que les lois ne défendent pas de faire un legs à une personne qui sera nommée par un tiers; et que, dans l'espèce présente, la personne à qui le choix est déféré, exclud absolument tout soupçon que le testateur ait eu envie de faire passer son bien à une personne incapable ou à une personne prohibée; en conséquence, M. l'avocat-général a conclu à la délivrance du legs universel, et à l'exécution du testament.

Par arrêt conforme à ses conclusions, du 27 août 1783, le parlement a ordonné l'exécution du testament, et prononcé la délivrance du legs universel au profit de l'enfant-trouvé qui serait choisi et nommé par M. le premier président, selon les intentions du testateur, et aux charges, clauses et conditions portées au testament; les héritiers ont été condamnés aux dépens.

XVIII₂. Une question qui trouve naturellement ici sa place, est de savoir si un testateur peut valablement charger son héritier de donner à une personne de confiance, telle qu'un curé, un confesseur, un exécuteur testamentaire, une certaine somme de deniers, pour être employée ou distribuée par cette personne, conformément à son intention déclarée verbalement, sans qu'elle soit tenue de révéler le secret, ni de rendre compte de l'emploi de la somme.

Les chartes générales du Hainaut décident cette question pour l'affirmative : « Si quelqu'un (portent-elles, chap. 32, art. 7) délaissait plusieurs légats, pour être distribués à la discrétion de ses exécuteurs, et selon qu'ils sauraient de son intention, sans autrement déclarer personne, tels légats seront vaillables, et seront crus lesdits exécuteurs par leur serment, et en devront faire la délivrance où il appartiendra. »

La jurisprudence des tribunaux a étendu cette disposition aux autres coutumes.

Jean Ducocq (*Joannes Galli*) rapporte un arrêt du parlement de Paris, de l'an 1385, par lequel il fut jugé *quod dispositio Theobaldi Dozereau qui in dispositione uxoris suæ, quam dicebat scire*

21

suam voluntatem, posuerat residum bonorum suorum, et quam ad hoc executricem solam fecerat, erat valida.

Montholon nous en a conservé un autre, de la même cour, prononcé en robes rouges, le 23 décembre 1580, par lequel il fut fait délivrance au curé de Saint-Jacques de la Boucherie, d'un legs de trois mille écus au soleil, pour être employé par ses soins en œuvres pies, suivant la volonté secrète du pasteur.

Bordeau fait mention d'un arrêt semblable, du 14 avril 1615, dans l'espèce duquel il s'agissait d'un legs de 9,000 livres, fait à des exécuteurs testamentaires, à la charge d'en faire la distribution à ceux que le testateur lui avait désignés verbalement.

L'ancien additionnaire de Ricard nous en fournit deux autres : l'un, du 28 février 1678, rendu au profit du directeur spirituel du testateur; l'autre, du 27 janvier 1684, confirmatif du legs universel, fait par un testateur à l'apothicaire qui l'avait pansé dans sa maladie.

Dans cette dernière espèce, le Légataire ne s'était pas tenu à un secret rigide sur les intentions du défunt; il avait déclaré être chargé de distribuer ses biens à l'Hôtel-Dieu et à l'hôpital de Meaux.

On lui objectait que, n'étant pas capable de recevoir un legs universel, il ne devait pas l'être non plus de faire une déclaration qui frustrât les héritiers.

Mais il répondait qu'il n'avait aucun intérêt à la chose, et qu'il n'était pas défendu de nommer pour exécuteur testamentaire une personne incapable de profiter elle-même de la disposition.

Il pouvait citer à l'appui de cette défense, la loi 1, § 1, D. *si quis aliquem testari prohibuerit*; la loi 8, § 14, D. *de inofficioso*; la loi 42, D. *de legatis* 2°; la loi 28, D. *de legatis* 3°, et plusieurs autres textes dont il résulte qu'on peut disposer en faveur d'un incapable, lorsqu'on joint à la disposition la charge de restituer à une personne capable, parce qu'alors l'incapable ne sert que d'instrument, ou, pour ainsi dire, de canal aux libéralités du défunt.

Peckius, Rodemburg et Voët concluent de là que la prohibition des avantages testamentaires entre mari et femme, n'empêche pas que l'un ne puisse léguer à l'autre une certaine partie de ses biens, à la charge d'en faire la distribution aux pauvres. C'est aussi par le même principe, qu'un arrêt du parlement de Rouen, du 29 novembre 1696, a ordonné l'exécution d'un legs fait à un confesseur, pour être employé à des usages indiqués en confession, en affirmant par le Légataire, que la volonté du testateur lui avait été déclarée sous le sceau de son ministère, et que le legs n'était destiné ni pour lui, ni pour aucun de ses parens, ni pour des personnes prohibées.

La seule objection plausible qu'on puisse opposer à cette jurisprudence [[abstraction faite de l'article 1er de l'ordonnance de 1735 dont il sera parlé dans un instant,]] c'est qu'en jugeant ainsi, on autorise en quelque sorte les testateurs à déléguer le pouvoir de tester, pouvoir néanmoins qui est essentiellement personnel, et dont les lois défendent de transférer l'exercice en des mains tierces.

Mais il est évident que, dans l'espèce proposée, c'est le testateur lui-même qui dispose; il fait même plus, il règle, par sa propre volonté, l'application de ce qu'il donne. Il est vrai que cette application est un secret entre son exécuteur testamentaire et lui, mais elle n'en est pas moins certaine et déterminée.

« Des dispositions de cette nature (dit M. Bergier, dans ses notes sur Ricard, part. 1, n° 592) ne pèchent pas contre la règle qui rejette celles qui sont livrées à la volonté d'un tiers, puisque le tiers dont on emprunte l'entremise, n'est que l'exécuteur des intentions secrètes dont le testateur l'a rendu dépositaire.

» Mais elles présentent un danger : elles pourraient servir de voile pour déguiser un fidéicommis tacite en faveur d'une personne incapable, ou même un legs prohibé en faveur d'un confesseur, qui est ordinairement choisi par le testateur pour exécuter les dispositions dont il fait un mystère. L'affirmation qu'on ne manque jamais d'exiger de ces exécuteurs des volontés secrètes du testateur, écarte le danger de fraude; et ce danger écarté, le secret du testateur, qui presque toujours est celui de sa conscience dans ces dispositions mystérieuses, doit être sacré. La charité chrétienne et l'humanité exigent cette condescendance.

» Si l'on forçait les testateurs, auxquels le remords commande quelquefois des dispositions que l'honneur défend d'avouer, à consigner leur propre turpitude dans leurs testamens, combien n'en verrait-on pas qui, manquant de courage pour sacrifier le soin de leur mémoire à l'intérêt de leur salut, aimeraient mieux mourir injuste que déshonorés? Que dis-je? ce sacrifice de la réputation ne peut pas être condamné : il est contre la nature. Dispenser les héritiers d'être fidèles aux dispositions dont le testateur n'a confié le secret qu'à son confesseur ou à un ami prudent, ce serait donc dispenser le testateur d'être juste. »

On a même porté souvent bien plus loin la déférence pour les intentions secrètes des défunts, car on trouve plusieurs arrêts de differens parlemens, qui ont ordonné que des dépôts faits verbalement par des moribonds, pour acquitter leur conscience, seraient respectés.

On n'a cependant jamais étendu cette jurisprudence jusqu'au cas où le testateur, sans léguer une somme fixe et certaine, autorisait indéfiniment le ministre de ses pieuses libéralités à exiger de son héritier tout ce qu'il faudrait pour remplir ses intentions déclarées verbalement. Brodeau rapporte un arrêt du 26 novembre 1637, qui a déclaré nulle une pareille disposition, sur le fondement que le Légataire pouvait abuser du pouvoir indéfini qui lui était donné, et épuiser toute la succession par des scrupules de conscience. On pouvait ajouter que, dans ce cas, le legs même n'était pas constaté par le testament, que sa substance était incertaine ; et, que par cela seul, il était nul.

Au surplus (dit encore M. Bergier, à l'endroit cité), lors même que le testateur a spécifié la somme ou l'objet dont l'application est confiée à un exécuteur sous le sceau du secret, les circonstances sont toujours beaucoup à considérer. La nature de la chose léguée, son importance, l'état du testateur, et le degré de confiance que mérite le dépositaire du secret, par ses mœurs, son état et sa conduite, tout cela doit être pesé avec sagesse, afin de ne pas laisser glisser la fraude sous le manteau de la conscience.

[[Voilà ce que j'ai écrit, sur la question proposée au commencement de ce numéro, dans les trois premières éditions de cet ouvrage. Depuis, il s'est présenté une espèce dans laquelle j'ai eu occasion de la méditer de nouveau.

Le 27 août 1807, Jean Mérendol, négociant à Marseille, fait un testament qui, entre autres dispositions, contient les deux suivantes :

« Mes exécuteurs testamentaires mettront à la disposition de M. Jean-Laurent Laugier, prêtre de cette ville, y demeurant, rue des Chapeliers, la somme de 14,000 francs, pour laquelle je lui ai fait connaître mes intentions.

» Quant au surplus de mes biens meubles, immeubles, effets mobiliers, etc.; j'en fais, nomme et institue mon héritier universel et général Jean-Baptiste-Alexandre Mérendol, à présent élève au lycée de Rouen, pour du tout en jouir et disposer lorsqu'il aura atteint sa vingt-quatrième année ; voulant que, jusqu'à cette époque, mes biens soient réglés et administrés par MM. Jean-Baptiste Carry, Jean-Pierre Laugier et Fabre..... »

Au mois de décembre de la même année, décès de Jean Mérendol.

Peu de temps après, Emmanuel Mérendol et les autres héritiers naturels du défunt font assigner au tribunal de première instance le sieur Laugier, prêtre, le sieur Carry, la veuve Mérendol, tutrice de Jean-Baptiste-Alexandre Mérendol, héritier institué, et les exécuteurs testamentaires, pour voir dire que le legs de 14,000 francs sera déclaré nul, et le montant leur en sera délivré pour être réparti entre eux, suivant leurs droits respectifs dans la succession ab intestat.

Le sieur Laugier, prêtre, conclut au rejet de la demande.

La tutrice de l'héritier institué déclare ne vouloir prendre aucune part à la contestation.

Le 2 juin 1808, jugement qui déclare le legs de 14,000 francs valable, « attendu qu'il ne présente rien de contraire à la loi ; qu'il ne peut être considéré comme une substitution, puisque le sieur Laugier, prêtre, ne doit pas rendre, mais seulement faire emploi du legs d'après le vœu du testateur ; que le caractère du sieur Laugier et l'estime publique dont il jouit, éloignent toute idée que ce legs est destiné à une

personne incapable ; et que l'annuler, se serait empêcher l'exécution des intentions louables du testateur. »

Appel de la part des héritiers ab intestat.

Sur cet appel, la tutrice de l'héritier institué conclut. « A ce qu'il plaise à la cour, en lui concédant acte de ce qu'elle rectifie la déclaration par elle faite en première instance, lui concéder acte seulement de ce qu'elle n'entend pas contester l'exécution du testament dans la disposition concernant le sieur Laugier, prêtre ; et subsidiairement, là où la cour annulerait ledit legs, pour causes de l'incapacité du sieur Laugier, ou pour raison d'interposition de personne, il sera dit et ordonné que, sans s'arrêter aux fins des héritiers naturels tendantes à se faire adjuger la somme dont il s'agit, ladite somme fait partie de la succession testamentaire et appartient à l'héritier institué. »

Le sieur Laugier conclut : « A ce que, par défaut d'intérêt et d'action, les successibles soient déclarés non-recevables dans leur appel, et en même temps mal fondés. »

Il offre d'ailleurs d'affirmer que, dans l'emploi qu'il est chargé par le testateur de faire de la somme de 14,000 francs dont il s'agit, il n'entre rien de contraire à la loi ; et il demande acte « de ce qu'il consent, et requiert même, si la cour le juge nécessaire, que l'emploi dudit legs sera fait au vu et su de telle personne qu'il plaira à la cour de nommer. »

Le 5 juin 1809, arrêt de la cour d'appel d'Aix ainsi conçu :

» 1° Les héritiers naturels ont-ils action pour réclamer la nullité du chef du testament qui porte que les exécuteurs testamentaires mettront à la disposition du sieur Laugier, prêtre, une somme de 14,000 francs, pour laquelle le testateur lui a fait connaître ses intentions ? En d'autres termes, cette disposition supposée caduque, la caducité devait-elle profiter aux dits héritiers ?

» 2° Cette disposition est-elle valide ou contraire à la loi ?

« Considérant 2° que le prêtre Laugier a soutenu les héritiers du sang non-recevables à poursuivre la nullité de la disposition relative aux 14,000 francs, sur le motif qu'en la supposant caduque, ce serait à l'héritier universel à en profiter, et qu'ainsi ils étaient sans intérêt et conséquemment sans action ; que ce système a été également plaidé par le défenseur de la tutrice de l'héritier institué ;

» Considérant que ce système repose sur une base fausse, sur la supposition que les anciens principes du droit d'accroissement et les règles qui en étaient résultées en faveur de l'héritier testamentaire, et notamment celle de l'ancien axiome *nemo pro parte testatus et pro parte intestatus decedere potest*, ont été consacrées par le Code civil ;

» Qu'il résulte au contraire de ce Code, *que cette ancienne règle est un sacrifice que les pays de droit écrit ont eu à faire, et que toute l'an-*

cienne théorie du droit d'accroissement à été clairement réduite à deux articles, selon les expressions de M. Jaubert, de la Gironde, dans son rapport au tribunat sur la loi *des donations entre-vifs et des testamens;*

» Que ces deux articles sont les 1044, 1045; que, d'après l'art. 1044, il n'y a plus lieu à accroissement au profit des Légataires que *dans le cas où le legs aura été fait à plusieurs conjointement.*

» *Le legs sera réputé fait conjointement,* ajoute la loi, *lorsqu'il le sera par une seule et même disposition, et que le testateur n'aura pas assigné la part de chacun des colégataires dans la chose léguée.*

» *Il sera encore réputé fait conjointement,* dit l'art. 1045, *quand une chose qui n'est pas susceptible d'être divisée sans détérioration, aura été donnée, par le même acte, à plusieurs personnes, même séparément;*

» Qu'aucune de ces conditions ne se réalisant dans l'espèce de la cause, de l'aveu même de ceux qui réclament le droit d'accroissement, ce droit ne saurait donc appartenir au Légataire universel; et dès lors, si la disposition relative aux 14,000 francs est caduque, la somme doit revenir aux héritiers du sang, tout comme si le testateur n'en eût disposée en faveur de personne;

» Que, pour repousser cette conséquence, on a été obligé de soutenir que les règles tracées dans les art. 1044, 1045, n'étaient relatives qu'aux legs *à titre particulier,* et non au cas où le droit d'accroissement était invoqué par un Légataire universel, dans le cas où la loi lui donne la saisine légale et où les héritiers naturels n'ont aucune réserve;

» Que c'est là une pure supposition démentie par une foule de preuves positives. D'un côté, on remarque que ces articles se trouvent faire partie de la section qui traite, d'une manière générale, *de la révocation des testamens et de leur caducité.* D'autre part, ce sont les orateurs qui ont exposé les motifs de la loi, qui attestent que c'est aux dispositions de ces deux articles qu'on a réduit toute l'ancienne théorie du droit d'accroissement. Enfin, les mots *Légataire, legs et chose léguée,* que le législateur emploie dans ces deux articles, indiquent parfaitement par eux-mêmes la généralité des dispositions, puisqu'il avait pris soin d'annoncer qu'il n'existait plus aucune différence entre le legs et l'institution, entre le Légataire et l'héritier, et que l'un serait désormais synonyme de l'autre, pour ne produire que le même effet et n'avoir que les mêmes droits;

» Que ces principes ont été proclamés par la voix du ministère public, pardevant la cour suprême lors de son arrêt du 19 octobre 1808, sur le pourvoi de *Planté contre Dabrana;*

» Que l'on recueillerait au besoin encore une preuve bien manifeste de l'intention de la loi, sans le rapprochement de son texte avec l'amendement qui avait été proposé sur le projet du Code par la cour d'appel de céans;

» Que cet amendement tendait à faire ajouter à l'art. 1044 précisément la disposition de l'ancien droit que l'on voudrait supposer conservée, c'est-à-dire, que le droit d'accroissement devait avoir lieu aussi *lorsqu'un legs est à la charge de l'autre;* en ce cas, disait la cour, *le legs qui devait être pris sur un plus considérable, devenant caduc, accroît au Légataire du plus fort legs;*

» Qu'en rejetant ces observations et en maintenant purement et simplement l'art. 1044, tel qu'il existait dans le projet, le législateur a clairement condamné la règle qu'on lui proposait de maintenir;

» Considérant d'ailleurs, que, cette règle supposée maintenue, il resterait à juger si elle pourrait recevoir son application dans les circonstances de la cause;

» Qu'en point de fait, il ne résulte pas clairement du contexte du testament du sieur Mérendol, que le legs de 14,000 francs ait été mis par lui à la charge de l'héritier institué, qu'on y voit au contraire que le legs précède l'institution; que la charge de prélever la somme sur l'hoirie, est confiée aux exécuteurs testamentaires, et que la disposition en faveur du Légataire universel n'est relative *qu'au surplus des biens du testateur, ce prélèvement fait;*

» Qu'ici, la circonstance est d'autant plus remarquable, que plusieurs autres legs sont mis d'une manière positive à la charge de l'héritier institué;

» Considérant que, d'après ces motifs, il y a lieu de décider que les hoirs légitimes de Jean Mérendol ont intérêt et action à poursuivre la nullité de la disposition relative aux 14,000 fr.;

» Considérant 2° que cette disposition est nulle en effet, comme présentant un mode de disposer non autorisé par la loi, et qui contrarierait d'ailleurs d'une manière absolue son vœu, dans toutes les règles relatives à la capacité de recevoir;

» Qu'il s'agit en effet d'une libéralité dont l'objet est incertain, que le sieur Laugier déclare ne lui être pas destinée, dont la destination dépend conséquemment d'un tiers et n'est pas connue;

» Qu'il faut dire d'abord avec M. Jaubert, de la Gironde, dans son rapport précité, *qu'en matière de disposition des biens, il ne peut y avoir de facultés que celles qui sont définies par la loi;* l'orateur en conclut que *le projet ne s'expliquant pas sur la faculté d'élire, le silence de la loi suffit pour avertir que cette faculté ne peut plus être conférée;*

» Que, si cette conséquence est juste à propos de faculté d'élire, qui était toujours accompagnée d'une indication de sujets ou de concurrens qui devaient être l'objet de ce choix, à combien plus forte raison doit-on conclure que le Code civil n'a pas entendu autoriser un mode de disposer qu'aucune loi ancienne n'avait admis; et qui aurait pour résultat de transmettre les biens du défunt à des êtres tout à fait inconnus et dont on ne pourrait pas, par conséquent, examiner la capacité;

» Qu'ainsi se trouveraient illusoires toutes les dispositions du Code contre les incapables, et qu'il est impossible de supposer que la loi ait entendu autoriser elle-même un moyen si facile de rendre inutiles les prohibitions qu'elle a tracées avec tant de soin;

» Considérant que les nouvelles fins prises au nom du prêtre Laugier, qui a offert d'abord de prêter serment comme quoi la libéralité n'était pas destinée à un incapable, et qui a proposé ensuite de faire l'emploi de la somme au vu et su de telle personne qu'il plaira à la cour de nommer, ne changent rien à l'état de la question; que, puisque la disposition est nulle, elle ne saurait être validée par de nouveaux actes étrangers au testament et au testateur, en supposant même que ces actes fussent capables d'édifier la justice sur la légitimité de la destination de la somme;

» Considérant, enfin, que même d'après l'ancienne jurisprudence, telle que l'atteste M. l'avocat-général Talon, lors d'un arrêt rapporté par Bardet, la disposition dont il s'agit eût été annulée, soit par suite de l'incertitude de sa destination, soit à cause qu'elle serait excessive;

» La cour a mis l'appellation des parties de Vial (les héritiers naturels), et ce dont est appel, au néant; et par nouveau jugement, sans s'arrêter aux fins et exceptions tant de la partie de Chambaud (le sieur Laugier), que de la partie de Benoît (la tutrice de l'héritier institué), déclaré nulle et de nul effet la disposition par laquelle les exécuteurs testamentaires ont été chargés de mettre 14,000 francs entre les mains du sieur Laugier, prêtre; et déclare cette somme acquise auxdites parties de Vial, pour être partagée entre eux selon la portion qui leur complète.....»

Recours en cassation contre cet arrêt, de la part du sieur Laugier.

« Le sieur Laugier (ai-je dit à l'audience de la section civile, le 12 août 1811) reproduit devant vous, comme ouvertures de cassation, les moyens qu'il a fait inutilement valoir devant la cour dont il attaque l'arrêt.

» Il soutient, d'une part, que la cour d'Aix a violé le principe de l'ancien et du nouveau droit, en admettant les héritiers naturels de Jean Mérendol à contester le legs dont il s'agit; de l'autre, qu'en déclarant ce legs nul, la même cour a violé l'art. 902 du Code civil, et commis un excès de pouvoir.

» Sur le premier moyen, il se présente une question préalable: c'est de savoir si le sieur Laugier a qualité pour le proposer, ou, en d'autres termes, si les héritiers naturels de Jean Mérendol ne peuvent pas rétorquer contre lui la fin de non-recevoir dont il excipe contre eux; s'ils ne peuvent pas lui dire: Que vous importe à qui de nous ou de l'héritier institué appartient le droit d'attaquer votre legs? Votre legs étant nul, doit nécessairement rentrer, ou dans la succession ab intestat, ou dans la succession testamentaire.

S'il rentre immédiatement dans la succession ab intestat, à coup sûr nous sommes recevables à en proposer l'annulation. S'il rentre immédiatement dans la succession testamentaire, c'est encore la même chose, car l'héritier institué n'y réclame rien; et sans doute, c'est aux héritiers ab intestat que doit revenir tout ce dont s'abstient l'héritier institué.

» Au premier aspect, il semble que le sieur Laugier peut leur répondre que, dans l'espèce, l'héritier institué ne s'est pas abstenu purement et simplement de 14,000 francs, qui forme l'objet du legs litigieux; qu'il ne s'en est abstenu qu'au profit du sieur Laugier lui-même; et qu'il l'a fait en déclarant, devant la cour d'Aix, qu'il n'entendait point contester ce legs; que ce n'est que pour le cas où ce legs serait déclaré, ne pouvoir pas être exécuté au profit du sieur Laugier, qu'il a conclu à ce que la somme de 14,000 fr. lui fût adjugée, à l'exclusion des héritiers ab intestat; qu'à la vérité, il ne réclame pas aujourd'hui contre l'arrêt qui adjuge aux héritiers ab intestat le bénéfice de l'annulation de ce legs; mais que la déclaration par laquelle il s'est abstenu au profit du sieur Laugier, n'en subsiste pas moins; que le sieur Laugier peut toujours s'en prévaloir; que cette déclaration, cessionnaire des droits de l'héritier institué, il peut employer, contre l'arrêt obtenu par les héritiers ab intestat, tous les moyens par lesquels l'héritier institué pourrait l'attaquer en personne; qu'en un mot, il représente à cet égard l'héritier institué.

» Mais cette réponse est-elle aussi satisfaisante qu'elle le paraît au premier coup d'œil, et ne repose-t-elle pas sur une fausse base?

» Qu'a fait l'héritier institué, devant la cour d'Aix? Il n'a pas cédé ses droits au sieur Laugier, et bien loin de là: je consens, a-t-il dit, à l'exécution du legs, si le legs est jugé valable; mais s'il est jugé nul, je demande que les 14,000 francs qui en sont l'objet, me soient remis. Il n'a donc pas abandonné purement et simplement le legs au sieur Laugier; il ne le lui a abandonné que pour un cas qui n'est point arrivé; il ne le lui a abandonné que pour un cas où le sieur Laugier n'aurait pas eu besoin de son abandonnement; il ne le lui a abandonné que pour un cas où son abandonnement n'eût été qu'une vaine dérision.

» Et dès-lors, comment le sieur Laugier pourrait-il être recevable à critiquer l'application que la cour d'Aix a faite aux héritiers ab intestat du bénéfice de l'annulation du legs? La question de savoir à qui devait appartenir le bénéfice de cette annulation, était pour lui sans intérêt, puisque le bénéfice de cette annulation ne pouvait être et n'était en effet disputé qu'entre les héritiers ab intestat et l'héritier institué; et assurément il ne peut pas être admis à renouveler devant vous une question au jugement de laquelle acquiesce la seule partie qui avait qualité pour la traiter devant la cour d'Aix.

» Mais, au surplus, si l'héritier institué était ici à la place du sieur Laugier, et si, comme le sieur Laugier, il vous dénonçait l'arrêt de la cour d'Aix, comme ayant jugé que le bénéfice de l'annulation du legs de 14,000 francs doit appartenir aux héritiers *ab intestat*, que devriez-vous prononcer?

» Qu'en thèse générale, les legs nuls ou caducs appartiennent à l'héritier institué, ou, ce qui est la même chose, au Légataire universel, à l'exclusion de l'héritier légitime, c'est ce qui ne peut faire la matière du plus léger doute, et c'est, comme le remarque très-bien le sieur Laugier, ce que vous avez jugé formellement le 20 juillet 1809, en maintenant un arrêt de la cour de Besançon.

» La dame Noiret avait, par un testament du 31 août 1783, institué le sieur Brassier, son mari, héritier universel, et fait deux legs particuliers, l'un à la dame Hubert, l'autre à la confrérie de la croix de Besançon.

» Elle est morte le 6 septembre 1806, après le décès de la dame Hubert et la suppression de la confrérie de la croix.

» Les deux legs étant ainsi caducs, il s'est agi de savoir à qui, de l'héritier institué ou de l'héritier *ab intestat*, devaient appartenir les sommes léguées. Mais cette question n'a été agitée que subordonnément à celle de savoir si l'institution d'héritier qui avait été annulée par la loi du 17 nivose an 2, avait recouvré sa force par le Code civil.

» Le tribunal civil de Besançon, se fondant, quant à la question principale, sur la maxime, *media tempora non nocent*, et considérant que les dispositions universelles étaient permises en 1783 et 1806, a déclaré l'institution valable; mais prononçant sur la question subsidiaire, il a adjugé les legs caducs à l'héritier légitime.

» Le sieur Brassier a appelé de ce jugement; et, par arrêt du 23 juin 1808, la cour de Besançon l'a réformé, attendu que le sieur Brassier était institué dans tous les biens, et que les legs étant une partie de l'hérédité, lui appartenaient par droit de non-décroissement.

» L'héritier légitime s'est pourvu en cassation contre cet arrêt, et a dit que les legs caducs ayant été faits à d'autres personnes que l'héritier institué, n'avaient pu être accordés à celui-ci que par droit d'accroissement : que cependant l'art. 1044 du Code civil n'admettait le droit d'accroissement en faveur des Légataires, que dans le cas où le legs leur avait été fait *conjointement*, c'est-à-dire par une seule et même disposition, sans que le testateur eût assigné *la part de chacun des colégataires dans la chose léguée*; ce qui ne se rencontrait pas dans l'espèce ; qu'ainsi, cet article était violé par l'arrêt qu'elle attaquait.

» M. l'avocat-général Lecoutour a observé que l'art. 1044 ne faisait que renouveler une règle tracée par les lois romaines sur le droit d'accroissement ; que cette règle était aujourd'hui, comme sous l'ancienne jurisprudence, sans rapport au cas d'une institution universelle qui comprend tous les biens que le testateur laisse à son décès ; qu'ainsi, la cour d'appel de Besançon n'avait pas pu, en jugeant comme elle l'avait fait, contrevenir à cet article.

» Par l'arrêt cité, *Attendu* 1°, qu'il est de principe que l'effet des dispositions testamentaires ne peut se régler que par les lois existantes lors du décès du testateur; 2° que, dans l'espèce de la cause, la testatrice était décédée sous l'empire du Code civil; 3° que, d'après la disposition de ce Code, l'institution d'héritier comprend l'universalité des biens du testateur; d'où il résulte que l'arrêt attaqué, en décidant que les legs devenus caducs devaient accroître au profit de l'héritier institué, et non de l'héritier légitime, n'a fait qu'une juste application des lois de la matière, la cour rejette le pourvoi.... »

» Aussi croirions-nous abuser de vos momens, si nous entreprenions une réfutation sérieuse des argumens de la cour d'Aix à puisés, pour soutenir le contraire, dans les art. 1044 et 1045 du Code civil, argumens qui, après tout, n'ont pour base que la confusion erronée du droit d'accroissement avec le droit de non décroissement.

» Mais, si la cour d'Aix s'est trompée sur la question considérée en thèse générale, son arrêt ne peut-il pas être justifié par les circonstances particulières dont cette cour a renforcé ses motifs?

» D'abord, le testateur a commencé par charger, non pas l'héritier qu'il se proposait d'instituer, mais ses exécuteurs testamentaires, de mettre à la disposition du sieur Laugier une somme de quatorze mille francs.

» Ensuite, ce n'est que *dans le surplus de ses biens meubles et immeubles*, qu'il a institué Jean-Baptiste-Alexandre Mérendol.

» La première de ces circonstances serait, par elle-même, insuffisante pour faire présumer que l'intention du testateur a été de retrancher, dans tous les cas, de la somme de 14,000 francs de l'institution d'héritier.

» Mais, réunie et combinée avec la seconde, ne doit-elle pas former une présomption, sinon irréfragable, du moins assez plausible, de cette intention? Ne doit-elle pas faire maintenir, en cette partie, l'arrêt attaqué, sinon comme ayant jugé suivant les vrais principes du droit, du moins comme ayant donné à la volonté du testateur une interprétation qui ne dépasse pas les limites du pouvoir accorde aux tribunaux?

» Cette question mérite, de votre part, un sérieux examen.

» Et d'abord, comment la jugeait-on dans l'ancienne jurisprudence?

» Un arrêt du parlement de Paris, du 28 mars 1640, a décidé que le Légataire universel devait profiter, à l'exclusion de l'héritier *ab intestat*, de la nullité d'un legs que le testateur avait fait à un étranger du royaume, et après lequel il avait dit : *au résidu de mes biens, j'institue Thomas Lantarini pour mon Légataire universel.*

» Mais, comme le remarque Ricard, part. 3, n° 506, il y avait dans l'espèce de cet arrêt, une circonstance qui faisait fortement présumer que l'intention du testateur avait été de ne rien laisser à son héritier *ab intestat*, et de faire entrer toute sa fortune dans le legs universel : c'est que le testateur qui s'était marié en pays de droit écrit, et n'était conséquemment pas en communauté avec sa femme (quoiqu'il fut domicilié, au moment de sa mort, dans la commune de Paris), avait ordonné qu'en cas que sa femme fût jugée n'être pas fondée à prendre la moitié des meubles et des conquêts, cette moitié accrût à son Légataire universel, Thomas Cantarini. L'arrêt du 28 mars 1640 n'est donc pas aussi décisif que le prétend le sieur Laugier.

» Pothier, dans son *introduction à la coutume d'Orléans*, tit. 18, érige en règle générale ce que l'arrêt du 28 mars 1640 n'a jugé que dans un cas particulier.

» Mais son opinion est contredite par plusieurs auteurs.

» Le sieur Laugier vous en a cité un (Guyot, à l'article *Accroissement* du *Répertoire de Jurisprudence*), et vous a dit qu'il n'y en avait pas d'autre.

» Mais s'il avait pris la peine d'ouvrir le recueil de Denisart, voici ce qu'il y aurait lu, au mot *Accroissement*, numéros 22 et 23 : « En général, » les legs particuliers appartiennent au Légataire » universel, à titre d'accroissement, et non à l'hé- » ritier. Mais il y a des cas où les legs particuliers » caducs appartiennent à l'héritier, et non au Lé- » gataire universel. Par exemple, si le testateur, » après avoir fait des dispositions particulières, » disait, ainsi que cela se trouve souvent : *et quant* » *au surplus de mes biens, je le laisse à...., que* » *j'institue mon Légataire universel;* alors, le » Légataire ne pourrait avoir que ce *surplus*, » parce que la lettre du testament RÉSISTE à l'ac- » croissement. »

» Il est vrai que les réformateurs du Recueil de Denisart, au mot *Accroissement*, § 4, n° 2, n'ont reproduit cette doctrine que comme douteuse : « Si un testateur (ont-ils dit), après avoir fait » des dispositions particulières, avait dit, ainsi » que cela arrive souvent : *et quant au surplus de* » *mes biens, je les laisse à...., que j'institue mon* » *Légataire universel*, on pourrait douter si la » lettre du testament ne résisterait pas à l'accrois- » sement au profit de celui-ci. Cependant Ricard, » part. 3, n° 502, cite un arrêt du 29 (28) mars » 1640, qui a jugé la question en faveur d'un Lé- » gataire universel, qui avait été institué de cette » manière. »

» Mais si ces auteurs ne s'étaient pas arrêtés au n° 502 de Ricard, s'ils étaient descendus jusqu'au n° 506, ils y auraient vu que Ricard lui-même attribue à la circonstance particulière dont nous parlions tout-à-l'heure, une grande influence sur l'arrêt du 28 mars 1640. Vous voyez d'ailleurs que, malgré l'autorité de cet arrêt, qu'ils regardent mal à propos comme rendu en thèse générale, ils ne laissent pas de regarder la question comme douteuse.

» L'ancienne jurisprudence ne nous offre donc là-dessus rien de positif; et cependant nous devons convenir que, même alors, l'opinion qui, dans notre espèce, déférait les objets non valablement légués à l'héritier institué, était plus régulière, plus conforme aux vrais principes que l'opinion opposée. Pourquoi ? Parce que, comme l'a dit très-judicieusement Pothier, « ces termes, *le surplus*, doivent s'entendre du » surplus qui restera après que tous les legs par- » ticuliers qui seront acquittés, l'auront été. »

» Mais si l'on devait juger ainsi dans l'ancienne jurisprudence, à combien plus forte raison doit-on juger de même sous le Code civil ?

» Le Code civil déclare formellement, art. 1003, que, par le legs universel, ou, ce qui est la même chose (aux termes de l'art. 1002), par l'institution d'héritier, *le testateur donne à une ou plusieurs personnes l'universalité des biens qu'il laissera à son décès.*

» L'institution d'héritier, le legs universel, comprennent donc tout ce dont le testateur n'a pas spécialement et valablement disposé à l'exclusion du Légataire universel ou de l'héritier institué. Ils comprennent donc tous les objets que le testateur a légués par des dispositions qui, au moment de son décès, se trouvent comme non écrites.

» Et il n'importe que le testateur ait commencé son testament par les legs; il n'importe qu'après avoir légué des objets particuliers, il déclare instituer son héritier ou son Légataire universel *dans le surplus de ses biens.*

» En s'expliquant ainsi, il suppose nécessairement que les legs auront leur effet; et ce n'est que dans cette supposition qu'il retranche les objets légués, de son institution d'héritier ou de son legs universel. Si donc cette supposition vient à manquer par la nullité ou la caducité des legs, plus de retranchement; les objets légués restent dans *l'universalité des biens que le testateur laisse à son décès;* et par conséquent ils appartiennent, d'après l'art. 1003 du Code civil, soit au Légataire universel, soit à l'héritier institué..

» Prétendre que les cours supérieures peuvent juger impunément le contraire, sous le prétexte que la question ne roule que sur la volonté du testateur, et qu'un arrêt ne peut pas être cassé pour avoir interprété la volonté d'un testateur dans un sens plutôt que dans l'autre, c'est faire une très-fausse application d'un principe vrai en soi.

» Sans doute, en thèse générale, les juges souverains ne font, en prononçant sur une question de volonté, qu'exercer un pouvoir discrétionnaire : *voluntatis quæstio in æstimatione judicis est*, dit la loi 7, C. *de fidei commissis.*

» Mais cette règle cesse à l'égard des questions de volonté que la loi a prévues, et sur lesquelles elle s'est expliquée.

» Or, telle est évidemment la question de volonté dont il s'agit dans notre espèce. Cette question est prévue, elle est décidée contre l'héritier *ab intestat*, par l'art. 1003 du Code civil. La cour d'Aix n'a donc pas pu, sans violer cet article, la résoudre en faveur des héritiers naturels de Jean Mérendol.

» Mais reste là la fin de non-recevoir, qui, à l'égard du sieur Laugier, jette sur cette violation de la loi un voile qu'il ne lui est pas permis de lever. Encore une fois, le sieur Laugier est non-recevable à vous proposer son premier moyen de cassation ; et ce moyen, qui aurait été victorieux dans la bouche de l'héritier institué, si celui-ci s'était pourvu contre l'arrêt de la cour d'Aix, n'est, dans les mains du sieur Laugier, qu'une arme impuissante, parce que la loi elle-même lui en interdit l'usage.

» Le second moyen de cassation du sieur Laugier offre à votre examen une question d'un très-grand intérêt : c'est de savoir si la cour d'Aix a pu, sans violer l'art. 902 du Code civil et commettre un excès de pouvoir, déclarer nulle la clause du testament de Jean Mérendol qui charge ses exécuteurs testamentaires de mettre à la disposition du sieur Laugier une somme de 14,000 francs *pour laquelle il lui a fait connaître ses intentions.*

Avant de discuter cette question sous ses rapports avec le Code civil, il ne sera pas inutile de nous fixer sur la manière dont elle eût dû être jugée dans l'ancienne jurisprudence.

» Une des règles les plus constantes et à la fois les plus sages du droit romain, était que toute disposition testamentaire devait être l'expression de la volonté personnelle du testateur ; et qu'en conséquence, le testateur ne pouvait commettre à un tiers, ni le choix de ses héritiers, ni le choix de ses légataires. *Illa institutio* QUOS TITIUS VOLUERIT *ideo vitiosa est, quod alieno arbitrio permissa est ; nam satis constanter veteres decreverunt testamentorum jura per se firma esse oportere, non ex alieno arbitrio pendere.* Ainsi s'exprimait la loi 32, D. *de heredibus instituendis.* La loi 52, D. *de conditionibus et demonstrationibus,* disait la même chose pour les legs : *in alienam voluntatem conferri legatum non potest.*

» Un testateur pouvait cependant charger un tiers de lui nommer, soit pour héritier, soit pour légataire, soit pour fidéicommissaire, une personne dont il lui laissait le choix dans un nombre ou dans une classe déterminée, parce qu'alors la substance de la disposition ne dépendait pas de la volonté de celui à qui ce pouvoir était confié ; et que d'ailleurs il n'y avait pas une incertitude absolue dans la personne appelée à recueillir l'effet de cette disposition. *Nec enim.* (disait la loi 7, § 1, D. *de rebus dubiis,* au sujet d'un testament par lequel l'un des héritiers institués était chargé de conserver et de rendre sa part à celui de ses cohéritiers qu'il voudrait choisir) *nec enim in arbitrio ejus qui rogatus est, positum est an omnino*

velit restituere, sed cui potius restituat : plurimum enim interest utrum in potestate ejus quem testator obligari cogitat, faciat si velit dare, an, post necessitatem dandi, solius distribuendi liberum arbitrium concedit.

» Ainsi, nul doute que, sous le pur droit romain, Jean Mérendol n'eût pu ordonner qu'une somme de 14,000 francs fût comptée au sieur Laugier, soit pour être remise par lui à la personne qu'il jugerait à propos de choisir dans tel nombre ou telle classe d'individus, spécialement ou collectivement désignés, soit pour être distribuée par lui entre ces mêmes individus ainsi qu'il aviserait.

» Mais aussi nul doute que, sous le pur droit romain, on n'eût dû regarder comme non écrite une disposition par laquelle Jean Mérendol aurait simplement ordonné qu'une somme de 14,000 francs serait comptée au sieur Laugier, à la charge de la remettre ou distribuer à qui il trouverait bon. Dans cette hypothèse, en effet, la substance du legs n'aurait pas été entièrement déterminée par le testateur. Car la substance d'un legs se compose de deux élémens : la chose léguée, et la personne à qui le legs est fait. Le testateur, dans cette hypothèse, aurait bien déterminé la chose léguée ; mais il aurait laissé dans une incertitude absolue, il aurait entièrement abandonné à la volonté du sieur Laugier, la désignation des personnes qui auraient dû profiter de sa disposition. Il aurait par conséquent fait ce que défendait la règle, *in alienam voluntatem conferri legatum non potest.*

» En aurait-il été de même, toujours sous le pur droit romain, si Jean Mérendol avait dit : *je veux qu'une somme de 14,000 francs soit remise au sieur Laugier, pour en faire emploi conformément à mes intentions que je lui ai fait connaître.*

» Oui, sans doute ; et pourquoi ? Parce que les intentions du testateur ne peuvent être légalement connues que par son testament ; parce que c'est dans son testament qu'elles doivent être consignées ; parce que, si elles ne sont que confiées de vive voix à un tiers, elles manquent de preuve ; et qu'en droit *idem est non esse et non apparere ;* parce qu'une disposition ainsi conçue revient, quant à l'effet, au même qu'une disposition par laquelle le choix du Légataire serait abandonné, sans restriction ni réserve, à la volonté d'autrui.

» A la vérité, Godefroi, dans sa note sur la loi 7, § 1, D. *de rebus dubiis,* dit que ce n'est pas subordonner quelque chose à la volonté d'autrui, que de confier ses intentions à quelqu'un, afin que, le cas advenant, il en rende témoignage : *aliud est in alterius voluntatem aliquid conferre, aliud alicui mandare mentis suæ instructo, ut, cum casus venerit, ejus fidem faciat.* Mais à quel sujet Godefroi tient-il ce langage ? S'il en faut croire le sieur Laugier, c'est au sujet d'une disposition par laquelle un testateur avait délégué à son exécuteur testamentaire une mission semblable à celle dont l'a lui-même investi le testament de Jean Mérendol. Mais rapprochons de la note de Godefroi le texte sur lequel il l'a écrite, et nous verrons bientôt qu'il s'en faut de beaucoup que ce jurisconsulte ait parlé dans le sens qu'on lui prête.

» Théopompus (dit la loi), après avoir, par son testament, institué ses deux filles et son fils héritiers par égales portions, a fait un codicille dans lequel il s'est ainsi exprimé : *je désire que ma fille Crispine soit mariée à celui qui sera agréé par mes parens et mes amis. Pollien, qui connaît mes intentions, pourvoira à ce qu'elle reçoive une portion égale à celle que j'ai formée moi-même à sa sœur.* Crispine s'étant mariée, Pollien a été interpellé par son mari de s'expliquer par serment sur les intentions du père. Pollien a déclaré par écrit, et sous la foi du serment, que le père avait voulu que Crispine reçût, en se mariant en minorité, la même dot que si elle eût été majeure. *Pollianus a marito puellœ juratus scripsit voluisse patrem eamdem quantitatem in dotem accipere etiam minorem filiam, quam major accepisset.* Question de savoir si, d'après cette déclaration, les cohéritiers de Crispine doivent lui fournir, hors part, quoiqu'elle soit encore mineure, une somme égale à celle que sa sœur a reçue du père : *quœro an eamdem summam dotis nomine coheredes extra partem hereditatis minori filiæ præstare debeant.* Scévola a répondu que le juge devrait ordonner qu'une somme égale à la dot de la sœur mariée, fût prélevée par la mineure Crispine sur la succession commune : *respondit eum cujus notio est, œstimaturum ut eadem quantitas ex communi præcipua minori filiæ dotis nomine detur.*

» Voilà mot pour mot ce que dit la loi sur laquelle Godefroi a fait la note dont il s'agit ; et si, comme on n'en peut douter, la note ne peut pas être entendue dans un sens plus large que la loi, il est clair que tout ce qu'on peut en conclure, c'est que le testateur qui, en faisant un legs, en détermine lui-même dans son testament le montant et la destination, peut s'en rapporter à une personne de confiance pour l'éclaircissement des doutes qui pourraient résulter de sa disposition. Car, dans l'espèce de cette loi, Théopompus avait lui-même fixé le montant de la dot qu'il avait léguée à sa fille Crispine ; il avait lui-même déclaré que Crispine prendrait par préciput, pour sa dot, une somme égale à celle qu'il avait assignée à sa fille aînée en la mariant ; il ne restait de difficulté que sur le point de savoir si la disposition du testateur devait avoir son effet dans le cas où Crispine se marierait en minorité, comme dans celui où elle se marierait après l'âge de vingt-cinq ans ; et c'est sur ce seul point que Pollien a été appelé à déposer de la volonté du testateur. Est-il étonnant que, dans de pareilles circonstances, le témoignage de Pollien ait été reçu comme un interprète certain de la disposition écrite du testament? Le testateur lui-même ; comme le remarque Godefroy à la fin de

sa note, avait, en quelque sorte, prévenu toute espèce de doute à cet égard, en ordonnant en termes exprès et sans distinction, une égalité parfaite entre ses deux filles : *et hic testator expressit nominatim se œquales portiones servari velle.*

» Dès-lors, nulle analogie, nul ombre de ressemblance entre cette décision et le cas sur lequel a prononcé l'arrêt dont se plaint le sieur Laugier.

» Aussi les interprètes les plus judicieux des lois romaines enseignent-ils qu'on doit assimiler au testament par lequel le testateur institue pour héritier celui qui sera nommé par Titius, et par conséquent regarder comme nul, le testament par lequel le testateur institue pour héritier celui qu'il a désigné lui-même à Titius, et dont il charge celui-ci de révéler le nom.

» En effet, dit Benedicti, sur le chapitre *Reynutius,* au mot *condidit,* 1, n° 1, *posset contingere quod Titius nollet declararé, et sic testator deceptus remaneret intestatus, aut secuta Titii declaratione talem haberet heredem de quo numquam cogitaverat.* Il faut donc, pour éviter cet inconvénient, que le testateur nomme lui-même ceux qu'il veut gratifier, et que sa volonté ne dépende pas d'une déclaration étrangère.

» Répétons-le donc : sous le pur droit romain, la disposition dont il s'agit dans notre espèce, aurait dû être déclarée nulle, comme elle l'a été par la cour d'Aix.

» Mais n'aurait-elle pas dû être jugée valable d'après la jurisprudence de nos anciens tribunaux?

» Nos anciens tribunaux, surtout ceux des pays de droit écrit, étaient soumis à toutes les règles du droit romain concernant les dispositions testamentaires laissées à la volonté des tiers.

» Ainsi, conformément aux lois romaines, ils devaient reconnaître pour valable la disposition par laquelle un testateur conférait à un tiers la faculté de lui élire un héritier entre telles et telles personnes qu'il désignait lui-même par leurs propres noms ou par une dénomination collective; et c'est ce que supposait manifestement l'ordonnance du mois d'août 1735, art 62, 63, 64 et 65.

» Mais aussi, conformément à ces mêmes lois, ils devaient annuler toute disposition par laquelle un testateur chargeait un tiers de régler lui-même le sort de ses biens et de s'en jouer à sa volonté.

» Un usage contraire s'était introduit dans les testamens que les personnes mariées faisaient à Strasbourg. Depuis plus d'un siècle, les époux étaient dans l'habitude d'instituer pour héritiers ceux qui seraient institués par le survivant, ou qui lui succéderaient *ab intestat.* Mais cet usage ayant été dénoncé au législateur, a été proscrit en ces termes, par une déclaration du 23 décembre 1744, que le conseil souverain de Colmar a enregistrée le 23 janvier 1745 : *La prohibition portée par les lois romaines, d'instituer pour héritiers des personnes incertaines ou d'en laisser le choix à un tiers, sera observée dans notre ville de Strasbourg, ainsi que dans le reste de la province d'Alsace; et, en conséquence, déclarons nulles et de nul*

22

effet les intentions faites par mari ou femme en faveur de ceux qui se trouveront être les héritiers légitimes ou testamentaires du survivant. Voulons que, sans avoir égard aux testamens qui contiendront de pareilles dispositions, les biens qui y sont compris appartiennent aux héritiers légitimes des testateurs.

» Il n'est donc pas douteux que nos anciens tribunaux ne fussent assujettis à ce grand principe du droit romain, qui répute nulle toute disposition testamentaire dont la substance est laissée à la volonté d'un tiers ; et que, d'après ce principe, ils ne dussent annuler ces dispositions mystérieuses par lesquelles un testateur ordonne que certaines sommes seront remises à des tiers pour en être fait emploi suivant ses intentions qu'il leur a fait connaître verbalement, mais dont rien ne les empêche de s'écarter.

» Cependant il faut convenir qu'entraînés par la faveur que ces dispositions leur paraissaient mériter sous quelques rapports, nos anciens tribunaux avaient quelquefois pris sur eux, pour les maintenir, de passer au-dessus de la barrière qu'y opposaient les règles du droit romain ; et de-là, les arrêts du parlement de Paris, des 23 décembre 1580, 14 avril 1615, 22 février 1678 et 27 janvier 1686, de-là les arrêts du parlement d'Aix, des 29 avril 1641 et 29 avril 1987 (1) ; de-là, l'arrêt du parlement de Rouen, du 29 novembre 1696 (2), que vous cite le sieur Laugier, et qui tous ont déclaré ou supposé valables des dispositions analogues à celles dont il est ici question.

r Mais faisons bien attention à deux choses.

» 1° Tous ces arrêts ont été motivés par des circonstances particulières ; et les magistrats de qui ils sont émanés, ne se sont pas dissimulé, en les rendant, qu'ils s'écartaient des vrais principes.

» C'est ce que remarque, au sujet du premier et du plus célèbre de ces arrêts, de celui qui a servi de modèle à tous les autres, Anne Robert, dans le chap. 2 du liv. 1 de son recueil rerum judicatarum : le principal motif de cet arrêt, dit-il, fut la probité notoirement connue du curé de Saint-Jacques de la Boucherie : Sacerdotis Mœvii nota integritas præcipuam huic senatus consulto causam dedit. Brodeau sur Louet, lettre L. § 5, assure également qu'un des principaux motifs de la cour, fut la probité et intégrité de vie de M. Jean Lepelletier, témoignée et approuvée par les suffrages d'un chacun.

» C'est aussi ce que M. l'avocat-général Servin rappelait au parlement de Paris, à son audience du 19 février 1624. Il s'agissait de savoir, est -il dit dans le Journal des Audiences de Dufresne, si une somme de deniers étant baillée par un homme en extrémité de maladie, à un marchand, pour l'employer en œuvres pies, ainsi

qu'il lui a dit en secret, la disposition en est valable, au préjudice des pauvres héritiers du défunt. « Sur quoi (continue Dufresne) M. Servin, » qui porta la parole pour le roi, remontra que » ces déclarations secrètes n'avaient été approu- » vées ni autorisées par la cour, qu'avec une » grande prudence et circonspection ; parce que, » sous prétexte d'œuvres pies, l'on pourrait indi- » rectement donner à des personnes prohibées ; et » que, quand elle avait confirmé ces déclarations, » comme en l'arrêt du curé de Saint-Jacques, ce » fut la qualité de curé et de pasteur qu'avait celui » à qui la somme de deniers avait été confiée pour » en disposer, comme il lui avait été dit en secret, » qui donna lieu à l'arrêt, outre sa grand probité » toute connue, or, qu'en cette cause, ne se ren- » contrant rien de semblable, et les hommes pou- » vant être facilement alléchés à l'appetit du gain, » ou prêter leur ministère pour quelque tacite fidéi- » commis, il était obligé de conclure pour les hé- » ritiers. » Et effectivement, par l'arrêt rendu le même jour 19 février 1624, les héritiers obtinrent gain de cause.

» M. l'avocat-général Talon a tenu à peu près le même langage à l'audience du 26 novembre 1637 : « En droit, disait-il (nous copions Bardet, » tome 2, liv. 6, chap. 30,) l'on demande si les » legs peuvent être commis et confiés en la volonté » d'un tiers ; et l'on répond qu'oui, pourvu que » ce ne soit l'héritier ; mais en ce cas, il faut que » la Légataire soit certain et dénommé, tout » ainsi qu'en là loi Théopompus, dont nous avons » eu l'honneur de vous retracer les termes, la fille » du testateur était légataire..... Par l'arrêt de » 1580, l'on a bien confirmé la distribution des » 9,000 livres confiées au curé de Saint-Jacques, » mais la grande probité de messire Lepelletier a » donné lieu à l'arrêt. »

» Enfin, ce qui achève de prouver que ce sont les circonstances seules qui ont déterminé les arrêts invoqués par le sieur Laugier, ce qui achève de prouver que ces arrêts sont en opposition avec les vrais principes, c'est que Montvallon, dans son Traité des Successions, chap. 6, art. 19, cite Julien, célèbre jurisconsulte provençal, comme établissant que le legs d'une somme, pour être distribuée à celui qu'un tel nommera, n'est pas valable, SI ALTERI NOMINATIO DATUR QUAM SACERDOTI, ce que cet auteur appuie du sentiment de Louet et de Dufresne ; c'est que l'annotateur de Ricard, tout en rappelant ces arrêts comme formant une jurisprudence constante, est forcé de convenir (part. 1, n° 592, édition de 1783) qu'en cette matière, les juges ne doivent se décider que par les circonstances de chaque espèce : Il n'est pas besoin d'observer (dit-il) que les circonstances sont toujours beaucoup à considérer ; quoique le legs dont l'application a été confiée à un exécuteur, sous le sceau du secret, soit constaté par le testament, la nature de la chose léguée, son importance, l'état du testateur, et le degré de confiance que mérite le dépositaire du secret, par

---

(1) Boniface, tome 2, pages 77 et 78 ; Montvallon, Traité des Successions, chap. 5, art. 20.
(2) Denisart, au mot Confession, n° 15.

ses mœurs, son état et sa conduite, tout cela doit être pesé avec sagesse, afin de ne pas laisser glisser la fraude sous le manteau de la conscience.

» 2° Tous ces arrêts sont antérieurs à l'ordonnance du mois d'août 1735; et nos livres ne nous en offrent aucun autre qui, depuis cette loi, ait jugé de même.

» D'où cela peut-il venir? C'est sans doute de ce que, par l'art. 1er de cette loi, il était dit : *Toutes dispositions testamentaires ou à cause de mort, de* QUELQUE NATURE QU'ELLES SOIENT, *seront faites* PAR ÉCRIT ; *déclarons nulles toutes celles qui ne seront faites que* VERBALEMENT, *et défendons d'en admettre la preuve par témoins, même sous prétexte de la modicité de la somme.*

» On sent en effet que, pour juger valable, avant l'ordonnance de 1735, une disposition par laquelle un testateur laissait une somme d'argent à un tiers chargé d'en faire l'emploi qu'il déclarait lui avoir indiqué verbalement, il fallait nécessairement admettre la faculté de disposer de vive voix à cause de mort. Car, en s'expliquant ainsi, le testateur reconnaissait lui-même qu'il n'avait disposé que de vive voix, de la somme dont il ordonnait la remise entre les mains d'un tiers; il reconnaissait lui-même que son intention concernant l'emploi et la distribution de cette somme, ne pouvait être exécutée qu'à l'aide et par l'intermédiaire du témoin à qui il l'avait confiée. Son testament était donc véritablement oral en cette partie, puisqu'il n'y avait de prouvé en écrit qu'un pur fait, savoir, que le testateur avait disposé oralement, puisque la disposition demeurait essentiellement orale dans sa substance.

» Mais l'ordonnance de 1735 ayant proscrit les testamens verbaux, et ayant, par-là, fait cesser la divergence des opinions qui s'étaient formées sur cette manière de tester depuis l'ordonnance de Moulins de 1566, il n'est plus resté de prétexte pour regarder comme valables les dispositions de sommes à remettre à des tiers, pour en faire la distribution indiquée verbalement par le testateur.

» Assurément, sous l'ordonnance de 1735, personne n'aurait osé soutenir la validité d'une disposition par laquelle le testateur aurait dit : *J'institue mon héritier ou mon Légataire universel, celui dont j'ai déclaré le nom et la qualité à Pierre, et je veux que Pierre soit cru sur le témoignage qu'il en rendra.* On n'aurait pu voir; on n'aurait effectivement vu, dans ces expressions, qu'une disposition verbale ; et tous les jurisconsultes, tous les tribunaux se seraient empressés de la condamner.

» Et pourquoi en eût-il été autrement des legs particuliers? Pourquoi le testateur, qui ne pouvait pas instituer un héritier ou légataire universel, par relation à une confidence qu'il eût faite verbalement à un tiers, aurait-il pu, par une relation semblable, léguer une somme d'argent, soit à une, soit à plusieurs personnes? L'art. 1er

de l'ordonnance de 1735 ne distinguait pas entre les institutions d'héritiers ou legs universels et les legs particuliers : *Toutes dispositions testamentaires, de quelque nature qu'elles soient* disait-il, *seront faites par écrit.*

» Voilà, il n'en faut pas douter, la cause pour laquelle, depuis l'ordonnance de 1735, nous ne trouvons plus d'arrêt qui ait consacré des legs faits dans la forme qu'on a, dans notre espèce, employée Jean Mérendol. Voilà le véritable motif du retour absolu de la jurisprudence aux saines maximes du droit romain sur les dispositions laissées à la volonté de tierces personnes.

» Ainsi, avant l'ordonnance de 1735, la disposition de Jean Mérendol, dont il est ici question, n'aurait pu être jugée valable que par l'application d'une jurisprudence qui, toujours subordonnée aux circonstances de chaque espèce, ne pouvait, en aucun cas, avoir l'autorité d'une loi.

» Ainsi, sous l'ordonnance de 1735, la disposition de Jean Mérendol n'aurait pu être jugée valable, que par une contravention manifeste à l'article 1 de cette ordonnance.

» Voyons maintenant quel aurait dû être le sort de cette jurisprudence sous la loi du 17 nivôse an 2.

» Nous disions tout-à-l'heure que les lois romaines et l'ordonnance de 1735 permettaient de laisser à la volonté d'un tiers, le choix d'un héritier ou d'un Légataire entre plusieurs personnes désignées, soit spécialement, soit collectivement, par le testateur.

» Eh bien! La loi du 17 nivôse an 2 a proscrit cette modification du principe que le testament doit être l'expression de la volonté propre du testateur *voluntatis nostræ justa sententia* ; elle a même été plus loin : après avoir déclaré nulle, article 23, toute disposition par laquelle un époux aurait conféré à son époux survivant, *la faculté d'élire un ou plusieurs héritiers dans ses biens,* elle a frappé de la même nullité, art. 24, *tous actes portant institution nominative d'un héritier, néanmoins subordonnée au cas où un héritier ne disposerait pas autrement des biens compris en la même institution.*

» Cette loi ne s'expliquait pas sur les dispositions par lesquelles un testateur, en laissant une somme d'argent à un particulier, lui en abandonnerait l'emploi et la distribution. Mais il est évident qu'elle entendait également, et même *d fortiori*, la proscrire. En abrogeant l'exception que les lois romaines avaient apportée au principe qui défendait de laisser une institution ou un legs à la volonté d'autrui, elle avait donné à ce principe une nouvelle consistance, elle l'avait raffermi sur sa base; elle avait fait plus : elle l'avait étendu au-delà des limites que lui avait assignées le droit romain. Si donc elle ne permettait pas de laisser à la volonté d'autrui une institution dont le tiers désigné par le testateur, ne pourrait faire l'application que dans un cercle de personnes tracé par le testateur lui-même, à combien plus forte raison était-il dans son esprit de défendre toute disposition qui, ne désignant que l'objet légué, laisserait le tiers maître absolu de le faire passer à qui il lui plairait ?

» D'après toutes ces notions préliminaires, il nous sera bien facile d'apprécier la disposition de Jean Mérendol, d'après la loi sous l'empire de laquelle Jean Mérendol l'a faite, c'est-à-dire, d'après le Code civil.

» 1º Comme l'ordonnance de 1735, le Code civil n'admet, en fait de dispositions testamentaires, que celles qui sont écrites. Ainsi, de même que, sous l'ordonnance de 1735, un testateur n'aurait pas pu instituer pour héritier ou Légataire, celui qui serait nommé par un tiers à qui il l'eût lui-même désigné verbalement, il ne le pourrait pas davantage sous le Code civil; et par conséquent de même que, sous l'ordonnance de 1735, un testateur n'aurait pas pu léguer une somme d'argent à une ou plusieurs personnes non désignées par son testament, mais que désignerait, d'après ses indications verbales, le tiers à qui la somme serait remise ; de même aussi sous le Code civil, un pareil legs est nécessairement nul et sans effet.

» 2º Comme les lois romaines, le Code civil veut que le testament soit l'expression de la propre volonté du testateur. C'est *un acte*, dit l'article 895, *par lequel* LE TESTATEUR DISPOSE, *pour le temps où il n'existera plus, de tout ou partie de ses biens*. Il faut donc, comme le remarquait M. Treilhard dans l'exposé des motifs du titre *des Successions*, en annonçant la présentation très-prochaine du titre *des Donations et Testamens*, que le testateur *désigne lui-même la personne qui doit le remplacer*. Il n'y a donc point de testament là où le testateur ne dispose pas *lui-même*, où il ne fait que commettre un tiers pour disposer à sa place. *Toute personne*, dit encore l'art. 967, *peut disposer par testament, soit sous le titre d'institution d'héritier, soit sous le titre de legs, soit sous toute autre dénomination propre à manifester* SA VOLONTÉ. C'est donc la *volonté du testateur* que le testament doit manifester. Le testament qui ne dispose que par relation à la volonté d'autrui, est donc nul.

» 3º Comme la loi du 17 nivose an 2, le Code civil se montre plus sévère que le droit romain sur l'application de la règle qui défend de se référer, soit dans les institutions soit dans les legs, à la volonté d'autrui. Il ne rétablit pas la faculté d'élire que la loi du 17 nivose an 2 avait abolie, et par conséquent il en maintient l'abolition. D'ailleurs, pour nous servir des expressions de M. Jaubert, dans son rapport au tribunat, sur le titre *des Donations et Testamens*, « En matière de » disposition de biens, il ne peut y avoir de facul- » tés que celles qui sont définies par la loi. Ainsi, » le projet ne s'expliquant pas sur l'ancienne fa- » culté d'élire, le silence de la loi suffit pour avertir » que cette faculté ne peut plus être conférée. » Heureuse interdiction ! Que de procès prévenus! » Que d'actes immoraux épargnés à ceux que l'exer-

» cice de cette faculté d'élire aurait pu intéres- » ser ! »

» Même doctrine dans le *Traité des Donations*, d'un autre membre du tribunat, M. Grenier. Après avoir dit, tome 1er, page 165, que, « dans le cas » d'une disposition faite en faveur d'un individu, » à la charge de rendre à un tiers qu'il pourrait » élire, étant évident qu'il y aurait là un don » chargé de fidéicommis, le don serait absolument » nul ; » ce jurisconsulte ajoute : « Il y avait ce- » pendant des dispositions subordonnées à une fa- » culté d'élire ; sans qu'elles continssent de sub- » stitutions. Cela arrivait, lorsqu'une disposition » était faite à celui qui serait élu par un tiers, » ou indéfiniment, ou parmi plusieurs qui étaient » indiqués. Mais depuis la promulgation du Code » civil, on n'a pu faire une pareille disposition, » et elle serait nulle. Son inadmission doit s'in- » duire du silence de la loi nouvelle sur ce mode » de disposer. La libéralité doit être appliquée à » un individu certain, par l'effet d'une disposi- » tion précise du testateur. »

» Et c'est ce que vous avez implicitement jugé par deux arrêts des 17 pluviose et 13 thermidor an 13. Dans les espèces de ces arrêts, les nommés Grailhe et Grimal avaient, par des testamens faits en 1778 et 1789, conféré à leurs épouses la faculté d'élire, entre leurs enfans, ceux qui devraient leur succéder à titre d'héritiers universels ; et ils avaient déclaré qu'à défaut d'élection, ils instituaient pour leurs héritiers universels, l'un, Guillaume Grailhe, l'autre, Pierre Grimal. Les veuves Grailhe et Grimal avaient survécu, non-seulement à la publication de la loi du 17 nivose an 2, mais encore à celle du titre *des Donations et Testamens*, du Code civil. Comme elles n'avaient pas encore, à la première de ces époques, usé de leur droit d'élire, et que la loi du 17 nivose an 2 avait aboli ce droit, la condition sous laquelle Guillaume Grailhe et Pierre Grimal étaient respectivement institués héritiers, paraissait se trouver irrévocablement accomplie; mais il restait une difficulté : c'était de savoir si le Code civil n'avait pas rendu le droit d'élire aux deux veuves ; si, en conséquence, elles ne pouvaient encore user de ce droit ; et si, tant qu'elles ne seraient pas mortes sans en avoir usé, les institutions originairement conditionnelles de Guillaume Grailhe et de Pierre Grimal, ne devaient pas rester en suspens. Les cours d'appel de Montpellier et d'Agen ont jugé que ni l'une ni l'autre veuves ne pouvaient plus élire, et par conséquent que la faculté d'élire n'avait pas été rétablie par le Code civil. Les frères de Guillaume Grailhe et de Pierre Grimal se sont pourvus en cassation; mais par les deux arrêts cités, la cour a rejeté leurs requêtes (1). Ainsi, sous le Code civil, comme sous la loi du 17 nivose an 2, plus de faculté d'élire, même dans un cercle de personnes certaines et désignées par le

_____

(1) V. l'article *Choix*, § 1.

testateur. Et dès là, s'applique de lui-même au Code civil, l'argument *a fortiori* qui sortait, sous la loi du 17 nivose an 2, de l'abolition de la faculté d'élire, contre les dispositions de la nature de celle de Jean Mérendol ; et comme l'a très-bien dit la cour d'Aix, si le Code civil n'a pas laissé subsister la faculté d'élire, « qui était toujours » accompagnée d'une indication de sujets ou de » concurrens qui devaient être l'objet de ce choix, » à combien plus forte raison doit-on en conclure » que le Code civil n'a pas entendu autoriser un » mode de disposer qu'aucune loi ancienne n'a- » vait admis, et qui aurait pour résultat de trans- » mettre les biens du défunt à des êtres tout-à- » fait inconnus et dont on ne pourrait par consé- » quent examiner la capacité ? »

» A cet argument qui paraît si victorieux, à ce motif de la cour d'Aix qui paraît si décisif, qu'a répondu le sieur Laugier ? Pas un mot. Se serait-il flatté que, par son silence, il vous le ferait perdre de vue ? Aurait-il espéré donner le change à votre sagacité ? Vain calcul, inutile combinaison : vos lumières se jouent des réticences des plaideurs, comme de leurs sophismes.

» Que devient, d'après cela, le moyen de cassation que le sieur Laugier croit trouver dans l'article 902 du Code civil ?

» De ce qu'aux termes de cet article, *toutes per- sonnes peuvent disposer et recevoir, soit par do- nation entre-vifs, soit par testament, excepté celles que la loi en déclare incapables*, le sieur Laugier prétend inférer que la disposition de Jean Mérendol qui le concerne, doit être exécutée, parce qu'il n'y a eu, entre lui et Jean Mérendol, aucune relation qui ait pu le rendre incapable de recevoir celui-ci.

» Mais quoi ! Est-ce au profit du sieur Laugier qu'est faite la disposition de Jean Mérendol : Non; le sieur Laugier n'est nommé dans le testament, que comme l'exécuteur de cette disposition. Il n'est, d'après le testament, que le témoin, que l'intermédiaire, et, pour ainsi dire, le canal de cette partie des libéralités du testateur. Il importe donc peu que le sieur Laugier ait été capable de recevoir de Jean Mérendol. Ce n'est pas sa capa- cité qui doit être ici considérée; c'est celle des personnes à qui le testateur l'a chargé de donner les 14,000 francs. Or, ces personnes, comment sa- voir si elles sont capables de recevoir, ou si elles ne le sont pas ? Elles ne sont pas connues, le tes- tament ne les désigne pas, il en laisse la désigna- tion au sieur Laugier. Et cependant, qui oserait nier que c'est dans le testament même que la loi doit trouver la garantie de la capacité de ceux qui sont appelés à en recueillir les dispositions ?

» Mais, dit le sieur Laugier, j'ai offert à la cour d'Aix d'affirmer par serment que les 14,000 francs ne sont destinés à aucun incapable.

» Eh ! que peut faire ici le serment du sieur Laugier ? Toute disposition testamentaire doit se justifier par ses propres termes; elle doit porter avec elle-même la preuve de sa légitimité ; et dès

que, pour juger de sa légitimité, on est obligé de sortir du testament, le testateur n'est plus *vo- luntatis justa sententia*; il n'a plus de testament que le nom.

» Quel danger n'y aurait-il pas d'ailleurs à su- bordonner ainsi le sort de pareilles dispositions au serment d'un tiers sur la capacité des personnes qu'elles concernent ? Ce tiers pourrait avoir, sur la capacité de recevoir par testament, des idées entièrement opposées aux règles établies par la loi. Il pourrait, dans sa conscience, regarder comme permis ce que la loi prohibe. Il pourrait même ignorer que la loi le prohibe en effet ; il pourrait, par exemple, regarder de très-bonne foi un homme mort civilement par suite d'une grande commotion politique, comme capable de recueillir un legs. Mais alors que deviendraient les prohibi- tions écrites dans la loi ! Et ne vaudrait-il pas mieux les abolir que de les laisser éluder avec une aussi scandaleuse facilité ?

» La loi ne destine le serment qu'à éclaircir les doutes de la justice sur des questions de fait; et ici le serment du tiers ne déciderait pas seulement des questions de fait, il trancherait encore des ques- tions de droit ; ce serait le renversement de tous les principes.

» Mais, dit encore le sieur Laugier, juger comme l'a fait la cour d'Aix, c'est priver les mou- rans de la consolation de réparer des injustices se- crètes, sans compromettre leur mémoire; c'est les placer dans l'alternative de mourir injustes ou déshonorés.

» Deux réponses.

» 1° Cette considération serait bonne à présenter au législateur, elle n'est rien pour le magistrat ; elle ne peut pas, dans la main du magistrat, im- primer à la balance de la justice un mouvement contraire au vœu de la loi; et il est bien démontré que la loi ne permet au testateur de disposer, ni par relation à la volonté d'autrui, ni par relation à des dispositions purement orales qu'il a précé- demment faites.

» 2° Il n'est pas vrai que l'arrêt de la cour d'Aix entraîne l'inconvénient sur lequel se récrie le sieur Laugier.

» Tout testateur qui dispose dans la forme em- ployée par Jean Mérendol, a nécessairement une pleine confiance dans la probité du tiers qu'il ap- pelle à l'accomplissement de ses volontés secrètes.

» Cela posé, de deux choses l'une : ou ce tiers mérite en effet la confiance qu'il a inspirée au tes- tateur, ou il ne la mérite pas.

» S'il ne la mérite pas, les volontés secrètes du testateur resteront sans exécution : car il n'existe, et il ne peut exister, contre lui, aucune action pour le contraindre à les remplir.

» S'il la mérite, inutile de déclarer dans le tes- tament que la somme qu'on lui laisse sera em- ployée par lui suivant les volontés secrètes du tes- tateur. Le testateur remplira également son but, en lui léguant cette somme purement et simple- ment, sauf à s'en rapporter mentalement à sa bonne foi sur l'emploi qu'il lui a recommandé d'en faire.

» A la vérité, par ce détour, la loi qui défend de tester, soit oralement, soit par le ministère d'un tiers, sera violée tout aussi bien qu'elle le serait par une clause expresse qui, annonçant que le testateur a fait des dispositions secrètes, en confierait l'application à un tiers ; mais du moins elle ne le sera pas d'une manière patente; elle le sera sans scandale ; elle le sera sans que personne en soit informé ; elle le sera comme pourrait l'être la loi qui prohibe les substitutions fidéicommissaires, par un fidéicommis tacite auquel celui qui en serait grevé verbalement donnerait consciencieusement son exécution.

» En dernière analyse, vous voyez, messieurs, que le seul reproche qu'on puisse faire ici à la cour d'Aix, c'est de s'être écartée d'une ancienne jurisprudence qui elle-même s'écartait de la loi, et qui ne s'en écartait que dans des circonstances dont les magistrats s'étaient rendus les souverains appréciateurs.

» Vous voyez que la cour d'Aix, loin de violer le Code civil, n'a fait qu'en appliquer le véritable esprit.

» Vous voyez que la cour d'Aix n'a pas créé une nullité qui n'était écrite dans aucune loi ; et que la nullité qu'elle a prononcée, l'était déjà par les lois qui, depuis plusieurs siècles, ont successivement régi le territoire français.

» Et nous estimons, en conséquence, qu'il y a lieu de rejeter la requête du demandeur et de le condamner à l'amende de 300 francs. »

Arrêt du 12 août 1811, sur délibéré, au rapport de M. Carnot, par lequel :

« Attendu, sur la fin de non-recevoir opposée par le réclamant, et qu'il fait résulter de ce que les défendeurs sont sans qualité pour lui contester la délivrance de son legs, qu'il n'est pas recevable lui-même à exciper des droits d'autrui, lorsque surtout celui-ci en excipe personnellement dans son intérêt ;

» Attendu, sur le moyen tiré de la violation de l'art. 902 du Code civil, que l'arrêt attaqué n'a pas jugé que le testateur fût incapable de donner, et que le sieur Laugier fût incapable de recevoir ; mais seulement que le legs n'avait pas été fait au sieur Laugier personnellement, et que toute disposition faite à une personne incertaine et laissée à la volonté d'un tiers, ne peut avoir aucun effet, ce que la cour d'appel a pu juger sans violer aucune loi, et en se conformant même au vœu de toutes les législations qui se sont succédées, notamment à la législation actuelle ;

» La cour, sans s'arrêter à la fin de non-recevoir, rejette le pourvoi.... »]]

XVIII. En matière de legs, on ne doit pas regarder comme *personnes incertaines* celles qui sont désignées par des expressions communes à plusieurs individus, mais dont le sens peut-être fixé par une condition qui doit arriver dans un certain temps.

Par exemple, si *je donne et lègue à la personne qui se trouvera être à mon service le jour de mon décès, la somme de...,* je fais par-là une disposition qui a pour objet une personne incertaine au moment où je dispose ; mais cette incertitude sera déterminée à l'instant où je viendrai à mourir ; et c'est la personne qui sera alors à mon service, que je serai censé avoir appelée.

La seule difficulté que présentent communément ces sortes de legs, consiste à savoir quels sont ceux qui doivent en profiter. On trouvera à l'article *Révocation de legs,* § 2, n° 11-6°, un arrêt du parlement de Paris qui se rapporte à cette question.

XIX. Les témoins testamentaires sont-ils capables de legs ?

Nulle difficulté là-dessus dans le droit romain. La loi 20, D. *qui testamenta facere possint* : *Qui testamento heres instituitur, in eodem testamento testis esse non potest*: Quod in *Legatario* in eo qui tutor scriptus est contra habetur, hi enim testes possunt adhiberi si aliud eos nihil impediat. Le § 11, Inst. *de testamentis ordinandis,* déclare, par la même raison, qu'on peut léguer à ceux qui sont sous la puissance des témoins testamentaires ; *et multo magis his qui in eorum potestate sunt, vel qui eos habent in potestate; hujusmodi licentiam damus.* Cette décision est fondée, suivant le même paragraphe, sur ce que les Légataires *non juris successores sunt.*

Plusieurs de nos coutumes, au contraire, déclarent les témoins inhabiles à recevoir des legs. Tels sont Paris, art. 289; Normandie, art. 412; Senlis, art. 173; Nivernais, chap. 33, art. 12; Orléans, art. 289; Vitry, art. 102; Troyes, article 97; Saint-Quentin, art. 21; Amiens, art. 55, Vermandois, art. 58; Reims, art. 289; Péronne, art. 162; Tours, art. 321; Châlons, art. 97; Melun, art. 245; et Mantes, art. 153.

Ce qui a déterminé ces coutumes à décider de la sorte, et qu'elles se sont beaucoup relâchées sur le nombre des témoins qu'exigeait le droit romain pour la validité des testamens. En effet, puisqu'on se contente de deux ou trois témoins, tandis que les Romains en demandaient sept, et quelquefois huit, d'exiger qu'ils soient à l'abri de tout reproche et sans intérêt. Et comme cette raison est générale pour tous les pays coutumiers, on n'a jamais dû balancer à étendre les dispositions dont elle a été le motif, aux coutumes muettes. Aussi Beaumanoir écrivait-il en 1275 : « Il faut qu'ils (les testamens) soient témoignés » par deux loyaux témoins, sans suspicion, et » qu'ils soient tels qu'ils n'aient nul profit au tes- » tament ; car s'ils attendaient y avoir profit, leur » témoignage ne vaudrait rien » : et par conséquent, pouvons-nous ajouter, le testament entier serait nul ; ainsi, le legs fait à un témoin, n'est pas seulement nul et caduc, il vicie encore l'acte entier qui le renferme, ce qui est particulier à cette espèce d'incapacité.

Quoique cette doctrine soit puisée dans les vrais principes, et fondée sur la raison même, on n'a pas laissé de s'en écarter quelquefois.

Dumoulin, sur l'art. 46 de l'ancienne coutume de Paris, qui défendait aussi aux témoins de recevoir des legs, dit qu'il faut en excepter les legs modiques; et il y a dans le *Journal du Palais*, un arrêt du 29 mars 1677, rendu à la grand'chambre du parlement de Paris, sur les conclusions de M. Talon, qui a confirmé un testament avec le legs d'un tableau que le testateur y avait fait à l'un des témoins.

Ricard en rapporte un semblable du 15 mai 1648, intervenu dans la coutume de Vitry.

La même question s'étant présentée au conseil souverain de Brabant, en 1644, il fut jugé, suivant Stockmans, que le legs fait au Légataire, était nul, mais que le reste du testament devait être exécuté.

L'ordonnance de 1735 a fixé la jurisprudence sur ce point. « A l'égard des Légataires universels » ou particuliers (porte-t-elle, art. 43), ils ne » pourront être témoins que pour l'acte de sus-» cription du testament mystique dans les pays où » cette forme de tester est reçue. »

L'art. 47 ajoute que toutes les dispositions de cette loi *qui concernent..... les qualités des té-moins, seront exécutées à peine de nullité.* Nous devons donc regarder les témoins comme absolument et indistinctement incapables d'être Légataires ; et, ce qu'il y a de remarquable, cette décision n'a pas moins lieu pour les pays de droit écrit que pour les pays coutumiers.

L'art. 975 du Code civil porte également : « Ne » pourront être pris pour témoins du testament » par acte public, ni les Légataires, à quelque » titre qu'ils soient, ni leurs parens ou alliés jus-» qu'au quatrième degré inclusivement. »]]

Il faut cependant remarquer avec Ricard, « que » si, le testament avait été passé en présence de » trois témoins dans une coutume qui n'en dési-» rât que deux, et que l'un de ces témoins eût été » fait Légataire, le testament et même le legs par-» ticulier au profit de l'un des témoins, ne lais-» seraient pas d'être bons et valables, parce que, » lorsque la coutume a dit que les témoins em-» ployés en un testament ne doivent pas être Lé-» gataires, elle n'a parlé que du nombre de ceux » à requis pour la solennité de l'acte ; et pour le » surplus, leur signature n'étant pas de l'essence » du testament, elle ne peut avoir d'effet contre » eux que pour les convaincre qu'ils étaient pré-» sens lorsqu'il a été fait ; ce qui ne les rend point » incapables de profiter des dispositions faites en » leur faveur. »

[[Observons encore avec le même auteur, que si, les témoins ne sont pas intéressés individuellement, *ut singuli*, mais seulement comme membres d'une communauté, *ut universi*, le testament dont ils assurent l'authenticité par leur présence, doit être exécuté. Telle est, en effet, la conséquence de la règle, *quod universitati debetur, sin-*

gulis non debetur, (Loi 7, § 1, D. *quod cujus-cumque universitatis.*) Et voilà pourquoi un arrêt du 3 mars 1654 a ordonné l'exécution d'un testament reçu par un notaire en présence de témoins de Nogent-le-Rotrou, quoiqu'il contînt un legs universel au profit des habitans de la même ville, pour y établir un collége.

C'est par un principe semblable, que, dans les pays où, avant le Code civil, les curés étaient considérés comme officiers publics, à l'effet de recevoir des testamens, on tenait pour valable le testament dans lequel il y avait des dispositions en faveur de l'église du curé qui le recevait, quoique celui-ci dût, en sa qualité, profiter des fruits du legs. Telle était la doctrine de Ricard, part. 1, n° 554 ; et sur ce principe, un arrêt du parlement de Paris, rendu au mois de février 1746, sur les conclusions de M. d'Ormesson, avocat général, avait ordonné l'exécution du testament du sieur Chevry de Vimbré, qui avait légué 30 livres de rente à la fabrique de Joui-le-Châtel, à la charge d'un service annuel, pour lequel il serait donné 10 livres chaque année au curé, ministre du testament, et à ses successeurs.

[[*V.* mon *Recueil de Questions de droit,* au mot *Testament,* § 14.]]

XX. Le Légataire qui a écrit lui-même la disposition faite en sa faveur, est incapable de la recueillir. Cette règle générale, qui a aussi lieu pour les institutions d'héritier, a été établie par le sénatus-consulte Libonien. En voici le développement.

D'abord, il est constant qu'elle s'applique aussi bien aux dispositions faites par codicilles, qu'à celles qui sont contenues dans des testamens. La loi 15, D. *ad legem Corneliam de falsis,* y est formelle.

En second lieu, l'incapacité du Légataire ne cesse point, quoiqu'il paraisse que le testateur a dicté lui-même la disposition, et qu'il a ordonné au légataire de l'écrire : c'est ce que décident les lois 14 et 19 du titre qu'on vient de citer, ainsi que les lois 2 et 3, C. *de his qui sibi adscribunt in testamento.*

Troisièmement, les dispositions faites par des soldats, ne sont pas moins sujettes au sénatus-consulte Libonien que celles des autres. La loi 5. C. *de his qui sibi adscribunt in testamento,* en contient une décision expresse : *Quod adhibitus ad testamentum commilitonis scribendum, jussu ejus servum tibi adscripsisti, pro non scripto habetur : et ideo id legatum petere non potes.* La loi dernière, D. *de his quæ pro non scriptis habentur,* décide précisément la même chose.

Quatrièmement, la peine introduite par le sénatus-consulte Libonien a aussi lieu relativement aux époux entre eux ; témoin la loi 5, C. *de his qui sibi adscribunt in testamento,* dont voici les termes : *Quæ in testamento uxoris maritus sua manu legata sibi adscripserit, pro non scriptis habeantur.*

C'est une question s'il ne faut pas excepter de cette disposition les testamens conjonctifs et réciproques entre personnes mariées ? Perez et Corvin, sur le Code, soutiennent la négative : selon eux, un pareil acte écrit par le mari, ne vaut qu'en faveur de la femme, *et vice versa*. Mais Catellan atteste que le parlement de Toulouse s'est fait là-dessus une jurisprudence contraire à l'opinion de ces auteurs.

Du reste, cette question ne peut plus être d'aucun usage parmi nous, depuis que l'ordonnance de 1735 a abrogé les testamens conjonctifs.

Cinquièmement, la loi 10, D. *de lege Cornelia de falsis*, porte que la disposition écrite par un fils de famille en faveur de son père ou de ses frères, soumis comme lui à la puissance de leur père commun, n'est pas moins nulle que si elle était faite à son profit singulier, *quia hujus rei emolumentum ad patrem dominumve pertinet, ad quem pertineret, si filius servusve sibi adscripsisset*. Mais, par la raison contraire, une mère qui n'a jamais ses enfans sous sa puissance, peut recueillir le legs qu'un d'eux a écrit en sa faveur : *Et cum matri filius adscripserat, divi fratres rescripserunt, cum jus, sutestatoris hoc scripsit impunitum evenisse, matremque capere posse.* Ce sont les termes de la loi 11, § 1, du titre cité.

Sixièmement, il est évident, parce qu'on vient de dire, que les legs écrits par un père en faveur du fils qu'il a en sa puissance, n'est pas plus valable que si le fils l'avait écrit pour lui-même. C'est ce qui résulte de la loi 14 du même titre, aux mots *Prohibemur nobis vel his quos in potestate habemus adscribere legatum*; et c'est ce qu'a jugé un arrêt du parlement de Provence, de l'année 1645, rapporté par Duperrier, tome 3, quest. 14.

Mais si le fils était émancipé, le legs serait valable, parce que le père ne pourrait en tirer aucun profit. La loi 22, § 2, D. *de lege Cornelia de falsis*, justifie cette assertion : *Sed et si emmancipato filio adscribit, recte id faciet*. De Cormis et Brillon présentent l'arrêt que nous venons de citer, comme contraire à cette loi ; c'est une méprise : les défenses que Duperrier a fournies lors de cet arrêt, prouvent que le fils n'était pas émancipé.

La disposition du sénatus-consulte Libonien admet plusieurs exceptions.

La première a lieu du reste, lorsque le testateur confirme lui-même le legs écrit par le Légataire. Mais faut-il de sa part une confirmation spéciale, ou suffit-il qu'en termes généraux il déclare approuver tout le contenu de son testament ?

On distingue, à cet égard, les legs faits par un père à des enfans non émancipés, et par un maître à ses esclaves, d'avec les legs faits à des étrangers.

Il suffit, par rapport aux premiers, que le testateur déclare en général avoir dicté et approuvé les dispositions de son testament, parce que l'obéissance aveugle que doivent les enfans non émancipés à leur père et les esclaves à leur maître, est pour eux un titre d'excuse (1).

Il en est autrement des dispositions faites en faveur d'un étranger qui a écrit le testament ; elles ne sont valables qu'autant que le testateur les a écrites lui-même, ou qu'il a reconnu spécialement les avoir dictées. La loi, § 8, D. *de lege Cornelia de falsis*, établit nettement cette différence. *Inter filium et servum et extraneum testamentum scribentes hoc interest, quod in extraneo si specialiter subscriptio facta est, quod illi dictavi et recognovi pœna cessat et capi potest. In filio vel servo, vel generalis subscriptio sufficit et ad pœnam evitandam et ad capiendum.*

Il y a même des auteurs qui exigent, par rapport à un étranger, que la reconnaissance spéciale soit consignée dans l'acte qui contient la disposition, et à les entendre, il ne suffirait pas qu'elle fût faite dans un codicille postérieur. C'est, ajoutent-ils, ce que décide la loi 2, C. *de his qui sibi adscribunt*, en ces termes : *Si testator codicillis quos scripsisti, legatum quoque seu fideicommissum reliquisse tibi sua manu adscripsit, non videris in pœnam senatus-consulti incidisse. Quod si testamentum dictasse codicillis significavit, legato quidem fideicommisso abstinere debes.*

[[Mais il est aisé de voir que cette loi ne dit pas dans sa seconde partie, ce que ces auteurs lui font dire. Déclarer dans un codicille, qu'on a dicté soi-même le testament qui l'a précédé, c'est bien confirmer le testament en termes généraux ; mais ce n'est pas le confirmer spécialement le legs qui y est porté en faveur de l'écrivain de cet acte. Ce n'est donc pas parce que la reconnaissance du testateur est hors du testament, que la loi citée n'y a aucun égard ; c'est uniquement parce que cette reconnaissance n'est pas spéciale.

Du reste, il n'est pas toujours facile de discerner, en cette matière, une reconnaissance spéciale d'avec une reconnaissance générale ; et il est des cas où là-dessus les juges n'ont d'autre règle à consulter que leur conscience.

Le 14 août 1760, la dame Serinet dépose entre les mains de Largnaut, notaire, un testament par lequel, après avoir institué les sieurs Willemeaux et Bachelu, ses héritiers, avec substitution et préciput, au profit du sieur Bachelu, d'une somme de 200,000 livres, elle fait au sieur Cuinet, notaire, un legs de 25,000 livres.

En mars 1770, le sieur Cuinet, agissant comme particulier, écrit, sous la dictée de la dame Serinet, un codicile qui modifie le testament en plusieurs points, et notamment ajoute au legs qu'elle lui avait d'abord fait par cet acte, celui du domaine de Raynaut, d'une valeur beaucoup plus considérable. Immédiatement après cette dernière disposition, la testatrice prend elle-même la plume, et écrit ces mots : *j'approuve et veux l'exécution de tout ce que je donne audit sieur*

---

(1) Et cependant la loi dernière. C. *de his qui sibi adscri-*

---

bunt, veut qu'un esclave ne puisse profiter de la liberté qui lui a été léguée par son maître dans un testament qu'il a écrit, à moins que le testateur n'ait reconnu spécialement le legs.

Cuinet, tant par mon testament ci-dessus énoncé qu'en mon présent codicille. Et le 13 décembre suivant, le sieur Cuinet dresse, comme notaire, l'acte de suscription qui donne à ce codicille la forme mystique.

En 1777, la dame Serinet fait devant le notaire Cahuet un nouveau codicille, qui confirme les legs dont elle a précédemment gratifié le sieur Cuinet.

Elle meurt en janvier 1782.

Le sieur Willemeaux attaque le legs que contient au profit du sieur Cuinet le codicille du 13 décembre 1770; et soutient que le sieur Cuinet l'ayant écrit lui-même, il doit, par cette seule raison, être déclaré incapable de le recueillir.

Le 7 floréal an 11, arrêt de la cour d'appel de Besançon qui maintient le legs,

« Attendu que le notaire Cuinet, pour avoir coopéré à la rédaction de la carte intérieure, n'a rien fait de contraire au lois, rien fait qui ne soit permis et légitime, au moyen de la confirmation mise par la dame Serinet; que, dès-lors, il n'est pas pour cela devenu, sous sa qualité de notaire, suspect et incapable de recevoir l'acte de suscription d'un codicille dont il avait écrit, comme simple particulier, la carte intérieure; qu'aucune loi ne lui faisait défense de recevoir cet acte de suscription; qu'on ne peut suppléer au silence des lois, ni créer des nullités qu'elles n'ont point précisées;

» Que, si l'ordonnance d'Orléans porte défense aux curés et vicaires de recevoir aucun legs des personnes dont ils écrivent les testamens; cette défense n'est pas étendue aux notaires; qu'il y a d'ailleurs une grande différence à faire entre les curés et les notaires, et bien moins à craindre d'un notaire que d'un confesseur;

» Que le codicille de 1770 et le legs fait au notaire Cuinet dans ce codicille, se trouvent équivalemment répétés, confirmés et étendus dans un codicille postérieur de la dame Serinet, celui de 1777, qui est reçu par le notaire Cahuet, et auquel on ne reproche aucun défaut de forme; ce qui est un nouveau motif, quoique surabondant, de confirmer le codicille de 1770 dans toutes ses dispositions. »

Les demoiselles Willemeaux, héritières de leur père, mort dans le cours de l'instance, se pourvoient en cassation contre cet arrêt.

M. Pons portant la parole sur cette affaire à l'audience de la section des requêtes, a dit en substance que la loi 2, C. de his qui sibi adscripserunt, valide le legs fait au profit du scribe d'un testament, lorsque le testateur le confirme lui-même spécialement de sa propre main; qu'il ne s'agissait donc plus que de savoir si l'on pouvait regarder comme une confirmation spéciale, la déclaration écrite dans le codicille de 1770 de la main de la dame Serinet; mais que cette question étant toute de fait, le jugement qui l'avait décidée pour l'affirmative, ne pouvait, sous aucun rapport, donner prise à la cassation.

Par arrêt du 26 février 1806, au rapport de M. Oudot,

« Attendu que s'il est vrai qu'aux termes de la loi romaine, loi territoriale de la Franche-Comté, le scribe d'un testament ne peut être institué Légataire par ce même testament, il est également certain, et d'après la même loi, que le legs est valable, si le testateur déclare et écrit de sa main qu'il le confirme, pourvu néanmoins que la confirmation ne soit pas générale, mais spéciale, et, comme le dit Dumoulin in forma dispositiva;

» Attendu que, dans l'espèce, il existe une confirmation du legs dont il s'agit, confirmation écrite de la main de la testatrice; qu'ainsi, la question à juger par la cour de Besançon, se réduisait au point de savoir à laquelle des deux classes, qui viennent d'être indiquées, appartenait cette confirmation, c'est-à-dire, si elle était générale ou spéciale;

» Attendu qu'une question de cette espèce, ne devant et ne pouvant se décider que d'après le sens et l'énergie des termes dont s'est servi le testateur, la décision, quelle qu'elle soit, ne peut jamais présenter une contravention expresse à la loi;

» Attendu que ces motifs écartent tous les moyens invoqués par les demanderesses;

» La cour rejette..... »]]

La seconde exception est lorsque celui qui écrit le legs, n'en doit tirer aucun avantage. On en a déjà donné des exemples dans le fils qui écrit un legs pour sa mère, dans le père qui en écrit un pour son fils émancipé. La loi 11, D. de Leg. Cornelia de falsis, nous en fournit un autre en décidant qu'un père peut écrire un testament militaire, par lequel on dispose en faveur du fils soldat qu'il a sous sa puissance, parce que celui-ci doit en profiter seul. La loi 18 du même titre déclare pareillement qu'une femme peut recueillir le legs que lui a fait un étranger, quoiqu'il ait été écrit par son mari. La loi 10 va plus loin: elle décide que la disposition faite en faveur d'un tiers étranger, ne laisse pas de demeurer valable, lorsqu'après le testament, le Légataire tombe sous la puissance de l'écrivain de cet acte.

La troisième exception est marquée dans la loi 15, §. 6, du même titre: le testateur institue deux héritiers, et les charge de fidéicommis envers l'écrivain pour le cas où ils viendraient l'un et l'autre à décéder sans enfans: dans cette espèce, le fidéicommis est valable.

La quatrième est pour les impubères. La loi 22 du même titre porte formellement que impuberem in hoc edictum indicere dicendum non est.

La cinquième, qui est établie par la loi 1, C. de his qui sibi adscribunt, a lieu lorsqu'un fils unique, quoique émancipé, écrit lui-même le testament par lequel son père l'institue héritier, parce qu'il doit succéder indépendamment de l'institution. On sent par cette raison, qu'il en serait autrement si le testateur avait plusieurs enfans,

23

et que celui d'entre eux qui écrirait ses dernières volontés, se trouvât avantagé. Cela résulte d'ailleurs de la loi 14, D. *de Lege Cornelia de falsis.* Enfin, la loi 22, C. *de testamentis,* déclare valable le legs fait à celui que le testateur a chargé de rédiger et dicter le testament, parce que le sénatus-consulte Libonien ne prononce la nullité que contre l'écrivain de la disposition, et que les peines ne doivent pas être étendues d'un cas à l'autre.

Du reste le sénatus-consulte Libonien n'avait pas été fait pour les testamens purement nuncupatifs, pas même pour celui dont l'héritier ou Légataire retenait un mémoire par écrit, parce que ce n'était pas ce mémoire, mais la résomption des témoins, qui le faisait valoir.

Telles sont les principales décisions du droit romain, touchant l'incapacité de l'écrivain d'un testament, d'être héritier ou Légataire. L'ordonnance de 1735 n'y a rien changé.

« Comme elle permet (dit Furgole), par l'article 9, au testateur, de faire écrire sa volonté consignée dans un testament solennel et mystique, tout ce qui est ordonné par les lois romaines, au sujet des personnes qui écrivent les dispositions testamentaires, devra être observé dans les pays de droit écrit (1), comme avant cette ordonnance.

» Mais comme elle veut, par l'art. 5, que le notaire écrive lui-même les testamens nuncupatifs, dans cette espèce de testament, la disposition du sénatus-consulte Libonien ne peut avoir lieu qu'à l'égard du notaire qui aurait écrit en sa faveur des legs ou d'autres libéralités ; et non pour les autres personnes qui auraient écrit ces testamens, ou dans les testamens olographes, parce que, dans ce cas, si tout autre que le notaire ou le testateur avait écrit le testament, il serait nul et imparfait.

» Par la même raison, nous croyons que, dans les pays coutumiers, où ces testamens doivent nécessairement être écrits, soit par l'un des notaires, suivant l'art. 23 de l'ordonnance de 1735, soit par le testateur, quand il fait une disposition olographe, selon l'art. 20, la peine de Libonien ne peut point y avoir lieu, excepté si le notaire touchait dans le testament qu'il a écrit, des dispositions en sa faveur, parce que, hors de ce cas, le testament serait nul et imparfait pour la forme. »

Ce que dit ici Furgole de l'assujétissement des officiers publics qui reçoivent les testamens, à la peine du sénatus-consulte Libonien, est conforme à nos lois. L'art. 27 de l'ordonnance d'Orléans porte que *les curés, vicaires et gens d'église ne pourront recevoir les testamens et dispositions de*

dernière volonté, èsquels aucune chose leur serait donnée ou léguée. L'art. 63 de l'ordonnance de Blois confirme et interprète cette disposition : *pourront les curés et vicaires recevoir les testamens et dispositions de dernière volonté, encore que par iceux y ait legs à œuvres pies, saintes et religieuses, pourvu que les legs ne soient faits en faveur d'eux ou de leurs parens.*

Ces textes ne parlent point des notaires ni des autres officiers autorisés à recevoir les testamens ; mais leur silence ne doit point nous faire croire que ceux-ci aient été regardés par nos législateurs comme capables d'écrire eux-mêmes des legs en leur faveur : il est bien plus raisonnable, dit Ricard, de présumer qu'il n'y avait personne au temps de ces lois qui doutât du contraire, et « que » la difficulté restait seulement à l'égard des curés » et des vicaires qui se prétendaient exempts de » cette prohibition, à cause de la faveur qui ac- » compagne leur ministère, qui a été le sujet pour » lequel ces deux ordonnances ont été faites. »

Les provinces belgiques ont, sur ce point, une loi qui confirme l'interprétation de Ricard ; c'est l'édit perpétuel de 1611, dont l'art. 12 porte : *Ils* (les témoins) *seront interpellés* (de signer) *par les* NOTAIRES, *curés ou vice-curés, auxquels nous défendons de recevoir èsdits testamens qui se passeront par-devant eux, aucunes donations ou légats à leur profit ou de leurs parens, jusqu'au quatrième degré, selon supputation du droit civil inclusivement.*

Cet édit et l'ordonnance de Blois étendent d'une manière très-sensible la disposition du sénatus-consulte Libonien. On a vu plus haut que les lois romaines laissaient subsister les legs écrits par un fils émancipé au profit de son père, par un père au profit de son fils émancipé, par un frère au profit de son frère dégagé comme lui des liens de la puissance paternelle, en un mot, par tous ceux qui ne devaient recueillir, ni par leurs propres mains, ni par le ministère des personnes soumises à leur puissance, ou à celle qui les liait eux-mêmes, les dispositions dont il s'agissait. Les lois françaises et belgiques sont plus sévères : elles annullent toutes les libéralités écrites par les curés et les notaires en faveur de leurs parens ; et comme il n'y a ni curé ni notaire qui ne soit émancipé ; du moins en pays coutumier, il est clair que la puissance paternelle ne doit être d'aucune considération en cette matière, et qu'il faut seulement faire attention à la qualité de parent.

Il paraît cependant que le pays de droit écrit suivent encore la jurisprudence que les juriscon- sultes romains avaient établie sur cette matière : c'est ce qui résulte d'un arrêt du parlement de Provence, du 16 janvier 1679, rapporté dans la *suite de Boniface,* qui a confirmé un testament fait au profit de la belle-mère du notaire. Chorier sur Guy, Pape, nous a pareillement conservé un arrêt du parlement de Dauphiné, du 16 décembre 1654, qui déclare valable un legs de 600 liv. fait à la fille du notaire qui avait écrit le testa-

---

(1) Et dans la coutume de Valenciennes. Voyez au mot *Testament,* sect. 2, §3, art. 3, n° 4, l'art. 115 de cette loi mu- nicipale et une déclaration du 19 décembre 17

ment : on considéra, suivant cet auteur, que la testatrice avait ordonné de conserver à la fille les intérêts de la somme léguée, ce qui empêchait le père d'en tirer aucun profit. Cette décision est, comme on le voit, calquée sur un texte cité plus haut, qui permet à un père d'écrire un legs fait à son fils soldat par un de ses camarades, parce que ce legs doit entrer dans le pécule castrense, sur lequel le père n'a aucun droit à exercer.

[[On peut encore voir là-dessus les articles *Notaire*, § 5, nº 4 et 5 ; et *Témoin testamentaire*, § 2, nº XI-16º.

Mais aujourd'hui, plus de différence sur cette matière entre les diverses parties de la France. L'art. 8 de la loi du 25 ventose an 11, sur le notariat, porte que « les notaires ne pourront rece- » voir des actes dans lesquels leurs parens ou » alliés, en ligne directe à tous les degrés, et en » collatérale jusqu'au degré d'oncle ou de neveu » inclusivement, seraient parties, ou qui contien- » draient quelque disposition en leur faveur. » Et l'art. 68 ajoute que tout acte fait en contravention à cette défense, sera nul comme acte public, et ne pourra valoir, s'il est signé de toutes les parties, que comme acte sous seing-privé.]]

On a mis en question si la peine du sénatus-consulte Libonien doit avoir lieu contre celui qui dresse le projet ou la minute d'un testament.

La négative paraît assez constante dans le droit romain. C'est mal à propos, dit Furgole, que les auteurs ont prétendu « que la disposition était » nulle, quand la minute ou le mémoire se trouve » écrit de la main de l'héritier ou du Légataire, » quoique l'original soit écrit d'une autre main : » car, aux termes de la loi 6, D. *de lege Cornelia* » *de falsis*, on ne tombe pas dans la prohibition du » Libonien, que quand il s'agit d'un testament » écrit, revêtu de toutes les formalités de droit : » *hoc tamen tunc verum est cum testamentum* » *perfectum erit : cæterum si non signatum fue-* » *rit, magis est ut senatus-consulto locus non sit.* » C'est donc contre le droit qu'on veut étendre le » Libonien au cas où le testament n'est pas par- » fait, et que le mémoire ou la minute en ont été » écrits par le Légataire ou par l'héritier : car » alors le testament ne vaut pas en vertu de ce » mémoire ou de la minute, mais en vertu de la » rédaction qui a été faite par le notaire sur la » minute dressée auparavant. C'est ainsi que l'a » décidé Bartole, et que le parlement de Tou- » louse l'a jugé, par un arrêt rapporté par Al- » bert. »

Il est vrai qu'on trouve dans le Commentaire d'Anselmo sur l'édit perpétuel de 1611, un arrêt du conseil souverain de Brabant, du 5 novembre 1618, par lequel un avocat qui avait rédigé le projet d'un testament, fut condamné à 100 florins d'amende, et privé du legs que lui avait fait le testateur.

Il est vrai encore que Cuvelier nous a conservé une décision semblable dans son Recueil d'arrêts du grand conseil de Malines ; voici en effet com-

ment il s'explique : « Sur ce que le procureur- » général du conseil de Brabant, M. Henri Flo- » rius, comme aussi Floris Wanwaure, auxquel » messire Antoine, comte d'Hoostraten, avait, » par son testament, fait quelques legs, soute- » naient iceux être valables, nonobstant que l'un » avait minuté, et l'autre écrit au net le testament » en question, ils ont, à la poursuite de messire » Charles, comte dudit Hoostraten, été déchus » de leurs legs par arrêt du mois de mai 1616 : ce » qui est notable particulièrement à l'égard dudit » Wanwaure qui était au service du testateur, » auquel le commandement de son maître servait » d'excuse. »

[[Mais ces arrêts ne peuvent pas avoir jugé, en point de droit, que le seul fait d'avoir dressé le projet d'un testament, forme contre le Légataire un titre d'incapacité et de déchéance ; et tout porte à croire que ce fait n'a influé sur leur décision, qu'autant qu'ils l'auront considéré, d'après d'autres circonstances, comme une présomption grave de la suggestion exercée sur le testateur.]]

XXI. La qualité d'exécuteur testamentaire ne forme point d'incapacité pour recevoir un legs. C'est ce que décide Basnage sur l'art. 430 de la coutume de Normandie ; et tel est l'usage de tous les pays.

§ III. *Quel temps faut-il considérer pour savoir si un Légataire est habile ou incapable ?*

I. Il est constant, aux termes du droit romain, que le Légataire doit être habile au temps de la confection du testament ou du codicille. En effet, la règle de Caton veut que le legs qui serait nul si le testateur venait à décéder immédiatement après avoir testé, ne puisse pas être validé par les événemens qui peuvent survenir avant son trépas. C'est ce que nous apprend la loi 1, D. *de regula Catoniana*. Or, le legs fait à une personne qui serait incapable au temps du testament, n'aurait certainement aucun effet, si le testateur mourait alors ; il est donc impossible qu'il devienne valable par la capacité postérieure du Légataire Cette raison seule prouve qu'il faut considérer le temps du testament, pour savoir si une personne est habile ou incapable de recueillir un legs ; et c'est ce que justifie encore la loi 59, § 4, D. *de heredibus instituendis*, qui, en même temps, déclare que l'espace intermédiaire entre le testament et le décès du testateur, est tout à fait indifférent en cette matière. Les termes de ce texte sont remarquables : *Si heres institutus* SCRIBENDI TESTAMENTI TEMPORE *civis Romanus fuit, deinde ei aqua et igni interdictum est, heres fit, si intra illud tempus quo testator decessit, redierit, aut si sub conditione heres institutus est, quo tempore conditio existit.* IDEM ET IN LEGATIS.

On ne peut concevoir rien de plus décisif que ces autorités ; cependant il y a des interprètes qui soutiennent qu'il faut seulement considérer si le

Légataire est capable au temps de la mort du testateur. Ils se fondent sur la loi 3, § 2, D. *de jure fisci*; sur la loi 19, D. *de rebus dubiis*; et sur la loi 24, D. *de legatis præstandis*. Voyons ce que disent ces textes.

Il s'agit, dans la loi 55, § 2, D. *de jure fisci*, d'un fidéicommis tacite, c'est-à-dire d'une libéralité faite par l'interposition d'une personne capable, à une personne qui ne l'est pas. Comme le droit romain adjuge au fisc toutes les dispositions frauduleuses de cette espèce, on demande s'il faut en cela considérer le simple projet de fraude ou l'événement? La loi répond qu'il ne faut faire attention qu'à l'événement; en sorte que le fisc n'a rien à prétendre, si celui qui doit recueillir le fidéicommis tacite, se trouve capable lors du décès du testateur : *Quando autem fraus interposita videatur, agendum est : id est, utrum exitus spectari deberet, an consilium, forte si tunc cum tacite fidei committebatur, non capiebatis cui restitui jubebatur : mortis vero tempore capere poterat, vel contra; et placuit exitum esse spectandum.* Mais, comme on le voit, cette loi ne décide pas si le fidéicommis dont elle parle, est valable à l'égard des héritiers; elle se borne à dire que le fisc ne peut pas y prétendre : ce cas est donc tout-à-fait particulier, et la solution n'en est fondée que sur la défaveur des confiscations.

La loi 19 D. *de rebus dubiis*, veut seulement que l'on considère le temps de la mort du testateur, pour savoir quels sont ses parens, et en conséquence quels sont ceux qui doivent prendre part à un legs qu'il a fait à sa famille. On sent qu'il n'y a aucune analogie entre ce cas et la question de savoir si c'est à l'époque du testament qu'il faut être capable de recueillir un legs.

La loi 24 D. *de legatis præstandis*, n'a encore rien de commun avec la capacité des Légataires; l'espèce en est très-simple. Lorsque, dans le droit romain, un testament était détruit par la demande en possession des biens *contra tabulas*, on ne laissait pas de conserver les legs faits aux enfans et aux parens du testateur. Il fut question de savoir si, pour jouir de cette faveur, il suffisait d'avoir été au nombre des enfans ou des parens à l'époque de l'ouverture de l'hérédité; et la loi dont il s'agit prononça pour l'affirmative. *Intervenit illa quæstio, quando numero liberorum esse debet is cui legatum datum est, ut id ferre possit a filio contra tabulas bonorum possessionem accipiente. Et placet sufficere in ea necessitudine tunc esse quando dies legati cedit.* On voit que ce n'est pas la capacité, mais la qualité d'enfant que l'on considère ici; et certainement on ne peut pas appliquer à l'une ce qui n'est établi que par rapport à l'autre.

Il faut donc tenir pour constant que les lois romaines exigent du Légataire qu'il soit capable de recevoir par testament lors de la confection de cet acte; et telle est incontestablement la jurisprudence de tous les pays gouvernés par le droit écrit, et même des pays coutumiers où ce droit

est regardé comme loi subsidiaire. *Si maritus ultrajectinus*, dit Voët, *uxori mobilia contra statutum testamento reliquirit, ac deinceps translato in Hollandiam domicilio moriatur, non convalescit legatum, cum et hic verum sit uxorem testamenti conditi tempore bonorum mariti mobilium ex lege ultrajectina capacem non fuisse.*

En est-il de même dans les pays où les lois romaines ne valent que comme raison écrite?

Ricard soutient la négative :

« Comme nous ne sommes pas (dit-il) attachés à la disposition du droit par une nécessité absolue, mais seulement en tant que nous le trouvons juste et raisonnable, il est bien à propos que nous en laissions la rigueur pour en prendre l'équité et la raison, suivant la pensée même des jurisconsultes, lesquels si, pour abolir, autant qu'il était en leur pouvoir, la règle de Caton, ont estimé qu'elle ne devait avoir lieu que pour l'ancien droit, et non pas à l'égard du nouveau, combien avons-nous plus de raisons de ne la point admettre du tout dans notre jurisprudence, puisqu'elle est absolument séparée de la leur, et beaucoup plus que le nouveau droit n'était distinct de l'ancien?

» Aussi, la personne d'un Légataire n'est considérable pour la perfection d'un testament que lors de l'échéance du legs...; la prévoyance du testateur n'ayant lieu que pour l'avenir et pour le temps auquel il a voulu que sa volonté eût effet..., de sorte que, quand le Légataire serait incapable au temps que le testament a été fait, on doit présumer que le testateur a prévu que le Légataire pouvait acquérir sa capacité dans le temps qui devait s'écouler jusqu'à l'exécution du testament, tous ses soins et sa volonté dans cet ouvrage n'étant attachés qu'à la considération du temps futur, et non pas de celui auquel il agit; en ne voulant donner qu'après sa mort, et non pas au temps auquel il fait son testament, le legs, à proprement parler, n'a son commencement, ou du moins sa perfection à l'égard du Légataire, que quand il a son effet. *Non enim videntur data quæ eo tempore dantur, accipientis non fiunt.* Loi 127, D. *de regulis juris.* »

Bourjon dit pareillement que « la capacité de » Légataire au temps de l'échéance du legs, est » suffisante. Tel est (ajoute-t-il), l'esprit de » la loi, qui n'a voulu priver qu'un incapable, et » non celui qui a cessé de l'être. »

Lemaître, sur la coutume de Paris, tit. 14, et l'annotateur de Bourjon soutiennent, au contraire, que le Légataire ne peut recueillir la disposition faite en sa faveur, qu'autant qu'il en a été capable lors du testament.

On peut dire pour cette opinion, que les raisons de Ricard, quelque spécieuses qu'elles soient, ne prouvent rien, parce qu'elles prouvent trop : en effet, il en résulterait que le testateur lui-même n'aurait pas besoin d'être habile à tester dans le temps où il dispose, et que la capacité dont il se trouverait revêtu en mourant, réparerait le défaut le plus essentiel de ses dispositions. Cependant Ricard et Bourjon conviennent eux-mêmes du principe contraire ; et l'annotateur de ce dernier cite un arrêt du 31 mars 1678, qui l'a formellement adopté, en déclarant nul un testament passé avant l'âge requis pour faire de pareils actes, quoique le testateur fût décédée après. Est-il, d'après cela, bien conséquent de ne pas exiger du Légataire qu'il soit capable au temps du testament ?

[[Mais, on peut répondre qu'il y a, à cet égard, une grande différence entre le testateur et le Légataire. En effet, lorsque le testateur dispose, il fait un acte positif. Rien donc d'étonnant si la loi, pour reconnaître cette disposition, exige du testateur soit, au moment où il la fait, capable de vouloir et d'émettre l'expression de sa volonté. Mais dans ce même moment, le Légataire ne fait rien ; il ignore même, la plupart du temps, ce que le testateur fait pour lui ; et ce n'est qu'à la mort du testateur qu'il en est, ou qu'il est censé en être informé. Quelle raison y aurait-il donc de ne pas se contenter qu'il soit capable au temps où le testateur vient à mourir.

On convient universellement (comme nous le verrons ci-après, n° 4) que la capacité du Légataire au temps de la mort du testateur, suffirait, si le testateur avait expressément subordonné le legs à la condition que le Légataire fût capable à cette époque. Or, cette condition ne doit-elle pas être sous-entendue dans toute disposition faite au profit d'un incapable, et n'entre-t-elle pas nécessairement dans la pensée de tout testateur qui fait une pareille disposition ?

C'est donc à l'opinion de Ricard qu'il faut revenir ; et elle doit prévaloir, non-seulement dans les pays que l'on appelait ci-devant *coutumiers*, mais encore dans ceux dont les lois romaines formaient le droit commun ou supplémentaire. Car les lois romaines ont été, comme les coutumes, abrogées par le Code civil, qui, du reste, laisse notre question indécise. *V.* l'article *Institution d'héritier*, sect. 3, § 3, n° 5.]]

II. Il résulte assez clairement de tout ce que nous venons de dire, que le Légataire doit être capable au moment du décès du testateur ; et en effet, il n'y a pas un auteur français ou étranger qui élève là-dessus le moindre doute.

III. En est-il de même du temps où le Légataire accepte la disposition faite en sa faveur ?

Oui, répond Voët : car la capacité de l'héritier est bien constamment requise au temps de l'adition ; or, ce qu'est l'adition pour l'héritier, l'acceptation l'est pour le Légataire : *In herede capacitas requiritur tempore aditionis, ac uti heres adeundo re ipsa acquirit universum jus defuncti, ita Legatarius agnitione legatum vere consequitur, sicut in Legatario eadem agnitionis, quæ in herede aditionis ratio sit.*

Mais un raisonnement bien simple détruit cette opinion. La loi 64, D. *de furtis*, prouve que le Légataire acquiert de plein droit, à la mort du testateur, la propriété de la chose que ce dernier lui a laissée. On doit donc le considérer, à l'égard de son legs, du même œil que l'on considère un héritier *sien* par rapport à une succession. Or, un héritier *sien* n'a besoin de l'habileté à succéder que dans deux temps, celui du testament et celui du décès du testateur ; l'époque de son immixtion est tout-à-fait indifférente, parce qu'il est saisi de plein droit de l'hérédité qui lui est déférée. (*V.* l'article *Institution d'héritier*, sect. 5, § 3, n° 2.) Il faut donc dire, par la même raison, que l'incapacité survenue au Légataire dans l'intervalle de la mort du testateur au temps de son acceptation, ne doit pas l'empêcher de recueillir son legs, et que l'habileté n'est requise, à son égard, que lors du testament et du décès de son bienfaiteur.

IV. Il y a même plusieurs cas où l'incapacité, dans ces deux derniers temps, ne forme aucun obstacle au Légataire.

Le premier est lorsque le legs est conditionel : il suffit, en ce cas, que le Légataire soit capable à l'échéance de la condition ; c'est ce qui résulte évidemment de la permission que donnent la loi 63, D. *de heredibus instituendis*, et la loi 51, D. *de legatis* 2°, et de faire des institutions et des legs conditionnels, pour être recueillis quand l'héritier ou le Légataire seront capables.

Il y a cependant des auteurs qui s'élèvent contre cette opinion : ils se fondent sur la loi 59, § 4, D. *de heredibus instituendis* ; mais si ce texte parle de la capacité au temps du testament, ce n'est que par rapport aux dispositions pures ; à l'égard des institutions et des legs conditionnels, il n'exige pas que l'héritier ou le légataire soit habile à d'autres époques qu'à celle de l'échéance de la condition. Il suffit pour s'en convaincre, de bien peser les termes de cette loi, nous les avons rapportés au commencement de ce paragraphe.

Ce qui prouve d'ailleurs que les Légataires conditionnels sont affranchis de la nécessité d'être capables au temps du testament, c'est que la règle de Caton, sur laquelle seule est fondée cette nécessité, n'a pas lieu dans les dispositions conditionnelles ; la loi 14, § 2, D. *de legatis* 1° le porte expressément *Purum Legatum*, dit-elle, *Catona regula impedit, conditionale non ; quia ad conditionalia legata Catoniana non pertinet.* Nous avons cité plusieurs autres textes semblables, aux mots *Institution d'héritier*, sect. 5, § 3, n° 1, [[et à l'article *Conventions matrimoniales*, § 1.]]

Le second cas est lorsque le legs n'échoit point à la mort du testateur, mais seulement à l'adition de l'hérédité. La loi 5, D. *de regula catoniana*, en contient une disposition bien précise : *Regula Catoniana non pertinet ad ea legata quorum dies non mortis tempore, sed post aditam credit hereditatem.* On verra an mot *Legs*, sect. 5, § 1er, quelles sont les dispositions, dont le droit romain recule l'échéance jusqu'au temps de l'acceptation de l'hérédité.

Les troisième cas est pour les legs annuels : ils ont cela de remarquable, qu'il sont dus purement la première année, et conditionnellement les années suivantes. La loi 4, D. *de annuis legatis*, explique très-bien cette particularité : *Si in singulos annos alicui legatum sit; Sabinus, cujus sententia vera est, plura legata esse ait, primi anni purum, sequentium conditionale. Videri enim hanc inesse conditionem si vivat : et ideo mortuo eo, ad heredem legatum non transire.* Il faut donc, pour recueillir le legs de la première année, que le Légataire soit capable au temps du testament et à celui de la mort du testateur ; mais pour jouir des années suivantes, il suffit qu'il soit capable à chaque échéance ; et si sa capacité éprouve des vicissitudes, le legs s'éteindra et renaîtra avec elles. La loi 11 du titre que l'on vient de citer, le décide ainsi en peu de mots : *cum in annos singulos legatur, plura legata esse placet, et per singula legata jus capiendi inspicitur.*

Cette décision n'aurait cependant pas lieu, si le legs annuel était laissé à titre d'alimens ; l'incapacité qui surviendrait au Légataire, ne devrait pas suspendre la perception d'un pareil legs. C'est ce qui résulte de la maxime établie ci-dessus, § 2, nos 8 et 11, qu'on peut laisser des alimens à une personne incapable des effets civils.

§ IV. *De l'acceptation et de la répudiation des Légataires.*

I. Quand un Légataire a toutes les qualités requises pour profiter de la disposition du testateur, il faut encore qu'il remplisse certaines conditions avant d'en recueillir l'effet ; et la première de ces conditions est d'accepter le legs.

Il n'est pas nécessaire que cette acceptation soit expresse : on peut la faire tacitement, comme en formant une demande en délivrance contre l'héritier ou l'exécuteur testamentaire, en se comportant en propriétaire de la chose léguée, etc. (*V.* l'article *Acte d'héritier.*)

II. Lorsque le Légataire n'accepte ni ne répudie, et qu'il s'agit d'un legs auquel des charges ont été imposées par le testateur, celui qui est intéressé à l'accomplissement de ces charges, doit se pourvoir en justice ; et faire ordonner que le Légataire sera tenu d'expliquer son intention précise dans un certain délai.

Il y a, dans le recueil de Bouvot, un arrêt du parlement de Dijon, du 28 juillet 1598, qui juge, en conformité de cette règle, qu'un pupille à qui son ancien tuteur avait fait un legs, à condition que le procès mû entre eux au sujet de l'administration tutélaire, demeurerait assoupi, devait déclarer s'il entendait remplir la condition ou poursuivre le procès.

Furgole rapporte un arrêt semblable rendu au parlement de Toulouse, au mois de février 1726. Il s'agissait d'un legs fait par un tuteur à son pupille, à la charge de ne pas demander le compte tutelaire. L'arrêt ordonne que le Légataire sera tenu de déclarer s'il entend accepter ou répudier la disposition du défunt, *sans pouvoir prétendre, avant toute œuvre, que le compte fût rendu pour délibérer s'il convenait d'accepter ou de répudier le*

[[*V.* l'article *Dot*, § 2, n° 7.]]

Il ne faut cependant pas inférer de là que le droit de libérer n'a point lieu en matière de legs ; il suffit, pour sentir le contraire, de jeter les yeux sur la loi 51, D. *de testamento militis*, et sur la loi 16, D. *de rebus dubiis.*

III. On ne peut jamais être contraint d'accepter un legs : c'est une conséquence nécessaire de la maxime, *beneficium invito non datur.* C'est par cette raison que, quoique régulièrement, un testateur ne puisse pas faire dépendre ses libéralités de la pure volonté d'autrui, néanmoins la condition, *si le Légataire le veut*, ajoutée à une disposition de cette nature, ne la vicie pas, parce qu'elle y est toujours sous-entendue.

Ce principe n'est cependant pas sans exception. Charondas rapporte un arrêt du parlement de Paris, du 9 avril 1596, qui a déclaré nulle la répudiation d'un Légataire chargé de dettes qui excédaient son actif, et a permis à ses créanciers d'accepter en sa place. Cette jurisprudence est reçue dans presque tous les tribunaux français ; mais au parlement de Flandre on se conforme au droit romain, qui le condamne formellement. La loi 6, D. *quœ in fraudem creditorum*, est très-précise là-dessus : *qui autem cum possit aliquid quærere, non id agit ut aquirat, ad hoc edictum non pertinet. Pertinet enim edictum ad diminuentes patrimonium suum, non ad eos qui id agunt ne locupletentur.*

[[Mais *V.* l'article *Héritier*, sect. 2, § 2.]]

Un arrêt du parlement de Paris, du 19 mars 1698, nous fournit une seconde exception à la liberté des acceptations de legs. En voici l'espèce.

Un testateur, qui a trois enfans, fait l'un d'eux son Légataire universel, mais le charge de substitution envers ses enfans, et à défaut d'eux, envers ses frères et leurs descendans.

Après la mort du père, le Légataire universel se voyant seul héritier par la renonciation que ses frères ont faite pour s'en tenir à des donations, prend le parti de renoncer à son legs, et de se déclarer héritier *ab intestat.* Son but est d'anéantir la substitution : mais ses frères, qui sont appelés au cas qu'il vienne à mourir sans enfans, veulent le forcer d'accepter le testament.

La contestation portée aux requêtes du palais, on dit, pour le Légataire, qu'il n'y a rien de plus libre que l'acceptation ou le refus d'une libéralité ; que toutes les fois qu'une charge est apposée à une disposition testamentaire, il dépend absolument de l'héritier institué ou du Légataire, de s'en libérer en répudiant l'institution ou le legs ; que la loi 78, D. *de legatis* 1°, le décide expressément en ces termes : *Fideicommissum quod à Legatario relinquitur, ita demum ab eo debetur, si ad Legatarium pervenerit ;* que l'abdication du legs n'emporte pas seulement la libération du Légataire, mais l'extinction totale de la charge, par la règle, *sublato principali, tollitur accessorium.*

On soutient au contraire pour les frères appelés

à la substitution, que le Légataire ne peut renoncer qu'en se réduisant à sa légitime. Le cas, dit-on, a été prévu dans le droit romain et décidé, faveur du testament. Le titre du Digeste *si quis omissa causa testamenti*, en contient autant de dispositions que de lois : *Prætor*, dit la première, *voluntates defunctorum tuetur, et eorum calliditati occurrit qui, omissa causa testamenti, ab intestato hereditatem partemve ejus possident ad hoc ut eos circumveniant quibus quid ex judicio defuncti deberi; potuit, si non ab intestato possideretur hereditas.* Ainsi, que le fils institué par son père, accepte l'institution, ou se tienne à la qualité d'héritier légitime, la chose est égale pour les Légataires particuliers et les fidéicommissaires, parce que, dans le dernier cas, le préteur leur donne une action pour l'obliger à acquitter les legs et fidéicommis.

Sur ces raisons, sentence par laquelle le testament est confirmé, et le Légataire universel condamner à exécuter la substitution, si mieux il n'aime se contenter de sa légitime, auquel cas l'excédant de la succession sera mis entre les mains de ses frères, qui donneront bonne et suffisante caution de rapporter le principal et les intérêts aux enfans du Légataire universel, en cas qu'il en ait.

Le Légataire appelle de cette sentence; mais elle est confirmée par l'arrêt cité, rendu à la troisième chambre des enquêtes, au rapport de M. l'abbé Pucelle.

[[*V.* le plaidoyer du 10 et l'arrêt du 11 novembre 1807, rapportés à l'article *Légitime*, section 8, § 3, art. 1, n° 12.]]

IV. Quoique l'acceptation des legs soit régulièrement un acte de libre volonté, tous les Légataires ne sont pas pour cela capables de la faire d'eux-mêmes. Comme elle forma un quasi-contrat, et qu'il en résulte un assujettissement aux charges que le testateur a attachées à sa libéralité, il est clair que celui qui ne peut pas s'obliger, ne peut pas valablement accepter un legs. Ainsi, pour que l'acceptation soit efficace contre lui, il faut le ministère ou le concours de la personne dont l'intervention peut seule l'habiliter à contracter.

On dit, *pour que l'acceptation soit efficace contre lui* : car elle serait toujours valable en sa faveur, quoiqu'elle fût faite par lui seul : c'est en ce sens que la loi 5, § 1, D. *de acquirenda hereditate*, et la loi 18, § 4, D. *de jure deliberandi*, décident qu'un pupille et un interdit peuvent accepter une hérédité sans l'assistance de leur tuteur ou curateur.

On voit par là comment il faut entendre Brillon, lorsqu'il dit, dans son *Dictionnaire des arrêts*, tome 4, page 68, « qu'un legs fait à l'église ou aux hôpitaux, ne peut être accepté sans M. le procureur-général. »

[[Aujourd'hui, les procureurs-généraux des cours n'interviennent plus dans l'acceptation de toutes sortes des legs : mais elle ne peut plus avoir lieu sans l'autorisation préalable du gouverne-

ment; et à défaut de cette autorisation, elle serait nulle. La nullité en pourrait être opposée même à l'établissement public Lgataire. *V.* l'article *Donation*, sect. 3, § 2.]]

Il résulte de ce que nous venons de dire, par la raison des contraires, que tous ceux qui peuvent contracter, peuvent aussi accepter des legs sans assistance ni autorisation de qui que ce soit.

L'ancien droit romain admettait cependant une exception à cette règle, et cela par rapport aux enfans de famille, majeurs : comme les dispositions faites en leur faveur appartenaient à leurs pères, on ne leur permettait pas, malgré leur habileté à passer toutes sortes de contrats, lorsqu'ils étaient majeurs, d'accepter d'hérédité ni de legs sans le concours de l'autorité paternelle, *ne œri alieno pater invitus obligaretur*. Mais cette jurisprudence ne subsiste plus depuis que l'empereur Justinien a attibué au fils de famille la propriété de tout ce qu'il acquiert, soit par son industrie, soit par la libéralité de ses proches ou de ses amis : on peut voir à ce sujet la loi 8, § 6, C. *de bonis quæ liberis*, en observant que tout ce qui est dit dans ce texte par rapport à l'acceptation d'hérédité, doit aussi avoir lieu pour les legs et les fidéicommis, comme le décident ces termes : *Quæ et in legatis et fideicommissis, tam specialibus quam per universitatem relictis, et in aliis causis, quas supra enumeravimus, similibusque eis, observanda sunt.*

[[Cette observation est aujourd'hui sans objet, parce que la majorité fait cesser de plein droit la puissance paternelle. *V.* l'article *Emancipation*.]]

V. La capacité de contracter n'est pas la seule condition que l'on exige du Légataire, pour que l'acceptation qu'il fait de son legs soit valable contre lui : il en faut encore plusieurs autres.

D'abord, il est essentiel, pour l'efficacité d'une acceptation, que le testateur soit décédé, et la succession ouverte. La raison en est que le legs est considéré comme dérivant de l'hérédité, et qu'il ne peut point y avoir d'hérédité d'une personne vivante.

En second lieu, il faut que le Légataire connaisse en vertu de quel titre la chose dont il s'agit lui a été laissée par le défunt. Si donc il acceptait comme donation entre vifs, ce qui lui est déféré comme legs, son acceptation ne formerait point pour lui un lien indissoluble : car l'erreur de fait vicie les contrats, et par conséquent aussi les quasi-contrats. La loi 22, D. *de acquirenda hereditate*, en contient une décision expresse pour l'adition d'hérédité : *Ut quis pro herede gerendo, obstringat se hereditati, scire debet qua ex causa hereditas ad eum pertineat; veluti, agnatus proximus justo testamento sciptus heres, antequam tabulæ proferantur, cum existimaret intestato patrem familias mortuum, quamvis omnia pro domino fecerit, heres tamen non erit.*

Troisièmement, le Légataire ne peut ni accepter ni répudier un legs conditionnel, avant l'échéance de la condition que le testateur y a apposée. C'est ce qui résulte de la maxime établie par la loi 74, § 1, D. *de regulis juris*: *Quod quis si velit habere non potest, id repudiare non potest.* La loi 45, § 1, D. *de legatis* 2°, est encore plus décisive : *Si sub conditione vel ex die certa nobis legatum sit, ante conditionem vel diem certum repudiare non possumus : nam nec pertinet ad nos antequam dies vel conditio existat.*

La loi 21, § 4, D. *de pactis*, n'est point contraire à cette décision : elle porte, à la vérité, que *filius familias de eo quod sub conditione legatum est, recte pasciscitur* : mais de ce qu'il est permis au Légataire conditionnel ou à jour certain, de faire un pacte avec l'héritier, soit pour rendre son legs pur et simple, soit pour en faire la remise, il ne s'ensuit pas qu'il puisse accepter ou répudier efficacement avant que la condition ou le jour soit arrivé. Il existe en effet une grande différence entre l'acceptation ou la répudiation, et un pacte quelconque. L'acceptation et la répudiation sont des actes que le Légataire fait seul ; et comme leur objet est de recevoir ou d'abdiquer la disposition faite en sa faveur, il faut, pour qu'elles puissent avoir leur effet, que cette disposition soit échue : car autrement on ne peut pas dire que le Légataire fasse quelque acquisition, ni qu'il se dépouille de quelque chose. Le pacte, au contraire, soit qu'il tende à confirmer le legs ou à l'anéantir, se fait entre le Légataire et l'héritier ; c'est un contrat véritable et proprement dit : et comme on peut aussi bien contracter sur des biens ou des droits dont on n'a qu'une expectative incertaine, que sur ceux dont on a la saisine actuelle, il n'y a point de doute qu'un legs dont la condition est encore en suspens, ne puisse faire la matière d'un pacte valable et obligatoire, pour tout dire en deux mots, avec le président Favre, *aliud est repudiare legatum conditionale, aliud de eo pacisci : repudiantur delata, paciscimur etiam de non delatis. Arg. legis* 4, D. *de pacis; et legis* 1, C. *eod.* (*V.* l'article *Renonciation*, § 2.)

Quatrièmement, il faut, pour la régularité d'une acceptation de legs, qu'elle ne soit pas divisée : le Légataire ne peut pas accepter une partie du même legs et répudier l'autre partie : *Legatarius pro parte acquirere, pro parte repudiare non potest*, dit la loi 38, D. *de legatis* 1°. Mais l'acceptation partielle est-elle absolument nulle, ou s'entend-elle à la totalité du legs? Ou, en d'autres termes, le Légataire qui a limité expressément son acceptation à une partie, acquiert-il le legs en entier, ou doit-il être regardé comme n'ayant rien accepté?

La loi 75, D. *de acquirenda hereditate*, dit que, si l'héritier institué dans la moitié, déclare n'accepter que pour un quart, il est censé ne rien faire, *magis est nihil actum esse*; et il semblerait qu'il dût en être de même par rapport aux acceptations de legs. Cependant la loi 58, D. *de legatis*, 2° paraît décider le contraire : *Si cui res legata fuerit*, dit-il, *et omnino aliqua ex parte voluerit suam esse, totum acquirit.*

Pourquoi donc cette différence entre l'acceptation d'une hérédité et celle d'un legs ? Il serait très-difficile de la concevoir, si elle existait réellement ; mais on doit la regarder comme chimérique.

La loi que nous venons de citer, dit bien que celui qui accepte une partie de son legs, sans répudier expressément le reste, en acquiert la totalité ; mais elle ne parle point du cas où le Légataire manifeste une volonté précise de n'accepter qu'une portion et de renoncer aux autres : en effet, on ne peut acquérir un legs que par l'intention qu'on en témoigne ; par conséquent, celui qui ne veut être Légataire que pour une seule portion, ne veut pas l'être pour les portions qu'il répudie ; et comme, d'un côté, le legs est indivisible, que, de l'autre, on ne peut pas étendre l'effet de la volonté du Légataire au-delà des bornes dans lesquelles il l'a lui-même renfermée, il faut nécessairement regarder l'acceptation comme nulle et inefficace. La loi 75, D. *de acquirenda hereditate*, le décide formellement ainsi pour les acceptations d'hérédité : pourquoi ne dirait-on pas la même chose des acceptations de legs ?

La loi 38, D. *de legatis*, 2° n'y forme pas plus d'obstacle que les lois 10 et 80 § 1, D. *de acquirenda hereditate*, ne sont contraires à la loi 75 du même titre.

Suivant la loi 10, l'héritier qui a l'intention d'accepter une partie de la succession à laquelle il est appelé pour le tout, *videtur in assem pro herede gessisse*. Cela contrarie-t-il la loi 75 ? Non, répond Furgole : « Autre chose est se destiner » pour recueillir une portion, autre chose est vouloir se rendre héritier pour partie et ne vouloir » pas l'être pour le surplus. Au premier cas, il n'y » a pas une volonté expresse qui fasse » obstacle à l'adition de l'entière hérédité ; au lieu » qu'au second cas, la volonté expresse de ne » prendre qu'une partie, annulle l'adition, parce » que celui qui peut acquérir toute l'hérédité, ne » peut pas diviser son acceptation. »

La loi 80, § 1, décide pareillement que celui qui est institué dans plusieurs portions distinctes, concurremment avec d'autres héritiers, les acquiert toutes par cela seul qu'il en accepte une. « Cela » est vrai (dit encore Furgole), lorsqu'il ne pa- » raît pas d'une volonté contraire de l'héritier, qui » témoigne, en acceptant, qu'il ne veut qu'une » portion et répudie les autres ; mais quand il » montre une volonté précise qu'il ne veut ac- » cepter qu'une portion, et qu'il renonce aux au- » tres, sa volonté ne pouvant pas être divisée, il » ne peut rien acquérir, parce que sa volonté est » indivisible : ainsi, ne valant pas pour les por- » tions répudiées, elle est inutile pour la portion » acceptée. »

Inutile d'objecter que, quand un co-légataire a accepté la portion à laquelle il est appelé, les autres portions qui viennent à vaquer par la répudiation de ses co-légataires avec lesquels il est conjoint, ou *re et verbis*, ou non-seulement, accroissent de plein droit à celle qu'il a acceptée.

On ne peut pas conclure de là que, quand un Légataire est appelé seul à un bien ou à un effet quelconque, l'acceptation qu'il fait d'une portion, avec exclusion des autres, doit faire accroître les portions répudiées à celle qui est acceptée. La différence qu'offrent entre eux ces deux cas, est sensible : dans le premier, le Légataire n'a accepté qu'une partie, parce qu'il ne pouvait pas prétendre à la totalité ; dans le second, il a restreint son acceptation, parce qu'il l'a ainsi voulu. Dans l'un, on peut justement présumer qu'il aurait accepté le tout, s'il l'avait pu ; dans l'autre, il a donné lui-même des preuves certaines d'une volonté contraire. Enfin, dans le premier cas, il est vrai que les portions vacantes accroissent à la portion acceptée ; on laisse au Légataire la faculté de renoncer même à celle-ci, pour se débarrasser du tout : c'est ce qui résulte de la loi 55, D. *de acquirenda hereditate.* « Tant il est vrai (dit Furgole) » qu'un héritier (comme un Légataire) ne peut » pas être obligé au-delà de la volonté qu'il a té-» moigné ; qu'ainsi, il n'est pas vrai que celui qui » accepte une portion et répudie les autres, de-» vienne héritier (ou Légataire) pour le tout ; il » est certain, au contraire, que par une telle ac-» ceptation, il n'acquiert rien et ne contracte au-» cune obligation. »

La défense de borner l'acceptation à une partie d'un même legs, a lieu, non-seulement lorsque le legs est d'une seule chose, mais encore lorsqu'il renferme plusieurs objets réunis par forme d'universalité, tel que le legs d'un troupeau, d'un pécule, d'une garde-robe, etc. : *Grege autem legato, non possunt quædam sperni, quædam vindicari ; quia non plura, sed unum legatum est : idemque dicemus peculio legato aut veste, aut argento, et similibus,* Loi 6, D. *de legatis* 2°.

Cependant, comme les droits actifs d'un défunt se partagent de plein droit, à son décès, entre tous ses héritiers, lorsqu'un Légataire meurt avant d'avoir fait son acceptation, laissant plusieurs héritiers, l'un d'eux peut répudier la portion qui lui est échue dans la chose, léguée à son auteur, et chacun des autres peut accepter la sienne. *Legatarius pro parte acquirere, pro parte repudiare legatum non potest ; heredes hujus possunt, ut alter eorum partem suam acquirat, alter repudiet.* Loi 38, D. *de legatis* 1°.

Pareillement, lorsqu'un testateur fait, par un même acte, plusieurs legs distincts à une seule personne, le Légataire peut en accepter un et répudier les autres ; *sed duobus legatis relictis, unum quidem repudiare, alterum vero amplecti posse respondetur.* Loi 5, D. *de legatis* 2°.

Cette addition a lieu même dans le cas où une même personne est gratifiée de plusieurs legs par une seule disposition, comme lorsque le testateur dit : « Je lègue une maison, un fonds de terre, » un cheval et un tableau à Sempronius. » Comme il y a dans cette phrase, autant de legs que de choses léguées, le Légataire peut diviser son acceptation, c'est-à-dire, prendre les uns et rejeter les autres. C'est ce qui résulte clairement de la loi 2 du titre cité : *Quotis nominatim plures in legato exprimuntur, plura legata sunt. Si autem supplex, aut argentum, aut peculium, aut instrumentum legatum sit, unum est.*

Si cependant le testateur avait imposé quelque charge à l'un des legs seulement, le Légataire ne pourrait pas répudier les legs onéreux, pour s'en tenir aux autres ; c'est ce que décide la loi 5, § 1, D. *de legatis* 2°, en ces termes : *Sed si legatis onus habet, et hoc repellatur, non idem dicendum est.*

La loi 22 D. *de fideicommissariis liberalibus,* nous en offre un exemple : elle porte que le Légataire d'un fonds, et d'une somme d'argent à laquelle est attachée l'obligation d'affranchir un esclave, ne peut pas accepter le legs du fonds, sans se mettre dans la nécessité d'accepter pareillement celui de la somme d'argent.

VI. La répudiation et l'acceptation étant deux contraires, doivent se régir par les mêmes règles : *contrariorum eadem est disciplina;* aussi la loi 18, D. *de acquirenda hereditate,* dit-elle que *is potest repudiare qui et acquirere potest ;* et suivant la loi 21, § 2 du même titre, *ex quibus causis repudiantem nihil agere diximus, ex iisdem causis nec pro herede gerendo quidquam agere sciendum est.*

Ainsi, de même que, pour accepter un legs, il faut être capable de contracter, il faut aussi, pour le répudier être capable d'aliéner

Ce n'est pas que la répudiation soit une aliénation proprement dite : la loi 6, § 2, D. *quæ in fraudem creditorum,* citée plus haut, n° 5, déclare formellement qu'on ne doit pas la considérer comme telle, par rapport à l'action Paulienne, parce que cette action n'a été introduite que contre ceux qui diminuent leur patrimoine en fraude de leurs créanciers. La loi 5, § 13, D. *de donationibus inter virum ex uxorem,* décide aussi que le mari qui répudie une hérédité pour la faire passer sur la tête de sa femme, soit comme substitué vulgairement, soit comme héritière *ab intestat,* ne fait point une donation, mais une simple omission d'acquérir ; et en cela on s'attache strictement à la lettre de la loi, qui défend seulement aux époux de se dépouiller de leurs biens actuels en faveur l'un de l'autre. [[*V.* les articles *Conventions matrimoniales,* § 2.]]

Cependant, lorsqu'il s'agit de déterminer la qualité des personnes qui peuvent ou ne peuvent pas répudier, on considère cet acte comme une aliénation, parce que, quoiqu'il ne diminue pas le patrimoine du Légataire, il lui ôte néanmoins l'action et l'espèce de domaine que la disposition du testateur lui avait données. La loi 5, § 8, D. *de rebus eorum qui sub cura,* est très-formelle sur ce point ; et ce qu'elle dit du pupille, peut s'appliquer à tous les incapables d'aliéner : *Fundum autem legatum repudiare pupillus sine prætoris auctoritate non potest : esse enim et hanc alienationem, cum res sit pupilli, nemo dubitat.*

De là il résulte, pour ne pas parler des autres, incapables d'aliéner, que les gens de main-morte, ecclésiastiques ou laïques, les hôpitaux, en un mot, tous les établissemens qui jouissent des priviléges de la minorité, ne peuvent pas répudier un legs sans une délibération de la communauté, suivie d'une autorisation de justice donnée en connaissance de cause aujourd'hui d'une ordonnance du roi]] ; et qu'autrement la répudiation doit être regardée comme non faite.

Catellan rapporte, à ce sujet, un arrêt assez remarquable, qui a été rendu au parlement de Toulouse le 6 février 1681. Un testateur avait fait un legs à la fabrique de Saint-Michel, sous la charge d'un certain nombre de messes annuelles. Les marguilliers jugèrent la somme insuffisante, et en conséquence répudièrent le legs ; mais l'héritier ayant voulu les obliger de l'accepter, l'arrêt cité cassa leur délibération, et leur ordonna de faire une acceptation en bonne forme, sauf à eux à se pourvoir, si bon leur semblait, devant l'ordinaire, pour demander que la fondation fût réduite.

VII. Nous avons dit, plus haut, n° 4, que l'acceptation d'un legs faite par un incapable de contracter, n'est nulle qu'en ce qui peut lui être désavantageux. La règle des contraires demande donc que la nullité de la répudiation faite par un incapable d'aliéner, ne puisse jamais tourner à son préjudice ; ainsi, quoiqu'une pareille répudiation ne lie pas celui dont elle est émanée, elle suffit néanmoins pour empêcher qu'il ne soit inquiété pour l'accomplissement des charges attachées à son legs, jusqu'à ce qu'il l'ait accepté. La loi 21, D. de auctoritate tutorum, contient la preuve et l'exemple de cette assertion : Defendente tutore, pupillus condemnatus ex contractu patris, accepit curatorem inter quem et creditorem acta facta sunt apud procuratorem Cæsaris infra scripta : Priscus, procurator Cæsaris dixit, facias judicata ; Novellius, curator, dixit abstineo pupillum ; Priscus, procurator Cæsaris, dixit, responsum habes, scis quod agere debeas : Quæsitum est an secundum hæc acta, adolescens à bonis patris abstentus sit : respondit, proponi abstentum. « Autre chose est (dit à ce propos Furgole) d'exclure les pupilles ou mineurs de l'hérédités (ou du legs), que ce qui ne peut se faire que par une répudiation valable ; autre chose est que le pupille ou le mineur ne puisse pas être poursuivi par les créanciers : car il suffit, pour cela qu'il n'y ait point d'acceptation. »

Il résulte clairement de ce que nous avons dit ci-dessus touchant l'acceptation du legs, que la répudiation de ces sortes de libéralités ne peut être faite valablement, ni avant le décès du testateur, ni avant l'événement de la condition d'un celui-ci a fait dépendre ses dispositions, ni enfin avant que le Légataire sache en vertu de quel droit, et à quel titre la chose dont il s'agit, lui est déférée.

Ainsi, pour ne nous arrêter que ce dernier point, le Légataire qui répudierait l'effet ou le bien qui lui est légué, sans avoir eu connaissance du testament par lequel le défunt en a disposé en sa faveur, ne serait pas pour cela exclu de l'accepter, parce qu'en général on ne peut rien faire par rapport à un acte de dernière volonté, sans avoir une connaissance exacte. C'est sur ce fondement que la loi 6, D. transactionibus, déclare nulle la transaction qui est faite sur un testament dont les parties n'ont pas pris lecture, non visis tabulis.

VIII. C'est un principe constant, que l'acceptation nulle, n'empêche pas celui qui l'a faite, de répudier ; et réciproquement, que la répudiation invalide ne forme pas un titre d'exclusion.

Par la raison contraire, lorsque l'acceptation est valable, le Légataire ne peut plus répudier, comme il ne peut plus accepter, quand la répudiation est bien faite. Développons les deux membres de cette règle.

Nous disons d'abord que régulièrement le Légataire ne peut plus répudier, lorsqu'une fois il a accepté d'une manière valable et dans une forme régulière. Cette proposition est, à la vérité, combattue par des jurisconsultes d'un grand poids, et notamment par le président Favre. Furgole dit même qu'elle est communément rejetée au parlement de Toulouse : mais que peuvent les autorités contre les textes les plus précis ?

La loi 70, § 1, D. de legatis, porte : Si, pecunia accepta, rogatus sit rem propriam, quanquam majoris pretii, restituere, non est audiendus Legatarius, legato percepto, si velit computare. Non enim æquitas hoc probare patitur, si quod legatorum nomine perceperit, Legatorius offerat.

La loi, 33, D. de minoribus, permet au mineur lésé par l'acceptation d'un legs trop onéreux, de la faire rescinder par le bénéfice de la restitution en entier ; preuve sensible que la faculté de répudier après avoir accepté, n'est point de droit commun ; aussi la loi le dit-elle bien expressément : Ut quem admodum majoribus liberum sit non accipere, si nolint, manumittere, sic huic, reddendo legatum, manumittendi necessitas remittatur.

La loi 5, § 2, D. de his quibus ut indignis, déclare formellement qu'un tuteur testamentaire qui a accepté les legs dont le testateur l'a gratifié pour l'engager à se charger de la tutelle de ses enfans, ne peut plus proposer d'excuses pour s'exempter de cette charge : Amittere id quod testamento meruit, et cum placuit qui tutor datus excusavit se a tutela ; si consecutus fuerit, non admittitur ad excusationem.

Ces différens textes font entendre bien clairement qu'on ne peut plus répudier un legs après l'avoir accepté. La loi 1, § 7, D. de successorio edicto, dit la même chose en termes plus précis : Quod acquisitum est, repudiari non potest.

Ce principe est aussi professé par Cujas, dans ses Observations, liv. 3, chap. 11 ; et il a été confirmé par un arrêt du parlement de Provence, que Duperrier rapporte en ces termes : « Un legs » accepté ne peut être répudié ; mais il en fait » accomplir la charge : ainsi jugé par arrêt du

» 19 juillet 1635, au rapport de M. de Boyer, » entre Nicolas Faret et Polixène de Boyer. »

Nous trouvons les mêmes principes dans le *Dictionnaire de droit normand*, au mot *Légataire*, sect. 2 : « Quand une fois (y est-il dit) les Légataires ont accepté le legs, ils ne peuvent plus » le répudier, et ils ne peuvent l'accepter après » l'avoir formellement répudié. L'arrêt du 1er mars » 1748, qui admet un Légataire à renoncer à son » legs, après l'avoir accepté, et s'être saisi des » papiers du défunt, a été rendu en une espèce » particulière. Il n'avait demandé les papiers que » comme porteur d'une procuration du testateur, » dont il ignorait le décès, puisqu'il était mort » étant éloigné de son domicile. »

On oppose à cette doctrine quelques textes qui veulent qu'un Légataire ne puisse point être chargé au delà de l'émolument qu'il retire de son legs ; mais ces lois, que nous expliquerons dans le § 7 de cet article, n'ont rien de commun avec la faculté de répudier, parce qu'à tout événement, il faut toujours satisfaire aux charges jusqu'à concurrence de la valeur de la chose léguée. Il y a même, comme nous le ferons voir, des cas où l'on peut être grevé de plus de charges qu'on ne tire de profit.

On peut aussi nous opposer la loi 11, D. *de confirmando tutore.*

Une aïeule avait nommé, par son testament, un curateur à ses petits-enfans, et lui avait assigné un legs ; il fut question de savoir si ce curateur pouvait être forcé de remplir les fonctions dont la testatrice l'avait chargé. Le jurisconsulte Scévola répondit que cet homme n'était point curateur, parce qu'une aïeule n'a pas le droit de choisir les personnes qui doivent administrer les affaires de ses petits-enfans ; mais qu'étant honoré d'un legs par le testament, on pouvait se pourvoir contre lui, pour l'obliger à gérer la curatelle, à moins qu'il ne refusât d'accepter le legs, ou qu'après l'avoir accepté, il ne fût dans la disposition de le rendre, *aut reddere esset nollet petere, aut reddere esset paratus.*

Cette décision paraît, au premier abord, contraire à tous les textes que nous avons cités pour établir l'impossibilité d'être admis à répudier un legs après en avoir fait l'acceptation, et particulièrement à la loi 5, § 2, *de his quibus ut indignis*, portant, comme on l'a vu, que le tuteur testamentaire qui a accepté un legs, est tenu précisément de gérer la tutelle des pupilles confiés à ses soins, nonobstant les raisons légitimes qui l'en excuseraient sans cette circonstance : mais il y a tout lieu de croire que Scévola n'a répondu de la sorte, que parce que, dans l'espèce particulière sur laquelle il était consulté, les mineurs voulaient bien décharger le curateur, moyennant la restitution qu'il leur ferait de son legs ; ou, si on l'aime mieux, il faut dire avec Azon, sur la loi dont il s'agit : *Hoc intellige cùm accepit legatum ignorans se curatorem datum in testamento, alius, non posset relinquere tutam, cùm legatum recepisset.*

Et ne peut-on pas ajouter que Scévola ne s'est déterminé pour la liberté de répudier après l'acceptation, que parce que le Légataire avait tout sujet de penser, en acceptant, que sa nomination à la curatelle ne serait d'aucun effet, étant contraire aux principes relatifs à la puissance paternelle?

Nous disons en second lieu, que, lorsqu'un Légataire capable d'aliéner, a répudié avec connaissance de cause et dans une forme valable, il ne peut plus revenir sur ses pas et demander son legs. C'est en effet ce qui résulte de la loi 36, D. *ad legem aquiliam*, aux mots *repudiante Legatorio legatum, hæredis est actio, perinde ac si legatus non esset (servus.)*

Nous avons rendu compte au mot *Héritier*, sect. 2, § 2, n° 3, du privilége qu'ont les enfans non émancipés en pays de droit écrit, de reprendre la succession de leur père ou de leur aïeul paternel dans un cas qui suivent la répudiation qu'ils en ont faite. On demande si ce privilège [[qui est, comme on l'a vu au même article, abrogé par le Code civil]] avait aussi lieu par rapport aux legs que fait un père ou un aïeul à ses enfans non émancipés ?

Boniface rapporte un arrêt du parlement de Provence, du 30 juin 1664, qui a, suivant lui, jugé pour l'affirmative :

« Mais (dit Furgole) il paraît de l'arrêt même, que les enfans ne furent reçus à demander le legs répudié que par la voie de restitution en entier : ce qui est bien différent de la simple reprise, qui se fait de plein droit et sans que le fils ait besoin d'être restitué en entier.

» Aussi Boniface rapporte-t-il de très-bonnes raisons pour prouver que la demande en reprise n'aurait pas été accueillie, si les enfans n'avaient eu le secours de la restitution en entier......

» Après tout, les arrêts qui s'écartent des règles, et qui peuvent avoir des motifs particuliers, ne peuvent pas être tirés à conséquence, parce que *legibus, non exemplis, judicandum est.* La répudiation faite par un majeur, d'une hérédité, d'un legs, d'une donation, l'exclud irrévocablement à moins qu'il n'ait un moyen légal pour faire résoudre, par la restitution en entier, l'acte qui cause l'exclusion ; et comme les lois n'ont permis la reprise que dans le cas unique de l'abstention ou répudiation d'hérédité, on ne peut pas l'étendre aux autres cas pour lesquels il n'y a point de loi qui ait fait des exceptions à la règle générale qui donne un effet irrévocable à la répudiation.

IX. On ne devrait pas, ce semble, mettre en question si la règle qui empêche un Légataire d'accepter après avoir répudié, et de répudier après avoir accepté, doit s'appliquer aux coutumes qui déclarent les qualités d'héritier et de Légataire incompatibles, c'est-à-dire si l'héritier présomptif ne peut plus revenir à son legs après s'être immiscé dans l'hérédité, ni à l'hérédité après avoir accepté son legs. Il est sensible en effet, par l'incompatibilité des deux qualités, qu'on ne peut se tenir à l'une sans répudier l'autre : ce qui, joint au principe de l'irrévocabilité de l'acceptation et de la répudiation, ferme absolument la porte aux variations de l'héritier présomptif honoré d'un legs.

Cependant on cite deux arrêts du parlement de Paris, par lesquels on prétend que ces variations ont été admises.

Le sieur Noleau avait fait le sieur Bourlon son Légataire universel, et avait laissé un legs particulier d'une rente de 187 livres 10 sous à la demoiselle Chevalier, son héritière *ab intestat*. Celle-ci demanda d'abord la nullité du testament; déboutée par arrêt, elle se pourvut en délivrance de legs : le sieur Bourlon lui répondit qu'ayant pris la qualité d'héritière, elle n'était plus recevable à prendre celle de Légataire : néanmoins, par arrêt du 17 mai 1677, rapporté au *Journal des Audiences*, la demoiselle Chevalier obtint son legs.

M. l'abbé de Flecelles, conseiller au parlement de Paris, avait fait un testament par lequel il léguait l'usufruit de tous ses biens disponibles à M. de Flecelles, son frère, et à ses enfans, pour en jouir conjointement. A la levée du scellé, les officiers qui y procédaient, donnèrent à M. de Flecelles la qualité de Légataire universel; et il signa leur procès-verbal sans aucune protestation. Il prit la même qualité dans l'inventaire. Les délais pour délibérer expirés, M. de Flecelles reconnut, par l'état des biens et par la considération de son grand âge, qu'il lui était plus avantageux d'accepter la succession des propres que l'usufruit des biens disponibles : en conséquence, il fit signifier à M. Foullé du Coudray et à Marie de Flecelles, sa femme, sœur du défunt, et héritiers des propres pour la moitié, qu'il renonçait à son legs et se tenait à sa qualité d'héritier de l'autre moitié. La cause portée au Châtelet, sentence intervint le 16 janvier 1675, qui le débouta de sa prétention, et adjugea tous les propres à la dame Foullé du Coudray. M. de Flecelles appela de cette sentence, et leva des lettres de rescision contre la qualité qu'il avait prise de Légataire universel. Par arrêt du 1er août 1676, « La cour ayant égard auxdites » lettres, a mis l'appellation et sentence de laquelle » a été appelée, au néant; émendant, l'autres, » et garde ledit Nicolas de Flecelles en la qualité » d'héritier en partie des propres dudit Guillaume » de Flecelles, en possession et jouissance des » deux quints desdits propres. »

On croirait sans doute au premier abord, que ces arrêts ont jugé la question de savoir si l'on peut abandonner la qualité d'héritier pour prendre celle de Légataire, *et vice versa*; mais pour peu qu'on en examine les circonstances, on verra combien peu de foi méritent ceux qui les présentent sous ce point de vue.

Dans l'espèce du premier, il n'y avait point d'incompatibilité dans la personne de la demoiselle Chevalier, entre les qualités d'héritière et de Légataire, parce qu'elle ne concourait qu'avec un Légataire universel, qui ne peut jamais se pré-

valoir de cette incompatibilité envers un successeur *ab intestat* (*V.* l'article *Héritier*, sect. 6, § 10, n° 4.)

Dans l'espèce du second, les actes par lesquels l'héritier avait pris la qualité de Légataire, portaient la clause, *sans que les qualités puissent nuire ni préjudicier*; d'ailleurs, M. de Flecelles se prétendait en droit de se faire restituer contre son acceptation de legs, sur le fondement qu'elle n'avait pas été faite avec pleine connaissance de l'état des biens; et quoique cette prétention fût contraire aux premiers principes, il ne paraît pas néanmoins que les défenseurs de la dame Foullé du Coudray y aient opposé de bonnes raisons; aussi l'arrêt prononce-t-il en cette forme : *ayant égard aux lettres de rescision*; ce qui prouve clairement que M. de Flecelles n'a pas été admis à répudier son legs, que par le bénéfice de restitution en entier, voie qui ne réussit pas toujours de même.

Il ne faut donc pas nous écarter des véritables règles, pour nous conformer aux prétendues décisions de deux arrêts cités au hasard; tenons au contraire pour bien constant que, dans les coutumes d'incompatibilité, on ne peut ni revenir à l'hérédité après s'être porté Légataire, ni demander un legs après avoir fait acte d'héritier. La coutume de la châtellenie de Lille, tit. 2, art. 12, s'explique là-dessus de la manière la plus précise. « On ne » peut prendre portion d'hoirie et don de testament, » codicile ou autre dernière volonté, et en appré- » hendant l'un, on se prive de l'autre. » L'art. 8 du tit. 1 de la coutume de la ville de Lille s'exprime de même.

§ V. *Conduite que doit tenir un Légataire pour se procurer la jouissance de la chose léguée?*

I. Lorsqu'un Légataire a accepté la libéralité dont le testateur l'a honoré, il lui faut nécessairement un moyen de s'en procurer la jouissance. C'est l'objet que nous avons à traiter dans ce paragraphe.

Il règne sur cette matière une grande confusion dans nos livres : la plupart des auteurs qui l'ont traitée, l'ont effleurée trop légèrement; d'autres, trop prolixes, ont manqué d'ordre et de clarté : tâchons de marcher entre ces deux extrêmes.

II. Dans l'ancien droit romain on distinguait quatre espèces de legs, pour chacune desquelles on avait introduit des actions différentes.

Ceux de la première espèce se faisaient *per vindicationem*; ceux de la seconde, *per damnationem*; ceux de la troisième, *sinendi modo*; et ceux de la quatrième, *per præceptionem*;

Les legs *per vindicationem* se faisaient par ces paroles, *do*, *lego*, *capito*, *sumito*, *habeto*, etc. Celui qui était gratifié d'une pareille disposition, avait une action directe et réelle sur la chose léguée; il n'avait même pas besoin, pour en devenir propriétaire, que l'héritier lui en fît la délivrance. C'est ce que nous apprend Gaïus dans ses Institutions, liv. 2, tit. 5, § 1, aux mots, *quod post mortem testatoris statim Legatarius, non expectato herede, sibi præsumit.*

Le legs *per damnationem* se faisait en ces termes : *Heres meus damnas esto dare, dato, facito ; jubeo heredem meum dare, facere :* ce legs ne produisait qu'une action personnelle, ensorte que le Légataire, avant de toucher à la chose léguée, était obligé d'en demander la délivrance à l'héritier. C'est ce qu'atteste encore Gaïus à l'endroit cité, § 2.

Un testateur léguait *sinendi modo*, lorsqu'il s'exprimait ainsi : *heres meus rem illam illum permittat præsumere et sibi habere.* Cette formule est de Gaïus. Ulpien nous en fournit une autre conçue en ces termes : *Heres meus damnas esto sinere Lucium Titium sumere illam rem sibique habere.* Un legs de cette nature donnait au Légataire le droit de se saisir de la chose qui en était l'objet, sans en demander la tradition à l'héritier, *in quo legato*, dit Gaïus, § 6, du titre cité, *non quidem heres Legatario rem quæ relicta est, jubetur tradere, sed vindicanti Legatario non permittitur prohibere.*

Enfin, le legs *per præceptionem* était celui qu'un testateur faisait à un de ses héritiers, qui le prélevait par préciput dans le partage de l'hérédité. Ulpien nous apprend que la formule en était ainsi conçue : *Lutius Titius illam rem præcipito ;* et comme la qualité de préciput suppose celle d'héritier, on ne pouvait, suivant Gaïus, léguer de cette sorte qu'à un co-héritier. Le jurisconsulte Paul ajoute, par une conséquence du même principe, que le prélèvement qui était l'effet de ce legs, se faisait par l'action en partage d'hérédité, appelé en droit *familiæ erciscundæ.*

L'action utile ou revendication ne peut appartenir, comme le dit la loi 23, D. *de rei vindicatione*, qu'à celui qui est propriétaire de la chose dont il fait la demande. Ainsi, de ce que les legs *per vindicationem* et *sinendi modo* emportaient avec eux le droit de se saisir des choses léguées, il résulte nécessairement qu'ils faisaient passer de plein droit sur la tête des Légataires la propriété de ces choses. Par la raison contraire, il est évident que les legs *per damnationem* et *per præceptionem*, dont il ne pouvait naître que des actions personnelles, laissaient l'héritier propriétaire des choses léguées, jusqu'à ce qu'il en fût dépouillé par la délivrance.

Toutes ces différences, qu'il est important de bien saisir pour l'intelligence exacte du droit actuel, ne subsistaient plus dans le dernier état de la jurisprudence romaine. Quelques-uns regardent Constantin comme l'auteur de cette correction. Voici en effet ce que porte la loi 21, *de legatis*, au Code : *In legatis vel fideicommissis necessaria non sit verborum observantia ; ita ut nihil prorsus intersit, quis talem voluntatem verborum casus exceperit, aut quis loquendi usus effuderit.* Mais cette loi ne fait qu'abroger la nécessité dans laquelle étaient auparavant les testateurs de se servir de

certaines paroles plutôt que d'autres, à peine de nullité de leurs dispositions ; et elle ne touche point aux différences qui avaient lieu, quant aux effets, entre les quatre espèces de legs, lorsqu'ils étaient faits dans les termes propres à chacun. La preuve en résulte de ce que Justinien s'annonce dans la loi 1, C. *communia de legatis*, comme le premier législateur qui ait pensé à assimiler toutes ces dispositions les unes aux autres ; ce qu'il fait en déclarant que tout Légataire aura dorénavant, par quelque formule qu'il soit appelé, une action personnelle et une action réelle : *Rectius igitur censemus omnibus Legatariis unam naturam imponere ; et non solum personalem actionem præstare, sed et in rem, quatenus eis liceat easdem res, per quodcumque genus legati fuerint derelictæ, vindicare in rem actione instituenda.*

De là il suit évidemment qu'aujourd'hui tous les Légataires appelés purement et sans condition, de quelque manière que soient conçus leurs legs, sont propriétaires dès le premier instant du testateur. Il faut donc leur appliquer à tous indistinctement, ce que la loi 80, D. *de legatis* 2°, ne pouvait dire, suivant la jurisprudence de ce temps là, que des Légataires *per vindicationem* et *sinendi modo.* Voici les paroles de ce texte : *Legatûm ita dominium Legatarii facit ut hereditas heredis res singulas ; quod eo pertinet ut si pure relictu sit ; et Legatarius non repudiavit defuncti voluntatem, recta via dominium quod hereditatis fuit ad Legatarium transeat, nunquam factum heredis.* La loi 64, D. *de furtis* renferme la même disposition ; si elle ne distingue pas plus que l'autre les legs *per damnationem* et *per præceptionem*, d'avec les legs *per vindicationem* et *sinendi modo*, c'est parce que Tribonien, qui les a extraites des écrits des anciens jurisconsultes, les a adaptées à la nouvelle jurisprudence établie par Justinien.

Mais le principe que tout Légataire acquiert, de plein droit, la propriété de son legs au moment de la mort du testateur, n'est-il point contraire à la nécessité imposée au Légataire d'accepter la disposition faite en sa faveur, s'il veut en recueillir l'effet ?

Non, cette contrariété n'est qu'apparente, et un exemple très-analogue à notre objet, la fera évanouir.

On dit communément qu'un héritier ne devient propriétaire de l'hérédité que par l'acceptation qu'il en fait ; et dans le vrai, s'il répudie, on le regarde comme n'ayant jamais eu aucun droit aux biens du défunt : cependant, lorsqu'il accepte, on feint, par une de ces rétroactions très-ordinaires dans le droit, qu'il a été saisi de l'hérédité dès le décès de celui à qui il succède. Les lois 23, D. *de acquirenda possessione*, et 54, D. *de acquirenda hereditate*, contiennent là-dessus les décisions les moins équivoques.

Il faut donc dire, par la même raison, qu'un Légataire ne peut acquérir la propriété de son legs qu'en l'acceptant ; que, s'il le répudie, on doit supposer que la propriété de la chose léguée n'est jamais sortie des mains de l'héritier ; que, si au contraire il accepte, sa propriété doit rétrograder au temps du décès du testateur.

C'est pour cela que, d'un côté, deux lois citées dans le paragraphe précédent, n° 6, décident qu'on ne diminue pas son patrimoine, lorsqu'on répudie un legs, ce qui signifie très-clairement qu'on ne possède rien avant l'acceptation ; et que, de l'autre, nous lisons dans plusieurs autres textes, que le Légataire est saisi de la propriété de son legs, dès que le testateur est décédé.

Ces différentes décisions seraient inconciliables sans l'effet rétroactif que produisent la répudiation ou l'acceptation au temps de l'ouverture de la succession. La loi 44, § 1, D. *de legatis* 1°, s'explique à ce sujet dans les termes les plus clairs : *Si quis rem sibi legatam ignorans adhuc legaverit, posteà cognoverit et voluerit ad se pertinere, legatum valebit, quia ubi Legatarius non repudiavi, retro ipsius fuisse videtur ex quo hereditas adita est. Si vero repudiaverit, retro videturres repudiata fuisse heredis.*

Ces paroles, *retro ipsius fuisse videtur ex quo hereditas adita est,* nous présentent une autre difficulté à résoudre : ne semblent-elles pas décider que l'acceptation du légataire ne fait remonter sa propriété qu'au jour de l'adition d'hérédité ; et dès-lors, n'est-elle pas contraire à la loi 80, D. *de Legatis* 2°, qui rend le Légataire propriétaire du jour de la mort du testateur ?

Voët croit concilier ces deux textes, en disant que l'adition ayant un effet rétroactif au décès du testateur, suivant la loi 54, D. *de acquirenda hereditate,* on ne doit trouver aucune différence entre la loi qui fixe l'époque de la propriété au jour de l'adition, et celle qui la fait remonter au jour de la mort.

Mais cette solution n'est rien moins que juste : le texte qui attribue un effet rétroactif à l'adition, ne le fait relativement à l'héritier ; et il y a réellement de la différence, par rapport au legs, entre *cedere a die mortis testatoris,* et *cedere ab adita hereditate :* la preuve en résulte de la loi unique, § 1, C. *de caducis tollendis,* par laquelle Justinien ordonne que les legs purs et sans condition n'échoiront plus à l'avenir du jour de l'adition, mais du jour du décès du testateur. Il faut par conséquent convenir, malgré les docteurs qui ne veulent point admettre d'antinomie dans le Digeste, que la loi 80, *de legatis* 2°, et la loi 44, § 1, *de legatis* 1°, sont inconciliables. A laquelle faut-il donc nous tenir ?

Dans l'ancien droit romain, tous les legs échéaient régulièrement à la mort du testateur. La loi Papia en recula l'échéance au jour de l'adition, afin que les legs de ceux qui mourraient dans l'intervalle, devinssent caducs et accrussent en cette qualité au trésor du prince. Mais Justinien a abrogé cette constitution fiscale et rétabli l'ancienne jurisprudence : *Cum igitur..... non a morte testatoris, sed ab apertura tabularum dies cedere legatorum senatus-consulta quæ circa*

legem Papiam introducta sunt, censuerunt, ut quod in medio deficiat, hoc caducum fiat, primum hoc corrigentes et antiquum statutum renovantes sancimus..... legatorum pure vel in diem certam relictorum, diem a morte testatoris cedere.

D'après cela, on voit clairement que la loi 44, § 1, D. *de legatis* 1°, est relative au droit établi par la loi Papia, qui était en vigueur à l'époque de la compilation du Digeste ; qu'au contraire, la loi 80, D. *de legatis* 2°, et les autres semblables se rapportent au droit nouveau, et qu'elles ne sont conçues comme nous les lisons, que parce que Tribonien les a rédigées conformément à la correction qu'il projetait.

Il faut donc tenir pour constant que la propriété du Légataire pure et sans condition date toujours du moment de la mort du testateur.

III. Mais cette propriété donne-t-elle au Légataire le droit de s'emparer, par sa propre autorité, de la chose qui lui est léguée ?

Il semble que l'affirmative ne devrait être susceptible d'aucun doute. Nous venons de voir que, dans l'ancien droit, les Légataires *per damnationem* et *per præceptionem* étaient obligés de demander la délivrance à l'héritier, parce qu'ils n'avaient contre lui, qu'une action personnelle ; et qu'au contraire, les Légataires *per vindicationem* et *sinendi modo* n'avaient pas besoin de la tradition de l'héritier pour devenir propriétaires, parce qu'ils étaient regardés comme tels dès le premier instant du décès du testateur, et que les lois leur donnaient une action réelle. Justinien a retranché les différences qui existaient avant lui entre les Légataires de ces deux classes ; il a donné aux uns les mêmes actions qu'avaient les autres, et il a voulu que tous les privilèges qui distinguaient anciennement ceux-ci d'avec ceux-là, leur fussent communs à tous. D'après cela, ne devrait-on pas croire que le législateur a tout-à-la-fois conservé aux uns et attribué aux autres le droit de prendre possession de leur propre autorité, sans attendre que l'héritier leur ait fait la délivrance de leurs legs ?

Cependant il en a disposé autrement dans ses Institutes, et cela en définissant le legs, *donatio quædam à defuncto relicta, ab herede præstanda.* Cette définition placée immédiatement avant le paragraphe dans lequel l'empereur rend compte du changement qu'il a fait à l'ancienne jurisprudence, en assimilant tous les Légataires les uns aux autres, annonce très-clairement que son intention a été d'assujétir tous les Légataires indistinctement à la nécessité de la demande en délivrance.

Mais, comment concilier cette jurisprudence avec celle qui fait passer directement la propriété du legs de la tête du défunt sur celle du Légataire, et attribue à celui-ci une action réelle ? Tout propriétaire n'est-il pas libre de prendre son bien où il le trouve ?

Cette réflexion paraît avoir embarrassé Serres ;

voici la réponse qu'il y donne dans ses *Institutions*, *au droit français* : « Quoiqu'il soit vrai que la propriété des choses léguées passe au Légataire, en vertu du testament et sans l'entremise ou le fait de l'héritier, cela ne produit d'autre effet que de transmettre le legs aux héritiers du Légataire, lorsqu'il vient à mourir avant la demande ou la délivrance du légat; ce qui n'empêche pas que le légat ne doive toujours être demandé à l'héritier et par lui délivré. »

Mais, est-il bien vrai que la transmission du legs aux héritiers du Légataire, soit le seul effet de la propriété que celui-ci acquiert de plein droit, à la mort du testateur? Peut-on même dire qu'il y ait quelque rapport entre ces deux objets?

Avant Justinien, les legs *per damnationem* et *per præceptionem* se transmettaient comme les autres, et cependant la propriété n'en appartenait aux Légataires qu'après la délivrance de l'héritier. C'est donc une erreur d'avancer que la seule raison pour laquelle on regarde le Légataire comme propriétaire du jour de la mort du testateur, est afin que son legs ne devienne pas caduc en cas qu'il décède avant d'en avoir obtenu la délivrance; et conséquemment il faut rejeter la conciliation proposée par Serres, entre la qualité de propriétaire que les lois donnent au Légataire et l'obligation qu'elles lui imposent de demander la délivrance à l'héritier.

Ne serait-il pas plus naturel de dire que la délivrance ne tombe pas sur la propriété, mais sur la possession; qu'à la vérité, les lois déclarent le Légataire propriétaire dès la mort du testateur, mais qu'elles ne lui donnent la qualité de possesseur légitime qu'après la délivrance de l'héritier; que l'héritier ayant la grande main dans toute la succession, est saisi de plein droit de tous les biens et effets qui la composent; que par conséquent on ne peut lui ôter cette *saisine* ou possession sans son consentement ou l'autorité du juge, parce que personne ne peut se faire justice à soi-même? Il ne faut que du bon sens pour sentir que tel est certainement le vrai motif des lois qui obligent le Légataire à demander la délivrance d'une chose dont il est déjà propriétaire.

Mais, dira-t-on, ce n'est pas Justinien qui a introduit la maxime que personne ne peut s'emparer de son propre bien par voie de fait; elle a existé de tout temps : cependant avant Justinien, il était permis au Légataire *per vindicationem* ou *sinendi modo* de prendre de lui-même la chose qui lui était léguée; les passages de Gaius et d'Ulpien, cités plus haut, en font foi. On ne peut donc pas regarder la défense d'user des voies de fait comme le motif de la nécessité de la demande en délivrance.

Je réponds qu'avant Justinien, les Légataires *per vindicationem* et *sinendi modo* étaient ce que sont aujourd'hui tous les Légataires, c'est-à-dire, propriétaires du jour de la mort du testateur, et néanmoins astreints à la demande en délivrance.

On distinguait, dans l'ancien droit, deux sortes de délivrances : l'une avait pour objet la possession et la propriété tout ensemble, l'autre ne tombait que sur la possession.

La première était celle que l'héritier faisait aux Légataires *per damnationem* et *per præceptionem*, parce que n'ayant qu'une action personnelle en vertu des dispositions faites en leur faveur, on ne pouvait les considérer ni comme propriétaires, ni comme possesseurs, avant que l'héritier se fût dessaisi entre leurs mains.

La délivrance de possession était celle qu'obtenaient les Légataires *per vindicationem* et *sinendi modo*; comme ils étaient propriétaires de plein droit, ils n'avaient pas besoin de la tradition de propriété; mais la possession qui est de fait, ne pouvait leur être acquise que par la délivrance que l'héritier leur en faisait. Les passages d'Ulpien et de Gaius que l'on nous objecte, ne décident pas le contraire; ils disposent seulement ces sortes de Légataires de la demande en délivrance de propriété; les termes dans lesquels ils sont conçus, l'annoncent assez clairement : et s'il pouvait rester quelques doutes là-dessus, ils seraient bientôt dissipés par la loi 3, § 6, D. *quod legatorum*; ce texte défend aux Légataires *per præceptionem*, de se mettre d'eux-mêmes en possession des choses qui leur ont été léguées, et il ajoute, qu'il en doit être de même de toute autre espèce de Légataire : *qui vero ex causa præceptionis, utique tenetur hoc interdicto, sed pro ea scilicet parte quam jure legati habet : non etiam pro ea quam quasi heres habet. Idemque erit dicendum et si alio genere legati uni ex heredibus legatum sit.*

Le § 2 de la même loi prouve encore que, dans l'ancien droit, tous les Légataires indistinctement étaient sujets à la nécessité de la demande en délivrance, et cela par la seule raison qu'il n'est permis à personne de se faire justice à soi-même : *Et continet hanc causam (interdictum quod Legatorum), ut quod quis Legatorum nomine non ex voluntate heredis occupavit, id restituat heredi. Etenim æquissimum prætori visum est, UNUMQUEMQUE non sibi ipsum jus dicere occupatis legatis, sed ab herede petere. Redigit igitur ad heredes per hoc interdictum ea quæ Legatorum nomine possidentur, ut perinde Legatarii possint eum convenire.*

On voit maintenant qu'il n'y a point de contradiction sur cette matière dans les lois romaines. D'un côté, elles font remonter la propriété du Légataire au moment même de la mort du testateur; de l'autre, elles reculent sa possession jusqu'à la délivrance volontaire ou forcée que lui fait l'héritier : on ne peut rien de plus clair ni de plus simple.

C'est donc bien mal à propos que certains modernes ont voulu refuser au Légataire l'action réelle que lui donne le droit romain, comme s'il n'avait point de propriété avant la délivrance de l'héritier.

Ce n'est pas avec plus de raison que d'autres adoptant le parti contraire ont soutenu que le Légataire n'est point tenu de demander délivrance, attendu que la loi le rend propriétaire de plein droit.

Ces deux systèmes, également erronés, sont uniquement fondés sur la confusion de deux objets très-distincts, la propriété et la possession; aussi tous nos tribunaux les ont-ils rejetés l'un comme l'autre.

IV. Pour ne parler ici que de la nécessité de la demande en délivrance, quoiqu'elle n'ait pas été admise par quelques coutumes des Provinces Belgiques (1), elle souffre d'autant moins de doute dans notre droit commun, lors même qu'on se pourvoit par action réelle, qu'elle a été reconnue expressément par l'art. 73 de l'ordonnance de 1735 : *Dans tous les cas* porte ce texte, *où suivant la disposition des art.* 68, 69, 70 et 71, *les institutions d'héritier ne vaudront que comme legs universels ou comme legs particuliers, elles seront sujettes à la délivrance.*

MM. les gens du roi, du parlement d'Aix, ont attesté par un acte de notoriété du 19 août 1743, que cette jurisprudence était en pleine vigueur dans leur ressort. La chambre des comptes de Paris l'a également consacrée par un arrêt de règlement du 22 février 1755. Après avoir ordonné que « les » rentes, intérêts et autres charges assignées sur » les fermes des aides et gabelles, sur les postes, » sur les recettes générales des domaines, des fi- » nances, recettes particulières les tailles ou autres » revenus du Roi, dont le paiement doit être fait » à bureau ouvert à Paris, ou en d'autres villes » régies par des coutumes qui réputent les rentes » immeubles, conserveront leur nature d'immeu- » bles, encore bien que les propriétaires des rentes, » intérêts et autres charges fussent domiciliés dans » les pays de droit écrit, ou pays coutumiers, qui » réputent les rentes meubles, et que les institu- » tions d'héritiers faites en pays de droit écrit, ne » vaudront à l'égard desdites rentes, intérêts et » charges, que comme legs universel sujet à déli- » vrance. » Cet arrêt fait « défense à tous tréso- » riers, payeurs, receveurs-généraux et particu- » liers ou autres comptables préposés au paiement » desdites rentes, intérêts et autres charges, d'en » faire le paiement à ceux qui prétendront la » propriété en vertu de testamens faits par des » testateurs domiciliés en pays de droit écrit qui » les instituent héritiers universels, qu'en leur » remettant des actes de délivrance desdits legs » universels. »

Enfin, la plupart de nos coutumes se sont formellement expliquées sur la nécessité de la délivrance.

Celle de Vermandois porte, art. 63, que *legs testamentaire ne saisit, mais convient que réelle délivrance en soit faite par l'héritier ou par justice, au refus dudit héritier.*

On trouve la même disposition dans les coutumes de Chauny, art. 62 ; de Blois, art. 176; de Nivernais, chap. 33, art. 5; de Gand, rubr. 28, art. 4; et Loisel dans ses *Institutes coutumières*, liv. 2, tit. 4, art. 13, en a fait une règle de droit français.

V. Les legs pieux sont sujets à délivrance comme les autres. « Certains auteurs, dit Furgole, ont » cru qu'ils devaient en être dispensés, à cause que » la propriété en était acquise de plein droit, comme » le remarque Mornac; mais ce n'est pas une fa- » veur qui soit particulière aux legs pieux, puis- » que la propriété de toutes sortes de legs passe de » plein droit au Légataire au moment du décès du » testateur; ainsi, ce serait un très-mauvais fon- » dement si l'on voulait, sous ce prétexte, exempter » les legs pieux de la nécessité d'en demander la » délivrance ; car il faudrait par la même raison en » exempter les autres legs ; ce qui serait contre les » règles. »

VI. Lorsque le testateur fait un prélegs à quel-qu'un de ses héritiers, le Légataire n'a pas besoin, quant à la part héréditaire qu'il a dans la chose d'en demander la délivrance à ses co-héritiers; mais cette formalité est indispensable pour les portions qu'il doit prendre de ses co-héritiers. La loi 1, § 6, D. *quod Legatorum*, rapportée plus haut, n° 5, le décide ainsi.

Denisart et quelques autres auteurs distinguent, à cet égard, l'héritier en ligne directe d'avec l'héritier en ligne collatérale; ils conviennent que celui-ci est obligé de se pourvoir en délivrance pour les parts légales de ses co-héritiers dans le prélegs qui lui est fait; mais ils soutiennent qu'il en est autrement à l'égard de celui-là. Mais cette distinction est dénuée de toute espèce de fondement; et le texte que nous venons de citer la condamne assez formellement par la manière générale dont il s'énonce.

D'autres auteurs, et notamment Ferrière, sur la question 609 de Guy-Pape, croient que le Léga-

(1) La coutume de Lille, chap. 5, art. 13, porte : « Si les » maisons et héritages étaient disposés par testament, codi- » cille ou ordonnance de dernière volonté, le donataire ou » Légataire en sera tenu saisi par le trépas du testateur, sans » autre appréhension. »

Celle de Douai, chap. 5, art. 3, en dispose de même : « Tous testamens, codicilles et autres dispositions de der- » nière volonté d'un trépassé, passés, reconnus et dûment » amenés à connaissance par EMPRISE (*V. ce mot*) pardevant » lesdits échevins en nombre de deux du moins, engendrent » au fait des légats d'héritages, saisine et droit réel inconti- » nent après le trépas advenu au profit des Légataires, sans » qu'il soit requis faire autre devoir de justice. »

Celle de Tournai décide également, chap. 33, art. 11, que « tous testamens, codicilles ou autres ordonnances de » dernière volonté, approuvés pardevant les échevins des » échevinages où les héritages donnés ou légués sont gisans, » et non autres, ont vertu d'adhéritance au profit des dona- » taires, Légataires et héritiers dénommés en iceux, telle- » ment que ceux auxquels sont par lesdits testamens, codi- » cilles et autres ordonnances de dernière volonté, donnés » ou légués aucuns héritages non féodaux situés en ladite ville » pouvoir et banlieue d'icelle, sujets et justiciables auxdits » échevinages, sont tenus et réputés pour héritiers desdits hé- » ritages… ; et d'iceux sans autre solennité faite, peuvent » jouir, posséder et disposer à leur discrétion. »

taire d'une chose particulière qui lui est assignée pour sa légitime, peut prendre possession de la chose léguée, sans délivrance préalable de la part de l'héritier. « Mais, dit Furgole, ce sentiment » est contraire aux règles du droit romain, n'y » ayant aucun texte qui excepte ce cas de la néces-» sité de demander la délivrance : le Légataire d'un » fonds pour la légitime est toujours Légataire, » et par conséquent obligé de demander la déli-» vrance à l'héritier. »

VII. C'est encore une opinion commune que la demande en délivrance n'est pas requise lorsque le Légataire se trouve, au moment de la mort du testateur, en possession de la chose qui lui est lé-guée. « Le fait en ce cas détermine, dit Bourjon, » parce que le testament lui fournit une exception » péremptoire, si la restitution de la chose à lui » léguée était contre lui demandée... Telle est là » jurisprudence du Châtelet; l'exacte raison la » fonde. »

Cette assertion est visiblement trop générale. Il faut distinguer le cas où le Légataire s'est saisi de sa propre autorité, d'avec celui où il l'a fait du consentement du testateur.

Dans le premier cas, rien ne peut le soustraire à la loi de la demande en délivrance, parce qu'une voie de fait commise pendant la vie du testateur n'est pas moins répréhensible que si elle était pos-térieure à sa mort; il n'y a aucun texte qui puisse excuser, en pareille circonstance, la conduite du Légataire; nous trouvons, au contraire, un arrêt qui la condamne formellement; voici comment il est rapporté dans le *Dictionnaire des Arrêts* de Brillon, au mot *Legs*, n° 57 : « Le Légataire » s'étant saisi des choses à lui léguées du vivant » du testateur, les doit rendre à son héritier, afin » de les prendre de sa main. Arrêt du parlement de » Grenoble du 26 janvier 1556. Basset, tome 1, » *liv. 5, tit. 7, chap. 2.* » Nous rendrons compte ci-après, n° 14, de deux arrêts du parlement de Rouen, des 13 juillet 1669 et 7 mars 1679, qui ont puni plus sévèrement encore de pareilles voies de fait.

Dans le second cas, le Légataire est exempt de demander à l'héritier la délivrance de son legs. C'est ce qui résulte clairement de la loi 1, § 5, D. *quod Legatorum;* et c'est ce qu'a jugé un arrêt du parlement de Paris, du 3 février 1699, rap-porté par Maillart, sur l'art. 15 de la coutume d'Artois. Cet arrêt, dit le commentateur, « a dé-» cidé que les Légataires d'une rente n'avaient pas » eu besoin de demander aux héritiers de la testa-» trice la délivrance de ladite rente, à cause que la » testatrice leur en avait délivrés les titres de son » vivant, *quod notandum.* »

Le président Favre nous a conservé une espèce jugée au sénat de Savoie, que l'on ne peut mieux placer qu'ici.

Un mari avait donné tous ses biens en nantis-sement à sa femme pour la sûreté de sa dot; et il en avait retenu la jouissance en vertu d'une clause de constitut insérée dans l'acte d'hypothèque. A sa

mort, il fit sa femme Légataire de ces mêmes biens, à la charge de les compenser avec la dot qu'il de-vait lui restituer. Celle-ci s'en étant emparée de sa propre autorité, l'héritier intenta contre elle l'in-terdit *quod Legatorum*, dont nous parlerons dans un instant; mais il fut débouté par arrêt du 6 juin 1593: *Cum absurdum sit*, dit M. Favre, *minus juris habere mulierem in bonis pro dote obligatis et quorum possessionem per clausulam constituti nacta sit, ob id solum quod eorumdem bonorum proprietas ei pro dote sit legata; sic enim fieret ut inducta ad augmentum operarentur diminutio-nem: nam sublato etiam jure legati, superest pristina dotis causa, ex qua retinendæ possessio-nis jus mulieris salvum esse debet... Itaque valde singularis et elegans, hic casus est in quo non potest jus heredis in vocanda legati occupati pos-sessione exerceri; ob concurrentem præcedentis debiti rationem.*

VIII. Un autre cas où, suivant Masuer, Guy-Pape, Boyer (*Boerius*), Coquille, Basnage, Gro-tius et Voët, le Légataire peut prendre possession de son autorité privée, et lorsque le testateur lui en a donné la permission expresse. C'est même ce qui a été jugé par un arrêt du parlement de Gre-noble, de l'an 1461, rapporté par Papon. Automne dit qu'il en a été reçu plusieurs semblables au parlement de Bordeaux.

La coutume de Nivernais favorise aussi cette opinion : *Légataires ne sont saisis des legs à eux faits, pour les prendre par leurs mains, si le tes-tateur n'en a autrement disposé*: ce sont les termes de cette loi municipale, chap. 33, art. 5.

« Quoiqu'il en soit, dit Ricard, je ne puis pas » être de cet avis, par cette raison, que je tiens » absolument décisive, que la possession de droit » des héritiers étant en leur faveur et contre la li-» berté du testateur, il s'ensuit qu'il n'est pas en » son pouvoir de se dispenser lui-même d'une loi » qui lui est imposée, de ne pouvoir saisir de plein » droit ses Légataires, et qu'il faut nécessairement » qu'après son décès la possession de ses biens passe » entre les mains de ses héritiers. »

[[*V.* le plaidoyer et l'arrêt du 18 fructidor an 13, rapportés à l'article *Testament*, sect. 3.]]

IX. Il passe généralement pour certain qu'il ne faut point de délivrance dans le cas d'un legs de libération. La raison en est simple : c'est que la seule volonté du créancier suffit pour éteindre la dette.

De là, en effet, il résulte que le débiteur est libéré de plein droit à la mort du testateur. Si donc il est poursuivi par l'héritier, il lui suffira de demander l'exécution du testament par forme d'exception.

Quelques-uns néanmoins, dit Denisart, croient « que, si la dette léguée produisait des intérêts » ou des arrérages, le Légataire serait, en ce cas, » assujéti à former une demande en délivrance, et » qu'il devrait les intérêts ou les arrérages à la » succession, jusqu'au jour de cette demande, » parce que la dette étant dans la succession, elle

» appartient à l'héritier auquel elle doit profiter
» jusqu'à cette demande, qui donne seule au legs
» son complément et sa perfection. Mais (continue
» cet auteur) la demande en délivrance n'est pas
» plus nécessaire en ce cas que dans les autres,
» parce qu'un legs de libération n'aboutit point à
» quelque chose de réel qui puisse être délivré, et
» qu'il opère seulement l'extinction d'un droit. Il
» est d'ailleurs évident que, dans ces sortes de
» legs, la volonté du testateur est que le Légataire
» soit libéré de la dette, et qu'il n'en supporte
» plus le poids, à compter du jour du décès. Cette
» volonté, qui est la loi souveraine dans les tes-
» tamens, n'aurait cependant pas son effet, si l'on
» faisait encore payer au Légataire les intérêts ou
» les arrérages de la chose léguée, échue dans le
» temps intermédiaire du décès et de la demande
» en délivrance. »

Nous pouvons ajouter que la loi 3, § 5, D. *de
liberatione legata*, assimile absolument le droit
qu'a un tel Légataire d'exciper de son legs contre
l'héritier qui le poursuit, à celui de poursuivre
lui-même l'héritier pour obtenir sa libération :
*Nunc de effectu legati videamus : et si quidem
mihi liberatio sit relicta cum solus sim debitor,
sive a me petatur, exceptione uti possim; sive
non petatur, possim agere ut liberer per accep-
tilationem.* Si, comme le prouve ce texte, le Légataire de libération qui se borne à exciper son
legs, en recueille le même effet que celui qui en
poursuit la délivrance par une action particulière,
il faut nécessairement regarder la demande en
délivrance comme très-différente en cette matière.

X. Lorsque la chose léguée se trouve entre les
mains d'un tiers, le Légataire a constamment le
droit de la revendiquer, puisque les lois lui attribuent une action réelle : mais faut-il pour cela
qu'il en ait auparavant obtenu la délivrance de
l'héritier ?

Suivant l'usage des pays coutumiers, attesté par
Bacquet, *Traité des droits de Justice*, chap. 5,
n° 21, le Légataire qui veut poursuivre réellement
un tiers possesseur, doit obtenir à cet effet le consentement de l'héritier, ou bien faire assigner
celui-ci, pour voir ordonner qu'il sera tenu de
délivrer le legs, et en même temps mettre en
cause le tiers possesseur pour le faire contraindre
à déguerpir.

« Mais (dit Furgole), dans les pays de droit
» écrit, on s'est garanti de cette erreur, et le Lé-
» gataire peut intenter l'action *rei vindicationis*,
» contre le tiers possesseur de la chose léguée, sans
» avoir besoin ni de faire assigner l'héritier pour
» faire la délivrance, ni de rapporter un acte de
» consentement de la part de l'héritier, parce que
» la propriété du legs passe de plein droit, au mo-
» ment de la mort du défunt, sur la tête du Lé-
» gataire; en conséquence de cette propriété, il
» peut revendiquer la chose des mains du tiers
» possesseur, tout comme il pourrait la revendi-
» quer des mains de l'héritier, s'il la possédait :

» car la loi transférant en Légataire la propriété
» de plein droit, dès que le legs est échu, il est
» inutile d'avoir le consentement de l'héritier pour
» l'exercice d'une action que la loi transfère indé-
» pendamment de la volonté de l'héritier, et qui
» peut être exercée contre l'héritier même, mal-
» gré lui. »

Ces raisons séduisent à la première vue ; cependant il faut convenir que les lois n'ont pas excepté de l'obligation de demander la délivrance du
legs, le cas où la chose léguée est possédée ou
détenue par un tiers.

Sans doute un Légataire peut intenter l'action
réelle contre et malgré l'héritier qui possède : il
ne fait en cela que demander la délivrance de son
legs ; sa conduite est avouée par la loi.

Il est pareillement hors de doute qu'un tiers
possesseur ne peut se prévaloir contre le Légataire
revendiquant, du défaut de délivrance et de consentement de la part de l'héritier, parce que régulièrement on ne doit pas être admis à exciper
du droit d'un tiers.

Mais il ne faut pas conclure de là que l'héritier
n'ait rien à dire en ce dernier cas. Si, d'un côté,
le Légataire est fondé à agir réellement contre le
tiers possesseur de la chose léguée, de l'autre
aussi il est obligé de demander délivrance à l'héritier ; il faut donc concilier les droits de l'héritier
avec ceux du Légataire ; et c'est à quoi on ne peut
parvenir que, soit en obligeant le Légataire de
rapporter un acte par lequel l'héritier lui délivre
son legs ; soit en le contraignant de mettre en
cause l'héritier et le possesseur tout ensemble,
pour faire ordonner à celui-ci de déguerpir, et à
celui-là de délivrer le legs; soit en le forçant, après
qu'il a revendiqué sur le tiers possesseur, de remettre la chose léguée à l'héritier, pour en recevoir ensuite la délivrance de ses mains.

En un mot, le legs doit être délivré par l'héritier au Légataire ; la définition même de cette libéralité en est la preuve, comme on l'a vu plus
haut : il ne suffit donc pas que le Légataire reçoive
son legs des mains d'un tiers possesseur, quand
même ce serait avec le concours de la justice : il
faut que l'héritier intervienne dans la délivrance.

XI. Les interprètes sont très-divisés sur la question de savoir si un héritier institué *in re certa*,
est obligé, lorsqu'il y en a d'autres institués en
termes universels, de demander la délivrance de
son institution.

Decius, Salicette, Angelus, soutiennent l'affirmative : ils se fondent sur la loi 23, C. *de heredibus instituendis*, suivant laquelle cette institution n'a point d'autre effet que celui d'un legs.

Bartole, Balde et Tiraqueau prétendent au contraire que, dans tous les pays où l'héritier testamentaire est saisi de plein droit, l'institué *in re
certa* profite de cette saisine, parce qu'il approche
plus de la qualité d'héritier que de celle de Légataire ; et en effet, c'est à lui que toute l'hérédité
accroît, en cas de répudiation de la part des autres institués : aussi a-t-il été jugé par un arrêt du

parlement de Toulouse, du 6 septembre 1708, qu'un bâtard ne pouvait recueillir, à titre d'institution particulière, le legs modique dont son père l'avait gratifié sous cette forme.

Ces raisons sont spécieuses, mais elles manquent de solidité. Il est certain qu'un héritier institué *in re certa*, n'a point d'autre qualité que celle de Légataire, tant qu'il concourt avec d'autres appelés à titre universel. A la vérité, lorsque ceux-ci répudient, la qualité de Légataire fait place en lui à celle d'héritier ; mais aussi lorsqu'ils acceptent, il demeure Légataire : la loi 13, C. *de heredibus instituendis*, le décide nettement; c'est donc cette dernière qualité qui doit dominer en lui dans ce cas ; et c'est sous ce seul point de vue qu'on doit alors le considérer : or, tout Légataire est sujet à la demande en délivrance, à moins qu'il n'en soit exempté par quelque loi ; et puisque nous ne trouvons aucun texte qui établisse une exception en faveur de l'institué *in re certa*, il faut nécessairement le regarder comme soumis à la règle générale.

Le président Favre, qui adopte le système de Bartole, de Balde et de Tiraqueau, est néanmoins forcé de convenir qu'un tel institué ne peut pas intenter complainte avant d'avoir pris possession de fait ; et il rapporte un arrêt du sénat de Chambéry, du 16 février 1590, qui l'a ainsi jugé. Ce magistrat conclut lui-même de là qu'un héritier de cette nature n'est point saisi de plein droit ; et malgré cela, il soutient qu'il peut se mettre en possession de sa propre autorité.

Nous convenons qu'il est des cas où l'on peut s'emparer soi-même d'une chose, sans pour cela en avoir la saisine préalable ; c'est ainsi que, dans le droit romain, les biens vacans sont déférés au premier occupant ; et que, dans nos mœurs, le Légataire universel d'un bâtard mort sans enfans légitimes, peut prendre possession de son legs, sans en demander la délivrance à qui que ce soit. Mais hors ces cas particuliers et quelques autres semblables, il est vrai de dire que n'être point saisi de plein droit et être obligé de demander délivrance, sont deux corrélatifs inséparables.

Pour ne pas sortir de notre espèce, si l'institué *in re certa* n'est point saisi par la loi, il faut nécessairement que ce soit l'héritier ; car la chose léguée ne demeure certainement pas sans possesseur : or, l'héritier étant une fois saisi, comment l'institué *in re certa* le déposera-t-il ? Sera-ce par une voie de fait ? La seule proposition en est absurde ; il faut donc que ce soit par une demande en délivrance ; il n'y a point de milieu entre ces deux termes.

XII. La délivrance faite par l'exécuteur testamentaire, suffit-elle pour rendre le Légataire possesseur légitime, et le mettre à l'abri des poursuites de l'héritier ?

Le président Favre rapporte un arrêt du sénat de Chambéry, du 14 mai 1591, qui a jugé pour l'affirmative.

Basnage, sur l'art. 430 de la coutume de Normandie, établit pareillement que *les Légataires doivent recevoir leurs legs par les mains de l'exécuteur testamentaire ou de l'héritier.*

La coutume de Chauny, art. 62, distingue, à cet égard, les legs de meubles d'avec ceux d'immeubles : *et ne suffirait*, porte-t-elle, *que les exécuteurs du testament en eussent fait tradition ou délivrance, s'il y a héritiers, sinon que ce fussent meubles, auquel cas suffirait la tradition et délivrance d'iceux exécuteurs.*

La même disposition est consignée dans les coutumes de Vermandois, art. 63, et de Sedan, art. 133.

La coutume de Nivernais en dispose un peu autrement ; voici comment elle s'explique, chap. 33, art. 5 : « Légataires ne sont saisis des legs à eux » faits pour les prendre par leurs mains : mais si » ce sont meubles et conquêts, les doivent, en de-» dans l'an et jour de l'exécution, prendre par la » main de l'exécuteur testamentaire ; et après ledit » an, par les mains de l'héritier ; et quant aux im-» meubles anciens, toujours par les mains dudit » héritier.»

Les coutumes de Calais, art. 91, et d'Amiens, art. 62, font encore une autre distinction : elles permettent à l'exécuteur testamentaire de faire la délivrance des legs et meubles, mais elles veulent que l'héritier intervienne dans cet acte ; et à l'égard des legs d'immeubles, elles déclarent, comme celles de Vermandois, de Chauny et de Sedan, que l'exécuteur testamentaire n'a aucune qualité pour les délivrer.

L'art. 291 de la coutume d'Orléans porte en général, que « les exécuteurs testamentaires peuvent » et doivent faire bail et délivrance des legs aux » Légataires, les héritiers du testateur présens ou » dûment appelés.... ; et ce fait, lesdits Légataires » en sont et demeurent saisis.»

De tous ces différens partis, quel est celui qui doit prévaloir dans les coutumes muettes?

Il paraît que la disposition des coutumes d'Amiens et de Calais mérite la préférence.

D'abord, que l'exécuteur testamentaire ait un pouvoir suffisant pour payer le legs mobilier, c'est ce qu'on ne peut révoquer en doute, puisque toutes nos coutumes le déclarent saisi des meubles du testateur tout le temps que dure son exécution, et qu'elles lui donnent même une action contre l'héritier pour le forcer, au cas qu'il n'y ait pas assez de meubles, à lui fournir en immeubles ou autrement de quoi remplir les dispositions testamentaires.

Mais, d'un autre côté, comme l'héritier est intéressé au paiement des legs, et qu'il peut avoir des raisons de s'y opposer, il est juste qu'il soit présent ou dûment appelé à la délivrance; c'est le moyen de prévenir les collusions.

Enfin, puisque l'exécuteur testamentaire n'est point saisi des immeubles, il ne peut pas faire la tradition de ceux que le testateur a légués : *nemo plus juris in alium transfere potest quam ipse habet*; c'est donc à l'héritier seul qu'appartient le droit de délivrer ces sortes de legs.

XIII. Les coutumes de Vermandois, d'Amiens et de Calais permettent à l'exécuteur testamentaire de retenir lui-même le legs mobilier qui lui a été fait par le testateur. Cette faculté est de droit commun : elle dérive de la saisine mobilière que nos usages accordent à l'exécuteur testamentaire; et on peut la comparer à celle que la loi 9, § 7, D. *de administratione tutorum*, donne au tuteur de se payer lui-même de ce qui lui est dû par son pupille.

XIV. Quelle est la peine du Légataire qui prend possession de son legs, sans en avoir obtenu la délivrance?

Decius, dans ses conseils 243 et 438, soutient qu'on doit le priver de son legs même; il se fonde sur la loi 5, C. *de legatis*, dont voici les termes : *Non est dubium denegari actionem Legatorum ei proportione competenté in his rebus quas subtraxisse eum de hereditate apparuerit.* Rebuffe, dans la préface de son commentaire sur les ordonnances, *glos.* 5, attribue la même décision à ce texte; mais il ajoute qu'on ne la suit pas en France, par la raison que toutes les actions pénales du droit romain sont généralement regardées comme abolies.

Il ne paraît pas que ces auteurs aient bien saisi l'esprit des lois romaines sur cette matière :

Le titre du Digeste *quod legatorum*, prouve très-clairement que le défaut de demande en délivrance n'a jamais été puni aussi rigoureusement qu'on voudrait nous le faire croire. Nous voyons dans ce titre, que, quand un Légataire s'était mis de lui-même en possession sans délivrance préalable, tout ce que l'héritier pouvait demander, c'était d'être ressaisi de la chose léguée, à la charge de la délivrer ensuite de lui-même; le préteur lui donnait à cette fin un interdit, ou, ce qui est la même chose, une action possessoire, appelée *quod legatorum*; et cette action n'avait son effet qu'autant que l'héritier donnait bonne et suffisante caution au Légataire de lui faire en temps et lieu la tradition de la chose dont il s'agissait : *Redigit igitur (prætor) ad heredes per hoc interdictum ea quæ legatorum nomine possidentur, ut perinde Legatarii possunt eum convenire :* Ce sont les termes de la loi 1, § 2, D. *quod legatorum.* La loi 2, § 4 du même titre, ajoute : *Non competit interdictum, nisi satisdatum sit.*

Voilà certainement des preuves bien claires que le droit romain ne punissait point par la privation du legs, la voie de fait du Légataire qui prenait possession de son autorité privée.

La loi 5, C. *de legatis*, n'est pas contraire à ce que nous avançons. Elle ne parle pas des Légataires de corps certains, mais de ceux à qui le testateur a laissé une quote de ses biens (1), et sa disposition ne touche pas précisément sur la prise de possession par voie de fait, mais sur le récélé que

le Légataire a fait en soustrayant certains effets de l'hérédité, pour se les approprier en entier, au lieu de n'y prendre que la part qui lui est léguée.

Ce n'est donc pas le défaut de demande en délivrance, mais le vol d'une chose non léguée, que cette loi punit par la déchéance du legs. C'est ainsi que, par la loi 6, D. *de his quibus ut indignis*, l'héritier est privé de sa quarte-falcidie dans les effets qu'il a soustraits pour diminuer, jusqu'à concurrence, les legs dont le défunt l'a chargé.

La décision du texte dont il s'agit, est donc particulière aux recélés faits par les Légataires de quotité; et loin qu'elle soit abrogée dans nos mœurs, comme le prétend Rebuffe, nous trouvons dans le commentaire de Basnage sur les coutumes de Normandie, art. 430, deux arrêts du parlement de Rouen, qui l'ont adoptée formellement. Voici comment s'explique cet auteur :

« L'observation de ces maximes (concernant la nécessité de la demande en délivrance) est particulièrement nécessaire en cette province, en conséquence de l'article précédent, qui ne permet au mari de donner à sa femme que jusqu'à concurrence de la moitié de la valeur des héritages et des biens immeubles qu'il possède au temps de sa mort. S'il était permis à la veuve, Légataire universel des meubles de son mari, de se saisir de son legs de son autorité privée, on ne pourrait connaître si le legs excéderait la moitié de la valeur des immeubles de son mari.

» Feu Me Jean Basin, procureur en la cour, ayant donné tous ses meubles à Catherine Le Duc, sa femme, elle n'attendit pas qu'il fût mort; étant malade dans une sienne maison de campagne, elle envoya promptement à Rouen pour se saisir de ses meilleurs meubles; et s'étant ensuite saisie des clefs, lorsqu'on procéda au répertoire des écritures, elle prit plusieurs papiers qu'elle fit jeter dans un lieu secret. La preuve de tous ces faits ayant été faite par le frère du défunt, et elle-même les ayant avoués dans son interrogatoire, par sentence des requêtes du palais, le testament fut déclaré nul à son égard; et ayant appelé, la sentence fut confirmée par arrêt.... le 13 juillet 1660.

» Autre arrêt pareil sur ce fait..... du 7 mars 1679. Eustache Louvel, huissier au parlement, avait donné par son testament à Barbe Vauquelin, sa femme, le tiers de ses meubles, outre le tiers qui lui appartenait de son chef; après la mort de son mari, elle entra dans son cabinet, d'où elle enleva plusieurs choses. François Louvel soutint contre elle et contre Eustache Louvel son frère, que, vu les soustractions par elle commises, elle devait être privée des meubles que son mari lui avait donnés par son testament. Par sentence du vicomté, elle fut condamnée à 30,000 livres sur lesquelles il lui en fut donné un tiers, et on la priva du tiers à elle donné par le testament de son mari, et ledit Eustache Louvel condamné à payer la moitié de 30,000 livres. Toutes les parties ayant appelé, le bailli condamna ladite Vauquelin

---

(1) C'est ainsi que l'explique Cujas, et c'est ce que font entendre les mots *proportione competente.*

à 6,000 envers François Louvel, et la priva du tiers qui lui avait été donné. Toutes les parties appelèrent encore de cette sentence; et par l'arrêt, la cour, en infirmant la sentence, condamna ladite Vauquelin à rapporter la somme de 6,500 livres pour les soustractions par elle faites de l'argent, argenterie et autres meubles de ladite succession; et privée du tiers à elle donné par le testament de son mari. »

[[V. le plaidoyer et l'arrêt du 18 fructidor an 15, rapportés à l'article Testament, an 3.]]

XV. Revenons à l'action ou l'interdit quod legatorum.

Le § 11 de la loi 1, D., autre titre cité, porte que cet interdit cesse, lorsque le Légataire a pris possession du consentement de l'héritier, pourvu que ce consentement ait été donné après l'adition de l'hérédité, mais dans nos mœurs, il est indifférent que l'héritier ait consenti avant ou après avoir accepté la succession, parce que la règle, le mort saisit le vif, le rend possesseur de plein droit dès le premier moment du décès de celui qu'il représente.

Le § 14 de la même loi porte que, lorsque l'héritier a une fois donné son consentement, il ne peut plus le révoquer, quand même les choses seraient encore entières, c'est-à-dire, quand même le Légataire n'aurait pas encore pris possession en conséquence; parce que quod semel placuit, amplius displicere non potest.

Le § 15 ajoute que si, après que le Légataire a pris le legs de son autorité privée, l'héritier ratifie sa mise en possession, l'interdit ne peut plus avoir lieu.

Le même paragraphe déclare que si, de plusieurs héritiers, l'un donne son consentement et l'autre le refuse, l'interdit pourra être exercé par celui-ci, mais point par celui-là.

Le § 2 de la même loi nous offre un autre exemple de la divisibilité de cette action : il décide que, si le Légataire s'est mis en possession de certaines choses de son autorité privée, et de quelques autres avec le consentement de l'héritier, celui-ci pourra demander d'être ressaisi des premières et point des secondes.

Mais cette demande en ressaisissement ne doit-elle pas être rejetée comme contraire à la maxime (établie par la loi 8 de dolo mali et metus exceptione, au Digeste), dolo facit qui petit quod redditurus est? Non, pas plus que ne doit la demande en réintégrande de la part du possesseur à qui l'on oppose un titre justificatif de sa non-propriété. D'ailleurs, l'héritier peut avoir intérêt d'être ressaisi, surtout lorsqu'il a accepté la succession sous bénéfice d'inventaire, soit parce qu'il y a dans la succession des dettes qui doivent occasionner quelque retranchement dans le legs, soit parce que le testateur a consumé plus des trois quarts de son hérédité en dispositions particulières, et par là donné ouverture à la distraction de la quarte-falcidie, dans les pays où l'usage s'en est conservé.

XVI. Voët prétend que l'interdit quod legatorum ne doit avoir lieu dans aucun des cas où l'héritier n'a point de quarte-falcidie à prétendre.

Si cette opinion était exacte, il en résulterait que le ressaisissement serait tout-à-fait hors d'usage dans les pays coutumiers, puisque la quarte-falcidie y est absolument inconnue. Mais le président Favre prouve très-bien, dans son recueil Conjecturarum, liv. 6, chap. 2, qu'il n'y a aucune conséquence à tirer de la falcidie au ressaisissement. An credendum est, ce sont ses termes, falcidiæ duntaxat retinendæ gratia interdictum dari ? Ita sane plerique docti viri putant, quorum sententia nunquam probata est; alioquin admittendum esset nec Legatorum nomine interdicto locum esse posse quorum scilicet falcidia ipso jure penis heredem remaneat, quemadmodum et donationum causa mortis (1). Et cum proposti interdicti rationem Ulpianus reddit, non illam affert quod falcidiam heres habere debeat, sed quod rem legatam ex heredis voluntate accipere. Legatarium æquius ac civilius sit; ut proinde dubitari minime oporteat quin, sive legi falcidiæ locus sit, sive non sit, interdicto teneatur Legatarius qui propria auctoritate legatum accipit.

L'avis de ce grand jurisconsulte a prévalu dans nos mœurs.

Un arrêt du premier février 1557, rapporté par Bouchel, et un autre du 19 mai 1564, rapporté par Chenu sur Papon, ont jugé tous deux, pour les pays coutumiers où la falcidie est tout-à-fait ignorée, que quand le Légataire s'est mis de lui-même en possession de son legs, l'héritier doit en être ressaisi, à la charge d'en faire ensuite la délivrance.

Christyn, tome 3, décis. 36, nous apprend que le grand conseil de Malines a jugé plusieurs fois la même chose.

Il faut cependant remarquer que ce ressaisissement ne produit pas un grand effet. « Si un héritier (dit Ricard) demandait, en semblable rencontre, à être saisi réellement de la chose léguée, sauf à requérir par le Légataire la délivrance de son legs, sans autre intérêt que de jouir du privilège qui lui est accordé par la coutume, et, sans coter aucun vice contre le testament, ni proposer aucune raison pour laquelle le Légataire dût être en définitive privé de son legs, il ne devrait pas être recevable à vouloir évincer le Légataire qui se trouverait en possession de la chose qui lui devrait enfin retourner, d'autant que la bonne foi de notre jurisprudence ne souffre pas ces actions inutiles et frustratoires; mais suppléant tout ce qui serait nécessaire pour parvenir à l'accomplissement de la rigueur de la loi, et les circuits qu'il faudrait

_____

(1) En effet, la loi 73, § 5, D. ad legem falcidiam, porte que, si excesserit quis dodrantem, prorata proportione per legem ipso jure legata minuuntur.

» faire pour cet effet, elle feindrait en même-
» temps que le Légataire et possesseur de la chose
» qui lui a été léguée, en aurait ressaisi l'héritier,
» et puisque l'héritier en aurait fait délivrance
» au Légataire, sans requérir que toutes ces céré-
» monies s'exécutassent réellement, attendu qu'il
» n'en résulterait aucun fruit ni utilité pour au-
» cune des parties. »

L'usage est conforme à cette doctrine.

Vrevin, sur l'art. 62 de la coutume de Chauny,
rapporte un arrêt du 17 février 1607, qui, en
ressaisissant l'héritier pour la forme, le condamne
à faire la délivrance du legs dans le même instant
et sans déplacer. Le vu de cet arrêt en rappelle
deux autres de 1566 et 1591, qui portent « que
» l'héritier sera saisi et condamné au même instant
» et sans rien déplacer, à faire délivrance actuelle
» au donataire des meubles et immeubles donnés
» par les dispositions et donations faites par tes-
» tament, en émendant les jugemens donnés par
» les sénéchaux d'Aujon et de Beaumont, par
» lesquels ils auraient ordonné que l'héritier serait
» saisi des biens des donateurs et testateurs, sauf
» aux donateurs à demander audit héritier la dé-
» livrance des biens donnés. »

L'arrêt du 19 mai 1564, que nous citions tout-
à-l'heure, a jugé de même.

« Régulièrement (dit Chenu sur Papon) est
» reçu que le Légataire prenne par les mains de
» l'héritier, si que souvent l'héritier est réintégré
» à la charge, brevi manu, de rendre et restituer.
» Jugé par arrêt prononcé en robes rouges pour
» l'héritier du vidame de Chartres, le 19 mai
» 1564. »

Cette jurisprudence n'a lieu que dans le cas où
l'héritier n'a aucune raison pour contester ni pour
faire diminuer le legs.

S'il le soutenait nul ou sujet à quelque retranchement, on l'en ressaisirait réellement, sauf au
Légataire à intenter son action en délivrance. C'est
l'espèce et la décision de l'arrêt du 1er février
1557, cité ci-dessus d'après Bouchel.

XVII. Un avantage plus précieux pour l'héritier que le ressaisissement, en cas de défaut de la
part du Légataire de prendre possession d'une manière juridique, est que tous les fruits, intérêts et
revenus de la chose léguée lui appartiennent jusqu'au jour de la demande en délivrance, ou du
jugement qui en tient lieu : c'est du moins ce
qu'on juge dans la plupart des tribunaux. Il n'est
pas ici question d'examiner ce point de jurisprudence; il sera l'objet d'une dissertation particulière que l'on trouvera au mot Legs, sect. 4, § 3,
n° 27 ; mais en le supposant, on demande si la
délivrance est valablement obtenue ou au moins
requise, dans l'espèce suivante.

Un testateur décède, la partie publique fait
apposer le scellé sur ses meubles et effets : quelques jours après, le Légataire universel donne
une requête au juge pour faire lever ce scellé et
être mis en possession du mobilier ; ce qui lui est
accordé sans entendre les héritiers. Ceux-ci se

pourvoient en nullité du testament et en rapport
des effets de la succession. Sentence qui annulle
le testament, et condamne le Légataire universel
à restituer tout ce dont il s'est emparé. Sur l'appel, autre sentence qui déclare le testament valable. Les héritiers appellent à leur tour ; et, dans
le cours de l'instruction, sentant la faiblesse de
leur cause, ils demandent qu'en cas de confirmation du second jugement, « attendu que le Léga-
» taire universel s'est emparé, sans aucune for-
» malité de justice, de tous les biens et effets de
» la succession du défunt, et qu'il en a perçu les
» fruits et revenus, sans au préalable avoir formé
» sa demande en délivrance, il soit condamné à
» leur rapporter tous les fruits et revenus des
» biens de la succession. » Le Légataire universel
oppose à cette demande, qu'il a obtenu du premier
juge la délivrance de son legs sur une requête
qu'il lui a présentée à cet effet ; qu'au surplus
son refus de s'en dessaisir sur la réquisition qu'en
ont faite les héritiers par leur requête introductive d'instance, vaut bien une demande en délivrance, suivant la maxime reus excipiendo fit
actor.

Cette espèce présente, comme on le voit, deux
questions à juger : la première, si la délivrance
obtenue du juge sans l'intervention de l'héritier,
peut être de quelque effet : la seconde, si le refus
d'un Légataire de remettre à l'héritier les choses
qui composent son legs, équipolle à une demande
en délivrance.

Ces deux questions ont été décidées pour la
négative. L'arrêt a été rendu le 16 mars 1717, au
rapport de M. Lorenchet, conseiller à la première
chambre des enquêtes du parlement de Paris ;
voici ce qu'il porte sur cet objet : « Et ayant,
» aucunement égard à la requête desdits Maheas
» (héritiers) du 12 février 1716, condamne ledit
» Galhaud (Légataire universel) à rapporter aux-
» dits Maheas les fruits et revenus des biens im-
» meubles dudit défunt Pierre Maheas, si aucuns
» y a, à compter du jour du décès dudit Maheas,
» jusqu'au jour du présent arrêt ; et ce, à dire
» d'experts, dont les parties conviendront devant
» le juge dont est appel, sinon nommés d'offices,
» ensemble les intérêts des effets mobiliers de la
» même succession à compter du jour de la de-
» mande faite en cause principale par la requête
» du 16 octobre 1699 ; aussi jusqu'au jour du pré-
» sent arrêt. »

[[XVIII. Sur tout ce qu'on vient de dire, le
Code civil ne modifie les règles de l'ancien droit,
que par rapport aux Légataires universels. Voici
quelles sont à cet égard ses dispositions :

« Art. 1004. Lorsqu'au décès du testateur, il
y a des héritiers auxquels une quotité de ses biens
est réservée par la loi, ces héritiers sont saisis de
plein droit, par sa mort, de tous les biens de la
succession ; et le Légataire universel est tenu de
leur demander la délivrance des biens compris dans
le testament.

» 1005. Néanmoins, dans les mêmes cas, le

Légataire universel aura la jouissance des biens compris dans le testament, à compter du jour du décès, si la demande en délivrance a été faite dans l'année, depuis cette époque; sinon cette jouissance ne commencera que du jour de la demande formée en justice, ou du jour que la demande aurait été volontairement consentie.

» 1006. Lorsqu'au décès du testateur, il n'y aura pas d'héritiers auxquels une quotité de ses biens soit réservée par la loi, le Légataire universel sera saisi de plein droit par la mort du testateur, sans être tenu de demander la délivrance.

» 1008. Dans le cas de l'art. 1006, si le testament est olographe ou mystique, le Légataire universel sera tenu de se faire envoyer en possession par une ordonnance du président mise au bas d'une requête, à laquelle sera joint l'acte de dépôt. »

A l'égard des Légataires à titre universel, l'article 1101 porte « qu'ils seront tenus de demander » la délivrance aux héritiers auxquels une quo-» tité des biens est réservée par la loi ; à leur dé-» faut , aux Légataires universels ; et à défaut de » ceux-ci, aux héritiers appelés dans l'ordre établi » au titre *des successions*. »

Les droits des Légataires particuliers sont ainsi réglés par le Code :

« Art. 1014. Tout legs pur et simple donnera au Légataire, du jour du décès du testateur , un droit à la chose léguée , droit transmissible à ses héritiers ou ayant-cause.

» Néanmoins le Légataire particulier ne pourra se mettre en possession de la chose léguée, ni en prétendre les fruits ou intérêts, qu'à compter du jour de sa demande en délivrance, formée suivant l'ordre établi par l'article 1011, ou du jour auquel cette délivrance lui aurait été volontairement consentie.

» 1015. Les intérêts ou fruits de la chose léguée courront au profit du Légataire dès le jour du décès , et sans qu'il ait formé sa demande en justice, 1° lorsque le testateur aura expressément déclaré sa volonté, à cet égard, dans le testament ; 2° lorsqu'une rente viagère ou une pension aura été léguée à titre d'alimens.

» 1016. Les frais de la demande en délivrance seront à la charge de la succession, sans néanmoins qu'il puisse en résulter de réduction de la réserve légale.

» Les droits d'enregistrement seront dus par le Légataire ;

» Le tout , s'il n'en a été autrement ordonné par le testament.

» Chaque legs pourra être enregistré séparément , sans que cet enregistrement puisse profiter à aucun autre qu'au Légataire ou à ses ayant-cause. »]]

§ VI. *Par quelles actions le Légataire peut-il demander la délivrance de son legs? Contre qui et jusqu'à quelle concurrence doit-il les diriger? Quel est l'effet de ces actions contre les héritiers purs et simples, et contre les* tiers *détenteurs? Dans quel tribunal doit-il les porter? Comment doit se faire le paiement des legs?*

I. Nous avons déjà dit que l'empereur Justinien, en abolissant toutes les différences établies par l'ancien droit romain, entre les quatre espèces de Légataires dont nous avons parlé, leur avait attribué indistinctement deux sortes d'actions, l'une personnelle, l'autre réelle.

Ce législateur ne s'est pas borné là : il a encore trouvé à propos de leur donner une action hypothécaire : *Censemus et insuper utilem servianam, id est hypothecariam, super his quœ fuerint derelicta in res mortui prœstare.. Si enim testator id eo legata vel fideicommissa dereliquit, ut omnimodo personœ ab eo honoratœ ea percipiant, apparet ex ejus voluntate etiam prœfatas actiones contra res testatoris esse instituendas , ut omnibus modis voluntati ejus satisfiat.* (Loi 1, C. *communia de legatis.*)

Il y a, par rapport à ces trois actions, plusieurs principes à établir et plusieurs difficultés à examiner.

II. L'action personnelle est fondée sur le quasi-contrat par lequel celui qui doit payer le legs, s'oblige, en acceptant la libéralité du testateur, envers tous ceux à qui le testament donne des droits à exercer contre lui. L'effet de cette action est de le faire condamner à délivrer la chose léguée, si elle existe et qu'il l'ait en sa disposition, sinon à en payer la valeur.

Pour savoir contre quelles personnes on peut intenter cette action, il faut examiner qui sont ceux qu'un testateur peut charger de legs, et qui sont ceux qu'il est censé en charger dans certains cas douteux : car il est clair qu'elle ne peut jamais être dirigée contre un tiers possesseur, puisque le quasi-contrat, qui en est l'unique fondement , ne peut résulter que de l'acceptation libre ou forcée du testament dans lequel sont contenus les legs.

III. En général , un testateur peut grever de legs tous ceux à qui il laisse quelque chose par ses dispositions de dernière volonté, ou à qui il n'ôte pas, quand il en a le pouvoir, les biens que le droit du sang leur défère. Ce principe est consacré par la loi 1, § 6, *de legatis* 3° au Digeste : *Scien-dum est autem eorum fideicommitti* (1) *posse ad quos aliquid perventurum est morte ejus, vel dum eis datur, vel dum eis non adimitur.*

Ainsi , un héritier *ab intestat* n'est pas moins obligé qu'un héritier institué, d'acquitter les legs portés dans le codicille du défunt : *Sed ideo fideicommissa dari possunt ab intestato succedentibus, quoniam creditur paterfamilias sponte sua his relinquere legit imam hereditatem.* Ce sont les termes de la loi 8, § 1, D. *de jure codicillorum.*

_____

(1) Les legs ne diffèrent point à cet égard des fidéicommis particuliers, ce qui est décidé pour les uns, a lieu sans difficulté pour les autres. V. la loi 1, L. de legatis ; 13.

On oblige même les héritiers légitimes d'un impubère de payer les legs dont le père de celui à qui ils succèdent, les a chargés, parce qu'il aurait pu, en faisant une substitution pupillaire, transférer à d'autres l'hérédité qu'ils ont recueillie. C'est ce que décide la loi 92, § 2, D. *de legatis* 1°.

Il en serait néanmoins autrement, si le père déshéritait son fils : cette exception est établie par la loi 94 du même titre, et par la loi 24, C. *de legatis*.

Pour être valablement grevé de legs, il n'importe qu'on soit institué en premier ou en second rang, directement ou par forme de substitution fidéicommissaire : il faut cependant remarquer qu'on ne peut imposer de pareilles charges au substitué pupillaire d'un fils exhérédé, quand même on serait soldat, et qu'on aurait fait un legs particulier à l'enfant; c'est ce que portent les lois 24, C. *de legatis*, et 41, § 3, D. *de testamento militis*.

Il résulte du principe que nous venons d'établir, que les fidéicommissaires particuliers, les donataires à cause de mort, et les légataires peuvent aussi être chargés de legs.

Il fut néanmoins un temps où ces derniers étaient exceptés. Justinien, dans ses institutes, titre *de singulis rebus perfideicommissum relectis*, dit que *a legatario legari non potest;* mais cette jurisprudence a été corrigée par la loi 2, C. *communia de legatis*, qui assimile entièrement les legs aux fidéicommis, de manière que *ubi aliquid contrarium in legatis et fideicommissis evenit, hoc fideicommisso quasi humaniori aggregetur, et secundum ejus naturam dirimatur.*

Par la même raison, un testateur peut charger de legs celui à qui il oblige son héritier ou un de ses Légataires de donner quelque chose par forme d'accomplissement de la condition sous laquelle il les a appelés. Supposons, par exemple, un testament ainsi conçu : *J'institue Sempronius*, ou *je lègue à Titius, s'il donne cent louis à Mévius.* Il est évident que, dans ce cas, Mévius reçoit un bienfait indirect du testateur; et cela suffit pour qu'il soit tenu du legs mis à sa charge. C'est la disposition expresse de la loi 96, § dernier, D. *de legatis* 1°.

Une chose qui paraît d'abord assez singulière, est la faculté qu'on a de grever ses débiteurs de legs; il n'y a cependant là rien de contraire à notre principe : car, en imposant une pareille charge à un débiteur, on est censé lui léguer la libération de ce qu'il doit. On peut voir à ce sujet la loi 77 et la loi 108, § 13, D. *de legatis* 1° Il a même été jugé par arrêt du parlement de Bordeaux, du 22 juin 1679, qu'un legs dont le testateur a chargé son débiteur de faire le paiement, ne peut pas être demandé à l'héritier. Cette décision est rapportée par La Peyrère, lettre L, n° 3, édition de 1709.

On peut aussi grever de legs les héritiers de ceux à qui on pouvait en imposer directement le fardeau : *Si quis non ab herede vel Legatario, sed ab he-*

redis vel Legatarii herede, fideicommissum reliquerit, hoc valere benignum est, dit Ulpien dans la loi 5, § 1, D. *de legatis* 1° La loi 6, D. *de legatis* 3° en dispose de même; et cette décision a pour fondement l'identité fictive de la personne de l'héritier avec celle du défunt à qui il succède.

IV. Il ne suffit pas, pour être valablement chargé de legs, d'avoir reçu quelques libéralités du défunt; il faut encore, comme nous l'avons supposé jusqu'à présent, que ces libéralités aient été faites par des actes de dernière volonté. Ainsi, un donataire entre-vifs ne peut point être grevé de cette manière, parce qu'il a acquis, avant la mort du donateur, la propriété de la chose dont celui-ci l'a gratifié, et que par conséquent on ne peut l'en dépouiller, ni en tout ni en partie, sans son consentement.

Mais quoique l'institution contractuelle participe en certains points de la nature de la donation entre-vifs, on ne laisse pas de pouvoir charger valablement de legs particuliers celui en faveur duquel on l'a faite, pourvu que ce soit sans fraude. Nous avons développé cette exception [[et les modifications qui y met le Code civil,]] aux mots *Institution contractuelle*, § 8.

V. Il ne suffit pas non plus, pour être obligé d'acquitter les legs d'un défunt, d'avoir recueilli la totalité ou une partie de son patrimoine; il faut encore qu'on en soit redevable à sa volonté expresse ou tacite. Ainsi, un légataire ne peut pas être grevé de legs, parce qu'il tient tout de la loi. Il en est de même de ceux qui se bornent aux réserves coutumières : c'est ce qu'a jugé pour la coutume d'Auvergne, un arrêt du parlement de Paris du 2 janvier 1657, rapporté par Henrys.

Mais si l'héritier des réserves appréhendait aussi des biens disponibles, pourrait-on l'obliger de contribuer au paiement des legs qui excéderaient la valeur des choses dont le testateur pouvait le priver? Cette question a partagé nos auteurs.

Renusson et Ricard soutiennent la négative; et cette opinion paraît, au premier abord, très-bien fondée. Puisqu'il n'est pas permis au testateur de léguer les biens compris dans les réserves, et que, suivant la jurisprudence la plus constante, le Légataire d'un tel fonds ne peut pas prétendre de récompense sur les effets disponibles, ne semble-t-il pas qu'on doit regarder ces biens comme affranchis de toute contribution aux libéralités testamentaires, sans distinguer si celui qui les a recueillis, s'y est borné ou non?

Cependant il faut dire avec Bourjon, que l'héritier des réserves qui appréhende les biens disponibles, est tenu indéfiniment des legs, s'il ne fait pas d'inventaire pour constater le montant de ce qu'il amende, parce qu'un des principaux effets de l'appréhension pure et simple d'une hérédité, est de soumettre l'héritier à toutes les dettes et à tous les legs.

C'est en vain qu'on oppose l'indisponible testamentaire des biens compris dans les réserves : les

Légataires sont en droit de dire que les biens libres suffisent pour les payer, à moins qu'on ne leur prouve le contraire par un inventaire solennel. Les réserves coutumières ne sont certainement pas plus favorables que la quarte-falcidie ne l'est dans le droit romain. Or, il est constant que l'héritier pur et simple ne peut pas se soustraire au paiement des legs dont le testateur l'a chargé, sous prétexte qu'ils entament ou même absorbent sa quarte-falcidie; la loi 22, § 14, C. *de jure deliberandi*, en renferme une décision expresse : pourquoi donc l'héritier des réserves serait-il plus privilégié ?

Inutilement objecte-t-on encore que le Légataire d'un bien indisponible ne peut pas demander de récompense sur les effets libres, quoique l'héritier ne soit pas borné aux réserves et n'ait point fait inventaire. Tout ce qui résulte de là, c'est qu'il faut, en cette matière, distinguer les legs de deniers d'avec les legs d'héritages indisponibles.

Les premiers sont toujours valables en eux-mêmes; il faut donc que l'héritier les acquitte entièrement, ou qu'il constate par la représentation d'un inventaire, précédé, accompagné et suivi de toutes les formalités requises, que la succession libre ne suffit pas pour les remplir.

Les seconds, au contraire, sont radicalement nuls par la disposition de la loi, abstraction faite du montant des biens : le défaut d'inventaire légal ne peut donc pas les valider.

[[V. *bis*. Le Légataire d'immeubles qui a été grevé par le testateur d'un legs en argent, cesse-t-il de devoir ce legs et d'en être tenu par action personnelle, lorsque, par force majeure, il perd les immeubles qui lui ont été légués?

Jean-Marie Verdat Dutremblay est gratifié par le testament de son père, d'un legs en immeubles, à la charge de payer à Pierre-Geoffroy Verdat, son frère, une somme de 5,000 francs. Après avoir accepté son legs et pendant qu'il jouit des immeubles qui en sont l'objet, il est inscrit sur la liste des émigrés : et en conséquence, tous ses biens sont séquestrés et confisqués au profit de l'État. Rétabli dans ses droits de citoyen par un brevet d'amnistie, en exécution du sénatus-consulte du 6 floréal an 10, il est actionné par les héritiers de Pierre-Geoffroy Verdat, son frère, en paiement du legs de 5,000 francs, dont son propre legs a été grevé par le père commun.

Il répond qu'il ne possède plus les biens qui lui ont été légués, à la charge de payer cette somme; qu'ils ont été vendus au profit de l'État pendant son inscription sur la liste des émigrés; que les héritiers de Pierre-Geoffroy Verdat ont perdu toute action contre lui, et qu'ils ne peuvent plus se pourvoir que sur le prix de la vente, qui a été faite par le gouvernement, des immeubles grevés de leur legs; et la cour d'appel de Lyon le juge ainsi, le 6 mai 1808.

Mais les héritiers de Pierre-Geoffroy Verdat se pourvoient en cassation; et, par arrêt du 17 mai 1809, au rapport de M. Genévois,

5e. TOME IX.

« Vu la loi 1, C. *communia de legatis*, et l'art. 1017 du Code civil; vu aussi la loi 80, D. *de legatis* 2°, et l'art. 1014 du Code civil;

» Considérant que, dans l'espèce jugée par l'arrêt dénoncé, la question qu'il s'agissait de décider, a été ainsi posée par la cour d'appel : *Jean-Marie Verdat est-il débiteur personnel de la somme réclamée par les appelans*; que, dans le fait, ledit Jean-Marie Verdat était Légataire, dans la succession du père commun, d'un domaine, avec la charge expresse de payer à son frère, Pierre-Geoffroy, la somme de 5,000 francs, faisant partie d'un legs de 10,000 francs fait à ce dernier, legs pur et simple, et sans aucune condition;

» Considérant qu'il est établi au procès, et les juges d'appel ont reconnu eux-mêmes que, non seulement Jean-Marie Verdat n'avait aucunement répudié le legs d'immeubles que lui avait fait son père, avec la charge de 5,000 francs légués à son frère, mais qu'il s'était mis en possession des choses léguées aussitôt après l'ouverture de la succession de son père, et qu'il en avait joui, soit par le ministère de son curateur, soit par lui personnellement, avant son émigration;

» Que, d'après ces faits, la réponse à la question que s'était formée la cour d'appel, *Jean-Marie Verdat est-il débiteur personnel?* ne pouvait être qu'affirmative, puisque c'est un principe consacré par les lois précitées, que le Légataire particulier est tenu, de même que l'héritier ou Légataire universel, tant *personnellement qu'hypothécairement*, d'acquitter la charge imposée sur le legs pur et simple fait;

» Considérant, en deuxième lieu, que le legs en argent fait à Pierre-Geoffroy Verdat, étant pur et simple, le droit du Légataire à la chose léguée lui fut acquis dès le jour du décès du testateur, et que, dès ce moment, le legs fut transmissible à ses héritiers, conformément à la disposition des lois précitées;

» Que, si les événemens survenus après l'ouverture de la succession, ensuite de l'émigration, soit du Légataire, soit du débiteur du legs, ont pu différer l'exécution, le droit de l'exiger n'en est pas moins resté aux héritiers de ce Légataire :

» D'où il suit que la cour d'appel a ouvertement contrevenu aux lois précitées, lorsqu'elle a dénié à ses héritiers *l'action personnelle* contre le débiteur du legs, sous le vain prétexte que le legs n'avait pu être payé, ni avant la mort du Légataire, attendu sa minorité, ni après sa mort, attendu la main-mise nationale sur les biens sujets au paiement du legs;

» Par ces motifs, la cour casse et annulle......»]]

VI. Nous venons de dire que l'héritier pur et simple est soumis indéfiniment à tous les legs comme à toutes les dettes.

Cette proposition n'aura probablement pas le suffrage de ceux qui n'étudient la jurisprudence que dans les praticiens. Ils ne manqueront pas de

26

nous objecter ce passage de Denisart : « Il n'en est
» pas des legs comme des dettes; l'héritier qui a
» fait faire inventaire, ne doit les acquitter que
» jusqu'à concurrence des biens de la succession
» seulement, parce que le défunt n'a pu léguer
» plus qu'il n'avait; au lieu qu'il est tenu des
» dettes indéfiniment, quand il n'a pas eu la pré-
» caution d'accepter la succession par bénéfice
» d'inventaire. »

S'il ne s'agissait que d'opposer un profond jurisconsulte à un praticien superficiel, nous nous
contenterions de citer Furgole, suivant lequel,
« l'héritier qui accepte avoir fait un inven-
» taire dans le délai et en la forme prescrite par la
» loi et par l'ordonnance de 1667, est tenu envers
» les créanciers, *les Légataires et les fidéicom-*
» *missaires particuliers*, même au-delà de l'émo-
» lument, *et ultra vires hereditatis.* »

Mais laissons-là les autorités, et attachons-nous
uniquement aux textes des lois.

Avant que l'empereur Justinien eût introduit
le bénéfice d'inventaire, l'héritier, quoique tenu
envers les créanciers indéfiniment, n'était obligé
au paiement de legs que jusqu'à concurrence des
biens qui restaient dans la succession, après l'extinction de toutes les dettes et la distraction de la
quarte-falcidie. C'est ce que déclarait la loi 12,
C. *testamento militis*, faite en 247 par l'empereur
Philippe. Mais cette jurisprudence a été changée
par l'introduction du bénéfice d'inventaire : comme
le législateur fournissait par-là aux héritiers un
moyen très-simple de n'être point tenus au-delà
de l'émolument, il a voulu en revanche que ceux
qui ne profiteraient pas de cette faveur, fussent
obligés d'acquitter tous les legs et les fidéicommis
particuliers sans distinguer si les biens de l'hérédité suffisaient ou ne suffisaient pas pour cet
objet. C'est ce qu'établit la loi 22, § 12 et 14,
C. *de jure deliberandi*, conçu en ces termes :
*Ex eo ipso quod inventarium secundum formam
præsentis constitutionis non fecerit, et heredes
esse omnino intelligantur, et debitis hereditariis
in solidum teneantur : nec legis nostræ beneficio
perfruantur quam contemnendam esse consue-
runt..... Si quis autem temerario proposito de-
liberationem quidem petierit : inventarium autem
minime conscripserit, et vel adierit hereditatem,
vel minime eum repudiaverit; non solum creditoribus in solidum teneatur, sed etiam legis fai-
cidiæ beneficio minime utatur.*

La privation de la quarte-falcidie prononcée par
cette loi contre celui qui se porte héritier pur et
simple, emporte l'assujettissement général et indéfini à tous les legs comme à toutes les dettes; car
la loi *falcidia* avait deux objets : l'un d'assurer à
l'héritier le quart du patrimoine du défunt, ses
dettes déduites; l'autre de retrancher tout ce qui
était légué au-delà de la valeur des biens. Le § 3,
Inst. *de lege falcidia*, est on ne serait plus clair sur
ce point : *Ante detrahendum est quod extra bonorum quantitatem legatum est, deinde quod ex bonis heredem remanere oportet.*

Aussi l'empereur Justinien déclare-t-il lui-
même, dans sa première Novelle, chap. 2, § 2,
que le défaut d'avoir profité du bénéfice d'inventaire, soumet l'héritier à tous les legs, quand
même le défunt n'aurait pas assez de biens pour
les acquitter : *Si vero non fecerit inventarium secundum hanc figuram, sicut prædiximus, non retinebit facidiam, sed complebit Legatarios et
fideicommissarios, licet puræ substantiæ morientis
transcendat mensuram legatorum datio.*

Cette différence entre l'ancien droit et la jurisprudence établie par Justinien, paraît avoir échappé
à Furgole lui-même; c'est du moins ce qu'on peut
conjecturer d'une restriction qu'il met fort mal
à propos de l'obligation indéfinie de l'héritier pur et
simple, d'acquitter tous les legs. Voici comment
il s'explique :

« Il y a néanmoins un cas auquel l'héritier n'est
» pas tenu de payer les legs, quoiqu'il ait accepté
» sans faire inventaire; il est rapporté dans la loi
» 23, D. *quæ in fraudem creditorum*, et je ne pense
» pas qu'il ait été abrogé. Les héritiers testamen-
» taires connaissant que l'hérédité suffirait à peine
» pour payer le quart des dettes passives font un
» concordat avec les créanciers pour leur payer à
» chacun le quart de sa créance, et ils font homo-
» loguer ce concordat par le juge, en conséquence
» duquel concordat ils acceptent l'hérédité. Le ju-
» risconsulte Scévola décide que ces héritiers ne
» doivent pas payer de legs : *legata vero, si sol-
» vendo hereditas non esset, non deberi.* »

Cette décision n'est point, comme le croit Furgole, particulière au cas dont il s'agit; elle est uniquement fondée sur le principe consacré par une
infinité de textes de l'ancien droit, qu'un héritier
n'est jamais tenu des legs au-delà des forces de la
succession. Or, ce principe a été restreint par la
nouvelle législation à l'héritier bénéficiaire; la disposition de la loi citée ne peut donc plus s'appliquer à un héritier pur et simple.

VII. Les lois romaines exigeaient tellement que
la volonté expresse ou tacite du défunt eût concouru à laisser quelque chose à celui qui était
chargé de legs, qu'elle le dispensait de les acquitter lorsqu'il succédait par hasard. Voilà pourquoi
le jurisconsulte Paul décide, dans la loi 6, § 1,
D. *de legatis* 3°, qu'un testateur n'avait pu faire
des legs à la charge d'une personne à qui il n'avait
rien laissé, quoique dans la suite elle fût devenue
son héritier par l'acquisition qu'elle avait faite
d'un esclave institué par lui : *Quoniam qui for-
tuito, non judicio testatoris, consequitur hereditatem vel legatum, non debet onerari, nec reci-
piendum esse ut cui nihil dederis eum rogando
obliges.*

La loi 1, § 9 et 10 du même titre, déclare pareillement que les legs n'étaient point dus par celui
qui succédait *ab intestat*, en vertu de la dévolution
opérée dans sa personne, par la répudiation du
plus proche parent à qui le testateur avait ordonné
de les payer.

Par la même raison, lorsqu'un Légataire répudiait la libéralité qui lui avait été faite par le codicille d'un homme mort *intestat*, c'est-à-dire sans héritier institué, l'héritier légitime à qui la chose léguée accroissait, n'était point obligé de payer les legs dont ce Légataire était grevé.

Mais ces deux dernières décisions n'ont pas lieu dans nos mœurs. On peut même dire qu'elles ont été abrogées implicitement par la première Novelle de Justinien, puisque cette loi oblige les héritiers *ab intestat* d'acquitter indistinctement les legs dus par les institués qui répudient.

VIII. Comme les testateurs ne s'expliquent pas toujours clairement, il s'élève quelquefois des contestations pour savoir si c'est telle ou telle personne qu'ils sont censés avoir chargée du paiement de leurs legs.

Lorsqu'il se présente des questions de cette espèce, il faut, pour les résoudre, consulter la nature des dispositions testamentaires. Ainsi, le legs d'un effet particulier tombe sur celui à qui aurait appartenu cet effet, si le défunt n'en avait pas disposé. Il en est de même du legs assigné *limitativement* sur un certain bien; comme l'assignat rend la disposition réelle, c'est à celui des héritiers qui succède à ce bien, d'en supporter la charge.

Hors ces deux cas, les legs sont toujours censés être à la charge de tous les héritiers; et ils se répartissent, comme les dettes, sur tout le patrimoine du défunt.

Si cependant il y avait un Légataire universel, tous les legs particuliers seraient à sa charge, parce qu'on les regarde comme un prélèvement sur les biens disponibles, dont le legs universel embrasse la totalité. Ceci sera expliqué plus particulièrement au § 7 de cet article.

On demande si, dans le cas d'une substitution oblique, c'est à l'héritier grevé ou à l'héritier fidéicommissaire à payer les legs?

Il faut répondre que l'héritier grevé doit les acquitter, mais que l'héritier fidéicommissaire doit en souffrir l'imputation sur les biens substitués à son profit: c'est ce qu'a jugé un arrêt du parlement de Toulouse, du 7 décembre 1582, rapporté par Cambolas. La raison en est que les legs échus sont considérés comme dettes, et que *non bona intelliguntur nisi deducto œro alieno*.

Dans le cas d'une substitution vulgaire, on présume que le testateur a voulu charger le substitué des mêmes legs que l'institué, à moins qu'il n'ait fait entendre le contraire. Ainsi jugea un arrêt du parlement de Toulouse, du 27 octobre 1590, rapporté par Rocheflavin; et c'est ce que décide la loi 74, *de legatis* 1°, au Digeste: *Licet imperator noster cum patre rescripserit videri voluntate testatoris repetita a substituto quæ ab instituto fuerant relicta, tamen ita erit accipiendum, si non fuerit evidens diversa voluntas.*

Cette volonté contraire se présume, 1° lorsque le testateur a grevé le substitué d'un autre legs envers la même personne; 2° lorsque la raison pour laquelle il a imposé à l'institué la charge d'un legs,

n'a pas lieu à l'égard du substitué; 3° lorsque le Légataire est lui-même substitué pour une parti, de l'hérédité. La loi que nous venons de citer établit ces trois présomptions: *Ex multis colligetur an quis ab herede legatum vel fideicommissum relictum noluerit a substituto deberit: quid enim si aliam rem reliquit a substituto ei fideicommissario vel legatario quam ab instituto non reliquerat? Vel quid, si certa causa fuit cur ab instituto relinqueret, quæ in substituto cessaret? Vel quid, si substituit ex parte fideicommissarium cui ab instituto reliquerat fideicommissum? In obscura igitur voluntate locum habere rescriptum, dicendum est.*

Lorsque le testateur institue plusieurs héritiers, dit la loi 98, D, *de legatis* 3°, et qu'il ne veut pas que tous soient grevés du legs qu'il fait, il doit avoir l'attention de l'exprimer: *Si plures gradus sint heredum, et scriptum sit,* heres meus dato, *ad omnes gradus hic sermo pertinet, secuti hæc verba,* quisquis mihi heres erit. *Itaque si quis velit non omnes heredes legatorum præstatione onerare, sed aliquos ex his, nominatim damnare debet.*

De là vient que, lorsqu'une portion héréditaire se trouve vacante par le prédécès ou la répudiation de celui à qui elle est laissée, les autres héritiers à qui elle accroît, sont tenus des legs dont elle était chargée en termes communs; mais qu'ils ne doivent point ceux que le testateur lui avait imposés en termes propres et appellatifs. La loi 29, § 2, D. *de legatis* 2°, le décide ainsi: *Si filio heredi pars ejus a quo nominatim legatum est, accrescit, non præstabit legatum.*

VIII. Ce n'est pas assez pour un Légataire de savoir quels sont ceux qu'il doit diriger l'action personnelle que la loi lui donne, à l'effet d'acquérir la jouissance de son legs, il faut encore qu'il sache jusqu'à quelle concurrence il peut les attaquer chacun en particulier, lorsqu'il s'en trouve plusieurs.

Régulièrement, les héritiers sont soumis au paiement des legs, à proportion de leurs parts héréditaires: la loi 124, D. *de legatis* 1°, en contient une décision expresse. « Au moyen de quoi » (dit Bourjon l'aîné,) quoique ayant préciput et » portion avantageuse, n'y contribue pas plus que » les autres, tels legs ne pouvant à son égard pro- » duire plus d'effet que les dettes...... ; son droit » n'est écrit dans la coutume qui lui fait tout en- » tier le présent de son droit d'aînesse, qu'elle » lui donne *jure præcipui*, et *non jure hereditá- » rio*.»

[[Il n'y a plus de droit d'aînesse, hors le cas de majorat; mais le Code civil porte expressément art. 1017, que « les héritiers du testateur, ou au- » tres débiteurs d'un legs seront personnellement » tenus de l'acquitter, chacun au prorata de la part » et portion dont ils profiteront dans la succes- » sion.»

Il dépend néanmoins du testateur de charger ses héritiers de payer chacun leur portion virile des legs qu'il fait, et c'est ce qu'il est présumé vouloir, lorsqu'il les appelle tous par leur nom propre : autre différence du cas où l'on se sert de termes communs, d'avec celui où l'on emploie des termes propres et appellatifs. Écoutons le jurisconsulte Neratius, dans la loi citée au n° précédent : *Si heredes nominatim enumerati dare quid damnati sint, proprius est ut viriles partes debeant, quia personarum enumeratio hunc effectum habet, ut exæquentur in legato præstando; qui si non minati non essent, hereditarias partes debituri essent.*

IX. Le testateur peut aussi ordonner qu'il sera libre aux Légataires de se pourvoir solidairement contre un seul héritier, sauf le recours de celui-ci contre les autres.

On prétend même assez communément que les legs pieux sont solidaires de leur nature ; et il y a dans le recueil de Basset, un arrêt du parlement de Grenoble, du 30 janvier 1636, qui l'a ainsi jugé. Cette opinion peut encore être appuyée de deux arrêts du Parlement de Paris, des 9 décembre 1544 et 14 mars 1571, cités par Brillon, qui ont déclaré solidaires des legs faits aux domestiques des testateurs. Mais le privilége que ces décisions ont attribué à ces sortes de legs, ne se trouve que dans les livres des interprètes ; les lois ne l'ont point établi, et conséquemment il ne mérite aucune considération. Aussi trouvons-nous dans le recueil de Boniface, un arrêt du parlement de Provence, du 5 avril 1677, qui déclare le chapitre de Sisteron non recevable et mal fondé à se pourvoir solidairement contre un des co-héritiers pour le paiement d'un legs obituaire.

Ceux qui regardent les legs pieux comme solidaires, ne manquent pas d'attribuer la même qualité aux legs d'alimens. Leur avis a même été adopté par un arrêt du parlement de Rennes que rapporte Belordeau ; mais c'est une erreur très-clairement réfutée par la loi 3, D. *de alimentis legatis.* Nous voyons, à la vérité, dans ce texte, que les juges sont assez dans l'usage d'assigner sur un seul héritier le paiement d'un tel legs, *ne à singulis heredibus minutatim alimenta petentes distribuantur;* mais on y voit aussi que cet usage n'est pas une règle, et qu'ils peuvent s'en écarter : *Divus Pius Rubrio cuidam Telesphoro rescripsit: consules, vocatis in his à quibus vobis alimenta deberi ex causa fideicommissi constiterit, vel omnes ab uno, vel facta pro rata distributione, quis et à quibus percipiatis decernent.* Et ce qu'il y a encore de plus décisif, c'est que, lors même que le juge a chargé un seul d'entre les héritiers d'acquitter une pension alimentaire; celui-ci n'est pas pour cela obligé de payer la part de ceux qui deviennent dans la suite insolvables : *Jam nunc sciatis partes eorum qui solvendo esse desierint, non pertinere ad onus reliquorum heredum.*

X. C'est une question si, dans les coutumes de Douai, de Lille, de Hainaut, d'Artois, de Malines, de Normandie et d'Amiens, où chaque héritier peut être poursuivi solidairement pour les dettes personnelles, il en doit être de même en matière de legs.

On dit, pour la négative, qu'on ne doit pas étendre ces coutumes hors de leurs termes précis; qu'elles donnent bien une action solidaire aux créanciers, mais non aux Légataires; que d'ailleurs la condition de ceux-ci est très-différente de la condition de ceux-là, puisque les uns cherchent à gagner, au lieu que les autres cherchent à ne point perdre; qu'enfin cette opinion a été expressément adoptée par deux sentences de l'échevinage de Malines, rendues en 1556 et 1567.

On dit, pour l'affirmative, que les Légataires sont véritablement créanciers, lorsque leurs legs sont échus; que cela résulte de la loi 40, D. *de obligationibus et actionibus,* conçue en ces termes: *Is cui sub conditione legatum est, pendente conditione non est creditor, sed tunc cum extiterit conditio.*

On ajoute qu'il ne faut pas distinguer où la loi ne le fait pas; qu'ainsi, on ne doit mettre aucune différence, par rapport à la solidarité de l'action, entre les dettes nées au moment de la mort du testateur, et celles qui ont été formées auparavant.

Enfin, on cite pour cet avis une sentence du conseil d'Artois, qu'a confirmé un arrêt du grand conseil de Malines, du 17 novembre 1618, rapporté par Cuvelier.

Basnage, sur l'art. 431 de la coutume de Normandie, ne trouve aucune difficulté dans cette opinion.

[[Au surplus, les dispositions des coutumes dont il s'agit, sont abrogées par le Code civil. *V.* l'article *Dette, § 6.*]]

XI. Il est temps de passer à l'action réelle que les législateurs romains ont donné aux Légataires pour se procurer la jouissance de leurs legs.

Cette action résulte, comme on l'a vu plus haut, de la propriété qui passe immédiatement de la tête du défunt sur celle du Légataire : celui-ci peut l'intenter contre un tiers possesseur, aussi bien que contre la personne chargée par le testateur de la prestation du legs : car en matière de revendication, l'on n'examine pas si l'assigné est personnellement obligé envers le demandeur, mais seulement si celui-ci est propriétaire de la chose que celui-là possède. De là vient que si, de plusieurs héritiers grevés également par le testateur, le Légataire en attaque un réellement, il doit obtenir contre lui une condamnation solidaire, ou du moins jusqu'à concurrence de ce qu'il possède de la chose léguée, sauf son recours contre ses co-héritiers. Loi 55, D. *de rei vindicatione,* établit nettement cette conséquence : *Si possessor fundi, ante judicium acceptum, duobus heredibus relictis, decesserit, et ab altero ex his qui totum fundum possidebat, totus petitus fuerit, quin in solidum condemnari debeat dubitari non oportet.*

Les corps certains et déterminés étant les seuls objets susceptibles de revendication, ils sont aussi les seuls qu'un Légataire puisse demander par cette voie. Ainsi, on ne peut agir réellement pour un legs de quantité, d'une certaine somme, d'une dette active, d'une prestation personnelle, ni même d'un fonds ou d'un corps quelconque à choisir par l'héritier parmi d'autres du même genre.

L'action réelle cesserait encore dans le cas où le testateur aurait légué un corps certain et déterminé qui ne lui appartiendrait point ; la raison en est évidente : pour être en droit de revendiquer, il faut être propriétaire : or, un Légataire ne peut pas acquérir de plein droit la propriété d'un bien, si le testateur ne l'avait pas lui-même : c'est ce que prouve la loi 80, D. *de legatis*, 2° aux mots *quod hereditatis fuit* ; et c'est ce qui résulte de la maxime, *nemo plus juris in alium transferre potest quam ipse habet*.

Hors ces cas particuliers, le Légataire peut agir réellement contre tout possesseur de la chose qui lui a été léguée.

On a prétendu, à la vérité, sur le prétexte de la nécessité de la demande en délivrance, qu'il en devait être autrement dans nos mœurs ; et, ce qui doit assez surprendre, ce système a été adopté par les rédacteurs de la coutume de Gand : « Les Légataires du tiers disponible et autres doivent obtenir leurs dons par action personnelle, sans qu'il leur appartienne aucune action réelle ou hypothécaire ; » ce sont les termes de cette coutume, rubr. 28, art. 4.

Mais cette erreur, déjà réfutée par ce que nous avons dit dans le paragraphe précédent au sujet de la demande en délivrance, n'a pas fait de grands progrès, ni trouvé beaucoup de sectateurs. Maillart nous a même conservé un arrêt du parlement de Paris, qui l'a proscrite formellement. Voici comment s'explique cet auteur sur l'art. 74 de la coutume d'Artois ;

« Quoique les Légataires étrangers ne soient pas de plein droit saisis de leurs legs, et qu'ainsi il semble que le Légataire d'un fonds particulier ne puisse pas agir en désistement ni en déclaration d'hypothèque contre le tiers détenteur réalisé à qui l'héritier aura vendu le fonds légué, sauf son action personnelle contre l'héritier, néanmoins, parce que la propriété de la chose léguée, passe de plein droit dans le Légataire, qui ne doit en demander que la délivrance, c'est-à-dire la possession à l'héritier, on estime que le Légataire non réalisé peut agir en désistement contre le tiers détenteur du fonds légué, quoique réalisé ; parce que l'héritier n'a pu transférer, dans ce tiers détenteur, des droits personnels qu'il n'y avait soi-même qu'à la charge d'en faire délivrance au Légataire.

» Jugé par arrêt du 12 décembre 1701, rendu à l'audience de la grand'chambre, en confirmant les sentences du conseil provincial d'Artois, datées des 21 octobre et 22 novembre 1700. »

Et il ne faut pas croire, d'après la disposition contraire de la coutume de Gand, que le droit commun de la Flandre soit, en ce point, différent de celui de la France. Il y a dans la même province plusieurs autres coutumes qui contredisent à cet égard la loi de la capitale. Telle est par exemple, celle d'Audenarde : « Les Légataires » (dit-elle, tit. 30, art. 12) doivent poursuivre la » délivrance de leurs legs, des héritiers, par action » personnelle, quoique, lorsqu'ils obtiennent à » leurs fins dans ladite action, ou qu'autrement » ils ont la possession et la délivrance desdits legs, » du gré et consentement des héritiers, ils soient » entendus en être ensaisinés par la mort du tes- » tateur ; de manière qu'il n'est point besoin de » solennités de saisine ou dessaisine. »

Cette coutume s'accorde bien, comme l'on voit, avec celle de Gand, en ce qu'elle ne permet pas au Légataire d'agir contre l'héritier autrement que par action personnelle, mais elle s'en écarte en ce qu'une fois la délivrance faite judiciairement ou à l'amiable, le Légataire est réputé saisi du jour du décès du testateur, et peut par conséquent agir contre un tiers détenteur au profit duquel l'héritier aurait aliéné le bien qui était légué. *V.* au surplus l'article *Nantissement*, § 1, n° VI 2°.

XII. Occupons-nous maintenant de l'action hypothécaire que Justinien a jointe à celle dont nous venons de parler.

L'hypothèque légale, qui fait la matière de cette action, affecte généralement tous les biens qui ont été transmis par la mort du testateur, à celui ou ceux qu'il a chargés du paiement des legs. *Et hoc disposuimus* (dit Justinien dans la loi 1, C. *communia de legatis*), *non tantum si ab herede fuerit legatum derelictum vel fideicommissum, sed et si a Legatario vel fideicommissario, vel alia persona quam gravare possumus, cuidam relinquatur. Cum enim non aliter voleat, nisi aliquid lucri afferat ei a quo derelictum est, nihil est grave etiam adversus eum, non tantum personalem, sed etiam in rem et hypothecariam extendere actionem in rebus quas a testatore consecutus est.*

Cette hypothèque n'attribue point aux Légataires une préférence sur les créanciers du défunt : il est certain, au contraire, que ceux-ci doivent toujours être payés les premiers ; la loi dernière, § 5, C. *de jure deliberandi*, en contient une disposition expresse.

Les Légataires tirent cependant deux grands avantages de leur hypothèque.

Le premier est d'être mis en ordre avant les créanciers personnels de celui qui est chargé de payer leur legs, comme l'ont jugé deux arrêts du parlement de Paris, des 24 septembre 1574 et 7 avril 1595, rapportés par Brodeau sur Louet ; préférence qui a lieu, soit que les dettes contractées par ce dernier soient antérieures à la mort du testateur, soit qu'elles n'aient été créées qu'après, parce que n'ayant recueilli les biens du défunt qu'à la charge de l'hypothèque dont la loi les avait frappés, il n'a pas été en son pouvoir de les affecter à ses propres créanciers, au préjudice des Légataires. [[Mais *V.* l'article *Séparation des patrimoines*.]]

Le second avantage est qu'un Légataire peut agir hypothécairement contre les tiers acquéreurs des biens recueillis par la personne obligée au paiement de son legs : *Alienatio cum fit, cum sua causa dominium ad alium transferimus, quæ esset futura, si apud nos ea res mansisset,* dit la loi 67, D. *de contrahenda emptione.*

XIII. La première question qui se présente sur l'hypothèque dont il s'agit ici, est de savoir si elle a encore lieu dans nos mœurs.

S'il fallait en croire quelques écrivains qui écoutent plus leur imagination qu'ils n'étudient les lois, on ne balancerait pas à répondre pour la négative. Voici, par exemple, comment s'explique là-dessus l'auteur du *Droit commun de la France* : « Le testament, quoique authentique et passé par-» devant notaire, ne produit pas d'hypothèque » sur les biens du testateur, qui ne contracte au-» cun engagement par la rédaction de son testa-» ment ; raison qui me paraît effacer toute idée » d'hypothèque ; et par conséquent où il n'y a pas » d'hypothèque, il ne peut y avoir de poursuite » hypothécaire. »

Si Bourjon appuyait cette doctrine sur un usage particulier à la France, et qu'il donnât des preuves de cet usage, on pourrait l'écouter ; mais il parle d'après les principes généraux de la matière : or, il est constant que le droit commun donne aux Légataires une hypothèque proprement dite : *Censemus,* dit Justinieu, *et insuper utilem serviá-nam, id est, hypothecariam, super his quæ fue-rint derelicta in res, mortui præstare.* Il est donc clair que Bourjon se trompe. Aussi nos livres sont-ils remplis d'arrêts qui ont adjugé aux Légataires l'entier effet de cette hypothèque : nous aurons occasion de les rapporter ci-après.

Il faut convenir cependant que plusieurs coutumes des pays de nantissement rejettent formellement l'hypothèque dont il s'agit.

Celle d'Artois, art. 74, est on ne saurait plus précise sur ce point : « Sentences, promesses, tes-» tamens, et généralement toutes obligations per-» sonnelles n'engendrent saisines, hypothèque ou » réalisation sur les héritages du condamné, pro-» metteur, testateur ou obligé. »

La coutume de Gand porte également, rubr. 28, art. 4, que les Légataires ne peuvent pas se pourvoir hypothécairement en délivrance de leurs legs.

Le conseil souverain de Brabant a aussi jugé par arrêt rendu en révision, le 20 novembre 1650, et par un autre du mois de janvier 1711, qu'un tiers détenteur des biens du défunt, aliénés par l'héritier, ne pouvait pas être poursuivi en déclaration d'hypothèque par le Légataire d'une somme d'argent : *Nec mirum* (dit Winantz en rapportant ces arrêts) ; *tacitæ enim ac legales hypothecæ a foro nostro recesserunt, nisi quatenus edicto perpetuo anni 1611 aliisque principum placitis, aut statutis, vel receptis consuetudinibus ; datæ aut conservatæ sunt.* (*V.* l'article *Nantissement,* § 2.)

Il faut cependant remarquer que les coutumes qui ont ôté aux Légataires l'hypothèque légale que leur avait donnée l'empereur Justinien, ne les ont pas privés, pour cela, du privilége que l'ancien droit romain leur accordait contre les créanciers de l'héritier, par l'effet de la séparation des patrimoines. Ainsi, tant que les biens du testateur ne sont pas sortis des mains de l'héritier, le Légataire a, dans ces coutumes, le même avantage que s'il pouvait agir hypothécairement. [[*V.* l'article *Séparation des patrimoines.*]]

Le Hainaut a, sur ce point, une jurisprudence particulière. Non-seulement les Légataires n'y ont pas d'hypothèque légal, mais ils n'y jouissent pas même du moindre privilége contre les créanciers de l'héritier, parce que la séparation des patrimoines n'a pas lieu en cette province ; ainsi l'ont jugé deux arrêts, l'un rendu au conseil souverain de Mons en janvier 1660, entre les héritiers de M. Leduc, conseiller en cette cour, et les exécuteurs testamentaires du nommé Bourgeois ; l'autre, du mois de juin 1672, intervenu au parlement de Flandre après deux enquêtes par turbes. *V.* Pollet, part. 5, § 112, n° 2.

[[Mais cette jurisprudence locale est abrogée par le Code civil. *V.* l'article *Séparation des patrimoines.*

Le même Code abroge aussi, comme on le verra à la fin du numéro suivant, les dispositions citées des coutumes d'Artois et de Gand, ainsi que la jurisprudence des pays de nantissement qui était calquée sur ces dispositions.

Mais remarquez que les Légataires ne peuvent conserver leur hypothèque qu'en la faisant inscrire dans les six mois du décès du testateur ; et que, ce temps passé, leur hypothèque périt, si elle n'est inscrite dans les quinze jours de la transcription du contrat du tiers acquéreur à qui l'héritier a vendu les immeubles de la succession. *V.* l'article 2111 du Code civil, et l'art. 834 du Code de procédure civile.

Avant le Code civil, les Légataires avaient-ils hypothèque dans les coutumes de nantissement qui leur donnaient l'action réelle ? L'avaient-ils notamment sur les biens que le testateur avait indiqués comme assignat limitatif de leur legs ? *Voyez* mon *Recueil de Questions de droit,* au mot *Légataire,* § 1.]]

XIV. C'est une question fort controversée, si l'action hypothécaire, dans les pays où elle n'est pas hors d'usage en matière de legs, peut être exercée solidairement contre chacun des héritiers.

Il est certain, dans la thèse générale, que l'action hypothécaire est individue et indivisible, *est tota in toto, et tota in qualibet parte ;* en sorte que celui d'entre plusieurs co-obligés qui ne serait tenu que pour sa portion virile, s'il était attaqué personnellement, est obligé à toute la dette lorsqu'il est poursuivi hypothécairement. Mais la question est précisément si Justinien n'en a pas disposé autrement par rapport à l'hypothèque qu'il a donnée aux Légataires ?

La difficulté de cette question vient de l'équivoque des mots *in tantum*, qui sont employés dans ce passage de la loi 1, *communia de legatis*, au Code : *In omnibus autem hujusmodi casibus in tantum et hypothecaria unumquemque conveniri volumus, in quantum personalis actio adversus eum competit.*

Les mots *in tantum* peuvent se traduire par *autant* ou par *en tant*.

Dans le premier sens, Justinien ordonne que les héritiers ne seront tenus de l'action hypothécaire que pour la portion à laquelle ils peuvent être obligés par action personnelle ; et dans le second sens, il veut que les héritiers ne puissent être attaqués hypothécairement qu'en tant qu'ils seront sujets à l'action personnelle ; ce qui exclut, à la vérité, les héritiers que le testateur a déchargés du paiement des legs, mais ne décide pas que la portion pour laquelle les héritiers peuvent être attaqués personnellement, soit la mesure précise de l'action hypothécaire à laquelle ils sont sujets.

Ces deux traductions, quoique très-différentes, conviennent également à la lettre du texte : mais laquelle devons-nous préférer à l'autre ?

Les auteurs qui adoptent la première, et soutiennent en conséquence que les héritiers ne sont tenus hypothécairement des legs, que jusqu'à concurrence de leurs portions héréditaires, sont Dumoulin, Cujas, Corvin, Giphanius, Henrys, Ricard, Voët, Charondas, Maynard, Despeisses, Chopin.

L'action personnelle, disent-ils, est la base et le fondement de l'action hypothécaire que Justinien attribue aux legs : or, l'action personnelle se divise de plein droit entre les co-héritiers à raison de leurs portions héréditaires ; l'hypothèque doit donc recevoir la même division, ou plutôt il ne peut pas être question de la diviser, puisqu'elle n'a jamais été solidaire et individue.

Quand les réformateurs de la coutume de Paris ont, par l'art. 333, donné une action hypothécaire pour le tout, contre chacun des héritiers pour les dettes du défunt, ils n'ont pas laissé ignorer qu'ils en usaient ainsi, parce que l'obligation ayant existé dans la personne du défunt, il était juste que tous ses biens y fussent hypothéqués ; et que les héritiers trouvant ces mêmes biens obligés à toute la dette, ils ne pouvaient pas diviser la sûreté des créanciers qui n'avaient contracté que sur la foi de cette hypothèque générale. Ce n'est donc que quand l'hypothèque a été formée avant l'ouverture de la succession, qu'elle est indivisible. Comme les héritiers ; les dettes hypothécaires qui ne commencent qu'après la mort du défunt ne peuvent donc jamais être solidaires contre les héritiers, puisque l'action personnelle se divise entre eux de plein droit, et que l'action hypothécaire doit nécessairement avoir le même sort. C'est ainsi qu'en matière de dettes chirographaires reconnues par acte notarié après la mort du débiteur, on ne donne hypothèque contre les héritiers que pour la part de chacun, suivant deux arrêts du parlement de Paris, de 1589 et 1600, rapportés par Bouguier.

Si donc l'hypothèque des Légataires ne commence qu'après la mort du testateur, il faut qu'elle se divise entre les héritiers : or, il est facile d'établir qu'elle n'a pas pu exister avant l'ouverture de la succession.

1° Elle n'est, comme on l'a dit, qu'un accessoire d'un engagement déjà formé : elle ne peut pas subsister sans une obligation personnelle : l'action, pour le paiement des legs, n'a été ouverte qu'après la mort du testateur ; il est donc impossible de supposer que l'hypothèque ait commencé auparavant.

2° L'héritier a été saisi au moment même de la mort du défunt. Le Légataire, au contraire, n'a pu l'être qu'après la délivrance qui lui a été faite par l'héritier ; l'hypothèque de celui-là n'a donc pas pu commencer avant la saisine de celui-ci ; et conséquemment il est de toute impossibilité qu'elle ait frappé indivisément tous les biens du testateur.

L'opinion contraire est soutenue par Bacquet, Ragueau, Mornac, Renusson et Furgole.

1° Disent-ils, l'empereur Justinien a attribué aux legs une vraie action hypothécaire ou quasi-servienne ; la loi 1, C. *communia de legatis*, le dit en termes exprès : on doit donc croire qu'il a voulu lui donner le même effet et la même indivisibilité qu'à toutes les autres actions du même genre ; et on le doit d'autant plus, qu'il déclare lui-même expressément qu'il l'établit à l'exemple de celles que les lois antérieures avaient permis au testateur d'assigner par son testament, et des autres hypothèques tacites que le droit avait introduites auparavant. *Cum enim jam hoc jure nostro increbuit licere testatori hypothecam rerum suarum in testamento quibus voluerit dare, et iterum novellæ constitutiones in multis casibus et tacitas hypothecas introduxerunt, cur non est etiam nos in præsenti casu hypothecariam donare actionem.*

2° Cette action hypothécaire a été introduite pour assurer le paiement des legs ; la loi que nous venons de citer, le déclare nettement : or, il est certain qu'une hypothèque tronquée et mutilée par la division, ne remplirait pas les vues du législateur ; elle n'ajouterait même rien, par rapport à l'héritier, au bénéfice de séparation des patrimoines que l'ancien droit accordait aux Légataires.

3° Dans le droit romain, l'hypothèque était acquise aux Légataires à l'instant même du décès du testateur, et conséquemment avant que les héritiers fussent saisis de l'hérédité ; car la saisine de ceux-ci n'avait lieu que du jour de l'adition, suivant les § 1 et 6, C. *de caducis.* Cette hypothèque était donc établie dans le temps que l'hérédité représentait la personne du défunt ; et par une conséquence nécessaire, elle était indivisible et solidaire avant que les héritiers fussent soumis à l'action personnelle, puisque cette action ne venait que de l'adition par laquelle ils étaient censés contracter avec les Légataires.

Dans notre usage, les héritiers sont, à la vérité, saisis de l'hérédité dès la mort du défunt, mais aussi les Légataires sont saisis de leur hypothèque dès le même instant : on ne peut pas même concevoir un temps où le droit des héritiers ait précédé celui des Légataires ; encore moins peut-on dire qu'il s'agit ici d'une hypothèque divisée dans son origine, sous prétexte que l'obligation ne commence que dans la personne des héritiers ; il est vrai que les Légataires n'ont pas eu d'action contre le défunt, mais c'est du défunt même qu'ils tirent leur droit ; c'est le défunt qui leur a affecté ses biens avant qu'ils fussent dévolus à ses héritiers, et par conséquent avant qu'il eût pu se faire aucune division de l'action hypothécaire.

Cette interprétation convient certainement beaucoup mieux que l'autre à la nature de l'hypothèque, à son objet et à l'intention de la loi qui l'a introduite ; et ce qui doit nous la faire admettre sans difficulté, c'est qu'elle a toujours été adoptée par les cours souveraines : car s'il est un cas où la jurisprudence des arrêts mérite une très-grande considération, c'est lorsqu'elle est uniforme, et qu'elle a pour objet l'explication d'une loi obscure ou équivoque : *Si de interpretatione legis quæratur, imprimis inspiciendum est quo jure civitas retro in ejusmodi casibus usa fuisset ; optima enim est legum interpres consuetudo. Nam imperator noster Severus rescripsit in ambiguitatibus quæ ex legibus proficiscuntur, consuetudinem aut rerum perpetuo similiter judicatarum auctoritatem, vim legis obtinere debere.* (Lois 37 et 38, D. de legibus.)

Le plus ancien arrêt que l'on connaisse sur cette matière, est du 8 juin 1386 ; il est rapporté par Duluc, liv. 10, tit. 3, chap. 2 : et il a condamné un héritier personnellement pour sa part et portion, et hypothécairement pour le tout au paiement d'un legs.

Bacquet, *Traité des Droits de Justice*, chap. 8, n° 26, en rapporte deux semblables, des 24 juillet 1561 et 7 septembre 1584.

Charondas, liv. 6, rép. 33, fait mention d'un autre du 14 mai 1571.

On en trouve un cinquième du mois d'avril 1577, dans Maynard, liv. 8, chap. 63 ; un sixième, du 27 juillet 1581, dans Mornac, sur la loi du 18, C. de pactis ; un septième, du 17 décembre 1707, dans le Recueil d'Augeard ; un huitième, du 27 mai 1710, dans le même arrêtiste.

« Il est même remarquable (dit Furgole) qu'on » ne trouve dans nos auteurs aucun arrêt qui » ait jugé en faveur de la division de l'hypothè- » que. »

[[L'art. 1017 du Code civil consacre formellement cette jurisprudence. Après avoir dit que « les héritiers du testateur, ou autres débiteurs » d'un legs, seront personnellement tenus de l'ac- » quitter, chacun au prorata de la part et portion » dont ils profiteront dans la succession, » cet

article ajoute : « Ils en seront tenus hypothécai- » rement pour le tout, jusqu'à concurrence de la » valeur des immeubles dont ils seront déten- » teurs. »

Mais, de ce que les héritiers qui possèdent des immeubles de la succession, peuvent être poursuivis hypothécairement pour la totalité des legs, s'ensuit-il qu'ils peuvent être condamnés *solidairement* à les payer ?

Non, car il y a une grande différence entre la condamnation solidaire et la condamnation hypothécaire. Celle-ci est toujours subordonnée à l'alternative, *si mieux n'aime le condamné, délaisser le fonds grevé d'hypothèque.* Celle-là au contraire est pure et simple.

La cour de Bordeaux avait cependant, par un arrêt du 24 août 1808, condamné solidairement les héritiers de Jeanne Destarques au paiement de legs faits par la défunte au profit de la veuve Perpin et de la veuve Tangas, et cela sous prétexte que l'hypothèque *résultant desdits legs, affectait tous les biens de la succession.*

Mais, sur le recours en cassation de ces héritiers, il est intervenu, le 7 novembre 1810, au rapport de M. Vallée, un arrêt par lequel,

« Vu les art. 870 et 1017 du Code civil ;

« Et attendu que l'arrêt attaqué atteste que, lorsque l'action des Légataires a été formée, il y avait à peu près onze ans que la succession dont il s'agit, avait été partagée entre les différens héritiers ; qu'ainsi, ces héritiers, ou l'un d'eux, ne pouvaient, suivant les articles du Code ci-dessus cités, être condamnés que personnellement pour leur part et portion, et hypothécairement pour le tout ; que l'arrêt attaqué, en condamnant le demandeur solidairement au paiement des legs, viole ouvertement lesdits articles du Code civil ;

« La cour casse...... »

V. l'article *Hypothèque*, sect. 2, art. 4, n° 5.]]

XV. Renusson et quelques autres auteurs prétendent que les legs contenus dans un testament olographe, n'emportent point hypothèque.

Cette opinion fut même adoptée par M. l'avocat général de Lamoignon, lors de l'arrêt déjà cité du 27 mai 1710.

« Dans le droit romain (disaient les parties pour lesquelles ce magistrat donna ses conclusions) tous les testamens devaient être passés devant des personnes publiques, ou prononcés devant les témoins ; étant tous authentiques, l'hypothèque en était une suite naturelle.

» Il n'en est pas de même parmi nous : nos coutumes ont introduit une nouvelle espèce de testament fait sous seing-privé, qu'elles appellent *olographes*, testamens inconnus aux Romains. Cependant nous avons conservé leur maxime, que l'hypothèque ne peut se constituer sans l'autorité des personnes publiques. Par quelle raison veut-on donc donner au testament dont il s'agit, à un acte sous seing-privé, un privilège qu'aucune loi n'accorde qu'à l'acte authentique ? Quel motif peut favoriser une dérogation aussi précise à la règle générale, et admettre une extension à un cas que la loi n'a point absolument prévu, surtout en matière d'hypothèque, que nous ne regardons pas comme un droit bien favorable ? Comme elle tend toujours à faire préjudice à un tiers, tout y est de rigueur, et on y supplée jamais : il faut, ou un acte authentique qui la produise, ou une loi expresse qui l'admette ; autrement ; nulle hypothèque, nulle extension, nulle interprétation. Or, on ne peut citer aucun texte qui ait accordé ce privilège au testament olographe. »

Malgré ces raisonnemens, l'arrêt du 27 mai 1710 a jugé que le testament olographe dont il s'agissait avait produit une hypothèque sur les biens du testateur dès le moment même de son décès ; et cette décision paraît aujourd'hui sans contradicteurs.

Chez les Romains, les actes authentiques n'emportaient pas plus hypothèque par eux-mêmes que les actes sous seing-privé ; l'hypothèque, parmi eux, ne pouvait naître que de la puissance de la loi ou de la volonté expresse et spéciale de l'homme : aussi voyons-nous dans la loi 1, C. communia de legatis, qu'avant Justinien, les Légataires ne jouissaient du privilège dont nous parlons, que quand le testateur le leur accordait expressément : Justinien a voulu qu'ils en fussent saisis de plein droit, et son but a été d'assurer d'autant mieux le paiement de leurs legs ; mais il est évident que la considération de la forme authentique et solennelle qui, hors le cas du testament inter liberos (1), était toujours requise de son temps dans les actes de dernière volonté, n'est entré pour rien dans les motifs de cette innovation, puisque, encore une fois, la forme des actes était tout-à-fait indifférente à la question de savoir s'il en résultait une hypothèque, lorsqu'il ne s'y trouvait pas de stipulation spécialement dirigée vers cet objet. C'est donc uniquement de la puissance de la loi que dérive le privilège dont il est ici question ; et conséquemment il doit s'exercer sur tous les testamens approuvés par la loi, comme le sont, dans la plupart de nos coutumes, les testamens olographes.

C'est d'après ce principe, qu'un autre arrêt du 24 juillet 1651, rapporté par Ricard, a donné hypothèque à un legs fait par un testament passé devant un vicaire et deux témoins. On ne peut certainement pas mettre un pareil testament au nombre des actes notariés ; et il n'est point réputé authentique, que parce que les coutumes l'autorisent ; or, les coutumes et les ordonnances autorisent aussi les testamens olographes ; on ne peut donc pas non plus refuser à ceux-ci le titre et le privilège d'acte authentiques.

XVI. L'hypothèque dont nous nous occupons ici, s'étend-elle jusqu'aux biens de l'héritier ; ou est-elle bornée à ceux que le testateur a laissés dans sa succession ?

La loi 1, C. communia de legatis, se déclare nettement pour ce dernier parti : Et hypothecam esse non ipsius heredis vel alterius personæ quæ gravata est fideicommisso, rerum, sed tantum odo earum quæ à testatore ad eam pervenerint.

Nous voyons même dans un Recueil intitulé : Curiæ Hollandiæ decisiones, que le conseil provincial de Hollande l'a ainsi jugé le 15 septembre 1580.

Mais du moins, dans le droit commun de la France, qui accorde une hypothèque tacite à tous les actes publics, ne doit-on pas en donner une aux Légataires sur les biens propres de l'héritier à compter du jour de son adition ?

Il faut distinguer le cas où l'adition est faite en justice ou par acte notarié, d'avec celui où elle s'opère par le seul fait, c'est-à-dire, par la mise en possession de l'héritier, sans aucune déclaration authentique et préalable de l'acceptation qu'il fait de l'hérédité.

Au premier cas, les Légataires acquièrent une hypothèque sur ses propres biens, du jour de son adition.

Raviot sur Perrier nous apprend que le parlement de Bourgogne l'a ainsi déclaré par un arrêt général du 19 juillet 1641, confirmé par des lettres-patentes du 4 août 1642.

C'est aussi ce qu'a jugé un arrêt du parlement de Toulouse du 22 août 1733, dont voici le dispositif : Ordonne notredite cour qu'en cas d'insuffisance des biens de Jean Mejanelle premier, les créanciers, Légataires et légitimaires dudit Jean Mejanelle premier, seront payés des sommes à eux dues sur les biens dudit Jean deuxième, à compter du jour qu'il accepta l'hérédité dudit Jean son père.

« Cette jurisprudence (dit Furgole) me paraît exacte et conforme à nos maximes ; car il est indubitable que l'adition d'hérédité est un quasi-contrat qui oblige l'héritier envers les créanciers et les Légataires.....

» Si donc ce quasi-contrat se trouve dans un acte public, qui produit hypothèque selon nos usages, il est clair que l'hypothèque est acquise aux créanciers, aux Légataires et aux autres intéressés, sur les biens de l'héritier, du jour de l'adition ou de l'acceptation faite par un acte public qui produit par lui-même cette hypothèque. »

Dans le second cas, c'est-à-dire, lorsque l'adition n'est pas faite par un acte judiciaire ou notarié, elle ne donne point l'hypothèque aux Légataires, ceux-ci ne peuvent alors prétendre un pareil privilège que du jour qu'ils ont obtenu une condamnation personnelle contre l'héritier. C'est en ce sens que doivent être entendus les arrêts des parlemens de Paris, de Toulouse, de Grenoble et d'Aix, qui sont rapportés par Bacquet, des droits de justice, chap. 21, n° 170 ; Bougier, lettre H, n° 5 ; Brodeau, lettre H, n° 19 ; Albert, lettre A, chap. 15 ; Basset, tome 2, liv. 4, tit. 5, chap. 5 ; et Boniface, tome 2, liv. 4, tit. 3, chap. 3.

_____

(1) Voyez l'art. Testament, sect. 2, § 3, art. 4.

TOME IX.   27

Les Romains ne faisaient pas la même distinction que nous; ils tenaient indistinctement, comme on le voit dans la loi 29, D. *de pignoribus*, que l'adition de l'hérédité ne donnait aux créanciers et aux Légataires du défunt aucun privilége sur les biens propres de l'héritier; mais c'était parce que chez eux elle ne pouvait jamais naître, ni de la forme de l'acte, ni du caractère public de la personne qui l'avait écrit.

[[Aujourd'hui, l'acceptation que l'héritier fait de la succession, soit par un acte notarié, soit par un acte passé au greffe, ne peut produire hypothèque au profit des Légataires, même en ce sens que ceux-ci puissent s'en faire un titre pour prendre inscription sur les biens personnels de l'héritier. La raison en est que, dans le premier cas, il n'y a ni consentement exprès de l'héritier à ce que ses biens soient hypothéqués, ni désignation spécifique de ces biens; et que, dans le second cas, l'acte du greffe ne peut être assimilé à un jugement. *V.* les art. 2123 et 2129 du Code civil, et le mot *Hypothèque*, sect. 2, § 3, art. 4, n° 8.]]

XVII. Tels sont les principes particuliers à chacune des actions personnelle, réelle et hypothécaire, qui ont été introduites pour parvenir au paiement d'un legs; voyons maintenant s'il est permis au Légataire de faire concourir ces trois actions.

La loi 76, § 8, D. *de legatis* 2°, décide qu'il ne le peut pas : *Variis actionibus legatorum simul Legatus uti non potest, quià legatum datum in plure dividi non potest : non enim ea in mente datum est Legatariis pluribus actionibus uti, sed ut laxior eis agendi facultas sit, ex una interim quæ fuerat alecta, legatum petere.*

Il ne faut pas croire cependant qu'il soit défendu d'intenter tout à la fois l'action personnelle et l'action hypothécaire contre un des héritiers chargés du paiement des legs; la loi que nous venons de citer, n'interdit que le cours de l'action personnelle et de l'action réelle, les seules qui avaient lieu dans le temps de la rédaction du Digeste; et l'action personnelle, bien loin d'être incompatible avec l'action hypothécaire, en est, au contraire, la base et le fondement. Aussi tous les arrêts que nous avons rapportés ci-dessus, n° 14, en traitant la question de l'indivisibilité et de l'hypothèque en matière de legs, ont-ils condamné les héritiers personnellement pour leur part et portion, et hypothécairement pour le tout; ce qui démontre bien clairement que l'action hypothécaire peut être jointe à la personnelle.

Le concours de l'action personnelle et de l'action réelle n'est pas seulement interdit au Légataire; il l'est encore à ses héritiers, lorsqu'il décède sans avoir fait choix de l'action qu'il avait à exercer. Écoutons le jurisconsulte Julien dans la loi 84, § 13, *de legatis* 1°, au Digeste : *Si is cui legatum fuerat, antequam constitueret qua actione uti vellet, decessit duobus heredibus relictis; legatum accipere simul venientes, nisi consenserint, non possunt : quare quandiu alter rem vindicare vult, alter in personam agere non*

potest. Sed si consenserint, rem communiter habebunt; consentire autem vel sua sponte debent, vel judice imminente.

Voët prétend qu'il faut excepter de cette décision le cas où chacun des héritiers du Légataire voudrait intenter séparément son action pour le paiement de sa portion dans la chose léguée. Puisqu'il est permis, dit-il, à l'un de ses héritiers d'accepter sa part, tandis que l'autre répudie la sienne, pourquoi ne serait-il pas également au pouvoir de chacun d'eux de choisir une action différente de celle que l'autre voudrait exercer? Et si l'on objecte à Voët la loi que nous venons de transcrire, il répond que ces mots, *legatum accipere simul venientes,* la restreignent au cas où tous les héritiers veulent agir ensemble, sans s'accorder sur le choix de l'action.

Mais cette réponse est-elle bien satisfaisante? Les termes, *legatum accipere simul venientes,* ne semblent-ils pas indiquer plutôt une acceptation simultanée de la part de tous les héritiers du Légataire, que des poursuites judiciaires dirigées sous leur nom commun? On ne conçoit pas, en effet, comment il serait possible de dire que plusieurs personnes agissent ensemble et sous la dénomination de *consorts,* tandis que chacune d'elles prendrait une voie différente. Il ne fallait pas une loi pour établir que cela était impossible; le bon sens le disait assez. Mais ce que le jurisconsulte Julien a décidé, c'est que, relativement à l'objet dont il s'agit ici, tous les héritiers du Légataire doivent être considérés comme une seule personne; en sorte que, comme le Légataire n'aurait pas pu demander une partie de son legs par l'action personnelle, et une autre par l'action réelle, il est pareillement défendu à ceux qui le représentent et qui exercent ses droits, de diviser la demande qu'ils font en sa place, et il faut qu'ils s'entendent entre eux de manière que leurs démarches et leurs actions soient toujours uniformes.

Inutilement objecte-t-on que, quand le Légataire décède, sans avoir accepté son legs, il est permis à l'un de ses héritiers de répudier sa part, tandis que l'autre recueille la sienne, et réciproquement. Cette scission, loin de préjudicier à l'héritier du testateur, lui est très-avantageuse, puisqu'elle fait rentrer dans son patrimoine la moitié de la chose léguée. Et au contraire, la diversité des actions qui seraient intentées par les héritiers d'un même Légataire, lui causerait de grands embarras, notamment celui de plaider à la fois dans plusieurs tribunaux : or, c'est surtout lorsque ces sortes de divisions nuisent à l'héritier du testateur, que les lois les interdisent aux héritiers du Légataire. La loi 56, D. *de conditionibus et demonstrationibus,* nous en fournit un exemple : *Cui fundus legatus est, si decem dederit, partem fundi consequi non potest, nisi totam pecuniam numeraset..... Scindi ex accidenti conditio non debet, et omnis numerus eorum, qui in lo cum ejus substituuntur, pro singulari persona est habendus.*

Il ne faut pourtant pas conclure de là, que plusieurs co-légataires d'une même chose soient obligés d'intenter la même action. La loi que nous venons de citer établit très-clairement la différence de leur condition d'avec celle de plusieurs héritier d'un seul Légataire : *Dissimilis est causa cum'duobus eadem res legata est; in hac enim quœstione statim a testamento... divisa in singulas personas videri potest; et ideo singuli cum sua parte, et conditioni parere et legatum capere possunt... In eo vero quod una sub conditione legatum est, scindi ex accidenti conditio non debet.* Aussi voyons-nous le jurisconsulte Paul décider, dans les lois 33 et 85, D. *de legatis* 1º, que de plusieurs co-légataires, l'un peut agir personnellement et l'autre réellement : *Si pluribus*, dit la première de ces lois, *eadem res legata fuerit, si quidem conjunctim, etiam si alter vindicet, alter ex testamento aget.*

Au reste, il faut observer que la prohibition du concours des actions personnelle et réelle, dans les cas où elle a lieu, n'empêche pas de les intenter l'une après l'autre, lorsque celle dont on avait d'abord fait choix, est devenue illusoire par l'insolvabilité de celui contre lequel on l'avait dirigée. Ainsi, quand l'héritier a aliéné la chose léguée, et qu'il se trouve hors d'état d'en payer l'estimation au Légataire, celui-ci peut, même après avoir agi personnellement contre lui, se pourvoir réellement contre le tiers acquéreur pour le faire condamner à déguerpir.

XIX. Un Légataire doit-il venir par simple action, ou peut-il débuter par un commandement, et procéder par saisie ou exécution ?

De ces deux partis, Boërius, Alexandre, Decius, Alciat et Natta soutiennent le second. Ils se fondent sur le chap. 4 de la Novelle 1, qui ne dit rien moins que cela; car les mots *ex judiciali decreto* ne peuvent pas s'entendre d'un commandement fait par un huissier sans ordonnance préalable et contradictoire du juge, puisque la voie d'exécution parée n'était point en usage chez les Romains.

D'autres auteurs distinguant le testament olographe d'avec celui qui est passé devant des officiers publics, conviennent qu'un Légataire ne peut pas commencer par saisir en vertu du premier; mais ils soutiennent qu'il le peut en vertu du second : on trouve même dans les notes sur la Peyrère, deux arrêts du parlement de Bordeaux qui l'ont ainsi jugé.

D'autres, enfin, tiennent indistictement que le Légataire doit commencer par une simple action, et qu'il ne peut user de la voie d'exécution qu'après avoir obtenu un jugement qui ordonne le paiement de son legs. Cet avis est adopté par Fachinée, Benedicti, Menochius et Sichardus. Le parlement de Metz l'a confirmé par un arrêt du 20 novembre 1637, rapporté dans les plaidoyers de Corberon : on le suit aussi au parlement de Toulouse et dans toute la France coutumière, suivant le témoignage qu'en rendent Furgole et Bacquet; et l'on peut dire que c'est le plus juridique.

Le droit romain ne permettait l'exécution qu'en vertu d'un jugement; les lois françaises et celles des pays voisins ont donné la même force aux contrats passés sous scel authentique; mais ces lois ne peuvent pas être étendues au-delà de leurs termes précis, ni conséquemment être appliquées aux actes de dernière volonté : deux raisons s'y opposent; 1º elles dérogent au droit commun ; 2º en matière d'exécution, tout est de rigueur.

XX. Il n'est pas indifférent de savoir devant quel tribunal un Légataire doit se pourvoir pour obtenir le paiement de son legs ; et à cet égard, il faut distinguer si c'est personnellement, ou réellement, ou hypothécairement qu'il entend agir.

Si le Légataire veut se pourvoir par action personnelle, il peut la porter devant le juge domiciliaire de l'héritier : *Sed et rescriptum est ut illic fideicommissum petatur, ubi domicilium heres habet.* Ce sont les termes de la loi, 50, § 2, D. *de judiciis.* Chenu sur Papon, nous a transmis un arrêt du parlement de Paris, du 12 juin 1564, qui l'a ainsi jugé.

Le Légataire peut aussi faire assigner l'héritier devant le juge du lieu où se trouve la plus grande partie de la succession. La loi que nous venons de citer, le décide ainsi : *Si fideicommissum ab aliquo petator, isque dicat alibi esse majorem partem hereditatis, non erit ad præstationem compeliendus : et ita multis constitutionibus cavetur, ut ubi petatur fideicommissum, ubi major pars hereditatis est.*

Si le testateur avait désigné le lieu où il voulait que le legs fût payé, ce serait là qu'il faudrait faire la demande. C'est ce qui résulte de ces termes du même texte : *nisi si probetur in loco voluisse testatorem fideicommissum præstari ubi petitur.*

On peut même se pourvoir valablement devant le juge du lieu où la chose léguée est située : *Si ea res quæ per fideicommissum relicta est, loco sit, dicendum est non debere præscribi ei qui petit, quasi major pars hereditatis alibi sit.* C'est ce que porte la loi 52, § 3, D. *de judiciis.*

La seule circonstance que le testament a été passé sous le scel du Châtelet de Paris, qui est attributif de juridiction, suffit-elle pour autoriser un Légataire à y faire assigner les héritiers ?

Bourjon atteste qu'il n'a jamais vu accueillir les déclinatoires proposés par ceux-ci : « C'est porter » loin cette attribution, dit-il, que d'en faire l'ap- » plication à ce cas, vu que le testateur, par son » testament, ne contracte aucun engagement; mais » c'est l'usage, peut-être peu compatible avec la » règle, en la prenant dans sa pureté. »

[[Le privilége du sceau du Châtelet est aboli. V. les articles *Committimus* et *Évocation*, § 1.]]

Lorsque le Légataire veut agir réellement, il doit se pourvoir devant le juge de la situation : *Si autem per in rem actionem legatum petatur, etiam ibi peti debet ubi res est*, dit la loi 38, D. *de judiciis.* Il peut aussi intenter son action au domicile de celui contre lequel il la dirige, suivant la règle établie par la loi 3, C. *ubi in rem actio*, qui permet d'agir réellement devant le juge de la situation, ou devant le juge domiciliaire du défendeur.

Lorsque le Légataire se pourvoit hypothécairement, il faut distinguer si c'est contre un de ceux que le testateur a chargés du paiement de son legs, ou contre un tiers-acquéreur des biens du défunt.

Au premier cas, l'action hypothécaire n'est qu'accessoire à l'obligation personnelle, et par cette raison elle doit être portée devant les juges compétens pour connaître des demandes de legs par action personnelle.

Dans le second cas, l'action hypothécaire est purement réelle, et l'on doit y appliquer les mêmes règles de compétence qu'au cas où le Légataire agit réellement.

Tout ce que nous venons d'établir revient à peu près à l'art. 298 de la coutume d'Orléans, qui permet au Légataire de se pourvoir, 1° devant le juge de l'ouverture de la succession ; 2° devant celui de la situation de la chose léguée ; 3° devant celui du domicile de l'héritier ou de l'exécuteur testamentaire.

Il y a quelques particularités sur cette matière dans la jurisprudence des Pays-Bas. *V.* l'article *Maison mortuaire*.

[[Aujourd'hui, la règle est, dans toute la France, que le juge du lieu où la succession est ouverte doit connaître de toutes *les demandes relatives à l'exécution des dispositions à cause de mort* : c'est la disposition expresse du Code de procédure civile, art. 59.

Mais cette disposition paraît devoir se concentrer entre les héritiers et les Légataires ; et je ne crois pas qu'elle puisse empêcher ceux-ci de se pourvoir contre des tiers détenteurs, soit par son action réelle, soit par action hypothécaire, devant le juge de la situation des biens.]]

XXI. Ce n'est pas assez de connaître devant quel tribunal doit être formée la demande en délivrance du legs, il faut encore savoir où la délivrance doit être faite en exécution du jugement qui l'ordonne.

La première règle à suivre pour cet objet, est de consulter l'intention du testateur s'il a désigné lui-même le lieu où il voulait que le legs fût payé, point de doute que l'héritier ne doive se conformer à sa volonté.

Il en est de même lorsqu'on peut présumer par la nature de la chose léguée, ou autrement, que le testateur a entendu fixer un certain lieu pour la délivrance. La loi 52, § 1, D. *de judiciis*, nous donne la preuve et l'exemple de cette proposition : *Si libertis suis tesseras frumentarias emi voluerit, quamvis major pars hereditatis in provincia sit, tamen Romæ debere fideicommissum solvi dicendum est : cum appareat id testatorem sensisse ex genere comparationis.* Les *tesseræ frumentariæ* dont parle ce texte, étaient comme des billets au porteur, avec lesquels on allait prendre gratuite-

ment du blé dans les greniers que l'empereur avait à Rome.

Le principe qui a dicté cette décision fait encore dire à l'auteur de la loi 38 du même titre, que le legs d'une certaine quantité de grains à prendre dans un tel grenier, doit être délivré au lieu de la situation de ce grenier.

Brillon rapporte un arrêt du 29 janvier 1633, qui juge, conformément à cette loi, « que douze » setiers de blé légués à l'hôpital Saint-Etienne, » se paieraient au lieu de Malval, où était située » la terre sur laquelle ils devaient être pris ; en » sorte que les recteurs qui prétendaient que l'hé-» ritier était tenu de faire la délivrance annuelle à » Saint-Etienne, perdirent leur cause. »

Quand le testateur n'a donné aucun signe de sa volonté concernant le lieu du paiement du legs, il faut distinguer s'il s'agit d'un corps certain, ou d'une quantité.

Le legs d'un corps certain doit être délivré dans le lieu même où ce corps se trouvait au moment de la mort du testateur : *Si res alibi sit quam ubi petitur, primum quidem constat ibi esse præstandam ubi relicta est, nisi alibi testator voluit :* ce sont les termes de la loi 47, D. *de legatis*. 2° Si cependant l'héritier l'avait transporté ailleurs sans fraude, ce serait là qu'il devrait en faire la délivrance : s'il ne l'avait ainsi déplacé que dans l'intention de nuire au Légataire, la délivrance devrait être faite dans le lieu où siège le juge qui l'a ordonné. C'est la même loi qui le décide en ces termes : *Sed si alibi relicta est, alibi autem ab herede translata est dolo malo ejus, nisi ibi præstetur ubi petitur, heres condemnabitur dolo sui nomine. Cæterum si sine dolo, ibi præstabitur quo transtulit.*

Le legs d'une quantité doit être payé dans le lieu où la demande judiciaire en est faite. C'est ce que porte le § 1 de la loi citée. La loi 38, D. *de judiciis*, dit la même chose en termes plus précis : *Præterea quod pondere, aut numero, aut mensura continetur, ibi dari debet ubi petitur : nisi si adjectum fuerit, centum modios ex illo horreo, aut vini amphoras ex illo dolio.*

Si le legs de quantité n'était pas considérable, et qu'il fût fait à une personne constituée en dignité, l'héritier serait obligé de le payer au domicile du Légataire, pourvu qu'il se trouvât en cet endroit assez de biens pour l'acquitter. C'est ce que décide la loi 52, § 2, D. *de judiciis*. En voici les termes : *Sed et si proponas quibusdam clarissimis viris argenti vel auri pondo relicta, et sit sufficiens ad hujusmodi fideicommissa. Romæ patrimonium, licet major pars totius patrimonii in provincia sit, dici oportet Romæ esse præstandum ; nec enim verisimile est testatorem qui honorem habitum voluit his quibus reliquit, tam modica fideicommissa in provincia præstari voluisse.*

Il y a dans le recueil de Maynard, liv. 8, chap. 63, un arrêt sans date, qui a ordonné, dans l'espèce prévue par cette loi, qu'un legs de cent 'cus fait à un conseiller du parlement de Toulouse, lui serait payé en cette ville.

L'héritier et le Légataire peuvent déroger à toutes ces règles par un consentement réciproque. Il ne faut pas même que ce consentement soit exprès; si, par exemple, l'un a commencé de payer, et l'autre de recevoir, dans un autre lieu que celui qui est désigné par le testateur ou par les lois, ce sera là que le paiement devra être complété. La loi 50, § 2, et la loi 52, D. *de judiciis*, en contiennent une disposition précise : *Quoties autem cœpit quis fideicommissum solvere, non potest hac præscriptione uti, quamvis ad eum hereditas fuerit devoluta qui domicilium in provincia habet. Sed et Divi Severus et Antonius rescripserunt, si consenserit, fideicommissum alio loco dare, necesse habere secundum consensum dare ubi consenserit.*

XXII. Il arrive souvent qu'un héritier assigné en délivrance des legs, cherche à impugner les dispositions du testateur. Dans ce cas, le juge doit lui ordonner, par provision, de payer les Légataires, à la charge par ceux-ci de donner bonne et suffisante caution. C'est ce que décide la loi 6, D. *de hereditatis petitione*; voici comment elle est conçue : *Si testamentum falsum esse dicatur, et ex eo legatum petatur, vel præstandum est, oblata cautione, vel quærendum an debeatur.* Ces derniers termes nous font voir que, si les Légataires refusent de donner caution, le paiement doit être différé jusqu'au jugement définitif.

La jurisprudence des tribunaux français est conforme à ce texte. Bouchel rapporte un arrêt par lequel la provision fut adjugée sur-le-champ aux Légataires de l'archevêque de Vienne, en donnant caution, nonobstant tous les moyens de suggestion, de faux et autres qui étaient allégués contre le testament, et sans y préjudicier. Duluc et Papon rapportent un arrêt semblable du 16 février 1552. Le Vest nous en a conservé un pareil du 25 juin 1575.

Cette règle admet néanmoins quelques exceptions.

1° L'héritier *ab intestat* qui impugne le testament, ne peut pas demander le paiement provisoire du legs porté en sa faveur dans cet acte. C'est la décision de la loi que nous venons de citer : *Et si testamentum falsum esse dicatur, ei tamen qui falsi accusat, si suscepta cognitio est, non est dandum.*

2° On trouve dans le recueil de Duluc, un arrêt de l'an 1548, qui a refusé la provision à une Légataire accusée d'un mauvais commerce avec le testateur.

[[On ne pourrait plus juger de même aujourd'hui. *V.* les articles *Adultère* et *Concubinage.*]]

3° « Lorsqu'il se reconnaît d'abord et sommairement (dit Ricard) que les héritiers ont apparemment juste sujet de contester le testament de celui auquel ils succèdent, et qu'il ne doit point passer pour un effet de sa volonté, pour lors nos juges ont accoutumé de laisser la pos-

session aux héritiers, par le mérite de leurs » prétentions; l'exécution des lois étant toujours » laissée à la prudence des juges, qui sont des » lois parlantes et animées. »

J'ai vu aussi, ajoute l'annotateur de ce jurisconsulte, « donner la provision pour les quatre » quints des propres à une sœur exhérédée, d'au- » tant qu'elle était fondée en la coutume, qui » défend d'en disposer à son préjudice; et ainsi, » la disposition de la loi doit suspendre celle de » l'homme, jusqu'à ce que la cause de l'exhéré- » dation soit confirmée; ce qui doit pourtant dé- » pendre de la prudence du juge. »

[[*V.* mon *Recueil de Questions de droit*, au mot *Légataire*, § 2.]]

XXIII. Nous examinerons au mot *Legs*, sect. 4, § 3, nos 26 et 27, quels sont les cas où les fruits, les intérêts et les autres accessoires des choses léguées, doivent entrer dans le paiement des legs.

XXIV. Une question qui peut se présenter fréquemment, est de savoir dans quel ordre on doit colloquer les Légataires entre eux, lorsque les biens du testateur ne suffisent pas pour acquitter toutes ses dispositions.

D'abord, il est constant que, lorsqu'il y a un legs universel, on doit commencer par l'épuiser avant de rien retrancher sur les legs particuliers. La raison en est que ceux-ci sont à la charge de l'autre.

[[« Le Légataire universel (porte l'art. 1009 » du Code civil) est tenu d'acquitter tous les legs, » sauf le cas de réduction, ainsi qu'il est expliqué » aux art. 926 et 927. » *V.* les articles *Portion indisponible* et *Réserve*.]]

Quand le legs universel est épuisé, ou quand il n'y en a pas, tous les legs particuliers doivent souffrir un retranchement proportionné à leur valeur et au vide qui se trouve dans la succession. Il n'y a point de préférence à prétendre en cette matière, sur le fondement qu'un legs serait écrit avant un autre : *nec enim ordo scripturæ specta- tur, sed potius ex jure sumitur id quod agi vide- tur*, dit la loi 6, D. *de solutionibus*; or, ajoute Basnage, en citant cette loi, « l'intention du » testateur a été vraisemblablement que la condi- » tion des Légataires fût égale. » Nous avons sous les yeux un arrêt de la cour souveraine de Mons, du 12 août 1683, qui l'a ainsi jugé. C'est ce qui résulte pareillement de la loi 80, *de legatis* 1° au Digeste : *Is qui sola triginta reliquerat, Titio triginta legavit, Scio viginti, Mævio decem. Massurius Sabinus probat Titium quinde cim, Seïum decem, Mævium quinque consecuturos; ita tamen ut ex his pro rota portionis falcidiæ satisfiat.*

On a quelquefois prétendu que les legs pieux devaient être préférés aux autres. On se fondait sur le principe qu'ils sont considérés comme dettes, par rapport à la distraction de la falcidie. Cette opinion a même été adoptée par un arrêt du 24 mars 1620, rapporté dans les mémoires d'Auzanet; et elle est expressément confirmée par l'art. 8 du chap. 32 des chartes générales de Hainaut (1) ; mais elle n'est appuyée sur aucun texte du droit commun, et elle a été proscrite par un arrêt de la grande chambre du parlement de Toulouse, du 20 février 1679, rapporté par Catellan. « On ne re- » garde (dit ce magistrat) le legs pieux comme » dette, que pour le faire subsister entier et sans » diminution, pendant que l'héritier prend sa » quarte-falcidie sur les autres legs, non pour lui » donner autres nul droit de créance, les legs » pieux n'étant point du reste regardé sur ce » pied-là, de quoi l'on trouve une preuve bien » sensible, en ce qu'il ne diminuent pas les légi- » times qui diminuent toutes les dettes passives de » l'hérédité. »

Il y a cependant une espèce de legs que la ju- risprudence préfère aux autres : c'est celui qui est fait par forme de restitution.

Un procureur du Châtelet de Paris avait reçu une somme de 2,000 livres au nom d'un de ses cliens, et ne lui en avait pas tenu compte. Au lit de la mort, sa conscience ce fit entendre ; il légua à son client la somme qu'il lui devait, et déclara qu'il le faisait en vue de lui restituer ce qu'il lui avait extorqué.

Le testateur ne laissant pas assez de biens pour acquitter toutes ses dettes et ses legs, il fut ques- tion de savoir sur quel pied serait payé le client Lé- gataire. On convint unanimement qu'il ne pouvait pas l'être comme créancier, attendu qu'il n'avait point d'autre titre justificatif de sa dette que le tes- tament ; mais on douta s'il devait être préféré aux autres Légataires, ou concourir avec eux au marc la livre. Le Châtelet embrassa ce dernier parti ; mais sur l'appel, il intervint, le 21 juin 1689, un arret qui, conformément aux conclusions de M. l'a- vocat-général Talon, infirma la sentence, et or- donna que l'appelant toucherait, par préférence à ses co-légataires, la somme de 2,000 livres dont il était question, après que les véritables créan- cier auraient été satisfaits. Cet arrêt est rapporté au Journal des audiences.

Mais si les legs de restitution sont préférés aux legs de libéralités, ils ne le sont pas du moins aux autres dettes du testateur.

Boniface, tom. 2, et après lui Ricard, part. 1, nº 598, rapportent un arrêt du parlement de Pro- vence, du 26 février 1644, qui déclare nul un legs de restitution fait au préjudice d'un droit de ré- version stipulé par le père du testateur.

Conformément au même principe, un arrêt du parlement de Rouen, du 15 mai 1733, condamna un confesseur à remettre aux créanciers de son pénitent, le montant d'un billet qui lui avait été confié par celui-ci, pour l'acquit de sa conscience, et sous *le sceau de sa confession.*

« Des créanciers qui réclament une dette légi- » time, méritent plus de faveur que ceux à qui » est destinée une restitution secrète, puisque » ceux-ci ne sont que créanciers comme eux, et » que les premiers ont sur les seconds l'avantage » d'avoir une créance connue et établie. » Ce sont les termes de Bergier, dans ses notes sur Ricard, tome 1, page 148.

Au surplus, la contribution au marc la livre n'a lieu que pour les legs de quantité ou de genre, et pour ceux de corps, à la vérité, certains, mais qui ne se trouvent pas dans le patrimoine du dé- funt. A l'égard des legs de corps certains apparte- nans au testateur, et de ceux qui sont faits avec assignat limitatif sur des héritages qui existent en nature et font partie de ses biens, ils doivent tou- jours être payés en entier, parce que ceux à qui ces choses sont laissées, en acquièrent la propriété de plein droit dès l'ouverture de l'hérédité. C'est ce qu'a jugé un arrêt du parlement de Paris, du 15 mars 1632, rapporté par Bardet, dans l'ordre de sa date.

XXV. Lorsqu'après la délivrance, le Légataire est troublé dans sa possession, peut-il agir en ga- rantie contre celui que le testateur avait chargé du paiement de son legs ?

Il faut distinguer si l'éviction vient du chef des créanciers du testateur, ou si elle arrive par le dé- faut de propriété dans sa personne. Nous parlerons du premier cas dans le paragraphe suivant ; à l'é- gard du second, il faut encore distinguer si le legs est alternatif ou d'une chose générique, ou s'il est d'un corps certain et déterminé.

Quand le legs est alternatif ou d'une chose gé- nérique, l'éviction donne ouverture à un action en garantie. La loi 39, § 3, D. *de legatis*, 3º le décide expressément ainsi : *Si heres tibi, servo generaliter legato. Stichum tradiderit, isque a te evictus fuisset, posse te ex testamento agere Labeo scribit, quia non videtur heres dedisse quod ita dederat ut habere non possis, et hoc verum puto.*

Il n'en est pas régulièrement de même, lorsque le legs est d'un corps certain et déterminé. *Evictis prædiis, qui se dominum esse crediderit verbis fideicommis si filio relictis, nulla cum fratribus et coheredibus actio erit* : c'est ce que porte la loi 77, § 2, D. *de legatis*. 2º La raison en est que le testateur est présumé n'avoir pas légué plus de droit qu'il n'en avait lui-même à la chose.

Cette présomption n'a pas lieu dans le cas d'un legs fait à un proche parent du testateur, comme nous l'établissons au mot *Legs*, en parlant des legs des choses appartenantes à autrui. Ainsi, point de doute qu'en pareil cas, il ne soit tenu de garantir le Légataire. Il est vrai que la loi dont nous venons de rapporter les termes, en dispose autrement ; mais, dit Catellan, « la raison de » cette décision singulière est, selon la glose, ne » oriatur individia apud fratres. C'est pour ne pas

» faire naître un nouveau sujet de jalousie et de
» contestation entre des frères, que l'éviction de
» ce préciput a ramené à une plus grande égalité,
» qu'on peut présumer dans ce cas n'avoir pas été
» bien éloignée de l'intention du testateur. »
[[La décision de la loi citée a lieu aujourd'hui
dans tous les cas. *V.* l'art. 1021 du Code civil; et
le mot *Legs*, sect. 3, § 3, n° 4.]]

§ VII. *Quelles sont les charges dont un*
Légataire est tenu? Comment et à quelle
concurrence doit-il les supporter? Dans quel
cas et comment peut-il s'en affranchir ou en
être affranchi? A quelle peine s'expose-t-il,
lorsqu'il ne les remplit pas?

Les charges qui pèsent sur les Légataires, sont
de plusieurs sortes. Pour en parler avec ordre,
nous nous occuperons d'abord de celles qui concernent les Légataires universels, et ensuite de
celles des Légataires particuliers.

Art. I. *Charges des Légataires universels.*
I. C'est une maxime constante dans notre jurisprudence, qu'un Légataire universel est tenu des
legs et des dettes du testateur : mais comment s'y
est-elle introduite, et de quelle manière doit-on
l'entendre? C'est ce que nous allons examiner.

Il fut un temps où nos praticiens regardaient les
donataires et les Légataires universels comme
exempts de toute contribution aux charges héréditaires : ils se fondaient sur deux principes très-
vrais, mais dont ils faisaient une mauvaise application : l'un, que le titre d'héritier forme seul ce
que le § 2, Inst. *de testamentis ordinandis*, appelle *successor juris*; l'autre, qui n'est qu'une
conséquence du premier, que les actions passives
des successions ne peuvent se transmettre de plein
droit, si ce n'est dans les personnes sur la tête
desquelles repose ce titre.

On sent avec quelle facilité ces principes, considérés à part, dûrent entraîner dans l'erreur des
personnes peu accoutumées à embrasser d'un seul
coup-d'œil un certain nombre de vérités liées entre
elles.

Cette erreur jeta de si profondes racines, qu'elle
surprit Dumoulin lui-même. L'art. 90 de la coutume d'Amiens porte : *Quiconque appréhende à*
titre universel les biens meubles d'un défunt, il
est tenu de toutes les dettes personnelles. Dumoulin, écrivant sur ce texte, y mit une apostille
conçue en ces termes A TITRE UNIVERSEL, *scilicet*
successionis; secus si jure legati omnium mobi-
lium, quia est titulus particularis, l. cogi, D. ad
Trebellianum (1).

Une étude plus approfondie des lois romaines
fit évanouir ces fausses maximes; et, en déga-
geant ces lois de ce qu'elles avaient de trop subtil,
on est parvenu à former, sur la matière dont il
s'agit, une jurisprudence aussi équitable que sage.

Les législateurs voulaient que le Légataire universel acquittât les dettes de la succession; mais
pour concilier cette obligation qu'ils lui imposaient, avec le principe qu'un legs n'est point un
titre héréditaire, c'est-à-dire un moyen de transférer dans une personne tous les droits actifs et passifs d'un défunt, ils ne permettaient ni aux créanciers ni aux Légataires particuliers d'agir directement contre lui; ils autorisaient seulement
l'héritier à retrancher du legs universel tout ce
qu'il fallait pour remplir les charges de l'hérédité.
Et même, à parler proprement, ils ne mettaient
aucune différence entre le Légataire d'une certaine
quotité des biens, et celui d'un effet certain et
déterminé : mais comme *bona non intelliguntur,*
nisi deducto œre alieno, ils voulaient que le premier ne pût rien prendre de la succession, tant
que les charges n'étaient pas déduites. Écoutons
la loi 43, *de usufructu legato*, au Digeste : *Nihil*
interest an bonorum quis, an rerum tertiæ :partis
usum fructum legaverit; nam si bonorum usufruc-
tus legabitur, etiam œs alienum ex bonisdeduc-
cetur; et quod in actionibus erit, computabitur.
At si certarum rerum usufructus legatus erit, non
idem observabitur. La loi 72, D. *de jure dotium*,
peut servir de commentaire à ce texte : *Mulier,*
dit-elle, *bona sua omnia in dotem dedit : quæro*
an maritus, quasi heres, omnibus creditoribus
hereditariis respondere cogatur? Paulus respon-
dit; eum quidem qui bona ex promissione dotis
mulieris retinuit, a creditoribus ejus conveniri
non posse : sed non plus esse in promissionibus
bonorum, quam quod superest deducto œre alieno.

Cette pratique, quoique calquée sur les vrais
principes, était sujette à bien des inconvéniens.
Les dettes d'une succession ne sont pas toujours
liquides; il en est de même qui ne paraissent que
fort long-temps après la mort du testateur : comment donc déterminer au juste la déduction que
l'héritier est en droit de faire pour les acquitter?
D'ailleurs pourquoi tant de circuits et de détours?
Puisque le Légataire universel doit indemniser
l'héritier des poursuites et des Légataires particuliers, pourquoi ne pas permettre à ceux-ci d'agir
directement contre lui? Cela ne serait pas, à la
vérité, conforme aux maximes des législateurs romains; mais nos mœurs sont plus simples : nous
permettons à un créancier d'agir sans cession contre un tiers chargé par la loi ou par une convention, de rembourser le montant de sa créance à

____

(1) Il ne faut pourtant pas croire que Dumoulin ait persisté dans cette opinion : son apostille sur l'art. 316 de la coutume de Bourbonnais, prouve le contraire. Ce texte porte :
• Qui prend les meubles et conquêts d'aucun, soit par con-
• trat ou succession, est tenu de payer ces dette mobiliè-
• res. » Voici la note de Dumoulin : PAR CONTRAT, *Egrò idem*
• *legato, et intelligo de universitate vel quota, vel rata quota*

cit quatenus sufficiant. Amplia etiamsi donata sint vel legata
omnia mobilia, vel dimidia, sine omore solvendi debita, qui a
nihilominus tenebitur totum vel dimidium solvere creditoribus,
solvo sibi recursu contra heredes. Secus in legato vel dono rei
vel summæ particularis.

son débiteur direct : c'est ce qu'établissent Vinnius et Groenewen sur le titre *de inutilibus stipulationibus*, aux Instituts ; et c'est ce qu'ont jugé notamment deux arrêts du parlement de Flandre, des.... octobre 1674, et 13 juillet 1690, rapportés par Pollet, part. 1, § 7.

D'après cela, on conçoit aisément que le Légataire universel a dû être regardé parmi nous comme soumis directement aux poursuites des créanciers et des Légataires particuliers.

« Le premier arrêt solennel que nous ayons à ce sujet (dit Ricard), est celui appelé des Boulards, du 14 mai 1562, donné par forme de règlement, en ce que la cour ordonna qu'il serait lu et publié au Châtelet, et qui fut depuis prononcé en robes rouges le 14 novembre ensuivant. Par cet arrêt, la cour condamna un Légataire universel des meubles, acquêts et conquêts immeubles, et du quint des propres, de contribuer au paiement des dettes, au *prorata* de l'émolument, avec l'héritier des quatre quints des propres, encore que ce legs fût fait expressément pour en jouir par le Légataire sans aucune charge, excepté les charges foncières.

» Le même fut ordonné par un arrêt donné deux ans après, le 17 avril 1564.

Ces deux arrêts ont servi de modèle à l'art. 334 de la nouvelle coutume de Paris, rédigé en 1580 : cet article porte : *Et quand ils succèdent les uns aux meubles, acquêts et conquêts, les autres aux propres, ou qu'ils sont donataires ou Légataires universels, ils sont tenus eux contribuer au paiement des dettes, chacun pour telle part et portion qu'ils en amendent.*

La coutume de Douai est encore plus précise sur ce point ; voici comment elle s'exprime, chap. 2, art. 4 : *Un Légataire universel est soumis et tenu aux charges, dettes et obligations de celui dont il est Légataire.*

On trouve la même disposition dans les coutumes de Lille, tit. 9, art. 6 ; de la châtellenie de Lille, tit. 9, art. 6 ; de Boulonnais, art. 123 ; d'Amiens, art. 130 ; de Péronne, art. 198 ; de Beauquêne, art. 30 de la première rédaction ; de Tours, art. 237 ; de Clermont, art. 136 ; de Valois, art. 173 ; d'Anjou, art. 237 et 321 ; du Maine, art. 254 ; et on la suit aujourd'hui partout où il n'y a pas de statut contraire.

II. Mais un Légataire universel est-il tellement soumis aux dettes et aux legs particuliers du défunt, qu'il ne puisse pas obliger l'héritier d'y contribuer jusqu'à concurrence de ce qu'il retire de la succession ?

Cette question ne peut, comme on le voit, se présenter que dans le cas où le legs universel n'absorbe pas tous les biens du testateur ; car lorsqu'il ne reste à l'héritier qu'un vain nom, il est clair qu'il ne peut pas être tenu d'indemniser le Légataire. Supposons donc qu'un homme laisse en mourant une certaine quantité de biens indisponibles, ou même de biens libres dont il n'ait pas disposé ; l'héritier qui les recueillera, pourra-

t-il obliger le Légataire de la totalité ou d'une partie des biens libres, d'acquitter toutes les charges héréditaires, ou devra-t-il contribuer lui-même au paiement qu'il en faudra faire ?

Le droit romain renferme là-dessus des principes très-clairs et des décisions très-lumineuses. La loi 39, § 1, D. *de verborum significatione,* établit que *bona non intelliguntur cujusque, nisi quæ deducto œre alieno supersunt.* Ainsi, la totalité, la moitié, le quart, le sixième, enfin une quotité quelconque des biens d'un testateur, ne peut s'entendre que de celui qui reste après la déduction des dettes : conséquemment le Légataire de la moindre quotité doit aussi bien souffrir le retranchement de ce qu'il faut pour payer les créanciers et les Légataires particuliers, que s'il prenait à titre de legs tout le patrimoine du défunt. Dans un cas comme dans l'autre, ce n'est qu'après l'acquittement des charges et sur le restant net des biens, qu'il peut prendre la libéralité dont il est gratifié. La loi 9, D. *de legatis* 1°, le fait entendre assez clairement : *Cum autem pars bonorum ita legatur,* bonorum meorum quæ sunt cum moriar, dos et manumissorum pretia è medio deducenda sunt. Ce texte ne dit pas que la déduction doit être faite au *prorata* de la quotité des biens légués, il parle indéfiniment : *dos et manumissorum pretia*; il faut donc déduire toutes les charges, avant de déterminer la portion du Légataire universel. La loi 43, *de usufructu legato,* n'est pas moins formelle : *Nihil interest utrum bonorum quis, an rerum tertiæ partis usumfructum legaverit; nam si bonorum usufructus legabitur, etiam œs alienum ex bonis deducetur.*

Le parlement de Flandre a rendu, le 29 janvier 1694, un arrêt conforme à ces décisions. Il s'agissait de savoir si la femme d'Antoine Delmé, Légataire de *la tierce partie des biens meubles* de Jean Liénard, était tenu des dettes et des legs particuliers du testateur. Antoine Delmé soutenait la négative, sous le prétexte que sa femme n'était point héritière ; on lui opposait la maxime *bona non intelliguntur,* etc. L'arrêt renvoie les parties devant les mayeur et échevins de Tournai, pour liquider le juste tiers des meubles, et « ordonne qu'en ladite liquidation seront préalable- » ment déduites les dettes personnelles dudit Lié- » nard, les legs particuliers, les frais des funé- » railles, ceux de l'inventaire, de la vente et du » compte à en rendre. »

Mais cette jurisprudence, qui doit être celle de tous les tribunaux soumis au droit romain, lorsqu'ils trouvent les coutumes et les ordonnances muettes, et presque généralement abrogée dans les pays qui n'admettent le droit romain que comme raison écrite.

La coutume de Paris déclare formellement, article 334, que les Légataires universels ne sont tenus eux contribuer au paiement des dettes, que pour telle part et portion qu'ils en amendent.

L'art. 173 de la coutume de Valois en dispose de même : *Et si ledit testateur donne ou lègue portion de ses biens par forme de quote, comme moitié, tiers ou quart, tel acceptant ledit legs sera tenu de payer lesdites dettes, obsèques et funérailles pour raison de ladite quote.*

Les coutumes d'Anjou et du Maine portent également, aux endroits cités plus haut : *Qui prend et accepte universellement, à quelque titre que ce soit, les meubles du décédé, est tenu de payer et acquitter ses dettes; et qui prend portion par manière de quotité, est tenu* PRO QUOTA.

Ces dispositions ne sont fondées que sur une mauvaise interprétation de la maxime, *æs alienum totum patrimonium imminuere constat, non certi loci facultates* (1); mais elles n'en forment pas moins le droit commun de la France coutumière.

Ricard prétend même qu'on doit s'y conformer dans les pays de droit écrit; et il cite à ce sujet deux arrêts des 17 juin 1559 et 14 décembre 1594, dont l'un émané du parlement de Paris au rôle de Lyon, et l'autre du parlement de Toulouse, ont jugé que le donataire, par contrat de mariage, d'un tiers des biens présens et à venir, devait payer le tiers des dettes du donateur. Mais ces décisions particulières ne peuvent pas avoir introduit, dans les pays de droit écrit, une jurisprudence contraire aux principes des lois romaines; car elles n'ont pas été rendues sur la question de savoir si un donataire de quotité doit souffrir la déduction de la totalité ou seulement d'une partie des dettes, avant de pouvoir prendre la portion qui lui a été donnée; elles ne l'ont été que sur celle de savoir s'il n'est pas exempt de toute dette : les héritiers ne demandaient rien autre chose que la contribution pour un tiers : on ne pouvait donc pas condamner les donataires à contribuer pour le tout; ç'aurait été juger *ultra petita*.

Il faut convenir cependant que le système adopté par notre droit coutumier, serait plus juridique, dans le cas où la quotité comprise dans le legs universel, ne serait pas de tous les biens, mais seulement d'une certaine espèce, soit des meubles, soit des acquêts, soit des propres. Ainsi, en supposant la coutume de Paris muette sur cet objet, il faudrait dire que le Légataire universel du quint des propres ne devrait pas payer toutes les dettes, mais seulement celles qui seraient régalées sur la totalité des propres. La raison en est évidente : toutes les espèces de biens étant soumises aux dettes dans cette coutume, on ne peut pas dire que le quint des propres ne s'entend que de ce qui reste après la déduction de toutes les charges héréditaires, mais de ce qui reste après la déduction de celles qui tombent sur les propres. C'est

le vrai cas de la règle de droit, *æs alienum imminuit totum patrimonium, non certi loci facultates;* et combinée avec la maxime *bona non intelliguntur, nisi deducto ære aĭeno,* elle amène naturellement la résolution que nous venons d'établir.

Par la raison contraire, dans les coutumes qui ne chargent qu'une certaine espèce de biens de toutes les dettes, non seulement le Légataire universel de tous les biens de cette espèce, mais encore celui d'une quotité de ces mêmes biens, devrait tout acquitter, si l'on se conformait aux principes du droit romain. C'est pourquoi l'arrêt du parlement de Flandre, du 29 janvier 1694, a condamné le Légataire d'un tiers des meubles à souffrir le retranchement de toutes les dettes, de tous les legs particuliers, des frais d'inventaire, etc., parce que, dans la coutume de Tournai, pour laquelle il a été rendu, c'est toujours sur le mobilier d'une succession que se paient les dettes.

Mais, comme nous l'avons déjà dit, cette doctrine n'est pas reçue même dans les coutumes de l'intérieur de la France, qui font retomber sur une certaine espèce de biens le poids de toutes les charges héréditaires.

A la vérité, on y oblige le Légataire de la totalité des biens à acquitter toutes les charges; mais lorsque le legs n'est que d'une quotité, on fait contribuer ceux qui prennent le reste à titre successif.

Écoutons le nouveau commentateur de la coutume de Boulonnais (Le Camus d'Houlouve). Après avoir développé les principes de cette loi municipale concernant l'obligation qu'elle impose à l'héritier des meubles et acquêts, de payer toutes les dettes qui sont à la charge de l'héritier des propres, voici comment il s'explique : « Le legs » universel est de la totalité des biens dont le dé- » funt pouvait disposer, le Légataire doit seul tous » les legs particuliers, ainsi que toutes les dettes... » Si le legs universel n'est que de la moitié, du » quart ou autre portion des biens disponibles, en » ce cas, le Légataire universel contribuera avec » les héritiers mobiliers, chacun au *prorata* de son » émolument dans la succession, tant aux dettes » qu'aux legs; et l'héritier des propres ne sera tenu » de pareilles contributions, qu'autant qu'il sera » en même temps héritier mobilier, ou qu'il jouira » de quelque portion disponible des propres et » dans la même proportion. »

III. Quoique cet auteur avance comme une maxime incontestable, qu'en Boulonnais le Légataire universel *de la totalité des biens dont le défunt pouvait disposer doit acquitter...... toutes les dettes,* on n'a pas laissé de révoquer cette proposition en doute, et elle a fait la matière d'un grand procès qui a été jugé à la quatrième chambre des enquêtes du parlement de Paris, par arrêt du 6 août 1743.

Il s'agissait d'un legs de tous les biens dont un testateur avait pu disposer dans les coutumes de Boulonnais et de Montreuil. Le premier juge avait

(1) Cette maxime, établie par la loi 50, § 1, D. *judiciis,* prouve bien que les dettes personnelles se répandent sur tous les biens, sans affecter aucun en particulier; mais il n'en est pas moins vrai qu'avant de pouvoir déterminer et fixer une quote quelconque des biens d'un homme, il faut en déduire toutes les dettes. Les textes cités ci-devant sont trop précis là-dessus pour qu'il soit permis d'en douter.

ordonné que l'héritier des quatre quints des propres contribuerait aux dettes avec le Légataire des
meubles, des acquêts, du quint des propres et de
la jouissance des trois années des quatre autres
quints, après néanmoins que le mobilier aurait
été épuisé.

Sur l'appel de l'héritier, le Légataire disait :
« La contribution aux dettes établie par la sentence, est conforme aux principes généraux. Selon
le droit commun, les dettes affectent toute l'hérédité ; tous ceux qui la partagent en sont tenus à
proportion de l'émolument ; elle n'est point contraire aux coutumes qui régissent les biens et les
personnes dont il s'agit. La coutume d'Amiens,
dont celle de Montreuil est locale, et dans laquelle
le testateur était domicilié, ne porte point que le
Légataire universel des meubles est tenu de toutes
les dettes. Elle veut bien, art. 30, que l'héritier
des meubles acquitte toutes les dettes personnelles,
mais elle ne soumet point le Légataire à cette
charge. Dumoulin le décide ainsi sur le même article.

» D'ailleurs, en supposant même qu'un Légataire universel des meubles fût sujet aux mêmes
obligations que s'il les prenait à titre d'héritier,
on ne pourrait pas encore juger autrement que la
sentence, puisqu'elle n'ordonne la contribution
qu'après que le mobilier sera épuisé par les
dettes.

» S'il était question ici d'un héritier des meubles, serait-il tenu des dettes au-delà de la valeur
de ces biens? Non, certainement : il faudrait donc
que celui des propres supportât l'excédant de ces
dettes, et c'est précisément ce que la sentence a
prononcé. Tel est l'esprit de toutes les coutumes
de cette espèce ; c'est même la lettre de la coutume
de Nivernais, chap. 34, art. 4, puisqu'en chargeant l'ascendant à qui elle défère la succession
des meubles, de payer les dettes et frais funéraires,
elle ajoute : tant que lesdits biens se pourront
étendre (1). On doit suppléer cette limitation dans
toutes les coutumes semblables : c'est ce que pense
Leprêtre, cent. 1, chap. 6, où il dit précisément
que, lorsque l'héritier des meubles prouve qu'ils
ne sont pas suffisans pour acquitter les dettes, il
n'est plus tenu du surplus qu'à proportion de ce
qu'il amende dans les immeubles ; et il y a d'autant moins de difficulté d'appliquer cette doctrine
à la coutume d'Amiens, qu'elle paraît l'adopter
expressément, en déclarant, art. 130, que le
baillistre ou gardien qui paie les dettes personnelles du prédécesseur de son mineur, a son recours contre ceux qui avaient appréhendé les
meubles dudit défunt, pour autant, et si avant
que lesdits meubles pourraient monter.

» Il y a encore un article bien plus précis dans

la même coutume : c'est le 159e ; il porte que tous
les héritiers doivent contribuer aux dettes. Qu'on
ne dise pas qu'il est contraire à l'art. 90 ; celui-ci
charge l'héritier mobilier du paiement des dettes,
si les meubles suffisent ; et s'ils ne suffisent pas,
l'art. 159 y pourvoit, et ordonne que tous les héritiers contribueront. C'est ainsi qu'on peut concilier ces deux articles, et par conséquent, les
quatre-quints des propres doivent contribuer.

» En un mot, les coutumes d'Amiens, de Montreuil et de Boulonnais ne s'écartent du droit commun que pour charger d'abord des dettes l'héritier
ou Légataire universel des meubles : et comme
les deux dernières ne décident rien, dans le cas de
l'insuffisance sur la question de savoir si les immeubles doivent suppléer, il est nécessaire d'y
suppléer par les principes du droit commun. »

De son côté, l'héritier répondait, ou pouvait
répondre :

Les coutumes doivent régler la personne et les
biens de ceux qui leur sont soumis : celles du domicile règlent les droits personnels et le mobilier ;
celles de la situation des immeubles fixent l'étendue des dispositions que l'on en peut faire. La coutume d'Amiens règle la personne et les
meubles du testateur : celles de Montreuil et de
Boulonnais réglaient ses propres. La première permet de disposer de tous les meubles et acquêts ;
les deux autres vont plus loin : elles autorisent le
legs du quint des propres et de trois années de revenu des quatre autres quints. La sentence dont
est appel, donne ces différens objets au Légataire,
et à cet égard elle juge très-bien ; mais elle juge
très-mal en établissant la contribution aux dettes
entre l'héritier des quatres quints, et le Légataire
du mobilier, des acquêts et du quint des propres.
Le premier juge n'a pu fonder cette disposition sur
aucune des coutumes auxquelles il devait se conformer.

L'art. 90 de celle d'Amiens, charge indistinctement du paiement des dettes tous ceux qui recueillent le mobilier : ce texte dit, quiconque,
terme trop général pour ne pas comprendre le
Légataire universel.

À l'égard des coutumes de Montreuil et de Boulonnais qui régissent les immeubles, elles veulent
très-formellement que l'héritier réduit aux quatre
quints des propres les ait francs et quittes de toutes
dettes, autres que celles qui sont inhérentes aux
fonds ; et conséquemment elles chargent le Légataire universel du paiement de toutes les dettes
personnelles. C'est la disposition de l'art. 122 de la
coutume de Boulonnais, conçu en ces termes :
Quiconque appréhende les biens ou héritages
d'aucun trépassé, il se soumet à payer et acquitter les dettes et obligations personnelles et
autres dudit trépassé, sauf à l'héritier ou Légataire universel immobilière ayant appréhendé les
immeubles, d'avoir son recours de garant contre
l'héritier ou Légataire universel desdits meubles,
qui est soumis d'acquitter et payer ledit héritier
immobilière d'icelles dettes et obligations person-

(1). L'art. 71 de la coutume de Mantes porté également
que « celui qui prend les meubles à quelque titre que ce soit,
» paie les dettes personnelles et mobilières jusqu'à la concurrence desdits meubles. » V. aussi la coutume de Berry, tit. 19,
art. 32.

nelles. On voit par ce texte que le Légataire universelle des immeubles disponibles est tenu de toutes les dettes; il est vrai que la coutume lui accorde un recours; mais 1° dans l'espèce dont il s'agit, les legs des immeubles et celui du mobilier se trouvent confondus dans la même personne; 2° le recours que la coutume accorde au Légataire universel des immeubles, ne peut point être dirigé contre l'héritier des quatre quints des propres; il ne peut avoir lieu que contre le Légataire universel des meubles; preuve sensible et sans réplique que l'héritier des quatre quints est affranchi de toute contribution. Aussi trouvons-nous dans le commentaire manuscrit de Regnard sur cette coutume, plusieurs arrêts par lesquels il a été jugé que l'héritier des quatre quints n'est tenu, envers les héritiers et les Légataires universels de meubles et immeubles disponibles, non-seulement d'aucune dette personnelle, mais même d'aucune de celles qui sont hypothéquées sur les propres.

La coutume de Montreuil n'est pas moins expresse; voici ce qu'elle porte, art. 17 : *Si aucun va de vie à trépas, et est soumis en plusieurs dettes et obligations, et il délaisse deux héritiers, et à savoir, l'un qui ait appréhendé ses meubles, dettes, catteux et acquêts, et l'autre qui ait appréhendé les héritages venus et succédé au trépassé de la succession de ses prédécesseurs, les créditeurs d'icelui trépassé et ceux auxquels les promesses ont été faites, peuvent poursuivre et demander leur dettes et promesses à l'héritier desdits héritages, aussi bien qu'à celui qui a appréhendé lesdits meubles, catteux, dettes et acquêts; lequel héritier desdits héritages soumis et tenu payer lesdites dettes, promesses et obligations; mais il a son action contre celui qui a appréhendé les biens meubles, dettes, catteux et acquêts, lequel le doit purger et acquitter de toutes les dettes personnelles.* Voilà bien l'héritier des propres pleinement affranchi de la contribution aux dettes, et l'héritier ou Légataire universel des immeubles disponible assujéti à l'en décharger; on ne peut rien de plus clair.

C'est en vain que le Légataire oppose l'art. 130 de la coutume d'Amiens.

1° Le testateur n'a point laissé d'immeubles dans cette coutume; tous ceux qu'il avait à sa mort, sont régis par celles de Montreuil et de Boulonnais; et comme ces deux lois chargent le Légataire universel des héritages disponibles, du paiement de toutes les dettes, il est inutile de s'arrêter à une loi étrangère, quelle qu'en soit la disposition.

2° L'art. 130 de la coutume d'Amiens ne décide pas que l'héritier des meubles et des immeubles libres peut forcer celui des propres à contribuer, après que le mobilier est épuisé; il ne faut, pour s'en convaincre, que lire cet article d'un seul contexte : il est vrai qu'en donnant au gardien ou baillistre une action en recours contre celui qui a appréhendé les meubles, il déclare que ce n'est que *pour autant et si avant que lesdits meubles*

pourraient monter; mais aussi il ajoute cette restriction : *au cas toutefois que lesdits meubles viennent au profit dudit mineur; mais s'il y avait Légataire universel autre que ledit mineur, il est tenu d'acquitter ledit baillistre de* TOUTES *les dettes personnelles dudit défunt prédécesseur dudit mineur.* Ces paroles ne sont pas obscures : voici d'ailleurs comment Deheu les explique : « Parce » que quiconque appréhende à titre universel les » meubles, est tenu des dettes; si quelque autre » que le mineur en est l'héritier ou institué Légataire universel, le baillistre peut avoir son re- » cours contre lui pour lesdites dettes personnelles, » desquelles il le doit acquitter; mais si lesdits » meubles sont appréhendés pour et au nom du » mineur et à son profit par un tuteur ou curateur, » en ce cas, ledit baillistre n'a recours que jusqu'à » la concurrence de la valeur des immeubles, et » rien plus, comme il peut avoir pour le tout » contre un autre, encore que lesdits meubles ne » soient suffisans pour le paiement et acquit des- » x dites dettes. »

Sur ces raisons, dont la plupart, omises par les défenseurs de l'héritier, ont sans doute été suppléées par les juges, il est intervenu un arrêt qui a infirmé la sentence de Montreuil, et a jugé, dit l'Épine de Grainville, « que le Légataire universel, » comme l'héritier mobilier, était tenu indéfini- » ment du paiement des dettes personnelles, et » qu'il n'y avait pas lieu à la contribution entre » lui et l'héritier dès quatre quints des propres, » quand même le mobilier ne serait pas suffisant. »

IV. Une autre question s'est élevée dans la coutume d'Anjou, sur la contribution entre les Légataires universels des meubles et les héritiers.

On a déjà vu que cette coutume oblige les premiers de payer les dettes du testateur en totalité, lorsqu'ils prennent tout le mobilier, et *pro quota,* lorsqu'ils n'en recueillent qu'une portion; et l'on doit ajouter ici que, dans la même coutume, le testateur qui n'a ni propres ni acquêts, ne peut disposer que de la moitié de ses meubles.

D'après ces données, il s'est agi de savoir si l'héritier qui succède à la moitié des meubles par le défaut de propres et d'acquêts, doit contribuer au paiement des dettes, suivant la lettre de la loi, ou si elles doivent être entièrement supportées par les Légataires universels. « Jugé (dit Ricard) par » arrêt délibéré le samedi 9 juin 1663, en la cin- » quième des enquêtes, au rapport de M. Lemaître, » que les dettes se devraient payer à proportion » entre l'héritier et le donataire, en confirmant » la sentence du juge des lieux. »

V. La coutume de Normandie porte, art. 418 : *Le testateur ayant enfans vivans ou descendans d'eux, habiles à lui succéder lors de son décès, ne peut disposer de ses meubles par testament en plus avant que d'un tiers, sur lequel tiers sont portés les frais funéraux et les legs testamentaires.*

« On pourrait induire de là (dit Basnage) que le tiers disponible ne serait point tenu de contribuer aux dettes mobilières du testateur, puisque la coutume ne l'y oblige point, et qu'au contraire il est vraisemblable qu'elle a voulu le décharger de cette contribution, pour le récompenser, en quelque sorte, de ce qu'elle l'avait chargé du paiement entier des frais des funérailles et des legs testamentaires.

» Il est certain néanmoins qu'il doit contribuer d'un tiers au paiement des dettes mobilières, le testateur n'ayant pu donner que ce qui pouvait rester après ses dettes acquittées ; autrement, il donnerait non-seulement plus que le tiers, mais il arriverait souvent que ce tiers emporterait tous les meubles : or, le tiers ni tous les autres legs ne peuvent être demandés, qu'après le paiement des dettes : *bona enim non sunt nisi deducto œre alieno.* »

On peut ajouter que la coutume, en soumettant le Légataire du tiers des meubles au paiement de tous les frais funéraires, annonce assez que tel est son esprit ; car ces frais forment des dettes qui ne diffèrent en rien de celles qui ont été contractées par le défunt lui-même : *Qui propter funus aliquid impendit, cum defuncto contra here creditur, non cum herede,* dit la loi 1, D. *de religiosis et sumptibus funerum.* Aussi voyons-nous dans la loi dernière, § 9, C. *de jure deliberandi,* et dans le § dernier, Inst. *de lege falcidia,* qu'en cas d'insuffisance des biens d'un testateur pour acquitter en entier les dettes et les legs, c'est comme dettes, et non comme legs que les frais funéraires sont colloqués.

Au surplus, ce que dit Basnage du Légataire du tiers des meubles, lorsque le testateur a des enfans, il faut pareillement le dire du Légataire de tous les meubles, lorsque le testateur ne laisse que des héritiers collatéraux : et en effet, on trouve dans le commentaire de Béraut, sur l'art. 443 de la même coutume, un arrêt du parlement de Rouen, qui juge qu'un tel legs oblige au paiement de toutes dettes mobilières.

VI. La plupart des coutumes de la Flandre flamande limitent la faculté de tester au tiers des biens meubles et immeubles, soit que le testateur ait des enfans, soit qu'il n'en ait pas ; mais elles diffèrent de la coutume de Normandie, relativement à la contribution du Légataire universel aux charges de l'hérédité. Il est, à la vérité, dans leur esprit, qu'il paie tous les legs particuliers, comme l'a jugé un arrêt du parlement de Flandre de 1720, rapporté par Deghewiet ; mais elles ne l'obligent de contribuer aux frais funéraires et aux dettes, que jusqu'à concurrence d'un tiers. Voici comment s'explique là-dessus la coutume de Gant, rubr. 28, art. 5 : *Celui qui est donataire du tiers doit payer toutes les autres donations faites par le testament, ou après la mort, sans charge ou frais des héritiers ; et aussi le tiers des funérailles, comme aussi le tiers des dettes de la maison mortuaire.*

La raison de cette différence entre les legs particuliers et les dettes, est que la prohibition de tester au-delà du tiers, emporte celle de disposer à titre particulier comme à titre universel ; au lieu qu'elle ne met aucun obstacle à la faculté de contracter des dettes proprement dites.

VII. Cette différence se remarque aussi dans le droit commun des pays coutumiers. On a vu plus haut que l'art. 334 de la coutume de Paris n'oblige le Légataire universel des meubles, des acquêts et du quint des propres, que de contribuer au paiement des dettes avec l'héritier des quatre quints indisponibles. Il en est tout autrement à l'égard des legs particuliers : l'obligation de les payer concerne uniquement le Légataire universel, parce qu'autrement, les dispositions testamentaires diminueraient les quatre quints ; ce qui est strictement défendu par la coutume.

En serait-il de même, si le legs universel ne comprenait pas tous les biens disponibles, et que, par ce moyen, l'héritier des propres ne fût pas borné à ses quatre quints ?

Non : il est certain, au contraire, qu'en pareil cas, celui ci serait obligé de contribuer au paiement des legs particuliers.

Mais dans quelle proportion faudrait-il qu'il y contribuât ? Serait-ce jusqu'à concurrence de son émolument dans tous les biens, ou seulement au *prorata* de la quotité dont le testateur n'aurait pas voulu disposer ?

Ce dernier parti semble, au premier abord, le plus juridique. Les meubles, les acquêts et le quint des propres sont destinés par la coutume au paiement des legs : l'héritier ne doit donc contribuer qu'à proportion de ce qu'il prend dans ces sortes de biens ; et cela est si vrai, que s'il n'y prenait rien le Légataire universel paierait tout.

Mais d'un autre côté, n'est-il pas plus exact de dire que l'affection des meubles, des acquêts et du quint des propres, au paiement des legs particuliers, n'a été établie que pour le cas où les héritiers se contentent de leurs quatre quints ? En effet, qu'est-ce que l'indisponibilité testamentaire de cette portion des propres ? Rien autre chose que la faculté accordée à l'héritier légal, de s'y tenir, pour se soustraire aux charges que le testateur lui a imposées. Or, peut-il se prévaloir de cette faculté, lorsqu'il n'en use pas ? Peut-il s'exempter de contribuer à proportion de son émolument dans tous les biens, sous prétexte qu'il se bornerait, s'il le voulait, aux quatre quints des propres, tandis que, loin de s'y borner, il accepte tous les biens libres dont le défunt n'a pas disposé ? Il n'y a donc pas de différence à mettre, dans ce cas, entre la contribution aux dettes et la contribution aux legs. Tel est l'avis de Lebrun ; Bourjon l'adopte, et nous ne croyons pas qu'on puisse y opposer rien de solide.

On trouve d'ailleurs dans les *Remarques de Cochin,* insérées au tome 6 de ses œuvres, page 515, une sentence des requêtes du palais, du 30 mars 1744, qui le confirme expressément. Elle a été rendue à la seconde chambre, plaidant Gueau de Reverseaux pour les héritiers des propres, et Duvaudier pour les héritiers des meubles et acquêts. Il s'agissait de payer une somme de 80,000 livres, à laquelle avait été réduit le legs universel fait aux frères de la Charité, par le sieur de Villiers.

[[*V.* les articles *Portion indisponible* et *Réserve.*]]

VIII. Il y a même certains legs au paiement desquels le Légataire universel *ne doit aucunement contribuer* dans le cas dont nous parlons ; ce sont ceux de corps certains qui tombent dans la portion que le testateur a laissée intacte.

XI. Lorsque l'héritier se tient aux quatre quints, le Légataire universel ne contribue pas seulement aux dettes à proportion de l'émolument qu'il tire de son legs : il y contribue encore à proportion des legs particuliers qui sont à sa charge. C'est ce qui a été jugé par plusieurs arrêts, dont le fondement, dit Lebrun, « est qu'une disposition ne » peut entamer les quatre quints des propres ; ce » qui arriverait, si, y ayant des legs universels et » particuliers, les seuls legs universels contri- » buaient ; et comme les Légataires particuliers » n'ont pas un titre qui les oblige aux dettes, il » faut que les Légataires universels y contribuent » en leur lieu et place. »

Mais lorsque l'héritier ne se borne pas aux biens indisponibles, le Légataire universel ne contribue aux dettes que jusqu'à concurrence de l'émolument réel que lui procure la disposition du défunt, parce qu'alors l'héritier ne peut plus, comme on vient de le démontrer, se prévaloir de l'indisponibilité des quatre quints.

X₁. Toutes les espèces de dettes sont-elles à la charge du Légataire universel, soit pour les payer totalement, comme il y est tenu dans quelques coutumes, soit pour y contribuer ?

Non : son assujétissement aux dettes admet quelques exceptions.

1° Il est constant qu'il ne doit point indemniser l'héritier des dettes réelles et foncières dont sont grevés les biens appréhendés par celui-ci à titre successif, parce que ces sortes de charges suivent toujours les fonds sur lesquels elles sont affectées.

2° Il a été jugé par un arrêt du 2 juillet 1717, rapporté au Journal des audiences, qu'une mère ayant fait son fils aîné Légataire universel, à la charge de payer les dettes du père et les siennes, les autres enfans de la testatrice ne pouvaient pas lui demander, comme dette du père, la douaire qui leur était dû sur les biens de celui-ci. « C'est » (a-t-on dit) une dette de la succession du père, » et non pas une dette de sa personne. Il faut re- » marquer (ajoute le rédacteur) que ses puinés » avaient eu des avantages ; ainsi, ils n'étaient » pas favorables à demander le douaire comme » une dette du père. »

3° Il y a un grand nombre de coutumes qui ne chargent le Légataire universel des meubles que des dettes *mobilières* ou *personnelles*, termes parfaitement synonymes dans le langage de nos anciens praticiens, comme on l'a vu à l'article *Juré de cattel*. Ces coutumes sont celles d'Amiens, art. 90 ; de Bourbonnais, art. 516 ; de Mantes, art. 71 ; de Touraine, art. 237, etc.

X₂. Mais comment distingue-t-on une dette mobilière d'avec une dette immobilière ?

On peut voir les règles qu'a établies là-dessus M. Dareau, à l'article *Biens*. Nous ajouterons ici quelques décisions intervenues sur le même sujet dans la coutume de Normandie, qui, semblables à celle que nous venons de citer, ne charge le Légataire universel des meubles que des dettes mobilières.

1°. Lorsque l'acquéreur d'un fonds n'en a point entièrement acquitté le prix, la somme qui reste à payer est-elle à la charge du Légataire universel des meubles, ou à celle de l'héritier à qui est échu le fonds acheté ?

On peut dire pour le premier, que l'obligation a été contractée pour un immeuble ; qu'ainsi, elle doit suivre sa cause et son objet ; que l'acquisition faite par le défunt, n'augmente point la masse du mobilier, mais bien celle des immeubles ; que la chose achetée n'est censée appartenir à l'acheteur qu'après qu'il en a payé le prix ; qu'enfin, il est de règle que celui qui recueille le profit, supporte la charge.

Mais ces raisons ne sont rien moins que concluantes. C'est uniquement par la nature de l'obligation que la question doit être décidée : or, l'obligation est incontestablement mobilière, puisque le vendeur ne pouvait demander au défunt que des deniers, et que s'il avait vécu davantage, il l'aurait payé de ses meubles ; ce qui aurait nécessairement diminué le legs universel. La chose a été ainsi jugée par deux arrêts du parlement de Rouen, des 23 décembre 1620 et 8 mai 1626, rapportés par Basnage.

2° La question de savoir si les dommages-intérêts d'une éviction, dus par le vendeur, doivent être payés par l'héritier des immeubles ou par le Légataire universel des meubles, a été jugée contre celui-ci par arrêt du 17 mars 1634, rapporté par le même auteur.

3° Le roi ayant imposé de nouvelles taxes sur les offices de l'élection d'Évreux, la veuve et Légataire universelle des meubles du sieur Gillard, pourvu d'un de ces offices, paya différentes sommes en déduction de celles à laquelle son mari avait été taxé ; mais bientôt elle en fit la répétition contre l'héritier des immeubles. Elle disait que ces taxes avaient été payées pour l'acquisition de droits réels annexés à l'office, et dont l'héritier des immeubles profitait seul.

Celui-ci répondait que ces taxes étaient des dettes purement mobilières du défunt ; que, pour juger de la nature de la dette, il ne fallait point considérer la cause au sujet de laquelle la chose était due, mais seulement faire attention à la fin et à l'objet de l'action ; que le roi ne demandait que de l'argent, et que l'attribution des droits qui étaient le prix de cet argent, ne changeait pas la nature de la dette.

Par arrêt du 2 décembre 1655, le parlement de Rouen a débouté la veuve Légataire, et l'a condamnée à rendre à l'héritier ce qu'il avait payé de son côté.

4°. Trois arrêts émanés de la même cour, les 12 décembre 1594, 7 mars 1634, et 7 mai 1644, ont décidé que les Légataires universels des meubles sont chargés du remploi des propres aliénés par le testateur. « Ils sont (dit Basnage) considérés comme héritiers, *sunt heredis loco*, ainsi, sujets et obligés aux mêmes conditions que les héritiers ; et on ne peut dire.... que la disposition des propres étant interdite par testament, on ne peut leur donner que ce qui excède la valeur du remploi des propres ; ce qui les empêche de rien prétendre que ce remploi ne soit fait. »

Cependant, comme l'observe le même auteur, il est de maxime en Normandie, que le Légataire universel des meubles n'est obligé au remploi qu'au défaut de l'héritier des acquêts.

5° Les mots *aliénation de propres*, s'entendent aussi, en cette matière, d'un simple engagement hypothécaire. « Ce serait inutilement (dit encore Basnage) que l'aliénation ne serait prohibée qu'à charge de remploi, si d'ailleurs on pouvait aliéner ses propres sans en avoir récompense sur les meubles, *quia per hypothecam facile pervenitur ad alienationem*. »

Le parlement de Rouen n'en a cependant pas toujours jugé ainsi. Il y a un arrêt de cette cour du 13 août 1645, qui décharge un Légataire universel des meubles de la demande formée contre lui par l'héritier des propres pour le rachat des rentes constituées par le défunt. « Mais (c'est toujours Basnage qui parle) cet arrêt n'a point été suivi, étant contraire aux anciennes maximes. » Par un arrêt du 8 juillet 1659, il fut jugé en faveur de l'héritier aux propres, que le Légataire universel aux meubles devait se charger des rentes constituées, vu qu'il n'y avait point d'acquêts, et qu'apparemment les meubles avaient été augmentés des deniers provenans de la constitution de ces rentes. Autre arrêt du 20 août 1646....., autre du 27 mars 1655. »

6° Le Légataire universel n'est cependant pas obligé au remploi d'une rente foncière assignée sur un propre, quoiqu'il y ait clause d'hypothèque générale sur tous les biens, c'est ce qui résulte d'un arrêt du 5 avril 1659, rapporté par Basnage ; et c'est ce qui a été jugé *in terminis* par un autre arrêt du 6 avril 1733, remarqué par l'annotateur de Ricard jurisconsulte.

X⁵. Mais le remploi de la rente dotale doit être supporté par la veuve Légataire universelle des meubles, quoique le mari *ait consigné réellement* la dot. Le parlement de Rouen l'a ainsi décidé par deux arrêts des 23 mai 1662 et 11 mars 1677. (*V*. l'article *Consignation de dot*.)

XI. Sur la question de savoir si c'est au Légataire universel ou à l'héritier des réserves coutumières à payer les frais du deuil des héritiers et des domestiques du défunt, voyez ce qu'on a dit à l'article *Deuil*.

XII. Au surplus, sur tous les points que nous venons de discuter, les règles du droit commun et les dispositions particulières des coutumes ne doivent être consultées, en faveur du Légataire universel, que dans le cas où la volonté du testateur n'y est pas contraire.

C'est ce qu'ont jugé deux arrêts du parlement de Paris, dont voici les espèces.

La dame de Sezanne s'était ainsi exprimée dans son testament : « Je lègue à madame de Mailloc et à madame de Buvron, tout ce que je peux leur donner : je les prie de faire prier Dieu pour moi, *payer mes dettes*, et récompenser mes domestiques. »

Cette disposition a fait naître la question de savoir si les héritiers des propres devaient contribuer aux dettes. Une sentence par défaut du Châtelet avait prononcé l'affirmative. Mais par arrêt rendu le 21 juin 1728, plaidans Julien de Prunay pour les héritiers, et Cochin pour les Légataires, cette sentence a été infirmée, et il a été ordonné que les héritiers jouiraient des propres, sans être tenus de contribuer à aucune dette.

La dame de Talard, faisant son testament, s'était expliquée en ces termes : « Je veux que mes dettes soient payées sur mes biens patrimoniaux... J'institue M. le prince de Rochefort Légataire universel de tous mesdits biens, en toute jouissance et propriété........ à la charge toutefois de payer les dettes de ma succession, et acquitter sur les biens fonds les legs que j'ai faits. »

Après sa mort, contestation entre les héritiers et le Légataire universel pour la contribution aux dettes.

« La difficulté naissait (dit Bergier, dans ses notes sur Ricard, tomme 1, page 811) de ce que la dame de Talard avait d'abord chargé ses biens patrimoniaux d'acquitter les dettes, et qu'elle en avait ensuite chargé son Légataire universel, auquel elle ne pouvait laisser qu'une partie de ses propres.

» Le Légataire universel disait que, dans de pareilles circonstances, il fallait consulter le droit commun, suivant lequel les réserves coutumières contribuent aux dettes, avec les objets compris dans le legs universel.

Mais par sentence des requêtes du palais, du 24 avril 1755, confirmée par arrêt rendu le 17 juillet de la même année, sur les conclusions de M. Joly de Fleury, avocat-général, le parlement de Paris a jugé que les héritiers ne contribueraient pas aux dettes pour les réserves coutumières, et que le Légataire universel les paierait seul. »

XIII. Une observation importante sur les charges des Légataires universels, est que ceux-ci n'en sont point tenus indéfiniment comme les héritiers, mais seulement jusqu'à concurrence de ce qu'ils retirent de la succession.

Quelques auteurs en donnent une raison bien peu satisfaisante : c'est, disent-ils, parce qu'il serait contre la nature d'un bienfait d'être onéreux à celui qui en est gratifié. L'institution d'héritier, lorsqu'elle est faite en faveur d'un étranger, n'est-elle pas aussi une libéralité ? Cependant elle forme contre le majeur qui l'accepte purement et simplement, un titre indélébile d'assujettissement à toutes les dettes du testateur. Pourquoi donc cette différence entre un héritier institué et un Légataire universel? A cette question, les auteurs dont il s'agit demeurent sans réponse.

Nous rencontrerons mieux en remontant aux principes de la matière.

Pourquoi un héritier est-il tenu indéfiniment des dettes du défunt? C'est parce que les obligations contractées par celui-ci, passent directement dans la personne de celui-là; parce que l'un représente absolument l'autre; parce que tous deux ne forment, pour ainsi dire, qu'un seul et même individu; en un mot, parce que l'assujettissement du défunt à ses propres dettes était indéfini, et qu'en passant sur la tête de l'héritier, il ne doit rien perdre de son étendue.

Le Légataire universel au contraire ne représente point la personne du testateur : ce n'est qu'un simple successeur de ses biens, et il n'est sujet au paiement de ses dettes qu'à raison des choses qu'il en a reçues : les créanciers n'avaient même, dans le droit romain, aucune action contre lui; nos ancêtres, plus indulgens et moins subtils, leur en ont, à la vérité, donné une; mais elle n'est pas proprement personnelle, elle n'est que in rem scripta, ou plutôt (comme dit Ricard) ob rem; d'où il suit, qu'il ne peut être tenu des dettes que jusqu'à concurrence de ce qu'il profite des biens du défunt, et que sitôt qu'il en est évincé ou qu'il les a abandonnés volontairement, l'action que les créanciers avaient contre lui cesse absolument.» D'ailleurs cette action n'a été introduite que pour éviter les circuits et les embarras de la déduction que les héritiers devaient faire eux-mêmes des dettes du défunt, avant de déterminer le montant des legs de quotité; on doit donc regarder l'une comme subrogée à l'autre; or, il est évident que, quand les Légataires universels ne payaient les dettes que par forme de déduction, ils n'en pouvaient pas être tenus au-delà de l'émolument, puisque, quand le passif excédait l'actif, ils ne recevaient rien de l'héritier. Il faut donc, par une conséquence nécessaire de la règle subrogatum sapit naturam subrogati, que l'action dont il s'agit, soit pareillement bornée au profit réel que le Légataire tire de la libéralité du testateur.

La jurisprudence des arrêts vient à l'appui de ces raisons.

Il y en a un du parlement de Paris du 5 mai 1602, rapporté par Mornac, sur la loi 1, C. de inofficioso testamento, qui juge qu'un Légataire universel n'a pas besoin de lettres de bénéfice d'inventaire pour borner à son émolument l'obligation dans laquelle il est d'acquitter les charges héréditaires.

» Par arrêt du 15 janvier 1603 (dit Brillon,) fut jugé que in directa, on ne peut pas être Légataire par bénéfice d'inventaire. Cela avait été jugé plusieurs fois in collaterali. Arrêt de Flexelles du 5 mars 1601.»

Le Journal des audiences nous en fournit un

autre plus précis encore : il a été rendu le 28 mai 1626, sur les conclusions de M. l'avocat-général Talon; et M. le premier président, après l'avoir prononcé, « avertit les avocats de ne plus donner » avis aux Légataires et donataires universels, » d'obtenir lettres pour accepter un don universel » par bénéfice d'inventaire, et que l'inventaire » bien et dûment fait suffisait. ».

Un cinquième arrêt du 30 mai 1656, rapporté par Soëfve, a pareillement jugé, « qu'un Léga- » taire universel ne peut être tenu en son nom » des legs particuliers, quoiqu'il n'ait point de » lettres de bénéfice d'inventaire. »

Le parlement d'Aix a jugé deux fois la même chose : la première, par arrêt du 15 janvier 1582, rapporté dans la décision 6 du président Stéphani; la seconde, par un autre du 4 février 1673, inséré dans la suite de Boniface.

[[V. ci-après, nos 16 et 17.]]

XIV. Mais au moins le Légataire universel n'est-il pas obligé, pour ne pas payer les dettes au-delà de ce qu'il amende, de constater par un inventaire exact la valeur des effets ou des biens compris dans la disposition faite en sa faveur?

Tous les auteurs français, à l'exception de Ricard, décident pour l'affirmative.

Voici comment Lemaître expose les motifs de cette résolution.

« Quand un donataire s'est mis en possession des biens, sans faire faire d'inventaire, il est bien plus juste de supposer qu'il y en avait assez pour payer les dettes, que d'obliger le créancier à chercher les effets. Ainsi, quoique les conjoints aient stipulé qu'ils paieront séparément leurs dettes, ils ne laissent pas d'en être tenus à l'égard des créanciers, lorsqu'ils n'ont point fait faire d'inventaire, et la femme doit la moitié entière des dettes de la communauté, faute d'inventaire, quoique régulièrement elle n'en puisse être tenue que jusqu'à concurrence de ce qu'elle amende.

» Si l'on en usait autrement, si un Légataire universel en était quitte pour rendre les effets dont on justifierait qu'il se serait emparé, ce serait donner lieu à la fraude, et l'engager à ne point faire d'inventaire, parce que, comme la preuve serait difficile, il pourrait toujours espérer de profiter d'une partie des effets.

Il faut convenir que cette opinion paraît avoir pour elle le vœu de l'équité même. Cependant elle est diamétralement opposée aux vrais principes. Écoutons Ricard :

« Il y a grande différence entre l'héritier et le donataire universel; et il ne faut pas s'étonner si l'héritier qui veut accepter la succession sous bénéfice, ne faisant pas faire inventaire, perd le privilége de ce bénéfice, et demeure indistinctement obligé aux dettes, parce que la qualité d'héritier en soi le rend sujet à cette obligation; et s'il veut jouir de la grâce du bénéfice, il est nécessaire qu'il accomplisse toutes les conditions sous lesquelles elle lui est accordée.

» Ce qui ne peut pas s'appliquer au donataire,

parce qu'il n'est pas tenu, de droit, d'acquitter les dettes indéfiniment, et sa qualité ne convient pas à cette obligation absolue : tellement que ces deux qualités (d'héritier et de Légataire) n'étant pas susceptibles de comparaison, vu que le premier ne jouit de cette immunité que par privilége, au lieu qu'elle appartient au second de plein droit, il s'ensuit que la peine prononcée contre l'un, ne doit pas être étendue à l'autre, parce que les peines sont de droit écrit, et ne se prorogent jamais d'un cas à l'autre, particulièrement lorsqu'il y a raison de différence, comme dans l'espèce dont il s'agit, en laquelle l'héritier par bénéfice, à faute de faire inventaire, est tenu en son propre et privé nom, parce que les choses retournent facilement à leur principe, dans lequel l'héritier se trouve chargé de plein droit de cette obligation; ce qu'on ne peut pas dire du donataire, qui de soi n'est obligé aux dettes que jusqu'à concurrence des effets compris en la donation.»

A cette dialectique solide et lumineuse, on ne peut opposer qu'une objection : c'est de dire qu'elle favorise la fraude et la mauvaise foi.

Mais il suffit de répondre que la seule omission d'une formalité qu'aucune loi ne prescrit, ne peut pas former une présomption légale de dol. Qu'on suspecte un héritier qui n'a point fait d'inventaire, rien n'est si naturel : son propre titre l'assujettit indistinctement aux dettes; il sait qu'il ne peut s'en exempter que par un inventaire précédé et accompagné de plusieurs formalités : on négligeant ce remède, il donne lieu de croire que la succession renfermait assez de biens pour satisfaire tous les créanciers et les Légataires particuliers. Mais un Légataire universel sait que son titre ne l'oblige pas aux dettes au-delà de la valeur des biens; on ne peut donc pas le suspecter comme un héritier lorsqu'il ne fait pas d'inventaire, et c'est faire injure à la loi elle-même, que de regarder comme frauduleuse une conduite qu'elle ne désapprouve pas. D'ailleurs, quelle inégalité ne mettrait pas le système que nous combattons, entre un héritier et un Légataire? Dans l'héritier, la peine du défaut d'inventaire n'en est point une, ce n'est que le refus d'un privilége; il demeure soumis aux obligations que son titre lui impose, et rien de plus : dans le Légataire, ce défaut serait suivi d'une peine proprement dite, il l'assujettirait à des obligations dont son titre l'exempte.

Enfin, on l'a déjà dit, le Légataire universel n'est, dans nos mœurs, soumis aux poursuites des créanciers, que parce que nous avons subrogé les actions directes de ceux-ci, aux embarras et aux circuits de la déduction que l'héritier faisait lui-même des dettes, avant de délivrer un legs de cette espèce. Le droit romain ne pouvait donc pas obliger le Légataire universel de faire inventaire : or, le pouvons-nous nous-mêmes dans le silence de nos coutumes et de nos ordonnances? Si par certains motifs d'équité, nous avons confondu la déduction de l'héritier avec l'action directe des créanciers, faut il que cette indulgence,

purement relative à la forme, préjudicie au fond de la matière? Et serons-nous, avec notre simplicité apparente, plus rigoureux que ne l'étaient les romains avec toute leur subtilité ?

Concluons donc avec Ricard, « que, dans une » pareille rencontre, l'action des créanciers contre » le Légataire doit être poursuivie de la même » façon que si elle était intentée contre un posses- » seur particulier qui se serait emparé des biens » du débiteur sans compte ni mesure, qu'on ne » condamnera pas pour cela indéfiniment et en » son propre et privé nom, mais qu'on obligerait » à rapporter les effets qu'il serait convaincu d'a- » voir divertis, suivant l'estimation des biens » faite par la commune renommée, joint le ser- » ment in litem, chaque action ayant ses prin- » cipes séparés, sans qu'elles puissent être réglées » les unes par les autres. »

Il n'est point douteux que cet avis ne doive faire loi, tant dans les pays de droit écrit, que dans les coutumes auxquelles ce droit sert de supplément : l'arrêt du parlement d'Aix, du 15 janvier 1582, cité plus haut, l'a adopté in terminis; mais il est assez généralement rejeté dans les pays vraiment coutumiers, c'est-à-dire dans ceux où les lois romaines n'ont point d'autorité proprement dite.

On trouve, par exemple, dans le Recueil d'Augeard, un arrêt qui prouve bien clairement qu'il n'est point suivi au parlement de Paris. Voici le fait.

Par acte du 19 juin 1689, passé devant notaires, à Clermont en Auvergne, Antoine Gemix fit une donation entre-vifs aux Jésuites de la même ville, de tous ses biens meubles et immeubles présens et à venir, sous la réserve de l'usufruit pendant sa vie. La donation fut acceptée par le syndic des Jésuites, et elle fut insinuée quatre jours après.

En 1694, Antoine Gemix décéda, et les Jésuites prirent possession de ses biens, sans faire inventaire.

En 1700, divers créanciers se présentèrent : les Jésuites soutinrent qu'ils ne devaient être tenus de leurs créances que jusqu'à concurrence de ce qu'ils avaient amendé dans la succession du donateur, et ils offrirent de se purger par serment qu'ils n'en recélaient aucun bien.

Mais par sentence rendue sur productions, le 2 mai 1710, ils furent condamnés à payer indéfiniment les sommes qui leur étaient demandées; faute par eux d'avoir fait inventaire après la mort du donateur.

Les Jésuites appelèrent de cette sentence, et ils firent valoir toutes les raisons qu'il était possible d'employer pour eux.

« De la part des intimés (dit Augeard), on op- » posait seulement que le donataire universel » succède in universum jus defuncti, qu'il est à » la place de l'héritier, et doit être tenu indis- » tinctement des dettes du défunt. Ils prétendaient » que la question avait été jugée par l'arrêt de » 1654, rapporté par Ricard, et disaient que les

» réflexions étaient inutiles pour en détruire le
» préjugé. »

Sur ces raisons, arrêt du 19 mars 1712, qui confirme la sentence avec une amende et dépens.

Cette décision est d'autant plus remarquable, qu'elle est intervenue dans une coutume qui a beaucoup d'affinité avec le droit romain ; et l'on doit bien croire, d'après un préjugé de cette espèce, que le parlement de Paris n'hésiterait nullement à juger de même dans ce que nous avons appelé ci-devant *les pays vraiment coutumiers.*

[[*V.* ci-après, n°⁵ 16 et 17.]]

XV. Il résulte de tout ce que nous avons dit jusqu'à présent, qu'un Légataire universel n'est point tenu *personnellement* des dettes du défunt.

« Ainsi (dit Denisart), il ne confond point ses créances ; il peut, comme l'héritier bénéficiaire, les employer dans son compte, ou les exercer comme tout autre créancier séparément et sans confusion. Ses poursuites, s'il en fait comme créancier, n'empêchent pas qu'il ne conserve sa qualité de Légataire, et qu'il ne profite, comme l'héritier bénéficiaire, de l'émolument qui peut se trouver dans la succession après la discussion des biens, le paiement des dettes et des legs particuliers.

» Si les créanciers peuvent diriger leurs actions contre lui, ce n'est pas à cause de sa qualité de Légataire, mais à cause de la détention des biens ; s'il les abandonne et rend compte, les créanciers n'ont plus d'action contre lui. Ces principes, établis par Loyseau, Lebrun, Ricard et Lacombe, viennent d'être affermis par des arrêts rendus les 17 décembre 1760, et 17 février 1761, entre la sieurs de Baudry et Prenelle, à l'occasion de la succession de la dame Dieuxvoye. »

[[C'est sur le même principe qu'est fondé un arrêt de la cour de cassation, du 1er germinal an 11, qui a jugé, en maintenant un arrêt de la cour d'appel d'Amiens, que l'on ne pouvait pas opposer à un Légataire universel la maxime, *quem ab evictione tenet actio, eumdem agentem repellit exceptio* ; et qu'en conséquence, un Légataire universel pouvait, de son chef personnel, attaquer par requête civile un jugement en dernier ressort que le testateur avait obtenu contre lui. Cet arrêt est rapporté dans mon *Recueil de Questions de droit*, article *Requête civile*, § 6. Pourrait-on encore juger de même sous le Code civil.

V. ci-après, n°⁵ 16 et 17.]]

Mais peut-on agir *personnellement* contre un Légataire universel pour des dépens auxquels il a été condamné en sa qualité, dans une instance contre un créancier du défunt ?

On a vu aux mots *Bénéfice d'inventaire*, n° 14, combien la jurisprudence des différentes cours est partagée sur cette question par rapport à l'héritier bénéficiaire. Denisart rapporte un arrêt du 16 février 1762, rendu à la pluralité de deux voix seulement, qui a décerné exécutoire contre le sieur

Villedieu de Saint-Fargeau, en son non personnel, pour des dépens obtenus contre lui, en sa qualité de Légataire universel, par le sieur Boulanger.

XVI. Remarquons, au surplus, qu'il y a des pays dont la jurisprudence, sur tout ce qu'on vient de dire dans les trois numéros précédens, est contraire au droit commun.

Bérault, sur l'art. 443 de la coutume de Normandie, rapporte un arrêt du parlement de cette province, qui juge entre les héritiers du sieur de Théville et le sieur Halley, qu'un Légataire universel qui représente un inventaire fait en bonne forme, ne peut pas prétendre n'être tenu aux dettes que jusqu'à concurrence de son legs ; et que sa seule ressource, s'il n'a pas encore fait acte de propriété, est de répudier son legs.

Plus récemment, le 30 juillet 1720, la même cour a condamné le Légataire universel du sieur Soning, qui, en conséquence du testament de celui-ci, avait fait acte de propriété, à payer indéfiniment toutes les dettes mobilières du défunt, quoiqu'il eût pareillement fait faire inventaire avec toutes les formes requises. Le motif de décision fut qu'on n'admet point en Normandie de Légataire par bénéfice d'inventaire.

Le parlement de Rouen ne refuse cependant pas au Légataire universel, un délai pour délibérer. C'est ce que prouve l'arrêt qu'il a rendu le 11 décembre 1720, entre la veuve Lepage et les héritiers de son mari, et que l'on trouve comme le précédent, dans le *Dictionnaire de droit normand*, au mot *Légataire*, sect. 2. Cela est d'ailleurs conforme à la loi 31, D. *de testamento militis*, et à la loi 14, D. *de rebus dubiis. V.* Voët, sur le Digeste, titre *de jure deliberandi*, n° 5.

[[XVII. Le Code civil se rapproche beaucoup, sur cette matière, de la jurisprudence normande.

« Le Légataire universel (porte-t-il, art. 1009), » qui sera en concours avec un héritier auquel la » loi réserve une quotité de biens, sera tenu des » dettes et charges de la succession du testateur, » *personnellement* pour sa part et portion, et » hypothécairement pour le tout.....»

Le Code ne s'explique pas précisément sur le cas où, toute la succession étant disponible, le Légataire universel l'absorbe toute entière ; mais il est évidemment dans son esprit de faire, en ce cas, supporter toutes les dettes par le Légataire universel, et de les lui faire supporter, non seulement *ratione emolumenti*, mais *personnellement*, c'est-à-dire soit que les biens y suffisent ou n'y suffisent pas.

Quant au Légataire à titre universel, l'art. 1002 porte qu'il « sera tenu, comme Légataire uni- » versel, des dettes et charges de la succession du » testateur, *personnellement* pour sa part et por- » tion, et hypothécairement pour le tout. »

Mais le Légataire universel et le Légataire à titre universel peuvent-ils, comme l'héritier légitime, recourir au bénéfice d'inventaire, et par là,

29

cas où l'héritier serait tenu, par une disposition expresse du testateur, d'acquitter la dette hypothéquée, à la décharge du Légataire.

Eh! comment ne pas convenir qu'autre chose est qu'un Légataire puisse en cas d'éviction hypothécaire effectuée, exercer un recours contre l'héritier, autre chose est qu'il puisse forcer l'héritier de le *dégager*, avant l'éviction et lors seulement qu'elle est possible, de l'hypothèque qui en établit la possibilité? Et de ce que de ces deux choses, l'art. 1020 a refusé la seconde au Légataire, est-il bien raisonnable d'inférer qu'elle lui a également refusé la première, surtout après que l'article 874 la lui avait accordée en termes exprès?

On objecterait inutilement que la cour de cassation avait proposé dans ses observations sur le projet de l'article 1020, d'y ajouter, *sauf le recours du Légataire contre l'héritier, en cas que ce Légataire fût obligé de payer de la dette hypothécaire ou de déguerpir; et que cette adition n'a pas été insérée dans l'article.

Si elle n'y a pas été insérée, ce ne peut être que parce qu'on l'aura jugée inutile; et elle l'était en effet, d'après la disposition générale de l'article 874, auquel il est bien évident que l'art. 1020 ne déroge pas, puisque, encore une fois, il se borne à dire que le Légataire d'un immeuble hypothéqué à une dette de la succession, ne peut pas contraindre l'héritier à éteindre l'hypothèque, tant que le créancier hypothécaire n'agit pas.

Mais ce qui a dû principalement faire regarder cette adition comme superflue, c'est un article qui suit de très-près le 1020e. L'article 1024 porte: « le Légataire à titre particulier ne sera point tenu » des dettes de la succession...., sauf l'action hy- » pothécaire des créanciers. » Ici, le législateur ne distingue pas entre les dettes hypothécaires et les dettes dénuées d'hypothèque; il parle généralement des *dettes de la succession*. Il affranchit donc le Légataire, même des dettes qui sont garanties par des hypothèques affectées sur sa chose. A la vérité, il le soumet à *l'action hypothécaire des créanciers*; mais il ne l'y soumet qu'envers ceux à qui cette action appartient; il ne l'y soumet qu'envers les créanciers eux-mêmes; il ne l'y soumet pas envers l'héritier.

Oserait-on prétendre que, si les créanciers, au lieu d'agir hypothécairement contre le Légataire, agissent personnellement contre l'héritier, celui-ci aura contre celui-là un recours, par l'effet duquel il le fera condamner à payer les dettes hypothéquées sur l'immeuble qui fait la matière de son legs? Non certainement; ou du moins, il n'y a pas un mot dans le Code civil qui pût justifier un pareil système. Voilà pourtant jusqu'où il faudrait aller pour soutenir, avec quelque apparence de fondement, l'opinion que je combats.

Car de dire que les créanciers hypothécaires pourraient améliorer ou détériorer à leur gré la condition de l'héritier et celle du Légataire, selon qu'il leur plairait d'agir contre l'un plutôt que contre l'autre, c'est ce qui n'est pas proposable.

Enfin, la disposition de l'art. 1020 n'est pas limitée à l'hypothèque spéciale : elle comprend, par sa généralité, toutes les espèces d'hypothèques, et par conséquent même l'hypothèque que la femme et le mineur ont de plein droit et sans inscription, l'une, sur tous les biens de son mari, l'autre, sur tous les biens de son tuteur ; il faudrait donc, dans l'opinion contre laquelle je ne crains pas de m'élever, réduire les maris et les tuteurs, lorsqu'ils voudraient léguer quelques-uns de leurs immeubles, à la nécessité d'exprimer que leurs Légataires auraient, en cas d'éviction, recours contre leurs héritiers ? Il faudrait donc, à défaut de cette précaution qui peut échapper à l'homme le plus attentif, à défaut de cette précaution que l'homme le plus attentif peut regarder comme surabondante, d'après les art. 871, 1024 du Code, faire dépendre le sort de leurs legs du caprice de leurs créanciers, et dire que leurs legs seront sans effet, si leurs créanciers trouvent bon de s'en prendre immédiatement, aux immeubles légués ? Lisons-le franchement, un système qui conduit nécessairement à pareilles conséquences est nécessairement erronné.

Aussi est-il rejeté par les auteurs des *Pandectes françaises*, sur l'article 1020 du Code civil, et par M. Grenier, ci-devant membre du tribunat, dans son *Traité des donations*, tome 2, pages 1078 et suivantes.

IV. *bis*: Le Légataire d'une somme d'argent exigible sur les meubles seulement, peut-il être contraint par l'héritier ou Légataire universel chargé du paiement de son legs, à contribuer aux dettes, en ce sens que les meubles étant insuffisant pour acquitter à la fois ce legs et la part proportionnelle pour laquelle ils doivent supporter les dettes conjointement avec les immeubles, l'héritier ou Légataire universel puisse retenir cette part sur la somme léguée ?

Voici une espèce dans laquelle l'affirmative a été adoptée par un arrêt de la cour royale de Dijon.

En avril 1816, décès de M. de Vauban, laissant un testament olographe par lequel, en instituant le comte de Vauban, son frère, Légataire universel, il le charge de payer à la dame Layton, anglaise, une somme de 80,000 francs à titre de legs particulier.

Le comte de Vauban accepte la succession sous bénéfice d'inventaire, et fait par suite inventorier avec prisée tous les biens dont elle se compose.

La dame Layton forme contre lui une demande en délivrance de son legs; et il lui oppose sa qualité d'étrangère qui, à cette époque, aux termes de l'article 912 du Code civil (non encore abrogé par la loi du 14 juillet 1819), emportait incapacité de recevoir hors du cas déterminé par l'art. 11 du même Code. Elle répond qu'en sa qualité d'anglaise, elle se trouve précisément dans le cas d'exception prévu par l'art. 912; et elle invoque l'art. 13 du traité d'Utrech, du 11 avril 1713, qui établit entre les Anglais et les Français, une faculté réciproque de donner et recevoir par testament toute espèce de biens mobiliers (1).

Jugement du tribunal de première instance de Charolles, qui condamne le comte de Vauban, en sa qualité d'héritier bénéficiaire, au paiement du legs.

Mais sur l'appel, arrêt de la cour royale de Dijon, du 9 avril 1818, qui déclare, en se fondant sur les articles 11 et 912 du Code civil et en les combinant avec le traité d'Utrecht, que le legs ne sera exigible que *sur les facultés mobilières de la succession.*

En conséquence de cet arrêt, le comte de Vauban prétend retenir sur le produit des meubles de quoi acquitter la part qu'il doit supporter dans les dettes conjointement avec les immeubles, et par suite, de réduire le legs de 80,000 francs jusqu'à cette concurrence.

A cette prétention, la dame Layton oppose les art. 871 et 1024 du Code civil qui déchargent le Légataire particulier de toute contribution aux dettes de la succession.

Le 29 juillet 1819, second arrêt qui ordonne que les dettes et charges de la succession seront supportées tant par les meubles que par les immeubles, dans la proportion de leur valeur respective.

« Attendu que, s'il est vrai, en principe, qu'un Légataire à titre particulier n'est pas tenu des dettes de la succession, il n'est pas moins vrai que l'arrêt du 9 avril 1818 a eu pour effet de placer la dame Layton dans une position toute particulière, puisqu'elle ne peut recueillir son legs que sur la partie mobilière de la succession, et qu'elle ne peut, en aucun cas, en obtenir aucune partie sur les forces immobilières. »

« Or, si, pour payer une plus forte portion du legs de la dame Layton, on laissait toutes les dettes à la charge de la force immobilière de la succession, ce serait faire indirectement ce qu'a proscrit l'arrêt de la cour; et que la dame Layton, retournant l'argument, ne dise pas que c'est lui faire supporter indirectement une partie des dettes de la succession; car il est de principe qu'il n'existe de biens qu'après la défalcation des dettes; que toutes les parties quelconques de la force de la succession sont affectées au paiement des dettes, et qu'il n'existe pas plus de raison d'en rejeter le paiement sur la partie immobilière seule, qu'il n'y en aurait à les faire supporter par la partie mobilière seule. »

Mais la dame Layton se pourvoit en cassation, et le 9 février 1821, au rapport de M. Carnot, arrêt qui casse celui de la cour royale de Dijon,

« Attendu qu'il résulte des art. 871 et 1024 que le Légataire à titre particulier n'est tenu de contribuer, en aucune manière, au paiement des dettes et charges de la succession, et que la demanderesse n'est Légataire du comte de Vauban

» qu'à titre particulier; que néanmoins l'arrêt dénoncé a jugé qu'elle devait contribuer au paiement des dettes et charges de la succession;

» Que la cour royale s'est appuyée, pour le juger ainsi, sur la chose jugée par arrêt du 9 avril 1818; mais que cet arrêt n'a enlevé ni pu enlever à la demanderesse sa qualité de Légataire à titre particulier, qu'il a simplement jugé qu'elle ne pourrait être payée du montant de son legs que sur les facultés mobilières de la succession, sans rien prononcer directement ni indirectement sur l'acquittement des dettes et charges; que plus vainement encore la cour royale a observé que la demanderesse se trouvait dans une position toute particulière; que n'ayant aucun droit aux immeubles, elle y participerait cependant si les immeubles devenaient seuls passibles du paiement des dettes et charges;

» Que la position particulière dans laquelle la demanderesse se trouve placée, ne change pas la nature et le caractère de son legs qui n'en reste pas moins un simple legs à titre particulier, ce qui l'exempte, par la force de la loi, de toute contribution aux dettes et charges de la succession;

» D'où suit qu'en les lui faisant supporter en partie et dans la portion du mobilier qui est son gage, l'arrêt dénoncé a ouvertement violé les dispositions desdits art. 871 et 1024 (1). »]]

V. Les charges réelles dont on peut demander si un Légataire est tenu, sans que le testateur les lui ait imposées, sont les rentes foncières, les droits seigneuriaux, les droits d'insinuation, de centième denier, de reliefs, cause d'amortissement et d'indemnité, lorsque le legs est fait à des gens de main-morte; les frais de provisions et de réception, lorsque le legs est d'un office.

Les rentes foncières et les droits seigneuriaux dus par la chose léguée, sont constamment à la charge du Légataire; mais l'héritier est tenu d'acquitter tous les arrérages échus jusqu'au jour de la mort du testateur. Ces deux points ont été ainsi jugés par un arrêt du parlement de Toulouse, du mois de mars 1595, rapporté par la Rocheflavin; et telle est la décision expresse de la loi 39, § 5, *de legatis* 1°, au Digeste : *Heres cogitur legati prædii solvere vectigal præteritum, vel tributum, vel solarium, vel cloacarium, vel pro aquæ forma.*

Les droits d'insinuation, de centième denier, et ceux de relief, lorsque le bien légué est de nature féodale, doivent également être supportés par le Légataire : *C'est,* dit Bourjon, *droit réel qui suit la chose, et prélèvement sur elle-même.*

[[Il n'y a plus ni droits d'insinuation, ni droits de centième denier, ni droits de relief; mais le principe subsiste encore pour les droits d'enregistrement. V. l'art. 1015 du Code civil rapporté ci-dessus, § 5, n° 18; et ci-après, § 8.]]

_____

(1) V. l'article *Anglais.*

(1) Bulletin civil de la cour de cassation, tom. 23, p. 45.

obligata per fideicommissum fuerit relicta, si quidem scit eam testator obligatam, ab herede luenda est, *nisi animo alio fuerit : si nesciat, a fideicommissario, nisi si vel hanc vel aliam rem relicturus fuisset, si scïsset obligatam, vel potest aliquid esse superfluum exsoluto ære alieno*. Le § 5, Inst. *de legatis*, renferme absolument la même disposition.

Ces différens textes ne décident pas si c'est au Légataire à prouver que le testateur a eu connaissance de l'hypothèque affectée sur la chose léguée : mais tous les interprètes embrassent unanimement l'affirmative ; et leur sentiment n'est susceptible d'aucune difficulté, puisqu'il est conforme à la disposition du § 4, Inst. *de legatis*, concernant le bien d'autrui : *Et verius est ipsum qui agit, id est, Legatarium, probare portere scivisse alienam rem legare defunctum, non heredem probare oportere ignorasse alienam ; quia semper necessitas probandi incombit illi qui agit.*

La distinction que nous venons d'établir, n'est pas générale : il y a deux cas où le Légataire est toujours tenu d'acquitter l'hypothèque sans espérance de recours contre l'héritier.

Le premier est lorsqu'il parait, par quelque circonstance, que telle a été l'intention du testateur. La loi 57, D. *de legatis* 1°, l'annonce clairement aux mots *nisi si alio animo fuerit*. Le § 7, Inst. *de legatis*, est encore plus précis : *Si tamen defunctus voluerit Legatarium luere, et hoc expresserit, non debet heres eam luere.*

Le second cas est lorsqu'il s'agit d'un legs de genre ou d'*universalité*, comme d'une dot, d'un pécule, des biens d'une certaine province : les hypothèques assises sur les choses individuelles que comprend un tel legs, sont indistinctement à la charge du Légataire, à moins que le testateur n'en ait disposé autrement. C'est ce que nous apprend la loi 15, *de dote prælegata*, au Digeste : *Licet placeat pignoratas res vel in publicum obligatas heredem qui dare jussus est, liberare debere, tamen si is qui tales res in dotem accepit dotem prælegaverit, non cogetur heres liberare eas, nisi aliud specialiter testator dixerit.*

Il y a aussi plusieurs cas où l'héritier est tenu indistinctement de garantir le Légataire poursuivi en déclaration d'hypothèque, soit que le testateur ait connu, soit qu'il ait ignoré, la charge imposée à la chose léguée.

Le premier cas est quand le legs est en faveur d'une personne fort proche, ou pour laquelle le testateur a manifesté une prédilection particulière ; c'est le sens de ces termes de la loi 57, D. *de legatis*, 1°, citée ci-dessus : *Nisi si vel hanc vel aliam rem relicturus fuisset, si scisset obligatam.* La loi 6, C. *de fideicommissis*, dit précisément la même chose.

Le second cas est lorsque la chose léguée n'est soumise qu'à une hypothèque générale. « Autrement (dit Duperrier,) il s'ensuivrait que tout Légataire d'un fond de terre serait obligé à payer » une partie des dettes du testateur, vu qu'il n'y

» en a point dont les biens ne soient chargés de » quelque hypothèque. »

Cet auteur ajoute même que le Légataire ne peut jamais être privé du recours contre l'héritier, que lorsqu'il s'agit d'une hypothèque tout-à-fait restreinte à la chose léguée : « Car (ce sont ces » termes) quand l'hypothèque spéciale de quelque » fonds est accompagnée de la générale, cette spé- » cialité est de fort peu de considération, comme » a observé Dumoulin en une matière qui a quel- » que rapport à celle-ci. »

Le troisième cas, suivant Duperrier, est lorsque la valeur de chose léguée excède la dette pour laquelle elle est hypothéquée. Telle est aussi l'opinion commune des interprètes, et elle est fondée sur ces paroles de la loi 57. D. *de legatis* 1°, rapportée ci-dessus, *vel potest aliquid esse superfluum exsoluto ære alieno*.

Il faut cependant convenir que cette opinion a quelque chose de singulier. Est-il vraisemblable qu'Ulpien, auteur de la loi citée, ait entendu donner plus d'avantage au Légataire quand, par la plus value de la chose léguée, il en retire quelque utilité, que lorsque la charge absorbe entièrement le legs ? Ne serait-il pas plus raisonnable de dire que ce jurisconsulte a voulu décider que, dans ce dernier cas, l'héritier serait tenu d'acquitter l'hypothèque, quand même le testateur n'en aurait pas eu connaissance ?

En effet, on doit toujours donner aux dispositions d'un testament le sens le plus propre à leur procurer quelque efficacité ; la loi condamne généralement les interprétations qui tendent à les rendre sans effet : *Quoties in actionibus aut exceptionibus ambigua oratio est, commodissimum est id accepi quo res de qua agitur magis valeat quam pereat.* (Loi 12, D. *de rebus dubiis.*) *Cum in testamento ambigue aut etiam perperam scriptum est, benigne interpretari, et secundum id quod credibile est cogitatum credendum est.* (Loi 24, du même titre.)

Or, quand un testateur lègue un bien hypothéqué pour une dette qui en emporte toute la valeur, si le Légataire était obligé d'acquitter l'hypothèque, la disposition faite en sa faveur serait purement illusoire ; ou plutôt, au lieu de lui rapporter quelque profit, elle lui serait vraiment préjudiciable par l'embarras qu'elle lui imposerait de faire face aux poursuites du créancier. Il faut donc, en ce cas, obliger indistinctement l'héritier au paiement de la dette hypothécaire, et, pour peu qu'on pèse les termes du texte dont il s'agit, on sentira que telle est positivement l'idée d'Ulpien.

C'est ainsi qu'ils ont été entendus par l'ancien docteur Joannès, qui a mis cette note sur les mots VEL POTEST : *Repete, si non quod trahitur ex verba* nisi, *et sic divisum ponitur in repetitione :* en sorte que le passage en question doit être interprété, comme s'il y avait : *Vel si non potest aliquid esse superfluum exsoluto ære alieno.*

La paraphrase qui se trouve dans le corps de droit publié par le docteur *de Juges*, adopte cpressément cette interprétation : *Ego testor rem meam esse obligatam si ignoravi , Legatarius luere dabet , nisi in duobus casibus : primus est... Secundus est quando erat pro tanto obligata, dicta res, quod si Legatarius lueret, non remaneret aliquod commodum pro legato.*

Ricard s'exprime à-peu-près de même. « La seconde exception (dit-il) est au cas qu'il se trouvât que , la charge déduite , le legs serait vain et sans fruit. »

Quelques jurisconsultes modernes vont plus loin: ils soutiennent que , suivant nos mœurs , l'héritier est tenu, dans tous les cas, de décharger le Légataire des hypothèques constituées sur la chose légitime. Tel est notamment l'avis de Bourjon : mais comme cet auteur ne paraît pas même soupçonner que le droit romain fait là-dessus certaines distinctions , nous ne pouvons pas faire grand cas de son suffrage.

Celui de Ricard mérite plus d'attention : voici comment il s'explique, après avoir analysé sommairement les principaux textes rapportés plus haut : « Parmi nous donc, les hypothèques , quant à la façon de les contracter et de les asseoir, ne conviennent pas à la manière avec laquelle elles étaient imposées par le droit romain. et qui confondons l'hypothèque générale et spéciale presque en tous leurs effets , j'estime que , sans nous arrêter à ces distinctions , l'héritier est tenu de toutes les obligations personnelles et d'en décharger les héritages qui y sont hypothéqués, dont le testateur a disposé au profit des Légataires particuliers. »

Cette doctrine est exacte dans l'hypothèse dont parle Ricard ; elle est même conforme aux principes du droit romain d'après lesquels nous avons nous mêmes établi qu'un Légataire ne peut être tenu d'une hypothèque , que lorsqu'elle est spécialement restreinte au fonds legué. Mais il ne faut pas inférer de là que les distinctions des textes rapportés ci-dessus ne puissent plus être d'aucun usage dans notre jurisprudence : car il peut encore se rencontrer parmi nous des hypothèques spéciales ; rien n'est même si commun dans les provinces de Flandre , d'Artois de Hainaut, de Cambresis, où subsistent encore, pour cette matière , toutes les maximes et toutes les formalités du nantissement. *V.* l'article *Nantissement, § 2.*

[[Aujourd'hui , le « Légataire, particulier qui a acquitté la dette dont l'immeuble légué était grevé, demeure subrogé aux droits du créancier contre les héritiers et successeurs à titre universel. » Ce sont les termes de l'article 874 du Code civil.

Mais , d'un autre côté, l'art. 1020 du même Code porte que, « si, avant le testament ou depuis, la chose leguée a été hypothéquée pour une dette de la succession, ou même pour la dette d'un tiers, ou si elle est grevée d'un usufruit, celui qui doit acquitter le legs n'est point tenu de la dégager, à moins qu'il n'ait été chargé de le faire par une disposition expresse du testateur.»

Comment accorder ces deux dispositions ?

Suivant M. Maleville, dans son *Analyse raisonnée de la discussion du Code civil*, sur l'article 874, « on peut dire que cet article est dans » le cas où le Légataire particulier aurait acquitté » la dette , quoique l'héritier eût été expressément » chargé par le testateur de dégager le fonds lé- » gué ; et alors, il n'y a pas d'antinomie. Mais » (ajoute-t-il,) lorsqu'il n'y a pas une disposition ex- » presse dans le testament qui charge l'héritier de » libérer la chose léguée, c'est à l'art. 1020 qu'il » faut recourir, et de préférence » celui-ci. L'art. 874 » a pu passer comme l'expression d'un usage alors » général , mais l'article 1020 a été mis avec ré- » flexion, et pour réformer cet usage, sauf l'excep- » tion qu'il porte. »

Cette distinction , imposante par le nom de son auteur, le devient encore bien plus par la circon- stance que son auteur même a été membre de la commission qui a rédigé le projet du Code civil , et qu'il a assisté à toutes les séances du conseil d'état ou a été discutée la refonte que la section de législation en avait faite.

Cependant il se présente de fortes objections pour la combattre.

Et d'abord, si l'art. 1020 n'avait eu pour objet que de *réformer l'usage général* que l'art. 874 avait érigé en loi, ou du moins de le restreindre au cas où le testateur aurait, par une disposition expresse, imposé à l'héritier la charge d'indemniser le Légataire particulier du paiement qu'il eût été forcé de faire à un créancier hypothécaire, qu'eût-il été besoin, que dis-je ? n'eût-il pas été souveraine- ment déraisonnable de laisser subsister l'art. 874 tel qu'il est ?

Je sais bien que l'art. 874 n'a pas été décrété en même temps que l'art. 1020.

Mais 1° ils l'ont été l'un et l'autre à des épo- ques très-rapprochées : l'art. 874 fait partie de la loi du 29 germinal an 11 ; l'art. 1020 fait partie de la loi du 13 floréal suivant.

2° Si en proposant l'art. 1020 au corps législa- tif , le gouvernement avait eu l'intention de réfor- mer l'art. 874 , il n'aurait sûrement pas manqué de faire remarquer cette réformation par l'organe de son orateur, et il ne l'a pas fait.

3° Dans la même hypothèse , il n'aurait pas manqué de faire modifier l'art 874 par la loi du 30 ventose an 12 , qui a réuni en un seul Code toutes les lois précédemment décrétées sur la légis- lation civile ; et il ne l'a pas fait davantage.

Ensuite, si, par l'art. 1020, le législateur avait eu l'intention de refuser au Légataire évincé par un créancier hypothécaire, un recours contre l'hé- ritier que le testateur n'aurait pas spécialement chargé de le garantir des poursuites de celui-ci, se serait-il borné à dire que l'héritier n'est point tenu en délivrant la chose léguée l'immeuble qui est l'ob- jet de son legs , de le *dégager* de l'hypothèque dont il se trouve grevé ? N'aurait-il pas dit tout simplement que la subrogation accordée au Léga- taire par l'article 874, n'aurait lieu que dans le

LÉGATAIRE, § VII, Art. I.

éviter le risque de trouver dans la succession ou la part de succession qui leur est déférée, plus de dettes à payer que d'avantages à recueillir?

On vient de voir qu'avant le Code civil, la jurisprudence normande, qui, comme lui, soumettait le Légataire universel *personnellement* à toutes les dettes du testateur, ne l'autorisait pas à prendre la qualité de Légataire universel par bénéfice d'inventaire.

Quel était le motif de cette jurisprudence? C'est que la coutume de Normandie n'accordait le bénéfice d'inventaire qu'à l'*héritier*.

Ce n'est aussi qu'à l'*héritier* que ce bénéfice est accordé par le Code civil. Il semble donc que, sous le Code civil, comme sous la jurisprudence normande, le bénéfice d'inventaire devrait être refusé, soit au Légataire universel, soit au Légataire à titre universel; et telle est effectivement l'opinion des auteurs des *Pandectes françaises*, tome 7, page 117.

Mais cette opinion, que les auteurs cités appellent eux-mêmes *fort extraordinaire*, paraît bien difficile à concilier avec la maxime rappelée ci-dessus, § 5, n° 3, *hi qui in universum jus defuncti succedunt, heredis loco habentur*, maxime qui s'applique aujourd'hui, dans toute son intensité, au Légataire universel, ou à titre universel, puisqu'il s'est tenu personnellement aux dettes du défunt, que parce qu'il succède *in universum jus defuncti*, et qu'il n'est plus, comme dans notre ancienne jurisprudence, un simple successeur de biens.

Ainsi, M. Chabot qui, en qualité de tribun, a pris une très-grande part à la discussion du projet du Code civil, ne fait-il aucune difficulté, dans son Commentaire sur le titre *des Successions*, art. 873, n° 26, (cinquième édition), de regarder le Légataire universel comme habile à exercer le bénéfice d'inventaire.]]

XVIII. Est-il au pouvoir d'un testateur de décharger son Légataire universel du paiement des dettes et des legs particuliers dont il est naturellement tenu?

Il est constant, au moins dans les coutumes où les qualités d'héritier et de Légataire sont incompatibles, qu'un testateur ne peut pas ordonner qu'un de ses héritiers contribuera plus aux dettes qu'un autre. Le partage qu'ils doivent faire entre eux, est réglé par la loi; et l'on ne peut ni diviser ni intervertir l'ordre qu'elle a prescrit.

Il en est tout autrement des Légataires universels: comme ils tirent leur droit de la volonté du testateur, c'est à lui d'imposer à ce qu'il leur donne telle loi qu'il juge à propos. Ainsi, 1° point de doute qu'il ne puisse charger le Légataire universel des acquêts, de la part des dettes que devrait supporter le Légataire universel des meubles; 2° il peut, par la même raison, rejeter sur son héritier le poids de toutes les charges de l'hérédité, et par-là en affranchir entièrement son Légataire universel. Brodeau sur Louet, lettre D, § 54, fait mention d'un arrêt du 4 juillet 1609, qui l'a ainsi jugé.

Mais, pour que cette dernière résolution puisse avoir lieu, il faut que le testateur ait laissé des biens libres à son héritier, et que celui-ci les ait acceptés: car s'il avait borné aux réserves coutumières, ou que l'héritier s'y fût tenu de lui-même, la décharge des dettes ne serait d'aucun effet pour le Légataire universel, parce qu'elle excéderait le pouvoir du testateur, par la diminution qu'elle apporterait aux réserves; ce qu'une disposition de dernière volonté ne peut jamais faire. C'est ce qu'ont décidé deux arrêts remarquables: l'un du 14 mai 1592, rendu en forme de réglement et prononcé en robes rouges; l'autre du 6 août 1743: nous les avons déjà cités dans ce paragraphe, n°s. 1 et 3.

[[Par la même raison, aujourd'hui, l'héritier à qui la loi réserve une quote de la succession et qui s'y tient, ne peut être grevé par le testateur, ni d'une portion quelconque des legs particuliers, ni d'une portion plus forte des dettes; qu'il n'en doit supporter.]]

Art. II. *Charges des Légataires particuliers.*

I. Parmi les charges dont un Légataire particulier peut être tenu, il y en a qui ont lieu naturellement et de plein droit, et il en est qui ne dérivent que de la volonté du testateur. Nous allons parler successivement des unes et des autres.

II. Les charges auxquelles un Légataire particulier est soumis naturellement et de plein droit, sont personnelles ou réelles.

III. Dans la thèse générale, un Légataire particulier ne contribue pas aux charges personnelles; c'est-à-dire aux dettes de la succession. C'est la disposition de la loi 35, § 1, D. *de heredibus instituendis*; et c'est ce qu'on jugé un arrêt de la chambre de l'édit de Castres, rapporté sans date par Boné; un autre du 24 mars 1620, rendu à la grand'chambre du parlement de Paris, et rapporté par Brodeau; et un troisième du même mois et de la même année, rapporté par Auzanet. Dans l'espèce du second de ces arrêts, il s'agissait de savoir si le Légataire des tableaux et de la bibliothèque d'un défunt devait contribuer aux dettes; il a été jugé que non. Le troisième a décidé qu'une rente due pour le prix de l'acquisition d'une maison, ne devait pas être acquittée par le Légataire de cette maison, mais le Légataire universel.

IV. Il y a cependant certains cas où les Légataires particuliers sont soumis aux dettes.

1° Lorsque le testateur a épuisé tous les biens libres en legs particuliers, et que l'héritier légitime se tient aux réserves coutumières, il faut que les Légataires contribuent aux dettes, par l'effet de la *répartition* qui s'en fait sur tous les biens de la succession (1). Ce n'est pas qu'ils soient alors

_____

(1) Ce mot *répartition* ne convient pas aux coutumes qui chargent les biens disponibles de toutes les dettes.

Il est clair, en effet, d'après ce que nous disons ici, que dans ces coutumes, les Légataires particuliers doivent, dans le cas dont il s'agit, supporter toutes les charges héréditaires. C'est d'après cette règle que le parlement de Rouen les obligés directement et par action personnelle envers les créanciers; non, ils ne contribuent qu'en ce que l'héritier déduit, des choses qu'il est obligé de leur abandonner, la part pour laquelle elles sont comprises dans la répartition des dettes.

2° Si l'héritier ne se tenait pas aux réserves, mais appréhendait des biens libres, il ne serait pas, à la vérité, recevable à vouloir répartir une portion des dettes sur les legs particuliers : mais si le testateur n'avait pas laissé assez de biens pour remplir tout à la fois ses dettes et ses libéralités, les Légataires contribueraient encore directement, en ce que les créanciers feraient réduire les legs jusqu'à concurrence de ce qu'il faudrait pour acquitter leurs créances. La raison en est, que les Légataires ne concourent jamais avec les créanciers, et que ceux-ci au contraire sont toujours préférés à ceux-là.

Mais pour conserver cette juste préférence, les créanciers sont obligés de veiller : car s'ils laissaient toucher à un Légataire la somme qui lui est léguée, ils ne pourraient pas la lui faire rapporter : n'ayant reçu que ce qui lui était dû, il serait, par cela seul, à l'abri de toute répétition. Le parlement de Grenoble l'a ainsi jugé par un arrêt du 13 juillet 1638, qui est rapporté dans le Recueil de Basset, tome 2, page 311.

[[La cour de cassation a jugé de même le 2 prairial an 12, en maintenant un arrêt de la cour d'appel de Pau. *V.* mon *Recueil de Questions de droit*, au mot *Paiement*, § 2.]]

Cette règle souffre deux exceptions.

La première est, qu'en cas d'adition sous bénéfice d'inventaire, de la part de l'héritier, le Légataire qui a reçu ce que le testateur lui a laissé, peut être contraint par les créanciers de le rapporter à leur profit. C'est la décision expresse de la loi 22, § 5, C. *de jure deliberandi;* mais elle ne s'est pas suivie partout.

_____

oblige au remploi des propres aliénés par le défunt. Bérault en rapporte un arrêt de l'année 1614, et Basnage nous en fournit un autre du 16 mars 1666.

« Par la sentence (dit ce dernier), le sieur de Saint-Aignieu, héritier des propres, avait été débouté de son action contre la veuve, Légataire particulière de son mari, pour l'obliger à représenter les meubles, et, en ce faisant, qu'elle jouirait du legs que son mari lui avait laissé par son testament. On cassa la sentence, et on condamna la veuve à rapporter les meubles légués, ou la vraie valeur, quoiqu'il n'y eût pas divers héritiers.

« Il ne faut pas douter (conclud de là Basnage) que les Légataires particuliers, aussi bien que les universels, ne soient tenus au remploi des propres, puisque les meubles y sont affectés, et ne peuvent en être exemptés en les donnant de l'une ou de l'autre manière.

« Il est vrai que quand il y a un héritier aux acquêts, il est tenu à ce remploi aussi bien que le Légataire universel; mais si les meubles laissés à l'héritier aux meubles ou au Légataire universel ne suffisent pas, le remploi se prend sur les legs particuliers. Cette distinction mal entendue a fait croire à quelques-uns, que les Légataires particuliers n'étaient point sujets au remploi des propres : mais si cette opinion était suivie, on commettrait aisément une fraude pour empêcher ce remploi, en faisant un si grand nombre de legs, que tous les meubles seraient absorbés. »

[[*V.* l'article *Bénéfice d'inventaire*, n° 12.]]

La seconde exception est que, quand le legs est d'un immeuble, la délivrance qui en a été faite, même par un héritier pur et simple, avant que les créanciers aient agi, ne leur fait aucun tort, s'ils ont hypothèque sur ce bien, parce que l'hypothèque est un droit réel qui suit la chose, en quelques mains qu'elle puisse passer [[*Code civil*, art. 871 et 1024.]]

Mais, dans ce cas, le Légataire poursuivi hypothécairement, peut-il demander que le créancier discute préalablement l'héritier?

Il a été jugé pour l'affirmative par arrêt du 7 mars 1701, rendu à la cinquième chambre des enquêtes du parlement de Paris, et rapporté dans le dictionnaire de Brillon. Le parlement de Toulouse avait décidé le contraire, le 16 mars 1668, sous le prétexte que le bénéfice de discussion est accordé qu'aux acquéreurs à titre onéreux : mais *V.* l'article *Discussion*, n° 2.

[[Il est cependant un cas où la décision du parlement de Toulouse doit être suivie sans difficulté : c'est celui où l'immeuble légué se trouve grevé d'une hypothèque spéciale. *V.* l'article 2171 du Code civil.]]

Une autre question relative au même objet, est de savoir si le Légataire prescrit l'hypothèque des créanciers du défunt par le laps de dix ans entre présens et de vingt entre absens, comme la ferait tout autre tiers-détenteur?

Catellan rapporte un arrêt du parlement de Toulouse de l'an 1693, qui a jugé pour l'affirmative, après partage porté de la grand'chambre à la première des enquêtes. Cette question ne devait pas souffrir de difficulté, puisqu'aux termes de la loi 2, C. *si adversus creditorem*, le donataire n'a pas besoin d'un plus long espace de temps pour prescrire l'hypothèque, que s'il était acquéreur à titre onéreux.

Lorsque le Légataire particulier a été obligé de payer une dette hypothécaire, peut-il exercer son recours contre l'héritier?

La loi 15, D. *de dote prælegata*, décide indistinctement pour l'affirmative: *Licet placeat pignoratas res vel in publicum obligatas heredem qui dare jussus est liberare debere.....*

Mais ce texte ne doit pas être pris à la lettre.

En général, il faut faire, sur cette question, les mêmes distinctions que l'on fait par rapport au legs du bien d'autrui, c'est-à-dire que la charge d'acquitter l'hypothèque tombe sur l'héritier, quand le testateur savait que le fonds par lui légué était engagé, et sur le Légataire quand le testateur l'ignorait. C'est ce qu'insinue la loi 6, D. *de fideicommissis*, au Code: *prædia obligata per legatum vel fideicommissum relicta heres lucré debet, maxime cum testator conditionem eorum non ignoravit.* Ce mot *maxime* pourrait ne pas paraître établir assez clairement la distinction que nous venons d'indiquer ; mais la loi 57, D. *de legatis*, 1° dissipe suffisamment tous les doutes qui pourraient rester là-dessus ; en voici les termes : *Si res*

Il n'en est pas de même des droits d'amortissement et d'indemnité qui ont lieu pour les legs faits à des gens de main-morte. Ces droits sont à la charge de l'héritier ou du Légataire universel, parce que le testateur est censé avoir ordonné tout ce qui était nécessaire pour mettre son Légataire en état de recueillir et de posséder la chose dont il l'a gratifié.

Ainsi, nous voyons dans la loi 44, § 9, D. *de legatis* 1°, que l'héritier est obligé de fournir au Légataire de l'usufruit d'un fonds, un chemin pour y aller ; l'espèce de cette loi est cependant bien favorable pour l'héritier : *si duos fundos habens testator*, ce sont ses termes, *ulterius mihi usumfructum, alterum Titio leget, aditum mihi Legatarius non debebit : sed heres cogetur redimere aditum et præstare.*

C'est sur le même fondement de la volonté présumée du testateur, que l'on condamne l'héritier à acquitter l'hypothèque spéciale dont est tenu le fonds légué : il est vrai, comme nous le disions tout à l'heure, qu'il faut pour cela une preuve que le testateur a eu connaissance de cette hypothèque : mais cette restriction ne peut pas avoir lieu dans notre espèce ; on ne peut jamais présumer que le testateur a ignoré les lois qui interdisent toute acquisition aux gens de main-morte, sans payer les droits dont il s'agit ; et d'ailleurs, quand il n'en aurait eu de lui-même aucune connaissance, on doit supposer qu'il a consulté des gens capables de le guider.

Au reste, les héritiers ont été condamnés tant de fois à acquitter ces sortes de taxes, qu'il ne devrait plus rester le moindre doute sur leur obligation à en décharger les Légataires. Ricard en rapporte cinq arrêts de 1386, 22 mars 1558, 22 décembre 1581, 26 juillet 1616 (1) et 7 septembre 1619. Louet nous en a conservé un semblable du 2 juillet 1257 ; Brodeau en cite trois autres des 20 juillet 1579, 27 mai 1633 et 1er juillet 1634. Le Journal des audiences nous en fournit encore quatre, intervenus les 4 décembre 1657 (2), 1er sep-

tembre 1690, 4 août 1705 et 12 août 1706. Tous ces arrêts ont été rendus au parlement de Paris. Catellan en rapporte un pareil émané du parlement de Toulouse, le 1er décembre 1673.

[[Il résulte de là que si, depuis qu'aux droits d'amortissement et d'indemnités supprimés par les lois de 1790 et de 1791, a été substituée, pour les legs faits aux gens de main-morte, la nécessité de l'autorisation du gouvernement, cette autorisation n'était pas purement gratuite, les frais en seraient à la charge des héritiers ou Légataires universels.]]

Les raisons sur lesquelles cette jurisprudence est fondée, tendent également à obliger l'héritier de fournir au Légataire d'un office de quoi s'en mettre en possession, c'est-à-dire, les frais de provision et de réception. C'est d'ailleurs ce qui résulte assez clairement de la loi 102, § 3, D. *de legatis* 3°, conçue en ces termes : *Testator liberto militiam his verbis legavit : Seïo liberto meo militiam do, lego illam, quam militiam et testator habuit. Quæsitum est an onera omnia et introitus militiæ ab herede sint danda ? Respondit danda.*

En général, on peut dire que tous les frais nécessaires pour la délivrance de la chose léguée, et l'assurance de la possession du Légataire, sont à la charge de l'héritier ou du Légataire universel qui en tient lieu. La loi 39, D. *de legatis*, 1°, nous en donne un exemple remarquable, en décidant que la recherche d'un esclave légué, qui a pris la fuite après la mort du testateur, doit être faite aux dépens de l'héritier. On peut encore voir, sur cette matière, la loi 44, § 9, la loi 108 du même titre ; et la loi 8 du titre suivant.

Il faut cependant remarquer avec Ricard, « que » les héritiers ne sont tenus de faire que les frais » qui sont absolument nécessaires, à l'effet qu'ils » puissent délivrer les legs actuellement, et que » les Légataires puissent jouir civilement des choses » léguées. Et ainsi la cour a jugé, par arrêt donné » en l'audience de la grande chambre, du mardi » après-dîner, 17 avril 1584, qu'un testateur ayant » légué la part d'une maison dont il jouissait, par » indivis, avant son décès, les héritiers n'étaient » pas tenus de fournir aux frais du partage que » le Légataire en voulait faire contre les autres » co-propriétaires. »

C'est aussi par cette raison que les droits d'insinuation, de centième denier et de relief sont toujours, comme nous l'avons déjà dit, à la charge du Légataire. Il est vrai que le défaut de les acquitter expose le Légataire à des poursuites de la part des fermiers du domaine, et du seigneur dont relève le fonds légué ; mais ces poursuites et la saisie féodale même ne lui ôtent ni sa propriété, ni sa qualité de possesseur civil et paisible.

VI. On a vu aux mots *Institution d'héritier*,

___

(1) Dans l'espèce de cet arrêt, les Légataires universels se prévalaient d'une clause du testament qui chargeait le chapitre de Notre-Dame de Chartres, Légataire particulier, du paiement des cens, droits seigneuriaux et rentes foncières ; mais, dit Brodeau, il a été jugé que cette clause ne pouvait pas être entendue des droits d'amortissement et d'indemnité.

(2) Les héritiers avaient cependant dans l'espèce de cet arrêt, des circonstances bien favorables à invoquer à l'appui de leur prétention. Un conseiller clerc du présidial de Senlis avait légué, par son testament, dix essaims de terre au chapitre de la même ville, et il avait expressément déchargé son héritier du paiement des droits d'amortissement et d'indemnité. Le lendemain, il avait fait un codicille, par lequel il révoquait le legs, pour en faire un autre plus considérable, et déclarait que ses héritiers ne seraient point tenus de payer le droit d'indemnité. Après sa mort, il fut question de savoir qui des héritiers, ou du chapitre devait être chargé du droit d'amortissement. Le premier juge y condamna les héritiers, et sa sentence fut confirmée. Le testateur était un homme versé dans la jurisprudence ; il avait dû connaître la différence du droit d'amortissement d'avec celui d'indemnité ; son testament prouvait même qu'il en avait une idée complète ;

ainsi, on devait croire, que, ne parlant pas du droit d'amortissement dans son codicille, il avait voulu en charger ses héritiers. Tels ont été les motifs de l'arrêt.

sect. 4, n° 15, à quoi est tenu le Légataire d'une hérédité qui était dévolue au défunt.

VII. Outre les charges que la loi impose au Légataire particulier, il faut encore qu'il acquitte celles dont le testateur l'a grevé expressément. Il peut même être poursuivi à cette fin aussitôt après la mort du testateur, quoique son legs ne lui soit pas encore délivré. « En effet (dit Bourjon), cette » action naît de son legs, tant que le droit d'icelui » subsiste en sa personne; la délivrance n'est sur » cette action d'aucune considération; il faut une » abdication de sa part du legs, pour se procurer » sa décharge. On le juge ainsi au Châtelet, sur » le fondement de la maxime, aut solvat, aut » cedat. » La loi 70°, D. de legatis 2°, confirme cette opinion : Imperator Antonius rescripsit Legatarium, si nihil ex legato accepit, ei cui debet fideicommissum, actionibus suis posse cedere, nec id cogendum solvere.

VIII. On a agité au parlement de Paris, en 1783, par rapport aux charges imposées par le testateur aux Légataires particuliers, une question que nous ne devons pas omettre ici. Il s'agissait de savoir si un testateur ayant légué 1,000 livres de rente viagère à prendre sur la totalité de ses biens, une terre léguée à titre singulier par le même testament, était affectée à cette rente.

Cette question s'était élevée dans la succession de la demoiselle Davejan, entre la comtesse de la Renaudie et le comte de Baune.

La demoiselle Davejan, par son testament olographe, du 31 juillet 1767, s'était ainsi exprimée: « Je prie madame la comtesse de la Renaudie » d'accepter 8,000 livres de rente viagère sur la » totalité de mes biens. » Par une clause suivante, elle avait légué la terre de Sandricourt au marquis de Perussi, et l'avait substituée au comte de Baune. La testatrice avait fait encore plusieurs autres legs.

Après sa mort, il a été reconnu qu'elle n'avait pas laissé assez de biens pour faire face à ses dettes et à ses libéralités, et que celles-ci devaient éprouver une forte réduction.

Dans ces circonstances, la comtesse de la Renaudie a prétendu que tous les biens disponibles ayant été grevés de sa rente de 8,000 livres, elle avait droit de la réclamer également sur tous, sur la terre Sandricourt comme sur le reste; et que, quoique tous les autres legs fussent dans le cas d'être réduits à cause des dettes de la testatrice, le sien ne devait cependant éprouver aucune diminution, parce qu'il était à prendre sur la totalité des biens; et qu'il devait être acquitté en entier, parce qu'il restait, toutes dettes payées, plus de biens disponibles qu'il n'en fallait pour faire face à sa rente viagère de 8,000 livres.

Une sentence arbitrale du 9 août 1770 avait rejeté cette prétention, et même ordonné que le legs de la comtesse de la Renaudie supporterait, comme tous les autres, sa portion dans les dettes.

La comtesse de la Renaudie a interjeté appel de cette sentence, a demandé l'exécution du testa-

ment de la demoiselle Davejan, et a conclu à être payée dès maintenant des arrérages de sa rente sur la totalité des biens, même sur la terre de Sandricourt.

Le comte de Baune, appelé à cette terre, soutenait au contraire que la comtesse de la Renaudie n'avait aucun titre pour affecter cette terre à sa rente. Le legs d'un corps certain, disait-il, ne doit pas même contribuer aux dettes, quand il y a d'ailleurs assez de biens pour les acquitter; à plus forte raison est-il affranchi de la contribution aux autres legs. La testatrice a substitué sa terre; elle a d'ailleurs voulu la fixer dans sa famille; ce qui ne permet pas de croire qu'elle ait entendu la grever d'une charge aussi considérable qu'une rente de 8,000 livres. Peu importe, ajoutait le comte de Baune, que la demoiselle Davejan ait dit que la rente serait prise sur la totalité de ses biens; tous les legs sont affectés sur la totalité des biens, sans qu'il soit besoin de l'exprimer; ces mots ne donnent donc pas au Légataire un droit plus étendu.

La comtesse de la Renaudie répondait à ces moyens que la demoiselle Davejan avait pu sans doute affecter la totalité de ses biens à la rente de 8,000 livres, qu'elle l'avait voulu, puisqu'elle l'avait dit, et que le comte de Baune, gratifié par la testatrice, n'était pas recevable à combattre sa volonté; qu'il n'y avait de biens qu'après le paiement de toutes les dettes, bona non intelliguntur nisi deducto ære alieno; que sa rente à prendre sur la totalité des biens, était à prendre sur tout ce qui restait, les dettes payées; qu'elle ne pouvait par conséquent pas être diminuée, sous prétexte de contribuer aux dettes, ainsi que les autres legs.

« Prétendre, ajoutait-elle, que les legs sont assignés en général sur la totalité des biens, et que l'expression formelle de cette assignation dans le testament de la demoiselle Davejan est inutile, c'est méconnaître également et le sens clair du testament et les principes les plus familiers de notre droit.

» Un legs de corps certain n'est pas en général affecté aux legs particuliers d'une somme ou d'une rente, rien n'est plus vrai; le Légataire d'un corps certain s'empare de son legs, s'il existe; les Légataires particuliers de sommes et rentes s'arrangent ensuite entre eux comme ils le peuvent. Ceux-ci n'ont en général aucune préférence les uns sur les autres, parce qu'il n'y a pas de raison pour favoriser celui-ci plutôt que celui-là.

» Mais quand la testatrice déclare qu'elle assigne une rente sur la totalité de ses biens, alors aucune portion de ses biens disponibles ne peut se prétendre affranchie, et aucun Légataire particulier ne peut rien exiger qu'après le paiement de cette rente. Ainsi le veut le testament, dicat testator erit lex. La circonstance de la substitution de la terre de Sandricourt est bien indifférente : elle n'a été substituée que comme elle a été léguée, et n'a été léguée que grevée d'une rente viagère, qui, par sa nature, ne diminue pas le fonds. »

Sur ces raisons, arrêt de la grand'chambre du parlement de Paris, au rapport de M. Pasquier, le 6 juin 1783, qui infirme la sentence arbitrale, et ordonne que le legs de 8,000 livres de rente, fait à la comtesse de la Renaudie, sera pris sur tous les biens disponibles, même sur la terre de Sandricourt.

IX. Si le Légataire est évincé ou privé, en quelque manière que ce soit, de la chose dont le testateur avait disposé en sa faveur, il demeure par cela seul affranchi de la charge dont il était grevé à ce sujet, pourvu que l'éviction ou la privation ne puisse pas être attribuée à quelque faute ou négligence de sa part. C'est la décision expresse de la loi 96, *de legatis*, 1°, au Digeste : *Si tibi servus legatus fuerit, et petitum a te ut Titio aliquid prœstares usque ad pretium servi, deinde servus decesserit, nihil fideicommissi nomine prœstare cogendus eris.*

Mais si l'éviction ou la privation ne tombait que sur une partie de la chose léguée, le Légataire pourrait-il demander que la charge fût réduite à la même concurrence?

Bourjon soutient la négative, sans l'appuyer d'aucune raison : mais son avis est condamné formellement par la loi 44, § 9, D. *conditionibus et demonstrationibus*, dont voici les termes : *Si pars rei legatœ usucapta sit, an in solidum parendum sit dubito : et potest dici pro parte parendum ex sententia testatoris.*

Cette décision est, comme on le voit, fondée sur la volonté présumée du testateur; ainsi, elle ne peut avoir lieu que lorsqu'il arrive dans le legs quelque retranchement qu'il n'avait pas vraisemblablement prévu, ou qu'il n'aurait pas pu empêcher. On ne peut donc pas l'appliquer à la détraction de la quarte-falcidie, parce qu'il a dû la prévoir, et qu'en la laissant subsister, il est censé avoir voulu qu'elle n'apportât aucune diminution aux charges qu'il a imposées à ses legs. C'est ce que décide la loi 43, § 1, du titre cité : *Diversum est si falcidia interveniat et minuat legatum ; nam his casibus nihil repetetur, quia in solidum conditioni paretur.* La loi 25, § 1, D. *ad legem falcidiam*, est encore plus expresse : *A liberto cui fundum legaverat per fideicommissum, Seiœ annua decem dedit. Quœsitum est si lex falcidia liberti legatum minuerit, an Seiœ quoque annuum fideicommissum minutum videatur, cum reditus largiatur annuam prestationem. Respondit, secundum ea que proponeretur, non videri minutum, nisi alia mens testatoris probetur.*

Cette restriction, *nisi alia mens testatoris probetur*, est encore établie par la loi 32, § 4 du même titre, dont voici l'espèce. Un testateur laisse à Titius vingt écus, à la charge d'en donner quinze à Stichus. La quarte-falcidie produit sur ce legs un retranchement de cinq écus ; et, par ce moyen, réduit la libéralité au niveau de la charge. Si l'on observait, en ce cas, la règle que nous venons d'exposer, le Légataire ne tirerait de son legs aucune

espèce de profit : mais comme on ne doit jamais présumer qu'un testateur ait voulu faire une disposition dérisoire, la loi décide que, dans cette espèce particulière, la charge doit diminuer dans la même proportion que le legs, *nisi forte*, ajoute-t-elle, *testator ita fidei ejus commisisset, ut totum quidquid ex testamento cepisset, restitueret.*

Les détractions que le testateur n'est pas maître d'empêcher, telles que la légitime, les réserves coutumières, diminuent toujours les charges des legs, à moins qu'il n'ait manifesté une intention contraire. La différence qu'il y a, sur cette matière, entre les détractions forcées et celle de la quarte-falcidie, est très-bien démontrée par Ricard. Elle résulte de ce que le testateur, en ne défendant pas la falcidie comme il le peut, est présumé avoir voulu que les charges subsistassent en entier, malgré le retranchement qu'elle occasionnerait aux legs ; « au lieu qu'à l'égard des autres » détractions dont l'événement ne dépend pas de » sa liberté, il est à croire que s'il les eût pré- » vues, il n'eût pas disposé au-delà de ce qui lui » est permis par les lois et par les coutumes, pour » donner lieu à des différens et à des retranche- » mens, et qu'il eût au contraire laissé ce qui était » nécessaire pour remplir ces détractions, et en » conséquence, qu'il eût diminué la charge, aussi- » bien que les legs, dans la proportion qu'il a té- » moigné vouloir que les personnes, en faveur » desquelles il a disposé, profitassent de ses » biens. »

Si les détractions qui se font en vertu de la loi, ne diminuent pas les charges, lorsqu'il a été libre au testateur de les empêcher, à plus forte raison ne doit-il résulter aucun retranchement de celles que le testateur fait lui-même de son vivant ; c'est ce qu'a jugé un arrêt du parlement de Paris, du 26 août 1683, rapporté dans le Dictionnaire des Arrêts de Brillon, au mot *Legs*, n° 38.

X. Lorsque celui en faveur duquel est apposée la charge, se trouve incapable d'en recueillir l'effet, est-ce au Légataire ou à l'héritier que son incapacité profite?

Il faut, suivant Bourjon, distinguer si l'incapacité est survenue depuis la mort du testateur, ou si elle est antérieure à cette époque.

Dans le premier cas, le Légataire est affranchi de la charge, parce qu'il est à croire que le testateur a voulu la faire durer sur sa tête qu'autant de temps que celui pour l'avantage duquel il l'avait imposée, pourrait en profiter.

Dans le second cas, Bourjon prétend que la charge doit subsister; et opérer son effet au profit de l'héritier, parce qu'elle diminue le legs, et que par conséquent le testateur n'a pas eu l'intention de faire la libéralité entière au Légataire.

Mais cette distinction est mal fondée, et il faut tenir pour constant, que le Légataire est libéré de la charge, en quelque temps que survienne l'incapacité de celui en faveur duquel le testateur l'avait apposée.

La loi unique, § 7, C. *de caducis tollendis,*

porte que la caducité d'une disposition conditionnelle causée par le défaut d'accomplissement de la
condition, profite au Légataire chargé de remplir
la disposition : *Sin autem aliquid sub conditione
relinquatur...., expectari oportet conditionis eventum...... Quod si in medio is qui ex testamento
lucrum sortitus est, decedat, vel eo superstite conditio defecerit, hoc quod ideo non prævaluit manere disponimus simili modo aput eos a quibus
relictum est, nisi et hic substitum relictum accipiat, vel conjunctus, sive heres sive Legatarius, hoc
acquirat.* On le voit clairement, ce texte ne distingue
pas si c'est du vivant du testateur ou après sa mort,
que la condition a failli; et en effet, dans l'un et
dans l'autre cas, il est également vrai de dire que le
testateur a voulu gratifier le Légataire de toute la
chose léguée; et que, s'il l'a grevée de quelque
charge, il ne l'a fait que sous la condition que
cette charge pourrait être exécutée suivant sa disposition.

La loi 38, § 6, D. *de legatis*, n'est pas moins
formelle : *Fideicommisit ejus cui duo millia legavit in hæc verba. A te, Petroni, peto uti ea duo
millia solidorum reddas collegio cujusdam templi :
quæsitum est cum id collegium postea dissolutum
sit, utrum legatum ad Petronium pertineat, an
vero apud heredem remanere debeat. Respondit,
Petronium jure petere, utique si per eum non stetit
parere defuncti voluntati.*

On nous opposera peut-être, avec l'auteur des
notes sur Ricard, la loi 55, D. *de conditionibus et
demonstrationibus*, suivant laquelle le Légataire
chargé de donner une somme de deniers à un incapable de recevoir par testament, est obligé de remplir cette charge pour profiter de son legs. Mais
ce texte n'a aucun rapport à notre question : ce
n'est point à l'héritier qu'il ordonne au Légataire
de compter l'argent, mais à l'incapable lui-même,
et cela parce que, dans l'ancien droit romain, l'incapacité de recevoir directement en vertu d'un testament, n'emportait pas toujours celle d'en tirer
un profit indirect : *Neque enim quod ad talem
personam perventurum est, testamenti nomine ,
sed mortis causa capitur.*

XI. Lorsqu'un testateur lègue un bien à la
charge de payer une certaine dette, et qu'ensuite
il la paie lui-même, l'héritier ne peut prétendre
de déduction sur le legs, parce que le testateur est
censé avoir voulu l'augmentèr de le paiement qu'il
a fait. C'est ce qu'a jugé un arrêt du parlement de
Toulouse, du 18 septembre 1593, rapporté par
Charondas.

XII. Quelle est la peine du défaut de soumission du Légataire à la charge imposée à son legs?

Il faut distinguer si cette charge a pour objet,
soit une somme d'argent, soit un fait dont l'estimation peut se réduire en deniers, ou si elle tombe
sur quelque chose qui ne peut pas être suppléée
par une indemnité pécuniaire.

Au premier cas, le défaut dont il s'agit, ne produit, contre le Légataire, qu'une action pour lui
faire acquitter la charge.

Au second cas, il donne lieu à la résolution du
legs.

Mais cette résolution ne se fait pas de plein
droit : il faut qu'elle soit prononcée en justice; et
tant qu'elle ne l'est pas, le Légataire peut purger
en demeure.

On ne pourrait pas résoudre le legs par défaut
d'accomplissement de la charge, si le Légataire
avait fait tout ce qui dépendait de lui pour le remplir, et qu'il en eût été empêché par une loi prohibitive. C'est ce que prouve la loi 8, C. *de legatis*.
Un testateur ne sachant pas que l'engagement
solennel dans la milice empêchait les soldats d'être
tuteurs, avait légué à un militaire une somme
d'argent, à la charge de gérer la tutelle de ses
enfans : on demande si le Légataire étant incapable d'être tuteur, peut exiger son legs; la loi répond qu'il le peut.

Il faudrait dire la même chose, quand même
l'obstacle qui empêcherait l'accomplissement de la
charge, serait purement de fait.

Il est vrai qu'on décide régulièrement le contraire, lorsqu'il s'agit d'une condition apposée à un
legs : mais il y a, à cet égard, une grande différence entre la condition et la charge.

La première affecte tellement la substance du
legs, qu'il ne peut avoir son effet qu'avec elle; la
seconde, au contraire, n'empêche pas que la disposition ne subsiste d'elle-même, et que le Légataire n'acquière le domaine de la chose léguée avant
d'avoir rempli la charge; et comme le droit de celui
qui possède est toujours le plus favorable, si, lorsqu'il s'agit d'exécuter la charge, le Légataire en
est empêché par quelque accident qui ne provient
pas de sa négligence ni de son fait, on doit laisser
les choses dans l'état où elles se trouvent, c'est-
à-dire, conserver au Légataire la possession qu'il
a précédemment acquise en vertu d'un titre légitime. C'est ce qu'on peut inférer de la loi 10 C.
de conditione ob causam datorum. (*V.* l'article
Mode, n° 5.)

Du reste, quoique le défaut d'accomplissement
de la charge, occasionné par un obstacle quelconque, ne soit pas un moyen pour faire résoudre le
legs, cependant, si la volonté du testateur est
fondée en raison, et que la charge qu'il a imposée
au Légataire, puisse s'accomplir par équipollence,
le Légataire doit y être contraint. Cette observation s'applique surtout aux legs faits pour l'avantage de l'église ou du public. *V.* les lois 16, D.
de usufructu legato; 1, D. *de administratione rerum ad civitates pertinentium*; et dernière, D.
de operibus publicis.

XIII. Une autre différence entre la condition et
la charge, c'est que la condition doit être exécutée
aveuglément, quoiqu'on n'aperçoive pas la raison
qui a porté le testateur à la prescrire; au lieu que
la charge, lorsqu'elle n'est point apposée en faveur
d'un tiers, qu'elle concerne seulement le Légataire,
n'est point obligatoire, si elle n'a pas un juste
motif.

Ainsi, un testateur lègue une somme d'argent à

Titius, à la charge par celui-ci de l'employer à l'achat d'un fonds de terre; Titius n'est point obligé de l'employer à cet objet : *Non esse cogendum Titio cavere Sextus Cæcilius existimabat, quoniam ad ipsum duntaxat emolumentum rediret.* Ce sont les termes de la loi 71, D. *de conditionibus et demonstrationibus.*

Mais si cette charge était fondée sur quelque considération particulière, comme si le Légataire était un prodigue, l'héritier aurait un intérêt d'affection à faire exécuter la volonté du défunt, et il pourrait forcer le Légataire à faire de la somme léguée l'emploi désigné par le testament. C'est ce que décide encore la loi que nous venons de citer.

XIV. Les conditions et les charges ont cela de commun, qu'elles sont regardées comme non écrites, lorsqu'elles gênent la liberté naturelle de l'homme. Ce qu'on a dit là-dessus au mot *Condition*, sect. 2, § 5, n° 5, nous dispense ici de toute espèce de détail.

Nous ajouterons seulement un arrêt du 27 août 1708, qui a jugé, conformément à ce qui est établi dans cet article, qu'un testateur ne peut pas imposer à son Légataire la charge de demeurer toute sa vie dans un certain endroit. Voici l'espèce de cet arrêt, telle qu'elle est rapportée par Boullenois, dans son *Traité des Statuts personnels et réels.*

« M⁰ Bracquet, avocat au parlement et célèbre consultant, avait légué 200 livres de pension viagère à son clerc, à la charge de se retirer à la campagne, dans une maison religieuse, pour y faire son salut : le testateur avait en cela ses raisons; sinon, il lui lègue seulement 300 livres, une fois payées. Le clerc faisait un grand usage de la loi *Titio*, 71, D. *de conditionibus et demonstrationibus*, et en outre observait qu'il était veuf, chargé de quatre enfans, et entre autres de deux filles mineures, sur la conduite desquelles il était obligé de veiller.

» Sur quoi il intervint arrêt en la grand'chambre...., qui a fait délivrance au clerc purement et simplement du legs de 200 livres de pension viagère. »

Sans les circonstances particulières que le Légataire faisait valoir dans cette espèce, on aurait pu juger tout différemment; car la charge dont il s'agissait, avait un motif raisonnable; et les docteurs tiennent, suivant Duperrier, que *la condition imposée au Légataire, d'habiter en certain lieu, est bonne, quand elle regarde l'utilité et l'avantage de quelqu'un, à qui le testateur l'a voulu procurer, mais non pas quand elle n'est utile à personne.*

Il y a, dans le Recueil de Bardet, un arrêt du 15 juin 1617, qui s'applique ici avec la plus grande justesse. M. Le Voix, conseiller au parlement de Paris, avait légué 1200 livres de rente viagère à une femme d'assez mauvaise conduite, à la charge par elle de demeurer au quartier Saint-André-des-Arts. Sur la demande en délivrance, MM. des re-

quêtes du palais ordonnèrent que la Légataire serait payée de sa rente, en résidant huit mois de chaque année dans le quartier indiqué par le testateur, libre à elle de passer les quatre autres mois où il lui plairait. Les deux parties ayant appelé respectivement de cette sentence, il est intervenu arrêt qui met l'appellation au néant par rapport à la Légataire, et faisant droit sur l'appel de l'héritier, infirme la sentence, et ordonne que la Légataire aura délivrance de son legs tant et si longtemps qu'elle demeurera au quartier Saint-André-des-Arts, conformément à la volonté du testateur, et non autrement.

[[XIV. *bis.* Doit-on regarder comme valable la disposition d'un testateur qui charge ses héritiers ou Légataires de laisser administrer, pendant un certain temps, les biens qu'il leur laisse, par un préposé de son choix, à qui il attribue tant pour cent sur les sommes qu'il recevra ou paiera ?

V. l'article *Héritier*, sect. 7, n° 2 *bis.*]]

XV₁. Le legs fait par un débiteur à son créancier, impose-t-il à celui-ci la charge de compenser sa créance avec la chose léguée ?

Tout dépend, à cet égard, de l'intention du débiteur : s'il a voulu compenser ce qu'il devait avec ce qu'il a donné, il est certain que le créancier ne peut pas demander tout à la fois le legs et la dette.

Mais comment discerner quelle a été, à cet égard, la volonté du testateur ? Les lois ne nous donnent là-dessus aucune règle générale; elles ne décident que des espèces particulières : mais peut-être pourrons-nous tirer du détail de la comparaison de ces différentes espèces, quelques principes qui jetteront un certain jour sur cette matière.

XV₂. Commençons par les cas où la compensation est rejetée.

1° La loi 85, D. *de legatis* 2°, porte que, quand un débiteur lègue à son créancier la chose qu'il lui avait donnée en gage, le créancier n'est pas pour cela empêché de demander sa dette, à moins qu'il ne soit prouvé clairement que l'intention du testateur a été de se libérer par son legs : *Si voluntas testatoris compensare volentis evidenter non ostenderetur.*

2° Il y avait, dans l'ancien droit, un édit du préteur, appelé *de alterutro*, qui ordonnait de compenser avec la dot de la femme, tout ce que le mari lui laissait par testament; mais cette disposition a été restreinte par l'empereur Justinien, au cas où le mari témoigne que telle est sa volonté : *Sciendum itaque est edictum prætoris quod de alterutro introductum est, in ex stipulatu actione cessare, ita ut uxor et à marito relicta recipiat et dotem consequatur; nisi specialiter pro dote maritus ei dereliquit, cum manifestissimum sit testatorem qui non hoc addidit, voluisse eam utrumque consequi.*

Catellan, liv. 4, chap. 18, rapporte deux arrêts du parlement de Toulouse, qui ont jugé, conformément à cette décision, « qu'une femme Légataire de son mari d'une pension excédant l'in-

» térêt de sa dot, et de l'usufruit d'une partie de
» ses biens, peut répéter sa dot et son augment. »

En pays coutumier, on ne connaît pas la répétition de dot ; mais on peut y élever la même question au sujet du douaire. Le Journal des audiences nous fournit un arrêt du 30 janvier 1651 ; par lequel il a été jugé, sur les conclusions de M. l'avocat-général Talon, qu'un legs fait par un mari à sa femme, de tous ses biens meubles, ne compensait point le douaire préfix.

3° La loi 4, D. *de dotis collatione*, déclare que, si un père, après avoir promis une dot à sa fille, lui a fait un legs en l'exhérédant, la fille peut demander son legs et sa dot.

Il y a, dans le Recueil de Basset, un arrêt du parlement de Grenoble, du 23 juin 1644, dont l'espèce approche assez du cas de cette loi. Une mère constitue à sa fille une dot de 10,000 livres payables un an après son décès, et stipule que sa fille ne pourra plus rien prétendre sur ses biens, même à titre de supplément de légitime. Ensuite, par un testament qu'elle fait, elle laisse 1,800 livres à sa fille ; et après quelques autres dispositions particulières, elle exclut tous ses Légataires de ses autres biens. La fille demande son legs de 1,800 livres et sa dot de 10,000 livres. L'arrêt cité lui adjuge l'un et l'autre.

Le parlement de Toulouse a précisément décidé la même chose par un arrêt du 2 août 1632, qui est rapporté dans la collection d'Albert.

Cette décision aurait lieu à plus forte raison, si la promesse de la dot et le legs venaient d'un étranger. Ecoutons le président Favre, dans son Code *Si extraneus qui mihi uxoris meæ nomine dotem pecuniariam promiserat, eidem testamento certam pecuniæ quantitatem legaverit, non expresso eo in an causam dotis nec ne, utrumque peti poterit, nec compensandi animus in dubio præsumitur.* Le magistrat cité ajoute que le sénat de Chambéry l'a ainsi jugé par arrêt du 12 avril 1591.

4° Peut-on présumer que le testateur a eu la compensation en vue, par cela seul qu'il a déclaré que le Légataire devrait se contenter de son legs, sans pouvoir rien prétendre sur ses autres biens?

Les arrêts ne sont pas uniformes sur ce cas particulier.

Un tuteur ayant apposé une pareille clause à un legs qu'il faisait à son mineur, celui-ci demanda, avec la chose léguée, le paiement du reliquat du compte de tutelle ; mais sa prétention fut condamnée par un arrêt du parlement de Grenoble, du 25 février 1656, rapporté dans le Recueil de Basset.

Un particulier qui devait cent écus à sa mère, lui lègue six-vingts livres de rente viagère avec la clause dont il s'agit : après avoir reçu deux années de cette rente, la mère met l'héritier en justice pour le paiement des 500 livres qui lui étaient dues. Par arrêt du parlement de Bordeaux, rendu en 1649, et cité dans le Journal du palais, tome 1, page 3, la dette est déclarée compensée avec le legs, et l'héritier déchargé des poursuites de la mère.

Catherine Laffon lègue à un de ses frères à qui elle devait cent louis, un bourgdieu en Graves de la valeur de huit à dix mille livres, à la charge de payer une somme de 6,000 livres à son puiné, et de ne rien demander sur ses autres biens. Après la mort de la testatrice, le Légataire reçoit la délivrance de son bourgdieu, et l'héritier institué lui fait, une reconnaissance par laquelle il s'oblige de lui payer les cent louis dont il était créancier. Deux ans après, l'héritier prend des lettres de rescision contre sa reconnaissance, et soutient que le legs a compensé la dette. La cause plaidée solennellement au parlement de Bordeaux, il intervient, le 26 janvier 1662, arrêt par lequel « la cour.... » ayant égard aux lettres...., a déclaré la somme » due à Pierre Laffon être compensée avec le legs » à lui fait par la défunte Catherine Laffon. » Cette espèce est rapportée dans le Journal du palais, à l'endroit cité.

XV3. Parcourons maintenant les cas où le testateur est censé vouloir compenser sa dette avec ce qu'il lègue.

1° La loi 84, § 6, D. *de legatis* 1°, nous présente celui-ci : *Cum pater pro filia sua, dotis nomine, centum promisisset, deinde eidem centum eadem legasset, doli mali exceptione heres tutus erit, si et gener ex promissione et puella ex testamento agere instituerit. Convenire enim inter eos oportet ut alterutra actione contenti sint.*

Cette disposition n'est-elle pas contraire à la loi 4, D. *de dotis collatione*, dont nous venons de rapporter l'espèce ? Non : car 1° dans celle-ci la fille est exhérédée par son père, et comme elle est déjà à plaindre, on ne doit pas aggraver la rigueur de son sort, ni conséquemment présumer que le legs dont elle est gratifiée par une certaine commisération, lui soit fait dans le dessein de compenser sa dot. 2° Il y a tout lieu de croire que, dans l'espèce de la loi 84, § 6, D. *de legatis* 1°, le père avait déclaré positivement qu'il léguait cent écus à sa fille pour lui tenir lieu de dot. C'est ce que font entendre ces paroles : *Cum pater pro filia sua, DOTIS NOMINE, centum promisisset, deinde eidem centum EADEM legasset.* Ce mot *eadem* annonce clairement que le testateur avait attribué la qualité de dotaux aux deniers qu'il avait légués ; et de là on peut, ce me semble, conclure que l'expression du titre ou de l'objet de la dette dans le testament, suffit pour obliger le créancier Légataire de souffrir la compensation.

La loi 22, § 1, D. *de alimentis legatis*, amène naturellement la même conséquence. Elle établit qu'il y a lieu à la compensation, lorsqu'un testateur obligé, par le testament de son frère, à fournir des alimens à certaines personnes, leur lègue un fond de terre, et déclare qu'il leur fait ce legs pour subvenir à leur subsistance. *Qui fratris sui libertis alimenta debebat, in testamento vineas cum hac adjectione relinqueret, ut habeant unde se pascant. Si pro alimentis vineas reliquis-*

set , *non aliter eis ex fideicommissi causa eas praestari debere , quam si testamenti obligatione heredes liberassent ; aut si ido missum fuisset, et postea ex testamento agerent , doli mali exceptione tutum heredem futurum.*
La loi 22 , § 3, D. *soluto matrimonio*, et la loi 54 , § 5 , D. *de legatis* 2°, prouvent encore que l'identité de titre ou d'objet dans la dette et dans le legs , doit faire présumer que le testateur a voulu compenser ce qu'il devait avec ce qu'il a donné. Il s'agit , dans ces textes, d'un père qui , après la mort de son gendre , a répété et reçu lui-même la dot de sa fille , et qui ensuite a légué à celle-ci une certaine somme pour lui tenir lieu de dot, *dotis nomine.*

Les lois décident qu'en disposant de cette manière , il est seulement censé avoir eu l'intention de restituer à sa fille ce qu'il avait reçu à son préjudice ; qu'en conséquence, la fille ne doit avoir action que pour une seule dot ; que , si cependant le legs surpasse la dette , la compensation n'aura lieu que jusqu'à la concurrence égale de l'un et de l'autre , et que l'excédent pourra être demandé en vertu du testament : *Non enim est verisimile patrem duplici dotis praestatione filium eumdemque heredem onerare voluisse.*

2° Nous trouvons, dans le recueil d'Albert, un arrêt du parlement de Toulouse, du 16 juillet 1641 , qui admet la compensation dans cette espèce : une belle-mère constitue à sa belle-fille une dot de 1,000 livres , et lui fait ensuite un legs d'une pareille somme, avec cette clause, *payable une fois après sa mort.* La belle-mère étant décédée, la belle-fille demande 2,000 livres, savoir la moitié à titre de dot , et l'autre moitié à titre de legs : mais l'arrêt cité juge, sur le fondement des termes *payable une fois*, que la testatrice a entendu compenser l'une avec l'autre.

Cette décision n'est peut-être pas à l'abri de toute critique.

XV. Remarquons d'ailleurs qu'aux arrêts qui ont admis la compensation, on en oppose d'autres qui l'ont rejetée.

Brillon en cite un sans date , « par lequel il a » été jugé au parlement de Toulouse, que le legs » fait par le testateur pour tous droits successifs » et autres que le Légataire peut avoir sur son hé-» ritage, n'est pas fait à dessein de compenser le » legs avec le fidéicommis que le Légataire avait » à prendre par le décès du testateur. »

On trouve, dans le recueil de Maynard, un arrêt émané de la même cour en 1583 , par lequel une fille à qui son père avait fait un legs de 10,000 liv., à la charge de s'en contenter et de ne pouvoir demander ni prétendre autre chose sur ses biens , fut néanmoins admise à réclamer sa part légale dans la dot de sa mère. Cette décision est conforme à la doctrine de Bartole sur le titre *de operis libertorum* au Digeste, où il dit que, lorsqu'un père a laissé quelque chose à sa fille avec la clause qu'elle ne pourra plus rien prétendre sur ses autres biens , cette prohibition n'exclut pas la fille

des droits qu'elle peut avoir à exercer contre la succession paternelle ; du chef de sa mère : et la raison qu'il en donne , est qu'une dette n'est pas comprise sous le mot *biens* , puisqu'on ne regarde comme biens que ce qui reste après la déduction des dettes.

Il résulte de tous ces détails que , pour nécessiter la compensation d'un legs avec une dette , il faut une forte présomption que telle a été l'intention du testateur ; mais que, du reste, on ne peut donner d'autre règle sur cette matière , que de peser attentivement les expressions des testamens et les différentes circonstances qui peuvent se rencontrer dans chaque affaire de cette espèce.

[[L'art. 1023 du Code civil porte que « le legs » fait au créancier , ne sera pas censé en compen-» sation de sa créance ; ni le legs fait au domes-» tique , en compensation de ses gages. »]]

Une observation qu'il ne faut jamais perdre de vue dans les différentes hypothèses où la compensation peut avoir lieu , c'est que , si la dette surpasse le legs, la compensation ne peut pas empêcher le Légataire de demander l'excédant de ce qui lui est dû , sur ce que le testateur lui a donné. C'est ainsi que, dans l'espèce de la loi 22 , § 1 , D. *de alimentis legatis* , les Légataires d'un fonds qui leur a été laissé pour en tirer les alimens que le testateur était obligé de leur fournir, sont admis, en cas d'inégalité de la valeur du fonds à l'étendue de l'obligation du défunt , à demander le surplus par action personnelle ; c'est ce que font entendre ces termes du texte cité, *scilicet si non minus valent vincae quam alimentorum aestimatio.*

Cette résolution est fondée sur un principe qu'il nous reste à développer.

XVI. Ce principe est qu'un Légataire ne peut pas être grevé au delà de son émolument : *non plus posse rogari quem restituere, quam quantum ei relictum est.* Ce sont les termes de la loi 114, § 3, D. *de legatis* 1°; et il y a une foule d'autres lois qui disent la même chose.

On entend ici par *émolument*, non seulement le corps de la chose léguée, mais encore les fruits que le Légataire en a perçus ou dû percevoir depuis la mort du testateur jusqu'au jour où il doit remplir la charge.

Il n'y faut cependant pas comprendre les profits extraordinaires qu'il en a tirés , soit en la faisant valoir dans le commerce , soit en l'employant à payer une dette qu'il devait acquitter à un certain terme sous une peine considérable. La loi 70, § 1, D. *de legatis* 2°, décide clairement ces différens points : *Si , centum legatis , duplum restituere rogatus sit, ad summam legati videbitur contituisse. Si autem post tempus fideicommissum relictum sit, usurarum duntaxat additamentum admittetur. Nec mutanda sententia erit quod forte legato percepto magnum emolumentum ex aliquo negotio consecutus est , aut poenam stipulationis imminentem evasit.*

Nous venons de dire que les fruits dont le Légataire a négligé la perception , s'imputent dans *l'émolument*; c'est en effet ce que décide le § 2 de la même loi.

La loi 20, § 2, D. *de alimentis legatis*, propose une espèce remarquable. Titia lègue à Mévius l'usufruit d'un bien, à la charge de payer à Pamphila et à Stichus une pension viagère de cent écus. Mévius décède; on demande si son héritier est tenu de continuer le paiement de la pension, sous prétexte qu'il lui reste encore des fruits qui n'ont pas été absorbés par l'acquit de la charge. La loi répond qu'il n'y est pas tenu, à moins que la testatrice n'ait ordonné le contraire; et que dans ce cas, il doit acquitter la pension jusqu'à la concurrence du profit que Mévius a tiré de son usufruit : *Nisi id testator manifeste probetur voluisse, etiam finito usufructu, præstari, si modo in quod ex usufructu receptum esset, rei præstandæ sufficeret.*

La règle qu'un Légataire ne peut pas être grevé au delà de son *émolument*, n'a lieu qu'à l'égard des legs et des charges qui consistent en quantité ou en chose dont l'estimation est fixe et certaine.

Si l'objet compris dans le legs ou dans la charge, était un héritage, un fait, une chose spécifique, en un mot, est objet pouvait recevoir ce qu'on appelle une estimation d'affection, le Légataire serait obligé, après avoir accepté le legs, d'accomplir la charge entière. La loi 70, § 1, D. *de legatis* 2°, le décide ainsi dans le cas d'un legs d'une somme de deniers, à la charge de donner à un tiers une chose qui appartient au Légataire; *Hoc ita sic quantitas cum quantitate conferatur; enim vero si, pecunia accepta, rogatus sit rem propriam, quanquam majoris æstimaretur, restituere, non est audiendus Legatarius, legato percepto, si velit computare : non enim æquitas hoc probare patitur, si quod Legatorum nomine perceperit, Legatarius offerat.*

Il en serait autrement, si la chose que le Légataire est chargé de donner à un autre, ne lui appartenait pas; comme il ne dépendrait pas de lui d'en faire l'estimation, il n'en serait tenu que jusqu'à concurrence de son legs. La loi 24, § 12, D. *de fideicommissariis libertatibus*, établit nettement cette différence : *Si quis alienum vel suum servum rogatus sit manumittere, et minus sit in eo quod accepit judicio testatoris, plus sit in pretio servi, an cogatur vel alienum redimere, vel suum manumittere, videndum est. Et Marcellus scripsit, cum ceperit legatum, cogendum omnimodo suum manumittere : et sane hoc jure utimur ut multum intersit suum quisque rogatus sit manumittere, an alienum : si suum, cogatur manumittere, etiamsi modicum accepit; quod si alienum, non alias erit cogendus, quam si tanti possit redimere quantum ex judicio testatoris consecutus sit.*

Si cependant le Légataire avait perdu, par sa faute ou négligé l'occasion d'acquérir la propriété de la chose qu'il est chargé de donner à un autre, il serait tenu de la même manière que si elle lui appartenait. C'est ce que décide la loi 24, § 2, D.

de legatis 1°, dans cette espèce : Un testateur fait à Titius un legs alternatif de Stichus ou de Dama; et le charge de donner Stichus à un autre. Titius choisit Dama; en conséquence, on demande s'il sera quitte en donnant cet esclave qui est de moindre valeur que Stichus, et la loi répond qu'il est obligé de livrer celui-ci, *cum per eum steterit quominus ex testamento haberet quod fideicommissum fuerit.*

Cette décision et la règle générale que nous venons d'établir au sujet de la charge imposée au Légataire de donner son propre bien à un autre, reçoivent une exception remarquable et dictée par l'équité même : c'est que, quand il survient, postérieurement à l'acceptation du Légataire, un déchet imprévu à la chose léguée, on ne doit pas le forcer à remplir la charge entière; il n'en est tenu alors que jusqu'à concurrence de son émolument; et si la charge est indivisible, il doit être admis à abandonner son legs. La loi 24, § 16, D. *de fideicommissariis libertatibus*, en contient une disposition expresse : *Quod si legatum sit imminutum, videndum an cogatur servum manumittere, qui speravit legatum uberius consecuturum; et putem si legatum refundere sit paratus, non esse cogendum, idcirco quia alia comtemplatione agnovit legatum, quod ex inopinato diminutum est. Parato igitur ei a legato recedere, concedendum erit : nisi forte residuum legatum ad pretium sufficit.*

On voit par là que l'acceptation du Légataire, quoique de sa nature aussi irrévocable que celle de l'héritier, ne le lie cependant pas aussi rigoureusement que celui-ci; car un héritier ne serait pas recevable à se faire restituer contre son adition, sous prétexte que les biens héréditaires auraient essuyé entre ses mains des diminutions considérables et imprévues.

[[§ VIII. *Des droits d'enregistrement dus par les Légataires, et de la manière de les liquider.*

I. L'art. 69 de la loi du 22 frimaire an 7, fixe le droit d'enregistrement,

1° à 25 centimes par 100 francs, pour les legs en propriété ou usufruit des biens meubles, en ligne directe (§ 1, n° 3.);

2° à 1 franc 25 centimes par 100 francs, pour les legs en propriété ou usufruit de biens meubles, entre collatéraux et autres personnes non parentes (§ 4, n° 2);

3° à 62 centimes et demi par 100 francs, pour les mêmes legs entre époux (*ibid*);

4° à 1 franc par 100 francs, pour les legs en propriété ou usufruit d'immeubles, en ligne directe (§ 3, n° 4);

5° à 2 francs 50 centimes par 100 francs, pour les legs en propriété ou usufruit d'immeubles, entre époux (§ 6, n° 3);

6° à 5 francs par 100 francs, pour les legs en propriété ou usufruit d'immeubles, entre collatéraux ou autres personnes non parentes (§ 8, n° 2). »

II. L'art. 14 de la même loi porte que « la va-
» leur de la propriété et de l'usufruit des biens
» meubles est déterminée pour la liquidation et
» le paiement du droit proportionnel, ainsi qu'il
» suit, savoir....., 6° pour les transmissions.....,
» à titre gratuit, qui s'opère par décès, par la dé-
» claration estimative des parties, *sans distraction*
» *des charges.* »

L'art. 15 ajoute :
« La valeur de la propriété et de l'usufruit des
immeubles est déterminée, pour la liquidation et
le paiement du droit proportionnel, ainsi qu'il
suit, savoir.....,

» 7° Pour les transmissions....., à titre gratuit,
qui s'opèrent par décès, par l'évaluation qui sera
faite et portée à vingt fois le produit des biens, ou
le prix des baux courans, *sans distraction des
charges.* Il ne sera rien dû pour la réunion de l'u-
sufruit à la propriété; lorsque le droit d'enregistrement aura été acquitté sur la valeur entière de
la propriété ;

» 8° Pour les transmissions d'usufruit seulement....., à titre gratuit....., par décès, par l'évaluation qui en sera portée à dix fois le produit des
biens, ou le prix des baux courans, *aussi sans
distraction des charges.*

» Lorsque l'usufruitier qui aura acquitté le
droit d'enregistrement pour son usufruit, acquerra
la nue propriété, il paiera le droit d'enregistrement sur la valeur, sans qu'il y ait lieu de joindre
celle de l'usufruit. »

Des termes, *sans distraction des charges,* employés dans ces deux articles, s'ensuit-il que le
droit proportionnel d'enregistrement qui est dû par
un Légataire universel grevé de legs particuliers,
doit être pris sur la valeur entière des biens compris dans la succession disponible, indépendamment des droits qui sont dus par chacun des legs
particuliers au paiement desquels il est tenu ?

Cette question peut se présenter dans trois cas
différens :

Ou il s'agit de legs, soit d'effets mobiliers, soit
d'immeubles, qui se trouvent dans la succession,
et par conséquent dans le legs universel ;

Ou il s'agit de legs de sommes d'argent, dont la
succession dévolue au Légataire universel présente
au moins l'équivalent ;

Ou il s'agit de legs de sommes d'argent qui ne
se trouvent pas dans la succession, et que le
Légataire universel doit payer de ses propres
deniers.

Au premier cas, le Légataire universel n'est
certainement pas tenu, dans la déclaration qu'il
doit fournir au bureau de l'enregistrement, de
faire état des immeubles ou des effets mobiliers de
la succession que le testateur a détachés, par des
legs particuliers, de son legs universel.

A quel titre, en effet, exigerait-on de lui un
droit de mutation pour ces objet?

Ces objets éprouvent-ils une mutation de lui au

testateur ? Non, le testateur ne les lui a pas
donnés, il les lui a ôtés, au contraire ; il lui en
a bien conféré la saisine, mais cette saisine n'est
pour lui qu'un dépôt ; et il faut qu'il la remette
aux Légataires particuliers, à leur première demande.

Eprouvent-ils une mutation de lui aux Légataires particuliers eux-mêmes ? Pas davantage. La
délivrance qu'il fait aux Légataires particuliers de
ces objets, ne porte pas sur la propriété : elle ne
porte que sur la possession. La propriété passe directement de la personne du testateur dans celle des
Légataires particuliers (loi 80, D. *de legatis* 2° ;
loi 64, D. *de furtis*). La possession seule reste
dans les mains du Légataire universel, jusqu'à ce
que les Légataires particuliers la réclament. Et la
transmission que le Légataire universel fait ainsi
de sa possession aux Légataires particuliers, n'est
pas considérée comme une mutation sujette au
droit proportionnel, mais seulement comme un
acte de pure administration. Aussi, et c'est ce qui
tranche absolument la difficulté, n'est-elle tarifée
par le n° 25 du §. 1 de l'art. 68 de la loi 28 frimaire an 7, qu'au droit fixe de un franc.

Il en doit être de même dans le second cas ; et
c'est la conséquence nécessaire du texte que je
viens de citer. En n'assujettissant *les délivrances
de legs purs et simples* qu'au *droit fixe d'un
franc,* la loi du 22 frimaire an 7 ne distingue pas
entre les legs de deniers et les legs de corps certains.
Elle les comprend donc les uns comme les autres
dans sa disposition. Mais par cela seul, elle décide
nettement que la somme de deniers léguée par le
testateur, n'éprouve de mutation, ni du testateur
au Légataire universel, ni du Légataire universel
au Légataire particulier : elle décide nettement que
le Légataire particulier est censé la recevoir directement du testateur, ou du moins que le testateur
n'emploie le Légataire universel, pour la faire passer au Légataire particulier, que comme un simple
dépositaire ou entremetteur.

Qu'importe, pour ce second cas comme pour le
premier, que, par les articles 14 et 15 de la même
loi, il soit dit que le droit proportionnel dû par le
Légataire universel, se détermine par l'évaluation
des biens compris dans son legs, *sans distraction
des charges?* De quelles *charges* est-il question
dans cet article? De celles-là seules qui ne doivent pas elles-mêmes un droit proportionnel.
Ainsi, les dettes dont un legs universel est grevé,
ne doivent pas être distraites de l'évaluation des
biens dont ce legs se compose, parce que le Légataire universel ne paie aucun droit pour la
somme à laquelle elles se montent. Mais les legs
particuliers sont eux-mêmes soumis à un droit
proportionnel d'enregistrement, et il est bien évident que le même droit ne peut pas être exigé
deux fois sur le même objet et pour la même mutation : ce qui pourtant arriverait nécessairement,
si le Légataire universel était tenu de payer le droit
proportionnel des legs particuliers dont le testateur
a ordonné le prélèvement sur la masse disponible

de sa succession, tandis que les Légataires particuliers devraient également le payer pour les mêmes legs.

Aussi verrons-nous bientôt que l'administration de l'enregistrement reconnaît que, dans les deux cas que je viens d'indiquer, il ne lui est dû qu'un seul droit; qu'une fois payé par les Légataires particuliers, ce droit ne peut plus être exigé du Légataire universel; et que réciproquement, une fois avancé par le Légataire universel, il ne peut plus être exigé des Légataires particuliers, sauf la restitution que ceux-ci doivent faire à celui-là de ce qu'il a payé pour eux.

Dans le troisième cas, la question est beaucoup plus difficile. Elle s'est présentée à la cour de cassation dans l'espèce suivante.

Le 4 germinal an 13, les sieur Jean-Pierre et Pierre-François Lioud, Légataires universels du sieur Jean-Pierre Lioud, leur cousin germain, font au bureau de l'enregistrement la déclaration des biens qui composent sa succession. Ils en portent la valeur à 298,760 francs, y compris 450 fr. en deniers comptants. Mais ils observent que le testateur les a grevés de legs particuliers qui s'élèvent ensemble à 52,400 francs, et que les différens Légataires entre lesquels il a réparti cette somme, en ont acquitté les droits, chacun pour ce qui le concerne; et ils demandent en conséquence que les droits déjà payés pour cette somme, soient imputés sur celui qu'ils doivent personnellement.

Le receveur ne tient aucun compte de cette observation, et perçoit sur le montant entier de la succession, sans distraction de ce qu'il a déjà perçu pour les legs particuliers, le droit dû par les sieurs Lioud.

Ceux-ci se pourvoient en restitution; et elle est ordonnée par un jugement du tribunal de première instance du département de la Seine.

« Attendu 1° qu'il résulte du texte même de l'art. 27 de la loi du 22 frimaire an 7, que les héritiers ou les Légataires sont tenus de faire la déclaration des biens qu'ils recueillent par voie d'héritage; que cette alternative des héritiers ou Légataires prouve que la déclaration ne doit pas être faite cumulativement par les uns et par les autres; ce qui arriverait cependant si l'administration de l'enregistrement était autorisée à percevoir un droit sur la déclaration de l'héritier, et sur celle du Légataire pour un même objet; que cette prétention n'étant pas autorisée par la loi, on doit en conclure que lorsque le Légataire a fait la déclaration du legs qui lui est échu, et payé le droit auquel il est assujetti par cette transmission de propriété, le legs ne peut être grevé d'un nouveau droit lors de la déclaration de l'héritier, puisqu'il est vrai que ce droit n'étant dû qu'à cause de la transmission de propriété, il ne peut être payé que par celui qui recueille cette propriété;

» 2° Que l'administration a elle-même reconnu ce principe pour le Légataire d'un immeuble, et qu'on ne trouve aucun motif de ne pas l'appliquer aux

Légataires d'un objet mobilier ou d'une somme fixe;

» 3° Que le § 8 de l'art. 14, qui veut que la déclaration soit faite sans distraction des charges, ne comprend que les charges auxquelles étaient sujettes la personne ou les propriétés de celui dont on recueille la succession, mais non celles qui affaiblissent, ou même, dans certains cas, absorbent les capitaux de cette succession; et que si, dans une succession immobilière, on reconnaît que le Légataire de chaque immeuble est seul passible du droit résultant de la mutation, et non pas l'héritier naturel, parce que celui-ci ne peut payer qu'en raison de ce qu'il recueille, et il en doit être de même à l'égard des Légataires et des héritiers dans une succession mobilière, lorsque le legs est d'une somme fixe en capital;

» 4° Et enfin, que dans l'espèce, les Légataires ayant payé le droit proportionnel pour les legs qu'ils ont recueillis, et la distraction qui devait en être faite aux héritiers naturels n'ayant pas été admise dans la déclaration que ces derniers ont faite, il en résulte qu'il s'est opéré une double perception.»

L'administration de l'enregistrement se pourvoit en cassation contre ce jugement; et voici dans quels termes elle expose ses moyens:

« Il suffira de rappeler les dispositions de la loi du 22 frimaire an 7, de citer celles du Code civil, et de rétablir fidèlement les citations et les faits qui sont dénaturés dans le jugement dont il s'agit, pour démontrer que ce jugement ne peut subsister.

» En effet, 1° le n° 8 de l'art. 14 de la loi du 22 frimaire an 7, cité par le tribunal, dit textuellement que la valeur de la propriété de l'usufruit et de la jouissance de biens meubles, est déterminée, pour la liquidation et le paiement du droit proportionnel, « pour les transmissions en-» tre-vifs à titre gratuit et celles qui s'opèrent » par décès, par la déclaration estimative des » parties, sans distraction des charges. »

» Le n° 7 de l'art. 15 de la même loi porte aussi textuellement que la valeur de la propriété des biens immeubles, est déterminée pour les transmissions entre-vifs à titre gratuit, et celles qui s'effectuent par décès, par l'évaluation qui sera faite et portée à vingt fois le produit des biens ou le prix des baux courans, sans distraction des charges.

Enfin, le § du même art. 15, relatif à l'usufruit des biens immeubles, veut aussi formellement que la valeur en soit déterminée d'après les mêmes bases que celles de la propriété des mêmes biens; et il ajoute : aussi sans distraction des charges.

» Rien n'indique, comme l'on voit, ainsi que l'a supposé le tribunal, que les dispositions de ces articles, relatives à la non distraction des charges, se bornent aux seules charges auxquelles étaient sujettes la personne ou les propriétés dont on recueille la succession, mais qu'elles ne comprennent pas celles qui affaiblissent les capitaux de cette succession. La loi n'a fait aucune distinction, aucune exception entre ces charges; elle a voulu, dans l'ensemble de ses dispositions et dans une foule de dispositions particulières, que le droit de transmission, à quelque titre qu'elle s'opère, soit toujours payé sur la *valeur entière* de l'objet transmis; or, il ne le serait pas sur la valeur entière, si l'on pouvait admettre des déductions; aussi voit-on que, pour prévenir toute objection à cet égard, la loi a statué, par les trois paragraphes ci-dessus transcrits, que les droits seront payés sur la valeur, et que cette valeur sera estimée et *fixée sans distraction des charges*. Les charges ni les dettes d'une succession ne peuvent donc être déduites. Or, les legs de 52,400 fr., dont il s'agit, n'étant point des legs d'objets en nature, ni des créances désignées sur des particuliers, mais des legs de sommes mobilières dont le paiement ne peut être même fait par les Légataires universels avec les deniers comptans de la succession qui ne montent qu'à 450 francs, ils sont nécessairement des dettes et charges de la succession, dont les héritiers des Légataires universels sont tenus en vertu des dispositions de la loi.

» En effet, le Code civil ne considère les Légataires particuliers de sommes mobilières que comme des créanciers de la succession, et les héritiers ou les Légataires universels que comme des débiteurs. L'art. 1017 de ce Code porte: « *Les héritiers du testateur ou autres débiteurs d'un legs seront personnellement tenus de l'acquitter, chacun au pro-rata de la part et portion dont ils profiteront dans la succession.*

» Il est donc constant qu'un pareil legs n'est qu'une dette de la succession. Or, comme il est de principe constant et que la loi veut que, pour le paiement des droits résultant de l'ouverture des successions, les dettes ne se déduisent pas, il en résulte que la perception du receveur qui n'a pas voulu consentir à cette déduction, a été régulière, et que le jugement du tribunal de première instance qui l'ordonne, est mal fondé.

» 5° Le tribunal, pour étayer, dans l'espèce, le système qu'il tend à établir, a fait une supposition contraire aux faits. Il a supposé qu'il y avait eu double perception sur les 52,400 francs légués: l'une sur les Légataires particuliers de cette somme, l'autre sur les héritiers ou Légataires universels. Certes, si cela eût été ainsi, l'administration n'attaquerait pas ce jugement, ou plutôt elle n'aurait pas autorisé la perception.

» On ne dissimule pas que les objections et les motifs du tribunal auraient quelque chose de spécieux, si, dans une succession, il se trouvait assez de deniers comptans pour acquitter les legs de sommes purement mobilières faites par le testament. On ne peut s'empêcher de sentir qu'en pareil cas, il pourrait y avoir réellement un double emploi, puisque la somme léguée et celle destinée à l'acquitter, subiraient chacune le même droit, quoique cette somme ne se trouvât pas deux fois dans la succession; et qu'ainsi la perception se

trouverait établie, non-seulement sur le legs qui fait une créance dans la personne du Légataire, mais encore une seconde fois sur la dette même que l'héritier débiteur est tenu d'acquitter; or, il est bien vrai que les dettes ne doivent pas se déduire, mais non pas qu'elles doivent acquitter elles-mêmes un droit.

» Mais les motifs et les objections du tribunal de première instance, uniquement applicables au cas que l'on vient de prévoir, ne peuvent l'être à l'espèce particulière dont il s'agissait, puisque les legs montent à 52,400 francs, et qu'il ne s'est trouvé que 450 francs de deniers comptans dans la succession. Les Légataires universels n'ont pas compris dans leur déclaration, et on ne leur a pas fait payer une seconde fois les droits que les Légataires particuliers avaient acquittés sur 52,400 fr. Par conséquent il n'y a pas eu double emploi de perception. Seulement, conformément à la loi, on n'a pas admis les Légataires universels à déduire, sur la valeur des biens de la succession, les 52,400 francs qui formaient le montant de ses dettes et charges.

» Si le système du tribunal pouvait s'établir, il en résulterait que, dans une succession dont l'auteur aurait 150,000 francs de legs, et qui ne consisterait que dans un immeuble de 200,000 fr., sans aucuns deniers comptans, le droit de l'immeuble ne pourrait, contre le vœu de la loi, être perçu de l'héritier que sur 50,000 francs seulement, au moyen de la réduction qu'il faudrait faire des 150,000 francs de legs. Il n'est pas besoin de faire sentir combien un tel système est subversif de la loi et de la contribution. »

Nonobstant ces raisons, arrêt du 27 mai 1806, au rapport de M. Rousseau, par lequel,

« Attendu que les droits de mutation ne sont dus que sur la totalité de la succession, sans distraction des charges; et que, dans le fait, le droit sur le total des biens dont la mutation s'est opérée, se trouve acquitté, tant par la perception sur le montant des legs particuliers que par celle sur le surplus de l'hérédité, et qu'en percevant des Légataires universels, non-seulement sur le surplus, mais encore sur la masse entière de la succession, la régie a exigé un droit sur une masse excédant l'intégralité de la succession;

» Attendu qu'une pareille perception ne peut être présumée sortir de l'intention du législateur, et n'est pas autorisée par le texte de la loi; qu'ainsi, les juges n'ont commis aucune contravention, en ordonnant la restitution de l'excédant des droits payés au-delà de la valeur de la masse héréditaire;

» La cour, par ces motifs, rejette le pourvoi de la régie.... »

On ne peut pas, comme l'on voit, appliquer à l'espèce dans laquelle a été rendu cet arrêt, les raisons qui, dans les deux cas précédens, s'élèvent contre le système qui tendait à soumettre au droit d'enregistrement dû par le Légataire universel, même le montant des legs particuliers: on ne peut pas dire que, dans cette espèce, le Légataire universel ne soit réellement que l'entremetteur, le dépositaire des libéralités particulières du testateur ; on ne peut pas dire que, dans cette espèce, les deniers qu'il tire de sa propre bourse pour payer les Légataires universels, n'éprouvent réellement, de lui à ceux-ci, aucune mutation.

Mais s'il est dans l'esprit de la loi du 22 frimaire an 7, de feindre que, dans ce cas comme dans les deux précédens, le Légataire universel n'est pour le testateur qu'un dépositaire, qu'un entremetteur, chargé de transmettre ses libéralités particulières ; si, dans ce cas comme dans les deux précédens, la loi du 22 frimaire an 7 suppose, par une fiction bénévole, qu'il ne s'opère aucune mutation relativement aux deniers que le Légataire universel emploie au paiement des legs particuliers, qu'aura-t-on à dire ?

Or, ces fictions que la loi du 22 frimaire an 7 pouvait certainement faire, ne les a-t-elle pas effectivement adoptées, lorsque, par le n° 25 du § 1 de son 68ᵉ article, elle a dit généralement, sans distinction ni restriction quelconque, qu'il ne serait perçu que le droit fixe d'un franc pour *les délivrances de legs purs et simples* ? En disposant ainsi, le legislateur savait parfaitement qu'il est une foule de legs qui ne peuvent pas être acquittés en nature d'effets provenans de la succession ; pourquoi donc ne les a-t-il pas rangés dans une classe à part ? Pourquoi n'a-t-il pas appliqué au paiement que le Légataire universel en ferait de ses propres deniers, la règle établie par l'art. 69, § 2, n° 11, qu'il est dû un droit proportionnel de 50 centimes par cent francs, pour *tous actes et écrits portant libération de somme ou valeur mobilière* ? C'est évidemment parce qu'il a voulu les confondre dans la classe commune, parce qu'il a voulu les assimiler à tous égards aux legs qui se paient en effets héréditaires, parce qu'il a voulu qu'ils fussent censés payés de manière à n'opérer aucune mutation du Légataire universel aux Légataires particuliers.

L'art. 1016 du Code civil nous présente absolument le même esprit. Après avoir dit que « les » frais de la demande en délivrance seront la » charge de la succession, » il ajoute : « Les droits » d'enregistrement seront dus par les Légataires ; » chaque legs pourra être enregistré séparément, » sans que cet enregistrement puisse profiter à » aucun autre qu'au Légataire ou à ses ayant- » causes. »

Il résulte clairement de là que, pour toute espèce de legs, pour les legs payables des propres deniers du Légataire universel, comme pour les legs payables des deniers de la succession, le droit proportionnel d'enregistrement doit être perçu, non sur l'acte par lequel le Légataire universel les paie aux Légataires particuliers, mais sur les articles du testament qui contiennent ces legs.

Et cette conséquence en amène nécessairement une autre : c'est que le législateur ne considère les Légataires particuliers de sommes qui n'existent pas dans la succession, que comme recevant ces sommes de la main du testateur ; c'est que le législateur ne considère ces sommes que comme transmises directement par le testateur aux Légataires particuliers ; c'est que le législateur fait abstraction de la mutation qui se fait du Légataire universel aux Légataires particuliers, relativement à ces sommes.

Mais dès que ces sommes, quoique payées des propres deniers du Légataire universel, sont, aux yeux de la loi, censées provenir des propres deniers du testateur ; dès qu'elles sont, aux yeux de la loi, censées prises dans la succession, bien évidemment elles ne peuvent pas supporter un double droit proportionnel d'enregistrement ; elles ne peuvent pas être soumises à un premier droit de la part du Légataire universel, et à un second droit de la part des Légataires particuliers.

Il faut donc de deux choses l'une : ou que le Légataire universel, lorsqu'il paie le droit pour la succession entière, en déduise ce que les Légataires particuliers ont déjà payé pour leur legs ; ou si, les Légataires particuliers ne l'ont pas encore payé pour leur legs, qu'il soit censé le payer pour eux en le payant pour la succession entière, sauf à chacun d'eux à lui tenir compte de sa part contributoire.

Faut-il conclure de là, comme le soutenait l'administration de l'enregistrement, lors de l'arrêt du 27 mai 1806, « que, dans une succession dont l'auteur aurait fait 150,000 fr. de legs, et qui ne consisterait que dans un immeuble de 200,000 fr., sans aucuns deniers comptans, le droit de l'immeuble ne pourrait, contre le vœu de la loi, être perçu que sur 50,000 fr. seulement, au moyen de la déduction qu'il faudrait faire des 150,000 fr. de legs ? »

Sans doute, si telle était la conséquence du jugement confirmé par l'arrêt du 27 mai 1806, on ne pourrait voir dans ce jugement, comme le disait la régie, qu'un *système subversif de la loi et de la contribution*.

Mais ce n'est point ce qu'a décidé ce jugement, et il s'en faut beaucoup qu'il conduise à un pareil résultat.

Les héritiers Lioud prétendaient-ils ne payer le droit de mutation que sur les 246,360 francs qui leur restaient de bénéfice, déduction faite des 52,400 francs qu'ils avaient payés aux Légataires particuliers de leur propre argent ? Non. Ils demandaient seulement que, sur le droit de deux pour cent qu'ils devaient à raison des meubles, et sur celui de quatre pour cent qu'ils devaient à raison des immeubles de la succession qu'ils conservaient, il leur fût tenu compte par la régie de 1 fr. 25 centimes par 100 francs que les Légataires particuliers avaient déjà payés pour leur legs. Et le jugement dont il s'agit n'a fait, comme l'arrêt qui l'a maintenu, que déclarer cette demande bien fondée.

Par cette manière de juger, toutes les dispositions de la loi sont parfaitement respectées, toutes ses vues sont exactement remplies. D'un côté, le droit proportionnel est perçu sur la valeur entière des biens meubles et immeubles que le défunt a transmis au Légataire universel, et que celui-ci conserve; de l'autre, comme les sommes léguées à titre particulier sont censées prises sur ces biens, et que les mêmes biens ne peuvent pas être grevés des droits de deux mutations, alors qu'ils n'en subissent qu'une, les droits payés par les Légataires particuliers, s'imputent sur ceux que paie le Légataire universel.

III. Ce que nous disons du cas où les legs particuliers sont payables par un Légataire universel, on doit également le dire du cas où ces legs sont à la charge d'un héritier légitime. Dans ce second cas, comme dans le premier, le droit de mutation dû par les objets légués, doit être imputé sur le droit de mutation dû par l'hérédité entière; et réciproquement, lorsque l'hérédité a commencé par acquitter le droit de mutation pour tout ce qu'elle comprend, la régie de l'enregistrement doit en tenir compte aux Légataires particuliers; en sorte que, si ceux-ci, par leur rapport avec le défunt, ne sont pas soumis à un droit plus fort que l'héritier légitime, elle n'a plus rien à leur demander. C'est ce que la cour de cassation a jugé dans l'espèce suivante.

Par un codicille du 22 thermidor an 8, Joseph-Rebut Lacroix, domicilié à Annecy, a légué deux sommes d'argent à la dame Tochon, femme Marchaud, sa cousine. Il est mort le 2 fructidor suivant, laissant pour héritier légitime un parent en ligne collatérale.

Celui-ci a fait sa déclaration au bureau de l'enregistrement, et a acquitté le droit de mutation pour l'hérédité entière, au taux fixé par la loi, c'est-à-dire à raison d'un franc 25 centimes par 100 francs pour les meubles, et de 5 francs par 100 francs pour les immeubles.

Il a en même temps payé à la dame Tochon les deux legs dont le défunt l'avait gratifiée; et sans doute il s'est fait tenir compte par elle du droit qu'il avait payé à son acquit.

Le 9 ventôse an 12, la régie de l'enregistrement a fait signifier à la dame Tochon une contrainte en paiement de la somme de 99 francs pour le droit et le double droit de ses deux legs. La dame Tochon et son mari ont formé opposition à cette contrainte.

Le 24 floréal suivant, jugement du tribunal civil de l'arrondissement d'Annecy, qui;

« Attendu que les legs dont il s'agit n'ont opéré aucune mutation; qu'ils sont uniquement une charge imposée à l'héritier de solder les sommes qui en sont l'objet; et qu'ainsi, l'art. 69, § 4, n° 2, de la loi du 22 frimaire an 7, ne paraît pas applicable à l'espèce;

» Déboute la régie des conclusions par elle prises. »

La régie s'est pourvue en cassation; et il faut convenir que la manière dont était motivé ce jugement, prêtait amplement à la critique. Mais par arrêt contradictoire du 12 avril 1808, rendu sur délibéré, au rapport de M. Schwendt,

« Considérant qu'il est justifié par la quittance du receveur de l'enregistrement, et qu'il n'est pas dénié que le droit de mutation a été acquitté par l'héritier sur l'universalité de la succession dont il s'agit, tant en effets mobiliers qu'immeubles; que dès lors, la perception d'un pareil droit sur les legs particuliers qui en font partie, présenterait un double emploi que ne permet aucune disposition de la loi;

» La cour rejette le pourvoi de la régie.... »

Cette jurisprudence est, au surplus, sanctionnée par un avis du conseil d'état du 2 septembre 1808; que le chef du gouvernement a revêtu de son approbation le 10 du même mois, et qui est ainsi conçu :

« Le conseil d'état, qui, en exécution du renvoi ordonné, a entendu le rapport des sections des finances et de législation sur celui du ministre des finances, présentant la question de savoir si, lorsqu'un Légataire universel est grevé de legs particuliers de sommes d'argent qui ne se trouvent pas dans la succession, le droit proportionnel dû par lui sur la valeur entière des biens qui la composent, doit être perçu indépendamment des droits dus pour chacun de ces legs particuliers;

» Vu les art. 14, 15, 29 et 32 de la loi du 22 frimaire an 7; les art. 1016 et 1017 du Code civil;

» Considérant que la déclaration des héritiers ou Légataires à titre universel devant comprendre l'universalité des biens de la succession, le droit proportionnel qui est perçu d'après cette déclaration, remplit le vœu de la loi, puisqu'il porte sur la totalité de la succession;

» Que la délivrance des legs particuliers, soit qu'ils consistent en effets réellement existans dans la succession, soit que les Légataires universels ou les héritiers doivent les payer de leurs propres deniers, n'opère point de mutation de ces deniers aux Légataires particuliers; que, dans les deux cas, la loi ne regarde les héritiers ou Légataires universels que comme de simples intermédiaires entre le testateur qui est censé donner lui-même, et les Légataires particuliers qui reçoivent;

» Que du système contraire il résulterait que le même objet serait, en définitive, assujetti à deux droits de mutation; ce qui n'est ni dans le texte ni dans l'esprit de la loi; qu'enfin on ne doit pas assimiler le legs particulier payé d'après la volonté du testateur, à une dette de sa succession;

» Est d'avis que, lorsque des héritiers ou Légataires universels sont grevés de legs particuliers de sommes d'argent non existantes dans la succession, et qu'ils ont acquitté le droit proportionnel sur l'intégralité des biens de cette même succession, le même droit n'est pas dû pour ces legs; conséquemment, que les droits déjà payés par les Légataires particuliers doivent s'imputer sur ceux dus par les héritiers ou Légataires universels. »

IV. Le droit proportionnel d'enregistrement qui est dû par un héritier ou Légataire universel que le testateur a grevé de rentes viagères, doit-il être pris sur la valeur entière de la succession disponible, indépendamment des droits qui sont dus par ceux à qui les rentes viagères sont léguées?

J'ai rapporté, dans mon *Recueil de Questions de droit*, au mot *Enregistrement (Droit d')*, § 22, un arrêt de la cour de cassation du 8 septembre 1808, qui juge que non.

On en trouvera un semblable dans le n° suivant.

V. En est-il, à cet égard, d'un legs d'usufruit comme d'un legs de rentes viagères?

J'ai soutenu la négative à l'endroit cité de mon *Recueil de Questions de droit*, et un arrêt de la cour de cassation a depuis consacré cette doctrine.

Anne-Louise-Bernardine-Céleste Anneix avait, par son testament, légué à sa sœur Marie-Thérèse-Angélique Anneix, par préciput et hors part, plusieurs immeubles et une rente viagère de 400 fr.; à ses neveu et nièce Charles et Marie-Anne Anneix, par préciput et hors part, des terres et d'autres immeubles; à Charles seul, l'usufruit de tous les biens immobiliers dont elle n'avait pas disposé, et l'universalité de ses effets mobiliers; enfin, à Jeanne Ducault, une rente viagère de 300 francs. Elle avait, en même temps, chargé Charles Anneix de payer les droits de mutation qui seraient ouverts par son décès, à l'exception de ceux qui seraient dus pour les immeubles et les rentes viagères légués à Marie-Thérèse-Angélique Anneix.

Après le décès de la testatrice, les déclarations pour le paiement du droit de mutation furent faites dans les différens bureaux de la situation des biens, les 9, 12 et 13 mai 1809. On paya le droit de mutation sur la totalité des biens meubles et immeubles laissés par la testatrice; et il fut perçu en outre trois droits spéciaux : un sur l'usufruit légué à Charles Anneix, un autre sur la rente viagère léguée à la demoiselle Anneix, et un troisième sur la rente viagère léguée à Jeanne Ducault : ces droits spéciaux s'élevèrent à la somme de 1,339 francs 25 centimes.

Le 8 août 1809, Charles Anneix et Marie-Thérèse-Angélique Anneix ont demandé, devant le tribunal civil de Rennes, la restitution de cette somme.

Le 26 novembre 1810, jugement qui ordonne cette restitution, « attendu que, par un arrêt de la » cour de cassation du 8 septembre 1808, et par » un avis du conseil d'état du 2 du même mois » approuvé le 10, il a été décidé que, lorsque ces » droits ont été acquittés sur la valeur entière de » la succession, il n'y a pas lieu d'exiger le paie- » ment d'un droit spécial sur les legs; que le » même objet n'est pas assujetti à deux droits; que » la loi ne regarde les héritiers et Légataires uni- » versels, que comme de simples intermédiaires » entre le testateur et les Légataires particuliers; » d'où il suit que la délivrance des legs n'opère » pas de mutation des uns aux autres. »

La régie de l'enregistrement se pourvoit en cassation contre ce jugement.

Par arrêt du 23 novembre 1811, au rapport de M. Reuvens,

« Vu les art. 4, 15, n°° 7 et 8, et 69, § 8, n° 2, de la loi du 21 frimaire an 7, et l'avis du conseil d'état du 2 septembre 1808;

» Considérant que le legs d'une rente viagère a pu être assimilé au legs d'une somme d'argent, puisqu'il n'y a, que cette différence, ou d'une somme payable une fois, ou d'une somme payable à des termes annuels et successifs;

» Considérant que, sous ce point de vue, l'avis du conseil d'état qui dispose que, lorsque les héritiers ou Légataires universels sont grevés de legs particuliers de sommes d'argent non existantes dans la succession, et qu'ils ont acquitté le droit proportionnel sur l'intégralité de cette même succession, le même droit n'est pas dû pour les legs, a pu, dans l'espèce, recevoir son application au cas des legs des rentes viagères dont il s'agissait;

» Mais considérant qu'il n'en est pas de même d'un legs d'usufruit; que la disposition de l'avis du conseil d'état ne s'étend pas aux legs de cette nature, et ne saurait y être appliquée; qu'en effet, un legs d'usufruit ne saurait être comparé au legs d'une somme d'argent, et que, loin qu'on puisse dire que le droit proportionnel dû à raison d'un legs d'usufruit soit acquitté par le paiement du même droit sur l'intégralité de la succession, on doit considérer au contraire qu'un usufruit légué est une sorte de propriété nouvelle, créée par le testateur, qui non seulement n'existe pas dans l'universalité des biens par lui laissés, mais encore est absolument hors la consistance réelle de sa succession;

» Considérant qu'il résulte de là qu'un legs d'usufruit reste dans les dispositions générales de la loi du 22 frimaire an 7, qu'il demeure assujetti spécialement au droit proportionnel que cette loi établit sur toute transmission de propriété, d'usufruit ou jouissance de biens meubles ou immeubles, soit entrevifs, soit par décès;

» Considérant que les arrêts de la cour des 12 avril et 8 septembre 1808, rendus, l'un sur l'espèce d'un legs d'une somme d'argent, l'autre sur l'espèce d'un legs d'une rente viagère, ne préjugent pas sur l'espèce d'un legs d'usufruit, et sont conséquemment inapplicables;

» D'où il suit que le tribunal de première instance de Rennes, en condamnant la régie à restituer au sieur et à la demoiselle Anneix, une somme de 1,339 francs 25 centimes, comme indûment perçue, a violé les articles précités de la loi du 22 frimaire an 7, et faussement appliqué l'avis du conseil d'état du 2 septembre 1808, en tant que ladite condamnation comprend le montant du droit spécial perçu sur l'usufruit d'immeubles légués, et que la quotité de ce droit spécial fait partie de la susdite somme de 1,339 francs 25 centimes;

» Par ces motifs, la cour casse et annulle le jugement du tribunal civil de Rennes, du 26 novembre 1810, quant à la restitution ordonnée du montant du droit spécial perçu sur le legs d'usufruit dont il s'agissait au procès; sur le surplus du jugement, rejette le pourvoi de la régie.......»]]

V. le Commentaire de Perchambault sur la coutume de Bretagne; le traité de Petrus Peckius Zizicæus, *de legatis in testamento*; celui de Joannes Maria, *de annuis legatis*; Duplessis, sur la coutume de Paris; la Conférence des coutumes; les OEuvres de Loyseau, etc.

V. aussi les articles *Legs*, *Réduction de Legs*, *Révocation de Legs*, *Héritier*, *Institution contractuelle*, *Institution d'héritier Légitime*, *Légitimation*, *Condition*, *Mode*, *Libération* (*legs de*), *Option* (*legs d'*), *Réserve*, *Réserves coutumières*, *Propre*, *Portion disponible*, *Usufruit*, etc.

[[LÉGION-D'HONNEUR. C'est une institution qui a son principe dans l'art. 87 de l'acte constitutionnel du 22 frimaire an 8, portant qu'il « sera décerné des récompenses nationales aux » guerriers qui auront rendu des services éclatans » en combattant pour la république. »

I. C'était pour développer et organiser ce principe, qu'avait été faite la loi du 29 floréal an 10, dont voici les dispositions :

» Tit. 1, art. 1. En exécution de l'art. 87 de la constitution, concernant les récompenses militaires, et pour récompenser aussi les services et les vertus civiles, il sera formé une Légion d'honneur.

» 2. Cette Légion sera composée d'un grand conseil d'administration, et de quinze cohortes, dont chacune aura son chef-lieu particulier.

» 3. Il sera affecté à chaque cohorte, des biens nationaux portant 200,000 francs de rente.

» 4. Le grand conseil d'administration sera composé de sept grands officiers. (1).

» 5. Le premier consul est, de droit, chef de la Légion, et président du grand conseil d'administration.

» 6. Chaque cohorte sera composée de sept grands officiers, de vingts commandans, de trente officiers, et de trois cent cinquante légionnaires.

» Les membres de la Légion sont à vie.

» 7. Il sera affecté à chaque grand officier, 5,000 francs; à chaque commandant, 2,000 francs; à chaque officier, 1,000 francs; et à chaque légionnaire, 250 francs.

» Ces traitemens sont pris sur les biens affectés à chaque cohorte.

» 8. Chaque individu admis dans la Légion jurera, sur son honneur, de se dévouer au service de la république, à la conservation de son territoire dans son intégrité, à la défense de son gouvernement, de ses lois, et des propriétés qu'elles ont consacrées; de combattre, par tous les moyens que la justice, la raison et les lois autorisent,

toute entreprise tendant à rétablir le régime féodal, à reproduire les titres et qualités qui en étaient l'attribut, enfin de concourir de tout son pouvoir au maintien de la liberté et de l'égalité.

» 9. Il sera établi dans chaque chef-lieu de cohorte, un hospice et des logemens, pour recueillir, soit les membres de la Légion que leur vieillesse, leurs infirmités ou leurs blessures auraient mis dans l'impossibilité de servir l'Etat, soit les militaires qui, après avoir été blessés dans la guerre de la liberté, se trouveraient dans le besoin.

» Tit. 2, art. 1. Sont membres de la Légion tous les militaires qui ont reçu des armes d'honneur.

» Pourront y être nommés les militaires qui ont rendu des services majeurs à l'Etat dans la guerre de la liberté.

» Les citoyens qui, par leur savoir, leurs talens, leurs vertus, ont contribué à établir ou à défendre les principes de la république, ou fait aimer et respecter la justice ou l'administration publique.

» 2. Le grand conseil d'administration nommera les membres de la Légion.

» 3. Durant les dix années de paix qui pourront suivre la première formation, les places qui viendront à vaquer, demeureront vacantes jusqu'à concurrence du dixième de la Légion, et, par la suite, jusqu'à concurrence du cinquième. Ces places ne seront remplies qu'à la fin de la première campagne.

» 4. En temps de guerre, il ne sera nommé aux places vacantes qu'à la fin de chaque campagne.

» 5. En temps de guerre, les actions d'éclat feront titre pour tous les grades.

» 6. En temps de paix, il faudra avoir vingt-cinq années de service militaire, pour pouvoir être nommé membre de la Légion; les années de service, en temps de guerre, compteront double; et chaque campagne de la guerre dernière comptera pour quatre années.

» 7. Les grands services rendus à l'Etat dans les fonctions législatives, la diplomatie, l'administration, la justice, ou les sciences, seront aussi des titres d'admission; pourvu que la personne qui les aura rendus, ait fait partie de la garde nationale de son domicile.

» 8. La première organisation faite, nul ne sera admis dans la Légion, qu'il n'ait exercé pendant vingt-cinq ans ses fonctions avec la distinction requise.

» 9. La première organisation faite, nul ne pourra parvenir à un grade supérieur qu'après avoir passé par le plus simple grade.

» 10. Les détails de l'organisation seront déterminés par des réglemens d'administration publique. »

L'art. 72 de la charte constitutionnelle du 4 juin 1815 a maintenu la Légion-d'Honneur, mais l'ordonnance du roi du 26 mars 1816 a substitué beau-

_____
(1) *V.* l'article *Grand conseil de la Légion-d'Honneur.*

coup de nouvelles dispositions à celles de la loi du 29 floréal an 10.

II. En exécution du dernier article de cette loi, le gouvernement avait déterminé, par un arrêté du 13 messidor an 10, la division du territoire français, relativement à l'établissement des cohortes de la Légion-d'Honneur, la tenue des assemblées du grand conseil d'administration, la composition et les fonctions des conseils d'administration des cohortes, l'établissement et l'administration des hospices.

III. Par un autre arrêté du 23 du même mois, le gouvernement avait pourvu, en ces termes, à l'administration des biens affectés à la Légion-d'Honneur.

« Art. 1. Les grands officiers chefs de cohorte de la Légion-d'Honneur, administreront, avec les conseils d'administration de leur cohorte, la totalité des biens affectés à la Légion, qui se trouveront situés dans les départemens de l'arrondissement de la cohorte, de quelque nature que soient ces biens.

» 2. Tous les membres de la cohorte seront payés tous les trois mois par le trésorier de la cohorte, sur les extraits de revue délivrés par les inspecteurs aux revues, et sur les certificats de vie visés par le chancelier de la cohorte.

» Les trésoriers des cohortes feront connaître tous les dix jours, au trésorier général, l'état de leurs caisses, et celui des besoins de la cohorte d'après les états de revue.

» 3. Le trésorier général de la Légion fera connaître tous les trois mois, d'après les états de situation, les besoins de chaque cohorte, proposera les moyens d'y pourvoir, et rendra compte des mouvemens de fonds occasionnés par l'excédant ou l'insuffisance des recettes de chaque cohorte.

» 4. Pour l'exécution des articles ci-dessus, le directeur général de la régie des domaines nationaux fera dresser un état détaillé de la consistance de tous les biens nationaux affectés à la Légion-d'Honneur, par département et par arrondissement de cohorte. Cet état sera remis au grand conseil de la Légion le premier vendémiaire an 11.

» 5. On ne comprendra point la valeur estimative des édifices destinés aux établissemens des chefs-lieux, dans l'évaluation des revenus des biens affectés aux cohortes.

» 6. Tous les biens affectés à la cohorte seront affermés.

» 7. Les baux actuels seront exécutés jusqu'à leur expiration; mais le prix en sera versé à la caisse du trésorier de la cohorte, à compter du premier vendémiaire an 11.

» 8. Les baux seront renouvelés, dans les campagnes, au moins un an avant leur expiration; et dans les villes, six mois avant cette époque.

» 9. Les baux seront annoncés un mois d'avance, par des affiches dans les lieux accoutumés : le lieu, le jour et l'heure de l'adjudication y seront indiqués. Il y sera procédé publiquement devant le conseil d'administration de la cohorte, et les préposés de la régie des domaines et de l'enregistrement, à la chaleur des enchères, sauf à la remettre à un autre jour, s'il y a lieu.

» 10. L'acte sera passé par un notaire dans la forme ordinaire, devant le conseil d'administration; les frais de double expédition seront supportés par le fermier.

» 11. Le conseil d'administration imposera aux adjudicataires, autant qu'il sera possible, les conditions qu'il croira les plus avantageuses.

» Il exigera une caution solvable.

» Il divisera les baux pour le plus grand avantage de sa gestion.

» 12. Quand les réparations à faire, soit aux bâtimens du chef-lieu de l'hospice, soit aux divers bâtimens servant à l'exploitation des biens ruraux et autres appartenans à la cohorte, excèderont la valeur de 300 francs, il en sera dressé un devis estimatif, et il sera procédé à une adjudication au rabais dans la forme ordinaire : ces réparations devront toujours être autorisées par le grand conseil. Le chancelier de la Légion en fera le rapport.

» 13. Le trésorier qui aura payé le montant des réparations, sera tenu de rapporter, à l'appui de cette dépense, les devis estimatifs et les quittances des ouvriers, lorsqu'il s'agira de réparations faites par économie : à l'égard de celles faites sur adjudication, il rapportera, outre la quittance de l'adjudicataire, une expédition du procès-verbal d'adjudication, et une autre du procès-verbal de réception des ouvrages.

» 14. Le trésorier de la cohorte fera payer exactement, à chaque échéance, le prix des baux.

» 15. Toutes les poursuites judiciaires devront être autorisées par le grand conseil, et faites au nom du grand officier chef de la cohorte et suivies par le chancelier de la cohorte.

» 16. Les préposés de l'administration des domaines remettront au chancelier, pour être déposés dans les archives de l'administration de la cohorte, les baux courans, ainsi que tous les titres qu'ils pourront avoir concernant les biens qui seront affectés à la cohorte : il leur en sera donné une reconnaissance au pied d'un état contenant la date et la nature de ces différens titres. »

IV. Un sénatus-consulte du 28 floréal an 12 attribuait aux membres de la Légion-d'Honneur une prérogative très-remarquable :

» Les grands officiers (portait-il), les commandans et les officiers de la Légion-d'Honneur, sont membres du collége électoral du département dans lequel ils ont leur domicile, ou de l'un des départemens de la cohorte à laquelle ils appartiennent.

» Les légionnaires sont membres du collége électoral de leur arrondissement.

» Les membres de la Légion-d'Honneur sont admis au collége électoral dont ils doivent faire partie, sur la présentation d'un brevet qui leur est délivré à cet effet par le grand électeur. »

Ces dispositions étaient ainsi expliquées par un autre sénatus-consulte du 22 février 1806 :

« Art. 1. Les grands officiers, commandans et officiers de la Légion-d'Honneur, qui, aux termes de l'art. 99 de l'acte des constitutions de l'Empire du 28 floréal an 12, sont membres des colléges électoraux de département, seront en sus du nombre des membres fixé pour les colléges par l'article 19 de l'acte des constitutions du 16 thermidor an 10, sans qu'ils puissent excéder, dans chaque collége, le nombre de vingt-cinq.

» 2. Les membres de la Légion-d'Honneur qui, aux termes du même article, sont membres des colléges électoraux d'arrondissement, seront également en sus du nombre fixé par l'art. 18 de l'acte des constitutions du 16 thermidor, sans qu'ils puissent excéder, dans chaque collége, le nombre de trente.

» 3. La désignation des membres de la Légion qui devront, selon leur grade, être admis aux colléges électoraux de département ou d'arrondissement, sera faite par Sa Majesté pour chaque collége; et il sera délivré à cet effet, aux grands officiers, commandans, officiers, ou légionnaires, un brevet de nomination, d'après lequel ils seront portés sur la liste des membres du collége. »

Le mode d'exécution de ce dernier article était fixé par les articles suivans d'un décret du 13 mai 1806 :

« 1. Les colléges électoraux se composent, outre les membres élus par les assemblées de canton, conformément aux dispositions des articles 14, 15, 16, 17, 18, 19, 25 et 26 de l'acte des constitutions du 16 thermidor an 10 (4 août 1802);

» Des individus que nous adjoignons à ces colléges, suivant l'art. 27 du même acte;

» Des membres de la Légion-d'Honneur qui usent du droit que leur donne l'art. 99 de l'acte du 28 floréal an 12 (18 mai 1804).

» 2. Les individus que nous adjoindrons aux colléges électoraux, suivant l'art. 27 de l'acte du 16 thermidor, et ceux qui ont le droit d'y entrer, suivant l'art. 99 de l'acte du 28 floréal an 12, seront admis dans ces corps, en vertu de nos ordres, sur le rapport de notre ministre de l'intérieur.

» 3. A cet effet, les adjonctions qui nous ont été et nous seront proposées par notre grand-chancelier de la Légion-d'Honneur, et qui doivent être faites suivant l'art. 99 de l'acte du 22 floréal an 12 précité, seront communiquées à notre ministre de l'intérieur par notre ministre secrétaire d'état.

» 4. Il sera délivré par le grand électeur aux individus qui seront adjoints à un collége, 1° un brevet conforme, suivant le cas, aux modèles qui seront annexés au présent décret n° 1, ou sous le n° 2, et sur l'exhibition duquel ils seront portés par le préfet sur la liste des membres du collége; 2° une lettre par laquelle il donnera au président de leur collége avis de l'adjudication. »

Mais toutes ces dispositions sont devenues sans objet, par leur incompatibilité avec celles de la loi du 5 février 1817, relative aux élections.

V. Le décret du 22 messidor an 12 déterminait ainsi les formes de la décoration de la Légion-d'Honneur :

« Art. 1er La décoration des membres de la Légion-d'Honneur consistera dans une étoile à cinq rayons doubles.

» 2. Le centre de l'étoile, entouré d'une couronne de chêne et de laurier, présentera d'un côté la tête (du chef du gouvernement) avec cette légende, N......, Empereur des Français; et de l'autre l'aigle français tenant la foudre, avec cette légende : honneur et patrie.

» 3. La décoration sera émaillée de blanc;

» Elle sera en or pour les grands officiers, les commandans et les officiers, et en argent pour les légionnaires; on la portera à l'une des boutonnières de l'habit, et attachée à un ruban moiré rouge.

» 4. Tous les membres de la Légion-d'Honneur porteront toujours leur décoration.

» (Le chef du gouvernement) seul portera indistinctement l'une ou l'autre décoration.

» 5. Les grands officiers, commandans, officiers et légionnaires, recevront leur décoration en même temps que leur diplôme, dans les séances extraordinaires, déterminées par les art. 7 et 17 de l'arrêté du 13 messidor an 10.

» Ils la porteront néanmoins sans attendre une de ces séances, lorsque le grand chancelier l'aura adressée pour eux, et d'après un ordre particulier de sa majesté, au chef de la cohorte, ou à un autre grand officier, commandant ou officier, délégué à cet effet par ordre du chef de l'état.

» 6. Toutes les fois que le grand officier, le commandant, l'officier ou le légionnaire pour lequel cette délégation aura lieu, appartiendra à un corps civil ou militaire, la décoration lui sera remise au nom du chef de l'état en présence du corps assemblé. »

Le 13 pluviose an 13, le chef du gouvernement a ajouté à ce décret une disposition importante. Il a décidé,

Qu'il y aurait une *grande décoration de la Légion-d'Honneur,* qui consisterait en un ruban rouge passant de l'épaule droite au côté gauche, auquel serait attaché l'aigle de la Légion, et une plaque brodée en argent sur le côté gauche des manteaux et habits, composée de dix rayons, au milieu desquels serait l'aigle de la Légion, avec ces mots : *honneur et patrie;*

Que ce cordon ne serait confié par sa majesté qu'à des grands officiers de la Légion;

Que le nombre n'en pourrait pas excéder soixante;

Que les princes de la famille régnante et les étrangers auxquels le chef de l'état voudrait conférer cette décoration, ne seraient pas compris dans ce nombre;

Qu'ils pourraient la recevoir sans être membres de la Légion;

Que les grands officiers de la Légion qui obtiendraient la grande décoration, continueraien de porter à la boutonnière de l'habit, la décoration de la Légion-d'Honneur, conformément au décret du 22 messidor an 12.

L'art. 72 de la charte constitutionnelle du 4 juin 1814 avait annoncé, en maintenant la Légion-d'Honneur, que le roi se réservait d'en *déterminer les réglemens intérieurs et la décoration*.

De là, l'ordonnance du roi du 21 juin 1814 qui dit :

« Art. 1, (que) la décoration de la Légion-d'Honneur portera, d'un côté, la tête de Henri IV, avec cet exergue, *Henri IV, roi de France et de Navarre*, et de l'autre côté, trois fleurs de lys, avec cet exergue : *honneur et patrie* ;

» 2. (Que) la plaque des grand'croix aura trois fleurs de lys, surmontée de la couronne royale, avec le même exergue : *honneur et patrie*;

» 3. (Que) les grands officiers porteront en sautoir la décoration suspendue à un ruban moins large que le grand cordon. »

Ces dispositions sont renouvelées, et il y est fait des additions importantes, par l'ordonnance du 26 mars 1816.

VI. Le décret du 1er mars 1808, rapporté au mot *Noblesse*, § 8, n° 3, attribue le titre de *chevalier* à tous les membres de la Légion-d'Honneur, et les autorise à le transmettre à l'aîné de leurs enfans mâles, en obtenant à cet effet des lettres-patentes du chef de l'état.

VII. La dotation de la Légion-d'Honneur avait été définitivement réglée par une loi du 11 pluviôse an 13, dont voici les termes :

« Art. 1. Les dotations affectées par l'institution de la Légion-d'Honneur aux seize cohortes qui la composent, seront définitivement constituées pendant le cours des années 13 et 14.

» 2. Il sera conservé à chaque cohorte, des biens-fonds d'un revenu de 100,000 francs au moins. Il sera pourvu à ce que ces biens se composent du moindre nombre de lots possible. Il sera procédé, par voie d'acquisition ou d'échange, aux réunions qui seront jugées nécessaires à cet effet.

» 3. Le surplus des biens affectés à la dotation de chaque cohorte, excédant la réserve faite aux termes de l'article précédent, sera mis en vente ; le produit de ces ventes sera versé à la caisse d'amortissement, pour être employé en achat de rentes sur l'état, au profit de la Légion.

» 4. Il sera procédé, dans le cours des mêmes années 13 et 14, aux partages et licitations des biens possédés indivisément par la Légion et par des particuliers.

» 5. Les acquisitions ou échanges, les ventes et les partages mentionnés dans les quatre articles précédens, n'auront lieu qu'en vertu d'un règlement d'administration publique.

» 6. Il en sera de même de toute transaction sur des droits immobiliers, et de tout acquiescement à des demandes relatives aux mêmes droits.

» 7. Chaque dotation une fois constituée, les biens-

fonds et les cinq pour cent qui en feront partie ne pourront plus subir aucun changement dans leur capital, qu'en vertu d'une loi.

» 8. Le grand trésorier de la Légion-d'Honneur sera spécialement chargé de placer tous les ans, en accroissement du capital et en cinq pour cent, le dixième du produit net des rentes appartenant à chaque cohorte. »

VIII. Par un décret du 18 septembre 1809, « les » parcs et jardins clos de murs, et qui font partie » des chefs-lieux de cohorte de la Légion-d'Hon- » neur, sont soumis au même régime que les bois » des particuliers, conformément à l'art. 5 de la » première section du titre 1er de la loi du 9 flo- » réal an 11, et aux art. 7, 8 et 9, sect. 2, de la » même loi. »

V. l'article *Bois*, § 1 et 2.

IX. Les traitemens des membres de la Légion-d'Honneur sont inaliénables. (V. l'article *Pension*, § 3.)

Cependant les membres de la Légion-d'Honneur qui sont payés sur revues, sont autorisés, par un décret du 16 thermidor an 13, à déléguer leurs traitemens, lorsqu'ils s'embarquent pour le service de l'état.

X. Quel est, dans les cérémonies publiques, le rang des membres de la Légion-d'Honneur ?

L'art. 1er du décret du 24 messidor an 12 place, après les conseillers d'état en mission, et avant le général de la division territoriale, « les grands of- » ficiers de la Légion-d'Honneur, lorsqu'ils n'au- » ront pas des fonctions qui leur assignent un rang » supérieur. »

Et le décret du 11 avril 1809 porte que « les » commandans, officiers et membres de la Légion- » d'Honneur qui assisteront aux cérémonies publi- » ques civiles ou religieuses, y occuperont un banc » qui sera établi, ou une place qui leur sera assi- » gnée, après les autorités constituées. »

V. les articles *Chancelier de la Légion-d'Honneur* et *Dégradation*.]]

[[LÉGISLATURE. V. l'article *Corps législatif*.]]

LÉGITIMATION. C'est une fiction qui efface le vice de la naissance d'un bâtard, et le met au rang des enfans légitimes.

Les empereurs romains imaginèrent plusieurs moyens de tirer les bâtards de l'état auquel la tache de leur origine les avait réduits : le Code et les novelles de Justinien nous en offrent jusqu'à six : nous allons les analyser et leur discuter successivement.

SECTION I. *De la Légitimation* per oblationem curiæ, *par adoption, par testament* et *par reconnaissance du père.*

I. Les empereurs Théodose et Valentinien, frappés des difficultés qu'éprouvaient les municipalités à se procurer des décurions, c'est-à-dire, des officiers chargés de l'administration des revenus communs et de la perception des octrois, ordonnèrent par la loi 3, C. *de naturalibus liberis*, que tout homme qui ferait entrer ses enfans naturels dans la classe des décurions d'une ville, si c'étaient des mâles, ou qui les marierait à des décurions, si c'étaient des filles, leur imprimerait par cela seul la qualité de légitimes.

Les empereurs Léon et Anthémius confirmèrent ce mode de Légitimation par la loi 4 du même titre, et Justinien détermina, dans sa novelle 89, de quelle manière *l'oblation à la curie* devait se faire : c'était dans une assemblée du peuple, ou par acte passé en justice, ou par testament. Dans ce dernier cas, le bâtard ne devenait légitime qu'après avoir donné son consentement à l'exécution des dernières volontés de son père.

Le fils pouvait aussi se légitimer lui-même en entrant de son propre mouvement dans une curie; mais il fallait pour cela que son père n'eût point d'enfans légitimes; au lieu que, quand le père faisait lui-même *l'oblation*, l'existence d'autres enfans nés d'un mariage légal, n'apportait aucun obstacle à la Légitimation. Cette différence, qui n'avait rien que de juste et d'équitable, était établie par le ch. 2 de la novelle 89.

Les enfans légitimés de cette manière ne jouissaient cependant pas des mêmes avantages que s'ils avaient dû le jour à une union approuvée par les lois : ils n'étaient censés légitimes qu'à l'égard de leur père : ils ne pouvaient rien prétendre dans la succession de leurs parens collatéraux, soit paternels, soit maternels; et même ils ne succédaient, à leur père que dans les biens situés dans le territoire de la ville au service de laquelle ils étaient dévoués.

Ce mode de Légitimation est tout-à-fait inconnu dans nos mœurs.

Mais on trouve dans le droit canonique quelque chose qui en approche. Les auteurs comparent à l'entrée dans une décurie, la profession religieuse dans un monastère, et quoique cette comparaison soit fort inexacte, on ne laisse pas de trouver quelques traits d'analogie entre les deux objets sur lesquels elle porte. En effet, la profession religieuse légitime, à certains égards, les enfans naturels, puisqu'elle les rend capables de recevoir les ordres sacrés sans dispense; mais elle ne les habilite pas à posséder des prélatures. *Is qui defectum patitur natalium, ad ordines majores, sine dispensatione sedis apostolicæ promoveri non potest, nisi aut monachi fiant, in congregatione canonica regulariter viventes; prælaturas vero nullatenus habeant.* Ce sont les termes du chap. 1, aux décrétales, *de filiis presbyterorum*, lequel est tiré du concile de Poitiers, de l'an 1078.

II. L'empereur Anastase avait introduit par la loi 6, C. *de naturalibus liberis*, un deuxième mode de Légitimation : il avait permis aux pères qui n'avaient pas d'enfans légitimes, d'adopter leurs enfans naturels, et de les rendre par ce moyen capables de leur succéder, tant *ab intestat* que par testament. Mais l'empereur Justinien abolit cette loi, afin d'obliger ses sujets de se marier, s'ils voulaient avoir des enfans qui pussent perpétuer leur nom : *In posterum vero sciant omnes legitimis matrimoniis legitimam sibi posteritatem quærendam; injusta namque libidinum desideria nulla de cætero ratio defendit.* C'est la disposition expresse de la loi 6, C. *de naturalibus liberis*, et elle est confirmée par Justinien dans sa novelle 74, chap. 3.

[[Cette manière de légitimer est-elle, à quelques égards, rétablie par nos lois nouvelles? *V.* l'article *Adoption.*]]

III. Ce chap. 2 de la novelle que nous venons de citer, introduisit une troisième espèce de Légitimation. Suivant cette loi, quand un père n'avait point d'enfans légitimes, et qu'il avait eu de bonnes raisons pour ne pas épouser la mère de ses enfans naturels, il pouvait déclarer, par son testament, que son dessein était de légitimer ceux-ci et de les instituer ses héritiers; les enfans, après la mort de leur père, présentaient ce testament à l'empereur, et s'il leur en accordait la confirmation, ils devenaient légitimes. Leur Légitimation était alors, comme le dit Justinien, un bienfait du père et du souverain, de la nature et de la loi : *donum patris et principis, id est, naturæ simul et legis.*

Nos usages n'admettent plus cette manière de légitimer.

IV. Toujours de plus en plus favorable aux Légitimations, l'empereur Justinien voulut, par sa novelle 117, chap. 2, que si, dans un acte, soit entre-vifs, soit à cause de mort, passé en justice, ou devant trois témoins, un père qualifiât de son *fils*, sans ajouter *naturel*, un des enfans qu'il avait eus d'une femme libre avec laquelle il eût pu se marier, non-seulement celui qu'il honorât de son nom, mais encore tous ses frères nés de la même mère, devinssent légitimes, et que leur mère elle-même fût élevée à la dignité d'épouse. *Ex hoc enim cum eorum matre monstratur legitimum habuisse matrimonium; ut neque ab ea pro nuptiarum fide alia probatio requiratur.*

Ce n'était pourtant pas là une légitimation proprement dite; c'était une déclaration qui établissait la preuve d'un véritable mariage, et laissait croire que le père n'avait jamais voulu vivre qu'en qualité de mari avec celle qu'on aurait sans cela regardée comme sa concubine; car, chez les Romains, le mariage n'exigeait aucune formalité, le seul consentement le formait, et conséquemment il ne différait du concubinage que par l'intention des parties : *concubinam ex sola animi destinatione æstimari oportet*, dit la loi 4, D. *de concubinis.* Aussi Justinien, en rendant compte des motifs qui l'ont porté à faire la novelle dont il s'agit, dit-il que le mariage s'établit par la seule intention dans laquelle un homme et une femme ont vécu ensemble : *cum solo affectu possit consistere matrimonium.*

On sent, d'après cela, le peu d'effet qu'aurait dans nos mœurs l'acte même le plus authentique par lequel un père reconnaîtrait pour légitime un enfant né dans le concubinage. Les solennités que nos lois ont établies pour former valablement une union conjugale, démontrent assez qu'une pareille reconnaissance ne meriterait aucun égard.

Nous trouvons cependant dans le Recueil de Robert un arrêt du parlement de Paris, du 28 juillet 1598, qui semble préjuger le contraire de ce que nous avançons.

Un père qui avait un fils légitime et un bâtard, avait marié le bâtard avec la qualité d'enfant légitime; il avait même fait intervenir dans le contrat de mariage un de ses frères, qui y avait pris le titre d'oncle du futur époux. Après la mort du père, ce même oncle, nommé tuteur du fils légitime, contesta la succession aux enfans du bâtard; et la cause portée au parlement de Paris, il intervint arrêt qui, en appointant les parties au conseil, ordonna par provision que le partage serait fait entre elles, suivant les coutumes de la situation des biens.

Mais on ne voit pas que cette décision provisoire ait été rendue définitive. Il y a, au contraire, dans le *Traité du droit de bâtardise* de Bacquet, part. 3, chap. 12, n° 16, un arrêt qui juge formellement qu'une déclaration de cette espèce, quoique faite en contrat de mariage, ne légitime point un bâtard.

Mais, dit Lebrun, « tous nos auteurs conviennent qu'elle produit des dommages et intérêts » considérables, et qui doivent approcher de bien » près la part que l'enfant aurait eue en la succes- » sion. »

Cette restriction, quoique fondée sur l'équité, n'est pourtant pas générale : voici une espèce rapportée par Catellan, liv. 4, chap. 23, dans laquelle le parlement de Toulouse l'a rejetée.

« Jeanne Bonnefons, mariée avec Jean Rousseene, s'oublia à ce point pendant son absence, qu'elle eut une fille des œuvres de Pierre Mauruc. Le mari étant mort ensuite, et la femme s'étant mariée avec ce même Mauruc, munie d'un bref de pénitencerie...., Antoinette est mise sous l'étole, comme fille des nouveaux mariés. Quelque temps après, ils la marient, comme leur fille naturelle et légitime, à Etienne Boudon, et lui donnent la moitié de leurs biens. Mauruc meurt, ayant institué sa femme son héritière, à la charge de rendre à son choix à l'une des quatres filles qu'il laissait. Cette mère, sur quelques instances, mue par Boudon, son gendre, transige avec lui, et dans la transaction, restitue à sa fille Antoinette l'hérédité de son mari, laquelle, après la mort de deux de ses sœurs, transige encore avec Marie sa sœur unique, survivante ; et par cette transaction, moyennant certaines choses délaissées à cette sœur, l'hérédité entière du père demeure à Antoinette et Etienne Boudon, mariés.

» La sœur, après la mort de son père, se pourvoit, et demande, comme seule fille légitime, sa maintenue en tous les biens paternels et maternels.

» On opposait, de la part d'Antoinette Mauruc et Boudon..., qu'il fallait considérer la bonne foi du mari, qui avait épousé sa femme sur le pied de fille légitime, l'ayant prise comme telle dans la maison de son père et de sa mère, lui ayant constitué dot dans son contrat de mariage ; que cette bonne foi était si favorable, que, de la part seulement de l'un des conjoints, elle pouvait rendre les enfans même légitimes et capables de succéder à leurs père et mère, *Arg. c. ex tenore, extra, qui filii sint legitimi......*

» Malgré toutes ces raisons, les transactions furent cassées, et Marie Mauruc, comme fille légitime et naturelle de Mauruc et de Jeanne Bonnefons, fut maintenue en tous les biens par eux délaissés; les seuls alimens, selon l'estimation qui en serait faite par experts, réservés à Antoinette.

» Les raisons de l'arrêt (qui est de la fin de l'année 1678) furent que cette Antoinette étant une vraie bâtarde adultérine......, la bonne foi prétendue du mari n'était pas une raison digne de considération, la bonne foi de l'un des conjoints ne pouvant que sauver l'état des enfans qui naissent du mariage, et non changer l'état des mariés, parce que celui qui contracte mariage, est ou doit être informé de l'état de la personne qu'il épouse, suivant la maxime de droit, *qui cum alio contrahit, certus est vel debet esse conditionis ejus;* maxime surtout vraie et raisonnable en matière de mariage, où il importe plus qu'ailleurs d'être bien informé de la personne avec qui l'on contracte ; que l'intérêt public, qui rend les dots plus favorables, devait céder à l'intérêt encore plus public et plus important de l'honnêteté et des bonnes mœurs, qui pourraient souffrir trop d'atteinte, si de pareilles voies, trop aisées à prendre, pouvaient faire passer les biens des familles en des mains illégitimes »

Il résulte de tous ces détails, que des quatre premières espèces de Légitimation qui avaient été introduites par les lois romaines, il n'en est pas une seule [[à l'exception peut-être de l'adoption]], qui puisse être adaptée à notre jurisprudence [[actuelle.]]

SECTION II. *De la Légitimation par mariage subséquent.*

Comme la matière de cette section est assez étendue, nous la diviserons en trois paragraphes. Nous parlerons du premier de l'origine de la Légitimation par mariage subséquent ; dans le second, des conditions requises pour qu'elle ait lieu ; dans le troisième, des effets qu'elle produit.

§ I. *De l'origine de la Légitimation par mariage subséquent.*

La Légitimation par mariage subséquent tire sa première origine d'une loi de l'empereur Constantin, qui n'est pas parvenue jusqu'à nous, mais dont la teneur est rappelée par l'empereur Zénon, dans la loi C. *de naturalibus liberis.*

Nous voyons dans celle-ci, que l'empereur

Constantin, pour retirer de leurs mauvaises habitudes ceux de ses sujets qui vivaient dans le concubinage, leur permit, en se mariant avec leurs concubines, de rendre légitimes les enfans qu'ils en avaient eus : mais cette loi était restreinte aux enfans déjà nés, et ne regardait aucunement l'avenir. L'empereur Zénon la renouvela par la loi citée, et en borna également l'effet aux enfans nés au temps de sa promulgation. Quant aux bâtards qui naîtraient dans la suite, il ne permit pas qu'ils pussent être légitimés de cette manière : *Hi vero qui tempore hujus, sacratissimæ jussionis necdam prolem aliquam ex ingenuarum concubinarum consortio meruerint, minime hujus legis beneficio perfruantur.*

Dans la suite, on se relâcha de cette rigueur, et la Légitimation par mariage subséquent fut admise indéfiniment : mais cette innovation ne se fit que par degrés.

En effet, par la loi 6, C. *de naturalibus liberis*, la première qui ait paru sur cet objet depuis celle de l'empereur Zénon, Anastase ordonna seulement que, si un père qui n'avait point d'enfans légitimes, épousait la femme dont il avait des enfans naturels, ceux-ci devinsent légitimes et capables de recueillir sa succession.

Il s'éleva des difficultés sur l'exécution de cette loi : quelques-uns voulaient que les enfans naturels ne fussent légitimés par le mariage subséquent de leur père avec leur mère, que dans le cas où il ne naîtrait point d'autre enfant de ce mariage ; et qu'ils fondaient sur ces expressions générales d'Anastase : *Jubemus eos quibus, nullis legitimis liberis existentibus....*

Justinien condamna cette interprétation par la loi 10 du même titre : il voulut que les enfans nés pendant le mariage, admissent leurs frères nés auparavant, au partage de la succession de leur père commun ; et voici les motifs qu'il prêta lui-même à cette décision : *Cum enim affectio prioris sobolis et ad dotalia instrumenta afficienda et ad posteriorem filiorum edendam progeniem præstiterit occasionem, quomodo non est iniquissimum ipsam stirpem secundæ posteritatis priorem excludere ; cum gratias agere suis posteriores debeant quorum beneficio ipsi sunt justi et filii nomen et ordinem consecuti.*

Cette loi devint une source de procès. Les uns prétendirent qu'elle ne donnait au mariage subséquent la vertu de légitimer les bâtards, que dans le cas où il serait né des enfans légitimes du mariage même ; les autres, plus rigoureux encore, soutinrent que la seule naissance d'enfans légitimes ne suffisait pas pour opérer la Légitimation de leurs frères naturels, et qu'il fallait qu'ils survécussent à leur père et à leur mère. Justinien leva ces difficultés par la loi 11 du même titre, dans laquelle il est dit que, soit qu'il naisse des enfans après le mariage, soit qu'il n'en naisse pas, les légitimés, par ce mariage, jouiront de tous les avantages de la légitimité : *Sufficiat etenim, dit-elle, talem affectionem habuisse ut, post libe-*

rorum aditionem, et dotalia efficiant instrumenta, et spem tollendæ sobolis habeant : licet enim quod speratum est ad effectum non pervenerit, nihil anterioribus liberis fortuitus casus derogare concedatur. La loi ajoute qu'il en sera de même, et à plus forte raison, à l'égard de l'enfant conçu avant la célébration du mariage, mais né depuis cette célébration.

Justinien a encore étendu cette jurisprudence en deux points remarquables.

1° Suivant le droit établi momentanément par Constantin et Zénon, les enfans naturels ne pouvaient entre légitimés par le mariage subséquent de leur père avec leur mère, que dans le cas où leur père n'avait point alors d'enfans légitimes. Mais le chap. 4 de la novelle 12 porte que, quoiqu'on ait des enfans légitimes d'un mariage antérieur, on peut néanmoins légitimer des enfans naturels en épousant leur mère, pourvu qu'ils soient nés après la dissolution du mariage d'où provient les légitimes.

2° Par les lois de Constantin et de Zénon, il n'y avait que des enfans nés d'une concubine *ingénue*, qui pussent être légitimés par le mariage subséquent des auteurs de leurs jours. Mais la novelle 18, chap. 11, veut que les enfans nés d'une concubine *affranchie*, aient le même avantage. Elle va plus loin encore : elle déclare que, lorsqu'un homme a vécu avec son esclave comme avec sa concubine, il peut, après lui avoir donné la liberté, ainsi qu'aux enfans qu'il a eus d'elle, et leur avoir obtenu du prince les droits d'ingénuité, contracter un mariage avec cette femme, et par ce moyen légitimer les enfans naturels qu'elle lui a donnés. Mais, ajoute la même loi, cette Légitimation ne peut avoir lieu lorsque le père n'a point d'enfant légitime d'une autre femme.

La novelle 78, chap. 3 et 4, dispense le père d'obtenir du prince les droits d'ingénuité pour les enfans nés de son esclave, et veut que, sans acte exprès d'affranchissement, ils deviennent à la fois libres et légitimes par le seul effet du mariage contracté entre leur père et leur mère. Il paraît même, par les termes généraux dans lesquels est conçue cette novelle, qu'elle n'exige plus, pour la Légitimation des enfans nés dans l'esclavage, que leur père n'ait pas d'enfant légitime d'une autre femme.

Enfin, la novelle 89, chap. 8, a mis la dernière main à la Légitimation par le mariage subséquent, et a permis de légitimer de cette manière tous les enfans naturels nés de femmes avec lesquelles on pouvait vivre licitement en concubinage.

Toutes ces lois, prises à la lettre, ne pourraient s'appliquer ni au droit canonique, ni à la jurisprudence française.

Elles n'avaient été faites que pour les enfans naturels, c'est-à-dire pour les bâtards nés du concubinage ; et tout le monde sait que le concubinage n'était, chez les Romains, qu'un mariage improprement dit ; que sans être autorisé formellement, il ne laissait pas d'être toléré; qu'il est même appelé *licita consuetudo*, commerce licite, dans la loi 5, C. *ad senatus-consultum Orphitianum* : et que Cujas qualifie une concubine de *minùs justa uxor*. Or, le concubinage n'étant aujourd'hui qu'une débauche contraire à la pureté des mœurs, les bâtards qui en naissent ne sont plus considérés comme *enfans naturels*, dans le sens que les lois romaines donnaient à ces mots; nous les confondons avec ceux qu'elles appelaient *spurii et vulgo quæsiti*; et comme ces derniers ne jouissaient pas du privilége de la Légitimation par mariage subséquent, il est clair qu'à nous attacher strictement aux textes du droit romain, nous ne devrions appliquer ce privilége à aucune espèce de bâtards.

Cependant le droit canonique en a décidé autrement. Le chapitre *tanta*, aux décrétales, *qui filii sint legitimi*, porte expressément que *tanta est vis matrimonii, ut qui antea sunt geniti, post contractum matrimonium legitimi habeantur*. Cette décision ne peut pas se rapporter, comme les lois romaines, aux enfans nés d'un concubinage innocent et permis, puisqu'il n'y a plus de concubinage qui ne soit illicite; il faut donc nécessairement qu'elle comprenne tous les enfans dont la naissance a précédé le mariage de leur père et de leur mère.

Cette extension est fondée par les vues les plus sages et les plus équitables. Lorsqu'une fille a eu le malheur de s'abandonner à un homme, il est intéressant pour l'ordre public et le bien général de la société, que sa faute soit couverte et son honneur réparé par le mariage; mais comme il arrive souvent que l'homme se dégoûte de la fille dont il a abusé, ou qu'ils continuent de vivre ensemble dans le désordre, il a fallu que les lois leur offrissent, dans une union respectable, des avantages assez précieux pour les engager à la contracter. C'est ce qu'a fait le droit canonique, en donnant au mariage l'effet de légitimer les fruits de la débauche, rien n'étant si naturel à la tendresse d'un père, que de saisir avidement le moyen qui lui est offert de procurer à un enfant le titre le plus avantageux et les droits les plus étendus qu'il est possible.

Ces raisons ont fait adopter, dans notre jurisprudence, les principes introduits sur cette matière par le droit canonique.

Quelques-unes de nos coutumes ont même là-dessus des dispositions expresses.

L'art. 108 de celle de Troyes porte : « Les enfans nés hors mariage *de soluto et soluta*, puisque le père et la mère s'épousent l'un l'autre, succèdent et viennent à se partager avec les autres enfans, si aucuns y a. »

L'art. 33 de la coutume de Bar, l'art. 92 de celle de Sens, l'art. 34 de celle d'Auxerre, l'art. 397 de celle de Melun ont été rédigés dans le même esprit, et tel est le droit commun de toute la France.

[[Telle est aussi la disposition expresse de l'art. 331 du Code civil.]]

§ II. *Des conditions requises pour donner lieu à la Légitimation par mariage subséquent.*

I. La première et la plus essentielle de ces conditions, est qu'il soit contracté un véritable mariage entre le père et la mère des enfans naturels.

Ainsi, de simples fiançailles ne peuvent opérer aucun effet en cette matière. Ecoutons Bouchel, dans sa *Bibliothèque canonique* :

« Par arrêt du parlement de Rouen, du 9 décembre 1604, une fille nommée Guillemine fut déclarée illégitime, bien que, depuis sa naissance, son père eût été fiancé avec sa mère, n'ayant pu la bénédiction nuptiale être donnée à l'église par la mort inopinée, quoique le père l'eût reconnue, reçu la dot, et donné quittance.

» Cet arrêt est semblable à un autre arrêt du parlement de Paris, entre Claudine, soi-disant Colin, d'une part, Jacques et François Colin, d'autre.

II. Il ne suffit pas, pour légitimer *civilement* des bâtards, que le mariage contracté entre leur père et leur mère, soit valable en lui-même; il faut encore qu'il produise des effets civils. La raison en est évidente : c'est que la Légitimation est elle-même un des principaux effets civils du mariage subséquent.

III. Ce principe fait cesser, dans notre jurisprudence, la question de savoir si un mariage contracté *in extremis*, peut légitimer les enfans nés du commerce illicite que les époux ont eu ensemble avant de se marier. Un pareil mariage étant privé de tous les effets civils par la déclaration de 1639 et l'édit de 1697, il est clair qu'il ne peut opérer la Légitimation des enfans nés auparavant.

Basnage rapporte deux arrêts du parlement de Rouen, des 28 mars 1651 et 3 décembre 1669, qui l'ont ainsi jugé. C'est ce qu'ont encore décidé les parlemens de Paris et de Toulouse : le premier, par deux arrêts des 7 avril 1650 et 22 décembre 1672, insérés dans les journaux des audiences et du palais; le second, par un arrêt du 5 septembre 1708, qui est rapporté par Furgole.

Il y a, sur la même matière, un arrêt du conseil qui mérite d'être connu.

Le 17 avril 1741, Marc-François Remi, seigneur de Layens, atteint d'une maladie jugée dès lors mortelle, épouse en face de l'église Marie-Marguerite Sothieu, et reconnaît pour ses enfans nés hors mariage Pierre-François et Emmanuel Remy.

Le 30 du même mois, le sieur Remy fait son testament, et institue ses enfans légataires universels.

Le 12 mai suivant il décède. Ses héritiers collatéraux attaquent son testament, comme contenant des avantages excessifs en faveur de bâtards.

La veuve, en qualité de tutrice de ses enfans, soutient qu'ils sont légitimés par mariage, et conséquemment habiles à profiter de dispositions universelles.

Un premier arrêt du parlement de Flandre déclare le testament nul, et réduit le legs universel à une pension alimentaire pour chacun des enfans.

La veuve se pourvoit en révision; et il intervient un second arrêt, les chambres assemblées, qui juge le contraire.

Mais les héritiers collatéraux prennent contre celui-ci la voie de cassation, et ne la prennent pas en vain. Par arrêt du 14 septembre 1746, le conseil casse l'arrêt de révision du parlement de Flandre, et ordonne que le premier arrêt de la même cour aura son plein et entier effet.

Lebrun, et après lui, Rousseaud de Lacombe, prétendent, malgré la disposition générale de la déclaration de 1639, « que, lorsque celui à cause » de la naissance duquel le mariage est inégal, » se trouve en santé, mais que la femme qui cause » la mésalliance, est à l'extrémité de la vie, le » mariage célébré en ce temps ne laisse pas de » légitimer à l'effet de succéder; ce qui a été jugé » dans la cause des sieurs Féry, par arrêt de la qua- » trième des enquêtes du mois de mai 1675 (1), » et dans la même année par un autre du 5 sep- » tembre. »

Ce n'est pas interpréter une loi que de raisonner ainsi, c'est l'altérer : les arrêts sur lesquels s'appuient ces deux auteurs, n'ont rien moins que confirmé leur opinion; mais ils ont jugé, conformément aux vrais principes, que la grossesse d'une femme n'est point une maladie, et en conséquence ils ont déclaré légitimes et capables de succéder, les enfans nés avant le mariage des auteurs de leurs jours, quoique leur mère se fût trouvée enceinte au temps de la célébration, et qu'elle fût morte en couches quelques jours après.

Il n'est pas inutile de remarquer qu'avant la déclaration de 1639, on jugeait que les mariages in extremis pouvaient être légitime. C'est ce que nous apprennent quatre arrêts du parlement de Paris, des 20 mars 1599, 13 mai 1635, 4 mars 1636 et 9 août 1739. Le premier est rapporté par Leprêtre; le second et le troisième se trouvent au Journal des Audiences, et le quatrième dans le recueil de Bardet.

Cette jurisprudence était conforme à l'opinion de Benedicti, de Mantica, d'Abraham de Wesel, et de Voët; mais peut-être s'éloignait-elle de l'esprit du droit romain. Nous voyons dans la loi 10, C. de naturalibus liberis, que les enfans naturels ne sont légitimés par le mariage subsequent de leur père et de leur mère; que pour récompenser ceux-ci de ce qu'ils se mettent en état de donner

de nouveaux citoyens à la patrie; *sufficiat etenim talem affectionem habuisse , ut post liberorum editionem et dotalia instrumenta et spem tollendæ sobolis habeant.* Or , un moribond qui se marie, ne pense certainement pas à avoir de nouveaux enfans ; la Légitimation de ceux qu'il a déjà, est le seul objet qui l'occupe ; et comme il a attendu, pour y parvenir, jusqu'au moment où il ne peut plus remplir la condition à laquelle ce privilége est attaché, on doit laisser ses enfans dans l'état où les a placés la honte de leur naissance. Tel a été le motif de la déclaration de 1739; et si l'on s'attachait rigoureusement à l'esprit de cette loi, on dirait, comme le faisait M. Talon, lors d'un arrêt du 22 décembre 1672, rapporté au Journal du palais, « qu'elle devrait s'entendre, » non-seulement des mariages contractés dans la » maladie par des concubinaires avec leurs concu- » bines , mais encore des mariages par eux con- » tractés avec les mêmes personnes sur le déclin » de l'âge et dans les dernières années de leur » vie. »

[[Le Code civil ne renouvelle pas (et conséquemment il abroge , suivant la loi du 30 ventôse an 12, art. 7) les dispositions de la déclaration de 1639 et de l'édit de 1697 qui privaient des effets civils les mariages *in extremis.* Mais de là doit-on conclure qu'il donne à ces mariages l'effet de légitimer les enfans naturels ?

La chose est, d'après ce qu'on vient de dire, assez douteuse par elle-même. Mais les doutes s'évanouiront bientôt, et l'affirmative paraîtra évidente, si l'on considère que c'est principalement en faveur des enfans, et pour leur procurer les avantages de la Légitimation, que le Code civil s'est déterminé à admettre les mariages *in extremis.* « L'équité comporte-t-elle (disait l'ora- » teur du gouvernement, M. Portalis, à la séance » du corps législatif du 16 ventôse an 11) que l'on » condamne au désespoir un père mourant, dont » le cœur, déchiré par le remords, voudrait, en » quittant la vie, assurer l'état d'une compagne » qui ne l'a jamais abandonné, ou celui d'une » postérité innocente dont il prévoit la misère et » le malheur? Pourquoi des enfans qui ont fixé sa » tendresse, et une compagne qui a mérité sa re- » connaissance ne pourraient-ils pas, avant de re- » cueillir ses derniers soupirs, faire un appel à sa » justice? Pourquoi le forcerait-on à être inflexi- » ble, dans un moment où il a lui-même besoin de » faire un appel à la miséricorde? En contemplant » la misérable situation de ce père, on se dit que » la loi ne peut ni ne doit aussi cruellement étouffer » la nature. » Enfin, ce qui achève de dissiper jus- qu'au plus léger nuage, c'est que, dans la discus- sion du projet de Code, le conseil d'état a rejeté formellement un article par lequel la section de législation proposait de déclarer que « le mariage » contracté à l'extrémité de la vie, entre deux per- » sonnes qui auraient vécu dans le concubinage, » ne légitime point les enfans qui en seraient nés » avant ledit mariage. »]]

---

(1) Cet arrêt est mal daté par *Lebrun*; il est du 26 mai 1675. V. le Journal du palais, tome 1, page 712.

IV. Il est certains mariages nuls en soi par l'effet d'un empêchement ignoré, mais qui ne laissent pas de produire des effets civils à cause de la bonne foi des parties ou de l'une d'elles, et que par cette raison l'on appelle *putatif*. Un tel mariage opère-t-il la Légitimation des enfans nés du commerce illicite que les parties ont eu ensemble dans un temps où elles auraient pu se marier valablement?

L'affirmative est soutenue par une foule de docteurs ultramontains, et entre autres par Bernard, le cardinal d'Ostie, Jean André, Antoine de Butrio, Antoine de Rosselis, etc.

Les raisons sur lesquelles ils s'appuient sont spécieuses.

1° Il est de maxime, disent-ils, que la bonne foi sert autant au possesseur que la vérité ; qu'elle lui attribue le droit de garder *utilement* la chose dont il jouit, et même d'en prescrire la propriété. Pourquoi aurait-elle moins de force dans le mariage, où la possession forme pour les enfans un titre de légitimité, et dans lequel on ne considère que l'intention ?

2° Les enfans nés d'un mariage putatif sont incontestablement légitimes : or, ne serait-il pas injuste que ceux qui sont nés avant ce mariage, demeurassent bâtards? Et n'est-ce pas ici le cas de dire avec Justinien, dan une loi citée plus haut, *quomodo non est iniquissimum ipsam stirpem secundæ posteritatis priorem excludere, cum gratias agere suis posterioribus debeant quorum beneficio ipsi sunt justi filii et nomen et ordinem consecuti ?*

3° La célébration du mariage purge la tache du commerce illicite ; et pendant tout le temps qu'elle est réputée valable, elle fait considérer les enfans nés de ce commerce, comme véritablement légitimés : cela étant, peut-on, lorsqu'on reconnoît la nullité du mariage, faire rentrer ces enfans dans la classe des bâtards? La loi peut-elle condamner ainsi ce qu'elle a une fois approuvé? Et n'est-ce pas ici le cas de la règle écrite dans la loi 85, § 1, *de regulis juris,* au Digeste : *non est novum ut quæ semel utiliter constituta sunt, durent, licet ille casus extiterit a quo initium capere non potuerunt ?*

4° La liberté n'est pas plus favorable que la Légitimation : or, nous voyons dans les lois 1 et 2, *C. si adversus libertatem,* que le droit civil ne permettait pas à un mineur de révoquer, sous prétexte de lésion ni même de fraude, la liberté qu'il avait une fois accordée à ses esclaves avec l'approbation du juge : pourquoi donc n'en serait-il pas de même de la Légitimation ?

D'un autre côté, l'abbé de Palerme, Peregrini, Covarruvias, Furgole, Pothier et la plupart des auteurs français qui ont écrit sur cette matière, soutiennent, et avec raison, qu'un mariage putatif ne peut pas légitimer les enfans nés du commerce illicite qui l'a précédé : il légitime, à la vérité, les enfans auxquels il donne l'existence ; mais c'est à cause de la bonne foi des parties ou de l'une d'elles ; et comme il ne peut point y avoir eu de

bonne foi dans le concubinage antérieur, les enfans qui en sont provenus ne méritent pas qu'on s'écarte, en leur faveur, de la règle qui répute bâtard tout homme né hors du mariage.

Les argumens des partisans de l'opinion contraire ne sont pas invincibles.

1° Le mariage ne se forme point par prescription ; le temps seul ne rend pas véritable un mariage qui n'est que putatif ; ainsi, quoique la bonne foi puisse, en certaines matières, produire le même effet que la vérité, elle doit être sans force dans notre espèce, parce que les textes du droit romain qui ont introduit la Légitimation par mariage subséquent, ont tous parlé d'un mariage valable ; la loi 5, C. *de naturalibus liberis*, l'appelle *conjugium legitimum*. Le droit canonique s'explique à peu près de même : *tanta est vis matrimonii, ut qui antea sunt geniti, post contractum matrimonium, legitimi habeantur.* Il faut donc un mariage qui ait de la force, *tanta est vis matrimonii,* un mariage qui forme de véritables nœuds, et non pas des nœuds apparens ; un mariage qui se contracte en effet, et non pas en figure, *post contractum matrimonium.*

2° Il n'est pas extraordinaire qu'entre plusieurs frères, les uns, nés avant le mariage, demeurent bâtards toute leur vie, tandis que les autres, nés pendant le mariage, sont légitimes. On en verra ci-après des exemples. Or, s'il en est ainsi dans le cas d'un mariage véritable, à combien plus forte raison doit-il en être de même dans le cas d'un mariage putatif ?

3° Quant aux autres objections, elles supposent ce qui est à prouver, savoir, que le mariage putatif légitime les enfans naturels : sans doute, s'il produisait cet effet, on ne pourrait plus, dans la suite, révoquer la Légitimation ; c'est la conséquence des lois 1 et 2, C. *si adversus libertatem ;* mais les lois et les canons décident qu'il ne légitime pas : il n'y a donc point d'inconvénient, lorsque la nullité en est reconnue, de laisser dans leur état primitif les enfans nés avant un tel mariage.

La Peyrère, au mot *Bâtard*, confirme cette opinion par un arrêt du parlement de Bordeaux, du 14 février 1617. Voici ses termes : « Marie » Ardouin ayant reçu la nouvelle de la mort de » son mari, par le certificat du curé du lieu dans » lequel il était mort, en porte le deuil deux ans, » et souffre un galant : devenue enceinte, elle se » remarie, et avoue sa grossesse dans le second » contrat. Le premier mari revient, elle meurt de » douleur ; elle fait son testament, et institue éga- » lement la fille du second lit et les enfans du » premier. La fille du second lit, comme bâtarde, » est condamnée à se désister des biens par arrêt » du 14 février 1617. »

V. Lorsque le mariage est valable, faut-il, pour donner lieu à la Légitimation, qu'il soit précédé d'un contrat ?

Les lois et les novelles de l'empereur Justinien décidaient nettement pour l'affirmative, et plusieurs auteurs sont d'avis que les dispositions en sont encore obligatoires. Ils prétendent même que le parlement de Paris l'a ainsi jugé par un arrêt du 23 août 1577, que rapporte Chopin sur la coutume d'Anjou, liv. 1, chap. 41, n° 7. Mais ces auteurs n'ont pas fait attention que les lois citées n'exigent un contrat de mariage dans le cas dont il s'agit; que parce que, chez les Romains, le mariage pouvait se contracter sans aucune cérémonie, et que par conséquent il fallait un acte exprès pour en constater l'existence, à l'effet d'assurer l'état des enfans nés auparavant. Cela était même d'autant plus nécessaire, que, sans une déclaration expresse de la volonté des parties, on aurait pu croire qu'elles avaient voulu continuer de vivre dans le concubinage, tout dépendant à cet égard, comme on l'a vu plus haut, sect. 1, n° 4, de leur intention. Mais parmi nous ce ne sont point les conventions matrimoniales qui prouvent le mariage; les solennités que nos lois ont introduites pour le contracter valablement, en assurent suffisamment la célébration; et par conséquent il ne faut plus d'acte anténuptial pour légitimer les enfans. C'est ce que remarquent l'abbé de Palerme, Peregrinus, Fachinée, Groenwegen, Voët, Furgole et une infinité d'autres auteurs; et c'est ce qu'ont jugé deux arrêts du sénat de Piémont, rapportés par Tessaurus, décis. 83.

VI. Pour qu'un bâtard soit légitimé par le mariage subséquent de son père et de sa mère, il faut qu'il n'y ait point eu d'empêchement dirimant entre ceux-ci au temps du commerce illicite qu'ils ont eu ensemble. C'est ce que décide la loi 11, C. de naturalibus liberis, aux mots eam tamen cum quâ poterat habere connubium. La loi 10 du même titre n'est pas moins formelle : Cum quis a muliere libera et cujus matrimonium non est legibus interdictum........ La novelle 12, chap. 4, et la novelle 89, chap. 8, s'expriment à peu près de même.

Il résulte de là qu'un bâtard adultérin ne peut jamais être légitimé; et la décrétale tanta en contient une disposition textuelle : Si autem vir, vivente uxore suâ, aliam cognoverit, ex eâ prolem susceperit, licet, post mortem uxoris, eamdem duxerit, nihilominus spurius erit filius...., quoniam matrimonium legitimum inter se contrahere non potuerunt.

Les coutumes de Troyes et de Sens décident la même chose, par cela seul qu'elles restreignent l'effet de la Légitimation aux enfans nés ex soluto et soluta.

Et tel est notre droit commun.

Charondas en rapporte un arrêt du 20 juin 1562. Pithou en cite deux sans date, qui sont, dit-il, allégués dans un autre du 5 juillet 1567, entre Catherine de West et Germaine d'Espagne. Il y en a un cinquième dans le Journal des audiences, sous la date du 3 février 1661.

Tous ces arrêts ont été rendus au parlement de Paris.

Duperrier nous en fournit un semblable du parlement d'Aix, en date du 24 octobre 1651.

Par l'arrêt du parlement de Toulouse, de 1678, rapporté plus haut, sect. 1, n° 4, il a été jugé, non-seulement qu'une fille adultérine n'avait pas été légitimée par le mariage subséquent de son père et de sa mère, mais encore qu'une transaction passée du vivant de la mère entre cette fille et sa sœur légitime, ne pouvait nuire à celle-ci, ni donner à celle-là le droit de succéder, les transactions, dit Catellan, devant céder à cet intérêt de l'honnêteté et des bonnes mœurs, auquel des conventions particulières n'ont jamais le pouvoir de déroger.

L'arrêt du parlement de Bordeaux, du 14 février 1617, rapporté ci-dessus, n° 4, d'après La Peyrère, confirme cette jurisprudence, [[qui est d'ailleurs érigée en loi expresse par l'art. 331 du Code civil.]]

VII. Un enfant naturel est-il censé adultérin, et en cette qualité incapable de Légitimation par mariage subséquent, quand son père et sa mère, dont l'un était marié à un autre au moment de sa conception, se trouvent tous deux libres au moment de sa naissance?

Fachinée, Molina, Sanchez, Covarruvias, Antoine Butrio, Charondas, Lebrun et Rousseaud de Lacombe soutiennent la négative.

Ils se fondent sur la loi 26, D. de statu hominum, suivant laquelle un enfant conçu n'est regardé comme existant que dans le cas où son utilité l'exige. Ils ajoutent que, par la loi 5 du même titre, il suffit pour qu'un enfant soit de condition ingénue, que sa mère ait été libre au temps de sa naissance, quoiqu'elle eût été esclave à l'époque de sa conception, et vice versâ. Enfin, ils font valoir les termes de la loi 11, C. de naturalibus liberis, qui paraissent en effet très-décisifs : Et generaliter definimus, et quod super hujusmodi casibus variabatur, definitione certâ concludimus, ut semper in hujusmodi quæstionibus in quibus de statu liberorum est disputatio, non conceptionis, sed tempus partûs inspiciatur. Et hoc favore facimus liberorum, ut editionis tempus faciamus esse inspiciendum, exceptis iis tantummodo casibus in quibus conceptionem magis approbari infantium conditioni utilitas expostulat. La novelle 89, chap. 6, renferme absolument la même disposition.

Cette opinion est combattue par Sylvestre Piérasa, dans sa Somme; par Phirrus, sur les Décrétales; par Antoine de Rosselis, de Legitimatione; par Salicetti et Péréz sur le Code; par Pothier dans son Traité du contrat de mariage; et par une foule d'autres auteurs.

« Les raisons sont (dit Furgole) que, par une » fiction de droit introduite en faveur des enfans, » on regarde le père et la mère somme s'ils étaient » mariés ensemble lorsque les enfans ont été conçus; » laquelle présomption ne peut avoir lieu quand » l'un d'eux est marié à un autre; que la tache » est contractée par la conception, et non par la » naissance; que cette tache est imprimée à l'en- » fant au moment qu'il est conçu, qu'elle ne peut

» point être effacée par sa naissance, parce qu'elle
» ne diminue point la faute et ne fait point que la
» conjonction ne soit également réprouvée, et que
» le mariage subséquent ne peut point la laver ni la
» purifier; qu'ainsi, la femme ayant conçu d'un
» adultère, son fruit demeure toujours adultérin,
» quoique l'adultère devienne libre dans l'intervalle
» de la conception et de la naissance. »

Les textes que l'on oppose à ces raisons n'y portent aucune atteinte.

La loi 5, D. *de statu hominum*, n'a point de rapport direct à la question. L'état d'ingénuité d'un enfant ne dépend que de la liberté de sa mère; et comme il peut arriver qu'une femme, esclave au moment de la conception, soit devenue libre avant son accouchement, il est tout simple que, pour déterminer l'état de l'enfant, on s'attache à l'époque la plus favorable. Mais dans notre espèce, la capacité d'être légitimé par le mariage subséquent dépend de la qualité du commerce auquel l'enfant doit le jour. Si ce commerce a été adultérin, la suite des temps ne peut pas le rendre licite, parce que ce n'est ni la grossesse, ni la naissance, mais la conception qui constitue le crime.

La loi 26, D. *de statu hominum*, ne reçoit pas une application plus exacte à notre espèce. Elle porte, à la vérité, qu'on ne doit pas regarder comme existant, un enfant qui n'est que conçu, si ce n'est dans le cas où son propre avantage le demande; mais cette disposition ne peut pas empêcher qu'on ne considère le moment de la conception pour déterminer l'état d'un enfant adultérin, puisque c'est de la conception même que naît l'obstacle apporté à sa Légitimation.

Quant à la loi 11, C. *de naturalibus liberis*, et à la novelle 89, le principe qu'elles établissent ne porte pas sur la question de savoir à quel temps il faut avoir égard pour juger si un enfant né *ex damnato coitu*, est capable de Légitimation, mais sur celle de savoir si un enfant conçu dans un concubinage simple, et né dans le mariage, est légitime dès qu'il voit le jour; ce qu'elles décident affirmativement. On sent la différence d'un cas à l'autre. Quelle est la raison pour laquelle un enfant conçu avant le mariage, et né après, jouit de tous les avantages de la légitimité ? C'est parce que la loi suppose que le mariage a été célébré, au moins de vœu et de désir, dès le temps de la conception, et que par conséquent elle lui donne un effet rétroactif. Or, pour pouvoir faire cette supposition, il faut que le mariage ait pu être contracté dans le temps de la conception ; car la fiction ne peut jamais défigurer la nature ni détruire la vérité; elle peut bien supposer que ce qui est possible a existé, mais elle ne donnera jamais une existence idéale à une chose impossible.

Enfin, les arrêts lèvent toute difficulté sur cette question.

En voici plusieurs qui ont été rendus sur la même affaire.

Le sieur Masson de Maisonrouge, né de parens riches, s'est vu dans un âge où l'on n'occupe or-

dinairement que des emplois subalternes, destiné aux premières places de la finance. La charge de receveur-général que ses parens lui avaient achetée, lui donnait un état brillant dans la capitale. On lui proposa bientôt de faire choix d'une épouse; il jeta les yeux sur la demoiselle D.... Ce mariage fut formé sous les auspices de la fortune et de toutes les convenances qui peuvent rendre des époux heureux; mais l'union du sieur et de la dame Masson fut bientôt troublée. Le goût du mari pour la dissipation, et sa passion pour le plaisir, ne tardèrent pas à éloigner les cœurs et à y semer des germes de discorde et d'inimitié.

Depuis long-temps le receveur-général des finances était l'amant connu d'une actrice célèbre de l'Opéra, lorsque son épouse infortunée fut attaquée d'une maladie dont elle mourut le 10 décembre 1751.

Le sieur Masson, amant aussi aveugle que passionné, ne vit dans cet événement cruel pour un époux sensible, qu'une occasion favorable de s'unir, par des liens indissolubles, à la femme qui exerçait depuis long-temps un empire absolu sur son âme. Deux mois n'étaient pas encore écoulés depuis la mort de son épouse, qu'il contracta un second mariage avec l'actrice de l'Opéra.

Ce mariage fut célébré dans l'église de Saint-Nicolas-des-Champs, en présence du sieur Rotisset, frère de la nouvelle épouse, le 4 février 1752.

Celle-ci portait alors dans son sein un gage prématuré de l'amour de son époux. Le 20 avril suivant, trois mois après son mariage, elle accoucha d'un fils, qui fut baptisé comme *fils légitime*; et ce fut le sieur Rotisset, frère de la dame Masson de Maisonrouge, qui, en prenant la qualité d'oncle de l'enfant, lui servit de parrain.

La mort de la mère suivit de près la naissance de son fils; elle mourut le 10 mai suivant.

Il ne fut point fait d'inventaire après le décès de la dame Masson de Maisonrouge, quoique son mari eût reconnu, dans son contrat de mariage, qu'elle lui avait apporté une dot considérable. Il paraît que son père et sa mère se regardèrent comme ses seuls héritiers, puisqu'ils abandonnèrent la succession au sieur Rotisset, leur fils, pour une pension viagère de 6,000 livres. Celui-ci traita en cette qualité avec le sieur Masson, son beau-frère.

Il convoqua cependant une assemblée de parens et d'amis, pour nommer un tuteur au mineur. Le choix de la famille tomba sur lui, et il fut autorisé à accepter toutes les pensions alimentaires qui pourraient être faites au pupille. Néanmoins le père resta chargé de l'éducation de son fils ; mais, par un arrangement postérieur fait entre le père et l'oncle, le 15 mai 1760, ce dernier se chargea de l'éducation de son neveu, et s'obligea de le placer à ses frais au collége de Nanterre.

Dès ce moment, l'oncle paya seul la pension de son neveu jusqu'en 1771, époque où ce jeune homme, mécontent de la dureté avec laquelle on le traitait, vint à Paris solliciter son émancipation. Le sieur Rotisset y consentit.

Mais le mineur ne fut pas plus tôt émancipé, qu'il profita des premiers instans de sa liberté pour faire assigner son oncle, à l'effet de se voir condamner à lui rendre compte de sa tutelle, et à lui payer une provision de 20,000 livres.

Une sentence du 12 décembre 1771 condamna le sieur Rotisset à payer 3,000 livres à son neveu par forme de provision.

Le sieur Rotisset forma opposition à cette sentence ; mais, par une autre du 7 janvier 1772 ; il en fut débouté ; et néanmoins les parties furent mises hors de cour, sur la demande du mineur Masson en reddition de compte.

Les parties se rendirent respectivement appelantes de ces sentences ; et ce fut alors que l'oncle, attaquant l'état de son neveu, contesta sa légitimité.

Celui-ci soutint, au contraire, qu'il réunissait le droit le plus certain à la possession la plus constante ; et ces prétentions opposées donnèrent lieu à la question d'état qui fut agitée pendant plusieurs audiences au parlement de Paris.

Voici les différens moyens qui furent développés par les avocats des parties.

Le défenseur de l'oncle (M. Vermeil) partagea ses moyens en deux propositions.

Il soutint 1° que le mineur ne pouvait prétendre à la légitimité, et que par conséquent il n'avait aucun droit de demander compte de la succession de sa mère ; 2° qu'étant bâtard adultérin, il ne pouvait rien exiger au-delà de la pension de 800 livres qui lui était offerte, et qu'il était non-recevable à en réclamer une plus forte.

« Suivant nos lois (disait-il), la naissance d'un citoyen doit être le fruit d'une union sanctifiée par un sacrement ; ainsi, dans la rigueur du droit, les enfans issus d'un mariage valablement contracté, sont les seuls légitimes.

» Cependant les lois usent quelquefois d'indulgence pour la faiblesse des hommes, et c'est sur ce motif qu'elles ont établi une différence essentielle entre le concubinage et l'adultère. Elles tendent une main secourable aux infortunés qui doivent le jour à cet attrait puissant, par lequel deux personnes libres sont entraînées hors de la sphère du devoir ; mais elles rejettent toujours avec mépris ceux qui ne doivent le jour qu'à une infraction criminelle des devoirs les plus sacrés. Ainsi, le bâtard simple peut prétendre aux faveurs de la loi ; le bâtard adultérin, au contraire, n'a aucun droit de réclamer son indulgence.

» En effet, il n'y a que le bâtard né ex soluto et soluta, qui puisse être légitimé par un mariage subséquent ; et il ne peut l'être que parce que la loi suppose qu'au temps de sa conception, les auteurs de ses jours étaient unis par le mariage. Il faut donc qu'il soit certain qu'ils jouissent d'une pleine liberté ; autrement la fiction de la loi ne peut avoir lieu ; et de là il suit que pour juger de la légitimité d'un enfant, il faut, selon les principes du droit français, remonter au temps de sa conception. On invoquerait donc en vain les lois romaines, qui prononcent la liberté des enfans nés d'une femme esclave, lorsqu'elle-même a joui de la liberté, soit au moment de la conception, soit à celui de la naissance, ou même dans le temps intermédiaire. Ces lois n'ont aucune application à la cause, parce qu'elles ont pris leur source dans des mœurs et dans un gouvernement régi par d'autres principes que les nôtres ; parce que, le retour à la liberté est favorable en lui-même, et qu'enfin les lois qui le favorisent, n'ont rien qui blesse les mœurs et l'honnêteté publique. Ces lois étrangères ne peuvent donc avoir aucune application au bâtard adultérin dont le vice de l'origine ne peut jamais s'effacer.

» 2° En vain le mineur oppose-t-il les reconnaissances de son oncle et la possession d'état. En matières d'état, on n'admet aucune fin de non-recevoir ; ainsi, de ce que l'oncle a été présent au mariage de la mère du mineur, de ce qu'il a été son parrain, il ne peut rien résulter de ces démarches en faveur de sa légitimité, parce que l'état des hommes n'est pas dans le commerce, et que le vice de la naissance ne peut pas être purgé par des actes, queuls qu'ils soient.

» Tout se réunit donc (concluait le défenseur de l'oncle du mineur) pour démontrer que ce dernier étant bâtard adultérin, ne peut prétendre aux honneurs de la légitimité, et qu'il ne peut réclamer une pension alimentaire plus forte que celle qui lui est offerte. »

Le défenseur du mineur soutenait, au contraire, que sa demande en reddition de comptes devait être accueillie sans difficulté, parce qu'il était né légitime.

« Il est né légitime (disait-il), puisque les lois, en fixant l'état des hommes, ont voulu que l'enfant conçu pendant l'esclavage de sa mère, fût libre si elle était affranchie au moment où il avait vu le jour. En effet, la loi-11, C. de naturalibus liberis, décide que, lorsqu'il s'agit de l'état des enfans, l'on doit considérer le moment de leur naissance, et non celui de leur conception. C'est encore la disposition de la novelle 89, chap. 8. Le moment de la naissance doit donc, suivant le vœu des lois, servir de décision pour la légitimité de l'enfant. Si l'on admet en droit le principe, que l'enfant conçu est présumé né, c'est uniquement lorsqu'il s'agit de son avantage, et non pour lui contester sa légitimité.

» Le chapitre tanta vis, aux Décrétales, ne prive de la légitimité que les enfans adultérins nés dans le cours d'un mariage précédent ; mais si, à l'époque de leur conception ou de leur naissance, leur père et mère, étant devenus libres, se sont unis par les nœuds du mariage, les enfans qui proviennent de cette union sont légitimes ; c'est l'opinion de tous les jurisconsultes les plus célèbres. Aussi il est évident qu'étant né pendant le cours d'un mariage avoué par les lois, le m...

neur de Maisonrouge doit jouir de tous les droits et de tous les honneurs de la légitimité.

» D'ailleurs, en faudrait-il davantage que les reconnaissances multipliées de l'oncle, et les actes publics où il a reconnu la légitimité de son neveu, pour élever contre sa prétention injuste, plusieurs fins de non-recevoir insurmontables ? »

Enfin, le défenseur du mineur soutenait que, dans le cas où la justice le déclarerait bâtard adultérin, il lui était dû des secours alimentaires proportionnés à la richesse de la succession de sa mère, qui montait, à sa mort, à une somme de plus de 500,000 livres ; que la jurisprudence avait toujours fixé les pensions alimentaires des enfans naturels, dans la proportion de la fortune de leurs père et mère, et qu'il ne suffisait pas, lorsque les héritiers de ceux-ci nageaient dans l'opulence, de leur offrir de faibles secours, qui les missent seulement à couvert des premiers besoins.

Par arrêt du 10 mai 1773, les sentences du Châtelet furent infirmées, le principal évoqué, et le mineur Masson de Maisonrouge débouté de sa demande en reddition de comptes ; néanmoins on lui accorda sur les biens de sa mère une pension alimentaire de 3,000 livres.

[[La question, décidée implicitement par cet arrêt, paraissait l'être irrévocablement contre le mineur Masson. Mais celui-ci parvint à la faire revivre quelque temps après.

Le 2 juillet 1785, le sieur Masson de Maisonrouge mourut, laissant d'un troisième mariage une fille, nommée Geneviève Masson, épouse du sieur Nugent. Son père l'avait grevé, par son testament, d'une substitution universelle en faveur de ses enfans légitimes, les mâles préférés aux femmes, suivant l'ordre de primogéniture.

La dame Nugent se prétendit appelée à recueillir cette substitution, attendu que son père n'avait laissé aucun enfant mâle et légitime qui pût lui être préféré ; et en effet, elle obtint au Châtelet une sentence qui l'envoya en possession des biens substitués.

Pour paralyser sa prétention, le mineur Masson commença par se pourvoir en requête civile contre l'arrêt du 10 mai 1773. Sa requête civile entérinée le 29 avril 1789, il obtint, le 25 mai suivant, un nouvel arrêt qui infirma la sentence du Châtelet du 7 janvier 1772, et condamna le curateur à la succession vacante du sieur Rotisset, à lui rendre compte de la tutelle et à en payer le reliquat.

Fort de cet arrêt, il fit nommer un tuteur à la substitution créée par le testament de son aïeul, et poursuivit la dame Nugent en délaissement des biens qui en étaient l'objet.

La dame Nugent, de son côté, forma une tierce-opposition aux arrêts des 29 avril et 25 mai 1789, et par une requête du 29 décembre de la même année, conclut formellement « à ce qu'attendu la qualité de bâtard adultérin dudit » Masson de Maisonrouge, et son incapacité de

» recueillir la succession, il fût déclaré non-rece- » vable dans sa demande en envoi en possession » des biens substitués. »

Le sieur Masson de Maisonrouge répondit qu'il était légitime ; que la preuve en était écrite dans l'acte de célébration du mariage de son père et de sa mère, et dans son acte de naissance ; qu'il n'était pas permis de remonter au-delà.

Le 20 juillet 1790, arrêt du parlement de Paris qui « déboute Masson de Maisonrouge de sa de- » mande en envoi en possession de biens de la » substitution de Jean-François Masson, et ac- » corde main-levée définitive à la dame Nugent, » de toutes saisies et oppositions faites à la requête » dudit Masson. »

Le sieur Masson de Maisonrouge se pourvoit en cassation contre cet arrêt.

Avant qu'il ait été statué sur son recours, et dès le 14 juin 1791, il fait citer la dame Nugent devant le tribunal du 4e arrondissement de Paris, « pour voir dire qu'il sera maintenu et conservé » en la possession d'état d'enfant légitime de dé- » funt Pierre Masson et de Marie-Madelaine » Rotisset. »

La dame Nugent lui oppose l'autorité de la chose jugée, et conclut à ce qu'il soit déclaré non-recevable.

Le 1er mai 1792, jugement qui rejette la fin de non-recevoir, et ordonne de plaider au fond, « attendu que dans aucune des causes jugées avec » Jean Masson de Maisonrouge, il n'a pris au- » cunes conclusions pour faire prononcer, soit la » légitimité, soit la bâtardise dudit Masson ; et » que l'arrêt du 20 juillet 1790, ni aucun des » jugemens, sentences et arrêts rendus dans ladite » cause, n'ont déclaré ledit Masson légitime ou » bâtard. »

La dame Nugent appelle de ce jugement, mais sans succès : le 18 octobre de la même année, le tribunal du 6e arrondissement de Paris déclare qu'il a été bien jugé.

Recours en cassation contre ce second jugement de la part de la dame Nugent.

Le premier nivôse an 2, arrêt du bureau des requêtes, qui, statuant sur le recours en cassation du sieur Masson de Maisonrouge, contre l'arrêt du parlement de Paris, du 20 juillet 1790, le rejette sans motifs (1).

Et, le 25 pluviôse suivant, arrêt, au rapport de M. Cochard, sections réunies, par lequel,

« Attendu 1° que, par le premier arrêt du ci-de- » vant parlement de Paris, du 10 mai 1773, on ne donnait pas dans le dispositif d'icelui, audit sieur Masson, la qualité d'enfant légitime de Marie, Madelaine Rotisset et de Pierre-Jean Masson, ses père et mère ; qualité qu'il avait prise dans l'instance en reddition de comptes par lui formée contre

_____

(1) Ce n'est que par la loi du 22 du même mois que la cour de cassation a été assujettie à motiver ses arrêts, portant rejet de demande en cassation.

Jean-Baptiste Rotisset, son oncle maternel et son tuteur; et on réduisait tous les droits et prétentions dans la succession de sa mère, à une pension alimentaire de 3,000 livres, affectée et spécialement hypothéquée sur la généralité des biens dépendans de ladite succession;

» Attendu 2° que, par son arrêt postérieur du 20 juillet 1790, la même ci-devant cour, en admettant la tierce-opposition formée par ladite dame Nugent, contre le premier arrêt du 29 avril 1789, qui avait entériné les lettres en forme de requête civile, levées par ledit sieur Masson, contre celui du 10 mai 1793, et contre celui du 25 mai suivant, qui avait prononcé sur le rescisoire, en déclarant lesdits arrêts nuls et de nul effet à leur égard, en faisant droit sur les conclusions prises par ladite dame Nugent; à ce qu'attendu la qualité de bâtard adultérin dudit Masson, il fût déclaré non-recevable dans sa demande en envoi en possession des biens substitués par son aïeul paternel, en le déboutant en conséquence de sa demande, et leur accordant à eux-mêmes main-levée des oppositions par lui formées entre les mains des débiteurs de ladite substitution, et en ne lui donnant pas dans le dispositif dudit arrêt la qualité d'enfant légitime de ses père mère, qu'il avait prise dans l'instance, a jugé formellement et littéralement qu'il n'était pas fils légitime de ses père et mère;

» Attendu 3° que ledit arrêt a acquis la force et l'autorité de la chose jugée, en ce que ledit sieur Masson l'ayant attaqué par la voie légale de la cassation, sa requête a été rejetée par jugement du bureau des mémoires, du 1er nivose l'an courant;

» Le tribunal casse le jugement du tribunal du sixième arrondissement de Paris, du 18 octobre 1792, parce qu'en confirmant celui du 1er mai précédent, rendu par le tribunal du 4e arrondissement de la même ville, qui avait rejeté la fin de non-recevoir résultant desdits arrêts, proposée par ladite dame Nugent, contre l'action dirigée contre elle par le sieur Masson, tendante à ce qu'il fût déclaré fils légitime desdits père et mère, il a remis en jugement une question d'état invariablement fixée par lesdits deux arrêts contradictoires précédemment rendus par le ci-devant parlement de Paris, le 10 mars 1773 et 20 juillet 1790, lesquels avaient passé en force de chose jugée; en quoi il a contrevenu à l'article 5 du titre 27 de l'ordonnance de 1667 (1). »]]

On peut joindre à cet arrêt celui du parlement de Bordeaux, du 14 février 1617, rapporté ci-devant, n° 4; car il n'a déclaré bâtarde la fille de l'état de laquelle il s'agissait, que parce qu'elle avait été conçue avant le mariage putatif que sa mère avait contracté de bonne foi pendant la vie

de son mari, qu'elle croyait mort. Si sa conception eût été postérieure à la célébration de cette ombre de mariage, la bonne foi de ses père et mère l'eût rendu légitime. V. l'article Légitimité.

VIII. Le principe que le père et la mère doivent être habiles à se marier ensemble à l'époque du commerce qui donne l'existence aux enfans, pour que ceux-ci puissent profiter du bénéfice de la Légitimation, ne nous conduit pas seulement aux conséquences que nous venons d'exposer; il en résulte encore, [[au moins suivant une opinion très-commune que nous discuterons dans un instant]], que les enfans nés d'une personne engagée dans les ordres sacrés ou dans l'état religieux, ne sont pas légitimés par le mariage subséquent, quoique contracté avec dispense. La dispense, [[disent les sectateurs de cette opinion,]] habilite bien celui à qui elle est accordée à se marier; mais elle n'efface pas le vice de la naissance des enfans conçus auparavant. » On a cependant vu (ajoute Lebrun) » dans l'affaire des sieurs Chauvelin, autoriser une » Légitimation, per subsequens, d'enfans nés d'un » conseiller de la cour, sous-diacre, et d'une ab» besse; mais ce fut parce que les parens qui avaient » donné les mains au mariage, s'avisèrent, long» temps après et à l'occasion d'une succession col» latérale, de contester l'état des enfans ainsi » légitimés; et cette circonstance donna lieu à » l'arrêt du 18 mars 1666, par lequel, sur l'ap» pel comme d'abus de l'exécution de la dispense » des ordres et de la célébration du mariage, on » mit les parties hors de cour et de procès. »

Un clerc tonsuré qui possède un bénéfice, peut-il, lorsqu'il a eu, dans cet état, des enfans d'une concubine, les légitimer en quittant son bénéfice et en épousant la mère?

Quelques docteurs ultramontains soutiennent que non. Le premier qui avait avancé cet avis est Ricardus de Malumbra, auteur qui vivait en 1300; il a été suivi par Jean André, Bartole, Balde, l'abbé de Palerme, Sarmientus, Louis de Surdis, et Antoine de Rosselis. Leur principale raison est que le mariage ne peut pas, dans cette espèce, avoir un effet rétroactif à la naissance des enfans, puisque par là il arriverait qu'un clerc aurait eu en même temps un bénéfice et une femme, ce qui est incompatible. Ils ajoutent que le concubinage n'est pas moins interdit aux simples bénéficiers; qu'il l'était dans le droit romain aux soldats; que les bâtards de ceux-ci ne pouvaient être légitimés par le mariage subséquent, parce qu'ils n'étaient point naturels, mais spurii; que la même raison s'applique aux enfans de clercs; qu'ainsi on doit leur appliquer la même décision. Enfin ils se récrient sur l'énormité du crime d'un bénéficier qui nourrit, des revenus de l'église, la compagne et les fruits de sa débauche. C'est, disent-ils, allier la pureté de l'église avec la corruption du siècle et les ténèbres avec la lumière; c'est placer les idoles dans le sanctuaire.

Malgré ces raisons, on tient pour constant, en France, que les enfans d'un simple bénéficier peu-

---

(1) Je reviendrai sur cet arrêt à l'article Question d'état, § 2, et j'y examinerai s'il faut le prendre pour règle en tant qu'il décide que le jugement du 18 octobre 1792 contrevenait à l'autorité de la chose jugée.

vent être légitimés par le mariage subséquent de leur père. C'est aussi ce que pensent Covarruvia et Fachinée, et leur opinion a été confirmée *in terminis* par un arrêt du 5 septembre 1675, rapporté au Journal du Palais.

Cette jurisprudence est fondée sur les vrais principes : la tonsure qui rend une personne habile à posséder des bénéfices, ne forme point un engagement indissoluble ; cependant, pour admettre l'opinion contraire, il faudrait que la tonsure et le bénéfice imprimassent pour un temps un caractère identique à celui qu'imprime toujours le sacerdoce ; il faudrait que ce fût un mariage spirituel, quoique sa durée dépendît de la volonté du bénéficier ; ce qui répugne à la nature du mariage, soit spirituel, soit corporel.

Les objections des docteurs ultramontains ne sont pas difficiles à résoudre.

Une comparaison très-simple répond suffisamment à la première. Si un bénéficier se mariait sans avoir préalablement résigné ses bénéfices, son mariage serait-il nul, et pourrait-on le qualifier d'adultère spirituel? Il est certain que non. Pourquoi donc le concubinage ferait-il plutôt un adultère dans la personne d'un bénéficier que le mariage? Tout ce qu'on pourrait conclure de la fiction qui produit l'effet rétroactif du mariage au temps du commerce illicite, c'est que le clerc serait censé, en se mariant, avoir été déchu de ses bénéfices dès le premier moment de son habitude criminelle ; mais cette conséquence même serait fausse, parce qu'en matière de peines, on ne doit jamais se déterminer par les fictions ; et que d'ailleurs l'incapacité des clercs mariés de posséder des bénéfices, ne tient pas assez essentiellement aux constitutions fondamentales de l'église, pour qu'il soit nécessaire de l'étendre à un mariage fictif. Nous voyons en effet dans le canon *si quis verò*, distinction 32, que, dans l'ancien droit ecclésiastique, le simple clerc qui se mariait ne perdait pas pour cela la part qu'il avait aux distributions canoniques : *Si quis vero sint clerici extra sacros ordines constituti, qui se continere non possint, sortiri uxores debent et stipendia sua accipere.*

La seconde objection suppose que nous suivons encore, dans notre droit, la distinction, soit entre le concubinage et la fornication, soit entre les enfans *naturels* et ceux que les lois romaines appellent *spurii*. Mais ce que nous avons dit là-dessus dans le premier paragraphe détruit cette objection.

À l'égard de la troisième, on convient que le concubinage, qui est un péché pour les gens du monde, et un crime dans les bénéficiers, parce que l'église veut que ses ministres soient chastes et purs; mais conclure de là qu'un état auquel il leur est permis à chaque instant de renoncer, soit pour eux un lien qui forme un obstacle insurmontable à la Légitimation de leurs enfans, c'est un paradoxe que réprouvent également la raison et les lois.

Aujourd'hui, le mariage que contracterait même un prêtre légitimerait sans difficulté les en-

fans naturels qu'il aurait eus depuis la loi du 13-29 février 1790. (*V.* l'art. *Célibat*, n° 2.)

Mais légitimerait-il les enfans naturels que ce prêtre aurait eus avant la loi citée?

Le 17 mai 1778, une fille est baptisée à Marseille, sous le nom de Françoise-Madelaine, née de père et mère inconnus.

Le 12 janvier 1779, mariage entre Honoré de Virgile et une demoiselle du même nom.

Le 15 janvier 1780, un enfant, issu de ce mariage, est baptisé sous le nom de Joseph-Pierre de Virgile.

Le 23 brumaire an 2, la dame de Virgile, abandonnée de son mari depuis plus de deux ans, fait prononcer son divorce.

Le 11 floréal suivant, elle épouse le sieur François Gras, prêtre. Par l'acte de célébration de leur mariage, les deux époux se reconnaissent père et mère de Françoise-Madelaine, baptisée à Marseille le 17 mai 1778, comme fille de père et mère inconnus.

En l'an 8, ils obtiennent du tribunal civil du département des Bouches-du-Rhône, un jugement qui ordonne la rectification de l'acte de naissance de leur fille.

En brumaire an 9, décès de la dame Gras, laissant un testament par lequel, après avoir légué à son mari l'usufruit de tous ses biens, elle en laisse la propriété à Joseph-Pierre de Virgile et à Françoise-Madelaine Gras, ses deux enfans.

Le 18 thermidor de la même année, Françoise-Madelaine Gras épouse le sieur Rebecqui.

Le 12 germinal an 10, en exécution du testament de sa mère, elle vend, *conjointement avec Joseph-Pierre de Virgile, son frère*, un domaine dépendant de la succession maternelle.

En juillet 1807, mort de Joseph-Pierre de Virgile, qui jusqu'alors avait constamment reconnu la dame Rebecqui pour sa sœur légitime, et avait plusieurs fois partagé avec elle à l'amiable les revenus des biens de leur mère commune restés indivis entre eux.

Le sieur Dejours-Maziller et la dame Ducret, veuve du sieur Chargères-Devaux, parens au 8e degré de Joseph-Pierre de Virgile, se présentent pour recueillir sa succession. La dame Rebecqui leur oppose sa qualité de sœur utérine du défunt.

Le 11 mars 1808, jugement du tribunal civil de Moulins-en-Gilbert, qui déclare la dame Rebecqui non-recevable :

« Attendu qu'à l'époque de sa naissance, François Gras était engagé dans les ordres sacrés, et n'aurait pas pu épouser la demoiselle de Virgile ; qu'il n'était conséquemment pas au pouvoir des mariés Gras *de légitimer, par un mariage subséquent*, l'enfant issu de leur commerce, fruit *de l'inceste et de l'adultère* ;

» Que la Légitimation par un mariage subséquent n'est, en effet, *qu'une fiction qui suppose que les père et mère étaient mariés au moment de la conception de l'enfant, et que c'est cette fiction qui opère la Légitimation* ; que cette fiction ne peut avoir lieu, quand, au moment de la conception de l'enfant, il existait un motif qui empêchait le mariage ; et qu'à l'époque de la conception de la dame Rebecqui, *François Gras, son père, étant engagé dans les ordres sacrés, il existait en sa personne un empêchement tel qu'il ne pouvait contracter mariage avec la compagne de son désordre, ni, par suite, légitimer celte qui en était le fruit ; que cette conséquence n'a jamais été méconnue, et a été constamment la loi de tous les peuples policés ; que les Romains l'ont consacrée par plusieurs textes de leurs lois ; que l'église, toujours attachée aux vrais principes, en a fait des règles positives que les arrêts ont universellement adoptées ; qu'aucune loi n'a dérogé à la rigueur des principes ;*

» Et qu'enfin, ce qui doit faire disparaître tout doute à cet égard, c'est l'art. 762 du Code civil, qui porte : *les dispositions des articles 757, 758, ne sont pas applicables aux enfans adultérins ou incestueux ;* que, bien qu'il paraisse que feu Pierre-Honoré-Joseph de Virgile ait partagé, avec la dame Rebecqui, la succession de la mère commune, il n'en résulte pas une reconnaissance formelle de l'état de la dame Rebecqui ; que, quand même il aurait transigé avec elle comme si le légitimée, il n'était pas en son pouvoir de lui conférer un état que les lois réprouvent, puisqu'on ne peut déroger, au préjudice des lois, par des conventions particulières, aux lois qui intéressent l'ordre public et les bonnes mœurs......»

La dame Rebecqui appelle de ce jugement à la cour de Bourges.

Le 15 mars 1809, arrêt ainsi conçu :

« La cour a reconnu que la cause présente les questions suivantes.....

» 3° Si les intimés sont recevables à contester l'état de la dame Rebecqui ;

» 4° Si elle est bien la même que la fille née du sieur Gras et de la dame de Virgile ;

» 5° Si le mariage de ses père et mère est régulier ;

» 6° S'il a pu opérer la Légitimation de la dame Rebecqui....;

» Considérant,...., sur la troisième question, qu'à la vérité le sieur de Virgile fils avait reconnu la dame Rebecqui pour sa sœur, et que ses héritiers ne peuvent avoir plus de droits que celui qu'ils représentent ; mais que cette règle ne s'applique jamais qu'aux effets relatifs à l'intérêt des parties contractantes ; que des conventions privées ne peuvent rien sur des objets relatifs à l'ordre public, et que l'état des personnes est évidemment dans ce cas;

» Considérant, sur la quatrième question , que la reconnaissance des père et mère atteste suffisamment l'identité ; qu'au surplus, on n'a produit ni preuves, ni le plus léger adminicule contraire ; que la fraude ne se présume pas ; qu'ainsi, tout se réduit à des craintes vagues, des soupçons allégués que rien ne justifie, et qui, au surplus, sont écartés par le témoignage unanime du père, de la mère, du frère, et même par le silence des intimés sur ce fait devant les premiers juges ;

» Considérant, sur la cinquième question, qu'à la vérité la loi du 20 septembre 1792 ne permettait à la femme de se marier qu'un an après le divorce prononcé, et que, dans l'espèce, on ne trouve que sept mois et douze jours entre le divorce et le mariage ; mais qu'aux termes de la loi du 8 nivose an 2, quand il est constaté que le mari a abandonné depuis six mois son domicile et sa femme , celle-ci peut contracter un nouveau mariage aussitôt après le divorce ; que, dans l'espèce, le divorce a été prononcé pour absence depuis deux ans ; qu'ainsi, le mariage est régulier ;

» Considérant, sur la sixième question, que les lois canoniques défendaient le mariage des prêtres, et qu'elles étaient reçues en France ; mais qu'il y a plusieurs exemples de dispenses accordées par le pape à des ecclésiastiques engagés dans les ordres ; d'où résultait pour eux la permission de se marier ; qu'à la vérité ces exemples sont rares, mais que le pouvoir de dispenser, résidant dans le souverain pontife, lui seul avait droit de juger la gravité des cas ; qu'ainsi, il pouvait étendre cette mesure, suivant qu'il le jugeait convenable à l'intérêt de la religion, des familles et des mœurs ; que le est l'effet du mariage, qu'il légitime les enfans nés antérieurement, lorsqu'il n'y avait pas, au temps de la conception, impossibilité que les parens fussent unis, et que, dans cette matière, la possibilité des dispenses ne permet pas de dire que le mariage est impossible ;

» Qu'en vain on voudrait distinguer entre l'annulation des vœux et la simple dispense, pour admettre ou rejeter la Légitimation des enfans ; qu'il est de règle, au contraire, que la Légitimation ait lieu dans les deux cas, puisque par exemple, dans l'espèce de parens aux degrés prohibés, le mariage avec simples dispenses avait cet effet de légitimer des enfans incestueux ; qu'il en est de même de la différence qu'on voudrait établir entre les dispenses faciles ou difficiles à obtenir, pour accorder ou contester la Légitimation des enfans nés antérieurement ; qu'une telle distinction est chimérique ; qu'elle ne repose sur aucune loi, sur aucun motif plausible ; que la raison et la saine doctrine se réunissent pour établir que les dispenses effacent les vœux ou les liens de parenté, et placent les individus qui les obtiennent comme s'ils eussent été toujours libres et étrangers l'un à l'autre ; qu'ainsi, dans tous les cas possibles, le mariage avec dispenses produit les mêmes effets et procure la Légitimation des enfans ;

» Que la loi du 13 février 1790 et la constitution de 1791 ont déclaré ne plus reconnaître les vœux contraires au droit naturel et à la liberté ; que l'objet de ces lois étant bien plus étendu qu'une simple dispense, leur effet doit être au moins le même ; que, dès lors, le mariage des prêtres est devenu permis, et avec lui la Légitimation ;

» Que, s'il en était autrement, la loi, loin d'être un bienfait pour eux, serait oppressive et injuste ; puisque, ne pouvant comme autrefois recourir au pape pour obtenir dispense, il n'y aurait plus pour les prêtres, aucun moyen de contracter mariage et de légitimer les enfans;

» Considérant, au surplus, que, depuis 1791, le mariage n'est plus, en législation, qu'un contrat civil; que la loi ne s'occupant pas de vœux religieux, l'exception qu'elle prononce contre les enfans adultérins, ne peut s'appliquer aux enfans nés de personnes engagées ailleurs que dans les liens du mariage; qu'ainsi, une qualification d'adultère, fondée sur des vœux religieux, est hors des termes de la loi et du domaine des tribunaux.....;

» La cour a mis le jugement dont est appel au néant; émendant, et sans avoir aucun égard aux fins de non-recevoir et moyens de nullité respectivement opposés, fait main-levée des oppositions fournies par les intimés à la levée des scellés apposés par le décès du sieur de Virgile; ordonne que le gardien sera tenu de se retirer, et maintient la dame Rebecqui en possession définitive de la succession à elle adjugée provisoirement par l'arrêt du 24 août dernier.....»

Le sieur Desjours-Mazilier et la dame Dechargères-Devaux se pourvoient en cassation.

L'arrêt que vous dénoncent les demandeurs (ai-je dit à l'audience de la section civile, le 22 janvier 1822) a-t-il violé quelque loi, en jugeant que l'enfant auquel un prêtre a donné la vie dans un temps où il était incapable de se marier, est légitimé par le mariage que ce prêtre, habilité à se marier par les lois nouvelles, a contracté depuis la publication de ces lois, avec la mère de cet enfant?

» Telle est la question que vous présente l'affaire soumise en ce moment à votre examen; et vous sentez pourquoi nous disons, a-t-il violé quelque loi? c'est que nous n'avons rien à rechercher si, dans cette affaire, la cour d'appel de Bourges s'est plus ou moins conformée à la doctrine de certains auteurs, à la décision de certains arrêts. La cour de cassation n'est instituée, ni pour maintenir la jurisprudence des arrêts, ni pour faire respecter la doctrine des auteurs; son unique mission est de venger la loi des atteintes que peuvent lui porter les jugemens des tribunaux. Là où la loi est muette, là cessent les pouvoirs de la cour de cassation.

» Limitée à ce point de vue, la question serait bientôt décidée, si elle devait l'être d'après le Code civil. Car l'art. 331 de ce Code n'exclut du bénéfice de la Légitimation par mariage subséquent, que les enfans nés d'un commerce incestueux ou adultérin; et il est bien constant que l'on ne peut qualifier ni d'adultérin, ni d'incestueux, le commerce qui, avant la révolution, a existé entre un prêtre et une personne du sexe.

» A la vérité, on a quelquefois dit, dans le langage mystique, que les prêtres étaient censés mariés avec l'église. Mais on ne l'a dit que par fiction, et tout le monde sait que des fictions qui ne sont autorisées par aucune loi, ne peuvent jamais équipoller à la réalité, surtout à l'effet

d'étendre des exceptions légales hors des cas pour lesquels le législateur les a faites.

» A la vérité, la plupart des canonistes appellent inceste spirituel, le commerce qui a lieu entre un confesseur et sa pénitente. Mais ce n'est encore là qu'une fiction; et cette fiction, quand même le législateur l'aurait expressément consacrée, ne pourrait recevoir aucune application à notre espèce, puisque rien ne prouve que le sieur Gras ait été, à l'époque de la conception de la dame Rebecqui, le confesseur de la demoiselle de Virgile.

» Mais ce n'est pas au Code civil que la cour de Bourges a dû s'attacher, pour savoir si la dame Rebecqui avait été légitimée par le mariage de son père et de sa mère. Le mariage du père et de la mère de la dame Rebecqui a été contracté le 12 floréal an 2, long-temps avant que le Code civil fût décrété et promulgué; c'est donc par la loi qui était en vigueur le 11 floréal an 2 que doivent être déterminés les effets de ce mariage. C'est donc par cette loi seule qu'il doit être décidé si ce mariage a ou n'a pas légitimé la dame Rebecqui.

» Or, existait-il en France, à l'époque du 11 floréal an 2, une disposition législative qui exclût du bénéfice de la Légitimation par mariage subséquent, les enfans d'un prêtre à qui, au moment de leur conception, il était défendu d'épouser leur mère?

» Cette disposition, nous la chercherions vainement dans les ordonnances de nos anciens rois. Les ordonnances du mois de février 1731, concernant les donations, et du mois d'août 1747, concernant les substitutions fidéicommissaires, étaient les seules où il fût question des enfans légitimés par mariage subséquent; et elles n'en parlaient que pour régler les droits de ces enfans relativement aux substitutions fidéicommissaires et aux donations entre-vifs faites avant leur Légitimation; elles se taisaient absolument sur les conditions requises pour que le mariage légitimât les enfans dont la naissance avait devancé sa célébration.

» Trouverons-nous, sur ce point, plus de lumières dans les lois romaines?

» Nous devons d'abord reconnaître que, si les lois romaines renferment quelques dispositions véritablement applicables à notre espèce, la cour de Bourges a dû les respecter, sous peine de cassation; car ces lois étaient obligatoires à Marseille avant le Code civil; et vous savez que c'est à Marseille qu'étaient domiciliés le père et la mère de la dame Rebecqui, non-seulement à l'époque de sa naissance, mais encore à celle de leur mariage.

» Examinons donc si les lois romaines s'expliquent sur notre espèce d'une manière positive.

» Les demandeurs sont forcés de convenir que non. Et comment, en effet, auraient-elles pu s'occuper de notre espèce? Si, dans leur dernier état, elles prohibaient le mariage des prêtres, en ce sens que le mariage était incompatible avec l'ordre de prêtrise, du moins elles ne l'annulaient pas; car la loi 45, C. *de episcopis et clericis*, par laquelle Justinien prononça, en introduisant un droit nouveau, la nullité du mariage des prêtres, fut révoquée presque aussitôt après sa promulgation; et, comme le remarque Pothier, dans son *Traité du contrat de mariage*, n°. 115, la novelle 6, chap. 5, et la novelle 22, chap. 42, se bornèrent à déclarer que les prêtres qui se marieraient, conserveraient leurs femmes, mais seraient déchus du sacerdoce. Le même auteur démontre d'ailleurs, par un grand nombre de monumens, que l'église elle-même ne commença à frapper de nullité le mariage des prêtres, que dans le 12e. siècle, par le 1er. et le 2e. concile de Latran.

» Quoi qu'il en soit, les demandeurs soutiennent qu'il y a, dans les lois romaines, un principe général d'après lequel, l'incapacité des prêtres de se marier une fois établie, il a dû en résulter, pour leurs enfans, une incapacité absolue de Légitimation par mariage subséquent; et ce principe, continuent-ils, est que le mariage subséquent ne peut légitimer que les enfans dont le père et la mère auraient pu se marier au moment où ils leur ont donné la vie.

» Quelles sont donc les lois romaines qui proclament ce principe?

» Ce sont, disent les demandeurs, la loi 10, C. *de naturalibus liberis*, et la loi 11 du même titre.

» Pour vous mettre à portée d'apprécier ces deux textes, nous devons en placer les termes sous vos yeux.

» L'empereur Anastase avait, par la loi 6 du titre cité, ordonné que, si un père n'ayant pas d'enfans légitimes, *nullis legitimis liberis existentibus*, épousait la femme dont il avait des enfans naturels, ceux-ci devinssent légitimes et capables de recueillir sa succession.

» De ces mots, *nullis legitimis liberis existentibus*, plusieurs jurisconsultes prétendirent inférer que les enfans naturels ne pouvaient être légitimés par le mariage subséquent de leur père avec leur mère, que dans le cas où il ne naîtrait point d'autre enfant de ce mariage.

» Justinien blâma cette interprétation, en 528, par la loi 10 du même titre : il voulut que les enfans nés pendant le mariage, admissent leurs frères nés auparavant, au partage de la succession de leur père commun; et voici de quelle manière il s'expliqua à ce sujet.

» Un homme, après avoir eu, sans mariage préalable, des enfans d'une femme libre, capable de se marier, et avec laquelle il vivait en concubinage, a fini par épouser cette femme, et en a eu ensuite d'autres enfans. A sa mort, ceux de ses enfans qui étaient nés pendant le mariage, ont prétendu s'approprier à eux seuls tout son patrimoine, et en exclure leurs frères nés avant la cérémonie nuptiale : prétention injuste, et que nous croyons devoir condamner formellement, afin qu'elle ne se renouvelle plus : *Cum quis à muliere*

libera et cujus matrimonium non est legibus IN-TERDICTUM, *cujusque consuetudine gaudebat, aliquos liberos habuerit, minime dotalibus instrumentis compositis, postea autem, ex eadem affectione, etiam ad nuptialia pervenerit, instrumenta et alios interim ex eodem matrimonio liberos procreaverit, ne posteriores liberi, qui post dotem editi sunt, sibi omne paternum patrimonium vindicare audeant, quasi justi et in potestate effecti, fratres suos, qui ante dotem fuerant nati ab hereditate paterna repellentes : hujusmodi iniquitatem amputandam censemus. Nous voulons donc qu'en pareil cas, tous les enfans, soit que leur naissance ait précédé la célébration du mariage, ou qu'elle l'ait suivie, soient traités de même, et qu'il n'y ait entre eux aucune différence : quapropter sancimus, in hujusmodi casibus, omnes liberos, sive ante dotalia instrumenta editi sint, sive postea, una eademque lance trutinari, et omnes filios suos in potestate suis existere genitoribus, ut nec prior, nec junior ullo habeatur discrimine; sed qui ex iisdem matrimoniis procreati sunt, simili perfuantur fortuna.

» Cette loi donna lieu à d'autres difficultés. Les uns prétendirent qu'elle n'attribuait au mariage subséquent l'effet de légitimer les enfans naturels, que dans le cas où il serait né des enfans légitimes du mariage même. Les autres, plus rigoureux encore, soutinrent que la seule naissance d'enfans légitimes ne suffisait pas pour opérer la légitimation de leurs frères naturels, et qu'il fallait, pour cela, qu'ils survécussent à leur père et à leur mère. Ces deux systèmes furent déférés à Justinien, qui les condamna tous deux, ordonna, en 529, par la loi 11 du même titre, que, soit qu'il naquît des enfans après le mariage, soit qu'il n'en naquît pas, les enfans naturels qui seraient nés précédemment, jouissent de tous les avantages de la légitimation.

» Cette nouvelle loi n'est remarquable, relativement à la question qui nous occupe ici, que par son préambule. Justinien y rappelle, en ces termes, sa loi de 528 : «Nous avons naguère porté une loi par laquelle nous avons réglé que, si quelqu'un ayant vécu en concubinage avec une femme qu'il lui était permis d'épouser, et en avait eu des enfans, qu'ensuite il l'ait épousée et en ait eu d'autres fils ou filles, on devrait regarder comme légitimes, non-seulement les enfans nés pendant le mariage, mais encore ceux qui seraient nés antérieurement. *Nuper legem conscripsimus, qua jussimus si quis mulierem in suo contubernio habuerit, non ab initio affectione maritali (cum tamen cum qua poterat* HABERE CONNUBIUM*) ; ex ea liberos sustulerit, postea vero, affectione procedente, etiam nuptialia instrumenta cum ea fecerit, filiosque vel filias habuerit ; non solum secundos liberos qui post dotem editi sunt, justos et in potestate esse patribus, sed etiam anteriores qui et his qui postea nati sunt, occasione legitimi nominis præstiterunt.*

» A ces deux textes, nous devons en ajouter trois autres qui présentent les mêmes énonciations : ce sont les § 15 du titre *de nuptiis*, aux Institutes ; la novelle 12, chap. 4, et la novelle 89, chap. 8.

» Dans les Institutes, Justinien se borne à retracer sommairement les dispositions de la loi 10, C. *de naturalibus liberis* : *Is*, dit-il, *qui à matre libera procreatus*, CUJUS MATRIMONIUM MINIME LEGITIMUS INTERDICTUM ERAT, *sed ad quam pater consuetudinem habuerat, postea, et nostra constitutione, dotalibus instrumentis compositis, in potestate patris efficitur.*

» Par la novelle 12, Justinien abroge la loi d'Anastase, en temps qu'elle n'accordait la faveur de la Légitimation aux enfans naturels nés avant le mariage de leur père, que dans le cas où leur père n'aurait point eu, avant d'épouser leur mère, d'enfans légitimes d'une autre femme : et il veut que, lui, après avoir perdu son épouse, ou après avoir rompu, par un divorce légitime, les nœuds qui l'unissaient à elle, un homme a vécu en concubinage avec une femme qu'il pouvait épouser, *habuerit consuetudinem ad aliam mulierem quam licebat etiam legitime ducere uxorem*, et en a eu des enfans, ces enfans soient légitimés par le mariage qu'il contractera ensuite avec celle-ci.

» Enfin, par la novelle 89, Justinien résume et confirme tout ce qu'il a dit dans ses lois précédentes sur la Légitimation par mariage subséquent : *Si quis*, dit-il, *dotalia scripserit ad liberam in principio, sive, ad liberam in principio, sive ad libertam mulierem*, CUI OMNINO LICET COPULARI, *in concubinæ schemate sibi, aut legitimorum filiorum jam pater existens aut etiam filiorum naturalium pater; legitimas esse nuptias, et filios, ut vel præcedentes, vel ante conceptos, legitimos ei esse sancimus.*

» Tels sont, messieurs, les textes du droit romain que les demandeurs invoquent ou peuvent invoquer, comme établissant en principe général que l'une des conditions requises pour que le mariage subséquent légitime les enfans naturels, est, qu'au moment de leur conception, il n'y ait eu aucun empêchement à l'union légale que leur père et leur mère auraient, dès lors, voulu contracter.

» Et effectivement, ce principe existait dans le droit romain ; mais il y était fondé sur une raison qui n'a jamais pu être d'aucun poids dans la jurisprudence française.

» Dans le droit romain, la Légitimation par mariage subséquent n'avait pas lieu en faveur de tous les enfans nés hors du mariage ; elle n'avait lieu qu'en faveur de ceux de ces enfans que les lois romaines appelaient *liberi naturales* ; et cette dénomination ne convenait qu'aux fruits d'un concubinage proprement dit, ou, en d'autres termes, d'un commerce habituel et permanent entre un homme et une femme qui, sans être mariés, vivaient et demeuraient ensemble : commerce que les lois n'honoraient pas, mais qu'elles permet-

taient, et que notamment la loi 5, *ad senatusconsultum Orphitianum*, appelait *licita consuetudo.* Quant aux enfans nés d'une débauche passagère, les mêmes lois les qualifiaient tantôt de *spurii*, tantôt de *vulgo quæsiti* ; et le mariage subséquent des auteurs de leurs jours n'effaçait pas leur illégitimité.

» D'après cela, rien d'étonnant si les enfans naturels proprement dits ne pouvaient être légitimés par le mariage subséquent de leur père et de leur mère, que dans le cas où, au moment de leur conception, leur père et leur mère avaient été libres de se marier.

» C'est qu'en thèse générale, il ne pouvait exister de concubinage, qu'entre les personnes habiles à s'épouser.

» Ainsi, de même que le mariage était prohibé entre l'oncle et la nièce, de même aussi un oncle ne pouvait pas prendre sa nièce pour concubine. La loi 41, D. *de ritu nuptiarum*, était là-dessus très-formelle.

» Ainsi, de même que le mariage était prohibé entre le beau-père et la bru, de même aussi la loi 3, D. *de concubinis*, défendait le concubinage entre l'un et l'autre.

» Ainsi, de même qu'il n'était pas permis de prendre pour épouse une femme au-dessous de l'âge de douze ans, de même aussi la loi 10, § 4 du même titre, interdisait le concubinage avec toute personne du sexe qui n'avait pas encore douze années accomplies.

» Ainsi, de même qu'un homme marié ne pouvait pas, tant que son mariage n'était pas dissous, épouser une autre femme, de même aussi, la loi unique, C. *de naturalibus liberis*, défendait à tout homme marié d'entretenir une concubine.

» Ainsi, de même que la pluralité des femmes légitimes était défendue, celle des concubines l'était également par la novelle 18, chap. 6, et par la novelle 89, chap. 12, § 6.

» En un mot, le concubinage, comme l'établissent la loi 41, § 1, D. *de ritu nuptiarum*, et la loi 49, § 4, D. *de legatis* 3°, ne différait du mariage, que parce qu'il ne jouissait pas de la même considération. Aussi la loi 3, C. *de naturalibus liberis*, appelle-t-elle le concubinage un mariage inégal, *inæquale conjugium*. Aussi Cujas dit-il qu'une concubine est une épouse qui n'est pas tout-à-fait légitime, *minus justa uxor.*

» Qu'a donc entendu Justinien, lorsque, par ses lois 10 et 11, C. *de naturalibus liberis*, par le § 13 du titre *de nuptiis* aux Institutes, par les novelles 12 et 89, il a fait dépendre la Légitimation par mariage subséquent, de l'habileté du père et de la mère à se marier au moment de la conception des enfans ?

» Bien évidemment c'est comme s'il eût dit que le mariage subséquent ne peut légitimer que les enfans nés d'un concubinage proprement dit, puisqu'aux termes des lois romaines, il ne peut exister de concubinage qu'entre personnes habiles à se marier.

» Et ce qui prouve invinciblement que c'est dans ce sens qu'il a entendu les textes dont il s'agit, c'est qu'il a déclaré lui-même, dans un cas particulier où, par exception à la règle générale, le concubinage était permis entre un homme et une femme incapables de se marier, que les enfans nés de ce concubinage étaient légitimés par le mariage que cet homme et cette femme contractaient ensemble après la cessation de leur incapacité. Ceci va s'expliquer en peu de mots.

» Les esclaves, étant morts civilement, n'étaient pas admis aux honneurs du mariage, qui, chez les Romains, était considéré comme un contrat de pur droit civil. *Cum servis nullum est connubium*, dit Ulpien dans ses fragmens, tit. 5, § 5. *Cum ancillis non potest esse connubium*, dit également la loi 3, C. *de incestis et inutilibus nuptiis.*

» Mais les esclaves pouvaient vivre entre eux dans le concubinage proprement dit.

» Il pouvait également exister un concubinage proprement dit entre un homme libre et une femme esclave : *inter servos et liberos matrimonium contrahi non potest*, disait le jurisconsulte Paul, dans ses *receptæ sententiæ*, liv. 2, tit. 19, § 3.

» Un homme libre pouvait prendre sa propre esclave pour concubine; et dans ce cas, les enfans qu'elle lui donnait, quoique esclaves comme leur mère, dont ils suivaient nécessairement la condition, étaient réputés *liberi naturales.*

» De là, la loi 8, D. *de pignoribus et hypothecis*, qui décide que, dans l'hypothèque qu'un débiteur a consentie en faveur de son créancier, sur la généralité de ses biens, ne sont compris, ni l'esclave qu'il a prise pour concubine, ni les enfans naturels qui sont nés de lui et d'elle : *denique concubinam, filios naturales...... constitit generali obligatione non contineri.*

» De là, la loi 38, D. *de bonis auctoritate judicii possidendis*, qui veut qu'en vendant tous les biens d'un débiteur obéré, la justice lui laisse la concubine et les enfans naturels qui, en qualité d'esclaves, font partie de son patrimoine : *bonis venditis, excipiuntur concubina et liberi naturales.*

» Mais quel était le sort de ces enfans, si leur maître, après avoir affranchi l'esclave qui l'en avait rendu père, l'élevait, de l'état de concubine, à celui de légitime épouse ?

» Sans doute, ce mariage ne les légitimait pas, si, avant de le contracter, leur père ne les avait pas également affranchis ; si même il n'avait pas obtenu pour eux ce qu'on appelait le *jus annulorum aureorum*, c'est-à-dire, les honneurs de l'ingénuité : car, pour être réputé enfant légitime, il fallait être à la fois libre et ingénu; les affranchis étaient, comme les esclaves, exclus de tous les droits d'agnation.

» Mais si leur père, avant d'épouser leur mère, es avait affranchis, et avait obtenu pour eux des ettres d'ingénuité, son mariage les légitimait-il ?

» Cette question s'éleva, sous l'empereur Justinien, à l'occasion des lois qu'invoquent ici les de-

mandeurs. Ces lois, disait-on, n'accordent la faveur de la Légitimation par mariage subséquent, qu'aux enfans naturels dont la mère eût pu, à l'époque de leur conception, être la légitime épouse de leur père. Or, à l'époque de la conception des enfans nés du concubinage d'un maître avec son esclave, il ne pouvait pas exister de mariage entre le père et la mère. Donc, point de Légitimation pour eux.

» Cette manière de raisonner ayant occasionné beaucoup de procès, Justinien crut devoir interposer son autorité pour la condamner solennellement. Par le chap. 11 de la novelle 18, il la traita de *maligne*, preuve évidente qu'elle n'était, à ses yeux, fondée que sur une mauvaise interprétation de ses lois 10 et 11, C. *de naturalibus liberis*, et du chapitre 4 de sa 12e novelle : *quod autem ab aliquibus maligne dubitatur, in quibusdam nostris constitutionibus, et in judiciis quidem plurimis notum est;* et il déclara formellement que, dans le cas proposé, la Légitimation aurait lieu : *sed quoniam hoc utique dubitatum est, sancimus si quis... ad ancillam propriam habuerit quamdam meliorem sententiam et filios protulerit ex ea in servitute constituta, postea vero libertate honoraverit et ancillam et natos, et jus eis aureorum petierit annulorum..., et nuptias consummaverit... sit et uxor legitima et filii sub potestate ipsius et sui et ab intestato heredes genitori : dicimus autem eos qui ante nuptias nati sunt....*

» Bientôt après, il alla plus loin. Il déclara, par le chap. 4 de sa novelle 78, que, par le seul fait de l'affranchissement de la concubine esclave et du mariage contracté avec elle par son maître, les enfans nés précédemment de leur concubinage, seraient eux-mêmes affranchis, sans qu'il fût besoin, à leur égard, d'un affranchissement spécial, et que par suite ils seraient légitimés de plein droit : *si cui etiam ex serviente muliere procreentur filii, et voluerit ille postea mulierem manumittere, et dotalia conficere documenta, mox cum ipsa dotis inscriptione et filii competes libertatis simul et suorum jus.*

» Comme vous le voyez, messieurs, ces deux novelles prouvent clairement que les textes du droit romain dont on argumente ici, n'ont pas été rédigés dans le sens que leur prêtent les demandeurs, et qu'en disant que les enfans nés hors du mariage, ne seraient légitimés par le mariage subséquent de leur père et mère qu'autant que leurs père et mère auraient été habiles à se marier à l'époque de leur conception, ils n'ont réellement pas dit autre chose si ce n'est que le bienfait de la Légitimation par mariage subséquent était restreint aux enfans nés d'une union, à la vérité peu honnête, mais cependant licite, ou, ce qui revient au même, d'un véritable concubinage.

» Cela posé, quelle application ces textes peuvent-ils recevoir à la jurisprudence qui nous régissait sous le Code civil? Aucune, et la raison en est bien simple.

» Le concubinage que les lois romaines permetaient, et aux fruits duquel ces lois réservaient les avantages de la Légitimation par mariage subséquent, fut prohibé, peu de temps après Justinien, par la 91e novelle de l'empereur Léon.

» Dès lors, se trouvèrent nécessairement sans objet toutes les dispositions des lois antérieures qui étaient relatives à cette manière de légitimer ; dès lors, par conséquent, toutes ces dispositions se trouvèrent abrogées.

» A la vérité, la 91e novelle de Léon n'a jamais eu force de loi en France ; mais elle y a été reçue comme raison écrite. Un usage dont l'origine se perd dans la nuit des siècles, lui a donné une autorité qu'elle n'avait pas par elle-même ; et dès-là, nul doute que les lois de Justinien concernant la Légitimation par mariage subséquent n'aient été abrogées en France long-temps avant le Code civil, comme elles l'étaient dans les pays où cette novelle avait été originairement reçue comme loi.

» C'est la remarque de Pothier, dans son *Traité du contrat de mariage*, no 501 : *ce n'était* (dit-il) *qu'aux enfans nés ex concubinatu, qui était une union permise et un vrai mariage naturel, que les lois romaines accordaient le droit d'acquérir le titre et les droits d'enfans légitimes, par le mariage légitime que contractaient depuis ensemble leur père et leur mère. Ce n'est que de ces enfans nés ex concubinatu, dont ont parlé toutes les lois que nous avons rapportées, et il n'y en a aucune qui ait accordé le même droit aux enfans nés d'une union illicite, telle que la fornication. C'est pourquoi les lois romaines, sur cette matière, ne peuvent guère recevoir d'application dans notre droit français, qui a rejeté le concubinatus, et qui ne permet aucune union entre un homme et une femme, que le mariage légitime.*

» Le savant professeur Boëhmer dit la même chose dans sa *Dissertatio de legitimatione ex damnato coitu natorum*, § 15 : *Id palam est* (ce sont ses termes), *si principiis juris romani insistendum esset, hanc legitimationis speciem omni caritura applicatione. Modo demonstratum est jure romano eam defecisse in ea conjunctionis specie quœ actum illicitum sapiebat; atqui hodie non datur conjunctio extra matrimonium permissa et licita : omnis reprobata, damnata et prohibita. Ergo matrimonium subsequens liberos antea editos legitimos efficere non posset, si ex jure civili judicium de usu hodierno ferendum esset.*

» Comment donc la Légitimation par mariage subséquent qui, depuis la prohibition du concubinage, n'avait plus, en France, d'objet sur lequel elle pût agir, et qui par conséquent y était abolie, a-t-elle pu revivre en France même? Comment surtout a-t-elle pu y être recréée, non pas en faveur des enfans naturels que le droit français ne reconnaissait pas, mais en faveur des bâtards proprement dits, en faveur d'enfans nés d'unions illicites? C'est que le pape Alexandre III l'avait ainsi réglé par la décrétale *tanta vis*, qui forme le chap. 6 du titre *qui filii sint legitimi* de la collec-

tion de Grégoire IX, et que cette décrétale, sans avoir jamais été publiée en France comme loi, y a été suivie et adoptée comme décision de pure doctrine.

» Effectivement, Boëhmer, à l'endroit cité, observe que les canons et les lois civiles modernes qui ont interdit le concubinage, auraient empêché toute espèce de Légitimation, si le droit canonique n'eût introduit, à cet égard, une règle entièrement nouvelle : *omnem impedirent legitimationem, nisi* NOVUM PLENE JUS *circa eam jus canonicum introduxisset, quo hodie utimur.*

» Il importerait peu sans doute que la décrétale *tanta vis* contînt quelque disposition de laquelle on pût induire que la dame Rebecqui n'a pas été légitimée par le mariage de son père et de sa mère. Tout ce qui résulterait de là, c'est que l'arrêt attaqué par les demandeurs se serait, en jugean le contraire, écarté de la décrétale elle-même; et nous n'avons pas besoin d'observer que jamais la contravention à une loi de l'église, non revêtue en France de la sanction de l'autorité publique, n'a pu former une ouverture de cassation.

» Examinons cependant cette décrétale, et voyons si, même en supposant contre l'évidence qu'elle eût dû, dans notre espèce, être considérée comme loi dans la cour d'appel de Bourges, la cour d'appel de Bourges aurait pu, sans la violer, juger comme elle l'a fait.

» La décrétale *tanta vis,* telle qu'elle est rapportée dans la collection de Grégoire IX, est divisée en deux parties. Dans la première, elle établit une règle générale ; dans la seconde, elle limite cette règle par une exception.

» La règle générale est que le mariage légitime les enfans qui, avant sa célébration, sont nés de l'homme et de la femme entre lesquels il est contracté : *tanta vis est matrimonii, ut qui antea sunt geniti, per contractum matrimonium legitimi habeantur.*

» L'exception est que les enfans adultérins ne sont pas légitimés par le mariage subséquent de leur père et de leur mère, surtout si leur mère, dans la vue d'épouser leur père, a attenté aux jours de la légitime épouse de celui-ci : *Si vir, vivente uxore sua, ex alia prolem susceperit, licet post mortem uxoris eamdem duxerit, nihilominus spurius erit filius et ab hereditate repellendus, præsertim si in mortem prioris uxoris alteruter eorum aliquid machinatus fuerit.*

» La décrétale n'en dit pas davantage; et ni ce texte ni aucun autre du droit canonique ne prévoient le cas où un prêtre, autorisé, par un acte de la puissance publique, à se marier, épouserait la mère de l'enfant qu'il aurait eu avant son mariage.

» La cour d'appel de Bourges n'a donc pas pu contrevenir à cette décrétale, en jugeant que la dame Rebecqui avait été légitimée par le mariage de son père et de sa mère.

» Mais, disent les demandeurs cette décrétale motive sa décision concernant les enfans adultérins,

sur l'empêchement qui, à l'époque.de leur conception, s'opposait au mariage des auteurs de leurs
jours : *Quoniam legitimum matrimonium inter
se contrahere non potuerunt;* et ce motif est, par
sa généralité, applicable aux enfans de prêtres,
comme aux enfans adultérins.

» D'abord, il n'est pas vrai que la décrétale
tanta vis, telle qu'elle est rapportée dans la collection de Grégoire IX, motive ainsi l'exception
dont il s'agit. Ces mots, *quoniam matrimonium
inter se contrahere non potuerunt,* ne sont pas
dans la décrétale *tanta vis.*

» Et quand ils y seraient en toutes lettres, serait-ce une raison, toujours en supposant à la décrétale *tanta vis* une autorité législative qu'elle
n'avait certainement pas en France, pour en conclure qu'avant le Code civil les tribunaux étaient,
non pas simplement autorisés, mais strictement
obligés d'étendre la disposition de cette décrétale à
tous les cas auxquels le même motif eût été applicable ? Serait-ce une raison pour en conclure que,
le même motif étant applicable à l'enfant d'un
prêtre non habilité à se marier, il y avait nécessité
indispensable d'y appliquer la même disposition ?
Serait-ce une raison pour en conclure qu'un arrêt
qui eût refusé d'appliquer la même disposition à
l'enfant d'un prêtre, dût être cassé ? Non; et c'est
une vérité qu'un de vos arrêts a tout récemment
consacrée de la manière la plus énergique.

» Les sieurs Pastoris demandaient la cassation
d'un arrêt de la cour d'appel de Turin du 11 juin
1808, qui avait déclaré légitime, à raison de la
bonne foi de son père et de sa mère, l'enfant né à
l'ombre d'un second mariage que Thérèse Bellone
avait contracté dans la Ligurie en 1779, du vivant
de son premier mari, avec Henri Pastoris. Pour
établir que ni Henri Pastoris ni Thérèse Bellone
ne pouvaient être censés avoir contracté ce mariage de bonne foi, ils alléguaient, et il était formellement avoué que ce mariage n'avait pas été
précédé des bans prescrits par les lois ecclésiastiques ; ils citaient la décrétale *cùm inhibitio*, qui,
en effet, décidait que les enfans nés d'un mariage
contracté sans publications préalables, entre un
homme et une femme, parens au degré prohibé,
ne devaient pas jouir des prérogatives de la légitimité, parce que le défaut de bans ne permettait
pas de présumer que leurs père et mère eussent
ignoré l'empêchement qui s'opposait à leur union ;
et ils ne manquaient pas d'observer que, quoique
cette décrétale, qui, en 1779, faisait loi en Ligurie
comme en Piémont, ne parlât que de l'empêchement de parenté, elle n'en devait pas moins être
étendue, par identité de raison, à tous les autres
empêchemens, notamment à celui qui résultait de
la non-dissolution d'un mariage précédemment
contracté par l'une des parties. Ils prouvaient
même que telle était l'opinion d'une foule de canonistes.

» En portant la parole sur cette affaire, nous
avons dit que sans doute la cour d'appel de Turin
eût pu donner à la décrétale *cùm inhibitio*, l'ex-

tension que les sieurs Pastoris l'accusaient de ne
lui avoir pas donnée ; qu'elle n'eût même fait, par
là, que se conformer à la jurisprudence du sénat
de Chambéry, attestée par le président Favre; mais
que ne pas étendre une loi hors de ses termes
précis, ce n'était pas la violer; et qu'en conséquence, il y avait lieu de rejeter le recours des
sieurs Pastoris.

Par arrêt du 21 mai 1810, au rapport de M. Carnot, « attendu que les conciles n'ont pas prononcé
» la nullité du mariage pour simple défaut de pu-
» blications de bans ; que l'on peut seulement en
» induire, suivant les cas, qu'ils ont été clandes-
» tinement contractés ; mais que, dans l'espèce,
» le vice de clandestinité ne pouvant être reproché
» au mariage dont il s'agit, il en résulte que le
» seul défaut de publication de bans n'a pu con-
» stituer Thérèse Bellone et Henri Pastoris en
» mauvaise foi ; que, si la décrétale *cùm inhibitio*
» a été plus loin sur ce point que les décrets des
» conciles, ce n'a été que par la voie d'exception
» et pour le seul cas où les époux auraient été pa-
» rens au degré prohibé, que la cour d'appel, en
» s'en tenant à la lettre de cette loi d'exception,
» sans l'étendre, par induction, au cas d'exis-
» tence du premier époux réputé mort, n'en a pas
» violer ouvertement les dispositions...; la cour
» rejette..... »

» Il résulte clairement de cet arrêt, que ne pas
étendre, par identité de motif, une loi hors du
cas pour lequel le législateur l'a faite, ce n'est ni
violer cette loi, ni par conséquent donner prise à
la cassation ; et il est, d'après cela, bien évident
que vous ne pourriez pas casser l'arrêt attaqué en
ce moment par les demandeurs, comme violant la
décrétale *tanta vis*, quand même cette décrétale
aurait eu force de loi en France avant le Code
civil, quand même l'exception qui est écrite dans
cette décrétale, telle qu'elle est rapportée dans la
collection de Grégoire IX, au sujet des enfans adultérins, y serait expressément motivée sur l'obstacle légal qui, à l'époque de la conception de ces
enfans, empêchait leur père et leur mère de se
marier.

» Mais jusqu'à présent nous avons supposé, avec
les demandeurs, que la décrétale *tanta vis* déclare
les enfans adultérins incapables d'être légitimés
par le mariage que leur père et leur mère ont valablement contracté ensemble après la cessation de
l'empêchement qui existait entre eux à l'époque de
la conception de ces enfans. La vérité est cependant que tel n'est point le sens de cette décrétale;
et que, si elle déclare les enfans adultérins incapables d'être légitimés par le mariage subséquent
de leur père et de leur mère, c'est uniquement
parce qu'il ne peut pas exister entre leur père et
leur mère de mariage légitime ; parce que l'empêchement qui, à l'époque de leur conception,
s'opposait au mariage de leur père et de leur mère,
est perpétuel de sa nature ; parce que si, de fait,
leur père et leur mère devenus libres, contractent
ensemble un mariage, ce mariage est nul et ne

Peut conséquemment opérer la légitimation des enfans dont la naissance en a précédé la célébration.

» Pour nous convaincre de cette vérité, suivons la marche de Boëhmer, dans sa dissertation déjà citée, § 22 : consultons avec lui la décrétale d'Alexandre III, non dans la collection de Grégoire IX, où elle est totalement défigurée, mais dans les actes du 3ᵉ concile de Latran de 1179, rapportés dans le recueil du père Hardouin, tome 6, partie 2, page 1819 : *Quia vero*, dit Boëhmer, *omne decisionis robur dependet ex vera interpretatione capituli tanta vis, ad fontes recurrendum, et quæ fuerit sententia Alexandri III, inde æstimandum. Compilator enim decretalium admodum textum tricavit, mutilavit, et verum ejus sensum obscuravit, ut, sine recursu ad ipsum fontem, haberi vix queat.*

» Voici donc ce qu'écrit Alexandre III au prélat à qui sa décrétale est adressée « : Il est en notre souvenir, qu'au sujet d'une contestation élevée entre les nommés P... et R...., sur une succession que R... réclame sous le nom de la nommée Sibille, son épouse, nous vous avons écrit que si, comme vous nous l'aviez exposé, il était prouvé qu'un mariage avait été contracté, après la naissance de R...., entre son père et sa mère, vous deviez, nonobstant toute espèce d'appel, le déclarer légitime, et qu'il ne devait pas, sous le prétexte qu'il était né avant le mariage de son père et de sa mère, être privé de la succession paternelle; car la force du sacrement est si grande, que ceux qui sont nés auparavant, sont, après la célébration du mariage, considérés comme légitimes. *Meminimus nos fraternitati tuæ super causa quæ inter P.... et R.... de quadam hereditate vertitur, quam idem R.... nomine Sibillæ uxoris suæ petebat, tali modo scripsisse, ut si constaret, prout litteræ tuæ continebant inter R.... patrem et matrem, post ejus nativitatem, matrimonium fuisse contractum, eum, omni appellatione remota, legitimum denuntias, et ab hereditate paterna, propter prædictam causam, nullatenus debere repelli. Tanta enim est vis sacramenti, ut qui antea sunt geniti, post contractum matrimonium, habeantur legitimi.* Mais comme depuis, le nommé P.... nous a exposé, ce que ne contenait pas votre lettre, que son père, du vivant de sa femme, vivait avec la mère de R... dans un commerce adultérin, duquel celui-ci est issu, et que cette mère de R.... avait attenté à la vie de l'épouse de son amant : nous chargeons de vérifier ces faits : *verum quoniam P.... ultra quam in litteris tuis continetur, nobis significavit, quod pater suus, vivente uxore, matrem R.... tenebat et eum in adulterio procreasset, et quod in mortem ipsius uxoris mater fuerit machinata; fraternitati tuæ mandamus.... quatenus veritatem rei inquiras;* et si vous acquérez la preuve que, du vivant de son épouse, le père de R.... a publiquement abusé de sa mère, vous déclarerez R.... bâtard et incapable de succéder, principalement si sa mère a machiné la mort

de la première femme, parce que le père et la mère de R.... n'ont pas pu se marier légitimement ensemble : *et si ibi constiterit quod, vivente uxore, pater prædicti R.... matre ipsius publice abusus fuisset, eum spurium et ab hereditate repellendum, præsertim si mater ipsius in mortem prioris uxoris fuerit machinata, decernas ; quoniam inter se legitimum matrimonium contrahere non potuerunt.* »

» Vous voyez, messieurs, que, dans ce texte si étrangement tronqué et obscurci dans la collection de Grégoire IX, Alexandre III se fonde, pour priver le nommé R.... des avantages de la Légitimation, non sur l'obstacle qui, au moment de sa conception, empêchait son père et sa mère de se marier, mais sur la nullité du mariage qu'ils ont de fait contracté ensemble après la mort de l'épouse du premier, préparée et machinée par la seconde. Remarquez, en effet, qu'il ne dit pas, comme les demandeurs le lui font dire : *quoniam inter se legitimum matrimonium contrahere* NON POTUERANT ; termes, qui, étant au plusqueparfait de l'indicatif, se rapporteraient à l'époque de la conception de l'enfant ; mais bien, *quoniam inter se legitimum matrimonium contrahere* NON POTUERUNT ; termes qui, étant au simple prétérit, se rapportent évidemment à l'époque où, de fait, le père et la mère de R.... ont déclaré se prendre pour mari et femme.

» Et pourquoi, à cette dernière époque, le père et la mère R.... étaient-ils, suivant Alexandre III, incapables de se marier ? Ce pontife en donne deux raisons : l'une, parce qu'ils s'étaient rendus coupables d'adultère du vivant de l'un d'eux : l'autre, parce que la mère de R.... avait attenté à la vie de cette première femme.

Effectivement, les anciens canons, d'accord avec le droit romain et notre Code civil, faisaient résulter de l'adultère, un empêchement perpétuel de mariage entre l'homme et la femme qui s'en étaient souillés ; et quoique, du temps d'Alexandre III, on commençât à vouloir restreindre la perpétuité de cet empêchement à deux cas, celui où il y aurait eu promesse de mariage entre les coupables d'adultère, et celui où l'un d'eux aurait attenté à la vie de l'époux de l'autre ; cependant Alexandre III n'adoptait pas encore cette restriction : il regardait encore l'adultère, même isolé de ces circonstances aggravantes, comme un empêchement perpétuel au mariage de ceux qui l'avaient commis ; et il ne voyait dans ces circonstances aggravantes, que des raisons de tenir plus fortement au maintien de cet empêchement. C'est ce que nous apprend une autre décrétale d'Alexandre III lui-même, qui forme le chap. 1 du titre *de eo qui duxit in matrimonium*, dans la collection de Grégoire IX : *licet autem*, y est-il dit, *in canonibus habeatur, et nullus copulet in matrimonio quam prius polluerit adulterio, et illam* MAXIME *cui fidem dederat, uxore sua vivente, vel quæ machinata est in mortem uxoris.* Car, ajoute Boëhmer, § 22, *non restricte Alexander III hic lo-*

quitur , sed magis extensive , ut ostendat tunc multo magis ex sententia canonum antiquorum impediri matrimonium , si vel adultero fidem de futuro matrimonio dedisset , vel spe futuri matrimonii cum mœcho ineundi , vitæ innocentis insidias struxisset. Particula enim MAXIME *non limitat , non restringit , non format exceptionem , sed , omnium confessione , ampliat dispositionem atque auget.*

» Il est vrai que depuis , par la décrétale qui forme le chap. 6 du même titre , le pape Innocent III a formellement restreint l'empêchement résultant de l'adultère , aux deux cas dont nous venons de parler , et a déclaré en termes exprès que , hors ces deux cas , l'homme et la femme coupables d'adultère , pourraient se marier après la mort de l'époux de celui des deux qui , à l'époque de leur union adultérine , n'était pas libre.

» Mais quel a été l'effet de cette innovation , par rapport à l'objet qui nous occupe en ce moment ? C'est que , dès lors , la disposition de la décrétale *tanta vis*, d'Alexandre III , uniquement fondée sur la nullité du mariage contracté à la suite d'un adultère , a cessé d'être applicable aux enfans adultérins dont le père et la mère ne se trouvaient ni dans l'un ni dans l'autre cas d'exception ; c'est par conséquent que ces enfans ont pu être légitimés par le mariage subséquent de leur père et de leur mère : *quo casu ergo*, dit Bœhmer , § 23 , *ex postfacto matrimonium inter eos legitimum iniri potest , eo casu legitimatio ejus qui ex adulterio conceptus erat , effectum habet , nec ad illud dispositio capituli* tanta vis *applicari potest , utpote quæ supponit casum adulterii quod legitimum ex postfacto excludit matrimonium.*

» Quel est en effet , continue le même auteur , le motif de la disposition initiale du chapitre *tanta vis* concernant la Légitimation par mariage subséquent ? Il n'y en a point d'autre que la sainteté du sacrement de mariage : *denique ratio hujus Legitimationis in capitulo* tanta vis, *unice quæritur in vi* SACRAMENTI , *quæ tam efficax est , ut liberis antea natis prodesse queat ;* car c'est le terme *sacramenti* qu'emploie le pape Alexandre III : on ne sait pourquoi la collection de Grégoire IX y a substitué le mot *matrimonii.* Du reste , en s'exprimant d'une manière aussi générale , aussi absolue , aussi exclusive de toute exception , Alexandre III ne se réfère pas aux principes du droit romain. Et comment aurait-il pu s'y référer ? Il savait trop qu'à partir de ces principes , il n'y aurait jamais pu y avoir lieu à aucune espèce de Légitimation , puisque le droit romain n'admet à la Légitimation que les enfans nés d'union licites , quoique non légitimes , et que le droit canonique déclare nés d'unions illicites tous les enfans qui sont nés hors du mariage : *Neque enim pontifex juris civilis principia sequenda esse censuit , quia alioquin Legitimatio omnis cessare et exulare debuit : hoc enim ex prohibitio coïtu natos ab omni Legitimatione excludit arctique , non item*

jus canonicum quo , quotquot extra matrimonium nascuntur , prout supra dictum est…..

» Dès-là , il est évident , continue toujours Bœhmer , que les enfans incestueux , les enfans de prêtres , les enfans de moines , sont légitimés par le mariage subséquent que leurs père et mère contractent avec dispense : *Quæ cum ita sint , evidens est , etiam in casibus antea relatis , si ex incestu nati sint liberi , vel ex coïtu cum monacho vel clerico , legitimari per matrimonium postea , interveniente dispensatione , contractum.*

» Nous savons bien que , trompés par la manière dont la décrétale *tanta vis* est mutilée dans la collection de Grégoire IX , et dirigée d'ailleurs par des motifs extrêmement louables , les tribunaux de l'ancien régime ont constamment regardé les bâtards adultérins comme incapables d'être légitimés par le mariage subséquent de leurs père et mère.

» Nous savons bien qu'argumentant par analogie des bâtards adultérins aux bâtards incestueux , un arrêt du parlement de Paris , du 11 décembre 1664 , rapporté au Journal des audiences , a jugé que le mariage contracté avec dispense , entre un oncle et une nièce , n'avait pas légitimé les enfans qu'ils avaient eus précédemment.

» Nous savons bien que , d'analogie en analogie , on a été une fois jusqu'à juger de même relativement aux enfans de prêtres ; et telle est la décision d'un arrêt de l'échiquier de Normandie , du 15 février 1507 , rapporté par Févret , *Traité de l'Abus*, liv. 5 , chap. 3 , n° 21.

» Mais que peut-on conclure de tout cela dans une instance en cassation ?

» Un arrêt qui , sous l'ancien régime , aurait jugé que les bâtards adultérins étaient légitimés par le mariage subséquent de leurs père et mère , aurait-il pu être cassé comme violant la décrétale *tanta vis*, nous ne dirons pas en France , où cette décrétale n'a jamais eu force de loi , mais en Italie et en Allemagne , où cette décrétale avait toute l'autorité d'une loi proprement dite ? Non , assurément ; car cette décrétale , telle qu'elle est sortie de la plume d'Alexandre III , ne contient pas un mot qui eût été en opposition avec un pareil arrêt ; et il est très-sensible que c'est à son texte original que l'on doit alors s'attacher ; il est très-sensible que ce n'est pas de son insertion dans la collection de Grégoire IX , ni par conséquent de la manière dont elle y est retracée , que cette décrétale tirait alors son autorité.

» Un arrêt qui , sous l'ancien régime , aurait jugé que des bâtards incestueux étaient légitimés par le mariage contracté , moyennant dispense , entre leur père et leur mère , aurait-il pu être cassé comme enfreignant la décrétale *tanta vis*, même telle qu'elle est imprimée dans la collection de Grégoire IX ? Le parlement de Paris était bien persuadé que non , puisque , par quatre arrêts des 11 mai 1665 , 2 avril 1711 , 4 juin 1725 et 11 août 1738 , rapportés , le premier , au Journal des Audiences , le second , dans le recueil de Pocquet de-Livonnière, liv. 4, chap. 17 ; le troisième, par Denisart, au mot *Légitimation*, et le quatrième, par Rousseaud de Lacombe, sous le même mot, sect. 4, n° 4, il a jugé que les enfans de cousins-germains, nés avant le mariage contracté, avec dispenses, entre leur père et leur mère, étaient légitimés de plein droit par ce mariage.

» Un arrêt qui, sous l'ancien régime, aurait jugé que les enfans d'un prêtre ou d'une religieuse étaient légitimés par le mariage que leur père eût contracté depuis leur conception, en vertu d'une dispense, aurait-il pu être cassé comme contraire à la même décrétale? Pas davantage ; et dans le fait, nous ne voyons pas qu'on se soit avisé, en 1666, de se pourvoir en cassation contre un arrêt du parlement de Paris du 18 mars de cette année, rapporté au Journal des Audiences, qui avait admis à succéder, comme légitimés par mariage subséquent, les enfans nés d'un sous-diacre, l'abbé Chauvelin, et d'une abbesse, Edmée de Bridières, mariés depuis avec dispense du pape.

» Comment donc pourriez-vous, messieurs, casser l'arrêt que vous dénoncent ici les demandeurs ?

» D'une part, avant le Code civil, les lois françaises étaient muettes sur les conditions requises pour la Légitimation par mariage subséquent.

» De l'autre, les lois romaines, que l'on prétend avoir été violées par la cour de Bourges, ne disaient pas autre chose, si ce n'est que le mariage subséquent ne pouvait légitimer que les enfans nés d'un concubinage proprement dit ; et d'ailleurs, elles avaient perdu toute leur autorité du moment que le concubinage avait cessé d'être considéré comme une union licite.

» Enfin, veut-on juger l'arrêt de la cour de Bourges, d'après la décrétale *tanta vis* ?

» De deux choses l'une : ou cette décrétale doit être ici consultée dans son texte originel, ou elle doit l'être dans son texte altéré par les compilateurs de Grégoire IX.

» Au premier cas, loin de s'élever contre l'arrêt de la cour de Bourges, cette décrétale le justifie complètement.

» Au second cas, le seul reproche que l'on puisse faire à l'arrêt de la cour de Bourges, est de n'avoir pas étendu cette décrétale hors de son espèce, c'est-à-dire qu'on ne peut lui en faire aucun.

» Et dans l'un comme dans l'autre cas, la décrétale *tanta vis* aurait pu être impunément violée par la cour de Bourges, puisque encore une fois, elle n'a jamais été reconnue comme loi en France.

» Et inutilement vous dit-on que la cour de Bourges, en jugeant comme elle l'a fait, a violé une maxime de notre ancien droit public.

» D'une part, qu'est-ce, en matière de cassation, qu'une maxime vraie ou prétendue de droit public, qui n'est consacrée par aucune loi ? Rien, puisque, d'après l'art. 17 de la loi du 27 novembre 1790, à laquelle vous devez votre institution, vous ne pouvez casser aucun jugement en dernier ressort, qu'en insérant dans l'arrêt de cassation la loi qu'il a violée.

» D'un autre côté, quelle est la maxime de notre ancien droit public, que l'on reproche à la cour de Bourges d'avoir enfreinte par l'arrêt dont il s'agit ?

» Est-ce celle qui tenait les prêtres pour incapables de se marier.

» Mais la cour de Bourges n'a point jugé que le sieur Gras fût capable de se marier en 1778; elle a seulement jugé que le sieur Gras, devenu habile à se marier en 1794, avait, par le mariage qu'il avait contracté à cette époque, légitimé l'enfant de l'état duquel il est ici question.

» Était-ce donc aussi, en 1794, une maxime de notre droit public, que le mariage ne pouvait pas légitimer les enfans nés avant la cessation de l'empêchement qui avait précédemment existé entre les auteurs de leurs jours ?

» Mais cette maxime, qui l'avait créée? La loi ? Non. La jurisprudence des arrêts ? Jamais contravention à la jurisprudence des arrêts n'a pu autoriser la cassation d'un jugement en dernier ressort.

» Et d'ailleurs, cette jurisprudence était-elle donc aussi constante qu'on nous l'annonce ?

» Déjà nous avons vu que les dispenses accordées aux cousins-germains pour se marier, étaient jugées suffisantes pour faire admettre au bienfait de la Légitimation par mariage subséquent, les enfans qu'ils avaient eus pendant la durée de la prohibition ; et qu'importe que quelquefois on ait jugé le contraire à l'égard des dispenses accordées à des parens plus proches? Ces diverses manières de juger ne prouvent qu'une seule chose, savoir, qu'en cette matière, il n'y avait point de loi positive, et que les jugemens n'étaient déterminés que par les idées, toujours mobiles et toujours arbitraires, que les magistrats se formaient d'après les notions générales de l'honnêteté et de la morale publique.

» On n'a pas craint de vous dire qu'il n'en était pas de l'empêchement résultant de la consanguinité, comme de l'empêchement résultant de l'ordination ; et que, si le pape pouvait dispenser du premier, il ne pouvait pas, surtout en France, dispenser du second.

» Mais l'empêchement qui résultait de l'ordination, était-il de droit divin? Non, certes, Était-il de droit civil ? Pas davantage : il n'était donc que de droit ecclésiastique ; et a-t-on jamais pu douter raisonnablement du pouvoir qu'avait le pape de dispenser de tous les empêchemens que le droit ecclésiastique avait seul introduits.

» Le pape était bien constamment en possession de dispenser, même en France, les religieux profès, de leurs vœux solennels, et de les séculariser. C'est ce que prouvent notamment trois arrêts des parlemens de Toulouse et d'Aix, des 14 avril 1722, 8 novembre 1744 et 12 janvier 1665, rapportés par d'Olive, liv. 1, cap. 6, et par Boniface, tom. 1, liv. 2, tit. 5), chap. 11, qui, en jugeant que des religieux sécularisés par le pape ne pouvaient, pour cela, rien prétendre aux successions ouvertes dans leurs familles avant leur sécularisation, ont du moins reconnu que ces religieux avaient été valablement sécularisés.

» Et pourquoi le pape pouvait-il dispenser des vœux solennels ? C'est, disaient saint Thomas, dans son commentaire sur le *Maître des sentences*, saint Antonin, part. 2, tit. 15, Fagnan, sur la décrétale *cum ad monasterium*, parce qu'il n'y a, quant à Dieu, aucune différence entre le vœu simple et le vœu solennel ; que l'église, quant à Dieu, peut dispenser du premier ; qu'elle peut donc également, par l'organe de son chef, dispenser du second ; et que, puisque c'est de l'autorité de l'église que celui-ci tient les effets qu'il produit au dehors, il est clair que la même autorité peut faire cesser ces effets.

» La même raison s'appliquait aux ordres sacrés ; il était bien donc naturel que le pape en dispensât également.

» Et non-seulement l'arrêt attaqué juge, en fait, qu'il était dans l'usage d'en dispenser ; mais les demandeurs eux-mêmes vous en citent un exemple dans l'arrêt de l'échiquier de Normandie du 19 février 1507.

» A cet exemple s'en joint un autre non moins frappant : c'est celui de l'arrêt du parlement de Paris, du 18 mars 1666. Car, dans l'espèce de cet arrêt, l'ordination de l'abbé Chauvelin et la profession religieuse d'Edmée de Bridières n'avaient pas été déclarées nulles, comme on vous l'a plaidé de la part des demandeurs ; mais l'abbé Chauvelin et Edmée de Bridières en avaient été réellement dispensés ; et ce qu'il y a de bien remarquable, ils l'avaient été à la suite d'un arrêt du parlement de Paris qui les avait autorisés à recourir au pape, pour obtenir la *dispense* dont ils avaient besoin à l'effet de se marier.

» Voici, mot pour mot, comment le fait est rapporté dans le Journal des Audiences, tome 2, liv. 5, chap. 6, édition de 1733, : « Le Jeudi, 18 mars 1666, cette cause a été plaidée, en l'audience de la grand'chambre. En l'année 1590, sœur Edmée de Bridières, âgée de 14 ans, fit profession de religieuse en l'abbaye du Lys, après son année de probation. En 1606, elle obtint les bulles de coadjutorerie de l'abbaye de Saint-Remi-des-Landes, où, jusqu'en 1608, elle fit les fonctions de coadjutrice. En 1608, après le décès de l'abbesse de ladite abbaye de Saint-Remi-des-Landes, elle avait été abbesse, et en cette qualité avait, en la même année, reçu quatre religieuses à profession audit couvent de Saint-Remi-des-Landes. Depuis ce temps, jusqu'en 1622, elle avait continuellement fait les fonctions d'abbesse, donné des prieurés de religieuses dépendans de ladite abbaye, emprunté de l'argent au nom du monastère, pris la qualité d'abbesse dans des procédures et poursuites en un arrêt rendu au parlement, entre elle, en qualité d'abbesse, et plusieurs autres particuliers ; néanmoins, pendant ce temps, la-

» dite abbesse, qui était venue à Paris à la sollicitation de ces procès, vivait dans de mauvaises habitudes avec M. Chauvelin, sous-diacre, conseiller-clerc au parlement, en la quatrième chambre des enquêtes, où lesdits procès étaient pendans : elle en eut neuf enfans, étant abbesse et dans le cloître ; mais en 1622, elle en sortit. Elle et M. Chauvelin, sous-diacre, allèrent se marier en un village près de Bourges, le sieur Chauvelin, sans dispenses de l'ordre de sous-diacre, et Edmée de Bridières, sans aucune dispense de ses vœux et de sa profession. Ils continuèrent à vivre toujours dans cette prostitution jusqu'en l'année 1647, que le promoteur de l'officialité de Paris poursuivit Edmée de Bridières pour la faire cloîtrer. — On interjeta appel comme d'abus au parlement, de toute la procédure qui en avait été faite, où, après que les parens, tant du côté du sieur Chauvelin que de celui d'Edmée de Bridières, eurent déclaré qu'ils n'empêchaient point le mariage d'entre eux, on les reçut appelans, *et il fut ordonné, avec M. le procureur-général, qu'ils se pourvoiraient en cour de Rome, pour la célébration de leur mariage et dispenses de leurs vœux*. — En 1649, sur un faux exposé, ils obtinrent *dispense de leurs vœux*, pour se marier ; et le pape les renvoya à l'official de Sens pour fulminer les bulles. En 1649, l'official de Sens entérina les bulles, et leur permit de se marier ; et pour pénitence, leur enjoignit de dire chacun, pendant un mois, un *miserere* à genoux ; en conséquence ils se marièrent en 1649, et mirent sous le poële les neuf enfans qu'ils avaient eus ensemble, savoir : Jacques Chauvelin et les autres, qu'ils avaient eus auparavant la sortie du couvent. »

» Vous voyez donc bien, messieurs, que c'était par *dispense expresse*, et non par *annulation*, que le pape avait procédé dans cette espèce.

» Et, dans le fait, comment aurait-il pu annuler *ab initio*, nous ne disons pas l'ordination de l'abbé Chauvelin (il est trop évident qu'il n'en avait pas le pouvoir) ; mais les vœux de l'abbesse Edmée de Bridières ?

» A la vérité, Edmée de Bridières avait prononcé ses vœux à l'âge de quatorze ans, c'est-à-dire deux ans avant l'âge fixé, d'après le concile de Trente, par l'art. 28 de l'ordonnance de Blois.

» Mais elle n'avait pas réclamé dans les cinq ans de sa profession ; et dès-là, sa profession était devenue aussi obligatoire, aussi irrévocable, que si elle eût été valable dans le principe : *Quicumque regularis* (disait le Concile de Trente, sess. 25, *de regularibus*, chap. 19) *prætendat se per vim et metum ingressum esse religionem, etiamsi dicat* ANTE ÆTATEM DEBITAM *professum fuisse, aut quid simile..... non audiatur, nisi intra quinquennium tantùm à die professionis.*

» Il est donc bien constant que le pape pouvait dispenser, et que, de fait, il dispensait les ecclésiastiques élevés aux ordres sacrés, de l'empêchement que leur ordination apportait à leur mariage.

» Mais, d'un autre côté, il est reconnu, il est jugé par les quatre arrêts déjà cités du parlement de Paris, des 11 mai 1665, 2 août 1711, 4 juin 1725 et 11 août 1738, que les mariages contractés entre cousins-germains, en vertu de dispenses du pape, légitimaient les enfans nés avant leur célébration.

» Et pourquoi les mariages des prêtres contractés avec dispenses, n'auraient-ils pas produit les mêmes effets? Pourquoi surtout la cour de Bourges n'eût-elle pas pu juger, dans notre espèce, que les mêmes effets ont dû en résulter?

» C'est, dit-on, parce que le pape accordait moins facilement les dispenses de l'ordination, que celles de la simple consanguinité.

» Comme si le plus ou le moins de difficultés qu'il pouvait y avoir à obtenir une dispense, eût pu changer quelque chose à ses effets, lorsqu'elle était accordée!

» Comme si ce plus ou moins de difficultés eût été déterminé par une loi expresse!

» Comme si, à défaut de loi expresse sur cette matière, la cour de Bourges n'eût pas pu juger que les dispenses de l'ordination ne différaient en rien des dispenses de la parenté!

» Mais, après tout, il ne s'agit pas ici de dispenses individuelles, c'est-à-dire, d'actes toujours motivés par des considérations restreintes aux cas pour lesquels ils sont accordés et aux personnes qui les obtiennent : il s'agit d'une loi qui, par une disposition générale, a brisé les liens qui enchaînaient tous les prêtres et les empêchaient de se marier.

» Sans doute, cette loi, en habilitant tous les prêtres à se marier, n'a pas validé, par un effet rétroactif, les mariages que quelques-uns d'entre eux avaient pu contracter, de fait, avant qu'elle fût publiée; et c'est ce que vous avez, non pas jugé, mais énoncé dans votre arrêt du 12 prairial an 11, relativement au mariage que le sieur Spiess, prêtre et religieux, avait contracté en 1778.

» Mais elle a dû attribuer, elle a nécessairement attribué, aux mariages que les prêtres contracteraient à l'avenir, tous les effets que le droit civil attache aux mariages valablement contractés, et qu'elle n'en a pas exceptés par une disposition précise. Or, elle n'en a pas excepté l'effet de légitimer les enfans nés auparavant : elle leur a donc nécessairement attribué cet effet.

» Et concevez-vous, messieurs, que le mariage contracté en 1791 par le sieur Gras, n'eût pas légitimé la défenderesse, tandis que bien certainement il la légitimerait aujourd'hui, s'il était contracté aujourd'hui même?

» Car, nous l'avons déjà dit, l'art. 331 du Code civil n'excepte du bienfait de la Légitimation par mariage subséquent, que les enfans nés d'un commerce adultérin et incestueux; et ce n'est ni à l'un ni à l'autre que la défenderesse doit le jour.

» Si le sieur Gras vivait encore, et qu'il se mariât aujourd'hui, il pourrait, par cela seul, légitimer la défenderesse, bien qu'à l'époque de la conception, comme à celle de la naissance de la demanderesse, il fût incapable de se marier.

» Et vainement prétendrait-on, dans cette hypothèse, que c'est à l'époque de la conception ou de la naissance d'un enfant naturel qu'il faut se reporter, pour savoir s'il peut ou non être légitimé par le mariage subséquent de son père et de sa mère.

» Supposons un enfant naturel conçu et né en Angleterre, où le mariage subséquent ne légitime point : sans contredit, si son père et sa mère transfèrent leur domicile en France, l'y font et s'y marient, ils le légitimeront. Donc la Légitimation ne dépend pas de la loi sous laquelle un enfant est né ou a été conçu. Donc elle ne dépend que de la loi sous laquelle se contracte le mariage qui la produit. Donc la défenderesse serait, sans égard à la loi qui régnait au temps de sa conception et de sa naissance, légitimée par le mariage que son père et sa mère contracteraient aujourd'hui.

» Et elle ne le serait pas par le mariage que son père et sa mère ont contracté en 1794!

» Pourquoi donc ne le serait-elle pas?

» La liberté que son père aurait aujourd'hui de se marier, ne l'avait-il pas également en 1794? Ne la tenait-il pas de la loi du 13-19 février 1790, que le Code civil a maintenu, en ne plaçant pas les ordres sacrés au rang des empêchemens dirimans du mariage?

» Et par quelle étrange bizarrerie cette loi n'aurait-elle pas opéré en 1794, au profit de la défenderesse, un effet que bien certainement elle opère aujourd'hui?

» Serait-ce parce qu'en 1794, nous n'avions en France aucune loi qui déterminât les conditions de la Légitimation par mariage subséquent? Serait-ce parce que ces conditions n'étaient alors réglées que par l'usage et la jurisprudence des tribunaux?

» Mais c'est précisément pour cela que l'on ne peut accuser la cour de Bourges d'avoir violé aucune loi, en jugeant qu'un mariage contracté en 1794, avait légitimé la défenderesse. C'est précisément pour cela que l'arrêt de la cour de Bourges doit être maintenu. C'est précisément pour cela, que la requête des demandans doit être rejetée.

» Et nous estimons qu'il y a lieu de la rejeter en effet, avec amende. »

Par arrêt du 22 janvier 1812, au rapport de M. Cochard, après un long délibéré,

« Attendu qu'en déclarant que Françoise-Madelaine Gras, défenderesse, née le 17 mai 1778, avait pu être reconnue et légitimée par l'acte de mariage célébré, le 11 floréal de l'an 2, entre Marie-Madelaine de Virgile et François Gras, ses père et mère, quoiqu'à l'époque de sa naissance ledit Gras eût été engagé dans l'ordre de prêtrise : et en lui adjugeant, en sa qualité de sœur utérine de Pierrre-Joseph-Honoré de Virgile, fils issu du premier mariage de ladite Marie-Madelaine de Virgile, sadite mère, avec Honoré de Virgile, la totalité de sa succession, la cour d'appel de Bourges n'a pu contrevenir à aucune loi;

« Par ces motifs, la cour rejette le pourvoi... »]]

IX. Le mariage subséquent, contracté avec dispense, légitime-t-il des bâtards incestueux?

La négative paraît, au premier abord, incontestable : le père et la mère de ces enfans ne pouvaient pas se marier dans le temps du commerce illicite qu'ils ont eu ensemble ; ainsi *point d'habilité dans les deux extrêmes*, comme parlent tous les docteurs ; et, par une conséquence nécessaire, point de Légitimation.

Cependant la plupart des auteurs distinguent si l'empêchement produit par la parenté est du nombre de ceux que l'église ne lève qu'avec peine, ou s'il est facile d'en obtenir dispense.

Dans le premier cas, on convient assez généralement que les enfans ne sont point légitimes (1) ; et c'est ce qu'a jugé un arrêt du 11 décembre 1664, rendu sur les conclusions de M. l'avocat-général Bignon. Il s'agissait d'un mariage contracté entre un oncle et sa nièce qui était en même temps sa filleule, en vertu de lettres de dispense portant clause de Légitimation pour les enfans nés auparavant. L'arrêt est conçu en ces termes : « La cour......, faisant droit sur l'appel » comme d'abus du rescrit de cour de Rome, dit » qu'il a été mal, nullement et abusivement im- » pétré et exécuté en ce qui concerne la Légitima- » tion des enfans ; ce faisant, les déclare incapa- » bles de toutes successions......, fait défense aux » banquiers de cour de Rome d'y obtenir pareilles » dispenses. »

Dans le second cas, le mariage légitime les enfans, parce que la dispense met les parties en état de se marier, comme si elles n'étaient pas en degré prohibé ; ce qui la fait remonter au temps de la conception des enfans.

Il n'y a pas long-temps, dit l'auteur des *Conférences de Paris sur le mariage*, qu'on l'a ainsi jugé au parlement de Besançon ; et « cette opinion » (ajoute Furgole) est autorisée par des arrêts du » parlement de Toulouse, que rapporte Albert, » lesquels ont jugé que la dispense obtenue par » l'un des mariés, quoique fulminée après sa » mort, rendait légitimes les enfans de ce ma- » riage, nonobstant l'empêchement dirimant de » parenté, et que cette fulmination devait avoir » un effet rétroactif. »

Telle est aussi la jurisprudence du parlement de Paris.

Bourjon en cite un arrêt du 20 août 1711, rendu en faveur de Marie-Anne Prévôt.

Denisart en rapporte un autre du 4 juin 1725, qui maintient le fils du sieur Beau, né avant son

mariage avec la cousine-germaine de sa première femme, dans la possession d'enfant légitime, avec dépens, dommages et intérêts.

Il y en a un troisième du 11 août 1738, rapporté par Rousseaud de Lacombe, qui confirme, sur les conclusions de M. l'avocat-général Gilbert, une sentence de la sénéchaussée d'Auvergne, laquelle, en déboutant les sieur et dame de la Fosse de leur demande, avait maintenu un enfant né de Pierre-Antoine et de Marguerite d'Aubusson, cousins-germains, depuis mariés avec dispense, dans le droit et la possession de prendre le nom et les armes de la maison d'Aubusson.

[[Aujourd'hui, les bâtards incestueux peuvent être légitimés par le mariage subséquent, quoique contracté avec dispense. Cela résulte, d'une part, de ce que l'art. 331 du Code civil excepte indéfiniment les bâtards incestueux de la classe de ceux que le mariage subséquent légitime ; de l'autre, de ce qu'il ne peut pas y avoir de mariage sans dispense entre leurs père et mère. V. l'article *Empêchemens de mariage*.]]

X. Dans le cas où l'existence d'un empêchement dirimant à l'époque de la conception des enfans, forme obstacle à la Légitimation par mariage subséquent, la bonne foi de l'une des parties qui ignorait l'empêchement, ne doit-elle pas rendre les enfans capables d'être légitimés? Posons l'espèce. Un homme marié, dont on ignore le mariage, entretient un commerce illicite avec une femme libre, qui croit ne vivre que dans un simple concubinage, tandis qu'elle commet un véritable adultère. Il naît des enfans de cette union : dans la suite, la femme légitime meurt, le mari épouse sa concubine.

Il est certain qu'à la rigueur, les enfans ne peuvent pas être légitimés, nous l'avons fait voir plus haut : mais la bonne foi de leur mère ne peut pas changer leur condition, et ne doit-on pas les regarder comme des bâtards simples, *in veritate adulterini, in opinione naturales*.

Cette question a partagé les opinions des interprètes.

Les partisans de l'affirmative sont dans la glose sur le chapitre *tanta vis*, Antoine de Rosselis, Jean-Antoine de Saint-Georges (appelé communément *Præpositus*), Sylvestre Piérata, Louis de Surdis, Frédéric Surdus, Guillaume Castedero, Basile Ponce, et Legrand, commentateur de la coutume de Troyes. Ils se fondent sur le chapitre *ex tenore* aux décrétales, *qui filii sint legitimi*, suivant lequel la bonne foi de l'une des parties qui a épousé l'autre publiquement, sans savoir que celle-ci était mariée, suffit pour rendre les enfans légitimes.

Basile Ponce est celui de tous les docteurs cités qui développe le mieux les conséquences de cette décision. Il convient d'abord que la Légitimation par mariage subséquent est une fiction qui donne un effet rétroactif au mariage, et que, par cette raison, il faut que les extrêmes soient habiles ; mais il soutient qu'ils le sont par la bonne foi, et

---

(1) *V.* ce que j'ai dit sur cette opinion, dans le plaidoyer rapporté au n° précédent.

qu'on doit regarder le mariage comme célébré au temps de la naissance des enfans. C'est en effet, dit-il, ce qu'opère la fiction : or, si le mariage avait été célébré dans ce temps-là, il est incontestable que les enfans seraient légitimés. Si l'on oppose que le mariage n'a pu être contracté au préjudice de l'empêchement dirimant qui liait les parties au moment de la conception des enfans, il répond que cela est vrai en effet, mais non pas suivant l'opinion commune, qui seule suffit pour faire regarder comme habiles, ceux qui sont réellement incapables. Si le mariage était contracté suivant cette opinion, les enfans seraient légitimés ; pourquoi en serait-il autrement, lorsque la même opinion fait remonter le mariage au temps de la conception ? Si on lui objecte que celui qui commet sciemment un délit, est tenu de toutes les suites qui en résultent, soit qu'il les ait prévues ou non, il répond 1º que la maxime n'est pas vraie, lorsque le délit est accompagné d'une ignorance invincible : 2º, que, par la fiction qui donne un effet rétroactif au mariage, l'acte cesse d'être illicite, parce qu'on le suppose postérieur à la célébration.

Les auteurs contraires à cette opinion, sont aussi en grand nombre. On y compte le cardinal de Palerme, Caldernius, Henri Boïc, Guttierèz, Covarruvias, Vallensis, Faiardo, Peregrinus, Fachinée, Molino, Socin le jeune, Barry, Antoine Gabriel, Dominique di San-Geminiano, Jean Bellemera, Sermientus et Pothier. Les raisons sur lesquelles cet avis est fondé, sont très-bien développées dans le plaidoyer 47 de M. d'Aguesseau. Quelle est (dit ce grand magistrat) la raison du chapitre ex tenore ? Deux motifs principaux de sa décision. 1º Le nom de mariage, nom si puissant, que son ombre même suffit pour purifier, en faveur des enfans, le principe de leur naissance... 2º La bonne foi de ceux qui ont contracté un semblable engagement..... Voyons si ces deux motifs ont quelque application à la Légitimation per subsequens matrimonium des enfans qui sont le fruit d'une conjonction toujours criminelle.

» 1º Il n'y a point de mariage même putatif ; ainsi, nul titre coloré qui accompagne cette espèce de proscription. La naissance des enfans n'a pas suivi, elle a précédé le mariage : ils ne la doivent qu'à une source impure.

» 2º Sur la bonne foi, on peut faire deux réflexions importantes :

» La première, que cette bonne foi est peu probable dans deux personnes qui commettent un crime : on la présume aisément dans ceux qui s'engagent publiquement, qui ne sont pas censés vouloir faire un sacrilège, et ont cru recevoir un sacrement, mais il n'en est pas de même de ceux qui méprisent les lois divines et humaines, en vivant dans le concubinage ;

» La seconde, que cette prétendue bonne foi ne les excuse pas, parce qu'ils commencent par commettre un crime, et que c'est à eux à s'imputer tout ce qui arrive en conséquence ;

» Et c'est ici où nous croyons devoir développer ce grand principe, qui a été parfaitement expliqué par le judicieux cardinal de Palerme, et qui l'avait été avant lui par Bartole, et, si l'on veut remonter encore plus haut, par Papinien.

» Ce grand canoniste se fait l'objection du mariage putatif, et il répond qu'il y a de la différence : Quia contrahens matrimonium dat operam rei licitæ, ideo ignorantia sua excusatur. Sed admittens virum sine matrimonio, dat operam rei illicitæ, ideo ignorantia sua non est probabilis, nec debet inde consequi præmium ; et danti operam rei illicitæ imputantur omnia quæ sequuntur præter voluntatem suam.

» Et Bartole avait dit avant lui : quandocumque coitus, fit sine colore matrimonii, tunc indistincte punitur secundum illud quod est in veritate, non secundum id quod putabat, quoniam dabat ab initio operam rei illicitæ.

» Et Papinien, dont l'un et l'autre ont emprunté ces maximes si saines en elles-mêmes, distingue expressément, lorsqu'il s'agit d'un inceste, s'il y a eu au moins l'apparence d'un mariage qui puisse faire présumer la bonne foi, ou si au contraire le crime a été commis renferme une double injure faite à la loi et à la nature, parce que multum interest errore illud matrimonium contrahatur, an contumacia juris et sanguinis contumelia concurrant. Loi 58, § 1, D. ad legem Juliam, de adulteriis.

» Ainsi point de bonne foi présumée : toute présomption cesse pour des coupables ; et quand il y en aurait, elle n'excuse point, parce que dabat operam rei illicitæ.

» Que ne pourrait-on point dire, si l'on pouvait s'étendre sur cette matière ? Nous pourrions vous rappeler la loi de ce législateur grec, qui punissait doublement les crimes commis dans l'ivresse ; et.

» En effet, tout se réduit à ce simple raisonnement : la loi peut récompenser l'innocence, telle qu'elle se trouve dans celui qui contracte de bonne foi, par erreur du fait, un mariage défendu ; mais que la loi récompense une personne qui a voulu mal faire, parce qu'elle a voulu faire un moindre mal, c'est ce qui ne peut être écouté.

» Ajoutons d'ailleurs deux réflexions : l'une, qu'il ne s'agit point ici de punir ; il s'agit de ne pas étendre une grâce, un bienfait de la loi : l'autre, que la Légitimation per subsequens matrimonium, n'est pas véritablement favorable, si l'on réfléchit sur ses conséquences. Elle n'était accordée par les premières lois que pour le passé ; elle entretient, fomente, multiplie le concubinage, dans l'espérance de pouvoir un jour donner un état aux enfans. »

C'est en faisant valoir ces raisons que M. d'Aguesseau a fait rendre le célèbre arrêt du 4 juin 1697, qui juge, en confirmant une sentence du Châtelet, que le mariage subséquent de Tiberio Fiorelli, connu sous le nom de Scaramouche, avec Marie Duval, n'avait point légitimé une fille née du commerce qu'ils avaient eu ensemble, dans le temps que l'un d'eux était marié à l'insu de l'autre et de tout le public.

Cette décision aurait lieu, à plus forte raison, si le mariage subséquent n'était point véritable, mais seulement putatif : car, dans ce cas, les enfans ne pourraient pas être légitimés, comme on l'a vu plus haut, quand même il n'y aurait eu, au temps de leur conception, aucun empêchement entre leur père et leur mère. C'est sur ce fondement qu'a été rendu l'arrêt du 15 mars 1574, rapporté au Journal du Palais. Il s'agissait de l'état des enfans nés, tant du commerce illicite, que du mariage qui avait eu lieu pendant l'absence du fameux Jean Maillard, entre sa femme et Thibault de la Boissière. Cette affaire fut plaidée avec le plus grand éclat, principalement par M. l'avocat-général Bignon, qui porta la parole pendant huit audiences. L'arrêt intervenu, après un délibéré d'un mois, défendit au fils né avant le mariage putatif de prendre la qualité de légitime, et maintint au contraire les enfans nés pendant ce mariage, dans tous les droits de légitimité.

XI. Les interprètes sont assez partagés sur la question de savoir si le mariage intermédiaire de l'une des parties avec une autre, n'empêche pas la Légitimation. Par exemple, Mévius et Sempronia, tous deux libres et habiles à se marier ensemble, ont l'un avec l'autre un commerce dont il naît un enfant : Mévius se marie avec Titia, qui lui donne plusieurs enfans; devenu veuf, il épouse en secondes noces Sempronia : on demande si ce mariage subséquent légitime le fruit de l'union illicite qui a eu lieu entre les parties dans le temps qu'elles étaient libres.

Quelques-uns soutiennent la négative, et leur sentiment parait avoir été adopté par un arrêt du parlement de Bretagne de la veille de Toussaint 1588; rapporté par Charondas.

Ils se fondent sur ce que la Légitimation ne peut avoir lieu que par l'effet de la fiction qui fait remonter le mariage au temps de la conjonction illicite. Or, disent-ils, dans notre espèce, il ne peut point se faire une pareille rétrogradation; le mariage, qui a été contracté dans l'intervalle avec un tiers, s'y oppose.

On peut ajouter que les lois romaines semblent favoriser cette opinion. En effet, par le chap. 4 de la novelle 12, l'empereur Justinien, abrogeant le principe établi par Constantin et Zénon, que les enfans naturels ne pouvaient être légitimés *per subsequens matrimonium*, qu'autant que leur père et leur mère n'avaient point d'enfans légitimes, ordonne que la Légitimation aura lieu même dans le cas d'existence d'enfans légitimes, pourvu que la dissolution du mariage dont ils sont nés, soit antérieure au concubinage qui a donné l'être aux bâtards. *Nam etsi legitimorum quisquam sit pater, et abeunte ejus uxore ex hominibus, aut etiam legitime transigente, habuerit quamdam consuetudinem ad aliam mulierem quam licebat etiam legitime ducere uxorem, et fuerint ei fi-*

lii, etc. Ne peut-on pas appliquer ici la maxime, *inclusio unius est exclusio alterius*; et n'est-on pas fondé à soutenir, en conséquence, que Justinien, en permettant de légitimer par mariage subséquent les enfans nés d'un concubinage postérieur à un mariage légitime, est censé avoir refusé cette faveur à ceux dont la naissance aurait été suivie d'un mariage contracté avec une tierce personne?

Quoi qu'il en soit, cette opinion est aujourd'hui rejetée si généralement, qu'on n'oserait plus la soutenir en justice réglée. La raison que donne Pothier de l'avis contraire, est « que la fiction de la » rétrogradation (du mariage au commerce illicite) » n'est pas absolument nécessaire pour la Légitima-» tion : il suffit qu'on puisse favorablement sup-» poser que, lors du commerce que les parties ont » eu ensemble, elles ont eu ce commerce en vue » du mariage qu'ell..s se proposaient alors de con-» tracter; que l'une des parties a depuis changé de » dessein en se mariant à une autre personne; mais » qu'après la dissolution de ce mariage, elles ont » enfin exécuté leur premier dessein. Le mariage » intervenu avec une autre personne pendant le » temps intermédiaire, n'empêche point qu'on ne » puisse supposer tout cela; et tout cela étant sup-» posé, le commerce d'où les enfans sont nés » étant supposé intervenu en vue du mariage que » les parties se proposaient alors de contracter en-» semble, et qu'elles ont effectivement contracté » par la suite, on peut considérer ce commerce » comme ayant été en quelque façon, une espèce » d'anticipation du mariage qu'elles ont contracté » par la suite, et les enfans comme étant par an-» ticipation enfans de ce mariage, et légitimés par » ce mariage. »

La loi 10, C. *de naturalibus liberis*, confirme ce que dit ici Pothier : *Neque enim verisimile est eum qui postea dotem conscripserit, ab initio talem affectionem circa mulierem habuisse, qua eam dignam esse uxoris nomine faciebat.* On le voit clairement, le véritable fondement de la Légitimation des enfans nés *ex soluto et soluta*, n'est pas la rétroaction même du mariage au commerce illicite, mais l'intention qu'ont dû ou qu'avaient les parties au temps de ce commerce. Que fait la loi? Elle présume que le père et la mère ont toujours eu le dessein de s'unir par des nœuds solennels et légitimes; elle suppose que le mariage a été contracté de vœu et de désir dès le temps de la conception des enfans; et d'après cette présomption, elle donne un effet rétroactif au mariage : c'est donc uniquement de la volonté des parties que dépend cet effet rétroactif. Il peut cependant arriver que la rétroaction ne puisse pas avoir lieu, quoique l'intention présumée de se marier subsiste dans toute sa force; mais comme l'une n'est qu'accessoire de l'autre, il ne faut s'attacher proprement qu'à celle-ci, ou si l'on doit faire attention à celle-là, ce ne peut être que dans les cas où les deux fictions ne peuvent pas concourir ensemble : ainsi, dans l'espèce de la question proposée, on ne peut pas, à la vérité, donner au mariage subséquent un effet rétroactif au temps du concubinage; mais il est permis de supposer que, dès ce temps, le père et la mère ont eu le désir de former l'un avec l'autre des liens approuvés par les lois; et cette supposition suffit pour donner lieu à la Légitimation.

Le chap. 4 de la novelle 12 n'est pas aussi contraire à cette doctrine qu'il le paraît, au premier abord. Ce qu'il y a de certain, c'est qu'on ne peut en tirer qu'une induction *a contrario sensu*, et l'on sait qu'un pareil argument n'a de force qu'autant qu'il n'est combattu, ni par un texte précis, ni par une raison décisive. (*V.* l'article *Argument a contrario sensu*). Or, indépendamment des raisons que nous venons d'exposer, il existe un texte qui fait entendre clairement qu'un mariage contracté avec un tiers dans l'intervalle de la naissance des enfans naturels au mariage de leur père et de leur mère, n'empêche point leur Légitimation. Ce texte est le chap. 2 de la novelle 74 (1).

Enfin, comme nous l'avons dit, la jurisprudence de tous les pays où la Légitimation est admise, a tellement affermi cette opinion, qu'il serait téméraire d'oser encore la combattre.

Cette jurisprudence remonte aux temps les plus reculés. Il y en a un arrêt dans le recueil de Papon, daté du 12 juin 1578; et Bérault, sur l'art. 275 de la coutume de Normandie, en rapporte un semblable rendu au parlement de Rouen, le 23 novembre 1582.

Un grand magistrat de notre siècle a joint son suffrage à l'autorité de ces arrêts.

« Il y a de grands inconvéniens (disait M. de La Chalotais, avocat-général du parlement de Bretagne, dans une cause où il s'agissait de l'état des enfans du sieur d'O... et de la demoiselle G...), il y a de grands inconvéniens dans la Légitimation par mariage subséquent, lorsqu'il y a eu un mariage intermédiaire. Une fille prostituée qui aurait eu des enfans d'un homme non marié, pourrait machiner la mort de la légitime épouse, pour se substituer à sa place, et pour légitimer ses enfans naturels....

» Quoi qu'il en soit, il est de maxime en France que la Légitimation par mariage subséquent, n'est point empêchée par un mariage intermédiaire, car premièrement, le droit donne cette force au mariage subséquent en général, et sans excepter ceux qui ont été précédés d'un mariage intermédiaire ; c'est l'esprit de la loi de Constantin, au Code, *de naturalibus liberis*, de l'authentique *de incestis et nefariis nuptiis*, du chap. *dubium*, et du chap. *tanta*, *qui filii sint legitimi*.

» Tous les commentateurs ont adopté la même opinion ; Dumoulin assure que le droit accordant

expressément la Légitimation indistinctement, cela suffit avec l'équité et le sentiment des auteurs. Les canonistes, qui ont écrit après ce grand jurisconsulte, n'ont point hésité à embrasser le même avis ; et Vanespen, entre autres, dit : *neque refert an medium matrimonium intercesserit, uti uno consensu tradunt canonistæ....* Telle est aussi la jurisprudence constante des arrêts ; et l'on trouve dans les monumens des parlemens, une infinité de décisions pour les enfans ainsi légitimés. »

XII. Lorsqu'un bâtard meurt avant que son père et sa mère se soient mariés, les enfans qu'il laisse peuvent-ils être légitimés par le mariage subséquent, de leur grand-père et de leur grand'mère ?

L'équité elle-même nous porte à décider pour l'affirmative ; cependant la négative a trouvé des sectateurs parmi les anciens interprètes ; ce sont Albéric, Balde, Paul de Castro, Alexandre, Jason, Marcilli, Decius, Gayl et Chasseneuz.

Leur raison est que le fils n'ayant jamais joui de la légitimité, n'a pas pu la transmettre à ses enfans, qui ne peuvent l'avoir que par son canal. Ils citent à ce sujet la loi, § 9, D. *de acquirendâ possessione*, dont voici les paroles : *Cæterùm et ille per quem volumus possidere, talis esse debet, ut habeat intellectum possidendi* ; décision qui n'a, comme on le voit, aucune espèce d'analogie avec notre espèce.

La loi 11, D. *de adoptionibus*, sur laquelle ils se fondent encore, n'y a pas un rapport plus exact.

Mais un texte qu'on peut citer avec plus de justesse, et qui détruit clairement l'opinion de ces auteurs, est la loi 5, D. *de gradibus et affinibus* ; voici comment elle est conçue : *Si filio meo mortuo, Titium adoptavero, videri eum defuncti fratrem fuisse Adrianus ait.* Si, lorsqu'un père, après la mort de son fils, adopte un étranger, l'enfant décédé avant l'adoption, est censé avoir été le frère de l'adopté, quoiqu'il n'existât plus au temps de l'acte qui lui donne cette qualité, ne peut-on pas, par la même raison, supposer que l'enfant mort avant le mariage, a eu toute sa vie le titre et les droits de légitime, quoiqu'il ne fût plus au monde lors du mariage qui le rend tel par fiction ? D'ailleurs, « la Légitimation (dit Pothier) a été établie, non-seulement en faveur des enfans nés de l'union que » les parties ont eue ensemble avant leur mariage, » mais en faveur de tous ceux qui en sont descen- » dus, lesquels ne sont pas moins dignes de cette » faveur que ceux qui en sont nés. La loi, par la » fiction de la Légitimation, purge le vice de » l'union que les parties ont eue ensemble avant » le mariage, la fait regarder comme une espèce » d'anticipation du mariage qu'elles ont depuis » contracté, et par conséquent les enfans qui en » sont nés, et tous ceux qui en sont descendus » comme enfans de ce mariage par anticipation. »

On peut ajouter que le § dernier, Inst. *de nuptiis*, dit en général que les *enfans*, LIBERI, sont légi-

---

(1) *Omnino enim suis existentibus, deinde naturalibus prædictis,* AUT PRIMITUS NATIS, *nequaquam legitimorum jus eis adjicitur ; nisi forsitan per constitutiones nostras quæ dotalium instrumentorum introduxerunt modum.*

timés par le mariage subséquent de leur père et de leur mère. Or, suivant la loi 220, D. *de verborum significatione*, il est de règle de comprendre les petits-fils sous le nom d'enfans; toutes les fois que leur utilité le demande ainsi. (*V.* l'article *Enfans*, § 2.)

[[L'art. 332 du Code civil fait cesser là-dessus toute controverse : « La Légitimation (porte-t-il) » peut avoir lieu, même en faveur des enfans dé- » cédés qui ont laissé des descendans; et dans ce » cas, elle profite à ces descendans. »]]

XIII. La Légitimation par mariage subséquent n'est pas admise en Angleterre; c'est ce qui nous est attesté par Dumoulin sur le conseil 343 de Décius, sur la décrétale *tanta vis*, et sur le chap. 9 des statuts de Meilthon, et c'est ce qu'établit Cowels dans ses institutions au droit anglican, liv. 1, tit. 10, §. 17.

De là naît une *question mixte* d'un fort grand intérêt : c'est de savoir si un mariage contracté en Angleterre, peut au moins légitimer un enfant naturel, à l'effet de le rendre capable de succéder en France.

Cette question sera traitée dans mon *Recueil de Questions de droit*, au mot *Légitimation*.

XIV. Un bâtard peut-il être légitimé malgré lui par le mariage subséquent de son père et de sa mère, ou lui est-il libre d'empêcher l'effet de la Légitimation sur sa personne, en protestant par écrit qu'il ne veut pas en profiter ?

Cette question ne peut guère se présenter dans les pays où la puissance paternelle est abolie ou restreinte à des effets purement honorifiques : mais elle peut s'élever fréquemment dans les pays de droit écrit, ainsi que dans les coutumes de Lille, de Hainaut, de Valenciennes, de Mons, où la puissance paternelle donne aux pères des droits considérables sur les biens de leurs enfans, et où par conséquent il est quelquefois de l'intérêt d'un bâtard de demeurer dans son état primitif pour conserver sa liberté.

Albéric, Balde, Paul de Castro, Boyer (*Boerius*) et Fachinée soutiennent que la Légitimation ne peut affecter un enfant naturel malgré lui. Ils se fondent sur un texte qui le décide effectivement de cette manière : c'est le chap. 11 de la novelle 89 : *Generaliter autem* (porte-t-il) *in omnibus qui per prædictum modum deducuntur ad legitimum jus, tunc id volumus obtinere, cùm et filii hoc ratum habuerint. Nam si solvere jus patriæ potestatis, invitis filiis, non permissum est patribus, multò magis sub potestatem redigere invitum filium et nolentem, sive per oblationem ad curiam, sive per instrumentorum celebrationem; tanquam sortem metuentium paternam, justum non est, neque imperii et legislatoris ponimus proprium.*

Mais quelque précise que soit cette décision, il y a des auteurs qui prétendent qu'elle ne doit pas être suivie : ce sont Angelus, Salicetti, Covarruvias, Sarmientus, Jean-Antoine de Saint-Georges, etc.

Ils en donnent deux raisons : la première, qu'il est de l'intérêt public que les bâtards soient légitimés; qu'on ne peut déroger par aucun pacte au droit public; que par conséquent il n'est pas au pouvoir d'un enfant naturel de renoncer au bénéfice de la Légitimation : la seconde, que ce bénéfice ne vient pas de la volonté du père, mais de la loi; qu'ainsi, un enfant n'est pas plus maître de se soustraire à son influence, qu'il n'est libre à un testateur d'empêcher que son testament ne soit soumis aux lois : *Nemo potest in testamento suo cavere ne leges in suo testamento locum habeant* : ce sont les termes de la loi 55, D. *de legatis*.

Mais ces raisons se détruisent d'elles-mêmes.

1° Le public peut sans doute tirer un certain avantage de la Légitimation des bâtards, mais ce n'est qu'un avantage secondaire et indirect. Ce sont les bâtards eux-mêmes qui sont intéressés principalement et directement à être légitimés; et s'ils le refusent, le public n'a rien à dire : *Unicuique licet juri in favorem suum introducto renunciare*.

2° Il est vrai que le bénéfice de la Légitimation est dû à la loi; mais peut-on conclure de là que le bâtard ne soit pas maître d'y renoncer ? La loi donne à un père l'usufruit des biens qui appartiennent à ses enfans soumis à sa puissance; cependant le père peut l'abdiquer. La loi défend à un testateur de toucher aux réserves coutumières; cependant l'héritier peut les abandonner. La loi donne aux enfans une portion indisponible et presque sacrée dans l'hérédité de leur père et de leur mère; cependant il est libre aux enfans de ne pas en profiter.

C'est donc sans aucun fondement que les auteurs cités prétendent éluder la disposition claire et précise de la novelle 89. Mais Pothier n'a-t-il pas donné à leur opinion des motifs plus judicieux et plus conséquens? Il faut l'entendre lui-même pour en juger.

« La question ne doit pas se décider par la disposition de la novelle ci-dessus alléguée : nous avons tiré nos principes de la Légitimation, plutôt du droit canonique que des lois romaines, que nous avons déjà observé avoir peu d'application à notre droit.

» Or, il paraît que, suivant les principes du droit canonique, la Légitimation des enfans nés du mariage s'opère de plein droit par la seule efficace du mariage que leur père et mère contractent; et quoique cette Légitimation soit établie principalement en faveur des enfans, elle ne l'est pas seulement en leur faveur, elle l'est aussi en faveur du père et de la mère : il ne doit donc pas être au pouvoir des enfans de renoncer à la Légitimation, et de priver leur père et leur mère des droits que la Légitimation accorde à ceux-ci; de même qu'il n'est pas au pouvoir d'un père et d'une mère de priver leurs enfans des droits que la Légitimation leur donne. »

Mais il y a dans tous ces raisonnemens plus de spécieux que de solide. Trois réflexions infiniment simples vont le prouver.

1° C'est du droit romain même que les papes ont tiré leurs décisions concernant la Légitimation par mariage subséquent. Ils n'ont dérogé à ce droit que dans un point, en étendant le bénéfice de la Légitimation aux bâtards appelés *spurii*, tandis que les empereurs ne l'avaient introduit que pour les *enfans naturels*, c'est-à-dire pour les bâtards nés d'un concubinage permis, ou du moins toléré; et si nous avons adopté cette extension, c'est uniquement parce qu'elle a l'équité elle-même pour base.

2° La décrétale *tanta vis* ne dit point que la Légitimation s'opère de plein droit et sans le concours de la volonté expresse ou tacite de l'enfant naturel; elle garde là-dessus un profond silence. C'est donc par la novelle 89 que doit se décider cette question, *quia sicut leges non dedignantur sacros canones imitari, ita et sacrorum statuta canonum principum constitutionibus adjuventur*, dit la décrétale *intelleximus, extra, de novi operis nunciatione*.

3° Il y a une règle de droit qui dit: *nihil tam naturale est quam eo genere quidquid dissolvere quod colligatum est*. Il ne dépend pas d'un père d'émanciper, de son propre mouvement, un fils qu'il a sous sa puissance; il faut que le fils y consente. On ne doit donc pas non plus lui accorder le droit de réduire sa puissance le fils qui en est exempt par l'état dans lequel il est né, lorsque celui-ci prétend demeurer libre. C'est sur ce raisonnement que Justinien lui-même fonde sa décision dans la novelle 89: *nam si solvere jus patriæ potestatis, invitis filiis non permissum est patribus, multo magis sub potestatem retinere invitum filium et nolentem..... justum non est.*

En vain objecte-t-on que, puisque le père ne peut pas empêcher l'effet de la Légitimation accordée par la loi aux enfans nés de lui avant son mariage, il ne doit pas non plus être au pouvoir des enfans de priver leur père des droits que la Légitimation lui donne sur leur personne et sur leurs biens. Cette objection ne prouve rien. Lorsqu'un homme répare, par un mariage solennel, la honte du commerce illicite qu'il a eu avec une femme libre, il est nécessairement censé vouloir purifier la source dans laquelle ses enfans ont puisé la vie, et par conséquent ce serait de sa part une contradiction manifeste que de vouloir empêcher leur Légitimation: sa volonté doit être une; la diviser, ce serait la détruire; et comme tout en déclarant qu'il n'entend pas légitimer ses enfans, il ne laisse pas de se marier, on doit plutôt juger de son intention par le fait que par les paroles. Qu'on ne dise donc pas que la Légitimation s'opère même malgré le père; c'est au contraire sa volonté qui en est la première cause, puisque, s'il ne se mariait pas, comme il en a la liberté, ses enfans demeureraient toute leur vie dans la condition de bâtard.

XV. Il y a des pays où il est d'usage de mettre sous le poêle les enfans déjà nés à l'époque de la célébration du mariage de leur père et de leur

mère; mais cette formalité n'est pas nécessaire pour les légitimer: elle est pourtant utile, en ce qu'elle forme une reconnaissance que ces enfans sont nés des personnes mêmes qui se marient, et que, par ce moyen, elle assure leur état.

Cette reconnaissance peut encore être faite de plusieurs autres manières; par exemple, en rappelant les enfans déjà nés, soit dans le contrat de mariage, soit dans l'acte de célébration, soit dans un acte séparé.

[[Aujourd'hui, suivant l'art. 331 du Code civil, les enfans naturels ne sont « légitimés par le ma-» riage subséquent de leurs père et mère, que lors-» que ceux-ci les ont légalement reconnus avant » leur mariage. »

Quel a été le motif de cette innovation à l'an-cien droit? Nous l'apprenons par le procès-verbal de la discussion du Code civil au conseil-d'état:

« Des exemples prouvent (y est-il dit) que les reconnaissances faites après le mariage, ont quelquefois introduit, dans les familles, des enfans étrangers...., ou du moins les enfans de l'un des époux qui, par les menaces, obtient l'aveu de l'autre...

» Les enfans nés hors le mariage, n'ont jamais qu'une existence équivoque, puisqu'ils n'ont pour eux aucune présomption....; attribuer des effets à la reconnaissance postérieure au mariage, ce serait laisser les familles dans l'incertitude, et donner la faculté de créer des enfans par consentement mutuel. »

Mais quel doit être le caractère de la reconnaissance antérieure au mariage, pour que le mariage même puisse légitimer les enfans qui en sont l'objet? Est-il nécessaire qu'elle soit faite par un acte public, ou suffit-il qu'elle le soit par un acte sous seing-privé?

Si l'on s'en rapportait au texte de l'article 331, tel qu'il est imprimé dans les éditions officielles, la question serait assez douteuse; car ce texte porte, *également reconnus*, expression qui semble n'exiger, de la part du père et de la mère, qu'une reconnaissance égale et réciproque. Mais la vérité est que le texte original de la loi porte *légalement reconnus*; et dès là, nul doute que l'article 331 ne doive s'interpréter par l'article 334, aux termes duquel un enfant né hors le mariage ne peut être reconnu que *par un acte authentique*, lorsqu'il ne l'a pas été dans son acte de naissance. On sent d'ailleurs qu'un acte sous seing-privé ne faisant point foi de sa date, une reconnaissance faite dans cette forme ne remplirait pas les vues de la loi.

Faut-il du moins que la reconnaissance soit rendue *publique* avant le mariage, par son insertion dans les registres de l'état civil?

On a soutenu l'affirmative dans la discussion du projet du Code civil: « C'est même là (disait-on) » le sens de l'article (331), puisqu'on y trouve » l'expression *legalement reconnus*; et d'ailleurs » l'article 62 ne permet pas autrement la recon-

» naissance d'un enfant naturel , puisqu'elle doit
» être insérée dans les registres de l'état civil , qui
» sont ouverts à tous les citoyens. »

Mais on a justement remarqué , et c'est ce qui
a fait échouer ce système ; que « l'article ne parle
» que des formes qui seront le plus communément
» employées , qu'il n'exclut pas les autres, et ne
» prohibe pas les reconnaissances secrètes qui
» pourraient être faites chez un notaire avant le
» mariage. » Eh ! pourquoi serait-on plus rigoureux pour la reconnaissance des enfans naturels
dont le père et la mère se marient, que pour celle
des enfans naturels dont le père et la mère ne se
marient pas ? L'art. 334 n'exige , pour la reconnaissance de ceux-ci , qu'un *acte authentique* quelconque ; un acte authentique quelconque doit donc
également suffire pour la reconnaissance de ceux-
là. Qu'importe que, par l'art. 62 , il soit ordonné
que les reconnaissances d'enfans naturels seront
transcrites à leur date sur les registres de l'état
civil ? « Cette disposition purement d'ordre, ainsi
» que celle du même article qui ordonne de faire
» mention de la reconnaissance en marge de l'acte
» de naissance, ont été établies dans l'intérêt de
» l'enfant, et afin qu'il pût trouver avec facilité les
» preuves de son état ; on ne doit donc pas les
» tourner contre lui… ; et voilà pourquoi l'art. 62
» ne porte aucune peine de nullité. L'acte ne se-
» rait pas inscrit à sa date , il ne serait inscrit
» que long-temps après que cette omission ne pré-
» judicierait point aux droits de l'enfant. » Ce sont
les termes de M. Locré, dans *l'Esprit du Code ci-*
vil, tome 4, page 170.

Une autre question a été agitée : c'était de savoir si l'on ne devait pas excepter de la nécessité
d'une reconnaissance expresse avant le mariage ,
l'enfant qui , dans son acte de naissance , aurait
été inscrit sous le nom de son père et de sa mère.

On est uniquement convenu qu'une nouvelle
reconnaissance serait inutile avant le mariage , si
le père et la mère avaient paru à l'acte de naissance ; et c'est ce qui résulte en effet de l'art. 334.

Mais , même hors ce cas, on a prétendu que
l'exception devait être admise ; « tout homme,
» a-t-on dit, qui sait qu'un enfant est inscrit sous
» son nom, n'en épouserait pas la mère, s'il ne
» consentait à ratifier l'acte de naissance. »

Mais on a répondu : « Ce n'est là qu'une con-
» jecture très-incertaine. On peut soutenir au
» contraire que l'individu désigné pour père de
» l'enfant, pouvant le reconnaître même en se-
» cret, n'a pas fait de déclaration, parce qu'il n'a
» pas voulu le reconnaître. »

Et cette considération (dit M. Locré, à l'endroit cité, page 170) a fait rejeter l'exception proposée au principe, qu'à défaut de reconnaissance
expresse avant le mariage, le mariage ne légitime
point les enfans naturels.]]

Au surplus, la reconnaissance même la plus
authentique n'opérerait rien en faveur des enfans ,
et le mariage ne les légitimerait pas, s'il était
prouvé qu'ils n'ont pas pour père celui qui les reconnaît pour siens au moment où il épouse leur
mère. Voici une espèce qui s'est présentée à ce
sujet au parlement de Paris.

En 1652, il naît du marquis de Termes et de
Marie Laurent un bâtard, que l'on baptise sous
leurs noms ; Antoine Salnove en est parrain.

En 1654, Antoine Salnove et Marie Laurent se
font une promesse réciproque de mariage, sous la
foi de laquelle sont nés, à ce qu'on prétend, deux
enfans mâles, mais qu'ils ont fait baptiser sous le
nom du marquis de Termes, pour empêcher que
leur débauche n'exposât Antoine Salnove à être
déshérité par son père et par sa mère.

En 1661, Antoine Salnove épouse Marie Laurent, et déclare dans le contrat de mariage que
les deux enfans dont on vient de parler sont de lui.
Aussitôt son père et sa mère se pourvoient devant
l'official pour faire déclarer le mariage nul, *attendu*
l'alliance spirituelle qu'avait contractée Antoine
Salnove avec sa prétendue femme, en tenant sur
les fonds de baptême l'enfant né d'elle et du marquis de Termes.

Dans le cours de la procédure, Antoine Salnove et sa femme sont interrogés sur le fait de savoir si celle-ci n'a point eu d'autres mauvaises habitudes. Antoine Salnove répond que , depuis le
temps de son mariage, il ne croit pas que sa femme
eit eu affaire à d'autre qu'à lui ; et, à l'égard des
deux enfans qu'il a reconnus , il croit y avoir
bonne part. Quant à la femme, elle dit qu'elle
n'est tenue de répondre de ces faits qu'à son mari,
et qu'il en sait la vérité.

Après d'autres procédures qu'il est inutile de
détailler ici, et une réitéraion solennelle du mariage en vertu d'une dispense du pape, sentence
intervient au Châtelet, qui confirme à Marie Laurent la qualité de veuve d'Antoine Salnove, et
ordonne que les extraits baptistaires des enfans
nés en 1654, seront réformés sous le nom de ce
dernier.

Mais sur l'appel des héritiers collatéraux, arrêt
du 13 février 1564, conforme aux conclusions de
M. l'avocat-général Talon, qui, faisant droit sur
le chef de la sentence qui ordonne la réformation
des extraits baptistaires, met l'appellation et ce
dont est appel au néant ; émendant, maintient les
appelans en possession des biens d'Antoine Salnove ; la sentence au surplus sortissant son effet.

Les motifs de cet arrêt ont été que Marie Laurent s'étant constamment prostituée à plusieurs,
puisque le marquis de Termes en avait eu un enfant en 1652, et que les enfans nés en 1654 devaient encore être présumés du même père, puisque leurs extraits baptistaires étaient conçus en
son nom ; qu'enfin Antoine Salnove n'avait pas
dit dans son interrogatoire que ces enfans étaient
de lui, mais seulement *qu'il y avait eu bonne part*,
ce qui signifiait que d'autres pouvaient y avoir
contribué aussi bien que lui. Toutes ces circonstances réunies l'ont emporté sur la déclaration
faite au contrat de mariage ; et cette décision est
très-judicieuse : « car il se trouve des hommes tel-

» lement aveuglés et abandonnés dans le désordre, » que, pour complaire à une femme, prostituée, » ils adopteraient, pour ainsi dire, par un ma- » riage subséquent, des enfans de toutes sortes de » conjonctions; ce qui serait d'une dangereuse » conséquence dans le public. ». (*Journal du palais*, tome 1, page 477.)

Coquille nous donne là-dessus une règle générale : voici comment il s'explique sur la coutume de Nivernais, titre des *fiefs*, art. 20 :

« La Légitimation par mariage subséquent désire...... que la femme fût au concubinat et en la compagnie ordinaire de l'homme, et de telle façon qu'il ne restât que le sacrement et dignité de mariage, qu'il ne fussent mari et femme. § *Quibus*, Inst. *de hereditatibus ab intestato*, en ces mots, *quam in contubernio habuerit*. Auth. *licet*, § *ab intestat*. C. *de naturalibus liberis in iis verbis : quæ sola fuerit ei indubitato affectu conjugata*.

» Suivant cela, Decius, consil. 153, vol. 1, dit que l'enfant qui est né hors la maison du père, la mère n'étant pas ordinaire en concubinat, n'est point légitimé par le mariage subséquent, et allègue Bartole, *in L. pen. D. de concubinis*, toutefois me semble qu'il n'est pas nécessaire que la mère fût domestique ordinaire, pourvu qu'il se prouvât qu'elle eût vécu sans suspicion de s'être abandonnée à autre homme. »

Cette restriction est conforme à nos usages.

Une observation importante en cette matière est que, quand il n'y a point de preuve de prostitution de la part de la femme, la déclaration du père, à l'époque de la célébration du mariage, doit prévaloir au silence ou à la fausse énonciation de l'extrait baptistaire.

Ainsi, par arrêt du 5 septembre 1675, rapporté au *Journal du Palais*, les enfans naturels du sieur de Baulieu, baptisés sous le nom de leur mère seule, et reconnus par lui au moment du mariage subséquent, ont été déclarés légitimes.

Un autre arrêt du 7 juin 1707, inséré dans le *Journal des Audiences*, a maintenu un *enfant légitimé par mariage subséquent en possession de son état*, nonobstant les variations ou étaient tombés le père et la mère lorsqu'ils l'avaient *légitimé et fait baptiser*.

Cette jurisprudence est fondée sur l'équité la plus palpable. A quoi seraient réduits ces enfans malheureux que l'opprobre environne, s'ils ne pouvaient être légitimés qu'en rapportant un extrait baptistaire dans lequel seraient rappelés exactement les noms des auteurs de leurs jours? Peu de personnes sont jalouses de faire porter publiquement leur nom aux fruits de leurs débauches; l'intérêt qu'un père peut avoir à cacher sa faiblesse, fait aisément présumer qu'il l'a réellement cachée. Il faut donc lui permettre, lorsqu'il se marie, de lever lui-même le voile dont il avait couvert l'état de ses enfans.

Voici une espèce qui s'est présentée là-dessus, de nos jours, au parlement de Paris. (Nous la copions dans la *Gazette des Tribunaux* :)

« Deux particuliers libres eurent, en 1744, un enfant naturel qui fut baptisé sous le nom de *Jean*, *fils de père et de mère inconnus*. Ils se sont mariés depuis, mais ils n'ont point fait de déclaration relative à cet enfant; ils l'ont néanmoins élevé et traité comme leur fils.

» Trente années se sont écoulées, sans que ce père et cette mère se soient inquiétés de l'état de leur fils; cependant ayant gagné quelque chose dans l'état de domestique, ils songèrent à se retirer et à placer leur biens à rente viagère sur la tête de ce fils unique. Ils sortirent alors de l'espèce d'indolence dans laquelle ils avaient vécu sur son état; ils présentèrent une requête au lieutenant civil, à l'effet d'obtenir la réformation de l'acte de baptême de cet enfant. Le premier juge ordonna une information; elle fut faite, et d'une manière concluante; mais comme les parties n'avaient fait entendre que des étrangers de leur connaissance, sentence intervint, qui, *avant faire droit, ordonna qu'il serait fait une nouvelle information, dans laquelle les parens les plus proches seraient entendus*.

» Appel de la sentence. Pour moyens, on a prétendu que les parens demeuraient dans une province éloignée; qu'il en coûterait des frais considérables pour les faire entendre; qu'ils étaient peu instruits des faits sur lesquels ils auraient à répondre; qu'ils étaient d'ailleurs absolument désintéressés; puisque le père avait placé tout bien en viager.

» Arrêt du 5 mars 1777, conformément aux conclusions de M. l'avocat-général Séguier, qui, en infirmant la sentence du Châtelet, a ordonné la réformation de l'acte de baptême, et qu'au lieu de père et mère inconnus, il serait mis fils de Claude Jannot et de Pierrette........ ses père et mère, sur les registres de la paroisse et sur ceux du Châtelet, et qu'il serait fait mention de l'arrêt en marge de l'extrait baptistaire. »

§ III. *Des effets de la Légitimation par mariage subséquent.*

I. La Légitimation par mariage subséquent ne diffère en rien de la légitimité proprement dite; elle efface tellement la tache de la naissance d'un bâtard, qu'il n'en reste plus le moindre vestige; elle l'égale en tout à l'enfant né légitime, en sorte qu'il peut hériter de tous ses parens, tant en ligne directe qu'en ligne collatérale, demander une légitime dans les successions de ses descendans, et, dans les pays de droit écrit, faire casser un testament entaché de vice de prétérition, intenter la plainte d'inofficiosité, etc.

Il n'y a d'exception à cette règle que par rapport au cardinalat, qui, suivant la bulle de Sixte V, du 5 décembre 1595, ne peut être conféré qu'à ceux qui sont nés actuellement *ex legitimis et honestis natalibus, qui nulla prorsus labe aut illegitimorum natalium suspicione nullo modo laborant*.

[[Mais cette exception n'appartient pas au droit civil; et du reste, l'art. 333 du Code civil dit, dans les termes les plus généraux, que « les en- » fans légitimés par mariage subséquent, auront » les mêmes droits que s'ils étaient nés de ce ma- » riage. »]]

II. Ainsi, le bâtard légitimé fait cesser la con- dition *si sine liberis*, apposée à une substitution fidéicommissaire, ni plus ni moins que s'il était né légitime. Duluc rapporte un arrêt du 10 mai 1585, qui l'a ainsi jugé; et l'ordonnance de 1747 en a fait une disposition expresse, tit. 1, art. 25.

Cette disposition doit-elle avoir lieu dans le cas où l'auteur du fidéicommis a exprimé formelle- ment que les enfans dont l'existence le ferait cesser, devraient être *nés en légitime mariage*?

Cette question s'est présentée au conseil du roi en 1773.

Le 5 janvier 1744, le sieur de La Fargue, riche habitant de Saint-Domingue, a fait son testament. Il avait un neveu, le sieur Guerre, qui, à cette époque, avait deux enfans naturels d'une négresse nommée Petite-Nanon. Par ce testament, le sieur de La Fargue lègue à son neveu l'habitation qu'il possédait au quartier de Borgne, « voulant toute- » fois qu'au cas que ledit sieur Jean Guerre décé- » derait sans enfans nés en légitime mariage, ladite » habitation, et choses en dépendantes retournent » au profit de la dame Avril et des sieurs François » et Pierre Jamet, pour être partagée entre eux » également, les leur substituant, audit cas de l'un » à l'autre, pour par eux en jouir et disposer » comme ils aviseront. »

Le 29 décembre 1755, le sieur Guerre a épousé Petite-Nanon.

A sa mort, arrivée en 1765, il s'est agi de savoir si l'existence des enfans que ce mariage avait légi- timés, devait faire cesser la substitution.

Le sieur Jamet, qui était appelé à cette substi- tution, a soutenu la négative.

« Le sieur de La Fargue (disait-il) ayant sub- stitué l'habitation qu'il léguait au sieur Guerre, s'il décédait sans enfans nés en légitime mariage, dans la circonstance où le sieur Guerre avait, lors du testament, des enfans naturels, cette condition ne pouvait être littéralement remplie, qu'autant que le sieur Guerre, marié, aurait eu des enfans de son mariage.

» Prétendre qu'elle l'est par la Légitimation des enfans nés hors le mariage, par l'effet du mariage subséquent, non-seulement c'est s'écarter de la lettre de la disposition, mais c'est aller absolument au contraire; étant tout différent, dans l'ordre de l'honnêteté, d'avoir pour héritiers des enfans nés hors le mariage et légitimés depuis, ou des enfans *nés en légitime mariage*. »

Ces moyens n'ont point touché le sénéchal du Port de Paix, devant qui la contestation était pendante. Par sentence du 7 janvier 1764, il a débouté le sieur Jamet de sa demande, et l'a con- damné aux dépens.

Le sieur Jamet a été d'abord assez heureux pour faire infirmer cette sentence au conseil supérieur du Cap Français; mais les enfans du sieur Guerre s'étant pourvus au conseil du roi, il y est inter- venu arrêt, en 1773, qui a cassé ce jugement, et a ordonné l'exécution pleine et entière de la sen- tence du 7 janvier 1764 (1).

A plus forte raison le légitimé par mariage sub- séquent est-il compris dans une substitution faite en termes généraux au profit des enfans; et c'est ce qu'a décidé un arrêt prononcé la veille de la Pentecôte 1558, et rapporté par Choppin, sur la coutume de Paris.

III. Voici une autre preuve de la parfaite égalité qu'il y a entre le bâtard légitimé et l'enfant né légitime.

La coutume d'Anjou défend au père et à la mère d'avantager un ou plusieurs de leurs enfans au préjudice des autres : en conséquence, une fille légitimée par mariage subséquent, à qui son père n'avait, dans cette coutume, laissé que 1500 livres de tout droit de succession, tandis que les en- fans de deux mariages précédens en avaient chacun 3,600, a cru devoir se plaindre de cette disposition, et en demander l'annulation. On lui opposait le vice de sa naissance; et l'on soutenait que sa Lé- gitimation ne pouvait pas la rendre habile à ré- clamer une loi faite uniquement pour les enfans dont l'origine a toujours été pure. Mais, comme on le voit dans le *Journal des audiences*, le par- lement de Paris n'eut aucun égard à cette objec- tion; et par arrêt du 30 mai 1648, rendu sur les conclusions de M. l'avocat-général Bignon, la fille légitimée reçue à partager; comme si le père fût mort *intestat*.

IV. Le bâtard légitimé par mariage subséquent, révoque les donations antérieures à sa Légitima- tion, de même que l'enfant légitime révoque celles qui sont antérieures à sa naissance. C'est ce qu'ont jugé le grand conseil, par arrêt du 9 février 1544, cité par Louet; le parlement de Toulouse, par arrêt de la veille de Sainte-Croix 1564, rapporté par Maynard; et le parlement de Paris, par arrêt du 21 mars 1606, inséré dans le recueil de Mon- tholon. L'art. 39 de l'ordonnance de février 1731 confirme cette jurisprudence, et l'érige en loi.

[[Mais est-elle applicable aux donations anté- rieures à la naissance des enfans légitimés?

Avant l'ordonnance de 1751, Dumoulin avait enseigné la négative. *Breviter* (avait-il dit, sur le conseil 366 de Décius) *veritas est, quod si filius sit natus ante donationem, non prodest Legiti- matio sequens, ne legitimatus sit melioris condi- tionis quam legitime natus, et plus habeat luxuria quam castitas..... et secundum prædictam dis- tinctionem communis est opinio.*

Julius Clarus, § *donatio*, quest. 23, n° 7, et Bérault, sur l'art. 449 de la coutume de Nor- mandie, soutenaient la même opinion,

_____

(1) Les autres moyens que le sieur Jamet a inutilement employés dans cette affaire, sont rapportés à l'article En- fant, § 2, n° 1.

Mais elle était condamnée par les arrêts du parlement de Paris, du parlement de Toulouse et du grand conseil, comme on peut le voir dans Louet, lettre *D*, § 52; Maynard, liv. 4, chap. 13, liv. 6, chap. 57, et liv. 8, chap. 3; Fernand, sur la loi *si unicam*; et Ricard, part. 3, n° 599.

Et comme l'observe Furgole (dans ses *Questions des donations*, quest. 17, n° 63,) la jurisprudence établie par ces arrêts, « a été confirmée par » l'art. 39 de l'ordonnance de 1731, qui veut que » la Légitimation d'un enfant naturel par le ma- »riage subséquent, révoque la donation, de même » que la survenance d'un enfant légitime, sans » distinguer si la naissance est antérieure ou pos- » térieure à la donation; en sorte qu'on ne peut » point admettre cette distinction sans blesser l'es- » prit de cette loi nouvelle.»

C'est effectivement ce que la cour de cassation a jugé dans l'espèce suivante.

Le 27 mars 1685, testament par lequel Charles Lebrun et Henriette de Latournelle, son épouse, en instituant pour leur héritier universel Gilbert-Casimir Lebrun, leur fils aîné, lui substituent, dans la terre de Champagnolles, ses enfans et descendans mâles, et à leur défaut Joseph-Frédéric Lebrun, leur second fils, et les enfans mâles qui naîtront de lui.

Gilbert-Casimir Lebrun, institué, laisse deux fils, Alexandre et Louis-Casimir.

Après sa mort, Alexandre, en qualité de premier substitué, recueille la terre de Champagnolles.

En 1771, n'ayant pas d'enfans mâles, il marie sa fille unique au sieur Villers-Lafaye, et lui abandonne la terre grevée de la substitution à laquelle est appelé après lui Louis-Casimir Lebrun, son frère. Mais celui-ci intervient au contrat de mariage, et renonce à la substitution en faveur de sa nièce, qui, de son côté, s'oblige, en cas qu'il survive à Alexandre Lebrun, de lui payer une pension viagère de 4,000 livres.

En 1774, décès d'Alexandre Lebrun, et par là, ouverture de la substitution au profit de Louis-Casimir Lebrun, son frère; mais l'effet en est recueilli par la dame Villers-Lafaye, en vertu de la cession que son oncle lui a faite en 1771 de son expectative.

Le 28 ventose an 2, Louis-Casimir Lebrun épouse Marguerite Sauvageot, et par le contrat de mariage, reconnait un enfant qu'il a eu d'elle en 1748.

En conséquence, il fait signifier à la dame Lafaye un acte par lequel il déclare révoquer, en vertu de l'article 39 de l'ordonnance de 1731, la cession qu'il lui a faite en 1771 de son droit à la substitution qui depuis s'est ouverte à son profit.

La dame Lafaye prétend que la renonciation de son oncle à un droit éventuel, ne peut pas être considérée comme une donation entre-vifs, d'autant qu'elle n'a pas été gratuite, mais bien à titre onéreux; qu'ainsi, elle n'a pas pu être frappée,

par la Légitimation d'un enfant naturel, et sur tout d'un enfant naturel qui était né auparavant de la révocation prononcée par l'article 39 de l'ordonnance de 1731; qu'enfin, la loi du 14 novembre 1792, qui abolit les substitutions, investit de la pleine et entière propriété des biens qui en sont grevés, ceux qui les possèdent actuellement.

Par arrêt du 25 germinal an 11, confirmatif d'un jugement du 7 prairial an 2, la cour d'appel de Dijon, sans avoir égard aux moyens de défense de la dame Lafaye, la condamne à délaisser la terre de Champagnolles à Louis-Casimir Lebrun.

La dame Lafaye se pourvoit en cassation, et soutient que cet arrêt viole à la fois et l'article 39 de l'ordonnance de 1731 et la loi du 14 novembre 1792.

Mais, par arrêt du 28 frimaire an 13, au rapport de M. Qudot,

« Attendu que la renonciation faite par Louis-Casimir Lebrun, étant conditionnelle et faite avec réserve, c'était une véritable donation en faveur de sa nièce; que d'ailleurs la cour d'appel a jugé en fait que cette donation avait été gratuite, et qu'aux termes de l'art. 39 de l'ordonnance de 1731, elle était susceptible de révocation; que, d'après cet article de l'ordonnance de 1731, elle était susceptible de révocation, la Légitimation d'un enfant naturel par mariage subséquent ayant l'effet de révoquer les donations entre-vifs; *même postérieures à la naissance de cet enfant;*

» Attendu qu'aux termes de la loi des 25 octobre et 14 novembre 1792, les substitutions n'ont dû avoir d'effet qu'en faveur de ceux qui avaient recueilli les biens substitués ou de ceux qui avaient le droit de les réclamer; que Louis-Casimir avait recueilli ceux dont il s'agit par les mains de sa donataire, et qu'il avait conservé le droit de les réclamer en certains cas par l'acte de donation;

» La cour rejette le pourvoi....»

Mais on ne pourrait plus juger de même pour une donation qui aurait été faite depuis la promulgation de l'art. 960 du Code civil : car cet article ne déclare *les donations révoquées de plein droit par la Légitimation d'un enfant naturel par mariage subséquent* que dans le cas où cet enfant *est né depuis la donation.*

Cette disposition doit même remonter jusqu'à la promulgation de l'art. 334 du même Code; et c'est ce qui résulte du texte même de cet article : «Les » droits de la Légitimation par mariage subséquent » (disait M. Duverryer, tribun, dans son rapport » du 2 germinal an 11, au corps législatif) sont les » mêmes que ceux de la légitimité. Il faut seule- » ment observer que leur effet ne remonte pas » à l'époque de la naissance des enfans, qu'il ne » peut opérer que du moment qu'il existe, et qu'il » n'existe qu'avec le mariage qui le produit. Tout » ce qui s'est passé dans la famille du père ou de » la mère avant leur mariage, est étranger aux en- » fans que ce mariage légitime; et c'est ce que le » projet de la loi exprime bien, en disant que les

» enfans légitimés par mariage subséquent auront
» les mêmes droits que s'ils étaient nés de ce ma-
» riage. »

V. Personne ne doute que le bâtard légitimé ne
jouisse du droit d'aînesse sur ses frères nés du mariage qui a opéré sa Légitimation. Mais c'est une
question s'il doit également en jouir sur ceux qui
sont nés d'un mariage intermédiaire, c'est-à-dire,
antérieur à sa Légitimation, mais postérieur à sa
naissance.

Cette question, dit Bouteiller dans sa *Somme
rurale*, s'est autrefois présentée dans la châtellenie
de Lille; *et tout vu, les sages coutumiers de Lille
n'en osèrent déterminer à certain, et fut la cause envoyée au conseil de Paris, duquel conseil fut rapporté que, considéré le cas, l'un frère eût autant de
part au fief que l'autre, et fût ledit fief divisé en deux
parties également et à chacun autant à l'un comme à
l'autre.* Ce n'était point là décider la question, mais
plutôt l'éluder.

Les auteurs qui l'ont traitée *ex professo*, se sont
divisés en deux classes : les uns soutiennent le parti
du légitimé par mariage subséquent; les autres
celui de l'enfant du mariage intermédiaire.

On trouve dans la première classe, des jurircon-
sultes italiens, espagnols, flamands et français. Les
italiens sont Eelinus, le cardinal de Palerme, Salicetti, Paul de Castro, Alciat; les espagnols, Covarruvias, Molina, Duenna, Vasquius; les flamands, Zypæus, Gudelin, Sande, Voët; les
français, Lebrun, Furgole, etc.

Les raisons sur lesquelles se fondent ces auteurs,
sont que le mariage subséquent produit un effet
rétroactif au temps de la naissance des enfans qu'il
légitime; que la fiction doit autant opérer dans les
cas où elle est admise, que la vérité dans ceux où
elle a lieu; que, quand les coutumes parlent du
fils aîné, elles entendent toujours celui dont la
naissance a précédé celle de ses frères, sans distinguer s'il naît légitime ou s'il naît légitimé par la
suite.

Si l'on objecte que la Légitimation subséquente
ne peut point ôter à l'aîné du mariage antérieur le
droit qui lui est acquis au préciput légal, ils répondent qu'un pareil droit ne peut point être censé
acquis avant la mort du père, puisqu'il forme une
partie de son hérédité, et que *viventis, non est hereditas.*

Voët appuie cette réponse d'une comparaison
très-ingénieuse : *nec movere debet.*, dit-il, *quod
jus primogenituræ ita primogenito quæsitum sit,
ut ne per patrem quidem auferri ei possit. Nam
et legitimæ portioni jus ita liberis debitum est,
ut parentibus ejus adimendæ licentia haud competat; neque tamen id impedit quominus illud
filio forte unigenito ex justis nuptiis diminuat admodum atque extenuet ubi concubinam in uxorem ducit, atque ita ad jus legitimorum liberorum traducit numerosam fortasse prolem ex ea
natam. Nedicam jus primogenituræ tolli quidem
primogenito non posse per paternam dispositionem, sed quis ille sit qui jure primogenituræ*

*gaudere debet, ex eo tempore quo successio de-
fertur dijudicandum esse.*

Les partisans de l'opinion contraire sont, en
Italie, Jean André, Antoine de Rosselis, Pierre
de Cuneo, Balde; en Espagne, Cœvallos, Celdas,
Gomez, Cavalcanus; en Allemagne, Jérôme;
Schurff, Henri de Rosenthal, Nicolas Myler; dans
la Belgique, Antoine Mathieu, Pierre Boort, Paul
Christin; en France, Dumoulin, Godefroy, Tiraqueau, Charondas, Legrand, Brodeau, Auzanet, Ferrières, Basnage, M. d'Aguesseau,
Maillart, Lemaître, Pothier, Bourjon, Le Camus
d'Hulouve, etc.

Ce sentiment a été confirmé par un arrêt du
grand conseil de Malines, si l'on en croit Paul
Christin, et il est sans contredit plus juridique
que l'autre. Il est vrai que le bâtard légitimé est
venu au monde avant les enfans du prenier mariage; mais il n'est entré dans la famille qu'après
eux. « L'âge seul (dit Lemaître) ne fait pas l'aîné,
» mais la capacité de succéder, jointe à la priorité
» de la naissance; et comme l'aîné du mariage in-
» termédiaire a le premier réuni en sa personne
» ces deux qualités, il est cet aîné à qui la cou-
» tume défère les avantages de l'aînesse. »

Licet naturalis sit prior natura (dit également
Tiraqueau,) *tamen est jure posterior; quia naturale et civile vinculum ex quibus constat succes-
sib, reperiuntur prius in legitime nato quàm in le-
gitimato : at quoties duos requiruntur ad jus
quodpiam consequendum, is potior est in cujus
persona eas prius reperiuntur, quamvis natum
in alio prius fuerit, per legem quoties, C. de rei
vendicatione, ubi cum duo requiruntur ad transla-
tionem dominii, videlicet titulus et traditio,
certe is præfertur in cujus persona utrumque
adimplementum reperitur, licet titulum posteriorem habeat.*

D'ailleurs, le bâtard légitimé doit nécessairement être réputé enfant du second mariage; car
il serait absurde de le feindre né d'un autre mariage que ses frères germains, dont la naissance
est postérieure à la bénédiction nuptiale qui l'a légitimé : or, est-il possible de supposer qu'un enfant du second mariage soit l'aîné de ceux du premier ?

A ces raisons, tirées des principes du droit,
ajoutons-en une que la simple équité nous suggère.
Lorsque le père s'est marié pour la première fois,
il ne pensait certainement pas à former dans la
suite des nœuds qui pussent légitimer son fils naturel. La décence, la sainteté du mariage, la loi
même, ne permettent pas de supposer qu'il ait pu
avoir dès lors une pareille idée. On peut donc dire
que sa première femme l'a épousé dans l'espérance
que ses enfans à naître jouiraient de toutes les prérogatives que la loi donne aux aînés : or, cette
espérance qui a fait virtuellement partie des conditions sous lesquelles ce premier lien a été contracté, peut-il dépendre du père de l'éluder par un
second mariage ?

On oppose l'effet rétroactif du mariage subséquent au temps de la naissance du bâtard légitimé ?

Mais, 1° il ne se fait jamais de rétroaction au préjudice d'un tiers : la rétroaction n'est qu'une fiction, et jamais une fiction ne peut l'emporter sur la vérité; *ne imagine naturæ veritas adumbretur*, dit Papinien dans la loi 23, D. *de liberis et posthumis*. C'est sur ce fondement qu'un arrêt du parlement de Normandie, rendu en 1614, et rapporté par Bérault, a jugé que des enfans nés légitimes ne devaient pas faire part à leur frère légitimé, d'une succession dont l'échéance était antérieure au mariage subséquent qui avait produit la Légitimation.

2° Pour donner, dans notre espèce, un effet rétroactif au second mariage, il faudrait supposer que le père a eu deux femmes à la fois, ce qui serait aussi absurde qu'indécent. Il n'y a certainement rien à répondre à cette raison.

[[3° La chose est encore plus claire sous le Code civil, pour le cas où le droit d'aînesse peut avoir lieu, d'après le sénatus-consulte du 14 août 1806. *V.* ci-devant, n° 4, et l'article *Majorat*, § 6.]]

L'opinion que nous venons d'établir, admet cependant une exception : c'est que, quand il n'est issu que des filles du mariage intermédiaire, le mâle légitimé doit avoir le droit d'aînesse à leur exclusion; mais ce n'est pas en vertu d'un effet rétroactif de sa Légitimation à sa naissance, c'est par la règle de droit coutumier qui défère le droit d'aînesse au mâle du second lit, lorsqu'il n'y a que des filles du premier.

VI. Dans les coutumes de Bourbonnais, de Bretagne et autres semblables qui excluent de la succession toute fille mariée, dotée et apanagée, une bâtarde, dotée comme telle, peut-elle succéder après sa Légitimation ?

Elle le peut, répond Lebrun, parce qu'elle a été mariée avec la qualité de fille naturelle, et que, si son père l'avait mariée comme légitime, ou il lui aurait constitué une plus grande dot, ou il l'aurait réservée et rappelée ; ce qu'il ne pouvait pas faire en la mariant sous l'état de bâtardise.

La seule objection qu'on puisse opposer à cette résolution, est de dire que la Légitimation ayant un effet rétroactif, cette fille doit être supposée née, et à plus forte raison mariée avec la qualité de légitime. Mais il est de principe qu'on ne doit jamais tourner contre nous ce qui a été introduit en notre faveur : or, l'effet rétroactif de la Légitimation n'est établi pour l'avantage du légitimé; on ne peut donc pas le faire valoir à son préjudice. D'ailleurs, il est certain que le père, en mariant sa fille naturelle, n'a pu avoir pour elle les sentimens d'un père légitime : conséquemment, pour donner à sa fille cette pleine restitution que produit la Légitimation, il faut nécessairement l'admettre à la succession.

Peut-on dire, *vice versa*, que la fille dotée comme légitime, ne doit pas être exclue par des enfans naturels qui, depuis la constitution de sa

dot, ont été légitimés par un mariage subséquent ?

Lebrun décide que non, sur le fondement que le père avait pour elle les sentimens d'un père légitime lorsqu'il l'a mariée, et qu'il est censé avoir d'autant plus augmenté sa dot, quil n'avait point alors d'autres enfans légitimes.

Mais, peut-on objecter, il l'aurait réservée, s'il avait cru devoir légitimer ses enfans naturels.

La réponse se trouve dans un principe consacré par les coutumes dont il s'agit : c'est que la fille dotée n'est pas moins exclue par les enfans qui naissent après son mariage, que par ceux qui sont déjà nés à cette époque.

La différence entre cette espèce et la précédente est tres-sensible. Dans l'une, il est constant que le père, en mariant sa fille comme naturelle, n'a pas voulu la légitimer, et n'a pas prévu qu'il dût le faire. Dans l'autre, au contraire, le père qui marie sa fille légitime, peut aisément prévoir qu'il lui naîtra des enfans mâles, ou qu'il légitimera ceux qui lui sont déjà nés : ainsi, il témoigne assez, en ne la réservant pas, qu'il veut absolument la restreindre à ce qu'il lui donne.

[[Au surplus, tout ceci est sans objet depuis que la loi du 8-13 avril 1791 a aboli l'exclusion coutumière des filles dotées. *V.* l'article *Exclusion coutumière*.]]

Section III. *De la Légitimation par lettres du Prince.*

C'est à l'empereur Justinien qu'on doit l'introduction de cette espèce de Légitimation : le chapitre 2 de sa novelle 74 est le plus ancien texte qui en fasse mention : *Si igitur licentia*, porte-t-il, *patri matrem in priori statu reliquenti.......... etiam sic providere filiis, et offerre imperatori, precem hoc ipsum dicentem, quia vult naturales suos filios restituere naturæ et antiquæ ingenuitati et legitimorum juri, ut sub potestate ejus consistans, nihil a legitimis filiis differentes : et hoc facto exinde filios fructuare solatio, et neque fraudare posse patrem, et celantes matrem et jus legitimorum abjicere. Uno enim hoc modo omnibus ejus modi naturæ excessibus et ab inventionibus, in iis qui legitimos non habent filios, medemur ; ita brevi solatio tantum naturæ impetum corrigentes.*

Cette matière nous présente des objets très-intéressans à discuter. Pour le faire avec ordre, nous examinerons, 1° à qui appartient le pouvoir de Légitimer par lettres ; 2° quelles sont les conditions requises pour la validité de cette espèce de Légitimation ; 3° quels sont les effets qu'elle produit.

[[Mais rien de tout cela n'est utile à connaître aujourd'hui, si ce n'est pour régler les droits acquis avant la constitution de 1791 ; car, à dater de cette constitution, l'usage de la Légitimation par lettres a entièrement cessé en France, et le Code civil ne l'a pas rétabli.

Je remarquerai seulement que, dans le royaume des Pays-Bas, qui est encore régi par notre Code civil, le prince étant autorisé par l'art. 68 de la loi fondamentale, à dispenser des lois (1), l'est par cela seul, à légitimer les enfans naturels ; et qu'il y a plusieurs exemples de l'exercice qu'il y a fait de ce pouvoir.]]

§ I. A qui appartient le pouvoir de légitimer par lettres ?

Cette question en renferme deux.

Est-ce dans la puissance ecclésiastique ou dans la puissance temporelle, que réside le droit de légitimer par lettres ? C'est la première question.

Supposé que l'une et l'autre jouissent concurremment de ce droit, quel est le degré d'autorité auquel il faut être élevé, soit dans l'église, soit dans l'état, pour pouvoir l'exercer valablement ? C'est la seconde ?

Première question. Un principe bien simple écarte de cette matière toute espèce de difficultés. Le sacerdoce et l'empire sont deux puissances indépendantes l'une de l'autre : séparées par des limites respectives, la première n'a aucune autorité sur le temporel ; la seconde est sans pouvoir sur le spirituel. Ainsi, s'agit-il de légitimer un bâtard pour les effets canoniques, c'est-à-dire pour l'habiliter à posséder des bénéfices, à être promu aux ordres sacrés ? c'est au sacerdoce qu'en appartient le droit. Est-il question au contraire d'une Légitimation à laquelle on veut faire produire des effets civils, tel que la capacité de succéder, l'habilité à recevoir des legs ou donations considérables ? c'est au prince temporel qu'il faut avoir recours.

C'est ce qu'établit formellement le chapitre 13, aux décrétales, *qui filii sint legitimi.* En voici l'espèce.

Guillaume, seigneur de Montpellier, ayant eu, pendant son mariage avec Mathilde, des enfans adultérins d'Agnès, sa concubine, s'adressa au pape Innocent III, par l'entremise de l'archevêque d'Arles, pour obtenir de sa sainteté un rescrit de Légitimation de ses enfans adultérins, avec la clause qu'ils pourraient succéder *in temporalibus.* Pour parvenir plus facilement à son but, il s'attacha dans sa supplique à établir que l'église lui pouvait accorder cette grâce, et il en donna deux raisons : la première, que le pape ayant le droit de légitimer pour les effets spirituels, devait *à fortiori,* avoir celui de légitimer pour les effets civils ; *cum monstruosum videri posset, ut qui legitimus ad spirituales fieret actiones, circa seculares actus illegitimus remaneret;* la seconde, qu'il y en avait un exemple tout récent dans la personne du roi Philippe-Auguste, qui venait d'obtenir du même pontife, la Légitimation des enfans qu'il avait eus de la fille du roi de Bohême, ou, selon d'autres,

d'un duc de Moravie, pendant son mariage avec Ingelberge.

Mais quoique ces raisons flattassent l'autorité du Saint-Siège, Innocent III, trop éclairé pour n'en pas sentir le sophisme, répond à la première, que cela pouvait avoir lieu dans les terres dont il était à la fois le prince temporel et le chef ecclésiastique : qu'à l'égard de la seconde, le roi Philippe-Auguste ne reconnaissant aucun supérieur temporel, avait pu, sans faire tort à personne, recourir volontairement au Saint-Siège pour faire légitimer ses enfans quant aux effets civils, mais qu'il n'en était pas de même du sieur de Montpellier, lequel étant soumis à la domination du roi, ne pouvait, au préjudice de son souverain, demander cette Légitimation à une puissance étrangère. En conséquence, Innocent III lui déclara qu'il ne pouvait lui accorder la grâce dont il s'agissait : *Petitioni tuæ non duximus annuendum.*

Cette décision a été confirmée par une bulle du premier janvier 1562, dans laquelle Pie VI reconnaît que c'était par abus qu'il était sorti de la chancellerie romaine plusieurs rescrits de Légitimation *ad temporalia.* Voici l'intitulé de cette déclaration : *Revocat'o Legitimationum naturalium, superiorum, ac facultatum legitimandi in præjudicium vocatorum ex fideicommisso aut testamento, vel quavis alia dispositione.*

Ces paroles, *facultatum legitimandi,* nous font voir que les papes, au lieu d'exercer eux-mêmes les droits qu'ils s'arrogeaient quelquefois de légitimer quant aux effets civils, accordaient à certains particuliers des brefs portant pouvoir d'expédier eux-mêmes, comme vicaires du Saint-Siège, les rescrits de Légitimation qui leur seraient demandés.

Papon rapporte à ce sujet un arrêt bien remarquable : « Jean Navat, chevalier et comte palatin, » fut condamné par arrêt de Tholose, prononcé » le 25 mai 1462, à faire amende honorable et demander pardon au roi, pour les abus par lui » commis en octroyant en France Légitimation, » notariats et autres choses dont il avait puissance » du pape, contre l'autorité du roi ; et fut le tout » déclaré nul et abusif. »

L'exemple de Philippe-Auguste, rapporté dans la décrétale 13, *qui filii sint legitimi,* ne prouve pas qu'un roi ne peut légitimer lui-même ses enfans naturels ; et que, pour les rendre capables des effets civils de la légitimité, il est obligé de s'adresser au pape. C'est ce qu'observe Cujas sur cette décrétale ; et la raison en est qu'un roi a, par rapport à ses enfans, la double qualité de souverain et de père. Innocent III incline lui-même pour cette résolution, quoiqu'il semble parler d'après l'opinion d'autrui : *videtur aliquibus quod res potuit, non tanquam pater inter filios, sed velut princeps inter subditos super hoc dispensare;* ce qu'il justifie lui-même par cette raison, *quod rex Franciæ in temporibus superiorem non recognoscebat.*

Les successeurs de Philippe-Auguste, plus éclairés que lui sur les véritables droits de leur souveraineté, n'ont pas fait difficulté d'accorder eux-mêmes à leurs enfans naturels les lettres de Légitimation dont ils avaient besoin pour les effets civils. Parmi les monumens qu'on trouve à ce sujet dans les registres du parlement de Paris, on remarque des lettres-patentes du mois d'avril 1599, du mois de janvier 1603, du mois de janvier 1608, du mois de mars de la même année, du mois de février 1669, du mois de décembre 1673, du mois de janvier 1676, du mois de janvier 1680, du mois de novembre 1681, et du mois de mars 1684.

Le principe que le pape ne peut pas légitimer un bâtard pour les effets civils, est si constant parmi nous, qu'on ne tolère pas même les clauses de Légitimation, que les officiers de la daterie ajoutent quelquefois aux lettres de dispenses de parenté. La superfluité de ces clauses n'en ouvre pas l'abus; mais cet abus n'empêche pas l'effet de la Légitimation, qui s'opère de plein droit par le mariage subséquent. Ces deux points ont été ainsi jugés par les arrêts des 4 juin 1725 et 11 août 1738, cités plus haut, sect. 2.

Deuxième question. Il est d'usage dans l'église, que les lettres de Légitimation pour recevoir les ordres sacrés et posséder les bénéfices à charge d'âmes, s'accordent par le pape seul, et que celles qu'on obtient pour recevoir les ordres mineurs et posséder des bénéfices simples, peuvent aussi s'accorder par les évêques. C'est ce qu'établit Boniface VIII dans le chapitre is quis, de filiis præsbyterorum, dans le Sexte : is qui defectum patitur natalium, ex dispensatione episcopi licite potest (si ei aliud canonicum non obsistat), ad ordines promoveri minores et obtinere beneficium cui cura non imminet animarum, dummodo sit tale super quo per ipsum episcopum valeat dispensari. Ad ordines quoque majores vel beneficia curam animarum habentia, super quibus nequit episcopus dispensare, sine dispensatione sedis apostolicæ promoveri non potest.

Dans l'ordre du temporel, le pouvoir de légitimer n'appartient qu'aux princes souverains. Les auteurs de tous les pays n'ont qu'une voix sur ce point. Il est vrai qu'en Allemagne, les comtes palatins jouissent aussi de ce droit, mais c'est uniquement par concession de l'empereur.

Par arrêt du conseil, du 31 mars 1704, il a été fait défenses aux comtes palatins de Strasbourg, d'accorder à l'avenir des lettres de Légitimation ; celles qu'ils avaient données jusqu'alors, ont été confirmées par pure grâce; et il a été déclaré expressément que le droit de légitimer était un droit de souveraineté.

Des lettres de Légitimation accordées par un souverain à un de ses sujets, peuvent-elles étendre leur effet dans une domination étrangère ?

Dumoulin, Voët et Boullenois décident que non.

Coarctantur territorio, dit le premier, quia nunquam conceduntur in forma plenæ restitutionis natalium, sed potius dispensative, saltem cum clausulis modificativis.

Tot locis, dit le second, impetranda est Legitimatio quo principibus supremis subsunt immobilia legitimandi bona, eo quod principis cujusque, propter commoda ex successionibus illegitime notorum fisco ipsius sperata, interest ne, propter tributum ab alio principe Legitimatorum, ipse, sine suo facto, illa fraudaretur successionis spe.

Enfin, ajoute Boullenois, ces sortes de Légitimations privilégiées non dantur personæ respectu alicujus rei particularis.

La Belgique a là-dessus une loi expresse. Voici ce que porte l'art. 10 du placard des archiducs Albert et Isabelle, du 14 décembre 1616 : « Et » d'autant qu'aucuns sujets ne pouvaient méritoi-» rement demander ni attendre de leur prince » naturel la dignité et titre d'honneur qu'ils af-» fectent hors de leur portée, le vont rechercher » chez d'autres princes étrangers, en préjudice des » droits de notre souveraineté, hauteur et préémi-» nence..... Nous déclarons très-expressément que » nul vassal ou sujet ne pourra aider ou » prévaloir en nosdits Pays-Bas d'aucune Légiti-» mation....., à peine que lesdits titres seront ef-» facés et tracés par autorité publique, et les trans-» gresseurs condamnés à l'amende de deux cents » florins. »

Nous trouverons dans les recueils de Dulaury et de Grivel, deux arrêts fort remarquables sur cette matière : l'un est du grand conseil de Malines; l'autre est du parlement de Dôle.

Dans l'espèce du premier, Jean Campart, né à Mons-Saint-Winox, s'étant retiré en Allemagne avec une fille naturelle qu'il avait eue d'une femme d'Anvers, y obtint pour elle des lettres de Légitimation d'un comte palatin, avec la clause de succéder.

Après sa mort, Marguerite Campart (c'était le nom de cette fille) se pourvut au conseil provincial de Gand, pour se faire payer les fermages arriérés de quelques biens que son père avait laissés en Flandre.

Les hériers collatéraux s'opposent à sa demande, sur le fondement que la Légitimation dont elle se prévalait, ne pouvait être d'aucun effet hors de l'empire germanique.

La fille répliqua que cette raison aurait pu la faire déclarer non-recevable si elle avait prétendu succéder au fonds même des biens dont il s'agissait, mais qu'elle bornait sa demande aux arrérages échus avant la mort de son père, lesquels étant mobiliers, devaient être considérés comme existans dans le lieu où le defunt était domicilié.

Les collatéraux répondirent qu'à la vérité, les dettes actives sont ordinairement censées exister au domicile du créancier, mais que cette règle admet une exception dans tous les cas où il s'agit d'empêcher qu'un prince étranger n'étende ses grâces et ses privilèges hors de sa domination, et au préjudice du souverain du débiteur.

Sur ces raisons, le conseil de Gand déclara Marguerite Campart non-recevable et mal fondée dans sa demande; et la cause ayant été portée par appel au grand conseil de Malines, il intervint arrêt, le 11 octobre 1631, qui confirma la sentence avec amende et dépens.

Dans l'espèce de l'arrêt rapporté par Grivel, il s'agissait de savoir si les lettres de Légitimation accordées par Charles-Quint en sa qualité d'empereur, pouvaient avoir effet dans le comté de Bourgogne.

La raison de douter était que cette province se trouvait alors sous la domination de ce prince. Tout acte, disait-on, émané d'une puissance qui réunit deux qualités, doit être censé fait en vertu de celle dont il doit tirer toute sa force, parce que, dans le doute, il faut toujours admettre l'interprétation qui tend à confirmer un acte, et rejeter celle qui aboutirait à le faire annuler. C'est la disposition textuelle de la loi 12, D. *de rebus dubiis.*

Mais, dit Grivel, le parlement a jugé que la Légitimation dont il s'agissait, ne pouvait étendre ses effets hors des limites de l'empire, parce que Charles-Quint n'avait pas pris dans les lettres le titre de comte de Bourgogne, et que d'ailleurs ces lettres n'avaient pas été enregistrées dans les tribunaux du pays. Cet arrêt a été rendu le 11 septembre 1602.

§. II. *Quelles sont les conditions requises pour la validité de la Légitimation par lettres ?*

I. La première de ces conditions est, suivant la novelle 89, chap. 15, que les enfans soient simplement naturels, c'est-à-dire, nés d'une concubine avec qui le père aurait pu se marier dans le temps de leur conception : *Omnis qui ex complexibus aut nefariis, aut incestis, aut damnatis processerit, ipse neque naturalis nominatur. . . . . . . , neque habebit quoddam ad præsentem legem participium.*

Il y a un placard des états-généraux de Hollande, du 18 mars 1656, qui déclare, conformément à ce texte, qu'il ne sera point accordé de lettres de Légitimation aux bâtards incestueux.

« Mais quelque juste que soit cette règle (dit » M. d'Aguesseau), l'usage (de France) a pré- » valu, et tous les jours on obtient des lettres du » prince pour légitimer des bâtards adultérins. On » a même commencé par le chevalier de Longue- » ville à légitimer les bâtards, sans nommer leur » mère. »

Cet usage n'a rien de contraire aux principes, et il est appuyé sur la jurisprudence des cours souveraines.

Il n'est pas contraire aux principes, parce que le prince qui a le pouvoir d'abroger les lois civiles, a nécessairement celui d'en modifier l'application et d'en disposer (1).

En vain opposerait-on avec quelques docteurs italiens, tels que Balde, Paul de Castro et Curtius, que la Légitimation est une image du ma-

riage, et que par conséquent elle ne peut avoir lieu dans les cas où le père et la mère étaient incapables de se marier ensemble au temps de la conception des enfans. Il suffit de répondre que, dans l'ordre de la nature, tous les enfans naissent égaux ; que la distinction des bâtards d'avec les légitimes n'a été introduite que par les lois civiles ; qu'ainsi, rien n'empêche le souverain d'y déroger lorsqu'il le trouve à propos.

Nous ajoutons que cet usage est approuvé par les arrêts des cours souveraines.

En effet, « par arrêt de Paris, de l'an 1551 ; » ès arrêts du samedi *de libra*, fut reçue et homo- » loguée Légitimation obtenue du roi pour un » bâtard conçu en adultère, dont plusieurs s'éba- » hirent pour le mauvais exemple qui en sort ; à » raison de l'adultère, partout et toujours odieux. » C'est ainsi que s'explique l'apon, liv. 21, tit. 5, » n.° 18.

Il y a aussi dans le Journal du palais un arrêt de la chambre des comptes de Provence, du 6 juin 1676, qui débute par les héritiers présomptifs de Gaspard Honoré, de l'opposition formée par eux à l'entérinement des lettres de Légitimation qu'il avait obtenues pour Françoise Blanc, sa fille naturelle adultérine.

Mais pour que des lettres de Légitimation accordées à des bâtards adultérins ou incestueux, ne soient pas regardées comme subreptices, il faut que la qualité des enfans ait été exposée dans la supplique. Tous les auteurs soutiennent de cette règle, et elle a été confirmée par un placard de Charles-Quint, donné à Bruges le 21 octobre 1541 « Lettre de Légitimation (porte cette loi) ne se- » ront octroyées par bâtards engendrés par gens » d'église ou de religion, ni aussi par gens laïs, » constant leur mariage, ne fût par notre exprès » consentement ou de grâce spéciale. »

On a mis en question, si des lettres de Légitimation accordées à un enfant adultérin ou incestueux, sous la qualité générale de bâtard né *ex nefario coitu*, peuvent produire leur effet.

Balde, Jean André, Décius et Jean-Antoine de Saint-Georges soutiennent l'affirmative, sur le fondement de ce brocard, *cogitatum in generale nefertur ad specialia.*

Mais Antoine de Butrio, Covarruvias et Fachinée ont embrassé l'opinion contraire, et M. d'Aguesseau s'est rangé de leur parti.

« Tous les principes sont certains (dit ce ma- » gistrat, dans son vingt-cinquième plaidoyer) : tout » ce qui peut retarder une grâce et en rendre l'im- » pétration plus difficile, doit être exprimé. Le si- » lence est un crime qui rend la grâce nulle par le » vice de la subreption.....

» Nous savons encore (continue M. d'Agues- » seau) que, lorsqu'il s'agit de rendre un bâtard ca- » pable d'entrer dans l'état ecclésiastique, il est » absolument nécessaire d'exprimer la véritable qua- » lité de ceux qui lui ont donné la naissance ; que la » grâce du pape doit être proportionnée à la gran- » deur du crime ; que plus il est odieux dans la per-

(1) [[*V.* l'article *Loi*, § 10 *bis*.]]

son du père, plus il doit être difficile d'en effacer la tache dans la personne des enfans. »

Une autre question non moins intéressante est de savoir si un bâtard né d'un double adultère, c'est-à-dire de deux personnes mariées chacune de son côté, est valablement légitimé, lorsque la supplique l'a simplement qualifié d'enfant adultérin.

Oldradus, Alberic, Jean-Antoine de Saint-Georges, Décius et Covarruvias répondent que la Légitimation est subreptice, et ils en donnent une raison qui paraît sans réplique. On regarde, disent-ils, comme nulle toute grâce qui a été accordée sans que le prince eût été instruit des circonstances qui auraient rendu la concession plus difficile. Or, dans l'espèce proposée, le prince a pu croire que l'adultère n'avait été commis que d'un côté; et il est très-probable qu'il aurait fait plus de difficulté d'accorder la Légitimation, s'il avait su que l'enfant devait le jour à une double violation de la foi conjugale.

Angelus et Fachinée objectent qu'il ne se commet jamais d'adultère proprement dit, de la part d'un homme; qu'ainsi, en exposant au prince que le bâtard dont on demande la Légitimation est adultérin, on fait suffisamment entendre que sa mère a violé, pour lui donner la vie, le serment qui la liait à son époux.

Cette objection n'est fondée que sur un faux principe.

Il est vrai que, dans le droit romain, il ne se commettait d'adultère que quand une femme mariée s'abandonnait à un homme, soit marié, soit libre : *Proprie adulterium in nupta committitur, propter partum ex altero conceptum, composito nomine*, dit la loi 6, § 1, D. *ad legem Juliam de adulteriis*.

Mais dans nos mœurs, le commerce d'un homme marié avec une fille libre n'est pas moins adultérin que celui d'un homme libre avec une femme mariée. Il y a donc double adultère, lorsque les deux parties sont engagées dans les liens du mariage; et comme le tort est plus grave dans ce cas que dans celui où l'une d'elles est libre, on ne doit point douter que le défaut d'avoir exprimé cette circonstance dans la supplique, ne rende les lettres de Légitimation subreptices. S'il était autrement, on ne pourrait pas regarder les bâtards nés d'un homme marié et d'une femme libre, comme adultérins, ni par conséquent comme incapables d'être légitimés par mariage subséquent; ce qui néanmoins a été condamné par plusieurs arrêts rapportés ci-dessus.

Les enfans naturels d'un clerc tonsuré, possesseur de bénéfices simples, peuvent-ils être légitimés sans expression de la qualité de leur père?

M. d'Aguesseau a établi l'affirmative dans la cause du chapitre de Saint-Hilaire de Poitiers, contre le sieur Faveau. « Il est inutile (ce sont » ses termes) de comparer ici le mariage spirituel » avec le lien du mariage. Cette fiction des cano- » nistes n'a lieu qu'à l'égard des bénéfices auxquels

» les ecclésiastiques sont tellement attachés, qu'ils » ne peuvent ni en posséder de semblables, ni les »quitter, sans que l'église, destituée du secours » de son pasteur, soit considérée comme veuve » On n'a jamais étendu cette fiction aux bénéfices » simples, tels que ceux que possédait le père de » l'intimé; il n'y a donc point de subreption dans » la dispense. »

II. La seconde condition que demande l'empereur Justinien pour la validité de la Légitimation par lettres, est que le père n'ait point d'enfans légitimes, n'étant pas juste que les fruits de la débauche soient introduits dans une famille, pour y être confondus avec ceux d'une union pure. Le chap. 2 de la novelle 74 et le chap. 9 de la novelle 89 sont très-précis là-dessus. On convient cependant que la Légitimation dans le rescrit de laquelle il serait fait mention que le père a des enfans légitimes, serait valable (1). C'est le sentiment de Ferrières sur Gui-Pape, de Serres, dans ses *Institutions au droit français*, de Gilkenius, sur la loi *Gallus*, D. *de liberis et posthumis*; de Voët, sur le titre *de concubinis*, au Digeste, etc.

On demande, à cette occasion, si des lettres de Légitimation obtenues par un père qui n'a point d'autres enfans que des bâtards, deviennent caduques par la survenance d'enfans légitimes; ou, en d'autres termes, si la Légitimation par rescrit est sujette à la loi *si unquam*, dont la disposition a été confirmée par l'art. 39 de l'ordonnance de 1731.

Les auteurs qui ont adopté l'affirmative, tels que Cynus, Paul de Castro, Oldradus, Angelus, Corneus, Benedicti, Bourjon, se fondent principalement sur cinq raisons.

1º La Légitimation, disent-ils, est une espèce de donation; c'est sous ce point de vue que la considère l'Authentique *item sine*, au Code *de naturalibus liberis*, lorsqu'elle dit, *et principis et legis dono fiunt heredes*.

2º Si le père avait cru avoir des enfans légitimes, il n'aurait eu garde de faire légitimer ses enfans naturels. Or, c'est cette raison qui sert de fondement à la révocation des donations par la loi *si unquam*.

3º Nous voyons dans la loi 43, D. *de vulgari et pupillari substitutione*, que la faculté accordée au père par rescrit du prince, de substituer exemplairement à son fils imbécille ou furieux, était révoquée par la naissance d'un enfant qui survenait à celui-ci. Il en doit donc être de même de la Légitimation que le père a obtenue du prince.

4º Si le père avait fait légitimer son fils naturel pendant qu'il en avait de légitimes, la Légitimation serait nulle, aux termes des textes rapportés ci-dessus. La survenance d'enfans légitimes doit donc rendre caduque la Légitimation des enfans

(1) Cette mention ne serait pas nécessaire dans les lettres de Légitimation *ad spiritualia*, parce que les enfans légitimes ne peuvent avoir aucune espèce d'intérêt de s'opposer à leur exécution.

naturels, puisqu'en ce cas la grâce du prince est venue *ad casum a quo incipere non potest.*

5° La Légitimation serait nulle si, dans le rescrit qui l'accorde, il n'était pas fait mention des enfans que le père a d'un mariage légitime, quand même il les croirait morts ou qu'il en ignorerait la naissance. Il en doit donc être de même lorsqu'il survient des enfans auxquels ni le père ni le prince n'ont pensé lors de l'obtention des lettres.

L'opinion contraire est suivie par Romanus, Antoine de Butrio, Bartole, Balde, Jason, Alexandre, Décius, Gomez, Gayl, Voët, Coquille, Dumoulin, Tiraqueau, Bacquet, Furgole; et elle a été confirmée par un arrêt du parlement de Bordeaux, du 14 août 1565, cité par Brodeau sur Louet.

Tiraqueau appuie ce sentiment par huit raisons.

1° La Légitimation par lettres ayant été consommée dans un temps où elle pouvait l'être utilement, elle ne doit pas être révoquée par un événement qui en aurait empêché la concession : *non est novum ut quæ semel utiliter constituta sunt durent, licet ille casus extiterit à quo incipere non possunt,* dit la loi 85, § 1, *de regulis juris;* ce qui a lieu surtout lorsqu'il résulte de l'acte fait en temps utile, un droit acquis pour quelqu'un.

2° La Légitimation étant accordée aux enfans à la sollicitation du père, ne peut pas leur être ôtée par son fait ; et ce n'est que par son fait qu'il peut lui survenir des enfans légitimes.

3° Si la Légitimation pouvait être révoquée par la survenance d'enfans légitimes, il s'ensuivrait qu'une même personne serait légitime pendant un temps, et bâtarde dans un autre; ce qui est contradictoire.

4° Nous voyons dans la loi, C, *de suis et legitimis heredibus,* que la survenance d'enfans légitimes ne révoquait point l'adoption chez les Romains, quoique régulièrement, ainsi que le prouve la loi 17, § 5, D. *de adoptionibus,* l'adoption fût interdite à celui qui avait des enfans légitimes.

5° L'affranchissement des esclaves n'était pas sujet à la loi *si unquam.* Or, la Légitimation et l'affranchissement sont deux actes très-analogues entre eux ; on les comprend même l'un et l'autre sous la dénomination générique de *restitutio natalium.*

6° La loi *si unquam* a pour fondement la volonté présumée du père. Or, un père est censé avoir autant d'affection pour ses enfans naturels que pour ses enfans légitimes ; il n'est donc pas permis de penser que la naissance de ceux-ci lui inspire l'idée de faire tomber ceux-là dans l'état de bâtardise, dont il les a tirés par la Légitimation.

7° La survenance d'enfans légitimes ne révoque point la Légitimation par mariage subséquent ; elle ne doit donc pas non plus révoquer la Légitimation par lettres, puisque, suivant la novelle 74, chap. 2, les légitimés de cette dernière façon ne diffèrent en rien des enfans légitimes, ni par conséquent des légitimés par mariage.

8° Si la Légitimation par lettres pouvait être révoquée par la survenance d'enfans légitimes, ce ne pourrait être qu'en vertu d'une condition sous-entendue lors de l'obtention du rescrit. Or, la Légitimation ne peut jamais être conditionnelle ; la loi 77, D. *de regulis juris,* le prouve clairement : on ne peut donc pas supposer ici une condition tacite, qui serait contre la nature de l'acte.

Il y a, dans toutes ces raisons, un mélange de solide et de frivole. Il vaut mieux dire avec Furgole (quest. 18 sur l'ordonnance de 1731), « que » la loi *si unquam* ne parle que de la donation de » tous les biens, ou d'une partie des facultés : » *bona omnia vel partem aliquam facultatum* » *fuerit donatione largitus.* Or, continue cet au- » teur, la Légitimation n'est pas une libéralité » de tous les biens, ni d'une partie : ce n'est » qu'un simple changement d'état que le père pro- » cure à ses enfans par le bénéfice du prince ; et » par conséquent la Légitimation n'est point con- » tenue expressément ni implicitement dans la loi » *si unquam :* 1° parce qu'elle n'est pas une do- » nation ; 2° qu'elle n'est pas une libéralité des » biens ni d'une partie ; 3° qu'elle ne vient pas » du père, car il ne fait que la solliciter ; mais » bien de la bonté du prince. Il ne doit pas » être révoquée par la loi *si unquam,* d'autant » que cette loi, qui est exorbitante, ne doit pas » être étendue hors du cas de la donation de tous » les biens, ou de partie des facultés du donateur; » ce qui ne peut point convenir à la Légitimation » émanée de l'autorité du prince, laquelle Légiti- » mation, aux termes de l'Authentique *quibus sine,* » C. *de naturalibus liberis,* n'est pas une dona- » tion du père, mais un bienfait du prince et de » la loi, *principis et legis dona.* Que si la Légiti- » mation est une voie à la succession du père, » cela ne peut pas la faire regarder comme une » donation, puisque tout l'avantage ne consiste » qu'en une simple espérance, dont le père peut » priver son fils légitime, et qui est bien diffé- » rente d'une donation actuelle, qui acquiert un » droit certain au donataire du moment de la do- » nation. On peut donc assurer + indistinctement » que la Légitimation n'est point révoquée par la » survenance des enfans légitimes.

III. La troisième condition requise pour la Légitimation par lettres, est que le père ne puisse pas épouser la mère de ses enfans naturels.

Il faut pour cela une impossibilité physique, comme si cette femme était morte ; ou morale, comme si elle s'était rendue indigne du titre d'épouse ; ou enfin légale, comme s'il était survenu un empêchement dirimant entre les parties, depuis la naissance des enfans. Le chap. 9 de la novelle 89 met tout cela dans le plus grand jour: *illud tamen à nobis sancitum est, ut si quis voluerit legitimam suam facere sobolem, et non habuerit uxorem talium filiorum matrem, aut filios quidem valdè diligat, mulier autem non sine peccato sit apud eum, neque digna sit quolibet legitimo nomine ; et propterea, aut moriente muliere, aut legitimo jure non*

digna in matrimonio putanda , aut causa à filiis ma-
ligne tractata , aut ex studio muliere celata , aut
a filiis aut forte aliter et divitiis accedentibus , ne
jure legitimorum usum pater et fructum defuncta
matre tanquam sub potestate filiis constitutis ha-
beat. Si quis ergo filios legitimos non habens , sed
tantummodo naturales , ipsos quidem legitimos facere
voluerit , mulierem vero in promptu non habeat om-
nino aut habeat quidem , non tamen sine peccato, aut
si non appareat , aut aliter dotalium instrumentorum
non habeat facultatem (quid enim si ad sacerdotium
alter eorum ascendat?) , damus ei licentiam ad le-
gitimum jus filios educere naturales , etc.

Mais cette condition n'est point nécessaire en
France. Nous tenons que la Légitimation par
lettres opère son effet, soit que la mère des enfans naturels soit morte ou en vie, soit que le
père puisse ou ne puisse pas l'épouser. C'est 1.º ce
que remarquent Bacquet et Lebrun ; 2.º ce que
confirme l'usage, attesté par M. d'Aguesseau,
d'accorder des lettres de Légitimation sans qu'il
y soit fait mention de la mère ; 3.º ce qu'a jugé *in
terminis* un arrêt du parlement de Toulouse, du
6 septembre 1736, rapporté par Furgole.

IV. La quatrième condition est que le père
forme lui-même la demande des lettres de Légitimation , et qu'elles soient entérinées de son consentement exprès.

C'est la disposition textuelle de l'ordonnance
de Henri III, enregistrée à la chambre des comptes
de Paris, le 14 novembre 1579.

C'est aussi ce qu'ont jugé deux arrêts du parlement de Paris, rapportés par Louet : le premier
est du 9 novembre 1557 ; le second a été rendu
au mois de juillet 1583.

L'espèce de celui-ci était cependant bien favorable pour les enfans naturels : ils avaient, à la
vérité, sollicité et obtenu eux-mêmes des lettres
de Légitimation ; mais le père avait ratifié assez
clairement la demande qui en avait été faite sans
sa participation, puisqu'il avait écrit à un procureur pour les faire entériner, et que dans la
suite il avait toujours donné le titre de ses enfans
aux bâtards dont il s'agissait.

Il faut au surplus remarquer que la condition
du consentement exprès du père, n'est requise
que pour donner au légitimé la capacité de succéder ; il en est autrement, dit Louet, *pour obtenir dignités et honneurs.* Wamès, en ses consultations canoniques, établit clairement la même
chose.

V. Une autre observation non moins importante, est qu'un bâtard dont le père est mort,
peut être légitimé à la demande de son aïeul ; et
qu'alors, les lettres de Légitimation opèrent le
même effet à l'égard de l'aïeul, qu'elles auraient
produit relativement au père. C'est l'avis de Charondas, de Molina et de Furgole.

Il y a plus. Un arrêt du parlement de Flandre,
du 20 mai 1765, rapporté ci-après, §. 3, n.º 13,
a jugé qu'un bâtard qui a perdu son père, peut
être légitimé du consentement de ses parens colla-

téraux; et que cette Légitimation opère, entre eux
et lui, les mêmes effets qu'elle aurait produits entre
le père et son fils naturel.

VI. La cinquième condition est que le fils naturel consente, soit expressément, soit tacitement, à être légitimé. Furgole regarde cette condition comme inutile, parce que le chap. 5 de la
novelle 89 ne l'exige point: Mais le silence d'une
loi ne forme qu'une preuve négative de ce qu'on
prétend en inférer ; et une preuve négative ne peut
jamais détruire la disposition expresse d'une autre
loi : or, le chap. 11 de la même novelle déclare
très-positivement qu'un enfant naturel ne peut
être légitimé malgré lui , de quelque manière que
ce soit : *Generaliter autem in omnibus qui per prædictum modum deducuntur ad legitimum jus, tunc id
volumus obtinere , cùm et filii hoc ratum habuerint.
Nam si solvere jus patriæ potestatis, invitis filiis ,
non permissum est patribus, multo magis sub potestatem redigere invitum filium et nolentem, sive per
oblationem ad curiam, sive per instrumentorum celebrationem, sive per aliam quamlibet machinationem , tanquam sortem metuentem paternam, justum
non est , neque imperii legislatori ponimus proprium.*
Ces mots *sive per aliam quamlibet machinationem*
comprennent, sans contredit, la Légitimation par
lettres du prince.

Mais, objecte Furgole, « si le consentement du
» bâtard était nécessaire, il ne serait pas permis
» de légitimer des impubères, parce qu'ils seraient
» incapables d'y consentir ; cependant on voit tous
» les jours observer le contraire » ; et un arrêt du
parlement de Toulouse, du 6 septembre 1736, a
confirmé une pareille Légitimation.

Une comparaison très-simple répond à cet argument.

Il n'était pas permis, dans le droit romain,
d'adopter un étranger pour enfant, à moins qu'il
n'y consentit : *In adoptionibus eorum duntaxat
qui suæ potestatis sunt, voluntas exploratur. Sin
autem à patre dantur in adoptionem, in his utriusque arbitrium spectandum est , vel consentiendo , vel non contradicendo.* (Loi 5, D. *de
adoptionibus.*) Cependant un père pouvait donner en adoption son fils impubère et même au-
dessous de l'âge de sept ans : *Etiam infantem in
adoptionem dare possumus.* (Loi 42, D. *adoptionibus.*) Pourquoi cela? parce qu'il ne fallait pas
un consentement exprès de la part de celui qu'il
s'agissait d'adopter ; en effet , un consentement
tacite suffisait : *Arbitrium spectandum est , vel
consentiendo , vel non contradicendo,* disait la
première des lois que nous venons de citer. L'empereur Justinien établissait la même chose dans ses
Institutes, liv. 1, tit. 12, §. 8 : *Sed et si pater
filium quem in potestate habet, avo vel proavo
naturali , secundùm nostras constitutiones super
his habitas, in adoptionem dederit...,* PRÆSENTE
EO QUI ADOPTATUR ET NON CONTRADICENTE.... ;
et comme les impubères sont censés consentir à
tout ce qui leur est avantageux, on présumait
facilement un consentement tacite de leur part, à

des actes aussi utiles pour eux que l'étaient ordinairement les adoptions. Mais si, étant parvenus à l'âge de puberté, ils trouvaient qu'il fût
de leur intérêt de se faire émanciper, ils pouvaient
y forcer leur père adoptif ; c'est la remarque expresse de la glose sur le § 10 du titre cité des Institutes.

Ainsi, de ce qu'un père peut faire légitimer par
lettres du prince ses bâtards impubères, il ne résulte pas que leur consentement ne soit pas nécessaire pour la Légitimation, mais seulement
que la loi supplée à leur incapacité de consentir,
en feignant qu'ils consentent réellement ; et comme
une fiction ne peut jamais l'emporter sur la vérité,
si le bâtard devenu pubère, voulait renoncer au
bénéfice de la Légitimation, il en serait le maître :
c'est la conséquence naturelle de ces termes de la
novelle 89, chap. 11 : *Generaliter autem in omnibus qui per prædictum modum deducuntur ad
legitimum jus, tunc id volumus obtinere, cum
et filii hoc* RATUM HABUERINT.

Il faut, suivant ce texte, une ratification du
bâtard, pour donner effet aux lettres de Légitimation obtenues par le père : or, cette ratification,
quand doit-elle être donnée, si ce n'est lorsque le
bâtard a atteint un âge auquel il puisse avoir une
volonté proprement dite ? Alors, il est vrai, s'il
garde le silence, on présume qu'il ratifie ce qu'a
fait son père ; mais s'il réclame, point de ratification, et conséquemment point de Légitimation.

VII. La sixième condition est que les lettres de
Légitimation soient enregistrées dans les tribunaux qui en doivent connaître. Cette condition
est tellement essentielle que, si le père venait à
décéder avant l'enregistrement, la Légitimation
serait sans effet, au moins quant à sa succession :
c'est ce qu'ont jugé deux arrêts des 22 décembre
1584 et 23 juillet 1585, rapportés par Le Vest,
§ 179, et par Chopin sur la coutume d'Anjou,
liv. 3, chap. 3, tit. 4 (1).

Mais quels sont les tribunaux auxquels il faut
s'adresser en cette matière ? C'est un point sur lequel les opinions des auteurs sont fort partagées.

Bacquet, *Traité du Droit de Bâtardise*, chap. 9,
n° 5, dit que l'enregistrement doit être fait à la
chambre des comptes, et non ailleurs.

Duval, *Institutions du droit français*, liv. 1,
chap. 5, exige au contraire que les letttres soient
enregistrées au parlement dans le ressort duquel
l'impétrant est domicilié.

D'Argentrée, sur l'art. 456 de la coutume de
Bretagne, prétend qu'il ne faut faire enregistrer
les lettres de Légitimation, ni au parlement, ni à
la chambre des comptes, mais seulement au bailliage ou à la sénéchaussée du ressort : *Sed apud
rationales probari et in curiis parlamentorum nihil
necesse, nisi quod probati ab inferioribus rescrip-*

*tis, interjecta quandoque appellatione, pericli-
tari impetrantes contingeret.*

Furgole conseille, pour éviter toute difficulté,
de faire l'enregistrement à la chambre des comptes
et au parlement ; mais il pense qu'à la rigueur on
peut se contenter de l'enregistrement fait dans les
tribunaux auxquels les lettres de Légitimation
sont adressées.

A ces quatre opinions différentes, il faut en
ajouter une cinquième qui est soutenue par Brodeau, Lebrun, Rousseau de Lacombe, Serres,
et suivant laquelle l'enregistrement est requis tant
au parlement qu'à la chambre des comptes : au
parlement pour l'intérêt des familles, et à la chambre des comptes pour celui du roi ; en sorte que
le défaut d'enregistrement dans le premier de ces
tribunaux, rend sans effet la clause des lettres
qui habilite le bâtard à succéder au préjudice des
héritiers collatéraux ; et que par le défaut d'enregistrement à la chambre des comptes, le roi exerce
son droit de bâtardise dans la succession de l'enfant naturel, comme s'il ne l'avait point légitimé.

Du reste, les parlemens sont très-sévères sur
la nécessité d'enregistrer chez eux les lettres de
Légitimation. En voici un exemple, que je puise
dans le Recueil de Papon, liv. 2, tit. 3, art. 13.

« L'évêque de Laon, qui était de la maison de
Luxembourg, avant de se faire prêtre, avait eu
quelques bâtards d'une femme non mariée, dont
il avait obtenu Légitimation passée à la chambre
des comptes, et enregistrée au bailliage dont ils
étaient nés, et non pas à la cour du parlement.
Depuis, il se fait prêtre, et fait testament ; et par-
ledit testament il leur donne quelques biens, et
les nomme bâtards incidemment.

» Après sa mort, ils veulent avoir ce légat ; le
comte de Brienne, Charles de Luxembourg, demande tout, et dit qu'ils sont bâtards ; ce que par
arrêt, il obtint le 23 décembre 1545. »

A cet exemple s'en joint un autre que nous
fournit Brodeau sur Louet, lettre L, § 7 :

« Messieurs les gens du roi (dit-il), en une
audience de la grand'chambre du parlement ont
interjeté appel de la vérification faite en la chambre
des comptes, de lettres de Légitimation contenant
la clause de succéder *ab intestat*, apposée dans
des lettres de Légitimation : cela n'étant pas de la
connaissance de la chambre, qui n'a point de cour
et juridiction contentieuse, ni droit de connaître
de ce qui concerne l'état, les biens et intérêts des
familles, décider d'une hérédité à qui elle doit
être déférée, ni déclarer une personne habile pour
la recueillir, quelque consentement que les parties y puissent apporter, n'ayant connaissance que
de la ligne de compte et de l'intérêt du roi ; et la
vérification qui se fait en la chambre des lettres
de Légitimation, quand même les héritiers présomptifs auraient été ouïs ou appelés, n'a et ne
produit autre effet, sinon de guérir la maladie qui
procède de la loi, c'est-à-dire, de rendre le légitime capable des honneurs, charges, dignités, offices et bénéfices du royaume, dont les bâtards sont

_____

(1) On trouvera ci-après, § 3, n° 4, un arrêt du parlement de Toulouse de 1767, et un autre du conseil de 1771
qui, dans un cas particulier, ont admis une exception à cette
règle.

absolument incapables et inhabiles par l'ordonnance et la loi générale du royaume, et non la maladie du sang et de la nature, pour faire que le bâtard légitime succède *ab intestat*, à titre universel d'héritier légitime.

» Ce que M. Omer Talon a soutenu positivement en la cause de M. le duc d'Elbeuf et de M. le duc de Vendôme, défendeurs, plaidée et jugée en la grand'chambre par arrêt du 13 juin 1651. »

Ce n'est pas la seule occasion où MM. les avocats-généraux du parlement de Paris ont développé cette doctrine.

M. Bignon avait dit auparavant, en portant la parole à l'audience du 21 avril 1637 « que l'usage » était, quand les lettres de Légitimation n'avaient été vérifiées au parlement, mais simplement à la chambre des comptes, d'interjeter appel de l'exécution desdites lettres et l'entérinement; et que de fait, en l'espèce de la cause du nommé de La Place, cela avait été fait, en ce chef il fut prononcé que les lettres de Légitimation seraient exécutées, lors pour succéder. »

Et sur ce fondement, M. Bignon avait conclu à la nullité d'un legs universel fait par un aïeul naturel au profit de ses petits enfans légitimés par lettres enregistrées à la chambre des comptes seulement.

Néanmoins l'arrêt ordonna la délivrance du legs. L'auteur du Journal des Audiences remarque trois particularités qui ont pu motiver cette décision. 1° La sœur utérine du père naturel, qui était la seule héritière apparente quant aux biens maternels, avait consenti à l'enregistrement des lettres à la chambre des comptes; et ayant dans la suite demandé à être restituée en entier contre son consentement, elle avait été déboutée par arrêt; 2° L'aïeul avait marié et doté sa fille adultérine comme légitimée; 3° Le legs dont il s'agissait, n'était point fait à sa fille elle-même, mais à ses enfans légitimes; ce qui rendait la cause plus favorable.

De nos jours, en 1771, le conseil du roi a confirmé, comme on le verra ci-après, § 3, n° 4, un arrêt du parlement de Toulouse du 7 août 1767, par lequel cette cour avait jugé valable et régulière une Légitimation dont les lettres n'avaient pas été enregistrées à la chambre des comptes de Montpellier, mais au parlement seul.

Malgré toutes ces autorités, les chambres des comptes se prétendent en droit de donner aux lettres de Légitimation leur seul enregistrement, tout l'effet dont elles sont susceptibles.

C'est ce que soutenait notamment M. Perrot, avocat-général de la chambre des comptes de Paris, dans un réquisitoire du 8 mai 1769 : Si, depuis quelque temps (disait-il), ces sortes de lettres (de naturalité et de Légitimation) sont adressées au parlement, cette forme nouvelle n'empêche point que votre enregistrement seul ne confère à l'aubain les droits de régnicole (comme un bâtard ceux de légitime); et cet usage s'est introduit contre la disposition textuelle des or-

donnances, et principalement de celle du 14 octobre 1571 : *Ayant été avertis que, par erreur et inadvertance, et contre la forme accoutumée et ancienne, s'est trouvé aucunes lettres de naturalité et Légitimation, adressées en notre cour de parlement de Paris, combien qu'elles aient toujours accoutumé d'être adressées* A NOTREDITE CHAMBRE SEULE ET NON AILLEURS, *sur quoi pourraient avenir plusieurs disputes, contentions, ou nullités auxquelles nous voulons de tout notre pouvoir obvier et remédier : vous mandons et enjoignons de n'avoir aucun égard ni foi à toutes semblables lettres de naturalité et Légitimation, portant adresse à notredite cour, ains que ayez à icelle faire réformer. Voulons qu'elles soient à vous seul adressées, comme elles ont de tout temps accoutumé d'être.*

« Le parlement lui-même était tellement convaincu qu'il n'appartenait qu'à votre tribunal de vérifier les lettres de naturalité, et d'en déterminer les effets par les modifications que vous y opposiez, que, le 2 septembre 1534, MM. Robert de Montmirel et René Brinon, conseillers, vinrent, de là part de la grand'chambre, vous consulter sur la clause de restriction ordinaire que la chambre prononçait sur lesdites lettres, et vous demander s'il était nécessaire que les héritiers d'un sujet naturalisé fussent *regnigènes* et *régnicoles ensemble*, ou s'il suffisait qu'ils fussent seulement *régnicoles*. Cette difficulté faisait l'objet d'un procès pendant au parlement. La chambre, après en avoir délibéré, envoya son greffier porter son avis à la grand'chambre. En 1740, on contesta à la demoiselle de Bussy la validité d'un legs qui lui avait été fait, sous prétexte que le parlement n'avait point enregistré ses lettres de naturalité; ce tribunal, sans doute, était compétent pour juger cette demande; mais il ne pouvait méconnaître la capacité de la demoiselle de Bussy, naturalisée en vertu de lettres que vous aviez registrées. Le défaut d'enregistrement au parlement détermina cette compagnie à déclarer la demoiselle de Bussy déchue de son legs : elle se pourvut au conseil contre cet arrêt; le roi en prononça la nullité.

En combinant cet arrêt de cassation avec celui de 1771 (dont l'espèce est rapportée ci-après, § 3, n° 4), on serait tenté de croire que la jurisprudence du conseil est conforme au sentiment ci-dessus rappelé de Furgole, c'est-à-dire, qu'il suffit pour donner leur plein effet aux lettres de Légitimation, de les faire enregistrer, soit au parlement, soit à la chambre des comptes; mais qu'il faut qu'elles soient dressées à l'un ou à l'autre tribunal.

Est-il nécessaire de faire enregistrer les lettres de Légitimation dans les bureaux des finances?

Furgole, *Traité des Testamens*, ch. 6, sect. 2, n° 211, établit que non, et son sentiment est confirmé par un arrêt du parlement de Flandre, du 20 mai 1765, que l'on trouvera ci-après, § 3, n° 13.

Tout ce que nous venons de dire au sujet de l'enregistrement des lettres de Légitimation, n'est relatif qu'à celles qui sont émanées de l'autorité temporelle : quant aux rescrits par lesquels le pape habilite les bâtards à recevoir les ordres, et à posséder des bénéfices, ils doivent être fulminés par l'official du diocèse de l'impétrant.

§ III. *Des effets de la Légitimation par lettres.*

I. Le premier pas à faire pour déterminer exactement les effets d'un rescrit de Légitimation, est de peser avec attention les paroles mêmes de ce rescrit : car avant d'examiner si le pape ou le roi a pu étendre jusqu'à tel ou tel point la grâce qu'il a accordée à un bâtard, il faut nécessairement discuter la question de savoir s'il l'a voulu.

Ainsi, en matière ecclésiastique, la simple Légitimation, pour être promu aux ordres, n'habilite point le bâtard à la prêtrise; on la restreint aux ordres mineurs. C'est la remarque de Van-Espen, de Rebuffe et de Pérard Castel.

« Il ne suffirait pas (ajoute ce dernier) de demander dispense de posséder toutes sortes de bénéfices : il faut plus particulièrement expliquer cette dispense; on l'exprime ordinairement en ces termes : *Quæcumque et qualicumque cum cura et sine cura beneficia, etiamsi canonicatus et præbendæ, dignitates etiam majores et principales, personatus administrationes et officia etiam curata et electiva, etiam in cathedralibus et metropolitanis vel collegiatis ecclesiis, seu si parochiales ecclesiæ vel earum perpetuæ vicariæ fuerint.* Autrement, si l'on ne parlait que des chanoinies, prébendes ou dignités, on ne serait pas capable d'en posséder dans les églises cathédrales, à moins qu'elles n'y fussent nommément exprimées, par la raison essentielle qu'en une matière odieuse, comme est celle de la dispense, les dignités ne sont point comprises sous le nom de bénéfices : C. *ad aures, extra, de rescriptis.*

» Les cures ne sont pas non plus comprises sous le nom général des bénéfices : C. *fin, extra, de præbendis*; et sous le nom général d'églises de la ville, on n'y comprend point l'église cathédrale, *quam propter ipsius honorem sub hac generalitate nolumus comprehendi*, dit le pape Boniface VIII, au chapitre *quamvis, de præbendis, in 6°.* »

Cette doctrine est adoptée par M. d'Aguesseau, dans son vingt-cinquième plaidoyer.

« Toute dispense est odieuse (dit-il), et ne s'étend point du cas qui est exprimé, à celui qui a été omis.

» Quoique l'église admette un bâtard aux ordres sacrés, il ne peut espérer tout au plus qu'un bénéfice simple qui lui est comme dû par son ordination, puisque les règles qui exigent un titre patrimonial, au défaut d'un titre de bénéfice, pour assurer la subsistance de celui qu'on ordonne, ne s'appliquent pas moins aux bâtards qu'aux légitimes; et c'est la disposition précise du chapitre *proposuit*, aux décrétales, *de filiis præsbyterorum.*

» Mais toutes les fois qu'il veut parvenir à des degrés plus élevés, et qu'il aspire aux dignités ecclésiastiques, il a besoin d'une nouvelle dispense : c'est la disposition du droit canonique, l'opinion de Rebuffe et des autres canonistes, opinion justifiée par la seule formule des dispenses, dans laquelle le pape excepte nommément les grands bénéfices, les canonicats des églises cathédrales et les dignités des collégiales. »

C'est par ces réflexions que M. d'Aguesseau préludait à l'examen de la question si un rescrit de Légitimation obtenu du pape avec dérogation à toutes constitutions et statuts canoniques, peut avoir son effet à l'égard d'un chapitre où existe un statut exprès qui défend d'y admettre ceux qui ne sont pas nés d'un mariage légitime.

Le chapitre de Saint-Hilaire de Poitiers était appelant comme d'abus des provisions d'un de ses canonicats accordés sur résignation au sieur Taveau, bâtard, avec une clause de dispense aussi générale qu'elle pouvait l'être. Il se fondait sur une charte de Guillaume VII, duc d'Aquitaine, qui le maintenait dans le droit et la possession de ne recevoir pour chanoines que des personnes nées de mariage légitime. Cette charte avait été demandée par l'archevêque de Bordeaux, l'évêque et le chapitre de Poitiers, et la noblesse du comté de Poitou; et un légat du pape l'avait acceptée formellement, avec menace d'excommunication contre tous ceux qui tenteraient dans la suite d'y donner atteinte.

« Tel est (disait M. d'Aguesseau) le statut dont on vous demande aujourd'hui l'exécution.

» On prétend que le pape y a dérogé; mais 1° le pape l'a-t-il voulu? 2° L'a-t-il pu?

» Le pape ne peut accorder que ce qu'il connaît : on ne lui a point exposé les statuts de l'église de Poitiers, par conséquent il n'a point eu intention d'y déroger. Inutilement objecte-t-on qu'il y a, dans la dispense, une dérogation générale à toutes constitutions ou statuts canoniques; un statut aussi considérable méritait une note particulière.

» D'ailleurs, soit qu'on le considère comme un simple statut d'un chapitre confirmé par le prince et par le pape, ou comme un règlement fait par le fondateur, ou enfin comme une loi civile faite par celui qui exerçait alors l'autorité souveraine, il est certain que le pape ne pourrait y déroger : 1° parce qu'il ne peut donner atteinte aux privilèges et aux constitutions fondamentales des églises de France; c'est un des articles exprès de nos libertés, et il est appuyé sur une infinité de preuves; 2° parce que nous ne souffrons pas que le pape déroge aux fondations des laïques, aux droits des patrons, aux réglemens qu'ils ont faits, soit qu'ils remontent au temps même de la fondation, ou qu'ils l'aient suivie; 3° parce que le pape ne peut enfreindre les lois civiles, sans sortir des bornes de son pouvoir.

» On oppose que, pouvant déroger au droit commun, en donnant une dispense, il peut par conséquent déroger à un statut qui ne fait que se conformer au droit commun.

» Mais, 1° l'exclusion des bâtards des ordres et

des bénéfices n'était pas encore un droit commun dans le temps que ce statut a été fait; il n'y avait alors que quelques églises de France qui eussent reçu cette coutume (1).

» 2° Il faut que le statut ait quelque effet : or, il n'en aurait aucun s'il pouvait être éludé par des dispenses qui ne se refusent jamais. C'est par ce principe qu'on a décidé, à l'égard des patrons, qu'ils ne pouvaient présenter une personne dispensée du vice de sa naissance par le pape, lorsque la loi de la fondation voulait qu'elle fût légitime.

» 3° Le pape ne peut déroger au droit commun, qu'autant que la dérogation ne fait pas de préjudice au droit d'autrui.

» 4° Il ne s'agit point ici d'un simple statut confirmatif d'une loi canonique, mais de l'exécution d'une loi civile.

» En un mot, on peut considérer le statut dont il s'agit, comme une espèce de concordat entre les seigneurs de Poitou et le chapitre de Saint-Hilaire. La puissance séculière et ecclésiastique ont concouru à confirmer ce concordat; et comme il est l'ouvrage de l'une et de l'autre, une seule ne peut déduire ce que tous les deux ont établi. »

Ces raisons ont produit tout l'effet qu'on devait en attendre. Par arrêt du 9 juillet 1693, les provisions et la dispense obtenues en cour de Rome par le sieur Taveau, ont été déclarées abusives.

II. Dans l'ordre temporel, les lettres de Légitimation du prince devraient, aux termes des lois de Justinien, produire les mêmes effets que la Légitimation par mariage subséquent, c'est-à-dire, soumettre le bâtard à la puissance paternelle, lui donner les droits de suite et d'agnation, l'habiliter à succéder tant en ligne directe qu'en ligne collatérale; en un mot, purifier tellement son origine, qu'il n'y ait entre lui et un enfant né légitime, aucune espèce de différence.

Tout cela résulte de la novelle 74, chap. 1 : Si quis sine non habens filios legitimos, naturales autem tantummodo, ipsos quidem suos facere voluerit..., ad legitimorum jus procedere naturales, liceat igitur patri, si legitimam non habeat sobolam, filios restituere naturæ et antiquæ ingenuitati, et suos de cætero et sub potestate habere.....

Le chap. 2 de la même novelle porte : Si igitur licentia patri.... offerre imperatori precem.... ut sub potestate ejus consistant, nihil à legitimis differentes.

La novelle 89, chap. 7, confirme ces dispositions, et déclare que le légitimé par lettres succède à tous ses parens, soit ascendans, soit descendans, soit collatéraux, comme s'il était né légitime : Semel enim eos efficientes legitimos, damus habere

etiam successiones illas quas habent ii qui ab initio legitimi sunt.

Mais notre jurisprudence ne s'accorde pas avec ces lois. La Légitimation par lettres, dit M. d'Aguesseau, « n'est pas si parfaite et ne produit pas » de si grands effets que la Légitimation par ma- » riage subséquent; elle efface, à la vérité, la » tache que la naissance du bâtard lui avait im- » primée : elle lève l'incapacité qu'elle trouvait en » sa personne, de recevoir des dispositions uni- » verselles de son père et de sa mère; elle le rend » capable de posséder des offices; mais pour la ca- » pacité de succéder ab intestat à ses parens, elle » ne la lui donne que lorsque ceux auxquels il » peut succéder, ont consenti à sa Légitimation. »

Développons ces idées.

III. On dit d'abord que la Légitimation par lettres rend le bâtard capable de recevoir des auteurs de ses jours toutes sortes de dispositions universelles.

C'est ce qu'a jugé un arrêt du parlement de Paris, du 17 septembre 1598, rapporté par Chopin, Traité du Domaine, liv. 1, tit. 12, n° 6, et tit. 10, n° 12.

C'est aussi ce que disait M. Talon à l'audience de la même cour, du 30 janvier 1636. Il s'agissait d'un legs fait par une femme à la fille légitimée de son frère : ce magistrat établit d'abord qu'il n'y avait point de loi qui déclarât un bâtard incapable de recevoir de ses parens collatéraux; puis il ajouta : « Mais quand cette qualité de bâtard ferait quelque » obstacle, cette tache de la naissance a été ôtée » par les lettres du prince et la Légitimation. » Platon dit que Dieu donne la vie et les biens » aux hommes, mais que le prince leur donne les » honneurs et dignités. » (Bardet, tome 1, liv. 2, chap. 67.)

M. Talon rendait encore hommage à cette vérité, lors de l'arrêt du 13 juin 1661, rapporté au Journal des audiences : « Cette Légitimation (ce » sont les termes) les rend capables de posséder » toutes sortes de charges, d'offices et de bénéfices, » et les habilite à recevoir toutes sortes de dona- » tions, de legs et de gratifications. »

Stockmans, conseiller au conseil souverain de Brabant, rend le même témoignage de la jurisprudence de son pays sur cette matière, et atteste qu'elle a été généralement reconnue dans une révision solennelle du 13 juillet 1650.

Ricard est cependant d'une opinion contraire, et il la fonde sur un arrêt du parlement de Paris, du 14 juillet 1661, qui, selon lui, a réduit considérablement un legs universel fait par une mère au profit de sa fille naturelle légitimée par lettres.

Mais cet arrêt est rapporté au Journal des audiences, avec toutes ses circonstances et les moyens des parties, et l'on n'y voit pas que la bâtarde eût été légitimée : il y a même d'autant plus lieu de croire qu'elle ne l'avait pas été, que la réduction de son legs fut prononcée sur les conclusions de M. Talon, qui était, comme on vient de le voir;

(1) Étienne de Tournay, qui écrivait dans le treizième siècle, dit : In regno Francorum aliquas ecclesias, scrupulosa quadam nobilitate, gloriosum fuit existimant, sibi consuetudinem assumpsisse, ne aliqui nisi ex licito complexu geniti assumpsisse promoveantur.

bien pénétré de la validité des dispositions faites, à titre universel, en faveur des bâtards légitimés.

Il est néanmoins deux cas où cette règle doit cesser.

Le premier est lorsque le père a des enfans légitimes : on sent, en effet, qu'il ne serait pas juste d'autoriser les avantages faits au profit d'un enfant qui ne tire sa légitimité que d'une grâce extraordinaire du prince, au préjudice de celui qui doit la sienne au droit commun et au plus sacré des liens.

« Cependant (remarque Serres, si le père a légué » la légitime à son bâtard qu'il avait fait légiti- » mer, tandis qu'il avait déjà des enfans légitimes, » ceux-ci ne peuvent pas être reçus à la lui con- » tester, parce qu'elle lui tient lieu des alimens » qu'il aurait été en droit de demander. »

Le second cas est lorsque les bâtards légitimés sont nés d'un commerce adultérin. Le respect dû aux mœurs et à l'honnêteté publique, nécessitent cette exception ; et elle a été adoptée par plusieurs arrêts, notamment par celui du mois de septembre 1575, qui a été prononcé par M. le chancelier de Birague, dans une cause plaidée en présence du roi Charles IX de tous les prince de la cour et des ambassadeurs de Pologne.

L'arrêt de la chambre des comptes de Provence, du 6 juin 1676, rapporté ci-dessus, a également déclaré que Françoise Le Blanc, fille adultérine, légitimée par lettres, ne pourrait succéder à son père, soit *ab intestat*, soit par testament, au préjudice des héritiers légitimes.

IV. Nous avons dit, d'après M. d'Aguesseau, que le légitimé par lettres n'acquiert la successibilité *ab intestat*, que par le consentement que donnent à sa Légitimation ceux à qui il s'agit de succéder.

De là il suit que les lettres de Légitimation obtenues par le père, n'habilitent pas l'enfant à succéder à sa mère, à moins qu'elle n'ait consenti à leur enregistrement.

Par la même raison, un bâtard légitimé par lettres, ne peut succéder à son aïeul, si celui-ci n'a point eu part à sa Légitimation.

C'est ce qu'a jugé un arrêt du parlement de Dijon, du 16 janvier 1609, rapporté dans la Généalogie de Bouton, imprimée à Dijon en 1665 et 1671.

Le parlement de Toulouse a décidé la même chose par arrêt du mois de mai 1686. Dans cette espèce, « le fils légitime (dit Catellan) prétendait » que, représentant son père et étant à sa place, » pouvait prétendre la légitime qu'aurait eue son » père, s'il avait vécu, sur les biens de son aïeule, mère » de son père. L'aïeule (car c'était l'aïeule même qui » disputait d'avance à son petit-fils toute part à » sa succession) l'aïeule, dis-je, prétendait que » la Légitimation faite par le prince ne donnait » point ce droit de représentation ; et que n'ayant » point été appelée à la Légitimation, elle n'était » obligée de faire aucune part de son bien à un » petit-fils qui était son petit-fils malgré elle. Les

légitimés par le prince ne sont donc pas plus avantagés sur ce point que ne l'étaient les légitimés *per curiæ oblationem*, qui n'étaient légitimés qu'à l'égard du père, *soli genitori*, comme par la novelle 89. »

Ce que nous disons de la mère et l'aïeule du bâtard légitimé à la demande de son père, doit à plus forte raison, s'appliquer aux parens collatéraux. Aussi tous les auteurs s'accordent-ils à dire qu'il n'y a de successibilité entre l'enfant légitime par lettres et ses parens naturels en ligne collatérale, qu'autant que ceux-ci ont donné expressément leur approbation à l'entérinement du rescrit qui a lavé la tache de sa naissance.

C'est ce qui a été jugé formellement par un arrêt du parlement de Flandres du 24 juillet 1744 : l'espèce en est remarquable.

Robert-François de Hertaing, fils naturel de Robert de Hertaing et de la demoiselle Lande, s'était fait légitimer en 1710, du consentement de sa mère et de François de Hertaing, son oncle.

En 1739, sieur de La Terade fils d'Anne-Marie de Hertaing, tante du légitimé, mourut à Cambrai, laissant un fief qu'il avait hérité de sa mère, et que celle-ci avait reçu par donation entre-vifs de François de Hertaing, ayant qu'il eût consenti à la Légitimation.

La légitimité ayant prétendu succéder à ce fief, il s'éleva, entre lui et le sieur Dumont de Vestoute, une contestation dont l'unique objet était de savoir si, dans la coutume de Cambresis, qui renvoie au droit écrit la décision des cas sur lesquels elle est muette, la Légitimation confère le droit de succéder aux parens collatéraux qui n'ont pas consenti à l'entérinement des lettres ; car Anne-Marie de Hertaing et le sieur de la Terade n'avaient pas ratifié la Légitimation dont il s'agissait.

Robert-François de Hertaing disait que, par le droit romain, il n'y avait aucune différence entre les enfans nés légitimes et les bâtards légitimés par lettres ; que ceux-ci avaient, comme ceux-là, une capacité universelle pour toutes les successions directes et collatérales qui pouvaient leur échoir ; que la coutume de Cambresis, loin de déroger à cette jurisprudence, l'adopte au contraire implicitement, puisqu'il est ordonné par son décret d'homologation, « que les cas non compris ès dites » coutumes, soient, selon la disposition du droit, » jugés, décidés et déterminés, en rejetant toutes » autres coutumes ; » que d'ailleurs le sieur de La Terade avait été héritier de François de Hertaing, son oncle ; et que par conséquent il devait être censé avoir consenti, comme celui-ci, à la Légitimation, puisque tout héritier est tenu des faits de la personne qu'il représente.

Le sieur Dumont de Vestoute répondait que, par le droit général de la France et de la Belgique, les bâtards légitimés ne peuvent succéder qu'à ceux de leurs parens qui ont consenti à l'entérinement de leurs lettres ; que la jurisprudence établie par les novelles de Justinien, ne pouvait pas être plus admise en Cambresis, où les lois romaines ne servent que de supplément à la coutume, qu'elle ne l'est dans la partie méridionale du royaume, dont ces lois forment le Code municipal; que toutes les coutumes qui renvoient au droit romain la décision des matières qu'elles n'ont point traitées, ne doivent être entendues que des dispositions qui ne sont pas abrogées par un usage général; que le consentement de François de Hertaing ne pouvait lier Anne-Marie de Hertaing, ni le sieur de la Terade, parce qu'en cette matière tout est personnel; et qu'à tout événement il ne pourrait pas en résulter, pour la légitimité, une capacité de succéder à un bien qui n'appartenait plus à François de Hertaing, lorsque celui-ci donnait son consentement.

Sur ces raisons, noyées de part et d'autre dans des mémoires immenses, le légitimé fut débouté de sa prétention, par sentence des échevins de Cambrai, du 26 avril 1742; et cette sentence fut confirmée par l'arrêt cité, au rapport de M. Bourchault de Quesnines.

C'est une grande question si, pour rendre un bâtard légitime capable de succéder, il ne faut pas que les héritiers présomptifs de celui qui a consenti à la Légitimation, aient eux-mêmes ratifié ce consentement.

La négative est soutenue par Rat, sur l'art. 297 de la coutume de Poitou, par l'annotateur de Bourjon, liv. 1, tit. 3, chap. 6, sect. 3; et elle a été confirmée par un arrêt du parlement de Paris de l'an 1593, insérée dans le recueil de Papon; par un autre du parlement de Bordeaux, du 28 avril 1521, cité par le même auteur; et par un troisième du parlement de Toulouse, du 6 septembre 1736, rapporté par Furgole.

La coutume de Calais paraît conforme à cette jurisprudence; voici, en effet, ce qu'elle porte, art. 5 : « bâtard n'est habile à succéder, s'il n'a » été légitimé du consentement de ceux de la suc» cession desquels il est question. »

D'autres auteurs, au contraire, tels que d'Argentrée, l'Hoste, Lebrun, Bourjon, excluent le bâtard légitimé par lettres, de la succession même de son père, lorsque le consentement de tous les héritiers présomptifs de celui-ci n'est pas intervenu lors de l'entérinement.

Ils ont en cela suivi la décision de l'art. 275 de la coutume de Normandie, lequel est conçu en ces termes : Bâtard ne peut succéder à père, mère ou aucun, s'il n'est légitimé par lettres du prince, appelés ceux qui pour ce seront à appeler.

On peut mettre sur la même ligne les coutumes de Lille, de la châtellenie de Lille et de Bar.

La première, tit. 1, art. 13, dit, en général, que les bâtards ne peuvent succéder, quoiqu'ils soient légitimés; et Leboucq, sur cet article, prouve très-clairement que la coutume de Lille n'exclud pas le bâtard légitimé par lettres de la succession de ceux qui ont consenti à la Légitimation, pourvu que leur consentement ait été accompagné de celui de leurs héritiers apparens.

La seconde s'explique absolument de même, tit. 2, art. 60.

Et la troisième, art. 75, porte que le bâtard ne peut succéder, s'il n'est légitime par mariage subséquent.

« Ces coutumes (dit M. d'Aguesseau) se con» tentent d'établir le principe, sans parler de l'ex» ception portée par la coutume de Normandie, » et qui doit être suppléée sans difficulté. »

Ce magistrat ajoute que cette opinion a prévalu sur la première; et que « l'on regarde comme une » maxime constante, celle qui exclud le bâtard » légitimé par lettres du prince, de la succession » de son père et de celles de ses autres parens, à » moins que non-seulement le père, mais encore » toutes les parties intéressées, c'est-à-dire tous » ceux que la loi regardait comme ses héritiers » présomptifs, n'aient donné leur consentement » à sa Légitimation; et cette succession ne lui est » pas même déférée en ce cas, en vertu du titre de » parent qu'il n'a pas, mais à cause du consente» ment des parens, qui est soutenu par lettres du » prince, en sorte que c'est une succes; ion extraor» dinaire, déférée en vertu d'une espece de con» trat, par lequel le bâtard légitimé et ses parens » se sont appelés réciproquement à leurs succes» sions. »

Les auteurs qui ont admis cette opinion, ne se sont point bornés là. Ils ont été jusqu'à soutenir que l'héritier de celui qui, ayant consenti à la Légitimation, est décédé avant l'ouverture de la succession, n'est point tenu, à cet égard, du fait du défunt; en sorte que le prédécès de l'héritier apparent qui a consenti, rend caduque la capacité de succéder, qui avait été acquise au bâtard par l'entérinement de ses lettres. D'Argentrée est peut-être celui qui a le mieux développé cette conséquence : Quid igitur judicamus, si Legitimatio collata sit de consensu heredis præsumpti proximi, atque is ante delatam hereditatem mortuus sit, ita ut alius præsumptus esse cæperit, an sufficiat semel Legitimationem de consensu heredis processisse, an vero tempus mortis spectemus ex quo defertur hereditas, quod regulariter fit? Nam quis proximior sit, inspiciendum est tempus mortis, sicuti et cùm de capacitate prohibiti capere. Ego valere quidem Legitimationem in cæteris probaverim, sed heredi qui tempore mortis, aut ante id præsumptus esse cæpit, præjudicium non fieri, quia id tempus ad capacitatem spectandum sit, et is qui consentit ex eventu delegatur nullum unquam jus habuisse in hereditate, ideoque inutiliter consensisse, et ante delatam hereditatem mortuus; sic haberi debeat tanquam non natus, et primo sublato est jus secundo firmius secuta delatione hereditatis.

Mais le principe qui conduit d'Argentrée à cette conséquence, est-il bien vrai? Ou, en d'autres termes, l'opinion qui, pour donner la successibilité à un bâtard légitimé, exige, outre le consentement de la personne à qui il s'agit de succéder, celui de son héritier apparent, cette opinion est-elle conforme aux principes de la matière? Et, maigré la multitude des auteurs qui l'ont suivie, ne peut-on pas encore l'abandonner, ou du moins la restreindre ?

La seule raison sur laquelle on la fonde, est qu'il n'est pas permis de disposer de son hérédité au préjudice de ceux à qui elle est déférée par la loi.

Mais 1° il est sensible que cette raison ne peut pas s'appliquer aux pays de droit écrit, puisque, dans ces provinces, il est libre à tout homme de se choisir tel héritier qu'il trouve à propos. Aussi les auteurs de ces contrées, notamment Benedicti, Graverolle, Serres, Furgole, ne balancent-ils pas à dire que, parmi eux, le consentement des héritiers présomptifs du père n'est pas requis pour l'effet dont nous parlons (1); et c'est précisément ce qu'ont jugé les deux arrêts de Bordeaux et de Toulouse, qui sont rapportés ci dessus.

2° Par la même raison, il est clair que cette jurisprudence doit également être admise sans difficulté dans les coutumes qui ne limitent en aucune façon la liberté de disposer, soit entre-vifs, soit à cause de mort.

3° A l'égard des coutumes qui défend les dispositions à cause de mort d'une certaine quotité, ou même de la totalité des biens, il semblerait, au premier abord, que l'on dût y suivre invariablement l'opinion de l'Hoste, de d'Argentrée et de Lebrun; cependant il ne faut, pour se sentir porté à la rejeter, qu'un peu d'attention au véritable caractère de la Légitimation par lettres.

Il est certain que ce n'est pas disposer à cause de mort, que de faire légitimer un enfant naturel. La Légitimation n'est pas une libéralité du père, le père ne fait que la solliciter, et l'on ne peut la considérer que comme un bienfait du prince, *principis et legis donum*, pour nous servir des termes de l'Authentique *Item sine*, C. *de naturalibus liberis*.

Dira-t-on que le consentement du père, de la mère, de l'aïeule, des parens collatéraux, à la clause de succéder, insérée dans les lettres de Légitimation, est une institution d'héritier, dont l'effet ne doit pas être plus étendu que si elle était consignée dans un testament?

Mais 1° tout ce qui pourrait résulter de là, c'est que l'enfant légitimé ne succéderait pas aux réserves coutumières, et qu'il devrait être borné aux biens libres.

2° Peut-on regarder le consentement dont il s'agit, comme un acte de dernière volonté ? A la vérité, il n'oblige pas régulièrement la personne

qui le donne, à laisser son hérédité au bâtard légitimé; mais au moins il imprime irrévocablement à celui-ci une capacité habituelle de succéder : c'est ce que reconnaissent tous les auteurs que nous combattons, lorsqu'ils disent que la successibilité réciproque du bâtard légitimé à ses parens directs ou collatéraux, ne vient point de la loi du sang, mais du contrat qui s'est formé entre eux lors de l'entérinement des lettres. On ne peut donc pas attribuer à ce consentement une autre nature que celle d'un acte entre-vifs; et par conséquent ce serait sans raison qu'on voudrait le soumettre aux réserves coutumières qui ne portent que sur les dispositions à cause de mort.

D'Argentrée oppose la loi 2, D. *de naturalibus restituendis* (1), mais c'est sans aucun fondement.

Cette loi nous apprend que les affranchis, qui, par état, étaient obligés de laisser à leurs patrons une certaine partie de leur hérédité, ne parvenaient pas facilement à obtenir du prince des lettres d'ingénuité, à moins qu'ils ne rapportassent un acte de consentement de leurs patrons mêmes.

On peut, il est vrai, conclure de là que le roi n'est point censé, en légitimant un bâtard, vouloir préjudicier à ceux qui ont un droit acquis à la succession du père; mais quel fruit peuvent tirer de cette conséquence les héritiers appelés aux réserves coutumières ? Ils n'ont certainement pas de droit acquis aux biens du père avant qu'il soit décédé, il peut, tant qu'il est en vie, les en priver par des dispositions entre-vifs; et nous venons de voir que c'est, en quelque sorte, disposer entre-vifs, que de consentir à la Légitimation d'un bâtard. Le patron, dans le droit romain, n'était pas seulement en droit de faire casser le testament de son affranchi, quand il était exclu par cet acte de sa portion légale : il pouvait encore faire annuler toutes les donations, toutes les ventes, toutes les aliénations que l'affranchi avait faites de son vivant, pour diminuer ou anéantir son hérédité (2). Ainsi, tout ce qu'on peut inférer du texte cité par d'Argentrée, c'est que son opinion doit être admise dans les coutumes qui interdisent à la fois toutes les dispositions entre-vifs et tous les actes de dernière volonté, par lesquels on pourrait préjudicier à un héritier présomptif; mais conclure de là qu'il en doit être de même dans les coutumes où l'on testamens et les donations à cause de mort sont seuls soumis aux réserves qu'elles établissent, c'est, on le voit clairement, une conséquence plus

_____

(1) Hæc sententia (*dit Burgundus*, dans son *Traité 13 sur les coutumes de Flandre*), tot auctoribus firmata, tot legibus instructa, in regionibus quæ jure scripto reguntur dubitationem non habet. Quid enim refert heredem omnium bonorum paterfamilias ipse sibi scribat, an suis precibus à principe accipiat; cum alioquin rerum suarum liber sit dominus atque arbiter? Nam et agnatos et cognatos testamento removere potest à successione; et si turpis persona instituta non erit, fratres et sorores præteriti extremam voluntatem non rumpunt.

(1) Voici les termes de cette loi : Interdum et servi natalibus postliacto, juris interventu, ingenui fiunt. Ut ecce si libertinus à principe natalibus suis restitutus fuerit. Illis enim utique natalibus restituitur in quibus initio omnes homines fuerunt, non in quibus ipse nascitur, cum servus natus esset. Hic enim, quantum ad totum jus pertinet, perinde habetur atque si ingenuus natus esset. Nec patronus ejus potest ad successionem venire. Ideoque imperatores non facile solent quemquam natalibus restituere, nisi consentiente patrono.

(2) Voyez, dans le Digeste, le titre *si quis in fraudem patroni*.

étendue que le principe dont elle part, et, par cela même, vicieuse.

Ainsi, quoique l'opinion de Lebrun et de d'Argentrée fût encore la plus commune dans le temps où M. d'Aguesseau écrivait sa Dissertation sur les bâtards, il paraît qu'on la rejette constamment aujourd'hui. Témoin l'annotateur de Bourjon, qui s'exprime en ces termes, à l'endroit cité plus haut: « actuellement on pense très-généralement que, pour rendre le bâtard légitimé capable de succéder à ses père et mère, il suffit que les lettres de Légitimation aient été obtenues de leur consentement. »

Denisart s'explique de même au mot *Légitimation*, et rapporte un arrêt du 6 août 1760, qui confirme ce qu'il avance; voici comment il en rapporte l'espèce:

« François Lemaire, né à Bohain, en Picardie, obtint, au mois de février 1733, du consentement de sa mère, de son aïeul, et de tous ses oncles et tantes naturels, maternels, des lettres de Légitimation qui le rendaient *capable de recueillir toutes successions*, etc.; elles furent enregistrées en la cour et dans les autres tribunaux nécessaires. Vingt-cinq ans après ces enregistremens, une des tantes de Lemaire, qui avait consenti à sa Légitimation, décéda: il se présenta, pour recueillir sa succession avec ses cousines germaines, filles de l'un des consentans; mais ses cousines le soutinrent incapable, sous prétexte que, quoiqu'elles existassent au temps des lettres, il n'avait pas demandé leur consentement pour les obtenir. Leur père était mort avant sa sœur, dont elles demandaient la succession à l'exclusion de Lemaire; et comme elles succédaient de leur chef, elles disaient que le consentement de leur père était venu caduc et sans effet contre elles.

» Lemaire leur répondait que le consentement de leur père avait l'effet dans toute sa descendance; que d'ailleurs étant encore fort jeunes et n'ayant aucun droit acquis au moment de la Légitimation, et tenant de leur père l'expectative de tous ceux qu'elles pouvaient avoir un jour, elles n'eussent pas été parties capables de concourir ou de se refuser personnellement au vœu de la famille et aux effets de la Légitimation; que le droit du légitimé ayant été une fois acquis, il n'avait pu le perdre, etc.

» Par arrêt rendu le 6 août 1760, Lemaire fut jugé capable de succéder à sa tante. »

Il est évident néanmoins, d'après un passage de d'Argentrée transcrit ci-dessus, que les moyens de Lemaire, rapportés par Denisart, auraient été insoutenables dans la supposition que le consentement des héritiers présomptifs de la tante eût dû concourir avec le consentement de celle-ci, pour établir entre Lemaire et elle une successibilité réciproque; il faut donc que cet arrêt ait proscrit l'opinion que nous combattons ici.

Mais cette opinion, quoique contraire aux vrais principes, n'est-elle pas autorisée de fait par cette clause qu'on insère presque toujours dans les lettres de Légitimation; *pourvu toutefois, quant aux successions de ses père et mère, que ce soit du consentement de ceux qui leur doivent succéder?*

Furgole avait cru, dans la première édition de ses questions sur l'ordonnance de 1731, que cette clause empêchait, même en pays de droit écrit, qu'un fils légitimé ne pût succéder à son père, à l'exclusion des collatéraux qui n'avaient pas consenti à l'entérinement de ses lettres; mais il s'est rétracté dans la seconde édition, d'après l'arrêt du parlement de Toulouse, du 6 septembre 1756, que nous avons déjà cité plusieurs fois. Cet arrêt a été depuis suivi de plusieurs autres qui ont jugé de même.

Le 14 mars 1754, le parlement de Besançon a maintenu une bâtarde légitimée par lettres, dans la succession de sa mère, que des collatéraux lui disputaient, sous le prétexte de la clause dont il s'agit. Voici l'espèce de l'arrêt.

La demoiselle Grivel était née hors le mariage du sieur Grivel et de la demoiselle Pierrecy; ils étaient libres tous deux.

Après la mort du sieur Grivel, la demoiselle Pierrecy donna son consentement aux lettres de Légitimation que sa fille obtint, et dans lesquelles on inséra la clause de style; elles furent enregistrées.

Après la mort de la demoiselle Pierrecy, sa fille légitimée se mit en possession de sa succession; mais elle fut troublée par des parens collatéraux. Inutilement ils invoquèrent la clause qui faisait dépendre de leur consentement la faculté de succéder que la bâtarde prétendait exercer malgré eux; plus inutilement invoquèrent-ils quelques auteurs des pays coutumiers; les lois romaines prévalurent, et la succession fut adjugée à la demoiselle Grivel.

La même chose a été décidée de nouveau par un arrêt du parlement de Toulouse, du 7 août 1767, qui a été confirmé au conseil. En voici l'espèce; elle est intéressante par ses détails.

Jacques de Manse, doyen du bureau des finances de la généralité de Montpellier, avait pour seul héritier présomptif, Louis de Manse, son neveu. Celui-ci eut, pendant la vie de son oncle, trois enfans, deux garçons, Jacques et Gaspard, et une fille nommée Anne.

Le doyen du bureau des finances, grand-oncle de ces trois enfans, fit, le 10 avril 1702, un testament, et, le 14 juin suivant, une donation universelle en faveur de Jacques, son petit-neveu et son filleul. Louis, père de l'enfant légataire et donataire, fut exclu même de l'usufruit de la succession du testateur, qui nomma un administrateur chargé de régir les revenus, et de les employer en acquisitions de terres ou capitaux de rentes, jusqu'à la majorité du pupille, temps auquel on devait lui remettre les fonds de la succession et les revenus réservés.

En cas que le donataire vînt à mourir sans enfans, Gaspard de Manse, son frère, devait lui succéder; et s'ils décédaient tous deux sans postérité, les autres enfans mâles, nés ou à naître de Louis de Manse, ou de ses petits-enfans mâles ou femelles, étaient successivement et graduellement appelés, l'ordre de primogéniture observé.

Le donateur mourut le 11 janvier 1703.

Louis, son neveu, père de tous les appelés, s'empara de tous ses biens au mépris de l'exclusion prononcée contre lui dans l'acte de donation et dans le testament.

Jacques et Gaspard, successivement appelés à la succession de leur grand-oncle, ne lui survécurent pas long-temps. L'un mourut le 22 juillet 1703, l'autre le 7 juin 1704. Mais leur père eut, depuis la mort de son oncle, quatre autres enfans, Jacques, né le 22 janvier 1705, Jean-Gabriel, connu depuis sous le nom de chevalier de Manse, l'abbé de Manse, décédé chanoine de Montpellier, et enfin Marie-Anne de Manse.

On voit que, dès l'instant de la naissance de Jacques, arrivée le 2 janvier 1705, la succession de son grand-oncle lui appartint en vertu de la donation et du testament de 1702, qui reprirent toute leur force en sa faveur.

A sa majorité, son père lui remit une partie des biens qui lui appartenaient par les dispositions de son grand-oncle.

Le sieur Planchut, ancien capitaine d'infanterie, vint, en 1730, s'établir à Montpellier avec sa femme et ses enfans. Claudine Planchut, sa fille aînée, attira l'attention de Jacques de Manse. Il obtint ses entrées dans la maison du sieur Planchut; il devint amoureux de la demoiselle, et celle-ci ne résista point à ce sentiment.

Le sieur Planchut qui ne voyait qu'un établissement convenable pour sa fille, ne mit point d'obstacle au goût que ces deux jeunes gens prirent l'un pour l'autre.

Il ne manquait, pour mettre le comble à leur bonheur, que le consentement du père du sieur de Manse. Il fut refusé avec dureté, et rien ne put faire révoquer ce premier refus.

Jacques de Manse, désespéré de ne pouvoir parvenir à un mariage auquel il avait attaché tout le bonheur de sa vie, crut qu'il lui était permis de recourir à tous les moyens possibles pour obtenir une félicité sans laquelle il se figurait qu'il n'aurait jamais que des jours pleins d'amertume.

Il fit assigner son père, pour qu'il eût à lui rendre compte de la succession de Jacques de Manse, dont il avait joui pendant la minorité de son fils, quoique tous les revenus eussent dû être conservés et placés utilement au profit du pupille.

Cette démarche qui, dans le droit étroit, n'avait rien que de régulier, parut au père un outrage fait au respect qui lui était dû par son fils; et un attentat contre son autorité, de laquelle on voulait arracher une complaisance qu'il avait le droit de refuser; et, dès le moment, il voua à son fils une haine implacable.

Cependant Jacques de Manse, pour tranquilliser son amante sur les suites de la résistance obstinée de ses parens et former avec elle un attachement inviolable, lui proposa de se faire mutuellement une promesse de mariage; elle fut faite le 2 sep-

tembre 1732. Armée de ce papier, la demoiselle Planchut se crut bien assurée de devenir l'épouse de son amant; elle imagina ne pouvoir plus rien lui refuser; les domestiques furent corrompus; ils introduisirent pendant la nuit le sieur de Manse dans la chambre de sa maîtresse. Une fille fut le fruit de ses visites nocturnes.

De son côté, le sieur de Manse, père, s'occupait sérieusement de se rendre maître de son fils; il obtint secrètement, vers la fin de 1730, des ordres supérieurs pour le faire enfermer; et en 1732, il le fit en effet constituer prisonnier dans la citadelle de Montpellier.

Ces ordres furent révoqués en 1735. Jacques de Manse, devenu libre, se disposait à épouser la demoiselle Planchut; touchant à sa trentième année, le consentement de son père n'était plus essentiel à la validité de son mariage.

Mais son père lui déclara, dans les termes les plus formels, et avec ce ton qui annonce la résolution la plus inébranlable, en même temps que la certitude de réussir, qu'il le ferait enfermer pour le reste de ses jours, s'il passait outre.

Encore tout effrayé du pouvoir paternel qu'il venait d'éprouver, le malheureux n'alla pas plus loin et feignit de céder.

La demoiselle Planchut prit le parti de le faire assigner en exécution de ses promesses. Il fut décrété; sa famille le força de se présenter. Sentence du sénéchal de Montpellier, dont le sieur Planchut et sa fille interjettent appel au parlement de Toulouse; et par arrêt du 4 septembre 1736, le sieur de Manse est condamné comme séducteur, à des dommages et intérêts considérables envers le père et la fille, à payer la nourriture et l'entretien de l'enfant, et à lui donner une somme à sa majorité.

Peu de temps après cet arrêt, le sieur de Manse, père, meurt, après avoir institué l'abbé de Manse, un de ses fils, son héritier universel. Celui-ci est mort depuis ab intestat. Jacques de Manse, devenu indépendant et libre par la mort de son père, désavoue aussitôt le rôle qu'on lui a fait jouer, et il annonce publiquement qu'il va satisfaire à ses engagemens.

Mais bientôt (en 1737), le chevalier de Manse surprend une lettre de cachet en vertu de laquelle le malheureux Jacques de Manse est arrêté comme fou et conduit à Pierre-Encise.

En 1743, nouveaux ordres qui transfèrent clandestinement le prisonnier au château de Blamont; de Blamont à Saint-Lazare, de Saint-Lazare chez les cordeliers de Châlons-sur-Saône, de là, au château de Dijon, et enfin, chez les cordeliers de la même ville.

Tous ces déplacemens avaient pour objet de faire perdre la trace de Jacques de Manse, et de pouvoir répandre le bruit de sa mort, sans qu'aucun témoin pût le contredire.

La demoiselle Planchut, trompée par ce bruit, se maria avec le sieur du P.....

En 1759, la fille qu'elle avait eue du malheureux de Manse, devenue majeure, découvrit que son père n'ait pas mort. Elle se fit éclairer sur ses droits et sur la conduite qu'elle devait tenir. Ignorant le lieu de sa détention, elle le fit assigner, en vertu de l'arrêt de 1736, à son dernier domicile, pour le faire condamner à lui rembourser les frais de sa nourriture et de son entretien, depuis l'âge de sept ans, à raison de 300 livres par an, et lui continuer, à l'avenir, cette pension alimentaire; s'il n'aimait mieux lui donner la somme de 6000 livres pour servir à son établissement.

Cette demande embarrassa le chevalier de Manse: il ne pouvait y défendre en son nom, il n'était pas héritier de son frère qui n'était pas mort; il ne pouvait pas y défendre comme curateur, ce frère n'étant pas interdit, quoique détenu sous prétexte de folie. Il fit donc agir un nommé Chauliac, en vertu d'une procuration datée de Dijon. C'est à cette procuration que cette fille dut la découverte de la retraite de son père.

Le 11 septembre 1759, elle obtint un arrêt qui lui adjugea les arrérages de sa pension alimentaire depuis 1747 jusqu'en 1758. Le premier usage qu'elle fit de cet argent, fut d'aller à Dijon pour voir son père. Repoussée d'abord, elle s'adressa au ministre, et obtint la permission, non-seulement de lui parler, mais de lui faire passer tous les actes qu'il jugerait à propos.

En vertu de cette permission, le sieur de Manse passa trois actes le 18 août 1762. Le premier fut une procuration en blanc à l'effet d'obtenir des lettres de Légitimation pour sa fille: le second une donation de 10,000 livres une fois payée, avec 1000 livres de pension viagère; et le troisième une procuration générale pour régir tous ses biens.

Ces arrangemens pris, les lettres de Légitimation furent accordées au mois de décembre suivant. L'exposé porte « que le sieur de Manse ayant été fiancé le 29 septembre 1732 avec la demoiselle Plauchut, il devint entreprenant auprès d'elle; que la demoiselle Plauchut eut la faiblesse de céder à ses empressemens, et devint grosse d'une fille, née le 1er mai 1733, et baptisée comme fille naturelle de la demoiselle Plauchut, et d'un père inconnu : que les oppositions que le sieur de Manse a essuyées de la part de sa famille, l'ont empêché d'effectuer son mariage avec la demoiselle Plauchut qui, fatiguée d'attendre inutilement, s'est mariée quelques années après; que le sieur de Manse n'a point abandonné sa fille, et que son intention a toujours été de légitimer, en épousant la demoiselle Plauchut; mais que cette demoiselle étant mariée, sa fille ne peut plus être légitimée que par lettres ». En conséquence, le roi la déclare « légitime, et habile à jouir de tous les honneurs, franchises et libertés dont jouissent ses autres sujets; à pouvoir posséder tous les biens meubles et immeubles qui lui appartiennent par don ou acquêts, ou qu'elle pourra acquérir ci-après, et acquérir toutes successions; pourvu toutefois, quant aux suc-

» cessions de ses père et mère, que ce soit du » consentement de ceux qui leur doivent succé- » der, etc. »

La demoiselle de Manse fait part à son père de cette grâce, aussitôt qu'elle l'a obtenue; il l'en félicite dans une lettre du 12 novembre 1762.

Après différentes démarches dont l'objet était de mettre sa propre liberté à couvert des entreprises et des sollicitations du chevalier de Manse, elle présente au parlement de Toulouse les lettres de Légitimation, pour être enregistrées. En même temps, comme fondée de la procuration de son père, elle fait saisir entre les mains des débiteurs et des fermiers; et demande aux régisseurs le compte des biens dont l'administration leur est confiée.

Le chevalier de Manse, de son côté, forme opposition à l'enregistrement des lettres, conclud à la nullité des actes de 1762, et demande qu'il soit fait défense à sa nièce de porter son nom, et ses armes, et de s'immiscer dans la régie et administration des biens de Jacques de Manse, et que défenses soient faites aux régisseurs de reconnaître la demoiselle de Manse et de lui rendre compte.

Pendant que l'affaire s'instruit sur ce pied au parlement de Toulouse, le chevalier de Manse se pourvoit au conseil d'état; et, sous prétexte que les lettres de Légitimation ont été surprises, attendu que Jacques de Manse, qui est insensé et détenu comme tel depuis vingt-cinq ans, n'a pu y consentir, il demande qu'elles soient rapportées, et conclud à la nullité des actes passés le 10 août 1762.

Cependant l'état de son frère était encore entier; et il fallait prouver qu'il était insensé. A cet effet, il obtint une ordonnance du sénéchal de Montpellier, qui lui permit d'assembler ses parens et amis, à l'effet de délibérer sur l'état de Jacques de Manse, et sur le besoin de son interdiction.

Par sentence définitive, Jacques de Manse est en effet interdit.

Muni de cette sentence, le chevalier retourne au conseil. La demoiselle de Manse produit, de son côté, les lettres de son père et son interrogatoire; et par arrêt du conseil d'état, du 14 juillet 1766, le chevalier de Manse est débouté de sa demande en rapport des lettres de Légitimation; sur le surplus des contestations, les parties sont renvoyées devant le juge qui en doit connaître.

L'infortuné Jacques de Manse ne goûta pas le plaisir de ce premier succès; il avait succombé sous le poid du chagrin, le 7 juin 1765.

Avant sa mort, sa fille avait épousé le sieur Francez, négociant à Toulouse.

D'après le renvoi ordonné par l'arrêt du conseil, les parties retournèrent au parlement de Toulouse. Le chevalier de Manse renonça à la succession de son frère, pour s'en tenir à la substitution qu'il prétendit ouverte à son profit, et ses sœurs prirent la qualité d'héritières sous bénéfice d'inventaire.

L'affaire instruite, les juges furent partagés sur la manière d'enregistrer les lettres de Légitimation.

Les uns voulaient qu'on les enregistrât simplement *ad honores;* qu'on annulât l'acte par lequel le père avait consenti à l'obtention de ces lettres, et les deux autres actes du 18 août 1762; et que la dame Francez se trouvât par-là, privée de tous les bienfaits de son père.

D'autres proposaient qu'avant de statuer sur le fond, on admît le chevalier de Manse et ses sœurs à prouver la folie habituelle de son frère.

Ce partage ne portait donc, comme l'on voit, que sur la validité du consentement de Jacques de Manse; et cette validité dépendait de l'état où était sa raison et son esprit. Or, la validité, ou la nullité de son consentement mettait une grande différence dans l'effet de l'enregistrement. S'il était valable, l'enregistrement pur et simple donnait à la dame Francez le droit de succéder à son père; dans le cas contraire, la dame Francez n'acquérait que le simple titre de fille légitimée; le vice de sa naissance seulement était réparé; elle demeurait exclue de la succession paternelle.

Le partage fut vidé en faveur de la seconde opinion. En conséquence les preuves de la sagesse de Jacques de Manse furent administrées et développées; et, par arrêt rendu d'une voix unanime sur les conclusions du ministère public, le 7 août 1767, il fut ordonné que les lettres de Légitimation seraient enregistrées purement et simplement. La sentence du 6 novembre 1764, qui avait prononcé l'interdiction de Jacques de Manse, et toute la procédure qui l'avait précédée, furent cassées : la demoiselle de Manse fut déclarée son héritière *ab intestat :* sur le surplus des demandes respectives des parties, elles furent renvoyées à la sénéchaussée de Montpellier ; le chevalier et ses sœurs furent condamnés aux dépens.

Le chevalier étant mort peu de temps après cet arrêt, ses sœurs ont repris l'instance, et se sont pourvues en cassation au conseil.

Quatre moyens principaux fondaient leur demande : 1° l'incapacité du bâtard légitimé par lettres, de succéder *ab intestat;* 2° le défaut de consentement des héritiers présomptifs de Jacques de Manse à l'enregistrement des lettres de Légitimation ; 3° la mort de Jacques de Manse, arrivée avant cet enregistrement ; 4° le défaut de vérification de ces lettres à la chambre des comptes.

Ces quatre moyens étaient aussi frivoles les uns que les autres.

Le premier était détruit par les lois romaines qui forment le droit commun du ressort du parlement de Toulouse.

Le second trouvait sa réponse dans la jurisprudence établie ou plutôt confirmée par l'arrêt du parlement de Toulouse, du 6 septembre 1736, et par celui du parlement de Besançon, du 14 mars 1754.

Le troisième avait été réfuté victorieusement au parlement de Toulouse : « La dame Francez » (avait-on dit) a obtenu ses lettres de Légitima- » tion pendant la vie, et du consentement de son » père. Elles ont été présentées au parlement de » Toulouse, du vivant de ce même père; et si » l'enregistrement ne s'en est fait qu'après son » décès, c'est par le fait de ses parens qui ont re- » tardé l'exécution de cette formalité indispensa- » ble, par leur opposition et par la demande qu'ils » ont formée au conseil, en rapport de lettres ; » demande rejetée par l'arrêt du 14 juillet 1766. » L'enregistrement doit donc, quant aux effets, » avoir pour époque le jour de la présentation des » lettres au parlement : les contestations injustes » qui lui ont été suscitées par ses parens, et qui » ont été proscrites par les tribunaux, n'ont pu » préjudicier à la dame Francez qui s'est mise en » règle dans le temps utile, et lorsque le consen- » tement de son père suffisait. »

Quant au quatrième moyen, il tombait de lui-même, d'après ce qu'on a dit ci-devant, § 2, n° 7.

Aussi, par arrêt rendu en 1771, le conseil a rejeté la requête en cassation des sœurs du chevalier de Manse; et l'arrêt du parlement de Toulouse qui avait déclaré leur nièce naturelle, héritière *ab intestat* de son père, a été pleinement confirmé.

Faut-il donc conclure de ces différens arrêts, que la clause, *pourvu toutefois, quant à la succession de ses père et mère, que ce soit du consentement de ceux qui leur doivent succéder,* doit être absolument regardée comme de style, et qu'il n'en doit résulter aucun effet réel ?

Non; mais voici comment on peut concilier cette clause avec la jurisprudence dont nous venons de rendre compte.

Si, par ces mots, *ceux qui doivent succéder,* on entendait tous les héritiers présomptifs *ab intestat,* la successibilité que le roi accorde au bâtard en le légitimant, serait presque toujours illusoire ; et par là, on détruirait une des premières règles du droit, suivant laquelle une grâce émanée du prince, ne doit jamais être sans effet. Il faut donc restreindre les termes cités à leur signification stricte et rigoureuse, et par conséquent n'entendre par *ceux qui doivent succéder,* que les héritiers dont on ne peut, en aucune façon, frustrer les espérances, et qui succèdent malgré toutes les dispositions qu'on pourrait faire pour les exclure.

Ainsi, 1° lorsque le père qui veut faire légitimer ses enfans naturels, a d'autres enfans nés légitimes, le consentement de ceux-ci est nécessaire pour donner à ceux-là le droit de concourir avec eux dans la succession paternelle, parce qu'un fils légitime est tellement appelé par la loi, qu'il n'est pas au pouvoir de son père de l'exclure. C'est ce qu'a jugé un arrêt du grand conseil de Malines, rapporté par Christin : *Quod autem,* dit cet auteur, *non videatur posse fieri Legitimatio per principis rescriptum in præjudicium legitimorum, etsi in prejudicium agnatorum fieri possit, censuit in judicando supremus senatus Mechliniensis, 23 decembris anno 1606, inter comitem Ernestum de Mansfeldt, filium naturalem legitimatum de-*

functi principis ex una, et Renatum de Châlon et consortes ex alia, dum idem Ernestus vellet se fundare heredem simplicem prædefuncti illustrissimi domini comitis de Mansfeldt sui patris, et sic excludere dictum Châlon, fundantem se heredem sub beneficio inventarii, per ea quæ tradidi. Succubuit enim dictus Ernestus, et per sententiam dictæ curiæ solum apppellatur filius naturalis ; et ita fuit Legitimatio habita pro nulla respectu legitimorum quoad successionem patris.

Quelques-uns même ont pensé que le consentement des enfans légitimes à la Légitimation du bâtard, n'était d'aucun effet pour la successibilité. Mais, dit Lebrun, « quoiqu'en ce cas, la Légitimation soit moins favorable, néanmoins si » elle se trouvait faite du consentement des enfans » légitimes, qui, lors de cette Légitimation, eussent été en âge de donner un consentement va- » lable, je ne vois pas pourquoi la clause de suc- » céder, ainsi approuvée, ne pourrait pas s'exé- » cuter, supposé qu'on ne trouve en cela aucun » intérêt public qui empêche, que l'on ait égard » au consentement des héritiers présomptifs, en » quelque ligne et en quelque degré qu'ils puissent » être, quoiqu'à vrai dire cette condition manque » si souvent par les prédécès qui arrivent, qu'on » peut dire qu'ordinairement elle rend la clause de » succéder absolument inutile. »

Il faut convenir aussi que le consentement des enfans légitimes peut souvent être extorqué ; et quoique régulièrement on ne restitue point au collatéral contre le consentement qu'il a donné à la Légitimation, comme l'a jugé un arrêt rapporté sans date au Journal des audiences, à l'occasion d'un autre du 21 avril 1637, néanmoins on est plus indulgent à l'égard des enfans légitimes ; « et » Pithou (dit Lemaître, sur l'article 318 de la » coutume de Paris) en ces notes manuscrites sur » l'article 117 de la coutume de Troyes, rapporte » un arrêt du 7 juillet 1616, qui a restitué un » fils contre le consentement qu'il avait donné à » la Légitimation d'un frère naturel. »

On a vu plus haut, que la survenance d'un ou de plusieurs enfans légitimes ne révoque point la Légitimation d'un enfant naturel. Graverolle et Serres concluent de là que le bâtard légitimé avant la naissance de ses frères légitimes, a droit de concourir avec eux dans l'hérédité du père commun ; et c'est en effet ce qu'a jugé l'arrêt du parlement de Bordeaux du 14 août 1565, que nous avons cité d'après Bacquet.

Mais Furgole (question 18 sur l'ordonnance de 1731) paraît s'éloigner de cette opinion : « si (dit- » il) la faculté de succéder, qui est attribuée au » bâtard par les lettres de Légitimation, souffre » quelque atteinte par la naissance des enfans lé- » gitimes ; cela n'a pas pour fondement la dispo- » sition de la loi si unquam, mais bien l'inégalité » de faveur qu'il y a entre les enfans légitimes et » ceux qui sont légitimés par rescrit. » Lebrun dit également que « le consentement des enfans légi- » times, quoique nés depuis la Légitimation par

» lettres des enfans naturels, est requis et doit » confirmer la Légitimation ; sans quoi, elle de- » meure nulle. »

Cette opinion est sans contredit plus équitable et plus conforme à l'honnêté publique que celle de Graverolle et de Serres. Peut-être cependant pourrait-on, à la rigueur, regarder l'avis de ces deux jurisconsultes comme le plus exact, d'après toutes les raisons que nous avons employées ci-dessus, § 2, nº 2, pour faire voir que la Légitimation d'un bâtard n'est point révoquée par la survenance d'un enfant légitime ; car ces raisons s'appliquent également à la successibilité, qui est toujours, dans le bâtard, la suite du consentement donné par son père à sa Légitimation.

2º Dans les pays de droit écrit et les autres contrées où les ascendans ont une légitime à prétendre sur les successions de leurs enfans décédés sans enfans, il est incontestable qu'ils sont compris sous les mots, doivent succéder : ainsi, lorsque la clause dont il s'agit, se trouve dans les lettres de Légitimation, le bâtard légitimé ne peut, dans ces pays, succéder à son père sans le consentement des ascendans ultérieurs.

3º Les héritiers des réserves coutumières sont aussi du nombre de ceux qui doivent succéder, nonobstant toutes les dispositions que le défunt pourrait faire pour les exclure. On peut donc dire que, dans le cas de la clause mentionnée ci-dessus, le défaut de consentement de ces héritiers laisse le bâtard légitimé dans son inhabilité naturelle à succéder aux biens indisponibles : mais ce défaut n'empêche pas qu'il ne puisse recueillir les biens libres ; car, dit Serres, quoique les collatéraux puissent succéder à ces biens, on ne peut pas dire qu'ils doivent nécessairement le faire, « attendu » que la succession peut leur être ôtée par une » disposition du défunt, et que la Légitimation » poursuivie par le père, vaut un pacte de succé- » der pour l'enfant légitime, pacte revêtu, pour » ainsi dire, de l'autorité royale. »

Cette distinction des biens compris dans les réserves coutumières, d'avec les biens disponibles, n'est pas nouvelle ; nous en avons puisé l'idée dans le commentaire de Leboucq, sur la coutume de Lille.

« Me semble (dit cet auteur) que la citation » et consentement des héritiers apparens dussent » être requis au fait de la dispensation de succé- » der, en tant que touche les héritages et autres » biens patrimoniaux ou descendans d'une famille, » desquels ils ont intérêt qu'ils ne parviennent à » une race infâme ; mais non pour le regard des » acquets et autres biens qui ne tiennent côté » et ligne de celui qui prétend faire légiti- » mer son fils bâtard, pour lesquels, comme pro- » cédant de son industrie et travail, ou autrement, » en somme que de succession ; il y aurait moins » de raison de requérir autre consentement que » de celui qui les a lui-même acquis : laquelle » distinction, qui est assez plausible, et jusques » ores non objectée, j'ai tirée et conçue de ce que

» traite Alexandre, *consil.* 25, *lib.* 1, auquel, et
» autres par lui cotés, pourront avoir recours ceux
» auxquels elle semblera convenable au droit et
» à la raison. »

4° Enfin, la clause n'est pas toujours inutile
pour les pays de droit écrit, même dans le cas où
le père ne laisse point d'enfans nés en légitime
mariage. Si l'enfant légitimé n'avait pas obtenu,
ou n'avait pas fait enregistrer ses lettres du vivant
de son père, alors les collatéraux ayant un droit
acquis par l'ouverture de la succession, leur consentement devient nécessaire.

« Si les lettres de Légitimation (dit Bacquet,
du droit de bâtardise, chap. 12, n° 6), portent,
pourvu que ce soit du consentement de ses père,
mère et de leurs héritiers ; ces mots, *de leurs hé-*
ritiers, se doivent entendre quand les lettres ne
sont pas vérifiées du vivant du père ou de la mère
qui les a obtenues, ou n'a pas prêté consentement
à icelles. Car la vérification étant faite du consentement du père ou bien de la mère, le consentement des héritiers n'est aucunement nécessaire.

» Tellement que ces mots, *et de leurs héritiers,*
se doivent entendre, quand les lettres sont impé-
trées après la mort du père ; auquel cas, les héritiers doivent être appelés pour prêter consentement
ou dissentiment, parce qu'alors le droit de la succession leur est acquis. »

V. Un père peut-il priver de sa légitime un enfant qu'il a fait légitimer avec clause de pouvoir
succéder ?

Le parlement de Bordeaux a jugé que non, par
l'arrêt déjà cité du 14 août 1565. Telle est aussi
la jurisprudence du parlement de Toulouse : « Si
» le père en mourant n'a pas d'enfans légitimes
» (dit Serres), il ne peut pas se dispenser d'insti-
» tuer, au moins en la légitime, son bâtard légi-
» timé par le prince ; et il a été jugé que le testa-
» ment où l'enfant légitimé par lettres avait été
» prétérit et la cause pie instituée héritière, était
» nul, nonobstant même la clause codicillaire : »
» l'arrêt est du 6 septembre 1736, rendu au par-
» lement de Toulouse en faveur de la demoiselle
» Dupuy, fille légitimée de M. Dupuy, avocat,
» contre l'Hôtel-Dieu de la ville de Saint-Girons,
» qui maintint cette fille légitimée dans l'entière
» succession de son père, bien que les parens col-
» latéraux n'eussent pas consenti à sa Légitima-
» tion. » Cet arrêt est aussi rapporté par Furgole,
qui avait écrit pour la demoiselle Dupuy.

Les pays coutumiers paraissent avoir là-dessus
une jurisprudence toute différente. On trouve dans
les notes sur Papon, « un arrêt général d'a-
» vril 1569, par lequel il fut dit pour une fille lé-
» gitimée, qu'elle se contenterait de la moitié de
» la succession pour usufruit. » Stockmans atteste
aussi (décision 68) que le conseil souverain de
Brabant a jugé plusieurs fois, de son temps, qu'un
bâtard légitimé par lettres ne peut ni arguer de
prétérition le testament de son père, ni demander
un supplément de légitime, ni faire à ce titre aucune distraction du fidéicommis dont il est grevé.

Ce n'est pas la seule différence qu'il y ait sur
ce point, entre les pays de droit écrit et ceux de
droit coutumier. Dans les uns, il est constant que
la Légitimation par lettres soumet l'enfant naturel à la puissance de son père ; dans les autres,
au contraire, c'est-à-dire dans les coutumes qui
admettent la puissance paternelle, cela forme une
question que M. d'Aguesseau appelle *épineuse.*

« Ceux qui soutiennent l'affirmative (dit-il),
citent en faveur de leur sentiment, les lois romaines qui en ont des dispositions précises ; ils
appellent à leur secours l'intérêt public qui veut
que les enfans soient soumis à la puissance de leur
père, et qui n'admet point de demi-bâtards ; ils
soutiennent que la famille n'a aucun intérêt d'empêcher cette sujétion du bâtard à l'autorité de son
père ; et qu'enfin leur sentiment est fondé sur l'honnêteté publique.

» Ceux qui soutiennent la négative, disent au
contraire que le bâtard ne devenant point, par
cette Légitimation, l'héritier *sien*, de son père,
ne tombe point non plus sous la puissance paternelle ; que les lettres du prince effacent, à la vérité, la tache de la naissance, mais qu'elles ne
font point comme en droit romain ; que le bâtard
entre dans la famille de son père ; que cette Légitimation est de droit écrit ; que les coutumes qui
ont parlé de la puissance paternelle, n'ont point
eu en vue ces sortes d'enfans. »

M. d'Aguesseau ajoute que cette question
ayant été proposée dans une conférence à laquelle
il assistait, les avis furent partagés ; que cependant
le plus grand nombre se détermina pour la négative.

VI. Le bâtard légitimé par lettres, ne jouit
pas du droit de patronage attaché à la famille :
c'est ce qui a été jugé dans cette espèce.

Un seigneur, un baron de Beaugé, en vendant sa
terre, s'était réservé à lui et aux siens le droit de
patronage. Anne de Montcalquier, sa fille, avait
épousé le comte de Soissons ; et du fils de leur mariage était né un enfant qui, ayant été légitimé,
était devenu baron de Beaugé, et avait transmis
cette terre à la dame de Luynes, sa fille. La cure
de Fougère ayant vaqué, M. de Luynes, comme
baron de Beaugé, à cause de sa femme, avait présenté un prêtre qui s'était adressé au grandvicaire
de l'évêque, et on lui avait répondu : « *locus est ple-*
» *nus* ; le patronage dont il s'agit, est attaché à la
» famille, et non à la baronnie. » M. de Luynes
avait fait une nouvelle présentation ; et le présenté
ayant obtenu des provisions du chapitre de Tours,
avait formé complainte contre le pourvu par l'é-
vêque. Les choses en cet état, sentence au vice-
dial de la Flèche, qui adjuge la recréance au
présenté. Le pourvu par l'évêque meurt après
avoir abdiqué son bénéfice, avec faculté à l'évêque d'en disposer avec le consentement du véritable
patron. L'évêque pourvoit sur la présentation du
prince de Carignan, descendant légitime d'Anne
de Montcalquier : le nouveau pourvu forme sa
complainte ; le présidial de la Flèche appointe
en droit : appel.

La cause portée à l'audience de la grand'chambre du parlement de Paris, on convenait que le patronage dont il était question, était attaché à la famille ; mais on ajoutait que la dame de Luynes descendait d'un légitimé, et que la Légitimation ne transmet point les droits du sang. Par arrêt du 7 février 1719, rendu sur les conclusions de M. Gilbert, la cour évoquant le principal, a maintenu le pourvu par l'évêque en possession et jouissance du bénéfice litigieux, et, sur la demande en restitution de fruits, a mis les parties hors de cour.

VII. La Légitimation par lettres ne révoque point la donation faite antérieurement à un étranger : c'est la disposition textuelle de l'ordonnance de 1731, art. 39.

VIII. Elle ne fait pas non plus cesser la condition si sine liberis, apposée à une substitution : c'est ce que décide l'ordonnance de 1747, tit. 1, art. 23 : « Dans les substitutions faites sous la » condition que le grevé vienne à décéder sans » enfans, le cas prévu par ladite condition, sera » censé être arrivé, lorsqu'au jour du décès du » grevé, il n'y aura aucun enfant légitime et ca- » pable des effets civils, sans qu'on puisse avoir » égard à l'existence des enfans naturels, même » légitimés autrement que par mariage subsé- » quent. »

Cela avait déjà été ainsi jugé par un arrêt du parlement de Toulouse, du mois d'août 1593, rapporté dans le recueil de Catellan.

Mais doit-on conclure de là qu'en tout ce qui concerne les substitutions, il soit dans le vœu de l'ordonnance de 1757, que les légitimés par lettres soient traités comme bâtards ? Et, en partant de ce principe, peut-on refuser à un enfant naturel qui, en vertu de la Légitimation obtenue de la bienfaisance du prince, s'est fait déclarer ou reconnaître héritier ab intestat de son père grevé de substitution, le droit de jouir provisoirement de tous les biens qui se sont trouvés dans les mains de celui-ci à son décès, tant qu'il n'a pas été procédé à la distraction de ceux qui étaient substitués dans sa personne ?

Cette question a été agitée au parlement de Toulouse en 1770, par suite de l'arrêt de cette cour, du 7 août 1767, rapporté ci-devant, n° 4, qui avait déclaré la dame Francez héritière ab intestat de Jacques de Manse, son père.

D'après cet arrêt, la dame Francez avait demandé, devant le sénéchal de Montpellier, à être réintégrée dans la possession et jouissance de tous les biens compris dans les actes de 1702, comme faisant partie de la succession de son père ; en conséquence elle forma opposition à un appointement du juge qui avait mis le chevalier de Manse en possession des biens substitués à son profit. Après la mort du chevalier de Manse, ses sœurs reprirent la cause, et défendirent à cette demande.

Par sentence du 6 juillet 1769, le sénéchal débouta la dame Francez de son opposition à l'appointement, et lui fit défense de troubler les héritières

du chevalier dans la possession des biens substitués.

La dame Francez interjeta appel de cette sentence au parlement de Toulouse. Par arrêt du 21 mai 1770, il fut dit, en mettant l'appellation et ce au néant, que la dame Francez avait succédé ab intestat à Jacques de Manse, son père ; en conséquence, elle fut maintenue, en qualité de son unique héritière, dans tous les droits, raisons et actions qu'il avait délaissés au moment de son décès. Les demoiselles de Manse furent condamnées à laisser à leur nièce tous les biens de l'hérédité de son père, et à lui restituer les fruits. Elle fut maintenue dans la possession provisoire des biens, tant libres que substitués, jusqu'à ce qu'il eût été procédé aux liquidations et détractions dérivant des légitimes dues aux différens enfans. Les demoiselles de Manse furent condamnées à lui en faire le délaissement provisoire, avec défense de la troubler. Il fut ordonné que les liquidations et détractions seraient faites dans deux mois. Il fut dit qu'il n'y avait lieu de prononcer, quant à présent, sur la demande des demoiselles de Manse en déclaration d'ouverture de la substitution contenue dans la donation du 14 juin 1702, ni sur la demande en maintenue dans la propriété et jouissance des biens compris dans cette substitution, sauf à être fait droit aux parties, ainsi qu'il appartiendrait, lors du jugement de la distinction des biens libres d'avec les substitués.

Ensuite, et sur différentes chicanes que la dame Francez éprouva de la part de ses tantes, elle obtint, le 4 août 1770, un second arrêt, qui ordonna qu'elle serait mise, par le premier huissier ou notaire, dans la possession réelle et corporelle des biens immeubles que Jacques de Manse possédait à son décès, tant libres que substitués, en présence des demoiselles de Manse, où elles seraient dûment appelées ; que celles-ci seraient tenues de remettre à la dame Francez tous les meubles et effets de la succession, même ceux des biens prétendus substitués, et tous les actes, titres et papiers, à condition de leur en fournir décharge sur l'inventaire qui en serait dressé par le commissaire chargé de l'exécution de l'arrêt ; et que tous régisseurs, séquestres et dépositaires, ou débiteurs, seraient contraints, au premier commandement, de vider les mains en celles de la dame Francez, des deniers qu'ils pouvaient avoir appartenans à la succession dont il s'agissait.

Des oppositions faites sous des noms empruntés, empêchèrent la dame Francez de toucher aucun denier ; un nouvel arrêt contradictoire, du 19 avril 1771, lui adjugea une provision de 25,000 livres.

Elle se disposait à poursuivre le paiement de cette somme, lorsqu'on lui fit signifier un arrêt du conseil, qui déboutait les demoiselles de Manse de leur demande en cassation de l'arrêt du 7 août 1767, mais cassait ceux des 21 mai et 4 août 1770, quoiqu'ils ne fussent que la suite et la conséquence du premier, et renvoyait les parties au parlement de Paris.

1º De l'origine de la Légitime. Est-elle reçue partout?

2º De la nature de la Légitime.

3º Quelles sont les personnes à qui la Légitime est due?

4º En quel cas y a-t-il ouverture à la demande de la Légitime?

5º Comment ceux qui ont droit de Légitime, peuvent-ils en être exclus?

6º Quelle est la quotité de la Légitime?

7º Peut-on diminuer ou charger la Légitime?

8º De la liquidation de la Légitime.

9º Du paiement de la Légitime.

10º Des actions concernant la Légitime.

On verra à l'article *Prétérition*, à quel titre la Légitime doit être laissée à ceux qui en ont le droit.

[[Dans tout cela, il ne sera question que de la Légitime de notre ancien droit. Celle que le Code civil lui a substituée, fera la matière des articles *Portion indisponible* et *Réserve*.]]

Section I. *De l'origine de la Légitime. Est-elle reçue partout?*

I. La loi qui accorde la Légitime aux enfans, peut être appelée *non scripta sed nata lex*; elle est née, pour ainsi dire, avec l'espèce humaine; elle a précédé toutes les constitutions civiles et politiques, et c'est la nature elle-même qui l'a gravée dans le cœur de tous les pères. On sent, en effet, que nourrir l'enfant auquel on a donné le jour, et lui laisser de quoi se procurer à lui-même des alimens lorsqu'on ne pourra plus lui en fournir, sont deux devoirs liés intimement entre eux, et dont l'un est la conséquence nécessaire de l'autre.

Il fut cependant un temps où les Romains, parurent méconnaître ces devoirs sacrés : leur premier législateur Romulus leur avait donné un pouvoir absolu de vie et de mort sur leurs enfans : souverains dans leurs familles, et plus despotes que pères, ils n'écoutaient que cette fureur de commander qui formait leur caractère dominant ; et non contens de se livrer à ces impressions pendant leur vie, ils trouvèrent encore le moyen de régner, après leur mort, sur toute leur postérité. La loi des douze tables leur permit de disposer par testament de tout leur patrimoine, et par là de préférer des étrangers à leur propre sang. Si cette permission était injuste, elle était du moins conséquente : puisque les pères avaient alors le droit d'ôter la vie à leurs enfans, ils devaient à plus forte raison avoir celui de les exclure de leur succession sans cause et sans motif.

Mais bientôt la férocité romaine fut adoucie par les peuples même qui en avaient été les victimes, et ces excès d'autorité furent renfermés dans les bornes de la justice et de la raison. Le droit de vie et de mort fut réduit à une simple correction, à un châtiment modéré, et l'on soumit à un tribunal supérieur l'usage que le père faisait de sa faculté de tester. Lorsqu'il avait abusé de cette faculté,

lorsqu'il avait lancé témérairement la foudre de l'exhérédation, on regardait son testament comme l'effet d'une passion aveugle, ou comme l'ouvrage d'un esprit dérangé ; et l'on permettait aux enfans de l'attaquer par la *querelle d'inofficiosité*.

Ces plaintes devenant successivement fréquentes, on chercha le moyen de les rendre plus rares ; et comme on avait accordé aux héritiers étrangers le bénéfice de la falcidie et de la trébellianique, on crut devoir aussi donner aux enfans une certaine portion des biens de leur père, qui fut indépendante de sa volonté, et déférée uniquement par le ministère de la loi. On ne sait pas précisément qui fut l'auteur de cette innovation : Cujas, dans ses *Observations*, liv. 3, chap. 7, l'attribue à l'empereur Marc-Aurèle ; et il se fonde sur un passage de l'histoire ecclésiastique de Nicéphore, liv. 3, chap. 31. Mais il paraît se rétracter dans ses notes sur les sentences de Paul ; et en effet, nous trouvons dans Pline le jeune, livre 5, lettre 1, un passage qui fait voir bien clairement que Nicéphore s'est trompé, et que Marc-Aurèle n'est pas le premier auteur de la loi dont il s'agit. Pline avait été institué héritier par Pomponia Gratilla ; Curianus, fils de la testatrice, s'en étant plaint comme d'une disposition inofficieuse, Pline lui dit que ses plaintes seraient mal fondées si sa mère lui eût laissé un quart de sa succession : *si mater te ex parte quartâ scripsisset heredem, num queri posses?* Ces termes prouvent nettement que les enfans avaient droit, long-temps avant Marc-Aurèle, à une certaine portion des biens de leurs pères et de leurs mères ; car, quoiqu'on ne sache pas l'époque précise de la mort de Pline, on ne peut pas douter néanmoins qu'elle ne soit antérieure au règne de Marc-Aurèle, puisqu'il était né sous l'empereur Néron, mort en 68, et que Marc-Aurèle ne parvint à l'empire qu'en 138.

Quoiqu'il en soit, la Légitime accordée d'abord aux enfans, et étendue ensuite à d'autres personnes, comme on le verra ci-après, n'était pas, dans le principe, aussi favorable, ni fixée aux mêmes taux qu'elle l'a été depuis. C'est principalement à l'empereur Justinien qu'on doit la perfection de cette partie essentielle de la jurisprudence : aussi les lois qu'il a faites à ce sujet, ont-elles été reçues et adoptées sans la moindre contradiction dans la plupart des états policés.

II. On dit *la plupart*, car il s'en trouve encore quelques-uns où la Légitime est inconnue. Crespo de Valdaura (*Observat.* 24, pages 461 et 462) nous apprend que, dans le royaume d'Aragon, les pères ont, pour la disposition de leurs biens et l'exhérédation de leurs enfans, le même pouvoir que la loi des douze tables accordait aux anciens Romains.

Il en est de même dans une grande partie de l'Angleterre ; on n'admet point en ce pays la détraction de Légitime sur les *chatels* personnels et réels dont le possesseur a testé ; mais il y a des endroits où les autres biens se divisent en trois portions, dont une est pour la veuve ; la seconde, pour les enfans ; et la troisième, à la disposition du père (1).

III. Pour nous renfermer dans la France, il est constant que la Légitime a toujours été admise dans celles de nos provinces qui ont adopté le droit écrit pour leur code municipal. Nous avons même, dans les autres, un certain nombre de coutumes qui la reconnaissent expressément; ce sont, Paris, article 298 ; Orléans; art. 274; Calais, art. 85 ; Chauny, art. 49; Bourgogne, chap. 7 ; Auvergne, chap. 12, art. 14; Berry, chap. 7, art. 10; Nivernais, Chap. 27, art. 7; Bourbonnais, art. 216 ; Anjou, art. 20 et 21; Bassigny, art. 156; Verdun, tit. 5, art. 1 ; Châlons, art. 63; Reims article 232 et 292; Péronne, art. 107 ; Senlis, article 219; Clermont en Beauvoisis, art. 129; Valois, art. 133; Melun, art. 252; Mantes, tit. 15, art. 1 ; Auxerre, art. 218; Sens, art, 89 et 109; Châteauneuf, art. 113; Chartres, art. 91; Dreux, art. 92; Montargis, chap. 11; art. 1 ; Vermandois, art. 51; Saint-Quentin, art. 14; Valenciennes, art. 141 ; bailliage d'Aire, art. 57; bailliage de Saint-Omer, art. 27; Bourbourg; rub. 15 ; art. 1 ; Orchies, chap. 2, art. 1.

La coutume de Normanie peut être rangée dans la même classe, puisque le tiers coutumier et le mariage avenant dont elle parle art. 249 et 399, ne sont autre chose qu'une Légitime véritable et proprement dite.

Quoique les autres coutumes soient muettes sur cette matière, on ne doit point douter pour cela que la Légitime n'y ait lieu. Il y en a cependant quelques-unes à l'égard desquelles cette décision a souffert des difficultés.

IV. Par exemple, s'il faut en croire le rédacteur du Journal des audiences, il a été jugé par arrêt du 14 janvier 1625, « qu'en la coutume de Bou- » lonnais, qui permet au père de disposer de tous » ses meubles, acquêts et conquêts immeubles en » faveur de telles personnes qu'il lui plaît, même » au préjudice de ses héritiers apparens, les enfans » ne pouvaient prétendre le supplément de leur » Légitime sur iceux : aussi que, par autre article » de la même coutume, il est permis au père de » disposer de ses fiefs d'acquêts jusques aux quatre » quints, le quint hérédital réservé aux héritiers : » d'où l'on tirait un argument à contre-sens, qu'ès » acquêts cottiers et roturiers il n'y avait point de » quint ni de Légitime, et ce, en confirmant la » sentence du sénéchal de Boulogne. »

De là, dit Le Camus d'Houlouve, les commentateurs et annotateurs de cette coutume ont établi pour principe, qu'il n'y avait point de Légitime en Boulonnais pour les enfans; et quelques-uns d'entre eux ont trouvé cette prétendue disposition si injuste, qu'ils sont convenus de la nécessité de la réformer sur ce point.

Mais, ajoute le même auteur, quelque rigoureuse que soit cette coutume, relativement aux enfans, soit par les grands avantages, qu'elle fait

(1) Cowel, inst. juris Anglici, liv. 2, tit. 1, § de inofficioso testamento.

à l'aîné, soit en rejetant la représentation en ligne directe, elle ne porte pas la rigueur jusqu'à refuser aux enfans, lorsqu'ils ne veulent pas se contenter des réserves coutumières dans la succession de leur père et de leur mère, ou autres ascendans, d'y prendre leur Légitime, telle que le droit commun la leur défère. L'obligation des pères et mères d'assurer après leur mort la subsistance des enfans à qui ils ont donné le jour, est trop équitable, trop universellement reconnue, trop visiblement fondée sur le droit naturel, pour qu'on puisse considérer le silence ou la disposition vague d'une coutume, comme une dispense de cette obligation. Et, comme le dit Lebrun, en répondant à l'arrêt que nous venons de rapporter, « on doit toujours » expliquer une coutume, en sorte qu'elle ne contienne pas une injustice manifeste, suivant ce » qui est marqué en la loi 13, D. excusatione » tutorum, sed et si maxime verba legis hunc » habeant intellectum, tamen mens legislatoris » aliud vult. »

L'arrêt de 1625 ne peut donc pas être cité comme un préjugé destructif de la Légitime en Boulonnais, aussi a-t-il été suivi d'un autre du 22 juillet 1698, qui décide formellement le contraire. On trouvera ci-après le dispositif.

La question que nous agitons ici, s'était présentée dans les coutumes d'Amiens et de Ponthieu, avant qu'on l'élevât dans le Boulonnais; et, par arrêt du 1er février 1620, il avait été jugé que la Légitime de droit avait lieu dans le Ponthieu. Cet arrêt est rapporté par Bouguier, lettre R. §. 3. Celui du 22 juillet 1698, que nous transcrirons ci-après, n° 5, a prononcé la même chose; et Maillart, sur l'art. 74 de la coutume d'Artois, nous en a conservé un autre, du 18 mars 1706, « rendu au rapport de M. Pécot, à la quatrième, » par lequel il a été décidé que le fils grevé aurait » son quint naturel, en vertu de la coutume d'A- » miens; et outre cela, la moitié de sa portion » ab intestat dans les biens libres régis par la cou- » tume d'Amiens. » Le même auteur cite encore un arrêt du 7 septembre 1668, et une sentence de la sénéchaussée d'Abbeville, du 18 avril 1690, qui ont déterminé la quotité de la Légitime dans le Ponthieu; et c'est ce qu'a pareillement fait un arrêt du 21 août 1742, rapporté par Denisart.

La question de savoir si ces coutumes admettent la Légitime, ne doit donc souffrir le moindre doute.

V. On a soutenu long-temps qu'il en devait être tout autrement en Artois.

« On a vu (dit Maillard) un testament fait à » Lille, par un homme éclairé, le 16 octobre 1658, » qui marque que la Légitime de droit n'est pas en » usage en Artois. »

Desmazures, qui était procureur général au conseil provincial d'Arras, et Hébert, qui y était conseiller, enseignent la même chose dans les commentaires manuscrits qu'ils ont laissés sur leur coutume. « C'est (dit le dernier) une maxime » constante et autorisée par des turbes anciennes, » que la Légitime de droit n'a pas lieu en cette produ tout de celle-là : en effet, elle préfère les enfans légitimés entre eux, non-seulement à leur père et à leur mère ; dont elle ne fait point mention, mais encore à leurs frères nés en mariage légitime, soit du même père et de la même mère, soit de l'un ou de l'autre seulement ; ce qui ne peu certainement pas s'adopter aux légitimés par mariage subséquent, puisque leur condition est absolument la même que s'ils étaient nés légitimés.

Une autre exception qu'apporte l'art. 39 de la même coutume à la doctrine si bien établie par M. d'Aguesseau, est que, *si tous les bâtards légitimés décèdent sans faire testament et sans enfans, les plus prochains lignagers de loyal mariage, tant du père que de la mère, s'il y en a de tous côtés, succèdent au dernier décédé.*

Ce texte n'exige point, pour admettre les parens du bâtard légitimé à lui succéder, qu'ils aient donné leur consentement à sa Légitimation ; et il paraît, d'après l'article précédent, que ce serait altérer la coutume que d'y ajouter cette condition.

La coutume de la châtellenie de Lille a été rédigée dans le même esprit ; c'est la conséquence que présente l'art. 62 du titre 2 de cette loi municipale : *Les parens collatéraux ne peuvent succéder ès fiefs et héritages venant d'un bâtard non légitimé, qu'après la tierce-génération.* Il résulte naturellement de ces termes, que si le bâtard est légitimé, l'intention de la coutume est d'appeler ses parens à sa succession, soit qu'ils aient consenti ou non à l'entérinement de ses lettres.

XIII. Nous venons de dire, d'après M. d'Aguesseau, que, dans les autres coutumes, les parens du bâtard ne sont admis à lui succéder qu'en vertu d'un pacte de successibilité réciproque. Mais il reste à examiner si ce pacte doit être exprès, ou s'il ne résulte pas assez du consentement des collatéraux du bâtard à l'entérinement de ses lettres.

Cette question a été jugée, de nos jours, au parlement de Flandre et au conseil du roi.

M. Brunet de Mont-Forent, président à la chambre des comptes de Paris, avait eu de la demoiselle Marie Lemasson, un enfant naturel dont il avait toujours pris les plus grands soins. Cet enfant, connu depuis sous le nom de Brunet de Mont-Jamon, avait à peine cinq ans, que son père disposa de cette manière par son testament du 24 septembre 1693. *Je donne la somme de 45,000 liv., qui sera payée comme doit à mon fils naturel, que mon intention est de faire légitimer au plus tôt.* Le testateur mourut en 1706, sans avoir consommé le projet qu'il avait conçu de faire légitimer son fils ; mais ses parens entrèrent dans ses vues, et donnèrent, en 1706, même tous les consentemens nécessaires pour faire accorder au sieur de Mont-Jamon des lettres de Légitimation. Elles furent obtenues au mois de janvier 1707, avec la clause de pouvoir succéder et transmettre à ses enfans et autres héritiers les biens qu'il laisserait à sa mort, sans qu'on pût les revendiquer par droit de bâtardise. Ces lettres furent enregistrées au

Châtelet et à la chambre des comptes, les 26 janvier et 10 février 1707.

Le sieur de Mont-Jamon, ainsi décoré de la Légitimation, parvint à la place du trésorier des troupes en Artois, et ensuite à la même commission en Flandre.

Ces emplois lui firent prendre des maisons à loyer, tantôt à Arras, tantôt à Lille.

Comme les lettres de Légitimation n'avaient point été adressées au parlement de Paris, il prit le parti d'obtenir des lettres de confirmation : elles lui furent accordées au mois de janvier 1752, et enregistrées en cette cour le 26 février de la même année.

Le sieur de Mont-Jamon étant venu à décéder à Lille, en mai 1761, sentence intervint au bureau des finances de la même ville, le 8 octobre suivant, qui adjugea sa succession au roi, à titre de bâtardise.

M. le président de Noinville et les autres parens naturels du défunt, se rendirent appelans de cette sentence au parlement de Flandre.

Pour en soutenir le bien jugé, le receveur des domaines disait que les lettres de Légitimation n'établissent pas un droit de successibilité entre le légitimé et ses parens naturels : il est vrai (ajoutait-il) qu'il y a des exemples ou les bâtards légitimés et leurs parens naturels se sont succédé réciproquement, mais c'était dans les cas où il se trouvait des conventions précises de succession mutuelle ; et c'est ce qu'on ne remarque pas dans notre espèce ; car, par l'acte de 1706, les parens du sieur de Mont-Jamon déclarent seulement le reconnaître pour fils naturel du président de Mont-Forent, *et consentir, en tant qu'il est en leur pouvoir et que besoin serait, qu'il obtienne des lettres de Légitimation, et jouisse de l'effet d'icelles.* Cet acte n'est pas même signé du sieur de Mont-Jamon ; tout ce qu'on y trouve, c'est un simple consentement à l'obtention des lettres, sans aucun mélange de convention ni d'espérance de succéder. D'ailleurs, ces lettres sont nulles par deux défauts de formalités : 1° elles n'ont été obtenues qu'après le décès du président de Mont-Forent ; 2° elles n'ont été enregistrées, ni au bureau des finances de Paris, ni à celui de Lille, ni même au parlement de Flandre, dans le ressort duquel le sieur de Mont-Jamon était domicilié.

Malgré ces raisons, la sentence du bureau des finances de Lille a été infirmée, et la succession a été adjugée aux héritiers ; par arrêt du parlement de Flandre, du 20 mai 1765. Le receveur des domaines s'est pourvu en cassation et a fait admettre sa requête ; mais par arrêt contradictoirement au rapport de M. Lenoir, le 21 mars 1768, le conseil l'a débouté de sa demande.

On devine aisément les motifs qui ont dicté ces deux arrêts.

Les parens du sieur de Mont-Jamon avaient consenti qu'il se fît légitimer et qu'il jouît de tous les effets de la Légitimation. Or, le principal de ces effets était d'établir entre lui et ses parens une espèce d'agnation et de faculté de succéder : on pouvait donc dire qu'il s'était formé, par l'acte de 1706, un vrai pacte de successibilité réciproque; et dès-là, cette espèce devait être rangée dans la classe même de celles où le receveur des domaines était forcé de convenir que les parens du bâtard légitimé lui succèdent, à l'exclusion du fisc.

La nullité qu'on reprochait aux lettres du sieur de Mont-Jamon, en ce qu'elles n'avaient pas été obtenues au nom du père, n'était pas appuyée sur un meilleur fondement. La loi exige, il est vrai, le consentement du père pour légitimer l'enfant naturel à son égard ; mais lorsqu'il ne s'agit que d'habiliter le bâtard à succéder et à transmettre sa succession à ses parens collatéraux, le consentement de ceux-ci doit suffire pour l'obtention des lettres.

Il ne reste plus que le défaut d'enregistrement au bureau des finances de Paris ou de Lille, et au parlement de Flandre. Mais, 1º il est clair que l'enregistrement fait à la chambre des comptes, doit suppléer le défaut de cette formalité dans les bureaux des finances. 2º Le sieur de Mont-Jamon était né à Paris en 1688; il y avait fait sa résidence jusqu'en 1717, et il n'avait quitté cette ville que pour exercer un emploi de trésorier des troupes à Arras, et ensuite à Lille : il était donc naturel qu'il se regardât, quoique résidant en Flandre, comme domicilié à Paris, et que par conséquent il fît adresser ses lettres au parlement de Paris, et non à celui de Douai. Cela résulte des principes établis à l'article Domicile, § 3.

XIV. Lorsque le bâtard légitimé ne laisse point de parens habiles à lui succéder, sa succession appartient-elle aux seigneurs par droit de déshérence, ou se règle-t-elle par les principes du droit de bâtardise?

Une chose bien certaine et bien propre à résoudre cette question, c'est que les lettres de légitimation n'ont point été accordées pour l'avantage du seigneur : elles ne doivent donc rien opérer en faveur de celui-ci; car on ne peut jamais étendre les grâces émanées de la bienfaisance du prince, au-delà des termes dans lesquels il les a circonscrites, et on le peut encore moins à l'effet de préjudicier au prince lui-même. La succession du bâtard légitimé par lettres doit donc être réglée entre le roi et les seigneurs de la même manière qu'elle l'aurait été s'il n'avait pas obtenu des lettres de légitimation.

« On pourrait (suivant M. d'Aguesseau) opposer à cette décision la disposition de l'art. 198 de la coutume de Sédan, qui donne au souverain la succession des bâtards, s'ils n'ont de lui lettres ou priviléges contraires; ce qui semble exclure absolument le roi de la succession du bâtard, lorsqu'il l'a légitimé.

» En effet, ne pourrait-on point dire que le bâtard ayant été légitimé par le roi, n'est plus considéré comme bâtard à son égard; et qu'ainsi, étant de la même condition que les autres citoyens, sa

succession doit être déférée par les mêmes règles, soit à ses parens, s'ils ont consenti à sa légitimation, soit au seigneur par droit de déshérence, s'il ne laisse point d'héritiers légitimes, et s'il meurt b intestat ?

M. d'Aguesseau ajoute que cette question mérite bien d'être examinée, et, en effet, il ne paraît pas que l'interprétation proposée par ce magistrat soit admissible : il ne faut, pour s'en convaincre, que lire d'un seul contexte l'article dont il s'agit : Et quant aux autres parens et lignagers des bâtards décédés sans hoirs légitimes procréés de leurs corps, ils ne succèdent auxdits bâtards, ains les successions et biens desdits bâtards appartiennent au seigneur souverain, s'ils n'ont de lui lettres ou privilége au contraire.

On voit que, dans ce texte, il n'est point du tout question de seigneur, et qu'il s'y agit seulement de savoir si l'hérédité d'un bâtard appartient au roi ou à ses parens. La coutume décide en faveur du roi pour le cas où le bâtard n'a point été légitimé par lettres; elle ne déclare pas, il est vrai, à qui, dans le cas contraire, devront retourner ses biens; mais il est évident qu'alors même, elle ne les donne point au seigneur par droit de déshérence, puisqu'encore une fois, elle ne parle point de lui : il faut donc dire qu'elle les défère également au roi, à moins que les parens du bâtard n'aient consenti à sa légitimation; car ce consentement étant, comme on vient de le voir, indispensable pour établir le droit de successibilité entre le bâtard et ses parens naturels, on doit croire que, quand la coutume attribue aux lettres de légitimation la vertu d'exclure le souverain, elle les suppose revêtues de toutes les formalités requises par les maximes générales de notre jurisprudence.

V. Voët et Zoès sur le Digeste, titre de concubinis; le Traité de l'abus, par Fevret; les Conférences de Paris sur le mariage, les Traités particuliers sur la légitimation, insérés dans le Tractatus tractatuum; le Traité du contrat de mariage de Pothier; Furgole, des testamens; Peregrinus, de fideicommissis; le Plaidoyer 57 et le Discours sur les bâtards, de M. d'Aguesseau : et les articles Bâtard, Légitimité, Mariage, etc.

LÉGITIME. C'est une portion que la loi donne à certains héritiers présomptifs dans des biens qu'ils auraient recueillis en totalité, sans les dispositions que le défunt en a faites à leur préjudice; c'est un remède introduit contre les libéralités indiscrètes de ceux qui doivent naturellement pourvoir à la subsistance de leurs successeurs ab intestat, c'est un secours commandé par la nature et réglé par la loi.

Cette matière, qui est d'un usage journalier, et par conséquent très-importante, exige beaucoup de détails : voici l'ordre dans lequel nous nous proposons de ranger les principes qui y sont relatifs, et de discuter les questions qu'elle présente :

La question soumise au jugement de ce tribunal, se réduisait donc à savoir si la dame Francez était fondée à demander d'être maintenue dans la propriété et jouissance des biens de la succession de son père ; et par suite, dans la possession provisoire de ceux qu'on prétendait être substitués.

Après avoir établi sa qualité d'héritière *ab intestat*, la dame Francez en a conclu que cette qualité l'avait saisie de tous les biens de la succession, en vertu de la règle, *le mort saisit le vif*, qui est en vigueur dans les pays de droit écrit, comme dans les pays coutumiers, surtout à l'égard des héritiers *siens*, au profit desquels les lois romaines elles-mêmes prononcent la saisine : *Hi autem heredes fiunt etiam ignorantes ; et statim morte parentis continuatur dominium.* (Inst. *de hereditatibus quæ ab intestato deferuntur.*)

« Voilà, disait la dame Francez, pour la succession des biens libres. A l'égard des biens substitués, l'art. 4 du tit. 1er de l'ordonnance des substitutions, du mois d'août 1747, décide que le fidéicommissaire n'est pas saisi de droit, qu'il doit demander et obtenir la délivrance, autrement, il ne peut intenter aucune action contre le tiers-possesseur, et les fruits ne lui sont dus que du jour de la remise volontaire, ou de la délivrance.

» Le chevalier de Manse n'a point rempli cette formalité ; il n'a point demandé à la dame Francez, comme héritière de son père, la délivrance des biens substitués. Ni Jacques de Manse, ni sa fille, n'ont reconnu ses droits : il ne rapporte ni acte de publication, ni enregistrement de la substitution. Sa sœur n'est pas plus en règle ; et, en attendant qu'ils y soient, la possession provisoire appartient à la dame Francez : C'est la disposition textuelle de l'art. 41 du même titre de la même ordonnance.

» Il s'était établi, surtout en pays de droit écrit, des distinctions entre les substitués en ligne directe et les substitués en ligne collatérale. Les premiers étaient saisis de plein droit, et mis en possession aussitôt après le décès de l'héritier grevé, sauf à procéder ensuite aux distractions ; mais en ligne collatérale, les substitués ne pouvaient entrer en possession qu'après les distractions.

» L'ordonnance supprime, à cet égard, toute distinction et toute prérogative entre les substitués. Elle maintient les héritiers, représentans ou ayant-cause du grevé, dans la possession des biens de toute son hérédité, jusqu'après la distraction des biens libres, d'avec ceux qui sont substitués.

» La dame Francez est héritière de son père ; les liquidations et distractions doivent donc se faire avec elle ; et, en attendant, elle doit nécessairement avoir la possession provisoire de tous les biens de l'hérédité, et jouir de tous les fruits, jusqu'à ce que l'appelé à la substitution ait justifié son droit, et se soit mis en règle. Toute proposition relative à la substitution en elle-même, est prématurée. Il suffit que les biens avaient résidé sur la tête du père de la dame Francez, pour que la possession provisoire lui soit continuée, comme sa fille et son unique héritière.

» On a beau dire que l'art. 23 du tit. 1er de l'ordonnance des substitutions, défend d'admettre les enfans légitimés par lettres du prince, à recueillir les substitutions à défaut d'enfans légitimés. Cet article n'a ici aucune application : la dame Francez ne prétend rien aux biens qui peuvent avoir été légitimement substitués, et qui ne sont échus à son père qu'à la charge de cette substitution ; elle sait très-bien qu'elle ne peut pas faire défaillir la condition *si sine liberis.*

» Mais cette règle n'empêche pas qu'elle ne doive jouir par provision des biens, tant libres que substitués, qui composent la succession de son père, parce qu'aux termes de l'ordonnance, il suffit qu'elle soit son héritière, et qu'elle le représente. Elle a même un droit plus fort que les appelés à la substitution, puisqu'en qualité d'héritière, elle a *jus in re* sur les biens de toute l'hérédité dont elle est saisie ; les substitués, au contraire, tant que les liquidations et distractions ne sont pas faites, n'ont qu'un droit à la chose, *jus ad rem.* »

Enfin, par arrêt rendu à la première chambre des enquêtes du parlement de Paris, le 1er septembre 1775, la dame Francez fut déclarée unique héritière, *ab intestat*, de Jacques de Manse, son père, pour tous les biens meubles, immeubles, noms, droits, raisons et actions, qu'il avait laissé à son décès ; en cette qualité, elle fut maintenue dans la possession et jouissance provisoire des biens contenus dans la donation de 1702, jusqu'à la distinction des biens libres d'avec les biens substitués, et la liquidation des détractions de droit, s'il y avait lieu, avec défenses aux demoiselles de Manse de l'y troubler, sous telle peine qu'il appartiendrait ; il fut ordonné que ces liquidations et détractions seraient faites dans le délai de trois mois, à compter du jour de la signification de l'arrêt ; que la dame Francez serait mise en possession réelle et corporelle de tous les biens, tant libres que substitués, aux dépens des demoiselles de Manse, lesquelles seraient tenues de délaisser dans huitaine, à compter de la signification de l'arrêt, à la dame Francez, tous les effets, actes, titres et papiers composant ou concernant les biens de la succession de Jacques de Manse, tant libres que substitués, à condition qu'elle leur en donnerait bonne et valable décharge.

IX. On a douté autrefois si un bâtard légitimé par lettres était capable de posséder un fief.

Cette question singulière a été jugée pour l'affirmative par un arrêt du parlement de Paris du 14 août 1456, rendu contre le comte de Ventadour, seigneur de Joinville, qui refusait de recevoir Jean du Vergier à la foi et hommage de la terre de Sabliac, laquelle lui avait été donnée par son père naturel. Cet arrêt est rapporté par Papon, liv. 311, tit. 3.

X. Dans les coutumes qui excluent les filles dotées par leur père de sa succession, les mâles légitimés par lettres depuis la dotation de leur sœur légitime, ne l'empêchent point de succéder ; quand même elle aurait consenti à l'entérinement de leurs

lettres. C'est la remarque de Dumoulin sur l'art.
48 de la coutume de Franche-Comté : *Secus ergo
de legitimatis , quia non possunt legitimari in
præjudicium hujus exclusionis limitatæ , sive con-
suetudinariæ sive couvêntæ.*

Mais si la légitimation avait été faite avant la
dotation , et que la fille y eût consenti , il semblerait que l'exclusion dût avoir lieu , comme ayant
été prévue lors du mariage. Cependant Lebrun décide qu'en ce cas même , la fille dotée n'est point
exclue , parce que la légitimité ne succède que
par son consentement , et qu'elle n'a point dû
supposer , en l'admettant à la participation des espérances d'une hérédité future , se donner indirectement l'exclusion à elle-même.

XI Dans les coutumes d'égalité parfaite, les légitimés par lettres peuvent - ils assujétir leurs
frères légitimes au rapport?

Il faut distinguer si ceux-ci viennent à la succession, ou s'ils renoncent : dans le premier cas,
le rapport a lieu sans difficulté ; mais il en est autrement dans le second : les enfans légitimes
avaient , au temps de la Légitimation , un droit
acquis entre eux de se tenir à leurs donations respectives , en renonçant à la succession; car dans
les coutumes dont il s'agit, il n'y a point de rapport forcé entre les renonçans ; or, personne n'est
présumé abdiquer un droit déjà acquis ; il faut , en
ce cas , un désistement précis et formel. « Ainsi
» (dit Lebrun,) le consentement que les enfans lé-
» gitimes ont prêté à l'entérinement des lettres de
» Légitimation portant clause de succéder, se doit
» expliquer de telle manière, que ce soit sans pré-
» judice du droit qui leur a été acquis aux termes
» de leurs donations, auxquelles il leur sera per-
» mis de se tenir, en renonçant à la succession,
» laquelle , en ce cas, appartiendra tout entière
» aux enfans légitimés par lettres , sans qu'ils
» puissent obliger les légitimés au rapport , si ce
» n'est qu'ils ne se portent aussi héritiers.»

XII. Il nous reste à parler de la succession des
bâtards légitimés par lettres. Cette manière doit
être examinée, et par rappport aux parens et par
rapport aux seigneurs.

On a cru long-temps que les parens , tant paternels que maternels , du bâtard légitimé par lettres , étaient habiles à lui succéder , quoiqu'ils
n'eussent pas consenti à sa Légitimation. C'est ce
qu'ont pensé Lebret, *Traité de la souveraineté*,
liv. 2 , chap. 12 , Bacquet , *du droit de Bâtardise*,
chap. 4, Chopin , sur la coutume d'Anjou, liv. 5,
chap. 7 , Charondas , liv. 3 , rép. 85, Loyseau ,
des Seigneuries, chap. 12, n° 114.

Cette opinion a même été confirmée par plusieurs arrêts.

« Mais (dit M. d'Aguesseau,) lorsqu'on s'est
dépouillé du préjugé qui naissait de ces autorités,
qu'on a examiné attentivement les principes, on
a été obligé de prendre un avis tout différent. On
a considéré qu'il n'y a point de règle plus certaine
en matière de succession, que celle qui en exclud
tous ceux qui ne sont point appelés par la loi et

qui ne sont pas véritablement parens..... Cette
règle présupposée, on a réduit la difficulté à examiner si le bâtard légitimé par lettres du prince,
commence, par le moyen de cette Légitimation,
à faire partie de la famille de son père et de sa
mère, et comme il est certain qu'elle....... ne lui
imprime point la qualité de parent, on a conclu
que cette Légitimation ne pouvait pas donner aux
parens de son père et de sa mère le droit de lui
succéder.......

» L'arrêt du conseil qui a été rendu dans les
derniers temps au sujet de la succession du chevalier de Longueville, achève de prouver cette vérité.

» Et quoique les sentences de la chambre du domaine n'aient pas la même autorité que des arrêts,
cependant elles assurent l'usage, parce que c'est la
juridiction où ces sortes d'affaires sont portées
en première instance : or, la jurisprudence de ce
tribunal est présentement certaine en ce point; et
la question dont il s'agit y a été précisément jugée le 28 février 1698, contre les parens de Jean
Bernay......

» Lorsque la clause de succéder se trouve donc
dans des lettres de Légitimation , elle doit être entendue, pourvu que les parens aient consenti à
leur antériorement, et qu'eux et le bâtard, par une
espèce de convention, se soient rendus capables de
succéder réciproquement. Hors de ce cas unique, les
parens sont exclus de la succession du bâtard légitimé par lettres du prince.»

Aux arrêts sur lesquels M. d'Aguesseau appuie
cette doctrine, on peut en ajouter un du grand
conseil de Malines , du Fief, qui le rapporte ;
commence par demander « si les parens qui n'ont
» pas consenti à la Légitimation de leurs enfans
» naturels, peuvent leur succéder *ab intestat;* » et
il répond, que, «par arrêt du 26 juin 1636, il a
» été jugé qu'ils ne doivent pas succéder, *cum in
» materia successionis attendatur reciprocatio, et cui
» succedere non possum, non potest ipse mihi succe-
» dere.* »

Lebrun prétend qu'il faut excepter de cette règle
« le cas de la succession réciproque de plusieurs
» frères , enfans naturels d'un même père et d'une
» même mère; car (dit cet auteur) ils se succèdent
» les uns aux autres en vertu de la Légitimation
» obtenue par le père, et sans y avoir donné un
» consentement formel, parce que le titre de leur Lé-
» gitimation est celui de cette succession réciproque
» qui a lieu entre eux; ce qui arrive à l'instar
» d'une famille étrangère qu'on a naturalisée.»

Cette opinion est conforme à l'art. 38 de la coutume de Bayonne : *Entre bâtards légitimés , frères
de père et de mère, si l'un d'eux décède sans faire testament et sans enfans, l'autre ou autres survivans lui
succèdent.*

On dira peut être que cette disposition ne doit
s'appliquer qu'à la Légitimation par mariage subséquent, et qu'elle ne convient point à la Légitimation par lettres ; mais il est évident que la coutume n'a entendu parler que de celle-ci, et point

» vince, quant aux acquêts, meubles et autres
» biens de libre disposition.... ; et pour les biens
» patrimoniaux, soit fiefs ou autres, la coutume
» y a pourvu en faveur de la ligne d'où ils pro-
» cèdent, au préjudice de laquelle il n'est pas per-
» mis d'en disposer; ce qui est une espèce de Lé-
» gitime ou fidéicommis coutumier. »

Cette opinion a été adoptée plusieurs fois au
conseil d'Artois.

Il y a une sentence de ce tribunal, du 24 mars
1673, qui déboute de sa demande en supplément
de légitime, un fils à qui son père très-opulent,
n'avait laissé que 2,000 livres, et cependant ordonne à la fille, légataire universelle, de faire à
son frère une pension viagère de 500 livres, dont
le fonds, demeurera substitué. Sur l'appel de cette
sentence, portée au parlement de Paris, le procès
a été distribué à M. d'Ormesson, conseiller à la
quatrième chambre des enquêtes; et par arrêt du
8 mars 1674, il a été ordonné, avant faire droit,
qu'à la requête du substitut de M. le procureur général au conseil provincial d'Artois, il serait rapporté des actes de notoriété de ce conseil, des autres siéges ou bailliages royaux d'Artois, et des
avocats, sur leur usage concernant la Légitime des
enfans, lorsqu'il ne se trouve pas de propres, mais
seulement des acquêts et des meubles dans les successions de leurs pères et de leurs mères. En exécution de cet arrêt, les avocats d'Arras, ont attesté, le 24 mai 1674, qu'il n'y avait point en
Artois de Légitime sur les biens disponibles.

Le conseil d'Artois a donné un acte semblable
le 24 juillet suivant ; mais il a ajouté qu'il était
d'usage dans toute la province d'adjuger des alimens aux enfans, lorsqu'ils n'avaient pas d'ailleurs
de quoi vivre, comme il l'avait fait lui-même
par la sentence dont était appel. A la vue de ces
actes de notoriété, le fils se crut mal fondé à soutenir plus long-temps sa demande; en conséquence,
il entervint, de son consentement, un arrêt du 6
mai 1675, qui mit l'appellation au néant.

Nous trouvons dans une compilation manuscrite
des actes de notoriété du conseil d'Artois, que
ce tribunal en a donné deux, les 24 juillet 1694
et 19 octobre 1698, semblables à celui que nous
venons de citer ; et il a montré de nos jours,
par une sentence du 3 décembre 1768, dont l'appel a été arrêté par une transaction, qu'il tenait
encore à son ancienne jurisprudence sur cette matière.

Sur quoi peut donc être fondée une opinion
aussi contraire à la nature, à la raison et à la loi?

Il faut entendre le conseil d'Artois lui-même
dans le dernier des actes de notoriété cités : « décla-
» rent que, dans la province d'Artois, il n'y a point
» de Légitime, soit de la moitié de la portion hé-
» réditaire ab intestat, conformément à la coutume
» de Paris, ou du tiers seulement, suivant le droit
» écrit, parce que, suivant les coutumes générales
» de cette province, les propres et héritages patri-
» moniaux tiennent côté et ligne; les fiefs ap-
» partiennent ab intestat à l'aîné mâle, et, en

« défaut de mâles, à l'aînée femelle, à la charge
» du quint seulement envers tous les puînés par
» égale portion, en succession de père et de mère
» seulement ; n'étant permis de disposer que du
» quint desdits fiefs par testament, et non aut-
» ment, et des fruits, profits et revenus de trois
» ans, de partie ou de tous lesdits fiefs et autres
» héritages patrimoniaux; et à l'égard des roitures,
» elles se partagent entre tous les enfans également,
» sans préciput ni différence de sexe ou d'âge, en
» sorte que les quatre quints des fiefs patrimoniaux,
» et la part égale dans les roitures, tiennent lieu de
» Légitime à l'aîné, et l'autre quint à partager en-
» tre tous les cadets également, et leur part aussi
» égale dans les roitures, leur tiennent lieu de Lé-
» gitime ; ce qui s'est toujours ainsi jugé lorsque
» les cas se sont présentés ; et tel est l'usage cons-
» tant et sans difficulté dans cette province. »

Cet acte de notoriété se réduit, comme on le
voit, à dire : nous n'accordons point aux enfans
la Légitime introduite par le droit romain, parce
que notre coutume y a pourvu elle-même de quatre
manières : 1° en affectant les propres à la ligne
d'où ils proviennent ; 2° en déférant les fiefs aux
aînés à la charge du quint envers tous les puînés,
par portion égale, en succession de pères et de
mères; 3° en défendant de disposer du delà du
quint des fiefs propres et du revenu triennal des propres féodaux ou censuels; 4° en ordonnant le partage égale des roitures, sans distinction de sexe ni
d'âge.

Telle est donc, suivant le conseil d'Artois, la
manière dont la coutume de cette province a pourvu
à la Légitime ; c'est en établissant des réserves coutumières qu'elle en a rempli l'objet et la fin.

Mais les réserves coutumières n'ont rien de commun avec la Légitime ; c'est une vérité que nous
démontrerons ci-après, sect. 2, §. 3. Nous rapporterons même en cet endroit plusieurs arrêts par lesquels il a été jugé que la Légitime de droit a lieu
dans des coutumes qui réservent aux enfans, non-
seulement tous les propres, mais aussi une partie
des acquêts et des meubles ; à plus forte raison donc
doit-elle avoir lieu en Artois, où les héritiers peuvent être privés pendant trois ans du revenu des
biens que la coutume rend indisponibles, et de la
totalité des catteux qu'elle mobilise.

Les antagonistes de cette opinion si juste et si
équitable, opposent que la coutume d'Artois
exempte les enfans du rapport.

Mais 1° sa disposition à cet égard a été corrigée
par un édit du mois de mars 1774, enregistré à
Arras, le 13 avril suivant, et par un autre du mois
d'août 1775, enregistré au parlement de Paris le 29
du même mois.

2° Il n'y a aucune connexité entre l'obligation
ou la dispense de rapporter, et la Légitime. La
coutume de Senlis n'exige le rapport qu'autant que
les donataires acceptent la succession; cependant
elle veut, art. 213, que les donations par lesquelles
la Légitime est blessée, soient réputées nulles. La
coutume de Berry, tit. 7, art. 9, et celle de Ni-

vernais, chap. 27, art. 7, ordonnent que les do-nations inofficieuses soient révoquées jusqu'a con-currence de la Légitime ; quoique la première soit conforme à celle de Senlis, et que la second per-mette de stipuler, par l'acte de donation, que le donataire ne sera pas tenu de rapporter. Voilà bien des preuves claires et évidentes que l'exclusion du rapport n'emporte pas celle de la Légitime, et que tout l'effet de la Légitime, relativement aux dona-tions, et de les réduire jusqu'à concurrence du préjudice qu'elles lui portent.

On objecte encore que la plupart des coutumes locales d'Artois admettant l'entravestissement en-tre époux, on doit croire qu'elles ont voulu ex-clure la Légitime, avec laquelle ce droit singulier est incompatible.

Mais ceci n'est qu'un pur paralogisme. L'entra-vestissement est, dans la personnes des époux, un titre onéreux, au contrat *do ut des*, qui dépouille le premier mourant au moment même de son dé-cès, et par l'effet duquel les biens sur lesquels il frappe, ne font point partie de la succession de celui-ci. Comme la Légitime ne peut être prise que sur les biens qui restent dans la succession du défunt, ou dont il a disposé à titre gratuit, et non sur ceux qu'il a aliénés à titre onéreux, il peut arriver qu'elle se trouve exclue par l'entravestisse-ment, comme elle le serait par une vente univer-selle que le défunt aurait fait de son patrimoine. Mais conclure de là qu'elle ne doit point avoir lieu quand le défunt a conservé quelques biens ou qu'il a tout aliéné à titre gratuit, c'est une conséquence contraire aux premières règles du raisonnement.

Il ne reste plus qu'une objection, et l'on va voir qu'elle n'est pas mieux fondée que les autres. La Légitime, dit-on, est due aux petits enfans comme aux enfans ; c'est la décision expresse d'une foule de textes du droit romain : or, la représentation n'a point lieu en Artois, la coutume l'exclud for-mellement ; on ne doit donc pas non plus y ad-mettre la Légitime.

1.º La représentation a été introduite en Artois par des lettres-patentes du mois d'avril 1773, en-registrées à Arras le 7 décembre suivant, et par l'édit cité du mois d'août 1775, enregistré au par-lement de Paris le 19 du même mois.

2.º Les coutumes de Ponthieu et de Boulonnais excluent aussi la représentation en ligne directe, et celle de la châtellenie de Lille ne l'admet que pour les meubles et les choses réputées tels : cependant les arrêts cités des 1ᵉʳ janvier 1620, 7 septembre 1668 et 22 juillet 1698, ont jugé que la légitime devait avoir lieu dans le Ponthieu et le Boulonnais, et telle a toujours été la pratique de la châtellenie de Lille. Ainsi, tout ce qu'on peut con-clure de l'exclusion de la représentation, c'est qu'un petit-fils ne peut exercer aucun droit héré-ditaire dans la succession de son aïeul, sans le secours du rappel ; et par conséquent, s'il n'a pas de légitime à y prendre, c'est uniquement parce-qu'il n'est pas appelé à l'hérédité *ab intestat*.

Enfin, le parlement de Paris n'a rien remarqué

5ᵉ TOME IX.

soit dans les réserves prescrites par la coutume d'Artois, soit dans l'entravestissement, soit dans l'exclusion du rapport et de la représentation, qui dût faire obstacle à l'exercice de la légitime de droit : aussi l'a-t-il accordée par plusieurs arrêts.

Maillart nous en fournit un du 22 juin 1671, « rendu à la grand'chambre, au rapport de » M. Brillac, à l'occasion de la terre d'Auzi-Châ-» teau-Artois, où l'on a supposé qu'un fils avait » une légitime à prendre sur les biens à lui assignés » en partage par son père, quoique ces biens fus-» sent chargés de fidéicommis perpétuel ».

La même chose a été préjugée par l'arrêt du 22 juillet 1698, que nous avons déja cité pour les cou-tumes d'Amiens, de Boulonnais et de Ponthieu : en voici le dispositif, tel qu'il est rapporté par Duchesne sur l'art. 29 de cette dernière loi (il s'a-gissait de la succession de Marie Truchot, veuve en premières noces du sieur Dauvillers, et en se-condes du sieur du Camp) :

« La cour, faisant droit sur le tout, ordonne que partage et division seront faits de tous les biens de la succession de ladite Marie Truchot, entre lesdits Dauvillers, Marie-Charlotte de Man-nay, et Marc-Antoine-Augustin de Mannay, dont il sera donné audit Dauvillers deux quints des pro-pres situés dans la coutume de Paris, pour sa Lé-gitime ; et la dame Marie-Charlotte de Mannay, deux autres quints pour sa portion héréditaire ; et audit Marc-Antoine-Augustin de Mannay, l'autre quint desdits propres, comme légataire universel de ladite Marie Truchot, sa mère ; et que de ceux situés dans la coutume d'*Amiens*, *Boulonnais* et Normandie, il en sera donné audit Dauvillers sa portion légitimaire, suivant lesdites coutumes.

« Et à l'égard des biens situés en Ponthieu, or-donne qu'il en sera donné audit Dauvillers, le tiers, dès à présent, pour le droit de Légitime dans les-dits biens ; et pour régler si elle sera portée jusqu'à la moitié de la portion héréditaire que ledit Dau-villers aurait eue *ab intestat*, ordonne que les par-ties rapporteront des jugemens des juges d'*Amiens, Boulogne, Artois*, Péronne, Montdidier et Roye, et des transactions, partage ou autres actes, si au-cuns y a dans lesdites coutumes, et des actes de notoriété des officiers des sièges, pour justifier si la légitime doit être de la moitié de la portion hé-réditaire *ab intestat*, conformément à la coutume de Paris, ou du tiers seulement, suivant le droit écrit ; pour se fait et rapporté, être fait droit sur la demande dudit Dauvillers, à ce qu'il lui soit donné la moitié desdits biens sis en Ponthieu, pour sa Légitime, ainsi que de raison... »

Cet arrêt juge, comme on le voit, très-formelle-ment que la Légitime de droit a lieu en Artois, et ne laisse d'incertitude que sur la loi qui doit en régler la quotité. Le parlement ne cherchait point à reconnaître si les juges d'Artois étaient dans l'habitude d'accorder une Légitime aux enfans ; il supposait le fond de ce droit au-dessus de la juris-prudence et des usages des sièges subalternes, mais seulement quel était le taux auquel on avait cou-

Aussi l'acte de notoriété qui a été donné par le conseil d'Artois, en exécution de cet arrêt, le 10 octobre 1698, n'a-t-il pas empêché que le parlement de Paris ne rendit encore de nos jours cinq arrêts en faveur de la Légitime artésienne.

Les trois premiers ont été rendus pour la succession des sieurs et dame Coffin, domiciliés et décédés à Hesdin.

Ils avaient laissé des biens considérables, mais c'étaient presque tous des acquêts; et par les dispositions qu'ils en avaient faites, ils avaient réduit leur fils aîné à une portion infiniment moindre que celle de ses cadets.

Par un premier arrêt du 18 mars 1749, il a été jugé que ces dispositions devaient être exécutées, sauf à l'aîné à se pourvoir pour sa Légitime, s'il prétendait qu'elle fût entamée par les actes dont il s'agissait.

L'aîné ayant fait l'option de sa Légitime, les autres enfans ont soutenu qu'il ne pouvait pas en exercer les droits dans leur coutume. Ils ont invoqué l'usage constant et uniforme de la province, les actes de notoriété donnés en différens temps par le conseil d'Artois, le suffrage de Desmazures, d'Hébert et de Maillart. Mais toutes ces autorités ont été inutiles : un arrêt du 6 septembre 1752 a déféré à l'aîné l'option entre réserves coutumières et la Légitime, réglé conformément à l'art. 298 de la coutume de Paris, c'est-à-dire de la moitié de ce qu'il aurait eu ab intestat.

Le troisième arrêt, rendu entre les mêmes parties, le 7 septembre 1765, a liquidé et fixé la Légitime accordée à l'aîné par les deux précédens.

Le quatrième arrêt, qui est de l'année 1769 ou environ, a pareillement adjugé à la demoiselle Flahaut une Légitime de droit dans la succession de sa mère, mariée, domiciliée et morte à Béthune.

Le cinquième arrêt, qui a été rendu le 1er septembre 1770, a adopté la même décision en faveur de Théodore Crespel, dont le père était domicilié à Neuville-Saint-Vaast.

La Légitime en Artois n'est pas seulement fondée sur la jurisprudence des arrêts, elle est encore autorisée formellement par des lois faites pour cette province. L'art. 27 de la coutume du bailliage de Saint-Omer porte que « la Légitime sera de la moitié de telle part et portion que chacun enfant aurait eue en la succession desdits père ou mère, ou autre ascendant..... » L'art. 37 de la coutume du bailliage d'Aire décide absolument la même chose.

Voilà disposition, il est vrai, n'a été consignée dans ces coutumes qu'à la rédaction de 1743; mais l'intention des commissaires, en l'ajoutant, n'a point été d'introduire un droit nouveau; ils n'ont cherché, comme l'atteste le procès-verbal de la première, qu'à couper la racine des procès qu'occasionnait le silence de la coutume générale d'Artois sur la quotité de la Légitime.

VI. Les coutumes de Boulonnais, d'Amiens, de Ponthieu et d'Artois ne sont pas les seules dans lesquelles la Légitime a trouvé des antagonistes : elle en a eu de tout temps, et elle en a encore un grand nombre en Hainaut; ils se fondent sur l'art. 10 du chap. 31 des chartes générales, dont voici les termes : Moyennant que les enfans, par avis de leur père et mère, soient partagés, seront sujets à l'entériement dudit avis, ores que (quoique) leur partage fût moindre que des autres.

« Sur ce mot partagés, dit Dumées, une infinité » de praticiens ont cru qu'il suffisait qu'un père et » une mère laissassent la moindre petite chose à leurs » enfans, pour exclure la querelle d'inofficiosité. »

C'est aussi la conséquence que tire de cette disposition un ancien conseiller de la cour souveraine de Mons, dans des notes manuscrites qui nous ont passé sous les yeux. Cet article, dit-il en substance, fait entendre que la Légitime n'a pas lieu en Hainaut; et c'est ainsi que l'a tenu Jacques Vivien, célèbre avocat, dans ses observations manuscrites sur les chartes générales de 1534.

Cette opinion a même été suivie au parlement de Flandre, dans une affaire jugée en 1770, au rapport de M. Maloteau : il s'agissait d'un avis de père et de mère, par lequel un enfant était réduit à cinq sous de rente. Il réclamait contre un partage aussi manifestement inégal, et il prétendait qu'au moins on ne pouvait pas lui refuser un supplément de Légitime : l'arrêt l'a débouté de toutes ses demandes.

Il y a cependant de fortes raisons pour le parti de la Légitime.

Il est constant, et nous l'avons établi à l'article Hainaut, que les chartes et les coutumes de cette province doivent être éclaircies et suppléées par le droit romain dans les points sur lesquels elles paraissent en avoir emprunté quelques dispositions.

Or, nous trouvons dans l'article qui précède immédiatement celui que nous venons de rapporter, une disposition tirée presque mot pour mot des lois romaines, et bien analogue à la Légitime; la voici : « Si les enfans nés auparavant ou après avis » de père et mère, ne sont partagés avant les trépas » desdits père et mère, ils pourront prétendre par- » tage, si avant que par la loi leur peut appartenir, » comme s'il n'y eût eu avis. »

Ainsi, la prétérition produit en Hainaut, par rapport à l'enfant passé sous silence, le même effet qu'elle produisait chez les Romains; elle annule à son égard le testament de son père et de sa mère, et lui donne le droit de prendre dans leur succession sa part légale et ab intestat, comme s'ils n'avaient point disposé.

Voilà conséquemment la querelle d'inofficiosité reconnue, établie dans cette province: or, qui est-ce qui ignore la connexité d'une pareille action, avec la demande en supplément de Légitime? Celle-ci n'est même qu'un remède introduit par l'empereur Justinien pour faire cesser celle-là, lorsqu'un père laisse quelque chose à ses enfans, sans néanmoins compléter leur portion légitimaire; car avant ce législateur, les enfans, en pareil cas, faisaient déclarer le testament nul, comme s'ils avaient été prétérits, et recueillaient la succession *ab intestat.* C'est ce que prouvent nettement ces paroles de la loi 32, C. *de inofficioso testamento*, qui est de l'empereur Justinien : *Quoniam in prioribus sanctionibus illud statuimus, ut si quid minus legitima portione his derelictum sit qui ex antiquis legibus de inofficioso testamento actionem movere poterant, hoc repleatur, ne occasione minoris quantitatis testamentum rescindatur.*

Comment croire, après cela, que les rédacteurs des chartes du Hainaut aient eu l'intention d'exclure de leur jurisprudence la demande en supplément de Légitime? Et puisqu'ils ont puisé dans le droit romain la querelle d'inofficiosité, dont elle est comme le supplément, ne doit-on pas interpréter leur silence sur cette demande par les textes du même droit qui l'ont introduite, et qui en ont fait une des actions les plus favorables qu'on puisse porter en justice?

Ce qui prouve d'ailleurs qu'il n'est pas dans l'esprit des chartes générales de la rejeter, c'est qu'elle est expressément autorisée par la coutume particulière de Chimay, décrétée par le conseil de Mons lui-même en 1612. Voici ce que porte l'art. 7 du chap. 2 de cette coutume : « Père et mère peuvent, par traité de mariage, avantager leurs enfans comme bon leur semble, soit de meubles ou en biens héritiers. Les mêmes peuvent-ils faire par avis de père et mère passé conformément au prescrit de la loi de ce pays, ou par testament...., sauf aux autres enfans de prétendre en son temps leur Légitime ès-biens paternels et maternels, telle que le droit écrit donne. »

On a vu plus haut que la coutume de Valenciennes admet également la Légitime; et quoique ces deux coutumes ne soient pas, à proprement parler, locales des chartes générales de la province (1), leur disposition n'en doit pas moins être prise en grande considération, puisqu'il faut régulièrement interpréter les coutumes voisines les unes par les autres, surtout lorsque le résultat d'une interprétation de cette espèce est en faveur du droit commun, auquel le retour est toujours favorable.

VII. L'ancienne coutume de Normandie n'accordait point de Légitime aux enfans; mais, comme on l'a vu plus haut, la nouvelle a abrogé cette jurisprudence barbare.

Il s'est élevé à cette occasion une difficulté touchant le comté d'Eu. On sait que ce pays a été distrait du ressort du parlement de Rouen pour être uni à celui de Paris; de là est venue la question de savoir si le tiers coutumier introduit en Normandie depuis cette distraction, devait y avoir lieu. On peut voir dans le procès-verbal des coutumes particulières de Normandie, les raisons par lesquelles M. le procureur-général Thomas établit que les habitans du comté d'Eu sont soumis, quant au fond des choses, aux mêmes lois que les Normands : il nous suffit de remarquer ici que son avis a été

(1) *V.* l'article Hainaut, § 2.

confirmé, relativement au tiers coutumier, par deux arrêts très-formels, l'un du parlement de Paris, du 9 mai 1676, l'autre du parlement de Rouen, du 31 août 1683, et, rapportés tous deux dans le commentaire de Basnage sur sa coutume.

Section II. *De la nature de la Légitime.*

Nous avons déjà dit que la Légitime est une portion de ce qu'aurait eu *ab intestat* celui à qui elle est due. Mais pour avoir une idée nette et précise de sa nature, il faut la comparer avec l'hérédité en général, avec le douaire des enfans et avec les réserves coutumières ; il résultera de cette triple comparaison, des rapports, des principes et des conséquences qui jetteront le plus grand jour sur toute la matière que nous avons à traiter.

§ I. *En quoi conviennent ou diffèrent la Légitime et l'hérédité?*

I. Cette question en renferme plusieurs. la première, et celle dont la décision entraînera celle de toutes les autres, est de savoir si la Légitime forme une portion de l'hérédité, ou une portion des biens du défunt.

On sent la différence qu'il y a entre ces deux hypothèses : l'hérédité comprend tout l'actif et le passif d'une personne décédée : *hereditas nihil aliud est quam successio in universum jus quod defunctus habuerit* (loi 62, D. *de regulis juris*) ; les biens, au contraire, ne s'entendent que de ce qui reste après les dettes acquittées : *bona intelliguntur cujusque, quæ, deducto ære alieno, supersunt.* (Loi 39, § 1, D. *de verborum significatione.*)

Que la Légitime soit une quote des biens, et non de l'hérédité, c'est ce qu'a jugé une *décision* de la rote romaine rapportée par Fachinée, liv. 12, chap. 4, et c'est ce que soutiennent Mantica, Grassus, Jason, Alexandre, Gayl, le président Favre, Voët, Furgole, et plusieurs autres auteurs.

Leur opinion paraît très-bien justifiée par la loi 6, C. *de inofficioso testamento*, qui l'appelle *bonorum partem*, une portion des biens : *cum quæritur*, dit-elle, *an filii de inofficioso patris testamento possint dicere, si quartam bonorum partem, mortis tempore, testator, reliquit, inspicitur.* La loi 5, C. *de inofficiosis donationibus*, la qualifie pareillement de secours dû aux enfans sur les biens de leur père, *debitum bonorum subsidium.* Le chap. 1er de la novelle 18 n'est pas moins formel sur ce point : il fixe la Légitime à une certaine quote, non de l'hérédité, mais de la propre substance du défunt, *propriæ substantiæ.*

A ces trois textes trop clairs pour que les subtilités de certains auteurs puissent les obscurcir, se réunissent des raisons évidentes pour qu'il soit possible d'y opposer rien de solide.

D'abord, il est constant que la détraction de la Légitime ne doit être faite qu'après toutes les dettes et les frais funéraires payés. La loi 8, § 9, D. *de inofficioso testamento*, ne laisse là-dessus aucun doute : *Quartæ autem accipietur, scilicet deducto ære alieno et funeris impensa.*

Or, nous venons de voir qu'on appelle *biens* ce qui reste après la déduction des dettes : c'est donc sur les *biens*, et non sur l'*hérédité*, que se fait le retranchement de la Légitime.

On ne prétendra pas sans doute qu'un enfant légitimaire puisse jamais être poursuivi sur son propre patrimoine par les créanciers de son père (1) ; c'est cependant ce qui arriverait très-fréquemment, si la qualité de légitimaire emportait celle d'héritier ; car une hérédité peut devenir très-onéreuse à celui qui la recueille en tout ou en partie ; les biens, au contraire, sont toujours utiles, et on les appelle ainsi, suivant la loi 49, D. *de verborum significatione*, parce qu'ils contribuent toujours au bonheur de ceux qui les possèdent : *bona ex eo dicuntur quod beant, hoc est, beatos faciunt ; beare est prodesse.*

En second lieu, nous ferons voir ci-après que la Légitime ne peut être ni diminuée ni grevée par le testateur ; rien ne serait cependant plus commun ni plus journalier que les contraventions à ce grand principe, si la Légitime était une quote de l'hérédité ; dans cette supposition, non-seulement le légitimaire serait tenu des dettes au-delà de la valeur des biens qui lui auraient été adjugés ; mais encore si le défunt s'était avisé de vendre ou de donner un héritage du légitimaire, celui-ci serait obligé d'entretenir la vente ou la donation jusqu'à concurrence de la quote que formerait sa Légitime dans la succession.

Troisièmement, l'ancien droit romain et notre droit coutumier permettent, comme on le verra dans un instant, de laisser la Légitime à ceux qui en ont le droit, sous la titre de legs ; de fidéicommis ou de donation à cause de mort. Or, le moyen de concevoir la moindre connexité entre de pareils titres et celui d'héritier ? Le moyen de regarder comme une quote d'hérédité, une portion de bien dont on serait redevable à la qualité de légataire, de fidéicommissaire, ou de donataire ?

Les objections qu'on oppose à cette doctrine ne sont pas assez fortes pour la détruire.

La première est tirée du § 3, Inst. de *inofficioso testamento*, qui semble désigner la Légitime par les mots *pars hereditatis* : mais ce texte ne prouve rien contre nous ; que porte-t-il en effet ? « La que- » relle d'inofficiosité n'a lieu que quand le testateur » n'a rien laissé à ses enfans, ce que nous avons » ainsi ordonné pour épargner à la nature des » plaintes aussi outrageantes pour elle. Ainsi, lors- » qu'il a été laissé aux enfans une portion quelcon- » que de l'hérédité, ou une chose particulière, la » querelle d'inofficiosité doit cesser, et l'on doit » ajouter à la disposition du défunt ce qu'y manque » pour compléter la Légitime. » *Sed hæc ita acci-*

pienda sunt, si nihil eis peditus a testatoribus testamento relictum est ; quod nostra constitutio ad verecundiam naturæ introduxit. Sin vero quantacumque pars hereditatis vel res eis fuerit relicta, de inofficioso querela quiescente, id quod eis deest usque ad quartam Legitimæ partis repleatur.

On voit que, dans ce texte, la Légitime n'est appelé une *portion de l'hérédité*, que parce qu'on la suppose laissée par le testateur à titre d'institution ; ce qui est si vrai, qu'après les mots *pars hereditatis*, se trouvent ceux-ci, *vel res eis fuerit relicta*, termes dont l'opposition aux premiers prouve très-clairement que la Légitime n'est point une quote de l'hérédité, *pars hereditatis*, quand elle est laissée par le testateur à titre de fidéicommis ou de legs.

Il y a plus. Quoiqu'elle soit nominalement une quote de l'hérédité, lorsqu'elle est déférée à titre d'institution, elle ne l'est cependant pas réellement et quant aux effets ; autrement, il arriverait que de deux enfans légitimaires dont la condition serait égale de droit, l'un se trouverait néanmoins plus favorisé que l'autre, en ce que l'appelé à titre d'institution serait sujet aux charges héréditaires au-delà de son émolument, tandis que l'appelé à titre de legs en serait affranchi ; ce qui formerait un contraste aussi absurde qu'injuste.

Cette observation répond d'avance au texte sur lequel nos adversaires fondent leur seconde objection : c'est le chap. 3 de la novelle 115, suivant lequel la Légitime doit toujours être laissée à titre d'institution : on infère de là, que les légitimaires sont vraiment héritiers, mais c'est sans fondement.

Il est certain qu'avant cette loi, la Légitime n'était point une quote de l'hérédité puisqu'elle pouvait être déférée à titre de legs, et que, comme on vient de le voir, elle ne prenait pas même cette qualité lorsque le testateur l'avait revêtue du titre d'institution. Or, non-seulement la novelle de Justinien ne change rien sur cette matière à l'ancienne jurisprudence, mais encore elle annonce assez clairement que son intention est de la laisser subsister. En effet, elle déclare, chap. 5, que c'est pour l'avantage des légitimaires qu'elle introduit la nécessité de les appeler par institution : *Unde et constat ad utriusque partis utilitatem atque cautelam præsentem legem fuisse prolatam, quàm ex hac occasione promulgandam esse perspeximus.* Or, s'il résultait de ce titre qu'ils fussent réellement héritiers, loin d'en tirer quelque utilité, ils en ressentiraient au contraire un véritable préjudice ; et par-là, on contreviendrait manifestement à cette maxime si naturelle et si universellement admise, qu'il ne faut jamais tourner contre quelqu'un ce qui n'a été introduit qu'en sa faveur : *Nulla juris ratio aut æquitatis benignitas patitur ut quæ salubriter pro utilitate hominum introducuntur, ea nos duriore interpretatione contra ipsorum commodum producamus ad severitatem.* (Loi 25, D. *de legibus*.)

Une autre preuve que la novelle 115 n'a point donné au titre d'institution dont elle a introduit la

(1) Il y a dans le Journal du palais de Toulouse, tome 1, page 15, un arrêt du 21 août 1690, qui déclare les créanciers d'une succession non recevables à agir personnellement contre un légitimaire. *Ce n'est* (dit Roussilhe, en citant cet arrêt dans ses *Institutions au droit de Légitime*) *ce n'est qu'hypothécairement qu'on peut s'en prendre à lui ; et il faut, pour cela, qu'il jouisse des fonds de l'hérédité.*

nécessité par rapport aux légitimaires, la vertu de faire considérer la Légitime comme une quote de l'hérédité, et celui qui la recueille comme un héritier, c'est qu'elle n'exige pas que l'institution soit universelle, c'est-à-dire, par quotité, et qu'au contraire elle permet de la borner à une chose particulière ; *Cæterum* (porte-t-elle, chap. 5), *si qui heredes fuerint nominati, etiam si certis rebus jussi fuerint esse contenti, hoc casu testamentum quidem nullatenus solvi præcipimus : quidquid autem minus legitima portione eis relictum est, hoc secundum nostras alias leges ab heredibus impleri. Sola enim est nostræ serenitatis intentio à parentibus et liberis injuriam præteritionis et exheredationis auferre.*

Or, on a vu à l'article *Institution d'héritier*, sect. 2, que l'institué dans un effet certain, *in re certa*, n'est point héritier, mais légataire.

La troisième objection qu'on nous oppose, à pour fondement le § 3, Inst. *de lege falcidia.* Il résulte de ce texte que la falcidie ne peut être distraite des legs dont un héritier est grevé, qu'après le prélèvement de toutes les dettes et charges héréditaires. Or, disent nos adversaires, ce prélèvement n'empêche pas que la falcidie ne soit prise à titre d'héritier : pourquoi donc en serait-il autrement à l'égard de la Légitime ?

La réponse se présente d'elle-même. Un héritier institué n'est point héritier, parce qu'il fait sur l'hérédité la détraction du quart des biens, que l'on appelle *falcidie ;* mais il fait cette détraction, parce qu'il est héritier, parce que la loi lui accorde ce privilége pour l'empêcher de répudier l'hérédité, dans la crainte de n'en tirer aucun profit. Il était donc héritier par son institution et son adition, avant qu'il fût question du retranchement de la falcidie : et l'appréhension qu'il fait de la falcidie, n'ajoute rien à sa qualité.

La quatrième objection est plus spécieuse, mais n'est pas plus solide que les autres. Celui, dit-on, qui est institué dans sa Légitime avec charge de la restituer à un autre, peut être forcé, en vertu du sénatus-consulte Trébellien, d'appréhender la portion à laquelle il est appelé, pour en faire la restitution au fidéicommissaire ; c'est la décision textuelle de la loi 27, § 13, D. *ad senatus-consultum Trebellianum.* Or, il n'y a que des personnes appelées comme héritières qui puissent être obligées à faire une pareille adition ; le sénatus-consulte Trébellien n'a été porté que contre elles ; et jamais un légataire ; jamais un donataire particulier, n'a été dans le cas d'accepter malgré lui une libéralité quelconque : *Ut Trebelliano locus esset* (dit la loi 22, § 5, D. *ad senatus-consultum Trebellianum*), *non sufficit de hereditate rogatum esse, sed quasi heredem rogari oportet. Denique si cui portio hereditatis fuerit legata (legari enim posse etiam portionem hereditatis placet nobis), rogatusque fuerit hanc partem restituere, dubio procul non fiet restitutio ex senatus-consulte.*

Cette objection serait peut-être sans réplique, si, dans la première des lois citées, il s'agissait d'un légitimaire qui ne fût institué que dans sa Légi-

time : mais, on le sent, il n'est pas possible que ce soit là l'espèce précise de ce texte, puisque la Légitime ne peut être grevée de fidéicommis, ni assujétie à aucune restitution. Ainsi, quoique cette loi semble d'abord ne parler que d'une institution dans la Légitime *si patronus ex parte debita heres institutus*, il faut néanmoins supposer qu'elle ne s'exprime ainsi que pour faire voir que la Légitime est entièrement remplie par l'institution dont elle s'occupe ; et cela est si vrai, qu'immédiatement après, elle fait entendre que toute l'hérédité est comprise dans la charge de restituer, et par conséquent aussi dans l'institution, *et rogatus restituere hereditatem suspectam sibi esse dicat.* Il s'agit donc, dans cette espèce, d'un patron institué universellement, avec charge de restituer ce qui excédera sa Légitime. La loi décide qu'il peut être contraint d'appréhender l'hérédité ; mais s'il résulte de là que son institution le rend héritier présomptif, c'est parce qu'elle n'est pas bornée à la portion légitimaire ; et conséquemment on ne peut pas en conclure que l'institution dans la seule Légitime fasse un héritier.

Enfin, on objecte que le légitimaire est saisi de plein droit de sa portion, et que cela ne pourrait pas avoir lieu, s'il n'était pas héritier d'effet et de nom.

Deux réponses à cette objection.

Premièrement, le douaire saisit en plusieurs coutumes ; cependant il est incompatible avec la qualité d'héritier. Il n'y a donc pas de conséquence à tirer de la saisine. légale au titre héréditaire.

En second lieu, est-il bien certain que la Légitime saisit ? Cette question, à la première vue, paraît au moins fort problématique ; et l'on trouve là-dessus des autorités pour et contre.

D'un côté, Dumoulin, sur l'art. 3 du chap. 18 de la coutume de Berry, dit que *in Gallia filius non tenetur venire per actiones supplementi, sed est saisitus de sua Legitima*: Mais, 1° Richebourg remarque, d'après un anonyme, « qu'il y a de l'erreur dans cette annotation, et qu'elle ne se peut réformer, si l'on ne voyait l'original de feu M. Charles Dumoulin. » 2° Dumoulin lui-même fait mention dans cette note d'une sentence qui avait débouté un légitimaire de sa complainte, *sans préjudice de demander le supplément de sa Légitime* ; et, quoique Dumoulin désapprouve cette décision, il s'était néanmoins trouvé un de ses confrères qui l'avait jugée conforme aux principes : *dominus Canaye putabat bene, ego contra male judicatum.*

On ne peut donc pas faire de la note citée tout le cas que méritent d'ailleurs les opinions de Dumoulin.

Voici une autorité qui paraîtra peut-être plus grave ; c'est Papon qui parle : « A été arrêté au » procès de demoiselle Ysabeau Boyen, mère de » feu Jacques Guittard, demanderesse en nouvel- » leté contre demoiselle Anne de l'Estrange, veuve » dudit feu Guittard, défenderesse audit cas de » saisine et nouvelleté, au rapport de M. Le Cirier,

» à la prononciation de Pâques, l'an 1549, le 13
» avril précédent, qui est le 13 avril 1548 avant
» Pâques, que l'héritier en sa Légitime est saisi et
» peut former complainte, soit pour sa Légitime ou
» supplément d'icelle, encore qu'il y eût un héri-
» tier universel institué; et fut trouvé que le sem-
» blable avait été jugé *in fideicommissario.* »
    Mais ne pourrait-on pas opposer à cet arrêt, qu'il
a été rendu dans un temps où les principes de la
saisine coutumière n'étaient pas encore bien connus ? On jugeait alors, comme nous l'apprend
Papon, que l'héritier fidéicommissaire était saisi ;
aujourd'hui personne ne doute du contraire.
    D'un autre côté ; nous trouvons plusieurs auteurs
de poids qui refusent expressément au légitimaire
l'effet de la règle *le mort saisit le vif.*
    Écoutons le président Favre dans son Code, titre
de inofficioso testamento, défin. 4 : cette possession
coutumière ou légale, qui passe de plein droit de
la personne du défunt dans celle de l'héritier du
sang, n'a point lieu en faveur de l'enfant réduit à
sa Légitime » : *Possessio illa, sive consuetudinaria,
sive edictalis dicenda est, quæ à defuncto in legitimum successorem ipso jure translata intelligitur, in
filium nihil nisi petendæ Legitimæ jus habentem minime transfertur.* Le sénat de Chambery l'a ainsi
jugé par arrêt du 17 août 1588, entre le marquis
de la Chambre et la demoiselle Marguerite de la
Chambre, et par un autre du 19 janvier 1591.
*Ita senatus in causa D. Marchionis de la Chambre,
et dominæ Margaritæ de La Chambre, 16 calendas
septembris 1538 ; et rursum in alia causa 14 calendas
februarii 1591.* »
    C'est aussi ce que soutient Guillaume de La
Champagne, dans son *Traité de la Légitime*, cha-
» pitre 25 : « L'hérédité saisit (dit-il) et la Légi-
» time ne saisit point, étant sujette à délivrance ,
» comme un don ou un simple legs, par les mains
» de l'héritier, ou plutôt comme dette qui se de-
» mande toujours par action, jamais dette n'ayant
» saisi. » Il répète la même chose dans le chap. 27 :
« La Légitime (dit-il) ne saisit point, étant une
» dette établie par le droit naturel, par le droit
» civil, et par le droit coutumier, dont le paiement
» se poursuit par action. »
    Roussilhe est encore plus précis ; voici comment
il s'exprime dans ses *Institutions au droit de Légitime*, chap. 1, § 4 : « La portion héréditaire saisit,
» au lieu que les enfans sont obligés de demander
» la délivrance de la Légitime. »
    Et il ne serait peut-être pas difficile de faire voir
que cette doctrine est calquée sur les vrais principes.
    Le point dont nous croyons devoir partir, est
que la maxime *le mort saisit le vif*, n'agit que sur
ceux à qui le droit romain accordait la *pétition d'hérédité.*
    Cette proposition ne paraît pas susceptible du
moindre doute : car il existe la connexité la plus
sensible entre notre saisine coutumière et le droit
d'intenter la pétition d'hérédité ; on peut même
dire que l'une est attachée à l'autre, comme l'ac-

cessoire au principal : en effet, la pétition d'hérédité n'est autre chose qu'une action par laquelle on
demande à être déclaré héritier, et à faire condamner celui qui possède indûment la succession, à en
faire la restitution : *Hereditatis petitio*, dit Voët ,
l'un des plus savans et des plus judicieux interprètes du droit romain, *est actio civilis primario in rem,
mixta tamen propter præstationes personales, bonâ
fidei, qua quis contendit hæreditatem suam esse , eam-
que sibi ab eo qui pro herede vel pro possessore possidet,
restitui.*
    Or, la règle *le mort saisit le vif*, ne peut produire
son effet que dans la personne des vrais héritiers,
c'est-à-dire, de ceux qui ont le droit d'agir en pétition d'hérédité ; il faut donc nécessairement que
cette action et là saisine coutumière dépendent tellement l'une de l'autre, qu'il ne soit pas possible de
concevoir celle-ci séparée de celle-là.
    Cela posé, il est clair que, si le droit romain
n'accorde pas la pétition d'hérédité aux légitimaires, nous ne pouvons pas non plus les faire jouir
des avantages de la règle *le mort saisit le vif.*
    Or, tous les interprètes, ceux même qui ne re-
gardent pas la Légitime comme une quote des biens,
s'accordent unanimement à dire qu'elle ne peut
point être demandée par la *pétition d'hérédité*, mais
seulement par une action appelée en droit *condictio ex lege*, parce qu'elle dérive de la loi : *Ad
legitimæ supplementum*, dit Zoëx, l'un de nos adversaires, *non agitur petitione hereditatis, sed condictione ex lege* 30, C. de inofficioso testamento. *Cujus
causa hæc est quod olim, nisi integra Legitima esset
relicta, querelæ locus esset* : § 4, inst. cod. tit.
Quod cum mutatum sit per dictam legem 30, *qua
inductum sufficere aliquid relictum nomine Legitimæ,
concesso jure agendi ad supplementum, et quia ista
lege non exprimitur actio, communiter receptum est
condictione ex lege ista.*
    On peut sans doute conclure de là, avec certi-
tude, que la Légitime ne saisit point dans nos
mœurs : cette conséquence est même écrite dans
quelques-unes de nos lois municipales.
    Voici ce que porte l'art. 7 du chap. 7 de la cou-
tume de Bourgogne : « Au cas que, par ladite dis-
» position ou partage, fût moins laissé aux enfans
» que la Légitime..., seront lesdits enfans saisis et
» revêtus des choses à eux délaissées par icelui par-
» tage ; sans qu'ils puissent autre chose demander,
» outre ladite Légitime et supplément. »
    Ces dernières paroles font voir clairement que
quoique les enfans soient saisis de ce qui leur est
assigné par leurs ascendans à titre de portion héréditaire, ils ne le sont pas néanmoins de ce qui manque à leur assignat pour compléter la Légitime que
la loi leur défère.
    La coutume de Berry n'est pas moins formelle
sur cette matière : après avoir établi, tit. 19, article 33, que les enfans qui ont renoncé par contrat
de mariage aux successions futures de leur père et
de leur mère, *ne se pourront dire ; après le décès du
père ou de la mère, saisis d'aucune part de leurs successions ;* elle ajoute, art. 34 du même titre : « Toute-

» fois si, par ledit contrat de donation à eux faite,
» ils n'ont eu leur entière Légitime, ayant regard
» au temps de la mort du père ou de la mère, *ils*
» *pourront agir et demander supplément d'icelle.* »

La coutume de Nivernais renferme implicitement la même disposition : elle décide, chap. 23,
art. 24, qu'une fille dotée, apanagée, en cette qualité exclue de la succession de son père et de sa
mère, *ne peut* IMPUGNER *ladite donation et apanage
par quelque manière que ce soit, sauf par supplément
de sa Légitime.* Le mot *impugner*, dont se sert cet
article, signifie naturellement *agir* pour se faire
adjuger une chose dont on est privé. La Légitime
ne saisit donc pas; car si elle saisissait, il serait
inutile de la demander.

C'est ce qui résulte encore de l'art. 161 de la
coutume de Senlis, lequel porte qu'un fils donataire qui renonce à l'hérédité pour se tenir à sa
donation, « *sera tenu de suppléer* à ses frères et
» sœurs, jusqu'à la concurrence de leur Légitime,
» si le reste desdits biens n'était suffisant pour le
» supplément de ladite Légitime, lors du décès du
» donateur; et quant à ce *seront lesdits biens et avan-
» tages dès lors affectés et hypothéqués* jusqu'à la con-
» currence d'icelle Légitime. »

Ce texte prouve de deux manières très-sensibles
que la Légitime ne saisit point.

1° Les termes *sera tenu de suppléer*, marquent
l'action, la contrainte que les enfans sont obligés d'exercer pour obtenir leur Légitime; ce qui
ne serait pas, s'ils en avaient la saisine de plein
droit.

2° On ne peut jamais avoir d'hypothèque sur un
bien dont on est propriétaire. Nous trouvons partout ces mots *hypothèque* et *propriété*, mis en opposition; et l'un de ces deux mots a toujours été considéré comme nécessairement exclusif de l'autre :
*Est quid prorsus distinctum imo et oppositum, non
potest quis habere dominium et hypothecam in eadem
re; sed hypotheca supponit dominium esse alienum*,
dit Dumoulin, sur le § 46 de l'ancienne coutume
de Paris. Or, aux termes de l'article cité, les enfans
ont hypothèque sur les biens donnés à leur frère,
jusqu'à la concurrence de leur portion légitimaire;
il est donc métaphysiquement impossible qu'ils
soient saisis de cette portion.

Si la Légitime ne saisit point (1), elle ne peut
pas former une quote de l'hérédité : ainsi, l'argument que tirent nos adversaires de la règle *le mort
saisit le vif*, se rétorque contre eux-mêmes, et,
loin d'affaiblir notre opinion, y ajoute un moyen
sans réplique.

II. De là résulte une conséquence très-importante, et qui seule renferme le germe d'une foule
de décisions relatives à cette matière : c'est qu'il ne
faut pas prendre la qualité d'héritier pour deman-

(1) [[Quand j'ai dit dans les premières éditions de cet
ouvrage, que la Légitime ne saisissait point; je n'ai entendu parler que de la *possession* : car il en était tout autrement à l'égard de la propriété. *V.* ci-après, sect. 10; et
mon *Recueil de Questions de Droit*, au mot *Légitime*, § 1.]]

der une Légitime. Ainsi pensent Dumoulin, conseil 35 (1); Voët, *sur le Digeste*; Berroyer, *Notes
sur les arrêts de Bardet*; Furgole, *Traité des Testamens*; en un mot, tous les partisans de la thèse que
nous venons d'établir.

Coquille, Ricard, Lebrun et quelques autres
auteurs critiquent cette opinion; mais il se présente
tant de raisons pour la justifier, que nous sommes
presque embarrassés sur le choix.

1° Elle est consacrée formellement par la novelle 92 de l'empereur Justinien. Cette loi, que
Ricard avoue être en usage parmi nous, porte
que, quand un père a fait à l'un de ses enfans
une donation inofficieuse, le donataire est, à la
vérité, tenu de souffrir un retranchement proportionné à ce qui manque dans la succession pour
remplir la Légitime de ses frères, mais qu'il n'est
pas pour cela obligé de se porter héritier, et qu'il
peut, sans prendre cette qualité, retenir sa portion
légitimaire sur les biens qui lui ont été donnés.

Ricard prétend que cette décision est particulière
à l'enfant donataire : « Comme il est (dit cet auteur)
» en possession, en vertu d'un titre juste, de la

(1) Ricard prétend néanmoins que Dumoulin ne doit pas
être mis au rang des défenseurs de cette opinion.
Premièrement, dit-il, Dumoulin ne parle dans son conseil 35, que du cas où le père a épuisé tous ses biens par
des donations entre-vifs.
Mais il suffit de peser les termes de ce grand jurisconsulte
pour se convaincre que sa résolution est générale; voici
comme il s'explique, n°. 18 : *Quando alio universaliter
instituto et indemne, filius particulariter institutus non potest
esse heres universalis, etiamsi velit; vel si possit, mavult verecundia obsequi : vel quando nihil reliqui supersit in hereditate,
veluti quando omnia donationibus inter vivos exhauserat, et nihil reliqui fecerat, saltem quod ad Légitimam sufficeret, quia
tunc filius (et idem de quovis ex liberis qui alius vocaretur ab
intestato), non tenetur gerere pro herede, nec testamentum im-
pugnare, etiamsi possit : sed mavult judicio parentis obsequi
verecundia à jure approbatà exheredatus sit unde potest con-
tinuo de inofficiosis donationibus petere Legitimam vel ejus supplementum.* On ne peut rien de plus clair et de plus inté-
fini que ces paroles. Dumoulin ne se borne pas à une espèce
particulière, il comprend toutes celles qui peuvent donner
lieu à une demande de Légitime; et il répond généralement
que le légitimaire n'est point tenu de se rendre héritier, *non
tenetur pro herede gerere.*
En second lieu, dit encore Ricard, Dumoulin a détruit
dans sa note sur l'art. 127 de l'ancienne coutume de Paris,
ce qu'il avait dit dans son conseil 35 : et en effet, il propose
dans cette note l'espèce d'un fils donataire, qui veut se tenir à la qualité de légitimaire, et il dit que la distinction
établie par les interprètes, entre le rapport, la succession
et l'imputation dans la Légitime, est inutile dans notre jurisprudence, parce que, pour être légitimaire, il faut faire
acte d'héritier; et quand l'enfant est en ligne directe, il ne
peut pas faire sa condition meilleure que celle des autres
enfans.
« Mais (répond Berroyer), cette note, qui n'a pas été
» aussi bien rédigée que le conseil 35, peut néanmoins se con-
» cilier; car elle ne veut pas dire autre chose, sinon qu'il est
» indifférent à l'enfant donataire qui demande sa Légitime
» aux autres frères, de rapporter ou d'imputer; ajoutons :
même d'être héritier ou de ne l'être pas; car étant héritier, la
loi du rapport l'empêche de retenir sa donation, si par l'événement, il y a moins de reste pour lui dans la succession; en
n'étant pas héritier, sa donation est également communiquée
à ses frères légitimaires, qui y auront leur part égale à la
sienne, comme tout ce qui restera, les dettes payées.

part qu'il à droit de prétendre en la Légitime, il » la peut retenir par exception, sans qu'il soit tenu » de changer de qualité pour cet effet; de sorte » qu'il retiendra sa part en la Légitime en qualité » d'enfant, et après que la Légitime aura été levée » par tous les enfans en général, le surplus lui » demeurera comme étranger en vertu de sa donation, »

Cette observation est subtile; mais Berroyer la réfute victorieusement:

« L'action que les enfans (dit-il) peuvent avoir pour leur Légitime contre le frère donataire du père commun, n'est point différente de celle qu'ils ont contre un donataire étranger; et l'on ne voit point de raison, si la qualité d'héritier était nécessaire pour demander la Légitime, qui pût exempter le fils donataire de l'être.

» Voici un dilemme sant réplique : ou il voudrait se considérer lui-même comme un donataire étranger, et en ce cas il ne ferait point de part pour fixer la Légitime; sa portion accroîtrait aux autres et affaiblirait davantage sa donation : ou bien il se dirait enfant et légitimaire comme les autres; et pour lors il faudrait mettre les choses à lui données dans la masse des biens héréditaires, afin de régler la portion de chacun, et il n'en pourrait retirer la sienne, sans prendre la même qualité d'héritier, si elle était nécessaire aux autres. »

2° L'exemple du douaire, suivant le même auteur suffirait pour décider la question : car le douaire est une partie des biens; il tient lieu de Légitime; et cependant, loin d'obliger l'enfant douairier à se porter héritier, ces deux qualités sont regardées universellement comme incompatibles.

3° La fille qui renonce, par son contrat de mariage, aux successions futures de son père et de sa mère, perd tellement la qualité d'héritière, qu'elle ne peut pas se faire relever de sa renonciation : néanmoins plusieurs de nos coutumes lui donnent expressément l'action en supplément de Légitime. (*V.* ci-après, sect. 5.)

4° Les lois romaines, conformes en ce point à la plupart de nos coutumes, ne donnent point d'héritiers, soit testamentaires, soit légitimes, aux criminels condamnés à mort. Cependant elles adjugent une Légitime à leurs enfans, et même à leurs patrons, s'ils sont de condition affranchie. (*V.* ci-après, sect. 8.)

5° L'empereur Justinien déclare, dans les chap. 4 et 4 de sa première novelle, que l'enfant institué par son père, ou le patron institué par son affranchi, qui refuse de payer, dans l'an du décès du testateur, le legs dont il est chargé, doit être privé de la succession; mais il en excepte formellement la Légitime.

6° Le même législateur décide, dans le chap. 38 de sa novelle 123, que la succession d'un père qui s'est fait religieux, doit appartenir à son monastère, et il réserve pareillement la Légitime aux enfans.

7° On a établi ci-dessus que la novelle 115 n'a rien changé à la nature de la légitime ni à la qualité du légitimaire, quoiqu'elle ait prescrit la formalité de l'institution dans la Légitime, à peine de nullité du testament; si donc on pouvait, avec cette novelle, être légitimaire sans se rendre héritier, il est clair qu'on le peut encore aujourd'hui : or, un raisonnement bien simple va démontrer qu'il en était ainsi dans la jurisprudence du Code et du Digeste. Supposons qu'un père eût alors disposé de tous ses biens par testament, et qu'au lieu d'instituer ses enfans dans leur Légitime, il ne leur eût laissé qu'un legs inférieur à la quotité de ce droit; ces enfans, aux termes de la loi 50, C. *de inofficioso testamento*, qui est encore en usage, n'auraient pas pu arguer le testament du vice de prétérition; ils n'auraient eu qu'une action pour demander un supplément de Légitime. Or, comment auraient-ils exercé cette action en qualité d'héritiers ? Ils ne l'auraient pas pu comme héritiers testamentaires, puisque leur père ne les avait pas institués; ils ne l'auraient pas pu comme héritiers légitimes; puisqu'il est de principe, dans le droit romain, qu'on ne peut mourir *partim testatus, partim intestatus*. Il n'était donc pas possible qu'ils devinssent héritiers dans leur portion légitimaire; et, comme nous venons de l'établir, si cela ne se pouvait pas alors, la même impossibilité doit encore subsister aujourd'hui.

8° Deux de nos coutumes adoptent formellement l'opinion que nous soutenons ici : ce sont celles de Normandie et de Bourgogne.

La première ne donne aux enfans le tiers coutumier qui leur tient lieu de Légitime, que sous la condition *qu'ils aient tous renoncé* à la succession : ce sont les termes de l'art. 399 de cette loi municipale.

La seconde porte, chap. 7, art. 2, « qu'on ne » peut exhéréder ses vrais héritiers, qu'on ne leur » délaisse leur Légitime. » On peut donc, suivant cet article, laisser la Légitime à un enfant sans en faire un héritier : le mot *exhéréder* ne laisse pas le moindre doute sur la justesse de cette conséquence.

9° A ces raisons bien décisives sans doute se réunit une considération qui suffirait seule pour faire rejeter le système de Coquille, de Richard et de Lebrun.

Qu'un père ait fait des donations inofficieuses, et laissé des dettes considérables, il est clair que si les enfans prennent la qualité d'héritiers pour obtenir le retranchement des donations, jusqu'à concurrence de leur Légitime, ils s'exposeront infailliblement aux poursuites de tous les créanciers. « Un inconvénient si notable (dit Richard lui-même) » mérite bien qu'on cherche un remède à ce mal, » pour tirer de pauvres enfans de deux extrémités » qui les empêchent de recouvrer cette dernière » table du naufrage, ne pouvant pas, d'un côté, » demander leur Légitime sans prendre la qualité » d'héritiers, et ne pouvant pas, d'un autre, se dire » héritiers qu'ils ne se rendent incontinent sujets » aux dettes; en quoi il se découvre une injustice

» que tous ceux qui aiment l'équité voudraient bien
» surmonter, puisque les créanciers qui veulent
» charger les enfans de leurs dettes, s'ils se disent
» héritiers, les empêchent, par cette rigueur, de
» jouir d'un bien dont la privation dans la personne
» des enfans n'apporte aucun profit aux créanciers,
» et ainsi ils font un grand dommage, dont ils ne
» ressentent aucun bien : de sorte qu'il n'y a qu'un
» tiers, savoir, le donataire, qui, regardant cette
» contestation sans y être engagé, en retient seul
» l'utilité au préjudice des enfans. »

Tel est, de l'aveu de Ricard, le résultat injuste
et odieux de son opinion. En vain cherche-t-il à le
neutraliser en proposant le bénéfice d'inventaire
comme un privilége propre à réunir dans les enfans
la qualité d'héritier et le droit de retenir francs et
quittes de toutes dettes, les biens qu'ils feront
retrancher sur les donations entre-vifs. Pour que
le bénéfice d'inventaire leur procurât ce double
avantage, il faudrait, comme le reconnaît Ricard
lui-même, qu'après avoir exercé le retranchement
légal sur les donations entre-vifs, ils pussent, sans
y renoncer, abdiquer leur qualité d'héritiers béné-
ficiaires; or, cela est évidemment impossible.

L'abandon de la qualité d'héritier par bénéfice d'inventaire n'est pas, vis-à-vis des créanciers, aussi
indélébile que celle d'héritier pur et simple (1); et
de là sans doute il suit que le fils peut renoncer à la
succession, après avoir exercé le retranchement;
mais il ne le peut qu'en abandonnant aux créanciers les biens qui lui en sont revenus : « car (dit
» Berroyer) le principe suppose que l'enfant ne
» peut faire ordonner le retranchement des dona-
» tions entre-vifs, sans être héritier pur et simple
» ou bénéficiaire, ce retranchement ne pourrait
» être considéré comme une créance, un avantage
» ou un droit acquis contre la succession du père,
» dont on veut que le bénéfice d'inventaire empêche
» la confusion. Mais sur ce retranchement, procuré
» par la qualité d'héritier bénéficiaire, ou même par
» celle de légitimaire seule, soit que la première
» vint à cesser ou non, les créanciers seraient tou-
» jours préférés à la Légitime, qui ne peut jamais
» être prise qu'après les dettes payées, dont le légi-
» timaire est tenu jusqu'à concurrence, comme
» l'héritier bénéficiaire. »

Il est donc évident que le parti proposé par Ricard, pour faire cesser l'inconvénient de son système, ne peut être d'aucune ressource : et c'est sans
doute parce qu'il le sent lui-même, que cet auteur,
allant plus loin, dit que l'héritier par bénéfice
d'inventaire peut, en ce cas, retenir sa qualité,
sans s'engager dans les dettes du défunt la portion
qu'il a retranchée des donations entre-vifs, qui
n'y étaient pas sujettes; car la raison pourquoi
un enfant donataire ou douairier de son père confond dans la succession avec sa qualité d'héritier, sa donation et son douaire, et qu'il n'en résulte
tirer avantage tant qu'il retient ce titre; résulte

» de ce que la qualité de donataire et de douairier
» est absolument incompatible avec celle d'héri-
» tier; de sorte qu'il faut que l'enfant quitte l'une
» pour prendre l'autre.... ; mais ici il n'en va pas
» de même, parce que tant s'en faut que la qualité
» de légitimaire soit incompatible avec celle d'hé-
» ritier, que l'une dépend de l'autre. »

On voit que Ricard donne ici pour raison de décider ce qui est en question, savoir, que la qualité
de légitimaire dépend de celle d'héritier. Mais
quand on supposerait cette dépendance aussi réelle
qu'elle a été démontrée chimérique, le raisonnement de Ricard n'en serait pas plus concluant. La
partie dépend certainement du tout; cependant il
n'est pas possible de se figurer un tout et une partie
existant séparément l'un de l'autre; pour concevoir
un tout, il faut se représenter la partie confondue
avec lui. Ainsi, quand la Légitime serait à l'hérédité de qu'est le tout à la partie, il répugnerait toujours que les titres de légitimaire et d'héritier repo-
sassent ensemble et séparément l'un de l'autre sur
la même tête : c'est précisément ce qui a été jugé
par un arrêt du parlement de Paris, du 13 mars
1666, rapporté au *Journal des Audiences* (1), et par
un autre du parlement de Flandre, du 7 avril 1690,
rapporté par M. Dubois d'Hermanville. « La cour
» (dit ce dernier) a débouté le défendeur d'une
» demande reconventionnelle pour prendre à titre
» de Légitime les meubles de la maison mortuaire
» échue à Tournai, parce que la qualité d'héritier
» universel et principal, prise par le sieur comte de
» Rumbecque, répugne à celle de légitimaire, ces
» deux qualités ne pouvant compatir dans la même
» personne. »

On ne peut, sans contredit, rien concevoir de
plus décisif; les raisons et les autorités se réunissent donc pour établir qu'il ne faut point être héritier pour demander une Légitime.

Il faut convenir cependant que l'opinion contraire a été adoptée par deux de nos coutumes,
Chartres et Montargis. La première porte, art. 28 :
pourvu que les enfans HÉRITIERS *dudit testateur ne
soient privés et fraudés de leur Légitime*. La seconde
dit pareillement, tit. 11, art. 10 : *et si la donation
est immense et excessive, les enfans* HÉRITIERS *du testateur la peuvent quereller, selon la disposition de
droit*.

Lebrun prétend même que ces dispositions locales ont été étendues aux coutumes muettes, par un
arrêt du 3 décembre 1642. « Cet arrêt, dit-il,
» n'adjugea la Légitime à Marie de Saint-Vaast,
» fille majeure, qu'après qu'elle eut pris des lettres
» contre la renonciation par elle faite à la succes-
» sion de son père. Car elle avait renoncé pour
» obtenir le douaire de sa mère, dans lequel elle
» n'avait pas trouvé son avantage; l'arrêt, en enté-
» rinant les lettres contre la renonciation, lui
» ordonne la délivrance de sa Légitime, et juge
» d'ailleurs que cette Légitime se devait prendre

---

(1) V. l'article *bénéfice d'inventaire*, n.° 15.

(1) C'est le dernier des arrêts de l'année 1666 ; il est rapporté hors du véritable ordre de sa date.

» sur des biens sur lesquels les créanciers n'avaient
» point d'hypothèque, et que l'acceptation que fai-
» sait cette fille légitimaire de la succession de
» ses père et mère, sous bénéfice d'inventaire,
» lui donnait lieu de profiter de sa Légitime, sans
» qu'elle fût sujette à la poursuite des créanciers. »
Mais il y a beaucoup d'inexactitude dans cet
exposé.

L'arrêt dont il s'agit, est inséré dans le *Journal
des Audiences*; et comme il contient les plaidoyers
sur lesquels il a été rendu, il est aisé de connaître
les points de droit qu'il a décidés.

Marie de Saint-Vaast demandait sa Légitime à
ses frères et à ses sœurs sur les sommes qui leur
avaient été données par contrat de mariage. Ceux-
ci lui opposaient trois moyens : 1° sa renonciation;
2° le droit qu'auraient eu les créanciers de se pourvoir sur la Légitime qui lui seraient adjugée; ce
qui en aurait rendu l'effet absolument inutile pour
elle; 3° l'affranchissement des donations en faveur de mariage, de toute contribution à la Légitime.

De ces trois moyens, le dernier est le seul sur
lequel l'arrêt ait prononcé; et conséquemment l'u-
nique point jugé dans cette cause, est que les dots
et donations en faveur de mariage sont sujettes au
retranchement de la Légitime. Le plaidoyer de
M. l'avocat-général Briquet le prouve clairement.
Après avoir rendu compte des faits, ce magistrat
dit : « Ainsi, de ce fait résulte une seule question
» de droit importante et fort nécessaire en ce temps,
» qui est de savoir si les gendres ou les enfans qui
» ont eu des donations en faveur de mariage, sont
» tenus de fournir ou suppléer la Légitime aux
» autres enfans qui n'ont rien touché des successions
» de leur père ou mère, ou moins qu'il ne leur ap-
» partenait par la coutume. »

Il ne faut d'ailleurs que réfléchir à la position
des parties, pour se convaincre que l'arrêt n'a pu
rien décider à l'égard des deux premières questions
élevées par les adversaires de Marie de Saint-
Vaast.

D'abord, la circonstance de sa renonciation était
devenue tout-à-fait indifférente, parce qu'elle s'en
était fait relever, et que, pour nous servir des
termes de M. l'avocat-général Briquet, « le moyen
» des lettres était très-pertinent, puisqu'elle avait
» renoncé par erreur, espérant que les choses con-
» tenues dans sa donation, lui demeureraient. »

Quant au moyen que tiraient les frères et les
sœurs du droit qu'auraient eu les créanciers de la
succession de se pourvoir sur la Légitime demandée
par Marie de Saint-Vaast, il suffisait à celle-ci de
répondre qu'on ne peut point exciper du droit d'un
tiers; que ce n'était point à ses frères et à ses sœurs
à examiner ce qui se passerait entre elle et les créanciers; qu'ils devaient toujours lui fournir sa Légitime; et qu'après cela, si les créanciers l'inquié-
taient, elle prendrait à leur égard tel parti qu'elle
trouverait bon.

Le dispositif de l'arrêt confirme tout ce que nous
avançons : en voici les termes : « La cour....., ayant

aucunement égard aux lettres, ordonne que la
» demanderesse aura délivrance de sa Légitime, à
» proportion, à son égard, de ce qui se justifiera
» par les défendeurs avoir chacun d'eux reçu des
» successions de leurs père et mère, déduction aussi
» faite de ce qui se justifiera avoir été reçu par la
» demanderesse desdites successions, et sans dé-
» pens. »

C'est donc sans fondement que Lebrun cite cet
arrêt comme ayant jugé *que l'acceptation que faisait
la fille légitimaire de la succession de ses père et mère
sous bénéfice d'inventaire, lui donnait lieu de profiter
de sa Légitime, sans qu'elle fût sujette à la poursuite
des créanciers*; il n'y a pas un mot de tout cela dans
l'arrêt.

Mais au moins les mots, *ayant aucunement égard
aux lettres*, ne semblent-ils pas faire entendre que
le parlement n'aurait pas admis la demande le Légi-
gitime, si la fille ne s'était pas fait relever préalablement de sa renonciation?

Cette conséquence paraît assez spécieuse, mais
elle n'est rien moins que certaine. Si Marie de
Saint-Vaast s'était bornée à une simple répudiation
d'hérédité, elle aurait très-bien pu soutenir qu'elle
n'avait pas besoin de lettres de restitution pour
faire recevoir sa demande; mais elle avait été plus
loin, elle avait accepté le douaire de sa mère : or
les qualités de douairière et de légitimaire sont
incompatibles, puisque le douaire est une dette,
et que la Légitime ne peut être prise qu'après toutes
les dettes payées. Ainsi, de ce chef il lui fallait
nécessairement des lettres; et c'est sans doute là-
dessus que porte la clause de l'arrêt, *ayant aucunement égard*.

Si toutes ces raisons ne suffisent pas pour détruire le préjugé que tire Lebrun de cette clause, en
voici une qui est sans réplique. Le jour qu'a été
rendu l'arrêt dont il s'agit, c'est-à-dire, le 3 décembre 1642, il en est intervenu un autre entre
les enfans et les créanciers de Vaulte, notaire, plaidans maîtres *Deffita, Gorillon et Hébert*, qui a jugé
*que la seule qualité d'enfant suffisait, et qu'il n'était
point nécessaire de se dire héritier pour obtenir sa Légitime*. C'est Lebrun lui-même qui s'exprime ainsi :
or, est-il probable que le parlement ait rendu le
même jour deux arrêts aussi contraires l'un à l'autre
que le suppose cet auteur? On dira peut-être qu'ils
sont émanés de différentes chambres; mais quand
on admettrait cette hypothèse, la contrariété n'en
serait pas moins invraisemblable, puisque les
deux avocats qui plaidaient dans la cause de Marie
de Saint-Vaast, savoir, Deffita et Gorillon, ont
encore plaidé dans celle dont nous venons de
parler.

III. Nous avons déjà insinué que la répudiation
de l'hérédité n'exclut pas du droit de demander la
Légitime, et cela, dit Furgole, « doit avoir lieu
» quand même la répudiation serait faite sans que
» le légitimaire eût réservé sa Légitime. C'est la
» jurisprudence du parlement de Toulouse qui le
» juge ainsi tous les jours sans aucune difficulté;
» j'en ai remarqué un arrêt, entre plusieurs autres

» que j'ai vu rendre, du 2 mai 1726, au rapport de
» M. Deigna, en la grand'chambre, en faveur de
» Jean Caubet, contre Jean Rigaud, par lequel
» arrêt la Légitime fut adjugée à Caubet sur le
» patrimoine de son père, dont il avait répudié
» l'hérédité, quoiqu'il ne l'eût point réservée en
» répudiant. »

Pallu, sur les art. 252 et 309 de la coutume de
Touraine, rapporte trois arrêts du parlement de
Paris, qui ont jugé la même chose. Le premier,
qu'il dit avoir vu en forme, est de l'année 1598. Il
date le second du 3 décembre 1642 ; c'est probablement celui que Lebrun dit avoir été rendu *entre les
enfans et les créanciers de Vaulte*. Le troisième est
du 26 août 1659 : Pallu le rapporte fort au long, et
il mérite à cet égard d'autant plus de foi, qu'il avait
été lui-même partie au procès en qualité de créancier des sieurs Degal père et fils.

IV. Le fils qui jouit d'une partie des biens de son
père à titre de Légitime, est-il censé par cela seul
avoir fait acte d'héritier ?

Cette question est déjà décidée par les principes
que nous venons de développer. Puisqu'il ne faut
pas se rendre héritier pour appréhender une Légitime, il est clair que la jouissance d'une portion
Légitimaire ne peut point être regardée comme une
acceptation d'hérédité ; car on n'est présumé faire
acte d'héritier par la disposition ou l'appréhension
des biens du défunt, que quand cette disposition
ou appréhension ne pourrait pas avoir lieu sans la
qualité d'héritier.

Mais un légitimaire qui se trouverait en possession de toute l'hérédité, ne pourrait pas disconvenir
d'avoir fait acte d'héritier ; son droit de Légitime
ne pourrait lui servir ni d'excuse ni de prétexte,
parce qu'au lieu de se borner à l'exercer, il aurait
étendu son appréhension à d'autres objets. La
loi 78, D. *de acquirenda hereditate*, décide que l'héritier présomptif qui jouit, au delà de sa portion,
d'une chose commune entre lui et le défunt, fait
acte d'héritier : *Duo fratres fuerant, bona communia
habuerant : eorum alter intestato mortuus suam heredem non reliquerat. Frater qui supererat, notebat ei
heres esse. Consulebat num ob eam rem quod com-
munibus, cum sciret eum mortuum esse, usus esset,
hereditati se alligasset. Respondit, nisi eo consilio
usus esset, quod vellet se heredem esse, non astringi.
Itaque cavere debet ne qua in re plus sua parte domi-
nationem interponeret.* Il en doit donc être de même
du légitimaire, puisqu'il est que celui qui demande
dans les biens soumis à son droit de Légitime.

Nous pourrions placer ici la question de savoir si
l'on peut être héritier dans une coutume, et légitimaire dans une autre ; mais comme elle est liée à
celle de savoir comment doit être fixée la Légitime
d'une succession composée en partie de réserves
coutumières, il est à propos de la renvoyer à la
sect. 8, § 3.

§ II. *En quoi conviennent ou diffèrent la Légitime et le douaire des enfans ?*

I. Le douaire des enfans n'est, comme on le sait,
que le droit que leur accordent certaines coutumes
de prendre en propriété, après la mort de leur père,
la portion de ses immeubles, dont leur mère a eu
l'usufruit à titre de douaire.

On assimile communément ce droit à une espèce
de Légitime, et en effet il y a entre l'un et l'autre
plusieurs traits d'analogie.

1° La Légitime et le douaire sont des quotes des
biens du père.

2° On ne peut prendre ni l'une ni l'autre sans
renoncer à la succession paternelle.

3° Ce ne sont point des libéralités du père, mais
des dettes que la loi imprime sur ses biens, et dont
il est chargé envers ses enfans dès le moment de
leur naissance.

4° Le légitimaire et le douairier sont également
tenus au rapport. Nous verrons dans la sect. 8,
§ 3, que celui qui demande sa Légitime doit rapporter les donations qu'il a reçues du défunt, pour
les imputer ou moins prendre ; et l'on a vu au mot
Douaire, sect. 4, § 5, que la même obligation est
imposée à l'enfant douairier.

II. Mais si le douaire convient avec la Légitime
sur certains points, il en diffère aussi à bien des
égards.

1° La Légitime est une dette du droit naturel et
du droit civil ; le douaire n'est fondé que sur les
coutumes, encore n'est-il pas admis dans tous les
pays coutumiers.

2° La Légitime se prend également sur les biens
du père et sur ceux de la mère ; le douaire n'a lieu
que sur les biens du père.

3° La Légitime ne saisit point : le douaire saisit
en plusieurs coutumes.

4° La Légitime ne peut être prise sur une succession qu'après toutes les dettes déduites ; elle
n'est préférée qu'aux donations et aux legs ; le
douaire, dans la plupart des coutumes, se prend
sur les biens qu'avait le père au moment du mariage, et il est préféré à toutes les dettes postérieures à cette époque.

5° La Légitime ne peut être ôtée aux enfans sans
cause valable ; mais il dépend toujours d'un père
de ne pas leur accorder de douaire : il ne faut pour
cela qu'une clause de contrat de mariage.

III. La coutume de Normandie paraît rejeter
toutes ces différences, et confondre absolument le
douaire avec la Légitime. Elle dit, art. 399, que *la
propriété du tiers destiné pour le douaire de la femme,
est acquise aux enfans ; et elle ne donne point à
ceux-ci d'autre Légitime que ce tiers.*

Il ne faut pas cependant conclure de là que le
douaire et la Légitime soient deux choses parfaitement identiques en Normandie : il y a entre l'un
et l'autre deux différences notables.

Premièrement, le douaire ne se prend que sur
les biens du père ; et l'art. 404 porte que « pareille-
» ment la propriété du tiers des biens que la femme
» a lors du mariage, ou qui lui écherront constant
» le mariage, ou lui appartiendront à droit de con-
» quêts, appartiendra à ses enfans, aux mêmes
» charges et conditions que le tiers du mari. »

En second lieu, il n'est pas toujours vrai que la femme doive avoir pour son douaire ce qui est laissé aux enfans pour leurs tiers paternel, ni qu'elle ne puisse pas en avoir un plus grand; c'est ce que déclare nettement l'art, 400 : « S'il y a en-»fans de divers lits (porte-t-il), tous ensemble »n'auront qu'un tiers, demeurant à leur option de »le prendre eu égard aux biens que leur père pos-»sédait au temps des premières, secondes ou autres »noces, et sans que ledit tiers diminue le douaire »de la seconde ou troisième femme, lesquelles au-»ront plein douaire sur le total du bien que le mari »ayait lors dés épousailles. » Si, aux termes de cet article, le tiers des enfans ne diminue point le douaire de la seconde ou troisième femme, il est évident que ce douaire peut être plus grand que le tiers.

Quelques exemples rendront cette vérité plus sensible.

Un père possédait peu de biens lors dé son pre-mier mariage, et il a eu dés enfans de ce lit; il était plus riche au temps de son second mariage, mais il n'en a point eu d'enfans. Dans cette espèce, le douaire de la seconde femme comprendra le tiers du total du bien que le mari avait lors des épousailles contractées avec elle; mais le tiers des enfans ne pourra être pris que sur les biens dont le père était saisi au temps de son premier mariage, et par con-séquent il sera moindre que le douaire.

Voici au contraire un cas où il doit l'excéder. Un homme se marie en premières noces avec des biens considérables; mais il en dissipe une grande partie, et contracte beaucoup de dettes : sa femme lui donne des enfans, et meurt; il se remarie. Il est clair que ses enfans, en prenant leur tiers sur le patrimoine qu'il avait au moment de son pre-mier mariage, auront plus que ne peut comprendre le douaire de la seconde femme, puisqu'elle ne peut le prendre que sur les biens qui restaient à son mari, lorsqu'elle l'a épousé.

Ainsi, quand la coutume décide que la propriété du tiers destiné pour le douaire, est acquise aux en-fans, elle parle du cas qui arrive le plus souvent, c'est-à-dire de celui où le père n'a été marié qu'une fois : alors, en effet, le douaire et le tiers des en-fans ne sont vraiment qu'une même chose; mais quand il a été marié plusieurs fois, il peut se trou-ver une différence notable entre l'un et l'autre

C'est faute d'avoir bien saisi ces principes, qu'a été rendu au parlement de Paris, le 7 septembre 1672, un arrêt qui contrarie directement l'esprit et la lettre de la coutume de Normandie.

Il s'agissait de savoir en quoi devait consister le douaire d'Anne de Chourses, seconde femme de Jean-Thomas de Verdun, lieutenant criminel du bailliage de Rouen. Jean-Thomas de Nestanville, fils du premier lit, ayant renoncé à la succession de son père, et pris le tiers des biens possédés par celui-ci au temps du mariage qui lui avait donné le jour. Sa belle-mère prit de là occasion de sou-tenir que ce même tiers devait lui être adjugé pour son douaire; et voici comment elle raisonnait.

L'art. 399 de la coutume de Normandie déclare que le tiers destiné pour le douaire de la femme, est acquis aux enfans; le douaire est donc toujours l'usufruit du tiers dont les enfans ont la propriété. La coutume ne distingue point si la femme et les enfans sont du même lit ou de mariages différens; ainsi, les mots femme et enfans doivent s'entendre généralement de la femme et des enfans survivans; et c'est ce qui résulte de l'article suivant : S'il y a enfans de divers lits, tous ensemble n'auront qu'un tiers. Si la coutume avait pensé autrement, elle aurait employé le terme de mère au lieu de celui de femme, et elle aurait dit ses enfans, au lieu de parler d'enfans en général.

Ce raisonnement a été adopté par l'arrêt dont il s'agit; mais il paraît bien faible quand on le rap-proche des textes de la coutume. Ce n'est point par l'art. 399 que cette loi municipale a entendu fixer le douaire; elle n'a voulu déterminer, dans ce texte, que la quotité de la Légitime des enfans. Le douaire est réglé par l'art. 367; c'est là le véri-table siége de cette matière. Or, suivant cet arti-cle, les femmes ne peuvent jamais avoir pour douaire que l'usufruit du tiers des choses immeubles dont le mari est saisi lors de leurs épousailles. Ce mot leurs prouve clairement que l'époque du mariage de chaque femme est comme un point immobile et inaltérable qu'il faut toujours considérer dans la liquidation du douaire. Peu importe à la femme que son mari ait des enfans d'un ou de plusieurs mariages, ou même qu'il n'en ait point du tout; son douaire demeure toujours fixé au tiers des biens que son mari possédait au moment où il l'a épou-sée. C'est d'ailleurs ce qui est nettement décidé par l'art. 87 des placités de 1666 : « La seconde femme »ne peut avoir douaire que sur les biens dont elle »a trouvé son mari saisi lors de leur mariage, ou »qui lui sont échus en ligne directe »

[[V. l'article Tiers coutumiers, n° 2.]]

§ III. En quoi conviennent ou diffèrent la Légitime et les réserves coutumières ?

I. On entend par réserves coutumières, les por-tions de biens que les coutumes déclarent indispo-nibles, et qu'elles assurent par ce moyen aux hé-ritiers.

On en distingue de deux sortes.

Les unes n'ont lieu qu'en faveur des descendans. Telles sont celles que l'on connaît dans certaines coutumes d'égalité parfaite, et dans les pays où la dévolution est établie en faveur des enfans dont le père ou la mère a convolé à de secondes noces. (V. les articles Coutume, § 6; et Dévolutions cou-tumières, § 2.)

Les autres réserves sont celles que les coutumes ont introduites pour les collatéraux comme pour les enfans; et ce sont les plus ordinaires.

Les coutumes se sous-divisent encore là-dessus en deux classes : les unes limitent les réserves aux dispositions de dernière volonté : les autres les étendent aux donations entre-vifs.

Ces notions supposées, il est aisé de voir en

quoi conviennent et en quoi diffèrent généralement les réserves de la Légitime.

II. Elles conviennent, en ce qu'il n'est pas plus au pouvoir de l'homme de déroger aux unes, que d'ôter ou diminuer l'autre.

Mais elles diffèrent en plusieurs points.

1° On ne peut pas demander les réserves sans se rendre héritier, et nous avons prouvé dans le § 1 de cette section, que cette qualité est incompatible avec celle de légitimaire.

2° « Les réserves, dit Lebrun, composent ou augmentent la succession *ab intestat* : car si quelqu'un a disposé de ses propres au-delà de ce qui lui est permis par la coutume, cela se trouve de plein droit dans la succession *ab intestat*, à cause de la nullité de la disposition qui ne subsiste qu'à proportion qu'elle n'est pas contre la prohibition expresse de la loi municipale; au lieu que la Légitime ne s'obtient que contre les donations qui subsistent d'elles-mêmes, et qui sont d'ailleurs conformes à la coutume. C'est pourquoi l'on juge que les enfans donataires qui se tiennent à leur don, ne font point part dans les quatre quints, ou telle autre partie des propres que la coutume dit être réservée aux héritiers *ab intestat* ; au lieu qu'ils font part dans la Légitime, et diminuent la part des légitimaires. Et en cela, l'on considère ces quatre quints ou cette autre portion, comme des biens qui sont de plein droit dans la succession *ab intestat*, et dans lesquels les renonçans n'ont point de part et ne font point de part. »,

3° La Légitime n'a été introduite que pour assurer des alimens à ceux à qui elle est due : les réserves doivent leur origine au zèle de nos coutumes pour la conservation des biens dans les familles.

4° Le légitimaire est obligé, comme on le verra ci-après, sect. 8, § 3, d'imputer sur la portion qu'il demande en cette qualité, tous les avantages dont le défunt l'a gratifié, parce qu'ils sont regardés comme des à-comptes de son espèce de créance.

L'héritier, au contraire, n'impute rien en exerçant ses réserves, parce que l'affectation des biens indisponibles à sa ligne n'est ni détruite ni diminuée par les donations qui lui ont été faites sur les biens libres.

III. Quelque frappantes que soient ces différences, il y a des auteurs qui prétendent assimiler entièrement les réserves avec la Légitime; et, suivant eux, on doit toujours régler la quotité de celle-ci sur le taux auquel les coutumes fixent celles-là.

Pour apprécier ce système avec justesse, il faut le considérer et par rapport aux coutumes qui bornent les réserves aux dispositions testamentaires, et par rapport à celles qui y comprennent même les donations entre-vifs.

On convient assez que les premières coutumes, en établissant les réserves, n'ont point entendu régler la Légitime : en effet, la Légitime se prend sur les biens dont le défunt a disposé entre-vifs,

comme sur ceux qu'il a donnés ou légués par son testament; or, il pourrait arriver, dans ces coutumes, qu'un homme épuisât toute sa fortune en libéralités entre-vifs, et ne laissât rien à sa mort; si donc on regardait les réserves qu'elles établissent, comme une Légitime proprement dite, les premières devenant sans objet, faute de biens sur lesquels elles pussent agir, la seconde se trouverait pareillement réduite à rien, quoique, de sa nature, elle dût opérer sur les donations entre-vifs.

Aussi avons-nous plusieurs coutumes de la classe dont nous parlons, qui distinguent ces deux objets de la manière la plus précise. Celle de Paris, article 192; d'Orléans, art. 295; de Senlis, art. 217; de Valois, art. 84; de Clermont en Beauvoisis, art. 130; de Nivernais, chap. 33, art. 1; de Chartres, art. 91; de Mantes, art. 155; d'Auxerre, art. 225; de Melun, art. 246; du Grand-Perche, art. 129, fixent les réserves testamentaires aux quatre quints des propres tant féodaux que roturiers; Péronne, art. 65, et Chauny, art. 61 et 85, les déterminent aux deux tiers des propres tenus en roture, et aux quatre quints de ceux qui sont tenus en fiefs; Montargis, chap. 13, art 2, ne permet la disposition des propres *que jusques au quint en fief et au quart en censive*; Bourbonnais, art. 291, et Auvergne, tit. 14, art. 12, interdisent tout acte de dernière volonté qui excéderait le quart des biens quelconques du testateur. Et cependant toutes ces coutumes, comme on peut le voir par les textes cités plus haut, sect. 1, n° 3, réservent expressément la Légitime de droit aux enfans.

La coutume d'Amiens, art. 57, adopte les mêmes réserves que la coutume de Paris; et l'on a vu ci-dessus, sect. 1, n° 4, que les arrêts y ont pareillement introduit la Légitime.

Voilà certainement des preuves bien claires qu'il n'est pas dans l'esprit général de notre droit coutumier, de confondre les réserves avec la Légitime, ni de prendre celle-là pour règle de celle-ci.

La coutume de Gand paraît, à la première vue, contraire à ce principe. Voici ce qu'elle porte, rubr. 28, art. 2 : « Personne ne peut, par testament ou dernière volonté, disposer ou donner » plus que jusqu'au tiers de tous les biens de lui » donateur, et non pas davantage; et si la disposition excède, elle est réduite jusqu'audit tiers; de » sorte que chaque héritier doit avoir les deux tiers » de son contingent *pour sa portion Légitime*. »

On ne peut rien, ce semble, de plus positif que ces termes : ils donnent aux collatéraux, comme aux descendans, les deux tiers de leur portion *ab intestat* pour leur *Légitime*; ils identifient donc les réserves établies en faveur des héritiers quelconques, avec la Légitime dont la demande ne peut être faite, de droit commun, que par un petit nombre de personnes privilégiées; et il semble par conséquent qu'il faut, dans cette coutume, écarter toute distinction entre ces deux objets.

Prenons garde cependant de nous laisser surprendre par la lettre de cette loi, et cherchons à en pénétrer l'esprit. Combien n'y a-t-il pas d'auteurs qui désignent la réserve par les mots *Légitime de Coutume?* Les rédacteurs de la coutume de Gand n'ont-ils pas pu adopter cette expression pour faire mieux sentir l'indisponibilité des deux tiers qu'ils mettaient en réserve? Et s'il est possible d'admettre cette interprétation (ce qu'on ne saurait révoquer en doute, puisqu'il faut toujours se rapprocher du droit commun et des vrais principes), comment pourrait-on raisonnablement soutenir que la Légitime de droit est fixée, dans cette coutume, aux deux tiers de tous les biens de celui qui la doit?

On dira peut-être que ce n'est là qu'une probabilité, et que, dans l'incertitude sur le sens d'une loi, il faut se tenir à celui que la lettre présente; mais voici quelque chose de plus clair et de plus précis.

Si la coutume de Gand avait entendu fixer la Légitime proprement dite aux deux tiers, elle aurait certainement accordé aux légitimaires le droit de faire réduire jusqu'à cette concurrence les donations entre-vifs qui préjudicieraient à cette portion; car c'est ce droit qui distingue principalement la Légitime d'avec les réserves, dans les coutumes qui bornent celles-ci aux dispositions testamentaires : or, non-seulement elle ne le leur a point donné en termes exprès, mais elle a déclaré formellement que les donations entre-vifs ne pourraient être révoquées pour la Légitime, que proportionnellement aux taux auquel les lois romaines l'ont fixée. C'est la disposition précise de l'art. 1er de la rubr. 12 : « Chaque personne étant maître de » soi... peut disposer par donation entre-vifs.... de » son bien propre, meuble et immeuble, en tout » ou en partie...., et lesdites donations sortissent » leur effet.... ; sauf les causes d'ingratitude, de la » survenance d'enfant après la donation, *comme en-* » *core du don et de la donation inofficieuse, qui de-* » *meureront à la disposition du droit écrit.* »

Ce texte nous fait voir clairement que la Légitime n'est pas différente d'une coutume dont elle est dans le droit commun; et par conséquent il en résulte que l'art 2 de la rubr. 28 ne parle pas d'une Légitime proprement dite, mais d'une simple réserve coutumière.

La coutume d'Audenarde admet la même quotité pour la Légitime que pour la réserve coutumière; mais la manière dont elle le fait annonce clairement que ses rédacteurs étaient bien convaincus de la différence qu'il y a entre l'une et l'autre.

Voici ce qu'elle porte, rubr. 20, art. 6 : « Per- » sonne ayant des enfans ou point, ne peut léguer » ou donner par testament, codicille ou autre der- » nière volonté, plus du tiers de ses biens situés en » Flandre »

L'art. 7 ajoute : « Chacun héritier du testateur » doit avoir les deux tiers de la succession francs et » non chargés, et quittes de toutes dispositions du » testament. »

Si cette coutume avait confondu la Légitime avec la réserve qu'elle établit par ces textes, elle

n'en aurait pas dit davantage ; elle aurait cru avoir pourvu suffisamment à la première, par l'établissement de la seconde. Mais elle a été plus loin, parce qu'elle a senti que son intention, par rapport aux taux de la Légitime, n'était rien moins qu'exprimée : en conséquence, elle a déclaré, rubr. 8, art. 1, que « chaque personne a la faculté de dis- » poser par donation libérale entre-vifs et de main » chaude, de tous ses biens, meubles ou immeu- » bles...., pourvu que ladite donation ne soit pas.... » au-dessus du tiers des biens, au préjudice des » ascendans ou des enfans, ou des enfans des enfans » *in infinitum*, et aussi des frères et sœurs, lorsque » ladite donation serait faite à personne infâme. »

Cette disposition diffère en deux points essentiels des art. 6 et 7 de la rubr. 20 : 1° en ce qu'elle est bornée aux personnes qui ont droit de Légitime, comme on le verra plus particulièrement dans la sect. 3; 2° en ce que le retranchement qu'elle ordonne porte expressément sur les donations entre-vifs.

Il n'est pas possible de méconnaître à ces deux circonstances le véritable caractère de la Légitime, ni la différence qui existe entre elle et la réserve coutumière, ni enfin la nécessité dans laquelle se sont trouvés les rédacteurs d'ajouter à leur coutume l'article que nous venons de transcrire, pour empêcher que, malgré les art. 6 et 7 de la rubr. 20, on ne réglât le taux de la Légitime sur le droit romain.

D'après cela, rien de plus aisé que de décider, par rapport aux autres coutumes de la Flandre flammarde, si les deux tiers qu'elles assurent aux héritiers du sang, forment une Légitime, ou seulement une réserve.

La coutume de Bruges défend, tit. 13, art. 2, de disposer de plus d'un tiers par testament; et elle permet, tit. 15, art. 2, de donner tout par acte entre-vifs.

Il en est à peu près de même des coutumes de Furnes, tit. 18, art. 1, et tit. 20, art. 6; de Nieuport, rubr. 11, art. 1, et rubr. 22, art. 3; d'Ecloo, rubr. 12, art. 2, et rubr. 20, art. 2; de Bouchaute, rubr. 9, art. 1, et rubr. 24, art. 2; d'Assenède, rubr. 6, art. 1, et rubr 21, art 2; d'Ypres, rubr. 8, art. 1, et rubr. 9, art. 2; d'Alost, rubr. 11, art. 1, et rubr. 21, art. 1; de Courtrai, rubr. 14, art. 1 et 4; de Tenremonde, rubr. 9, art. 2, et rubr. 18, art 1; du pays de Waes, rubr. 5, art. 1; de Bergues, rubr. 19, art. 1, et rubr. 53, art. 1.

Plusieurs de ces coutumes portent expressément, comme celle de Gand, que *chaque héritier doit avoir les deux tiers de son contingent pour sa portion Légitime,* mais aussi elles déclarent presque toutes que la querelle d'inofficiosité contre les donations entre-vifs demeurera sous la disposition du droit écrit; conséquemment il faut leur appliquer tout ce que nous avons dit sur la coutume de Gand, c'est-à-dire, regarder la *portion Légitime* dont elles parlent comme une simple réserve, et leur adapter la Légitime de droit, telle qu'elle est déterminée par les lois romaines.

IV. Il y a plus de difficulté sur la question de savoir si les réserves coutumières tiennent lieu de Légitime dans les coutumes qui les étendent aux donations entre-vifs.

Cette question ne peut pas être d'un grand usage pour les successions dont tous les biens sont soumis à de pareilles réserves, parce qu'il importe peu à l'enfant qui a sa portion entière, de la prendre à titre de réserve où à titre de Légitime; mais elle doit s'élever fréquemment dans les successions composées de biens répandus dans des coutumes de différentes espèces. En effet, il est de principe, comme on le verra ci-après, sect. 6, sur la fin, et sect. 8, § 3, que la Légitime se règle par la loi de la situation de chaque patrimoine qui doit en souffrir la détraction: et que l'excédent de la réserve, dans chaque coutume, sur la Légitime, doit être imputé sur la Légitime due par les biens des autres coutumes: on sent qu'il doit résulter de là une grande différence entre l'hypothèse de la confusion de la Légitime avec la réserve et celle de la distinction de l'un de ces droits d'avec l'autre. Il est donc très-important de donner à la question proposée une décision précise, lumineuse et raisonnée.

On peut diviser en deux classes les coutumes qui étendent les réserves aux donations entre-vifs: les unes ne font tomber l'indisponibilité que sur la totalité ou une partie de certains biens; les autres y assujettissent les biens quelconques, soit en tout, soit en partie.

V. Dans la première classe, sont les coutumes d'Artois, art. 91, de Ponthieu, art. 20 et 24, de Boulonnais, art. 92, qui réservent tous les propres, à moins que la donation n'en soit faite du consentement de l'héritier présomptif; celles de Calais, art. 66, de Vermandois, art. 51, et de Reims, article 252, qui réservent la moitié des propres; celles de Châlons, art 63, de Verdun, tit. 5, art. 1, et de Bailleul, rubr. 14, art. 3 et 10, qui réservent, la première, les deux tiers des propres anciens; la seconde, les deux tiers des propres même naissans; la troisième, les deux tiers des propres quelconques.

Il est certain que ces différentes réserves ne peuvent pas tenir lieu de Légitime, parce que, dit Boullenois, « elles sont telles, qu'un enfant pourrait ne point trouver dans la succession une Légitime de droit, en ce qu'elles ne tombent que sur certains biens qu'un père pourrait ne pas avoir. » Aussi avons-nous vu plus haut, sect. 1, que la jurisprudence des arrêts a toujours établi, en Artois, en Ponthieu et en Boulonnais, la différence la plus marquée entre la Légitime de droit et les réserves coutumières: c'est ce qui paraît même spécialement par l'arrêt des Coffin, du 6 septembre 1752, en ce qu'il défère à l'aîné l'option entre les réserves portées par la coutume d'Artois, et la Légitime de droit telle qu'elle est réglée par l'art. 298 de la coutume de Paris.

Cette différence est encore plus sensible dans les coutumes de Calais, de Vermandois, de Reims, de Châlons, de Verdun et de Bailleul: toutes ces lois déclarent positivement que la permission accordée par elles de disposer de la moitié ou du tiers des propres, ne portera aucun préjudice à la Légitime des enfans: on ne peut certainement pas de preuve plus évidente de la distinction qu'elles font de la portion légitimaire d'avec les réserves.

On doit compter dans la même classe les coutumes d'Anjou, de Poitou et du Lodunois, puisqu'elles affranchissent tous les meubles des réserves auxquelles elles soumettent en partie les autres biens.

Il y a cependant des auteurs qui prétendent faire passer ces réserves pour des Légitimes proprement dites: c'est ce que pensent, entre autres, Boullenois sur Rodemburg, tome 1, page 321; Boucheul et Lelet, sur la coutume de Poitou, art. 205; Dupineau, sur celle d'Anjou, art. 322.

Et, ce qu'il y a d'étonnant, leur opinion paraît avoir été adoptée par un arrêt du 10 août 1624, dont voici l'espèce: « Le lundi 10 août 1624, au »rôle de Poitiers (c'est Dufresne qui parle, dans »son Journal des Audiences), fut jugé qu'en la »coutume d'Anjou, qui ne dispose particulièrement »quelle doit être la Légitime, il la fallait régler aux »deux tiers dont la coutume défend de tester ou »disposer par testament. »

La contestation s'était élevée au sujet d'un arrêt qui avait ordonné une détraction de Légitime au profit des créanciers d'un fils chargé d'une substitution universelle: et comme l'arrêt ne spécifiait point la quotité de cette Légitime, « on soutint »(continue Dufresne) que la coutume n'en dispo- »sant point, il fallait avoir recours au droit écrit. »Les juges d'Angers la définirent aux deux tiers des »biens dont l'aïeul n'avait pu disposer par testa- »ment, dont appel: par arrêt, l'appellation au »néant, ordonné que ce dont est appel sortirait son »effet. »

Dufresne fait là-dessus une observation judicieuse: « Il semble qu'au premier arrêt, il aurait »été plus équitable d'ordonner que les créanciers »seraient subrogés aux droits de leur débiteur, »pour poursuivre le droit successif qui lui devait »échoir ab intestat, et dont il n'avait été loisible à »l'aïeul de disposer par testament, auquel cas, en »exécution d'arrêt, il n'eût été question que de »disputer la disposition des deux tiers des biens, »desquels l'aïeul n'avait pu disposer par la coutu- »me, au préjudice de son fils et en fraude de ses »créanciers. »

Cet auteur, comme l'on voit, n'approuve pas la confusion que l'arrêt cité a faite de la réserve coutumière avec la Légitime de droit. Ce n'est pas cependant que, dans l'espèce dont il s'agissait, on ne dût adjuger aux créanciers qu'une portion légitimaire; non, ils avaient droit à toute la réserve, et c'est avec justice qu'ils l'ont obtenue, puisqu'elle ne pouvait pas plus être entamée ou grevée que la Légitime. Mais si le défunt eût laissé des biens en différentes coutumes, la nécessité de l'imputation dont nous avons déjà parlé, aurait obligé les

juges de distinguer la Légitime de la réserve; et
alors le taux de la première portion n'aurait pas été
réglé sur celui de la seconde, mais sur le droit commun. C'est ce qui a été jugé pour la coutume d'Anjou même, par deux arrêts des 31 mars 1618 et
6 septembre 1674. Ce dernier a été aussi rendu
pour la coutume de Poitou ; et il a été suivi, à l'é-
gard de la même loi, d'un autre du 12 mars 1715,
et d'un troisième dont on ignore la date, mais
qui a confirmé une sentence de Poitiers, du 20
août 1747. Tous ces arrêts se trouve ci-après,
sect. 6.

VI. Les coutumes de la seconde classe sont,
Berry, tit. 7, art. 7, qui réserve aux enfans la moitié
de tous les biens, meubles, immeubles, acquêts et
propres; Touraine, art. 233, qui lui réserve les
deux tiers des propres, avec la moitié des acquêts
et des meubles; la Rochelle, qui statue, art. 44,
*qu'aucune ne peut donner ni léguer à autre, soit par
testament ou autrement, de ses biens meubles et acquêts
immeubles, s'il n'a héritage paternel, maternel ou
collatéral, que les deux parts desdits acquêts immeubles ne demeurent à sesdits héritiers, et s'il n'a que meubles, que les deux parts desdits meubles ne demeurent
à sesdits héritiers.*

Telles sont aussi les coutumes de Normandie et
de Vitry, dans lesquelles la réserve pour les enfans
est de toute leur portion héréditaire, sauf, dans la
première, le tiers des meubles dont le père et la
mère peuvent disposer à leur gré.

Enfin, telles sont en Flandre, Cassel et Renaix :
l'une porte, art. 235, *que personne ne pourra, par
contrat de mariage ni par autre donation entre-vifs ou
à cause de mort, priver ou exclure son héritier de sa
Légitime, c'est à savoir des deux tiers des héritages,
rotures et des catteux qui lui échoient ab intestat,
sans charges d'aucun legs ou de funérailles;* l'autre
déclare, tit. 15, art. 2, *que l'on peut faire donation
aussi bien des fonds d'héritages, des biens meubles catteux, que des autres, tels qu'ils soient, pourvu que
la donation n'excède pas la troisième partie des biens
du donateur.*

Boullenois soutient qu'il n'y a, dans toutes ces
coutumes, aucune différence entre la Légitime et
la réserve. « La Légitime de droit (ce sont ces ter-
» mes) n'a été admise que pour empêcher que les
» pères, par aucunes dispositions gratuites, ne pri-
» vassent leurs enfans d'une portion de leurs biens :
» quand ces enfans trouve nécessairement une por-
» tion des biens de leur père, sous telle dénomina-
» tion que ce puisse être, il est vrai de dire que la
» loi leur a pourvu; la quotité qu'elle destine néces-
» sairement aux enfans, est présumée une portion
» raisonnable et telle que le père peut la devoir à
» ses enfans. »

Mais, qu'il nous soit permis de le dire, il faut
bien peu d'attention à la nature de la Légitime,
pour raisonner ainsi. Que les réserves coutumières
portent sur l'universalité des biens, ou qu'elles
n'en affectent qu'une partie, n'est-il pas toujours
vrai de dire que leur unique objet est l'intérêt des
familles ? Cela n'est-il pas même plus évident dans

le premier cas que dans le second ? Comment donc
les confondre avec une portion que la loi n'a introduite que pour fournir aux alimens de ceux à qui
elle la défère ?

D'ailleurs, la qualité de légitimaire exclut nécessairement celle d'héritier; les réserves, au contraire, la supposent. Or, dans l'ordre naturel des
choses, il est certain qu'on doit donner plus à celui
qui accepte la succession qu'à celui qui y renonce.
C'est une de ces vérités que le bon sens démontre,
et qu'on obscurcirait en voulant les développer.
Cependant Boullenois, en assimilant la Légitime à
la portion héréditaire, égale la condition de l'un à
celle de l'autre : en faut-il davantage pour faire
rejeter son système ? Aussi est-il forcé de convenir
« que la jurisprudence actuelle y est contraire, et
» qu'il a été jugé ou réglé dans les maisons de Condé
» et de Conti, que le fils légitimaire, dans des cou-
» tumes d'inégalité, était obligé d'imputer dans ces
» coutumes la portion héréditaire qu'il prenait dans
» les coutumes d'égalité. »

Ajoutons que la même chose a été jugée par
plusieurs autres arrêts : celui du 6 septembre 1674,
déjà cité pour les coutumes d'Anjou et de Poitou,
a été aussi rendu pour celle de Touraine et de la
Rochelle. Il y a encore deux intervenus dans
cette dernière, les 21 janvier 1713, et 6 mars 1716.
Nous les rapporterons ci-après, sect. 6.

Cette décision est même consignée formellement dans la coutume de Berry, tit. 7, art. 10; et
s'il y en a une où il semble qu'on doive juger tout
le contraire, c'est certainement celle de Cassel,
puisqu'elle donne à la réserve la dénomination de
Légitime : cependant il a été décidé, par un arrêt
du parlement de Flandre, du 3 août 1762, que la
Légitime ne peut avoir d'autre règle dans cette
coutume, que les principes du droit commun.

Dans l'espèce sur laquelle il a été rendu, il s'a-
gissait de fixer la Légitime dont le sieur de Monmonnier demandait la détraction sur la substitution
universelle dont son père et sa mère l'avaient grevé
par leur testament conjonctif du 15 août 1730. Les
échevins de Lille, devant qui la cause fut portée en
première instance, ordonnèrent, par sentence du
24 novembre 1735, que la Légitime, dans la coutume de Cassel, demeurerait fixée aux deux tiers
de tous les biens; mais sur l'appel qui en fut interjeté au parlement de Flandre par le fils du sieur
Monmonnier, intéressé à conserver la substitution,
elle fut réformée, et le tiers seulement adjugé au
légitimaire, conformément au droit romain.

Il est vrai que cet arrêt a été cassé au conseil,
comme on le verra ci-après, sect. 8, § 2 ; et que,
sur le renvoi de la cause au grand conseil, il en a
été rendu un autre du 8 août 1764, qui a confirmé
la sentence des échevins de Lille.

Mais 1° on ne peut pas raisonnablement présumer que la cassation ait été motivée par cette disposition de l'arrêt : on verra dans la suite de cet
article, qu'il renfermait, sur un autre point, une
contravention manifeste à l'art. 34 de l'ordonnance
de 1731 ; et il y a tout lieu de croire que c'est la

seul moyen qui ait fait impression sur le conseil : on pourrait même l'assurer sans témérité, puisqu'aux termes de la réponse faite par le roi aux remontrances de la province de Lille, le 30 mars 1719, les arrêts du parlement de Flandre ne peuvent pas être cassés pour contravention prétendue aux coutumes de son ressort.

2° Si le sieur Monmonnier fils avait seulement soutenu le bien jugé de l'arrêt du parlement de Flandre, relativement à la quotité de la Légitime de son père, rien ne lui aurait été plus aisé que d'en faire confirmer la décision.

En effet, peu importe que la coutume de Cassel qualifie de *Légitime* les deux tiers qu'elle affecte à toutes sortes d'héritiers. Ce n'est point toujours par les mots qu'il faut juger des choses; on est souvent obligé d'abandonner la lettre d'une loi pour en saisir l'esprit; la manière la plus naturelle d'interpréter les coutumes, est de les comparer à celles qui, par le voisinage des pays qu'elles gouvernent, et par la ressemblance des mœurs qui en est la suite, peuvent seules découvrir la véritable intention des rédacteurs. Or, on a vu plus haut que les coutumes de Gand, de Bergues, de Courtrai, et plusieurs autres de la même province, donnent aux deux tiers ce titre de *Légitime* : c'est donc par ces lois qu'il faut déterminer le sens de ce mot ainsi employé; et puisque, loin de le confondre avec la Légitime de droit, elles l'en distinguent au contraire très-nettement, il y aurait de l'absurdité à vouloir que la coutume de Cassel y eût attribué une signification différente, en l'appliquant au même objet.

On peut donc assurer que l'arrêt du 3 août 1762 avait très-bien jugé, en rejetant, par rapport à cette coutume, l'opinion de ceux qui veulent prendre les réserves pour règles de la Légitime de droit.

Mais en voici un autre qui a adopté formellement cette même opinion.

La duchesse de Châtillon a laissé pour ses héritiers présomptifs trois petits enfans, le marquis de Tessé, le chevalier de Tessé, et la dame de Chavagnac.

Elle a fait un testament par lequel elle a institué pour légataire universel le chevalier de Tessé, qui a renoncé à la succession de son aïeule, et a obtenu délivrance de son legs.

Les biens étaient situés à Paris, à Chartres et en Normandie.

Le marquis et le chevalier de Tessé avaient, dans les deux premières coutumes, l'option de la Légitime ou des réserves; ils optèrent leur Légitime, et elle leur fut accordée.

Mais à l'égard des biens de Normandie, dont la dame de Chavagnac était exclue, comme mariée, il s'élève, entre le marquis et le chevalier de Tessé, un procès sur la question de savoir si le marquis les aurait en entiers ou à titre de réserves coutumières tenant lieu de la Légitimité de droit, ou si, prenant, en qualité de légataire, qu'une Légitime de droit, il serait obligé d'imputer dans les autres coutumes l'excédant de réserve sur cette portion.

La contestation portée au Châtelet, il intervint une sentence qui adopta ce dernier parti.

Sur l'appel, la marquise de Tessé, reprenant l'instance au nom des enfans mineurs, soutenait que les biens de Normandie devaient leur appartenir en totalité et sans imputation sur la Légitime due par les coutumes de Paris et de Chartres : elle convenait que l'imputation aurait été indispensable, si la coutume de Normandie avait admis une Légitime moindre que les réserves; mais elle soutenait que ces deux droits étaient parfaitement identiques dans cette province, et c'était la seule question à juger.

Par arrêt du 3 septembre 1744, rendu sur les conclusions de M. l'avocat-général Joly de Fleury, la sentence a été infirmée, et il a été ordonné que tous les immeubles situés en Normandie, appartiendraient à la marquise de Tessé, sans imputation relativement aux autres coutumes.

Boullenois applaudit à cette décision; mais à en juger par les détails qu'il nous donne des moyens respectifs des parties, il y a tout lieu de croire qu'elle ne doit être attribuée qu'à la faiblesse de la défense du chevalier de Tessé. En effet, n'est-ce pas une erreur démentie par les lois normandes elles-mêmes, de prétendre qu'elles n'admettent pas de Légitime proprement dite et distinguée des réserves? Nous l'avons déjà dit, ce qui caractérise principalement cette portion, c'est, 1° qu'elle est destinée pour les alimens du légitimaire; 2° qu'elle ne peut être prise sans abdication préalable du titre d'héritier. Or, ces deux choses se rencontrent dans le tiers que l'art. 399 de la coutume de Normandie adjuge aux enfans; il faut donc le regarder comme une vraie Légitime; et c'est sous ce point de vue que l'ont envisagé tous les commentateurs.

Voici, entre autres, comment s'exprime Basnage sur l'article cité. « Le nombre des pères » mauvais ménagers étant fort grand, la demande » du tiers coutumier est aussi le sujet le plus or- » dinaire des procès; et quoique la coutume ait » défini fort exactement que la *Légitime* des en- » fans consiste au tiers des biens que le père pos- » sédait au temps des épousailles, etc. »

Un peu plus bas, le même auteur dit : « il faut » remarquer qu'en Normandie, ce que nous appe- » lons *Légitime*, est le tiers coutumier, parce que » nous n'avons point d'autre Légitime. »

Basnage ne confondait donc pas la réserve avec la Légitime proprement dite, et certainement Basnage connaissait bien l'esprit de sa coutume.

Nous avons rapporté ci-devant, sect. 1, n° 4, un arrêt du 22 juillet 1698, qui vient à l'appui de ces réflexions : il ordonne que des biens *situés dans les coutumes d'Amiens, Boulonnais et Normandie, il en sera donné audit Dauvillers sa portion légitimaire, suivant lesdites coutumes.*

SECTION III. *Quelles sont les personnes qui ont droit de Légitime ?*

Pour comprendre dans cette question toutes les personnes à qui le droit romain et notre jurispru-

dence accordent le droit de demander une Légitime, nous la traiterons relativement aux enfans,
aux ascendans, aux collatéraux, aux patrons, et
enfin aux créanciers des différens légitimaires.

Mais, avant d'entrer en matière, il faut examiner le rapport qu'il y a entre la successibilité et le
droit de Légitime. Cette discussion sera d'un grand
secours pour tout cet article, et elle ne peut être
mieux placée qu'ici.

Grivel, décis. 88, s'explique là-dessus de la manière la plus précise : on peut bien, dit-il, argumenter négativement de la successibilité à la
Légitime, mais jamais affirmativement. C'est raisonner conséquemment que de dire : un tel ne peut
point succéder *ab intestat*; donc il ne lui est point
dû de Légitime. Mais ce serait raisonner très-mal,
que de le faire ainsi : un tel est appelé à la succession *ab intestat*, donc il faut lui laisser une Légitime. *Argumentum de successione ad Legitimam
procedit quidem negative, ut si dicamus : non est
successibilis ab intestato, ergo non debetur ei Legitima. Sed non recte procedit affirmative. Non
enim sequitur, est successurus ab intestato, ergo
ex testamento reliquenda est ei Legitima, ne per
querelam testamentum rumpat. Certissimi quippe
juris nemini eorum qui ab intestato sunt suc-
cessibiles, Legitimam deberi aut querelam inofficiosi concedi, praeterquam descendentibus, ascen-
dentibus, et fratri, turpi personâ institutâ.*

Le second membre de cette proposition n'a aucun contradicteur : tout le monde reconnaît qu'il
ne suffit pas d'être capable de succéder, pour avoir
le droit de Légitime ; mais le premier n'est pas
sans difficulté ; quelques-uns prétendent que l'exclusion générale de la succession *ab intestat*, ne
doit point porter sur la Légitime ; et que tel peut
être incapable de succéder, sans en avoir moins de
droit à la portion légitimaire.

Mais cette opinion n'est fondée que sur une
méprise, sur la confusion des principes particuliers à quelques espèces, avec les principes généraux de la matière.

Il est, à la vérité, certains cas où l'on peut être
légitimaire, quoiqu'on ne puisse pas succéder ;
mais c'est parce qu'alors le défaut de successibilité
vient plutôt du fait de l'homme que de la loi ; ou
que la loi, en l'établissant, a réservé expressément le droit de Légitime.

Ainsi, rien d'étonnant si, dans quelques-unes
de nos coutumes, la renonciation contractuelle,
ou l'exclusion coutumière des filles dotées et apa-
nagées, n'emporte pas la privation de la portion
légitimaire ; l'incapacité de succéder qui en résulte, est moins prononcée qu'autorisée par la loi :
c'est une convention expresse ou présumée
qu'il en faut chercher la cause ; et il paraît assez
naturel de donner aux contrats une interprétation qui conserve à un enfant la part que la nature, la loi et la coutume lui assurent dans les
biens de son père et de sa mère.

Il est encore moins surprenant que le droit romain, en excluant les enfans d'un condamné à

mort, de sa succession *ab intestat* et même testamentaire, leur accorde cependant la Légitime ;
cette réserve est une des conditions que la loi attache à l'exclusion qu'elle prononce ; et l'on sent
qu'on ne pourrait pas diviser sa disposition sans la
détruire.

Mais dans la thèse générale, c'est une vérité
constante que l'incapacité de succéder emporte
celle de demander une Légitime. En vain objectera-t-on qu'il ne faut point prendre la qualité d'héritier pour exercer celle de légitimaire, et que la
Légitime n'est pas une quote de l'hérédité, mais
une portion des biens. Tout ce qui résulte de là,
c'est que, quand la Légitime est échue, c'est-à-
dire, à la mort du défunt qui la doit, elle se détache de l'hérédité ; en sorte qu'elle lui devient
totalement étrangère, et qu'il s'élève, entre l'une
et l'autre, un mur de séparation qui en rend la
coexistence impossible sur la même tête. Mais il
ne faut pas croire pour cela que, si un enfant avait
encouru l'incapacité de succéder avant que la Légitime fût échue, il serait encore en droit de la
demander à son échéance ; non, encore une fois,
la Légitime n'est qu'une portion de ce que l'on
aurait eu *ab intestat*, une dette à prendre sur la
succession, un droit à exercer sur des biens auxquels on est appelé par la loi : or, quand on n'a
rien *ab intestat*, on ne peut point demander de
portion ; car la partie suppose un tout : quand il
n'y a point de succession, on ne peut pas en tirer
le paiement d'une dette ; quand la loi refuse sa
vocation, on ne peut pas dire qu'on ait droit aux
biens ; et, par une conséquence nécessaire, il n'y
a point de Légitime pour celui qui est incapable
de succéder.

D'après cela, rien de plus aisé que de déterminer quelles sont, dans l'ordre des personnes
à qui il est généralement dû une Légitime, celles
qui doivent profiter de ce bénéfice de la loi, et
celles qui doivent en être privées.

§ I. *Examen de la question par rapport aux enfans.*

I. Les enfans tiennent sans contredit le premier
rang dans l'ordre des légitimaires. Nous avons
établi dans la première section, qu'ils ont partout
le droit de Légitime, même dans les coutumes qui
ne le leur défèrent pas expressément.

On entend à cet égard par *enfans*, non-seulement les posthumes, mais encore les petits-enfans.
Ainsi, les premiers ont droit de Légitime sur les
biens de leur père, quoiqu'il soit décédé avant
leur naissance (1) ; et les seconds, sur ceux de leur
aïeul, lorsque leur père est mort avant lui (2).

_____

(1) Posthumus inofficiosum testamentum potest dicere
eorum quibus suus hæres vel legitimus potuisset fieri, si ex
utero fuerit mortis eorum tempore....; simili modo et eum
qui post testamentum matris factum, exsecto ventre, ex-
tractus est, posse queri dico. Loi 6, pr. et § 1, D. de inofficioso testamento.

(2) Neptem defuncti actione de inofficioso testamento,

II. Il y a cependant certaines coutumes où les petits-enfans n'ont point de Légitime à prétendre lorsqu'ils concourent avec des enfans du premier degré : ce sont celles qui excluent la représentation en ligne directe , comme Boulonnais, art. 75 ; Ponthieu , art. 8 ; gouvernance de Douai , chap. 2 ; art. 15 , etc. La Légitime dépend , comme on vient de le voir, de la successibilité ; or, dans ces coutumes , les petits-enfans ne succèdent point *ab intestat*, quand ils ont des oncles ou des tantes vivants : ils ne peuvent donc pas non plus exercer le droit dont il s'agit. (*V.* l'article *Institution contractuelle*, § 6, n° 8.) .

III. C'est par le même principe que doivent se décider les questions de savoir s'il est dû une Légitime aux enfans naturels , aux enfans absens lors du décès de leur père, aux enfans des serfs ou main-mortables, [[et aux enfans nés de *mariages de la main gauche*, dans les pays où ces mariages sont autorisés.]] .

Dans la thèse générale, les enfans ne succèdent point *ab intestat* ; ainsi, ils n'ont pas de Légitime à prétendre.

Mais cette règle n'admet-elle pas une exception dans le cas du chap. 12 de la novelle 89 ?- Non. Cette loi donne, à la vérité, aux bâtards deux onces de la succession de leur père, lorsque celui-ci décédant *intestat*, ne laisse ni femmes, ni enfans légitimes ; mais ou ne peut pas conclure de là qu'ils aient , dans cette circonstance , le droit de prendre une portion légitimaire sur les deux onces , malgré les dispositions que leur père aurait faites pour les en priver ; et cela est incontestable , non-seulement dans nos mœurs , qui refusent toute successibilité aux bâtards , mais encore dans le droit romain : car si , dans ce droit , ils sont appelés à la succession *ab intestat* sous les conditions dont on vient de parler, c'est par une exception aux vrais principes : aussi la glose sur la loi 1, C. *de naturalibus liberis*, remarque-t-elle que, quoiqu'en certains cas, les enfans naturels soient capables de succéder *ab intestat* et par testament, néanmoins ils ne peuvent jamais impugner les dispositions de leur père, ni par conséquent exiger de Légitime. C'est ce qui a été jugé formellement, suivant le témoignage de Grivel , « par arrêt (du parlement de Dole) résolu le 18 décembre 1602 , en la cause de Claude Huot, suppliante, contre Antoine Huot, défendeur ; par lequel arrêt fut dite suppliante, fille naturelle du sieur Huot, fut déclarée non-recevable à l'once qu'elle demandait, lui adjugeant néanmoins, par forme d'alimens, certaine somme par an sur les biens de l'hoirie , sa vie durant. Le même fut encore jugé le 5 décembre 1606 , en la cause d'Adrien Jacques de Quenoche, appelée , contre Françoise et Anne Clamay de Vesoul, appelantes. » Il n'en est pas tout-à-fait de même à l'égard de la mère : les lois romaines donnent à ses enfans

naturels le droit de lui succéder, comme s'ils étaient nés d'un mariage valable ; elles leur accordent même expressément la querelle d'inofficiosité , en cas d'exhérédation injuste ou de prétérition (1) ; querelle qui n'appartient jamais qu'à ceux qui ont droit de Légitime. Si cependant la mère était une femme de qualité , et qu'elle eût d'autres enfans d'une union licite , ses bâtards ne pourraient lui succéder ni par testament ni *ab intestat*, et conséquemment il ne leur serait point dû de Légitime. Cette exception a été établie par Justinien (2).

Le droit commun de la France est , à cet égard , bien différent des lois romaines : nous n'admettons pas plus les bâtards à succéder à leur mère qu'à leur père ; et le seul droit que nous leur accordons dans l'hérédité de l'un ou de l'autre , est de demander de simples alimens.

Il y a cependant plusieurs de nos coutumes qui , se rapprochant du droit romain , les déclarent habiles à succéder à leur mère. Telles sont en Hainaut , Valenciennes , art. 15 , et Lessines, tit. 9 , art. 2 ; en Artois, Han , art. 6 ; dans la châtellenie de Lille , Waterlos , titre *des Successions* , art. 28 ; dans la Flandre flamande, Gand , rubr. 26, art. 11 ; Bourbourg , rubr. 10, art. 13 ; Bergues, rubr. 19, art. 28 ; Hondtschote , rubr. 16 , art. 5 ; Cassel, art. 308 ; Bailleul , rubr. 8 , art. 26 , etc.

De là vient naturellement la question de savoir si , dans ces coutumes , les bâtards ont le droit de demander une Légitime , quand la succession *ab intestat* est épuisée par les dispositions de leur mère. « L'affirmative pourrait faire difficulté (dit » Lebrun) , conformément à ce qui a été dit ci-» dessus pour le droit écrit , que , quoique la no-» velle 89 , chap. 12 , § 4 , appelle les bâtards » pour deux onces à la succession de leur père qui » n'a laissé ni femme ni enfans légitimes , néan-» moins ils n'avaient point de Légitime , parce » qu'ils n'étaient pas appelés à la succession par » le droit commun , mais par un droit exorbitant » et dans un cas particulier : car on peut dire de » même que le droit commun du royaume les ex-» clut de toute succession ; et la coutume de Va-» lenciennes (ainsi que les autres cités) étant » exorbitante en ce point , il semble qu'il y a » lieu de soutenir que les enfans naturels n'y ont » point de Légitime , d'autant plus que le droit » de Légitime ne s'accorde pas si aisément dans » nos coutumes que dans le droit , les ascendans » en étant exclus. D'ailleurs , plusieurs sont ap-» pelés à la succession , qui ne sont pas pour cela » appelés à la Légitime, qui est chez nous un droit » plus borné , quant aux personnes. »

Cette dernière réflexion est très-juste. Nous avons établi , d'après Grivel , qu'on ne peut jamais argumenter *affirmativement* de la successibilité à la

---

quamvis pater ejus emancipatus fuerit defunctus , experiri posse ignorare non debes. *Loi* 7, C. *eod. tit.*

(1) De inofficioso testamento matris spurii quoque filii dicere possunt. *Loi* 29 , §. 2 , D. *de inofficioso testamento*.

(2) Sancimus itaque ut nequa ex testamento , nequa ab intestato , nequa ex liberalitate inter vivos habita , justis liberis extantibus , aliquid penitus ab illustribus matribus ad spurios perveniat. *Loi* 5 , C. *ad senatusconsultum Orphitianum*.

Légitime. Ainsi , quoique les bâtards , dans les coûtumes dont il s'agit , soient habiles à recueillir l'hérédité de leur mère , il ne s'ensuit pas qu'ils soient fondés à attaquer ses dispositions , et à demander une Légitime dont elle a voulu les priver.

« Il faut dire cependant (c'est encore Lebrun » qui parle) que les enfans naturels ont droit de » Légitime dans ces coutumes sur les biens de leur » mère , parce qu'elles sont bien différentes du » droit civil , lequel n'appelle les enfans naturels » (à la succession de leur père) qu'en un cas par- » ticulier , c'est-à-dire , au cas qu'il n'y ait ni » femme ni enfans légitimes ; et par cette limita- » tion , il confirme la règle , qui est , *que les en-* » *fans naturels sont exclus de la succession; d'où* » *il suit qu'ils le sont aussi de la Légitime ;* au » lieu que la coutume de Valenciennes dit expres- » sément *qu'en succession maternelle n'y a nuls* » *bâtards , tellement que les bâtards naturels tant* » *seulement succèdent à leur mère , aussi bien* » *qu'autres enfans procréés en légal mariage.* Ainsi, » cette coutume » (et il faut dire la même chose des autres cités , à l'exception de celle de Han , qui restreint la successibilité des bâtards au cas où il n'y a point d'enfans Légitimes) , « cette cou- » tume fait un droit commun de la succession des » bâtards à l'égard des biens maternels , et elle » n'attache ce droit de succéder à certaines » conditions et à certaines espèces particulières , » comme fait la novelle 89 ; d'où il suit que les » enfans naturels doivent avoir une Légitime sur » les biens de leur mère. »

[[*V.* les articles *Bâtard* , sect. 2 , et *Réserve.*]]

IV. Nous avons parlé à l'article *Légitimation,* du droit qu'ont les bâtards légitimés , soit en pays de droit écrit , soit en pays coutumier , d'exiger une portion légitimaire sur les successions de leur père et de leur mère.

V. La question de savoir si l'on peut demander une Légitime du chef d'un enfant expatrié , tient à des principes sur lesquels les auteurs ne sont pas d'accord.

Les uns prétendent que les ayans-cause d'un absent doivent profiter de toutes les successions qui lui échouent pendant cent ans , à compter du jour de sa naissance, parce qu'il est présumé vivre tout ce temps. C'est ce qu'enseigne Dunod , dans son *Traité des Prescriptions ;* et c'est ce qu'ont jugé les arrêts de Tillemont , en 1629 , et de Langlet , en 1672.

Les autres prennent un tempérament ; ils font passer aux absens les successions qui s'ouvrent dans les sept , dix , quinze , vingt ou quarante années de leur naissance , suivant les termes que fixent les coutumes pour autoriser leurs héritiers apparens à se mettre provisoirement en possession de leurs biens. C'est l'avis de Lebrun , et il paraît avoir été adopté par deux arrêts rapportés par Louis sur l'art. 287 de la coutume du Maine.

Enfin , il y a une troisième opinion qui n'a presque plus aujourd'hui de contradicteurs ; c'est que l'absent est toujours censé mort , lorsqu'il

s'agit de lui faire recueillir une succession qui se- rait ouverte à son profit s'il paraissait. Méan nous a conservé plusieurs jugemens du conseil de Liége qui l'ont ainsi décidé ; et il y en a aussi un arrêt rendu au parlement de Paris , le 11 août 1719. Quand il s'agit d'acquérir , dit le rédacteur du Journal des Audiences , en rapportant cet arrêt, « il faut se présenter et se montrer , soit par soi , » soit par procureur , en vertu d'une procuration » qui atteste l'existence ; sinon , ceux qui sont » présens recueillent , sauf , au cas que l'absent » se représente , à lui accorder restitution , telle » que de droit. »

[[*V.* l'article *Absent.*]]

Ainsi , la présomption qui fait vivre un absent pendant un temps limité, quoiqu'assez forte pour conserver ses droits , est trop faible pour lui en faire acquérir de nouveaux. On ne peut mieux adapter qu'à cette hypothèse la distinction des doc- teurs entre le cas où il s'agit de perdre , et celui où il est question de gagner. Il est plus facile de con- server que d'acquérir : au premier cas , il suffit à ceux qui représentent l'absent , de se défendre en son nom ; au second , il faut demander , et les moyens doivent être plus forts. Une simple pré- somption met à couvert un défendeur contre le- quel il n'y a point de preuve ; mais un demandeur ne peut jamais réussir sans justifier le fondement à ses prétentions.

D'après cela il faut dire sans difficulté qu'on ne peut point demander de Légitime du chef d'un en- fant expatrié , à moins qu'on ne justifie que , lors du décès du père ou de la mère , il était encore vi- vant. Et c'est précisément ce qu'a jugé un arrêt du 23 juillet 1727, rapporté au quatrième volume du Journal du palais de Toulouse , page 447 , et par Vedel sur Catellan , liv. 2 , chap. 58.

VI. Est-il dû une Légitime aux enfans des serfs et main-mortables dans les cas où ils ne succèdent point , c'est-à-dire , suivant la plupart des cou- tumes qui admettent encore la servitude person- nelle , lorsqu'ils ne sont point en communion avec leur père ou mère au moment de son décès ?

L'affirmative est soutenue par Papon, sur l'art. 207 de la coutume de Bourbonnais ; et par Chasse- neuz, sur celle de Bourgogne, tit. des *Main-mortes,* § 13 , gl. 1. Ils se fondent sur ce qu'on n'est pas exclu de la Légitime par cela seul qu'on est inca- pable de succéder : mais nous avons déjà réfuté cette raison ; et d'ailleurs elle pourrait également s'appliquer aux bâtards , aux absens , aux petits enfans destitués du secours de la représentation ; cependant on vient de voir qu'ils ne prennent point de Légitime , parce qu'ils sont exclus du droit de succéder : pourquoi donc ne dirait on pas la même chose des serfs et des main-mortables. Aussi lisons- nous dans les observations de Boguet , sur la cou- tume de Franche-Comté , que le parlement de cette province a souvent rejeté les demandes en distrac- tion de Légitime , formées contre des seigneurs par des enfans hors de communion.

Ce tribunal a encore jugé la même chose dans

une espèce plus douteuse. Il s'agissait de savoir si un père ayant laissé deux enfans , l'un en communion , l'autre hors de communion , celui-ci pouvait demander une Légitime à celui-là. On disait pour l'affirmative , que l'incapacité de l'enfant non communier n'avait été introduite qu'en faveur du seigneur ; que par conséquent elle ne pouvait point opérer une exclusion de Légitime dans un cas où le seigneur n'avait rien à prétendre à la succession. Mais ce raisonnement prouvait trop , puisqu'il en serait résulté que les deux enfans auraient eu un droit égal à l'hérédité ; ce qui ne pouvait pas s'accorder avec la disposition de la coutume , qui exclut absolument l'enfant hors de communion. Aussi a-t-il jugé qu'il n'était point dû de Légitime, même par le frère communier ; et cela , dit Grivel, « par arrêt du 29 décembre 1604 , en une cause » d'appel des Perrey , provenant du siége de Baulme; » et fut trouvé que la autrefois l'on avait ainsi jugé » en cas pareil. Et ainsi encore fut jugé le 5 de » janvier 1605 , en la cause de Jacques et Fran- » çoise Bardel , appelés et originels supplians en » supplément de Légitime , contre Léonard Bardel « de Cendrey , appelant et originel défenseur. »

[[On sait que la main-morte a été abolie par les lois du 4 août 1789. Ainsi , à compter de cette époque , les enfans des ci-devant main-mortables ont eu le même droit à la Légitime , que si leurs père et mère étaient nés libres.

VII. Quant aux enfans issus du *mariage de la main gauche* ou *à la morganatique* , dans les pays où les mariages sont autorisés , leurs droits successifs sont toujours déterminés par les conventions qui ont précédé l'union à laquelle ils doivent le jour ; et jamais ils ne peuvent s'étendre au-delà. Si donc ces droits ne s'élèvent pas jusqu'à la Légitime , il ne peut être rien exigé pour la compléter. *Exclusus enim à successione , exclusus quoque censetur à Legitima* , dit Myler , *gamalogia personarum imperii illustrium* , chap. 6 , n° 31. *V.* l'article *Mariage de la Main gauche*.]]

VIII. L'incapacité des religieux profès de recueillir aucune succession , emporte nécessairement l'incapacité de prendre une Légitime sur les biens de leurs pères , mères ou autres parens.

Cette vérité n'a jamais souffert la moindre contestation ; mais on a demandé si l'on devait y comprendre les chevaliers de Malte ?

Un arrêt du sénat de Chambéry , du mois d'avril 1593 , a jugé pour l'affirmative. Le président Favre , qui le rapporte , remarque que ces religieux sont traités plus favorablement en France , où , dit-il , en citant Papon , ils succèdent avec leurs frères et leurs sœurs dans l'usufruit de leurs portions héréditaires.

Tel était en effet l'ancien usage du royaume ; mais depuis l'arrêt prononcé en robes rouges , au mois de décembre 1573 , et qui a été suivi d'un autre du 11 janvier 1629 , rapporté au Journal des Audiences , les chevaliers de Malte sont restreints parmi nous au droit de demander des pensions modiques , qu'on leur paie tant qu'ils n'ont pas de

commanderie. Nous devons donc adopter sans difficulté la décision du sénat de Chambéry.

Il y a cependant un cas où l'on ne peut refuser aux chevaliers de Malte une espèce de Légitime , c'est lorsqu'ils sont faits prisonniers par les Turcs. Comme ils ne sont jamais rachetés par leur ordre , il est juste d'obliger leurs frères et leurs sœurs à sacrifier pour leur rançon , la part dont ils n'auraient pu être privés , s'ils n'avaient pas quitté la vie séculière : c'est un engagement que leur famille est censée contracter au temps de leur profession.

Voici ce qu'en dit Brodeau sur Louet , lettre C, n° 8 : « Au cas de captivité , les chevaliers de » Malte n'étant jamais rachetés aux dépens de » l'ordre , ont , en faveur de la liberté , le droit » de Légitime sur les biens des successions de leurs » père et mère , quand bien même ils auraient fait » les vœux avant leur décès ; comme il a été jugé » par l'arrêt du chevalier de Vinceguerre. »

C'est ce qu'a aussi décidé un arrêt du parlement de Provence , du 30 mai 1661 , rapporté par Boniface , tome 1 , liv. 2 , tit. 31 , chap. 17.

[[*V.* les articles *Héritier* , sect. 6 , § 2 , n° 3 ; et *Malte* , § 3 , n° 1.

On a vu à l'article *Héritier* , sect. 6 , § 2 , n° 2 , que les religieux de la Franche-Comté succèdent , dans cette province , à la propriété des meubles et à l'usufruit des immeubles. Ainsi , la raison qui empêche généralement un enfant lié au cloître , de prendre une Légitime dans la succession de son père , n'a point lieu dans ce pays , et nous trouvons dans les notes de Boguet , sur l'article 17 du titre 1 de sa coutume , un arrêt du parlement de Dole , du 25 février 1573 , qui l'a ainsi jugé . *Secundum quod accepi Legitimam in bonis feudalibus fœmina religionem professæ à senatu adjudicatam , die 25 februarii anni 1573.*

[[Mais *V.* l'article *Héritier* , sect. 6 , § 2 , n° 5.]]

IX. Nous ne nous attacherons pas à prouver que les enfans étrangers ou morts civilement par une condamnation judiciaire , ne peuvent pas demander de Légitime. Ces vérités n'ont pas besoin de preuves (1) ; et il suffit de dire qu'en général

_____

(1) Lorsque je m'exprimais ainsi dans la première édition du Répertoire , je ne connaissais pas un arrêt du parlement de Paris , qui prouve , en consacrant la première de ces vérités , qu'elle a été quelquefois révoquée en doute.

Jean Louis et Gabriel de Saluces , nés en Piémont , ayant été déboutés par arrêt du 21 juillet 1611 , de leurs prétentions à l'hérédité d'Auguste de Saluces , leur père naturalisé en France , présentèrent le surlendemain une requête en distraction de Légitime.

Cette demande , leur répondit-on , est peu réfléchie de votre part. La Légitime en soi n'est qu'une portion que la loi réserve à l'héritier du sang ; et nul ne peut y prétendre , s'il n'a la capacité civile de succéder. Or , aubains par votre naissance , vous êtes , à ce seul titre , incapables de recueillir , en France , aucune succession ; vous êtes également de vous y porter légitimaires.

Cette réponse était trop péremptoire pour ne pas enlever tous les suffrages. Aussi , par arrêt du 6 septembre 1611 , la cour , sans avoir égard à la demande de Jean-Louis et tout enfant qui ne peut pas être héritier par quelque défaut personnel ou extrinsèque, ne peut pas non plus être légitimaire.

Nous retracerons dans la sect. 5, les causes pour lesquelles un enfant capable de succéder, peut néanmoins être privé de sa Légitime.

§ II. Des ascendans considérés par rapport au droit de demander une Légitime.

I. Lorsqu'un défunt n'a point laissé de descendans capables de lui succéder, ce sont régulièrement son père, sa mère, son aïeul, ou ses autres ascendans qui recueillent sa succession ; et comme ils avaient naturellement pendant sa vie le droit de lui demander des alimons, les lois romaines leur accordent aussi une Légitime sur ses biens. *Pater filium emancipavit, et nepotem ex eo retinuit. Emancipatus, suscepto postea filio, duobus exhæredatis, patre præterito, vitâ decessit. In quæstione de inofficiosi testamenti, præcedente causa filiorum, patris intentio adhuc pendet. Quod si contra filios judicetur, pater ad querelam vocatur et suam intentionem implere potest. Nam etsi parentibus non debetur filiorum hereditas, propter votum parentum, et naturalem erga filios charitatem, turbato tamen ordine mortalitatis, non minus parentibus quam liberis pie relinqui debet.* (Loi 14 et 15, D. de inofficioso testamento.)

II. Cette Légitime est pareillement reconnue par trois de nos coutumes ; savoir, Bordeaux, Acqs et Beuil.

La première porte, art. 57 : « Si celui qui décède a père ou mère, ou autres ascendans, » iceux père ou mère, ou autres ascendans succé- » deront au tiers (les trois faisant le tout) desdits » biens venus par succession pour leur Légitime... » L'art. 64 ajoute : « Le père et la mère et autres » ascendans auront même Légitime, et telle quo- » tité pour icelle; quand le fils fera testament (ès » cas où il le pourra faire,) comme si le fils mou- » rait sans en faire; et s'il lui en laissait moins, » poutra demander le supplément d'icelle.»

La coutume d'Acqs, tit. 2, art. 25, dit que « où l'ascendant mâle, ou autre que le père, » exclut la mère, s'entend réserver la Légitime, » laquelle est due à la mère ès biens acquis par » son fils, ou en héritage ou en argent, au choix » du succédant. »

L'art. 1er du chapitre 6 de la coutume de Beuil n'est pas moins formel : « Ayant la loi de nature » ordonné la Légitime aux enfans naturels et lé- » gitimes, *et autres ascendans d'iceux*, lorsqu'il » advient que respectivement l'un succède à l'au- » tre, nous, à l'affectueuse instance, requête et » prière de nos sujets, *avons ordonné que ledit*

» droit de *Légitime* et supplément d'icelle soit dû » *et adjugé auxdits* descendans *et ascendans*.»

III. Cette jurisprudence est reçue dans tous les pays de droit écrit.

Elle y est même tellement enracinée, qu'encore que la coutume de Toulouse exclue la mère de la succession *ab intestat* de son fils, on ne laisse pas de lui adjuger une Légitime sur les biens de celui-ci.

C'est du moins ce qu'ont fait plusieurs arrêts du parlement de Toulouse. La Roche-Flavin en rapporte cinq des 14 août 1564, 18 avril 1565, 21 août 1574, 14 mars 1575, et 15 septembre 1584; et il y en a un sixième du mois de janvier 1655, rapporté par Catellan : les termes de ce dernier auteur sont précieux, nous allons les transcrire, parce qu'ils répondent à l'argument qu'on pourrait tirer de ces arrêts, pour prétendre que l'incapacité de succéder n'exclut pas de la Légitime :

« La mère, quelque favorable qu'elle paraisse dans la succession de son fils mort *ab intestat*, en est néanmoins exclue par la coutume de Toulouse, et les biens appartiennent au plus proche parent (du côté du père.) Notre parlement a restreint, autant qu'il a cru le pouvoir, la rigueur de ce statut.....

Nos arrêts ont toujours (1) accordé une Légitime à la mère, même sur les biens auxquels, suivant cette coutume, elle ne peut pas succéder *ab intestat*, quoique la Légitime étant une portion de ce qu'on aurait *ab intestat*, ceux qui ne prennent point de part en succession, semblent devoir être exclus de la Légitime. On a cru qu'il était juste de modérer, autant qu'il se peut, et nonobstant les incongruités qu'il paraît y avoir, un droit aussi rigoureux et, sans s'arrêter trop scrupuleusement en cette occasion aux termes du statut, conserver du moins une Légitime à cette mère, assez affligée par la perte de son fils et de sa succession..... C'est ainsi que cette question fut décidée entre Anzemarre, mère, et Rangouse, oncle du défunt, par arrêt du mois de janvier 1655, en la première chambre des enquêtes, au rapport de M. de la Font, conforme à d'autres, rapportés par M. la Roche-Flavin (2)...»

IV. Il ne faut sans doute rien moins que l'autorité d'un parlement pour soutenir une pareille jurisprudence : cependant, quelque irrégulière qu'elle soit, elle pourrait paraître assez plausible dans le cas où les enfans, au lieu de mourir in-

---

» Gabriel de Saluces, pour leur Légitime, ordonne que l'ar- » rêt du 21 juillet sera exécuté. »
Le même arrêt leur a cependant adjugé une pension ali- mentaire. (*Extrait des Mémoires publiés par MM. de Saluces, contre MM. du Luz, sur la question d'état jugée en faveur des premiers, par arrêt du parlement de Paris, du 22 août 1775.*

---

(1) Le mot *toujours* est ici mal employé. Benedicti, sur le chapitre *Raynutius*, nous assure que, de son temps, on jugeait le contraire; et il en rapporte un arrêt du 26 avril 1405. Maynard dit en avoir vu un semblable de l'an 1548.

(2) [[Ce que cet arrêt a jugé pour la coutume de Tou- louse, a depuis été érigé en loi dans la Savoie, dans le Pié- mont et dans le comté de Nice; « La mère et les autres » ascendans maternels (portent les constitutions sardes de » 1770, tit. 7, art. 5) ne succèdent pas *ab intestat* à leurs » enfans ou descendans, lorsqu'il y aura des frères du défunt » même consanguins, ou des ascendans d'iceux par ligne » masculine; *réservons cependant*, dans tous les cas, le droit » de Légitime. »]]

testats, ou de disposer en faveur des héritiers que la loi leur donne, auraient appelé des étrangers à leur succession.

C'est ce qu'a jugé formellement un arrêt du conseil souverain de Brabant, du mois d'octobre 1653, qui est inséré dans le recueil de Stockmans, § 22 : voici comme s'explique ce magistrat (nous ne faisons que traduire ses paroles).

« Les coutumes de Bruxelles, de Louvain et de quelques autres villes, ont mis en principe, que les pères et les mères ne succéderaient pas à leurs enfans tant qu'il resterait à ceux-ci des frères et des sœurs. Ces dispositions n'ont certainement point eu d'autre objet que de régler l'ordre de succéder *ab intestat*, et elles n'ont été introduites qu'en faveur des frères et des sœurs du défunt.

» Il s'est élevé à ce sujet une question intéressante. Une fille qui avait des biens dans le territoire de Louvain et dans celui de Bruxelles, avait fait un testament par lequel sa sœur était passée sous silence, sa mère gratifiée d'un legs très-modique, et un étranger appelé à l'hérédité. La mère se pourvut en justice pour demander un supplément de Légitime. L'héritier institué lui opposait que la défunte avait laissé une sœur ; qu'ainsi, aux termes des coutumes de la situation des biens, la mère ne pouvait pas lui succéder *ab intestat*, ni par conséquent faire réduire ses dispositions testamentaires pour prendre une Légitime..... ; mais, nonobstant ces raisons, nous avons adjugé à la demanderesse le supplément qu'elle réclamait.

» A la vérité, les coutumes qui excluent la mère de la succession de ses enfans, lorsque ceux-ci laissent des frères et des sœurs, l'excluent aussi de la Légitime, quand les enfans meurent *intestats*, et que les frères et les sœurs se portent héritiers, parce que c'est pour procurer à ces derniers une préférence réelle et absolue qu'a été introduite l'exclusion dont il s'agit. Il faut dire la même chose, si le défunt a testé sans déroger à l'ordre légal de succéder. Mais il en est tout autrement lorsqu'il a passé ses frères et ses sœurs sous silence, et disposé au profit d'un étranger; car, comme le dit fort bien Décius en son conseil 295, un tel statut contient deux chefs : par le premier, il exclut la mère ; par le second, il admet les frères et les sœurs ; ces deux chefs sont corrélatifs, et l'un ne peut pas être exécuté sans l'autre.

» Ainsi, quand les frères et les sœurs sont privés de la succession, la mère doit y être admise; parce qu'elle n'était exclue qu'en leur faveur, et que le motif de l'exclusion venant à cesser, il faut recourir au droit commun, dont les dispositions ne peuvent avoir reçu d'atteinte par la coutume, si ce n'est pour le cas précis dont elle parle, toute dérogation aux règles générales étant de droit étroit.

» Quelque opinion que l'on se forme de l'arrêt que ces raisons ont motivé, on peut au moins en

inférer avec certitude, que le Brabant a admis en général la Légitime des ascendans ; et comme les peuples de ce pays n'en ont ainsi usé que parce qu'ils sont, par un usage immémorial, assujettis au droit écrit, dans le silence de leurs statuts municipaux, il est évident que la même jurisprudence doit avoir lieu dans toutes les coutumes qui renvoient pareillement aux lois romaines la décision des cas qu'elles n'ont point prévus.

V. C'est par cette raison que la Légitime des ascendans est communément reçue dans les Pays-Bas. Ecoutons Deghewiet dans ses *Institutions au Droit belgique* : « Quelques-uns ont douté si, » selon nos mœurs, la Légitime est due aux as-» cendans comme aux descendans. L'opinion com-» mune est pour l'affirmative, à laquelle est con-» forme la coutume d'Audenarde, rubr. 8, art. 1, » et ce qui est rapporté par M. du Fief; en ses *Re-* » *marques de Pratique*, pratique 16, où il dit » qu'il en a été ainsi jugé par les maïeurs et éche-» vins de Tournai, dans un cas où le fils avait ab-» solument prétérit son père. »

Cette sentence ne paraît pas avoir été connue de Lebrun ; cependant il en adopte expressément le résultat ; voici comment il s'explique : « La » coutume de Tournai, au titre *des Successions*, » art. 7, donne au père toute la succession du » fils, à l'exclusion de tous les collatéraux ; et » comme cette coutume approche extrêmement » du droit romain, en ce qu'elle permet de dis-» poser de tout son bien par testament ; et que » d'ailleurs elle constitue le père héritier univer-» sel, toutes les raisons de différence et tous les » inconvéniens (qui font rejeter la Légitime dans » la plus grande partie de la France coutumière), » n'auraient point lieu ; ainsi, il semble qu'il se-» rait assez juste de donner une Légitime au père » dans cette coutume. »

Il faut, comme le décide encore cet auteur, dire la même chose par rapport à la coutume de Bourbonnais : elle veut, art. 514, que *les ascendans succèdent à leurs enfans ès biens meubles et aux conquêts faits par lesdits enfans décédés, avec leurs autres frères ou sœurs germains, ou leurs enfans par égale portion.* « Ainsi, dit Lebrun, » cette coutume se conforme au droit écrit ; et c'est » sur ce fondement, et parce qu'il y a bien d'autres » rapports de cette coutume au droit, dont il y a » même quelques vestiges dans le procès-verbal, » que plusieurs estiment que la Légitime des as-» cendans a lieu dans cette coutume. »

C'est aussi ce qui a été jugé pour la coutume de Vermandois, par un arrêt du 2 février 1586, infirmatif d'une sentence du bailliage de Laon, du 19 août 1581.

« La cour (dit Brodeau) adjugea (par cet arrêt) la Légitime au père, encore que la disposition testamentaire du fils fût en faveur des pauvres ; la question demandée aux chambres....

» On a soutenu qu'il y avait une particularité grande, en ce que le fils avait déshérité son père, *cum elegio*, en ces termes ; *et d'autant que mon père ne m'a jamais voulu rendre compte, je donne tous mes biens à l'Hôtel-Dieu.* Et néanmoins ayant été curieux de voir ce testament, qui est du 12 juin 1575, je n'y ai point trouvé cette clause, et il semble que l'arrêt soit fondé sur l'usage de cette coutume, qui fait souvent mention de la raison écrite, à laquelle elle se conforme, même en ce qui concerne la querelle d'inofficiosité et la Légitime des enfans.

» Et de fait, messire Pierre de Fontaines, originaire de Vermandois, en son livre manuscrit à la reine Blanche, au chapitre dernier du premier livre, où il traite *ex professo* des usages et coutumes de Vermandois, après avoir parlé de la soutenance ou Légitime des enfans, dit que, par l'usage de sa province, le père et la mère ont le même droit, quand il n'y a point d'enfans. »

Cette question s'étant pareillement élevée dans la coutume d'Orléans, M. l'avocat-général Servin conclut à ce que la Légitime fût adjugée à une mère sur les meubles et acquêts de sa fille ; « mais » la cour, pour la conséquence, ne voulut point » juger la cause sur-le-champ, et ordonna, le 15 » juillet 1608, qu'elle verrait les arrêts et qu'elle » en délibérerait. ». Brodeau, qui rapporte cette particularité, ne nous apprend pas comment la cause a été jugée : mais il y a tout lieu de croire qu'elle l'a été en faveur de la mère.

En effet, ce n'était point sur les arrêts intervenus dans les autres coutumes qu'il fallait régler la décision de cette affaire, c'était sur la coutume d'Orléans elle-même. L'art. 277 de cette loi porte que, si une *donation est immense ou excessive, les enfans et autres descendans en droite ligne des donateurs, la peuvent quereller et faire réduire à la Légitime telle que dessus ; et les héritiers collatéraux, en cas qu'il n'y ait enfans ou autres descendans en droite ligne desdits donateurs, la peuvent aussi quereller selon la disposition de droit.* Ce texte donne, comme on le voit, une Légitime aux enfans indéfiniment, et aux collatéraux, c'est-à-dire aux frères et aux sœurs, dans le cas marqué par le droit civil. Il n'est sans doute pas permis de croire que les rédacteurs aient eu l'intention, en passant sous silence le père et la mère, de les rendre de pire condition que des collatéraux : une pareille supposition offenserait la nature, et serait d'ailleurs détruite par l'art. 258 de la coutume, qui appelle le père et la mère à la succession des meubles et acquêts, *plutôt que les frères et sœurs de l'enfant trépassé.* Si donc l'article 277 ne parle pas des ascendans, c'est parce qu'il a été rédigé à l'égard au cours le plus ordinaire des choses, c'est-à-dire dans l'hypothèse du décès du père et de la mère avant leur enfant. On a suivi en cela une règle prescrite par les lois 5 et 6, D. *de legibus*, au Digeste : *Ad ea potius debet aptari jus quæ et frequenter et facilè quam quæ perrarò eveniunt. Quod enim semel aut bis existit, prætereunt legislatores.*

Ajoutons que l'article 217 de l'ancienne coutume d'Orléans porte : *Si la donation est immense*

et *excessive, les enfans ou héritiers dudit donateur la peuvent quereller selon la disposition de droit.* Le mot *héritiers*, rapproché de ceux-ci, *selon la disposition de droit*, désigne certainement tous ceux à qui les lois romaines accordent une Légitime ; et, par une conséquence nécessaire, on ne peut douter que les ascendans n'y soient compris. Or, si ceux-ci étaient mis dans l'ancienne coutume au rang des légitimaires, pourquoi n'y seraient-ils plus dans la nouvelle ? On ne trouve rien dans ses dispositions qui puisse faire présumer un changement de jurisprudence sur cette matière ; il faut donc laisser les choses sur l'ancien pied.

La question ne souffre pas autant de difficulté pour la coutume de Bourgogne. Comme cette loi municipale soumet expressément au droit écrit les cas échappés à sa prévoyance, il est incontestable que la Légitime des ascendans y a lieu ; et c'est ce qui a été jugé par arrêt du parlement de Paris, du 12 août 1741, en faveur des sieur et dame Meslé, contre le sieur Commeau, légataire universel tant des meubles et acquêts que de l'usufruit des propres de la dame Commeau, leur fille (1).

VI. A l'égard des coutumes qui ne renferment rien dont on puisse conclure qu'elles doivent être suppléées par le droit romain, c'était autrefois une question fort controversée de savoir si la Légitime des ascendans devait y avoir lieu.

Le parlement de Paris a semblé d'abord incliner pour l'affirmative ; c'est du moins ce qu'annonce un arrêt du décembre 1585, par lequel la cinquième chambre des enquêtes a adjugé la Légitime à Claude de Chosi, mère d'Hélène Heurré. Chopin suit la coutume d'Anjou, liv. 2, part. 3, chap. 1, tit. 4, n° 16, rapporte cet arrêt comme confirmatif d'une sentence du bailli de Bray-sur-Seine.

Mais bientôt la jurisprudence s'est pliée au sentiment de ceux qui refusaient la Légitime aux ascendans.

Le premier arrêt qui ait jugé de cette manière, est celui du 3 octobre 1589, rendu par la coutume de Chartres, après une enquête par turbes. Le procès avait d'abord été parti à la quatrième chambre des enquêtes, et ensuite départi à la cinquième : après de longues discussions, « la de- » manderesse fut déboutée de la Légitime par elle » prétendue sur les biens meubles et acquêts de sa » défunte fille, *multis contradicentibus* ; ce sont les termes de Louet. Brodeau ajoute : « Tout ce » qu'on peut remarquer de particulier à cet arrêt, » est que cette coutume, art. 88 et 91, parlant » des donations inofficieuses, réserve seulement la » Légitime due aux enfans par droit de nature, » laquelle expression semble ouvertement exclure » la Légitime des ascendans. »

Cette raison est bien faible, et l'on dirait pres-

---

(1) *Arrêts et réglemens notables du parlement de Paris, recueillis par Rousseaud de Lacombe fils*, chap. 53.

que, inconséquente : le silence d'un statut particulier n'a jamais été un argument pour faire cesser les dispositions justes et équitables du droit commun ; et ce n'est point lorsqu'il s'agit d'aller contre une loi dictée par la nature et fondée sur la plus juste commisération, qu'on peut se servir de la règle *inclusio unius est exclusio alterius*. Quelque expression que les rédacteurs d'une coutume aient faite d'un cas, et quelque silence qu'ils aient gardé sur un autre, on doit toujours supposer qu'ils n'ont pas voulu déroger aux premiers devoirs de l'humanité, et que s'ils avaient eu des raisons assez fortes pour le faire, ils s'en seraient expliqués clairement. Si donc l'arrêt cité était le seul de son espèce, il faudrait l'y restreindre ; et dans la coutume de Chartres comme dans les autres, la Légitime des ascendans ne manquerait pas de défenseurs ; mais elle a été rejetée en tant d'autres occasions, qu'il serait, non pas téméraire, mais inutile de vouloir encore en soutenir le parti.

Les arrêts rendus à ce sujet, méritent d'être connus. Celui que nous venons de rapporter est, comme nous l'avons dit, le plus ancien que l'on nous ait conservé.

Le second est du 28 avril 1606 : il a été rendu par la chambre de l'édit pour la coutume de la Rochelle, et il a confirmé la sentence du juge des lieux.

Le troisième a été rendu le 18 juin 1611, à la cinquième des enquêtes, après avoir pris l'avis de toutes les chambres et examiné tous les arrêts intervenus précédemment sur cette question.

Il s'agissait d'une succession ouverte dans la coutume de Paris. Les créanciers de Thomas Coignet, représentés par Machault, leur syndic, demandaient la distraction de sa Légitime sur les meubles et acquêts de François Coignet, son petit-fils, légués à Catherine Boulanger : le Châtelet avait accueilli leur demande ; mais sur l'appel, la sentence a été infirmée ; Machault a été débouté de ses fins et conclusions ; et sur l'intervention du curateur à la succession vacante de Thomas Coignet, les parties ont été mises hors de cour. Il n'est cependant pas bien certain que notre question ait été jugée dans cette espèce : « Ce qu'il » y avait de particulier au procès (dit Brodeau), » c'est que Thomas Coignet n'avait jamais fait de-» mande de sa Légitime ; au contraire, il y avait » tacitement renoncé par plusieurs actes ; ce qui » rendait le curateur non recevable, l'intervention » duquel on avait mendiée en cause d'appel. »

Le quatrième arrêt, qui est du 1er mars 1614, a infirmé une sentence arbitrale rendue par Anne Robert, qui avait adjugé à Louise Deschamps la Légitime prétendue par elle sur les meubles et acquêts de sa fille, régis par la coutume du Maine. Brodeau écrivait pour la mère : « La principale » difficulté (dit-il) tombait sur les particularités » de la coutume du Maine, laquelle ne fait au-» cune mention de la Légitime des descendans, » non plus que des ascendans ; et néanmoins (n

n'a jamais révoqué en doute, en cette coutume » que la Légitime ne fût due aux enfans. La mêm e » coutume, article 552,, défend à celui qui n'a » que des acquêts ou meubles, sans aucun propre, » d'en donner plus que la moitié, l'autre étant » réservée aux héritiers par forme de Légitime ; » or, on soutenait que la succession des enfans à » l'égard de leur père et de leur mère, ne consis-» tait qu'en meubles et acquêts, et que les propres » n'y venaient en aucune considération, et con-» séquemment qu'il n'était pas au pouvoir des en-» fans d'en disposer plus avant que de la moitié, » l'autre étant destinée pour la Légitime du père » et de la mère. »

Le cinquième arrêt a été rendu le 16 février 1615, pour la coutume de Chauny, suivant Brodeau, et pour celle de Paris, suivant Vrevin, qui était mieux instruit du fait, son père ayant été partie au procès. La cause avait été plaidée en première instance au Châtelet ; l'avocat du roi avait conclu pour le père ; mais la sentence avait débouté celui-ci, et elle fut confirmée sur les conclusions de M. l'avocat-général Servin.

Le sixième est intervenu le 7 décembre 1643, et il a jugé, comme avait conclu M. Talon, qu'il n'était point dû de Légitime à la mère dans la coutume de Reims, quoique voisine de celle de Vermandois. Il est aussi rapporté par Brodeau.

Soëfve, tome 1, cent. 2, chap. 33, en cite un septième du 18 juillet 1647.

Et le *Journal des audiences* nous en offre un huitième, qui paraît avoir été encore rendu pour la coutume de Paris. Il s'agissait du testament de Claude Mabile, dont son père attaquait les dispositions comme inofficieuses. Le Châtelet en avait ordonné l'exécution, et la sentence a été confirmée en ce point, par arrêt du 18 mai 1687, sur les conclusions de M. l'avocat-général de Lamoignon.

Cette jurisprudence est, comme on le voit, trop bien affermie, pour qu'il y ait lieu d'en espérer la réformation.

Voyons cependant quels sont les motifs sur lesquels on la fonde : on en donne communément trois.

1° La Légitime, dit-on, n'est due qu'à ceux qui ont droit de succéder à titre universel, et les ascendans ne succèdent, dans les pays coutumiers, qu'à deux espèces particulières de biens, aux meubles et aux acquêts.

Cette raison mérite à peine une réfutation sérieuse : qui est-ce qui ignore que, dans nos mœurs, la succession des meubles et acquêts forme un titre universel ?

2° La Légitime des descendans n'est pas fondée sur le droit naturel comme celle des enfans : ceux-ci sont ordinairement réduits à attendre leur subsistance de ceux-là, mais il n'est pas dans l'ordre de la nature qu'un fils soit obligé de nourrir son père.

Cette raison n'est guère plus solide que la précédente. C'est la nature elle-même qui a établi l'obligation des enfans de pourvoir à la subsistance des auteurs de leurs jours : à la vérité, cette obligation n'est pas dans la classe des choses ordinaires ; il faut au contraire, pour y donner lieu, qu'il s'opère un renversement ; mais ce renversement fait, l'obligation naît d'elle-même.

3° Comme les ascendans ne peuvent succéder, dans les pays coutumiers, qu'aux meubles et acquêts de leurs enfans, s'ils pouvaient prendre une Légitime, ce ne serait que sur ces deux espèces de biens : or, il y aurait en cela deux inconvéniens. D'abord, ne serait-ce pas une injustice d'ôter à un enfant la libre disposition de ses acquêts, c'est-à-dire du fruit de ses travaux et de son industrie ? En second lieu, obliger un fils de laisser une Légitime à son père, c'est lui interdire le commerce de la plus grande partie de ses biens, puisqu'il est déjà obligé, au moins dans plusieurs coutumes, de laisser à ses collatéraux les quatre quints de ses propres. Le premier de ces inconvéniens, il est vrai, peut aussi se rencontrer dans la Légitime des enfans d'un père qui ne possède que des meubles et acquêts ; mais le second ne peut guère y avoir lieu ; car il est rare que les quatre quints des propres ne suffisent pas pour remplir la Légitime.

Il n'est pas plus difficile de répondre à cette objection qu'aux autres. On ne gêne pas la liberté du commerce, en interdisant les dispositions à titre gratuit, et surtout par testament. Or, l'obligation qu'on imposerait aux enfans de laisser une Légitime à leur père et à leur mère dans leurs meubles et acquêts, ne leur ôterait pas la faculté de disposer de la totalité de ces biens à titre onéreux, et même elle ne porterait pas la moindre atteinte à la disponibilité des propres par donation entre-vifs. Ainsi tout l'inconvénient de cette obligation, c'est qu'un fils ne pourrait pas donner entre-vifs tous ses meubles et acquêts, et qu'au lit de la mort il se trouverait réduit à ne pouvoir disposer que de peu de chose, parce que, d'un côté, la réserve coutumière l'empêcherait de toucher aux quatre quints de ses propres, et que, de l'autre, la Légitime de son père affecterait une partie de ses meubles et acquêts. Eh ! le grand mal, quand on ne pourrait pas ôter à des héritiers les biens que la nature et la loi leur défèrent !

Quoi qu'il en soit, il paraît que ce prétendu inconvénient est, de toutes les raisons que nous venons de passer en revue, celle qui frappe le plus nos auteurs ; et Lebrun convient, malgré les arrêts cités, qu'il faudrait donner une Légitime aux pères et aux mères dans les coutumes où il ne peut avoir lieu, c'est-à-dire où les pères et les mères sont les seuls héritiers *ab intestat* de leurs enfans, comme Lille, Tournai, Douai, etc.

VII. On a dit ci-dessus que l'ancienne coutume de Normandie n'accordait point de Légitime aux enfans : à plus forte raison donc devait-elle la refuser aux ascendans ; et c'est ce qui s'observe encore aujourd'hui dans cette province. « Notre coutume (dit Basnage) est fort différente (des lois

» romaines) ; bien loin que les pères et les mères » aient une espèce de Légitime sur les biens de » leurs enfans, au contraire elle leur ôte entière- » ment leur succession, pour la donner à leurs » autres enfans. »

VIII. Au reste, dans tous les pays où la Légitime est due aux ascendans, il n'y a que les plus proches qui peuvent y prétendre : ainsi, les aïeuls ne sont pas fondés à la demander, quand le père et la mère, ou l'un d'eux survit : il en est de même des bisaïeuls, quand il se trouve des aïeuls, parce que dans l'ordre des ascendans, il n'y a jamais de représentation.

IX. Ce que nous avons dit dans le paragraphe précédent au sujet des enfans bâtards, absens, serfs, morts civilement, etc., reçoit une application entière à leurs ascendans : ainsi, dans les cas où ceux-là ne peuvent point exiger de Légitime, ceux-ci en sont également incapables, quand même la jurisprudence ou la coutume du lieu accorderait en général ce droit aux pères et aux mères.

§ III. *Des parens collatéraux considérés par rapport au droit de demander une Légitime.*

I. Au défaut des descendans, les frères et les sœurs ont, suivant les lois romaines, le droit d'exiger une Légitime concurremment avec les ascendans ; mais il leur faut pour cela deux conditions : la première, que le défunt ait institué une personne déshonnête ; la seconde, qu'ils soient nés du même père que lui.

Nous allons développer tout ce qui se trouve sur cette matière dans le droit romain ; nous examinerons ensuite quel usage on peut en faire dans nos mœurs.

II. Dans l'exacte rigueur des principes, un homme ne doit rien à ses frères ni à ses sœurs ; il ne leur a point donné l'existence, il ne l'a point reçue d'eux ; ainsi, aucun motif ne l'oblige à assurer leur subsistance, ni conséquemment à leur réserver une certaine portion de ses biens.

Cependant il importe à la société que personne ne fasse un mauvais usage de son patrimoine ; et lorsqu'il se trouve un testateur assez aveugle pour en priver des frères et des sœurs, et le laisser à des gens indignes de ses bienfaits, on est naturellement porté à croire qu'une passion violente lui a ôté l'usage de la raison ; et que son testament n'est point l'expression d'une volonté libre.

C'est par cette considération que l'ancien droit romain accordait aux frères et aux sœurs la querelle d'inofficiosité, dans tous les cas où, sans leur laisser une portion légitimaire, le défunt leur avait préféré des esclaves ou des étrangers de la ville dont il était bourgeois.

Ce point de droit n'est pas aussi connu qu'il devrait l'être ; mais en voici la preuve.

La loi 21, C. *de inofficioso testamento*, qui est des empereurs Dioclétien et Maximien, porte que la querelle d'inofficiosité ne peut appartenir en ligne collatérale qu'aux frères et aux sœurs du défunt : *Fratris vel sororis filii, patrui vel avunculi, amitæ etiam et materteræ testamentum inofficiosum frustra dicunt, cum nemo eorum qui ex transversa linea veniunt, exceptis fratre et sorore, ad inofficiosi querelam admittatur.*

Ce texte, considéré à part, semble faire entendre que les frères et les sœurs avaient alors, en toutes sortes de cas, le droit d'attaquer par la querelle d'inofficiosité le testament qui leur ôtait leur Légitime ; mais il suffit, pour se convaincre du contraire, de rapprocher de cette décision la loi 24, D. *de inofficioso testamento* ; en voici les paroles : *Circa inofficiosi querelam evenire plerumque solet ut in una eademque causa diversæ sententiæ proferantur. Quid enim si, fratre agente, heredes scripti diversi juris fuerint? Quod si fuerit, pro parte testatus, pro parte intestatus decessisse videbitur.* Ces mots, *si heredes scripti diversi juris fuerint*, renferment évidemment la preuve que les frères et les sœurs tiraient de la qualité des héritiers institués par le défunt, le droit de faire déclarer ses dispositions inofficieuses ; et c'est en quoi ils différaient des enfans et des ascendans, qui pouvaient intenter la querelle d'inofficiosité contre toutes sortes d'héritiers institués.

La loi 31, § 1, du même titre, établit clairement cette différence: *Quantum ad inofficiosi liberorum vel parentum querelam pertinet, nihil interest quis sit heres scriptus ex liberis, an extraneis vel municipibus.* Le sens de ce texte n'est point équivoque. « A l'égard de la plainte d'inofficiosité des enfans et des ascendans, il est fort » indifférent que l'héritier institué soit esclave ou » libre, étranger ou bourgeois. » Voilà bien la preuve qu'il y avait, au temps de cette loi, des personnes qui ne pouvaient attaquer un testament du chef d'inofficiosité, que lorsque le défunt leur avait préféré un esclave ou un étranger de la ville dont il était bourgeois ; et ces personnes ne pouvaient être que les seuls frères et les sœurs, puisque c'étaient les seuls parens collatéraux que la jurisprudence de ce temps-là admettait à la plainte dont il s'agit.

Telles étaient les dispositions des lois sur cette matière, lorsque l'empereur Constantin monta sur le trône : ce prince, trouvant à propos d'établir là-dessus un droit nouveau, ordonna que les frères et les sœurs ne pourraient plus exercer la querelle d'inofficiosité, hors le cas où le défunt aurait institué des personnes infâmes ou notées de quelque tache. Les deux constitutions (1) qu'il fit à ce sujet

en 316 et 332, ont été fondues en une seule par Tribonien, et elles forment aujourd'hui la loi 27, C. *de inofficioso testamento*, qui est ainsi conçue: *Fratres vel sorores uterini ab inofficiosi actione contra testamentum fratris vel sororis penitus arceantur. Consanguinei autem, durante agnatione vel non, contra testamentum fratris sui vel sororis de inofficioso quæstionem movere possunt, si scripti heredes infamiæ vel turpitudinis vel levis notæ macula aspergantur, vel liberti qui perperam et non bene merentes, maximisque beneficiis suum patronum adsecuti, instituti sunt, excepto servo necessario herede instituto.*

III. Les interprètes ne sont pas d'accord sur le degré d'infamie ou de honte qu'il faut qu'un héritier institué ait atteint pour que son institution donne ouverture à cette querelle. Cela paraît cependant bien clairement déterminé par la loi 27, C. *de testamentis*, qui porte: *Si scripti heredes infamiæ vel turpitudinis, vel levis notæ macula aspergantur.*

IV. Et d'abord, on ne doit point douter que les personnes notées d'infamie, soit de plein droit, soit par une condamnation judiciaire, ne soient comprises dans cette disposition : mais on demande si ceux qui ne sont infâmes que de fait, y sont également soumis.

On entend par *infamie de fait*, une tache que les lois ne déclarent point expressément infamante, mais qui ne laisse pas de déprimer parmi les personnes honnêtes, ceux qui en sont marqués. Tels sont :

1° Les faillis, et ceux qui ont obtenu le bénéfice de cession de biens : *Sancimus ut nemini magistratuum liceat rei causa cessionis bonorum necessitatem alicui eorum inferre qui de prædictis causis propter pecunias publicas forte aut etiam privatas judicium sustinent,* AUT HUJUSMODI CONTUMELIIS UTI AC PRETEXTIBUS, etc. (*Novelle* 135, chap. 1) « Voulons que ceux qui auront obtenu » des lettres de répi ou des défenses générales, ne » puissent être élus maires ou échevins des villes, » juges ou consuls des marchands, ni avoir voix » active et passive dans les communautés, ni être » administrateurs des hôpitaux, ni parvenir aux » autres fonctions publiques, et même qu'ils en » soient exclus, en cas qu'ils fussent actuellement » en charge. » (*Ordonnance de mars 1673, tit. 9, art. 5.*) « Les faillis et banqueroutiers ne pourront entrer dans la loge du change, ni écrire et » virer partie, si ce n'est après qu'ils auront entièrement payé leurs créanciers, et qu'ils en au- » ront fait apparoir. » (*Règlement du conseil, du 2 juin 1667, pour le commerce de Lyon.*)

2° Les histrions, les sauteurs, bateleurs et danseurs de corde : *infamia notatur..... qui artis lu-*

(1) Voici les termes de la première: *Fratres uterini ab inofficiosi actionibus arceantur, et germanis tantummodo fratribus adversus eos duntaxat institutos heredes quibus inustas consciverit esse notas detestabilis turpitudinis, agnationis jure sine auxilio prætoris, petitionis aditus referetur.* Loi 1, Cod. Theod. *de inofficioso testamento.*

La seconde est ainsi conçue : *Servus necessarius hæres instituendus est, quia non magis patrimonium quam infamiam derelinqui videtur. Unde claret actionem inofficiosi fratribus relaxatam, cum infamiæ aspergitur vitiis is qui heres extitit; om-*

niaque fratribus tradi, quæ per turpitudinem aut aliquam levem notam capere non potest instituto; ita in hac quoque parte, si quando libertis heredibus institutis fratres fuerint alieni, inofficiosi actione proposita prœvaleant in omnibus occupandis facultatibus defuncti, quas ille perperam ad libertos voluerat pertinere.

diorœ pronuntiandive causa in scenam prodieret. (Loi 1, D. *de his qui notantur infamia.* Mais *V.* l'article *Comédien*, n° 5.)

5° Les femmes de mauvaise vie : *probrum intelligitur etiam in his mulieribus esse quœ turpiter viverent, vulgoque quœstum facerent, etiamsi non palam.* (Loi 41, D. *de ritu nuptiarum.*) *Non solum autem ea quœ facit quœstum corpore, verum ea quoque quœ fecit, etsi facere desiit; lege notatur; neque enim aboletur turpitudo quœ postea intermissa est.* (Loi 43, § 4, D. *eod. tit.*)

Puisque la loi 22, C. *de testamentis*, n'exige pas, pour donner ouverture à la querelle d'inofficiosité de la part des frères, que l'héritier institué soit noté d'infamie, mais seulement de ce qu'elle appelle *turpitudinis vel levis notœ macula*, il est évident que l'institution des personnes dont on vient de parler, peut être attaquée par la voie dont il s'agit ; et conséquemment qu'elle oblige le testateur qui veut absolument la faire, à laisser une légitime à ses frères et à ses sœurs.

V. Faut-il mettre sur la même ligne les enfans nés d'unions illicites ?

Non. Le bâtard n'est point coupable du vice de sa naissance ; et les peines étant personnelles comme les fautes, il y aurait autant d'inhumanité que d'inconséquence à lui en faire supporter les suites : *crimen pro pœna paterna nullam maculam filio infligere potest*, dit la loi 26, D. *de pœnis.* Il est si vrai d'ailleurs qu'on ne le regarde ni comme infâme, ni comme noté de quelque tache, que la loi 6, D. *de decurionibus*, la loi 7, C. *de naturalibus liberis*, et plusieurs autres textes, l'admettent aux charges publiques, quoique la loi 2, C. *de dignitatibus*, en exclut tous ceux, en qui il se trouve la moindre infamie de droit ou de fait.

On objecterait inutilement que la loi 3, § 2, D. *de decurionibus*, ordonne de préférer, dans la distribution des charges, les personnes nées en mariage légitime, à celles qui sont nées d'un commerce illicite. Nous ne disconvenons pas que les premières ne méritent plus de faveur que les secondes ; mais la préférence qui est donnée à celles-là, ne prouve pas que celles-ci soient infâmes de droit ou de fait. Il y a dans l'ordre de l'honneur deux classes différentes ; et celui qui est placé à la dernière, ne mérite pas pour cela d'être traité comme un homme vil et méprisable.

On ne serait pas mieux fondé à objecter le rescrit du pape Calixte aux évêques de France, qui déclare infâmes les bâtards incestueux, sous le prétexte que les lois civiles les regardent comme tels, et les excluent des successions : *Conjunctiones consanguineorum fieri prohibitæ, quando has et divinæ et sæculi prohibent leges. Leges ergo divinæ hoc agentes et eos qui ex eis prodeunt non solum ejiciunt, sed et maledictos appellant. Leges vero sæculi infames tales vocant, et ab hereditate repellunt. Nos vero sequentes patres nostros, et eorum vestigiis inhærentes, infamia eos notamus, et infames esse censemus, quia infamiæ maculis sunt aspersi : nec eos viros, nec accusationes eo-*

rum quos leges sæculi rejiciunt, suspicere debemus. (Canon *conjunctiones* 2, caus. 35, quest. 2 et 3, dans le décret de Gratien.)

Cette décision n'est évidemment fondée que sur un faux principe. Il n'y a pas un texte dans tout le droit romain, qui note les bâtards d'infamie ; et s'ils sont exclus des successions de leurs pères, c'est uniquement parce que les lois ne veulent pas favoriser le libertinage, ce qu'elles feraient en permettant aux bâtards de succéder aux auteurs de leurs jours, puisqu'alors on ne serait plus retenu par la crainte de donner le jour à des enfans à qui l'on ne pourrait pas laisser ses biens. Il n'en faut pas davantage sans doute pour nous faire rejeter le rescrit du pape Calixte ; et si l'on ajoute à cette considération, que, d'une part, il est contraire par un autre texte du droit canonique (1), de l'autre, qu'il n'a jamais fait ni pu faire loi en France, on aura une preuve démonstrative de l'inapplicabilité de ce texte à notre question.

Enfin, qu'on n'objecte pas l'inhabilité des bâtards à être élevés aux ordres sacrés, et même aux ordres mineurs, sans une dispense expresse de l'église : cette inhabilité n'est pas d'une date fort ancienne dans le droit canonique, et elle a pas pour motif le déshonneur prétendu attaché à la bâtardise. Écoutons M. d'Aguesseau, dans son vingt-cinquième plaidoyer.

« Si nous remontions jusqu'aux premiers siècles de l'église, il serait facile de faire voir qu'on a ignoré pendant long-temps cet empêchement que les canons des derniers conciles ont rendu si légitime, et qu'ils ont établi par de si sages considérations ; qu'avant ces canons l'honneur ou la honte de la naissance n'avait point de part au choix ou à l'exclusion des ministres sacrés (2) ; qu'on ne considérait que leurs qualités personnelles ; que les anciens docteurs ne croyaient pas qu'on pût faire porter aux enfans la peine du crime de leurs pères, ni interdire l'entrée des fonctions ecclésiastiques à ceux qui, pour nous servir de leurs expressions, *alieno scelere laborabant, non suo.* L'église d'Orient suit encore aujourd'hui cette ancienne discipline ; elle n'a été changée par des lois expresses, dans l'église latine, que dans le onzième siècle ; et quoiqu'on trouve des vestiges de cette incapacité dans les siècles précédens, on

_____

(1) *Nunquam de vitiis erubescamus parentum. Quod si fornicatorum ipsum ad meliora conversum nequaquam prior vita commaculat ; multo magis ex meretrice natus et adulteri, si propria virtute decoretur, parentum suorum non dedecoratur opprobriis : non est omnino nec de virtute, nec de vitiis parentum, aut laudandus aliquis, aut culpandus.* Décret de Gratien, canon *nunquam* 4, dist. 56.

(2) L'assertion de M. d'Aguesseau est justifiée par les canons 12 et 13 de la distinction 56 du décret de Gratien. Voici les termes du premier : *Apostolica auctoritate præcipimus : tibi, ut si cum qui ab ecclesia electus est, altero digniorem canonicamque ejus electionem probaveritis, fulti nostra auctoritate consecretis ; nam pro eo quod filius sacerdotis dicitur, cætera virtutes in eum conveniant, non rejicimus, sed suffragantibus meritis connivendo cum recipimus.*

ne voit point de concile qui en ait fait un regle-
ment général avant ce temps. C'est alors qu'on
crut que quoiqu'on ne pût imputer aux enfans
le crime qui leur avait donné la vie, il était juste
d'éloigner du service des autels ceux qui étaient
la preuve et quelquefois les imitateurs des déré-
glemens de leurs pères; que cette sévérité était
nécessaire pour réformer les mœurs des ecclésiastiques, et pour leur ôter l'espérance de pouvoir
transmettre leurs bénéfices à ceux que les lois
civiles rendaient incapables de recueillir leurs
successions

« Tels furent les motifs de la célèbre disposition
du concile tenu à Poitiers en 1078. »

On ne peut donc pas mettre les bâtards au rang
des personnes dont l'institution donne ouverture à
un droit de Légitime pour les frères et les sœurs
du testateur (1). Et c'est ce qu'a jugé un arrêt du
conseil souverain de Frise, rendu en 1688, et
rapporté par Vandepoll, *de exheredatione*, chapitre 62, n.º 22.

VI. En est-il de même d'un fils qui a été blâmé
par le testament de son père? La négative paraît
incontestable à la première vue. La loi 13, C. *ex
quibus causis infamia irrogatur*, dit expressément
que, quoiqu'un père en blâmant ses enfans par
son testament, ne les couvre pas d'infamie, il
laisse néanmoins une mauvaise idée de leur caractère ou de leur conduite dans l'esprit des gens de
bien. *Ea quæ pater filios suos increpans scripsit,
infames quidem filios jure non faciunt; sed apud
bonos et graves opinionem ejus qui patri displi-
cuit, onerant*. Et c'est sur ce fondement qu'Accurse a soutenu que, si de tels enfans se trouvaient dans la suite institués par quelqu'un, les
frères et les sœurs du testateur pourraient intenter
la querelle d'inofficiosité contre ses dispositions.

Mais cette opinion est sans contredit trop rigoureuse. Rien n'est plus commun que de voir un
père gourmander ses enfans, *hoc enim pater circa
filium solet facere*, dit la loi 132, D. *de verborum obligationibus*; c'est un droit et même un
devoir attaché à l'autorité paternelle, et ce serait
une rigueur intolérable d'en faire résulter une tache
dans l'ordre civil, pour ceux qui en sont l'objet :
un père peut bien exercer, dans l'enceinte de sa
famille, l'empire que la nature et la loi lui donnent, mais il n'en doit rien rejaillir dans le public. Le texte sur lequel Accurse se fonde, prouve
sans doute qu'un fils blâmé par son père, ne jouit
pas de toute la considération à laquelle il aurait
eu droit de prétendre sans cette disgrâce; mais on
ne peut pas conclure de là qu'il soit entièrement
déshonoré, et qu'il doive être mis sur la ligne des
banqueroutiers, des histrions, des femmes publi-

ques. On sent d'ailleurs que ce serait trop étendre
les bornes du pouvoir d'un père, que de laisser à
sa disposition l'honneur de son fils, c'est-à-dire
la plus précieuse partie de l'existence qu'il lui a
donnée : il ne faut pas, dit la loi 4, D. *de inofficioso testamento*, il ne faut pas approuver les passions des pères qui injurient leurs enfans par leurs
testamens, *non est consentiendum parentibus qui
injuriam adversus liberos testamento indicunt*.
« Ainsi (conclut Lebrun), un tel blâme prononcé
» autrefois contre un héritier que le testateur in-
» stitue aujourd'hui par son testament, ne donne
» point lieu aux frères de ce testateur d'intenter
» la querelle d'inofficiosité, comme si leur frère
» avait institué une personne infâme. »

VII. La loi 27, C. *de inofficioso testamento*,
ajoute à ceux dont l'institution ouvre aux frères
et aux sœurs la querelle d'inofficiosité, les affranchis, qui, sans avoir bien mérité de leur patron,
ont été comblés de ses bienfaits comme par une
espèce d'aveuglement, *liberti qui perperam et non
bene merentes maximisque beneficiis suum patronum assecuti, instituti sunt*. Ce n'est pas que ce
texte les mette au nombre des personnes infâmes
ou déshonnêtes, il les en distingue au contraire
très-clairement; mais il ne veut pas qu'un homme
puisse, sans motif raisonnable, *perperam*, disposer de tous ses biens au profit de gens qui lui sont
déjà redevables de la liberté, tandis qu'il a des
frères et des sœurs habiles à recueillir sa succession.

VIII. Lorsqu'un testateur institue à la fois
une personne infâme de droit ou de fait, et une
autre à laquelle il n'y a rien à reprocher, ses
frères et ses sœurs peuvent-ils exercer leur querelle d'inofficiosité?

La raison de douter est que le testament ne
pourrait être rescindé que pour la moitié; ce qui
ne paraît pas praticable, aux termes des lois romaines, puisqu'elles ne permettent pas que l'on
puisse mourir *partim testatus, partim intestatus*.

Cependant il faut dire, avec la loi 24, D. *de
inofficioso testamento*, que la querelle d'inofficiosité doit avoir lieu en ce cas pour la part dans laquelle est instituée la personne infâme; on ne peut
rien en effet de plus précis que ces termes : *Circa
inofficiosi querelam evenire plerumque solet ut in
una eademque causa diversa sententia proferantur. Quid enim si, fratre agente, heredes scripti
diversi juris fuerint? Quod si fuerit, pro parte
testatus, pro parte intestatus decessisse videbitur*.

La règle qui défend de mourir en partie *testat*,
et en partie *intestat*, n'est pas contraire à cette décision; le testament, dans notre espèce, subsiste
pour le tout au moment de la mort du testateur;
car, s'il n'était pas valable, on n'aurait pas besoin
de la querelle d'inofficiosité pour la faire casser;
ce n'est qu'après l'ouverture de l'hérédité, et,
comme on dit, *ex post facto*, qu'il est annulé
pour la moitié; et dans cet état, rien n'empêche

_____

(1) Ce que nous disons ici, n'est vrai que par rapport aux
institutions faites par des étrangers ou des parens collatéraux : celles dont les bâtards seraient honorés par leurs
pères, mères ou autres ascendans, seraient nulles, ou au
moins réductibles de plein droit. V. les articles *Bâtard*, sect. 1,
Institution d'Héritier et *Légataire*.

qu'une pareille scission ne puisse avoir lieu ; elle est au contraire autorisée formellement par deux lois expresses.

Cum duobus heredibus institutis, uno ex quinque, altero ex septem unciis, adversus eum qui ex septem unciis heres scriptus fuerat, justa querela contendisse, ab altero autem victum te fuisse alleges, pro ea parte qua resolutum est testamentum, cum jure intestati, qui obtinuit, succedat, neque legata neque fideicommissa debentur. (Loi 13, C. de inofficioso testamento.)

Filius qui de inofficiosi actione adversus duos heredes expertus, diversas sententias judicum tulit, et unum vicit, ab altero superatus est......, credimus eum legitimum heredem pro parte esse factum, et ideo pars hereditatis in testamento remansit ; nec absurdum videtur pro parte intestatum videri. (Loi 15, § 2, eod. tit.)

Mais que serait-ce, si la personne infâme qui a été instituée avec une personne honnête, renonçait à la succession, et faisait par ce moyen accroître sa part à son cohéritier ? Dans ce cas, la querelle d'inofficiosité pourrait être intentée contre celui-ci, soit que la renonciation de l'autre fût gratuite, soit qu'il l'eût achetée. La raison en est évidente : celui qui acquiert par droit d'accroissement la part de son coinstitué, est tenu de toutes les charges que la loi imposait à ce dernier ; c'est la disposition expresse de la loi 1, § 4, C. de caducis tollendis ; or, la loi soumettait la part de l'héritier infâme à la querelle d'inofficiosité : cette action doit donc suivre la part de l'héritier infâme jusque dans les mains de l'héritier honnête.

IX. Le repentir ou le changement de vie de la part de l'héritier institué, empêche-t-il les frères et les sœurs de se prévaloir de la honte dans laquelle il a vécu antérieurement, et d'en faire là base d'une querelle d'inofficiosité ?

Il faut, pour résoudre cette question, distinguer le cas où le changement de vie s'est opéré avant le décès du testateur, de celui où il ne se serait opéré qu'après.

Dans le premier cas, si le changement de vie a effacé la tache dont l'institué était noté, il n'est point douteux que la querelle d'inofficiosité ne doive cesser entièrement. Si, au contraire, la tache subsiste malgré le repentir, le droit des frères et des sœurs d'attaquer le testament, conserve toute sa force. Ainsi, quand un failli, ayant satisfait tous ses créanciers, a obtenu un jugement de réhabilitation, rien n'empêche qu'il ne puisse être restitué au préjudice de la Légitime des frères et sœurs du défunt.

Mais un homme qui aurait essuyé une condamnation infamante après une procédure extraordinaire, aurait beau se repentir et changer de conduite, la tache lui aurait été imprimée par le jugement, ne s'effacerait pas pour cela ; et conséquemment l'institution qu'il pourrait s'attirer dans la suite de la part d'un testateur, n'en serait pas moins sujette à la querelle d'inofficiosité.

Il faudrait dire la même chose d'une femme qui,

après avoir vécu dans la prostitution, viendrait à mener une vie régulière : ce changement ne la tirerait pas de la classe des personnes infâmes : c'est la disposition expresse de la loi 43, § 1, *de ritu nuptiarum*, rapportée ci-dessus, n° 4.

Dans le second cas, c'est-à-dire, quand l'institué ne change de conduite qu'après la mort du testateur, les frères et les sœurs de celui-ci sont indistinctement fondés à intenter la querelle d'inofficiosité, parce qu'ils ont eu, dès l'ouverture de l'hérédité, un droit acquis à cette action ; et que ce qui nous appartient une fois, ne peut nous être ôté malgré nous. *Id quod nostrum est, sine facto nostro ad alium tranferri non potest. (Loi 11, D. de regulis juris.)*

Mais les frères et les sœurs seraient sans action, si l'infamie ou la tache dont ils voudraient se prévaloir, n'était survenue à l'institué qu'après la mort de leur frère. En effet, ils ne peuvent se plaindre que dans le cas où celui-ci leur a fait une injure par la préférence qu'il a donnée sur eux à une personne notée d'infamie : or, dans cette espèce, il est clair que le testateur ne les a point injuriés, puisque celui qu'il a appelé à sa succession, n'a perdu l'honneur qu'après sa mort, et qu'il n'y a jamais d'injure là où l'intention ne concourt pas avec le fait. *Injuriam potest facere nemo, nisi qui scit se injuriam facere. (Loi 3, § 2, D. de injuriis.)*

X. Si la personne infâme est elle-même frère ou sœur du défunt, son institution donne-t-elle lieu à la querelle d'inofficiosité.

Vasquius, Gomez, Peregrini et Werwey ont embrassé la négative ; mais Vandepoll soutient le contraire, et son opinion paraît à la fois plus juridique et plus conforme à la décence des mœurs. Les lois ne distinguent point ce cas d'avec les autres, et l'honnêteté publique demande qu'il soit confondu dans la règle générale.

XI. Y a-t-il lieu à la querelle d'inofficiosité, lorsque les frères qui veulent l'intenter, sont eux-mêmes couverts de la même tache qu'ils prétendent trouver dans l'héritier institué ?

Barbosa, Vasquius, Brunneman, Doneau (*Donellus*,) Vandepoll répondent que non.

L'égalité de condition entre l'héritier institué et les frères (disent-ils,) fait cesser la plainte dont il s'agit ; et de même que ceux-ci ne seraient pas recevables à agir si celui-là était à l'abri de tout reproche, de même aussi ils doivent s'abstenir de toute poursuite, lorsqu'ils ont à rougir personnellement des traits d'infamie qu'ils découvrent dans l'héritier institué.

C'est ainsi que, quoiqu'une mère puisse régulièrement déshériter sa fille pour la punir de s'être livrée à le débauche, cependant elle ne le peut pas quand elle mène elle-même une vie déréglée.

C'est ainsi qu'un gladiateur de profession ne pouvait pas, à Rome, user du droit que les lois donnaient aux pères d'exhéréder leurs enfans qui embrassaient spontanément cet état ; *In arenam non damnato, sed sua sponte arenario constituto*

legitimæ successiones integræ sunt..... Sed si tes-
tamentum parens ejus fecit, neque de inofficioso
testamento accusatio... ei competit. Nam talem
filium merito, quis indignum sua successione ju-
dicat, nisi et ipse similis conditione sit? (Loi 11,
C. de inofficioso testamento.)
Juvénal dirait à ce sujet :

Quis tulerit Gracchos de seditione querentes?
Quis cælum terris non misceat et mare cælo,
Si fur displiceat Verri, aut homicida Miloni,
Clodius accuset mœchos?

On ne peut opposer qu'une objection à cette
doctrine, et en revanche elle paraît, au premier
abord, très-plausible : c'est de dire que le droit
a fixé à trois, les causes pour lesquelles il est permis à un frère de déshériter ou de passer sous silence ses frères et ses sœurs, même en instituant
une personne infâme, et que dans ce nombre ne
se trouve pas la circonstance que les frères et les
sœurs seraient notés de la même infamie que l'héritier dont il fait choix.

Cette objection serait sans réplique, si le principe en était vrai; mais il n'y a point de loi qui
ait défendu d'exhéréder un frère ou une sœur pour
plus de trois causes. Le chap. 47 de la novelle 22
réduit bien à ce nombre les traits d'ingratitude
pour lesquels un frère peut être privé, même *ab*
intestat, de la part qu'avait son frère dans les
gains nuptiaux dévolus aux enfans du premier lit,
par le convol de la mère à un second mariage;
mais il n'y a aucune disposition semblable dans
tout le droit romain concernant l'exhérédation; et
quoique, par analogie, on l'étende communément
à l'exhérédation elle-même, on ne doit pas la restreindre à cet égard dans ses termes précis, et il
faut au moins l'interpréter de manière qu'elle
n'exclue point la cas des frères ou les sœurs auraient eux-mêmes à se reprocher la faute ou la
tache qu'ils opposeraient à l'institué.

Si les frères et les sœurs n'étaient pas tout-à-fait
irréprochables, et que cependant ils ne fussent pas
rabaissés au même point de honte et de déshonneur que l'héritier choisi par le défunt, on ne
pourrait pas les faire déclarer non-recevables dans
leur querelle d'inoffisiosité. C'est l'avis de Vandepoll.

XII. Dans l'ancien droit, tous les frères et les
sœurs étaient admis concurremment à la querelle
d'inofficiosité, quand elle pouvait avoir lieu; on
ne distinguait pas alors les frères utérins d'avec
les frères germains ou consanguins; tous avaient
le même droit, parce que, dans l'ordre naturel,
tous étaient également offensés par l'injuste disposition de leur frère. C'est ce qui résulte de ces
termes de la loi 1, D. *de inofficioso testamento :*
« Les cognats, c'est-à-dire les parens du côté ma-
» ternel, feraient très-bien, à l'exception des
» frères, de s'épargner les frais de la querelle
» d'inofficiosité, parce qu'ils ne peuvent jamais en
» espérer la réussite : *Cognati qui sunt ultra fra-*
» *trem, melius facerent, si se sumptibus inanibus*

» *non vexarent, cum obtinere spem non habe-*
» *rent.* »

Cette jurisprudence a été modifiée par l'empereur Constantin : la première disposition de la
loi 1, au Code théodosien, *de inofficioso testa-*
mento, est que les frères utérins seront à l'avenir
exclus de la querelle d'inofficiosité, et que cette
action ne pourra plus être exercée que par les
frères germains.

Il n'est point question dans cette loi des frères
consanguins; mais on ne peut douter qu'ils ne
soient compris sous les termes de *frères germains* :
c'est ce qui résulte de l'exclusion spéciale que
l'empereur donne aux frères utérins. D'ailleurs,
il ne peut plus y avoir là-dessus aucune difficulté,
puisque Justinien, en rappelant cette loi dans son
Code, y fait une mention expresse des frères consanguins : *Fratres vel sorores uterini ab inofficiosi*
actione contra testamentum fratris vel sororis
penitus arceantur. Consanguini autem de inoffi-
cioso quæstionem movere possunt...

L'empereur Constantin ne s'était pas borné à
exclure les frères utérins de la querelle d'inofficiosité : il l'avait encore ôtée aux frères germains
ou consanguins qui avaient perdu le droit d'agnation, c'est-à-dire, qui avaient été émancipés du
vivant de leur père. Mais Justinien a aboli cette
restriction, et ordonné que le droit d'agnation ne
serait plus considéré en cette matière : *Consan-*
guinei autem, DURANTE AGNATIONE VEL NON,
contra testamentum fratris sui vel sororis de inof-
ficioso quæstionem movere possunt. Ce sont,
comme on l'a déjà dit, les termes de la loi 27,
C. *de inofficioso testamento.*

Depuis la promulgation de cette loi, Justinien
en a fait une nouvelle pour appeler les enfans des
frères germains à la succession *ab intestat* de leurs
oncles, concurremment avec les frères vivans, et
y prendre la même part que leur père y eût prise,
s'il avait vécu (novelle 118, chap. 33; novelle
127, chap. 2). Mais comme il ne leur a point accordé expressément la querelle d'inofficiosité, c'est
une question s'ils sont habiles ou non à l'exercer.

Tous les auteurs se réunissent pour la négative,
sur le fondement que la querelle d'inofficiosité
n'appartient point à tous les successeurs *ab intes-*
tat, mais seulement à ceux d'entre eux à qui la
loi la donne. Ils appuient cette raison d'un exemple : il est constant, disent-ils, aux termes du
chap. 3 de la novelle 118, que les frères germains
concourent avec leur père et leur mère dans la
succession *ab intestat* de leur frère décédé : cependant on convient généralement que le père et
la mère ont seuls, en ce cas, un droit absolu à
la querelle d'inofficiosité, et que celui des frères
est subordonné à la qualité des héritiers institués :
en sorte qu'ils sont privés de toute action lorsque
leur frère a disposé en faveur de personnes honnêtes et irréprochables. Pourquoi donc le droit
accordé aux neveux de concourir *ab intestat* avec
leurs oncles, emporterait-il celui d'intenter la querelle d'inofficiosité?

A ces moyens se joint une considération péremptoire. La raison pour laquelle on a donné aux frères un droit de Légitime dans la succession de leur frère qui institue une personne infâme, est uniquement fondée sur la gravité de l'injure qu'il leur fait; car cette injure est d'autant plus grande, que la parenté qui les unit à lui, est plus étroite. Or, les neveux ne sont pas plus proches aux défunts lorsqu'ils concourent avec leurs oncles par le bénéfice de la représentation, que lorsqu'ils se trouvent seuls pour succéder *ab intestat* : ils n'ont donc pas plus de droit à la querelle d'inofficiosité dans le premier cas que celui-ci, puisque, dans l'un comme dans l'autre, le défunt ne les a pas injuriés au point requis par la loi pour fonder une action de cette nature; car vouloir que l'injure de la prétérition s'estimât dans leur personne, comme si elle avait été faite à leur père qu'ils représentent, ce serait une prétention ridicule en elle-même et absurde dans ses conséquences : il en résulterait, par exemple, qu'une insulte essuyée par l'héritier d'un dignitaire, devrait être appréciée et punie comme si elle avait été faite à celui qu'il représente.

Mais au moins les neveux ne pourront-ils pas profiter de la rescision du testament inofficieux, obtenue par leurs oncles également déshérités ou passés sous silence?

La raison de douter est que, suivant les lois romaines, la rescision d'un testament par la querelle d'inofficiosité, emporte la nullité de l'institution, et réduit les choses *ab intestat*. Or, il est certain que les neveux succèdent *ab intestat* avec leurs oncles; il est donc juste qu'ils recueillent indirectement le fruit de l'action intentée par celui-ci. C'est la décision de quelques auteurs, entre lesquels on remarque Mynsingère, sur les Institutes, titre *de inofficioso testamento*; et on l'appuie communément sur les lois 17, 18 et 19, D. *de inofficioso testamento*, qui communiquent à tous les héritiers du même degré le profit de la querelle d'inofficiosité intentée avec succès par l'un d'eux.

Mais l'opinion contraire est si bien défendue par Lebrun et par Voët, qu'il n'est pas possible de leur refuser son suffrage. Il est de principe, disent-ils, que les jugemens ne nuisent ni ne profitent qu'à ceux avec lesquels ils ont été rendus : les neveux ne peuvent donc pas participer au fruit d'une action qu'ils n'ont ni exercée ni pu exercer. Si, dans l'espèce des lois citées, la succession s'ouvre *ab intestat* en faveur de tous les héritiers légitimes, par le seul effet de la demande de l'un d'eux, c'est qu'ils sont tous au même degré, et par conséquent tous habiles à intenter eux-mêmes l'action dont ils profitent. La position des neveux est bien différente. Le défunt ne leur devoit rien, même en instituant une personne infâme, ils n'ont ni droit pour demander une Légitime, ni qualité pour attaquer le testament du chef d'inofficiosité; ils ne peuvent donc pas s'appliquer des textes qui exigent l'un et l'autre, dans ceux qu'ils appellent

à la succession déclarée *intestat*, la poursuite d'un seul.

Les neveux opposeraient inutilement que leur condition doit être la même quand le défunt est mort *intestat*, que lorsque son testament a été cassé par la querelle d'inofficiosité; que, dans le premier cas, leurs oncles seraient incontestablement obligés de leur faire part de la succession; que par conséquent il doit en être de même dans le second cas.

Lebrun et Voët répondent victorieusement à cette objection : « La seule note d'infamie qui n'est » point accompagnée de mort civile, ne rend ni » indigne ni incapable de recevoir un legs uni- » versel, ou de profiter d'une institution d'héritier; » ou du moins cette incapacité est seulement res- » pective, et par rapport à ceux à qui par le droit » le défunt devoit une Légitime. Ainsi... les frères » ne font juger autre chose (par leur action d'inof- » ficiosité), sinon que l'héritier ou le légataire » universel est incapable à leur égard; ce qui ne » profite point aux neveux, ou respect desquels le » même héritier a toute la capacité nécessaire. » Ce sont les termes de Lebrun. Il serait absurde, ajoute Voët, que ceux qui ont été licitement passés sous silence, et qui par conséquent n'ont reçu du défunt aucune espèce d'injure, fussent de la même condition que ceux dont la prétérition forme un attentat aux défenses des lois, et un affront que la querelle d'inofficiosité tend uniquement à réparer. En un mot, dit le même auteur, les empereurs Constantin et Justinien ont défendu strictement d'admettre les neveux à la querelle d'inof- ficiosité : on ne doit donc pas leur en communiquer indirectement l'effet; autrement, la prohibition se réduirait à rien; et jamais les détours inventés pour parvenir à une fin pareille, n'ont mérité les suffrages des législateurs. On peut appliquer ici la loi 10, § 5, D. *de bonorum possessione contra tabulas* (1), et la loi 38, D. *de bonis liber- torum* (2).

XIII. Il est temps d'examiner quel est notre usage sur tous les objets que nous venons de parcourir.

Il n'y a là-dessus aucune difficulté dans les provinces régies par le droit écrit. Les lois romaines y sont en pleine vigueur. Ainsi, il n'est point douteux que les frères et les sœurs n'y aient droit d'exiger une Légitime, quand le défunt a institué une personne infâme ou notée de quelque tache, et que, faute par lui de la leur avoir laissée, ils ne puissent faire déclarer l'institution nulle pour

---

(1) *Exheredati liberi quemadmodum edictum non commit- tunt, ita nec commisso per agios edicto, cum illis veniant ob bonorum possessionem.*

(2) *Quaeritur an, filio exheredato, etiam nepotes ex eo à bo- norum possessione liberti excludantur ? Quod utique sic dicen- dum est ut viro filio, donec in potestate ejus liberi manent, non admittantur ab bonorum possessionem, ne qui suo nomine à bonorum possessione submoventur, per alios eam consequan- tur.*

le tout. C'est même ce qui résulte de l'art. 50 de l'ordonnance de 1735.

On convient aussi que la loi *fratres* est reçue dans les pays coutumiers; c'est ce qu'attestent particulièrement Benedicti, Mornac et Lebrun : nous en avons même la preuve dans les coutumes d'Orléans et d'Audenarde : la première porte, art. 277, que, « quand une donation est immense ou excessive, les héritiers collatéraux, en cas qu'il n'y eût enfans ou descendans en droite ligne des donateurs, la peuvent aussi quereller selon la disposition de droit. » La coutume d'Audenarde dit pareillement, rubr. 8, art. 1, que l'on ne peut faire aucune donation inofficieuse « au préjudice... des frères et des sœurs, lorsque ladite donation serait faite à personne infâme. »

Mais en pays coutumier, l'effet de la querelle d'inofficiosité intentée par des frères, se réduit-il à leur faire adjuger une Légitime, ou s'étend-il jusqu'à faire infirmer toute l'institution dont le défunt a honoré une personne infâme ?

Le premier parti semble, au premier abord, le plus conforme à nos maximes. Comme l'institution d'héritier ne vaut, dans nos coutumes, que par forme de legs, et que, suivant le dernier état de la jurisprudence romaine, les legs ne sont point annulés par la querelle d'inofficiosité, mais seulement réduits au taux qu'exige le retranchement de la Légitime, la querelle d'inofficiosité ne passe communément parmi nous que pour une demande en détraction de Légitime; et elle n'a point régulièrement d'autre effet, quoiqu'elle soit exercée par un fils contre le testament de son père, ou par un père contre le testament de son fils. Les collatéraux ne sont certainement pas plus favorables que les enfans et les ascendans; ils ne doivent donc pas tirer de cette action plus d'avantage que ceux-ci.

Cependant on décide constamment le contraire, et il passe aujourd'hui pour certain que l'institution d'une personne infâme doit être annulée pour le tout, à la poursuite des frères du défunt. Parmi les raisons qu'on donne de cette jurisprudence, il s'en trouve de bonnes et de mauvaises : tâchons de distinguer les unes d'avec les autres.

Voici comment s'exprime Sallé sur l'art. 50 de l'ordonnance de 1755 : « Les frères et les sœurs consanguins ont droit de Légitime, quand l'institution est faite d'une personne infâme ; mais quant à ce dernier cas, il faut observer que notre usage a encore enchéri sur les lois romaines, puisqu'une personne infâme étant incapable par mi nous d'institution d'héritier, les frères et les sœurs consanguins peuvent faire annuler l'institution pour le tout. »

Il y a deux erreurs dans ce passage. D'abord, notre usage n'a point enchéri sur les lois romaines, mais il s'y est conformé, en donnant aux frères le droit de faire annuler pour le tout l'institution d'une personne infâme. Ensuite, l'infamie ne forme pas plus parmi nous que chez les Romains, un titre d'incapacité de recevoir des libéralités testa-

mentaires : autrement, les dispositions faites au profit de ceux qui en sont notés, pourraient être attaquées par toutes sortes de parens collatéraux, et il est universellement reconnu qu'elles ne peuvent l'être que par les frères et les sœurs.

Lebrun dit que la querelle d'inofficiosité des frères et des sœurs « fait casser le testament pour » le tout, parce que nous n'avons point de Légi- » time réglée pour les frères, et qu'ayant reçu » cette action du droit romain, il semble qu'il est » assez juste de nous conformer entièrement à sa » disposition, qui infirme le testament pour le » tout, au cas que le frère ait institué une per- » sonne infâme. »

Cette raison n'est pas plus solide que celle de Sallé.

1° Il est faux que les frères n'aient point un droit de Légitime ; ce droit, à la vérité, n'est pas aussi général pour eux que pour les enfans et les ascendans ; mais il n'en est pas moins réel dans le cas où il y a lieu en leur faveur à la querelle d'inofficiosité ; et ce cas est, comme on vient de le voir, lorsque le défunt a institué une personne infâme : ce qui est si vrai, qu'une pareille institution aurait tout son effet, s'il leur avait été laissé quelque chose par leur frère ; car alors ils ne pourraient pas intenter la querelle d'inofficiosité, mais seulement demander un supplément de Légitime. La loi 30, C. *de inofficioso testamento*, ne laisse là-dessus aucun doute : *Omnimodo testatorum voluntatibus prospicientes, magnam et innumerabilem occasionem subvertendæ eorum dispositionis amputare censemus ; et in certis casibus in quibus de inofficiosis defunctorum testamentis, vel alio modo subvertendis, moveri solebat actio, certa et statuta lege tam mortuis consulere quam liberis eorum, VEL ALIIS PERSONIS quibus eadem actio competere poterat, ut sive adjiciatur in testamento ad implenda legitima portione, sive non, firmum quidem sit testamentum quasi inofficiosum vel alio modo subvertendum queri poterant, id quod minus portione legitima sibi relictum est, adimplendam eam sine ullo gravamine vel mora exigere.*

2° Si, parce que nous avons adopté dans notre jurisprudence la disposition de la loi *fratres*, il fallait, comme le prétend Lebrun, nous y conformer entièrement, nous devrions, par la même raison, attribuer à la querelle d'inofficiosité des enfans et des ascendans, la vertu d'annuler l'institution pour le tout. Or, il est constant que cette action n'aboutit pour ceux-ci qu'à une demande de Légitime : si donc nous en avons restreint l'effet à leur égard, pourquoi ne pourrait-on pas également le restreindre par rapport aux frères.

Mais, continue Lebrun, « la note d'infamie » doit exclure ici l'institué de tout ce que le tes- » tateur lui a voulu laisser, l'incapacité que la loi » prononce contre lui, quoique respective à l'égard » des frères, ne lui faisant pas moins d'obstacle » pour une partie de l'institution que pour l'au- » tre. »

44

Il n'y a pas encore un mot de vrai dans tout cela. D'abord, la loi ne prononce point d'incapacité contre des personnes infâmes, pas même respectivement aux frères du testateur; elle permet bien à ceux-ci de se plaindre de l'injure que leur a faite le testateur par une préférence aussi odieuse; mais cette permission ne suppose aucune espèce d'incapacité, à moins qu'on ne veuille ainsi appeler le défaut de pouvoir être préféré aux frères; ce qui ne peut se dire que par une extension abusive du sens des termes reçus dans le langage des lois. D'ailleurs, point de dispute de mots; arrêtons-nous aux choses: supposons les infâmes vraiment incapables par rapport aux frères; au moins leur incapacité, quoi qu'en dise Lebrun, ne leur fera pas le même obstacle pour une partie de l'institution que pour l'autre, puisque, quand le défunt a laissé quelque chose à ses frères, les lois romaines n'en font résulter qu'une demande en supplément de Légitime, et confirment le testament pour le surplus.

Quelle est donc la raison précise de l'usage introduit parmi nous de donner à la querelle d'inofficiosité des frères et des sœurs, l'effet d'annuler l'institution pour le tout? On la trouve dans Lebrun lui-même, confondue avec celles que nous venons de réfuter: « C'est (dit-il) parce que nous » avons même des exemples dans notre droit où » la querelle fait infirmer tout le testament, » comme lorsqu'un père a déshérité son fils injus- » tement, maligne contra sanguinem suum infe- » rens judicium. »

Dans la thèse générale, il est vrai, la querelle d'inofficiosité n'est considérée parmi nous que comme une simple demande de Légitime; mais, comme on le verra ci-après, sect. 4, toutes les fois que le testateur paraît avoir été animé par des sentimens injustes, soit à exhéréder, soit à passer sous silence ceux à qui il doit une Légitime, la querelle d'inofficiosité reprend son ancienne nature, et l'on casse toute la disposition.

Le cas de la loi fratres rentre naturellement dans cette exception: on ne doit donc rien laisser aux personnes infâmes qui ont été instituées à l'exclusion totale des frères et des sœurs.

C'est même ce qui résulte assez clairement de l'art. 277 de la coutume d'Orléans; ce texte, parlant des donations inofficieuses, dit que les enfans du donateur les peuvent quereller et faire réduire à la Légitime, et que les frères les peuvent aussi quereller selon la disposition de droit. Cette différence dans les expressions en annonce certainement une dans les effets. Les enfans peuvent simplement quereller, et la fin de leur action est de faire réduire les donations à la Légitime: la coutume suppose, comme on le voit, que le donateur n'a point disposé par colère, par haine, ou par tout autre motif également injuste. Les frères, au contraire, peuvent quereller selon la disposition de droit, c'est-à-dire faire annuler la donation pour le tout, parce qu'étant faite à une personne infâme, et les excluant entièrement, elle

ne peut partir que d'un esprit aveuglé ou esclave d'une passion violente.

La loi 3, D. si à parente quis manumissus fuerit, vient à l'appui de ces raisons: l'espèce en est remarquable.

Dans l'ancien droit romain, le père qui avait émancipé son fils, et que celui-ci avait passé sous silence dans son testament, avait, pour venir à la succession ab intestat, le choix de la querelle d'inofficiosité comme père, ou de la possession des biens contra tabulas, comme patron : Patrem autem accepta contra tabulas bonorum possessione, et jus antiquum quod sine manumissum habebat, posse sibi defendere Julianus scripsit : nec enim ei nocere debet quod jura patronatus habebat, cum sit et pater. (Loi 1, § 9, D. si à parente quis manumissus fuerit.) La première action tendait à faire casser le testament pour le tout; la seconde n'était, à proprement parler, qu'une demande de Légitime. Cependant si, lorsqu'il optait celle-ci, l'héritier institué était une personne infâme, il en tirait le même avantage que lui aurait procuré la querelle d'inofficiosité. C'est la décision expresse de la loi citée. En voici les paroles: « Paconius dit que, si un enfant émancipé par son » père, institue des personnes infâmes, telles qu'une » femme publique, le père doit obtenir tous les » biens, en vertu de la possession contra tabulas; » mais que, si l'héritier institué n'est pas infâme, » on ne doit lui adjuger que sa Légitime. Paco- » nius ait : si turpes personas, veluti meretricem, » à parente emancipatus et manumissus herede » fecisset, totorum bonorum contra tabulas pos- » sessio parenti datur; aut constitutæ partis, » non turpis heres esset institutus. »

On voit dans ce texte une action qui ne tend régulièrement qu'à une demande de Légitime, emporter la nullité de tout le testament, parce que l'institution est faite au profit d'une personne notée de quelque tache: on ne peut sans doute rien concevoir de plus analogue à la plainte d'inofficiosité des frères et sœurs.

XIV. Il faut appliquer ici l'observation par laquelle nous avons terminé le paragraphe précédent, c'est-à-dire que les frères et les sœurs n'ont droit de Légitime, dans le concours des circonstances que nous venons d'exposer, que quand ils ont d'ailleurs toutes les qualités requises pour pouvoir succéder ab intestat. Cette vérité se fait sentir d'elle-même, et nous en avons donné, au commencement de cette section, une preuve qui nous dispense ici de toute espèce de détail à cet égard.

§ IV. Des patrons considérés par rapport au droit de demander une Légitime.

Les Romains regardaient un patron comme un père : et en effet, il méritait bien ce titre; car celui donner une nouvelle vie à un homme, que de le tirer de la servitude. Il n'est donc pas étonnant qu'on trouve dans le Code et dans le Digeste tant de décisions et de lois qui accordent aux patrons une Légitime sur les biens de leurs affranchis.

Nous ne nous arrêtons pas à faire l'analyse de ces textes, ils ne peuvent être pour nous d'aucun usage : on peut en voir l'esprit et la substance réunis dans les Institutes, au titre de s·ccessione liberorum.

Le droit de meilleur cattel dont jouissent tant de seigneur du Hainaut et de la Flandre flamande, peut être considéré comme une espèce de Légitime de patron. *V.* l'article *Meilleur Cattel.*

§ V. *Du droit d'un créancier de demander la Légitime due à son débiteur.*

On a vu, à l'article *héritier*, sect. 2, § 2, n° 2, que la jurisprudence française, plus favorable aux créanciers que ne l'étaient les lois romaines, leur permet de se porter héritiers à la place de leurs débiteurs, et ne souffre pas que ceux-ci renoncent frauduleusement aux successions que la loi ou la volonté de l'homme leur défèrent. Parmi les arrêts sur lesquels nous avons établi la preuve de cette jurisprudence, il s'en trouve deux, des 12 juillet 1587 et 28 mars 1589, qui ont admis des créanciers à la demande de la Légitime de leur débiteur, nonobstant la renonciation qu'il y avait faite. La même chose a été jugée par deux autres arrêts du parlement de Provence, des 27 janvier 1627 et 29 mai 1652; Duperrier, qui les rapporte, nous apprend qu'il s'agissait, dans l'un et dans l'autre, de la Légitime d'un père sur les biens de son fils.

Le parlement de Flandre est peut-être la seule cour du royaume qui ne se soit pas écartée, sur cette matière, de la disposition du droit romain. Il juge encore, comme nous l'avons dit au même article, que la renonciation d'un débiteur à une succession ouverte, éteint tous les droits que ses créanciers voudraient exercer sur les biens qui la composent; et c'est sur ce fondement qu'il a rendu, le 21 mars 1709, un arrêt qui trouve naturellement ici sa place. Par cet arrêt, dit le président des Jaunaux qui en détaille fort au long l'espèce et les constances, il a été jugé que, « père et mère, quoique chargés de fidéicommis au profit de leurs enfans, peuvent faire partage entre eux, et même donner à l'un toute sa part en héritage, et à l'autre toute la sienne en argent, même sans devoirs de loi, pour le regard des héritages de Tournai et Tournésis, sans que les créanciers desdits enfans puissent l'empêcher. »

Il y a dans la jurisprudence française plusieurs questions intéressantes sur le cas où la Légitime d'un débiteur est substituée : on les trouvera discutées ci-après, sect. 7, § 3.

SECTION IV. *Dans quels cas y a-t-il ouverture à la demande de la Légitime?*

I. On ne peut régulièrement demander une Légitime, que quand le défunt a fait des donations entre-vifs ou testamentaires, qui, par leur excès, diminuent ou anéantissent la portion à laquelle on avait un droit légal.

Nous disons *régulièrement*, parce qu'on a vu au commencement du § 2 de la section précédente,

un cas où, par une faveur extraordinaire, on admet cette demande, contre les dispositions même de la loi. Mais cette exception, introduite par des arrêts, doit être renfermée dans ses termes précis ; et la proposition que nous venons d'établir n'en est pas moins constante.

II. De là il suit que, quand même on aurait plus d'avantage à prendre la qualité de légitimaire que celle d'héritier, on ne pourrait cependant pas le faire, si le défunt n'avait pas disposé. Cette hypothèse n'est pas purement idéale : voici une espèce où elle peut se présenter.

Un homme meurt en pays de droit écrit, laissant pour héritiers présomptifs sa mère et trois frères germains : s'il avait disposé, la mère pourrait demander sa Légitime, et elle prendrait à ce titre le tiers de tous les biens, comme on le verra ci-après, sect. 8, § 1 : mais il est décédé *intestat;* et par ce moyen, les frères concourant avec la mère, celle-ci se trouve réduite à un quart. Là-dessus, on demande si elle peut répudier la succession ou se tenir en droit de Légitime.

La négative ne souffre aucune difficulté : la Légitime est un remède extraordinaire ; et par cette raison, elle ne doit point avoir lieu, lorsqu'est ouverte la voie ordinaire de la succession *ab intestat.* C'est précisément ce qui a été jugé au parlement de Toulouse, par un arrêt du mois de juin 1578, qui est rapporté dans le recueil de Maynard : « La cour (dit ce magistrat), à notre rapport, adjugea à la mère la quatrième partie *ab intestat* » seulement des biens de son feu fils, et aux autres » trois frères et sœurs à chacun une quatrième, » les relâxant de la demande de Légitime faite par » leur mère. »

Par la même raison, il est évident qu'on ne serait pas recevable à renoncer à la succession pour prendre la qualité de légitimaire, dans le cas où, en vertu des dispositions du défunt, l'on aurait toute sa portion *ab intestat.* La Peyrère rapporte un arrêt du parlement de Bordeaux du mois d'août 1660, qui l'a ainsi jugé.

III. S'il y a quelques circonstances où la Légitime est plus avantageuse que la portion héréditaire, il en est au contraire une infinité d'autres où la portion héréditaire vaut beaucoup mieux que la Légitime; ainsi, il importe de savoir si, lorsque le défunt a disposé au préjudice d'un fils, d'un père, ou d'un frère, dans le cas où ceux-ci ont droit de Légitime, c'est à l'exercice de ce droit que l'on doit se borner, ou si l'on peut prétendre toute la portion héréditaire.

Pour décider cette question dans tous ses points, il faut distinguer si les dispositions dont il s'agit sont consignées dans un acte entre-vifs ou dans un testament.

Les donations entre-vifs, dont le seul défaut est de préjudicier par leur excès à la part légale d'une personne qui a droit de Légitime, ne peuvent être révoquées de ce chef que jusqu'à concurrence d'une portion légitimaire; et elles doivent subsister pour le surplus, *sans qu'il soit besoin*, dit Lebrun, *de distinguer entre les donations faites aux enfans ou aux étrangers, ni entre celles qui sont frauduleuses re tantùm, et celles qui le sont re et consilio, comme avaient fait Julius Clarus et Bartole.*

A l'égard des dispositions testamentaires, il faut, suivant le dernier état de la jurisprudence romaine, sous-distinguer entre le cas où celui qui a droit à une Légitime, est institué dans cette portion, et le cas où il ne l'est point.

Dans le premier cas, il ne peut que demander la Légitime qui lui a été laissée, ou, si elle n'est pas complète, se pourvoir en supplément.

Dans le second cas, il peut intenter la querelle d'inofficiosité, s'il est exhérédé injustement, ou l'action de prétérition, s'il est passé sous silence ; et l'effet de l'une comme de l'autre étant d'annuler l'institution d'héritier, il prendra sa portion héréditaire, comme si le défunt était décédé sans faire de testament ; mais les legs et les fidéicommis particuliers ne laisseront pas de subsister, et il en paiera sa quote-part.

Cette distinction est encore observée religieusement dans les pays de droit écrit ; mais le droit coutumier l'a rejetée ; et l'action résultant, soit d'une exhérédation injuste, soit d'une prétérition absolue, n'aboutit parmi nous qu'à procurer une Légitime à celui qui l'intente. Dans la foule des arrêts qui l'ont ainsi jugé, on peut en remarquer un du 13 mars 1663, rapporté au Journal des Audiences, et un autre du 12 mars 1764, rendu au sujet du testament du sieur de la Pouplinière. Nous avons indiqué dans le § 3 de la section précédente, la raison de ce changement de jurisprudence.

Il y a cependant, comme nous l'avons observé au même endroit, certains cas où la querelle d'inofficiosité produit, même parmi nous, des effets aussi étendus qu'en pays de droit écrit. C'est ce qui arrive principalement lorsque le testateur à disposé par un mouvement de colère ou de haine, plutôt que par une volonté sincère de gratifier celui qu'il a institué. V. à l'article *Ab irato*, divers arrêts des 11 mars 1704, 19 mai 1712, 24 janvier 1725, 11 février 1746, etc., qui ont cassé en pareil cas toutes les dispositions. « C'est pareillement, dit » Lebrun, l'espèce d'un arrêt de la grand'chambre, » du 15 juin 1617, qui infirma le tout le testament d'une mère qui, ayant une fille et des petits-fils et étant prévenue contre eux d'une juste » aversion, avait légué tout son bien à l'église. »

On trouve aussi dans le Journal du Palais, un arrêt du 31 mai 1680, qui, sans avoir égard au testament par lequel un père grevait un de ses enfans d'une substitution universelle, même dans sa Légitime, *ordonne que le grevé viendra à partage avec ses frères et sœurs de tous les biens, sans aucune charge de substitution.* Les frères et les sœurs objectaient cependant qu'ils devaient être quittes en donnant une Légitime pleine et entière ; mais, dit le rédacteur du recueil cité, « on rap- » portait plusieurs pièces qui justifiaient qu'ils » s'étaient emparés de l'esprit du défunt ; qu'ils

» lui avaient inspiré la haine et l'aversion de leur » frère ; qu'en un mot, ils avaient dressé le tes- » tament, et que leur père n'y avait apporté que » sa présence et sa signature ; et la preuve la plus » sensible de cette suggestion était que l'acte dont » il s'agissait, était tout entier en leur faveur, et » n'avait pour principal objet que leur utilité et » leur avantage particulier. »

On tient encore pour constant que la réduction d'un enfant à sa Légitime, est nulle, lorsqu'elle est motivée par une cause fausse ou injuste. C'est ce qui a été jugé par deux arrêts du conseil souverain de Brabant et du parlement de Flandre, rapportés, l'un par M. le président de Winantz, et l'autre par M. l'avocat-général Waymel du Parc.

Dans l'espèce du premier, une fille, âgée de trente-deux ans, avait fait des sommations respectueuses à sa mère, pour lui faire donner son consentement ou ses motifs d'opposition au mariage qu'elle avait envie de contracter ; et sur le refus de la mère de s'expliquer, elle avait obtenu un jugement qui l'autorisait à se marier sans courir le risque de l'exhérédation, conformément au placard du 29 novembre 1623. Quelque temps après, la mère avait fait son testament, et, attendu que sa fille s'était mariée *par désobéissance, à son insu et malgré son opposition*, elle avait déclaré la réduire à une portion légitimaire. La fille s'est pourvue contre cette disposition, comme fondée sur un faux motif : elle disait qu'elle n'avait point désobéi à sa mère, puisqu'elle n'avait fait que profiter d'une faculté que lui accordait la loi ; qu'elle ne lui avait pas non plus caché son mariage, puisqu'elle l'avait sommée judiciairement d'y consentir ; qu'enfin, sa mère avait gardé le silence sur ses sommations respectueuses, et que, par conséquent, on ne pouvait pas dire qu'elle se fût opposée au mariage dont il s'agissait. Par arrêt du mois de novembre 1711, le conseil souverain de Brabant a déclaré le testament nul quant à la réduction de la fille à une portion légitimaire, et a ordonné qu'elle viendrait à partage avec ses frères et ses sœurs.

Dans la seconde espèce, la veuve Lasserée était débitrice envers le sieur Grebert, son gendre, de trois lettres de change, dont le montant formait une somme de vingt-cinq mille livres. Elle a fait son testament le 9 décembre 1720 ; et par cet acte, elle a déclaré que sa dette envers le sieur Grebert était supposée ; qu'en conséquence, il serait tenu de remettre ces lettres à ses héritiers ; qu'autrement, elle le privait de la tutelle de ses enfans, et qu'elle réduisait ceux-ci à leur Légitime. Le sieur Grebert a demandé la nullité de ces dispositions ; et la cause portée au parlement de Flandre, M. Waymel du Paré a dit :

« Les enfans du sieur Grebert ne peuvent être » réduits à leur Légitime, supposé que leur père ne » veuille pas remettre aux autres héritiers les lettres » de change mentionnées dans le testament de leur » aïeule, à moins que les héritiers ne puissent prou- » ver qu'il est tenu, selon droit et justice, de les remettre ; parce que, si c'est une chose injuste que la testatrice prétend en ce point, il ne peut être raisonnable que ses petits-enfans soient réduits, sous ce prétexte, à leur Légitime...

» Il est vrai qu'elle pouvait, sans alléguer aucune cause, ne leur laisser autre chose dans sa succession que leur Légitime ; mais dès-là qu'elle allègue une cause, il faut que cette cause soit juste, pour que sa disposition puisse subsister....., d'autant plus qu'il n'est pas au pouvoir des enfans du sieur Grebert, d'obliger leur père à rendre les lettres, et que, s'il peut y être obligé, c'est une action qui reste ouverte aux héritiers de la maison mortuaire, pour l'y contraindre en justice. »

Ces raisons ont produit l'effet qu'on devait en attendre. Par arrêt du 4 février 1721, « la cour, » trouvant la cause sur les demandes dudit Grebert » suffisamment contestée, et y faisant droit, a dé- » claré et déclare les causes de nomination de tu- » teur des personnes desdits Castelain et le Pot, » et celles concernant la réduction des enfans dudit » Grebert à leur Légitime, contenues audit tes- » tament, nulles et de nul effet. »

SECTION V. *Comment ceux qui ont droit de Légitime peuvent-ils en être exclus ?*

Les causes pour lesquelles les personnes qui ont droit de Légitime peuvent en être exclues, sont l'exhérédation, l'indignité, la renonciation, la substitution pupillaire, le défaut d'inventaire et la prescription.

§ I. *De l'exhérédation.*

Il est certain que l'exhérédation, lorsqu'elle est fondée sur l'une des causes autorisées par les lois, exclut celui qui l'a encourue de tout droit de Légitime; mais cette exclusion ne s'étend pas toujours à la personne de ses enfans. *V.* l'article *Exhérédation.*

Quant à l'espèce d'exhérédation qu'on appelle *officieuse*, il en sera parlé ci-après, sect. 7, § 1 et 3.

§ II. *De l'indignité.*

Nous avons établi, au commencement de la section 3, que l'incapacité de succéder emporte celle de réclamer une Légitime ; voyons si l'on peut attribuer le même effet à l'indignité.

On connaît les différences qui existent dans le droit romain entre un incapable et un indigne ; elles sont toutes renfermées dans celle-ci : un incapable ne peut pas succéder ; l'indigne, au contraire, succède, mais il ne peut pas conserver la succession dont il est saisi.

Ainsi, notre question se réduit à savoir si la privation dont on punit l'indigne, s'étend jusqu'à la portion légitimaire.

Pérégrini soutient l'affirmative, sur le fondement que la Légitime est une partie de ce qu'on aurait *ab intestat*, et que par conséquent on doit être privé de la Légitime toutes les fois qu'on l'est de la succession.

Cet avis est même autorisé par deux textes du droit romain. La loi 21, D. *de his quæ ut indignis auferuntur*, décide qu'on doit adjuger au fisc la Légitime du patron qui a négligé de venger la mort de son affranchi : *portionesque eorum fisco vindicantur, qui mortem libertorum suspecto decedentium non defenderunt.* La loi 26, D. *de lege Cornelia de falsis*, ôte au fils qui a supprimé le testament de son père, toute l'hérédité à laquelle il était appelé, *justissime tota hereditas paterna heredi ejus eripitur.* Les mots *tota hereditas*, paraissent trop généraux pour ne pas comprendre la Légitime, qui fait partie des biens de l'hérédité.

Il y a d'ailleurs dans le recueil de Larochellavin, un arrêt du parlement de Toulouse, du 7 août 1584, qui a privé une mère remariée dans l'an du deuil, de sa Légitime dans les biens de son fils décédé avant elle, parce que, suivant la jurisprudence de cette cour, elle était indigne de lui succéder.

C'est ce qui a encore été jugé, contre un père, par un arrêt du même parlement, du 3 avril 1628, rapporté dans les *Questions notables* de d'Olive. On voit par les raisons qu'en donne ce magistrat, que les juges se sont uniquement fondés sur le principe qu'on ne peut pas être légitimaire, lorsqu'on est incapable d'être héritier. « Si nous trou- » vons (dit d'Olive) deux ou trois cas dans le » droit nouveau où cette règle n'est pas observée, » c'est parce qu'il y a constitution expresse, qui, » par un pouvoir absolu, a dérogé au droit com- » mun en ces hypothèses. »

C'est aussi sur ce fondement qu'un arrêt du parlement de Bordeaux, du 13 août 1585, rapporté par Papon, a jugé que *le droit de Légitime obvenu à la mère, de la succession de ses enfans du premier lit, était sujet à réversion, par son convol à de secondes noces, et devait être parti également entre les enfans dudit lit.*

« Nonobstant ces raisons et ces autorités (c'est Furgole qui parle), je pense que cette question doit être résolue par cette distinction : ou l'indignité procède d'une des causes d'ingratitude pour lesquelles le légitimaire peut être exhérédé, du nombre de celles qui sont imprimées dans la novelle 115, ou elle procède d'une tout autre source.

» Au premier cas, le légitimaire doit être privé de l'hérédité et de la Légitime ; au second cas, il peut retenir la Légitime ; il transmet même à ses héritiers le droit de la retenir et de la déduire sur l'hérédité qui leur est ôtée.

» Les raisons de cette distinction sont parce que l'héritier qui a droit de prendre la Légitime, tombant dans quelqu'un des cas auxquels il peut être exhérédé comme ingrat, et devant être privé de la Légitime, tout comme du reste de l'hérédité, suivant la disposition de la novelle 115, on ne peut pas lui conserver la Légitime, sans contrevenir à l'esprit de cette novelle; mais si l'indignité procède d'une autre cause, elle ne doit pas comprendre la Légitime ; parce qu'il n'y a que les cas marqués dans cette novelle, qui puissent faire perdre la Légitime à ceux auxquels la loi l'attri-

bue ; et tous les autres cas sont nommément exclus
par la disposition expresse de cette novelle, chap. 3 ;
car après que l'empereur a dit que les différentes causes d'ingratitude pour lesquelles on pouvait faire perdre la Légitime , étaient dispersées
dans les lois anciennes , et qu'elles n'étaient pas
même assez clairement expliquées , il fait le choix
de celles qui lui ont paru justes; il y ajoute
celles qui avaient été omises dans les lois
précédentes , et méritaient d'être placées au rang
des autres , et défend expressément d'avoir égard
à celles qui ne seront pas exprimées dans la nouvelle loi : *Ideo necessarium esse perspeximus eas
nominatim præsenti lege comprehendere, ut præter
ipsas nulli liceat ex alia lege ingratitudinis causam opponere , nisi quæ in hujus constitutionis
serie continentur.*

» Il n'est donc pas possible d'étendre à quelque
autre cas la privation de la Légitime, nonobstant
l'opinion de quelques interprètes , qui ont pensé
que l'exhérédation pouvait être faite pour d'autres
causes , quand elles sont aussi graves que celles
qui sont exprimées dans la novelle ; car cette opinion est insoutenable et téméraire , parce qu'elle
est visiblement contraire à la défense de la loi ,
à laquelle les interprètes n'ont pas fait assez d'attention. »

Il faut convenir qu'il y a dans cette opinion
une apparence de solidité qui séduit et entraîne
à la première vue : on peut même l'appuyer du
chapitre 1 de la novelle 1 , lequel , en privant de
la succession l'héritier institué qui refuse d'accomplir la volonté du défunt dans l'année de sa mort,
lui réserve expressément la Légitime , lorsqu'il
est du nombre de ceux à qui cette portion est
due.

On trouve aussi dans le recueil de Basset, tome 1,
liv. 5, tit. 1 , chap. 3 , un arrêt du parlement de
Grenoble, du 19 décembre 1640 , qui a conservé
la Légitime à un fils déclaré indigne de la succession paternelle, pour avoir brûlé le testament de
son père , afin d'anéantir une substitution dont il
était chargé par cet acte.

Le Code du président Favre nous fournit un
arrêt semblable , rendu au sénat de Chambéry, en
1588 , dans lequel d'une mère qui s'était rendue
indigne de la succession de son mineur, en passant
à de secondes noces , sans au préalable lui avoir
fait nommer un tuteur.

Les objections que l'on oppose ne sont pas sans
réponse.

D'abord , on ne peut pas argumenter de l'incapacité à l'indignité : il est vrai que l'incapable n'a
point de Légitime à prétendre , mais c'est parce
qu'on ne peut feindre aucun instant où la succession repose sur sa tête. Il en est tout autrement de
l'indigne ; il succède réellement , ce n'est qu'a-
près coup qu'on le prive de l'hérédité : il n'y a
donc point d'inconséquence à lui permettre de retenir une Légitime ; car il est plus facile de conserver une partie d'un tout qu'on perd , que
d'acquérir une partie d'un tout qu'on n'a jamais eu.

Quant aux lois 21 , D. *de his quæ ut indignis
auferuntur*, et 26 , D. *de lege Cornelia de falsis*,
Furgole répond « qu'elles ne font rien contre sa
» distinction , par deux raisons : la première ,
» parce qu'il y a une grande différence à faire entre
» la Légitime due au patron , qui procède du bé-
» néfice de la loi , et celle qui est due aux descen-
» dans , même aux collatéraux en certains cas,
» parce qu'elle leur appartient de droit naturel ,
» suivant la novelle 1 , § 2 de la préface ; la se-
» conde , parce que la novelle 115 , chapitre 3,
» corrige et abroge expressément toutes les autres
» lois qui avaient introduit ou établi des causes
» d'ingratitude , pour faire perdre la Légitime ,
» autres que celles qui sont exprimées dans cette
» novelle. Voilà pourquoi la loi 26, D. *de lege Cor-
» nelia de falsis*, subsiste bien pour ce qui regarde
» l'indignité et la privation de l'hérédité , mais
» non pour la privation de la Légitime ; parce que
» la suppression du testament du père n'est pas
» comprise dans la novelle 215 , au nombre des
» causes qui doivent faire perdre la Légitime. »

Tout cela est très-spécieux : cependant la distinction de Furgole n'est pas soutenable, et il faut
dire généralement , ou que l'indignité exclut de
la Légitime, de quelque cause qu'elle provienne,
ou qu'elle ne forme jamais obstacle à l'exercice de
ce droit. En effet, il n'y a aucun rapport entre
les causes d'indignité déterminées par les lois antérieures à la novelle 115, et les causes d'ingratitude que cette novelle a fixées : l'indignité produit son effet seule et sans le concours de la volonté de l'homme ; l'ingratitude au contraire n'opère
rien d'elle-même , et elle n'emporte aucune privation, à moins que le testateur n'ait déclaré et motivé sa volonté à ce sujet. C'est ce que porte
expressément le chapitre 3 de la novelle 115 : *nisi
forsan probabuntur ingrati , et ipsas nominatim
ingratitudinis causas parentes suo inseruerint testamento*. Ainsi, il faudrait dire , en admettant le
parallèle qu'établit Furgole entre les causes d'indignité et celles d'ingratitude , qu'il n'y a aucune
des premières qui puissent exclure de la Légitime,
si elle n'est exprimée dans le testament du défunt;
ce qui ne s'accorderait pas même avec le système
de cet auteur.

On ne peut donc prendre sur ce point qu'un parti
général ; et pour peu qu'on fasse attention aux
principes de la matière , on ne manquera pas de
donner la préférence à l'opinion de Pérégrini et
aux trois arrêts des parlemens de Toulouse et de
Bordeaux qui l'ont consacrée.

Nous l'avons déjà dit , la Légitime n'a été introduite que comme un remède contre les libéralités successives et inofficieuses des testateurs ; et
on ne peut régulièrement la demander que quand
on se trouve privé par ces dispositions , de la part
à laquelle on était appelé par la loi. Il y a , mais
à la vérité, quelques exceptions à ce principe, elles
elles sont établies par des lois expresses , et elles
ne peuvent être étendues hors de leurs cas précis.
Qu'une mère, dans la coutume de Toulouse, puisse

détacher une Légitime de la succession *ab intestat* de ses enfans; qu'un puîné, dans la coutume de Paris, soit recevable à demander une Légitime sur le préciput de l'aîné, lorsqu'il ne se trouve pas d'autres biens dans l'hérédité; que les enfans d'un condamné à mort soient admis par les lois romaines à distraire une certaine portion du patrimoine de leur père adjugé au fisc; ces trois exceptions, dont la première est établie ci-dessus, et les deux autres le seront ci-après, n'ont rien que de naturel, de favorable, de conforme à l'équité. Mais qu'on les étende, sans l'autorité expresse du législateur, à celui qui s'est rendu volontairement indigne de succéder à son père, à son fils, à son frère, c'est ce que la raison désavoue, et qu'on ne saurait tolérer sans blesser ouvertement tous les principes de justice.

D'ailleurs, Furgole convient que l'incapacité de succéder exclut de la Légitime celui qui en est frappé. Or, nous n'avons pas admis dans notre jurisprudence, que font les lois romaines entre l'indigne et l'incapable; nous tenons au contraire pour constant qu'il n'y a entre l'un et l'autre aucune différence. C'est ce que prouve cette note du président Espiard sur Lebrun : « Nous ne distinguons plus en France, même dans pays de droit écrit, les indignes des incapables : le seul intérêt du fisc avait établi cette différence. »

Trois arrêts solennels viennent à l'appui de cette assertion. Par le premier, rapporté sans date dans le recueil de Catellan, « il fut jugé (dit ce magistrat) que l'on confond aujourd'hui les indigues et les incapables, et que l'on ne fait plus une différence que le seul intérêt du fisc, qui ne subsiste plus, avait établie. »

La fameuse marquise de Brinvilliers avait empoisonné son père et ses frères; elle avait recueilli leurs successions, et en avait joui jusqu'au moment de sa mort; mais l'arrêt de sa condamnation, qui est du 6 juillet 1676, l'en a déclarée déchue du jour de ses crimes.

Leroi de Valines avait empoisonné son père, sa mère et son oncle : plusieurs arrêts avaient adjugé des réparations pécuniaires aux parens de ce dernier, et ils prétendaient les prendre sur la succession du père : la demoiselle de Chartronville, devenue la seule héritière de son frère au moment du crime. Chez les Romains, disait-elle, on faignait que l'indigne avait succédé, parce que ce prétexte était nécessaire pour adjuger la succession au fisc; parmi nous, c'est toujours le plus proche parent, après l'indigne, qui succède; nous ne devons donc pas distinguer l'indignité de l'incapacité. Ces raisons ont prévalu. Par arrêt du 12 février 1766, rendu sur les conclusions de M. l'avocat-général de Barentin, le parlement de Paris a déclaré que Leroi de Valines avait été indigne des successions de son père et de sa mère, du jour de leur mort, et qu'elles avaient passé immédiatement sur la tête des collatéraux les plus proches.

[[*V.* l'article *Indignité*, n° 2.]]

§ III. *De la renonciation.*

Dans nos usages, la renonciation peut être légale ou contractuelle; et lorsqu'elle est contractuelle, elle peut être expresse ou tacite. Voyons si, dans ces différentes hypothèses, elle est exclusive de la Légitime.

Art. I. *De la renonciation légale.*

Nous appelons *renonciation légale*, celle qui s'opère dans la personne des filles par leur mariage; on la qualifie plus communément d'*exclusion coutumière.*

Les coutumes qui ont admis cette renonciation, s'accordent presque toutes à décider que l'exclusion qui en résulte par rapport à l'hérédité, s'étend jusqu'à la Légitime.

Celle de Normandie porte, art. 250, que « le » père et la mère peuvent marier leur fille de meu-» ble sans héritage, ou d'héritage sans meuble; » et si rien ne lui fut promis lors de son mariage, » rien n'aura. » L'art. 253 ajoute : « Fille mariée » ne peut rien demander à l'héritage de ses anté-» cesseurs, fors ce que les hoirs mâles lui donnè-» rent et octroyèrent à son mariage. »

La coutume d'Auvergne dit, chapitre 12, article 55, que *la fille forclose des successions de ses père, mère, aïeul ou autre ascendant,* par l'établissement qu'ils lui ont procuré en la mariant, *ne peut demander Légitime ni supplément d'icelle.*

L'article 236 de la coutume de la Marche et l'article 345 de celle de Bourbonnais contiennent absolument la même disposition et dans les mêmes termes.

Celle de Poitou, art. 220, s'exprime ainsi : « Quand père ou mère, aïeul ou aïeule, ou l'un » d'eux, nobles ou de noble condition, marient » leur fille ou nièce en droite ligne, et en faveur » dudit mariage, lui donnent de leurs biens quel-» que chose que ce soit, *encore qu'elle ne valût* » *sa légitime portion,* ladite fille ou nièce est » exclue de ladite succession, c'est à savoir de » celle de celui qui ainsi l'a mariée et dotée de ses » biens. »

Les coutumes de Touraine, art. 284, d'Anjou, art. 241, du Maine, art. 258, et du Lodunois, chap. 27, art. 26, décident clairement la même chose, en disant que la fille mariée et dotée est exclue de la succession de celui qui a constitué sa dot, *ne lui eût-on donné qu'un chapel de roses.*

Celle de Toulouse porte, part. 3, tit. 1, art. 5 : *Si aliquis pater maritaverit vel dotaverit filiam vel filias suas......, illa filia seu filiæ maritatæ ab ipso patre et dotatæ, non possunt, ipso patre mortuo, de bonis dicti patris aliquid petere.*

Les constitutions sardes, liv. 5, tit. 7, art. 1, excluent pareillement les filles dotées non-seulement de la succession *ab intestat* de leurs ascendans, mais *aussi de la Légitime et supplément d'i-celle.*

n'empêche pas d'en former la demande pendant trente ans, à compter du jour de la mort du père; et à l'égard de la seconde, il admet les enfans qui l'ont faite, à s'en faire relever, dans les dix ans, par lettres de rescision. C'est ce qu'attestent Laroche et Graverol, au mot *Légitime*, page 200; Cambolas, liv. 6, chap. 30; Boutaric, sur l'article 35 de l'ordonnance de 1731; et l'auteur du *Journal du Palais* de Toulouse, tome 1, pag. 299.

Le sénat de Chambéry juge constamment de même; excepté néanmoins qu'il exige toujours des lettres de rescision de la part de l'enfant qui a renoncé, sans distinguer si la renonciation ne porte que sur l'hérédité en général, ou si elle comprend spécialement la portion légitimaire. Le président Favre rapporte plusieurs arrêts de cette cour, qui l'ont ainsi jugé.

Nous avons plusieurs coutumes qui autorisent formellement cette jurisprudence.

« Pères et mères peuvent, en mariant leurs enfans, leur donner pour tous droits successifs ce que bon leur semble, et les faire renoncer à leurs successions futures : laquelle renonciation vaudra et tiendra; pourvu que la Légitime leur soit gardée; autrement pourront être relevés de ladite renonciation par eux faite.... ; pour laquelle Légitime on aura égard au temps du décès desdits père et mère. » (*Sens*, art. 267.)

« En contrat de mariage des enfans, les pères ou mères leur peuvent donner de leurs héritages et biens, pour leurs parts et portions, ce que bon leur semblera; et moyennant ce, leur faire renoncer à leurs futures successions et échoites, au profit des autres enfans.... Toutefois, si par ledit contrat de donation à eux faite, ils n'ont leur entière Légitime, ayant regard au temps de la mort du père ou de la mère, ils pourront agir et demander le supplément d'icelle. » (*Berry*, titre 19, art. 33 et 54.)

« Homme et femme, tant nobles que roturiers, ayant plusieurs enfans, peuvent marier aucuns de leurs enfans, et donner héritages ou meubles, tels qu'ils verront être à faire, en renonçant à la succession de leursdits père et mère; et vaut et tient telle renonciation, sans que lesdits enfans puissent plus retourner à la succession de leursdits père et mère; pourvu que la chose donnée *ne reviensist* jusqu'à la Légitime (1); car autrement en rapportant pourraient revenir à la succession. » (*Montargis*, chap. 12, art. 1.)

Mais si ces coutumes favorisent l'opinion adoptée par le parlement de Toulouse et le sénat de Chambéry, il y en a en revanche plusieurs autres qui la rejettent expressément.

Si le père a baillé dot à sa fille, et au contrat de mariage, elle renonce aux biens paternels avec serment, soit majeure ou mineure, ne pourra venir à la succession de son père, ne demander sup-

plément de Légitime; sinon que le père en ordonnât autrement. » (*Bordeaux*, art. 67.)

« La fille doit se contenter de ce qui lui a été donné en mariage par père, mère, aïeul ou aïeule....., si par le moyen dudit don, elle a renoncé à la succession du donnant, encore qu'elle fût mineure. » (*Péronne*, art. 206.)

On peut mettre dans la même classe les coutumes d'exclusion légale, telles que Bourbonnais, Auvergne, Poitou, Maine, Anjou, etc.; car si elles attribuent à une renonciation forcée la vertu d'exclure la fille mariée de toute demande en supplément de Légitime, à plus forte raison doivent-elles donner de même effet à une renonciation contractuelle : aussi en trouvons-nous une disposition expresse dans la coutume d'Anjou, art. 244, et dans celle du Maine, art. 261.

Telle est aussi la jurisprudence du parlement de Paris pour toutes les coutumes muettes, et même pour les provinces de droit écrit qui se trouvent dans son ressort. C'est ce que prouvent neuf arrêts émanés de cette cour.

« Le premier (dit Louet) a été solennellement » donné le 7 septembre 1532, entre Guy de » Maillé, sieur de Brézé, et Jacques de Louail, » sieur de Nogent, encore qu'on alléguât lésion » plus que de la moitié. »

Le second est rapporté, sans date, par Dumoulin sur la coutume de Berry, tit. 19, art. 34 « en » termes de cette coutume, une fille qui avait » clairement prouvé la lésion en la Légitime, fut » déboutée de supplément par arrêt; mais si elle » avait été mariée et renoncé depuis cette nouvelle » coutume, l'arrêt serait inique. »

Le troisième est du 5 avril 1569. Brodeau nous apprend qu'il a été rendu à la quatrième chambre des enquêtes, *quatre de messieurs des autres chambres y assistant à la conséquence* qu'on l'a ensuite prononcé en robes rouges, et qu'il a confirmé une sentence de la sénéchaussée de Forêt, pays de droit écrit.

Le quatrième est du 22 décembre 1574. Boussilha, qui le rapporte, observe « que M. le pré- » sident de Thou déclara, après la prononciation » que la fille qui avait renoncé par contrat de ma- » riage aux successions de ses père et mère vivans, » moyennant certaine somme, était forclose per- » pétuellement des successions, soit entre nobles » ou roturiers, en pays de droit écrit ou commu- » nier, quoiqu'elle fût mineure lésée et n'eût sa » Légitime. »

Le cinquième a été rendu le 13 avril 1585, et prononcé en robes rouges le 7 juin suivant. L'espèce était particulière. Un père et une mère, riches de plus de trois cent cinquante mille livres, avaient marié leur fille, et lui avaient constitué une dot de quatre mille huit cents livres *pour tous droits successifs tant paternels que maternels*; la fille avait reçu cette somme, et par sa quittance avait renoncé expressément aux successions de son père et de sa mère : après leur mort, elle prit des lettres de rescision pour se faire adjuger un sup-

---

(1) *Il est*, sauf cela ne montait jusqu'à la Légitime. (*Note de Dumoulin.*)

plément de Légitime. Sa cause était des plus favorables : c'était à l'âge de douze à treize ans qu'elle avait été mariée ; depuis, son père et sa mère avaient tellement augmenté leur fortune, que leur succession montait à environ six cents mille livres ; enfin sa renonciation n'était point écrite dans le contrat de mariage, elle ne l'était que dans la quittance de sa dot, postérieure à la célébration. « Mais (dit Brodeau) on répondait que la quittance n'était que l'exécution du contrat, lequel contenait une taisible renonciation ; et en conséquence de ce, elle fut déboutée du supplément de Légitime par elle requis. » Cet arrêt a confirmé une sentence de la sénéchaussée de Lyon.

Le sixième a été rendu le 18 août 1604, « nonobstant que la renonciation dont était question, eût été faite en l'an 1551 , avant les arrêts , et dans un temps auquel la jurisprudence était fort incertaine pour la résolution de cette question. » Ce sont encore les termes de Brodeau.

Le septième est du 28 mars 1605 ; le huitième, du 18 mai 1609 ; le neuvième, du 14 juillet 1635. Ils sont rapportés par le même auteur.

Il y en a cependant un du 30 avril 1622, qui paraît avoir jugé le contraire ; mais la contrariété n'est qu'apparente. Il s'agissait d'une renonciation faite par une fille mineure à une succession située en partie dans le Languedoc, et en partie dans la coutume d'Auvergne. On a vu tout à l'heure que le parlement de Toulouse avait toujours adjugé le supplément de Légitime aux filles mariées et dotées, nonobstant la renonciation générale et spéciale qu'elles avaient pu faire ; l'arrêt cité n'a donc pas pu s'écarter de cette jurisprudence par rapport aux biens situés dans le ressort de cette cour. Il y avait encore moins de doute relativement à ceux d'Auvergne ; car le père n'avait laissé que des filles ; et la renonciation légale n'ayant point lieu en pareil cas, suivant l'art. 25 du chapitre 12 de la coutume, on ne devait pas non plus donner effet à la renonciation contractuelle, parce qu'on est toujours présumé, en contractant, se référer aux dispositions de la loi.

Il a été un temps où le parlement de Bordeaux suivait, sur cette matière, les mêmes principes que celui de Toulouse *hanc opinionem* (dit Dumoulin, sur le *conseil* 180 de Décius), *auditio usque servari Burdegalæ*. Automne, sur l'*Enchiridion* d'Imbert, dit qu'on n'observe pas à Bordeaux la rigueur des arrêts de Paris ; et il en rapporte un du 2 septembre 1589, qui adjuge un supplément de Légitime à une fille mariée et dotée avec renonciation expresse à tous les droits successifs.

Le parlement de Paris a décidé la même chose par rapport à une succession ouverte dans le Périgord, ressort de Bordeaux. Voici l'espèce. François, marquis d'Autefort, avait deux filles, Diane et Louise ; il maria la première au comte de La Roque, et la seconde au sieur de Jumillac : par leurs contrats de mariage, il leur donna à

chacune vingt mille livres, et moyennant cette somme les fit renoncer à sa succession future et à celle de leur mère, qui était échue.

Après sa mort, la comtesse de La Roque, et le sieur de Marquiessac, représentant la dame de Jumillac, firent assigner aux requêtes de l'hôtel, François d'Autefort , fils aîné et héritier universel du marquis d'Autefort, père commun, pour se voir condamner à leur payer un supplément de Légitime dans les successions paternelle et maternelle.

On disait pour eux, que la cause devait être jugée conformément à la jurisprudence du parlement de Bordeaux ; que cette jurisprudence était constante pour le supplément de Légitime ; que leur adversaire lui-même l'avait fait ainsi juger par quatre arrêts rendus à la chambre des édits de Paris, les 14 août et 7 septembre 1637, 3 juillet 1638 et 7 septembre 1640.

Le marquis d'Autefort répondait que le parlement de Bordeaux avait lui-même rejeté fort souvent des demandes en supplément de Légitime formées par des filles qui avaient renoncé en se mariant ; qu'il était vrai que, par les arrêts des 14 août et 7 septembre 1637, il avait restitué contre les renonciations de Louise Descars, son aïeule, tant pour la succession échue que pour celle qui était à échoir ; mais que dans ces arrêts il était à la fois demandeur et défendeur , et que par conséquent ils n'avaient rien jugé ; que celui du 7 septembre 1640 ne prononçait que *sans préjudice des Légitimes à lui adjugées* , ce qui ne faisait précisément que laisser les choses dans l'état où elles étaient ; que l'arrêt du 3 juillet 1638, rendu avec un contradicteur, avait jugé le contraire , puisqu'il l'avait débouté de sa demande en supplément de Légitime sur la succession qui était à échoir lors de la renonciation, et ne l'avait restitué que pour celle qui était échue à la même époque.

Par sentence du 5 février 1654 , le marquis d'Autefort fut condamné à fournir le supplément de Légitime qu'on lui demandait, et sur l'appel qu'il en interjeta, elle fut confirmée par arrêt du 3 mai 1664.

Le marquis d'Autefort prit une requête civile contre cet arrêt , et offrit de vérifier par turbes que la jurisprudence actuelle du parlement de Bordeaux était conforme, sur le point dont il s'agissait, à celle du parlement de Paris. M. l'avocat-général Bignon, portant la parole, dit « que , » quoiqu'il y ait incertitude de l'usage dans le » parlement de Bordeaux, pour la diversité des » arrêts , néanmoins, comme tout cela avait été » dit et produit au procès lors de l'arrêt , il ne » se trouvait point d'ouverture en la forme pour » donner atteinte à l'arrêt, et que la question » avait été jugée avec grande connaissance de » cause. »

L'arrêt qui intervint sur cette nouvelle instance , ne décida rien ; il ne fit que donner acte aux parties des offres et des déclarations qu'elles s'étaient faites à l'audience, pendant que la cour était aux opinions.

Tous ces détails, que nous avons puisés dans le *Journal des audiences*, prouvent le peu d'uniformité qu'il y avait alors dans les usages de Guienne sur cette question importante : mais Lapeyrère nous apprend qu'elle est aujourd'hui fixée, et que les arrêts du parlement de Bordeaux déclarent constamment non-recevables les filles qui demandent des supplémens de Légitime, après avoir renoncé par contrat de mariage. C'est ce qu'atteste aussi un acte de notoriété des avocats de cette cour, du 26 juin 1731, rapporté par Salviati, *Jurisprudence du parlement de Bordeaux*, page 343.

Expilly assure que le parlement de Grenoble juge de même, et c'est sans contredit le parti le plus conforme aux principes. Si nous avons admis dans nos mœurs l'usage des renonciations aux successions futures, pourquoi n'en ferions-nous pas résulter une inhabilité, sinon absolue, au moins respective, de succéder ? Et dès qu'on est inhabile à succéder, ne l'est-on pas aussi à prétendre une Légitime ? A la bonne heure, que cette règle n'ait pas lieu dans les coutumes qui y dérogent expressément, l'équité naturelle ne peut qu'applaudir à une pareille exception ; mais dans les coutumes muettes, et dans les pays qui n'ont pas d'autres lois que celles du droit commun, il faut s'attacher à la rigueur des maximes, et par conséquent refuser un supplément de Légitime aux filles exclues par leur renonciation.

On objectera peut-être, avec Serres, dans ses *Institutions au droit français*, l'art. 52 de l'ordonnance de 1735, qui a introduit la demande en supplément de Légitime dans les pays même où elle n'avait pas eu lieu jusqu'alors : mais l'ordonnante n'a certainement pas entendu abolir l'usage des renonciations contractuelles, et elle ne peut avoir d'effet que quand il s'agit de dispositions testamentaires.

Nous devons cependant convenir avec Lebrun « qu'il se pourrait trouver un concours de télles » circonstances, qu'elles feraient incliner à don- » ner, dans nos coutumes mêmes, un supplément » de Légitime à la renonçante. Si, par exemple, » la lésion de la fille était très-énorme, eu égard » au temps de son contrat de mariage, et qu'il » parût, par les mauvaises dispositions que le père » avait à son égard, que sa renonciation fût une » véritable exhérédation ; si le père en avait usé » ainsi pour avantager dans la suite les enfans de » son second lit ; que le père eût alors du bien sûr, » comme du bien de patrimoine, ou du bien ac- » quis dans une profession réglée, et que sa for- » tune se fût maintenue jusqu'à son décès..., et » qu'enfin, par de semblables ou d'autres circons- » tances, le dessein d'exhéréder fût évident, et que » la fille eût été mineure lors de son mariage ; car » en ce cas la fille, obtenant des lettres dans les » dix ans du jour du décès contre sa renonciation, » pourrait avoir le supplément de sa Légitime ;

» parce qu'il est constant que, selon le droit com- » mun, la renonciation à la Légitime non encore » échue, est nulle, et qu'on n'a admis celle des » filles dans leurs contrats de mariage, que par » des raisons particulières, dont une des principa- » les et des plus essentielles est la présomption de » l'affection paternelle : en sorte que dès lors que » le père efface lui-même cette présomption, en » faisant renoncer sa fille, par une dot de peu de » conséquence, à une fortune qu'il a toute acquise, » et à la participation de laquelle elle est appelée » par le droit de la nature, et donnant des mar- » ques du dessein qu'il a de la fruster de ses droits » les plus légitimes, il fait cesser la cause et par » conséquent l'effet de la disposition de la loi qui, » parce qu'il dote moins sa fille en ce cas qu'il ne » l'exhérède.. »

Ce que Lebrun développe ici avec tant de netteté, Dumoulin et Louet l'avaient dit avant lui en moins de paroles. Mais (ajoute ce dernier auteur) « il ne faut pas se prévaloir de cette excep- » tion, pour se pourvoir témérairement contre » toutes sortes de renonciations ; car, ce qui doit » retrancher la plupart des contestations sur cette » matière, c'est ce qui vient d'être dit, que la lé- » sion se devrait considérer eu égard aux biens » que le père possédait au temps qu'il a consti- » tué la dot, et qu'elle doit être telle, que la re- » nonciation passe pour une véritable exhéréda- » tion. Si ces circonstances ne se rencontrent pas, » il s'en faut tenir à la règle, et refuser tout sup- » plément à la Légitime. »

III. La diversité des coutumes et de la jurisprudence sur l'effet des renonciations par contrat de mariage, peut donner lieu à une question mixte.

Un père domicilié à Paris, marie sa fille, et moyennant la dot qu'il lui constitue, la fait renoncer à sa succession future ; ses biens sont régis par les coutumes de Paris et de Sens. La fille sera-t-elle exclue dans celle-ci, comme elle l'est incontestablement dans celle-là, de toute demande en supplément de Légitime ?

La négative ne paraît souffrir aucune difficulté. Le contrat fait à Paris, n'a pas plus de force que s'il avait été passé à Sens. Or, dans cette dernière hypothèse, les biens de Sens auraient été chargés d'un supplément de Légitime ; ils doivent donc l'être également dans la première.

Lebrun croit néanmoins qu'il faut excepter de cette décision le cas où la renonciation de la fille serait accompagnée d'une dérogation à toutes les coutumes contraires ; mais le président Espiard blâme cette restriction : « Quand la coutume (dit- » il) ne permet pas la renonciation à la Légitime » (comme celle de Sens), on ne peut même, par » contrat de mariage, y déroger, parce que la » prohibition de la loi subsiste par rapport à la » Légitime. Car ce n'est pas un doute que, quand » la loi est prohibitive, il n'est permis, même par » un contrat de mariage, d'y déroger : c'est ce que » Lebrun lui-même a très-bien établi dans son

» *Traité de la Communauté*, où il dit que l'auto-
» rité des contrats de mariage ne peut déroger
» aux coutumes qui sont fondées sur une police
» et sur un intérêt public. Or, au nombre de ces
» coutumes, on doit ranger celle qui réserve tou-
» jours aux enfans leur Légitime, quelque re-
» nonciation qu'ils y aient faite par leur contrat de
» mariage. »

IV. Les petits-enfans peuvent-ils exiger une Légitime sur les biens de leur aïeul auxquels leur
père et leur mère ont renoncé.

Ils le peuvent sans difficulté, lorsqu'ils viennent
de leur chef et sans le secours de la représentation,
c'est-à-dire lorsqu'ils n'ont ni oncles, ni tantes,
ni cousins-germains, pour concurrens. Mais dans
le cas contraire, ils n'ont rien à prétendre,
parce qu'il est de principe qu'un représentant ne
peut jamais avoir plus de droit que le représenté.

« Ce serait une fraude (dit Louet), et par voie
indirecte faire ce que la mère n'a pu faire directement.

» On en cite deux arrêts ; l'un du 21 avril
1564, pour d'Amourettes ; l'autre du 5 avril
1569, entre Gaspard Gascon, et Jean-Antoine
d'Allery. »

Charondas en rapporte un troisième, prononcé
en robes rouges la veille de Noël 1576.

Catellan assure que le contraire a été jugé au
Parlement de Toulouse, dans une espèce qu'il
rapporte, sans citer la date de l'arrêt ; mais il y a
tout lieu de croire que les petits-enfans dont il
s'agissait, n'ont obtenu le supplément de Légitime
dont ils formaient la demande, que par une conséquence de l'usage si bien établi dans le Languedoc, d'adjuger un supplément de Légitime aux
filles même qui y ont renoncé. Cela est si vrai que
Maynard rapporte un autre arrêt de la même cour,
du 15 décembre 1592, qui a déclaré des petits-
enfans non-recevables à demander la portion héréditaire à laquelle leur mère avait renoncé.

Il faut cependant voir à l'article *Représentation*
(*droit de*), sect. 3, § 3, les raisons que le président Bouhier oppose à cette jurisprudence.

V. Il résulte de tout ce que nous venons de dire,
qu'en matière de renonciation antérieure à l'ouverture de l'hérédité, il n'y a point de différence
effective entre renoncer généralement à tous les
droits de succession, et renoncer nommément à la
Légitime, parce que, dans un cas comme dans
l'autre, la Légitime est censée comprise dans l'acte.
Mais il en est tout autrement à l'égard des renonciations postérieures à la mort du défunt dont il
s'agit de recueillir les biens et les droits ; car d'un
côté, s'il est certain qu'elles excluent de la Légitime, lorsqu'elles la comprennent expressément ;
de l'autre, il est de principe qu'elles ne portent
point effet jusque-là, lorsqu'elles sont conçues
en termes généraux, et qu'elles ne frappent que
sur l'hérédité.

Développons ces deux propositions.

Qu'on puisse renoncer valablement à une Légi-

time ouverte, et qu'on soit censé le faire par une
renonciation dans laquelle ce droit est compris
nommément, c'est une vérité clairement établie
par la loi 35, § 2, C. *de inofficioso testamento*.
Ce texte déclare d'abord que la réception d'un
legs insuffisant, pour compléter la Légitime, n'empêche pas le légataire de demander un supplément ;
et ensuite il ajoute : *Nisi hoc specialiter sive in
apocha, sive in transactione, scripserit vel pac-
tus fuerit quod contentus re licita vel data parte;
de eo quod deest nullam habeat quæstionem ;
tunc enim, exclusa querela, paternum amplecti
compelletur judicium.*

Il y a cependant au Journal du palais de Tolouse
un arrêt du 12 juin 1730, qui paraît avoir jugé le
contraire.

Un légitimaire à qui le défunt n'avait rien laissé,
avait reçu une somme pour sa Légitime, avec
promesse de ne plus rien demander : plus de dix
ans après sa quittance, il fit assigner l'héritier en
composition du patrimoine et supplément de Légitime, et l'arrêt cité lui adjugea ses conclusions.
L'auteur qui le rapporte, a soin de nous apprendre que la cause fut très mal défendue, à cause de
la pauvreté des parties, et que les opinions des
juges furent partagées.

On ne peut donc pas regarder cet arrêt comme
un préjugé ; et cela est si vrai, que la même cour
en a rendu un contraire le 9 juin 1749 ; en voici
l'espèce.

La dame Clavières avait donné à l'un de ses
enfans tous ses biens présens et à venir, à la charge
de payer à ses sœurs leur Légitime telle que de
droit ; après sa mort, arrivée en 1735, les sœurs
passèrent avec leur frère un acte par lequel il était
dit qu'elles le subrogeaient, moyennant 400 liv.,
dans tous leurs droits légitimaires maternels, en
quoi qu'ils pussent consister, à ses risques et périls. Plus de dix ans après cette convention exécutée par le paiement de la somme stipulée, les sœurs
formèrent une demande en supplément de Légitime ; mais elles furent déboutées.

VI. Nous avons dit que la renonciation générale à tous les droits successifs, ne comprend pas
la Légitime échue. Telle est, en effet, la conséquence qui résulte de la maxime établie ci-dessus,
sect. 2, § 1, qu'il ne faut point être héritier pour
demander une portion légitime; et c'est ce qu'ont
jugé quatre arrêts de 1598, 1642, 1659 et 1726,
rapportés au même endroit. Catellan nous en fournit un cinquième, rendu dans cette espèce : « La
» dame de Beaucaire ayant fait cession de tous ses
» droits paternels, moyennant la somme de 20,000 l.
» au marquis de Saint-Proget, son frère, sans être
» tenue d'aucune éviction ou garantie, il fut jugé
» que, nonobstant cette cession, elle pouvait de-
» mander un supplément de Légitime, quoiqu'elle
» ne se pourvût pas contre l'acte dans le temps
» des actions rescisoires, la demande en supplé-
» ment durant trente ans, à compter du jour de
» celui sur les biens de qui la Légitime est due,
» nonobstant toutes renonciations ou cessions gé-

» nérales. » L'arrêt est du mois de juillet 1670.

On a indiqué ci-dessus, sect. 3, la raison de la différence qui existe, par rapport au droit de Légitime, entre l'effet d'une renonciation générale à une succession échue, et l'effet d'une renonciation générale à une succession à échoir.

[[Au surplus, la renonciation la plus expresse et la plus formelle à une Légitime ouverte, ne pourrait pas nuire à la femme qui se serait constitué sa Légitime en dot, si elle était l'ouvrage, non de la femme elle-même, mais de son mari. V. mon Recueil de Questions de droit, au mot Légitime, § 8.]]

Art. III. De la renonciation tacite.

I. C'est un principe constant qu'on ne peut pas admettre de renonciation tacite en matière de Légitime. Pour le mettre dans tout son jour, il faut considérer les différentes espèces d'actes dont on voudrait induire une pareille renonciation.

Ces actes sont ou antérieurs ou postérieurs à l'ouverture de la Légitime.

S'ils y sont antérieurs, et que ce ne soient pas des contrats de mariage, il est hors de doute qu'ils n'excluent pas le légitimaire qui les a signés. En effet, on a vu plus haut que les renonciations même expresses, qui se font autrement que par un contrat de mariage, à une succession à échoir, ne préjudicient jamais à la Légitime : à plus forte raison donc les prétendues renonciations tacites de la même espèce ne peuvent-elles pas donner lieu à cette exclusion. Aussi trouvons-nous dans les Questions notables de Duperrier, un arrêt du parlement de Provence du mois de juin 1644, qui a accordé une Légitime à un père sur les biens dont il avait autorisé son fils, non émancipé, à disposer par donation à cause de mort.

Les contrats de mariage eux-mêmes ne sont pas plus privilégiés à cet égard que les autres actes; ils ne portent préjudice à la Légitime, qu'autant qu'ils contiennent une renonciation expresse à ce droit, ou au moins à la succession sur laquelle il doit être pris; et la raison en est simple : il serait tout à la fois odieux et injuste de fonder sur des conjectures et des indices la privation d'un droit accordé par la nature, tandis que toutes les lois le favorisent le plus qu'elles peuvent. S'il y a un cas où il est vrai de dire qu'on n'est pas présumé légèrement se dépouiller de son bien, c'est surtout lorsqu'il s'agit d'une chose aussi sacrée que l'est une portion destinée à fournir des alimens à celui à qui elle est due.

II. Cette raison s'applique avec la même force aux actes postérieurs à l'ouverture de la Légitime, et il en résulte la même conséquence que pour les actes antérieurs.

On nous opposera sans doute les lois qui excluent de la querelle d'inofficiosité les enfans qui ont approuvé le testament de leur père; mais il est aisé de sentir qu'il n'y a point de conséquence à tirer de la querelle d'inofficiosité, telle qu'elle a lieu dans le droit écrit, à la demande d'une Légi-

time : l'une est odieuse, parce qu'elle tend à faire déclarer nulles les dispositions du défunt, sous prétexte qu'elles sont l'ouvrage de la passion ou du délire; l'autre est favorable, parce qu'elle a pour objet d'assurer la subsistance d'un enfant, d'un père, d'un frère : la première doit être restreinte le plus qu'il est possible, odiosa restringenda; la seconde, au contraire, doit être étendue aussi loin que le permet la rigueur des principes, favores ampliandi. On ne peut donc appliquer à celle-ci les textes qui excluent celle-là par la seule raison que le testament du défunt a été approuvé; ce serait même contrevenir directement à la loi 35, § 2, C. de inofficioso testamento, suivant laquelle tout légitimaire qui a reçu purement et simplement la chose que le défunt lui a laissée pour lui tenir lieu de Légitime, et qui même en a donné quittance sans protestation d'agir en supplément, doit être admis à réclamer ce qui manque à la disposition testamentaire pour compléter sa Légitime, à moins qu'il n'ait renoncé formellement à ce droit : Et generaliter definimus quando pater minus legitima portione filio reliquerit, vel aliquid dederit, vel mortis causa donatione, vel inter vivos, ea conditione, ut hæc inter vivos donatio in quartam ei computetur : si filius, post obitum patris, hoc quod relictum vel donatum est, simpliciter agnoverit, forte ut securitatem heredibus fecerit, quod ei relictum vel datum est accepisse, non adjiciens, nullam sibi superesse repletione quæstionem, nullum sibi filium facere præjudicium, sed legitimam partem repleri, nisi hoc specialiter, etc.

Les gens du roi du parlement de Provence ont donné, le 22 mars 1696, un acte de notoriété, portant « que cette loi est exactement observée » dans ce parlement, et que, conformément à » icelle, les enfans sont recevables à demander » leur supplément de Légitime, nonobstant qu'ils » aient reçu les legs qui ont été faits pour leur » tenir lieu de ladite Légitime, et qu'ils en aient » concédé quittance pure et simple et sans protes-» tation, à moins qu'ils n'aient expressément re-» noncé à ladite Légitime. »

La jurisprudence des arrêts est conforme à cette maxime.

Il y en a un du parlement de Grenoble, du 4 décembre 1455, rapporté par Papon.

Le président Favre nous en a conservé deux du sénat de Chambéry, des 25 août 1588 et 22 mai 1590, rendus dans des espèces où les testateurs avaient défendu expressément aux légitimaires d'exiger plus qu'ils ne leur laissaient.

Maynard en rapporte un semblable donné par le parlement de Toulouse en avril 1557.

En voici un plus récent du parlement de Paris. Benoît Menayde, domicilié dans le Forez, pays de droit écrit, avait fait son testament le 4 décembre 1727; et par cet acte, il avait institué Michel Menayde, son fils, héritier universel, à la charge de fournir à Claude Menayde, sa fille, lors de son mariage et de sa majorité, 250 liet quelques effets, *pour tous et chacun les droits de Légitime, actions et prétentions que sadite fille pourrait avoir et espérer en ses biens, successions et hoiries.*

Claude Menayde s'était mariée avec Pierre Duché, et son frère avait promis, par le contrat de mariage, de lui payer, en six paiemens égaux de chacun 50 livres, le legs que son père lui avait laissé.

Le 17 octobre 1741, Claude Menayde et son mari donnèrent à Michel Menayde une quittance conçue en ces termes : « Reconnaissant avoir reçu » de Michel Menayde la somme de 112 livres » pour solde final et dernier paiement de la con- » stitution faite à ladite Claude Menayde par son » contrat de mariage.....; de laquelle somme de » 112 livres pour les causes susdites, lesdits mariés » Duché et Menayde se contentent, quittent et » promettent de faire tenir quitte ledit Michel » Menayde, avec promesse de ne lui en jamais plus » rien demander. »

Après un silence de dix-neuf ans, Claude Menayde, devenue veuve, fit assigner son frère en supplément de Légitime, et obtint contre lui plusieurs sentences, qui, avant faire droit, ordonnèrent l'estimation des biens, à l'effet de savoir s'il y avait lieu au supplément; et sur l'appel qui en fut interjeté, il intervint un premier arrêt sur appointement à mettre, qui en ordonna l'exécution provisoire.

Au fond, Michel Menayde soutenait que sa sœur était non-recevable en sa demande, et il tirait cette fin de non-recevoir, tant de la quittance finale du 17 octobre 1741, par laquelle sa sœur lui avait fait promesse de ne lui plus rien jamais demander, que du laps de temps qui s'était écoulé depuis.

Claude Menayde répondait que l'action en supplément de Légitime dure trente ans; qu'ainsi, on ne pouvait pas lui opposer de prescription; que sa quittance finale ne la rendait pas non plus non-recevable, attendu qu'en la faisant, elle n'était pas entrée en composition de patrimoine; qu'elle avait seulement suivi le jugement du père; qu'à la vérité, elle avait bien renoncé à rien demander de la constitution de dot, mais non pas à la Légitime qui lui était assurée par la loi. Enfin, elle citait la loi 35, § 2, C. *de inofficioso testamento*, et une partie des autres autorités qui sont indiquées ci-dessus.

Par arrêt du 22 octobre 1765, la cour confirma toutes les sentences, et conséquemment jugea que Claude Menayde était recevable dans sa demande en supplément de Légitime.

On peut encore appliquer ici les arrêts par lesquels ont été ordonnées des distractions de Légitimes en faveur de grevés de substitution universelle, qui avaient approuvé purement et simplement les actes par lesquels on leur avait imposé cette charge. *V.* ci-après, sect. 7.

[[*V.* dans mon *Recueil de Questions de droit*, au mot *Légitime*, § 2 et 5, l'arrêt du parlement de Paris, du mois d'août 1782, et celui de la cour

de cassation du 3 messidor an 9; on peut voir aussi celui de la même cour du 5 juin 1821, qui est rapporté ci-devant à l'article *Chose jugée*, § 1.]]

§ IV. *De la substitution pupillaire.*

I. Il y a trois sortes de substitutions pupillaires, l'expresse, la tacite et la compendieuse.

La première se fait ainsi : *Au cas que mon fils décède avant l'âge de puberté, je lui substitue un tel.*

La seconde est celle qui ne fait aucune mention de la puberté, et qui n'a pas d'autre forme qu'une simple substitution vulgaire; elle est ordinairement conçue en ces termes : *J'institue mon fils héritier, et je lui substitue un tel.*

La troisième se fait en abrégé, et elle comprend à la fois la substitution vulgaire et la substitution pupillaire; voici comment on l'exprime : *J'institue mon fils héritier, et en quelque temps qu'il décède, je lui substitue un tel.*

Ces notions supposées, voyons si de telles dispositions de la part d'un père, peuvent empêcher la mère ou l'aïeul de demander une Légitime sur les biens de leur fils ou petit-fils décédé en pupillarité.

II. L'affirmative ne paraît pas souffrir de difficulté, lorsque la substitution pupillaire est expresse. La loi 8, § 5, D. *de inofficioso testamento*, porte que la mère ne peut pas agir en querelle d'inofficiosité contre le testament qui règle la succession de son fils impubère, parce que cet acte est l'ouvrage du père : *sed nec impuberis filii mater inofficiosum testamentum dicit, quia pater ci hoc fecit.*

Quoiqu'on ne puisse pas intenter la plainte d'inofficiosité dans tous les cas où il y a lieu à la demande de la Légitime, il n'en est pas moins vrai que cette seconde action ne peut être exercée que par ceux qui ont droit à la première; et c'est pourquoi les § 6 et 8 de la loi citée déclarent que, pour faire cesser la querelle d'inofficiosité, il suffit de laisser une portion légitimaire aux personnes qui pourraient l'intenter. Ainsi, de ce que la mère ne peut pas attaquer, comme inofficieux, le testament qui contient une substitution pupillaire, il suit nécessairement qu'elle ne peut pas demander de Légitime sur les biens de son fils décédé avant l'âge de puberté.

Cette conséquence paraît dure; mais elle est exacte. Il est certain que le père ne doit rien à sa femme, et que celle-ci n'a des droits légitimaires à exercer que sur la succession de son fils. Or, dans le cas d'une substitution pupillaire, non-seulement le fils ne dispose pas, mais sa succession est confondue, et, pour ainsi dire, identifiée avec celle du père : *tunc hereditas et patris et filii una est*, dit la loi 12, D. *de privilegiis creditorum.* Aussi la loi 20, D. *de jure deliberandi*, porte-t-elle que le substitué ne peut pas accepter la succession du père et répudier celle du fils, ou réciproquement; et il a été jugé par deux arrêts des 10 juillet 1610 et 14 juillet 1654, rapportés par

Henrys et Ricard, que la mère recueillant une substitution de cette espèce faite à son profit, devait les droits au seigneur, comme tenant les biens de son mari, quoique l'on convînt que, d'après les usages des lieux, elle en aurait été exempte, si elle eût succédé à son fils.

On ne doit donc pas trouver surprenant que la substitution pupillaire expresse éteigne tous les droits de Légitime que la mère ou l'aïeul auraient pu prétendre sur la succession de leur fils ou petit-fils; et c'est ainsi que l'a toujours jugé le parlement de Toulouse. Maynard, qui nous l'assure, en cite un arrêt du mois de février 1577.

Quelques auteurs du ressort de cette cour auraient voulu excepter de cette jurisprudence le cas où le substitué serait un étranger : mais, dit Catellan, cette distinction a été rejetée, et Duranti lui-même, qui la soutient, « rapporte un » arrêt de 1544, par lequel la mère fut exclue » de la Légitime, quoique le substitué fût un étran-» ger. La Rocheflavin et Cambolas en rapportent » d'autres. J'en ajouterai un du mois de décembre » 1665, rendu en la seconde chambre des enquêtes, » dans le même cas d'un étranger substitué; ce » qui doit avoir lieu avec plus de raison encore, » lorsque la cause pie est substituée pupillaire-» ment (1). C'était l'espèce d'un autre arrêt rendu » en la même chambre, au rapport de M. de » Chalvet. »

On trouve dans le recueil de Papon, un arrêt du parlement de Paris, du 8 juin 1566, qui paraît avoir jugé le contraire; mais on sait que Papon n'est pas toujours exact, et sans doute cet arrêt a été motivé par des circonstances particulières.

Le président du Vair en rapporte un du parlement de Provence, qui a pareillement accordé une Légitime à une mère sur la succession de son fils, quoique le père lui eût substitué pupillairement; mais, dit Ricard, ce parlement a depuis jugé le contraire, par un arrêt rendu les chambres assemblées, et prononcé en robes rouges.

Il faut cependant convenir que le parlement de Bordeaux a constamment rejeté l'avis que nous soutenons, du Vair et Automne en rapportent deux arrêts de 1567 et 1604; et Bretonnier atteste que cela ne souffre aucune difficulté dans la jurisprudence de cette cour : mais, s'il en faut croire le même auteur, c'est le seul tribunal de l'Europe qui juge de la sorte.

III. C'est avec plus de fondement, au moins en apparence, que cette cour donne une Légitime à la mère et à l'aïeul, lorsque la substitution pupillaire n'est que tacite; car, quoique les lois, d'après la volonté présumée du père, aient assimilé cette substitution à celle qui est expresse, « néan-» moins (dit Ricard), il faut avouer qu'il y a » beaucoup de justice et d'équité en ôtant à la mère » la succession de son fils, par une volonté pré-» sumée, qui n'est jamais si forte que la disposi-

» tion expresse, de lui laisser du moins sa portion » légitimaire. »

Mais cette opinion ne donne pas à la mère tout ce qu'elle a droit de réclamer; car nous ferons voir à l'article Substitution directe, § 2, qu'elle ne doit pas, en pareil cas, se borner à la demande d'une Légitime, et que toute l'hérédité lui appartient, parce qu'il n'est pas vraisemblable que le père ait voulu l'en exclure par une substitution qui n'est que vulgaire dans ses termes, et qu'on ne peut pas rendre pupillaire, sans blesser les droits de la nature.

IV. On convient assez généralement que la substitution compendieuse exclut la mère de la succession; mais les auteurs sont et partagés sur la question de savoir si elle la prive aussi de la Légitime.

Ceux qui soutiennent la négative, disent que cette substitution ne comprend pas assez clairement le cas du décès en pupillarité, pour qu'il ne reste pas quelque incertitude dans les esprits sur la volonté du testateur, et que, la faveur de la mère augmentant les doutes, il est juste au moins de lui conserver une Légitime. Cet avis a été adopté dans toute son étendue par le parlement de Toulouse et le sénat de Chambéry, et il a fait naître dans ces deux cours une foule de procès sur des questions accessoires. V. Maynard, liv. 5, chap. 26; d'Olive, liv. 3, chap. 9; Cambolas, liv. 6, chap. 19; Catellan, liv. 2, chap. 84; Favre dans son Code, liv. 6, tit. 8.

Le sentiment contraire est tout à la fois plus simple et plus juridique. D'abord, il coupe la racine de toutes les contestations qui dérivent de l'autre opinion : en second lieu, n'est-ce pas chercher à tout obscurcir, que de prétendre qu'une substitution compendieuse ne renferme pas clairement le cas du décès en pupillarité? Peut-on rien de plus précis, de plus formel que ces termes : En quelque temps que mon fils décède, je nomme un tel pour héritier? N'est-ce pas dire nettement, soit que » mon fils meure avant moi, qu'il me survive, » je veux que ma succession passe sur la tête d'un » tel? N'est-ce pas en un mot ordonner claire-ment une substitution vulgaire pour le premier cas, et une substitution pupillaire pour le second? D'ailleurs, point de milieu : ou la mère, dans le cas d'une substitution compendieuse, doit recueillir toute la succession, ou elle ne peut prétendre de Légitime; car, nous l'avons déjà dit, on ne peut pas être légitimaire lorsqu'on n'est pas habile à se porter héritier; d'ailleurs, la raison de faveur qui lui ferait donner une Légitime, militerait également pour la faire succéder à l'exclusion du substitué : or, on convient universellement qu'elle n'a pas droit à l'hérédité entière; il faut donc aussi l'exclure de la Légitime.

Et c'est ce que le parlement de Paris a toujours jugé. Montholon en rapporte deux arrêts prononcés en robes rouges : le premier, la veille de Pentecôte 1588; le second, à pareil jour 1591. Henrys nous en fournit un troisième, du 22 août 1637,

_____
(1) V. le chap. 1, de testamentis, in-6º, rapporté ci-après, nº 4.

Les interprètes ne sont pas d'accord sur la question de savoir s'il faudrait regarder comme compendieuse, une substitution qui serait conçue en ces termes : *J'institue mon fils, et s'il meurt sans enfans, je lui substitue un tel.* Mais quelque parti que l'on prenne sur cette difficulté, il n'est pas possible que la mère obtienne une Légitime en pareil cas : en effet, ou l'on considérera cette substitution comme compendieuse, et on la fera valoir comme pupillaire, si le fils vient à mourir avant l'âge de puberté; ou on la regardera comme simplement fidéicommissaire, et on lui en donnera tous les effets, en quelque temps que le fils décède.

Dans la première hypothèse, la mère n'aura point de Légitime, par les raisons que nous venons d'exposer; et c'est ce que le chap. 1, *de testamentis, in-6o*, décide nettement : *Si pater filium et filiam habens impuberes, et uxorem, filiam in re certa, filium vero in cæteris bonis suis universalem heredem instituit, et uxori aliqua in suo testamento legavit, adjiciens ut si decederet filia sine liberis, eidem filio, et si ipse absque liberis obiret filius, præfata filia, moreretur, Christi pauperes instituendo heredes, si utramque sine liberis mori contigeret filiorum; testatore mortuo, ac deinde filio subsequenter, et filia (superstite matre) defunctis, ante tempora pubertatis; absque deductione Trebellianicæ sive partis jure naturæ debitæ facienda, ipsis pauperibus bona omnia deferuntur. Præmissæ namque substitutiones factæ de filio ad filiam, et contra, et de illis ad pauperes, directæ debent intelligi pupillares; cum in substitutionibus semper sit interpretatio facienda (dummodo, sicut in casu proposito, eorum verbis et personis conveniat institutis); ut substitutio directa intelligatur potius quam obliqua : quanquam directa interdum ad fideicommissum ex causa trahatur. Licet autem filius testamento suo matrem portione jure naturæ debita privare non possit, pater tamen in testamento quod filio impuberi facit, potest; nam hujusmodi testamentum pupillare paternum vel paterni pars potius est censendum.*

Dans la seconde hypothèse, la mère pourra bien demander une quarte trébellianique, comme héritière *ab intestat*, ainsi qu'il a été jugé par un arrêt du 8 octobre 1546, rapporté en forme par Papon; mais elle n'aura point de Légitime, au moins sur les biens venant du père, parce qu'il est de principe que le légitimaire ne peut rien prétendre sur les fidéicommis dont le défunt était grevé. *V.* ci-après, sect. 8, § 2.

V. Nous n'avons parlé jusqu'à présent que du droit des ascendans : voyons maintenant si le fils lui-même peut distraire une Légitime sur les biens que son père lui a laissés à charge de substitution pupillaire, et la transmettre à ses héritiers.

Cette question n'est pas difficile : la loi 8, § 7, D. *de inofficioso testamento*, la décide clairement. Lorsqu'un père, dit-elle, a substitué pupillairement à son fils, *si quis impuberi filio substituit, secundas tabulas faciendo*, le fils n'a pas le droit d'attaquer cette substitution par la querelle d'inof-

ficiosité : *non ob hoc admittemus ipsum impuberem ad inofficiosi querelam.* La raison en est que le pupille n'est point grevé par une disposition de cette espèce; c'est au contraire un honneur pour lui de faire un testament par les mains de son père, malgré les lois qui l'en rendent personnellement incapable.

On objectera sans doute que la Légitime ne peut point être substituée fidéicommissairement; mais il y a une grande différence entre la substitution fidéicommissaire et la pupillaire : l'une est une charge qui diminue la propriété et la réduit presque à un simple usufruit; l'autre ne porte pas la moindre atteinte aux droits du pupille sur les biens que lui a transmis son père; elle l'en laisse propriétaire absolu, et ne fait que suppléer au défaut de volonté qui l'empêche d'en disposer avant sa mort. La loi 22, § 1, D. *de adoptionibus*, met cette différence dans le plus grand jour : elle demande d'abord si un père adoptif peut substituer pupillairement la quarte qu'il est obligé de laisser à son fils arrogé, et qui tient lieu de Légitime à celui-ci; et elle répond qu'il le peut. Elle met ensuite en question s'il lui est également permis de substituer fidéicommissairement cette même portion, et elle décide qu'il ne le peut pas. *Sed an impuberi adrogator substituere possit quæritur, et puto non admitti substitutionem, nisi forte ad quartam solam quam ex bonis ejus consequitur : et hactenus ut id usque ad pubertatem substituat. Cæterum, si fidei ejus committat ut quandoque restituat, non judicio ejus ad eum pervenerit, sed principali providentia.*

VI. Tout ce que nous venons de dire sur la substitution pupillaire, ne peut être d'aucun usage pour les pays coutumiers, parce qu'elle y est tout-à-fait inconnue. Mais il se fait dans les Pays-Bas des espèces de substitutions, improprement dites, qui peuvent donner lieu, dans ces provinces, aux questions que nous venons d'agiter.

Ces substitutions se font tant par contrat ou par contrat de mariage, et on les appelle communément règlemens *ab intestat*, parce qu'elles n'ont leur effet qu'autant que les enfans ne disposent pas eux-mêmes. (*V.* l'article Règlemens *ab intestat*.)

L'opinion la plus commune et la plus exacte est que ces sortes de substitutions faites par le premier mourant des deux époux, excluent le survivant de tout droit de Légitime sur les biens de ses enfans.

« Il est certain (dit Rodenburg, *de jure conjugum*) que le survivant, dans notre espèce, n'est ni prétérit, ni exhérédé par son fils; qu'il n'est, en aucune manière, lésé par lui dans sa Légitime; que, par conséquent, le père ne peut se plaindre d'aucune inofficiosité. Les lois 6 et 38, C. *de inofficioso testamento*, et Fayre, dans son Code, liv. 5, déf. 6, prouvent nettement que la demande en Légitime cesse dès qu'il n'y a pas lieu à la plainte d'inofficiosité.

» Et c'est de là qu'on dit communément que si

dans le monde, on ne faisait pas de testament (ni de donation), il n'y aurait jamais de demande en Légitime. Comment en effet pourrait-on demander une Légitime sur les biens d'un homme qui est mort *ab intestat?* Si donc, dans l'espèce proposée, le père est exclu de la succession de son fils, ce n'est pas par aucune disposition du fils, mais par la propre convention du père, si la substitution a été stipulée dans le contrat de mariage; et par le fait du prédécédé qui ne devait rien au survivant, si cette disposition a été écrite dans un testament. »

Il y a plus : les enfans eux-mêmes ne transmettent pas à leurs héritiers le droit de distraire une Légitime sur les biens compris dans le règlement *ab intestat.* En effet, cette distraction ne peut avoir lieu que dans les cas de disposition inofficieuse de la part des défunts : or, dans notre espèce, les enfans recueillent la propriété pleine et entière de tous les biens de leur père et de leur mère; il ne tient même qu'à eux d'en disposer, soit entrevifs, soit à cause de mort, lorsqu'ils ont les qualités requises pour cela. Ce cas rentre donc naturellement dans celui de la substitution pupillaire, et l'on ne saurait mieux faire que d'y appliquer les textes qui permettent au père de substituer pupillairement la Légitime des enfans qu'il a sous sa puissance.

§ V. *Défaut d'inventaire.*

Il est peu de questions aussi controversées que celle de savoir si le défaut d'inventaire légal élève une fin de non-recevoir contre le légitimaire. Le détail des raisons et des autorités qu'on allègue pour et contre, demanderait presque un traité séparé : mais, pour ne pas trop alonger cet article, nous nous contenterons d'exposer simplement notre avis.

La loi dernière, § 14, C. *de jure deliberandi,* et la novelle 1, chap. 2, § 2, déclarent en termes formels, que l'héritier institué, qui a négligé de faire inventaire, ne peut retenir la falcidie sur les legs, ni rien retrancher sur les fidéicommis dont le testateur l'a chargé, quand même ces dispositions excéderaient le montant de l'hérédité : *non retinebit falcidiam, sed complebit legatarios et fideicommissarios, licet puræ substantiæ morientis transcendat mensuram legatorum datio.*

Ces termes, *complebit fideicommissarios,* décident une question fort agitée entre les docteurs, et qui consiste à savoir si le défaut d'inventaire empêche la détraction de la trébellianique.

Ces décisions ne s'appliquent pas moins aux héritiers descendans du testateur qu'aux étrangers : car nous voyons par les § 1 et 2 de la loi dernière, C. *de jure deliberandi,* que l'empereur Justinien a entendu y comprendre les uns comme les autres.

Voilà donc des textes clairs et précis qui privent de la falcidie et de la trébellianique, les enfans institués héritiers qui ont omis la formalité de l'inventaire. Mais pourquoi ces textes n'étendent-ils pas leur disposition à la Légitime? La raison en est simple, et elle se sent d'elle-même, d'après ce que nous avons dit ci-devant, sect. 2, § 1 : c'est que jamais un enfant qui a pris la qualité d'héritier de son père, ne peut demander une Légitime; c'est que, chargé de legs et de fidéicommis qui absorbent toute la succession, il ne peut, en acceptant l'hérédité, prétendre autre chose qu'une falcidie et une trébellianique; c'est qu'enfin le concours de ces deux quartes avec la Légitime, est, comme on le verra ci-après, sect. 8, § 3, une chose monstrueuse dans le droit romain.

Nos usages ont cependant admis ce concours; l'ordonnance de 1735 permet même à l'héritier chargé de legs et de fidéicommis, de distraire sa falcidie sur les uns, sa trébellianique sur les autres, et outre cela sa Légitime.

Dans cet état, quel parti prendre relativement à cette dernière portion, lorsque l'héritier n'a point fait inventaire? Dira-t-on, comme le fait Ricard après plusieurs autres auteurs, que les peines ne s'étendent point d'un cas à l'autre; que les lois n'ont prononcé que la privation de la falcidie et de la trébellianique, contre les héritiers qui ont omis la formalité de l'inventaire; que, par conséquent, on ne peut pas en appliquer la décision à la Légitime.

Mais si les lois romaines n'ont point compris la Légitime dans leur disposition, c'est, comme nous venons de le dire, parce que, suivant leur esprit, ce droit ne pouvait jamais être réclamé par un enfant institué héritier? Or, peut-on, en matière civile, se prévaloir du silence d'une loi, pour exempter des peines qu'elle établit, une chose qui n'existait pas à l'époque de sa promulgation? Qu'on n'étende pas les peines d'un cas prévu par le législateur, à un autre qu'il a pu prévoir, rien en cela que de juste et de régulier, parce qu'alors on peut dire, *inclusio unius est exclusio alterius;* mais ne pas appliquer à un cas qu'il n'a pas été possible de prévoir et qui cependant est parfaitement identique avec les cas prévus, une peine prononcée contre ceux-ci, c'est une manière de raisonner que le bon sens ne peut avouer, et que le législateur lui-même condamne formellement. *Non possunt* (dit la loi 12, D. *de legibus*) *omnes articuli sigillatim aut legibus aut senatus-consultis comprehendi; sed cum in aliqua causa sententia eorum manifesta est, eis qui jurisdictioni præest similia procedere, atque ita jus dicere debet.* La loi 13 ajoute : *Nam, ut Pedius ait, quoties lege aliquid, unum, vel alterum introductum est, bona occasio est cætera quæ tendunt ad eamdem utilitatem, vel interpretatione, vel certe jurisdictione supplere.*

D'ailleurs, cette règle, qu'on ne peut pas étendre les peines d'un cas à un autre, peut-elle être de quelque effet par rapport à un droit introduit contre les vrais principes? Si, en permettant le concours de la Légitime avec la falcidie et la trébellianique, on a violé cette maxime si constante, qu'on ne peut être à la fois héritier ni légitimaire, ne doit-il pas être également permis, en privant de la Légitime l'héritier qui n'a point fait inventaire, de violer cette autre maxime, qui défend toute extension des peines légales hors de leurs espèces précises ? *In his quæ contra rationem juris constituta sunt, non possumus sequi rationem juris*, dit la loi 15, D. *de legibus*.

On objecte que la falcidie et la trébellianique ont été introduites pour des raisons purement civiles; que la Légitime, au contraire, doit son origine au droit naturel; et que, par conséquent, on ne peut pas argumenter des deux premières à la troisième.

Mais il est constant que la falcidie et la trébellianique tiennent lieu de Légitime à tous ceux qui ont droit à cette dernière portion; et cela est si vrai, qu'elles ont à leur égard une grande partie des priviléges propres à la Légitime. *V.* les articles *Quarte Falcidie* et *Quarte Trébellianique*.

D'ailleurs, Justinien lui-même fait entendre très-clairement que l'omission de l'inventaire ne laisse à l'héritier institué l'espérance d'aucune espèce de détraction. C'est ce qui résulte de l'obligation qu'il lui impose, de satisfaire aux legs, audelà même des forces de la succession ; et cela suffit certainement pour exclure la Légitime.

Enfin, cette doctrine a été confirmée solennellement par un arrêt du 12 décembre 1398, rendu par la deuxième chambre des enquêtes du parlement de Paris ; Peleus le rapporte dans ses *Actions forenses*, liv. 4, art. 6, comme ayant jugé *in terminis*, qu'un enfant à qui l'on opposait le défaut d'inventaire, ne pouvait distraire, ni sa trébellianique, ni sa Légitime sur les fidéicommis dont son père l'avait grevé.

On peut, nous le savons, citer quelques arrêts contraires rendus en d'autres tribunaux ; mais ce n'est point le nombre des préjugés qui doit déterminer : un arrêt conforme à l'esprit des lois et aux vrais principes, prévaudra toujours sur vingt autres qui n'auront pour base que des idées systématiques et de fausses maximes.

Mais ce que nous venons de dire ne s'applique qu'à l'héritier légitimaire chargé de legs et de fidéicommis. Que faut-il donc résoudre par rapport au légitimaire véritable, c'est-à-dire, par rapport à l'enfant, l'ascendant ou le frère qui demande une Légitime sans se porter héritier ?

Nous avons sur cette matière un principe certain : c'est que le défaut d'inventaire ne peut nuire qu'à ceux qui étaient obligés par une loi expresse de remplir cette formalité. Or, l'héritier seul est tenu, par les lois de Justinien, de faire inventorier les effets de la succession ; il n'y a aucun texte qui en charge, soit expressément, soit virtuellement, celui qui se tient à sa Légitime ; on ne peut donc pas dire que ce dernier soit non-recevable à réclamer sa portion, pour n'avoir point fait inventaire. *Voyez à* l'article *Légataire*, § 7, art. 1, n° 14, les moyens dont nous nous sommes servis pour prouver que l'omission de cette formalité n'assu-

jétit pas le légataire universel à payer les dettes au-delà de son émolument ; ces moyens reçoivent ici une application directe et entière, et ils ont été adoptés, à l'égard du légitimaire, par un arrêt que l'additionnaire de Ricard nous retrace en ces termes : « il a été jugé en la troisième chambre » des enquêtes, le 30 juin 1671, au rapport de » M. de Mallebranche, que le défaut d'inventaire » n'empêchait pas la détraction de la Légitime, » entre Perrette Thoret, veuve d'Aubin Desbor- » des, procureur fiscal à Segnelet, appelante d'une » sentence rendue par le conservateur de Bourges, » l'an 1667, et demanderesse en Légitime, d'une » part ; et Me Thoret, avocat en la cour, intimé » et défendeur, d'autre part. »

[[La question s'est représentée en 1821 devant la cour royale de Bourges, dans l'espèce qui fait la matière de l'arrêt de cette cour, du 11 décembre de la même année, rapporté aux mots *Chose jugée*, § 1.

Aux trois fins de non-recevoir que les dames Delorme et Laurendeau tiraient, dans cette espèce, contre la veuve Giraut, de l'autorité de la chose jugée par l'arrêt de la cour royale de Poitiers, du 25 nivose an 11, de l'exécution donnée par elle à cet arrêt, et de la transaction du 12 floréal an 12, elles en ajoutaient une quatrième, consistant à dire que la veuve Giraut n'avait pas fait inventaire après le décès de son mari, père de l'enfant aux droits de qui elle réclamait une réserve ou Légitime.

Mais cette quatrième fin de non-recevoir a été rejetée, comme les trois autres, par l'arrêt dont il s'agit,

« Attendu que la question de savoir si l'héritier doit être privé de sa Légitime, à défaut par lui d'avoir fait procéder à un inventaire, a été quelque temps controversée ;

» Qu'à l'appui de leur opinion, les auteurs qui soutenaient l'affirmative, citaient un arrêt du parlement de Paris, rendu en 1598 ;

» Que leurs adversaires opposaient un autre arrêt du même parlement, d'une date plus récente, de 1671, qui a jugé que le défaut d'inventaire n'empêchait pas la distraction de la Légitime ;

» Que, si la cour était appelée à prononcer sur ce point de droit, elle aurait à prendre en grande considération ce motif sur lequel Ricard, qui a traité la question, dit avoir fondé son avis ; que la privation de la Légitime est une peine ; qu'aucune loi ne la prononçant, il n'est pas permis aux tribunaux de la suppléer dans une matière aussi favorable, où il s'agit d'une portion due aux enfans, et qui a son fondement dans la loi de nature ;

» Qu'au surplus la cour n'a point à concilier des opinions diverses ;

» Que les auteurs qui voulaient priver l'héritier de sa Légitime, raisonnaient dans l'hypothèse où cet héritier s'était emparé de la succession sans faire inventaire ;

» Que cette doctrine, fût-elle avouée, serait ici sans application, parce que la dame Giraut ne s'est point mise en possession de la succession de son mari;

» Qu'il est constant au procès que, dès le jour même de son décès, elle a fait apposer les scellés sur les fermetures, et fait décrire les effets restés en évidence et non susceptibles de recevoir le scellé;

» Que le jugement de Montmorillon, du 11 messidor an 10, ayant fait main-levée de l'opposition formée par les sieurs et dames Laurendeau et Delorme, l'autorisait à faire procéder à la levée; qu'elle n'a pas voulu user de cette faculté; qu'en définitive, les scellés sont restés et n'ont été levés que le 21 ventose an 11, à la requête des sieurs et dames Laurendeau et Delorme, la dame veuve Giraut absente;

» Que, si elle n'a pas fait procéder à un inventaire, elle a pris, pour éloigner d'elle l'idée de spoliation, une précaution plus efficace que l'eût été l'inventaire, qui, lui laissant plus de temps, lui eût aussi fourni plus de moyens pour exécuter ses desseins, si elle en eût eu de criminels;

» Qu'enfin il résulte de ces faits que, si jamais il devenait nécessaire de constater les forces de la succession du sieur Giraut, sa veuve en aurait préparé les moyens; qu'elle aurait donné une force nouvelle à ceux qu'indique la loi, le droit de débattre l'état à fournir, le serment in litem à exiger, la commune renommée à consulter.»

On voit que, tout en s'appuyant uniquement sur les faits particuliers de la cause pour écarter la fin de non-recevoir tirée du défaut d'inventaire, la cour royale de Bourges a laissé entrevoir qu'elle l'aurait également écartée, si la question se fût présentée en thèse pure et simple.]]

§ VI. De la prescription.

Il y a trois questions à examiner par rapport à la prescription : la première est de savoir si elle peut avoir lieu contre la Légitime; la seconde, par combien de temps elle s'acquiert; la troisième, de quel jour elle commence à courir.

Art. I. La légitime est-elle prescriptible?

Quelques auteurs ont soutenu la négative; et leur avis a été, dit-on, adopté par deux anciens arrêts du parlement d'Aix, rapportés dans le commentaire de Masse sur les statuts de Provence. Mais cette opinion est insoutenable, sous quelque aspect qu'on la considère. La prescription est un moyen introduit par la loi pour acquérir ou pour se libérer; elle étend ses effets sur tout ce que la loi elle-même n'a pas soustrait à son influence : ainsi pour rendre une chose imprescriptible, il faut un texte précis qui la déclare telle. Or, qu'on parcoure tout le corps de droit, on n'y trouvera pas un mot qui tende à affranchir la Légitime de la prescription; elle doit donc y être soumise comme les autres droits. Aussi le parlement d'Aix lui-même le juge-t-il ainsi depuis long-temps : témoin

ce passage de Duperrier, tome 2, page 494 : « Légitime se prescrit par trente ans : arrêt au rapport de M. d'Arnaud, entre le sieur de Salignac » et Jacques Garret-Cattin. » L'additionnaire de cet auteur dit que cette maxime n'est plus susceptible de difficulté.

Il semble qu'on juge tout différemment en Normandie : car le nouvel annotateur de Basnage rapporte un arrêt du 7 juillet 1724, par lequel le parlement de Rouen a reçu une fille à la demande de sa Légitime, quoique ses frères lui opposassent une prescription de plus de quarante ans. Mais cette décision est uniquement fondée sur le principe admis dans cette province, que l'action en paiement de la Légitime est, entre frères et sœurs, de la même nature que la demande en partage entre cohéritiers, et l'art. 429 de la coutume de la même province, porte, qu'entre cohéritiers, la prescription quadragénaire n'a point lieu avant le partage. On ne pourrait donc pas employer cet arrêt contre des tiers détenteurs. »

Art. II. Par combien de temps la Légitime se prescrit-elle?

Bartole a prétendu que l'action en paiement de la Légitime ou du supplément de cette portion, ne durait que cinq ans, parce que la querelle d'inofficiosité dont cette action tient lieu, est limitée à ce terme. L'auteur du Commentaire sur les usages de Besançon, cite même un arrêt du parlement de Franche-Comté, du 26 janvier 1683, qui l'a jugé ainsi.

Mais pour admettre cette opinion, il faudrait que la Légitime ne pût être demandée que par la querelle d'inofficiosité proprement dite, et c'est ce qu'il n'est pas possible de supposer. La querelle d'inofficiosité tend à faire casser le testament : la demande en Légitime le laisse subsister; cette seule différence écarte toute apparence d'identité entre ces deux actions. D'ailleurs, le § 3, Inst. de inofficioso testamento, dit en termes formels, que la querelle d'inofficiosité doit cesser toutes les fois qu'il y a simplement lieu à la demande de la Légitime : Sin vero quantacumque pars hereditatis vel res eis fuerit relicta, de inofficioso querela quiescente, id quod eis deest usque ad quartam Legitimæ partis repleatur, licet non fuerit adjectum boni viri arbitratu debere eam compleri. On ne peut sans doute rien de plus décisif.

Quel terme fixerons-nous donc à l'action dont il s'agit? Il faut, suivant certains auteurs, distinguer le cas où elle est exercée contre un héritier, de celui où c'est un donataire, soit entre-vifs, soit à cause de mort, qui en est l'objet.

Dans le premier cas, elle ne peut se prescrire que par trente ans, parce qu'elle est personnelle. C'est le sentiment de Ricard, de Lebrun, de Voët, du président Bouhier dans sa Dissertation sur le droit des mères, au cas de la substitution pupillaire; de Dunod, de Furgole et d'une foule d'autres auteurs. C'est aussi ce que les arrêts ont jugé constamment. Cambolas en rapporte un du parlement de Toulouse, du 8 décembre 1597; il y en a un autre de la même cour, du mois de février 1670, rapporté par Catellan; Leprêtre nous en a fourni un troisième rendu au parlement de Paris, le 15 décembre 1612; nous en avons cité plus haut un quatrième émané du même tribunal, le 22 octobre 1675; le président Favre en rapporte un cinquième donné au sénat de Chambéry, le 25 août 1588; et le commentateur des usages de Besançon en cite un sixième rendu au parlement de cette ville, postérieurement à celui du 26 janvier 1683, qui avait soumis la Légitime à la prescription de cinq ans.

Dans le second cas, Furgole prétend, d'après Ferrières, que, « dans les pays où l'on suit le droit » romain à la rigueur, et dans le district de la » coutume de Paris, la prescription de dix ans en- » tre présens, ou de vingt ans entre absens, suf- » firait pour exclure les légitimaires, parce que » la donation est un titre suffisant pour servir de » fondement à cette prescription, suivant la loi 1, » D. pro donato, et la loi 1, C. de usucapione » pro donato.»

Mais ce système ne s'accorde pas avec ce que le même auteur dit quelques lignes plus haut : « l'ac- » tion des légitimaires (ce sont ses termes) n'est » pas purement hypothécaire, elle est personnelle, » in rem scripta; » doctrine qui est également enseignée par Ricard en ces termes : « l'action qui » compète aux enfans pour le sujet de leur Légitime » contre les donataires et les légataires, est une » espèce d'action personnelle in rem qui les oblige » directement en tant qu'ils sont détenteurs de la » chose qu'ils possèdent, et subsidiai- » rement aussi, jusqu'à concurrence de la même » chose, pour les parts que les autres donataires » et légataires doivent fournir. »

Il résulte clairement de tout cela, que les do- nataires et les légataires ne sont pas plus privilé- giés que les héritiers, par rapport au temps de la prescription de la Légitime; ainsi, la distinction de Furgole doit être rejetée.

La prescription de dix ou vingt ans peut cepen- dant avoir lieu contre la demande en paiement de la Légitime; mais ce n'est ni en faveur des héri- tiers, ni en faveur des donataires ou légataires. Écoutons Ricard : « Quand on dit que l'action du » légitimaire dure trente ans, cela s'entend assez » à l'égard de ceux qui sont tenus de l'obligation » personnelle; car, pour ce qui est des tiers-dé- » tenteurs, leur bonne foi les met à couvert de » toutes sortes de recherches dans le temps ordi- » naire et préfini en leur faveur. »

Mais cette doctrine n'est-elle pas implicitement abrogée par l'art. 45 de l'ordonnance de 1731, portant que les tiers-détenteurs des choses don- nées ne pourront opposer la prescription pour faire valoir la donation révoquée par la survenance d'enfans, qu'après une possession de trente an- nées.

Non, répond Furgole, parce que l'art. 8 de la même loi, parlant de la prescription de la demande en Légitime, laisse les choses aux termes du droit commun. « La raison de la différence (continue » cet auteur) peut être prise de ce que, dans le » cas de l'art. 38, la plainte d'inofficiosité ne » retranche les donations inofficieuses que quand » elle est proposée; au lieu que la survenance des » enfans révoque de plein droit les biens donnés » dans le patrimoine du donateur, suivant les » art. 39 et 42, ainsi, le droit du donataire étant » résolu, celui de ses ayant-cause l'est aussi, » suivant la règle resoluto jure dantis, resolvitur » jus accipientis. »

Ce que nous disons de la possession des tiers- détenteurs pendant dix ou vingt ans, ne peut point avoir lieu dans les coutumes qui ont réglé différemment la prescription : cela est trop clair pour avoir besoin du moindre détail.

Art. III. De quel jour la prescription commence-t-elle à courir contre la Légitime?

La prescription contre un droit quelconque ne commence à courir que du jour de l'ouverture de ce droit, parce que le créancier ne peut pas agir auparavant, et qu'on ne peut jamais prescrire contre celui qui est dans l'impuissance de former sa demande. Or, on verra ci-après, sect. 9, § 1, que l'action en paiement de la Légitime n'est ou- verte qu'au moment de la mort naturelle ou civile de celui sur les biens duquel elle doit être prise; ce n'est donc que de ce moment que la prescription peut courir contre le légitimaire; et telle est la disposition expresse de l'art. 38 de l'ordonnance de 1731 : « la prescription ne pourra commencer à » courir en faveur des donataires contre les légi- » timaires, que du jour de la mort de ceux sur les » biens desquels la Légitime sera demandée. »

Cette décision, dit Furgole, « doit avoir lieu, » quand même on se rencontrerait dans quelqu'un » des cas auxquels le père serait obligé de re- » présenter la Légitime, parce que ce n'est que » par une action extraordinaire que la Légitime » peut être demandée dans ce cas, et que d'ailleurs » notre article ne distingue point et n'excepte » rien. »

II. Il y a cependant plusieurs cas où la prescrip- tion ne commence point au jour du décès.

III. Le premier est lorsque le légitimaire est mineur; car on ne peut prescrire contre lui que du jour de sa majorité.

IV. Le second est lorsque l'enfant, quoique majeur, est soumis à la puissance paternelle; car l'usufruit de la Légitimité qu'il a recueillie dans la succession de sa mère ou de son aïeul maternel, appartient de plein droit à son père; et il est de principe que la prescription ne court jamais con- tre un fils de famille pendant que son père jouit de ses biens : c'est la disposition de la loi 1, C. de bonis maternis, de la loi 1, § 2, C. de annali exceptione, et de la loi 4, C. de bonis liberis.

V. Le troisième cas est marqué par d'Olive : « si

« les enfans vivans en commun (dit-il) ont été
» nourris sur les biens de l'hérédité, cette pres-
» cription ne court pas contre eux en cette ren-
» contre depuis la mort de leur père, mais depuis
» seulement qu'ils ont cessé d'être nourris sur ses
» biens ; parce que, recevant journellement leur
» nourriture sur le patrimoine du défunt, ils sont
» censés être en possession de leur Légitime, que
» la nature et la loi ont substitué aux alimens ;
» et ainsi on ne peut leur opposer la prescription,
» qui ne court jamais contre celui qui possède,
» *cum per detentionem etiam præteriti temporis*
» *fiat interruptio*, dit l'empereur Justinien, l. 7,
» § 5, C. *de prescriptione* 30 *vel* 40 *annorum*.
» Ainsi jugé le 10 janvier 1630, en la première
» des enquêtes, et le 26 août 1636, en la
» deuxième. »

Despeisses cite pareillement un arrêt de 1634,
qui a jugé pour la non-prescription d'une Légitime
de 3,000 livres due à une fille qui avait été nourrie
par son frère héritier, pendant environ cinquante
ans, quoiqu'elle eût laissé écouler tout cet intervalle sans rien demander.

Il y en a un autre du 11 juillet 1742, rapporté
par Ferrières dans son *Traité des Tutelles*, qui a
décidé que la nourriture prise par intervalle sur
les biens de l'héritier, suffit au légitimaire pour
interrompre la prescription. « Et en effet (dit
» Roussilhe), cette nourriture étant considérée
» comme un paiement ou jouissance de droit, elle
» doit opérer le même effet qu'un paiement ; et
» de même que le paiement interrompt la pres-
» cription, de même la nourriture qui a été four-
» nie aux mêmes fins, doit aussi l'interrompre. »

Julien, sur les statuts de Provence, tom. 2,
page 582, dit également :

« Nous tenons pour maxime que, tant que le
légataire ou le portionnaire d'une succession est
nourri dans la maison et sur les biens de l'héritage,
nulle prescription ne peut courir contre lui....

» C'est la jurisprudence que nous suivons. Boniface, tome 4, liv. 9, tit. 1, chap. 17, rapporte
un arrêt du parlement d'Aix, du 24 janvier 1664,
par lequel il fut jugé que la prescription n'avait
point couru contre un frère légataire de 6,000 livres, et ne pouvait être opposée à son héritier,
quoiqu'il se fût écoulé plus de trente ans depuis
la sentence que ce légataire avait obtenue, portant
adjudication de son legs. La raison fut que le frère,
dans cet intervalle, ayant été nourri sur les biens
du père, la prescription n'avait pas couru contre lui.

» La même chose fut jugée par arrêt du 13 juin
1751, au rapport de M. de Saint-Marc, entre
Augustin Fabre et M. Mathieu Fabre, prêtre,
curé de la Ciotat. »

VI. enfin, toutes les fois que le légitimaire est
empêché d'agir par un obstacle légal, ses droits
sont à l'abri de la prescription : c'est une conséquence nécessaire de la règle, *contra non valen-
tem agere non currit præscriptio*.

C'est une question si cette même règle peut
empêcher le tiers-acquéreur d'un bien donné par

un père, de se prévaloir de la prescription qu'il
qu'il prétend avoir acquise pendant la vie du
donateur, contre l'action en retranchement de la
Légitime.

Lebrun propose en ces termes les raisons de
douter :

« Si l'on considère la personne du tiers-détenteur, y a-t-il rien de plus favorable ? Son titre et
sa bonne foi ne le mettent-ils pas à couvert de
cette recherche ? D'ailleurs, on suppose la prescription acquise au temps que la Légitime a commencé d'être due : ainsi, se pourra-t-il faire que
pour un titre qui ne se forme qu'aujourd'hui, on
donne atteinte à un titre antérieur, qui est confirmé par une possession ?

» Enfin, il semble qu'il faut faire une grande
différence entre le douaire, qui est une propriété
aux enfans de l'instant du mariage, et pour lequel
il y a un article précis dans la coutume, qui porte
*qu'il ne pourra être aliéné par les père et mère à
leur préjudice*, et la Légitime, pour laquelle on
n'a rien établi de semblable. Le douaire prévient
le titre du tiers-donateur ; mais la Légitime survient après ce titre, et dans notre espèce, après
une prescription. »

Mais Lebrun lui-même réfute parfaitement ces
raisons ; et après avoir exposé dans un grand détail
toutes celles qui militent en faveur du légitimaire,
il se résume en ces termes : « Je vois ici toutes les
» conditions qui peuvent empêcher qu'une chose
» ne soit prescrite : une disposition de la loi qui
» défend au père de donner son bien, sinon en
» réservant la Légitime à ses enfans ; une impuis-
» sance absolue d'agir, le légitimaire ayant plus
» les mains liées que la femme pour son douaire,
» ni pour sa dot, et que le substitué ; et cependant
» un droit qui prévient et qui empêche la validité
» de la donation et la prescription du tiers-acqué-
» reur. »

SECTION VI. *De la quotité de la Légitime.*

I. Dans l'ancien droit romain, la Légitime des
enfans, des ascendans et des frères était fixée indistinctement au quart des biens qu'on aurait eus
ab intestat. C'est ce qui résulte de la loi 8, § 3,
D. *de inofficioso testamento*, et de la loi 6, C. du
même titre.

Justinien a changé totalement cette jurisprudence. La novelle 18, chap. 1, distingue le cas où
il se trouve quatre enfans ou un moindre nombre,
d'avec celui où il y en a davantage. Au premier
cas, elle leur donne pour Légitime le tiers de ce
qu'ils auraient pris dans la succession *ab intestat* ;
en sorte qu'un enfant unique doit avoir le tiers de
tous les biens ; celui qui a un frère, un sixième ;
celui qui en a deux, un neuvième ; et celui qui
a trois, un douzième. Au second cas, c'est-à-dire
lorsque les enfans sont au moins au nombre de
cinq, il leur est attribué pour Légitime la moitié
des biens ; cette moitié se partage entre eux, et
par ce moyen, leur portion légitimaire est tou-

jours la moitié de la part qu'ils auraient eue *ab intestat. Hac nos moverunt corrigere legem......, taque modò determinare causam, ut si quidem unius est filii pater aut mater, aut duorum, vel trium, vel quatuor, non triuncium eis relinqui solum, sed etiam tertiam propriæ substantiæ partem : hoc est, uncias quatuor, et hanc esse definitam mensuram usque ad prædictum numerum. Si vero ultra quatuor habuerint filios, mediam eis totius substantiæ relinqui partem, ut sexuncium sit omnino quod debetur, singulis ex æquo quadriunium vel sexuncium dividendo.*

II. Il n'est point fait dans cette loi une mention expresse de la Légitime des ascendans; mais tous les interprètes sont d'avis qu'elle est virtuellement comprise dans l'augmentation dont il s'agit : et en effet, la novelle, après avoir déterminé la Légitime des enfans, finit par dire que la même disposition aura lieu à l'égard de tous ceux à qui les lois antérieures donnaient un quart pour leur Légitime : *hoc observando in omnibus personis, in quibus ab initio antiquæ quartæ ratio de inofficioso lege decreta est.*

Lebrun fait à ce sujet une observation visiblement erronée : « Cette argumentation (dit-il) ne » va pas au-delà du tiers, c'est-à-dire que les as- » cendans ne peuvent jamais avoir que quatre on- » ces dans les douze, parce qu'ils ne peuvent jamais » être plus de quatre; savoir, le père et la mère, » ou bien les deux aïeuls de chaque côté. » Il peut arriver qu'un enfant ait huit bisaïeuls : savoir, le père et la mère du père de son père, le père et la mère de la mère de son père, le père et la mère du père de sa mère, le père et la mère de la mère de sa mère. Il est donc faux, comme le prétend Lebrun, que les ascendans ne puissent jamais être plus de quatre pour succéder, et par conséquent que leur Légitime ne puisse jamais être de la moitié de leur portion *ab intestat.*

Il y a même un cas où le père et la mère peuvent avoir cette Légitime; c'est Lebrun qui en a fait la remarque : « Lorsque le testateur (dit-il) a insti- » tué une personne infâme, les frères ont la que- » relle d'inofficiosité (conjointement avec les as- » cendans), ils font casser avec eux l'institution, » s'ils ne sont remplis de leur Légitime; et alors » il suffit, pour porter la portion du père et de » la mère à la moitié, que le défunt ait laissé trois » frères. »

III. Les auteurs sont partagés sur la question de savoir si la Légitime des frères, dans les cas où elle a lieu, est encore fixée au quart, comme dans l'ancien droit, ou si elle est augmentée par le chapitre 1 de la novelle 18.

Le premier parti a pour défenseurs Alexandre, Cagnolus, Mathieu *de afflictis*, Lebrun et Voët : leur raison est que le préambule de la loi citée ne parle que de la Légitime fondée sur le droit naturel, *nitimur aliquid adinvenire semper naturæ consequens*; ce qui me semble faire entendre que la Légitime des frères doit demeurer soumise aux anciennes règles. Ils ajoutent que les derniers ter-

mes du chap. 1 restreignent la disposition de ce texte à ceux à qui il est dû une Légitime *ab initio*; qu'ainsi, on ne peut pas l'appliquer aux frè- res, puisqu'ils n'ont droit à une portion légiti- maire, que quand le défunt a institué une per- sonne infâme, et par conséquent *ex post facto*. Enfin Lebrun dit, et c'est sa seule raison, « que » les frères ne peuvent venir contre la disposition » que dans le seul cas (dont on vient de parler), » et que dans ce cas ils n'ont pas une simple Lé- » gitime, mais ils font casser la disposition pour » le tout. »

Le parti de l'augmentation de la Légitime des frères est soutenu par Gabriel dans son conseil 126; par Cujas sur la novelle 18; par Fachinée dans ses *Controverses*, liv. 4, chap. 28; par Mathieu d'Utrecht, *de succes.*, disp. 6, thes. 3; par Van- depoll, *de exheredatione*, chap. 64.

Les moyens qu'emploient ces auteurs paraîtront sans doute supérieurs aux motifs de l'opinion con- traire. En voici la substance.

Il n'est point dit dans la novelle 18, que l'aug- mentation n'aura lieu que pour ceux dont la Lé- gitime est de droit ordinaire : cette loi ne renferme aucune restriction de cette nature; elle veut, au contraire, que sa disposition soit commune à toutes les personnes qui avaient droit de Légitime suivant les lois précédentes : *hoc observando in omnibus personis in quibus ab initio antiquæ quartæ ratio de inofficio lege decreta est* : et certainement les frères étaient de ce nombre, puisqu'il y a même dans le Digeste plusieurs textes (ils sont rapportés ci-dessus) qui leur donnent la querelle d'inoffi- ciosité dans les cas où le défunt ne leur a point laissé leur quarte légale.

C'est abuser du mot *ab initio*, que d'en con- clure que l'empereur Justinien a voulu borner sa novelle à ceux dont la Légitime est due absolument, sans aucun rapport à la qualité des personnes insti- tuées. Cette expression ne peut s'entendre raison- nablement que du droit ancien; et, suivant cette interprétation, il est évident que les frères sont compris dans le passage cité.

A l'égard du préambule, tout ce qui peut en résulter, c'est que le principal motif de Justinien, en faisant sa novelle, a été d'assurer la subsistance des enfans; aussi n'est-il question que d'eux dans tout ce préambule : mais comme cela n'empêche pas qu'on n'applique les derniers termes du cha- pitre 1 au père, à la mère et autres ascendans, on ne doit pas non plus en inférer que les frères ne sont pas compris dans la même disposition.

Quant à la raison sur laquelle se fonde Lebrun, ce n'est qu'un vain sophisme. Il est vrai, comme il l'avance, et comme on l'a démontré ci-dessus, que les frères peuvent faire casser pour le tout l'in- stitution des personnes infâmes appelées à leur pré- judice et à leur exclusion; mais conclure de là qu'ils n'ont pas un véritable droit de Légitime dans le cas d'une pareille institution, c'est vouloir que les enfans eux-mêmes ne puissent jamais l'avoir dans le système des lois romaines, puisque, suivant ces lois, toute institution faite à leur entière exclusion, est radicalement nulle. Parlons donc plus juste : les frères ne sont pas bornés à la demande d'une simple Légitime, lorsque le défunt les a passés sous silence pour instituer une personne vile et infâme; ils font annuler toute la disposition, et en ce point leur condition est égale à celle des enfans dans le droit écrit : mais, de même que dans le droit écrit, il faut qu'un père laisse une Légitime à ses descendans, s'il veut les empêcher de quereller son testament ; de même quand un frère veut mettre les personnes infâmes qu'il institue à l'abri des poursuites de ses frères, il est indispensable qu'il laisse à ceux-ci une portion légitimaire; et dès qu'il le fait, son testament ne peut être attaqué du chef des héritiers qu'il a choisis. C'est ce que nous avons fait voir dans la section précédente, § 3 ; et c'est ce qui prouve combien peu est soutenable le raisonnement que nous oppose Lebrun.

Il faut donc regarder comme une vérité constante, que la Légitime des frères ne diffère, quant à la quotité, ni de celle des enfans, ni de celle des ascendans, et que ces trois espèces de parts légales, et, pour ainsi dire, sacrées, doivent toujours être fixées au tiers de la portion *ab intestat*, quand il n'y a que quatre légitimaires, et à la moitié, quand il y en a un plus grand nombre.

IV. Quoique justes admirateurs du droit romain, nous ne pouvons disconvenir qu'il y a dans cette fixation, une injustice qui frappe à la première vue. Il en résulte en effet que cinq enfans ont une Légitime plus considérable que quatre, puisque les cinq ont un dixième, et que les quatre n'ont qu'un douzième ; « Cela se vérifie dans cet » exemple (c'est Lebrun qui parle), où on sup- » pose, d'une part, qu'un père ait laissé 12,000 l. » de biens et quatre enfans; car, en ce cas, cha- » cun des enfans aura 1,000 livres pour sa Légi- » time, puisqu'ils ont le tiers entre eux, c'est-à- » dire quatre onces dans les douze, et 4,000 livres » dans les 12,000. Cependant, si on suppose, » d'autre part, qu'ils sont cinq enfans, ils auront » chacun 1,200 livres; car ils auront six onces » entre eux dans les douze, et 6,000 livres dans » les 12,000 livres; ce qui, étant partagé entre eux, » leur produira 1,200 livres à chacun. Or, il est » difficile de rendre une bonne raison pourquoi, » lorsqu'il n'y a que quatre enfans, chacun d'eux » a moins pour sa Légitime que lorsqu'il y en a » cinq ; car le contraire devrait arriver. »

Cet inconvénient a déterminé les rédacteurs de la nouvelle coutume de Paris à fixer indistinctement la quotité de la Légitime à la moitié de la portion *ab intestat*; voici les termes de cette coutume, art. 398 : « La Légitime est la moitié de » la part et portion que chacun eût eue en la » succession desdits père et mère, aïeul ou aïeule, » ou autres ascendans, si lesdits père et mère ou » autres ascendans n'eussent disposé par donations » entre-vifs ou de dernière volonté; sur le tout » déduit les dettes et frais funéraux. »

Les coutumes d'Orléans, art. 274, de Calais, art. 85, du bailliage de Saint-Omer, art. 27, de la châtellenie d'Aire, art. 57, renferment absolument la même disposition et presque dans les mêmes termes.

L'art. 49 de Chauny porte également que « la » Légitime est la moitié de ce qu'eût pu succéder » ledit enfant *ab intestat*. » On la retrouve encore dans une loi de 1686, qui est particulière à la ville de Nimègue, et citée par Vandepoll.

V. D'autres coutumes, guidées par le même esprit, ont adopté des quotités toutes différentes, mais pareillement fixes, et indépendantes du nombre des légitimaires.

Ces coutumes sont de deux sortes : les unes diminuent la quotité réglée par la novelle 18, les autres l'augmentent.

Les premières sont Bordeaux, Montpellier et Normandie.

VI. Voici ce que porte l'art. 57 de la coutume de Bordeaux : « Si celui qui décède a père, ou » mère, ou autres ascendans, iceux père, ou mère, » ou autres ascendans succéderont aux tiers, les trois » faisant le tout, desdits biens, venus par succes- » sion, pour leur Légitime; et si l'enfant avait » frères et sœur, le tiers sera divisé également en- » tre le père, la mère, et les frères et les sœurs » survixans. »

Cette disposition, bornée, comme on le voit, à la Légitime des ascendans, la fixe invariablement au tiers; et par là elle déroge à la novelle 18, qui la porte à la moitié lorsque les ascendans forment, soit entre eux, soit en y comprenant les frères du défunt, un nombre au-dessus de quatre.

VII. L'art. 50 du statut local de Montpellier laisse la quotité de la Légitime à l'arbitrage du testateur qui la doit ; en sorte que, dans cette ville, le légitimaire est toujours obligé de se contenter de ce qui lui a été légué ou donné, sans pouvoir demander un supplément de Légitime.

Mais cette disposition n'a pas été long-temps exécutée à la lettre. Nous voyons dans le recueil de Maynard, liv. 7, chap. 17, que la jurisprudence du parlement de Toulouse l'avait interprétée de manière que les habitans de Montpellier pouvaient ne laisser à leurs enfans que la moitié de la Légitime, mais que s'ils laissaient moins, il y avait lieu à la demande de la Légitime entière.

L'art. 52 de l'ordonnance de 1735 a fait plus : il a entièrement abrogé le statut de Montpellier, en déclarant que la demande en supplément de Légitime aurait lieu à l'avenir *dans les pays mêmes où ladite demande n'a pas été admise jusqu'à présent, ou a été prohibée dans certains cas.*

On pourrait cependant objecter que cet article ne parle que de ceux *à qui il aura été laissé moins que leur Légitime à titre d'institution;* qu'ainsi il ne peut pas être appliqué au statut de Montpellier, qui dispense nettement les pères et les mères de la nécessité d'instituer leurs enfans dans ce qu'ils leur laissent.

Mais cette objection trouve sa réponse dans l'article 55 de la même ordonnance, qui confirme les *coutumes, statuts ou autres lois particulières observées dans quelques-uns des pays régis par le droit écrit, qui permettent expressément de laisser la Légitime à autre titre qu'à celui d'institution*, et ordonne que *la demande en supplément de Légitime pourra être formée audit cas, ainsi qu'il est porté par l'article 52.*

Une objection plus spécieuse serait de dire que la coutume de Montpellier fixe la Légitime des enfans à ce qui leur a été donné ou légué par leurs pères et mères; qu'ainsi, il ne peut pas être question de supplément de Légitime dans cette coutume, puisque l'ordonnance n'a point entendu déroger aux lois particulières qui avaient diminué expressément la quotité déterminée par le droit commun.

Mais il n'est point vrai que l'article 50 du statut de Montpellier règle, à proprement parler, la mesure de la Légitime sur celle des libéralités faites pour en tenir lieu. Cet article suppose au contraire que la Légitime de droit a lieu à Montpellier; il défend seulement d'en former la demande lorsque le testateur a laissé quelque chose, *quid minimum*, à ceux qui en avaient le droit : aussi n'a-t-on jamais douté en cette ville, qu'un enfant entièrement passé sous silence par son père, ne pût réclamer une Légitime sur le pied réglé par la novelle 18.

VIII. La coutume de Normandie est, des trois que nous avons citées, celle qui a fait la réduction la plus générale à la quotité ordinaire de la Légitime. On a déjà vu qu'elle ne donne aux enfans, pour toute Légitime en quelque nombre qu'ils soient, que le tiers des biens dont leur père était saisi au moment du mariage. ou qui lui sont échus depuis en ligne directe. « Elle n'a point été » assez libérale (dit Basnage), surtout lorsqu'il » reste un grand nombre d'enfans ; mais c'était » beaucoup faire, que d'obtenir ce tiers, et d'a- » doucir la dureté de l'ancienne coutume, qui ne » leur conservait aucune part dans les biens de » leur père. »

Ce tiers, suivant l'art. 402, se partage entre les enfans légitimaires, *selon la coutume des lieux où les héritages sont assis, à laquelle n'est rien dérogé pour le regard des partages, et sans préjudicier aux droits des aînés, et n'y pourront avoir les filles que mariage avenant.*

Ainsi, aux termes de cet article, la condition des filles par rapport à leur droit de Légitime, n'est pas la même lorsqu'elles ont des frères, que quand elles n'en ont pas.

Au premier cas, elles prennent le tiers coutumier en toute propriété; au second, elles n'y peuvent prétendre qu'un *mariage avenant*, c'est-à-dire, comme le définit Basnage, *quelque chose moins que le partage*, ou, pour parler plus nettement, une portion convenable et proportionnée tant à l'état de la fille qu'au montant de la succession, et qui, suivant l'art. 262 de la coutume, *doit être estimée par les parens.*

5ᵉ. TOME IX.

Nous ne nous étendrons pas ici sur les questions relatives à cette estimation ; on les trouvera discutées à l'article *Mariage avenant.*

Nous venons de dire que le tiers coutumier de Normandie se partage entre tous les enfans, et l'on a vu plus haut qu'ils ne peuvent l'obtenir qu'en renonçant à la succession. De là naît deux questions :

La première, si l'acceptation de la succession par l'un des enfans, fait obstacle à l'ouverture du tiers coutumier en faveur des enfans qui renoncent ; la seconde, si, en supposant la négative, les renonçans doivent avoir tout le tiers à partager entre eux, ou s'ils n'y peuvent prendre que la portion à laquelle ils auraient été bornés, si tous leurs frères avaient renoncé.

L'art. 401 de la coutume de Normandie avait décidé clairement la première question pour l'affirmative : *Et ne pourront les enfans accepter ledit tiers, si tous ensemble ne renoncent à la succession paternelle* ; mais , dit Basnage, « cet ar- » ticle, de la manière qu'il est conçu, a produit » de nouveaux inconvéniens... Il paraissait rigou- » reux pour les enfans qu'ils fussent privés de la » grâce qui leur était accordée par cette nouvelle » loi, lorsque quelques-uns d'entre eux, ou par » malice, ou par imprudence, se portaient héri- » tiers de leur part..... »

Cette considération a fait interpréter la coutume d'une manière qui, en décidant pour la négative la première des questions proposées, termine en même temps la seconde difficulté.

« C'est ce qu'il paraît (continue Basnage), par l'arrêt que rapporte Béraut : car des enfans ayant demandé leur tiers entier au décret des biens de leur père, et les créanciers les en ayant fait débouter, à cause que l'un des frères s'était rendu héritier, sur l'appel de cette sentence par les enfans , elle fut cassée ; mais on leur adjugea seulement leur portion au tiers coutumier qu'ils auraient eue, si tous leurs frères avaient renoncé : ainsi, quoique tous les enfans n'eussent pas renoncé, on ne laissa point de recevoir ceux qui avaient répudié la succession à demander leur Légitime ; mais on ne leur accorda que la part qui leur aurait appartenu, si tous avaient renoncé.

» La même chose fut jugée par arrêt du 15 décembre 1646 ; et, conformément à ces arrêts , par l'art. 89 du règlement de 1666, *les enfans n'ont pas le tiers entier, si tous n'ont renoncé ; mais celui qui aura renoncé aura la part audit tiers qu'il aurait eue, si tous avaient renoncé.*

IX. Si les coutumes que nous venons de passer en revue, ont diminué la quotité à laquelle Justinien avait fixé la Légitime, il y en a en revanche d'autres qui l'ont augmentée.

Carvalho nous apprend qu'en Portugal, la Légitime consiste dans les deux tiers ; et qu'en Castille, elle s'élève jusqu'aux quatre quints de la succession *ab intestat.*

La coutume d'Audenarde porte, rubr. 8, article 1, qu'on ne peut donner entre-vifs ni par tes-

47

tament *au-dessus du tiers des biens , au préjudice des ascendans ou des enfans , comme aussi des frères et des sœurs , lorsque la donation serait faite à personne infâme.* C'est fixer bien clairement la Légitime aux deux tiers des biens.

X. Mais revenons au droit commun.

Quelque raisonnable que soit le motif qui a engagé certaines coutumes à déterminer la quotité de la Légitime d'une manière absolue et sans la laisser dépendre du nombre des légitimaires, il ne paraît pas avoir été senti par les rédacteurs de plusieurs autres coutumes, qui ont laissé subsister la quotité des lois romaines.

Telle est celle de Bourgogne, qui s'exprime ainsi, chap. 7, art. 7 : « Et en cas que, par ladite disposition ou partage, fût moins laissé aux enfans » que la Légitime, qui par droit écrit leur appartient, c'est à savoir le tiers de ce que chacun » d'eux eût reçu *ab intestat*, s'il y a quatre enfans au moins, ou la moitié, s'il y en a un plus » grand nombre. »

La coutume de Berry fait entendre clairement qu'elle adopte la même quotité : voici ce qu'elle porte, tit. 7, art. 10 : « Pourront les père et mère, » et chacun d'eux, donner librement à l'un ou » plusieurs de leurs enfans..., en laissant la Légitime, *telle que de droit, aux autres.* » Ces mots, *telle que de droit*, se réfèrent visiblement à la novelle 18 ; c'est la remarque de Labbé et de Brodeau sur cet article ; et l'on n'y trouvera aucune difficulté, si l'on fait attention que la coutume de Berry a été rédigée par M. le premier président Liset, l'un des plus zélés partisans du droit romain (1).

On lit pareillement dans la coutume d'Orchies, chap. 2, art. 1 : « Toutes personnes de franche et » libre condition peuvent et leur est permis de, » par testament ou autre dernière volonté, disposer, donner, léguer et ordonner de leurs héritages....., *sauf aux enfans la Légitime, selon droit.* » L'observation que nous venons de faire sur la coutume de Berry, reçoit ici une application d'autant plus juste, que le décret d'homologation de la coutume d'Orchies veut qu'*ès cas non déclarés* par cette loi....., on se règle..... *selon le droit écrit commun.*

La coutume de Melun s'exprime à peu près de même : « Chacun (dit-elle, art. 232) peut, par » donation entre-vifs, disposer de tous ses biens » à son plaisir à personnes capables....., délaissée » toutefois la Légitime à ses enfans, *selon le droit.* » Brodeau a mis sur ces derniers mots une note ainsi conçue : « Donc, en cette coutume, la Légitime » des enfans se règle suivant la disposition du » droit écrit, et non conformément à la coutume

(1) Il faut cependant observer que cette disposition n'est pas suivie dans le bailliage d'Issoudun , « où, par un usage particulier et locale, on observe l'art. 268 de la coutume » de Paris pour le réglement de la Légitime. Jugé par l'arrêt » de Montmarteau, du 23 mars 1602, et par un autre arrêt » donné en la chambre de l'édit, le 6 mai 1651. » (*Note de Brodeau.*)

» de Paris , art. 298, quoique voisine..., et tel » est l'usage, comme j'ai appris des officiers et » praticiens de Melun. »

Il faut dire la même chose relativement à l'article 233 de la coutume de Reims, qui ordonne au père et à la mère de réserver à leurs enfans *la Légitime selon la raison écrite.*

La coutume de Vermandois, art. 52, dit également qu'un père peut avantager un de ses enfans au-dessus des autres, *réservant toutefois à iceux leur Légitime, selon raison écrite* ; « c'est-à-dire » (remarque Brodeau) que la Légitime, en cette » coutume et autres particulières du Vermandois, » se règle suivant la disposition du droit romain, » et non suivant l'art. 298 de la coutume de » Paris. »

Cette assertion est appuyée d'un arrêt du 4 décembre 1640, rendu pour Ribemont, et confirmatif d'une sentence du juge local, du 27 novembre 1638. Cette sentence, dit Brodeau, « portait qu'en » la coutume de la prévôté de Ribemont, la Légitime entre quatre enfans et au-dessous, est la » troisième partie, et entre cinq et au-dessus, de » la moitié de ce que chacun d'iceux eût pu prendre en tous les biens où ils pourraient succéder, » cessant les dispositions au contraire , toutes » charges préalablement déduites , même les frais » funéraux ; ce qui serait suivi et exécuté entre les » parties, nonobstant choses dites et proposées au » contraire par les appelans. »

XI. C'est une question bien intéressante de savoir si les dispositions des coutumes que nous venons de parcourir, et celles du droit romain dont elles sont tirées, doivent être étendues aux coutumes qui n'ont point fixé la quotité de la Légitime, ou s'il faut adapter à celle-ci l'art. 298 de la coutume de Paris, comme la loi la plus équitable qu'il y ait en France sur cette matière.

On convient assez généralement que le premier parti doit prévaloir dans toutes les coutumes qui renvoient au droit romain la décision des cas omis ou imprévus.

« L'arrêt de Chabannes l'a ainsi décidé pour la » coutume de la Marche, » dit Roussilhe.

Il en est de même, suivant Lebrun, dans celles d'Auvergne et de Bourbonnais, qui *fraient presque toujours avec le droit romain*, c'est aussi ce qu'attestent Prohet et Brodeau, l'un sur l'art. 52 du tit. 12 de la coutume d'Auvergne, l'autre sur l'art. 219 de la coutume de Bourbonnais ; voici les termes de ce dernier : « La Légitime, par » l'usage constant et notoire de la province du » Bourbonnais, se règle suivant la disposition du » droit romain, et non suivant la coutume de » Paris ; j'en ai coté un arrêt donné en cette cou-tume sur l'art. 10 du tit. 7 de la coutume de » Berry ; et cet arrêt est du 16 mai 1651. »

Un arrêt du parlement de Flandre, du 7 avril 1690, a jugé la même chose dans les coutumes de Tournai et de la châtellenie de Lille, qui s'interprètent constamment par les lois romaines. Il s'a-gissait de régler la Légitime de la dame de Hauteroche dans la succession de son père. Comme elle n'avait qu'un frère, la cour lui a adjugé le tiers de la portion qu'elle aurait eue *ab intestat*, c'est-à-dire, le sixième des meubles régis par la coutume de Tournai, le tiers du quint des fiefs de la châtellenie de Lille, et le sixième des acquêts de la même province. Cet arrêt est le vingtième du recueil du président Dubois d'Hermanville.

Environ onze ans auparavant, le 7 septembre 1699, la même chose avait été décidée dans la coutume de Douai, par un arrêt que je trouve dans les mémoires du temps. Voici comme il est conçu : « Et faisant droit sur le surplus, déclare que, par le testament et codicille d'Anne Le-marnier, veuve en dernières noces de Jean Laubgeois, les enfans de Jacques Laubgeois sont chargés de fidéicommis au profit de feu Laurent Desmoulins, mais que les défendeurs sont fondés d'en distraire la Légitime desdits enfans, qui serait un tiers du tout, sauf les imputations, telles que de droit. »

Cette jurisprudence s'est maintenue jusqu'à nos jours dans toute sa vigueur : témoin l'arrêt rendu à Douai, le 9 août 1773, au rapport de M. Hennet, qui donne acte au sieur de Lannoy de Beaurepaire, réduit à sa Légitime par le testament de son père, de l'offre du sieur de Lannoy d'Anappe, de lui laisser suivre le tiers du quint des fiefs situés en Artois, Tournesis et châtellenie de Lille, etc.

XII. Mais que faut-il décider par rapport aux coutumes où le droit romain ne sert que de raison écrite ?

Plusieurs auteurs ont pensé qu'on devait y suivre la novelle 18, préférablement à l'art. 298 de la coutume de Paris. Coquille était même si pénétré de cet avis, qu'il faisait des vœux pour l'émanation d'une loi qui l'eût réformé ; et Ricard l'a appuyé de deux raisons très-spécieuses.

La première est que le droit romain a été observé dans toute la France, depuis Jules-César, jusqu'au déclin de la seconde race de nos rois ; et qu'on le suit encore comme loi écrite dans les cas sur lesquels nos lois sont muettes. La seconde est que la plupart de nos coutumes ont été rédigées avant celles de Paris ; que celle-ci est la première qui ait fixé indistinctement la Légitime à la moitié de la portion, *ab intestat*; qu'ainsi, les rédacteurs des autres n'ont pu avoir sa disposition en vue ; et que, lorsqu'ils ont parlé de la Légitime en général, ils n'ont pu penser qu'à celle qui est déterminée par le droit romain.

Si l'on oppose à Ricard l'équité de l'art. 298 de la coutume de Paris, et l'inconvénient de la novelle 18, il répond, « qu'une plus grande équité ne suffit pas pour former une nouvelle décision, lorsqu'il y a déjà une loi établie au contraire. »

Cette opinion a été adoptée en plusieurs occasions par le parlement de Paris.

Le plus ancien arrêt que l'on connaisse, est rapporté par Coquille, sur l'art. 7 du tit. 27 de la coutume de Nivernais : « On dit (ce sont ses

termes) avoir été jugé par arrêt en la cause de » Guillaume Legras, que la Légitime, en pays » coutumier, est selon le droit romain ; l'arrêt est » du lundi 1er juin l'an 1545. »

Le second arrêt a été rendu pour la coutume de Chartres, le 20 août 1609. C'est ainsi, du moins, que Ricard le date dans son *Traité des Donations*; mais le même auteur, sur l'art. 161 de la coutume de Senlis, le date du 20 août 1611.

Il y en a un troisième du 31 mars 1618, pour les coutumes de Blois, de Valois et de Vitry-le-Français, et un quatrième du 1er avril 1620, pour celle de Senlis : celui-ci est rapporté par Leprêtre, dont le témoignage vaut sans doute bien celui d'Auzanet, qui le cite comme ayant jugé le contraire.

Dans le temps que cette cour jugeait ainsi pour les coutumes citées, elle rendait, pour d'autres coutumes, des arrêts qui préparaient le renversement de la jurisprudence défendue par Ricard.

Nous voyons dans le commentaire de Vrevin sur la coutume de Chauny, que celui du 31 mars 1618, qu'on cite seulement pour Blois, Valois et Vitry, a été aussi rendu pour la coutume d'Anjou, et qu'il a fixé à la moitié du tiers situé dans cette province, la Légitime d'une fille qui n'avait que deux frères. Celui du 1er février 1620 a pareillement jugé que la Légitime, dans les coutumes de Troyes et d'Amiens, devait être réglée par la coutume de Paris. On peut donc dire qu'à l'époque où finissent les arrêts cités par Ricard, il n'y avait encore rien de certain sur cette question.

Elle se renouvela en 1661 pour la coutume de Troyes ; son importance et la nécessité de fixer les opinions sur un objet aussi intéressant, la firent discuter avec tout l'éclat dont elle était susceptible ; on demanda l'avis de toutes les chambres et de l'ordre des avocats. « Les suffrages (dit Ricard) se » sont trouvés partagés ; mais on a remarqué que » ceux qui étaient dans la réputation de savoir les » maximes, se sont trouvés d'avis de suivre le » droit civil. » Cependant, par arrêt du 31 août 1661, il fut jugé que la Légitime qu'il s'agissait de liquider, serait réglée par l'art. 298 de la coutume de Paris. S'il en faut croire Ricard, qui dit l'avoir appris de quelques-uns des juges, cet arrêt « a été fondé sur ce que Me Louis Legrand, nou» veau commentateur de la coutume de Troyes, » attesta, sur l'art. 95, n° 9, que la disposition » de la coutume de Paris est observée en cette » occasion en celle de Troyes, par un commun » usage, après plusieurs jugemens rendus sur les » lieux, confirmés par arrêts. »

Cette particularité tirait absolument l'arrêt de la thèse générale, et laissait la question entière : mais peu de temps après, le 10 mars 1672, il en est intervenu un qui a décidé nettement et *in terminis*, qu'il fallait adapter aux coutumes muettes l'art. 298 de celle de Paris. Il en est fait mention au *Journal du Palais*, tome 1, page 203 ; et nous voyons dans les notes sur Ricard, qu'il a été rendu contre les conclusions de M. l'avocat-général Bignon.

Cette circonstance fit espérer à quelques plaideurs intéressés à soutenir l'opinion de Ricard, qu'elle pourrait encore trouver des partisans dans la magistrature; mais leurs espérances furent trompées. Voici ce que porte à ce sujet un arrêt du 6 septembre 1674, inséré dans le *Journal des Audiences* : « Notre dite cour, sans s'arrêter aux fins » de non-recevoir, pour connaître le supplément » de la Légitime de René de Beuil en la succession » de Beuil premier, comte de Sancerre, son père, » réservé par l'arrêt du 6 août 1671, à prendre » par les créanciers dudit René de Beuil sur les » biens déclarés substitués au profit des enfans » dudit René de Beuil, par ledit arrêt, ordonne » que la Légitime des enfans, ès-coutumes de » Poitou, Anjou, Touraine et La Rochelle, en » cas de substitution faite par les aïeuls au profit » de leurs petits-enfans, se réglera suivant l'article 298 de la coutume de Paris; en sorte qu'au » fait particulier dont est question, après la déduction des dettes sur tous les biens délaissés » par ledit Jean de Beuil premier, comte de Sancerre, et situés ès-dites coutumes, la Légitime » dudit René de Beuil, son fils, sera de la moitié » de tout ce qui restera desdits biens, tant en » meubles qu'immeubles, les dettes et frais funé- » raires acquittés. »

Cet arrêt a été suivi, pour les coutumes de Poitou et de La Rochelle, de quatre autres arrêts qui en ont confirmé la décision.

Le prince de Carignan avait pris la qualité de légitimaire dans la succession de son aïeul; il s'y trouvait un propre situé en Poitou, dont il réclamait les deux tiers, soit à titre de Légitime, sur le fondement de l'arrêt du 10 juin 1624, rapporté ci-dessus, sect. 2, § 3, soit à titre de réserve coutumière qu'il prétendait cumuler avec la Légitime de droit. « Par arrêt du 12 mars 1715 (dit » Denisart), la Légitime du prince de Carignan » fut fixée sur le pied d'un sixième (conformé- » ment à la coutume de Paris), par la raison que » la princesse son aïeule avait laissé trois enfans, » savoir, lui prince, le comte de Soissons, et la » princesse de Baden. »

L'additionnaire de Lebrun rapporte aussi cet arrêt, et ajoute :

« Il y a un autre arrêt rendu en la quatrième chambre des enquêtes, au rapport de M. l'Epine de Grainville, qui prononce que, sur les biens délaissés par la dame Doucet, *distraction sera faite, aux termes de l'art. 298 de la coutume de Paris, de la Légitime appartenante à Jeanne-Françoise Moriceau*, sa fille, *avec restitution de fruits et de revenus*. La sentence avait été rendue par la conservation de Poitiers, le 20 août 1747.

» Il y a deux arrêts semblables en coutume de La Rochelle, l'un du 21 janvier 1713, rendu en la deuxième chambre des enquêtes, au rapport de M. Chavaudon; l'autre du 6 mars 1716, en la deuxième chambre des enquêtes, au rapport de M. Carré de Mongeron. »

Nous avons rapporté ci-dessus, sect. 1, un arrêt du 18 mars 1706, qui a jugé la même chose pour la coutume d'Amiens.

C'est ce qui a été pareillement décidé pour l'Artois, par l'arrêt de Coffin, du 6 septembre 1752, et par un autre, rendu en conséquence de celui-ci, le 7 septembre 1765. Le premier ordonne que la Légitime de Jean-Antoine Coffin, dans les successions de son père et de sa mère mariés et domiciliés à Hesdin, *lui sera donnée, quant à la quotité, aux termes de l'art. 298 de la coutume de Paris*. Le second liquide et fixe cette même Légitime à deux quints de fiefs, moitié des quatre quints qu'il aurait pris *ab intestat*; et comme il avait sept frères, l'arrêt lui adjuge un quatorzième des biens cottiers, catteux, effets mobiliers et dettes actives.

La raison de cette jurisprudence est que la quotité déterminée par la coutume de Paris, remplit plus exactement l'objet de la Légitime que celle qui est fixée par la novelle 18, et n'entraîne pas le même inconvénient.

Inutilement objecte-t-on avec Ricard, que la seule équité n'est pas un motif suffisant pour nous faire abandonner une loi positive; une réponse victorieuse écarte cette objection : c'est que, dans les coutumes dont il s'agit, la novelle 18 n'a jamais eu force de loi, et que, si elle y a quelquefois été considérée, ce n'a été que comme raison écrite; ce, qui n'empêche pas qu'on ne puisse toujours la faire céder à de simples principes de justice et d'équité.

Pour mettre cette réponse dans tout son jour, il faut distinguer trois temps différens, ou plutôt, s'il est permis de parler ainsi, trois âges dans notre jurisprudence : le premier, avant la rédaction de nos coutumes; le second, depuis cette rédaction jusqu'à l'arrêt de 1672; le troisième, depuis cet arrêt jusqu'à présent.

Dans le premier temps, nos usages étant fort obscurs, fort équivoques et peu développés, le droit romain leur servait d'interprétation, et suppléait à leur silence. C'est alors que Bouteiller écrivait dans sa *Somme rurale*, que la novelle 18 servait de règle générale en France pour la quotité de la Légitime.

Dans le second temps, la jurisprudence commença à prendre une face nouvelle : les coutumes ayant été réformées par les plus habiles jurisconsultes et les magistrats les plus expérimentés, furent regardées comme un corps de lois municipales, et prirent le dessus; mais les arrêts jugeaient, tantôt en faveur du droit romain, tantôt en faveur des coutumes. Tout était incertain; et ce n'est que dans le troisième temps qu'on peut dire que la jurisprudence s'est fixée.

Ce troisième temps a commencé par le célèbre arrêt du 10 mars 1672, qui jugea que la coutume de Paris devait prévaloir sur le droit romain, pour régler la quotité de la Légitime dans les coutumes muettes, parce que le droit romain n'est point parmi nous une loi, mais une simple raison écrite.

et que les coutumes au contraire forment notre droit commun. Celle de Paris, comme la principale du royaume, mérite sans doute la préférence sur les autres; on ne peut d'ailleurs disconvenir qu'elle ne soit la mieux rédigée, et que les articles qui y ont été ajoutés lors de la dernière réformation, n'aient été tirés des arrêts antérieurs, dont les motifs ont partout le même poids et la même autorité.

XIII. Quelque constante que soit aujourd'hui la jurisprudence que nous venons d'exposer, elle ne peut être invoquée avec succès que dans les pays où il ne s'en trouve point une contraire bien établie : comme elle tire toute sa force de l'usage, il est clair qu'elle peut être détruite par un usage tout différent.

Il ne faut donc pas s'étonner si le parlement de Paris a encore jugé, le 21 août 1742, au rapport de M. Coste de Champeron, que, dans la coutume de Ponthieu, qui n'admet qu'un seul héritier en ligne directe, lors même qu'il y a plusieurs enfans, la Légitime de droit de celui qui est appelé *ab intestat*, consiste dans le tiers de tous les biens. Cet arrêt n'a été rendu que sur les preuves les plus positives de l'usage de Ponthieu sur cette matière; on en rapportait deux actes de notoriété délivrés les 26 juin et 14 juillet 1724 : le premier, par l'ordre des avocats de la sénéchaussée d'Abbeville; le second, par les officiers du même siége. On citait, outre cela, 1° une sentence du 18 avril 1690, qui avait jugé de même : 2° un arrêt du 7 septembre 1668, qui, suivant Maillart, « avait » fixé au tiers la Légitime de l'aîné sur les propres » de Ponthieu, et à la moitié sur les effets mobi-» liers; » différence qui venait sans doute de ce que, dans l'espèce de l'arrêt, la succession mobiliaire n'était pas ouverte en Ponthieu; 3° l'arrêt du 22 juillet 1698, rapporté ci-dessus, « qui or-» donne, à l'égard des biens situés en Ponthieu, » qu'il en sera donné (au sieur Dauvillers, légi-» timaire) le tiers dès à présent pour le droit de » Légitime dans lesdits biens; et pour régler si elle » sera portée jusqu'à la moitié de la portion héré-» ditaire que ledit Dauvillers aurait eue *ab intestat*, » ordonne que les parties rapporteront... des actes » de notoriété..... »

Ce sont ces monumens de l'usage du Ponthieu sur la quotité de la Légitime, qui ont servi de motif à l'arrêt du 21 août 1742. On opposait, à la vérité, celui du 1er février 1620, qui avait étendu à cette province l'art. 298 de la coutume de Paris; mais on a regardé cette décision comme rendue sur la thèse générale, plutôt que sur l'usage particulier du Ponthieu, et conséquemment comme le fruit d'une erreur de fait.

XIV. Dès que l'on connaît les maximes et les usages de chaque pays touchant la quotité de la Légitime, il est facile de la déterminer dans une succession composée de biens situés en différentes provinces. La Légitime est un droit réel; et les lois qui la défèrent ou qui la règlent, sont des statuts réels, dans le vrai sens de ce terme. Ainsi,

ce n'est ni à la loi du domicile du défunt, ni à celle de la naissance des légitimaires, qu'on doit s'arrêter pour cet objet : mais il faut considérer chaque coutume en particulier, et, sans faire attention aux autres, distraire des biens qu'elle régit, la portion légitimaire qu'elle a fixée.

Il y a, dans le recueil de Papon, un arrêt qui nous apprend que cette vérité si simple a autrefois été combattue en justice, mais sans succès.

« Le 3 février 1541, fut décidé par arrêt (au » rapport de M. de l'Hôpital,) que, si le testateur, » demeurant en pays de droit écrit, et ayant des » biens en plusieurs provinces, tant coutumières » que de droit écrit, par le testament institue » l'un de ses enfans héritier universel, les autres » prendront leur Légitime et portions, telles que » la disposition de chacun pays où les biens seront » situés porte, soit de droit ou de coutume; sa-» voir, ès pays de droit écrit, selon la computa-» tion de l'authentique *novissima* (ou novelle 18,) » et ès autres pays, tout ainsi que la coutume » l'ordonne. »

Cette décision se justifie assez d'elle-même. Cependant, si l'on était amateur de la voir appuyée de nouvelles autorités, on pourrait consulter les arrêts des 31 mars 1618, 1er février 1620 et 22 juillet 1698 : ils sont tous trois très-précis et très-formels sur la réalité du statut de la Légitime : le premier est rapporté par Vrevin; le second par Auzanet; le troisième est transcrit ci-dessus, section 1. Le parlement de Toulouse en a rendu un semblable, qu'on trouve dans le recueil de Maynard, liv. 7, chap. 17.

XV. Dans tout ce que nous avons dit jusqu'à présent sur la quotité de la Légitime, nous n'avons remarqué aucune différence entre les enfans d'un premier et ceux d'un second ou troisième mariage.

Les états de Navarre ont entrepris, en 1742, de détruire cette uniformité, en réglant, par l'art. 4 des délibérations prises dans l'assemblée de cette année, « que les enfans des seconds mariages et » autres subséquens n'auront pour eux tous, en » quelque nombre qu'ils soient, sur la succession » du père ou de la mère qui aura convolé, qu'une » seule Légitime égale à celle d'un cadet du pre-» mier lit. »

Mais ce règlement ayant été présenté au parlement de Pau, pour être homologué, cette cour y a, dès le premier abord, trouvé des difficultés, « en ce que la délibération des états était contraire » au droit commun et à l'art. 52 de l'ordonnance » du mois d'août 1735; » et elle a ensuite arrêté qu'il en serait référé à M. le chancelier d'Aguesseau.

Voici quelle a été la réponse de ce magistrat (sa lettre est du 6 juin 1743 :)

« S'il s'agissait d'entrer à présent dans l'examen » du fond de ce règlement, pour en peser la justice » et la convenance, j'aurais besoin d'être instruit » plus exactement, soit des anciens usages de la pro-» vince de Navarre et de la jurisprudence de votre compagnie, soit de la possession où elle paraît être d'autoriser des règlemens de cette nature; et il faudrait surtout être bien informé de ce qu'il y a dans celui dont il s'agit, qui soit conforme aux règles anciennement observées dans la matière qui en est l'objet, et de ce qu'on veut changer dans ces anciennes règles, en introduisant un droit nouveau : mais il y a une question supérieure qui a été apparemment le motif de la consultation que vous m'avez faite, et qui consiste à savoir si le parlement a le pouvoir nécessaire pour approuver le règlement proposé par les États; et c'est en effet la première difficulté qui se présente naturellement à l'esprit sur ce sujet. Or, à n'envisager cette question que dans les vues générales de l'ordre public, il ne paraît pas au premier coup d'œil, que ni les États ni le parlement même aient une autorité suffisante pour faire une espèce de loi nouvelle qui serve de règle dans les jugemens, et pour abroger celles qu'on y a observées jusqu'à présent.

» Ainsi, il semble que tout se réduit à examiner si le règlement dont il s'agit, tend à établir en effet un droit nouveau, et à abolir celui qui était établi auparavant. Il y a lieu même de croire, sans entrer dans une discussion plus profonde, que tel a été l'esprit de ceux qui présentent ce règlement à votre compagnie; ils le font assez entendre par l'exposition des motifs de leur avis, et encore plus par les termes même de ce règlement, qui tendent à détruire la disposition d'un règlement précédent de l'année 1691, où on avait apparemment décidé le contraire de ce qu'ils veulent faire ordonner aujourd'hui.

» Ainsi, dans ces circonstances, je suis fort porté à croire que le seul parti régulier qui puisse être pris par le parlement sur la requête des syndics des États, est d'ordonner qu'ils se retireront par devers le roi, pour en obtenir une déclaration, s'il plaît à sa majesté de leur en accorder, pour statuer ainsi qu'elle jugera à propos de le faire sur la proposition des États.»

Nous apprenons par une lettre écrite à M. le chancelier, le 20 juillet suivant, quelle a été l'issue de cette affaire:

« Le parlement a refusé d'homologuer le règlement fait l'année dernière par les États de Navarre, sur la Légitime des enfans nés d'un second ou d'un troisième mariage, et a, au contraire, ordonné à cet égard l'exécution de la coutume.

» La délibération que cette compagnie a prise dans cette occasion, m'a fait juger qu'il serait bien inutile de vous rendre compte de quelques éclaircissemens qu'il aurait été nécessaire de vous donner si j'avais vu le parlement disposé à prendre un autre parti, c'est-à-dire, à faire une loi nouvelle, qui ne pouvait être établie que par l'autorité de sa majesté.»

Section VII. *Peut-on diminuer ou charger la Légitime?*

Cette question peut être considérée sous trois faces :

Par rapport aux légitimaires,
Par rapport à ceux à la puissance desquels ils sont soumis,
Et par rapport à leurs créanciers.

§. I. *Peut-on diminuer ou changer la Légitime, au préjudice de ceux à qui elle est due?*

I. Les lois, suivant en cela l'esprit de la nature, considèrent la Légitime comme un bien propre à ceux qui ont droit de la demander; et, par une conséquence nécessaire de la règle *nemo rei alienæ legem dicere potest*, elles défendent aux personnes sur la succession desquelles elle doit être prise, de la diminuer par quelque disposition que ce soit, de la faire dépendre de l'événement d'une condition, de la retarder par l'attente d'un jour certain, ou de la grever d'aucune charge. Tout cela est établi clairement par la loi 32, C. *de inofficioso testamento*, ou de celles que Justinien a faites pour porter la Légitime au degré de faveur où nous la voyons aujourd'hui.

II. La défense de diminuer la Légitime, emporte nécessairement celle d'en changer la quotité par le choix que le père et la mère feraient, en se mariant, d'une certaine coutume pour la régler, à l'exclusion de toute autre. C'est ce qui a été jugé dans l'espèce suivante.

Le sieur et la dame de Nérac s'étaient fait, par leur contrat de mariage, une donation mutuelle et universelle de la propriété de leurs biens, en cas qu'ils n'eussent pas d'enfans, et de l'usufruit seulement, en cas qu'ils en eussent. Ils avaient stipulé qu'en ce dernier cas, la Légitime des enfans serait prélevée et réglée par le droit écrit, quoique les biens fussent situés dans la coutume de Paris.

La dame de Nérac mourut la première, et laissa un fils qui décéda quatre ans et demi après elle. Le sieur de Nérac prétendit alors avoir l'usufruit de tous les biens de sa femme, déduction faite d'un tiers seulement pour la Légitime de son fils, conformément à la novelle 18.

De leur côté, les héritiers de l'enfant soutinrent que la Légitime devait être réglée par la coutume de Paris, et par conséquent la déduction offerte par le sieur de Nérac, devait comprendre la moitié des biens.

Comme il n'est point permis, disaient-ils, de priver un enfant de sa Légitime sans juste raison, on ne peut pas non plus retrancher celle que lui donne la loi de la situation des biens qui y sont sujets; on peut, à la vérité, par contrat de mariage, déroger aux dispositions purement positives des lois et des coutumes; mais il n'en est pas de même des dispositions prohibitives; elles ne sont pas moins à l'abri des stipulations faites par contrat de mariage, que de celles qu'on insère dans tout autre acte, et cela doit surtout avoir lieu par rapport à la Légitime qui est un droit sacré. Quand on dit que les contrats de mariage sont susceptibles de toutes sortes de clauses, il en faut excepter, avec tous les auteurs, celles qui sont contraires aux bonnes mœurs, au droit public et aux lois prohibitives.

Sur ces raisons, le sieur de Nérac a été condamné à restreindre son usufruit universel à la moitié des biens, et à abandonner l'autre moitié aux héritiers de son fils pour la Légitime de celui-ci, conformément à la coutume de la situation.

Le sieur de Nérac a interjeté appel de cette sentence; mais elle a été confirmée par arrêt du 3 juin 1755, sur les conclusions de M. l'avocat-général Joly de Fleury.

On voit par cet arrêt, et par un autre qui sera rapporté ci-après, § 3, que la faveur même des contrats de mariage ne peut pas servir de prétexte pour préjudicier à la Légitime.

III. Mais si à cette faveur était jointe l'aversion que témoignent les lois pour les secondes noces, ne pourrait-elle pas autoriser une stipulation contraire aux dispositions de la loi du Code rapportée ci-devant, ou, ce qui est la même chose, ne-peut-on pas convenir par le contrat d'un second mariage, que les enfans qui en naîtront, n'auront qu'une certaine somme ou une certaine part pour tout droit de Légitime?

On peut dire pour l'affirmative, que, sans cette convention, le survivant ne se serait pas remarié; qu'elle forme la condition sine qua non de la naissance des enfans du second lit; que lui étant redevables de la vie, le premier de tous les biens, ils ne sont point recevables à la critiquer, sous le prétexte qu'elle leur ôte une faible portion du patrimoine de leur père; qu'en un mot, il n'est pas permis de diviser une clause contractuelle, et que, si on recueille le profit, on doit en supporter les charges. Cette opinion est même appuyée sur une décision expresse du livre de usibus feudorum, tit. de matrimonio ad morganaticam contracto. Un homme avait un fils d'une femme noble; devenu veuf, il épousa une seconde moins noble, mais à condition qu'elle et ses enfans n'auraient d'autre part à sa succession que celle qu'il leur assignait par le contrat de mariage, comme 10 livres, ou ce qu'il avait donné pour présent de noces. Cet homme étant mort et ayant laissé des enfans de cette femme, il fut décidé qu'ils ne succéderaient point aux alleux de leur père avec leur frère du premier lit, et qu'ils ne prendraient même rien dans les fiefs, quoique ce dernier fût décédé avant le père commun. [[V. l'article Mariage de la Main gauche.]]

« Mais (dit Lebrun) nous nous attachons à un droit plus équitable et plus important que les usages des fiefs; car la loi naturelle et la loi civile ayant accordé et réglé la Légitime des enfans, et le public ayant intérêt que cette portion qui leur a été réglée, leur soit conservée, il semble qu'il n'est jamais permis d'y déroger; et la circonstance d'un second mariage ne doit point faire changer cette décision, puisque ce serait étendre les lois feminæ et hac edictali, et l'édit des secondes noces, qui sont des lois pénales, et ne peuvent recevoir aucune extension.

» Ainsi, il faut considérer que ce titre de filiis natis ex matrimonio ad morganaticam contracto, est fait principalement pour la succession des fiefs, et qu'on ne pouvait réduire de cette manière la Légitime des enfans d'un second mariage dans les autres biens, sinon lorsqu'il y avait des enfans d'un premier mariage, et en leur faveur seulement. C'est ce qui est remarqué par M. Cujas..... D'ailleurs cet usage n'avait lieu qu'en cas que le père descendît à un second mariage peu sortable.... Enfin, nos anciens auteurs nous ont marqué spécialement que ce titre n'était point en usage parmi nous, et entre autres Enguinarius Baro, qui dit sur ce titre : Hic mos juri communi, juxta ac moribus Franciæ contrarius est. »

Les raisons de douter que nous avons exposées, ne portent aucune atteinte à cette doctrine. La Légitime n'a été introduite que pour servir de frein aux libéralités de ceux qui doivent quelque chose à leurs héritiers; elle se prend toujours contre la volonté des pères; et ce serait l'abolir que de permettre à ceux-ci de la diminuer ou de la défendre. On peut même, en cette matière, diviser les dispositions d'un défunt, prendre ce qu'elles ont de favorable pour le légitimaire, et en retrancher ce qu'elles renferment de préjudiciable à ses droits. La loi scimus, 36, C. de inofficioso testamento, qui sera développée dans la suite de cet article, le décide expressément ainsi : d'ailleurs, comme l'observe fort judicieusement Lebrun, « la dérogation » même à la Légitime qui regarde ou d'autres en- » fans, ou des héritiers collatéraux, ou des dona- » taires, serait un avantage sujet au retranche- » ment de la Légitime, comme on dit en matière » de rapport (dans les coutumes d'égalité), que » la prohibition du rapport est un avantage sujet » au rapport. »

Enfin, l'opinion que nous soutenons a été consacrée formellement par un arrêt prononcé en robes rouges, le 1er juin 1629, et rapporté au Journal des Audiences; « C'était (dit Dufresne) en » l'espèce d'un apothicaire de cette ville de Paris, » lequel ayant des enfans de son premier mariage, » était passé en secondes noces, et avait épousé sa » servante, et stipulé dans le contrat que les en- » fans qui en seraient procréés, n'auraient qu'une » certaine portion en la communauté. »

Brodeau cite le même arrêt comme ayant jugé qu'un père qui a des enfans d'un premier lit, ne peut pas préjudicier, par le contrat d'un second mariage, à la Légitime des enfans naturels dont il purifie la naissance en épousant leur mère; et quoique Dufresne ne dise pas que l'apothicaire dont il parle, eût des enfans de sa servante avant de l'épouser, on peut croire, d'après Brodeau, que l'arrêt a été rendu dans cette circonstance : c'est même ce qu'on voit clairement dans le recueil de Bardet, tom. 1, liv. 3, chap. 52. Au reste, la question ne peut souffrir aucune difficulté; les bâtards légitimés par mariage subséquent, ont les mêmes droits que les enfans nés Légitimes : on ne peut donc ni ôter ni diminuer aux uns, la portion que les lois défendent expressément d'ôter ou de diminuer aux autres; et c'est sur ce fondement qu'il a été jugé, par arrêts des 14 août 1565, 6 septembre 1567 et 9 août 1639, que la légitimation par mariage subséquent donne aux enfans naturels le droit de demander, après la mort de leur père, le supplément de ce qui manque aux donations qu'il leur a faites de son vivant, pour compléter leur Légitime.

IV. Nous avons dit que la Légitime ne doit ni dépendre d'une condition incertaine, ni être retardée par l'attente d'un jour certain.

Le président Favre demande à ce sujet si un légitimaire ayant reconnu et accepté le legs que le défunt lui a laissé pour lui tenir lieu de Légitime, peut, avant que l'estimation des biens soit faite, demander que la condition et le terme apposés par le testateur à ce legs, soient rejetés et regardés comme non écrits.

Ce magistrat décide pour la négative, d'après un arrêt du sénat de Chambéry, du 22 janvier 1594. La raison en est qu'on ne peut pas savoir, avant l'estimation, si le legs excède ou non la Légitime; qu'à la vérité, après l'estimation, les charges imposées par le testateur, n'affecteront plus l'excédant du legs sur la Légitime; mais qu'en attendant, elles doivent, à cause de l'incertitude, affecter le tout. On peut ajouter que ces charges, en pareil cas, ne font que représenter l'effet du retardement qu'apporte toujours la nécessité de l'estimation préalable; que ce retardement n'est pas compris dans la défense de suspendre le paiement de la Légitime par l'apposition de quelque terme ou de quelque condition; que par conséquent les charges dont il s'agit, ne doivent pas non plus être regardées comme des contraventions à cette défense.

Cependant, comme le retard occasionné par le temps qu'il faut pour l'estimation, n'empêche pas le légitimaire de demander une provision quelconque, nous serions d'avis de lui en donner également une dans l'espèce proposée par M. Favre. Ce parti est le plus conforme à l'équité, et il concilie, autant qu'il est possible, la loi qui ordonne de payer la Légitime sur-le-champ, avec les obstacles physiques qui retardent nécessairement ce paiement.

V. La prohibition de grever la Légitime de quelque charge que ce soit, emporte naturellement celle de la fidéicommisser. Mais le défaut de réclamation de la part du légitimaire grevé de substitution, n'élève-t-il pas contre lui ses héritiers une fin de non-recevoir capable de faire subsister la charge imposée par le défunt?

Denisart distingue si le légitimaire a ignoré l'acte qui substituait sa Légitime, ou s'il en eu connaissance.

Au premier cas, cet auteur accorde au légitimaire ou à ses héritiers, le droit de former une demande en distraction, et « cela a été ainsi jugé » (dit-il) par sentence du 27 août 1740, confirmée » par arrêt du 23 février 1741, rendu sur les con-

» clusions de M. l'avocat-général Joly de Fleury. »

Mais au second cas, le légitimaire, suivant Denisart, n'est point recevable à réclamer, *attendu l'exécution, parce qu'il lui est très-permis de renoncer à son droit, et d'exécuter pleinement le testament qui l'en privait.*

Cette doctrine serait incontestable dans l'espèce d'une renonciation formelle; mais nous parlons d'un légitimaire qui ne fait que garder le silence; et il est certain, comme on l'a prouvé ci-devant, sect. 5, § 3, qu'on n'admet pas de renonciation tacite en matière de Légitime. Aussi trouvons-nous dans les *Decisiones Brabantinæ* de Stockmans, un arrêt du conseil souverain de Brabant, du 14 juillet 1645, qui a accordé à un fils la distraction de sa Légitime, quoiqu'il eût exécuté le testament qui le chargeait de substitution.

Le parlement de Flandre a jugé deux fois la même chose en faveur des représentans d'un légitimaire décédé. La première, par un arrêt du 24 1690, qui est rapporté par M. de Baralle; la seconde, par un arrêt du 8 août 1729, dont nous retracerons ci-après l'espèce.

VI. La défense de substituer la Légitime, doit-elle avoir lieu quand la substitution est réciproque entre deux ou plusieurs légitimaires?

Il y a de fortes raisons et beaucoup d'autorités pour et contre.

D'un côté, Ajon, Cujas, Vasquius, Dumoulin, Godefroy, Paul de Castro, Henrys, Duperrier, soutiennent la validité de la substitution. La réciprocité d'une telle substitution, disent-ils, ne permet pas de la garder comme une charge; l'incertitude du profit ou de la perte est égale entre tous les enfans; chacun d'eux peut survivre aux autres et gagner leur Légitime, comme il peut perdre la sienne en mourant avant eux. D'ailleurs, la loi 12, C. *de inofficioso testamento*, qui est de l'empereur Alexandre, décide nettement cette question, en déclarant qu'il ne peut point y avoir lieu en pareil cas à la plainte d'inofficiosité. Et qu'on ne dise pas que cette loi a été abrogée par celles de Justinien qui ont affranchi la Légitime de toute charge; car il faudrait pour cela que les substitutions réciproques fussent onéreuses aux légitimaires, et il est certain qu'elles ne le sont pas. Ainsi, la raison qui, nonobstant les lois de Justinien, permet encore aujourd'hui de substituer pupillairement la Légitime d'un fils non-émancipé, doit pareillement autoriser un père à fidéicommisser réciproquement cette portion.

D'un autre côté, toutes les cours souveraines jugent constamment qu'il n'est pas plus permis de comprendre la Légitimité dans une substitution réciproque, que dans une substitution simple. Bouguier en rapporte deux arrêts du parlement de Paris, du 20 juin 1621 et 16 juillet 1627. Le recueil de Catellan nous en offre un semblable qui a été rendu au parlement de Toulouse en juin 1692. La Peyrère, lettre T, n° 44, atteste que telle est aussi la jurisprudence du parlement de Bordeaux. C'est aussi ce qu'ont jugé le parlement d'Aix par un arrêt du 14 mai 1625, rapporté dans la collection de Bonnet, lettre L, n° 5 ; celui de Franche-Comté, par un arrêt du 16 mars 1607, inséré dans le recueil de Grivel, § 134 ; et celui de Douai, par un arrêt du 7 juin 1671, rapporté par Pollet, part. 5, § 66.

On prétend néanmoins que cette jurisprudence est contraire aux principes, et qu'on ne peut la justifier par l'usage. « On a voulu (dit Catellan) » gauchir et raisonner moins juste en faveur de la » Légitime, qui se trouve, dans le cas dont il s'a-» git, blessée et grevée par l'événement, si elle » ne l'est pas dans la disposition du père. Une » apparence contraire dans la loi 31 à la loi 12, » C. de inofficioso testamento, une note échappée » au glossateur, tout a été bon pour ne pas assu-» jettir un droit que donne la nature, suivant la-» quelle tout est libre. » Bretonnier tient à peu près le même langage.

Mais il est aisé de faire voir que l'usage et la jurisprudence, loin de s'écarter en cela des principes du droit romain, n'ont fait au contraire que s'y conformer.

La loi 12, de inofficioso testamento, ne décide pas, comme l'ont pensé certains auteurs, qu'une substitution réciproque n'est point une charge pour le légitimaire. Eh ! comment pourait-elle adopter un pareil paradoxe ? La substitution, quelle qu'elle soit, est toujours onéreuse à ceux qui en sont chargés : elle diminue, elle enlève presque la propriété des biens substitués ; elle dépouille le grevé du droit si flatteur de disposer en maître de ses biens ; et il y a dans la vie une foule de circonstances où rien ne peut consoler de la privation de ce droit.

Que décide donc la loi dont il s'agit ? Une seule chose, savoir, qu'en cas de substitution réciproque, les grevés trouvant dans l'espérance de recueillir deux ou plusieurs Légitimes, au lieu d'une, la compensation de la charge qui, en attendant, pèse sur eux, ils ne peuvent pas intenter contre le testament de leur père la querelle d'inofficiosité.

Mais, on le voit, cette décision se ressent du temps où elle a été écrite. Avant l'empereur Justinien, on ne doutait pas qu'il ne fût permis à un testateur de compenser, de quelque manière que ce fût, ce qu'il retranchait de la Légitime ; et lorsqu'il l'avait fait avec une juste proportion, son testament était confirmé : la loi 8, § 11, D. de inofficioso testamento, nous en donne la preuve et l'exemple. (V. ci-après, sect. 8, § 3.)

D'après cela, comment ne pas apercevoir que la décision de l'empereur Alexandre a été abrogée par Justinien ?

D'abord, la loi 31, C. de inofficioso testamento, veut que la Légitime soit laissée quitte et franche de toute condition : or, une substitution réciproque est certainement une condition qui rend la propriété du légitimaire incertaine : cette substitution est donc proscrite par ce texte.

En second lieu, la loi 36 du même titre veut que la Légitime soit payée en corps héréditaires, ex substantia patris; qu'un simple usufruit ne puisse jamais en tenir lieu, et qu'il ne soit pas permis à un testateur d'obliger la légitimaire d'imputer sur cette portion le profit d'une substitution dont il lui assure l'expectative : on ne peut donc plus dire, comme au temps de l'empereur Alexandre, que les légitimaires dont la portion est substituée réciproquement, sont dédommagés de cette charge par l'espérance d'un profit considérable ; et dès-là, comment douter que la décision de ce législateur ne soit abrogée ?

On oppose l'exemple de la substitution pupillaire ; mais c'est sans fondement ; M. de Catellan en convient lui-même. « Il y a bien à dire (se sont » ses termes,) du cas de la substitution pupillaire » au cas de la substitution réciproque. La pre-» mière, bien loin de pouvoir, ni en elle-même » ni par l'événement, passer pour une substitu-» tion onéreuse au fils, bien loin de le priver de » la liberté de disposer de sa Légitime, est regar-» dée au contraire comme le testament et la dis-» position du fils, que fait pour lui la piété et la » providence paternelles dans un âge où il ne peut » disposer lui-même. Il n'en faut pas dire davan-» tage ; il est trop aisé de sentir la différence.» V. ci-devant, sect. 5, § 4.

VII. Il y a cependant un cas où l'on peut substituer la Légitime par une espèce d'exhérédation qu'on appelle officieuse. Lorsqu'un père a le malheur d'avoir un fils prodigue, dit la loi si furioso, 16, § potuit 2, D. de curatoribus, et qu'il voit que ses biens seront dissipés, s'il lui en laisse la libre disposition, il peut le déshériter en faveur de ses petits-enfans ; et pourvu qu'il lui laisse des alimens, il satisfait à tout ce que demande de lui et la voix de la nature et la prévoyance paternelle.

M. d'Aguesseau fait là-dessus une réflexion remarquable :

« Si cette loi (dit-il, dans son quatrième plai-doyer) n'avait point été reçue dans le royaume, si l'usage ne l'avait point autorisée en quelque manière, il ne serait peut-être pas difficile de faire voir que cette disposition ayant été faite dans un temps où les fruits s'imputaient sur la Légitime, et qu'un père pouvait déshériter ses enfans sans aucune des causes marquées par la loi, il a perdu toute sa force et son autorité par les lois postérieures qui ont attribué de nouveaux priviléges à la Légitime.

» On pourrait croire qu'elle a été abrogée par les dispositions du Code, et par les novelles de Justinien, mais ce doute serait contraire à l'autorité de vos jugemens, qui ont cru que le conseil du jurisconsulte dans cette loi, était un conseil salutaire, un frein qu'on pouvait opposer à la dissipation et à la prodigalité des enfans, un remède nécessaire pour conserver les biens dans les familles.»

Ce que M. d'Aguesseau ne propose ici qu'avec cette sage timidité qui doit caractériser toutes les

5e. TOME IX.

48

opinions nouvelles, on a voulu, de nos jours, le réduire en système, et on a soutenu très-sérieusement que les tribunaux devaient s'y conformer.

Pour en démontrer l'erreur, il faut 1° fixer le véritable sens de la loi 16, § 2, D. *de curatoribus;* 2° prouver qu'elle n'a point été abrogée par des lois postérieures; 3° établir enfin qu'elle a été adoptée parmi nous.

1° Il est étonnant que l'on élève un doute sur l'exacte intelligence de la loi dont il s'agit. Ses seuls termes devraient suffire pour dissiper toute incertitude; les voici : *Potuit tamen pater et alias providere nepotibus suis, si eos jussisset heredes esse, et exheredasset filium, eique quod sufficeret alimentorum nomine ab eis certum legasset, addita causa necessitateque judicii sui.*

Cependant on prétend que cette loi a pour objet de décider que la prodigalité était, à l'époque où elle a été rédigée, une cause d'exhérédation; mais que le père n'avait la liberté d'exhéréder son fils prodigue, que sous la condition de lui léguer, à titre d'alimens, une certaine portion de biens.

Rien n'empêche de penser (ajoute-t-on) que cette portion devait être équivalente à la Légitime.

Cette loi, au surplus, ne contient qu'un conseil que le jurisconsulte donne au père. Ce n'est pas un droit qu'elle accorde par forme de décision. C'est un récit et non pas une disposition; c'est un parti de prudence que la loi indique. Ainsi l'ont entendu Bacquet, *des droits de Justice,* chap. 21, n° 354, et Mornac.

Enfin, la loi fait dépendre l'exécution de ce conseil de la volonté du fils prodigue; si c'était une disposition législative, elle soumettrait toutes les volontés.

Telles sont en substance les différentes objections que nous avons à réfuter.

Mais sans doute on aperçoit déjà la faiblesse de la première.

Dans le droit romain, il était nécessaire d'instituer les enfans ou de les exhéréder; un testament était nul, lorsqu'il ne contenait ni institution ni exhérédation. C'est par cette raison que la loi emploie le terme d'*exhérédation:* mais elle n'entend point parler de l'exhérédation parfaite, qui consiste dans la privation entière de l'hérédité. L'enfant exhérédé n'a pas le droit d'exiger des alimens, au lieu qu'il en est dû à l'enfant prodigue, contre lequel le père use du droit que la loi lui défère; le père est obligé de lui en laisser : *eique quod sufficeret alimentorum nomine, certum legasset.* La nécessité du legs est inconciliable avec l'exhérédation : aussi cette disposition n'est-elle pas qualifiée purement et simplement d'*exhérédation,* mais elle est appelée *exhérédation officieuse;* elle n'emporte point la même note que la véritable exhérédation fondée sur l'une des quatorze causes contenues dans la novelle, qui toutes présentent des faits graves, des délits domestiques, dont la peine est le retranchement de la famille. Cette ex-

hérédation prend le nom d'*officieuse,* parce qu'elle est plus utile à l'enfant qu'elle ne lui est nuisible; c'est un bon office que le père emploie en faveur de son fils et de la descendance de son fils : *Multi non notæ causa exheredant filios, nec ut eis obsint, sed ut eis consultant,* dit la loi 18, D. *de liberis posthumis.* C'est aussi ce qui résulte d'une note de Godefroy sur la loi *si furioso,* § 2, aux mots : *exheredasset filium : non tamen plene, quia eo casu pater alimenta filio cogitur relinquere; idque non fit in prodigi odium, sed ejus potius favorem, ne dissipet bona.*

La seconde objection n'est pas plus solide que la première.

La loi n'a pas pour objet, comme on le suppose, d'obliger le père à laisser la Légitime à son fils prodigue, et ceux qui élèvent cette difficulté, tombent dans une contradiction évidente : ils disent d'abord que la loi met la prodigalité au rang des causes d'exhérédation : ils ajoutent que le père, suivant la même loi, doit laisser la Légitime à l'enfant prodigue : comment peut-on concilier ces deux idées? Le légitimaire n'est assurément rien moins qu'exhérédé. Si le prodigue peut, suivant la loi, exiger la Légitime, la disposition que le père est autorisé à prononcer contre lui, n'est-ce donc pas une exhérédation : si la loi n'entend pas parler d'une exhérédation, elle n'a donc pas pour objet d'obliger le père à laisser la Légitime à son fils prodigue. On voit évidemment que les deux objections ne peuvent pas subsister en même temps, et que l'une est détruite par l'autre.

Il est certain que la loi n'autorise point, dans le cas de la prodigalité, une exhérédation parfaite, mais seulement l'exhérédation officieuse; il est également certain qu'elle n'oblige point le père à laisser à son fils sa Légitime. Plusieurs raisons établissent la preuve de cette vérité.

1° Si la loi obligeait le père à laisser la Légitime à son fils prodigue, elle serait inutile et sans objet. Dans le droit commun, un fils, même celui qui a la meilleure conduite, peut être réduit à sa Légitime; et il ne lui est pas permis de se plaindre, à moins qu'il ne prouve que le testament est l'effet de la haine et de la colère.

2° Si la loi avait voulu parler de la Légitime, elle n'aurait pas obligé le père à exprimer le motif et la nécessité de son jugement, puisque la réduction à la Légitime peut être prononcée sans aucune expression de la raison qui détermine le testateur.

3° La Légitime doit être déférée en propriété; elle ne consiste pas dans un simple usufruit : la loi ayant désigné ce qui doit être laissé par le père à son fils prodigue, sous le titre d'alimens, *alimentorum nomine,* ne doit être censée avoir voulu parler que d'un simple legs viager, qui s'éteint à la mort de celui auquel les alimens sont destinés.

4° Si la loi avait voulu parler de la Légitime, elle l'aurait exprimée nommément; et elle n'aurait pas laissé à la volonté du père la fixation de ce qui doit être légué par lui à l'enfant prodigue. La quotité de la Légitime n'est pas incertaine, elle est fixée par la loi : cependant lorsqu'elle parle du prodigue, elle n'assujettit pas le père à lui donner une quotité déterminée, mais elle abandonne à l'arbitrage du père la fixation de ce qu'il croit nécessaire pour les alimens de son fils : *Eique quod sufficeret alimentorum nomine certum legasset* : l'obligation du père est remplie par le legs de ce qui suffit à la subsistance, *quod sufficeret*; au contraire, la Légitime n'est point réglée par la considération de ce qui est nécessaire pour les alimens; sa quotité dépend de la fortune du père et du nombre de ses enfans.

En un mot, il n'est pas vraisemblable que la loi ait, en donnant au père sur son fils prodigue un pouvoir spécial, entendu l'obliger de traiter ce fils de la même manière qu'il peut traiter ses autres enfans, même ceux qui ne lui ont donné aucun sujet de mécontentement.

La troisième et dernière objection consiste à prétendre que la loi donne un conseil, mais n'établit pas une disposition.

Cette idée n'est seulement pas proposable. Peut-on en effet supposer que la loi ait donné le conseil de faire une chose qui ne serait pas permise? Tout ce qui est inséré dans une loi, a le même degré d'autorité; soit qu'elle ordonne, soit qu'elle défende, soit qu'elle permette, sa volonté mérite le même respect. Ce qu'elle ordonne doit être exécuté; on n'a point la liberté du choix, il faut se soumettre. Ce qu'elle défend est illicite et nul; la contravention directe ou indirecte est également punissable. Ce qu'elle permet est un véritable droit; c'est une faculté dont on peut user ou ne pas user : mais on peut être assuré que l'usage qu'on fait de la permission, ou, si l'on veut, du conseil qu'elle donne, est tellement autorisé, qu'il produit tout l'effet qu'on peut attendre d'un acte vraiment légitime.

Ainsi, le père peut, suivant la loi, réduire son fils prodigue à de simples alimens. Que résulte-t-il de ce mot *potuit*? Que le père a le choix, qu'il n'est pas forcé de réduire son fils prodigue à des alimens, qu'il peut laisser agir le droit commun, lui abandonner sa part héréditaire en entier; mais qu'il n'est pas non plus forcé de donner à son fils prodigue ou sa part héréditaire, ou sa Légitime, qu'il peut le priver de l'hérédité, en lui laissant ce qui est nécessaire pour ses alimens.

Le pouvoir que la loi donne au père, est donc un véritable droit.

Mais, dit-on, suivant la loi, l'exécution du conseil dépend de la volonté du fils prodigue; et s'il n'y consent pas, le conseil ne peut plus servir.

Cette interprétation de la loi est évidemment contraire à son texte.

La loi décide d'abord que le père peut nommer un curateur à son fils prodigue; elle ajoute ensuite qu'il peut pourvoir par une autre voie à la subsistance de ses petits-enfans, les instituer hé-

ritiers, et réduire son fils prodigue à de simples alimens; ou que, si les petits-fils ne sont pas en sa puissance, parce qu'ils sont nés après l'émancipation de son fils, il peut les instituer héritiers, à condition qu'ils seront émancipés par leur père.

Mais la loi demande ce qu'on doit faire, si le fils prodigue ne veut pas émanciper ses enfans : *sed quid si nec ad hoc consensurus esset prodigus?* Ce terme *ad hoc* se réfère nécessairement à la disposition qui est immédiatement antérieure. Dans ce cas, c'est-à-dire, si le fils prodigue ne veut pas émanciper ses enfans, le préteur se conformera en tout au jugement du père : *sed per omnia judicium testatoris sequendum est.* Ces expressions, *per omnia*, embrassent également les deux premières dispositions, c'est-à-dire, celle qui autorise à nommer un curateur au prodigue, et celle qui autorise à le réduire à de simples alimens. Il n'est parlé du consentement du fils que relativement à l'objet pour lequel ce consentement est nécessaire, c'est-à-dire, à l'émancipation de ses enfans. La résistance du fils à l'émancipation de ses enfans, ne nuit pas à la disposition qui lui nomme un curateur, ni à celle qui le réduit à des alimens. Cette résistance ne porte atteinte qu'à la seule disposition qui s'applique au cas où l'aïeul n'a pas ses petits-enfans en sa puissance.

On prétend que Mornac a entendu la loi dans le même sens qu'on la présente, parce qu'il ne parle pas du cas où le fils prodigue a ses enfans en sa puissance, parce qu'il ne parle que du cas général où l'aïeul exhérède son fils prodigue et institue ses petits-enfans.

Mais si l'on veut argumenter de la proposition de Mornac, il faut qu'on la prenne en entier. Or, on peut conclure de la manière dont Mornac présente la loi, que, dans tous les cas, on doit, malgré la résistance du fils, suivre le jugement du père; en sorte que son refus d'émanciper ses enfans ne porte aucune atteinte, même à la disposition par laquelle le père institue ses petits-enfans, quoiqu'ils ne soient pas en sa puissance : l'émancipation est forcée, ou du moins si cette émancipation n'a pas lieu, la puissance du père sur les petits-enfans n'empêche pas l'effet de l'institution prononcée en leur faveur par leur aïeul : *Per omnia judicium testatoris sequendum est.*

Au reste, l'objection ne peut être d'aucune considération dans la majeure partie des pays coutumiers. On n'a reçu, dans ces pays, ni la puissance paternelle ni l'émancipation, telles qu'elles sont établies dans le droit romain; et par une suite nécessaire, la difficulté qui s'élevait dans le droit romain, relativement au pouvoir que l'aïeul avait ou n'avait pas sur ses petits-enfans, après l'émancipation de son fils, ne mérite pas, dans ces pays, la plus légère attention.

2° Examinons maintenant s'il est vrai que la loi qui permet au père de priver l'enfant prodigue de la Légitime, a été abrogée dans le droit romain par les lois postérieures.

Le raisonnement qu'on fait à cet égard, roule sur une équivoque déjà détruite : c'était, dit-on, une exhérédation que la loi permettait pour cause de prodigalité : la novelle 115 a détaillé toutes les causes d'exhérédation, et n'y a point compris la prodigalité. D'un autre côté (continue-t-on), les lois ont enjoint au père de laisser à son fils la Légitime franche et libre de toutes charges. La loi *humanitates*, 9, C. *de impuberum et aliis substitutionibus*, ne permet pas de substituer la Légitime du furieux. La loi *si furioso* était fondée sur l'identité qu'elle établissait entre l'insensé et le prodigue ; elle a été abrogée par la règle qui, dans un temps postérieur, a été faite en faveur du fils insensé.

Le premier de ces argumens est déjà réfuté par les observations qui précèdent.

La disposition autorisée par la loi *si furioso*, n'est point une exhérédation entière et complète ; il n'y a donc rien d'étonnant qu'elle ne soit point renfermée dans la novelle 115. Cette loi, en détaillant les causes qui peuvent donner lieu à une véritable exhérédation, n'est pas présumée avoir détruit ce qui est relatif à la prodigalité.

La comparaison de la fureur et de la prodigalité n'est pas plus exacte. La fureur n'est pas volontaire. Il ne serait pas juste que le furieux qui est à plaindre, et qui n'est pas coupable, fût privé de sa Légitime. Il est malade, mais il peut recouvrer la santé de l'esprit : par quelle raison le réduirait-on à un simple usufruit ? Au contraire, le prodigue est coupable : le mauvais usage qu'il fait de son bien, est un délit domestique ; il manque à ce qu'il doit à sa descendance ; il doit transmettre à ses enfans ce qu'il a reçu de ses pères ; il est juste qu'il soit puni par la privation de la chose dont il abuse. La peine que la loi prononce contre lui, ou qu'elle autorise son père à prononcer, a deux objets différens : l'un, d'assurer aux enfans le patrimoine qui leur est naturellement destiné ; l'autre, de réprimer la licence et le libertinage : la dissipation des biens est ordinairement la suite de la dépravation des mœurs. Il est intéressant pour la société qu'il y ait des peines pour les fautes intérieures et domestiques : il serait fort étonnant qu'une loi aussi sage eût été abrogée par des lois particulières.

Le deuxième argument n'est pas mieux fondé.

La loi *si furioso* contient trois parties qu'il faut bien distinguer : dans son *principe*, elle permet au père de nommer un curateur à son fils furieux; dans le § 1, elle l'autorise à nommer un curateur à son fils prodigue ; et dans le § 3, elle lui confère le pouvoir de réduire son fils prodigue à de simples alimens. Qu'y a-t-il dans ces dispositions qui soit abrogé par la loi *humanitates* 9, C. *de impuberum et aliis substitutionibus* ? Cette loi permet de substituer les biens du furieux, en lui laissant sa Légitime libre. La loi *si furioso* ne permettait pas de priver le furieux de sa Légitime : la loi *humanitates* ne contient donc rien de contraire à la loi *si furioso*. Dès qu'il n'y a point de contrariété

entre les deux lois, toute idée d'abrogation s'évanouit nécessairement : la seconde loi ajoute à la première, mais elle ne l'a détruit pas. La première autorisait la nomination d'un curateur au furieux; la seconde autorise la substitution des biens du furieux, à la déduction de la Légitime. Ces deux dispositions peuvent concourir et s'exécuter en même temps. La loi *humanitates* ne parle que du furieux ; elle ne parle point du prodigue ; elle ne détruit donc pas ce qui est décidé pour le prodigue par la loi *si furioso*.

3° Reste à faire voir que le § *potuit*, c'est-à-dire le § 2 de la loi *si furioso*, est reçu dans nos mœurs.

Ceux qui soutiennent le contraire, disent qu'il n'a été inséré, ni dans nos coutumes, ni dans nos ordonnances ; et que, puisque nous n'avons reçu en pays coutumier ni la substitution pupillaire ni la substitution exemplaire, nous ne devons pas non plus y admettre l'exhérédation officieuse.

Le principe de cette objection est vrai ; mais il n'est pas moins constant que le § *potuit* a été adopté par la jurisprudence.

Il y a un grand nombre d'exemples de lois romaines qui ont été reçues parmi nous, quoiqu'elles n'aient été insérées ni dans nos ordonnances ni dans nos coutumes. L'hypothèque tacite que nous donnons aux mineurs sur les biens du tuteur, n'est fondée que sur le droit romain ; les quatorze causes d'exhérédation exprimées dans la novelle 115, n'ont été insérées ni dans nos ordonnances ni dans nos coutumes; cependant elles ont été admises parmi nous. On pourrait donner un grand nombre d'autres exemples ; mais ce détail serait superflu, parce que tout consiste à prouver que la jurisprudence française a reçu le § *potuit* de la loi *si furioso*.

Mornac, que quelques-uns nos opposent, en fournit lui-même la preuve ; il s'explique en ces termes : *Lex hæc maximo receptissimoque in usu est, et secundum eam semper judicatur*. Il cite un arrêt rendu à la grande audience du parlement de Paris, le 9 mars 1609, qui a confirmé une donation faite dans les termes de cette loi, par un aïeul à ses petits-enfans ; et il est à remarquer que cette disposition n'était critiquée que par des moyens de forme.

Ricard, *Traité des donations*, part. 3, n° 1139, dit : « Nous permettons aux pères de faire les arbitres dans leur famille ; et qu'un père ou une mère, dont on croit facilement le jugement dans cette rencontre, puisse pour le ménage de son fils, ordonner qu'il se contentera de l'usufruit de la portion qui doit lui appartenir dans leurs biens, pourvu qu'ils disposent de la propriété au profit de l'enfant de son fils. »

L'auteur ajoute : « Contre cette disposition on n'écoute par le fils qui implore le secours de la loi, et demande la Légitime. Je l'ai vu ainsi jugé par arrêt donné en l'audience de la grand'chambre, le 9 avril 1642. »

Cette jurisprudence a encore été adoptée par

quatre autres arrêts : l'un, du 20 juillet 1611 ; le second, du 29 juillet 1625 ; le troisième, du 12 février 1636 ; le quatrième, du 10 avril 1659.

Enfin, la même chose a été jugée plusieurs fois de nos jours. Le 10 juillet 1741, le parlement de Paris a confirmé, sur les conclusions de M. l'avocat-général d'Ormesson, la substitution même de la Légitime du marquis de Gencien, faite par le testament de son père, pour cause de prodigalité. On trouvera ci-après, § 5, d'autres arrêts plus récens et parfaitement semblables.

VIII. On a quelquefois voulu assimiler, en cette matière, l'enfant imbécille ou furieux à l'enfant dissipateur et débauché : mais cette prétention a été condamnée par trois arrêts du parlement de Paris, qui sont cités dans la *Collection de jurisprudence* de Denisart : l'un du 18 janvier 1656, rendu sur les conclusions de M. Talon ; l'autre, du 11 juillet 1729, intervenu au rapport de M. l'abbé Langlois ; le troisième, du 23 février 1741, donné sur les conclusions de M. Joly de Fleury.

Ces décisions souffrent d'ailleurs d'autant moins de difficulté, qu'elles sont absolument conformes à la loi 9, C. *de impuberum et aliis substitutionibus*.

§ II. *Peut-on diminuer ou charger la Légitime au préjudice de ceux à la puissance desquels les légitimaires sont soumis ?*

Chez les Romains, il n'y avait, dans l'ordre des légitimaires, que les fils de famille qui fussent en puissance d'autrui ; lorsque leurs ascendans maternels venaient à mourir, la Légitime qu'ils en héritaient, tombait dans l'usufruit que leur père avait de tous leurs biens adventices.

Parmi nous, la femme est soumise à son mari, à peu près comme les enfans l'étaient à leurs pères chez les Romains ; et l'usufruit des Légitimes qui lui échoient, appartient à son mari, comme chef de la communauté qui existe entre lui et elle.

Voyons donc 1° si une mère peut déroger au droit d'usufruit que la loi donne au père sur la Légitime qu'elle est obligée de laisser à ses enfans non émancipés ; 2° si des parens quelconques peuvent stipuler que la Légitime qu'ils laissent à une femme mariée, n'entrera point en communauté.

Sur la première question, on dit contre le père, que l'authentique *excipitur*, C. *de bonis quæ liberis*, permet formellement à la mère et aux aïeuls maternels, de déclarer par leurs testamens, que le père n'aura point l'usufruit des biens qu'il laisse aux enfans qu'il a sous sa puissance ; qu'une pareille clause est, à la vérité, une charge pour la Légitime ; mais que cette charge est avantageuse aux légitimaires et que, par conséquent, elle doit être respectée ; qu'enfin, telle est l'opinion de la glose, d'Accurse, de Vasquius, etc.

On dit, au contraire, en faveur du père, que l'authentique *excipitur* n'est qu'un extrait informe de la novelle 117 ; qu'ainsi, on doit l'interpréter

par cette loi qui réserve expressément au père l'usufruit de la Légitime de ses enfans, nonobstant toutes les dispositions que peuvent faire les ascendans maternels pour l'en priver ; que cette opinion est soutenue par Bartole, Paul de Castro, Cujas, Boyer (Buërius), et qu'elle a été adoptée par un arrêt du parlement de Bordeaux, du 3 août 1523, cité dans le recueil de Papon, et par deux autres du parlement de Toulouse, des 7 février 1642 et 1688, rapportés par d'Olive et Catellan.

Ce sentiment est sans contredit préférable à l'autre ; il ne faut, pour en sentir la justesse, que peser les termes de la novelle 117 : *Licentiam esse et matri et aviæ aliisque parentibus*, POSTQUAM RELIQUERINT FILIIS PARTEM QUAE LEGE DEBETUR, *quod reliquum est suæ substantiæ, sive in solidum, sive in partem, filio vel filiæ, nepoti vel nepti, ac deinceps descendentibus, donare aut etiam per ultimam relinquere voluntatem, sub hac definitione atque conditione, si voluerint, ut pater aut qui omnino eos habent in potestate, in his rebus neque usumfructum, neque quodlibet penitus habeant participium.*

Cette loi fait entendre très-clairement que les ascendans maternels ne peuvent pas ôter au père l'usufruit de la Légitime, puisqu'elle leur permet seulement de le priver de l'usufruit de ce qu'ils laissent au-dessus de cette portion : « Car (dit » Catellan) c'est sur cet excédant que tombe la » décision, lorsqu'elle dit : *In his rebus neque usum-* » *fructum, neque quodlibet habeant participium :* » ces mots *in his rebus,* ne s'appliquent naturel- » lement qu'aux choses données ou laissées, *post-* » *quam reliquerint filiis partem quæ lege debetur.* » La raison de la décision confirme tout-à-fait » cette manière de l'entendre : *hoc enim poterant,* » poursuit cette novelle, *extraneis relinquere,* » *unde nulla parentibus utilitas nasceretur :* cette » raison, qui ne se rapporte qu'à l'excédant de la » Légitime, ne peut se rapporter en nulle manière » à la Légitime même, laquelle ne peut être don- » née à des étrangers, semble faire voir assez clai- » rement que la décision qui donne la liberté de » priver de l'usufruit le père, ne renferme que » l'excédant de la Legitime, et que la Légitime » en est par conséquent exclue. »

Ces raisons tendent également à faire voir qu'on ne peut pas, en laissant la Légitime à une femme mariée, empêcher que cette portion n'entre en communauté. Cela est même d'autant plus juste, que le mari, en épousant sa femme, a dû compter sur sa Légitime, comme sur son bien certain, et, pour ainsi dire, présent. Lebrun dit cependant avoir fait juger le contraire par un arrêt du 6 septembre 1678 : mais un arrêt isolé peut-il l'emporter sur des principes qui ne paraissent pas avoir été invoqués par ceux contre lesquels il a été rendu.

§ III. *Peut-on diminuer ou changer la Légitime au préjudice des créanciers du légitimaire ?*

I. Il faut, sur cette question, distinguer deux

cas : ou le légitimaire lui-même peut être valablement privé de sa Légitime, soit en tout, soit en
partie, ou il ne le peut pas.

II. Lorsque le légitimaire peut être exclu, on
conçoit aisément que ses créanciers ne peuvent pas
être de meilleure condition que lui.

Cependant, bien des auteurs pensent, et plusieurs arrêts du département de Paris (1) ont jugé
que, dans le cas de l'exhérédation officieuse (dont
il est parlé dans le § 1 de cette section), les créanciers du prodigue peuvent demander la distraction
de sa Légitime.

Cette opinion était fort accréditée dans le temps
qu'Argou écrivait ses *Institutions au droit français*, puisque ce judicieux auteur, tout en la dés-
approuvant, est forcé de convenir qu'elle est
reçue.

« Parmi nous (dit-il), par un usage très-abusif,
lorsque le fils est déshérité, ou que ses biens sont
substitués pour cause de dissipation, on laisse la
Légitime franche et libre à ses créanciers, comme
s'ils méritaient quelque faveur, et s'ils n'étaient pas
au contraire coupables de la corruption de ce malheureux, dont ils ont fomenté les débauches, en
lui prêtant trop facilement de l'argent.

» Les Romains avaient plus soin de leurs esclaves que nous n'en avons de nos enfans. Ils pu-
nissaient les corrupteurs de leurs esclaves (2), et
nous récompensons ceux des enfans de famille, jusqu'à donner atteinte à la sage disposition des pères,
pour payer les créanciers de ce qu'ils ont prêté, ou
avec malice, ou du moins avec beaucoup d'imprudence : car, tant qu'un père est vivant, nul ne peut
mieux connaître que lui les besoins de sa famille ;
et ceux qui prêtent à ses enfans, sans son consentement, n'en sauraient jamais donner de cause raisonnable. »

Ainsi raisonnait Argou sur la jurisprudence qu'il
avait trouvée établie. Cependant, même avant lui,
beaucoup d'arrêts l'avaient contredite ; et depuis,
il en a été rendu plusieurs autres qui ont consacré
les principes de cet auteur.

On en trouve, dans l'une et dans l'autre époque,
jusqu'à onze.

Le premier est du mois de décembre 1567 ; il en
est fait mention dans le traité de Duval, *de rebus
dubiis*, et dans le recueil d'Anne Robert.

Le second est du 24 juillet 1584.

Le troisième a été rendu le 31 août 1618, sur
les conclusions de M. Servin. Il est rapporté par
Bardet.

Le quatrième est du 19 février 1659.

Le cinquième est intervenu le 17 août 1666, sur
les conclusions de M. l'avocat-général Talon. On
le trouve au *Journal des Audiences* dans l'ordre de
sa date.

Le sixième et le septième sont du 18 avril et du
mois de septembre 1668.

Le huitième, du 21 janvier 1672, est rapporté
au premier tome du *Journal du Palais* avec un
grand détail de raisonnemens et d'autorités.

Le neuvième a été rendu le 12 février 1744, sur
les conclusions de M. Gilbert, avocat-général. Il
a confirmé la substitution faite par Guillaume Tho-
min, commissaire au Châtelet, au profit des enfans de son fils. Le nommé Boissy et Marie Nevau,
sa femme, créanciers de celui-ci, ont été déboutés
de leur demande en distraction de leur Légitime.

Le dixième et le onzième sont de l'année 1760,
l'un du 23 mars, l'autre du 4 septembre. On a
rapporté celui-ci sous le mot *Exhérédation*, § 7.
Voici l'espèce de celui-là.

François Brunot, père de trois enfans, François-
Jacques, Jean-Baptiste-Pierre, et René, fait, le 2
juillet 1731, un testament, par lequel il déclare,
« que la mauvaise conduite de ses trois fils, qui ont
» dissipé leurs biens, à eux échus par le décès
» de leur mère, et ceux qu'il leur a donnés en avan-
» cement d'hoirie pour leur établissement, ayant
» contracté des dettes immenses, qui absorbaient
» les biens qui pourraient leur revenir après son
» décès, et consommé, par leurs dérèglemens, le
» prix des charges, tant militaires que de finance,
» qu'il leur avait achetées, montant à plus de cent
» mille livres ; cette juste et nécessaire attention le
» force à prendre des précautions pour assurer ce
» qui lui reste de biens, et le conserver à leurs
» enfans et à leurs descendans. »

Dans cette vue, le testateur institue ses légataires universels les enfans nés et à naître de ses
deux fils aînés : il réduit les pères à un simple usufruit non-saisissable par leurs créanciers : il institue son troisième fils son légataire universel, à la
charge de substitution en faveur des enfans qu'il
pourra avoir, et à défaut d'enfans, en faveur des
enfans de ses deux frères, et il veut que l'usufruit
qui lui restera, au moyen de cette substitution,
soit non-saisissable par ses créanciers.

Après la mort du testateur, les scellés ont été
apposés : il y a eu cent trente-quatre opposans,
tous sur les enfans. Le père ne devait rien : les
dettes des trois enfans montaient à près d'un million. Les créanciers ont demandé la distraction de
la Légitime ; ils en ont été déboutés par une sentence rendue le 16 mars 1733, après une plaidoirie
de quatre audiences : cette sentence a été déclarée
commune avec d'autres créanciers, par un jugement du 14 avril 1734, et l'exécution en a été
ordonnée par deux autres des 12 et 25 octobre 1742.

C'était sur l'appel de toutes ces sentences qu'il
s'agissait de prononcer : et par l'arrêt cité, rendu
à la grand'chambre, au rapport de M. l'abbé Ter-
ray, elles ont été confirmées, avec amende et dépens.

Voilà le dernier état de la jurisprudence sur cette
matière ; et s'il est permis de croire que les arrêts
fondés sur les vrais principes, feront à jamais la
loi, on doit s'assurer que cette jurisprudence ne
souffrira plus de variation.

---

(1) Les deux plus récens sont de 1751 ; ils ont été rendus
l'un à la cinquième, et l'autre à la quatrième chambre des
enquêtes : mais le second a été rétracté d'après une enquête
civile entérinée sur les conclusions de M. l'avocat-général
Séguier.

(2) *V.* le titre du Digeste, *de servo corrupto*.

Trois raisons très-sensibles justifient notre assertion.

1° On a démontré, dans le § 1 de cette section, qu'un père est autorisé à priver son fils prodigue de sa Légitime, pour le réduire à de simples alimens ; et c'est une vérité incontestable. Or, quelle est la conséquence de cette vérité ?

Le père peut-il être gêné dans l'exercice de son droit par les créanciers de son fils prodigue ? Le père ne leur doit rien ; il n'a point contracté avec eux ; les engagemens auxquels son fils s'est soumis, forment la preuve de sa dissipation : c'est cette dissipation qui est le fondement de la disposition du père. Il y aurait donc une contradiction évidente dans la loi, si elle donnait au père une faculté dont il ne pourrait pas faire usage. Tant qu'il n'y a pas de prodigalité, le père ne peut pas priver son fils de sa Légitime ; mais lorsque la prodigalité est constante, le père userait inutilement de l'autorité que lui confie la loi, si la distraction de la Légitime pouvait être demandée par les créanciers de son fils.

2° Le droit donné au père de priver son fils prodigue de sa Légitime, a pour objet la conservation des biens dans les familles : il est naturel qu'un père qui a ménagé avec soin le patrimoine qu'il a reçu de ses ancêtres, et qui l'a augmenté, ou par son travail ou par son économie, ait la satisfaction de le transmettre à ses descendans. Le législateur a voulu que le père, en mourant, fût assuré que son bien ne serait pas la proie des créanciers d'un enfant prodigue. Tel est le principal motif de la loi : *Patuit pater providere nepotibus.* Cet objet serait-il rempli, si les créanciers du fils obtenaient la distraction de sa Légitime ?

Ce n'est pas tout : l'exhérédation officieuse est établie moins en haine de l'enfant prodigue qu'en sa faveur.

La loi a voulu que le père laissât à ses enfans une Légitime, parce que, leur ayant donné la vie, il a contracté l'obligation de leur laisser au moins une partie de son bien à titre de subsistance ; la loi a fixé cette obligation à une certaine portion qu'elle a appelée *Légitime.*

Mais dans l'exhérédation officieuse, la subsistence de l'enfant prodigue est assurée, puisque le père est obligé de lui laisser des alimens : *Eique quod sufficeret alimentorum nomine certum legasset.* Ces alimens ne peuvent pas lui échapper ; s'il avait la jouissance libre de sa Légitime, elle serait en peu de temps absorbée, et il se trouverait réduit à la plus cruelle extrémité. C'est cet inconvénient que la loi a prévu ; et auquel elle a voulu apporter un remède salutaire : les alimens qu'elle lui assure, sont une table qu'elle lui présente dans son naufrage ; il a un intérêt évident d'en profiter.

Mais si l'on accorde à ses créanciers la distraction de sa Légitime, toutes les vues de la loi sont dérangées ; les principes de sagesse qui l'ont conduite, perdent leur effet, et l'enfant est privé de ses alimens : car il ne peut avoir deux Légitimes, l'une en propriété, l'autre en usufruit. La distrac-

tion accordée aux créanciers, fait cesser la disposition qui assure ces alimens ; et, par une suite nécessaire, on fait tourner au détriment des enfans, l'institution de la Légitime, qui n'a été faite qu'en leur faveur.

En un mot, on peut dire que la loi a établi deux sortes de Légitimes : l'une en faveur des enfans dont la conduite n'a rien de répréhensible : c'est une portion de biens en propriété, l'enfant en doit jouir librement, et il a la liberté de la transmettre à sa postérité ; l'autre est destinée aux enfans prodigues, elle répond à leur situation ; on ne peut pas les en priver sans s'écarter des sentimens d'humanité qui ont animé la loi : cependant ils perdraient cette Légitime, si la prétention des créanciers était accueillie.

3° Enfin, il est de principe général que les créanciers n'ont pas plus de droit que leur débiteur : l'enfant prodigue ne peut pas se plaindre du jugement de son père ; son créancier, qui n'a qu'un intérêt subordonné, ne doit donc pas être écouté.

Le créancier a pu contracter avec le fils de famille ; le titre de sa créance n'est pas nul, tant que l'enfant, devenu majeur, n'a pas été interdit pour cause de prodigalité : mais ce créancier doit s'imputer sa trop grande confiance et sa facilité ; il a suivi la foi d'un homme qui n'avait aucun droit acquis : son débiteur avait une espérance ; mais il pouvait en être frustré, ou par son prédécès ou par une exhérédation officieuse : le créancier est présumé s'être volontairement exposé à tous ces événemens.

Supposons pour un moment qu'un fils contracte un mariage sans le consentement de son père, avant le temps fixé par les dispositions des ordonnances ; il a mérité l'exhérédation : son père la prononce, et il n'y a aucun moyen de la détruire. Les créanciers de cet enfant pourront-ils faire valoir la bonne foi avec laquelle ils ont contracté, et demander leur paiement sur la portion que l'enfant aurait dû avoir dans la succession du père ? Cela ne serait pas proposable.

Supposons encore qu'un enfant soit réduit à sa Légitime, et qu'après la mort de son père, les dettes excèdent le montant de la Légitime même ; les créanciers seront-ils recevables à contester la disposition du père, lorsque le fils manque absolument de moyens pour le combattre ? Très-certainement non.

Et s'il en est ainsi dans le cas, soit de l'exhérédation complète, soit de la réduction à la Légitime, comment pourrait-il en être autrement de l'exhérédation officieuse ?

L'enfant débiteur hypothèque, au profit de son créancier, tous ses biens présens et à venir : les biens du père ne peuvent pas être compris dans les biens présens ; ils ne peuvent être placés que dans la classe des biens à venir. Mais le père n'était pas obligé de laisser tous ses biens à son fils ; il avait la voie de droit, ou de prononcer l'exhérédation, ou de réduire à la Légitime, ou de réduire aux alimens. L'enfant n'a pu donner pour gage que l'espérance qu'il avait de succéder à son père : le créancier a pris cette espérance dans l'état où elle était, avec tous les événemens qui la rendaient incertaine; il s'en est contenté; il n'a de reproches à faire qu'à lui-même.

Ce n'est point ici le cas d'argumenter des formalités prescrites pour la publication des substitutions ; le père n'est point obligé de faire connaître ses dernières volontés. L'enfant n'a aucun droit pendant tout le temps que son père est vivant ; c'est le moment du décès qui donne ouverture au droit du fils : alors le fils doit prendre ce que le père lui laisse, avec les charges et les conditions qui y sont attachées. Toutes les fois que la loi autorise la disposition du père, la condition du créancier doit être la même, parce que le droit du fils n'existe que sous certaines conditions autorisées par la loi, et sans lesquelles l'enfant débiteur ne pourrait rien prétendre.

Il est vrai qu'une substitution ne peut être opposée aux créanciers que lorsqu'elle a été publiée; qu'elle ne produit d'effet à leur égard que du jour de sa publication : mais ces règles n'ont d'effet que relativement aux biens qui sont dans la possession du débiteur ; elles n'en ont aucun relativement à ceux sur lesquels l'enfant débiteur n'a qu'une expectative, qui peut ou manquer, ou ne se réaliser qu'avec des charges ou modifications.

Les dernières dispositions du père transmettent les biens aux petits-enfans : ainsi, dans aucun temps, les créanciers de l'enfant prodigue n'ont pu y acquérir ni hypothèque, ni aucun autre droit, parce que jamais ils n'ont appartenu à leur débiteur : ils ne cessent point d'appartenir au père tant qu'il est vivant, et ils passent aux petits-enfans. Aussi les créanciers ne peuvent-ils soutenir leur système, qu'en supposant qu'un enfant est propriétaire des biens de son père, même pendant sa vie, et que le père n'est qu'un simple usufruitier ; mais c'est abuser de la fiction de droit, que le père et le fils sont censés la même personne ; la continuation de propriété du père aux enfans ne va pas jusqu'à dépouiller le père vivant.

On ne peut pas dire que le père trompe les créanciers de son fils, qu'il les induise en erreur ; le père use de son droit. Celui-là ne commet point de fraude, qui ne fait qu'exercer un droit légitime. Les créanciers doivent connaître la condition de celui avec qui ils contractent ; ils doivent savoir que leur débiteur est enfant de famille, assujetti à l'autorité de son père : ils ne doivent pas même ignorer que cet enfant de famille est de mauvaise conduite, qu'il a dissipé ce dont il jouissait avant de faire des emprunts. La mauvaise conduite est presque toujours publique et connue; on peut aisément en acquérir la certitude, lorsqu'on n'en a point la connaissance personnelle.

Si l'enfant débiteur renonçait par fraude à la Légitime qui lui est due, la réclamation des créanciers serait alors favorablement écoutée : mais quand la privation de la Légitime est fondée sur la disposition de la loi, les créanciers ne doivent point avoir plus de droit que leur débiteur.

Les créanciers sont d'autant plus mal fondés, que c'est contre eux que la loi a été faite ; c'est pour soustraire les biens à leurs poursuites, que le père a été autorisé à réduire son fils à la Légitime : la loi a autant en vue les créanciers antérieurs à la substitution que les créanciers postérieurs ; puisque c'est l'existence des créanciers antérieurs qui forme la preuve de la dissipation.

Ces réflexions répondent à toutes les objections qu'on oppose à la jurisprudence actuelle. On cite plusieurs auteurs et plusieurs arrêts; mais ces autorités sont détruites par des autorités contraires; et dans une matière aussi intéressante, il serait dangereux de se fixer à des arrêts qui nécessairement doivent dépendre de circonstances particulières. Tantôt la prodigalité n'est pas prouvée, tantôt elle n'est pas exprimée dans le testament ; et dans un cas comme dans l'autre, ce n'est point le droit que les arrêts jugent, mais le fait seul.

III. Lorsque le légitimaire n'est pas exclu justement de la portion que la nature et la loi lui donnent, ses créanciers peuvent en demander la distraction libre et entière. On a même vu plus haut, sect. 3, § 5, que la jurisprudence française ne permet pas à leur débiteur de les priver de ce droit, par la renonciation qu'il y ferait lui-même. Aussi n'a-t-on jamais fait la moindre difficulté de recevoir leur réclamation, lorsque le légitimaire l'approuvait expressément, ou au moins par son silence.

Brodeau en rapporte deux arrêts des 9 mars 1609 et 29 juillet 1625.

Basnage en cite un autre rendu en 1658.

Le *Journal des Audiences* nous en fournit un quatrième du 30 août 1664.

« Nous en avons un cinquième (disent les rédacteurs du *Journal du Palais*) qui met encore » la question hors de toute difficulté. Il a jugé, » le 15 mars 1672, que, nonobstant la substi- » tion faite par le testament de M. le prince de » Guémené père, de toute la portion héréditaire » de son fils puîné, sans cause de dissipation, » M. le prince de Guémené, fils puîné, était en » droit, conjointement avec ses créanciers, de de- » mander distraction de sa Légitime en corps hé- » réditaires. »

Il y en a un sixième du 6 septembre 1674, rapporté dans la section 6 de cet article.

On en trouve un septième du 30 juin 1678 dans le *Journal du Palais*.

Le parlement de Flandre a jugé la même chose par un arrêt du 8 août 1729; et cette décision est très-remarquable, en ce qu'elle prouve que la jurisprudence belgique n'exclut les créanciers de la demande en distraction de Légitime, que lorsque leur débiteur y a renoncé expressément.

Le sieur Gaspard Hériguier avait substitué, par son testament du 30 novembre 1625, tous les biens qu'il avait laissés à sa fille.

Celle-ci en avait joui jusqu'à son décès, sans penser à en distraire sa Légitime.

Après sa mort, ses créanciers demandèrent cette distraction : on leur opposa le consentement qu'elle avait donné à l'exécution du fidéicommis sur toute sa portion héréditaire; ce qu'on pouvait, 1° par l'acceptation qu'elle avait faite judiciairement des dernières volontés de son père, avec promesse de les remplir; 2° par le partage qu'elle avait fait avec ses frères, et dans lequel il était dit qu'elle *se soumettait de tout laisser à la conservation de ladite clause de fidéicommis, sans jamais aller contre, renonçant par foi et serment à toutes choses contraires.*

Les créanciers ont répondu qu'à la vérité une renonciation expresse de la part de leur débitrice aurait formé, suivant les lois romaines et les arrêts du parlement de Flandre, une barrière insurmontable contre leur demande; mais que la demoiselle Hériguier ne pouvait pas être censée avoir répudié sa Légitime par l'approbation vague et générale qu'elle avait donnée au testament; que par conséquent ils étaient fondés à en réclamer la distraction, puisque c'était un bien dont elle était saisie au moment de sa mort.

Sur ces raisons, est intervenu, au rapport de M. de Forêt, l'arrêt cité, qui « déclare la Légitime de ladite Hériguier soumise à ce qui reste dû » aux demandeurs de l'obligation de 38,000 livres » de gros, du 2 juillet 1640, etc. »

Le parlement de Paris vient de confirmer cette jurisprudence par un arrêt célèbre, dont voici l'espèce.

Le duc de Bouteville épousa, en 1717, la demoiselle d'Arlus de Vertilly. Leur contrat de mariage portait une donation universelle de tous les immeubles, présens et à venir, qui leur appartenaient ou leur écherraient par succession, donation ou legs, au fils aîné à naître du mariage, avec charge de substitution en faveur de l'aîné mâle de cet enfant, et ainsi à l'infini tant que la substitution pourrait s'étendre.

De ce mariage est né un seul enfant, le duc d'Olonne.

En 1735, il épousa, âgé de seize ans, la demoiselle de Bullion de Fervaque, et prit, dans le contrat de mariage, la qualité de « donataire de » tous les biens compris dans l'effet de son » père et de sa mère, aux charges de substitution » y portées. » Devenu veuf, il reprit les mêmes qualités en 1753, dans un second contrat de mariage passé avec la dame de la Rochefoucault, et dans un troisième contrat de mariage, en 1762, avec la demoiselle de Marteville.

Le duc d'Olonne n'a eu d'enfans que de son premier mariage; c'étaient le duc de Luxembourg, le prince de Luxembourg, et la demoiselle de Luxembourg, mariée au marquis de Serrant.

Par acte passé devant notaire le 23 février 1767, le duc d'Olonne a renoncé, moyennant une rente viagère, au bénéfice de la donation que lui avaient faite son père et sa mère, à condition que la substitution demeurât ouverte au profit du duc de Luxembourg, son fils aîné, comme premier ap-

pelé après lui. Le duc et la duchesse de Bouteville vivaient encore, celle-ci est décédée en 1769.

Un arrêt du 10 décembre 1773 a envoyé le duc de Luxembourg, le prince de Luxembourg, et la dame de Serrant, leur sœur, en possession des biens échus au duc d'Olonne, pour le paiement de leurs créances du chef de la demoiselle de Fervaque, leur mère, à la charge de rendre compte aux autres créanciers de leur père, le duc d'Olonne, unis en corps de direction. Cette même année, les créanciers ont formé une demande en distraction de Légitime, qui a été renvoyée aux requêtes du palais.

Le 31 août 1778, sentence qui donne acte au tuteur à la substitution de ce qu'il s'en rapporte à la prudence de la cour; et, du consentement du duc de Luxembourg, ordonne que la Légitime sera distraite au profit des créanciers sur la succession de la dame de Bouteville; ordonne l'estimation des biens, pour être procédé au partage, si faire se peut, sinon à la licitation par-devant le commissaire de la cour nommé à cet effet, le duc de Luxembourg, comme l'un des premiers créanciers, chargé des opérations.

Le 29 août 1781, M. le procureur général, comme chargé de veiller aux droits de substitutions, a interjeté appel de la sentence de distraction. Le tuteur à la substitution a également appelé; et c'est ce qu'a aussi fait le duc de Luxembourg, en prenant des lettres de rescision contre son acquiescement à la demande en distraction.

La cause a été plaidée sur l'appel, par MM. Courtin et de Bonnières, pour le tuteur à la substitution et pour le duc de Luxembourg; par M. Martineau, pour le prince de Luxembourg et la dame de Serrant, créanciers du duc d'Olonne, à raison des indemnités et reprises de feue la dame d'Olonne, leur mère; et par M. Target, pour les syndics et directeurs des créanciers unis du duc d'Olonne.

On soutenait, en faveur de la substitution, que les créanciers étaient mal fondés dans leur demande en distraction de Légitime; et l'on invoquait « la faveur des contrats de mariage, qui sont » des actes synallagmatiques, obligatoires pour » tous les contractans, dont l'effet est de lier, par » des engagemens mutuels et réciproques, les do- » nateurs, le donataire, et les deux familles qui » contractent sous cette assurance. » On prétendait qu'il ne doit pas y avoir lieu à une demande en distraction de Légitime de la part d'un enfant qui doit recueillir la totalité des biens de son père et de sa mère, en qualité de donataire universel par son contrat de mariage, le vœu de la loi étant beaucoup mieux rempli quand l'enfant reçoit tout, que lorsqu'il restreint ses droits à la moitié; qu'il est toujours permis à un père et à une mère de faire la condition du légitimaire meilleure, et à celui-ci de l'accepter; que les créanciers n'ayant pas plus de droit que leur débiteur, ne peuvent exercer que les droits que l'intérêt du légitimaire bien entendu lui aurait conseillé de soutenir; que la faveur de la Légitime n'a été introduite que pour l'avantage des enfans; qu'elle n'a d'autre objet que leur subsistance; que, si la loi a défendu aux pères et aux mères d'y porter atteinte, c'est parce qu'elle a voulu que les enfans trouvassent une subsistance assurée dans leur Légitime; que ce serait abuser évidemment de l'esprit et des termes de la loi, que d'interpréter contre les enfans un privilége qui n'a été créé que pour eux; en un mot, que ce serait les priver eux et leur postérité des biens que la prudence et la sagesse de leurs aïeux avaient voulu leur assurer.

De la part des créanciers, on a établi en point de droit, que jamais un enfant ne peut être privé de sa Légitime entière et franche par le fait de son père et de sa mère; que, quelques dispositions que fassent le père et la mère, l'enfant qui n'a pas encouru leur disgrâce, doit toujours avoir sa Légitime, et l'avoir en pleine propriété et sans aucune charge, à moins qu'il n'y ait renoncé expressément et dans un temps utile, c'est-à-dire, postérieurement à l'ouverture des successions, toute autre renonciation antérieure étant nulle. Ils ont d'ailleurs établi, dans le point de fait, que jamais leur débiteur n'avait renoncé expressément, ni été à même de renoncer à la demande en distraction de Légitime; que, dès-lors, ayant toujours été en droit de former cette demande, les créanciers, qui exercent tous les droits de leur débiteur, sont bien fondés à la demander.

M. l'avocat général Séguier avait été frappé des moyens présentés en faveur de la substitution, contre la demande des créanciers; il les avait même développés avec toute l'énergie dont il est capable, et avait conclu à l'infirmation de la sentence et à ce que les créanciers fussent déboutés de leur demande.

Mais l'arrêt du 9 août 1782, après un *délibéré sur-le-champ*, a confirmé la sentence des requêtes.

Section VIII. *De la liquidation de la Légitime.*

Une fois la quotité d'une Légitime bien connue, il reste à en faire la liquidation, c'est-à-dire, déterminer les objets qui doivent la composer, et mettre le légitimaire à portée d'en obtenir la distraction ou de s'en procurer le paiement.

Pour faire cette opération avec justesse, il est essentiel de savoir:

1º Quelles personnes on doit compter pour la supputation de la Légitime;

2º Quels biens on doit faire entrer dans la composition de la masse dont la Légitime doit être distraite;

3º Quelles imputations le légitimaire est tenu de souffrir.

§ I. *Des personnes que l'on doit compter pour la supputation de la Légitime.*

I. Nous avons dit que la Légitime est tantôt le tiers, tantôt la moitié, tantôt les deux tiers de la portion qu'on aurait recueillie *ab intestat*.

Cette quotité, à entendre Lebrun, est toujours en raison inverse du nombre des copartageans *ab intestat*; en sorte que plus il y a de copartageans, moins elle est forte; et moins il y a de copartageans, plus elle est considérable. Il importe donc à un légitimaire, suivant le même auteur, qu'il y ait peu de personnes à compter dans la supputation dont il s'agit; et au contraire, l'intérêt de celui qui est chargé de fournir la Légitime, demande qu'il y en ait beaucoup.

Cette observation est indistinctement vraie dans la coutume de Paris et dans toutes celles qui ne font pas dépendre la quotité de la Légitime du nombre des légitimaires: mais elle est trop générale pour le droit romain et les coutumes qui s'y conforment. En effet, lorsqu'il s'agit de fixer la quotité d'une Légitime, les légitimaires sont certainement intéressés à ce que le nombre des copartageans *ab intestat* soit de cinq, plutôt que de quatre, puisqu'au premier cas, leur Légitime est la moitié de leur portion *ab intestat*; au lieu que, dans le second, elle n'en forme que le tiers. Ce n'est que quand la quotité est déterminée et qu'il ne s'agit plus que d'en régler la distraction, que les légitimaires ont intérêt d'avoir peu de concurrens: alors, il est vrai, leur condition est d'autant plus avantageuse, que le nombre des copartageans *ab intestat* est moins grand. Supposons, par exemple, qu'un père laisse six enfans, et qu'un autre en laisse huit; les premiers, et les seconds auront également pour Légitime la moitié de ce qu'ils auraient eu *ab intestat*; mais cette moitié sera plus forte pour les uns que pour les autres, parce que ceux-ci n'ayant droit *ab intestat* qu'à un huitième chacun, leur Légitime ne peut être que d'un seizième; au lieu que ceux-là ayant droit *ab intestat* à un sixième chacun, leur Légitime doit être d'un douzième.

Ainsi, selon le système du droit romain, lorsqu'on fait entrer quelqu'un dans une supputation de Légitime, c'est, tantôt pour augmenter la portion du légitimaire, tantôt pour la diminuer.

Il importe de ne pas perdre de vue cette distinction: outre qu'elle empêche de confondre deux choses très-distinctes l'une de l'autre, elle peut encore simplifier certaines questions que les commentateurs ont embrouillées.

II. On dit communément, des personnes qui entrent dans la supputation, qu'elles font part: cette expression ne convient qu'à ceux dont l'existence fait diminuer la Légitime: celle de *faire nombre* est plus juste, parce qu'elle s'applique aussi bien à l'augmentation qu'à la diminution.

III. Ces notions présupposées, voyons quelles sont les personnes qui font nombre, et quelles sont celles qui ne le font pas.

Dans la première classe, sont incontestablement tous ceux qui, ayant le droit de prendre une Légitime, la prennent effectivement, ou se portent héritiers; c'est une de ces vérités qui se tent d'elles-mêmes et qu'on obscurcirait en voulant les démontrer. Voilà pourquoi les frères sont comptés dans la liquidation de la Légitime d'un ascendant, lorque le défunt a institué une personne infâme.

Il faut cependant remarquer que ceux qui ont droit de Légitime, sont quelquefois comptés d'une manière différente les uns des autres. C'est ce qui arrive dans le cas où des petits-enfans concourent avec leurs oncles ou leurs tantes dans la succession d'un aïeul ; car alors ils ne font tous ensemble qu'une tête, tandis que chacun des oncles et des tantes fait nombre à part.

IV. Jusqu'ici tout est clair ; mais voici quelque chose de plus embarrassant. Il peut arriver qu'une personne refuse d'exercer un droit de succession ou de Légitime, quoiqu'il soit ouvert en sa faveur : dans ce cas, fera-t-elle nombre ?

Il faut distinguer 1° si la renonciation est gratuite ou faite moyennant une récompense quelconque ; 2° si, étant gratuite, elle est pure et simple, ou en faveur de quelqu'un.

Lorsque la renonciation est tout à la fois gratuite, pure et simple, celui qui l'a faite, ne doit point être compté dans la supputation de la Légitime.

C'est ce qu'établissent Ricard, Lebrun, Rousseaud de Lacombe, et c'est ce qui résulte clairement de la loi 17, D. de inofficioso testamento : celui, dit-elle, qui répudie la querelle d'inofficiosité dont il pourrait se servir pour faire casser un testament, ne fait point part au préjudice de ceux qui veulent intenter cette action : *Qui repudiantis animo non venit ad accusationem inofficiosi testamenti, partem non facit iis qui eamdem querelam movere volunt.*

La loi 10, § 4, D de bonorum possessione contra tabulas, établit implicitement la même chose, en mettant en principe que toute personne qui ne prend rien, ne doit point faire part : *Liberi qui contra tabulas, habere non possunt, nec partem faciunt, si per alios committatur edictum ; quo enim bonum est eis favere, ut partem faciant, nihil habituris ?*

On peut ajouter avec Lebrun, liv. 2, art. 3, sect. 6, n° 4, « que la Légitime étant une certaine » portion de ce qu'on aurait eu ab intestat, il n'est » pas juste que celui qui est exclu par..... sa re-» nonciation pure et simple, et qui ne serait pas » venu à la succession, fasse part dans la Légi-» time pour diminuer les portions des légitimaires... » C'est ainsi qu'en matière de substitution, celui » qui ne recueille pas actuellement le fidéicommis, » n'est point compté et ne fait point de degré, » parce que les degrés se comptent avec effet, et » ne se peuvent trouver remplis que par une res-» titution actuelle. »

Ce passage et les lois citées ne roulent que sur la question de savoir si le renonçant fait *part*, c'est-à-dire, s'il doit être compté pour la diminution de la Légitime : mais on peut dire indistinctement qu'il ne fait pas *nombre*, c'est-à-dire, qu'on

ne doit pas non plus le compter pour l'augmentation.

En effet, pourquoi l'empereur Justinien a-t-il voulu que la quotité de la Légitime augmentât en raison directe du nombre des successeurs *ab intestat* ; en sorte qu'elle fût bornée au tiers, lorsque ceux-ci ne seraient pas plus de quatre, et qu'elle fût portée à la moitié, quand ils excéderaient ce nombre ?

C'est parce que naturellement la quotité d'une portion *ab intestat* doit être d'autant moins avantageuse, que la portion elle-même est plus petite, et que la portion est toujours d'autant plus petite, que le nombre des copartageans est plus grand. Justinien n'a donc cherché, dans sa novelle 18, qu'à compenser le tort que faisait aux légitimaires la multitude des copartageans : et comme on le leur a rendu, ou du moins il a cru leur rendre, par l'augmentation de la quotité à prendre sur leur portion *ab intestat*, ce que leur ôtait la diminution de la portion même. Or, celui qui renonce purement et simplement à l'hérédité, ne diminue pas la portion de ses cohéritiers, puisqu'il ne concourt point avec eux ; il ne diminue pas non plus la quotité à prendre sur cette portion, puisqu'on ne peut pas entamer une partie, lorsqu'on laisse le tout entier, il n'est donc pas possible de lui appliquer le motif de la novelle 18 ; et comme on ne doit pas étendre une loi au delà de la raison qui l'a fait porter, sa personne ne doit être d'aucune considération pour le règlement de la quotité de la Légitime.

V. Lorsque la renonciation est à la vérité *gratuite*, mais *en faveur*, il faut distinguer si elle a été faite au profit de tous les héritiers, ou d'un d'entre eux. Dans le premier cas, le renonçant ne fait point nombre, parce que c'est absolument la même chose de renoncer purement et simplement, ou de le faire en faveur de tous ceux que la loi appelle à la succession. « Car (dit Lebrun), si quel» qu'un renonce au profit de ses frères et de ses » sœurs, avec clause de cession et transport, il » semble qu'il ne fait que s'abstenir de la succes-» sion, et que sa cession n'est en effet qu'une re-» nonciation pure et simple, parce qu'elle n'a que » le même effet, ses frères et sœurs profitant éga-» lement de sa renonciation, et l'un d'entre eux » n'étant pas plus favorisé que l'autre. »

Si la renonciation est en faveur d'un seul, ou même de plusieurs d'entre les cohéritiers, elle a tout l'effet d'une cession ; et comme on ne peut rien donner sans l'avoir acquis auparavant, elle équivaut à une acceptation d'hérédité de la part de celui qui l'a fait. Or, il est constant qu'on doit compter et mettre en nombre tous ceux qui, ayant droit de Légitime, prennent réellement part à la succession. Il faut donc nécessairement faire entrer le renonçant dont il s'agit, dans la supputation de la Légitime, comme Dumoulin sur l'ancienne coutume de Paris, § 9, gl. 4, n° 7, le fait entrer dans la liquidation du droit d'aînesse.

Les arrêts ont confirmé la différence que nous

venons d'établir entre la renonciation pure et simple, et la renonciation en faveur de quelques-uns des cohéritiers. Voici ce que dit à ce sujet Montholon, § 58 : « Si la renonciation est faite en faveur de l'aîné ou des mâles, la Légitime ne se » prend que sur ce qui reste, les portions des renonçans distinctes entièrement....; c'est un arrêt du 2 juin 1607, donné à la première qui l'a » ainsi jugé : que si la renonciation est faite simplement, sans considération des mâles, on a » jugé par arrêt du 1er février 1600, au rapport de » M. de Nauve que la Légitime se prend sur la masse, » sans distraire les portions de ceux qui ont renoncé. »

VI. Une renonciation peut n'être pas gratuite de deux manières ; ou parce que le renonçant a reçu quelque chose pour s'abstenir, ou parce qu'il s'est abstenu pour se dispenser de rapporter une donation que le défunt lui avait faite.

Au premier cas, Lebrun dit indistinctement que le renonçant ne fait pas nombre, mais cette décision est trop générale ; vraie dans certaines espèces, elle est fausse dans d'autres.

Pour se former là-dessus des idées nettes et précises, il faut distinguer si la renonciation a été achetée par tous les copartageans, ou seulement par quelques-uns d'entre eux.

Dans la première hypothèse, il est certain que le renonçant ne fait pas acte d'héritier ; la loi 24, D. *de acquirenda vel omittenda hereditate*, ne laisse là-dessus aucun doute : *Fuit quæstionis an pro herede gerere videantur qui pretium hereditatis omittendæ causa cepit; et obtinuit hunc pro herede non gerere, qui ideo accepit ne heres sit.*

On ne doit donc pas le considérer dans la supputation de la Légitime, puisque, d'un côté, il est censé n'avoir point d'existence par rapport à la succession, et que, de l'autre, on ne peut pas lui appliquer le motif pour lequel nous disions tout à l'heure que Justinien a augmenté la quotité de la Légitime à proportion du nombre des légitimaires.

Il ne faut d'ailleurs que du bon sens pour se convaincre de cette vérité. Que fait un héritier, lorsqu'il s'abstient en considération de la récompense que lui donnent tous ses copartageans ? Il renonce certainement en faveur de chacun d'eux : or, nous venons de voir qu'on ne doit jamais compter l'héritier qui renonce en faveur de tous ceux que la loi appelle *ab intestat* ; il n'est donc pas possible que celui dont nous parlons fasse nombre ; et comment le ferait-il ? Serait-ce pour diminuer la Légitime ? Mais les légitimaires ont payé leur port du prix de sa renonciation ; il est donc juste qu'ils en profitent : or, ils n'en peuvent profiter qu'en le faisant retrancher de la supputation. Serait-ce au contraire pour augmenter la Légitime ? Mais les héritiers qui doivent la fournir, ont contribué, comme les légitimaires, à l'achat de la renonciation ; il faut donc aussi qu'ils en recueillent le fruit ; et tout le profit qui peut en résulter pour eux, c'est que le renonçant ne fasse pas nombre à leur désavantage. Ainsi, la contribution des héritiers et des légitimaires au paiement du prix de la renonciation, forme à cet égard une balance exacte entre les premiers et les seconds, et empêche que l'existence du renonçant ne nuise ni ne profite aux uns et aux autres.

Lorsque la renonciation n'a été achetée que par quelques-uns des copartageans, il faut sous-distinguer si elle est pure et simple, ou en faveur des acheteurs.

Si elle est en faveur des acheteurs, elle leur transporte la part légale du renonçant : celui-ci est donc censé succéder par leur ministère, et par conséquent il fait nombre ; cette résolution doit souffrir d'autant moins de difficulté, qu'elle a même lieu, comme on vient de le voir, dans l'espèce d'une cession gratuite, déguisée sous le nom de renonciation en faveur.

Si la renonciation achetée par quelques-uns des copartageans est pure et simple ; elle n'emporte point d'appréhension d'hérédité de la part de celui qui l'a faite, et conséquemment elle devrait à la rigueur le faire retrancher indistinctement de la supputation de la Légitime. Cependant il serait injuste de tourner l'effet de la renonciation contre son acheteur, puisqu'il n'en a payé le prix que sous la condition d'en profiter ; ainsi, lorsque son avantage demande que le renonçant fasse nombre, on doit faire entrer celui-ci dans la supputation ; et ce n'est que dans le cas contraire qu'il faut l'en exclure.

VII. À l'égard de celui qui renonce pour se tenir à une donation que le défunt lui a faite, on prétend qu'il a été rendu deux arrêts sur la question de savoir s'il doit faire nombre ; mais il n'y en a qu'un, sur lequel on puisse compter, et que l'on doive prendre pour règle de décision.

Ces arrêts sont des 14 août 1581 et 1er février 1620.

Le premier, dit Lebrun, « jugea que les renonçans, *aliquo dato*, font nombre, pour savoir si » l'on doit compter sur quatre enfans ou sur un » plus grand nombre, et donner le tiers ou la » moitié pour la Légitime, selon le droit écrit. » Mais les parties ne prétendaient pas faire juger » la question de savoir qui profiterait des parts des » renonçans, déclarant qu'elles se réservaient de » le faire décider, lorsqu'il s'agirait de l'exécution » de l'arrêt. » Cet arrêt juge, comme on le voit, que le renonçant fait nombre pour augmenter leur Légitime, et laisse indécise la question de savoir s'il fait aussi nombre pour la diminuer.

« Le second (c'est toujours Lebrun qui parle) » était dans l'espèce que Gabriel Leroux avait laissé » cinq enfans ; un aîné qu'il avait fait son légataire universel, trois filles qu'il avait mariées et » dotées, et une qui n'était point donataire : » quelle demandait sa Légitime, et il s'agissait de » savoir si les trois sœurs renonçantes faisaient » part et nombre dans la Légitime : sur quoi il » fut jugé qu'elles ne faisaient point part ; en sorte

» qu'on ne devait compter que sur deux enfans,
» le légataire universel, et la légitimaire, à la-
» quelle on adjugea la quatrième partie des biens.
» Mais M. Bouguier remarque qu'il fut aussi jugé
» par cet arrêt, que la Légitime ne se réglerait
» qu'à raison des biens existans lors du décès, les
» donations non comprises, en sorte qu'on n'ad-
» jugea à cette fille légitimaire que la quatrième
» partie des biens qui furent trouvés lors du décès,
» par où il semble qu'on récompensait le légataire
» universel : car si les trois sœurs renonçantes ne
» faisaient point part à son profit, aussi, dans
» l'estimation de la Légitime, on n'avait point
» d'égard aux donations qui n'augmentaient point
» la masse des biens, sur laquelle on devait don-
» ner à la fille légitimaire ce qui lui était dû pour
» sa Légitime. Mais il y a bien de l'apparence que
» cet arrêt a seulement déchargé les trois sœurs
» mariées de contribuer à la Légitime, comme
» M. Bouguier le dit lui-même ; mais il n'a pas
» jugé qu'on ne dût pas faire entrer leur dot dans
» la masse des biens pour la fixation de la Légi-
» time ; car le contraire avait été jugé par l'arrêt
» des Brinons, du 27 mai 1558, et semble réglé
» par l'art. 298 de la coutume de Paris. »

Cet arrêt obscurcit plutôt la question qu'il ne la
résoud ; c'est donc uniquement aux principes de
la matière que nous devons nous attacher.

Ricard, part. 5, n° 1065, soutient généralement que le renonçant dont nous parlons, doit
faire nombre, et il en donne une raison très-judicieuse ; c'est que la donation doit nécessairement
entrer dans la masse de biens sur laquelle la Légitime doit être prise, et que le donataire ne s'y
tient qu'à cause qu'elle surpasse sa portion légitimaire, ou qu'au moins elle la remplit.

On oppose à cet avis une objection assez subtile : c'est donc dire que le renonçant ne pourrait
faire nombre qu'en qualité d'ayant-droit à une Légitime, ou en qualité de donataire ; qu'il ne la fait
point nécessairement au premier titre, puisque
ceux qui ont naturellement droit à une Légitime,
ne font pas toujours nombre ; témoin celui qui
renonce gratuitement et absolument, qu'il ne le
fait non plus au second titre, puisque les donataires étrangers n'entrent jamais dans cette supputation.

Voici la réponse de Lebrun, liv. 2, chap. 5,
sect. 6, n° 9 : « Lorsque l'enfant qui fait part na-
» turellement, c'est-à-dire, à qui par nature il est
» dû sa part dans la succession ou dans la Légi-
» time, renonce en se tenant à une donation, il
» est vrai de dire en ce cas qu'il a sa portion légi-
» timaire, puisqu'il en a la valeur, et qu'il est
» donataire en avancement d'hoirie ; ce qui ne se
» peut trouver ni dans la personne de l'enfant qui
» renonce sans avoir jamais rien reçu, ni dans la
» personne d'un étranger : ainsi, il est très-juste
» que cet enfant donataire qui renonce aliquo ac-
» cepto, fasse part dans la supputation : bien loin
» que les autres enfans aient droit de se plaindre
» de ce que cela diminue leur Légitime, il faut au

» contraire qu'ils considèrent que leurs droits di-
» minuent naturellement, à proportion de ce qui
» a été donné à leur frère, puisqu'il aurait partagé
» avec eux ab intestat. »

À cette réponse, le même auteur, liv. 4, chap. 8,
sect. 2, n° 80, ajoute une réflexion qui écarte toute
espèce de difficulté. « Si (dit-il) on comptait les
» donations, et si on les faisait entrer dans la masse
» des biens, sans que les renonçans fissent part,
» les légitimaires auraient souvent plus que la
» moitié de ce qu'ils auraient eu, si le père n'avait
» pas disposé : ainsi, ce ne serait pas une Légitime.
» Car, supposé qu'il y ait quatre enfans et 40,000
» livres de biens, que le père ait donné 15,000
» livres à chacun des deux aînés, qu'il ait fait le
» troisième son légataire universel, et que le qua-
» trième demande sa Légitime ; si l'on compte
» toutes les donations, et que les donataires ne
» fassent point part, il s'ensuivra que le fils légiti-
» maire aura 10,000 livres, et cependant c'est tout
» ce qu'il aurait eu si le père n'avait pas disposé
» entre-vifs ni par testament : au lieu que les re-
» nonçans faisant part, il n'aura que 5,000 livres,
» et le frère légataire autant : ainsi, ils seront tous
» deux réduits à leur Légitime. »

Une comparaison très-simple achèvera de porter
la conviction dans tous les esprits. Tout le monde
sait que le droit d'accroissement a lieu entre deux
colégataires unis par les paroles et par la chose :
cela posé, on demande si l'esclave de Titius étant
légué à Titius même, et à Mévius, celui-ci doit en
avoir la totalité, parce que l'autre ne peut pas être
légataire d'une chose qui lui appartient ; ou si
Titius fait part dans le legs, à l'effet de réduire
Mévius à la moitié. La loi 84, § 8, au Digeste de
legatis 1°, embrasse ce dernier parti, parce que
Titius prend part dans la chose léguée, sinon par
action, au moins par rétention : Si Titio et Mœvio
legatus fuerit Stichus qui Titii erat, debebitur
pars Stichi Mœvio : nam Titius, quamvis ad legatum non admittatur, partem faciet.

Dans notre espèce, le donataire renonçant ne
prend point part à l'hérédité par action, mais il
la prend par rétention ; il faut donc nécessairement qu'il fasse nombre. V. ci-après, § 2, art. 2,
quest. 5.

VIII. Nous n'avons parlé jusqu'à présent que
des renonçans à une succession ou à une Légitime
échue ; voyons maintenant si ceux qui ont renoncé à une succession ou à une Légitime avant
que le droit en fût ouvert, doivent faire nombre
dans la supputation que nous avons à régler.

Il ne faut pas distinguer ici, comme sur la question précédente, si la renonciation est gratuite ou
faite moyennant une certaine récompense, parce
qu'ayant trait à une succession future, elle ne
peut être valable qu'autant qu'elle est en quelque sorte payée par celui à qui il s'agit de succéder.

Il est vrai que deux de nos coutumes, celles
d'Auvergne et de Normandie, excluent de la succession et même de la Légitime, la fille qui a été

mariée sans dot, comme celle qui a été dotée convenablement (1); mais il n'en est pas moins certain que la renonciation légale de la première n'est pas plus gratuite que celle de la seconde : il en coûte toujours quelque chose à un père pour marier une fille, même sans dot; d'ailleurs, l'établissement qu'il lui procure est considéré comme un avantage; et l'on verra dans un instant, que les coutumes citées, loin de s'écarter, sur la question dont il s'agit, des principes du droit commun, en ont au contraire adopté expressément les décisions.

Il ne faut pas non plus distinguer, quoi qu'en disent certains auteurs, si la renonciation a été faite au profit de tous les cohéritiers présomptifs, ou seulement de quelques-uns d'entre eux; parce que le prix en ayant été acquitté par le défunt, on doit la considérer, dans le premier cas, comme une donation qu'il a voulu faire de la part du renonçant, à ceux en faveur desquels la renonciation est stipulée; ce qui les subroge entièrement aux droits du renonçant, et fait que l'hérédité se divise comme s'il succédait en personne, au lieu de succéder par leur ministère.

Cette réflexion décide déjà que le renonçant doit faire nombre dans cette espèce particulière. Mais examinons la question en général.

Bartole et Cujas prétendent qu'on ne doit point compter la fille qui a renoncé à la succession future de son père et de sa mère; mais il est à croire que celui-ci ne pense de la sorte que parce qu'il considère la renonciation comme gratuite; et Bartole est certainement dans la même erreur; il suffit de l'entendre pour s'en convaincre : *Ille qui non admittitur ad partem, nec admitti speratur* ALIQUO JURE ACTIONIS, VEL RETENTIONIS, *vel alterius æqualitatis, ut filia quæ renunciavit, vel per se, vel per alium, non dicitur facere partem.*

Les auteurs qui ont le mieux connu les principes reçus à cet égard dans notre jurisprudence, ont raisonné différemment. Guypape, décis. 295, dit que la fille qui a renoncé, ne prend point de part dans la succession qu'elle a abdiquée, mais qu'elle ne laisse pas de faire nombre pour la liquidation de la Légitime : *Filia quæ quittavit bona paterna vel materna, facit quidem partem tanquam filia quantum ad Legitimam, sed non admittitur ad partem.*

Boyer (*Boërius*) établit la même chose, décision 104 : *Filia quæ renunciavit, facit quidem partem, quia facit numerum, et in numero liberorum est habenda, ut cognoscatur, non quantum sit Legitima ejus, sed quanta sit Legitima aliorum.*

Maynard, livre 4, chap. 24, démontre très-clairement la justesse de cette résolution. Voici à quoi se réduit en substance tout ce qu'il dit à ce sujet.

« Si des enfans qui renoncent à une succession future, moyennant une certaine donation, ne faisaient pas nombre dans la liquidation de la Légitime, ce serait parce que leur part accroîtrait aux légitimaires : or, il est impossible que cet accroissement ait lieu : un exemple très-sensible va le démontrer. Il est décidé dans la loi 85, D. *de legatis* 1°, que, si de deux colégataires d'un même fonds, l'un obtient par action personnelle l'estimation de sa moitié; et que l'autre s'avise ensuite de demander le tout en nature par action réelle, le juge ne doit en accorder à celui-ci que la moitié, et le débouter du surplus, parce que l'autre est censé être venu à partage, et avoir par conséquent éteint le droit d'accroissement, en recevant la valeur de ce qui lui était légué : *Duobus conjunctim fundus erat legatus. Alter partis æstimationem per actionem personalem abstulit. Alter, si fundum totum vindicare velit, exceptione doli pro parte dimidia repellitur, quia defunctus semel ad eos legatum pervenire voluit.* Il résulte clairement de là qu'il n'y a point de droit d'accroissement, lorsqu'un des consorts, au lieu de répudier simplement sa part, la vend en quelque sorte en y renonçant pour une récompense quelconque.

» Appliquons cette maxime aux enfans qui renoncent à une hérédité future en considération des avantages actuels qu'ils reçoivent; et nous aurons une preuve démonstrative qu'ils doivent faire nombre. »

Coquille, question 164, jette un nouveau jour sur cette vérité : « La fille qui a été mariée et dotée, ou apanée par père et mère....., doit être comptée au nombre des enfans, quand on fait état de la Légitime; car elle n'est pas exclue en haine d'elle, comme est exclu celui qui est déshérité par son père, ainsi est exclue en faveur de ses frères. Aussi par la coutume, elle est reçue à demander supplément de sa Légitime, si par sa dot sa Légitime n'est pas remplie, ce qui fait connaître qu'elle doit être comptée au nombre des enfans. »

A ces raisons se réunissent toutes celles que nous avons employées pour faire voir qu'on doit compter l'enfant qui renonce à une succession échue, pour se tenir à une donation entre-vifs; car ce sont les mêmes motifs de la décision pour l'une et l'autre espèce.

Aussi la jurisprudence des arrêts a-t-elle admis constamment, par rapport à celle-ci, l'opinion que nous venons d'établir. Nous avons là-dessus des décisions très-précises des parlemens de Paris, de Toulouse, de Grenoble et de Bordeaux. Écoutons d'abord Papon, livre 16, titre 4, n° 11 :

« Fils ou fille qui ont quitté à la succession du père ou de la mère, sont comptés au calcul de la Légitime, et font pour la portion chacun, combien qu'ils ne soient reçus à ladite portion qui est acquise à l'hoirie....

» Ainsi fut jugé par arrêt de Grenoble en l'an

(1) Il en est de même des constitutions sardes, liv. 5, tit. 7, art. 2.

1461, en vidant le procès de la Roche-Chinard, entre les frères Allemans, et par arrêt de Bordeaux allégué par M. Boyer, quest. 103.

» Cela est vrai, d'une fille ou d'un fils qui ont quitté par constitution ou apanage qui leur a été fait. »

Maynard, à l'endroit cité, établit la même proposition, et ajoute : « Ainsi par la cour de Tholose, a été jugé en la seconde chambre des enquêtes, au rapport de feu M. Jossé, nous y opinant, entre dame Paule de Viguier, veuve de feu M. Pierre de Meynaguet, trésorier de France, contre Simon de Meynaguet, veveu dudit feu Pierre, le 20 juillet 1585. »

Les arrêts du parlement de Paris qui ont jugé de même, sont des 21 février 1565, 1er décembre 1571 et 14 août 1586. C'est Charondas qui les rapporte, liv. 8, rép. 27.

Enfin, si l'on en croit Minsyngère, cent. 4, observ. 22, telle est aussi la jurisprudence de la chambre impériale de Spire : d dominis nostris comprobata est sententia Petri Jacobi asserentis talem filiam, quæ sic renunciavit, computari et numerari inter liberos et facere partem, licet non admittatur ad partem.

Les dispositions de nos coutumes viennent à l'appui des arrêts, et en confirment de plus en plus la décision.

Voici ce que portent celles d'Auvergne, chapitre 12, art. 52 ; de la Marche, art. 245 ; et de Bourbonnais, art. 310 : « Et combien que ladite fille ainsi mariée ne prenne aucune part ni portion esdites successions, si fait elle nombre et part avec les autres enfans pour la quote et computation de la Légitime. »

Ces termes, si fait elle nombre et part, marquent très-clairement que la fille dotée entre dans la liquidation, non-seulement pour diminuer la Légitime, mais encore pour l'augmenter : c'est l'observation de Dumoulin sur l'art. 310 de la coutume de Bourbonnais : non solum diminuendo partes singulorum, sed etiam augendo cumulum Legitimæ de triente et semisse.

L'art. 257 de la coutume de Normandie décide pareillement, que « fille mariée, avenant que ses sœurs soient reçues à partage, fait part au profit de ses frères, pour autant qu'il en eût pu appartenir au tiers dû aux filles pour leur mariage ; encore qu'il ne lui fût rien dû lors du décès de ses père et mère. »

Telle est aussi la disposition implicite de la coutume de Bretagne, art. 558 : « La portion de la fille mariée par le père noble à moindre part qu'il ne lui appartient par la coutume, accroît et appartient à l'aîné, à la charge des dettes à raison de ladite portion. »

Les coutumes du Maine et d'Anjou renferment la même décision ; et il en résulte évidemment que la fille mariée fait nombre, puisqu'elle est représentée par son frère aîné, et qu'ainsi elle est censée prendre par les mains de celui-ci, la part que la loi lui défère.

[[Les constitutions sardes ont pris, sur cette question, un parti mitoyen entre les deux opinions. Voici comment elles s'expriment, liv. 5, titre 3 :

« Art. 5, Les filles qui sont exclues de la succession dans les cas prescrits dans nos constitutions, feront ou ne feront pas nombre pour supputer la Légitime, au choix du légitimaire ; s'il choisit qu'elles ne fassent pas nombre, l'on ne comptera pas dans la masse héréditaire les dots qu'elles auront reçues ou qui leur auront été promises, pour connaître la quantité due pour la Légitime ; mais s'il choisit qu'elles fassent nombre, l'on confondra dans la masse héréditaire tout ce qu'elles auront eu, à l'effet seulement de faire nombre en faveur des légitimaires, pour calculer la susdite Légitime.

» 6. En cas de contestation entre les seuls et purs légitimaires et les légitimaires héritiers, si les susdites filles doivent ou ne doivent pas faire nombre, l'élection des seuls et purs légitimaires, devra toujours être préférée.

» 7. Lorsque les filles exclues feront nombre, si la portion qui les concerne est plus considérable que celle qui leur a été donnée ou qui leur est due pour leur dot, elle accroîtra à l'héritier s'il est de l'agnation, ou au légitimaire si l'héritier est étranger. »

On verra au mot Ligurie, § 3, n° 8, quelle est sur le même objet la jurisprudence génoise.]]

IX. Après avoir parlé de ceux qu'une renonciation volontaire ou suppléée par la loi, exclut de la succession ou de la Légitime, il faut nous occuper de ceux qui sont privés malgré eux de l'une ou de l'autre.

Ces derniers composent trois classes différentes : dans la première, sont les exhérédés ; dans la seconde, les incapables ; et dans la troisième, ceux qui ont laissé prescrire leurs droits de Légitime.

X. La question de savoir si les exhérédés font nombre dans la supputation de la Légitime, est une des plus controversées qu'il y ait sur cette matière.

Accurse, Bartole, Paul de Castro, Charondas, Vandepoll, le président Favre et Furgole, tiennent l'affirmative ; et l'on trouve dans le Journal du Palais du parlement de Toulouse (année 1702, page 489), un arrêt qui l'a adoptée formellement.

Les partisans de la négative sont Cujas, Fachinée, Ferrière sur Guypape, Barry, Gomez, Grivel, Despeisses, Perez, Van Leuwen, Ricard, Lebrun, Bretonnier, Voët ; et leur opinion a été confirmée par un arrêt du parlement de Dijon, du mois de décembre 1691, rapporté dans le commentaire de Taisan, sur la coutume de Bourgogne, tit. 7, art. 7.

Les raisons de ces auteurs sont exposées par Voët dans un ordre très-lumineux : pour simplifier la question, il la considère sous deux faces ;

il établit d'abord que les exhérédés ne font pas nombre pour augmenter la Légitime, et ensuite qu'ils ne font point part pour la diminuer.

Voici comment il prouve sa première proposition.

L'enfant exhérédé est regardé, par rapport au droit de succéder à son père et à sa mère, comme s'il était mort avant eux; la loi 1, § 5, D. *de conjugendis cum emancipato liberis*; en contient une disposition formelle : *Sed etsi patruus eorum, qui erat in potestate, sit præteritus, pater exheredatus, debent nepotes admitti; nam exheredatus pater eorum pro mortuo habetur.* Et le § 5, inst. *de successione libertorum*, nous fait voir que l'on confond souvent en droit le défunt qui ne laisse point d'enfans, avec celui qui a justement déshérité ceux qu'il avait : *Si vero testamentum quidem fecerint liberti, patronos præterierint, cum nullos liberos haberent, vel habentes, eos exheredaverint, tunc,* etc.

Or, il est constant et indubitable que les enfans morts avant leur père, ne font point nombre pour la Légitime de leurs frères et de leurs sœurs; il ne faut donc pas non plus compter les exhérédés. D'ailleurs, si Justinien a augmenté la Légitime jusqu'à la moitié dans le cas où il y a plus de quatre copartageans, il ne l'a fait que dans la crainte que les enfans étant en trop grand nombre, leur portion ne se trouvât réduite à rien, et ne les laissât dans l'indigence : or, les exhérédés ne produisent point cet effet; leur existence ne peut donc pas être considérée pour faire augmenter la Légitime de leurs frères et de leurs sœurs.

Cette proposition établie, Voët emploie les raisons suivantes pour justifier la seconde.

Si, dit-il, les exhérédés ne profitent pas à leurs frères et à leurs sœurs pour l'augmentation de leur Légitime, il n'est pas juste qu'ils leur nuisent lorsqu'il s'agit de la diminuer. *Eadem est ratio commodi et incommodi.* C'est d'ailleurs un principe écrit en toutes lettres dans la loi 10, § 4, D. *de bonorum possessione contra tabulas,* qu'on ne fait point part alors qu'on n'est pas admis au partage.

La loi 17, D. *de inofficioso testamento,* décide que la portion du fils justement exhérédé accroît à ses frères et à ses sœurs, qui ayant été frappés comme lui de l'exhérédation, l'ont fait déclarer injuste à leur égard; et elle se fonde sur ce que ceux-ci sont considérés comme les seuls enfans vivans du père; *Qui repudiantis animo non venit ad accusationem inofficiosi testamenti, partem non facit his qui eamdem querelam movere volunt. Unde, si, de inofficioso testamento patris alter ex liberis exhereditatis ageret, quia rescisco testamento etiam quoque ad successionem ab intestato vocatur, et ideo universam hereditatem non recte vindicasset : hic, si obtinuerit, uteretur rei judicatæ auctoritate, quasi centumvir hunc solum filium in rebus humanis esse tunc cum facerent intestatum, crediderint.*

Enfin, la novelle 22, chap. 21, met en prin-

cipe, que les portions des enfans ingrats, et, à ce titre, exclus des biens de leurs parens, n'appartiennent point aux héritiers étrangers, mais à leurs frères et à leurs sœurs : l'héritier institué par le père, ne peut donc pas mettre hors part et s'approprier la Légitime de l'exhérédé; il doit donc la laisser dans la masse des biens sur lesquels doivent être prises les autres portions de la même nature.

Ricard n'emploie pas tant de raisonnemens pour prouver l'exactitude de cette doctrine; il la fonde uniquement sur ce que la Légitime n'est autre chose qu'une portion de ce qui eût appartenu *ab intestat* à ceux qui la prennent; en sorte que les exhérédés « n'ayant point de part en la succession, ils en ont encore moins en la Légitime, » puisque la Légitime dépend de la succession, et » en compose une partie; car c'est un des pre-» miers principes, que celui qui n'a point de part » dans le tout, en peut encore moins prétendre » dans une portion de ce tout. »

Cette raison a paru si forte à Furgole, qu'il n'a pas trouvé d'autre moyen d'y répondre, que d'en nier le principe. Il convient que, dans la coutume de Paris, la Légitime est une portion de la portion *ab intestat,* et il en conclud lui-même que les exhérédés ne font pas nombre dans le territoire de cette loi municipale; mais il soutient qu'il en est tout autrement dans les pays de droit écrit.

« Je me fonde (dit-il) sur les dispositions de la novelle 18, chap. 1, à laquelle les auteurs n'ont pas fait assez d'attention, ou du moins n'en ont-ils pas bien pénétré l'esprit, ni par conséquent connu la véritable nature de la Légitime; car quoique, suivant les principes de l'ancien droit romain, rappelé dans la loi 8, § 6, D. *de inofficioso testamento,* les lois 8 et 31, C. *eod. tit.* et quelques autres textes, la Légitime fût une portion de la portion *ab intestat,* et cela a été changé par la novelle 18, chap. 1, en conformité de laquelle l'opinion la plus commune des auteurs est que le légitimaire ne doit pas avoir une portion de la succession, mais une portion des biens quitte des dettes dont l'héritier est chargé; ce qui paraît avoir été confirmé par l'art. 61 de l'ordonnance de 1735.... portant que la quotité de la Légitime des ascendans, dans le pays où elle leur est due, doit être réglée eu égard au total des biens, et non sur le pied de la portion qui leur aurait appartenu *ab intestat* sur les biens de leurs descendans.....

» La fixation de la Légitime n'a donc aucun rapport ni aucune liaison avec la faculté de succéder *ab intestat;* il n'y a d'autre règle que le nombre des enfans existans : si donc il y a des enfans qui ne puissent pas prendre part aux biens assignés pour la Légitime, le retranchement qui est fait de plein droit sur le patrimoine du défunt; du tiers ou de la moitié de toute la substance, fait que tandis qu'il y a quelque enfant capable de recueillir cette portion, il n'en doit jamais rien accroître à l'hérédité, ni rentrer dans la succession ; mais le partage en doit être fait par égales portions entre les enfans qui se trouvent existans et capables, tout comme on le voit pratiquer dans les pays coutumiers à l'égard des quatre quints, ou autre portion des propres, que les coutumes destinent et assignent aux héritiers du sang dont la disposition est interdite, et qu'on peut regarder comme une espèce de Légitime coutumière ; car, si parmi les successeurs *ab intestat* qui sont appelés pour recueillir cette portion, il s'en trouve quelqu'un qui soit tombé dans quelque cas d'ingratitude, et qui ait été justement exhérédé, la part qui aurait dû revenir à l'exhérédé ne revient pas au légataire universel, mais elle accroît à tous les autres qui sont capables de recueillir. »

Tout ce passage se réduit à dire : La Légitime, dans l'ancien droit, était une portion de l'hérédité ; mais par la novelle 18, elle n'est plus qu'une portion de biens, et n'a aucun rapport à la succession *ab intestat* ; ainsi, pour la fixer, il ne faut considérer que le nombre des enfans, sans examiner s'ils sont tous capables d'être héritiers ; et s'il y en a quelques-uns qui ne puissent pas y prendre leur part, elle doit accroître aux autres légitimaires, comme la portion d'un incapable, dans les réserves coutumières, accroît aux autres héritiers du sang.

Il est étonnant qu'un auteur aussi profond que l'est Furgole, ait pu avancer de pareilles erreurs.

D'abord, n'est-ce pas renverser toutes les idées, que de faire passer la novelle 18 pour la loi qui a attribué à la Légitime la qualité de *quote de biens*, au lieu de *quote d'hérédité* qu'elle était auparavant ? Nous avons démontré ci-dessus, sect. 2, qu'elle a toujours été une quote des biens, et l'on a dû remarquer que cela est encore plus clair dans la jurisprudence du Digeste que dans celle des novelles. La coutume de Paris ne déroge pas là-dessus au droit commun, puisqu'en disant que la Légitime est la moitié de la portion *ab intestat*, elle marque expressément que cette moitié ne se prend qu'après la déduction des dettes et des frais funéraires ; ce qui caractérise précisément une quote des biens, suivant la maxime, *bona intelliguntur cujusque quæ deducto ære alieno supersunt*. Il n'y a donc pas plus de raison d'admettre ou de rejeter l'opinion de Ricard dans la coutume de Paris, que dans les provinces de droit écrit.

On dira peut-être que la novelle 18 fixe la Légitime au tiers ou à la moitié des biens, sans parler de la portion *ab intestat* ; qu'ainsi, il y a une différence réelle entre cette loi et le droit du Digeste adopté pour la coutume de Paris.

Mais il est évident que le tiers ou la moitié des biens s'entend, dans la novelle dont il s'agit, du tiers ou de la moitié de ce que les légitimaires auraient eu *ab intestat*, toutes dettes et charges déduites.

Deux raisons très-simples nous le persuadent.

1° Il n'y a dans le droit aucune différence entre une quote des biens et celle d'une portion *ab intestat* dont on déduit les dettes, puisqu'une hérédité sur laquelle on a fait une telle déduction, perd son nom et prend celui de *biens*.

2° Justinien n'a rien changé par la novelle 18 à la nature de la Légitime ; il l'a laissée sur le pied réglé par les lois antérieures ; il en a seulement augmenté la quotité ; et comme il a, par ce moyen, subrogé le tiers ou la moitié à l'ancienne quarte, il faut nécessairement supposer que ce tiers ou cette moitié doivent être la portion *ab intestat : subrogatum sapit naturam subrogati*.

Veut-on une preuve de cette subrogation. On la trouvera dans la novelle même. Justinien se plaint dans le préambule, de ce que les lois anciennes n'obligeaient les pères de laisser à leurs enfans que trois onces ou un quart, *solum triuncium definierunt ex necessitate relinqui* ; et dans le ch. 1, il ordonne qu'à l'avenir la Légitime ne sera plus d'un quart mais du tiers ou de la moitié, suivant le nombre des enfans : *non triuncium eis relinqui solum, sed etiam tertiæ propriæ substantiæ partem, hoc est, uncias quatuor....... Si vero ultra quatuor habuerint filios, medium eis totius substantiæ relinqui partem, ut sexuncium si omnino quod debetur*.

Encore une fois donc, cette novelle n'a point dérogé au droit ancien, par rapport à la nature de la Légitime ; elle a laissé à cette portion son caractère et sa dénomination de quote de ce qu'on aurait eu *ab intestat*, et conséquemment c'est en vain que Furgole prétend en argumenter pour réfuter le raisonnement de Ricard, et prouver que les exhérédés doivent faire nombre.

Ce n'est pas avec plus de raison que le même auteur prétend inférer de cette novelle, qui ne faut considérer que le nombre des enfans, sans examiner s'ils sont tous capables d'être héritiers ou légitimaires. A la vérité, Justinien n'exige point expressément qu'ils puissent succéder pour faire nombre ; mais cela se suppose de soi-même ; et c'est ce que prouve très-bien Grivel : *Verba legis quantumcunque indefinita et generalia semper restringuntur ad personas habiles et capaces... Unde licet in eo textu loqueretur Justinianus, tamen de capacibus tantum et non de incapacibus promiscue intelligendus esset. Paria enim sunt liberos non habere, aut habere quidem, sed ingratos aut exheredatos et incapaces*.

Par la novelle dont il s'agit, et c'est une observation que nous avons déjà faite, Justinien n'a augmenté la quotité de la Légitime, qu'à cause que, dans le droit ancien, elle était souvent réduite à très-peu de chose par le grand nombre des enfans qui y prenaient part.

Enfin, ce qu'il y a d'étonnant, Furgole détruit lui-même son opinion, en disant, *que, s'il y a des enfans qui ne puissent pas prendre part aux biens assignés pour la Légitime, il n'en doit rien accroître à l'hérédité, ni ren···· dans la succes-*

tion; mais que le partage en doit être fait par égales portions entre les enfans qui se trouvent existans et capables, tout comme on le voit pratiquer dans les pays coutumiers à l'égard des quatre quints ou autre portion des propres. Si ce n'est pas là un aveu clair et précis que les exhérédés ne font point part, il faut que les mots faire part, aient dans l'esprit de Furgole un sens tout différent de celui que tout le monde leur attribue; et alors il ne reste qu'une dispute de mots entre lui et Ricard. Au fond, ils pensent l'un comme l'autre, et l'on doit mettre le premier dans la classe de ceux dont le second dit, « qu'ils s'abusent gros- » sièrement en leurs prétentions, lorsqu'ils sou- » tiennent, pour faire l'avantage des enfans, » que ceux qui ne prennent point de part, ne laissent pas de faire part. En effet, ajoute-t-il, « les enfans ne » prennent pas la portion qui est destinée pour leur » Légitime en masse, pour la distribuer après en- » tre ceux qui doivent actuellement y prendre part: » mais chaque enfant en particulier doit être con- » tent lorsqu'il a la portion qui lui est déférée par » la loi, et celui sur qui la Légitime se doit pren- » dre en est tenu à forfait envers chaque particu- » lier. Le § 8, loi 8, D. de inofficioso testa- » mento, le décide de la sorte aux termes du droit » ancien, et dit que, si un aïeul a laissé trois pe- » tits-enfans d'un fils et d'un autre, que chacun » des trois doit être content d'une demi-once, et » celui qui est unique dans sa branche, d'une once » et demie : proinde si sint ex duobus filiis nepo- » tes, ex uno plures, puta tres, ex uno unus : » unicum sexuncia, unum ex illis semiuncia » querela excludit. Cela se collige encore assez de » de la novelle 18 (1).» Si donc, comme le prétend Furgole, la part d'un exhérédé dans le tiers ou la moitié destinée pour la Légitime, n'accroît pas à l'héritier institué, mais aux légitimaires; c'est une marque certaine que l'exhérédé ne fait point part; aussi voyons-nous Lebrun dire que l'enfant léga- taire ne fait point dans les réserves, pour faire en-

tendre que sa part n'accroît pas au legs universel, mais aux héritiers du sang : et Bartole ne trouve pas de meilleure raison pour prouver que l'exhé- rédé fait part, que de dire que l'exhérédation a été faite en faveur de l'héritier institué; qu'ainsi, il doit en recueillir tout le profit, en retenant par droit d'accroissement la portion de l'exhérédé.

Il n'y a donc rien dans les raisons de Furgole qui puisse ébranler le sentiment de ceux qui sou- tiennent que les exhérédés ne font point nombre dans la supputation de la Légitime. Voyons si celles de Bartole méritent plus d'égards.

La première est, comme nous venons de le dire que l'exhérédation a pour motif l'avantage person- nel de l'héritier institué; que par conséquent c'est à lui que doit accroître la part de l'exhérédé. Mais, répond Grivel, le principe de ce raisonne- ment est faux ; car ce n'est point pour favoriser l'héritier institué qu'un testateur déshérite son fils ; ou du moins s'il a cette intention, elle n'est que secondaire et indirecte : le motif principal et direct qui le fait agir, est l'indignité ou l'ingrati- tude de celui sur lequel il lance la foudre de l'exhé- rédation.

La seconde raison de Bartole est ce que serait, de la part des légitimaires, une prétention odieuse de vouloir profiter de la faute et de la disgrâce de leur frère. « Mais, dit Lebrun, on peut répondre » qu'il est de nature que l'exhérédation d'un des » enfans profite aux autres qui ont bien mérité du » père; que c'est même la disposition de la no- » velle 22, chap. 21; et que, comme elle leur pro- » fiterait ab intestat, il est juste qu'elle leur pro- » fite dans la Légitime; qu'ils en sont une portion » droits qu'ils auraient eus dans la succession ab » intestat; qu'enfin, ce n'est pas par droit d'ac- » croissement qu'ils profitent de l'exhérédation, » mais par la réduction du nombre et l'éloignement » d'un fils qui aurait été compté sans son exhéré- » dation.»

Jusqu'ici tout concourt à nous faire rejeter l'opi- nion de ceux qui veulent que l'exhérédé fasse nombre. Reste à voir si le président Favre et Van- depoll l'établissent mieux.

Ces deux auteurs se fondent sur la loi 8, § 8, D. de inofficioso testamento, texte très-important pour notre question, et dont il faut transcrire les termes : « Comme il suffit de laisser à un enfant le » quart de sa portion ab intestat, pour l'exclure » de la querelle d'inofficiosité, il faut examiner dans » la supputation de cette quarte. Cette question » peut être proposée dans une espèce où nous au- » rions deux enfans. Et il faut répondre avec Pa- » pinien, que l'exhérédé fera part : c'est pour- » quoi, si je fais déclarer le testament inofficieux, » je n'aurai droit qu'à la moitié de l'hérédité. Si » donc un aïeul a trois petits-enfans, dont deux » sont nés d'un de ses fils, et le troisième d'un » autre, il faudra, pour les exclure de la querelle » d'inofficiosité, qu'il laisse à celui-ci une once » et demie, et à chacun de ceux-là une demi-once.

---

(1) En effet, on ne peut pas donner un autre sens à ces termes : Si vero ultra quatuor habuerint filios, mediam eis to- tius substantiæ reliqui partem..... singulis ex æquo quadrinn- cium vel sexuncium dividendo. Le mot dividendo ne marque pas l'action des légitimaires partageant entre eux la por- tion que la loi leur donne, mais l'action du père assi- gnant à chacun de ses enfans la part qu'il doit avoir dans le tiers ou la moitié de toute la succession. Nous avons deux preuves de cette assertion. 1° Le gérondif dividendo étant à l'actif, ne peut pas se rapporter aux enfans qui ne rempli- sent dans toute la phrase qu'un personnage passif; il a au contraire un rapport très-marqué avec le père, dont il n'est parlé qu'à l'actif, et il n'y a que cette manière d'entendre le texte, qui présente une construction régulière. 2° Il est dit plus haut, que le père devra laisser à ses enfans, non le quart, comme anciennement, mais le tiers ou la moitié de ses biens. Or, la loi citée par Ricard, prouve nettement que, dans la jurisprudence du Digeste, chaque légitimaire avait sa portion séparée. C'est donc par cette jurisprudence qu'il faut interpréter la novelle dont il s'agit; car un législateur est toujours censé se référer aux lois anciennes, lorsqu'il n'y déroge pas expressément.

Quoniàm autem quarta debitæ portionis sufficit ad excludendam querelam, videndum erit an exheredatus partem faciat, qui non queritur; ut puta sumus duo filii exheredati : et utique faciet, ut Papinianus respondit; et si dicam inofficiosum, non totam hereditatem debeo, sed dimidiam petere? Proinde si sint ex duobus filiis nepotes, ex uno plures, tres puta, ex uno unus, unicum sexuncia, unum ex illis semiuncia querela excludit.

Voilà assurément un texte très-spécieux pour l'opinion de Furgole : cependant cet auteur le trouve étranger à la question; et, à l'entendre, la loi « dit seulement que, dans le cas qui y est ex-» pliqué, le fils exhérédé qui garde le silence et ne » se plaint pas, doit être compté dans le nombre » de ceux qui peuvent intenter la plainte d'inof-» ciosité, pour faire renverser le testament, par où » l'on voit que ce cas est différent de la difficulté » que nous examinons. »

D'autres auteurs répondent que cette loi parle d'un enfant exhérédé sans juste cause; et qui, pouvant intenter la querelle d'inofficiosité, ne l'a point encore fait; en sorte que les mots *non queritur*, doivent s'interpréter par *nondum queritur*, de même que dans la loi 2, D. *si pars hereditatis petatur*, on emploie *non adieiint* pour *nondum adierint*; et dans le § 9, *de adoptionibus*, aux Instituts, *non possunt*, pour *nondum possunt.*

Ainsi, dit Roussilhe, « les enfans exhérédé » sont comptés, quoiqu'ils n'aient pas renoncé » à la succession, parce qu'on présume qu'ils l'in-» tenteront avec succès : l'ingratitude ne se pré-» sume point, au contraire elle doit être prouvée » clairement. Cependant, lorsque l'enfant est va-» lablement exhérédé, en ce cas il ne peut être » compté, parce qu'il est tenu pour mort. »

Apprécions ces deux réponses.

La première, c'est-à-dire, celle de Furgole, est à tous égards insoutenable. La loi citée ne décide pas seulement si le fils exhérédé qui ne se plaint pas, doit faire nombre dans le partage de la succession déclarée ouverte *ab intestat*, à la poursuite d'un des enfans exhérédés injustement : elle traite encore la question de savoir s'il fait part dans la supputation de la Légitime, ou, en d'autres termes, s'il doit être compté pour régler la portion qu'un père doit laisser à ses enfans, afin de les empêcher d'exercer la querelle d'inoffi-ciosité : *Quoniam autem quarta debitæ portionis sufficit ad excludendam querelam, videndum erit an exheredatus partem faciat, qui non quæritur...; et utique faciet, ut Papinianus respon-dit.* On ne peut certainement rien de plus clair que ces termes.

L'autre réponse est plus embarrassante. Vande-pole et le président Favre la rejettent, comme une conjecture destituée de toute espèce de fonde-ment. La loi, dit Favre, ne parle pas d'un exhé-rédé qui ne s'est pas encore plaint, mais d'un exhérédé qui ne se plaint pas absolument, c'est-

à-dire, qui a renoncé à la querelle ou qui en est exclu par le laps de temps fixé pour l'exercice de cette action. Entendre la loi autrement, c'est la rendre puérile, en la faisant porter sur un cas infiniment clair; car, quel doute peut-il y avoir qu'un enfant ne puisse pas prétendre, sur le fondement d'une exhérédation qui peut encore être attaquée et anéantie, une plus forte Légitime qu'il ne devrait avoir de son propre chef ?

Ces raisons, considérées à part, semblent invincibles; mais rapprochons-les du texte dont il s'agit, et elles s'évanouiront d'elles-mêmes. Nous l'avons déjà dit, notre loi propose deux questions: la première, si un exhérédé, qui ne se plaint pas, *qui non queritur*, fait part dans la supputation de la Légitime; la seconde, s'il fait part dans l'hérédité qu'un des enfans, exhérédé comme lui, a fait déclarer ouverte *ab intestat*. Elle présente ces deux questions comme dépendantes du même principe, et les décide toutes deux pour l'affirmative. Or, cette décision serait fausse et détruite par deux autres textes, si, au lieu d'être bornée au cas d'un exhérédé qui diffère de se plaindre, elle avait pour objet un exhérédé qui a renoncé à la querelle, ou qui en fût exclu par le laps de temps.

En effet, la loi 17, D. *inofficioso testamento*, dont les paroles sont rapportées ci-dessus, dit que l'enfant exhérédé qui a renoncé à la querelle, ne fait part contre ceux qui l'intentent; en sorte que ces derniers faisant déclarer le testament inofficieux, recueillent l'hérédité entière *ab intestat*, parce que l'autre est considéré comme mort. La loi 23, § 2, du même titre, n'est pas moins formelle : lorsqu'un père, dit-elle, a déshérité ses deux enfans, et qu'ils ont tous deux attaqué le testament comme inofficieux, si l'un vient à se désister de sa querelle, ou qu'il soit forclore par laps de temps, sa part accroît à l'autre : *si duo sint filii exheredati, et ambo de inofficioso testamento egerint, et unus postea constituit non agere, pars ejus alteri accrescit, idemque erit et si tempore exclusus sit.*

Que l'on interprète, que l'on commente, que l'on aigaoïse ces deux textes tant que l'on voudra; ou ils sont absolument contraires à la loi 8, § 8, du même titre, ce qu'on ne doit pas supposer légèrement, ou il faut entendre celle-ci d'un exhé-rédé qui n'a point encore intenté sa querelle et qui est encore à portée de le faire.

Sans doute, en ce cas, il doit faire part, tant pour régler la Légitime de ses frères, que pour déterminer leurs droits dans la succession *ab intestat*, parce qu'il est juste de présumer qu'il fera casser son exhérédation; mais dans le cas contraire, les deux textes cités ne veulent pas qu'il fasse part dans l'hérédité que ses frères ont fait déclarer ouverte *ab intestat*; et, par la même raison, il ne doit pas non plus faire part dans la supputation de la Légitime, puisque la loi 8, § 8, met ces deux choses sur la même ligne, et les fait dépendre du même principe de décision. Pourquoi, en effet, les distinguerait-on dans l'espèce dont il s'agit, c'est-à-dire, dans le cas où un père qui n'a que deux enfans, les déshérite tous deux, et institue un étranger pour son héritier ? Lorsqu'un de ces enfans obtient les fins de sa *querelle*, et que l'autre en est débouté, la portion de celui-ci ne peut accroître à celui-là, que, ou parce qu'il est de règle qu'un exhérédé soit considéré comme mort, et par conséquent ne fasse point part, ou parce que l'hérédité étant déclarée ouverte *ab intestat*, à la poursuite de l'un des enfans, l'héritier institué ne peut plus y rien prétendre, ni conséquemment retenir la portion de l'exhérédé. Or, cette dernière raison ne suffirait pas pour faire adjuger toute l'hérédité à l'enfant qui s'est plaint avec succès, parce qu'en matière de querelle d'inofficiosité, il n'est point rare qu'un testament étant déclaré inofficieux à l'égard de l'un, et confirmé par rapport à l'autre, l'héritier institué retienne la part de celui-ci, tandis que la succession est considérée comme *intestat*, relativement à celui-là. C'est ce que prouvent la loi 15, § 2, la loi 24, D. et la loi 13, C. *de inofficioso testamento*, rapportées ci-dessus, sect. 3, § 3. Il faut donc nécessairement admettre pour motif de décision des deux textes dont nous parlons, que les enfans exhérédés valablement ne font point part, soit dans l'hérédité, soit dans la Légitime.

Mais voici une objection à laquelle n'ont point pensé les auteurs qui ont écrit sur notre question, et qui, au premier abord, semble tourner contre la doctrine que nous adoptons, le raisonnement dont Ricard a voulu l'appuyer.

La Légitime est, ou le tiers, ou la moitié, ou une quote quelconque, de ce qu'on aurait eu *ab intestat* : or, si le défunt qui la doit, était mort sans testament, ceux de ses enfans qui sont exhérédés, ne le seraient pas (1) : il faut donc supposer qu'ils succèdent, pour régler la Légitime des autres, et par conséquent ils doivent faire nombre.

Ce raisonnement est spécieux, mais il ne roule que sur une équivoque. Quand on définit la Légitime d'un enfant, une portion de ce que cet enfant aurait recueillie *ab intestat*, on entend, à la vérité, qu'il faut considérer le défunt comme mort *intestat* à son égard, mais non pas à l'égard de ses cohéritiers ; car, nous venons encore de le dire, en cette matière, une succession peut, même suivant le droit romain, être déférée partie *ab intestat*, et partie en vertu d'un testament.

XI. Il ne fallait pas noins que tous ces détails pour faire voir que les exhérédés ne doivent pas faire nombre dans la liquidation de la Légitime ; mais cette résolution, incontestable dans la thèse générale, serait fausse dans le cas où le fils déshérité par son père, aurait antérieurement reçu de lui une donation entre-vifs : alors, dit Lebrun, il

ferait nombre, « parce qu'il aurait été avantagé » en avancement d'hoirie et aurait eu une espèce » de Légitime, et cela, à l'exemple de tout autre » enfant qui renonce en se tenant à une donation ; » aussi cette donation faite au profit de l'exhérédé, » augmentera la masse des biens sur laquelle on » doit fixer la Légitime. C'est ainsi que, dans les » coutumes où les filles mariées sont exclues de » la succession, elles ne laissent pas de faire part, » parce que leur exclusion présuppose ordinaire- » ment leur dotation. »

Et c'est ce qui a été jugé par un arrêt que Chopin, sur la coutume d'Anjou, rapporte en ces termes : *Si tamen exheres esse jussus, à patre antea susceperit paternove beneficio venale munus publicum, quasi prærogationem juris hereditarii, is facit partem, licet non vocetur ad patrem : sicut à senatorio Parisiorum ordine decretum est, palamque solemni ritu prolatum postridie idus sextiles anni* 1589. »

XII. Voyons maintenant ce qu'il faut décider par rapport à ceux qu'une incapacité légale et absolue éloigne de toute succession.

Le principe général est, et les constitutions sardes, liv. 5, tit. 3, art. 4, disent positivement que « les enfans qui sont incapables d'avoir part » dans l'hérédité, ne pourront pas faire nombre » pour réduire du tiers à la moitié la Légitime » due dans l'hérédité de leurs ascendans. »

Mais entrons dans les détails.

XIII. Tout le monde convient que les enfans morts avant leur père, ne font point nombre dans sa succession, pour augmenter ou diminuer la Légitime de leurs frères vivans ; et c'est ce qu'a jugé *in terminis* un arrêt du parlement de Rouen du 11 mars 1681, rapporté par Basnage sur l'art. 337 de la coutume de Normandie.

Mais ne faut-il pas excepter de cette règle l'enfant décédé qui a été donataire de son père ?

La raison de douter est que sa donation augmente la masse des biens sur laquelle on fixe la Légitime.

La raison de décider est que la seule qualité du donataire ne suffit pas pour faire entrer celui en qui elle se trouve, dans la supputation dont il s'agit : en effet, elle n'a cette vertu que dans le cas où elle est jointe à la qualité d'enfant, ce qui ne peut pas avoir lieu dans notre espèce, puisqu'au temps de l'ouverture de la succession, l'enfant n'existe plus.

XIV. Les personnes condamnées pour toujours aux galères ou au bannissement hors du royaume, ne font point nombre : tous les auteurs conviennent de cette vérité.

On décide généralement la même chose relativement aux bâtards, ou du moins, s'il y a une exception à leur égard, ce n'est que dans le petit nombre de coutumes où ils succèdent concurremment avec les enfans légitimes.

XV. On ne croirait pas sans doute qu'aucun auteur eût osé mettre les religieux profès au nombre de ceux qui doivent entrer dans la supputation de

_____

(1) Pour sentir la vérité de cette proposition, il faut se reporter à l'ancien droit romain, suivant lequel on ne pouvait exhéréder un enfant que par un testament solennel.

la Légitime ; c'est cependant ce qu'a fait un certain Battandier , cité par Grivel : mais cette opinion singulière .ne peut être reçue que dans la Franche-Comté , où là profession ne rend pas les religieux incapables de succéder ; encore les capucins et les récolets , qui sont frappés dans cette province de la même incapacité que partout ailleurs , n'y sont-ils pas non plus comptés pour régler la Légitime de leurs frères et de leurs sœurs : c'est ce qui a été jugé , dit Grivel , « par arrêt du parlement de » Dole , du 30 août 1600 , en la cause de demoi-» selle Charlotte Dard , suppliante , contre Guil-» laume Dard , défendeur. »

Les autres parlemens jugent constamment la même chose , sans distinguer les religieux men-dians d'avec les autres. Il y en a un arrêt dans Chopin , du 7 décembre 1545 ; un autre, dans Ex-lilly , du 5 mars 1558 ; un troisième , dans Bérault, du 7 mai de la même année ; un quatrième , dans Maynard , du 20 juillet 1583 ; un cinquième , dans Basnage, du 11 mars 1581 ; un sixième , dans Du-Perrier , rendu par forme de règlement en 1617 ; un septième, dans le même auteur, du 23 juin 1632.

Nous avons trois coutumes qui adoptent expressément cette jurisprudence : ce sont celles de Bour-bonnais , art. 319 , d'Auvergne , chap. 12 , art. 14, et de la Marche , art. 319.

Mais n'en est-il pas autrement quand le reli-gieux a reçu une dote lors de son entrée dans le cloître ?

Dumoulin le pensait ainsi ; car il écrivait sur l'article cité de la coutume d'Auvergne , que la disposition n'en devait avoir lieu qu'au cas où la profession eût été entièrement gratuite, ou du moins eût coûté fort peu de chose : *scilicet si nihil vel modicum accepit , ut jure pontificio non licet dare pro ingressu ; alias computabitur ad finem tamen augendæ Legitimæ.*

Cette opinion n'est pas destituée de probabilité : il en coûte quelquefois plus pour placer une fille en religion que pour la marier : or , nous avons prouvé ci-dessus que la renonciation faite à la succession tant paternelle que maternelle , par une fille qui se marie , n'empêche pas qu'elle ne soit nombre pour le règlement de la Légitime de ses frères et de ses sœurs ; il semblerait donc que l'on dût en décider de même relativement à la fille ex-clue par la profession religieuse. D'ailleurs , on vient de voir que l'enfant déshérité doit être compté, lorsque son père lui a fait , de son vivant , une do-nation entre-vifs. Or , l'exclusion d'un religieux ne diffère pas de celle d'un exhérédé ; et dès-lors, pourquoi ne pas appliquer à l'un ce qui a été établi par rapport à l'autre ?

Mais ces raisons, et l'opinion dont elles forment la base , s'évanouissent lorsqu'on fait attention à deux choses essentielles : la première , qu'un reli-gieux profès est exclud par inhabilité et par mort civile , au lieu que l'enfant qui a renoncé ou qui a été déshérité , conserve une capacité habituelle de succéder ; la seconde , qu'une constitution de dot pour entrer en religion , n'est pas une dona-

tion faite au religieux , mais un contrat onéreux passé avec le monastère ; au lieu que lorsqu'on donne , soit à une fille qui se marie , soit à un en-fant qu'on déshérite après , c'est avec eux qu'on traite, et c'est de leur personne même que dérive l'avantage qui les fait entrer dans la supputation de la Légitime.

Ainsi , quoique l'art. 257 de la coutume de Nor-mandie ordonne *que fille mariée , avenant que ses sœurs soient reçues à partage , fait part au profit de ses frères ;* ce serait une erreur de croire qu'il en dût être de même des religieuses dotées.

« Cela a été jugé (dit Basnage) par plusieurs arrêts fondés sur cette raison , que la coutume ne parle que des filles mariées , et qu'il fallait s'atta-cher aux termes précis de la loi.

» La question fut jugée solennellement en la grand'chambre , le 9 de mars 1646 , plaidant Bau-dry pour les Lidou frères , qui soutenaient que cet article , parlant des filles mariées , s'entendait aussi des religieuses , leur profession étant un ma-riage spirituel. Coquerel disait au contraire pour Fouqueron qui avait épousé leur sœur , qu'on de-vait considérer la capacité de succéder ; que les re-ligieuses en étaient incapables , et qu'on ne pou-vait plus douter de cette maxime , après tous les arrêts qui l'avaient établie , dont le dernier avait été donné contre les sieurs de Cressanville-Bailleul.

» Autre arrêt du 4 mars 1626 , entre le sieur du Plessis-Châtillon et son frère. »

Cette décision , quoique fondée sur les principes les plus clairs , n'est cependant pas sans exception. Elle n'a pas lieu dans les successions nobles qui sont réglées par les coutumes de Bretagne et d'Anjou, parce que ces lois font accroître aux fils aînés les portions qu'auraient prises , en demeurant dans le monde , leurs frères et leurs sœurs engagés dans la religion. On a rapporté ci-dessus l'article de la coutume de Bretagne , qui renferme cette disposi-tion. Voici comment elle est exprimée dans l'art. 248 de la coutume d'Anjou : « Si noble homme » met son fils ou sa fille en religion , le fils aîné » d'icelui homme noble prendra en la succession » la portion qui y eut pris ledit fils ou fille re-» ligieux ou religieuse , s'ils fussent demeurés sé-» culiers. »

La règle générale qui exclud les religieux profès de la supputation de la Légitime , a-t-elle lieu à l'égard des chevaliers de Malte ?

Le président Favre ne forme aucun doute sur l'affirmative : *Itaque* , dit-il , *nec partem faciunt, tantum abest ut ad partem admitti possint : regu-lariter enim non facit partem qui nec admittitur , nec admitti speratur ad partem.*

Roussilhe dit pareillement , « qu'on ne compte » pas les religieux profès , ni les chevaliers de » Malte. »

Nous trouvons cependant deux arrêts du parle-ment de Provence qui ont jugé le contraire. Le premier a été rendu par forme de règlement en 1617 , l'autre est intervenu le 30 mai 1661 ; celui-ci fait partie du recueil de Boniface ; celui-là est

rapporté en ces termes par l'additionnaire de Duperrier : « L'arrêt de 1617 excepta les chevaliers
» de Malte , qui , quoiqu'ils n'aient point de Légi-
» time à prendre , font nombre , *faciunt partem ,*
» *licet admittantur ad partem.* Ils comptent ,
» parce que la succession reste chargée de les ra-
» cheter , s'ils sont faits esclaves. »

Il paraît difficile de concilier cette jurisprudence
avec les principes. La règle générale est que les
incapables de succéder ne font point nombre : les
chevaliers de Malte sont certainement dans les lieux
de la même incapacité que les autres religieux : il
faut donc une loi ou une raison particulière pour
les faire entrer dans la supputation de la Légitime.
Or, il n'y a point de loi qui les excepte à cet égard
de la condition commune des incapables ; et l'on
ne peut donner aucune raison solide pour prouver
qu'ils doivent être exceptés.

En effet , serait-ce parce que leur famille est
obligée de leur payer des pensions jusqu'à ce que
l'ordre fournisse à tous leurs besoins ?

Mais on vient de voir que les autres religieux ne
font pas nombre , quoiqu'ils aient reçu des dots en
entrant dans le cloître, et le motif de cette décision s'applique ici avec la plus grande justesse; car
si les chevaliers de Malte ont droit à des pensions
tant qu'ils ne sont pas pourvus de commanderies ,
c'est parce que l'ordre ne les nourrit que pendant
leur séjour à Malte ; et par conséquent ce n'est ,
à proprement parler , qu'à la décharge de l'ordre,
et pour son avantage , que se fait le paiement des
pensions dont il s'agit.

Serait-ce , comme le dit l'additionnaire de Duperrier , parce que les chevaliers de Malte ont
droit, lorsqu'ils sont faits esclaves , de demander
une Légitime sur les biens de leurs pères et de leurs
mères ou autres ascendans , pour racheter leur
liberté ?

Mais , 1º c'est encore pour la décharge de l'ordre
que ce droit a été établi ; car naturellement un
chevalier de Malte ne devrait tenir sa rançon que
des compagnons de ses périls et de ses frères spirituels. On peut donc regarder la Légitime qu'on
lui fournit pour le tirer de la captivité , soit comme
un présent que sa famille fait à son ordre , soit
comme une dette dont elle s'acquitte envers le
même corps ; et, sous l'un et l'autre points de vue,
on ne peut , sans blesser les premiers principes ,
conclure de là qu'il doive faire nombre dans la
supputation de la Légitime de ses frères et de ses
sœurs. Les autres religieux peuvent demander des
alimens sur les biens de leurs pères et de leurs
mères , lorsque leurs couvens sont ruinés ou détruits : Lebrun le décide ainsi , et l'on ne s'est jamais avisé d'en tirer un argument pour les faire
entrer en nombre.

2º Quand on voudrait considérer la rançon d'un
chevalier de Malte comme une vraie Légitime qui
lui serait due personnellement , il ne s'ensuivrait
pas encore qu'il dût être compté dans tous les cas :
il ne pourrait l'être que dans celui où il se trouverait captif au moment de l'ouverture de la suc-

cession : car vouloir actuellement diminuer ou
augmenter de son chef la portion légitimaire de
ses frères et de ses sœurs , sous prétexte qu'il peut
un jour tomber dans les fers , ce serait une prétention aussi insoutenable que celle d'un héritier
qui voudrait prélever, dès-à-présent, sur les biens
sujets à la Légitime , le montant d'une dette contractée sous une condition qui n'est pas encore
arrivée , et qui peut-être n'arrivera jamais.

Pour tout dire en peu de mots , et considérer les
choses sous l'aspect le plus favorable à la jurisprudence du parlement d'Aix , un chevalier de
Malte ne peut exiger de Légitime que pour payer
sa rançon ; il ne doit donc être compté dans le
règlement de la Légitime des autres , que sous la
condition qu'il aura un jour besoin d'une rançon;
et par conséquent il faut liquider les portions de
ses frères et de ses sœurs , comme s'il n'existait
pas , sauf à les augmenter ou diminuer dans la
suite , s'il vient à perdre sa liberté.

XVI. Ceux qui ont laissé prescrire leur portion
légitimaire , font nombre pour régler celle des autres. Le parlement de Toulouse l'a ainsi jugé par
plusieurs arrêts rapportés dans le Journal du Palais
de cette cour, de 1702, page 489. La raison de cette
jurisprudence est que la prescription équivaut à un
paiement effectif : si le légitimaire qui est exclu
par cette voie, avait reçu sa portion , il ferait certainement nombre; il doit donc le faire également
dans l'espèce dont il s'agit.

C'est sur le même fondement qu'il a été décidé,
par deux arrêts de la même cour , des 14 février
1681 et 8 juillet 1696 , cités dans le recueil de
Catellan , que l'héritier grevé qui a acquis pendant
sa jouissance la prescription d'une Légitime , est
en droit d'en faire la distraction sur les biens substitués , comme s'il l'avait payée réellement.

XVII. Nous avons dit au commencement de
cette section, que tous ceux qui ont le droit de
Légitime , et qui l'exercent effectivement , ou le
confondent en se portant héritiers , doivent faire
nombre dans la supputation dont il s'agit. Faut-il
dire la même chose de ceux qui , sans avoir le
droit d'exiger une Légitime, sont appelés à la succession *ab intestat* ?

Cette question peut se présenter dans deux espèces différentes.

Voici la première.

Un homme riche laisse en mourant une femme
pauvre et des enfans. Suivant l'authentique *prœ-
terea ,* qui est tirée du chap. 5 de la novelle 117;
et qu'on suit exactement dans les pays de droit
écrit, la femme pauvre a droit de prendre un quart
dans la succession, s'il n'y a que trois héritiers ,
et une part afférente , s'ils sont en plus grand
nombre. Dans ce cas , sur quel pied réglera-t-on
la Légitime des enfans ? S'ils sont quatre , leur
mère fera-t-elle une tête à l'effet d'élever cette
portion à la moitié de leur part *ab intestat,* comme
s'ils étaient cinq ? Et en quelque nombre qu'ils
soient, faudra-t-il estimer leur tiers ou leur moitié relativement à ce qu'ils prendraient si leur

mère ne succédait pas ; ou ne fera-t-on entrer dans cette estimation que ce qui leur serait resté, déduction faite de la portion de leur mère, si le défunt n'avait pas disposé ?

Cette question n'a encore été élevée par aucun auteur ; mais il suffit qu'elle puisse se présenter, pour que nous ne la passions pas sous silence.

Le principe de sa décision nous paraît renfermé, dans ces termes du texte cité : *Ita quippe ut solum usum in talibus rebus mulier habeat, dominium autem illis filiis servetur, quos ipsis nuptiis habuerit*.. Ces paroles font voir que la femme pauvre n'a, lorsqu'elle concourt avec des enfans, que l'usufruit de son quart ou de sa portion afférente. Cela posé, il ne sera pas difficile de démontrer qu'elle ne doit point faire nombre.

Le concours de la femme pauvre avec les enfans, ne diminue pas les portions de ceux-ci ; elle n'emporte qu'un simple usufruit, et les légitimaires exercent leurs droits de propriété sur toute la masse de la succession , comme si elle n'y intervenait pas ; elle ne doit donc être considérée , ni pour augmenter, ni pour diminuer leur Légitime.

On objectera sans doute qu'en la retranchant ainsi de la supputation, on charge d'usufruit une partie des biens compris dans la Légitime des enfans ; ce qui est directement contraire aux principes, comme on l'a vu ci-devant.

Mais la défense de grever un légitimaire , ne s'entend que des charges imposées par la volonté de l'homme ; et elle est sans effet par rapport aux charges qui proviennent de la loi. C'est ainsi que, dans les pays de droit écrit, un père ne laisse pas, malgré cette défense, d'avoir l'usufruit des biens que ses enfans non émancipés ont pris à titre de Légitime dans la succession de leur mère. Pourquoi donc une mère ne pourrait-elle pas également exercer sur une partie de la Légitime de ses enfans , un droit d'usufruit que la loi lui donne en termes généraux et illimités ?

D'ailleurs, la portion que la novelle 117 accorde à la femme pauvre , n'est destinée qu'à lui procurer des alimens. Or, les enfans qui n'ont reçu de leur père qu'une Légitime, ne sont certainement pas dispensés de contribuer à la subsistance de leur mère indigente : la seule différence qu'il y a , à cet égard, entre eux et leurs frères héritiers universels , c'est qu'ils ne doivent contribuer qu'à proportion de leur fortune, comparée à celle de ces derniers. Il faut donc qu'ils souffrent l'exercice de cet usufruit sur une partie de leur Légitime , comme leurs frères le souffrent sur une partie du lot qui leur a été assigné.

XVIII. La seconde espèce dans laquelle la question proposée peut se présenter, n'est pas moins remarquable que la première.

Un testateur qui n'a point d'enfans, laisse un ascendant avec des frères-germains ; il institue, soit un de ceux-ci, soit un étranger, et réduit l'ascendant à sa Légitime. Cette Légitime sera-t-elle le tiers de tous les biens du défunt , ou seulement de la portion que le légitimaire aurait eue *ab intestat*.

Le droit coutumier ne met point de différence entre ces deux hypothèses, parce qu'il ne fait point concourir *ab intestat* les frères-germains avec le père et la mère, au moins dans les biens sur lesquels ces derniers ont droit de Légitime. Mais le droit écrit admettant les uns à partager également avec les autres, on sent qu'il est plus avantageux à un père de prendre sa Légitime sur tous les biens que sur sa portion *ab intestat*. Ainsi, notre question se réduit à savoir si les frères-germains, qui sont au nombre des successeurs légaux du défunt, mais qui ne peuvent impugner son testament, hors le cas d'institution d'une personne infâme, font part dans la supputation d'une Légitime à laquelle ils n'ont eux-mêmes rien à prétendre.

Soutenir l'affirmative, c'est, comme on le voit , prétendre que, pour régler la Légitime d'un ascendant, il faut déduire de la succession la part que les frères-germains en auraient recueillie, si le défunt n'avait pas disposé. Soutenir la négative, c'est vouloir au contraire que la Légitime de l'ascendant soit prise sur toute la masse de l'hérédité, comme s'il était le seul appelé par la loi, à défaut de testament.

La première opinion ne manque pas de sectateurs : tels sont principalement Bartole, sur la loi 14 , D. *de inofficioso testamento* ; Henrys , tome 1, liv. 6, quest. 26 ; et le président Favre, *de erroribus pragmaticorum*, décade 15 , chapitre 4. La raison sur laquelle ils se fondent, est très-spécieuse. La Légitime, disent-ils , n'est qu'une partie, réservée par la loi , de la portion héréditaire , ce n'est donc que sur la portion héréditaire qu'elle peut être prise. Or, les ascendans auraient concouru avec les frères-germains , si le défunt était mort *intestat* ; leur Légitime ne peut donc être que le tiers ou la moitié de la portion virile qu'ils auraient eue en ce cas.

C'est aussi ce qu'ont jugé deux arrêts, l'un du parlement de Paris, du 23 mars 1633 , rapporté par Henrys ; l'autre, rendu au parlement de Dijon, en 1669, et rapporté par Taisand, sur la coutume de Bourgogne, tit. 7, art. 17.

L'opinion contraire a pour défenseurs Balde et Paul de Castro , sur la loi 54 , D. *de legatis 1°* ; Despeisses ; *de la Légitime*, sect. 2 , n° 3 ; Lebrun, liv. 2, chap. 3 , sect. 5 ; Henrys lui-même, tome 2, liv. 6, quest. 12 ; Voët, sur le Digeste, liv. 5 , tit. 2 , n° 47 ; et enfin , tous les auteurs qui ont traité la question , si l'on en excepte Bartole et Favre. C'est ce que reconnaît ce dernier en termes bien formels : *Una omnes, excepto Bartolo, pro matre responderunt, scilicet defuncto filio , superstite matre, item duobus aut tribus fratribus et extraneo herede instituto , non turpi persona , Legitimam matris tertiam esse debere totius hereditatis , non tertiam trientis*.

Cette opinion est fondée sur des raisons qui ne peuvent manquer de paraître décisives. Les frères-germains n'ont été admis à succéder *ab intestat* concurremment avec les ascendans , que par un privilége particulier. Or, ce privilége cesse à leur égard dans l'espèce proposée : le testament du défunt fait en faveur d'une personne non infâme, remet les choses sur le pied réglé par le droit commun, suivant lequel les ascendans peuvent prétendre toute la succession, et par conséquent leur Légitime sur la masse de tous les biens, lorsqu'ils s'y trouvent réduits. D'ailleurs, ajoute Lebrun, « la faculté qu'on accorde aux frères-germains de » venir en concurrence dans la succession *ab in-* » *testat* avec des descendans, ne doit pas faire que » celui qui laisse un père et des frères, dispose » plus pleinement de son bien au profit d'un étran-» ger, que s'il n'avait que son père ; ce qui arri-» verait selon l'opinion de Bartole ; car le père » qui, *fratribus non existentibus*, aurait eu le » tiers pour sa Légitime, n'aurait, *fratribus exis-* » *tentibus*, que le tiers de ce qu'il aurait eu *ab* » *intestat* : ainsi, le défunt aurait pu disposer de » beaucoup plus, par la seule raison qu'il lais-» sait des frères; ce qu'on ne doit pas admettre.»

Voici une autre raison que ne donnent pas les auteurs cités, et qui cependant est très-concluante. Le concours des frères avec les ascendans n'a été établi comme un droit commun que par la novelle 118; avant cette époque, il n'avait lieu que dans certains cas; ainsi, hors ces cas, la Légitime des ascendans ne pouvait être prise que sur toute la succession; la novelle 118 n'a point dérogé expressément à cette jurisprudence; on doit donc encore la regarder comme subsistante; car toute dérogation est de droit étroit, et si quelquefois il tse permis d'en suppléer une par des inductions et des conséquences, on ne doit certainement pas le faire pour diminuer une portion aussi favorable et aussi précieuse que la Légitime. D'un autre côté, il y avait, comme nous venons de le dire, dans l'ancien droit romain, des lois qui appelaient, en certains cas, les frères et sœurs avec les ascendans. (V. la loi dernière, C. *ad senatus-consultum Tertullianum*, et le § 5, Inst. *de senatus-consulto Tertulliano*). Or, ces lois n'ont pas empêché Justinien d'établir indistinctement, par la novelle 18, que la Légitime des ascendans serait le tiers ou la moitié de la succession *ab intestat* de leurs enfans; et assurément il n'aurait pas parlé en termes aussi généraux, s'il avait été dans son intention que cette Légitime fut diminuée par le concours des frères et des sœurs.

Il ne faut pas même aller aussi loin pour sentir la justice et l'exactitude de l'avis de Balde et de ses sectateurs; il suffit pour cela d'apprécier la raison qu'y opposent Bartole et Fàvre : c'est, disent-ils, que la Légitime n'est qu'une portion de ce qu'aurait *ab intestat* celui à qui elle est due ; *pars ejus quod ad eum esset perventurum, si intestatus paterfamilias decessisset,* suivant les propres termes de la loi 8, § 6, D. *de inofficioso testamento.*

Lebrun répond, « que, quand l'ancien droit a » défini ainsi la Légitime, ça été sur la présup-» position que ceux qui auraient concouru avec le

» légitimaire dans la succession *ab intestat*, de-» vaient concourir avec lui dans la Légitime. » (ce qui arrivait presque toujours dans la jurisprudence du Digeste et du Code). « Mais comme (par le » droit des novelles) la Légitime et la succession » n'ont pas toujours les mêmes règles, et que, par » exemple, des neveux qui viennent avec des frères » à la succession par représentation, ne viennent » pas avec eux à la querelle d'inofficiosité, dans » le cas que les frères y soient appelés » (c'est-à-dire, lorsque le défunt a institué une personne infâme) ; « lorsqu'il arrive ainsi que le légitimaire » a à moins de concurrens dans la Légitime qu'il » n'en aurait eu dans la succession, la Légitime » devient une quotité des biens, plutôt que de la » portion héréditaire. »

Cette réponse n'est peut-être pas tout-à-fait satisfaisante; il serait et plus exact et plus péremptoire de dire, qu'en prenant la Légitime des ascendans sur toute la masse des biens, on ne la prend réellement que sur ce qui leur serait revenu *ab intestat,* non pas, à la vérité, dans toutes les circonstances, mais au moins dans une espèce qui suffit seule pour vérifier à leur égard la définition qu'on donne communément de la Légitime. En effet, supposons que le défunt ait entièrement passé sous silence le père, la mère, ou l'aïeul, à qui il devait une Légitime; dans ce cas, le père, la mère, ou l'aïeul fera, suivant les lois romaines, casser le testament comme inofficieux, et déclarer la succession ouverte *ab intestat,* non pour que ses enfans viennent la partager avec lui, mais pour la recueillir seul et l'appliquer à son profit singulier. Or, pour faire cesser la querelle d'inofficiosité, il faut laisser à celui qui peut l'intenter, une quotité réglée par les lois, de ce qu'il aurait eu en l'exerçant; ce n'est donc que sur toute l'hérédité que doit être prise la Légitime d'un ascendant ; et par une conséquence nécessaire, les frères germains ne doivent point être comptés pour en fixer la suppputation.

C'est aussi ce qu'ont jugé une foule d'arrêts des cours étrangères.

Pierre-Antoine de Petra en rapporte un qui a été rendu, en 1525, par la rote de Plaisance, en faveur de la comtesse de Toisca : *fuit judicatum Legitimam esse tertiam partem omnium bonorum.*

Le conseil souverain de Naples a jugé de même pour une autre mère : *Sacra audientia judicavit quod Legitima debita matri sit triens totius,* dit Vivius.

Jean-François de Ponte, président du même tribunal, dit, en son conseil 68, que cette décision y a encore été suivie pour le duc de Nerini.

Mercurialis Merlini, dans son traité *de Legitima,* rapporte un arrêt semblable émané de la rote de Rome, en 1578.

Le président Tessaur, déc. 162, nous en fournit un autre rendu au sénat de Turin, *consultis claribus*; et Belon, premier président de cette cour, établit la même doctrine, dans son traité *de jure accrescendi.*

Le sénat de Chambéry l'a également adoptée par un arrêt du 23 décembre 1594, qui est cité dans le Code de Favre, liv. 6, tit. 8, défin. 22.

Nous ne trouvons pas moins d'arrêts pour cette opinion dans les fastes de la jurisprudence française, que dans les auteurs étrangers.

Henrys en rapporte un rendu au parlement de Paris en 1658.

Il y en a un autre intervenu en la même cour, le 9 juillet 1683, « après que la question eût été » agitée pendant quatre séances à la troisième des » enquêtes; » ce sont les rédacteurs du Journal du palais qui le rapportent, et ils ajoutent :

« Le parlement de Grenoble a pareillement rendu un arrêt célèbre , en 1569, confirmatif de la sentence du vice-bailli de Vienne, qui avait infirmé la sentence du juge de Vienne; et en la réformant , adjugé à Jeanne Bruière la troisième partie de tous les biens d'Antoinette Guillemart, sa fille, pour sa Légitime;

» Et la même chose avait été jugée au même parlement pour Louis Gruel, à laquelle la cour adjugea le tiers de tous les biens que possédait Antoine Dalojon , son fils. »

Ce que le parlement de Grenoble jugeait dans le seizième siècle, il le jugeait encore dans le siècle suivant : Basset en rapporte deux arrêts des 19 décembre 1640 et 5 mai 1641 : ce dernier a été rendu de l'avis de toutes les chambres et par forme de règlement.

Boniface nous en a conservé un du 22 juin 1626, prononcé en robes rouges, au parlement d'Aix, les trois chambres assemblées, qui a pareillement adjugé à une mère le tiers de tous les biens d'un défunt pour sa Légitime, nonobstant l'existence de plusieurs frères germains qui auraient concouru avec elle ab intestat.

Le Féron, sur la coutume de Bordeaux , assure que cette maxime était suivie de son temps au parlement de la même ville, communi calculo.

Le parlement de Toulouse s'est aussi fait là-dessus une jurisprudence constante. Despeisses et Catellan en rapportent trois arrêts des 23 décembre 1588, 16 octobre 1593 et 30 avril 1676.

Il est vrai que cette cour a jugé le contraire par quatre arrêts des 26 avril 1617, 21 mai 1629, 24 février 1631 et 2 juin 1634, rapportés par d'Olive ; mais c'était dans des cas où les défunts avaient institué leurs frères ; et d'Olive atteste lui-même que le parlement de Toulouse mettait, à cet égard , une différence entre l'institution d'un frère et celle d'un étranger ; en sorte que, quand la première avait lieu, il réglait la Légitime des ascendans sur leur portion ab intestat; et que, dans l'espèce de la seconde , il la réglait toujours sur la totalité des biens.

C'est aussi sur le fondement de cette distinction, qu'il a été jugé au parlement de Paris, le 10 juillet 1691 , sur les conclusions de M. l'avocat-général de Lamoignon , que la Légitime d'un père domicilié dans le Forez, sur les biens de son fils qui avait institué un autre de ses enfans, devait

être réduite au tiers de ce qu'il aurait eu sans testament. Cet arrêt est rapporté par Bretonnier, qui avait plaidé la cause.

Mais cette distinction est-elle exacte et fondée sur les principes?

Lebrun, Voët et plusieurs autres auteurs ne forment aucun doute sur l'affirmative : ils prétendent que les frères germains doivent faire nombre quand ils sont institués, parce qu'alors , loin de pouvoir dire que le testament du défunt remet les choses dans l'état du droit commun, suivant lequel les frères ne concourent jamais avec les ascendans, il faut au contraire regarder la disposition du défunt comme une confirmation du privilége accordé aux frères par la novelle 118 , de succéder concurremment avec le père et la mère ; ce qui, suivant les mêmes auteurs , doit empêcher que les ascendans ne soient censés les seuls successeurs ab intestat, et conséquemment qu'ils ne prennent leur Légitime sur la totalité de la succession.

Cette opinion a fait naître la question de savoir si les frères germains institués doivent aussi faire nombre pour augmenter la quotité de la Légitime de leur père et de leur mère, c'est-à-dire , pour la porter à la moitié de la portion ab intestat, lorsqu'ils se trouvent, par exemple , au nombre de quatre , et qu'il y a un ou deux ascendans.

L'affirmative a été prononcée par un arrêt du parlement de Toulouse, du 24 octobre 1625, que n'approuvent ni d'Olive ni Lebrun.

Mais on se serait dispensé d'entrer dans cette question, si l'on avait bien pesé les vrais principes de la matière, et si, comme l'a fait le parlement de Grenoble , par son arrêt de règlement du 5 mai 1641, on avait rejeté la distinction établie par les arrêts de Paris et de Toulouse, entre le cas où le défunt a institué un étranger, et celui où il a choisi un frère pour son héritier.

Pourquoi, en effet, les frères germains institués feraient-ils part dans la Légitime de leur père et de leur mère? Ne peut-on pas dire en ce cas, comme lorsqu'ils sont prétérits, que leur existence ne doit pas donner à leur frère une plus grande liberté de disposer ? Ne peut-on pas aussi ajouter que la novelle 18 n'a point distingué, en fixant la Légitime des ascendans au tiers ou à la moitié de toute la succession, si le défunt instituait des étrangers ou ses frères, et que la novelle 118 n'a pas apporté le moindre changement à cette institution, lorsqu'elle a appelé les frères germains concurremment avec le père et la mère? Enfin, si un enfant passait son père sous silence, l'institution qu'il aurait faite de ses frères, n'empêcherait certainement pas que le père ne se fît adjuger toute la succession, comme ouverte ab intestat. Or, quand un fils a laissé une Légitime à son père , c'est pour empêcher l'effet de la querelle d'inofficiosité ; il faut donc déterminer cette Légitime relativement à ce qui serait revenu au père en cas de prétérition, c'est-à-dire , relativement à la totalité des biens; en cela, on ne prend pour règle que la succession *ab intestat*; car dans le droit écrit, c'est la même chose, lorsque la querelle d'inofficiosité réussit, d'être mort sans testament, ou d'avoir fait un testament vicié par la prétérition.

Nous ne sommes entrés dans tous ces détails, que parce qu'ils tiennent à des principes qui influent sur une infinité d'autres questions; car celle que nous agitons ici; est nettement décidée en faveur du parti que nous soutenons, et cela par l'art. 61 de l'ordonnance de 1735, dont voici les termes : « La quotité de la Légitime des ascendans, dans les lieux où elle leur est due sur les biens de leurs enfans ou descendans qui n'ont point laissé d'enfans, et qui ont fait un testament, sera réglée eu égard au total desdits biens, et non sur le pied de la portion qui aurait appartenu auxdits ascendans, s'ils eussent recueilli lesdits biens *ab intestat*, concurremment avec les frères germains du défunt; ce qui aura lieu, soit que ledit défunt ait institué héritiers ses frères ou sœurs, ou qu'il ait institué des étrangers (1). »

(1) Le parlement de Dijon a demandé, avant de procéder à l'enregistrement de l'ordonnance, qu'il lui fût permis de ne pas se conformer à cet article, attendu, disait-il, que sa décision contredit la loi municipale de la province. Voici ce qu'a répondu M. le chancelier d'Aguesseau, le 29 juillet 1736 :

« S'il était vrai qu'il y eût dans la coutume de Bourgogne quelque chose de contraire à la règle établie par l'article dont il s'agit, sa disposition ne devrait être considérée en ce cas, que comme une suite du droit romain; et si elle s'était expliquée contre les ascendans, tout ce qui en résulterait est que, sur une question qui a partagé les sentimens des interprètes de ce droit, les rédacteurs ou les réformateurs de la coutume de Bourgogne se seraient déclarés pour l'un de ces sentimens contre l'autre, et cela ne formerait qu'un avis de plus dans une matière si controversée; mais cet avis de plus n'aurait pas dû empêcher que, dans une loi qui a principalement pour objet de faire cesser toute diversité d'opinions dans une des plus importantes matières du droit romain, le roi n'autorisât le sentiment le plus conforme aux textes et aux véritables principes de ce droit, quoiqu'on eût préféré le sentiment opposé dans la réformation d'une coutume particulière. Autrement, il faudrait dire que sa majesté ne pourrait parvenir à rendre la jurisprudence entièrement uniforme sur une question qui est purement de droit écrit plutôt que de droit coutumier; et cela, sous prétexte que les rédacteurs ou les réformateurs d'une coutume ont suivi leur opinion particulière, contre celle qui a paru préférable au jugement du souverain législateur. Ainsi, dans une matière qui est hors de la sphère du droit municipal, et qui appartient entièrement au droit romain, la diversité des coutumes ne doit pas mettre plus d'obstacle que celui des jurisprudences, à un aussi grand bien que celui de l'uniformité dans les principes et dans les conséquences qui servent de règles aux jugemens.

« Toutes ces réflexions seraient décisives, quand même la coutume de Bourgogne contiendrait une disposition expressément contraire à l'art. 61 de la nouvelle ordonnance; mais elles deviennent presque entièrement inutiles, quand on considère que la coutume de Bourgogne n'a pas même prévu la question que cet article a décidée. L'art. 7 du titre 7 de cette coutume n'a fixé la quotité de la Légitime que par rapport aux enfans; et il n'a fait qu'adopter la disposition de la novelle 18, sans dire un seul mot de la Légitime des ascendans, et encore moins de la quotité de cette Légitime. L'article 14 du même titre parle bien à la vérité de la succession des pères et mères à leurs enfans; on y fait la distinction des différentes natures de biens auxquels ils peuvent, ou ne peuvent pas succéder ; on y établit la concurrence des pères et mères avec les frères, sœurs et neveux du défunt; mais on

XIX. Cette disposition, et les raisons qui l'ont motivée, amènent naturellement la solution d'une difficulté de la même espèce que la précédente : c'est de savoir si, dans les cas où il est dû une Légitime aux frères germains ou consanguins, on doit, pour la régler, compter les neveux que le droit de représentation aurait fait concourir avec eux, si le défunt était mort *intestat*.

On sent, d'après tout ce que nous venons de dire, que la négative ne peut souffrir le moindre doute, soit que le défunt ait institué un étranger, soit qu'il ait appelé ses neveux préférablement à ses frères.

§ II. *De la supputation de la Légitime, considérée par rapport aux biens sur lesquels elle doit être prise.*

Cette matière nous présente deux objets à discuter :

1º Quels biens sont sujets à la Légitime?

2º Comment faut-il considérer ces biens pour former la Légitime?

Art. I. *Quels biens sont sujets à la Légitime?*

Nous avons sur ce point huit questions principales à examiner. Elles consistent à savoir si et comment la Légitime peut être prise :

1º Sur les biens dont le défunt a disposé, soit entre-vifs, soit à cause du mort;

2º Sur ceux qui étaient substitués dans sa personne;

n'y pourvoit qu'au cas de la succession *ab intestat*, sans prévoir celui de la succession testamentaire, et la Légitime qui est due aux ascendans lorsqu'il s'agit de cette succession.

« Il y a donc aucune disposition dans la coutume de Bourgogne sur la question qui a été décidée par l'art. 61 de la nouvelle ordonnance; et en effet, un des magistrats des plus éclairés, non-seulement du parlement de Dijon, mais de tout le royaume, qui n'a rien oublié pour soutenir, avec tout l'esprit et toute la capacité possible, l'opinion contraire à celle qui a prévalu dans la nouvelle ordonnance, ne s'est point servi de l'autorité de la coutume de Dijon, quelque familière qu'elle lui soit, pour appuyer son sentiment.

« Ce n'est donc point ici le lieu de comparer la disposition de cette coutume avec celle de la nouvelle ordonnance, ou de demander si le roi a eu intention d'abroger cette disposition. Il n'y avait que quelques arrêts du parlement de Dijon qu'on pouvait opposer au sentiment que le roi a autorisé par loi; mais dans la nécessité où l'on était d'opter entre ces arrêts et ceux de différens parlemens qui avaient adopté l'opinion contraire à celle du parlement de Dijon, sa majesté a cru devoir préférer l'avis qui était non-seulement le plus conforme aux véritables principes, mais qui réunissait en sa faveur le suffrage du plus grand nombre des parlemens ».

[[Les constitutions sardes du 7 avril 1770 ont adopté la distinction que faisaient les parlemens de Paris et de Toulouse, avant l'ordonnance de 1735, entre le cas où le défunt n'instituait qu'un étranger, et celui où il instituait un ou plusieurs de ses frères. Voici leurs termes, liv. 5 tit. 5, art. 3 : « Quand le fils prédécédé aura institué héritier un étranger, sa mère aura le tiers de toute l'hérédité pour son droit de Légitime; mais s'il a institué un ou plusieurs de ses frères, ou avec quelqu'un d'eux un ou plusieurs étrangers, elle partagera ledit tiers avec les seuls frères institués, sans que le cohéritier étranger ou les frères prétérits y aient aucune part; ce qui sera également observé entre le petit-fils et l'aïeule. » Il

5° Sur ceux qui ont été confisqués sur lui ;

4° Sur ceux dont le légitimaire est exclu par la coutume ;

5° Sur ceux qui sont compris dans les préciputs, établis en faveur de certains héritiers ;

6° Sur le douaire propre aux enfans ;

7° Sur les gains nuptiaux et de survie ;

8° Sur les biens qui ont déjà souffert une détraction de Légitime.

QUESTION I. *Les biens dont le défunt a disposé, soit entre-vifs, soit à cause de mort, sont-ils sujets à la Légitime ? Le sont-ils indistinctement ? Comment y contribuent-ils* (1) ?

I. On n'a jamais douté que la Légitime ne dût être prise sur les biens dont le défunt avait disposé à cause de mort : c'est la conséquence nécessaire de la loi 8, § 6, D. *de inofficioso testamento*, qui définit la Légitime, une partie de ce qu'on aurait eu, si le défunt n'avait pas fait d'acte de dernière volonté : *pars ejus quod ad (heredem) perventurum esset, si intestatus paterfamilias decessisset.*

La coutume de Paris contient même là-dessus une décision expresse ; elle veut, art. 298, que la Légitime soit « la moitié de telle part et portion que chacun enfant eût en la succession desdits père et mère, et aïeul ou aïeule, ou autres ascendans, si lesdits père et mère ou autres ascendans n'eussent disposé par.... dernière volonté. »

L'article 34 de l'ordonnance de 1731 confirme cette disposition : « Si les biens que le donateur aura laissés en mourant, sans en avoir disposé, ou sans l'avoir fait autrement que par des dispositions de dernière volonté, ne suffisent pas pour fournir la Légitime des enfans....»

II. Les legs pieux sont-ils compris dans cette décision ?

La raison de douter est qu'ils ne sont pas sujets au retranchement de la falcidie (2), et que la Légitime est souvent appelée *falcidie* dans les textes du droit romain (3).

Néanmoins Ricard, Ferrière, Lebrun, décident nettement le contraire, et Furgole adopte leur avis sans difficulté, « parce que les legs et donations » pieuses ne sont privilégiés qu'autant que les textes » du droit l'ont déclaré expressément ; et comme » ils n'ont exempté les legs que de la falcidie pro-» prement dite, qui consiste à retrancher le quart » des legs ou des dispositions à cause de mort qui » épuisent l'hérédité, il n'y a pas lieu d'étendre » leur disposition à la Légitime, qui est à la place » des alimens dus aux enfans par leurs ascendans, » qui, par cette raison, est bien plus favorable » que la falcidie, laquelle n'est introduite que par » le droit civil ; au lieu que la Légitime due aux » enfans est fondée sur le droit naturel, et par » conséquent elle doit être considérée avec plus » de faveur que les legs pieux et les donations » faites aux églises. »

Chopin rapporte un arrêt du 21 avril 1575, dont on peut tirer un argument pour cette opinion, en ce qu'il juge que les réserves coutumières, qui sont des espèces de Légitimes, ne peuvent pas être entamées par des legs pieux. C'est aussi ce que décide formellement la coutume d'Ypres, rubr. 9, art. 2 : « On ne peut donner par testa-» ment, non pas même *ad pias causas*, plus que » le tiers du patrimoine, les deux tiers des con-» quêts, et tous les meubles qui excèdent les » dettes. »

Mais il ne faut pas recourir à des autorités étrangères pour résoudre notre question : nous la trouvons clairement décidée par deux arrêts du parlement de Paris et un du parlement de Flandre.

Le premier, rendu le 12 février 1583, et rapporté par Robert, a adjugé à un père la Légitime qu'il demandait sur la succession de son fils entièrement épuisée en legs pieux.

Le second, du 2 février 1586, est rapporté par Brodeau : « Par cet arrêt (dit-il) la cour adjugea » la Légitime au père (dans la coutume de Ver-» mandois), encore que la disposition testamen-» taire du fils fût en faveur des pauvres. »

Voici comment de Baralle rend compte du troisième : « Au procès du sieur Tranche contre les » sieurs de Broyde et de Perenchier, il fut jugé » que la Légitime devait se prendre avant les legs » pieux, suivant l'opinion de Merlinus, *de Legi-tima*, liv. 2..., le 21 mai 1695. »

III. Mais au moins les legs faits par forme de restitution de vol ou d'usure, ne sont-ils pas exempts du retranchement de la Légitime ?

Benedicti, Lebrun et Furgole distinguent si le vol ou l'usure sont prouvés ou non.

Au premier cas, les légataires doivent être payés avant les légitimaires ; et ceux-ci ne peuvent pas même forcer les héritiers à faire entrer fictivement ces sortes de legs dans la masse des biens du dé-

____

(1) L'ordonnance de 1731 a décidé plusieurs points de cette question : cependant nous la traiterons ici comme si elle était encore tout-à-fait entière, parce qu'il peut encore s'élever parmi nous des contestations sur des actes antérieurs à 1731 ; parce qu'il est toujours essentiel pour un jurisconsulte de connaître les principes qui ont dicté les lois nouvelles, afin parce que l'ordonnance dont il s'agit est sans autorité dans beaucoup de pays où l'on nous fait l'honneur de consulter et de citer notre recueil.

(2) Quomodò ferendum est hoc quod in sacrum venerit per falcidiam, vel aliam occasionem minui....? Sine falcidia ratione pauperibus qui in civitate sunt, vel penitus mendicantibus, vel alia sustentatione egentibus, eadem pecuniæ distribuantur. Loi 54, C. de episcopis et clericis.

Similiter falcidia cessat in his quæ ad pias causas relicta sunt. Auth. 3, C. ad legem falcidiam.

(3) Si parens in quemdam liberorum vel in quosdam donationem immensam fecerit, quisque tantum feret ex hereditate quantum falcidiæ, quantum poterat ante donationem deberi. Auth. 2, C. de inofficioso testamento.

Quæ nuper ad testamenta conservanda nec facile retractanda sanximus; ut ratione falcidiæ minime illis personis derelictæ

____

quæ ad inofficiosi testamenti querelam ex prioribus vocabantur legibus, non periclitentur testamenta, sed quod deest Legitimæ portioni tantum repleatur..... Loi 31, C. eod. tit.

funt, afin d'augmenter leur Légitime, par la raison que les légataires sont, en ce cas, de vrais créanciers, et que la Légitime ne doit s'estimer que déduction faite de toute les dettes passives.

Il en est tout autrement au second cas. La Légitime ne souffrant ni délai, ni charge, comme on l'a vu ci-devant, on ne peut considérer la qualification ajoutée aux legs, que comme un prétexte inventé pour frauder les légitimaires; et dès-là, nulle raison pour ne pas comprendre ces sortes de dispositions dans le retranchement de la Légitime. C'est ainsi que saint Grégoire-le-Grand (liv. 7, lettre 4), écrivait à l'évêque de Missine, que, quelque couleur qu'un père eût donnée à un legs considérable qu'il avait fait au profit de son église, il fallait examiner s'il restait des alimens aux enfans, avant de recueillir une pareille libéralité.

IV. C'est par la même distinction qu'il faut résoudre la question de savoir si les legs rémunératoires sont sujets à la Légitime. La négative a lieu quand les services sont prouvés, et de nature à fonder une action pour en faire la demande en justice; dans tout autre cas, il faut se tenir à l'affirmative. Ainsi pensent Alexandre, Merlini, Lebrun et Furgole.

V. Les donations entre-vifs, quand elles sont excessives et faites en fraude du légitimaire, sont incontestablement sujettes à être retranchées pour la Légitime. C'est la disposition textuelle de la loi 87, § 3 et 4, de legatis 2° au Digeste : *Imperator Alexander Augustus Claudiano Juliano præfecto urbis : si liquet tibi, Juliano carissime, aviam intervertendæ inofficiosi patrimonium suum donationibus in nepotem factis exinanisse, ratio deposcit id quod donatum est pro dimidia parte revocari.*

On a douté s'il en devait être de même des donations modérées et qui ne diminuent la Légitime que parce que le donateur, après les avoir faites sans fraude, a aliéné la plus grande partie de ce qui lui restait de biens.

La négative ne souffrait aucune difficulté dans la jurisprudence du Digeste, parce que le droit ancien ne soumettait véritablement à la Légitime que les biens dont le défunt était propriétaire au moment de sa mort, et qu'il avait fallu un rescrit du prince rapporté dans la loi que nous venons de citer, pour y soumettre également les donations excessives et frauduleuses.

La jurisprudence du Code paraît sur ce point conforme à celle du Digeste : les lois qui y sont placées sous le titre *de inofficiosis donationibus*, ne parlent, à l'occasion du retranchement de la Légitime, que des donations faites pour éluder la querelle d'inofficiosité, et qui comprennent tout ou presque tout le patrimoine des donateurs.

C'est une grande question entre les interprètes, si la novelle 92 a établi là-dessus un nouveau droit.

Ce qu'il y a de certain, c'est qu'elle n'ordonne le retranchement que sur les donations considérables. *Si quis donationem immensam in aliquem aut aliquos filiorum fecerit.....* Reste donc à savoir si cette loi doit être restreinte aux donations qui sont à la fois considérables et inofficieuses; ou si l'on peut l'appliquer à celle où on ne remarque pas d'inofficiosité, et qui par conséquent ne portent aucun caractère de fraude.

Accurse, Bartole, l'antécesseur Julien, Paul de Castro et le président Favre ont soutenu le premier parti; mais leur opinion ne paraît pas compatible avec l'esprit de la novelle citée : en effet, dit Duperrier, « cette constitution serait inutile » contre la nature des novelles citées, qui ont » toutes été faites pour abroger ou corriger et chan» ger quelque chose du droit ancien; car inutile» ment aurait-il ordonné que les donations inoffi» cieuses seraient sujettes à la Légitime des enfans, » puisque tant de lois l'avaient déjà si expressément » ordonné. » Grivel, décis. 97, nous apprend que cette raison a fait juger au parlement de Dole, par un arrêt du mois de septembre 1605, que la donation faite à un fils, d'une somme de 3,500 écus, par un père qui en possédait alors 42,000, devait contribuer à la Légitime des autres enfans; et nous voyons dans le recueil de Stockmans, décis. 109, que la même chose a été jugée au conseil souverain de Brabant, le 22 juin 1644, dans l'espèce d'une donation de 150,000 livres faites par un père qui avait laissé huit enfans et 30,000 livres à chacun d'eux.

VI. La novelle 92 ne parle que des donations faites aux descendans : les auteurs ont été partagés sur la question de savoir si elle devait être étendue aux libéralités dont un père avait gratifié des étrangers.

Duperrier soutient la négative. il est vrai, ditil, que la loi 1, C. de inofficiosis donationibus, ne met, quant au retranchement de la Légitime, aucune différence entre les donations faites aux enfans, et celles qui sont faites à des étrangers : mais il ne s'agit dans ce texte que des donations inofficieuses; et la novelle 92, qui en a étendu la disposition à celles qui ne sont pas infectées de ce vice, ne parle que des enfans; ainsi les choses sont restées, à l'égard des étrangers, sur le pied du droit ancien : « Et il ne faut pas trouver étrange » que Justinien ait restreint la novelle 92 aux do» nations faites aux enfans; car il faut toujours » pourvoir aux maux qui sont le plus à craindre; » et Justinien a cru, avec grande raison, que dif» ficilement un père ou une mère donnerait son » bien à des étrangers, au préjudice de ses enfans; » s'il n'y était porté par quelque juste considéra» tion, et qu'au contraire il arrive tous les jours » qu'un père ou une mère partagent inégalement » leurs affections entre leurs enfans, leur peuvent » aussi distribuer trop inégalement leurs biens. »

Cette doctrine était rigoureuse; cependant elle était appuyée d'un arrêt du parlement d'Aix, par » lequel il fut dit, qu'en liquidant la Légitime des » enfans du premier lit, on ne mettrait point en » compte la donation faite par le père à sa seconde

» femme, quoique la propriété en dût appartenir à » l'héritier, qui était fils du premier lit, après la » mort de sa mère, suivant la novelle 22, qui était » encore une très-forte considération en faveur des » légitimaires. »

Il paraît que l'usage de la Provence a été long-temps conforme à l'avis de Duperrier. Voici ce qu'en dit l'additionnaire de cet auteur : « un acte » de notoriété donné par les syndics des avocats, » en 1683, dans un procès révoqué au parlement » de Grenoble, prouve qu'on tenait alors pour » maxime, que les donations faites aux étrangers, » n'entraient pas dans la composition de la succes-» sion *ad impingendam Legitimam :* mais la » question ayant été parfaitement discutée, l'arrêt » jugea que toutes les donations devaient entrer » dans la composition du patrimoine, pour fixer » la quotité de la Légitime ; et depuis on ne s'é-» carta plus de cette décision. »

L'ordonnance de 1731 a fixé irrévocablement la jurisprudence sur ce point important. L'art. 34 porte que la Légitime sera prise sur les donations entre-vifs ; et prévoyant le cas où l'un ou plusieurs des donataires seraient du nombre des enfans, il ordonne qu'ils retiendront à compte de leur Légitime, ce qui leur aura été donné. Cette disposition prouve nécessairement que, dans les donations entre-vifs dont il est d'abord parlé indéfiniment, sont comprises celles qui sont faites aux étrangers.

L'ordonnance ne distingue même pas si les donations dont elle prescrit le retranchement sont considérables ou modiques ; et en cela elle ne fait qu'adopter l'usage introduit long-temps auparavant, d'appliquer la novelle 92, *non-seulement aux donations médiocres, mais encore aux plus petites,* comme l'atteste Duperrier lui-même.

VII. Cette disposition de l'ordonnance doit elle avoir lieu contre les enfans donataires de biens situés dans les coutumes qui ne les obligent pas au rapport ?

Il faut répondre sans difficulté pour l'affirmative. Les étrangers ne rapportent jamais à la succession les donations qui leur ont été faites, et cependant on vient de voir qu'ils sont tenus d'en souffrir le retranchement, lorsque la Légitime l'exige. Ainsi, dit Lebrun, « nous distinguons » entre le rapport pour la Légitime d'autrui et le » rapport pour la succession, ce que Me Charles » Dumoulin a observé sur l'art. 19 de la coutume » de Lille, lequel portant que donation entre-vifs » ne se rapporte en succession ; il a fait cette note » sur cet article : *Nisi in directa, ad supplendam* » *aliorum Legitimam.* »

C'est sur ce fondement que le parlement de Flandre, par arrêt du 1er juillet 1780, confirmatif d'une sentence de la gouvernance de Lille, entre le marquis de Croix et le chevalier de Croix, son frère, légitimaire, a condamné le premier à rapporter à la masse une donation qui lui avait été faite en *avancement d'hoirie,* « pour par le chevalier » de Croix y exercer son droit de Légitime. » Le marquis de Croix se fondait sur l'art. 66 du tit. 2

de la coutume de chatellenie de Lille, suivant lequel « donation entre-vifs ne se rapportent en suc-» cession, ains les ont les donataires hors part. » *V.* ci-après, n° 15.

VIII. Une autre question sur laquelle l'ordonnance se tait également, est de savoir si les donations qui ne sont point sujettes à la loi *si unquam*, doivent, lorsqu'elles sont faites avant le mariage, contribuer à la Légitime des enfans qui en sont nés.

La loi 5, C. *de inofficiosis donationibus,* fait entendre clairement qu'elles y sont tenues : Si vous avez, dit-elle, épuisé tout votre patrimoine par les donations dont vous avez gratifié vos enfans émancipés, il faut y faire rentrer la quantité de biens nécessaires pour fournir à vos autres enfans, *de quelque mariage qu'ils soient nés,* la portion que l'on doit toujours laisser à des descendans non ingrats, lorsqu'on veut les empêcher d'intenter la querelle d'inofficiosité : *Si totas facultates tuas per donationes vacuas fecisti quas in emancipatos filios contulisti ; id quod ad submovendam inofficiosi testamenti querelam non ingratis liberis relinqui necesse est, et factis donationibus detractum, ut filii vel nepotes postea ex quocumque legitimo matrimonio nati, debitum bonorum subsidium consequantur, ad patrimonium tuum revertetur.*

Le motif de cette décision est que le donateur a dû en tout temps pourvoir aux enfans qui pourraient lui naître dans la suite ; rien n'étant plus naturel ni plus inviolable qu'une pareille obligation. D'ailleurs, le donataire a dû s'attendre que, s'il n'était pas soumis à la loi *si unquam*, il le serait du moins au retranchement de la Légitime ; et en effet, quoique la présomption de volonté qui est le fondement de la révocation entière pour survenance d'enfans, n'ait pas lieu dans le cas dont nous parlons, l'équité ne laisse pas de venir au secours des enfans, pour détacher de ces sortes de donations la portion alimentaire que la nature et la loi ne permettent pas de leur ôter.

Mais s'il en est ainsi dans la thèse générale, peut-on dire la même chose des donations que le père et la mère se sont faites par leur contrat de mariage ?

Il faut distinguer : ou ces donations sont renfermées dans les bornes ordinaires des conventions matrimoniales, ou elles les excèdent.

Dans le premier cas, elles ne sont pas sujettes à la Légitime, parce qu'on les regarde comme des clauses vraiment onéreuses, et que les dispositions faites à titre onéreux, sont régulièrement, comme on le verra ci-après, exemptes de cette contribution : tels seraient une stipulation de communauté coutumière, un douaire préfix proportionnel au coutumier, un ameublissement du tiers des immeubles, quand on n'a point de meubles, etc.

Il en est autrement dans le second cas, c'est-à-dire, lorsqu'il s'agit ou d'un ameublissement excessif, ou d'un douaire exorbitant, ou d'une communauté dont le partage est réglé d'une manière désavantageuse à celui sur les biens duquel on prétend la Légitime. En effet, dit Lebrun, « si » l'on a jugé que les donations faites avant le ma- » riage en un temps auquel on songeait le moins » à avoir des enfans, ne laissaient pas d'être su- » jettes à la Légitime, à plus forte raison tout ce » qui pouvait être réputé donation dans un contrat » de mariage, dans lequel on a dû pourvoir aux » enfans qui pouvaient naître du mariage. »

C'est aussi ce que décident expressément deux de nos coutumes :

« Mari peut donner à sa femme en faveur et traité de mariage, à temps ou à perpétuel, ce que bon lui semblera de son meuble ou héritage, *et è contra*; sauf la Légitime aux enfans, s'aucuns en ont d'autre mariage ou de présent. » (*La Marche*, art 289.)

« Par traité de mariage, et pour y parvenir, deux futurs conjoints se peuvent donner l'un à l'autre telle part et portion de leurs biens meubles et héritages (soient tenus en fiefs ou rotures), que bon leur semblera, à perpétuité ou à vie, pourvu que la Légitime soit réservée à leurs en- enfans. »-(*St-Quentin*, art. 14.)

Catellan nous a conservé un arrêt du parlement de Toulouse qui confirme cette doctrine :

« Par arrêt du mois de mars 1679, rendu en la grand'chambre, à mon rapport, il a été jugé en thèse, que la pension viagère qu'un homme qui se remarie ayant des enfans d'un premier lit avait donnée dans son second contrat de mariage à sa seconde femme, au cas qu'elle lui survécût, ne pouvait pas diminuer la Légitime des enfans du premier lit, et que leur Légitime ne devait pas contribuer au paiement de cette pension viagère. La sentence arbitrale, qui, adjugeant aux enfans du premier mariage un neuvième pour leur Légitime, avait ordonné qu'ils imputeraient un neuvième de cette pension viagère, fut réformée, et les enfans déchargés de cette imputation.

» La raison de l'arrêt est qu'il ne faut pas regar- der comme dette ce qui est donné dans un contrat de mariage par celui ou celle qui se remarie ayant des enfans du premier lit, au second époux; que ce sont des libéralités qui ne peuvent diminuer la Légitime des enfans du premier lit; ce qui pourtant arrive- rait, si leur Légitime devait contribuer au paie- ment de ces libéralités, ou s'il fallait les distraire du patrimoine avant de composer les Légitimes. »

En serait-il de même à l'égard d'une donation mutuelle ?

Il y a dans le recueil de Desjaunaux, un arrêt du parlement de Flandre qui a jugé pour la néga- tive. Une femme avait été mariée trois fois, et avait eu des enfans de ses trois lits. Par le troi- sième contrat de mariage, il avait été stipulé *que le survivant des deux conjoints demeurerait en tous biens, meubles et acquêts immeubles, en payant les dettes*. Cette clause étant permise dans la coutume de Cambrai qui régissait les parties, les enfans des deux premiers lits, hors d'état de l'attaquer directement, se bornèrent à demander

que le mari survivant fût tenu de fournir un sup- plément de Légitime sur la part de leur mère dans la communauté. Le mari soutint que la donation qui lui avait été faite de cette part, étant réci- proque, ne pouvait être assujétie à rien envers les enfans des mariages antérieurs au sien, parce que ce n'était pas une libéralité proprement dite, mais une convention onéreuse, dont le risque formait le prix et écartait toute idée de lésion. Cette dé- fense ne fut pas accueillie des échevins de Cambrai, qui, par sentence du 18 mai 1695, condamnèrent le beau-père à payer le supplément de Légitime qu'on lui demandait; mais sur l'appel au parle- ment de Flandre, la sentence fut infirmée, et les enfans furent déboutés par arrêt du 6 octobre 1696.

Cet arrêt, uniquement fondé sur ce qu'une do- nation mutuelle n'est pas soumise aux mêmes règles que les libéralités ordinaires, ne paraîtra pas sans doute fort exact à ceux qui le pèseront dans la ba- lance des lois et des principes.

En effet, les donations mutuelles sont sujettes, comme les autres, à la formalité de l'insinuation, et à la révocation pour survenance d'enfans : l'or- donnance de Moulins décide nettement le premier point, et celle de 1731 confirme le second. Il a même été jugé par un arrêt du parlement de Flandre, du 9 août 1703, inséré pareillement dans le recueil de Desjaunaux, que les donations mutuelles sont comprises dans la défense des avantages entre époux, portée en termes indéfinis par la coutume de la châtellerie de Lille. C'est aussi ce qui résulte de la loi 32, § 9, et de la loi 5, § 2, D. *de do- nationibus inter virum et uxorem*.

D'après cela, il est clair que les donations mu- tuelles ne doivent pas être plus exemptes que les autres, du retranchement de la Légitime; et c'est précisément ce que décide l'article 290 de la cou- tume de la Marche: « Si, après le mariage con- » sommé, mari et femme font donation mutuelle » l'un à l'autre, telle donation est valable, pourvu » qu'elle soit égale; et s'il y avait inégalité, sera » réduite à égalité, sauf toutefois aux enfans leur » Légitime. »

IX. Les constitutions de dots sont-elles sujettes à la Légitime ?

La loi 1, C. *de inofficiosis dotibus*, répond qu'oui, dans l'espèce d'une dot promise par le contrat d'un second mariage; et sa décision, quoi- que bornée à ce cas particulier, ne laisse pas d'être générale : c'est ce que prouvent deux autres lois du Code Théodosien, titre *de inofficiosis dotibus*, dont on a formé celle dont il s'agit. La première ordonne en général que toutes les dots qui épuisent les biens des pères et des mères, au préjudice de la Légitime de leurs enfans, seront sujettes à la ré- duction, comme les autres donations entre-vifs. La seconde étend la disposition de la première aux dots que les femmes ont apportées à leurs maris, pères des enfans qui s'en plaignent.

Cette jurisprudence n'a pas toujours été ac- cueillie universellement. Cambolas rapporte un arrêt du parlement de Toulouse, du mois de juillet

1604, rendu dans l'assemblée des chambres, et prononcé en robes rouges, qui a jugé que les dots constituées aux filles par leurs pères, n'étaient point sujettes au retranchement de la Légitime de leurs frères et de leurs sœurs.

Dans la suite cependant, on ouvrit les yeux sur l'injustice d'une pareille décision; et le parlement de Toulouse jugea, comme les autres cours du royaume, que les dots étaient tenues de contribuer à la Légitime, de même que les donations pures et simples. D'Olive en rapporte trois arrêts des 24 février 1627, 5 mai 1628 et 11 décembre 1630. Catellan nous en fournit un quatrième du 27 novembre 1669.

On a mis en question si cette jurisprudence devait être suivie à l'égard des dots constituées en deniers.

Les raisons de douter, adoptées par César Ursillis, étaient que les meubles n'ont point de suite par hypothèque; que les dots mobilières s'emploient le plus souvent en achats des choses nécessaires aux nouveaux ménages; que quelquefois même elles se consomment en dépenses inutiles; de sorte qu'il n'en reste communément rien aux époux lors du décès des pères et des mères qui les ont dotés.

Mais ces raisons frivoles n'ont point été écoutées, et plusieurs arrêts solennels les ont proscrites : il y en a un entre autres, du 3 décembre 1642, qui est rapporté au Journal des audiences, avec le plaidoyer de M. l'avocat-général Briquet, dont les conclusions ont été suivies.

La renonciation de la fille à la succession de son père et de sa mère qui l'ont dotée; la met-elle à l'abri des poursuites de ses frères et de ses sœurs légitimaires?

Ricard soutient l'affirmative. « Il n'est pas juste (dit-il) que la fille qui a ainsi renoncé, ne pouvant gagner, puisse perdre; c'est un hasard qu'elle a pris, qui était attaché à l'incertitude de la fortune, et qui eût été à son désavantage, si son père eût augmenté de biens; comme dans l'événement il lui est utile, eu égard à la décadence des biens de son père. »

Lebrun, Argou, Ferrière, et le premier président de Lamoignon, dans ses arrêts, sont, au contraire, de l'avis du retranchement : Bretonnier pense de même dans ses Questions alphabétiques, au mot Renonciation, et rapporte deux arrêts conformes à son opinion. « La raison en est (dit le président Espiard) qu'il n'y a rien de comparable à la Légitime : autrement, un père, en donnant une dot très-considérable à sa fille, pourrait, en la faisant renoncer à sa succession, donner atteinte à la Légitime des autres enfans. »

C'est une question si le retranchement de la Légitime sur une dot, peut avoir lieu du vivant du mari.

L'affirmative n'a jamais souffert de difficulté dans les parlemens de Paris, de Grenoble et d'Aix; nous en trouvons les preuves dans le Journal des audiences, dans le Recueil des arrêts de Basset, et dans le *Commentaire de Mourgues sur les statuts de Provence.*

Mais il existe plusieurs arrêts contraires du parlement de Toulouse : tels sont d'abord ceux des 24 février 1627; 5 mai 1628 et 11 décembre 1630, cités plus haut. Catellan en rapporte deux autres du mois de janvier 1670 et du 10 avril 1677.

Les motifs de ces arrêts paraissent très-plausibles à la première vue.

1° La cause de la dot est *perpétuelle,* le mari l'a entre les mains pour sa vie, elle lui a été donnée pour soutenir les charges du mariage; c'est même par l'attrait de cette espèce de donation qu'il s'est marié; il y aurait donc autant de dureté que d'injustice à l'en dépouiller.

2° La dot n'est pas un titre gratuit par rapport au mari; les lois le considèrent comme un créancier, et non comme un donataire.

3° La loi 25, § 1, D. *quæ in fraudem creditorum,* décide que l'action Paulienne, ou révocatoire des aliénations faites en fraudes des créanciers, n'a pas lieu contre le mari qui a reçu la dot sans participer au dol de son beau-père. Cette loi met donc le mari au niveau des véritables créanciers; la dot est donc pour le mari un titre onéreux, dans toute la force de ce terme; on ne peut donc pas, tant que ce titre n'est pas résolu par la mort du mari, comprendre la dot dans le retranchement de la Légitime.

4° La loi 1, § 10, D. *si quid in fraudem patroni,* exempte la dot donnée par un affranchi à sa fille, de l'action révocatoire du patron : *Sed si libertus filiam dotavit, hoc ipso quod dotavit non videtur fraudare patronum, quia pietas patris non est reprehendenda.*

Mais ces raisons, quelque spécieuses qu'elles soient, ne peuvent l'emporter, ni sur les principes du droit romain, ni sur d'autres raisons beaucoup plus solides.

1° La loi unique, C. *de inofficiosis dotibus,* veut que le retranchement se fasse même pendant la vie du mari. Il est vrai qu'elle ne parle que du cas où la femme s'est dotée elle-même; mais quelle différence y a-t-il entre ce cas et celui d'une fille qui reçoit une dot de la main de son père et de sa mère?

2° De quelle manière qu'on veuille expliquer cette loi, il en résulte toujours que le motif de sa décision est général : en effet, elle n'ordonnerait pas le retranchement de la dot pour la Légitime des enfans, si le mari contre lequel elle permet à ceux-ci de se pourvoir, la tenait à titre purement onéreux : il faut donc qu'elle considère ce titre comme gratuit; et c'est aussi ce que porte la loi dernière, C. *de donationibus ante nuptias,* aux mots *antiqui juris conditores inter donationes etiam dotes connumerant.* Le parlement de Toulouse lui-même l'a toujours jugé ainsi, puisque, comme nous le voyons dans le recueil de Catellan, il a toujours admis la révocation de la dot pour survenance d'enfans, même du vivant du mari.

3° Différer le retranchement jusqu'au décès du

mari, c'est priver les enfans d'un secours que la nature et la loi leur assignent sans condition et sans délai : c'est autoriser les parens à secouer eux-mêmes le joug de l'obligation la plus sacrée et la plus indispensable ; c'est tromper la prévoyance des lois, et ouvrir la porte aux fraudes qu'elles ont voulu éviter en introduisant la plainte d'inofficiosité contre les dots.

4° Il est certain que les dots entrent dans la composition du patrimoine pour régler la Légitime ; il faut donc qu'elles soient considérées en cette matière comme des libéralités, et conséquemment qu'elles soient sujettes sans délai au retranchement pour la Légitime.

A ces raisons se réunit l'autorité des auteurs les plus éclairés sur ce point, tels que Dumoulin, Merlini, Pérez, Maynard et d'Olive.

Les objections que l'on oppose, ne sont pas de fort grand poids.

1° Il est vrai que la cause de la dot est *perpétuelle*, c'est-à-dire que l'intention du constituant est de la laisser au mari pendant toute sa vie ; mais les lois n'ont pas décidé que le mari ne pourrait pas être évincé de la dot pour une cause antérieure ; elles ont même fait entendre le contraire en pourvoyant à la garantie. (Loi 34, D. *de jure dotium*. Loi 13, C. *eod. tit.* Loi 71, D. *de evictionibus.*)

Or, quoique la Légitime ne soit régulièrement exigible que du jour de la mort du père ou de la mère, elle est néanmoins due auparavant, et l'on peut en quelque sorte en faire remonter le titre au temps du contrat de mariage des père et mère ; c'est comme une dette conditionnelle, qui prend sa source dans l'union des époux, qui se contracte par la naissance des enfans, et à laquelle les lois ont apposé pour condition le prédécès des parens et la survie des enfans ; ou, si l'on veut, c'est une dette à terme *cujus dies cessit, sed non venit* ; et l'on est d'autant plus fondé à la qualifier ainsi, qu'elle fait rentrer dans le patrimoine de celui qui la doit, toutes les dispositions gratuites qui ont précédé même la naissance des légitimaires : ce qui serait impraticable, si le titre de la Légitime n'était pas regardé comme préférable à tous les autres titres gratuits, et si les dispositions n'étaient pas censées faites sous la condition tacite d'assujétir aux Légitimes les biens donnés ou constitués en dot.

2° Les lois 8, § 13, D. *quibus modis pignus solvitur*, et 19, D. *de obligationibus et actionibus*, déclarent, à la vérité, que le mari est réputé créancier et même acheteur de la dot : mais les mots *videtur* et *quodammodo*, dont elles se servent, donnent clairement à entendre que c'est par une espèce d'abus des termes qu'elles s'expriment ainsi ; et la loi dernière, C. *de donationibus ante nuptias*, prouve assez que la dot est considérée en droit comme une libéralité proprement dite. Catellan, liv. 4, chap. 44 et 66, rapporte même des arrêts du parlement de Toulouse qui sont conformes à cette maxime.

3° Il y a quatre réponses à opposer à la loi 25, § 1, D. *quæ in fraudem creditorum.*

D'abord, dans l'espèce de cette loi, il s'agit de dépouiller un mari de toute la dot ; au lieu que le retranchement de la Légitime ne peut lui en ôter qu'une partie.

En second lieu, la même loi suppose un mari qui ignore que son beau-père fraude ses créanciers, et qui par conséquent est hors d'état de soupçonner qu'il puisse jamais être inquiété par eux ; au lieu que, dans le cas dont nous parlons, il a dû prévoir que la fortune de son beau-père pourrait diminuer par des accidens volontaires ou forcés, et que ses autres enfans ne trouvant pas dans le reste du patrimoine, de quoi compléter leur Légitime, réclameraient la portion que la nature et la loi leur attribuent sur la dot constituée ; et que, si cette considération ne l'a point empêché de se marier, il ne peut imputer qu'à lui-même.

Troisièmement, la loi 25, § 1, D. *quæ in fraudem creditorum*, doit être observée dans son espèce ; mais il ne faut pas l'étendre à un cas différent, et surtout à un cas que d'autres lois, placées sous les titres *de inofficiosis donationibus et de inofficiosis dotibus*, ont décidé tout autrement ; on doit donc s'attacher à ce texte quand il est question de l'action Paulienne ; mais quand il s'agit de la plainte d'inofficiosité et du retranchement de la Légitime, c'est aux lois et aux règles propres à cette matière qu'il faut s'en tenir, sans chercher des argumens éloignés dans les décisions étrangères. En user autrement, se serait bouleverser toute la jurisprudence romaine, et rendre douteuses, incertaines et mêmes inextricables, les lois que les espèces et les circonstances différentes tirent de la classe de celles auxquelles on les oppose.

Quatrièmement, il y a des différences essentielles entre l'action Paulienne en retranchement de la Légitime. « L'action Paulienne (dit » Furgole) n'est qu'un remède subsidiaire accordé » aux créanciers non hypothécaires, à raison du » dol pratiqué par le vendeur et l'acheteur ; car s'ils » avaient une hypothèque, il ne serait pas néces- » saire de recourir à ce remède, parce que l'hypo- » thèque serait un moyen suffisant pour faire révo- » quer les aliénations, sans qu'il fut besoin de » prouver la fraude : au lieu que la Légitime pro- » duit une hypothèque dont le principal effet est de » faire rentrer dans le patrimoine toutes les dona- » tions faites et les dots constituées ; ce qui prouve » que cette hypothèque remonte au jour du contrat » de mariage des père et mère. Il n'est donc pas » merveilleux que l'action Paulienne ne révoque pas » la dot à l'égard du gendre qui n'a pas participé à » la fraude, parce qu'il est considéré comme un » créancier à l'égard des créanciers non hypothé- » caires ; mais il n'en est pas de même lorsqu'il est » en concours avec des autres enfans légitimaires, » parce qu'ils sont créanciers hypothécaires, et que » d'ailleurs, à leur égard, le gendre n'est pas con- » sidéré comme vrai créancier ; ce qui fait que les » enfans légitimaires sont plus favorablement traités » dans cette espèce, que les simples créanciers cé- » dulaires. »

4° Il y a pareillement une grande différence entre l'espèce de la loi 1, § 10, D. *si quid in fraudem patroni*, et celle dont il est ici question. Il n'est pas étonnant que l'intérêt d'une fille l'emporte sur celui d'un patron : l'un est fondé sur la nature ; l'autre n'est qu'un reste d'un droit de servitude. Aussi le jurisconsulte dit-il nettement qu'à l'égard de celui-ci, on ne doit pas blâmer la piété paternelle, *pietas patris non est reprobanda* : d'où l'on peut inférer, par argument *d contrario*, que ce serait une piété répréhensible dans la personne d'un père, de vouloir donner tout à ses filles, et ne laisser rien à ses autres enfans ; et que, dans le cas où cela arriverait par mauvaise fortune et absolument contre son intention, son cœur le porterait naturellement à diminuer les dots des premières, pour donner quelque soulagement aux seconds.

Tout ce que nous venons de dire sur l'assujétissement de la dot au retranchement pour la Légitime, a été adopté par l'art. 35 de l'ordonnance de 1731 : « La dot (porte-t-il), même celle qui aura été fournie en deniers, sera sujette au retranchement pour la Légitime.... ; ce qui aura lieu, soit que la Légitime soit demandée pendant la vie du mari, ou qu'elle ne le soit qu'après sa mort, et quand il aurait joui de la dot pendant plus de trente ans, ou quand même la fille dotée aurait renoncé à la succession par son contrat de mariage ou autrement, ou qu'elle en serait exclue de droit, suivant la disposition des lois, coutumes et usages. »

Cet article ne décide pas si les intérêts d'une dot promise et non acquittée du vivant du père et de la mère, sont soumis au retranchement aussi bien que le principal. Par exemple, un père et une mère marient une fille et lui promettent une dot de 20,000 livres ; mais ils ne l'acquittent pas. Après leur mort, le gendre, qui a eu soin de ne pas laisser prescrire son action, s'oppose au décret de leurs biens, pour avoir paiement de l'apport de sa femme : les autres enfans sont-ils fondés à faire retrancher une partie des arrérages qu'il réclame, sous prétexte qu'ils entament leur Légitime ; ou doivent-ils borner le retranchement au principal ?

Le premier parti semble d'abord le plus juste et le plus équitable. Les intérêts sont accessoires à la dot ; il faut donc les considérer comme donnés par le père et la mère, suivant la règle *accessorium sequitur principale*. D'ailleurs, les quittances peuvent avoir été rendues par le père et la mère qui ont doté ; et, ce qui mérite une attention particulière, celui qui voudrait éluder la Légitime de ses autres enfans, n'aurait, pour y parvenir qu'à donner une dot qui excédât ce qu'il possède, de manière que sa succession pût à peine suffire au paiement des intérêts.

Cependant Lebrun décide que, hors le cas de fraude, le retranchement ne doit opérer que sur le principal ; « et j'apprends (dit-il à ce sujet) qu'il a été ainsi jugé par arrêt de la quatrième des enquêtes. »

La première raison qu'en donne cet auteur, est

que l'inexécution de la donation ne doit pas servir de prétexte pour faire monter la Légitime plus haut que si la donation avait eu tout son effet. Or, dans ce dernier cas, le principal eût été seul assujéti à la Légitime : ainsi, dans le premier, la donation ne doit être diminuée que dans son principal, et point dans les intérêts qui en sont dus.

La seconde raison est que le retranchement pour la Légitime ne doit porter que sur les objets qui entrent dans la composition de la masse d'après laquelle on fixe la Légitime : or, il est certain que les intérêts d'une somme promise en mariage n'augmentent point cette masse, puisqu'ils doivent au contraire en être distraits, comme le seraient les fruits d'un bien qui aurait été livré au donataire.

Nous avons dit que cette décision ne doit avoir lieu que dans le cas où il n'y a point de fraude de la part de celui qui a promis la dot : et en effet, elle devrait cesser, si l'on avait de justes sujets de soupçonner que le père eût payé les intérêts de son vivant, et qu'il en eût rendu les quittances à son gendre, pour lui faire un avantage prohibé, ou si la dot était tellement considérable, eu égard aux biens du constituant, qu'il y eût apparence qu'elle n'eût été portée à un tel excès, que dans le dessein d'éluder la Légitime par la collocation des intérêts dans l'ordre des biens du père.

Il peut même se présenter certaines espèces où, sans qu'on puisse soupçonner de fraude, on serait peut-être obligé d'assujétir de pareils intérêts à une Légitime de grâce. Par exemple, un père et une mère n'ayant encore que deux enfans et 20,000 livres de biens, marient leur fille avec promesse d'une dot de 10,000 livres. Vingt ans se passent sans que le gendre touche la somme qui lui a été promise ; le père et la mère n'augmentent point leur fortune ; mais il leur naît cinq ou six autres enfans : dans ce cas, si l'on donne au gendre les 10,000 livres qui lui sont dues pour les intérêts, et 5,000 livres pour la moitié du principal de la dot promise, il s'ensuivra qu'il aura seul 15,000 livres, tandis que les sept autres enfans n'auront ensemble que 5,000 livres. Il est certain qu'une pareille inégalité serait monstrueuse et révoltante ; et sans doute il faudrait y apporter quelque tempérament, sans conséquence pour la thèse générale. C'est ainsi que, quand, après la mort de la mère, les arrérages de son douaire préfix absorbent tout le bien du père, les créanciers de sa succession ne peuvent pas empêcher que les enfans n'obtiennent quelque chose pour le fonds de leur douaire.

X. La déclaration de *franc et quitte*, faite dans le contrat de mariage d'un enfant, nuit-elle à la Légitime des autres enfans ? Par exemple, je marie mon fils, et déclare tous ses biens francs et quittes Cette clause donne incontestablement à la bru le droit de se pourvoir contre le père, pour lui faire supporter toutes les dettes hypothécaires dont son mari était chargé avant le contrat de mariage. Mais si l'action de la bru portait atteinte à la Légitime des autres enfans, ceux-ci pourraient-ils en faire réduire l'effet ?

5e. TOME IX.

Non, parce que si le cautionnement renfermé dans la déclaration dont il s'agit, est une libéralité par rapport au fils, c'est un titre onéreux à l'égard de la bru. Si le père avait cautionné son fils envers un étranger, les autres enfans ne seraient certainement pas fondés à prétendre la préférence de leur Légitime sur la dette du créancier : pourquoi donc auraient-ils plus de droit dans le cas d'un cautionnement envers leur belle-sœur ? Une clause de cette nature, dit Lebrun, « n'est point une do- » nation en vertu de laquelle l'enfant marié et dé- » claré franc et quitte, puisse agir pour obliger le » père ou la mère de payer ses dettes ; mais c'est » une garantie telle que quand, dans un contrat de » vente ou de constitution de rente, on garantit le » vendeur franc et quitte ; ainsi, la clause ne re- » garde que l'intérêt du conjoint. »

XI. Voici une question assez analogue à cel'e que nous venons de discuter, et qui peut se pré- senter fort souvent dans les pays de droit écrit : c'est de savoir si un père ayant donné ses biens à son fils aîné par contrat de mariage, et ayant signé avec lui la quittance de la dot, on doit préférer, dans la distribution des biens, la bru pour la répé- tition de sa dot, ou les enfans légitimaires pour le retranchement.

« On peut (dit Roussilhe) opposer en faveur de la bru, que son beau-père ayant reçu sa dot lors du contrat de mariage, et l'ayant reconnu sur ses biens, elle a une hypothèque dès ce jour-là sur tous ses biens, et conséquemment qu'elle doit être pré- férée aux Légitimes des enfans, attendu que, de droit commun, les Légitimes ne sont allouées qu'a- près tous les créanciers du père.

» On peut au contraire dire pour les enfans, que leur droit de Légitime est acquis sur les biens don- nés, du jour de la donation ; que quand la bru pour- rait avoir un droit sur les biens de son beau-père, cette hypothèque ne pourrait pas mériter une pré- férence sur les Légitimes, puisque leurs droits naî- traient en ce cas du même acte ; car les enfans en ont un en ce cas qui est ouvert du jour de la dona- tion ; que d'ailleurs, quoique le père soit présent au contrat, qu'il reconnaisse la dot, il ne garde pas cependant l'argent ; c'est le fils qui le prend et qui en profite ; et si cela avait lieu, il s'ensuivrait qu'un père pourrait frauder ses enfans de leur Légiti- me, en reconnaissant des dots et les laissant aux enfans. »

Roussilhe ne raisonne pas ici d'une manière fort conséquente. Il est certain qu'un père qui donne quittance de la dot fournie par sa bru au fils qu'il a sous sa puissance, s'en rend responsable, comme s'il cautionnait expressément son fils. La loi 10, C. soluto matrimonio, et la loi 7, § 15, D., du même titre, ne laissent aucun doute sur cette vérité. Ainsi, dans notre espèce, la bru a, par rapport à son beau-père, tous les attributs d'une créancière véri- table, et par conséquent elle doit précéder les légi- timaires. Qu'importe que les enfans aient hypothè- que sur les biens donnés à leur frère, du jour de la donation ? Tout ce qui résulte de là, c'est qu'ils

doivent être préférés sur ces biens aux créanciers de leur frère ; mais à quel propos le seraient-ils à ceux de leur père ? La Légitime ne peut jamais être mise en ordre qu'après les dettes proprement dites de celui qui la doit. Qu'importe aussi que le père ne profite de rien en reconnaissant la dot, et qu'il puisse, par cette voie, frauder la Légitime de ses enfans ? Un père qui cautionne un étranger, ne tire aucun profit de son obligation, et il peut en résulter une atteinte considérable à la Légitime de ses en- fans : cependant on ne s'est jamais avisé de mettre ceux-ci en ordre avant le créancier envers lequel le père s'est rendu caution.

XII. La dot de religion est-elle sujette au retran- chement de la Légitime ?

Lebrun, Boniface, Ferrière, Furgole et Rous- silhe tiennent la négative, sur le fondement que cette dot est donnée au couvent à titre onéreux, c'est-à-dire, à la charge de recevoir et de nourrir le religieux pour qui elle est constituée. « Mais » (dit l'additionnaire de Lebrun) la dot donnée en » mariage à une fille, est sujette à la Légitime des » autres enfans, quoique le mari la reçoive pour » supporter les charges du mariage : pourquoi les » dots des religieuses auraient-elles plus de pri- » viléges ? Pothier ne leur en croit pas davan- » tage. »

Que doit-on décider à l'égard du titre cléri- cal ?

Pothier le croit aussi sujet à la Légitime, surtout si l'ecclésiastique au profit duquel il est constitué, se trouve pourvu de bénéfices, ou a du bien pour fournir à sa subsistance. On trouve, à la vérité, dans le Journal des audiences un arrêt du 3 avril 1629, qui a jugé le contraire ; mais le cas était par- ticulier. Un père avait donné à son fils, lors de sa promotion aux ordres sacrés, une maison et les terres qui en dépendaient, pour lui servir de titre clérical. Le fils étant décédé, ses créanciers appe- lèrent le p re, son héritier, en déclaration d'hypo- thèque : celui-ci demanda la réduction de la dona- tion jusqu'à la concurrence de la Légitime de ses autres enfans. Mais comme ces derniers n'étaient point en cause, qu'ils ne se plaignaient pas, et qu'il était incertain quels biens laisserait le père au mo- ment de son décès, il a été jugé par l'arrêt cité, que les créanciers du donataire étaient fondés à exercer leur hypothèque sur toute la maison dont il s'agis- sait.

XIII. Il arrive quelquefois qu'on cache une do- nation sous les apparences d'un contrat onéreux : par exemple, un père vend à un de ses enfans, ou même à un étranger, un bien dont il n'exige pas le prix : cette vente sera-t-elle sujette à la Légi- time ?

Il n'y a point de difficulté sur l'affirmative. La loi qui défend de faire des donations au préjudice de la Légitime des enfans, ne serait plus qu'un frein inu- tile, s'il était permis de soustraire une libéralité à ses dispositions, en la revêtant des couleurs d'une aliénation à titre onéreux. Aussi trouve-t-on dans le droit romain plusieurs textes qui assimilent de pareilles ventes aux donations : *Cum in venditione quis pretium rei ponit, donationis causa non exacturus, non videtur vendere.* (Loi 36, D. *de contrahenda emptione.*) *Donationis causa facta venditione, non pro emptore, sed pro donato res tradita usucapitur.* (Loi 6, D. *pro donato.*)

Lorsqu'un bien a été vendu à vil prix, il faut, pour savoir si la vente est sujette à la Légitime, à proportion de la plus-value, distinguer le cas où le vendeur a eu l'intention de donner, d'avec celui où, ne pensant qu'à contracter, il a été trompé sur la valeur de la chose.

Dans le premier cas, le retranchement doit avoir lieu sans difficulté.

Il est vrai que la loi 38, D. *de contrahenda emptione,* veut qu'on regarde comme une vente entière et absolue, le contrat par lequel *viliore pretiores, donationis causa, distrahitur;* mais elle excepte de sa décision les ventes à vil prix qui se font entre personnes incapables de se donner l'une à l'autre; et cette exception s'applique sans contredit à toutes les ventes de cette espèce qui tendaient à avantager quelqu'un au préjudice d'une prohibition légale. Voici les termes de cette loi : *Si quis donationis causa minoris vendat, venditio valet. Toties enim dicimus in totum venditionem non valere, quoties universa venditio donationis causa facta est. Quoties vero viliore pretio res donationis causa distrahitur, dubium non est venditionem valere. Hoc inter cæteros; inter virum vero et uxorem donationis causa venditio facta pretio viliore, nullius momenti est.*

La loi 5, § 5, D. *de donationibus inter virum et uxorem,* développe la disposition contenue dans ces derniers termes : *Circa venditionem quoque Julianus quidem minoris factam venditionem nullius esse momenti ait : Neratius autem, cujus opinionem Pomponius non improbat, venditionem donationis causa inter virum et uxorem factam nullius esse momenti, si modo cum animum maritus vendendi non haberet, idcirco venditionem commentus sit ut donaret : enim vero si cum animum vendendi haberet, ex pretio ei remisit, venditionem quidem valere, remissionem autem hactenus non valere.*

Dans le second cas, les légitimaires ne peuvent pas exercer leur action en retranchement sur la plus value du bien, parce que cette action n'a lieu que contre des acquéreurs à titre gratuit; qu'on ne peut pas regarder comme donné ce que l'un des contractans a eu l'intention de vendre, et l'autre d'acheter; et qu'enfin la lésion n'empêche pas que tout le bien ne soit censé vendu.

Il faut convenir cependant que cette décision a quelque chose de dur et d'odieux: un légitimaire est digne de la plus grande faveur, et un acheteur qui n'a pas payé la moitié du juste prix, n'en mérite aucune. Comment donc pourvoir à cet inconvénient?

Permettre au premier d'agir contre le second en rescision de vente ou supplément de prix, si le temps fixé pour cela n'est pas encore écoulé, c'est la voie la plus simple et la plus courte. Il est vrai que, pour former une pareille demande, il faut être

héritier de celui qui a vendu; mais si un légitimaire n'est point héritier, il a du moins, comme créancier de l'héritier, une action pour obliger celui-ci à poursuivre l'acheteur ou à lui céder ses droits contre ce dernier; ou pour mieux dire, peut, sans cession expresse des droits de l'héritier exercer lui-même ses droits, en vertu de la règle générale qui autorise tout créancier à intenter les actions qui appartiennent à son débiteur.

Mais comment peut-on, dans la pratique, distinguer l'un de l'autre les deux cas dont nous venons de parler? Nous n'avons là-dessus aucune règle générale, si ce n'est de bien peser les circonstances de la vente. Dans le doute, il faut toujours présumer que le contrat a été sérieux, et que le vendeur n'a point pensé à faire à l'acheteur la remise d'une partie du prix; c'est ce qui résulte de la maxime *nemo præsumitur velle jactare suum.*

Si cependant il s'agissait d'une vente faite par un père à son fils, il est des cas où l'on présumerait tout le contraire, et l'on y serait forcé par l'affection naturelle du premier envers le second; affection qui fait aisément soupçonner la fraude dans les contrats qu'ils passent entre eux, lorsque les intérêts d'un tiers y sont compromis. *V.* l'article *Rapport à Succession.*

XIV. Lebrun propose à ce sujet une question intéressante.

Un homme achète une charge de judicature 30,000 livres; trente ans après, il la revend à un de ses enfans pour le même prix, quoiqu'elle vaille actuellement plus de 60,000 livres : on demande si l'avantage qu'il lui fait par cette vente, est sujet au retranchement?

Lebrun décide pour l'affirmative, dans le cas où la charge est le seul bien du père; et pour la négative, dans la thèse générale.

« La raison en est (dit-il) que, quand la charge fait tout le bien du p^re, on doit considérer cet avantage comme un fief, lequel, consistant en un seul manoir, fait aussi tout le bien de la maison : or, en ce cas, on donne une Légitime contre le droit d'aînesse, suivant l'art. 17 de la coutume de Paris, comme on en doit ici donner une contre cet avantage que les arrêts ont permis aux pères de faire à un de leurs fils sur le *prix* de leurs charges : l'équité naturelle demande cela. Il n'est pas juste qu'une charge de 60,000 livres, qui fait tout le bien d'une maison, soit donnée à un fils pour 30,000 livres, et que par cette estimation une douzaine de frères et sœurs soient réduits à la mendicité.

» Aussi les arrêts, en établissant cette jurisprudence, n'ont pas entendu ôter aux autres enfans leur Légitime et leurs alimens. Mais en tout autre cas, l'avantage n'est point sujet au retranchement, et n'entre pas dans la masse des biens sur laquelle on fixe la Légitime.....

» Quand l'arrêt du 4 février 1614 a jugé que l'avantage que fait un père à son fils, en lui donnant la charge pour le prix qu'elle lui a coûté, n'est point sujet à rapport, il a assez préjugé qu'il n'était point sujet à la Légitime, puisque le rapport se fait à la succession, et que la Légitime est une quotité de la succession. »

Cette raison n'est pas exacte : on a vu plus haut qu'il n'y a point de conséquence à tirer du rapport au retranchement de la Légitime; on ne peut donc pas appliquer ici l'arrêt du 14 février 1614, au moins en le considérant dans le point de vue sous lequel Lebrun nous le présente; mais on peut l'envisager autrement, c'est-à-dire, comme ayant jugé que le fils n'est point censé donataire de l'excédant de la valeur actuelle de l'office, sur le prix qu'en a payé le père lorsqu'il l'a acquis pour lui-même; et sous cet aspect, il en résulte clairement que cet excédant n'est point sujet à la Légitime, non-seulement parce qu'il n'est pas considéré comme donné, mais parce qu'on ne lui suppose pas d'existence.

XV. Nous avons dit que les dispositions onéreuses ne sont pas sujettes à la Légitime; et c'est ce que prouve le texte rapporté ci-dessus, où il est dit que la Légitime ne doit être prise sur une succession qu'après la déduction des dettes du défunt.

Mais doit-on, en cette matière, considérer comme disposition à titre onéreux, une donation en avancement d'hoirie que fait un père à l'un de ses enfans, à la charge de payer ses dettes?

Cette question s'est présentée au parlement de Flandre dans l'espèce suivante :

En 1750, le marquis d'Heuchin qui avait neuf enfans, maria le marquis de Croix, son fils aîné, avec la comtesse de Groësbeck. Par le contrat de mariage, il l'institua son héritier universel, à la charge de payer toutes les dettes qui se trouveraient à sa mort, et sous la réserve d'une somme de 150,000 livres dont il pourrait disposer, soit entre ses enfans puînés, soit autrement.

Le 15 juin 1760, le marquis d'Heuchin reconnut par un acte authentique, que son fils aîné avait remboursé à son acquit vingt-un contrats, portant ensemble 147,400 florins, argent de Lille, et cinq obligations montant à 14,637 florins. Il déclara, en outre, qu'il lui devait 52,000 florins pour dix années de la pension qu'il lui avait assignée par son contrat de mariage.

Le 25 décembre 1762, le marquis de Croix perdit sa femme, qui lui laissa cinq enfans. L'aïeul maternel de ceux-ci demanda, en leur nom, le remplacement des deniers dotaux de sa fille, que le marquis de Croix avait employés aux remboursemens dont il vient d'être parlé.

Le marquis de Croix a prétendu que, pressé par cette demande, le marquis d'Heuchin avait pris la résolution de vendre la terre d'Hallennes-sur-Marais, aux enfans du Marquis de Croix même, pour leur tenir lieu du remplacement qui leur était dû.

« On s'assembla (a-t-il ajouté) pour en passer le contrat, et on allait signer, lorsqu'un avocat, conseil du marquis d'Heuchin, lui demanda s'il avait de quoi satisfaire aux droits seigneuriaux auxquels la vente allait donner ouverture. Ce seigneur, peu instruit dans les affaires, ne peut se persuader qu'un acte entre le père et le fils fût capable d'engendrer des droits de mutation. Mais quand on lui eut assuré que rien n'était plus certain, il refusa de signer, en disant qu'à son âge, ce serait une folie de charger sa succession d'un droit de lods et ventes considérable en pure perte; que, menacé d'une fin prochaine, il ne s'agissait que d'attendre un moment pour l'éviter.

» Alors on proposa au marquis de Croix de recevoir cette terre en avancement d'hoirie, et de la faire passer ensuite à ses enfans à titre de mort-gage (1) pour se libérer de ce qu'il leur devait. Le marquis de Croix craignait d'abord que ce détour ne lui portât quelque préjudice par la suite. Mais sur les assurances qu'on lui donna, qu'il ne courait aucun risque, parce que la décharge qu'il donnerait à son père prouverait toujours que cette terre lui était passée à titre de vente, et non de donation, il y consentit et l'acte en fut dressé et signé. »

C'est ainsi que le marquis de Croix présentait les causes d'un acte du 5 juillet 1763, par lequel le marquis d'Heuchin avait déclaré donner à son fils aîné en avancement d'hoirie, sa terre et seigneurie d'Hallennes-sur-les-Marais.

Onze mois et demi après, le 20 juin 1764, le marquis de Croix signa un acte par lequel « il » déclaré et déclare de bonne foi qu'au moyen de la » donation que messire Alexandre-Maximilien-Fran-» çois de Croix, son père, lui a faite de la terre et » seigneurie d'Hallennes-sur-les-Marais, pour en » jouir, du premier janvier 1763, en avancement » d'hoirie, ampliation de dot, et des avantages qu'il » lui a faits....., il quitte et décharge entièrement » ledit seigneur son père des sommes principales et » accessoires qu'il lui doit en vertu de l'acte du 15 juin 1760. »

Le même jour, autre acte par lequel le marquis de Croix, pour se libérer envers ses enfans des deniers dotaux de feue leur mère, leur abandonne, à titre de mort-gage, la terre et seigneurie d'Hallennes-sur-les-Marais, telle qu'elle lui a été donnée par le marquis d'Heuchin.

Le marquis d'Heuchin termine sa carrière le 2 février 1776.

Le chevalier de Croix, l'un des fils puînés, demande sa Légitime. Question de savoir si elle doit être prise sur la terre d'Hallennes-sur-les-Marais.

Entre autres argumens pour établir la négative, le marquis de Croix disait : cette terre n'a pas été donnée, mais vendue à prix d'argent. Il est vrai (ajoutait-il) que les termes de l'acte du 15 juin 1763, et des deux actes du 20 juin 1764, me condamnent; mais le fait et l'intention des parties désavouent ce que les termes annoncent. Enfin (continuait-il), pourquoi aurais-je déchargé mon

_____

(1) V. l'article Mort-gage.

père de ce dont il s'était reconnu redevable envers moi, si ce n'eût été pour m'acquitter envers lui du prix de la terre d'Hallennes?

« Il n'y a rien d'extraordinaire (répondait le chevalier de Croix) qu'un fils, héritier contractuel, institué à la charge de payer les dettes de la succession, et à qui son père a abandonné, en avancement d'hoirie, une portion considérable de sa fortune, il n'y a rien d'extraordinaire que ce fils paie par anticipation les dettes de son père et en décharge son bienfaiteur; il n'y a donc pas lieu de créer une vente imaginaire, ni de supposer, contre la teneur des actes et l'intention des parties, qu'en donnant en avancement d'hoirie, le père ait voulu vendre; et qu'en déchargeant son père des dettes acquises, le fils ait voulu payer le prix de la vente.

» Si l'on ajoute que l'acte de décharge, en date du 29 juin 1764, est postérieur de près d'un an à la donation en avancement d'hoirie, datée du 5 juin 1763, on concevra encore moins comment le premier de ces actes aurait imprimé au second un caractère de vente contraire à sa nature.

» On a beau dire que, le jour de la donation en avancement d'hoirie, il a été convenu que le fils donnerait à son père l'acte de décharge : la circonstance ne serait pas fort importante; mais comme il était aisé de signer l'acte de décharge le 5 juillet 1763, de même que la donation en avancement d'hoirie, si dès lors les parties en étaient convenues, on ne peut s'empêcher d'observer que les apparences ne rendent pas la supposition vraisemblable. Le marquis de Croix étant obligé, par l'institution contractuelle, de payer les dettes paternelles, il était indifférent qu'il les payât ou plus tôt ou plus tard. Dès lors, il était indifférent aussi qu'il en donnât ou n'en donnât pas un acte de décharge; et au contraire, en faisant cesser plutôt les intérêts et les arrérages des deniers empruntés par contrats de rente ou obligations, le marquis de Croix libérait et améliorait une succession à laquelle il avait le principal intérêt.

» Veut-on dire qu'après avoir reçu la terre d'Hallennes en avancement d'hoirie, le marquis de Croix en aurait dû toucher les fruits d'une main, et charger de l'autre la succession paternelle des intérêts et arrérages des sommes et rentes qu'il avait remboursées? Si c'est là le préjudice prétendu, si c'est là que se termine l'objection du marquis de Croix, on nous dispensera d'y faire une longue réponse.

» Sur ces raisons, sentence est intervenue à la gouvernance de Lille, qui a décidé que la terre d'Hallennes devait être rapportée à la succession du père commun, et que le chevalier de Croix était fondé à exercer sur cette terre ses droits légitimaires.

Le marquis de Croix a appelé de cette sentence; mais elle a été confirmée par arrêt rendu le premier juillet 1780, au rapport de M. de Francqueville d'Inielle.

XVI. Remarquez, au surplus, que la jurispru-

dence qui exempte de la contribution à la Légitime, les biens dont le défunt a disposé à titre onéreux, n'a pas lieu en Normandie. L'art. 599 de la coutume de cette province déclare que *la propriété du tiers de l'immeuble* destiné pour la Légitime des enfans, *leur est acquise du jour des épousailles*, sans que le père *la puisse vendre, engager ni hypothéquer.* Ainsi, le tiers coutumier, en Normandie, se prend sur les biens aliénés à titre onéreux, de même que sur ceux dont le défunt a disposé à titre gratuit; et les uns comme les autres ne sont sujets à cette Légitime, que lorsqu'ils se sont trouvés dans le patrimoine du père au temps de son mariage.

La coutume ne parle que des *immeubles*, et par conséquent elle ne donne point de Légitime aux enfans sur les meubles de leur père.

Les rentes étant réputées immobilières, sont certainement comprises dans les biens que cette loi soumet à la Légitime; mais le remboursement qui s'en fait entre les mains du père, décharge-t-il le débiteur envers les enfans légitimaires?

La raison de douter qu'en donne Basnage, est très-spécieuse : « Les rentes sont un immeuble, et » par conséquent affectées au tiers des enfans : or, » ce tiers étant inaliénable, il s'ensuivrait que le » débiteur ne pouvait racheter seulement envers » au préjudice de la femme ou des enfans; de sorte » que quand un créancier devenait père ou mari, » quelque facultés que le débiteur eût auparavant » pour se libérer, il ne l'avait plus en le prenant » ses précautions et cherchant sa sûreté; et quoique » cela parût contre la nature des rentes constituées, » il était juste d'introduire cette maxime contre la » droit commun en faveur des enfans. »

On pourrait ajouter à cette raison l'autorité des chartes générales du Haïnaut et de la coutume du chef-lieu de Mons, suivant lesquelles le débiteur d'une rente appartenant à un homme incapable d'aliéner, ne peut se libérer que par la consignation de ses deniers entre les mains des juges domiciliaires de son créancier. (*V.* l'article *Mayeur,* n° 11-3°.)

« Néanmoins (dit Basnage) on a fait prévaloir » en Normandie, à la faveur de la libération, par » cette raison que les rentes constituées n'étant lé- » gitimes qu'à cette condition que le rachat en soit » perpétuellement libre au débiteur, il ne pouvait » perdre cette faculté par le mariage du créancier, » et qu'il n'était pas raisonnable de lui imposer » cette sujétion de stipuler ou de chercher un rem- » ploi de ses deniers; et après plusieurs arrêts qui » l'avaient jugé de la sorte, la cour en a fait un » règlement, non-seulement pour les rentes consti- » tuées à prix d'argent, mais aussi pour les rentes » foncières et seigneuriales. »

Voici en effet ce que porte l'art. 76 des placités de 1666 : *celui qui a fait le rachat d'une rente consti-tuée par argent, foncière ou seigneuriale, ne peut être poursuivi par le créancier de celui auquel elle était due, ni inquiété pour le douaire de sa femme ou le tiers de ses enfans, s'il n'y a eu saisie ou défenses de payer avant ledit rachat; et néanmoins la* femme et les enfans en auront récompense sur les autres biens affectés audit douaire et tiers desdits enfans.

« Et par ce moyen, ajoute Basnage, les enfans »n'en reçoivent du préjudice que quand tout le »bien de leur père consistait en des rentes qui on »été rachetées. »

On a mis en question si les enfans pouvaient prétendre leur tiers coutumier sur des biens que leur père avait vendus pour rembourser des rentes dont il était chargé avant son mariage.

La négative a été prononcée par deux arrêts du parlement de Rouen, des 4 mai 1682 et 19 mars 1685; et elle résulte assez clairement de l'art. 396 de la coutume, portant que, « si le mari a vendu »de son propre pour faire ledit racquit, la fem-»me prenant douaire sur les héritages déchar-»gés, ne pourra le prétendre sur ledit héritage »vendu. »

XVII. Voyons maintenant dans quel ordre les biens sujets à la Légitime, doivent y contribuer.

Il y a à cet égard trois classes de discussions: les biens que le défunt a laissés en mourant sans en avoir disposé valablement, forment la première; la seconde est composée de ceux qu'il a légués par son testament, et la troisième, de ceux dont il a disposé entre-vifs.

Les légitimaires ne peuvent intervertir cet ordre de discussion; il faut qu'ils épuisent toute la première classe, avant de toucher à la seconde, et celle-ci avant de passer à la troisième. C'est ce qu'insinuent clairement ces termes de l'ordonnance de 1731, art. 34: si les biens que le donateur aura laissés en mourant, sans avoir disposé, ou sans l'avoir fait autrement que par des dispositions de dernière volonté, ne suffisent pas pour fournir la Légitime des enfans..., ladite Légitime sera prise sur les donations.....

C'est la raison elle-même qui a tracé cet ordre : d'un côté, lorsque les biens dont le défunt n'a disposé en aucune manière, suffisent pour remplir la Légitime, il est certain que le défunt n'a pas excédé son pouvoir; ses dispositions doivent donc avoir leur entier effet. D'un autre côté, si ses biens ne suffisent pas, les légataires doivent contribuer avant les donataires entre-vifs, parce que ceux-ci avaient un droit acquis du vivant du testateur, au lieu que ceux-là ne l'ont eu qu'à sa mort : qui prior tempore, potior jure.

Mais il y a sur chaque degré de discussions, quelques difficultés qu'il faut examiner.

XVIII. On demande, à l'égard du premier, si, lorsque l'héritier a aliéné des biens qu'il a trouvés dans la succession, le légitimaire est obligé de les discuter avant de se pourvoir contre le tiers-acquéreur.

Lebrun soutient la négative, « parce que le lé-»gitimaire a un droit réel sur l'héritage qui lui »appartient par partie, la Légitime étant quota »hereditatis, et la part se faisant au légitimaire »par voie de partage et par jet de lots, ni plus ni »moins à proportion, que s'il était héritier. »

Mais la Légitime n'est point une quote de l'hérédité, comme l'avance Lebrun; c'est une quote des biens; et quoiqu'on puisse en former la demande contre un tiers-possesseur, l'action qu'on intente à ce sujet ne laisse pas d'être personnelle dans son origine ; aussi l'appelle-t-on communément condictio ex lege personalis in rem scripta. D'après cela, on ne doit pas trouver surprenant que deux arrêts aient rejeté l'opinion de Lebrun.

« Marcelin Gardon, de Monistrol en Velay, ayant »plusieurs enfans, fait son héritier universel l'un »d'eux. Autre desdits enfans, nourri aux champs, »et revenu, trouve son père mort, et son frère »héritier, dissipateur des biens, qui avait presque »tout vendu. Il le fait appeler et aussi les ache-»teurs des biens héréditaires, afin d'avoir sa Légi-»time... Il a jugement, par lequel sa Légitime lui »est adjugée en corps héréditaires. Quand il veut »exécuter son jugement, il s'adresse autant aux »tiers-acheteurs comme à l'héritier. L'un desdits »acheteurs, nommé Claude Torton, s'oppose; il »est débouté et n'est ouï, il appelle : par arrêt de »Tholose, du 16e jour de mars 1555, l'appellation »mise au néant, est dit que l'exécution sera com-»mencée et continuée sur les biens tenus par »l'héritier, et à faute d'iceux, et au cas qu'ils ne »suffiraient, serait ladite exécution faite sur les »biens aliénés par l'héritier, après le décès du »père, et sans dépens. » (Papon, liv. 20, tit. 7, »n°. 8.)

Un arrêt du parlement d'Aix, du 16 février 1585, porte « que ladite Légitime est liquidée en faveur »d'Étienne Bonnet, petit-fils de Jean Michel, son »aïeul maternel, avec les fruits, à 3,144 florins, »pour laquelle somme, ensemble pour les dépens »fai's, tant en la liquidation qu'à l'adjudication »de ladite Légitime, ledit Bonnet se colloquera »sur les biens possédés par l'héritier, et s'ils ne »suffisent pas au paiement, il se colloquera pour le »surplus sur les biens dudit Jean, aliénés par son »héritier, et possédés par les tiers-acquéreurs. » (Duperrier, tome 2, page 323 de l'édition de 1759.

On ne peut rien de plus précis que ces arrêts; et la décision en est encore fortifiée par les suffrages de Barry, de Maynard, de Furgole, et de l'annotateur de Duperrier.

Cependant, tout bien considéré, c'est à l'opinion de Lebrun qu'il faut se tenir; le président Favre l'adopte expressément, et Roussilhe la met dans le plus grand jour : le légitimaire (dit-il) ayant »un droit sur tous les biens, on ne peut pas le for-»cer à se contenter de ce qui reste, quoi cela suffise »pour remplir sa Légitime. Il peut se faire, comme »cela arrive ordinairement, que ce soit ce qu'il y »a de plus mauvais : ainsi, il ne peut être obligé »de s'en contenter, il a droit d'en faire faire le par-»tage, et jeter les lots au sort, sans être tenu d'au-»cune discussion, mais simplement d'appeler les »acquéreurs pour assister au partage, et si les »biens vendus, ou partie d'iceux, lui échoient, en »ce cas, je pense qu'ils doivent lui appartenir, »nonobstant la vente. »

XIX. Lorsque le légitimaire est obligé de s'adresser à la seconde classe de discussion, c'est-à-dire, aux biens dont le défunt a disposé par son testament, il faut qu'il se pourvoie contre l'héritier institué ou légataire universel, avant de pouvoir inquiéter les légataires particuliers. Ricard, Lebrun, Duplessis, Lemaître, Bourjon, et une foule d'autres auteurs le pensent ainsi; et la raison sur laquelle leur sentiment est fondé, paraît sans réplique : c'est, dit Lebrun, « qu'il n'appartient à l'héritier ou légataire universel que le résidu des » biens, toutes dettes et toutes charges déduites; » ce qui a son fondement dans la présomption de la » volonté du défunt, qui, ayant fait des legs parti- » culiers et une institution d'héritier ou un legs » universel, est réputé avoir voulu que les léga- » taires particuliers fussent payés indistinctement » de leurs legs, et que s'il laissait des dettes et des » charges, elles fussent acquittées par son héritier » ou non légataire universel, parce qu'il n'y a point » de biens dans l'institution, que ce qui reste après » les dettes déduites. »

On pourrait opposer les lois 2 et 7, D. ad Trebellianum, et la loi 2, C. ad legem falcidiam., suivant lesquelles les légataires et fidéicommissaires particuliers contribuent à la quarte trébellianique, conjointement avec le fidéicommissaire universel.

Mais cette disposition est fondée sur une raison particulière : la distraction de la quarte trébellianique a été introduite pour faire subsister le testament, c'est-à-dire, pour engager l'héritier institué à accepter la succession, et par ce moyen comme effet aux legs et fidéicommis : ainsi, les légataires et fidéicommissaires particuliers profitent aussi bien de cette distraction que les fidéicommissaires universels, et par conséquent il est juste que les uns y contribuent avec les autres.

On ne peut certainement pas en dire autant de la Légitime; il est évident au contraire qu'elle forme une dette de succession; et cela seul suffit pour obliger celui à qui elle est due, d'en demander le paiement à l'héritier ou au légataire universel, avant de toucher aux dispositions particulières du défunt.

XX. Quand le légitimaire a épuisé le legs universel, chacun des légataires particuliers doit contribuer, à proportion de son legs, pour former la Légitime. Voyez ce que nous avons dit sur cette contribution, à l'article Légataire, §. 7; et observez qu'elle n'a point lieu dans le cas où un testateur a grevé la Légitime d'un usufruit, d'une substitution ou d'une condition : alors on commence par annuler ces dispositions jusqu'à concurrence du préjudice qu'elles portent à la portion légitimaire; et si cette portion ainsi dégagée des charges contraires à sa nature, ne se trouve pas encore remplie, on entame les autres legs pour la compléter. « Tel est (dit Bourjon) l'usage du Châtelet, » fondé sur ce qu'en ce cas, c'est un prélèvement à » faire sur cette portion qui n'a pu passer au léga- » taire d'icelle qu'avec cette charge que la loi mu- » nicipale y avait imprimée. »

XXI. La principale difficulté qu'il y a sur le troisième degré de la discussion, est de savoir si tous les donataires entre-vifs doivent contribuer à proportion de ce qu'ils ont reçu du défunt, ou si le légitimaire est obligé d'épuiser les dernières donations, avant de donner atteinte aux premières.

Le premier parti est soutenu par Accurse le fils, Dumoulin, le président Favre, Peréz, Charondas; et il a été adopté par deux arrêts du parlement de Paris, des 3 décembre 1642 et 14 mars 1675, rapportés au Journal du Palais. Nous lisons même dans ce recueil, que, « depuis ces arrêts, il en a » eu un autre du 22 janvier 1683, qui a jugé de » même, entre les nommés Guyon, Sauvage et » Debène; et un autre du 2 septembre 1686, en- » tre les nommés Dubuisson, de Lyon, confirma- » tif de la sentence du sénéchal de Lyon, au rap- » port de M. Chassepot de Beaumont, en la » deuxième des enquêtes. » Le président d'Hermanville en rapporte un semblable, rendu au parlement de Flandre, le 7 avril 1690.

L'autre opinion a pour partisans Accurse, Bartole, Paul et Castro, Jean Faber, d'Argentrée, Chopin, Ricard, Auranet, Lebrun, de la Champagne; et elle a été suivie par le plus grand nombre des arrêts rendus sur cette matière.

Larocheflavin et Cambolas en rapportent deux rendus au parlement de Toulouse, les 13 septembre 1543 et 31 janvier 1603.

Nous en trouvons trois autres du parlement de Bordeaux, des 1er juillet 1656, 23 mars 1661 et 4 juillet 1688, rapportés dans les décisions de La Peyrère; un du parlement de Grenoble, du 11 avril 1639, dans Despeisses; et deux du parlement d'Aix, des 30 juin 1614 et 9 juin 1636, dans le Commentaire de Mourgues, sur les statuts de Provence.

Le parlement de Paris en a rendu six semblables. Le premier est du 7 septembre 1675, c'est Ricard qui le rapporte. Le second est du 9 mars 1688; on le trouve au Journal du Palais. Le troisième, du 5 février 1695; le quatrième, du 16 juin 1697, et le cinquième, du 7 septembre 1705, sont rapportés au Journal des audiences. Le sixième, du 30 juillet 1709, nous a été conservé par Brillon : « J'ai vu (dit cet auteur) dans les notes manus- » crites de M. Secousse, avocat, un arrêt conforme » à celui du 16 juin 1697, rendu au rapport de » M. l'abbé Pucelle, conseiller en la grande cham- » bre, le 30 juillet 1709, entre la comtesse de » Brèves et le marquis de Joue. C'est cet arrêt qui » a jugé la cause appointée au conseil par un pré- » cédent arrêt du 26 avril 1706, que l'on trouve » dans le Journal des audiences. »

Nous ne devons pas laisser ignorer les motifs de cette jurisprudence; voici comment les exposait M. l'avocat-général Joly de Fleury, lors de l'arrêt que nous venons de citer :

» Si l'on examine la question dans les règles, i y a un premier principe certain; les donations sont irrévocables de leur nature : anciennement même elles ne pouvaient être retranchées pour la Légitime ; mais depuis on a établi des constitutions pour les attaquer par l'inofficiosité ; on ne le peut que lorsqu'elles sont inofficieuses ; et il n'y a certainement que la dernière qui soit telle, puisque, si elle n'avait point été faite, il n'y aurait point eu d'inofficiosité.

» Un second principe est que si on autorisait la contribution, il dépendrait d'un père de détruire les avantages faits au premier donataire par la première donation, en faisant d'autre donations immenses : ainsi, le parti de la discussion paraît le plus conforme aux règles.

» On fait cependant trois objections, la première est que la contribution rétablit l'égalité entre les enfans donataires : mais 1° nous ne sommes pas dans l'espèce des coutumes d'égalité ; 2° cela prouverait que les pères ne pourraient avantager aucun de leurs enfans ; ils le peuvent cependant, pourvu que la Légitime soit réservée.

» La seconde objection est que tout avantage est avancement d'hoirie. Cela est vrai, si l'enfant, dans la suite, ne renonce à la succession ; mais s'il renonce, cela est faux ; et c'est ce qui a fait que Mᵉ Charles Dumoulin a été du sentiment de la contribution dans le temps de l'ancienne coutume, où on ne pouvait se tenir à son don, en renonçant à la succession, usage qui a été aboli par la nouvelle coutume, et qui détruit par conséquent la raison sur laquelle se fonde Dumoulin.

» La troisième objection, tirée de l'art. 307 de la coutume de Paris, ne décide ni pour la contribution ni pour la discussion ; ainsi, la question reste entière. »

A ces raisons se réunit l'autorité de trois coutumes qui embrassent nettement le parti de la discussion ; ce sont celles d'Anjou, du Maine et de Normandie.

Voici donc ce que porte la première, art 235 : « Qui donne plus qu'il ne peut à diverses personnes par un contrat ou plusieurs, le don sera rescindé sur chacun des donataires, selon la grandeur du don ; si ainsi est que des dons soient faits à iceux donataires pour en jouir après le décès du donateur, et non plus tôt. Mais si d'aucuns des dons le donateur se dépouille et en saisit les donataires de son vivant, et depuis fait d'autres, ceux qui seront ensaisinés des premiers dons qui n'excède point, jouiront de tous iceux dons. »

La première partie de cet article est relative aux donations à cause de mort, et la seconde, aux donations entre-vifs : la coutume ordonne la contribution entre celle-là, parce que les libéralités de cette espèce ne sont point susceptibles de priorité ni de postériorité ; et elle établit la discussion à l'égard de celle-ci, parce qu'elles ont chacune leur date, et qu'elles ont acquis leur perfection dès le jour qu'elles ont été passées.

La coutume du Maine, art. 347, contient absolument la même disposition que celle d'Anjou.

Quant à celle de Normandie, voici les termes dont elle se sert, art. 403 : « et où le père aurait fait telle aliénation de ses biens que ledit tiers ne pourrait se prendre en essence, ses enfans pourront révoquer ses dernières aliénations jusqu'à la concurrence dudit tiers. »

Le parti de la discussion a donc en sa faveur l'opinion des jurisconsultes les plus éclairés, la décision des arrêts les plus solennels, la lumière des principes et la disposition des coutumes. Il ne manquait à des autorités aussi respectables que la sanction du législateur, et il la leur a imprimée par l'ordonnance de 1731. L'art. 34 de cette loi porte que « si les biens que le donateur aura laissés en mourant sans en avoir disposé, ou sans l'avoir fait autrement que par des dispositions de dernière volonté, ne suffisent pas pour fournir la Légitime des enfans, eu égard à la totalité des biens compris dans les donations entre-vifs par lui faites, et ceux qui n'y sont pas renfermés, ladite Légitime sera prise premièrement sur la dernière donation, et subsidiairement sur les autres, en remontant des dernières aux premières. »

Il y a une exception à cette règle pour les enfans donataires ; Ricard l'a établie, et l'ordonnance l'a consacrée : « et en cas (ajoute l'article cité) qu'un ou plusieurs des donataires soient du nombre des enfans du donateur qui auraient eu droit de demander leur Légitime sans la donation qui leur a été faite, ils retiendront les biens à eux donnés, jusqu'à concurrence de la valeur de leur Légitime, et ils ne seront tenus de la Légitime des autres que pour l'excédent. »

Cette exception est extrêmement équitable, dit Sallé, puisque le père, bien loin d'excéder les bornes de son pouvoir en donnant à un ou plusieurs de ses enfans jusqu'à concurrence de leur Légitime, n'a fait au contraire que s'acquitter à leur égard, de son vivant, d'une dette dont il était tenu envers eux après sa mort.

XXII. Mais que faudrait-il décider dans le cas où le dernier donataire serait insolvable ? Son insolvabilité donnerait-elle au légitimaire le droit de demander toute sa Légitime aux donataires antérieurs qui se trouveraient en état de la fournir ? Par exemple, un père chargé de trois enfans, en marie deux, et leur donne à chacun 6,000 livres ; ses affaires viennent à décliner, et il finit par ne laisser que ce qu'il faut de biens pour payer ses dettes. Son troisième fils, qui est, par là, réduit à sa Légitime, en forme la demande contre celui de ses frères qui a été marié le dernier ; mais il le trouve absolument insolvable : peut-il alors se pourvoir contre le premier marié ?

Il y a là-dessus quatre opinions différentes.

La première est celle de Lemaitre, qui soutient la négative. « Cette décision (dit-il) peut être contestée ; et il paraît rude de laisser un enfant sans Légitime, pendant que les premiers donataires jouissent de biens considérables ; mais puisque c'est le dernier donataire qui est débiteur de la Légitime, puisque c'est lui qui en avait le fonds entre les mains, c'est un malheur pour le légitimaire que ce fonds ait été dissipé : mais les pre-

» miers donataires ne peuvent pas être garans de
» cette dissipation; leur obligation n'était autre que
» de contribuer à la Légitime, en cas qu'il n'y eût
» pas de quoi la fournir sur les autres biens dans
» le temps que les derniers donataires les ont re-
» çus; hors ce cas, le don leur est acquis incom-
» mutablement. »

La seconde opinion, adoptée par Lebrun, est
que le légitimaire, trouvant le dernier donataire
insolvable, peut remonter purement et simplement au premier: cela paraît conforme à l'ordre
de discussion établi ci-dessus, « d'autant plus
» (dit Lebrun) que, quand la coutume donne une
» Légitime qui tient lieu d'alimens au légiti-
» maire, elle entend la donner avec effet. »

La troisième opinion est celle de Pothier. Suivant lui, « lorsque le donataire postérieur contre
» qui l'on doit se pourvoir pour la Légitime, est
» insolvable, on peut, à la vérité, s'adresser aux
» donataires qui le précèdent, mais dans la masse
» des biens pour la fixation de la Légitime, on ne
» doit pas comprendre la donation qui lui a été
» faite, sauf à la lui faire rapporter, s'il devenait
» solvable par la suite : ce tempérament tend à
» compenser le désavantage du donataire anté-
» rieur à l'insolvable, et l'équité en est sensible :
» le dernier donataire ayant dissipé les biens qu'il
» a reçus du défunt, ces biens doivent être consi-
» dérés, par rapport à la Légitime, comme si le
» défunt les avait dissipés lui-même. » ·

La quatrième opinion est que le légitimaire peut
bien agir contre le donataire qui précède l'insolvable ; mais qu'il supporte sa part de l'insolvabilité
du dernier donataire, comme le ferait un demi-
héritier, s'il s'agissait de faire entre plusieurs cohéritiers le règlement d'une dette passive.

De toutes ces opinions il paraît que la seconde
doit être préférée. En effet, il n'est pas juste que
la Légitime d'un enfant soit altérée par le fait d'un
donataire, tandis qu'il en reste un autre auquel on
peut s'adresser pour cet objet : rien n'est plus sacré dans l'ordre des successions, que la portion
d'un légitimaire ; et, dans le doute, le meilleur
avis est celui qui la favorise.

D'ailleurs, chacune des trois autres opinions a
des défauts essentiels.

La première est d'une injustice révoltante. Serait-il possible que, tandis qu'il y a des biens qui
ont passé à titre gratuit dans les mains de quelqu'un, et surtout d'un enfant à qui la nature a égalé
ses frères, il se trouvât un de ces derniers qui,
sans être déshérité, fût privé de toute sa Légitime ?

La troisième opinion est très-irrégulière, non-
seulement parce que c'est une maxime constante
et fondée sur l'art. 34 de l'ordonnance de 1731,
que tous les biens dont le défunt a disposé à titre
gratuit, entrent dans la masse, mais encore parce
qu'il n'y a aucun prétexte pour en distraire les donations dissipées. En effet, pourquoi un bien donné
entre-t-il dans la masse ? C'est parce que le père
ne devait pas répandre ses libéralités, soit sur des

étrangers, soit sur quelques-uns de ses enfans,
sans s'occuper des autres : or, cette raison n'a pas
moins de force dans le cas où le dernier donataire est insolvable, que dans celui où il est solvable : dans un cas comme dans un autre, il est
toujours vrai de dire que le père a eu tort de pro-
diguer ses biens en donations superflues, pendant
qu'il ne laissait pas de Légitime à quelques-uns de
ses enfans.

La quatrième opinion n'est pas plus soutenable :
les fictions que nécessiterait son admission, sont
trop extraordinaires, pour qu'il soit possible de les
adopter.

D'abord, il faudrait considérer le donataire qui
renonce, comme un héritier; et cette idée est,
pour ainsi dire, monstrueuse : une fiction peut
bien aider la vérité, mais elle ne doit jamais la détruire, *ne imagine veritas adumbretur*, dit le grand
Papinien dans la loi 23, D. *de liberis posthumis*.

En second lieu, il faudrait supposer au légitimaire la qualité d'héritier; et nous avons fait voir
ci-dessus, sect. 2, que cela est contraire aux vrais
principes.

Enfin, il faudrait regarder comme cohéritiers
deux personnes, dont l'une exerce contre l'autre
une action révocatoire, ce qu'elle ne pourrait certainement pas faire, si elle était héritière du défunt, puisqu'en cette qualité elle serait tenue d'entretenir ses dispositions, au moins jusqu'à la concurrence de sa part.

C'est donc à la seconde opinion qu'il faut se
tenir; elle est plus juste, plus équitable, plus conforme au vœu de la nature que les trois autres : de
pareils titres de préférence ne sont pas équivoques.

Au surplus, ce que nous disons du cas où le dernier donataire est devenu insolvable, n'a lieu que
quand il a absolument consommé les biens qui lui
ont été donnés; car si ces biens existaient encore
entre les mains d'un tiers-acquéreur, le légitimaire
serait obligé de les épuiser avant de pouvoir agir
contre le donataire antérieur.

XXIII. Il s'élève quelquefois des doutes sur la
priorité ou postériorité de plusieurs donations
entre elles.

La règle est, à cet égard, très-simple : c'est
que chaque donation doit prendre son rang suivant le temps où elle a été revêtue de toutes les
formes qui constituent son essence, c'est-à-dire
où elle a été passée devant notaires, acceptée, et,
dans quelques coutumes, suivie de dessaisisse-
ment.

Il n'importe d'ailleurs à quelle époque elle a été
insinuée : l'insinuation peut être faite jusqu'au dernier moment de la vie du donataire, et même
quelquefois après sa mort, sans que la donation en
soit moins parfaite que si cette formalité avait été
remplie au temps de la confection de l'acte. Aussi
a-t-il été jugé par un arrêt du parlement de Toulouse, du 31 janvier 1603, qu'une donation postérieure en date, quoiqu'insinuée la première, devait être épuisée pour le fournissement de la Légitime, avant qu'une autre donation pût être enta-

mée. Cet arrêt est rapporté par Cambolas, liv. 3, chap. 3o.

On a demandé si le contrôle pouvait être de quelque effet dans la coutume de Normandie, pour déterminer la priorité ou la postériorité de plusieurs acquisitions.

La raison de douter était que le contrôle emporte hypothèque dans cette province; et, sur ce fondement, il avait été rendue par la justice de Gournay, une sentence qui ordonnait que les premiers acquéreurs, dont les contrats n'étaient pas controlés, fourniraient la Légitime des enfans du vendeur, à la décharge des derniers acquéreurs qui avaient rempli cette formalité.

Mais, sur l'appel au parlement de Rouen, il intervint, le 18 janvier 1654, un arrêt qui infirma la sentence, et ordonna que les derniers acquéreurs fourniraient la Légitime. « Il faut (dit Basnage) » faire différence entre les acquéreurs et les créan- » ciers : pour ceux-ci, on considère le contrôle, » parce que le débiteur qui demeure toujours pos- » sesseur de ses héritages, peut donner une hypo- » thèque, et en ce cas c'est le contrôle qui règle la » préférence; mais, pour les acquéreurs, ce qui » est une fois sorti des mains du vendeur ne lui » appartenant plus, il ne peut être hypothéqué par » lui. »

XXIV. La règle établie pour la discussion des donataires suivant la date de leurs donations, admet certaines exceptions qu'il est à propos d'examiner ici.

Pour le faire avec ordre, il faut distinguer les donations limitées aux biens présens, d'avec celles qui comprennent aussi les biens à venir.

XXV. Un donataire des biens présens peut-il être valablement chargé par le donateur, de payer les Légitimes à l'acquit des héritiers, des légataires ou des donataires postérieurs?

La négative ne souffre aucun doute, lorsque la donation n'est point faite par un contrat de mariage; et même, dans ce cas, la nullité de la clause dont il s'agit, emporte celle de la donation, vitiatur et vitiat; c'est ce que décide l'art. 16 de l'ordonnance de 1731 : « Les donations qui ne compren- » nent que les biens présens, seront pareille- » ment déclarées nulles, lorsqu'elles seront faites à » condition de payer les dettes et charges de la suc- » cession du donateur...., même de payer les Lé- » gitimes des enfans du donateur, au-delà de ce » dont ledit donataire peut en être tenu de droit, » ainsi qu'il sera réglé ci-après. »

Cette disposition est fondée sur la maxime, donner et retenir ne vaut : s'il était permis d'assujétir indéfiniment un donataire au paiement des Légitimes, il serait libre au donateur de diminuer l'effet de sa libéralité, en contractant des dettes qui seraient préférées aux Légitimes, et par conséquent réfléchiraient sur la donation.

La règle donner et retenir ne vaut n'a pas lieu dans les contrats de mariage : aussi les donations faites par ces sortes d'actes, peuvent-elles être grevées indéfiniment des Légitimes. L'art. 18 de l'or-

donnance de 1731 est, on ne peut plus précis là-dessus : « Entendons pareillement que les donations » des biens présens, faites à condition de payer in- » distinctement toutes les dettes et charges de la » succession du donateur, même les Légitimes in- » définiment...., puissent avoir lieu dans les con- » trats de mariage en faveur des conjoints ou de » leurs descendans..., et que le donataire soit tenu » d'accomplir lesdites conditions, s'il n'aime mieux » renoncer à la donation. »

XXVI. Quand on donne, par contrat de ma- riage, tous ses biens présens et à venir, on peut charger le donataire du paiement de toutes les Lé- gitimes; et même il y est tenu, quoiqu'on ne l'en ait pas chargé expressément, parce qu'il est à la place de l'héritier. C'est la disposition expresse de l'art. 36 de l'ordonnance de 1731 : « Dans le cas où » la donation des biens présens et à venir a été au- » torisée par l'art. 17, si elle comprend la totalité » desdits biens présens et à venir, le donataire sera » tenu indéfiniment de payer les Légitimes des en- » fans du donateur, soit qu'il en ait été chargé » nommément par la donation; soit que cette » charge n'y ait pas été exprimée...., sauf au do- » nataire de renoncer, si bon lui semble, à la do- » nation. »

V. ci-après, art. 3, n° 9.

XXVII. Si le donateur de tous les biens présens et à venir s'était réservé la disposition d'une somme, et qu'il en eût effectivement disposé à sa mort, le donataire universel pourrait-il obliger le légiti- maire de discuter cette somme, soit pour remplir sa Légitime, soit pour en acquitter seulement une partie?

L'affirmative paraît assez clairement établie par l'art. 34, suivant lequel on doit épuiser les biens dont le défunt a disposé par acte de dernière vo- lonté, avant de pouvoir agir sur les donations.

Cependant il faut tenir sans difficulté pour la négative.

1° L'art. 34 ne parle que des donations bornées aux biens présens.

2° Le donataire universel tient la place de l'hé- ritier (1) qui doit payer les Légitimes avant les légataires particuliers.

3° Si les biens réservés devaient supporter la Légitime, ce serait en vain que le donataire en au- rait retenu la disposition, puisque la Légitime les absorberait.

4° L'art. 36 veut que le donataire universel soit tenu indéfiniment de payer les Légitimes des enfans du donateur; on ne doit donc pas distinguer s'il y a une réserve dans la donation, ou s'il n'y en a pas.

5° Le même article permet au donataire de re- noncer à la donation : cette faculté suppose que la donation peut être onéreuse, soit à cause des dettes et des autres charges, soit à cause des Légitimes ou des réserves stipulées par l'acte de donation.

___

(1) Hi qui in universum jus succedunt, heredis loco habentur. (Loi 128, § 1, D. de regulis juris).

or, cela n'arriverait pas, si les biens réservés devaient être épuisés pour les Légitimes, avant qu'on pût toucher aux biens donnés.

L'art. 17 permet au donataire de tous les biens présens et à venir, de s'en tenir aux biens qui existaient au temps de la donation, et de renoncer aux biens acquis dans l'intervalle de cet acte à la mort du donateur. Si le donataire use de cette faculté, quelle sera son obligation par rapport au paiement des Légitimes?

L'art. 37 porte que « les Légitimes se prendront sur lesdits biens postérieurement acquis, s'ils suffisent; sinon, ce qui s'en manquera sera pris sur tous les biens qui appartenaient au donateur dans le temps de la donation, si elle comprend la totalité desdits biens. »

Mais ne faut-il pas excepter de cette disposition le cas où le donataire de tous les biens présens et à venir serait chargé expressément de payer les Légitimes?

La raison de douter est assez plausible : la renonciation que fait le donataire universel aux biens acquis par le donateur depuis la confection de l'acte, opère une division réelle de la donation, et la fait considérer comme si elle n'était que des biens présens : or, l'art. 18 oblige le donataire de biens présens par contrat de mariage, d'acquitter les Légitimes dont la charge lui a été imposée.

Il faut cependant tenir le contraire, par deux raisons.

1° L'art. 37 se rapporte au précédent, comme le prouvent les mots, si néanmoins le donataire, et tout ce qui suit : l'exception qu'il renferme doit donc comprendre tous les cas dont parle l'art. 36; s'il en était autrement, le législateur n'aurait pas manqué d'exprimer les cas sur lesquels l'exception devait porter; et puisqu'il ne l'a pas fait, puisqu'au contraire il s'est expliqué en termes indéfinis, il faut nécessairement appliquer l'exception à chacune des hypothèses décidées par l'art. 36. Or, cet article ordonne que le donataire de tous les biens présens et à venir sera tenu indéfiniment de payer les Légitimes des enfans du donateur, soit qu'il en ait été chargé nommément par la donation, soit que cette charge n'y ait pas été exprimée. Ainsi, dans le cas de l'art. 37, le donataire universel est fondé à rejeter la charge des Légitimes sur les biens acquis postérieurement à la donation, soit que cette charge lui ait été nommément imposée par l'acte, soit qu'elle n'y ait pas été exprimée.

2° Il résulte clairement de l'art. 37, que le paiement des Légitimes n'est point à la charge du donataire des biens présens, mais à celle de l'hérédité composée des biens à venir : c'est donc par la seule considération des biens à venir qu'on l'a obligé dans l'acte à payer les Légitimes; et par conséquent, dès qu'il est reçu à répudier ces biens, plus d'obligation directe pour lui; il ne doit plus être tenu que subsidiairement, en cas d'insuffisance des biens acquis postérieurement. C'est une suite naturelle de la maxime, cessante causa, cessat effectus.

XXVIII. Lorsque la donation des biens présens

et à venir n'en comprend point la totalité, mais seulement une quote, il faut, pour connaître les obligations du donataire par rapport aux Légitimes, distinguer si le donateur l'a chargé de les payer ou non.

Dans ce dernier cas, le donataire n'est tenu de contribuer aux Légitimes qu'au défaut des biens restans, et dans l'ordre prescrit par l'art. 54 de l'ordonnance de 1731. C'est, dit Catellan, ce qui « a été jugé en la grand'chambre du parlement de » Toulouse, le 6 mai 1669, en la cause des nom- » més Lestrades; » et c'est ce que décide l'art. 36 de la loi que nous venons de citer : « Lorsque la » donation (porte ce texte) ne contiendra qu'une » partie des biens présens et à venir, le donataire » ne sera obligé de payer lesdites Légitimes au- » delà de ce dont il peut en être tenu de droit, » suivant l'art. 34, qu'en cas qu'il en ait été ex- » pressément chargé par la donation, et non au- » trement. »

C'était une question, avant l'ordonnance, si l'obligation imposée au donataire dont il s'agit, de payer sa portion des dettes et des charges, comprenait les Légitimes.

La jurisprudence des arrêts n'était point uniforme là dessus.

Le parlement de Toulouse avait adopté l'affirmative, suivant le témoignage de Maynard, liv. 2, chap. 93; et liv. 10, chap. 11; de Cambolas, liv. 4, chap. 7; et de d'Olive, liv. 5, chap. 15.

On jugeait de même au parlement de Grenoble, comme l'atteste Basset, tome 2, liv. 4, tit. 23, chap. 2.

Le parlement de Bordeaux embrassait tantôt un parti, tantôt un autre, suivant La Peyrère, lettre O, n° 102.

Mais s'il en faut croire Henrys, tome 1, liv. 4, chap. 6, quest. 93, le parlement de Paris jugeait que le mot charges ne comprenait pas les Légitimes; et c'est à cette jurisprudence que l'article cité de l'ordonnance de 1731 a donné la préférence; car il décide, comme on l'a vu, qu'à moins que le donataire d'une quote des biens présens et à venir soit expressément chargé du paiement des Légitimes, il n'en est pas tenu plus particulièrement que tout autre donataire.

Lorsque cette charge est stipulée nommément, ajoute le même article, « le donataire sera tenu » directement et avant tous les autres donataires, » quoique postérieurs, d'acquitter lesdites Légi- » times pour la part et portion dont il a été chargé » dans la donation. »

Mais cette disposition doit-elle avoir lieu lorsque le donataire d'une quote des biens présens et à venir, concourt avec les héritiers ab intestat? Par exemple, un père marie son fils et lui donne la moitié de ses biens présens et à venir, à la charge de payer la moitié des Légitimes; il meurt ensuite sans testament. Ceux des autres enfans qui sont ses héritiers, peuvent-ils demander que le frère donataire contribue pour la moitié au paiement des Légitimes?

Cambolas, liv. 5., chap. 40, rapporte un arrêt du parlement de Toulouse qui décharge celui-ci.

Henrys décide le contraire, et Furgole trouve son avis bien fondé, « parce que la charge dont il » s'agit, est une réservation faite au profit des au- » tres enfans, qui retranche de la donation le mon- » tant de la moitié des Légitimes, et le transporte » aux autres enfans, qui le prennent comme une » dette dont la donation est chargée, et par consé- » quent le donataire ne peut pas en profiter, quel » que soit l'événement au sujet de l'autre moitié » restante : c'est même l'esprit de l'arrêt rapporté » par Cambolas, qui fut déterminé sur la circon- » stance particulière, prise de ce que les frères et » la sœur du donataire avaient transigé avec lui ou » avaient renoncé ; sans laquelle circonstance, » l'auteur remarque qu'on aurait jugé le contraire. » On peut même dire que l'art. 36 de l'ordonnance » de 1731 décide la difficulté conformément au » sentiment de Henrys, en ce qu'il veut que le do- » nataire soit tenu directement d'acquitter la por- » tion des Légitimes dont il a été chargé ; et par » conséquent il ne faut pas discuter les biens res- » tans, quoique le donateur n'en ait pas disposé, » tout comme il n'est pas nécessaire de discuter les » donataires postérieurs. »

L'article cité règle aussi la quotité pour laquelle le donataire d'une partie des biens présens et à venir doit contribuer aux Légitimes : C'est, porte-t-il, *pour la part et portion dont il aura été chargé dans la donation ; et si ladite portion n'y a pas été expres-sément déterminée, elle demeurera fixée à telle et semblable portion que celle pour laquelle les biens pré-sens et à venir se trouveront compris dans la donation.*

XXIX. Si le donataire d'une partie des biens présens et à venir, à qui a été imposée la charge des Légitimes, renonce aux biens acquis après la donation, pour s'en tenir à ceux qui appartenaient au donateur lors de cet acte, la charge doit être considérée comme non écrite, et l'on doit revenir au droit commun, suivant lequel les donataires ne contribuent à la Légitime qu'au défaut des biens que le défunt a laissés en mourant, et dans l'ordre des dates de leurs donations respectives. C'est la disposition textuelle de l'art. 37 : « Si néanmoins » le donataire, par contrat de mariage, de la tota- » lité ou de partie des biens présens et à venir, dé- » clare qu'il opte de s'en tenir aux biens qui appar- » tenaient au donateur au temps de la donation, et » qu'il renonce aux biens postérieurement acquis » par ledit donateur...., les Légitimes des enfans se » prendront sur lesdits biens postérieurement ac- » quis, s'ils suffisent, sinon.... et en cas que la do- » nation ne soit que d'une partie des biens, et qu'il » y ait plusieurs donataires, la disposition de l'ar- » ticle 34 sera observée entre eux, selon sa forme » et teneur. »

QUESTION II. *Les biens qui étaient substitués dans la personne du défunt, sont-ils sujets à la Légitime ?*

I. La négative ne souffre aucune difficulté. C'est

un principe établi par la loi 8, § 9, D. *de inoffi-cioso testamento,* et confirmé par l'art. 298 de la coutume de Paris, que la Légitime ne doit être prise qu'après la déduction des dettes et des frais funéraires : or, un fidéicommis est, pour celui qui en est chargé, une dette véritable (1) ; il faut donc en faire la déduction sur ses biens, avant de dis-traire la Légitime à laquelle ils sont soumis. C'est aussi ce qui résulte de la loi 36, D. *de inofficioso testamento,* en ce qu'elle ordonne de remplir la Légitime avec la propre substance du défunt, *re-pletionem fieri ex ipsa substantia patris.*

« Cette maxime est indubitable (dit Duperrier), et le parlement d'Aix l'a toujours suivie par ses arrêts, comme il paraît par celui que Saint-Jean rapporte en sa *décision* 83, mais bien plus claire-ment par un arrêt que j'ai vu avec les pièces et contestations des parties, et qui fut rendu solen-nellement au rapport de M. Thoron, le 12 mars 1582, au profit de François, Pierre et Charles de l'Estan, contre leurs sœurs.

» Celle-ci avaient obtenu arrêt contradictoire-ment portant adjudication d'un supplément de Lé-gitime sur les biens délaissés par leur père, et même le paiement leur en avait été fait ; mais les substi-tués qui en avaient fait le paiement, s'étant pour-vus par requête civile, fondés sur ce que le supplé-ment avait été liquidé et pris sur les biens substi-tués dont le père n'avait pu disposer, la requête civile fut entérinée, l'arrêt révoqué, et les filles ou leurs maris condamnés à la restitution des sommes qu'elles avaient reçues.

» La question semblait avoir d'autant plus de difficulté, que les filles ayant obtenu cet avantage de la loi, de pouvoir être dotées sur les biens sub-stitués, les arrêts ayant réglé leur dot à la valeur d'une Légitime, ce n'était pas sans apparence de raison que le premier arrêt leur avait adjugé le sup-plément de leur Légitime : mais cette raison fut justement rejetée, parce que la faveur de la dot et du mariage étant la cause essentielle de ce privi-lège, la cause cessant par le mariage des filles et la dot qui leur avait été constituée, le privilège de-vait cesser »

L'additionnaire de Duperrier ajoute : « Il y a un » arrêt qui, rendu dans le mois de juin 1680, au » rapport de M. Ricard, entre la demoiselle Bi- » gard, et Me Catrebras, avocat, jugea que, dans » le cas d'une substitution faite dans un testament » par l'aïeul à son petit-fils, les frères et sœurs de » ce petit-fils, n'avaient point de Légitime à pren- » dre sur les biens substitués. »

Maynard nous a conservé un arrêt semblable, rendu au parlement de Toulouse, le 26 janvier 1594. Jeannes de Deymes avait été instituée héri-tière universelle par son père, à la charge de rendre

_____

(1) *Licet te heredem scripserit in imponenda tamen legitima ratione, quibus te oneratum esse suggeris, fideicommissi debitum aris alicui loco deduci oportet, insuperque in residuo legis falcidiæ beneficium vindicabis.* (Loi 8, C. *ad legem fal-diam.*)

l'hérédité, après sa mort, au premier enfant mâle qui lui naîtrait. Elle mourut, laissant un garçon et plusieurs filles. Les créanciers du garçon ayant fait mettre en criées les biens compris dans la substitution faite à son profit, les filles s'opposèrent pour leur supplément de Légitime ; mais, par l'arrêt cité ; elles furent déboutées de leur opposition, *conformément à autres préjugés de ladite cour, attestés par les plus anciens d'icelle.*

II. Duperrier remarque cependant deux cas où, suivant lui, cette jurisprudence ne doit pas avoir lieu.

Le premier est lorsque le père, en instituant celui des enfans au profit duquel il était grevé de substitution par l'aïeul, le charge expressément d'une nouvelle substitution pour les mêmes biens. Le fils approuvant cette disposition, confond tellement les biens qu'il recueille comme substitués, avec ceux qu'il prend à titre d'héritier, que les uns et les autres ne forment plus qu'un seul patrimoine ; et comme il prend sa Légitime et sa quarte trébellianique sur la totalité, il est juste que ses frères et sœurs en distraient au moins leur Légitime ; *autrement, la Légitime ne serait pas également partagée entre tous les enfans, comme nécessairement elle le doit être, suivant la remarque de Barry, liv. 15, chap. 5, n° 14.*

Le second cas est celui où le père, en donnant, par contrat de mariage, une partie de ses biens à son fils, le charge de la donner lui-même à l'un de ses enfans à naître : alors, il y a tout lieu de croire que l'intention des parties a été que le petit-fils tînt les biens de la main de son père, et non de celles de l'aïeul ; on doit donc regarder ces biens comme faisant partie de la succession du père, et par conséquent les assujétir à la Légitime des autres enfans.

Cette décision est approuvée par Sanlegerius, dans ses *Questions civiles,* chap. 55 ; et par Boniface, tome 5, liv. 2, tit. 12, chap. 2, n° 302.

Ce dernier explique ainsi la différence du cas proposé, d'avec celui où l'aïeul fait lui-même la donation à son petit-fils. Si le père, dit-il, donne ses biens à son fils en le mariant, à la charge qu'il les donnera à l'un de ses enfans, il y a deux donations, l'une de l'aïeul et l'autre du père, le petit-fils est donataire du père, et non de l'aïeul ; ses frères et ses sœurs doivent donc avoir une Légitime sur les biens donnés. Mais si l'aïeul fait lui-même la donation ou la substitution dans le contrat de mariage de son fils, alors il ne s'agit plus d'une libéralité exercée par le père, mais d'un vrai fidéicommis qui doit être prélevé sur les biens de celui-ci, avant qu'il soit question d'y prendre une Légitime.

Mais cette distinction est plus subtile que solide. Peut-on regarder comme une pure libéralité du père, une donation qu'il ne fait que parce qu'il y est obligé par la disposition de l'aïeul ? Non, sans doute ; il est de l'essence d'une donation de devoir l'existence à une volonté libre : *Dat aliquis eâ mente statim velit accipientis fieri, et propter nullam*

aliam causam facit quam ut liberalitatem et munificentiam exerceat ; hæc proprie donatio appellatur : ce sont les termes de la loi 1, D. *de donationibus.* Ainsi, le père est chargé d'un fidéicommis véritable, l'aïeul ne lui a laissé que la liberté du choix ; et en donnant à l'un de ses enfans, il ne fait qu'exercer un simple ministère, *nudum ministerium.*

C'est donc mal à propos que Duperrier nous indique le cas d'une donation faite par un aïeul, à la charge que le fils donataire la réitérera à l'un de ses enfans, comme une seconde exception à la règle générale qui exempte les biens substitués de la contribution à la Légitime (1).

III. Mais il y a une autre exception, que cet auteur passe sous silence, et qui cependant n'en est pas moins consacrée par un usage constant : c'est que, quand un père ne laisse que des biens à l'égard desquels il était grevé de fidéicommis, ses enfans peuvent en distraire une Légitime qu'on appelle *de grâce,* parce qu'elle dépend des circonstances et de l'arbitrage des juges.

Cette Légitime a été introduite à l'exemple de la dot et de la donation à cause des noces, que la loi 22, D. *ad senatus-consultum Trebellianum,* et la novelle 39, ont permis de prendre sur les biens substitués, au défaut de biens libres.

Cambolas, liv. 2, chap. 24, en rapporte deux arrêts formels du parlement de Toulouse.

Le parlement de Paris a jugé la même chose par arrêt du 14 mai 1672 ; voici comment les rédacteurs du *Journal du Palais* nous en retracent l'espèce :

« Louis-Charles-François de La Rochefoucault, marquis de Montendre, jouissait de deux terres, Agure et Montendre, substituées en faveur des aînés mâles de sa maison : la première, par Charles de Fonsecques, son aïeul maternel ; l'autre par.., son oncle maternel ; en sorte que ses sœurs n'ayant pas réussi dans l'instance qu'elles avaient contre leur frère, pour avoir part dans ces deux substitutions, comme se prétendant appelées conjointement avec les mâles, elles eurent recours à cette dernière demande de la Légitime de grâce sur ces deux sortes de biens substitués, tant en ligne directe qu'en collatérale, au défaut d'autre biens libres de leur père et de leur mère, qui se trouvaient absorbés par les créanciers.

« Par arrêt du 14 mai 1672, rendu en la troisième chambre des enquêtes, au rapport de M. Portail, la cour adjugea à chacune des trois sœurs du sieur de Montendre, la somme de 18,000 livres. »

Nous avons dit que la Légitime de grâce dépend de l'arbitrage du juge ; et cela n'est pas moins vrai quant à la question de savoir si elle doit être adjugée, que par rapport à la quotité à laquelle on doit la fixer.

____

(1) Boniface, tome 5, liv. 2, tit. 12, chap. 2, rapporte une sentence qui a refusé aux filles la Légitime qu'elles demandaient sur les biens donnés par l'aïeul à leur père, à la charge d'en disposer en faveur de tel de ses enfans mâles qu'il élirait.

En voici un exemple rapporté par Brillon, d'après Albert :

« M. l'évêque de Viviers, de la maison de la
» Suze, tous les biens de son père étant absorbés
» par les créanciers, demandait une Légitime de
» grâce sur les biens substitués par son aïeul; elle
» lui fut refusée par arrêt du parlement de Tou-
» louse, de 1634, à cause de son établissement,
» et que les frais de ses bulles lui en tenaient lieu.
» Dans le même procès, d'autres sœurs de cet
» évêque demandant aussi une Légitime, elle fut
» refusée à celles qui étaient mariées; et il ne fut
» adjugé que 12,000 livres à une qui ne l'était pas,
» quoiqu'il y eût de grands biens dans la substitu-
» tion, tellement qu'avant que de l'adjuger, il est
» à propos de considérer si les petit fils sont suffi-
» samment établis, auquel cas ils se doivent con-
» tenter de leur établissement : et quand on l'ad-
» juge, elle doit s'estimer *arbitrio boni viri.* »

M. Bargeton, célèbre avocat du parlement de
Paris, consulté le 21 octobre 1727, par le duc
d'Orval, sur une question pareille, s'est expliqué
sur la Légitime de grâce dans des termes qui méritent d'être conservés.

« La Légitime de grâce (a-t-il dit) est ainsi
appelée, parce que la jurisprudence des parlemens
l'accorde par grâce aux enfans de l'héritier grevé,
qui n'ont aucune part au fidéicommis. Il arrive souvent dans les substitutions graduelles, que l'aîné,
ou un autre enfant qui est appelé à la substitution
faite par un aïeul ou aïeule, emporte tous les
biens de sa maison; en sorte que l'héritier grevé
n'ayant point de biens libres, ou ayant consumé
ou perdu ceux qu'il avait, il ne peut rien laisser à
d'autres enfans. Et si, dans ce cas, la substitution
était exécutée à la rigueur, on verrait souvent un
aîné très-riche, dans le temps que les puînés seraient réduits à la mendicité.

» C'est ce qui a donné lieu à introduire la Légitime de grâce en faveur des enfans puînés dont le
père n'a laissé aucun bien libre. Cet usage s'est
établi d'abord dans les parlemens de droit écrit,
surtout au parlement de Toulouse, où les substitutions sont très-fréquentes et durent très-long-
temps, à cause que l'on compte les degrés par
souches (1). On a cru que le frère aîné, qui emporte tout en vertu d'une substitution, devait du
moins les alimens à ses frères et à ses sœurs. Et
comme il est souvent difficile de régler les alimens,
et de les fixer à une pension annuelle; que d'ailleurs cela peut faire naître une infinité de contestations entre les frères, on a pris le parti de fixer
une somme payable en principal, moyennant quoi
le frère aîné serait quitte des alimens qu'il serait
obligé de fournir à ses puînés.

» Comme cet usage s'est introduit par la jurisprudence des arrêts, on n'a pas sur cela une règle
certaine, et il y a fort peu d'auteurs qui aient parlé
sur cette matière; il y a pourtant un *Traité de la*

Légitime de grâce, fait par André Béraud, avocat
à Nîmes, dans le ressort du parlement de Toulouse : ce traité est rare et difficile à trouver : on
y voit quels ont été les fondemens de cette Légitime de grâce.

» L'usage présent du parlement de Toulouse est
de régler cette Légitime à la moitié de la Légitime
de droit, et il paraît que c'est le milieu le plus
équitable qu'on puisse prendre.

» On observe la même chose au parlement de
Bordeaux, comme le témoigne La Peyrère,
lettre L, sur le mot *Légitime*, n° 45 de la dernière édition.

» Et quoique cette question se présente très-ra-
rement au parlement de Paris, dans le ressort duquel les biens dont il s'agit sont situés; cependant,
comme les coutumes n'ont rien de contraire à
cette décision, qui est très-équitable, il paraît juste
de la suivre dans l'espèce présente; car M. d'Orval
n'a rien eu du chef de son père, qui n'a laissé aucun bien libre : tout se trouve substitué; et d'ailleurs la dame sa mère ayant été ruinée par les engagemens qu'elle avait pris pour son mari,
M. d'Orval ne trouve dans la succession de sa
mère que les arrérages du douaire qui lui étaient
dus.

» Cependant, pour ne pas entrer dans la discussion et estimation des biens substitués, il s'est
fixé à une somme pour sa Légitime, et il demande
aussi les intérêts depuis la mort de son père. Les
biens étaient substitués jusqu'à concurrence de
20,000 livres de rentes de terres; il est certain
que, depuis le temps de la substitution, le revenu
des terres est augmenté presque du double : aussi
la demande de M. d'Orval n'est pas excessive,
lorsqu'il se restreint à 30,000 livres pour sa Légitime de grâce.

[[Les constitutions sardes contiennent, sur
cette matière, une disposition que l'on trouvera
à l'article *Primogéniture.*]]

Question III. *Les biens confisqués sur le défunt sont-ils sujets à la Légitime ?*

I. Cette question, considérée du côté des principes, se réduit à savoir si la confiscation est un
titre lucratif pour le roi ou le seigneur à qui elle
est adjugée, et si elle forme, de la part de celui
qui l'a encourue, une disposition à titre gratuit.

Quelques-uns ont soutenu l'affirmative sur l'un
et l'autre point, mais ils se sont visiblement
trompés. D'abord, il est certain que la confiscation n'est pas un titre lucratif pour le fisc; c'est
un fruit de la justice, et par conséquent un titre
onéreux. En second lieu, il est de toute évidence
qu'elle n'est point gratuite dans l'intention de
celui sur lequel on la prononce, puisqu'en commettant le délit qui la lui fait encourir, il ne se
propose certainement pas, pour but de faire passer
tous ses biens au fisc. La confiscation (dit Le-
» brun) doit être considérée comme une dissipation
» d'un homme qui, négligeant de poursuivre ses
» débiteurs, leur aurait laissé acquérir prescrip-

» tion, ou qui aurait souffert qu'on eût usurpé ses
» domaines, ôu qui aurait laissé dépérir ses biens,
» faute de les réparer ; ce qui n'entre point en
» considération pour la supputation de la Légitime
» de ses enfans ; dans laquelle on n'a égard qu'aux
» titres qui sont, s'il faut ainsi dire, d'une libé-
» ralité propensée, et qui sont de véritables dona-
» tions. »

Il est donc évident qu'à la rigueur, on ne doit
point donner de Légitime aux enfans sur les biens
dont leur père a été dépouillé par la confiscation.
Cependant le droit romain en décide autrement : :
la loi 7, D. *de bonis damnatorum*, porte que les
enfans d'un condamné à mort doivent prendre dans
ses biens les portions qui leur ont été accordées,
portiones concessas ; et la loi 10 du même titre,
au Code, nous apprend que ces portions avaient
été fixées à la moitié par les empereurs Théodose
et Valentinien. Justinien alla plus loin : euchéris-
sant sur la clémence de ses prédécesseurs, il ordonna par sa novelle 8, que la confiscation n'aurait pas lieu sur les condamnés qui laisseraient des
enfans, ou même des parens collatéraux jusqu'au
troisième degré, à moins qu'il ne fût question de
crime de lèse-majesté, par rapport auquel il voulut
que les anciennes lois conservassent toute leur
force. On sait que l'une de ces lois, qui est la cinquième, au Code, *ad legem Juliam majestatis*,
condamne les enfans des criminels de lèse-majesté à une indigence perpétuelle : *sint perpetuo
egentes et pauperes, infamia eos paterna semper
comitetur, sit et mors solatium, et vita suppli-
cium.*

II. Dans nos usages, c'est-à-dire dans celles de
nos provinces où la confiscation est reçue, on est
assez porté à la soumettre à la Légitime des enfans
du condamné. « On demande (dit Charondas sur
» l'art. 183 de la coutume de Paris) si des biens
» confisqués les enfans peuvent demander leur Lé-
» gitime.... Ceux qui sont d'opinion qu'ils doivent
» l'avoir, me semblent avoir justement conseillé.
» J'en ai vu un arrêt donné pour les enfans d'un
» nommé Bruyant, du 8 mars 1561. »

Ricard soutient également « que la Légitime
» doit être distraite, en faveur des enfans, des
» biens sujets à confiscation...... Le public est in-
» téressé de faire en sorte qu'en punissant un
» crime, il n'ouvre pas le chemin aux enfans pour
» suivre la voie de leur père, en les destituant de
» tous moyens de subsister, et leur refu-
» sant même ce que la loi destine pour leurs ali-
» mens. »

L'annotateur de Ricard cite, d'après Boniface,
un arrêt du parlement d'Aix, du 22 juin 1662,
qui a formellement adopté son opinion.

La même chose a été jugée au parlement de
Paris par un arrêt du 4 mars 1617, rapporté
dans les *décisions* de Le Bret, part. 2, liv. 3,
décis. 5.

Le parlement de Toulouse s'est fait là-dessus
une jurisprudence particulière : il donne à la femme
et aux enfans du condamné, le tiers de tous les

biens à partager entre eux : c'est ce qu'atteste
Maynard, liv. 8, chap. 83 ; et c'est ce qu'a jugé
in terminis un arrêt du 6 novembre 1548, rapporté par La Roche-Flavin. Maynard nous en fournit un autre de l'année 1580, par lequel ce tiers
fut déclaré exempt de la contribution aux frais du
procès criminel et aux amendes prononcées contre
le défunt. Il a même été décidé par un troisième
arrêt du mois de juillet 1679, inséré dans le
recueil de Catellan, que les dommages-intérêts de
la partie civile ne doivent pas être pris sur ce
tiers, quoique le reste des biens soit épuisé ou
absorbé.

Il y a plus d'équité que d'exactitude dans ces
différentes décisions ; car, à ne parler que d'après
les vrais principes, comme on doit le faire dans
tous les pays où il n'y a point d'usage particulier
sur ce point, les enfans des condamnés n'ont aucun droit de Légitime à exercer sur les biens de
leurs pères, que la loi défère au fisc. Serpillon, qui
avait soutenu le contraire sur l'art. 16 du tit. 17
de l'ordonnance de 1670, s'est rétracté nettement
par sa note 137.

« On ne peut disconvenir (dit-il en cet endroit)
que la confiscation comprend tous les biens des
condamnés, et par conséquent que, quelque favorable que soit la Légitime, elle ne peut être prélevée, surtout dans les pays où, comme en Bourgogne, la maxime *qui confisque le corps confisque
les biens*, a lieu : au moyen de la confiscation, il
n'y a plus de succession, et par conséquent point
de Légitime.

» Nous avons en Bourgogne des cahiers qui
avaient été dressés pour la réformation de notre
coutume ils sont d'un grand poids dans notre province ; l'art. 27 du tit. 1, porte que celui qui est
condamné à mort naturelle, perd *entièrement* tous
ses biens, tant meubles qu'immeubles ; l'art. 28
porte que les seigneurs hauts-justiciers, chacun
pour son regard, prendront les immeubles et héritages du condamné assis en leur territoire et justice,
en payant les dettes du criminel et les frais de
justice.

» Il suit nécessairement de ces règles, que la
confiscation comprend entièrement tous les biens,
et qu'il n'y doit être prélevé que les dettes et les
frais de justice ; par conséquent il n'est pas possible
de donner une Légitime à des enfans sur une succession qui n'existe pas. »

III. Quoi qu'il en soit, il est au moins hors de
doute que les biens confisqués sur une mère, ne
doivent pas de Légitime à ses enfans : les lois romaines que nous avons citées, ne parlent que des
pères ; et il y en a une qui excepte expressément
les mères des dispositions rapportées ci-dessus ;
c'est la loi 6, C. *de bonis proscriptorum*, conçue
en ces termes : *de bonis matris deportatæ filiis
nihil deberi juris absolutissimi est.* Ce texte a servi
de motif à un arrêt du grand conseil de Malines,
du 15 novembre 1615, qui a jugé, en confirmant
une sentence du conseil provincial de Luxembourg, du 15 avril 1606, qu'il n'était point dû.

de Légitime aux enfans de Ludevoise Marguerite, sur les biens de leur mère qui avait été condamnée à mort par sentence de la prévôté de Macheren-le-Comte. On trouve cet arrêt dans le recueil de Humayn, chap. 12.

On convient, également que les biens confisqués pour crime de lèze-majesté, ne sont pas sujets à la Légitime. C'est la décision d'une loi romaine citée plus haut; et elle doit être reçu parmi nous avec d'autant moins de difficulté, que nous pórtons la sévérité sur ce point beaucoup plus loin encore que les Romains : en effet, l'ordonnance de 1539 veut que la confiscation prononcée pour ces sortes de crimes, embrasse même les biens substitués dans la personne des coupables. *V.* l'article *Confiscation*, n° 6.

Question IV. *Les biens dont le légitimaire est exclu* ab intestat *par la coutume, sont-ils sujets à la Légitime ?*

I. La Légitime est une portion de ce qu'aurait eu *ab intestat* celui à qui elle est due; elle ne peut donc être prise que sur les biens auxquels le légitimaire succéderait, si le défunt était mort sans disposer.

On ne peut rien de plus simple; et ce que nous avons dit ci-dessus, sect. 5, met cette vérité dans le plus grand jour.

Cependant il a fallu beaucoup de temps et bien des procès pour la faire reconnaître dans certains tribunaux.

II. La coutume de Franche-Comté porte que *succession* ab intestat *ne monte point en ligne directe, si ce n'est au regard des meubles et acquêts.* Il s'est élevé, sur cette disposition, deux difficultés remarquables.

La première était de savoir si les pères et les mères n'avaient pas au moins le droit de prétendre une Légitime sur les propres de leurs enfans. Les principes et les autorités se réunissaient pour établir la négative : néanmoins le parlement de cette province jugea constamment le contraire jusqu'en 1588; mais à cette époque, un des arrêts ayant été attaqué par la voie de révision, le grand conseil de Malines, à qui l'affaire fut renvoyée, suivant l'usage de ce temps-là, jugea qu'il y était intervenu erreur, et sa décision fut érigée en loi par une déclaration des archiducs Albert et Isabelle, qui fut, dit Grivel, « publiée à la cour au second rôle après la Saint-Martin de l'an 1601. »

La seconde difficulté était de savoir si au moins il ne fallait pas restreindre la coutume au cas où les enfans décédaient *intestats*, et si en conséquence il n'était point dû une Légitime au père et à la mère sur leurs propres, lorsqu'ils en disposaient par testament. Tout concourait encore pour faire admettre la négative; mais il parut au parlement de Franche-Comté qu'une coutume aussi rigoureuse devait être restreinte dans ses termes précis; qu'elle n'excluait les ascendans que de la *succession ab intestat*; que par conséquent on ne devait pas l'étendre à la succession testamentaire;

et que, dans le cas de celle-ci, on ne pouvait pas refuser une Légitime aux ascendans. « Ainsi fut » jugé (dit encore Grivel), en l'an 1596, en » la cause de madame de Beauregarde, sup-» pliante, contre madame Sombernon sa fille, dé-» fenderesse. »

On sent qu'il fallait être bien attaché aux maximes du droit écrit, pour juger de la sorte. S'il n'est point dû de Légitime sur les propres, lorsque la succession en est déférée *ab intestat*, à plus forte raison n'en est-il point dû sur les mêmes biens lorsqu'il y a un testament; ce n'est même que dans ce dernier cas qu'il peut y avoir ouverture à l'action du légitimaire; car cette action ne tend qu'à obtenir une partie de ce qu'on aurait eu si le défunt était mort sans disposer de ses biens; elle ne peut donc pas avoir lieu en faveur de celui qui n'avait rien à prétendre *ab intestat*.

Aussi le parlement de Franche-Comté a-t-il changé de jurisprudence sur cette matière : c'est ce que nous apprend un arrêt dont l'espèce est ainsi rapportée par Grivel.

Un enfant avait choisi un étranger pour son héritier universel; sa mère, qui était instituée dans une portion légitimaire, voulait la prendre non-seulement sur les meubles et acquêts auxquels elle eût succédé *ab intestat*, mais encore sur les propres dont elle était exclue par les règles successions lignagères.

L'affaire portée au parlement de Dole, on appuyait le système de la mère sur trois raisons.

1° La Légitime a été introduite par les lois romaines; c'est donc sur le pied des successions réglées par les lois romaines, qu'il faut déterminer la Légitime : comment en effet pourrait-on, dans cette opération, prendre pour guide des statuts et des coutumes auxquels ne pensaient certainement pas les législateurs qui n'ont point donné l'idée de la Légitime, et qui en ont fixé la quotité ?

2° Le défunt a témoigné, en faisant un testament, qu'il voulait s'écarter des dispositions de la coutume; autrement, il serait mort *intestat*. La coutume n'a donc plus d'empire sur ses biens; et par conséquent elle ne peut entrer en considération pour régler la Légitime de sa mère.

3° Quelle absurdité ne résulterait-il pas de l'opinion contraire ? Plusieurs coutumes excluent les filles dotées de la succession *ab intestat* de leurs pères et de leurs mères : la Légitime de ces filles ne sera donc pas le tiers ou la moitié de ce qu'elles prendraient dans l'hérédité, si elles n'étaient pas exclues par la loi municipale, mais seulement le tiers ou la moitié de leur dot ? Peut-on concevoir rien de plus injuste et de plus déraisonnable ?

Mais quelque ingénieuses que fussent ces raisons, le parlement de Dole a débouté la mère de sa demande en Légitime sur les propres de son fils; et cela, dit Grivel « par arrêt du 4 janvier de » l'an 1602, en la cause de Jeanne Pojour, ap-» pelante, contre les héritiers de feu Jean Dor-» moy de Cromary. »

Le motif de cette décision a été , suivant le même magistrat, que la Légitime n'est autre chose qu'une portion de ce qu'aurait pris celui à qui elle est due dans la succession *ab intestat;* que les successions *ab intestat* dépendent des coutumes des lieux , puisque les coutumes forment le droit civil des pays où elles sont en vigueur; que la mère n'aurait eu rien à prétendre dans les propres, si son fils était mort sans faire aucune disposition ; que par conséquent elle ne devait pas y avoir de Légitime dans le cas d'un testament.

Ce qu'a jugé le parlement de Dole dans l'espèce que nous venons de retracer, le parlement de Dijon l'a décidé de même par un arrêt du 16 février 1651 , rapporté dans le commentaire de Taisand sur la coutume de Bourgogne.

Le recueil de Pollet nous en fournit deux semblables du parlement de Flandre : écoutons ce magistrat.

« La Légitime est le tiers des biens que celui à qui elle est due prendrait *ab intestat,* ou la moitié lorsqu'il y a plus de quatre enfans. De ce principe il suit que les biens dans lesquels celui à qui la Légitime est due n'aurait point de part *ab intestat,* ne doivent point être comptés pour régler la Légitime , et il a été ainsi jugé dans la coutume du bailliage de Lille , par arrêt rendu entre demoiselle Marie-Catherine Faulconnier, femme autorisée de Jean-Baptiste de Sucre de Bellain; et dame Marie-Jeanne Faulconnier, femme autorisée de messire Henri de Broide, chevalier , sieur de Gondecourt. Par la coutume du bailliage de Lille, tit. 2, art. 25 et 26, les femmes sont exclues, par les mâles en pareil degré, des propres tenus en cotterie. La demoiselle de Bellain s'étant abstenue de la succession de sa mère, il était question de régler sa Légitime. Elle prétendait qu'on devait y faire entrer l'estimation des héritages patrimoniaux de la succession, desquels elle était exclue par le sieur de Perenchies, son frère, et elle en a été déboutée.

» Dans la coutume de Douai, lorsqu'il est intervenu ravestissement de sang entre les conjoints, tous les biens de la communauté, meubles , catéux et héritages situés dans l'échevinage, appartiennent au survivant..... les enfans ne sont pas même reçus à demander leur Légitime dans ces biens du chef de leur père ou de leur mère prédécédé , quoique le défunt n'ait laissé aucun autre bien. Arrêt rendu au rapport de M. Cordouan, le 23 juillet 1700. »

La jurisprudence du grand conseil de Malines est conforme à ces décisions. On a déjà vu que cette cour a réformé, en 1588, un arrêt du parlement de Dole qui avait jugé le contraire; et Cuvelier nous apprend que depuis elle a pris en faveur de ce parti une résolution générale; voici ses termes , § 198 : « Les ascendans exclus par statut » ou coutume , de la succession des immeubles » délaissés par leurs enfans , y peuvent-ils pré- » tendre supplément de Légitime? Cette question » reçoit notable difficulté en droit ; *vide* le re-

» gistre aux avis de la cour, commençant en oc- » tobre 1590 , fol. 191, où il y a un beau dis- » cours , et où l'on voit que l'avis de la cour est » pour la négative. »

Ce parti est aussi adopté par l'art. 6 du tit. 11 de la coutume de Luxembourg et de Thionville.

QUESTION V. *Les biens compris dans les préciputs introduits par la coutume, sont-ils sujets à la Légitime?*

I. Il y a , sur cette question deux cas à distinguer : celui où, indépendamment des biens soumis aux préciputs, il y en a encore d'autres dans la succession ; et celui où ces biens forment tout le patrimoine du défunt.

PREMIER CAS. Tous les auteurs conviennent qu'on ne peut pas prendre la Légitime sur les préciputs d'aînesse ou de *maînété,* lorsqu'il se trouve encore d'autres biens dans la succession; et c'est ce qui résulte nécessairement du principe établi sur la question précédente, que le légitimaire ne peut pas exercer son droit dans les choses auxquelles il n'est pas appelé *ab intestat.*

II. Mais cette disposition ne doit-elle pas être bornée aux biens que le défunt avait acquis par succession ou par donation , et n'en doit-on pas excepter ceux qu'il possédait à titre onéreux ? Par exemple, un père achète un manoir féodal dans la coutume de Paris, et un manoir roturier dans celle de Chambresis : le premier sera sujet, dans sa succession, au droit d'aînesse , et le second au droit de *maînété* : mais parce qu'ils proviennent d'une acquisition onéreuse, les enfans placés entre l'aîné et le plus jeune, ne pourront-ils pas prendre leur Légitime sur l'un et l'autre bien ?

Hartmannus Pistor , Alexandre , Ripa , Julius Clarus , Thomingius et Berlichius tiennent l'affirmative , sur le fondement que toute donation est sujette à la Légitime, et que , dans l'espèce proposée, le père est censé donner , à l'aîné , le prix du manoir féodal, et au maîné, le prix du manoir roturier.

Cette opinion est rejetée par Schraderus , *de feudis , part. 7 , cap. 5 , nᵒ 46;* Bort, *de feudis hollandicis , part. 5, tit. 3 , cap. 2 , reg. 4;* Hegius, *part. 1 , quæst. 25;* de Benst, sur la loi 31, D. *de jurejurando;* et Voët, *ad digesta, lib. 5 , tit. 2 , nᵒ 57.* Il est vrai , dit ce dernier, que le défunt a diminué son hérédité mobilière, en achetant un fief; mais cette diminution ne peut faire opérer la Légitime ni sur le fief même, ni sur les deniers qui en ont formé le prix; point sur le fief , parce que le légitimaire , qu'on suppose cadet, ne pourrait y rien prétendre *ab intestat;* point sur le prix , parce que non-seulement il n'existe plus dans le patrimoine du défunt, mais il en est sorti à titre onéreux; et il n'y est pas représenté par le bien , la subrogation de la chose au prix n'ayant jamais lieu de plein droit.

En vain objecte-t-on que le père a avantagé, par cet achat, celui de ses enfans à qui le préciput doit appartenir après sa mort.

Il faut répondre, suivant Voët, qu'il ne peut point y avoir de donation dans cette espèce, parce qu'au moment de l'acquisition, il est encore incertain qui sera l'aîné lors du décès de l'acheteur, et conséquemment à qui le bien appartiendra hors part.

Il serait peut-être plus exact de dire que le père n'achète pas pour avantager même celui de ses enfans qui se trouvera l'aîné à sa mort, mais uniquement pour se procurer un héritage qui est à sa bienséance; que son intérêt est le seul mobile qui le fait agir en cela; et que, s'il en résulte un avantage pour l'aîné, c'est un hasard dont celui-ci doit profiter, mais non une dotation qu'il soit tenu de rapporter aux légitimaires, parce que la Légitime ne peut affecter que les titres qui sont, suivant l'expression de Lebrun, *d'une libéralité propensée.*

Il en serait néanmoins tout autrement dans les coutumes de la Flandre flamande, qui ne donnent les fiefs acquêts aux aînés, qu'à la charge de rapporter à l'hérédité mobilière les deniers du prix que ces biens ont coûté au défunt. Ces deniers sont sujets à la Légitime dans les coutumes citées, parce que les puînés en auraient une portion virile s'ils succédaient; et qu'en général, tout ce qui se rapporte à la succession, doit être rapporté à la Légitime.

III. Lorsque le père, dans les coutumes qui le permettent, a disposé au profit d'un étranger ou de l'un de ses enfans, du bien que l'aîné aurait pris hors part *ab intestat*, ce bien ne sort-il pas de la classe ordinaire des préciputs, et ne devient-il pas sujet à la Légitime?

Voët soutient l'affirmative; mais son avis nous paraît contraire aux principes admis sur cette matière. Qu'importe que, par la disposition du père, le bien perde, à l'égard de l'aîné, sa qualité de préciput? En est-il moins vrai qu'il aurait appartenu hors part à l'aîné, en cas d'ouverture de la succession *ab intestat?* En est-il moins vrai que les puînés n'auraient rien eu à y prétendre dans la même hypothèse? En est-il moins vrai que la Légitime n'est qu'une portion de ce qu'aurait eu le légitimaire, si le défunt n'avait disposé ni entre-vifs ni par acte de dernière volonté? Et, pour tout dire en peu de mots, si, comme on l'a démontré ci-devant (quest. 4), les propres auxquels un ascendant ne succède pas, ne deviennent point sujets à sa Légitime par la donation ou le legs que le fils en fait à un étranger, pourquoi la disposition que ferait un père d'un bien que son aîné aurait recueilli par préciput dans la succession *ab intestat*, assujétit-elle ce bien à un retranchement dont il est affranchi par sa nature?

IV. C'est une grande question si, dans les coutumes où les qualités d'héritier et de légataire sont incompatibles, un aîné institué légataire universel par son père, contribue, sur son préciput, à la Légitime de ses frères et de ses sœurs, ou s'il n'est obligé de la leur fournir que sur les biens dans lesquels ils auraient partagé également avec lui, en cas d'ouverture de la succession *ab intestat.*

Ce dernier parti a été embrassé par M. Pussort, conseiller d'état, dans un jugement arbitral rendu sur la fin du dernier siècle, entre M. de Seignelay, secrétaire d'état, et ses frères.

M. de Seignelay était légataire universel de M. Colbert, son père; « et il a été jugé (dit Le-» brun) qu'il devait faire part avec préciput dans » la Légitime qu'il était obligé de fournir à ses » frères, et qu'on ferait une déduction et dis-» traction de son droit d'aînesse, après quoi la » Légitime serait appuyée sur le surplus des » biens. »

Les motifs de cette décision nous paraissent très-judicieux.

« Le premier est (dit encore Lebrun) que quand les puînés poursuivent leur Légitime contre leur aîné, il ne leur appartient à Paris que la moitié de ce qu'ils auraient eu *ab intestat*, suivant l'article 298 de la coutume : or, ils n'auraient eu que le tiers des fiefs, selon le nombre des enfans, les deux autres tiers et le principal manoir demeurant à l'aîné : ainsi, ils ne doivent avoir que la moitié de ce tiers dans les fiefs.

» Le second est..... que le préciput n'est point donné au préjudice de la Légitime. Il n'y a que les donations qui sont faites au préjudice de la Légitime, qui souffrent le retranchement et qui entrent dans la masse des biens.... Or, on ne peut pas dire que, jusqu'à concurrence du droit d'aînesse, le legs universel fait à l'aîné, soit en fraude de la Légitime des puînés; ainsi, il n'y a que le surplus du legs qui doive entrer dans la masse des biens, et, à plus forte raison, qui puisse souffrir le retranchement de la Légitime. »

Bourjon et l'annotateur de Lebrun combattent vivement cet avis; mais leurs raisons, quoique très-spécieuses, ne sont pas assez solides pour balancer celles que nous venons d'exposer.

« Premièrement (disent-ils), lorsque la loi donne » un préciput et des portions avantageuses, c'est » à l'aîné héritier, et non à l'héritier renonçant : » pourquoi donnerait-on à l'aîné les avantages que » la loi donne comme héritier, lorsqu'il renonce à » la succession pour accepter le legs.»

Réponse. L'aîné, légataire universel, ne prend pas les biens dont il s'agit, par droit d'aînesse, il les prend à titre de legs; mais cela n'empêche pas qu'ils ne soient exempts de la contribution à la Légitime des puînés : car, pour régler les droits des légitimaires, on doit considérer la succession comme ouverte *ab intestat;* on doit par conséquent supposer que l'aîné est héritier, et qu'il prend à ce titre le préciput que la coutume lui donne.

« Secondement, la loi, par l'établissement de » ces droits en faveur de l'aîné, n'a voulu que re-» médier à l'imprévoyance de l'homme qui, en né-» gligeant le soutien de son nom, ne donnerait pas » à celui qui en est chargé, le moyen de le faire :

» mais lorsqu'il l'a fait, et qu'il l'a fait dans » toute l'étendue que la loi lui permettait de le » faire, l'intention de la loi est remplie, et par » conséquent sa disposition ne doit plus avoir » lieu. »

Réponse. Tout ce qui résulte de là, c'est que l'aîné, légataire universel, ne peut prendre qu'à titre de legs les biens compris dans son préciput : mais, on l'a déjà dit, les legs ne sont sujets au retranchement qu'autant qu'ils nuisent à la Légitime; et, pour nous servir encore des termes de Lebrun, *on ne peut pas dire que jusqu'à concurrence du droit d'aînesse, le legs fait à l'aîné soit en fraude de la Légitime des puînés.*

« Troisièmement, les qualités de légataire et » d'héritier sont incompatibles, et la loi a établi » cette incompatibilité, abstraction faite des biens; » pourquoi, par rapport aux fiefs, l'aîné réunirait- » il les effets de ces qualités ? »

Réponse. L'aîné ne réunit point, dans notre espèce, les effets de la qualité d'héritier et ceux de la qualité de légataire : il ne faut pas supposer cette réunion pour soustraire son préciput au retranchement de la Légitime; il suffit pour cela, comme on vient de le voir, que son préciput soit confondu dans le legs, et que le legs ne soit pas inofficieux à cette concurrence.

« Quatrièmement, il est vrai que la Légitime » est la moitié de la portion héréditaire que le lé- » gitimaire eût eue, cessant la disposition de » l'homme : or, il est sensible que par là, la loi » entend la moitié d'une portion virile, et dans » tous les sens, puisqu'elle n'excepte rien; c'est » donc agir contre la loi, que d'affranchir une por- » tion de ces biens de la Légitime des puînés. Pour- » quoi la fixation de la Légitime ne peut-elle avoir » un autre sens qu'une moitié intégrale ? C'est » que, par une disposition générale, *le mort sai- » sit le vif,* c'est-à-dire que chacun est saisi de la » portion virile; et si ensuite la loi, en particu- » larisant sa disposition générale, donne à l'aîné » une portion avantageuse dans les fiefs, ce n'est » qu'une modification de la loi générale; mais mo- » dification que la loi n'a établie qu'en faveur de » l'aîné héritier, et non pour augmenter l'effet d'un » legs inofficieux, que la loi même retranche pour » donner la Légitime aux puînés; modification et » exception qui ne peuvent avoir lieu que dans le » cas que la loi adopte. »

Réponse. Si la loi dont parle Bourjon, c'est-à-dire, la coutume de Paris, avait voulu fixer la Légitime à la moitié d'une portion virile, elle l'aurait exprimée; or, non-seulement elle ne l'exprime pas, mais elle déclare formellement *que la Légitime est la moitié de telle part et portion que chacun enfant eût eue en la succession, si les pères et mères ou autres ascendans n'eussent disposé.* Ce n'est donc que sur la portion *ab intestat,* qu'il faut déterminer le montant de la Légitime; et les dispositions qui entament cette portion, sont les seules qui doivent souffrir le retranchement. Qu'importe que ce soit par forme de modification ou d'exception,

que la coutume donne un préciput et une portion avantageuse à l'aîné ? Au moins faut-il convenir que cette modification ne cesse que par les dispositions du père : or, pour régler la Légitime, il faut considérer ces dispositions comme si elles n'existaient pas : la coutume elle-même nous en a fait une loi; on doit donc supposer pareillement à la modification tout l'effet qu'elle produit ordinairement, et, par une conséquence nécessaire, regarder l'aîné comme prenant son droit d'aînesse à titre d'héritier.

« Cinquièmement, quoique l'aîné, lorsqu'il est » héritier, ne contribue pas plus aux dettes que les » puînés, il y contribue cependant, lorsqu'il est lé- » gataire universel, à proportion de tout son émo- » lument, c'est-à-dire à proportion du montant » de son droit d'aînesse, comme des autres biens » dont il profite en vertu de son legs. Il n'est donc » pas possible que les dispositions de la loi et les » dispositions de l'homme puissent agir tout en- » semble pour l'aîné. »

Réponse. Encore une fois, nous ne prétendons pas que l'aîné puisse prendre et la moitié des portions des puînés à titre de legs, et son droit d'aînesse en vertu de la loi; mais nous soutenons que, pour déterminer la Légitime de ses frères, il faut supposer qu'il n'est point légataire, qu'il se porte héritier, qu'il recueille à ce titre son préciput et sa portion avantageuse : cette supposition n'a rien d'absurde, et la coutume elle-même l'autorise par ces termes de l'article cité : *Si les père et mère ou autres ascendans n'eussent disposé.*

« Sixièmement, puisque l'aîné, légataire uni- » versel, paie les dettes à proportion de son émo- » lument, et sans déduction de son droit d'aînesse, » pourquoi ne contribuerait-il pas aussi à la Lé- » gitime, à raison de ce même préciput ? »

Réponse. « La raison de différence (c'est Lebrun » qui parle) est que, pour obliger l'aîné, qui est » légataire universel, au paiement des dettes, il » ne faut point le considérer comme héritier, et il » suffit qu'il y ait un titre universel de légataire; » mais, pour lui faire fournir la Légitime à ses » puînés, il faut nécessairement le considérer » comme héritier, parce qu'il faut qu'il fasse part » dans la supputation de la Légitime : ainsi, en » ce dernier cas, il a son préciput. »

Tout ce que nous avons dit jusqu'à présent sur le préciput d'aînesse, s'applique également au préciput de maîneté, connu principalement dans les coutumes de Cambresis, du chef-lieu de Valenciennes et de la châtellenie de Lille. *V.* l'article *Maîneté.*

V. Second cas. Quand l'hérédité n'est composée que du bien dévolu à l'aîné pour son droit d'aînesse, ou au cadet pour son droit de maîneté, ce bien, si l'on s'attachait strictement à la rigueur des règles, ne devrait aucunement entrer dans la contribution à la Légitime; en sorte qu'alors les légitimaires seraient réduits à un vain titre, et n'auraient rien à recueillir de la succession de leur père et de leur mère.

Cette jurisprudence serait rigoureuse, disons même barbare, mais elle serait conforme aux règles de la matière; les magistrats seraient forcés de la suivre, et ne pourraient qu'employer leurs sollicitations auprès du législateur, pour en obtenir la réformation.

C'est sous ce point de vue que la cour souveraine de Mons envisagea autrefois cet objet.

Le marquis de Treslon n'avait laissé que des fiefs; et ils étaient situés en Hainaut, dont la coutume, connue sous le nom de *chartes générales*, défère entièrement ces sortes de biens aux mâles, sans que les filles y puissent rien prétendre : la fille aînée de ce frère, voyant son frère en possession de tout le patrimoine de l'auteur commun de leurs jours, se crut fondée à lui demander des alimens : elle s'adressa pour cet effet au conseil privé de Bruxelles, qui, avant faire droit sur sa requête, demanda l'avis de la cour de Mons : les membres de ce tribunal répondirent qu'elle devait être déboutée, par un argument à sens contraire de l'article 9 du chap. 51 des chartes générales, lequel porte que, « si les enfans nés auparavant ou après » avis de père et mère, ne sont partagés avant la » trépas desdits père et mère, ils pourront prétendre partage, SI AVANT QUE PAR LA LOI LEUR » PEUT APPARTENIR, comme s'il n'y eût eu avis. » Néanmoins le conseil privé de Bruxelles rejeta cet avis, et accorda à la demoiselle de Treslon les alimens qu'elle demandait : l'arrêt est de l'année 1664.

Dix ans après, le 11 janvier 1674, une autre fille du défunt obtint de la cour souveraine du Mons elle-même, un arrêt conforme à celui de sa sœur.

Le parlement de Rouen a jugé la même chose, et à peu près dans le même temps.

L'art. 279 de la coutume de Normandie porte que *les père, mère, aïeul, aïeule ou autres ascendans, peuvent disposer du tiers de leurs héritages et biens immeubles assis au bailliage de Caux, à leurs enfans puînés…, demeurant néanmoins le manoir et pourpris en intégrité au profit de l'aîné; sans qu'il en puisse être disposé à son préjudice, ni qu'il soit tenu en faire récompense auxdits puînés.* Et voici comment s'explique Basnage sur cet article.

« Si ce manoir et pourpris fait tout le bien de la succession, l'aîné pourra-t-il le retenir, sans en faire aucune part ou récompenses à ses puînés? L'équité ne le souffrirait pas, la Légitime des autres enfans étant plus favorable que ce droit d'aînesse.

» Dans la succession d'un nommé La Molière, il ne se trouva qu'une masure ou enclos; l'aîné qui avait un frère et une sœur, prétendait la retenir pour son préciput, sans en faire récompense. Le frère et la sœur répondaient que la Légitime était un droit plus ancien que celui des aînés, que quand la coutume avait déchargé l'aîné de faire une récompense, elle avait présupposé qu'il restait d'autres biens; car s'il n'y a d'autres biens,

il ne pouvait y avoir d'avant-part ni de préciput… Par arrêt en la grand'chambre, du 14 février 1667, la cour régla le préciput comme un fief, et jugea qu'il appartiendrait à l'aîné, à la charge de la provision à vie du puîné, qui serait tenu de contribuer à proportion au mariage avenant de la sœur, laquelle, en cette rencontre, comme au cas d'un fief, est d'une condition plus avantageuse que les frères. »

L'esprit d'équité qui a dicté ces trois arrêts, a également présidé à la rédaction de quelques-unes de nos lois municipales. L'ancienne coutume de Bretagne ordonne, art. 547, que l'aîné aura par préciput *le manoir principal ès fiefs nobles qui se sont gouvernés noblement le temps passé… pourvu qu'il y ait celui héritage si grande quantité, qu'il valût tant que compétence, portion ou pourveance en pût être faite entre frères et sœurs.*

Suivant l'art. 13 de la coutume de Montfort, « quand à un fief n'y a aucun manoir principal, » ainsi seulement terres labourables, le fils aîné » peut avoir un arpent de terre, en tel lieu qu'il » voudra élire, par préciput, au lieu dudit manoir; » *pourvu qu'il y ait autres héritages que ledit » arpent.* »

L'art. 48 de celle de Reims contient virtuellement la même disposition : « Si en ladite succession directe, n'y a qu'un hôtel tenu en fief, ET » FAIT AUTRES HÉRITAGES tenus en roture, le fils » aîné, pour son droit d'aînesse, prend entièrement et par préciput tel hôtel manoir. »

La coutume de Melun s'explique encore plus précisément là-dessus : « Si en la succession (dit- » elle, art. 88) n'y avait héritages en fief ou » roture, qu'un manoir ou accroît tenu en fief, » la moitié dudit manoir appartiendra à l'aîné, et » l'autre moitié aux puînés, s'ils sont plus de » deux : et s'ils ne sont que deux enfans, l'aîné » en prendra les deux tiers, et le puîné l'autre » tiers. »

C'est aussi ce que porte l'art. 96 de la coutume d'Orléans : « Si ès successions de père et mère, » aïeul ou aïeule, il y a un fief, soit en la ville » ou aux champs, consistant seulement en un » manoir, ou bien en un manoir avec basse-cour » et enclos d'un arpent, sans autres appartenances » ni autres biens immeubles, audit fils aîné ap- » partiendra la moitié dudit manoir, basse-cour » et enclos, et l'autre moitié appartiendra aux au- » tres enfans : et s'il n'y a que deux enfans, le » fils aîné y prendra les deux tiers, et l'autre en- » fant l'autre tiers. »

VI. La disposition la plus remarquable qu'il y ait sur cette matière dans nos lois municipales, est celle de l'art. 17 de la coutume de Paris; en voici les termes : « Si ès-dites successions de père et » mère, aïeul ou aïeule, il y a un seul fief consis- » tant seulement en un manoir, basse-cour et en- » clos d'un arpent, sans autres appendances ni au- » tres biens, audit fils aîné seul appartient ledit » manoir, basse-cour et enclos comme dessus, sauf » toutefois aux autres enfans leur droit de Légi-

» time...... à prendre sur ledit fief : et où il y au-
» rait autres biens qui ne fussent suffisans pour
» fournir lesdits droits aux enfans, le supplément
» de ladite Légitime se prendra sur ledit fief. »

VII. On élève communément trois questions sur
ce texte :

La première est de savoir sur quel pied doit être
réglée la Légitime des puînés, lorsque la succession n'est absolument composée que d'un manoir
féodal ;

La seconde, comment doivent s'entendre ces termes de la coutume, *et il y aurait autres biens qui
ne fussent suffisans*, etc. ;

La troisième, si le manoir féodal, qui forme
toute l'hérédité *ab intestat*, doit fournir la Légitime des puînés avant les biens dont le défunt a
disposé à titre gratuit.

VIII . Il y a , sur la première question , trois avis
différens.

Le premier est celui de Dumoulin, d'Argou et
de Bourjon , qui pensent que, dans le cas dont il
s'agit, les puînés doivent avoir pour leur Légitime,
la moitié de ce qu'ils auraient eu, si le manoir
n'avait pas été tenu en fief.

Le second, adopté par Lebrun, est « qu'il faut
» faire un partage féodal du fief, dans lequel
» l'aîné ait sa plus grande portion sans autre pré-
» ciput, parce qu'on ne doit détruire que par de-
» grés un établissement qui est fait pour le main-
» tien des familles ; et que, lorsqu'on ne donne
» pas un principal manoir à l'aîné, comme son
» préciput, il faut au moins lui en faire un par-
» tage féodal, puisque c'est un véritable fief. »

Cette opinion est, comme on le voit, calquée
sur les articles des coutumes de Melun et d'Orléans, rapportés ci-dessus.

Le troisième avis est celui de Ricard : voici comment il s'explique sur l'art. 17 de la coutume de
Paris :

« La seconde opinion (qui est celle de Lebrun)
me semble plus raisonnable que la première, parce
qu'elle réduit davantage les choses au droit commun. Et en effet, cet art. 17 faisant perdre au manoir sa véritable qualité, pour faire que l'aîné ne
la prenne pas entièrement pour son préciput, il
faudrait encore une autre disposition pour lui ôter
celle de fief, et empêcher qu'il n'y prenne ses autres prérogatives d'aînesse, le droit commun demeurant toujours en sa vigueur, sinon en tant
qu'il y est paticulièrement dérogé.

» Mais je n'estime pourtant pas que notre question doive être entièrement décidée par la disposition de la coutume de Melun, qui laisse aux
puînés leur portion héréditaire, au lieu que la
coutume de Paris ne leur donne qu'un simple droit
de Légitime ; de sorte qu'en suivant le même principe, je ne crois pas que les puînés puissent prétendre autre chose que la moitié de ce qui leur
aurait appartenu *ab intestat* dans la maison , en
la dépouillant de la qualité de manoir, et en lui
laissant celle de fief ; ma pensée étant, en un mot,
que les puînés ne doivent avoir, aux termes de

notre article, que la Légitime telle qu'ils l'obtiendraient dans un fief sans manoir, si le père en
avait disposé au profit de l'aîné, qui ne serait, par
l'art. 298, que la moitié de leur portion héréditaire. »

Cette opinion suivie d'ailleurs par Lemaître et,
Pothier, est sans contredit la plus juridique des
trois : cependant l'équité de la première et l'avantage qu'elle a de parer à beaucoup d'embarras,
pourraient peut-être la faire préférer ; au moins
est-il certain qu'elle serait admise dans les coutumes qui , sans distinguer le préciput de la portion avantageuse, donnent tous les fiefs aux enfans mâles, à l'exclusion des filles.

IX. Mais comment faut-il entendre ces termes
de l'art. 17 de la coutume de Paris, *et où il y aurait autres biens qui ne fussent suffisans pour
fournir lesdits droits aux enfans, le supplément
de ladite Légitime se prendra sur ledit fief?* C'est
là seconde des questions proposées.

Ricard est d'avis qu'il faut entendre ce texte,
comme si , après les mots , *pour fournir lesdits
droits aux enfans*, se trouvaient ceux-ci , *eu égard
à la portion qui leur revient dans le manoir même,
suivant l'opinion établie ci-devant*.

Pothier pense de même.

« La coutume de Paris (dit-il) ne décide pas en
» quoi consiste la Légitime dans cette espèce : mais
» ayant établi dans l'art. 298, que la Légitime
» d'un enfant est la moitié de la portion qu'il au-
» rait, sans les donations entre-vifs et testamen-
» taires qui y font obstacle, il est facile de con-
» clure que la Légitime dont elle entend parler
» dans l'article 17, est la moitié de ce que chaque
» puîné aurait, tant dans le manoir considéré seu-
» lement comme bien noble, que dans les autres
» biens de la succession, sans la disposition de cet
» article qui , en donnant le manoir entier, fait
» obstacle à leur Légitime. Par exemple, il y a
» dans la succession un manoir de 15,000 livres,
» 1,500 livres d'autres biens féodaux, 1,000 liv. de
» biens ordinaires, et deux enfans. La Légitime
» du puîné est pour la moitié de sa part dans les
» biens ordinaires, 250 livres ; pour la moitié de
» son tiers dans les biens féodaux, 250 livres ;
» pour la moitié de son tiers dans le manoir,
» 2,500 livres, ce qui fait en tout 3,000 livres.
» L'aîné qui retiendra le manoir, sera donc obligé,
» pour fournir la Légitime de son puîné, de lui
» abandonner le surplus des biens, qui monte
» à 2,500 livres, et de lui fournir encore sur son
» manoir 500 livres pour compléter la somme
» de 3,000 livres, à laquelle monte la Légitime. »

Cette interprétation paraît simple , naturelle et
conforme à la Lettre de la coutume : mais elle est
trop générale , en ce qu'elle tend à faire entrer
indistinctement le préciput d'aînesse dans la supputation de la Légitime ; ce qui est directement
contraire à l'art. 298, suivant lequel la portion
légitimaire n'est qu'une quotité de la portion *ab intestat*. Si l'art. 17 déroge à ce principe, en soumettant le manoir féodal à la Légitime, c'est par

une exception qu'autorise le défaut d'autres biens, et que nécessite la faveur des alimens dus aux puînés : et comme les exceptions ne doivent jamais être étendues à d'autres cas que ceux pour lesquels elles ont été introduites, il faut dire avec Lebrun, « que cette dernière partie de l'art. 1er se doit en- » tendre d'autres biens qui soient de si peu de » valeur, qu'il soit toujours vrai de dire qu'il n'y » a qu'un fief dans la succession, comme de quel- » ques petits meubles. »

Cette interprétation s'adapte, pour ainsi dire, d'elle-même à l'art. 141 de la coutume de Valen- ciennes, portant, au sujet du droit de maineté, que, *si les autres biens de père et mère respec- tivement n'étaient suffisans pour la Légitime des autres enfans, icelle se prendra sur ladite maineté.*

X. La troisième question, qui est de savoir si le préciput de l'aîné doit fournir la Légitime avant les biens dont le défunt a disposé à titre gratuit, ne présente pas autant de difficultés que les deux précédentes.

Ricard et Lebrun la résolvent par une distinc- tion fort simple : ou le défunt a disposé en faveur d'étrangers, ou il l'a fait au profit de quelques- uns de ses enfans.

Dans le premier cas, l'aîné ne peut soustraire son préciput au retranchement de la Légitime, parce qu'il est de règle de faire contribuer les biens trouvés dans la succession *ab intestat,* avant qu'on puisse inquiéter les donataires. Il est vrai, observe Ricard, que ce retranchement ne s'opère pas di- rectement, parce que les puînés ne peuvent pas se pourvoir de plein droit sur l'avantage dont la coutume gratifie leur frère; mais il se fait par un circuit réel ou feint, ce qui revient au même. A la rigueur, les puînés devraient commencer par agir contre les donataires; ceux-ci auraient leur recours contre l'aîné, comme seul héritier du do- nateur, et l'aîné serait obligé de leur rendre ce qu'ils auraient fourni aux légitimaires. Pour éviter ces circuits, on admet une fiction *brevis manus;* et en conséquence on autorise les pour- suites directes des puînés sur le préciput de leur frère.

Au second cas, c'est-à-dire, lorsque les dona- taires sont du nombre des enfans, leurs dona- tions doivent être retranchées avant le préciput de l'aîné; autrement, elles préjudicieraient au droit d'aînesse, en l'assujettissant à l'action des Légitimaires; et il résulterait de là une espèce de translation du droit d'aînesse, toujours défendue entre enfans.

Cette raison est sans réplique pour le droit com- mun; mais elle ne peut s'appliquer au petit nom- bre de coutumes qui permettent au père de dispo- ser en faveur d'un cadet, du préciput que la loi donne à l'aîné de ses enfans dans sa succession *ab intestat* : ainsi, dans ces coutumes, il faut tenir indistinctement, que les donations faites aux en- fans ou étrangers, ne sont soumises au retran- chement de la Légitime qu'après le préciput de l'aîné.

XI. Il nous reste à examiner si, dans les cou- tumes muettes, on doit donner une Légitime aux puînés sur le droit d'aînesse.

Nous avons déjà dit que la négative serait l'opi- nion la plus régulière; et nous trouvons dans le recueil de Papon, un arrêt qui l'a adoptée formellement pour l'ancienne coutume de Mont- fort.

« Un père n'avait laissé pour toute succession qu'un manoir féodal; l'aîné s'en saisit : les frères lui font querelle, et disent que la coutume ne s'entend point quand il y a du bien outre ledit préci- put, pour être laissé aux autres, qu'autrement contre la loi divine et humaine, ils demeureraient exhérédés ; et requièrent que l'aîné se contente de la moitié, et leur laisse l'autre. L'aîné se tient aux termes de la coutume, sans s'en vouloir dé- partir....

» Ce doute tint le bureau environ quinze jours, pour la grande dispute des opinions, au parlement de Paris. A la fin fut donné arrêt pour l'aîné, le 25 de mai 1555, au rapport de M. Ti- raqueau.

La rigueur de cette décision frappa tellement les réformateurs de la coutume de Montfort, qu'ils se crurent obligés d'y apporter une dérogation particulière; c'est ce qu'ils firent, en ordonnant par l'article rapporté ci-dessus, que l'aîné aurait pour son préciput un manoir féodal ou un arpent de terre, *pourvu qu'il y eût autre héritage.*

Cette disposition a été, comme on l'a vu plus haut, n° 5, insérée depuis dans plusieurs autres coutumes, et elle passe actuellement pour une maxime universellement reçue. Loysel en a même fait une règle de droit coutumier; voici comment il s'exprime, liv. 4, tit. 3, art. 65 : « Quand le » fief consisterait en un hôtel (l'aîné) le prendrait » entier lui seul, la Légitime des autres sauvée. »

QUESTION. VI. *Le douaire des enfans du premier lit est-il sujet à la Légitime des en- fans du second lit ?*

I. Pour traiter cette question dans toutes ses branches, il faut l'examiner :

1° Par rapport au douaire accordé aux enfans par la coutume, ou par un contrat de mariage cal- qué sur la coutume;

2° Par rapport au douaire stipulé en faveur des enfans, dans les coutumes qui ne le leur donnent pas de plein droit;

3° Par rapport au douaire élevé par une clause particulière à un taux qui excède celui de la cou- tume.

II. Le douaire accordé aux enfans d'un premier lit, soit par la coutume, soit par une stipulation conforme à la coutume, n'est point sujet à la Lé- gitime des enfans du second lit. La raison en est que ce droit n'est point une donation, mais une convention matrimoniale, et par conséquent un titre onéreux.

A cette assertion, qui est adoptée par Lebrun dans

son *Traité des Successions*, et par Borroyer, dans ses notes sur les arrêts de Bardet, on oppose communément trois objections.

La première consiste à dire que le douaire est parmi nous, ce qu'était, chez les Romains, la donation à cause de noces; que par conséquent c'est une libéralité du mari à sa femme et du père aux enfans; et qu'ainsi, il doit souffrir la distraction de la Légitime.

Deux réponses.

1° Il est faux qu'il y ait le moindre rapport entre la donation à cause de noces des Romains, et le douaire adopté par nos coutumes. Le seul point dans lequel ces deux droits se ressemblent, est l'hypothèque subsidiaire qui a lieu pour l'un comme pour l'autre sur les biens substitués : mais de ce que les arrêts ont étendu au douaire le privilége accordé par la novelle 39 à la donation à cause de noces, s'ensuit-il qu'on les ait regardés comme une même chose ? Non, sans doute; tout ce qu'on peut en conclure, c'est que le douaire est au moins aussi favorable que la donation à cause de noces. Du reste, le douaire est dû à la femme, soit qu'il ait été stipulé ou non ; il ne peut être révoqué, augmenté ni diminué après la célébration du mariage ; il ne dépend point du paiement ni de la quotité de la dot, et la femme n'en a jamais que l'usufruit, soit que ses enfans la survivent, soit qu'ils la prédécèdent ; au lieu que la donation à cause de noces ne pouvait exister que par une stipulation expresse ; pouvait être augmentée pendant le mariage ; n'avait lieu qu'autant que la dot avait été payée et dans la même proportion ; et appartenait toujours en partie, quelquefois même en totalité, à la femme.

Toutes ces différences prouvent nettement qu'on ne peut pas assimiler le douaire à la donation à cause de noces.

2° Quand l'assimilation de l'un à l'autre droit serait exacte, qu'en résulterait-il ? La novelle 119 décide que la donation à cause de noces n'est point une libéralité proprement dite, mais un *contrat particulier*, et qu'en conséquence elle ne doit point être assujettie à la formalité de l'insinuation : *Sponsalitiam largitatem contractum specialem esse et judicari, et non aliis donationibus eam connumerari per præsentem sancimus legem : quoniam pro eâ æqualitas dotis offertur. Sive igitur fiat etiam gestis monumentorum ejus insinuatio, sive non, jubemus eam per omnia suum robur habere.* Ainsi, le rapport du douaire à la donation à cause de noces, se rétorquerait contre les partisans de la Légitime des enfans du second lit.

La seconde objection est tirée de la note de Dumoulin sur l'art. 137 de l'ancienne coutume de Paris : ce jurisconsulte y établit que l'ingratitude d'un enfant envers son père doit le faire priver du douaire, parce que c'est sur les biens du père que se prend ce gain : *Fallit, si liberi sint ingrati ut possint exhæredari, quia tunc privari possunt doario (auth. neque, C de secundis nuptiis). Et tunc spectat ad patrem privare, et ingratitudo erga eum*

attenditur à quo dos vel lucrum proficiscitur. On infère de là que Dumoulin a considéré le douaire comme une donation du père à ses enfans, puisque, dit-on, si c'était une pure dette, ils ne pourraient pas en être privés pour cause d'ingratitude.

Mais 1° on sait que les notes posthumes de Dumoulin ne sont que des matériaux informes qu'il avait préparés pour un ouvrage complet et méthodique sur tous les titres de la coutume de Paris. Si cette circonstance ne suffisait pas pour diminuer l'autorité de ces notes, au moins les erreurs que renferment celles qui concernent le douaire, devraient empêcher qu'on ne s'en prévalût ici. En effet, sur l'art. 135, Dumoulin dit que le douaire coutumier n'est point dû à la femme dont la dot n'a point été payée ; personne cependant n'est du contraire. Sur l'art. 137, c'est-à-dire dans le passage que nous venons de transcrire, il cite une prétendue authentique *neque*, qui se trouve ni dans le titre *de secundis nuptiis*, ni ailleurs.

2° Il est vrai, comme le décide cet auteur, qu'un enfant ingrat envers son père, peut être privé du douaire : mais peut-on conclure de là que le douaire soit, pour le premier, une libéralité du second ? L'ingratitude d'un fils peut le faire priver de sa Légitime, et même du droit de sépulture dans le tombeau de ses ancêtres : la novelle 115 et la loi 6, D. *de religiosis et sumptibus funerum*, mettent ces deux points en évidence; dira-t-on, pour cela, que la Légitime et le droit de sépulture sont des donations d'un père envers ses enfans ?

3° Dumoulin lui-même était persuadé que le douaire est un titre onéreux, tant pour la femme que pour les enfans. Il demande, sur l'art. 141 de la coutume de Paris, si ce droit s'éteint dans la personne de la femme par la destruction de la maison sur laquelle il était affecté ? Voici ce qu'il répond : *Respondi non finiri usumfructum, sed manere in areâ, si velit vidua, quia datus est in recompensam.... Non obstat lex* repeti, § 1, D. quib. mod. usufruct amitt.; *quia loquitur in lucrativo usufructu*. A l'égard des enfans, il dit, sur l'art. 138, que le droit d'aînesse n'a point lieu entre eux sur leur douaire, parce qu'ils le tiennent de la coutume à titre de créance, *quia consuetudo dat jure contractus*. Il répète la même chose sur l'art. 112 de la coutume de Valois, *quia capiunt jure contractus.*

La troisième objection est que le droit d'aînesse est sujet à la Légitime, au défaut d'autres biens; que l'équité qui a introduit ce point de jurisprudence, milite également à l'égard du douaire, et que par conséquent il doit y être adapté.

On répond 1° que l'art. 17 de la coutume préfère également le douaire à la Légitime au droit d'aînesse; qu'il n'y a aucun texte qui fasse marcher la Légitime avant le douaire : qu'au contraire, les art. 253 et 254, préférant le douaire des enfans du premier lit à celui des enfans du second lit, font assez entendre que la même préférence doit avoir lieu contre la Légitime de ces derniers, puisque le douaire tient lieu de Légitime. C'est d'ailleurs ce qui résulte de la maxime, *si vinco vincentem te, à fortiori te vinco ;* car le douaire est préféré aux dettes postérieures à la célébration du mariage, et l'on a déjà vu que les dettes sont toujours préférées à la Legitime.

2° La coutume n'admet qu'un droit d'aînesse, quoiqu'il y ait des enfans de plusieurs lits ; elle le donne même à l'aîné mâle d'un second mariage, lorsqu'il n'y a que des filles du premier. Il ne faut donc pas s'étonner si ce droit a été soumis à la Légitime de tous les enfans; ce tempérament était indispensable pour éviter une inégalité monstrueuse dans le sort de plusieurs enfans d'un même père. Il n'en est pas de même du douaire; le père multiplie ce droit autant de fois qu'il se marie. Les enfans de chaque lit ont le leur, et les filles y ont la même part que les garçons.

3° Le droit d'aînesse est un avantage réel, une donation véritable que fait la coutume à l'enfant mâle. Le douaire est un titre onéreux, dans toute l'énergie de ce terme; nous l'avons déjà fait voir par l'autorité de Dumoulin, et l'on en trouvera une preuve raisonnée dans ce qu'on a dit à l'article *Douaire.*

A toutes ces raisons se réunit un arrêt du 27 mars 1629, qui a jugé *in terminis,* que les enfans du second lit n'ont point droit de Légitime sur le douaire des enfans du premier lit. En voici l'espèce telle que rapporte Bardet, tom. 1 liv. 3 chap. 37.

Samuel de Pérelle avait constitué Catherine Barbé, sa première femme, en douaire préfix de 1,500 livres, conformément à la coutume. De ce mariage étaient nés deux enfans, Antoine et Hélène ; Catherine Barbé étant morte, Samuel de Pérelle s'était remarié avec Marie Godefroy, et en avait eu trois enfans. Antoine de Pérelle mourut dans cette intervalle. Après le décès du père, Marie Godefroy fut nommée tutrice de ses enfans, et, en cette qualité, assignée par Hélène de Pérelle, pour lui payer les 1,500 livres promises pour douaire à Catherine Barbé sa mère. La cause portée aux requêtes du palais, on soutint, pour la veuve, que la fille du premier lit ne pouvait prétendre que la moitié de la somme demandée par elle, parce qu'Antoine de Pérelle, son frère, était mort avant le père, et que son prédécès avait éteint la moitié du douaire; qu'en tous cas, le défunt ayant laissé très-peu de biens, ce douaire devait contribuer à la Légitime des enfans du second lit. « Sur quoi » (dit Bardet) messieurs des requêtes condamnèrent » ladite Godefroy au paiement de 1,500 livres, sans » aucune diminution ni distraction pour la Légi- » time; ni autrement, dont ladite Godefroy ayant » interjeté appel..... La cour mit l'appellation au » néant sans amende; ordonna que la sentence dont » était appel sortirait son plein et entier effet, sans » dépens. »

S'il en faut croire Tronçon sur l'art. 254 de la coutume de Paris, il y avait dans l'espèce de cet arrêt une circonstance particulière. Suivant lui, les enfans de Marie Godefroy avaient renoncé à la succession du père commun, et il résultait de là une

fin de non-recevoir contre eux, au moins dans l'opinion de ceux qui regardent la qualité d'héritier comme une condition essentielle pour demander sa Légitime.

Mais Berroyer prouve clairement que cet auteur s'est trompé.

« Il est aisé (dit-il) de concevoir qu'il n'y avait point de renonciation.

» 1° Bardet, dans le récit plus vraisemblable de fait, observe que la fille du premier lit demandait le paiement de son douaire aux enfans du second ; qui ne pouvaient être tenus qu'en qualité d'héritiers du père.

» 2° Si cette renonciation eût été véritable, elle ne pouvait échapper à son exactitude, et aurait donné lieu d'agiter la question de savoir si l'on ne peut pas être légitimaire sans être héritier ; ou la mère tutrice des enfans mineurs du second lit, l'aurait fait cesser par des lettres de rescision.

» 3° Tronçon demeure d'accord de l'accroissement du douaire jugé par le même arrêt, qui présuppose que les enfans du second lit étaient héritiers ; autrement ils auraient été sans intérêt, ne s'agissant que de décider si la portion d'Antoine de Pérelle, fils du premier lit, dans le douaire, devait accroître à sa sœur douairière ou à l'hérédité. »

III. Il y a un grand nombre de coutumes qui ne donnent point de douaire aux enfans, et pour dire la même chose en d'autres termes, qui déclarent le douaire de la femme viager. Mais parmi ces coutumes, il en est plusieurs qui permettent de le stipuler propre et transmissible aux enfans. En conséquence, on demande si le douaire dont les enfans du premier lit sont redevables à une pareille stipulation, est sujet à la Légitime de ceux du second lit.

Lebrun décide que non. Celui, dit-il, qui, étant domicilié dans une coutume où le douaire n'est que viager à la femme, le constitue propre à ses enfans à naître, conformément à la coutume de Paris n'exerce dans ce changement de loi aucune libéralité, il ne fait que choisir une manière de contracter pour faire un titre onéreux. Il ressemble à un homme qui, se mariant en pays de droit écrit, y stipule néanmoins une communauté certainement dans l'intention de ce dernier n'est point de faire une donation à sa femme. On ne peut donc pas non plus regarder la conversion du douaire viager en douaire propre, comme une donation faite aux enfans. Le contrat de mariage étant un acte onéreux, les stipulations qui le composent ne doivent passer pour des libéralités que quand elles sont déclarées telles, ou qu'elles n'ont point d'autre face : or, contracter suivant une coutume plutôt que suivant une autre, ce n'est point donner, quoiqu'il en résulte du profit pour quelqu'un, parce qu'il est très-possible et très-ordinaire que les conjoints en usent ainsi, par la seule prédilection qu'ils ont pour une coutume, surtout quand elle ne s'éloigne pas du droit commun. Dans le mariage, qui est l'action la plus importante de la vie, on a le droit de se soumettre à telle loi qu'on trouve à propos, et c'est ce qui arrive très-fréquemment. Qu'un habitant de Lyon, par exemple, vienne se marier à Paris, et y continue sa demeure, il est certain que sa femme aura douaire et communauté de plein droit. Le mariage met donc l'homme au-dessus des lois de sa patrie; il lui permet d'y déroger, de s'en former d'autres, et de se constituer en un moment un nouveau domicile et une nouvelle coutume.

Enfin, continue Lebrun, cette question s'étant présentée à la seconde chambre des enquêtes, dans la maison de Champlais, il s'agissait de savoir si les enfans d'un second lit pouvaient prétendre une Légitime sur le douaire préfix constitué à la première femme, et stipulé propre aux enfans dans la coutume du Maine, qui le déclare simplement viager; il a été jugé, par arrêt du 3 août 1682, que la Légitime ne devait point avoir lieu au préjudice du douaire des enfans du premier lit, et qu'un homme domicilié au Maine, qui rend, par sa soumission à la coutume de Paris, le douaire propre aux enfans à naître de son mariage, n'est point réputé leur faire une donation.

IV. On peut pousser la question plus loin que ne le fait Lebrun, et demander si, dans les coutumes d'égalité parfaite, qui bornent le douaire à la personne de la femme, ce ne serait pas faire aux enfans du premier lit un avantage prohibé, que de leur rendre le douaire propre; et si en conséquence il ne faudrait pas le réduire à une part égale à celle des enfans du second lit, qui prendraient la qualité de Légitimaires.

Nous trouvons dans les notes de Berroyer sur Bardet, un arrêt du parlement de Paris, du 30 mars 1663, qui semble préjuger la négative.

Cet arrêt (y est-il dit) adjuge un droit de 4,000 livres de rente à dame Marie de Ruellan, issue du premier mariage de M. du Tiersan, maître des requêtes, contre les enfans du second lit qui objectaient, entre autres moyens, l'art. 199 de la coutume de Bretagne, qui défend les donations du père aux enfans; d'où l'on tirait une prohibition tacite de stipuler le douaire propre, la coutume ne le donnant qu'en usufruit à la femme...

M. l'avocat général de Lamoignon remarque que quand la stipulation du douaire aux enfans fut à Paris, loi du contrat de mariage et du domicile des mariés, pourrait être considérée comme une donation du père en Bretagne; toutefois le douaire étant premièrement à la mère, et étant directement stipulé pour elle, les enfans le pourraient prendre après elle, et profiter de cette stipulation, sans qu'on pût leur objecter la prohibition de l'article 197, qui ne parle que de donation faite directement par le père à l'enfant; et quoique la stipulation de propre semble directe aux enfans, c'est toujours en considération de la femme qu'il est constitué; elle seule a pu y donner lieu, la propriété lui en est directement attribuée, et par une suite seulement la propriété aux enfans.

Au surplus, M. du Tiersan, fils aîné du second lit, attaquait principalement le douaire de la fille

5*. TOME IX.

du premier lit par le privilége du droit d'aînesse; et les puînés n'agitaient pas la question de Légitime, mais prétendaient réduire la dame leur cœur à une portion égale à chacun d'eux. »

Quoiqu'il en soit, Hévin (Consultations 58, 99 et 100) réprouve absolument la décision de cet arrêt; et Perchambaut, sur l'art. 209 de la coutume de Bretagne, dit également, « qu'il fût jugé » directement contre la raison, au parlement de » Paris, en faveur de M. du Tiersan, quand on » ordonna qu'un douaire serait propre aux enfans » pour les biens situés en Bretagne, que cette cou- » tume a réprouvé. »

Si l'arrêt a bien jugé, on peut, ce semble, en conclure que, même dans les coutumes d'égalité parfaite, on peut, par une stipulation particulière, rendre propre le douaire qu'elles déclarent viager, sans être censé avantager les enfans du premier lit, et conséquemment sans donner ouverture à une demande en Légitime de la part des enfans du second lit sur les biens compris dans ce droit.

Si, au contraire, la critique que font de cet arrêt Hévin et Perchambaut, est exacte, la stipulation dont il s'agit doit être regardée comme une donation sujette à la Légitime.

Or, ce dernier parti a été adopté, même au parlement de Paris, par un arrêt rendu le 16 mars 1763; au rapport de M. Berthelot de Saint-Alban, conseiller à la troisième chambre des enquêtes.

« Dans le fait (nous parlons d'après l'additionnaire de Lebrun), Nicolas d'Haussonville, connu sous le nom du comte de Vaubecourt, a été marié deux fois. De son premier mariage avec Charlotte de Vergeur, sont issus, entre autres enfans, Charlotte d'Haussonville et Anne-Françoise d'Haussonville. Du second mariage avec Claire-Guillaume, sont nés, entres autres enfans, Louis, François et Marie d'Haussonville. Par le contrat de mariage de Nicolas d'Haussonville avec Charlotte de Vergeur, cette dernière est douée de 3,000 livres de rente de douaire préfix, si mieux elle n'aime prendre et opter le coutumier, lequel douaire, ajoute-t-on, tel que choix sera, demeurera propre aux enfans provenans dudit mariage, pour d'icelui jouir suivant la coutume de Paris.

» Les enfans du premier lit ont renoncé, pour s'en tenir au douaire coutumier: ceux du second lit répètent leur Légitime.

» Sentence des requêtes du palais, du 30 mars 1760, qui, quoique favorisant les enfans du premier lit, a donné lieu, par la singularité de ses dispositions, à l'appel de toutes les parties.

» Il est important d'observer que tous les biens du comte de Vaubecourt étaient régis par les coutumes de Metz, Verdun, Bar, Vitry, Châlons et Sens; toutes coutumes où le douaire est viager à la femme; mais que celles de Bar, Vitry et Châlons, sont des coutumes d'égalité parfaite.

» L'arrêt cité a ordonné la réduction des parts du douaire à l'égalité des parts légitimaires, pour les biens situés dans les coutumes de Bar, Vitry

55

et Châlons, sauf à recourir, pour le supplément de la part des enfans du premier lit, sur les biens, si aucuns y a, situés, tant dans la coutume de Metz, que dans celle où le douaire est propre aux enfans, et sur les acquêts faits, par le père, dans les coutumes qui ne sont pas d'égalité parfaite.

» Le principe de décision a été que, quoiqu'il soit permis dans toutes ces coutumes de stipuler le douaire propre aux enfans, il faut concilier cette disposition avec l'esprit de celles qui requièrent une égalité parfaite de part entre tous les enfans. »

Qu'il nous soit permis de le dire, ne semble-t-il pas qu'il y a contradiction entre les dispositions de cet arrêt? D'un côté, il juge que la stipulation de douaire propre est une libéralité du père aux enfans du premier lit, et en conséquence il la déclare contraire à la prohibition de certaines coutumes d'avantager un enfant. D'un autre côté, il décide que cette stipulation doit avoir son effet, au préjudice de la Légitime, dans les coutumes qui ne contiennent point de pareille défense: voilà donc une seule et même clause considérée comme un titre gratuit par rapport à une contrée, et comme un titre onéreux par rapport à une autre. Peut-être ne manque-t-on pas de subtilités pour couvrir cette contradiction; mais nous avouons de bonne foi qu'elle nous paraît inconcevable.

Parlons franchement: pourquoi ne regarderait-on pas comme une libéralité la convention par laquelle un père étend à ses enfans un douaire que la loi borne à la personne de sa femme? Sans doute le contrat de mariage est un titre onéreux, mais il ne peut pas servir de voile à des donations faites en fraude de la Légitime. Or, comment peut-on juger si telle ou telle clause contient une donation? C'est sans contredit en examinant si elle est plus avantageuse à celui pour qui elle est faite, que ne le seraient les dispositions de la loi.

En vain oppose-t-on que l'on n'est pas censé donner en se soumettant à une coutume étrangère. Cela est vrai, lorsqu'il ne résulte de la soumission qu'un contrat onéreux. Qu'un homme, par exemple, se mariant en pays de droit écrit, stipule une communauté de meubles et de conquêts suivant la coutume de Paris, il n'avantage point sa femme, et n'est point avantagé par elle; les deux époux forment seulement une société dans laquelle ils font des apports égaux ou réputés tels; c'est un contrat onéreux, un véritable acte de commerce qu'ils passent ensemble. Mais qu'un homme domicilié à Paris aille se marier à Lille ou à Douai, avec soumission à la coutume de l'une ou de l'autre ville, il résultera de là une communauté de tous les biens, et par conséquent un avantage réel pour le moins riche des deux époux; avantage qui sera sujet au retranchement de la Légitime, comme Lebrun lui-même est forcé d'en convenir. Pourquoi donc ne ferait-on pas également opérer ce retranchement sur un douaire que les enfans ne doivent qu'à la soumission de leur père à une coutume qui le rend propre?

Mais, dit-on, il y a une différence entre ces deux cas: dans le premier, le père renonce au droit commun, pour suivre une coutume singulière; dans le second, il s'y conforme, ou du moins il ne s'en éloigne pas, puisque nous avons un grand nombre de coutumes qui déclarent le douaire de la femme propre aux enfans. Ainsi, dans le premier cas, on doit le considérer comme un donateur; et dans le deuxième, comme contractant à titre onéreux.

Cette raison de différence tombe d'elle-même. Le droit commun d'une province ou d'une ville n'est point l'esprit général des coutumes étrangères; mais c'est la coutume qui a été adoptée par cette province ou cette ville. Qu'importe à un habitant du Maine ce qui se pratique à Paris? A la bonne heure, que, dans les questions qu'une coutume particulière laisse indécises, on s'en rapporte à la disposition du plus grand nombre des autres coutumes, il n'y a rien en cela que de régulier, et c'est alors que cette disposition forme un droit commun pour le territoire même de la coutume muette; mais que, dans les cas sur lesquels une loi municipale s'explique de la manière la plus précise, on veuille regarder et faire valoir comme le droit commun de ses sujets, le résultat de la plupart des lois étrangères, c'est ce qu'on ne peut faire sans heurter de front les premiers principes. Chaque coutume est souveraine dans son territoire; ses sujets n'ont point d'autre droit commun qu'elle, tant qu'elle n'est pas muette; et ce n'est que dans son silence qu'il leur est permis de recourir aux coutumes étrangères.

Un exemple rendra ceci plus sensible. C'est une maxime établie par les lois romaines, et reçue dans nos mœurs, qu'on ne doit point restituer en entier un mineur qui a été lésé en suivant le droit commun. *Non videtur circumscriptus esse minor qui jure sit usus communi* (Loi 9, C. *de in integrum restitutione minorum* 25 annis). Cela posé, qu'un jeune homme domicilié à Lille ou à Douai stipule, en se mariant, une communauté de tous les biens, il est certain que cette stipulation est contraire au droit commun, c'est-à-dire, à l'esprit général des coutumes de France et de la Belgique; cependant elle ne sera point sujette à rescision, parce qu'elle est conforme à la disposition particulière des coutumes de Lille et de Douai.

Autre exemple. Deux personnes domiciliées à Douai, se marient, et, par leur contrat de mariage, se font une donation mutuelle de tous leurs biens meubles et conquêts. Cette donation serait presque partout ailleurs sujette à la Légitime des enfans qui doivent naître de ce mariage; cependant elle en sera exempte à Douai, parce qu'elle est calquée sur le droit d'entravestissement de sang qui a lieu dans cette ville. (V. l'article *Entravestissement*.)

Encore une fois donc, le droit commun de chaque territoire est la coutume qui y domine, lorsqu'elle n'est pas muette; et c'est par les dispositions de cette coutume, qu'il faut juger si telle stipulation doit être regardée comme une libéralité, ou comme un titre onéreux.

V. Reste à examiner si, dans les coutumes qui rendent le douaire propre aux enfans, et qui, par conséquent, l'affranchissent du retranchement de la Légitime, il ne doit pas, lorsqu'il est porté par une clause particulière à un taux qui excède celui de la coutume, être soumis à ce retranchement jusqu'à concurrence de l'excès dont il s'agit.

Tout ce que nous venons de dire, s'applique ici avec la plus grande justesse pour établir l'affirmative; et c'est une opinion à laquelle Lebrun lui-même accorde son suffrage. Suivant cet auteur, « il » y a une très-grande différence entre établir le » douaire propre aux enfans, dans une coutume » où il n'est que viager, et faire un douaire préfix » qui excède de beaucoup le coutumier et la ma-» nière ordinaire de constituer des douaires; comme » il y a beaucoup de différence entre stipuler une » communauté de biens en pays de droit écrit, et » stipuler une communauté de tous biens ou un » partage inégal de communauté en pays coutu-» mier.... Le douaire excessif et la communauté » de tous biens passent pour de pures libéralités, » et sont sujets à la Légitime des enfans d'un se-» cond lit : aussi, quoiqu'ils fassent partie d'un » contrat de mariage, un mineur peut s'en faire » relever. En un mot, toutes les conventions qui » excèdent le droit commun et la manière ordi-» naire de contracter, sont des donations; et cette » règle peut servir pour la restitution du mineur » contre ces sortes de conventions et pour la Lé-» gitime.

Renusson soutient le contraire, sur le fondement de l'arrêt déjà cité, du 27 mars 1629, dans l'espèce duquel il suppose, d'après Tronçon, que le douaire était de 3,000 livres de rente, et qu'il excédait de beaucoup le taux réglé par la coutume. On a vu plus haut, que Tronçon n'a pas bien connu cet arrêt, et l'on en trouve ici une nouvelle preuve; car Bardet nous assure positivement que le douaire préfix de Catherine Barbé n'était que de 1,500 liv. et qu'on l'avait stipulé conformément aux dispositions de la coutume de Paris. Si Renusson eût été instruit de cette circonstance essentielle, il aurait certainement décidé tout autrement qu'il ne l'a fait, puisqu'il ne peut s'empêcher de convenir que son opinion « reçoit beaucoup de difficultés. » Quand un homme (ajoute-t-il) constitue à sa fu-» ture épouse un douaire préfix plus fort que le » coutumier, il semble que ce qui excède le douaire » coutumier, est une libéralité, un avantage, une » espèce de donation, et que cet excédant devrait » être sujet à la Légitime des enfans du second » lit. »

QUESTION VII. _Les gains de survie usités dans les provinces de droit écrit, sont-ils sujets à la Légitime?_

Il faut distinguer, comme nous l'avons fait à l'égard du douaire, les gains de survie fondés sur l'usage ou sur une convention conforme à l'usage d'avec les gains de survie qui ne doivent l'existence qu'à une stipulation expresse des parties, ou qui, étant introduits par l'usage, sont portés par une clause particulière à un taux qui l'excède.

II. La première espèce de gains de survie n'est point sujette à la Légitime; c'est ce qui résulte de toutes les raisons par lesquelles nous avons établi la même chose relativement au douaire coutumier; et c'est ainsi que le décide Boucher d'Argis, par rapport à l'augment de dot.

« Il y a (dit-il, _Traité des gains nuptiaux_, chap. 18.,) il y a sur cette matière deux principes dont on ne peut s'écarter. Le premier est, que la femme peut se constituer en dot de tous ses biens présens et à venir; _nihil enim vetat mulierem dare in dotem bona sua omnia_, dit la loi 4, C. _de jure dotium_. Un second principe est, que toute dot mérite un augment proportionné à sa quotité, parce que l'augment est donné en récompense de la dot : _dos data donationem meretur_ (auth. _dos_. C. _de donationibus_.)

» De ces deux principes, on est en droit de conclure que l'augment coutumier et le préfix non excédant le coutumier, à quelque somme qu'ils puissent monter, sont dus en entier à la femme survivante, sans être sujets à aucune réduction pour la Légitime des enfans, ni pour celles des ascendans; du moins les lois n'ont point prévu ce cas. »

Boucher d'Argis étend sa décision au contre-augment et aux autres gains qui peuvent avoir lieu en faveur du mari survivant; et c'est ce qui a été jugé par deux arrêts très-précis du parlement de Toulouse.

Le premier est rapporté par Maynard, liv. 2, chap. 88.

Une femme domiciliée à Toulouse, institue son mari héritier universel, et meurt sans enfans : sa mère demande sa Légitime, et veut comprendre dans l'exercice de ce droit le contre-augment du mari, c'est-à-dire, la dot de sa fille acquise à celui-ci par le prédécès de sa femme, suivant la coutume de Toulouse, titre _de dotibus_, article 3. Le mari s'oppose à cette prétention, et soutient n'être tenu de fournir la Légitime que sur les biens compris dans son institution. L'affaire portée au parlement de Toulouse, il intervient, après partage porté de la tournelle à la grand'chambre, arrêt du 5 avril 1594, qui déboute la mère de sa demande en Légitime sur la dot gagnée par le mari, _et ledit arrêt retenu pour être prononcé solennellement à la fête de Pâques prochaine par_ M. le président du Faur.

« A cet arrêt, dit Catellan, j'en ajouterai un » autre, prononcé en robes rouges par M. le pre-» mier président de Fieubet, la veille de la Pen-» tecôte de l'année 1674. Cet arrêt avait été rendu » par la première chambre des enquêtes, après » partage. La raison de douter était la faveur de la » Légitime d'une mère sur les biens délaissés par sa » fille morte sans enfans. Mais ce n'est pas ici le » cas de succession, ni par conséquent de Légi-» time; le mari ne gagne pas la dot par voie de suc-

» cession : c'est une dette à son égard qu'il exige,
» c'est un gain que la coutume lui donne dans son
» détroit, ou le pacte apposé au contrat de ma-
» riage dans lequel on s'est soumis à la coutume. »

Enfin, Boucher d'Argis tient que « les bagues et
» joyaux coutumiers, et le préfix non excédant
» les coutumiers, paraissent aussi, par les mêmes
» raisons, devoir être préférés à la Légitime des
» enfans et ascendans. »

Cependant, continue le même auteur, il pourrait arriver que l'augment, le contre-augment et
les autres gains de survie fussent si excessifs qu'ils
absorbassent tous les biens du défunt. Dans ce cas,
*je pense que, par équité et selon les circonstances,
on réglerait ces droits arbitrio boni viri, ou bien
on obligerait le survivant à donner aux légitimaires une pension par forme d'alimens.*

III. La seconde espèce de gains de survie est indistinctement sujette à la Légitime. Boucher d'Argis le décide en ces termes : « Pour ce qui est de
» donation de survie et autres gains nuptiaux qui
» ne sont fondés que sur la convention expresse
» des parties, ils sont sans contredit réductibles
» pour la Légitime. »

Cette décision peut être appuyée de toutes les
raisons par lesquelles nous avons prouvé ci-dessus que le douaire est soumis au retranchement,
quand il ne doit sa qualité de propre qu'à une
clause du contrat de mariage.

[[Elle a d'ailleurs été confirmée par un arrêt
de la cour de cassation, du 21 floréal an 10. *V.* mon
Recueil de Questions de droit, au mot *Légitime,*
§ 4.]]

IV. Quant aux gains de survie de la troisième espèce, le même auteur pense, et avec raison,
qu'ils doivent être réduits pour la Légitime, et
contribuer à ce droit jusqu'à concurrence de l'excès
de la stipulation sur le taux fixé par l'usage.

Voici ce qu'oppose à cette résolution un auteur
anonyme, dont Boucher d'Argis a fait imprimer
les observations à la fin de son ouvrage : « Un
» traité de mariage est un traité semblable aux au-
» tres : les conventions qui y sont stipulées, sont
» de véritables créances, qui n'entrent point dans
» la masse de l'hoirie. Lors d'un mariage, l'aug-
» ment est convenu et réglé comme un droit, et
» comme une donation ; souvent il est le prix
» (quand il excède le coutumier,) ou d'un âge peu
» assorti, ou d'une naissance plus distinguée ; en
» un mot, il est toujours regardé comme une con-
» vention ou une créance, et jamais comme une
» donation à quelque somme qu'il soit porté ; et tel
» est l'usage. »

La réponse de Boucher d'Argis paraît décisive :
« On pourrait dire du douaire préfix et de toutes
» les autres conventions matrimoniales, comme
» l'auteur des observations le dit de l'augment,
» qu'ils ne sont point réductibles pour la Légi-
» time, à quelque somme qu'ils se montent, et
» cela parce que ce sont des conventions essentielles
» du mariage qui forment plutôt des créances que
» des donations. Néanmoins, il est certain que le

» douaire préfix qui excède, et tous les autres
» avantages trop considérables, quoique convenus
» par le contrat de mariage, sont réductibles *ar-
» bitrio boni viri,* quand ils préjudicient à la Lé-
» gitime des enfans. »

Si quelque chose peut passer dans le contrat de
mariage, pour un titre onéreux et pour *le prix
d'un âge peu assorti ou d'une naissance plus distinguée,* c'est assurément la constitution de dot :
cependant on a vu plus haut qu'elle est sujette au
retranchement de la Légitime ; il faut donc pareillement y soumettre toutes les conventions matrimoniales qui tendent à avantager quelqu'un au-
delà de ce que la coutume lui accorde.

V. Mais voici une autre question : lorsqu'il y a
des enfans du mariage qui a produit les gains nuptiaux, le survivant n'a régulièrement sur ces gains
qu'un droit d'usufruit, à l'exception d'une virile,
dont il a la propriété en demeurant veuf : cette virile, ainsi appelée parce que c'est une portion
égale à celle de chaque enfant, est-elle soumise,
dans la succession du survivant, à la Légitime
qu'il doit à ses enfans?

L'affirmative semblerait n'être susceptible d'aucun doute. D'un côté la Légitime doit se prendre
sur tous les biens que le défunt laisse à sa mort,
ou dont il a disposé à titre gratuit : de l'autre, la
virile appartient en toute propriété au survivant ;
il paraît donc que cette virile doit souffrir le retranchement de la Légitime ; soit qu'elle se trouve
dans la succession *ab intestat,* ou que le survivant s'en soit exproprié par des actes de libéralité.

La chose n'est cependant pas aussi claire qu'elle
le semble au premier abord, et il y a là-dessus
trois distinctions importantes à faire.

1° Lorsque le survivant meurt sans avoir disposé de sa virile, il ne peut pas être question d'y
prendre une Légitime : en effet, les seuls qui pourraient la demander, seraient, ou les enfans nés du
mariage qui a produit le gain nuptial, ou les enfans issus d'un mariage antérieur.

Les premiers n'ont pas besoin de l'action légitimaire pour avoir part à cette virile, parce qu'elle
leur est dévolue de plein droit, quoiqu'ils ne
soient héritiers ni de leur père ni de leur mère :
c'est ce que prouvent la loi 4, C. *de secundis nuptiis,* et la novelle 22, chap. 20.

Les secondes n'y peuvent rien prétendre, à quelque titre que ce soit, parce que les gains nuptiaux
sont toujours affectés aux enfans du défunt de qui
ils proviennent.

2° Lorsque le survivant a disposé de sa virile, il
est hors de doute que les enfans à qui elle serait
affectée, si elle se trouvait dans la succession *ab
intestat,* peuvent la comprendre dans leur action
en retranchement de Légitime.

3° Mais en est-il de même, en ce cas, des enfans
d'un lit antérieur ?

Cette question s'est présentée au parlement de
Toulouse dans une espèce remarquable.

Anne de Pasquerie avait été mariée trois fois : la

première avec François Brunet ; la seconde, avec Bernard Trebos ; et la troisième, avec François Maillot. Elle avait apporté à ce dernier une dot de 5,000 livres ; et comme elle lui avait survécu, elle avait gagné un augment de 2,500 livres. A l'article de la mort, elle fit son testament ; et, entre autres dispositions, elle légua à Jeanne de Maillot, sa fille aînée du troisième lit, sa portion virile dans l'augment dont on vient de parler. Les enfans des deux premiers lits demandèrent leur Légitime sur ce legs ; et d'après l'opposition de la fille légataire, il s'éleva, au parlement de Toulouse, un procès, qui, après avoir été partagé en deux chambres différentes, fut enfin départi dans l'assemblée des chambres.

Catellan, qui en était rapporteur, nous retrace exactement, liv. 4, chap. 74, les moyens qu'on faisait valoir de part et d'autre.

Les gains nuptiaux de la femme, disait-on pour la légataire, sont affectés aux enfans du mari de qui elle les tient. *Quod mulier mariti largitate percepit, id ex eo tantum conjugio procreati sibi speciale tanquam paternum patrimonium vindicant :* c'est la disposition de la loi 4, C. *de secundis nuptiis.* Les enfans du troisième lit ne pouvaient point prétendre de Légitime sur les gains nuptiaux que la défunte pouvait avoir faits sur les biens de ses deux premiers maris, puisque la loi en avait transmis incommutablement la propriété aux enfans des deux premières noces : pourquoi donc ces derniers auraient-ils plus de droit sur les gains nuptiaux du troisième mariage ? D'ailleurs, si la mère commune des parties étaient morte *intestat,* ou même sans disposer nommément de sa virile, les enfans des deux premiers lits n'y prendraient rien, ils en seraient exclus par ceux du troisième lit, *honore præcipuo,* comme dit le chapitre 20 de la novelle 22 : ils n'y peuvent donc pas demander de Légitime, puisque la Légitime n'est jamais que le tiers ou la moitié de ce qu'on aurait eu *ab intestat.*

Voici ce qu'on répondait pour les légitimaires. Par la loi *hac edictali,* la propriété des gains nuptiaux est tellement acquise aux femmes, que les enfans ne peuvent revendiquer les choses qu'elles en ont aliénées. Le chap. 20 de la novelle 22 va même jusqu'à dire que : *hæc erunt eis propria, nihil pene ab alia eorum differentia possessione ;* et néanmoins, suivant la même loi, si le survivant ne dispose pas expressément et nommément de ces gains, ils appartiennent aux enfans de ce mariage par préciput, *honore præcipuo, ex nostra lege, licet non sint heredes nec patris nec matris.* La propriété dont il s'agit, est donc très-irrégulière, et forme, pour ainsi dire, une espèce de biens à part, lorsque le survivant n'en dispose pas ; mais, dans le cas contraire, elle se mêle et se confond avec son patrimoine, elle en prend la nature, elle en suit la condition, et par conséquent elle devient sujette à la Légitime des enfans de tous les mariages.

On convient généralement que la disposition qu'en a faite la défunte au profit d'un des enfans du troisième lit, n'est pas exempte de la Légitime des autres enfans du même mariage ; elle ne doit pas l'être non plus de la Légitime des enfans des lits précédens, puisque tous les enfans, de quelque mariage qu'ils soient nés, doivent avoir une Légitime égale ; *Singulis ex æquo quadriuntium vel sexuncium dividendo.* Ce sont les termes de la novelle 18, chap. 1.

On objecte que la Légitime n'est qu'une quotité de ce qu'on aurait *ab intestat* ; et comme les enfans des deux premiers lits n'ont rien dans la virile, quand le survivant n'en a pas disposé, on conclud de là qu'ils n'y peuvent prendre de Légitime lorsqu'il l'a donnée ou léguée. Mais nous trouvons plusieurs textes où la Légitime est appelée *pars totius substantiæ defuncti* ; tels sont le § dernier, aux Instituts, *de inofficioso testamento* ; le chapitre 1 de la novelle 18, et le chapitre dernier de la novelle 22. Si d'autres lois la qualifient de quotité de la portion *ab intestat,* c'est parce que communément la portion *ab intestat* se règle par rapport à tous les biens du défunt ; l'exemple du père et de la mère qui prennent leur Légitime sur toute l'hérédité, quoique leur fils ait laissé des frères qui partageraient avec eux *ab intestat,* prouve nettement que le véritable caractère de la Légitime est d'être, non une quotité de la portion héréditaire, mais une quotité de tout le patrimoine du défunt.

On oppose encore que les enfans du troisième lit ne pourraient pas demander de Légitime sur les gains nuptiaux des deux premiers mariages ; qu'ainsi, les enfans des deux premiers lits doivent également être sans droit et sans prétention sur les gains nuptiaux des troisièmes noces. Mais il y a une réponse très-simple. La femme a perdu, en passant à un second mariage, la propriété des gains nuptiaux du premier ; et en passant à un troisième, la propriété des gains nuptiaux du second. Les choses comprises dans ces gains, ne sont donc plus trouvées dans son patrimoine au moment de sa mort ; et, par une conséquence nécessaire, ses enfans de troisièmes noces n'ont pas pu y prendre une Légitime ; mais cette femme ne s'étant pas remariée après le décès de François Maillot, son troisième époux, la loi lui a donné en propriété la virile dont il s'agit, au cas qu'elle en disposât nommément, comme elle l'a fait : cette virile est donc confondue avec ses autres biens, et conséquemment elle est assujétie à la Légitime de tous les enfans, sans distinguer de quel mariage ils proviennent.

Nonobstant ces raisons, le premier avis prévalut ; et par arrêt du 5 mars 1659, les enfans des deux premiers lits furent déboutés de leur demande.

« On crut principalement (dit le magistrat cité) qu'il n'était pas juste que les enfans du premier lit eussent part aux gains nuptiaux d'un autre mariage d'où ces gains procédaient. On ajouta que la novelle 22, suivant laquelle la virile appartient aux enfans du même mariage, si la mère n'en dispose pas, est fondée sur la volonté de cette mère, qui est présumée, en ne disposant pas nommément de cette virile, avoir voulu la laisser également à tous ses enfans de ce mariage; *quasi voluerit magis servare filiis, tanquam ex causa illorum sibinet acquisitas et non ad extraneos deducere.*

» Ainsi, puisque, faute de disposition expresse, la virile appartient aux seuls enfans du même mariage, par la volonté présumée de leur mère, sans que ceux d'un autre mariage y puissent prétendre droit de Légitime, il s'ensuit que, lorsqu'elle ne dispose expressément en faveur d'un des enfans du même mariage, les enfans d'un autre mariage n'y en peuvent point aussi prétendre à cause de l'expresse volonté de leur mère, puisque la disposition expresse est toujours plus forte que la tacite. »

Ces motifs ne peuvent s'appliquer qu'à l'espèce précise de l'arrêt cité, c'est-à-dire, au cas où le survivant a disposé de sa virile en faveur d'un enfant du mariage dont elle est provenue: en serait-il donc autrement si la disposition qu'en a faite le survivant, était au profit d'un étranger?

Non, et déjà nous en avons dit la raison: c'est que les enfans du mariage précédent n'ont rien à prétendre sur cette virile, lorsque le survivant n'en a pas disposé, et que, suivant une maxime établie ci-dessus, quest. 4, on ne peut pas exiger de Légitime sur des biens dont on est exclu *ab intestat*. L'objection qui est opposée à cette maxime dans le détail des moyens sur lesquels est intervenu l'arrêt que nous venons de rapporter, trouve sa réponse dans ce que nous avons dit au § 1 de cette section, aux questions de savoir si les enfans exhérédés font part dans la Légitime de leurs frères, et si les frères font part dans celle des ascendans.

Ainsi, le seul cas où les gains nuptiaux peuvent être soumis, dans la succession du survivant, à la Légitime des enfans d'un mariage antérieur à celui dont ils sont provenus, est lorsqu'il ne reste point d'enfant du dernier, et que, par-là, ils demeurent confondus avec les autres biens du survivant.

VI. Doit-on étendre aux legs et aux autres libéralités testamentaires faites à l'époux survivant par le prédécédé, ce que nous venons d'établir touchant les gains nuptiaux, relativement au cas où il se trouve des enfans de chaque lit?

Cette question a été jugée pour la négative au parlement de Toulouse.

Claire de Tournier avait été mariée en premières noces avec Antoine Combon, dont elle avait eu une fille; et en secondes noces, avec Antoine Croset, de qui il lui était né une autre fille. Ce dernier lui avait légué, par son testament, une métairie située à Ausielle, et elle avait elle-même disposé universellement en faveur de la fille qu'il lui avait laissée. Après sa mort, la fille du premier lit demanda sa Légitime, et prétendit la prendre,

non-seulement sur la dot et les autres biens provenans de la défunte; mais encore sur tout ce qu'elle avait reçu de son second mari à titre de legs.

Sur quoi (dit d'Olive, liv. 3, chap. 29) quelques-uns des juges estimaient cette demande *incivile*. La loi 4, C. *de secundis nuptiis*, porte que tout ce qu'une femme reçoit de la libéralité de son mari, *quod mulier ex mariti largitate percipit*, ne peut être réclamé dans sa succession que par les enfans issus de ce mariage: *id ex eo tantum conjugio procreati sibi speciale tanquam paternum patrimonium vindicant.* Cette disposition comprend certainement les legs aussi bien que les conventions matrimoniales; il y a même plus de raison de l'appliquer aux uns qu'aux autres, puisque les conventions matrimoniales sont des titres onéreux, ou du moins des donations sans lesquelles le mariage n'eût point été contracté, et que, par conséquent, elles sont justement acquises à la femme; au lieu que les legs dont elle est gratifiée par son mari, sont la récompense de l'affection qu'elle a eue pour lui, et le gage de l'espérance qu'il n'oubliera pas ses enfans. C'est donc principalement à ces libéralités que s'applique la nécessité de la réserve introduite par le texte cité; et, comme dit la loi 67, § dernier, *de legatis* 2° au Digeste, *cavendum est ne honor bene transacti matrimonii, fides etiam communium liberorum decipiat patrem, qui melius de matre præsumpserat.*

Ces raisons étaient séduisantes; mais celles qu'on y opposait, étaient mieux fondées. Les termes cités de la loi 4, C. *de secundis nuptiis*, paraissent, à la vérité, comprendre les legs comme les gains nuptiaux; mais les dernières paroles du même texte font voir clairement qu'il faut en restreindre la disposition à l'augment: *Sponsalitiam largitatem quam vir secundus contulit in uxorem, tantummodo filii qui ex secundo matrimonio suscepti sunt, pro soliditate possideant.* C'est ainsi que la glose a entendu cette loi, et l'on ne peut plus douter de l'exactitude de cette interprétation, depuis que l'empereur Justinien l'a confirmée lui-même: le chap. 29 de la novelle 22 distingue formellement la donation à cause de noces, des libéralités étrangères au mariage, telles que les legs et les fidéicommis; il déclare que l'une appartiendra toujours aux enfans nés du mariage dont elle sera provenue, soit que le survivant se soit remarié ou non; mais que les autres demeureront confondues dans le patrimoine du survivant qui n'aura pas contracté un nouveau mariage après la mort du conjoint qui l'en aura gratifiée. *Absolute unaquæque soboles proprii parentis accipiat sponsalitiam largitatem, et omnino prioribus filiis propter secundas nuptias accipientibus, et secundi liberi modis omnibus eam habeant, quamvis quæ secundas contraxit nuptias ad tertia minime migraverit vota. Ex rerum vero consequentia hoc ipsum et in patribus sit secundas nuptias facientibus: et servetur quidem ex priori matrimonio filiis propter secunda vota lucrata dos, secundis quoque licet non ad tertia pater pervenerit vota. Reliqua vero quæcumque in talibus lucratus est pater aut mater ex secundis nuptiis, aut per legatum forsitan, sive fideicommissum, non tamen ad tertias venerunt nuptias, hæc commixta eorum substantiæ et à tertiis non mutilata matrimoniis, maneant apud eos immota : et ad eorum, velut propria, successiones perveniant : aut etiam à superstitibus quo volunt disponantur modo.* Cette différence n'est pas dénuée de raison : l'augment que la femme gagne par le prédécès de son mari, elle le gagne comme femme, en conséquence du mariage, et à l'occasion des enfans pour la procréation desquels il a été contracté (*tanquam ex causa illorum matri acquisitum*, dit la *novelle* 22, chap. 20); au lieu qu'elle reçoit comme étrangère, et par des considérations tout-à-fait personnelles, les legs, les fidéicommis et les autres dispositions contenues dans le testament de son mari.

On citait, à l'appui de ces moyens, deux docteurs qui soutiennent précisément cette opinion, savoir : Nicolas d'Arles, sur la loi *Generaliter*, C. *de secundis nuptiis*, et Ripa, sur la loi *Feminæ* du même titre.

« Si bien (dit d'Olive) que la cour, par arrêt du 17 juillet 1631, donné à mon rapport, en la première des enquêtes, adjugea à la fille du premier lit la Légitime, telle que de droit, sur tous et chacun des biens de feue Claire Tournier, et déclara dans lesdits biens être comprises toutes les libéralités par elles reçues de feu Antoine Croset, son second mari, tant par testament qu'autrement, excepté la portion virile de l'augment à elle acquis par le prédécès dudit Croset.

« Cette question (continue d'Olive) s'étant présentée à la chambre de l'édit de Castres, fut jugée suivant cette doctrine, au rapport de M. de Jassand, le 31 juillet 1634, en réformant la sentence du sénéchal de Carcassonne, qui avait jugé le contraire.

« La même chose fut aussi jugée au parlement, le 9 juillet 1635, après partage porté de la deuxième à la première des enquêtes. »

QUESTION VIII. *Peut-on prendre deux fois la Légitime sur les mêmes biens ?*

Voici l'espèce dans laquelle cette question peut se présenter. Un mari fait des donations à sa femme, soit par contrat de mariage, soit par testament : après sa mort, les enfans prennent leur Légitime sur les biens dont il a disposé à titre gratuit, et par conséquent sur les libéralités qu'il a faites à leur mère : celle-ci meurt ensuite : on demande si les biens qui ont souffert entre ses mains le retranchement de la Légitime paternelle, doivent encore supporter la distraction de la Légitime maternelle.

L'affirmative ne souffre aucune difficulté, et Lebrun l'adopte sans balancer : « Il arrive souvent (dit cet auteur) que sur les biens donnés entre

» futurs conjoints, les enfans qui naissent du mariage prennent une double Légitime : une première, en tant que les biens procèdent du donateur, et une seconde, en tant qu'ils appartiennent au donataire ; et au cas, par exemple, » que la donation ait été faite par le mari à la » femme, les enfans considèrent d'abord les biens » comme paternels, et y prennent la Légitime qui » leur est due sur les biens du père ; ensuite ils » en regardent le surplus comme biens maternels, » et y prennent la Légitime qui leur est due sur » les biens de la mère : ce qui s'appelle, dans les » provinces de droit écrit, légitimer deux fois sur » les mêmes biens. »

Ce que dit ici Lebrun des donations par contrat de mariage, Dumoulin et Henrys le disent également d'une institution d'héritier faite par le testament d'un époux au profit de l'autre ; et le parlement de Provence a confirmé leur sentiment par un arrêt du 11 juin 1636.

« Dans la cause sur laquelle cet arrêt intervint (dit l'additionnaire de Duperrier), notre auteur soutenait qu'on l'avait toujours pratiqué ainsi, c'est-à-dire que la Légitime devrait être prise sur la totalité des biens de la mère, quoiqu'on y trouve confondue l'hérédité du père sur laquelle les enfans ont déjà pris leur Légitime.

» Mais il a été en suite décidé qu'on ne peut pas légitimer deux fois sur les mêmes biens. Duperrier, dans des défenses données pour un autre procès, citait trois arrêts, qui l'avaient jugé ainsi ; on en trouvera ci-dessous un autre du 23 décembre 1655 ; Boniface en fait mention, et en rapporte un autre du 19 avril de la même année, et un du 4 ou 24 novembre 1657. »

Cette jurisprudence est particulière au parlement de Provence ; et elle y est tellement regardée comme contraire aux principes, qu'on ne la suit pas, suivant l'auteur cité, « lorsqu'il s'agit, non » pas d'une institution d'héritier, mais d'un simple » legs en faveur de la mère. Alors, quoique ce » legs ait fait fonds dans la succession du père pour » la Légitime qui était due sur ses biens, il fait » encore fonds dans la succession de la mère. Boniface cite deux arrêts qui l'ont jugé ainsi : l'un » du 16 mars 1666, l'autre du 10 mai 1670. »

ART. II. *Comment doit-on, pour liquider la Légitime, considérer les biens qui y sont sujets ?*

Cette question en renferme cinq, deux générales, et trois particulières.

La première est de savoir quels sont les biens que l'on doit faire entrer en masse, et sur quel pied on doit les estimer ;

La seconde, si l'on doit avoir égard aux augmentations et aux diminutions survenues aux biens depuis la mort du défunt ;

La troisième, si, pour régler la Légitime des petits-enfans, il faut considérer toute la masse des biens de l'aïeul, ou seulement la part qui en serait déchue à leur père au cas qu'il ne fût point prédécédé ;

La quatrième, si en réglant la Légitime d'un aîné, on doit avoir égard à son préciput et à sa portion avantageuse;

[[La cinquième, enfin, si lorsqu'un des enfans, donataire de son père, doit fournir la Légitime à ses frères et à ses sœurs par retranchement sur sa donation , il peut retenir la portion qu'il aurait dans cette Légitime , s'il se portait légitimaire comme eux, et que le donataire fût un étranger.]]

Question I. *Quels sont les biens que l'on doit faire entrer en masse , et sur quel pied doit-on les estimer ?*

I. La première partie de cette question est déjà résolue par la détermination que nous venons de faire des biens sujets au retranchement de la Légitime : car c'est une règle constante, que tous les biens qui sont sujets au retranchement, doivent entrer dans la masse et servir à la supputation. Il ne faut pas même pour cela qu'ils souffrent un retranchement actuel, il suffit qu'ils puissent le souffrir subsidiairement. Ainsi , quoique les donations entre-vifs ne doivent contribuer à la Légitime qu'au défaut des legs et des biens qui composent la succession *ab intestat*, on ne laisse pas de les comprendre fictivement dans la masse sur laquelle on forme la liquidation de la Légitime ; et comme le porte un acte de notoriété donné par le parlement de Provence, du 10 mars 1632, *elles entrent dans le globe de la succession pour grossir la liquidation de la Légitime , et non pour en faire le paiement, si ce n'est en défaut de biens suffisans.*

L'art. 34 de l'ordonnance de 1731 a consacré ce principe dans les termes les plus précis.

Par la raison contraire, il est évident qu'on doit exclure de cette masse les biens qui ne sont sujets en aucun cas à la Légitime, tels que ceux qui sont affectés au préciput d'aînesse, ceux qui étaient possédés par le défunt à charge de fidéicommis, tous ceux , en un mot, que le légitimaire ne pourrait pas recueillir *ab intestat*.

Quand nous disons, d'un côté, qu'il faut faire entrer dans la masse tous les biens qui sont soumis à la Légitime, même lorsqu'ils ne le seraient que *subsidiairement*, et de l'autre, qu'il ne faut en rejeter que ceux qui ne doivent contribuer ni souffrir le retranchement *en aucun cas*, nous ne parlons que de la Légitime ordinaire, et non de celle de *grâce ;* car , quoique le droit d'aînesse et les biens substitués soient sujets à la Légitime quand le défunt n'a pas laissé d'autres biens, cependant , comme cette Légitime est purement de grâce, et qu'elle a été introduite contre les principes généraux de la matière, ce n'est que dans les cas où elle a lieu que le droit d'aînesse et les biens substitués doivent entrer en masse, et ils n'y entrent pas dans toute autre circonstance, c'est-à-dire toutes les fois qu'il se trouve d'autres biens dans la succession.

Quelque constante que soit la règle de faire entrer en masse tous les biens sujets à la Légitime, il a été rendu , assez récemment, un arrêt qui l'a enfreinte d'une manière sensible, mais qui heureusement est demeuré sans effet. En voici l'espèce.

Le sieur et la dame de Monmonier, domiciliés en Flandre , firent un testament mutuel le 15 août 1730. Ils avaient deux enfans, un fils et une fille : ils partagèrent leurs biens entre l'un et l'autre, et les grevèrent de substitution en faveur de leurs héritiers respectifs.

En 1746, le sieur de Monmonier fils demanda que sa Légitime fût distraite de la masse des biens substitués sur sa tête : les échevins de Lille, devant qui l'affaire fut portée , ordonnèrent, par une première sentence, l'estimation de la totalité des deux successions paternelle et maternelle; et , après des opérations aussi longues qu'exactes , il intervint , le 24 novembre 1755, une sentence définitive, qui , réduisant la substitution à 18,350 florins , et lui donnant pour siège le fief de Parye, abandonna au sieur de Monmonier tous les autres biens pour son droit de Légitime.

Le fils aîné du sieur de Monmonier a réclamé contre ces sentences, et s'en est rendu appelant au parlement de Flandre. Il ne pour prétendre qu'il ne fût pas dû de Légitime à son père, mais pour la faire diminuer : il a soutenu que cette Légitime devait être réduite à une quote des biens assignés ou grevés par le testament de 1730 : « Ce » testament (disait-il) a fixé la portion que mon » père avait à recueillir ; cette portion testamen- » taire lui tenait lieu de celle qu'il aurait eue » *ab intestat ;* ce n'était donc que relativement à » cet assignat , que sa Légitime devait être éta- » blie. »

Ce système était en opposition manifeste avec les principes les plus incontestables ; car on n'a ja- mais pris pour règle de la Légitime les dispositions de ceux qui doivent la laisser , puisqu'au contraire la loi veut qu'on ne puisse altérer par au- cune sorte de disposition, cette portion sacrée qu'elle a établie elle-même, et qu'elle seule gou- verne par son autorité. La loi a précisément insti- tué la Légitime comme un frein et un remède aux testamens et donations inofficieuses que pourraient faire les pères ; elle a mis pour cet effet une partie des biens en réserve, et cette partie ne peut assu- rément avoir son rapport qu'avec le tout dont elle est un démembrement : c'est sur la masse totale du patrimoine qu'elle doit être mesurée.

Telles étaient en substance les raisons que le sieur de Monmonier père opposait à l'appel de son fils ; mais, et cela est surprenant, le parlement de Flandre les a rejetées : par arrêt du 3 août 1762, il a déclaré le tiers seulement de l'assignat fait au sieur de Monmonier, libre dans sa personne, et a ordonné que le surplus de cet assignat serait sou- mis à la substitution.

Le sieur de Monmonier s'est pourvu au conseil : là , par un premier arrêt du 7 février 1763, il a été ordonné que M. le procureur-général du parlement de Flandre enverrait les motifs ; et sur les motifs envoyés, il est intervenu un second arrêt, du 3 août de la même année, qui a cassé celui du parlement de Flandre, et a renvoyé la contestation au grand conseil.

Alors, le fils aîné du sieur de Monmonier a ouvert les yeux à la lumière ; il a souscrit à des condamnations justes et inévitables : en conséquence, un arrêt du grand conseil, du 8 août 1764, rendu sur les conclusions du ministère public, a confirmé toutes les sentences du magistrat de Lille, avec amende et dépens. Par un autre arrêt du 31 octobre suivant, le précédent a été déclaré commun avec la demoiselle de Monmonier, fille du premier lit du grevé, et avec le tuteur d'un enfant d'un second mariage.

II. Doit-on faire entrer en masse les biens qui n'appartenaient pas au défunt, mais qu'il a possédés avec toutes les conditions requises pour en commencer la prescription ?

Roussilhe prétend qu'ils n'y doivent pas entrer : l'héritier (dit-il) achèvera de prescrire ces biens en conséquence de la possession du père jointe avec la sienne, et les légitimaires n'y pourront rien prétendre.

Mais cette doctrine nous paraît destituée de tout fondement ; et plusieurs raisons se réunissent pour la détruire.

1º L'héritier ne pourrait soustraire ces biens à la masse sur laquelle la Légitime doit être prise, qu'en prouvant qu'ils n'étaient pas dans la propriété du défunt : or, il n'est point recevable à faire une pareille preuve, parce que *nemo potest referre quæstionem dominii ei à quo jus habet.*

2º La possession du défunt est un droit qu'il a transmis à ses héritiers, et dont le légitimaire aurait incontestablement profité s'il avait succédé *ab intestat*. Or, la Légitime est une portion de ce qu'on aurait eu, si la succession n'eût été entamée, ni par des donations entre-vifs, ni par des dispositions entre-vifs, ni par des dispositions de dernière volonté.

3º Lorsqu'on a acquis un bien par prescription, l'acquisition date, non pas seulement du jour que la prescription a été remplie : mais du jour que la possession a commencé. C'est ce que prouvent deux textes très-précis : le premier est la loi 13, D. *de donationibus causa mortis* ; elle porte, que le donateur à cause de mort d'une chose qui ne lui appartient pas, peut, après que le donataire en a prescrit la propriété, la revendiquer sur lui, en révoquant sa donation. La seconde est la loi 16, D. *de fundo dotali* ; elle déclare que la prescription d'un fonds dotal qui a été commencée par un tiers avant le mariage, peut être achevée sur le mari ; ce qui n'aurait pas lieu, si l'acquisition faite par cette voie, ne remontait pas toujours fictivement au premier moment de la possession ; car autrement, le mari ne pouvant pas aliéner, ne pourrait pas non plus laisser prescrire : la loi 28, D. *de verborum significatione*, est formelle sur ce point.

4º Deux exemples très-simples suffiraient pour réfuter l'opinion de Roussilhe : d'abord, il est constant que l'héritage dont la prescription a été commencée par un défunt, n'est pas acquêt, mais propre à l'héritier qui l'a possédé tout le reste du temps requis pour se mettre à l'abri d'une éviction : en second lieu, il n'est pas moins certain qu'un tel héritage, acquis avant le mariage, n'entre pas en communauté, quoique la prescription n'ait été complétée qu'après. Ce n'est donc pas la fin, mais le commencement de la possession, qu'il faut considérer en cette matière ; et, par une conséquence invincible, ce n'est pas l'héritier, mais le défunt qui est censé, dans notre espèce, avoir acquis la propriété des biens dont il s'agit. *A primordio tituli semper posterior formatur eventus.*

III. Lorsque, dans la dépendance d'un domaine de la succession, il se trouve des communaux destinés au pâturage des bestiaux qu'on y élève, ces communaux doivent-ils entrer dans la supputation de la Légitime, à raison de la part que forme le domaine dans la totalité des biens auxquels ils sont asservis ?

Sur cette question [[rendue sans objet par la loi du 10 juin 1793, comme on le verra à l'article *Marais*, § 5, nº 2]], le légitimaire peut dire pour l'affirmative, que le profit des communaux augmente la valeur du domaine, qu'on en use comme si l'on en était propriétaire ; que d'ailleurs ces sortes de biens appartenant à tous les habitants d'une ville ou d'un village, et chacun y ayant un droit quelconque, tous les successeurs du défunt doivent diviser entre eux la portion qu'il avait dans ce droit.

L'héritier, au contraire, peut répondre, qu'on ne peut pas mettre les communaux en tout ni en partie, au rang des biens du père, puisqu'il n'en avait qu'une simple jouissance attachée à sa qualité d'habitant ; que la supputation de la Légitime ne doit être faite que sur les biens proprement dits ; que par conséquent elle ne doit pas comprendre les communaux.

Il y a un troisième avis proposé par Roussilhe, et qui paraît très-juste : « Je penserais (dit cet auteur) lorsqu'il y a des communaux, de ne les » pas faire entrer en estimation ; mais comme, » au moyen des communaux, on retire un plus » grand produit des biens, de faire l'estimation » plus haute, eu égard au produit qu'on peut faire » de plus à cause des communaux ; au moyen de » quoi l'intérêt du légitimaire et celui de l'héritier » se trouvent conservés. »

IV. Ceci nous conduit naturellement à l'examen des règles propres à l'estimation des biens qui entrent dans la masse sur laquelle doit se prendre la Légitime.

Le premier pas à faire dans cette opération, est de déduire les dettes, les frais funéraires, et les autres charges naturelles des biens. C'est la disposition expresse de la loi 8, § 9, D. *de inofficioso*, et de l'article 298 de la coutume de Paris. Il faut même comprendre dans cette déduction tout ce qu'a devait le défunt à ceux contre qui les légitimaires se pourvoient, sans qu'on puisse prétendre à cet égard que leur créance est éteinte par la confusion. C'est ce qu'établissent nettement pour la falcidie, la loi 15, §. 3, D. et la loi 6, C. *ad legem falcidiam* ; et leur décision s'applique naturellement à la Légitime (i).

V. La déduction des dettes doit-elle être faite réellement ou fictivement ? En d'autres termes, le légitimaire est-il en droit de dire à l'héritier, faites et retenez un fonds pour le montant des dettes, et payez-moi ma Légitime sur ce qui restera franc et net ? Ou bien l'héritier est-il fondé à soutenir que le légitimaire devra recevoir sa portion chargée de sa quote-part des dettes ?

Lebrun paraît embrasser le second parti ; mais le premier est le plus conforme à la lettre de la loi 8, §. 9, *de inofficioso*, qui est adopté par l'article 298 de la coutume de Paris ; et certainement on ne doit pas s'écarter du texte d'une loi, pour favoriser un héritier au préjudice d'un légitimaire. Aussi Serres, dit-il dans ses *Institutions au droit français*, page 290, « que les légitimaires ne sont » pas tenus des dettes passives de l'hérédité, parce » que la Légitime n'est prise que sur ce qui reste » du patrimoine après que les dettes en ont été dé- » duites, et que l'héritier retenant la valeur du » montant des dettes, il ne peut par conséquent » se dispenser d'en faire le paiement. »

Roussilhe (*Institutions au droit de Légitime*, n° 19) embrasse également le parti du légitimaire.

« En le réduisant (dit-il) à la Légitime, on lui ôte plus de la moitié des biens que la loi lui défèrerait, les prérogatives et les honneurs auxquels il avait droit d'atteindre ; on ne lui laisse que ce que la loi lui donne, qui est la Légitime, qui mérite toutes les faveurs ; ainsi, il ne doit pas entrer dans l'embarras de payer une partie des dettes, du moment qu'on lui a ôté tout ce dont on avait pour pouvoir en disposer.

» Notre sentiment est autorisé de la décision d'un arrêt du parlement de Toulouse, du 26 juin 1691, rapporté au Journal de M. de Juin, par lequel arrêt un rapport d'experts fait entre un légitimaire et l'héritier, homologué, quoique les experts eussent expédié du fonds à l'héritier pour les dettes qu'il avait payées, et ensuite au légitimaire sur le surplus. L'héritier prétendait que le légitimaire devait lui rembourser en argent sa portion des dettes ; mais dans l'arrêt cité, on n'y eut aucun égard, et le rapport fut confirmé. »

Il a même été jugé, par un arrêt du sénat de Chambéri, du 25 août 1588, rapporté dans le Code de Favre (tit. *de inofficioso testamento*, def. 6), que le légitimaire n'est point fondé à exiger que sa portion lui soit fournie sans déduction des dettes et à la charge d'en payer lui-même sa quote-part.

VI. Dans la coutume de Normandie, la déduction dont il s'agit, ne comprend que les dettes contractées avant le mariage qui a donné le jour aux enfans légitimaires ; encore distingue-t-on à cet égard les dettes mobilières d'avec les immobilières : celles-ci se déduisent sur toute la masse des biens : mais celles-là n'affectent point le tiers coutumier, parce que cette espèce de Légitime, comme on l'a vu plus haut, n'a point lieu sur les meubles.

Il y a cependant une différence entre les dettes immobilières créées pendant le mariage, et les dettes immobilières créées auparavant. Le tiers coutumier est toujours affranchi des premières, mais il supporte les secondes en cas d'insuffisance des autres biens, comme l'ont jugé deux arrêts du parlement de Rouen, rapportés par Basnage, l'un sans date, l'autre du 11 mars 1664.

La raison de cette différence n'est pas difficile à trouver. Dès qu'un homme est marié, il ne peut plus diminuer, par des aliénations à titre onéreux, ni conséquemment par des dettes, le tiers que la coutume donne à ses enfans sur tous les biens dont il est saisi au moment de son mariage. Avant ce temps, au contraire, il avait les mains libres ; et si les dettes mobilières qu'il a contractées alors affectent principalement son mobilier, elles ne laissent pas d'être exigibles subsidiairement sur ses immeubles.

VII. Dans le droit commun, comme dans la coutume de Normandie, les biens qui entrent en masse pour régler la Légitime, doivent être estimés suivant leur valeur tant intrinsèque qu'extrinsèque.

Ainsi, l'estimation d'une maison située dans une ville de commerce, doit être portée plus haut que celle d'une maison qui se trouverait dans un lieu désert, quoique l'une et l'autre fussent bâties dans le même goût, des mêmes matériaux, et avec la même solidité. On trouvera ci-après un arrêt du parlement d'Aix, du 28 juin 1658, qui a ordonné d'après ce principe, qu'on aurait égard, en estimant un hôtel, aux embellissemens que la ville d'Arles avait fait faire depuis peu dans le quartier où il était situé.

Un fonds chargé d'une servitude ou d'une prestation quelconque, ne doit pas être estimé comme s'il était libre ; car la charge à laquelle il est soumis, en diminue la valeur intrinsèque. L'arrêt que nous venons de citer, a jugé sur ce fondement qu'une *pièce de terre*, dite de *l'Argelas*, située en Crans (sur laquelle la dame de Rochefort mandait sa Légitime), *serait estimée comme terre arrosable*, *déduction faite de la taxe que ladite terre doit pour raison dudit arrosage*.

VIII. La Légitime étant due sur les biens meubles comme sur les immeubles, il est clair que

---

(1) *Quod* (dit la première de ces lois) *avus ex causa tutelæ nepoti debuit, cum avo nepos solus heres cœtitisset, ratio falcidiæ si pancretur, in ore alieno bonis deducendum respondi. In inponenda ratione legis falcidiæ* (dit également la seconde loi), *omne æs alienum deducitur, etiam quod ipsi heredi mortis tempore debitum fuerit, quamvis aditione hereditatis confusæ sunt actiones.*

si le défunt a amélioré un héritage par des dépenses qui ont diminué son hérédité mobilière, on n'en doit pas moins, à sa mort, estimer l'héritage dans l'état où il l'a laissé, parce que, si les améliorations grossissent la masse des immeubles, elles diminuent celle des meubles, et que, par conséquent, le légitimaire ne fait que reprendre sur l'une ce qu'on lui a ôté sur l'autre.

Cette décision est même suivie dans la coutume de Normandie, qui cependant ne donne point de Légitime aux enfans sur les meubles de leur père et de leur mère : c'est ce que nous apprend un arrêt du 10 janvier 1652, dont Basnage rapporte ainsi l'espèce :

« Fournaux ayant été décrété, ses enfans s'opposèrent pour leur tiers ; le père avait fait plusieurs bâtimens qui en augmentaient la valeur ; cela donna occasion aux créanciers de soutenir que les enfans, en prenant leur tiers, devaient déduire le prix des bâtimens faits par leur père depuis son mariage ; qu'autrement ils profiteraient du bien des créanciers, leur père ayant employé l'argent de ceux-ci pour augmenter leur tiers.

» Les enfans répondaient que leur tiers leur étant adjugé selon la valeur des héritages de leur père au temps de sa mort, il ne fallait point considérer l'état où ils étaient lors de son mariage ; que s'il est permis au mari de faire avantage à sa femme en bâtissant sur son fonds, quoiqu'il soit défendu si étroitement au mari de donner à sa femme, on ne doit pas priver les enfans de ce petit bénéfice, puisqu'ils sont réduits au tiers des biens de leur père.

» Par l'arrêt, les enfans furent déchargés de la demande des créanciers. »

On peut appuyer cette décision de toutes les raisons qu'apportent Dufresne, Renusson, Duplessis, et quelques autres auteurs, pour établir que les augmentations faites par le mari sur un bien sujet au douaire, doivent tourner au profit de la femme et des enfans douairiers.

La règle des contraires paraît exiger que les dégradations commises par le défunt dans ses héritages, ne soient point comprises dans la masse sur laquelle doit être faite la supputation de la Légitime ; c'est en effet une conséquence de la règle qui exempte de l'assujétissement à cette portion, les choses que le défunt a donné à tout autre titre que de libéralité ; et il n'y a là-dessus aucune sorte de difficulté dans le droit commun.

Mais les principes de la coutume de Normandie sont tous différens : comme cette loi soumet les dispositions même onéreuses au tiers coutumier, on juge, d'après son esprit, que les enfans légitimaires peuvent exercer leur action sur la valeur des dégradations faites par leur père, et notamment des bois de haute futaie qu'il a vendus. Basnage rapporte quatre arrêts qui l'ont ainsi jugé : l'un, sans date, rendu au parlement de Paris, sur une contestation évoquée de Rouen ; le second, du 1er août 1634 ; le troisième, du 2 août 1646 ; le quatrième, du 11 août 1659 : ce dernier fait

une distinction entre les bois de haute futaie que le père a vendus, et ceux qu'il a consommés pour son usage ; il comprend les premiers dans la supputation, et il en rejette les seconds.

IX. Cette hypothèse à part, quel temps faut-il considérer pour l'estimation des biens qu'on fait entrer en masse ?

La chose est sans difficulté, quand les biens se trouvent dans la succession ; car il est évident qu'en ce cas, ils doivent être estimés sur le pied de leur valeur au temps du décès (sauf la question que nous traiterons dans un instant, de savoir si les augmentations et les diminutions qu'ils peuvent éprouver après cette époque, doivent augmenter ou diminuer la Légitime) : c'est ce qui résulte clairement de la loi 6, de inofficioso testamento, au Code : cum quæritur an filii de inofficioso patris testamento possint dicere, si quartum bonorum partem MORTIS TEMPORE testator reliquit, inspicitur.

Mais en est-il de même des biens que le défunt a donnés, en considérant les choses dans l'ordre du droit commun, et de ceux qu'il a aliénés à titre onéreux, en rapportant la question à la coutume de Normandie ? Faut-il, en ce cas, régler l'estimation sur le temps de la donation et de l'aliénation, ou sur celui de la mort du défunt ?

Basnage répond « que, puisque le droit (de la » Légitime ou) du tiers coutumier n'est pleine-» ment acquis aux enfans que par la mort de leur » père, on ne peut en fixer le prix et l'estimation » qu'au temps de son décès ; car auparavant, le » père a pu (donner ou) vendre, et les aliéna-» tions ne sont révoquées qu'au cas qu'il ne laisse » pas assez de biens pour fournir (la Légitime ou) » le tiers. » Le parlement de Rouen l'a ainsi jugé par arrêts des 30 juillet 1638, 14 avril 1644, 18 juin 1663 et 29 janvier 1685, il en a même fait un règlement précis par l'art. 90 des placites de 1666.

QUESTION II. Les augmentations ou diminutions survenues aux biens depuis la mort du défunt, augmentent ou diminuent-elles la Légitime ?

I. Cette question est une des plus compliquées qu'il y ait sur toute la matière de la Légitime : pour la simplifier, il faut discuter séparément chacune des espèces où elle peut se présenter.

Les augmentations dont il s'agit, peuvent survenir, ou après le paiement de la Légitime, ou dans l'intervalle de la mort du défunt à ce paiement.

II. Dans le premier cas, si elles tombent sur les biens qui ont été assignés au légitimaire, elles ne profitent ou ne nuisent qu'à lui ; et si elles tombent sur les biens qui sont demeurés entre les mains des héritiers ou donataires, c'est à ces derniers seuls qu'en appartient l'avantage ou qu'en nuit la perte.

Le motif de cette décision est aussi juste que lumineux. La Légitime étant une quote des biens, le légitimaire pourrait, à la rigueur, la prendre sur chacun des effets qui y sont sujets : mais comme une opération de cette espèce morcellerait les biens à l'infini, on assigne au légitimaire un ou plusieurs fonds séparés qui représentent toutes les portioncules dont son lot aurait dû être composé. Par là, il est censé échanger (1) et même vendre (2) la part indivise qu'il a dans les choses tombées au lot de l'héritier, pour celles que l'héritier a dans les choses assignées en paiement de la Légitime. Or, les accroissemens ou les diminutions qu'éprouve un bien acquis par échange ou par achat, postérieurement à l'acte d'acquisition, sont toujours au compte particulier de l'échangiste ou de l'acheteur : il y a même dans le Digeste un texte qui décide très-positivement, qu'après le partage d'une hérédité, chaque portionnaire ressent tout le profit, comme toute la perte, qui arrive aux biens compris dans son lot : ce texte est la loi 77, § 18, de legatis 2°. (3), et il s'applique de lui-même à l'espèce dont il est ici question.

III. A l'égard des augmentations ou diminutions qui surviennent aux biens dans l'intervalle de la mort du défunt au paiement de la Légitime, il faut, pour savoir si elles profitent ou nuisent au légitimaire, distinguer celles qui proviennent du fait de l'héritier de celles auxquelles il n'a point de part.

Les augmentations et les diminutions de la première espèce ne profitent ni ne nuisent au légitimaire.

Ainsi, les effets périssables qui se trouvaient dans la succession au moment de son ouverture, et que l'héritier a négligé de vendre en temps opportun, doivent entrer en masse pour la supputation de la Légitime, comme s'ils existaient encore, parce que la faute de l'héritier qui en a occasionné la perte, ne peut point préjudicier aux droits des légitimaires. *Alteri per alterum non debet iniqua conditio inferri.*

Par la même raison, les améliorations et les réparations que l'héritier a faites aux biens, ne doivent pas être plus considérées pour l'augmentation de la Légitime, que si elles n'avaient pas eu lieu avant le partage. C'est ce qui a été jugé par un arrêt célèbre rendu au parlement de Provence, le 28 juin 1658 : « A ordonné et ordonne » (porte-t-il) que la maison de ladite d'Oraison, » située dans Arles, paroisse Saint-Martin, sera » estimée en l'état où elle était lors de la mort de » ladite d'Oraison, sans y comprendre les répara-

tions et augmens provenans d'icelles...... ; a débouté ladite...... de la demande de six sesterces » d'augment arrive à la terre appelée des Segon- » naux, et procédant du billet fait par les acqué- » reurs. »

Il résulte du même principe que, si l'héritier a vendu quelques biens, ce n'est point au prix de ses ventes, mais à la valeur réelle des choses vendues, qu'il faut faire attention pour régler la portion des légitimaires. Le parlement de Provence l'a ainsi décidé par un arrêt que Duperrier rapporte en ces termes : « Légitime se prend sur la valeur » du bien, et non sur le prix des ventes de l'héri- » tier, par arrêt au rapport de M. Sigoyer, le 2 mars » 1638, pour le sieur de La Baume de Suze, con- » tre le sieur de Grolée de Mevoillon. »

L'additionnaire de cet auteur appuie cette décision sur une loi romaine qui n'a pas le moindre rapport à l'espèce dont il s'agit ; mais ce qu'il ajoute est plus exact : « La maxime est certaine, » les argumens ou détrimens qui procèdent de » l'industrie ou de la faute de l'héritier, ne peu- » vent profiter ni nuire au légitimaire. »

IV. Reste donc à savoir si les augmentations et les diminutions qui surviennent aux biens, sans le fait de l'héritier, doivent entrer en considération pour augmenter ou diminuer la Légitime.

Il faut d'abord examiner cette question par rapport aux augmentations ; nous la discuterons ensuite, relativement aux diminutions.

La valeur d'un bien peut augmenter de deux manières, sans que l'héritier y contribue : ou par l'accroissement du prix, ce qu'on appelle une *augmentation interne*, ou par un changement qui survient dans le bien même, ce qu'on qualifie d'*augmentation extrinsèque*.

La question de savoir si l'augmentation interne doit entrer en masse pour fixer la Légitime, ne souffre pas grande difficulté. Il y a, à la vérité, quelques auteurs qui ont soutenu la négative : tels sont Balde, les deux Curtius, Riminald, et le président Favre : leur opinion, quoique adoptée par un arrêt du sénat de Chambery, du mois d'août 1588, ne laisse pas d'être généralement rejetée ; et en effet, elle est insoutenable. C'est un principe hors de doute, que l'augmentation du prix intrinsèque d'un bien doit toujours tourner au profit de celui à qui appartient le bien : or, la Légitime est dévolue au légitimaire, dès le moment du décès de la personne qui doit la lui laisser ; elle n'admet même ni délai, ni condition, ni charge ; c'est donc au légitimaire que doit appartenir le profit qui résulte de l'augmentation du prix intrinsèque des choses sujettes à ce droit.

Ce que nous disons de l'augmentation du prix à l'égard des immeubles, il faut pareillement le dire du haussement des monnaies, relativement aux sommes d'argent.

Duperrier (*Questions notables de Droit*, liv. 4, quest. 31) demande si, « lorsque dans les biens » que le père a laissés, il y a des capitaux de pen- » sion perpétuelle qui soient ensuite augmentés

---

(1) La loi 77, § 13, D. *de legatis* 2° appelle le partage *permutatio rerum discernens communionem.*

(2) *Divisionem prædiorum vicem emptionis obtinere placuit.* Loi 1, C. *communia utriusque judicii.*

(3) Voici les termes de cette loi : *Hereditatem post mortem suam rogati restituere nominum periculoque per divisionem obligerunt, inter coheredes interpositis delegationibus, non adstringuntur ; non magis quam prædiorum, cum permutatio rerum discernens communionem interveniet.*

" par l'augment des monnaies, cet augment doit
" être pris par les légitimaires à proportion de
" leurs Légitimes ? »

Voici sa réponse :

« C'est une maxime constante et indubitable,
tant en droit qu'en pratique, que les légitimaires
participent à l'augment que les docteurs appellent
intrinsèque, c'est-à-dire à celui qui vient de la
nature du bien et du bénéfice du temps, et non
pas du fait ou de l'industrie de l'héritier......

« Il s'agit ici d'un augment intrinsèque, et qui
procède du seul bénéfice du temps, qui a augmenté
la valeur des monnaies, sans que l'héritier y ait
rien contribué de son industrie et de son fait.....;
et par conséquent, cet augment doit être considéré au capital de la pension, tout ainsi qu'on le
considérerait si c'était un fonds de terre qui eût
augmenté de valeur par le bénéfice du temps. »

On trouve dans cette décision le motif et l'explication d'un point de jurisprudence particulier au
parlement d'Aix.

Il est d'un usage constant en cette cour, d'ordonner deux estimations des biens sujets à la Légitime : l'une qu'on appelle de *tunc*, et qui a pour
objet la valeur de ces biens au temps de la mort du
défunt; l'autre appelée de *nunc*, et est purement
relative au temps de la délivrance de cette portion.
La raison de cet usage est tirée d'un statut de la Provence, qui donne à l'héritier le choix de payer la
Légitime en fonds ou en argent : car s'il paie en
fonds, on s'arrête à la première estimation, et s'il
paie en argent, c'est la seconde que l'on considère.
« Par les arrêts de la cour (dit Duperrier), il est
" passé en maxime dans ce pays, que les légiti-
" maires participent à l'augmentation arrivée par
" le seul bénéfice du temps.... Et c'est pour ce
" sujet qu'il sera fait deux estimations, l'une du
" temps passé, et l'autre du temps présent, afin
" que le légitimaire, en cas de paiement en argent,
" participe à cette augmention due à la seule na-
" ture et qualité du bien, et au bénéfice du temps,
" qui augmente ou diminue toujours le prix et la
" valeur de toutes choses, selon la diversité des
" occasions. »

La faculté que les statuts provençaux accordent
à l'héritier, de payer la Légitime en argent, l'article 403 de la coutume de Normandie la donne
pareillement aux acquéreurs des biens soumis au
tiers coutumier : mais le parlement de Rouen s'est
fait là-dessus une jurisprudence toute différente de
celle du parlement d'Aix : il juge que l'augmentation ou la diminution intrinsèque qui arrive dans
l'intervalle de la mort du père au paiement, profite ou nuit entièrement aux acquéreurs; et lorsque
ceux-ci retardent par leurs contestations la liquidation et la délivrance de la Légitime, il donne
aux enfans le choix de faire estimer les biens, eu
égard au temps du décès de leur père, ou à celui
de la condamnation qu'ils ont obtenue. C'est ce
qu'ont décidé plusieurs arrêts cités par Basnage,
et c'est ce que porte expressément l'art. 90 du règlement de 1666, conçu en ces termes : « L'estima-

" tion que l'acquéreur peut payer au lieu du tiers
" en essence, sera faite eu égard au temps du décès
" du père; et au cas que l'acquéreur en ait tenu
" procès, il sera au choix des enfans de prendre
" ladite estimation, eu égard au temps du décès ou
" de la condamnation qu'ils auront obtenue. »

V. Mais l'augmentation *extrinsèque*, c'est-à-
dire qui a sa cause dans un changement arrivé aux
biens, doit-elle entrer en masse, et faire fonds
pour le réglement de la Légitime ?

C'est la question qui partage le plus les opinions
des auteurs.

Paul de Castro, Alexandre, Curtius l'aîné,
Peregrini, Barry, Fernand, Fachinée, Merlini,
Boyer (Boërius) et Duperrier soutiennent vivement la négative, et ils la fondent sur la loi 44,
§ dernier, D. *de bonis libertorum*. Ce texte est en
effet très-précis. Si, dit-il, un affranchi a laissé à
son patron, soit en le nommant héritier, soit en
le faisant légataire, la juste valeur de sa Légitime,
eu égard aux biens qu'il avait au moment de sa
mort, *si ex bonis quæ mortis tempore fuerunt,
debitam partem dedit libertus, in hereditate vel
legato*; et qu'après son décès, il arrive une augmentation dans son patrimoine, par le retour
d'un de ses esclaves qui avait été fait prisonnier de
guerre pendant sa vie, *servus tamen post mortem
liberti reversus ab hostibus augeat patrimonium*,
le patron ne peut pas se plaindre de n'avoir pas,
dans cet esclave, la part qu'il y aurait eue, s'il
eût été institué héritier dans sa Légitime, *non
potest patronus proptereà queri quod minus habeat in servo quam haberet si ex debita portione
esset institutus*. Il faut dire la même chose de l'augmentation qui arriverait à un fonds héréditaire
par le bénéfice d'une alluvion, parce que l'affranchi a rempli son devoir envers le patron, en
lui laissant sa juste portion des biens dans l'état où
ils se trouvaient au moment de sa mort : *idem est
et in alluvione, cum satisfactum sit ex his bonis
quæ mortis tempore fuerunt*. Et cette décision
s'applique aussi à l'accroissement d'hérédité ou de
legs qui a lieu en faveur de l'affranchi décédé,
par l'abstention de ses cohéritiers ou colégataires :
*idem est si pars legati liberto relicti ab eo cui si-
mul datum erat, vel hereditati nunc, illis abs-
tinentibus, accrescat*.

Ce texte paraît avoir servi de motif à un arrêt
du parlement de Toulouse, du 28 juin 1577, rapporté par Maynard, liv. 3, chap. 30; et à une
décision de la rote de Rome, citée par Merlini,
de Legitima, liv. 5, tit. 3, quest. 7.

L'opinion contraire a pour défenseurs Zoëz,
Despeisses, Voët, Duplessis, Ricard, Lebrun,
La Peyrère, Ferrière, le président Espiard, etc.
On l'appuie communément sur la loi 43, D. *ad
legem falcidiam*, dit-elle, les esclaves du testateur, qui avaient été pris de son vivant par les
ennemis, reviennent après sa mort, *servi qui apud
hostes sunt post mortem testatoris reversi*, l'augmentation que leur retour produit dans les biens
de l'hérédité, entre en considération pour la

quarte falcidie : *quod ad falcidiam pertinet, lo-cupletiorem faciunt hereditatem.*

Voilà deux textes qui, au premier abord, semblent se contredire; cependant on peut les concilier, et même faire voir qu'ils ne doivent ni l'un ni l'autre influer sur la question proposée.

Cujas, sur le livre 3 des questions de Paul, explique ainsi l'espèce du premier,

Il remarque d'abord sur ces paroles, *debitam partem dedit libertus in hereditate vel legato*, qu'il était indifférent que la Légitime du patron lui fût laissée à titre d'institution ou de legs : que néanmoins la loi parle d'un patron qui n'avait été appelé à sa Légitime qu'avec la qualité de légataire, et que cela résulte nécessairement des termes suivans : *Non potest patronus propterea queri quod minus habeat in servo, quam haberet si ex debita portione esset institutus.*

Cujas tire de là cette conséquence, que, si le patron eût été institué dans sa Légitime, il aurait profité des augmentations survenues après la mort du défunt, par le retour des esclaves, par l'alluvion, et par le droit d'accroissement. Mais comme il n'est que légataire, ajoute ce jurisconsulte, il ne gagne rien à ces événemens avantageux; tout ce qui accroît aux biens héréditaires, appartient à l'héritier ; le légataire n'y a pas la moindre chose à prétendre.

Il paraît en effet que cette loi met une différence réelle et effective entre l'institution et le legs par rapport à la Légitime du patron : mais cette différence n'est point fondée, quoi qu'en dise Cujas, sur le principe que les héritiers profitent toujours, à l'exclusion des légataires, des augmentations qu'éprouvent les biens après la mort du testateur; car ce principe est évidemment faux; et la loi 16, D. *de legatis* 3°, le détruit de fond en comble, en adjugeant au légataire l'alluvion et l'attérissement qui ont augmenté la chose léguée dans l'intervalle de la mort du défunt à la délivrance : *Sæpe legatum plenius restituitur fideicommissario quam esset relictum : veluti si alluvione ager auctus esset, vel etiam insulæ natæ.*

Il faut donc que la loi 44, *de bonis libertorum*, ait un motif particulier ; et le voici. Dans l'ancien droit, on ne connaissait point l'action en supplément de Légitime : quand le testateur ne laissait pas la Légitime entière à ceux qui avaient le droit, son testament était nul pour le tout, et on le faisait déclarer tel, soit par la querelle d'inofficiosité, soit par la demande en possession des biens *contra tabulas.* Ainsi, dans l'espèce de la loi dont il s'agit, on ne pouvait donner au patron légataire une part aux augmentations survenues après la mort de l'affranchi, sans juger que celui-ci ne lui avait pas laissé sa Légitime entière, et par conséquent sans soumettre le testament à la demande en possession des biens *contra tabulas.* Ce n'est donc que pour éviter cet inconvénient, et par la seule faveur des dernières volontés, que la loi ordonne de considérer les biens dans l'état où ils se trouvaient au moment du décès.

En vain, dirait-on avec Duperrier, que ce texte ne fonde pas sa décision sur ce motif : le contraire est prouvé par ces mots, *cum satisfactum est ex his bonis quæ mortis tempore fuerunt.* C'est comme si la loi disait : la demande en possession des biens *contra tabulas* ne peut avoir lieu de la part du patron, que quand le défunt n'a point rempli à son égard le devoir que lui prescrivait sa qualité d'affranchi, c'est-à-dire lorsqu'il ne lui a point laissé sa Légitime entière. Mais lorsqu'il s'est acquitté envers son bienfaiteur, *cum satisfactum est*, lorsqu'il lui a légué expressément toute la portion qu'il lui devait, eu égard aux biens qu'il laissait en mourant, *ex bonis quæ mortis tempore fuerunt*, la loi est satisfaite, le devoir du testateur est rempli, et les augmentations qui surviennent dans la suite, ne doivent point faire juger qu'il manque quelque chose dans ce que le testateur a laissé au patron pour Légitime, parce que ce serait soumettre son testament à la cassation, et conséquemment le punir comme ingrat et inofficieux, tandis que son intention a été droite et conforme au vœu du législateur.

Une autre objection de Duperrier est que, si la loi dont il s'agit, était fondée sur le motif que nous venons d'exposer, Tribonien ne l'aurait pas insérée dans le Digeste, puisque ce recueil a été publié postérieurement à la loi 30, C. *de inofficioso testamento*, qui a introduit la demande en supplément de Légitime (1).

Mais qui est-ce qui ignore que les compilateurs du Digeste y ont laissé subsister une infinité de traces du droit ancien ? On en a déjà vu des preuves à l'article *Légataire*, § 5, n° 2 ; et la loi 8, § 6 et 8, D. *de inofficioso*, en renferme une nouvelle par rapport à l'objet même qui nous occupe.

Il faut donc regarder la décision de la loi 44, D. *de bonis libertorum*, comme particulière à l'espèce sur laquelle elle porte, et par conséquent comme étrangère à la question que nous avons à résoudre.

Il y a même des auteurs qui en tirent un argument contraire au système de Duperrier. Puisque cette loi, disent-ils, donne implicitement au patron institué dans sa Légitime, une quote des augmentations produites après la mort de l'affranchi par le retour d'un esclave par une alluvion, ou par un accroissement, ne doit-on pas regarder cette disposition comme générale, depuis que la novelle 115 a établi la nécessité de laisser toujours la Légitime à titre d'institution ? Non, pouvons-nous répondre, parce que l'institution dans la Légitime ne rend pas le légitimaire véritablement héritier, comme nous l'avons prouvé ci-dessus, sect. 2, § 1, et que la loi citée parle d'un patron qui, prenant la qualité d'héritier, en a aussi tous les droits.

Encore une fois donc, ce texte ne peut pas recevoir une application exacte à notre espèce,

_____

(1) L'arrêt de la même cour, du 2 mars 1638, rapporté ci-dessus, n° 5, avait déjà jugé la même chose.

et il faut chercher ailleurs des raisons pour la décider.

La loi 45, D. *ad legem falcidium*, ne s'y rapporte pas plus directement : elle veut, à la vérité, que l'on considère, pour la quarte falcidie, l'augmentation survenue après le décès du testateur par le retour d'un esclave ; mais cette disposition n'a pas d'autre motif que la faveur des legs dont elle exclud ou réduit le retranchement, en imputant dans la quarte falcidie l'augmentation dont elle parle. Cela est si vrai, que, dans le cas contraire, c'est-à-dire, lorsqu'il est arrivé une diminution après le décès du testateur, soit par la fuite d'un esclave, soit par la ruine d'un édifice, la loi 73, D. *ad legem falcidiam*, ordonne de n'avoir égard qu'à l'état des biens au temps de la mort. Naturellement on devrait suivre, pour les diminutions, la règle inverse des augmentations : mais comme celles-ci favorisent le testament, et que celles-là lui sont contraires, on ne considère que les premières, et l'on ne fait pas attention aux secondes. Il n'y a rien en cela qui doive surprendre : le testateur est maître de défendre la quarte falcidie ; c'est de sa volonté qu'elle dépend entièrement ; c'est donc sur la présomption de cette volonté qu'on doit en régler l'exercice et en faire la supputation.

Ainsi, les deux lois sur lesquelles on appuie respectivement deux opinions contraires, sont cependant fondées sur le même motif : l'une exclud les augmentations de la supputation de la Légitime, parce qu'elle ne pourrait pas les y comprendre, sans porter atteinte à un testament ; l'autre les fait entrer en masse, parce qu'elle ne pourrait pas les exclure sans soumettre les legs au retranchement de la falcidie ; en sorte que, dans le premier cas, comme dans le second, c'est la faveur des dernières volontés qui l'emporte.

Laissons donc là les décisions du droit romain, et ne consultons que les principes.

Il est certain que la Légitime est due au moment de la mort, et qu'elle affecte tous les biens de l'hérédité. Il est également hors de doute que le légitimaire doit trouver dans ce qu'on lui assigne pour éviter la section de chaque effet soumis à son droit, une représentation exacte et complète de tout ce qu'il aurait eu si le partage s'était fait aussitôt après la mort du défunt, et qu'il eût pris sur chaque effet la quote qui lui était due : or, si les choses s'étaient ainsi passées, le légitimaire aurait eu sa part des biens qui ont reçu l'augmentation, et par conséquent il aurait profité de cette augmentation proportionnellement à la quotité que formait sa Légitime dans la masse de la succession.

Nous ne croyons pas qu'il soit possible de répondre à ce raisonnement.

Aussi toute la subtilité de Duperrier n'a-t-elle pas pu entraîner le parlement de Provence dans son système : ce jurisconsulte prétendait que le sieur de Bressieux, héritier de la dame d'Oraison, ne devait pas tenir compte à la dame de Rochefort, réduite à sa Légitime, de l'augmentation qui était

survenue, depuis la mort de la testatrice, à la valeur d'une maison située à Arles, sous prétexte que cette augmentation ne venait pas de la nature même du bien, mais des ouvrages et des embellissemens que la ville d'Arles avait fait faire dans le quartier où elle se trouvait. La dame de Rochefort combattit cette prétention avec succès : par arrêt du 28 juin 1658, il fut ordonné *que les experts qui procéderaient à ladite estimation, auraient égard à l'aggrandissement de la nouvelle rue, construction de la porte, et pont sur la rivière du Rhône, par ordre et aux dépens de la ville d'Arles.*

Dans la même cause, Duperrier soutenait qu'un pré qui avait été desséché depuis le décès de la dame d'Oraison, par l'entreprise du sieur de Vanens que les consuls du lieu avaient préposé pour un desséchement général, ne devait entrer en masse qu'à raison de sa valeur au temps de la mort de la défunte ; et il en donnait deux raisons :

« Premièrement (disait-il), il suffit que l'augmentation soit arrivée par une cause extrinsèque et par le changement de l'état du bien, pour en exclure le légitimaire, quoique l'héritier n'y ait rien mis du sien que sa bonne fortune.

» Secondement, l'héritier ou les possesseurs ont attiré ce changement et ce desséchement par l'abandonnement qu'ils ont fait au sieur de Vanens de deux tiers de leurs biens ; et si la portion du légitimaire est diminuée par l'abandonnement de ces deux tiers, cela n'empêche pas qu'il ne soit vrai que l'héritier ou les possesseurs y ont contribué de leur propre bien, et beaucoup plus que le légitimaire, et que par conséquent ils n'en soient la principale cause. »

Duperrier ajoutait qu'à tout événement, il fallait, dans l'estimation, avoir égard aux inondations que des pluies extraordinaires pouvaient encore occasionner dans le bien dont il s'agissait.

Voici ce que l'arrêt cité a prononcé là-dessus : « les prés de Beaujeu en l'estimation de *nunc*, » seront estimés en l'état qu'ils se trouvent, et » sera déduite et distraite de la contenance d'iceux » la part et portion compétente pour le desséche- » ment des marais d'Arles ; et sera faite considé- » ration aux accidens qui peuvent arriver audit » desséchement. »

VI. Le président Espiard rapporte une limitation à la thèse que nous venons d'établir. « Si le » père avait assigné la Légitime sur certains biens » (dit-il), la valeur de ces biens au temps du » décès est seule considérée. » Lebrun pense de même ; et cela paraît fort juste. L'assignat fait par le père, équivaut à un partage entre l'héritier et le légitimaire : or, on a vu plus haut que celui-ci n'a aucun droit aux augmentations qui arrivent après le partage dans les biens compris au lot de celui-là ; il en doit donc être de même dans le cas dont il est ici question.

Mais (comme l'observe Roussilhe) « cela doit » s'entendre quand les biens assignés pour droits » légitimaires remplissent la Légitime ; s'ils ne la

» remplissaient pas \ le légitimaire serait alors
» en droit de demander un supplément ; ainsi ,
» il profiterait , par cette demande , des augmen-
» tations qui seraient survenues sans le fait de
» l'héritier. »

VII. Une autre exception également approuvée
par Lebrun , par Pothier , par le président Espiard,
et même par Roussilhe qui critique le premier de
ces auteurs , faute de l'entendre , est que l'augmentation arrivée depuis la mort du défunt sur
les biens donnés entre-vifs , ne profite pas au
légitime, lorsque les biens, qui se trouvent dans
la succession *ab intestat*, suffisent pour remplir
la Légitime.

La raison en est simple. Le légitimaire n'a droit,
comme nous l'avons dit , de faire entrer les améliorations en masse , que parce qu'on suppose , par
une fiction de droit , qu'il prend sa Légitime sur
chaque bien ou effet de l'hérédité : or , quand les
biens qui composent la succession *ab intestat*,
sont suffisans pour compléter la Légitime , le légitimaire ne peut pas toucher à ceux que le défunt
a donnés de son vivant ; on ne peut donc pas appliquer à cette hypothèse le fondement sur lequel
il profite , à proportion de sa Légitime , de toutes
les augmentations qu'éprouvent les biens ou effets
héréditaires ; on ne peut donc alors considérer
les choses données que sur le pied de leur valeur
au temps du décès , époque où la Légitime est due.

VIII. Le gain d'un procès entamé par le défunt
et repris par l'héritier , doit-il augmenter la Légitime ?

Matthieu , *de afflictis*, décis. 382 , soutient la
négative , et le président Favre l'approuve jusqu'à
un certain point. Suivant ce magistrat, il y a deux
choses à considérer dans un procès , par rapport à
la supputation de la Légitime : savoir , l'incertitude de l'événement et les soins de l'héritier. Il
est certain , dit-il , que les soins de l'héritier ne
doivent point grossir la portion du légitimaire ;
ainsi , on ne doit faire entrer en masse que l'estimation des droits litigieux , considérés suivant ce
qu'on aurait pu les vendre au moment de la mort
du défunt.

L'opinion de Matthieu , *de afflictis*, est sans contredit trop générale : aussi a-t-elle été rejetée par
le conseil souverain de Naples , comme nous l'apprend César Ursilis dans ses notes sur cet auteur.
L'avis de Favre est plus spécieux , mais il n'est
pas mieux fondé ; et l'on doit tenir pour constant
que le légitimaire doit profiter du gain du procès,
en contribuant aux déboursés de l'héritier jusqu'à
concurrence de sa quote part. Il ne faut pas même
distinguer si le jugement est antérieur au partage
et au paiement de la Légitime , ou s'il n'est intervenu qu'après. En effet, c'est un principe consacré
par la loi 143 , D. *de verborum significatione*, que
celui qui a une action , est censé avoir la chose
même qu'elle a pour objet , *qui actionem habet*,
ipsam rem habere videtur. On doit donc tenir
compte du bien qui est rentré dans le patrimoine
de l'héritier , en conséquence d'un procès intenté

par le défunt, comme s'il était trouvé dans la succession à la mort même de celui-ci. D'ailleurs , le
légitimaire a certainement sa part dans les droits
litigieux , de même que dans les biens qui existent
en nature : on doit donc le considérer , à l'égard
de ces droits , comme le consort de l'héritier ; et
par conséquent la victoire obtenue par celui-ci
doit lui profiter , en refondant sa quote part des
frais , comme s'il l'avait obtenue lui-même. Soutenir le contraire , c'est donner ouverture à deux
propositions absurdes : 1° il en résulterait qu'un
consort qui a plaidé seul , pourrait s'approprier
tout le fruit d'un procès , malgré l'offre que lui
feraient les autres de leur quote part des frais ,
pour entrer en partage avec lui ; ce qui est contraire à toute idée de justice. 2° Une autre conséquence non moins singulière, serait que les propres
pour la succession desquels l'héritier aurait été
obligé de plaider long-temps , devraient lui tenir
compte d'acquêts jusqu'à concurrence de ses soins
et de ses déboursés ; ce qui n'est certainement reçu
nulle part.

L'opinion de Favre serait cependant exacte dans
un cas : si le légitimaire avait , moyennant une
certaine somme , cédé à l'héritier sa part dans les
droits litigieux, il ne serait pas juste que le gain
du procès obtenu ensuite par l'héritier, entrât en
masse pour grossir la Légitime ou la suppléer ;
le légitimaire ne serait pas même recevable à demander la rescision de son acte de transport, parce
que toute vente de droits litigieux est considérée
comme un coup de filet , *jactus retis*, et que par
conséquent il ne peut y échoir de lésion relativement au temps du contrat ; ce qui est indispensable pour donner lieu au bénéfice de restitution
en entier. C'est sur ces raisons qu'un arrêt du
sénat de Chambéry, du 31 août 1593, a débouté
un légitimaire de sa demande en rescision , d'un
accord de cette espèce qu'il avait fait antérieurement au gain d'un procès héréditaire.

IX. Doit-on regarder comme une augmentation
de l'hérédité, et par conséquent faire entrer en
masse , une donation qui a été faite à l'héritier
après la mort du défunt, en reconnaissance des
services que le donateur avait reçus de celui-ci ?

L'arrêt que nous venons de citer, a jugé pour
la négative , et cette décision est très-juridique.
On ne peut , dit Favre , prendre la Légitime que
sur les biens qui se trouvent dans le patrimoine
du défunt au moment de sa mort ; c'est la disposition expresse de la loi 6, C. *de inofficioso* ; or,
on ne peut pas mettre au nombre de ces biens ,
ceux qui n'ont été donnés qu'après sa mort, quoiqu'en considération de sa personne , parce que le
défunt ne peut être censé avoir eu ce que ni lui
ni son héritier n'étaient en droit de demander par
action.

On objecte qu'une donation est toujours réputée
faite à celui en considération duquel le donateur
a entendu la faire ; mais cette maxime que l'on
fonde sur la loi 42 , D. *de conditionibus et de-*

monstrationibus, ne peut certainement point être appliquée au cas où la personne que le donateur considère, n'existe plus.

X. Tout ce que nous avons dit jusqu'à présent des augmentations qui arrivent sans le fait de l'héritier, il faut le dire en sens contraire des diminutions de la même espèce. C'est ce qu'exige nécessairement la règle des corrélatifs, et c'est ce que tous les auteurs reconnaissent d'une voix unanime.

XI. Il s'est présenté à ce sujet une question remarquable, et qui a été jugée au parlement de Provence, par l'arrêt du 28 juin 1658, dont nous avons déjà rapporté quelques dispositions : voici comment Duperrier en proposait l'espèce dans son mémoire :

« En 1623, dix-neuf ans après le décès de la dame d'Oraison, le marquis de Bressieux vendit à Constantin, quatre-vingt-cinq sesterées du ténement Manusclat, pour le prix mentionné dans le contrat, qui lui fut payé, partie en argent comptant, et partie en seize sesterées de terre que ledit Constantin lui abandonna, lesquelles étaient assises dans un autre endroit plus éloigné du Rhône que ces quatre-vingt-cinq sesterées, et cet éloignement a conservé les seize sesterées, pendant que le Rhône a pris et emporté les quatre-vingt-cinq sesterées vendues à Constantin.....

» Et toutefois les experts, en faisant l'estimation du temps présent, n'ont point eu d'égard à cet événement, et ont estimé les quatre-vingt-cinq sesterées, comme si elles étaient présentement en nature. »

Duperrier prouve très-clairement que cette estimation était contraire à tous les principes ; et venant à la question de savoir si au moins la dame de Rochefort ne pouvait pas faire entrer dans la liquidation le prix qu'avait tiré le marquis de Bressieux de la vente des quatre-vingt-cinq sesterées emportées par le Rhône, il s'explique en ces termes : « L'arrêt de la cour, de l'an 1646 (1), a » décidé cette question, en déclarant que la dame » de Rochefort ne pouvait pas faire liquider son » droit de Légitime sur le prix de ce même ténement de Manusclat, vendu par le sieur de Bessieux ; car, en faisant ce jugement, elle a déclaré » que le légitimaire ne pouvait tirer aucun profit » et avantage de la vente, comme procédant du » propre fait de l'héritier et de son industrie, ou » de son bonheur et de l'imprudence de l'acheteur, qui fit cet achat sans considérer le danger » d'une pièce qui avait un voisin si redoutable. »

Il faut convenir que cette prétention avait pour elle le vœu des principes et la rigueur du droit ; cependant l'arrêt cité y a rapporté un tempérament qu'on ne peut s'empêcher de reconnaître équitable ; voici comment il est conçu : « Le mas de Manusclat sera estimé de *nunc*, en » l'état qu'il est dé présent, sans que les quatre-» vingt-cinq sesterées vendues à François Cons-

tantin, par acte du 24 de novembre 1623, et » emportées par la rivière du Rhône, puissent » faire fonds et être considérées tant à l'estimation » de *tunc* que de *nunc*, a ordonné néanmoins que » tout ce qui a été donné et payé par ledit Cons-» tantin pour le fait dudit achat, sera fonds et » entrera dans lesdites deux estimations, comme » subrogé aux terres vendues audit Constantin, et » emportées par la rivière. »

Question III. *Comment faut-il considérer les biens de l'aïeul, pour régler la Légitime des petits-enfans ?*

I. Il n'y avait aucune espèce de difficulté sur cette question dans l'ancien droit romain. Comme la Légitime était toujours le quart de la portion héréditaire, on considérait, pour la régler, ce que le père des petits-enfans eût pris dans la succession *ab intestat*, et on leur en donnait le quart. Ainsi, lorsqu'il se trouvait des petits-enfans de deux couches, par exemple, trois de l'une et un seul de l'autre, la Légitime de ce dernier était une once et demie ou un huitième ; et celle de chacun des trois autres, était une demi-once ou un vingt-quatrième. C'est ce que décidait formellement la loi 8, § 8, *de inofficioso testamento*, au Digeste : *Quoniam autem quarta debitæ portionis sufficit ad excludendam querelam....., proinde si sint ex duobus filiis nepotes, ex uno plures, puta tres, ex uno unus, unicum sexuncia, unum ex illis semiuncia querela excludit.*

II. La chose est également simple et facile dans la coutume de Paris, qui fixe toujours la Légitime à la moitié de la portion *ab intestat*. Denisart explique fort clairement les différens cas qui peuvent se présenter à ce sujet :

« S'il y a tout à la fois des enfans vivans et des petits-enfans qui viennent par représentation de leur père ou mère, la Légitime se partage selon le nombre des enfans au premier degré qui restent vivans, et de ceux qui, étant morts, ont laissé des enfans qui les représentent ; et ceux-ci n'ont entre eux que la Légitime qu'aurait eue la personne qu'ils représentent.

» S'il n'y a que des petits-enfans ou autres descendans plus éloignés, leur Légitime se règle par souche ; de manière que les descendans de chaque fils ont entre eux la même Légitime qu'aurait eue leur père.

» Mais comment doit-on en user lorsqu'il y a plusieurs petits-enfans d'une même souche ? Par exemple, un père à un fils unique qui décède avant lui, laissant plusieurs enfans : si le grand-père vient à décéder, quelle sera la Légitime des petits-enfans, s'ils sont au nombre de quatre ou cinq ? Il faut répondre, qu'à Paris, chacun aura un huitième, s'ils sont quatre ; et un dixième, s'ils sont cinq. »

III. Dans les pays où l'on suit la fixation introduite par la novelle 18, c'est-à-dire, où la Légitime est le tiers de la portion *ab intestat*, lorsqu'il n'y a que quatre enfans, et la moitié

---

(1) L'arrêt de la même cour, du 2 mars 1658, rapporté ci-dessus, n° 3, déjà jugé la même chose.

lorsqu'ils sont en plus grand nombre, il peut arriver deux cas : ou l'aïeul laisse des petits-enfans de plusieurs fils, ou il n'en laisse que d'un seul.

Au premier cas, il est hors de doute qu'on doit régler la Légitime des petits-enfans eu égard aux personnes qu'ils représentent, et par-conséquent la fixer au tiers, si les fils n'étaient que quatre, et à la moitié, s'ils excédaient ce nombre. »

Au second cas, Peregrini, Barri, Lebrun, Denisart, Roussilhe et plusieurs autres auteurs estiment que la portion légitimaire doit être réglée suivant le nombre des petits enfans, c'est-à-dire, à la moitié, s'ils sont plus de quatre, et au tiers, s'ils sont au-dessous de ce nombre; parce qu'étant tous nés d'un fils unique, et n'ayant ni oncles ni cousins-germains pour concurrens, ils ne viennent point par représentation, mais par un droit qui leur est propre et personnel. C'est aussi ce qu'a jugé un arrêt du sénat de Chambéry, du 28 avril 1614, rapporté par le président Favre.

Voët, au contraire, soutient que, dans ce cas, on doit encore restreindre la Légitime au tiers, quand même le nombre des petits-enfans serait au-dessus de quatre; et la raison qu'il en donne est décisive : c'est que la mort prématurée de leur père ne doit pas diminuer la liberté de tester dans la personne de leur aïeul, ni conséquemment obliger celui-ci de leur laisser la moitié de ses biens pour leur Légitime, tandis qu'il n'en devait qu'un tiers à leur père, qui certainement avait plus de droit qu'eux, et les aurait exclus, s'il n'était pas prédécédé.

On oppose à cet argument la faveur si justement due à la Légitime : il vaut mieux, dit-on, borner le pouvoir de l'aïeul, relativement à la disposition de ses biens, que de diminuer les faibles portions qu'il est obligé de laisser à ses petits-enfans; en tout cas, ces derniers sont déjà assez malheureux d'avoir perdu sitôt l'auteur de leurs jours; et la nouvelle restriction apportée par la loi à la disponibilité des biens de leur aïeul, est pour eux une espèce de dédommagement de la mort prématurée d'un père qui aurait pu augmenter, par son travail et son économie, le patrimoine qu'il leur a laissé. Mais la raison de Voët reste. De simples considérations d'équité ne peuvent pas faire fléchir un principe.

IV. La question que nous venons d'agiter pour le cas où les petits-enfans proviennent tous d'une seule souche, peut se représenter relativement à un statut donné aux États de Provence le 3 août 1472.

Ce statut donne à un certain droit de Légitime les filles qui concourent avec des mâles dans les successions de leur père, mère, aïeul ou aïeule : on demande en conséquence, si une petite-fille peut exiger sa Légitime sur tous les biens de son aïeul maternel, ou seulement sur la Légitime qu'aurait eue la mère, au cas qu'elle eût survécu à son père.

Ou cette petite-fille concourt, soit avec des oncles, soit avec des cousins germains, ou elle ne concourt qu'avec ses propres frères.

Lorsque la petite-fille concourt avec des oncles ou des cousins germains, il est incontestable qu'elle ne peut prendre sa Légitime que sur celle de sa mère : c'est ce qui résulte, dit Duperrier, « d'un » arrêt solennel qui a toujours servi de règlement, » donné au rapport de M. de Calas, le 1er avril » 1605, en la discussion de Joachim de Matheron, » sieur de Salignac; car Louise d'Ortigues avait » un fils nommé Charles de Matheron, et deux » filles nommées Louise et Jeanne; tous lesquels » enfans mâles et femelles étaient morts avant leur » mère, ayant néanmoins tous laissé des enfans; » à savoir, Charles, un mâle nommé Joachim, et » six filles; comme aussi Louise et Jeanne avaient » pareillement laissé des enfans. Ainsi Louise » d'Ortigues n'ayant eu aucun enfant du premier » degré, mais seulement un fils de son fils, qui » était Joachim, et des petites-filles, elle fit son » testament, par lequel elle institua Joachim, et » fit quelques legs aux sœurs de Charles, lesquel- » les, après le décès de la testatrice, demandèrent » le supplément de Légitime sur tous les biens dé- » laissés par leur aïeule, par cette raison qu'elles » succédaient à leur propre chef, représentant » seulement le degré de leur père, et qu'il ne s'a- » gissait pas de son hérédité, mais de celle de » ladite d'Ortigues, leur aïeule. Au contraire, » Joachim soutenait que, quoique Charles, leur » père commun, fût mort avant leur aïeule toute- » fois la représentation faisait que par une fiction » de la loi, il était réputé pour vivant, et que » partant, s'agissant de la portion de leur père, » il s'agissait en effet de ses biens, et ainsi elles ne » pouvaient prendre leur Légitime que sur la por- » tion que leur père aurait dans ses biens, s'il était » effectivement vivant, et qu'il eût survécu à » l'aïeule, quia fictio tantum operatur in casu » ficto quantum veritas in casu vero; autrement » la fiction serait imparfaite, et la loi comme la » nature ne fait jamais rien d'imparfait dans ses » opérations. Et ce fut ainsi que la cour le jugea » par cet arrêt; car elle n'adjugea aux sœurs de » Joachim leur droit de Légitime, qu'à raison d'un » quatorzième, non pas sur tous les biens de la » testatrice, mais seulement sur un neuvième, » qui était la Légitime de Charles, leur père, » parce que la testatrice avait laissé trois enfans; » à savoir, Charles et deux filles, Louise et Jean- » ne, ou leurs enfans : tellement que cet arrêt » qui depuis a toujours été tenu pour un règle- » ment a déclaré que la succession des petits-fils » qui représentent leur père ou leur mère, doit » être réglée et partagée comme si ce père, ou » cette mère, avait survécu à l'aïeule, et comme » s'il s'agissait de la succession du père ou de la » mère. »

Il y a certainement une erreur dans l'exposé de cet arrêt; car les petites-filles devaient avoir leur Légitime sur toute la portion héréditaire de leur père; c'est la conséquence nécessaire du principe sur lequel Duperrier lui-même se fonde, que la Légitime des petits-enfans doit être réglée comme *s'il s'agissait de la succession du père ou de la mère.* Si le père eût succédé *ab intestat* à l'aïeul, il n'aurait pas été réduit à une Légitime. Ce n'était donc pas seulement sur sa Légitime, mais sur toute sa portion héréditaire que devait être prise la Légitime de ses filles. C'est sans doute aussi ce qu'a jugé l'arrêt ; et il est probable que Duperrier ne l'a cité autrement, qu'à cause que, dans le mémoire dont est extrait le passage transcrit ci-dessus, ce jurisconsulte avait à établir que la Légitime d'une petite-fille dans la succession de son aïeule maternelle, ne doit être levée que sur la Légitime qu'aurait eue sa mère en cas de survie : cette thèse est exacte, parce que la mère n'aurait pu, aux termes du statut dont il s'agit, demander qu'une Légitime sur les biens de l'aïeul : mais on peut, ce semble, reprocher à Duperrier de l'avoir appuyée d'une citation fausse ou du moins tronquée.

Le mémoire dont nous venons de parler, a eu tout le succès qu'il méritait. Par arrêt du 22 juin 1641, le parlement de Provence a jugé que *la Légitime sur l'aïeul maternel se partage ; en sorte que le petit-fils a le total, et sa sœur n'a que la Légitime sur la Légitime.*

La même chose avait déjà été jugée par un arrêt rendu en 1628, et par un autre du premier décembre 1631. L'additionnaire de Duperrier, qui les rapporte , en confirme la décision par une anecdote assez singulière. « Ce fameux jurisconsulte (dit-il, en parlant de Duperrier) invoqua cette même maxime dans son testament fait le premier de mars 1666. Il légua à » Marie Duperrier, sa fille prédécédée, une somme de 2000 livres, pour lui tenir lieu de supplément de Légitime ; et il ajouta ces expressions remarquables : *Suivant les arrêts de la cour, qui ont appliqué au petit-fils mâle le total du supplément, en réduisant les petites-filles à la Légitime de la Légitime que leur mère prédécédée aurait prise sur les biens de son père et aïeul maternel desdites petites-filles.* »

V. Dans le cas où la petite-fille qui demande sa Légitime, ne concourt qu'avec ses frères, cas qui arrive toutes les fois que l'aïeul maternel n'a laissé des petits-enfans que d'une fille unique, la petite-fille doit-elle prendre sa portion légitimaire sur toute la masse des biens ?

L'affirmative serait indubitable dans le système de ceux qui prétendent que, de droit commun, la Légitime des petits-enfans, lorsqu'ils sont au nombre de cinq et tous issus d'un fils unique de l'aïeul, doit être la moitié de ce qu'ils auraient recueilli dans la succession *ab intestat*, quoique celle de leur père eût été limitée au tiers. Mais ce système est trop bien réfuté par Voët, pour que l'on puisse ne pas assimiler ce cas au précédent.

QUESTION. IV. *Comment faut-il considérer les biens pour régler la Légitime d'un aîné ?*

I. Pour résoudre cette question, qui consiste,

comme on le voit, à savoir quels sont les droits d'un aîné réduit à sa Légitime, il faut distinguer le cas où les biens soumis au droit d'aînesse, se trouvent dans la succession *ab intestat*, d'avec celui où le défunt a disposé de ces biens.

II. Il y a, sur le premier nombre de cette distinction, quatre avis différens.

Les uns tiennent qu'un aîné ne doit pas avoir une plus forte Légitime que ses frères et ses sœurs ; et ils fondent leur opinion sur la novelle 18, qui ordonne en effet un partage égal de la portion légitimaire entre ceux qui ont un droit, *singulis ex œquo quadriuncium vel sexuncium dividendo.* C'est en conséquence de cet avis qu'un juge constamment au conseil souverain d'Utrecht, que l'aîné est obligé d'imputer dans sa Légitime les fiefs que la coutume lui donne pour préciput : par ce moyen, disent les auteurs qui attestent cette jurisprudence, on concilie la loi qui prescrit l'égalité entre tous les légitimaires, avec celle qui affecte les fiefs à l'aîné. (*van het Holl.*, *Leenr. part. 5, tit. 3, cap. 2, matrim 4, n°. 9),* et Vandepoll (*de exhæredatione et præteritione,* page 172),

La même chose a lieu dans la coutume de Valenciennes, relativement au droit de maineté.

La seconde opinion est que l'aîné doit avoir son droit d'aînesse en entier, et une portion légitimaire dans les meubles et les rotures. Le motif sur lequel on la fonde, parait d'abord assez plausible : le préciput d'aînesse dans les fiefs, et la légitime dans les autres biens sont deux droits qu'on ne peut ôter à l'aîné ; par conséquent, dit-on, ils doivent concourir dans sa personne, sans que l'un puisse diminuer l'autre.

La troisième opinion est que, dans les coutumes où l'on distingue le préciput de la portion avantageuse, l'aîné doit avoir le préciput entier, et prendre pour sa Légitime le tiers ou la moitié de la portion avantageuse, ainsi que de la part égale qu'il aurait eue dans les autres biens si le père n'eût pas disposé.

Enfin, suivant la quatrième opinion, l'aîné doit avoir pour Légitime, le tiers ou la moitié de tout ce qu'il aurait recueilli à titre d'héritier *ab intestat*, si le père n'eût pas fait de dispositions gratuites.

Ce dernier avis est sans contredit le plus exact et le plus sûr ; et il suffit, pour s'en convaincre, d'apprécier les trois autres.

Le premier n'a d'autre fondement qu'une mauvaise application de la novelle 18. Chez les Romains, tous les enfans étaient égaux en succession ; ils devaient donc l'être aussi en Légitime : nos coutumes, au contraire, donnent à l'aîné un préciput dans les fiefs ; elles doivent donc pareillement lui assigner une plus forte Légitime qu'aux cadets. Cette vérité ne peut paraître douteuse, lorsqu'on la rapproche de la loi qui fixe la Légitime à une quotité de la portion qu'on aurait *ab intestat.*

Le second avis n'est pas plus régulier. « Pour

» quoi (dit Lebrun) l'aîné n'ayant pour sa Légi-
» time que la moitié de ce qu'il aurait eu *ab in-*
» *testat*, dans les autres biens, aurait-il tout son
» droit d'aînesse dans les fiefs.... ? La coutume que
» prescrit la quotité de sa Légitime, la règle aussi
» bien pour son droit d'aînesse que pour le sur-
» plus, n'ayant jamais été nulle part que la Légi-
» time fût la portion entière ; ce qui irait même à
» énerver et anéantir les substitutions, sur les-
» quelles les créanciers d'un aîné, déduisant un
» droit d'aînesse en son entier, consommerait en-
» tièrement la matière des substitutions. »

A ces raisons se réunissent deux réflexions décisives.

1º La Légitime n'est accordée à un enfant que
pour lui fournir des alimens; elle n'aurait donc
pas lieu en faveur de l'aîné, si celui-ci trouvait
dans son préciput et sa portion avantageuse de quoi
en remplir l'objet. Aussi trouvons-nous dans les
lois romaines, et dans les coutumes, des preuves
certaines de leur aversion pour le concours de la
Légitime avec une autre part légale ou coutumière ; dans les lois romaines, en ce qu'elles pro-
scrivent la prétention des enfans qui voudraient
distraire d'une succession la Légitime et la falcidie (1) ; dans les coutumes, en ce qu'elles déclarent la Légitime incompatible avec le douaire (2).

2º Comment le droit d'aînesse pourrait-il concourir avec celui de Légitime ? Le premier ne
peut être pris qu'à titre d'héritier (3) ; le second,
au contraire, est incompatible avec cette qualité (4).

Le troisième avis ne diffère du second qu'en un
point dont il est impossible de donner une raison
apparente ; et ce que nous venons d'opposer à celui-ci, milite avec la même force contre l'autre.

C'est donc au quatrième avis qu'il faut se tenir;
et en effet, dit Lebrun, « il est conforme à la
» coutume, qui donne pour la Légitime la moi-
» tié de ce qu'on aurait eu dans les dispositions.»

Ajoutons qu'il a toujours été adopté dans nos
mœurs : c'est ce que prouvent deux arrêts des 30
août 1664 et 7 septembre 1665, que nous rapporterons dans un instant; et c'est ce qui est clairement établi par Chopin, sur la coutume de Paris,
livre 2, tit. 3, nº 12 : *Franci*, dit-il, *qui patriis
tenentur institutis, Legitimam metiuntur hereditariis portionibus, quæ consuetudine primoge-
nitis, non quæ ex æquo deferuntur; et hoc casu
protogonus nobilis Legitimæ nomine deducet di-*

*midiam natalitiæ suæ perceptionis, non antem
partis natalitiæ cum aliis exæquatæ.*

Il y a cependant un cas où la Légitime de l'aîné
n'est point augmentée par la considération du droit
d'aînesse : c'est lorsqu'il n'a ni frères ni sœurs qui
concourent avec lui, soit dans la Légitime, soit
dans la succession. « En effet (dit Bourjon) ce
» fils unique aurait eu le tout, si le père n'eût dis-
» posé; il a disposé, sa disposition licite le réduit
» à la moitié ; c'est son effet naturel. Il ne peut
» y avoir droit d'aînesse, où il n'y a pas de con-
» cours d'autre héritier, et cette réduction du fils
» à la moitié de tous ses droits héréditaires résulte
» du sentiment de Duplessis. »

III. Dans le second cas, c'est-à-dire lorsque le
père a disposé des biens soumis au droit d'aînesse,
et que par conséquent ils ne se trouvent plus dans
la succession *ab intestat*, il faut sous-distinguer:
ou la disposition a été faite au profit d'un étranger, ou elle l'a été en faveur d'un puîné.

Lorsque la disposition a été faite au profit d'un
étranger, la Légitime de l'aîné se règle absolument
de même que quand les biens soumis à son préciput et à sa portion avantageuse, sont encore dans
le patrimoine du défunt au moment de sa mort :
il est seulement à remarquer que, dans ce cas,
l'aîné ne peut pas se pourvoir directement contre
les donataires des fiefs, mais observer l'ordre de
discussion établi par l'art. 54 de l'ordonnance de
1731.

Lorsque la disposition des biens soumis au droit
d'aînesse, est en faveur d'un enfant puîné, il faut
examiner si la coutume dans laquelle on se trouve
est une de celles qui défendent le transport du droit
d'aînesse aux cadets, ou si elle est du petit nombre de celle qui le permettent.

Dans la première hypothèse, l'aîné doit avoir
son droit d'aînesse en entier, et sa Légitime sur
les meubles et les rotures. C'est ce qui a été jugé
formellement par un arrêt du 14 avril 1654, que
Ricard nous retrace en ces termes : « Après que
» Pucelle et Hébert eurent solennellement plaidé la
» cause pour les parties, M. l'avocat-général Ta-
» lon.... conclud en faveur de l'aîné : en consé-
» quence de quoi la cour, sur l'appel, qui n'était
» que d'un appointement, et sur le principal, par
» l'évocation duquel il y avait requête, mit l'ap-
» pellation et ce dont était appel au néant ; émen-
» dant, évoquant le principal et y faisant droit,
» maintint et garda la fille en la possession des biens
» contenus en la donation, *distraction préala-
» blement faite au profit de l'aîné de sa Légitime
» et de son préciput.*

Le *Journal des Audiences* nous fournit un
autre arrêt du 30 août 1664, qui paraît avoir jugé
différemment : il ordonne que *la moitié des portions afférentes à Nicolas de Prunelay dans les
terres de Gazeran, Herbault et Macheninville,
tant pour son préciput que droit d'aînesse, suivant les coutumes où elles sont situées, sera et
demeurera à ses créanciers pour sa Légitime, et
l'autre moitié desdits précipuls et droits d'aînesse*

---

(1) Loi 14 § 14, D. *si cui plus quam per legem falcidiam* Loi 11, § 5, D. *ad legem falcidiam*, Loi 41, § 3, D.
de vulgari et pupillari substitutione.

(2) *V.* l'art. 17 de la coutume de Paris, et les commentateurs.

(3) *Nul ne prend part d'aînesse? s'il n'est héritier*, dit
Loysel dans ses *Institutes coutumières*, liv. 4, tit. 3, règle 69.
Cette maxime est aussi établie par Dumoulin, Legrand,
Lalande, Lebrun, Guyot, Bourjon, Auroux des Pom-
miers, etc.

(4) *V.* les arrêts des 16 mars 1666 et 7 avril 1690, rapportés ci-dessus, sect. 2, § 1, nº 2.

appartiendra à Françoise et Elisabeth de Prunelay (sœur de Nicolas), *en conséquence de la substitution apposée par le testament de Charles de Prunelay*, (leur père), *déclarée ouverte à leur profit par l'arrêt du 7 septembre 1662.*

Cet arrêt semble identifier le cas dont il s'agit, avec celui où le père n'a pas disposé du droit d'aînesse, ou ne l'a fait qu'au profit d'un étranger. Cependant il ne détruit point la différence que nous avons établie entre ces deux cas : c'est ce que prouve nettement une note que Ricard à mise à la suite de cet arrêt, rapporté pareillement en son Traité des Donations : « *Nota*, dit cet auteur, » que les créanciers n'avaient demandé que la » moitié des droits d'aînesse, mais qu'ils devaient » avoir le préciput en entier. »

IV. Lebrun se fait à ce sujet une question importante :

» On demandera peut-être (ce sont ses termes) pourquoi il est plus permis de disposer au profit d'un étranger que d'un fils puîné, lorsqu'on dispose au préjudice de l'aîné ; et pourquoi l'aîné, en ce cas, n'obtient que la moitié de son droit d'aînesse contre l'étranger, et obtient le tout par l'action révocatoire contre son puîné ?

» La réponse est double : 1º la donation du fief faite à l'étranger, n'est pas réputée faite spécialement en fraude du droit d'aînesse, comme celle par laquelle un père gratifiant son puîné du fief de la maison, affecte de troubler l'ordre de la nature et de faire changer de place à tous ses enfans. 2º En ce cas, on défend le plus ce qui se pratiquerait plus souvent au préjudice du droit d'aînesse : or, il est bien plus ordinaire qu'un père donne à son puîné au préjudice de son aîné, que non pas à un étranger. C'est ainsi qu'après qu'un père a marié son fils comme principal héritier, il peut bien donner à un étranger, mais non pas à un puîné, au moins au-delà de sa Légitime ; et c'est l'espèce de l'arrêt du 27 mars 1599, rendu au profit de M. le duc d'Epernon. En tous ces cas, les puînés sont plus prohibés, parce qu'il est plus ordinaire de les préférer à l'aîné que des étrangers. »

Mais ne peut-on pas opposer à cette doctrine, comme nous l'avons fait nous-mêmes pour le cas où les biens soumis au préciput de l'aîné, ne sont pas sortis de la succession, qu'on ne peut accumuler la Légitime avec le droit d'aînesse, parce que l'une exclud le titre d'héritier et que l'autre le suppose ?

Cette raison paraît au premier abord insurmontable ; mais, examinée de près, elle ne trouve ici aucune espèce d'application.

Qu'a fait le père en disposant, au profit de son puîné, d'un bien que la coutume affectait au droit d'aînesse ? Il est sorti des règles que la loi lui prescrivait ; pourquoi donc ne serait-il pas permis au puîné d'en sortir également pour révoquer cette disposition ? Pourquoi un acte illégal ne pourrait-il pas être détruit par une voie extraordinaire ? Nous avons là-dessus un principe constant ; c'est

que, pour empêcher l'effet du dol et de la fraude, on peut cumuler des qualités qui seraient incompatibles en toute autre circonstance. Ainsi, quoique régulièrement un héritier ne puisse pas se prévaloir des droits qui lui sont propres et personnels, pour faire annuler une aliénation faite par le défunt, parce que sa qualité d'héritier l'en rend garant, néanmoins il en est tout autrement lorsqu'il s'agit d'une aliénation dont le but est de le priver d'un bienfait de la loi, et qui, par cette raison, est viciée par la fraude qui l'accompagne (1).

Nous trouvons dans la loi 2, C. *si in fraudem patroni*, la preuve et en même temps l'exemple de cette vérité : ce texte porte qu'un patron, héritier de son affranchi, peut révoquer, par l'action Favienne ou Calvisienne, les dispositions que le défunt a faites en fraude de ses droits : *defuncto quidem liberto patronus intestato succedens, per actionem Calvisianam in ejus fraudem alienata revocare potest.*

C'est encore pour cette raison qu'une femme qui accepte la communauté, et qui, par-là, est garante, au moins pour la moitié, des obligations contractées par son mari, ne laisse pas d'être fondée à demander la nullité des aliénations frauduleuses qu'il a faites. Stockmans rapporte un arrêt du conseil souverain de Brabant, du 15 juillet 1651, qui l'a jugé ainsi ; et c'est un maxime universellement reconnue.

V. A l'égard des coutumes qui permettent au père de disposer, au profit d'un puîné, des biens sujets au droit d'aînesse, telles que sont celles d'Amiens, de Péronne, du Boulonnais, de Ponthieu, d'Artois, de Douai-Gouvernance, de Lille-Salle, etc. ; il est de toute évidence que, dans le cas d'une pareille disposition, l'aîné ne peut avoir sa Légitime que sur le pied auquel on la réglerait si les biens se trouvaient dans la succession *ab intestat*, ou que le défunt en eût disposé en faveur d'un étranger. Voici ce qu'on trouve là-dessus dans le commentaire de Ricard sur la coutume d'Amiens, art. 57 : « On induit des termes de cet article, qui » permet de disposer des acquêts féodaux, qu'on » peut donner, au préjudice de l'aîné, un fief d'acquêt, ainsi qu'il a été jugé un arrêt de la coutume, par » arrêt du 2 janvier 1623 : mais si tous les fiefs » étaient acquêts, on donne à l'aîné, par un sage » tempérament, la moitié des fiefs pour sa Légitime. »

Cette doctrine a été confirmée par un arrêt du 7 septembre 1765, rendu à la grande chambre du parlement de Paris. Il s'agissait de fixer la Légitime adjugée précédemment au fils aîné des sieur et dame Coffin, domiciliés à Hesdin en Artois ; ces deux époux avaient donné ou légué à leurs puînés tous leurs fiefs, tant propres qu'acquêts, et beaucoup d'autres biens libres : l'aîné qui se trouvait lésé par ces dispositions, ayant demandé sa Légitime, l'arrêt cité l'a liquidée à deux quints des fiefs

_____

(1) *V.* l'article *Nécessité jurée*, § 5, nº 4.

propres et acquêts, moitié des quatre quints que la coutume d'Artois lui donnait *ab intestat*; et comme il y avait sept enfans, on lui a adjugé un quatorzième des biens cottiers, catteux, meubles, effets mobiliers et dettes actives.

QUESTION V. *Lorsque l'un des enfans, donataire de son père, doit fournir la Légitime à ses frères et à ses sœurs, par retranchement sur sa donation, peut-il retenir la portion qu'il aurait dans cette Légitime, s'il se portait légitimaire comme eux, et que le donataire fût un étranger?*

I. L'affirmative est clairement établie par l'article 54 de l'ordonnance de 1731; elle a été consacrée par un arrêt du parlement de Paris, du 31 janvier 1764, rapporté dans mon *Recueil de Questions de droit*, au mot *Légitime*, § 5.

II. Mais en est-il de même si l'enfant donataire renonce à la succession du donateur, pour s'en tenir à la donation?

Il m'a passé par les mains deux consultations des 9 et 13 prairial an 12, dont l'auteur (M. Férey) estimait qu'en ce cas, le donataire ne devait pas faire nombre dans la supputation de la Légitime, et qu'en conséquence il ne pouvait pas retenir la portion qu'il y aurait prise, s'il eût été lui-même légitimaire.

Il a renoncé (disait-il) à la succession de son père, et il est de principe qu'on ne doit pas compter dans le règlement de la Légitime des enfans à qui elle est due, les enfans qui ont répudié la succession sur laquelle doit s'en faire la distraction. Tel est le vœu bien prononcé de la loi 17, D. *de inofficioso testamento*, et de la loi 10, § 4, D. *de bonorum possessione contra tabulas*. Aussi Lebrun, liv. 2, chap. 5, sect. 6, n° 4, dit-il que la Légitime étant une certaine portion de ce qu'on aurait eu *ab intestat*, il n'est pas juste que celui qui » est exclu par.... sa renonciation pure et simple, » et qui ne serait pas venu à la succession, fasse » part dans la Légitime pour diminuer les portions » des légitimaires..... C'est ainsi qu'en matière de » substitution, celui qui ne recueille pas actuelle- » ment le fidéicommis, n'est point compté et ne » fait point de degré, parce que les degrés se » comptent avec effet, et ne se peuvent trouver » remplis que par une restitution actuelle.»

Mais dans ce passage de Lebrun et dans les textes du droit romain précédemment cités, il n'est question que de l'enfant dont la renonciation a été tout à la fois gratuite, pure et simple; et dans l'espèce actuelle, il s'agit d'un descendant qui n'a renoncé que pour s'en tenir à la donation faite à son père par son aïeul.

Or, la condition de l'un est, par rapport à la supputation de la Légitime, bien différente de la condition de l'autre.

Ricard, *Traité des Donations*, part. 5, n°s 1056, et suivans, établit d'abord que l'on ne doit pas faire entrer dans la supputation de la Légitime, les enfans qui n'y prennent point part, soit par l'effet de leur incapacité, soit par celui de leur renonciation pure et simple. Ensuite, il ajoute, n° 1063 :

« Ce que nous venons d'établir, en général, doit recevoir, à mon avis, son exception, lorsque l'enfant qui ne prend point de part en la Légitime, n'est pas absolument incapable, et aussi qu'il n'a pas renoncé purement et simplement, *sed aliquo accepto*, comme quand le fils qui a reçu quelque chose de la libéralité de son père, trouvant plus d'avantage à conserver ce qui lui a été donné, qu'à se hasarder de porter à la masse, et au profit des autres, ce qu'il aurait plus reçu, renonce à la succession : ou bien lorsque les filles étant capables de demander le supplément de leurs Légitimes, en sont exclues dans notre usage par l'exception de la renonciation qu'elles ont faites par le contrat de mariage, moyennant la dot qu'elles ont reçue du bienfait de leur père. Dans ces espèces, il n'est pas absolument vrai de dire que les enfans qui s'abstiennent de la succession, n'y prennent point de part, attendu qu'ils ont reçu leur partage en avancement d'hoirie, et qu'ils ne renoncent que par la considération de ce qu'ils ont été satisfaits par la prévoyance de leur père.

» C'est en ce cas (ajoute Ricard, n° 1064) que l'on peut dire avec raison, que comme la Légitime est due par le droit de nature, qu'un père la doit également à tous ses enfans, qu'il n'en est tenu envers eux qu'à proportion du nombre qu'il en a, il s'ensuit que l'action que les enfans ont à ce sujet, doit aussi suivre la même règle, et que pourvu qu'ils tirent des biens de leurs père la portion que la nature leur destine, eu égard au nombre des frères et sœurs qu'ils ont, du moins ceux qui ne sont pas absolument exclus de sa succession, et auxquels le père a communiqué ses biens, leur querelle d'inofficiosité doit cesser, n'ayant pas droit de se prévaloir si les autres ne demandent point leur part en la Légitime, attendu que chacun a son droit pour ce regard : et il suffit que le père ait satisfait les autres, et qu'il ait pourvu, de sorte qu'ils aient eu sujet de se contenter; d'autant que, par ce moyen, leur part est absorbée en la personne du père, sans leurs droits par la considération de ce qu'il leur a donné; et celui qui demande sa Légitime doit être content, pourvu qu'il ait sa part, eu égard à ses autres frères et sœurs, que la nature a considérés aussi bien que lui, et qui ont leur part des biens de leur père.

» En effet (continue Ricard, n° 1065,) comment pourrait-on en user autrement, vu que l'enfant qui renonce *aliquo accepto*, est partie nécessaire dans la supputation, puisque les biens qu'il a reçus de la libéralité de son père doivent entrer dans le compte général des biens du défunt, pour prouver la quotité de la Légitime et souffrir le retranchement, si la donation qu'il a reçue vient à son rang; de sorte que s'il n'était pas considéré dans la supputation, il arriverait quelquefois que ce qu'il aurait reçu, et moyennant quoi il aurait fait sa renonciation, lui serait entièrement ôté : au lieu qu'il est bien juste qu'il retienne, par forme d'exception, ce qui lui appartient pour droit de Légitime sur les biens de son père.»

V. ci-devant, § 1, n° 7.]]

§ III. Des choses qui s'imputent dans la Légitime.

Nous avons, sur cette matière, un principe constant : c'est qu'on ne doit imputer dans la Légitime que ce qui est expressément soumis par loi à cette imputation.

La loi 20, C. de collationibus, est formelle sur ce point : elle établit d'abord que tout ce qui est sujet à l'imputation dans la Légitime, l'est aussi au rapport dans la succession : mais, ajoute-t-elle, il ne faut pas conclure de là que réciproquement tout ce qui se rapporte à la succession, doive s'imputer sur la Légitime ; car de toutes les choses soumises au rapport, on ne doit assujettir à l'imputation que celles qui sont exprimées par la loi : Hæc autem regula ut omnia quæ portioni quartæ computantur, etiam ab intestato conferantur, minime a contrario tenebit, ut possit quis discere etiam illa quæ conferuntur, omnimodo in quartam partem his imputari qui ad inofficioso querelam vocantur. Ea enim tatummodo ex his quæ conferuntur, memoratæ portioni computabuntur, pro quibus specialiter legibus, ut hoc fieret, expressum est.

On peut, ce semble, tirer de cette loi deux règles certaines : la première, que tout ce qui est exempt du rapport, l'est aussi de l'imputation ; la seconde, que ce qui est sujet au rapport, n'est pas pour cela soumis à l'imputation.

Cette seconde règle est indistinctement vraie. Le texte que nous venons de citer, l'établit très-clairement ; et elle est fondée sur l'équité même. En effet, dit Lebrun, « il y a beaucoup de faveur du côté du légitimaire que le père a déshérité pour le tout ou pour partie, au lieu qu'il n'y en a aucune pour celui qui en demande le rapport ; mais au contraire, toute la faveur est du côté de ceux qui l'obligent au rapport. »

La première règle n'est pas aussi générale : d'abord elle n'a pas lieu dans les dispositions de dernière volonté ; la loi citée n'a été faite que pour les donations entre-vifs : en second lieu, elle admet, même à l'égard des donations entre-vifs, quelques exceptions que nous exposerons dans l'ordre auquel nous obligent les détails de cette matière.

Pour présenter ces détails avec toute la netteté dont ils sont susceptibles, nous rangerons en trois classes les différens objets que l'imputation peut embrasser.

Dans la première, nous parlerons de ceux que le légitimaire reçoit à titre de disposition de dernière volonté ;

Dans la seconde, de ceux qu'il prend à titre de disposition entre-vifs ;

Dans la troisième, de ceux qui lui échoient

sans le concours de la volonté de l'homme, et par la seule puissance de la loi.

ART. I. De l'imputation des choses que le légitimaire a reçues du défunt par disposition de dernière volonté.

I. La question de savoir si le légitimaire est obligé d'imputer tout ce qu'il tient du défunt à titre d'institution ou de legs, n'est susceptible d'aucune difficulté. La loi 30, C. de inofficioso, la décide clairement pour l'affirmative, en ordonnant que celui à qui le testateur aura laissé par son testament quelque chose de moins que sa Légitime, sera tenu de demander le surplus par l'action en supplément, sans pouvoir, comme dans l'ancien droit, intenter la querelle d'inofficiosité : Sive adjiciatur in testamento de adimplenda legitima portione, sive non, firmum quidem sit testamentum, liceat vero his personis... id quod minus portione Legitima sibi relictum est, ad implendam eam sine ullo gravamine vel mora exigere.

II. Il en est de même des donations à cause de mort ; cela résulte de la loi 8, § 6, D., et de la loi 35, § 2, C. de inofficioso.

Le premier de ces textes porte que celui qui a laissé à son fils, par donation à cause de mort, le quart de ce qu'il aurait eu ab intestat, peut disposer en toute sûreté du reste de ses biens (on sait que l'ancien droit fixait la Légitime au quart) : Si quis mortis causa filio donaverit quartam partem ejus quod ad eum esset perventurum, si intestatus paterfamilias decessisset, puto secure eum testari.

Le second veut, conformément à la loi 30 du même titre, que l'enfant donataire à cause de mort de son père, se pourvoie en supplément de Légitime, au lieu d'agir en plainte d'inofficiosité : Et generaliter definimus quando pater minus legitima portione filio reliquerit, vel aliquid dederit mortis causa donatione.... Si filius, post obitum patris, hoc quod relictum vel donatum est simpliciter agnoverit..., nullum sibi filium facere præjudicium, sed legitimam partem repleri.

III. La question paraît plus douteuse relativement à ce que les Romains appelaient mortis causa capio, c'est-à-dire, aux conditions apposées au profit du légitimaire dans une institution ou un legs fait en faveur d'un autre : par exemple, un père nomme un étranger pour son héritier ou légataire universel, à la charge de donner à son fils une somme d'argent : ce que le fils recevra en conséquence de cette disposition, sera-t-il imputé dans sa Légitime ?

Les uns décident que non, sur le fondement que ces sortes de donations ne s'imputent pas dans la falcidie. Mais il y a à cet égard une très-grande différence entre la falcidie et la Légitime : on n'impute dans la première que ce que l'héritier tient du défunt à titre héréditaire ; la seconde, au contraire, reçoit, comme on vient de le voir, l'imputation des legs et des donations à cause de mort : ainsi, point de conséquence à tirer de l'une à l'autre, en cette matière.

D'autres, et surtout Peregrini, distinguent si le *mortis causa capio* doit se prendre sur les biens de la succession, ou si le paiement doit en être fait par l'héritier ou le légataire de ses propres fonds. Au premier cas, ils conviennent que l'imputation doit avoir lieu ; mais au second, ils soutiennent qu'elle serait contraire à la disposition textuelle de la loi 36, C. *de inofficioso*.

Cette loi porte, en effet, qu'on ne doit imputer dans la Légitime que ce qui provient du patrimoine du défunt qui la devait, et que, si le légitimaire a reçu quelque chose d'ailleurs, quoiqu'à l'occasion et même par une conséquence des dispositions du testateur, c'est pour lui une bonne fortune dont il doit profiter hors part : *Repletionem autem fieri ex ipsa substantia patris, non si quid ex aliis causa filius lucratus est, vel ex jure accrescendi, ut puta ususfructus, humanitatis enim gratia sancimus ea quidem omnia, quasi jure adventitio, cum lucrari, repletionem autem ex rebus substantiæ patris fieri.*

Mais ce texte ne parle, comme l'on voit, que des dispositions qui ne sont pas faites directement et principalement au profit du légitimaire ; on ne peut donc pas l'appliquer à celle dont il s'agit, puisqu'elle a pour but directe et principal d'avantager l'enfant, et que, par son exécution, elle fait considérer la chose qui en est l'objet, comme un bien de la succession ; en effet, le testateur ayant laissé à son héritier ou légataire de quoi compenser la charge qu'il lui a imposée, doit être censé l'avoir en quelque sorte achetée et confondue dans son patrimoine.

La loi 3, § 19, D. *de bonis libertorum*, est plus embarrassante : elle adopte formellement, par rapport à la Légitime du patron, la distinction du cas où le *mortis causa capio* doit être payé des biens de l'affranchi, d'avec celui où l'héritier doit l'acquitter des siens : *Si patrono conditionis implendæ causa quid datum sit, in portionem debitam imputari debet, si tamen de bonis sit liberti profectum.*

Mais peut-on argumenter avec sûreté de la Légitime du patron à celle des autres personnes ? S'il est quelques cas où les règles de l'une peuvent s'adapter à l'autre, il faut convenir qu'il en est aussi plusieurs où cette manière de raisonner serait inexacte.

Par exemple, le patron légitimaire pouvait révoquer les aliénations à titre onéreux que son affranchi avait faites par esprit de dissipation et de prodigalité ; c'est à quoi tendait l'action Favienne. Les enfans, les ascendans, ni les frères n'ont jamais eu un pareil droit.

La Légitime du patron pouvait, même dans le dernier état de la jurisprudence romaine, lui être laissée à titre de legs ou de donation à cause de mort ; celle des enfans, des ascendans et des frères était due à titre d'institution par le droit des nouvelles, et elle l'est encore dans une grande partie de la France.

L'exhérédation injuste du patron donnait ouverture à la possession des biens *contra tabulas*; celle des enfans, des ascendans et des frères, ne peut être attaquée que par la querelle d'inofficiosité.

Nous pourrions pousser plus loin ce parallèle ; mais c'en est assez pour faire voir qu'il existe des différences très-sensibles entre la Légitime des patrons et celle des autres ; ce qui doit suffire pour empêcher d'argumenter de la première à la seconde, et par conséquent d'appliquer à celle-ci la disposition de la loi 3, D. *de bonis libertorum*.

IV. Ce que nous disons du *mortis causa capio*, il faut à plus forte raison le dire du legs que le père a fait à son fils d'une chose qui ne lui appartenait pas ; « parce que c'est la même chose » (dit Lebrun) « de donner de ses biens, ou d'o- » bliger son héritier d'en acquérir d'une main » étrangère, pour les donner à celui qu'on en » veut gratifier, ou de l'obliger au moins de lui » en payer l'estimation ; et c'est le sentiment de » Michel Grassus, qui dit que, quand on cas » on fournit au légataire la chose d'autrui, elle » devient un bien de la succession, parce que le » testateur a laissé à son héritier de quoi l'ac- » quérir, et l'a avantagé à proportion de la charge » qu'il lui a imposée. »

V. Ce que le légitimaire gagne par droit d'accroissement, soit comme institué, soit comme légataire, est-il sujet à l'imputation ?

La négative paraît incontestable au premier abord ; et la loi 29, C. *de inofficioso*, semble la mettre hors de doute, en déclarant que le fils ne doit point imputer ce qui lui est provenu du droit d'accroissement, comme en matière d'usufruit, *ex jure accrescendi, ut puta ususfructus*. Mais cette décision ne doit pas être étendue à la lettre, c'en est esprit qu'il faut consulter.

Quelle est l'intention et le but de la loi citée ? Elle veut que la Légitime soit remplie des propres biens du père, et par conséquent qu'on n'y compte rien de tout ce qui a passé par des mains étrangères avant de tomber dans celles du fils. Ainsi, il faut distinguer si l'accroissement s'est opéré avant que le cohéritier ou colégataire du fils eut accepté sa part de l'hérédité ou du legs, ou seulement après cette acceptation.

Dans ce dernier cas, il est évident qu'il n'y a point d'imputation à faire, c'est l'esprit et la disposition formelle du texte dont il s'agit.

Mais ce texte peut s'appliquer au premier cas ; la part à laquelle était appelé le cohéritier ou colégataire qui a renoncé ou s'est trouvé incapable, passe directement des mains du testateur même dans celles du fils ; elle vient donc *ex ipsa substantia patris*, et par conséquent elle doit être imputée. Cela résulte, dit Ricard, « de ce que la loi » parlant du droit d'accroissement, semble en ré- » duire l'exemple au cas d'un usufruit, qui est la » seule espèce en laquelle le droit d'accroissement

» a lieu après que le legs a passé dans les mains » d'un autre. »

Lebrun adopte cette résolution à l'égard de l'accroissement qui se fait par droit héréditaire; « comme au cas qu'un père ayant institué son fils » et plusieurs étrangers, il arrive que l'un de ces » étrangers renonce; ou au cas que le fils étant ins » titué *in re certa*, l'héritier universel renonce, la » succession était déjà épuisée par des donations. »

Mais cet auteur pense autrement à l'égard de l'accroissement qui a lieu dans les legs. La raison sur laquelle il fonde cette différence, est que la première espèce d'accroissement « se fait en vertu » de la disposition, ou au moins de la volonté pré » sumée du testateur, au lieu que la seconde se fait » par bonne fortune, le titre du fils n'étant point » universel, mais particulier, et ainsi ne compre » nant point ce qui avait été donné au colégataire. »

Deux réponses :

1° La loi 36, C. *de inofficioso*, ne distingue pas précisément si les choses que le légitimaire a reçues, lui appartiennent en vertu d'une disposition expresse de son père ou s'il ne le tient que comme un bienfait de la loi; la seule distinction qu'elle fait, est celle des biens qui proviennent directe ment du patrimoine du père, d'avec ceux qui ont passé par les mains d'un possesseur intermédiaire.

2° Sur quel fondement Lebrun peut-il dire que le droit d'accroissement se fait en vertu de la vo lonté de l'homme dans les institutions, et par la seule force de la loi dans les dispositions à titre particulier?

Le premier membre de cette proposition est vrai; la loi 9, § 31, et les lois 10 et 11, D. *de heredibus instituendis*, citées par Lebrun, le mettent dans le plus grand jour; et nous avons prouvé à l'article *Institution d'héritier*, sect. 2, qu'il n'en faut pas même excepter le cas d'une institution restreinte à un effet particulier.

Mais le second membre est évidemment faux : « Il paraîtrait certain (dit Furgole) à qui con » viendra considérer les règles du droit romain, » que le droit d'accroissement, à raison de la conjonc » tion, n'a d'autre fondement que la disposition du tes » tateur, qui ne forme pas une simple volonté tacite, » mais une volonté expresse, résultant de ce que le tes » tateur laissant à chacun des légataires la chose en » entier, il les appelle tous à la totalité *ab initio*, pour » être divisée par le concour seulement : cela est fondé sur la disposition littérale de la loi 3, D. *de usufructu accrescendo*, qui a été confirmée par la loi unique, § 10 et 11, C. *de caducis tollendis*, en déclarant que les époux *re et verbis* prennent les portions va cantes comme leur appartenantes, *et partem con junctorum quasi suam præoccupant*, et en décla rant aussi que les époux *re tantum* doivent retenir la chose en entier, *apud ipsum qui habet solida rema net et nullius concursu diminuta*. Ce qui est si vrai, que quoique le colégataire ait la totalité *ab initio* par la disposition du testateur, néanmoins si cette disposition ne s'exécute pas en la forme que

le testateur l'a ordonnée, comme lorsqu'il a im posé une condition qui est remise, et que le léga taire est admis contre la volonté du testateur, le colégataire ne peut point profiter de la portion va cante, et le droit d'accroissement n'a pas lieu, comme le décide la loi 74, D. *de conditionibus* et *demonstrationibus*; et il en est de même lorsque le legs est récindé pour partie; comme dans le cas de la loi 3, § 3, D. *de bonorum possessionibus*.

» Ainsi, ces textes prouvent d'une manière claire et sensible, que le droit d'accroissement, à raison de la conjonction, n'a d'autre fondement que la disposition expresse du testateur, qui destine la totalité à chacun des colégataires; si bien que quand la disposition ne peut pas être exécutée comme le testateur le prescrit, le droit d'accrois sement cesse parce que son fondement manque. »

VI. Lorsque l'appelé à une substitution vient à mourir avant le grevé, il se forme, en faveur de celui-ci, une espèce d'accroissement, ou plutôt de non décroissement de propriété libre. On demande si cet accroissement ou non décroissement doit être imputé sur la Légitime?

Maynard rapporte un arrêt du parlement de Toulouse, du 9 mars 1571, qui a jugé pour la né gative. Cette décision *semble étrange*, dit Brillon; et en effet elle est contraire à la loi 36, C. *de inof ficioso*, qui ordonne l'imputation de tout ce qui a été transmis directement de la personne du père à celle du fils.

VII. Mais tout ce que le fils gagne par l'ouver ture d'une substitution pupillaire ou fidéicommis saire, est exempt de l'imputation, parce qu'il y a eu, entre lui et le défunt, un possesseur sur la tête duquel les biens ont fait impression; ce qui empêche qu'on ne les considère comme venant *ex ipsa substantia patris*, et par conséquent qu'on ne les impute. C'est ainsi que décide expressément la loi citée, aux mots, *non si quid ex aliis causis filius lucratus est, vel ex substitutione*.

Néanmoins Lebrun soutient qu'en pareil cas, on ne doit pas admettre le fils à prendre sa Légitime entière, et à conserver l'expectative de la substitu tion ; « d'autant plus qu'il est décidé dans le droit, » que quand il y a plusieurs dispositions dans un » testament au profit d'une même personne, dont » l'une est onéreuse, l'autre pure et simple, il » n'est pas permis à cette personne d'accepter celle » qui est pure et simple, et de renoncer à celle qui » est onéreuse, (Loi 5, D. *de legatis*) ; 2° D'ail » leurs il arrive souvent que ces dispositions jointes » ensemble, excèdent de beaucoup la Légitime ; » et, selon l'opinion de la plupart des docteurs, il » n'est pas défendu d'apposer quelques conditions » à la Légitime, quand elle est au profit et à l'a » vantage du légitimaire ; c'est pourquoi... l'équité » veut que, dans l'espèce proposée, les autres » héritiers institués soient recevables à déférer au » légitimaire le choix et l'option des dispositions, » ou de sa Légitime. »

VIII. Lebrun décide, sur le même fondement, que le fils doit imputer ce que son père lui a laissé en nue propriété sous la réserve de l'usufruit au profit d'un autre ; en sorte, par exemple, qu'un père devant à son fils mille écus pour sa Légitime, peut, en lui donnant le double en nue propriété, soumettre le tout à un droit d'usufruit; et que, si le fils veut avoir sa Légitime en pleine propriété, il doit abandonner la disposition, et renoncer à l'excédant de la nue propriété sur sa portion légitimaire.

IX. Le même auteur, suivant toujours le fil de son système, soutient que le fils est pareillement tenu d'adopter entre sa Légitime et la disposition par laquelle son père lui laisse une plus grande partie de ses biens en simple usufruit ou à la charge de fidéicommis.

Le principe sur lequel sont fondées ces trois résolutions, paraît avoir été adopté par deux arrêts du parlement de Paris, des 24 juillet 1584 et 12 mars 1680.

Le premier, rapporté par Robert et Læprêtre, a décidé qu'un mari ayant légué à sa femme l'usufruit de tous ses biens, les créanciers du fils n'étaient pas en droit de demander sa Légitime en pleine propriété, attendu qu'il en était suffisamment recompensé par la nue propriété qui lui était laissée.

Le second a jugé, dit Lebrun, « que le sieur » Moreau de Villers et sa femme, ayant fait par » leur contrat de mariage une donation mutuelle » au profit du survivant de tous les biens du pré- » décédé, tant en propriété qu'en usufruit, lequel » don aurait lieu en cas qu'il n'y eût point d'en- » fans du mariage, ou qu'ils mourussent avant que » d'avoir atteint l'âge de majorité, y ayant eu un » fils de ce mariage qui avait survécu à sa mère, et » était décédé en minorité, les parens maternels » du fils n'étaient pas recevables à demander la » moitié des biens de la mère pour sa Légitime, » par la raison qu'il ne lui eût pas été avantageux » de son vivant de la demander, mais bien plutôt » d'attendre sa majorité, pour avoir la propriété » du total, qui lui était assurée pour ce temps, aux » termes de la donation. Ainsi, on confirma la » sentence qui avait maintenu le père dans tous » les biens, et l'on jugea par conséquent que le fils » n'avait pas eu un droit formé pour demander sa » Légitime sans charge ni condition, et le surplus » sous la charge apposée dans la donation; mais » qui n'avait que le choix de se contenter de sa » Légitime en pleine propriété, sans avoir rien au » surplus des biens, ou d'exécuter la condition de » la donation, ou d'avoir rien du tout en cas de » décès en minorité : on jugea que ce dernier parti » lui ayant été le plus avantageux, il était réputé » l'avoir choisi; et qu'étant mort en minorité, tous » les biens appartenaient au père, en vertu de la » donation. »

A ces arrêts se joint l'autorité d'un texte très-précis sur la question que nous agitons : c'est la loi 8, § 11, D. de inofficioso testamento, suivant laquelle un fils institué dans une plus grande portion que sa Légitime, sous la charge d'un fidéicommis qui doit s'ouvrir dans les dix ans de la mort

du testateur, ne peut pas agir en plainte d'inofficialité, parce qu'en joignant les fruits qu'il percevra pendant cet intervalle, à la quarte trebellianique qu'il distraira du fidéicommis, il se trouvera abondamment récompensé de sa Légitime. *Unde si quis fuit institutus forte ex semisse, cum ei sextans ex substantia testatoris deberetur, et rogatus esset post certum tempori restituere hereditatem, merito dicendum est nullum judicium movere, cum debitam portionem et ejus fructus habere possit : fructus enim solere in falcidiam imputari non est incognitum. Ergo et si ab initio ex semisse heres institutus rogetur post decennium restituere hereditatem, nihil habet quod queratur, quoniam facile potest debitam portionem ejusque fructus medio tempore cogere.*

Mais cette loi a été abrogée, comme beaucoup d'autres, par l'empereur Justinien, qui a porté la Légitime à son plus haut degré de faveur. La loi 36, C. de inofficioso, suppose bien clairement que le fils n'est point obligé d'opter entre sa Légitime et le testament par lequel son père l'appelle à une substitution après un certain temps, puisqu'elle déclare qu'il ne doit point imputer le profit qui lui revient de cette substitution : *non si quid ex aliis causis filius lucratus est, vel ex substitutione....; humanitatis enim gratia sancimus ea quidem omnia quasi jure adventitio eum lucrari, repletionem autem ex rebus substantiæ patris fieri.* Voilà bien le profit de la substitution réuni, dans la personne du fils, au droit de prendre sa Légitime en pleine propriété aussitôt après la mort du père : on ne peut rien de plus décisif.

Le § 2 de la même loi est encore plus formel : il suppose le cas de l'institution d'un étranger, avec charge de restituer au fils du testateur dans un certain temps, et il demande ce qu'il faut faire par rapport à la distraction de la Légitime du substitué : *Cum autem quis, extraneo herede instituto, restituere eum filio suo hereditatem suam, cum moriatur, disposuerit, vel in tempus certum restitutionem distulerit, quia nostra constitutio quæ antea composita est, omnem dilationem omnemque moram censuit esse subtrahendam, ut quarta pars pura mox filio restituatur, in hujusmodi specie quid faciendum sit dubitatur.* La loi répond que le fils doit avoir sa Légitime sur-le-champ, et recueillir le surplus de l'hérédité lorsque la substitution sera ouverte : *Sancimus itaque quartæ quidem partis restitutionem jam nunc celebrari, non expectata nec morte heredis, nec temporis intervallo : reliquum autem quod post legitimam portionem restat, tunc restitui quando testator disposuit. Sic etenim filius suam habebit portionem integram et qualem leges et nostra constitutio definivit, et scriptus heres commodum quod ei testator dereliquit, cum Legitimo moderamine sentiet.*

Le chap. 3 de la novelle 18 renferme une décision semblable. Il annonce d'abord qu'il s'est introduit depuis peu un usage de laisser aux enfans la propriété de tous les biens, sous la réserve de l'usufruit au profit de leur mère : il condamne ensuite ces sortes de dispositions, comme contraires

à l'obligation imposée aux pères de laisser des alimens à leurs descendans, et il ordonne qu'à l'avenir
la Légitime ne pourra plus être fournie qu'en pleine
propriété.

Les lois romaines ne permettent donc pas de
compenser ce que le père retranche actuellement
de la Légitime, soit avec un usufruit plus ample
qu'il laisse au légitimaire, soit avec l'expectative
d'un fidéicommis qu'il établit en sa faveur. Ainsi,
il ne reste plus, pour réfuter l'opinion de Lebrun,
qu'à prouver que ces lois sont reçues dans nos
mœurs; et c'est ce qui résulte clairement des arrêts
dont nos livres sont remplis sur cette matière.

Nous en connaissons sept du parlement de
Paris.

Le premier est du 7 mars 1548 : il fait au
profit de l'acquéreur de toute la portion héréditaire
d'un fils grevé de substitution universelle, distraction de la Légitime que son vendeur avait droit de
prétendre. (Papon, liv. 20, tit. 3.)

Le second est du 27 mars 1669 ; il a été rendu
à la première chambre des enquêtes, après un
partage que l'affaire avait subi à la grand'chambre.
(Dictionnaire de Laville, au mot Légitime.)

Le troisième est du 18 janvier 1578 : il ordonne
l'exécution d'un testament par lequel une mère
avait substitué, dans la personne de sa fille, tous
les biens qu'elle lui avait laissés à la réserve de la
Légitime, de laquelle Catherine Gaudin (c'était
le nom de la grevée) jouira librement et sans
charge de substitution.

Le quatrième est du premier avril 1686 : il infirme une sentence du Châtelet; en ce qu'elle avait
confirmé la substitution dont Antoine de Perrey
avait lié la portion héréditaire de deux de ses enfans; en conséquence, il déclare la Légitime des
grevés franche et libre, et ordonne que la substitution sera exécutée pour le surplus.

Les rédacteurs du Journal du Palais rapportent
cet arrêt, ainsi que le précédent avec des détails
qui ne permettent pas de douter que la question
n'y ait été jugée formellement.

Le cinquième est du 19 février 1704 : il est rapporté par Maillard, sur la coutume d'Artois ; par
Guillaume de la Champagne, dans son Traité de
la Légitime; et par Augeard, dans son recueil. En
voici le dispositif : « Ordonne que délivrance sera
» faite aux parties de Martinet de leurs portions
» légitimaires, en corps héréditaires, féodaux et
» roturiers, de la succession; et qu'ils jouiront du
» surplus des biens substitués non compris en leurs
» Légitimes, par usufruit, leur vie durant. »

Le sixième est du 13 avril 1707 : Maillard dit
qu'il a été « rendu au rapport de M. Le Musnier,
» à la grand'chambre, dans la coutume de Paris;
» qu'il a fait distraction aux grevés de leur Légi-
» time, et qu'il leur a laissé l'usufruit des moitiés
» sur lesquelles la substitution avait été res-
» treinte. »

Le septième est du 23 avril 1708 : on le trouve
au Journal des audiences.

La jurisprudence des autres cours souveraine

n'est pas différente de celle du parlement de Paris.

Témoin, pour le grand conseil, l'arrêt du 9 décembre 1692, rapporté au Journal du Palais, qui
ordonne qu'un testament contenant substitution
de toute une portion héréditaire, sera exécuté selon sa forme et teneur, distraction préalablement
faite à la partie de.....de sa Légitime en corps héréditaires sur les biens de son père.

« Il y a (dit Ricard) parmi les œuvres de M. du
» Vair, un arrêt par lui prononcé, en robes rouges,
» le 6 avril 1604, au parlement de Provence, entre
» les enfans de M. d'Oppède, premier président en
» la même cour, par lequel il a été jugé que la
» Légitime de la fille, à laquelle le père avait laissé
» par testament la moitié de l'usufruit de ses biens,
» au lieu de sa Légitime, lui serait fourni en corps
» héréditaires, ou la valeur en deniers, et que
» ce qui excédait en usufruit ne lui serait pas im-
» puté. »

Le grand conseil de Malines a également jugé,
par arrêt du 15 juillet 1617, rapporté par de Humayn, « que l'enfant chargé de fidéicommis de
» restituer généralement les biens d'icelui, en peut
» déduire sa Légitime, nonobstant qu'outre et par-
» dessus ces biens le testateur lui ait, par son
» testament, fait d'autres avantages de libre dis-
» position, sans avoir égard que l'héritier les a
» acceptés. »

Grivel nous apprend que le parlement de
Franche-Comté a jugé la même chose, « par arrêt
» du 16 mars 1607, entre dame Claude Béatrix
» de Grandmont, femme de Claude-François de
» Ray, d'une part, et dame Jeanne-Baptiste et
» Bénigne de Grandmont, d'autre. »

Le parlement de Flandre s'est toujours conformé
à cette jurisprudence.

Le premier président de Blye rapporte un arrêt
de cette cour du 17 juin 1671, par lequel il a été
jugé « que la Légitime des enfans doit être déduite
» du fidéicommis dont ils sont grevés par testa-
» ment de leur père, mère, ou autres ascendans,
» le fidéicommis tenant pour le surplus. »

Le président Dubois d'Hermanville nous en a
conservé deux semblables, des 13 juillet 1673, et
24.... 1690.

Il y en a eu un quatrième dans le recueil de
Pollet, sous la date du 13 mai 1694.

Voilà donc quinze arrêts qui jugent nettement
que le fils n'est point tenu d'imputer dans sa Légitime, ce que son père lui laisse en usufruit ou
propriété fidéicommissée.

Quand les deux arrêts cités par Lebrun seraient
absolument dans l'espèce proposée, ils ne formeraient pas sans doute un préjugé qui pût balancer
l'autorité d'un aussi grand nombre de décisions
uniformes : mais il s'en faut bien que Lebrun en
ait fait une application exacte et fidèle.

Le premier est étranger à notre question : la demande en distraction de Légitime qu'il a rejetée,
était formée par des créanciers, dans un temps où
l'on doutait encore s'ils étaient recevables à exercer
en cette matière les droits de leur débiteur; car

...us voyons dans Basnage (tome 1, page 347, édition de 1778), que la jurisprudence a été fort incertaine sur ce point, jusqu'à l'arrêt du 28 mars 1589, prononcé en robes rouges par le président de Blanc-Menil.

Le second est certainement fondé sur des circonstances que Lebrun nous a laissé ignorer : car le moyen de concevoir qu'il ait pu, sans un motif particulier, refuser aux héritiers d'un mineur ce que le mineur lui-même aurait été en droit de demander, c'est-à-dire la distraction de sa Légitime sur la donation universelle dont il s'agissait ?

En vain, dirait-on avec Lebrun, que le fils était censé avoir consenti à l'exécution de cette donation.

1° Un mineur ne peut pas s'exproprier, par un simple consentement, d'un droit aussi précieux et aussi sacré que l'est la Légitime.

2° Il est constant, comme nous l'avons déjà prouvé, que, pour renoncer valablement à une Légitime échu, il faut une déclaration précise et formelle : le mineur n'en avait point fait dans l'espèce de l'arrêt de 1680 ; cet arrêt est donc inexplicable, si on ne lui suppose pas d'autres circonstances que celles qui sont rapportées par Lebrun.

X. Nous avons examiné plus haut, sect. 6, si la thèse que nous soutenons, doit avoir lieu dans l'espèce d'une substitution réciproque entre plusieurs enfans : mais il faut répondre ici à la question de savoir s'il ne faut pas excepter de cette même thèse le cas où le père déclare que, faute par son fils de se conformer entièrement à sa disposition, il le réduit à sa Légitime.

Le président Espiard ne forme aucun doute sur la négative.

« Ce que le droit civil ordonne sur ce point (dit-il), est l'effet d'une très-sage politique. On a voulu que, pour rendre solide l'établissement des enfans, ils eussent une portion Légitime des biens de leur père et de leur mère, tant en propriété qu'en usufruit, l'un sans l'autre étant insuffisant. C'est renverser toutes ces vues, que de permettre aux pères et aux mères de laisser la Légitime à leurs enfans ou toute en propriété, ou toute en usufruit, en les récompensant par une propriété plus ample, ou par un plus grand usufruit, si mieux les légitimaires n'aiment se tenir à leur Légitime. C'est leur permettre un choix qui, à bien considérer les choses, ne peut leur être préjudiciable, puisque, sous l'appât d'un usufruit plus ample qu'ils auront imprudemment choisi, ils se trouvent sans aucun fonds en propriété, et hors d'état par conséquent de pouvoir assurer des conventions matrimoniales, et d'apporter quelque chose en propriété au mari.

» Il est vrai que cela dépend du choix de l'enfant, mais c'est ce choix-là même que la loi, n'envisageant que le bien public et guidée par des vues supérieures à de vaines subtilités de quelques jurisconsultes, ne veut pas que les pères et les mères puissent laisser à leurs enfans, sauf cependant à leur substituer, s'ils le trouvent à propos, l'excédant de la Légitime. »

Ces raisons ne manquent ni de justesse ni de solidité ; mais aussi que ne peut-on pas dire en faveur de l'opinion qu'elles combattent ?

Un père gêne-t-il la Légitime de son fils, lorsqu'il lui laisse l'alternative de se tenir à cette portion, ou de prendre toute l'hérédité chargée de fidéicommis ? Non, sans doute ; le fils peut à son gré choisir l'une ou l'autre ; et s'il perd sa Légitime en acceptant la substitution, ce n'est point le testament, mais son propre fait qui la lui ôte.

Dira-t-on que le père n'est pas en droit de forcer son fils à cette option ? Mais ce serait lui contester la disposition de tous les biens qui excèdent la Légitime ; car en donnant à son fils l'alternative, le père ne fait autre chose que de disposer de cet excédant, que le donner à son fils, sous la condition que celui-ci renoncera à sa Légitime ; et qu'en disposer au profit d'un étranger, au cas que cette condition manque.

Il est vrai que, par-là, le père devient indirectement le maître de la Légitime de son fils ; mais il n'y a rien en cela qui doive surprendre, c'est le droit de tous les testateurs de pouvoir exiger des légataires le sacrifice de leurs droits : celui qui lègue à un autre, peut lui ordonner, pour condition de la libéralité qu'il lui fait, de renoncer à une créance qu'il a sur la succession, ce n'est présent à un tiers d'une partie de son propre bien : ainsi, que la Légitime soit un bien propre au fils ou une créance qu'il a contre son père, il doit être libre à celui-ci de la grever de substitution, en lui faisant un legs dont cette charge forme la condition.

L'ordonnance de 1747 fournit un argument qui vient à l'appui de ces réflexions. Elle défend expressément, tit. 1, art. 13, 14 et 15, de grever de substitution les biens qu'on a donnés entre-vifs sans charge de cette espèce, parce que la chose donnée appartient au donataire, et que le donateur n'y a plus aucun droit : cependant l'art. 16 ajoute : « N'entendons rien innover par les art. 13, » 14 et 15, en ce qui concerne les dispositions » par lesquelles le donateur ferait une nouvelle » libéralité au donataire, soit entre-vifs ou à cause » de mort à condition que les biens qu'il lui a » précédemment donnés demeureraient chargés » de substitution ; et en cas que le donataire ac- » cepte la nouvelle libéralité faite sous ladite con- » dition, il ne lui sera plus permis de diviser les » deux dispositions faites à son profit, et de renon- » cer à la seconde pour s'en tenir à la première, » quand même il offrirait de rendre les biens com- » pris dans la disposition, avec les fruits par lui » perçus.

S'il est permis, suivant cet article, à un donateur de grever de substitution la chose qu'il a donnée, et qu'il n'est plus à lui ; si, pour acquérir ce droit, il suffit qu'il fasse au donataire une nouvelle libéralité sous cette condition ; comment peut-on prétendre qu'un père n'a pas le droit de substituer la Légitime, en léguant à son fils le surplus de ses biens ?

La loi 36, C. *de inofficioso*, et le chap. 3 de la novelle 18, ne doivent faire aucune impression, parce qu'elles sont dans le cas d'un legs ou d'une institution faite au profit du légitimaire, sans déclaration, de la part du testateur, qu'il entend que son fils choisisse entre ce legs et sa Légitime. Il n'est pas étonnant que, dans l'incertitude sur l'intention du testateur, on décide en faveur du légitimaire et qu'on lui permette de cumuler la Légitime avec le legs ; mais dans l'espèce actuelle, il s'agit d'un testament qui défendrait littéralement ce cumul.

Ces raisonnemens semblent, au premier abord, victorieux et insurmontables : cependant il est certain que la doctrine du président Espiard est plus conforme à l'esprit de la loi *Scimus;* et il n'est pas à croire que ce magistrat eût embrassé une autre opinion, s'il eût écrit sous l'ordonnance de 1747. En effet, le cas de l'art. 16 du tit. 1 de cette ordonnance est bien différent de celui de la loi citée. Qu'un donataire soit obligé d'opter entre la substitution d'un bien qui lui avait été donné libre, et la privation d'une nouvelle libéralité qui lui est offerte, il n'y a rien en cela que de juste; la chose donnée n'a point de privilége particulier : et la seule raison qui empêche le donateur de la substituer, étant parce qu'il n'y a plus aucun droit, s'évanouit lorsqu'il ajoute une nouvelle donation à la première, sous la charge expresse de souffrir la substitution de celle-ci. La Légitime est bien plus favorable; c'est pour la subsistance des enfans qu'elle est établie; et la prohibition faite au père de la substituer ou de la convertir en usufruit, n'a point d'autre motif que la crainte dans laquelle a été le législateur, que les enfans ne vinssent à manquer de pain. C'est ce que prouvent ces paroles de la novelle 18 : *Unde enim et in medio gubernentur et quotidianum habeant cibum, nihil eis derelicto, uxoris ira, forsan et irrationabili intercedente ; quæ eis etiam quotidianam gubernationem abripiat ? Non licebit igitur de cætero ulli omnino filios habenti tale aliquid agere, sed modis omnibus et hujus Legitimæ partis quam nunc deputavimus, et usumfructum insuper et proprietatem relinquat, si vult filiorum non repente fame morientium, sed vivere valentium vocari pater.*

La loi 6, C. *ad senatus-consultum Trebellianum*, donne une nouvelle force à ces raisons : l'empereur Zénon, qui en est l'auteur, y déclare que la quarte trébellianique, dans le cas où elle sera due aux enfans, ne pourra plus, comme dans l'ancien droit, être compensée par les fruits que le grévé percevra pendant sa jouissance ; mais qu'elle sera remplie en corps héréditaires, quand même le testateur l'aurait défendu expressément : *ut omnibus modis retenta quarta pro auctoritate Trebelliani senatus-consulti, non per imputationem redituum, licet hoc testator rogaverit vel jusserit,*

sed ex ipsis rebus hereditariis dodrans restituatur. Ce texte s'applique ici avec d'autant plus de justesse, qu'il a été fait dans un temps où, comme on le prouvera ci-après, la quarte trébellianique tenait lieu de Légitime aux descendans, et que par conséquent on peut le regarder comme le modèle de la loi *Scimus*, à laquelle il est antérieur de cent quarante-deux ans.

Cependant il faut convenir qu'on trouve des arrêts contraires au sentiment d'Espiard.

Augeard en rapporte un du parlement de Paris, du 17 mars 1698, qui confirme une sentence des requêtes du palais, par laquelle un fils légataire était condamné à entretenir la substitution universelle dont son père l'avait grevé au profit de ses enfans, subsidiairement de son frère et de sa sœur, *si mieux il n'aimait se contenter de sa Légitime*, auquel cas le surplus de cette *Légitime* serait mis entre les mains de son frère et de sa sœur, qui donneraient bonne et suffisante caution de rapporter le principal et les intérêts aux enfans du légataire universel, en cas qu'il en eût.

Il y a aussi dans le recueil de Pollet, un arrêt du parlement de Flandre, du mois de novembre 1672, qui juge, « que la Légitime peut être chargée de » substitution par les pères et les mères qui lais- » sent à leurs enfans une portion plus forte que » la Légitime. »

Mais nous pouvons opposer à ces arrêts ceux des 1er avril 1686 et 19 février 1704, rapportés ci-dessus.

En effet, dans l'espèce du premier, le père avait déclaré qu'*avenant que ses enfans substitués, ou aucuns d'eux, se pourvussent contre ses intentions portées par son testament, il voulait que celui ou ceux qui contreviendraient, fussent réduits, pour toute part qu'il ou qu'ils pourraient prétendre en ses biens, à la Légitime, telle qu'elle est réglée suivant la coutume de Paris.*

Il en était de même dans le cas du second arrêt ; le testateur avait terminé ses dispositions par cette clause : *je veux de plus que, si quelqu'un de mes enfans refusait de souscrire à cette substitution, il soit réduit à sa Légitime.*

Ces deux arrêts ont donc jugé que l'alternative de la Légitime et de la substitution doit être rejetée, comme contraire aux dispositions des lois et à la juste faveur qu'elles accordent à la portion légitimaire.

On objecte que ces décisions ont eu pour motif le défaut des pères d'avoir appelé quelqu'un pour recueillir l'excédant de la Légitime ; mais cette circonstance, qui eût été décisive dans le cas où les testateurs n'auraient fait que des legs particuliers, et qu'aucun de leurs héritiers légaux n'eût pris qualité, était absolument indifférente dans les espèces dont il s'agissait alors, parce que les frères et les sœurs des légitimaires grevés de substitution, étaient nommés légataires universels, et que par conséquent c'était à eux qu'aurait dû accroître l'excédant de l'usufruit sur la Légitime, si l'alternative proposée par les testateurs, eût été jugée valable.

Ce qu'ont décidé ces arrêts, a pareillement été adopté par une sentence arbitrale rendue à Bordeaux, en 1674, et rapportée dans le recueil de La Peyrère.

De nos jours même, le parlement de Paris a jugé que, dans le cas de l'alternative dont il s'agit, la défense de demander la distraction de la Légitime, non-seulement est nulle, mais emporte même la nullité de toute la disposition à laquelle elle est accessoire; en sorte qu'alors, le testament tombe.

« Le sieur et la dame de La Fontaine (nous copions la *Gazette des Tribunaux*, tom. 14, p. 227) n'avaient qu'une fille unique; ils l'ont dotée et mariée en 1755, à M. Genée de Brochot.

» M. et madame de Brochot ont vécu dans la plus grande intelligence avec leur beau-père et leur belle-mère; cependant en 1770, le sieur de La Fontaine a fait un testament par lequel il a substitué l'universalité de ses biens aux enfans et petits-enfans à naître de sa fille unique; à défaut d'enfans, à ses deux frères et à leurs descendans; il lui en a en même temps défendu de demander la distraction de Légitime, à peine que l'excédant de cette Légitime, à laquelle il l'a réduite en ce cas, passerait aussitôt aux appelés à la substitution.

» Le sieur de La Fontaine est mort en 1781. Ses neveux ont produit le testament du défunt. M. et madame de Brochot n'ont pas voulu acquiescer à une disposition qui leur paraissait injuste et non méritée : ils ont commencé par faire créer un tuteur à la prétendue substitution, pour avoir un adversaire Légitime; et ils ont formé contre lui leur demande en nullité de testament, comme contenant une exhérédation faite sans cause. M. Verreax, doyen des avocats de Château-Thierry, tuteur nommé à la substitution, a demandé l'exécution du testament : les collatéraux appelés, à défaut d'enfans, sont aussi intervenus pour soutenir la validité du testament et de la substitution.

» Par sentence contradictoire du 13 mai 1782, rendue sur les conclusions du ministère public, le bailliage de Château-Thierry, sans s'arrêter à la demande du tuteur, ni des collatéraux, a déclaré le testament nul et de nul effet; et a ordonné la radiation des enregistremens qui avaient pu être faits de la substitution.

» Le tuteur en a interjeté appel.

» M. l'avocat-général Séguier qui a donné ses conclusions dans cet affaire, a incliné pour la nullité du testament, et par suite, pour la confirmation de la sentence. Voici un aperçu de ses motifs,

» Les lois distinguent la substitution d'avec l'exhérédation; la substitution est la subrogation d'une personne à une autre, pour accueillir tout le profit d'une disposition. Pour substituer, il ne faut d'autre cause que la volonté du père; mais il ne peut jamais y comprendre la Légitime qu'il doit à ses enfans. L'exhérédation officieuse prive un enfant de la propriété, de l'universalité de la succes-

sion du père, même de sa Légitime, le réduit à un simple usufruit pour alimens, et fait passer tous les biens aux petits-enfans.

» Mais pour la valité de l'exhérédation officieuse, il faut 1° qu'elle soit faite pour cause de mauvaise conduite, et déclarée dans le testament, *addita causa necessitaque judicii sui; sans cela*, et si la cause n'est pas vraie, l'exhérédation est une injure dont le fils a droit de se plaindre.

» 2° Il faut qu'elle soit en vue des enfans, *potuit providere nepotibus suis, si eos jussisset heredes*.

» Sans ces deux conditions, l'exhérédation est nulle.

» La jurisprudence a toujours confirmé ces principes. Un arrêt du 27 mars 1669, a déclaré nul le testament d'un sieur Rinsant, médecin, contenant substitution aux enfans à naître d'un fils *dont il craignait la dissipation*.

» Un autre arrêt du 4 septembre 1755, a déclaré nul le testament d'une mère substituant le bien de ses enfans, *parce qu'elle les connaissait enclins à la dépense*.

» Enfin, un dernier arrêt du 4 avril 1767 a annulé le testament d'un sieur de Ségent, contenant une substitution, *à défaut d'enfans de son fils, à des collatéraux*.

» Ainsi, pour juger de la validité d'une pareille disposition, il faut distinguer si c'est une substitution pure et simple, ou une véritable exhérédation officieuse.

» Au premier cas, elle est valable; au second cas, elle ne l'est qu'autant que les deux conditions concourent.

» Or, dans l'espèce, nul doute que ce ne soit une véritable exhérédation puisque le père déclare et vouloir comprendre la Légitime qu'il doit laisser libre à sa fille.

» Point de doute également que, d'après les principes, elle ne soit nulle par le défaut des deux conditions essentielles : point de cause valable; point de cause exprimée dans le testament. Cette exhérédation n'a pu d'ailleurs être faite en vue de pourvoir à ses petits-enfans, puisque la fille du testateur n'avait pas d'enfans au moment du testament, et qu'il savait qu'elle ne pouvait plus en avoir.

» Sur ces raisons, arrêt du 21 août 1782, conforme aux conclusions de M. l'avocat général, qui confirme la sentence du bailliage de Château-Thierry. »

Sans doute que les magistrats ont aperçu dans les circonstances de l'affaire, que le sieur de La Fontaine n'avait été porté à disposer, comme il l'avait fait, que par des causes injustes ou fausses. Car, en thèse générale, l'arrêt va trop loin (1). Il n'aurait dû annuler que la substitution de la Légitime (1). Mais il sert toujours à faire voir qu'un testateur prudent et sage doit éviter la clause alternative qu'avait employée le sieur de La Fontaine, parce qu'elle peut former un commencement de

_____

(1) V. ci-devant, sect. 4, et l'article *ab irato*.

preuve de haine ou de déraison, quand on attaque le testament en entier.

XI. Il resulte clairement de tous ces détails, que les héritiers ou ayant cause d'un fils grevé d'une substitution universelle, ne sont pas obligés, en demandant la distraction de sa Légitime après sa mort, d'y imputer les fruits dont il a joui au delà de ce qui pouvait lui appartenir pour sa Légitime.

Mais c'est une question, s'il en doit être de même lorsque ce sont des pères, mères, ou autres ascendans qui sont grevés de substitution.

Grassus, Fachinée, Mornac, La Peyrère et plusieurs autres auteurs tiennent la négative, et Papon rapporte un arrêt du parlement de Grenoble, de l'an 1460, qui confirme cette opinion.

On la fonde sur les textes de l'ancien droit que l'on prétend n'avoir point été corrigé par le nouveau. En effet, la loi 8, § 11, D. *de inofficioso testamento*, décide nettement que la Légitime et la quarte trebellianique reçoivent l'imputation des fruits échus pendant la jouissance du grevé : la loi 6, *ad senatus-consultum Trebellianum*, déroge à cette disposition pour les enfans; mais elle déclare expressément qu'on suivra les anciennes règles à l'égard des autres personnes; et la fameuse loi *Scimus*, qui lui est postérieure, comme nous l'avons dit, de 142 années, ne parle que des enfans.

Cependant Peregrini; Ferrière sur Guypape, le président Favre, Ricard et une foule d'autres jurisconsultes soutiennent qu'il ne faut mettre, à cet égard, aucune différence entre les enfans et les ascendans. Leur sentiment a même été adopté par deux arrêts du parlement de Toulouse, des 5 février 1583 et 2 juin 1631, rapportés par Cambolas; et on peut dire qu'il ne serait pas possible de s'en écarter, sans violer à la fois l'esprit et la lettre de la loi 32, C. *de inofficioso* : cette loi, qui est une de celles qu'a faites l'empereur Justinien pour corriger la rigueur de l'ancienne jurisprudence à l'égard de la Légitime, décide expressément que tous ceux qui ont droit à une portion de cette nature, *qui ex antiquis legibus de inofficioso testamento actionem movere poterant*, doivent l'avoir franche et exempte, non-seulement de toute charge, mais encore de tout délai : *ipsa conditio vel dilatio vel alia dispositio moram vel quodcumque onus introducens, tollatur, et ita res procedat, quasi nihil eorum testamento additum esset.* Or, il est évident que ce serait apporter des délais à la délivrance de la Légitime des ascendans, que de les obliger d'y imputer les fruits des biens qui leur sont laissés à charge de fideicommis; puisque les fruits n'échéant que peu à peu, ne pourraient remplir la portion légitimaire qu'un certain temps après la mort du testateur.

XII. Mais que doit-on décider, lorsque, sans substituer la Légitime, et en la laissant au contraire parfaitement intacte, le testateur a grevé de substitution les fruits que le légitimaire recueillerait, pendant sa vie, des biens qu'il était le maître de lui ôter? Des héritiers du légitimaire doivent-

ils, en ce cas, rapporter, après sa mort, tous les fruits qu'il a tirés des biens libres du testateur? Et qu'arrivera-t-il, si ces fruits absorbent la Légitime qui leur est due de son chef?

Cette question s'est présentée dans l'espèce suivante.

Le 17 mars 1700, Jean-Baptiste Félix, domicilié en Provence, mariant son fils Jean-Baptiste, marquis du Muy, lui donne la terre du Muy, avec substitution en faveur des enfans mâles du donataire dont celui-ci fera choix.

Le 18 mars 1744, Jean-Baptiste Félix, marquis du Muy, fait ce choix, par contrat de mariage, en faveur de son fils aîné Joseph-Gabriel-Tancrède Félix.

Le 6 octobre 1758, se disant *domicilié dans son château de la Reynarde en Provence*, quoique résidant de fait à Versailles et à Paris, par suite des charges qu'il avait à la cour, il fait son testament; et n'ayant que deux fils, Joseph-Gabriel-(qui n'avait lui-même qu'une fille, mariée depuis au sieur Créquy), et en secondes noces au sieur Bosroger), et Louis-Nicolas-Victor, alors chevalier de Malte, depuis maréchal de France, il prévoit l'extinction de sa postérité masculine; dans cette perspective, voici comment il dispose :

1° Il institue pour son héritier universel Joseph-Gabriel-Tancrède Félix, marquis du Muy, son fils aîné.

2° Il le grève, en faveur de ses enfans mâles, à leur défaut, en faveur des enfans mâles de Louis-Nicolas-Victor Félix, son fils cadet, et à défaut de descendance masculine de celui-ci, en faveur des enfans mâles de Louis Félix d'Ollières, son neveu, à la mode de Bretagne, *d'un fidéicommis particulier, réel, graduel et perpétuel, des terres, immeubles, rentes, meubles, et effets mobiliers ci-après spécifiés en trois lots*, qui seront composés, savoir, le premier de tout ce qui lui sera dû au jour de son décès par Louis-Félix d'Ollières, de la terre du Muy, *quoiqu'appartenante*, dit-il, *à mondit fils aîné, lequel je prie d'en consentir la substitution, conformément aux intentions de mon père, dans son testament du 7 juin 1700, que je me fais un devoir religieux d'exécuter; et de toutes les acquisitions qu'il a faites personnellement pour être réunies à cette terre*; le second, de la terre Reynarde, et de tout ce qui en dépend, tant en meubles qu'en immeubles; le troisième, des terres de Grignan, Monségur, etc.

3° « Je veux (ce sont les termes du testateur)
» que tous les biens, terres, meubles et effets ci-
» dessus substitués, soient restitués, les cas de
» substitution arrivant, dans leur intégrité......,
» sans que mondit fils aîné, le marquis du Muy
» ou ses héritiers, puissent prétendre d'autres in-
» demnités pour ladite terre du Muy et dépendan-
» ces, que la propriété des biens et effets non sub-
» stitués qui pourront se trouver dans ma succes-
» sion, avec les fruits et jouissances qu'il aura
» pendant sa vie, de mes terres et autres biens
» ci-dessus substitués : à l'effet de quoi je veux

» qu'il accepte, par acte authentique, son insti-
» tution d'héritier ci-dessus purement et simple-
» ment, avec les charges et conditions que j'y
» impose, dans le temps de quatre mois et dix
» jours, à compter du jour de mon décès et pour
» tout délai ; et, faute d'y satisfaire dans ce temps,
» je le charge de rendre et restituer, après son dé-
» cès, le surplus de mes biens que je n'ai pas ci-
» dessus substitués, ensemble les fruits et revenus
» qu'il aura perçus, pendant sa vie, de la totalité
» de ma succession, au-dessus de ceux du sup-
» plément de Légitime, s'il lui en était dû, à ce-
» lui des substitués ci-dessus qui recueillera le
» premier lot, pour lui tenir lieu d'indemnité de
» la terre du Muy, et remplacer ladite terre dans
» ledit lot ; auquel supplément de Légitime, s'il en
» est dû, je réduis audit cas tous les droits de mondit
» héritier dans ma succession. »

4° Le testateur nomme pour exécuteur de ses
dernières volontés, Louis-Félix d'Ollières, père
des appelés en troisième ligne aux substitutions.

Il meurt à Paris, en août 1759. Ses deux fils
répudient son testament, et demandent la nullité
des substitutions, quant aux terres du Muy et de
la Reynarde.

Le 7 septembre 1761, arrêt du parlement de
Paris, qui, contradictoirement avec un sieur Léger, nommé tuteur aux substitutions, les annulle
en effet quant à ces terres.

Enhardis par ce premier succès, ils attaquent
les substitutions en entier ; et le 12 août 1762,
un second arrêt les déclare également nulles.

Le 22 février 1763, troisième arrêt par défaut,
faute de comparoir, qui, sur la demande du tuteur aux substitutions, déclare ceux de 1761 et
1762 communs avec Louis-Félix d'Ollières.

En 1775, décès du maréchal du Muy sans postérité.

En 1778, Joseph-Gabriel-Tancrède Félix,
marquis du Muy, son frère aîné, meurt également
sans laisser d'autre enfant que la dame de
Créquy, remariée depuis au sieur de Bosroger.

En juin 1782, Louis-Félix d'Ollières, en qualité de légitime administrateur des biens de ses
enfans mineurs, obtient, contre la dame de Créquy,
un arrêt qui, entérinant les lettres de requête civile
obtenues par lui contre les arrêts de 1761, 1762 et
1763, le remet au même état où il était avant qu'ils
fussent rendus.

Et le 21 mai 1787, arrêt qui, prononçant sur
le rescisoire, « met les appellations et ce dont est
» appel au néant, émendant, ordonne que le tes-
» tament de 1758 sera exécuté selon sa forme et
» teneur ; en conséquence, envoie Louis d'Ollières
» et son fils en possession des substitutions portées
» par icelui, avec restitution des fruits, à comp-
» ter du jour de la demande en ouverture, con-
» formément à l'ordonnance...... ; à l'exception
» néanmoins de la terre du Muy telle qu'elle était
» en 1700, et qu'elle a été substituée par le con-
» trat de mariage dudit an, laquelle demeurera
» distraite au profit de la dame de Créquy, à la

» place de laquelle Louis d'Ollières et son fils sont
» envoyés en possession, aux termes dudit testa-
» ment, du surplus des biens libres, déduction
» faite des Légitimes de droit au profit de qui il
» appartiendra ; sur le surplus des demandes,
» fins et conclusions, met les parties hors du
» cour. »

Le 8 février et le 25 avril 1788, le 20 février
1789, le 5 février et le 12 octobre 1790, il intervient au parlement de Paris de nouveaux arrêts
qui statuent sur la plupart des contestations occasionnées par l'exécution de celui du 21 mai
1787.

Mais quelques difficultés restent encore indécises ; et pour les voir vider, la dame de Créquy est
assignée, le 19 juillet 1791, par Louis-Félix d'Ollières, devant le tribunal du district d'Aix.

La dame de Créquy le poursuit à la cour de
cassation ; et le 17 janvier 1793, elle y obtient,
sur une requête non communiquée, un arrêt qui,
« sans avoir égard à l'assignation du 19 juillet 1791,
» ordonne que les parties se retireront au greffe de
» celui des tribunaux de district de Paris, dans
» le ressort duquel a été ouverte la succession de
» J.-B. du Muy, pour y faire choix d'un tribu-
» nal d'appel. »

Louis-Félix d'Ollières ne forme pas opposition
à cet arrêt, il y acquiesce, et la cause est portée
devant l'un des tribunaux d'arrondissement de
Paris.

Tandis qu'elle y est pendante, Louis-Félix d'Ollières meurt, laissant deux fils, Jean-Baptiste-
Louis-Philippe-Félix d'Ollières du Muy, général
de division, et Louis-Antoine-Félix d'Ollières,
interdit pour cause de démence.

Le 24 brumaire an 10, la dame de Bosroger
(précédemment veuve de Créquy) fait assigner le
général du Muy, tant en son nom que comme curateur à l'interdiction de son frère, à comparaître
devant la cour d'appel de Paris, pour y constituer avoué, et procéder suivant les derniers erremens.

Après une plaidoirie de sept audiences, arrêt
du 21 germinal an 13, ainsi conçu :

« La dame de Bosroger est-elle obligée par l'ar-
» rêt du 21 mai 1787, au remplacement de la terre
» du Muy, que son aïeul avait substituée par son
» testament de 1758 ? Doit-elle en conséquence res-
» tituer les biens et effets non substitués qui se sont
» trouvés dans la succession de Jean-Baptiste du Muy,
» auteur de la substitution, ensemble les fruits de la
» totalité de la succession perçue au-delà de la Lé-
» gitime et des fruits, à compter de 1759, époque
» du décès du testateur ?

» Et attendu que la restitution des fruits perçus
» depuis la demande en ouverture, littéralement or-
» donnée par l'arrêt contradictoire du 21 mai 1787,
» n'est ni ne pouvait être contestée par la dame de
» Bosroger ; considérant que les fruits des biens sub-
» stitués, dont Joseph-Gabriel-Tancrède Félix du
» Muy, père de la dame Bosroger, et cette dernière
» elle-même, ont joui en sus de ceux du supplément

de Légitime, depuis le décès de Jean-Baptiste-Félix du Muy, testateur, arrivé le 23 août 1759, jusqu'en 1786, époque de la demande en ouverture, font partie de l'indemnité qui avait été fixée par le testament du 6 octobre 1758, dans le cas où le fils du testateur, contrariant tout à la fois, et la prière de son père, et le vœu de son aïeul, ne consentirait pas à la substitution de la terre du Muy, que ce cas est arrivé; que ni Tancrède du Muy, de son vivant, ni sa fille, après lui, n'ont voulu souffrir cette substitution; qu'ils ont demandé et obtenu la distraction de la terre du Muy; qu'ils ont possédé librement le domaine formant le premier lot de la substitution; et que par-là ils se sont volontairement soumis au remplacement intégral de cette terre, tel qu'il est proscrit par le testament de 1758; que la dame Bosroger ne saurait ni morceler ce remplacement, ni s'en plaindre, puisque la disposition était alternative; que son père et elle ont été les maîtres de leur sort; qu'ils ont été libres d'accepter comme de refuser la substitution de la terre du Muy : de même que le testateur était libre, en cas de refus, de réduire son fils à sa Légitime, et de l'obliger à restituer tout ce qui excéderait le capital et les intérêts de cette Légitime, pour, cet excédant composé du surplus des biens libres, en fonds et en fruits, servir à l'indemnité et au remplacement de la terre du Muy; qu'au testament de 1758, se joint l'autorité de la chose jugée par l'arrêt du 21 mai 1787, lequel, d'un côté, ordonne que ce testament sera exécuté selon sa forme et teneur; et de l'autre, en prononçant la distraction de la terre du Muy, envoie la famille d'Ollières en possession du surplus des biens libres aux termes de ce même testament qui voulait que dans ce surplus entrassent les fruits et revenus perçus au-dessus de ceux du suplément de Légitime;

» Considérant que la qualité de légitimaire et les principes sur la Légitime ne peuvent faire obstacle à l'exécution du testament de 1758 et de l'arrêt de 1787; qu'il ne s'agit point d'épuiser par les fruits des biens substitués, la Légitime due à Tancrède du Muy dans la succession de son père; que Tancrède et sa fille doivent la recevoir entière en fonds et fruits; qu'elle est due au moment du décès du père, testateur, qui n'a ni grevé, ni pu grever en rien le supplément de Légitime; mais que-là se bornent et la qualité et les droits de légitimaire; que, créanciers et une fois remplis de leur Légitime en fonds et en fruits, Tancrède et sa fille doivent à leur tour restituer, comme indemnité de la terre du Muy, tout ce qu'ils ont perçu en fonds et en fruits au-delà de cette Légitime; qu'il n'y a visiblement aucune connexité entre la qualité de légitimaire et celle de débiteur du remplacement de la terre du Muy dans la subtitution, et que la restitution de l'indemnité de cette terre, aux termes du testament de 1758, ne contrarie nullement les principes sur la Légitime.

» Considérant que les principes relatifs à la pos-

session de bonne foi, sont également inapplicables à la cause; qu'il n'est point ici question de fruits accessoires de la chose que le possesseur de bonne foi détient, mais de fruits soustraits, comme capital, à la possibilité de toute jouissance; qu'il s'agit d'un objet principal et frappé de substitution, que le grevé doit remettre à l'appelé; que les arrêts des 7 septembre 1761, 12 août 1762 et 22 février 1763, rescindés par l'arrêt du mois de juin 1782, ont bien pu autoriser l'erreur de Tancrède du Muy et de sa fille; mais qu'ils n'ont jamais pu les faire profiter de cette erreur, ni les dispenser d'exécuter les dispositions du testament de 1758, le jour où ces dispositions seraient rétablies; qu'en un mot, la dame Bosroger ne peut alléguer en sa faveur une bonne foi qui la rendait propriétaire, non des fruits d'une substitution, mais du fonds de l'indemnité qui remplaçait, dans cette substitution, l'objet que son père et elle n'ont pas voulu y laisser;

» Considérant enfin, que la disposition de l'arrêt de 1787, portant restitution des fruits à compter du jour de la demande en ouverture, conformément à l'ordonnance, ne sauraient non plus autoriser le refus de l'indemnité de la terre du Muy; qu'il faut bien distinguer entre les fruits dus et restituables aux termes de la loi et d'après ses dispositions, et les revenus substitués par la volonté du testateur et contribuant au remplacement de cette terre, que cette distinction saisie et faite par l'arrêt de 1787, se trouve consignée, d'une part, dans la disposition précitée, et de l'autre, dans les deux dispositions qui ordonnent expressément l'exécution du testament de 1758, selon sa forme et teneur, et le remplacement de la terre du Muy, aux termes de ce testament, par le surplus des biens libres dont les fruits perçus au delà de ceux du supplément de Légitime, faisaient nécessairement partie, aux termes et selon la teneur de ce même testament; que l'arrêt de 1787, loin d'apporter aucune restriction, aucune modification quelconque à la volonté du testateur, l'a au contraire maintenue dans toute sa plénitude......;

» Ordonne que l'arrêt du 21 mai 1787 sera exécuté selon sa forme et teneur; en conséquence, condamne Marie-Anne-Thérèse-Félix du Muy, épouse non commune en biens de Louis-Adam Leroy de Bosroger, à rendre et restituer audit du Muy, tant les fruits échus depuis la demande en ouverture de la substitution dont il s'agit, et perçus par ladite dame Bosroger, que ceux échus depuis le 23 août 1759, date de la mort de Jean-Baptiste-Félix du Muy, testateur, jusqu'en 1786, époque de ladite demande en ouverture, et successivement perçus par Tancrède du Muy, et ladite dame Bosroger, sa fille, le tout aux déductions voulues par le testament du 6 octobre 1758, et par ledit arrêt du 21 mai 1787, laquelle restitution aura lieu à l'amiable, si faire se peut, sinon en justice, à dire d'experts convenus ou nommés d'office, et de la manière ci-après ordonnée;

En ce qui touche les demandes de ladite dame Bosroger et de son mari, en paiement et fixation de Légitime, composition de masse, rapports, prélèvemens et imputations, ensemble ladite demande dudit du Muy, en imputation de 30,000 livres sur la Légitime de Joseph-Gabriel-Tancrède-Félix du Muy;

» Ordonne que la quotité proportionnelle de ladite Légitime est et demeure fixée au sixième pour toute nature de biens meubles et immeubles dépendans de la succession de Jean-Baptiste-Félix du Muy. »

La dame de Bosroger meurt peu de temps après la prononciation de cet arrêt; mais son mari à qui elle a laissé l'universalité de ses biens, se pourvoit en cassation.

» L'arrêt de la cour d'appel de Paris, du 21 germinal an 13 (ai-je dit à l'audience de la section civile, le 10 novembre 1807), est attaqué par cinq moyens de cassation. On lui oppose,

» 1º Le principe que nul n'est tenu d'exécuter les clauses d'un testament en vertu duquel il n'a rien reçu;

» 2º La loi 32, C. de inofficioso testamento, et la loi 6, C. ad senatus-consultum Trebellianum, d'après lesquelles, dit-on, la Légitime ne peut jamais être consumée ni compensée par des fruits perçus;

» 3º La loi 48, D. de acquirendum rerum dominio, la loi 1, § 1 C. de petitione hereditatis, et l'art. 94 de l'ordonnance de 1539, qui n'obligent les possesseurs de bonne foi à restituer les fruits que du jour de la demande judiciaire;

» 4º L'autorité de la chose jugée par l'arrêt du parlement de Paris, du 21 mai 1787;

» 5º Les art. 5 et 40 du tit. 1 de l'ordonnance du mois d'août 1747, concernant les substitutions.

» De ces cinq moyens, le premier suppose un principe qui, dans le sens général qu'il vous est présenté, ne se trouve écrit dans aucune loi, qui même, dans ce sens, est démenti par des lois formelles; qui d'ailleurs est, dans notre espèce, écarté par un arrêt que l'on n'a jamais attaqué.

» Nous disons d'abord qu'aucune loi n'a consacré, dans la généralité qu'on veut lui donner ici, le prétendu principe que celui qui ne reçoit rien en vertu d'un testament, n'est pas tenu d'en exécuter les clauses; et cela est d'une vérité, pour ainsi dire triviale.

» Sans doute, l'étranger à qui un testateur, sans lui rien donner, imposerait une charge quelconque, serait bien le maître de ne pas exécuter son testament.

» Sans doute, le légitimaire, l'héritier de biens frappés d'une réserve légale, à qui le testateur, sans rien ajouter à sa Légitime, à sa réserve, ordonnerait des choses qui tendraient à altérer, grever ou diminuer l'une ou l'autre, serait bien le maître, en se tenant à sa réserve ou à sa Légitime, de ne pas déférer à la volonté du défunt, en tant qu'elle préjudicierait à ses droits légaux.

» Mais est-ce à dire pour cela que le légitimaire, que l'héritier d'une portion indisponible, dont le testateur a respecté les droits légaux, puisse, sous le prétexte qu'il a répudié le testament, en empêcher l'exécution, en neutraliser l'effet? Est-ce à dire pour cela que, non content de la Légitime, de la portion indisponible que la loi lui affecte, et que le testateur lui laisse intacte, il puisse se refuser à l'accomplissement de la volonté de celui-ci, en tant qu'elle porte sur des biens dont celui-ci avait le pouvoir de le priver? Non, certainement.

» Bien loin de là, et c'est notre seconde proposition, il y a dans le droit romain, c'est-à-dire, dans les lois qui ont régi les biens litigieux jusqu'à la publication du Code civil, une foule de textes qui décident formellement le contraire. Ces textes sont placés sous le titre du Digeste, si quis omissa causa testamenti; et voici notamment ce que porte la première loi de ce titre: Prœtor voluntates defunctorum tuetur, et eorum calliditati occurrit qui, omissa causa testamenti, ab intestato hereditatem partemve ejus possident, ad hoc ut eos circumveniant quibus quid ex judicio defuncti deberi potuit, si non ab intestato possideretur hereditas.... (1)

» Enfin, l'arrêt du parlement de Paris, du 21 mai 1787, juge formellement que, nonobstant la renonciation faite par les deux fils de Jean-Baptiste du Muy à son testament du 6 octobre 1755, et leur réduction à la qualité de légitimaires, ce testament doit être exécuté selon sa forme et teneur.

» Ainsi, l'autorité de la chose jugée vient ici se réunir à celle des lois romaines, pour repousser le premier moyen de cassation du sieur de Bosroger.

» Trouverez-vous mieux fondé celui que l'on fait résulter de la loi quoniam 32, C. de inofficioso testamento, et de la loi jubemus, C. ad senatus-consultum Trebellianum?

» La loi quoniam se borne à dire que le père ne peut imposer à la Légitime aucune espèce de condition, de charge ni de délai: Quoniam in prioribus sanctionibus illud statuimus, ut, si quid minus legitima portione his derelictum sit qui ex antiquis legibus de inofficioso testamenti actionem movere poterant, hoc repleatur, ne occasione minoris quantitatis testamentum rescindatur: hoc in præsenti addendum esse censemus, ut, si conditionibus quibusdam, vel dilationibus, aut aliqua dispositione, moram, vel modum, vel aliud gravamen introducente, eorum jura, qui ad memoratam actionem vocabantur, immunita esse videantur; ipsa conditio, vel dilatio, vel alia dispositio moram vel quodcunque onus introducens, tollatur: et ita res procedat, quasi nihil eorum testamento additum esset.

» Or, nous ne voyons pas, le demandeur n'articule même pas, que le testateur Jean-Baptiste du Muy ait grevé la Légitime de son fils Tancrède d'aucune charge, qu'il l'ait fait dépendre d'aucune condition, qu'il en ait renvoyé la délivrance à un

_____

(1) V. l'article Légataire § 4, nº 3.

temps quelconque. C'est donc bien mal à propos que l'on invoque ici la loi *quoniam*.

La loi *jubemus* paraît, au premier abord, n'être pas moins étrangère à l'objet pour lequel on la cite; car ce n'est pas de la Légitime, c'est uniquement de la quarte trébellianique qu'elle s'occupe; et elle veut simplement que le fils grevé de substitution par son père, fasse sur les biens fidéicommissés, le prélèvement de cette quarte; qu'elle lui soit fournie en corps héréditaires, et que l'on ne puisse pas y imputer les fruits des biens fidéicommissés, quand même le testateur l'aurait ainsi ordonné en termes exprès : *Jubemus*, dit l'empereur Zénon, auteur de cette loi, *quoties pater vel mater filio seu filiæ, filiis vel filiabus ex œquis vel inœquis partibus heredibus institutis, invicem seu simpliciter quosdam ex his aut quemdam rogaverit, qui prior sine liberis decesserit, portionem hereditatis suæ superstiti seu superstitibus restituere, ut omnibus modis, retenta quarta pro auctoritate Trebelliani senatus-consulti, non per imputationém reditum, licet hoc testator rogaverit vel jusserit, sed de ipsis rebus hereditariis, dodrans restituatur*.

Mais quoique limitée en apparence à la quarte trébellianique, cette loi n'en est pas moins applicable à la Légitime. A l'époque où elle fut portée, la Légitime ne consistait, comme la trébellianique, que dans le quart de la succession dégagée de toutes les dettes; et la trébellianique tenait alors tellement lieu de Légitime, que jamais l'une ne pouvait concourir avec l'autre. Aussi remarquez-vous que, par le texte cité, l'empereur Zénon ordonne qu'après la distraction de la quarte trébellianique, le fils grevé d'une substitution universelle, sera tenu de restituer au fidéicommissaire les trois quarts restans de la succession, *dodrans restituatur*.

» Ainsi, nul doute que nous ne devions ici raisonner d'après cette loi, comme si la Légitime était nommément comprise dans sa disposition.

» Mais de ce que, par cette loi, il est implicitement établi qu'un père ne peut pas, en grevant son fils d'une substitution fidéicommissaire, lui imposer l'obligation d'imputer dans sa Légitime les fruits qu'il percevra avant l'ouverture de cette substitution; de ce qu'aux termes de cette loi sainement entendue, le fils grevé d'une substitution fidéicommissaire, doit, à l'ouverture de cette substitution, retenir tout à la fois et sa Légitime en corps héréditaires, et tous les fruits que les biens fidéicommissés ont produits jusqu'à cette époque, s'ensuit-il que cette loi a été violée par la disposition de l'arrêt de la cour d'appel de Paris que nous discutons en ce moment? Ou, en d'autres termes, Jean-Baptiste Muy avait-il fait, par son testament du 6 octobre 1758, ce que prohibe cette loi? Et Tancrède du Muy, son fils, se trouvait-il précisément dans le cas où cette loi autorise le légitimaire à cumuler la distraction de sa Légitime avec la rétention de tous les fruits qu'il a précédemment tirés de la succession fidéicommissaire?

» Pour résoudre cette question, il importe de nous fixer sur les dispositions principales du testament de Jean-Baptiste du Muy.

» Par la première, il institue son fils Tancrède son héritier universel, et le grève d'un fidéicommis particulier dans lequel il fait entrer, outre quelques-uns de ses propres biens qu'il désigne, la terre du Muy dont il reconnaît cependant que son fils Tancrède est propriétaire; *sans que mondit fils*, ajoute t il, *puisse prétendre d'autres indemnités pour ladite terre de Muy, que la propriété des biens et effets non substitués qui pourront se trouver dans ma succession, avec les fruits et jouissances qu'il aura, pendant sa vie, de mes biens ci-dessus substitués*.

» Ainsi, institution universelle, substitution particulière, extension de cette substitution jusqu'à la terre du Muy qui appartient à son fils, et détermination de l'indemnité qu'il accorde à son fils pour cette extension : voilà à quoi se réduit cette première disposition du testament.

» Par la seconde disposition, le testateur pressent que son fils Tancrède pourra fort bien ne pas consentir à la substitution de sa terre du Muy; et voulant prévenir à cet égard tout incertitude, il ordonne que, dans les quatre mois et dix jours de sa mort, son fils Tancrède acceptera purement et simplement son institution d'héritier, avec soumission expresse aux charges et conditions dont il l'a grevée; faute de quoi, il le réduit à sa Légitime : *Je le charge*, continue-t-il, *de rendre et restituer après son décès, tout le surplus de mes biens que je n'ai pas substitués, ensemble les fruits et revenus qu'il aura perçus pendant sa vie de la totalité de ma succession, au-dessus de ceux du supplément de Légitime, s'il lui en était dû, à celui des substitués qui recueillera le premier lot, pour lui tenir lieu d'indemnité de la terre du Muy*.

» D'après ces deux dispositions, que serait-il arrivé, si Tancrède eût accepté le testament de son père, et par suite consenti à la substitution de sa terre du Muy? Sans contredit, indépendamment de sa portion légitimaire, il aurait perçu irrévocablement pour son compte, il eût incommutablement fait siens jusqu'à sa mort, tous les fruits des biens de son père; et de tous ces fruits, rien n'aurait pu être imputé sur sa Légitime, quand même son père en eût ordonné l'imputation; car à cette hypothèse se serait justement appliquée la prohibition contenue dans la loi *jubemus*.

Mais cette hypothèse ne s'est pas réalisée : Tancrède n'a pas consenti à la substitution de sa terre du Muy; et par-là, est arrivée la condition de laquelle le testateur avait fait dépendre pour Tancrède, non-seulement la réduction à sa Légitime, mais encore l'obligation de restituer, après sa mort, aux enfans de Louis-Félix d'Ollières, tous les fruits qu'il aurait perçus des biens excédant sa portion légitimaire.

» Que le testateur ait pu, cette condition arrivant, réduire Tancrède à sa Légitime, c'est ce qui n'est ni ne peut être contesté. Ainsi, nul doute que le testateur n'eût pu dire : *En cas que mon fils Tancrède se refuse à la substitution de la terre du Muy, je veux que, distraction faite de sa Légitime, qui lui sera délivrée à l'instant, les enfans de Louis-Félix d'Ollières entrent sur le champ en jouissance du restant entier de mes biens.*

Mais le testateur n'a pas été aussi sévère : au lieu d'appeler les enfans de Louis-Félix d'Ollières à recueillir sur le champ la portion disponible de ses biens, il ne les y a appelés qu'après la mort de Tancrède ; et en chargeant Tancrède de leur restituer à sa mort les fruits de cette portion, il lui en a du moins laissé la jouissance pendant sa vie.

» Maintenant la question est de savoir s'il a pu fidéicommisser, dans les mains de Tancrède, des fruits dont il ne tenait qu'à lui de le priver, si, pour avoir traité Tancrède moins durement que la loi ne l'autorissait à le faire, sa disposition est nulle; si Tancrède, qui n'aurait rien à dire dans le cas où il n'eût obtenu que sa Légitime, peut se plaindre de ce qu'en lui donnant, outre sa Légitime, une jouissance viagère de fruits, on a substitué, non sa Légitime, mais la valeur des fruits dont il lui a permis de jouir en sus ; en un mot, il peut se dispenser, à sa mort de rendre des fruits dont il n'a joui que parce que le testateur à bien voulu les lui laisser sous la condition de les restituer à cette époque.

» Mais proposer une pareille question, n'est-ce pas la résoudre contre Tancrède? Au surplus elle n'est pas nouvelle ; les interprètes des lois romaines s'en sont occupés, et il y a long-temps que leur doctrine est sanctionnée par la jurisprudence des arrêts.

» Fachinée, dans son recueil *controversiarum juris*, liv. 12, chap. 11, demande *an filius possit gravari a patre ad fructuum restitutionem ultra Legitimam* : c'est bien notre espèce.

Voici sa réponse : *Quamvis pater disponere non possit ut fructus in Legitimam imputentur filii gravati per fideicommissum (l. jubemus, C. ad Trebellianum,) potest tamen jubere ut fructus ipsi restituantur, qui ultra legitimam percipiuntur.*

» Il ajoute que tel est l'avis d'Angelus, d'Imola et d'Alexandre, sur la loi 32, D. *senatusconsultum Trebellianum*; de Ripa, sur la loi 18, du même titre ; du cardinal de Cumes, dans son conseil 25 ; et de Covarruvias, sur le chapitre *Raynutius*, aux décrétales, *de testamentis*, § 11, n° 4.

» Il convient cependant que deux docteurs, dont il cite les consultations, ont soutenu le contraire, sur le double fondement que *hoc modo filius posset gravari Legitima, quod esset absurdum*, et *qui fructus imputari non possunt in Legitimam, ergo multo minus poterit gravari filius ad eorum restitutionem.*

« Mais (continue Fachinée,) nonobstant ces raisons, je regarde la première opinion comme irréfragable, pourvu qu'on l'entende sainement, c'est-à-dire, en admettant que le fils ait sa Légi-

time franche en corps héréditaires, et que les fruits qu'elle produira après la mort du père, lui demeurent incommutablement : *His non obstantibus, ego puto priorem sententiam esse verissimam, si recte intelligatur, videlicet, quod filius habeat suam Legitimam in corporibus hereditariis et fructus quoque Legitimæ quibus fraudari non potest.* Car le père peut disposer à son gré de tout l'excédant de son patrimoine ; il est donc bien le maître d'imposer à son fils l'obligation de restituer les fruits de cet exédant : *Nam de cæteris bonis pater ad libitum disponere potest; ergo potest jubere filio ut fructus restituat ultra Legitimam.*

» Du reste, point de similitude entre l'imputation des fruits dans la Légitime, et la charge de les restituer. Obliger le fils d'imputer des fruits dans sa Légitime, ce serait vouloir qu'il prît sa Légitime en fruits, tandis qu'il doit l'avoir en corps héréditaires ; au lieu que, par la simple charge de restituer les fruits des biens excédant sa Légitime, on laisse intacte sa Légitime même ; et on ne l'empêche pas de la prendre en fonds : *Et magna est differentia inter imputationem fructuum in Legitimam et restitutionem fructuum : quia si filius imputare deberet fructus in Legitimam, tunc haberet Legitimam in ipsis fructibus, non autem in corporibus hereditariis, contra textum in lege scimus C. de inofficioso testamento. Cùm igitur diversa sit ratio inter ista, ex uno non licet ad alterum inferre, quidquid sit in aliis casibus, in quibus nulla est ratio differentiæ inter imputationem et restitutionem : Nec video ullam fraudem fieri Legitimæ : quia jam supponimus filium habere suam Legitimam integram in corporibus hereditariis, et fructus quoque ipsius Legitimæ.*

» Enfin (dit encore Fachinée), il n'importe que régulièrement les fruits appartiennent à l'héritier grevé, tant qu'il n'est point en demeure de restituer le fidéicommis : car cette règle cesse dans le cas ou le fidéicommis frappe sur les fruits même : *Et licet fructus pertineant ad heredem gravatum ante moram, tamen secus est quando testator mandavit restitui etiam fructus ;* et telle est la disposition expresse de la loi *in Fideicommissario et de la loi Balista, D. ad Trebellianum.*

» Vous voyez, messieurs, que ce jurisconsulte, célèbre dans tous les pays, mais particulièrement considéré dans la ci-devant Provence, répond parfaitement à la raison qu'emploie le sieur de Bosroger pour faire étendre au cas dont il est ici question, la défense qui est faite au père, par la loi *jubemus*, d'ordonner l'imputation des fruits des biens qu'il fidéicommisse, dans la portion légitimaire de son fils.

» Le sieur de Bosroger a beau dire, en effet, que l'imputation et la restitution ont le même résultat. Vraie à certains égards, cette assertion est souverainement fausse, quant à la nécessité de laisser au fils sa Légitime en corps héréditaires, objet qui occupe essentiellement la pensée du législateur ; et la chose est extrêmement aisée à sentir.

» Si , dans notre espèce , le testateur Jean-Baptiste du Muy eût ordonné à Tancrède d'imputer dans sa Légitime les fruits des biens de cette portion sacrée , et que sa disposition eût pu avoir son effet, quelle en aurait été la conséquence ? C'est que Tancrède n'aurait pu , immédiatement après la mort du testateur , se faire délivrer sa Légitime ; qu'il aurait été réduit à en toucher d'année à autre des à-comptes partiels, et que définitivement il s'en serait trouvé rempli tout autrement qu'en corps héréditaires.

» Au lieu que le testateur s'étant borné à ordonner la restitution des fruits des biens excédant la Légitime de Tancrède , rien n'a empêché Tancrède de prendre sa Légitime en corps héréditaires à l'instant même où la succession s'est ouverte ; rien ne l'a empêché de faire dès lors tel usage , telle disposition qu'il a jugé à propos, des corps héréditaires qui ont dû composer sa Légitime.

» Inutile d'objecter que Tancrède n'a pas usé, à cet égard , de son droit ; qu'il n'a pas fait procéder à la distraction de sa Légitime ; que sa Légitime est restée confondue avec la portion disponible des biens paternels ; et qu'à sa mort , les choses sont revenues au même que le père lui eût imposé la charge d'imputer les fruits de ses biens disponibles dans sa Légitime ; qu'à sa mort , sa Légitime s'est trouvée , soit absorbée , soit au moins compensée , en grande partie, par des fruits perçus ; et que jamais des fruits perçus par un légitimaire , ne peuvent, soit par imputation, soit par restitution, remplir ni diminuer sa Légitime.

» La réponse à cette objection est dans le principe que , pour juger de la validité d'une disposition testamentaire, il faut toujours se reporter au temps de la mort du testateur.

» Jean-Baptiste du Muy avait-il rempli, en mourant , tout ce que la loi lui prescrivait à l'égard de la Légitime de Tancrède ? Oui : il la lui avait laissée en corps héréditaires , et il ne tenait qu'à Tancrède de se la faire délivrer. Les dispositions ultérieures de Jean-Baptiste du Muy ne pouvaient donc pas , à cette époque , être critiquées par Tancrède , puisque , encore une fois , Tancrède avait reçu de Jean-Baptiste tout ce qu'il pouvait exiger. Comment donc Tancrède aurait-il pu , en différant de se faire délivrer sa Légitime , acquérir sur les fruits des autres biens de son père , des droits qu'il n'aurait pas eus , si sa Légitime lui eût été délivrée aussitôt qu'elle pouvait et devait l'être ? Où a-t-on pris qu'un créancier peut améliorer sa condition au préjudice de son débiteur , par les retards qu'il met à se faire payer ? Où a-t-on pris qu'une disposition testamentaire , valable dans son principe , peut être annulée par le fait de l'héritier à qui elle porte un préjudice autorisé par la loi ?

» Et qu'importe après tout que , par l'effet du retard du légitimaire à se faire délivrer sa Légitime , il arrive , après un certain temps , que , débiteur de fruits perçus que le testateur pouvait l'empêcher de percevoir , il soit obligé d'en souffrir la compensation sur sa Légitime même ? Cette compensation n'a point lieu par le fait du testateur ; elle n'a lieu que par le fait du légitimaire ; et il n'y a pas un mot, soit dans la loi *quoniam* , soit dans la loi *jubemus*, qui s'oppose à ce qu'elle soit admise.

» Par la loi *quoniam* , nous l'avons déjà dit , il est seulement défendu au testateur d'imposer à la Légitime aucune condition , aucune charge, aucun délai ; et la loi *jubemus* ne porte que sur le cas où le testateur en fidéicommissant dans la personne de son fils , non pas les fruits , mais seulement le fonds de ses biens libres , a ordonné que les fruits de ses biens libres seraient imputés dans sa Légitime.

» Prétendre que cette dernière loi , par cela seul qu'elle prohibe l'imputation des fruits dans la Légitime , est censée prohiber la substitution des fruits même , c'est ajouter à son texte , c'est lui faire dire plus qu'il ne dit ; et n'y eut-il pas entre l'une et l'autre cette différence essentielle que Fachinée vient de nous faire, pour ainsi dire , toucher au doigt et à l'œil , ce serait déjà bien assez du silence de la loi sur la substitution des fruits , pour que la cassation ne pût pas atteindre un arrêt qui a jugé valable une pareille substitution.

» Cet arrêt au surplus n'a fait , comme nous l'avons annoncé , que suivre les erremens d'une jurisprudence établie depuis long-temps dans les pays de droit écrit.

» L'un des monumens les plus curieux de cette jurisprudence est une décision du sénat de Mantoue , qui nous a été conservée par *Surdus*, lequel y avait coopéré comme membre de ce tribunal. En voici l'espèce , telle que la rapporte ce magistrat, dans son recueil intitulé *Decisiones sacri Mantuani senatus*, imprimé à Lyon en 1612 , § 21.

» Alphonse de Cremaschis avait institué tous ses enfans héritiers , et avait ordonné que ses fils puînés seraient tenus , à leur mort , de rendre à l'aîné nommé Antoine , tout ce qui , dans leurs portions respectives, excéderait leur Légitime , et tous les fruits qui , pendant la vie de chacun d'eux , proviendraient de cet excédant.

» Le testateur mort , Antoine de Cremaschis , d'une part , et ses frères de l'autre , voulant prévenir les difficultés qui pourraient un jour s'élever entre leurs héritiers sur l'effet de cette disposition, adressèrent d'un commun accord au duc de Mantoue , leur souverain , un mémoire par lequel ils le prièrent de faire décider par son sénat si le fidéicommis dont le père avait grevé les puînés au profit de l'aîné , était valable et devait avoir son exécution, en tant qu'il affectait les fruits à percevoir par les puînés sur les portions de biens qui excédaient leur Légitime.

» Le duc de Mantoue renvoya en effet cette question à son sénat.

» Et après l'avoir examinée , dit Surdus , tous les juges , hors le président , émirent , dès le premier abord , l'avis que la clause était valable : *Omnes domini conveniebant valere dispositionem domini Alphonsi patris , quod filii tenerentur res-*

tituere fructus omnes quos ex bonis ultra Legitimam relictis, percepissent. Solus dominus præses in diversam ibat sententiam quod non valeret dispositio.

» Le président proposa ses objections, au nombre de sept, et Surdus nous les retrace toutes avec les réponses qui y furent faites. Les voici.

» *Première objection.* Il est de principe, et la loi *in fideicommissaria* 18, D. *ad senatusconsultum Trebellianum*, décide nettement que les fruits perçus par l'héritier grevé de fidéicommis, après l'addition de l'hérédité, lui appartiennent incommutablement et ne sont pas sujets à restitution.

» *Réponse.* Ce principe est vrai en thèse générale; mais il admet une exception dans le cas où le testateur a expressément ordonné la restitution des fruits. Cette exception est même écrite textuellement dans la loi citée : *in fideicommissaria hereditatis restitutione constat non venire fructus, nisi ex mora facta sit, aut cum quis specialiter fuerit rogatus fructus restituere.*

» *Deuxième objection.* Il est de principe que la Légitime doit être fournie en corps héréditaires : on ne peut donc la fournir en fruits.

» *Réponse.* Ce n'est pas fournir la Légitime en fruits, que d'obliger le légitimaire de restituer les fruits des biens qui lui sont laissés en sus de sa Légitime. Rien ne s'oppose, en ce cas, à ce qu'il prenne sa Légitime en corps héréditaires. Quant aux fruits des biens excédans, il peut, s'ils existent encore, les restituer en nature, ou s'ils n'existent plus, en rendre la valeur en argent, sans qu'on puisse l'obliger, soit de compenser cette valeur avec sa Légitime, soit d'abandonner, pour l'acquitter, les corps héréditaires qui lui ont été délivrés pour sa portion légitimaire.

» *Troisième et quatrième objections.* La loi *jubemus* décide que les fruits perçus par le fils grevé d'un fidéicommis universel, avant l'ouverture du fidéicommis même, ne peuvent pas être imputés dans la quarte trébellianique ou Légitime, même dans le cas où le testateur en aurait ordonné l'imputation. Or, ce que le testateur ne peut pas faire directement, peut-il le faire par une voie détournée? Et n'est-il pas évident qu'obliger le fils de restituer les fruits fidéicommissés dans sa personne, c'est indirectement lui faire consumer sa Légitime en fruits et par conséquent la lui faire perdre?

» *Réponse.* Autre chose est l'imputation des fruits dans la Légitime, autre chose est l'obligation de les restituer. Si l'on permettait au père d'ordonner l'imputation des fruits dans la Légitime, le fils ne pourrait prendre sa Légitime qu'en fruits échus après l'ouverture de la succession, *in fructibus non hereditariis,* tandis qu'elle doit lui être fournie en corps héréditaire, *in bonis et substantia testantis.* Or, cet inconvénient cesse, lorsque le testateur ordonne, non pas d'imputer les fruits, mais de les restituer, puisque, dans ce dernier cas, le fils reste maître de prendre sa Légitime *in corporibus.* D'ailleurs si on laissait au

testateur le pouvoir d'ordonner que les fruits seront imputés dans la Légitime, il faudrait nécessairement le laisser maître de priver de sa Légitime le fils qui se refuserait à cette condition, puisque le fils ne pourrait obtenir sa Légitime que de la manière dont le testateur aurait voulu qu'elle lui fut délivrée; ce qui amènerait inévitablement la conséquence, que le fils se refusant à l'imputation, il n'y aurait point de Légitime pour lui. Mais rien de tout cela n'a lieu, quand le père ne fait qu'ordonner la restitution des fruits. Que le fils alors, content de sa Légitime, répudie le restant, il n'en aura pas moins sa Légitime en corps héréditaires; car le père n'a fait aucune disposition qui l'en empêche; et c'est la différence essentielle qu'il y a entre ce cas et le précédent. Ainsi, point d'argument à tirer de l'un de ces cas à l'autre. La loi *jubemus* ne doit pas être étendue au-delà de ses termes : elle ne prohibe que l'imputation; elle ne prohibe pas la restitution : la restitution peut donc être ordonnée.

» *Cinquième objection.* Permettre au père d'ordonner la restitution des fruits, c'est ouvrir la porte aux moyens de frauder et d'éluder la loi qui défend de grever ou de diminuer la Légitime.

» *Réponse.* La loi permet au père qui a laissé la Légitime à son fils, de disposer du restant de ses biens en faveur de qui il lui plaît, et même de le jeter à la mer, *in mare projicere.* Et c'est une maxime constante que *non dicitur facere fraudem, qui actum facit quem licebat sibi facere sine fraude.* Comment donc le père, dans l'espèce dont il s'agit, pourrait-il être accusé de fraude? Il exerce le droit que la loi lui laisse, il ne la fraude, il ne l'élude donc pas.

» *Sixième objection.* C'est jouer sur les mots que de ne pas étendre à la restitution des fruits, la défense qui est faite par la loi *jubemus,* d'en ordonner l'imputation. Car il peut arriver que le fils, au moment où s'ouvre le fidéicommis, ait consumé tous les fruits qu'il aura perçus; et alors, quelle différence y aura-t-il pour lui entre la restitution et l'imputation? Bien évidemment l'obligation de restituer emportera pour lui celle d'imputer.

Réponse. Si ce cas arrive, il ne s'ensuivra pas pour cela qu'alors même les fruits consument la Légitime, *non est certum quod fructus possint extinguere Legitimam*; et la consumassent-ils de fait, ce ne serait pas du moins par l'effet de la disposition du testateur; car ce n'est point à cette fin que le testateur a ordonné la restitution des fruits : *et ubi etiam id esset certum, non tamen fructuum restitutio est ordinata ad diminutionem Legitimæ; et ideo non est attendenda.* Du reste, le fils ne peut s'en prendre qu'à lui-même du dommage qu'il éprouve; car il pouvait, en se tenant à sa Légitime, répudier tous les autres biens que son père lui avait laissés à la charge de restituer les fruits : *Ultra quod id damnum filius debet sibi imputare, cum posset, acceptata legitima, residuum respuere, voluit omnia capere; et tout* le monde connaît la règle de droit, *damnum quod quis sua culpa sentit, non videre sentire.*

» *Septième objection.* Le docteur Cephalus, dans son conseil 777, et le docteur Menochius de Rimini, dans son conseil 510, soutiennent que le père ne peut pas ordonner la restitution des fruits.

» *Réponse.* Ces deux docteurs ne le soutiennent ainsi que pour le cas où le testateur a commencé par fidéicommisser même la Légitime de son fils; et sur cette hypothèse même, ils sont contredits par une foule d'autres jurisconsultes (dont Surdus présente la longue nomenclature). Mais toute autorité à part, reste la règle générale établie par la loi *in fidéicommissaria*, que le testateur peut fidéicommisser les fruits comme le fonds, et que cette règle n'est pas corrigée par la loi *jubemus*, pour ce qui concerne les fruits des biens libres. Enfin, quand notre opinion ne serait fondée sur aucune loi expresse, il suffirait, pour la faire triompher, qu'aucune loi expresse ne la condamnât, surtout d'après cette raison sans réplique, que le père peut disposer à son gré de tout ce qui excède la Légitime.

» D'après ces raisons, dit Surdus, le sénat de Mantou a répondu au souverain que la disposition testamentaire dont il s'agissait, était valable et devait avoir son exécution : *Senatus retulit serenissimo domino Duci sustineri dispositionem dicti testatoris et exequendam esse.*

» A cette décision qui est assurément bien précise, se joint encore l'autorité d'un arrêt du parlement de Dijon, du 17 mai 1670, rendu sur un procès évoqué du parlement de Provence, et par lequel (dit Montvallon, *Traité des Successions*, chap. 7, art. 15) « il fut décidé qu'un père peut charger de fidéicommis un enfant au premier degré de ses biens propres, en lui donnant l'équivalant; et conséquemment que les enfans du premier degré peuvent être chargés de restituer les fruits qu'ils perçoivent dans la succession de leur père, sur l'excédant de leur quarte légitime et trébellianique; en sorte que les enfans qui ont joui de ces fruits, les imputent sur leur quarte au profit du fidéicommis. »

» Montvallon ajoute, d'après Boniface, tome 5, page 541, que « cet arrêt fut suivi d'un autre de 1674 », par lequel le parlement de Provence jugea absolument de même.

» Le président de Bezieux, liv. 6, chap. 11, § 8, cite les mêmes arrêts, et dit : « la raison de cette jurisprudence est très-sensible. Il est libre au père de disposer de ses biens, ainsi qu'aux autres particuliers, aux conditions qu'il lui plaît d'imposer à sa disposition; et pourvu qu'il laisse à ses enfans les quartes en fonds et en fruits, il peut charger de fidéicommis l'excédant, et les soumettre à rendre compte des fruits dont ils profitent au-delà de ce que la loi leur accorde pour leurs droits, ainsi que pourrait faire un étranger envers celui à qui il laisserait ses biens sous cette condition. »

» Il n'est donc pas douteux que, par son testament du 6 octobre 1758, Jean-Baptiste du Muy n'ait valablement imposé à son fils Tancrède, la charge de rendre les fruits qu'il percevrait sur ses biens libres avant l'ouverture du fidéicommis dont il le grevait; et par une conséquence nécessaire, il n'est pas douteux que le deuxième moyen de cassation employé par le demandeur contre la disposition de l'arrêt de la cour d'appel de Paris qui l'a jugé ainsi, ne doive être rejeté.

» Mais cette même disposition ne viole-t-elle pas les lois qui dispensent de toute restitution de fruits, le possesseur qui les a perçus de bonne foi? C'est la question que vous présente le troisième moyen de cassation du demandeur.

» Pour établir l'affirmative, on vous dit que, par les arrêts de 1761, 1762 et 1763, qui ont successivement déclaré nulles toutes les substitutions fondées sur le testament de Jean-Baptiste du Muy, Tancrède du Muy a été constitué en bonne foi relativement aux fruits des biens qui étaient déclarés libres dans sa personne; que, dès-là, Tancrède du Muy a perçu irrévocablement ces fruits pour son propre compte, et que telle est la décision expresse de la loi 48, D. *de acquirendo rerum dominio*, de la loi 1, § 1, C. *de petitione hereditatis*, et de l'art. 94 de l'ordonnance de 1539.

» Le défendeur répond d'abord qu'il ne peut pas y avoir de bonne foi, là où il y a erreur de droit. Mais cette assertion générale, vraie en certains cas, cesse de l'être quand il s'agit de la restitution des fruits d'une hérédité. La loi 25, § 6, D. *de petitione hereditatis*, décide nettement que celui qui, par erreur de droit, a joui paisiblement, comme héritier, d'une succession de laquelle il était exclu, soit par un héritier testamentaire, soit par un parent plus proche, n'en peut pas être réputé possesseur de mauvaise foi : *Scire ad non pertinere utrum is tantummodo videtur qui factum sit, an et is qui in jure erravit : putavit enim recte factum testamentum, cum inutile erat, vel cum natus alius præcederet agnatus, sibi potius deferri? Et non puto hunc esse prædonem qui dolo caret, quamvis in jure erret.*

» Le défendeur répond ensuite, avec la cour d'appel, que les lois invoquées à l'appui du troisième moyen de cassation, n'ont pour objet que les fruits considérés comme accessoires de la chose possédée de bonne foi, que les fruits qui tombent dans le domaine du propriétaire de la chose, que les fruits qui s'acquièrent par un droit que les lois romaines et le Code civil qualifient expressément de *droit d'accession*; et, comme le dit en toutes lettres l'art. 94 de l'ordonnance de 1539, que *des fruits des biens revendiqués*; mais que ces lois sont inapplicables à des fruits grevés de substitution fidéicommissaire, à des fruits qui, par l'effet de la substitution fidéicommissaire dont ils ont été grevés, sont devenus un *capital restituable*; et cette réponse nous paraît satisfaisante.

» Mais il y en a une autre qui l'est peut-être

encore davantage : c'est qu'on ne peut pas regarder les arrêts de 1761, 1762 et 1763 comme des titres qui aient véritablement constitué Tancrède du Muy en bonne foi. Celui-là, en effet, n'est pas réputé possesseur de bonne foi, qui ne jouit qu'en vertu d'un titre qu'il sait ou doit savoir être exposé à rescision. Et de là vient que les fruits perçus pendant la possession provisoire qui a été accordée sur l'appel d'un jugement de première instance réformé depuis ; de là vient que les fruits perçus pendant la possession fondée sur un arrêt qui depuis a été ou cassé ou rétracté par requête civile, ne sont pas moins sujets à restitution que, s'ils avaient été perçus après une demande judiciaire et avant toute espèce de jugement.

» Or, Tancrède du Muy pouvait-il ignorer que les arrêts rendus sur ses poursuites en 1761, 1762 et 1763, étaient exposés à rescision ? Pouvait-il ignorer que les appelés aux substitutions fondées par son père, auraient le droit, à l'ouverture de ces substitutions, de réclamer contre ces arrêts et de les faire rétracter ?

» Pour le quatrième moyen, le demandeur expose que, par l'arrêt du parlement de Paris, du 21 mai 1787, le sieur Félix d'Ollières n'a été envoyé en possession des substitutions portées au testament de Jean-Baptiste du Muy, qu'*avec restitution des fruits, à compter du jour de la demande en ouverture, conformément à l'ordonnance;* que, par-là, il a été décidé souverainement que les fruits des biens fidéicommissés par Jean-Baptiste du Muy, n'étaient dûs aux appelés qu'à compter du jour de la demande en ouverture des substitutions; que conséquemment la cour d'appel n'a pu, sans attenter à l'autorité de la chose jugée, condamner la dame de Bosroger à restituer les fruits qui avaient été perçus et par Tancrède du Muy avant sa mort, et par elle-même avant la demande en ouverture; et que cette conséquence devient encore bien plus palpable, qu'elle acquiert même une force irrésistible, quand on considère, d'une part, que le sieur Félix d'Ollières avait, comme tuteur des appelés, expressément conclu à la restitution des fruits substitués par le testament de Jean-Baptiste du Muy; que, de l'autre, l'arrêt du 21 mai 1787 rejette ce chef de demande, par le *hors de cour* qui termine son prononcé.

» Ce moyen, comme vous le voyez, messieurs, présente deux questions à examiner : l'une, sur l'objet et le sens de la disposition de l'arrêt du 21 mai 1787, qui condamne la dame de Bosroger à la *restitution des fruits, à compter du jour de la demande en ouverture;* l'autre, sur le rapport qu'il y a entre le *hors de cour* qui termine le même arrêt, et les conclusions que le sieur Félix d'Ollières avait prises relativement aux fruits.

» Sur le premier point, il est un principe bien simple qui doit nous servir de boussole : c'est que, dans un jugement comme dans une loi, comme dans un contrat, on doit toujours donner aux différentes dispositions qui y sont renfermées, l'interprétation la plus propre à les mettre en harmonie les unes avec les autres ; c'est qu'on ne doit jamais supposer qu'un jugement se contrarie lui-même, comme on ne doit jamais supposer qu'il y ait des antinomies dans une loi, comme on ne doit jamais supposer que, dans un contrat, les parties aient voulu détruire, par une clause subséquente, ce qu'elles avaient stipulé par une clause antérieure.

» Or, dans l'arrêt du 21 mai 1787, la disposition qui condamne la dame de Bosroger à la *restitution des fruits, compter du jour de la demande en ouverture,* est précédée par une autre qui *ordonne que le testament de 1758 sera exécuté selon sa forme et teneur,* et en conséquence, envoie Louis d'Ollières et son fils en possession des substitutions portées par icelui, et il n'est pas difficile de sentir que le testament de 1758 ne serait pas exécuté selon sa forme et teneur, que Louis d'Ollières et son fils ne jouiraient pas de l'entier effet des substitutions qui y sont créées, si la condamnation relative aux fruits pouvait être entendue dans le sens que le demandeur prétend lui donner.

» Le testament de 1758 substitue, pour cas où Tancrède ne l'accepterait pas, deux choses très-distinctes : tous les biens qui excéderont sa Légitime, et tous les fruits que ces biens produiront pendant sa vie.

» Qu'arriverait-il si le substitué ne devait jouir des fruits qu'à compter de la demande en ouverture ? Bien évidemment il ne recueillerait pas l'effet de la substitution des fruits. Et cependant l'arrêt *l'envoie en possession* des substitutions *portées par le testament;* ce n'est donc pas d'une seule substitution, c'est au contraire de toutes les substitutions, c'est par conséquent de celle des fruits comme de celle des fonds, que l'arrêt lui adjuge l'avantage.

» D'ailleurs, quelle restriction l'arrêt met-il à l'exécution du testament qui crée ces substitutions ? Aucune : *le testament,* porte-t-il, *sera exécuté selon sa forme et teneur.* Il faut donc que le testament soit exécuté, même pour la substitution des fruits. Il est donc impossible d'appliquer aux fruits perçus pendant la vie du grevé, la disposition de l'arrêt qui n'ordonne la restitution des fruits qu'à compter du jour de la demande en ouverture.

» Mais ce qui achève de lever tous les doutes, c'est la manière dont l'arrêt lui-même motive la condamnation à restituer les fruits à compter du jour de la demande en ouverture ; ce n'est pas sur le testament qu'il motive cette condamnation ; il ne la motive que sur la loi : *conformément,* dit-il, *à l'ordonnance.* Et par-là, il fait clairement entendre que les fruits dont il parle, sont ceux dont la loi veut que le substitué jouisse après l'ouverture de la substitution. Or, ces fruits, quels sont-ils ? Ce sont ceux des objets fidéicommissés : ce sont, par conséquent, dans notre espèce, les fruits de toute nature que les fonds ont produits depuis la demande en délivrance, et les fruits (non pas naturels, mais civils, ou, ce qui est la même chose, les intérêts) qu'ont dû produire les fruits capitalisés par le testament et frappés comme tels de fidéicommis,

» L'arrêt du 21 mai 1787 ne détruit donc pas, par la clause de laquelle argumente le demandeur, la substitution que fait le testament des fruits à percevoir par le grevé : et bien loin de là, il y fait l'adition commandée par la loi ; il ajoute qu'avec ces fruits, seront restitués ceux qu'ils ont dû produire depuis la demande en ouverture.

» Mais, dit le demandeur, et c'est le second point que nous avons à examiner, le sieur Félix d'Ollières avait conclu expressément à la restitution des fruits depuis la mort du testateur Jean-Baptiste du Muy ; et l'arrêt a mis, sur cette demande, les parties hors de cour. L'arrêt ne peut donc pas avoir, dans la clause relative à l'époque de la restitution des fruits, le sens que lui a donné la cour d'appel de Paris.

» Ce raisonnement serait sans réplique, si la majeure en était vraie, si le sieur Félix d'Ollières avait réellement pris, avant l'arrêt du 21 mai 1787, les conclusions qu'on lui prête. Mais ces conclusions, où sont-elles ? L'arrêt n'en fait aucune mention ; et il est bien constant que le hors de cour prononcé par l'arrêt, ne peut s'appliquer qu'aux conclusions relatées dans son vu.

» Oh ! mais, dit-on, le sieur Félix d'Ollières demandait le remplacement de la terre du Muy : or, ce remplacement, le testateur l'avait fait consister en deux choses : la substitution des biens qu'il avait laissés libres, dans le cas où Tancrède eût accepté le testament, et la substitution des fruits à percevoir pendant la vie du grevé, le sieur Félix d'Ollières demandait donc la restitution des fruits perçus pendant la vie du grevé, par cela seul qu'il demandait le remplacement de la terre du Muy ; l'arrêt du 21 mai 1787 l'a donc mis hors de cour sur sa demande en restitution des fruits perçus pendant la vie du grevé.

» Il en est de ce raisonnement comme du précédent : comme le précédent, il est sans réplique, si la majeure en est vraie ; mais comme dans le précédent, la majeure ne repose sur rien, les conclusions du sieur Félix d'Ollières, visées par l'arrêt, ne portent, ni directement ni indirectement sur le remplacement de la terre du Muy ; et il y a plus : dans le système que soutenait le sieur Félix d'Ollières, il était bien impossible qu'elles portassent sur cet objet.

» Le sieur Félix d'Ollières, loin de conclure au remplacement de la terre du Muy, demandait au contraire que la terre du Muy fût déclarée valablement substituée par le testament de 1758 ; il soutenait, et mal à propos sans doute, mais enfin il soutenait, que le testateur Jean-Baptiste du Muy n'avait pas eu besoin du consentement de son fils Tancrède, pour substituer la terre du Muy ; et comme, dans cette hypothèse, il ne pouvait pas y avoir de substitution pour les fruits perçus par Tancrède, puisque les fruits perçus par Tancrède ne devaient être substitués que dans le cas où la terre du Muy ne le serait point, le sieur Félix

5e. TOME IX.

d'Ollières se bornait à demander la restitution des fruits perçus par la dame de Bosroger à compter du jour de son action en ouverture.

» La contestation en cet état, qu'a fait le parlement de Paris ? Il a débouté le sieur Félix d'Ollières de sa demande en ouverture de la prétendue substitution de la terre du Muy ; mais, en même temps il a ordonné d'office le remplacement auquel le sieur Félix d'Ollières n'avait pas conclu ; et à la place de cette terre, a-t-il dit, envoie le sieur d'Ollières en possession, aux termes du testament, du surplus des biens libres, déduction faite des Légitimes de droit, au profit de qui il appartiendra.

» Mais du moins, objecte-t-on encore, l'arrêt ne donne, en remplacement de la terre du Muy, que le surplus des biens libres ; il ne donne pas les fruits que ces biens ont produit pendant la vie de Tancrède ; et en ne les donnant pas, il les refuse : quod non judico, abjudico.

» Pour admettre cette conséquence, il faut supposer qu'il n'y a dans l'arrêt aucune autre disposition qui soit applicable aux fruits perçus pendant la vie de Tancrède ; et il s'en faut beaucoup que cette supposition soit exacte.

» 1.° L'arrêt envoie le sieur d'Ollières en possession du surplus des biens libres, aux termes du testament ; or, le testament ne substitue pas seulement ces biens, il en substitue encore les fruits. Il faut donc nécessairement, ou reconnaître que le sieur d'Ollières est envoyé en possession des fruits en même temps que des biens, ou soutenir que l'arrêt se contredit lui-même ; ce qui n'entrera sûrement dans l'idée de personne.

» 2.° Avant de parler du remplacement de la terre du Muy, l'arrêt avait ordonné l'exécution du testament selon sa forme et teneur, il avait envoyé le sieur d'Ollières en possession des substitutions portées par icelui ; il avait donc jugé que les fruits perçus par Tancrède, devaient être restitués au sieur d'Ollières ; et vouloir qu'il ait ensuite, et quelques lignes après, jugé le contraire par son silence sur ces fruits, c'est une prétention d'autant moins raisonnable, que, dans cette dernière partie, l'arrêt a lui-même suppléé à son silence sur les fruits, par les mots aux termes du testament.

» Mais, après tout, de quoi s'agit-il, messieurs, devant vous ? De savoir si l'interprétation donnée par la cour d'appel de Paris à l'arrêt du 21 mai 1787, est à l'abri de toute critique, de toute objection tant soit peu plausible ? Non. Il ne s'agit que de savoir si la cour d'appel de Paris a détruit cet arrêt, et il est évident que, pour peu que cet arrêt puisse se prêter au sens dans lequel elle l'a entendu, on ne peut pas l'accuser de l'avoir détruit : il est évident, par une conséquence nécessaire, que le moyen de cassation tiré de la prétendue violation de l'art. 1er du tit. 35 de l'ordonnance de 1667, doit être rejeté.

» Reste le cinquième moyen, celui que l'on fonde sur les art. 5 et 40 du tit. 1er de l'ordonnance des substitutions de 1747. L'art. 5, dit-on, a été violé en ce que, nonobstant la défense qu'il

60

ait de substituer des meubles, la cour d'appel de Paris a jugé valable une substitution qui frappait sur des fruits, en tant qu'ils seraient perçus et conséquemment mobilisés : l'art. 40 l'a été également en ce que la cour d'appel de Paris a fait remonter au-delà du jour de la demande en ouverture, une restitution de fruits que cet article n'ordonne qu'à compter du jour de cette demande.

» Contre l'une et l'autre branche de ce moyen, il s'élève d'abord une réponse générale : c'est que l'ordonnance de 1747 n'a jamais été enregistrée au parlement de Provence ; Montvallon, qui était membre de ce parlement, l'atteste, de la manière la plus précise, dans son *Traité des Successions*, tome 2, page 490 : et son témoignage est encore fortifié par celui de Latouloubre, qui était substitut du procureur-général de la même cour, dans son recueil intitulé *Actes de notoriété donnés par MM. les avocats et procureurs généraux au parlement de Provence*, page 85 de l'édition de 1772.

» A un fait aussi constant, aussi notoire, qu'oppose-t-on de la part du sieur Bosrogre? Trois choses.

» L'assertion de Sallé dans son commentaire sur l'ordonnance de 1747 ;

» Les arrêts du parlement de Paris, des 21 mai 1787 et 20 février 1789 ;

» Et le fait que, parmi les biens substitués par Jean-Baptiste du Muy, se trouvait une partie des biens composant le ci-devant comté de Grignan, situé dans la ci-devant province du Dauphiné, où l'ordonnance de 1747 avait reçu le sceau de l'enregistrement.

» Mais 1° l'assertion de Sallé, avocat *de Paris*, qui annonce vaguement que l'ordonnance de 1747 a été enregistrée au parlement de Provence en 1748, sans désigner ni le mois ni le jour de ce prétendu enregistrement, ne peut pas prévaloir sur l'assertion contraire et positive de deux magistrats provençaux.

2° Ni l'arrêt du parlement de Paris du 21 mai 1787, ni celui de la même cour du 20 février 1789, ne jugent de manière à lier irrévocablement les parties sur ce point, que l'ordonnance de 1747 fait indéfiniment loi dans la ci-devant Provence ; ils ne font que la citer sur des objets à l'égard desquels elle est d'accord avec les usages provençaux ; et il serait absurde d'en conclure que, sur des objets étrangers à ceux pour lesquels il la citent, cette ordonnance ait, par-là, acquis entre les parties le caractère de loi proprement dite.

» 3° Quant au ci-devant comté de Grignan, il est vrai qu'il faisait partie de la province de Dauphiné. Mais il est vrai aussi, et la preuve en est au procès, que, par des lettres-patentes de 1558, ce ci-devant comté avait été distrait du ressort du parlement de Grenoble et uni à celui du parlement d'Aix.

» Et après tout, quand même l'ordonnance de 1747 serait loi dans la ci-devant Provence, le demandeur ne serait pas encore fondé à en invoquer ici les deux articles qu'il prétend avoir été violés par la cour d'appel de Paris.

» D'une part, en effet, si l'art. 5 du tit. 1er de cette ordonnance prohibe les substitutions particulières de meubles et d'effets mobiliers, l'art. 4 du même titre permet expressément de comprendre les meubles et effets mobiliers dans les substitutions à titre universel ; or, ce n'est pas d'une substitution particulière qu'il s'agit dans notre espèce : la substitution créée par le testament de 1758, pour le cas où Tancrède du Muy n'accepterait pas ce testament, embrasse tous les biens du testateur, sans en excepter rien autre chose que la Légitime du grevé ; c'est par conséquent une substitution à titre universel ; et par conséquent encore, cette substitution aurait pu, même dans le ressort du parlement de Paris, comprendre les fruits à percevoir par Tancrède du Muy.

» D'un autre côté, nous avons déjà vu que la disposition de l'art. 40 du tit. 1er de l'ordonnance de 1747 n'est relative qu'aux fruits dont la restitution n'a pas été commandée par l'auteur du fidéicommis, qu'aux fruits dus, non *ex voluntate testatoris*, mais *propter moram gravati* ; et qu'elle n'est susceptible d'aucune application aux fruits que le substituant a expressément convertis en capitaux, et qu'il a fidéicommissés en les capitalisant.

» Mais n'est-il pas un point de vue sous lequel cette disposition, si elle faisait loi dans la ci-devant Provence, pourrait paraître violée par l'arrêt de la cour d'appel de Paris ? Ou, pour nous expliquer plus clairement, n'est-il pas un point de vue sous lequel, si cette disposition était puisée dans le droit romain, qui a fait loi dans la ci-devant Provence jusqu'à la promulgation du Code civil, l'arrêt de la cour d'appel de Paris devrait être cassé, sinon comme contraire à cette disposition, du moins comme contraire au droit romain ?

» Supposons pour un moment qu'en effet le droit romain ait servi de modèle à cette disposition de l'ordonnance de 1747 ; supposons que, par le droit romain comme par l'ordonnance de 1747, substitué n'ait droit aux fruits échus après l'ouverture de la substitution, qu'au jour de sa demande en délivrance. Dans cette hypothèse, la cour d'appel de Paris n'aura-t-elle pas violé les lois romaines, non pas, à la vérité, en condamnant la dame de Bosroger à restituer les fruits échus dans l'intervalle de la mort du substitué à celle du grevé ; c'est-à-dire depuis 1759 jusqu'en 1778 ; mais en la condamnant à restituer tous les fruits échus dans l'intervalle de la mort du grevé à la demande en ouverture, c'est-à-dire depuis 1778 jusqu'en 1786 ?

» Cette question est ici d'une grande importance, et cependant le demandeur ne l'a point agitée dans les mémoires qui sont sous vos yeux. Mais nous l'avons élevée d'office devant la section des requêtes, et nous l'avons discutée devant elle, dans l'opinion, bien reconnue aujourd'hui pour erronée, que l'ordonnance de 1747 avait été enregistrée au parlement de Provence.

» *Sans doute* (avons nous dit) *l'art.* 40 *du tit.* 1er

de l'ordonnance de 1747 n'est pas violé par l'arrêt de la cour d'appel de Paris, en tant que cet arrêt adjuge au général du Muy tous les fruits des biens substitués, qui ont couru depuis la mort du testateur Jean-Bap-tiste du Muy, jusqu'à la mort du grevé. Mais, il est vrai, et il l'est ouvertement, en ce que, par cet arrêt, le général du Muy obtient les fruits qui ont été perçus par l'héritière du grevé depuis 1778, date de l'ouver-ture de la substitution, jusqu'en 1786, époque de la demande en délivrance.

Les fruits qui avaient été perçus pendant la vie du grevé, étaient frappés de substitution, comme les biens dont ils provenaient. Ils formaient, comme et avec ces biens, un capital qui devait, à la mort du grevé, être restitué au général du Muy et à son frère; et voilà pourquoi ils ont dû être adjugés, comme ils l'ont été en effet au général du Muy et à son frère, par l'arrêt de la cour d'appel de Paris.

Mais à compter du jour de la mort du grevé, à compter du jour où la substitution a été ouverte, et jusqu'au jour de la demande en délivrance de la substi-tution, les biens fidéicommissés ont cessé de produire des fruits au profit de la substitution, elle-même : le testateur n'avait fidéicommissés que les fruits qui se-raient perçus pendant la vie du grevé; il n'avait pas fidéicommissé ceux qui seraient perçus à sa mort; et il était bien inutile qu'il les fidéicommissât, puisque les fidéicommissaires pouvaient les obtenir sur-le-champ, par une demande en délivrance du fidéicommis.

Les fruits perçus dans l'intervalle de la mort du grevé à la demande en délivrance, n'étaient donc dus au général du Muy, ni en vertu du testament ni en vertu de la loi.

Et non-seulement la loi ne les lui accordait pas, mais elle les lui refusait expressément. L'art. 40 du tit. 1er de l'ordonnance de 1747 est là-dessus très-formel.

Tel a été le motif, le seul motif, qui, devant la section des requêtes, nous a porté à conclure à l'admission du recours du demandeur.

Mais aujourd'hui qu'il est bien démontré que l'ordonnance de 1747 n'a pas été enregistré au parle-ment de Provence, la question change de face, et nous avons à examiner si, en matière de restitu-tion de fruits, les lois romaines sont tellement en harmonie avec cette ordonnance, que le moyen de cassation qui, devant la section des requêtes, nous paraisse sortir de celle-ci, puisse encore être sou-tenu d'après celle-là.

Si nous devions juger des dispositions du droit romain, sur cette matière, par la jurisprudence du parlement d'Aix, il n'y aurait nulle doute que, sur cette matière, les dispositions du droit romain ne fussent parfaitement conformes à l'art. 40 du tit. de l'ordonnance de 1747. Car, dit Mont-vallon, chap. 7, art. 49, « l'ordonnance de 1747, en tant qu'elle n'accorde les fruits au substitué que depuis la demande, a suivi notre usage, qui ne se dispute plus au palais. »

Mais, s'il y a dans le droit Romain des dispo-sitions qui justifient cette jurisprudence, il y en a aussi d'autres qui paraissent la contrarier; et en

général, on peut dire qu'il n'y a guère de ques-tion plus controversée dans le droit romain, que celle de savoir si le substitué, et le légataire ont droit aux fruits à compter du jour de l'échéance, soit du fidéicommis, soit du legs, qu'il n'y ont droit qu'à compter du jour de la demande en dé-livrance.

Entre diverses lois que l'on cite en faveur de l'une et de l'autre opinion, en voici une qui adopte formellement celle qui fait courir les fruits au profit du substitué du jour de l'échéance du fi-déicommis : Herennius Modestinus respondit, fructus qui, post acquisitum ex causâ fideicommissi dominium ex terrâ percipiuntur ad FIDEICOMMISSARIUM PERTINERE, licet majorem pars annui velit diem fideicommissi ceden-tem, prætermissa dici tur, ne sub sic les termes de la loi 42, D. de usuris et fructibus.

Et Cujas sur cette loi (tom. 1, édition de 1761) remarque fort bien que sa disposition a lieu encore qu'après le moment où le substitué est devenu pro-priétaire par l'ouverture des fidéicommis, le grevé n'ait pas été constitué en demeure : ante acquisitum dominium ex causâ legati vel fideicommissi, docu fructus nunquam... NISI POST MORAM, ad fideicommis-sarium pertinere. At ex tempore ACQUISITI DOMINII, fructus qui ex fundo acquisito percipiuntur, quisquis eos percipiat, ad fideicommissarium pertinere.

Peregrini enseigne la même dans son Traité de fideicommissis, art. 49 à 88 et 89 : ubi rerum domi-nium, dit-il, translatum fuit in fideicommissarium, ex tunc fructus et utilitates omnes ex re provenientes pertinent ad fideicommissarium, quia dominus est... ETIAM QUOD NEGLIGENS FUISSET IN PETENDO RESTITUTIO-NEM.

Pensons ces derniers termes, etiam quod negli-gens fuisset in petendo restitutionem. Il en résulte très-clairement que dans le langage des lois ro-maines et de leurs interprète, il y a, pour le subs-titué, une très-grande différence entre acquérir la propriété des biens fidéicommissés et obtenir la déli-vrance du fidéicommis. Et en effet, les lois ro-maines décidaient nettement deux choses : la pre-mière, que la propriété des choses léguées ou fidéicommissées passait de plein droit sur la tête du légataire ou fidéicommissaire, du moment où il avait accepté son legs ou fidéicommis, quoique d'ailleurs il ne pût acquérir la possession que par la délivrance que lui en faisait l'héritier; la se-conde, que l'acceptation du legs ou du fidéicommis rétroagissait, quand à l'acquisition de la propriété, jusqu'au jour de l'ouverture, soit du fidéicommis, soit du legs. C'est ce qu'établissent plusieurs tex-tes que Thevenot-Dessaules passe en revue dans son Traité des substitutions fidéicommissaires, et des quels il tire, chap. 36 et 37, la conclusion suivan-te : quoique le substitué ne devienne propriétaire que par l'acceptation, il est censé, quand il accepte, avoir été propriétaire du jour de l'ouverture du fidéicommis. L'acceptation a un effet rétroactif jusqu'à cette épo-que de l'ouverture; de manière que le grevé est réputé n'avoir eu, depuis l'ouverture, aucune propriété. La propriété que le grevé a eue depuis l'ouverture jusqu'à *l'acceptation, est résolue ab initio, ut ex tunc; elle est censée n'avoir point existé. Encore que l'appel acquière la propriété sans délivrance, comme on l'a vu, il n'acquiert pas de même la possession. C'est ce que nous entendons, quand nous disons que le substitué n'est point saisi de droit. Il est bien saisi ipso jure de la propriété mais non pas de la possession.*

» *Ainsi, il est clair que, quand la loi 42, D. de usuris et fructibus, dit que les fruits appartiennent au substitué* post acquisitum ex causâ fideicommissi dominium, *elle est censée dire qu'il lui appartiennent à compter du jour où le fidéicommis a été ouvert; et non-seulement elle est censée le dire, mais elle le dit tectuellement, puisqu'un peu plus bas elle présente les mots,* diem fideicommissi cedentem, *comme synonymes de ceux qu'elle avait d'abord employés,* acquisitum ex causâ fideicommissi dominium.

» *Aussi la loi* 40, D. de acquirendo rerum dominio, *déclare-t-elle formellement que l'héritier grevé du legs d'un fonds, même comme possesseur de bonne foi, du moment qu'il a connaissance du testament par lequel ce fonds a été légué.* Si quis suum fundum legaverit, heres qui eum legatum esse sciet, procul dubio fructus ex eo suos non faciet.

» *Ce n'est pas que nous voulions soutenir que ces lois, toutes décisives qu'elles sont pour l'opinion qui fait gagner les fruits au substitué dès le jour de l'ouverture du fidéicommis, ait dût servir de règle aux pays de droit écrit, de préférence à d'autres lois qui sont invoquées à l'appui de l'opinion contraire: ce n'est pas que nous cherchions à critiquer notamment la jurisprudence provinciale qui, dans ce choc de lois diverses, s'était attachée à celle dont l'ordonnance de 1747 a consacré les décisions. Mais nous disons que, sur une question aussi diversement décidée par les lois romaines, et qui a tant partagé leurs interprète* (1) *, un arrêt ne peut jamais être cassé pour avoir jugé conformément à telle loi plutôt que conformément à telle autre.*

» *Ce n'est pas tout. Dans notre espèce, la question se présente avec une circonstance tout-à-fait particulière: le testateur Jean-Baptiste du Muy n'avait pas seulement fidéicommissé les fonds des fruits desquels il s'agit ici: il avait encore fidéicommissé les fruits qui naîtraient de ces fonds pendant la vie du grevé; et, par-là, il était censé avoir à plus forte raison voulu que les fruits qui naîtraient de ces fonds, après la mort du grevé, appartinssent de plein droit au substitué. La loi 18, D. ad senatus consultum Trebellianum, que nous avons déjà citée, d'après Surdus, en contient une disposition expresse: Dans la restitution ou remise du fidéicommis, dit-elle, le grevé n'est pas tenu de comprendre les fruits qu'il a perçus, à moins qu'il n'ait été mis en demeure, ou que les fruits eux-mêmes n'aient été fidéicommissés.*

(1) V. l'article Legs, sect. 4, § 3, nos 24 et 26.

In fideicommissaria hereditatis restitutione constat non venire fructus, nisi ex morâ facta sit, aut cum quis specialiter furit rogatus et fructus restituere.

» *Et il y en a une raison aussi simple que tranchante: c'est, comme le dit la loi 70, § 1, D. de alimentis legatis, que la nécessité de mettre en demeure l'héritier chargé de rendre, a bien lieu pour les fruits et intérêts de la chose fidéicommissée, mais nullement pour la chose fidéicommissée elle-même:* Tunc enim explorari moram oportet, cùm de usuris fideicommissi quæritur, non de ipsis fideicommissis.

» *Or, dans notre espèce, ce sont les fruits que le testateur a substitués. Il faut donc que ces fruits soient rendus à l'appelé, soit que le grevé ou son héritier ait été constitué en demeure, soit qu'il ne l'ait pas été.*

» *Et voilà pourquoi tous les auteurs s'accordent à dire que les fruits sont dus de plein droit, à compter du jour de l'ouverture du legs fidéicommis, lorsqu'ils ont été légués ou fidéicommissés nommément:* « Ita omnes, *dit* Montvallon, *chap. 6, art. 27,* parce qu'alors ces fruits constituunt certum corpus legatum. »

» *Du reste, qu'on ne vienne pas répéter ici que l'arrêt du parlement de Paris, du 21 mai 1787, décharge implicitement la dame Bosroger de la restitution des fruits qu'elle avait perçus depuis la mort de son père, ou ce qui est la même chose, depuis l'ouverture de la substitution. Nous avons déjà prouvé que l'arrêt du 21 mai 1787 ne parle que des fruits dont la restitution était due par droit d'accession; nous avons déjà prouvé qu'il ne peut pas s'entendre des capitaux substitués par le testateur; et c'est tout.*

» *C'en est assez, c'en est peut-être beaucoup trop, pour justifier l'arrêt de la cour d'appel de Paris, du 21 germinal an 13: nous estimons qu'il y a lieu de rejeter le recours du demandeur, et de le condamner à l'amende.* »

Par arrêt contradictoire, du 9 novembre 1807, rendu sur délibéré, au rapport de M. Zangiacomi,

« Considérant que, par son testament de 1758, Jean-Baptiste du Muy veut que son fils Tancrède rende au sieur d'Ollières tous les fruits de sa succession, dans le cas où Tancrède ne consentirait pas à la substitution de la terre du Muy; que cette charge de rendre les fruits de la succession est une véritable substitution qui frappe sur ces fruits et les convertit en un capital restituable;

» Que, quoique le testament de Jean-Baptiste du Muy ait été annulé par les arrêts de 1761, 1762 et 1763, il a été rétabli par l'arrêt postérieur de 1787;

» Qu'ainsi, ce testament doit être considéré comme s'il avait toujours existé; et Tancrède comme n'ayant pu jouir de la succession de son père, qu'en vertu de cet acte;

» D'où il suit qu'il est tenu d'en exécuter les dispositions;

» Que Tancrède n'ayant pas consenti à la substitution de la terre du Muy, l'arrêt attaqué s'est conformé à la lettre du testament, en ordonnant la restitution des fruits que Tancrède et son héritière avaient perçus.

» Que si, par cette disposition, l'arrêt attaqué viole l'ordonnance de 1747, le demandeur ne peut s'en plaindre, puisque rien ne justifie que cette ordonnance ait été publiée dans le ressort du parlement d'Aix ;

» Qu'il ne peut non plus se plaindre, ni de la violation du droit romain sur les substitutions, puisque celles des fruits sont permises aux termes de ce droit; ni de la violation des lois sur la Légitime, puisque l'arrêt attaqué ordonne que la Légitime de Tancrède sera distraite; ni de la violation des règles sur la possession de bonne foi, puisque ces règles ne dispensent pas de restituer un capital substitué alors même qu'on le dissipe de bonne foi; ni enfin, de la contravention à l'arrêt de 1787; car cet arrêt ordonnant la remise au sieur d'Ollières de toutes les substitutions portées au testament de Jean-Baptiste du Muy, cour d'appel de Paris a pu induire de la généralité de ces expressions que l'arrêt de 1787 ordonne la restitution des fruits dont il s'agit, puisqu'aux termes de ce testament, ils forment le capital d'une substitution ;

« La cour rejette le pourvoi.....»]]

XIII. On a élevé au parlement de Provence la question de savoir si le légitimaire doit imputer les biens qui étaient substitués en sa faveur dans la personne du défunt; et la négative a été prononcée par un arrêt du 28 juin 1675, inséré dans le recueil de Boniface. Cette décision ne peut souffrir la moindre difficulté, d'après la loi Scimus, qui ordonne de n'imputer que ce qui provient du propre patrimoine du père, ex ipsa substantia patris.

Si cependant les biens substitués n'avaient été censés former entre les mains du défunt, qu'un seul et moindre patrimoine avec ceux qui lui appartenaient, l'imputation aurait lieu d'après la loi même que nous venons de citer. Voici l'espèce de cette exception.

Une femme institue son mari héritier universel, et lui donne le droit d'élire un de ses enfans par testament. Le père les institue tous également; et faisent entre eux la distribution et le partage de sa succession et de celle de sa femme, il ordonne qu'une des filles aura tous les biens maternels : celle-ci veut à la fois recueillir tous ces biens et prendre encore une Légitime dans l'hérédité paternelle. Par arrêt du parlement de Toulouse, rapporté dans le recueil de Cambolas, liv. 1, ch. 10, il lui est ordonné de se contenter de son assignat, ou mieux elle n'aura se réduire à sa Légitime dans les biens maternels comme dans les biens paternels. La raison de ce jugement a été que, par l'institution, tous les autres enfans étaient appelés également à l'une et à l'autre succession; que le partage de deux hérédités produit une subrogation légale des biens

paternels aux biens maternels, et vice versa, lorsqu'il est fait par les cohéritiers entre eux ; et que par conséquent il doit avoir le même effet, lorsqu'il est l'ouvrage du testateur même.

XIV. Le legs que fait un mari à sa femme en cas qu'un de leurs enfans communs vienne à mourir avant elle sans postérité, doit-il être imputé dans la Légitime de la légataire?

Il y a dans le recueil de Papon deux arrêts contraires sur cette question; l'un, rendu au parlement de Paris, le 12 juillet 1571, pour l'affirmative; l'autre, émané du parlement de Bordeaux, le 1er juillet 1593, pour la négative.

Cette dernière opinion est encore appuyée sur un arrêt du parlement de Toulouse, du 15 juin 1577, rapporté par Maynard ; et elle paraît très-juste dans l'espèce sur laquelle sont intervenues les deux décisions qui l'ont adoptée, c'est-à-dire, dans le cas d'une substitution pupillaire tacite, parce qu'alors le fils est censé disposer par les mains de son père, et que par conséquent on doit regarder le legs que celui-ci a fait à la mère, comme l'effet de la libéralité de celui-là.

Mais dans toute autre circonstance, il faut suivre l'arrêt du parlement de Paris, comme plus favorable à la Légitime et plus conforme à l'esprit de la loi Scimus.

XV. Les prélegs, c'est-à-dire, les legs par préciput, ne s'imputent jamais : Automne, sur la loi 30, C. de inofficioso testamento, dit que la chose a été ainsi jugée au parlement de Bordeaux, le 14 avril 1587; et elle l'a été de même au parlement de Paris, par arrêt du 21 avril 1594, rapporté par Bouchel dans sa Bibliothèque du Droit français.

V. ce que nous dirons ci-après, art. 2, n° 10, des donations par préciput.

Art. II. De l'imputation des choses que le légataire a reçues du défunt, de son vivant.

I. La dot qu'un ascendant a constituée à sa fille ou petite-fille, en la mariant, doit être imputée dans la Légitime qu'il est obligé de lui laisser. La loi 29, C. de inofficioso testamento, le décide ainsi formellement : Cum pater vel mater pro filia dotem vel pro filio ante nuptias donationem, vel avus paternus aut maternus, vel avia paterna aut materna pro sua nepte aut pro suo nepote, vel proavus itidem paternus aut maternus, vel proavia paterna, aut materna pro sua pronepte vel pro suo pronepote dederit, non tantum eamdem dotem vel donationem conferri, verum etiam in quartam partem, ad excludendam inofficioso querelam, tam dotem datam quam ante nuptias donationem præfato modo volumus imputari, si ex substantia ejus profecta sit de cujus hereditate agitur.

Du reste, la disposition de cette loi est reçue dans tous les pays.

Mais il faut, pour qu'elle ait lieu, que la dot ait été fournie par celui sur la succession duquel il s'agit de prendre une Légitime; c'est la restriction que la loi y met elle-même : *si ex substantia ejus projectu sit de cujus hereditate agitur.* Ainsi, une petite-fille n'est point tenue d'imputer, dans la Légitime que lui donne son aïeul, la dot qui lui a été constituée par son père prédécédé.

Par la même raison, la dot constituée par un père et une mère, pendant qu'ils étaient en communauté, ou par un veuf pendant que la communauté continuait faute d'inventaire, ne doit être imputée que pour la moitié dans la succession de celui des époux qui a réduit sa fille à une portion légitimaire : c'est ce qu'a jugé un arrêt du parlement de Flandre du 15 juillet 1698, rapporté par Pollet.

Mais la dot qui a été promise et constituée par un beau-père, conjointement avec la mère convolée en secondes noces, doit être imputée pour le tout dans la succession de celle-ci, parce que le beau-père n'est censé avoir paru au contrat de mariage de sa fille, que pour autoriser sa femme; et qu'il faut, pour régler l'imputation, considérer, non la personne qui a fait la promesse, mais celle qui l'a remplie. La chose a été ainsi jugée par un arrêt du sénat de Chambéry, du 7 juillet 1583, rapporté dans le Code du président Favre.

Si cependant il était prouvé que le beau-père eût réellement fourni la moitié de la dot, l'imputation n'aurait lieu dans la succession de la mère que pour l'autre moitié; c'est la conséquence nécessaire des derniers termes de la loi 29, C. *de inofficioso testamento.*

On convient assez généralement que les petits-enfans sont obligés d'imputer la dot qui a été donnée à leur mère prédécédée, lorsqu'ils viennent par droit de représentation; et il a été jugé aux parlement de Paris et de Provence, qu'en ce cas, la perte ou la dissipation de la dot ne les exempte pas de l'imputation; les arrêts dont nous parlons, sont des 31 avril 1605 et 23 décembre 1655; ils sont rapportés par Louet et Duperrier.

II. Nous avons dit ci-dessus, sect. 5, § 5, que les filles mariées, même sans dot, n'ont point de Légitime en Normandie; qu'elles n'en ont pas non plus en Bourbonnais, lorsqu'elles sont dotées, mais que leur exclusion dans ces deux coutumes, n'empêchent pas qu'elles ne puissent exercer, dans celles où elles ne sont pas exclues, tous les droits de succession ou de Légitime que leur donne la loi de la situation.

De là naît une question très-épineuse.

Un homme a des enfans de l'un et de l'autre sexe; ses biens sont répandus dans les coutumes de Normandie, de Bourbonnais, de Nivernais et de Paris; il marie ses filles, en leur assignant des dots, et ensuite il meurt. Les filles demandent un supplément de Légitime dans la coutume de Nivernais, qui ne les exclud que sous cette réserve, et dans celle de Paris qui ne les exclud point du tout. Question de savoir si elles seront obligées d'imputer leurs dots, tant sur les biens situés dans la coutume de Bourbonnais, qui n'admet point de supplément, que dans celle de Normandie, où la

seule *maritation* est exclusive de tout droit de Légitime et d'hérédité.

Les filles dotées soutiennent qu'elles ne doivent rien imputer, parce que la dot qu'elles ont reçue, leur tient lieu de Légitime pour les biens situés dans les coutumes de Bourbonnais et de Normandie, et subsidiairement elles prétendent que, si on pouvait les obliger à cette imputation, il faudrait au moins répartir la dot sur les biens répandus dans les quatre coutumes.

Ce système tend, comme on le voit, à faire adjuger aux filles une Légitime entière dans les coutumes de Nivernais et de Paris, sans aucune diminution de la dot qu'elles ont reçue, ou au moins à répandre et imputer cette même dot sur tous les biens, pour d'autant moins diminuer leur Légitime dans ces deux coutumes.

On convient assez généralement que le premier chef de ce système est mal fondé, et tout le fort de la question tombe sur le second. Les uns prétendent qu'on ne peut rien imputer de la dot sur la coutume de Normandie, les autres, qu'on doit tout imputer sur cette coutume, hors l'excédant de ce qu'elle permet de donner à la fille mariée; et il y a une troisième opinion, qui est de faire la répartition sur toutes les coutumes indistinctement.

Pour le premier parti, on dit que le père, en dotant sa fille, est présumé vouloir se libérer envers elle et affranchir ses biens de l'obligation dont ils sont chargés à cet égard; que la coutume de Normandie n'exige pas de dotation, mais seulement la *maritation*; qu'ainsi, le père n'a ajouté la dot au mariage que par rapport aux autres coutumes qui en chargent ses biens.

Pour le second parti, on dit que la coutume de Normandie n'a pas défendu au père de doter; qu'elle s'en est rapportée à sa tendresse et à sa prévoyance; qu'ainsi, il n'agit pas contre elle lorsqu'il dote; qu'il ne fait, au contraire, qu'obéir à ses vues; puisqu'elle exige que la fille soit mariée; et qu'il n'est guère possible de la marier sans la doter; qu'on doit donc présumer, de la part du père qui dote, une intention formelle de corriger la dureté de cette coutume; et que, par conséquent on ne doit imputer la dot que sur les biens situés dans son territoire, à moins que cette dot n'excède le taux de ce qu'elle permet au père de donner à sa fille.

Pour le troisième parti, on dit que la répartition sur toutes les coutumes est plus conforme au vœu des lois; que toutes veulent le mariage des filles; que toutes y doivent contribuer quand le père dote; que la dot est une espèce de dette, et que, par cette raison, elle doit se répandre sur toute la fortune du père. On ajoute que ce système incontestable pour le cas où les filles sont dotées en deniers, parce que l'argent comptant a une certaine aptitude à se répartir sur tous les biens, et à suivre la destination du père, en qui l'on doit toujours présumer le dessein de remplir le vœu de chaque coutume.

Boullenois propose un milieu entre ces différens partis :

« Je ne crois pas (dit-il) que l'imputation ne doive jamais se faire sur les coutumes de simple maritation, et je crois le contraire dans le cas où la fille est dotée d'un bien situé dans quelques-unes de ces coutumes, parce qu'elles n'excluent pas la dotation, qui est le vœu tacite de la loi, lorsque le père ne peut parvenir à la maritation que par ce moyen; et ce parti est plus accommodé à la tendresse naturelle. Je ne crois pas non plus que l'imputation doive se faire uniquement sur toutes les coutumes de simple maritation ; c'est, selon moi, porter trop loin la prévoyance du père qui ne s'explique pas ; et c'est blesser la réalité des coutumes.

» Je ne crois pas encore qu'il faille imputer sur toutes les coutumes généralement quelconques ; les principes de la réalité s'opposent encore à cette imputation.

» Mais j'estime que ces questions se décident par la loi qui régit les biens dont le père dote, et par la qualité que la fille prend dans la succession.

» Si le père dote en biens régis par une coutume de simple maritation, et que la fille se porte héritière ailleurs ; comme cette coutume n'exclud pas la dotation, la fille doit imputer dans cette coutume tout ce qu'il était permis de lui donner entre-vifs ou par testament, et le surplus, s'il y en a, sur les coutumes qui lui défèrent sa portion héréditaire; mais audit cas, cette fille ne prendra ni supplément ni même de Légitime dans les autres coutumes, en étant présumée remplie par sa qualité d'héritière. (V. ci-après, art. 4.)

» Si étant dotée de biens régis par une coutume de simple maritation, elle se porte légitimaire, en ce cas je lui laisse, par droit de rétention dans cette coutume, ce qu'elle a reçu qui n'excède pas sa Légitime; et je lui donne Légitime ou supplément de Légitime dans les autres, excepté dans celle de simple maritation où elle n'a rien reçu ; parce que quand elle s'y présente, elle y porte sa qualité de mariée.

» Que, si le père dote en effets régis par des coutumes de non-exclusion, elle n'imputera rien sur les coutumes de simple maritation, par la raison ci-dessus, que la fille étant mariée d'effets non régis par ces coutumes, elle n'a rien à y imputer, puisqu'elle n'en a rien reçu, et n'a rien à y demander, puisqu'elle est mariée.

» Il en est de même dans les coutumes qui refusent un supplément. Je donne à la fille Légitime entière, quand elle a été dotée de biens de ces coutumes; il y a même raison de rétention, le tout néanmoins quand la dot équipolle à la Légitime : autrement, la fille doit se contenter de conserver ce qu'elle a reçu dans ces coutumes, et la Légitime est à fournir dans les autres. »

III. La loi 29, C. de inofficioso testamento, soumet aussi à l'imputation les donations en faveur de maritation qui ont été faites aux enfans mâles, et notre jurisprudence s'y est conformée sans dif-

ficulté. Les parlemens de Toulouse et de Douai l'ont ainsi jugé : le premier, par deux arrêts des 6 mai 1626 et 26 août 1628, rapportés par Cambolas; le second, par un autre du 15 juillet 1698, inséré dans le recueil de Pollet.

Ce dernier arrêt a encore décidé que les petits-enfans doivent imputer la donation en faveur de mariage, que l'aïeul a faite au père prédécédé.

Le parlement de Grenoble a également jugé, par un arrêt du 7 mars 1677, rapporté par Chorier; que, « si, après la mort de leur père, les enfans » demandent Légitime sur les biens de leur aïeul, » ils doivent imputer ce qu'ils ont reçu de l'aug-» ment constitué à leur père dans son contrat de » mariage, parce qu'il est aussi venu des biens de » leur aïeul. »

Il y encore dans le recueil de Catellan, un arrêt du parlement de Toulouse, du 11 avril 1681, « par » lequel les petits-fils, demandeurs en supplément » de Légitime sur les biens de leur aïeul qui leur » avait fait un legs modique, furent condamnés à » imputer la somme de 900 livres que leur aïeul » avait donnée à leur père en le mariant, sous la » condition de les imputer sur les droits paternels. » Cette dernière clause n'entra pas dans les raisons » qui déterminèrent les juges à ordonner cette im-» putation, puisque toute donation faite par le père » à ses enfans dans leur contrat de mariage, est » toujours faite en avancement d'hoirie, pour être » imputé sur leurs droits, quoiqu'il n'y ait point » de stipulation expresse pour cette imputation. »

IV. A l'égard des donations ordinaires, elles ne s'imputent, suivant une disposition textuelle de la loi 35, § 2, C. de inofficioso, que lorsqu'elles ont été faites sous cette condition : c'est ce que prouvent clairement ces termes du texte que nous venons de citer : Quando pater minus legitima portione filio reliquerit, vel aliquid dederit, vel mortis causa donatione, vel inter vivos sub ea conditione ut hœc inter vivos donatio in quartam ei computetur....

Mais cette disposition doit-elle être observée dans nos mœurs ?

Cujas, dans sa consultation 24, et Loyseau, dans son Traité des Offices, tiennent l'affirmative; et le président Favre nous a conservé un arrêt du sénat de Chambéry, du 10 avril 1593, qui l'a adoptée formellement. On prétend même que cela a été aussi jugé par un arrêt du parlement de Provence, du 13 mai 1608, rapporté par Duperrier, d'après les mémoires du conseiller de Thoron.

Tous les auteurs français pensent autrement ; mais aucun d'eux ne paraît avoir saisi la véritable raison pour laquelle nous devons nous écarter sur ce point de la décision expresse du droit romain ; la voici, si je ne me trompe.

A l'époque de la promulgation de la loi 35, C. de inofficioso testamento, Justinien n'avait pas encore soumis toutes les donations entre-vifs au retranchement de la Légitime; cette charge ne pesait alors que sur les donations inofficieuses ab initio; et par conséquent on ne pouvait régulière ment avoir égard, en déterminant la Légitime, qu'aux biens que le défunt laissait en mourant; aussi la loi 6, C. *de inofficioso testamento*, en contenait-elle une disposition formelle.

Mais la novelle 92 a établi un nouvel ordre de choses, en ordonnant le retranchement des donations qui préjudicieraient à la Légitime, quoiqu'elles n'eussent pas été faites dans l'intention précise de la frauder.

Depuis l'émanation de cette loi, lorsqu'il s'agit de régler la Légitime d'un enfant, on doit considérer la succession comme réunissant toutes les choses données qui y seraient comprises, si le défunt ne les en avait pas distraites. Cette règle est aujourd'hui sans contradicteurs, et l'art. 34 de l'ordonnance de 1731 l'a consacrée; car cet article suppose et décide virtuellement que la Légitime doit être prise sur toute la masse des biens trouvés dans la succession, *et en égard à la totalité des biens compris dans les donations entre-vifs*, soit que ces donations aient été faites à un enfant ou à un étranger, soit qu'elles n'aient eu d'autre cause que la libéralité, ou qu'elles aient été motivées par des raisons particulières, comme les dots, les donations rémunératoires; en un mot rien n'est excepté.

D'après cela, pourquoi voudrait-on qu'une donation faite à un légitimaire, ne dût pas être considérée pour la fixation de la Légitime? La loi ne le dit point, et il n'y a aucune raison pour le prétendre. C'est une donation de la même nature que les autres; le donateur n'a certainement pas eu l'intention de l'affranchir de la contribution à la Légitime; encore moins a-t-il voulu que, recevant ce bienfait de sa main, on pût se dispenser de lui en tenir compte, l'accuser de n'avoir pas fait ce qu'il devait, et demander une Légitime entière, comme s'il n'avait rien donné. Il faut donc considérer la chose donnée au légitimaire, comme existant dans la succession, et supposer ensuite qu'il l'en tire en vertu de la volonté du défunt; ce qui amène nécessairement cette conséquence, que l'imputation ne peut en être éludée par quelque prétexte que ce soit.

Aussi la jurisprudence des tribunaux français est-elle constante et uniforme sur ce point.

Les annotateurs de Lapeyrère, lettre D, n° 81, assurent que le parlement de Bordeaux est dans l'usage d'imputer toutes les donations entre-vifs.

Duperrier atteste la même chose pour le parlement de Provence. « Nous imputons (dit-il) sur » la Légitime des enfans toutes les donations qui » leur sont faites par les pères et les mères, pour » quelque cause et en quelque façon que ce soit; » sans aucune exception. »

Il est vrai que l'arrêt de 1608, rapporté ci-dessus, s'est écarté de cette jurisprudence; mais écoutons ce qu'en dit l'additionnaire de cet auteur: « M. de Thoron remarque que le père avait ins- » titué héritier un laquais au préjudice de son fils, » et que la haine d'un pareil héritier qui eût pro- » fité de l'imputation, fût le principal motif de

» l'arrêt. Il ajoute, *an bene ?* il aurait pu, sans » craindre d'outrer la matière, substituer à ces » mots celui-ci *pessime*. »

D'Olive rend le même témoignage de la jurisprudence du parlement de Toulouse. « Cette cour » (dit-il) juge le contraire (de la loi 35, § 2, C. » *de inofficioso*), faisant imputer en la Légitime » ce que les enfans ont reçu de leur père par do- » nation simple et entre-vifs, soit qu'il l'ait ainsi » expressément ordonné ou qu'il n'en ait point » parlé du tout; car, bien que la donation ne soit » pas conçue en termes qui puissent induire l'im- » putation, la cour toutefois, à l'exemple de ce » grand Pépinien, estime que la pensée du dona- » teur est étendue plus avant que l'écriture, *plus* » *dictum, minus scriptum.* »

Que cette maxime soit aussi reçue au parlement de Rouen, c'est une vérité dont on ne peut douter à la vue de l'art. 401 de la coutume de Normandie. *Et ne pourront les enfans accepter ledit tiers, si tous ensemble..... ne rapportent toutes donations et autres avantages qu'ils pourraient avoir eus de lui.*

Le parlement de Flandre a prouvé, par un arrêt du 14 février 1775, que ses principes sont les mêmes à cet égard que ceux des autres cours souveraines de France.

La veuve du sieur Boniface avait acheté verbalement quarante-cinq rasières de terre : voulant obvier à la multiplicité des reliefs et des formalités occasionnées par les mutations, elle proposa à ses cinq enfans de passer le contrat en leur nom, et d'en payer elle-même le prix; ce qui fut exécuté. Après sa mort, les enfans d'une de ses petites-filles demandèrent leur Légitime, et prétendirent n'y pas imputer le cinquième de l'acquisition, quoiqu'ils en eussent profité jusqu'à cette concurrence : mais l'arrêt cité, rendu au rapport de M. Malotau, les a condamnés à souffrir cette imputation. Ils avaient cependant une raison particulière pour s'en exempter. L'avantage que leur aïeule avait fait à leur mère, était commun aux frères et aux sœurs de celle-ci. Or, disaient-ils, pour imputer une donation dans la Légitime, il faut en faire une espèce de rapport; et comme le rapport n'a été introduit que pour établir l'égalité entre les enfans, il doit cesser dès que tous les enfans sont gratifiés également. Mais, répondait-on, ce principe n'est pas vrai. Si l'on ne devait imputer ni rapporter que pour conserver l'égalité entre les enfans, le légitimaire ne serait jamais tenu de faire ni l'un ni l'autre, puisqu'il n'est jamais égal aux vrais héritiers.

Cet arrêt juge donc trois points essentiels :

1° Que toute donation simple est sujette à l'imputation dans la Légitime;

2° Que cette règle n'a pas moins lieu dans le cas d'une libéralité faite à tous les enfans, et à laquelle par conséquent les frères et les sœurs du légitimaire ont eu part comme lui, que dans le cas où il aurait été seul avantagé;

3° Que les petits enfans demandant une Légitime dans la succession de leur aïeul, sont obligés d'imputer les donations faites à leur père prédécédé.

V. Ce dernier point est sans difficulté, lorsque les petits-enfans sont héritiers de leur père. « Cette » qualité (dit Catellan), qui fait qu'ils représen- » tent leur père, les oblige à l'imputation; et si » on la dispensait, ils se trouveraient prendre » double Légitime sur les biens de cet aïeul; l'une » par les mains du père auquel ils succèdent, et » l'autre par leurs mains. »

Mais la question est plus douteuse à l'égard des petits-enfans qui ont répudié l'hérédité de leur père.

Fernand et Lebrun soutiennent qu'ils ne doivent pas imputer ce qui a été donné à celui-ci par l'aïeul; et leur opinion peut être appuyée d'un arrêt du parlement de Toulouse, du 15 août 1537, par lequel il a été jugé, suivant Despeisses, que l'imputation de la dot n'a point lieu en ce cas, quoiqu'elle soit de rigueur dans la thèse générale.

La raison sur laquelle on fonde cette opinion, est que les petits-enfans succèdent de leur chef à l'aïeul, ou qu'au moins, s'ils viennent par droit de représentation, cette fiction ne portant que sur le degré, et non sur la personne, ne fait que les rapprocher du défunt, sans que le droit qu'ils ont à ses biens, cesse de leur être propre et personnel.

Mais cette raison n'a qu'une vaine apparence de solidité, et Dumoulin la rejette formellement en son conseil 55.

Il est certain que les petits-enfans ne prennent une Légitime dans la succession de leur aïeul que par l'effet de la représentation qui les subroge à tous les droits de leur père. Cela posé, comment pourraient-ils éviter une imputation à laquelle celui-ci n'aurait pu se soustraire ? La loi 6, § 1, D. de heredibus instituendis, décide que les petits-fils deviennent, par le prédécès de leur père, de la même condition que lui, relativement à l'aïeul; ad filii conditionem rediguntur; et le bon sens nous dit que le représentant ne peut avoir plus de droit que la personne représentée.

La distinction que l'on fait entre la représentation du degré et celle de la personne, n'est ici d'aucun usage, parce qu'il est de toute évidence que les petits-enfans, dans l'espèce proposée, ne représentent pas seulement le degré, mais encore la personne de leur père. En effet, on a vu plus haut, et tout le monde convient, qu'ils ne peuvent demander tous ensemble que la Légitime à laquelle aurait pu prétendre l'auteur de leurs jours, s'il n'était pas prédécédé; et cependant si ce n'était pas sa personne qu'ils représentassent, si ce n'était pas sur ses droits que les leurs dussent se mesurer, ils auraient chacun une Légitime égale à celles de leurs oncles et de leurs tantes. D'ailleurs, l'équité peut-elle souffrir que la condition de ceux, ci devienne plus désavantageuse par le prédécès de leur frère, qu'elle ne le serait s'il avait survécu ? Et; puisque, dans ce dernier cas,

ils seraient fondés à demander l'imputation de la libéralité qui lui a été faite, pourquoi n'auraient-ils pas le même droit dans le premier ?

« Le parlement de Toulouse (dit Maynard) a » toujours jugé suivant cette opinion, quand les » neveux viennent et se trouvent faire concours » avec les oncles ou les tantes. »

C'est ce que Catellan confirme par un arrêt du 24 novembre 1666, dont il retrace ici l'espèce : « L'Espinasse ayant laissé quelques enfans, avait » un petit-fils, dont le père était prédé- » cédé : deux autres petits-fils, qui avaient éga- » lement perdu le leur, demandaient une Légitime » sur les biens de leur aïeul, après avoir répudié » l'hérédité du père prédécédé ; l'héritier ins- » titué prétendait qu'ils devaient imputer la somme » de 5,000 livres. Cette somme avait été baillée » en parcelles, en diverses fois, et en différens » temps, par l'aïeul au père des demandeurs, qui » négociait et habitait séparément de lui ; et il » avait été enfin passé une liquidation entre cet » aïeul et le père des demandeurs, par laquelle » toutes les sommes par lui reçues s'étaient trou- » vées revenir à la susdite somme de 5,000 livres, » que le père des demandeurs pour lui et ses suc- » cesseurs à l'avenir, avait promis de précompter » sur ses droits paternels et maternels ; c'était cette » somme dont l'héritier demandait l'imputation, » et dont les demandeurs se défendaient pour avoir » répudié l'hérédité de leur père qui l'avait reçue. » L'arrêt ordonna l'imputation.

Cette jurisprudence admet pourtant une exception dans le cas où l'aïeul n'a eu qu'un seul fils, et où, par ce moyen, les petits-enfans n'ont point de concurrens d'une autre souche : c'est la conséquence nécessaire des principes même que nous venons d'établir, puisqu'alors il n'y a point de représentation, et qu'ainsi, les petits-enfans succèdent ou prennent une Légitime de leur propre chef, et par un droit qui leur est personnel. Aussi Maynard limite-t-il expressément la maxime qu'il dit être consacrée par les arrêts du parlement de Toulouse, aux petits-enfans qui viennent et font concours avec les oncles ou les tantes : il pouvait ajouter, et avec d'autres petits-enfans d'une souche différente.

VI. Le fils est-il obligé d'imputer dans sa Légitime ce qui a été donné à ses enfans par leur aïeul ?

L'affirmative ne souffrirait pas le moindre doute, si l'on pouvait argumenter du rapport à l'imputation, et qu'on appliquât à l'une les principes que la jurisprudence française a adoptés relativement à l'autre ; car les coutumes et les arrêts ont assujéti les enfans à rapporter dans la succession de leur père les donations faites par celui-ci aux petits-enfans.

Mais 1° c'est un principe constant et fondé sur une loi citée au commencement de ce paragraphe, que tout ce qui est sujet au rapport, ne s'impute pas dans la Légitime.

2° Nous avons démontré à l'article Enfant chéri, que le droit français s'est éloigné de l'esprit des lois romaines, en ordonnant au fils le rapport des donations faites aux petits-fils; et c'est une vérité universellement reconnue, que toute disposition contraire au droit commun, doit être restreinte dans ses termes précis : *Quod contra rationem juris receptum est, non est producendum ad consequentias.* (Loi 14, **D.** *de legibus.*)

3° Obliger le fils d'imputer ce que ses enfans ont reçu de son père, ce serait imposer à sa Légitime une charge que la loi rejette; ce serait contrevenir à ces textes si formels, qui ordonnent de laisser cette portion en pleine propriété; ce serait même autoriser un moyen de l'anéantir tout-à-fait; car un aïeul qui voudrait priver son fils de la Légitime, n'aurait qu'à en donner la valeur à ses petits-enfans; par-là, il l'obligerait à l'imputation, et conséquemment il lui ôterait, ou du moins il transporterait en d'autres mains, ce que la loi assure à la personne même du fils.

On oppose que tout ce qui est donné aux enfans, est censé donné au père.

Mais si cette maxime était vraie dans toute son étendue, il en résulterait que le fils chargé d'une substitution universelle envers ses enfans, ne pourrait pas en distraire sa Légitime; chose absurde, contraire à tous les principes de la matière et à la jurisprudence de tous les tribunaux. Il n'est d'ailleurs qu'un seul cas où la donation faite au petit-fils, peut-être regardée comme vraiment faite au fils : c'est, comme on l'a vu au mot *Enfant chéri*, et comme le prouve la loi 6, **D.** *de collatione bonorum*, lorsque l'aïeul déclare qu'il donne au nom de son fils, et qu'il s'agit d'une espèce de donation à laquelle ce dernier était obligé comme à une dette réelle, telle qu'est la dot, suivant le droit romain. Dans le concours de ces deux circonstances, le fils est plutôt donataire que ses enfans, et il n'y a point de doute qu'il ne doive imputer : mais dans la thèse générale, il ne doit souffrir aucune imputation de ce que ses enfans ont reçu de leur aïeul : c'est pour ceux-ci une bonne fortune qui ne doit point tourner à son préjudice.

Les arrêts ne paraissent pas avoir varié sur ce point : les trois seuls que nous connaissions, ont confirmé sans difficulté la doctrine que nous venons d'établir. « Il y en a un du 25 février 1669 » (dit Lebrun), qui a jugé la chose en termes » précis, entre les de Medavy et de Grancey, » d'une part, et dame Eléonore d'Estampes de » Valencey, veuve de M. de Mouchy d'Hocquin- » court, maréchal de France, et messire Gabriel » de Mouchy d'Hocquincourt, d'autre part. »

« On n'impute point (dit Brillon) sur la Légi- » time de l'enfant, ce qui a été donné à ses enfans, » qui sont les petits enfans du donateur. Le 51 » août 1711, arrêt dans la succession de Guy Tru- » chot, en la troisième des enquêtes, au rapport » de M. Doublet. »

« Le legs (dit le même auteur) qui est fait par » l'aïeul à sa petite-fille pour la marier, n'est point » imputable à la Légitime et quarte trébellianique

» du père, héritier grevé de l'aïeul. Arrêt du par- » lement d'Aix, du 13 mars 1688. »

VII. L'argent prêté par un père à son fils, ou par un aïeul à son petit-fils, est sujet à l'imputation, parce que c'est la même chose pour le débiteur de payer ce qu'il doit à la succession, ou de le retenir à compte de ce que la succession lui doit. Mais les petits-enfans qui ont renoncé à l'hérédité de leur père, doivent-ils imputer sur la Légitime qu'ils prennent dans la succession de leur aïeul, le prêt que celui-là a fait à celui-ci ?

Il semblerait, d'après ce que nous avons décidé par rapport à la donation dont l'aïeul a gratifié son fils prédécédé, que l'imputation dût avoir lieu sans la moindre difficulté.

Il y a cependant une différence entre ces deux cas : lorsqu'un père donne à son fils, son intention est d'acquitter d'avance une partie de la dette naturelle qui fonde le droit du donataire à la succession du donateur; aussi toutes les donations en ligne directe sont-elles réputées en avancement d'hoirie, et forment-elles des propres comme les titres successifs. C'est de là que dérive l'obligation des petits-enfans d'imputer ce qui a été donné à leur père, lors même qu'ils ne sont pas ses héritiers : n'exerçant que ses droits héréditaires, ils ne peuvent pas demander une plus grande portion qu'il n'aurait eu lui-même; et par conséquent ils doivent tenir compte à l'aïeul de tout ce dont il s'est exproprié, pour faire de son fils une espèce d'héritier anticipé. Il en est tout autrement à l'égard d'un prêt; c'est un acte de commerce qui se fait entre l'aïeul et le père, comme entre deux étrangers; et les petits-enfans n'en sont tenus qu'autant que sont héritiers du fils.

On opposera sans doute qu'ils représentent la personne de leur père, que par-là ils sont soumis aux mêmes exceptions, et que conséquemment ils sont tenus de souffrir les mêmes imputations que lui. Mais cette représentation n'est point générale : son effet est borné aux droits successifs; et l'étendre aux dettes personnelles, ce serait rendre les petits-enfans héritiers de leur père contre leur propre volonté.

On objectera peut-être encore les arrêts qui ont obligé, en pareil cas, les petits-enfans de rapporter les deniers prêtés à leur père : mais cette objection est déjà détruite par ce que nous avons dit sur la question précédente; et nous trouvons dans le recueil de Catellan, un arrêt du 11 avril 1681, qui a rejeté la conséquence que l'on voulait tirer, en cette matière, de l'obligation de rapporter un prêt, à celle de l'imputer. « Par cet arrêt (dit-il) on a » décidé que les petits-fils doivent être déchargés » de cette imputation, tant parce que les sommes » que le père prête à son fils, il les prête comme » un étranger à un autre étranger; que parce que » les prêts qui étaient allégués n'étaient pas bien » justifiés; que les demandeurs en Légitime oppo- » saient une prescription, et que l'interruption de » la prescription alléguée au contraire, n'étaient » pas bien éclaircie. »

VIII. On a vu plus que le légitimaire n'impute point les biens qui étaient substitués en sa faveur dans la personne du défunt, et il résulte nécessairement de là que le petit-fils ne doit pas imputer dans la Légitime qu'il prend sur les biens de son père, la chose que ce dernier a reçue entre-vifs de l'aïeul, à la charge de la lui restituer.

Cette décision n'est pourtant pas générale dans les coutumes qui obligent le fils à rapporter les donations faites au petit-fils : mais pour bien connaître les exceptions qu'elle doit admettre en conséquence de la disposition de ces coutumes, il faut distinguer quatre cas différens.

1° Si le donataire grevé de la charge dont il s'agit, était fils unique, et que par conséquent il ne pût y avoir lieu de sa part au rapport de la donation qu'il est obligé de restituer à l'un de ses enfans, il est certain que le petit-fils n'imputerait pas, dans la Légitime que lui doit son père, la chose qu'il prendrait en vertu de la substitution faite en sa faveur par l'aïeul. Il ne serait pas même tenu de la rapporter, suivant un arrêt du 23 février 1623.

2° Il en serait de même au cas que l'aïeul eût eu plusieurs enfans, et que le fils auquel il a ainsi donné à la charge de restituer au petit-fils, renonçât à la succession, pour s'exempter du rapport des avantages qui lui ont été faits personnellement.

3° Mais si le fils renonçait pour ne pas rapporter la donation qu'il a reçue pour l'un de ses enfans, il se constituerait en quelque sorte donateur du petit-fils, puisque sa renonciation n'aurait pas d'autre motif que de conserver à ce dernier la chose qu'il a été forcé de lui restituer. Il faudrait donc, en ce cas, obliger le petit-fils d'imputer sur la Légitime paternelle, ce qu'il tiendrait de la libéralité de son aïeul.

4° Cette imputation aurait encore lieu, si le fils se portait héritier concurremment avec ses frères et ses sœurs, parce qu'il ne pourrait pas le faire sans rapporter la donation faite au petit-fils, et qu'il serait indubitablement censé lui donner ce qu'il rapporterait pour lui.

IX. Le prix d'une acquisition que le père fait au nom de son fils, et qu'il paie de ses propres deniers, est sans contredit sujet à l'imputation : on a déjà vu, n° 4, que le parlement de Flandre l'a ainsi jugé par un arrêt du 14 février 1775.

En est-il de même, en pays de droit écrit, des gains que le fils a faits étant sous la puissance paternelle, qu'il a retenus ?

Il faut distinguer d'où proviennent ces gains : si c'est uniquement de l'industrie du fils, de son travail ou de quelque heureux hasard, ils lui appartiennent entièrement ; et, par une conséquence nécessaire, ce serait de sa part une erreur très-désavantageuse de se croire obligé de les imputer dans sa Légitime. Il en est au contraire dispensé très-clairement par ces termes de la loi Scimus : tàncimus repletionem ex rebus substantiæ patris fieri.

Mais les gains qu'il fait avec l'argent de son père, et qui forment ce que le droit romain appelle un pecule profectice, son sujets à l'imputation lorsqu'il les retient, parce qu'il n'a rien à y prétendre, et que le tout appartient de plein droit à son père.

On ne sait pas pourquoi Roussilhe avance comme une maxime constante, que la propriété de ces gains se partage entre le père et le fils, et que par conséquent celui-ci n'en doit imputer que la moitié. Ces deux propositions ne seraient soutenables que dans le cas d'une société contractée entre le père et le fils.

Roussilhe est plus judicieux dans la résolution qu'il donne à l'espèce suivante.

Un père a des garçons et des filles ; les premiers, devenus grands, quittent la maison paternelle et gagnent de l'argent qu'ils gardent pour eux ; les secondes travaillent toute leur vie pour le profit de leur père : on demande si, dans ce cas, les garçons peuvent se dispenser d'imputer ce qu'ils ont gagné ? Voici ce que répond l'auteur cité :

« L'équité exigerait que les garçons se contentassent de moins que les filles ; je ne vois cependant pas que, dans la rigueur des principes, on puisse obliger un garçon à rien imputer. Forcé par le besoin de chercher hors la maison de son père, un secours que le père ne peut lui fournir, si, par son travail, son industrie et ses épargnes, il gagne quelque chose, cela ne doit point lui tenir lieu de ce que le père lui doit laisser, suivant le vœu de la loi, puisque ce que le fils de famille acquiert par son industrie et par son travail, lui appartient en propriété, le père n'en ayant que l'usufruit.

»S'il en était autrement, ce serait un moyen pour le décourager, crainte que ses autres frères et sœurs n'eussent part à ses épargnes. Le père ne peut donc augmenter une fille, qu'en prenant l'augmentation sur les biens dont la loi lui permet de disposer ; pour ce qui est réservé pour la Légitime, les enfans y ont un droit égal, sans qu'on puisse y faire rapporter ce que l'un peut avoir gagné de plus que les autres. »

X. L'enfant n'impute pas non plus ce que son père lui a donné entre-vifs, à titre de préciput, parce que, dit Ricard, la Légitime doit se prendre à l'instar de la portion héréditaire, dont elle ne diffère réellement qu'en ce qu'elle est réduite à une moindre quotité. Le parlement de Toulouse l'a ainsi jugé par deux arrêts des décembre 1597 et 14 mars 1599, rapportés par Larocheflavin.

Il y a cependant une exception à cette règle. Écoutons Roussilhe : « Si le père avait disposé de »tous ses biens auparavant en faveur de quelque »autre, et réduit ses enfans à la Légitime, quoique »le père donnât ensuite (à l'un d'eux) à titre de »préciput, cela s'imputerait sur sa Légitime, at- »tendu qu'il ne peut avantager ses enfans au préju- »dice des dispositions universelles qu'il a ci-devant »faites. »

XI. C'est une maxime au-dessus de toute espèce

de doute, que les alimens fournis par le père à son fils, ne doivent pas être imputés; et sur ce fondement, Rousseau et de Lacombe décide, après plusieurs autres auteurs, que l'usufruit d'un bien dont le père a cédé la jouissance à son fils pendant sa vie, est exempt de l'imputation jusqu'à concurrence de l'entretien de ce dernier, et même pour le surplus, à moins que le fils ne l'ait employé en acquisitions, ou qu'il ne l'ait dissipé en fraude de ses frères et de ses sœurs : mais, ajoute ce jurisconsulte, il doit imputer les fruits qui lui restent à l'époque du décès de son père.

XII. Les frais d'éducation doivent être mis sur la même ligne que ceux d'entretien, parce que le père n'est pas moins obligé aux uns qu'aux autres, suivant la loi 5, § 12, D. *de agnoscendis et alendis liberis*. Aussi la loi 50, D *familiæ erciscundæ*, décide-t-elle que les frais d'étude ne doivent pas être rapportés; et, comme nous l'avons établi au commencement de ce paragraphe, régulièrement l'exemption du rapport emporte celle de l'imputation : cela doit d'ailleurs souffrir ici d'autant moins de difficulté, qu'il n'y a, dans le droit, aucun texte qui ordonne d'imputer ces sortes de dépenses; et que la loi 20, C. *de collationibus*, affranchit de l'imputation toutes les choses que les lois n'y assujétissent pas expressément : *ea enim tantummodo computabuntur pro quibus specialiter legibus ut hoc fieret expressum est.*

Il y a cependant une différence, sur cette matière, entre le rapport et l'imputation. Les frais d'éducation ne sont exempts du rapport, qu'autant que le père n'a pas manifesté, en les avançant, que son intention fût de les y soumettre : *si non credendi animo pater misisse fuerit comprobatus, sed pietate debita ductus*, dit la loi 50, D. *familiæ erciscundæ*. Mais, à l'égard de l'imputation, le père aurait beau vouloir obliger son fils de la faire, sa volonté ne serait d'aucun effet, quoi qu'en disent la plupart des docteurs; et la raison en est simple : la Légitime n'est établie que pour donner aux enfans, après la mort de leur père, les mêmes secours qu'il était obligé de leur fournir pendant sa vie : nous l'avons déjà dit, et la loi 5, § 12, D. *de agnoscendis et alendis liberis*, prouve qu'il est tenu de procurer à ses enfans une éducation conforme à leur état; on ne peut donc pas imputer ces frais dans la Légitime, puisqu'ils forment eux-mêmes une espèce de Légitime exigible du vivant du père. A l'appui de ces principes vient un arrêt du parlement de Toulouse, rapporté par Albert, au mot *Testament*, § 5, et qui, en déclarant nul pour cause de prétérition, le testament d'un père qui n'avait institué son fils que dans les frais de ses études, a implicitement jugé que ces sortes d'objets ne doivent pas être imputés dans la Légitime, lors même que le père l'ordonne expressément; car si l'imputation avait pu avoir lieu, l'institution n'aurait pas été annulée, puisque celle d'une fille dans sa dot a toujours été regardée comme valable.

Les auteurs qui ont décidé que le père peut ordonner l'imputation des frais d'étude, ont donc parlé trop indéfiniment, et leur opinion ne peut être admise que dans le cas où le père et la mère recevables à répéter à la charge d'un enfant les alimens qu'ils lui ont fournis, c'est-à-dire, lorsqu'ils ont administré des biens qui lui appartenaient en toute propriété, et qu'ils ont tenu un journal exact des dépenses faites pour lui. On peut voir à ce sujet la loi 34, D. *de negotiis gestis*, l'article 25 de la coutume d'Auxerre, l'art. 323 de celle de Reims. [[Et ce que je dis au mot *Alimens*, § 1, art. 1, n° 6.]]

XIII. Ce que nous disons des frais d'étude, doit s'entendre assez généralement de tout ce qu'un père a dépensé pour faire promouvoir son fils au doctorat, dans quelque faculté que ce soit, et c'est, dit Catellan, ce qui « fut jugé à mon rapport au pro- » cès des Turles. »

Nous disons *assez généralement*, parce qu'il est certains cas où l'équité semble exiger que ces frais s'imputent :

« Je voudrais examiner (dit Lebrun) s'ils ne sont pas trop considérables, eu égard aux biens du père. Car si un père s'était épuisé pour faire un docteur de Sorbonne, un avocat ou un médecin, j'estime que ces frais seraient sujets à imputation sur la Légitime; ce qui peut être fondé sur l'esprit des coutumes de Reims, de Châlons et de Laon, lesquelles, parlant des frais qu'un père a faits pour entretenir son fils à la guerre ou dans les arts libéraux, demandent, pour les dispenser du rapport, qu'ils soient faits modérément, selon la qualité des enfans et avant qu'ils fussent mariés.

» Et je me sers d'autant plus volontiers, dans la matière de l'imputation de la Légitime, de ce tempérament emprunté de la matière des rapports, que la Légitime étant une certaine partie de ce qu'on aurait *ab intestat*, l'imputation qui se fait sur la Légitime, est une espèce de rapport, avec cette seule différence que le légitimaire étant plus favorable que celui qui rapporte, on en use un peu plus largement avec lui, sans néanmoins que cette faveur qu'on lui accorde, puisse servir de prétexte de l'égaler personnellement par divers passe-droits aux autres enfans, et de faire sa condition aussi bonne que si le père n'avait pas jugé à propos de la réduire à la Légitime. »

XIV. Les livres, en tant qu'ils sont compris dans les frais d'étude, ne doivent point être imputés; mais s'ils forment un corps de bibliothèque, ou au moins s'ils sont d'un prix considérable, eu égard aux biens que le père a laissés, il n'est point douteux qu'ils ne soient sujets à l'imputation. « Et » encore (ajoute Lebrun) j'en voudrais excepter les » livres que le père a notés de sa main, comme mé- » moire de famille, pour récompenser de côté, » suivant la destination du père même, celui qu'il a » désavantagé d'ailleurs, en le réduisant à une por- » tion légitimaire. »

XV. La raison qui exempte en général les frais d'étude et de doctorat, de l'imputation sur la Légitime, doit pareillement en dispenser les armes, les chevaux et l'équipage qu'un père a fournis à son fils pour aller à la guerre. C'est l'opinion de Catellan, de Vandepoll et de la plupart des auteurs.

XVI. Il résulte du même principe, qu'on ne doit point imputer ce qu'un père a donné à son fils pour l'apprentissage d'un métier : en effet, quelle différence pourrait-on assigner entre cet objet et les frais d'étude, de doctorat ou d'entretien à la guerre ?

Cependant Roussilhe décide qu'un métier « est "un établissement, et est plus qu'éducation; qu'ainsi, "on doit imputer ce qu'il en a coûté. C'est (ajoute- "t-il) le sentiment de Ferrières, en son petit Com- "mentaire sur la coutume de Paris, art. 304, qui "dit que ce qu'il en coûte pour apprendre un mé- "tier, est sujet à rapport, parce que c'est un éta- "blissement, et qu'autrement ce serait une grande "inégalité. »

On voit que Roussilhe perd ici de vue ce grand principe, qu'on doit imputer moins de choses qu'on n'en rapporte. D'ailleurs, l'opinion de Ferrières, touchant le rapport des frais d'apprentissage, n'est pas universellement admise; la coutume d'Auxerre, art. 253, et celle de Reims, art. 323, la rejettent même expressément, si ce n'est pour le cas examiné ci-dessus, où elles soumettent les frais d'étude au rapport.

En vain prétend-on que l'apprentissage d'un métier ne doit pas passer pour éducation, mais pour établissement; le contraire se sent de soi-même : aussi la coutume de Reims distingue-t-elle précisément les frais d'apprentissage de ceux de maîtrise. Elle exempte, comme on vient de le voir, les premiers du rapport; mais elle y soumet les seconds. Cette disposition doit nous servir ici de règle, parce qu'elle est fondée sur les vrais principes; ainsi, nous imputerons dans la Légitime tout ce qu'un père aura dépensé pour élever son fils à une maîtrise, parce que c'est pour celui-ci un établissement; mais régulièrement nous n'imputerons pas les frais d'apprentissage, parce qu'ils font partie de l'éducation.

XVII. Ce que nous venons de dire suppose que les dépenses faites par son père pour l'établissement de son fils, doivent être imputées dans la Légitime; et c'est sur ce fondement qu'a été rendu, au parlement de Toulouse, un arrêt du mois de janvier 1660, par lequel (dit Catellan) « il fut jugé "que la somme de 1400 livres qu'un père avait "donnée pour faire un fils chevalier de Malte, de- "vait être imputée sur la Légitime de ce fils, quoi- "que le père, en payant cette somme, n'eût ni "déclaré ni marqué qu'il voulait qu'elle fût impu- "tée. Le fils était majeur de quatorze ans, mais "mineur de vingt-cinq, lorsqu'il était allé à Malte, "et que la somme avait été comptée. Il avait servi "vingt-quatre ans et pris la qualité de chevalier, "tant avant qu'après le décès de son père; mais il "n'avait pas fait profession, et disait, pour se dis- "penser de l'imputation qu'on lui demandait, que "son intention n'était pas de faire cette profession. "C'était un établissement que ce père avait procuré

» à ce fils; et la renonciation du fils à cette établisse- » ment ne pouvait pas priver le père ou ses héritiers » de demander l'imputation de ce qui avait été donné » pour cela. »

XVIII. Doit-on, par la même raison, imputer le titre clérical qu'un père a constitué à son fils pour faire entrer dans les ordres sacrés ?

La négative a pour partisan Pierre Favre sur les Institutes, titre de inofficioso testamento, et sur le Code, titre de collationibus.

Les moyens sur lesquels on appuie cette opinion, sont, que le titre clérical tient lieu de bénéfice au simple prêtre; que l'art. 12 de l'ordonnance d'Orléans le déclare inaliénable et non sujet à aucune obligation ni hypothèque créée depuis la promotion du prêtre et durant sa vie; que deux arrêts des 12 décembre 1619 et 29 mai 1645, rapportés par Brodeau, l'ont jugé exempt du rapport; qu'enfin, un autre arrêt du 15 juin 1643, inséré dans le Journal des audiences, l'a déclaré exempt de la révocation pour survenance d'enfans.

Le parti de l'imputation est soutenu par Vasquès Chopin, Legrand, Zoëz, Vedel, Roussilhe, Lebrun; et il paraît que c'est le plus juridique : « En » effet (dit ce dernier), tous les priviléges qui vien- » nent d'être rapportés, ne font pas que le titre » sacerdotal ne soit une donation du père, dont le » fils devient plus riche, et ne soit quelquefois con- » sidérable, eu égard aux biens du père. Ils font » bien que peut-être on ne peut pas obliger un fils » de rapporter son titre en espèces, et qu'en cela » on pourrait comparer le titre clérical à l'office; » que l'enfant qui l'a eu de son père, n'est pas » obligé et ne peut pas même, en certains cas, » rapporter en espèces; mais non pas que la va- » leur n'en doive être rapportée dans le partage » ab intestat, et ne doive être imputée au légiti- » maire. »

XIX. L'imputation doit-elle embrasser les dépenses faites par un père pour obtenir un bénéfice à son fils?

Voici ce que répond Catellan : « On doit, avec » beaucoup de raison, douter de ce qu'avance Vas- » quès dans son Traité des successions, que le fils » n'impute point sur sa Légitime les frais que le » père a faits dans un procès pour obtenir un bé- » néfice à ce fils; surtout si ces frais sont consi- » dérables, et si le succès a été heureux. le bé- » néfice obtenu, et par-là un établissement pro- » curé. »

On voit que cet auteur distingue les cas où les frais ont été considérables, de celui où ils ont été modiques. Lebrun fait la même distinction; et il y a, en effet, dans le recueil de Larocheflavin, un arrêt du parlement de Toulouse, du 37 mars 1591, qui a jugé que l'imputation ne devait pas avoir lieu dans ce dernier cas.

Mais, d'un autre côté, on trouve dans les décisions de la rote de Rome, part. 1, décision 65, un arrêt de ce tribunal, qui déclare même les frais des bulles d'un évêché exempts de toute imputation.

Il paraît donc, par le rapprochement de ces deux arrêts, que les frais de l'obtention d'un bénéfice ne doivent jamais s'imputer dans la Légitime, n'importe que le total en soit considérable ou modique.

Ce parti serait certainement le plus conforme au droit romain : cependant, comme il est de principe dans nos mœurs que les dépenses faites pour l'établissement d'un fils, doivent être imputées, et que celles qui concernent l'obtention d'un bénéfice tendent toujours à ce but, il faut, ce me semble, les assujétir indistinctement à l'imputation, sans distinguer si elles forment une grande ou une petite somme, parce qu'on ne peut pas plus, dans un cas que dans l'autre, les mettre sur la ligne des frais d'éducation ; et que ce serait livrer la question à l'arbitraire, que de la faire dépendre du plus ou du moins d'argent avancé.

XX. D'après les espèces qu'on vient de parcourir, il sera aisé de répondre à cette question : il y a des communautés religieuses où l'on ne fait que vœux simples ; la dot qu'un père a donnée à sa fille pour entrer dans une de ces communautés, est-elle sujette à imputation ?

L'affirmative ne paraît pas susceptible de doute. Il est vrai que la *gazette des tribunaux*, tome 3, page 164, nous offre un arrêt du parlement de Grenoble, du 17 février 1777, qui paraît juger le contraire : mais il suffit de peser les termes dans lesquels il y est rapporté, pour sentir qu'il n'y a, dans la rédaction de journaliste, qu'une équivoque très-facile à lever ; voici comment il s'explique :

« L'arrêt du parlement de Grenoble, du 20 août 1774, qui a rendu la liberté à la dame Durand, ci-devant religieuse aux hospitalières de cette ville, en jugeant l'institut de cette maison séculier, avait ordonné qu'il serait plus amplement contesté sur la nature de ses droits légitimaires, et en conséquence, trois nouvelles questions se sont élevées.

» La première, si la dame Durand était tenue d'imputer sur sa Légitime la dot spirituelle qui lui fut constituée par son père, lors de son entrée en religion, de manière qu'elle ne pût demander qu'un supplément en deniers, ou si elle était fondée à prétendre sa Légitime en corps héréditaire sans imputation :

» La seconde, de quelle époque les intérêts ou les fruits lui devaient être comptés ; si c'était depuis le décès du père, ou depuis la réclamation de la dame Durand et sa sortie de la communauté, ou seulement depuis la demande par elle formée en justice ;

» La troisième question enfin, si la communauté devait restituer la dot.

» Sur la première question concernant la nature de sa Légitime, la dame Durand disait qu'elle n'avait eu aucune part au contrat de constitution de dot ; qu'il n'était intervenu qu'entre son père et la communauté ; qu'on ne pouvait pas dire que cette dot fut un à-compte sur sa Légitime, puisqu'elle

fut au contraire, dans l'intention des parties, le prix de son abdication aux biens du siècle ; que la réintégration dans son état entraînait l'exercice de la plénitude de ses droits, et que c'était à l'héritier à poursuivre la restitution des sommes payées par son père à la communauté. A quoi l'on répondait, de la part de l'Héritière, que la dot dont il s'agit fut constituée sous la foi publique, pour procurer à la dame Durand un état convenable ; qu'il n'avait dépendu que d'elle de le conserver, quoique l'institut ait été jugé séculier ; en sorte qu'elle devait être soumise à la règle générale, qui astreint l'enfant à imputer les capitaux que ses parens ont fournis pour son établissement,

» Sur la deuxième question, touchant l'époque des intérêts ou des fruits, la dame Durand soutenait qu'ils lui étaient incontestablement dus depuis le décès de son père, parce que les intérêts ou les fruits de la Légitime sont privilégiés, et qu'il n'est pas besoin d'interpellation pour les faire courir. De la part de l'héritier, on se retranchait encore ici sur la bonne foi, et l'on n'offrait les intérêts que depuis la demande.

» Enfin, la communauté refusait de restituer la dot, sur le prétexte que les vœux de la dame Durand n'avait point été déclarés nuls, mais simples ; qu'on ne l'avait point renvoyée, qu'il ne dépendait que d'elle de revenir à son premier état, et le continuer sous la simplicité ou liberté des vœux, à l'instar des autres religieuses qui persévéraient (1).

» Par arrêt du 17 février 1777, au rapport de M. de Châléon, la dame Durand n'a point été soumise à imputer la dot spirituelle ; néanmoins la Légitime ne lui a été adjugée qu'en intérêts, avec intérêts depuis le décès du père ; au surplus, la communauté des hospitalières, condamnée à rendre à l'héritière la dot avec intérêts depuis la sortie de la dame Durand. »

On voit clairement, par cet exposé, que la dame Durand n'a pas été autorisée à retenir sa *dot spirituelle* par-dessus sa Légitime, et que l'unique question à cet égard était de savoir si elle pouvait abandonner cette dot à l'héritière, pour prendre sa Légitime sur toute la masse des biens du défunt indistinctement. Ce n'était donc pas une imputation proprement dite, mais une espèce de dation en paiement que le parlement de Grenoble avait à juger.

XXI. Le principe qui soumet à l'imputation tous les frais d'établissement, n'est pas aussi éloigné du droit romain que quelques-uns se l'imaginent : on a vu plus haut que ce droit, en exemptant de cette charge les donations simples, obligent cependant les filles d'imputer leurs dots, et les enfans mâles leurs donations à cause de noces : pourquoi cette différence ? Elle se sent d'elle-même : c'est que les libéralités de cette dernière espèce servaient à l'établissement des enfans, au lieu que les autres n'avaient pas le même objet.

_____

(1) *V.* l'article *Béguines.*

La loi 5o, C. *de inofficioso testamento*, porte encore empreinte de l'intention du législateur d'imputer sur la Légitime toutes les dépenses faites pour procurer un état à un enfant: elle porte qu'on doit comprendre dans l'imputation l'argent avancé par le défunt pour procurer au légitimaire un office qui, par sa nature, soit vénal, ou dont ses héritiers puissent au moins retirer une certaine somme: *Imputari vero filiis aliisque personis quæ dudum ad inofficiosi testamenti querelam vocabuntur, in legitimam portionem , et illa volumus quæ occasione militiæ ex pecuniis mortui iisdem personis acquisitæ, posse lucrari eas manifestum est; eo quod talis sit militia ut vendatur , vel , mortuo militante , certa pecunia ad ejus heredes perveniat.*

Ce texte n'exige, comme on le voit, pour l'imputation , que de deux choses l'une: ou que l'office procuré par le père à son fils, soit vénal, ou qu'il soit, jusqu'à un certain point, héréditaire. Il ne faut donc pas s'étonner si tous nos auteurs soumettent à l'imputation les offices de judicature ou de finance, qui, parmi nous, réunissent ces deux qualités. Vedel rapporte même un arrêt du 21 août 1714, qui ordonne d'imputer, non-seulement le prix d'un office de cette nature, mais encore les frais de provisions et de réception; et cela est fondé sur la règle des accessoires.

Il résulte de la loi citée, que les offices qui sont vénaux, doivent être héréditaires, doivent être imputés dans la Légitime aux enfans pour qui leurs pères en on fait l'acquisition. C'est ainsi qu'on étend en Hollande et dans le pays d'Utrecht, les effets de l'imputation jusque sur les canonicats, parce qu'ils sont considérés , dans ces provinces, comme des objets soumis au commerce, quoique ceux qui en sont titulaires, ne les transmettent pas de plein droit à leurs héritiers. (Vandepoll, *de exheredatione et præteritione*, pages 169 et 170.)

Les termes du texte que nous venons de rapporter font entendre très-clairement que les offices dont la vénalité n'est qu'imparfaite, tels que sont les bénéfices de Hollande ou d'Utrecht, et ceux qui ne se transmettent pas aux successeurs des titulaires, ne sont sujets à l'imputation dans la Légitime, qu'autant que le défunt qui les a procurés aux légitimaires a déboursé pour cela un certain prix : *Imputari... in legitimam portionem, et illa volumus quæ occasione militiæ* EX PECUNIIS *mortui iisdem personis acquisitæ, posse lucrari eas manifestum est.*

Par là se résout une question assez controversée dans notre droit français, et qui consiste à savoir si les charges de la maison du roi doivent être imputées dans la Légitime : une distinction bien simple écarte toute espèce de difficultés.

Ou il s'agit d'une charge dont le défunt était revêtu, et qu'il a abdiquée pour en faire pourvoir le légitimaire; ou il s'agit d'une charge que le défunt a achetée, et sur l'acquisition de laquelle le légitimaire a pris des provisions.

Au premier cas, il n'y a point de deniers déboursés de la part du père, conséquemment point d'imputation; cela ne peut souffrir le moindre

doute, d'après l'observation que nous venons de faire : « et c'est (dit Lebrun) ce qui a été jugé par »l'arrêt de Lebreton, roi d'armes , du 20 mai 1651, »quoiqu'à l'occasion d'un rapport, et non pas d'im- »putation sur la Légitime , arrêt qui était dans le »cas où l'office avait passé du père au fils par le »moyen d'une survivance. »

Dans le second cas, l'imputation doit avoir lieu sans difficulté; la loi citée le décide ainsi expressément, et Lebrun l'établit de même : « Si le père » achète la démission d'un officier sur laquelle son » fils obtient ses provisions, le prix sera imputé sur » la Légitime , parce qu'outre la grâce du prince , » y a un prix de la démission qui est actuellement » payé par le père , et qui bien souvent est une con- » dition de la même force que quand le roi pour- » voit quelqu'un d'une charge de sa maison, à con- » dition de donner un certaine somme à la veuve » ou aux héritiers du dernier possesseur. »

On trouve dans le commentaire de Basnage sur la coutume de Normandie un arrêt du parlement de Rouen, conforme à cet avis : « Le 21 juillet 1684, » en la première chambre des enquêtes, au rap- » port de M. Bouchard de Blosseville, il fut jugé » que le prix d'une charge de la maison du roi, » achetée par un père pour un de ses fils , devait » être imputé sur la part du tiers coutumier sur » à ce même fils qui avait renoncé à la suc- » cession de son père, et qui, lors du décès de son » père, était encore revêtu de cette même charge, » laquelle il pouvait vendre en ce temps-là , quoi- » que sujette à être perdue par la mort de celui » qui la possédait, comme étaient alors toutes les » charges de la maison du roi. L'arrêt confirmait » une sentence rendue aux requêtes du palais. »

Mais ne peut-on pas opposer à cette décision l'endroit du texte cité où l'empereur Justinien exempte de l'imputation les offices de son palais, dont les pourvus étaient chargés de maintenir le bon ordre, et qu'on appelait par cette raison si- LENTIAIRES: *Exceptis solis viris spectabilibus, silentia- riis sacri nostri palatii , quibus præstita jam specialia beneficia, tam de aliis capitulis, quàm de pecuniis su- per memorata militia à parentibus eorum datis, ne in legitimam portionem ● ●computentur , rata esse præcipimus ?*

Si les *silentiaires* avaient été les seuls officiers de la cour de Justinien dont les emplois fussent vénaux , on pourrait sans doute conclure de cette disposition, moins étendue dans ces termes que dans son motif, que toutes les charges vénales de la maison du roi sont affranchies de l'imputation dans la Légitime : mais il est certain qu'il y avait, du temps de Justinien , différentes sortes d'offices de la maison du prince qui étaient sujettes à la vénalité: et par conséquent à l'imputation: la novelle 35 , par exemple , fait mention des aides du questeur du palais, *adjutores quæstoris sacri palatii*, et fixe le prix auquel il leur était permis de vendre leurs charges. Il faut donc regarder comme tout à fait particulier aux silentiaires, le privilège accordé à ces officiers de ne point imputer dans leur Légitime les deniers déboursés par leurs pères et leurs mères pour les faire pourvoir de ces emplois; et ce privilége ne pourrait être réclamé dans nos mœurs que par les gardes du corps, qui représentent assez exactement les silentiaires de l'ancienne cour de Constantinople : encore faudrait-il une loi nouvelle pour le leur assurer.

On pourrait nous objecter l'édit du mois de janvier 1678, par lequel tous les offices de la maison du roi sont indistinctement déclarés *francs et libres des rapports et partages de famille* : mais *V.* l'article *Rapport à succession*, § 3, n° 18.

XXII. Les opinions des docteurs sont fort partagées sur la question de savoir si les frais de noces d'un enfant doivent être imputés dans la Légitime que lui doit le père qui les a fournis.

L'affirmative paraîtrait ne devoir souffrir aucune difficulté dans notre jurisprudence, d'après le principe qui soumet à l'imputation tout ce qu'un père a dépensé pour l'établissement de son fils. Cependant ne paraît pas susceptible d'une résolution générale, et il faut en distinguer les différens objets.

D'abord, il passe pour constant que les frais du banquet nuptial ne doivent pas être imputés. La coutume de Sens, art. 268, et celle de Reims, article 322, décident même qu'ils ne sont pas sujets au rapport; et, comme on l'a déjà dit, tout ce qui est exempt du rapport doit, à plus forte raison, être affranchi de l'imputation. La chose est d'ailleurs d'autant plus simple, que ces sortes de frais n'ont pas pour objet l'avantage personnel de l'enfant qui se marie, mais la manifestation de la joie des deux familles nouvellement alliées.

Les habits de noces que le père donne à son fils ou à sa fille, seraient sujets à l'imputation, si l'on suivait à cet égard la disposition des coutumes citées qui les soumettent au rapport: mais d'un côté, il est certain qu'on rapporte plus de choses qu'on n'en impute; d'un autre côté, ces coutumes ne doivent pas former un droit commun, même pour le rapport : il paraît plus naturel de dire avec d'Argentrée, sur l'art. 526 de la coutume de Bretagne, que ces sortes d'objets ne doivent jamais se rapporter, si ce n'est ▪▪▪ gens du commun, et lorsqu'ils excèdent de beaucoup le prix des vêtemens ordinaires; et comme on doit traiter plus favorablement celui qui est réduit à une Légitime, que l'héritier obligé au rapport, l'équité demande qu'on les affranchisse toujours de l'imputation. C'est aussi ce que pense Lebrun ; et si cet avis doit admettre une restriction, ce ne peut être que pour les bagues et joyaux ; ce sont en effet les seules choses qu'on puisse regarder, en pareil cas, comme des libéralités proprement dites; le reste doit passer pour acquittement plus ou moins étendu de l'obligation naturelle au père de vêtir son fils ou sa fille avant son établissement.

Et, dans le fait, il a été jugé par un arrêt du parlement de Bordeaux, du 9 juin 1662, inséré dans le recueil de La Peyrère, au mot *Rapport*, que les habits nuptiaux donnés à la nommée Janet, par Blanche Dugravier, sa mère, ne devaient pas être imputés dans sa Légitime.

À l'égard des présens que le père donne à son fils pour en gratifier sa bru, femme de ce dernier, Duperrier atteste; dans ses *Maximes de Droit*, liv. 5, que l'usage du parlement de Provence est de ne point les imputer. Un usage contraire serait sans doute plus régulier, d'après ce que nous venons de dire touchant les bagues et joyaux ; et tel paraît être le sentiment de la plupart des auteurs qui ont traité cette question. Règle générale, tout ce qui porte le caractère de libéralité, doit être compris dans l'imputation : c'est, comme nous l'avons fait voir ci-dessus, l'esprit du droit romain considéré dans son dernier état ; et il en résulte évidemment que les présens dont il s'agit doivent être imputés.

XXIII. Peut-on étendre les effets de l'imputation jusque sur la rançon que le père a payée pour tirer son fils de captivité?

Lebrun soutient l'affirmative, par la raison que le père n'est point obligé de racheter son fils, et que conséquemment il exerce, en le faisant, une libéralité proprement dite. D'Argentrée, Vandepoll et Perèz opposent à cette opinion la loi 17, C. *de postliminio reversis*, suivant laquelle le père ne peut point répéter contre le fils ce qu'il a payé pour sa rançon, attendu qu'il est censé l'avoir fait par le mouvement de l'affection paternelle : *Pro pietatis itaque ratione ab hostibus redempto filio, facti te pœnitere acde pretio quicquam tractare non contenit*. Mais, répond Lebrun, toutes les donations qu'un père fait à son fils, sont de leur seule nature irrévocables, exemptes de toute répétition, et motivées par une piété naturelle ; cependant elles s'imputent régulièrement : pourquoi celle dont il s'agit, serait-elle exceptée ?

Il est bon d'observer que les coutumes de Châlons, art. 106, et de Reims, art. 323, adaptent au rapport ce que nous disons ici de l'imputation. S'il en est ainsi de la rançon payée pour délivrer un enfant d'une captivité souvent honorable, et toujours malheureuse, à plus forte raison doit-il en être de même de l'amende et de la réparation civile auxquelles il a été condamné, et que son père a payées pour l'exempter de tenir prison. En décider autrement, ce serait encourager les réglemens et les délits, et assurer une espèce de précipit à un homme qui, par sa conduite, mériterait plutôt qu'on diminuât sa portion. « Et pour »montrer (dit Lebrun) que cette résolution est »conforme à l'esprit du droit romain, il faut pré- »supposer que ce droit a principalement assujéti à »l'imputation sur la Légitime les donations les plus »utiles et les plus avantageuses, comme celle d'un »office que le père a acheté pour son fils..... Or, il »n'y a point d'avance plus utile au fils, que celle »qui lui conserve sa liberté, et qui lui épargne l'in- »famie de la prison.

[[XXIV. Il a été jugé par un arrêt du parlement de Paris, du 1er juillet 1785, qu'un légitimaire n'est pas tenu d'imputer dans la portion à laquelle il est réduit, ce que son père lui a donné pour l'engager à souscrire une transaction avec ses frères et sœurs, relativement à des biens contestés entre eux. *V.* mon *Recueil de Questions de droit*, au mot *Légitime*, § 6.]]

Art. III. *Questions particulières sur l'imputation des choses comprises dans les deux classes que nous venons de parcourir*

I. Sur quel pied doit-on estimer les choses sujettes à l'imputation ? Est-ce le temps de la donation, ou celui de la mort du défunt qu'il faut considérer ?

Un principe bien simple décide cette question. La Légitime se règle comme si la succession dont elle doit être distraite, réunissait tous les biens dont le défunt a disposé, de son vivant, à titre gratuit : il faut donc regarder la chose donnée au légitimaire, comme existant dans la succession ; et par une conséquence nécessaire, c'est au temps de la mort qu'il faut avoir égard pour en régler la valeur.

Cette règle admet cependant quelques exceptions.

D'abord, il est certain que les choses sujettes à se consumer par l'usage, doivent être imputées sur le pied de leur valeur au temps de la donation ; autrement, une somme d'argent ne serait soumise à l'imputation qu'autant que le donataire la possèderait encore en nature au temps de l'ouverture de l'hérédité ; ce qui serait absurde.

2° Il passe pour constant que l'office dont un père a disposé gratuitement en faveur de son fils, doit être imputé selon sa valeur au temps de la résignation. C'est ce qui résulte, et d'un arrêt du 14 avril 1603, qui a jugé que le rapport du prix d'un office doit se faire eu égard au temps dont nous parlons ; et de trois autres dès 22 janvier 1612, 30 avril 1622 et 26 janvier 1627, par lesquels il a été décidé qu'on doit suivre le prix du contrat d'acquisition pour régler le mi-denier que le mari survivant est obligé de rapporter, afin de conserver un office acquis pendant la communauté. Il est d'ailleurs attesté par Duperrier et de Cormis, que cela ne souffre aucune difficulté dans les tribunaux, relativement à l'imputation sur la Légitime.

Il serait sans doute téméraire de combattre cette jurisprudence ; cependant, nous observerons que peut-être ne l'aurait-on pas admise, si l'on eût fait attention qu'elle est directement contraire à la loi 59, § 2, *C. de inofficioso testamento*. Voici en effet ce que porte cette loi : *Ita tamen ut ille gradus ejusdem militiæ inspiciatur, quem in morte testatoris militans obtinet, ut tanta ei pecunia in legitimam portionem computetur, quantam dari constitutum est si in eo gradu mortuus esset is qui militiam ex pecuniis testatoris adeptus est.* Pour sentir l'application de ce texte à notre question, il faut se rappeler qu'il y avait à la cour de Justinien des charges vénales qui, à la vérité, ne se transmettaient pas aux héritiers des titulaires ; mais qu'on ne pouvait obtenir qu'en donnant à ces héritiers une certaine somme.

La loi que nous venons de citer veut que le légitimaire impute la charge que son père lui a achetée, non sur le pied de la somme qui aurait été due à ses héritiers s'il était mort au temps de sa réception, mais sur le pied de ce qu'ils auraient eu à prétendre, s'il était décédé en même temps que son père. On ne peut pas sans doute décider plus clairement que l'imputation d'un office doit toujours se faire eu égard au temps de la mort de celui qui l'a donné.

3°. C'est une opinion généralement reçue, que le légitimaire pour qui le défunt a fait une acquisition ou exercé un retrait, doit imputer, non la chose achetée ou retraite en nature, mais seulement le prix qui a été déboursé.

Cela est sans difficulté par rapport au retrait d'un bien maternel, parce que le fils ayant seul le droit de l'exercer, il n'est pas possible de feindre que le père l'a fait pour lui-même, et qu'il a ensuite donné le bien à son fils ; et c'est pourquoi le père n'y peut pas succéder par droit de retour en cas de prédécès de ce dernier, comme l'ont décidé deux arrêts des 7 septembre 1570 et 12 mai 1640, rapportés par Charondas et Brodeau sur l'art. 159 de la coutume de Paris.

Mais il paraît qu'on doit en décider autrement à l'égard d'un achat ou d'un retrait que le père aurait pu exercer en son nom. Il semble qu'alors on doit considérer le père comme acquéreur du bien même, au lieu de le borner à la simple qualité de donateur du prix : cela est si vrai, que le fils possède ce bien comme propre naissant, suivant un arrêt du parlement de Flandre du 13 avril 1762, rapporté à l'article *Command.* Aussi la loi 30, § 2, *C. de inofficioso testamento*, décide-t-elle nettement, comme on vient de le voir, que le légitimaire ne doit point imputer la somme payée par le défunt pour l'acquisition d'un office dont celui-ci l'a fait pourvoir, mais la valeur de l'office même au temps de l'ouverture de la succession.

II. Un étranger institué héritier ou légataire universel, peut-il obliger le légitimaire à l'imputation de toutes les choses que nous venons de voir y être soumises ?

La raison de douter est très-plausible. Nous avons établi au commencement de ce paragraphe, que les choses exemptes du rapport à la succession, le sont aussi en général de l'imputation dans la Légitime : or, les enfans ne rapportent jamais aux étrangers, parce que la nécessité de le faire n'a été introduite que pour conserver l'égalité entre les enfans, et que par conséquent elle doit cesser à l'égard de ceux au préjudice desquels on ne peut pas dire que l'égalité soit blessée. Il semble donc que l'imputation sur la Légitime ne doit pareillement se faire qu'entre enfans, soit pour égaler les légitimaires entre eux, soit pour empêcher qu'ils n'aient plus que leurs frères et leurs sœurs nommés héritiers ou légataires.

Il faut cependant décider le contraire, « parce »que la querelle d'inofficiosité et la demande de »Légitime (dit Lebrun) est un droit extraordinaire

» qui ne doit avoir lieu que lorsque le père, ou n'a
» point du tout, ou n'a pas assez considéré son sang,
» et quand il faut que la loi vienne au secours de la
» nature, et qu'elle supplée au défaut de l'affection
» paternelle...... Ainsi, cette action n'a point lieu
» quand le père a rempli les devoirs naturels, et il
» serait fort injuste qu'un fils, comblé des bienfaits
» de son père, vînt accuser son testament, et don-
» ner atteinte à de légères libéralités dont le père
» aurait voulu reconnaître l'amitié de quelqu'un. »

Il y a pourtant une coutume dans laquelle l'imputation embrasse plus d'objets lorsqu'elle est demandée par d'autres légitimaires, que quand elle
l'est par des tiers. Cette coutume est celle de Normandie.

On y tient pour maxime, que les enfans doivent
imputer indistinctement entre eux toutes les libéralités qu'ils ont reçues de leur père : mais à l'é-
gard des créanciers et des acquéreurs des biens du
défunt, on distingue si l'imputation qu'ils demandent, tombe sur des immeubles ou sur des meubles.

Si elle tombe sur des immeubles, on l'ordonne
sans difficulté.

Mais si elle tombe sur des meubles, on sous-
distingue : ou les enfans à qui ces effets ont été
donnés, en sont devenus plus riches de quelque
manière que ce soit, ou ils les ont dissipés.

Au premier cas, l'imputation doit avoir lieu. « Il
» a été jugé (dit Basnage), au rapport de M. Bus-
» quet, en la grand'chambre, le 21 août 1681,
« qu'une fille ayant été mariée par son père, serait
« à diminution sur la part qui lui avait été adjugée au
» tiers coutumier, d'une somme de 600 livres, que
» le père avait donnée pour don mobile au mari de
» ladite fille par son contrat de mariage : l'arrêt est
» fondé sur la disposition de l'art. 401 de la cou-
» tume, suivant lequel les enfans ne peuvent avoir
» leur tiers coutumier qu'en rapportant les dons et
» les avantages qui leur ont été faits ; car quoique
» le mari profite seul du don mobile, et que, par
» cette donation, la dot soit diminuée, on peut dire
» néanmoins qu'il y a toujours de l'avantage pour
» la fille, parce que, par ce moyen, on lui procure
» un mariage qui ne se ferait pas, suivant l'usage
» de la province, sans un don mobile. »

Dans le second cas, on juge, d'après l'esprit de
la coutume, et nonobstant la généralité de sa disposition textuelle, que les enfans ne doivent point
imputer les meubles qui leur ont été donnés. Basnage en rapporte quatre arrêts des 19 septembre
1642, 14 avril 1644, 8 janvier 1655, 9 janvier
1660 ; et « cela est fondé (dit-il) sur ces deux rai-
» sons : la première, que le père était le maître de
» ses meubles, et qu'ils n'ont point de suite par
» hypothèque ; de sorte que les créanciers doivent
» s'imputer la faute de ne les avoir pas saisis, et de
» n'avoir pas empêché que leur débiteur ne les dis-
» sipât : la seconde raison est que, si les enfans qui
» renoncent, étaient obligés de rapporter les meu-
» bles (qu'ils ont dissipés), au profit des créan-
» ciers, ce serait une voie pour leur faire perdre

» leur tiers coutumier durant la vie de leur père,
» ce qu'ils ne peuvent jamais faire, » aux termes
de l'art. 559 de la coutume.

Le même auteur ajoute un peu plus bas : « Il est
» si véritable que les enfans ne peuvent engager
» leur tiers du vivant de leur père, que s'il leur
» avait donné, non seulement des meubles, mais
» aussi des rentes dont ils eussent dissipé les de-
» niers, on ne pourrait leur en faire déduction sur
» leurs tiers. »

Art. IV. De l'imputation des choses que le lé-
gitimaire ne tient que de la loi.

I. Quelques auteurs disent indéfiniment que le
légitimaire n'est point obligé d'imputer ce qu'il
tient de la loi.

Cette proposition paraît fausse à la première
vue. La loi 56, C. de inofficioso testamento, décide
indéfiniment que l'imputation doit comprendre
tout ce qui provient du patrimoine du défunt, *ex*
rebus substantiæ patris. Dès-lors, pourquoi ne
pas imputer ce que la loi prend au père pour le
donner au fils, comme on impute ce que le père
donne lui même ? Un exemple vient à l'appui de
cette observation : la loi 22, D. de adoptionibus,
porte que le père adoptif est obligé de laisser à son
fils arrogé le quart de ses biens, et que le fils prend
ce quart comme un bienfait du législateur : *quæ*
quarta, non ex judicio parentis ad eum pervenit, sed
ex principali providentia; cependant la loi 8, § 15,
D. de inofficioso testamento, déclare que cette partie
des biens du défunt sert à remplir la Légitime due
à l'enfant arrogé.

Mais quelques spécieuses que paraissent ces raisons, il n'en est pas moins vrai que le légitimaire
est quelquefois dispensé de l'imputation relativement aux purs bienfaits de la loi ; et un principe
très-simple suffit pour distinguer les cas où cela a
lieu, d'avec ceux où il en est autrement.

Qu'est-ce que la Légitime ? C'est une portion de
ce qu'aurait eu, en succédant *ab intestat*, la personne à qui elle est due. Il ne faut donc considérer,
pour la régler, que les biens auxquels le légitimaire aurait pris part comme héritier, si le défunt
n'en avait pas fait des dispositions inofficieuses ; et
par conséquent, on doit, en le liquidant, faire
abstraction de tout ce qui peut se prendre, sans la
qualité d'héritier, dans les biens du défunt, ou,
pour dire la même chose en d'autres termes, tout
ce qui ne fait point partie de la succession proprement dite.

De là résulte une règle très-lumineuse : c'est
qu'on doit comprendre dans l'imputation tout ce
qu'on n'aurait pas pu avoir *ab intestat* sans se rendre héritier ; et qu'il faut au contraire en exclure
tout ce qu'on aurait pu recueillir, même en renonçant à la succession.

D'après cela, il est aisé de résoudre les différentes questions qui s'élèvent communément sur
cette matière.

II. On demande d'abord s'il faut imputer le retranchement qui se fait au profit des enfans en vertu

de la loi *hac edictali*, ou de l'édit des secondes noces.

Ricard prouve très-bien qu'il n'est point nécessaire d'avoir la qualité d'héritier pour prendre part à ce retranchement; et c'est ce qu'a jugé clairement un arrêt du 4 juillet 1606, qu'il rapporte. Il faut donc décider, conformément au second membre de notre règle, que l'imputation ne doit point embrasser cet objet ; et c'est en effet ce qui résulte de la loi *hac edictali* elle-même. « Ce texte (dit »Lebrun) marque assez que le législateur entend »donner le retranchement qu'il ordonne sans préjudice de la Légitime, et sans que ce retranchement puisse être imputé sur la Légitime, lorsqu'après avoir dit que la mère qui se remarie ne »peut pas donner à son second mari, plus qu'à »celui des enfans qui prend le moins en sa succession, il ajoute : *Ita tamen ut quarta pars quæ iis-»dem liberis debetur, ex legibus nullo modo minuatur, »nisi ex his causis quæ de inofficioso excludunt que-»relam.* »

Cette décision est cependant combattue par Jacques de Ravenna, Cynus et Ancharanus : mais l'avis de ces auteurs est trop contraire à la loi que nous venons de rapporter, pour qu'il soit possible de l'admettre ; aussi a-t-il été rejeté formellement par deux arrêts du parlement de Toulouse, l'un du 1575, rapporté par Larocheflavin, l'autre, du mois de mai 1588, rapporté par Maynard.

Les enfans peuvent aussi prendre leur part dans les gains nuptiaux, quoiqu'ils ne soient héritiers ni de leur père, ni de leur mère ; c'est même la disposition expresse de la novelle 22, chap. 20 : on ne peut donc pas imputer ces gains sur leur Légitime. Bretonnier le décide ainsi dans ses *Observations sur Henrys*, tome 2, liv. 4, quest. 1 ; et cela sans difficulté.

III. En est-il de même du droit de *dévolution*, dont nous avons parlé sous ce mot, et qui est si connu dans les provinces de Hainaut, de Brabant, de Liége, d'Alsace, etc. ?

Nous avons rendu compte, à l'article cité, de deux arrêts des conseils de Brabant et de Malines, qui l'ont déclaré exempt de l'imputation dans la Légitime. Le parlement de Flandre en a rendu un semblable le 15 juillet 1698 (1) : comme nous l'avons observé au même endroit, la jurisprudence de cette cour s'est depuis fixée pour l'opinion contraire (2),

et c'est la plus juridique : elle découle directement du principe qu'on doit imputer tout ce qu'on prend à titre d'héritier ; car ce titre est, comme l'établit Stockmans, *de jure devolutionis*, indispensable pour profiter du bénéfice de la dévolution.

On demandera sans doute comment il est possible que cette question ait lieu, et en effet, en admettant l'opinion démontrée ci-dessus, sect. 2, § 1, n° 2, que les qualités d'héritier et de légitimaire s'excluent mutuellement, on ne voit pas du premier coup-d'œil comment un enfant qui recueille les biens *dévolus* que son père a laissés, pourrait demander une Légitime ; ni réciproquement par quel moyen un enfant qui opterait d'abord sa Légitime, pourrait encore prendre part aux biens dévolus.

Il n'y a cependant rien en cela qui doive surprendre. On sait que, dans nos mœurs, une même personne peut laisser plusieurs successions, et avoir des héritiers de différentes espèces : c'est une des règles du droit coutumier de Loysel : *Les Français*, dit-il, *comme gens de guerre, ont reçu divers patrimoines et plusieurs sortes d'héritiers d'une seule personne.* Cette maxime se vérifie surtout par rapport à celui qui laisse en mourant des biens *dévolus* et des biens libres ; car il est permis aux enfans appelés aux uns et aux autres, de se tenir aux premiers, et de répudier les seconds ; c'est ce que nous avons prouvé à l'article *Dévolution coutumière*, par les dispositions qu'en renferment implicitement les chartes du Hainaut et de la coutume d'Arras : Stockmans établit la même chose, *de jure devolutionis*, chap. 13, n° 7. Il faut donc considérer les biens *dévolus* comme formant une succession toute différente de celle qui composent les biens libres.

D'après cela, il est clair qu'un fils peut prendre tous les biens dévolus qu'il trouve dans la succession de son père, et en outre demander sa Légitime sur les biens libres : il n'y a point en ce cas d'incompatibilité entre les qualités d'héritier et de légitimaire, parce qu'elles s'exercent sur deux hérédités différentes (1). Mais comme la Légitime n'affecte pas spécialement tel ou tel patrimoine, et qu'elle se répand au contraire sur l'universalité des biens du défunt, il est juste que la succession des

---

(1) Cet arrêt est ainsi rapporté par Pollet : « Par l'ancienne coutume de la ville de Tournay, qu'on suit encore aujourd'hui pour les villages de Calonne, Hollain, Jollain, Merlin, Fainteignies, et plusieurs autres du Tournesis, qu'on appelle communément les dix-sept villages, il est dit que l'homme veuf avec enfant s'étant remarié, ne peut obliger les héritages qu'il a possédés en commun avec sa première femme, et que les enfans en sont comme tenus pour propriétaires et héritiers, à la charge de l'usufruit que s'il en naît aussi de son deuxième mariage, il crée de nouveaux héritiers dans la moitié desdits héritages. Il a été jugé, par l'arrêt que nous venons de rapporter, que les enfans des premières noces prennent en cette moitié, ne doit leur être précomptée sur leur Légitime dans les biens du père ».

(2) Aux arrêts que nous avons rapportés sous les mots

Dévolution coutumière, § 2, n° 23, il faut joindre celui qui a été rendu le 31 janvier 1716, au rapport de M. Hattu de Vehu, entre Marie-Catherine Lardenet de Ville, veuve d'Ernest d'Haynin, tutrice et noble-gardienne de ses enfans, d'une part ; et Charles-François de Choiseul, d'autre part. Par cet arrêt, la cour, avant faire droit sur une demande en rescision formée par celui-ci, l'a admis à la preuve de la lésion qu'il prétendait se trouver dans la fixation de la Légitime de sa mère sur les biens des villes et châtellenie de Lille, en imputant néanmoins sur ladite Légitime ceux à elle dévolus du chef de *Marie-Catherine-Emmanuel de la Biche, sa mère*, situés en la province du Hainaut.

(1) C'est ainsi que, dans les coutumes où l'on ne peut pas être à la fois héritier et légataire, une même personne ne laisse pas de recueillir un propre paternel à titre de succession, et un propre maternel à titre de legs. *V.* l'article *Héritier*, sect. 9, § 10.

biens dévolus serve à acquitter de cette charge la succession des biens libres; et de là vient l'imputation de l'une sur la Légitime due par l'autre.

IV. Doit-on imputer dans la Légitime de l'aîné ce que la coutume lui donne à titre de préciput et de portion avantageuse?

Cette question est assez controversée en Hollande, en Allemagne et en Italie, où il se trouve des fiefs qu'on appelle *ex pacto et providentia*; et d'autres qu'on qualifie d'*héréditaires*; mais elle paraît fort simple dans notre droit coutumier.

C'est un principe universellement reçu parmi nous, qu'on ne peut pas jouir du droit d'aînesse sans se rendre héritier, non seulement dans les biens soumis à ce droit, mais encore dans les autres; il n'est donc pas possible, comme nous l'avons établi ci-dessus, que la Légitime concoure avec l'exercice réel du droit d'aînesse; et par conséquent il ne peut pas être question d'imputer sur l'une ce qu'on prend en vertu de l'autre. Le seul effet qui produit la réunion de la qualité d'aîné avec celle de légitimaire, est que la Légitime est plus forte en ce cas qu'elle ne le serait à l'égard d'un puîné, parce qu'elle se mesure toujours sur la portion héréditaire, qui est moindre pour celui-ci que pour celui-là.

V. Cette jurisprudence doit naturellement s'appliquer au droit de *maineté*; cependant la coutume du chef-lieu de Valenciennes en décide autrement: elle porte, art. 141, que *le droit de maineté tant héritière (c'est-à-dire immobilière) que meublière, sera imputé en la Légitime du maîné.*

Cette disposition ne détruit pourtant pas la règle que nous avons prise pour guide sur la question de savoir si les biens que donne la loi sont sujets à l'imputation; elle ne fait au contraire que la confirmer. C'est ce qui résulte nettement de deux points incontestables: l'un, que le maîné peut, dans la coutume de Valenciennes, se porter héritier dans son seul droit de maineté, en renoncer aux autres biens; l'autre, qu'il a droit de Légitime sur les biens auxquels il renonce, en y imputant ce qu'il a pris en vertu du droit dont il s'agit.

Le premier point supposé, le second ne peut plus souffrir de difficulté, d'après ce que nous venons de dire au sujet de la dévolution: car les raisons qui prouvent, et la compatibilité du titre d'héritier dans les biens dévolus avec celle de légitimaire dans les biens libres, et la nécessité d'imputer dans l'exercice de cette dernière qualité tout le profit qui revient de la première, ces mêmes raisons militent pour établir que l'enfant, à qui il est permis de se porter héritier dans un droit de maineté seulement, peut réunir à ce titre celui de légitimaire dans les autres biens, et doit imputer sur sa Légitime tout l'avantage qu'il tire de sa qualité de cadet.

Reste donc à faire voir qu'on peut, dans la coutume de Valenciennes, se déclarer héritier du seul droit de maineté; et c'est ce que prouvent les articles 158 et 161 de cette loi municipale. Ces deux textes portent que les créanciers d'un défunt ne

peuvent se pourvoir sur les biens *levés par le droit de maineté*, qu'après avoir épuisé les autres biens. Pollet rapporte un arrêt du parlement de Flandre, du 12 janvier 1697, qui a ordonné, sur le fondement de cette disposition, qu'un créancier saisissant à la charge d'un maîné, serait tenu de faire discuter préalablement les meubles et les autres biens que celui-ci indiquerait. Il résulte clairement de là, qu'un enfant maîné peut n'avoir pas d'autres biens de la succession de son père et de sa mère, que ceux qui sont compris dans son préciput, tandis que ses frères et ses sœurs possèdent le reste; et certainement cela ne peut provenir que de la faculté dont il jouit de pouvoir borner sa qualité d'héritier au droit de maineté, afin de n'être soumis aux dettes qu'après la discussion totale des autres biens de l'hérédité.

VI. Les réserves coutumières sont-elles sujettes à l'imputation?

Cette question est, en d'autres termes, la même que celle de savoir si le droit d'aînesse, considéré suivant le droit commun de la France, doit être imputé dans la Légitime; et il faut répondre en général qu'il ne peut pas s'agir ici d'imputation, attendu que les réserves coutumières, ne pouvant se prendre qu'à titre d'héritier, ne courent jamais avec la Légitime, qui suppose une renonciation à ce titre.

« C'est (dit Denisart) ce qui a été jugé par sentence des requêtes du palais, du 16 janvier 1733, rendu entre les quatre enfans de M. de Pomereu, dont l'un était légataire universel; les trois autres demandaient, l'un la totalité des quatre quints des propres, et les deux autres leur légitime entière. La sentence a jugé que M. de Pomereu l'aîné, optant les réserves coutumières, aurait, en qualité d'héritier, le tiers des quatre quints des propres; que les deux autres préférant la Légitime de droit aux réserves coutumières, chacun d'eux aurait sa Légitime en entier, et que le surplus des biens appartiendrait au légataire universel, qui était un quatrième enfant.

» Cette sentence a été confirmée par arrêt rendu en la grand'chambre, le 20 août de la même année 1733. »

Il y a cependant un arrêt du 18 mars 1706, qui en a décidé tout autrement, puisqu'il a jugé, s'il en faut croire Maillat, sur l'art. 74 de la coutume d'Artois, « que le fils grevé aurait son quint naturel en vertu de la coutume d'Amiens; et outre » cela, la moitié de sa portion *ab intestat* dans les » biens libres régis par la coutume d'Amiens. » On sent que cette décision, si elle est rapportée fidèlement, ne peut pas être tirée à conséquence; aussi a-t-elle été rejetée par l'arrêt que nous venons de retracer d'après Denisart.

Mais que faudrait-il décider dans le cas où les réserves se trouveraient situées dans une autre coutume que celle des biens sur lesquels on demanderait une Légitime?

Il est évident qu'alors il n'y aurait pas d'incompatibilité entre les qualités d'héritier et de légiti-

maire , et que par conséquent on pourrait faire
concounrir les réserves avec la Légitime : c'est
ce qui résulte 1° du principe établi à l'article *Héritier*, sect. 6, § 10, qu'il y a dans nos mœurs autant de successions que de patrimoines situés en
différentes coutumes; 2° de la maxime développée
ci-dessus relativement aux biens soumis à la dévolution, que les qualités d'héritier et de légitimaire
n'ont rien d'incompatible entre elles, lorsqu'elles
s'exercent sur des patrimoines différens.

Mais, dans ce cas, l'excédant des réserves sur
la Légitime due par les biens de la coutume qui
les diffère ne doit-il pas s'imputer sur la Légitime
à prendre dans les biens des autres coutumes?

Les raisons qui nous ont déterminé pour l'affirmative par rapport à la dévolution, militent ici
avec la même force; l'obligation de fournir des
alimens, qui est la source de la Légitime, se répand sur toute la masse des biens du défunt, sans
cesser pour cela d'être une; ainsi, quoique ces
biens forment différentes successions par la variété
des coutumes qui les régissent, il n'en est pas
moins qu'ils ne doivent tous ensemble qu'une Légitime, et que par conséquent ce que les uns
paient au-dessous de leur quote-part, doit servir
à l'acquittement des autres.

C'est par ce motif qu'ont été rendus sept arrêts
conformes à l'avis que nous soutenons.

Le premier est du 15 mars 1666 ; en voici l'espèce, tirée du *Journal des audiences.*

Madeleine de Geneste avait laissé dans sa succession des biens régis par les coutumes de Bordeaux et de Saint-Sever : M. de Geneste son père,
président au parlement de Bordeaux, demanda sa
Légitime entière dans les premières de ces coutumes,
suivant la disposition qu'elle en contient, art. 57,
et prétendit en outre recueillir les acquets paternels régis par la seconde, conformément à l'article 43 du titre *des Successions.*

Après d'assez longues procédures au parlement
de Bordeaux, il intervint plusieurs arrêts, et un
entre autres du 28 août 1658 , qui adjugeait à
M. de Geneste tous les meubles et acquets de la
coutume de Saint-Sever, et le tiers de ceux de
la coutume de Bordeaux pour son droit de Légitime.

M. de Geneste, qui croyait n'en avoir pas encore
obtenu assez, se pourvut en requête civile, et fit
renvoyer l'affaire au parlement de Paris : mais il
fut trompé dans son attente; par l'arrêt cité, « la
» cour, faisant droit sur le tout, ayant égard aux
» lettres d'ampliation et de requête civile, du 29
» août 1665, obtenues contre l'un des chefs de l'ar-
» rêt du 28 août 1658, qui aura adjugé audit Ge-
» neste tous les acquets faits en la coutume de
» Saint-Sever...., et icelles entérinant, a remis les
» parties en tel état qu'elles étaient avant ledit
» arrêt, en ce que par icelui la totalité des acquets
» qui avaient appartenu à Madeleine de Geneste par
» la succession de Jeanne Darbo sa mère, situés
» dans la coutume de Saint-Sever, aurait été adju-
» gée audit Geneste, comme héritier de sa fille ; ce

» faisant, ordonne que ledit de Geneste ne pourra
» prétendre esdits biens de Saint-Sever que le droit
» de Légitime seulement. »

Le second arrêt est du 12 mars 1715; c'est celui
du prince de Carignan, rapporté ci-dessus, sect. 6,
n° 12.

Le troisième a été rendu au parlement de Grenoble, le 16 août 1719, entre madame la prési-
dente Amelot et le marquis de Brion. Ce dernier
prétendait que sa Légitime dans les biens de M. de
Brion, consistait, par rapport à la coutume d'Auvergne, dans les biens qu'elle met en réserve.
Madame Amelot soutenait au contraire que cette
réserve n'avait rien de commun avec la Légitime ;
que l'une devait s'imputer sur l'autre, et qu'elle
acquittait les biens des autres coutumes quand elle
suffisait. Voici le dispositif de l'arrêt sur ce chef de
contestation : « quant à la Légitime de droit de-
» mandée par ledit de Brion de son chef, et de
» celui de ses frères et sœurs décédés, la cour
» ordonne qu'elle sera prise et liquidée sur le total
» des biens délaissés par ledit de Brion père, dans
» la coutume de Paris et dans celle d'Auvergne, et
» icelle Légitime réglée sur le pied du dixième pour
» chacun desdits enfans, suivant l'art. 298 de la
» coutume de Paris ; et à l'égard des biens d'Au-
» vergne, selon la quotité de la Légitime dans la
» coutume d'Auvergne ; sur la demande dudit de
» Brion, de la réserve coutumière d'Auvergne, a mis
» hors de cour et de procès. »

Le quatrième arrêt est intervenu au parlement
de Paris le 7 septembre 1724. Le marquis de la
Ferté-Senneterre avait fait un testament , par
lequel il instituait pour ses héritiers le maréchal de
la Ferté et le marquis de Châteauneuf ses deux
fils, avec charge de substitution graduelle, perpétuelle, linéale et masculine. Les deux institués passèrent entre eux des arrêts par lesquels, sous le
prétexte de la distraction de leur Légitime, ils di-
minuèrent considérablement les substitutions : le
marquis de Châteauneuf prit dans la coutume d'Auvergne les trois quarts dont cette loi défend la disposition ; et quoique ces biens fussent plus que
suffisans pour remplir sa Légitime, eu égard à toute
la succession, il n'avait pas encore laissé de la
prendre dans les coutumes de Paris, d'Orléans et
d'Étampes. Mais il y eut opposition à ces arrêts de
la part d'un des appelés aux substitutions ; et par
l'arrêt cité, la cour ordonna que le marquis de
Châteauneuf aurait pour toute Légitime, dans la
coutume d'Auvergne, le tiers de sa portion *ab intestat*, conformément à la novelle 18, et que l'excédant des trois quarts réservés sur cette Légitime,
serait imputé sur les biens situés dans les autres
coutumes en général.

Le cinquième est du 10 avril 1737. Voici comment il est rapporté par Lépine de Grainville ;

« Jean Dauche avait, par son testament, institué héritière universelle Jeanne Dauche, mère de
Gizolme, et il avait fait un legs particulier à sa fille
posthume Madeleine Dauche. Celle-ci , au lieu
de profiter du legs qui lui avait été fait, deman-

dait les trois quarts des biens situés dans la coutume d'Auvergne, et la Légitime sur les biens régis par le droit écrit; ce qui donnait lieu à la question....

» Jugé par les principes et les motifs d'équité, plutôt que par l'autorité des auteurs, que l'enfant héritier *ab intestat* ne peut demander en même temps les réserves dans une coutume, et la Légitime dans une autre, en la quatrième chambre des enquêtes, le 10 avril 1757.

» Lors de l'opinion, M. Dupré, l'un des juges de cette affaire, rendit compte que la même question avaient été partagée en la troisième chambre des enquêtes, et qu'elle avait été départagée en la quatrième, et jugée comme ci-dessus en 1723. »

Le septième arrêt est celui qui a été rendu en révision au parlement de Flandre, le 13 décembre 1764. Il porte que le sieur Levaillant de Waudripont, réduit à sa Légitime par le testament de son père, *pourra retenir la totalité de ce qui lui est échu par les dispositions des coutumes dans les biens indisponibles de ladite succession, en imputant et moinsprenant sur sa part et portion légitimaire dans les biens disponibles, la valeur de ce qu'il aurait retenu audessus de sadite part et portion légitimaire dans les biens indisponibles.* (1)

Voilà sans doute une jurisprudence solidement établie. On cite cependant des arrêts qui y sont ou qui y paraissent contraires, et nous ne devons pas les laisser inconnus.

Le plus ancien est du 5 février 1541; en voici l'espèce, telle qu'elle est rapportée par Boullenois.

« Imbert de Parthenay, domicilié en pays de droit écrit, possédait des immeubles, tant en pays de droit écrit, qu'en pays de coutume: il avait eu un fils unique qui était décédé, et qui avait laissé un fils, René de Parthenay, et une fille, Anne de Parthenay. Imbert de Parthenay, aïeul, institua pour son héritier René de Parthenay, sieur du Bouchage, son petit-fils.

» Son testament donna occasion à la question qui s'éleva après sa mort entre ce même René de Parthenay, héritier institué, et Anne de Parthenay, sa sœur, épouse du sieur Dulude. Anne de Parthenay réclamait dans les biens de coutumes ses portions et réserves coutumières; elle prétendait que le testateur n'avait pu l'en frustrer par ses dispositions testamentaires, et outre cela elle demandait sa Légitime sur les biens de droit écrit.

» À cette demande, son frère opposait que, puisqu'elle revendiquait la portion que la coutume avait affectée au sang et à la ligne, il fallait qu'elle en tînt compte sur la Légitime de droit écrit : mais elle répondait que la masse des biens de coutume, et la masse des biens de droit écrit étaient deux masses entièrement différentes; qu'ainsi, la pre-

nière lui devait la portion réservée par la loi, que la seconde lui devait une Légitime; et que ces deux dettes lui étant acquises par différentes lois et sur différens territoires, il serait ridicule que l'une acquittât l'autre, et que le bien de coutume servît à payer la dette du droit écrit.

» La question fut débattue par deux célèbres avocats, François de Montholon pour l'héritier institué, et Gabriel de Marillac pour la fille qui se portait légitimaire en droit écrit: le rapporteur était encore plus célèbre; c'était M. de l'Hôpital, depuis chancelier.

» Il fut jugé pour Anne de Parthenay, qu'elle aurait les réserves coutumières en pays de coutume, et la Légitime en pays de droit écrit, sans aucune imputation sur cette Légitime du droit écrit, de ce qui excédait, dans les réserves coutumières, la Légitime des pays de coutume. »

D'après cet exposé, l'arrêt paraît avoir jugé qu'on peut syncoper l'option, choisir les réserves coutumières dans un pays, et la Légitime dans un autre, sans imputation; et c'est ainsi qu'en parle Dumoulin sur l'art. 92 de l'ancienne coutume de Paris. Mais ce qu'on lit dans le même auteur sur l'article suivant, fait naître une toute autre idée, et donne lieu de croire qu'on a seulement jugé que les Légitimes se règlent suivant les différentes lois de la situation. *Judicatum*, dit-il, *quod Legitima debet diverso modo æstimari, secundum diversos usus locorum et consuetudinum, ac si essent diversa patrimonia.* On a vu plus haut, sect. 6, que Papon a parlé de cet arrêt dans le même sens, et Charondas l'a entendu de même en ses réponses, liv. 10, chap. 59. Ainsi, tout ce qu'on peut en conclure, c'est qu'en 1541, on confondait la réserve coutumière avec la Légitime de droit : mais il y a long-temps que cette erreur est bannie des tribunaux.

La même réponse s'applique à un autre arrêt rapporté par Pelens, quest. 154, et qui a jugé pour la compatibilité des réserves coutumières du Poitou avec la Légitime dans les biens de droit écrit, sans imputation.

Le parlement de Flandre a également décidé par arrêt du 7 avril 1690, que la dame de Hauteroche devait avoir sa Légitime de droit dans les biens de la Flandre gallicane, et prendre en outre le tiers affecté aux puînés dans les fiefs régis par les coutumes d'Ypres et de Courtrai. Mais cet arrêt n'a pas encore eu d'autre motif que la confusion de la réserve avec la Légitime; témoins les détails que le président Dubois d'Hermanville nous donne des moyens sur lesquels il a été rendu.

On soutenait, dit-il, de la part de l'héritier, que les coutumes d'Ypres et de Courtrai ne réglant pas la quotité de la Légitime, c'était par le droit écrit qu'il fallait la déterminer; et l'on concluait de là que la dame de Hauteroche ne pouvait avoir qu'un neuvième des fiefs, au lieu du tiers qu'elle prétendait.

» On soutenait au contraire (continue-t-il), de » la part de la légitimaire, que la Légitime était

» due de droit naturel; que les coutumes et les lois
» avaient, à la vérité, l'autorité d'en régler la
» quote; mais que les coutumes d'Ypres et de Cour-
» trai avaient des dispositions assez formelles pour
» ne pas donner lieu de recourir au droit, puis-
» qu'elles réglaient la part que les puînés devaient
» prendre dans les fiefs; et cette portion était le
» tiers, au préjudice duquel le père n'avait pu
» disposer....; et c'est à cette considération que
» la cour s'est arrêtée en décidant cette ques-
» tion. »

Une chose remarquable dans cet arrêt, est que
les défenseurs des parties ne paraissent pas avoir
dit la moindre chose de l'imputation du tiers indisponible de la Légitime due par les biens libres;
ainsi, on ne doit pas trouver surprenant que cette
imputation n'ait pas été ordonnée.

Le quatrième arrêt qu'on peut nous opposer, est
celui du 20 mai 1702, qui est rapporté à l'article
Héritier, section 6, § 10, n° 10, il confirme une
sentence du Châtelet, qui *fait délivrance au fils du
legs universel porté par le testament de son père ; en
conséquence, lui adjuge tous les biens de Paris, la
Légitime réservée à la sœur, et ordonne qu'on viendra
à partage dans la coutume de Meaux.* Cet arrêt paraît juger qu'on peut être héritier dans une coutume, et légitimaire dans une autre, sans rien imputer; mais c'est une fausse apparence; la seule
question qu'on ait agitée dans cette cause, était de
savoir si le fils pouvait réunir la qualité de légataire universel des biens de Paris, à celle d'héritier
portionnaire dans les biens de Meaux; l'arrêt a
adopté l'affirmative, et n'a rien jugé de plus; car
ces termes, *la Légitime réservée à la sœur,* n'avaient
été insérés dans la sentence du châtelet, que pour
faire entendre que la fille aurait eu son recours sur
les biens de Paris pour sa Légitime, au cas que les
biens de Meaux n'ussent pas suffi pour la remplir.

On ne nous objectera pas sans doute l'arrêt de
la marquise de Tessé, du 5 septembre 1744; car il
a seulement jugé, comme on l'a vu plus haut, section 2, § 3, que la réserve coutumière tenait lieu
de Légitime en Normandie; et les parties convenaient que si la coutume de cette province n'avait
pas confondu ces deux droits, comme elles le sup-
posaient faussement, l'imputation n'aurait souffert
aucune espèce de difficulté.

VII. On a fait voir ci-dessus, sect. 3, § 2, que
la jurisprudence des arrêts a modifié, par l'introduction d'une Légitime, l'article de la coutume
de Toulouse qui prononce contre la mère une exclusion totale de l'hérédité de son fils. De là naît
une question assez analogue à celle que nous venons d'agiter : c'est de savoir si la mère est obligée
d'imputer sur la portion légitimaire qu'on lui
donne dans la coutume dont il s'agit, ce qu'elle recueille ailleurs à titre d'héritière.

L'affirmative ne serait susceptible d'aucun doute,
si c'était par les principes que cette question dût
se décider; car les raisons qui militent pour l'imputation des réserves coutumières, reçoivent ici
l'application la plus directe et la plus juste : mais

peut-on réclamer les principes pour régler une Légitime qu'ils rejettent ? Une portion qui a été introduite contre l'esprit de la loi, ne doit-elle pas
avoir des règles toutes particulières ? Il ne faut
donc pas trouver surprenant que le parlement de
Toulouse ait encore favorisé la mère sur ce point :
« Nos arrêts (dit Catellan) ont décidé que la mère
» dans le cas que nous traitons, n'est pas obligée
» d'imputer sur la Légitime qu'elle a sur les biens
» de son fils, sis dans le gardiage, les biens sis
» hors du gardiage, auxquels elle succède *ab in-
» testat.* C'est ainsi que cette question fut déci-
» dée entre Azemace, mère, et Rangouse, on-
» cle du défunt, par arrêt du mois de janvier 1655,
» en la première chambre des enquêtes, conformes
» à d'autres apportés par Larochesavin et Maynard.
» Ce serait, en effet, priver indirectement la mère
» de sa Légitime sur les biens du gardiage, si on
» lui faisait imputer ce que, de droit commun,
» elle reçoit de la succession *ab intestat* de son fils
» pour les autres biens. »

Il ne serait peut-être pas difficile de faire voir
que cette jurisprudence n'est pas aussi contraire
aux véritables maximes qu'elle le paraît. Il est
constant qu'une portion héréditaire dans certains
biens ne doit jamais être imputée sur une autre
portion héréditaire qu'on prend dans les biens
d'une espèce différente. Or, la Légitime dont il
s'agit, est une portion qu'on peut plutôt appeler
héréditaire que légitimaire; car il n'y a point de Légitime dans les successions *ab intestat*; ce n'est
qu'un remède d'humanité contre les dispositions
injustes et inofficieuses de l'homme, et il n'est pas
possible d'en apercevoir le vrai caractère ce qu'on
recueille, lorsque l'homme n'a point disposé.

VIII. Autre question. Les quartes falcidie et
trébellianique peuvent-elles concourir avec la Légitime, et doivent-elles y être imputées !

Ne perdons pas de vue notre grand principe : les
qualités d'héritier et de légitimaire sont incompatibles dans la même succession. Si donc les quartes
falcidie et trébellianique ne peuvent être recueillies
qu'à titre d'héritier, il est impossible que le droit
de les distraire concoure dans une même personne
avec celui de prendre une Légitime, et conséquemment qu'il soit question de les imputer dans cette
portion.

Que la falcidie ne puisse pas être demandée sans
la qualité d'héritier, c'est une vérité qui résulte de
la définition même de cette quarte : *lata est lex falcidia qua caretur ne plus legare liceat quam dodrantem totorum bonorum, id est, ut sive unus heres institutus sit, sive plures, apud eum coëre pars quarta
remaneat ;* ce sont les termes de Justinien en ses
Institutes, liv. 2, tit. 22, § 1. Aussi la loi 14,
D. *ad legem falcidiam,* dit-elle que la fille instituée
par son père, fera, à titre d'héritière, la distraction de la falcidie sur les legs dont elle est chargée :
*falcidiam quidem jure hereditario filiam habituram
respondi.* Et ce qui tranche toute difficulté, c'est
qu'on ne doit imputer sur la falcidie que ce qu'on
a reçu du défunt par droit héréditaire : la loi 91,

D. *ad legem falcidiam*, le décide ainsi; et il y en a une foule d'autres qui font entendre la même chose.

De là il résulte, comme nous l'avons annoncé d'avance, qu'une même personne ne peut jamais réunir le droit de Légitime et celui de falcidie; et c'est ce qui est établi par la loi 1, §. 14, D. *si quis plus quam per legem falcidiam*; par la loi 11, §. 5, D. *ad legem falcidiam*; et par la loi 41, §. 6, D. *de vulgari et pupillari substitutione.*

À l'égard de la trebellianique, il est également certain qu'elle met celui qui veut la recueillir, dans la nécessité de se porter héritier, puisque le grevé qui se laisse contraindre d'accepter l'hérédité pour n'en pas supporter les charges, et qui par conséquent n'est héritier que de nom, perd tout le droit qu'il avait à cette quarte, suivant la loi 14, §. 4, D. *ad Trebellianum.* Aussi est-il incontestable dans le droit romain, qu'elle ne peut jamais concourir avec la Légitime: Ricard et Voët le démontrent parfaitement, et il est d'ailleurs assez clairement établi par la loi 6, C. *ad Trebellianum*, et par le chap. 1 de la novelle 30.

Cependant une mauvaise interprétation des Décrétales 16 et 18, *de testamentis*, qui n'avaient été faites que pour développer un article des usages de la Lombardie, a introduit, non seulement en France, encore dans presque tous les états policés, la distraction de la trebellianique concurremment avec celle de la Légitime; et une erreur en amenant une autre, on a étendu cet usage à la falcidie: en sorte qu'aujourd'hui une seule personne peut distraire à la fois ces trois différentes portions, sans être obligée de les imputer respectivement l'une sur l'autre. C'est ce que l'ordonnance de 1735 a confirmé de la manière la plus précise: *Ceux qui ont droit de Légitime*, porte l'art. 36 de cette loi; *et qui auront été institués héritiers, pourront faire distraction de la quarte falcidie sur les legs et de la quarte trebellianique sur les fidéicommis, et retenir en outre leur Légitime.*

Il ne faut cependant pas conclure de cette disposition, que les qualités d'héritier et de légitimaire soient plus compatibles dans nos mœurs qu'elles ne l'étaient chez les Romains; car tout ce qui est introduit comme les principes, ne peut jamais être tiré à conséquence.

Mais comment doit s'opérer la distraction de la Légitime et des deux quartes?

Le bien substitué doit-il d'abord souffrir un premier retranchement pour contribuer au paiement de la Légitime; et, après cela, c'est-à-dire lors de l'ouverture du fidéicommis, sera-t-il encore sujet à la distraction de la quarte trebellianique à prendre sur ce qu'il en restera, la Légitime déduite?

Ou bien, sont-ce les légataires seulement qui doivent fournir à l'héritier sa Légitime et la quarte falcidie, en sorte que l'immeuble substitué ne serait sujet qu'à la quarte trebellianique; et dans ce cas, l'héritier ne serait-il pas tenu de faire raison aux légataires, sur sa Légitime et sa quarte falcidie;

de la valeur de la quarte trebellianique et de la jouissance qu'il aura pendant sa vie du restant de l'immeuble substitué?

Ou bien, enfin, comme la substitution peut devenir caduque par le prédécès de ceux qui y sont appelés, les légataires sont-ils en droit de demander que l'héritier impute sur sa Légitime et sur sa quarte falcidié, la valeur de la totalité de l'immeuble substitué?

Mais dans ce cas, l'ouverture du fidéicommis arrivant, et les héritiers du grevé étant alors obligés de relâcher cet immeuble, sauf la distraction de la quarte trebellianique, le grevé légitimaire n'aurait pas été rempli de sa Légitime et de sa quarte falcidie; pour parer à cet inconvénient, ne serait-il pas fondé à exiger que les légataires donnassent caution et s'obligeassent à souffrir un retranchement sur leurs legs en faveur de ses héritiers, s'il arrivait que ceux-ci fussent évincés du restant de l'immeuble substitué, par l'ouverture du fidéicommis?

De ces trois partis, il est facile de voir que le premier est le seul auquel on doit se tenir.

En effet, le second présente trois contraventions directes et formelles à des principes incontestables: contravention au principe que le bien substitué doit souffrir la distraction de la Légitime ainsi que de la trebellianique, et que la distraction de l'une ne peut pas empêcher de celle de l'autre: contravention au principe que la Légitime doit se prendre sur toute l'hérédité, et que le bien légué n'y est pas plus sujet que le bien substitué: contravention au principe que le légitimaire n'est pas tenu d'imputer dans sa Légitime le revenu qu'il doit tirer pendant sa vie des biens substitués dans sa personne. (*V.* ci-devant, art. 1.)

Le troisième parti n'est pas plus proposable. En l'adoptant, le légitimaire n'aurait qu'une propriété incertaine et commutable; il ne pourrait pas aliéner; en un mot, il serait privé des avantages que les lois ont voulu assurer à la Légitime, lorsqu'elles ont décidé qu'elle ne doit souffrir *neque diem, neque moram, neque conditionem.* (*V.* ci-devant, sect. 7, §. 1.)

Remarquez au surplus que l'ordonnance de 1735 permet au testateur de défendre ce concours de distractions. Le parlement d'Aix avait cru devoir faire des remontrances contre cette permission. Mais voici ce que lui a répondu M. le chancelier d'Aguesseau, le 23 novembre 1737:

« La liberté que le roi a jugé à propos de laisser au testateur d'accumuler les distractions des quartes falcidie et trebélianique, avec celle de la Légitime, ne peut avoir rien de contraire aux principes du droit romain, qui ne connaissait point ce concours de trois distractions; et si un usage qui ne doit sa naissance qu'aux interprétations du droit canonique, enfin prévalu dans cette matière sur les plus saines maximes de la jurisprudence, rien n'est plus naturel que de permettre au testateur de prohiber ce qui n'a été introduit que contre les règles du droit: on y a même apporté le tempérament de donner en ce cas, à ceux qui sont l'objet de l'art. 40, la faculté d'opter ce qui leur sera le plus avantageux, ou de leur Légitime, ou de ces distractions, lorsque le père ne les aura réduits précisément à la Légitime ; et cette disposition a paru si équitable, qu'aucun des parlemens du royaume, où le droit écrit a force de loi, n'a été frappé de la difficulté qu'on relève dans les remontrances de votre compagnie.

» Le statut de Provence ne peut servir de fondement à cette difficulté, puisqu'on reconnaît qu'il ne contient aucune disposition précise sur ce point; et une enquête qu'un auteur dit avoir été faite à l'occasion d'un procès porté dans une autre province ne peut balancer la force des principes du droit romain, sur le respect qui est dû à la libre volonté du testateur, et à la sagesse qui le porte à conserver, autant qu'il est possible, l'intégrité d'une substitution qu'il regarde souvent comme le salut de sa famille.

» L'obligation que la nouvelle ordonnance lui impose, de faire sa prohibition en termes exprès, est conforme à l'esprit du statut de Provence. Il a supposé une défense devait être exprimée, et il n'a fait qu'autoriser une des manières de l'exprimer. En effet, une défense précise est le seul moyen de prévenir toutes sortes de contestations sur ce sujet ; et d'ailleurs, on ne doit pas craindre que pareilles questions puissent se présenter à l'avenir, parce que les testateurs, avertis par une loi publique, ne manqueront pas d'expliquer leurs volontés dans les termes les plus exprès. »

V., les articles Quarte falcidie et Quarte trébellianique.

[[IX. La loi du 18 pluviose an 5 a fait, en matière d'imputation, une innovation fort extraordinaire, mais momentanée. Elle a voulu, article 2, que les réserves contenues dans les donations par contrat de mariage et dans les institutions contractuelles, antérieures à la loi du 5 brumaire an 2, et dont les auteurs vivaient encore à l'époque de la promulgation de cette loi, fussent, à défaut de disposition valable de la part de ceux-ci, considérées comme « faisant partie de la succession ab intestat, » et partagées également entre tous les héritiers » autres que les donataires et les institués, sans im- » putation sur les Légitimes ou portion de Légitimes, » dont les héritiers ou donataires auraient été gre- » vés. »

De cette disposition sont nées, comme nous l'avons dit au mot Donation, sect. 1, § 1, n° 5, des questions qui trouvent naturellement ici leur place.

Le 21 janvier 1781, le sieur Chassaing, père, mariant Antoine-Bernard son fils aîné, l'institue son héritier universel, sous la réserve d'une somme de 30,000 livres, dont il pourra disposer à son gré, et à la charge de payer à chacun de ses autres enfans, frères et sœurs de l'institué, une somme de 12,900 livres, tant pour leurs droits paternels que pour leurs droits maternels. Il meurt en 1799, sans avoir disposé de la réserve.

Les frères et sœurs de l'aîné le font assigner en paiement de leur Légitime et de la somme de 30,000 livres réservée par le père.

Antoine-Bernard Chassaing répond qu'ils ne peuvent pas cumuler la réserve avec la Légitime ; et que, s'ils entendent se faire payer celle-ci, ils doivent renoncer à celle-là.

Jugement qui condamne Antoine-Bernard Chassaing à payer l'une et l'autre. Appel.

Par arrêt du 7 prairial an 9, la cour d'appel de Riom prend un terme moyen : elle juge, en faveur des puînés, qu'ils ont droit à la réserve qui entre dans la composition de la Légitime elle-même.

De là deux recours en cassation ; l'un, de la part d'Antoine-Bernard Chassaing, l'autre de la part de ses frères et sœurs.

Le premier expose que la cour d'appel de Riom s'est trompée dans son arrêt, sur le sens des termes de la loi ; Légitimes, dont les héritiers ou donataires auraient été grevés ; et voici comment il cherche à le prouver.

« Il y a deux sortes de Légitimes ; l'une de droit, l'autre de convention. La Légitime de droit est une portion des biens du défunt ; l'héritier universel qui doit en souffrir la distraction, ne peut pas en être censé grevé, pas plus que l'héritier de la moitié d'une succession ne peut être censé grevé relativement à l'autre moitié, qu'il est tenu d'abandonner à ses co-héritiers. L'héritier universel n'est grevé, et ne peut l'être, que par une Légitime conventionnelle.

» C'est donc de la Légitime conventionnelle, et non de la Légitime de droit, qu'entend parler l'article 2 de la loi du 18 pluviose an 5. Le sens de cet article est donc que l'héritier institué contractuellement doit remettre aux légitimaires et la réserve et la Légitime conventionnelle.

» Mais faire dire à cet article que les légitimaires peuvent cumuler la Légitime de droit avec la réserve, c'est déplacer sa disposition, c'est en faire une application souverainement fausse. »

Mais par arrêt du 14 frimaire an 10, au rapport de M. Minier,

« Attendu que l'article 1 de la loi du 18 pluviose an 5 n'a maintenu les institutions contractuelles que pour avoir effet conformément aux lois anciennes ; et que, selon les lois anciennes, l'institué ne conservait son institution qu'à la charge de la Légitime de droit, ou, en tout cas, d'un supplément de Légitime; attendu que l'article 2 de la loi du 18 pluviose an 5 a voulu que, dans le cas de non disposition de la réserve, elle fasse partie de la succession ab intestat, soit également partagée entre les héritiers autres que l'institué, et ne soit diminuée par aucune imputation sur les Légitimes ou portions de Légitimes;

» Attendu que de ces deux dispositions combinées, il résulte que l'institué reste passible de la réserve, et de la Légitime de droit;

» La cour rejette le pourvoi.... »

De leur côté, les légitimaires attaquent l'arrêt de la cour d'appel de Riom, en ce qu'il ne leur a pas accordé la totalité de la réserve avec la Légitime de droit.

« L'article 1ᵉʳ de la loi du 18 pluviose an 5 (disent-ils) nous garantissait la Légitime de droit, telle que nous l'attribue l'ancienne jurisprudence. L'article 2 nous accorde de plus la *réserve*, et a voulu qu'elle ne fût pas imputée sur la Légitime. L'arrêt de la cour d'appel est en opposition manifeste avec ce deuxième article ; il ne peut donc pas subsister.

» Vainement a-t-on prétendu que cet article ne parle pas de Légitime conventionnelle : c'est vouloir torturer la loi, que lui prêter un pareil sens ; la loi emploie le mot *Légitime*, et ce mot ne désigne par lui-même que la Légitime de droit. Le vœu du législateur, au 18 pluviose an 5, relativement aux *institutions contractuelles*, fut de modifier les dispositions de la loi du 17 nivose an 2, qui ne laissait à l'*institué* que ce qui lui était déjà *acquis*; qui lui ôtait pour le donner aux successibles, tout ce qui restait *disponible*, soit par *donation*, soit par *aliénation*. Il parut au législateur que tant d'extension blessait la loi des contrats; que, dans l'intention de l'instituant et de l'institué, comme de ceux qui contractaient avec l'institué sur la foi de l'institution, la qualité d'institué avait dû lui assurer tous les biens de l'instituant, moins ceux que la loi assurait à ces successibles et ceux dont positivement il se *réservait* de disposer. En conséquence, le législateur rendit à l'institué tous les biens de l'instituant, moins la *réserve* et la *Légitime de droit*. La disposition, ainsi entendue, fut alors un grand *bienfait* pour les institués, elle n'a pas cessé de l'être. Elle ne présente ni destruction des droits acquis, ni effet rétroactif. La *réserve* dont l'instituant ne disposait pas, appartenait jadis à l'institué, non par force de l'institution (puisqu'elle annonçait la volonté de l'en priver), mais par la force de la disposition légale qui réglait le mode d'hériter. Or, changer les lois qui règlent les successions, faire que désormais nul n'hérite que selon les lois existantes à l'ouverture de la succession, ce n'est point là établir un effet rétroactif. La réserve, d'après les lois anciennes, pouvait être donnée à un étranger. En ce cas, l'institué avait à payer la *réserve*, plus les *Légitimes de droit*. Ainsi, en assurant aux successibles naturels ce qui semblait destiné à un étranger, la loi n'a fait aucun tort à l'institué. »

Sur ces raisons, arrêt du même jour 14 frimaire an 10, qui admet la requête des frères et sœurs d'Antoine-Bernard Chassaing.

Et l'affaire portée à la section civile, arrêt du 1ᵉʳ frimaire an 11, au rapport de M. Vergès, par lequel,

« Vu l'article 2 de la loi du 18 pluviose an 5,
» Considérant que la section des requêtes du tribunal de cassation, en rejetant, par son jugement du 14 frimaire an 10, la demande en cassation d'Antoine-Bernard Chassaing, ses adversaires étaient fondés à cumuler la réserve avec la Légitime légale; que la seule question soumise aujourd'hui

au tribunal, sur le pourvoi des frères Chassaing, consiste à savoir si le tribunal dont ils attaquent la décision, a violé l'art. 2 de la loi du 18 pluviose an 5, en ordonnant de déduire de la réserve la portion qui avait servi à la computation des Légitimes;

» Considérant que le législateur a voulu, par l'art. 2 de la loi du 18 pluviose an 5, que la totalité des réserves fit partie des successions *ab intestat*;

» Que les donataires ont été formellement exclus par cet article, du droit de prendre aucune part sur ces réserves;

» Que le législateur a voulu en outre qu'il ne fût fait aux légitimaires aucune imputation de la réserve sur les Légitimes;

» Qu'il résulte de cette prohibition d'imputation, que les légitimaires sont autorisés à prendre la totalité de la réserve, et à réclamer, conformément au droit commun, la Légitime sur la totalité des biens;

» Que la différence entre l'ancienne et la nouvelle législation est infiniment sensible, et vient encore à l'appui;

» Qu'en effet, d'après les anciennes lois, la réserve faite par le donateur, appartenait de plein droit au donataire, lorsque le donateur était décédé sans en avoir disposé; qu'alors le légitimaire était réduit à la Légitime sur la totalité des biens;

» Que d'après la nouvelle législation, au contraire, la totalité de la réserve dont il n'a pas été disposé, appartient au légitimaire, que cette totalité de réserve leur appartient exclusivement; sans qu'ils puissent être tenus d'en imputer aucune partie sur les Légitimes, qui leur sont dues, conformément au droit commun, sur la totalité des biens;

» Que ne pouvant y avoir en effet aucun doute sur les principes constans d'après lesquels la Légitime est prise sur la totalité des biens, le législateur s'est référé à cet égard au droit commun et aux anciennes lois;

» Qu'en se bornant à statuer sur les réserves dont il n'aurait pas été disposée, il les a adjugées en totalité aux légitimaires, sans aucune espèce d'imputation sur leurs Légitimes;

» Que par conséquent le tribunal, dont le jugement est attaqué, en ordonnant de déduire de la réserve dont il s'agit, la portion qui avait servi à la computation des Légitimes, a ouvertement violé l'art. 2 de la loi du 18 pluviose an 5, qui veut que la réserve soit adjugée en entier aux Légitimaires, et qu'aucune espèce d'imputation ne puisse en atténuer l'utilité;

» Le tribunal casse et annulle..... »

La question jugée par cet arrêt et par le précédent, s'est représentée depuis, dans des circonstances à peu près semblables. Voici dans quels termes elles sont retracées dans le *bulletin civil* de la cour de cassation, à la date du 12 germinal an 13 :

« Du mariage de Michel Bouchet avec Marie

Cohendy, étaient issus quatre enfans; Amable, décédé avant son père, sans postérité, Georges, Elisabeth et Antoinette.

» En 1747, Elisabeth s'est mariée avec Georges Tartarat; ses père et mère lui ont constitué en dot différens objets tant meubles qu'immeubles, pour tout ce qu'elle pourrait prétendre dans leurs futures successions.

» En 1753, mariage de Georges avec Antoinette Vaureix. Ses père et mère l'ont institué héritier universel de tous leurs biens après leur décès, sous la réserve néanmoins du quart d'iceux pour en disposer à leur volonté.

» En 1769, Antoinette est entrée en religion. Il lui a été constitué une dot momiale de 3500 livres et une rente rente viagère de 40 livres.

» Georges Bouchet, héritier institué, est décédé le 1er juillet 1786, laissant trois enfans pour ses héritiers.

» Michel Bouchet, père de Georges et auteur de l'institution, est décédé le 2 pluviose an 4, long-temps par conséquent après Georges, son héritier.

» C'est après le décès de Michel père, et à raison de l'époque où le décès est arrivé, qu'est née la contestation qui a divisé les parties.

» La question principale que cette contestation a présentée à décider, a été de savoir si le quart réservé par les père et mère communs, et dont ils n'avaient pas disposé de leur vivant, devait entrer dans la masse de la succession, pour déterminer la quotité des Légitimes légales; ou si ces Légitimes devaient être prélevées sur le montant de la réserve, pour, après ce prélèvement fait, le surplus de cette réserve appartenir aux légitimaires seuls, en conformité de l'art. 2 de la loi du 18 pluviose an 5.

» Par jugement du 27 nivose an 8, le tribunal civil du département du Puy-de-Dôme a décidé que le quart réservé appartenait exclusivement aux légitimaires, mais seulement après l'acquittement des Légitimes, sur le fondement que, d'après l'art. 2 de la loi du 18 pluviose an 5, toute réserve est attribuée aux héritiers, autres que les héritiers institués ou donataires, sans imputation des Légitimes dont les héritiers institués ou donataires auraient été grevés, mais qu'il entrait dans l'esprit et dans la lettre de cette loi, que tout ce qui est promis à l'héritier ou donataire, forme sa portion, et que la réserve, qui doit servir d'abord à acquitter les Légitimes de rigueur, appartienne, dans tout ce qui se trouvera de reste, aux héritiers non donataires ou institués; que, par ce mode, l'héritier, sauf le cas de l'insuffisance de la réserve pour payer les Légitimes, garde, conformément à l'art. 1er de la loi du 18 pluviose an 5, tout ce qui lui a été promis, et les héritiers ab intestat, conformément à l'art. 2, le reste de ce qui aura été réservé; et que toute réserve, dans tous les temps, ayant été destinée de droit à l'acquittement des Légitimes, le reste compose seul la réserve dont il est parlé dans l'art. 2 de la loi du 18 pluviose an 5.

» Le 4 pluviose an 9, la cour d'appel de Riom a rendu un arrêt confirmatif du jugement de première instance. Fausse application de l'art. 1er, et violation de l'article 2 de la loi du 18 pluviose an 5.

» L'arrêt de cassation est ainsi conçu :

» Ouï le rapport de M. Coffinhal..., et après en avoir délibéré en la chambre du conseil;

» Vu les article 1 et 2 de la loi du 18 pluviose an 5;

» Attendu que cette loi ne fait que transporter aux légitimaires la propriété de la réserve que l'ordonnance de 1731 attribuait au donataire ou héritier contractuel; et qu'étant constant en principe autrefois que les réserves devaient entrer dans la masse pour le règlement du montant des Légitimes, les principes doivent être les mêmes aujourd'hui, quoique ces réserves appartiennent aux légitimaires et non plus à l'héritier, sans qu'il puisse en résulter, sur la donation ou l'institution elle-même, un effet rétroactif contraire à l'esprit et aux dispositions de la loi du 18 pluviose an 5 : la cour casse et annule...... »

L'espèce suivante que nous fournit encore le bulletin civil de la cour de cassation, à la date du 2 septembre 1807, présentait la question de savoir si, lorsque le donataire universel des biens présens et à venir avec réserve de la faculté de disposer d'une somme déterminée, use du droit que lui accorde l'ordonnance de 1731, de s'en tenir aux biens présens, et la répudiation qu'il fait par-là des biens acquis depuis la donation, à l'effet de confondre la somme réservée avec les biens répudiés, de manière que l'action des légitimaires doive s'exercer sur la masse composée de ceux-ci et de celle-là, sans qu'elle puisse atteindre les biens présens, si ce n'est en cas d'insuffisance, et que par suite les légitimaires ne puissent plus cumuler la réserve avec leur Légitime. Voici les termes du bulletin :

« Claude Marcoux maria Jean-Baptiste Marcoux, son fils aîné, avec la demoiselle Gouin; et par leur contrat de mariage du 16 octobre 1779, il donna à sondit fils, par donation entre-vifs et irrévocable, tous ses biens meubles et immeubles présens et à venir, à la charge de payer une somme de 12,000 livres à chacun de ses autres enfans qu'il institua à cet effet ses héritiers particuliers, et de diverses pensions, soit envers l'épouse du donateur, soit en faveur d'une de ses filles qui alors était religieuse.

» Le donateur fit réserve d'une somme de 12,000 livres pour en disposer comme il verrait bon être; et en cas de non-disposition, il voulut que cette somme fût partagée entre son donataire, Noël, Benoît le jeune, Claudine et Agathe Marcoux, par égales portions, à condition que les quatre derniers ne contesteraient pas la fixation de leur Légitime; voulant qu'en cas de contestation, ladite somme appartînt en entier au donataire.

» Quelques années après, fut mariée Agathe, l'une des filles du donateur, qui la dota d'une somme de 14,000 livres, savoir, 12,000 livres pour le montant de la Légitime fixée par le contrat de mariage de son fils aîné, et 2000 livres pour sa portion de la somme réservée.

» Deux autres enfans reçurent leurs Légitimes, l'un en argent, l'autre en bien fonds.

» Le donataire décéda et laissa une veuve et des enfans en minorité.

» Le donateur, père commun, décéda aussi le 28 frimaire an 10, sans avoir fait d'autres dispositions que celles ci-dessus.

» Les scellés furent opposés sur les effets, il fut fait inventaire.

» Les frères et sœurs ne s'accordèrent point sur leurs droits respectifs : plusieurs demandes furent formées contre la veuve du donataire, en qualité de tutrice de ses enfans.

» Les unes avaient pour objet le paiement de la Légitime et d'une part dans les réserves ; une autre tendait au partage ; d'autres concernaient le paiement des reliquats, soit sur la Légitime, soit sur la réserve. Toutes ces demandes furent jointes.

» La principale question fut de savoir si la réserve de 12,000 livres faite par le donateur, dans le contrat de mariage de son fils, et dont il n'avait pas disposé avant sa mort, devait appartenir exclusivement aux légitimaires et indépendamment de leurs Légitimes.

» Le tribunal de Montbrison, se fondant sur la loi du 18 pluviose an 5, jugea cette question en faveur des légitimaires.

» La veuve du donataire se rendit appelante; son fils aîné devenu majeur, intervint; et au cours dudit appel, la veuve, en qualité de tutrice, autorisée par un conseil de famille, et le fils majeur, déclarèrent répudier la donation des biens acquis depuis sa date, pour s'en tenir à celle des biens alors présens.

» Appuyés sur cette répudiation, ils conclurent à ce que les légitimaires fussent tenus de prendre leurs Légitimes sur les biens libres abandonnés, avec lesquels la réserve de 12,000 livres ferait masse, comme faisant partie de la succession ab intestat.

» Les légitimaires s'étayèrent de leur côté, soit des dispositions du contrat de mariage de 1779, soit de la loi du 18 pluviose an 5.

» Par arrêt du 1er thermidor an 13, la cour d'appel de Lyon ordonna la confusion de la réserve de 12,000 livres avec les biens libres répudiés, et que les Légitimes seraient prises sur le tout, sauf, en cas d'insuffisance, l'action en retranchement : elle ordonna encore le rapport à la veuve du donataire, de tout ce que les légitimaires avaient reçu, soit d'elle-même, soit de son mari, soit du donateur.

» Trois des enfans légitimaires se sont pourvus contre cet arrêt : ils ont fait consister leur principal moyen dans la violation de l'art. 2 de la loi du 18 pluviose an 5, selon lequel la réserve de 12,000 livres devait appartenir aux légitimaires indépendamment de leurs Légitimes.

» Les défendeurs se sont repliés sur l'ordonnance de 1731, et sur la répudiation qu'ils ont faite, en vertu de cette loi, des biens acquis depuis la donation, répudiation qui devait nécessairement produire l'effet de confondre la réserve avec les biens répudiés, pour, sur cette masse, être prises les Légitimes, sauf l'action en retranchement, en cas d'insuffisance.

» Ouï le rapport de M. Chasle....., et les conclusions de M. Daniels ;

» Vu l'art. 2 de la loi du 18 pluviose an 5 ;

» Attendu que la répudiation faite par les défendeurs, des biens acquis depuis la donation, ne pouvait point autoriser la cour d'appel de Lyon, à ordonner la confusion, avec cette espèce de biens, de la réserve de 12,000 livres dont la propriété était exclusivement attribuée aux demandeurs par la loi précitée;

» La cour casse et annule.....»]]

Sect. IX. Du paiement de la Légitime.

Il y a trois choses à considérer par rapport au paiement de la Légitime, le temps, la manière et les accessoires.

Quand le légitimaire peut-il exiger sa portion?
En quelle nature de biens doit-on la lui fournir?
Quelle restitution de fruits et d'intérêts peut-il prétendre?

Telles sont les objets que nous avons à traiter dans cette section.

§ I. En quel temps la Légitime est-elle exigible?

La Légitime ne peut régulièrement être demandée qu'au moment de l'ouverture de la succession sur laquelle elle doit être prise ; et c'est, comme nous l'avons vu ci-devant, par une conséquence de cette maxime, que l'article 38 de l'ordonnance de 1731 ne la soumet à la prescription que du jour de la mort de celui qui la doit.

Le nommé Guy Rousseau ayant eu la témérité de poursuivre son père en justice pour l'obliger à lui fournir une Légitime, sous prétexte que deux de ses sœurs avaient été dotées, le parlement de Paris, par arrêt du 23 décembre 1583, rapporté dans le recueil Rerum judicatarum d'Anne Robert, le déclara non recevable, et lui enjoignait d'en demander pardon à son père.

Le sieur Gilbert et sa femme, en mariant leur fille au sieur de Némond, lui avaient promis une dot considérable qu'ils se trouvèrent hors d'état d'acquitter : pour se soustraire aux poursuites de leur gendre, ils lui firent une démission de biens. Cet acte fut, pour leurs autres enfans, le prétexte d'une demande en Légitime qu'ils intentèrent contre les sieur et dame de Némond : mais par arrêt du 4 septembre 1685, rendu sur les conclusions de M. Talon, ils furent déclarés non recevables, sauf à eux à se pourvoir après le décès du père et de la mère.

Guypape fait mention de plusieurs arrêts semblables, rendus de son temps au parlement de Grenoble.

Maynard en rapporte un du parlement de Bordeaux, du 12 mars 1603, qui paraît avoir jugé le contraire : mais il a été motivé par des circonstances particulières, et notamment par des offres que le père avait faite au procès.

La coutume de Normandie renferme là-dessus une disposition expresse. Elle donne aux enfans pour Légitime, le tiers des biens que leur père possédait au moment de son mariage; « et néanmoins (ajoute-t-elle, art. 399) la jouissance en demeure au mari sa vie durant, sans toutefois qu'il le puisse vendre, engager ni hypothéquer; comme en pareil cas, les enfans ne pourront vendre, hypothéquer » ou disposer dudit tiers avant la mort du père.» Les interprètes apportent néanmoins quelques exceptions à cette règle.

1° Fernand et Chopin soutiennent qu'un père peut être contraint d'avancer la Légitime de son fils, pour lui sauver la vie et l'honneur, dans le cas d'une accusation publique; Benedicti, sur le chapitre *Raynutius*, assure même avoir entendu professer cette doctrine par Rochefort, chancelier de Louis XII, tenant les sceaux à Nantes, en octobre 1500.

Mais (dit Lebrun) « cela est aussi éloigné de l'usage que de la disposition du droit, et de la loi 26, D. *de pœnis*; en matière de crimes, le » père n'étant jamais tenu de payer pour son fils, » principalement quand ce fils est pubère. »

Il y a, à la vérité, quelques arrêts qui ont condamné des pères à réparer les dommages causés par leurs enfans; mais ce sont des circonstances particulières qui ont motivé ces décisions : et d'ailleurs, elles n'ont point été données en faveur des enfans même, mais de ceux à qui elles avaient préjudicié par leurs délits.

2° Maynard prétend qu'un fils devenu insolvable sans sa faute, peut obliger son père à lui fournir sa Légitime pour le tirer de prison. Il rapporte cependant un arrêt par lequel le parlement de Toulouse *en aurait dit et jugé tout le contraire, par des circonstances qui résultaient du procès et des actes d'icelui.*

Mais il est aisé de se convaincre, d'après ce que nous venons de dire, que cet arrêt est très juridique, abstraction faite même des prétendues circonstances d'après lesquelles il a été rendu.

3° Il y a dans le recueil de Bardet, un arrêt du 6 août 1619, qui a condamné un père à rembourser au nommé Boisseron ce qu'avait payé celui-ci pour tirer son fils de l'esclavage chez les Algériens; et l'on prétend inférer de là, qu'un enfant captif peut forcer l'auteur de ses jours à contribuer à sa rançon, jusqu'à concurrence de sa Légitime.

Cette conséquence a été effectivement adoptée par deux arrêts des 4 juin 1627 et 7 février 1664; mais c'était en faveur de chevaliers de Malte. « C'est un droit (dit Lebrun) qui ne s'est établi » que pour eux, sur le fondement que leur ordre ne » les rachète jamais, et que le père qui engage son » fils dans l'ordre de Malte, dont il sait les usages, » attend à le racheter, s'il est fait captif.»

Quant à l'arrêt rapporté par Bardet, « on jugea » volontiers (dit encore Lebrun) que le père avait » donné les mains au voyage de son fils, dans le- » quel il avait été fait captif : car, au surplus, le » droit ne condamne point précisément le père à » racheter son fils captif, mais il se contente de » l'y inviter en l'authentique *si captivi* C. *de epis-* » *copis et clericis*, et de donner d'autres sûretés à » celui qui rachète un captif, loi 2, C. *de postli-* » *minio reversis.* »

4° Balde, Paul de Castro, Alexandre, Cagnolus, Surdus, Gratien, Fachinée et plusieurs autres auteurs soutiennent qu'un père dissipateur peut être forcé par ses enfans de leur assurer de son vivant un fonds pour leur Légitime : la raison sur laquelle ils s'appuient, est que tout débiteur dont la fortune tombe en décadence, peut être contraint de donner des cautions ou des hypothèques pour la sûreté d'une dette non échue : or, disent-ils, le père est débiteur de la Légitime de ses enfans; sa dissipation autorise donc ceux-ci à devancer le temps auquel les lois ont fixé l'échéance de cette portion. On peut, ajoutent-ils, appuyer cette conséquence sur la loi 50, D. *ad Trebellianum*, dont voici l'espèce : un père avait été institué héritier, à la charge de restituer sa succession à son fils, lorsqu'il serait émancipé, *si in sua potestate esse desiisset* : comme il dissipait une grande partie des biens compris dans cette substitution, et qu'il retenait toujours son fils sous sa puissance, on était en peine comment on pourvoirait à l'exécution de la volonté du testateur. L'empereur Adrien décida que le père restituerait actuellement à son fils l'hérédité dont sa mauvaise conduite le rendait indigne de jouir plus long-temps, et qu'il n'y pourrait plus prétendre que des alimens, en cas qu'il n'eût pas d'ailleurs de quoi s'en procurer. Cette décision, disent les auteurs cités, s'applique d'elle-même à notre espèce; car les enfans n'ont pas moins de droit à leur Légitime qu'au fidéicommis dont leur père est chargé envers eux, et la demande en restitution anticipée d'un fidéicommis, n'est pas plus régulière que celle du paiement prématuré d'une Légitime. Il faut donc que la prodigalité du père ait le même effet à l'égard de l'une qu'à l'égard de l'autre.

La jurisprudence normande est absolument conforme à ce système. Quoique l'art. 399 de la coutume ordonne expressément que le père jouisse jusqu'à sa mort du tiers consacré à la Légitime de ses enfans, on ne laisse pas de juger au parlement de Rouen, qu'il perd cette jouissance lorsqu'il devient insolvable, qu'il fait cession de biens, ou que tous ses immeubles sont mis en décret. Bassnage en rapporte des arrêts rendus les 10 avril 1631, 23 août 1666 et 11 février 1667. On oblige cependant les enfans de contribuer, sur le tiers qu'ils obtiennent prématurément, à la nourriture et à l'entretient de leur père : le second des arrêts cités en renferme même une disposition expresse.

Mais cette jurisprudence doit-elle servir de règle aux autres tribunaux? Peut-on regarder comme un point de droit commun la faculté qu'elle accorde à un fils, dans le cas proposé, de dépouiller un père de son vivant, par la demande prématurée d'une Légitime?

Les autorités et les raisons que nous venons de rapporter, sembleraient devoir le faire penser ainsi; mais un peu d'attention dissipe le prestige. C'est en quelque sorte accélérer la mort d'un homme, que de vouloir lui succéder pendant sa vie; et si l'on pouvait tolérer de pareils procédés, ce ne serait certainement pas dans un enfant; l'amour filial doit éloigner de lui toute idée qui pourrait faire soupçonner qu'il pense à profiter de la mort de son père pour recueillir une partie de ses biens; et conséquemment on doit rejeter avec indignation la demande qu'il ferait d'une Légitime avant l'échéance.

L'exemple du débiteur insolvable que l'on oblige de donner des sûretés avant que le terme de sa dette soit arrivé, et celui du père dissipateur que la loi condamne à restituer un fidéicommis avant son ouverture, ne prouvent rien contre ce sentiment. Dans ces hypothèses, en effet, il n'y a rien, de la part du créancier ou du fils, qui puisse être regardé de mauvais œil : l'un cherche à assurer sa créance, l'autre à conserver une substitution à laquelle il est appelé après son émancipation ; tous deux ont en leur faveur des droits certains, et qu'ils peuvent exercer sans rougir du vivant du débiteur ou du père. Mais un enfant ne peut demander une Légitime avant qu'elle soit échue, sans faire entendre que la vie de son père lui paraît trop longue; sa précipitation est donc odieuse; elle révolte la nature; et certainement la crainte que son père ne dissipe tout, ne la justifie pas.

D'ailleurs, les lois et la raison nous disent qu'il ne faut point recourir à une voie extraordinaire, lorsqu'on peut conserver ses droits par un remède ordinaire : or, les enfans d'un dissipateur ont entre les mains un moyen légal d'arrêter les désordres de leur père, puisqu'ils peuvent le faire interdire : il ne doit donc pas leur être permis d'intenter contre lui une demande aussi contraire aux principes que le serait celle qu'ils formeraient en anticipation de paiement de leur Légitime.

On dira peut-être qu'il n'est pas moins odieux de voir des enfans provoquer l'interdiction de leur père, que de demander une partie de sa succession avant sa mort. Mais 1° quand ces deux voies seraient également défavorables, il suffirait toujours que l'une fût seule indiquée par les lois, pour qu'on ne pût donner la préférence à l'autre. 2° On ne peut disconvenir qu'une demande en interdiction est moins odieuse de la part d'un fils, que celle qui concernerait le paiement anticipé d'une Légitime : la première n'a point d'autre objet direct que l'intérêt du père, et l'on peut toujours dire, en l'intentant, qu'on ne s'occupe que du soin d'assurer sa subsistance : la seconde, au contraire, ne tend qu'à l'avantage du fils; elle ne décèle que la crainte dont il est agité que son

père ne vive encore trop long-temps, et ne consume les biens sur lesquels il espère de prendre sa Légitime.

Au reste, l'avis que nous soutenons est aussi celui de Jason, de Pinellus, de Salicetti, de Vasques et de Voët.

§ II. En quelle nature de biens la Légitime doit-elle être fournie ?

I. La Légitime doit être payée des propres biens du défunt, ex ipsa substantia patris, dit la loi 30, C. de inofficioso testamento. Aussi tous les auteurs conviennent-ils qu'on doit la fournir en fonds héréditaires, et qu'on n'est point recevable à en offrir l'estimation en deniers.

C'est aussi ce qui a été jugé par une foule d'arrêts.

Bouchel et Desmaisons en rapportent trois, rendus au parlement de Paris, les 19 juin 1540, 22 mars 1558 et 15 juillet 1661.

Larocheflavin nous en fournit cinq du parlement de Toulouse, datés de l'an 1497, et des 25 juin 1567, 19 juin 1570, 14 novembre 1573 et 18 juin 1574.

Charondas en a conservé un du grand conseil du 9 février 1551;

Et Brillon en cite un semblable, qui a été rendu au parlement de Rouen, sur une évocation de celui de Bretagne, le 27 août 1666.

Cette règle ne doit cependant pas s'entendre à la lettre.

Quand le défunt n'a laissé que de l'argent comptant, il est certain que l'héritier n'est pas obligé de fournir la Légitime en immeubles; cela serait même contraire à l'esprit de notre règle; car la Légitime étant une quote des biens qu'on aurait eus ab intestat, il faut que le paiement en soit fait avec ces biens même, quels qu'ils soient.

Par la même raison, il est juste que, si le défunt a laissé des immeubles et des effets mobiliers, ce qui arrive presque toujours, le légitimaire est obligé de recevoir des deux espèces de biens pour la portion qui lui est due.

L'additionnaire de Lebrun prétend que l'arrêt de la princesse de Nassau, du 2 août 1758, est contraire à ce principe; mais c'est une méprise.

Il est vrai que cet arrêt porte, entre autres choses : « Et où par l'événement du procès-verbal » de liquidation des fruits, ladite Charlotte de » Mailly de Néelle se trouvera créancière de » portion des restitutions de fruits et intérêts, or- » donne qu'elle en sera payée en corps héréditaires » desdites successions; même sur les biens compris » dans la donation du 25 juillet 1700, suivant » l'estimation qui sera faite desdits corps héré- » ditaires en présence de....., ordonne pareillement » que ladite Charlotte de Mailly de Néelle sera » payée en corps héréditaires desdites successions, » de sa portion légitimaire dans les sommes mo- » bilières comprises dans la masse des biens réglés

» par la coutume de Paris, tant en principal
» qu'intérêts. »

Mais ce que le même arrêt ajoute fait voir que
cette première disposition n'est que conditionnelle;
« Pourra néanmoins ledit Louis de Mailly de
» Néelle payer en deniers comptans la portion
» revenante à ladite Charlotte de Mailly de Néelle
» dans les sommes et effets mobiliers régis par la
» coutume de Paris, même ce qui se trouvera
» rester dû desdites restitutions de fruits et inté-
» rêts-d'iceux; ce qu'il sera tenu de faire trois
» mois après ledit procès-verbal de liquidation de
» fruits, etc. »

Il ne faut pas même conclure de cet arrêt, qu'un
héritier puisse forcer le légitimaire à accepter des
fonds en paiement de ce qu'il a droit de prétendre
dans les effets mobiliers; cela serait contraire à
l'idée que présente naturellement une quote de
tous les biens; et il faut qu'il se soit trouvé des
circonstances particulières dans la cause de la
princesse de Nassau, pour en ordonner autrement.

Lebrun propose à ce sujet une espèce remarquable. Une fille a été mariée et dotée en deniers
par son père; le père est mort laissant un fils,
quelques immeubles et beaucoup de dettes. Le fils
demande sa Légitime à sa sœur, et prétend l'avoir
en deniers; la fille, au contraire, veut la lui
fournir en immeubles. Lequel des deux est fondé? Il
faut répondre que c'est le fils : l'ordre naturel
exige que les dettes se prennent sur les biens
existans à l'époque de la mort : dans notre espèce,
ces biens sont absorbés par les dettes; il faut donc
que la dot de la fille fournisse la Légitime du fils;
et comme cette dot consiste en deniers, c'est aussi
en deniers que la Légitime doit être payée; car
tout l'effet de l'action en retranchement est de
faire retomber dans les mains du frère l'excès de
la donation faite à la sœur.

II. Le droit du légitimaire de demander sa portion en corps héréditaires, ne l'autorise pas à
morceler tous les biens de la succession : c'est ce
qu'on peut inférer des lois 26 et 27, D. de legatis
10 et de la loi 2, C. quando et quibus quarta
pars.

On demande à cette occasion si l'arbitre nommé
pour régler le lot du légitimaire, doit y faire entrer les meilleurs biens ou les pires?

Lebrun répond « qu'il doit éviter l'une et l'autre
extrémité, comme il est dit dans la matière du
legs de choix et d'option, que celui à qui on a
légué un esclave, ne doit avoir ni le meilleur
ni le pire de tous... En effet, le légitimaire a
part dans tous les biens : ainsi, il faut qu'il se
sente du bien et du mal de chaque espèce de
biens.

On trouve dans le recueil d'Expilly, un arrêt
du parlement de Grenoble du 23 février 1613, qui
a jugé conformément à cette opinion; et le président Favre en rapporte un semblable rendu au
sénat de Chambéry le 17 août 1588.

III. Il y a plusieurs exceptions à la règle qui

ordonne de fournir la Légitime en corps héréditaires.

Lorsqu'il ne se trouve que des fiefs dans la succession, et que la coutume du lieu de leur situation ne permet pas de les diviser, même entre
cohéritiers, le légitimaire peut être contraint de
recevoir en deniers la portion qu'il a dans ces
biens : c'est sur ce fondement qu'en Normandie,
les enfans ne peuvent pas demander leur tiers en
nature dans les fiefs décrétés sur leur père : le parlement de Rouen l'a ainsi jugé par arrêts des 30
juin 1643, 19 mai 1648, 14 juin 1671, et 1er février 1672, rapportés par Basnage.

IV. On prétend que cette jurisprudence doit
avoir lieu partout pour les fiefs de dignité, comme
s'ils étaient indivisibles, même dans les coutumes
qui soumettent indistinctement les fiefs au partage;
et c'est, suivant Larocheflavin et Bouchel,
ce qu'ont jugé un arrêt du 10 février 1525, rendu
en faveur du baron de Lescure; un autre du 4
juillet 1566, pour le comte de Carming; un troisième, du 27 janvier 1584, pour le vicomte de
Bourniquel; et un quatrième du 30 mars 1591.

Mais cette opinion n'est pas vraie indistinctement : les fiefs qualifiés de duchés, de marquisats,
de comtés, de baronnies, devaient être impartia-
bles dans les premiers temps de féodalité, parce
qu'alors ils étaient unis à des emplois civils ou militaires qui n'admettaient point de division; mais
dans l'état actuel des choses, rien n'empêche de
les partager comme les fiefs simples : Dumoulin
le décide ainsi, et si son sentiment souffre quelque
difficulté relativement aux terres dont l'érection en dignité
remonte au temps où les fiefs étaient la dotation
des offices, au moins on ne peut pas le contester
par rapport à celles qui n'ont été titrées qu'après
cette époque.

C'est ce que pensent Chopin et Loyseau, et c'est
ce qu'a jugé in terminis l'arrêt de la grand'chambre du parlement de Paris, du 5 février 1778,
qui est rapporté à l'article Fief, section 2, § 4,
n° 1.

V. Nous avons vu ci-devant, section 8, § 2,
qu'il y a en Provence un statut qui permet à l'héritier de payer la Légitime en nature ou argent,
à son choix.

[[Les constitutions sardes, liv. 5, tit. 3, art. 1,
disent également : « l'héritier aura la liberté de
» payer la Légitime en argent comptant, ou en im-
» meuble, à une juste estimation, pourvu que l'une
» et l'autre manière correspondent à la portion qui
» est due légitimement. »]]

VI. En Normandie, lorsque les enfans demandent leur Légitime aux acquéreurs des biens de
leur père, il est libre à ceux-ci de la leur fournir
en estimation : c'est ce que porte l'art. 403 de la
coutume : « Et où le père aurait fait telle alié-
» nation de ses biens, que ledit tiers ne se pour-
» rait prendre en essence, ses enfans pourront ré-
» voquer les dernières aliénations jusqu'à la con-
» currence dudit tiers, si mieux les acquéreurs
» ne veulent payer l'estimation du fonds dudit tiers

» en roture au denier vingt, et en fief noble au
» denier vingt-cinq. »

VII. C'est une opinion assez généralement reçue, que, quand le légitimaire a reçu a compte de sa portion un legs de deniers que le défunt lui avait laissé, il ne peut plus demander son supplément en corps héréditaires, et que le paiement doit être complété dans la même nature de biens qu'il a été commencé : c'est même ce qui a été jugé par plusieurs arrêts.

Favre en rapporte un du sénat de Chambéry du 25 août 1558.

Le président Larocheflavin en cite un autre du parlement de Toulouse du 28 mars 1543.

Il y en a deux semblables rendus par la même cour en août 1714 et mai 1718; ils sont rapportés par Serres.

Papon et Chorier nous en ont conservé deux autres du parlement de Grenoble; le premier est de l'an 1460, le second du 9 juin 1673.

Mais cette jurisprudence est-elle exacte et conforme aux principes ?

Le président Favre démontre parfaitement la négative. Quel rapport, dit-il, peut-on imaginer entre ces deux propositions : le legs fait par le testateur et accepté par le légitimaire, consiste en deniers; donc c'est en deniers que doit être fourni le supplément de Légitime ? Sur quelle loi cette conséquence est-elle fondée ? Où est le texte, le principe, la raison qui empêche de demander en nature, le restant d'une chose dont on a bien voulu recevoir une partie en estimation ? Un homme me devait mille écus; j'ai consenti qu'il me donnât un immeuble valant 1500 livres; s'ensuit-il de là qu'il pourra me forcer à prendre d'autres immeubles en paiement de 1500 livres dont il m'est resté redevable ?

D'ailleurs, Justinien décide généralement dans la loi 36, C. de inofficioso testamento, que le supplément de Légitime doit être fourni en corps héréditaires, repletionem fieri ex ipsa substantia patris : pourquoi donc excepter de cette décision le cas où le legs qu'a laissé le testateur, ne consiste qu'en deniers ? Pourquoi distinguer, lorsque la loi ne le fait pas, et qu'aucune raison n'oblige de le faire ?

[[La cour de cassation a jugé, le 1er fructidor an 9, que la jurisprudence contre laquelle s'élèvent ces raisons, n'est fondée sur aucune loi. V. mon Recueil de Questions de Droit, au mot Légitime, § 7 et 8.

Cette jurisprudence a d'ailleurs été condamnée formellement par la loi du 3 vendémiaire an 4 : en rapportant les dispositions rétroactives de la loi du 17 nivose an 2, en vertu desquelles des légitimaires étaient devenus héritiers, et dont l'effet avait déjà été suspendu par la loi du 5 floréal an 3, cette loi ordonne, art. 8, que « les personnes déchues
» par la présente loi, auront la faculté de retenir
» en biens héréditaires et proportionnellement sur
» chaque espèce de biens, le montant des portions
» légitimaire et supplémentaire, et des autres droits

» qui leur appartiennent. Les paiements (ajoute-
» elle) qui pourront leur avoir été faits à-compte
» en argent ou assignats, ou telle autre manière
» que ce puisse être, soit avant ou après l'ouver-
» ture de la succession, ne pourront les priver de
» cette faculté dont elles jouiront dans tous les cas,
» à la charge de rapporter dans la masse ce qu'elles
» ont reçu dans les mêmes espèces, ou la valeur
» réelle et effective en assignats au cours. La dis-
» position du présent article s'applique pareillement
» aux légitimaires, dont les droits ont été ouverts,
» soit avant le 14 juillet 1789, soit depuis le 5
» floréal dernier. »]]

VIII. On a vu ci-devant, sect. 7, § 3, art. 2, n° 20, qu'il a été jugé par un arrêt du parlement de Grenoble, du 17 février 1777, qu'une religieuse qui sort d'une communauté où l'on ne fait que des vœux simples, ne peut, en demandant sa Légitime à ses frères ou à ses sœurs, l'exiger précisément en corps héréditaires, et que ceux-ci sont en droit de la lui payer en deniers.

Mais on a remarqué au même endroit, que cet arrêt a encore jugé que la religieuse n'est pas obligée de prendre en paiement de sa Légitime, la dot spirituelle qui lui a été constituée lors de son entrée en religion; et qu'elle peut, en abandonnant à l'héritier le droit de la répéter, obliger celui-ci de lui fournir une portion légitimaire.

IX. Est-il au pouvoir du testateur de régler tellement l'assignat de la Légitime, que le légitimaire soit obligé de s'y tenir ? Par exemple, un père lègue à son fils une somme qui, estimation faite, se trouve égale à sa portion légitimaire : le fils pourra-t-il répudier le legs et exiger sa Légitime en nature ?

Le président Favre soutient qu'il ne le peut pas, et il se fonde sur le silence que les lois ont gardé là-dessus.

Mais cette opinion nous paraît erronée.

1° L'acceptation d'un legs est toujours un acte de volonté libre; il y a une foule de lois qui permettent aux légataires de répudier les dispositions faites en leur faveur, et il n'y en a aucune qui prive de cette faculté ceux qui ont droit de Légitime.

2° C'est un principe constant, que la Légitime ne dépend point du testateur, que les lois seules doivent la régler, et qu'elle est exempte de toute charge. Or, ne serait-ce pas soumettre à la volonté du testateur, que d'autoriser celui-ci à assigner irrévocablement sur certains biens plutôt que sur d'autres ? Serait-ce la régler par les dispositions des lois, que de ne pas permettre au légitimaire de la prendre telle que les lois la lui donnent ? Ne serait-ce pas en diminuer l'avantage, que d'obliger le légitimaire à chercher, et peut-être à attendre plusieurs mois, plusieurs années, l'occasion d'en employer le montant ?

L'opinion du président Favre doit donc être mise au nombre des paradoxes que ce grand magistrat ne s'est que trop plu à soutenir, et lui-même convient qu'elle est rejetée universellement.

Nihil in praxi et in tribunalibus certius est et receptius quam.... eum cui aliquid pro Legitima relictum est, sive in pecunia, sive in certis corporibus bonorum, cogi non posse ut testatoris judicium agnoscat, etiamsi quod relictum est sufficiat ad legitimam portionem; sed posse, si malit, repudiato eo quod sibi relictum est Legitimam petere et obtinere in corporibus bonorum. (De erroribus pragmaticorum, décad. 15, n° 2.)

Maynard, liv. 7, chap. 6, rapporte un arrêt du parlement de Toulouse, par lequel il a été jugé que « le fils répudiant le légat, comme il peut » faire, n'ayant rien pris d'icelui, ni autrement » accepté, venant à la demande de sa Légitime en » corps héréditaires, en ce cas l'héritier ne peut » empêcher que ledit fils n'ait sa Légitime en corps » héréditaires. »

De Barralle dit également qu'il a été décidé au parlement de Flandre, le 21 mai 1695, « que le » sieur de Tranche n'était pas obligé de prendre » à compte de sa Légitime ce que sa mère lui avait » donné par testament; mais qu'il pouvait tout » répudier pour prendre sa Légitime sur les autres » biens, telle qui serait arbitré. »

§ III. *Des fruits et intérêts de la Légitime.*

I. La question de savoir de quel jour doivent courir les fruits et intérêts d'une Légitime, peut se présenter dans deux cas différens : le premier, lorsque la Légitime se prend sur des biens dont le défunt était encore saisi au moment de sa mort; le second ; lorsqu'elle se prend, par la voie du retranchement, sur des donations entre-vifs ou des constitutions de dots.

On a exposé au mot *intérêts*, § 2, n° 2, les principes relatifs au premier cas. Nous nous bornerons ici à indiquer les arrêts qui les ont confirmés ou modifiés.

Que les fruits de la Légitime soient dus depuis l'ouverture de la succession, lorsque cette portion est fournie en corps héréditaires, c'est ce qui a été jugé au parlement de Paris les 2 janvier 1590, 6 janvier 1606 et 2 août 1758; au parlement de Toulouse les 25 juin 1567, 19 juin 1570 et 18 juin 1784; au parlement de Grenoble le 6 juillet 1592; au parlement d'Aix le 16 février 1583, au sénat de Chambéry les 9 février 1590 et 6 juin de la même année. Tous ces arrêts sont rapportés par Louet, Mornac, l'annotateur de Lebrun, Larocheflavin, Basset, Fabre et Duperrier.

Il y en a un du parlement de Dole, du mois de septembre 1663, qui excepte de cette décision le cas où les effets soumis à la légitime, ne produisent, de leur nature, aucune espèce de fruits.

A l'égard des intérêts, dont il ne peut être question que lorsque la Légitime est fournie en deniers, il a été jugé par un arrêt du parlement de Toulouse, du 8 décembre 1597, rapporté par Cambolas, qu'ils n'étaient dus que du jour de la demande; mais cet arrêt a certainement été motivé par des circonstances particulières, car le parlement de Toulouse a toujours suivi l'opinion de ceux qui

font courir ces intérêts du jour de l'échéance de la Légitime : témoins les arrêts qu'il a rendus les 14 novembre 1573, 9 mars 1705, 9 septembre 1735 et 10 septembre 1743; le premier est rapporté par Larocheflavin; le second par Dejuin, et les deux autres par Serres.

Le parlement de Rouen a jugé la même chose par un arrêt du 9 août 1724, qui est inséré dans une des nouvelles notes sur Basnage; et telle est la jurisprudence de toutes les cours souveraines.

On se rappelle sans doute que le parlement de Grenoble l'a encore confirmé par un arrêt du 17 février 1777; il est rapporté ci-devant sect. 8, § 3, art. 2, n° 20.

[[Les constitutions sardes décide également, liv. 5 tit. 3, art. 2, « que les fruits de la Légitime, » soit qu'elle se paie en argent ou en immeubles, » seront dus au légitimaire dès le jour de la mort » de celui de l'hérédité duquel on doit prendre »; et elles ajoutaient : « si c'est un posthume, dès le » jour de sa naissance. »]]

Le parlement de Bordeaux juge, comme on l'a dit au mot *Intérêts*, que la Légitime cesse de produire des intérêts de droits, lorsqu'elle passe en ligne collatérale par le décès du légitimaire, ou qu'elle est cédée à un étranger.

Mais, comme on l'a observé au même endroit, les autres cours se sont fait une maxime constante de l'opinion contraire.

Tel est, entre autres, le parlement de Toulouse, dont les trois derniers arrêts que nous venons de citer, ont décidé formellement que les intérêts de la Légitime courent aussi bien en faveur d'un collatéral ou d'un étranger, qu'en faveur du Légitimaire lui-même.

Un acte de notoriété du parquet du parlement de Provence, du 30 juin 1687, atteste pareillement « que l'usage dudit parlement est qu'en matière de » droits dus aux enfans sur les biens et » héritages de leur père et de leur mère, lesdits droits » portent intérêt de leur nature sans jugement ni » même demande depuis le décès de leur père et » de leur mère, même quand par le décès desdits en- » fans leur droit a passé à des parens collatéraux » ou à des étrangers. »

Lorsque le légitimaire est nourri dans la maison de l'héritier, les intérêts qu'il a droit de prétendre, doivent ordinairement se compenser avec les alimens qu'on lui fournit : mais cette compensation n'aurait pas lieu, si le légitimaire travaillait au profit de l'héritier, et que son travail fut suffisant pour acquitter sa nourriture ; le parlement de Toulouse l'a ainsi jugé par deux arrêts rapportés dans le *Journal du palais* de Dejuin, tom. 5, et tom. 6, pag. 288.

Le taux des intérêts de la Légitime dépend de celui de la loi; ainsi, il est actuellement au denier vingt. L'héritier ne serait pas recevable à en demander la réduction; sous prétexte que les biens qu'il aurait pu donner en paiement, auraient produit beaucoup moins; « cela est certain dans l'usage, » et a été jugé par un arrêt du 2 mars 1638 », dit l'additionnaire de Duperrier.

II. Peut-on appliquer tout ce que nous venons de dire, au cas où la Légitime se prend sur des donations entre-vifs ou des constitutions de dots ?

Cette question se divise en quatre branches :

1º Le quel jour peut-on demander les fruits d'une Légitime prise sur une donation d'immeubles ?

2º De quel jour peut-on demander les intérêts d'une Légitime sur une donation de deniers ?

3º De quel jour peut-on demander les fruits d'une Légitime sur une dot immobilières ?

4º De quel jour peut-on demander les intérêts d'une Légitime sur une dot constituée en argent ?

Première question. L'art. 41 de l'ordonnance de 1731 veut que les fruits des biens dont la donation est revoquée par la survenance d'enfans, ne puissent être répétés contre le donataire que du jour où la naissance de l'enfant lui a été notifiée par un acte en bonne forme. On peut, ce semble, conclure de là, que le légitimaire ne peut se faire restituer les fruits perçus par un donataire, que du jour de son action en retranchement, « d'autant » (dit Furgole) que le retranchement ne se fait pas » de plein droit, mais seulement l'orsqu'on pro-» pose la plainte d'inofficiosité; le titre et la bonne » foi du donataire subsistent jusques à l'interpel-» lation judiciaire; et par conséqent le cas paraît » plus favorable pour le donataire, que celui de la » révocation qui se fait (de plein droit) par la » loi *si unquam.* »

Cependant et malgré ces raisons, Furgole décide que le donataire doit être comdamné à la restitution des fruits du jour de la mort du donateur.

1º Parce que la Légitime est due de plein droit aussitôt que la succession est ouverte.

2º Parce que la loi la sépare des autres biens, avant même que la demande en ait été formée ;

3º Parce qu'elle est affranchie de toutes les charges et tous les délais que le défunt pourrait lui imposer ;

4º Parce qu'aux termes de la loi, 5 C. *de inofficiosis donationibus,* aux mots *ad pater imonium tuum revertitur,* l'action en retranchement la fait rentrer dans le patrimoine du donateur, comme si elle n'en était jamais sortie, et qu'il en doit être de même des fruits, qui sont un accessoire de la propriété.

Seconde question. Il y a plus de difficulté par rapport au donataire d'une somme de deniers : outre son titre et sa bonne foi, il peut encore dire que l'action en retranchement est un remède extraordinaire ; qu'ainsi, on ne doit pas étendre l'effet aux intérêts, qui d'ailleurs sont odieux, et ne sont pas dus *proter lucrum petentium, sed propter moram non solventium,* suivant les termes de la loi 17, § 5, D. *de usuris.*

Cependant Furgole décide encore que les intérêts sont dus dès le moment du décès. Sa raison est que sa Légitime ne souffre pas le moindre délai; qu'ainsi, on doit la régler comme si elle était demandée et payée à l'instant même de son échéance ;

« que, si les intérêts n'étaient pas accordés au lé-» gitimaire, il serait privé de ses alimens pour le » temps qu'il aurait laissé passer sans intenter son » action, et il serait obligé d'employer le capital de » sa Légitime pour payer les dettes qu'il pourrait » avoir contractées pour se nourrir ; ce qui serait » contraire à l'esprit de la novelle 18, chap. 3. Du » reste, il n'y a rien d'exorbitant dans les lois qui » ordonnent le retranchement des donations exces-» sives; car il n'a été introduit que par un motif » d'équité, attendu que les pères ne doivent pas » donner tout à l'un de leurs enfans, et priver les » autres même de leur subsistance. »

Il y a dans le *Journal du palais,* un arrêt du parlement de Paris, du 14 mars 1675, qui confirme cette opinion.

Troisième question. Les raisons qui militent pour assujétir le donataire d'un immeuble à la restitution des fruits du jour de l'échéance de la Légitime, reçoivent une application directe et entière à la constitution de dot immobilière; car on a prouvé ci-devant que le retranchement de la dot se fait de la même manière que celui des donations simples.

Quatrième question. Faut-il aussi appliquer à la dot constituée en deniers, ce que nous avons dit au sujet des donations pécuniaires ?

L'affirmative est sans difficulté, lorsque l'action en retranchement n'est exercée que contre la sœur dotée, parce que, relativement à son frère réduit à sa Légitime, elle doit être considérée comme une donataire véritable.

Mais si le mari était intéressé dans cette action, les intérêts ne pourraient, suivant un arrêt du parlement de Grenoble, du 6 septembre 1653, rapporté par Basset, être adjugés au légitimaire, que du jour de la sentence de discussion des biens dont le père était saisi au moment de la mort.

« Ce n'est pas (dit Furgole) que nous croyions que la discussion tendante à établir l'insuffisance des biens du père, soit nécessaire pour mettre dans la mauvaise foi le gendre qui a reçu la dot à lui constituée ; car, comme nous l'avons prouvé ci-dessus, la bonne foi ne doit pas entrer en considération, à cause de la loi 35, C. *de inofficiosis donationibus,* qui fait rentrer les biens dans le patrimoine du donateur jusqu'à concurrence du retranchement qui doit être fait pour les Légitimes.

» Mais il nous semble que la loi 1, C. *de conditione indebiti,* peut recevoir dans ce cas une application assez juste, parce que le gendre auquel le beau-père a constitué une dot plus forte que ses biens ne pouvaient supporter, doit être considéré comme ayant reçu le paiement d'une somme non due, en ce que la dot excède les facultés du constituant ; et comme dans le cas auquel la loi accorde l'action *conditioni indebiti,* les intérêts ne sont pas dus avant l'interpellation ; aussi, ne doit-on pas les adjuger au légitimaire contre son beau-frère, qui est assez malheureux de souffrir un retranchement de la dot qu'il a reçue de bonne foi, et auquel il ne s'attendait pas lorsqu'il s'est marié. »

Nous laissons à juger si ces raisons, et l'arrêt qu'elles ont motivé, peuvent l'emporter sur ce grand principe, que la Légitime ne souffre point de délai pour quelque cause que ce soit, et qu'elle doit être censée demandée aussitôt qu'elle est échue. Une chose bien certaine, c'est que la faveur de la dot ne doit pas être ici considérée, parce qu'elle est, en quelque sorte, éclipsée par les privilèges que la nature et la loi ont accordés au Légitimaire.

III. Le légitimaire peut-il demander à l'héritier fidéicommissaire, le paiement des intérêts qui ont couru pendant la jouissance du grevé ? *V.* l'article *Substitution fidéicommissaire*, sect. 16, n° 7.

Section X. *Des actions concernant la Légitime.*

I. Le légitimaire a trois actions : la première, pour demander la fixation de sa Légitime; la seconde, pour en obtenir le paiement lorsqu'elle est fixée; la troisième, pour s'en assurer la garantie lorsqu'elle est payée.

II. La fixation de la Légitime dépend principalement de trois choses : 1° de la vérification du patrimoine du défunt; 2° de l'estimation qu'il faut en faire; 3° du partage qui doit s'opérer entre les héritiers et le légitimaire.

III. La manière la plus simple et la plus certaine de constater le montant des biens sujets à la Légitime, est de les faire inventorier aussitôt après la mort du défunt, conformément aux règles tracées dans les articles *Inventaire* et *Scellé*.

Mais lorsque cette formalité n'a pas été remplie par l'héritier, quelle ressource peut-il rester au légitimaire ?

L'usage lui en donne d'eux : l'une est de demander l'exhibition de tous les titres et papiers qui se sont trouvés dans la succession; l'autre, de faire une enquête par commune renommée de la fortune du défunt.

Il paraît, au premier abord, assez singulier que l'héritier puisse être obligé de représenter ses titres au légitimaire; car c'est celui-ci qui est demandeur, et un demandeur doit régulièrement vérifier sa demande comme il le trouve à propos, sans pouvoir forcer son adversaire à produire ses propres titres. *Nemo tenetur edere contra se.*

Mais cette maxime admet une exception par rapport aux titres communs entre le demandeur qui en requiert l'exhibition, et le défendeur qui les possède. Or, on ne peut nier qu'il n'y ait, par rapport aux papiers d'un défunt, une certaine communion entre l'héritier et le légitimaire, puisque la Légitime est une quote de tout ce qui se trouve dans la succession; le légitimaire est donc fondé à se les faire représenter, et c'est ainsi qu'on le juge constamment. Basset en rapporte deux arrêts rendus au parlement de Grenoble, les 6 juillet 1632 et 28 juillet 1654. Boniface en

rapporte un semblable du parlement d'Aix, du 15 février 1647. On en trouve plusieurs autres du parlement de Toulouse dans le *Journal* de Dejuin.

Lorsque l'héritier ne produit pas tous les titres de la succession, ou que ces titres ne détaillent pas exactement les biens du défunt, le légitimaire doit être admis à la preuve par commune renommée et au serment *in litem*. En vain l'héritier s'y opposerait-il sur le fondement de la prohibition portée par l'ordonnance de Moulins, de recevoir la preuve testimoniale pour des objets qui excèdent cent livres; il ne serait pas écouté, comme l'a jugé un arrêt du parlement de Toulouse, du 11 mars 1751, rapporté dans le *Recueil* de cette cour, tome 6, page 118, édition de 1784.

Roussilhe fait mention d'une sentence rendue à la sénéchaussée d'Auvergne, en mars 1768, qui, d'après une preuve de cette nature, a fixé à 6,000 livres la succession du nommé Jean Bouniol, sur laquelle sa fille demandait une Légitime.

IV. Lorsque tous les biens du défunt sont renseignés, il faut en faire faire l'estimation par des *experts*. On peut voir sous ce mot, la procédure qu'on doit observer pour toutes les opérations de cette espèce.

A l'égard du partage qui se doit faire entre les héritiers et le légitimaire, *V.* l'article *Partage.*

V. Lorsque la Légitime est fixée et réglée, le légitimaire a droit d'en exiger la délivrance. Mais quelles actions a-t-il pour cela ? Peut-il intenter complainte ? Peut-il agir hypothécairement ? Peut-il se pourvoir solidairement contre chacun des héritiers ?

1° Nous avons démontré ci-devant, sect. 1 § 1, que le légitimaire n'est point saisi de plein droit, il ne peut donc pas intenter complainte avant d'avoir pris possession des biens assignés pour sa Légitime.

2° La question de savoir si le droit de Légitime produit une hypothèque légale, n'est pas sans difficultés. Examinons-la, d'abord relativement aux propres biens de l'héritier ou du donataire; nous la discuterons ensuite par rapport à ceux qui proviennent du défunt.

Une hypothèque ne peut être fondée que sur une convention ou sur une loi; il n'y a point de loi qui permette au légitimaire de se pourvoir hypothécairement sur les propres biens du donataire ou de l'héritier, il ne pourrait donc avoir ce droit que dans le cas où il l'aurait stipulé, soit avec l'un, soit avec l'autre. C'est ce que pense Lebrun, et son opinion est incontestable dans la jurisprudence romaine et dans les coutumes où les formalités du nantissement subsistent encore, mais elle n'est pas indistinctement vraie dans le pays où tout acte public produit une hypothèque tacite : car on ne peut douter, d'après un pareil usage, que le légitimaire n'ait hypothèque, non-seulement sur les biens du donataire dont les droits ne peuvent être fondés que sur un acte notarié, mais encore sur les biens de l'héritier, lorsque celui-ci accepte la succession par-devant notaires ou en justice. On sent même que cette hypothèque doit dater, contre l'un, du jour de la donation, et contre l'autre, du jour qu'il a pris qualité. On trouvera au mot *Légataire*, § 6, n° 16, les raisons et les autorités qui justifient ce sentiment par rapport aux legs : elles s'appliquent ici avec la plus grande justesse ; et ce qu'il y a de remarquable, l'arrêt du parlement de Toulouse, du 22 août 1733, que nous rapportons dans l'article cité, ordonne expressément « qu'en » cas d'insuffisance des biens de Jean Méjannelle » premier, les créanciers et légataires et *légiti-* » *maires* dudit Jean Méjannelle premier seront » payés des sommes à eux dues sur les biens de » Jean deuxième, à compter du jour qu'il accepta » l'hérédité dudit Jean son père. »

Lorsque la Légitime est laissée et prise à titre de legs, elle produit incontestablement hypothèque sur les biens qui proviennent du défunt, et qu'il possédait au moment de sa mort : c'est la conséquence nécessaire de la loi 1, C. *communia de legatis*, qui accorde ce droit à toutes les espèces de legs. *V.* l'article *Légataire*, § 6, n° 12.

Mais en est-il de même en thèse générale ?

La négative ne souffre pas le moindre doute dans le droit romain ni dans le pays de nantissement : mais dans les provinces où les actes publics emportent hypothèque de plein droit, on doit regarder les biens donnés comme hypothéqués à la Légitime du jour de la donation, et les biens trouvés dans la succession, comme soumis à la même charge, du jour que l'héritier a pris qualité par acte notarié ou judiciaire. C'est ce qui est établi, pour les premiers, par les coutumes de Senlis, art. 161 : de Valois, art. 135 ; de Clermont, art. 129 ; et c'est ce qui a été jugé pour les seconds, par un arrêt du parlement de Grenoble, du 18 décembre 1654, rapporté dans le recueil de Basset.

On dira sans doute que cette question est indifférente ; et en effet, elle paraît telle à la première vue : tout le monde convient que l'action du légitimaire est personnelle *in rem scripta*, et qu'elle peut être intentée contre un tiers possesseur ; d'après cela peu importe, ce semble, que cette action soit hypothécaire ou non.

Cependant il peut se présenter certains cas où ces deux hypothèses différeraient beaucoup l'une de l'autre : par exemple, il a été jugé par un arrêt du parlement d'Aix, du 16 décembre 1659, rapporté dans le recueil de Boniface, qu'un légitimaire n'avait pas le droit d'offrir, au préjudice d'un créancier qui s'était fait adjuger le bien de son père ; et il est certain qu'on n'aurait pas pu lui contester ce droit s'il avait eu une hypothèque quelconque. (*V.* l'article *Droit d'offrir.*)

[[Au surplus, à compter de la publication de la loi du 11 brumaire an 7, et jusqu'à celle du Code civil, qui a abrogé la Légitime et lui a substitué la *réserve* dont nous parlerons sous ce mot, les légitimaires n'ont pu faire valoir leurs hypothèques qu'à l'aide d'inscriptions hypothécaires. *V.* l'article *Hypothèque*, sect. 2.]]

Nous venons de dire que l'action du légitimaire peut être intentée contre un tiers acquéreur, même sans le secours d'aucune hypothèque. C'est en effet ce que le parlement de Grenoble a jugé dans l'espèce suivante.

Le sieur Debon, médecin à Grenoble, héritier du sieur Debon, chirurgien, son père, avait vendu au sieur Charpenat un domaine dépendant de la succession du sieur Debon père, moyennant 10,084 livres, dont 6,000 livres avaient été déléguées au paiement des créances de la dame Breize, sa veuve.

Les demoiselles Debon, créancières de leur Légitime, assignèrent, pour se la faire payer en nature, tant le sieur Debon, leur frère, que le sieur Charpenat.

Celui-ci se défendit par deux moyens principaux : il soutint d'abord que la vente qui lui avait été faite, ayant une cause nécessaire, elle ne pouvait, sous aucun prétexte, être révoquée ; en second lieu, que l'action des légitimaires ne pouvait même être dirigée contre lui que subsidiairement et en cas d'insuffisance des biens libres de l'héritier, qu'on devait préalablement discuter.

Le juge de Grenoble avait accueilli cette défense, et mis Charpenat hors de cour et de procès, sauf aux demoiselles Debon à se pourvoir par la voie de l'action hypothécaire, en cas d'insuffisance des biens libres : mais sur l'appel de cette sentence de la part des demoiselles Debon, il a été rendu le 15 février 1780, arrêt qui l'a infirmée, et condamné Charpenat à rapporter le domaine acquis, et à en délaisser les portions qui seraient assignées aux demoiselles Debon pour leur Légitime.

Pour montrer le mal-jugé de la sentence, les demoiselles Debon disaient qu'il était contre tous les principes d'obliger les légitimaires à discuter l'héritier avant que d'attaquer les tiers possesseurs ; que l'action hypothécaire devait bien être précédée de la discussion du débiteur ; mais que l'action du légitimaire, appelée en droit *condicio ex lege*, était toute différente ; que c'était une sorte de revendication qui pouvait être intentée directement contre tous les possesseurs des biens ; elles s'étayaient principalement sur l'avis du président Favre, C. *de inofficioso testamento*, def. 32 ; et de Lebrun, *des successions*, liv. 2, chap. 3, n° 6.

5° Il n'y a point de difficulté sur la question de savoir si l'action en paiement de la Légitime est solidaire contre chacun des héritiers : la négative a été prononcée par un arrêt du parlement de Dijon, du 16 février 1617, rapporté par Bouvot ; et cette décision est hors de doute dans le cas où le légitimaire n'a point d'hypothèque sur les biens du défunt ; car s'il en avait une, il pourrait agir contre l'un des héritiers personnellement pour sa part, et hypothécairement pour le tout.

Lorsque la Légitime a été payée, et que le légitimaire vient à être évincé des choses assignées pour la remplir, il peut se pourvoir en garantie contre les héritiers ou les donataires ; et réciproquement si les héritiers ou les donataires souffrent quelque éviction dans ce qui leur est resté ; ils ont une action contre le légitimaire pour lui faire rendre ce qu'ils lui ont payé au-delà de sa portion, eu égard à l'objet de l'éviction, depuis qu'ils en ont fait la délivrance.

Voici comment Pothier développe l'effet de ces garanties respectives :

« Si le légitimaire souffre éviction de quelqu'une des choses échues en son lot, n'ayant pas, au moyen de cette éviction, sa Légitime complète, il a recours contre le donataire sur les biens qui lui sont restés, et subsidiairement sur le donataire précédent, pour répéter la valeur de la chose qui lui a été évincée ; il ne la répétera néanmoins que sous la déduction d'une part pareille à celle qu'il avait droit de prendre pour sa Légitime dans la masse qu'on dresse pour en faire la fixation : par exemple, si ce qui lui a été évincé vaut 800 livres, et que le défunt ait laissé quatre enfans, sa Légitime étant le huitième de cette masse, il ne répétera que 700 livres ; car la masse des biens dans laquelle il doit prendre un huitième pour sa Légitime, se trouvant par cette éviction, diminuée de 800 livres, sa Légitime, qui est un huitième de cette masse, doit diminuer dans la même proportion, et par conséquent de 100 livres.

» Vice versa, et par la même raison, si c'est le donataire qui a souffert éviction de quelqu'une des choses qui lui étaient restés, il a droit de répéter contre le légitimaire une portion de la valeur de la chose évincée, pareille à celle que le légitimaire a droit de prendre dans la masse universelle des biens : par exemple, dans la même supposition qu'il y eût quatre enfans, et que la chose évincée au donataire, fût de la valeur de 800 livres, il répétera 100 livres contre le légitimaire. »

Y a-t-il ouverture à l'action en garantie de la part du légitimaire, lorsque le débiteur d'une rente qui lui a été donnée en paiement, devient insolvable ?

Régulièrement la garantie en matière de dettes actives, n'a point d'autre fin que d'en assurer l'existence et la légitimité ; il n'y a la clause de fournir et faire valoir qui oblige le garant à répondre de l'insolvabilité du débiteur ; mais cette clause ne se supplée jamais, comme on l'a vu aux mots Garantie de créances ; et sur ce fondement, la loi 77, § 18, D. de legatis 2°, décide que les cohéritiers ne sont pas garans les uns envers les autres, de l'insolvabilité des débiteurs sur lesquels les créances de la succession leur ont été respectivement assignées par le partage.

Rien n'empêcherait néanmoins qu'en obligeant un légitimaire de prendre en paiement un contrat de rente, le juge ne lui réservât un recours contre l'héritier, en cas d'insolvabilité du débiteur ; et c'est ce qu'a fait un arrêt du parlement de Toulouse, du 12 septembre 1710, rapporté dans le Journal du palais de cette cour, tome 3, page 383: Cette réserve, qui a le même effet que si elle était stipulée par un partage volontaire, n'est alors que la compensation du désavantage que l'on fait éprouver au légitimaire, en lui assignant une

créance au lieu d'un bien-fonds, ou d'une somme de deniers comptans.

V. les articles *Institution contractuelle*, *Legs*, *Légataire*, *Héritier*, *Succession*, *Substitution*, *Dot*, *Réserve*, *Réserves coutumières*, *Légitimation*, *Quarte falcidie*, *Quarte trébellianique*, *Lésion*, § 4 , *Partage*, *Donation*, *Exhérédation*, *Inofficiosité*, *Rapport à succession*, *Quint*, *Renonciation*, etc.

[[LÉGITIME DE GRACE. *V*. l'article *Légitime*, sect. 8, § 2 , art. 1, quest. 2.]]

*LÉGITIME ADMINISTRATION ou LOYALE ADMINISTRATION. C'est ainsi que quelques-unes de nos coutumes nomment un des effets de la puissance paternelle, en vertu duquel le père se dit ordinairement l'usufruit des biens de ses enfans sous diverses modifications.

Les coutumes de Nivernais, de Berry, de Bourbonnais, d'Auvergne, du duché de Bourgogne, et de Poitou, se servent également de ce mot; mais elles n'y attachent pas toutes le même sens. Quelques-unes n'entendent par là qu'une simple administration sans profit. Pour bien distinguer tout cela, on va parler séparément de chacune de ces coutumes.

1° La coutume de Nivernais dit, chap. 30, art. 6, que « les pères et mères sont Légitimes » administrateurs des corps et biens de leurs enfans » pupilles. »

L'art. 9 ajoute que, « si les enfans sont pubères » à l'heure du décès de leurs père ou mère, le sur- » vivant desdits père et mère demeurera curateur » ou Légitime administrateur. »

L'art. 2 dit enfin que *tutelle ou administration Légitime, à défaut de père*, est déférée à la mère des mineurs.....; et à défaut d'eux, aux aïeuls, ou aïeules, paternels ou maternels, et sont préférés les aïeuls ou aïeules, les paternels aux maternels.

On voit que la coutume de Nivernais emploie improprement le terme de *Légitime administration*, au lieu de ceux de *tutelle* ou *de curatelle Légitime*, puisqu'elle n'attache aucun émolument à ce droit qu'elle étend d'ailleurs à la mère et aux aïeuls, contre le texte des lois romaines d'où le droit de Légitime administration est dérivé.

Coquille explique fort bien cela dans son commentaire sur l'art. 2.

« Tutelle Légitime (dit-il) et administration Légitime, à parler proprement, sont deux choses diverses. Le père se dit Légitime administrateur de son enfant, qui est en sa puissance ; et quand l'enfant est émancipé, le père devient Légitime tuteur : mais, selon le commun usage, et comme il est ci-dessus, art. 6, les deux sont confondus. Selon cette propriété, la mère ne peut avoir la Légitime administration, car elle ne peut avoir ses enfans en sa puissance, mais bien peut avoir la tutelle Légitime.

» Selon le droit romain, le père Légitime administrateur à l'usufruit des biens adventices de son fils, lequel usufruit ne périt *etiam* par la mort du fils, ni par les secondes noces du père. *L. si quis, in fine et ibi Bartol. C. ad tertull. L. ult. C. de bonis matern.*; et sont les biens du père tacitement hypothéqués pour cette administration Légitime, à commencer du jour qu'il a commencé d'administrer. *L. cum oportet, § non autem, et § ult. C. de bonis quæ liberis.* Mais en ce pays, nous ne pratiquons ce gain des fruits, et tenons le père comme tuteur. »

2° La coutume de Berri admet, au contraire, une administration Légitime, avec gain de fruits, dans le titre 1er, *de l'état et qualité des personnes.* C'est ainsi qu'on doit entendre l'art. 22, qui dit que « le père est Légitime administrateur des » biens maternels et autres adventifs, appartenant » à ses enfans étant en sa puissance. » Mais les art. 24, 27 et 29 étendent ce droit à la mère, aux aïeuls et aïeules, et même aux collatéraux. L'article 26 le nomme indifféremment *bail* ou *administration*, en parlant du père comme en parlant des autres parens. Il faut donc tenir que, dans la coutume de Berri, le droit de Légitime administration n'est guère autre chose que la garde-noble ou bourgeoise, à laquelle il ressemble d'ailleurs par beaucoup d'autres points. C'est par cette raison qu'on range la coutume de Berri au nombre de celles où le droit de garde est admis (*V.* l'article *Garde-noble.*)

3° La coutume de Bourbonnais a confondu, comme celle de Nivernais, la tutelle Légitime et l'administration, dans l'art. 175, où elle dit que la mère est *tutrice et Légitime administratresse de ses enfans mineurs.* Il suffit de lire le reste de l'article, pour voir que la mère n'a aucun droit d'usufruit. Mais elle diffère de la coutume de Nivernais, en ce qu'elle donne au père, dans la même qualité, l'usufruit des biens de ses enfans. « Le » père (dit l'art. 174) est administrateur Légitime » des biens *maternels adventifs* de ses enfans étant » en sa puissance, et fait les fruits siens, si bon » lui semble, jusqu'à l'âge de quatorze ans, quant » aux filles, et dix-huit ans, quant aux mâles; et » sera tenu le père, en prenant la ladite adminis- » tration, payer et acquitter les charges que doi- » vent lesdits héritages, et à la fin de ladite admi- » nistration, rendre lesdits héritages en bon état; » et est tenu le père de faire inventaire desdits » biens, et les rendre à sesdits enfans l'usufruit » fini, et si ledit père, se remarie, ou que lesdits » enfans meurent avant ledit temps, l'usufruit et » administration sont finis. »

Cet usufruit du père a, comme on le voit, presque autant de rapport à celui qui est une suite du droit de garde, qu'à l'usufruit établi par le droit romain, en conséquence de la puissance paternelle. C'est sans doute tout ce qu'Auroux des Pommiers a entendu, lorsqu'il a dit dans son commentaire sur cet article, n° 1, que *ce droit du père s'appelle garde*, et que *la garde est un effet de la puissance paternelle* : car personne n'ignore que le droit de garde dérive bien plus du système féodal que de la puissance paternelle.

Le texte original de la coutume, qui est dans les archives de la chambre du domaine, et l'édition très-soignée qui est à la suite de la bibliothèque des coutumes, portent dans l'art. 174, comme on l'a mis ici, que le père est administrateur des biens *maternels adventifs* de ses enfans. Cela a fait douter si le père avait bien le droit de jouir des immeubles échus à ses enfans, autrement que par le décès de leur mère. Pothier, ancien commentateur de la coutume de Bourbonnais, tenait la négative; mais Auroux des Pommiers, d'après Duret et Jean de Culant, autres commentateurs, est pour l'affirmative. Il observe que ce droit d'usufruit est tiré des lois romaines, qui ne font pas cette distinction, et qu'il y a lieu de croire que la conjonction *et* a été omise par erreur dans le texte original, et qu'il faut lire *biens maternels et adventifs*, comme dans la nouvelle édition du coutumier général et dans les coutumes d'Auvergne et de Berri. Duret assure que cela s'observait ainsi de son temps.

Mais on doit mettre à ce principe les mêmes restrictions que le droit civil y avait opposées relativement aux différentes sortes de pécules qui pouvaient appartenir aux enfans de famille.

Quoique la coutume exige que le père fasse inventaire, Dumoulin et Auroux des Pommiers décident que le défaut de cette formalité n'empêche pas le père de faire les fruits siens : *quia*, dit Dumoulin, *inventarium nihil habet commune cum reliquis.* La coutume d'ailleurs ne prononce point la peine de la privation d'usufruit, et les lois pénales ne se suppléent point.

La coutume de Bourbonnais s'écarte surtout du droit romain, en faisant cesser l'usufruit par le second mariage du père, par le mariage des enfans, et par leur mort. Mais les mêmes auteurs observent encore que l'usufruit du père ne cesse point, même pour partie, par le décès d'un de ses enfans, quand il en reste d'autres qui ne sont pas émancipés : *scilicet*, dit toujours Dumoulin, *omnes simul liberis, quia quandiu unus filiorum, è stirpe naturali et legitima superest, illi accrescit.* Ces biens doivent d'ailleurs suivre le sort des autres biens adventifs, desquels, comme on vient de le voir, le père a l'usufruit, quoiqu'ils ne procèdent pas de la mère.

4° La coutume d'Auvergne, tit. 11, art. 4, qualifie aussi la mère de *tutrice et administratresse de ses enfans mineurs;* mais elle n'entend de même par-là qu'une tutelle légitime sans aucun profit, pour laquelle d'ailleurs elle préfère le tuteur nommé par le testament du père, et à défaut de tuteur testamentaire, l'aïeul paternel des mineurs, ou leur frère aîné, s'il est majeur. *V.* les art. 1, 3 et 6 du même titre.

Cette coutume admet néanmoins, comme celle de Bourbonnais, une administration Légitime, avec gains des fruits en faveur du père. Suivant l'article 2 du tit. 11, « le père est administrateur

» Légitime *des biens adventifs* (1) de ses enfans,
» et fait les fruits siens, et n'est tenu de faire in-
» ventaire ni rendre compte. Mais s'il convole à
» secondes noces, est tenu, avant le mariage, de
» faire inventaire, *sur peine d'être privé de l'usu-*
» *fruit qu'il a sur iceux.* »

Ces derniers mots de l'art. 2 ont donné lieu à une question. On a demandé si le seul fait du convol en secondes noces, sans avoir préalablement fait inventaire, opérait de plein droit la privation de l'usufruit, ou s'il était nécessaire d'obtenir une sentence du juge, pour faire déclarer la privation encourue.

Aimon cite, dans son commentaire, beaucoup d'argumens et d'autorités dont le résultat est qu'il faut distinguer entre les peines dont l'énonciation est conçue au temps présent, et celles dont les termes se rapportent au temps futur ; « et, suivant cette distiction (ajoute-t-il), le père n'est dit être privé de l'usufruit devant la sentence, parce que ces mots, *sur peine d'être privé de l'usufruit,* sont au temps futur, et se rapportent à l'acte qui doit être expédié en jugement. »

Basmaison paraît croire que ce n'est point là le sens de la coutume : mais il convient que dans l'usage, on laisse jouir le père de l'usufruit, jusqu'à ce qu'il en ait été déclaré déchu par jugement, sauf aux enfans à exercer la répétition de cette créance sur la succession de leur père après son décès.

« Toutefois (dit-il), jusqu'à la déclaration de la privation de l'usufruit, le père fait siens les fruits des biens échus ou qui écherront à ses enfans, *selon l'erreur commune, contre la raison et l'intention de la coutume,* qui a entendu priver, *ipso jure,* le père de l'usufruit, par le convol en secondes noces, sans attendre autre déclaration judiciaire, vue que les enfans pupilles, adultes ou majeurs de vingt-cinq ans, ne délaissent pas d'être toujours sous l'administration et le gouvernement du père, qui ne poursuivra point contre lui-même une provision du curateur à ses enfans, pour se faire déclarer déchu de l'usufruit. Aussi, les enfans majeurs de vingt-cinq ans n'irriteront pas leur père par la poursuite de cette privation, *se contentant que le rétablissement des fruits leur soit assuré après son décès par la disposition de la coutume.* »

Le père ne peut pas néanmoins, comme le remarque fort bien cet auteur, « purger ni réparer sa négligence de n'avoir pas fait inventaire après les noces, quand bien il présenterait un loyal inventaire, d'autant que la privation de l'usufruit est déjà encourue et commise, et qu'il reste seulement que de la faire déclarer par le juge, vu que la coutume a prescrit un temps certain pour faire l'inventaire, et a constitué une peine certaine par faute de ce faire, et que la

» négligence tire quant à soi l'exécution de la
» peine, pour l'intérêt des enfans ; il s'ensuit donc
» que la punition de la négligence du père n'a plus
» de lieu, s'il n'y a Légitime empêchement, qui
» vient de la minorité et du bas âge du père,
» qui le pourra faire relever et restituer de cette
» omission. »

Ce commentateur décide encore, « que le père ne doit estimer que la constitution des biens maternels, portée par son contrat de mariage, le relève de faire inventaire, pour empêcher la privation de l'usufruit, vu que les enfans peuvent avoir d'autres biens que les maternels, et qu'ils ont intérêts d'avoir plusieurs documens d'iceux, outre que le père reconnaît, par l'inventaire, la réception des choses constituées, ou l'action qu'il a pour icelle. »

Le père qui *fiance ou marie sa fille,* est pareillement privé de l'usufruit de ses biens qui lui appartiennent, à moins qu'il n'en fasse une réserve expresse, suivant l'art. 48 du titre 14. Basmaison fait observer sur cet article, que le droit commun de la France qui émancipe les fils comme les filles, lorsqu'ils se marient du consentement de leur père, « ne peut pas être reçu au pays d'Auvergne coutumier, qui n'admet cette privation spéciale qu'à » l'égard de la fille. »

Enfin, l'art. 49 du même titre décide, conformément aux lois romaines, que « l'usufruit du » père dure, nonobstant que l'enfant trépasse, le » père vivant. »

5° La coutume de Bourgogne admet à la fois et le droit de garde-noble, sous le nom de *baillisterie,* et l'usufruit que le droit civil assure au père sur les biens de ses enfans non émancipés, en qualité de *Légitime administrateur.* Elle parle au chap. 6 *des enfans de plusieurs lits.*

L'art. 4 porte « qu'entre gens nobles, la femme, » après le trépas de son mari, se peut, s'il bon lui » semble, dire bailliste de ses enfans, du consentement des parens et amis prochains paternels de » ses enfans, si par le père n'est autrement pourvu ; » et à son profit tous les meubles. »

La suite de l'article attache à la baillisterie tous les autres émolumens (1), toutes les charges, qui sont une suite de la garde-noble, suivant le droit commun de nos coutumes.

L'art. 5 attribue au père survivant, « aussi entre » gens nobles, sous le nom de bailliste et Légitime » administrateur des corps et biens de ses enfans, » les mêmes avantages, avec des charges semblables. »

L'art. 6 ne donne à la veuve, entre bourgeois, qu'une simple tutelle, sans aucun émolument. Mais l'art. 7 est plus favorable au père : « est aussi » (y est-il dit) le père Légitime administrateur » des corps et biens de ses enfans ; et après le trépas

---

(1) ... autres articles de la coutume, qui ont la même disposition, disent *des biens maternels et adventifs.*

(1) L'art. 226 des *cahiers pour la réformation* dit que l'usufruit des baillistes a lieu sur les immeubles de leurs enfans, *en quelque lieu que les héritages soient situés* : mais cela souffre bien des difficultés. *V.* les notes 79 et 155 de Bannelier sur les *Traités de Droit français* de Davot.

» de sa femme, prend les biens de sesdits enfans
» par inventaire, et demeure obligé de rendre les
» meubles et héritages à sesdits enfans, quand ils
» seront en âge suffisant, et séparés de leurdit père,
» en faisant les fruits siens, et maintenant lesdits
» héritages en convenable état, et en alimentant
» sesdits enfans. »

Quoique la baillisterie appartienne privativement
aux nobles, il ne faut pas croire que l'administration Légitime du père appartienne de même privativement aux roturiers.

« Le 20 août 1678 (dit Davot, dans son *Traité
de la Puissance paternelle*, n° 15), le parlement
certifia qu'en Bourgogne le père noble non bailliste a l'usufruit des biens de ses enfans, et que
l'usufruit s'étend sur les biens maternels échus,
et sur ceux qui peuvent venir d'ailleurs.

» Le père noble a souvent intérêts de préférer la
Légitime administration à la baillisterie. Celle-ci
l'oblige à acquitter les dettes de ses enfans, suivant
les art. 4 et 5; celle-là n'impose point d'obligation
pareille.

» Excepté les différens pécules, dont les lois
assurent la jouissance même aux enfans, les biens
qui leur obviennent, soit avant, soit depuis le
décès de la mère, tombent dans l'usufruit du père.
Cela peut faire d'autant moins de difficulté, que
les lettres-patentes du 26 août 1459, portant approbation de la première rédaction des coutumes
de Bourgogne, veulent qu'*icelles coutumes soient
déclarées et interprétées selon le droit écrit, et non
autrement.*

» Conformément à ce principe, *une délibération
secrète du palais, à la date du 17 juin 1656*,
citée aussi par Davot, décide « que le père, quoi-
» que remarié, fait les fruits siens jusqu'à ce que
» les enfans soient en âge ou séparés de lui. »

Cependant on s'écarte, dans l'usage, de la disposition des lois romaines, en ce qu'elles perpé-
tuent l'usufruit du père, tant qu'il vit, lors même
que tous les enfans dont les biens y donnaient lieu,
sont prédécédés. Bannelier, dans sa note 82 sur
Danot, et donne pour raison, que, suivant la
coutume, l'usufruit du père est une dépendance
de son *administration Légitime des corps et biens*
de ses enfans, qu'il porte la charge expresse de les
alimenter, et qu'il dure seulement jusqu'à ce que
les enfans soient *séparés* du père; ce qui suppose
bien qu'il ne peut durer après leur mort.

L'obligation de faire inventaire, qui est imposée
au père, Légitime administrateur, par l'art. 7,
n'emporte point la privation de l'usufruit, lorsqu'on manque de la remplir. Le président Bouhier
qui se récrie fortement contre les inconvéniens de
cette omission, paraît désirer, plutôt que décider,
qu'on prononce cette peine. Il voudrait aussi qu'en
pareil cas, on déclarât constamment garant de cette
omission le curateur ou subrogé-tuteur des mineurs, suivant un arrêt rapporté par Bégat.

La peine de cette omission dépend beaucoup des
circonstances. Davot, dans son *Traité des Tutelles*,
n° 12, cite quatre arrêt qui ont accordé aux enfans le serment *in litem*, joint à la commune renommée, et trois autres qui l'ont rejeté, même en
cas de second mariage. Cependant la jurisprudence,
qui admet ce serment, serait d'autant plus nécessaire en Bourgogne, que le défaut d'inventaire *n'y*
emporte point la continuation de communauté,
comme dans la plus grande partie de la France, à
moins que ce ne soit entre mains-mortables; et
cette exception même n'a été introduite en leur
faveur que pour diminuer les cas de l'échute ou
succession des seigneurs.

6° La coutume de Poitou ne donne qu'au père
seul le titre et les droits de Légitime administrateur; mais la singularité de ses dispositions exige
qu'on entre dans de certains détails (1).

L'art. 310 dit que *les enfans soit en la puissance du père, soit noble ou roturier*; et l'art. 308,
qui en est évidemment une conséquence, porte :
« Le père, soit noble ou roturier, n'est tuteur ou
» curateur de ses enfans; ains est appelé *loyal ad-
» ministrateur* d'iceux; car il a l'administration
» de la personne et biens de ses enfans; desquels
» biens n'est tenu faire inventaire, sinon à la pour-
» suite des prochains parens desdits mineurs, en
» faveur desquels peut être contraint faire inven-
» taire dûment; et durant le temps qu'il n'aura
» fait inventaire, les mineurs auront communauté
» de biens avec lui, si bon leur semble.... »

Les articles suivans assurent au père l'usufruit
des immeubles de ses enfans.

L'art. 318 dit même que, si le fils, avant l'âge
de vingt-cinq ans accompli, *acquiert aucun meuble, ils appartiennent au père*. Mais cet article
n'entend parler que des meubles que le fils acquiert
par son travail ou par lui-même, et non pas de
ceux qui lui adviennent à titre de succession, de
donation ou de legs. Si le silence de la coutume
sur ces sortes de meubles, si l'obligation de faire
inventaire, imposée au père par l'art. 308, si la
continuation de communauté qu'il établit au profit
des enfans, à défaut d'inventaire, ne suffisaient
pas pour montrer que le vœu de la coutume est
de laisser au fils la propriété de ces dernières espèces de meubles, la disposition de l'art. 234 le-
verait tous les doutes : il dit que, « si la femme
» meurt la première et a donné les meubles à son
» mari, les enfans ne pourront faire ni continuer
» la compagnie de communauté de biens; car ils

---

(1) On chercherait vainement des lumières pour expliquer
ces singularités, soit dans l'ancienne rédaction de 1509, soit
dans le très-ancien coutumier rédigé un peu après le commencement du quinzième siècle. La nouvelle coutume y
est absolument conforme, à l'exception de ce qui est dit
dans l'art. 316 de *l'âge de vingt-cinq ans*; les deux précédentes rédactions, dans l'article correspondant, n'exigeaient
que l'âge de vingt ans et un jour. On voit aussi dans le très-
ancien coutumier, que le droit de *bail* avait lieu au profit
des parens collatéraux, antérieurement à cette rédaction,
et que les meubles échus depuis l'ouverture du bail, y tombaient entièrement. La tutelle Légitime que l'art. 306 attribue à la mère, est la seule chose qui puisse avoir quelque
quelque rapport à cet ancien droit.

» n'avaient aucuns meubles, et le père fait les » fruits siens des héritages. »

La continuation de communauté n'a donc lieu, dans le cas de l'art. 308, que parce que les meubles appartiennent aux enfans.

On n'admet guère néanmoins les parens à contraindre le père à la confection d'inventaire, que lorsqu'il est suspect de dissipation, ou extrêmement pauvre, ou pour d'autres causes semblables, comme le dit Boucheul.

Le père n'étant pas tenu de plein droit de faire inventaire, c'est une conséquence nécessaire qu'il n'est pas obligé de donner caution ; la mère même en est dispensée pour sa tutelle Légitime. Cependant il peut y avoir des circonstances particulières, où la justice peut exiger cette caution, ou séquestrer les revenus en main tierce, de laquelle le père les reçoit. Automne et Boucheul, d'après lui, citent un arrêt du parlement de Bordeaux qui l'a ainsi jugé.

L'émancipation du fils hors la puissance du père, fait cesser cet usufruit. Cette disposition est de droit commun : mais la coutume de Poitou y ajoute des modifications si bizarres, et sur lesquelles les commentateurs s'accordent si peu, qu'il faut les expliquer ici avec quelque étendue.

Il n'y a point de difficulté pour l'émancipation expresse. La coutume déclare dans l'art. 211, que le père doit la faire *devant le juge ordinaire ayant moyenne juridiction pour le moins.* Quant à l'émancipation tacite, la coutume distingue entre les nobles et les roturiers, et entre les garçons et les filles dans les articles suivans.

« Art. 312. Le fils d'aucun roturier marié, qui a demeuré en son ménage hors de l'hôtel et compagnie de son père, par an et jour, et dès-lors taisiblement émancipé, et est usant de ses droits, sans qu'il lui soit besoin d'autre émancipation.

» 313. Autre chose est d'un enfant noble, qui, pour être marié, ou pour demeurer hors de la maison de son père, n'est émancipé, ains convient qu'il y ait émancipation expresse.

» 314. Mais la fille, dès qu'elle est mariée, est hors la puissance de son père, et entre sous la puissance de son mari. »

L'art. 315 dit que le père n'a *aucun usufruit, ni autre portion* sur les biens de ses enfans émancipés, *si expressément il ne l'avait retenu.*

D'après tous ces textes, l'usufruit du père cesse, pour les filles, dès l'instant de leur mariage. Il ne cesse pour les roturiers, que lorsque le mariage a été suivi d'un ménage séparé par an et jour : au contraire, le mariage et l'habitation séparée des fils nobles ne font pas cesser l'usufruit du père. Cela semble d'abord assez clair : mais les trois articles suivans contiennent de nouvelles dispositions assez difficiles à concilier avec les précédentes.

« Art. 316. Le fils étant en la puissance de son père, *et non émancipé, s'il est marié, dès qu'il a passé l'âge de vingt-cinq ans, fait les fruits de la terre siens,* et les peut prendre et lever à son

profit, sans que sondit père le puisse empêcher, encore que lesdits biens lui fussent venus dè par son père, sans réservation d'usufruit par lui faite sur iceux.

» 317. Mais si ledit fils n'était marié, et sondit père se remarie, ledit père néanmoins jouira desdits fruits jusqu'à ce que son fils ait l'âge de vingt-cinq ans; et si le père ne se remarie, *il fera toujours les fruits siens, tant que le fils ne sera marié;* et en ce faisant, sera tenu ledit père entretenir ledit fils selon son état et faculté.

» 318. Ledit fils étant en puissance de son père, et demeurant avec lui, peut acquérir ; et sont lesdits acquêts, meubles et immeubles siens et à son profit ; et n'y a rien le père après que le fils a accompli l'âge de ving-cinq ans. Mais *avant ledit âge, si ledit fils acquiert aucuns meubles, ils appartiennent au père, et semblablement les fruits des immeubles;* et au regard de la propriété desdits immeubles, il n'y a rien, et appartient au fils. »

Ces trois derniers articles parlent du fils en général, sans distinction du noble et du roturier.

Il en résulte 1° que le fils n'est point émancipé par le mariage, mais que le mariage lui donne néanmoins le droit de jouir de ses revenus, dès qu'il est majeur, sans qu'il soit besoin, même pour les roturiers, de la demeure séparée d'an et jour, dont parle l'art. 312, qui doit s'entendre par conséquent des roturiers mineurs seulement. Tel paraît être le véritable sens de l'art. 316, comparé avec l'art. 312; il n'y a point de contradiction à admettre que la coutume n'émancipe le fils que pour l'administration de ses revenus, en conservant la puissance paternelle pour le surplus, comme le soutiennent plusieurs commentateurs. L'art. 527 de la coutume de Bretagne, voisine du Poitou porte que , « si l'enfant est marié avec l'assen-» timent de son père, et a femme épousée, il » est émancipé par la coutume, *quant à jouir de* » *ses biens.* »

Il en résulte 2° que l'âge de vingt-cinq ans, hors le cas du mariage du fils, ou du second mariage du père, ne donne pas au fils, même roturier, le droit de jouir de lui-même de ses revenus, à l'exception de ceux des immeubles qu'il a acquis personnellement après l'âge de vingt-cinq ans.

C'est ainsi que Constant et Boucheul, dans leurs Commentaires sur les art. 312, 316 et 317, en concilient les dispositions. Cependant Barraud, sur le tit. 9 de la coutume de Poitou, Thevenau sur l'art. 318, Lelet et Filleau sur l'art. 312, prétendent que le fils de famille roturier, quoiqu'il ne soit pas marié, est tacitement émancipé et maître de ses droits dès qu'il a l'âge de vingt-cinq ans: ils se fondent sur le privilége que l'art. 318 donne au fils majeur.

Mais Boucheul observe fort bien que cet article ne parle des acquêts faits par le fils lui-même, que par forme d'exception, qui confirme la règle générale pour les autres biens. Constant, en ses additions sur l'art. 317, cite même une sentence de la sénéchaussée de Poitiers, du 12 juin 1641, qui a jugé que le père continuait à faire siens les fruits des héritages de son fils majeur de vingt-cinq ans, tant qu'il n'était point marié, « et ce nonobstant » que le fils eût soutenu qu'il n'avait point été » nourri par son père, ni demeuré au logis de son » père depuis qu'il avait atteint l'âge de vingt-cinq » ans. »

C'est plus évidemment encore contre le vœu de la coutume, que d'autres commentateurs, comme Liège dans ses notes sur l'art. 312, veulent induire, de la conjonction ou, employée dans l'article 313, et de la relation de cet article avec l'article 312, qu'il suffit, pour l'émancipation du roturier, qu'il soit ou marié, ou demeurant séparément de son père depuis an et jour.

Boucheul a fort bien observé que l'ancienne coutume, au lieu de ces mots, pour être marié, ou pour demeurer hors de la maison de son père, disait, pour être marié ou pour demeurer hors la maison de son père, et que la particule ou, employée dans la nouvelle coutume, avait le même sens; « qu'elle était employée, non comme dis» jonctive, mais plutôt pour une conjonctive, ou » du moins par forme de détermination; loi sæpe D. » de verborum significatione, loi quod si Ephesi, » D. de eo quod certo loco; c'est-à-dire, que l'en» fant noble, quoique marié, et, ou même, quoi» que demeurant hors la maison de son père, n'est » pas émancipé. »

Ce dernier point est assez généralement admis aujourd'hui : mais quoique ce qu'on vient de dire, d'après Boucheul, sur le privilège des majeurs de vingt-cinq ans, paraisse être aussi le véritable sens de la coutume, l'usage commun de la province de Poitou, qui ne paraît, à la vérité, fondé sur aucun arrêt, est en effet que le roturier est tacitement émancipé par le seul fait de sa majorité.

Au reste, on suit en Poitou la décision de l'article 174 de la coutume de Bourbonnais, et non pas le droit du Code, sur la cessation de l'usufruit du père après la mort de ses enfants.

Pour lors, les fruits pendants par les racines, se divisent entre les héritiers des enfans et le père, à proportion du temps de la durée de l'usufruit. La loi 7, D. soluto matrimonio, et la loi 5, § dernier, D. de usufructu, le décident ainsi à l'égard du mari pour les biens de sa femme, parce qu'il supporte les charges du mariage. Boucheul observe fort bien que la raison est la même pour le père, qui ne jouit des biens de ses enfans qu'à la charge de les entretenir.

Cette décision doit s'étendre à toutes les coutumes où l'usufruit du père cesse par le décès de ses enfans.

Il faut d'ailleurs suivre dans la coutume de Poitou, comme dans toutes les autres, les restrictions que les différentes sortes de pécules admis par les lois et par notre jurisprudence, mettent à cet usufruit.

Un arrêt célèbre du 3 juillet 1642, rapporté tout au long avec les plaidoyers des parties et celui de M. l'avocat-général Talon, dans les additions de Constant, sur l'art. 308 de la coutume de Poitou, a même jugé valable le testament de l'aïeule maternelle des enfans du sieur de Bonneval, par lequel elle les privait de toute espèce d'usufruit sur ses biens, sans distinction de ceux qui formaient la Légitime de ses petits-enfans, et de ceux dont elle avait pu disposer.

Mais le sieur de Bonneval avait ravi la fille de la testatrice, et il l'avait épousée fort irrégulièrement dans le temps où il était condamné à mort pour plusieurs crimes. Ainsi, cet arrêt ne peut être tiré à conséquence.

Liège cite dans ses notes sur l'art. 308, un jugement du 19 mars 1745, c'est-à-dire de l'année suivante, qui ne confirma un pareil testament que pour les biens dont l'aïeul maternel avait pu disposer, en conservant au père, contre le vœu du testateur, l'administration Légitime et l'usufruit des biens qui composaient la Légitime des enfans.

Si les créanciers du père saisissent l'usufruit dont il jouit en qualité de Légitime administrateur, les enfans peuvent user d'opposition et de rétention jusqu'à concurrence des alimens qui leur seront arbitrés, si le père n'a moyen d'ailleurs de nourrir ses enfans. Cette décision, donnée par Basmaison dans son Commentaire sur la coutume d'Auvergne, tit. 11, art. 2, doit être reçue dans toutes les autres coutumes où le père a l'usufruit du bien de ses enfans; et sous le nom d'alimens on doit comprendre tout ce qui est nécessaire à leur entretien et à leur éducation dans le sens le plus étendu. Les créanciers du père ne peuvent même l'empêcher d'émanciper ses enfans, sans aucune réserve d'usufruit. Bardet, tome 1, liv. 9, chapitre 16, et Bretonnier, dans ses Questions alphabétiques, au mot Puissance paternelle, rapportent un arrêt du 30 mai 1636, qui l'a ainsi jugé pour la coutume de Poitou. (M. GARRAN DE COULON.)*

[[Les lois nouvelles ont apporté à tout ce qu'on vient de lire, de grands changemens. V. les articles Puissance paternelle et Usufruit paternel.

LÉGITIMITÉ. État d'un enfant qui a reçu la naissance d'une manière légitime, c'est-à-dire, approuvée par la loi.

Pour traiter cette matière avec toute la clarté qu'exige son importance, nous la diviserons en quatre sections.

Dans la première nous indiquerons la source de la Légitimité.

La seconde renfermera le détail des circonstances qui peuvent prouver ou faire présumer qu'un enfant est sorti de cette source.

La troisième aura pour objet la nature des preuves sur lesquelles ces circonstances doivent être appuyées.

Nous finirons, dans la quatrième, par l'exposi

tion des règles concernant les actions en déclaration de Légitimité ou de bâtardise.

Section I. De la source de la Légitimité.

Le mariage est regardé parmi toutes les nations policées comme la seule source de la Légitimité ; ainsi, les qualités de maris et de femmes sont absolument nécessaires pour donner l'être à un enfant légitime ; *Filium eum definimus qui ex viro et uxore ejus nascitur*, dit la loi 6, D. *de his qui sui vel alieni juris sunt*.

[[Et voilà pourquoi le Code civil, liv. 1, tit. 7, chap. 1, emploie comme synonymes les mots *enfans légitimes* ou *nés dans le mariage*.

Mais suffit-il d'être *nés dans le mariage*, quoique conçu auparavant, pour être réputé légitime dès le moment de la conception ? cette question sera traitée à l'article *Succession*, sect. 1, § 2, article 5, n° 1.]]

Celui-ci portera spécialement

2° Sur les qualités que doit avoir un mariage pour rendre légitimes les enfans auxquels un mari et sa femme donnent le jour ;

2° Sur le mode de preuve de l'existence du mariage, considéré sous le rapport de la Légitimité.

Ce second objet sera examiné d'abord en général, et ensuite relativement aux mariages contractés entre protestans.

Ainsi, nous diviserons cette section en trois paragraphes.

§ I. Qualités que doit avoir un mariage pour rendre les enfans légitimes.

I. Du principe que le mariage est la seule source de la Légitimité, dérive la conséquence établie par l'empereur Justinien dans ses institutes, titre *de nuptiis*, qu'il ne peut naître que des bâtards d'un mariage contracté entre personnes auxquelles les lois défendent de s'unir : *Si adversus ea quæ diximus aliqui coierint, nec vir, nec uxor, nec nuptiæ, nec matrimonium, nec dos intelligitur. Itaque ii qui ex eo coitu nascuntur, in potestate patris non sunt, sed tales sunt..... quales sunt ii quos mater vulgo concepit.*

II. Il y a cependant deux exceptions à cette règle.

La première est que les enfans nés dans le concubinage, deviennent légitimes par le mariage que leur père et leur mère contractent dans la suite. (V. l'article *Légitimation*.)

III. La seconde est que les enfans nés à l'ombre d'un mariage nul, mais contracté de bonne foi, sont réputés légitimes dès l'instant même de leur naissance.

On trouve quelque trace de cette maxime dans le droit romain ; mais c'est principalement au droit canonique qu'elle doit son établissement. Voici ce que porte le chapitre *cum inter, qui filii sint legitimi*, aux décrétales : *cum inter L........ virum et T..... mulierem, divortii sententia canonice sit prolata, filii eorum non debent exinde sustinere jacturam, cum parentes eorum publice, sine con-*

tradictione ecclesiæ, inter se contraxisse noscantur. Ideoque sancimus ut filii eorum quos ante divortium habuerunt, et qui concepti fuerunt ante latam sententiam, non minus habeantur legitimi et quod in bona paterna hereditario jure succedant, et de parentum facultatibus nutriantur.

Le chapitre *ex tenore*, dont on trouvera le texte ci-après, n° 4, dit la même chose ; et la décision de l'un et de l'autre est passée en maxime dans nos mœurs.

Deux motifs principaux ont concouru à la faire recevoir : 1° Il y a plusieurs cas où la bonne foi, jointe à un titre coloré, purge les vices de la possession. 2° Le nom du mariage est si saint, si puissant, que son ombre seule semble devoir couvrir le vice de la naissance des enfans. « L'église et l'état (dit » M. d'Aguesseau) tiennent compte à ceux qui con- » tractent un mariage, de l'intention qu'ils avaient » de donner des enfans légitimes à la république; » ils ont formé un engagement public et solennel ; » ils ont suivi l'ordre prescrit par la loi, pour » laisser une postérité légitime. Un empêche- » ment secret, un événement imprévu trompe » leur prévoyance : on ne laisse pas de récompen- » ser en eux le vœu, l'apparence, le nom du ma- » riage ; et l'on regarde moins ce que les enfans » sont, que ce que les pères avaient voulu qu'ils » fussent.»

Nous venons de dire que cette Légitimité putative est reconnue dans nos mœurs ; c'est en effet ce que prouvent plusieurs monumens de notre jurisprudence.

Le roi Philippe-Auguste s'était cru autorisé, par une sentence de l'archevêque de Reims, à regarder comme nul le mariage qui existait entre lui et Engelberge, et à en contracter un nouveau avec Agnès, fille d'un duc de Moravie : mais le pape Innocent III ayant dans la suite annulé le second mariage et confirmé le premier, il fut question de savoir quel état on donnerait aux enfans qui étaient nés d'Agnès. Cette cause fut renvoyée par le souverain pontife aux archevêques de Bourges et de Sens, et aux évêques de Paris, de Terrouane, de Noyon, de Soissons, de Beauvais, etc., qui, d'une voix unanime, prononcèrent pour la Légitimité, par la raison qu'Agnès n'avait épousé le roi qu'en vertu d'une sentence, et que conséquemment on devait la présumer de bonne foi.

Bouchard d'Avesne, diacre, avait épousé Marguerite, comtesse de Flandre et de Hainaut, sans lui faire connaître le lien dans lequel il était engagé, et il en avait eu deux enfans. Après sa mort, sa veuve s'était remariée à Guillaume de Bourbon, seigneur de Dampierre, et de ce second mariage était né Guillaume de Dampierre. Celui-ci voulut exclure les enfans du premier lit de la succession de leur mère, sous le prétexte qu'ils étaient bâtards ; mais par jugement arbitral donné en 1246 par le roi saint Louis, et confirmé en 1249 par quelques commissaires du saint-siège, cette prétention fut rejetée, à cause de la bonne foi de Marguerite.

Brodeau sur Louet dit que, « dans la seconde » décision de M. Jean des Mares, est rapporté un » arrêt de l'an 1380, donné au profit des enfans de » M. Jean Perdriguier, contre les religieux de » Saint-Jean de Jérusalem, par lequel il fut jugé » que la bonne foi de la mère, qui avait ignoré » la qualité dudit Perdriguier, religieux profès, » rendait les enfans de son mariage légitimes, et » comme tels, capables de succéder à l'exclusion » de l'ordre, qui succède au pécule des chevaliers » profès. »

Il y a dans le recueil *Rerum judicatarum* d'Anne Robert, un arrêt du 22 juillet 1592, qui a pareillement déclaré légitimes les enfans d'un prêtre qu'une femme avait épousé de bonne foi.

On en trouvera ci-après deux autres des 30 août 1597 et 16 janvier 1610, qui ont adopté la même décision.

Henrys en rapporte un du 6 juillet 1637, qui déclare capables de succéder les enfans du mariage contracté par le sieur de la Roche-Boisseau, condamné à mort par contumace, avec une femme qui ignorait son état. On verra ci-après que, sans la bonne foi de leur mère, ils auraient été regardés comme illégitimes quant aux effets civils.

Le *Journal des audiences* nous en fournit deux semblables : le premier, rendu le 13 juin 1656, proclame la Légitimité d'un enfant né d'un second mariage qu'une femme avait contracté en vertu d'une sentence de l'officialité, du vivant de son premier mari, qu'elle croyait mort; le second, du 4 février 1689, juge que la bonne foi d'une femme qui a épousé un chevalier profès de l'ordre de Malte, est seule suffisante pour autoriser les enfans à porter le nom et les armes de la famille de leur père.

On trouve dans la *Collection de Jurisprudence* de Denisart, deux arrêts qui ont jugé la même chose.

Voici l'espèce du premier. En 1697, Jérôme-Dominique de Cyranno avait épousé Élisabeth de Chéry. Depuis, il l'avait abandonnée, et avait contracté en 1714 un nouveau mariage avec Marie Cherbois, *sans que la première femme se fût présentée, soit pour empêcher ce second mariage, soit pour le troubler, et pour annoncer son état à la seconde femme.* Cyranno étant mort en 1741, Élisabeth de Chéry interjeta appel comme d'abus de son second mariage; et, par arrêt du 5 septembre 1744, la cour dit qu'il y avait abus, et néanmoins adjugea à la succession du défunt aux trois enfans qu'il avait eus de Marie Cherbois.

Le second arrêt est du 15 juillet 1752, et il a été pareillement rendu dans l'espèce d'un second mariage contracté du vivant de la première femme. En voici le dispositif : « La cour, en tant que tou-» che l'appel comme d'abus (du premier mariage) » interjeté par..... Nicolas-Anne Jolivet (fils du » second lit,) dit qu'il n'y a abus; en temps que » touche l'appel interjeté par la partie d'Aubry (la » veuve Dugé, fille du premier lit,) du second ma-» riage contracté par Guillaume Jolivet avec Marie

» Rogery ; dit qu'il y a abus et néanmoins déclare » les enfans nés dudit mariage légitimes ; en con-» séquence, ordonne qu'il sera procédé au partage » de la succession de Guillaume Jolivet entre les » parties d'Aubry et de Michel (Nicolas-Anne Jo-» livet), en rapportant respectivement les sommes » par elles reçues ou par leurs auteurs. »

Rousseaud de Lacombe rapporte un autre arrêt du 1er février 1745, rendu « en la grande cham-» bre, sur les conclusions de M. d'Ormesson, » avocat-général, plaidant Me Lorry pour le » nommé Girard, qui a été déclaré légitime à » cause de la bonne foi de son père, qui n'avait » reconnu que cinq ans après son mariage, qu'il » y en avait un premier subsistant entre sa femme » et le nommé Foubert, cavalier dans un régiment. »

Deux arrêts semblables ont été rendus plus récemment, sur les conclusions de M. l'avocat-général Séguier.

Le sieur Martinet, six mois après son mariage, passe en pays étranger. Marguerite Marolles, son épouse, se retire chez son père et sa mère à Antony ; et là, sur la foi d'un acte qui paraissait constater le décès du sieur Martinet, elle contracte, trois ans après, un nouveau mariage avec le sieur Nollet. Un fils naît de leur union, et est baptisé comme leur enfant légitime. Après vingt ans d'absence, arrive et reparaît le sieur Martinet, premier mari de Marguerite Marolles. Dans cette position, le sieur Nollet interjette appel comme d'abus de son mariage avec celle ci, et demande que la justice rompe ses nœuds puisque le retour du véritable époux prouvait l'illégalité. Par arrêt du 24 janvier 1777, conforme aux conclusions de M. Séguier, le second mariage de Marguerite Marolles avec le sieur Nollet a été déclaré nul et abusif : néanmoins, vu la bonne foi des parties l'enfant issu de ce prétendu mariage, a été déclaré légitime et habile à succéder à son père, à sa mère et aux parens tant paternels que maternels : Martinet et sa femme ont été déboutés de leur demande en entérinement des lettres de rescision qu'ils avaient prises contre l'acte de partage et liquidation ; l'arrêt a ordonné l'exécution de cet acte ; et il a été dit que mention serait faite de l'arrêt, tant sur les registres des actes de célébration de mariage de la paroisse de Villejuif, que sur les registres déposés au greffe du Châtelet : permis en conséquence au sieur Nollet de se marier s'il le jugeait à propos ; et acte de ce qu'il reprenait son fils Nollet, pour en avoir soin et l'élever suivant son état et sa fortune.

Le marquis de B...., enseigne de vaisseaux, s'était marié à St-Domingue avec la demoiselle de M...., quoiqu'il le fût en France avec sa cousine-germaine dont il avait des enfans. Il prétendait justifier son second mariage, et faire déclarer légitime l'enfant qui en était issu, parce qu'il avait contracté ce mariage dans la bonne foi, et après avoir reçu un extrait mortuaire de sa première femme. Par arrêt rendu le 8 juillet 1779, « La » cour reçoit Lombard, tuteur de Sophie-Victoire

» Reine de B......, partie intervenante ; faisant
» droit tant sur l'appel comme d'abus, interjeté
» par Victoire de M......, et poursuivi sous l'au-
» torisation dudit Lombard, en qualité de son
» tuteur *ad hoc*, que sur ladite intervention, dit
» qu'il y a abus dans le mariage célébré à Léogane,
» entre ladite Victoire de M...... et Jean-Louis-
» Vincent, marquis de B...., par acte du 31 mai
» 1777 ; en conséquence, déclare ledit mariage,
» ainsi que le contrat du 15 mai 1777, qui l'a
» précédé, nul et de nul effet ; ayant égard aux
» demandes de ladite de M...... et dudit Lom-
» bard, son tuteur *ad hoc*, condamne Gourous-
» seau, l'une des parties de Target ès nom qu'il
» procède, à rendre et restituer à ladite de M......
» les biens et sommes qui seront justifiés avoir été
» par lui reçus sur la dot portée par son contrat
» de mariage, avec les fruits ou les intérêts, ainsi
» que de droit ; condamne ledit Gourousseau, ès
» dits noms, en 40,000 livres de dommages et in-
» térêts envers ladite de M...... ; ayant pareille-
» ment égard à la demande dudit Lombard, en sa
» qualité de tuteur de Sophie-Victoire-Reine de
» B......, la déclare enfant légitime dudit Jean-
» Louis-Vincent, marquis de B...... ; l'autorise
» en conséquence à prendre les noms, qualités et
» armes de B.... ; condamne ledit Gonrousseau,
» ès dits noms, à lui payer annuellement, à
» compter du jour de sa naissance et jusqu'au décès
» dudit Jean-Louis-Vincent, marquis de B......,
» par forme de provision alimentaire, sur la quit-
» tance de son tuteur, la somme de 1,200 livres,
» exempte de toutes retenues, présentes et à venir ;
» sur le surplus de la demande dudit Lombard,
» met les parties hors de cour, sauf les droits de
» ladite Sophie-Victoire-Reine de B....., sur la
» succession dudit Jean-Louis-Vincent de B......,
» son père ; condamne ledit Gourousseau, ès dits
» noms, en tous les dépens des causes d'appel et
» demandes, même en ceux réservés. »

Le parlement de Paris n'est pas la seule cour
dont les registres nous offrent la preuve qu'un mariage putatif produit, par rapport à la Légitimité,
le même effet qu'un mariage véritable : il existe
deux arrêts du parlement de Rouen, qui établissent la même jurisprudence.

Le premier, et peut-être le plus célèbre de tous
ceux qui ont été rendus sur de pareilles contestations, est retracé en ces termes par Bardet, tome 2,
page 14 : « Il n'est pas besoin de rechercher si
» exactement l'opinion de tant de docteurs pour
» confirmer une maxime que la cour a approuvée
» et autorisée par plusieurs arrêts. Le premier est
» celui de Ferrières, rendu à l'échiquier de Nor-
» mandie, sur un renvoi fait par le roi, lequel,
» pour la conséquence de la matière, voulut que,
» dans un jugement si célèbre, il y eût des con-
» seillers de tous les parlemens de son royaume ;
» et ce fut par eux que fut rendu cet arrêt......
» par lequel les enfans sont déclarés légitimes à
» cause de la bonne foi de leur mère, qui ignorait
» que son mari fût prêtre. »

Bardet ne nous apprend pas la date de cet arrêt ;
mais on voit dans le commentaire de Benedicti sur
le chapitre *Raynutius*, qu'il a été rendu au mois
de février 1507.

Le second arrêt est du 22 avril 1704 ; voici comme
le rapporte l'auteur des nouvelles notes sur Basnage : « Le sieur de La Gripière, du vivant de la
» demoiselle Dumont, sa femme, s'était encore
» marié avec demoiselle Lucie Masson, qui igno-
» rait que le sieur de La Gripière fût déjà marié.
» De ce mariage naquirent plusieurs enfans. Après
» la mort du sieur de La Gripière, la demoiselle
» Dumont, sa veuve, et demoiselle Madeleine-
» Thérèse de La Gripière, sa fille, contestèrent à
» la demoiselle Masson son douaire, et aux enfans
» nés d'elle et dudit sieur de La Gripière, leur
» état et leur part dans les biens de leur père.
» Par l'arrêt, la cour déclara qu'il avait été mal,
» nullement et abusivement dispensé, exécuté et
» procédé à la célébration du mariage de ladite de-
» moiselle Masson, icelui déclaré non valablement
» contracté ; et ayant cependant aucunement égard
» à sa requête, lui a, par forme d'intérêt, adjugé
» le quart du bien que possédait ledit sieur de La
» Gripière lors de son décès, pour en jouir par
» usufruit sa vie durant, et être partagé après sa
» mort entre ses enfans et la fille sortie du ma-
» riage dudit sieur de La Gripière. Et, faisant droit
» sur la requête d'intervention du sieur de l'Isle,
» curateur des enfans dudit sieur de La Gripière
» et de ladite demoiselle Masson, l'a reçue partie
» intervenante ; en quoi faisant, a déclaré lesdits
» enfans légitimes ; a ordonné qu'ils partageraient
» la succession dudit sieur de La Gripière avec la
» fille sortie de son mariage. »

[[*V.* ci-après, n° 5.]]

IV. Plusieurs de ces arrêts décident une question qui était autrefois controversée, et qui
consistait à savoir si l'enfant né d'un mariage
putatif, était légitime à l'égard des deux contractans, lorsqu'il n'y en avait eu qu'un dans la
bonne foi.

La plupart des anciens glossateurs, divisant
l'état des enfans, les regardaient comme légitimes
par rapport à l'un, et illégitimes par rapport à
l'autre. Mais il était absurde qu'un même homme
fût en partie légitime, et en partie bâtard : l'état
est indivisible ; et il est plus juste d'étendre jusqu'au coupable la faveur due à l'innocent, que
d'étendre jusqu'à l'innocent la peine méritée par
le coupable. Aussi le chapitre *ex tenore* décide-t-il,
dans l'espèce d'un bigame, que la bonne foi de la
seconde femme doit faire réputer légitimes les enfans
qu'elle a eus de son prétendu mariage, même à
l'effet de recueillir la succession de leur père, qui
avait contracté de mauvaise foi : *Ex tenore littera-
rum vestrarum nobis innotuit, quod cum G.... vidua
hereditatem quondam R.... mariti sui sibi et pupillo
filio suo restitui postularet, pars adversa petitionem
ejus excluderet, pro eo quod R.... maritum ipsius vi-
duae de adulterio genitum asserebat.... Intelligentes
quod pater praedicti R.... matrem ipsius in facie eccle-*

sica ignorantem quod ipse aliam sibi matrimonialiter copulasset, duxerit in uxorem ; et dum ipsa conjux ipsius legitima putaretur, dictum R.... suscepit ex eadem, in favorem prolis potius declinamus, memoratum R.... legitimum reputantes. On vient de voir que les arrêts ont adopté cette décision sans difficulté.

[[*V.* le n.º suivant.]]

V. La Légitime putative n'habilite pas seulement les enfans à succéder à leur père et à leur mère : elle les rend encore capables de recueillir à titre héréditaire les biens de leurs aïeuls, et même de leurs parens collatéraux, parce qu'elle forme une image parfaite de la Légitimité véritable, et que la fiction doit avoir autant d'effet dans les cas où elle a lieu, que la réalité : *fictio tantum operatur in casu ficto, quantum veritas in casu vero.*

On trouve en effet dans les notes sur Leprestre, un arrêt du 16 janvier 1610, qui juge « que les » enfans nés de mariage non valable, étaient, » pour la bonne foi, capables non-seulement de la » succession directe, mais aussi de la collatérale. » Il s'agissait, dans cette espèce, de la succession d'un oncle maternel.

La même chose a été décidée *in terminis* par l'arrêt du 24 janvier 1777, rapporté ci-dessus, n.º 3.

[[Toutes ces maximes sont érigées en loi par les deux articles suivans du Code civil.

« 201. Le mariage qui a été déclaré nul, produit néanmoins des effets civils, tant à l'égard des époux qu'à l'égard des enfans, lorsqu'il a été contracté de bonne foi.

» 202. Si la bonne foi n'existe que de la part de l'un des deux époux, le mariage ne produit des effets civils qu'en faveur de cet époux, et des enfans issus du mariage. »

Ecoutons M. Portalis, conseiller d'état, dans l'*Exposé des Motifs* qu'il a présenté, au nom du gouvernement, à la séance du corps législatif du 16 ventose an 11 :

« Quoique régulièrement le mariage valable puisse seul faire de véritables époux et produire des enfans légitimes, cependant, par un effet de la faveur des enfans et par considération de la bonne foi des époux, l'équité a fait admettre que, s'il y avait quelque empêchement caché qui rendît ensuite le mariage nul, les époux qui avaient ignoré cet empêchement, et les enfans nés de leur union, n'en conserveraient pas moins leurs prérogatives.

» De là cette maxime commune, que le mariage putatif, pour nous servir de l'expression des jurisconsultes, c'est-à-dire celui que les conjoints ont cru légitime, a le même effet, pour assurer l'état des époux et des enfans, qu'un mariage véritablement légitime ; maxime originairement introduite par le droit canonique, depuis long-temps adoptée dans nos mœurs.

» Quand un seul des conjoints est dans la bonne foi, ce conjoint seul peut réclamer les effets civils

du mariage. Quelques anciens jurisconsultes avaient pensé que, dans ce cas, les enfans devaient être légitimes par rapport à l'un des conjoints, et illégitimes par rapport à l'autre ; mais on a rejeté leur opinion, sur le fondement que l'état des hommes est indivisible, et que, dans le concours, il fallait se décider entièrement pour la Légitimité. »]]

VI. Cette règle admet cependant une exception par rapport aux enfans d'un religieux profès. Comme ils ne pourraient tenir de leur père la faculté de succéder à leurs aïeuls ou collatéraux paternels, et que leur père avait entièrement perdu ce droit à l'époque de son mariage putatif, il est impossible qu'ils l'exercent eux-mêmes, à moins qu'on ne donne à la fiction plus d'effet qu'à la vérité ; ce qui serait d'une absurdité insoutenable.

C'est sans doute par ce motif qu'un arrêt du 10 février 1632, rapporté par Bardet, a déclaré les enfans d'un jacobin non-recevables dans leur demande en partage de la succession de leur aïeul paternel, quoique leur mère se fût mariée de bonne foi et sans le moindre soupçon de l'état de leur père.

Voici l'espèce d'un arrêt plus récent, et qui est fondé sur le même principe.

Jacques Fortin, né en Basse-Normandie, eut de Madelaine Pillet quatre filles et un garçon nommé François. Celui-ci entra, vers 1705, dans la maison des cordeliers de Valognes, voisine du lieu qu'habitait sa famille, et, après les épreuves ordinaires, y fit profession.

Le 6 mai 1709, il obtint du pape un bref qui, d'après les faits de violence articulés dans sa supplique, le relevait de ses vœux. Mais, avant de procéder à l'entérinement, l'official de Coutances ordonna qu'il impétrant se retirerait au couvent des jacobins de la même ville pendant l'instruction.

Au lieu d'obéir à cette ordonnance, le frère Fortin prit la fuite, traversa la France, passa les Alpes, et se présenta au souverain pontife dans un état fait, à tous égards, pour émouvoir sa pitié.

Le pape lui expédia un second bref qui le relevait de ses vœux *de plano*. Mais rentré dans sa patrie, il se vit exposé aux poursuites de son couvent et de sa famille, qui, de concert, cherchaient à le faire emprisonner. Cependant, le 19 novembre 1716, il fit avec ses beaux-frères, une transaction par laquelle ils s'obligèrent de lui payer 40 livres de rente viagère.

Quelque temps après, il s'embarqua et s'établit à la Martinique. Là, il conçut pour la fille du sieur Lamarre, des sentiments qu'elle partagea ; il présenta à sa famille un certificat qui lui fut envoyé, et dans lequel on ne parlait nullement de son état de cordelier. Il présenta ce certificat au père de la fille, et fut accepté pour gendre. Le mariage fut célébré le 22 juin 1722.

Dès l'année 1723, le sieur Fortin était père ; et depuis cette époque jusqu'au 17 novembre 1756, jour de son décès, il eut encore plusieurs enfans : lo plus âgé avait à peine treize ans, lorsqu'ils le perdirent.

Cependant tous les biens du père et de la mère du sieur Fortin avaient passé dans les mains de ses sœurs et de leurs époux. Ses filles vinrent en France, et firent assigner ceux-ci en délaissement de ce qu'elles appelaient la part de leur père, avec restitution de fruits, intérêts, etc.

La contestation fut portée, en 1771, devant le juge de Valognes, qui, par sentence, débouta les parens de l'opposition qu'ils avaient formée à l'état des demoiselles Fortin, déclara celles-ci légitimes, et ordonna qu'en cette qualité, tous moyens de droit tenant, et défenses au contraire, les parens seraient tenus de leur communiquer les actes dont ils avaient produit l'état à l'audience, pour être instruit entre les parties sur le partage demandé.

Les parens appelèrent de cette sentence.

Les demoiselles Fortin se renfermèrent d'abord dans quatre fins de non-recevoir :

1º La reconnaissance de leur état par ceux qui venaient ensuite l'attaquer;

2º L'acte de 1716, passé entre le cordelier et ses beaux-frères;

3º Le certificat que sa famille lui avait envoyé avant son mariage à la Martinique;

4º Enfin, la possession de leur état, commencée par le père et continuée dans ses enfans pendant l'espace de trente-six ans.

D'abord (disait le défenseur), une des demoiselles Fortin, à son arrivée en France, avait reçu toutes les marques de tendresse que peut attendre une parente chérie et dont on s'honore. Reproches affectueux sur ce qu'elle avait préféré la maison d'un étranger; invitations réitérées de venir loger dans le sein de sa famille, qui furent enfin acceptées; séjour de deux mois partagé entre les différens domiciles de ses parens, qui se disputaient le plaisir de loger cette cousine, et lui prodiguèrent tour à tour l'amitié la plus vive et la plus sincère. « Ce ne fut point une vaine curiosité » qui les rassembla autour de cette parente arrivée » du Nouveau-Monde. Les expressions de la sen-» sibilité se mêlèrent dans leurs entretiens; leur » bouche, organe de leur cœur, lui répéta vingt » fois le nom si doux qu'ils lui envient aujour-» d'hui : si l'intérêt a répandu depuis quelques » nuages passagers sur les sentimens de la nature, » la nature reprend son empire, et de nouvelles » marques de tendresse et de sensibilité rappro-» cheront des cœurs que l'intérêt n'a divisés que » pour un moment. Après avoir reconnu si publi-» quement l'état des demoiselles Fortin dans leur » sœur aînée, les appelans n'ont plus le droit de » s'élever contre elles pour les en priver; ils les » ont reconnues pour leurs parentes; ils n'ont » pu, en leur donnant ce titre, se réserver la » faculté cruelle de le leur enlever. Dès qu'on a une » fois reconnu l'état des personnes, on n'est plus » admis à le contester. »

En second lieu, par l'arrangement fait entre le sieur Fortin et ses beaux-frères, le 19 novembre 1716, ceux-ci se sont obligés de lui faire 40 livres de rente; et dans le même acte, ceux même qui l'avaient poursuivi, qui avaient déterminé contre lui l'official de Coutances et surpris une ordonnance pour lui ravir la liberté, ont reconnu que la seule violence lui avait arraché ses vœux : comment peuvent-ils soutenir, soixante ans après, qu'il a été lié par ces vœux forcés, qu'il a toujours vécu esclave, après l'avoir confessé libre ?

Troisièmement une fin de non-recevoir non moins puissante résulte du certificat envoyé à la Martinique. Il était signé de la mère du sieur Fortin, de ses beaux-frères et de plusieurs parens. Ce certificat n'annonçait pas même que le sieur Fortin eût jamais connu le cloître des cordeliers de Valognes; tout y parlait de lui comme d'un homme libre. Il y a donc lieu de présumer qu'il l'était en effet. Il avait laissé, avant de s'expatrier, une procuration à un de ses parens, pour poursuivre l'entérinement de son bref : ce fut en 1716 qu'il abandonna la France, et c'est en 1722 qu'il demanda à sa famille ce certificat. Si le bref qui le relevait de ses vœux n'eût pas été entériné, comment croire que ceux qui avaient intérêt à révéler les nœuds dont il était lié, auraient gardé un profond silence sur cet article, et n'en eussent pas fait mention dans son certificat? Tout devait faire présumer que le bref avait été entériné. Si cette sentence ne se trouve pas, il faut s'en prendre à la négligence des greffiers de ce temps-là : et une lettre d'un grand-vicaire de Coutances, qui a fait des recherches inutiles, attribue leur inutilité à la négligence de ces officiers, comme à une cause connue.

On ne trouve pas non plus de jugement qui ait débouté le sieur Fortin de sa demande; et cependant, s'il eût existé, les religieux n'eussent pas manqué de le conserver dans leurs registres et dans leur couvent. Nouvelle raison de présumer que le sieur Fortin avait réussi, et que, si le titre de sa liberté avait disparu, il fallait en accuser la négligence avouée des officiers conservateurs de ce dépôt.

Quatrièmement, après tant de présomptions favorables et des reconnaissances si positives de la liberté du sieur Fortin, que demander de plus que la possession réelle de cette liberté? Or, il a joui de son état pendant quatorze ans, et ses enfans en jouissent depuis trente-six années.

Les appelans répondirent à ces fins de non-recevoir d'une manière victorieuse.

L'accueil fait à l'une des demoiselles Fortin, était dû aux mouvemens d'une curiosité bienfaisante. Un bâtard, caressé par les parens de son père, ne devient pas pour cela légitime. La demoiselle Fortin pouvait s'attendre à trouver de la sensibilité et de la bienveillance dans le cœur des parens de son père, sans pouvoir s'en faire un titre pour acquérir des droits sur leurs biens. Tous ces procédés domestiques ne forment point une reconnaissance légale de son état ; il faudrait des actes où la famille eût contracté avec elle sous le titre qu'elle lui conteste en justice ; et l'on n'en produisait aucun.

Celui de 1716 ne pouvait passer pour une reconnaissance authentique, de la part des parens, que le sieur Fortin ne fût pas religieux. Il portait que les parens qui l'ont signé, mus de bonne volonté pour le sieur Fortin, leur frère, ayant fait ses vœux dans l'état de cordelier, et n'ayant pu y réussir, lui promettent annuellement la somme de 40 livres, sa vie durant ; ce que le sieur Fortin a accepté, et leur en a rendu grâces. Que signifient ces mots, *n'ayant pu y réussir ?* Rien autre chose que le dégoût qu'avait pris le sieur Fortin pour l'état de cordelier. Ces mots ne pouvaient tomber sur ses vœux ; il était constant qu'il les avait prononcés.

Il était clair encore que cet acte n'était qu'un effet de la bonne volonté de ses parens, puisque Fortin leur en rend grâces. S'il eût été libre, s'il avait pu partager, il n'aurait pas reçu la loi, il l'aurait faite.

Prétendre qu'il s'était fait relever de ses vœux, et qu'il y avait eu une sentence qui avait entériné le rescrit du pape, parce qu'on ne trouvait pas de sentence qui l'eut débouté de sa demande, c'était un sophisme des plus aisés à réfuter : son état certain et connu était l'état de religieux ; c'était donc à lui ou à ses représentans à prouver l'existence d'un jugement qui depuis eut anéanti sa profession et ses vœux.

Il a tout lieu de présumer que Fortin avait abandonné sa réclamation ; et que le fondé de procuration qu'il avait laissé en France à son départ pour la Martinique, n'avait jamais conduit cette procédure jusqu'à un jugement définitif.

Évadé de la retraite que l'official lui avait indiqué, décrété de prise de corps, il était impossible qu'il réussit à se faire relever de ses vœux sans reprendre ses habits et revenir dans sa retraite. Il n'était pas relevé de ses vœux, lorsqu'il partit pour l'Amérique ; il n'avait donc pu l'être depuis. Tel était l'état des choses, lorsqu'en 1722, il demande à sa famille un certificat d'origine, de mœurs et de catholicité. Quelques parens l'accordent. Le certificat ne disait pas que Fortin fût cordelier, apostat et décrété de prise de corps ; mais il ne disait pas non plus qu'il fût libre, et qu'il n'eût pas fait profession.

La famille, disait-on, n'ignorait pas l'usage qu'il voulait faire de ce certificat. Mais où est la preuve qu'elle sût qu'il voulait s'en servir pour se marier ? Si ce certificat était donné pour le mariage, il devait contenir le testament de la mère, et il ne s'y trouve point ; du moins devrait-on produire quelques lettres écrites à sa famille sur cette établissement : on en montrait aucune.

Dès-lors, que devenait la possession d'état dont on prétendait que Fortin avait joui paisiblement pendant quatorze ans ? Fortin était cordelier lors-

qu'il s'est marié ; il devait bien savoir qu'il n'avait jamais été relevé de ses vœux. Il connaissait donc parfaitement le vice de sa possession et la nullité du mariage qu'il avait contracté, malgré les défenses qui lui avait été expressément faites par l'ordonnance de l'official.

Après ce premier combat sur les fins de non-recevoir dont l'avantage ne restait pas aux demoiselles Fortin, on discuta le fond, et l'on en vint à la question de droit.

Le défenseur des enfans convint du principe établi par l'art. 273 de la coutume de Normandie, qui déclare le religieux profès incapable de succéder, et transmet son héritage au parent le plus proche. Mais il soutenait que la profession du sieur Fortin était nulle, comme forcée ; et il soutenait que cette nullité, résultant, non d'un simple vice de forme, mais du défaut de liberté et de consentement, était radicale et destructive des vœux que sa bouche avait articulés.

« D'ailleurs, les rescrits du saint-siége (continuait-il), l'ont relevé. S'il n'ont point été entérinés, du moins avaient-ils un effet suspensif. Tant que la protestation du sieur Fortin a subsisté, tant que ces rescrits n'ont pas été écartés par un jugement, Fortin n'a pu être regardé comme un vrai religieux ; et mourant avant qu'on eût prononcé sur sa réclamation, il est mort libre et *integri status*. Il est dans le cas d'un accusé, d'un coupable qui meurt jouissant de tous ses droits civils, quand son décès arrive avant que la peine de son délit soit prononcée par un jugement définitif.

» Un autre principe veut que les enfans sortis d'un second mariage contracté de bonne foi par l'un des deux époux, soient légitimes ; et l'on admet point cet état bizarre, où un fils serait réduit, d'un côté, a partager la honte des enfans de la prostitution ; et placé, de l'autre, au rang honorable des enfans du père de famille. Les jurisconsultes et la jurisprudence sont d'accord sur la vérité de ce principe, et sur les effets de la bonne foi du père et de la mère, par rapport à l'état de leur postérité. Nul doute sur la bonne foi de la femme Fortin, lorsqu'elle l'épousa : ses enfans sont donc legitimes, et doivent hériter des droits de leur père. »

Le défenseur des appelans (M. Ducastel), combattit ces moyens avec autant de force que de précision.

« Dans l'ordre civil (ce sont ses termes), ce sont les actes qui constituent l'état des citoyens. Un acte en forme l'emporte sur la disposition des témoins. Il ne reste d'autre ressource que de prouver qu'il est l'ouvrage de la violence et de la séduction : mais tant que les lettres de restitution ne sont pas entérinées, l'acte subsiste. En matière de vœux et de mariage, la rigueur de la loi est encore plus stricte.

» Un profès ne peut résoudre ses vœux sans un rescrit du pape : ce rescrit n'a aucune force en France sans être entériné ; il ne peut l'être sans un motif évident, cette évidence n'est point acquise sans des preuves judiciaires. La déclaration du profès, le consentement de sa famille, l'aveu du couvent ne suffisent point; il faut un jugement régulier qui approuve les causes d'après lesquelles on doit dissoudre ce que la religion déclare indissoluble.

» Fortin a réclamé, a obtenu des rescrits; mais ces rescrits ne le relevaient de ses vœux qu'à la charge de prouver les faits qu'il articulait, et d'obtenir un jugement. Ces rescrits n'ont point d'effet suspensif, et ne l'ont point mis dans la position d'un accusé qui, condamné par une sentence, mais venant à mourir pendant l'appel, meurt dans la possession de son état; il n'y a point de parité. Tout citoyen est présumé innocent; la loi veut qu'il ne soit convaincu de son crime qu'après une sentence et un arrêt; s'il meurt avant l'arrêt, la conviction légale n'est point acquise, la présomption de l'innocence est pour lui. Tout profès, au contraire, est censé avoir fait ses vœux librement: s'il prétend le contraire, il faut qu'il le prouve; s'il meurt sans le prouver, sans faire adopter ses preuves, il décède profès.

» Autrement, tout religieux qui se dégoûte de son état, qui suppose des faits, qui en impose au pape, qui réclame contre ses vœux et abandonne sa réclamation, pourrait donc se marier, donner à l'état des enfans légitimes, leur transmettre le droit de lui succéder qu'il a lui-même perdu, et mourir libre? Ne serait-ce pas autoriser l'apostasie, blesser toutes les lois, et troubler toutes les familles? Quant à la bonne foi de la mère et aux effets qu'elle peut donner à un mariage, il faut distinguer entre les laïques, les prêtres et les profès.

» Entre laïques, la bonne foi des conjoints souvent fait tolérer les mariages des bigames, des adultérins; et cependant il y a deux observations importantes à faire.

» 1° C'est que, suivant les arrêts qui sont dans cette espèce, c'étaient des collatéraux qui venaient contester aux enfans leur titre et la succession paternelle et maternelle; ce n'étaient point les enfans qui venaient disputer aux collatéraux des successions déjà acquises.

» 2° Ces arrêts n'ont pas toujours accordé aux femmes l'intégrité de leurs droits, ni aux enfans les successions du père et de la mère.

» Entre un prêtre et un laïque, on n'a jamais étendu le droit de succéder à la ligne collatérale. L'édit de 1675 porte que lesdits mariages ne peuvent produire d'effets civils relativement aux collatéraux.

» Entre les religieux! Tout religieux est mort civilement; son mariage est donc sans effet civil; et, si la bonne foi de la mère peut légitimer les enfans, ces enfans du moins ne peuvent succéder à leurs collatéraux paternels, parce que le profès, n'ayant plus de famille, n'en peut donner une à ses enfans, ni leur transmettre un droit de succéder qu'il n'a plus lui-même. »

De cette distinction d'espèces et de gradation de principes, M. Ducastel concluait que Fortin n'ayant jamais pu succéder, et étant mort reli-

5e. TOME IX.

gieux, ses enfans ne pouvaient rien prétendre dans la succession de leur aïeul, ni exiger, au nom de leur père et par représentation, ce qu'il n'aurait pas pu exiger lui-même.

Ces principes ont triomphé. Par arrêt rendu en 1772, le conseil supérieur de Bayeux déclara les filles de Fortin non-recevables à demander la succession de leur aïeul de leur oncle paternel, et confirma cependant la première partie de la sentence qui les avait déclarées légitimes.

Les motifs qui déterminèrent l'arrêt, furent que la bonne foi de la mère peut bien suffire pour légitimer les enfans, mais qu'elle ne suffit pas pour transmettre aux enfans d'un religieux un droit qu'il n'aurait pas eu lui-même, et qu'il ne pouvait jamais avoir, étant mort civilement, et n'ayant jamais été relevé de ses vœux. On laissa aux demoiselles Fortin leur légitimité et le droit de succéder tant à leur père qu'à leur mère; mais le père ne pouvant prétendre à aucune succession directe ni collatérale, ses enfans, qui ne venaient que par représentation, n'y pouvaient pas plus prétendre que lui.

[[La question décidée par cet arrêt ne peut plus se présenter depuis l'abolition des vœux monastiques. (V. l'article *Célibat*.) Mais les principes qui en ont déterminé la décision, ne sont pas pour cela étrangers à la législation actuelle; ils sont encore applicables aux enfans nés de mariages qui seraient contractés de bonne foi avec des personnes mortes civilement. V. mon *Recueil des Questions de droit*, au mot *Légitimité*, § 5.]]

VII. Pour que la bonne foi rende légitimes les enfans issus d'un mariage putatif, il faut que ce mariage ait été contracté avec toutes les formes et les solennités prescrites par les lois. C'est la décision expresse du chapitre *cum inhibitio*(1), et elle est fondée sur deux raisons: la première, que la bonne foi est peu probable dans deux personnes qui s'unissent dans une forme prohibée: on la présume aisément dans ceux qui s'engagent publiquement, parce que l'innocence ne cherche jamais les ténèbres; mais il n'en est pas de même de ceux qui, méprisant toutes les lois, ne forment qu'un concubinage, au lieu d'une union légitime; la seconde, que cette prétendue bonne foi ne les excuse pas, parce qu'ils commencent par une action illicite, et que c'est à eux à s'imputer tout ce qui arrive en conséquence.

Dulauri nous a conservé un arrêt du grand conseil de Malines, du 28 février 1711, « par lequel » (dit-il) la cour jugea que, pour déclarer un en- » fant légitime d'un mariage nul, la bonne foi de » l'un ou de l'autre ne suffisait pas, mais qu'au-

---

(1) Ce chapitre est tiré du concile de Latran tenu sous Innocent III. En voici les termes : *Si quis vero hujusmodi clandestina vel interdicta conjugia inire præsumpserit, in gradu prohibito*, ETIAM IGNORANTER, *soboles de tali conjunctione suscepta prorsus illegitima censeatur, de parentum ignorantia nullum habitura subsidium : cum illi taliter contrahendo non expertes scientiæ vel saltem affectatores ignorantiæ videantur*, Extra, *de clandestina desponsatione*.

» dessus devait concourir que le mariage fût cé-
» lébré solennellement *in facie ecclesiæ*.

Cette maxime a été confirmée, en 1784, avec une grande solennité par le conseil souverain de Brabant.

Le prince Albert-Octave de T'serclaes-Tilly, général des armées du roi d'Espagne, et la demoiselle Alexandrine de Bacq, fille d'un gentilhomme espagnol, ont donné le jour à une fille nommée Albertine, qui est née le 24 juillet 1703, et a été baptisée le 22 août suivant.

Cette fille était-elle légitime? C'était la question à juger.

On alléguait pour l'affirmative, que le 17 octobre 1702, il avait été célébré entre le père et la mère un véritable mariage « dans l'oratoire du » prince (qui était alors en Brabant), en présence » de son valet de chambre, de son chirurgien, de » la mère de l'épouse et de Florence Valvoden, par » un prêtre nommé Ratemburg, chapelain ordinaire » de l'armée. »

On ne rapportait point d'acte de célébration : mais on se prévalait 1º d'une promesse de mariage sans date ; 2º de plusieurs lettres écrites par le prince à Alexandrine de Bacq. L'adresse de trois de ces lettres était à *madame la princesse de Tilly*. Dans l'une, le prince l'appelait *sa chère femme*; dans une autre, il lui disait : *soyez-moi fidèle, et vous rencontrerez un mari qui ne saura que vous chérir.* Dans une troisième, *ne doutez pas, ô mon aimée femme !* Et dans une quatrième, il l'appelait *ma chère épouse*.

Une autre lettre fortifiait, et en même temps expliquait les présomptions qui naissent des quatre premières. En voici les termes : « Les écrits qui » peuvent vous donner du contentement, et vous » préserver de tout souci, sont dans la cassette de » ma secrétairerie... J'ai reçu votre lettre, ma fille » bien-aimée, et vos déplorations de n'avoir pu » obtenir la cassette *où étaient les écrits concer-* » *nant notre mariage* : ce n'est pas ma faute si » mon frère l'a emportée avec lui ; mais, pour re- » médier à tout, je vous envoie mon blanc seing, » pour que vous en fassiez tout ce que vous esti- » merez qui conviendra mieux, que vous preniez » votre sûreté, enfin, que vous ordonniez de ma » dernière volonté et de mes dispositions, en cas » que je meure, etc. J'ai beaucoup de chagrin de » celui que je vous ai causé, madame ; *vous êtes* » *ma femme*, mais je vous ai dit qu'il était im- » possible que cela se manifestât à cette heure. Ac- » cordez-moi cette grâce ; que si vous me la refu- » sez, *je dirai que ce n'est pas la vérité*, etc. » Cette lettre, en prouvant qu'il existait effecti- vement un mariage clandestin, annonce qu'il ré- gnait déjà entre les deux amans une certaine mé- sintelligence.

Quelque temps après, la demoiselle de Bacq pré- senta requête au proviseur-vicaire général de Pam- pelune, à l'effet d'obliger le prince *de déclarer le mariage qu'il avait contracté avec elle, ou de le contracter de nouveau*. A l'appui de cette demande,

elle produisait ses lettres, la promesse qu'il lui avait faite, et l'acte de baptême d'Albertine.

Le prince se défendit, et soutint qu'il n'y avait jamais eu de mariage.

Le proviseur, avant de prononcer sur le fond, condamna la demoiselle de Bacq à donner la cau- tion *judicatum solvi*. Elle appela de cette sentence *à tout juge compétent*. Un second appel au nonce d'Espagne traduisit les parties devant lui : pour éviter les longueurs et l'éclat de la procédure, elles s'empressèrent de faire un compromis entre ses mains.

Le 9 avril 1709, le nonce prononça en ces ter- mes : « Je condamne ledit seigneur don Albert- » Octave, prince de T'serclaes, à se marier *in* » *facie ecclesiæ*, par paroles qui forment un ma- » riage véritable, avec ladite dame dona Alexan- » drine de Bacq, en dedans de trente jours, et en » défaut de ce faire, je le condamne à ce qu'il dote » ladite dame à raison des dommages, et en con- » sidération de son honneur, honnêteté et noble » qualité, à la somme de 8,000 ducats, monnaie » de vellon, usitée et ayant cours dans ce royaume » de Castille. Je le condamne aussi, comme je » condamne ledit seigneur à ce qu'il ait à donner » chaque année 350 ducats pour les alimens et » éducation de la fille qu'il a procréée de ladite » dona Alexandrine. »

Le même jour que cette sentence fut rendue, la demoiselle protesta d'en appeler.

Elle se retira ensuite avec Albertine au couvent de las Ballecas, où le prince de Tilly lui fit re- mettre différentes sommes à compte des condam- nations prononcées contre lui ; elle y oublia pen- dant plus de trois ans sa protestation : mais lors- qu'elle apprit qu'Albert - Octave se disposait à épouser la comtesse de Tilly, sa nièce, elle fit un manifeste qu'elle adressa au roi d'Espagne, au pape, aux cardinaux, aux évêques, et à toute la chrétienté, pour réclamer son époux, et protester contre l'atteinte qu'il allait porter à sa qualité d'é- pouse légitime, dont elle renouvelait la prétention. Cependant, malgré le manifeste, le roi approuva le mariage, le pape donna les dispenses nécessaires, et l'évêque de Madrid souffrit que le mariage fût célébré dans son diocèse ; ce qui prouve que la demoiselle de Bacq n'était pas regardée par toute l'Espagne comme l'épouse légitime du prince de Tilly.

Ce mariage contracté en 1712, ne fut pas de lon- gue durée. Le prince de Tilly mourut le 3 septem- bre 1715, après avoir fait un testament qui con- tenait de nouvelles protestations de l'illégitimité de l'union à laquelle sa fille Albertine devait le jour.

A la nouvelle de cet événement, la demoiselle de Bacq fit à la *junte royale de justice et gouverne- ment* de Barcelone, différentes poursuites qui ten- daient à assurer l'exécution des condamnations pécuniaires prononcées à son profit et à celui de sa fille par la sentence de 1709.

Dix ans après, la mère et la fille présentèrent

au pape une requête dans laquelle, renouvelant l'histoire du mariage du 17 octobre 1702, elles se plaignirent de la sentence du nonce, et demandèrent que la connaissance de l'appel qu'elles prétendaient en avoir été interjeté dans le temps par la demoiselle de Bacq, fût renvoyée à la congrégation des cardinaux interprètes du concile de Trente, avec pouvoir de déclarer que le mariage que celle-ci disait avoir contracté avec le prince de Tilly, était valide, et qu'Albertine était et devait être réputée sa fille légitime pour tous les effets de droit les plus utiles, *ad omnes effectus juris magis proficuos.*

On ne voit pas ce que le pape ordonna sur cette requête : mais la princesse de Tilly, veuve d'Albert-Octave, fut citée devant la congrégation des cardinaux interprètes du concile de Trente : elle s'y défendit par la loi du Brabant (où elle était revenue depuis la mort d'Albert-Octave), qui ne permettait pas de traduire un citoyen de ce pays devant les juges étrangers, et elle demanda son renvoi.

On ignore si c'est par ces motifs ou par quelque autre raison que la princesse veuve de Tilly et la demoiselle de Bacq, perdant de vue la sentence de 1709, et l'appel de cette sentence, cessèrent de discuter leurs droits judiciairement. Quoi qu'il en soit, elles proposèrent à la congrégation de décider, 1° s'il y avait un premier mariage réel, et si, n'y en ayant point, le second était valide; 2° s'il constait au moins d'un premier mariage putatif, à l'effet de déclarer l'enfant légitime; 3° s'il y avait lieu aux démissoires demandés dans l'espèce.

Les choses étaient en cet état, lorsqu'en 1727, la princesse de Tilly mourut, après avoir fait, par son testament, le prince de Robecq son héritier.

Le 26 septembre 1728, la congrégation répondit *qu'il constait d'un premier mariage putatif, de manière que l'enfant était légitime.*

On voit que cette réponse décidait la première comme la seconde question ; car, dire qu'il n'y avait qu'un premier mariage putatif, c'était sans doute dire qu'il n'y avait point de premier mariage réel, c'était bien dire que le second, revêtu d'ailleurs de toutes ses formalités, était valable. La demoiselle de Bacq le sentit si bien, qu'à peine cette réponse donnée, elle s'adressa de nouveau à la congrégation pour en obtenir une plus favorable. Les mêmes questions furent proposées, les cardinaux les examinèrent de nouveau ; et par une seconde réponse du 28 janvier 1730, ils confirmèrent la première, quant à la nature du mariage, à l'état d'Albertine, et à sa qualité légitime.

Munie de ces décisions, Albertine, qui avait épousé en Espagne le sieur de Castro, présenta requête au conseil souverain de Brabant, en 1731, pour se faire adjuger les biens que le prince de Tilly avait laissés dans le ressort de ce tribunal.

Pendant que le sieur et la dame de Castro poursuivaient des biens sous la domination autrichienne, ils réclamaient en Espagne des dignités. Un décret

du conseil de Castille, du 16 novembre 1734, déclara Albertine princesse et grande d'Espagne de la première classe. A peine le marquis de Reves, aîné du sang de Tilly, en fut-il instruit, qu'il vola en Espagne pour arrêter l'effet de ce décret. Il le fit réformer par un autre du 24..... 1735, et mourut bientôt après cette victoire.

Une nouvelle instance au conseil de Brabant fut formée contre la marquise de Reves, sa sœur et son héritière. Le sieur de Castro y concluait « à ce qu'il serait déclaré pour droit que les sen- » tences de la sacrée congrégation des cardinaux » interprètes du saint concile de Trente, en dates » respectives du 26 septembre 1728 et du 28 jan- » vier 1730, jointes à l'*inscriptis* contraire du sup- » pliant, doivent ici avoir effet de chose jugée, » quant à l'état et condition de naissance d'Alber- » tine T'serclaes-Tilly, épouse du suppliant, et » qu'en conséquence d'icelles, comme déclarée née » d'un premier mariage putatif d'entre le prince » Albert-Octave T'serclaes-Tilly et Alexandrine » de Bacq, ses père et mère, et, comme telle, dé- » clarée légitime, elle devait jouir de toutes les » prérogatives que les droits et les lois de ces pays » attribuaient à pareil état. »

En prononçant sur ces conclusions, le conseil souverain de Brabant déclara, par arrêt du 5 jan- vier 1747, « que les sentences de la sacrée con- » grégation des cardinaux interprètes du concile » de Trente, en dates du 26 septembre 1728 et du » 28 janvier 1730, exhibées au procès, doivent » ici avoir effet de chose jugée, quant à l'état et » condition de naissance d'Albertine T'serclaes- » Tilly, épouse du suppliant ; qu'en conséquence » d'icelles, comme déclarée née d'un premier ma- » riage putatif entre le prince Albert-Octave T'ser- » claes-Tilly et Alexandrine de Bacq, ses père et » mère, ladite épouse du suppliant doit jouir de » toutes les prérogatives que les droits et lois de » ces pays attribuent à pareil état. »

Remarquons la différence qu'il y a entre ce pro- noncé et les conclusions du sieur de Castro. Le sieur de Castro demandait qu'Albertine, comme née d'un premier mariage putatif, *et comme telle dé- clarée légitime*, jouît des prérogatives que les lois de ces pays attribuent à l'état de légitime. Mais le conseil souverain rejeta le second membre de cette phrase des conclusions, copiée, pour le surplus, presque mot à mot dans l'arrêt, et il n'accorda à Albertine que les droits attribués à l'état et à la condition d'enfant né d'un mariage putatif.

Le retranchement de cette phrase des conclusions semble prouver qu'en 1747 le conseil de Brabant, n'a pas voulu déclarer qu'Albertine, née d'un mariage putatif, était, comme telle, légitime. Dès- lors, et en ne lui accordant que les droits attribués à l'état de *née d'un mariage putatif* qu'il ne défi- nissait pas, il n'a pas voulu prononcer sur la Lé- gitimité.

Quoi qu'il en soit, cet arrêt ne fut suivi, pour le sieur et la dame de Castro, d'aucun effet utile;

ils moururent tous deux sans en avoir tiré le moindre parti, et ils laissèrent plusieurs filles, dont l'aînée vendit au sieur Minet toutes ses prétentions aux biens de la maison de Tilly.

Le sieur Minet s'adressa à la cour féodale de Brabant, pour être envoyé en possession des fiefs de cette maison; il fit assigner le prince de Robecq, lieutenant-général des armées du roi de France, commandant en Flandre, ainsi que le marquis de Morbecq, son frère, et il conclut contre eux à la restitution des fruits depuis 1727.

Ils se défendirent sur l'incapacité de la dame de Castro de succéder à ses biens: mais, sans avoir égard à cette défense, la cour féodale les condamna par arrêt du 9 avril 1773.

Un défaut de compétence dont on parlera ci-après, sect. 4, § 3, leur fit obtenir la cassation de cet arrêt, le 16 mars 1775, avec renvoi du fond aux juges ordinaires.

MM. de Robecq, déchargés ainsi des condamnations prononcées contre eux par la cour féodale, s'adressèrent au conseil de Brabant, et les conclusions qu'ils prirent par leur requête du 2 janvier 1777, présentèrent le procès à ses véritables juges sous le point de vue dans lequel il devait être considéré. Ils demandèrent « qu'il fût déclaré que » l'arrêt du 5 janvier 1747 ne les obligeait point » à reconnaître Albertine T'serclaes-Tilly comme » habile et qualifiée par le droit et lois de ce » pays, pour recueillir quelques successions de la » famille. »

Le cessionnaire de la dame de Castro se défendait avec les armes dont s'étaient autrefois servis ceux qu'il représentait, et il y ajoutait l'arrêt du 5 janvier 1747, qu'il regardait, avec les décisions des cardinaux, comme des titres qui lui assuraient tous les biens de la maison de Tilly.

MM. de Robecq les écartaient tous par un mot: ces actes, disaient-ils, n'ont pas la force de chose jugée contre nous.

La cause était en cet état, et prête à recevoir sa décision, lorsque, le 13 mai 1782, le sieur de Gusman, petit-fils d'Albertine par sa mère, et retrayant lignager des droits cédés au sieur Minet par la demoiselle de Castro, sa tante, intervint au procès.

Le prince de Robecq et le marquis de Morbecq y avaient dit, dans leur réplique du 28 février 1780, qu'il était de l'intérêt des deux parties de connaître les circonstances du mariage, de même que celles de la Légitimité d'Albertine T'serclaes-Tilly, et ils requéraient qu'il fût ordonné au rescribant (le sieur Minet) d'individuer ce fait et circonstance, et qu'il prenne à cet égard une conclusion pertinente, s'il croit y être fondé.

Le sieur Minet espéra d'éluder l'explication, en demandant qu'il fût déclaré que les sentences de Rome, l'arrêt du conseil de Castille, et celui rendu par le conseil de Brabant, le 5 janvier 1747, sont passés en force de chose jugée contre les supplians (le prince de Robecq et le marquis de Morbecq); qu'en conséquence de tous ces jugemens,

la princesse Albertine T'serclaes-Tilly, par la mort de son père, a hérité, à son décès, en 1715, des biens de la maison de Tilly, etc.

Le sieur Minet, pressé de nouveau, donna, en fuyant le jour de la contradiction, un mémoire qualifié secret, et qui, suivant les usages des Pays-Bas autrichiens, devait réellement demeurer tel. Ce n'était pas satisfaire à la demande: MM. de Robecq insistaient toujours. Le 18 mai 1782, le conseil de Brabant tint pour satisfaction le mémoire secret, et en accorda communication par extrait à MM. de Robecq: ils le foudroyèrent.

Le sieur Minet se hâta de déclarer qu'il renonçait à toute autre preuve, relativement au mariage d'Alexandrine de Bacq, et à l'état de naissance de sa fille Albertine, qu'à celle qui résulterait de la chose jugée.

Le procès en cet état, on examina quatre questions:

La première, si les décisions de la congrégation des cardinaux, de 1728 et de 1730, étaient des simples actes ou des sentences;

La seconde, si, en supposant que ces décisions fussent des sentences, elles étaient valables, régulières, et avaient pu passer en force de chose jugée contre le prince de Robecq et le marquis de Morbecq, et si l'arrêt du 5 janvier 1747 avait pu leur donner une telle puissance;

La troisième, si, en supposant que ces décisions fussent des sentences valides et régulières, elles pouvaient produire en Brabant des effets civils, et si l'arrêt de 1747 avait jugé qu'elles en dussent produire;

La quatrième, si, en jugeant la question de nouveau, la feue dame de Castro devait, comme née d'un mariage putatif, être réputée légitime et habile à succéder.

MM. de Robecq n'ont pas eu de peine à faire voir que les trois premières questions ne pouvaient être décidées qu'à leur avantage; voici ce qu'ils ont dit sur la quatrième:

« Les cardinaux interprètes du concile de Trente ont dit en 1728, et ils ont répété en 1730, qu'il consistait d'un premier mariage putatif. Qu'est-ce donc qu'un tel mariage?

» Entre plusieurs dissertations estimées, données par Hertius, on en trouve (tome 1, page 348, § 6) une particulière sur le mariage putatif. Il y commence par définir le mariage véritable, et il observe ensuite, à l'égard du mariage putatif, que cette expression ne se trouve point dans les lois, et qu'elle peut se prendre en deux sens: ou il n'y a, dit-il, aucun mariage contracté, ou il y un mariage, mais illicite, soit que les conjoints aient été en bonne ou en mauvaise foi: Matrimonium putativum, ut et uxor putativa, duobus modis intelligi potest. Vel matrimonium nullum est plane contractum, puta, quis pro uxore sua habet, quæ revera nondum uxor est; vel est quidem aliquod contractum, sed illicitum, sive in bona, sive in mala fide contrahentes fuerint. Plusieurs personnes, continue-t-il, se servent de l'expression de mariage putatif dans ce sens étendu, d'où il naît de grands embarras : *Qua laxa*, dit-il, *significatione utuntur practicorum multi; unde magna tricarum oritur materies*. Il ajoute que, dans sa dissertation, il prendra les mots *mariage putatif* dans un sens plus étroit; et tout de suite il le définit, *un mariage contracté solennellement et de bonne foi entre des personnes qui ne pouvaient pas s'unir*.

» Il faut donc distinguer les différentes espèces de mariage qu'on appelle également *mariage putatif*, de la définition du mariage putatif, dont Hertius a décrit les effets; il ne faut pas les séparer, ces effets qu'il décrit, des conditions qu'il exige, ni confondre le mariage putatif d'une espèce avec le mariage putatif d'une autre espèce. On ne peut pas attribuer les effets du mariage putatif défini par Hertius, dans le sens étroit, au mariage putatif pris dans un sens plus étendu, dont Hertius déclare qu'il n'a pas entendu s'occuper.

» Voyons maintenant de quelle espèce pouvait être un mariage putatif entre le prince de Tilly et mademoiselle de Bacq. Il n'existait point d'empêchement entre eux; et supposé que la célébration eût jamais existé, elle n'a certainement pas été accompagnée des formalités exigées par la loi; il n'y a eu ni présence ni délégation du propre curé. À Rome même, on a été convaincu de ce fait; autrement, si les solennités eussent été gardées, la congrégation n'aurait pas manqué de déclarer qu'il existait un vrai mariage, puisqu'il ne se trouvait pas d'empêchement entre le prince de Tilly et mademoiselle de Bacq.

» Le mariage putatif dont les cardinaux ont parlé dans leurs décisions, n'est donc pas de l'espèce de celui auquel Hertius attribue les effets civils, puisque ce mariage manque de deux conditions qu'il exige, un empêchement ignoré par les contractans ou par l'un d'eux, et une exacte observation de toutes les solennités prescrites par la loi. Cette observation est exigée par tous les auteurs, pour produire les effets civils. Voyez le pape Benoît XIV, *Institutiones ecclesiasticæ*, inst. 87, n° 80; Engel, *Collegium juris canonici, ad tit. decret. qui filii sunt legitimi*, n° 2; Eybel, *introd. ad jus eccles.*, tome 4, lib. 2, cap. 13, § 567.

» Enfin le mot *putatif*, inconnu par les lois et peu en usage dans le monde, a été adopté par l'église, pour signifier *qui paraît être*, ou *qui est présumé être ce qui n'est pas*. C'est ainsi et dans ce cas, qu'elle a appelé saint Joseph le père putatif de Jésus-Christ. Or, dès que, par le mot *putatif*, l'église entend et exprime cette phrase, il faut convenir que les cardinaux interprètes des lois de l'église, n'y ont pas attaché un autre sens; ils ont dit qu'il constait du premier mariage putatif, c'est-à-dire d'un mariage qui était présumé être ce qu'il n'était pas : l'état même de la question, au moment où ils y ont répondu, le prouve d'une manière évidente. En effet, pour qu'ils déclarassent

qu'il y avait un mariage de bonne foi, il leur fallait la preuve qu'il y avait eu une célébration, et on ne leur en fournissait aucune. Pour qu'ils répondissent qu'il y avait eu un mariage putatif dans le sens étendu d'Hertius, il suffisait qu'ils fussent instruits qu'il y avait eu promesse de mariage et copulation charnelle.

» Dès la naissance du christianisme, on a pensé que les mariages devaient être célébrés en face de l'église; et cela a été observé pendant douze siècles. Le pape Grégoire IX décida le premier, que les promesses à futur faisaient présumer le mariage, lorsqu'elles étaient suivies de la copulation charnelle : *Sponsalia de futuro transeunt in matrimonium per carnalem copulam subsequentem*. Cette décision fit connaître le mariage présumé, ou, ce qui est la même chose, le mariage putatif, qui fut quelque temps regardé par les juges ecclésiastiques, comme un mariage réel; mais l'horreur que l'église a pour les conjonctions illicites, les fit proscrire par les conciles de Latran et de Trente, qui les déclarèrent nulles et invalides.

» En répondant, dira-t-on, qu'il y avait un mariage putatif, la congrégation a ajouté que l'enfant était légitime. Cette objection est résolue par les principes de la matière, et par la lettre que le cardinal Lambertini, alors secrétaire de la congrégation, et qui, depuis, nous a montré dans la chaire de saint Pierre, et sous le nom de Benoît XIV, l'un des plus grands successeurs de ce premier apôtre, écrivit à cette occasion au cardinal d'Alsace, que cette Légitimité ne regardait que *l'honneur, une pointille de réputation, et était sans conséquence pour les biens*. En effet, si la congrégation des cardinaux interprètes du concile de Trente, pouvait dire que le mariage putatif d'Albert-Octave conservait l'honneur et la réputation à la mère et à l'enfant, ce n'était qu'en considérant le for intérieur dans une conjonction colorée du nom de mariage de conscience; et comme la forme et la matière manquent dans ces sortes de conjonctions, la congrégation n'a pas entendu parler d'une Légitimité réelle, et encore moins des droits civils, dont la connaissance ne peut appartenir qu'aux magistrats, et la dispensation ne peut dépendre que des lois des pays où ils doivent être exercés.

» Il est évident que le mariage putatif dans lequel on a déclaré à Rome que la demoiselle de Bacq avait vécu avec le prince de Tilly, n'est autre que ce mariage putatif dont parle Hertius, comme ayant seulement existé dans la pensée des époux, *matrimonium nullum esse plane contractum*, et n'est autre que cette union formée par de simples promesses suivies d'une copulation charnelle que Grégoire IX honora du nom de mariage, mais que les conciles de Latran et de Trente ont proscrite.

» La demoiselle de Bacq représentait à Rome une promesse de mariage, les lettres attribuées au prince de Tilly, dans lesquelles il lui donnait le titre de femme; elle exposait qu'elle n'aurait jamais consenti à vivre avec lui autrement que dans le lien du mariage ; de là on y a conclu qu'elle ne devait pas être regardée, en ce qui la touchait personnellement, comme la concubine d'Albert-Octave, mais qu'elle avait pensé qu'elle était sa femme, *uxor putativa*. De cette première conséquence, on en aura conclu encore qu'elle devait porter le nom de femme, et l'enfant, celui de légitime, non pas comme elle l'avait demandé à la congrégation, *ad omnes effectus juris magis proficuos*, pour tous les effets de droit les plus utiles, mais seulement pour n'être pas nommé bâtard. La demoiselle de Bacq avait spécifié que cette légitimation s'étendrait à tous les effets possibles : on ne lui accorde pas cette grâce étendue, on lui donne moins qu'elle n'avait demandé ; et en quoi lui donne-t-on moins, sinon en ce qu'on n'attribue pas à son mariage les effets civils, et à sa fille la capacité de succéder ?

» Le mariage qu'on appelle clandestin en France (et il est tel quand il est célébré sans les solennités requises, comme hors de la paroisse des contractans, sans publications de bans, sans dispense), ne produit jamais les effets civils, parce qu'il ne peut pas y avoir de bonne foi ; et quoique la clandestinité toute seule ne fasse pas toujours annuler un mariage, qu'il soit quelquefois confirmé *quoad fœdus*, quant au lien, et qu'on laisse alors les qualités stériles de veuve et d'enfans légitimes, il est néanmoins toujours déclaré incapable de produire les effets civils. Le mariage secret, le mariage fait *in extremis*, également valables quant au sacrement, ne produisent aucun effet civil. De tels exemples suffisent pour reconnaître l'intention de la congrégation, clairement expliquée par le cardinal Lambertini, son secrétaire ; et pour garantir la Légitimité dont elle a parlé dans ses actes, de toute inculpation de singularité ou de bizarrerie.

» Entendre différemment la réponse des cardinaux, ce serait la rendre contradictoire. La Légitimité des enfans est l'effet du mariage ; celui de la demoiselle de Bacq n'étant fondé que sur l'apparence, la légitime qui en est l'effet, ne peut être réelle : elle est, comme le mariage, une *Légitime de réputation*. La demoiselle de T'serclaes n'a jamais pu être légitime d'une autre manière. »

C'est aussi ce qu'a jugé le conseil souverain de Brabant, en déclarant, par arrêt du 6 juin 1782, le sieur Gusman et le sieur Minet non-recevables dans leurs demandes.

Ceux-ci ont pris contre cet arrêt la voie de révision, qui est encore usitée dans les tribunaux belgiques, et même au parlement de Douai. Le procès a été instruit et examiné de nouveau. Des *adjoints réviseurs* du grand conseil de Malines et du conseil souverain de Mons ont uni leurs lumières à celles de tous les magistrats du tribunal qui avait déjà prononcé.

Enfin, par arrêt du 6 septembre 1784, celui de 1782 a été confirmé, dans des termes qui en expliquent parfaitement les motifs : « Faisant droit, » déclare qu'erreur n'est intervenue dans l'arrêt du » 6 juillet 1782, et que partant ledit arrêt sortira

» ses pleins et entiers effets ; bien entendu que les » décrets de la congrégation des cardinaux, inter- » prêtes du concile de Trente, du 25 septembre » 1728 et du 23 janvier 1730, ne sont point passés » en force de chose jugée contre les ajournés, à » l'effet d'avoir rendu Albertine de T'serclaes- » Tilly habile à succéder ; bien entendu aussi que » la même Albertine de T'serclaes-Tilly n'a pas » été habile ni qualifiée à recueillir quelque suc- » cession aux biens de la maison de T'serclaes- » Tilly, soit en ligne directe ou collatérale, en » vertu de la sentence de Castille, du 16 novembre » 1734, et de l'arrêt de la cour, du 5 janvier 1747, » mentionnés au procès ; condamne les impétrans » aux frais de cette sentence et à la peine de folle » révision.]]

[[On peut voir, à l'article *Décrets du conseil privé de Bruxelles*, quelles ont été les suites de cet arrêt.]]

VIII. Lorsque les époux putatifs n'ont négligé aucune des formalités essentielles du mariage, il faut des preuves bien claires de leur mauvaise foi, pour faire déclarer bâtards les enfans auxquels ils ont donné le jour.

Dans ce cas, en effet, comme nous l'avons dit au commencement du numéro précédent, la bonne foi se présume d'elle-même ; et c'est sur la partie qui la met en dénégation, que doit retomber la preuve du contraire.

Telle est, comme l'établit fort au long Hertius, dans son traité *de matrimonio putativo*, § 15, l'opinion la plus commune des docteurs. C'est ce qu'enseigne aussi le président Favre, dans son code, liv. 4, tit. 5, defin. 2 : *matrimonium* (dit il), *contra leges factum, puta cum ea quæ alium virum habuit, virum quidem sed absentem, per errorem facti potius quam per dolum et malitiam contractum præsumitur, si palam et publice celebratum fuit*. Et il justifie cette doctrine par le principe général que *error potius quam dolus præsumitur in eo qui palam male fecit; secus in eo qui clam*; principe à l'appui duquel il cite la loi 54, D. *de administratione tutorum*, la loi 5, § 4, D. *de auctoritate tutorum* ; la loi 3, § 1, *de jure fisci*, et la loi 5, C. *de contrahenda emptione*.

C'est comme fondé sur ce principe, et comme rendu à son rapport, que Louet, lettre L, § 14, nous retrace un arrêt, du 30 août 1597, qui juge légitimes les fruits d'un second mariage contracté par une femme du vivant de son mari condamné aux galères, *ayant néanmoins entendu que son dit mari était mort, s'étant contentée de cette nouvelle, sans particulièrement faire ouïr le messager, mettre sa déposition* apud acta, *et attendu l'an pour se remarier.... Le mariage avait été solennisé en face d'église, le mari sachant que la fiancée était mariée.*

[[Mais cet arrêt ne va-t-il pas trop loin ? Si, comme l'assure Louet, qui devait, comme rapporteur du procès, en bien connaître toutes les particularités, le mari savait que *la femme était mariée*, il est clair que les enfans n'ont pu être déclarés légitimes qu'en considération de la bonne foi de leur mère. Mais comment leur mère a-t-elle pu être jugée de bonne foi, elle qui certainement n'ignorait pas le mariage qu'elle avait précédemment contracté, et qui n'avait pris aucune précaution pour constater la mort de son premier mari? Assurément, dans cette espèce, la présomption était contre la mère; et elle n'aurait pas pu fléchir devant la publicité de la célébration du mariage, si des circonstances dont l'arrêtiste n'a pas cru devoir surcharger son récit, ne se fussent réunies pour l'écarter.

Ce qu'il y a de certain, c'est qu'en cas d'accusation de bigamie, l'époux qui a contracté un nouveau mariage avant la dissolution de celui dans lequel il était engagé, ne peut échapper à la peine que par la preuve positive de sa bonne foi. Telle était du moins la disposition expresse du Code pénal de 1791, rapportée au mot *Bigamie*, n° 4; et quoiqu'elle ne soit pas renouvelée par l'art. 340 du Code pénal de 1810, elle n'en conserve pas moins toute l'autorité de la raison écrite. Or, comment pourrait-on présumer la bonne foi d'un bigame à l'effet de légitimer les enfans issus de son nouveau mariage, alors qu'on ne peut pas la présumer à l'effet de le soustraire lui-même à une peine afflictive?

La présomption de bonne foi doit donc, en cas de bigamie, être limitée à la personne qui, étant libre, épouse celle qui ne l'est pas; et c'est effectivement au sujet et de la part d'une femme libre qui avait épousé publiquement un homme marié, que l'arrêt de la cour de cassation du 18 février 1819, rapporté au mot *Mariage*, sect. 6, § 2 (*quatrième question* sur l'art. 184 du Code civil), déclare que *la bonne foi est présumée de droit jusqu'à preuve contraire.*

Doit-on ranger dans les classes des enfans légitimes, celui qui est né d'un mariage contracté avant le Code civil, entre un homme libre et une femme déjà mariée, et dont le mari était erronément supposé mort, 1° quoiqu'il ne se fût pas écoulé un an entre la célébration de ce mariage et la disparition du mari de la femme; 2° quoique la prétendue mort de celui-ci n'eût été alors constatée ni par un acte de décès, ni par une preuve judiciaire; 3° quoique la célébration de ce mariage n'ait pas été précédée des publications de bans prescrites par les lois?

V. mon *Recueil de Questions de droit*, à l'article *Mariage*, § 8.]]

IX. Une erreur de droit suffirait-elle pour assurer l'état des enfans nés d'un mariage nul auquel elle aurait donné lieu?

Le principe général est que la bonne foi ne se présume pas dans celui qui enfreint la disposition des lois: et de là il résulte qu'un mariage nul, par l'effet d'un empêchement connu des deux parties, ne peut régulièrement produire que des bâtards, quoique l'homme ou la femme aient cru que cet empêchement ne formait pas d'obstacle à leur union. C'est ainsi que, par l'arrêt du 28 février

1711, cité plus haut, n° 7, le grand conseil de Malines a déclaré illégitime une fille dont la mère avait cru n'avoir pas besoin, pour se marier, de l'intervention de son curé.

Il peut cependant se présenter des circonstances assez favorables pour déterminer les juges à s'écarter de cette rigueur.

Nous trouvons dans les *Décisiones Frisicæ* de Sande, un arrêt du conseil souverain de Frise, du 4 avril 1630, qui a jugé que les enfans nés d'un mariage contracté par erreur de droit entre l'oncle et la nièce, étaient légitimes.

C'est aussi ce qu'ont décidé les empereurs Marcus et Lucius, dans une espèce rapportée au Digeste, titre *de ritu nuptiarum*, loi 57, § 1. Voici les termes de ce précieux texte : « Les empereurs » Marcus et Lucius ont adressé le rescrit suivant à » Flavia Tertulla par l'affranchi Mensor : Nous » sommes touchés et du long espace de temps pen-» dant lequel vous avez, par ignorance de droit, » vécu avec votre oncle comme avec votre mari, » et de ce que vous lui avez été donnée en ma-» riage par votre aïeule, et du nombre de vos en-» fans. C'est pourquoi, et attendu le concours de » toutes ces circonstances, nous confirmons l'état » des enfans que vous avez eus de ce mariage con-» tracté depuis plus de quarante ans, et nous vou-» lons qu'ils soient regardés comme légitimes. » *Divus Marcus et Lucius imperatores Flaviæ Tertullæ per Mensorem libertum ita rescripserunt : Movemur et temporis diuturnitate, quo ignara juris in matrimonio avunculi tui fuisti, et quod ab avia tua collocata es, et numero liberorum vestrorum. Idcirco quæ cum hæc omnia in unum concurrant, confirmamus statum liberorum vestrorum in eo matrimonio quæsitorum, quod ante annos quadraginta contractum est, perinde atque si legitime concepti fuissent.*

Mais « remarquez (dit M. d'Aguesseau) com-» bien de circonstances elles relèvent ; et » ils ne sont frappés que de leur réunion, *cum hæc » omnia in unum concurrant :* 1° le long temps, » l'espace de quarante années ; 2° l'ignorance du » droit qui s'excuse plus facilement dans une » femme (1) ; 3° l'autorité d'une aïeule qui avait » marié la nièce dont il s'agissait, et à laquelle » seule on devait imputer la faute ; 4° le nombre » des enfans. »

X. Lorsque la bonne foi des époux ou de l'un d'eux ne supplée pas à la nullité du mariage qu'ils ont contracté, les enfans qu'ils en ont eus ensemble, doivent régulièrement être déclarés illégitimes.

On dit *régulièrement* ; car il peut quelquefois arriver que des fins de non-recevoir assurent leur état. *V.* l'article *Mariage*, sect. 6.

XI. Doit-on regarder comme légitime, l'enfant né d'un mariage contracté avant qu'un engagement antérieur qui y formait obstacle, mais qui était

(1) *V.* l'article *Ignorance*, § 1, n° 8.

nul en soi, fût annulé par le juge compétent? Cette
question est traitée au *Journal du Palais*, tome 1,
page 178.

On dit, pour la négative, « qu'il y a des actes
» qui sont nuls de plein droit, comme les contrats
» passés par des impubères, parce que la loi ne
» les connaît point encore, pour les obliger à
» l'exécution de leurs promesses; mais qu'aussi il
» y en a d'autres qui ne peuvent être annulés sans
» lettres du prince ou jugement solennel, comme
» ceux qui sont passés par des majeurs ou par des
» mineurs approchant de la majorité; et de cette
» sorte (ajoute-t-on) sont les actes qui blessent la
» république, les lois, les ordonnances, la vali-
» dité des mariages, l'état des enfans. Quand on
» fait un mariage, on contracte avec la républi-
» que; c'est un traité qui lui répond d'une fa-
» mille, et qui lui produit des citoyens pour la
» servir : et s'il arrive qu'on veuille révoquer
» ce traité, il faut un appel comme d'abus et un
» arrêt. »

A ces raisons se réunit l'autorité d'un arrêt de
règlement du 9 juillet 1668, qui « fait défenses à
» toutes personnes de contracter mariage à l'avenir
» avec des personnes qui auront fait des vœux et
» obtenu des rescrits pour les déclarer nuls, qu'au-
» paravant lesdits rescrits n'aient été entérinés, à
» peine de la vie contre l'un et l'autre des contre-
» venans. » Cet arrêt est inséré dans les *Mémoires
du Clergé.*

On dit au contraire, pour l'affirmative, que le
juge n'établit et ne donne pas le droit par sa sentence, mais déclare seulement celui qui était
acquis; que par conséquent, un engagement nul
ne doit pas empêcher qu'on n'en forme un autre;
et que la nullité du premier venant dans la suite à
être déclarée, la validité du second ne doit plus
souffrir aucune difficulté.

Ce parti a été adopté par plusieurs arrêts célèbres.

Un des plus remarquables est celui du 11 mars
1660 : il surseoit à faire droit sur l'appel comme
d'abus du second mariage contracté par Jeanne
Tourneux avec Fréart, jusqu'à ce qu'il ait été
statué sur la validité du premier, contracté entre
elle et le nommé Bigot. [[L'art. 189 du Code civil
veut pareillement qu'en ce cas, « la validité ou la
» nullité du premier mariage soit jugée préalable-
» ment. »]]

On a rapporté, au mot *Bigamie*, un arrêt du
29 décembre 1781, qui confirme cette jurisprudence, en déchargeant de l'accusation de bigamie
un particulier qui avait passé à un second mariage, sans avoir, au préalable, fait annuler celui
qu'il avait précédemment contracté sans aucune
forme.

Il y en a trois autres qui ont jugé que des vœux
nuls qui n'avaient point été cassés en justice, n'é-
taient pas un obstacle au mariage ni à la Légitimité des enfans. Le premier est du 11 juillet 1658;
il est rapporté au *Journal des Audiences.* Le second est de l'année 1671; il en est fait mention

dans le *Journal du Palais,* à l'endroit cité. Le troisième est du 16 mai 1746; on peut en voir l'espèce
dans la *Collection de Jurisprudence* de Denisart,
au mot *Mariage.*

N'oublions pourtant pas l'observation que fait
M. d'Aguesseau sur cette jurisprudence.

« Nous n'ignorons pas (dit-il) que l'on a confirmé plusieurs mariages contractés au préjudice
d'un premier engagement. Mais dans quelle espèce
a-t-on pu rendre de pareils jugemens? Lorsque le
premier mariage était tellement nul, que les parties ne pouvaient se croire véritablement engagées;
lors, par exemple, qu'un fils de famille mineur,
dont la séduction est constante, s'étant marié sans
publication de bans, sans présence du propre curé,
réclame aussitôt après son mariage l'autorité des
lois et la protection de la justice. Quoiqu'il serait
plus régulier d'attendre que le premier mariage fût
déclaré nul, on excuse cependant la précipitation
d'un homme qui s'engage avant la fin d'un procès
dont l'événement ne peut être douteux.

» Mais lorsque les parties ont cru leur engagement valable pendant le cours de plusieurs années,
lorsqu'ils l'ont déclaré par des actes publics, lorsque l'église les a reçus à la participation de ses
sacremens, comme des personnes dont l'union était
Légitime, que le public les a toujours considérés
comme mari et femme, qu'eux-mêmes se sont
toujours donné cette qualité mutuellement; ne
doit-on pas rentrer dans le droit commun, et décider que ce premier mariage, défectueux, à la
vérité, dans son commencement, est néanmoins
un empêchement capable de dirimer ceux qui l'ont
suivi? »

[[Mais on voit qu'en s'exprimant ainsi, M. d'A-
guesseau énonce plutôt un doute qu'une opinion
formée; et du reste il paraît que, dans le cas qu'il
suppose, la question doit être résolue par une distinction. Ou la possession d'état dont le mariage
nul a été suivi, est suffisante pour en couvrir la
nullité, ou elle ne l'est pas. Dans le premier cas,
il est clair que le second mariage contracté au mépris du premier, doit être déclaré nul; mais dans
le second, sur quelle raison, sur quelle loi se fon-
derait-on pour l'annuler?]]

XII. Comme il y a, suivant la déclaration de
1639 et l'édit de 1697, des mariages valables quant
au sacrement, et nuls quant aux effets civils, il
est clair que les enfans nés des personnes qui les
ont contractés, doivent être regardés comme
Légitimes dans l'église, et comme bâtards dans
l'état.

Néanmoins, dans la pratique, on se contente,
même dans les tribunaux séculiers, de les déclarer
incapables des effets civils de la filiation, et on leur
laisse la qualité de légitimes, afin qu'ils ne soient
point arrêtés par une équivoque dans l'usage qu'ils
peuvent en faire par rapport aux effets canoniques.
C'est ce que nous apprennent trois arrêts rapportés
par Augeard.

Voici l'espèce des deux premiers.

Le nommé Fournier avait, d'un premier mariage, une fille nommée Catherine; il avait contracté un second mariage avec sa servante; mais il l'avait tenu secret jusqu'à sa mort; et il lui en était né un fils nommé Mathurin. Lorsqu'il fut question de partager sa succession, Catherine Fournier interjeta appel comme d'abus du second mariage, dans l'espérance de faire déclarer son frère consanguin illégitime. Mais par arrêt du 11 mai 1671, rendu sur les conclusions de M. l'avocat-général Bignon, la cour dit qu'il n'y avait abus, et néanmoins maintint Catherine Fournier dans tous les biens du défunt, distraction faite d'une somme de 3,000 livres, qu'elle adjugea à Mathurin Fournier pour tout ce qu'il pouvait prétendre.

Comme cet arrêt déclarait implicitement Mathurin Fournier légitime, il voulut dans la suite s'en faire un titre pour prendre part dans une succession collatérale, et sa prétention fut accueillie par une sentence des requêtes du palais du 19 septembre 1703. Mais sur l'appel, arrêt intervint, le 24 juillet 1704, qui le débouta de ses demandes, *comme incapable de toutes successions directes et collatérales.*

Le troisième arrêt n'est pas moins précis. Le nommé du Simon avoit épousé, au lit de la mort, une fille dont il avait eu plusieurs enfans. Ses parens interjetèrent appel comme d'abus de ce mariage : mais par arrêt du 14 juillet 1687, « la cour » jugea qu'il n'y avait abus; et pour certaines con- » sidérations, adjugea à trois enfans qui restaient » de cette conjonction, le tiers des biens de du » Simon en propriété, et la moitié de ce tiers en » usufruit à la mère, en déclarant que ce tiers » n'était pas donné aux enfans comme portion hé- » réditaire, mais par forme d'alimens. »

[[*V.* l'article *Mariage*, sect. 9.]]

XIII. La déclaration de 1639 met au nombre des enfans légitimes, quant aux effets canoniques, et bâtards, quant aux effets civils, ceux qui sont nés d'un mariage contracté entre des personnes dont l'une était morte civilement au temps de la célébration. Mais cette loi ne décide pas s'il faut aussi regarder comme illégitime, dans l'ordre politique, un enfant qui est né après la mort civile de son père et de sa mère, d'un mariage contracté auparavant.

L'affirmative ne souffre cependant aucune difficulté, et elle est établie par le Camus d'Houlou sur la coutume de Boulonnais, tome 1, page 41: « Ceux (dit-il) qui n'étaient ni nés ni conçus au » temps de la mort civile de leur père, quoique » légitimes (aux yeux de la religion), sont inca- » pables de recueillir les successions directes ou » collatérales, parce qu'il n'a pu leur transmettre » les effets civils qu'il n'avait plus; et dans ce cas, » les enfans nés ou conçus avant la mort civile du » père, excluent de sa succession et de toutes au- » tres ceux qui sont nés depuis. »

Denisart confirme cette doctrine par un arrêt qu'il rapporte en ces termes : « Les enfans qui » naissent de personnes condamnées à mort civile,

» depuis leur condamnation, sont légitimes; mais » ils sont incapables de succéder à leurs parens, » parce qu'un tronc mort, disent les auteurs, ne » peut pas produire des branches vives. Cela a été » ainsi jugé par arrêt du mois de février 1745, con- » firmatif d'une sentence du Châtelet. »

On trouve la même décision dans un arrêt du 15 mai 1665, rapporté au *Journal des Audiences;* il déclare une fille, dont le père et la mère avaient été condamnés à mort par contumace, non-recevable dans sa demande en partage de la succession de son frère, parce qu'elle était née depuis la condamnation, quoique d'un mariage contracté même avant le crime.

Une comparaison rendra encore cette vérité plus sensible.

Chez les Romains, un prisonnier de guerre était réputé mort civilement du jour de sa captivité.

On a demandé si les enfans qu'un père et une mère avaient eus, dans cet état, d'un mariage formé pendant qu'ils étaient libres, devaient être regardés comme légitimes, et il a été décidé que non.

On a ensuite poussé la question plus loin : on a supposé que le père et la mère avaient recouvré leur liberté, et l'on a répondu qu'en ce cas, les enfans nés pendant leur captivité, étaient devenus légitimes par droit de retour, *jure postliminii.*

Mais que serait-ce, a-t-on ajouté, si le père mourait captif, et que la mère revînt seule avec ses enfans? Le législateur a voulu que, dans cette hypothèse, les enfans fussent réputés bâtards.

Toutes ces décisions sont renfermées dans la loi 26, D. *de captivis et postliminio reversis.* Les termes en sont précieux : *Divus Severus et Antoninus rescripserunt, si uxor cum marito ab hostibus capta sit, et ibidem ex marito enixa sit, si reversi fuerint,* justos *esse et parentes et liberos, et filium in potestate patris, quemadmodum si jure postliminii inde reversus sit. Quod si cum matre sua sola revertatur, quasi sine marito natus,* spurius *habebitur* (1).

[[Suivant l'art. 25 du Code civil, le mariage *est dissous, quant à ses effets civils,* par la condamnation de l'un des époux à une peine emportant la mort civile. Ainsi, nul doute que, sous le Code civil, comme sous l'ancienne jurisprudence, on ne doive regarder comme illégitimes les enfans nés après la mort civile de leur père ou de leur mère, quoique l'un et l'autre aient été régulièrement mariés avant cette époque. *V.* l'art. *Mariage,* sect. 2, § 2; et sect. 3, § 1, n° 3; et *Mort civile,* § 1, art. 6, n° 4.]]

§ II. *Comment doit-être prouvée en général l'existence du mariage considéré par rapport à la Légitimité?*

I. Le mariage étant la seule source de la Légi-

(1) Nous reviendrons sur cette loi à l'article *Mort civile,* § 2.

timité, il est clair que tout enfant qui se prétend légitime, doit prouver qu'il a pour père et mère des personnes mariées.

C'est en représentant l'acte de célébration de leur mariage, qu'il fait cette preuve.

Mais quel état lui donnera-t-on, si, sans pouvoir représenter cet acte, il prouve que son père et sa mère ont toujours vécu comme mari et femme, et ont toujours passé pour tels dans l'opinion du public ?

Chez les Romains, on l'aurait déclaré légitime sans difficulté : comme le mariage pouvait se contracter parmi eux sans formalités publiques, et par le seul consentement des parties, il était naturel d'en présumer l'existence toutes les fois qu'on en remarquait les signes extérieurs. Aussi voyons-nous dans la loi 31, D. *de donationibus*, que la longue cohabitation et les circonstances dont elle était accompagnée, distinguaient la femme légitime d'avec la concubine : *Donationes in concubinam collatas non posse revocari convenit ; nec si matrimonium inter eosdem postea fuerit contractum, ad irritum recidere quod ante jure valuit. An autem maritalis honor et affectio pridem præcesserit, personis comparatis, vitæ conjunctione considerata, perpendendum esse respondi : neque enim tabulas facere matrimonium.*

Le droit canonique a aussi autorisé long-temps ces sortes de présomptions : c'est ce que prouvent plusieurs textes, et entre autres le chapitre *illud*, aux décrétales, *de præsumptionibus*.

On allait même beaucoup plus loin. Dès qu'il était avoué ou constaté qu'un homme et une personne du sexe avaient vécu ensemble comme mari et femme, non-seulement on les présumait mariés, mais même on rejetait toute preuve du contraire, parce que le mariage se formant alors par le seul consentement des parties, ce n'était rien prouver, que faire voir qu'il n'y avait pas eu de bénédiction nuptiale en face de l'église.

« Mais (dit M. d'Aguesseau) le concile de » Trente a réformé cet abus, quand il a prescrit la » présence du propre curé, et celle de trois témoins ; » quand il a imposé la nécessité de tenir des regis- » tres de mariage dans toutes les paroisses. »

L'art. 40 de l'ordonnance de Blois, de 1579, a confirmé cette disposition.

Mais (et cette remarque est importante pour l'exacte intelligence de quelques anciens arrêts) ni le concile ni l'ordonnance de Blois ne furent exécutés tout de suite ; et il y eut des parlemens qui continuèrent pendant quelque temps de donner à la cohabitation précédée d'une promesse de mariage, l'effet d'un mariage véritable.

Ce fut en 1600, que l'ordonnance de Blois, confirmée dans la suite par la déclaration de 1639, commença à recevoir une exécution complète. Les mêmes livres qui nous apprennent le progrès de cette jurisprudence, nous avertissent tous que, depuis cette époque, absolument les présomptions de mariage cessèrent. « On ne s'arrête plus à ces » anciens arrêts ; ils ne tirent plus à conséquence,

» et ne servent qu'à indiquer la jurisprudence an- » cienne. » C'est ainsi, entre autres, que s'exprime Brillon, dans son dictionnaire, au mot *Mariage*, n° 144. « Ce sont (dit aussi Duperrai, *Traité des* » *dispenses de mariage*, chap. 2) *de vieilles er- » reurs*, lesquelles se sont dissipées *sur la fin du* » *seizième siècle.* » Dauti, sur Boiceau, dit éga- lement, page 120 : « Cette jurisprudence n'a plus » lieu depuis le concile de Trente et l'ordonnance » de Blois, suivant lesquels on n'a plus d'égard en » France et en Italie, aux mariages présumés par » cohabitation. » Sur quoi, l'auteur renvoie à Bro- deau sur Louet, lettre M, § 6.

Inutilement donc invoquerait-on aujourd'hui l'arrêt de 1592, rapporté par Anne Robert, qui jugea que, sans contrat de mariage, sans publi- cation de bans, et sans bénédiction nuptiale, la déclaration faite par un père en justice, qu'il avait promis foi de mariage à sa servante, qu'elle ne s'était rendue que sous cette promesse, qu'il l'avait entretenue comme sa légitime épouse, qu'il vou- lait et entendait que sa fille fût tenue pour légitime, et qu'elle fût son héritière, suffisait pour assurer à cette fille tous les avantages de la Légitimité. « Cet arrêt (dit M. l'avocat-général Bignon) a » été rendu suivant l'ancienne jurisprudence, quoi- » qu'après l'ordonnance de Blois, qui n'a com- » mencé à cet égard de s'observer étroitement que » depuis 1600 (1). »

Le propre additionnaire d'Anne Robert, quoi- qu'écrivant dans un temps où la jurisprudence n'était pas aussi raffermie sur ce point qu'elle l'est aujourd'hui, par le suffrage constant et unanime de tous les tribunaux de France, nous avertit (pag. 652 de la traduction française) qu'il ne faut pas faire état de cet arrêt ; et il en rapporte de contraires de 1604.

II. Il n'y a cependant pas de loi qui, en cette matière, prohibe d'une manière absolue et indéfi- nie, la preuve par témoins de la célébration des mariages ; au contraire, l'ordonnance de 1667 la permet expressément toutes les fois qu'il est prouvé que les registres sont perdus, soit par un accident inopiné, soit par force majeure, ou que, par né- gligence, il n'en a jamais été tenu. *V.* l'art. *Ma- riage*, sect. 5.

III. Mais le silence de nos lois sur la possession d'état, dénuée de la preuve d'un mariage, suffit-il pour ôter à cette possession l'effet qu'elle produit chez les Romains ?

S'il en faut croire Denisart, voici un arrêt qui a jugé pour l'affirmative.

« Marie Charuel, après avoir épousé Jacques Houdoyer, en fut abandonnée, sans qu'on pût sa- voir ce qu'il était devenu. Elle vécut depuis pen- dant fort long-temps avec Louis Girard, sur la pa- roisse de Saint-Benoît et Saint-Severin, à Paris ; elle en eut un fils baptisé comme légitime en 1685. Après la mort de Louis Girard, elle prit la qua-

_____
(1) Bardet, tome 1, liv. 3, chap. 59. *V.* aussi le même auteur, chap. 70.

lité de veuve : un avis des parens assurait à l'enfant l'état de légitime. L'inventaire fut fait à la requête d'elle, comme veuve, et du fils, comme héritier ; elle décéda en possession de son état : son inventaire fut même fait à la requête de cet enfant, et d'une fille qu'elle avait eue de son mariage avec Houdoyer.

» Jean Girard, qui était né de l'habitation publique de Louis Girard avec Marie Charuel, ayant demandé le partage des biens de sa mère contre sa sœur Marie Houdoyer, celle-ci attaqua son état, et soutint qu'il n'y avait pas eu de mariage entre Marie Charuel et Louis Girard : elle ajouta même, qu'il ne pouvait pas y en avoir, au moyen de ce qu'on ignorait le sort de Jacques Houdoyer.

» Jean Girard répondit qu'il était en possession de son état depuis vingt-sept ans : il alleguait une cohabitation publique de son père et de sa mère, et rapportait des actes où ils étaient qualifiés de mari et de femme ; son extrait baptistaire était en règle, sa qualité de légitime était reconnue par des avis de parens et par des inventaires.

» Cependant, parce qu'il ne rapportait point d'acte de célébration, ni d'extrait mortuaire de Jacques Houdoyer, il fut débouté de sa demande en partage, par sentence du Châtelet, confirmée par arrêt du 12 juillet 1713, rendu sur les conclusions de M. Joly de Fleury, avocat-général. »

Ainsi, selon Denisart, le parlement de Paris a jugé que, lors même que le père et la mère sont décédés, et que par conséquent leur fils ne peut pas savoir où a pu être célébré leur mariage, la seule possession dans laquelle il est de l'état d'enfant légitime, est insuffisante pour le garantir de la tache de la bâtardise.

Mais peut-on raisonnablement supposer que le parlement de Paris ait consacré une pareille maxime ?

Qu'est-ce que l'état ?

« C'est (répond M. Elie de Beaumont, dans un de ses plus beaux mémoires, celui pour la dame d'Anglure) la réunion des rapports par lesquels un homme tient aux autres hommes dans la société.

» Par cela seul, on conçoit que la possession doit être de plus grand poids en matière d'état, parce qu'elle ne dépend pas de la seule volonté, du seul fait de celui qui la présente en sa faveur, et qu'elle exige nécessairement le libre concours de ceux dont les relations avec lui constituent son état. On ne se fait pas tout seul fils, père, époux ou frère ; il faut nécessairement qu'il y ait d'autres êtres à regard desquels on ait ces qualités. On est individuellement et abstractivement homme, par cela seul qu'on existe ; mais par cela seul qu'on existe, n'est en même temps le petit-fils de son père, le petit-neveu de son oncle, le frère de son fils, l'oncle de son petit-fils, et le beau-frère de son gendre. Or, ces divers rapports, on n'est pas le maître de se les donner à soi-même ; il faut nécessairement qu'on les tienne de l'aveu des reconnaissances de ceux avec lesquels ces rapports nous lient. Un enfant dans son berceau ne se crée point de parenté avec tout ce qui l'environne ; il ne le pourrait, ni par sa volonté, puisqu'il n'en a point encore, ni par sa force, puisqu'il n'en a pas davantage. Il n'est donc que ce qu'on l'a fait être, que ce qu'on a voulu qu'il fût. Et de là le poids irrésistible de la possession en matière d'état, parce qu'étant nécessairement l'ouvrage de tant de personnes à la fois, et ne pouvant jamais l'être de celui qui y a le principal intérêt, puisqu'il n'a pu, en sortant du sein de sa mère, ni se la donner, ni la refuser, elle porte nécessairement un caractère de vérité, et exclut toute idée d'usurpation ou d'injustice. »

Un autre motif encore de la force donnée à la possession d'état par les lois de tous les peuples policés, se tire de la pudeur publique. Il est bien rare en effet qu'un homme soit assez effronté pour vouloir induire en erreur ses amis, ses proches et la société entière sur un objet aussi important : la supposition ou la suppression d'état réunissent tant de crimes à la fois, qu'on ne peut les présumer ; et dès-là, il faut bien regarder la possession d'un état, comme l'interprète et la preuve de la vérité même de cet état. Il existe même une loi solennelle qui donne à cet argument la plus grande force. Nous voulons parler de la déclaration de 1697, qui autorise le ministère public à se faire justifier, dans l'année, du titre légal de la cohabitation de deux personnes de différens sexes qui vivent ensemble. Son silence est un hommage qu'il rend à la pureté, à la Légitimité de la liaison qui les unit, et conséquemment à la possession légitime des enfans qui naissent d'eux.

Un troisième motif, enfin, qui donne parmi nous tant de poids à la possession d'état, est la force qu'elle ajoute au titre même. La mauvaise foi peut soulever des contestations sur le titre ; elle peut imaginer de faux systèmes pour le combattre ; elle peut calomnier nos lois, en les accusant d'imperfection sur ce point ; mais il est impossible de contester l'influence de la possession. La possession se suffit à elle-même ; elle n'a besoin d'aucun secours étranger ; et ce n'est pas seulement en matière d'état que les tribunaux lui reconnaissent cette puissance, c'est dans tous les autres cas. Tous les jours, la loi maintient un homme dans la possession d'un champ qu'il a pu usurper pendant l'absence ou la longue négligence du propriétaire ; et elle le maintient, par cela seul qu'il possède, sauf ensuite à attaquer sa possession par un titre contraire. Comment donc n'aurait-elle pas maintenu celui qui a pour titre une possession qu'on ne peut l'accuser de s'être attribuée à lui-même, puisqu'elle existe aussi anciennement que lui, et du moment même de sa naissance ?

Ces vérités sont palpables, et il est impossible qu'on les contredise, parce qu'elles sont puisées dans l'ordre essentiel des choses, dans l'évidence, dans la nature. Aussi ont-elles été unanimement professées, établies par tout ce que nous avons de plus célèbres jurisconsultes.

Satis est (nous dit Mornac sur la loi 6, D. *de his qui sui vel alieni juris sunt*,) *ad ejusmodi de natalibus quæstiones, ut quis nominetur filius et publice agnoscatur, passimque habeatur et credatur apud omnes.*

Soëfve, rapportant l'espèce d'un arrêt célèbre dont nous parlerons dans l'instant, s'exprime ainsi : « Ce qui faisait le plus pour la vérité du ma- » riage, était la possession dans laquelle l'un et » l'autre avaient été pendant si long-temps de la » qualité de mari et femme, au vu et su de tout le » monde. »

Mais entre tous ceux de nos jurisconsultes qui se sont expliqués sur les effets incontestables de la possession d'état, il n'en est point qui l'ait fait avec autant de force et d'énergie que Cochin dans la cause de Bourgelat.

« De toutes les preuves qui assurent l'état des hommes (nous dit ce célèbre orateur,) il n'y en a point de plus solide et de plus puissante que celle de la possession publique. L'état n'est autre chose que le rang et la place que chacun tient dans la société générale des hommes, et dans les sociétés particulières que la proximité du sang forme dans les familles ; et quelle preuve plus décisive pour fixer cette place que la possession publique où l'on est d'en occuper une depuis qu'on est au monde?

» Les hommes ne se connaissent entre eux que par cette possession ; celui-là a toujours reconnu un tel pour son père, une telle pour sa mère ; celui-là pour son frère, les autres pour ses cousins ; il a été de même reconnu par eux ; le public a été instruit de cette relation : comment, après trente ou quarante ans, changer toutes ces idées, détacher un homme d'une famille dans laquelle il est, pour ainsi dire, enraciné par tant d'actes et de reconnaissances géminées? C'est dissoudre ce qu'il y a de plus indissoluble ; c'est, en quelque manière, rendre les hommes étrangers les uns aux autres. On ne se reposera plus sur la foi publique et sur une longue habitude de se reconnaître dans un certain degré de parenté ; le frère se tiendra en garde contre son frère, qui dans peu pourra cesser de l'être, si la possession publique ne le rassure plus contre de telles révolutions. En un mot, c'est ébranler les fondemens de la tranquillité publique que de ne pas reconnaître l'autorité de la possession publique de l'état.

» Celui qui l'a en sa faveur, n'est point obligé de remonter à d'autres preuves ; elle supplée aux actes de célébration de mariage, aux extraits baptistaires, et à tous les actes qui sont ordinairement employés pour fixer l'état des hommes.

» Mais si ce principe est si nécessaire en lui-même, il devient encore plus sacré, quand on oppose aux enfans qu'ils ne rapportent point l'acte de célébration de mariage de leur père et de leur mère. La raison décisive est que ce titre n'est point personnel aux enfans : les titres qui leur sont propres sont leurs extraits baptistaires ; ils sont obligés

d'en justifier, ou de suppléer à ces titres essentiels par d'autres actes, et principalement par les papiers domestiques des pères et des mères décédés; et si tout cela leur manque, la possession publique de l'état vient à leur secours : mais il n'y a jamais eu ni loi ni ordonnance qui ait exigé qu'ils portassent la preuve jusqu'à établir que la qualité de mari et de femme, prise en tout temps par leur père et leur mère, leur a appartenu légitimement : elle supplée de droit, dès qu'ils ont eu publiquement des enfans qu'ils ont élevés comme des fruits précieux d'une union légitime. Les enfans n'ont donc à prouver que leur état. Cet état, bien établi par la possession publique, fait présumer de droit celui du père et de la mère, sans qu'on soit obligé de remonter jusqu'à l'acte de célébration de leur mariage.

» En effet, ce serait réduire très souvent les enfans à l'impossible. Combien y en a-t-il qui, élevés tranquillement sous les yeux de leurs parens, n'ont jamais pensé à demander où leur père avait été marié, et qui, interrogés sur ce point après la mort du père, seraient absolument hors d'état d'y répondre? Combien y en a-t-il qui ne savent pas même où leur père demeurait dans le temps de son mariage? D'ailleurs, combien de mariages se font, avec dispense du curé des parties, dans des paroisses éloignées? Enfin, combien y en a-t-il qui n'ont fait rédiger leur mariage que sur une feuille volante qui peut périr par mille accidens? Comment des enfans qui n'ont jamais demandé compte à leur père de la Légitimité de son mariage, iront-ils découvrir cette paroisse étrangère? Comment trouveront-ils cette feuille volante, que des parens, avides de la succession de leur père, auront enlevée? Faudra-t-il que des enfans, tristes victimes de ces malheureux événemens, auxquels il ne leur était pas possible de parer, perdent leur état et soient privés des honneurs d'une naissance légitime? Si la nécessité de remonter ainsi jusqu'aux titres de ses auteurs, est une fois admise, cela n'aura plus de bornes. Un fils qui viendra par représentation de son père à la succession de son aïeul, sera donc obligé de rapporter, non-seulement l'acte de célébration de mariage de son père, mais encore celui de son aïeul, qui a pu changer vingt fois de domicile en sa vie, sans que ses petits-fils en aient aucune notion ; ce que l'on dit de l'aïeul, il faudra le dire quelquefois du bisaïeul, et ainsi de l'infini ; ce qui dégénère dans une absurdité manifeste.

» Jamais on n'a porté l'inquisition à de tels excès. On s'est toujours reposé sur la foi publique. Dans toutes les circonstances où la Légitimité est nécessaire, jamais elle ne s'établit que par l'extrait baptistaire de celui qui se présente. S'agit-il de recevoir un magistrat, d'ordonner un prêtre? Son extrait baptistaire suffit ; et jamais on n'a demandé l'acte de célébration de mariage du père de la mère. Pourquoi cela ? C'est que l'enfant dont l'état est assuré par les titres qui lui sont personnels, ne peut être obligé de rapporter les titres ses auteurs ; c'est que l'autorité des titres personnels de l'enfant, et leur exécution, prouvent par elles-mêmes l'existence des titres de ses auteurs, quoiqu'ils ne soient pas rapportés ; et, pour tout dire en un mot, c'est que la possession publique suffit par elle-même : c'est à ceux qui la combattent, après cela, à rapporter des titres contraires ; mais tant qu'il n'en paraît pas, on défère et on doit nécessairement déférer à cette possession......

» C'est aussi l'esprit de toutes les lois : elles annoncent partout l'autorité de la possession dans les questions d'état ; elles décident qu'avec les secours de cette possession, la perte des titres est réparée....»

Ici, Cochin rapporte divers textes du droit romain ; et après la fameuse loi *si vicinis vel aliis scientibus*, il ajoute : Dans l'espèce de cette loi, » il n'y avait ni titre qui prouvât le mariage, ni » acte qui établit la naissance de l'enfant. Cependant l'un et l'autre sont inébranlables. Pourquoi » cela? C'est que la femme a vécu, aux yeux de » tout le voisinage, comme femme légitime ; c'est » que l'enfant a été élevé de même comme le fruit » de leur union, *vicinis vel aliis scientibus*. C'en » est assez pour assurer son état, malgré la perte » de tous les titres. »

Ainsi parlait Cochin dans la célèbre affaire que nous avons citée. Et qu'on n'aille pas lui faire l'injure de croire qu'il a plus donné au besoin de sa cause qu'à sa conviction personnelle : ce serait bien mal connaître cet homme vertueux. Jamais il ne défendit que ce qu'il aurait jugé. Mais après avoir entendu l'orateur en présence des juges, lisons le jurisconsulte dans le silence du cabinet ;

« On estime (nous dit-il dans sa soixante-quatrième consultation) que la possession publique d'enfans légitimes de tels et tels, suffit pour assurer cet état ; en sorte que l'enfant qui établit cette possession, n'a pas besoin de titres primordiaux d'où elle dérive, comme l'acte de célébration de mariage de son père et de sa mère, parce qu'en général tout possesseur qui est attaqué, n'a rien à prouver, et que c'est à celui qui trouble, à justifier que sa possession est injuste.

» C'est ce qui a lieu dans les matières les plus communes. Celui qui est en possession d'un héritage depuis plus d'un an, n'y peut être inquiété, sous prétexte qu'il ne rapporte pas le titre de sa propriété. Sa possession lui suffit : *possideo quia possideo.*

» De même, un enfant qui a été nourri, élevé, mis en pension, marié, comme enfant légitime de telles et telles personnes, et qui est par là en possession publique de la Légitimité, n'est point obligé d'en rapporter d'autres preuves ; c'est à ceux qui prétendent qu'il est bâtard, à en rapporter la preuve. La présomption est toujours pour la possession publique et paisible ; autrement on courrait risque de dégrader un enfant élevé tranquillement dans la maison de son père et de sa mère, comme le fruit légitime de leur mariage. Il se repose sur son état et sa possession, et jouit en con-

séquence : s'il peut déchoir de son état, faute de rapporter les titres primordiaux, c'est le réduire à l'impossible. Il ignore, et doit naturellement ignorer où son père et sa mère ont été mariés ; en sorte que, dans l'impossibilité de trouver l'acte de célébration qui existe, il faudra que cet enfant, né d'une conjonction légitime, et qui a joui de tous les honneurs dus à sa naissance pendant la vie de son père et de sa mère, soit, après leur mort, réduit au vil état de bâtardise. Les lois sont trop équitables pour s'armer d'une sévérité si contraire à la justice.»

Tels sont les principes sur la possession d'état, et sur l'effet naturel que produit cette possession, de dispenser l'enfant de rapporter le titre constitutif de l'état de son père et de sa mère. La jurisprudence les a consacrés par tant d'arrêts solennels, que nous ne sommes embarrassés que de leur nombre. Contentons-nous de retracer ici les principaux.

En voici un qui a été rendu au parlement de Dijon.

M. Le Roux, président aux requêtes du palais à Rouen, eut, étant marié, un enfant de la demoiselle Lemercher ; il emmena celle-ci à son terre de Bosc-Théroulde, et lui fit épouser le sieur de Bruyères, qui vint demeurer dans cette paroisse. Après sept à huit ans de mariage, la demoiselle Lemercher devint veuve : M. Le Roux, devenu veuf aussi, l'épousa, ou du moins le curé du Bosc-Théroulde lui avait délivré un certificat de mariage ; mais il n'était signé d'aucun témoin ; et même il contenait au commencement et à la fin de son texte, deux dates différentes.

La demoiselle Lemercher alla demeurer à Rouen chez M. Le Roux. Tous les parens la regardèrent comme sa femme ; elle accoucha de deux enfans qui furent tenus sur les fonts baptismaux par les enfans du premier mariage du magistrat. Dans l'acte de baptême, ils furent dits enfans légitimes de M. Le Roux et de la demoiselle Lemercher. Après huit ans de leur union, M. Le Roux décéda, son fils du premier lit interjeta appel comme d'abus du mariage prétendu de son père avec la demoiselle Lemercher. Une fille, restée seule de ce mariage, en soutint la validité. Les moyens de l'appel d'abus étaient l'insuffisance du certificat, l'adultère commis durant le mariage de M. Le Roux, et la preuve qu'on offrait de l'intimité avec laquelle il avait vécu avec la demoiselle Lemercher, tandis qu'elle était femme du sieur de Bruyères. Mais la fille de cette demoiselle soutint que, n'y ayant pas de registres dans la paroisse, le certificat devait en tenir lieu, surtout eu égard au temps non suspect où il avait été délivré ; qu'au surplus la preuve de l'adultère n'était point admissible, ce crime ne formant un empêchement dirimant que lorsqu'il est joint à des promesses de mariage, ou à l'attentat sur la vie de l'un des époux ; que d'ailleurs sa possession d'état de fille légitime était notoire.

L'affaire ayant été renvoyée au parlement de

Dijon, il y intervint, le 11 août 1678, un arrêt qui débouta le sieur Le Roux fils, de sa demande en preuve, confirma le mariage, et déclara la demoiselle Le Roux légitime.

Un autre arrêt bien célèbre en cette matière, est celui que rapporte Soëfve, tome 2, cent. 4, chap. 92.

André Dochin, procureur au parlement de Paris, et Colette Raquelot avaient vécu ensemble comme mari et femme pendant trente-sept ou trente-huit ans. Les héritiers du mari attaquèrent une donation universelle qu'il avait faite à Colette Raquelot, sur le fondement qu'il n'y avait point eu de mariage. Colette Raquelot ne rapportait point d'acte de célébration; et ce qu'il y avait de pis pour elle, c'est qu'elle avait soutenu qu'elle avait été mariée tel jour à Saint-Jacques de la Boucherie à Paris; et les registres de cette paroisse ayant été consultés, on y trouva bien un acte de célébration de mariage ce jour même, mais on n'y aperçut point le sien. Qu'on observe encore qu'on demandait à Colette Raquelot la représentation de son propre titre et non celui de son père et de sa mère. Néanmoins, par arrêt du parlement de Paris, du 7 janvier 1676, sur la foi de sa possession publique, son état fut maintenu et la donation confirmée. « Ce qui faisait le plus pour la vérité du » mariage (dit l'arrétiste), était la possession dans » laquelle l'un et l'autre avaient été pendant un si » long temps de la qualité de mari et de femme, au » vu et su de tout le monde, et surtout la bonne » réputation de Dochin, procureur, qui avait tou- » jours passé au palais pour un homme d'honneur, » de mérite et de vertu, et duquel par conséquent » on ne devait pas présumer qu'il eût vécu pen- » dant trente-sept ou trente-huit ans dans le con- » cubinage, et qu'il fût mort dans cet état (1). »

Le recueil des *plaidoyers de Le Noble*, nous présente l'espèce d'un troisième arrêt qui a été rendu au parlement de Rouen, le 11 avril 1683, et dans lequel la seule possession d'état servit également de défense à l'enfant sur la non-représentation de l'acte de célébration du mariage de son père et de sa mère.

Bernarde Jourdan avait eu d'un premier mariage avec Laurent Richer, un fils nommé François. Elle avait ensuite contracté un second mariage, dont il était né deux filles. Une de ces filles meurt; la fille de l'autre dispute à François Richer sa part dans la succession de sa sœur, tante de cette fille; et elle se fonde sur ce qu'il ne rapporte point l'acte de célébration du mariage de son père et de sa mère. Voilà (Cochin en parlant de cet arrêt, lors de celui de Bourgelat dont il sera question dans l'instant), « voilà précisément la ques- » tion qui se présente aujourd'hui : des enfans du » second lit qui contestent l'état des enfans du » premier lit, parce que le premier mariage n'est

» point prouvé, et qu'on ne rapporte point l'acte » de célébration. Comme c'était la même espèce, » les mêmes moyens furent proposés : le fils du » premier lit se retrancha dans sa possession, qui » faisait présumer le mariage de son père et de sa » mère. Sur ces moyens, intervint arrêt au par- » lement de Rouen, en faveur du fils du premier » lit, qui, sans rapporter l'acte de célébration du » mariage de son père et de sa mère, fut main- » tenu, et dans l'état d'enfant légitime, et dans la » possession des biens de sa sœur utérine. »

Quatrième arrêt rendu au parlement de Bretagne, le 17 janvier 1692.

Un collatéral attaquait l'état du père et de la mère de la demoiselle Billon par tous moyens en apparence les plus péremptoires : *point d'acte de célébration de mariage*, point de consentement du père, point d'avis de parens, point de publications de bans, minorité, séduction, en un mot, tout ce qu'il y a de plus grave en cette matière. On se prévalait en outre de plusieurs actes où la femme du sieur Billon avait pris la qualité de *veuve de son premier mari*; et l'on en concluait que le second mariage était clandestin et nul. La demoiselle Billon se contenta de dire que ce mariage était public long-temps avant la mort du sieur Billon, et qu'il n'était point dans le cas d'un mariage tenu caché ou déclaré seulement *in extremis*. Par l'arrêt cité, son état fut maintenu, et son adversaire jugé non-recevable.

L'arrêt de Miolle n'est pas moins frappant. François Miolle épousa Marguerite Preslat en Lorraine, vint avec elle en 1644 s'établir à Paris. Il y eut de leur mariage deux enfans; Michel Miolle, né le 24 janvier 1645, et Jean Miolle, né le 17 janvier 1646, et décédé en bas âge : l'un et l'autre furent baptisés comme légitimes. En 1677, Michel Miolle épousa Marie de Beaumont; il mourut en 1686 avec une fortune assez considérable, et laissa pour unique héritière une fille mineure, qui mourut en 1689. Cet enfant devait avoir trois sortes d'héritiers : Marie de Beaumont, sa mère, quant aux meubles; François Miolle, son aïeul paternel, quant aux propres naissans; et Antoine Miolle, neveu de celui-ci, quant aux propres anciens. Marie de Beaumont, voyant que les biens échus à François Miolle par le décès de sa petite-fille, passeraient bientôt à des collatéraux, résolut de se les approprier par une voie nouvelle. Comme elle n'ignorait pas l'impossibilité dans laquelle le désordre des guerres dont la Lorraine avait été le théâtre, mettait François Miolle de rapporter l'acte de célébration de son mariage avec Marguerite Preslat, elle lui fit entendre que n'ayant point cet acte, seul capable d'assurer l'état d'un enfant, il était à craindre pour lui qu'il ne fût frustré de la succession de sa petite-fille, si quelqu'un en demandait au roi le don à titre de bâtardise. Elle lui persuada que, pour prévenir cet inconvénient, il fallait qu'il en demandât lui-même le don sous le nom d'un tiers qu'elle lui proposa, et qui en conséquence obtint et fit enregistrer le brevet sans au-

_____

(1) [[On ne pourrait plus juger de même aujourd'hui. *V.* l'article *mariage*, sect. 5, § 2, nos. 7 et 8.

cune difficulté. Lorsque Marie de Beaumont vit que son projet avait réussi, elle fit donner à François Miolle une assignation à la chambre du trésor, pour se faire maintenir et garder dans la succession de tous les biens meubles et immeubles de sa fille. Les 31 août 1690, elle obtint en ce tribunal une sentence par défaut, qui lui adjugea ses conclusions, *faute par François Miolle d'avoir justifié que Michel Miolle, son fils, était né en légitime mariage.* Le motif de cette sentence fut que les biens de Michel Miolle, en le supposant bâtard, n'avaient pu tomber au roi par droit de bâtardise, parce qu'en mourant, il avait laissé une fille légitime qui lui avait succédé, et dont le décès rendait Marie de Beaumont, sa mère, héritière nécessaire de ses propres. Cette sentence fut suivie d'un arrêt rendu par expédient au parquet, le 5 avril 1691 : mais François Miolle n'y avait pas donné son consentement ; il n'avait même pas interjeté d'appel, ni constitué procureur. Après la mort de Marie de Beaumont, Antoine Miolle, neveu de François Miolle, interjeta appel de la sentence de la chambre du trésor, et demanda d'être reconnu pour héritier aux propres anciens de la fille de Michel Miolle. Sa qualité dépendait de la question de savoir si François Miolle et Marguerite Preslat, père et mère de ce dernier, avaient contracté un véritable mariage : il rapportait, pour le prouver, treize actes qui lui donnaient les titres de mari et de femme, et à Michel Miolle celui d'enfant légitime. M. l'avocat-général de Lamoignon, qui porta la parole dans cette cause, conclut à ce qu'avant faire droit, les registres de la paroisse de Saint-Mihiel en Lorraine, où était née Marguerite Preslat, fussent compulsés, ou qu'il fût vérifié qu'ils étaient perdus. Mais par un premier arrêt du 31 mars 1710, la cause fut apointée, et par un autre du 13 juin 1711, rendu au rapport de M. Menguy, Antoine Miolle a été maintenu et gardé dans la propriété de tous les biens qu'il réclamait ; et par là, il a été jugé que la longue possession suffit pour faire présumer la Légitimité, lorsqu'il y a une impossibilité morale de découvrir la paroisse où le père et la mère se sont mariés. Cet arrêt est rapporté fort au long dans le *Journal des Audiences.*

Tout le monde connaît le fameux arrêt de Barthélemi Bourgelat, fils de Pierre Bourgelat, Lyonnais, et d'une demoiselle italienne ; arrêt qui a donné lieu au plaidoyer déjà cité de célèbre Cochin, l'un de ceux qui ont le plus contribué à affermir, dans notre jurisprudence, le rempart inviolable de tous les enfans légitimes, privés de l'acte de célébration de mariage de leur père et de leur mère, contre la rapacité des collatéraux.

A la vérité, Barthélemi Bourgelat avait pour lui un acte de baptême, et le testament de sa mère, qui donnait à son père le titre de mari : mais, d'une part, on ne rapportait pas l'acte de célébration du mariage de son père et de sa mère ; on ne pouvait pas même indiquer dans quelle ville d'Italie il avait été célébré, quoiqu'il n'eût vu et

connu la demoiselle Caprioli, sa femme, qu'à Rome, et que l'on connût la date précise de son retour en France ; ce qui mettait pleinement à portée de compulser les registres de paroisse de Rome pour les temps antérieurs. D'un autre côté, on opposait à Barthélemi Bourgelat deux faits accablans.

Le premier était que « le recteur de l'Hôtel-» Dieu du Pont-du-Rhône, *du cas fortuit,* ayant » appris qu'il y avait une demoiselle à la Croix-» Rousse, qui y était enceinte, il s'y transporta..., » lui dit de lui déclarer du fait de qui elle était » enceinte ; ce qu'elle ne voulut faire alors ; et le » déposant voulant la faire conduire à l'Hôtel-» Dieu, suivant l'usage, et étant près d'entrer » dans Lyon, elle lui déclara qu'elle était mariée » avec le sieur Pierre Bourgelat.... Elle lui remit » son contrat de mariage : en ayant lu quelque » chose, cela le persuada que cette femme était » véritablement femme du sieur Bourgelat, et la » renvoya chez elle, estimant que ledit contrat » était écrit en italien. »

Il la renvoya chez elle. Ainsi, cette femme était venue volontairement du faubourg de la Croix-Rousse jusqu'à la porte de Lyon (espace d'environ une demi-lieue), pour être conduite à l'Hôtel-Dieu comme une fille impudique, sans aucune résistance de sa part, sans aucune réclamation.

Le second fait était bien plus grave encore. Barthélemi Bourgelat était entré dans les gardes du roi. Le 10 septembre 1714, le maréchal de Villeroi, gouverneur de Lyon, détermina son père à lui faire une pension ; mais quelle pension ! « Je » m'oblige (porte la promesse remise par Pierre » Bourgelat) à M. le maréchal) de payer » par mes héritiers ou autres personnes *à Barthé-» lemi Bourgelat,* MON FILS NATUREL, une pension » viagère et alimentaire de 400 livres pendant sa » vie, pour son entretien et sa subsistance ; *à quoi* » *je m'engage, par la seule affection que j'ai pour* » *ledit Bourgelat, mon fils naturel.* »

Le même jour, Barthélemi Bourgelat souscrit un acte par lequel il déclare qu'ayant eu connaissance de la grâce que le sieur Bourgelat, *son père naturel,* vient de lui faire, il l'accepte et le remercie de ce qu'il a bien voulu, par bonté et pour fournir à ses alimens, lui donner une pension viagère de 400 livres, *quoiqu'il n'y fût pas obligé ;* au moyen de quoi il ne prétend rien contre lui ni contre ceux qui lui succéderont, soit testament ou autrement, *ayant,* y est-il dit, *une entière connaissance de ma naissance et de mon état.*

Il confirme cet écrit, pendant un grand nombre d'années, par les quittances de sa pension qu'il donne tous les ans, sans aucune réserve.

Nonobstant des faits de cette gravité, mais d'après le principe certain que personne ne peut préjudicier à son état par ses reconnaissances, parce que notre état n'appartient pas à nous seuls (1),

---

(1) Sur ces faits, et sur l'application de ce principe, *V.* ci-après n° 8, *question quatrième* sur l'art. 197 du Code civil.

un premier arrêt, du 10 juin 1727, admit sa veuve, tutrice de ses enfans, à la preuve des faits de possession d'état qu'elle articulait; et un second arrêt, du 12 août 1729, adjugea aux enfans de Barthélemi Bourgelat la succession de leur aïeul (1).

Si la seule possession d'état assure la Légitimité des enfans dans toutes les circonstances semblables à celles des arrêts que nous venons de retracer, à plus forte raison doit-elle produire le même effet lorsqu'elle est jointe à un acte qui énonce le mariage et qu'on ne peut pas raisonnablement suspecter. C'est ce qui a été jugé dans l'espèce suivante.

Jeanne Billon prétendait que Jean Billon, son père, avait épousé Jeanne Rotier, sa mère, et que le mariage avait été célébré en 1664, dans la paroisse de Montjean, province du Maine. Elle rapportait, pour le prouver, une sentence par défaut de l'official de Rennes, qui, sur les plaintes de Jeanne Rotier, ordonnait à Jean Billon de retourner et de vivre avec elle, comme gens canoniquement mariés. Cette sentence énonçait un acte de célébration de mariage : le mari en avait d'abord appelé; mais il l'avait ensuite approuvée par deux déclarations solennelles. Après la mort des deux époux, des parens collatéraux contestèrent l'état de leur fille. Leurs moyens consistaient à dire : 1° point d'acte de célébration, point de preuve que les registres de la paroisse de Montjean soient égarés ou brûlés, mais une simple énonciation dans une sentence par défaut, qui ne prouve rien; 2° les déclarations du mari ne sont pas suffisantes pour réaliser un mariage qui n'existe pas. Jeanne Billon répondait que la possession dans laquelle son père et sa mère étaient morts, en conséquence de la sentence de l'official, devait faire présumer le mariage, et que cette présomption se convertissait en preuve à la vue de l'énonciation de l'acte de mariage contenue dans la même sentence. Par arrêt du 17 janvier 1692, Jeanne Billon a été maintenue dans son état de fille légitime, et dans la propriété des biens qu'on lui disputait.

Voici un arrêt plus récent, qui, en jugeant la même chose, va beaucoup plus loin.

Il s'agissait de l'état des enfans du sieur Potier, seigneur de Sévis, dans le pays de Caux, encore vivant, et de la veuve du marquis de Caraccioli, décédée en 1742.

On ne représentait point d'acte de célébration, et on n'osait pas même articuler, soit la perte, soit l'altération des registres de la paroisse de Sévis, où l'on prétendait que s'était donnée la bénédiction nuptiale. Mais on rapportait des actes qui prouvaient une possession de Légitimité. 1° C'était le sieur Potier lui-même qui avait présenté les enfans comme légitimes, pour être baptisés. 2° Un de ces enfans avait été nommé par M. de M..., ministre

d'état, et par madame de M..., veuve d'un président à mortier du parlement de Toulouse, et l'on soutenait qu'il n'était pas permis de croire que des personnes aussi distinguées eussent voulu se rendre complices d'une union criminelle, et protéger la débauche. 3° Une foule de lettres écrites dans un temps non suspect, attestaient que le sieur Potier avait reconnu la veuve Caraccioli pour son épouse légitime. 4° Celle-ci avait formé, en 1736, une demande en séparation de corps. 5° Elle avait été enterrée, en 1742, comme épouse légitime du sieur Potier, qui même avait signé l'acte mortuaire. 6° Enfin, le sieur Potier, qui était partie dans la cause, soutenait que ses enfans étaient les fruits d'un mariage bien et valablement contracté.

A ces actes de possession, la seconde femme du sieur Potier, qui attaquait l'état des enfans, pour faire crouler une démission de biens faite à leur avantage et à son préjudice, en opposait de contraires et de très-frappans. 1° Ce n'est point à Sévis, disait-elle, paroisse du domicile des parties, que l'aîné des enfans a été baptisé. On avait éprouvé des difficultés de la part du curé de cette paroisse sur l'énonciation de la Légitimité. On prit la précaution de porter cet enfant dans une paroisse voisine, au village de Longueil, qui est à quelques lieues de Sévis, parce que l'ignorance du curé et des habitans favorisait le concert de fraude que l'on commençait dès lors à former. Le parrain et la marraine pris dans cet acte des gens obscurs qui n'avaient aucune qualité. 2° Ce n'est pas non plus à Sévis que le second enfant a été baptisé, mais à Rouen. L'acte baptistaire ne fait pas mention du jour ni du lieu de la naissance. Il n'est dit pas par qui le baptême a été administré; il n'est pas même signé par un prêtre; il ne porte d'autre signature que celle de Sévis. On y trouve, à la vérité, deux marques qu'on suppose être celles du parrain et de la marraine, mais il n'y est pas fait mention qu'ils eussent déclaré ne savoir point signer. 3° Il est vrai que le troisième enfant a été baptisé à la paroisse de Sévis, mais il l'a été avec des précautions qui n'étaient pas moins suspectes. Le baptême s'est fait sans aucun témoin, il a été administré, non par le curé, mais par un chanoine étranger qu'il avait été facile de tromper, ou qui peut-être était dévoué au sieur Potier. 4° Le curé de Sévis s'étant aperçu que le chanoine avait donné à ce troisième enfant la qualité de légitime, a réformé l'acte, et a déclaré que l'enfant était bâtard. 5° Il existe des lettres dans lesquelles les parens du sieur Potier qualifient ses enfans de ses prétendus fils. 6° Lors de l'inventaire fait après le décès de la dame Caraccioli, sa famille ne lui a donné d'autre qualité que celle de femme du sieur Caraccioli. 7° L'intitulé de cet inventaire rappelle tous les héritiers, ceux même qui étaient absens, et il ne fait nulle mention des enfans. On ne reconnaissait donc pas alors ces enfans pour légitimes. 8° Le sieur Potier, en se mariant, après la mort de la dame Caraccioli, n'a pas pris la qualité de veuf, mais seulement celle de majeur; il a traité

(1) Denisart date cet arrêt du 20 juillet 1728; c'est une erreur : le plaidoyer de Cochin nous apprend que, le 31 août 1728, la cour ne pensait pas encore à juger le fond, et donnait seulement une provision à la veuve.

dans le contrat de mariage comme un homme qui n'avait pas d'enfans; il y a fait, à sa femme un douaire, un préciput et une donation que l'édit des secondes noces aurait rendus excessifs, s'il eût existé précédemment un mariage entre lui et la dame Caraccioli.

De tous ces actes, la dame Potier concluait que les enfans de son mari étaient bâtards; et elle répondait aux actes contraires, que les uns avaient été dictés par l'intérêt, et que les autres n'étaient dus qu'à l'honnêteté et aux circonstances.

Par arrêt rendu au parlement de Paris le 16 janvier, 1772, sur les conclusions de M. Vergès, avocat-général, la dame Potier fut déclarée non-recevable dans sa demande en déclaration de bâtardise, et les enfans de son mari ont été confirmés dans leur état de Légitimité (1).

[[Le 22 juin 1774, Léonard Robin présente au baptême un enfant qu'il déclare être né de lui et de *Marie-Orlique Fauchet, son épouse*, et il signe l'acte baptistaire. Deux autres enfans, nés depuis, sont également baptisés sur sa déclaration, comme fils de *Léonard Robin* et de *Marie-Anne-Aurélie Fauchet, son épouse*, et meurent en bas âge.

Marie-Anne-Aurélie Fauchet meurt en 1779; elle est inhumée avec la qualité de *fille majeure*.

En l'an 5, le sieur Robin épouse la demoiselle Aubourg, et le 17 messidor an 10, il meurt, ne laissant aucun enfant de ce mariage.

Après son décès, les scellés sont apposés *pour la conservation des droits de Louis-Léonard Robin*, absent, *fils et unique héritier du défunt*; ce sont, les termes du procès-verbal du juge de paix. A ce procès-verbal intervient Léonard-François Robin, oncle paternel de Louis-Léonard, lequel, à la seconde vacation, déclare que Louis-Léonard Robin absent, est majeur, qu'il est sur le point d'arriver d'après l'avis que lui-même lui a donné de la mort de son père, et que croyant que, pour l'intérêt de cet héritier, on doit s'en rapporter à lui, oncle paternel, il offre de se rendre responsable des effets, tant en son nom qu'en celui de la veuve. Le juge de paix n'en continue pas moins son opération, et il laisse les scellés sous la garde de Léonard-François Robin.

Le 25 messidor suivant, celui-ci requiert la levée des scellés, comme *fondé de pouvoirs de la veuve et de Louis-Léonard Robin, seul fils et unique héritier de Léonard Robin, son père*.

Mais bientôt après, Léonard-François et les autres frères et sœurs du défunt, se réunissent pour contester à Louis-Léonard Robin sa qualité de fils légitime.

Jugement du tribunal de première instance de Paris, qui maintient le jeune Robin dans la pos-

session d'état d'enfant légitime de Léonard Robin et de Marie-Orlique Fauchet, et dans la qualité qui en résulte de seul héritier, du premier.

Sur l'appel, arrêt de la cour de Paris du 16 germinal an 12, qui confirme ce jugement.

Recours en cassation.

Contraventions aux ordonnances de Blois et de Moulins, à la déclaration du 26 novembre 1639, à la loi du 20 septembre 1792, et aux lois romaines : tels étaient les moyens de cassation des demandeurs.

Ces lois (disaient-ils) exigent, pour la preuve du mariage, la représentation de l'acte de célébration, ou à défaut de cet acte, la preuve de la possession publique de l'état d'époux.

Et d'abord, il est certain que la Légitimité des enfans dépend absolument du mariage de leur père et de leur mère : *filium eum definimus qui ex viro et uxore ejus nascitur*, dit la loi 6, D. *de his qui sui vel alieni juris sunt*.

L'enfant qui prétend à la Légitimité, doit donc commencer par prouver le mariage de ses parens; il ne peut pas suppléer à cette preuve par l'acte seul de sa naissance, parce que cet acte n'annonce que *le fait seul de la naissance*, et que la loi ne le destine pas à en attester la Légitimité.

Si la loi eût voulu donner à l'acte de naissance considéré en soi, la force de constater la Légitimité, elle l'eût dit; elle eût exigé des officiers chargés de recevoir ces actes, les précautions les plus sévères pour s'assurer de la vérité des déclarations; tandis qu'au contraire, la déclaration du 12 mai 1782 veut que ces officiers insèrent aveuglément dans des actes de naissance, les déclarations qui leur sont faites, sans se permettre d'y rien ajouter ni diminuer; et que même aucune loi ancienne ni moderne n'exige d'eux qu'ils fassent mention si l'enfant qu'on leur présente, est légitime ou non?

A la vérité, les arrêts ont jugé que l'enfant dont les père et mère étaient décédés, n'était pas toujours astreint à rapporter l'acte de célébration de leur mariage; et qu'on pouvait, en certains cas, se contenter de l'acte de naissance soutenu par la preuve de la possession des père et mère, de l'état d'époux; mais cette jurisprudence que les circonstances ont pu faire quelquefois tolérer, et que jamais on n'a pu convertir en principe général, cette jurisprudence eût-elle même acquis force de loi, il en résulterait encore pour l'enfant qui se prétend légitime, l'obligation de fournir, à défaut de l'acte de célébration du mariage de son père et de sa mère, la preuve que ceux-ci ont eu la possession publique d'état d'époux.

L'arrêt attaqué aurait donc fait une fausse application de cette jurisprudence, en donnant à la possession d'état personnelle à l'enfant, les mêmes effets qu'à celle des prétendus époux. »

Robin fils répond :

« Il ne s'agit pas d'une question d'état élevée entre époux ; mais bien d'une question d'état

---

(1) [[Un pareil arrêt serait aujourd'hui cassé comme contraire à l'art. 197 du Code civil. *V. ci-après*, n° 8, *première question*.]]

d'enfant légitime élevée entre cet enfant et des collatéraux; or, les lois qu'on oppose, ne sont applicables qu'au premier de ces cas; et sont étrangères au second : dans celui-ci, la possession personnelle de l'enfant est suffisante, et je prouve la mienne par mon acte de naissance, par ceux de la naissance de mes deux frères, en tout conformes au mien, par l'acte de décès de l'un de ces deux frères, par les soins que j'ai reçus du sieur Robin mon père, sans interruption et à titre de paternité, par la reconnaissance formelle de la dame veuve Robin, et celle de mes oncles, non-seulement pendant la vie du sieur Robin, mais même à l'époque de son décès; enfin, par la notoriété publique reconnue en fait par les juges. Mon état est tellement indestructible, que mon père même n'aurait pu l'altérer par des déclarations contraires à celles par lesquelles il m'avait lui-même imprimé le caractère d'enfant légitime.

» En vain voudrait-on faire regarder comme insuffisante la possession personnelle de l'enfant légitime, s'il n'y joint la preuve que son père et sa mère jouissaient de la possession publique et constante d'époux; aucun des arrêts qui ont fixé la jurisprudence en cette matière, ne suppose cette seconde obligation. Si la nécessité de remonter ainsi jusqu'aux titres de ses auteurs, est une fois admise (disait Cochin dans la discussion qui a précédé le plus célèbre de ces arrêts), cela n'aura plus de bornes.... *L'autorité des titres personnels à l'enfant et leur exécution prouvent par elles-mêmes l'existence des titres de ses auteurs, quoiqu'ils ne soient pas rapportés.*

» Les lois romaines invoquées par les demandeurs, sont étrangères à l'espèce, elles n'ont d'ailleurs jamais eu d'autorité législative dans le lieu de ma naissance et de la mort de mon père.

» Enfin, les juges de première instance et d'appel ont prononcé affirmativement sur le fait de ma possession d'état d'enfant légitime; et sous cet aspect, l'arrêt, rendu uniquement sur des questions de fait, est par cela seul à l'abri de la cassation. »

Par arrêt du 8 janvier 1806, au rapport de M. Boyer,

« Attendu que ce serait déplacer les dispositions des ordonnances de Blois et de Moulins, ainsi que de l'ordonnance de 1667, relatives aux preuves de mariages, que d'appliquer ces mêmes dispositions aux preuves de la filiation des enfants légitimes; que si, en principe général, la légitimité d'un enfant ne peut résulter que du fait ou de la présomption légale du mariage de ses père et mère, si la morale publique est même intéressée au maintien de ce principe, néanmoins il était reconnu dans l'ancienne jurisprudence que l'enfant réclamant, après le décès de ses père et mère, la qualité d'enfant légitime, n'est pas rigoureusement tenu de rapporter l'acte de la célébration du mariage de ces derniers, lorsque sa qualité de fils légitime paraît d'ailleurs suffisamment établie par son acte de naissance, jointe à sa possession publique de cette qualité;

» Que, dans l'espèce, le sieur Robin a rapporté, d'une part, son acte de naissance, dans lequel il est qualifié de fils de Léonard Robin et de Marie-Orlique Fauchet, son épouse; que, d'autre part, les premiers juges ont déclaré en fait que ledit Robin avait eu la possession publique de l'état de fils légitime, déclaration qui a été confirmée par les juges d'appel;

» Que, quoique des juges ne puissent être trop circonspects sur la nature et la qualité des preuves qu'ils admettent comme établissant la possession d'état, quoiqu'il soit de leur devoir de ne reconnaître cette possession qu'autant qu'elle est publique, non contestée par les ascendans en ligne directe, et qu'elle n'est pas contredite surtout par des faits distinctifs de celui du mariage prétendu des père et mère, cependant les juges ayant encore une fois déclaré; d'après les actes du procès, que Robin avait constamment joui de la qualité de fils légitime, même dans la famille du sieur Léonard Robin, son père, la discussion de ce point de fait et l'examen des preuves y relatives ne sont pas du domaine de la cour de cassation.

» La cour rejette le pourvoi.... (1). »]]

M. le chancelier d'Aguesseau, qui portait la parole dans la première des trois causes dont nous venons de rendre compte, a établi dans son plaidoyer du 17 janvier 1692, une maxime dont on peut faire un grand usage dans ces sortes de questions :

» Nous croyons (disait ce magistrat) qu'on doit examiner un mariage d'une manière bien différente, lorsqu'il s'agit de prononcer sur la validité de l'engagement par rapport aux contractans mêmes, et lorsqu'on l'envisage par rapport à l'état des enfans. On ne saurait apporter trop d'attention à suivre exactement, et même avec scrupule, les règles qui nous sont prescrites et par les canons et par les ordonnances. Un juge peut trembler avec raison lorsqu'il considère qu'il va peut-être, ou rompre des nœuds que la main de Dieu même a formés, ou confirmer les parties dans un engagement criminel, et donner à une conjonction illicite le titre honorable de mariage.

» Mais lorsque la mort a rompu cet engagement, quoiqu'il faille encore observer les maximes de l'église et de l'état, on peut s'attacher moins rigoureusement aux formalités, pour prononcer en faveur de la possession; la loi la plus sûre et la plus inviolable lorsqu'il s'agit de régler l'état des parties. »

IV. Parmi les preuves qu'on apporte ordinairement de cette possession, l'extrait baptistaire tient sans contredit, le premier rang. Chez presque tous les peuples chrétiens, la politique a joint à l'acte le plus essentiel pour la religion, l'acte le plus important à l'existence temporelle. Telle est l'ob-

---

(1) V. ci-après, n° 8, septième question, une observation importante sur cet arrêt.]]

jet de cette législation précieuse qui a voulu consigner dans les dépôts publics le nom, l'âge et l'état des citoyens; qui a joint au sacrement le procès-verbal par lequel devait être assurée à chacun sa place dans la société civile. C'est par ces registres, disait le célèbre Cochin, qu'on fait son entrée dans le monde; c'est à la faveur de ce passeport, qu'on peut être admis et reçu dans une famille. La loi veut, disait-il dans une autre occasion, qu'on donne une foi entière à ces registres, comme dépositaires de l'état des hommes. Le ministre de l'église, qui en tient les registres, est comme officier public en cette partie, et son acte a autant d'autorité en justice, que la sentence rendue par un juge, ou un contrat passé devant un notaire.

V. Mais il se présente deux questions bien importantes, l'une sur la forme, l'autre sur le fond de ces sortes d'actes :

La première, si le mot *légitime*, en parlant de l'enfant qu'on baptise, ou les termes *mari* et *femme*, en parlant de son père et de sa mère, ou d'autres expressions équivalentes, sont nécessaires dans un acte de baptême, pour qu'un tel acte forme un titre de Légitimité ;

La seconde, si un acte de baptême qui contient tout ce qu'il faut pour former un pareil titre, suffit, seul et sans le secours d'une possession conséquente à ce titre, pour dispenser l'enfant baptisé de rapporter la preuve du mariage de son père et de sa mère.

La première question n'est susceptible d'aucune difficulté.

Nous ne connaissons en France que trois ordonnances qui se soient occupées de régler les formalités qu'on doit suivre dans la rédaction des actes baptistaires, l'ordonnance de 1539, celle de 1667, et la déclaration de 1736.

L'ordonnance de 1539, art. 5, ne dit autre chose, si ce n'est qu'il « sera fait registres en » forme de preuve de baptêmes, qui contien- » dront le temps et l'heure de la nativité. » Le législateur n'avait pour objet, dans cette ordonnance, que de fixer l'époque de la naissance, pour constater l'âge; et c'est le motif pour lequel il voulait qu'on fît mention dans les baptêmes, du temps, et même de l'heure à laquelle les enfans étaient nés : ce qui lui fait aussi borner la preuve résultant de l'extrait baptistaire, à celle de la majorité de l'enfant désignée par l'acte.

Mais les vues de la loi se sont étendues à mesure que la raison s'est perfectionnée. On a senti que ce n'était pas seulement à constater l'âge des enfans que les registres de baptême étaient destinés, mais qu'ils devaient servir encore de titre et de preuve à leur état. L'ordonnance de 1667 a donc établi qu'on ferait mention dans les actes de baptême, du jour de la naissance, et qu'on y nommerait l'enfant, le père et la mère, le parrain et la marraine.

Cette ordonnance ajoute beaucoup, comme on voit, aux dispositions de celle de 1539; mais ob-

servez qu'elle ne prescrit point l'obligation de donner à l'enfant la qualité de légitime : tout ce qu'elle exige, c'est qu'on le nomme.

La déclaration de 1736 est venue ensuite; elle a eu pour objet, ainsi que le législateur s'en est expliqué lui-même dans le préambule, d'assurer d'une manière plus invariable encore, les preuves de l'état des hommes. Cette déclaration, ouvrage de M. le chancelier d'Aguesseau, est composée de quarante-deux articles. Plusieurs concernent uniquement la forme dans laquelle les actes de baptême doivent être rédigés. Cependant M. d'Aguesseau n'a pas cru devoir ajouter aux précautions prises à cet égard par l'ordonnance de 1667. L'art. 4 de la déclaration de 1736 répète littéralement les dispositions de cette ordonnance : tout ce qu'il prescrit de plus, c'est la signature de ceux qui se trouvent présens à l'acte au moment de sa rédaction ; il n'y est pas dit un seul mot de la nécessité de donner à l'enfant la qualité de légitime.

Il n'était même guère possible que cette idée pût venir à M. d'Aguesseau. Personne en France n'avait plus de connaissance des dispositions des lois romaines ; on en retrouve les principes dans tous les plaidoyers qu'il a prononcés, et dans les autres ouvrages qu'il a écrits. On les retrouve surtout dans toutes les lois qu'il a rédigées. Sa science, profonde en ce genre, n'était pas équivoque. M. d'Aguesseau n'ignorait donc pas que la novelle 117 de l'empereur Justinien avait établi que, toutes les fois qu'un père aurait appelé un enfant du nom de son fils ou de sa fille, dans quelque acte que ce pût être, et qu'il n'aurait pas ajouté le mot *naturel*, on devrait, jusqu'à la preuve du contraire, regarder par cela seul cet enfant comme légitime, et le faire jouir de tous les droits que ce titre pouvait lui assurer.

Voici comment s'exprime cette novelle : « Nous » avons jugé à propos de statuer que si quelqu'un » ayant un fils ou une fille d'une femme libre, » avec laquelle il peut exister un mariage légiti- » me, déclare, ou dans un acte écrit, soit de la » main d'un officier public, soit de la sienne, et » muni de la souscription de trois témoins dignes » de foi, ou dans son testament, ou dans les actes » publics, qu'un tel ou une telle est son fils ou » sa fille, et n'ajoute pas le mot *naturel*, de tels » enfans sont légitimes; qu'on ne peut leur de- » mander aucune autre preuve; et qu'ils doivent » jouir de tous les droits que nos lois confèrent aux » enfans légitimes. » *Ad hoc autem et illud sancire perspeximus, ut si quis filium aut filiam habens de libera muliere cum qua nuptiæ consistere possunt, dicat in instrumento, sive publica, sive propria manu conscripto et habente subscriptionem trium testium fide dignorum, sive in testamento, sive in gestis monumentorum, hunc aut hanc filium suum esse aut filiam,* ET NON ADJECERIT NATURALEM, *hujusmodi filios esse legitimos,* ET NULLAM ALIAM PROBATIONEM AB IIS QUÆRI, *sed omni frui eos jure quod legitimis filiis nostræ conferunt leges.*

La loi attache ici, comme on le voit, la Légitimité à la qualité seule de fils ou de fille d'un homme et d'une femme qui sont tous les deux libres, *cum quæ nuptiæ consistere possunt*. Elle n'exige point que cette qualité soit accompagnée du mot *légitime*; elle veut au contraire que, par cela seul que l'enfant n'est pas nommé enfant naturel, il soit réputé légitime de droit.

Observez bien que ce n'est pas ici une loi romaine, faite dans un temps où le paganisme régnait dans Rome; c'est une loi faite par un empereur chrétien, c'est une novelle.

Or, c'est l'esprit de cette novelle, non abrogée parmi nous, qui a pénétré dans nos ordonnances. Elles n'ont pas voulu exiger qu'on donnât à l'enfant qui serait baptisé, la qualité de fils légitime, par la raison qu'elles ont regardé cette qualité comme sous-entendue toutes les fois que la mention de l'illégitimité ne serait pas formelle, *si non adjecerit naturalem*. Elles se sont bornées à ordonner qu'on nommât l'enfant, le père, la mère, le parrain et la marraine; voilà tout ce qu'elles prescrivent (1).

Tout acte où se trouvent les noms que la loi demande, est un acte conforme à ses vues. On n'a pas besoin d'observer d'autres formalités; la loi n'en exige pas d'autres.

Nous savons que, dans l'usage, on ajoute communément aux noms des enfans la qualité de fils légitime; mais cet usage, qu'on ne doit regarder que comme une précaution superflue, ne peut pas faire qu'un acte où manque cette qualité, ne soit pas un acte légal. Personne n'a le droit d'ajouter aux dispositions de la loi, encore moins d'ériger en lois obligatoires des usages purement facultatifs. Il suffit que nos ordonnances n'aient pas prescrit d'insérer dans les actes baptistaires le mot *légitime*, pour que l'omission de ce mot ne puisse pas porter atteinte à la Légitimité des enfans.

Il y a d'ailleurs des qualifications particulièrement consacrées à l'illégitimité, comme *né des œuvres d'un tel et d'une telle*, né de père inconnu, né de père et de mère inconnus. Sans doute lorsque ces qualifications se trouvent dans les actes baptistaires, ils forment, contre les enfans, des présomptions d'illégitimité; mais tous les actes où ces qualifications ne sont pas insérées, et où l'on a consigné les noms de l'enfant, du père, de la mère, du parrain et de la marraine, emportent nécessairement, et par la force de la loi, une présomption de Légitimité.

Au surplus, toutes les fois que cette question s'est présentée dans les tribunaux, elle a toujours été jugée conformément à ces principes.

On l'agita, entre autres, en l'année 1755, au parlement de Toulouse. Isaac Combes, né en Hollande, avait été baptisé sous le nom de fils d'Etienne de Combes et d'Elisabeth Puch; on avait omis le mot *légitime* dans l'acte baptistaire. Le

syndic de l'hôpital de Nîmes argumentait contre lui de l'insuffisance de son titre, et de ce qu'il ne rapportait point l'acte de célébration du mariage de son père et de sa mère. Il s'opposait, sous ce prétexte, à la demande qu'Isaac Combes avait formée contre l'hôpital, en délaissement des biens de sa famille; mais, par arrêt du 15 septembre 1753, rendu à la première chambre des enquêtes, au rapport de M. Meran, le syndic fut condamné au délaissement.

Tout récemment même, le parlement de Paris a eu occasion de rendre un arrêt semblable. Le nommé Dufour avait été baptisé dans l'église de Saint-Michel de Montant, sous le nom de Pierre Dufour, *fils de Guillaume, consul dudit Montant, et de Judith de Negrier*; il n'était pas dit dans l'acte que le père et la mère fussent mariés, ni que l'enfant fût légitime, et le père n'était pas présent. Cependant, par arrêt rendu le 31 juillet 1782, à la première chambre des enquêtes, il a été jugé que Pierre Dufour était légitime.

On cite encore comme très remarquable sur cette question, l'arrêt qui a été rendu au parlement de Provence, le 27 mars 1738, sur les conclusions de M. de Guidan, avocat-général. En voici l'espèce, telle que nous l'avons extraite du plaidoyer de ce magistrat.

La nommée Perrin avait été baptisée à Marseille le 2 juillet 1700, et son acte baptistaire était conçu en ces termes: « Aujourd'hui a été baptisé Thérèse Perrin, fille de François, et de Marguerite Espagnet, le parrain a été Jean Lombardon, et la marraine Thérèse Olivier, qui n'ont su signer. Le père absent. *Signé* Carbonnel, prêtre. »

Au sortir des fonts (c'est, M. de Guidan qui remarque cette circonstance) Thérèse Perrin est portée dans la maison d'Antoine Laugier, bourgeois de Marseille, et y est élevée sous ses yeux. Ainsi, point de possession pour elle par son père et sa mère.

En 1716, Laugier fait un testament, dans lequel il s'exprime ainsi: « Je lègue à la demoiselle Thérèse Perrin, fille de feu sieur Perrin, de Lyon, mon bon ami, la même qui s'est élevée dans ma maison, et actuellement pensionnaire dans un couvent de religieuses à Grenoble, le mas appelé des Tournes, et toutes les terres qui en dépendent au terroir d'Arles. » Il institue ensuite un héritier, à la fin de son testament; il recommande à cet héritier d'épouser Thérèse Perrin.

Quelque temps après, Laugier fait sortir Thérèse Perrin du couvent, la marie avec Jean-Baptiste Meffrein, lui donne dans le contrat de mariage le nom de fille de feu François Perrin et de Marguerite Espagnet, prend lui-même le titre de son oncle, et lui fait donation, par cet acte, d'une somme de 20,000 livres.

Sept ans après, et le 12 juillet 1730, Laugier fait un dernier testament, dans lequel, après avoir fait quelques fondations dans la ville d'Arles, il insti-

_____
(1) [[L'art. 58 du Code civil n'exige également rien de plus à cet égard. *V.* l'article *Naissance* (*Acte de*).]]

tue pour son héritier général et universel, Jacques Meffrein, fils de Jean-Baptiste et de Thérèse Perrin.

Il meurt dans cette volonté le 23 janvier 1731.

En 1737, le nommé Estrivier, neveu de Laugier, se pourvoit au parlement de Provence, et demande la cassation de l'institution universelle que Laugier avait faite en faveur de Jacques Meffrein, sur le fondement que Thérèse Perrin, sa mère, était la bâtarde adultérine du testateur.

L'héritier institué répond 1° que rien ne prouve que Thérèse Perrin soit née d'un commerce illicite, et qu'au contraire son acte de baptême forme pour elle un titre de Légitimité; 2° que, quand même elle serait fille illégitime de Laugier, et en cette qualité incapable d'être instituée par lui héritière universelle, son incapacité ne s'étendrait pas à son enfant.

Voici maintenant comment s'exprime M. de Gueidan :

« Thérèse Perrin prouve sa naissance légitime par l'acte de son baptême, par le contrat et par l'acte de la célébration de son mariage. La vérité de toutes ces pièces n'est pas contestée; elles sont en effet revêtues de toutes les formalités.

» Que demande-t-on après cela, et qu'y aura-t-il d'assuré au monde, si l'état de Thérèse Perrin ne l'est pas? »

Ce magistrat vient ensuite aux objections que l'on pourrait faire contre l'état de Thérèse Perrin :

« L'extrait baptistaire est le fondement sur lequel porte tout l'édifice; aussi a-t-on grand soin de le relever. Au fond, il n'y eut jamais de preuve plus informe. Ni François Perrin, le père prétendu de la fille, ni aucun autre parent, ne paraissent présens à cette cérémonie, comme il est d'usage. On n'y donne point à cette enfant la qualité de légitime et naturelle. Il ne paraît pas que François Perrin l'ait jamais reconnue. On ne spécifie ni le lieu de son domicile, ni sa profession, ni sa patrie; on ne dit pas même qu'il soit marié avec Marguerite Espagnet : l'acte de ce mariage ne se montre point. Tant d'omissions et d'irrégularités sur un point aussi capital, vont jusqu'à faire douter si François Perrin a jamais existé, si ce n'est point ici un fantôme dont Laugier s'est fait un voile pour couvrir sa turpitude, et donner un état honorable au malheureux fruit de sa débauche. Mais quelque ingénieuses que soient les passions, et quelques précautions qu'elles prennent pour se cacher, elles laissent toujours après elles quelque trace de lumière qui les décèle. Dans l'acte de la célébration du baptême de Thérèse Perrin, Laugier cache adroitement le lieu du domicile du père prétendu; ensuite, oubliant cette sage précaution, il assure, dans l'acte du mariage de la Perrin, que cet homme était de Marseille. Et, comme le mensonge n'est pas long-temps d'accord avec lui-même, une autre fois, c'est dans son testament du 4 mai 1716, il nous dit que François Perrin était natif de Lyon. C'était son bon ami; il le qualifie ainsi lui-même. Comment a-t-il oublié sitôt le lieu de

sa naissance et de son domicile? Sans doute que, tout occupé des grands devoirs du cœur, nous ne disons pas de l'amour, mais de l'amitié, il a négligé ces mêmes circonstances. Dans ce cas et parmi tant d'irrégularités, Estrivier n'est-il pas en droit de rejeter le baptistaire qu'on lui oppose?

» Mais que l'on conserve à cet acte toute sa force, Thérèse Perrin n'en conclura jamais rien pour son état : il atteste le jour de sa naissance; qu'il lui serve d'époque pour fixer son âge, à la bonne heure, mais il ne fait mention ni de sa filiation, ni de son état légitime, ni du mariage de son père; il lui est donc inutile à tous ces égards. La loi veut bien que celui-là soit tenu pour le vrai père, qui paraît l'être par son mariage; mais elle ne donne point le privilége aux extraits baptistaires. C'est l'observation de Danty, dans son Commentaire sur l'art. 55 de l'ordonnance de Moulins, vers la fin de son *Traité de la preuve par témoins*.

» Ce sentiment est conforme à la loi *non nudis*, selon laquelle il ne suffit pas à celui qui voudra être reconnu fils légitime et naturel de tel ou telle, de montrer qu'ils l'ont ainsi qualifié dans quelque acte, si de plus il ne justifie, par les voies ordinaires, que ceux qui l'ont ainsi qualifié, étaient unis par un légitime mariage; parce que, comme dit la même loi, il n'y a que deux moyens pour prouver la filiation légitime, le mariage ou l'adoption. Toute autre voie est insuffisante, quand ce serait même une déclaration et une reconnaissance expresse de toutes les parties intéressées. La raison en est évidente : la religion et la république ont trop d'intérêt à régler l'état et la condition des personnes, pour les faire dépendre du caprice ou de la mauvaise foi.

» Ici, les circonstances sont encore plus décisives contre Thérèse Perrin. Nulle déclaration de son père et de sa mère, nul acte de leur part où elle soit qualifiée leur fille, nul parent qui la reconnaisse, nul qui assiste à son baptême ni à son mariage : ce sont tous des inconnus; le seul Laugier se trouve partout et pourvoit à tout; il tient lieu de tout.

» A la vérité, ce serait une voie bien commode pour légitimer des bâtards; il n'y aurait qu'à imaginer, feindre, supposer des parens, et donner à ceux-ci tel nom que l'on voudrait. On ne se joue pas ainsi des lois ni de l'honnêteté publique.

» Mais ce raisonnement, tout spécieux qu'il paraît, aura-t-il la vertu d'anéantir la preuve littérale qui résulte de l'extrait baptistaire, en faveur de Thérèse Perrin? Parce que son père, absent pour la nécessité de ses affaires, n'aura pas assisté à la cérémonie de son baptême, elle sera réputée le fruit honteux de l'incontinence! Et après avoir joui pendant trente-huit ans d'un état honorable, elle deviendra, le reste de ses jours, le mépris et le rebut de sa patrie! Son mari qui l'a épousée sur la foi publique, ses enfans qui sont nés sous la loi d'un légitime mariage, tout ce qui la touche, tout ce qui lui appartient, participera-t-il à l'infamie d'une naissance vicieuse ! On ne détruit point ainsi par de simples conjectures, un état fondé sur la possession de trente-huit ans, et sur des actes marqués au coin de l'autorité publique.

» C'est à Estrivier à prouver bien directement une de ces trois choses : ou que François Perrin n'est qu'un fantôme qui n'a jamais existé que dans les idées de Laugier, ou qu'il n'y a jamais eu de mariage entre lui et Marguerite Espagnet, ou enfin que Thérèse Perrin, qui passe pour être leur fille, n'est que la production de l'incontinence de Laugier : jusque-là, toutes ses conjectures et tous ses raisonnemens ne seront regardés que comme l'ouvrage de son imagination.

» Les registres des curés sont des dépôts sacrés de la foi publique ; c'est là où les enfans trouvent des titres incontestables, que ni l'injustice des hommes, ni la succession des temps, ni même le désaveu des pères ne peuvent leur ôter.

» Si l'extrait baptistaire de Thérèse Perrin ne porte pas expressément qu'elle soit légitime, il ne porte pas non plus qu'elle soit fille naturelle. Il ne spécifie pareillement pas, comme il le devrait, la condition, ni les qualités, ni le domicile du parrain et de la marraine. Ces sortes d'omissions ne sont que trop ordinaires aux curés ; c'est l'effet d'une inconsidération qu'on ne peut assez blâmer dans l'exercice d'un ministère où tout est de conséquence. Mais la Perrin n'en doit pas souffrir. LA SEULE QUALITÉ DE FILLE DE FRANÇOIS PERRIN ET DE MARGUERITE ESPAGNET, qui lui est donnée, suppose qu'elle est légitime. On veut que le père soit inconnu ; le curé atteste qu'il était simplement absent. En un mot, un acte authentique fait foi d'un père et d'une mère : en conséquence, Thérèse Perrin a été regardée comme légitime durant trente-huit ans ; son mari l'a épousée dans la possession paisible de cet état ; elle en a eu des enfans : faudra-t-il aujourd'hui qu'ils ne soient plus que la malheureuse postérité d'une mère née d'un adultère.

» C'est aussi un principe puisé dans la raison, qu'au lieu de prétendre obscurcir ce qu'il y a d'évident et de clair. Ce qu'il y a ici de certain, c'est d'obscur, il faut au contraire s'attacher à éclaircir et interpréter ce qui est obscur par ce qu'il y a d'évident et de clair. Ce qu'il y a ici de certain, c'est que Thérèse Perrin est déclarée fille de François Perrin, et dans son extrait baptistaire, et dans les actes de son mariage. Tout le reste, qui n'est que soupçon et conjecture arbitraire, doit donc tomber.

» Mais qu'on pousse aussi loin qu'on voudra l'art des conjectures et des inductions, jamais en viendra-t-on à détruire l'état de la Perrin ? Est-il impossible qu'elle soit ce que son extrait baptistaire et son mariage la déclarent être ? Est-il impossible que Laugier se soit porté à faire pour elle, tout ce qu'on a vu, par un sentiment d'amitié et de considération ? Or, il est juste de supposer tout ce qui est naturellement possible, plutôt que de faire perdre à des actes publics la foi qu'ils

méritent, plutôt que de dépouiller de son état une femme qui en a joui paisiblement durant l'espace de tant d'années, plutôt que de réduire ses enfans nés d'un légitime mariage, à la condition honteuse de n'être que la malheureuse postérité d'une mère adultérine. »

A ces moyens, qui ne pouvaient sûrement être exposés en termes plus expressifs, M. de Gueidan a ajouté qu'indépendamment de la question de la Légitimité, il y en avait une autre dans la cause, qui seule aurait peut-être pu, par sa décision, assurer à l'enfant de Thérèse Perrin l'effet de l'institution d'héritier.

Cette question était celle de savoir si les enfans légitimes de ceux qui ne le sont pas, peuvent être institués par leur aïeul. Nous avons vu, à l'article Bâtard, sect. 1, que la négative est l'opinion la plus conforme aux principes et la plus constamment reçue dans les tribunaux. Ainsi, il est à croire que, si l'institution d'héritier dont il s'agissait, eût dépendu de ce seul point, elle eût souffert de grandes difficultés.

Quoi qu'il en soit, par arrêt rendu tout d'une voix, le testament fut confirmé. On ignore si le moyen subsidiaire de l'héritier institué entra dans les motifs des juges ; mais les principes de M. de Gueidan restent toujours.

Il ne peut donc y avoir aucun doute sur la preuve de la Légitimité qui résulte d'un acte baptistaire revêtu de toutes les formalités prescrites par la loi, lorsqu'on n'y a d'ailleurs inséré aucune énonciation caractéristique de la bâtardise.

VI. Mais ici se présente notre seconde question : cette preuve, que deviendra-t-elle, si elle n'est pas soutenue par la possession d'état ?

Voici un arrêt qui va nous l'apprendre.

Vers la fin du dernier siècle, Nicolas Hurot, fils d'un charron du village de la Frette, près Cerfrouville, vint à Paris, et s'y maria avec la fille d'un marchand lainier. Le 23 février 1698, un fils, nommé Jean-Baptiste-Nicolas, naquit de son mariage.

Cet enfant croissant en âge, ne répondit point aux désirs de ses parens. Ils avaient à leur service une domestique nommée Anne Savorde. Leur fils entretint avec elle des liaisons secrètes ; trois enfans en reçurent le jour, et tous trois furent baptisés comme fils légitimes, quoiqu'il soit très-constant que jamais Anne Savorde n'ait épousé le sieur Hurot.

Pendant que ces liaisons duraient, le sieur Hurot en entretenait d'autres avec Hélène Leflot. Le 20 avril 1746, celle-ci accoucha d'un garçon. Le lendemain, il fut baptisé à la paroisse de Saint-Jean-en-Grève, qui n'était ni celle du père ni celle de la mère ; et le rédacteur de l'acte de baptême, après avoir dit que cet enfant, nommé Jean-Baptiste-Nicolas Murot (au lieu d'Hurot) et d'Hélène Leflot, ajouta qu'ils étaient tous deux inconnus. Le 27 août 1750, Hélène Leflot accoucha de deux autres fils, qui furent baptisés le même jour à Saint-Bénoît, paroisse du père et de la mère. L'un fut nommé François, et qualifié fils de *Jean-Nicolas Murot, employé chez le roi* (Le sieur Hurot avait effectivement un office de sommier de vaisselle dans l'échansonnerie du roi), *et d'Hélène Leflot, son épouse*. On nomma l'autre Henri-Augustin : le père était présent, et signa sur le registre. Deux autres enfans naquirent du même commerce en 1752 et 1753, et ils furent baptisés, l'un avec la même qualification de légitime, et l'autre avec la simple énonciation de fils du sieur Hurot et d'Hélène Leflot.

Hélène Leflot est décédée le 25 septembre 1754. Son acte mortuaire fut signé par le sieur Hurot, qui y prit le titre de mari.

Le 6 avril 1756, Marie-Jeanne Daubenton, sa servante, accoucha d'un enfant qu'il fit baptiser comme légitime.

Le 16 décembre 1769, le sieur Hurot mourut à Orléans.

Le 21 du même mois, la servante, qui s'était trouvée chez lui au jour de son décès, fit une déclaration de grossesse sur son compte.

Le même jour, il fut fait quelques démarches au nom des enfans d'Hélène Leflot, pour revendiquer la succession du sieur Hurot.

De là est née la question d'état. Les collatéraux, prétendant que cette succession leur appartenait, ont contesté la Légitimité des enfans du sieur Hurot.

Ces enfans convenaient qu'il ne leur avait pas été possible de trouver aucun acte de célébration de mariage entre leur père et leur mère. Mais ils soutenaient que leurs actes baptistaires les dispensaient de rapporter la preuve que ceux-ci eussent été mariés.

Le défenseur des collatéraux fit d'abord remarquer que les enfans de la Savorde et de la Daubenton avaient autant de droit de faire valoir ce système, que ceux d'Hélène-Leflot, puisqu'ils étaient, comme ces derniers, qualifiés légitimes par leurs actes de baptême; que cependant on convenait que ni la Savorde ni la Daubenton n'avaient été mariées avec le sieur Hurot; et que, dès-là, on devait croire, jusqu'à la preuve du contraire, qu'il en était de même d'Hélène Leflot.

Il observa ensuite que les enfans de celle-ci n'avaient en leur faveur aucune ombre de possession d'état; qu'un d'eux avait été mis en apprentissage, par un ami de son père, chez un maître perruquier, et que le brevet ne lui donnait pas le nom d'Hurot, mais seulement celui de Pierre-Véronique, sans aucun nom de famille; que, par un autre acte de 1766, il paraissait que Jean-Baptiste, l'aîné des enfans d'Hélène Leflot, avait vécu jusqu'à l'âge de vingt ans sous le nom de Jean-Baptiste de Beaumont, sans qu'on sût et sans qu'il sût lui-même qui il était; que, dans le même acte, signé de lui-même, il était attesté par différentes personnes de sa connaissance, appelées pour constater son état, à l'effet de le faire recevoir maître écrivain, que jamais on n'avait connu son père, et qu'Hélène Leflot, sa mère, n'avait pas été mariée; etc.

Après ces détails sur les faits, le défenseur des collatéraux passait au développement de ses moyens.

« L'état de chaque individu dans la société (disait-il), est fondé sur deux bases : sur le titre de sa naissance, et sur sa possession.

» Le titre de sa naissance est l'acte de baptême : mais ce titre serait insuffisant par lui-même, s'il n'était pas accompagné d'une possession, conforme à ce qu'il contient. En effet, l'acte du baptême apprend bien aux contemporains d'un homme, ou à la postérité, que, le jour de sa date, il a été baptisé un enfant; il leur apprend même les noms de cet enfant, et les noms du père et de la mère qui ont été déclarés être les siens; mais la découverte de ce fait ne prouve pas que celui qui réclame les noms et les qualités dont il est parlé dans cet acte, soit véritablement l'individu qui fut alors présenté au baptême; il faut encore que le nom qu'il a porté jusque-là, le traitement qu'il a éprouvé dans sa famille et dans la société, l'opinion publique de ceux avec lesquels il a vécu, établissent entre lui et ce monument de sa naissance, une relation qui en rende l'application invariable. C'est ce que les jurisconsultes de tous les temps ont désigné par ces mots qui caractérisent la véritable possession d'état, *nomen, tractatus, fama*. S'il n'a pas conservé ce nom, si aucun de ceux qui ont élevé son enfance et présidé à son éducation, qui l'ont suivi, fréquenté, avec lesquels il a vécu jusqu'au moment de sa réclamation, ne l'ont pas regardé, traité comme étant l'individu auquel cet acte pouvait s'appliquer, c'est un titre qui devient stérile dans sa main, et qui ne lui appartient pas plus qu'au premier inconnu qui voudrait s'en emparer comme lui.

» On distingue deux sortes d'état, l'état naturel et l'état légitime.

» L'état naturel est celui dans lequel l'individu est considéré comme né de tel père et de telle mère, abstraction faite de tout mariage précédent. On peut jouir de cet état sans appartenir à aucune famille. Tels sont les bâtards.

» L'état légitime, au contraire, est celui dans lequel chaque citoyen est considéré comme né d'un mariage constant et régulier, et membre, par sa naissance, de telle ou telle famille. Si le titre de l'état en général est l'acte de baptême, le titre de l'état légitime en particulier est l'acte de célébration du mariage du père et de la mère. Mais il y a une différence remarquable entre ces deux titres.

» L'acte de baptême, sans possession subséquente, est, comme nous l'avons remarqué, un vain nom que personne ne peut s'approprier, et qui ne procurera jamais à celui qui le représente, la reconnaissance de son état. L'acte de célébration de mariage, au contraire, se suffit à lui-même; il assure seul la Légitimité de l'individu qui la réclame, parce que la célébration s'applique d'elle-même aux deux époux, déjà connus dans la société, qui ont contracté le mariage, et c'est de cette application, sur laquelle il est impossible de se tromper, que dérive, par une conséquence nécessaire et infaillible, la Légitimité des enfans qui en sont issus. L'acte de célébration de mariage a la force de légitimer les enfans de la femme mariée, quand même le titre de leur état, c'est-à-dire, leur acte de baptême, déposerait contre cette Légitimité, comme si, par exemple, on leur avait donné par cet acte un autre père que le mari, ou si on les avait baptisés comme enfans naturels, fruits d'une union illégitime. Il suffit qu'ils soient nés d'une femme mariée, pour que le mari de cette femme soit leur père aux yeux de la loi. *Pater is est quem justæ nuptiæ demonstrant.*

» Il n'eût pas été juste que le père et la mère, aveuglés par la haine et par d'autres passions qui ne troublent que trop les mariages les mieux assortis en apparence, eussent été les maîtres de supprimer l'état de leurs enfans, ou que cet état eût dépendu de l'indifférence des étrangers aux soins desquels ils sont quelquefois abandonnés en naissant. La loi veille alors pour l'enfant, que son âge met dans l'impuissance de réclamer contre l'inhumanité ou la négligence de ses parens : l'acte de célébration de mariage de sa mère est un titre de Légitimité qui l'accompagne partout, et dissipe, par son influence salutaire, tous les nuages dont on voudrait obscurcir son état.

» Ces vérités conduisent nécessairement à une autre vérité qui n'est pas moins incontestable, et qui en est aussi la conséquence naturelle : c'est que, si le père et la mère, ou ceux qui sont chargés, à quelque titre ce soit, de porter l'enfant à l'église, ne peuvent supprimer ni altérer la Légitimité d'un enfant né à la suite d'un mariage constant et régulier, ils ne sont pas plus maîtres de suppléer cette Légitimité. Une politique éclairée et salutaire n'a pas permis qu'on chargeât de formalités rébutantes et dangereuses pour la religion et pour les mœurs, les réglemens relatifs à la tenue des registres de baptême confiés aux ministres de l'église. Des matrones, sans caractères à cet effet, des parrains et marraines souvent inconnus, quelquefois impubères, semblent donner, par la seule déclaration, qui n'est jamais ni vérifiée ni contredite, à l'enfant qui vient de naître, l'état qu'il leur plaît, et à telle famille qu'ils veulent choisir, un nouveau membre. Quelquefois même, et l'expérience n'apprend que trop combien on abuse de cette formalité religieuse, le père de l'enfant vient reconnaître sa paternité à la face des autels. Mais ces déclarations et cette reconnaissance ne peuvent jamais établir une Légitimité sans mariage précédent. L'acte de célébration de mariage est le creuset où elles viennent toutes s'épurer : sans lui, point de mariage, et sans mariage, point de Légitimité.

» Ces principes qu'on ne méconnaîtra pas sans doute, reçoivent cependant une exception. Lorsque, par quelque événement connu, comme dans le cas de lacération, d'incendie ou absence quelconque des registres, la représentation de l'acte de célébration de mariage est devenue impossible, la forte présomption de son existence, d'une part, et, de l'autre, la possession publique de l'état, y suppléent. Cette possession est même plus puissante que tous les actes de baptême : elle tient lieu des énonciations portées dans les actes que l'ignorance et la fraude altèrent, supposent et suppriment souvent. Elle est essentiellement inaltérable, parce qu'elle ne dépend point de l'erreur d'un rédacteur ou du stratagème d'un imposteur audacieux, mais de la reconnaissance nécessaire et involontaire d'un certain nombre d'individus, souvent pris et rencontrés au hasard, qui, sans s'être donné le mot, ont été les témoins des relations, des habitudes, des liaisons de parenté ou d'affinité du sujet qui la réclame.

» Un enfant est élevé dans le sein d'une famille : son père et sa mère, en possession de l'état d'époux, l'ont toujours traité comme leur fils, ou, s'il a eu le malheur de les perdre trop tôt, les deux familles ont conservé la mémoire de l'union légitime qui donna l'existence à cet enfant. Il est ainsi parvenu à l'adolescence, à l'âge viril, toujours reconnu par sa famille comme fils de tel et de telle, dont le mariage ne fut jamais révoqué en doute. L'état de cet homme est assuré pour jamais. Si l'époque où le lieu de sa naissance venait à s'effacer tellement de la mémoire de ses contemporains, qu'il n'en pût pas retrouver la trace; si personne au monde ne pouvait lui indiquer l'église où l'alliance de son père et de sa mère fut sanctifiée par le sacrement, son état n'en demeurerait pas moins inébranlable; la possession seule, pourvu qu'on la suppose complète et non équivoque, formerait autour de lui un boulevard qui mettrait son état à couvert de toute atteinte.

» Mais cette possession est souvent incomplète ou équivoque; quelquefois même elle est contraire au titre; et c'est alors qu'il est difficile de déterminer l'état de l'individu qui se présente. Il est pourtant encore quelques règles que la raison dicte.

» Il faut d'abord bien définir quels sont les caractères de possession que le sujet réunit, et quels sont ceux qui lui manquent; jusqu'où cette possession s'étend et où elle s'arrête. Sans titre, on ne peut jamais aller au-delà du terme de la possession. Par exemple, celui qui n'a qu'une possession d'état naturel, ne peut réclamer l'état légitime, sans représenter l'acte de célébration du mariage de son père ou de sa mère; il lui faudrait, pour y prétendre, une possession d'état légitime.

» Ces deux possessions sont faciles à distinguer. Tout ce qui appartient à l'état naturel, appartient aussi à l'état légitime; mais il est des caractères particuliers à l'état légitime, qui n'accompagnent jamais l'état naturel. Ainsi, le nom, le soin de l'enfance, la qualité prise et reçue de père et de fils, tout cela est commun à l'état naturel et à l'état légitime : mais la cohabitation ouvertement connue du père ou de la mère, le nom du père porté par la mère, les qualités de mari et de femme prises et reçues publiquement, la reconnaissance des enfans et le traitement de parenté dans les deux familles, n'appartiennent qu'à l'état légitime , en sorte que, pour donner sur ce point une règle sûre, on pourrait dire que la simple relation entre le père, la mère et les enfans, constitue la possession d'état purement naturel; mais que, pour s'assurer de la Légitimité, il faut nécessairement remonter à la possession de l'état conjugal du père et de la mère dans la société, et à la relation des uns et des autres avec les deux familles.

» D'après ces principes, il n'est pas douteux que les enfans du sieur Hurot ne soient sans titre pour aspirer aux honneurs de la Légitimité.

» 1º Ils ne rapportent aucune preuve de mariage entre leur père et leur mère.

» 2º Leurs extraits baptistaires, rapprochés de ceux de leurs frères consanguins, qui sont tous constamment bâtards, annoncent, au contraire, qu'il n'a existé, entre le sieur Hurot et Hélène Leflot, qu'une union formée par la débauche.

» 3º Leur prétendue possession est détruite par les titres qu'ils rapportent ; d'ailleurs, cette possession n'a point les caractères que les lois exigent pour conférer la Légitimité. »

Tout se réunissait , comme l'on voit, en faveur des collatéraux. Aussi , par sentence du Châtelet, du 25 janvier 1776, leur réclamation a été admise; et cette sentence a été confirmée par arrêt du parlement de Paris du 8 janvier 1777.

Les circonstances de la débauche constante du sieur Hurot , les preuves écrites des liaisons multipliées qu'il avait eues avec différentes personnes du sexe, sa criminelle habitude de faire baptiser comme légitimes les fruits de ces liaisons, tout cela [réuni au défaut de possession d'état de la part des enfans (1),]] écartait de la cause jusqu'à l'ombre de la plus légère difficulté.

VIII. Nous osons même croire que, si ces enfans avaient eu l'avantage, qui leur manquait, d'une certaine possession d'état, ils n'en auraient pas été plus heureux.

En effet, la possession d'état qui résulte de la cohabitation publique du père et de la mère , et de la qualité de mari et femme qu'ils ont toujours prises , perd toute sa force à l'égard des personnes habituées au libertinage.

» Pourquoi (disait M. d'Aguesseau dans la cause de Jacquette de Senlis), pourquoi donne-t-on tant d'autorité au bruit public et à la commune renommée ? C'est qu'on ne suppose pas aisément qu'une femme ait assez de hardiesse pour vivre publiquement comme une femme mariée, pour prendre le nom de son mari , sans être sa femme légitime, et sans avoir reçu ce nom à la face des autels. On ne doute point que, dans une ville bien policée, l'église, le magistrat , le peuple même , ne se fussent élevés contre de tels désordres ; on croit qu'ils ne pourraient être connus

et demeurer impunis : il suffit qu'ils soient publics, pour se persuader qu'ils ne sont plus, et que le mariage a rendu une telle société légitime.

» Mais lorsqu'il s'agit d'une femme débauchée, confirmée dans le crime, qui, y goûtant une paix profonde, a su se faire un front incapable de rougir ; toutes ces raisons cessent, toutes ces conjectures se dissipent. On se persuade aisément qu'une femme de ce caractère abusera facilement du nom de ce mariage, pour pouvoir vivre sans crainte dans une licence effrénée ; qu'un jeune homme, aveuglé par sa passion, entraîné par le plaisir présent, touché du même désir de liberté, consentira à ce commerce honteux, et prêtera son nom pour servir de voile à la débauche. C'est ce que les législateurs romains avaient prévu, lorsqu'ils ont établi la cohabitation publique pour une des fortes preuves du mariage. Car, en même temps qu'ils admettaient cette présomption , ils exceptaient nommément les femmes accusées de désordre. C'est ce qui a été décidé précisément par la loi 24, de ritu nuptiarum, au Digeste : In liberæ mulieris consuetudine non concubinatus, sed nuptiæ intelligendæ sunt, si non corpore quæstum fecerit. »

[[VIII. Les maximes que l'on vient d'exposer, sont en partie confirmées et en partie modifiées par les articles suivans du Code civil ;

« 194. Nul ne peut réclamer le titre d'époux et les effets civils du mariage, s'il ne représente un acte de célébration inscrit sur le registre de l'état civil, sauf les cas prévus par l'art. 46, au titre des actes de l'état civil.

» 195. La possession d'état ne pourra dispenser les prétendus époux qui l'invoqueront respectivement, de représenter l'acte de célébration du mariage devant l'officier de l'état civil.

» 196. Lorsqu'il y a possession d'état , et que l'acte de célébration de mariage devant l'officier de l'état civil est représenté , les époux sont respectivement non recevables à demander la nullité de cet acte ;

» 197. Si néanmoins, dans le cas des art. 194 et 195, il existe des enfans issus de deux individus qui ont vécu publiquement comme mari et femme, et qu'ils soient tous deux décédés, la Légitimité des enfans ne peut être contestée, sous le seul prétexte du défaut de représentation de l'acte de célébration, toutes les fois que cette Légitimité est prouvée par une possession d'état qui n'est point contredite par l'acte de naissance. »

Ce dernier article donne lieu à plusieurs questions qu'il faut examiner successivement.

Première question. L'art. 197, en tant que , pour l'application de la règle qu'il établit, il exige que les père et mère soient tous deux décédés , fait-il loi pour les enfans , nés de mariages qui , s'ils avaient été réellement contractés , n'auraient pu l'être qu'avant le Code civil ?

Cette question revient , en d'autres termes , à

_____

(1) [[Nous disons, réuni au défaut de possession d'état de part des enfans ; car si les enfans avaient en une véritable et complète possession d'état, la question eût totalement changé de face. V. ci-après, n° 8, neuvième question.]]

celle de savoir si la disposition de l'art. 197 est conforme à l'ancienne jurisprudence.

On ne peut guère douter qu'elle ne le soit, lorsqu'on se reporte à la manière dont les jurisconsultes s'expliquaient sur cette matière avant le Code civil.

Dans quelques-uns des passages ci-dessus transcrits de son mémoire, pour les enfans de Barthélemy Bourgelat, dont la Légitimité était contestée après la mort de leur père, Cochin supposait évidemment qu'il fallait que les père et mère fussent tous deux décédés, pour que la possession d'état de leurs enfans pût les dispenser de prouver leur mariage par la représentation d'un acte de célébration.

Les auteurs du nouveau Denisart, aux mots État (question d'), § 2, n° 3, parlaient dans le même sens : « lorsqu'on vient à contester la Légitimité d'un enfant après la mort de ses père et » mère, on le dispense souvent de rapporter au- » cune preuve d'une célébration dont il peut » ignorer le lieu. Il suffit que la possession de » Légitimité, conforme à l'acte baptistaire, soit » constante pour faire maintenir le possesseur » dans l'état contesté d'enfant légitime. Telle est » l'espèce du sieur Bourgelat..... »

On voit par le mot souvent, que ces auteurs n'admettaient pas indéfiniment la règle qui est maintenant écrite dans l'art. 197 du Code civil; et en effet cet article lui-même ne l'admet que dans le concours de plusieurs circonstances qu'il détermine, mais qui la restreignent au cas unique du prédécès des père et mère.

L'ancienne jurisprudence nous offre cependant un arrêt qui l'a appliquée à des enfans dont la mère seule était décédée : c'est celui du parlement de Paris, du 16 janvier 1772, qui est rapporté ci-dessus, n° 3.

Mais, comme le remarquait M. le procureur-général Mourre, dans les conclusions données à l'audience de la cour d'appel de Paris, du 7 février 1809, il se rencontrait dans l'affaire sur laquelle a été rendu cet arrêt, « deux circonstances » extrêmement graves : un ministre d'état et la » veuve d'un président à mortier, qui avaient » nommé un des enfans du sieur Potier, marquis » de Sévis, et puis une demande en séparation » de corps qui suppose nécessairement un ma- » riage (1). »

Cet arrêt ne peut donc pas nous empêcher, et c'est précisément ce qu'établissait M. Mourre dans les conclusions que nous venons de citer, de considérer l'art. 197 du Code civil comme purement déclaratif du droit ancien, et par conséquent comme devant faire loi, même dans les affaires antérieures à sa publication (2).

Ce qui d'ailleurs achève de prouver que cet article n'est, sous aucun rapport, introductif d'un droit nouveau, c'est la manière dont M. Portalis,

conseiller d'état, s'expliquait, à la séance du corps législatif, du 16 ventôse an 11, dans l'exposé des motifs de cette partie du Code civil :

« On admettait les mariages présumés avant l'ordonnance de Blois : cet abus a disparu; il faut un titre écrit, attesté par des témoins et par l'officier public que la loi désigne. La preuve testimoniale et les autres manières de preuves ne sont reçues que dans les cas prévus par la loi sur les actes de l'état civil, et aux conditions prescrites par cette loi. Aucune possession ne saurait dispenser de représenter le titre; car la possession seule ne désigne pas plus un commerce criminel qu'un mariage légitime. Si la possession sans titre ne garantit aucun droit, le titre avec la possession devient inattaquable.

» Des époux dont le titre aurait été falsifié, ou qui auraient rencontré un officier public assez négligent pour ne pas s'acquitter des devoirs de sa place, auraient action pour faire punir le crime et réparer le préjudice. Si l'officier public était décédé, ils auraient l'action en dommages contre ses héritiers.

» Au reste, n'exagerons rien, et distinguons les temps. Autre chose est de juger des preuves d'un mariage pendant la vie des époux, autre chose est d'en juger après leur mort et relativement à l'intérêt des enfans. Pendant la vie des époux, la représentation du titre est nécessaire. Des époux ne peuvent raisonnablement ignorer le lieu où ils ont contracté l'acte le plus important de leur vie, et les circonstances qui ont accompagné cet acte; mais après leur mort tout change. Des enfans, souvent délaissés dès leur premier âge par les auteurs de leurs jours, ou transportés dans des contrées éloignées, ne connaissent et ne peuvent connaître ce qui s'est passé avant leur naissance. S'ils n'ont point reçu de documens, si les papiers domestiques manquent, quelle sera leur ressource ? La jurisprudence ne les condamne point au désespoir. Ils sont admis à prouver que les auteurs de leurs jours vivaient comme époux, et qu'ils avaient la possession de leur état. »

DEUXIÈME QUESTION. La condition du prédécès des père et mère est-elle remplie par la mort de l'un d'eux et l'absence de l'autre ?

Pour résoudre cette question, il faut bien saisir le sens et l'esprit de l'art. 197.

C'est après avoir décidé, par l'art. 194 et 195, qu'à l'égard des époux, le mariage ne peut être prouvé que par l'acte de célébration, ou par la preuve testimoniale en cas de perte ou d'inexistence des registres publics, c'est après avoir surtout déclaré la possession d'état insuffisante, à l'égard des époux, pour suppléer à l'une et à l'autre, que le législateur examine, dans l'art. 197, la question de savoir s'il en doit être des enfans comme de leur père et mère.

Et remarquons bien la manière dont il débute.

(1) OEuvres judiciaires de M. Mourre, page 243.
(2) V. l'article Effet rétroactif, sect. 3, § 15.

dans cet article : *Si néanmoins dans le cas des art.* 194 *et* 195.

Ce mot *néanmoins* n'est pas équivoque ; il signale clairement une exception qui va modifier, en faveur des enfans, la règle générale à laquelle les époux sont assujétis.

Et cette exception, le législateur ne l'établit pas en termes indéfinis, ni comme formant elle-même, pour les enfans, une règle générale applicable à tous les cas ; il la fait dépendre de plusieurs conditions spécifiées avec soin, et l'une de ces exceptions est que les père et mère soient *tous deux* décédés.

Il faut donc, pour pouvoir invoquer cette exception, que les enfans prouvent avant tout que la mort leur a enlevé leurs père et mère.

Donc, si le père ou la mère vit encore au moment où il s'élève des contestations sur la Légitimité des enfans, l'exception cesse, et les enfans rentrent dans la règle générale. Donc ils ne peuvent prouver le mariage, seule source de leur Légitimité, que de la même manière que leur père ou mère survivant peut le prouver lui-même, c'est-à-dire, comme le décide textuellement l'art. 194, que l'acte de célébration, ou par la preuve testimoniale dans les cas déterminés par l'art. 46.

« Quel étrange spectacle (disait M. le procureur-général Mourre, dans les conclusions citées sur la question précédente) ne mettrait-on pas sous les yeux de la société, si celui qui prétend avoir contracté mariage était obligé de rapporter l'acte de célébration, et si l'enfant en était dispensé ! D'un côté, l'on verrait un concubin ou une concubine, et de l'autre, un enfant légitime. Monstrueux assemblage des idées les plus inconciliables ! Téméraire paradoxe qui trouble l'ordre social, qui crée un édifice sans base, une Légitimité sans famille, et qui nous fait voir des membres épars, là où il devrait y avoir un tout indivisible ! »

Il nous sera bien facile, d'après cela, de décider si l'exception qui porte, non sur le cas où les père et mère sont *absens*, mais uniquement sur celui où ils sont *décédés*, et *tous deux décédés*, peut être applicable au cas où l'un d'eux seulement étant décédé, l'autre est absent.

Et comment serait-il possible qu'elle le fût ? On ne pourrait l'appliquer à ce cas, qu'en l'étendant hors de ses termes ; or, toute exception est de droit étroit.

En vain dira-t-on qu'il y a, pour l'appliquer au cas d'absence, la même raison que pour l'appliquer au cas de décès, puisque le prétendu époux absent ne peut pas plus, que le prétendu époux décédé, faire connaître à ses enfans le lieu et les circonstances du mariage qui l'a uni à son prétendu époux déjà mort.

D'une part les juges peuvent bien, lorsqu'il y a lacune dans une loi qui établit une règle générale, l'étendre, par analogie, du cas prévu par le législateur, au cas échappé à sa prévoyance ; mais ce pouvoir, ils ne l'ont plus quand il s'agit d'une exception par laquelle le législateur a lui-même limité la règle générale qu'il a établie. Pourquoi ? Parce qu'alors la loi n'offre pas de lacune ; parce qu'alors la loi soumet à la règle générale tout ce qu'elle n'en exclut pas par son exception ; parceu'il est de principe que *exceptio firmat regulam in casibus non exceptis.*

D'un autre côté, y a-t-il même raison de décider dans le cas d'absence du survivant des père et mère d'enfant dont on conteste la Légitimité, que dans celui de son décès ? Non ; car non-seulement l'absence n'emporte pas une présomption de mort ; non-seulement, aux yeux de la loi, l'absent n'est ni mort ni vivant ; mais tant que son décès n'est pas constaté, la loi fait de la possibilité de son retour, la base de presque toutes les dispositions dont se compose le titre *des absens* du Code civil. Or, qu'arriverait-il si, après que les enfans du survivant des père et mère auraient profité de son absence pour se faire juger Légitimes à la faveur de la possession d'état, il venait à reparaître, et que, sans pouvoir représenter un acte de mariage, il formât contre des tiers une demande quelconque en sa prétendue qualité de veuf ? force serait bien à la justice de déclarer qu'il n'a point été marié. Ainsi, il serait jugé à son égard, qu'il n'y a eu entre lui et son prétendu époux prédécédé qu'un concubinage ; et il le serait à l'égard de ses enfans qu'il y a eu un véritable mariage entre l'un et l'autre. Or, c'est précisément pour éviter ce contraste scandaleux, que l'art. 107 subordonne à la condition du décès des deux prétendus époux, l'exception qu'il fait, en faveur des enfans, à la règle établie par les art. 194 et 195 ; et comme ce contraste, ce scandale, sont à craindre tant que le prétendu époux survivant n'est pas décédé, mais seulement absent, il est évident que, tant que dure cet état de choses, l'exception n'est pas applicable.

C'est ainsi au surplus que la question a été jugée par l'arrêt qu'a rendu la cour royale de Toulouse dans l'espèce dont nous avons rendu compte aux mots *État civil*, § 2 ; art. 46, n° 2.

Il s'agissait de savoir si Henri-Jean-Baptiste Baqué, né le 12 nivose an 4, inscrit le même jour sur les registres de l'état civil de Toulouse, comme *fils de Henri Baqué et de Pélagie Devergers, mariés*, et mort le 20 août 1815, avait été saisi, comme enfant légitime, de la succession de son père décédé peu de temps auparavant.

Les héritiers du sieur Legrand, son légataire universel, soutenaient l'affirmative ; et tout en alléguant que ses père et mère avaient été mariés en 1794 à Kingston, dans une chapelle catholique dont les registres étaient perdus, ils prétendaient qu'ils n'avaient pas besoin, d'après l'art. 197, de rapporter la preuve du mariage, parce que Henri Baqué et Pélagie Devergers, avaient toujours vécu publiquement comme époux depuis leur retour en France, et que l'acte de naissance de leurs fils le signalait comme légitime.

Les héritiers du sieur Baqué père répondaient que cela eût été bon, si le décès de Pélagie Devergers eût été constant comme le sien ; mais que rien ne prouvait que Pélagie Devergers ne fût plus en vie ; qu'elle était, à la vérité, absente depuis plus de vingt ans ; mais qu'en cette matière, son absence ne pouvait pas équipoller à sa mort ; et que, dès lors, l'art. 197 devenait inapplicable.

Le 26 février 1820, jugement du tribunal de première instance d'Alby qui déclare Henri-Jean-Baptiste Baqué fils légitime de Henri Baqué et de Pélagie Devergers,

« Attendu que ledit Baqué se trouve dans le cas de l'art. 197 du Code civil ; qu'il remplit toutes les conditions qu'exige cet article pour la Légitimité ; qu'une seule de ces conditions peut souffrir des difficultés, en ce que l'on ne rapporte point l'acte de décès de sa mère, mais qu'une absence de plus de vingt ans, sans nouvelles et outre-mer, équivaut, à cet égard, à un décès, puisque cette absence opère, comme le décès, l'impossibilité d'obtenir les renseignemens que la mère pourrait donner ; que mal à propos les sieurs Dubois ont prétendu que les conditions du décès des père et mère ne pouvaient pas être suppléées, puisque M. Maleville, sur ledit article, admet pour équipollent l'état de démence ou d'imbécillité ; que c'est une erreur de croire que l'enfant soit obligé de rapporter l'acte de célébration du mariage de ses père et mère ; que l'art. 194 du Code civil n'impose cette obligation qu'aux époux eux-mêmes; pour l'enfant, *il suffit que la possession d'état de ses père et mère soit annoncée dans son acte de naissance ; cet acte est son titre ; c'est cet acte qui constate son nom, son origine et sa famille*, suivant les observations de M. Portalis, dans son discours au corps législatif sur *le mariage* ; que l'acte de naissance du jeune Baqué est régulier et légal, quoique non signé par son père, car aucune loi n'exige cette signature ;

» Que les dispositions de l'art. 197 sont encore confirmées par l'art. 322, d'après lequel nul ne peut contester l'état de celui qui a une possession d'état conforme à son acte de naissance. »

Appel de la part des héritiers du sieur Baqué père.

« La possession d'état, ni la vie publique des père et mère, comme mari et femme (disent-ils), ne suffisent pas pour constater la Légitimité d'un enfant : il faut de plus qu'il soit établi que le père et la mère ont été mariés ; il faut absolument représenter l'acte de célébration de mariage, lorsque tous les deux ne sont pas décédés ; c'est la disposition formelle des art. 194 et 195 du Code civil. L'art. 322 du même Code n'a point modifié la rigueur des deux premiers, il n'a pour objet que de déterminer les conditions qui assurent la filiation des enfans légitimes ; mais là où il n'existe point de mariage, il ne saurait exister de Légitimité.

» C'est encore mal à propos que les premiers juges ont pensé que l'exception portée par l'art. 197 du Code civil, pouvait s'appliquer et s'étendre à des cas analogues, et que le déclaré absent pouvait

être comparé à celui qui est décédé. Il ne faut pas confondre les effets que la loi attache à la déclaration d'absence. Les mesures qui la suivent, ne sont prescrites que dans l'intérêt de l'absent ou de ses héritiers ; pendant plusieurs années, elles ne sont que provisoires, et elles ne peuvent jamais lui causer un tort irréparable : or, on ne peut décider provisoirement qu'un mariage a existé ou n'a pas existé, on ne peut pas déclarer provisoirement qu'un enfant est légitime ou qu'il ne l'est pas. De telles décisions sont éminemment irrévocables, et ne peuvent jamais être subordonnées à des conditions essentiellement éventuelles. Il n'est donc pas vrai que, quant à la question qui nous occupe, *un déclaré absent* puisse être comparé à celui qui n'est déjà plus.

» Une observation importante va montrer encore mieux que les enfans Legrand ne peuvent se dispenser de représenter le contrat de mariage de Henri Baqué et de Pélagie Devergers. Si, dans le cas où le père et la mère sont tous deux décédés, le législateur dégage l'enfant dont l'état est contesté, de l'obligation de produire leur acte de mariage, c'est parce qu'il suppose que cet enfant ignore le lieu où le mariage a été célébré ; mais ici cette ignorance ne peut être alléguée. Les enfans Legrand nous ont appris eux-mêmes, dans les actes qu'ils ont signifiés, que le mariage de Henri Baqué et de Pélagie Devergers avait été célébré à Kingston. Ils doivent donc, ou rapporter l'acte de célébration, ou la preuve que les registres sur lesquels cet acte fut inscrit, n'existent plus. »

Par arrêt du 24 juin 1820, la cour royale de Toulouse considère

« Que l'ensemble des circonstances suffirait pour établir d'hors et déjà, la Légitimité du jeune Baqué, *si ses père et mère étaient décédés*, parce qu'il lui suffirait, en ce cas, pour obtenir l'état d'enfant légitime, de rapporter son acte de naissance et les preuves d'une possession d'état conforme à cet acte, double condition qu'il a déjà remplie ;

» Mais, que malgré les nombreuses circonstances qui peuvent faire présumer le décès de la dame Pélagie Devergers, ce décès n'est pas légalement prouvé, et que *la longue absence de ladite dame ne peut pas équipoller à la preuve dudit décès.* »

En conséquence, elle ordonne, avant faire droit, que les héritiers Legrand rapporteront la preuve, 1° que les registres de la chapelle catholique de Kingston de 1794 sont perdus ou détruits ; 2° que le mariage de Henri Baqué et de Pélagie Devergers a été célébré dans cette chapelle.

TROISIÈME QUESTION. *La condition du décès des deux époux est-elle remplie par la mort de l'un d'eux et l'état de démence de l'autre ?*

On vient de voir par le jugement du tribunal d'Alby, du 26 février 1820, que M. Maleville, sur l'art. 197, embrasse l'affirmative. Il ne motive son opinion en aucune manière; mais M. Toullier, qui l'adopte, liv. 1er, tit. 7, n° 877, en donne pour raison que la démence met l'époux qui s'en trouve frappé, *hors d'état de donner aucun renseignement sur le lieu de son mariage*.

On pressent bien, d'après ce que nous avons dit sur la question précédente, que nous ne pouvons pas souscrire à cette opinion. En effet, l'époux frappé de démence se trouve, relativement à l'exception par laquelle l'art. 197 restreint, en faveur des enfans, la règle générale établie par les art. 194 et 195, sur la même ligne que l'époux absent; il est, comme l'époux absent, dans l'impuissance de faire connaître le lieu où son prétendu mariage a été célébré; mais cette impuissance peut cesser par le recouvrement de sa raison, comme celle de l'époux absent peut cesser par son retour. Quel prétexte y aurait-il, dès-lors, pour assimiler la démence à la mort, tandis que bien certainement la condition de la mort ne peut pas être réputée remplie par l'absence? N'y a-t-il pas le même inconvénient à éviter dans un cas que dans l'autre? Et ne serait-il pas à craindre, dans l'un comme dans l'autre, que si l'on déclarait un enfant légitime par la seule considération que le survivant de ses père et mère est hors d'état de donner des renseignemens sur le lieu de la célébration du mariage prétendu, l'on ne fût ensuite obligé de juger qu'il n'y a eu entre celui-ci et le prédécédé qu'un concubinage?

QUATRIÈME QUESTION. 1° *La condition du décès des deux époux, peut-elle être suppléée, hors le cas de perte ou d'inexistence des registres, par la preuve testimoniale que feraient les enfans, de la célébration d'un mariage entre le prédécédé et le survivant de leurs père et mère?*

2° *Cette preuve serait-elle admissible, serait-elle même nécessaire, d'après l'art. 322 du Code, si les enfans dont le père ou la mère vivrait encore, avaient en leur faveur une possession personnelle d'état de Légitimité conforme à leur acte de naissance?*

3° *Que faudrait-il décider à cet égard, si la possession personnelle d'état de Légitimité des enfans avait été reconnue par les parens intéressés à la leur contester, à une époque où le droit de la leur contester était ouvert?*

I. Avant de nous prononcer sur les deux premières branches de cette question, il est à propos de rapporter une espèce où elles ont été agitées relativement à un prétendu mariage dont on reportait la célébration à une époque antérieure au Code civil.

Le 23 janvier 1793, acte notarié par lequel sont réglées les conditions du mariage que Jean-Antoine Rivayran et Jeanne-Marie Caniven se proposent de contracter incessamment l'un avec

l'autre. Leurs pères et mères respectifs y interviennent, et leur font diverses donations.

Le 7 avril suivant, publication du mariage devant la maison commune du domicile de chacun des futurs époux.

Le 16 du même mois, célébration du mariage *devant le curé de la paroisse de Castres*, lieu du domicile de Jeanne-Marie Caniven; mais nulle mention sur les seuls registres reconnus par la loi, que cette célébration ait été réitérée devant l'officier de l'état civil.

Cependant le sieur Rivayran et la demoiselle Caniven, vivent publiquement comme mari et femme, dans la maison du sieur Rivayran père, qui, par leur contrat de mariage, avait promis de les y loger.

Le 14 janvier 1794, le sieur Rivayran meurt, laissant Jeanne-Marie Caniven enceinte.

Le 17 mars de la même année, celle-ci accouche d'une fille qui, sur la déclaration du sieur Rivayran père, son aïeul, est inscrite sur le registre de l'état civil de la commune de Pujol, sous le nom d'Elizabeth Rivayran, *fille de Jeanne-Marie Caniven, épouse de Jean-Antoine Rivayran*.

Le 17 nivose an 6, contrat de mariage entre Marguerite Rivayran, sœur de Jean-Antoine Rivayran, décédé, et Augustin Rivayran, qui reconnaît avoir reçu une somme de 800 livres de Marie-Jeanne Caniven, *sa future belle-sœur, veuve de Jean-Antoine Rivayran*.

En l'an 7, requête de Marie-Jeanne Caniven au tribunal civil du département du Tarn, expositive que, le 16 avril 1793, elle a épousé Jean-Antoine Rivayran devant l'officier de l'état civil de la commune de Castres, mais que cet officier a omis d'inscrire son mariage sur les registres publics; et conclusions à ce qu'il lui soit permis de faire procéder à une requête pour réparer cette omission.

Jugement qui permet l'enquête. En conséquence, le 8 germinal an 8, cinq témoins déposent unanimement du fait de la célébration du mariage à l'époque et de la manière désignées par la requête de Jeanne-Marie Caniven; et par suite, le 25 floréal de la même année, nouveau jugement qui reconnaît que ce mariage a été légalement célébré le 16 avril 1793.

Le 22 prairial suivant, transcription de ce jugement sur les registres de l'état civil de la commune de Castres.

A cela succèdent, le 12 germinal et le 7 floréal an 12, des actes dans lesquels la famille Rivayran tout entière donne à Jeanne-Marie Caniven la qualité de veuve de Jean-Antoine Rivayran, et à Elisabeth Rivayran celle de *fille légitime issue de leur mariage*.

Enfin, le 28 novembre 1810, Elisabeth Rivayran, toujours qualifiée de même, épouse le sieur Monsarrat, et dans le contrat de mariage, comme dans l'acte de célébration, elle est assistée tant du sieur Rivayran père, qui y paraît comme son aïeul, que d'Augustin Rivayran, qui y paraît comme son bel-oncle.

Mais quelques années après, le sieur Rivayran père vient à mourir; et alors la dame Monsarrat prétendant venir à sa succession comme représentant Jean-Antoine Rivayran, son père, ses oncles et tantes la repoussent comme née d'une union illégitime, attendu que le prétendu mariage de Jean-Antoine Rivayran avec sa mère *encore vivante*, n'est pas constaté par un acte de célébration devant l'officier de l'état civil, et que le jugement de rectification du 25 floréal an 8, dans lequel ils n'ont pas été parties, ne peut pas en tenir lieu à leur égard.

La dame Monsarrat leur oppose son acte de naissance, l'accord de cet acte avec sa possession d'état, et l'art. 322 du Code civil.

Ils répliquent qu'aux termes de l'art. 322, il résulte bien de la conformité de son acte de naissance avec sa possession d'état une preuve complète de sa filiation; mais qu'aux termes de l'art. 197, elle ne peut, sa mère étant encore vivante, prouver sa Légitimité que par la représentation d'un acte de mariage devant l'officier de l'état civil.

Le 8 mars 1819, jugement qui déclare la dame Monsarrat légitime, et l'admet par suite à la succession du sieur Rivayran père, son aïeul.

Sur l'appel interjeté de ce jugement par ses adversaires, la dame Monsarrat offre subsidiairement la preuve par témoins des faits qui, sur la requête de sa mère, avaient été déclarés constans par le jugement de rectification du 25 floréal an 8.

Les appelans soutiennent, en invoquant l'art. 14 du tit. 20 de l'ordonnance de 1667, renouvelé par l'art. 46 du Code civil, que cette preuve est inadmissible, parce que les registres de l'état civil de la commune de Castres existent et sont en bon état.

Le 20 mai 1817, arrêt de la cour royale de Toulouse qui admet la preuve offerte, « attendu » que ni l'ancienne ni la nouvelle législation n'in » terdisent cette preuve hors des cas spécifiés, soit » par l'art. 14 du tit. 20 de l'ordonnance de 1667, » soit par l'art. 46 du Code civil, lorsque des cir » constances graves et imposantes, telles que la » possession d'état ou un commencement de preuve » par écrit présentent aux juges une présomption » légale du mariage contracté, sous le prétexte de » défaut de représentation de l'acte civil destiné à » le constater; que de telles circonstances sont en » grand nombre dans la cause; mais que la preuve » déjà faite en l'an 8, ne l'ayant pas été contra » dictoirement avec les héritiers Rivayran, c'est le » cas d'en ordonner une nouvelle. »

Recours en cassation contre cet arrêt de la part des héritiers Rivayran, qui le dénoncent comme violant l'art. 16 du tit. 20 de l'ordonnance de 1667 et l'art. 46 du Code civil.

Et après une discussion contradictoire, arrêt de la section civile, du 22 décembre 1819, qui rejette ce recours,

« Attendu que ni l'art. 14 de l'ordonnance de 1667, sous l'empire de laquelle a eu lieu le mariage

dont il s'agit, ni l'art. 46 du Code civil qui a reproduit la disposition de cette ordonnance, en spécifiant deux cas dans lesquels la preuve testimoniale des actes de l'état civil peut être ordonnée, savoir; celui où il n'a pas existé de registres de ces actes, et celui où ces registres auraient été perdus, ne sont ni limitatifs ni exclusifs d'autres cas où cette même preuve pourrait être admise; qu'en effet, il existe, dans les monumens de l'ancienne comme de la nouvelle jurisprudence, plusieurs exemples d'arrêts par lesquels les juges, d'après des présomptions graves et imposantes, telles que la possession d'état d'enfant légitime, ou un commencement de preuve par écrit, ont ordonné la preuve par témoins d'un mariage dont l'acte ne pouvait être représenté, bien qu'il n'y eût ni défaut de tenue ni perte des registres de l'état civil, et que cette jurisprudence a été approuvée et adoptée par les magistrats les plus distingués dans le ministère public;

» Attendu que, dans l'espèce de la cause, la cour royale de Toulouse a pu être frappée de la réunion et de la gravité des présomptions qui s'élevaient en faveur de l'existence du mariage allégué par les défendeurs, voir un commencement de preuve par écrit de ce mariage dans le contrat authentique qui en avait été passé le 23 janvier 1793, dans la publication des bans, en date du 7 avril suivant, dans l'acte de décès de Jean-Antoine Rivayran, du 14 janvier 1794, dans l'acte de naissance de la dame Monsarrat, défenderesse, du 22 mars de la même année, et dans les reconnaissances géminées des divers membres de la famille Rivayran, contenues dans les actes de famille des 16 messidor an 8, 12 germinal et 7 floréal an 12; que cette cour a pu et dû prendre aussi en considération la possession d'état invoquée par la défenderesse, tant de sa qualité de fille légitime de Jean-Antoine Rivayran et Marie Caniven, que de la qualité de cette dernière d'épouse légitime dudit Rivayran, possession d'état reconnue ancienne, publique, jamais interrompue, et légalement établie d'ailleurs par les mêmes actes sus-énoncés et par plusieurs autres actes de la cause;

» Attendu d'ailleurs que cette possession d'état de la défenderesse était, dans l'espèce, parfaitement conforme à son acte de naissance, ce qui la plaçait, quant à son état personnel, dans la disposition formelle de l'art. 322 du Code civil, qui défend de contester l'état de celui qui a une possession conforme à son acte de naissance; que, dans ce concours de faits et d'actes si propres à édifier sa religion, la cour royale de Toulouse a pu, sans violer les articles invoqués tant de l'ordonnance de 1667 et de la loi du 20 septembre 1792, que du Code civil, ordonner la preuve par témoins du mariage contesté (1). »

Que cet arrêt ait dû rejeter, comme il l'a fait, le recours en cassation des héritiers Rivayran, cela

_____

(1) Journal des audiences de la cour de cassation, année 1820, page 5.

n'est pas douteux. Un jugement en dernier ressort ne peut être cassé que *pour contravention expresse aux lois.* Or, d'une part, quelle était la loi qui, dans cette affaire, devait servir de règle à la cour royale de Toulouse sur la question de savoir s'il y avait lieu d'admettre la dame Moüsarrat à la preuve par témoins d'une célébration légale de mariage entre ses père et mère ? Ce n'était pas le Code civil, puisqu'il s'agissait d'un mariage qui, s'il avait été réellement contracté, n'avait pu l'être qu'à une époque où le Code civil n'existait pas encore. D'un autre côté, pouvait-on dire que la cour royale de Toulouse eût expressément contrevenu à l'art. 14 du tit. 20 de l'ordonnance de 1667 ? Non, puisque, comme je l'ai établi dans mon *Recueil de Questions de droit*, au mot *Décès*, § 1, cet article disait bien que les mariages pouvaient être *justifiés par témoins* dans le cas d'inexistence ou de perte des registres, mais ne disait point qu'ils ne pouvaient l'être que dans ce cas.

Mais si la cour de cassation s'est renfermée dans les justes limites de ses attributions en rejetant la réclamation des héritiers Rivayran contre l'arrêt de la cour royale de Toulouse, en a-t-elle, à tous égards, bien motivé le rejet, et n'a-t-elle pas elle-même, en s'occupant sans nécessité et on ne sait à quel propos (celle qui ordinairement est si attentive à ne pas préjuger à l'avance les questions qu'elle n'est pas actuellement appelée à résoudre), des dispositions des art. 46 et 322 du Code civil, n'a-t-elle pas elle-même, disons-nous, méconnu le véritable esprit de ces dispositions ?

Sans doute, l'art. 46 du Code civil, pris isolément, n'est pas plus limitatif que ne l'est l'article 14 du tit. 20 de l'ordonnance de 1667. Sans doute, il n'exclut pas plus lui-même que ne le faisait cette ordonnance, la preuve par témoins d'un mariage dont il y a des commencemens de preuve par écrit soutenus de la possession d'état, lors même que l'on en place la célébration à une époque et dans un lieu où il existait des registres de l'état civil qui ne sont ni perdus ni altérés.

Mais rapprochez l'art. 46 des art. 194, 195 et 197, et prononcez.

L'art. 194, comme l'enseigne M. Toullier (*Droit civil français*, livre 1ᵉʳ, titre 2, nᵒ 353), est bien certainement limitatif, il exclut bien certainement tout autre cas que ceux de perte ou d'inexistence des registres, lorsqu'il dit que *nul ne peut réclamer le titre d'époux et les effets civils du mariage, s'il ne représente un acte de célébration inscrit sur les registres de l'état civil, sauf les cas prévus par l'art. 46.*

Et vainement dirait-on avec M. le procureur-général Mourre, dans ses conclusions du 7 février 1809, citées plus haut, *deuxième question*, que cet article, dans le projet de la section de législation, était ainsi conçu : « La possession d'état ne peut suppléer la représentation du titre, *ni faire admettre la preuve testimoniale du mariage* ; » que ces derniers termes en ont été retranchés sur l'observation faite par le second consul, « que la

» disposition serait dangereuse, surtout après une » longue révolution pendant le cours de laquelle » beaucoup de Français s'étaient mariés en pays » étranger, et beaucoup avaient négligé de remplir » les formes prescrites pour les actes de l'état » civil ; » et que, par ce retranchement, on a *laissé à la prudence des tribunaux à déterminer dans quels cas on pourrait admettre les parties à prouver par témoins que le mariage avait été célébré.*

D'abord, ce n'est pas sur l'art. 195, mais sur l'art. 197, qu'a porté l'observation du second consul ; et elle n'avait pour objet que de faire retrancher de cet article la condition du décès tant du père que de la mère (1), proposition qui a été rejetée.

Ensuite, voici comment était conçu l'art. 195 dans le projet de la section : « La possession d'état » ne peut, à l'égard des prétendus époux, suppléer » la représentation de ce titre, *ni faire admettre* » *la preuve testimoniale, si ce n'est dans le cas* » *prévu par la loi du 2 floréal an 5 de la non-* » *existence ou de perte des registres de l'état civil,* » encore que les prétendus époux exhibassent un » contrat de mariage, et nonobstant toute recon- » naissance et déclaration contraire émanée des » deux époux ou de l'un deux. »

Par cet article, la section proposait-elle de prohiber indistinctement la preuve testimoniale du mariage, nonobstant la possession d'état des prétendus époux ? Non, évidemment non. Elle proposait seulement de ne la permettre que dans le cas de la perte et dans celui de l'inexistence des registres de l'état civil.

Et pourquoi le conseil d'état a-t-il retranché de l'art. 195 la disposition qui limitait à ces deux cas l'admissibilité de la preuve testimoniale ? L'a-t-il retranchée pour laisser aux tribunaux le pouvoir discrétionnaire d'admettre cette preuve dans d'autres cas ? Non, certes ; il ne l'a retranchée que parce qu'elle devenait inutile dans l'art. 195, d'après le parti qu'il avait pris de la refondre dans l'art. 194. En effet, à la rédaction de l'art. 194 proposée par la section, et qui consistait à dire tout simplement que *nul ne peut réclamer le titre d'époux et les effets civils du mariage, s'il ne représente un acte de célébration inscrit sur les registres de l'état civil,* il avait ajouté cette exception : *sauf les cas prévus par l'art. 46, au titre des actes de l'état civil.*

Répétons donc avec la plus intime conviction que l'art. 195 exclut bien certainement la preuve par témoins hors les cas prévus par l'art. 46, lorsqu'il dit que *la possession d'état ne pourra dispenser les prétendus époux qui l'invoqueront, de représenter l'acte de célébration de mariage.*

Enfin, l'art. 197 déclare bien certainement les dispositions des art. 194 et 195 communes aux enfans issus d'un prétendu mariage dont il n'existe d'autre preuve que la possession d'état ; lorsqu'il

_____

(1) Procès-verbal du 6 brumaire an 11, tome 2, page 112.

dit, *par exception à ces dispositions elles-mêmes* (1), *que*, lorsque les prétendus époux seront *tous deux décédés*, leur possession d'état pourra suffire pour assurer la Légitimité des enfans, si elle n'est pas contredite par l'acte de naissance de ceux-ci.

Eh! comment dès-lors affirmer que l'art. 46 (assurément bien inséparable des art. 194, 195 et 197) ne s'oppose point à ce que, du vivant de l'un des deux prétendus époux, leur enfant soit admis à prouver par témoins qu'ils ont été mariés à telle époque et dans tel lieu, nonobstant le silence absolu des registres de ce lieu et de cette époque sur leur prétendu mariage ?

Qu'*il existe*, comme le dit la cour de cassation, *dans les monumens de l'ancienne jurisprudence, plusieurs exemples d'arrêts par lesquels les juges, d'après des présomptions graves et imposantes, telles que la possession d'état d'enfant légitime, ou un commencement de preuve par écrit, ont ordonné la preuve par témoins d'un mariage dont l'acte ne pouvait être représenté, bien qu'il n'y eût ni défaut de tenue ni perte des registres de l'état civil :* cela est possible; et il n'y a là rien de directement contraire à l'art. 14 du tit. 2 de l'ordonnance de 1667.

Mais qu'il existe de pareils arrêts *dans les monumens de la nouvelle jurisprudence*, c'est-à-dire de la jurisprudence qui doit être calquée sur le Code civil, et surtout des arrêts qui, hors les cas de défaut de tenue ou de perte des registres, aient admis à une preuve de ce genre l'enfant de deux prétendus époux dont un seul était décédé, c'est ce que nous croyons pouvoir nier formellement. La dame Monsarrat en citait, dans sa défense, deux de la cour de cassation, l'un du 12 mars 1807, l'autre du 5 février 1809; mais quel rapport ont-ils avec les questions dont il s'agit ? Aucun; ils n'ont tous deux pour objet que la preuve des décès (2); et autant il est certain que relativement à la preuve des décès, l'art. 46 n'est pas limitatif, autant il est incontestable que, relativement à la preuve des mariages, les art. 194, 195 et 197 excluent de l'art 46 tout autre cas que celui de perte ou d'inexistence des registres de l'état civil (3).

Quant à l'art. 322, il n'est pas moins étonnant que la cour de cassation l'ait cité dans son arrêt, comme propre à justifier celui de la cour royale de Toulouse.

D'abord, quand il eût été vrai de dire que *la possession d'état de la défenderesse*, par cela seul qu'elle était conforme à son acte de naissance, la plaçait, quant à son état personnel, dans la disposition formelle du Code civil qui défend de contester l'état de celui qui a une possession conforme à son acte de naissance, aurait-on dû en tirer la conséquence que, dans ce concours de

faits et d'actes si propres à édifier sa religion, la cour royale de Toulouse avait pu, sans violer les articles invoqués tant de l'ordonnance de 1667 et de la loi du 20 septembre 1792, que du Code civil, ordonner la preuve par témoins du mariage contesté ? N'aurait-il pas été plus exact d'en conclure que la cour royale de Toulouse, loin de préjudicier aux demandeurs en cassation, les avait au contraire favorisés au préjudice de la défenderesse, puisqu'elle avait chargé celle-ci d'une preuve par témoins dont l'art. 322 ainsi entendu l'aurait dispensée ?

Ensuite, n'est-ce pas évidemment déplacer l'article 322, uniquement relatif à la preuve de *la filiation*, que de l'appliquer à la preuve de la Légitimité ? Écoutons M. Delahaye, avocat des héritiers Furst, à l'audience de la cour d'appel de Paris :

« La filiation légitime se compose de deux élémens essentiels : elle suppose que celui qui réclame cette filiation, démontrera qu'il est issu des deux individus qu'il désigne, et que ces deux individus étaient unis par mariage.

» La possession *d'état d'enfant* prouve la filiation ; mais pour prouver la filiation *légitime*, il faut la possession d'état d'enfant issu de deux individus unis par mariage.

» A cet égard, le législateur a eu le soin de définir : *La possession d'état* (relativement aux enfans), porte l'art. 321, *s'établit par une réunion suffisante de faits qui indiquent le rapport de filiation et de parenté entre un individu et la famille à laquelle il prétend appartenir.*

» Ainsi, la possession d'état considérée isolément, ne prouve autre chose que le rapport de filiation entre l'enfant et ses auteurs, et le rapport de parenté entre l'enfant et la famille à laquelle il prétend appartenir.

» Mais il ne suffit pas que l'enfant établisse sa filiation, il faut encore qu'il établisse que cette filiation est *légitime*. Or, le mariage seul peut établir cette Légitimité ; il faut donc que l'enfant prouve qu'il est issu des individus auxquels il prétend appartenir, et que ces individus étaient unis par le mariage.

» Le chap. 2 du tit. 7 du liv. 1er du Code civil n'a d'autre objet que de fixer les règles qui doivent conduire à la preuve de la filiation, parce que ce titre suppose évidemment que la preuve du mariage des père et mère n'est pas contestée.

» Le titre *de la Paternité et de la Filiation* trace donc les obligations et les droits de l'enfant qui veut prouver qu'il est issu des deux individus mariés qu'il se dit le fils.

» Mais si, pouvant prouver sa filiation, il veut établir encore que ceux dont il se dit le fils, étaient unis par mariage, c'est-à-dire s'il veut prouver que cette filiation est légitime, il doit recourir aux art. 195, 196 et 197.

» Ainsi, l'enfant veut-il prouver qu'il est fils légitime ? Il doit établir d'abord qu'il est né dans le mariage.

» Et cette preuve, il ne peut la faire que par la

(1) *V.* ci-dessus, 2e question.
(2) *V.* mon *Recueil de Questions de droit*, au mot *Décès*, § 1.
(3) *V. L'esprit du Code civil* de M. Locré, art. 46, 2e division.

représentation de l'acte de célébration de mariage, si ses père, mère, ou l'un d'eux seulement, sont encore existans. (Articles 194, 195 et 196 du Code civil.)

» Si le père et la mère sont tous deux décédés, alors là loi vient à son secours; il peut ignorer le lieu où le mariage a été célébré; il peut être placé dans l'impossibilité de se procurer cet acte; il lui suffit alors de prouver que son père et sa mère ont vécu publiquement comme mari et femme.

» Cette preuve de mariage ainsi faite, la loi enseigne par quels moyens il pourra prouver qu'il est issu des deux époux dont il se dit le fils.

» Il le prouvera 1° par son acte de naissance; 2° par la possession d'état à défaut d'acte; enfin, par tous les moyens indiqués par la loi.

» Mais tant que le mariage de ceux dont il se dit le fils, n'est pas reconnu ou prouvé, comment arriverait-il à prouver sa Légitimité, puisqu'il n'y a d'enfant légitime que celui né dans le mariage, ou légitimé par mariage subséquent? Vainement il prouverait sa filiation, s'il ne prouvait que cette filiation est légitime. L'obligation de prouver le mariage de ses auteurs, est donc la condition sans laquelle il ne pourra prouver en aucun cas sa filiation d'enfant légitime. »

Et sur ces raisons, ou plutôt sur cette démonstration, arrêt du 20 mai 1808, qui, en adoptant les motifs d'un jugement du tribunal de première instance du département de la Seine, du 16 juillet 1807, déclare que « les art. 319 et suivans du chap. 2 du tit. 7 du Code ne peuvent être invoqués dans l'espèce », puisqu'ils ont pour objet de disposer comment se prouve la filiation des enfans légitimes, c'est-à-dire des enfans dont la Légitimité se trouve déjà prouvée de la manière prescrite par les art. 194, 195 et 197 ci-dessus, et par conséquent ne peut être contestée; qu'enfin, s'il s'agit dans les art. 319 et suivans, de savoir si un tel est fils de tel et telle, et que, dans les art. 194 et suivans, on examine si un tel est fils légitime d'un tel et d'une telle dont le mariage est contesté (1). »

C'est aussi d'après cette manière d'entendre respectivement les art. 197 et 322, que nous avons vu plus haut (2° question) un arrêt de la cour royale de Toulouse, du 24 juin 1820, juger que ni l'un ni l'autre de ces articles ne peuvent dispenser l'enfant dont la possession d'état est d'accord avec son acte de naissance, de la nécessité de prouver, contre les héritiers de son père qui contestent sa Légitimité, qu'il a été célébré un mariage entre celui-ci et sa mère encore vivante.

Telle est aussi la doctrine de M. Toullier : « Si l'enfant (dit-il, Droit civil français, liv. 1er, tit. 7, n° 880) réunit à l'acte de sa naissance, la possession d'état d'enfant légitime, il n'est pas dispensé de rapporter l'acte de célébration

» du mariage de ses père et mère, s'ils sont encore vivans, ou si l'un d'eux est encore vivant. »

» Pour rendre vrai, dans tous les cas sans exception (dit-il encore, n° 882), la maxime générale qui forme la seconde disposition de l'article 322, il faut donc supposer, avec le Code, un mariage légitime ou de bonne foi. Alors il est rigoureusement vrai que nul ne peut contester l'état de celui qui réunit la preuve d'un mariage légitime ou de bonne foi entre ses père et mère, à l'acte de naissance et à une possession conforme. »

II. Mais qu'aurait-on dû juger dans l'espèce à laquelle se rapporte la dissertation qui précède, si les oncles et tantes de la dame Monsarrat ayant commencé, après la mort du sieur Rivayran, leur père, par l'admettre au partage de la succession, et par là reconnu formellement sa Légitimité à une époque où le droit de la contester était ouvert pour eux, eussent ensuite voulu l'écarter (comme illégitime, et sur le fondement qu'elle ne représentait pas d'acte de célébration de mariage entre son père et sa mère) , d'une autre succession qui se serait ouverte depuis dans leur famille?

Sur cette troisième branche de notre troisième question, V. l'article Mariage, sect. 5, § 2, n° 10.

CINQUIÈME QUESTION. Que faut-il pour que soit censée remplie la condition que les père et mère décédés aient vécu publiquement comme mari et femme?

La possession d'état des père et mère décédés est, sous le Code civil, à l'égard des enfans, par rapport à leur Légitimité, ce qu'elle était à l'égard de tous, et sous tous les rapports, dans le droit romain.

Dans le droit romain, le mariage se formant par le seul consentement des parties, n'était assujéti à aucune solennité; mais de là venait souvent la difficulté d'en faire la preuve : et cette preuve, entièrement soumise à l'arbitrage du juge, dépendait uniquement des circonstances : An autem maritalis honor et affectio præcesserit, personis comparatis, vitæ conjunctione considerata, perpendendum esse, disait Papinien, dans la loi 31, D. de donationibus.

C'est donc aussi par les circonstances que l'on doit aujourd'hui juger, dans le cas dont s'occupe l'art. 197, s'il y a eu mariage entre les père et mère décédés d'enfans à qui l'on dispute la qualité de légitimes.

De quel poids doit être en cette matière la circonstance qu'il a ou qu'il n'a pas été passé de contrat de mariage entre les père et mère décédés? D'aucun, ou presque d'aucun. L'existence de ce contrat ne prouve pas le mariage, et l'absence de ce contrat ne prouve pas que le mariage n'ait pas été célébré : neque sine nuptiis instrumenta facta ad probationem matrimonii sunt idonea , diversum veritate continente ; neque non interpositis instrumentis jure contractum matrimonium irri-

(1) Jurisprudence de la cour de cassation, tome 3, part. 2, page 204.

tum est ; cum omissa quoque scriptura , cætera nuptiarum indicia non sunt irrita , sont les termes de la loi 9 , C. *de nuptiis.*

C'est aussi la pensée de Papinien dans le texte précédemment cité , lorsqu'après avoir établi que la preuve du mariage dépend des circonstances , il ajoute : *neque enim tabulas facere matrimonium.* « Et sans recourir à tant d'autorités (dit M. » d'Aguesseau , dans son 6ᵉ plaidoyer) , il est » visible que les conventions matrimoniales sont » tout-à-fait distinctes et séparées du consentement » des parties , qui , sanctifié par la bénédiction » nuptiale , constitue l'essence du sacrement. » L'usage apprend que les contrats se font avant » la célébration ; que souvent ils n'ont point » d'exécution : et l'on peut dire qu'un contrat de » mariage est la plus légère de toutes les pré- » somptions pour prouver qu'un mariage a été » célébré , puisqu'il précède et ne suit pas le » mariage. »

Mais une circonstance de laquelle dépend essentiellement la possession d'état d'époux , c'est la cohabitation publique dans la maison du mari ; car , dit la loi 5 , D. *de nuptiis* , c'est la maison du mari qui forme le domicile du mariage , *domicilium matrimonii.* Aussi voyons-nous que la loi 5 , C. *de nuptiis* , subordonne principalement à cette circonstance et à sa publicité , la preuve que tel homme ou telle femme étaient mariés , lorsqu'ils ont donné le jour à un enfant : *si vicinis vel aliis scientibus uxorem liberorum procreandorum causa* domui habuisti*, et ex eo matrimonio filia suscepta est ; quamvis , neque nuptiales tabulæ neque ad natam filiam pertinentes factæ sunt , non ideo minus veritas matrimonii aut susceptæ filiæ habet suam potestatem.*

Toutefois la cohabitation publique ne formerait pas une présomption légale du mariage en faveur des enfans , si les père et mère décédés entre lesquels elle a lieu , ne s'étaient pas présentés au public sous le titre d'époux , si le père n'avait pas traité la mère comme son épouse , si la mère n'avait pas porté le nom du père , comme sa femme légitime ; et c'est ce que l'art. 197 exprime clairement par les mots , *vécu publiquement comme mari et femme.*

Il y a plus. Vainement les père et mère se seraient-ils présentés dans le monde comme époux : si , dans les actes qu'ils auraient respectivement passés , ils n'en avaient pas pris le titre , on ne pourrait pas dire qu'ils eussent *vécu publiquement comme mari et femme* ; et le désaveu que leur conscience aurait laissé échappé dans ces actes , détruirait l'illusion qu'ils auraient voulu faire au public.

Par la même raison , vainement les enfans rapporteraient-ils des lettres , des actes , des pièces quelconques par lesquelles l'un de leurs père et mère décédés aurait qualifié l'autre de mari ou d'épouse , si l'on y opposait des lettres , des actes , des pièces quelconques par lesquelles le prétendu époux à qui cette qualité aurait été donnée , loin

de l'accepter , et d'y répondre , en donnant à l'autre la qualité corrélative , l'eût désavouée ou repoussée.

Ce n'est pas tout : pour constituer , de la part des père et mère décédés , une possession de l'état d'époux capable de faire présumer légalement leur mariage en faveur des enfans , quelques faits isolés , quelques instans rapides ne suffisent pas. Elle supplée à un titre , et le bon sens nous dit qu'elle ne peut pas obtenir cette équipollence , si elle ne se compose pas de l'ensemble et de l'uniformité de plusieurs faits qui s'appuient mutuellement , si elle n'a pas une certaine durée.

Ainsi , de même qu'aux termes de l'art. 321 du Code civil , la possession d'état d'enfant légitime , lorsque le mariage est prouvé , ne s'établit que par *une réunion suffisante de faits qui indiquent le rapport de filiation et de parenté entre un individu et la famille à laquelle il prétend appartenir* , et que les premières preuves de ces faits doivent être *que l'individu a toujours porté le nom du père* dont il se prétend le fils , *que le père l'a traité comme son enfant, et pourvu , en cette qualité , à son éducation , à son entretien et à son établissement, qu'il a été reconnu* constamment *pour tel dans la société , qu'il a été reconnu pour tel dans la famille.*

De même aussi , lorsque le mariage n'est pas prouvé et qu'il n'y a de constant que la filiation , la possession de l'état d'époux de la part des père et mère décédés , ne peut s'établir que par une réunion suffisante de faits qui indiquent que leur cohabitation a été l'effet d'un mariage légalement contracté , et par conséquent il faut que la mère ait toujours porté le nom d'épouse du père , que le père l'ait traitée à tous égards comme son épouse, qu'ils aient été *constamment* reconnus pour époux dans la société , et qu'ils aient été reconnus pour tels dans leurs familles respectives.

Enfin , pour que la possession publique de l'état d'époux par les père et mère décédés , puisse placer l'enfant qui y réunit les autres conditions dont il sera parlé ci-après , dans l'exception établie par l'art. 167 , et le dispenser de la preuve directe que ses père et mère ont été unis par le mariage , il ne suffit pas de prouver que ceux-ci ont passé publiquement pour époux dans l'ordre de la religion , c'est-à-dire , pour s'être mariés seulement devant un ministre du culte ; il faut encore prouver qu'ils ont passé publiquement pour époux dans l'ordre civil , c'est-à-dire , pour s'être mariés devant un officier public compétent.

C'est ce qu'a décidé , toutefois en faisant de ce principe une application dont la justesse peut être révoquée en doute , un arrêt de la cour de Rennes dont voici l'espèce.

En juin 1811, Jean Picard, tuteur de la nommée Marguerite, expose au tribunal de première instance de Nantes , qu'elle est née en 1796 du mariage contracté en 1795 entre Jacques Lainé et Jeanne Moriceau , devant l'officier de l'état civil de la commune de Bignon , lieu de leur domicile qu'elle ne peut représenter ni l'acte de ce mariage, ni l'acte de sa naissance, parce que, pendant les guerres civiles de la Vendée, il n'a point été tenu de registres de l'état civil dans la commune de Bignon ; mais que ses père et mère, tous deux décédés, ont constamment vécu publiquement comme mari et femme, et qu'elle est en possession de l'état de leur fille légitime. En conséquence, il demande que, par un jugement de rectification, il soit ordonné que le mariage de Jacques Lainé et de Jeanne Moriceau, et la naissance de Marguerite, leur fille, soient inscrits sur les registres de l'état civil.

Jugement qui ordonne que Marguerite prouvera 1° que Jacques Lainé et Jeanne Moriceau ont été mariés en 1795 devant l'officier de l'état civil de la commune de Bignon ; 2° que de ce mariage est née, en 1796, une fille qui a reçu le prénom de Marguerite ; 3° que cette fille a joui constamment de l'état d'enfant légitime de Jacques Lainé et de Jeanne Moriceau.

En exécution de ce jugement, Marguerite fait entendre plusieurs témoins dont les dépositions établissent positivement qu'elle est née en novembre 1796 de la cohabitation de Jacques Lainé avec Jeanne Moriceau, qu'ils ont toujours vécu publiquement comme époux, et qu'elle a constamment passé pour leur fille légitime ; mais elle ne peut prouver qu'ils ont été mariés devant l'officier de l'état civil ; deux de ces témoins assurent même qu'ils ne l'ont été que devant un ministre du culte.

Le 25 juillet 1811, jugement définitif qui déclare qu'il n'y a lieu à indiquer les père et mère de Marguerite, mais ordonne qu'elle sera inscrite comme née en 1796 de père et mère inconnus.

Le tuteur de Marguerite se rend appelant de ce jugement, et intime sur son appel le ministère public, son seul adversaire.

Le 5 mars 1812, arrêt par lequel,

« Considérant que, depuis la loi du 20 septembre 1792, les naissances, mariages et décès n'ont pu être légalement constatés que par des officiers publics institués pour tenir les registres de l'état civil ;

» Considérant que l'art. 90 de la loi du 7 vendémiaire an 4 défend, sous des peines graves et sans nulle exception, à tous juges, administrateurs et fonctionnaires publics quelconques, d'avoir aucun égard aux attestations que des ministres du culte, ou des individus se disant tels, pourraient donner relativement à l'état civil des citoyens ;

» Considérant que l'art. 46 du Code civil permet d'admettre la preuve des naissances, mariages et décès, tant par les registres et papiers émanés des père et mère décédés, que par témoins, lorsqu'il n'aura pas existé de registres de l'état civil, ou qu'ils auraient été perdus, mais que, lorsque cette preuve est faite, il reste à reconnaître et à déterminer quel doit en être l'effet relativement à l'état civil des personnes dont on a constaté la naissance,

le mariage ou le décès ; et qu'il doit en être de même lorsqu'à défaut d'un acte de naissance transcrit sur le registre de l'état civil, la loi autorise à établir la filiation des enfans légitimes par la possession ou par témoins ;

» Considérant que l'art. 197 du même Code dispose que si, dans le cas des art. 194 et 195, il existe des enfans issus de deux individus qui ont vécu publiquement comme mari et femme, et qui soient tous deux décédés, la Légitimité des enfans ne peut être contestée sous le seul prétexte du défaut de représentation de l'acte de célébration, mais à condition que cette Légitimité soit prouvée par une possession d'état non contredite par l'acte de naissance ;

» Considérant que, par la requête introductive de l'instance, Jean Picard, tuteur de Marguerite, a exposé que sa pupille était née dans la commune de Bignon, de Jacques Lainé et de Jeanne Moriceau, tous deux décédés ; que sa naissance et le mariage de ses père et mère avaient sans doute été constatés par des actes de mariage et de naissance ; mais que, par suite de la guerre civile, les registres de l'état civil manquaient pour la commune de Bignon, depuis 1790 jusqu'en 1800, et qu'en conséquence, l'acte de mariage de Jacques Lainé et de Jeanne Moriceau, mariés en 1795, ainsi que l'acte de naissance de Marguerite, née en 1796, se trouvaient ne pas exister, demandant y suppléer par l'inscription de ces actes sur les registres de l'état civil, en exécution du jugement qui interviendrait sur sa requête ;

» Considérant qu'en admettant comme constante la non-existence des registres de l'état civil dans la commune de Bignon, depuis 1790 jusqu'en 1800, l'inscription demandée, ou plutôt l'inscription d'un jugement qui tient lieu des actes qu'il s'agissait de suppléer, ne pouvait pas cependant être ordonnée sans la preuve que Jacques Lainé et Jeanne Moriceau avaient été unis par un mariage légalement contracté, que Marguerite en était issue, et qu'elle avait joui constamment de la possession d'état de fille légitime ; et en conséquence, les premiers juges, avant faire droit sur la demande, lui ordonnèrent de justifier ces faits par témoins ;

» Considérant qu'il n'y a pas d'appel de cette décision interlocutoire, qui est la base du jugement définitif, et que la nature de la demande formée par Picard, rendait d'ailleurs indispensable ;

» Considérant qu'il est appris, par les trois dépositions qui composent l'enquête, que Marguerite est née dans le mois de novembre 1796, de l'union de Jacques Lainé et de Jeanne Moriceau, et qu'elle a été constamment reconnue pour être leur fille, ayant reçu d'eux, et ensuite de leurs parens, les soins, l'entretien et l'éducation que demandait son état, mais que deux des trois témoins entendus apprennent aussi que Jacques Lainé et Jeanne Moriceau se marièrent dans le courant du mois de juillet 1795, en face de l'église seulement, les autorités administratives n'ayant pu, suivant eux, être formées à cette époque, à cause des troubles de la guerre civile ;

» Considérant que cette enquête, loin d'établir la preuve prescrite et essentielle de la légalité du mariage de Jacques Lainé et Jeanne Moriceau, justifie au contraire que l'union de ces deux individus a été contractée dans une forme illégale et nulle, qui n'a pas pu produire l'effet de constituer en leur faveur la possession d'époux légitimes ; et que, par une conséquence nécessaire, l'enfant qui est né de cette union, ne peut pas être déclaré légitime, quoiqu'il ait pour lui la possession, parce que, dans ce cas, la possession serait contredite par le titre même qui doit lui tenir lieu d'acte de naissance, et que la loi n'admet l'efficacité de la possession qu'en faveur de l'enfant qui, ne représentant pas l'acte de mariage de ses père et mère décédés, justifie sa Légitimité par une possession d'état non contredite par son acte de naissance ;

» Considérant que la position de Marguerite serait différente, si on s'était borné pour elle à offrir la preuve et à justifier que Jacques Lainé et Jeanne Moriceau avaient vécu publiquement comme mari et femme ; qu'elle était née de leur union, et qu'elle avait constamment eu la possession d'état d'enfant légitime, sans remonter au fait même du mariage des auteurs de ses jours, et sans demander à suppléer un acte qu'elle n'était pas tenu de représenter ; mais que, dans l'état, il est impossible de la déclarer fille légitime ;

» Considérant qu'elle ne peut pas davantage obtenir la qualité de fille naturelle de Jacques Lainé, parce que la loi défend de rechercher la paternité, et que, pour la constater, elle exige une reconnaissance faite par un acte authentique, lorsqu'elle ne l'a pas été par l'acte de naissance ;

» Considérant qu'il en est autrement de la maternité, la loi permettant d'en faire la recherche, et de la prouver par témoins, lorsqu'il reste un commencement de preuve par écrit ;

» Considérant qu'il est appris par l'acte de tutelle de Marguerite, du 2 mai 1806, qu'après la mort de Jacques Lainé, Jeanne Moriceau assembla le conseil de famille, le 28 vendémiaire an 12 ; qu'elle demanda à être continuée tutrice de Marguerite, sa fille, issue d'elle et de Jacques Lainé, attendu qu'elle était sur le point de contracter mariage avec Pierre Blineau, et que les parens la maintinrent dans la tutelle, sous la responsabilité solidaire de son futur époux ; que cette pièce, dont les premiers juges n'ont pas eu connaissance, atteste que Jeanne Moriceau a reconnu, par acte authentique, qu'elle était la mère de Marguerite, ou qu'en tout cas on doit du moins la considérer comme un commencement de preuve par écrit suffisante pour faire admettre la preuve acquise par l'enquête ;

» La cour....., émendant le jugement....., en ce qu'il n'aurait pas été reconnu que la pupille de Jean Picard est fille de Jeanne Moriceau, déclare Marguerite, née en la commune de Bignon, dans le courant de novembre 1796, fille de Jeanne Moriceau ; ordonne que le présent arrêt lui servira d'acte de naissance, et qu'à cet effet il sera inscrit sur les doubles registres courans de naissance de la commune de Bignon ; le surplus du jugement portant son plein et entier effet. »

M. Sirey fait, sur cet arrêt que nous avons puisé dans son recueil, des observations fort judicieuses.

« Il était constant en fait (dit-il) que, depuis 1790 jusqu'en 1800, il n'y avait pas eu de registre de l'état civil ; mais y avait-il eu des officiers de l'état civil établis par les lois de la révolution ? Les lois de la révolution y avaient-elles été publiées et obligatoires, nonobstant la guerre civile ? Le curé, officier de l'état civil, selon les lois antérieures, avait-il cessé de l'être, par l'effet d'une législation contraire, réellement introduite et obligatoire ? Premier aperçu dans l'intérêt de l'enfant.

» En supposant que le ministre du culte, devant lequel le mariage avait eu lieu, ne fût pas un officier civil, il s'ensuivait bien,

» 1° Que les juges ne devaient pas ordonner l'inscription sur les registres d'un mariage à l'époque indiquée ;

» 2° Que la Légitimité des époux n'était pas constatée ; mais l'enfant d'époux décédés avait-il donc besoin de prouver en aucune manière la Légitimité de ses père et mère décédés ? Ne lui suffisait-il pas de prouver sa possession d'état de *fils d'époux légitimes* ?

» Tout l'intérêt de la cause pour l'enfant, était dans cette preuve : or, l'a-t-il faite ? Il nous semble que, dans le pays, le père et la mère de l'enfant avaient été constamment réputés *époux légitimes* : aucun témoin n'a dit que l'opinion rejetât à leur égard l'idée de mariage devant *un officier civil* : aucun d'eux n'a affirmé que les défunts eussent négligé toute leur vie de se marier devant un officier de l'état civil. Avoir tourné contre l'enfant le dire de deux témoins, qu'ils avaient eu connaissance d'un mariage devant un prêtre, c'est, à notre avis, avoir été plus sévères que la loi (1). »

SIXIÈME QUESTION. *La preuve que les père et mère ont vécu publiquement comme mari et femme, est-elle suffisamment établie en faveur de l'enfant par son acte de naissance qui le qualifie de légitime ? Et quel est, dans l'art. 197, le sens des mots, non contredite par l'acte de naissance, qui le terminent ?*

L'inscription d'un enfant sur les registres de l'état civil avec la qualité de légitime, est sans doute, de la part de ses père et mère, un fait qui contribue à former leur possession de l'état d'époux, mais il ne peut pas la former seul : il n'est qu'un des élémens dont elle se compose.

(1) Jurisprudence de la cour de cassation, tome 15, partie 2, page 49.

Pour qu'il en fût autrement, il faudrait que l'acte de naissance équipolât à un jugement qui déclarerait que les père et mère de l'enfant inscrit comme légitime, sont véritablement mariés. Or, comment pourrait-il avoir cet effet, alors surtout qu'il est défendu à l'officier de l'état civil qui reçoit un acte de naissance, de s'ériger en juge de la déclaration d'après laquelle il le rédige ?

Aussi existe-t-il cinq arrêts de la cour de cassation, des 12 et 26 nivôse an 11, 2 octobre 1806, 15 octobre 1807 et 20 juillet 1809 (1), qui décident que *la déclaration par laquelle un père, dans l'acte de naissance de son enfant, en qualifie la mère de son épouse, peut être fausse sans que la substance de cet acte en soit altérée, ni la prévoyance et l'objet de la loi trompés; que cette déclaration ne constitue aucun droit ni d'épouse en faveur de la mère, ni le fils né de légitime mariage en faveur de l'enfant, puisque ce n'est pas dans les actes de naissance que ces droits peuvent avoir leur origine et leur base.*

Dès que l'acte de naissance n'est destiné qu'à constater la filiation, dès qu'il ne peut pas former à lui seul un titre de Légitimité, comment pourrait-il à lui seul constituer les père et mère en possession de l'état d'époux ? Comment pourrait-il à lui seul prouver, en faveur de l'enfant, que ses père et mère vivaient publiquement comme mari et femme ?

Tel paraît cependant, au premier aspect, avoir été le langage de l'orateur du gouvernement dans l'*exposé des motifs* du titre *du Mariage* : à la suite du passage transcrit ci-dessus (*première question*), où il est dit que « les enfans dont la Légitimité est mise en dénégation après la mort de leurs père et mère, sur le fondement qu'ils ne *représentent pas l'acte de célébration du mariage dont ils se prétendent issus, sont admis par la jurisprudence à prouver que les auteurs de leurs jours vivaient comme époux et qu'ils avaient la possession de leur état.*» M. Portalis a ajouté : « Il suffit même lorsque ces enfans que cette possession d'état de leur père et mère soit énoncée dans leur acte de naissance : cet acte est leur titre. C'est dans le moment de cet acte, que la patrie les a marqués du sceau de ses promesses; c'est sous la foi de cet acte, qu'ils ont toujours existé dans le monde; c'est avec cet acte, qu'ils peuvent se produire et se faire reconnaître; c'est cet acte qui constate leur nom, leur origine, leur famille; c'est cet acte qui leur donne une cité et qui les met sous la protection des lois de leur pays. Qu'ont-ils besoin de remonter à des époques qui leur sont étrangères ? Pourraient-ils pourvoir à leur intérêt quand il n'existaient point encore ? Leur destinée n'est-elle pas irrévocablement fixée par l'acte inscrit dans des registres que la loi elle-même a établis pour constater l'état des citoyens, et pour devenir, pour ainsi dire, dans l'ordre civil, le livre des destinées ? »

Mais cette doctrine est si étrange, qu'à peine pouvons-nous croire que M. Portalis l'ait réellement professée à la tribune du corps législatif, et qu'il n'y ait pas quelque lacune ou altération dans cette partie de son discours, chose d'autant plus possible que la faiblesse, pour ne pas dire l'extinction presque totale de sa vue, à l'époque où il l'a prononcé, le mettait hors d'état, soit de l'écrire lui-même, soit de le relire après l'avoir dicté.

Comment supposer en effet que, tout en se référant à l'ancienne jurisprudence sur cette matière, il ait entendu attribuer à l'acte de naissance qualifiant un enfant de légitime, un effet que l'ancienne jurisprudence ne lui donnait certainement pas (1) ?

Et qu'aurait-il fait en s'exprimant comme l'annonce son discours imprimé ? Il aurait dit tout le contraire de ce que dit la loi dont il exposait les motifs ; il aurait dit que l'enfant qualifié de légitime par son acte de naissance, n'a pas besoin d'autre preuve que ses père et mère ont vécu publiquement comme mari et femme, tandis que l'art. 197 exige impérieusement qu'avec un acte de naissance qui énonce la Légitimité ou du moins ne la contredit pas, concoure la preuve de la possession publique de l'état d'époux dans la personne des père et mère. Or, est-il concevable qu'en exposant les motifs de l'art. 197, il ait mis en avant un principe que cet article condamne lui-même ?

Quoi qu'il en soit, ce prétendu principe est d'une fausseté si évidente, que l'on ne peut citer aucun arrêt qui l'ait admis, et qu'il y en a trois qui le rejettent formellement, même au sujet de prétendus mariages dont on reportait la célébration à des époques antérieures au Code civil.

« Considérant (porte le premier, rendu par la cour d'appel d'Aix, le 28 mai 1810) que François Arnaud n'établit sa qualité d'enfant légitime que sur son acte de naissance qui le désigne comme *fils légitime et naturel d'Antoine-Martin Arnaud et de Marguerite-Justine Maury*; mais qu'il ne représente par l'acte de mariage de ses père et mère;

» Que ce n'est pas dans les actes de naissance, que les droits d'enfant né de légitime mariage peuvent avoir leur origine et leur base (arrêt de la cour de cassation, du 18 brumaire an 12);

» Qu'il ne peut exister de mariage sans acte de célébration, et que cet acte doit être représenté par l'enfant, comme par l'époux qui réclame les effets civils du mariage ;

» Que l'art. 197 du Code civil ne dispense de cette représentation que les enfans issus de deux

_____

(1) *V.* mon *Recueil de Questions de droit*, au mot *Faux*.

(1) *V.* la consultation de MM. Sevin, Bellart et Piet, rapportée dans la *Jurisprudence de la cour de cassation*, tome 11, partie 2, page 97.

individus qui ont vécu publiquement comme mari
et femme, et qui ont une possession d'état non
contestée par l'acte de naissance;

» Que François Arnaud ne prouve pas qu'Antoine-Martin et Marguerite-Justine Maury, ses
père et mère, aient vécu publiquement comme
mari et femme; que la preuve contraire existe
au procès.

» La cour fait défenses à François Arnaud de
se qualifier d'enfant légitime. »

Le second arrêt, rendu par la cour d'appel de
Paris, le 9 mars 1811, n'est pas moins positif:
« Attendu (y est-il dit) qu'il ne suffit pas à
l'enfant, pour établir sa Légitimité, d'être porteur
de son acte de naissance; qu'il faut encore, à défaut de représentation de l'acte de célébration de
mariage de ses père et mère décédés, qu'il justifie
qu'ils ont vécu publiquement comme mari et
femme; que cette preuve n'est pas rapportée par
la femme Regnard.

» La cour déboute la femme Regnard de sa réclamation d'enfant légitime (2). »

Le troisième, rendu par la même cour le 11
mai 1816, est rapporté sous la question suivante.

Dans l'affaire jugée par le second de ces arrêts,
la dame Regnard tirait un singulier argument des
derniers termes de l'art. 197, *toutes les fois que
la Légitimité est prouvée par une possession d'é-
tat non contredite par l'acte de naissance.*

De ces mots *non contredite*, elle inférait que
l'art. 197 ne s'applique qu'au cas où l'acte de
naissance est muet sur l'état de l'enfant; qu'alors
rien ne prouvant sa Légitimité, il a besoin de la
possession d'état pour l'établir; mais que, lorsque
cet acte énonce qu'il est légitime, ou ce qui revient au même, que ses père et mère sont mariés,
la preuve de sa Légitimité résultant de son acte
de naissance, la possession d'état n'est plus nécessaire.

» Mais raisonner ainsi (répondaient MM. Sé-
vin, Bellart et Piet dans la consultation que
nous avons déjà citée), ce n'est pas interpréter la
loi, c'est la violer, c'est la dénaturer.

» On a prévu que ces trois cas peuvent se présenter relativement au contexte d'un acte de naissance:

» Ou cet acte énonce que l'enfant est légitime,

» Ou il garde le silence sur son état,

» Ou il déclare que l'enfant est naturel.

» Le législateur voulait que la possession d'état
pût servir à l'enfant dans les deux premiers cas;
il devait donc exiger seulement que cette possession ne fût point contredite par l'acte de naissance, et non pas qu'elle fût conforme à cet acte;
ce qui n'aurait compris que le premier cas.

(1) Jurisprudence de la cour de cassation, tome 11, partie 2, page 227.
(2) Ibid., page 95.

» Voilà le motif qui a fait rédiger l'article tel
qu'il existe; mais le législateur n'a pas voulu dire
par là qu'un acte de naissance constate la Légitimité, et des termes mêmes qu'on invoque le démontrent...

» En effet, pour que le système de la dame
Regnard fût juste, il faudrait que la loi eût dit
que, dans le cas de l'art. 197, la Légitimité ne
pourra être contestée, *toutes les fois qu'elle sera
prouvée par un acte de naissance non contredit
par la possession d'état.*

» Au lieu de s'exprimer ainsi, le législateur
dit: *toutes les fois qu'elle sera prouvée par la
possession d'état non contredite par l'acte de
naissance.*

» C'est donc *la possession d'état*, et jamais l'acte
de naissance de l'enfant, qui prouve sa Légitimité. »

Cette réponse, qui, dans l'espèce, était péremptoire, se rapporte, comme l'on voit, à la seconde
branche de notre question; et elle établit clairement que les mots *non contredite par l'acte de
naissance*, ne sont pas synonymes de *conforme à
l'acte de naissance.*

Mais pourquoi n'ajoute-t-elle pas que ces termes ne se réfèrent pas uniquement au cas où l'acte
de naissance ne qualifie l'enfant ni de légitime ni
de naturel, et qu'ils se réfèrent également au cas
où il n'existe point d'acte de naissance?

Ce n'est sans doute que parce que toute explication sur ce second cas était inutile à la cause pour
laquelle était faite la consultation dont il s'agit;
car il est évident que la possession d'état dont il
est parlé dans la dernière partie de l'art. 197 n'est
pas plus contredite par un acte de naissance qui
n'existe pas, qu'elle ne l'est par un acte de naissance qui, en constatant la filiation de l'enfant,
garde le silence sur son état.

M. Toullier doute cependant que les mots *non
contredite par l'acte de naissance*, se rapportent à
ce cas. Il va même, et c'est ce qui nous paraît devoir ôter toute croyance à son opinion, jusqu'à
soutenir qu'en exigeant que la possession d'état ne
soit pas contredite par l'acte de naissance, la loi
est censée exiger qu'il y ait une parfaite conformité
entre l'une et l'autre.

Voici comment il débute (liv. ... tit. 7, n° 87):
« L'article dit: *non contredite par l'acte de naissance*; on pourrait dire qu'une possession conforme à l'acte de naissance, et une possession *non contredite* par cet acte, ne sont pas
même chose; que l'un suppose un acte de naissance existant, que l'autre n'en suppose pas; elle
suppose seulement que s'il y en a un, il ne contredit pas la possession.

» Oui certes, on peut le dire; et il ne faut même,
pour prouver que telle est la pensée du législateur,
que comparer la rédaction de la dernière partie de
l'art. 197 avec celle qui était proposée par la section de législation, et dont elle a pris la place.
La section de législation proposait de terminer
ainsi l'art. 197: *toutes les fois qu'un acte de nais-*

sance, *appuyée de la possession d'état, prouve cette Légitimité;* et si cette rédaction avait été adoptée, il ne serait douteux ni, que pour donner lieu à l'exception faite, en faveur de l'enfant, par l'art. 197 à la règle générale qu'établissent les articles 194 et 195, il ne fallut absolument qu'il existât un acte de naissance qualifiant l'enfant de légitime, ni que cette exception ne fût inapplicable et à l'enfant qui n'aurait pas d'acte de naissance à représenter, et à l'enfant qui représenterait un acte de naissance par lequel il ne serait qualifié ni de légitime ni de naturel.

Mais à cette rédaction le législateur a substitué les mots, *toutes les fois que cette Légitimité est prouvée par une possession d'état non contredite par l'acte de naissance*, et assurément on ne dira pas qu'il les y ait substitués au hasard et sans dessein. Quel a donc pu être son but en s'exprimant d'une manière aussi différente de celle qu'on lui proposait? Nul autre, si ce n'est de faire entendre qu'il ne serait pas nécessaire que l'enfant joignit à la possession d'état un acte de naissance qui y fût conforme, et qu'il suffirait que l'acte de naissance, lorsqu'il en existerait un, ne le signalât pas comme né d'un commerce illicite.

Mais M. Toullier ne croit pas que ce soit là le véritable sens de l'article. « Cependant il est possible (continua-t-il) qu'en s'exprimant ainsi, » on ait voulu laisser aux juges la faculté de dis-» penser, sur la seule possession, de prouver le ma-» riage dans des occasions très-favorables; mais » j'en doute. »

Et pourquoi M. Toullier en doute-t-il? C'est » ce qu'il va nous apprendre. « L'art. 197 exige, pour » dispenser l'enfant de prouver le mariage de ses » père et mère, que sa possession ne soit pas con-» tredite par son acte de naissance; il faut donc » prouver qu'elle n'est pas contredite. A qui est-ce » de le prouver? Si c'est à l'enfant, comme je le » crois, les mots une possession *non contredite* sont » synonymes à une possession *conforme* à l'acte de » naissance. »

Oui sans doute, c'est à l'enfant à prouver que la possession d'état dont il se prévaut pour établir sa Légitimité, n'est pas contredite par son acte de naissance. Mais de là s'ensuit-il que, pour faire cette preuve, il soit obligé de rapporter un acte de naissance conforme à cette possession d'état, ou, ce qui est la même chose, un acte de naissance qui le qualifie de légitime? Non, évidemment non. Il lui suffit, ou de rapporter un acte de naissance qui, sans le qualifier d'enfant légitime, ne le qualifie pas du moins d'enfant naturel, ou de prouver qu'il n'a pas été inscrit à sa naissance, sur les registres de l'état civil par son père et mère, ou qu'ils ne résidaient alors ni père et mère, ou que le lieu de sa naissance est inconnu.

Dans le système de M. Toullier, l'enfant dont l'acte de naissance serait muet sur son état, devrait être déclaré illégitime, nonobstant sa propre possession de Légitimité, et la possession de l'état d'époux de la part de ses père et mère décédés. Or, une pa-

reille thèse est-elle soutenable? Et si elle ne l'est pas, comment ne pas convenir qu'il en doit être, à cet égard, de l'enfant qui n'a point d'acte de naissance, comme de l'enfant dont l'acte de naissance, renferme strictement dans les termes de la loi, se borne à indiquer ses père et mère sans énoncer s'ils ne sont pas mariés?

Aussi a-t-on vu, sous la question précédente, un arrêt de la cour de Rennes, du 15 mars 1812, déclarer que la légitimité de la mineure Marguerite, qui n'avait point d'acte de naissance, n'aurait pu être contestée, si l'on s'était borné, pour elle, à offrir la preuve, et à justifier que Jacques l'aîné et Jeanne Moriceau avaient vécu publiquement comme mari et femme, qu'elle était née de leur union, et qu'elle avait constamment eu la possession d'état d'enfant légitime, sans remonter au fait même du mariage des auteurs de ses jours, et sans demander à suppléer un acte qu'elle n'était pas tenue de représenter.

Septième question. *La possession de Légitimité dans laquelle un enfant se trouve personnellement après la mort de ses père et mère, et qui n'est pas contredite par son acte de naissance, le dispense-t-elle de prouver que ses père et mère ont eu la possession publique de l'état d'époux?*

« Il faut observer (dit M. Toullier) que l'ar-» ticle 197 exige que les père et mère aient vécu » dans une possession de l'état d'époux légitimes. » Ainsi, l'acte de naissance qui énoncerait la filia-» tion et la Légitimité, ne suffirait pas pour éta-» blir sa légitimité, si, *malgré sa possession d'état*, » l'enfant ne prouvait pas, à défaut de l'acte de cé-» lébration du mariage de ses père et mère, qu'ils » ont vécu publiquement comme mari et femme. »

Cette doctrine est d'une vérité frappante; et ce serait en vain que l'on y opposerait les derniers termes de l'art. 97, *toutes les fois que cette Légitimité est prouvée par la possession d'état contredite par l'acte de naissance.* Si ce que nous examinerons tout-à-l'heure, *huitième question*, la possession d'état dont il est là question, n'est pas celle des père et mère, mais bien celle des enfans, du moins, on ne peut, dans cette hypothèse, tirer de ses termes qu'une seule conséquence, savoir, que, pour que la disposition de l'art. 197 soit applicable, il faut que les enfans joignent à leur possession personnelle de l'état de Légitimité, la preuve de la possession d'état de leur père et mère. Pour donner un autre sens à ces termes, considérés comme se rapportant aux enfans, il faudrait mettre l'art. 197 en contradiction avec lui-même; il faudrait lui faire dire d'abord : *les enfans qui, après le décès de leur père et mère, prouveront que ceux-ci ont vécu publiquement comme mari et femme, n'auront pas besoin, pour établir leur Légitimité, de rapporter l'acte de célébration du mariage dont ils sont issus*; et ensuite : *les enfans dont les père et mère sont tous deux décédés, n'ont besoin, pour établir leur Légitimité, que de prouver qu'ils en ont personnellement la possession, et que leur*

acte de naissance ne la contredit pas; langage absurde, et qu'on ne peut sérieusement prêter au législateur.

Il y a cependant, comme on l'a vu plus loin,
n° 5, un arrêt de la cour de cassation, du 8 janvier 1806, qui, dans une espèce où un enfant qualifié de légitime par son acte de naissance, et
ayant joui constamment de l'état de Légitimité,
loin de prouver que ses père et mère eussent vécu
publiquement comme mari et femme, avait à
combattre l'acte de décès de sa mère qui ne la
qualifiait que de *fille majeure*, a maintenu un
arrêt de la cour d'appel de Paris, du 16 floréal
an 12, par lequel cet enfant avait été déclaré légitime.

Mais il est à remarquer que la cour d'appel de
Paris n'avait ainsi prononcé, et que la cour de
cassation n'a laissé subsister son arrêt, que parce
que l'enfant dont il s'agissait, était né, avait
acquis sa possession d'état et avait perdu ses père
et mère avant le Code civil, et parce qu'il *était
reconnu dans* l'ancienne jurisprudence, *que
l'enfant réclamant, après le décès de ses père et
mère, la qualité d'enfant légitime, n'était pas
rigoureusement tenu de rapporter l'acte de célébration du mariage de ces derniers, lorsque sa
qualité de fils légitime paraissait d'ailleurs suffisamment établie par son acte de naissance joint
à sa possession publique de cette qualité.*

Il est vrai que ce point de *l'ancienne jurisprudence* était contesté par les demandeurs en cassation, et qu'il se trouvait même contrarié par
un arrêt de la cour de Paris elle-même, du 29
brumaire an 11, qui avait jugé que, pour que la
Légitimité d'un enfant qualifié de légitime par
son acte de naissance, ne pût pas être contestée
après le décès de ses père et mère, à défaut de
représentation de l'acte de célébration du mariage
dont il se disait issu, il était nécessaire qu'à la
possession personnelle de l'état de fils légitime,
il joignît la preuve que ses père et mère avaient
été en possession constante et publique de l'état
d'époux (1).

Mais il restait toujours qu'avant le Code civil,
il n'existait point de loi sur cette matière ; et c'en
était assez, dans la supposition que l'art. 197 fût,
à cet égard, introductif d'un droit nouveau, pour
soustraire l'arrêt du 16 floréal an 12 à la cassation.

Du reste, voici une espèce dans laquelle, quoiqu'il y fût question de l'état d'un enfant qui était
né et dont le père était mort avant le Code civil,
la cour royale de Paris est revenue au principe
qu'elle avait proclamé par son arrêt du 29 brumaire an 11. Nous croyons devoir le rapporter
avec quelques détails, afin de faire d'autant mieux
ressortir le caractère que doit avoir la possession
publique de l'état d'époux, pour qu'un enfant
puisse se placer dans le cas prévu par l'art. 197.

Le 7 brumaire an 9, Jean-Baptiste Meurin,
père d'une fille qui lui restait d'un mariage qu'il

(1) Journal du palais, tome 4, page 427.

avait fait dissoudre par le divorce et qui était mariée au sieur Delacour, fait inscrire sur les registres de l'état civil de la ville de Lille, un enfant
nommé Jean-Baptiste-Antoine-Joseph Meurin,
dont il déclare que Marie-Monique Deflandres, *son
épouse,* vient d'accoucher.

Le 30 prairial an 10, il fait inscrire sur les registres de l'état civil de Dunkerque, un autre enfant nommé Félix-Adolphe Meurin, qu'il déclare
être *né du mariage qu'il a contracté à Lille avec
Marie-Monique Deflandres.*

Le 20 thermidor an 11, il meurt à Paris ; et la
dame Delacour se met en possession de toute son
hérédité, sans éprouver la moindre contradiction
de la part de ses deux frères consanguins.

Félix-Adolphe, l'un de ceux-ci, meurt quelque
temps après ; et Marie-Monique Deflandres le fait
inhumer comme issu du mariage qu'elle a contracté
à Lille avec Jean-Baptiste Meurin.

Marie-Monique Deflandres meurt elle-même le
2 avril 1809.

En 1815, le tuteur de Jean-Baptiste-Antoine-
Joseph Meurin fait assigner la dame Delacour en
liquidation et partage de la succession de leur père
commun.

La dame Delacour lui demande la preuve du
mariage qu'il prétend avoir existé entre son père
et Marie-Monique Deflandres.

Il déclare ne pouvoir représenter l'acte de célébration de ce mariage ; mais, pour y suppléer, il
produit 1° l'acte de naissance de son pupille ;
2° celui de son frère ; 3° l'acte de décès de ce dernier qui le qualifie de fils légitime de Jean-Baptiste
Meurin et de Marie-Monique Deflandres ; 4° l'acte
de décès de Jean-Baptiste Meurin, qui le qualifie
d'époux de Marie-Monique Deflandres ; 5° l'acte
de décès de celui-ci qui lui donne la qualité de
veuve de Jean-Baptiste-Meurin ; 6° plusieurs
lettres écrites par la même, de Lille et de Dunkerque, à Jean-Baptiste Meurin, et dans lesquelles
elle se dit sa *fidèle épouse* ; 7° un passeport qui
lui a été délivré par la mairie de Dunkerque, le
10 fructidor an 10, avec la qualification *d'épouse
de Jean-Baptiste Meurin, pour aller le rejoindre
avec ses deux enfans* ; 8° l'inventaire et l'acte de
tutelle faits après le décès de cette femme.

La dame Delacour soutient que ces pièces sont
insuffisantes pour établir la Légitimité du mineur
réclamant, parce qu'elles ne prouvent pas que son
père et Marie-Monique Deflandres eussent vécu
publiquement comme époux ; et elle argumentant du silence de Marie-Monique Deflandres pendant son prétendu veuvage, que de deux certificats
de la mairie de Lille constatant qu'il n'existe sur
les registres de l'état civil de cette commune, tous
parfaitement en règle et absolument intacts, aucune mention du mariage prétendu contracté entre
Jean-Baptiste Meurin et Marie-Monique Deflandres.

Le 11 mars 1815, jugement du tribunal de première instance du département de la Seine, qui
déclare le mineur Meurin légitime,

« Attendu qu'il rapporte, sur sa possession d'état, tout ce que l'on peut exiger de preuves pour la position où il se trouve ; qu'il a toujours été élevé publiquement par ses père et mère, toujours avec eux, soit à Lille, soit à Dunkerque, lieu de la naissance de son père, sous les yeux des parens et connaissances de ce dernier, et même d'autres personnes intéressées à contester son état ; qu'il a été amené à Paris par sa mère, munie d'un passeport qui l'a signalée *femme Meurin*, allant à Paris avec ses enfans pour y joindre son mari ; qu'il a toujours été traité, par l'un comme par l'autre, comme leur enfant légitime ; qu'ayant perdu en très-bas âge son père, ce dernier, dans son acte de décès, est déclaré mari de la fille Deflan'res, sa mère ; qu'il continue de vivre avec celle-ci, qui elle-même vit et meurt avec le titre de *veuve de Jean-Baptiste Meurin*; qu'il est pourvu successivement des deux tuteurs, toujours en qualité de *fils légitime*, et qualifié tel dans l'inventaire fait après le décès de sa mère qu'il perd, étant encore dans une extrême jeunesse ;

» Attendu que les faits de possession justifiés au procès, loin d'être contredits par l'acte de naissance du mineur Meurin, reçoivent au contraire de cet acte le sceau et la sanction les plus authentiques ; que le silence de la mère, pendant son veuvage, sur les droits et prétentions de son fils à la succession de Jean-Baptiste Meurin, les déclarations du père d'abord, et ensuite celles de la mère, sur le lieu de la célébration de leur mariage, et déclarations contredites par les certificats du maire de Lille, n'offriraient que des présomptions auxquelles on pourrait opposer d'autres présomptions ; et que d'ailleurs, dans une pareille question, on peut d'autant moins, contre l'individu auquel on conteste son état, tirer avantage de pareilles présomptions, qu'on ne pourrait pas même lui opposer une déclaration positive, par laquelle ses père et mère auraient contredit le titre de naissance et la possession d'état acquise. »

La dame Delacour appelle de ce jugement, et pendant que la cause s'instruit devant la cour (royale) de Paris, elle découvre un acte notarié du 23 décembre 1806, par lequel Marie-Monique Deflandres, stipulant tant en son nom personnel, comme héritière de Félix-Adolphe Meurin, FILS NATUREL *d'elle et de Jean-Baptiste Meurin*, qu'au nom et comme tutrice légale de Jean-Baptiste-Antoine Joseph Meurin, *son autre FILS NATUREL et duxit Jean-Baptiste Meurin*, elle donne pouvoir de vendre le quart indivis d'une ferme située près de Dunkerque.

La cause portée à l'audience, la dame Delacour établit que l'art. 197 du Code civil impose à l'enfant qui, muni qu'il est d'un acte de naissance par lequel il est qualifié de légitime, ne peut représenter l'acte de mariage de ses père et mère décédés, deux conditions dont la première est de prouver que ses père et mère ont vécu publiquement comme mari et femme.

« Or (continue-t-elle), cette preuve manque

totalement dans l'espèce. On voit que, pendant le court espace de cinq années que le sieur Meurin et la fille Deflandres ont continué leur liaison, ils ont mené sans cesse une vie errante et vagabonde ; ils ont successivement habité les villes de Lille, Dunkerque et Paris. Tantôt dans un lieu, tantôt dans un autre, comment aurait-on pu saisir les preuves de leur possession ? Ce n'est pas là cette possession constante, non équivoque, qu'exige la justice, pour qu'elle puisse suppléer l'acte si important de la célébration du mariage.

» Au surplus, quelles sont les preuves du réclamant à cet égard ? Son acte de naissance ? Mais encore une fois, ce titre qui prouve bien la naissance, ne prouve point le mariage ; et comme la possession qui en résulte est toujours équivoque, comme le fils naturel peut l'obtenir aussi bien que le fils légitime, ce titre est insuffisant. L'acte de décès du sieur Meurin, qualifié d'époux de Marie-Monique Deflandres ? Mais qui ne voit que cette déclaration est l'ouvrage de la fille Deflandres ; qu'elle a voulu, par ce moyen officieux, couvrir sa honte et sauver sa réputation ? Le passeport, les actes de tutelle et d'inventaire faits après le décès de la fille Deflandres ? Mais ils ne sont pas plus décisifs : le passeport ayant été délivré sans examen, est par lui-même un acte insignifiant ; l'inventaire, l'acte de tutelle, d'ailleurs étrangers à la famille, prouvent le décès de la fille Deflandres ; voilà tout : mais en tirer la conséquence que, de son vivant, la fille Deflandres avait été mariée au sieur Meurin, c'est une chose absurde.

» Donc, dans l'espèce, point de possession constante, publique, uniforme de l'état des père et mère comme époux, qui seule peut suppléer au défaut de représentation de l'acte de mariage. »

La dame Delacour ajoute que la seconde condition imposée par l'art. 197 à l'enfant qui ne représente point l'acte de mariage de ses père et mère, est de prouver sa possession constante de l'état d'enfant légitime ; et que, dans l'espèce, les preuves apportées par le mineur sont détruites par la preuve contraire qui résulte invinciblement de la procuration du 23 décembre 1806 par laquelle la fille Deflandres a elle-même déclaré qu'il n'était qu'un fils naturel.

« Et qu'on n'objecte pas (dit elle) que cette déclaration doit être écartée, parce qu'elle ne peut porter atteinte à l'état de l'enfant. Ce principe, applicable au cas où le mariage est constant, où l'enfant se prévaut de la règle, *is pater est*, n'est pas applicable au cas où, comme dans l'espèce, le mariage n'est pas prouvé, et que c'est précisément pour en démontrer l'existence que la possession d'état est alléguée. Ici la preuve de Légitimité n'existe point comme dans le premier cas, par la seule force de la loi, et indépendamment de la volonté des père et mère ; les faits qui constituent la possession d'état de l'enfant, sont facultatifs de la part de ses auteurs ; à des faits et à des déclarations qui tendent à faire considérer l'enfant comme légitime, viennent se joindre d'autres dé-

clarations et d'autres faits qui supposent son illégitimité, la possession d'état n'est plus constante; et
la loi veut cependant qu'elle présente ce carac-
tere. »

Sur ces raisons inutilement combattues par le
mineur Meurin, arrêt du 11 mai 1816, en audience solennelle, qui réforme le jugement attaqué,
déboute le mineur de ses demandes, et lui fait défenses de se qualifier enfant légitime de Jean-Baptiste Meurin et de Marie-Monique Deflandres,

« Attendu que les enfans ne peuvent suppléer à
la preuve du mariage de leur père et mère décédés,
que par celle de la double possession d'état par les
père et mère comme époux légitimes ;

» Attendu, en fait, que le mineur Meurin n'établit nullement cette double possession d'état, et
que les présomptions de son état personnel qui
pouvaient résulter des actes pour les produits, sont
détruites par la procuration passée devant notaires,
en date du 23 décembre 1806, dans laquelle sa
mère la qualifie d'enfant naturel d'elle et de Jean-
Baptiste Meurin (1). »

Plus récemment, et par un autre arrêt du 23 février 1822, la même cour a encore décidé que,
« suivant la jurisprudence ancienne, consacrée par
»le Code, la Légitimité des enfans, à défaut de
»production de l'acte de célébration du mariage
»des père et mère, peut être établie que par la
»double possession d'état des père et mère comme
»époux, et des enfans comme légitimes ; » et en
conséquence (a-t-elle ajouté), comme « il résulte
»des faits de la cause des actes authentiques pro-
»duits, que Gabriel-Jean-Nicolas-Lambert Anfrie
»et Marie-Elisabeth Weiss n'ont point eu la première
»de ces deux possessions, » elle a fait défenses à
leurs enfans, quoique inscrits sur les registres de
l'état civil comme légitimes et ayant toujours passé
pour tels, d'en prendre désormais la qualité (2).

HUITIÈME QUESTION. *Est-il nécessaire que l'enfant
joigne à la preuve de la possession de l'état
d'époux par ses père et mère décédés, la preuve de
sa propre possession de l'état de la Légitimité, et
que cette preuve porte à la fois sur le temps pendant lequel ses père et mère étaient tous deux
vivans, et sur le temps pendant lequel l'un d'eux
a survécu à l'autre?*

L'art. 197 commence par prescrire, pour rendre
applicable la disposition qu'il renferme, le concours de deux conditions : la première, que *deux
individus aient vécu publiquement comme mari et
femme* ; la seconde qu'ils soient *tous deux décédés.*

Il déclare ensuite que, dans le concours de ces
deux conditions, *la Légitimité des enfans ne peut
être contestée sous le prétexte du défaut de représentation de l'acte de célébration, toutes les fois que cette
Légitimité est prouvée par une possession d'état qui
n'est point contredite par l'acte de naissance.*

De quelle *possession d'état* est-il là question?
L'art. 197 n'a-t-il en vue, dans cette partie de son
texte, que la possession d'état des père et mère
prédécédés? ou bien se rapporte-t-il à celle de l'enfant qui se prétend légitime, et veut-il dire que l'enfant ne doit être écouté qu'autant qu'à la preuve du
fait que ses père et mère, tous deux décédés, ont
vécu publiquement comme époux, il joindra sa
propre possession d'acte d'enfant légitime non
contredite par son acte de naissance ?

On vient de voir que, de ces deux interprétations,
c'est à la seconde que les arrêts de la cour royale de
Paris, des 11 mai 1816 et 23 février 1822, donnent la préférence : *les enfans*, y est-il dit, *ne peuvent suppléer à la preuve du mariage de leurs père et
mère décédés, que par celle de la double possession
d'état par les père et mère comme époux légitimes, et
par les enfans comme enfans légitimes.*

On verra aussi à la question suivante que c'est
dans le même sens que M. l'avocat-général Giraud-
Duplessis a entendu les termes dont il s'agit, dans
des conclusions données à l'audience de la cour
de cassation, le 8 mai 1810.

Et il ne faut, pour se convaincre de la justesse
de cette interprétation, que faire bien attention à
la contexture du membre de phrase qui termine
l'art. 197 : *toutes les fois*, y est-il dit, *que cette Légitimité est prouvée par une possession d'état non
contredite par l'acte de naissance.* A qui se rapportent, dans ce membre de phrase, les mots *Légitimité* et *acte de naissance* ? C'est sans contredit aux
enfans ; c'est de la *Légitimité* des enfans, c'est de
l'*acte de naissance* des enfans que la loi s'occupe
dans cette partie de sa disposition. C'est donc aussi
aux enfans que se rapportent les mots *une possession d'état* ; c'est donc aussi la possession d'état des
enfans que la loi y a en vue.

C'est ainsi que l'entend M. Toullier dans le passage que nous avons discuté sous la *sixième question* : « L'article 197 (dit-il) exige, pour dispenser
»l'enfant de prouver le mariage de ses père et mère,
»que sa possession d'état ne soit pas contredite par son
»acte de naissance. »

C'est encore dans le même esprit, c'est toujours
en référant aux mots *possession d'état* à l'enfant,
qu'il ajoute immédiatement après : « l'art. 197
»exige que les père et mère aient vécu dans une
»possession publique de l'état d'époux légitimes.
»Ainsi, l'acte de naissance qui énoncerait la filia-
»tion et la Légitimité, ne suffirait pas pour établir
»sa Légitimité, si, malgré sa possession d'état, l'en-
»fant ne prouvait pas, à défaut de l'acte de célé-
»bration du mariage de ses père et mère, qu'ils ont
»vécu publiquement comme mari et femme. »

Et veut-on une preuve sans réplique de la justesse de cette interprétation ? Il n'y a qu'à se bien
fixer sur ces termes, *une possession d'état non contredite par l'acte de naissance.*

Il peut arriver qu'un enfant dont les père et
mère sont décédés après avoir vécu publiquement
comme époux, n'ait pas été, en venant au monde,
inscrit sur les registres de l'état civil ; que par suite,

---

(1) Jurisprudence de la cour de cassation, tome 17, partie 2, page 84.
(2) *Ibid.*, tome 22, partie 2, page 183.

il n'ait pas d'acte de naissance à représenter, et qu'il ne puisse établir sa filiation que par sa possession de l'état d'enfant.

Que signifieraient pour lui, dans cette hypothèse, les mots *non contredite par l'acte de naissance;* si les termes précédens, *une possession d'état,* auxquels ils se rattachent, ne désignaient pas une possession de l'état d'enfant légitime? Ils ne présenteraient qu'une disposition tout-à-fait hors de sa place ; car la dernière phrase de l'art. 197 se réduirait à dire : *pourvu que l'enfant qui n'a pas d'acte de naissance à représenter, et dont par conséquent l'acte de naissance ne contredit point la Légitimité, prouve par sa possession d'état,* non pas sa *Légitimité même, mais sa filiation.* Or, il n'est pas permis de supposer que le législateur qui ne s'est occupé de la filiation que dans les art. 319 et suivans, ait voulu en parler dans l'art. 197, qui n'a pour objet que la Légitimité.

On sent d'ailleurs que si l'intention du législateur n'était pas d'exiger que les enfans soient en possession de la Légitimité pour être admis à remplacer l'acte de célébration du mariage de leurs père et mère décédés, par la preuve de la possession d'état d'époux de la part de ceux-ci, cette partie de l'art. 197 ne serait pas conçue comme elle l'est, et qu'au lieu de dire, *toutes les fois que cette Légitimité est prouvée par une possession d'état qui n'est point contredite par l'acte de naissance,* cet article dirait tout simplement : *toutes les fois que l'acte de naissance ne contredit pas cette Légitimité.* Que trouvez-vous dans les mots *une possession d'état,* si vous ne les rapportez pas aux enfans, si vous ne les rapportez qu'au père et mère décédés? Rien qu'un pléonasme, rien qu'une répétition des mots *de deux individus qui ont vécu publiquement comme mari et femme;* et cette répétition ne serait pas seulement inutile, elle serait encore vicieuse ; car tout ce qu'il y a de trop dans une loi, est essentiellement vicieux.

Au surplus, pour mettre cette interprétation dans tout son jour, distinguons deux cas : celui où le défaut de possession de l'état d'enfant légitime remonte au temps où les père et mère étaient tous deux vivans, et celui où l'enfant traité comme légitime par ses père et mère pendant la vie de l'un et de l'autre, a été traité comme enfant naturel par le survivant, et où, par conséquent, il n'a plus la possession de l'état d'enfant légitime au moment du décès de celui-ci.

Au premier cas, nulle difficulté à déclarer l'article 197 inapplicable. Cet article ne dispense l'enfant de représenter l'acte de mariage de ses père et mère, que *lorsqu'ils ont vécu publiquement comme mari et femme.* Or, ont-ils vécu publiquement comme mari et femme, ceux-là qui ont traité comme illégitime l'enfant né de leur cohabitation? Qu'en prenant devant le monde les qualités de mari et de femme, qu'en les prenant même dans des actes publics, ils se soient formé une possession de l'état d'époux, à la bonne heure ; mais cette possession, ils l'ont eux-mêmes troublée et

interrompue par leur propre fait, en agissant à l'égard de leur enfant comme n'étant que ses père et mère naturels ; et ce n'est pas à une possession aussi équivoque, ce n'est qu'à une possession publique sous tous les rapports, ce n'est qu'à une possession constante et uniforme, que l'article 197 attribue le privilége de dispenser les enfans de la représentation de l'acte du mariage des auteurs de leurs jours.

Dans le second cas, il y a une raison bien forte pour décider que, par les mots *toutes les fois que cette Légitimité sera prouvée par une possession d'état qui n'est pas contredite par l'acte de naissance,* cet article entend exclure de l'exception qu'il fait aux art. 194 et 195, l'enfant qui, après avoir été traité comme légitime par ses père et mère simultanément, n'a plus été traité que comme enfant naturel par celui des deux qui a survécu à l'autre : c'est que l'enfant ne peut réclamer cette exception que lorsque ses père et mère sont tous deux décédés.

De là en effet il résulte nécessairement,

Que, tant que n'est pas décédé le survivant de ses père et mère, la possession publique de l'état d'époux dans lequel ses père et mère ont vécu ensemble, ne peut lui être d'aucun secours ;

Que le droit de l'invoquer comme présomption légale de la célébration d'un mariage entre ses père et mère, ne lui est pas encore acquis ;

Qu'elle ne forme encore pour lui qu'une présomption morale, c'est-à-dire une présomption non établie par la loi, une présomption insuffisante pour remplacer l'acte de célébration, et par conséquent une présomption qui peut être détruite par une présomption contraire de la même nature ;

Et que, dès-lors, comme l'a jugé l'arrêt de la cour royale de Paris, du 11 mai 1816, la présomption que forment pour lui les actes par lesquels ses père et mère, tous deux vivans, l'ont traité comme légitime, peut être détruite par le traitement d'enfant naturel qu'il reçoit de la part du survivant.

Il s'ensuivrait donc de là, va-t-on dire, que l'enfant qui, après la mort du prédécédé de ses père et mère, n'a point d'acte qui établisse qu'ils ont été mariés, quoiqu'ils aient vécu publiquement comme époux, est, pour sa Légitimité, à la merci du survivant ?

Eh ! sans doute ; et voici une hypothèse qui le prouve d'une manière irréfragable. Pierre, veuf avec un enfant nommé Paul, dont la Légitimité n'est susceptible d'aucune contestation, vit publiquement avec Jeanne, de qui il a un enfant nommé Jacques, qu'ils font inscrire sur les registres de l'état civil comme légitime, et qu'ils traitent tous deux comme tel. Jeanne, prétendue épouse de Pierre, meurt. Paul, premier enfant de Pierre, meurt ensuite. Jacques, son frère consanguin, réclame, aux termes de l'art. 751 du Code civil, les trois quarts de sa succession. Pierre qui, d'après les art. 753 et 754, en aurait eu la moitié en propriété et l'usufruit du tiers de l'autre moitié, si Jacques n'était pas légitime, oppose à celui-ci, pour l'écarter, qu'il n'est que son enfant naturel. Que fera Jacques, s'il ne peut pas découvrir et représenter l'acte du mariage par lequel il a cru jusqu'à présent qu'avaient été unis ses père et mère? Se prévaudra-t-il de la possession de l'état d'époux dans lequel ses père et mère ont vécu publiquement ? Il ne sera pas écouté, parce que son père vit encore, et qu'il faudrait que son père fût décédé aussi bien que sa mère, pour que leur possession d'état pût lui servir à prouver sa Légitimité.

C'est cependant par cupidité, par intérêt personnel que Pierre nie la Légitimité de son fils Jacques. N'importe : la présomption purement morale de la Légitimité de Jacques s'évanouira devant la dénégation de Pierre. Et l'effet qu'opère, dans ce cas, la dénégation intéressée de Pierre, on prétendrait le refuser à la déclaration qu'il ferait sans nul autre motif prouvé ou apparent que de rendre hommage à la vérité! Cela n'est pas possible, parce que cela serait absurde.

Vainement invoquera-t-on le grand principe que l'état des enfans ne peut pas être altéré par les déclarations de leurs père et mère ; vainement prétendra-t-on en inférer que le survivant des père et mère ne peut pas faire descendre à l'état de bâtardise, l'enfant qu'il a concouru avec le prédécédé à traiter comme légitime.

Ce principe n'est pas applicable à tous les cas. Établi uniquement par la loi 27, § 1, D. *de inofficioso testamento*, et par la loi 21 . § 1, D. *de probationibus*, pour le cas où le mariage étant prouvé ou reconnu, il ne s'agit que de savoir si l'enfant mis au monde par la femme, a pour père le mari, il ne peut pas être étendu (comme on le disait pour la dame Delacour, lors de l'arrêt du 11 mai 1816) au cas où le mariage n'étant ni reconnu ni prouvé, l'enfant est réduit à prétendre qu'on doit le présumer d'après la possession d'état.

Pour pouvoir donner autant d'extension à ce principe, il faudrait pouvoir aller jusqu'à dire que, de même que le concours du désaveu du père avec la déclaration de la mère ne suffit pas pour faire juger illégitime l'enfant dont la mère est accouchée pendant le mariage légalement prouvé ; de même aussi le père et la mère du mariage desquels il n'existe point de preuve légale, ne pourraient pas, par les déclarations qu'ils feraient respectivement de n'être pas mariés, et par une conduite simultanée qui donnerait à leur cohabitation le caractère d'un concubinage, empêcher leur enfant de se prévaloir, après leur mort, de la publicité de leur cohabitation pour se faire juger légitime. Or, bien certainement ce serait abuser du principe dont il s'agit, que d'en faire une pareille application, et cela démontre l'inconséquence qu'il y aurait à vouloir en induire que la déclaration par laquelle le survivant des père et mère qui ont vécu publiquement comme époux, reconnaîtrait n'avoir pas été marié avec le prédécédé, ne doit être, après sa mort, d'aucun poids contre leurs enfans.

On nous objectera sans doute que c'est cependant là ce que soutenait Cochin dans la célèbre affaire de Bourgelat, rapportée ci-dessus, n° 5. Aux preuves multipliées et authentiques du fait que Pierre Bourgelat et la demoiselle Caprioli, père et mère de Barthélemi Bourgelat, avaient constamment et publiquement vécu comme mari et femme, et qu'après la mort de la demoiselle Caprioli, Pierre Bourgelat avait constamment traité Barthélemy Bourgelat comme son enfant légitime, les enfans du second lit de Pierre Bourgelat opposaient un acte sous seing-privé par lequel, pendant son second mariage et dans un moment où l'inconduite de Barthélemy Bourgelat l'avait fort indisposé contre lui, il lui avait constitué, en le qualifiant de son *fils naturel*, une pension alimentaire de 400 livres ; et il est vrai que, pour écarter cet acte, Cochin disait : « En supposant que l'expres-»sion de *fils naturel* fût l'ouvrage du père, qui »ignore que les parens ne peuvent détruire l'état »de leurs enfans, quand il est une fois établi? C'est »un présent de la nature, ou plutôt de la provi-»dence, dont ils ne peuvent disposer : il est vrai »qu'ils en sont les premiers témoins ; mais quand ils »en ont rendu un témoignage éclatant par une suite »d'actes et par le fait public de l'éducation, il »leur est plus permis de varier ; il n'est plus temps, »lorsqu'un fils est parvenu jusqu'à l'âge de trente »ans avec tous les honneurs d'une naissance pure, de »vouloir le faire passer pour le fruit de la débauche »et de la corruption ; c'est un point dans lequel il »n'est pas permis de varier ; l'état est formé, la pos-»session est acquise, rien ne peut l'ébranler (1). »

Mais 1° c'était long-temps avant le Code civil, c'était en 1729, que Cochin argumentait ainsi ; et si l'on pouvait alors, comme il le prouvait notamment par l'arrêt Dohin, rapporté ci-dessus, n° 5, soutenir que la seule possession d'état suffisait, même à l'égard du survivant des prétendus époux, pour suppléer à la preuve légale du mariage ; si l'on pouvait alors dire au père survivant, *l'état de ces enfans que vous avez reconnus pour légitimes pendant la vie de leur mère, est formé ; la possession est acquise, rien ne peut l'ébranler*, on ne le peut plus aujourd'hui : l'art. 197 du Code civil s'y oppose manifestement.

2° Cochin ne se bornait pas à invoquer le principe dont il s'agit : il démontrait que la pièce dont se prévalaient les adversaires de ses cliens, ne pouvait pas être considérée comme l'ouvrage de Pierre Bourgelat ; que, revêtue, à la vérité, de sa signature, mais écrite par une main étrangère et ennemie, restée ensevelie dans ses papiers, constamment ignorée de son fils (2), tenue secrète, non-

———

(1) Œuvres de Cochin, tome 1er, page 599.
(2) C'est par erreur que, sur la foi de Gayot de Pitaval, dans son recueil de *Causes célèbres*, j'ai dit, ci-dessus, n° 5, que Barthélemi Bourgelat avait eu connaissance de cette pièce, et qu'il en avait remercié son père en se qualifiant d'*enfant naturel*. Le contraire résulte clairement du mémoire de Cochin.

seulement plusieurs années après sa mort, mais même pendant toute l'instruction de la cause, et produite seulement à la dernière audience, elle était, sous tous les rapports, indigne des regards de la justice.

5° Enfin, ce qui était décisif, Cochin prouvait que Pierre Bourgelat avait résisté dans ses derniers momens à tous les efforts que l'on avait faits pour lui faire signer un testament dont le projet qualifiait son fils *d'enfant naturel*, et le réduisait, sous cette dénomination, à une pension viagère.

Il est donc bien permis de croire que ce n'est point au principe dont il ne se faisait qu'un moyen subsidiaire, que Cochin a dû le succès de sa défense. Mais une chose bien certaine, c'est que l'arrêt de la cour royale de Paris, du 11 mai 1816, n'a en aucun égard à l'application que l'on prétendait faire de ce principe à l'acte notarié par lequel Marie-Monique Deslandres avait, après la mort de Jean-Baptiste Meurin, reconnu que les enfans qu'elle avait eus de lui, n'étaient point légitimes.

Ce qui n'est pas moins remarquable, c'est qu'en prononçant ainsi, la cour royale de Paris n'a été nullement touchée d'un arrêt de la cour d'appel de Grenoble, du 3 février 1807, qu'on lui citait en faveur du réclamant, et dont voici l'espèce :

Le 25 janvier 1766, le sieur Thiériot fait baptiser à Aix une fille nommée Jeanne, qu'il déclare être née de lui et de *Françoise Héraud*, son épouse.

Il fait ensuite baptiser, avec les mêmes qualités, un garçon qui meurt en bas âge.

Peu de temps après, Françoise Héraud meurt elle-même, et elle est inhumée comme épouse du sieur Thiériot.

En 1781, le sieur Thiériot épouse Marie Champol; et aussitôt, laissant sa fille à Aix, entre les mains du sieur Clapier, son parrain, qui se charge d'en prendre soin, il se retire dans la commune des Granges-Goutardes, département de la Drôme.

Dès-lors, toute relation cesse entre lui et sa fille. Celle-ci se marie en 1788 avec le sieur Breton, sans le consulter, quoique encore mineure, et avec le seul consentement du sieur Clapier, nommé curateur à cet effet par un arrêt du parlement d'Aix.

Le 25 janvier 1792, le sieur Thiériot meurt aux Granges-Goutardes, laissant un testament par lequel il institue Marie Champol, son épouse, sa légataire universelle, et lègue à la dame Breton, qu'il qualifie de sa *fille naturelle*, une pension annuelle de 500 livres.

Le 6 thermidor an 13, après avoir reçu cette pension pendant 15 ans, sans élever de prétention ultérieure, la dame Breton fait assigner la veuve Thiériot pour voir déclarer nul, du chef de prétérition, conformément aux principes du droit écrit, le testament en vertu duquel elle retient l'hérédité de son père.

La veuve Thiériot répond que c'est à la dame Breton à prouver qu'elle est fille légitime; que cette preuve ne peut résulter que de la représentation d'un acte de mariage entre son père et Françoise Héraud, et qu'elle ne peut pas suppléer à cet acte par la possession d'état, puisqu'elle a été abandonnée par son père dès son enfance, puisque c'est comme n'ayant point de père légitime qu'elle a été mariée, puisque son père lui-même l'a qualifiée de fille naturelle, par son testament, puisqu'enfin c'est comme fille naturelle qu'elle a touché pendant quinze ans le legs que son père lui avait laissé.

La dame Breton réplique qu'ayant un titre de Légitimité dans son acte de naissance, elle n'est pas obligée de rapporter la preuve du mariage de ses parens; qu'elle a d'ailleurs la possession d'état de fille légitime; que la preuve de cette possession résulte, non-seulement de son acte de naissance, mais encore de celui de son frère, de l'acte de décès de sa mère, du fait qu'elle n'a été abandonnée par son père qu'à l'âge de quinze ans; que, si elle s'est mariée sans le consentement de son père, c'est qu'elle se trouvait, à raison de son absence, depuis plus de trois ans dans le cas prévu par les lois 10 et 11, D. *de ritu nuptiarum;* qu'enfin, un père ne peut jamais nuire à son enfant.

La veuve Thiériot réplique à son tour que des trois actes produits par la dame Breton pour en induire sa possession d'état, il y en a deux qui lui sont étrangers, savoir, l'acte de son frère et l'acte de décès de sa mère, et que par conséquent elle ne peut pas s'en prévaloir; que l'arrêt du parlement d'Aix qui l'avait autorisée à se marier avec le seul consentement du curateur qui lui avait été nommé, n'avait pas pu être motivé sur l'absence de son père, puisque son père n'était pas absent dans le sens des lois romaines qu'elle invoquait; que l'on connaissait parfaitement à Aix le lieu de sa résidence, et que d'ailleurs sa prétendue absence n'avait pas été déclarée par un jugement préalable; qu'ainsi, restait dans toute sa force la preuve qu'elle s'était mariée comme bâtarde.

Jugement qui déclare la dame Breton, fille légitime du sieur Thiériot; et en conséquence, sans avoir égard au testament de celui-ci, l'envoie en possession de son hérédité.

Et sur l'appel, arrêt confirmatif,

« Attendu qu'aux termes du droit, l'acte de naissance déposé dans un registre public, constitue la Légitimité de l'état des enfans, et que, dans celui de Jeanne Thiériot (femme Breton), signé par François Thiériot, il est dit qu'elle est née de lui et de Françoise Héraud, son épouse;

» Attendu que cet acte est fortifié par celui de la naissance de Dominique Thiériot, qui est rédigé dans les mêmes termes, et également signé par François Thiériot;

» Attendu qu'il a été donné à Françoise Héraud, dans son acte de décès, le titre d'épouse de François Thiériot;

» Attendu que ces trois actes se prêtent un mutuel appui, et établissent, indépendamment des faits particuliers de la cause, en faveur de Jeanne Thiériot, sa possession d'état de fille née en légitime mariage de François Thiériot et de Françoise Héraud ;

« Attendu que François Thiériot n'a pu, dans son testament, priver sa fille de son état, en la qualifiant sa fille *naturelle* contre l'assertion des titres produits au procès, qui sont son propre ouvrage, déposés dans des registres publics ; qu'on ne saurait accueillir une déclaration contraire, sans blesser l'honnêteté publique et les principes conservateurs de l'état des citoyens (1) ».

Nous ne contestons pas qu'eu égard à la circonstance que ce n'était pas, tantôt dans une ville, tantôt dans une autre, comme dans l'affaire Meurin, mais dans la seule ville d'Aix qu'avait eu lieu la cohabitation du sieur Thiériot avec Françoise Héraud, cet arrêt ait bien jugé en considérant la réunion de l'acte de naissance de son frère à l'acte de décès de sa mère, comme une preuve suffisante que ses père et mère avaient vécu publiquement comme époux.

Mais ce que nous ne pouvons pas expliquer, c'est le silence que garde cet arrêt tant sur celui du parlement d'Aix de 1788 qui avait si manifestement placé la dame Breton dans la possession d'état de fille naturelle, que sur l'acquiescement donné par la dame Breton elle-même, pendant quinze ans, en pleine majorité, au testament de son père qui la plaçait dans la classe des enfans illégitimes.

Ce que nous concevons encore moins, c'est la légèreté avec laquelle, d'après cela, il décide qu'une fille mariée comme bâtarde et qui s'est aussi longtemps reconnue pour telle, n'a besoin, pour établir sa Légitimité, que de la possession de l'état d'époux dans laquelle ont vécu ses père et mère jusqu'au décès du premier mourant. On a beau parcourir les annales de l'ancienne jurisprudence, on n'y trouve rien qui puisse être comparé à une pareille décision.

Ce qui nous paraît hors de doute, c'est que, si cet arrêt eût été attaqué et qu'il eût eu pour objet un mariage prétendu contracté sous le Code civil, il n'aurait pas échappé à la cassation.

Neuvième question. *Quel est le sens de ces termes de l'art.* 197, « la Légitimité des enfans ne peut être contestée sous le seul prétexte *du défaut de représentation de l'acte de célébration ?* » *Et que peut-on opposer à la présomption de Légitimité qu'ils établissent en faveur des enfans ?*

Ces termes annoncent clairement que la Légitimité des enfans n'est pas à l'abri de toute contestation par cela seul qu'ils prouvent à la fois 1° que leurs père et mère sont tous deux décédés ; 2° qu'ils ont vécu publiquement comme mari et femme ; 3° qu'ils sont personnellement en possession de

l'état d'enfans légitimes ; et que le seul avantage que les enfans retirent de cette triple preuve, c'est la dispense de présenter l'acte de mariage par lequel ils soutiennent que leurs père et mère ont été unis, ou en d'autres termes, la présomption légale d'un mariage contracté entre leurs père et mère.

Cette présomption peut donc être combattue. Mais par quels moyens peut-elle l'être ?

Qu'elle puisse l'être avec succès par la preuve positive de l'impossibilité que les père et mère aient été mariés légitimement, cela n'est pas douteux. Ainsi, dit M. Toullier, liv. 1er, tit. 7, n° 879, « on peut contester la Légitimité des enfans qui » ont en leur faveur le titre de naissance et la pos- » session conforme, lorsqu'il est prouvé.... que, » lors de leur naissance, l'un de leurs père et mère » était déjà marié à un autre homme ou à une autre » femme. »

Toutefois, dans ce cas, les enfans ne sont pas sans ressource : ils peuvent se retrancher dans la bonne foi de celui de leurs père et mère qui était libre au moment où a commencé leur cohabitation publique comme époux.

Mais reste la question de savoir si c'est à eux à prouver cette bonne foi, et comment ils doivent la prouver ?

M. Toullier répond que « les enfans ne pourront » alors aspirer à la Légitimité qu'en prouvant la » bonne foi du conjoint qui n'était pas engagé dans » les liens d'une première union ; et que, comme » cette bonne foi ne peut se rencontrer que dans » un mariage célébré suivant les formes léga- » les, il faudrait représenter l'acte de célébra- » tion. »

Il est cependant bien certain, et nous l'avons démontré ci-dessus, § 1, n° 8, qu'en thèse générale, la bonne foi se présume de la part de la personne libre qui a épousé une personne déjà mariée.

Il est vrai que cette présomption n'a lieu, comme le dit M. Toullier, que dans le cas d'*un mariage célébré suivant les formes légales ;* mais les père et mère qui ont vécu publiquement comme mari et femme, et sont décédés tous deux, ne sont-ils pas légalement présumés, en faveur des enfans dont la possession d'état n'est pas contredite par leur acte de naissance, avoir été unis par un mariage célébré avec toutes les solennités requises ? Et cette présomption n'a-t-elle pas pour les enfans, par cela seul qu'elle est établie par la loi, toute la force d'un acte de célébration en bonne forme ? N'est-ce pas là la conséquence nécessaire du principe consigné dans l'art. 1352 du Code civil, que *la présomption légale dispense de toute preuve* celui au profit duquel elle existe ! On verra ci-après, *onzième question*, que M. l'avocat-général Giraud-Duplessis n'en faisait aucun doute à l'audience de la cour de cassation du 8 mai 1810. Disons donc que dans l'hypothèse dont il s'agit, les enfans n'ont point de preuve de bonne foi à faire, et que les antagonistes de leur Légitimité doivent prouver contre eux la

(1) Jurisprudence de la cour de cassation, tome 7, partie 2, page 86.

mauvaise foi, comme ils devraient la prouver contre l'un des époux, si l'acte de célébration du mariage était représenté.

A défaut de preuve positive de l'impossibilité qu'il ait existé un mariage légitime entre les père et mère, les adversaires des enfans peuvent-ils combattre la présomption de leur Légitimité par des présomptions contraires?

M. Toullier répond que, « si la présomption de » Légitimité qui résulte de la conformité de l'acte » de naissance et de la possession, était affaiblie par » d'autres circonstances qui fissent présumer qu'il » n'y a pas eu de mariage entre les père et mère, la » Légitimité de l'enfant pourrait être contestée, et » l'acte de célébration exigé. C'est ce qui résulte » (ajoute-t-il) du texte de l'art. 197, qui dit que la » Légitimité des enfans ne peut être contestée *sous* » *le seul prétexte* du défaut de représentation de l'acte » de célébration de mariage. Donc, s'il existe d'au- » tres motifs, outre le défaut de cette représentation, » la Légitimité peut être contestée (1). »

On verra à la question suivante, que cette doctrine a été improuvée par un arrêt de la cour de cassation, du 8 mai 1810, confirmatif d'un arrêt de la cour d'appel de Lyon, du 14 juin 1808; et en effet, elle est diamétralement contraire au principe établi par M. d'Aguesseau, dans son plaidoyer du 15 juin 1693, enseigné par Voët, sur les Pandectes, titre *de probationibus*, n° 15, et proclamé par un arrêt de la cour de cassation, du 5 janvier 1810, sections réunies, que, *si une présomption de droit peut être détruite par la preuve positive d'un fait contraire à celui qu'elle suppose, elle ne peut du moins pas l'être par des présomptions non autorisées par la loi et purement arbitraires* (2).

M. Toullier prétend que son opinion *est conforme à l'ancienne jurisprudence*, et il cite, d'après les auteurs du nouveau Denisart, aux mots (*questions d'*), § 2, n° 4, l'arrêt rendu au parlement de Paris, le 8 janvier 1777, contre les enfans Hurot, et dont les circonstances sont retracées ci-dessus, n° 6.

Mais d'abord, quand il serait vrai que cet arrêt eût jugé, comme l'avancent les auteurs du nouveau Denisart, que *la possession de Légitimité résultant de la possession d'état et de l'acte baptistaire réunis, peut être affaiblie par des circonstances particulières qui donnent lieu de présumer qu'il n'y a pas eu de mariage*, quel argument pourrait-on tirer de là en faveur de l'opinion de M. Toullier? Avant le Code civil, le parlement de Paris n'avait sur cette matière aucune loi qui limitât son pouvoir discrétionnaire; les juges ont aujourd'hui une règle fixe dans l'article 197 du Code civil.

En second lieu, il s'en faut beaucoup que les auteurs du nouveau Denisart présentent cet arrêt sous son véritable point de vue. Voici comment ils le rapportent :

« Les enfans du sieur Hurot avaient été baptisés et *élevés comme ses enfans légitimes*. Le père avait paru dans les actes baptistaires et dans l'acte mortuaire de la mère. Celle-ci était reconnue pour femme dans tous ces actes. *Le sieur Hurot avait traité ses enfans légitimes jusqu'à sa mort.*

» Les parens collatéraux du sieur Hurot réclamèrent sa succession, prétendant que ses enfans étaient bâtards. Ceux-ci soutinrent leur Légitimité.

» Sentence rendue au Châtelet, le 25 janvier 1775, qui condamne les enfans à rapporter l'acte de célébration du mariage de leur père.

» Arrêt confirmatif du 8 janvier 1777.....

» Le motif de la décision a été la circonstance singulière qu'aux mêmes époques à peu près auxquelles les enfans qui réclamaient la Légitimité avaient été baptisés, le sieur Hurot en avait fait baptiser d'autres nés de lui et de deux autres femmes, à chacune desquelles il avait également donné dans les actes de baptême la qualité de sa femme. Cette polygamie apparente a donné lieu de croire que le sieur Hurot n'avait réellement épousé aucune des trois. En conséquence, on a condamné les enfans à rapporter l'acte de célébration du mariage de leur père.»

Sans doute *cette polygamie apparente* pouvait faire présumer que le sieur Hurot n'avait pas épousé la mère des enfans dont il s'agissait, et elle a dû, comme je l'ai dit moi-même plus haut, n° 6, être prise en grande considération par les juges à une époque où la loi laissait là-dessus une libre carrière à leurs opinions. Mais indépendamment de cette circonstance, il y en avait une autre qui, même sous le Code civil, serait décisive contre les enfans : c'est qu'il n'est pas vrai qu'après les avoir fait baptiser comme légitimes, le sieur Hurot les eût élevés comme tels; c'est qu'il n'est pas vrai qu'il les eût *traités comme ses enfans légitimes jusqu'à sa mort;* c'est que le contraire était même prouvé par écrit, comme je l'ai fait voir à l'endroit cité.

Comment donc aurait-on dû prononcer sur cette affaire, si elle eût dû être jugée d'après le Code civil, et que les enfans du sieur Hurot eussent eu en leur faveur une possession d'état qui leur manquait absolument? C'est ce que nous examinerons ci-après, *onzième question.*

DIXIÈME QUESTION. *L'enfant qui réunit les conditions requises par l'art 197 pour être admis à justifier sa Légitimité sans représenter l'acte de mariage de ses père et mère, peut-il néanmoins être obligé à cette représentation ou à y suppléer par le moyen qu'indique l'art. 46, lorsqu'il est constant que les père et mère n'ont jamais eu d'autre domicile que le lieu où ils ont vécu publiquement comme époux, et que, par suite, il y a impossibilité prouvée qu'ils se soient mariés ailleurs?*

L'affirmative ne serait pas douteuse, si l'art. 197 avait eu pour motif unique l'impuissance où peut se trouver l'enfant après la mort de ses père et mère

(1) Droit civil français, n° 878.
(2) V. mon *Recueil de Questions de droit*, au mot Douanes, § 12.

qui l'ont mis en possession de la Légitimité par leur propre possession de l'état d'époux, de connaître le lieu où ils se sont mariés, et si de ce qu'il est constant que leur mariage, s'il a été célébré, n'a pu l'être que dans telle commune dont les registres de l'état civil existent en bon ordre, il s'ensuivait nécessairement la conséquence qu'il est impossible qu'il y ait eu mariage entre eux.

Mais, d'une part. l'art. 197 n'a pas été précisément motivé sur l'ignorance dans laquelle les enfans peuvent se trouver, après la mort de leurs père et mère, du lieu où ils se sont mariés. Il l'a été, dans la discussion au conseil d'état, sur l'injustice qu'il y aurait *d'exiger qu'ils représentent des titres qui leur sont inconnus, puisque ces titres, s'ils existent, sont antérieurs à leur naissance*; il l'a été, dans le discours de l'orateur du gouvernement au corps législatif, du 16 ventose an 11, sur ce que les enfans *ne connaissent et ne peuvent connaître ce qui s'est passé avant leur naissance.*

D'un autre côté, il est possible qu'un mariage non inscrit sur les registres de l'état civil, ait été, non-seulement célébré avec toutes les solennités requises, mais encore suivi immédiatement d'un acte de célébration sur une feuille volante dûment signée, et qui, quoique insuffisante par elle-même pour constater légalement ce mariage, peut néanmoins, comme on le voit par les articles 198, 199 et 200, servir de fondement à une procédure contre l'officier de l'état civil ou ses héritiers, par suite de laquelle le mariage sera déclaré constant.

Cela posé, qui est-ce qui empêche les enfans dont les père et mère décédés ont vécu publiquement comme époux, sans qu'il apparaisse d'aucun acte qui constate légalement leur mariage, de dire à ceux qui contestent leur Légitimité : « il est vrai » que nos parens n'ont jamais eu d'autre résidence » que le lieu où nous sommes nés et où ils sont » morts, et que les registres de l'état civil de ce lieu » sont muets sur leur mariage. Mais qui nous répon- » dra que leur mariage n'a pas été inscrit sur une » feuille volante qui est disparue ou qui a été sup- » primée ? Si cette feuille existait, elle nous fourni- » rait un moyen facile de nous procurer une preuve » légale du mariage dont nous sommes issus. Mais » de ce qu'elle n'existe pas actuellement s'ensuit-il » qu'elle n'a jamais existé ? Non, elle doit être pré- » sumée avoir existé, par cela seul que nos père et » mère sont décédés en possession de l'état d'époux, » et que nous étions, à leur décès, en possession de » l'état d'enfans légitimes. Que cette possession ne » suffise pas pour fonder, de notre part, soit une » action criminelle contre l'officier de l'état civil, » soit une action en dommages-intérêts contre ses » héritiers, à la bonne heure : mais elle suffit du moins » pour nous faire maintenir en possession de notre » état » Et tel est effectivement le vœu de l'art. 197 dont la disposition est trop générale pour que l'on puisse la restreindre au cas où il y a impossibilité de connaître le lieu de la célébration du mariage.

C'est ainsi au surplus que la question a été jugée dans l'espèce suivante.

En 1793, Jean Pouliant, menuisier à Lyon, perd sa femme qui lui laisse deux enfans nommés Claude et Marie.

En l'an 4, il prend à son service Marguerite Guy, qui bientôt après devient enceinte.

Le 26 vendémiaire an 5, contrat de mariage entre Jean Pouliant et Marguerite Guy. Mais nulle preuve que le mariage dont cet acte annonce le projet, ait été célébré.

Le 5 nivose an 6, Marguerite Guy accouche, dans la maison de Jean Pouliant, d'une fille nommée Benoîte, que celui-ci fait inscrire sur les registres de l'état civil comme née de lui et de Marguerite Guy, *son épouse*.

Le 4 messidor an 6, un autre enfant à qui est donné le nom de Jean, naît dans la même maison, et il est inscrit de la même manière que sa sœur.

Le 17 nivose an 8, décès de Jean Pouliant, et acte d'inhumation qui la qualifie *d'épouse de Jean Pouliant.*

Le 4 germinal suivant, décès de Jean Pouliant.

Le 11 du même mois, un conseil de famille est assemblé pour nommer des tuteurs tant à Claude et Marie qu'à Benoîte et Jean ; et vu l'incertitude que laisse sur l'état de ceux-ci, le défaut de preuve que le contrat de mariage du 26 vendémiaire an 5 ait été suivi des formalités requises pour valider un mariage, il confère au tuteur de Claude et de Marie l'administration provisoire des biens de la succession du père commun.

En 1806, Claude et Marie, parvenus à leur majorité, provoquent le partage de ces biens, et prétendent qu'il n'en revient qu'un sixième à Benoîte et Jean, attendu qu'ils ne sont que des enfans naturels légalement reconnus.

Le tuteur de Benoîte et Jean soutient, au contraire, que, d'après leur possession d'état et celle de leurs père et mère jusqu'à leur décès, ils doivent, aux termes de l'art. 197 du Code civil, purement déclaratif de l'ancien droit, être considérés comme légataires, nonobstant le défaut de représentation d'un acte de célébration à la suite du contrat de mariage du 26 vendémiaire an 5.

Claude et Marie répondent que l'art. 197 suppose, de la part des enfans qui l'invoquent, l'ignorance absolue du lieu où leurs père et mère ont pu se marier ; mais que, dans l'espèce, Jean Pouliant et Marguerite Guy n'auraient pu se marier qu'à Lyon, puisqu'ils n'ont pas quitté cette ville depuis le contrat de mariage qui a suivi de près le commencement de leur cohabitation ; que, d'ailleurs, les registres de cette ville sont parfaitement conservés et, dans le meilleur ordre ; qu'ainsi, il est pas possible qu'il y ait eu mariage entre les père et mère de Benoîte et Jean.

Le 5 juin 1807, jugement du tribunal de première instance de Lyon, qui déclare Benoîte et Jean Pouliant enfans légitimes, et ordonne que la succession sera également partagée entre eux et leurs frères consanguins.

Et sur l'appel, arrêt de la cour de Lyon, du 14 juin 1808, qui le confirme, « attendu que la Légi-

»timité de Benoîte et Jean étant contestée après le
»décès de leurs père et mère, c'est le cas d'appli-
»quer les dispositions de l'art 197 du Code civil;
»que, dès lors, la contestation se trouve réduite
»au point de savoir si Jean Poutiant et Marguerite
»Guy ont vécu publiquement comme mari et femme,
»et si Benoîte et Jean ont en leur faveur une pos-
»session d'état non contredite par leur acte de
»naissance; que ces deux points de fait sont suffi-
»samment établis, 1° par les actes de naissance
»même de ces enfans; 2° par le contrat de mariage
»du 26 vendémiaire an 5; 3° par l'acte de décès de
»Marguerite Guy; 4° enfin, par la convocation
»faite par le juge de paix après le décès de Jean
»Poutiant, et par la délibération de famille.»

Claude et Marie se pourvoient en cassation contre cet arrêt, et soutiennent que l'art. 197 a été
faussement appliqué.

« Cet article (disent-ils) déclare que c'est pour
le cas spécifié dans les art. 194 et 195, que les enfans sont dispensés de représenter l'acte de célébration.

» Reportons-nous donc à ces articles, pour
être à même d'apprécier la maxime consacrée par
l'art. 197.

» L'art. 194 est ainsi conçu: nul ne peut réclamer
le titre d'époux, s'il ne représente son acte de mariage
inscrit sur les registres de l'état civil, sauf le cas prévu
par l'art. 46; et l'art. 195 déclare que la possession d'état ne peut dispenser les prétendus époux de
la représentation de l'acte de célébration du mariage.

» Le cas prévu par l'article 46, est celui de la
perte ou de la non tenue des registres de l'état.
civil.

» Il est donc évident que, dans l'art. 197, le législateur se réfère au cas spécifié dans l'art. 194, et
par conséquent au cas de la non tenue des registres
de l'état civil.

» Ainsi, la disposition qui dispense l'enfant, après
le décès de ses père et mère, de rapporter la preuve
écrite de leur mariage, n'a pas consacré une maxime
absolue; elle a seulement établi une exception pour
le cas de la perte ou de la non tenue des registres,
et pour celui où l'enfant ne peut connaître le lieu
où le mariage de ses père et mère a été contracté;
et c'est ce que supposent les termes même de l'article 197.

» Cet article porte que, dans le cas qu'il a prévu,
on ne pourra contester la Légitimité de l'enfant,
sous le seul prétexte du défaut de représentation de
l'acte de célébration.

» Ces mots, sous le seul prétexte, sont essentiellement limitatifs de la disposition; et il en
résulte qu'elle ne s'applique pas au cas où, dans
l'absence de l'acte de célébration du mariage, il y
a concours de circonstances qui détruisent l'idée
d'un mariage, et ne permettent pas de le présumer...

» Or, dans l'espèce, il est prouvé que les père et
mère n'ont jamais quitté leur domicile avant et depuis la naissance des enfans qui réclament la Légi-

5°. TOME IX.

timité; que les registres de l'état civil ont toujours
été tenus dans le meilleur état et dans la forme la
plus régulière; lorsque tout démontre enfin l'inexistence du mariage, l'acte de célébration doit être
exigé.»

M. l'avocat-général Giraud-Duplessis, portant la
parole sur cette affaire à l'audience de la section
des requêtes, pense que l'exception établie par
l'art. 197 du Code civil, en faveur des enfans,
n'est susceptible d'aucune restriction, et que, par
cela seul qu'un enfant a une possession d'état non
contredite par son acte de naissance, on ne peut,
après le décès de ses père et mère, s'ils ont vécu
publiquement comme mari et femme, contester sa
Légitimité.

« En effet (dit-il) si l'art. 197 se réfère aux cas
prévus par les art. 194 et 195, ce n'est pas pour
rendre commune à l'enfant l'exception admise par
l'art. 46, déclarée par l'art. 194 applicable à celui
qui réclame le titre d'époux, elle l'était de droit;
mais pour dispenser l'enfant de la représentation de
l'acte de célébration du mariage de ses père et
mère, alors même que ceux-ci, s'ils vivaient encore, devraient le représenter.

» Et pourquoi cette différence entre un enfant et
ses père et mère....?

» C'est (a dit l'orateur du gouvernement sur
l'art. 197) parce que le législateur a supposé que
les enfans ne connaissent et ne peuvent connaître ce
qui s'est passé avant leur naissance, que, dans le cas
prévu par l'art. 197, il les a dispensés de la représentation de l'acte de célébration du mariage de
leurs père et mère décédés.

» Si l'art. 197 ne se liait aux art. 194 et 195 que
pour rendre applicable à l'enfant l'art. 46, c'est-
à-dire, si l'enfant ne devait être dispensé de rapporter l'acte de célébration du mariage de ses père
et mère, qu'en justifiant de la perte ou de la non
tenue des registres de l'état civil, il ne lui serait pas
accordé plus de faveur après la mort de ses père
et mère que de leur vivant, que ceux-ci n'en
auraient eux-mêmes pour leur propre état.

» Aussi, reconnaît-on que l'enfant est encore
dispensé de la représentation de l'acte de célébration du mariage, lorsque, par suite d'événemens qui ont accompagné ou suivi sa naissance, il
est dans l'impossibilité de le rapporter; et cependant l'art. 194, combiné avec l'art. 46, n'excepte
de la règle générale que le cas de perte ou de non
tenue des registres de l'état civil.

» Donc, la disposition de l'art. 197 ne peut être
restreinte à ce cas. Il faut donc reconnaître qu'elle
est absolue, en ce sens que l'exception qu'elle établit en faveur de l'enfant, est indéfinie.»

» En conséquence, conclusions au rejet: et le 8
mai 1810, arrêt qui rejette effectivement, «attendu
» que Jean Poutiant et Marguerite Guy, étant dé-
» cédés, et les actes de naissance de Benoîte et de
» Jean Poutiant portant qu'ils sont enfans desdits
» Jean Poutiant et Marguerite Guy, son épouse, la
» Légitimité desdits enfans ne pouvait leur être
» contestée sous le seul prétexte du défaut de re-

72

» présentation de l'acte de célébration du mariage
» de leurs père et mère; que telle est la dispo-
» sition du Code civil, art. 197; que la règle éta-
» blie par cet article, n'est modifiée par aucune
» exception; et que, dans aucun cas, le Code
» n'impose aux enfans l'obligation de représenter
» l'acte de célébration du mariage de leurs père et
» mère; qu'en fait, la cour d'appel a jugé que
» Benoîte et Jean ont la possession d'état d'en-
» fans légitimes, laquelle est conforme à leurs
» actes de naissance; et qu'ainsi, son arrêt n'a violé
» aucune loi (1).»

ONZIÈME QUESTION. *Quelle application y au-*
rait-il lieu de faire de l'art. 197, si, outre les
enfans qualifiés de légitimes par leurs actes de
naissance, il en existait d'autres qui, soit nés
aux mêmes époques qu'eux, du même père et
d'une autre mère, auraient été également inscrits
comme légitimes dans les registres de l'état civil,
soit nés, avant ou après eux, du même père et
de la même mère, auraient été inscrits sur les
registres de l'état civil comme enfans naturels?

Dans l'espèce rapportée sous la question précédente, les enfans du premier lit de Jean Poutiant
soutenaient que, d'après le système adopté par
l'arrêt de la cour d'appel de Lyon qu'ils attaquaient,
« l'état des hommes, que le législateur a voulu
» rendre stable, serait au contraire incertain et
» flottant.

» Rendons (ajoutaient-ils) cette vérité sensible
par quelques exemples.

» Un homme vit simultanément avec deux femmes, et séparément avec chacune d'elles, ce qui
n'est pas rare aujourd'hui; il a en même temps
de l'une et de l'autre des enfans; il les reconnaît
tous dans leurs actes de naissance, et y qualifie de
son épouse la mère de chacun d'eux.

» Après le décès des auteurs de leurs jours, les
enfans, armés de leurs actes de naissance et d'une
apparente possession d'état, réclament respectivement la qualité d'enfans légitimes.

» Si, dans cette espèce, malgré le fait certain de
la naissance simultanée de plusieurs enfans, l'on
appliquait l'art. 197 dans le sens de la cour d'appel,
c'est-à-dire qu'on dispensât les enfans de la représentation de l'acte de célébration du mariage
de leurs père et mère, ce serait supposer que la polygamie est permise, et que deux femmes pouvaient avoir en même temps pour mari le même
homme; supposition que repoussent nos lois.

» Il en serait de même dans le cas où un homme
vivrait avec une concubine, et en aurait des enfans
qu'il présenterait comme légitimes dans leurs actes
de naissance.

» Supposons encore, pour ne pas sortir de l'espèce, que, dans l'acte de naissance du second enfant de Marguerite Guy, le sieur Poutiant ait dé-

claré que celle-ci n'était pas sa femme. La possession d'état de cet enfant serait donc, dans ce cas,
contredite par son acte de naissance; et dès-lors
il ne pourrait être dispensé de représenter l'acte
de célébration du mariage de ses père et mère.

» Ainsi, d'après le système que nous combattons,
l'un des deux enfans devrait bien être réputé légitime; mais l'autre ne pourrait l'être, c'est-à-dire
que relativement à Benoîte, Marguerite Guy, sa
mère, devrait être considérée comme *épouse* légitime de Poutiant, et qu'elle n'aurait été que la *con-*
cubine de celui-ci à l'égard de Jean, leur second enfant, ce qu'on ne peut admettre, l'état des personnes étant indivisible. »

Le ministère public a répondu, par l'organe de
M. l'avocat-général Giraud-Duplessis, que ces trois
hypothèses n'atténuaient pas les argumens par lesquels il venait d'établir, ainsi qu'on vient de le voir,
que la disposition de l'article 197 ne peut être restreinte, ni au cas de perte ou d'inexistence des registres de l'état civil, dans le lieu où il est prétendu
que les père et mère ont été mariés, ni au cas où
il est impossible au enfans de connaître quel est ce
lieu.

« Et d'abord (a-t-il dit) on ne peut rien induire
des deux premières contre la Légitimité de l'enfant.

» Un second mariage contracté avant la dissolution du premier, est nul; et cependant les enfans
de ce second mariage peuvent être réputés légitimes. (Art. 147, 201 et 202.)

» Or, pourquoi deux enfans qu'un homme aurait eus en même temps de deux concubines, ou de
sa femme et d'une concubine, ne pourraient-ils
pas être réputés légitimes, si les circonstances prévues par l'art. 197, se trouvaient réunies en faveur
de ces enfans?

» La dernière supposition pouvait se réaliser, et
il faut l'avouer, elle aurait présenté un résultat
vraiment singulier.

» Mais ce résultat même aurait pu se concilier
avec le principe.

» L'exception admise en faveur de l'enfant par
l'art. 197, ne repose que sur une présomption du
mariage de ses père et mère; et l'enfant qui remplit
les conditions auxquelles elle est attachée, peut seul
l'invoquer; et dès-lors, qui lui est personnelle; et dès-lors, on
ne peut rien induire contre la généralité de la disposition, de ce que de deux enfans issus des mêmes
individus, l'un peut être réputé légitime, et l'autre doit être rangé dans la classe des enfans naturels. »

Nous sommes parfaitement d'accord avec M. Giraud-Duplessis dans ce qu'il dit sur les deux premières hypothèses.

En effet, supposons un homme que ses affaires
ou ses fantaisies appellent, chaque année, à résider
successivement six mois à Strasbourg et six mois
à Marseille. Il a, dans chacune de ces villes, une
femme avec laquelle il vit publiquement comme
son mari; et il a de chacune d'elles des enfans qu'il
fait inscrire et qu'il élève comme légitimes. Après

---

(1) Journal des audiences de la cour de cassation, année
1810, page 243. Jurisprudence de la cour de cassation, tome
10, page 239.

sa mort et celle des deux femmes, les enfans nés à Strasbourg, munis de l'acte de mariage de leurs père et mère, contestent la Légitimité des enfans nés à Marseille, qui ne peuvent pas représenter un pareil acte. Y sont-ils fondés? Non, nous avons répondu d'avance sous la *neuvième question*, parce que les enfans nés à Marseille, trouvant dans le concours de leur possession personnelle de la Légitimité avec la possession de l'état d'époux dans laquelle leur père et mère sont décédés, la présomption légale d'un mariage qui, tout nul qu'il eût été, si la célébration en eût suivi celle de Strasbourg, n'aurait pas laissé, vu la bonne foi (présumée jusqu'à la preuve de la mauvaise foi) de leur mère, de produire en leur faveur tous les effets civils d'un mariage valable.

Par la même raison, si, dans la même supposition, les enfans nés à Strasbourg et les enfans nés à Marseille, étaient, après la mort de leur père commun et de leurs mères respectives, également dépourvus d'acte de mariage, et que des héritiers collatéraux vinssent, sous le prétexte que la polygamie apparente de leur père devrait faire présumer qu'il n'a été marié ni avec la mère des uns, ni avec la mère des autres, soutenir qu'ils doivent tous être déclarés illégitimes, il n'y a nul doute que ces enfans n'opposassent victorieusement à cette attaque la disposition de l'art. 197, et que cet article ne dût leur être appliqué, à moins qu'on ne prouvât que leurs mères respectives ou l'une d'elles, étaient de mauvaise foi au moment de leur conception.

Mais est-il vrai, comme l'a avancé M. l'avocat-général Giraud-Duplessis, que si, dans l'espèce sur laquelle il portait la parole le 8 mai 1810, Benoîte Poutiant eût été seule qualifiée d'enfant légitime par son acte de naissance, et qu'après l'avoir fait inscrire comme telle sur les registres de l'état civil, son père y eût fait inscrire son frère Jean comme enfant naturel, Benoîte eût pu aspirer à la Légitimité, tandis que son frère serait resté dans l'état de bâtardise?

Il nous semble que, dans cette hypothèse, la qualité d'enfant naturel sous laquelle le père eût fait inscrire Jean postérieurement à l'acte de naissance de Benoîte, aurait dû nuire à celle-ci, et la faire déclarer illégitime; pourquoi? Parce que du moment que le père aurait fait inscrire le second de ses enfans comme le fruit d'une cohabitation illégale entre lui et leur mère, on n'aurait pas pu dire que le père et la mère eussent *constamment* vécu publiquement comme mari et femme; qu'il aurait, par là, interrompu la possession publique de l'état d'époux; et que, dès-lors, il y aurait absence de l'une des conditions desquelles dépend essentiellement l'application de l'art. 197.

Mais que serait-il arrivé dans le cas inverse, c'est-à-dire si Jean Poutiant, après avoir fait inscrire sa fille Benoîte comme enfant naturel, avait fait inscrire son fils Jean comme enfant légitime?

Il paraît qu'alors la qualité d'enfant naturel, donnée à Benoîte par son acte de naissance, n'aurait pas pu empêcher que Jean ne fût déclaré légitime.

En effet, on aurait bien pu conclure de l'acte de naissance de Benoîte, que les père et mère communs de Benoîte et de Jean n'étaient pas encore mariés au moment où la première était venue au monde; mais on n'aurait pas pu en inférer qu'ils n'avaient pas été unis par le mariage lors de la naissance de Jean; leur possession de l'état d'époux à cette époque aurait même fait présumer nécessairement le contraire.

Mais Benoîte elle-même aurait-elle pu, dans cette hypothèse, réclamer le bénéfice de la légitimation par l'effet du mariage que le décès de ses père et mère aurait forcé la justice de présumer, en faveur de Jean, avoir été contracté entre eux après sa naissance?

Pourquoi non? Eût-il été possible de présumer légalement, en faveur de Jean, la célébration d'un mariage entre ses père et mère, sans faire tourner cette présomption au profit de Benoîte? Non sans doute. L'état de Benoîte eût été, dans cette hypothèse, indivisible d'avec celui de Jean; et il eût été absurde de juger celui-ci né légitime, sans juger celle-là légitimée.

Objecterait-on que Benoîte n'aurait pas pu dire qu'elle eût en sa faveur une possession d'état *non contredite par son acte de naissance?* Ce serait sans fondement. A quel effet, dans le concours des conditions requises pour qu'il y ait lieu à la présomption légale d'un mariage, l'art. 197 exige-t-il que l'acte de naissance ne contredise pas la possession d'état? A l'effet, au seul effet de prouver la *Légitimité* des enfans; ce n'est donc pas à l'effet de prouver leur *légitimation*. Cet article ne s'oppose donc pas à ce que, dans le cas où deux enfans ont été successivement inscrits sur les registres de l'état civil, le premier comme illégitime, mais avec reconnaissance authentique de sa filiation, le second comme légitime, le premier soit tenu pour légitime par le mariage subséquent que fait présumer en faveur de son frère après la mort de leurs père et mère, la possession publique dans laquelle ils ont vécu depuis la naissance de l'un et avant la naissance de l'autre, et dans laquelle ils sont décédés.

DOUZIÈME QUESTION. *Lorsque de deux individus qui ont vécu publiquement comme mari et femme, il en est mort un qui ne laisse point de parens successibles, ceux de leurs enfans qu'il a reconnus par leurs actes de naissance et qui sont en possession de l'état de légitimes, sont-ils recevables à soutenir qu'attendu que l'un de leurs père et mère vit encore, et qu'il n'apparaît d'aucun acte de célébration de mariage, ils doivent être considérés comme enfans naturels, et que, par suite, ils doivent exclure de la succession du prédécédé de leurs père et mère, ceux de leurs frères et sœurs dont les actes de naissance ne sont pas signés de lui, et qui n'ont pas, de sa part, d'autre reconnaissance de filiation, quoique d'ailleurs ceux-ci aient la même possession d'état qu'eux ?*

Cette question singulière s'est élevée, après la mort du sieur Provost qui avait vécu publiquement comme époux de la demoiselle Simon, et avait eu d'elle, six enfans dont cinq seulement avaient des actes de naissance revêtus de sa signature, le sixième étant né quelques mois après son décès.

Par jugement du 14 juin 1811, le tribunal de première instance du département de la Seine avait exclu Marie-Liberté Provost, sixième enfant, de la succession paternelle.

« Attendu (avait-il dit) que la loi seule fixe l'état des personnes, qui, dans aucun cas, ne peut dépendre de volontés ou de conventions particulières ; que, suivant les principes de l'ancienne jurisprudence sur l'état des personnes, consacrés par l'art. 197 du Code civil, la possession d'état des enfans ne suffit seule pour établir leur Légitimité que dans le cas du décès des père et mère ayant vécu ensemble comme époux ; que, dans l'espèce, Suzanne-Marie-Anne Simon est survivante ;

» Attendu que Provost étant décédé avant la loi du 12 brumaire an 2, cette loi fixe le droit des parties ; que Charles-Jean, Jacques-Anne-Jean, Pierre-Jean et Louise-Elisabeth, ont été reconnus par feu Provost dans leurs actes de naissance ; qu'au contraire, Marie-Liberté Provost, qui ne l'a point été, ne représente ni écrit public, ni pièce émanée du sieur Provost, ni ne peut, attendu le décès de ce dernier, faire la preuve d'une suite de soins donnés à titre de paternité. »

Mais sur l'appel, arrêt de la cour de Paris, du 6 juillet 1812, qui reforme, « attendu que, si la loi » règle seule par ses dispositions l'état et les droits » des citoyens, elle assure également les droits de » la possession, et la maintient tant qu'elle n'est » pas attaquée valablement par personne capable » et qui mérite d'être écoutée ; que la possession » de Marie-Liberté Provost est constante et aussi » bien établie que puisse l'être une possession de » cette nature ; que les intimés, après l'avoir re- » connue, ne peuvent être admis pour un vil et » très-faible intérêt à l'attaquer, soit en déshono- » rant leur père, leur mère, leurs frères et eux- » mêmes, soit en laissant intact l'état de toutes » les personnes auxquelles est lié inséparablement » celui de Marie-Liberté Provost ; que d'ailleurs » les intimés ne peuvent contester l'état de leur » sœur, Marie-Liberté Provost, sans se donner à » eux-mêmes un état contraire à leurs titres de » naissance et à une possession conforme (1). »

TREIZIÈME QUESTION. *Après qu'un enfant qui, sans représenter d'acte de mariage entre les auteurs de ses jours, et sans réunir les conditions prescrites par l'art. 197 pour y suppléer, a été*

admis par ses parens à partager avec eux une succession ouverte dans leur famille, ceux-ci sont-ils encore recevables à contester sa Légitimité pour l'exclure d'une autre succession ?

V. l'article Mariage, sect. 5, § 2, n° 12.

QUATORZIÈME QUESTION. *Pour que les enfans issus d'un autre mariage, ou les parens collatéraux des père et mère décédés, soient recevables à contester la Légitimité des enfans qui ne représentent point d'acte de mariage célébré entre ceux-ci, est-il nécessaire qu'ils y aient un intérêt né et actuel, comme lorsqu'il s'agit, aux termes de l'art. 187 du Code civil, d'attaquer un mariage dont l'acte est représenté ? Y sont-ils recevables à raison de l'intérêt éventuel qu'ils ont à ce que ces enfans ne soient pas considérés comme faisant partie de leur famille ?*

En thèse générale, toute personne qui s'annonce comme appartenant à une famille, donne, par cela seul, une action à tous les membres de cette famille pour l'obliger à justifier sa prétention, et pour la faire condamner à s'en désister, si elle ne la justifie pas. De là le célèbre arrêt du parlement de Paris, du 1er février 1781, rapporté au mot *Nom*, § 3, qui a fait défenses aux sieurs Le Jeune de se dire issus de la maison de Créquy.

L'art. 187 du Code civil modifie ce principe pour le cas où celui qui prétend appartenir à une famille, fonde sa prétention sur un acte constatant que ses père et mère ont été unis par le mariage : il veut que le mariage ne puisse être attaqué, soit par les enfans issus d'une autre union légitime, soit par les parens collatéraux, que lorsqu'ils y ont *un intérêt né et actuel*. Ils seraient donc non-recevables, quant à présent, s'ils n'étaient intéressés qu'éventuellement à contester l'état de celui qui s'annonce comme un enfant légitime de leur père ou mère, frère, sœur ou parent plus éloigné, sauf à exercer leur action au moment où viendraient à s'ouvrir dans leur famille un droit qui serait réclamé par cet enfant.

Le motif de cette exception au principe général est facile à saisir.

L'action en nullité de mariage a des conséquences trop graves, elle entraîne des résultats qui affligent trop la morale publique, pour que la loi ne mette pas la plus grande réserve dans la détermination des personnes qui peuvent l'intenter et des cas où elle est admissible de leur part.

« Quoique rien ne soit plus important (disait » M. d'Aguesseau à l'audience du parlement de Paris, » du 7 août 1692) que l'ordre et la dignité des ma- » riages, quoique rien ne soit plus utile à l'état que » l'observation des lois qui en ont prescrit toutes les » solennités, on ne doit pas néanmoins permettre » à toutes sortes de personnes d'en demander l'exé- » cution, et d'attaquer ceux qu'on accuse de les » avoir violées (1) ».

---

(1) Jurisprudence de la cour de cassation, tome 15, partie 2, page 41.

(1) Œuvres de M. d'Aguesseau, tome 2, page 446.

Voilà pourquoi le Code civil, après avoir établi, art. 184, que, du vivant des époux eux-mêmes, leurs ascendans sont reçus à attaquer leur mariage par un pur intérêt d'affection et d'honneur, veut, art. 187, que les enfans issus d'un autre mariage et les parens collatéraux n'y soient admis que lorsqu'ils y ont *un intérêt né et actuel*, c'est-à-dire lorsque, pour faire valoir un droit actuellement ouvert à leur profit, il faut nécessairement qu'ils attaquent la source de la prétendue Légitimité des enfans qu'il leur importe d'écarter.

Mais le motif qui fait ainsi restreindre, à l'égard des enfans issus d'un autre mariage et des parens collatéraux, l'exercice de l'action en nullité de mariage, est-il applicable au cas où il n'existe pas de preuve légale qu'il ait été célébré un mariage entre les père et mère des enfans qui se présentent comme les fruits d'une union légitime ? Il est évident que non. Attaquer un mariage prouvé légalement, c'est porter le trouble dans la société. Nier qu'un mariage dont on ne représente pas l'acte, ait été célébré, c'est user d'un droit qui appartient naturellement à toute partie contre laquelle est allégué un fait dont la preuve n'est pas produite.

On ne peut donc pas étendre au cas dont s'occupe l'art. 197, l'exception qu'apporte l'art. 187 au droit qui appartient à tout membre d'une famille de repousser *hic et nunc* de son sein quiconque prétend en faire partie; et c'est ce qui a été jugé dans l'espèce suivante.

Le 4 décembre 1813, sur la requête de Tristan Ruffi, et d'après les pièces qu'il produit pour établir que le sieur de Pondevès de Gévaudan et Marguerite Estelle, ses père et mère, décédés depuis long-temps, ont été mariés en mars 1755, dans la commune de Simiane, sans néanmoins rapporter l'acte de célébration qu'il reconnaît n'avoir pu recouvrer, le tribunal de première instance de Forcalquier déclare qu'il est constant qu'ils ont été mariés en effet, et ordonne que son jugement sera transcrit sur les registres de l'état civil de la commune de Simiane, pour tenir lieu de l'acte de célébration de mariage.

Le sieur d'Eyroux, parent éloigné du sieur de Pondevès et son légataire universel, forme tierce-opposition à ce jugement et fait assigner le sieur Tristan Ruffi, pour le voir rétracter.

Le sieur Tristan Ruffi passe au greffe un acte par lequel il déclare renoncer à la succession de son père ; et armé de cette déclaration à l'audience, il soutient, en invoquant l'art. 187, que le sieur d'Eyroux se trouvant sans *intérêt né et actuel* à contester sa Légitimité, doit être déclaré non-recevable dans son opposition.

Le 28 juin 1814, jugement qui accueille cette fin de non-recevoir, et la motive expressément sur le défaut d'*intérêt pécuniaire né et actuel*, du sieur d'Eyroux à attaquer le mariage des père et mère du sieur Tristan Ruffi.

Mais sur l'appel, arrêt de la cour royale d'Aix, du 18 avril 1817, qui,

« Attendu que la renonciation faite par le sieur

Tristan Ruffi, à toute prétention *pécuniaire* sur la succession de son père, n'était pas suffisante pour désintéresser le sieur d'Eyroux; que la nécessité de l'intérêt actuel n'est exigée, de la part des collatéraux, que pour le cas d'une demande en nullité d'un mariage dont l'existence est reconnue, et non pas au cas où, comme dans la cause, l'existence même du mariage est le sujet de la contestation..... ;

» Que le jugement du 4 septembre 1813 n'a pu déclarer constant le mariage entre le sieur de Pondevès-Gévaudan et Marguerite Estelle, que la preuve que ce mariage avait existé, et qu'elle eût été fournie au tribunal; mais que, bien loin que cette preuve eût été rapportée, il existe du contraire les présomptions les plus fortes et les plus décisives;

» Que, si l'on considère les actes de l'état civil qui devraient se rapporter au mariage, on remarque qu'il n'en existe pas de trace dans les registres de l'état civil de Semiane-les-Apt, quoiqu'il soit reconnu que ces registres ont été régulièrement tenus, et qu'ils ne renferment aucune lacune; »

Infirme le jugement du tribunal de Forcalquier, et déclare le sieur d'Eyroux recevable à contester l'existence du mariage dont il s'agit; au fond, décide qu'il résulte des faits et des circonstances du procès, que ce mariage n'a pas existé, et déboute le sieur Tristan Ruffi de sa prétention à la qualité d'enfant légitime.

Recours en cassation contre cet arrêt de la part du sieur Tristan Ruffi; et le 21 juin 1819, arrêt de rejet à la section des requêtes, « attendu (entre autres motifs) qu'il ne s'agit point, dans l'espèce, » de nullité de mariage contracté en contravention » aux dispositions du Code civil, puisqu'il n'existe » point d'acte de célébration (1). »]]

IX. Si la possession d'état de fils légitime ne suffit pas pour écarter l'effet d'une preuve ou même d'une présomption contraire, à plus forte raison doit-il en être de même de la possession d'état de fils naturel. Ainsi, quoiqu'un enfant ait été baptisé et élevé comme illégitime, il n'en est pas moins recevable à prouver que son père et sa mère ont été mariés, et que par conséquent il doit jouir des avantages de la Légitimité.

C'est ce qui a été jugé, au parlement de Paris, par arrêt du 26 août 1756, rendu sur les conclusions de M. Séguier.

La dame Duhan avait été baptisée et mariée comme fille naturelle du sieur Terrasson, procureur à Lyon, et de Marie Delamure : sa mère avait toujours porté publiquement le nom de madame Terrasson : elle avait présenté une requête en cette qualité contre son mari, et avait été inhumée comme femme du sieur Terrasson. Celui-ci avait signé d'autres actes baptistaires d'enfans nés de lui et de Marie Delamure, avant et depuis la naissance

---

(1) Jurisprudence de la cour de cassation, tome 19, page 440.

de la dame Duhan ; et chacun de ces actes donnait à Marie Delamure la qualité de femme légitime. La dame Duhan rapportait en outre la preuve qu'on avait enlevé plusieurs feuillets du registre sur lequel elle prétendait qu'avait été inscrit l'acte de célébration du mariage de son père et de sa mère. Mais, d'un autre côté, on lui opposait un autre mariage du sieur Terrasson, suivi d'une cohabitation publique pendant dix-huit ans, sans réclamation de la part de Marie Delamure : on faisait valoir toutes les circonstances qui annonçaient que son père ne l'avait jamais traitée qu'en bâtarde, on en trouvait même la preuve écrite dans son contrat de mariage.

Cependant ces moyens n'ont pas paru assez décisifs contre elle ; l'arrêt cité l'a admise à prouver que son père et sa mère avaient été mariés, que leur mariage avait été réhabilité, et que, conséquemment elle était leur fille légitime.

On trouvera ci-après, sect. 5, un arrêt du parlement de Rouen, du 21 mai 1765, qui a jugé la même chose.

[[Et cette jurisprudence est érigée en loi par l'art. 328 du Code civil : « L'action en réclamation » d'état (y est-il dit) est imprescriptible à l'égard » de l'enfant. » V. ci-après, sect. 4, § 2, nᵒˢ 4 et 5.]]

§ III. *Comment doit être prouvée, relativement à la Légitimité des enfans, l'existence d'un mariage contracté entre protestans ?*

Empruntons ici pour un moment les expressions et les idées du célèbre Élie de Beaumont.

« La flatterie ne fait que trop facilement croire, même aux meilleurs rois, qu'ils peuvent tout ce qu'on leur persuade de vouloir ; doctrine détestable, qui entraîne souvent l'affaiblissement, et quelquefois même la subversion des empires.

» *Un mot de votre bouche*, disait-on à Louis XIV, *et il n'y aura plus de protestans en France.* De là, la révocation de l'édit de Nantes ; de là une plaie incurable faite à l'état par cette révocation funeste, qui lui a fait plus de mal que la perte de dix batailles ; de là cette chimérique assertion dont on nous a bercés pendant près d'un demi-siècle, et qui était devenue une espèce d'adage et de brocard de droit jusque dans plusieurs de nos tribunaux : *il n'y a point de protestans en France.*

» Pour renfermer notre zèle dans de justes bornes, en ne disant rien de nous-mêmes, et ôter ainsi toute prise à la malveillance et à la censure, employons ici les propres expressions d'un illustre magistrat : « On est désabusé aujourd'hui (disait, » le 9 juillet 1778, devant le parlement de Tou- » louse, M, l'avocat-général de Cambon) ; on est » désabusé aujourd'hui de croire que les lois sé- » vères soient des moyens propres à ramener les es- » prits prévenus, de leurs erreurs. La gêne et la » contrainte n'ont jamais produit un hommage sin- » cère, le seul qui puisse plaire à l'être éternel. Une » expérience malheureuse a fait connaître l'inutilité » des moyens dont on s'est servi jusqu'à ce jour

» pour déraciner l'erreur, et nous ne doutons pas » qu'à l'avenir on n'en emploie qui seront plus con- » formes aux règles d'une saine politique et aux lois » de l'humanité. Les vives lumières qui ont éclaté » de toutes parts, nous autorisent à croire que bien- » tôt le prince bienfaisant qui nous gouverne, se » livrant aux mouvemens de son cœur, jettera un » regard favorable sur cette portion de ses sujets » qui est séparée de notre communion, et, par des » lois sages et immuables, assurera leur tranquil- » lité et leur bonheur. C'est à vous, messieurs, à » préparer cet événement heureux, en faisant con- » naître par vos arrêts quelles sont vos dispositions. » L'occasion est favorable, et vous pouvez la saisir » sans vous écarter des règles les plus sévères.... » Ce n'est pas seulement du sort d'un citoyen que » vous allez décider, mais de celui *d'un million* » *d'hommes* qui attendent en tremblant votre juge- » ment. »

» Ainsi, pendant que l'adulation qui rampe et élève sa tête dans les palais des rois, disait et répétait, *il n'y a plus de protestans en France*, un avocat-général, avec cette sainte liberté d'un ministère qui lui est commun avec nous, dit dans le temple de la justice, que le ressort seul d'un des parlemens du royaume renferme un million de protestans.

» Ainsi, pendant qu'on se livrait à l'illusion des moyens de rigueur, dans l'espérance que des plaies passagères pourraient produire un bien durable, un sage et vertueux avocat-général disait haute- ment, devant une des cours du royaume : *Une ex- périence malheureuse a fait connaître l'inutilité des moyens dont on s'est servi jusqu'à ce jour pour déraciner l'erreur, et nous ne doutons pas qu'à l'avenir on n'en emploie qui seront plus conformes aux règles d'une saine politique et aux lois de l'humanité.*

» Ainsi, pendant qu'il existe en France des lois non encore révoquées, qui défendent aux protes- tans de sortir du royaume, à peine des galères, et d'autres lois qui, par les formalités imposées aux mariages, leur interdisent à jamais d'être époux et père, et les réduisent à la cruelle alternative du sacrilège et du parjure, ou du désordre (genre de législation contradictoire qui fait trembler, qui n'existe nulle part ni ailleurs en Europe, et auquel on ne pense pas assez), un avocat-général invite les cours à provoquer une législation plus équitable, à préparer cet événement heureux, en faisant con- naître par leurs arrêts quelles sont leurs disposi- tions ; il nous invite à espérer que bientôt un prince bienfaisant, *par des lois sages et immuables*, assurera la tranquillité et le bonheur d'une portion de ses sujets ; et il augure cet heureux changement des vives lumières *qui ont éclaté de toutes parts*, et des *vœux de tous ceux dont la religion et la piété sont éclairées par la charité et la raison.*

» D'après ces dispositions, qui ne sont pas seu- lement celles d'une des cours du royaume, mais que toutes ont annoncées par leurs arrêts, il est aisé de concevoir que, si en général la possession d'état, entre sujets catholiques, dispense les en- fans de rapporter l'acte de célébration de mariage

lement, rendu au grand rôle de la grand'chambre. David Houlson, riche protestant de Dieppe, avait épousé sa nièce, fille d'une de ses sœurs, aussi protestante. Elle avait été en pleine possession de son état, et reconnue par plusieurs des parens de son mari. Celui-ci mort, on contesta son état et celui de l'enfant issu de ce mariage.

Elle ne rapportait point d'acte de célébration; et cependant on ne pouvait pas dire d'elle comme d'un enfant, qu'il n'est pas tenu d'avoir dans ses mains le titre d'autrui; l'acte de célébration eût été son titre à elle-même. La qualité de nièce donnait lieu à une autre difficulté; car il était clair qu'elle n'avait point eu de dispense, son mari et elle étant protestans. Mais l'impossibilité a fait taire la loi; et par l'arrêt cité, les collatéraux ont été déclarés non-recevables, d'après la seule possession d'état de la mère et de l'enfant, sans aucune représentation d'acte de célébration.

Parlement d'Aix. En 1745, Antoine Pelisse, protestant d'Allan, en Provence, épouse Marie Chastel au désert. Trois garçons naissent de ce mariage. Le prêtre rédacteur énonce, dans leurs actes baptistaires, qu'ils sont *nés d'un mariage célébré au désert.* Un parent maternel vient demander au *bureau charitable* d'Aix, un défenseur pour réclamer en son nom la succession de leur mère, comme morte sans enfans légitimes. Le bureau charitable le refuse, et trouve que la possession d'état est une défense suffisante pour les enfans, malgré les énonciations de leurs actes baptistaires. Tous les autres avocats d'Aix lui refusent également leur ministère; et par arrêt du 18 février 1782, rendu par défaut à l'audience du grand rôle (ce qui équivaut à un arrêt contradictoire), ce collatéral, qui ne peut pas trouver un seul défenseur, est déclaré tout à la fois non-recevable et mal fondé, et condamné aux dépens.

Parlement de Douai. Cette grande et tutélaire vérité que la certitude morale qu'un mariage quelconque a existé aux yeux de l'Être suprême, est aujourd'hui un rempart inébranlable contre l'avidité des collatéraux, et que les formes établies pour prévenir un coupable concubinage, ne doivent pas être employées comme des armes meurtrières pour égorger les enfans dans les bras de leurs pères et de leurs mères; cette vérité si digne d'une magistrature éclairée et sensible, a triomphé au parlement de Douai de la manière la plus touchante. On ne peut voir sans attendrissement l'arrêt solennel dont cette cour a honoré les fastes de la nation.

Dans les villages d'Inchy-Beaumont, Quiévy, Blincourt, Serain, Caudry, Walincourt et Selvigne en Cambresis, vivaient, en 1778, *cent quatre chefs* de famille protestans; ils élevaient leurs enfans en sujets fidèles, respectaient l'ordre public, payaient exactement les impôts, enrichissaient leur pays par leurs travaux et ceux de leurs enfans; mais n'ayant point de forme bien certaine encore pour leurs mariages, ils s'étaient fait marier par des ministres de Tournai ou de Saint-Quentin.

De la notoriété publique de leurs mariages en forme protestante, les curés, suivant l'abus d'alors, si justement réprouvé aujourd'hui par la déclaration du 12 mai 1782, s'étaient permis, dans les actes baptistaires de leurs enfans, de les qualifier d'*illégitimes.*

Cette proscription universelle remplissait le pays de désolation et de terreur. Les puissances voisines appelaient dans leur sein ces hommes utiles, si long-temps persécutés parmi nous. Ils n'avaient qu'un pas à faire pour être en terre étrangère.

Mais ce pas aurait trop coûté à des cœurs français. Ils osèrent ne désespérer, ni de leur patrie, ni de la justice de leurs magistrats, ou, pour mieux dire, de leurs pères. Ils se réunirent tous courageusement dans une requête commune au parlement de Douai; et se fondant uniquement sur leur possession d'état, ils y demandèrent la réformation, sur les registres, de ces taches de bâtardise imprimées à leurs malheureux enfans.

Le 21 décembre 1778, arrêt qui ordonne, contradictoirement avec le ministère public, « que » par-devant les échevins de Cambrai, que la cour » commet à cet effet, et à la requête des sup- » plians, joints à eux le prévôt de ladite ville » (partie publique à Cambrai), les pères, mères, » parrains et marraines, actuellement existans, » desdits supplians, et en cas de décès d'aucuns d'eux, » les plus proches parens desdits enfans seront » appelés et convoqués pour faire et signer leurs » déclarations des jours des naissances desdits en- » fans, des noms qui leur ont été donnés, et de » ceux de leurs pères et mères, et de celui qui » leur aura administré le baptême, et en consé- » quence être lesdits actes de baptême réformés en » ce qui sera contraire auxdites déclarations, sur » les doubles des registres de baptême des pa- » roisses d'Inchy, etc., et rédigés conformément » aux déclarations qui seront faites par lesdits » pères et mères, parrains et marraines, et à leur » défaut, et au cas de décès, par lesdits plus » proches parens : à l'effet de quoi, les doubles » des registres de baptême étant en la possession » des curés desdites paroisses, seront apportés et » déposés au greffe échevinal dudit Cambrai, cha- » cun en droit soi, dans trois jours, etc. A ce » faire seront lesdits curés, et tous autres dépo- » sitaires desdits registres contraints par toutes » voies, de tout quoi seront dressés procès-ver- » baux par le commissaire desdits échevins com- » mis à cet effet, et expédition d'iceux jointe à » chacun des doubles desdits registres, pour y » avoir recours au besoin, et en être délivré » des extraits aux parties intéressées et requé- » rantes. »

[[Cette jurisprudence, aussi humaine que politique, a enfin amené l'édit du mois de novembre 1787. Les dispositions de cette loi se placeront naturellement sous le mot *Religionnaire*; mais son préambule appartient à cet article :

« Lorsque Louis XIV (y est-il dit) défendit solennellement dans tous les pays et terres de son obéissance, l'exercice public de toute autre religion que la religion catholique, l'espoir d'amener ses peuples à l'unité si désirable du même culte, soutenu par de trompeuses apparences de conversions, empêcha ce grand roi de suivre le plan qu'il avait formé, dans ses conseils, pour constater légalement l'état civil de ceux de ses sujets qui ne pouvaient pas être admis aux sacremens de l'église.

» A l'exemple de nos augustes prédécesseurs, nous favoriserons toujours de tout notre pouvoir, les moyens d'instruction et de persuasion qui tendront à lier tous nos sujets par la profession commune de l'ancienne foi de notre royaume, et nous proscrirons avec la plus sévère attention, toutes ces voies de violence, qui sont aussi contraires aux principes de la raison et de l'humanité, qu'au véritable esprit du christianisme.

» Mais en attendant que la divine Providence bénisse nos efforts et opère cette heureuse révolution, notre justice et l'intérêt de notre royaume ne nous permettent pas d'exclure plus long-temps des droits de l'état civil, ceux de nos sujets ou des étrangers domiciliés dans notre empire, qui ne professent point la religion catholique. Une assez longue expérience a démontré que ces épreuves rigoureuses étaient insuffisantes pour les convertir : nous ne devons donc plus souffrir que les lois les punissent inutilement du malheur de leur naissance, en les privant des droits que la nature ne cesse de réclamer en leur faveur. Nous avons considéré que les protestans, ainsi dépouillés de toute existence légale, étaient placés dans l'alternative inévitable, ou de profaner les sacremens par des conversions simulées, ou de compromettre l'état de leurs enfans, en contractant des mariages frappés d'avance de nullité par la législation de notre royaume. Les ordonnances ont même supposé qu'il n'y avait plus que des catholiques dans nos états, et cette fiction, aujourd'hui inadmissible, a servi de motif au silence de la loi, qui n'aurait pu reconnaître en France de proselytes d'une autre croyance, sans les proscrire des terres de notre domination, ou sans pourvoir aussitôt à leur état civil.

» Des principes si contraires à la prospérité et à la tranquillité de notre royaume, auraient multiplié les émigrations, et auraient excité des troubles continuels dans les familles, si nous n'avions pas profité provisoirement de la jurisprudence de nos tribunaux, pour écarter les collatéraux avides qui disputaient aux enfans l'héritage de leurs pères. Un pareil ordre de choses sollicitait depuis long-temps notre autorité de mettre un terme à ces dangereuses contradictions entre les droits de la nature et les dispositions de la loi. Nous avons voulu procéder à cet examen avec toute la maturité qu'exigeait l'importance de la décision. Notre résolution était déjà arrêtée dans nos conseils, et nous nous proposions d'en méditer encore quelque temps la

forme légale; mais les circonstances nous ont paru propres à multiplier les avantages que nous espérons recueillir de notre nouvelle loi, et nous ont déterminés à hâter le moment de la publier. S'il n'est pas en notre pouvoir d'empêcher qu'il n'y ait différentes sectes dans nos états, nous ne souffrirons jamais qu'elles puissent y être une source de discorde entre nos sujets. Nous avons pris les mesures les plus efficaces pour prévenir de funestes associations. La religion catholique que nous avons le bonheur de professer, jouira seule, dans notre royaume, des droits et des honneurs du culte public, tandis que nos autres sujets non catholiques, privés de toute influence sur l'ordre établi dans nos états, déclarés d'avance et à jamais incapables de faire corps dans notre royaume, soumis à la police ordinaire pour l'observation des fêtes, ne tiendront de la loi que ce que le droit naturel ne nous permet pas de refuser; de faire constater leurs naissances, leurs mariages et leurs morts, afin de jouir, comme tous nos autres sujets, des effets civils qui en résultent...... »

Tels furent les motifs de cette loi célèbre, que l'on peut regarder comme « la première pierre de » cette législation plus parfaite, qui, aujourd'hui, » laissant en paix les consciences, laissant à cha- » cun sa croyance, ses dogmes et son culte, voit » d'un œil égal tous les hommes, et n'exige d'eux » que l'obéissance du citoyen (1). »

V. les articles Etat civil et Naissance (Acte de).]]

Section II. Des circonstances qui peuvent prouver ou faire présumer légalement qu'un enfant est né d'un mariage qui existe.

« Quoique rien ne soit plus important à l'homme » que la connaissance de son état, il faut avouer » néanmoins qu'il n'y a rien qui soit plus caché. » Sa naissance et son origine, sa qualité de fils et » de fils légitime, sont autant de mystères dont il » semble que la nature lui refuse la preuve. C'est » en vain qu'il cherche à s'en assurer absolument » personne, comme a dit le plus ancien des poètes, » ne peut connaître son père, encore moins le » prouver aux autres. Ce serait donc inutilement » qu'on chercherait des preuves véritables, des » preuves certaines et authentiques, dans un sujet » qui n'admet tout au plus que des conjectures, » des présomptions, des probabilités. Ce qui dé- » cide de la naissance des hommes, n'est point le » degré de certitude, mais le degré de vraisem- » blance; et lorsque cette vraisemblance est ap- » puyée sur la loi, approuvée par les sentimens » des docteurs, confirmée par l'autorité des choses » jugées, elle acquiert le nom et la force de pré- » somption légitime; et on la considère, pour ainsi » dire, comme une faible lueur de la vérité, qui

(1) Éloge de M. Target, prononcé à l'audience de la cour de cassation, le 13 août 1807, par M. le premier président Muraire, page 13.

» tient lieu de lumière à ceux qui marchent dans
» les ténèbres. »

Ainsi parlait M. d'Aguesseau dans une cause
où il avait à examiner si l'état que réclamait un
enfant désavoué par le mari de sa mère, était
vraiment celui dans lequel la nature l'avait fait
naître.

Ne cherchons donc point ici de ces preuves claires et démonstratives que la loi demande dans les
matières ordinaires, et contentons-nous des présomptions qu'elle autorise.

La première et la plus considérable est celle
qu'on tire du mariage. Lorsque la mère est connue, et qu'elle est mariée, son mari est regardé
comme le père de l'enfant qu'elle met au monde :
pater is est quem nuptiæ demonstrant, dit la loi 5,
D. *de in jus vocando*. [[« L'enfant conçu pendant
le mariage (dit également l'art. 312 du Code civil),
a pour père le mari. »]]

Cette maxime est regardée comme le fondement
le plus solide de l'état des hommes, comme le lien
le plus sacré de la société, c'est la religion, c'est
la dignité du mariage, c'est l'honnêteté publique
qui l'a dictée : mais pour distinguer exactement les
cas auxquels on doit l'appliquer, de ceux qu'il
faut au contraire excepter de sa disposition, il est
à propos de la considérer sous trois faces, c'est-
à-dire,

1° Par rapport aux enfans nés au commencement
du mariage ;

2° Par rapport aux enfans conçus et nés pendant le mariage ;

3° Par rapport aux enfans nés après la dissolution du mariage.

§. I. *Des enfans nés au commencement du mariage.*

I. L'état d'un enfant qui naît au commencement
d'un mariage, dépend de la date précise de sa naissance : et il faut, à cet égard, distinguer le cas où
il se serait écoulé plus de six mois entre la célébration et l'accouchement de la mère, de celui où il
n'y aurait pas eu autant d'intervalle entre l'une et
l'autre époque.

II. Dans le premier cas, l'enfant est réputé légitime, parce qu'un enfant peut vivre dès qu'il est
entré dans le septième mois de sa conception.
C'est la décision expresse de la loi 11, D. *de statu
hominum* : SEPTIMO MENSE *nasci perfectum partum jam receptum est propter auctoritatem doctissimi viri Hippocratis : et ideo credendum est
eum qui ex justis nuptiis septimo mense natus est,
justum filium esse*.

On prétend, il est vrai, que, par *septimo mense*,
cette loi entend, non le septième mois, mais sept
mois pleins ; et on le prétend, 1° parce que le jurisconsulte Paul, auteur de cette loi, déclare
lui-même, dans la quatrième livre de ses sentences,
que les sept mois doivent être pleins : *Septimo
mense natus matri prodest ; ratio enim Pythagorei
numeri hoc videtur admittere, ut aut septimo
pleno, aut decimo mense partus maturior videa-*

tur ; 2° parce que la loi s'autorise du sentiment
d'Hippocrate, *propter auctoritatem doctissimi
Hippocratis*, et qu'Hippocrate exige véritablement
les sept mois pleins.

Mais, d'une part, s'il y avait quelque ambiguïté
dans ce texte, nous en trouverons l'explication
dans la loi 5, § 12, D. *de suis et legitimis hæredibus*. Cette loi, qui est tirée des écrits d'Ulpien,
décide nettement, et même sur la foi d'Hippocrate,
qu'il ne faut, pour assurer la Légitimité d'un enfant, que cent quatre-vingt-deux jours, c'est-à-
dire six mois et un jour (1) de distance entre le
mariage et la naissance : *De eo autem qui centesimo octogesimo secundo die natus est, Hippo-
crates scripsit et divus Pius pontificibus rescripsit
justo tempore videri natum*.

[[D'un autre côté, les *Sentences* de Paul n'ont
pas un caractère assez authentique, pour servir de
base à la rectification du texte de la première des
lois citées. Tout le monde sait qu'Anien, qui nous
a transmis ces Sentences, les a mutilées en plusieurs endroits (2) ; et Noodt, sur le Digeste,
livre 1, tit. 6, édition de 1716, pages 40 et 41,
n'hésite pas à dire que, dans le passage ci-dessus
transcrit de ces Sentences, il faut lire *aut septimo,
aut pleno decimo mense*. D'ailleurs,
comme l'observe M. Berriat de Saint-Prix, savant
professeur de la faculté de droit de Paris, dans des
notes qu'il a bien voulu me communiquer pendant
qu'il exerçait les mêmes fonctions à Grenoble, il
suffit, pour autoriser cette correction, « 1° que le
» premier *aut* fût en majuscules (AUT) dans les
» anciens manuscrits, ce qui était fort commun ;
» dans ce cas, il aurait fallu répéter l'*aut* après
» *septimo*, ce que les premiers anciens manuscrits
» ont fort bien pu omettre, ainsi que cela leur est
» arrivé dans beaucoup de textes, et notamment
» dans la loi 60, D. *pro socio* ; 2° ou bien seule-
» ment que la virgule, au lieu d'être après *pleno*,
» fût placée auparavant ; et les éditeurs ont aussi
» fait des déplacemens de virgules, et, entre autres,
» dans la loi 1, D. *de transactionibus*. V. mes
» *Observations sur les traductions des lois ro-
» maines*, page 44. »

Enfin, où a-t-on pris qu'Hippocrate exige les
sept mois pleins ? Dans son traité *de Septimestri
partu*, il se décide formellement pour le septième
mois commencé ; et l'on ne connaît de lui aucun
autre ouvrage où il enseigne le contraire.

« Il est vrai (dit encore M. Berriat de Saint-
» Prix) que beaucoup de critiques modernes pen-
» sent que le livre *de Septimestri partu* n'appar-
» tient point à Hippocrate ; mais que leur opinion

_____

(1) Nous disons que, dans le sens de cette loi, six mois et
un jour équivalent à cent quatre-vingt-deux jours. En effet, si
l'on additionne les jours de toutes les séries de six mois, on
trouvera cent quatre-vingt-un jours complets dans les plus
courtes, c'est-à-dire dans celles qui commencent en janvier,
février, septembre et novembre.

(2) V. Loon, *de manumissione*, part. 1, chap. 5, n° 1,
page 85, et Jacques Godefroy, dans sa *Bibliotheca juris civilis*.

» soit fondée ou non, c'est ce qui est très-indiffé-
» rent dans cette question. Il suffit de savoir qu'on
» attribuait généralement cet ouvrage à Hippo-
» crate, au temps où Antonin a donné le rescrit
» cité dans la loi 3, et où Paul et Ulpien ont ré-
» digé les livres dont cette loi et la loi *septimo* ont
» été tirées. Or, c'est ce dont on ne peut douter,
» lorsqu'on voit que Gallien, le plus habile et le
» plus savant médecin de l'empire, qui jouissait
» de la confiance de Marc-Aurèle et Lucius-Verus,
» successeurs d'Antonin, qui le premier a cherché
» à démêler les véritables écrits d'Hippocrate, qui
» enfin existait peut-être encore lorsque Ulpien et
» Paul étudiaient la jurisprudence, que Gallien,
» dis-je, a lui-même commenté le Traité *de Sep-*
» *timestri partu*, et même le passage ci-dessus in-
» diqué, passage qu'il rapporte littéralement et
» dont il confirme la décision en ces termes (1) :
» *Plerasque inter medium terminum* 190 *et* 200
» *dierum, gestasse fœtum reprehendi; celerius aut*
» *tardius, paucas : ante centesimum et octoge-*
» *simum secundum diem et* 15 *horas....*, *nullam :*
» *ut septimestris fœtus editionis primus terminus*
» *esse dimidii anni tempus reperiatur : quippe*
» *cum nulla, citra hoc, omnes ultra, parere repe-*
» *riantur; quod sane tempus centesimo et octoge-*
» *simo secundo post conceptum die et quindecim*
» *horis reperiatur.* »]]

Au reste, la doctrine universelle des jurincon-
sultes a invariablement consacré l'interprétation
donnée à la loi 17, D. *de statu hominum*, par la
loi 3, § 12, D. *de suis et legitimis hæredibus*, et
Carpzovius, dans sa *Jurisprudence consistoriale*,
rapporte un jugement du consistoire de Saxe, du
27 février 1635, qui déclare légitime un enfant né
dans le septième mois, et ordonne au mari de la
mère de le reconnaître pour tel, avec défenses de
le troubler à l'avenir dans cet état.

Quelques-uns ont prétendu mettre une différence entre l'enfant qui naît dans le septième mois,
et celui qui ne voit le jour que dans le huitième :
convenant de la Légitimité du premier, ils ont
soutenu que le second doit être regardé comme
bâtard, parce que, disaient-ils, si c'était au mariage qu'il dût sa conception, il ne pourrait pas
vivre. Cette erreur, dont tous les médecins sont
désabusés depuis long-temps, a encore occasionné
dans notre siècle un procès dont voici l'espèce.

Marie Engel, fille d'un bourgeois de Landau
en Alsace, épousa le 13 février 1713, le nommé
Jean-Jacques Kintzelbach, boulanger dans la
même ville.

Le 10 octobre suivant, sept mois et vingt-sept
jours après leur mariage, elle accoucha d'un fils
que le mari ne voulut pas reconnaître, sur ce
qu'une sage-femme lui avait dit que le terme de
l'accouchement devait être juste au septième ou au
neuvième mois.

Son refus devint une source de procédure entre
lui et sa femme : enfin la cause portée au conseil.

(1) Œuvres de Gallien, édition de Juntes, page 340.

supérieur de Colmar, M. l'avocat-général de Cor-
béron dit que, si jamais il y avait eu une question
commune, usée et rebattue, c'était celle dont il
s'agissait; qu'elle avait été proposée tant de fois,
tournée en tant de façons, et toujours décidée d'une
manière si uniforme, qu'on ne pourrait la traiter
de nouveau sans se rendre fastidieux. « Est-il
» quelqu'un (ajouta ce magistrat) qui ignore la
» maxime *pater is est quem nuptiæ demonstrant*?
» Pouvons-nous perdre de vue la faveur qu'on
» doit, dans le doute, à l'enfant? Qui peut assurer
» l'appelant, dans le fait particulier, que celui
» qu'il refuse de reconnaître n'a point été conçu
» depuis son mariage avec l'intimée, et qu'ainsi il
» ne soit pas né dans le septième mois, à compter
» du jour de la conception, temps auquel les phy-
» siciens décident que l'enfant peut vivre? Le
» temps de l'accouchement, comme celui de la
» conception, est un secret impénétrable à tout
» autre qu'à l'auteur de l'univers; c'est où échoue
» toute la prudence humaine; c'est où la nature,
» par la bizarrerie de ses effets, se joue des raison-
» nemens de la philosophie, et se plaît à en con-
» fondre les subtilités. Il n'est pas étonnant que,
» sur cette matière, de simples présomptions, fa-
» vorables à la Légitimité, aient servi de règle. De
» quel droit l'appelant prétend-il s'affranchir d'une
» loi commune à tous les temps et à toutes les na-
» tions, et se révolter contre celle de toutes les
» maximes la plus certaine et la plus inviolable?
» Pourquoi admettrait-on en sa faveur des faits
» dont en pareil cas la preuve a toujours été re-
» jetée? »

Sur ces réflexions, arrêt du 27 juin 1722, qui
ordonne que Kintzelbach reconnaîtra pour son fils
l'enfant né de son mariage; qu'à cet effet, il signera le registre des baptêmes, en qualité de son
père; et qu'en conséquence il lui fournira des alimens, tant pour le passé que pour l'avenir.

[[Le Code civil décide implicitement, art. 314,
que la règle *pater is est quem nuptiæ demonstrant*,
est applicable à l'enfant qui naît le cent quatre-
vingtième jour du mariage. *V.* le n° suivant]]

III. A l'égard de l'enfant qui naît avant le septième mois de la célébration du mariage, il faut
sous-distinguer.

Ou il naît à une époque assez éloignée du septième mois, pour qu'il soit constant qu'il ne serait
point viable, s'il était le fruit du mariage; ou sa
naissance se rapproche assez du septième mois,
pour qu'il y ait des doutes sur ce fait.

IV. Dans la première hypothèse, il est certain
qu'en thèse générale, le mari n'est pas obligé de
le reconnaître.

« En effet (dit M. d'Aguesseau), si nous examinons quelle est la force et l'effet de cette présomption (*pater est*, etc.), nous trouvons qu'elle
ne peut jamais être entièrement décisive que pour
ceux qui, non-seulement sont nés, mais qui sont
conçus dans le mariage. La loi ne présume jamais
le crime; toujours favorable à l'innocence, quand
un même effet peut avoir deux causes, l'une in-

juste, l'autre juste et légitime, elle rejette absolument la première pour s'attacher à la dernière.....

» C'est donc le nom et la dignité du mariage, la cohabitation publique et constante, la présomption toujours favorable et à l'innocence et à l'état des enfans, qui forment cette première espèce de preuve. Mais de vouloir lui donner un effet rétroactif, de prétendre qu'il suffise d'être né dans le mariage, et que ce nom sacré pourra servir d'un voile favorable qui couvrira même ce qui s'est passé dans un temps où toutes les présomptions cessaient; où l'on ne pouvait alléguer encore ni la force d'un engagement solennel, ni la longueur d'une cohabitation certaine, où enfin la loi ne pouvait rien présumer d'innocent, parce que tout était également coupable; ce serait abuser manifestement des termes de la maxime commune, *pater is est quem nuptiæ demonstrant*, et lui faire perdre sa véritable application, en voulant lui donner une étendue qu'elle n'a pas. »

Ces maximes sont conformes à la jurisprudence de tous les tribunaux.

Expilly rapporte un arrêt du parlement de Grenoble de 1605, qui a jugé qu'un enfant né dans le sixième mois après le mariage, n'était pas légitime.

Du Fief fait mention d'une sentence du 5 mars 1626, rendue à l'officialité métropolitaine de Malines, *sur l'intervention de quatre ou cinq conseillers du grand-conseil, dont il était un*, qui déclare illégitime et incapable de succéder au mari de sa mère, un enfant dont celle-ci était accouchée dans le sixième mois de son mariage, quoique le mari l'eût laissé baptiser sous son nom, *pour éviter le désagrément et le blâme de la famille.*

Il y a dans le recueil de Bardet un arrêt du parlement de Paris, du 21 juin 1638, par lequel un enfant né quatre mois après le mariage, a été jugé bâtard. Dans cette espèce, le mari, aussitôt après l'accouchement de sa femme, avait rendu plainte et obtenu monitoire pour découvrir l'auteur de la grossesse prématurée; et la femme avait été déclarer le nommé André Locherin. C'est ce qui a fait dire à M. l'avocat-général Bignon, portant la parole dans cette cause, que l'enfant dont il s'agissait portait le vice de sa naissance sur le front.

Basnage rapporte un arrêt du parlement de Rouen qui préjuge la même chose.

« Une femme (dit-il) étant accouchée deux mois après son mariage, elle déclara, dans les douleurs de son accouchement, que son enfant n'appartenait point au nommé Mulot, son mari, mais qu'il était des œuvres d'un nommé Carville, chez qui elle avait demeuré, et qui l'avait forcée dans un bois : et en effet, elle fit porter l'enfant chez Carville, qui mit en action Mulot pour le faire condamner en ses intérêts, et reprendre son enfant.

» Le juge avait reçu la femme à faire preuve des faits de violence, et ordonné que Carville se chargerait, par provision, de l'enfant.

» Sur l'appel de Carville......, par arrêt du 27 janvier 1682, la sentence fut cassée, et la femme chargée de l'enfant. »

On voit que cet arrêt a ordonné que l'enfant demeurerait à la charge, non du mari, quoiqu'il fût en cause, mais de la femme, et a décidé que le mari n'était pas obligé de le reconnaître.

On trouve dans le recueil déjà cité de Bardet, un arrêt du 18 mai 1632, qui admet un mari *à prouver que l'enfant né quatre mois et demi après son mariage, est du fait du maître où sa femme demeurait servante domestique, et par provision condamne ce maître à le nourrir.* Le mari n'avait intérêt de faire cette preuve, que pour charger l'ancien maître de sa femme de l'enfant dont il était question ; car il ne lui fallait ni titres ni témoins pour que cet enfant ne lui appartenait pas : la prématurité de l'accouchement le prouvait assez.

Il peut cependant se rencontrer certaines circonstances où les présomptions qui militeraient contre le mari, suffiraient pour le faire juger père de l'enfant, s'il ne les détruisait point par une preuve contraire.

C'est l'espèce d'un arrêt du 12 juillet 1666, qui est rapporté au *Journal des audiences.*

Julien Neyriet avait épousé Mathurine Cotolleau; s'étant aperçu de sa grossesse, il l'avait renvoyée chez son père et sa mère : et là, elle était accouchée, quatre mois après le mariage, d'un garçon qu'elle avait fait baptiser sous le nom de Jean Neyriet, fils de Julien Neyriet et de Mathurine Cotolleau. Peu de temps après, son mari l'avait reprise et avait vécu avec elle plus de trente-trois ans, pendant lesquels il en avait eu plusieurs enfans ; mais il n'avait jamais reçu dans sa maison celui qui était né dans les quatre premiers mois. Après son décès, il s'éleva une contestation sur l'état de ce dernier.

Les enfans reconnus pour légitimes lui contestèrent le droit de partager avec eux la succession paternelle. La mère elle-même se joignit à eux, et soutint qu'il était bâtard.

La cause portée à l'audience de la grand'chambre, sur l'appel interjeté par les enfans reconnus, d'une sentence qui appointait les parties en droit, M. Talon a dit « que l'intimé devait » être réputé fils du défunt, parce qu'il ne » suffisait pas que le défunt l'eût exclu de sa mai- » son, et que venant dans son mariage, il devait » se plaindre en justice, faire informer, et obtenir » jugement qu'il ne serait point réputé son fils, » n'ayant pas pu se faire justice à lui-même : que » ne demeurant qu'à deux ou trois lieues du lieu » où sa femme avait accouché, il devait s'informer » si le baptistaire n'était point sous son nom ; » ainsi, qu'il croyait y avoir lieu de mettre l'ap- » pellation et ce dont était appel au néant ; émen- » dant, évoquant le principal, maintenir l'intimé » en la qualité d'enfant légitime de Julien Neyriet, » et en conséquence ordonner qu'il viendrait à » partage suivant la coutume. »

Mais ces conclusions n'ont point été suivies : par l'arrêt cité, la cour, avant faire droit, a ordonné que les parties articuleraient plus amplement leurs faits, et qu'elles en feraient preuve devant le juge des lieux ; et cependant, par forme de provision, a adjugé à l'intimé une somme de 100 livres à prendre *sur les biens de la mère seulement*.

Cet arrêt préjuge qu'un enfant né hors de la maison conjugale, dans les six premiers mois d'un mariage, ne peut pas, du vivant et nonobstant le désaveu de sa mère, faire valoir comme une preuve de paternité le silence que le mari de celle-ci a gardé, soit par ménagement pour sa femme, soit par amour pour la paix, soit par la crainte de s'exposer à la risée du public. Dans une telle circonstance, le seul refus de recevoir l'enfant dans sa maison, et de le traiter en père, forme, pour le mari et ses héritiers, un titre assez puissant de l'illégitimité de cet enfant.

Il serait cependant plus sûr pour le mari de réclamer de son vivant ; et s'il joignait à sa réclamation la preuve de faits propres à rendre suspecte la conduite tenue par sa femme avant qu'il l'épousât, il ne pourrait pas manquer d'être écouté favorablement.

« La cour a jugé (dit Denisart), par un arrêt célèbre rendu à la grand'chambre le 12 mars 1742, que lorsque la femme accouche d'un enfant dont la conception se réfère nécessairement à un temps antérieur au mariage, le mari peut le méconnaître ; qu'il est recevable à prouver que l'enfant n'est point de lui, et que la femme vivait alors en mauvais commerce avec d'autres.

» Dans cette espèce, le sieur Bonnaffé, demeurant à Clermont-Ferrant, arriva à Aurillac le 1er décembre 1736, pour épouser la demoiselle de Lorut, qu'il ne connaissait pas encore ; et le 23 du même mois, le mariage fut célébré. Le 28 mai 1737, cinq mois et quatre jours après le mariage, la dame Bonnaffé accoucha d'un enfant qui ne paraissait point d'une naissance prématurée. Cet enfant fut méconnu par le mari ; et cette méconnaissance donna lieu à la question de savoir si le mari pouvait être admis à prouver le mauvais commerce de sa femme, antérieurement à son mariage et au temps de la conception de l'enfant qui venait de naître. Le mari mourut après avoir intenté son action ; son héritière reprit l'instance, et fut admise à la preuve par sentence des juges d'Aurillac, confirmée par arrêt du 12 mars 1742. »

Nous avons dit qu'il peut se rencontrer certaines circonstances où le mari doit être présumé le père de l'enfant dont sa femme accouche dans les six premiers mois.

« Par exemple (dit M. d'Aguesseau), supposons qu'un jeune homme ait eu quelque familiarité suspecte avec une fille, tous deux libres, tous deux en état de s'engager dans les liens du mariage, supposons qu'ils se marient ensuite, et que la naissance d'un fils, suivant de trop près la célébration du mariage, donne lieu à une question d'état dans laquelle il s'agisse de savoir de qui il sera présumé fils.

» Si le mariage était antérieur au temps de la conception, la loi le donnerait au mari sans aucune difficulté, par une présomption légitime.

» Si, au contraire, il n'y avait jamais eu de mariage entre les deux parties, alors on chercherait les preuves de la fréquentation ; et si ces preuves étaient concluantes, elles décideraient la question par une simple conjecture probable.

» Mais s'il se trouve en même temps et une fréquentation dans le temps de la conception, et un mariage contracté dans le temps de la naissance, ne peut-on pas dire que ces deux faits réunis ensemble, forment une présomption moins forte, à la vérité, que la première, parce qu'elle n'est pas absolument fondée sur le mariage ; mais aussi beaucoup plus puissante que la seconde, parce qu'elle n'est pas appuyée uniquement sur la fréquentation, et que le mariage qui l'a suivie, lui donne un degré de force, d'évidence et d'autorité à laquelle il paraît presque impossible de résister ? »

Telles sont les réflexions que M. d'Aguesseau proposait dans une cause dont elles formaient les raisons de décider, et qu'il ne sera pas inutile de retracer ici.

Le 20 janvier 1686, Alexandre Delastre, demeurant à Amiens, épouse Marie - Marguerite Courtois.

Le 23 février 1689, une sage-femme apporte à la paroisse des deux époux un enfant âgé de trois ans. Elle déclare le jour de sa naissance, et le fait baptiser sous le nom d'Alexandre Delastre. Le mari demeure deux ans dans la paix et le silence.

En 1691, la femme se pourvoit en séparation de biens ; le mari se défend ; le juge d'Amiens les appointe à faire preuve.

Au milieu de l'instruction, au mois d'août 1695, le mari présente, au lieutenant criminel d'Amiens, une requête par laquelle il expose qu'il y a plus de sept années qu'il est marié ; que, depuis ce temps, il n'a jamais eu d'enfant ; que Marie Courtois, sa femme, en a souvent témoigné du déplaisir ; que cependant il a été surpris d'apprendre qu'on a voulu lui en supposer un ; qu'en effet, il a trouvé sur les registres des baptêmes de la paroisse de Saint-Jacques, un acte par lequel il paraît qu'on y a baptisé un enfant sous son nom ; qu'on y fait naître cet enfant trois mois après son mariage ; qu'on y donne Alexandre Delamarre pour parrain, et Marguerite Verret pour marraine ; qu'on y déclare que le père était absent : et attendu, dit-il, que toutes ces énonciations sont des calomnies et des faussetés insignes, il demande permission d'en informer.

Il obtient cette permission ; on informe.

Sa femme se pourvoit au parlement de Paris, et demande à prouver 1° qu'elle est accouchée d'un fils trois mois après son mariage ; 2° qu'elle est accouchée dans la maison de son mari, en sa présence, sous ses yeux; 3° que c'est lui qui a été chercher l'eau pour baptiser l'enfant; 4° qu'il a témoigné, par ses soins paternels, qu'il en était le père; et qu'enfin, malgré les précautions qu'il a prises pour cacher la naissance de son fils, la vérité a vaincu tous les obstacles, et toute la ville a su et publié en même temps et la vérité de l'accouchement et l'existence certaine d'un enfant.

Le mari, au contraire, soutient les mêmes faits qu'il avait articulés par sa plainte.

Dans cet état, arrêt intervient à la tournelle, le 13 août 1694, qui, pour assurer la vérité des faits allégués de part et d'autre, ordonne qu'il en sera informé par le lieutenant criminel d'Amiens.

Les informations ont été faites, et il est résulté de celles de la femme, qu'Alexandre Delastre l'avait fréquentée assidûment six mois avant de l'épouser; qu'il avait été instruit de sa grossesse avant cette époque; qu'il s'en était même servi pour obtenir le consentement de sa mère; que c'était sous ses yeux qu'elle était accouchée trois mois après le mariage; qu'il avait été lui-même chercher l'eau pour baptiser l'enfant; qu'il l'avait vu emporter par la servante; qu'il l'avait été voir chez la nourrice; qu'il l'avait fait souvent venir chez lui; qu'il l'avait fait manger à sa table; qu'enfin il avait consenti qu'on le baptisât solennellement sous son nom.

L'information du mari présentait plusieurs faits, dont le plus important était, que sa femme avait tenu plusieurs discours qui faisaient croire que le nommé Romainville était le père de l'enfant, et que ce Romainville avait confirmé son témoignage.

Mais 1° l'état d'un enfant ne dépend point, comme on le verra ci-après, des déclarations de son père et de sa mère; 2° la femme avait tenu ces propos dans un temps où elle était irritée contre son mari, et où, par conséquent, elle pouvait pousser le désir de le déshonorer jusqu'au point de se déshonorer elle-même; 3° Romainville était lui-même offensé de ce que ses recherches avaient été rejetées, et de ce qu'on lui avait préféré Delastre; d'ailleurs il s'est retracté.

Sur toutes ces circonstances, arrêt du 16 juillet 1695, qui, conformément aux conclusions de M. d'Aguesseau, ordonne à Alexandre Delastre de reconnaître l'enfant dont il s'agissait, pour son fils et légitime héritier.

Il a été rendu de nos jours quelques arrêts semblables.

En voici un du parlement de Douai.

Antoine Hallet, bourgeois d'Avesne en Hainaut, épouse, en 1766, Marie-Angélique Dequesnes.

Trois ou quatre mois après le mariage (le 4 septembre de la même année,) la femme accouche d'un enfant qu'elle déclare dès le lendemain, devant la famille assemblée par son mari, provenir des œuvres de Jean-Baptiste Piérart.

Le mari se pourvoit au bailliage d'Avesne le 28 novembre suivant, et demande acte de ce qu'il désavoue l'enfant auquel sa femme vient de donner le jour.

Le juge a nommé pour tuteur à cet enfant, le sieur Prisse.

Antoine Hallet fait inscrire par un notaire, au bas de l'acte de baptême, une protestation dans laquelle il déclare ne pas reconnaître l'individu qui en est l'objet.

Jean-Baptiste Piérart intervient pour conclure à ce qu'il soit dit, qu'à tort et mal à propos on lui impute la paternité de l'enfant dont il s'agit.

Sentence du 26 octobre 1767, qui, en sursoyant à faire droit entre Antoine Hallet et le tuteur de l'enfant, admet le premier et Jean-Baptiste Piérart à prouver les faits qu'ils articulent respectivement.

Les enquêtes faites, sentence définitive du 1er décembre 1768, en ces termes: « Déclarons Etienne-Joseph fils légitime d'Antoine Hallet et de Marie-Angélique Dequesnes, son père et sa mère; ordonnons que l'acte de désaveu, inscrit sur le registre de baptême, sera rayé et biffé, et que la présente sentence sera inscrite, en présence du rapporteur, sur ledit registre; condamnons ledit Hallet et son épouse aux dépens...; et faisant droit sur le réquisitoire du procureur du roi, nous avons fait défense au curé de cette paroisse, ainsi qu'au notaire N... et à tous autres, de faire et laisser inscrire de pareils actes de désaveu sur les registres de baptême, sous les peines de droit....»

Appel par Antoine Hallet et sa femme. Après une instruction contradictoire, arrêt du 12 août 1771, au rapport de M. Dupont de Castille, et sur les conclusions de M. le procureur-général, qui confirme la sentence avec amende et dépens.

Le parlement de Paris a rendu un arrêt semblable dans l'espèce suivante.

Claude Lhéritier, meunier du moulin de Curgy, près d'Auxerre, épouse, le 18 janvier 1746, Marguerite Ravin, fille d'un laboureur de Chemillé, village distant de deux lieues de celui de Curgy. L'innocence semblait devoir être l'apanage commun de ces deux époux, élevés tous les deux sous un toit simple et rustique, et surtout dans un âge si rapproché de l'époque de leur puberté: le mari n'avait que dix-sept ans, et la femme dix-neuf. Tout annonçait, de part et d'autre, une inclination pure, et que le vice n'avait point souillée.

Cependant ce mariage, contracté dans l'hiver de 1746, fut suivi, dès le printemps, d'un fruit malheureux, qui porta le trouble dans ce ménage champêtre. Le 28 mai de la même année, Marguerite Ravin accouche, dans la maison de son mari, d'un fils qui est porté à l'église de Curgy le même jour, et baptisé à onze heures du soir, sous le nom du mari; celui-ci refuse de signer l'acte et de recevoir l'enfant dans sa maison.

Cette malheureuse victime est donc sortie de la

maison maternelle pour n'y plus rentrer, et, marquée, dès le premier jour de sa vie, du sceau honteux de la bâtardise, elle n'a plus d'asile à attendre que dans les maisons élevées par la piété publique. La nuit du même jour, l'enfant est porté à la porte de l'hôtel-dieu d'Auxerre, où il est trouvé et reçu le 29 mai, avec un billet contenant ces mots : *Jacques, qui est son nom, est baptisé hier 1746.* L'enfant est baptisé une seconde fois sous condition, et nommé *Jacques-Louis.*

Cependant le reproche et la désolation règnent dans la maison paternelle, et la mère expie cruellement son malheur : elle ne peut soutenir plus long-temps cet état violent; et dès qu'elle a repris quelques forces, dès le troisième jour de sa couche, elle se dérobe aux invectives et aux regards irrités de son époux, et fuit dans le premier asile qui lui offre des soins et des consolations : mais c'est déjà trop pour une mère d'être privée de son premier enfant; elle ne peut supporter long-temps la privation plus douloureuse encore pour elle du mari qu'elle aime, auquel elle a associé sa fortune et sa vie; elle s'adresse à son curé, et le conjure en pleurs de fléchir son mari, et de le réconcilier avec lui. Malgré l'ascendant naturel de ce ministre respecté de la religion, le jeune homme se montre long-temps inflexible aux remontrances et aux prières. Dans cet âge, plus sensible à l'honneur et à l'opinion des autres, et dans une âme rustique et simple, où un sentiment juste ou injuste tient avec d'autant plus de force que l'esprit même est plus borné et moins susceptible de compenser une idée par l'autre, il ne fut pas aisé de faire entrer des dispositions plus douces, et de fermer une plaie si douloureuse et si récente. Ces négociations durèrent six semaines avant de réussir : enfin, au bout de ce terme, le mari, vaincu par son pasteur, lassé peut-être d'une solitude si soudaine, laissa rentrer la tendresse dans son cœur, et sa jeune épouse dans ses foyers. Mais il mit au traité une condition rigoureuse et précise : c'est que sa femme ne verrait jamais l'enfant dont elle était accouchée, n'entretiendrait jamais aucune correspondance avec lui, et l'abandonnerait pour toujours à son état de proscription. Cette promesse était bien douloureuse pour une mère; mais la nécessité fit taire la nature; elle consentit à cette clause cruelle, et ne la viola jamais. A ce prix, la paix et l'union se rétablirent dans le ménage. Le passé fut enseveli dans l'oubli, et ils eurent ensemble jusqu'à six autres enfans qui naquirent sous de plus heureux auspices.

Cependant la destinée du premier était de vivre. Élevé dans l'hospice de charité jusqu'à l'âge de sept ans, il fut donné par l'hôtel-dieu à un laboureur, pour être nourri et entretenu jusqu'à vingt ans, sans lui donner de gages, et pour être, à cet âge, gagé de 60 livres par an, à quoi on ajouterait six chemises et un habit.

Jacques passa ainsi sa jeunesse au service de ce laboureur, et travailla ensuite successivement chez différens maîtres, mais sans rentrer jamais dans la maison paternelle, sans recevoir de sa mère ni consolation ni secours.

Enfin, l'événement qui devait décider son sort et le prolonger, pour la vie, dans l'état d'abandon et d'opprobre où il avait erré jusqu'alors, ou lui faire trouver dans sa naissance des droits à une condition plus heureuse, arriva en 1775. Sa mère mourut : les scellés furent apposés; il forma opposition à la levée des scellés, se présenta, et prit la qualité de *Jacques Lhéritier, fils légitime de lui et de Marguerite Ravin, sa femme,* et *qu'il soit débouté de sa demande en partage de la succession.* Sentence d'appointement à la justice de Curgy. Appel au bailliage d'Auxerre.

Là, Claude Lhéritier répète et publie son premier désaveu de l'enfant. Il charge la mémoire de la mère du reproche d'une faiblesse anticipée; il déclare qu'il a lui-même partagé son déshonneur dans l'opinion de ses voisins; qu'il a eu le malheur de donner les prémices de son cœur à une fille qui avait déjà disposé du sien et flétri son innocence; qu'il a été assez généreux en pardonnant à la mère une faute aussi affligeante pour lui, et en lui rendant sa tendresse, sans qu'on exige encore qu'il ravisse le pain de ses enfans légitimes, pour le donner à un fils étranger, qui ne mérite que son aversion, par l'amertume et le chagrin dont il a affligé son union et sa jeunesse; que toute sa conduite prouve assez qu'il ne l'a jamais reconnu pour être son fils. S'il l'eût été, aurait-il pu se défendre à sa naissance, des sentimens invincibles de la nature, et son premier regard sur son berceau eût-il été un regard d'indignation et de fureur? Eût-il accablé sa mère de ses reproches? Eût-il souffert qu'elle allât dans une maison étrangère, mendier des secours et un asile dans l'état critique où elle était? Eût-il résisté plus long-temps à ses pleurs, à ses prières, et aux sollicitations de son pasteur? Eût-il mis à sa réunion avec son épouse, pour condition, l'éternelle séparation du fruit malheureux qui les avait divisés? Eût-il été aussi constant dans sa résolution, aussi tranquille, et sans remords pendant vingt-huit ans, si son cœur et la nature lui eussent parlé pour cet enfant? Tout annonçait donc, disait-il, la vérité de sa déclaration, la sincérité de ses motifs; tout s'élevait pour rejeter cet étranger du nombre de ses véritables enfans. Dès-lors, les lois se joignaient à lui pour l'exclure de ses vaines prétentions.

Il finissait en citant plusieurs arrêts solennels qui avaient décidé la question en sa faveur; l'arrêt de Morin, de 1629; de Neyriet, de 1666; de Delastre, de 1694, et celui de Bonnaffé, de 1742.

Malgré ces raisons, le bailliage d'Auxerre infirma la sentence d'appointement de la justice de

Curgy, évoqua le principal, et déclara Jacques fils légitime de Claude Lhéritier et de Marguerite Ravin sa femme, et comme tel le reçut au partage de la succession de sa mère.

Nouvel appel de cette sentence au parlement de Paris, par le père et ses autres enfans. Ils y renouvellent et développent les mêmes moyens qu'on vient d'indiquer, et s'appuient des mêmes arrêts.

Jacques répond que ces arrêts lui sont étrangers; qu'ils sont dans des espèces différentes de la sienne; que, dans une de ces espèces, la femme était accouchée hors la maison du mari, et que le mari avait réclamé trois jours après la naissance; que, dans une autre, la femme était accouchée dans la maison de son mari, mais qu'il avait réclamé du vivant de sa femme; que, dans la troisième, il y avait impossibilité que le mari eût connu sa femme avant le mariage; enfin, que, dans la dernière, la femme était accouchée en secret et à l'insu de son mari, et qu'elle avait fait baptiser l'enfant sous son nom, sans qu'il le sût; que le mari l'ayant découvert long-temps après, avait rendu plainte en supposition de part contre sa femme, et qu'il y avait obtenu permission d'informer : en un mot, que, dans toutes, la femme était vivante, pour se défendre des accusations intentées contre elle.

« Mais moi (ajoutait-il), j'ai le bonheur de n'avoir pas contre moi ces présomptions terribles et flétrissantes. Le voile honteux dont mon père a voulu couvrir ma naissance, est son propre ouvrage, et n'est pas difficile à lever.

» Je suis né dans sa maison, sous ses yeux; il a souffert que je fusse baptisé sous son nom : s'il a refusé de signer l'acte de baptême, c'est par d'autres motifs qu'il est aisé de pénétrer. Jamais, pendant vingt-huit ans qu'a survécu ma mère, il n'a réclamé contre le titre, dépositaire fidèle et incorruptible de la vérité et de la Légitimité de ma naissance. Immolé par lui, en naissant, à sa propre honte, il s'est contenté d'exclure et d'éloigner une victime qu'il savait sans voix et sans défense : après ce triomphe honteux sur son cœur et sur la nature, l'habitude de m'oublier, et l'éloignement d'un fils qu'à peine il a vu un moment, l'ont laissé en apparence paisible et sans remords; mais il n'a jamais osé rompre le silence, ni réclamer contre l'acte qui conservait mon état : il eût trop redouté, s'il se fût porté à cet éclat, la voix d'une mère, et les preuves qu'elle aurait recueillies contre sa cruelle accusation.

» Le village qui était son domicile, n'est qu'à deux lieues de celui où était née ma mère. Il est certain dans la cause qu'il l'avait vue plusieurs fois avant le mariage. Or, si l'on y réfléchit, comment conçevra-t-on que, dans l'intimité de cette recherche, il ait ignoré l'état de sa future? L'art du sexe peut-il se cacher à l'œil inquiet et jaloux d'un amant, dans le premier âge où l'on tient encore plus à l'honneur? Par quel hasard inouï ce mystère eût-il ainsi existé sous ses yeux, sans être pé-

nétré? Que de traces, que d'indices, que de voix jalouses ou intéressées n'auraient pas dû l'en avertir? Une fille grosse de cinq mois, dans un petit village où tout a des yeux d'Argus pour ses voisins, et surtout pour une jeune fille recherchée en mariage, aurait-elle pu échapper aux regards intéressés? Cela est-il possible? Mais s'il a connu l'état de sa future, concevra-t-on davantage qu'il ait fermé les yeux sur sa honte, et qu'il se fût déterminé à la partager? Cela n'est ni vraisemblable, ni dans les mœurs, surtout des campagnes, où ces premiers écarts se pardonnent bien moins que dans la corruption des villes. S'il a franchi cet obstacle, c'est qu'il a été poussé par sa tendresse et par sa justice; c'est qu'il s'est senti obligé de réparer lui-même par un mariage prompt, l'honneur et la réputation qu'il avait offensés; c'est que j'étais son fils, avant qu'il eût le droit de se nommer mon père.

» Pourquoi donc, dira-t-on, le désavoue-t-il, ce fils, quatre mois après, au moment de sa naissance? Pourquoi? parce qu'il n'a pas eu le courage, après avoir fait une faute, d'en supporter la honte dans son domicile, dans le lieu de sa naissance. Qui ne sait pas que, dans une âme grossière, ce sentiment d'une mauvaise honte peut aller aisément jusqu'à faire injustice à la nature, et forcer un père à devenir à moitié barbare et dénaturé?

» Mais, sans pénétrer davantage les circonstances qui ont précédé ma naissance, il suffit, dans les lois et d'après les plus sages maximes, que le mari ait vu plusieurs fois sa femme avant le mariage, pour être réputé le père de l'enfant qui naît quelques mois après l'union; et cette union même devient, dans le droit, le sceau qui répare le vice du passé, et l'élève à l'honneur de la Légitimité. *Pater is est quem nuptiæ demonstrant.* »

Telle fut en substance la défense de Jacques-Louis. Par arrêt rendu le 12 juin 1780, sur les conclusions de M. Joly de Fleury, avocat-général, le parlement de Paris confirma la sentence du bailliage d'Auxerre, qui avait déclaré l'enfant légitime.

V. Et à bien plus forte raison doit-on juger de même dans notre seconde hypothèse, c'est-à-dire dans le cas de la naissance d'un enfant dans le septième mois du mariage, mais à un temps assez voisin de cette époque, pour qu'on puisse raisonnablement douter s'il pourrait vivre, dans la supposition qu'il fût le fruit du mariage même.

Il peut cependant, même dans cette hypothèse, se présenter des circonstances qui donnent lieu à l'une des questions les plus difficiles de la physiologie.

Un homme perd sa femme, et se remarie aussitôt. Sur la fin du sixième mois qui suit la dissolution de son premier mariage et la célébration du deuxième, sa seconde femme met au monde un enfant qu'il reconnaît; quel état donnera-t-on à cet enfant? Sera-t-il réputé conçu pendant le premier mariage, ou pendant le second? Et, en d'autres termes, le rangera-t-on dans la classe des bâtards adultérins, ou dans celle des enfans légitimes ?

Il semblerait, d'après les lois 11, *de statu hominum*, et 3, § 12, *de suis et legitimis heredibus*, au Digeste, qu'il ne dût y avoir aucune difficulté à le déclarer bâtard, puisqu'elles s'accordent à décider que l'enfant né avant le septième mois, n'est pas légitime.

Mais ces lois n'ont été faites que d'après l'opinion d'Hippocrate, *propter auctoritatem doctissimi viri Hippocratis*. Elles ne peuvent donc pas avoir plus d'autorité que cette opinion elle-même.

Or, cette opinion est fortement contredite par les plus habiles médecins, qui ont eu, pour la combattre, tous les avantages de l'*observation* et de la saine physique, sciences encore inconnues, ou du moins encore au berceau, du temps d'Hippocrate.

Le principe général est qu'il y a « une grande » quantité de causes qui peuvent avancer le temps » de l'accouchement, celle de la disposition phy- » sique du fœtus, celle de la mère, les chagrins » quelconques, la continuation des maladies pé- » riodiques, et mille autres. » Ce sont les termes du docteur Bouvard, dans sa seconde consultation, page 119.

Cela posé, serait-il étonnant qu'une femme accouchât dans le sixième mois de la conception ? Mais ne décidons rien de nous-mêmes ; laissons parler les gens de l'art.

« Le temps de l'accouchement (dit Pomerole, » dans son *Traité des Erreurs vulgaires de la* » *Médecine*) n'a aucune certitude parmi les » hommes ; s'il faut en croire les histoires, il s'est » vu des enfans de *cinq mois* qui n'ont pas laissé » que de vivre en bonne santé ; et Valesius, au- » teur digne de foi, a vu une fille de douze ans » qui était née à *cinq mois*. »

Schenechius, dans son Traité *de observationibus medicis raris et novis*, rapporte cinq exemples d'enfans nés à cinq mois, et qui tous ont acquis de la vigueur et de la force.

Cardan parle d'une fille de dix-huit ans qui était née au cent soixante-huitième jour, et d'une religieuse de Milan née au cent soixante-dixième.

Accaranza a rempli dix pages de son Traité *de Partu*, chap. 9, d'expériences sur des enfans de cinq à six mois qu'il dit avoir été *viables et naturels*.

Fabrot, médecin d'Aix, dans ses *Capitula quinquemestria et semestria*, cite une foule de naissances à cinq mois, arrivées pour la plupart dans la Provence ; et il rappelle un grand nombre d'auteurs qui en ont établi la possibilité et garanti la réalité.

Mais il s'en trouve un bien plus grand nombre encore dans un ouvrage composé sur cette matière, par Claude Giardin, et qui a été imprimé à Ancône en 1573, sous le titre de *Traité du Part de cent soixante onze jours*.

Bourlon, savant accoucheur anglais, dit que

les enfans de six mois vivent rarement, mais qu'ils peuvent vivre dès qu'on en prend beaucoup de soins, et que l'opinion contraire qui a été puisée dans Hippocrate est une erreur.

Enfin, le docteur Petit, page 15 de la consultation dont nous parlerons ci-après, § 3, et qui est signée de vingt-deux médecins ou chirurgiens, assure « qu'il est arrivé que quelques-uns des en- » fans qui sont venus à six mois, ont vécu ; il est » vrai (ajoute-t-il) qu'on ne leur a conservé la » vie qu'à force de soins, mais enfin ils ont vécu.... » Il n'y a pas une seule fonction dans l'économie » animale, qui s'exécute chez tous les individus » dans un espace de temps rigoureux et déterminé ; » ce qui détruit toutes les conséquences que l'on » a cru tirer de la prétendue uniformité dans les » lois de la nature. Peu de capacité à se dilater » dans le foyer de la génération, et peu de sensi- » bilité dans l'organe de l'accouchement ; pro- » duit des naissances tardives ; et le contraire, » les naissances précoces. Jusqu'à ce qu'il y ait » irritation, il n'y a point accouchement. La » question se réduit donc à savoir, en point de » théorie, s'il n'est pas possible que dans l'organe » d'une sensibilité ou d'une dilatabilité plus ou » moins grande, un enfant prenne plus tôt ou plus » tard le degré de volume propre à amener les » fibres à leur dernier développement. Or, il est » certain que ces différences si sensibles d'accrois- » sement, que les enfans éprouvent après leur » naissance, ils les éprouvent aussi dans le sein » de leur mère, puisqu'ils y sont susceptibles de » toutes les vicissitudes de la santé ou de la ma- » ladie. Il est certain que les enfans qui ont des » pères heureusement constitués, croissent avec » plus grande rapidité : il est certain que l'enfant » occupant ainsi plus tôt, un plus grand espace, » produit aussi plus tôt, dans l'organe de l'accou- » chement, l'irritation qui le fait naître. Demander, » par conséquent, si les naissances peuvent être » tardives ou précoces, c'est demander si les pères » sont tous du même âge, aussi forts, aussi sains ; » si les mères ont toutes le même tempérament, » la même vigueur, si elles vivent toutes de la » même manière, si elles éprouvent les mêmes » indispositions. »

Que résulte-t-il de toutes ces autorités ? Que les naissances à six mois sont possibles, et qu'il en existe une foule d'exemples.

Et de là que devons-nous conclure ? Que, sans avoir égard aux lois romaines, nous devons convenir avec Domat, dans ses *lois civiles*, qu'il n'y a pas de principe qui puisse démontrer qu'il faut qu'un enfant ait été conçu quatre-vingt-deux jours avant sa naissance, pour être à un juste terme ; et qu'un enfant né un peu moins de temps après le mariage, ne soit pas légitime : *de sorte* (ce sont les termes de cet auteur) *qu'il ne semble pas qu'on puisse régler le juste terme de la durée d'une grossesse, pour faire juger qu'un enfant soit illégitime, s'il est né quelques jours plus tôt ou plus tard.*

Cette doctrine a été adoptée par deux arrêts du parlement de Provence.

La demoiselle Le Bègue, veuve du sieur de Gignac, s'étant remariée après l'année du deuil, avec le sieur Remerville, accoucha d'une fille six mois après le mariage. Le tuteur des enfans du premier lit se pourvut contre elle, pour la faire condamner à la restitution de ses gains nuptiaux, comme ayant vécu impudiquement dans l'année consacrée aux pleurs. Par un premier arrêt, le parlement de Provence ordonna qu'il serait fait rapport par la sage-femme, *de l'état et de la qualité du part.* Il fut constaté par ce rapport que, le *part* était tellement débile et exténué, que si on ne lui eût donné quelque breuvage, il n'aurait pu vivre; qu'il avait avancé sa sortie, parce qu'il n'avait pas trouvé assez de nourriture, attendu la faiblesse de la mère, et qu'il était de sept lunes. En conséquence, par arrêt du 12 juin 1634, le tuteur fut débouté de sa demande. Cette espèce est rapportée dans le recueil de Boniface, tome 2, part. 2, liv. 3, tit. 8, chap. 1.

En voici une plus récente.

Guillaume Riouffe, chirurgien à Marseille, perdit sa femme le 21 février 1774; il n'en avait point d'enfans. Le 11 août suivant, cent soixante-douze jours après, Marguerite Michel mit au monde une fille dont il s'avoua le père, et qui fut nommée Suzanne-Elisabeth.

Le 26 mai 1778, Guillaume Riouffe épousa Marguerite Michel.

Le 13 juin suivant, il fit son testament, et il mourut le 24 du même mois.

Le 14 juillet suivant, requête de ses héritiers collatéraux, qui tend à faire déclarer Suzanne-Elisabeth Riouffe incapable de succéder à son père.

Deux moyens fondent cette demande. 1° Le mariage de Guillaume Riouffe avec Marguerite Michel, doit être regardé comme fait *in extremis*, et par conséquent il n'a pu légitimer la fille qu'ils avaient eue précédemment; 2° il faut que cette fille ait été conçue pendant le premier mariage de Guillaume Riouffe, puisqu'elle est née seulement le cent soixante-douzième jour du veuvage de son père; elle est donc bâtarde adultérine.

La cause portée à l'audience de la grand'-chambre, M. l'avocat-général Calissane a établi d'abord que les faits articulés par les demandeurs, pour prouver que le mariage de Marguerite Michel avec Guillaume Riouffe devait être réputé fait *in extremis*, étaient trop graves et trop pertinens pour qu'on en refusât la preuve; mais que cette preuve était inutile, si leur second moyen était fondé; et qu'elle ne devait être admise que dans le cas où ce moyen serait rejeté. M. l'avocat-général est donc entré dans la question de savoir si l'on pouvait présumer légalement que Suzanne-Elisabeth Riouffe eût été conçue après la mort de la première femme de Guillaume Riouffe. Il a parcouru toutes les autorités que les lois et les écrits des médecins renferment sur cette matière; il en a

conclu que rien ne prouvait qu'un enfant né cent soixante-douze jours après sa conception, ne fût pas *viable*; et que dans le doute, la nature, l'humanité, l'intérêt de la société exigeaient que l'on prononçât en faveur de la légitimation.

Par arrêt du 4 mai 1779, rendu sur le délibéré, le parlement, avant faire droit, « ayant égard aux » fins subsidiaires proposées par les demandeurs, » sur la qualité du mariage *in extremis*, sans » *s'arrêter au surplus de leurs fins subsidiaires* » *portant sur d'autres qualités*, leur a permis de » faire preuve dans le mois que le sieur Riouffe » était malade lors de son mariage, de la maladie » dont il était mort. »

Il a donc été préjugé que l'enfant serait déclaré légitime, si l'on ne prouvait pas que le mariage, dans la sixième mois duquel il était né, eût été contracté *in extremis*.

[[VI. Aujourd'hui, pour l'un comme pour l'autre des deux cas dont on vient de parler, le Code civil trace des règles fixes.

« L'enfant né avant le cent quatre-vingtième jour du mariage (porte-t-il, art. 314) ne pourra être désavoué par le mari, dans les cas suivans :

» 1° S'il a eu connaissance de la grossesse avant le mariage;

» 2° S'il a assisté à l'acte de naissance, et si cet acte est signé de lui, ou contient sa déclaration qu'il ne sait signer;

» 3° Si l'enfant n'est pas déclaré viable. »

En méditant ce texte, on remarque d'abord, qu'il établit une présomption légale de Légitimité en faveur de l'enfant né le cent quatre-vingtième jour du mariage.

On voit ensuite qu'à l'égard de l'enfant né avant le cent quatre-vingtième jour du mariage, il admet une présomption d'illégitimité; mais cette présomption n'a pas le même caractère que la précédente, et qu'elle peut au contraire être combattue et détruite par trois présomptions de la paternité du mari.

Arrêtons-nous à chacune de ces présomptions.

1° Pourquoi, si le mari a eu connaissance de la grossesse avant le mariage, n'est-il pas recevable à désavouer l'enfant né avant le cent quatre-vingtième jour ? « On présume (disait M. Bigot-» Préameneu, conseiller-d'état, dans l'*exposé des* » *motifs* de cette partie du Code, à la séance du » corps législatif du 20 ventose an 11) que le mari » a eu connaissance de la grossesse avant de se » marier, n'a contracté le mariage que pour répa-» rer sa faute personnelle : on présume qu'un pa-» reil hymen n'eût jamais été consenti, s'il n'eût » été persuadé que la femme portait dans son sein » le fruit de leurs amours : et lorsqu'il a eu » dans la conduite de cette femme une telle con-» fiance, qu'il a voulu que leurs destinées fussent » unies, comment pourrait-on l'admettre à dé-» nier un pareil témoignage » ?

Mais comment doit s'établir la preuve de la connaissance que le mari a eue de la grossesse de sa femme avant de l'épouser ?

Dans le projet du Code civil préparé par la commission, il était dit, liv. 1, titre 7, art. 6, que cette preuve ne pourrait résulter que *des écrits du mari lui-même.*

Il y avait bien de la rigueur dans cette limitation ; aussi ne reparut-elle pas dans le projet présenté au conseil d'état par la section de législation. Elle fut cependant réclamée par M. Bigot-Préameneu. « M. Bigot-Préameneu (porte le procès-» verbal) observe que cet article ne dit pas com-» ment on pourra prouver contre le mari qu'il a » eu connaissance de la grossesse de sa femme : si » l'on s'en tient au principe général, il faut un » commencement de preuve par écrit. Mais (con-» tinue le procès-verbal) M. Boulay répond qu'il » est impossible de fixer à l'avance quelles espèces » de faits on peut regarder comme probans » ; et l'article ayant été, d'après cette réponse, adopté dans sa généralité indéfinie, il en résulte nécessairement que de tous les genres de preuve, il n'en est aucun que le législateur ait voulu exclure.

On a vu plus haut, n° 4, que l'ancienne jurisprudence n'admettait pas le mari qui, avant d'épouser sa femme, avait eu des habitudes intimes avec elle, à désavouer l'enfant qu'elle avait mis au monde avant le cent quatre-vingtième jour du mariage. Mais cette jurisprudence était fondée sur un principe que la loi ne reconnaît plus : la paternité pouvait alors être recherchée, et elle passait pour suffisamment établie par la preuve des familiarités qui avaient eu lieu entre la mère et le père prétendu, à l'époque de la conception de l'enfant. Aujourd'hui, la recherche de la paternité n'est plus admise. On ne pourrait donc plus aujourd'hui remplacer par la preuve de pareilles familiarités, celles qu'exige l'art. 314, de la connaissance de la grossesse avant le mariage ; ou du moins cette preuve ne pourrait avoir d'effet qu'autant que les familiarités eussent un caractère et se rapportassent à une époque qui forceraient de supposer qu'elles n'ont pu avoir lieu sans la connaissance de la grossesse.

2° Rien de plus juste ni de plus sage que la fin de non-recevoir qui résulte, contre le desaveu du mari, de sa présence à l'inscription de l'enfant sur les registres de l'état civil et de la signature dont il l'a revêtue : « comment, en effet (disait M. Bi-» got-Préameneu, dans *l'exposé des motifs*), le » mari pourrait-il revenir contre sa propre déclara-» tion donnée dans l'acte même destiné à constater » l'état civil de l'enfant ? »

3° Quant à la fin de non-recevoir qu'élève contre le désaveu du mari, le défaut de viabilité de l'enfant né avant le cent quatre-vingtième jour du mariage, le motif en est très-sensible : « lorsque l'en-» fant n'est pas déclaré viable (disait encore M. Bi-» got-Préameneu), il n'y a plus de certitude que » ce soit un accouchement naturel qui ait dû être » précédé du temps ordinaire de la grossesse. » Toute recherche (de la part du mari) serait » scandaleuse et sans objet. Quel but pourrait-il

» se proposer, en désavouant un enfant qui ne » doit pas vivre, si ce n'est de porter atteinte à la » réputation de la femme à laquelle il s'est uni ? » Il ne peut même pas avoir l'intérêt du divorce » pour cause d'adultère, puisqu'il suppose que la » faute est antérieure au mariage. Les tribunaux » ne doivent pas l'écouter dans son aveugle ressen-» timent. »

Mais à quels signes distinguera-t-on si l'enfant est viable ?

Dans la discussion du Code, deux partis ont été proposés : l'un, de regarder comme non-viable, tout enfant qui ne survivrait pas dix jours à sa naissance ; l'autre, de s'en rapporter, dans chaque cas, à l'avis des gens de l'art; et ce second parti a prévalu. Écoutons M. Duveyrier dans le rapport fait au nom du tribunat, à la séance du corps législatif du 2 germinal an 11 :

« On a cherché à éviter les vérifications, les dé-» clarations de *viabilité*, et toutes les difficultés, » tous les procès qu'engendrera l'état physique d'un » enfant que deux intérêts opposés jugeront bien et » mal constitué. On a cru qu'un enfant apportait » lui-même en naissant, et dans le cours plus ou » moins borné de son existence, la preuve de sa par-» faite ou imparfaite constitution. On pensait en con-» séquence qu'en fixant le terme le plus prolongé » d'existence que pouvait parcourir un enfant impar-» faitement organisé, on rendrait toute décision plus » prompte et plus sûre, et l'on aurait pu, dans ce » sens, décider que le désaveu du mari ne serait point » admis si l'enfant mourait dans les dix jours de sa » naissance.

» Mais on établissait une lutte bien dangereuse » entre la vie de l'enfant et l'honneur de la mère. Il » fallait que l'enfant mourût dans les dix jours, pour » que sa mère vécût sans honte et sans reproche. » De là, la crainte ingénieuse, mais raisonnable, » qu'une négligence affectée ou des moyens plus » coupables peut-être ne vinssent suppléer à l'im-» perfection supposée de la nature, et porter une » influence fatale sur l'enfant dont la vie devait » être l'opprobre de sa mère et le titre de sa condam-» nation.

» Ce sentiment était bien digne de toucher les » hommes vertueux, occupés de cet ouvrage; et, sans » balancer, ils ont préféré, aux risques de quelques » contestations inévitables, le parti adopté dans le » projet de loi. »

V. ci-après, § 2, n° 4, à la fin ; § 3, n° 5; et section 4, § 3, n° 5.

V. aussi les articles *Légitimation*, section 2, § 2, n° 7; et *Succession*, section 1, § 2, article 5.]]

§ II. *Des enfans conçus et nés pendant le mariage.*

I. C'est aux enfans conçus et nés pendant le mariage, que s'applique dans toute sa force la règle *pater is est quem nuptiæ demonstrant.* Mais cette maxime ne forme qu'une présomption ; la preuve qui en résulte, est vraisemblable, mais elle n'est pas toujours vraie.

Les docteurs distinguent trois sortes de présomptions : l'une, qu'ils appellent *juris et de jure*; la seconde, qu'ils nomment simplement *juris*; et la troisième, qu'ils qualifient de *præsumptio hominis*.

La première exclut toute preuve contraire, parce qu'elle est considérée comme la vérité même: ainsi, une sentence passée en force de chose jugée est tellement regardée comme juridique, qu'il n'est plus permis de l'attaquer, même en offrant d'en démontrer l'injustice.

La seconde n'est pas assez forte pour exclure une preuve contraire; mais comme elle est *juris*, c'est-à-dire autorisée par la loi, il faut des argumens invincibles pour la détruire.

La troisième est soumise à la prudence du juge; c'est à lui d'en faire le discernement.

Voyons à laquelle de ces trois classes appartient la présomption dont il s'agit.

Deux caractères sont essentiels à une présomption pour qu'elle puisse être regardée comme exclusive de toute preuve contraire. Le premier est que la loi l'ait introduite; le second, que cette même loi ait établi une liaison nécessaire et infaillible entre le fait que l'on connaît et celui qu'on veut prouver. Ainsi, notre question se réduit à savoir si la présomption dont nous cherchons la nature, est tout à la fois légitime et infaillible.

Que cette présomption soit légitime, c'est une vérité qu'il n'est pas permis de révoquer en doute: elle est écrite dans la loi, elle est revêtue de son autorité, elle porte un caractère que tous les docteurs et les arrêts mêmes ont toujours respecté.

Mais est-elle nécessaire, infaillible, indubitable? Peut-elle exclure toute preuve contraire? Tout le titre *de agnoscendis liberis*, au Digeste, est plein de textes qui établissent la négative. Partout les jurisconsultes reconnaissent que, malgré cette présomption favorable aux enfans, le père est toujours reçu à les désavouer, pourvu qu'il puisse montrer, par des preuves certaines, qu'ils sont redevables de la vie au crime de leur mère. Le silence même du père, ses reconnaissances tacites, l'omission des formalités prescrites par les sénatus-consultes, rien ne peut le priver du droit de contester l'état de celui qu'on veut lui donner pour fils. *Si, uxore denuntiante se prægnantem, maritus seu negaverit......, sive maritus neglexerit facere quæ ex senatus-consulto debet, natum cogitur omnimodo alere, cæterum recusare poterit filium.* C'est la disposition de la loi 1, § 14 et 15, du titre cité; elle prouve que l'effet de la présomption dont il s'agit, se réduit à obliger le père, lors même qu'il a reconnu par son silence l'état de l'enfant, de lui donner des alimens par provision; mais que, dans le temps même qu'il les lui fournit, il peut lui contester la qualité de fils légitime.

Quelle sorte de preuve peut-on donc opposer à cette présomption?

Nous avons déjà dit que cette présomption est écrite dans la loi; de là il résulte qu'on doit nécessairement la regarder comme légitime; disons même comme presque inviolable; car on est souvent réduit à l'impossibilité de prouver le contraire; et, dans le doute, la sagesse du législateur présume toujours en faveur de l'innocence de la mère et de l'état de l'enfant.

Cela posé, remontons aux principes concernant la nature des preuves en général. La présomption capable d'attaquer celle de la loi, doit être écrite dans la loi même; elle doit être fondée sur une raison infaillible, pour pouvoir détruire une probabilité aussi grande que celle qui sert de fondement à cette preuve.

Or, on ne trouve, dans tout le corps du droit, que deux exceptions à la règle générale; et toutes deux sont fondées sur une impossibilité physique et certaine d'admettre la présomption : elles sont proposées dans la loi 6, D. *de his qui sui vel alieni juris sunt*, qui définit ce que c'est qu'un fils légitime : *Filium eum definimus qui ex viro et uxore ejus nascitur : sed si fingamus abfuisse maritum, verbi gratia, per decennium, reversum anniculum invenisse in domo sua, placet nobis Juliani sententia hunc non esse mariti filium...... Sed mihi videtur, quod et Scævola probat, si constet maritum aliquandiu cum uxore non concubuisse, infirmitate interveniente, vel alia causa, vel si ea valetudine pater familias fuit ut generare non possit, hunc qui in domo natus est, licet vicinis scientibus, filium non esse.*

Il n'y a donc, suivant cette loi, que deux preuves contraires qui puissent être opposées à une présomption aussi favorable et aussi puissante. La longue absence du mari est la première; et l'impuissance, soit perpétuelle, soit passagère, est la seconde : la loi n'en admet d'autres, et il est évidemment impossible qu'elle en admette aucune autre, puisque, tant que l'absence ni aucun autre obstacle n'aura point séparé ceux que le mariage unit, on ne présumera jamais que celui qui est le mari, ne soit pas le véritable père. C'est ce que décide encore la loi déjà citée : *Nec tamen ferendum Julianus ait eum qui cum uxore sua assiduè moratus, nolit filium agnoscere quasi non suum.*

Reprenons ces différens points.

II. Nous disons d'abord que l'absence du mari fait cesser la présomption de la paternité; et cette règle ne souffre, dans la thèse générale, aucune espèce de restriction.

Il est bien vrai qu'en 1637 on publia, dans toute la France, un imprimé en forme d'arrêt attribué au parlement de Grenoble, par lequel il paraissait que cette cour avait déclaré légitime un enfant né *pendant l'absence du mari*, et conçu par la force de *l'imagination* de la mère.

Mais il a été démontré depuis que cet arrêt prétendu était une pure invention; et comme ce jeu d'esprit était injurieux à la cour à laquelle l'arrêt était attribué, le parlement de Paris en défendit la publication par arrêt du 13 juin 1637. D'un autre côté, le parlement de Grenoble, par arrêt du 13 juillet suivant, déclara cet arrêt faux, supposé et calomnieux, ordonna que l'imprimé serait lacéré par l'exécuteur de la haute justice, jeté au feu, et brûlé devant la grande porte du palais, avec défense de l'imprimer, l'exposer en vente, ni l'acheter, sous peine de la vie; ordonna qu'il serait informé contre les auteurs, etc.

Au reste, il est aisé de sentir, c'est même l'esprit de la loi dont nous venons de transcrire les termes, que l'absence du mari ne peut pas faire cesser la présomption de paternité, si elle ne réunit trois caractères, savoir, la longueur, la certitude et la continuité.

1º Il faut qu'elle soit longue, c'est-à-dire qu'elle ait duré assez long-temps pour que la conception de l'enfant puisse se référer à une époque qui lui soit antérieure. Par exemple, un homme quitte sa femme et s'en va dans un pays éloigné : au bout de dix ans, il revient, et trouve dans sa maison un enfant âgé d'un an; il est certain qu'il ne sera point obligé de reconnaître cet enfant : on se rappelle que c'est l'espèce de la loi 6 citée.

Sur la question de savoir quel intervalle il faut précisément entre le départ du mari et l'accouchement de la femme, pour faire présumer la Légitimité ou l'illégitimité de l'enfant né pendant l'absence du premier, voyez ce que nous dirons ci-après, § 3, à l'occasion des enfans nés après la dissolution du mariage.

2º Il faut que l'absence soit certaine : en effet, pour peu qu'il y eût de doute sur ce point, on devrait présumer que la mère est innocente, et par conséquent que le fils est légitime. *In favorem prolis potius inclinamus* : c'est la maxime du pape Innocent III, dans le chapitre *ex tenore*, aux décrétales, *qui filii sint legitimi*.

3º Il faut que l'absence soit continue : car si le mari était revenu de temps à autre dans sa maison, il est clair, par ce que nous venons de dire, qu'il n'en faudrait pas davantage pour rendre toute sa force à la règle, *pater is est quem nuptiæ demonstrant*.

Par la même raison, si la continuité n'était pas physiquement certaine, c'est-à-dire si le mari avait pu franchir en peu de temps la distance qui le séparait de sa femme, et retourner avec la même promptitude dans l'endroit où il a vécu pendant son absence, les témoignages qu'on rapporterait de la continuité de son séjour en cet endroit, ne formeraient pas une preuve de l'illégitimité de l'enfant dont la naissance aurait suivi de trop près l'époque de son départ.

Le sieur de Vinantes, officier de la duchesse d'Orléans, prouvait par des certificats en bonne forme, qu'il avait servi son quartier pendant les mois d'avril, mai et juin 1689; et il concluait de là qu'un enfant dont sa femme était accouchée près de sept mois après son retour, était illégitime.

M. d'Aguesseau portant la parole dans cette cause, dit que deux conditions essentielles manquaient à l'absence du mari pour faire douter de l'état du fils : la longueur de la durée, et la distance des lieux dans lesquels le mari et sa femme demeuraient pendant ce temps. « L'absence du » mari (continuait ce magistrat) a commencé au » mois de mars; elle a fini au mois de juin. De » puis son départ jusqu'à la naissance de l'enfant » il n'y a qu'environ dix mois : depuis son retour, » il y a sept mois entiers d'intervalle; dans l'un et » dans l'autre cas, les lois ont décidé qu'un enfant » pouvait naître légitime. Mais qui peut assurer » d'ailleurs que le sieur de Vinantes a rendu un » service si assidu pendant son quartier, qu'il n'ait » pas manqué un seul jour à son devoir? Qui pourra » prouver que, dans une distance aussi peu con- » sidérable que celle de vingt lieues, il ne sera ja- » mais venu dans sa maison de campagne? Et » fera-t-on dépendre d'un fait de cette nature, la » certitude de l'état d'un enfant et sa qualité de » légitime? »

Par l'arrêt qui est intervenu sur cette contestation le 15 juin 1693, l'enfant dont il s'agissait, a été maintenu dans la qualité de fils légitime du sieur de Vinantes.

Charles de La Plissonierre demeurait en Flandre, et Elisabeth Rouillon, sa femme, à Paris. Pendant son absence, celle-ci était accouchée d'une fille qu'elle avait fait baptiser sous le nom d'un tiers. Après la mort des deux époux, la fille prétendit recueillir leur succession : une sentence du Châtelet jugea en sa faveur. La cause portée au parlement de Paris, M. l'avocat-général Joly de Fleury observa (ce sont les termes du *Journal des Audiences*) « qu'on ne pouvait presque douter que » tous les titres n'assurassent la maternité d'Eli- » sabeth Rouillon, mais qu'aussi tous détruisaient » la paternité de Charles de La Plissonnierre. Mais » si cela est (ajouta M. l'avocat-général) , quel » parti faut-il prendre? *Pater is est quem nuptiæ* » *demonstrant*. Il n'y a nulle exception, s'il n'y » a impossibilité physique, ou par impuissance, » ce qu'on ne peut alléguer, ou par absence assez » longue : mais le mari a toujours demeuré en » Flandre, voisinage de Paris, où il revenait de » temps en temps...... Par ces considérations, » M. l'avocat-général estima qu'il y avait lieu de » mettre l'appellation au néant. Sur ces motifs, » est intervenu arrêt du 29 février 1712, conforme » aux conclusions. »

[[Au reste, l'ancienne jurisprudence n'était pas, sur cette matière, aussi certaine, aussi invariable, que je l'ai avancé dans les premières éditions de cet ouvrage; et c'est ce que j'ai reconnu et prouvé depuis, dans un plaidoyer du 8 novembre 1809, rapporté dans mon *Recueil de Questions de droit*, au mot *Légitimité*, § 2.

Quant au Code civil, il porte, art. 312, que « l'enfant conçu pendant le mariage, a pour père » le mari : néanmoins (ajoute-t-il), celui-ci pourra » désavouer l'enfant, s'il prouve que, pendant le » temps qui a couru depuis le trois centième jus- » qu'au cent quatre-vingtième jour avant la nais-

» sance de cet enfant, il était, soit par cause d'é-
» loignement, soit par l'effet de quelque accident,
» dans l'impossibilité physique de cohabiter avec
» sa femme. »

Ces mots, *par cause d'éloignement*, prouvent
bien clairement qu'en cette matière, le Code civil
maintient les principes de l'ancienne jurisprudence.

« Il faut (disait M. Duveyrier, dans le rapport
fait au nom du tribunat, à la séance du corps législatif du 2 germinal an 11), il faut que l'absence
soit constante, continue, et de telle nature que,
dans l'intervalle de temps donné à la possibilité de
la conception, c'est-à-dire dans l'intervalle de cent
vingt jours qui s'écoule entre le cent quatre-vingtième et le trois centième jour avant la naissance
de l'enfant, l'esprit humain ne puisse concevoir la
possibilité d'un seul instant de réunion entre les
deux époux.

» Quelques auteurs, pour admettre l'exception
de l'absence, exigeaient entre les deux époux l'espace immense des mers.

» Cette précision était affectée et scolastique ;
elle n'était ni juste, ni correspondante au principe ; elle ne remplissait pas l'objet proposé. L'absence réelle peut se modifier par d'autres causes ;
elle peut s'établir par d'autres preuves tout aussi
décisives : il suffit d'exiger qu'elle soit telle qu'au
moment de la conception, toute réunion, même
momentanée, entre les deux époux, ait été physiquement impossible. On a demandé si la prison
qui sépare deux époux, pourrait être assimilée
à l'absence.

» Il est clair que c'est l'absence elle-même,
pourvu toujours que la séparation ait été tellement
exacte et continuelle, qu'au temps de la conception, la réunion d'un seul instant, fût physiquement impossible. »]]

III. Il y a une espèce d'absence qui ne consiste
pas tant dans la distance des lieux, que dans l'é-
loignement des esprits, et qui néanmoins produit
le même effet que l'absence proprement dite, avec
la réunion des trois caractères dont nous avons
parlé : c'est la séparation prononcée juridiquement
entre deux époux pour cause d'adultère, et qui n'a
point été suivie de réconciliation.

Le *Journal des audiences* nous fournit deux arrêts des 9 mai 1695 et 1er décembre 1701, qui déclarent bâtards adultérins, des enfans conçus depuis
la séparation pour cause d'adultère, et leur fait défenses de prendre les noms des maris de leurs mères.

Si cependant la femme prouvait que son mari
lui a rendu visite pendant leur séparation, nul
doute qu'on ne dût déclarer légitime l'enfant
qu'elle mettrait au monde. « C'est (dit Lebrun),
» ce que j'ai vu juger à l'occasion d'une femme
» accusée d'adultère, qui devint grosse pendant
» sa prison, et cela sur le simple certificat d'un
» garçon geôlier qui attestait que le mari lui avait
» rendu visite. »

[[Le Code civil déroge-t-il sur ce point, à l'ancienne jurisprudence ?

Il porte, art. 315, que « le mari ne pourra.....
» désavouer l'enfant...., même pour cause d'adul-
» tère, à moins que la naissance ne lui ait été ca-
» chée, auquel cas il sera admis à proposer tous
» les faits propres à justifier qu'il n'en est pas le
» père ; » et du premier abord, on pourrait penser
que cette disposition ne frappe que sur le cas où
il s'agit d'un enfant conçu avant le jugement de
divorce ou de séparation de corps, pour adultère.

Mais il est à remarquer 1° qu'à la séance du
conseil d'état du 14 brumaire an 10, la section de
législation avait proposé un article portant que
« la présomption de la paternité cesse, lorsque les
» deux époux ont été séparés de corps et de biens,
» à moins, dans ce dernier cas, qu'il n'y ait eu
» réunion de fait et réconciliation entre eux ; »
2° que cet article fut combattu par la considération « que la séparation de corps n'établit pas en-
» tre les époux l'impossibilité de cohabitation ;
» qu'il n'est pas ordinaire qu'ils se fréquentent ;
» que cependant cet événement est possible ; que
» même les rapprochemens que ménageront entre
» les époux ceux qui tenteraient de les réconcilier,
» peuvent leur donner lieu d'avoir commerce en-
» semble, sans être cependant suivis d'une récon-
» ciliation définitive ; » 3° que sur ces observations,
l'article fut ajourné jusqu'après la discussion du
titre *du divorce* ; 4° que, dans le titre *du divorce*,
la section de législation proposa un autre article
qui, fondé sur le même principe que le précédent,
tendait à établir que le mari ne serait pas obligé
de reconnaître l'enfant conçu après un jugement
qui, sur sa demande en divorce pour cause d'adultère, aurait ordonné la séparation d'épreuve ;
5° que cet article fut rejeté le 22 fructidor an 10 ;
et qu'en conséquence, celui qui avait été proposé
le 14 brumaire de la même année, ne fut plus reproduit.

« On a donc pensé que la circonstance de la
» demeure du mari dans une autre maison que la
» femme, n'est pas assez décisive pour en faire dé-
» pendre le sort de l'enfant. On s'est donc tenu
» au principe général, que l'éloignement du mari
» établit l'impossibilité physique de cohabitation ;
» et on n'a pas cru devoir faire dériver du fait de
» la séparation de corps, des indices qu'elle ne
» donne pas toujours. Le juge prendra sans doute
» en considération cette position respective des
» deux époux, mais il ne la regardera pas comme
» décisive. » Ce sont les termes de M. Locré, *Esprit du Code civil*, tome 4, page 19.]]

IV. Nous avons dit que l'impuissance du mari
fait cesser la présomption de paternité qui résulte
du mariage ; mais il faut pour cela (dit Lebrun)
« que la maladie soit telle, qu'elle produise une
» impossibilité physique et morale : car autrement
» on présume volontiers pour l'honneur des fem-
» mes, et l'on présuppose que la nature a fait un
» effort en la personne du mari malade..... J'ai
» vu (ajoute le même auteur) rendre sur ces prin-
» cipes un arrêt à la tournelle, le samedi 26 jan-

» vier 1664, par lequel, sans avoir égard à l'in-
» terrogatoire d'une mère, dans lequel elle avait
» reconnu son adultère, et que l'enfant dont il
» était question, n'était pas de son mari, qui d'ail-
» leurs était un vieillard de soixante-dix ans, ac-
» cablé de maladies, on confirma l'état de l'en-
» fant. »

Il ne suffit pas d'alléguer l'impuissance du mari
pour faire déclarer un enfant illégitime, il faut
la constater juridiquement : et comme cela n'est
plus possible après la mort du mari, il est clair
que ses héritiers ne peuvent pas attaquer de ce
chef l'état d'un enfant né pendant son mariage :
c'est aussi ce qu'ont jugé plusieurs arrêts rapportés dans le dictionnaire de Brillon, au mot *Impuissant*.

On trouve dans le *Journal des audiences*, un
arrêt remarquable sur cette matière.

« Les parties étaient de la ville du Mans ; il y
avait treize ans qu'elles étaient mariées sans avoir
eu d'enfans.

» Après les treize ans, la femme fit sa plainte
pardevant l'official du Mans, de l'impuissance de
son mari : l'official ordonna qu'ils comparaîtraient
l'un et l'autre pour être vus et visités.

» La visite se fit, et il n'en résulta point de
certitude que le nommé Nau fût impuissant : en
conséquence de quoi l'official ordonna qu'ils se
sépareraient pour un temps l'un de l'autre. Ce
temps étant écoulé, l'official ordonna qu'ils retour-
neraient ensemble : quelque temps après, la femme
fait une seconde plainte à l'officialité ; et ayant été
tous deux interrogés, le mari demeura d'accord
qu'il était impuissant : sur cette déclaration, l'official prononça la dissolution du mariage.

» La femme ayant voulu se marier à un autre
avec qui elle avait hantise et fréquentation, le
frère du mari s'y opposa, et dit qu'elle ne pouvait
se marier ; que la sentence de l'official qui avait
cassé le mariage, n'était pas valable ; que de fait
l'impuissance, sous le prétexte de laquelle on avait
fait rendre la sentence de l'official, n'était point véritable. La femme soutenait toujours que son mari
était impuissant, et que l'enfant qu'elle avait était de
celui avec qui elle voulait se marier. Le mari demeurait d'accord de son impuissance, et l'enfant disait
qu'on ne lui pouvait donner d'autre père, suivant
cette grande règle, *is est filius quem nuptiæ demonstrant*.

» La cour (par arrêt du 5 juillet 1655) condamna la femme à retourner avec son mari, et
déclara l'enfant être le fruit de leur union. »

Le motif de cette décision a été sans doute que
les prétendus époux avaient vécu ensemble pendant un long espace de temps, sans que la femme
eût formé aucune plainte ; que, par conséquent,
on pouvait appliquer à celle-ci le *cur tandiu ta-
cuit* de la décrétale *accepisti*, titre *de frigidis et
maleficiatis* ; que d'ailleurs la visite faite avant la
première sentence de l'official, laissait des doutes
sur l'impuissance ; et que, dans les cas douteux,
il faut toujours se déterminer pour la validité du

mariage, et conséquemment pour la Légitimité de
l'enfant.

L'arrêt du 16 juillet 1695, rapporté dans le paragraphe précédent, n° 4, a encore jugé qu'un
mari n'est pas recevable à alléguer son impuissance pour faire déclarer illégitime l'enfant qu'il
a reconnu et traité comme son fils. M. d'Aguesseau observait dans cette cause, « que le mari allé-
» guait, par la bouche de son avocat, un fort bon
» moyen, s'il était approfondi, disant qu'il était
» impuissant, mais que cela n'avait été avancé
» qu'en l'air, et qu'il eût fallu donner requête,
» pour articuler le fait plus précisément ; qu'au
» surplus il y avait des témoins qui déposaient
» que Delastre avait vu sa femme long-temps avant
» de l'épouser, même plus d'un an auparavant ;
» et qu'il avait prié la mère de sa femme de la lui
» donner en mariage pour la décharge de sa
» conscience, etc. » Ce sont les termes du *Jour-
» nal des audiences*. »

Rien n'est souvent plus équivoque que les signes de l'impuissance : on ne doit donc pas entrer
dans l'examen d'un pareil fait, lorsque le mari a
donné lui-même des reconnaissances qui le détruisent. Doute pour doute, il vaut mieux s'attacher au parti le plus favorable à l'honneur de la
mère et à l'état de l'enfant.

[[Le Code civil porte, art. 313, que « le mari
ne pourra, en alléguant son *impuissance natu-
» relle*, désavouer l'enfant. »

Pourquoi, dans cet article, n'est-il question que
de l'impuissance naturelle ? C'est qu'il est dans
l'intention de la loi d'autoriser le mari à désavouer
l'enfant, lorsqu'il fait preuve d'une *impuissance
accidentelle* ; et c'est ce qui résulte bien clairement
de ces termes de l'art. 312, soit *par l'effet de quelque accident*.

Écoutons au surplus M. Duveyrier dans le rapport déjà cité, du 2 germinal an 11 :

» L'impossibilité physique (dont parle l'arti-
» cle 312) ne peut exister que par deux causes,
» l'absence et l'impuissance accidentelle du mari.
» Ici, les anciens principes, conformes à la raison
» et à l'équité, ne souffrent aucune altération. »

L'orateur développe la première cause dans les
termes rappelés ci-dessus, n° 2 ; puis il ajoute :

« Il en est de même de la seconde cause d'impossibilité physique, de l'impuissance accidentelle
du mari. Il serait déraisonnable de vouloir détailler les espèces, les cas, les accidens qui peuvent
la produire, soit qu'il s'agisse d'une blessure,
d'une mutilation ou d'une maladie grave et longue.
Il suffit de savoir que la cause doit être telle, et
tellement prouvée, que, dans l'intervalle du temps
présumé de la conception, on ne puisse supposer
un seul instant où le mari aurait pu devenir
père.

» Vous avez, et j'ose dire avec répugnance,
trouvé dans nos livres, peut-être même dans nos
tribunaux, une troisième cause d'impossibilité
physique, celle qu'on appelait *impuissance naturelle* ; c'est la supposition plus ou moins probable

(car dix siècles d'efforts, de contentions et de recherches, n'en ont fait encore qu'une supposition), qu'un homme aurait été produit sans avoir reçu de la nature la faculté de produire. La loi romaine admettait l'impuissance naturelle : mais ce peuple, pour lequel l'honnêteté publique et la révérence des mœurs étaient la loi suprême, ne nous a pas transmis un exemple d'application. La religion l'introduisit seulement au huitième siècle dans sa doctrine et ses décisions ; mais avec cette restriction remarquable, qu'elle ne rendit jamais que des décisions provisoires, sur ce motif naïvement déclaré, que l'église pouvait avoir été trompée, et des décisions toujours réformables, si l'homme accusé d'impuissance donnait par la suite des preuves contraires et matérielles dans un mariage subséquent. De là, nos tribunaux l'ont adoptée, mais sans la restriction qui en modérait l'inconséquence.

» Cette restriction religieuse ne pouvait se concilier avec ce principe social d'une force extrême, que l'ordre des familles et l'état des mariages doivent être immuables. Plus on sentait le besoin de saisir la vérité, plus on multipliait les moyens insensés de la découvrir ; et dix siècles perdus à rechercher follement la cause mystérieuse d'un effet incertain, n'ont produit que des contradictions, des scandales et des démentis donnés par la nature elle-même à des jugemens fondés sur les plus spécieuses vraisemblances.

» Depuis long-temps, la rareté extrême de ces cas monstrueux, s'ils existent, l'infamie et l'insuffisance des épreuves, l'obscurité insurmontable de la cause et de l'effet, avaient fait condamner par tous les esprits sages ce moyen ridicule d'attaquer et de détruire une présomption juste et favorable, élevée par la loi elle-même au rang de la vérité. Et vous n'aurez pas remarqué sans plaisir, dans la loi du divorce, que cette cause nommée impuissance naturelle, n'est point au nombre des causes qui conduisent à la dissolution du mariage. Il ne s'agit point ici de la dissolution du mariage : il s'agit de la Légitimité de l'enfant né dans le mariage ; et un motif particulier de justice et de pudeur fait proscrire avec plus de force l'allégation honteuse dont je parle. Je n'ai pas besoin de dire que toutes les exceptions qui peuvent combattre la présomption légale de la paternité, ne sont établies qu'en faveur du mari. Le mari seul et ses héritiers, dans les cas déterminés, seront admis à les proposer. Ces exceptions seront, par des motifs de toute évidence, interdites à tout autre. Ici, ce serait donc le mari seul, puisque ses héritiers ne le pourraient jamais, qui viendrait proposer publiquement son impuissance pour faire déclarer illégitime l'enfant du mariage. Et comment concevoir, sans être révolté, le cynisme impudent d'un homme qui pourrait révéler sa turpitude et son infamie pour déshonorer sa compagne et sa victime ? Car vous remarquerez que, dans ce cas, la femme aurait été la première victime de la fourberie de cet homme

impuissant, qui s'est présenté au mariage avec toutes les espérances de la paternité. Non, la chasteté de la loi réprouve ces aveux infamans et ces déclarations honteuses. Les monstres, s'ils existent dans la nature, ne doivent pas être dans la loi. Non, la justice éternelle, cette voix majestueuse de toute conscience pure, dit que, dans ce cas, si ce cas existe, l'homme doit supporter toutes les charges de la paternité dont il a témérairement affecté la puissance, et dévorer la honte d'un enfant qu'il peut n'avoir pas fait, mais qu'il a eu la frauduleuse audace de promettre à sa femme et à la société. »

Remarquons au surplus la différence qu'offrent entre eux les art. 313 et 314 du Code civil.

Dans le cas de l'art. 313, il ne suffit pas au mari de désavouer l'enfant mis au monde par sa femme ; il faut encore qu'il prouve qu'il n'est pas le père de cet enfant : pourquoi ? parce que cet enfant ayant été conçu pendant le mariage, le mari a contre lui la présomption légale de paternité, et que l'effet de toute présomption de droit est de faire retomber sur celui qui en conteste l'application, la preuve directe du fait tendant à la paralyser.

Dans le cas de l'art. 314, le mari, lorsqu'il n'est atteint par aucune des trois fins de non-recevoir qui y sont établies, n'a point de preuve à faire : il n'a besoin que de désavouer l'enfant né avant le cent quatre-vingtième jour du mariage ; et par son seul désaveu, il se décharge de tous les devoirs de la paternité envers cet enfant, il le place hors de sa famille.]]

V. Nous avons dit que les seules exceptions à la règle *pater is est quem nuptiæ demonstrant,* sont la longue absence du mari et son impuissance. En effet, si l'on pouvait en admettre d'autres, ce serait certainement l'adultère de la mère, et sa déclaration de l'illégitimité de ses enfans. Or, ni l'une ni l'autre circonstance ne sont pas assez fortes pour déroger à cette grande maxime.

1° Quoiqu'il puisse arriver qu'un enfant conçu pendant le mariage, ne soit redevable de la vie qu'au crime dont sa mère est convaincue, cependant, comme il est possible aussi qu'il la doive à l'union de la femme avec son mari, on présume toujours pour la Légitimité, lorsque sa conception date d'un temps antérieur à celui auquel se réfère l'accusation d'adultère. Ainsi, il ne suffit pas de prouver l'infidélité de la mère, pour en conclure que le fils est illégitime ; la loi s'oppose à cette conséquence injuste : *Non utique crimen adulterii quod mulieri objicitur, infanti prajudicat : cum possit et illa adultera esse, et impuber defunctum patrem habuisse.* Ce sont les termes de la loi 11, § 7, D. *ad legem Juliam de adulteriis.*

Qui oserait en effet, dans un cas pareil, fixer l'époque de la conception, et assurer que le mari, qui a pu se livrer aux caresses de son épouse dans le temps même où elle ne rougissait pas de les partager avec un étranger, n'est pas le père de l'enfant dont l'état est contesté? N'est-ce point là un secret impénétrable? La nature se joue ici des vains raisonnemens de l'homme : elle se plaît à confondre ses recherches et ses efforts; elle ne lui permet que le doute; et dans le doute, la loi incline toujours pour l'enfant : *In favorem prolis potius inclinandum.*

C'est d'après ce principe, qu'a été rendu l'arrêt célèbre du sieur de Vinantes, dont nous avons déjà parlé, et dont voici l'espèce.

Le 22 mai 1690, une femme inconnue apporte un enfant dans l'église paroissiale de la Ferté-Loupière, déclare qu'il est né trois mois auparavant, qu'il a été ondoyé, qu'il est fils de Marie Délanne (sans nommer le père), et demande qu'on lui supplée les cérémonies du baptême; ce qui s'exécute sans l'assistance d'aucun parent. La nourrice est marraine, le bedeau parrain, et tout se passe dans le plus profond secret. La nourrice le reporte chez elle, et il est élevé avec le même mystère. Cependant le sieur de Vinantes, mari de la femme Délanne, apprend la naissance clandestine de cet enfant, l'obscurité de son baptême, le secret de son éducation : tout cela réveille dans son esprit d'anciens soupçons qui malheureusement n'étaient que trop fondés : il ne ménage plus rien, il accuse sa femme d'adultère. Un grand nombre de témoins appuient cette accusation; ils expliquent les faits les plus graves, la demeure suspecte de la femme dans une maison de campagne à vingt lieues de la ville à laquelle son mari était attaché par son office, la grossesse cachée aux yeux du public, l'accouchement encore plus secret, le sieur Quinquet seul averti de la naissance de l'enfant, le baptême conféré par lui, ses aveux presque paternels, les aveux réitérés que la mère a faits de sa faute, et ses déclarations contraires à l'état de son fils : tous ces faits obligent les juges à décréter la femme; elle subit une instruction complète, elle est convaincue par les preuves les plus claires : une sentence la condamne aux peines de l'authentique; et le sieur Quinquet est banni par contumace. Marie Délanne interjette appel de ce jugement; il est confirmé par arrêt. Quelque temps après, la nourrice fait assigner le sieur de Vinantes en paiement de ses salaires : le sieur de Vinantes désavoue l'enfant, et demande que le sieur Quinquet soit tenu de le reconnaître. On nomme un tuteur à l'enfant pour défendre son état. La cause portée à l'audience, arrêt intervient, le 15 juin 1695, sur les conclusions de M. d'Aguesseau, qui « maintient » et garde la partie de Lamoignon (l'enfant), en » sa qualité de fils légitime de la partie d'Arrut » (le sieur de Vinantes); condamne la partie d'Ar- » raut de traiter la partie de Lamoignon en ladite » qualité, et de payer à la partie de Baudin (la » nourrice), ses salaires pour la nourriture de » l'enfant dont elle a été chargée, et aux dé- » pens. »

[[Cette jurisprudence est, comme on l'a vu plus haut, n° 3, considérablement modifiée par

l'art. 317 du Code civil; et en effet, la raison voulait qu'elle le fût.

« L'excès n'est jamais la vérité (disait M. Duveyrier, à la séance du corps législatif, du 2 germinal an 11;) et il était bien de revenir avec précaution et scrupule aux lois ordinaires de la raison.

» A la vérité, il n'y a pas, dans la nature, impossibilité physique à ce qu'une femme infidèle doive la conception de l'enfant dont elle devient mère, au mari qu'elle hait et qu'elle évite, et non pas à l'homme dont l'amour la rend l'esclave empressée et soumise. Mais tous les calculs du raisonnement, et toutes les affections morales de la nature elle-même se révoltent contre une telle possibilité. Le doute au moins est inévitable : et, disons-le sans crainte, le doute même n'existerait pas sans cette présomption de la loi si respectable, mais qui n'exerce aucune influence sur les motifs de conviction interne. Et si ce doute déjà commandé par la loi, plutôt que par la raison, se trouve encore combattu, non par la déclaration de la mère, dont mille motifs ont pu corrompre l'intention et peuvent affaiblir l'effet, mais par un aveu tacite, spontané et continuel, bien plus fort qu'une déclaration passagère et concertée, ne serons-nous pas entraînés vers la vérité, ou du moins vers le besoin d'en chercher l'évidence? Si la femme adultère a caché à son mari sa grossesse, son accouchement, la naissance de l'enfant, le sentiment qui lui a dicté ce mystère et imposé les soins et l'embarras qu'il exige, est d'une telle prépondérance, qu'il serait injuste de ne pas l'appeler en témoignage sur la question de la véritable paternité. Une femme, en ce cas, ne dit rien, ne déclare rien : au contraire, elle se tait et se cache. C'est son cœur lui-même qui, malgré elle, développe ses replis les plus cachés : c'est sa conscience qui laisse échapper son plus mystérieux jugement. Elle se montre tout entière dominée par la conviction intime à laquelle elle sacrifie son propre enfant, et ce que son enfant a de plus cher, la Légitimité. Alors, ce que la présomption légale du mariage peut exiger, c'est que la présomption contraire, parvenue à un si haut degré de puissance, ne suffise pas encore pour la détruire : mais on ne peut refuser au mari qui a déjà prouvé le crime de sa femme, et le mystère dont elle a enveloppé le fruit de son crime, la faculté d'offrir à la justice les autres preuves qui peuvent compléter la démonstration et le soustraire aux charges et à la honte d'une fausse paternité.

» Voilà la marche éclairée par toutes les lumières de la raison. Daignez, législateurs, jeter les yeux sur le projet de loi; et vous serez persuadés, j'espère, que ses auteurs ont discerné et établi sur ce point délicat toutes les combinaisons de sagesse, qui, sans porter une atteinte dangereuse au fondement social, à la présomption légale de paternité, attribuent cependant à la vérité et à la justice ce qu'elles ont droit d'exiger. Le projet de loi n'admet l'exception de l'impossibilité morale, fondée sur l'adultère, que sous trois conditions formelles. *Il faut que l'adultère soit constant; et il ne peut l'être que par un jugement public. Il faut que la femme ait caché à son mari la naissance de l'enfant adultérin. Et ces deux conditions remplies,* il faut encore que le mari présente la preuve des faits propres à justifier qu'un autre est le père de l'enfant. »

On voit que M. Duveyrier, pour admettre la preuve des faits tendans à prouver que l'enfant est adultérin, ne se contente pas de la preuve préalable du recèlement de sa naissance; et qu'il exige de plus que préalablement le mari ait fait constater l'adultère de la femme. C'est ce qu'ont également supposé M. Lahary, dans son rapport au tribunat, et même M. Bigot-Preameneu, dans son *exposé des motifs.*

Et voici une espèce dans laquelle, entraîné par leur autorité plus que par ma conviction personnelle, j'ai soutenu la même chose, mais sans succès.

Le 21 germinal an 12, mariage contracté devant le maire de Bourbon-l'Archambault, entre François-Antoine Bougarel, notaire à Moulins, et Madeleine-Joséphine Duchollet.

Le 16 avril 1806, les deux époux, voulant rompre leur mariage par un divorce prononcé de leur consentement mutuel, font l'inventaire des biens de leur communauté.

Le 9 mai suivant, ils liquident et règlent leurs droits respectifs.

Le lendemain, ils conviennent 1° que l'enfant né de leur mariage, le 21 ventose an 13, sera confié au père, et que la mère contribuera jusqu'à la concurrence de 200 francs par an, aux frais de son entretien et de son éducation; 2° que la dame Duchollet sera tenue de résider, pendant tout le temps des épreuves du divorce, dans la maison du sieur Duchollet, son père, à Bourbon-l'Archambault.

Le 13 du même mois, les deux époux se présentent devant le président du tribunal civil de Moulins, et lui font la déclaration de leur volonté.

Ils réitèrent cette déclaration le 20 août de la même année, le 29 novembre suivant et le 25 février 1807.

Le 14 mai 1807, ils se représentent devant le même magistrat, et requièrent l'admission de leur divorce.

Le 18 du même mois, jugement qui déclare qu'il y a lieu de l'admettre, et renvoie devant l'officier de l'état civil pour le prononcer.

Trois jours après, le divorce est prononcé par l'officier de l'état civil de Bourbon-l'Archambault.

Le 11 juin suivant, le sieur Bougarel présente au juge de paix du canton de Bourbon-l'Archambault, une requête par laquelle il expose qu'il vient d'être informé, par la rumeur publique, que Madeleine-Joséphine Duchollet, ci-devant son épouse, est accouchée, le 10 mai précédent, d'un enfant qui a été nommé Julien-Jean-Baptiste, et

dont on lui a caché la naissance; qu'il est dans l'intention de désavouer cet enfant, et qu'il demande la convocation d'un conseil de famille, à l'effet de nommer à Julien-Jean-Baptiste un tuteur contre lequel il puisse diriger ses poursuites.

A cette requête, le sieur Bougarel joint une expédition de l'acte de naissance de Julien-Jean-Baptiste, lequel est ainsi conçu : « Par-devant nous » Louis-Joseph Jardilliers, maire et officier de l'é-» tat civil de la ville et commune de Bourbon-l'Ar-» chambault, département de l'Allier, est comparu » Me Parost (Pierre-Claude,) docteur en chirur-» gie, âgé de cinquante-six ans, demeurant en » cette ville, lequel nous a déclaré que cejourd'hui, » à cinq heures du matin, Duchollet (Madeleine-» Joséphine,) demeurant en cette ville, est accou-» chée, dans la maison de Duchollet (Julien,) notaire » public, son père, demeurant en cette ville, d'un » enfant du sexe masculin, qu'il nous a présenté, » et auquel il a déclaré vouloir donner les prénoms » de *Julien-Jean-Baptiste*; lesdites déclaration, » présentation faites en présence de Belon (Jean-» Louis,) huissier public, âgé de quarante-six ans, » demeurant en cette ville, et de Cossonnier » (François,) âgé de soixante ans, perruquier » en cette ville; et ont les déclarans et témoins si-» gné avec nous le présent acte, après que lecture » leur en a été faite.»

Le 19 du même mois, le conseil de famille, convoqué à la réquisition du sieur Bougarel, nomme le sieur Duchollet père, tuteur *ad hoc* du mineur Julien-Jean-Baptiste.

Le 27, le sieur Bougarel fait signifier au sieur Duchollet un acte de désaveu.

Le 7 juillet suivant, il fait la même signification à Madeleine-Joséphine Duchollet, mère de l'enfant.

Le 18 du même mois, il fait assigner le tuteur et la mère de Julien-Jean-Baptiste au tribunal civil de Moulins, pour voir dire qu'*attendu que la naissance de cet enfant lui a été cachée, que ce recèlement de naissance autorise le désaveu pour cause d'adultère, suivant l'art.* 313 *du Code civil, il lui sera donné acte des faits qu'il articulera de la manière prescrite par l'art.* 252 *du Code de procédure pour établir l'adultère, et qu'il sera admis à en faire la preuve tant par titre que par témoins, et à proposer tous les autres faits propres à justifier qu'il n'est pas le père dudit Julien-Jean-Baptiste; par suite de quoi, le désaveu sera jugé bon et valable, etc.*

Le sieur Duchollet comparaît sur cette assignation, et soutient que le sieur Bougarel doit être déclaré non-recevable, 1° parce qu'il n'a pas formé son désaveu dans le délai prescrit au père qui est *sur les lieux*, c'est-à-dire, dans le mois de la naissance de l'enfant; 2° parce qu'aux termes de l'article 252 du Code de procédure civile, il aurait dû articuler et proposer par écrit les faits dont il entendait faire la preuve; et il conclut incidemment à ce qu'il soit ordonné que l'acte de naissance de Julien-Jean-Baptiste sera rectifié, en ce qu'on y a omis de déclarer que cet enfant est né du mariage de Madeleine-Joséphine Duchollet avec le sieur Bougarel.

Le 4 avril 1810, jugement qui pose et décide ainsi les questions à juger :

« 1° Le sieur Bougarel a-t-il réclamé en temps utile contre la Légitimité de l'enfant dont Madeleine-Joséphine Duchollet, alors son épouse, est accouchée le 10 mars 1807 ? 2° devait-il articuler par écrit les faits tendans à établir son désaveu, ou attendre, pour le faire, que le tribunal ait décidé si la naissance de l'enfant dont il s'agit, lui a été ou non cachée ? 3° au fond, est-il vrai que la naissance dudit enfant lui a été réellement cachée, dans le sens de l'article 316 du Code civil ? 4° en supposant la négative de cette question, la demande en désaveu de paternité du sieur Bougarel doit-elle être rejetée ? 5° y a-t-il lieu de statuer sur la demande incidente du tuteur de l'enfant, en rectification de son acte de naissance ?

« Considérant, sur la première question, que le sieur Bougarel, habitant de cette ville de Moulins ; et la dame Duchollet celle de Bourbon-l'Archambault, lors de ses couches, il n'était pas sur le lieu de la naissance de l'enfant ; qu'ayant réclamé contre sa Légitimité dès le 12 juin 1807, trois mois deux jours après la naissance dudit enfant, la fin de non-recevoir opposée à raison du laps de temps, n'est pas fondée ;

» Considérant, sur la seconde question, qu'avant d'articuler des faits tendans à établir son désaveu, le sieur Bougarel a dû faire statuer sur la question de savoir si la naissance de l'enfant lui a été cachée, parce qu'il ne peut être recevable dans ladite demande, qu'autant que l'affirmative de cette question sera décidée ; que, dès-lors, l'art. 252 du Code de procédure civile ne reçoit pas ici d'application ;

» Considérant, sur la troisième question, que la dame Duchollet n'a aucunement usé de clandestinité, lorsqu'elle a donné le jour à l'enfant désavoué par le sieur Bougarel ; qu'elle a fait ses couches dans la maison de son père, lieu de retraite que lui avait désigné l'ordonnance de M. le président du tribunal, du 13 mai 1806 ; que l'enfant a été présenté le même jour à l'officier de l'état civil par l'accoucheur ; que la circonstance de ce que l'acte qui en a été dressé, n'indique pas le nom du père, n'est pas plus le fait de la mère que de l'enfant ; qu'on ne peut l'imputer qu'à un oubli blâmable de l'officier public ; que l'enfant a été placé en nourrice à peu de distance de la ville de Bourbon-l'Archambault ; que sa naissance était notoire ; que la mère l'a fréquemment visité ; qu'il est, dès-lors, impossible de se rendre à l'idée que la naissance de cet enfant a été cachée au sieur Bougarel, puisque la dame Duchollet, alors son épouse, vu leur séparation, à raison de la procédure qu'exigeait leur divorce par consentement mutuel, ne pouvait rien faire de plus pour la lui faire connaître ; que la loi ne reconnaît d'autre père que celui désigné par le mariage, art. 312

du Code civil, conforme à la loi 5, D. de in jus vocando, que l'enfant dont Madeleine-Joséphine Duchollet est accouchée le 10 mars 1807, se trouve né soixante-onze jours avant la dissolution du mariage de ladite dame Duchollet avec le sieur Bougarel, et seulement deux cent soixante-onze jours après leur séparation, qui date du 13 mai 1806, ce qui fait présumer que cet enfant a été conçu avant même la séparation volontaire des époux pour procéder à leur divorce par consentement mutuel ; qu'il n'est pas contesté, qu'au contraire il est reconnu par ledit sieur Bougarel, que Jean-Baptiste-Julien, qui est l'enfant désavoué, est fils de Madeleine Joséphine Duchollet ; que cet enfant a en outre, en sa faveur, l'acte civil qui lui donne pour mère ladite dame Duchollet ; qu'ainsi la maternité étant incontestable et incontestée, on doit appliquer la maxime de droit, pater is est quem nuptiæ demonstrant ;

» Considérant, que l'enfant étant reconnu légitime, l'omission faite par l'officier public dans l'acte civil constatant sa naissance, au nom du père de cet enfant, doit être rectifiée conformément aux art. 99, 100 et 101 du Code civil ;

» Le tribunal, jugeant à huis clos, sans s'arrêter ni avoir égard aux fins de non-recevoir proposées par le tuteur de l'enfant, partie d'Audiat, statuant au principal, déclare François-Antoine Bougarel fils, partie d'Ossavy, mal fondé dans sa demande en désaveu de paternité dudit enfant, dont il est débouté ; faisant droit sur la demande incidente de la partie d'Audiat et à la réquisition du procureur du roi, ordonne qu'il sera ajouté à l'acte de naissance de l'enfant désigné sous les prénoms de Jean-Baptiste-Julien, qu'il est issu du légitime mariage du sieur François-Antoine Bougarel fils, notaire en la ville de Moulins, département de l'Allier, et de la dame Madeleine-Joséphine Duchollet, son épouse ; qu'en conséquence, le présent jugement sera inscrit, en cette partie seulement, sur les registres de l'état civil, par les dispositions d'iceux, aussitôt qu'il leur aura été remis ; que mention en sera par eux faite en marge de l'acte réformé, et que cet acte ne sera plus délivré qu'avec ladite rectification..... »

Le sieur Bougarel appelle de ce jugement à la cour de Riom.

Madeleine-Joséphine Duchollet se présente sur cet appel, assistée du sieur Mandosse, qu'elle a depuis peu épousé en secondes noces.

Le sieur Duchollet, tuteur, se présente également, et appelle incidemment de la disposition du jugement qui rejette ses fins de non-recevoir.

Le sieur Bougarel produit une série d'actes de naissance d'enfans naturels et d'enfans légitimes inscrits hors la présence de leurs pères, tous rédigés par le sieur Jardillier, maire de Bourbon-l'Archambault ; et conclut de leur rapprochement, que l'intention de cet officier a été d'inscrire Julien-Jean-Baptiste comme un enfant né hors du mariage. Il fortifie cette preuve par la production de la table alphabétique des naissances de Bourbon-l'Archambault, dans laquelle Julien-Jean-Baptiste est désigné comme *enfant naturel*.

Le 29 août 1810, arrêt ainsi conçu :

« 1° Le sieur Bougarel a-t-il réclamé en temps utile, contre la Légitimité de l'enfant dont Madeleine-Joséphine Duchollet est accouchée le 10 mars 1807 ?

» 2° A-t-il dû articuler et proposer par écrit, conformément à l'art. 252 du Code de procédure, les faits tendans à établir son désaveu, avant qu'il ait été décidé si la naissance de l'enfant désavoué lui a été ou non cachée ?

» 3° Est-il dans l'esprit de la loi, que la demande en désaveu de paternité ne puisse être admise que lorsqu'il existe déjà une preuve d'adultère ; ou, au contraire, la preuve d'adultère ne doit-elle être faite que pour justifier et établir la demande en désaveu, et par conséquent après seulement que cette demande a été admise ?

» 4° Au fond, résulte-t-il des circonstances de la cause que la naissance de l'enfant Julien-Jean-Baptiste ait été réellement cachée au sieur Bougarel ?

» 5° Dans l'affirmative, celui-ci doit-il être admis à proposer tous les faits propres à justifier qu'il n'en est pas le père ?

6° Y a-t-il lieu de statuer sur la demande incidente du tuteur, tendante à la rectification de l'acte de naissance de l'enfant désavoué ?

» En ce qui touche les fins de non-recevoir résultant de ce que Bougarel, partie de Delapchier, n'a point exercé son action dans les délais requis, et l'appel incident formé, quant à ce, par la partie de Tailhaud ; par les motifs exprimés au jugement dont est appel, la cour met l'appellation au néant, ordonne qu'à cet égard, ledit jugement sortira effet ;

En ce qui touche le fond sur lequel les premiers juges ont débouté la partie de Delapchier de sa demande en désaveu de paternité, et ont ordonné que l'acte de naissance de l'enfant nommé *Julien-Jean-Baptiste*, serait rectifié sur les registres de la municipalité de Bourbon-l'Archambault,

» Attendu que la naissance de l'enfant désavoué a été cachée à la partie de Delapchier, qu'on dit en être le père ; que le dessein de cette fraude et la fraude qui s'en est suivie, sont évidens par toutes les circonstances qui ont accompagné la grossesse de la femme, et suivi la naissance de l'enfant ;

» D'abord, en ce que la femme a affecté, pendant tout le cours des épreuves et de la procédure en divorce, même dans les derniers mois de sa grossesse, même encore après ses couches qui ont précédé de deux mois la prononciation du divorce, de dissimuler son état de grossesse, la naissance de l'enfant qui en est provenu, de faire aucune proposition pour fixer le sort de cet enfant, quoique la loi en fît un devoir, et que ce devoir n'ait pas été négligé pour l'enfant premier-né du mariage ;

» 2° Dans l'affectation coupable de ne faire inscrire cet enfant sur les registres de naissances de la municipalité de Bourbon-l'Archambault, que sous les noms de *Julien-Jean-Baptiste, fils de Madeleine-Joséphine Duchollet*, sans exprimer le nom du père, quoique la loi ordonne d'en faire mention, et sans énoncer même si cette Madeleine-Joséphine Duchollet est fille, femme ou veuve, quoique l'enfant ait été présenté à la municipalité par un chirurgien-accoucheur, ancien ami de la maison, qui ne pouvait ignorer l'état de la Duchollet, comme femme Bougarel ; et quoique ce fait fût aussi parfaitement connu de l'officier public qui a reçu l'acte de naissance, ami pareillement de la maison, qui déjà avait reçu l'acte de mariage de cette femme avec Bougarel, et l'acte de naissance de son fils premier-né ;

» 3° Que l'affectation y est d'autant plus marquée, que, dans tous les actes de naissances du même temps, reçus par le même officier, on voit son exactitude à n'omettre aucune des énonciations et formalités requises par la loi ;

» 4° En ce qu'aucun parent de la famille n'a assisté à cet acte de naissance, qui n'a été témoigné que par quelques hommes du peuple ;

» 5° En ce que, dans le relevé ou tableau extrait de ces mêmes registres, à côté du nom de Julien-Jean-Baptiste, et dans une colonne particulière destinée à déclarer l'état des enfans, il est écrit que ce Julien-Jean-Baptiste, né le 10 mars 1807, est *enfant naturel* ;

» Attendu qu'en jugeant, en cet état, la demande en désaveu de paternité, mal fondée, les premiers juges ont consommé leur ministère ;

» La cour dit qu'il a été mal jugé par le jugement dont est appel, rendu au tribunal civil de Moulins le 4 avril 1810 ; bien appelé ; émendant, déclare que la naissance de l'enfant dont il s'agit, a été cachée à Bougarel, partie de Delapchier ; en conséquence, admet ledit Bougarel à proposer devant la cour les faits tendans à prouver qu'il n'est pas pas le père dudit enfant ; sauf à la cour après lesdites propositions communiquées aux parties de Tailhaud, et de Marie à ordonner, s'il y a lieu, la preuve desdits faits, dépens réservés. »

Le sieur Duchollet et la dame Mandosse, assistée de son mari, se pourvoient en cassation contre cet arrêt.

Mais l'instruction ne s'en poursuivit pas moins devant la cour de Riom ; et le 20 mars 1811, second arrêt qui déclare pertinens les faits articulés par le sieur Bougarel pour établir qu'il n'est pas le père de l'enfant désavoué, et admet le sieur Bougarel à en faire preuve.

Le 26 avril suivant, troisième arrêt qui, d'après l'enquête du sieur Bougarel sur ces faits, déclare le désaveu bien fondé, et fait défenses à Jean-Julien-Baptiste de prendre la qualité du sieur Bougarel.

Nouveau recours en cassation de la part du sieur Duchollet et de la dame Mandosse, contre ces deux arrêts.

Les deux recours sont successivement admis par deux arrêts de la section des requêtes, le premier du 11 juin 1811, le second du 12 mars 1812; et le sieur Bougarel est, en conséquence, cité devant la section civile, pour défendre à l'un et à l'autre.

« Des quatre moyens de cassation qui vous sont proposés (ai-je dit à l'audience de la section civile, le 8 juillet 1812) contre l'arrêt de la cour de Riom du 29 août 1810, les trois premiers nous paraissent ne mériter aucune considération.

» Comment, en effet, la cour de Riom, en ne déclarant pas le sieur Bougarel non-recevable dans sa réclamation, faute d'avoir, en formant, articulé par écrit les faits propres à justifier qu'il n'est pas le père de Julien-Jean-Baptiste, aurait-elle violé l'art. 252 du Code de procédure civile, qui veut que les faits dont une partie demande à faire preuve, soient articulés succinctement et par un simple acte ?

» L'art. 313 du Code civil n'admet le mari à proposer *tous les faits propres à justifier qu'il n'est pas le père de l'enfant* désavoué par lui, que lorsqu'il a prouvé notamment que la naissance de cet enfant lui a été cachée.

» Il fallait donc que le sieur Bougarel commençât, comme il l'a fait, par prouver qu'on lui avait caché la naissance de Julien-Jean-Baptiste.

» La cour de Riom devait donc, comme elle l'a fait, commencer par statuer sur cette question préalable.

» Elle devait donc, comme elle l'avait fait, en jugeant cette question préalable en faveur du sieur Bougarel, lui réserver de *proposer*, de la manière déterminée par l'art. 252 du Code de procédure civile, *tous les faits propres à justifier qu'il n'est pas le père de* Julien-Jean-Baptiste.

» Elle n'a donc fait, par l'arrêt attaqué, que mettre en harmonie le mode d'exécution de l'article 252 du Code de procédure civile, avec le mode d'exécution de l'article 313 du Code civil. Elle n'a donc pas contrevenu au premier de ces articles.

» Comment la cour de Riom aurait-elle pu, en retenant la connaissance du fond, par suite de la réformation du jugement du tribunal de première instance, contrevenir à l'art. 473 du Code du procédure civile ?

» Cet article dit bien que, dans les cas où les cours infirmeraient, soit pour vices de forme, soit pour toute autre cause, des jugemens définitifs, elles pourront, par un seul et même arrêt, statuer définitivement sur le fond.

» Mais il ne dit pas que, si, dans ces cas, le fond n'est pas encore susceptible d'une décision définitive, les cours ne pourront pas, en faisant ce que les premiers juges auraient dû faire, y statuer par un interlocutoire, et par conséquent le retenir.

» Il ne déroge donc pas aux arrêts sans nombre, et notamment à ceux du 24 prairial an 8, au rapport de M. Borel, du 12 thermidor de la même année, au rapport de M. Oudot, et du 24 brumaire an 9, au rapport du même magistrat, par

lesquels vous aviez jugé que ce pouvoir résidait dans les cours d'appel.

» Et ce qui prouve démonstrativement qu'il n'ôte pas ce pouvoir aux cours d'appel, c'est que l'art. 472 dit expressément que, *si le jugement définitif est infirmé, l'exécution, entre les mêmes parties, appartiendra à la cour d'appel qui aura prononcé, ou à un autre tribunal qu'elle aura indiqué par le même arrêt.* Qu'y avait-il à faire, dans notre espèce, en exécution de l'arrêt de la cour de Riom, qui infirmait le jugement du tribunal de première instance ? La cour de Riom a jugé, et elle le pouvait incontestablement dans la forme, qu'il y avait lieu d'admettre le sieur Bougarel à proposer les faits qu'il jugerait propres à justifier qu'il n'est pas le père de Julien-Jean-Baptiste. Elle a donc pu ordonner que ces faits seraient proposés devant elle, comme elle aurait pu ordonner qu'il les proposerait devant un autre tribunal de première instance.

» Enfin, comment la cour de Riom aurait-elle violé l'art. 313 du Code civil, en jugeant que la naissance de Julien-Jean-Baptiste avait été cachée au sieur Bougarel ?

» Elle n'a jugé, par là, qu'une question de fait; et elle l'a jugée, non-seulement d'après l'acte de naissance de Julien-Jean-Baptiste, qu'elle avait assurément bien le droit d'interpréter, mais encore d'après toutes les circonstances qui avaient accompagné la grossesse et suivi l'accouchement de la mère de l'enfant, c'est-à-dire d'après des élémens sur lesquels la cassation ne peut avoir aucune prise.

» Le quatrième moyen de cassation, qui est également puisé dans l'art. 313 du Code civil, vous paraîtra vraisemblablement digne d'une attention plus sérieuse.

» La cour de Riom, dit le demandeur, sur la preuve du seul fait que la naissance de Julien-Jean-Baptiste avait été cachée au sieur Bougarel, a admis le sieur Bougarel à proposer les faits qu'il jugerait propres à justifier qu'il n'est pas le père de cet enfant. Mais le recèlement de la naissance de Julien-Jean-Baptiste était par lui-même insuffisant pour autoriser cette manière de juger; il fallait de plus, aux termes de l'art. 313, que l'adultère de la mère fût préalablement constaté par un jugement. L'art. 313 est donc violé par l'arrêt de la cour de Riom.

» Effectivement, messieurs, l'art. 313 est ainsi conçu : *Le mari... ne pourra désavouer l'enfant..., même pour cause d'adultère, à moins que la naissance ne lui ait été cachée; auquel cas, il sera admis à proposer tous les faits propres à justifier qu'il n'en est pas le père;* et de là il résulte clairement que, pour qu'un mari soit recevable à proposer des faits propres à justifier qu'il n'est pas le père de l'enfant dont son épouse est accouchée, deux conditions sont absolument nécessaires : l'une, qu'il y ait eu adultère de la part de la femme; l'autre, que la naissance de l'enfant ait été cachée au mari.

» On sent assez pourquoi le législateur exige le concours de ces deux conditions, pourquoi il restreint au cas de l'adultère de la femme, la faculté qu'il accorde au mari de prouver que l'enfant dont la naissance lui a été cachée, ne lui appartient pas.

» En thèse générale, et l'article 312 le dit en termes exprès, *l'enfant conçu pendant le mariage*, est présumé avoir pour *père le mari*.

» Cette présomption peut, sans doute, comme toutes les présomptions établies par la loi, être détruite par une preuve contraire. Mais la preuve véritable et proprement dite de la non-paternité, ne peut être établie que par celle d'une impossibilité physique de la cohabitation entre le mari et la femme. Hors ce cas, il ne peut y avoir, en faveur de la non-paternité, que des présomptions ; et la loi, à qui seule appartient le pouvoir d'indiquer les présomptions auxquelles doivent céder celle qu'elle établit, ne saurait être trop sévère dans le choix des présomptions qui peuvent faire cesser celle que la conception d'un enfant pendant le mariage, forme pour la paternité du mari.

» Aussi l'article 313 n'en admet-il que deux, l'adultère de la femme, et le recèlement de naissance de l'enfant ; et encore veut-il qu'elles concourent, non-seulement avec d'autres circonstances qu'il ne détermine pas et dont il abandonne l'appréciation à la conscience du juge, mais même l'une avec l'autre.

» Pourquoi *l'une avec l'autre ?* Parce qu'isolées, elles ne présenteraient que des incertitudes.

» En effet, il est d'abord très-possible qu'une femme cohabite avec son mari, dans le temps même où elle trahit la foi conjugale. Et dès que la chose est possible, qui osera dire qu'elle n'a pas eu lieu ? Et dès qu'elle a eu lieu, qui osera dire que l'enfant est le fruit du crime de sa mère ? Les législateurs romains s'étaient expliqués là-dessus d'une manière très-positive : *cum possit et illa* (*uxor*) *adultera esse, et impuber defunctum patrem habuisse* : ce sont les termes de la loi 2, § 9, D. *ad legem Juliam de adulteriis.*

» D'un autre côté, comme le disait M. Rœderer, à la séance du conseil d'état du 16 brumaire an 10, « l'accouchement de la femme et l'éducation de l'enfant à l'insu du mari, ou loin de ses yeux, ne sont pas toujours une preuve, ou même un commencement de preuve, que le mari n'est pas le père de l'enfant. Un mari violent qui connaîtra ou soupçonnera un commerce clandestin entre sa femme et un amant, pourra la menacer des plus redoutables traitemens ; si elle devient grosse dans le temps sur lequel portent ses soupçons. Cependant elle est grosse au moment même de ces menaces : son mari s'absente pour service public ou pour affaires particulières ; elle, intimidée, cache son accouchement, le dérobe à la connaissance de son mari, quoique l'enfant puisse être de lui comme de l'amant, ou de lui seul, la jalousie seule ayant vu un amant dans l'homme qui n'était qu'un ami. Il faut aller plus loin : il est impossible qu'un enfant très-légitime, mais dont la Légitimité n'est pas certaine aux yeux du mari, à plus forte raison qu'un enfant né d'un commerce adultérin, ait été mis au jour et élevé loin des yeux du mari, en vertu d'une convention faite entre les deux époux. Un mari qui se croit trompé, celui qui sait l'être, peuvent dire à leur femme : *l'enfant dont tu es enceinte, n'est pas de moi ; il faut que tu te gardes de laisser jamais paraître à mes yeux le fruit de tes désordres.* On a dit que cela est impossible. On répondra que cela est très-possible, et on citera d'Aguesseau qui lui-même cite ce mot d'Ovide, *omnia tuta timens,* pour prouver qu'une femme intimidée est capable de toutes sortes de réticences ; et qui dit d'ailleurs dans son 23e plaidoyer, *qu'un père peut très-bien désavouer son propre fils, et vouloir venger sur le fils l'affront qu'il a reçu de la mère.* »

» Tels sont les motifs qui ont déterminé la disposition de l'art. 313 ; et encore une fois il est évident qu'elle exige le concours de deux conditions, celle de l'adultère de la femme, et celle du recèlement de la naissance de l'enfant, pour que le mari puisse être admis à proposer les faits qu'il juge propres à justifier que l'enfant ne lui appartient pas.

» Or, que faut-il pour que la première de ces deux conditions soit censée remplie ?

» Sans contredit, il faut que la femme soit jugée coupable d'adultère ; car, tant qu'elle n'est pas jugée telle, nul n'est en droit de dire et de supposer qu'elle le soit. Il en est de l'adultère comme de tout autre délit : il ne se présume jamais ; c'est l'innocence, au contraire, que la loi présume toujours, et il n'y a qu'un jugement qui puisse détruire cette présomption.

» Aussi les orateurs du gouvernement et du tribunat ont-ils, en discutant le projet de l'art. 313, présenté le jugement qui déclare la femme adultère, comme l'un des préalables nécessaires à l'admission de la preuve des faits propres à justifier que le mari n'est pas le père de l'enfant désavoué.

» Écoutons M. Bigot-Préameneu dans *l'exposé des motifs* du titre *de la paternité et de la filiation* : « En vain la voix du mari s'élèverait-elle contre sa femme pour l'accusation la plus grave, celle de l'adultère : ce crime, fût-il prouvé, ne ferait naître contre l'enfant que le père voudrait désavouer, qu'une présomption qui ne saurait balancer celle qui résulte du mariage. La femme peut avoir été coupable, sans que le flambeau de l'hyménée fût encore éteint. — Cependant, si la femme, *ayant été condamnée pour adultère,* avait caché à son mari la naissance de cet enfant, cette conduite deviendrait un témoignage d'un grand poids. — Il ne saurait y avoir, de la part de cette femme, d'aveu plus formel que l'enfant n'appartient point au mariage. — Comment présumer que la mère ajoute à son crime envers son mari celui de tromper son propre en-

» fant qu'elle exclut du rang des enfans légi-
» times ? — Lorsqu'il est ainsi repoussé de la
» famille , et par la femme qui cache sa naissance,
» et par le mari *qui a fait prononcer la peine d'a-*
» *dultère*, cela forme une masse de présomptions
» qui ne laissent plus à celle que l'on peut tirer
» du mariage, son influence décisive. — Alors
» même l'enfant, au milieu de ces dissentions, et
» malgré la condamnation de sa mère, peut tou-
» jours invoquer la règle générale ; mais on n'a
» pas cru qu'il fût possible de refuser au mari la
» faculté de proposer les faits propres à justifier
» qu'il n'est pas le père. Comment , en effet , re-
» pousser un mari qui , *ayant fait déclarer sa*
» *femme adultère*, ayant ignoré qu'elle eût un
» enfant , verrait après coup , et peut-être même
» après la mort de sa femme, cet enfant se pré-
» senter comme étant né de son mariage ? — C'est
» dans de pareilles circonstances que l'honnêteté
» publique et la dignité de l'union conjugale ré-
» clament, en faveur du mari, le droit de prouver
» que cet enfant lui est étranger. »

» M. Lahary, dans son rapport au tribunat sur
le même titre , s'exprimait de même en d'autres
termes : « Le projet que nous discutons (disait-il),
» n'a pas dû attribuer à la seule exception d'adul-
» tère le même effet que produit l'impossibilité
» physique de la cohabitation , et faire résulter
» uniquement de ce crime un moyen de désaveu :
» car c'eût été , en quelque sorte, livrer les femmes
» à la merci des caprices ou des passions de leurs
» maris, qui , pour parvenir à ce désaveu , n'au-
» raient pas manqué de recourir à cette grave
» accusation. Aussi a-t-il expressément décidé que
» l'exception d'adultère n'autoriserait pas le mari à
» désavouer l'enfant , que dans les cas prévus par
» l'art. 308 (aujourd'hui 313)…. Ainsi , d'après
» cet article, il faudra , pour autoriser le désaveu
» du mari, non-seulement *que l'adultère de la*
» *femme soit prouvé*, mais encore qu'elle lui ait
» caché la naissance de l'enfant…. Remarquez ici
» quelle a été la sagesse du gouvernement : voyez
» de combien de précautions il s'est investi pour
» admettre la preuve de *l'impossibilité morale*, et
» pour justifier , par sa propre loi, la restriction
» qu'il imposait à la règle générale ; si raisonna-
» blement adoptée autrefois , mais si diversement
» appliquée par notre jurisprudence ! En effet , ce
» n'est pas dans tous les cas que l'art. 308 admet
» cette preuve, comme l'art. 306 avait admis celle
» de *l'impossibilité physique ;* car c'eût été s'ex-
» poser au risque tant redouté par d'Aguesseau ,
» de porter *atteinte à la qualité d'enfant légitime,*
» *et aux fondemens de la société civile.* Ce n'est
» pas non plus dans le seul cas de l'adultère; car,
» comme l'a dit très-ingénieusement l'orateur du
» gouvernement , *la femme peut avoir été cou-*
» *pable, sans que le flambeau de l'hymenée fût*
» *encore éteint.* Ce n'est pas même dans le cas du
» recel de la naissance de l'enfant, *accompagné de*
» *la preuve de l'adultère ;* car ce ne sont encore
» là , à ses yeux , que des présomptions qui ne

» peuvent l'emporter sur celle de la loi. Qu'exige-
» t-il donc pour détruire cette présomption lé-
» gale ? Il exige qu'une preuve positive vienne ren-
» forcer toutes les présomptions contraires , et
» qu'elle fasse disparaître celle de la paternité qui
» résulte du mariage. C'est alors , mais alors seu-
» lement , qu'il croit devoir faire plier l'inflexibi-
» lité de la règle ; car il faut bien qu'elle cède à
» l'évidence d'un fait destructif , de celui qu'elle
» présume, puisqu'il n'est plus possible de réputer
» père celui qui prouve qu'il ne l'est pas. Enfin ,
» c'est alors , mais alors seulement , que le mari
» est autorisé, *dans les deux circonstances pré-*
» *vues*, à désavouer l'enfant conçu pendant le
» mariage. »

» Nous retrouvons les mêmes idées dans le discours prononcé par M. Duveyrier, au nom du
tribunat , à la séance du corps législatif du 2 germinal an 11 : « On ne peut refuser au mari *qui a*
» *déjà prouvé le crime de sa femme et le mystère*
» *dont elle a enveloppé le fruit de son crime*, la
» faculté d'offrir à la justice les autres preuves qui
» peuvent compléter la démonstration, et le sous-
» traire aux charges et à la honte d'une fausse pa-
» ternité… Le projet de loi n'admet l'exception
» d'impossibilité morale , fondée sur l'adultère ,
» que sous trois conditions formelles. Il faut que
» l'adultère soit constant ; et il ne peut l'être que
» par un jugement public. Il faut que la femme
» ait caché à son mari la naissance de l'enfant
» adultérin. Et ces deux conditions remplies , il
» faut encore que le mari présente la preuve des
» faits propres à justifier qu'un autre est père de
» l'enfant. »

» Vainement donc viendrait-on dire ici , pour la
défense de l'arrêt attaqué , que, si le mari parvient à prouver qu'il n'est pas le père de l'enfant,
il prouvera , par cela seul , que la femme s'est
rendue coupable d'adultère.

» Sans doute , la preuve de la non-paternité du
mari emporterait la preuve de l'adultère de la
femme. Mais la loi n'admet celle-là qu'à la suite
de celle-ci ; elle n'admet le mari à prouver qu'il
n'est pas le père de l'enfant, qu'après qu'il a prouvé
et fait juger que sa femme a souillé la couche
nuptiale. C'est alors violer ouvertement la loi ,
que d'admettre la preuve de la non-paternité ,
avant que la preuve de l'adultère ait été faite et
consacrée par un jugement.

» Plus inutilement objecterait-on que , dans
notre espèce, le mariage était dissous par un divorce prononcé du consentement mutuel des deux
époux , lorsque le mari a eu connaissance de l'accouchement de la femme ; et qu'alors , il n'était
plus recevable à accuser sa femme d'adultère.

» Pourquoi n'y aurait-il plus été recevable ? Le
Code civil dit bien, art. 229, que le mari pourra
» demander le divorce pour cause d'adultère de sa
» femme » ; mais il n'ajoute pas que le mari ne
sera admis à accuser sa femme d'adultère qu'à
l'effet de parvenir au divorce ; il n'ajoute pas
qu'une fois divorcé pour une autre cause que

l'adultère de sa femme, il ne sera plus admis à accuser sa femme d'adultère. Il laisse donc cet objet sous l'empire de la règle générale ; et la règle générale est que toute action est recevable de la part de celui qui y a intérêt.

» D'ailleurs, quelle conséquence y aurait-il à tirer, en bonne logique, de la supposition qu'après un divorce par consentement mutuel, l'accusation d'adultère ne serait plus admissible de la part du mari ? Il en résulterait nécessairement qu'alors le mari ne serait plus recevable à prouver qu'il n'est pas le père de l'enfant conçu par sa femme avant le divorce, car la loi n'ouvre cette preuve au mari, qu'en cas d'adultère constaté par un jugement ; et sa disposition est trop générale pour qu'on puisse la limiter par une exception qui n'est point écrite dans son texte.

» C'est ainsi qu'encore que l'art. 317 admette les héritiers du mari mort dans le délai utile pour désavouer l'enfant, à exercer une action en désaveu qu'il n'a point exercée lui-même, ils ne peuvent néanmoins user de cette faculté pour les causes exprimées dans l'art. 313, que lorsque le mari avait, avant son décès, fait déclarer sa femme coupable d'adultère. Le tribunat, dans ses observations sur l'art. 317, demandait, par cette raison, qu'on le rédigeât de manière à ne pas comprendre le cas prévu par l'art. 313. « En effet « (disait-il), si le mari était mort avant d'avoir » intenté l'action en adultère, quoiqu'étant encore » dans le délai utile pour l'intenter, on devrait » plutôt présumer qu'il eût passé ce délai sans le » faire, que d'accorder ce droit aux héritiers, » peut-être contre l'intention formelle du mari, » dont le silence était commandé peut-être par des » raisons décisives et connues de lui seul. » Et quoique le conseil d'état ait laissé subsister l'ar. 317 tel qu'il l'avait d'abord rédigé, il n'en a pas moins approuvé le motif sur lequel reposaient les observations du tribunat ; il a seulement pensé que le tribunat n'en faisait pas une juste application. « La loi (a-t-il dit, comme nous l'apprend l'au-« teur de l'*Esprit du Code civil*, tome 4, page 79), « la loi ne donne pas à l'héritier l'action en adul-» tère : elle suppose que la question aura été jugée « avec le mari, et l'adultère reconnu ; et elle per-» met alors aux héritiers de faire de ce premier » jugement la base de l'action en désaveu. »

» Mais, objecte le défendeur, si je poursuis de-vant le tribunat la restitution d'un effet qui m'a été volé, je ne pourrai certainement pas être dé-claré non-recevable, sous le prétexte qu'avant de me pourvoir, je n'ai pas fait constater le vol par un jugement. Si un mari se pourvoit en divorce pour cause d'adultère, il ne pourra certainement pas être déclaré non-recevable, sous le prétexte qu'il n'a pas fait précéder son action en divorce d'une plainte en adultère, sous le prétexte qu'il n'a pas préalablement obtenu un jugement sur cette plainte. Pourquoi donc un mari pourrait-il être déclaré non-recevable dans son action en désaveu fondée sur l'adultère de sa femme, sous

prétexte qu'avant d'intenter cette action, il n'a pas fait déclarer sa femme coupable d'adultère ? Et d'ailleurs comment accorder cette prétendue né-cessité de faire précéder l'action en désaveu, d'un jugement sur l'adultère de la femme, avec la brièveté des délais que la loi accorde pour l'exer-cice de cette action ? Bien évidemment ces délais seraient insuffisans pour tout à la fois faire pro-noncer sur l'accusation d'adultère, et intenter l'ac-tion en désaveu. Le législateur a donc nécessaire-ment entendu, en fixant des délais aussi courts, qu'incidemment à l'action en désaveu, le mari pût faire preuve de l'adultère de sa femme.

» Aussi, messieurs, ne disons-nous pas que la preuve judiciaire et légale de l'adultère de la femme, doit essentiellement précéder l'action en désaveu du mari. Mais nous disons qu'en intentant son action en désaveu, le mari doit, avant d'être admis à prouver sa non-paternité, faire juger deux choses : que la femme est coupable d'adultère, et qu'elle lui a caché la naissance de l'enfant. Nous disons que, pour admettre le mari à prouver qu'il n'est pas le père de l'enfant, il ne suffit pas d'avoir jugé que la naissance lui avait été cachée, mais il faut encore avoir jugé que la femme est coupable d'a-dultère. Nous disons que la preuve de l'adultère de la femme ne peut pas être cumulée avec la preuve des faits tendans à prouver la non-pater-nité du mari, mais qu'elle doit la précéder, comme doit la précéder la preuve du recèlement de la naissance de l'enfant. Nous disons que, de même qu'il y aurait lieu de casser l'arrêt de la cour de Riom du 25 août 1810, s'il avait admis la preuve des faits tendans à prouver la non-pater-nité du sieur Bougarel, avant d'avoir jugé que le sieur Bougarel avait, par le fait de son épouse, ignoré la naissance de l'enfant ; de même aussi il y a lieu de le casser, pour avoir admis la preuve de ces faits avant d'avoir jugé que l'épouse du sieur Bougarel s'était rendue coupable d'adultère. Et nous le disons avec la loi, nous le disons avec l'art. 313 du Code civil, nous le disons sans rien ajouter à cet article.

» Nous sommes donc loin de nier que la preuve de l'adultère puisse, comme celle du recèlement de la naissance de l'enfant, être fait incidemment à l'action en désaveu. Mais nous soutenons qu'a-vant d'admettre, en conséquence de l'action en désaveu, la preuve des faits de non-paternité, le juge doit d'abord ordonner, et la preuve de l'adul-tère, et la preuve du recèlement de la naissance de l'enfant. Nous soutenons que la loi est violée, si, avant que l'une et l'autre de ces preuves soient faites et consacrées par un jugement en dernier ressort, le juge admet la preuve des faits de non-paternité ; et la loi est là-dessus trop précise, trop formelle, pour qu'on puisse sérieusement prétendre le contraire.

» Par-là tombe évidemment tout ce que le sieur Bougarel vous a plaidé pour éluder les passages des orateurs du gouvernement et du tribunat que nous avons l'honneur de vous citer.

» Ces orateurs, vous a t-il dit, ne parlent que du cas où le mari a obtenu le divorce contre sa femme pour cause d'adultère. On ne peut donc pas appliquer leurs assertions au cas où le mari impute un adultère à sa femme, sans en faire la base d'une demande en divorce. On ne peut donc pas les appliquer au cas où, comme ici, le mari avait fait prononcer son divorce par consentement mutuel, avant d'accuser sa femme d'adultère.

» Mais où le sieur Bougarel a-t-il pris cette prétendue restriction des discours des orateurs du gouvernement et du tribunat? Où a-t-il pris que le cas où le divorce a été prononcé pour cause d'adultère, est le seul dont s'occupent ces orateurs? Ces orateurs s'expliquent de la manière la plus indéfinie; et l'on ne peut, sans leur faire la plus grave insulte, supposer qu'oubliant les cas nombreux où une femme peut être accusée d'adultère sans qu'il y ait une demande en divorce formée contre elle, ils aient énoncé comme générale, comme applicable à tous les cas où il y a un jugement déclaratif du fait d'adultère une règle qui néanmoins serait restreinte au cas où le jugement déclaratif du fait d'adultère prononcerait en même temps le divorce de la femme.

» La dernière objection du sieur Bougarel est peut-être la plus spécieuse de toute sa défense. Voici comment nous croyons devoir vous la présenter.

» L'art. 313 du Code civil, en permettant au mari de désavouer l'enfant dont sa femme, coupable d'adultère, lui a caché la naissance, suppose clairement que si le désaveu, telles qu'elles sont réglées par les articles suivans, le mari ne serait pas recevable à contester la Légitimité de cet enfant. Mais cela ne peut avoir lieu que dans un cas, dans celui où l'enfant a été inscrit sur les registres de l'état civil, comme le fruit du mariage pendant lequel il a été conçu, dans celui où l'enfant a été inscrit comme né tout à la fois du mari et de la femme. Hors ce cas, en effet, il n'a point de titre de Légitimité; et il ne peut s'en procurer que par l'action que le Code civil qualifie d'action en réclamation d'état. Mais dans cette hypothèse, l'art. 325 dit expressément que la demande de l'enfant peut être combattue par une preuve contraire; et que cette preuve peut se faire par tous les moyens propres à établir que le réclamant n'est pas l'enfant de la mère qu'il prétend avoir, ou même, la maternité prouvée, qu'il n'est pas l'enfant du mari de la mère; ce qui amène nécessairement la conséquence, qu'alors le mari n'a pas besoin, pour être admis à prouver que l'enfant ne lui appartient pas, de recourir à l'accusation d'adultère contre sa femme. Or, dans notre espèce, l'enfant dont il s'agit, n'a pas été inscrit comme un fruit légitime du mariage qui avait existé entre le sieur Bougarel et la demoiselle Duchollet. Il a été inscrit sous le nom de sa mère seule : il l'a été comme si sa mère n'eût pas été mariée. Le sieur Bougarel aurait donc pu se dispenser de le désavouer, et attendre qu'il vînt l'attaquer lui-même par une réclamation d'état. Mais de ce qu'il a fait un désaveu inutile et surabondant, s'ensuit-il que ses droits au fond soient changés? S'ensuit-il que les preuves qu'il aurait pu opposer à cet enfant, demandeur en réclamation d'état, il ne peut pas les opposer à cet enfant, défendeur à une action en désaveu surabondamment intentée? Non sans doute. En allant au-devant de l'action en réclamation d'état que cet enfant aurait pu exercer contre lui, il n'a ni amélioré ni empiré sa condition. Il doit donc être jugé comme s'il n'avait pas désavoué l'enfant qu'il pouvait en effet ne pas désavouer. Il doit donc être admis à prouver qu'il n'est point le père de cet enfant, quoiqu'il n'ait pas fait juger sa femme coupable d'adultère.

» Voilà, messieurs, dans toute sa force, la seule objection par laquelle il nous parait qu'on pourrait défendre, avec quelque apparence de fondement, l'arrêt de la cour de Riom qui vous est en ce moment dénoncé.

» Et nous devons reconnaître qu'elle serait insoluble, si l'art. 325 était applicable à l'enfant qui, bien que conçu pendant le mariage d'une femme, n'est cependant inscrit dans ses registres de l'état civil, que sous le nom de sa mère, sans aucune mention du mari de sa mère même.

» Mais l'art. 325 n'est que la suite de l'art. 323, lequel ne comprend dans sa disposition que les enfans qui n'ont ni titre ni possession constante, ou qui ont été inscrits, soit sous de faux noms, soit comme nés de pères et mères inconnus.

» Or, peut-on regarder comme dénué de titre, même relativement à son père, l'enfant qui rapporte un acte de naissance dans lequel il est dit avoir été au monde par une femme qui, dans le fait, se trouve mariée, quoique cet acte se taise sur son mariage?

» L'art. 323 prouve lui-même que non. En assimilant à l'enfant qui n'a point de titre, celui qui a été inscrit sous de faux noms, ou qui a été inscrit comme né de père et mère inconnus, il fait clairement entendre que, pour qu'un enfant soit réputé n'avoir point de titre, il ne suffit pas que son acte de naissance soit muet sur le nom de son père; qu'il faut encore qu'il le soit également sur le nom de sa mère, et par conséquent, que l'enfant qui a été inscrit comme né d'une femme mariée réellement existante et qui est véritablement sa mère, ne peut pas être mis sur la même ligne que l'enfant qui a point de titre, quoique d'ailleurs le nom de son père ne soit point énoncé dans l'acte.

» Et en effet, l'art. 312 mettant eu principe que l'enfant conçu pendant le mariage a pour père le mari, il suffit que l'acte de naissance d'un enfant conçu pendant le mariage d'une femme, indique le nom de sa mère pour que le nom du mari de sa mère y soit sous-entendu de plein droit, pour que l'acte de naissance soit censé dire qu'il a pour père l'homme dont sa mère est l'épouse.

» Le mari dont la femme a fait inscrire un enfant comme né d'elle, trouve donc dans cette inscription un titre qui le constitue père de cet enfant.

» Il ne peut donc détruire ce titre que par un désaveu.

» Il ne faut donc, hors le cas d'impossiblité physique, faire admettre son désaveu, qu'en prouvant d'abord que sa femme s'est rendue coupable d'adultère, ensuite que la naissance de l'enfant lui a été cachée; enfin, qu'il n'est point le père de cet enfant.

» Aussi, messieurs, avez-vous remarqué, dans le passage que nous avons eu l'honneur de vous citer, des discours de MM. Bigot-Préameneu et Duveyrier, que ces orateurs ont précisément appliqué ce qu'ils ont dit sur l'art. 313, au cas où la femme adultère qui a recélé sa grossesse et son accouchement, a omis le nom de son mari dans l'acte de naissance de son enfant. — « Comment présumer » '(disait le premier), que la mère ajoute à son » crime envers son mari, celui de tromper son pro- » pre *enfant qu'elle exclut du rang des enfans lé-* » *times?* — Une femme en ce cas (observait égale- » lement M. Duveyrier) ne dit rien, ne déclare » rien; au contraire, elle se tait et se cache: c'est » son cœur lui-même qui, malgré elle, développe » ses replis les plus cachés; c'est sa conscience qui » laisse échapper son plus mystérieux jugement. Elle » se montre tout entière dominée par la conviction » intime à laquelle elle sacrifie son propre enfant, » et ce que son enfant a de plus cher, la *Légiti-* » *mité.* »

» Il n'y a donc aucun moyen de justifier l'arrêt de la cour de Riom du 29 août 1810.

» Quant aux arrêts de la même cour, des 20 mars et 26 avril 1811, il ne sont que la suite du premier: ils ne peuvent donc pas subsister plus que celui-ci.

» Et nous estimons qu'il y a lieu de les casser tous trois. »

Par arrêt du 8 juillet 1812, au rapport de M. Carnot.

« Attendu, sur le premier moyen, que les faits qui tendent à établir que le mari qui désavoue l'enfant né dans le mariage n'en est pas le père, ne doivent être articulés que quand il a été jugé que la preuve est recevable; ce qui rend sans application à l'espèce les dispositions de l'art. 252 du Code de procédure civile;

» Attendu sur le second, que le tribunal de première instance avait consommé tout son droit en jugeant que l'action intentée par le défendeur était non-recevable, et que l'art. 472 du Code de procédure civile autorise en pareils cas la cour d'appel qui réforme le jugement, à se retenir l'exécution de son arrêt ou à renvoyer cette exécution devant un autre tribunal que celui qui a rendu le jugement qui est réformé;

» Attendu, sur le troisième, qu'en jugeant que la naissance de l'enfant désavoué a été cachée au défendeur à la cassation, la cour d'appel n'a fait qu'une simple appréciation des faits qui sont hors du domaine de la cour de cassation;

» Et attendu, sur la quatrième, que ces mots, *pour cause d'adultère*, qui se lisent dans l'art. 313 du Code civil, ne s'y trouvent que par opposition à *l'impuissance naturelle* dont le législateur venait de s'occuper dans la première disposition dudit article, et seulement pour faire remarquer que, si la supposition de l'impuissance naturelle n'est pas un motif suffisant pour autoriser le mari à désavouer l'enfant né dans le mariage, l'adultère de la femme suffit pour autoriser l'exercice de cette action, lorsqu'à cette cause se réunit la circonstance que la naissance de l'enfant désavoué a été cachée au mari; que le recèlement de la naissance de l'enfant est la seule condition exigée pour rendre admissible l'action en désaveu lorsqu'elle est fondée sur l'adultère; que l'art. 313 du Code civil n'exige rien de plus; qu'il serait frustatoire, en effet, qu'il y eût preuve préalable et juridique de l'adultère, pour que le mari pût être admis à rapporter la preuve qu'il n'est pas le père de l'enfant désavoué, cette preuve ne pouvant se faire, sans emporter nécessairement celle de l'adultère de la femme; qu'aussi, l'art. 313 ne porte pas que l'adultère sera préalablement jugé; que la cour d'appel de Riom a donc pu décider, en point de droit, sans violer ledit article, qu'il suffisait au défenseur à la cassation d'avoir établi que la naissance de l'enfant lui avait été cachée, pour rendre admissible la preuve qu'il n'était pas le père de cet enfant qu'il avait désavoué pour cause d'adultère; que la cour d'appel n'aurait même pu rejeter la preuve de non-paternité qui s'était offert, sans ajouter à la disposition de l'art. 313, et sans créer une fin de non-recevoir que la loi n'a pas établie;

» Attendu, enfin, que les arrêts des 20 mars et 26 août 1811 n'ont été que la suite et la conséquence de celui du 29 août 1810; et que ces arrêts n'ont été attaqués que par les mêmes moyens que ceux qui ont été proposés contre ce dernier arrêt; d'où il résulte qu'ils doivent avoir le même sort:

» La cour rejette le pourvoi du demandeur, tant contre l'arrêt du 29 août 1810, que contre les arrêts des 20 mars et 29 août 1811..... »]]

2° Il y a long-temps, dit M. d'Aguesseau qu'o a demandé si l'on devait regarder la déclaration du père ou de la mère comme un jugement domestique toujours également décisif, soit qu'il fût contraire ou favorable aux enfans. Le nom sacré du père et de la mère, et la tendresse que la nature leur inspire pour leur propre sang, ne semblaient pas pouvoir permettre qu'on doutât de la vérité de leur suffrage.

Aussi voyons-nous que, chez les Grecs, suivant le témoignage d'Aristote, la déclaration de la mère était toujours suivie par les sentences des juges: arbitre de la destinée de ses enfans, elle décidait souverainement de leur sort; et quoique chez eux l'autorité du père n'eût pas autant de latitude, il paraît néanmoins qu'on y a aussi déféré plusieurs fois.

Les législateurs romains ou plus sages, ou mieux instruits par l'expérience de plusieurs siècles, ont établi une maxime contraire ; et si nous voyons dans leurs lois que la reconnaissance du père est un grand préjugé pour assurer l'état de son fils, nous y voyons en même temps que quelque déclaration que la mère ait faite contre l'état de ses enfans, la vérité conserve toujours ses droits, et qu'on doit la chercher par toutes sortes de voies, même après le serment de la mère.

Dans la loi 29, § 1, D. *de probationibus et præsumptionibus*, on demande au jurisconsulte Scœvola, si une déclaration faite par une mère irritée, peut nuire à ses enfans, *an..... obsit professio à matre irrita facta?* Et il répond que la vérité conserva tous ses droits, *veritati locum superfore*.

La loi 14, C. *de probationibus*, est encore plus positive : *Non nudis asseverationibus, nec ementitia professione (licet utrique consentiant), sed matrimonio legitime concepti, vel adoptione solemni filii, civili jure, patri constituuntur.*

Tous les docteurs ont unanimement suivi cette disposition. Bartole et Menochius blâment même l'ignorance de deux princes d'Italie, qui par un excès de déférence pour la déclaration de leur mère, renoncèrent à leurs états, parce qu'elle les avait assurés, en mourant, qu'ils n'étaient pas fils de son mari.

Enfin, les arrêts ont tant de fois décidé cette question, qu'on peut dire que ce n'en en est plus une aujourd'hui.

« Dans l'arrêt du 2 août 1649 (dit Lebrun), on n'eut aucun égard à la déclaration passée par Madeleine Berard, portant que l'enfant dont elle était accouchée, n'était pas de Jean Pelors son mari, quoique l'accouchement arrivé dix mois neuf jours depuis l'absence de Jean Pelors, rendît cette déclaration fort vraisemblable...

» Il y a aussi dans le recueil de Cambolas, liv. 3, chap. 22, un arrêt du parlement de Toulouse, par lequel il fut ordonné que, « nonobstant la décla» ration de la mère, qui s'accusait elle-même de s'ê» tre supposé un enfant pris à l'hôpital, pour em» pêcher l'effet d'une substitution faite à son mari, » en cas qu'il décédât sans enfans, l'enfant dont on » avait contesté l'état, serait enterré dans la sépul» cre de la famille. »

Nous ne rappelons plus ici les arrêts déjà cités du parlement de Paris, de 5 juillet 1635, 26 janvier 1664, 15 juin 1693 et 16 juillet 1635, par lesquels d'autres enfans ont été jugés légitimes, nonobstant les déclarations de leur mère qui avaient voulu les faire passer pour bâtards adultérins : mais nous en ajouterons deux autres qui ont également fait triompher la Légitimité des refus injustes et dénaturés des mères. Le premier est du 21 avril 1693 ; il est intervenu sur les conclusions de M. d'Aguesseau, et on le trouve à la suite du plaidoyer de ce magistrat. Le second est du 20 juin 1715 : il a été rendu sur les conclusions de M. l'avocat-général Chauvelin, et il est inséré dans le *Journal des audiences*. Ces deux arrêts maintiennent des enfans désavoués par leurs mères dans la qualité de fils légitimes d'eles et de leurs maris.

[[La loi du 19 floréal an 2 a mis le sceau à cette jurisprudence :

« La convention nationale (porte-t-elle), après avoir entendu le rapport de son comité de législation sur l'exposé qui lui a été fait que l'officier public de la commune de Paris a refusé de recevoir la déclaration faite par une citoyenne, que l'enfant dont elle est devenue mère, est d'un autre que de son mari ; considérant qu'il est dans les principes de notre législation, que la loi ne reconnaît d'autre père que celui qui est désigné par le mariage ; qu'une déclaration contraire est immorale, et qu'une mère ne saurait être admise à disposer à son gré de l'état des enfans de son mari ;

» Approuve le refus fait par l'officier public de la commune de Paris, de recevoir une semblable déclaration ; et décrète que l'acte de naissance, énoncé dans celui fait par le commissaire de la section de Chalier, le 23 pluviose, n° 85, sera rédigé sans faire mention de cette déclaration ; et que, si elle a été insérée sur le registre de la section, elle y sera rayée. »]]

VI. Mais si l'adultère et la déclaration de la mère ne sont pas des preuves suffisantes de l'illégitimité d'un enfant, lorsqu'elles sont séparées, ne doit-on pas au moins y ajouter plus de foi lorsqu'elles sont réunies et même jointes à d'autres faits qui portent également l'empreinte de la vraisemblance ?

On a quelquefois soutenu l'affirmative ; mais les arrêts ont toujours proscrit cette opinion.

Dans l'espèce de celui du 2 août 1649, la femme était accouchée dix mois et neuf jours après le départ de son mari pour les bains de Barbotan, où il avait passé un an pour se guérir d'une paralysie ; elle avait fait une déclaration que son enfant était bâtard adultérin ; et il y avait preuve, par les informations, des assiduités qu'un jeune homme avait eues auprès d'elle.

Dans l'espèce de celui du 5 juillet 1655, la mère avouait son adultère ; elle déclarait hautement et en face de la justice, que son enfant n'appartenait pas à son mari ; celui-ci se prétendait impuissant, et une sentence de l'official l'avait presque jugé tel.

Dans l'espèce de celui du 26 janvier 1664, la mère avait quitté son mari demeurant à Pontoise ; elle était arrivée seule à Paris, y était devenue grosse, et n'était accouchée que onze mois après. Le mari, qui était d'une santé languissante, avait rendu plainte en adultère devant le prévôt de Meulan ; et la femme avait déclaré, dans trois interrogatoires successifs, qu'elle était coupable et que son enfant était adultérin.

Dans l'espèce de celui du 15 juin 1693, l'absence du mari, la présence de l'adultère, le secret de la grossesse de la femme, le mystère de la naissance du fils, l'obscurité de son éducation, les soins du sieur Quinquet, les interrogatoires de la mère, le désaveu du mari, tout semblait se réunir pour faire prononcer l'illégitimité de l'enfant.

Cependant on a vu que, dans ces quatre espèces, le parlement de Paris a embrassé le parti de la Légitimité.

Voici comme s'exprimait là-dessus M. d'Aguesseau lors du dernier arrêt. « Telles sont les preuves qui résultent des informations ; preuves si considérables, que lorsqu'on les réunit, les principes mêmes du droit et les maximes les plus certaines paraissent devenir douteuses, en considérant un si grand nombre de témoignages non suspects, qui concourent à faire présumer que celui qui réclame l'état de fils légitime, est le fruit du crime de sa mère. N'abandonnons pourtant pas l'autorité des seuls principes qui puissent assurer la naissance des hommes, et ne nous laissons pas tellement frapper par cette multitude de présomptions, que nous donnions atteinte aux fondemens de la société civile. Ces argumens sont vraisemblables ; mais ils ne sont pas invincibles. »

[[Aujourd'hui, d'après l'art. 313 du Code civil, rapporté et expliqué ci-dessus, nos 3 et 5, la déclaration d'une mère convaincue d'avoir trahi la foi conjugale, ne suffirait pas plus que sous l'ancienne jurisprudence, pour faire juger illégitime l'enfant dont la naissance n'aurait pas été cachée au mari. Mais si, aux précautions prises pour dérober au mari la connaissance de l'accouchement de la mère, venait se joindre la déclaration de celle-ci, cette déclaration formerait incontestablement l'un des principaux élémens de la preuve que le mari serait autorisé à faire de sa non-paternité. *V.* ci-après, sect. 4, § 2.]]

VII. Si les déclarations d'un père ou d'une mère ne peuvent jamais préjudicier à l'état d'un enfant, à plus forte raison en doit-il être de même de celles qui sont faites par des tiers. Ainsi, quand les personnes qui l'ont présenté au baptême, lui auraient attribué dans l'acte un autre père que le mari de sa mère, la règle *pater is est quem nuptiæ demonstrant,* ne l'en ferait pas moins regarder comme légitime.

C'est ce qui a été particulièrement jugé par l'arrêt cité, du 29 février 1702 ; car la fille dont Élisabeth Rouillon était accouchée pendant l'absence de Charles de La Plissonnière, son mari, avait été baptisée sous le nom de Nicolas Delacour, avocat à Aix ; et cependant elle a été déclarée fille et légitime héritière de Charles de La Plissonnière. En vain objectait-on que, si l'extrait baptistaire prouvait qu'elle était fille d'Élisabeth Rouillon, il prouvait pareillement qu'elle était fille de Nicolas Delacour, et qu'on ne pouvait pas diviser l'acte. Cette objection ne paraît pas avoir été bien discutée dans la cause dont il s'agit : mais rien n'était aussi aisé que d'y répondre. Quand il y a un mariage (pouvait-on dire), la déclaration de maternité fait toute la substance d'un acte de baptême, parce que le mariage démontre le père, et que la paternité se prouve alors par la maternité même. Ainsi, la demoiselle de La Plissonnière pouvait borner toute sa défense à cette simple observation : mon extrait baptistaire nommant Élisabeth Rouil-

lon pour ma mère, nomme, par cela seul, Charles de La Plissonnière, son époux, pour mon père ; si l'on y trouve ensuite un nom supposé, cette énonciation fausse est détruite d'avance et rejetée par l'acte même qui a déjà nommé virtuellement le père, en un mot, le nom de Nicolas Delacour est dans cet acte, une superfluité qui ne peut pas plus nuire à mon état, que si on lisait : *une telle, fille d'Élisabeth Rouillon et de Charles de La Plissonnière, son époux, et de Nicolas Delacour.*

Mais il n'est guère de décision plus remarquable en cette matière, que celle qui est intervenue sur l'état d'un enfant né pendant le mariage du sieur de Pont et de la demoiselle Alliot.

Ces deux époux étaient un exemple frappant de cette antipathie que la nature place quelquefois entre deux personnes qui se haïssent, pour ainsi dire, avant de se connaître, et ne peuvent se trouver ensemble sans être repoussés par un instinct secret dont ils ignorent la cause, mais qui fait, pour chacun d'eux, un supplice de leur présence respective.

Voici comment ils racontaient tous deux l'histoire de leur mariage.

Le sieur Alliot, conseiller aulique et commissaire-général de la maison du roi Stanislas, était chargé d'un grand nombre d'enfans. Il en avait huit, six garçons et deux filles. L'aînée des filles avait vingt-trois ans, et n'était point encore établie. Il s'occupait du soin de la pourvoir, lorsqu'un de ses amis, qui était aussi l'ami de M. de Pont, conseiller à la cour souveraine de Nanci, pensa qu'il serait convenable aux deux familles de marier le jeune de Pont avec la demoiselle Alliot.

Cette alliance plut au sieur Alliot ; mais elle ne fut pas du goût du père du jeune homme : il la refusa absolument.

On crut, après sa mort, qui suivit de près ce refus, pouvoir renouveler la proposition à son fils, qui ne l'accueillit pas mieux que ne l'avait fait son père ; mais elle flatta sa mère, son oncle et son beau-frère, qui employèrent avec tant d'adresse les menaces et les prières, qu'ils obtinrent de lui que, du moins, il se laisserait conduire à Lunéville, pour y voir la demoiselle Alliot. On se flattait que les grâces dont la nature l'avait pourvue, feraient, sur le cœur de ce jeune homme, une révolution qui mettrait le désir à la place de la répugnance.

Mais la peine qu'il avait eue de se déterminer à cette entrevue, n'approchait point de la douleur que la demoiselle Alliot ressentit lorsque son père lui déclara ses intentions et ses vues sur le sieur de Pont.

Quand elle sut que c'était lui que son père lui destinait pour époux, elle sentit naître au-dedans d'elle-même une de ces aversions violentes, et d'autant plus difficiles à vaincre, que, destituées de tout fondement raisonné, c'est la nature même qui les cause. Après bien des combats entre la piété filiale et sa répugnance à obéir, celle-ci l'emporta, et la demoiselle Alliot prit sur elle de déclarer son aversion invincible.

77

Le père combattit cette répugnance par des raisons de convenance qui auraient pu avoir du poids sur un esprit libre, mais qui ne purent rien contre le sentiment. Le sieur Alliot dit enfin à sa fille qu'il fallait qu'elle optât entre ce mariage et un couvent. « Je préfère le couvent, » dit-elle. Non, mademoi- » selle, vous n'irez point au couvent, vous y seriez » trop heureuse. Je vous garderai chez moi; vous » y manquerez de tout: vous y serez la créature » la plus misérable, et votre chambre vous ser- » vira de prison jusqu'à ce que vous m'ayiez » obéi. » Tous ces faits étaient consignés dans les interrogatoires juridiques subis par les parties.

La dame Alliot aimait tendrement sa fille; mais, sur ce mariage, elle pensait comme son mari. Elle eut vainement recours aux plus séduisantes promesses, aux caresses et aux prières les plus touchantes, rien ne put ébranler sa fille. « Je suis » plus affligée que vous (disait-elle à ses parens, » en versant un torrent de larmes) de toutes les » peines que vous cause ma résistance. »

Ils la menacèrent de la déshériter, la chassèrent de leur présence, et la reléguèrent dans sa chambre. Pour s'assurer qu'elle n'en sortirait pas, une domestique affidée fut établie auprès d'elle; et, pour ne laisser à ce gardien aucun prétexte de quitter son poste, on lui apportait à manger dans la chambre de sa prisonnière.

Cette sévérité ne produisant aucun effet, on se flatta que l'autorité du roi de Pologne serait plus efficace. Il manda la demoiselle Alliot; sa mère l'accompagna. Le prince écouta les raisons de la mère. La fille répondit que son aversion était si profonde et si forte, qu'il n'y avait point de supplice au monde qu'elle n'aimât mieux souffrir que cette alliance.

Après l'avoir écoutée tranquillement, le roi de Pologne lui fit une réprimande sur le chagrin mortel qu'elle causait à ses parens, et finit en lui disant: « Vous n'avez point d'autre parti à prendre, » que d'obéir à vos parens. »

Elle fut aussitôt consignée de nouveau dans sa prison. Il y avait dix jours qu'elle y était, ne se nourrissant que de ses larmes, quand le sieur de Pont arriva à Lunéville, accompagné de son oncle et de son beau-père. Dans les dispositions et dans l'état où était la demoiselle Alliot, comment le lui présenter? Elle ne veut pas quitter sa chambre pour aller au-devant de lui, et proteste qu'on la traînera plutôt que de lui faire faire un pas. Le père ne pouvant rien gagner sur elle, va chercher le sieur de Pont, et l'introduit dans la chambre de sa fille. On ne peindra point ici cette entrevue, à laquelle présidèrent, de part et d'autre, la tristesse, le dédain et la haine. Il suffit de dire que le sieur de Pont, en approchant de la demoiselle Alliot, sentit naître pour elle une aversion égale à celle qu'elle lui portait.

Il sortit de Lunéville avec le dessein de n'y plus rentrer, et dès-lors il médita son évasion de la province. On s'en douta, et on le fit garder à vue.

On lui remontra, avec la plus dure énergie, que, par sa fuite, il s'attirerait la colère du prince; qu'on ne rompait pas impunément un engagement agréé de deux familles respectables, et autorisé du roi; qu'il perdrait l'office de son père, et ne pourrait posséder aucune autre charge. Sa mère, s'il persistait, devait le bannir de sa maison, et l'exhérédation devait suivre de près ce bannissement.

L'accablant appareil d'une famille menaçante jeta le trouble dans l'âme de ce jeune homme, qui sortait à peine de sa dix-neuvième année. On le ramena à Lunéville.

La demoiselle Alliot voyant le moment du sacrifice arrivé, essaya trois fois de se délivrer de la vie, et trois fois ses tentatives furent vaines. La surveillante, qui l'observait, les découvrit; elle en avertit un religieux qui en instruisit les parens. Dès l'instant, les gardes furent doublées, et la prison devint plus étroite. Ces faits sont encore consignés dans les interrogatoires.

Enfin, le jour du sacrifice arrive, le temple s'ouvre. M. l'archevêque de Besançon attend les victimes à l'autel; le roi, qui préside à la cérémonie, est placé: il n'est plus possible de reculer, ni même d'apporter le moindre retardement. La demoiselle Alliot entre sans rien voir de tout l'appareil pompeux qui l'attend; elle ne sent plus sa douleur. Si elle plie les genoux et s'abaisse sur les marches du sanctuaire, c'est une figure inanimée, dont des volontés étrangères font mouvoir à leur gré les ressorts; et, s'il est vrai que ses lèvres aient prononcé le mot fatal qui annonce qu'on veut se lier, elle a toujours protesté qu'elle n'en avait nulle idée; qu'elle était hors d'état de s'entendre; que son cœur eût démenti sa bouche; que ce n'eût été qu'un vain son machinalement exprimé.

Voilà ce qu'elle a toujours attesté; voilà ce qu'a attesté, comme elle, le sieur de Pont, sous la foi du serment.

Au sortir de l'église, ils se rendent au château. Un somptueux banquet y était préparé par l'ordre du prince; et, tandis que le plus noir chagrin les rongeait l'un et l'autre, toute la cour célébrait leur malheur par le bruit d'un concert et d'un bal, et par tout l'éclat d'une fête. Sourds au tumulte, abîmés en eux-mêmes, ce séjour magnifique et brillant fut pour eux un affreux désert.

De retour chez le sieur Alliot, et entrés dans la chambre où ils devaient passer la nuit, leurs peines redoublèrent à la vue du lit nuptial. Les cris les plus perçans exprimèrent la douleur de la nouvelle épouse. Elle employa toute la résistance dont elle était capable pour repousser les mains qui la dépouillèrent, et la portèrent évanouie dans son lit.

Revenus à eux-mêmes, et se trouvant l'un à côté de l'autre, les époux s'éloignent et se retirent tous deux sur les deux bords de cette couche odieuse. Ils l'abandonnent au bout d'une heure, et s'enferment chacun dans une chambre à part.

Il n'est pas jour encore, et déjà le jeune de Pont est hors de la maison, et n'est pas rentré à l'heure du repas. La manière dont le dîner se passe, fait augurer comment la nuit s'est passée. Les deux familles s'inquiètent des suites que leur présage ce sinistre début, et l'alarme augmente, quand on apprend que la demoiselle Alliot passe les nuits toute habillée dans un fauteuil.

On s'assemble, on prie, on menace, on n'oublie rien pour engager les deux époux à consommer le mariage. Mais quelle autorité sur la terre pouvait rendre le jeune de Pont époux et père malgré lui ? La nature arrêtée dans ses opérations, par la répugnance dont il était affecté, aurait résisté à sa volonté, quand il aurait eu celle d'obéir.

Les deux époux passèrent quelques mois ensemble à Nanci. Toutes les menaces qu'on leur fit, et toutes les précautions que l'on put prendre, rien ne fut capable de les amener à ratifier, par la consommation, une alliance qu'ils détestaient. Cette vérité a été sue dans le temps et des familles qui s'en irritaient, et du public qui condamnait les deux familles : c'était l'histoire de Lunéville et Nanci. Les deux jeunes gens n'en faisaient point mystère. Le sieur de Pont ne traitait point de sa femme la demoiselle Alliot : *Mademoiselle, vous n'êtes point ici chez vous*, lui disait-il d'un air furieux et humilié. Loin de prétendre qu'elle fût chez elle, elle pressait qu'on la retirât d'où elle était.

Tant d'épreuves épuisèrent enfin la patiente soumission de la demoiselle Alliot. Elle quitta, comme elle disait, *cet enfer*, et courut pour s'enfermer aux dames Prêcheresses de Nanci. La supérieure refusa de la recevoir sans la permission de ses parens.

A cette démarche, son père ouvrit enfin les yeux ; il la reçut chez lui, et elle resta séparée pour toujours d'un homme dont jamais elle n'avait voulu pour époux, et qui jamais n'avait voulu d'elle pour femme. Jamais elle n'est rentrée chez le sieur de Pont ; jamais elle n'a habité la même ville que lui ; jamais elle ne l'a rencontré, ne lui a parlé, ne l'a vu, n'a eu la moindre relation avec lui. Plus de huit années s'écoulèrent sans qu'il en fût nullement question pour elle.

La première nouvelle qu'elle en eut, ce fut par une assignation qu'il lui envoya, le 3 janvier 1760, pour voir déclarer nul leur mariage à l'officialité de Toul.

Loin de contester, elle forma, le 26 février 1760, une demande incidente aux mêmes fins. Ce fut à Toul qu'au bout de neuf années, les deux parties furent interrogées sur leurs faits de violence. Leurs réponses uniformes, quoique faites séparément, établirent les traits de la plus absolue contrainte.

C'est dans ces interrogatoires que le sieur de Pont répondit sous la foi du serment, qu'il jurait, par tout ce qu'il y a de plus sacré dans la religion, qu'il n'avait pas consommé son mariage. La demoiselle Alliot faisait le même serment, avec une égale énergie, et l'official continuait l'instruction du procès, lorsqu'un sieur Larralde intervint dans la cause, et, par un incident, suspendit et troubla le cours de la procédure. Voici les faits qui amenèrent cette intervention.

La demoiselle Alliot avait eu occasion de voir très-fréquemment le chevalier de Beauveau. Ses grâces personnelles, sa naissance, ses vives et continuelles déclarations la séduisirent ; elle devint enceinte.

Voyant approcher le terme de sa grossesse, elle prit enfin sur elle d'avouer son état à son père. Revenu du premier sentiment de colère et de douleur que lui causa cette affligeante nouvelle, il consulta la prudence et l'honneur, et conseilla à sa fille d'aller, pour éviter l'éclat, faire ses couches à Paris. Le chevalier de Beauveau la suivit. Le 11 janvier 1760, elle mit au monde un enfant mâle. Il fut baptisé dans l'église de la Madeleine-la-Ville-l'Évêque, sous le nom de *Basile-Amable, fils naturel de Ferdinand-Jérôme de Beauveau, et de la demoiselle Marie-Louise Alliot*. Le chevalier de Beauveau signa l'acte de baptême sur le registre.

Ainsi, trois personnages figuraient dans cette affaire : le mari, qui soutenait n'être ni le père, ni l'époux de la mère de l'enfant ; l'amant, qui se déclarait père, et qui jurait de devenir le mari de la mère ; et la mère enfin, qui, n'étant liée que par un nœud formé par la violence, se prétendait libre, et se promettait, quand la justice aurait anéanti le fantôme de son mariage, de devenir la femme du père de son enfant.

L'official semblait donc n'avoir qu'à s'assurer, par une enquête régulière, des faits de violence articulés, et examiner ensuite si ces faits avaient réellement enchaîné la liberté.

Il allait ordonner l'enquête, quand la nouvelle en parvint à des oreilles intéressées à l'empêcher.

Au nom que le mariage de sa mère allait placer sur sa tête, Basile-Amable aurait réuni, par la voie d'une substitution établie dans la maison de Beauveau, de mâle en mâle, des droits sûrs à une fortune considérable, en devenant fils légitime par le mariage subséquent de son père. Or, les personnes à qui cet événement enlevait l'espérance de recueillir ces grands biens, avaient intérêt de fixer sur la tête du sieur de Pont la paternité de Basile-Amable.

Les vrais moteurs de ce projet ne voulurent point paraître. Un certain Larralde fut nommé, par des inconnus, tuteur de l'enfant ; et ayant fait homologuer leur avis au Châtelet de Paris, il présenta requête au prétoire de Toul. « Arrêtez (dit-il à l'official,) les deux parties vous trompent, » elles ont consommé leur mariage. Qu'est-il be-» soin d'enquêtes sur la violence qui a pu le for-» mer, puisque la naissance d'un fils l'a ratifié ? Il » est vrai qu'ils l'ont voilé, ce fruit commun de » leur union ; la femme a supprimé sa qualité de » femme, l'époux sa qualité d'époux. Un jeune sei-

» gneur, qui s'est prêté à ce complot, a eu la com-
» plaisance de signer par l'office d'ami, l'acte de
» baptême d'un enfant qui n'est point à lui. Mais
» un magistrat français m'a créé tuteur de cet en-
» fant ; c'est à ce titre, c'est en cette qualité que
» je soutiens valablement le mariage de son père et
» de sa mère. »

A ces mots de complot formé, d'état d'un citoyen
compromis, de tuteur créé en France, l'official fut
intimidé ; il craignit, s'il continuait l'instruction
du procès, d'entreprendre sur l'autorité séculière.
Il suspendit cette instruction ; et, par sentence du
14 avril 1760, il renvoya les parties pardevant les
juges qui en devaient connaître, pour faire régler,
tant la qualité de Larralde, que l'état de l'enfant
mineur.

Sur l'appel comme d'abus de cette sentence, la
cour souveraine de Nanci, par arrêt du 10 juin
1760, « déclara nul l'établissement de tuteur fait
» en France ; fit défenses à Larralde de prendre
» cette qualité de tuteur en Lorraine, non plus
» qu'en l'officialité de Toul, pour ce qui concer-
» nait la Lorraine ; et à tous juges de la lui laisser
» prendre, sous telles peines que de droit ; déclara
» pareillement nulle et attentatoire à l'autorité de la
» cour la procédure instruite par le sieur lieutenant
» civil.....; déclara pareillement nulle la sentence
» de l'officialité de Toul, en ce qu'elle avait sur-
» sis à prononcer sur les demandes formées par les
» parties en nullité de leur mariage, jusqu'après
» qu'il aurait été statué sur l'état de Basile-
» Amable ; les renvoya pardevant l'officialité,
» pour y être statué sur lesdites demandes : sur-
» sis à faire droit sur la demande de Me Henry
» (avocat du tuteur lorrain,) jusqu'après le juge-
» ment à intervenir sur la demande en nullité du
» mariage.»

Pendant qu'en exécution de cet arrêt, le sieur
de Pont et la demoiselle Alliot continuaient l'instruction devant l'official de Toul, qui leur faisait
subir de nouveaux interrogatoires sur le fait précis de la naissance de l'enfant, la demoiselle Alliot
apprit que le Châtelet l'avait décrétée de prise de
corps, comme coupable d'avoir supprimé l'état de
son fils.

Elle interjeta appel de ce décret au parlement :
le chevalier de Beauveau y intervint pour soutenir
qu'il était le père de Basile-Amable, et qu'ainsi
on n'avait fait à celui-ci aucun tort en rédigeant
son acte de baptême de la manière qu'il était
conçu.

La cause portée à l'audience de la tournelle, la
demoiselle Alliot employait des moyens qui sont
étrangers à notre objet actuel. On les trouvera ci-
après, sect. 4, § 4.

Quant au chevalier de Beauveau, il a élevé des
doutes sur la maxime qui attribue au mari l'enfant
de la femme sur la règle *pater is est quem nuptiæ*
demonstrant. Il l'a attaquée dans la vue de faire
juger que le sieur de Pont n'était point le père de
Basile-Amable ; et, comme il ne prouvait pas que
le mariage du sieur et de la dame de Pont fût nul ;

comme il ne parlait, au contraire, que dans l'hypothèse de la validité de ce mariage, tout ce qui est
résulté de ses raisonnemens, c'est que Basile-
Amable se trouvait dans un cas d'exception, et
devait être traité comme bâtard adultérin.

« Heureusement (répondait le défenseur de Larralde, nommé tuteur à l'enfant,) heureusement,
dans quelque vue que ce système funeste ait été
proposé, il n'est point à craindre qu'il triomphe.
Les esprits sont trop en garde contre toute doctrine qui tend à diminuer l'autorité d'une règle
qui est le fondement le plus ferme du repos des familles.

» Sans doute, la justice ne peut jamais, en cette
matière, espérer de voir la vérité avec une évidence
qui mette, pour ainsi dire, le sceau de l'infail-
libilité à ses décisions.

» La conception d'un enfant est couverte de ténèbres ; mille nuages peuvent obscurcir son origine ; les passions peuvent y porter leurs fatales
influences. Ce qui devrait briller de la clarté la
plus pure, l'état des hommes, est ce qu'il y a de
plus enveloppé d'ombres et de mystères. Le lais-
sera-t-on, pour cela, incertain ? Non. Il faut, au
milieu de ces obscurités, se fixer à des règles immuables qui, en maintenant l'honneur des mariages, et en présumant ce qu'il y a de plus conforme à la pureté des mœurs, font tout à la fois
le bonheur des particuliers et la tranquillité générale. Ce sont ces grands motifs qui portèrent les législateurs romains à établir la maxime que nos
pères ont reçue avec empressement, qu'ont adopté
toutes les nations policées, cette maxime admirable : *pater is est quem justæ nuptiæ demon-*
strant. On a voulu même, pour la rendre inébranlable, que la conviction de l'adultère de la
mère ne donnât aucune atteinte à la Légitimité de
l'enfant.

» Il n'y a absolument que l'impossibilité physique qui puisse enlever à un enfant, le père que lui
donne la loi. Une longue captivité du mari, son
séjour dans des climats lointains, son impuissance,
quand il en rapporte des preuves lumineuses et
exactes, le déchargent d'une paternité impossible
dans l'ordre de la nature. Hors de là, la loi reprend tout son empire.

» Mais, dit-on, il est deux autres exceptions à
la règle : l'impossibilité morale, et l'indivisibilité
du titre de l'enfant. Cette dernière a lieu, lorsque
la même preuve qui établit la maternité, exclut la
paternité. Tel est, dit-on, un acte baptistaire, où
un enfant est annoncé comme né d'un autre père
que le mari de la mère.

» Ainsi, on applique cette exception prétendue
à Basile-Amable. Quel abus de raisonnement ? Ses
adversaires lui opposent précisément ce qu'il leur
reproche. C'est par leur fait que son acte baptistaire lui donne un père étranger ; et il a réclamé
à l'instant, par la voix de son tuteur, contre cette
injustice. Peuvent-ils donc se faire un titre de leur
crime ?

» On argumente encore contre cet enfant d'une

impossibilité morale; mais conçoit-on bien la valeur de ce terme, et peut-on en donner une définition un peu claire?

»L'impossibilité morale doit être un obstacle invincible, et qui ne sera pourtant que moral. Ce doit être un obstacle invincible, puisqu'il forme une impossibilité, et il ne sera cependant invincible que moralement. Y a-t-il rien de moins intelligible? Veut-on que cette sorte d'impossibilité soit celle qui sera jugée telle dans l'esprit des hommes sur le fondement de quelques circonstances? En ce cas là, voilà des présomptions humaines qui l'emporteront sur la présomption de la loi, et il n'en faudra pas davantage pour anéantir la loi même, puisqu'elle a été établie précisément pour subjuguer tous les sentiments particuliers, pour enchaîner tous les soupçons, pour faire taire toutes les conjectures contraires: elle savait trop que les vraisemblances, quelles qu'elles soient, sont toutes, de leur nature, trompeuses et équivoques; elle s'en est défiée. Qu'on admette une vague impossibilité morale, tout rentrera dans l'arbitraire; on aura égard aujourd'hui à une raison de convenance, demain à une autre. La loi avait voulu que tout fût captivé sous le joug de sa prudente et politique décision; et c'est elle qui cédera à des apparences, à des probabilités, à des sophismes? Rien de plus dangereux au monde qu'un tel système: rien de plus capable d'effrayer; rien de plus propre à replonger la société dans le trouble, dans le désordre que la sagesse des législateurs a voulu en bannir.

» De l'avis des adversaires, on n'a point d'impossibilité physique ni absolue à faire valoir contre Basile-Amable. C'en est assez. Mais on prétend qu'il s'en élève une contre lui dans le sens moral. La chose serait indifférente, quand elle serait vraie.

• Elle n'est d'ailleurs point véritable. Sur quelles circonstances, en effet, établit-on cette vaine impossibilité morale? On en relève deux.

» 1° M. de Pont était séparé de fait de la dame son épouse; l'habitation n'était plus commune entre eux depuis long-temps. Qu'en peut-on conclure? En avaient-ils moins la liberté de se voir? Ils ne demeuraient qu'à six lieues l'un de l'autre. M. et madame de Pont n'habitaient point ensemble: donc il est impossible moralement qu'ils se soient vus. Est-ce là un argument?

» 2° M. de Pont a formé son action en nullité du mariage, douze jours avant la naissance de Basile-Amable. Cela est vrai; et aussi est-ce une des raisons qui concourent à faire connaître que l'obscurcissement de l'état de cet enfant a été l'effet d'un complot. Les adversaires l'interprètent autrement, et ils en infèrent que M. de Pont a témoigné par-là qu'il désavouait ce fils; la singulière preuve encore! M. de Pont méconnaît son fils: donc il est impossible qu'il soit son père. Il serait injuste qu'il le désavouât, s'il était son père: donc il est impossible que M. de Pont fasse une injustice!

» On cite deux arrêts qui ont admis, à ce qu'on allègue, l'impossibilité morale: le premier de 1701, l'autre de 1745.

» Dans l'espèce du premier, un mari poursuivait sa femme comme adultère: elle était dans les prisons; elle y devient enceinte: elle se sert de cette circonstance pour supposer une réconciliation avec son mari. On a jugé que c'était l'artifice d'une coupable, la ruse d'une prisonnière. Elle ne put point prouver que son mari eût été la voir dans sa prison.

» L'espèce d'un second arrêt n'a pas plus de ressemblance avec celle-ci. L'enfant avait été baptisé comme fille légitime de Marie Leclercq et de Rémi Raillard. Elle avait été élevée comme telle. Elle avait toujours porté le nom de Raillard. Long-temps après, elle prétendit qu'elle était fille de Claude Lecourt. Ainsi elle s'élevait et contre son titre et contre sa possession. Elle succomba justement.

» Sont-ce des arrêts de cette nature dont il est permis d'abuser? On en objecte deux à Basile-Amable. Il pourrait en invoquer trente. Le principe salutaire qui protège ici son état, n'est devenu un axiome connu de tout le monde, que parce qu'il a été consacré par la jurisprudence de tous les temps et de toutes les cours. Qu'il lui suffise de citer l'arrêt du 26 janvier 1664, rapporté au *Journal des audiences*, parce que c'est une occasion d'y joindre les paroles importantes de M. l'avocat-général Talon: ce grand magistrat dit que, *quand les héritiers qui plaidaient pour exclure l'enfant, pourraient prétendre de justifier de l'adultère de la mère, cela ne donnerait point atteinte à l'état de cet enfant, parce qu'il suffisait qu'il y eût possibilité que le mari eût vu sa femme pour rendre l'enfant légitime; que les déclarations des mères ne pouvaient point changer la naissance des enfans, pour lesquels la preuve de la légitimation était le titre du mariage…; que, comme la preuve de la filiation avait été estimée par les jurisconsultes une chose presque impossible, qu'ils avaient tous résolu qu'il suffisait à un enfant, pour se dire fils légitime, de prouver qu'il était né pendant le mariage…, à moins qu'il y eût une preuve certaine du contraire, et une impossibilité naturelle et physique que l'enfant fût provenu des œuvres de celui duquel il se prétendait né.*

» Un exemple célèbre et très-récent a prouvé bien authentiquement, jusqu'à quel point la cour est attachée à ces essentielles maximes. On veut parler de l'arrêt du 25 mars 1738, rendu en faveur de la fille d'un magistrat, et sur lequel on nous a conservé l'excellent plaidoyer de Cochin, tome 4, page 469.

» Le père et la mère vivaient séparés. Ils avaient fait une transaction qui donnait le droit à la femme de se retirer où elle souhaiterait. Elle accoucha. Sa fille est portée à Saint-Sulpice, où elle est baptisée sous le nom de *Michelle*, sans expression d'aucun nom de père ni de mère. Le même jour;

le mari se présente accompagné de deux notaires chez le curé : il explique qu'il avait appris qu'on voulait lui supposer un enfant; et il s'oppose à ce qu'on en baptise aucun sous son nom. Voilà exactement les deux circonstances dont on argumente contre Basile-Amable. Séparation d'habitation, protestation du mari dans le temps de la naissance. Cependant l'arrêt déclara la fille légitime; la protestation du père ne servit qu'à suppléer au silence du registre; et ce qui est remarquable encore, la mère elle-même désavouait Micheile. Elle-même avait pris la plume, avait distribué un mémoire pour la faire rejeter.

» Qu'on cesse donc de menacer Basile-Amable d'un avenir sinistre. Il est incontestablement le fils légitime de M. de Pont, si le mariage, sous la loi duquel il a reçu le jour, a été revêtu des formes nécessaires. Or, nul doute que ce mariage ne soit valide. Il est attaqué cependant par les deux époux; mais c'est au fils à le défendre contre son père et sa mère, et il ne peut le défendre qu'il n'ait un titre en règle. C'est ce que l'official de Toul a décidé. Rien de plus juste d'ailleurs, puisque c'est à cet enfant que la provision est due. »

Sur ces moyens, arrêt du 17 juin 1761, par lequel, conformément aux conclusions de M. Séguier, avocat-général, toute la procédure faite au Châtelet et parlement de Paris, est déclarée nulle; il est ordonné qu'il sera passé outre au jugement de l'instance pendante à l'officialité de Toul, sur la validité du mariage; le chevalier de Beauveau est mis hors de cour sur son intervention, et condamné aux dépens à cet égard.

On jugea donc à Paris, comme on l'avait fait à Nanci, le 10 juin 1760, que l'état de l'enfant dépendait de la validité du mariage; et que, si le mariage était jugé valable, aucune des présomptions d'illégitimité qui s'élevaient contre Basile-Amable, ne devait être écoutée.

En effet, les sieur et dame de Pont ayant poursuivi devant l'official de Toul, la nullité de leur mariage, et l'official l'ayant déclaré bien et valablement contracté, l'état de Basile-Amable ne souffrit plus aucune contestation.

L'arrêt du parlement de Paris, du 31 mai 1745, qu'on opposait à cet enfant, mérite une attention particulière. Voici comment il est rapporté dans le recueil de Denisart.

Claude Lecourt épousa Marie Leclercq à Provins, le 30 janvier 1704; trois mois après, ils se quittèrent : Marie Leclercq vint s'établir à Paris, où elle ne se fit connaître que sous le nom de fille : elle se fit recevoir maîtresse couturière, gagna beaucoup, et devint couturière de la reine. Claude Lecourt, son mari, se retira chez un parent qu'il avait aux environs de Provins. Marie Leclercq fit connaissance avec un nommé Remi Raillard, maître d'hôtel du sieur de Viers : il paraît qu'il y avait entre eux une liaison intime. Marie Leclercq, pendant ce temps-là, devint enceinte; et le temps de ses couches approchant, elle se retira chez une sage-femme, où elle accoucha, le 2 septembre 1715,

d'un enfant mâle, qui fut baptisé à Saint-Sulpice. Mais comme la sage-femme ne connaissait point Marie Leclercq comme épouse de Claude Lecourt, elle s'imagina que Remi Raillard, qui lui rendait de fréquentes visites pendant ses couches, était son mari; et elle fit baptiser l'enfant sous le nom de Raillard et de Marie Leclercq, son père et sa mère.

Marie Leclercq étant décédée le 23 novembre 1739, le scellé fut apposé sur tous ses effets : François, son fils, se rendit opposant au scellé; il présenta une requête en réformation de son acte baptistaire, demanda qu'à ces mots, *fils en légitime mariage de Remi Raillard*, on substituât ceux-ci, *fils en légitime mariage de Claude Lecourt*; et conclut en conséquence, à ce qu'il fût déclaré héritier légitime de sa mère. Ensuite, comme le scellé avait été apposé à la requête des parens collatéraux de sa mère, il fit assigner Claude Lecourt, pour voir déclarer commun avec lui l'arrêt qui interviendrait.

Son avocat, pour établir qu'il était vraiment fils de Claude Lecourt, soutenait qu'il n'avait point existé de Marie Leclercq, femme de Remi Raillard; il produisait cinq lettres adressées de Provins à Marie Leclercq, l'une souscrite de Guérin, son oncle, et l'autre de Guérin, son cousin; et dans ces cinq lettres on faisait des *complimens à M. Raillard*; ce qui prouvait que Raillard était l'*ami*, et non l'*époux* de Marie Leclercq; il produisait encore des quittances de pensions portaient : « J'ai reçu de mademoiselle Leclercq, par » les mains de...... la somme de...... pour la pen- » sion de François, son fils; » ce qui prouvait la maternité de Marie Leclercq; et cette maternité une fois prouvée, la paternité s'ensuivait nécessairement : *pater is quem nuptiæ demonstrant.*

L'avocat des héritiers collatéraux répondait que le demandeur n'était point fils de celle qu'il réclamait pour sa mère, puisqu'elle était femme de Claude Lecourt; au lieu que l'extrait baptistaire lui donnait pour mère une Marie Leclercq, à la vérité, mais femme de Remi Raillard. Nous ne savons, disaient-ils, quels sont nos pères et nos mères que par nos extraits baptistaires, auxquels la foi est due; et quand il serait vrai que Marie Leclercq serait effectivement la mère de notre adversaire, ce ne serait pas encore le cas d'appliquer la maxime, *pater is est quem nuptiæ demonstrant*, puisque Claude Lecourt a refusé lui-même de le reconnaître, et a demandé à prouver que ce n'était point son fils.

M. le procureur-général Joly de Fleury, portant la parole dans cette affaire, dit, que l'extrait baptistaire est, à la vérité, la preuve la plus authentique de notre naissance, qu'il est aussi quelquefois susceptible d'erreurs qu'on peut réformer; que le prêtre qui dresse, n'atteste pas que l'enfant qu'on lui présente, soit l'enfant d'un tel ou d'une telle; mais qu'il atteste seulement qu'on lui a dit qu'il était né d'un tel et d'une telle; que, dans l'espèce particulière, ceux qui avaient présenté l'enfant, avaient pu se tromper aisément ; que c'était une sage-femme qui ne connaissait la mère que sous le nom de la demoiselle Leclercq, et qui n'avait jamais entendu parler de Lecourt, son mari ; que le parrain et la marraine étaient un porteur de chaise et la fille d'un autre porteur qu'on avait pris à la porte de l'église, sans doute pour des raisons particulières, et qui par conséquent ne connaissaient point les parens de l'enfant ; que la mère, d'après les preuves fournies par le réclamant était certaine, et que d'ailleurs il offrait de faire preuve de plusieurs autres faits qui l'établiraient avec encore plus de certitude ; qu'ainsi il semblait que c'était le cas d'appliquer la maxime, *pater is est quem nuptiæ demonstrant*.

« D'un autre côté (ajouta M. le procureur-général) cette règle souffre diverses exceptions.

» Elle n'a pas lieu, 1° quand le mari est ou impuissant, ou tellement éloigné, qu'il est impossible qu'il ait pu habiter avec sa femme au temps de la conception de l'enfant ; mais ce n'est pas ici le cas d'appliquer cette exception ; Claude Lecourt a donné des des preuves qu'il était puissant, puisqu'il a eu de son mariage avec Marie Leclercq une fille qui s'est fait religieuse. D'ailleurs, il n'y a qu'environ dix-huit lieues de Paris à Provins.

» 2° Cette règle n'a pas encore lieu, quand une impossibilité morale résulte de titres ou de présomptions contre la paternité.

» En appliquant cette seconde exception à l'espèce, on trouve que l'enfant n'a jamais demeuré ni avec sa mère, ni avec le mari de sa mère ; que celui-ci a même offert de prouver que cet enfant n'était pas de lui ; ce qu'on lui aurait peut-être permis de faire, et ce qu'il aurait peut-être fait, si la mort ne l'avait enlevé.

3° Toutes les quittances étaient données à la demoiselle Leclercq, pour François, son fi¹s, et sans qu'il ait été fait mention du nom de Lecourt. Jamais l'enfant n'a porté ce nom, on l'a toujours connu sous le nom de François Leclercq.

Enfin sur les conclusions de M. Joly de Fleury, est intervenu arrêt le lundi 31 mai 1745, par lequel le réclamant a été débouté avec amende et dépens.

Cette décision est bien hardie, si elle est rapportée fidèlement. On ne voit, dans les circonstances retracées par l'arrêtiste, ni impuissance physique, ni absence suffisante pour faire cesser la règle, *pater is est quem nuptiæ demonstrant ;* et ce sont cependant les deux seules exceptions que l'on puisse adapter à cette règle, si l'on veut se conformer à la loi et ne pas abandonner ces sortes de questions à un arbitraire effrayant.

S'il nous était permis de hasarder une conjecture sur l'arrêt dont il s'agit, nous dirions que Claude Lecourt et Marie Leclercq ne s'étaient quittés qu'après une sentence de séparation de corps. Dans cette hypothèse, la cause serait rentrée dans le cas de la seconde exception ; et l'arrêt ne ferait que confirmer ceux des 9 mai 1693 et 1er décembre 1701, rapportés ci-devant.

[[*V.* ci-après, § 4, n° 7, sect. 4, § 3, n° 3, et mon *Recueil de Questions de droit*, au mot *Légitimité*, § 2.]]

§ III. *Des enfans nés après la dissolution du mariage.*

I. Pour décider si un enfant né après la dissolution du mariage, est légitime ou bâtard, il faut examiner si sa conception peut se référer à un temps antérieur à cette époque, ou si l'on ne peut lui assigner qu'une date postérieure. Dans le premier cas, on doit le regarder comme légitime ; et dans le second, comme bâtard.

II. Mais quelles sont les bornes de ce temps ? On a peut-être écrit cent traités physiologiques sur la possibilité, l'existence et les causes des naissances tardives ; mais il n'en est guère de plus satisfaisant que celui qui a été publié en 1766 par M. Petit, docteur-régent de la faculté de médecine de Paris.

Voici comment l'auteur y pose la question : *le terme de l'accouchement, dans l'espèce humaine, peut-il s'étendre et se prolonger jusqu'à l'onzième ou douzième mois inclusivement, et même au-delà ?*

« Nous n'avons (dit-il) sur cette question, aucune loi ; notre législation n'a rien statué sur les naissances tardives. Il faut donc, pour décider les questions auxquelles elles peuvent donner lieu, consulter d'abord la nature. Or elle peut être consultée de deux manières : l'une, en la considérant dans les effets qu'elle produit ; l'autre, en considérant comment et par quels moyens elle produit ces mêmes effets. La première méthode est, sans contredit, la plus facile et la plus sûre. La seconde exige plus de connaissances, plus de travail, et dépend plus des conjectures ; mais comme elle explique les faits, comme elle en rend raison, et cette persuasion vient des exemples que chacun a pu avoir sous ses yeux, ou des récits qui lui en auront été faits. Est-il quelqu'un qui n'ait pas entendu dire plusieurs fois que telle ou telle femme est accouchée au bout de six, sept et huit mois de grossesse ; que l'accouchement de telle autre a été long-temps retardé ? Est-il quelque femme qui ne sache par elle-même, ou par des femme de sa connaissance, que le terme de neuf mois, sur lequel elles comptent, les trompe souvent dans leurs calculs ? De là cette opinion générale sur l'incertitude des temps des accouchemens ; de là cette foule d'histoires que chaque pays, chaque canton, chaque société a sur des accouchemens prématurés ou tardifs. Nous ne recueillerons point ici les faits qu'on raconte ; ils paraîtraient peut-être trop incertains ou trop vagues ; mais ils servent du moins à établir quelle est l'opinion publique à cet égard, et il est évident que l'opinion publique sur une pareille matière, doit nécessairement avoir eu des motifs. Mais c'est surtout dans les ouvrages des physiciens et des naturalistes, qu'on doit chercher des raisons pour décider une question qui est de leur ressort.

» Heister rapporte que la femme d'un libraire de Wolfenbutel, étant accouchée treize mois après la mort de son mari, les personnes intéressées formèrent le dessein de lui intenter un procès, et de faire déclarer illégitime l'enfant qu'elle avait mis au monde ; mais faisant attention que, depuis la mort de son mari, cette veuve avait mené la vie la plus retirée, et qu'à l'exception de sa mère, de quelques femmes honnêtes et de son médecin, elle n'avait vu personne en particulier, elles renoncèrent à leur projet. Un jeune libraire, nommé Christophe Misnerus, homme de bonnes mœurs et plein de probité, demeurait chez cette veuve, et lui servait de garçon de boutique ; il ne l'avait point perdue de vue pendant tout le temps de sa grossesse, et la connaissant pour chaste et très-honnête, il l'épousa et en eut deux enfans, de chacun desquels elle accoucha au bout de treize mois. M. Heister tenait ce fait de la propre bouche du mari, dont le témoignage ne saurait passer pour suspect, et qui d'ailleurs fut confirmé par le médecin qui avait vu cette femme tout le temps de ses trois grossesses. Ce médecin est reconnu par Heister, pour un homme vrai, plein de candeur et de savoir, et distingué d'ailleurs par la place de premier médecin du duc de Brunswick, qu'il occupait.

» On trouve dans Lamoth, deux observations d'enfans nés au treizième mois, et une de la femme d'un ouvrier, qui accoucha à douze mois de sa grossesse.

» Thomas Bartholin assure qu'une jeune fille de Leipsick, qui s'était plainte d'être grosse des œuvres d'un jeune homme riche, fut enfermée et gardée à vue dans une maison de force, par l'ordre du magistrat, et n'y accoucha qu'au seizième mois, d'un enfant qui vécut deux jours.

» Trucy, médecin des bâtimens du roi, atteste que la nommée Pélussier, épouse de Michel, serrurier, à Varages en Provence, accoucha d'un enfant au bout de quatorze mois de grossesse. *Cette femme, ajoute-t-il, était d'une santé très-délicate. Cette délicatesse augmenta considérablement par la grossesse : son mari qui l'aimait beaucoup, et qui est un très-honnête homme et fort raisonnable, de l'aveu de tous ceux qui le connaissaient, m'a assuré qu'il ne s'était point approché de sa femme depuis le commencement de la grossesse ; la femme m'avoua aussi la même chose.*

» Lebas, chirurgien, nous apprend, dans ses nouvelles observations sur les naissances tardives, qu'une femme d'environ trente-deux ans, accoucha le 7 janvier 1764, à onze mois de grossesse bien avérée.

» Dulignac, long-temps chirurgien - major du régiment d'Asfeld, certifie que des trois derniers enfans dont sa femme était accouchée, deux étaient nés à treize mois et demi de grossesse, et le troisième à onze mois. *Il faut,* dit-il, *laisser aux maîtres de l'art le soin de d'expliquer, s'il est possible, des phénomènes aussi singuliers ; mais je désirerais qu'on ne niât pas le fait, si l'on ne peut en donner l'explication.* Ce n'est point ici une femme et ses collatéraux qui font leurs efforts pour embrouiller la naissance d'un posthume dans les détours de la chicane ; c'est un homme de l'art, qui reconnaît une grossesse à quatre mois et demi, par le signe le plus sensible, le plus certain, le plus évident, par le mouvement d'un enfant, dont la naissance n'arrive que neuf mois après.

» A ce petit nombre d'exemples, nous pourrions en joindre mille autres que nous offriraient les auteurs les plus estimés. Nous pourrions même en trouver une assez grande quantité dans une simple thèse de médecine, soutenue à Caen, en 1695, dont la question est *an humani partûs tempora ad decimum quartum mensem prorogari possint :* et la conclusion *ergo humani partûs tempora ad decimum quartum mensem prorogari possunt.*

» Mais à quoi bon compiler, entasser des exemples pour prouver une vérité aussi évidente que que celle de l'existence, et conséquemment de la possibilité des naissances tardives ? Eh ! qui pourrait la nier ou la méconnaître ? Qui pourrait se porter à ce ridicule excès du pyrrhonisme, tandis que les facultés de médecine se sont fait un devoir de l'admettre et de la professer publiquement toutes les fois que l'occasion s'en est présentée ; tandis que les physiciens, les naturalistes, les médecins les plus savans l'ont consacrée dans leurs ouvrages ? »

C'est d'après ces autorités et d'après les observations multipliés, que M. Petit, répondant à la question qu'il s'était proposée, dit que le terme de l'accouchement, dans l'espèce humaine, peut s'étendre et se prolonger jusqu'au onzième et douzième mois inclusivement, et même au delà.

Mais la jurisprudence est-elle, en cela, d'accord ou en contradiction avec la marche de la nature ?

La loi des douze tables déclarait illégitimes tous les enfans qui naissaient après le dixième mois de la dissolution du mariage. *Decemviri in decimo mense gigni hominem, non in undecimo,* scripsissent : ce sont les termes d'Aulugelle, en ses *Nuits Attiques,* liv. 3, chap. 16.

C'est aussi ce que décidait la loi 3, § 11, *de suis et legitimis hœredibus,* au Digeste : *Post decem menses mortis natus, non admittetur ad legitimam hœreditatem.*

Mais l'empereur Adrien donna un édit par lequel il déclara, conformément à l'avis des médecins et des philosophes de son temps, qu'un enfant peut naître dans le onzième mois de sa conception, et que, par conséquent, il doit être censé légitime, lorsqu'il naît à ce terme après la mort du mari. Cet édit ne se trouve point dans la collection de Justinien ; mais il nous a été conservé par Aulugelle à l'endroit cité. Voici les paroles de cet auteur :

Quoniam decemviri in decimo mense gigni homi-
nem, non in undecimo, scripsissent, sed divum
Adrianum postea, causa cognita, decrevisse in
undecimo quoque mense partum edi posse, idque
ipsum hujus rei decretum nos legimus; in hoc
decreto Adrianus se statuere dicit, requisitis ve-
terum philosophorum et medicorum sententiis.

L'empereur Justinien paraît avoir adopté cette
décision ; car on le voit, dans sa novelle 39,
chap. 2, ne se déterminer, dans une espèce particulière, contre l'enfant né après la mort du mari,
que parce que sa naissance était arrivée le douzième
mois : *nondum enim completo anno, undecimo*
mense perfecto peperit, ut non esset possibile di-
cere quia de defuncto fuisset partus; neque enim
in tantum tempus conceptionis extensum est.....
Unde sancimus si quid tale contigerit, et ante
tempus luctûs peperit mulier circa terminum anni,
ut indubitatum sit sobolem non ex priore consis-
tere matrimonio.... Ces termes semblent faire entendre que le mari doit être regardé comme le père
d'un enfant qui naît dans le onzième mois de sa
mort.

Ici se placent comme d'elles-mêmes les réflexions
que faisait, sur cette matière, M. l'avocat-général
Le Nain, lors d'un arrêt du parlement de Paris,
du 28 juillet 1705, que nous rapporterons ci-
après.

« Dans cette question (disait-il), qui dépend
entièrement de la nature et de ses opérations, il
est bien difficile de se régler par des lois, et surtout par des lois étrangères; encore que les lois
romaines soient regardées dans plusieurs provinces
du royaume comme la loi municipale du pays,
cependant cette autorité n'étant fondée que sur un
usage, il ne serait pas raisonnable de la faire prévaloir aux règles de la nature, qui ne reçoit la loi
de personne, et qui au contraire soumet tout le
monde à son pouvoir. Les lois peuvent bien régler
ce qui est arbitraire aux hommes, qui, après les
avoir créées, se sont fait une première loi de s'y
assujétir ; mais elles n'ont jamais pu étendre leur
autorité sur les mouvemens et les ressorts de la
nature, à qui seule appartient le droit de donner
un temps à la naissance de l'homme. En effet,
comment serait-il possible aux lois d'établir une
règle certaine et uniforme pour un temps que la
nature elle-même n'a pas pu fixer, et auquel tout
son pouvoir n'a pas pu encore donner de justes
bornes, puisque nous voyons tous les jours différens accidens avancer ou retarder l'accouchement
des femmes?

» Cependant, comme le terme de dix mois est le
plus long terme de la grossesse des femmes qui
n'ont point d'accidens extraordinaires, on ne peut,
dans ces matières qui sont toutes conjecturales,
établir une règle plus sûre que celle-ci, c'est-à-
dire de déclarer illégitimes tous les enfans nés dans
le onzième mois après la mort de leur père, à moins
que des circonstances particulières ne formassent
des présomptions violentes en faveur de la veuve,
et ne donnassent lieu de croire que sa grossesse a

été plus longue que les grossesses ordinaires....

» Il faut donc convenir que les circonstances
seules du fait peuvent, dans cette question, fixer
notre incertitude, que les sentimens des philosophes et des médecins ne font encore qu'augmenter :
car quel inconvénient n'y aurait-il point à reconnaître pour légitimes tous les enfans qui naîtraient
après le dixième et le onzième mois, sans qu'il se
trouvât dans le fait des circonstances particulières ? »

Cette doctrine est d'un grand secours pour la
conciliation des différens arrêts qui ont été rendus
sur cette matière.

III. Voici d'abord ceux qui ont jugé pour l'illégitimité.

Brodeau en rapporte un « donné en la grand'-
» chambre, au rapport de M. Loisel, le 22 août
» 1626, par lequel il a été jugé que l'enfant né le
» douzième jour de l'onzième mois après la mort
» du mari, n'est point présumé légitime. »

Bouguier entre dans de grands détails sur ce
même arrêt, et dit qu'il a été rendu en thèse et
sans la moindre attention aux circonstances particulières de la cause. Mais, ajoute ce magistrat, les
héritiers du mari ayant voulu s'en prévaloir pour
faire priver la veuve de son douaire, celle-ci soutint qu'elle s'était comportée dans l'année du deuil
avec toute la décence et l'honnêteté possibles, et
défia les héritiers de prouver le contraire : en conséquence, arrêt intervint le 8 juin 1632, qui lui
adjugea son douaire.

Ces deux arrêts étant directement contraires
l'un à l'autre, la fille née dans le onzième mois,
prit une requête civile contre le premier ; et, par
arrêt du 11 mars 1651, elle fut remise au même
état qu'elle était avant ce jugement; ce qui la mit
à portée de faire valoir, en faveur de sa légitimité,
toutes les circonstances que présentait la conduite
irréprochable de sa mère.

Un arrêt du parlement de Normandie, du 10
août 1632, rapporté par Basnage, art. 235, a déclaré bâtard un enfant né dix mois et quatre jours
après la mort du mari de sa mère. Le père avait
été moribond pendant un mois, et les mœurs de
la femme étaient scandaleuses.

Pierre-Joseph Geofroy, marchand à Lyon,
après avoir vécu plusieurs années dans une parfaite union avec sa femme, disparut tout à coup
en janvier 1703. Au mois de novembre suivant,
on dénonça au lieutenant criminel, que cet homme
s'était noyé dans le Rhône le 26 février de la même
année; ce qui fut constaté par une information de
quatre témoins. Le 4 mars 1704, sa veuve accoucha d'un garçon. Aussitôt, requête de la mère
de Geofroy, à ce que cet enfant, né douze mois et
six jours après la mort du mari, fût déclaré illégitime.

La veuve mit en fait, par ses défenses, que
Geofroy avait paru à Lyon sur la fin de mai ou au
commencement de juin 1703; qu'ainsi, elle était
accouchée dans le terme ordinaire de neuf mois.
La mère, pour détruire ce fait, fit entendre de

noureaux témoins, qui, dans leurs dépositions, appuyèrent, par des indices frappans, celles des quatre autres entendus par le lieutenant criminel.

Sur ces procédures, sentence de la sénéchaussée de Lyon, du 3 janvier 1705, qui déclare l'enfant illégitime, et lui fait défenses de prendre le nom de Geofroy.

Appel au parlement de Paris, par la veuve.

On disait pour elle, qu'il n'y avait aucune preuve que Geofroy fût mort le 26 février 1703, ni même qu'il le fût encore actuellement; que l'information par laquelle on prétendait prouver qu'il s'était noyé, était absolument nulle, ayant été faite par le lieutenant criminel sur un fait purement civil.

On passait ensuite à la question de droit, et l'on disait :

« Quand il serait prouvé que Geofroy est mort » le 26 février 1703, on ne pourrait pas déclarer » un enfant illégitime, pour être né douze mois » après la mort de son père. On doit toujours pré- » sumer pour l'honneur du mariage, lorsque le » fait est possible : or, il n'est pas extraordinaire » de voir des femmes accoucher à douze et treize » mois, et même au-delà : la nature, toujours » variée dans ses opérations, n'a point de règle cer- » taine pour le temps de la naissance de l'homme; » des événemens imprévus, venant frapper subi- » tement l'imagination d'une femme, peuvent ar- » rêter la perfection de ce grand ouvrage. Souvent » un chagrin mortel, quelquefois aussi une » joie excessive, avancent ou retardent le » temps ordinaire de l'accouchement; et s'il était » vrai que Geofroy se fût noyé dans le Rhône, » comme l'intimée le prétend, pourrait-on douter » que cette funeste nouvelle n'eût fait sur l'appe- » lante le même effet que de tels accidens font sur » toutes les autres femmes? »

Par ces raisons, on soutenait que l'enfant de- vait être déclaré légitime héritier de Geofroy : et, en cas que la cour fît difficulté de prononcer ainsi, on demandait permission de faire preuve que, vers la fin de mai ou au commencement de juin 1703, Geofroy était revenu dans le pays, et avait été vu par plusieurs personnes, tant dans la ville de Lyon que dans le faubourg de la Croix-Rousse.

M. Le Nain, avocat-général, proposa d'abord les réflexions que nous avons transcrites ci-dessus; les appliquant ensuite à la cause, il dit que, comme l'appelante n'alléguait en sa faveur aucun de ces accidens extraordinaires qui ne doivent ni se sup- pléer ni se présumer, il n'y aurait pas eu de diffi- culté à déclarer illégitime l'enfant dont elle était accouchée le 4 mars 1704, s'il avait été prouvé juridiquement que son mari fût mort le 26 février 1703; mais que cette preuve étant nulle de plu- sieurs chefs, c'était le cas d'en ordonner une nou- velle.

Par arrêt du 28 juillet 1705, la cour déclara la procédure faite par le lieutenant criminel de Lyon, nulle et de nul effet, renvoya les parties devant le lieutenant-général de Mâcon, pour faire respecti-

vement preuve de leurs faits, et condamna l'intimé aux dépens de l'instance de Lyon, ceux de la cause d'appel réservés.

« Par cet arrêt (dit Augeard), la cour a préjugé » qu'un enfant né dans le treizième mois après la » mort de son père, ne peut pas être déclaré lé- » gitime; autrement il aurait été inutile d'appro- » fondir le fait de savoir si Geofroy était mort le » 26 février 1703. »

Roussilhe, dans ses Institutions au droit de la Légitime, n° 40, cite un « arrêt du parlement » de Paris, du 29 juillet 1758, par lequel un en- » fant né douze mois et six jours après la mort » du mari, a été déclaré illégitime. »

IV. Voyons maintenant quels sont les arrêts qui ont accordé la Légitimité aux enfans nés après les dix mois.

Bouteiller, dans sa Somme rurale, en rapporte un de l'an 1475, par lequel le parlement de Paris déclara légitime une fille dont la naissance était postérieure de onze mois entiers au départ de son père pour un voyage d'outre-mer, depuis lequel on ne l'avait plus vu.

Godefroy, sur la novelle 39, fait mention d'une sentence arbitrale des plus célèbres avocats de son temps, qui avait maintenu dans la qualité de légi- time, un enfant dont une veuve était accouchée treize mois après la mort de son mari. Ce qui a déterminé ce jugement, ajoute-t-il, a été la chas- teté de la mère, qui avait toujours été à l'abri de tout reproche.

On a déjà cité l'arrêt du 2 août 1649, qui dé- clare légitime un enfant né dix mois neuf jours après l'absence du mari, nonobstant la déclaration de la mère, qui voulait le faire passer pour bâtard adultérin.

Le Journal des audiences nous en fournit un autre très-remarquable; il est du 6 septembre 1653.

Une veuve qui avait toujours vécu d'une ma- nière exemplaire pendant la vie de son mari, déclara aussitôt après sa mort, arrivée subitement, qu'elle croyait être grosse, et se retira dans un couvent. Neuf mois après, elle sentit toutes les douleurs de l'accouchement; mais ces douleurs se passèrent, et ses couches furent retardées de deux mois. Comme sa conduite n'était point soupçon- née, qu'elle avait déclaré sa grossesse aussitôt après la mort de son mari, et qu'elle avait choisi pour demeure un lieu non suspect, presque toute la famille reconnut d'abord pour légitime l'enfant dont elle accoucha : un seul parent de mauvaise humeur prit le parti de lui contester son état; quelques autres se joignirent à lui : mais par l'arrêt cité, « la cour, sans s'arrêter aux inter- » ventions......, a déclaré et déclare ladite Renée » de Villeneuve fille légitime dudit défunt René » de Villeneuve, et de ladite Dubois, ses père et » mère; en ladite qualité l'a maintenue et gardée, » maintient et garde en la propriété, possession » et jouissance de tous les biens délaissés par ledit » défunt son père. »

Pollet, conseiller au parlement de Flandre, nous apprend « qu'un enfant né dans le onzième » mois de l'absence du mari, a été jugé légi-» time, à son rapport, par arrêt du 8 juin » 1695. »

Il y a, sur la même matière, trois arrêts du parlement de Rouen qui méritent, à tous égards, d'être connus.

Le premier est du 8 juillet 1695.

La dame de Marquetel avait épousé le sieur Emondeville, de Caen, d'un âge très-avancé. Après quelques années de mariage, le mari tomba malade, et l'on a prétendu qu'il avait cru sa femme enceinte, qu'il en avait même témoigné sa joie à toute sa famille; sa maladie devint de plus en plus sérieuse, et en peu de temps il mourut.

La veuve déclara sa grossesse; on la nomma tutrice du posthume.

Dix mois s'écoulèrent sans qu'elle accouchât.

L'héritier présomptif la poursuivit devant le juge de Caen, et conclut à ce qu'elle fût tenue de lui abandonner la succession, vu qu'il n'était pas présumable qu'elle fût grosse.

Elle rapporta des certificats de médecins, chirurgiens et sages-femmes qui attestèrent qu'elle était enceinte.

Leur rapport fut le même après une seconde visite; et ils ajoutèrent que l'enfant avait beaucoup augmenté depuis leur premier procès-verbal.

Le premier juge ordonna que les parties en viendraient au mois.

Sur l'appel, le défenseur des héritiers disait qu'il n'y avait point d'exemples d'une grossesse de quinze mois; qu'il y en avait de dix et même de onze; qu'admettre les naissances comme légitimes après un plus long espace de temps, c'était ouvrir la porte au libertinage et à la fraude.

On répondit pour la veuve, qu'il y avait eu des femmes dont la grossesse avait duré dix-huit et vingt mois; que l'intimée, depuis le décès de son époux, n'avait pas cessé de vivre dans le sein de la famille des appelans; qu'au surplus, elle offrait caution de rapporter les revenus qu'elle toucherait comme tutrice de l'enfant à venir, si l'accouchement n'avait pas lieu.

Par l'arrêt cité, sur les conclusions de M. l'avocat-général de Mesnibus, le parlement mit l'appellation et ce au néant, et avant faire droit, du consentement de la veuve, la condamna à donner caution dans le mois devant le juge de Caen, ce faisant, la maintint en possession de la succession, s'il y avait lieu, dépens compensés (1).

« En 1710, le 27 mars, la (même) cour rendit » un arrêt en faveur de la Légitimité d'un enfant né » à neuf mois dix-sept jours après le décès de son » père, et sa mère eut douaire; cependant elle avait, » durant son veuvage, donné des marques d'in-» continence : un enfant en avait été le fruit deux » ans après (1). »

Le troisième arrêt n'a fait que prononcer l'entérinement d'une requête civile; mais c'est en faveur d'un mineur non valablement défendu qu'il l'a prononcé; et dès-là, il forme le plus puissant préjugé sur le fond même de la contestation qui en est l'objet.

Dans le fait, Marie-Rose Labsolu, née en 1744, perd son père en 1764; et, peu de temps après, elle épouse Robert Le Sueur, mercier à Caudebec. Au bout de six années de l'union la plus constante, Le Sueur est frappé d'apoplexie; il meurt le 16 mai 1771.

On appose les scellés sur ses effets.

François Le Clerc, se disant héritier du défunt, fait sommer la veuve d'être présente à la levée des scellés et aux inventaires.

Elle répond à cette sommation qu'elle se croit enceinte; et le 11 septembre, elle donne requête pour être autorisée à faire procéder à la tutelle de son enfant.

Elle en est nommée tutrice.

Neuf mois s'écoulent, et la veuve n'accouche pas.

Le 2 avril 1772, Le Clerc présente une requête, par laquelle il expose que l'époque de la prétendue grossesse de cette femme remonte aux derniers jours d'avril; qu'ainsi, elle se trouverait enceinte, selon son calcul, de onze mois, ce qui n'est pas présumable; et il conclut à ce que l'enfant qu'elle pourrait mettre au monde soit déclaré illégitime; que défenses soient faites de l'inscrire sur les registres de l'état civil sous le nom de Le Sueur; et que la veuve soit privée de ses droits.

Le 17 avril 1772, onze mois et un jour après le décès de Le Sueur, la veuve met au monde un fils : il est baptisé comme légitime.

Cette veuve signifie des défenses à la requête présentée par Le Clerc, et s'y borne à soutenir qu'il n'est point contre les règles de la nature qu'une femme accouche à plus de onze mois.

Le juge de Caudebec rend le 31 juillet une sentence qui accorde à Le Clerc ses conclusions.

La veuve en interjette appel au conseil supérieur de Rouen, où le jugement est confirmé le 19 mai 1774.

Comme le mineur n'avait point été entendu, sa mère s'est pourvue contre la décision du conseil supérieur par requête civile.

Pour établir que l'état de son enfant a été mal défendu, elle s'attache d'abord à prouver que le fait de sa Légitimité était très-possible; et c'est ce qu'elle fait par une consultation de M. Le Pecq de la Clôture, médecin à Rouen.

« Existerait-il encore quelque doute légitime (y est-il dit) sur la possibilité, sur la réalité des naissances tardives?

(1) Dictionnaire de droit normand, au mot *Accouchement*.

(1) *Ibid.*, au mot *Enfans*.

» Le spectacle entier de la nature, contemplé dans son admirable ouvrage de la production des êtres classés dans l'un des trois règnes ; les autorités des plus grands hommes de tous les siècles, naturalistes, médecins ou philosophes, qui ont observé les règles, les écarts et les erreurs de la nature sur ce premier moment qui donne une vie sensible à chaque corps organisé ; les explications physiologiques sur ce point essentiel de l'économie animale, devenues si satisfaisantes depuis que les lumières de l'anatomie et de la physique ont fait servir l'expérience de base aux raisonnemens ; une multitude d'observations convaincantes, qui constatent des faits avérés, nous semblaient avoir écarté toute espèce de doutes, et épuisé toute difficulté sur cette question, considérée sur un point de vue général.

» Convaincus de cette vérité philosophique, que l'accouchement peut être avancé ou retardé par différentes causes générales ou particulières, nous n'entrerons point dans un examen raisonné du mécanisme de l'accouchement ; nous ne rechercherons point quel peut être le degré d'extensibilité de cet organe si délicat, si irritable, qui reçoit, qui conserve et laisse s'accroître dans sa cavité le germe fécondé d'un homme, jusqu'au terme qui doit enfin faire réagir les ressorts de sa force contractive, pour expulser un corps qui lui devient nuisible.

» C'est à M. Petit, cet homme justement célèbre, dont les connaissances font autant honneur à la chirurgie qu'à la médecine, qu'il fut réservé d'exposer ce mécanisme naturel dans son plus grand jour, et de rassembler avec l'ordre le plus précis, le plus instructif, tant de matériaux épars sur cette matière importante.

» Il ne reste sans doute rien à ajouter aux preuves physiques qu'a fait valoir ce savant médecin. Nous tâcherons d'ouvrir une autre preuve de démonstration par une nouvelle voie que nous a frayée l'observation des constitutions ou des grandes intempéries des saisons, comparées avec leurs effets sur nos corps.

» Hippocrate nous avait déjà dit : *Il en arrive de la conception, de l'avortement et de l'accouchement, à l'égard des femmes, comme de la santé, de la maladie et de la mort, à l'égard de tous les hommes. Ils reçoivent aussi leurs jugemens, de la même manière, dans un certain nombre de mois, de quarantaines, de jours, ou d'années. Mais on sait combien peuvent varier ces différens termes de jugemens par des causes favorables ou contraires.*

» La durée de la grossesse et le terme de l'accouchement sont donc assujétis, comme les maladies, à l'influence des intempéries des saisons, ou des causes météorologiques.

» Ainsi prononce encore le plus exact des observateurs : *Dans les années où un hiver excessivement pluvieux, qui aura dominé, les vents du midi, sera remplacé par un printemps sec et aride, devenu tel par le souffle des septentrionaux, les femmes qui devaient accoucher dans cette saison ont des fausses-couches très-fréquentes, ou bien leurs enfans naissent infirmes ou malades.* Gallien ajoute, dans son commentaire, que cela arrive par la perte du ressort de l'utérus pendant une saison trop pluvieuse, par le grand volume que prend l'enfant alors, et par le rétablissement subit et disproportionné que prend la matrice à l'occasion d'un froid vif et durable.

» De ce seul aphorisme on est en droit de conclure que les femmes grosses et leurs fœtus sont susceptibles des impressions des constitutions, des saisons, relatives aux corps organisés soumis à leur influence. C'est une vérité confirmée d'ailleurs par l'observation de Bartholin, à Copenhague, en 1672, par celle de Baillon, en 1570 et 1575, à Paris ; vérité que la chaîne de nos observations météorologiques, comparées avec les constitutions régnantes, nous a constatée, en 1765 à Caen, en 1769 à Rouen.

» Mais s'il existe des causes communes qui soient capables de faciliter la précocité des accouchemens, ne doit-il pas s'en rencontrer dans les constitutions opposées, qui puissent concourir à les retarder ? C'est une seconde vérité pressentie, que l'observation nous a également plusieurs fois garantie.

» Nous tairons les détails, les explications qui nous conduiraient à cette possibilité physique. Il suffira sans doute aux gens éclairés, aux amis de la vérité, d'apprendre que notre constitution, en 1769, porta ses effets, spécialement sur les personnes du sexe, et singulièrement sur les femmes grosses. Nombre de celles qui avaient déjà joui du bonheur d'être mères, tombèrent malades avec des fièvres lentes, pituiteuses ; elles éprouvèrent encore des diarrhées et des flux énormes, et accouchèrent effectivement avant leur terme. Mais les jeunes femmes se portaient mieux qu'il ne leur est ordinaire à un premier enfant. Celles-ci n'eurent presque point de fausses-couches, la plupart accouchèrent après le terme de neuf mois. Leurs enfans naissaient volumineux, et cependant leurs matrices semblaient être relâchées et paresseuses, difficiles à contracter ; c'est pourquoi, sans doute, il y en eut près d'une cinquantaine accouchées avec le forceps, dans l'automne de 1769, et l'hiver suivant. Cette année avait été molle et humide, remarquable par le souffle très-long des vents de sud et d'ouest.

» Mais l'année 1777 nous a offert de nouvelles observations confirmatives des précédentes. L'intempérie de l'été fut humide, variable et pluvieuse, jusqu'au lever de la lune d'août. J'ai connu cinq femmes qui comptaient accoucher en août et septembre, et qui ont été retardées jusque bien avant dans l'automne.

» Il est impossible de ne point communiquer l'observation suivante. Une jeune dame de dix-neuf ans, déjà mère, en possession de la meilleure santé, fit part d'une nouvelle grossesse à son parent, un des plus célèbres chirurgiens-accoucheurs de notre capitale. Elle en était certaine par une suppression décidée, suivie de dégoûts, de nausées, de vomissemens, de la tuméfaction du sein ; et de tous les accidens d'un état qu'elle avait déjà connu : elle devait accoucher vers la moitié du mois de septembre. Effectivement, à cette époque, elle éprouva quelques faibles avant-coureurs de l'accouchement : on m'en fit part, et je pris connaissance de l'histoire de sa grossesse, qui remontait alors à neuf mois révolus. Elle soupirait de jour en jour, de semaine en semaine, après l'instant qui la délivrerait d'un enfant, devenu incommode, et de ses inquiétudes qui augmentaient avec le laps de temps : elle n'accoucha enfin qu'après onze mois révolus. Il en fut à peu près de même de ses autres grossesses, dont le terme avait été fixé, à l'aide des connaissances de l'art : elles furent également retardées au dixième et onzième mois.

» Réunissons à ces causes communes et occasionnelles du délai des accouchemens, celles qui sont prises dans l'individu même, et que chaque femme peut voir renaître cent fois par des obstacles physiques, bien plus encore par des impressions morales, dont les causes sont d'autant plus multipliées et plus graves qu'elles sont le fruit de la sensibilité, qu'on les tient souvent plus secrètes, et que la tristesse, l'accablement, la langueur qui résultent d'un chagrin dévoré dans le silence, plongent tous les organes dans l'inertie.

» Ainsi, les tribunaux, les magistrats nous semblent autorisés, par une suite de convictions, par l'autorité de tous les âges, par le poids de l'observation, par le suffrage des facultés de médecine, et surtout par les preuves multipliées récemment mises au grand jour dans le recueil d'Antoine Petit, à rendre à la société des enfans que la réunion des circonstances accessoires leur aura permis de croire légitimement nés après le terme ordinaire de neuf mois. »

Après avoir ainsi prouvé que le terme de l'accouchement des femmes peut être et a été plusieurs fois retardé jusqu'au onzième et au douzième mois, et même au delà, la veuve Le Sueur concluait qu'il ne restait plus aux magistrats qu'à examiner quelle avait été sa conduite.

« L'idée qu'on se fait en général de la vertu des femmes (disait-elle par l'organe de son défenseur), dépend beaucoup de l'éducation qu'on a reçue, de la société dans laquelle on a vécu, du genre de lectures qu'on a faites, et de là vient la diversité d'opinion que chacun paraît en avoir. Sans entrer là-dessus dans un détail qui ne touche point d'assez près à l'objet que nous traitons, nous nous contentons de remarquer que, parmi ceux qui paraissent croire difficilement à cette vertu, on trouve un grand nombre d'hommes corrompus et frivoles, tandis que les hommes estimables, et les hommes instruits se font presque tous un devoir de respecter les femmes et de les défendre.

» Nous observons encore que, si la corruption des mœurs a fait des progrès dans les divers états,

entre les divers rangs de la société, celui de tous qui s'en est le mieux garanti, c'est cet état de médiocrité dans lequel une femme, à l'abri de la misère et du besoin, ignorant jusqu'à quel point la pauvreté peut avilir l'ame, ne connaît également ni la mollesse de l'opulence, ni le luxe, ni ses insatiables désirs, ni les dangers auxquels il expose ; et voilà l'heureuse médiocrité dans laquelle la veuve Le Sueur passa toute sa vie, pendant qu'elle fut fille et épouse. Née à la campagne de parens qui jouissaient d'une fortune aisée, elle ne les quitta pas un seul instant ; elle puisa dans cet asile de l'innocence et de la vertu, les principes d'honneur et de sagesse qui ont toujours fait la règle de sa conduite. Mariée à un marchand de Caudebec, elle mérita son estime, celle de ses parens, de ses amis, de ses concitoyens, et se distingua surtout par la pureté et la régularité de ses mœurs.

» Vous n'osâtes les attaquer, homme avide, homme injuste, qui dévorez aujourd'hui sa subsistance et celle de son enfant, lorsque vous vîtes qu'elle n'accouchait point dans le terme ordinaire de l'accouchement des femmes; vous aimâtes mieux soutenir qu'elle avait déclaré faussement être grosse, que de lui imputer le crime par lequel elle le serait devenue. Elle met son fils au monde, et alors, n'abandonnant point le projet d'envahir la succession de son mari, vous fûtes forcé de dire qu'il n'était pas le père de cet enfant ; mais articulâtes-vous un seul fait qui tendît, nous ne disons pas à établir l'inconduite de la veuve, mais à jeter le moindre soupçon sur sa sagesse et sur ses mœurs ? Le silence auquel vous fûtes réduit sur un objet si intéressant pour votre cause, ne forme-t-il pas l'éloge le moins suspect de sa vertu.

» Et comment auriez-vous eu l'imprudence de calomnier les mœurs de cette femme dans le lieu même où elles étaient le mieux connues, où elles étaient le plus respectées? Toutes les voix ne se seraient-elles pas élevées pour les défendre ? Le curé, les habitans de Caudebec, les voisins, les amis, les parens du mari et de la femme, tous s'empressent de lui donner des témoignages que la justice et la vérité leur dictent. Ils attestent, ils certifient que la vie, les mœurs de la veuve Le Sueur ont, dans tous les temps, été irréprochables, au-dessus de tout soupçon ; qu'elle avait vécu dans la plus grande intimité avec son mari, qui ne s'était jamais plaint de sa conduite; que depuis sa mort, elle avait mené la vie la plus régulière. Les parens déclarent qu'ils ont vu s'accroître sous leurs yeux les différens degrés de sa grossesse ; et qu'ils regarderont toujours son enfant comme le fils posthume et légitime de son mari. »

Ici, l'adversaire de l'enfant posthume opposait un moyen séduisant.

« L'objet essentiel des lois (disait-il) est de maintenir dans la société l'harmonie, l'ordre et la paix ; et tel doit être aussi le but des magistrats, interprètes de ces lois. Si, dans les questions soumises à leur jugement, il s'en présentait quelqu'une dont la décision, la plus équitable en apparence, tendrait néanmoins à déranger, à troubler l'ordre et la paix de la société, cette décision ne devrait jamais sortir de leur bouche, parcequ'il faut que tout cède à la considération du bien public, considération puissante et qui n'admet aucune restriction : *salus populi suprema lex esto.*

» Or, qui pourrait peindre le trouble, le désordre que porterait dans la société, dans les familles, l'admission de la Légitimité d'enfans nés onze et douze mois après la mort de leurs pères? Ne voit-on pas des veuves se livrer à la prostitution et au libertinage, des enfans illégitimes entrer dans les maisons les plus distinguées, de légitimes héritiers dépouillés des biens que la nature et la loi leur destinent? Ne voit-on pas enfin sortir tous les genres de maux d'un jugement qui, n'ayant statué que sur un événement singulier, sur un cas d'exception, n'en serait pas moins regardé comme faisant une règle générale?

» Il y a plus : en admettant des accouchemens retardés jusqu'au onzième et douzième mois, il est du moins reconnu que ce retardement est extrêmement rare; il ne peut donc jamais y avoir de grands inconveniens à craindre, en proscrivant indistinctement toutes les prétentions auxquelles ces naissances tardives pourraient donner lieu. »

Ainsi parlait l'adversaire de la veuve Le Sueur; Voici ce qu'elle répondit :

« L'intérêt particulier doit céder à l'intérêt public. Cette proposition a un air de vérité qui séduit; mais n'est-elle point du nombre de celles qu'on répète chaque jour, sans y avoir attaché d'idées assez précises? D'abord, est-il possible que l'intérêt particulier se trouve bien véritablement en opposition avec l'intérêt public? Le tort que la société est obligée de faire souffrir à quelqu'un des individus dont elle est composée, n'est-il point, au contraire, une suite, une exécution des engagemens qu'il a contractés avec cette même société, engagemens dont il est forcé d'essuyer les inconveniens, comme il eût pu en recueillir les avantages? Des exemples rendront ceci plus sensible.

» Dans un incendie, on abat une maison, pour empêcher la communication du feu. Le propriétaire avait tacitement contracté l'obligation de supporter cette perte, en prenant une maison qui n'était point séparée des autres. Il aurait pu arriver que la maison de son voisin eût été abattue pour sauver la sienne. Il pouvait se faire que, dans la suite, il trouvât son avantage dans une semblable précaution.

» Un honnête homme prête, en présence de dix témoins, cent louis à un coquin, qui nie les avoir reçus. Le prêteur demande à en faire la preuve; cette preuve est rejettée, parce que le législateur, convaincu du danger des preuves testimoniales, les a défendues pour les sommes au-dessus de cent livres. On dit alors que l'intérêt public l'emporte sur l'intérêt particulier; mais on ne fait pas attention que le prêteur, avant de donner ses cent louis, était soumis à la loi qui lui défendait d'en faire la

preuve; en sorte que la perte qu'il fait peut être regardée comme la peine due à son imprudence. On ne fait pas attention que lui-même peut, dans une autre circonstance, profiter de la loi dont il se plaint, puisqu'elle lui servirait de défense vis-à-vis de quelqu'un qui viendrait lui demander une somme qu'il ne lui aurait pas prêtée.

» Mais il n'est aucun cas où un individu soit obligé de souffrir des torts qui ne sont pas relatifs, ou à ses engagemens vis-à-vis de la société, ou aux lois positives par lesquelles elle est gouvernée.

» Dira-t-on que les maux affreux sous lesquels on voudrait faire succomber le fils de Le Sueur et sa malheureuse mère, tiennent aux engagemens qu'ils ont contractés envers la société, ou aux lois positives de l'état? Un enfant, fruit légitime de l'hymen le plus chaste, a-t-il pu, dans le moment de sa naissance, contracter l'engagement d'être, au gré de la société, ou l'héritier du nom et de la fortune d'un père vertueux, ou un infâme bâtard, rougissant de son existence? La mère dont les mœurs sont au-dessus du soupçon, s'est-elle soumise à l'horrible alternative d'être déclarée, ou une femme vertueuse, ou une vile prostituée, suivant l'avantage qu'y trouverait cette même société?

» A l'égard des lois positives de l'état, comme il n'y en a aucune qui ait statué sur les naissances tardives, elles ne pourraient, sous aucun rapport, servir de prétexte à la condamnation politique de la mère et du fils.

» Mais si l'on ne les condamne pas, des bâtards dépouilleront de légitimes héritiers!

» Supposons qu'il échappe à l'oubli, c'est-à-dire, que quelques personnes se rappellent qu'un enfant né onze mois et un jour après la mort de son père, aura été déclaré légitime, quels dangers peuvent-ils en résulter? Une veuve se déterminera-t-elle par cela seul à quitter la pompe funèbre de son mari pour se jeter dans les bras, non d'un séducteur, mais de celui qu'elle ira séduire? Choisira-t-elle, pour se prostituer ainsi, précisément le temps dans lequel sa prostitution l'exposera le plus à la censure, et sera le plus préjudiciable à ses intérêts?

» Au reste, la meilleure manière de juger des effets que peut produire la légitimation d'un enfant né après le terme ordinaire, le moyen le plus sûr d'apprécier les désordres qui peuvent en résulter, c'est d'avoir recours à l'expérience, et d'examiner quelles ont été les suites de légitimations semblables. Depuis le jugement de l'empereur Adrien, l'histoire et les compilateurs d'arrêts nous offrent quelques exemples de naissances tardives déclarées légitimes; qu'en est-il résulté? Pas le moindre inconvénient. Un siècle entier ne présente pas à chacun de nos tribunaux une question pareille à juger : et cette rareté n'a rien qui doive nous surprendre, si l'on fait attention aux différentes circonstances qui doivent se réunir pour qu'elle puisse avoir lieu.

» Il faut que l'événement, très-peu commun d'un accouchement long-temps retardé, se trouve n'avoir pas concuru avec le temps de la vie du mari. Il faut que le mari soit mort dans les premiers momens de la grossesse de sa femme. Il faut qu'il laisse pour héritiers des hommes avides, et qui aient étouffé dans leur cœur tout sentiment d'honneur et d'humanité. Il faut que la veuve puisse, non seulement se rendre témoignage à elle-même de sa propre vertu; il faut encore qu'elle ait la certitude que sa réputation n'a pas souffert la plus légère atteinte.

» Écartons donc les prétendus inconvéniens, les dangers imaginaires qu'on veut nous faire envisager, et dont la réflexion la plus simple, ainsi qu'une longue expérience, démontre l'illusion. Portons nos regards sur l'enfant qu'une mère vertueuse a conduit au pied de la justice : ils y sont prosternés l'un et l'autre, ils attendent son arrêt. Voilà les seuls objets qui fixeront l'attention des magistrats; ils n'en détourneront point leurs yeux, pour se livrer à de vaines spéculations. Et quel juge, ayant à prononcer sur l'honneur, l'état et la fortune d'une mère et d'un fils, pourrait ne pas chercher les motifs de son opinion dans le fait même qui doit leur assurer ou leur faire perdre ces biens précieux? Quel juge, après s'être convaincu de la sagesse de la mère, de la Légitimité de l'enfant, pourrait, s'appuyant sur des considérations étrangères, condamner la mère au deshonneur, et son fils à l'opprobre et à la misère? Quel juge ne serait pas touché de leur vertu, de leur innocence et de leurs larmes?

» Ainsi, rassurons-nous sur le sort de ces deux infortunés; l'intérêt public ne s'oppose point à la réclamation du mineur : cette réclamation, dans la forme, est autorisée sur le texte de l'ordonnance qui permet aux mineurs de se pourvoir par requête civile contre les jugemens dans lesquels ils n'ont pas été défendus. Cette réclamation, au fond, est appuyée sur la possibilité, sur l'existence de naissances plus tardives que la sienne, et sur les mœurs pures et irréprochables de sa mère. Les magistrats doivent donc s'empresser de venir au secours de deux citoyens dont l'état et l'honneur ont été compromis par une décision injuste. »

Par arrêt du mois de décembre 1779, le parlement de Rouen, faisant droit sur le rescindant, a entériné les lettres de requête civile obtenues par le mineur posthume, et a condamné Jean-François Le Clerc aux dépens.

L'auteur du *Dictionnaire de droit normand* nous apprend, à l'article *Enfans*, que, sur le rescisoire, le mineur posthume a gagné sa cause. « Quoique l'arrêt (dit-il) ait été rendu par défaut, » et *sans tirer à conséquence*, il n'en résulte pas » moins que le terme de l'accouchement des femmes » peut être naturellement différé de plusieurs mois » après le neuvième, et que ce délai peut être » considérable sans ébranler l'état de l'enfant, » tant qu'on n'a point de preuve de l'incontinence » de la mère. »

IV. Le Code civil n'a pas cru devoir établir sur cette matière que règle précise; il s'est borné à dire, art. 315, que « la Légitimité de l'enfant né » trois cents jours après la dissolution du ma- » riage, pourra être contestée. »

Remarquons la manière dont cet article a été expliqué par M. Duveyrier, dans son rapport du 2 germinal an 11 :

« Les naissances tardives n'exigent aucune disposition conditionnelle. Il est clair que la Légitimité d'un enfant pourra être contestée, s'il naît dans le onzième mois après la dissolution du mariage, ou pour mieux dire, au moins trois cents jours après le mariage dissous, parce qu'alors il ne peut plus placer dans le mariage ni sa conception, ni par conséquent la présomption légale de sa Légitimité.

» Pourquoi n'est-il pas de droit illégitime, et mis au nombre des enfans naturels? Parce que tout intérêt particulier ne peut être combattu que par un intérêt contraire. La loi n'est point appelée à réformer ce qu'elle ignore : et si l'état de l'enfant n'est point attaqué, il reste à l'abri du silence que personne n'est intéressé à rompre; parce que d'ailleurs, dans le cas de la dissolution d'un mariage par le divorce, le mari qui seul avait le droit du désaveu, peut n'avoir ni motif ni volonté de l'exercer; et il doit être, s'il l'exerce, soumis à l'obligation d'éloigner de lui toute preuve de la paternité de l'enfant qu'il désavoue. »

Voici une espèce qui s'est présentée là-dessus à la cour d'appel de Grenoble :

François Chapelet épousa en premières noces Pernette Gentru; ce mariage dura environ vingt ans, sans avoir donné le jour à aucun enfant.

Le 25 juillet 1806, Chapelet contracta un second mariage avec Catherine Bérard. Il lui fit donation, à titre irrévocable, dans le cas où elle le survivrait, de l'usufruit de la moitié de ses biens. Six mois après, Chapelet fut atteint d'une pleurésie; sa maladie dura environ huit jours. Il décéda le 20 janvier 1807, à une heure du matin.

Le 26 février 1807, il fut fait inventaire de sa succession, en présence de toute sa famille. Catherine Bérard y déclara qu'*elle n'était pas bien assurée*, en ce moment, *de sa grossesse*.

Le 3 décembre 1807, Catherine Bérard accoucha d'une fille posthume, appelée Rosalie. L'enfant ne fut présenté à l'officier de l'état que le 12 du même mois. Dans son acte de naissance, Rosalie ne fut point qualifiée de *fille légitime*, mais seulement de *fille issue de Catherine Bérard, veuve de François Chapelet*.

Bientôt après la naissance de Rosalie, les frères et sœurs de François Chapelet, ses héritiers de droit, considérant cet enfant comme étranger à leur famille, se mirent en possession des biens du défunt et se hâtèrent de faire nommer un tuteur *ad hoc* à l'enfant.

Le 11 janvier 1808, ils assignèrent la veuve Chapelet et le tuteur; ils prirent des conclusions tendantes à ce que Rosalie Bérard fût déclarée n'être pas fille légitime de François Chapelet.

Le 11 mai 1808, jugement du tribunal de Chambéry, qui déclare Rosalie *fille issue du mariage de François Chapelet avec Catherine Bérard*, et ordonne la rectification de son acte de naissance.

La cause portée devant la cour de Grenoble, et plaidée en audience solennelle, les deux chambres réunies au nombre de seize juges, il y intervient, le 20 mars 1809, un arrêt de partage, portant que, pour les vider, trois autres magistrats seront appelés.

La cause est en conséquence plaidée de nouveau, et les défenseurs développent, d'une manière lumineuse, les moyens respectifs de leurs parties.

Me Burdet, avocat des héritiers Chapelet, soutient que l'art. 315 du Code civil, en statuant que *la Légitimité de l'enfant né trois cents jours après la dissolution du mariage pourra être contestée*, a fixé à dix mois le terme fatal des naissances tardives ; de sorte que, pour faire déclarer l'enfant illégitime, il suffit que l'exception d'illégitimité soit proposée par ceux qui ont intérêt à lui contester son état. Il ajoute que c'est là le véritable esprit de cette loi, et la seule interprétation qu'on puisse lui donner, soit en rapprochant l'art. 312 de l'art. 315, soit en se pénétrant de l'intention des législateurs qui, lors de la discussion de cette loi au conseil-d'état, reconnurent la nécessité d'établir une règle générale sur les naissances *précoces* et *tardives*, et de fixer le terme avant et après lequel l'enfant pouvait être déclaré ne pas appartenir au mariage.

Les héritiers Chapelet articulent d'ailleurs, contre Catherine Bérard, divers faits graves d'inconduite dont ils demandent subsidiairement à faire preuve.

De son côté, le tuteur conclut subsidiairement à ce qu'il soit admis à prouver que Catherine Bérard a éprouvé, vers la fin du neuvième et au milieu du dixième mois de sa grossesse, les douleurs qui précèdent l'accouchement, symptômes ordinaires des naissances tardives : que, depuis le décès de son mari, elle a été dans un état habituel de maladie, augmentée par ses chagrins et les mauvais procédés des héritiers Chapelet ; qu'elle a toujours joui d'une bonne réputation ; et que, devant les premiers juges, ses adversaires n'ont osé articuler contre elle aucun fait d'inconduite.

Le 12 avril 1809, arrêt par lequel, conformément aux conclusions de M. Bérenger, juge auditeur, portant la parole pour le ministère public,

« Vu l'art. 315 du Code civil ;

» Considérant qu'il résulte de cet article, que le législateur a fixé à trois cents jours le terme fatal des naissances tardives et des gestations les plus prolongées ; que, si la loi ne déclare pas, de droit, illégitime l'enfant né trois cents jours après la dissolution du mariage, et se borne à dire que *sa Légitimité pourra être contestée*, on ne doit en conclure autre chose, sinon qu'elle exige, pour le faire déclarer tel, que l'exception d'illégitimité soit proposée par ceux qui ont intérêt de lui contester son état,

par la raison que *tout intérêt particulier doit être combattu par un intérêt contraire : que la loi n'est point appelée à réformer ce qu'elle ignore : et qu'enfin, si l'état de l'enfant n'est point attaqué, il reste à l'abri du silence que personne n'est intéressé à rompre.*

» Considérant que, si l'art. 315, pris isolément, peut présenter quelques doutes, ils se dissipent bientôt par l'esprit de cette loi, qui se manifeste plus clairement dans les art. 228 et 296 du même Code, portant que *la veuve et la femme divorcée ne peuvent se remarier que dix mois après la dissolution du mariage ;* ce qui prouve que la loi, toujours attentive à ne point confondre les familles, a fixé à trois cents jours le terme le plus retardé des grossesses ; que l'esprit de cette loi est encore confirmé par l'art. 312, qui dispose que *le mari pourra désavouer l'enfant, s'il prouve que, pendant dix mois avant la naissance de cet enfant, il s'est trouvé dans l'impossibilité de cohabiter avec sa femme :* qu'ainsi, la loi faisait dépendre, dans ce cas, l'illégitimité de l'enfant du *simple désaveu* du mari, à la charge de prouver l'impossibilité de sa cohabitation avec sa femme pendant les dix mois qui ont précédé la naissance de l'enfant, il en résulte évidemment que l'espace de *dix mois* est le terme fatal fixé par la loi aux naissances tardives ;

» Considérant que l'art. 315, en donnant aux héritiers du mari le droit de *contester* la Légitimité de l'enfant né trois cents jours après la dissolution du mariage, a voulu faire produire à cette *contestation* le même effet qu'au simple *désaveu* du père, dans le cas prévu par l'art. 312 ; que ces deux mots *désaveu* et *contestation* doivent être pris dans le même sens et produire le même effet, puisque, dans les cas prévus par les art. 317 et 318, la loi assimile ces deux mots l'un à l'autre, et leur attribue les mêmes résultats, la même efficacité ;

» Considérant que le législateur ayant déjà donné une extension légale de trente jours au terme de neuf mois, qui est le plus généralement observé dans l'ordre naturel, étendre encore ce terme au-delà de trois cents jours, ce serait tout à la fois relâcher les liens de la morale, troubler le repos des familles, introduire une latitude qui n'aurait plus de bornes, et ramener un arbitraire que les lois nouvelles ont eu pour objet de prévenir.

» Considérant qu'en admettant même que l'article 315 n'est pas tellement décisif qu'il ne pût se rencontrer des circonstances extraordinaires où l'enfant né trois cents jours après la dissolution du mariage, devrait être déclaré légitime, au moins est-il certain qu'il résulte de cet article une présomption légale d'illégitimité contre l'enfant, et qu'il faudrait, dans ce cas, articuler des faits assez graves et concluans, pour écarter la présomption résultante de la loi : que ces circonstances extraordinaires, et qui ne peuvent être que très-rares, ne se rencontrent point dans la cause, ni dans les faits que le tuteur demande à prouver ;

» Considérant enfin, que Rosalie-Bérard, née trois cent dix-huit jours après le décès de François Chapelet, ne peut plus placer dans le mariage, ni sa conception, ni par conséquent la présomption légale de sa Légitimité;

» La cour, les chambres réunies en audience solennelle, vidant le partage porté par son arrêt du 20 mars dernier, met l'appellation et ce dont est appel au néant; et par nouveau jugement, sans s'arrêter aux fins et conclusions tant principales que subsidiaires de Catherine Bérard et du tuteur, déclare Rosalie Bérard non-admissible à prendre la qualité de fille de François Chapelet, et à réclamer sa succession; maintient en conséquence les cohéritiers Chapelet en la propriété et jouissance de ladite succession, sauf à Catherine Bérard à se prévaloir de ses droits dotaux et des libéralités à elle faites par son mari, tous dépens compensés. »]]

§ IV. *Questions communes aux enfans nés dans les trois temps marqués par les paragraphes précédens.*

I. Tout ce que nous avons dit jusqu'à présent au sujet de la règle, *pater is est quem nuptiæ demonstrant,* suppose un fait qui, mis en question, peut devenir une source de nouvelles difficultés. C'est la maternité de l'enfant dont il s'agit de fixer l'état.

Il peut y avoir là-dessus deux sortes de contestations : ou ceux qui attaquent la Légitimité, soutiennent que la femme dont l'enfant prétend avoir reçu le jour, n'est point accouchée dans le temps auquel se réfère sa naissance; ou, convenant de l'accouchement de celle qu'il nomme sa mère, ils se bornent à soutenir qu'il n'est point ce même enfant qui est venu au monde en tel temps.

II. Sur le premier point, la représentation d'un acte de baptême écarte toute espèce de doute. On sent bien qu'il est possible de donner, dans un acte de cette nature, une mère supposée à l'enfant qu'on baptise; « cependant (dit M. d'Aguesseau, » dans un 47ᵉ-plaidoyer) c'est la grande, allons » plus loin, c'est presque l'unique preuve qu'on » puisse avoir de l'état des hommes. Qu'on ren-» verse cette preuve, tous les fondemens de la » société civile sont ébranlés; il n'y a plus rien » de certain parmi les citoyens, si l'on retranche » cet argument. Qu'on dise tant qu'on voudra » que ce principe est douteux, que rien n'est plus » facile à altérer, à dissimuler, à changer même, » que le contenu d'un acte baptistaire : toutes ces » réflexions sont justes; mais quelque douteuse que » puisse être cette preuve, tout sera encore plus » douteux, si on ne l'admet pas, si on la re-» jette sans des preuves convaincantes de faus-» seté. »

Mais cette preuve, dit le même magistrat, » quelque authentique et quelque légitime qu'elle » puisse paraître, n'est pas néanmoins la seule; » et comme il n'est pas juste que la négligence des

5ᵉ. TOME IX.

» parens, la prévarication de ceux qui conservent » les registres publics, les malheurs et l'injure des » temps puissent réduire un homme à l'impossibi-» lité de prouver son état, il est de l'équité de la » loi d'accorder, dans tous ces cas, une autre » preuve qui puisse suppléer le défaut et réparer » la perte des registres. »

Cette preuve ne peut se tirer que de deux sources : ou des déclarations et reconnaissances du père et de la mère, ou de la possession de Légitimité.

III. Quoique le père et la mère ne puissent pas, comme on l'a vu ci-devant, § 2, nᵒˢ 5 et 6, préjudicier à l'état de leurs enfans par leurs désaveux et leurs déclarations, ils peuvent néanmoins l'assurer par leur suffrage. Cette maxime, qui est due à la faveur de la Légitimité, est établie par la loi 1, § 12, D. *de agnoscendis et alendis liberis :* les termes en sont très-précis : *Grande præjudicium affert pro filio confessio patris.*

Ce que nous disons d'une déclaration expresse, il faut également le dire d'une reconnaissance tacite. « Le traitement paternel (dit Lebrun) et cer-» taines grâces qui ne se font qu'à des enfans légi-» times, comme de marier un fils, ou de l'insti-» tuer par testament, pour son principal héritier, » sont de fortes présomptions en faveur de l'état » de l'enfant. »

C'est sur la puissance du suffrage paternel qu'est fondé un arrêt du parlement de Paris, du 18 juin 1648, rapporté par Soefve, qui déclare les héritiers d'une femme non-recevables à accuser sa mémoire de supposition de part, tandis que le mari était vivant et reconnaissait l'enfant dont ils contestaient l'état.

La même chose a été jugée, dans le dix-huitième siècle, par un arrêt du grand conseil, dont voici l'espèce.

M. le président de Virasel s'est marié le premier avril 1700 : à peine était-on sorti des premiers jours de noces, qu'on a vu éclater une funeste division entre lui et la dame de Virasel. Le 7 octobre de la même année, c'est-à-dire six mois et sept jours après la célébration du mariage, son beau-père lui écrivit que sa femme venait d'accoucher, et que l'enfant était venu mort au monde. La dame de Virasel mourut au mois de novembre 1703 : un mois après, on vit paraître, dans la maison de M. Virasel, une petite fille qu'il déclara être celle dont son épouse était accouchée en 1700. M. le président d'Aiguille, un de ses plus proches parens, cria à la supposition, et demanda qu'il lui fût fait défenses de faire passer cet enfant pour sa fille.

« Eh quoi (disait pour lui le célèbre Cochin)! » un enfant dont on a déclaré la mort dans l'in-» stant même de sa naissance, dont aucun regis-» tre de baptême ne fait mention, qui n'a jamais » été vu ni connu par aucun parent, par aucun » mari, par aucun domestique, ni du père, ni de » l'aïeul; que la mère n'a jamais eu la consolation » d'embrasser, on le fera revivre et on l'introduira

79

» dans une famille illustre, à la faveur de deux
» ou trois créatures dont toutes les lois réprou-
» vent le témoignage! Ces sortes de reconnaissances
» peuvent servir au dénouement d'une comédie
» trop intriguée; mais c'est se jouer de la justice,
» que d'en vouloir faire le fondement d'une déci-
» sion respectable. »

Quelque spécieuse que fût cette défense, elle
n'eut cependant aucun succès. Par arrêt du 30 juin
1714, l'enfant fut maintenu dans sa possession de
l'état de fille légitime de M. de Virasel. Brillon,
qui plaidait pour ce magistrat, en fait mention dans
son dictionnaire, au mot *Enfant*.

On trouvera ci-après, sect. 3, n° 2, un arrêt
du 24 mai 1665, qui prouve que la reconnaissance
de la mère n'a pas la même force que celle du père;
et il est aisé d'apercevoir la raison de cette différence.

IV. Lorsque les enfans n'ont ni acte baptistaire,
ni déclaration de leur père et de leur mère, pour
prouver leur filiation, la possession publique vient
à leur secours. On ne peut mieux en décrire les
effets que ne le faisait Cochin, dans la cause de
Bourgelat. « De toutes les preuves qui assurent l'état
» des hommes (disait-il), il n'y en a point de plus
» solide et de plus puissante que celle de la pos-
» session publique. L'état n'est autre chose que
» le rang et la place que chacun tient dans la so-
» ciété générale des hommes, et dans les sociétés
» particulières que la proximité du sang forme dans
» les familles : et quelle preuve plus décisive pour
» fixer cette place, que la possession publique où
» l'on est d'en occuper une depuis qu'on est au
» monde ? Les hommes ne se connaissent entre
» eux que par cette possession ; celui-ci a toujours
» connu un tel pour son père, une telle pour sa
» mère, celui-là pour son frère ; les autres pour
» ses cousins : il a été de même reconnu par eux,
» le public a été instruit de cette relation. Com-
» ment, après trente ou quarante ans, changer
» toutes ces idées, détacher un homme d'une fa-
» mille dans laquelle il est, pour ainsi dire, en-
» raciné par tant d'actes et de reconnaissances
» géminées ? C'est dissoudre ce qu'il y a de plus
» indissoluble ; c'est, en quelque manière, rendre
» tous les hommes étrangers les uns aux autres.
» On ne se reposera plus sur la foi publique et sur
» une longue habitude de se reconnaître dans un
» certain degré de parenté ; le frère se tiendra en
» garde contre son frère qui, dans peu, pourra
» cesser de l'être, si la possession publique ne le
» rassure plus contre de telles révolutions ; en un
» mot, c'est ébranler les fondemens de la tran-
» quillité publique, que de ne pas reconnaître
» l'autorité de la possession publique de l'état.
» Celui qui l'a en sa faveur, n'est point obligé de
» remonter à d'autres preuves ; elle tient lieu de
» tous les titres que les ordonnances désirent. »

V. Lorsque les adversaires de l'état d'un enfant conviennent que la femme dont il se dit né,
est accouchée dans le temps auquel il place sa
naissance, mais prétendent qu'il n'est point celui

qui est venu au monde en ce temps, c'est encore
à l'acte de baptême, aux reconnaissances des parens et à la possession publique qu'il faut recourir.

L'acte de baptême est, comme nous l'avons dit,
la plus sûre et la plus infaillible de toutes les preuves de l'état d'un enfant ; mais elle peut être éludée, si elle n'est soutenue par les reconnaissances
des parens, par la longueur de la possession, par
la connaissance que le public a du nom et de la
qualité de cet enfant. En effet, comment prouvera-t-il qu'il est celui que sa mère a mis au monde
à une certaine époque, si ce n'est parce qu'il aura
été élevé et connu pour ce même enfant pendant
un certain nombre d'années ? L'acte de baptême,
il est vrai, forme toujours une présomption violente en faveur de celui qui le produit ; il semble
même, au premier abord, que cette preuve doit
lui suffire, jusqu'à ce qu'on l'ait convaincu de
fausseté et de supposition, en représentant la personne, ou en prouvant la mort de celui dont il
emprunte le nom. Cependant il est d'un usage constant, en pareil cas, d'ordonner des preuves ultérieures, et en cela on ne porte aucun préjudice
à l'enfant, parce qu'il est presque impossible qu'il
soit réduit à l'unique preuve qui résulte de son
acte baptistaire. N'y eût-il que les circonstances
qui lui ont fait connaître cet acte, elles doivent
avoir une relation intime avec l'état qu'il réclame ;
et, s'il en est autrement, on ne peut le regarder
que comme un imposteur.

Ainsi, dans la cause de la demoiselle Chamois,
jugée par l'arrêt déjà cité, du 21 avril 1693, M. d'A-
guesseau ne s'est déterminé à conclure en sa faveur, que par le concours de la possession d'état
et de l'extrait baptistaire. « Il peut être certain
» (disait ce magistrat) qu'il y a eu une Marie-
» Claude Chamois baptisée sous ce nom dans l'église
» de Saint-Gervais, fille d'Honoré Chamois et de
» Jacqueline Girard, sans qu'il soit assuré que
» celle qui paraît aujourd'hui sous ce nom, soit
» la même que celle qui l'a reçu autrefois ; et la
» malice d'un imposteur pourrait être assez grande
» pour prendre l'extrait baptistaire, aussi bien que
» le nom d'une personne absente. »

La demoiselle Ferrand représentait pareillement
un extrait baptistaire ; et non-seulement on convenait que sa mère était accouchée d'une fille le
jour daté par cet acte, mais encore on n'osait pas
soutenir que cette fille fût morte. Cependant un
arrêt du 27 août 1736 a ordonné à la demoiselle
Ferrand de faire preuve des faits de possession
qu'elle articulait, et ce n'a été que sur le vu de
cette preuve, qu'un arrêt du 24 mars 1738 l'a
maintenue définitivement dans l'état qu'on avait
voulu lui contester.

[[VI. Voici quelles sont, sur tout cela, les
dispositions du Code civil :

« Art. 319. La filiation des enfans légitimes se
prouve par les actes de naissance inscrits sur le
registre de l'état civil.

» 320. A défaut de ce titre, la possession constante de l'état d'enfant légitime suffit.

» 321. La possession d'état s'établit par une réunion suffisante de faits qui indiquent le rapport de la filiation et de parenté entre un individu et la famille à laquelle il prétend appartenir.

» Les principaux de ces faits sont, que l'individu a toujours porté le nom du père auquel il prétend appartenir; que le père l'a traité comme son enfant, et a pourvu, en cette qualité, à son éducation, à son entretien et à son établissement; qu'il a été reconnu constamment pour tel dans la société, qu'il a été reconnu pour tel par la famille.

» 322. Nul ne peut réclamer un état contraire à celui que lui donnent son titre de naissance et la possession conforme à ce titre; et réciproquement, nul ne peut contester l'état de celui qui a une possession conforme à son titre de naissance. »

VII. Ces dispositions, comme l'on voit, ne font que confirmer l'ancienne jurisprudence; mais en voici une qui la change dans un point capital.

Après avoir dit, art. 323, *qu'à défaut de titre et de possession constante*, ou si l'enfant a été inscrit, soit sous de faux noms, soit comme né de père et mère inconnus, la preuve de la filiation peut se faire par témoins (sous les modifications détaillées dans le § suivant, n° 3), le Code civil ajoute, art. 325, qu'à la preuve testimoniale du réclamant, ses adversaires pourront opposer une *preuve contraire*, et qu'ils pourront faire cette preuve « par tous les moyens propres à établir » que le réclamant n'est pas l'enfant de la mère » qu'il prétend avoir, *ou même*, *la maternité* » *prouvée*, *qu'il n'est pas l'enfant du mari de la* » *mère*. »

Pour bien saisir l'objet et l'esprit de cet article, il faut le rapprocher de celui qui, adopté d'abord par le conseil d'état, avait été communiqué au tribunat.

L'article communiqué au tribunat, était ainsi conçu : « La famille à laquelle le réclamant pré-» tend appartenir, sera admise à combattre sa » réclamation par tous les moyens propres à prou-» ver, non-seulement qu'il n'est pas l'enfant du » père, mais encore qu'il n'est pas l'enfant de la » mère qu'il réclame. »

Sur cet article, le tribunat a fait l'observation qui suit :

« D'après.... l'examen de cet article, la section » a pensé que l'unique objet de sa disposition était de changer la jurisprudence sur un cas particulier facile à prévoir.

» On cite un exemple : un individu qui n'a ni possession ni titre, réclame contre une famille à laquelle il prétend appartenir. Que fait-il d'abord? Il demande que sa réclamation soit jugée relative-ment à la personne qu'il dit sa mère, et dont il soutient être né durant le mariage : si le jugement sur la maternité ne lui est pas favorable, il ne va pas plus loin; il sait que par-là tout est décidé : car dès qu'il n'est point l'enfant de la femme, il

ne peut l'être du mari ; il ne serait tout au plus que bâtard adultérin. S'il parvient, au contraire, à faire juger que cette femme est sa mère, il lui suffit, d'après la jurisprudence encore existante, d'opposer, par rapport au père, la maxime, *pater is est quem nuptiæ demonstrant*. Cependant il peut arriver que les parens de la femme, soit par négligence, soit par collusion avec le réclamant, aient laissé accueillir une réclamation très-peu fondée, et que les parens du mari se trouvent lésés au dernier point par un jugement dont on prétend conclure que le réclamant était l'enfant du mari, quoiqu'il n'eût été question au procès que de savoir s'il était enfant de la femme.

» L'article du projet a pour but de parer à cet inconvénient grave ; la section ne peut qu'approuver un si juste motif ; mais elle pense en même temps que, pour ne rien laisser à désirer sur la clarté du sens, et sur la facilité de l'application, la disposition doit être conçue en ces termes : *La preuve contraire pourra se faire par tous les moyens propres à établir que le réclamant n'est pas l'enfant de la mère qu'il prétend avoir ; ou même, la maternité prouvée, qu'il n'est pas l'enfant du mari de la femme.*

La proposition du tribunat a été adoptée par le conseil d'état et décrétée par le corps législatif. Ainsi, il est aujourd'hui bien constant, qu'à l'égard de l'enfant qui n'a ni titre ni possession, la preuve de la maternité de la femme n'emporte plus nécessairement celle de la paternité du mari ; et la raison en est, comme le disait M. Duveyrier, dans son rapport du 2 germinal an 11, au corps législatif, « que, dans ce cas, il ne s'agit plus de » combattre la présomption qui n'existe pas, puis-» qu'il n'y a ni titre, ni possession d'état, ni con-» trat de mariage, ni acte de naissance, ni rela-» tion connue de parenté et de famille. »]]

SECTION III. *De la preuve des circonstances qui établissent ou font présumer juridiquement la Légitimité.*

I. Il y a, comme on le sait, trois sortes de preuves : celle qui résulte des aveux des parties, la preuve littérale et la preuve par témoins.

Il n'y a aucune difficulté, lorsque les circonstances qui établissent ou font présumer juridiquement la Légitimité, sont avouées par les parties, ou constatées par des actes en bonne forme. Dans l'un comme dans l'autre cas, les juges trouvent les faits prouvés d'une manière indubitable, et ce n'est que sur le droit qu'ils ont à prononcer.

II. Mais lorsqu'on ne leur offre qu'une enquête testimoniale pour justifier toutes les circonstances dont on prétend faire résulter une présomption juridique de Légitimité, doivent-ils admettre cette espèce de preuve?

La négative ne souffre aucune espèce de doute dans la thèse générale. Les jurisconsultes romains, quoique naturellement portés à donner aux dépositions des témoins le même effet qu'aux actes les plus solennels, regardaient cependant la preuve testimoniale comme insuffisante dans les questions d'état. Il était, à leurs yeux, du plus grand danger de faire dépendre la destinée d'une famille, son repos, sa sûreté, de l'ignorance ou de la malice d'un témoin passionné, surpris ou corrompu. La loi 2, C. *de testibus*, nous présente un monument bien précieux de cette doctrine. Un affranchi prétendait être né libre et dans l'état d'ingénuité; il consulta l'empereur Alexandre sur la question de savoir s'il pouvait établir sa prétention par des témoins. Alexandre lui répondit: défendez votre cause par tous les actes et les indices que vous pouvez recueillir, *defende causam tuam instrumentis et argumentis quibus potes;* car la preuve vocale ne suffit pas seule pour établir votre ingénuité, *soli enim testes ad ingenuitatis probationem non sufficiunt.*

Cette décision a été reçue dans nos mœurs, et elle a servi de motif à plusieurs arrêts solennels.

Il y en a un du parlement de Paris, du 7 mars 1641, qui déboute Marie d'Amitié de sa demande en permission de faire preuve par témoins qu'elle était sœur d'Elisabeth et d'Anne Roussel.

On en trouve un autre du 27 mars 1659, qui juge la même chose.

Il y en a un troisième dans le *Journal des audiences*, sous la date du 12 janvier 1686; il a été rendu sur les conclusions de M. Talon: le plaidoyer de ce magistrat énonce formellement « que » la seule preuve par témoins n'est pas suffisante » dans les questions d'état; que les dispositions » de droit en sont formelles et précises; que, si » cette voix était admise, elle serait d'une consé-» quence infinie dans le public, et il n'y aurait » plus de sûreté dans les familles. »

Le même recueil nous offre un arrêt semblable, du 29 mars 1691, rendu sur les conclusions de M. d'Aguesseau.

Il y en a un troisième, du 11 mars 1735. Par cet arrêt, le parlement de Paris infirma une sentence des juges de Chinon, qui avait admis un particulier à prouver par témoins qu'il était fils du sieur de Sasilly, quoiqu'il n'eût en sa faveur ni titre, ni commencement de preuve par écrit, ni possession d'état.

En voici un quatrième. Un enfant mâle naît le 7 août 1720, à la Chapelle, près Paris; il est baptisé à Saint-Eustache, sous le nom de Charles-Joseph de Rougemont, fils d'Etienne de Rougemont, officier, et de Jeanne Michel, sa femme, demeurant à Paris, cul-de-sac de Saint-Pierre. Il est depuis élevé dans les pensions et au collège sous le nom de Marie-Joseph-Jean-Baptiste Corrigé de la Rivière. Parvenu à l'âge de dix-huit ans, il entre au service, et reprend le nom de Rougemont. Ce jeune homme avait toujours été placé dans les mêmes pensions et au même collège que les neveux de la dame Hatte, femme du fermier général: cette dame avait été le voir en même temps que ses neveux; elle lui avait témoigné beaucoup

d'amitié, lui avait continué ses bontés et ses secours pendant qu'il était au service, mais sans se déclarer sa mère. En 1759, le sieur Hatte est attaqué d'une maladie mortelle. La dame Hatte, qui venait de reconnaître le sieur de Rougemont pour son fils, entreprend de lui concilier aussi le suffrage de son mari; elle emploie à cette fin le curé de sa paroisse et plusieurs autres médiateurs: mais tous ses efforts sont inutiles: le sieur Hatte meurt sans avoir voulu reconnaître ni même voir le sieur de Rougemont. Il laissait deux filles, les dames de Vauvray et de Vieux-Maisons: le sieur de Rougemont se pourvoit contre elles au Châtelet, et demande à être admis à faire preuve qu'il est leur frère légitime. L'affaire est évoquée aux requêtes du palais; la dame Hatte y intervient, et reconnaît le sieur de Rougemont pour son fils et celui du sieur Hatte, son mari. La cause portée à l'audience, les parties y ont été appointées en droit; mais sur l'appel interjeté par les dames de Vauvray et de Vieux-Maisons, arrêt est intervenu à la grand'chambre, le 24 mai 1765, sur les conclusions de M. Séguier, par lequel le principal a été évoqué, et le sieur de Rougemont et la dame de Hatte ont été déboutés de leurs demandes et condamnés aux dépens.

Le parlement de Rouen a rendu un arrêt semblable, le 26 janvier 1734.

En 1725, une servante du sieur de Beuseville fit assigner le sieur de La Francardière, pour l'obliger à la reconnaître pour sa fille, et à lui donner part dans la succession de sa mère: elle allégua devant les juges des lieux plusieurs faits à la fin desquels elle fut admise; et sur l'appel au parlement de Rouen, elle en articula encore de plus positifs. Elle disait,

« 1° Qu'elle était née en 1710, de la dame Gérard, épouse du sieur de La Francardière;

» 2° Que sa mère, avant d'accoucher, avait retenu pour nourrice la nommée Chevalier, sa première, dans la paroisse de Martainville-sur-Ry;

» 3° Que la dame de La Francardière étant à Rouen, dans la maison du sieur Baillard, son grand-père, accoucha de l'intimée sans secours de sage-femme, et en présence seulement de la servante du sieur Baillard;

» 4° Que la dame accouchée envoya cette servante chercher la nourrice, qui vint et emporta l'enfant, avec ordre d'avertir le curé de Martainville qu'il avait été ondoyé;

» 5° Que le curé ayant su cela, ne voulut ni suppléer les cérémonies du baptême, ni en rien écrire sur son registre;

» 6° Que le sieur et la dame de La Francardière étaient venus plusieurs fois chez le Chevalier pour voir l'enfant;

» 7° Que cet enfant s'étant blessé par une chute, la dame de La Francardière crut que la nourrice n'en avait pas pris assez de soins, et le retira pour le mettre chez la nommée Brunel, dans la paroisse de Blainville;

» 8° Que la Brunel était payée en blé, cidre et

autres denrées qu'elle prenait chez le sieur et la dame de La Francardière ;

» 9° Que l'enfant fut ensuite mis chez une autre personne de la paroisse de Salmanville, où le sieur et la dame de La Francardière l'envoyèrent enfin chercher pour le recevoir dans leur maison ;

» 10° Que là on lui fit porter le deuil de l'abbé Brice, proche parent décédé;

» 11° Que le sieur et la dame de La Francardière se retirèrent depuis dans la paroisse d'Essettes, et emmenèrent leur fille avec eux ;

» 12° Que cette fille étant maltraitée extraordinairement par sa mère, se sauva de la maison, et alla se mettre en service chez le sieur de Beuseville, d'où elle passa chez Duperron, laboureur à Saint-Jean du Chardonnay, qu'elle quitta ensuite pour revenir chez le sieur de Beuseville ;

» 13° Que ce gentilhomme étant enfin instruit de son état, alla trouver le sieur de La Francardière, pour l'engager à reconnaître sa fille ;

» 14° Que le sieur de La Francardière s'étant rendu, il fut convenu que sa fille intenterait son action, et qu'en défendant il la reconnaîtrait en cette qualité, ce qu'il n'avait pas fait. »

La cause portée à l'audience, on soutint, de la part du sieur de La Francardière, que la preuve testimoniale ne pouvait pas être reçue, et que tels étaient le vœu des lois romaines, l'esprit de nos ordonnances, la décision des arrêts.

Cette défense eut tout le succès qu'elle méritait; le parlement infirma la sentence qui avait admis les faits articulés, et débouta l'intimée de sa demande avec dépens. « L'arrêt (dit Augeard) passa » presque tout d'une même voix, et l'on a su de » plusieurs des juges, qu'ils avaient été déterminés » par la raison, qu'il serait d'une dangereuse con-» séquence d'admettre la preuve par témoins dans » des espèces semblables. »

III. Tous ces arrêts ont été rendus contre des parties qui, sans indices, sans présomptions, sans commencement de preuve par écrit, voulaient faire entendre des témoins pour déposer en leur faveur : mais il ne faut pas en conclure que cette espèce de preuve soit indistinctement inadmissible dans les questions d'état; il résulte même de plusieurs textes du Code et du Digeste, que le droit romain l'admettait en certaines circonstances. La loi 6, C. de fide instrumentorum, assure que la Légitimité d'un enfant ne reçoit aucune atteinte par la perte des titres : statum tuum natali professione perdita, mutilatum non esse certi juris est. La loi 6, C. de nuptiis, est encore plus formelle : elle décide que l'enfant dont l'état n'est constaté, ni par un contrat de mariage écrit de son père et de sa mère, ni par une déclaration faite au moment de sa naissance dans les registres publics, ne laisse pas d'être légitime, si son père et sa mère ont été mariés, et qu'il soit né d'eux au vu et au su des voisins et autres personnes : Si vicinis et aliis scientibus, uxorem liberorum procreandorum causa habuisti, et ex eo matrimonio filia suscepta est, quamvis neque nuptiales tabulæ, neque ad natam filiam pertinentes factæ sunt, non ideo minus veritas matrimonii aut susceptæ filiæ, suam habet potestam.

Ces dispositions ne sont pas contraires à la loi 2, C. de testibus : celle-ci ne rejette pas indistinctement la preuve testimoniale, et celles-là ne veulent point qu'on l'admette dans toutes sortes de circonstances ; il faut donc modifier et expliquer ces textes les uns par les autres. Dans la loi 2, l'empereur Alexandre distingue trois sortes de preuves dans les questions d'état : les actes, les présomptions, les témoins : defende causam tuam instrumentis et argumentis quibus potes; soli enim testes ad ingenuitatis probationem non sufficiunt. Il décide nettement que les témoins ne peuvent pas suffire pour faire une preuve certaine, lorsqu'ils sont seuls, soli testes ; mais il ne dit pas que leurs dépositions seront rejetées, lorsqu'elles seront soutenues ou par la foi des actes ou par la force des présomptions ; il fait même entendre très-clairement le contraire.

Il suffit donc, pour faire recevoir la preuve testimoniale, que les faits soient accompagnés d'un commencement de preuve qui fortifie et garantisse en quelque sorte la foi des témoins qu'on veut faire entendre. Il n'est pas absolument nécessaire que ce commencement de preuve soit par écrit; il peut se rencontrer dans les présomptions, des indices, et un certain assemblage de circonstances qui n'ont pas moins de force que les écrits, lorsque la vérité n'en est pas contestée. Ainsi, le commencement de preuve qu'on exige dans cette matière, est un adminicule quelconque, mais tel que l'enquête venant ensuite à s'y joindre, il puisse en résulter une preuve convaincante et complète.

« Par-là (dit M. d'Aguesseau) on concilie l'in-» térêt public avec celui des particuliers : l'utilité » publique est satisfaite, en ce qu'on n'admet pas » légèrement la preuve par témoins ; et les parti-» culiers ne sauraient se plaindre, puisqu'on ne » les réduit pas à l'impossibilité de prouver leur » état, lorsque les actes qui pouvaient l'établir » sont perdus. Telle est la disposition du droit civil, » à laquelle nous ne voyons pas que les ordon-» nances, qui sont notre véritable droit, aient dé-» rogé. L'ordonnance de Blois et celle de 1667 ont, » à la vérité, ordonné que la preuve de la nais-» sance se ferait sur le registre baptistaire ; mais, » en admettant cette espèce de preuve, elles n'ont » pas exclu celle qui se fait par témoins : l'ordon-» nance de 1667 l'a même permise en un cas, qui » est un de ceux du droit civil, c'est-à-dire lors-» qu'on articule et qu'on prouve la perte des re-» gistres. Elle ne dit pas même qu'elle ne soit ad-» missible que dans ce seul cas. »

Le procès-verbal de cette ordonnance confirme ce qu'avance M. d'Agnesseau. L'un des commissaires y établit que, « lorsqu'il y aura des adminicules » de preuves contraires à celles qui résultent des » registres, la preuve par témoins pourra être re-» çue. » Un autre ajoute, « qu'il y aura nécessité en » beaucoup de rencontres de recevoir cette preuve. »

Plusieurs arrêts ont adopté ces principes.

Tel est, entre autres, celui qui a été rendu le 27 août 1736, pour la demoiselle Ferrand. Celle-ci avait un avantage bien rare dans ces sortes de cas : il était prouvé par titres, que sa mère était accouchée d'une fille légitime le jour même qu'elle prétendait être née, et il n'y avait pas la moindre présomption que cette fille fût morte. D'après cela, voici comment Cochin établissait sa défense : « quand il est prouvé qu'un enfant est né, et qu'il » n'y a aucune preuve de son décès, en sorte qu'il » ne s'agit que de savoir si celui qui se présente est » ce même enfant, non-seulement on ne peut re- » fuser la preuve testimoniale, mais, on l'ose dire, » c'est une preuve souvent nécessaire, et, pour » ainsi dire, la seule à laquelle on puisse recourir. » Comment un enfant prouvera-t-il qu'il est le » même que celui que sa mère a eu dans un certain » temps, si ce n'est parce qu'il aura été connu » pour ce même enfant pendant un certain nombre » d'années ; et que s'il a été caché depuis par le » concours de certaines circonstances, il reste ce- » pendant plusieurs témoins en état de le recon- » naître et de le manifester à la justice ? De là, » tant de causes célèbres où la justice a été obligée » de déférer à la preuve testimoniale à la ques- » tion de l'identité. Un enfant, en quelque âge » qu'il soit, ne va pas de temps en temps se pré- » senter devant des officiers publics pour vérifier » qu'il est toujours le même enfant ; c'est donc » une nécessité absolue de recourir sur ce point à » la preuve testimoniale. »

Il y a, dans le recueil d'Augeard, un arrêt du 13 avril 1726, qui a admis la preuve testimoniale dans une espèce beaucoup plus douteuse que celle dont on vient de parler.

La demoiselle de Saint-Cyr demandait à prouver par témoins qu'elle était née le 8 octobre 1697, du mariage de M. le duc et de madame la duchesse de Choiseul ; et elle se fondait sur le commencement de preuve par écrit qui résultait, suivant elle, des pièces qu'elle rapportait. Ces pièces, dit Augeard, étaient 1° l'interrogatoire du duc de Lavalière, frère de la duchesse de Choiseul, que la demoiselle de Saint-Cyr prétendait lui être favorable, par l'équivoque et l'ambiguïté des réponses ; 2° un registre ou livre-journal de Leduc, chirurgien et accoucheur, mort depuis quelques années, où celui-ci avait écrit en détail ce qui avait suivi la naissance de cette fille ; 3° l'interrogatoire du chevalier de Lavalière, aussi frère de la duchesse de Choiseul, où il convenait de son accouchement, et reconnaissait que la demoiselle de Saint-Cyr était celle dont elle était accouchée ; 4° une lettre de la marquise de Tournon, sœur de la duchesse de Choiseul, dans laquelle elle parlait de la demoiselle de Saint-Cyr, et d'une affaire importante qui la concernait : on prétendait que cette affaire ne pouvait être que le dessein qu'elle avait pris de la faire reconnaître pour fille du duc et de la duchesse de Choiseul.

Ces indices ne parurent pas suffisans à M. l'avocat-général Gilbert de Voisins, et ce magistrat conclut en conséquence à ce que la demoiselle de Saint-Cyr fût déboutée de sa demande : mais la cour en a jugé autrement : l'arrêt cité a permis la preuve par témoins ; et cette preuve ayant été faite, un second arrêt du 18 juillet de la même année a déclaré la demoiselle de Saint-Cyr fille légitime du duc et de la duchesse de Choiseul.

Un arrêt plus récent et bien remarquable en cette matière, est celui qui a été rendu au parlement de Rouen le 21 mai 1765. En voici les circonstances.

Charles Lair, de la paroisse d'Etry, était décédé en 1746, laissant, du mariage qu'il avait contracté en 1729, avec Anne Lecomte, trois enfans, savoir : un fils né en 1730 et mort en 1736 ; une fille née en 1732, épouse du sieur Roger ; une autre née en 1742, épouse du sieur Thouronde. Les deux filles furent mises en tutelle comme seules et uniques héritières de leur père ; leur famille les éleva et les maria sous cette qualité. En 1755, elles furent assignées devant l'Hôtel-Dieu, de la part des administrateurs de l'Hôtel-Dieu de la même ville, pour se voir condamner à payer 40 livres annuellement pour la nourriture d'un nommé Jacques, élevé en cet hôpital, lequel devait être le fils de Charles Lair et d'Anne Lecomte, sa femme. Ce Jacques était entré à l'hôpital le 7 mars 1734, il avait été baptisé à l'église de Saint-Étienne de Caen, le 21 février précédent ; et dans l'acte de son baptême, il était dit *fils d'Anne Lecomte de la paroisse d'Etry, proche Vassy, fille de Nicolas Lecomte et de Marie Lebaron, demeurans à demi-lieue de Vassy ; laquelle Anne Lecomte* (portait le même acte) *est accouchée chez Françoise Legendre, sage-femme, ici présente, laquelle certifie que le sieur Regnault, commissaire de police à Caen, a reçu la déclaration d'Anne Lecomte, il y a, plus de trois mois.* En effet, le 27 novembre 1733, la sage-femme, accompagnée d'Anne Lecomte, avait fait à ce commissaire sa déclaration de grossesse, comme fille de Nicolas Lecomte, laboureur, de la paroisse d'Etry, près Vère ; elle y avait énoncé que l'enfant qu'elle portait était des œuvres de Guillaume Marguerie, et elle avait ajouté qu'après qu'elle aurait fait ses couches chez la sage-femme, elle se retirerait chez son père. Sur cette assignation, sentence du 27 avril 1757, par laquelle les administrateurs sont déclarés non-recevables dans leur action. Pendant six ans, il n'est plus question de Jacques ; mais en 1762, il appelle de la sentence de 1757, et l'arrêt cité, la preuve des faits articulés en son nom, lors de cette sentence, est admise.

« Que conclure de cet arrêt (dit Houard dans son *Dictionnaire du Droit normand*, au mot *Légitime*), sinon que le lien qui subsiste extérieurement entre deux personnes, et qui, suivant nos lois, les offre à la société comme époux, appartient au public, qu'il n'est permis aux deux parties de rompre ? Or, ce lien n'unit pas seulement entre elles ces deux parties ; il leur unit tous les individus qui naissent de la femme, durant son union avec son mari : ainsi, l'état de la mère est celui des enfans ; les enfans possèdent par leur mère et en leur père leur état ; et comme la mère ne peut anéantir de son autorité privée, son propre état, il lui est impossible aussi d'en dépouiller ses enfans. Conséquemment, lorsque la qualité de fils d'une mère mariée est constante, la preuve de la Légitimité est surabondante ; mais elle est indispensable quand on élève des doutes sur l'identité de celle qu'un enfant a constamment eue pour mère, avec la femme mariée à laquelle il attribue ce titre, parce qu'en ce cas, du nom de celle qu'un acte authentique lui donne pour mère, s'élève la présomption en sa faveur, tant qu'on ne lui indique pas d'autre femme du même nom, dont il aurait pu naître, tant que d'autres femmes ne revendiquent pas ce nom, qu'il est né de la seule femme que l'acte indique comme sa mère ; et les moindres preuves qu'il joint à la forte présomption résultante de l'acte, lui suffisent pour démontrer l'exactitude de l'application qu'il en a fait. Sa preuve n'est pas pour lui un titre, mais elle éclaircit son titre ; sans ce titre, sa preuve ne serait pas admise ; mais quand un titre obscur est représenté, il est de l'équité que l'enfant, qui n'a pu être l'auteur de cette obscurité, ait la liberté de démasquer la fraude qui en a été le principe.

» Quand les arrêts ont refusé aux enfans la preuve par témoins de leur Légitimité, c'était parce qu'ils n'avaient pas même l'apparence de titres, et que les lois s'élevaient contre la Légitimité du mariage sur lequel ils fondaient celle de leur naissance. »

[[Cette jurisprudence est à la fois confirmée et perfectionnée par le Code civil :

« Art. 323. A défaut de titre et de possession constante, ou si l'enfant a été inscrit , soit sous de faux noms , soit comme né de père et mère inconnus , la preuve de filiation peut se faire par témoins. — Néanmoins cette preuve ne peut être admise que lorsqu'il y a commencement de preuves par écrit , ou lorsque les présomptions ou indices résultans de faits dès-lors constans , sont assez graves pour déterminer l'admission.

» 324. Le commencement de preuves par écrit résulte des titres de famille, des registres et papiers domestiques du père ou de la mère, des actes publics , et même privés, émanés d'une partie engagée dans la contestation, ou qui y aurait intérêt, si elle était vivante. »

Le premier de ces articles, en tant qu'*à défaut de titre et de possession d'état*, il permet la preuve par témoins lorsqu'il n'existe pas de commencement de preuve par écrit, mais seulement des présomptions ou indices résultant de *faits dès lors constans et assez graves pour déterminer l'admission*, comprend-il dans sa disposition le cas où, avec le manque absolu de possession d'état, concourt l'existence d'un acte de naissance dont est contestée l'application à l'individu qui prétend se l'approprier, et où, par conséquent, la question est de savoir s'il y a identité entre cet individu et la personne dont la filiation est contestée par cet acte ?

L'affirmative paraît être au-dessus de toute espèce de doute. Voici cependant une espèce dans laquelle on l'a vivement combattue.

Du mariage du sieur Duvau de Chavagne, ci-devant seigneur de la Barbinière, département de la Vendée, avec la dame Sapinaud de Boishuguet, étaient nés trois enfans , Célestin, Charlotte-Loubette et Charles.

En octobre 1793, au moment où l'armée vendéenne passait de la rive gauche sur la rive droite de la Loire, le sieur Duvau de Chavagne la suit avec son épouse, son fils Célestin et sa fille Charlotte-Loubette, à peine âgée de quatre ans, laissant Charles, le plus jeune de ses enfans, aux soins d'une nourrice.

Célestin meurt à Laval, peu de jours après le passage.

Bientôt réduits, par les suites de la bataille du Mans, à fuir précipitamment vers Savenay avec les débris de l'armée vendéenne, les sieur et dame Duvau le sont en même temps à abandonner Charlotte-Loubette, malade de la dyssenterie et incapable de les suivre ; et ils la confient à la veuve Adam, aubergiste à Nort, avec promesse de revenir incessamment la retirer. Mais ils périssent tous deux peu de temps après.

Charlotte-Loubette ne demeure que trois semaines chez la veuve Adam. Celle-ci , saisissant pour s'en débarrasser, l'occasion d'un convoi de prisonniers vendéens dirigé de Nort sur Nantes, la remet à l'une des femmes qui font partie de ce convoi ; et l'une d'elles s'en charge personnellement, en s'écriant avec transport : *Eh bien! elle mourra avec moi.*

Que devient ensuite cette femme et avec elle Charlotte-Loubette ? On l'ignore. Mais , vers la fin de janvier 1794, une petite fille est trouvée, près de Mortagne, dans les bras d'une femme récemment tuée d'un coup de fusil , dans une charge exécutée par un régiment de chasseurs contre une troupe de Vendéens. Le sieur Lepic, lieutenant-colonel de ce régiment, la fait prendre par un de ses soldats, l'apporte à Nantes, *malade de la dyssenterie*, et la confie à la nommée Duchêne, en lui recommandant de conserver soigneusement les vêtemens dont l'enfant est couvert, et qui sont précisément, comme on l'a reconnu depuis, les mêmes que portait Charlotte-Loubette lorsque ses parens l'avaient abandonnée à la veuve Adam.

La femme Duchêne tombe dans l'indigence, et ne pouvant plus fournir à l'entretien de la petite fille, elle la remet à la demoiselle Sophie Delabrosse, avec les vêtemens qu'elle portait à son arrivée à Nantes.

La demoiselle Delabrosse élève cet enfant avec les plus tendres soins ; et incertaine si elle a été baptisée, elle lui fait administrer le baptême sous condition, lui sert de marraine et lui donne le nom de Clémentine.

Peu à peu, Clémentine recueille divers renseignemens qui la mettent sur les traces de son état; et elle fait en conséquence, mais sans succès, diverses démarches pour se faire reconnaître par la famille à laquelle appartenait Charlotte-Loubette.

Parvenue à l'âge de vingt-trois ans, elle apprend qu'une autre jeune personne, nommée Rose, est en instance avec Charles Duvau de Chavagne pour s'en faire déclarer la sœur.

Elle intervient dans cette instance, et mettant en cause l'aïeule et deux oncles maternels de Charles Duvau, les seuls membres de la famille qui, à l'exemple de celui-ci, refusent de la reconnaître, elle conclut à ce qu'au moyen de la preuve par témoins qu'elle offre d'une foule de faits tendans à établir son identité avec Charlotte-Loubette, elle soit déclarée être la véritable et seule fille issue du mariage des défunts sieur et dame Duvau de Chavagne.

Le sieur Charles Duvau de Chavagne, son aïeule et ses oncles maternels, n'avouent ni ne contestent les faits articulés par la demanderesse, et se bornent à conclure à ce qu'elle soit déclarée purement et simplement non-recevable à en faire la preuve qu'elle offre; attendu, disent-ils, qu'aux termes de l'art. 323 du Code civil, la filiation ne peut se prouver par témoins, qu'autant qu'*il y a un commencement de preuve par écrit, ou au moins des présomptions et indices résultant de faits dès à présent constans et assez graves pour déterminer l'admission de la preuve testimoniale.*

La demanderesse répond que ce n'est ni d'une naissance incertaine, ni d'une filiation contestée, qu'elle offre la preuve par témoins;

Qu'il est constant et avoué par ses adversaires eux-mêmes, qu'une fille, nommée Charlotte-Loubette, est née en 1789, du mariage des sieur et dame Duvau de Chavagne; que le fait de cette naissance est attesté par les registres de l'état civil;

Que ses adversaires ont également reconnu que Charlotte-Loubette avait été, en octobre 1793, transportée par ses père et mère sur la rive droite de la Loire, à la suite de l'armée de la Vendée; qu'au mois de décembre suivant, ses père et mère l'avaient laissée à Nort, entre les mains de la veuve Adam, qui l'avait remise, quelques semaines après, à une femme vendéenne, faisant partie d'un convoi dirigé vers Nantes;

Qu'il ne s'agit donc plus que d'établir que la petite fille trouvée, à quelques jours de là, dans les bras d'une femme vendéenne, près de Mortagne, sauvée par un soldat sous les ordres du lieutenant-colonel Lepic, et élevée par la demoiselle Sophie Delabrosse, sous le nom de Clémentine, est la même que la petite Charlotte-Loubette, confiée par le sieur et dame Duvau de Chavagne à la veuve Adam;

Que cette identité ne peut être établie que par

la ressemblance de l'une avec l'autre, par la conformité de sexe, d'état physique, de signes, de physionomie et de vêtemens; qu'aucune loi ne s'oppose à ce que des témoins soient entendus sur ces rapports de ressemblance, sur ces traits d'identité; et que même ces rapports, ces traits sont d'une telle nature qu'ils ne peuvent être prouvés autrement que par témoins.

Le 16 mars 1813, jugement qui rejette définitivement la réclamation de Rose, et avant faire droit sur la demande de Clémentine, admet celle-ci à la preuve des faits qu'elle articule,

« Attendu qu'il est établi au procès, et qu'il n'a point été contesté, que, du légitime mariage de Marie-Madelon-François Duvau de Chavagne, avec Charlotte-Ambroise-Barthélemy-Prosper Sapinaud de Boishuguet, est née, le 27 juin 1789, une fille qui fut prénommée Charlotte-Loubette-Jeanne-Ambroise, et inscrite sur les registres de l'état civil de la paroisse de Saint-Laurent-sur-Sèvres;

» Attendu que le décès de cet enfant n'est pas justifié;

» Attendu que, dans de telles conjonctures, l'admission ou le rejet de la preuve testimoniale respectivement offerte par les deux demanderesses pour justifier leur réclamation, doit se décider par les circonstances particulières de la cause, les indices produits de part et d'autre, le plus ou le moins de gravité ou de vraisemblance des faits articulés; et non par la fin de non-recevoir qu'ont élevée les défenseurs;

» Qu'en admettant même avec eux que la cause dût être jugée d'après le Code, on pourrait douter encore que l'art. 323, dont ils argumentent, y fût directement applicable, puisque cet article dispose pour le cas où il y a tout à la fois, et absence de titre et absence de possession d'état;

» Que, quelque peu concluante que soit la production d'un extrait baptistaire, lorsque celui qui veut s'en prévaloir ne prouve pas que cet acte lui ait été antérieurement appliqué, on ne peut du moins s'empêcher de reconnaître que, dans le doute et tant qu'il ne s'élève pas contre lui de fortes présomptions, sa position est bien plus favorable qu'elle ne le serait, s'il avait tout à la fois à établir, et le fait ignoré jusqu'alors qu'il est né un enfant du mariage, et son identité avec le même enfant;

» Attendu que, dans ce cas même (c'est-à-dire toujours en admettant que la cause doit être jugée d'après l'art. 323,) des présomptions résultant des faits constans dans la cause, suffisent, en matière de filiation légitime, pour fonder l'admission de la preuve testimoniale, lorsque les tribunaux les trouvent assez graves;

» Attendu que, d'après les événemens extraordinaires auxquels cette affaire doit sa naissance, l'audition des témoins peut seule, dans les conjonctures actuelles, donner quelques lumières sur le sort de Charlotte-Loubette; qu'autant les résultats en doivent être appréciés avec circonspection, autant il serait injuste et contraire à la faveur spéciale dont la loi environne les réclamations d'état, de repousser cette preuve sans de graves motifs, dans une espèce où les faits qui fondent la réclamation ne présentent rien d'invraisemblable, rien qui ne soit en harmonie avec les faits constans de la cause, et qui n'ait pu en être le résultat ;

» Qu'à la vérité, le sieur Duvau, dans sa plaidoirie, a soutenu que s'il n'existait pas de preuve positive du décès de sa sœur, il en avait du moins des présomptions équivalentes à la certitude; mais que cette assertion ne peut mériter beaucoup de confiance, étant démentie par la conduite antérieure des défendeurs, par les recherches qu'ils ont faites à plusieurs époques, notamment en 1806, pour trouver les traces de Charlotte-Loubette, ainsi qu'il résulte des lettres de la dame Boishuguet;

» Qu'au surplus, les présomptions de décès que le sieur Duvau allègue, sans les détailler, pourront être établies et appréciées dans les contre-enquêtes; mais que ce qui est constant aujourd'hui, c'est que M. et Made Duvau se sont trouvés dans la nécessité d'abandonner, à la fin de 1793, au milieu des désastres de l'armée vendéenne, leur fille Loubette alors languissante et malade de la dyssenterie; que les deux réclamantes ont été abandonnées à la même époque dans la guerre de la Vendée; que l'une et l'autre étaient atteintes de cette même maladie; que l'âge paraît se rapporter à celui qui devait avoir Charlotte, et que l'une et l'autre ont, depuis cet événement, toujours ignoré leur famille;

» Que si la demoiselle Duvau existe, c'est précisément dans cette position qu'on peut la retrouver;

» Qu'indépendamment de ces rapports généraux, chacune des réclamantes en fait valoir qui lui sont particuliers;

» Que Clémentine se fonde surtout, pour rendre vraisemblable son identité, sur une ressemblance frappante avec Charlotte-Loubette; que la description donnée dans la plaidoirie du sieur Duvau, des principaux traits de sa sœur dans son enfance, est bien loin de démentir ce fait;

» Qu'il est même sorti de la classe des simples allégations, et a dû prendre aux yeux du tribunal un caractère plus positif, par la manière dont il a été établi à l'audience du 27 février; que le défenseur de Clémentine y a plaidé que le sieur de Cumont Dubuissons, qui voyait journellement Charlotte-Loubette dans son enfance, retrouvait tous ses traits dans Clémentine, tellement qu'il avouait que, s'il avait perdu son fils dans les mêmes circonstances, il aurait peine à ne pas reconnaître celui qui le lui rappellerait aussi parfaitement; que le sieur de Cumont, partie au procès, et présent sur le barreau, invité par le défenseur à contredire son assertion, si elle n'était pas exacte, loin de la démentir, a au contraire semblé la confirmer par un silence approbatif.

» Attendu que les faits articulés par Clémentine sont d'ailleurs de nature à constater son identité avec Charlotte-Loubette Duvau si la preuve en est établie.»

Appel de ce jugement de la part du sieur Duvau de Chavagne et consorts. Mais, par arrêt du 31 janvier 1814, la cour royale d'Angers met l'appellation au néant, « attendu (dit-elle, en ajoutant » aux motifs des premiers juges qu'elle adopte) que » les faits et présomptions articulés par Clémentine, » paraissent assez importans et assez graves; que » la preuve d'iceux peut contribuer à jeter de la » lumière sur l'identité de sa personne avec la vé- » ritable Charlotte-Loubette Duvau; que la preuve » testimoniale peut être admise, sans toutefois » rien préjuger sur le fond, et sauf aux juges après » les preuves pour ou contre faites, à statuer sui- » vant ce qu'il appartiendra convenable.»

En exécution du jugement confirmé par cet arrêt, Clémentine fait procéder à son enquête; et le sieur Duvau de Chavagne lui oppose une contre-enquête.

Les résultats de l'une et de l'autre sont discutés devant le tribunal de première instance; et il y intervient, après partage, un jugement qui déclare « qu'il n'est pas suffisamment justifié que Clémen- » tine soit la même personne que Charlotte-Lou- » bette Duvau de Chavagne. »

Mais, sur l'appel, ce jugement est infirmé; et par arrêt du 23 juillet 1817, la cour royale d'Angers « déclare que la demoiselle Clémentine est » identiquement la même personne que Charlotte- » Loubette Duvau de Chavagne, née le 27 juin » 1789. »

Le sieur Duvau de Chavagne et consorts se sont pourvus en cassation contre les deux arrêts; et sentant bien que, s'ils ne parvenaient pas à faire casser celui du 31 janvier 1814, celui du 23 juillet 1817 serait infailliblement maintenu, ils ont réuni tous leurs efforts contre le premier.

Et d'abord, ils l'ont attaqué comme faisant, par l'admission de Clémentine à la preuve testimoniale de son identité avec Charlotte-Loubette, une fausse application de l'article 323 du Code civil.

« L'expérience (ont-ils dit) a fait connaître le danger de la preuve testimoniale; elle n'est admise, même pour constater l'existence d'engagemens ou d'obligations ordinaires, que dans les cas où les abus qu'elle entraîne, ne peuvent pas être à craindre, et dans ceux où les parties qui en réclament l'usage, n'ont pas eu la possibilité d'obtenir d'autres moyens de constater l'existence de leurs droits.

» Ces principes admis pour la garantie de simples intérêts pécuniaires, doivent être naturellement plus rigoureux encore en matière de réclamation d'état.

» Que n'a-t-on pas à craindre, en effet, des efforts de l'intrigue et de l'influence des passions, dans ces sortes de procès, suscités le plus souvent par la cupidité, l'ambition et l'orgueil ?

80

» De quelle précaution le législateur n'a-t-il pas dû environner ces causes si intimement liées à l'ordre public, et où l'on voit le repos, la fortune, l'honneur même des familles exposés aux tentatives audacieuses d'un aventurier, et à devenir le jouet de l'imposture ? Il faut conclure de ces observations que, si, en matière d'état, la preuve testimoniale n'est pas absolument défendue, elle n'est du moins admissible que dans les cas expressément déterminés par la loi.

» Or, on cherche vainement dans le Code civil un texte qui autorise la preuve testimoniale, lorsqu'il s'agit d'établir l'identité d'une personne : loin d'y trouver une disposition semblable, on y remarque, au contraire, un article qui justifie le silence du législateur : c'est l'art. 341, relatif à l'enfant qui recherche sa mère. Aux termes de cet article, l'enfant doit prouver qu'il est *identiquement* le même que celui dont la mère qu'il réclame est accouchée ; mais il n'est reçu à faire cette preuve par témoins, qu'autant qu'il a en sa faveur un commencement de preuve par écrit.

» Ainsi, dans l'espèce, la demoiselle Clémentine n'ayant invoqué ni titre, ni possession d'état, ni commencement de preuve par écrit, la cour royale d'Angers n'a pu évidemment l'admettre à la preuve testimoniale de son identité.

» C'est donc mal à propos que l'arrêt attaqué a fait à la cause l'application de l'article 323 du Code civil.....

» Il est aisé de voir que cet article n'a été fait que pour le cas où la filiation d'un enfant est contestée, et non pour celui où l'identité d'un individu est le sujet de la contestation. Or, en cette matière, on ne peut s'attacher trop scrupuleusement aux termes de la loi ; et la disposition que le législateur a portée sur un cas, ne peut être, même pour analogie réelle des motifs, étendue au cas dont il n'a pas parlé. L'art. 323 doit être d'ailleurs d'autant plus soigneusement restreint à son objet, que la modification apportée par la disposition finale, n'existait pas dans sa première rédaction, qui était calquée sur les anciens principes, et ne fut admise que sur les observations du tribunat.... Ainsi, une personne ne peut être admise à la preuve testimoniale de son identité, qu'alors seulement que cette voie lui est ouverte par un commencement de preuve par écrit. La cour royale d'Angers a donc fait une fausse application de l'article 323..... »

Mais ce n'est pas tout (ont ajouté le sieur Duvau de Chavagne et consorts, en soutenant subsidiairement que l'art. 323 avait été violé par l'arrêt du 31 janvier 1814) :

« Si cet article pouvait être étendu au cas où il s'agit d'établir l'identité, il en résulterait du moins que la preuve testimoniale n'est admissible dans ce cas, *que lorsqu'il y a commencement de preuve par écrit, ou lorsque les présomptions ou indices résultant des faits dès-lors constans, sont assez graves pour déterminer l'admission.* Or, dans l'espèce, non-seulement il n'existait point de commen-

cement de preuve par écrit, mais il n'existait même point *de présomptions ou indices résultant de faits dès-lors constans et assez graves* pour autoriser la preuve par témoins.

» En matière d'identité, les faits allégués ou reconnus comme constans, ne produisent de présomptions susceptibles de déterminer l'admission testimoniale, qu'autant qu'ils présentent l'existence du réclamant liée à celle de l'individu qu'il prétend représenter, qu'autant qu'ils montrent nécessairement la même personne. Ces faits doivent se succéder sans la moindre interruption, et former, en quelque sorte, une chaîne qui forme obstacle à ce qu'on puisse les scinder et les attribuer à deux personnes différentes. Quand cette vérité, que la seule raison révèle, ne serait pas trop sensible pour éprouver la moindre contradiction, l'application qu'on en va faire à la cause, suffirait pour la rendre palpable.

» On se rappelle qu'une dame vendéenne reçut Loubette dans la charrette partant de Nort vers le milieu de janvier 1794, et que, touchée de la misère de cette enfant, elle s'écria, en la prenant dans ses bras : *eh bien ! elle mourra avec moi.*

» Depuis ces paroles, on voit s'évanouir les dernières traces de l'existence de Loubette ; dès-lors, une nuit éternelle couvre ses pas ; dès ce moment, la chaîne est interrompue. Loubette a-t-elle été délivrée et mise en liberté ? L'a-t-elle été seule ou avec ses compagnes ? A-t-elle traversé la Loire ? Où et comment l'a-t-elle traversée ? Qui a procuré ce passage ? Quelle personne l'a ensuite emportée ? Est-ce la même dame vendéenne ? Dans quel lieu ont-elles fui ? Qui les a transportées sur le chemin de Mortagne où Clémentine prétend avoir été trouvée par le lieutenant-colonel Lepic ? Combien de temps ont-elles employé à faire ce trajet ? Aucun de ces faits n'était constant au moment où la preuve testimoniale a été admise ; aucun n'a été prouvé par l'enquête de Clémentine ; tels sont cependant les faits qui devaient être reconnus, et dont l'existence était nécessaire pour autoriser la preuve testimoniale, parce que d'eux seuls pouvaient jaillir des présomptions et des indices graves sur l'identité de Clémentine.

» Qu'importe que la cour royale ait déclaré constans les faits qui ont été analysés plus haut ? Qu'importe qu'elle ait reconnu la naissance de Loubette et toutes les circonstances qui se rattachent à cette enfant, jusqu'au moment où elle fut abandonnée, par la veuve Adam, au convoi de Vendéens parti de Nort vers le milieu de janvier 1794 ? Qu'importe également que la cour royale ait reconnu comme certain que Clémentine a été trouvée par le lieutenant-colonel Lepic sur la route de Mortagne, vers la fin du même mois de janvier, et qu'elle ait tenu pour avérés tous les faits qui se rapportent à Clémentine dès ce moment jusqu'aujourd'hui ?

» Qui n'aperçoit et ne distingue ici deux séries de faits parfaitement indépendantes l'une de l'autre, la première relative à Loubette, et la seconde à Clémentine? Aucun de ces faits n'a été contesté; les demandeurs en cassation n'avaient même aucun intérêt à les contredire; car enfin, dans ces temps désastreux où la mort moissonna tant de victimes et fit un si grand nombre d'orphelins encore au berceau, où l'on vit les hospices devenir le réceptacle d'un si grand nombre d'enfans égarés dans la Vendée, et désormais sans famille et sans appui, peut-on s'étonner qu'une autre jeune fille rappelle le malheur de Loubette; et par cela seul que Clémentine a partagé le sort de Loubette, ne peut-on s'empêcher de voir Loubette dans Clémentine? Non assurément.

» Ainsi, ce ne sont pas les faits particuliers à Loubette, ni ceux particuliers à Clémentine qui pouvaient autoriser l'admission de la preuve testimoniale. L'admission de cette preuve était subordonnée à des faits propres à rattacher Clémentine à Loubette, et à faire présumer leur identité, puisque cette identité était le point unique du procès.

» Tous les faits de la cause se partagent entre deux individus et deux territoires; ils sont donc séparés d'une part, et de l'autre ils sont individualisés. Que ces faits soient constans et pour l'un et pour l'autre de ces deux individus, on l'accorde; mais cela ne prouve rien. Il faut un fait de jonction, au moyen duquel il est possible de croire, ou, si l'on veut, de présumer, que les deux individus que l'on voit à différens temps, à différens lieux, pourraient bien ne former qu'une seule et même personne.

» Or, ce point de jonction n'existe aucunement dans l'espèce. Une nuit profonde nous dérobe les traces de Loubette, dès l'instant où elle a quitté le bourg de Nort avec le convoi de Vendéens.

» Est-ce d'elle que le lieutenant-colonel Lepic a trouvée, quinze jours après, sur le chemin de Mortagne? Tel est le problème qu'aucun fait intermédiaire ne peut aider à résoudre; aucun point de réunion ne vient lier la chaîne interrompue à Nort, à l'autre chaîne commencée sur la route de Mortagne; et dès-lors, comme le secours d'un fait déjà constant et placé sur ce point de jonction, la cour royale d'Angers n'a pu admettre la preuve testimoniale, par la raison qu'il n'existait, dès-lors, en faveur de l'identité de Clémentine, ni présomption, ni indices graves suffisans pour autoriser l'admission de cette preuve, aux termes de l'article 323 du Code civil : d'où il suit que cet article a été ouvertement violé, en le supposant applicable à l'espèce.

» On objectera sans doute que, dès que la preuve testimoniale doit se rattacher à des faits constans pour être admissible, c'est aux juges du fond qu'il appartient exclusivement d'examiner et d'apprécier ces faits, de décider s'ils sont constans, s'ils sont graves, s'ils sont pertinens et admissibles; mais qu'alors même que les juges se seraient trompés dans l'appréciation de ces faits, leur erreur, quelque déplorable qu'elle puisse être, est irréparable, et le mal sans remède, puisque le domaine des faits n'appartient pas à la cour de cassation.

» Mais cette règle sainement entendue, a des bornes qu'il ne faut point franchir. Elle souffre exception dans le cas où le législateur a précisé, défini ou énuméré les faits qu'il juge nécessaires pour caractériser un crime ou un délit, ou seulement pour déterminer l'admissibilité de la preuve testimoniale. Et pourquoi? C'est parce que, dans ces cas particuliers, l'erreur sur le fait produit toujours une erreur de droit; c'est parce qu'alors le mal jugé constitue nécessairement une violation de droit... Or, ces principes s'appliquent, à plus forte raison, dans les matières d'état, où la loi, toujours attentive, a tout prévu et tout réglé. Ainsi, la cour de cassation a le droit d'examiner les faits qui constituent la possession d'état, et d'en apprécier la moralité, d'après l'art. 321 du Code civil; elle peut examiner la nature et les caractères du commencement de preuve par écrit, s'il remplit le vœu de l'art. 324 du même Code; elle peut enfin rechercher si le réclamant réunissait toutes les conditions requises par l'art. 323, pour être admis à la preuve testimoniale. Relativement à ce dernier article, la cour de cassation doit premièrement vérifier l'existence de la certitude des faits dès-lors constans; elle doit ensuite peser les présomptions qui résultent de ces faits, et décider si elles sont assez graves pour déterminer l'admission de la preuve testimoniale.

» S'il en était autrement, si les tribunaux pouvaient, à leur gré, rattacher la preuve testimoniale à des faits indifférens, que deviendrait la sage précaution de la loi? Le tribunat avait proposé d'admettre la preuve testimoniale toutes les fois qu'il existerait un ensemble de présomptions assez graves pour en déterminer l'admission; ne serait-ce pas livrer l'état des citoyens à l'arbitraire qu'une telle proposition tendait à introduire, et anéantir l'importante modification qu'on remarque dans l'art. 323, que de reconnaître, dans les juges du fond, le droit de prononcer irrévocablement sur l'observation de cet article? Et enfin, dans une matière aussi grave que celle où l'état des hommes est mis en problème, où la société toute entière est intéressée, peut-on craindre de trop étendre les attributions de la cour suprême, ou, pour mieux dire, peut-on supposer que le législateur ait entendu les restreindre? »

Tels étaient les moyens de cassation du sieur Duvau de Chavagne et consorts: il est aisé de pressentir qu'ils ont dû échouer.

Et d'abord, il se présentait naturellement trois réponses également péremptoires à leur premier moyen, c'est-à-dire, au reproche qu'ils faisaient à la cour royale d'Angers d'avoir faussement appliqué l'art. 323 du Code civil.

1° La cour royale d'Angers n'avait fait aucune application de cet article dans son arrêt du 31 janvier 1814; elle s'était référée aux motifs des premiers juges; et les premiers juges qu'avaient-ils dit sur cet article? Ils avaient raisonné dans trois hypothèses différentes:

Ils avaient annoncé que ce n'était que par sup-

position qu'ils admettaient que la cause dût être
jugée d'après le Code civil, sans doute parce que
c'était avant le Code civil qu'avait été perdue Charlotte-Loubette avec laquelle Clémentine prétendait
être identifiée ; comme si de la perte d'un enfant
il résultait, pour la famille à laquelle il appartient,
un *droit acquis*, et telle qu'une loi postérieure
ne pût pas l'atteindre ! Comme si ce n'était pas
nécessairement par la loi du moment où s'élève la
question d'identité entre l'enfant perdu et celui qui
s'en applique l'acte de naissance, que doit être réglée la réclamation de cet individu !

Ils avaient ensuite déclaré que, même dans cette
supposition, il était encore douteux si l'art. 323
était directement applicable à la cause : et ils avaient
fondé leur doute sur ce que, d'une part, *cet arti-*
cle ne dispose que pour le cas où il y a tout à la
fois et absence de titre et absence de possession
d'état ; et que, de l'autre, il n'y avait pas, dans
l'espèce, une véritable absence de titre, puisque,
quelque peu concluante que soit la production
d'un extrait baptistaire, lorsque celui qui veut s'en
prévaloir, ne prouve pas que cet acte lui à été an-
térieurement appliqué, on ne peut du moins s'em-
pêcher de reconnaître que, dans le doute, et tant
qu'il ne s'élève pas contre lui de fortes présomp-
tions, sa position est bien plus favorable qu'elle
ne le serait, si elle n'avait tout à la fois à établir,
et le fait ignoré jusqu'alors qu'il est né un enfant
du mariage, et son identité avec cet enfant.

Enfin, ils avaient raisonné dans le sens même
de l'art. 323, et il avaient établi que toutes les conditions requises par ce texte pour l'admission de
la preuve testimoniale, concouraient en faveur de
Clémentine.

2° Quand même l'arrêt du 31 janvier 1814, ou
ce qui est la même chose, les jugemens de première
instance dont il adoptait les motifs, n'aurait été
fondé que sur l'art. 323, et l'aurait appliqué à
faux d'une manière directe et absolue, eût-ce été
une raison suffisante pour déterminer la cassation
de cet arrêt? Non sans doute : la fausse application
d'une loi ne peut entraîner la cassation d'un arrêt
qu'autant qu'elle emporte contravention à une
autre loi. (1)

3° Comment pouvait-on sérieusement contester
à Clémentine le droit de se prévaloir de l'art. 323
pour faire admettre la preuve testimoniale des
faits d'identité qu'elle articulait ? On soutenait
qu'elle ne pouvait pas se servir de l'acte de naissance de Charlotte-Loubette comme d'un titre qui
lui fût propre ; et il fallait bien le soutenir, puisqu'autrement il n'aurait plus existé le moindre prétexte pour lui contester l'état qu'elle réclamait.
Mais par là même, on lui objectait virtuellement
le *défaut de titre* en même temps que la possession d'état ; et par conséquent on la plaçait nécessairement dans le cas prévu par l'art. 323.

---

(1) *V.* mon *Recueil de Questions de droit,* au mot *Cassation,*
§ 49.

A quoi tendait, d'ailleurs, sa demande en déclaration d'*identité* avec Charlotte-Loubette ? Bien
évidemment elle tendait à la faire déclarer fille des
défunts sieur et dame Duvau de Chavagne, et elle
ne tendait pas à autre chose. C'était donc sa *filia-*
tion qu'elle avait pour but direct et unique. Il ne
fallait donc pas, comme le prétendaient les demandeurs en cassation, étendre l'art. 323 d'un cas
à un autre, pour l'appliquer à l'espèce.

Et après tout, si cet article eût été inapplicable
à la cause, quel obstacle y aurait-il eu à ce que,
sans commencement de preuve par écrit, Clémentine
fût admise à la preuve testimoniale des faits carac-
téristiques de son identité avec Charlotte-Loubette ?

Les demandeurs en cassation invoquaient bien
ce qu'ils appelaient le principe que, dans les questions d'état, la preuve testimoniale n'est admissible qu'à l'aide d'un commencement de preuve par
écrit.

Mais ce principe n'est établi par aucune loi d'une
manière générale et en termes absolus. Il ne l'était
point, comme on l'a vu plus haut, sect. 3, n° 2,
par le droit romain ; et j'ai prouvé aux mots *Etat*
civil, § 2, qu'il ne l'est pas davantage par notre législation actuelle.

Vainement les demandeurs en cassation argu-
mentaient-ils des lois qui prohibent la preuve testimoniale sans commencement de preuve par écrit,
lorsqu'il s'agit de constater, soit une convention
pour un objet au-dessus d'une certaine valeur, soit
la libération d'un engagement contracté par cette
convention. Il est évident que ces lois ne sont fondées que sur la faculté qu'ont eue les parties de se
procurer la preuve par écrit des obligations contractées à leur profit, ou des paiemens qui les ont
éteintes ; et le Code civil déclare lui-même, article 1348, que la preuve testimoniale est admissible *toutes les fois qu'il n'a pas été possible au*
créancier de se procurer une preuve littérale de l'o-
bligation qui a été contractée envers lui. Si donc
on eût pu, dans la cause de Clémentine, tirer par
analogie, un argument quelconque des règles relatives à la preuve testimoniale des conventions,
il est clair qu'il se fût rétorqué avec une force invincible contre le système des demandeurs en cassation.

Plus vainement encore cherchaient-ils à se prévaloir de l'art. 343 du Code civil.

Il est vrai qu'aux termes de cet article, l'enfant
naturel qui recherche sa mère, n'est reçu à prouver par témoins son identité avec celui dont un
acte public constate que sa mère est accouchée,
qu'autant qu'il a en sa faveur un commencement
de preuve par écrit. Mais c'est précisément parce
qu'il s'agit d'un enfant naturel que cet article se
montre aussi sévère ; et c'est, au contraire, parce
que l'art. 323 a pour objet un enfant légitime,
qu'il permet à celui-ci, lorsqu'il n'a pas de commencement de preuve par écrit, de s'étayer de présomption ou indices résultant de faits dès-lors
constans et assez graves pour déterminer l'admission de la preuve testimoniale.

Il est vrai encore que l'art. 323 avait été d'abord rédigé et adopté par le conseil d'état d'une manière qui faisait, du commencement de preuve par écrit, la seule et unique condition *sine qua non*, de l'admission de la preuve par témoins de la filiation, à défaut de titre et de possession constante ; mais il n'est pas vrai que cette rédaction fût *calquée sur les anciens principes ;* et c'est au contraire parce qu'elle y dérogeait, que le tribunat a proposé l'addition qu'offre actuellement l'art. 323.

« Sur cet article (a-t-il dit), on observe que, depuis un temps immémorial, la jurisprudence de presque tous les tribunaux a constamment été d'admettre la preuve testimoniale en fait de filiation, sans exiger, comme condition absolument indispensable, un commencement de preuves écrites : rien de plus juste en effet. Si l'enfant n'a recours à la preuve par témoins que parce que des preuves par écrit sont supprimées, perdues ou soustraites, on ne doit pas se faire un moyen contre lui de ce qu'il ne les a point, puisqu'il n'a pas dépendu de lui de les avoir. En le repoussant sur le fondement qu'il ne peut en représenter aucune, on le punirait d'une faute qui n'est point son ouvrage, d'un accident dont il n'est point l'auteur.

» D'ailleurs, on n'est jamais admis à la preuve par témoins que lorsque les faits sont reconnus pertinens et admissibles. Ne faut-il pas la même reconnaissance par rapport aux pièces écrites ? Pour que le juge décide s'il y a réellement commencement de preuves, n'est-il pas nécessaire qu'il pèse le degré de confiance que méritent les pièces ? Et ce degré de confiance n'est-il pas subordonné à la vraisemblance des faits qu'elles énoncent, et à la moralité des personnes dont elles émanent ?

» Si tout fait, quoiqu'invraisemblable, quoique non concluant, était regardé comme un commencement de preuves, par cela seul qu'il serait consigné dans un écrit, il s'ensuivrait que celui qui aurait de pareilles pièces, serait admis à la preuve par témoins, tandis que celui qui n'aurait aucune pièce, mais qui néanmoins articulerait les faits les plus positifs et les plus lumineux, serait privé de cet avantage. Il convient donc de laisser aux juges une assez grande latitude pour qu'ils puissent, après s'être environnés de toutes les lumières les plus propres à éclairer leur conscience, empêcher que l'enfant ne soit victime du hasard ou de la méchanceté. »

Il n'y avait pas plus d'exactitude dans le second moyen de cassation du sieur Duvau de Chavagne et consorts, c'est-à-dire, dans celui qu'en admettant l'applicabilité de l'art. 323 à la position où se trouvait Clémentine, ils tiraient de la prétendue violation de cet article.

Que les faits *dès-lors constans* dont parle cet article, dussent, relativement à la question d'identité dont il s'agissait, s'entendre de *faits propres*, comme le disaient les demandeurs, à *rattacher Clémentine à Loubette*, c'est une vérité qu'il est impossible de méconnaître.

Mais n'y avait-il pas dans la cause deux faits qui, par leur rapprochement, portaient ce caractère, et qui, de plus, étaient *dès-lors constans* ?

Le premier était l'absence de preuve que Charlotte-Loubette, dont un acte authentique constatait la naissance en 1789, fût morte depuis ; le second, que Clémentine avait avec Charlotte-Loubette une ressemblance frappante, et que l'un de ses adversaires en avait fait un aveu implicite à l'audience.

Prétendre que la cour de cassation pouvait examiner si ces faits étaient *assez graves* et assez nombreux pour déterminer l'admission de la preuve testimoniale, c'était un système insoutenable.

Aussi le recours en cassation des demandeurs a-t-il été rejeté par arrêt de la section des requêtes, du 27 janvier 1818.

« Attendu, sur le moyen relatif à l'admission de la preuve testimoniale, qu'aux termes de l'art. 323 du Code civil, cette preuve est autorisée en matière de réclamation d'état, *lorsqu'il existe un commencement de preuve par écrit, ou lorsque les présomptions ou indices résultant* DE FAITS DÈS-LORS CONSTANS, *sont assez graves pour déterminer l'admission*, que, dans l'espèce, le tribunal d'Angers a reconnu ce principe dans son jugement interlocutoire du 16 mars, en déclarant qu'il existait alors des faits constans qui y sont rappelés ; que la cour royale d'Angers a également reconnu le même principe par son arrêt du 31 janvier, en adoptant les motifs des premiers juges ; que, par suite de l'appréciation de ces faits et des présomptions ou indices qui pouvaient en résulter, le tribunal et la cour d'Angers ont pu, sans violer l'article précité du Code civil, admettre la demoiselle Clémentine à la preuve par elle offerte (1) ;

» Attendu que, d'après les faits établis par les enquêtes, et ceux reconnus constans dès le principe, la cour d'Angers a pu, par son arrêt définitif du 23 juillet 1817, reconnaître l'identité de la demoiselle Clémentine avec Charlotte-Loubette-Jeanne-Ambroise Duvau de Chavagne, et lui attribuer l'état par elle réclamé, sans contrevenir à aucune loi ; qu'il n'y a de sa part qu'une appréciation de faits dont la cour n'a point à s'occuper (2). »]]

IV. Une observation qu'il ne faut jamais perdre de vue dans les causes de cette espèce, est que la preuve testimoniale ne peut jamais être admise que quand il s'agit de donner un état à une personne qui n'en a point, ou qui n'en a qu'un équi-

_____

(1) Pourquoi la cour de cassation, au lieu de justifier ainsi l'arrêt interlocutoire qui avait admis la preuve testimoniale, n'a-t-elle pas déclaré purement et simplement les demandeurs non-recevables à l'attaquer après y avoir acquiescé? *V.* l'article *Interlocutoire*, n° 3.

(2) Jurisprudence de la cour de cassation, tome 18, page 147. Journal des audiences de la cour de cassation, année 1817, page 58.

voque. Toutes les fois que la preuve offerte est combattue par la preuve contraire qui résulte du titre et de la possession dans laquelle est le réclamant d'un état différent de celui qu'il revendique, la justice doit fermer l'oreille à sa demande. Les dépositions des témoins peuvent bien suppléer à la preuve légale qui manque, mais non pas détruire la preuve légale qui existe.

C'est sur ce fondement que le sieur et la dame de Boudeville ont obtenu à la grand'chambre du parlement de Paris, un arrêt qui a débouté la dame de Bruix de sa demande à fin de permission de prouver par témoins qu'elle était fille du marquis et de la marquise de la Ferté. Cochin, leur défenseur, convenait que la preuve testimoniale peut être admise quand les titres et la possession se choquent et se contredisent : « dans la balance de » ces preuves contraires (disait-il), on peut, pour » se déterminer, emprunter le secours de la preuve » testimoniale et de tout autre genre de preuves, » parce que la vérité n'étant pas marquée à ces » caractères dont les lois exigent le concours, il » faut se prêter à tous les éclaircissemens qui » peuvent la développer. Mais il ne peut jamais se » former une question sérieuse sur l'état d'un ci- » toyen, quand les titres et la possession sont » d'accord à son égard, soit que ces preuves se » réunissent pour confirmer l'état qu'on lui con- » teste, soit qu'elles se réunissent pour l'exclure » de l'état auquel il aspire. »

C'est ce qu'a encore jugé un arrêt plus récent, dont voici l'espèce.

Antoine Lemarié, demeurant au village de Chaussy, diocèse de Rouen, épousa Marie Carneville, le 17 janvier 1738.

En 1741, Marie Carneville quitta la maison de son mari, et fut demeurer avec Jean-Baptiste Banse, cordonnier, dans la paroisse de Barneville, située en Normandie, à dix-sept lieues de Chaussy. Il y passèrent pour mari et femme, et vécurent comme tels.

Le 5 octobre 1742, Marie Carneville accoucha d'une fille. Banse assista au baptême, et déclara dans l'acte qu'il s'était marié avec Marie Carneville dans la paroisse de Notre-Dame de Versailles. L'enfant fut baptisé comme issu de ce mariage, et Banse signa comme père.

En 1750, 1752 et 1753, Marie Carneville accoucha de trois autres enfans, qui furent également baptisés comme enfans légitimes de Banse et de Marie Carneville. Banse signa, comme père, l'acte de baptême de 1750.

Celui-ci mourut en 1754, Marie Carneville assista au convoi, fit insérer dans l'acte mortuaire qu'elle avait épousé Banse, et signa comme veuve, ou plutôt fit une marque sur le registre, ne sachant point écrire. Elle continua de demeurer dans le village de Barneville sous le nom de veuve Banse, et y éleva ses enfans sous le même nom.

Au mois de novembre 1773, elle maria l'aînée de ses filles, sous le nom de Marie Banse, à Pierre Bazet.

Antoine Lemarié, qui était resté à Chaussy, y mourut en 1774. Marie Carneville, qui n'avait point paru dans ce lieu depuis 1741, retourna pour demander le partage de la communauté aux héritiers collatéraux de son mari ; elle passa avec eux un acte, le 30 août 1774, sur les droits qu'elle prétendait exercer, et reconnut dans la transaction, qu'Antoine Lemarié était décédé sans enfans.

A la fin de l'année 1775, Marie Banse et Marie-Anne Banse, qui étaient les seuls enfans de Marie Carneville, les autres étant décédés, réclamèrent le nom de Lemarié, et le partage de la succession d'Antoine Lemarié, qu'elles appelaient leur père.

Sentence du bailliage de Magny, qui appointe en droit.

Appel au parlement de Paris, et demande en évocation du principal.

Marie Banse et Marie-Anne Banse, en invoquant la règle pater est, ont soutenu qu'il n'y avait que deux circonstances où elle pût ne pas avoir d'application ; que la première était l'impossibilité physique où se trouvait le mari d'aller trouver sa femme ; la seconde, l'impossibilité physique où il était personnellement d'avoir des enfans. Or, dans l'espèce, disaient-elles, Barneville n'est éloigné de Chaussy que de dix-sept lieues ; et on ne fait point à Antoine Lemarié le reproche de n'avoir pu être père.

Les héritiers d'Antoine Lemarié opposaient les actes de baptême, les reconnaissances du père et de la mère, celles de Marie Banse, lors de son mariage, et la possession constante de l'état d'enfans de Banse et de Carneville. Ainsi, disaient-ils, ce n'est point le cas d'appliquer la règle pater est : elle n'est qu'une présomption qui fait rejeter l'idée du crime ; mais cette présomption s'évanouit lorsque la vérité paraît avec éclat. Les actes de baptême des quatre enfans, l'acte de sépulture de Banse, l'acte de célébration de Marie Banse, et la transaction de 1774, sont autant de preuves qui établissent l'adultère dans lequel ont vécu Banse et Marie Carneville.

M. l'avocat-général Séguier, qui porta la parole dans cette cause, adopta les moyens des héritiers, et fit sentir toute l'horreur et le scandale de la prétention de Marie et de Marie-Anne Banse.

Enfin, la cour, par arrêt du 11 juin 1779, « déclara Marie Banse et Marie-Anne Banse non- » recevables ; leur fit défenses de prendre le nom » de Lemarié ; les condamna à l'amende et aux » dépens ; faisant droit sur les conclusions du pro- » cureur-général du roi, ordonna que l'arrêt se- » rait notifié au procureur-général du parlement » de Normandie, sauf à lui à faire réformer les » actes de baptême et de sépulture dont il s'agis- » sait, et à y faire insérer que les enfans récla- » mans étaient provenus du commerce illicite de » Banse et de Marie Carneville. »

Le parlement de Rouen a rendu un arrêt semblable, le 12 août suivant.

Au mois de juin 1741, Pierre Guérin, fils de Robert, épousa Marie-Suzanne, fille de Robert et de Marie Crépin. Marie-Suzanne avait un frère nommé Louis.

A l'époque de son mariage, elle demeurait à Saint-Paul de Courtonne-la-Ville, diocèse de Lisieux. Les nouveaux mariés fixèrent leur domicile chez Robert Guérin père, demeurant à Saint-Julien de Mailloc, paroisse voisine de Saint-Paul de Courtonne.

En octobre 1742, Marie-Suzanne disparut de la maison de son mari. Elle déguisa son nom, alla servir dans la paroisse de Thuit-Lignac, et y resta environ un an. Au mois d'août 1743, elle fut, en qualité de journalière, faire la moisson à Criquebœuf-la-Campagne, paroisse du diocèse d'Évreux, voisine de Thuit-Lignac.

A la fin du mois d'août, elle entra au service du sieur Létendart, de la même paroisse, qui n'était point marié : elle y entra sous le nom de Marie Crépin; nom de sa mère; elle était alors éloignée du domicile de son mari d'environ dix lieues : elle fut toujours crue fille à Criquebœuf.

Le 28 août 1751, elle accoucha chez le sieur Létendart, d'un garçon que l'on envoya secrètement en nourrice dans la paroisse de Crétat, voisine de Criquebœuf; il fut présenté au curé de Crétat, pour lui supplier les cérémonies du baptême. Le curé refusa; on fut obligé de le reporter à Criquebœuf : le 28 septembre, il fut présenté au baptême la nuit; la mère s'y trouva, et voici comment l'acte de baptême fut conçu : « Le 26 » septembre 1750, a été baptisé un fils illégitime, » nommé Louis, né le 28 août précédent, en cette » paroisse de Criquebœuf, de Marie Crépin, de » Saint-Paul de Courtonne-la-Ville, diocèse de » Lisieux, demeurant en cette paroisse de Criquebœuf, depuis sept ans, en qualité de servante » de M. Létendart, et a été ondoyé à la maison, » le jour de sa naissance, par Marie-Anne Le » Comte, veuve de maître Antoine Parent Fossard, chirurgien, demeurant à Crétat, à cause » du péril où il lui parut. Et après les interroga- » tions à elle faites, et vu le danger de la vie où » était l'enfant, nous l'avons baptisé sous condi- » tion. Son parrain, Pierre de Laleau, sa mar- » raine, Marie Le Febvre, femme dudit de Laleau, » présence de Nicolas Ferey, et de Jeanne Le- » febvre, et ladite Marie Cré- » pin, nous a déclaré que l'enfant était des œuvres » de Louis-Suzanne (c'était le nom de son frère), » dont elle a dit ne connaître ni la demeure ni la » paroisse. »

Cet acte fut signé de Marie Crépin.

L'enfant fut mis en nourrice pendant neuf mois. Après ce temps, la mère le prit et l'éleva chez le sieur Létendart, jusqu'à l'âge de quinze ans; il était connu dans la paroisse sous le nom de Bonhomme.

Le 24 avril 1754, Pierre Guérin décéda. Le 9 mai suivant, Robert Guérin, son père, mourut aussi, laissant un seul garçon, nommé Germain.

Germain Guérin se mit en possession du bien de son père et de ce que son frère avait pu laisser.

Marie-Suzanne n'apprit la mort de son mari, Pierre Guérin, que plus de deux mois après. Elle se rendit à Saint-Julien de Mailloc, renonça à la succession, demanda sa dot et son douaire, sans parler de son enfant.

Germain Guérin contesta le douaire à sa belle-sœur, en se fondant sur l'art. 376 de la coutume de Normandie, qui porte que « la femme n'a » douaire sur les biens de son mari, si elle n'é- » tait avec lui lors de son décès. » Cela fit la matière d'un procès qui fut porté au bailliage d'Orbec. Ce fut le sieur Létendart qui la poursuivit, en vertu de la procuration de sa servante, mais il fut obligé de se désister, et sa servante fut privée de son douaire. Celle-ci continua de demeurer chez le sieur Létendart, sans instruire la famille de son mari de l'existence de l'enfant qu'elle avait, sans faire nommer un tuteur à cet enfant. Elle se contenta de l'élever comme on vient de le dire, dans la maison du sieur Létendart, sous le nom de Bonhomme, et elle n'était connue généralement que sous le nom de Marie Crépin.

Son fils parvenu à l'âge de quinze ans, elle l'envoya à Rouen pour apprendre la profession de tapissier.

En 1776, le sieur Létendart mourut. Marie-Suzanne continua d'habiter sa maison. Son fils avait vingt-six ans. Alors il voulut se marier; sa mère arrêta des articles de mariage avec la future. Voici comment Marie-Suzanne parla dans l'acte : « Laquelle l'a reconnu pour son fils légitime et » son seul et unique héritier, désavouant formel- » lement par ces présentes l'acte de baptême dudit » Louis Guérin, renonçant à s'en aider et servir..., » déclarant aussi ladite Suzanne que son véritable » nom est celui de Suzanne, et n'en a point » d'autres. »

Louis Bonhomme, muni de son contrat de mariage et de la reconnaissance de sa mère, présenta au juge de Pont-de-l'Arche, une requête par laquelle, après avoir exposé les faits et en avoir offert la preuve, il demanda commission pour assigner Germain, son oncle, à l'effet de voir réformer son acte de baptême. Germain Guérin fit défaut.

Par sentence du 2 juin 1777, Louis fut appointé à prouver cinq faits pour établir qu'il était né de Marie-Suzanne, et que Marie-Suzanne avait déguisé son nom en celui de Marie Crépin, pour conserver sa place chez le sieur Létendart, qui l'eût congédiée, s'il eût su qu'elle était mariée.

L'enquête fut faite en conséquence, et il en résulta que Marie-Suzanne était servante chez le sieur Létendart, lorsqu'elle y était accouchée d'un fils dans les derniers jours d'août 1750; que ce fils avait été baptisé la nuit dans l'église de Criquebœuf, cinq à six semaines après sa naissance; que, sur la déclaration de la mère, qui était présente au baptême, son enfant fut inscrit sous le nom de Louis Suzanne; qu'on l'appelait dans la paroisse *Bonhomme*; que lors de l'enquête, on l'appelait encore ainsi; que revenu de nourrice, il avait été élevé chez le sieur Létendart, par sa mère qui s'était donné le nom de Crépin; que Louis ayant atteint quatorze à quinze ans, sa mère lui avait fait apprendre le métier de tapissier; que, pendant son apprentissage, il allait souvent voir Suzanne sa mère, qui le nommait et le reconnaissait pour son fils; que Marie-Suzanne avait laissé ignorer qu'elle fût mariée, et qu'on ne l'avait su qu'après la mort de son mari; que, quand on eut appris qu'elle était mariée, on avait pensé qu'elle n'avait caché son mariage que pour conserver sa place chez le sieur Létendart.

Le 1er décembre 1777, sentence par défaut contre Germain Guérin, qui ordonne que l'acte baptistaire du 26 septembre 1750 sera réformé; que Louis Guérin y sera inscrit comme fils légitime de Pierre Guérin, de Saint-Julien de Mailloc, et de Marie-Suzanne, de Saint-Paul de Courtonne-la-Ville, et qu'il sera fait mention de la sentence en marge des registres.

Louis Guérin fit signifier cette sentence à Germain, qui se rendit opposant à l'appointement de preuve du 2 juin 1777, et à tout ce qui s'en était ensuivi.

Sur cette opposition, Louis Guérin demanda une provision. Le juge, avant faire droit, lui en accorda une de 500 livres. Germain Guérin appela de cette sentence et demanda l'évocation du principal.

Deux questions se présentaient à juger : 1° La preuve testimoniale offerte par Louis, était-elle recevable? 2° En supposant qu'il eût pu demander à prouver par témoins la maternité de Suzanne, était-ce le cas, d'après les faits et les circonstances, d'invoquer la maxime, *is pater est quem nuptiæ demonstrant?*

Après les plaidoiries des avocats, M. de Grécourt, avocat-général, dit

« Que, loin de trouver un commencement de preuve par écrit en faveur de Louis, surnommé *Bonhomme*, on ne voyait qu'une preuve de bâtardise, puisqu'il avait été baptisé comme fils de Marie Crépin; qu'en supposant que Marie Crépin fût Marie-Suzanne, cet extrait ne prouvait que le fruit de son incontinence, puisque Louis dit Bonhomme ne demandait pas à prouver que la prétendue Marie-Suzanne eût vu ni fréquenté son mari depuis qu'elle l'avait quitté au mois d'octobre 1742; que le prétexte singulier qu'on lui prêtait pour déguiser son nom et cacher son état de femme mariée, était ridicule; qu'on prétendait que c'était relativement au sieur Létendart, qui n'aurait pas voulu pour sa servante une femme mariée, comme s'il eût été plus honnête à ce particulier de garder une servante fille, qui avait conçu et accouché chez lui ! Que c'était donc bien plutôt dans la crainte que Pierre Guérin, son mari, n'eût connaissance de son libertinage, qu'elle avait déguisé son nom; que ce fils dont Marie Crépin est accou-

chée, serait donc un fruit adultérin, si Marie Crépin et Marie-Suzanne étaient la même personne; que ce qui s'était passé à la mort de Pierre Guérin, prouvait également que Louis dit Bonhomme ne fut jamais son fils, puisque, s'il l'eût été, le sieur Létendart, qui portait l'indécence jusqu'à se faire le porteur de la procuration de sa servante, aurait agi pour le fils comme pour la mère; qu'au lieu de cela, il n'avait agi que pour Marie-Suzanne, qui avait été honteusement déboutée de sa demande en douaire.

» Si l'état des enfans est sacré aux yeux de la loi (a ajouté M. l'avocat-général), les bonnes mœurs veillent aussi à ce qu'on n'introduise point dans les familles le premier étranger qui se présente, surtout avec des signes équivoques, et lorsque, bien loin d'avoir titre en possession de Légitimité, il ne se présente qu'avec des titres et un état de bâtardise. »

Par arrêt du 12 août 1779, conforme aux conclusions de M. l'avocat-général, « la cour, faisant » droit sur l'appel, met l'appellation et ce dont a » été appelé au néant; émendant, évoquant le » principal, et y faisant droit, reçoit Germain » Guérin opposant à la sentence du 2 juin 1777, » et à tout ce qui s'en est suivi, nommément à la » sentence du 1er décembre suivant; rapportant » ladite sentence et tout ce qui l'a suivi, comme » surpris, déclare Louis, se disant Guérin, non-» recevable dans la preuve testimoniale par lui » conclue; rapporte également comme surprise la » sentence du 1er décembre; fait défenses audit » Louis de porter le nom de Guérin; ordonne que le » changement fait à son extrait baptistaire sur les re-» gistres de la paroisse de Criquebœuf sera réformé; » qu'en marge d'icelui, mention sera faite de l'ar-» rêt, et condamne Louis à rapporter la provision » qui lui a été payée. »

[[On a vu plus haut, sect. 2, § 3, n° 6, que l'art. 322 du Code civil consacre formellement cette jurisprudence.]]

V. Une question qui trouve naturellement ici sa place, est de savoir si, dans le doute, on doit présumer la Légitimité, et sur qui doit en retomber la preuve, lorsqu'elle est contestée.

L'art. 9 du chap. 124 des chartes générales de Hainaut, porte que « toutes personnes seront » tenues..... légitimes, s'il n'appert à suffisance qu'ils soient bâtards. »

Ces termes, considérés à part et tels qu'on les présente ici, déterminent bien évidemment la présomption en faveur de la Légitimité pour toutes sortes de cas; et c'est ainsi que Dumées, page 11 de sa *Jurisprudence du Hainaut français*, a interprété cette disposition.

Le texte cité ne décide cependant la question que pour un objet particulier. L'art. 8 du chap. 124 déclare le seigneur haut-justicier qui a tué un bâtard, déchu de son droit de bâtardise; et l'art. 9 ajoute en parlant toujours de l'exercice de ce droit, que *toutes personnes seront tenues légitimes......* *s'il n'appert à suffisance qu'ils soient bâtards.*

Cette décision ne s'applique donc, dans l'esprit des chartes générales, qu'au cas particulier où le fisc réclame la succession d'un défunt à titre de bâtardise; elle laisse donc la question entière dans la thèse générale.

Si l'on consulte les auteurs, on les trouve très-partagés sur ce point. Les uns prétendent que, dans le doute, on doit présumer pour l'état de bâtardise; tels sont Natta, Décius, Boic, Alciat; les autres soutiennent que la présomption de la Légitimité doit toujours l'emporter; tels sont le cardinal Paléote, Menochius, Balde, Fachinée.

Ne cherchons pas à prendre un parti absolu entre ces deux opinions; elles sont toutes deux trop générales, vraies l'une et l'autre dans un sens, et fausses dans le sens opposé. Je m'explique.

La Légitimité doit être envisagée sous deux points de vue différens, c'est-à-dire comme relative à l'ordre public, et comme relative à l'ordre des familles.

Considérée dans le premier rapport, elle exclut le fisc du droit de succéder à titre de bâtardise, elle rend capable de posséder un bénéfice, etc. Or, pour qu'elle produise ces effets, est-il toujours absolument nécessaire qu'elle soit appuyée sur des preuves claires et indubitables? Nous ne le croyons pas; et il nous semble qu'elle doit être présumée tant que le contraire n'est pas prouvé. Dans l'ordre public, on ne croit au crime que quand il est démontré: on ne doit donc pas présumer qu'un enfant dont l'état est incertain, soit né d'une conjonction illicite; une telle présomption offenserait la décence et l'honnêteté publique, et blesserait d'ailleurs l'intérêt de la société civile; car il est infiniment plus avantageux à un état d'être peuplé de citoyens légitimes que de bâtards.

Le chapitre *accedens*, aux décrétales, *de purgatione canonica*, confirme cette opinion : le pape Innocent III, qui en est l'auteur, y établit, qu'un homme sur la naissance duquel il courait des bruits scandaleux, et qu'on ne pouvait cependant pas prouver être bâtard, ne devait, pour être admis à la prêtrise, que se purger par serment sur sa Légitimité : *Accedens ad præsentiam nostram, T.... diaconus humili nobis insinuatione monstravit quod cum à suis œmulis diceretur quod est filius sacerdotis, tum eum nec promovere voluisti, nec permisisti ab alio promoveri. Quocirca mandamus quatenus si publice fuerit nota repersus et de ipsa tibi legitime constare non poterit, purgatione ab ipso recepta, ipsum non differas propter hoc ad sacerdotis officium promovere.*

Ce texte, joint à l'art. 9 du chap. 124 des chartes générales de Hainaut, forme une preuve indubitable de notre première proposition, que la Légitimité, considérée relativement à l'ordre public, doit se présumer dans le doute.

Cette règle s'applique surtout au cas où il y a une impossibilité physique et morale de recourir aux registres de baptême, comme lorsqu'il s'agit d'un enfant qui, ayant été exposé, ne peut connaître ni le lieu ni les auteurs de sa naissance. C'est

un des paradoxes du président Bouhier, d'avoir soutenu que les enfans trouvés sont soumis, dans le doute, au droit de bâtardise.

La Légitimité, considérée sous le second point de vue, c'est-à-dire dans le rapport qu'elle a avec l'ordre des familles, établit, entre ceux qui en sont décorés et leurs parens, un droit réciproque de succession. Et comme il est de principe que celui qui réclame une hérédité, doit fournir des preuves claires et palpables de la qualité qui lui en donne le droit, point de doute qu'il ne doive vérifier sa Légitimité ou celle des personnes du chef desquelles il fait remonter sa parenté au défunt.

Cette maxime admet cependant une exception en faveur de celui qui est dans une possession publique, constante et paisible de l'état de légitime : car il est universellement reconnu que la preuve ne doit pas retomber sur le possesseur; et cette règle n'a pas moins lieu dans les questions d'état que dans les autres matières.

La loi 15, C. *de probationibus*, porte que, pour décider qui doit être chargé de prouver la liberté ou la servitude d'un homme, il faut examiner si le prétendu maître est en possession de l'esclave qu'il réclame, ou si, au contraire, le prétendu esclave est en possession de la liberté : *Inquisito prius an in possessione libertatis sine dolo malo constitutus sit, tunc etiam onus probationis qui debeat subire, per hujusmodi eventum declarabitur.*

La loi 14, D. *de probationibus*, n'est pas moins précise : lorsqu'il est question, dit-elle, de savoir si un homme est ingénu ou affranchi, il importe de fixer les qualités de demandeur et de défendeur : *Circa eum qui se ex libertinitate ingenuum dicet, referendum est quis actoris partibus fungatur.* Si la possession est pour l'état d'affranchi, c'est à celui qui veut sortir de cet état, à prouver son ingénuité : *Et si quidem in possessione libertatis fuit, sine dubio ipsum oportebit ingenuitatis causam agere, docereque se ingenuum esse.* Mais si la possession est pour l'ingénuité, la preuve doit être imposée à celui qui conteste cette qualité : *Sin vero in possessione ingenuitatis sit, et libertinus esse dicatur, scilicet ejus qui ei controversiam movet, hoc probare debet qui eum dicit libertum suum : quid enim interest servum suum quis an libertum contendat?*

La loi 15 du même titre fortifie la décision de ces deux textes. Elle déclare que les actes par lesquels les frères d'un défunt ont reconnu pour son héritier *ab intestat*, un étranger qui en était réputé le fils légitime, ne forment pas, à la vérité, une fin de non-recevoir capable de donner à cette personne un état qui ne lui appartient point, mais que c'est aux frères à prouver qu'elle a vraiment usurpé cet état : *Modestinus respondit cautione absoluti fideicommissi statum ejus qui probari potest à fratribus defuncti filius mortui non esse, minime confirmatum esse. Sed hoc ipsum à fratribus probari debet.*

On peut ajouter à ces autorités l'art. 3 du titre *des probations* de la coutume de Béarn; et telle

est la doctrine établie par M. de Corberon, procureur-général du parlement de Metz, dans son
plaidoyer du 12 mars 1693 :

« Suivant la disposition du droit commun (dit
ce magistrat), c'est à celui qui avance un fait, à
le prouver. Cette maxime a lieu également, soit
que le fait soit avancé par action directe ou par
forme d'exception....

» Mais la question particulière de savoir si c'est
à celui qui soutient l'honneur de sa naissance, à
l'établir, ou si celui qui l'attaque est obligé de la
détruire, est précisément décidée par l'empereur
Dioclétien, dans une des lois que nous venons de
rapporter. Or, le mineur dont la naissance est ici
contestée, est en possession de son état; il a été
élevé dans la maison de son père jusqu'à sa mort;
son oncle, qui est son tuteur, le reconnaît aujour-
d'hui pour légitime; l'appelante l'a même reconnu
pour tel, et est obligée de se pourvoir contre les
actes qui contiennent sa reconnaissance. On ne
peut pas dire que cette possession soit de mauvaise
foi, puisqu'elle est fondée sur un mariage suivi
d'une cohabitation continuelle des père et mère
jusqu'à la mort de la mère. C'est donc à l'appelante à prouver la bâtardise de l'enfant dont elle
attaque l'état, et dont la Légitimité doit subsister jusqu'à ce qu'elle justifie qu'il en doit être
déchu. »

Il paraît assez difficile de concilier avec ces principes l'arrêt du 12 juillet 1713, tel qu'il est rapporté ci-devant, sect. 1, § 2, n° 3, d'après l'auteur de la *Collection de Jurisprudence*. Comment
Jean Girard, qui était, suivant Denisart, depuis
vingt-sept ans en possession de sa Légitimité, a-t-
il pu être déclaré bâtard, *parce qu'il ne rapportait point d'acte de célébration, ni d'extrait mortuaire de Jacques Houdoyer*, premier mari de sa
mère ? Sa qualité de possesseur paisible ne devait-
elle pas le dispenser de prouver que les auteurs de
ses jours avaient été mariés légalement, et rejeter
sur la partie adverse la charge de la preuve contraire ? Le respect dû à cet arrêt, ne permet pas
de penser que Denisart l'ait rapporté fidèlement. Si
la prétendue possession de Jean Girard avait réuni
les caractères de publicité, de bonne foi et de durée, dont le concours est essentiel dans toutes
sortes de matières pour produire les effets dont on
vient de parler, n'en doutons point, l'état de Jean
Girard aurait été confirmé.

Section IV. *De l'action en déclaration de Légitimité ou de bâtardise.*

Quelles sont les personnes qui ont qualité
pour défendre ou contester la Légitimité d'un
enfant ?

Dans quel temps ces sortes de contestations doivent-elles être intentées et jugées ?

Quels sont les tribunaux à qui en appartient la
connaissance ?

Dans quel ordre et dans quelle forme ces sortes de questions doivent-elles être instruites et
jugées ?

[[Quel est, à l'égard des tiers non entendus ni
appelés dans l'instance, l'effet des jugemens rendus
en cette matière ? Quel est-il, à l'égard des parties
elles-mêmes entre lesquelles ils ont été rendus,
lorsqu'ils l'ont été, non sur une action principale,
mais incidemment ?

Telles sont les cinq questions principales que
nous avons à discuter ici.]]

§ I. *Quelles sont les personnes qui ont qualité pour défendre ou contester la Légitimité
d'un enfant ?*

I. Sur ce premier objet, nous nous tairons, pour
laisser parler M. de Corberon, procureur-général
du parlement de Metz. Voici comment il s'exprime
dans le plaidoyer déjà cité (il s'agissait de savoir si
une seconde femme était recevable à attaquer l'état
d'un enfant d'un premier lit, pour conserver son
douaire entier) :

« Il semble d'abord qu'il n'y ait que celui qui
peut disputer aux enfans la possession des biens
laissés par le défunt, qui puisse attaquer leur état,
et refuser de les reconnaître pour légitimes.

» Cependant la règle la plus sûre pour connaître
si celui qui conteste l'état d'un enfant, y doit être
admis, est de savoir s'il y est intéressé en quelque
manière que ce soit. En effet, la question d'état
n'a rien de particulier qui la distingue à cet égard
des autres contestations, et qui empêche les parties
intéressées de la former.

» Ainsi, dans une maison illustre, entre parens qui portent le même nom, le plus éloigné
peut agir en justice contre le fils de son parent, et
lui disputer le droit de porter le nom et les armes
de la maison, en soutenant qu'il est illégitime,
quoiqu'il n'ait pas le droit de lui disputer la succession.

» C'est ainsi que, sur une simple déclaration de
dépens, il s'élève souvent entre étrangers des contestations pour la qualité, qui dégénèrent en question d'état, et dans lesquelles celui qui est appelant de la taxe, soutient que le séjour de la partie
ne doit pas être taxé comme à un gentilhomme,
quoique son père fût noble, parce qu'il est illégitime : on l'admet, en cette rencontre, à justifier
que cette partie n'est pas légitime. Il faut donc voir
si l'appelante a intérêt de contester l'état du mineur que défendent les intimés.

» Il est certain que l'enfant qu'elle a eu du sieur
de Fillon, étant décédé, elle n'a point de droit
à sa succession, et que la propriété des biens qu'il
a laissés, ne la regarde pas; mais elle a un usufruit à prétendre sur tous ces biens à titre de douaire, en vertu de son contrat de mariage : ainsi,
lorsque le tuteur et le curateur de ce mineur demandent en justice la réduction de cet usufruit, en
vertu de l'édit des secondes noces, elle a un intérêt sensible, pour s'en défendre, de faire voir
que cette réduction ne peut avoir lieu, parce que
ceux qui la demandent, sont enfans illégitimes,
et ne peuvent rien prétendre à la succession de
leur père.

» L'appelante, qui n'a point d'action pour contester l'état des enfans du premier lit de son mari, peut donc le faire par forme d'exception. La défense dont elle se sert, est de droit naturel. Il serait injuste que les enfans de son mari pussent agir contre elle, pour la faire priver d'une partie de ses conventions, et qu'il ne lui fût pas permis de repousser leur action, en faisant voir qu'ils n'ont pas droit de former contre elle cette demande.

» Il n'est pas nouveau de voir proposer en justice la question d'état par forme d'exception. Les Romains, qui étaient si scrupuleux observateurs de leurs formalités, en usaient ainsi : ils recevaient l'exception aussi bien que l'action qu'ils appelaient *préjudicielle* ; une des principales était celle par laquelle on agitait la question d'état, et ils la mettaient au rang des exceptions péremptoires, *quœ actionem perimunt et extinguunt.* »

C'est par le même principe que se décide la question de savoir si le créancier d'un enfant peut être admis à soutenir sa Légitimité. Voici de quelle manière M. d'Aguesseau la discute, par rapport à un créancier de Jacquette de Senlis, qui prétendait recueillir la portion à laquelle sa débitrice aurait eu droit dans la succession de son père, si elle eût été légitime :

« Admettra-t-on les argumens d'un étranger, peu instruit de l'état d'une famille, incapable de donner des marques certaines de la vérité des faits qu'il avance contre le suffrage des parens, contre la voix de la famille, contre cette espèce de jugement domestique qu'elle a prononcé ?

» Cependant, quand on considère que le titre de la dette est juste, légitime, favorable; que l'appelant est un créancier de bonne foi, qui, pendant que Jacquette de Senlis était abandonnée par ses parens, ou prétendus, ou véritables, l'a secourue dans ses longues infirmités; qu'il demande aujourd'hui son paiement sur les biens qui pouvaient appartenir à sa débitrice; que ces biens se réduisant à une prétention peut-être mal fondée, mais toujours spécieuse, il a voulu exercer ses droits, et reprendre la demande à fin de partage qu'elle avait intentée; que ce n'est pas lui qui fait naître aujourd'hui la question d'état; qu'il se trouve au contraire obligé malgré lui à la soutenir, parce que les parens désavouant tout de nouveau Jacquette de Senlis, lui ont opposé qu'elle n'était point de leur famille : quand on examine toutes ces circonstances, on ne saurait trouver aucune irrégularité dans la conduite de l'appelant. S'il est moins favorable dans une question d'état que sa débitrice, il n'en est pas moins partie légitime. »

[[Et nul doute que l'on ne doive encore juger de même aujourd'hui, puisque l'art. 1166 du Code civil permet aux créanciers d'exercer *tous les droits et actions de leur débiteur, à l'exception de ceux qui sont exclusivement attachés à la personne,* exception dans laquelle n'est évidemment pas comprise l'action en réclamation de Légitimité.

II. Au reste, pour contester l'état d'un enfant du chef de la nullité du mariage dont il est né, il faut [[à moins que l'on ne soit père ou mère, aïeul ou aïeule de cet enfant]], avoir un intérêt présent et actuel ; celui qui n'a qu'un intérêt éventuel et incertain, n'est point recevable. C'est ce qu'a jugé un arrêt rapporté en ces termes dans la *Collection de Jurisprudence :*

« Le sieur Dejean, vivant en mauvais commerce avec une demoiselle dont il avait eu un enfant mâle en 1714, épousa publiquement cette même demoiselle en 1718, le 29 mai, après avoir observé les formalités prescrites. Neuf jours après ce mariage, la dame Dejean accoucha ; l'enfant fut baptisé publiquement comme légitime, et la mère, qui mourut dix-sept jours après, fut enterrée comme femme du sieur Dejean.

» Le sieur Dejean, en passant à de secondes noces, ne parla point des premières : cependant elles n'étaient pas inconnues à sa nouvelle épouse, puisque les deux enfans du premier lit étaient élevés comme légitimes. S'étant agi de les faire émanciper, la dame Dejean se fit autoriser par justice, et imagina de demander que le premier mariage de son mari fût déclaré contracté *in extremis,* et qu'en conséquence les enfans qui en étaient nés fussent déclarés incapables d'aucun effet civil.

» Les enfans soutinrent la dame Dejean non-recevable ; et sentence intervint au Châtelet, qui leur ordonna de défendre au fond.

» Mais sur l'appel, arrêt est intervenu en la grand'chambre, le 9 mars 1734, sur les conclusions de M. l'avocat-général Gilbert, plaidant MM. Aubry et Le Normant, par lequel la dame Dejean fut, *quant à présent,* déclarée non-recevable. On fut scandalisé de voir une femme allumer une guerre domestique, en ouvrant une contestation qui pouvait n'avoir point d'objet réel. Il est arrivé en effet qu'il n'est point resté d'enfant à la dame Dejean. »

[[On devrait encore juger de même aujourd'hui, d'après l'art. 187 du Code civil.

Mais si la question de Légitimité dépendait du fait de la célébration ou non célébration d'un mariage entre le père et la mère, il suffirait, pour avoir qualité à l'effet d'élever cette question, d'être membre de la famille à laquelle l'enfant appartiendrait, s'il était légitime. *V.* ci-dessus, section 1, § 2, n° 8, *quatorzième question,* sur l'article 197 du Code civil, et l'arrêt de la cour de cassation, du 9 mai 1821, rapporté aux mots *Question d'état,* § 3, art. 1, n° 7.

III. Lorsque la Légitimité d'un enfant né en France, est contestée devant un tribunal français, par le mari de sa mère, étranger et domicilié sous une domination étrangère, peut-elle être défendue par un tuteur nommé en France à cet enfant ? *V.* ci-après, § 3, n° 3.]]

§ II. *Dans quel temps doivent être intentées et jugées les actions en déclaration de Légitimité ou de bâtardise ?*

I. C'est une maxime constante que ces sortes de contestations sont *préjudicielles,* c'est-à-dire, qu'elles doivent être discutées et jugées avant qu'on puisse s'occuper des différends qui en dépendent, et sur lesquels, par conséquent, elles ont une influence nécessaire.

M. le chancelier de Pontchartrain en donne un exemple dans sa lettre du 11 juillet 1701, à M. Riquet, président au parlement de Toulouse : « Si » (dit - il) dans un procès pendant aux enquêtes » où les enfans d'un défunt sont parties, on s'avi- » sait de leur contester leur état, et d'interjeter ap- » pel comme d'abus de la célébration du mariage » de leur père....., il faudrait en ce cas suspendre » le jugement du procès pendant aux enquêtes, » porter l'appel comme d'abus à la grand'-chambre, » et le faire juger préalablement. »

Cette décision est fondée sur les textes les plus précis. La loi 5, § 8, D. *de agnoscendis et alendis liberis*, porte notamment que, si un père assigné en justice pour donner des alimens à son fils, refuse de le reconnaître, le juge doit commencer par l'examen de la question d'état, et ne passer à celle des alimens qu'après avoir décidé la première en faveur du fils : *Si vel parens neget filium idcircoque alere se non debere contendat, vel filius neget patrem : summatim judices oportet super ea re cognoscere : si constiterit filium vel parentem esse, tunc ali jubebunt.*

II. Le soin que les lois prennent de l'honneur et de la dignité des familles, la protection qu'elles accordent aux impubères, et leur attention à mesurer sur leur faiblesse la défense dont elles les couvrent, ont introduit une jurisprudence assez singulière par rapport aux questions d'état. Quoique le tuteur soit chargé, pour ainsi dire, de toute la prévoyance de la loi, quoique son pouvoir soit comparé à celui d'un père et d'un maître, le préteur Carbon a cru qu'il serait dangereux de faire dépendre l'état d'un impubère, de la fidélité et de l'expérience de son tuteur, et il a décidé, par un édit inséré dans le Digeste, titre *de Carboniano edicto*, que ce jugement important devait être réservé à un âge plus mûr, où l'enfant, capable de se défendre lui-même, ne pourrait imputer le mauvais succès de sa cause qu'à sa propre négligence ou au malheur de son origine.

Les empereurs romains ont modifié cette disposition. Un rescrit d'Adrien, rapporté dans la loi 3, § 5 du titre cité, veut que l'état des impubères soit réglé tout de suite, quand ils ont des tuteurs capables de les bien défendre, et que leur intérêt l'exige ainsi.

Cette exception forme aujourd'hui la règle générale; car l'édit Carbonien n'a point été adopté par nos usages.

« Rien n'est plus commun (dit M. d'Aguesseau) » que de voir agiter, dans nos tribunaux, des ques- » tions d'état pour un mineur, et même pour un » impubère ; et il serait au contraire difficile de » trouver des exemples d'une jurisprudence con- » forme aux lois romaines..... Si la qualité de fils » légitime est établie par des preuves suffisantes, » peut-on laisser en suspens un état qui doit être

» assuré? Et si au contraire elle est détruite, l'é- » quité ne souffre pas que le repos d'une famille en- » tière soit exposé à tous les changemens de la vo- » lonté d'un mineur, qui, n'ayant rien à craindre » pour lui, pourra troubler impunément la tran- » quillité des autres enfans. »

Basnage, sur l'art. 377 de la coutume de Normandie, rapporte un arrêt du parlement de Rouen, qui confirme très-clairement cette doctrine : « En » ce parlement (dit-il,) il fut jugé, lorsque M. de » La Mielleraye, lieutenant-général pour le roi en » Normandie, y vint prendre séance, qu'une » femme qui avait vécu impudiquement, et qui » était accouchée dix mois quatre jours après l'en- » terrement de son mari, qui avait été malade trois » semaines, était privable de son douaire. Dans » l'espèce de cet arrêt, la femme était, non-seu- » lement coupable d'impudicité, mais aussi d'avoir » supposé un enfant qui ne pouvait être les œuvres » de son défunt mari. Aussi il fut déclaré bâtard, » quoique cette veuve soutînt contre sa partie, » qu'il lui avait été tuteur de cet enfant pendant treize » années, et qu'il eût été reconnu légitime et pos- » thume, *et qu'on devait remettre à disputer de* » *son état après sa majorité, suivant l'édit Car-* » *bonien*. »

[[*V.* l'article 318 du Code civil, rapporté ci- après, n° 5.]]

Tout ce que notre jurisprudence a de particulier sur cette matière, par rapport aux mineurs, c'est que, pour défendre valablement à une contestation formée sur leur état, il ne suffit pas qu'ils soient assistés d'un curateur aux causes, et qu'il leur faut un tuteur, bien qu'ils soient émancipés. Le parlement de Paris l'a ainsi jugé, en entérinant, par arrêt du 21 février 1692, la requête civile obtenue par Gédéon de Relincourt, contre un arrêt du 12 mai 1689, qui l'avait déclaré illégitime. « Il y a » lieu de croire (disait M. l'avocat-général de La- » moignon, en portant la parole dans cette affaire) » que le mineur n'a pas été bien défendu, puis- » que, dans cette cause, il n'y a eu qu'un cura- » teur, lequel ne se donne qu'aux choses, et non » la personne : s'agissant de son état, c'est-à-dire » de la plus importante question qu'il puisse avoir, » et qui intéresse le plus sa personne, on a dû lui » donner un tuteur *ad hoc*, parce que, dans la plus » considérable contestation qui puisse être formée » contre lui, il lui faut la plus exacte défense. »

[[Aujourd'hui un mineur émancipé n'aurait pas besoin, pour faire prononcer sur son état, d'être représenté par un tuteur proprement dit; mais il lui faudrait un curateur nommé par un conseil de famille. *V.* l'article *Curateur*, § 1, n° 4.

Par qui doit être nommé le tuteur d'un enfant dont l'état est attaqué par le mari de sa mère? *V.* ci-après, § 3, n° 5.]]

III. Peut-on agiter une question d'état, après la mort de celui qu'elle concerne ?

L'affirmative est incontestable dans la thèse générale.

La loi 2, C. *de assertione tollenda*, décide que,

si une personne vendue comme esclave, réclame sa liberté, et meurt avant le jugement du procès, l'action en garantie demeurera ouverte contre le vendeur; et qu'en conséquence, celui-ci devra prouver que le défunt était vraiment esclave, sinon restituer le prix de la vente, et dédommager entièrement l'acheteur.

La loi 13, C. *de liberali causa*, porte qu'à la vérité, l'état d'une personne décédée ne peut pas faire la matière d'une action principale, mais qu'il peut être l'objet d'une contestation incidente, soit pour régler à qui doivent appartenir ses biens, soit pour décider quel doit être l'état de ses enfans.

La loi 3, C. *ne de statu defunctorum post quinquennium quæratur*, n'est pas moins précise: c'est un rescrit de l'empereur Alexandre à la nommée Olympiade; voici comment il est conçu: « quoique » votre mari soit décédé pendant l'instruction du » procès qu'il soutenait sur son état, la cause » n'est pas éteinte pour cela; l'intérêt de la succes- » sion exige qu'elle lui survive, et elle doit être » décidée par le juge qui connaîtra de son hérédité » ou des effets particuliers qu'il a laissés. »

Notre jurisprudence est conforme à ces décisions. Dans la foule des arrêts qu'on pourrait en citer, on remarque principalement celui de Jacquette de Senlis. Cette fille avait plaidé long-temps sur son état de prétendue fille légitime de Jacques de Senlis et d'Anne Baudet; une sentence du Châtelet, du 13 août 1688, l'avait déboutée de toutes ses demandes, et lui avait fait défense de prendre le nom de Senlis. Elle avait interjeté appel de cette sentence, et elle était morte pendant l'instruction. Pierre Spavuart, son créancier, reprit l'instance; et par arrêt rendu contradictoirement avec lui, le 17 mai 1691, la cour mit l'appellation au néant, conformément aux conclusions de M. d'Aguesseau.

Il y a cependant un cas où la mort de celui dont l'état est attaqué, met fin au procès et confirme irrévocablement la qualité qu'on lui disputait: c'est lorsqu'il a obtenu une sentence en sa faveur, et qu'il est décédé avant le jugement de l'appel qui en a été interjeté par son adversaire. C'est la disposition expresse de la loi 1, C. *ne de statu defunctorum post quinquennium quæratur:* « suivant » un sénatus-consulte rendu sur la proposition de » l'empereur Marc-Aurèle (y est-il dit), on peut » appeler d'une sentence qui déclare quelqu'un » ingénu, pourvu que ce soit pendant sa vie, et » non après sa mort. Ce sénatus-consulte veut » même que l'appel qui aurait pu être interjeté de » son vivant, soit absolument éteint par sa mort, » survenue avant le jugement définitif: » *Oratione divi Marci cavetur ut si quis ingenuus pronuntiatus fuerit, liceat ingenuitatis sententiam retractare, sed vivo eo qui ingenuus pronuntiatus est, non etiam post mortem. In tantum ut etiam si cœpta quæstio post retractationis, morte ejus extinguatur, ut eadem oratione cavetur.*

Cette loi était trop favorable à la Légitimité,

pour que nos tribunaux négligeassent d'en adopter la décision; aussi a-t-elle fait la règle de plusieurs arrêts célèbres.

Le 23 août 1650, Marie-Henriette de Montebenne fit profession de religieuse dans l'abbaye aux Bois.

Le 4 mai 1655, elle obtint un rescrit du saint-siège, pour faire déclarer ses vœux nuls; et le 3 avril 1666, il intervint une sentence de l'official de Noyon, qui les déclara tels.

Le même jour, elle épousa le sieur de la Chaussée, et elle eut une fille de ce mariage. Mais sa mère ne la laissa pas long-temps tranquille; elle appela d'abord de la sentence de l'official de Noyon, à l'official métropolitain de Reims, qui la confirma; elle appela ensuite au saint-siège, de cette seconde sentence, et obtint un rescrit qui commettait l'official d'Amiens pour statuer sur son appel.

On procéda devant cet official, et pendant l'instruction, Marie-Henriette de Montebenne décéda. En conséquence, arrêt intervint au parlement de Paris, le 23 août 1679, qui ordonna que les parties procéderaient à la cour sur l'état de la défunte et celui de la fille qu'elle avait laissée.

La cause portée à l'audience, M. l'avocat-général Talon s'attacha à faire voir que, si l'état de Marie-Henriette de Montebenne était assuré, celui de la fille ne pouvait pas recevoir d'atteinte; que la première était décédée après avoir obtenu deux sentences qui la déclaraient libre et capable de se marier; qu'ainsi, l'appel de ces jugemens était anéanti, et le procès jugé sans retour. Il appuya cette conséquence sur la loi que nous venons de rapporter, et il ajouta: « quand nous proposons » à la cour de s'en tenir à ce qui a été jugé dans les » officialités, nous ne proposons pas une maxime » nouvelle. Vous l'avez déjà suivie dans l'arrêt » d'Aubriot, du 11 juillet 1658, dans lequel on » s'est conformé à la dernière sentence de l'offi- » cialité, rendue en sa faveur, quoiqu'il y eût eu » une sentence précédente qui l'avait renvoyée » dans son monastère. Il y a un autre arrêt du 18 » août 1634, rendu par la cinquième des enquêtes, » au procès du sieur Viole d'Egremont, par lequel » on a jugé suivant la dernière sentence de l'offi- » cialité, dans une question de mariage, quoiqu'il » y eût deux sentences de chaque côté. »

Sur ces raisons, arrêt du 3 septembre 1681, qui déclare l'aïeule de la demoiselle de La Chaussée non-recevable, et maintient celle-ci dans la propriété de tous les biens meubles et immeubles de ses aïeul et oncle maternels, *comme représentant Marie-Henriette de Montebenne, sa mère.*

Dans une cause jugée au parlement d'Aix, le 11 avril 1680, concernant l'état d'un religieux décédé après une sentence qui l'avait restitué au siècle, M. l'avocat-général de Gauthier a dit « qu'il » était inutile d'examiner le fond, y ayant une fin » de non-recevoir incontestable tirée de la loi 13, » § 1, D. *de his qui testamenta facere possunt;* de » la loi 6, D. *de injusto, rupto et irrito testa- » mento,* etc. Ces lois parlent d'un homme qui,

» ayant été condamné pour crime, a fait un testa-
» ment pendant l'appellation, et elles décident que
» son testament est valable, s'il décède avant la
» confirmation de la sentence. Ainsi, le testament
» de messire de Pelicot est, à plus forte raison, va-
» lable, puisque son état étoit certain, ayant été
» sécularisé par la sentence de l'official.; Et quand
» une personne est morte dans un état certain, il
» n'est plus permis de quereller son état, de trou-
» bler son repos, etc. »

Même arrêt au parlement de Toulouse, le 24
mars 1722. (V. l'article *Profession monastique*,
sect. 5, n° 7.)

On pourrait opposer à ces décisions la loi 5,
C. *si pendente appellatione*. Mais pour bien apprécier
ce texte, il faut le rapporter dans sa langue naturelle : *Quamvis ancilla de cujus dominio disceptaba-
tur, et à rectore provinciæ* CONTRA TE JUS DICTATUM
FUERAT, *in fatum concesserit ; tamen cum appellatio-
nem super ea re interpositam fuisse, et in numero
cognitionum pendere proponas, ea provocatio suo ordine, propter peculium ancillæ, audiri debet.*

Voici la réponse que M. Talon faisait à cette
difficulté, lors de l'arrêt cité du 5 septembre 1681 :
« le titre *si pendente appellatione*, est dans le cas
» d'une personne qui a une sentence contre elle et
» contre son état, et qui a appelé de ce jugement.
» Qu'on examine bien toutes les lois de ce titre, on
» verra qu'elles sont toutes dans le cas d'un homme
» qui a été condamné ou comme serf ou comme une
» personne de condition servile ou d'affranchi. »

Ne semble-t-il pas cependant que, dans l'espèce
de la loi que nous venons de transcrire, ce n'était
point le maître qui avait gagné sa cause en première instance, mais l'esclave? N'est-ce pas le
sens naturel et même nécessaire de ces paroles, *à
rectore provinciæ, contra te jus dictatum fuerat?*
Quelques éditions portent *judicatum* au lieu de *jus
dictatum*; et cela rend la chose encore plus claire.

Néanmoins il n'existe aucune contrariété réelle
entre ce texte et la loi 1, C. *ne de statu defunctorum.*
Les mots, *quamvis ancilla de cujus dominio disceptà-
batur*, insinuent assez clairement que la contestation jugée au désavantage de la personne à qui le
rescrit est adressé, ne roulait point sur l'état de
l'esclave, mais sur la propriété qu'en réclamaient
deux étrangers : l'esclave étant mort pendant l'appel, on demandait si la cause était éteinte, et
l'empereur a répondu que non, parce que les deux
contendans avaient à se disputer le pécule du défunt, le même intérêt qu'ils avaient eu pendant
sa vie à se contester la propriété de sa personne. Il
n'y a là, comme on le voit, rien de contraire à la
disposition de la loi 1, C. *ne de statu defunctorum.*

[[Le Code civil maintient les héritiers de l'enfant, dans le droit que leur accordaient les lois
romaines, de le faire juger légitime après sa mort
(V. ci-après, n° 4) ; mais il abroge par son silence celles de ces lois qui rendaient inattaquable,
après la mort de l'enfant, la sentence par laquelle
il s'était fait déclarer légitime. V. la loi du 30 ventôse an 12, art. 7.]]

IV. Quoiqu'on puisse [[suivant le droit romain]], ainsi qu'on vient de le voir, attaquer
incidemment la Légitimité d'un enfant, lorsque
sa mort n'a point été précédée d'une sentence favorable à son état, il y a cependant un terme
après lequel cette faculté cesse. Un édit de l'empereur Nerva a mis en principe qu'il n'est plus
permis, après cinq ans depuis la mort d'une personne, d'élever des contestations sur l'état dont
elle jouissait publiquement et paisiblement au
moment de son décès : *Primus omnium divus
Nerva edicto vetuit post quinquennium mortis
cujusque de statu quæri.* (Loi 4, D. *ne de statu
defunctorum.*)

Cette défense ne concerne pas seulement les contestations principales, que la mort éteint toujours
nécessairement, elle s'étend même aux contestations incidentes. Ainsi, le laps de cinq ans forme
une fin de non-recevoir même contre une prétention pécuniaire, dont la décision dépend de l'état
dont jouissait le défunt : *sed et divus Claudius
Claudiano rescripsit, si per quæstionem numma-
riam præjudicium statui videbitur fieri, cessare
quæstionem.* (Loi 4, § 1, D. *eod. tit.*)

On ne peut pas, par la même raison, attaquer
l'état d'une personne vivante, ni même celui d'une
personne morte depuis un temps au-dessous de
cinq ans, si cette contestation doit retomber indirectement et par conséquent sur l'état d'un défunt
dont la mémoire a acquis la prescription quinquennale : *Sed nec ejus status retractandus est
qui intra quinquennium decessit, si per hujus
quæstionem præjudicium futurum est ante quinquennium mortuo. Imo nec de vivi statu quærendum est, si quæstio hujus præjudicium facit ei
qui ante quinquennium decessit : et ita divus
Adrianus constituit.* (Loi 1, § 1 et 2, D. *eod.
tit.*) — *Non esse libertatis quæstionem filiis ise-
rendam propter matris vel patris memoriam post
quinquennium à morte non retractatum, convenit.*
(Loi 2, D. *eod. tit.*)

Cette prescription court contre le fisc, et même
contre les impubères destitués de tuteurs, sans aucune espérance de restitution en entier. *De statu
defunctorum post quinquennium quærere non licet, neque privatim, neque fisci nomine.* (Loi 1,
D. *eod. tit.*) — *Nec in ea re quæ publicam tute-
lam meruit, pupillis agentibus restitutionis auxi-
lium tribuendum est, quod quinque annorum
tempus, cum tutores non haberent, excesserit.*
(Loi 2, § 11, D. *eod. tit.*)

Mais elle ne peut avoir lieu, comme nous l'a-
vons déjà dit, qu'en faveur de celui qui est mort
dans une possession publique et paisible de l'état
qu'on voudrait impugner ; et voilà pourquoi on
peut encore, après les cinq ans du décès, mettre
en question le fait de cette possession publique et
paisible : *Si is qui heredem fecit, propter matris conditionem servus dicitur, et mater ante
quinquennium annos litis motæ vita decessit, præscrip-
tioni locus erit : cum quæri de statu non possit,
nisi de conditione matris tractetur. Hoc ita, si*

quandiu vixit, sine interpellatione ut civis, romana egit. (Loi 2, C. *eod. tit.*) — *Si mater tua quasi ingenua, communi opinione vixit et quinquennium à die mortis ejus excessit, potes rempublicam et pupillos, si tibi status quæstionem movere tentaverint, nota præscriptione repellere. An autem pro ingenua in die mortis egerit, in judicio requiretur. Quod si varietas interveniat, posteriora tempora spectari convenit.* (Loi 6, C. *eod. tit.*) — *Nec enim senatus-consultum quod super non retractandis defunctorum statibus sancitum est, intervenit, si defunctus in fugam conversus atque latitans decessit.* (Loi 8, C. *eod. tit.*)

Il faut cependant observer qu'un procès suscité au défunt pendant sa vie, et qui aurait été périmé avant sa mort, n'apporterait aucun obstacle à la prescription dont il s'agit. *Præscriptio quinque, annorum, quæ statum defunctorum tuetur, specie litis ante mortem illatæ non fit irrita, si veterem causam, desistente qui movit, longo silentio finitam probetur.* (Loi 2, § 2, D. *eod. tit.*)

Il en serait de même d'une contestation qui aurait été portée devant un juge incompétent à raison de la matière. *Si pater tuus velut ingenuus vixit, nec status controversiam, quasi fisci nomine esset, apud præsidem provinciæ qui super hujusmodi quæstionibus judicare solet, sed apud procuratorem reipublicæ non competentem judicem passus est, postque ejus mortem quinquennium effluxerit, status tuus ex præscriptione quæ ex senatus-consulto emanat, protectus est.* (Loi 7, C. *eod. tit.*)

Cette prescription est reçue dans nos mœurs. On peut en voir les preuves dans Henrys, tome 2, liv. 4, quest. 28; dans Dunod, *Traité des Prescriptions*, part. 2, chap. 8, et dans le *Code criminel* de Serpillon, page 966.

Mais parmi nous, comme chez les Romains, elle n'a lieu qu'en faveur du défunt, et jamais à son préjudice. Ainsi, lorsqu'une personne est morte dans l'état de bâtardise, rien n'empêche de faire juger après les cinq ans, qu'elle était légitime. *Si quidem in deteriorem conditionem quis statum retractaret, secundum ea quæ dixi, præscribendum est. Quid ergo si in meliorem? Veluti pro servo libertus dicatur; quare non admittatur? Quid enim si servus quis dicatur, quasi ex ancillâ natus, quæ ante quinquennium mortua est? Quare non liceat probare liberam fuisse? Hoc enim et pro mortua est; et Marcellus libro quinto de officio consulis scripsit, posse. Ego quoque in auditorio publico idem secutus sum.* (Loi 1, § 4, D. *eod. tit.*) — *Ante quinquennium defuncti status honestior qui mortis tempore fuisse existimabitur, vindicari non prohibetur. Idcirco etsi quis in servitute moriatur, post quinquennium liber decessisse probari potest.* (Loi 3, D. *eod. tit.*)

[[Le Code civil n'a pas adopté, en faveur de la mémoire de l'enfant, la prescription quinquennale

dont il s'agit; et par conséquent il l'a implicitement abrogée: cela résulte de la loi du 30 ventose an 12, art. 7.

Il s'est même montré, relativement aux héritiers de l'enfant, beaucoup plus sévère que le droit romain: il a établi contre ceux-ci deux genres de prescription que le droit romain n'admettait pas. Voici ses termes:

« Art. 328. L'action en réclamation d'état est imprescriptible à l'égard de l'enfant.

» 329. L'action ne peut être intentée par les héritiers de l'enfant qui n'a pas réclamé, qu'autant qu'il est décédé mineur, ou dans les cinq années de sa majorité.

» 330. Les héritiers peuvent suivre cette action lorsqu'elle a été commencée par l'enfant, à moins qu'il ne s'en fût désisté formellement, ou qu'il n'eût laissé passer trois années sans poursuites, à compter du dernier acte de la procédure. »

Ainsi, l'action en réclamation d'état est prescrite contre les héritiers de l'enfant, 1° lorsque l'enfant est mort à l'âge de vingt-sept ans ou au-dessus, sans l'avoir intentée lui-même; 2° lorsqu'après l'avoir intentée lui-même, il l'a laissée sans poursuite pendant trois ans.

Mais, remarquons-le bien, tant que l'enfant vit, le défaut de poursuite pendant trois ans n'élève contre lui aucune fin de non-recevoir. C'est ce que prouve le rapprochement de l'art. 330, tel qu'il est conçu, avec les deux articles que remplaçaient dans la première rédaction qu'avait adoptée le conseil d'état.

Ces articles portaient, l'un, que « les héritiers » peuvent suivre cette action, lorsqu'elle a été » commencée et non abandonnée par l'enfant; » l'autre, que « l'abandon résulte, ou de désiste- » ment formel, ou de la cessation des poursuites » pendant trois ans, à compter du dernier acte de » la procédure. »

Communiqués au tribunat, ces deux articles ont donné lieu, de sa part, à l'observation suivante:

« On craint qu'en laissant subsister ces deux articles tels qu'ils sont rédigés, on n'en tire la conséquence que la cessation de poursuites pendant trois ans de la part de l'enfant, peut être opposée à l'enfant lui-même comme un abandon.

» On a pensé qu'il fallait distinguer entre l'enfant et les héritiers. Ceux-ci ne sont point aussi favorables que celui-là. Quand ce sont les héritiers qui veulent suivre l'action commencée par l'enfant, si lors du décès de l'enfant, il y avait trois ans qu'il avait discontinué ces poursuites, cette cessation triennale doit être considérée, à l'égard des héritiers, comme un véritable désistement de la part de l'enfant. On ignore en effet si, dans le cas où l'enfant eût vécu, il aurait, après ce laps de temps, repris l'exercice de son action. L'absence de données certaines sur son intention positive, fait interpréter contre les héritiers le doute existant; et la société trouve en cela le précieux avantage d'extirper un germe de procès. Mais lorsque c'est l'enfant qui agit lui-même, le silence qu'il a gardé depuis ses dernières poursuites, ne peut opérer contre lui l'effet d'un désistement, quelque long que ce silence ait été; le droit qu'il exerce est tellement sacré, que la loi le déclare imprescriptible. Toutefois cette imprescriptibilité n'est établie qu'en sa faveur, et le privilége est purement personnel.

» D'après la distinction qui vient d'être rappelée, et qui est fondée sur les principes de la matière, on propose de ne faire qu'une seule disposition de ces deux articles, et de la rédiger ainsi qu'il suit: *Les héritiers peuvent suivre cette action, lorsqu'elle a été commencée par l'enfant, à moins qu'il ne s'en fût désisté formellement, ou qu'il n'eût laissé passer trois années sans poursuites, à compter du dernier acte de la procédure.* »

Cette proposition a été adoptée par le conseil d'état; et la rédaction qui en était l'objet, forme aujourd'hui, comme on vient de le voir, l'art. 330 du Code civil.

V. Le Code civil établit, en faveur de la Légitimité de l'enfant, diverses prescriptions qui avaient échappé aux législateurs romains:

« Art. 316. Dans les divers cas où le mari est autorisé à réclamer (1), il devra le faire, dans le mois, s'il se trouve sur les lieux de la naissance de l'enfant; dans les deux mois après son retour, si, à la même époque, il est absent; dans les deux mois après la découverte de la fraude, si on lui avait caché la naissance de l'enfant.

» 317. Si le mari est mort avant d'avoir fait sa réclamation, mais étant encore dans le délai utile pour la faire, les héritiers auront deux mois pour contester la Légitimité de l'enfant, à compter de l'époque où cet enfant se serait mis en possession des biens du mari, ou de l'époque où les héritiers seraient troublés par l'enfant dans cette possession.

» 318. Tout acte extra-judiciaire contenant le désaveu de la part du mari ou des héritiers, sera comme non avenu, s'il n'est suivi, dans le délai d'un mois, d'une action en justice, dirigée contre un tuteur *ad hoc* donné à l'enfant, et en présence de sa mère. »

Voici de quelle manière le tribunat, par l'organe de M. Duveyrier, a développé ces dispositions à la séance du corps législatif du 2 germinal an 11:

« Après avoir réglé avec une sage sévérité, les cas où la présomption légale de paternité pourra être combattue par l'évidence ou par la présomption contraire, après avoir soumis ces exceptions dangereuses, mais indispensables, à des conditions qui puissent, dans tous les cas, en manifester la justice; il faut encore en resserrer l'usage

dans les bornes les plus étroites et les plus courts délais.

» Le motif de cette dernière précaution est évident.

» La loi ne donne à ces exceptions aucun effet par elles-mêmes. Pour qu'elles agissent, il faut qu'elles soient mises en mouvement par le désaveu de l'enfant, que le mari seul, s'il existe au moment de la naissance, a le droit de former.

» Le sentiment qui porte un mari à désavouer l'enfant dont sa femme est devenue mère, est vif, impétueux, violent même, comme le transport qu'excite la conviction d'un outrage. Ce n'est point un sentiment que le temps affermisse et que la réflexion fortifie: la réflexion le modère et le temps l'efface. Un père qui a souffert près de lui, dans sa maison, sans peine et sans répugnance, ou qui a connu sans indignation, l'existence d'un enfant que la loi et la société appellent son fils, est raisonnablement supposé n'avoir pas reçu d'offense, ou l'avoir pardonnée; et dans tous les cas, la loi, comme la raison, préfère le pardon à la vengeance.

» Ainsi, le mari, s'il est présent à la naissance de l'enfant, n'aura qu'un mois pour réclamer.

» S'il est absent, il n'aura que deux mois après son retour.

» Si on lui a caché la naissance de l'enfant, il n'aura de même que deux mois à compter du moment où cette naissance lui sera connue.

» Le droit du mari doit nécessairement passer à ses héritiers par l'effet infaillible d'une autre loi tout aussi importante pour la société, celle de la transmission héréditaire. Mais ce droit ne passe aux héritiers que dans le temps où il peut encore exister, c'est-à-dire, lorsque le mari est mort avant la naissance de l'enfant, ou dans le terme non encore expiré des délais qui lui sont donnés pour réclamer.

» Et dans ce cas, les héritiers doivent être soumis aux mêmes délais.

» Ils n'auront donc que deux mois pour contester la Légitimité de l'enfant, à compter du jour où l'existence de cet enfant leur sera connue, soit qu'il vienne les troubler dans la possession de leurs droits héréditaires, soit qu'il se mette avant eux en possession des biens que la loi leur assure.

» Enfin, la prescription de ce droit peu favorable, est tellement juste, hors des délais rigoureux prescrits pour son exercice, qu'il ne doit point suffire, pour le suspendre, d'un acte extra-judiciaire contenant l'intention de désavouer l'enfant, ou même le désaveu formé par le mari ou les héritiers. Ce droit sera encore irrévocablement aboli, si, dans le mois qui suivrait cet acte préliminaire, le mari ou les héritiers n'ont pas intenté leur action en justice contre le tuteur qui sera spécialement nommé pour défendre l'état de l'enfant. »]]

_____

(1) Ces cas sont déterminés par les articles 312, 313 et 314. *V.* ci-devant, sect. 2, § 1 et 2.

§. III. *A quels tribunaux appartient la connaissance des demandes en déclaration de Légitimité et de bâtardise?*

Cette question doit être discutée sous deux faces, c'est-à-dire, et par rapport à la juridiction ecclésiastique, comparée avec la juridiction séculière, et par rapport aux juges séculiers entre eux.

I. Les officiaux sont-ils compétens pour connaître de l'état d'un enfant?

Les canonistes font là-dessus une distinction : ou l'on conteste la Légitimité sur le fondement que le père et la mère n'ont pas été mariés valablement, ou l'on se borne à soutenir que l'enfant n'a point reçu le jour de ceux qu'il appelle son père et sa mère.

Au premier cas, disent-ils, la connaissance de la Légitimité ne peut appartenir qu'au juge ecclésiastique; et si la question en est proposée incidemment devant un juge laïque, il doit la renvoyer à l'official, et surseoir au principal jusqu'à ce qu'elle soit jugée. C'est en effet la disposition expresse du chap. 5, *de ordine cognitionum*, aux décrétales : *Tuam non credimus latere prudentiam, causam natalium reginæ Cypri ad examen nostrum, ut pote quæ ad forum ecclesiasticum pertinet, esse delatam. Unde claræ memoriæ Philippum, regem Francorum, patrem tuum litteris nostris curavimus præmonere ut si forsitan in regina ipsa super successione comitatus Campaniæ, quæstionem proponeret coram eo, non audiret eamdem, quousque terminata esset prædicta causa natalium, aquâ illa noscitur dependere.* ... Le chap. 7, *qui filii sint Legitimi*, dit la même chose : *Causam quæ inter R... et F... super en quod mater dicti R... dicitur non fuisse de legitimo matrimonio nata, agitari dignoscitur, vobis commisimus terminandam.... Fraternitati vestra mandamus, quatenus regi possessionis judicium relinquentes, de causa principali, videlicet utrum mater dicti R... de legitimo sit matrimonio nata, plenius cognoscatis, et causam hujusmodi termineus.*

Au second cas, tous les docteurs conviennent que le juge laïque est compétent pour connaître de l'état des personnes.

Cette distinction était autrefois suivie en France. Témoin ce que nous avons dit, sect. 1, §. 1, n°. 5, au sujet des enfans du roi Philippe-Auguste, et de ceux de Marguerite, comtesse de Flandre. Nous en avons une autre preuve plus récente, dans un autre arrêt du 4 juin 1565, rapporté par un additionnaire de Papon, qui renvoie à l'official la connaissance d'une demande en déclaration de Légitimité, fondée sur un mariage dont la validité n'était pas reconnue.

Mais depuis, la jurisprudence a changé; et c'est aujourd'hui une maxime constante en France, que le juge laïque ne doit souffrir en aucun cas que l'on se pourvoie devant un official pour faire décider la question de savoir si un enfant est légitime ou bâtard. C'est la remarque de Dumoulin

sur le chap. 5, *qui filii sunt legitimi*, aux décrétales : *hodie in hoc regno indistincte judex sæcularis cognoscit, nec fit remissio ad ecclesiam.*

On juge de même dans la partie de la Belgique autrichienne qui n'a pas de loi particulière sur ce point. C'est ce que prouve un arrêt du grand conseil de Malines, qui est rapporté dans les termes suivans, par Dulauri : « Charles-Philippe de » La Motte, secrétaire du grand conseil, ayant » été condamné à payer à N. de La Motte, sa » fille, pour alimens, la somme de 70 florins » par an, en quatre paiemens égaux, de trois » mois en trois mois, ladite fille fit une nouvelle » instance à son père, qui lui représenta qu'il lui » avait reproché qu'elle était bâtarde, notoire- » ment à dessein de la priver de sa succession; » et conclut à ce que, par sentence, elle fût dé- » clarée enfant légitime de son père, d'autant que » sa mère avait été effectivement mariée audit » Charles-Philippe de La Motte... La cause étant » contestée par-devant le grand conseil, le père » soutint que la connaissance de la matière était » privativement de la compétence du juge d'é- » glise...., et sur ce fondement requit le renvoi » par-devant le juge d'église. La cour, par arrêt » du 28 février 1711, rejeta le congé de cour » (ou déclinatoire) proposé par le père. »

Mais le pays de Liége à là-dessus une jurisprudence différente.

Un concordat passé le 10 mars 1541, entre l'empereur Charles-Quint et l'évêque de Liége, adapte formellement à ce diocèse la distinction établie par les canonistes, entre les contestations de cette nature qui dépendent de la validité du mariage, et celles qui roulent uniquement sur la filiation : *Quoad matrimoniorum* (porte-t-il, tit. 1, art. 2), *item an quis sit legitimus, item de divortio inter conjuges celebrando, vel non, solius judicis ecclesiastici erit cognitio, etiamsi quæstio Legitimatis vel illegitimatis aut fœderis matrimonialis inciderit coram judice sæculari, quo casu judex sæcularis supersedere tenebitur, et hunc articulum, tanquam spiritualem, ad judicem ecclesiasticum, per eum infra anni spatium terminandum, relinquere.*

L'art. 6 ajoute que l'official ne pourra connaître *de filiatione, cum est quæstio inter laicos de mero facto, an talis sit filius vel non.*

[[Il n'existe plus d'official au pays de Liége; le concordat dont il s'agit, n'y peut donc plus faire loi.]]

En Allemagne, les consistoires des protestans sont également en possession de connaître de la Légitimité des enfans; et de là est née la question de savoir si les consistoires d'Alsace ont conservé à cet égard la même autorité qu'ils avaient sous la domination germanique. Le consistoire de Landau est intervenu pour soutenir l'affirmative, dans la cause jugée par l'arrêt du 27 juin 1722, rapporté ci-devant, sect. 2, §. 1. Mais M. de Corberon, avocat-général du conseil supérieur

Colmar, a fait voir que ce système ne pouvait être toléré dans une province française. Voici comment il s'est expliqué sur cette matière importante :

« Par le traité de Passau, du 2 août 1552, les droits épiscopaux furent accordés aux états protestans ; par les traités de Munster et d'Osnabruch, de l'année 1648, celui de Passau fut confirmé en tous ses points à l'égard des sujets, tels que la ville de Landau, l'une des dix qui furent cédées au roi, à la charge d'y laisser la religion protestante dans l'état qu'elle était en 1624 : or, en 1624, le luthéranisme régnait dans la ville de Landau, et dès-lors il y avait dans cette ville un consistoire qui était en possession d'exercer sa juridiction, conformément à l'usage généralement reçu dans les autres états protestans d'Allemagne. Mais lorsque le roi a promis par le traité de Munster, de maintenir la religion protestante sur le pied qu'elle était en 1624, et que par l'édit de création du conseil d'Alsace, du mois de septembre 1657, il a ordonné à cette compagnie de juger les peuples de cette province suivant leurs anciens usages, il n'a point entendu déroger aux maximes fondamentales de son état, dont une des principales est de ne pas souffrir les entreprises de la juridiction ecclésiastique sur la juridiction séculière.

» Il n'en faut pas d'autre preuve que l'établissement des appels comme d'abus introduits, dès la naissance de cette compagnie, par les arrêts du 3 mars et du 27 mai 1659, sur les conclusions de M. Colbert, lors procureur-général, par lesquels les juges ecclésiastiques furent dépouillés de la possession où ils étaient sous la maison d'Autriche, d'abuser de temps en temps de leur juridiction. Cet établissement des appels comme d'abus est un argument invincible contre l'objection qu'on fait à l'appelant, que, par les chap. 5 et 7 du titre des décrétales *qui filii sunt legitimi*, et par le chap. 3 du titre *de ordine cognitionum*, le droit canon attribue au juge d'église la connaissance de la Légitimité d'un enfant : car dès qu'on proscrit comme abusives certaines maximes que l'appelant soutient être suivies dans les officialités d'Allemagne, comme, par exemple, celle qui permet aux officiaux de connaître des matières réelles, il s'ensuit que ce moyen d'identité ne peut être allégué par ceux de la confession d'Ausbourg, puisqu'il n'y a pas plus de contravention aux traités en réformant leur juridiction à cet égard, qu'il n'y en a eu en réformant celle des juges ecclésiastiques de notre communion. »

Sur ces raisons, l'arrêt cité a *fait défenses aux intervenans de connaître à l'avenir de l'état des enfans et des alimens*.

[[*V.* l'article *Consistoire.*]]

II. Quels sont, dans l'ordre de la juridiction séculière, les tribunaux qui doivent connaître de la Légitimité ?

Il faut distinguer : ou elle est attaquée sur le fondement d'un défaut radical dans le mariage du père et de la mère, ou elle est combattue par d'autres moyens.

III. Dans la première hypothèse, l'appel comme d'abus est la seule voie que l'on puisse prendre ; car il n'est pas possible de faire déclarer bâtard un enfant né d'un mariage qui subsiste ; pour détruire la Légitimité dans ce cas, il faut l'attaquer jusque dans sa source, et alors les cours souveraines sont seules en droit d'en connaître. On n'excepte pas même de cette règle, les contestations qui s'élèveraient incidemment à ce sujet dans un tribunal incompétent pour juger un appel comme d'abus ; car, dans ces sortes de matières, l'incident se transforme en principal. (*V.* ci-devant, § 2, n° 1.) [[Mais aujourd'hui, ce n'est plus par appel comme d'abus, c'est par *demande en nullité*, que l'on procède en cette matière. *V.* l'article *Mariage*, sect. 7, § 2.]]

Dans la seconde hypothèse, il faut sous-distinguer : ou la question d'état est proposée principalement, ou elle l'est incidemment.

Lorsqu'elle est proposée principalement, c'est au juge domiciliaire de la personne qui en est l'objet, à en prendre connaissance.

Ea quæ ate, cùm tibi serviret, fugit, et in aliam provinciam se contulit, libertatem sibi vindicans, non injuria eo loco litigare compellanda est undè quasi fugitiva recessit. Ideoque remittere eam in provinciam in qua serviit, præses provinciæ, qui in eo loco jus repræsentat, curæ habebit : sed non ubi deprehensa est audiri debet. (Loi 1, C. *ubi causa statûs agi debeat.*)

Si in possessione libertatis constituta es, cum in statûs etiam quæstione actor rei forum sequi debeat, ibi causam liberalem agi oportet ubi consistit, quæ ancilla dicitur, licet senatoria dignitate actor decoretur. (Loi 3, C. *eod. tit.*)

Si ex possessione servitutis in libertatem quis proclamet, ibi agi oportere statûs causam, ubi domicilium constitutum habet qui se dominum dicit, non est ambigui juris. (Loi 4, eod. tit.)

[[Mais peut-on, en cette matière, proroger la juridiction d'un autre tribunal que celui du domicile ? Peut-on surtout proroger celle d'un tribunal dépendant d'une souveraineté sous laquelle n'est pas domiciliée la personne dont l'état est en litige ?

Vers la fin de fructidor an 10, Jeanne Justine de Wilde, née hollandaise, mariée depuis vingt ans à Jean-Luce, baron de Salis-Haldenstein, demeurant près de Coire, en Suisse, part, du consentement de son mari, pour se rendre à Amsterdam.

Environ cinq mois après, le 7 pluviose an 11, elle accouche en France, dans la commune de Flines-lès-Mortagne, canton de Saint-Amand, arrondissement de Valenciennes, d'un enfant mâle qui est inscrit sur les registres de l'état civil du lieu de sa naissance, sous les noms de Louis-Numa-Épaminondas-Justinien-Aristide-Décius de Salis-Haldenstein, et comme fils du mari de la mère.

Le 12 du même mois, elle écrit à son mari, sans

lui parler de son accouchement, et date sa lettre d'Amsterdam; trois jours après, elle meurt d'un épanchement de lait.

Le 20 du même mois, l'adjoint du maire de la commune de Flines-lès-Mortagne se transporte dans la maison où est décédée la dame de Salis, et s'informe de ses nom, prénoms, qualité et domicile. On lui répond qu'elle s'appelait *L.-B.-D.-H. Noé de Wilde, d'Amsterdam.* Il dresse procès-verbal de cette réponse, et appose les scellés sur les effets de la défunte.

Le 26, un conseil d'amis, à défaut de parens, est convoqué devant le juge du canton de Saint-Amand, pour nommer un tuteur à *Louis-Numa-Epaminondas-Justinien-Aristide—Décius de Wilde.* Le choix tombe sur le sieur Fernicq, chef de bataillon, fils du sieur Fernicq, dans la maison duquel est accouchée et morte la dame de Salis (1).

Le 13 prairial an 12, le baron de Salis fait citer le sieur Fernicq fils, en sa qualité de tuteur, devant le bureau de paix du canton de Saint-Amand, pour se concilier sur la demande qu'il se propose de former contre lui, à ce que l'acte de naissance de l'enfant dont il s'agit soit réformé, en tant qu'il y est énoncé que cet enfant est fils de Jean-Luce, baron de Salis-Haldenstein.

Le 26 du même mois, procès-verbal de non-conciliation.

Le 4e jour complémentaire an 12, le baron de Salis fait assigner le tuteur, aux mêmes fins, devant le tribunal civil de Valenciennes. A l'appui de sa demande, il articule plusieurs faits, et produit plusieurs lettres de son épouse.

Le sieur Fernicq se borne à soutenir que le baron de Salis est non-recevable dans son action en désaveu, parce qu'il ne l'a pas intentée dans le terme fixé par le Code civil.

Le 7 messidor an 13, jugement par lequel,

« Considérant que le sieur Salis, habitant le pays des Grisons, était libre de ne pas agir en France, et d'attendre que celui à qui on avait donné le titre de son fils se pourvût à sa charge, pour jouir des droits attachés au titre de sa naissance; mais qu'ayant préféré d'agir en France, il a, par là, soumis son action aux lois françaises, et surtout à celles qui tiennent à la forme; considérant que, si on part du procès-verbal du 26 prairial an 11, le sieur de Salis avait, à l'ouverture de son action, connaissance de la naissance, depuis plus de quinze mois; si on part de la demande en conciliation, du 13 prairial an 12, il y avait plus de trois mois qu'il connaissait la naissance dudit enfant, lorsqu'il a agi;

» Considérant que, suivant l'art. 315 du Code civil, le mari ne peut, en alléguant son impuis-

sance naturelle, désavouer l'enfant; qu'il ne peut le désavouer, même pour cause d'adultère, à moins que la naissance ne lui ait été cachée; que, suivant l'art. 316, lorsque le mari est autorisé à réclamer, il doit le faire dans les deux mois après la découverte de la fraude, si on lui avait caché la naissance de l'enfant; que ce terme était plus que coulé, lorsque le sieur de Salis a agi et désavoué l'enfant, dont il ne disconvient pas que sa femme est accouchée, puisqu'il n'a pas conclu à ce que les noms de Jeanne-Justine de Wilde, sa femme, fussent biffés des registres de naissance; qu'ainsi, soit qu'il agisse du chef d'impuissance ou d'adultère, il est non-recevable en son action;

» Le tribunal déclare la partie de Roger (le sieur de Salis) non-recevable, la condamne aux dépens. »

Le 23 frimaire an 14, le baron de Salis appelle de ce jugement, et soutient qu'étant Suisse, il n'a pas pu être jugé d'après les lois françaises; qu'il n'a pu l'être que d'après les lois romaines, qui, en matière de filiation, forment le droit commun de son pays; et que ces lois, ne prescrivant aucun terme à l'action en désaveu de paternité, c'est mal à propos que le tribunal de Valenciennes l'a déclaré non-recevable.

Le sieur Fernicq, en persistant dans la fin de non-recevoir adoptée par les premiers juges, en propose une seconde qu'il tire de ce que le baron de Salis ne s'est pas inscrit en faux contre l'acte de naissance du 7 pluviôse an 11.

Par arrêt du 25 novembre 1806, la cour d'appel de Douai,

« Considérant que le tit. 7 du Code civil de France ayant été promulgué le 12 germinal an 11, c'est-à-dire, plus de deux mois après la naissance de l'enfant désavoué, les dispositions de cette loi ne pourraient servir à régler les droits de l'enfant, quand même lui, sa mère et le sieur de Salis qui le désavoue, seraient Français;

» Considérant que cet enfant, légitime ou adultérin, né en France ou ailleurs, ne peut avoir d'autre domicile que celui de sa mère; et que sa mère, adultère ou non, ne peut avoir d'autre domicile que celui de son mari; que le sieur Fernicq, soutenant que son pupille est fils du sieur Salis-Haldenstein, et par conséquent Suisse, ne peut, sans être en opposition avec lui-même, repousser, relativement à cette question, les lois de la Suisse; que les droits et les obligations résultant du mariage, ne peuvent être réglés que par le contrat même, ou par la loi du domicile du mari; que ces droits une fois acquis, ces devoirs une fois fixés, soit par le contrat ou par la loi, ne peuvent plus être changés, ni par la volonté, ni par la faute ou d'erreur, ou l'absence, ou la mort des époux, surtout au préjudice des tiers, surtout au préjudice des enfans; que, si le sieur Salis ne pouvait, en aucune manière, changer les droits que donnait au fils de sa femme la loi helvétique, ceux que ledit sieur Salis tenait de la même loi ne pouvaient être ni perdus, ni restreints, par la seule raison

_____

(1) On voit qu'il résulte de cet acte et du précédent, une forte présomption qu'aux époques où ils ont été rédigés, l'acte de naissance de l'enfant n'était pas encore inscrit sur les registres de l'état civil.

qu'il les réclamait devant un tribunal français; que, pour soutenir l'opinion contraire, il faudrait supposer que lui-même ou la loi française l'a ainsi voulu; mais que d'abord on ne peut imaginer qu'au moment où le sieur Salis exerçait son action en France, il ait voulu se soumettre à la prescription de deux mois fixée par le Code civil, puisqu'alors ces deux mois étaient écoulés; et qu'en choisissant cette loi à cette époque, en exerçant son action au moment où, d'après ce même Code, elle n'était plus recevable, il ne l'aurait exercée que pour la faire rejeter; que, d'un autre côté, nos lois soumettent bien les étrangers plaidant en France, aux formes prescrites pour les tribunaux français; mais que la faculté d'exercer ou de réclamer un droit, et le délai utile et nécessaire pour cette réclamation, sont inséparables du droit même; et que ce délai, fixé pour les Suisses, par la loi helvétique, ne pouvait pas plus que les autres droits, être changé par les lois françaises; que, loin de vouloir ce changement à l'égard des droits antérieurement acquis par les étrangers, nos législateurs ne l'ont pas même voulu à l'égard des Français, et qu'ils ont expressément décidé le contraire, article dernier du Code civil, que les prescriptions alors commencées seront réglées conformément aux lois anciennes; que, par conséquent, en supposant même que le sieur Salis fût soumis au Code civil des Français, on ne pourrait encore lui opposer la prescription fixée par l'art. 316;

» Considérant que le traité d'alliance conclu entre la république française et la confédération helvétique, le 4 vendémiaire an 12, c'est-à-dire, depuis la naissance de l'enfant, ne peut pas plus que les autres lois postérieures à la même époque, être réclamé dans la cause; que d'ailleurs, d'après la disposition de l'art. 12 de ce traité, les individus à l'égard desquels on doit suivre les mêmes lois et les mêmes usages qu'envers les nationaux, sont les Suisses établis en France, ou les Français établis en Suisse; que par conséquent cette disposition, quand elle serait antérieure à la naissance de l'enfant désavoué, ne serait applicable à aucune des parties;

» Que de ces considérations réunies, il résulte que, pour la prescription comme pour les autres droits ou les autres obligations qu'il s'agit de régler, on ne peut consulter d'autre loi que la loi des Grisons, c'est-à-dire, la loi romaine; or, cette loi ne fixant pas de terme pour le désaveu de la paternité, n'admet par conséquent, pour cette action, que la prescription ordinaire, c'est-à-dire, celle de vingt ou même de trente ans;

» Considérant, sur la forme du désaveu et la nécessité supposée d'une inscription de faux contre l'acte de naissance, que, dans un acte de naissance, il faut distinguer ce qui est attesté par les témoins et ce qui est attesté par l'officier public; que, dans l'acte du 7 pluviose an 11, l'officier public de Flines-lez-Mortagne atteste 1° que tel jour les témoins lui ont représenté un enfant mâle; 2° que ces témoins lui ont déclaré que

cet enfant est né le même jour; qu'il a pour mère Justine de Wilde; que Justine de Wilde est épouse du sieur de Salis-Haldenstein; de ce dernier fait, les témoins, comme l'officier public, ont conclu que le sieur de Salis est père de cet enfant; mais d'abord, de ces faits, l'officier public n'atteste personnellement que le premier; sur les autres, il ne fait qu'entendre et rédiger les déclarations des témoins; et même les derniers faits, c'est-à-dire, le mariage de la mère et non du mari, ne sont connus ni de l'accoucheur ni de l'accoucheuse qui sont désignés comme témoins; ils ne sont attestés que par le sieur Fernicq, sur la réquisition duquel l'acte est rédigé; Du contenu de cet acte, le sieur de Salis conteste seulement deux assertions, 1° l'imputation de paternité; 2° la date de la rédaction; mais d'abord, cette imputation n'est que la conséquence exprimée d'un fait incontestable, que la mère de l'enfant né le 7 pluviose, est l'épouse du sieur de Salis; et cette conséquence est appuyée sur le principe de droit, is pater est quem nuptiæ demonstrant. Cette conséquence à l'égard du sieur de Salis est-elle juste? Le sieur de Salis est-il soumis à la règle générale, ou peut-il réclamer une exception? C'est une question qu'il ne peut discuter sans contester des faits consignés dans l'acte. A la vérité, il prétend que cet acte portant la date du 7 pluviose, n'a été rédigé et signé que trois mois après; il prétend par conséquent que la date est fausse; mais il prétend aussi qu'indépendamment de cette date, et même en la supposant vraie, il peut prouver qu'il n'est pas et n'a pu être le père de l'enfant de la dame de Salis, malgré cet acte, sans l'attaquer et sans discuter ou ses termes, ou sa forme; on peut donc, et il faut, sur le fond, examiner les preuves produites ou offertes;

» Met l'appellation et ce dont est appelé au néant; émendant, sans arrêter à la fin de non-recevoir proposée par la partie de Martin (le sieur Fernicq), dont elle est déboutée, ordonne aux parties de plaider au principal. »

Le 28 du même mois, second arrêt par lequel:
» Attendu que la plupart des motifs qui rendent inapplicable à la cause la prescription de deux mois, fixée par le Code civil pour l'exercice du désaveu, empêchent aussi de le juger d'après la même loi; les moyens qui peuvent faire rejeter ou admettre celui du sieur de Salis; que néanmoins le rapprochement des deux législations sur cet objet important, peut faciliter l'intelligence de celle qui est réclamée par les parties;

» Attendu que, relativement à la présomption de paternité, la loi romaine et la loi française ont établi le même principe, is pater, etc., l'enfant conçu dans le mariage, a pour père le mari; qu'à ce principe les deux législations ont également admis des exceptions; que les exceptions introduites par la loi romaine, sont néanmoins dans la loi ff. lium 6, D. de his qui sui vel alieni juris sunt : si fingamus abfuisse maritum, verbi gratia, per decennium, si constet maritum aliquandiu cum uxore non concubuisse, infirmitate interveniente, *vel alia causa, vel si ea valetudine paterfamilias fuit ut generare non possit;* dans chacune de ces quatre dispositions, c'est-à-dire, quand il est prouvé que le mari soit par absence ou par une maladie passagère, ou par une faiblesse habituelle, ou par quelques autres causes, était, à l'époque présumée de la conception, dans l'impossibilité d'user du droit de mariage, alors l'enfant, né de l'épouse, ne peut appartenir au mari, alors enfin la présomption légale cède à la preuve contraire; que de ces quatre exceptions, le Code civil des Français a admis, sans restriction, les deux premières, et qu'il restreint les deux autres; d'après ce Code, pour repousser l'enfant de sa femme, il suffit au mari de prouver une impossibilité résultant ou de la maladie ou de l'éloignement (art. 312); mais pour alléguer ou l'impuissance continue ou tout autre empêchement, il faut que deux conditions se réunissent; il faut que l'adultère de la femme soit prouvé et que la naissance de l'enfant ait été cachée au mari (art. 313);

D'après cette dernière disposition, en supposant d'abord que le sieur de Salis voulût et pût réclamer, sur le fond de la cause, la loi française qu'il a repoussée quant à la prescription; en supposant aussi que la grossesse et l'accouchement de la dame de Salis aient été, comme tout semble l'annoncer, à son mari; en supposant enfin, l'adultère suffisamment constaté, le sieur de Salis pourrait, en vertu de l'art. 313, être admis à prouver tous les faits propres à justifier qu'il n'est pas le père de l'enfant dont sa femme est accouchée le 7 pluviôse an 11; mais de tous ces faits, autres que l'adultère et le recélé de la grossesse et de la naissance, un seul est allégué: le sieur de Salis assure que, plus d'un an avant le départ de son épouse, et notamment dans les cent vingt jours où l'on peut placer le moment de la conception, il était dans l'impossibilité physique de cohabiter avec sa femme; or, d'après la loi romaine qu'il réclame comme la loi du pays, et d'après la loi française qu'il repousse comme loi étrangère, l'impossibilité physique, indépendamment de tout autre fait, suffit, quand elle est prouvée, pour détruire la présomption résultant du mariage.

D'un autre côté, tous les autres faits, même de l'adultère et le recélé de la grossesse, ne suffiraient pas seuls, quoi qu'en ait dit le sieur de Salis, ni pour détruire la présomption légale, ni pour faire supposer l'impossibilité physique, ni pour dispenser de rapporter la preuve directe de cette impossibilité. D'après l'une et l'autre législation, et notamment d'après la loi romaine, la seule qui puisse être réclamée dans la cause, il faut donc ordonner la preuve de l'impossibilité physique.

En admettant cette preuve, il est inutile d'ordonner celle du mariage, ou celle de la naissance, ou celle de l'adultère; inutile de vérifier l'écriture des lettres où le sieur de Salis trouve des indices du double tort; inutile d'en ordonner la traduction authentique; enfin, inutile d'examiner si l'aveu d'une mère peut nuire aux droits et à l'état de son enfant.

La cour, avant faire droit et sans préjudicier à celui des parties, admet ledit de Salis, partie de Deprès, à vérifier que, depuis deux ans antérieurs à la naissance de l'enfant dont il s'agit, et notamment dans le temps de la conception, ledit de Salis était dans l'impossibilité physique de cohabiter avec sa femme, et qu'il n'a pas cohabité avec elle; sauf à la partie de Martin la preuve contraire, dépens réservés; ordonne que ladite preuve se fera dans le terme de quatre mois, péremptoirement, par-devant le président Lenglet, que la cour nomme commissaire à cet effet.....;

Le 25 mai 1807, troisième arrêt qui, sur la demande du baron de Salis, « désigne le tribunal ci- » vil supérieur de Coire, à l'effet de nommer un » de ses membres pour procéder, devant lui, » à la preuve ordonnée audit de Salis, par l'arrêt » du 28 novembre 1806.....; pour le procès-ver- » bal de ladite enquête et autres pièces relatives à » ladite preuve, envoyés à la cour, être ordonné » ce qu'il appartiendra. »

Le baron de Salis ne faisant aucune diligence pour parvenir à la preuve à laquelle il est admis, le sieur Fernicq poursuit l'audience pour l'en faire débouter.

Le baron de Salis demande que le délai de l'enquête soit prorogé.

Le 18 juin 1810, arrêt qui, « sans s'arrêter à la » demande en délai formée par l'appelant, dont il » est débouté, lui ordonne de plaider au princi- » pal. »

Le 22 juillet suivant, le baron de Salis fait procéder à une enquête devant un commissaire du tribunal civil supérieur de Coire; mais il n'y appelle pas le sieur Fernicq.

La cause en cet état est portée à l'audience; et le baron de Salis y prend les conclusions suivantes:

« Attendu que la feue dame de Salis, après avoir vécu vingt ans avec son mari sans en avoir d'enfant, se trouvant enceinte des œuvres d'un officier français, a imaginé un prétexte pour quitter la maison maritale, et cacher sa grossesse à son mari;

» Attendu que, dans cette vue, elle a demandé à sondit mari, avec lequel elle habitait le château d'Holdenstein, près de la ville de Coire, dans le pays des Grisons, la permission d'aller à Amsterdam, son pays natal, pour le rétablissement de sa santé;

» Attendu qu'elle a été rejointe dans le voyage par cet officier français, qu'elle a fait passer pour son cousin;

» Attendu qu'arrivée à Amsterdam, elle n'a vu ni ses parents ni ses anciens amis, mais est demeurée chez le sieur Bogsted, banquier, de sondit mari, où elle ne recevait de visite que de cet officier;

» Attendu que les sieur et dame Bogsted, à qui les fréquentes visites de cet officier devenaient suspectes, et qui s'apercevaient de l'état de grossesse de ladite dame de Salis, ayant interdit l'entrée de leur maison à cet officier, elle leur en fit l'aveu en rougissant;

» Attendu qu'elle se détermina alors à quitter Amsterdam, après avoir engagé les sieur et dame Bogsted à n'en rien dire à son mari, et même à recevoir les lettres qu'elle écrirait à sondit mari et qu'elle leur adresserait, pour les remettre à la poste d'Amsterdam, comme si elle y était toujours;

» Attendu qu'ayant habité pendant quelque temps la ville de Bruxelles, elle y fit un testament par lequel, après plusieurs legs particuliers, elle institua cet officier français son héritier universel, et à son défaut, les plus proches parens de cet officier, avec un pacte secret, sans doute, de restituer cette succession à son enfant adultérin, incapable de toute succession directe, tant testamentaire que légale;

» Attendu qu'elle est venue faire ses couches à Flines-les-Mortagne, dans la maison même du père de cet officier français;

» Attendu que, trois jours après son accouchement et huit jours avant sa mort, elle a écrit à son mari une lettre très-longue, dans laquelle elle n'en dit pas le mot;

» Attendu qu'elle n'a point voulu que l'enfant qu'elle venait de mettre au monde, fût inscrit comme enfant de son mari, sur le registre aux actes de naissance de la commune de Flines;

» Attendu qu'il conste d'un procès-verbal du juge de paix du canton de Saint-Amand, dressé quatre jours après la mort de cette dame, que l'enfant dont elle était accouchée, ne portait que le nom de sa mère, qui était de Wilde;

» Attendu qu'il n'a pas eu d'autres noms dans le procès-verbal de l'assemblée de famille, dans laquelle on lui a établi un tuteur;

» Attendu que, si on trouve maintenant dans le registre aux actes de naissance de la commune de Flines un acte sous la date du 7 pluviôse an 11, dans lequel cet enfant a été inscrit comme fils de M. Jean-Luce, baron de Salis, il est visible que cet acte y a été intercalé après coup, puisque, d'une part, il est constaté par un procès-verbal dressé par le notaire Barbieux, le 26 prairial an 11, que ledit acte se trouve entre deux blancs, l'un verso, au bas de la page 4, et l'autre recto, au bas de la page 5; et que, d'autre part, l'invitation faite par écrit par le rédacteur des actes civils dudit Flines au sieur Dumez, accoucheur à Saint-Amand, de venir signer l'acte de naissance dont il s'agit, et dont l'original dûment visé pour valoir timbre, et enregistré, fait partie des pièces du procès, est sous la date du 2 floréal an 11, et conséquemment près de trois mois postérieurs à la naissance de cet enfant;

» Attendu que le sieur Fernicq lui-même, qui avait été présent à l'accouchement de la dame de Salis, le 7 pluviôse an 11, qui avait été nommé, le 26 du même mois, tuteur de l'enfant dont la mère était morte le 15 en la maison du sieur Fernicq père, à Flines-les-Mortagne, département

du Nord, informant M. le baron de Salis de cette mort deux mois après, comme si elle ne venait que d'arriver, et comme si elle avait eu lieu à Amsterdam, ne lui dit pas un seul mot de cet accouchement;

» Attendu qu'il est manifeste, de l'ensemble de toutes ces circonstances, que l'enfant dont il s'agit, est le fruit de l'adultère, et non le fils légitime de M. le baron de Salis;

» Attendu qu'en exécution des arrêts de la cour des 28 novembre 1806 et 25 mai 1807, M. de Salis a prouvé par-devant l'un des membres du tribunal civil supérieur du canton de Croîre, que, depuis deux ans antérieurs à la naissance de l'enfant, il était dans l'impossibilité physique de cohabiter avec sa femme, et qu'il n'avait point cohabité avec elle;

» Attendu qu'à supposer que cette preuve ne fût pas complète, elle n'était pas nécessaire, et n'avait été ordonnée par la cour, qu'avant faire droit et sans préjudice de celui des parties;

» Attendu que c'est une erreur de croire que, suivant le droit romain, qui doit faire la règle de l'arrêt à intervenir, le mari ne peut, sans preuve d'impossibilité physique de cohabitation dans les temps voisins de la conception de l'enfant ou pendant un mariage légitime, désavouer cet enfant, puisque la loi 6, D. de his qui sui vel alieni juris sunt, qu'on oppose à cet effet, ne fait que rapporter quelques exemples relativement à l'exercice de la puissance paternelle; mais ne détermine pas exclusivement tous les cas de l'illégitimité des enfans nés dans le mariage, puisque tous les interprètes du droit romain s'accordent pour décider que, quand il y a des preuves évidentes que l'enfant ne vient pas du légitime mariage, quoique né en légitime mariage, on ne doit pas le déclarer légitime, parce que la maxime, is pater est quem nuptiæ justæ demonstrant, n'est qu'une présomption de droit qui doit céder à la vérité;

» Il plaise à la cour ordonner que les registres de l'état civil de la commune de Flines-les-Mortagne seront réformés, en ce que mal à propos et faussement on y a inscrit l'acte de naissance de l'enfant dont il s'agit, comme étant issu du mariage du sieur Jean-Luce, baron de Salis, avec ladite Jeanne-Justine de Wilde; qu'en conséquence lesdits mots de Salis-Holdenstein, Eichtenstein et Grottenstein, et ceux de M. Jean-Luce de Salis-Holdenstein, etc., propriétaire au pays des Grisons, seront rayés dudit acte de naissance par l'huissier de la cour, porteur de l'arrêt à intervenir; faire défenses au tuteur de l'enfant de donner en aucun acte, les noms de Salis-Holdenstein, etc., à son pupille, et audit pupille de les porter, sous les peines de droit, condamner ledit tuteur aux dépens, compris ceux réservés;

» Subordonnément, et dans le cas que la religion de la cour ne serait pas suffisamment éclairée, avant faire droit, admettre M. de Salis à prouver, tant par titres que par témoins, tous les faits articulés dans le considérant de ses conclusions, dépens en ce cas réservés;

» Déléguer à l'effet de ladite preuve, le tribunal civil supérieur de Coire, pour les témoins à entendre dans le pays des Grisons; le tribunal civil séant à Bruxelles, pour les témoins à entendre en ladite ville, et un de messieurs de la cour, pour les témoins à entendre de Flines-les-Mortagne et des environs. »

Le 3 août 1810, arrêt définitif par lequel,

« Considérant que la question d'état dont il s'agit, doit, de l'aveu des parties, et d'après les principes établis par l'arrêt de la cour du 28 novembre 1806, être déterminée par les lois romaines qui constituent le droit commun de l'Helvétie, lieu du domicile dudit de Salis;

» Considérant que la règle, *pater est quem justæ nuptiæ demonstrant*, établie par les lois romaines, a pour objet l'utilité publique, le repos des familles et la tranquillité des mariages; qu'il en résulte une présomption légale en faveur de l'innocence de la mère et de l'état de l'enfant; que les lois romaines, et notamment la loi 6, D. *de his qui sui vel alieni juris sunt*, n'admirent d'autre exception à cette règle générale, que celles qui résultaient de l'impossibilité physique de la cohabitation des époux, tant par l'absence que par l'impuissance naturelle du mari, continuelle ou passagère; que ces exceptions légales sont les seules qui puissent détruire la présomption légale; qu'en vain on prétend que l'union de toutes les présomptions que l'on tire des faits allégués au procès, pourrait être comparée aux exceptions que la loi propose; mais les seules présomptions capables d'attaquer celles de la loi, doivent être écrites dans la loi même qui contient les principes qui peuvent assurer l'état des hommes, et dont l'infraction serait une atteinte aux fondements de la société civile;

» Que c'est par ces motifs, que ledit arrêt de la cour a admis la preuve offerte par ledit de Salis, la seule qui, suivant la législation romaine, pouvait être admise; que cette preuve n'ayant été faite par ledit de Salis qui en est forclos, et ne pouvant être suppléée par les présomptions morales dont il s'est prévalu, il en résulte que la présomption établie par les lois romaines doit avoir effet; que cette preuve était d'autant plus nécessaire, qu'il est constant, en fait, au procès, que l'épouse dudit de Salis a habité la maison maritale pendant quelques mois; alors et depuis la conception de l'enfant dont il s'agit; que c'est en vain qu'on réclame comme raison écrite, les dispositions de l'article 313 du Code civil, portant que, dans le cas d'adultère et de recelé de la naissance de l'enfant, la preuve des autres faits qui pourraient établir que le mari n'en est pas le père, peut être admise; mais ces dispositions qui forment un droit nouveau et inconnu dans la législation romaine, sont d'autant moins à considérer qu'elles n'ont lieu que dans le cas où le crime d'adultère a été constaté légalement, ce qui n'a pas eu lieu dans l'espèce de la cause; »

La cour déboute la partie de Deprès de ses de-

mandes, fins et conclusions; la condamne aux dépens. »

Le baron de Salis se pourvoit à la fois en règlement de juges et en cassation contre cet arrêt : en règlement de juges, sur le fondement que la cour d'appel de Douai était incompétente pour prononcer sur l'état d'un enfant né en France d'une femme mariée et domiciliée en Suisse; en cassation, sur le fondement que la cour d'appel de Douai, en jugeant cet enfant légitime, a contrevenu aux lois qui régissent la Suisse en matière de filiation.

« La demande en règlement de juges qui vous est soumise par le baron de Salis (ai-je dit à l'audience de la section des requêtes, le 14 septembre 1811), est-elle recevable ? C'est la première question que vous avez à résoudre dans cette affaire.

» Et nous devons dire, sans hésiter, qu'elle ne l'est point, parce que, dans le fait, la contestation qu'elle tend à faire renvoyer devant le tribunal du canton des Grisons, est jugée, dans toutes ses branches, par l'arrêt que vous dénonce le baron de Salis; parce que, dans le droit, il est de principe, comme vous l'avez décidé par trois arrêts, du 21 nivôse an 13, du 26 du même mois et du 27 avril 1807 (1), que la demande en règlement de juges n'est plus admissible après le jugement du fond.

» Mais de ce que le baron de Salis n'est plus recevable dans sa demande en règlement de juges, il ne s'ensuit pas que nous puissions nous abstenir de la discussion du moyen d'incompétence sur lequel il la fonde; car si ce moyen est ici sans objet, quant à la demande en règlement de juges, il peut valoir comme ouverture de cassation; et nous devons par conséquent, en le considérant comme ouverture de cassation, examiner si, en prononçant sur l'état d'un enfant né en France d'une femme mariée et domiciliée en Suisse, la cour d'appel de Douai a violé les règles de la compétence.

» L'affirmative ne souffrirait aucune difficulté, si le baron de Salis avait décliné la juridiction de la cour d'appel de Douai, et si la cour d'appel de Douai eût, nonobstant son déclinatoire, retenu et jugé la cause dont il s'agit.

» A cette hypothèse, en effet, s'appliquerait incontestablement la maxime qui veut que les questions d'état, lorsqu'elles se traitent par action principale, soient toujours portées devant le juge domiciliaire des parties qu'elles intéressent.

» Et inutilement dirait-on que cette maxime n'est fondée que sur une loi romaine, sur la loi 1er C., *ubi causa status agi debeat*; que cette loi n'a en France que l'autorité de la raison écrite; qu'ainsi, en jugeant le contraire, la cour d'appel de Douai n'aurait violé aucune disposition législative.

» Cette maxime se rattache nécessairement à l'article 59 du Code de procédure civile, lequel porte

(1) *V.* l'article *Règlement de juges*, § 1, n° 5.

qu'en *matière personnelle, le défendeur sera assigné devant le tribunal de son domicile.* Car, pour ne pas sortir de notre sphère de deux choses l'une : ou l'enfant dont il est ici question, a dû être considéré comme demandeur, ou il a dû être considéré comme défendeur. S'il était demandeur, il a dû se pourvoir devant le juge du domicile du baron de Salis; s'il était défendeur, il a dû être assigné devant le juge de son propre domicile; et ce juge, quel était-il ? C'était bien certainement, soit qu'il fût légitime, soit qu'il ne le fût pas, le juge du domicile de sa mère. Or, sa mère, où était-elle domiciliée ? Elle ne l'était et ne pouvait l'être que dans le lieu où était le domicile de son mari. Donc, dans l'une et l'autre hypothèse, les juges du canton des Grisons étaient seuls compétens pour prononcer sur l'état de cet enfant. Donc, dans l'une et l'autre hypothèse, l'art. 59 du Code de procédure civile serait violé, si le baron de Salis eût décliné la juridiction de la cour d'appel de Douai.

» Mais, loin de décliner la juridiction de la cour d'appel de Douai, c'est lui qui a saisi de sa demande en désaveu l'enfant de son épouse; un tribunal de première instance du ressort de cette cour, c'est par lui qu'a été porté devant cette cour l'appel du jugement de ce tribunal, qui avait repoussé sa demande par une fin de non-recevoir puisée dans le Code civil; c'est par lui qu'à cette cour il a poursuivi et obtenu en cette cour, un premier arrêt qui a proscrit la fin de non-recevoir par laquelle les premiers juges s'étaient déterminés; un second arrêt qui l'a admis à prouver qu'à l'époque de la conception de l'enfant, il était dans l'impossibilité physique de cohabiter avec sa femme; un troisième arrêt, qui a commis, pour procéder à la preuve, un juge du tribunal supérieur du canton des Grisons; enfin, même dans ses dernières conclusions, dans ses derniers plaidoyers, et jusqu'à la prononciation de l'arrêt définitif, il a constamment reconnu la cour d'appel de Douai pour son juge légitime; il a constamment rendu hommage à sa juridiction.

» Est-il, après cela, recevable à critiquer devant vous la compétence de la cour d'appel de Douai ?

» Il le serait sans doute, si la cour d'appel de Douai avait été incompétente *à raison de la matière*, parce qu'alors la cour d'appel de Douai aurait violé l'art. 171 du Code de procédure civile, qui dans ce cas, oblige les juges de *renvoyer d'office devant qui de droit.*

» Mais quelle était, d'après notre espèce, la matière du procès ? Une question d'état, une question de paternité. Or, les questions d'état, les questions de paternité rentrent essentiellement dans les attributions des tribunaux de première instance et des cours d'appel. La cour d'appel de Douai n'était donc pas, elle ne pouvait donc pas être incompétente *à raison de la matière*; elle n'était donc, elle ne pouvait donc être incompétente que *ratione personæ*, c'est-à-dire, parce que le défendeur n'était pas domicilié dans son ressort.

» Si le baron de Salis, au lieu de se constituer

demandeur devant le tribunal de première instance de Valenciennes, et, par suite, devant la cour d'appel de Douai, y eût été assigné comme défendeur à la requête de l'enfant de son épouse, et qu'il eût comparu, qu'il eût proposé des moyens de défenses, sans décliner l'un ou l'autre, aurait-il pu revenir sur ses pas, et demander son renvoi devant ses juges naturels ? Non : l'art. 169 du Code de procédure civile lui eût, à cet égard, opposé une barrière invincible.

» Et ce qu'il n'aurait pas pu faire, même dans le cours de l'instance, s'il eût plaidé comme défendeur, il le pourrait, ayant plaidé comme demandeur ! Il le pourrait surtout après que l'instance est terminée !

» D'où lui viendrait donc un privilège aussi extraordinaire ? Serait-ce de sa qualité d'étranger ? Serait-ce de la nature de l'affaire ?

» Mais 1° il n'est écrit nulle part qu'un étranger ne puisse pas, tout aussi-bien qu'un Français, proroger en France la juridiction d'un tribunal qui n'est pas celui de son domicile; il existe même une foule de décisions contraires.

» Jean du Coq (*Joannes Galli*), dans sa question 148°, établit en principe que *manens extra regnum non tenetur in parlamento respondere super actione personali*. Il reconnaît donc, au moins implicitement, que, si l'étranger consent à se défendre devant un tribunal français, le tribunal français doit le juger comme s'il faisait partie de la nation française.

» Brodeau sur Louet, lettre C, § 42, rapporte deux arrêts du parlement de Paris, qui ont jugé que deux Anglais plaidant en France sur des prêts d'argent réclamés par l'un et par l'autre, on devait les admettre à la preuve testimoniale, conformément à la loi de leur pays, quoique cette preuve fût prohibée en France, par l'ordonnance de Moulins. On a donc, sinon décidé formellement, du moins supposé, dans ces deux espèces, que les tribunaux français peuvent juger les étrangers qui se présentent volontairement devant eux.

» Et c'est effectivement ce que professait M. l'avocat-général Talon, dans un plaidoyer du 14 août 1632, qui est rapporté dans le recueil de Bardet, tome 2, liv. 1, chap. 42 : « comme nos rois (dit-il) ouvrent également l'oreille à tous ceux qui implorent leur autorité et invoquent leur justice, qu'ils font administrer également et indifféremment tant à leurs sujets qu'aux étrangers; pour cette raison...., (lorsque) deux étrangers qui ont contracté ensemble, pour raison de leur contrat, plaident en ce royaume, on leur rend justice tout ainsi que s'ils étaient sujets du roi et soumis à la juridiction de ses officiers.

» Vous l'avez même ainsi jugé par deux arrêts très-positifs, contre un Américain qui, armé de l'art. 12 de la convention consulaire du 14 novembre 1788, soutenait qu'il n'avait pas pu, par son consentement à plaider devant des tribunaux français, attribuer à ces tribunaux, sur sa personne, une juridiction, que ce traité paraissait leur interdire (1).

» Enfin, messieurs, le principe que ces deux arrêts ont consacré d'une manière si précise, est encore reconnu dans le procès-verbal de la discussion du Code civil au conseil d'état... (2)

» Que pourrait-on opposer à cette longue série d'autorités de toute espèce ?

» Dira-t-on que, de même que les jugemens rendus en pays étranger, entre deux Français, sont sans effet en France, de même aussi les jugemens rendus en France entre deux étrangers, doivent être sans effet dans leur patrie; et que les tribunaux français ne doivent pas s'exposer à rendre, entre deux étrangers, des jugemens qui pourraient devenir illusoires.

» Mais d'abord, il ne s'agit pas ici de savoir quel effet pourra avoir en Suisse l'arrêt de la cour d'appel de Douai, du 8 août 1810. Il n'est et ne peut être ici question que de savoir si cet arrêt doit être cassé en France, sur l'unique fondement qu'il a été rendu entre deux étrangers; et certainement nos lois n'ont pas voulu que du plus ou moins de difficulté qu'il peut y avoir à faire exécuter en pays étranger un arrêt rendu par une cour souveraine de France, il pût résulter une ouverture de cassation contre cet arrêt.

» Ensuite de ce que l'arrêt de la cour d'appel de Douai, du 8 août 1810, resterait sans effet en Suisse, il ne s'ensuivrait nullement qu'il ne dût pas être exécuté en France; il ne s'ensuivrait nullement que, si le baron de Salis laissait à sa mort des biens en France, l'enfant dont cet arrêt l'a jugé père, ne dût pas les recueillir dans sa succession.

» Enfin, ce qui tranche toute difficulté, l'art. 15 du traité conclu entre la France et la confédération suisse, le 4 vendémiaire an 12, dont en renouvelant les dispositions de ceux des 11 juin 1658, 28 mai 1777 et 2 fructidor an 6, que « les jugemens définitifs, en matière civile, ayant force » de chose jugée, rendus par les tribunaux fran- » çais, seront exécutoires en Suisse, et récipro- » quement, après qu'ils auront été légalisés par les » envoyés respectifs, ou, à leur défaut, par les au- » torités compétentes de chaque pays. »

» 2° Si, d'après ce que nous venons d'établir, le baron de Salis eût pu, quoiqu'étranger, proroger la juridiction des tribunaux français à l'effet de les habiliter à prononcer, entre lui et l'enfant de son épouse, sur une contestation purement pécuniaire, pourquoi n'aurait-il pas pu également la proroger, à l'effet de les habiliter à prononcer, entre lui et l'enfant de son épouse, sur l'état même de cet enfant, sur la question de savoir si cet enfant est ou n'est pas légitime?

» Sans doute, c'est au juge du domicile d'un

enfant qu'appartient de droit la connaissance des réclamations qui peuvent s'élever contre sa filiation.

» Mais c'est aussi au juge du domicile de tout défendeur, qu'appartient de droit la connaissance des actions personnelles qui tendent à des condamnations pécuniaires.

» La première de ces deux règles n'est ni plus constante, ni plus sacrée que la seconde : ou plutôt elles n'en font toutes deux qu'une seule; elles ne sont toutes deux que des paraphrases de la règle qui veut que, dans toute action personnelle, le demandeur suive la juridiction du défendeur, *actor sequitur forum rei*; car elle n'est pas moins personnelle, l'action qui tend à faire statuer sur l'état d'un enfant, que celle qui tend à faire statuer sur la validité ou les effets d'une obligation antécédente.

» Si donc la seconde règle n'empêche pas que, du consentement des deux parties, un défendeur ne puisse, en matière purement pécuniaire, être assigné par action personnelle, devant un juge qui n'est pas celui de son domicile, comment la première règle empêcherait-elle que l'état d'un enfant ne pût, du consentement des deux parties, être mis en jugement devant un tribunal dans le ressort duquel cet enfant n'est pas domicilié?

» Dira-t-on que l'état des personnes ne dépend pas de leur consentement; et qu'ainsi, dans tout ce qui tient à l'état des personnes, le consentement des parties ne peut jamais déranger l'ordre établi par la loi?

» Il faut bien distinguer, relativement à l'état des personnes, entre ce qui le constitue, et ce qui n'a pour objet que de le déclarer.

» Sans contredit, ce qui constitue l'état des personnes, ne dépend que de la loi; et les parties ne peuvent rien changer aux conditions dont la loi fait dépendre.

» Ainsi, pour qu'il y ait mariage entre un homme et une femme, il faut que l'homme et la femme se soient pris mutuellement pour époux, en présence de l'officier public et avec les solennités que la loi détermine. Et vainement chercheraient-ils à remplacer ces solennités, vainement prétendraient-ils suppléer à l'absence de l'officier public compétent, par de simples conventions qu'ils feraient entre eux. La justice ne pourrait avoir aucun égard à ces conventions, et l'union que ces conventions auraient seules formée, n'aurait à ses yeux d'autre caractère que celui d'un concubinage.

» Ainsi, pour qu'un enfant soit légitime, il faut qu'il soit issu d'un mariage, comme il faut qu'il soit né hors du mariage, pour qu'il soit illégitime; et ce serait inutilement que l'on voudrait stipuler, ou qu'un enfant issu d'un mariage sera considéré comme bâtard, ou qu'un enfant né hors du mariage, sera considéré comme légitime. De pareilles stipulations seraient radicalement nulles.

» Mais s'agit-il de juger si un homme et une

---

(1) V. les arrêts des 7 messidor an 7, et 27 germinal an 13, qui sont cités dans le plaidoyer du 21 janvier 1806, rapporté au mot *Étranger* § 2.

(2) V. le même plaidoyer.

femme se sont mariés avec les solennités essentiellement requises par la loi et en présence de l'officier public compétent ? S'agit-il de juger si un enfant né pendant un mariage, a pour père le mari de sa mère ?

» Dans le premier cas, les reconnaissances et les aveux des parties peuvent, dans beaucoup de circonstances, déterminer le juge à décider qu'il y a réellement eu mariage.

» Dans le second cas, la reconnaissance que fait le mari de sa paternité, lève tous les doutes et force la décision du juge.

» Il n'est pas de notre sujet d'examiner si, dans le premier cas, l'homme et la femme pourraient, pour faire juger qu'il existe ou qu'il n'existe pas entre eux un mariage, s'adresser, d'un commun accord, à un autre tribunal que celui de leur domicile.

» Mais très-certainement, dans le second cas, le mari de la mère de l'enfant pourrait, pour faire juger s'il est père de celui-ci, proroger la juridiction d'un tribunal qui lui serait étranger.

» En effet, tout ce qu'on peut faire par un consentement formel, on peut également, à moins que la loi n'en dispose autrement en termes exprès, le faire par un consentement implicite.

» Or, il est très-constant que le mari de la mère d'un enfant né pendant le mariage, pourrait, par son consentement formel à ce que cet enfant fût regardé comme le sien, s'obliger irrévocablement à tous les devoirs de la paternité envers lui. Il est très-constant que, dès qu'une fois il a reconnu cet enfant pour le sien, il ne peut plus être admis à contester son état.

» Le mari de la femme d'un enfant né pendant le mariage, peut donc aussi consentir que la question de savoir si cet enfant lui appartient, soit jugée par un autre tribunal que celui de son domicile. Car que fait-il, en prorogeant ainsi la juridiction de ce tribunal ? Rien autre chose que s'obliger à exécuter le jugement que ce tribunal rendra entre lui et l'enfant qu'il désavoue : *Sicut in stipulatione contrahitur, ita in judicio contrahi* (dit la loi 3, § 11, D. *de peculio*); *proinde non originem judicii spectandam, sed ipsam judicati velut obligationem.* C'est donc comme s'il consentait d'avance à rétracter son désaveu et à reconnaître l'enfant qui en est l'objet, si le tribunal, dont il proroge la juridiction, vient à décider qu'il est effectivement père de cet enfant.

» Vous ne pouvez donc, sous aucun rapport, accueillir le premier moyen de cassation du baron de Salis.

» Le deuxième consiste à dire qu'au fond, la cour d'appel de Douai a violé la loi 6, D. *de his qui sui vel alieni juris sunt;* qu'en effet, cette loi ne fait pas seulement céder la présomption de paternité qui résulte contre le mari de la conception de l'enfant pendant le mariage, soit à la preuve de l'absence du mari à l'époque de la conception même, soit à la preuve de l'impossibilité physique où se trouvait le mari, à cette époque, de cohabiter avec sa fem-

me ; mais qu'elle la fait également céder à la preuve de l'impossibilité morale que le mari soit le père de l'enfant; et que cependant la cour d'appel de Douai n'a eu aucun égard aux circonstances prouvées ou avouées qui manifestaient cette impossibilité morale ; et qu'elle a déclaré le baron de Salis père de l'enfant dont il s'agit, sur le seul fondement qu'il n'avait pas prouvé qu'à l'époque de la conception de cet enfant, il était dans l'impossibilité physique de cohabiter avec son épouse.

» Pour apprécier ce moyen, nous devons d'abord bien peser les termes de la loi romaine qui lui sert de base. « Nous appelons fils (dit-elle), celui qui » est né du mari et de la femme : *Filium eum defi-* » *nimus qui ex viro et uxore ejus nascitur.* Mais si un » mari a été absent, par exemple, pendant dix ans, » et qu'à son retour, il trouve chez lui un enfant » âgé d'un an, nous pensons avec Julien, que cet » enfant n'appartient pas au mari : *Sed si fingamus* » *abfuisse maritum, verbi gratia, per decennium, re-* » *versus anniculum invenisse in domo sua, placet nobis* » *Juliani sententia hunc non esse mariti filium.* Il ne » faut cependant pas, dit encore Julien, écouter » celui qui, ayant demeuré sans interruption avec » sa femme, ne voudrait pas reconnaître l'enfant » qu'elle a mis au monde : *Non tamen ferendum Ju-* » *lianus ait eum, qui cum uxore sua assidue moratus,* » *nolit filium agnoscere non suum.* Mais je » pense, et c'est aussi l'avis de Scévola, que, s'il » est prouvé que le mari ait été quelque temps sans » partager le lit de sa femme, soit par quelqu'infir-* » mité qui lui est survenue, soit par une autre » cause, ou s'il est organisé de manière à ne pou-* » voir pas se reproduire, on ne doit pas regarder » comme son fils l'enfant dont sa femme accouche, » même dans sa maison, et à la connaissance des » voisins : *Sed mihi videtur, quod et Scævola probat, si* » *constet maritum aliquandiu cum uxore non concu-* » *buisse, infirmitate interveniente vel alia causa, vel si* » *ea valetudine pater familias fuit ut generare non pos-* » *sit, hunc qui in domo natus est, vicinis scientibus,* » *filium non esse.* »

» S'il faut en croire le demandeur, cette loi admet trois sortes de preuves contraires à la présomption qu'elle élève en faveur de la paternité du mari, la conception de l'enfant pendant le mariage : savoir, l'absence du mari, son impuissance physique, et toute autre cause, *vel alia causa,* de laquelle il peut sortir une conviction morale qu'il n'est pas le père de l'enfant.

» Il est cependant bien facile de reconnaître qu'elle n'en admet réellement que deux. Car ces mots, *vel alia causa,* se rapportent à l'impuissance physique ; et ils signifient tout simplement que la présomption de paternité cesse, lors même que l'impuissance provient de toute autre cause qu'une infirmité accidentelle ou un vice d'organisation, par exemple, lorsqu'elle provient d'une opération chirurgicale : *si constat maritum aliquandiu cum uxore non concubuisse, infirmitate susperveniente* VEL ALIA CAUSA, *vel si ea valetudine pater familias fuit ut generare non possit.*

» C'est ainsi que M. d'Aguesseau entend cette loi dans son plaidoyer du 15 juin 1693.....

» Il est vrai que plusieurs arrêts ont jugé, sous l'empire de cette loi, que, dans certains cas, l'impossibilité morale devait produire, contre l'enfant, la même exception que l'impuissance physique

» Mais cette impossibilité morale, à quoi l'ont-ils fait rapporter? Uniquement à la première des causes énoncées dans la loi 6, D. *de his qui sui vel alieni*, dont parle la loi, à l'absence du mari dans le temps de la conception.

» Pour bien entendre ceci, il faut nous reporter au passage de la loi dans lequel il est dit qu'on ne doit avoir aucun égard au désaveu du mari qui a demeuré sans interruption avec sa femme : *Non ferendum Julianus ait eum qui cum uxore sua assiduè moratus, nolit filium agnoscere qua·i non suum.*

» Ce passage a donné lieu à la question de savoir si l'on devait considérer comme ayant demeuré assiduement avec sa femme et par conséquent comme assujéti à toute la rigueur de la règle, *pater est quem nupti·r demonstrant*, le mari qui, sans vivre, à l'époque de la conception de l'enfant, sous le même toit que sa femme, habitait néanmoins, soit la même ville, soit un autre lieu peu éloigné.

» La plupart des interprètes se sont décidés pour la négative, et M. d'Aguesseau s'est rangé de leur parti dans son plaidoyer déjà cité, du 15 juin 1693.

» Mais d'autres, m·ins sévères, ont pensé que, lorsqu'à l'habitation des époux dans deux maisons différentes, quoique dans la même ville ou à peu de distance l'un de l'autre, se réunissaient des circonstances qui faisaient présumer la non-paternité du mari, la règle *pater est* devait perdre toute sa force.

» C'est ainsi que, par deux arrêts du 6 mai 1693 et du 1er décembre 1701, le parlement de Paris a déclaré bâtards adultérins, des enfans qui avaient été conçus depuis que leur mère avait été, pour cause d'adultère, séparée judiciairement de son mari.

» C'est ainsi que, le 9 novembre 1809, au rapport de M. Cochard, et sur nos conclusions, vous avez maintenu un arrêt de la cour d'appel de Poitiers, qui avait pareillement déclaré bâtard adultérin, un enfant que Catherine Boyer, demeurant à dix lieues de son mari, avait conçu après un jugement de séparation de corps qu'elle avait obtenu pour cause de mauvais traitemens (1).

» Mais si, dans ces espèces, le mari eût, comme dans la nôtre, habité la même maison que sa femme à l'époque de la conception, aurait-on admis son désaveu, soit sous le prétexte que la femme s'était reconnue coupable d'adultère, soit sous le prétexte qu'elle avait celé sa grossesse et son accouchement, soit enfin sous les autres prétextes qu'allègue ici le baron de Salis?

» Non sans doute, on n'aurait pas pu l'écouter, puisqu'alors il n'y aurait eu, ni absence quelcon-

(1) V. mon *Recueil de Questions de droit*, au mot *Légitimité*, § 2.

que, ni impuissance physique ; puisqu'alors le mari n'aurait pu opposer à la règle *pater est*, ni l'une ni l'autre des deux seules preuves contraires que la loi admet contre cette règle.

» Nous savons bien que quelques auteurs ont été, à cet égard, plus loin que l'opinion commune ; et que notamment Leyser dans ses *Meditationes ad Pandectas*, titre *de præsumptionibus*, n° 4, a soutenu, d'après une réponse de la faculté de droit d'Helmstadt, du mois d'août 1719, que les causes énoncées dans la loi romaine, n'étaient pas les seules qu'un mari pût faire valoir pour désavouer avec succès les enfans de sa femme, et qu'il pouvait encore se défendre par d'autres moyens qui étaient abandonnés à la prudence du juge : *Nec legitima istius modi nativitas solum ex causis quæ in lege 6, oppugnari potest ; admittimus et alia argumenta pro arb·trio prudentis judicis.*

» Mais tout ce qu'on pourrait ici conclure de cette doctrine, c'est que la cour d'appel de Douai aurait pu, sans violer la loi romaine qui détermine les preuves contraires que le mari peut opposer à la règle *pater est*, avoi: égard aux circonstances avouées ou prouvées sur lesquelles le baron de Salis fondait son désaveu ; et l'on ne peut certainement pas en inférer qu'en jugeant, *arbitrio prudentis judicis*, ces circonstances insuffisantes pour justifier le désaveu du baron de Salis, elle ait violé aucune loi.

» Le deuxième moyen de cassation du baron de Salis, ne mérite donc pas plus de considération que le premier.

» Mais n'y a-t-il pas un autre point de vue sous lequel le baron de Salis pourrait attaquer l'arrêt de la cour d'appel de Douai ?

» Ne peut-il pas dire, et ne devons-nous pas dire pour lui, que cet arrêt est nul, par cela seul qu'il est rendu avec un tuteur qui n'en avait que le nom, avec un tuteur illégalement nommé, et par conséquent avec une partie qui n'avait aucune qualité pour représenter l'enfant dont il s'agit ?

» Cet enfant, nous l'avons déjà dit, ne pouvait pas avoir, en naissant, d'autre domicile que sa mère : et sa mère était bien constamment domiciliée en Suisse. C'était donc en Suisse que cet enfant, quoique né en France, était domicilié.

» A quel juge, d'après cela, appartenait-il de lui donner un tuteur ?

» Si nous consultons le Code civil, il nous répondra que ce pouvoir n'appartient qu'au juge de son domicile. Le conseil de famille qui doit pourvoir à la nomination du tuteur (porte l'art. 406 de ce Code), « sera convoqué, soit sur la réquisition »et à la diligence des parens du mineur, *soit même* »*d'office et à la poursuite du juge de paix du domicile* »*du mineur.* »

Si nous consultons les lois romaines, elles nous répondront que le pouvoir de donner un tuteur à un enfant, ne réside que dans le juge de son domicile et dans celui de la situation de ses biens : *magistratus ejus civitatis undè filii tui originem per conditionem patris ducunt, vel ubi eorum sunt facultates, tutores vel curatores his quamprimum secundùm formam perpetuam dare curabunt. Quod si filii tui neque possident quicquam in provincia ubi morantur, neque indè originem ducunt, restituti apud patriam suam, et ubi patrimonium habent, morabuntur, et ibi defensores legitimos sortientur. Ce sont les termes de la loi, C. ubi petantur tutores vel curatores.*

» Mais ces lois qui ne portent visiblement que sur le cas où l'enfant à qui il s'agit de nommer un tuteur, a son domicile dans l'étendue de la souveraineté où il se trouve, peut-on et doit-on les étendre au cas où cet enfant se trouve dans une souveraineté qui n'est pas celle de son domicile ?

» Deux arrêts célèbres ont, de nos jours, embrassé l'affirmative..... (1).

» Si ces arrêts étaient ici pour nous des règles irréfragables, il ne pourrait y avoir aucun doute que le juge de paix du canton où est né l'enfant de la dame de Salis, n'eût été incompétent pour convoquer un conseil de famille à l'effet de nommer un tuteur à cet enfant : il n'y aurait par conséquent aucun doute que la nomination faite d'un tuteur à cet enfant, par le conseil de famille qu'avait convoqué devant lui le juge de paix du canton de S. Amand, ne fût illégale et nulle ; et par conséquent encore il n'y aurait aucun doute que le prétendu tuteur n'eût été sans qualité pour plaider, au nom de cet enfant, sur son véritable état.

» Et ces conséquences en amèneraient naturellement une autre : c'est que la cour d'appel de Douai aurait dû repousser le prétendu tuteur qui se présentait devant elle, au nom de l'enfant de la dame de Salis ; et qu'en ne le faisant pas, elle aurait violé, soit l'article du Code civil, soit la loi romaine, que nous citions tout à l'heure.

» Mais d'abord, il est évident que des deux arrêts que nous venons de rappeler, le premier ne peut recevoir ici aucune application ; et que tout ce que l'on peut en conclure, c'est que, si le sieur Fernicq prétendait faire valoir en Suisse la qualité de tuteur, qui lui a été déférée par le juge de paix du canton de S. Amand, les juges de la Suisse pourraient n'y avoir aucun égard.

» Ensuite, s'il est vrai que le second arrêt s'applique exactement à notre espèce, du moins il ne forme pas une autorité assez puissante pour imprimer à l'opinion qu'il a embrassée, le caractère d'une règle tellement sacrée, que la cour de Douai n'ait pu s'en départir, sous peine de cassation.

» On peut même dire, dans l'exactitude des principes, c'est l'opinion contraire qui aurait dû prévaloir au parlement de Paris, dans la cause de l'enfant de la dame de Pont, comme elle a prévalu, du moins implicitement et par le fait, à la cour de Douai, dans la cause de l'enfant de la dame de Salis.

» En effet, que, dans le cas où le lieu du domi-

cile d'un enfant et le lieu dans lequel cet enfant se trouve placé par le hasard de sa naissance, dépendent de la même souveraineté, le juge de celui-ci ne puisse pas lui nommer un tuteur, et qu'il soit obligé d'en laisser le soin au juge de celui-ci, comme le veulent les lois romaines et le Code civil, cela est tout simple ; et il n'en peut résulter aucun inconvénient, parce qu'il existe des moyens légaux et prompts, non-seulement d'avertir le juge du domicile de l'enfant, de l'obligation où il est de le faire pourvoir d'un tuteur, mais encore de le forcer, par l'intervention d'une autorité supérieure et commune aux deux localités, de remplir cette obligation.

» Il n'en est pas de même dans le cas où c'est de souverainetés différentes que les deux localités dépendent.

» Le juge du lieu où se trouve l'enfant, n'a pas de moyen direct pour forcer celui de son domicile de lui nommer un tuteur ; il ne pourrait y parvenir que par l'intermédiaire d'une correspondance diplomatique, voie toujours fort lente, et quelquefois incertaine.

» Et cependant il peut se présenter des circonstances où l'humanité et le droit des gens imposent au juge du lieu où se trouve l'enfant, le devoir de le protéger, et par conséquent de lui donner un défenseur légal.

» Qu'arrivera-t-il, par exemple, si l'enfant étranger qui se trouve accidentellement sous sa juridiction, manque d'alimens, que tous ceux qui sont tenus de lui en fournir, aient des biens en France ? Qu'arrivera-t-il si, comme dans notre espèce, cet enfant est attaqué, en France même, dans ce qu'il a de plus précieux, dans son état, par celui que le mariage à l'ombre duquel il est né, lui désigne pour père, et que l'agresseur de son état ne fasse pas paraître, pour le défendre, un tuteur nommé par le juge de son domicile ?

» Alors sans doute, il faut que le juge du lieu où se trouve le jeune étranger, pourvoie à sa conservation, à sa défense : il faut bien, par conséquent, qu'il lui nomme un tuteur.

» Si cet enfant n'avait pas rencontré, dans le lieu où sa mère l'a laissé, des personnes qui se fussent bénévolement chargées de lui, quel eût été son sort ? La loi du 15 pluviôse au 13 va nous le dire : admis dans l'hospice de ce lieu, il aurait été *sous la tutelle de la commission administrative de l'hospice* même.

» Il aurait donc eu, dans cette hypothèse, des tuteurs français ; et sa qualité d'étranger ne l'aurait, ni affranchi de leur autorité, ni privé de leur secours.

» Mais assurément il ne peut pas être de pire condition, pour être resté à la charge de personnes bienveillantes. Il ne peut pas, dans cette position, être privé en France des ressources d'une tutelle qu'il y trouverait dans l'asile des indigens. Il est donc bien naturel que, dans cette position, il puisse recevoir un tuteur de la main du juge du lieu où il se trouve.

____

(1) *V.* les arrêts de la cour souveraine de Nanci et du parlement de Paris, des 10 juin 1760 et 17 juin 1761, rapportés ci-devant, sect. 2, § 1, n° 7. *V.* aussi le mot *Tutelle*, sect. 2, § 5, art. 1, n° 2.

» La chose est encore beaucoup plus simple, lorsque, comme dans notre espèce, le lieu où se trouve cet enfant, est celui de sa naissance, ou, ce qui revient au même, lorsque cet enfant est né dans toute autre partie du territoire français. Car, dans l'un comme dans l'autre cas, il a un droit tout particulier à la protection des juges nationaux ; et pourquoi? Parce qu'aux termes de l'article 9 du Code civil, *tout individu né en France d'un étranger, peut, dans l'année qui suit l'époque de sa majorité, réclamer la qualité de Français;* et que, pour l'acquérir incommutablement, il n'a besoin que de fixer son domicile en France, parce qu'au moyen de cette disposition, l'enfant qui est né en France d'un étranger, est déjà habile à devenir Français, ou plutôt parce qu'il est déjà, s'il est permis de le dire, un *Français commencé.*

» La cour de Douai n'a donc ni pu ni dû repousser, comme n'ayant ni droit ni qualité pour représenter l'enfant de la dame de Salis, le tuteur que le juge de paix du canton de S. Amand lui avait fait nommer ; et elle l'a d'autant moins dû, elle l'a d'autant moins pu, que c'était le sieur de Salis lui-même qui avait fait assigner ce tuteur devant elle pour le défendre à sa demande en désaveu; elle l'a d'autant moins dû, elle l'a d'autant moins pu, que pendant toute l'instance en désaveu, le sieur de Salis avait reconnu le sieur de Fernicq pour son contradicteur légitime.

» Par ces considérations, nous estimons qu'il y a lieu de rejeter la requête du sieur de Salis, et de le condamner à l'amende de 150 francs. »

Arrêt du 4 septembre 1811, au rapport de M. Chabot, par lequel,

« En ce qui concerne la demande en règlement de juges,

» Attendu que le demandeur ayant contesté sur le fond, soit devant le tribunal de première instance de Valenciennes, soit devant la cour d'appel de Douai, il n'était plus recevable à se pourvoir en règlement de juges;

» En ce qui concerne le pourvoi en cassation,

» Attendu, sur le premier moyen, que les tribunaux français ne pouvaient être incompétens *ratione materiæ* pour statuer sur une action relative à l'état d'un enfant, même entre étrangers, puisque cette action n'est pas réelle; que seulement ils étaient incompétens *ratione personæ*, toutes les parties étant étrangères; mais que le demandeur n'ayant proposé cette incompétence, ni devant le tribunal de première instance, ni devant la cour d'appel, et ayant, au contraire, saisi lui-même ces tribunaux, il n'est plus recevable, après l'arrêt définitif, à opposer l'incompétence;

» Sur le second moyen, que l'arrêt dénoncé n'a pas violé les lois romaines, en décidant que ces lois n'admettaient d'autres exceptions à la règle, *is est pater quem justæ nuptiæ demonstrant*, que celles résultant d'une impossibilité physique de la part du mari de cohabiter avec sa femme, au temps de la conception de l'enfant;

» La cour déclare le demandeur non-recevable dans sa demande en règlement de juges, rejette sa requête en pourvoi...... »

III bis. « Le jugement qui, incidemment à une question d'hérédité, déclare un enfant légitime, a-t-il l'autorité de la chose jugée dans une autre souveraineté que celle où il a été rendu? » *V.* le plaidoyer et les arrêts rapportés au mot *Jugement*, § 7 bis.]]

IV. Lorsque la question d'état est proposée incidemment, elle doit régulièrement être jugée dans le tribunal saisi de la cause principale (1). Cette règle est fondée sur la maxime, *accessorium sequitur principale;* mais elle admet quelques exceptions ; car il y a des juges d'attribution qui ne peuvent jamais connaître des questions d'état, quoique purement incidentes.

Par exemple, l'art. 9 du tit. 12 de l'ordonnance de 1673 porte que les juges-consuls *connaîtront de l'exécution des lettres royaux, lorsqu'elles seront incidentes aux affaires de leur compétence, pourvu qu'il ne s'agisse pas de l'état ou qualité des personnes.*

On a vu ci-devant, sect. 1, § 1, que la cour souveraine féodale de Brabant ayant connu incidemment, en 1773, de l'état de la fille du prince de Tilly, MM. de Robecq, au préjudice desquels celle-ci avait été déclarée légitime et habile à succéder, se sont pourvus en cassation au conseil-d'état des Pays-Bas autrichiens. Leur unique moyen était l'incompétence des juges qui avaient prononcé l'arrêt dont ils se plaignaient.

« A l'aspect de notre défense (disaient-ils), la » cour féodale devait reconnaître une question » d'état et son défaut de pouvoir. Elle devait » renvoyer les parties. En vain opposerait-on que » nous avions reconnu sa compétence. Les juri- » dictions sont de droit public, et il n'est permis à » personne d'en intervertir l'ordre. Lorsque cela ar- » rive, le souverain doit toujours le rétablir, en » détruisant le monument que l'on a élevé contre, » et renvoyer les parties par-devant les juges natu- » rels de leur cause. *Sua cuique servari debet juris- » dictio.* »

Sur ces raisons, le conseil-d'état des Pays-Bas autrichiens a, par décret du 16 mars 1775, cassé l'arrêt de la cour féodale, comme incompétemment rendu, et a renvoyé les parties à se pourvoir au conseil souverain de Brabant.

Il y a, dans le *Journal des Audiences*, un arrêt du 12 janvier 1686, qui juge pareillement, sur les conclusions de M. l'avocat-général Talon, qu'un lieutenant-criminel n'avait pu, en prenant connaissance des excès et des mauvais traitemens commis dans la personne d'un mari et d'une femme par un étranger qui se prétendait leur fils, admettre l'accusé à la preuve de sa prétendue filiation.

» Il parait dans le procédé de ce lieutenant cri- » minel, beaucoup d'affectation et de précipitation: » la question d'état étant une question purement » civile, elle ne pouvait être de sa compétence ; et

_____

(1) *V.* l'article *Question d'état*, § 1.

» si l'intimé a quelques titres colorés de sa qua-
» lité, il devait, dans les règles, ordonner qu'a-
» vant faire droit sur l'appel de l'ajournement per-
» sonnel décerné contre lui, les parties se pourvoi-
» raient pour la question d'état, devant les juges
» qui en doivent connaître, pour, ce fait rapporté,
» être ordonné ce que de raison. » Ainsi s'exprimait
M. Talon lors de cet arrêt.

V. Rousseau de Lacombe conclut de là que les
lieutenans criminels sont absolument incompétens pour connaître des questions d'état. C'est une
erreur : ils peuvent en prendre connaissance toutes
les fois qu'elles sont proposées principalement, et
qu'il résulte des circonstances dans lesquelles elles
se présentent, un crime susceptible d'une instruction à l'extraordinaire. C'est ce que prouve nettement l'art. 8 du tit. 14 de l'ordonnance de 1670 :
« Les accusés, de quelque qualité qu'ils soient,
» seront tenus de répondre par leur bouche, sans
» ministère de conseil, qui ne pourra leur être
» donné......... si ce n'est pour crime de..... sup-
» position de part et autres crimes où il s'agira de
» l'état des personnes. »

L'usage vient à l'appui de ce texte. Nous avons
rapporté ci-devant, sect. 2, § 1, un arrêt de la
tournelle du parlement de Paris, du 16 juillet 1695, qui prononce sur la Légitimité d'un enfant, en conséquence d'une procédure extraordinaire commencée par le lieutenant criminel d'A-
miens, et continuée par le même juge, en vertu
d'un arrêt du 13 août 1694.

[[Cette jurisprudence, sur laquelle on trouvera
de grands développemens dans mon Recueil de
Questions de droit, aux mots Tribunal d'appel, § 5,
est abrogée par l'art. 326 du Code civil : « Les tri-
» bunaux civils (y est-il dit) seront seuls compétens
» pour statuer sur les déclarations d'état. » V. ci-
après, § 4.]]

VI. La loi 32, § 7, D. de receptis qui arbitrium,
décide qu'on ne peut pas mettre une question
d'état en compromis. Cette règle doit sans doute
s'appliquer à la Légitimité.

§ IV. Dans quel ordre et dans quelle forme
doivent être instruites et jugées les actions en
déclaration de Légitimité ou de bâtardise ?

I. L'ordre et la forme dans lesquels il doit être
procédé, soit à l'instruction, soit au jugement
d'une demande en déclaration de Légitimité ou de
bâtardise ; n'ont rien d'embarrassant, ni qui ne
soit déterminé par des maximes constantes.

S'agit-il, par exemple, de savoir si, lorsqu'un
mariage est contesté, l'enfant qui a reçu le jour
de la femme qu'on prétend être liée par ce mariage, est légitime ou bâtard ? Il est clair que le
jugement de cette question est subordonné à celui
de la validité ou de l'invalidité du mariage même ;
et que dès là, il n'est pas possible que celui-là
précède celui-ci, puisque ce serait faire marcher
la conséquence avant le principe.

C'est ainsi que, par arrêt du 11 juin 1660, le
parlement de Paris, avant faire droit sur l'appel

comme d'abus d'un second mariage auquel on prétendait que des nœuds antérieurs avaient mis obstacle, a ordonné que les parties feraient juger à
l'officialité de Vannes, l'instance en nullité du premier mariage.

Ainsi, pour nous rapprocher davantage de notre
objet, la cour souveraine de Nanci, par arrêt du
10 juin 1760, et le parlement de Paris, par arrêt
du 17 juin 1761, rapportés ci-dessus, sect. 2, § 2,
n° 7, ont jugé qu'on ne pouvait pas statuer sur
l'état de Basile-Amable, dont le chevalier de Beauveau prétendait être le père naturel, tant qu'il
n'aurait pas été prononcé par l'official de Toul,
sur la validité ou nullité du mariage de la damoi-
selle Alliot, sa mère, avec le sieur de Pont.

II. La question de savoir si l'on peut prendre
la voie criminelle pour faire déclarer une Légitimité que des mains coupables ont cherché à obscurcir ou à altérer est suffisamment résolue par ce
qui est dit ci-devant, §. 3, [[(V. ci-après, n°
5.)]]

Mais cette question en amène deux autres.

III. La première est de savoir si, après avoir
pris en cette matière la voie civile, on peut l'a-
bandonner, pour se pourvoir à l'extraordinaire ?

Cette question s'est présentée depuis peu au
premier tribunal de l'Alsace, d'où elle a été portée
au conseil du roi.

Le 25 avril 1756, un enfant est né, au village
de Niderkutzenhauzen en Basse-Alsace, dans les
circonstances les plus singulières.

Sa mère était arrivée dans le lieu, masquée,
huit jours avant ses couches ; et, ni les douleurs de
l'enfantement, ni la joie qui le suit, n'ont pu lui
faire arracher ce voile impénétrable.

D'un autre côté, un bailli peu scrupuleux avait
tout disposé pour tirer de cette marche mystérieuse, le fruit qu'on s'en était promis. Voici la
lettre qu'il avait écrite le 17 avril au curé de Niderkutzenhauzen : « Un ami intime m'adresse une
» parente, demoiselle prête d'accoucher. Vous
» sentez, par ce début, que c'est un malheur dont
» la famille est affligée, et qu'il est de toute consé-
» quence de tenir le secret. Je ne puis que me prêter
» à ses besoins par le secours du sieur Rarache,
» qui veut bien la recevoir chez lui. Dans ces cir-
» constances, je vous prie de vouloir bien baptiser
» l'enfant, le cas échéant. Madame sa mère s'appelle
» Marie-Thérèse Lindembourgin, fille. Le père du-
» dit enfant est François-Auguste Rodenach, tous
» deux de Stronek, dans le Brisgau. Après cette dé-
» claration, il sera inutile, monsieur, que la sage-
» femme se tourmente pour en avoir une autre. Qu'elle
» lui rende les secours qui dépendront d'elle ; et si
» l'accouchée avait quelqu'accident inopiné, j'y
» ferai passer de suite le médecin de Soulz, qui est
» un parfait accoucheur. J'espère qu'en faveur de
» l'amitié dont vous m'avez honoré vous applanirez tou-
» tes les difficultés qui pourront survenir. »

Que pouvait, que devait faire le curé dans une
conjoncture aussi délicate ? La loi veut que les registres de baptême contiennent les noms de l'en-

fant, du père et de la mère, du parrain et de la marraine; mais c'est à ces derniers qu'elle laisse le soin de fournir ces renseignemens importans; et ici, le parrain et la marraine donnés à l'enfant de la dame masquée, pris sur le lieu même, n'avaient aucune connaissance de sa famille. Si le curé s'en rapportait à leur déclaration, il était forcé d'inscrire sur son registre, *père et mère inconnus*.

Si, au contraire, il voulait en croire le bailli, s'il se laissait diriger par ses insinuations, il avait, à la vérité, des noms, mais pouvait-il en faire usage?

Lorsque le parrain et la marraine sont appelés par la loi à nommer l'enfant, le père et la mère, leur attestation est signée d'eux. Elle l'est sur un registre public, dans un lieu sacré, dans une cérémonie auguste. Que de motifs pour y ajouter foi! En était-il de même de la lettre du bailli? Le curé pouvait-il en consigner le contenu dans un registre fait pour inspirer la confiance, et couvrir ainsi cette attestation isolée des formes respectables consacrées par la loi? Cependant, si cette lettre contenait la vérité, pourquoi priver un enfant de l'état qui lui appartenait?

Ces réflexions firent prendre au curé un parti qui lui parut éviter les deux écueils entre lesquels il était placé. Ce fut de se conformer à la lettre du bailli; mais en observant que c'était d'après cette pièce qu'il avait rédigé l'acte, et qu'il ignorait si la déclaration était sincère : *Ut mihi D. Geiger per litteras dedit, constitit ac declaravit; si vera sit declaratio, nescio.* Par là, les parrain et marraine et lui n'ont attesté que le seul fait qui fût à leur connaissance, celui du baptême. L'acte le prouve.

Le 9 juillet 1777, le baron de Boecklin et la dame D.... sa mère, dont il avait toujours été réputé le fils unique, furent assignés au directoire du corps de la noblesse de la Basse-Alsace, à la requête d'un soi-disant François-Joseph de Boecklin, à l'effet de se voir déclarer fils légitime, né du mariage de la dame D.... et du feu sieur de Boecklin, père ; et en conséquence, voir ordonner que l'acte de baptême dont on vient de rappeler les termes, serait rectifié en conformité de la sentence qui interviendrait.

Le premier soin du baron de Boecklin fut de remonter au principe et au prétexte de l'action qu'on intentait contre lui. Il se transporta dans la paroisse, pour y vérifier lui-même les registres; il trouva, à la vérité, un acte baptistaire à la date indiquée dans l'assignation ; mais cet acte était raturé et falsifié, de manière que l'on reconnaissait aisément que tous ces changemens n'avaient été faits qu'à différens intervalles, et que les falsifications n'avaient été que graduelles et combinées sur l'usage qu'on voulait faire de l'acte. Il était néanmoins facile de le lire encore dans sa rédaction primordiale. Le sieur de Boecklin s'en fit délivrer une expédition figurée.

Il fit ensuite une sommation à son adversaire de produire le titre mentionné dans sa requête, et sur lequel il appuyait sa demande. Ce fut pour satisfaire à cette sommation, que le même jour,

26 août 1777, le prétendu Boecklin fit signifier un extrait tiré des mêmes registres de la paroisse de Niderkutzenhauzen, mais qui différait également du registre, soit dans son état primordial, soit dans son état de falsification.

Il n'était pas possible qu'une action aussi célèbre dans ses conséquences ne fît le plus grand éclat ; toute la ville de Strasbourg, le village de Niderkutzenhauzen et l'Alsace entière furent bientôt instruits de la demande du prétendu de Boecklin et du titre sur lequel il l'appuyait. Une main inconnue fit passer à la dame de Boecklin, mère, une expédition du même extrait, délivrée par le même curé, le 6 octobre 1776, qui formait une édition absolument différente de toutes celles qui avaient été produites jusqu'alors. Elle la fit signifier à son adversaire le 2 novembre 1777.

Les choses en cet état, Baleyne (c'était le nom qu'avait porté jusqu'alors le réclamant) présenta requête au directoire de la noblesse ; il y exposa que la dame de Boecklin, foulant aux pieds tous les sentimens de la nature, et dans l'intention de conserver à son fils aîné tous les biens de la famille avait volontairement recélé sa grossesse ; qu'elle était accouchée secrètement *et sous le masque*, dans le village de Niderkutzenhauzen; qu'elle avait fait baptiser son enfant sous des noms de père et de mère empruntés ; que cet enchaînement de manœuvres annonçait également la supposition de personnes et la suppression de part. Il ajouta que, pour mieux déguiser son état, on avait falsifié son acte baptistaire ; qu'on en rapportait quatre expéditions, toutes quatre différentes entre elles, toutes quatre contraires à la teneur des registres. En conséquence, il demanda qu'il lui fût permis de faire informer des faits contenus dans sa requête, contre les auteurs, fauteurs et complices des suppositions de personnes, suppression de part, fausseté et falsification de l'acte de naissance et de tout ce qui y était relatif, pour les informations faites, rapportées et communiquées à la partie publique, être pris par lui telles conclusions à fins civiles qu'il aviserait.

Il joignit à sa plainte une déclaration sous seing privé, en date du 7 novembre 1777, par laquelle le curé, pour répondre aux reproches qui lui étaient faits sur la variation des différens extraits qu'il avait délivrés de l'acte du 25 avril 1756, annonçait qu'il n'avait rédigé cet acte, dans le principe, que sur une lettre du sieur Geiger, parce que la mère de l'enfant étant masquée lors de l'accouchement, la sage-femme n'avait pu ni la reconnaître, ni la voir ; mais qu'ayant appris son nom dans la suite des couches, elle l'avait venue lui en faire sa déclaration, et que c'était sur cette déclaration qu'il avait réformé l'acte baptistaire.

Sur cette requête, intervint, le 18 février 1778, une sentence qui donna acte de la plainte, et permit d'informer des faits qui y étaient articulés.

Baleyne dénonça lui-même ce jugement au sieur de Boecklin, par acte du 7 mars suivant, et soutint que, dans les principes du droit, l'action civile ne pouvant concourir avec l'action extraordinaire, il devait être sursis au jugement de la demande qu'il avait formée le 9 juillet 1777, jusqu'après la sentence définitive à intervenir sur la plainte qu'il avait rendue.

Le baron de Boecklin et sa mère ne balancèrent pas à se rendre appelans de la plainte et de la permission d'informer.

Un premier arrêt du 10 mars ordonna l'apport des charges et informations ; et, sur le vu de ces pièces, il fut rendu, le 2 avril, un deuxième arrêt qui, en recevant l'appel, permit de faire assigner Baleyne au conseil souverain de Colmar, dans les délais de l'ordonnance.

La dame de B.... étant morte, son fils se trouva seul chargé de la poursuite de l'affaire contradictoirement avec Baleyne.

La cause fut plaidée solennellement au conseil souverain de Colmar ; et, sur les conclusions du ministère public, il intervint, le 29 janvier 1780, arrêt qui, faisant droit sur l'appel interjeté par le baron de Boecklin, et sans s'arrêter à la fin de non-recevoir que lui opposait Baleyne, déclara celui-ci mal fondé dans ses plaintes, et le condamna aux dépens, tant de la cause principale que de celle d'appel.

Baleyne a déféré cet arrêt au conseil comme un jugement qui, en violant tous les principes, le dépouillait de son état et de sa fortune.

Pont a changé sur cette nouvelle scène. Une autre question que celle qu'avaient jugée les magistrats de Colmar, a été présentée au conseil du roi ; et le 27 mars 1781, l'arrêt du 29 janvier 1780 a été cassé.

Le baron de Boecklin s'est hâté d'y former opposition.

« Tous les moyens invoqués par Baleyne (a dit son défenseur), frappent sur la supposition purement gratuite, que l'arrêt du 29 janvier 1780 l'a débouté de sa demande principale. C'est à la faveur de cette équivoque, adroitement ramenée à chaque période, qu'il est parvenu à intéresser l'humanité en sa faveur. Mais l'arrêt ne contient pas un mot de ce qu'il lui fait dire ; il ne touche pas au fond de la réclamation ; et quand le débouté qu'il prononce pourrait s'appliquer même à la demande principale, les moyens n'en seraient pas moins illusoires.

» Qu'a donc jugé le conseil souverain de Colmar, nous dira-t-on, s'il n'a pas débouté de la réclamation d'état ? Il a jugé que celui qui avait formé sa demande au civil, n'était pas fondé à abandonner sa première action, pour se pourvoir à l'extraordinaire.

» Il a jugé que celui qui n'avait ni titre ni possession, ne pouvait pas se procurer, par une plainte artificieusement rendue, une preuve testimoniale que l'ordonnance ne permet aux tribunaux d'admettre qu'en grande connaissance de cause et après l'examen le plus réfléchi des circonstances qui peuvent la rendre légitime ; il a jugé que celui dont le titre avait été falsifié, n'était point fondé à

rendre plainte de cette falsification, lorsqu'il était prouvé, d'un côté, que cette même falsification ne pouvait profiter qu'à lui seul, et de l'autre, qu'il s'en faisait textuellement un titre pour établir sa réclamation.

» Il a jugé, en un mot, que la preuve testimoniale devait suivre la décision des tribunaux, et non pas la précéder ; et que celui dont l'action était encore incertaine pour se procurer une preuve par la voie de l'enquête, n'était pas fondé à prendre une route détournée pour se procurer cette même preuve par la voie de l'information. »

Sur ces moyens, arrêt du 24 février 1785 qui reçoit le baron de Boecklin opposant à celui de cassation, ordonne l'exécution de l'arrêt du conseil souverain de Colmar, du 29 janvier 1780, et condamne Baleyne aux dépens.

IV. La seconde question que nous avons annoncée, est de savoir si une mère qui, dans le temps où elle réclamait contre son mariage qu'elle prétendait nul, a fait comme bâtard et a mis sur le compte d'un autre que son époux, un enfant qu'elle avait conçu et dont elle était accouchée pendant sa séparation extra-judiciaire d'avec celui-ci, peut, pour cela, être poursuivie criminellement à la requête du tuteur de cet enfant ?

On voit bien que nous voulons rappeler ici la célèbre affaire jugée au parlement de Paris le 17 juin 1761, entre la demoiselle Alliot, épouse du sieur de Pont, et le nommé Larralde.

Les circonstances de cette affaire sont détaillées ci-dessus, sect. 2, § 2, n° 7. Il ne nous reste ici qu'à rendre compte des moyens qu'employait la demoiselle Alliot pour repousser l'action criminelle qui était intentée à sa charge.

« Un décret (disait-elle) est toujours la menace d'une peine ; toute peine suppose un délit. Le délit qu'on reproche ici à l'accusée, c'est que d'avoir déclaré le véritable père de son enfant. Le ministre de la loi a donc puni une action de justice. La punition est donc injuste. Elle doit donc être anéantie par le tribunal souverain.

» Mais, dit Larralde, cette règle, si connue, qui, pour le bien des familles et des états, présume toujours le mari le père, que devient-elle ?

» 1° Quand, dans le fait, la règle pater est s'appliquerait à cette cause, dans le droit, elle ne soumet point les femmes à faire une fausse déclaration dans les actes de baptêmes de leurs enfans. 2° Quand, dans le droit, la règle pater est soumettrait les femmes à cette fausse déclaration, dans le fait, elle ne s'appliquerait pas à la cause présente.

» Supposons d'abord qu'il soit sûr que le mariage de la demoiselle Alliot avec le sieur de Pont est valable : on va voir que la règle qui rend le mari père, n'obligeait pas la demoiselle Alliot de donner le nom du sieur de Pont à son enfant.

» Elle existe sans doute, cette règle utile et sévère, qui charge l'époux, malgré lui, de l'enfant né à l'ombre de son mariage ; c'est en vain qu'il le repousse et qu'il le désavoue ; c'est en vain que la femme publie ses torts, et nomme le père de cet enfant ; comme il est certain que l'époux a seul le droit d'être père, comme il est possible qu'il le soit, dans le doute, la loi présume en faveur du devoir : présomption sage, et que réclame l'intérêt des familles. L'évidence seule prévaudra contre elle. Un long voyage au-delà des mers, une frigidité reconnue, un divorce absolu et public, en un mot, l'assurance physique ou morale que le mari ne pouvait être père, font disparaître la présomption légale. Mais, s'il reste quelque incertitude, le mariage fait que l'époux est père. Il a beau s'en défendre et se plaindre, la femme a beau s'avouer coupable : le magistrat peut le croire comme homme ; mais, comme juge, il doit douter ; et, dans le doute, la présomption légale l'emporte.

» Mais quoi ! parce que des vues d'ordre public font que la loi n'a point égard aux aveux humilians de la femme, cette femme sera-t-elle coupable d'avoir acquitté sa conscience ? Que les magistrats, qui ne voient que les conséquences générales, forcent l'époux d'adopter les enfans d'un autre, c'est un malheur que la cause commune exige ; c'est une victime du bien public, qui doit obéir à la loi. Mais est-ce à celle qui a trahi la foi conjugale, à provoquer cette scandaleuse adoption ? Si la loi connaissait, connaître elle, la vérité, conserverait-elle à la fois l'imposture et l'opprobre ? La loi qui doute, ne présume point les fautes : mais la femme qui sait le vrai, est-elle punissable pour ne pas agir comme la loi ? Que l'époux, qui, dans nos mœurs, est l'unique vengeur du lit nuptial, puisse poursuivre une femme qui s'avoue coupable, ce n'est pas de ce point qu'il s'agit ici. Il est question seulement de savoir si cette femme, vraiment coupable d'avoir eu un enfant d'un autre homme, est coupable une seconde fois pour avoir déclaré le vrai dans un acte de baptême. Commet-elle un second crime, en ne couvrant point du nom de son mari, les fruits d'un commerce illicite, en ne lui donnant pas pour enfans et pour héritiers, les gages d'un amour étranger ? S'il était, dans nos livres, une loi qui la punît de s'être criminelle conduite, cette loi lui commanderait un parjure. La religion défendait à la demoiselle Alliot de cacher la vérité : la loi civile ne doit donc pas la punir de la lui avoir fait connaître. Ces deux espèces de lois, pour avoir des exercices différens, en sont-elles moins uniformes dans leurs principes ?

» Il peut arriver cependant que la loi ne soit point convaincue que la femme a déclaré le vrai. La loi a choisi et borné le nombre des preuves qu'elle veut admettre, pour s'assurer que l'époux n'est pas père. Ces preuves sont les impossibilités physiques et morales. Or, quelque sincère qu'une femme puisse être, ce genre de preuve peut lui manquer. Alors la femme ne saurait convaincre la loi. Et comme la loi, qui fait marcher l'intérêt public avant tout, n'abandonne jamais ses règles, comme aussi le ministre de la loi cesse d'être homme dans ses fonctions, pour ne voir que des vœux de la loi, alors l'époux est forcé d'être père.

» Mais si ce doute légal le fait déclarer père,

parce que, dans le doute, la loi suppose l'ordre, et qu'en suivant l'ordre, il doit l'être ; le doute légal s'oppose aussi à la punition de la femme, parce que, dans le doute, on ne suppose jamais le crime, et que la suppression d'état en est un.

» C'est ici que notre raison ne peut trop rendre hommage à la supériorité des lumières qui ont formé les lois, puisque leurs propres contradictions servent elles-mêmes à établir cet ordre universel et sûr, qui concilie le bien de chacun et l'intérêt de tous.

» Ainsi, pourvu qu'une femme s'annonce dans l'acte de baptême, comme étant la mère de son fils, afin de conserver à la loi la faculté d'en régler le sort, elle n'altère en rien son état, puisque, d'une part, elle expose avec vérité dans quel rang l'a placé la nature, et que, de l'autre, elle laisse la loi à portée de le changer de place. La mère commence, pour l'acquit de sa conscience, par attester l'état que le sang donne à son fils. La loi ensuite, par des vues d'ordre public, pourra le transporter dans un autre état, si le genre des preuves faites pour servir d'exception à la règle, ne se rencontre pas. Ainsi, l'effet de cette règle sera peut-être de donner à cet enfant un père adoptif et légal ; mais l'effet de cette règle ne sera jamais de soumettre la femme à des peines, pour avoir nommé le vrai père.

» Cette femme sera dans le cas d'un témoin dont la déclaration ne suffit pas pour convaincre les magistrats, mais que les magistrats ne regardent pas, pour cela, comme faux témoin. Ils pourront bien n'avoir pas égard à la déclaration de cette femme ; mais ils ne séviront pas contre elle, parce qu'elle a eu le courage de la faire. L'objet public du magistrat sera rempli, et la femme aura suivi la voix secrète de son devoir.

» Ainsi, quand il serait certain que la demoiselle Alliot a été valablement mariée au sieur de Pont, elle ne serait point punissable d'avoir nommé le chevalier de Beauveau pour père de son enfant. Donc le décret de prise de corps et toute l'instruction criminelle sont et doivent être déclarés nuls.

» Faisons présentement une hypothèse, dont tout ce qui vient d'être dit fera sentir l'absurdité. Supposons que la règle pater est doive assujétir une femme au décret de prise de corps, pour n'avoir pas déguisé la vérité dans l'acte baptistaire de son fils ; cette règle n'en sera pas plus redoutable pour la demoiselle Alliot, puisque le mariage étant actuellement contesté, il n'est pas possible de lui objecter la règle qui rend le mari père, tant qu'il ne sera pas jugé si le sieur de Pont est le mari.

» Il faut bien qu'en effet, pour appliquer la règle qui rend le mari père, que le mariage soit constant, puisque c'est de la validité de ce mariage que dérive la présomption légale. Si donc il est douteux qu'il y ait un vrai mariage, si l'existence en est attaquée, si la femme elle-même en conteste la validité, pourquoi donnera-t-elle à un homme qu'elle soutient ne pas être son époux, l'enfant qu'elle n'a eu d'un autre homme que parce qu'elle était persuadée qu'elle était libre ?

» Si le juge, devant lequel la demande est portée, déclare nul son mariage, il sera jugé que, vicieux dès son principe, ce mariage n'a jamais eu lieu ; et la déclaration qu'elle a faite dans l'acte de baptême, ne sera jamais réformable. Si, au contraire, le juge déclare que le mariage est bon, il s'ensuivra qu'elle s'est trompée quand elle l'a cru nul ; et, après que le juge d'église aura décidé qu'elle est femme, la règle *pater est* décidera peut-être, si d'ailleurs d'autres circonstances n'en empêchent, que son mari est père.

» Il faut donc la décréter encore, parce qu'en attendant l'événement du procès, nous l'appelons la, *demoiselle Alliot*. Pourquoi prend-elle ici son nom de fille ? C'est qu'elle soutient en l'officialité que le sieur de Pont n'est point son mari : lui fera-t-on un crime de réclamer contre un mariage qui, selon elle, n'exista jamais ? Pourquoi donc lui en faire un d'avoir dit vrai dans l'acte de baptême ? Y a-t-il dans cette marche, toujours égale et toujours vraie, on ne dit pas un crime, on ne dit pas une apparence de crime, mais on dit l'ombre de la faute la plus légère.

» Mais, dira-t-on, jusqu'au temps du jugement de l'official, elle devait se soumettre, par provision, au titre légal qui assurait, au moins extérieurement, à son fils, la qualité de fils légitime du sieur de Pont.

» Ce sophisme est bien facile à renverser.

» Était-ce donc pour la mère, qui attaquait ce mariage en justice, que ce mariage devait avoir exécution provisoire ? Était-ce à elle à se conformer, par provision, au titre contre lequel elle réclamait, pour que cette soumission-là même devînt contre elle un moyen sûr qui la privât de sa réclamation ? On voulait donc que, dans le temps où elle protestait que son mariage ne faisait point un vrai mariage, qu'il n'y avait ni sacrement, ni lien civil, que jamais il n'avait été ni libre, ni consommé, elle offrît son enfant au baptême, comme le fruit de ce même mariage. On voulait, en un mot, qu'elle élevât elle-même une fin de non-recevoir contre ses propres prétentions.

» Mais ce n'est pas à elle seule qu'aurait nui cette étrange conduite. C'est alors que les droits de son fils auraient été étrangement compromis. Les déclarations qu'elle a faites, étaient le seul moyen d'assurer, en tout événement, à son fils, la juste place marquée pour lui au livre de la loi : pour ne point porter d'atteinte à l'économie des lois, elle n'a point déguisé son mariage, elle n'a point dissimulé qu'elle était la demoiselle Alliot ; elle n'a point nié le cours de son mariage au sieur de Pont par un lien extérieur ; elle a déclaré que le chevalier de Beauveau était le père naturel de son fils. Elle a donc elle-même affermi tous les points d'où partiraient les magistrats, pour donner à Basile-Amable le sort qui lui est dû. Par là, les intérêts de son enfant sont entiers et assurés pour tous les cas. Si d'un côté, elle eût caché que son fils était né du chevalier de Beauveau, elle enlevait à cet enfant le droit de lui appartenir, au cas que le mariage du sieur de Pont fût déclaré nul. Si, d'un autre côté, elle eût caché qu'elle paraissait mariée au sieur de Pont, on eût pu lui reprocher d'avoir voulu détourner la loi constitutive de l'état des citoyens.

» Ainsi, ce qu'elle a fait, en déclarant, tant à l'église qu'au commissaire de police, les deux vérités à la fois, ne pouvait nuire dans aucun cas à son enfant. Et ce qu'on voudrait qu'elle eût fait, en supprimant l'une des deux, pouvait lui porter un préjudice irréparable. Elle n'a donc fait que ce qu'elle a dû faire, et pour son fils, et pour elle-même.

» Sous quelque point de vue que cette affaire s'envisage, la demoiselle Alliot a donc été injustement décrétée : d'un côté, la règle *pater est* ne constitue pas en délit punissable la femme qui a dit le vrai : de l'autre côté, cette règle opérât-elle ce triste effet, ne peut s'appliquer qu'autant que le mariage est constant.

» Dira-t-on qu'il faut attendre la décision du juge d'église, que c'est elle qui nous apprendra si la demoiselle Alliot a fait ou n'a pas fait un délit ?

» Ce raisonnement ne serait qu'un sophisme.

» Ce qui justifierait la demoiselle Alliot de tout délit, quand sa déclaration en serait une elle-même, ce serait, comme on l'a vu, précisément parce qu'elle l'a faite avant que l'official eût jugé. Ce n'est donc pas le jugement que l'official doit rendre, qui nous apprendra si la demoiselle Alliot est ou n'est point coupable, pour avoir fait cette déclaration.

» 2° Il est encore démontré qu'une femme, même mariée, n'est pas punissable pour avoir acquitté sa conscience, et que les magistrats, quoiqu'ils n'ajoutent pas toujours une foi légale à la déclaration de la femme, ne la poursuivent pas, pour cela, comme coupable d'une fausse déclaration. Donc le jugement de l'official, quand il serait défavorable, ne constituerait pas davantage la demoiselle Alliot en délit. Il faut donc, dès à présent, anéantir le décret lancé contre elle.

» Ne nous y trompons pas, Larralde n'a pas fait décréter la demoiselle Alliot pour la faire punir d'une suppression d'état ; c'est du décret que cet agent avait besoin, et il a inventé un délit. Mais ce délit étant démontré faux, que devient le décret ? »

Tels étaient les moyens de la dame de Pont. Voici ceux qu'y opposait Larralde, ce tuteur dont la qualité était contestée :

« La dame de Pont (disait-il) n'a point de délit à se reprocher, elle l'assure. Si, devenue enceinte dans le cours de son mariage, elle a fait présenter son enfant au baptême, comme le fruit d'un amour adultère, ou du moins d'un commerce illicite ; si elle a supprimé sa qualité, le nom de son mari, si elle a fait paraître, à côté du sien, le nom d'un homme qui n'avait auprès d'elle d'autre titre que celui que sa passion lui avait donné ; si elle a couvert la naissance de son fils de honte et d'ignominie, tout cela est innocent, s'écrie-t-elle. Ce n'est qu'un hommage qu'elle a dû rendre à la vérité.

Une femme même qui se croit liée légitimement, peut, sans crime, lorsqu'elle est sûre que l'enfant qu'elle porte n'est point l'ouvrage de son mari, déclarer qu'il n'est qu'un bâtard adultérin. A plus forte raison l'ai-je pu, poursuit la dame de Pont, moi qui n'ai jamais regardé mon époux que comme un fantôme, moi qui, dans ce moment, citée par mon mari à l'officialité, me proposais de l'y appeler moi-même, pour voir dissoudre des nœuds mal tissus.

» Quelle morale ! quelle doctrine ! Quoi ! une mère aura le droit d'attenter à l'état de son fils ! Ce n'est point à nous à résoudre des cas de conscience ; mais qu'est-il besoin d'emprunter le flambeau de la théologie, ni de s'étayer du sentiment des canonistes ou des jurisconsultes, quand la loi civile, quand le repos de la société, quand l'honneur des familles, la dignité du mariage, l'intérêt public, la décence, les mœurs, parlent d'un ton si fort et si impérieux ! Ce que l'on voit, ce que l'on sent, c'est que nul ne peut enlever à quelqu'un le bien qui lui appartient. Le plus précieux de tous les biens, c'est l'état, c'est la Légitimité : l'état est, pour ainsi dire, une portion de nous-mêmes. Je nais sous la loi d'un mariage : donc je nais le fils du mari de ma mère. C'est un titre que les lois me donnent : *pater is est quem nuptiæ demonstrant*. Quiconque tente de voler ce titre précieux, est un ravisseur ; il est nécessairement criminel.

» Les déclarations des mères ne peuvent nuire, il est vrai, à l'état des enfans, quand cet état est d'ailleurs connu. Mais, d'un côté, n'en rejaillit-il pas toujours sur eux un déshonneur, que le préjugé rend quelquefois ineffaçable ? D'un autre côté, lorsque c'est dans l'acte même de baptême que réside la fatale déclaration, ou plutôt lorsque cet acte est rempli d'obscurités et de déguisemens, de quelles épines ne sème-t-on pas la route d'un fils réduit à s'élever contre son titre fondamental, et à constater un faux souvent difficile à manifester ?

» Si une femme a été capable de violer sa foi, qu'elle pleure en silence son infidélité ; que ses remords soient son premier châtiment. Mais qu'elle ne vienne point en étendre la peine jusque sur un fils innocent en qui la sage politique de la loi ne veut ni apercevoir ni présumer, ni soupçonner la tache que l'inutile indiscrétion de la mère vient odieusement révéler. La tranquillité, l'harmonie de la société entière dépend de l'observation de ces grandes maximes.

» Ont-elles moins de force contre une femme qui songe à attaquer son mariage ? Lorsque Basile-Amable est né, il y avait douze jours, il est vrai, que le sieur de Pont avait fait assigner la dame son épouse pour la dissolution de leur lien conjugal ; et, peu de temps après, la dame de Pont, consentant à être dégradée, est venue assurer l'official qu'elle ne demandait pas mieux d'être séparée d'un mari qu'elle n'aimait plus. Mais est-ce qu'une circonstance de cette espèce était capable d'altérer les droits acquis à l'enfant ? La dame de Pont part du plus faux des principes : parce que dans son conseil particulier et secret, elle a jugé que son mariage était nul, elle s'imagine que cette décision privée doit l'emporter sur l'autorité d'un titre solennel. Elle veut que le sort de son fils subisse la loi de son opinion.

» Assurément, à l'époque de la naissance de Basile-Amable, il existait un lien du moins extérieur, sensible et civil, qui appartenait à l'ordre public. Serait-il concevable que la seule demande en nullité du mariage, eût eu la vertu d'effacer un engagement public qui subsistait depuis neuf années ? L'état actuel était un mariage existant ; conséquemment il y avait un droit de Légitimité acquis à Basile-Amable. La possession de la mère valait une possession de l'enfant. C'est donc toujours à cet acte notoire que devait être conforme l'acte baptistaire : on n'a pu le rédiger autrement, sans transgresser les règles les plus importantes.

» Tout au plus, si la dame de Pont craignait que sa soumission à la loi ne nuisît à son chimérique projet de réclamation, elle pouvait, en agissant à découvert, donner à son fils le titre qui lui appartenait, et faire, le même jour, une protestation devant quelque notaire. C'était un moyen si facile de concilier son prétendu intérêt avec les droits inviolables de son enfant ; au lieu qu'elle sera inexcusable à jamais de s'être travestie, d'avoir masqué son état de femme mariée, d'avoir, par autorité et par provision, condamné son fils à une illégitimité flétrissante.

» Mais, dit la dame de Pont, le tort que j'ai fait à mon enfant n'a été qu'apparent. Guidée par son intérêt réel, j'ai voulu lui ménager une destinée plus brillante : je lui ai assuré l'avantage d'une légitimation par mon mariage futur avec le chevalier de Beauveau, qui m'en a donné la promesse.

» Et voilà donc les chimères auxquelles Basile-Amable a été sacrifié ! Quoi ! les assurances, la promesse du chevalier de Beauveau, forment-elles donc des engagemens obligatoires ? Est-il quelque tribunal qui pût le contraindre à les remplir ?

» Sa promesse donnée dans le cours d'un mariage, est une promesse illicite. Voilà tout ce qu'on en peut penser ; elle n'a nulle efficacité. Quoi ! le serment d'un amant, est-ce un gage si assuré d'une légitimation prochaine ? On ravit à Basile-Amable un état certain et solide sur l'espérance la plus frivole ! Le chevalier de Beauveau promet aujourd'hui, il peut promettre sincèrement ; mais est-il toujours le maître lui-même qu'il voudra toujours ce qu'il veut dans le délire d'une passion ? Si les obstacles qui irritent son ardeur venaient à être levés, que verrait-il, sinon un engagement téméraire surpris à sa complaisance par une femme ambitieuse ? Soutiendrait-il les justes oppositions de toute sa maison ? Que la dame de Pont s'abuse !

» Toutes ces réflexions doivent éloigner absolument l'idée d'un interlocutoire que la dame de Pont souhaite en secret, et que son mari sollicite ouvertement au conseil du roi. L'un et l'autre dé-

sireraient qu'avant qu'il fût statué sur les actions
intentées par Larralde, les parties fussent renvoyées
à l'officialité de Toul, pour y être procédé sur les
demandes en cassation du mariage. Leur raison est
que, si le mariage est déclaré nul, il n'y aura point
eu de supposition ni de mensonge dans l'acte baptistaire : Basile-Amable devra demeurer dans l'état
de fils naturel du chevalier de Beauveau et de la
demoiselle Alliot.

» Mais c'est là un piège, une embûche dont il
faut se garantir avec soin. Ce serait précisément
ôter la provision à qui elle appartient, et la transporter à qui ne doit point l'avoir : ce serait dépouiller le possesseur pour revêtir l'usurpateur. La nullité du mariage n'est qu'une exception, et même
très-frivole, que l'on vient ici proposer contre un
titre légal. Le titre cédera-t-il à une prétention
incertaine, équivoque, très-évidemment mauvaise ?

» Eh ! quels inconvéniens ne pourrait-il pas résulter de ce renvoi préliminaire devant l'official ?
L'un ou l'autre des deux époux peut abandonner
sa poursuite par une juste prudence : l'un ou l'autre peut mourir avant la décision, qui alors ne se
prononcerait jamais. Quelle serait cependant la
destinée de Basile-Amable, déshonoré par un titre
de bâtardise ? Pendant tout ce temps, d'ailleurs,
les preuves de l'état de cet enfant dépériraient.
Enfin l'official ne doit point voir reparaître dans
son prétoire le sieur et la dame de Pont, que le
tuteur de leur fils ne les y accompagne. Ce
tuteur est le seul et légitime contradicteur de deux
parties qui n'en forment qu'une par le concert de
leurs défenses. Tout le monde sent qu'une affaire
aussi intéressante pour l'enfant, ne doit point être
jugée sans lui. Mais pour que ce tuteur paraisse à
l'officialité, il faut que la qualité de son pupille
soit certaine ; il faut qu'il ait dans la main un acte
baptistaire régulier ; et c'est ce que l'official lui-
même a jugé par la sentence contradictoire qui a
suspendu la cause, jusqu'à ce que la qualité de
l'enfant fût réglée par les juges séculiers à qui il
appartenait d'y statuer »

Ainsi se défendait Larralde. Mais ces moyens,
réfutés d'avance par ceux de la dame de Pont,
n'ont pas pu garantir de la proscription les poursuites criminelles qu'il avait exercées contre celle-ci.
L'arrêt du 17 juin 1761 a annulé toute la procédure, tant parce qu'elle était vicieuse en elle-
même, que parce que Larralde n'avait pas réellement la qualité de tuteur qu'il s'attribuait ; et sans
ordonner que le procès fût recommencé à la requête de M. le procureur-général, sans même
ordonner que l'acte baptistaire de Basile-Amable
fût réformé, le parlement de Paris s'est borné à
renvoyer le sieur et la dame de Pont à l'officialité
de Toul, pour y faire juger la question sur la validité ou nullité de leur mariage.

[[V. Aujourd'hui, « l'action criminelle contre
» un délit de suppression d'état ne peut commencer
» qu'après le jugement définitif sur la question d'é-
» tat. » Ce sont les termes de l'art. 327 du Code civil.

Cette disposition (dont j'ai exposé les motifs
dans mon *Recueil de Questions de droit*, au mot
Tribunal d'appel, § 5, et sur laquelle on peut encore voir ce qui est dit plus haut, aux mots *Chose
jugée* § 15, et ci-après, aux mots *Naissance (acte
de)*, § 11, *Question d'état*, § 1, et *Supposition de
part*, § 2), cette disposition ne forme-t-elle pas
une antinomie avec l'art. 198, suivant lequel,
« lorsque la preuve d'une célébration légale du ma-
»riage se trouve acquise par le résultat d'une pro-
» cédure criminelle, l'inscription du jugement sur
» les registres de l'état civil assure au mariage, à
» compter du jour de la célébration, tous les effets
» civils, tant à l'égard des époux qu'à l'égard des
» enfans issus de ce mariage. »

Non. Il n'y a point de contrariété entre cet article et le 327 : celui-ci pose une règle générale ;
celui-là y met une exception.

Pour bien concevoir l'objet et l'étendue de cette
exception, il faut remonter, en quelque sorte, à la
généalogie de l'article qui l'établit.

Dans le projet de la commission, cet article venait à la suite de l'art. 47 du tit. 5 du liv. 1er, lequel
était ainsi conçu :

« Tout officier public devant lequel un mariage
aurait été réellement célébré, et qui n'en aurait rédigé l'acte que sur une feuille volante, sera poursuivi criminellement. S'il est convaincu, il sera
condamné aux peines portées par l'art. 54 du titre
des actes de l'état civil, et en outre aux dommages
et intérêts des parties.

» L'action criminelle peut être intentée, tant par
les époux eux-mêmes que par l'accusateur public.

» Elle est dirigée par l'accusateur public, tant
contre l'officier public que contre les époux eux-
mêmes, si le délit a été commis de concert avec
eux, et contre celui des deux époux qui aurait seul
concouru à la fraude ; et, dans ce dernier cas, l'action peut être intenté contre cet époux par l'autre. »

Et l'art. 48 ajoutait aussitôt : « Dans le cas où
» la preuve de la célébration du mariage se trouve
» acquise par l'événement de la procédure crimi-
» nelle, *autorisée par l'article précédent*, l'inscription
» du jugement sur les registres de l'état civil as-
» sure au mariage, à compter du jour de sa célébra-
» tion, tous les effets civils, tant à l'égard des époux,
» qu'à l'égard des enfans issus de ce mariage. »

Ou voit que, dans le projet de la commission,
l'action criminelle ne pouvait être intentée directement et sans jugement civil préalable sur la question d'état, que contre l'officier de l'état civil, dans
le cas seulement où il aurait rédigé l'acte de mariage sur une feuille volante.

Le conseil d'état a adopté ce projet, mais en le
modifiant.

Il a étendu l'art. 47, non-seulement au cas où
l'officier de l'état civil aurait omis de rédiger l'acte
de mariage, mais encore à celui où l'acte de mariage aurait été altéré, même par tout autre que
l'officier public ; et il l'a rangé avec ces changemens, sous le titre *des actes de l'état civil*, dont il

forme l'article 52. (*V.* l'article *Etat civil*, § 2.)
Mais en séparant ainsi l'art. 47 de l'art. 48, qui
est devenu, comme on vient de le remarquer, le
198ᵉ du Code, il n'a pas rompu la liaison qui,
dans le projet, existait entre l'un et l'autre : il
est sensible au contraire que l'art. 198, par les
mots, *résultat d'une procédure criminelle*, se réfère à l'art. 52, et n'en est que le complément.

Ainsi, de l'ensemble des art. 52, 198 et 527,
il résulte qu'en thèse générale il ne peut être intenté aucune action criminelle pour suppression
d'état, qu'après le jugement rendu définitivement
par les tribunaux civils sur l'état prétendu supprimé; mais que si la suppression d'état est présentée
comme l'effet de l'un des délits prévus par l'article 52, elle peut être poursuivie directement par
la voie criminelle.

§ V. *Quel est, à l'égard des tiers non entendus ni appelés, l'effet du jugement qui prononce
sur une question de Légitimité ? Quel est-il à
l'égard des parties elles-mêmes entre lesquelles ce
jugement a été rendu, lorsqu'il l'a été, non sur
une action principale, mais incidemment ?*

Une question de Légitimité est une question
d'état du premier ordre. Or, quel est, sur une
question d'état en général, l'effet qui résulte,
contre des tiers non entendus ni appelés, d'un jugement rendu entre deux parties ? Quel est-il pour
ou contre les deux parties elles-mêmes, quand la
question d'état n'a pas été l'objet principal du procès, et n'y a été élevée qu'incidemment ? C'est ce
que j'examinerai à l'article *Question d'état*, § 2
et 3.

[[Au surplus, *V.* les articles *Bâtard*, *Faux*,
sect. 1, § 3, *Filiation*, *Légitimation*, *Naissance
(Acte de)*, et *Mariage*.]]

LEGS. Ce mot désignait anciennement toutes les
espèces de dispositions testamentaires. C'est en ce
sens qu'il est employé par le prophète Ezéchiel,
chap. 46, verset 17: *Si autem dederit legatum
hereditate sua, universorum suorum erit.* La loi
des douze tables permettait seulement aux pères de
famille de *léguer* leur patrimoine; *paterfamilias
uti super familia pecuniave sua legassit, ita jus
esto*; mais cette permission, dit la loi 120, D. *de
verborum significatione*, renfermait celle d'instituer
des héritiers, de nommer des légataires, d'affranchir
des esclaves, et d'établir des tuteurs.

Dans le dernier état de la jurisprudence romaine,
comme dans nos mœurs, le mot *Legs* est restreint
à certaines espèces de donations qui sont faites par
testament ou par un autre acte de dernière volonté.

Pour mettre cette matière dans tout le jour dont
elle est susceptible, nous la diviserons en huit sections.

Nous parlerons dans la première, de la nature
des Legs;

Dans la seconde, de leur forme, tant intrinsèque qu'extrinsèque;

Dans la troisième, des choses qui peuvent en
être l'objet;

Dans la quatrième, de l'étendue et de l'interprétation que l'on doit donner aux Legs;

Dans la cinquième, du paiement qui doit en
être fait;

Dans la sixième, des précautions prises par les
règlemens pour assurer le paiement et l'exécution
des Legs pieux;

Dans la septième, des causes qui opèrent l'extinction des Legs en général;

Dans la huitième, enfin, des personnes au profit desquelles tourne la nullité ou l'extinction des
Legs.

Section I. *De la nature des Legs.*

La loi 116, D. *de legatis* 1º, définit le Legs :
une délibation d'hérédité, une disposition par laquelle le testateur détache une chose de l'universalité déférée à son héritier, pour la donner à un
autre.

La loi 36, D. *de legatis* 2º, présente une autre
définition : le Legs, dit-elle, est une donation laissée par testament.

L'empereur Justinien le définit encore autrement, § 1, *de legatis*, aux Institutes : le Legs, dit
ce législateur, est une espèce de donation faite par
un défunt, et dont l'héritier doit faire la délivrance : *Donatio quædam à defuncto relicta, ab
herede præstanda.*

De ces trois définitions, les deux premières reviennent à peu près au même; mais la troisième
est la plus exacte. Le mot *défunt*, qui y est substitué à celui de *testateur*, employé dans les précédentes, est essentiel pour annoncer qu'on peut
léguer par tout autre acte de dernière volonté
qu'un testament; et ces termes, *dont un héritier
doit faire la délivrance*, sont nécessaires pour
distinguer le Legs d'avec la donation à cause de
mort.

On oppose à cette définition la loi 22, D. *de
legatis* 2º, dans l'espèce de laquelle on voit un
testateur faire lui-même la délivrance d'un Legs
écrit dans son testament, et la loi 5, § 1, D. *de
legatis* 3º, où il est dit qu'on peut grever de Legs
une personne qui n'a elle-même d'autre qualité
que celle de légataire. On conclut de là que les
mots, *dont l'héritier doit faire la délivrance*,
rendent vicieuse la définition dont il s'agit.

Mais cette conséquence n'est pas exacte.

1º Lorsqu'un testateur délivre lui-même le
Legs qu'il avait consigné dans son testament, la
disposition change de nature, et devient ou donation entre-vifs, ou donation à cause de mort, suivant les circonstances dont la délivrance est accompagnée.

2º Il est vrai qu'un légataire peut être chargé
de Legs, et conséquemment en faire la délivrance
aux personnes envers lesquelles le testateur l'en a
grevé : mais comme il faut qu'avant cela, il ait
lui-même reçu des mains de l'héritier la totalité
de son Legs, c'est toujours de ce dernier que pro-

vient la délivrance primordiale et immédiate des objets que le défunt a assignés aux arrière-légataires.

Y a-t-il donc une différence réelle entre le Legs et la donation à cause de mort ?

La loi 17, D. *de mortis causâ donationibus*, semble établir la négative : elle porte que *donationes mortis causa factœ legatorum instar obtinent*. La loi 37 paraît encore plus précise : « En » général (dit-elle), il ne faut jamais oublier que » les donations à cause de mort sont assimilées aux » Legs. Ainsi, on doit toujours appliquer aux unes » les règles et les principes qui sont propres aux » autres. »

Prenons garde cependant de prendre ces textes à la lettre. C'est ce que Justinien semble nous recommander, lorsqu'il dit, § 1, *de donationibus*, aux Institutes, que les Legs et les donations à cause de mort sont *presque* assimilés en tout point ; *ut per omnia* FERE *legatis connumerantur*. En effet, s'il y a entre ces deux espèces de dispositions plusieurs traits de ressemblance, il existe aussi des différences très-sensibles entre l'une et l'autre.

Elles se ressemblent, en ce qu'il faut le même nombre de témoins pour la validité de la donation à cause de mort et pour la validité du Legs ; en ce que l'insinuation n'est requise ni pour l'une ni pour l'autre ; en ce que le légataire et le donataire à cause de mort peuvent être chargés de substitution ; en ce qu'ils n'ont rien d'assuré ni d'irrévocable tant que le testateur respire ; en ce que leurs avantages respectifs sont également soumis à la quarte falcidie, etc.

Mais, d'un autre côté, le Legs n'est confirmé, suivant les principes du droit romain, que par l'adition de l'héritier institué (1) ; et la donation à cause de mort l'est par le seul décès du donateur (2).

Les lois privent de son Legs celui qui attaque le testament par l'inscription de faux, ou par la plainte d'inofficiosité ; elles ne prononcent pas la même peine, en pareil cas, contre un donataire à cause de mort (3).

La donation annuelle est une ; le Legs annuel au contraire se divise en autant de Legs qu'il comprend d'années (4).

La donation à cause de mort peut se faire par stipulation, et l'acceptation du donataire est requise pour la perfectionner ; mais le Legs se fait toujours par testament ou par codicille, et jamais il n'a besoin de l'intervention du légataire (5).

Pour la validité d'un Legs, il faut nécessairement que la personne à qui il est laissé, soit capable de le recueillir au temps du testament

ou du codicille, comme au temps de la mort du défunt (1). Dans les donations à cause de mort, la capacité de recevoir n'est requise qu'à cette dernière époque (2).

Enfin, nous l'avons déjà dit, le Legs est toujours délivré par l'héritier, et la donation à cause de mort peut l'être par le défunt.

L'ancien droit romain admettait plusieurs différences entre les Legs et les substitutions fidéicommissaires : mais Justinien les a abrogées par le § 3, Inst. *de legatis :* « L'antiquité (dit-il) donnait » aux fidéicommis une interprétation plus favora- » ble et plus étendue qu'aux Legs : mais nous avons » jugé à propos de les égaler absolument les uns » aux autres, et de faire disparaître toutes les dif- » férences qu'ils présentaient autrefois entre eux ; » ainsi, à l'avenir tout ce qui manquera de faveur » aux Legs, sera suppléé par les principes des fi- » déicommis ; et réciproquement on adaptera à ceux- » ci tous les privilèges qui peuvent se trouver de » plus dans ceux-là. »

Ce que l'empereur dit ici du droit ancien, paraît contraire à la loi 1, D. *de legatis* 1°, suivant laquelle « les Legs sont en tout point semblables » aux fidéicommis. » Mais cette loi est plutôt l'ouvrage des compilateurs du Digeste, que d'Ulpien à qui ils l'ont attribuée ; et ils ne l'ont ainsi tournée que pour accommoder la jurisprudence ancienne au droit nouveau.

Au reste, la similitude dont il s'agit, n'a lieu qu'entre les Legs et les fidéicommis particuliers ; car le fidéicommis universel a plus de rapport avec l'hérédité qu'avec le simple Legs. Nous voyons en effet dans le § 3, Inst. *de fideicommissariis hereditatibus*, que le fidéicommissaire universel est considéré comme un héritier utile ; que si les lois lui donnent-elles une action pour forcer l'héritier direct à appréhender la succession à ses risques et périls ; ce qu'elles n'accordent pas au légataire.

Il n'existe même pas une identité parfaite entre le Legs et le fidéicommis particulier. A la vérité, les effets de l'un et de l'autre sont absolument les mêmes ; mais la forme du premier diffère essentiellement de celle du second : celui-ci est toujours conçu en termes obliques ; celui-là, au contraire, l'est toujours en termes directs. *V.* l'article *Substitution fidéicommissaire*, sect. 1.

Section II. *De la forme tant intrinsèque qu'extrinsèque des Legs.*

Nous ne répéterons pas ici tout ce que nous avons dit à l'article *Légataire*, § 5, sur la forme des quatre espèces du Legs que l'ancien droit romain avait établies ; nous nous bornerons à l'exposition des principes qui leur étaient communs sur ce point, et qui le sont encore bien plus depuis

(1) Loi 181, D. *de regulis juris.*
(2) Loi 23, D. *de mortis causâ donationibus.*
(3) Loi 5, § 6 et 7, D. *de his quœ ut indignis auferuntur.*
(4) Loi 35, § 7, D. *de mortis causâ donationibus.* Loi 4, D. *de annuis legatis.*
(5) Lois 34 et 38, D. *de mortis causa donationibus.*

(1) *V.* l'article *Légata ire.*
(2) Loi 22, D. *de mortis causâ donationibus.*

que la loi 1, C. *communia de legatis*, les a entièrement assimilées entre elles.

Il y a, sur cette matière, deux questions à examiner.

Par quels actes peut-on léguer ? C'est la première.

Quels sont les vices de forme qui, dans ces actes, peuvent annuler un Legs ? C'est la seconde.

§ I. *Par quels actes peut-on léguer ?*

I. Avant l'empereur Auguste, on ne pouvait léguer que par des testamens solennels : mais ce prince ayant introduit l'usage des codicilles, on s'est habitué insensiblement à regarder comme valables les Legs consignés dans ces actes.

Soit qu'on lègue par testament ou par codicille, il faut, pour le faire valablement, que l'un ou l'autre acte soit revêtu des formes requises par les lois.

Ainsi, l'institution d'héritier étant d'une nécessité absolue dans les pays de droit écrit pour rendre un testament valable, il est indispensable, dans ces provinces, lorsqu'on choisit cette manière de disposer, d'instituer un héritier, si l'on veut assurer l'exécution des Legs.

De là résulte une conséquence qui en produit une foule d'autres : c'est que, toutes les fois que l'institution est nulle, soit par un vice de forme, soit par l'incapacité de l'institué, les Legs ne peuvent être d'aucun effet.

En serait-il de même, si la nullité de l'institution ne provenait que de l'erreur qui en eût été la cause impulsive ?

Voici une espèce dans laquelle la loi dernière, D. *de heredibus instituendis*, décide que non. Androsthènes avait, par un premier testament, institué Pactuméia, sa nièce. Le père de cette fille étant décédé, le bruit courut qu'elle avait péri avec lui. Androsthènes, frappé de cette nouvelle, fit un second testament, et s'y exprima en ces termes : « Puisque je n'ai pu avoir les héritiers aux » quels j'avais destiné mes biens, j'institue Novius » Rufus. Cette disposition était suivie de plusieurs Legs. Le testateur mourut dans cette volonté; mais alors Pactuméia, sa nièce, reparut, et demanda à l'empereur d'être maintenue dans l'hérédité de son oncle ; ce qu'elle obtint, sur le fondement de l'intention virtuelle du testateur, qui n'avait changé ses premières dispositions, que dans la fausse opinion où il était que son héritière était morte : mais en même temps il fut ordonné qu'elle acquitterait les Legs contenus dans le second testament, parce qu'il n'était pas prouvé qu'ils eussent eu la même erreur pour fondement.

La loi 27, § 4, et la loi 28, D. *de inofficioso testamento*, décident la même chose dans des espèces à peu près semblables ; et l'on peut (dit Furgole) « en tirer cette règle, que l'erreur dans une » partie ne vicie que cette partie, et non les autres » qui ne sont pas infectées du même vice, parce » que les dispositions contenues dans un testament

» ne sont pas indivisibles, et que la nullité des » unes n'empêche pas la validité des autres. »

A cette observation, qui est très-juste, Furgole en ajoute une qui n'est pas à l'abri de la critique: « Il faut (dit-il) prendre garde que, dans le cas » des lois citées, il y avait un héritier en vertu du » premier testament, et que l'institution se trou » vant anéantie à cause de l'erreur dans le se » cond testament, les autres dispositions devaient » valoir comme codicille. Voilà pourquoi, s'il n'y » avait qu'un seul testament, et que l'institution » fût nulle à cause de l'erreur, les Legs ne devraient » pas valoir, parce que l'institution étant empor » tée, tout ce qui est écrit dans le testament est » inutile et caduc, vu que c'est l'institution qui » fait valoir toutes les autres dispositions, § 34, » Inst. *de legatis*. »

Cet auteur n'a sûrement pas fait attention que la loi 28, D. *de inofficioso testamento*, parle précisément d'un cas où il n'y avait qu'un testament; et qu'en déclarant nulle pour cause d'erreur l'institution contenue dans cet acte, elle ne laisse pas d'ordonner l'exécution des Legs et des autres dispositions particulières du défunt.

[[Aujourd'hui, l'institution d'héritier n'est plus requise dans aucune partie de la France, pour la validité d'un testament ; et il n'y a plus de différence entre un testament et un codicille. *V.* l'article *Institution d'héritier*, sect. 1.]]

II. La nullité des testamens et des codicilles emportant celle des Legs qu'ils contiennent, il est clair que, si, après avoir acquitté un Legs, on vient à découvrir qu'il a été fait par un acte nul ou révoqué, on doit être admis à le répéter. C'est ce qu'a jugé un arrêt du 12 juillet 1638, rapporté dans le Recueil de Bardet; et cette décision est conforme aux lois 2, 3, 4 et 54, D. *de condictione indebiti*.

Mais il faut, pour cela, que le paiement n'ait point été fait par une erreur inexcusable; car l'héritier qui paie volontairement un Legs nul, se ferme la porte à toute espèce de répétition. *V.* les articles *Erreur* et *Ignorance*.

En général, lorsqu'il se trouve des nullités dans les testamens ou codicilles qui renferment des Legs, elles peuvent être effacées par l'approbation des parties intéressées ; et alors, le paiement des Legs n'est susceptible ni de refus ni de répétition.

La loi 38, D. *de fideicommissariis libertatibus*, nous offre à ce sujet une espèce remarquable. Un père avait légué la liberté et quelques effets à une esclave qui lui avait servi de nourrice ; mais le testament se trouva nul par le défaut de solennité : néanmoins les enfans affranchirent la légataire. En conséquence, on demanda s'ils étaient obligés de lui fournir les autres Legs dont le défunt l'avait gratifiée; et il fut décidé, par un rescrit impérial, que rien ne pouvait les en dispenser.

Nous trouvons dans le recueil de Stockmans, un

arrêt du conseil souverain de Brabant, qui est calqué sur cette loi.

Titius avait, par un testament nul dans la forme, nommé ses enfans naturels légataires de tous ses biens; Seïus, son frère, avait demandé leur tutelle, et elle lui avait été accordée, avec la clause qu'il serait tenu de régir les biens que leur père leur avait laissés; ce qu'il avait exécuté fidèlement pendant les deux ou trois années qu'il avait survécu au testateur.

Après sa mort, ses biens furent revendiqués par ses héritiers, comme plus proches parens de Titius, qu'ils prétendirent décédé *ab intestat*, vu la nullité de ses dernières dispositions.

On leur opposa l'approbation de Seïus, et l'on soutint qu'ils n'étaient pas recevables à impugner un acte qu'il avait ratifié.

Ils répondirent que la simple approbation de l'héritier du sang ne couvre pas les nullités d'un testament, à moins qu'elle ne soit faite par forme de convention : ainsi, disaient-ils, celui qui paie un Legs écrit dans un acte nul, ne peut pas être obligé pour cela d'acquitter les autres; et l'on ne s'engage à rien lorsqu'on déclare, en l'absence des parties intéressées, qu'on approuve tel ou tel testament.

Pour moi, ajoute l'arrêtiste, j'ai été d'avis qu'il n'est pas besoin d'une convention expresse pour donner à l'approbation de l'héritier légitime, l'effet de faire valoir un testament informe, et que le fait suffit seul pour effacer les défectuosités d'un pareil acte. Ainsi, l'héritier qui a acquitté un Legs, malgré la connaissance qu'il avait de sa nullité, n'est pas recevable à en faire la répétition. Ainsi, aux termes de la loi 1, C. *de fideicommissis*, quand on a payé pendant trois ans une pension alimentaire léguée par un testament nul, on est tenu d'en continuer le paiement, comme si le Legs était revêtu d'une forme légale. Il y a plus, l'approbation donnée à un article du testament s'étend sur tous les autres avec lesquels il a une certaine connexité, comme le prouve la loi 38, D. *de fideicommissariis libertatibus*.

Sur ces raisons, arrêt du mois d'octobre 1644, qui déboute les héritiers de leur demande, et maintient les légataires dans les biens qui leur ont été légués par leur père.

Voici un arrêt plus récent qui confirme les mêmes principes.

Le 6 mai 1745, René de Lagarde, domicilié en pays de droit écrit, fit un testament mystique, par lequel il institua son héritier universel Jean-Marc Gaillot de Lagarde, son fils aîné, et légua par institution à son second fils et à la demoiselle de Lagarde, sa fille, pour tous leurs droits de légitime, la somme de 15,000 livres à chacun.

Après la mort du testateur, arrivée en 1753, ce testament fut ouvert avec toutes les solennités requises, contrôlé et expédié. La famille du défunt en eut une pleine connaissance. La demoiselle de Lagarde, alors mineure, était au couvent. Trois ans après, parvenue à sa majorité,

elle contracta mariage avec le baron de Saignes, et se constitua en dot ses droits légitimaires paternels, consistant dans la somme de 15,000 livres que son père lui avait léguée par son testament du 6 mars 1745. Sur cette somme, 6,000 livres furent payées comptant au baron de Saignes, qui donna terme pour le surplus.

Le 9 octobre 1775, la baronne de Saignes intenta une demande en supplément de légitime contre le fils mineur de son frère prédécédé; et par requête du 3 avril suivant, rectifiant ses conclusions, elle forma une demande en partage de la succession.

Pour appuyer celle-ci, elle soutint que le dernier testament de 1745 était nul, parce qu'il y manquait quelques-unes des formalités prescrites par l'ordonnance de 1735, notamment parce qu'en présentant son testament au notaire, René de Lagarde avait seulement déclaré qu'il l'avait signé à chaque page, et n'avait point énoncé *s'il était écrit ou signé de lui, ou s'il l'avait fait écrire par main étrangère*, ainsi qu'il est prescrit par l'art. 9 de la loi citée.

Les tuteurs du mineur soutinrent que la baronne de Saignes était non-recevable à demander partage, attendu que le testament avait été approuvé par elle en pleine majorité : ils lui opposèrent l'acceptation qu'elle avait faite du Legs, 1° en se constituant en dot la totalité des 15,000 livres qui en étaient l'objet, et en les apportant au baron de Saignes, son mari, qui avait reçu comptant 6,000 livres, et donné terme pour le surplus; 2° par la demande en supplément de légitime, qu'elle avait d'abord intentée.

Le 24 août 1778, il intervint, sur productions respectives, au bailliage d'Aurillac, une sentence qui déclara la baronne de Saignes non-recevable dans sa demande en partage.

Appel au parlement de Paris; et le 3 mai 1780, arrêt confirmatif.

[[*V.* ci-après, sect. 7, n° 2; l'article *Acte sous seing-privé*, § 2; l'article *Nullité*, § 3, n° 3; et mon *Recueil de Questions de droit*, au mot *Testament*, §.18.]]

III. Les Legs pieux sont-ils exceptés de la règle qui frappe de nullité toutes les dispositions contenues dans un testament ou codicille informe.

L'affirmative ne manque point de partisans dans la poussière de l'école, et l'on cite plusieurs arrêts qui l'ont adoptée. Il y en a un du parlement de Paris, du 4 mars 1602, rapporté par Tournet, deux du parlement de Toulouse, des 12 mars 1612 et 1er février 1626, rapportés par Cambolas, un du parlement d'Aix, du 20 février 1652, rapporté par Boniface, et deux du parlement de Dijon, des 26 juillet 1592 et 5 février 1612, rapportés par Bouvot.

Mais cette jurisprudence est évidemment défectueuse. Quelque favorable que soit la cause pie, elle ne peut l'être jusqu'au point d'affranchir les dispositions faites en sa faveur des solennités qui n'ont pour objet que de les rendre plus sûres et plus authentiques. Prétendre qu'un Legs pieux n'a pas besoin des formalités introduites par la loi, c'est dire qu'on peut léguer sans volonté de le faire, et certainement rien n'est plus déraisonnable.

Les arrêts que nous venons d'indiquer ne doivent pas faire grande impression ; nous en trouvons plusieurs qui ont décidé tout autrement.

Brillon en cite un rendu au parlement de Dijon, le 3o juillet 1618.

Basnage en rapporte un autre du parlement de Rouen, rendu, lui plaidant, le 11 juillet 1663.

Montholon nous en a conservé un, prononcé en robes rouges, au parlement de Paris, à Pâques 1581.

Et Bardet nous en offre cinq de la même cour, en date des 3o juillet 1624, 18 juillet 1634, 22 février et 8 mai 1638 et 13 mars 1639.

Nous avons sous les yeux un manuscrit qui nous en retrace deux semblables, rendus à la cour souveraine de Mons, les 17 avril 1682 et 31 mars 1683.

Cette doctrine était à la fois trop sage et trop juridique, pour n'être pas confirmée par l'ordonnance de 1733 ; aussi l'art. 78 de cette loi porte-t-il que « toutes les dispositions de la présente » ordonnance, soit sur la forme des testamens, » codicilles, ou autres actes de dernière volonté, » seront exécutées, encore que lesdites disposi- » tions, de quelque espèce qu'elles soient, eussent » la cause pie pour objet. »

[[VI. Quel doit être l'effet d'une disposition écrite dans un acte revêtu des formes nécessaires pour le faire valoir comme testament, mais dénué de celles qu'il faudrait pour le faire valoir comme donation entre-vifs, et dont le contenu laisse complètement ignorer si c'est un testament que le défunt a eu l'intention de faire, ou si c'est entre-vifs qu'il a entendu disposer ?

V. l'article *Testament*, sect. 2, § 4, art. 3, n° 1.]]

§. II. *Quels sont les vices de forme ou de rédaction qui peuvent annuler un Legs consigné dans un acte valable ?*

I. Les Legs n'exigent aucune forme particulière; dès que l'acte qui les renferme est valable, et qu'ils portent l'empreinte évidente de la volonté du défunt, ils doivent recevoir leur exécution sans aucune difficulté.

Mais il arrive quelquefois que le testateur les rédige d'une certaine manière qui peut en empêcher l'effet ou les rendre nuls.

II. Les Legs conçus dans une forme captatoire, sont proscrits par les lois. *Captatoriæ scripturæ simili modo neque in hereditatibus neque in legatis valent.* (Loi 64, D. *de legatis* 1°).

Il en est de même de Legs que le testateur commet à la pure volonté d'autrui.

V. les articles *Institution d'héritier*, sect. 4, n° 3 ; et *Légataire*, § 2, n° 18 *bis*.

5ᵉ. TOME IX.

Mais de là s'ensuit-il qu'un Legs soit nul par cela seul qu'il est fait en termes précaires, comme si le testateur disait : *Je prie mon héritier*, ou *je lui recommande de donner à un tel la somme de....?*

Un arrêt de la cour royale d'Angers, du 7 mars 1822, a jugé que non, en confirmant un jugement du tribunal de première instance de Baugé, qui avait condamné les héritiers de la demoiselle Gaugain à payer aux sieurs Lesayeux une somme de 4,000 francs qu'elle les avait prié, par son testament, de *faire passer* à ceux-ci *dans l'an de son décès* (1).

Nulle difficulté là-dessus dans le droit romain, qui, d'une part, comme on l'a vu plus haut, sect. 1, assimilait parfaitement le Legs au fidéicommis ; et de l'autre, déclarait expressément obligatoire contre l'héritier, le fidéicommis exprimé par les mots *je prie, je recommande*, qu'il convertissait, par interprétation de la volonté du testateur, en termes impératifs.

Mais cette manière de juger est-elle aussi exacte sous le Code civil ?

La raison de douter est qu'aujourd'hui on ne doit plus attribuer l'effet d'un fidéicommis à une disposition conçue en termes précaires.

La raison de décider est que l'on ne peut pas appliquer au Legs le principe d'après lequel on doit aujourd'hui juger que le testateur qui se borne à prier son héritier institué *de conserver et de rendre* à un tiers les biens ou une partie des biens qu'il lui laisse, n'est pas censé lui imposer l'obligation de les conserver et rendre en effet. *V.* l'article *Substitution fidéicommissaire*, sect. 8, n° 7.

III. On doit encore regarder comme nuls les Legs qui ne désignent les personnes auxquelles ils sont laissés, que par des notes d'infamie ou des marques injurieuses : *Turpia legata quæ denotandi magis legatarii gratia scribuntur, odio scribentis pro non scriptis habentur* (Loi 54, D. *de legatis* 1°). L'article *Institution d'héritier*, sect. 4, contient là-dessus des développemens qui s'appliquent ici d'eux-mêmes.

IV. Doit-on pareillement annuler les Legs qui sont accompagnés d'une fausse démonstration des personnes qu'ils gratifient ?

La négative est établie par le § 3o, Inst. *de legatis* ; par la loi 17, la loi 33, et la loi 40, § 4, D. *de conditionibus et demonstrationibus* ; par la loi 75, § 1, D. *de legatis* 1° ; par la loi 76, § 3, D. *de legatis* 2° ; par la loi 25, D. *de liberatione legata* ; et par la loi 2, C. *de falsa causa adjecta legato*.

Ainsi, lorsqu'un testateur dit : « Je lègue » telle chose à Mévius, fils de Titius », la disposition ne laisse pas d'être valable, quoique Titius ne soit pas le père de Mévius ; et telle est la dé-

_____

(1) Jurisprudence de la cour de cassation, tome 22, partie 2, page 181.

85

cision expresse de la loi 48, § 3, D. *de heredibus instituendis.*

Par la même raison, si le testateur a qualifié le légataire de son frère ou de son parent, la fausseté de cette qualification n'empêche pas que le Legs n'ait tout son effet. C'est ce que nous apprennent la loi 33, *de conditionibus et demonstrationibus*, et la loi 58, § 1, D. *de heredibus instituendis.*

Les arrêts ont toujours été conformes à ce principe.

Il y en a un dans le *Journal des Audiences*, du 21 février 1628, qui fait délivrance à Françoise Guyet, mariée depuis six ans, d'un Legs que le sieur Fouquet lui avait fait en ces termes : « Je donne et lègue à Charlotte et Marie-Fran- » çoise Guyet, *filles à marier* de ma très-*chère* » *sœur*. »

« La dame de Blangue (dit Basnage), fit un » Legs par son testament en ces termes : *Je donne* » *tous mes meubles à mademoiselle de Belle-* » *fosse , à qui je crois qu'ils appartiennent par* » *la coutume, et suivant qu'il est permis d'en dis-* » *poser*..... Cette demoiselle ne s'étant pas trouvée » la plus proche et la plus habile à succéder, l'hé- » ritier lui contesta ce Legs, alléguant que la tes- » tatrice ne lui avait fait que dans la pensée » qu'elle lui pouvait succéder aux meubles, sui- » vant la coutume. Le juge avait adjugé la déli- » vrance du Legs à la demoiselle de Bellefosse..... » Par arrêt du parlement de Rouen, du 15 mai » 1543, on mit sur l'appel hors de cour. »

Le dictionnaire de Brillon nous en fournit un autre du parlement de Paris, du 24 mars 1681, qui a jugé que des légataires universels à qui le testateur avait faussement attribué la qualité de ses plus proches parens paternels, devaient jouir de leur Legs, quoique le défunt eût laissé d'autres parens plus proches qu'eux.

La fausse démonstration pourrait cependant emporter la nullité du Legs, si elle avait sa source dans une erreur du testateur, et s'il existait de fortes raisons de croire que celui-ci aurait disposé autrement dans le cas où il eût été mieux instruit. Par exemple, que Titius, dans la fausse opinion que Mévius est son fils, lui fasse un legs conçu en cette forme : *Je donne et lègue telle chose à Mévius, mon cher fils*; il est certain que le légataire ne pourra rien prétendre, parce que le testateur n'a été porté à disposer en sa faveur, que par la persuasion que c'était son fils, et que cette qualité n'existe pas. C'est la décision expresse de la loi 5, C. *de testamentis* (1), et de la loi 4, C. *de heredibus instituendis* (2). La loi 7 de ce dernier titre dispose de même par rapport à celui qui a institué comme son frère, une personne qui ne

l'était point (1) ; et, ce qu'il y a de remarquable, elle prouve que l'erreur de droit vicie, aussi bien que la simple erreur de fait, le Legs dans lequel elle a causé une fausse démonstration de personne.

Pour concilier ces textes avec ceux qu'on a précédemment cités, il faut, dit Voët, distinguer le cas où le testateur a appelé son fils ou son frère, un légataire qu'il savait bien n'être point tel, et qu'il aimait néanmoins comme s'il l'eût été réellement, d'avec celui où, trompé par de fausses apparences, il a regardé et gratifié comme son fils ou son frère, une personne qui n'avait point cette qualité, et qu'il aurait passée sous silence, s'il avait su qu'elle lui eût été étrangère. C'est au premier cas qu'il faut appliquer les lois 58, § 1, D. *de heredibus instituendis* (2), et 33, D. *de conditionibus et demonstrationibus*; et c'est au second que s'adaptent les lois 5, C. *de testamentis*, 4 et 7, C. *de heredibus instituendis.*

V. La fausse démonstration des choses léguées anéantit-elle le Legs?

On répond communément que non; mais cela n'est pas toujours vrai. Pour mettre cette matière dans tout son jour, il faut la considérer sous plusieurs faces.

La fausse démonstration peut être apposée au corps même de la chose léguée; elle peut l'être aussi à une autre chose sur laquelle le testateur a ordonné de prendre le Legs.

Dans la première hypothèse, la démonstration est ou nécessaire ou surabondante. Elle est nécessaire, lorsqu'elle constitue le Legs, et que, sans elle, on ne trouve rien de légué. Elle est surabondante, lorsque détachée de la disposition du testateur, elle ne laisse point ignorer ce qu'il a voulu dire.

Si la démonstration est nécessaire, sa fausseté vicie le Legs. C'est ce que prouvent les textes les plus précis.

«Si je lègue ce que Titius me doit, sans ajouter » la quantité, et que Titius ne me doive rien, la » disposition est nulle, parce qu'on ne peut pas sa- » voir ce que je comprends. De même, si je lègue » à Titius ce que je lui dois, et que je ne déter- » mine pas la somme, il est certain que le Legs sera » encore nul.» Ce sont les termes de la loi 75, § 1, D. *de legatis* 1°.

« Si un mari lègue simplement à sa femme la » dot qu'il a reçue d'elle, et qu'elle ne lui ait rien

---

(1) *Neque professio, neque asseveratio nuncupantium filios qui non sunt, veritati præjudicat : et quæ ut filiis testamento relinquuntur, juxta ea quæ à principibus statuta sunt, non deberi certi juris est.*

(2) *Si pater tuus quasi filium suum heredem instituit, quem*

falsâ opinione ductus, suum esse credebat, non instituerit si alienum esse noscet, isque postea subditus esse ostensus est: auferendam ei successionem, divorum Severi et Antonini placitis continetur.

(1) *Nec apud peregrinos fratrem sibi quisquam per adoptionem facere potest. Cum igitur quod patrem tuum voluisse facere dicis irritum sit, portionem hereditatis quam is adversùs quam supplicas, velut adoptatus frater heres institutus tenet, restitui tibi præses provinciæ curæ habebit.*

(2) Les termes de cette loi justifient clairement l'exactitude de cette application : *Qui frater non est, si fraternâ caritate diligitur, recte cum nomine suo sub appellatione fratris heres instituitur.*

» donné à ce titre, la disposition n'est d'aucun
» effet, suivant un rescrit des empereurs Sévère et
» Antonin. » Ainsi s'exprime Justinien, § 15, *de*
legatis, aux Institutes; et c'est ce qu'a jugé un
arrêt du parlement de Toulouse, du mois de décembre 1588, rapporté par Cambolas.

« Si la femme a promis une dot sans la payer,
» et que son mari lui lègue la dot qu'il a reçue
» d'elle, il ne lui reviendra d'autre avantage de ce
» Legs, que la libération de ce qu'elle devait. Car
» le Legs d'une somme qui se trouve dans telle ar-
» moire, ou qu'on a déposée entre les mains d'un
» tel, est absolument nul, s'il n'y a rien, soit
» dans l'armoire indiquée, soit entre les mains du
» dépositaire désigné par le testateur, parce que
» les corps légués n'existent pas. » C'est la disposition textuelle de la loi 1, § 7, D. *de dote prælegata*.

« La raison en est (dit Furgole) que le Legs,
» quoique d'une somme certaine, est néanmoins
» considéré comme le Legs d'un corps circonscrit
» dans un lieu, suivant la loi 34, § 4; la loi 51,
» et la loi 108, § 8, D. *de legatis* 1°; et que le
» corps légué n'est pas *in rerum natura*; que de
» plus, les mots, *que j'ai dans mon coffre*, ou *qui*
» *ont été déposés*, forment, non une démonstra-
» tion accessoire, mais une condition pour le re-
» latif *qui* ou *quæ*, suivant la loi 6, D. *de lega-
» tis* 1°. »

Lorsque la démonstration est surabondante, le
Legs doit avoir le même effet que si elle n'y avait
point été ajoutée. C'est une conséquence de la règle
utile non vitiatur per inutile, et elle est établie sur
une foule de lois. En voici quelques-unes des plus
remarquables.

« Si un testateur fait une fausse démonstration,
» en s'exprimant de cette manière : *Je lègue Sti-*
» *chus, esclave que j'ai acheté de Titius. Je lègue*
» *mon champ de Tusculum qui m'a été donné par*
» *Seius :* dès que l'on connaît l'esclave ou le fonds
» dont il a entendu parler, peu importe qu'il ait
» acheté ce qu'il a dit lui avoir été donné, ou qu'il
» qu'on lui ait donné ce qu'il a dit avoir acheté. »
(Loi 17, D. *de conditionibus et demonstrationibus.*)

« Par la même raison, si un esclave est légué
» avec la qualité de cuisinier, ou de cordonnier, et
» qu'il ne soit ni l'un ni l'autre, le légataire n'en
» sera pas moins fondé à le demander, pourvu
» qu'on ne prouve pas que le testateur en a voulu
» léguer un autre. » (§ 1 de la même loi.)

« Un mari qui n'avait reçu de sa femme aucun
» fonds dotal, lui fit un Legs en ces termes : *J'or-*
» *donne à mon héritier de donner à ma femme le*
» *champ Cornélien qu'elle s'est constituée en dot.*
» Labéon, Offilius et Trébatius ont répondu que
» le Legs était valable, parce que le fonds qui en
» était l'objet, avait une existence réelle, et que
» la fausse démonstration ne porte aucune atteinte
» aux dispositions valables. » Loi 40, § 4 du
même titre.

VI. Il n'est pas toujours facile de distinguer la

démonstration surabondante d'avec la démonstration nécessaire.

Par exemple, lorsqu'un testateur dit : « Je lègue
» à Mévius la somme de cent écus qui m'est due
» par Sempronius ; » il semblerait que la fausseté
de la démonstration ne dût pas annuler le Legs,
puisqu'en retranchant de la disposition les mots,
qui m'est due par Sempronius, il reste toujours
ceux-ci, *je lègue à Mévius la somme de cent écus*,
qui forment un sens complet. Le contraire est cependant décidé par loi 75, § 2, D. *de legatis*
1°, par la raison que la somme est léguée comme
un corps certain ou une espèce déterminée, et que
le testateur ne la donne pas *in abstracto*, mais
seulement comme une action qu'il pouvait avoir
sur le débiteur indiqué ; ce qui anéantit le Legs,
dès qu'il n'y a point de débiteur.

Voici néanmoins un arrêt qui, dans un cas par
ticulier, a jugé le contraire.

La dame Hardy avait fait, par son testament,
une disposition conçue en ces termes : « et à l'é-
» gard de mes rentes héritières, après la réserve
» faite ci-dessus de celles sur les états de cette ville
» (de Tournai,) j'en donne une à demoiselle Éléo-
» nore Cazier, ma cousine, portant onze cents florins en capital, due par le sieur Noël Dupré. »

Noël Dupré devait à la dame Hardy quatre rentes,
la première de trois mille florins en capital, la seconde de mille cinq cents, la troisième de mille
deux cent quatre-vingts, la quatrième de mille
cinquante. Elle avait légué toutes ces rentes à différens particuliers, et il ne s'en trouvait point
d'autre due par Noël Dupré.

Sur la demande en délivrance intentée par la demoiselle Cazier contre les exécuteurs testamentaires, ceux-ci opposaient, entre autres textes, la
loi que nous venons de transcrire, et toutes celles
qui portent que le Legs d'une chose qui n'existe
point, ne donne aucune action au légataire.

On disait au contraire, pour la demoiselle
Cazier, que son Legs était certain ; qu'il consistait
en une rente de onze cents florins ; que ce qui
était ajouté, *due par le sieur Dupré*, ne formait
qu'une démonstration accessoire et surabondante.
On faisait aussi valoir la parenté, les services
les services qu'elle lui avait rendus, la compagnie
fidèle et pénible qu'elle lui avait tenue jusqu'à sa
mort ; on ajoutait, que la défunte avait laissé des
Legs à la plupart de ses parens, et qu'on ne devait
pas croire qu'elle eût voulu jouer la demoiselle
Cazier par un Legs inutile.

« Ces considérations (dit Pollet) ont fait la dé-
» cision du procès......... Éléonore Cazier avait
» obtenu une sentence du magistrat de Tournai,
» par laquelle les exécuteurs du testament avaient
» été condamnés à lui constituer une rente de onze
» cents florins en principal, s'ils n'aimaient mieux
» lui payer cette somme. Les exécuteurs en avaient
» appelé au parlement de Flandre...... Comme ils
» ne convenaient pas qu'après que tous les autres
» Legs auraient été fournis, il resterait un fonds
» suffisant pour celui de l'intimée, la cour a pris

» l'expédient de mettre les parties hors de cour sur
» l'appel, avec cette modification, que le Legs
» serait pris sur le surplus des biens laissés par la
» testatrice, dont elle n'avait pas spécialement dis-
» posé. L'arrêt est du 16 mai 1709. »

VII. Ce que la loi 75, § 2, D. *de legatis* 1°,
décide par rapport au Legs d'une somme que le
testateur dit faussement lui être due par un tiers,
peut-on l'appliquer au Legs d'une somme que le
testateur déclare devoir au légataire, et que cependant il ne lui doit pas ?

Ces deux cas paraissent assez identiques : cependant le premier Legs est régulièrement nul,
comme on l'a vu ; et le second, au contraire, est
valable, c'est ce que décident la loi qu'on vient de
citer, la loi 93, § 1, D. *de legatis* 3°, la loi 25,
D. *de liberatione legata* : et cela est fondé, dit
Furgole, sur ce que « les mots *que je dois*, ne for-
» ment qu'une démonstration qui ne vicie pas le
» Legs, et non une condition ; et que d'ailleurs on
» ne peut pas dire dans ce cas qu'il n'y a point de
» débiteur, puisque le testateur se déclare lui-
» même ; qu'ainsi, si la déclaration ne vaut pas
» comme dette, à cause qu'il n'en conste pas au-
» trement, elle doit valoir comme Legs. »

VIII. *Je lègue à Titius dix écus qu'il me doit.*
Titius ne me doit rien : la disposition peut-elle
avoir quelque effet ?

Cujas, Doneau (*Donellus*), et Vinnius répondent que non : ils se fondent sur la loi 25, D. *de
liberatione legata.*

Le président Favre soutient, au contraire, que
le Legs est valable ; et, ce qu'il y a d'étonnant, c'est
sur le même texte qu'il s'appuie.

Nous ferons, dans un instant, (n° 11), l'analyse
de cette fameuse loi : en attendant, disons toujours
avec Furgole, que l'opinion de Favre, « qui paraît
» d'abord spécieuse, n'est pourtant pas conforme
» aux principes généraux : car, quoiqu'il semble
» qu'on ne peut pas douter que les mots *qu'il me
» doit*, ne fassent une démonstration tout comme
» les mots *que je dois*, dont la fausseté ne vicie
» point le Legs, néanmoins il y a une différence
» considérable d'un cas à l'autre, à cause que,
» quand le testateur lègue cent écus que le léga-
» taire lui doit, il y a un débiteur, sinon à titre
» de créance, du moins à titre de Legs, suivant
» la loi 93, § 1, *de legatis* 3°, et que de plus,
» lorsque le testateur lègue une somme due par le
» légataire, son intention est de ne léguer que la
» libération. »

IX. *Je lègue à Titius dix écus que je dois à
Sempronius.* On vérifie après ma mort que je ne
dois rien à Sempronius : Titius pourra-t-il exiger
les dix écus que je lui ai légués ?

Non, répond Vinnius, parce qu'un débiteur ne
peut léguer sa dette qu'à son créancier, et que
par conséquent, lorsqu'elle se trouve léguée à un
tiers, son défaut d'existence doit rendre le Legs
nul.

Cette opinion est rejetée par Doneau et Furgole.

« On ne peut pas présumer (dit celui ci) que
» l'intention du testateur ait été de léguer une
» action, puisqu'il ne lui était rien dû ; on ne peut
» pas dire non plus qu'il ait voulu léguer la libéra-
» tion, vu qu'il se déclare débiteur et non créan-
» cier : il ne reste donc dans les Legs, en retran-
» chant les paroles *que je dois à Sempronius*, qui
» forment la démonstration, que la somme de dix
» écus *in abstracto*, qui peut être prise sur le pa-
» trimoine du testateur....... La somme n'est pas
» léguée comme un corps circonscrit dans un cer-
» tain lieu. Enfin, il y a un débiteur, savoir le tes-
» tateur, qui se déclare tel ; et quoique la dé-
» monstration paraisse fausse, lorsqu'il n'est pas
» prouvé autrement que le testateur fût débiteur de
» Sempronius, cela n'empêche pas la validité du
» Legs. »

X. Lorsque la démonstration n'est point apposée
au Legs même, mais à une chose sur laquelle le
testateur a ordonné que le paiement en serait fait,
sa fausseté n'empêche pas que la disposition ne soit
valable. C'est la décision expresse de plusieurs
textes du droit romain.

Écoutons la loi 96, D. *de legatis* 1° : « Un tes-
» tateur s'est exprimé ainsi : *Je veux qu'il soit
» fourni à Pamphila quatre cents écus, savoir,
» tant sur ce que me doit Julius Auctor, tant sur
» ce que j'ai de bon à l'armée, et tant sur les de-
» niers que j'ai en espèces.* Il est décédé plusieurs
» années après, sans avoir révoqué cette disposi-
» tion ; mais ayant appliqué à d'autres usages les
» sommes qu'il avait assignées pour en faire le
» paiement, on demande si le Legs est dû ? Il faut
» répondre que le défunt est censé avoir voulu
» indiquer à ses héritiers un moyen facile et com-
» mode d'acquitter les quatre cents écus, et non
» imposer une condition à une libéralité qu'il avait
» d'abord faite purement et simplement ; qu'ainsi
» Pamphila est fondée à demander son Legs. »

La loi 27, § 2, D. *de legatis* 3°, n'est pas moins
remarquable : « Julien Sévère est décédé après
» avoir institué quelques héritiers, et légué à son
» élève une somme de cinquante écus dont il a été
» ordonné à Julius Maurus, son fermier, de faire
» le paiement sur les fermages dont il était rede-
» vable. Le fisc s'est emparé de la succession, et
» Maurus a été condamné à vider ses mains dans
» le trésor impérial. Dans la suite, les héritiers
» institués ont réclamé contre cette invasion, et se
» sont fait rendre l'hérédité : l'élève légataire étant
» mort dans cet intervalle, son héritier s'est pourvu
» contre Maurus en paiement de son Legs ; mais
» l'empereur a décidé que le fermier n'avait été
» nommé dans le testament que par la forme de
» démonstration de la chose sur laquelle le paie-
» ment du Legs devait être fait, et que conséquem-
» ment c'était à l'héritier du testateur à fournir les
» cinquante écus du Legs. »

XI. Il est aisé maintenant d'entendre les diverses
opinions que l'on propose sur la fameuse loi 25,
D. *de liberatione legata.* Commençons par la traduire littéralement :

J'ai légué à Titius ce qui m'est dû, soit en spécifiant la quantité ou l'espèce, soit en ne la spécifiant pas ; ou bien j'ai légué à Titius, soit ce que
je lui devais, sans rien ajouter, soit les cent écus
dont je lui étais redevable. Faut-il, dans toutes
ces espèces, examiner s'il y a une véritable dette ?
Donnez-moi, je vous prie, un certain détail de
tous les principes relatifs à cette matière, car
elle présente des difficultés qui renaissent tous les
jours.

« J'ai répondu (c'est le jurisconsulte Paul qui
parle) :

» Si celui dont Titius était débiteur, a voulu
lui faire remise de sa créance, peu importe qu'il
ait ordonné à son héritier de le libérer, ou seule-
de ne pas le poursuivre. Dans un cas comme dans
l'autre, il faut toujours que le débiteur obtienne
sa décharge, et il a une action pour se la faire
donner. Si le testateur a fait mention de la somme
ou de l'espèce qu'il a dit lui être due, comme cent
écus ou un champ, et que la dette existe, le débiteur acquiert sa libération par ce Legs. Que si la
dette n'existe pas, on pourra dire que la démonstration de la chose léguée étant fausse, le Legs
doit être valable et exigible ; on pourra le dire en
effet d'un Legs ainsi conçu : Je défends à mon héritier de demander à un tel les cent écus ou l'esclave Stichus qu'il me doit. Mais si le testateur
disait : J'ordonne à mon héritier de donner à Titius les cent écus que celui-ci me doit, on pourrait hasarder de soutenir que Titius serait fondé à
demander les cent écus, en vertu de la maxime
établie per rapport aux fausses démonstrations.

» Mais je ne puis souscrire à cette décision,
parce que le testateur a fait assez entendre qu'il
ne se servait du mot donner que par relation à la
dette.

» Si, au contraire, un débiteur a légué à son
créancier ce qu'il lui devait, et n'a point désigné la
somme ou l'espèce, je ne vois pas de quelle utilité
peut être une telle disposition.

» Mais si le testateur a spécifié la dette qu'il reconnaît, le Legs ne peut procurer aucun avantage
au créancier, à moins qu'il n'augmente la créance,
comme il arrive par rapport à certaines espèces.
S'il lègue cent écus qu'il déclare devoir, et qu'il
les doive réellement, le Legs est inutile : mais s'il
ne les doit pas, le Legs est bon ; car une somme
déterminée d'argent ressemble parfaitement à un
esclave dont la fausse démonstration ne vitie pas le
Legs qui en est fait. C'est ce que l'empereur a décidé par un rescrit, dans un cas où il s'agissait de
deniers qui avaient été légués avec la fausse qualité de dotaux. »

Cette loi a embarrassé les plus savans jurisconsultes. Cujas, Favre, Voët, Furgole l'ont expliquée de quatre manières différentes. Tâchons de
profiter de leurs critiques respectives : ce sera peut-
être un moyen d'apprécier et de réduire à sa juste
valeur, ce texte devenu trop célèbre.

Il est d'abord à remarquer qu'il porte sur deux
cas généraux qui se divisent en plusieurs espèces

particulières, et qui par conséquent exigent plusieurs réponses séparées.

L'un de ces cas est celui du testateur qui lègue
ce que le légataire lui doit ; l'autre, celui du testateur qui lègue ce qu'il doit au légataire.

Le jurisconsulte Paul répond par ordre à toutes
les difficultés qui se rencontrent dans chacune de
ces deux hypothèses ; et, commençant par la première, il en décide trois espèces.

Il en présente ensuite une quatrième, sur laquelle il propose les raisons de douter et de décider.

Enfin, il résout la seconde hypothèse.

Première espèce du premier cas. Si le testateur a
voulu léguer la libération à un vrai débiteur, il
importe peu de quelle manière il s'est expliqué ;
il faut toujours que le légataire soit libéré.

Seconde espèce du premier cas. Si le testateur a
légué une somme fixe ou un corps certain à une
personne envers laquelle il a déclaré en être redevable, la fausse déclaration ne vicie pas le Legs,
et le légataire peut demander la somme ou le corps
légué. Voilà le sens que présentent naturellement
les termes de Paul.

Mais cette décision est sujette à bien des difficultés : le moyen en effet de la concilier avec la
loi 75, § 2, D. *de legatis* 1° ? « Si un testateur
» (dit Ulpien dans ce texte) s'exprime de cette
» manière, Je lègue les dix écus que me doit Ti-
» tius, le Legs sera indubitablement nul ; car il
» y a une grande différence entre la fausse démon-
» stration et la fausse condition ou cause. Par la
» même raison, si je lègue à Titius les dix écus
» que Seïus me doit, le Legs sera encore nul ; car
» une telle disposition suppose un débiteur ; *esse*
» *enim debitor debet.* »

Le président Favre, pour concilier cette loi avec
celle que nous examinons, dit que, dans cette espèce, *je lègue les dix écus que me doit Titius*, il
faut supposer le Legs fait à un autre que Titius
même.

Mais cette conjecture n'est point heureuse, elle
est même détruite par l'espèce qui suit : *Je lègue
à Titius les dix écus que me doit Seïus.* Il en résulte en effet très-clairement que la loi 75, § 1,
D. *de legatis* 1°, parle tout à la fois et d'un Legs
fait à celui que le testateur a dit être son débiteur,
et d'un Legs fait à un tiers de ce que le testateur
a déclaré lui être dû par telle personne. Le premier
de ces Legs est annulé comme le second ; il existe
donc une vraie antinomie entre la décision d'Ulpien et celle de Paul.

Voët conjecture que le texte de la loi 25, D. *de
liberatione legata*, est altéré, et il croit y voir
une résolution négative, au lieu d'une réponse
affirmative ; en sorte que, suivant lui, il faudrait
lire : « Si la dette n'existe pas, on ne pourra pas
» dire que le Legs soit valable et exigible, comme
» s'il ne s'y trouvait qu'une démonstration fausse. »

Mais cette correction n'a aucun fondement plausible ; et le sens qu'elle forme, est, comme on le
verra tout à l'heure, trop discordant avec la phrase

suivante, pour qu'il soit possible de l'admettre.

Furgole prétend que le Legs dont parle Ulpien, diffère de celui dont il est question dans la loi de Paul, en ce que, dans l'un, la fausse démonstration tombe sur la chose même qui est léguée ; au lieu que, dans l'autre, elle n'est apposée qu'à la chose sur laquelle le testateur a ordonné de prendre de quoi acquitter sa libéralité, c'est-à-dire que la décision d'Ulpien roule sur un Legs ainsi conçu : *Je lègue à Titius les dix écus qu'il me doit ;* au lieu que celle de Paul a pour objet une disposition écrite en ces termes : *Je lègue à Titius une somme de dix écus à prendre sur celle qu'il me doit.*

Mais ceci est encore détruit par le texte même de Paul. On demande à ce jurisconsulte ce qu'il faut penser d'un Legs exprimé de cette sorte : *Legavi..... Titio centum quæ ei debeo.* Je lègue à *Titius* les cent pièces d'or qu'il me doit. C'est sur cette espèce que Paul répond, et assurément elle ne diffère en rien de l'espèce décidée par Ulpien.

Cujas propose une autre conciliation. Suivant lui, les passages que nous discutons ici, ne forment point une décision ; ce n'est qu'une raison de douter ; les mots *poterit dici* le font assez voir, et le jurisconsulte Paul ne parle définitivement qu'un peu plus bas aux mots, *quod mihi nequaquam placet, cum dandi verbum ad debitum referre se debitor existimaverit* (« je ne puis souscrire à cette » décision, parce que le testateur ne s'est servi du » mot *donner,* que par relation à la dette. »)

Mais ces paroles se rapportent uniquement à l'espèce d'un Legs ainsi conçu : *J'ordonne à mon héritier de donner à Titius les cent écus qu'il me doit ;* il suffit de lire la loi d'un seul contexte, pour s'en convaincre.

Quel parti prendre dans ce conflit d'opinions et de conjectures hasardées ? Le plus sage serait peut-être de n'en prendre aucun, et de décider la question comme si cette loi n'existait pas.

En effet, on ne peut se cacher que le texte en est altéré. Il est vrai que le passage dont il s'agit, paraît former une décision complète : mais comment s'assurer à cette décision, que le jurisconsulte n'avance qu'en tremblant, *poterit dici,* n'a point été modifiée par quelques termes de la même loi qui nous manquent ?

Et qu'on ne traite point cette lacune de chimère, elle est prouvée bien clairement par cette autre partie de la même loi : *Sed poterit hoc dici, si ita legavit, centum aureos nummos quos mihi debet... heres meus damnas esto non petere.* Si ces paroles devaient être placées, comme elles le sont, immédiatement après la prétendue décision dont il s'agit, il en résulterait qu'il faudrait accorder une action au légataire qui ne devrait rien, quoique le testateur, au lieu de lui léguer directement une somme qu'il eût déclaré lui être due, n'eût fait que de défendre à son héritier de lui en demander le paiement : chose absurde et insoutenable, de l'avis unanime de tous les auteurs.

Il faut donc nécessairement supposer qu'il existe

une lacune entre ces deux parties de la loi ; et dèslors, il n'est plus possible d'en tirer aucun argument : *Incivile est nisi tota lege perspecta, una aliqua particula ejus proposita, judicare vel respondere,* dit la loi 23, D. *de legibus.*

Cela posé, notre question ne peut se résoudre que par la loi 75, § 2, D. *de legatis* 1°, qui déclare évidemment nul le Legs d'une chose que le Légataire est déclaré devoir et qu'il ne doit pas.

Troisième espèce du premier cas. Quoique le texte de Paul soit tronqué dans cette partie, on ne peut pourtant pas douter que ce jurisconsulte ne se soit déterminé pour la nullité d'un Legs conçu en ces termes : « Je défends à mon héritier de de- » mander à Titius le paiement de cent écus qu'il » me doit. » Il ne s'agit dans cette espèce que d'un Legs de simple libération ; ainsi, le légataire ne devant rien, le Legs est sans objet.

Quatrième espèce du premier cas. « J'ordonne » à mon héritier de donner à Titius les cent écus » qu'il me doit. » Ces paroles annoncent clairement que le testateur n'a entendu léguer que la dette dont il supposait faussement l'existence : *cum verbum dandi ad debitum referre se debitor existimaverit* ; ainsi, le Legs ne peut être d'aucun effet.

Second cas. Enfin, le jurisconsulte Paul décide, par une distinction, l'hypothèse du testateur qui lègue une somme certaine ou une espèce déterminée, qu'il dit devoir au légataire : ou le testateur est véritablement débiteur, et alors le Legs est inutile et superflu (1) ; ou il ne doit rien, et alors le Legs doit avoir son exécution.

XII. Nous avons dit que la démonstration accessoire ne vicie jamais les Legs ; mais cela n'est vrai qu'autant qu'elle n'est pas conçue en termes propres à former une condition.

Ainsi, quoique ce Legs, *Je laisse à Titius ma maison qui m'a été vendue par un tel,* soit valable, malgré la fausseté de l'indication de la vente mentionnée dans le testament, il n'en est pas de même de celui-ci : *Je laisse à Titius ma maison, si elle m'a été vendue par un tel.* Dans cette dernière espèce, la démonstration dégénère en condition ; et comme régulièrement le défaut de la condition emporte la nullité du Legs, il est clair que la disposition dont il s'agit, ne peut être d'aucun effet.

Cette résolution doit même avoir lieu, quoique la démonstration soit faite par des paroles qui, de leur nature, ne forment pas une condition, mais auxquelles les lois attribuent en certains cas l'effet de rendre conditionnelles les dispositions qu'elles expriment. Par exemple : *Je lègue à Titius l'esclave Stichus qui m'appartiendra à ma mort.* Si cet esclave ne se trouve plus dans mon patrimoine au moment où j'ai cessé d'exister, le Legs sera nul, parce que mon intention paraît être de faire une condition de ces mots, *qui m'appartiendra à ma mort.* C'est ce que décide la loi 6, D. *de legatis* 1°.

(1) *V.* cependant ci-après, sect. 3, § 2, n° 3.

XIII. Il y a encore bien des choses à dire sur la matière des démonstrations; mais elles seront mieux placées dans le détail que nous donnerons ci-après, sect. 4, § 3, des règles propres à l'exacte interprétation des Legs particuliers.

XIV. La fausseté des causes ajoutées aux Legs, en produit-elle la nullité?

La règle générale est pour la négative. *Je lègue telle chose à Mévius, parce qu'il a fait mes affaires*: ce Legs ne laisse pas d'être bon, quoique Mévius n'ait point fait les affaires du testateur. C'est ce que décident le § 31, *de legatis*, aux Instituts; la loi 3, C. *de falsa causa*; la loi 17, § 2, D. *de conditionibus et demonstrationibus.*

Si cependant la cause était énoncée en termes conditionnels, sa fausseté rendrait le Legs nul. Lors donc que *je lègue à Titius un tel fonds, s'il a fait mes affaires*, ma disposition ne pourra avoir d'effet qu'autant que Titius m'aura réellement rendu les services que je mets en condition. Le § 31, *de legatis*, aux Instituts, et la loi 17, § 2, D. *de conditionibus et demonstrationibus*, établissent clairement cette exception.

La fausseté de la cause annulle encore le Legs, lorsqu'il est prouvé que le testateur n'eût pas disposé, s'il en eût été instruit. La loi 72, § 6 du titre que nous venons de citer, le décide de la sorte: *Plerùmque*, dit-elle, *doli exceptio locum habebit, si probetur aliàs legaturus non fuisse.*

Les interprètes appellent *impulsive* la cause dont la fausseté ne vicie pas les Legs, et *finale*, celle qui en opère la nullité.

Lorsque la cause finale est fausse, on ne distingue pas si elle consiste dans une erreur de fait ou dans une erreur de droit. D'Olive rapporte un arrêt du parlement de Toulouse, du 5 avril 1650, qui a déclaré nul un Legs uniquement fondé sur l'ignorance du testateur relativement à un point de droit.

La loi dernière, D. *de heredibus instituendis*, nous fournit un exemple fameux de l'effet qu'a la cause finale de vicier les dispositions auxquelles elle est ajoutée par erreur. L'espèce en est rapportée ci-devant, § 1, n° 1.

Mais comment peut-on discerner les cas où la cause est finale, d'avec ceux où elle n'est qu'impulsive?

Il serait assez difficile de donner là-dessus des règles certaines; ce sont les circonstances qui doivent seules décider. Tout ce qu'on peut dire de plus général, c'est que, dans le doute, la cause est plutôt réputée impulsive que finale, puisque c'est à celui qui la prétend finale à le prouver. On se rappelle que c'est la disposition expresse d'une loi que nous venons de citer.

Menochius et quelques autres auteurs regardent comme finale toute cause qui est exprimée dans le testament.

Mais cette opinion est visiblement fausse; les lois indiquées ci-devant confirment clairement les dispositions auxquelles sont ajoutées des causes fausses, *quia*, disent-elles, *ratio legandi legato non cohœret.*

Bartole et d'autres donnent dans l'extrémité opposée: il faut, suivant eux, qu'une cause soit énoncée dans le testament, pour être réputée finale; et on ne doit regarder comme impulsives, que celles dont le testateur n'a point fait une mention formelle. Ils se fondent sur la loi 27, § 4, D. *de inofficioso testamento*, qui permet au fils d'agir en plainte d'inofficiosité contre le testament par lequel sa mère a institué un étranger, dans la fausse persuasion qu'il était mort; ce qui, disent-ils, n'aurait point lieu, si le testament était nul de plein droit.

« Mais (dit Furgole) cette restriction est mal fondée, et il faut dire que l'erreur et la fausse opinion peuvent être prouvées autrement, et que, de quelque manière qu'elles soient justifiées, elles doivent opérer leur effet, puisque la loi 72, § 6, D. *de conditionibus et demonstrationibus*, décide qu'il suffit de prouver que le testateur aurait disposé autrement, s'il n'avait pas été dans l'erreur, *si probetur aliàs legaturus non fuisse*; ce qui embrasse généralement tout genre de preuve.

» La loi 27, § 4, D. *de inofficioso*, ne conclut rien pour l'opinion de Bartole; elle décide seulement que, quand la mère a disposé en faveur d'un tiers, dans l'opinion que son fils était mort, ce fils peut intenter la plainte d'inofficiosité; ce qui n'exclut pas le moyen qui résulte de l'erreur; et dans le cas de la loi 28 du même titre, ce testament ne contenait aucune preuve de l'erreur; cependant l'hérédité fut adjugée au fils. »

[[XV. Le Legs fait entre époux peut-il, si le mariage est nul, valoir comme Legs entre concubinaires?

V. l'article *Don mutuel*, § 2, n° 5, et le plaidoyer rapporté au mot *Jugement*, § 7 bis.]]

SECTION III. *Quelles choses peut-on léguer?*

Toutes les choses dont la disposition testamentaire n'est point interdite par la loi, peuvent faire la matière d'un Legs.

Pour donner à cette règle tout le développement dont elle a besoin, il faut l'examiner,

1° Par rapport aux choses qui appartiennent au testateur;

2° Par rapport à celles qui appartiennent au légataire;

3° Par rapport à celles qui appartiennent à des tiers;

4° Par rapport à celles qui ne se trouvent ni dans le patrimoine du testateur, ni dans celui d'une autre personne désignée;

5° Par rapport à celles qui consistent en purs faits.

§ I. *Un testateur peut-il léguer indistinctement toutes les choses qui lui appartiennent?*

I. Dans l'ancien droit, un testateur était un roi qui disposait souverainement de tout ce qu'il possédait. La loi falcidie a mis des bornes à cette autorité excessive; et d'après ses dispositions, qui forment le dernier état de la jurisprudence romaine sur cette matière, il n'a plus été permis à chaque particulier de léguer plus des trois quarts de ses biens. (*V.* l'article *Quarte falcidie.*)

Cette loi est encore observée dans les provinces dont le droit écrit forme le code municipal ; elle ne s'est pas maintenue dans nos pays coutumiers, mais il y a été suppléé par des défenses expresses, soit de tester absolument, soit de disposer au-delà de certaines quotités de plusieurs espèces de biens. (*V.* l'article *Réserves coutumières.*)

[[La falcidie et les réserves coutumières ont été abolies dans toute la France par la loi du 17 nivose an 2 ; et l'abolition en est maintenue par le Code civil. *V.* les articles *Donation, Portion disponible* et *Réserve.*]]

II. Il ne faut pourtant pas croire qu'un testateur puisse léguer tout ce qui n'est pas sujet à la falcidie dans les provinces de droit écrit, et aux réserves dans les pays coutumiers, [[aujourd'hui à la *réserve* établie par le Code civil.]]

III. La règle la plus générale qu'on puisse donner là-dessus, est que toutes les choses qui sont hors du commerce, ne peuvent pas être léguées par ceux à qui elles appartiennent.

Ainsi, quoique, dans le droit romain, les particuliers conservent jusqu'à un certain point la propriété des terrains qu'ils ont consacré à la sépulture de leurs familles, ils ne peuvent cependant pas en disposer par testament, parce qu'ils les ont tirés pour toujours du commerce par l'usage qu'ils en ont fait ; mais ils peuvent léguer à des étrangers la faculté de se faire ensevelir dans ces endroits, parce que cette faculté peut être l'objet d'un contrat onéreux : ces deux points sont ainsi réglés par la loi 14, *de legatis,* au Code : *Monumenta quidem legari non posse manifestum est : jus autem mortuum inferendi legare nemo prohibetur.*

Les droits honorifiques dans les églises sont généralement regardés comme des objets hors du commerce, et par conséquent comme intransmissibles par la voie du Legs. Cependant le droit canonique a mis en principe, que le droit de patronage peut être cédé gratuitement à un corps ou établissement ecclésiastique, et même à des séculiers. C'est ce que nous apprennent la décrétale 14, *de jure patronatus,* dans la collection de Grégoire IX, et la décrétale 1 du même titre, dans le Sexte de Boniface VIII.

[[Il n'y a plus ni droit de patronage ni droits honorifiques patrimoniaux.]]

IV. La loi des douze tables avait défendu de tirer d'un bâtiment les matériaux d'autrui que le propriétaire du fonds aurait pu y employer, *ne ruinis aspectus urbis deformetur.* De là les jurisconsultes ont inféré que les matériaux doivent être considérés comme hors du commerce tout le temps qu'ils sont attachés à un bâtiment ; et, de conséquence en conséquence, ils ont été jusqu'à faire rendre un sénatus-consulte qui a interdit aux propriétaires la faculté de léguer leurs matériaux employés dans un édifice quelconque : *Sed ea quæ ædibus juncta sunt, legari non possunt, quia hæc*

legari non posse senatus censuit, Aviola et Pensa consulibus. Ce sont les termes de la loi 41, § 1, D. *de legatis* 1° ; et nos usages n'y ont pas dérogé.

Cette règle admet cependant une exception. Le § 5 de la loi ne venons de citer permet à un testateur de léguer les matériaux de son bâtiment, pour servir à la construction d'un ouvrage public dans le territoire de la commune où il est domicilié : *Sed si quis ad opus reipublicæ faciendum legavit, puto valere legatum. Nam et Papinianus, libro undecimo responsorum, refert imperatorem nostrum et divum Severum constituisse eos qui reipublicæ ad opus promiserint, posse detrahere ex ædibus suis urbanis atque rusticis, et ad id opus uti, quia hi quoque non pro mercii causa id haberent. Sed videamus utrum ei soli civitati legari possit in cujus territorio est, an et de alia civitate in aliam transferre possit ? Et puto non esse permittendum.*

V. Lorsque le Legs est nul par l'indisponibilité de la chose qui en est la matière, le légataire peut-il au moins en exiger l'estimation ?

La négative est incontestable par rapport à l'indisponibilité qui dérive de la loi falcidie ; et l'on verra à l'article *Réserves coutumières,* qu'il en est de même de celle qui est introduite par nos coutumes.

Quant aux choses dont l'indisponibilité provient de ce qu'elles ne sont pas dans le commerce, il est pareillement certain qu'elles ne doivent pas plus être fournies en estimation, qu'elles ne peuvent l'être en nature. C'est ce que décide formellement le § 4 du titre *de legatis,* aux Institutes ; et la loi 41, § 4, D. *de legatis* 1°, prouve la même chose en établissant, par forme d'exception, que le légataire de matériaux attachés à un bâtiment, doit en avoir l'estimation dans le cas particulier dont elle parle : *Si duobus domum legaverit Sempronianam et ex ea alteri eorum marmora ad extructionem domus Seianæ quam ei legaverat, non male agitabitur an valeat, quia dominus est utriusque legatarius. Et quid si quis domum, deductis marmoribus, legaverit, quæ voluit heredem habere ad extruendam domum quam retinebat in hereditate ? Sed melius dicetur in utroque detractionem non valere ; legatum tamen valebit ut æstimatio eorum præstetur.* Tout le monde connaît la règle, *exceptio firmat regulam in casibus non exceptis* ; elle reçoit ici une application directe et entière.

VI. Il y a certaines choses dont le commerce, permis en général, est défendu à quelques personnes : ainsi, une femme ne peut posséder un office ; un corps ou établissement de main-morte ne peut acquérir un immeuble. Supposons qu'une femme soit légataire d'un office, ou que des gens de main-morte le soient d'un immeuble : le Legs sera-t-il dû en estimation ?

Le principe général est que le légataire capable d'avoir la chose en nature, n'est pas fondé à en demander la valeur. C'est ce que prouvent les § 2 et 3 de la loi 49, D. *de legatis* 2° :

« Trebatius (dit-elle) a répondu, suivant que Labéon le rapporte, que vous pouvez recueillir le

Legs d'un champ dont vous n'avez point le commerce. Priscus Fulcinius a dit avec raison, que cette résolution était fausse.

» Mais si un testateur, dit Proculus, charge son héritier de donner un fonds dont il n'a pas le commerce, à une personne capable de le posséder, je crois, et il est certain que l'héritier doit livrer la chose en nature, si elle se trouve dans l'hérédité, sinon en fournir l'estimation. »

L'opposition qui règne entre ces deux paragraphes, fait entendre très-clairement que l'estimation n'est point due dans le cas du premier.

Cette décision paraît cependant contrariée par trois textes fort spécieux.

La loi 114, § 5, D. *de legatis* 1°, porte : « S'il » a été légué licitement à quelqu'un une chose » qui est dans le commerce, mais qu'il ne peut » pas posséder, soit à cause d'une difformité cor- » porelle, soit à raison de la qualité de la chose » même, soit enfin pour quelqu'autre raison ad- » missible, l'estimation lui sera due sur le pied » de la valeur ordinaire. »

La loi 40 du même titre décide que, « si une » chose dont le légataire n'a pas le commerce, est » laissée par fidéicommis à une personne qui n'a » pas le droit de la posséder, celle-ci doit en » avoir l'estimation. »

La loi 11, § 16, D. *de legatis* 3°, propose la question de savoir si un office légué à un esclave étranger, appartient au maître; et voici sa réponse : « Ou le testateur a su qu'il léguait à un » esclave, et dans ce cas l'estimation de l'office » est due au maître; ou il l'a ignoré, et alors le » Legs est absolument nul. »

Conclura-t-on de ces trois textes, que les choses dont le légataire n'a pas le commerce, doivent lui être fournies en valeur? Non.

La loi 114, § 5, D. *de legatis* 1°, établit seulement une différence entre celui qui n'a pas le commerce de la chose léguée, et celui qui n'est empêché de la posséder que par un obstacle de droit ou de fait : elle décide que ce dernier doit en avoir l'estimation, parce que le Legs lui a été fait *licitement;* et par-là, elle fait assez entendre qu'il en est autrement du premier.

La loi 40, D. *de legatis* 1°, insinue la même chose : elle distingue le légataire qui n'a pas le commerce de la chose, d'avec le fidéicommissaire qui n'a pas le droit de la posséder; et elle déclare que la nullité du Legs à l'égard de l'un, n'empêche pas que l'autre n'ait droit à l'estimation.

La loi 11, § 16, D. *de legatis* 3°, n'est pas plus contraire que les deux autres au principe dont il s'agit; on peut même dire qu'elle le confirme : en effet, si, d'un côté, elle donne au maître l'estimation de l'office légué à son esclave, lorsque le testateur connaissait l'état du légataire, c'est parce que le testateur est censé n'avoir légué à l'esclave que pour avantager son maître, et que celui-ci a le commerce de la chose, quoiqu'il ne puisse pas la posséder par le ministère de son

5e. TOME IX.

esclave. Si, d'un autre côté, elle refuse l'estimation au maître, lorsque le testateur a ignoré la condition de celui à qui il léguait; c'est parce que, dans ce cas, le testateur n'a envisagé, dans sa disposition, que l'avantage personnel de l'esclave, qui n'a pas le commerce de l'office.

Ainsi, tout ce qui résulte de ces trois textes, c'est qu'il faut distinguer l'incapacité d'acquérir, d'avec celle de posséder. L'une vicie entièrement le Legs; l'autre le laisse subsister quant à l'estimation.

Appliquons cette distinction à la femme légataire d'un office, et aux gens de main-morte légataires d'un immeuble.

Nos lois déclarent les personnes du sexe incapables d'exercer un office quelconque; mais elles ne leur en défendent pas l'acquisition. Rien n'est aussi commun parmi nous, que de voir une femme acheter une charge de judicature ou de finance, et même la communauté conjugale la rend, de plein droit, propriétaire de la moitié de celles qui ont été acquises par son mari. Le titre de ces charges ne fait, à la vérité, aucune impression sur sa tête, mais c'est dans ses mains qu'en est la propriété. Rien n'empêche donc de léguer un office à une femme; et ses droits sont les mêmes en pareil cas, que le seraient ceux d'un homme sourd et muet qu'on aurait gratifié d'un semblable Legs.

À l'égard des gens de main-morte, les lois ne leur défendent pas seulement de posséder des immeubles, elles les déclarent même incapables de les acquérir. Ils ne peuvent donc pas demander l'estimation des choses immobilières qui leur sont léguées.

À la vérité, il a été un temps où cette conséquence n'était pas généralement reconnue, et où quelques tribunaux déclaraient ces sortes de Legs valables, à la charge par les gens de main-morte de vendre dans un certain terme les biens qui en étaient l'objet; mais aujourd'hui la jurisprudence est fixée là-dessus par les édits et les déclarations qui sont cités à l'article *Légataire*, § 2, n° 17.

[[Nous indiquons au même endroit les changemens que les loi nouvelles ont faits à cette jurisprudence.]]

XII. Quel temps faut-il considérer pour savoir si une chose est dans le commerce, et par conséquent susceptible de Legs?

Cette question est décidée par la règle de Caton, suivant laquelle toute disposition testamentaire qui est nulle dans son principe, ne peut pas devenir valable par la suite. (*V.* l'article *Règle de Caton.*) Ainsi, le Legs des matériaux qui étaient incorporés dans un bâtiment, à l'époque où le défunt a testé, sera toujours nul, quoique le bâtiment vienne à être démoli avant la mort du testateur : *Tractari tamen poterit si quando marmora vel columnæ fuerint separata ab ædibus, an legatum convalescat? Et si quidem ab initio non constitit legatum, ex post facto non convalescet.* C'est la décision expresse de la loi 41, § 2, D. *de legatis* 1°.

86

Si cependant le Legs était conçu en forme conditionnelle, la démolition du bâtiment le ferait valider. La même loi le déclare ainsi, sur le fondement que la règle de Caton n'a point été faite pour les dispositions conditionnelles : *Sed si sub conditione legetur, poterit legatum valere, si, existentis conditionis tempore, mea non sit, vel ædibus juncta non sit. Purum igitur legatum Catoniana regula impediet, conditionale non, quin ad conditionalia Catoniana non pertinet.*
[[*V.* l'article *Institution d'héritier*, sect. 5, § 3.]]

§ II. *Le Legs d'une chose qui appartient au légataire, est-il valable ?*

I. Le § 10, *de legatis*, aux Institutes, répond à cette question de la manière la plus précise : « Si on lègue à quelqu'un ce qui lui appartient, » le Legs est inutile, par la raison que ce qui » lui appartient, il ne peut l'acquérir de nouveau. » Et quoiqu'ensuite la chose fût aliénée par lui, » il ne lui serait dû, en vertu du Legs, ni la » chose, ni sa valeur. »

II. La règle de Caton n'ayant lieu, comme on vient de le voir (§ 1, n° 7), que pour les Legs faits purement et sans condition, il est clair que, si le légataire conditionnel de son propre bien l'aliène avant la mort du testateur, il pourra forcer l'héritier à le lui rendre en nature ou en estimation. C'est la disposition expresse de la loi 18, D. *de legatis* 2°, et de la loi 98, D. *de conditionibus et demonstrationibus.*

La loi 1, § 2, *de regula Catoniana*, semble aller plus loin. Pour l'apprécier avec justesse, il faut la lire dans sa langue naturelle : *Item si tibi legatus est fundus qui, scribendi testamenti tempore, tuus est : si eum, vivo testatore, alienaveris, Legatum tibi debetur : quod non deberetur, si testator statim decessisset.*

Voici le sens que ces termes paraissent former : « S'il vous a été légué un fonds qui vous appar-» tenait au temps de la confection du testament, » le Legs vous est dû en cas que vous ayez aliéné » votre bien du vivant du testateur ; mais vous » n'auriez rien à prétendre, si le testateur était » mort aussitôt après la rédaction de ses dernières » volontés. »

Il est pourtant difficile de croire que ce soit là le vrai sens de la loi. Elle établit, à la vérité, une exception à la règle catonienne ; du moins ces termes qui la précèdent, *Catoniana regula sic definit... quæ definitio in quibusdam falsa est. Quid enim si quis ita legaverit ?... Item si tibi legatus est fundus*, etc. ; ces termes, disons-nous, ne permettent pas d'en douter ; mais en quoi consiste cette exception, et quel en est le fondement ? Nous venons de dire que la règle catonienne n'a point d'effet sur les dispositions conditionnelles ; et c'est précisément ce que notre loi décide dans le cas particulier dont elle parle. Il ne faut, pour le sentir, que substituer une virgule aux deux points placés après les mots *tuus*

est, et deux points à la virgule qui suit le terme *alienaveris*; alors, en effet, le sens du texte sera : « S'il vous a été légué un fonds qui vous appar-» tenait au temps de la confection du testament, » sous la condition que vous l'aurez aliéné du vi-» vant du testateur, le Legs vous est dû. »

La loi 39, § 2, D. *de legatis* 1°, nous indique une autre exception au principe que le Legs est nul quand il tombe sur une chose qui appartient au légataire à l'époque du testament : « Si Titius » (dit-elle) avait acheté de moi un fonds, qu'il » me l'eût légué avant que je ne lui en eusse fait » la tradition, et qu'enfin je le lui eusse livré et » qu'il m'en eût compté le prix, il semblerait, au » premier abord, que le Legs fût nul, comme ayant » pour objet une chose dont j'étais propriétaire. » Cependant, comme j'ai exécuté le contrat par la » tradition que j'ai faite, je puis reprendre la chose » en vertu de mon Legs. Si même le prix de la » vente ne m'était pas encore payé, j'aurais deux » actions contre l'héritier du testateur : l'une, en » vertu de mon contrat, pour me faire payer le » prix ; l'autre, en vertu du testament, pour me » faire rendre la chose. Et si le prix était payé » sans que j'eusse fait la tradition, je pourrais » agir en vertu du testament, pour me faire dé-» charger de l'obligation de livrer. »

III. Après avoir établi que le legs annulé, dans son principe, par la propriété que le légataire avait de la chose léguée au temps du testament, ne devient pas régulièrement valable par l'aliénation que le légataire fait de cette même chose avant la mort du testateur, il faut examiner si réciproquement un Legs valable dans son principe, parce qu'il avait pour objet une chose dont le légataire n'avait pas la propriété à l'époque du testament, ne devient pas nul, par l'acquisition que le légataire fait de cette même chose avant le décès du testateur.

Cette question importante est traitée dans plusieurs lois du Digeste. Voici le résultat que nous en donne l'empereur Justinien, § 6, *de legatis*, aux Institutes :

« Si quelqu'un avait légué la chose d'autrui, et » que le légataire l'eût acquise du vivant du testa-» teur; si c'est par achat, il en peut demander la » valeur, en vertu du testament ; mais s'il l'a ac-» quise à titre lucratif, comme de donation ou au-» tre semblable, il ne peut plus rien demander. » C'est une maxime reçue, que deux titres lucra-» tifs ne peuvent courir en une même personne, » pour raison d'une même chose. Par cette raison, » si une même chose était due à une même per-» sonne en vertu de deux testamens, il faut dis-» tinguer si le légataire a reçu la chose léguée en » vertu du premier, ou s'il n'en a reçu que l'esti-» mation : s'il a reçu la chose même, il n'est plus » en droit d'agir en vertu de l'autre testament, » parce qu'il a acquis à titre lucratif la chose qui » lui a été léguée ; si au contraire il n'en a reçu » que la valeur, il peut agir pour raison de la chose » même, et la demander en vertu de l'autre testament.

Cette décision est suivie sans difficulté dans les provinces soumises au droit écrit : mais doit-elle l'être également dans les pays où les lois romaines n'ont d'autre autorité que celle de la raison ?

Quelques-uns, dit Ferrière, soutiennent que non ; et ils appuient leur sentiment sur une maxime qui ne sera développée que dans le § 5 de cette section. « Celui qui lègue la chose d'autrui (c'est » ainsi qu'il s'explique) a voulu donner au léga- » taire la chose qu'il léguait, ou lui en faire avoir » l'estimation, au cas qu'il ne pût avoir la chose » même. C'est pourquoi, comme l'héritier est tenu » de donner au légataire l'estimation de la chose » d'autrui, quand, par quelque raison, il ne la » peut donner au légataire, ils prétendent que cela » doit aussi avoir lieu quand le légataire est devenu » propriétaire de la chose léguée, même à titre lu- » cratif ; et qu'ainsi le bonheur qui arrive dans ce » cas au légataire, ne doit point profiter à cet hé- » ritier, ni le décharger de l'obligation de payer » l'estimation de la chose léguée, d'autant plus » qu'il doit pleinement exécuter sa volonté. »

Ces raisons ne détruisent pourtant pas celles qui ont porté les jurisconsultes romains à décider comme ils l'ont fait. Quelle est l'intention du tes- tateur qui lègue une chose à quelqu'un ? C'est de la lui faire parvenir à titre gratuit. Il n'est donc pas possible que le Legs soit encore dû, lorsque le légataire a acquis, par une libéralité étrangère, la chose qui en est l'objet : dès-lors, la volonté du testateur est remplie ; et quoique cela soit ar- rivé par une autre voie que son testament, il n'en est pas moins vrai que le légataire a en tout ce que le défunt a voulu lui faire avoir ; ce qui éteint toute espèce d'action de sa part. Disons donc avec Ferrière, que tous les principes établis par le texte des Institutes que nous venons de rapporter, *doivent avoir lieu en pays coutumier comme en pays de droit écrit.* Tel est aussi le sentiment de Pothier dans son *Traité des Obligations*, n° 617, et de Bourjon, dans son *Droit commun de la France*, tome 2, page 352, édition de 1770.

IV. Pour que le Legs s'éteigne par l'acquisition que le légataire a faite à titre lucratif, de la chose léguée, il faut que cette acquisition embrasse la propriété pleine et entière de cette chose. Sans cela, le Legs subsiste, et l'héritier est obligé de fournir au légataire ce qui manque au complément de sa propriété. « Par exemple (dit Pothier) si quel- » qu'un m'a légué un héritage qu'il savait n'être » pas à lui, et que depuis sa mort et avant l'exé- » cution du Legs, le propriétaire m'en ait fait do- » nation sous la réserve d'usufruit, la créance de » cet héritage que j'ai contre l'héritier du testateur » n'est pas éteinte, quoique je sois devenu pro- » priétaire de la chose qui m'était due, parce qu'il » manque quelque chose à la perfection de ma » propriété, savoir, l'usufruit dont mon héritage » est chargé. L'héritier du testateur demeure donc » débiteur de cet héritage, en ce sens qu'il est » obligé de racheter pour moi cet usufruit qui me » manque ou de m'en payer le prix. »

Par la même raison, lorsque le légataire n'a ac- quis à titre lucratif qu'une partie de la chose lé- guée, son Legs subsiste pour l'autre partie. C'est ce que décide formellement la loi 82, § 3, D. *de legatis* 1°.

Il résulte encore du même principe, que, si l'on m'a donné la pleine et entière propriété de la chose léguée, mais que la donation soit sujette à révo- cation ou pour survenance d'enfans, ou pour re- tranchement de légitime, ou enfin pour toute autre cause, l'héritier demeure obligé à me maintenir dans le bien, ou à m'en payer la valeur, lorsque sera arrivé le cas de la révocation. C'est une des dispositions de la loi que nous venons de citer.

V. C'est en quelque sorte léguer à quelqu'un sa propre chose, que de lui léguer une dette dont on lui est redevable. Voici ce que porte là-dessus le § 14, *de legatis*, aux Institutes (nous nous ser- vons de la traduction de Ferrière :) « Si le dé- » biteur lègue à son créancier ce qu'il lui doit, » le Legs est inutile, s'il n'y a pas plus dans le » Legs que dans l'obligation. Si la dette n'était exi- » gible que dans un certain temps, ou si elle était » conditionnelle, et que le débiteur eût légué cette » dette purement, le Legs serait valable, à cause » de l'avantage de la *représentation*, ou, ce qui » est la même chose, de l'anticipation du paie- » ment. »

Le § 15 ajoute : « Si un mari lègue à sa femme » la dot qu'il en a reçue, le Legs est valable, parce » que ce Legs lui est plus avantageux que l'action » de dot. »

Voici en quoi les lois romaines faisaient consis- ter cet avantage.

Ou la dot était constituée en choses qui se con- somment par l'usage, comme l'argent, ou elle était constituée en corps certain et en espèces déterminées.

Au premier cas, le Legs de la dot était très- utile à la femme, en ce que, quand elle était ré- duite à l'action de dot, le paiement ne lui en était fait, dans l'ancien droit, qu'en trois années, ce qu'on appelait *una, bina, trina die*; et ,que, même depuis la loi unique, C. *de rei uxoriæ ac- tione*, il ne lui était rien dû qu'à la fin de l'année de la mort du mari ; au lieu que, quand elle pou- vait demander sa dot à titre de Legs, la restitution devait lui en être faite aussitôt après le décès du testateur, et les intérêts en couraient de ce mo- ment.

Au second cas, c'est-à-dire, quand la dot con- sistait en corps certain, le Legs qui en était fait à la femme, ne laissait pas de lui être avantageux, à cause des rétentions que les héritiers avaient droit d'exercer dans l'action de dot, et qui ces- saient lorsque la demande de la femme était fon- dée sur le testament. (Loi 1, *de Legatis* 2°; la loi 1, *pr.* et § 3 ; loi 2, D. *de dote prœlegata*.)

De ces deux différences entre l'action de dot et l'action de Legs, la seconde ne subsiste plus, la ré- tention des fonds dotaux étant abrogée à l'égard de celle-là, comme elle a toujours été inconnue à l'égard de celle-ci.

L'autre différence a encore lieu dans les provinces de droit écrit; mais elle est hors d'usage dans les pays coutumiers, parce que, dans ces pays, la restitution de la dot doit être faite, et que les intérêts en courent aussitôt après la dissolution du mariage.

[[Mais *V.* l'article *Dot*, § 11, nos 5 et 6.]]

§ III. *Peut-on léguer la chose d'autrui?*

I. Dans l'ancien droit romain, on pouvait léguer le bien d'autrui *per damnationem*, *per sinendi modum*, et par fidéicommis; mais on ne pouvait pas le faire *per vindicationem* (1). Cette observation sert à concilier les lois 39, D. *de manumissis testamento*, et 88, D. *de verborum significatione*, qui annullent ces sortes de Legs, avec une foule d'autres lois qui les déclarent valables : les unes s'entendent des Legs *per vindicationem*, et les autres des trois premières espèce de dispositions.

Quoi qu'il en soit, dans le dernier état de la jurisprudence romaine, il n'y a plus de différence réelle entre les diverses manières de léguer, ni même entre le Legs et les fidéicommis particuliers; il ne peut donc plus y avoir le moindre doute sur la validité des Legs qui tombent sur le bien d'autrui. C'est dans cet esprit qu'a été rédigé le § 4, *de legatis*, aux Institutes : « Un testateur (y est-il » dit) peut léguer, non-seulement les choses qui » lui appartiennent, mais aussi les choses qui » appartiennent à d'autres; à l'égard de celles-ci, » l'héritier est tenu, ou de les acheter et de les li- » vrer au légataire, ou, s'il ne peut les acheter, de » lui en donner l'estimation. »

Cette décision n'est pas contraire au principe, que nous ne pouvons disposer que de nos biens : *nemo plus juris in aliam transferre potest, quam ipse habet.* La faculté que la loi accorde aux testateurs de léguer la chose d'autrui, ne porte aucun préjudice au propriétaire de cette chose; elle ne lie que ses héritiers, par l'obligation qu'elle leur impose d'acquitter le Legs en nature ou en estimation : et de quelque manière que ceux-ci en fassent le paiement, c'est toujours sur le patrimoine du défunt qu'ils en prennent le prix.

Mais, continue Justinien dans le § cité, « si la » chose léguée n'était pas dans le commerce des » hommes, ou que personne ne la pût acquérir, » l'héritier ne serait pas obligé d'en payer la va- » leur : comme si quelqu'un avait légué le champ » de Mars, le palais du prince, les temples, et » enfin les choses qui sont destinées à l'usage pu- » blic; car de tels Legs sont inutiles. »

Il faut dire la même chose du Legs des biens qui, sans être absolument hors du commerce, ne peuvent être aliénés qu'en vertu d'une autorisation spéciale du souverain. La loi 39, § 8 et 10, D. *de legatis* 1º, nous en fournit la preuve et l'exem-

ple : « Si (dit-elle) on s'avisait de léguer les terres » de l'empereur qui sont administrées par son » procureur fiscal dans la forme propre au patri- » moine de la couronne, l'estimation n'en serait » point due, parce que ces biens ne sont dans » le commerce que quand le prince l'ordonne, » attendu qu'on n'est pas accoutumé de les » vendre. »

Cette loi reçoit, dans notre usage, une application exacte aux biens particuliers du roi dont il a été compté pendant dix ans à la chambre des comptes, et la raison sur laquelle la disposition en est fondée, doit encore faire décider, suivant Furgole, « que, quand le Legs est d'une chose » appartenante à l'église, à un monastère, hôpital, » ou autre lieu pieux, dont l'aliénation est inter- » dite par les lois et les constitutions canoniques, » l'héritier n'en doit pas l'estimation, parce que le » même principe s'y applique naturellement. »

II. Au reste, la règle qui fait juger valable le Legs du bien d'autrui, admet une restriction remarquable, même à l'égard des choses qui sont dans le commerce. Écoutons Justinien dans le § 4, *de legatis*, aux Institutes : « Quand nous disons » qu'on peut léguer la chose qui appartient à au- » trui, cela se doit entendre au cas que le testa- » teur ait su qu'elle appartenait à autrui, et non » pas s'il s'en croyait propriétaire; d'autant que » s'il eût su ce qui en était, peut-être ne l'eût-il » pas léguée, ainsi qu'a répondu l'empereur An- » tonin. C'est au demandeur, c'est-à-dire, au lé- » gataire, à prouver que le testateur savait que la » chose léguée appartenait à autrui, et non pas » à l'héritier à prouver que le testateur l'ignorait; » parce que c'est toujours à celui qui avance » quelque chose, à en faire preuve. »

III. Il y a cependant deux cas où le Legs de la chose d'autrui est valable, quoique le testateur ait ignoré qu'elle ne lui appartenait pas.

Le premier est lorsque la chose appartient à l'héritier; c'est ce que porte la loi 67, § 8, D. *de legatis* 2º.

« Il suffit même (suivant Furgole) que la chose » appartienne à l'héritier lorsque le Legs doit être » délivré, quoiqu'elle fût à un autre au temps du » testament; parce que, dans l'un et l'autre cas, » l'héritier qui se trouve propriétaire de la chose » léguée, n'a pas besoin de la racheter pour la » délivrer au légataire, et il a une égale facilité » à en faire la délivrance : voilà pourquoi on » n'examine pas si le testateur a cru ou n'a pas » cru que la chose lui appartint. »

C'est effectivement ce que décide la loi 67, § 8, *de legatis* 2º, au Digeste : *Succursum est heredibus ne cogerentur redimere quod testator suum existimans reliquit. Sunt enim magis in legandis suis rebus, quam in alienis comparandis et onerandis heredibus, faciliores voluntates : quod in hac specie non evenit, cum dominium rei sit apud heredem.*

Le second cas est marqué en ces termes, par la loi 10, C. *de legatis* : « Lorsque quelqu'un lègue

---

(1) Sur ces manières de léguer, V. l'article *Légataire*, § 5, nº 2.

» une chose qui ne lui appartient pas, et dont
» cependant il se croyait propriétaire, le Legs
» n'est d'aucun effet, à moins que le légataire ne
» soit une personne à qui le testateur était attaché
» par la proximité du sang, par le mariage, ou
» par toute autre considération qui l'aurait porté
» à léguer, quand même il eût su que la chose ne
» lui appartenait pas. »

« Il est remarquable (dit Furgole) que cette
» loi n'exige que la proximité du légataire, sans
» la comparer à celle de l'héritier, et sans exa-
» miner s'il est plus ou moins proche que le léga-
» taire ; la seule proximité de celui-ci forme une
» présomption légale que le testateur lui aurait
» légué la chose, quand même il aurait connu
» qu'elle appartenait à autrui. »

« Il y a même (ce sont les termes de Serres)
» un arrêt du parlement de Toulouse, du 20 mai
» 1697, rendu au rapport de M. de Polastre, qui
» a jugé que le Legs de la chose d'autrui, fait par
» le testateur à un sien parent, était bon, par la
» présomption résultant de la parenté, quoique
» le légataire fût dans un degré plus éloigné du
» testateur que l'héritier. »

La loi 77, § 8, D. de legatis 2°, paraît contraire à cette doctrine. Un père institue trois enfans, et fait à l'un d'eux un prélegs de divers
fonds qu'il possède, et qu'il croit lui appartenir.
On demande si le légataire, étant évincé de ces
fonds, peut agir en garantie contre ses cohéritiers. Le jurisconsulte Papinien répond que non :
*Evictis prædiis quæ pater qui se dominum esse
crediderit, verbis fideicommissi reliquit, nulla
cum fratribus et coheredibus actio erit.*

Les interprètes ne sont pas d'accord sur la manière
de concilier ce texte avec la loi 10, C. de legatis.

Cujas ne trouve aucune opposition entre l'une
et l'autre : celle-ci, dit-il, assure bien au légataire pour lequel le testateur avait un attachement
particulier, le droit de demander que la chose
d'autrui dont il a disposé en sa faveur, lui soit délivrée ; mais elle ne lui donne pas de garantie en
cas d'éviction ; et la loi 77, § 8, D. de legatis 2°,
prouve que cette garantie n'est pas due par les héritiers.

Mais, répond Catellan, « la décision des lois
» faites en faveur des personnes chéries, à qui des
» Legs de la chose d'autrui ont été faits, produi-
» rait en leur faveur un effet peu considérable, si
» elles refusaient la garantie pour l'éviction de la
» chose léguée, lorsque cette éviction aurait eu
» lieu après la tradition. »

Bartole et quelques autres auteurs croient concilier le texte dont il s'agit, avec la loi 10, C. de
legatis, par la circonstance que, dans l'espèce qui
y est traitée, le testateur avait en sa possession
les fonds prélégués.

Vasquius et Henrys en fondent la décision sur
ce que le légataire n'était pas plus proche parent
du testateur que les héritiers ; et ils en tirent cette
conséquence, rejetée par l'arrêt que nous venons
de rapporter, que, toutes les fois que l'héritier

est au même degré que le légataire, la disposition
de la loi 10, C. de legatis, doit cesser.

« Quoiqu'il y ait du vrai dans ces conciliations
» (dit Furgole), elles sont imparfaites. La loi 10,
» C. de legatis, établit une règle générale ; et la
» loi 77, § 8, D. de legatis 2°, décide une hy-
» pothèse particulière où trois circonstances con-
» courent : la première, qu'il s'agit d'un prélegs;
» la seconde, que le testateur était possesseur et
» se croyait propriétaire des fonds prélégués ; et la
» troisième, que les héritiers étaient tous enfans
» du testateur, de même que le prélégataire. Il faut
» donc dire qu'il n'y a point d'antinomie, et que
» chacun de ces textes doit avoir dans son cas. »

V. l'article *Légataire*, § 6, n° 25.

[[IV. Aujourd'hui, le Legs de la chose d'autrui est nul dans tous les cas : « Lorsque le testa-
» teur (porte l'art. 1021 du Code civil) aura
» légué la chose d'autrui, le legs sera nul, soit
» que le testateur ait connu ou non qu'elle ne lui
» appartenait pas. »

Nous disons qu'un pareil Legs est nul *dans tous
les cas*, et par là, nous comprenons clairement le
Legs de la chose de l'héritier, dans la nouvelle
règle qu'établit cet article ; car la chose de l'héritier est bien certainement la chose d'autrui par
rapport au testateur.

Il est vrai que Justinien, dans ses Institutes,
titre *de legatis*, § 4, semblait ranger le Legs de
la chose de l'héritier dans une classe tout-à-fait
distincte du Legs de la chose d'autrui, lorsqu'il
disait : *Non solum testatoris vel heredis res, sed
etiam aliena legari potest.*

Mais il ne s'exprimait ainsi qu'à raison des distinctions que les lois romaines avaient établies,
au Legs de la chose appartenante à
un tiers, entre le cas où le testateur avait su
qu'elle ne lui appartenait pas à lui-même, le cas
où il l'avait ignoré, et le cas où, l'ayant ignoré,
son légataire se trouvait être un de ses parens ; et
ces distinctions étant aujourd'hui sans objet par la
nullité dont le Code civil frappe indistinctement
tout Legs de la chose d'autrui, il n'y a plus de
raison pour ne pas regarder, en cette matière,
comme chose d'autrui, tout ce qui n'appartient
pas au testateur.

Il y a cependant un arrêt de la cour supérieure
de justice de Bruxelles, du 4 janvier 1817, qui,
après avoir établi qu'un Legs attaqué comme portant sur la chose de l'héritier institué, ne pouvait
pas être annulé sous ce prétexte, attendu que,
dans le fait, c'était au testateur lui-même qu'appartenait la chose léguée, ajoute surabondamment
« qu'au surplus, la prohibition contenue dans
» l'art. 1021 du Code civil, n'est point applicable
» aux biens de l'héritier ou légataire gratifié par
» le testament, mais seulement aux biens d'un
» tiers que l'héritier ou légataire n'est pas tenu,
» suivant cet article, de racheter (1). »

---

(1) Jurisprudence de la cour supérieure de justice de
Bruxelles, année 1817, tome 1er, page 48.

Telle est aussi l'opinion de M. Toullier, dans son *Droit civil français*, liv. 3, tit. 2, chap. 5, n° 517 : « Il existe (dit-il) une grande différence » entre ces deux espèces de Legs. En léguant la » chose d'autrui, je lègue une chose qu'il n'est » pas au pouvoir de mon héritier de donner, à » moins que le propriétaire de là chose ne con- » sente à la vendre. En léguant une chose qui » appartient à mon héritier, je ne lègue que ce » qu'il peut donner, tout aussi bien que les effets » de ma succession. Il n'a pas besoin de l'acheter » pour la donner ; et, par cette raison, les lois » romaines déclaraient le Legs valide, sans exa- » miner si le testateur avait ou n'avait pas su que » la chose ne lui appartenait point. »

C'était ainsi, en effet, que raisonnaient les lé- gislateurs romains. « Les testateurs (disaient-ils » dans la loi 67, § 8, D. *de legatis* 2°) sont plus » faciles à léguer leurs propres choses qu'à imposer » à leurs héritiers l'obligation d'acheter les choses » d'autrui pour les délivrer aux légataires ; et voilà » pourquoi l'on présume qu'ils n'ont pas eu l'in- » tention de grever leurs héritiers de charges aussi » onéreuses, lorsqu'il n'est pas prouvé qu'ils sa- » vaient n'être pas propriétaires des biens qu'ils lé- » guaient. Or, cette raison cesse quand l'héritier » est lui-même propriétaire des objets légués par » le testateur. Le Legs doit donc, en ce cas, avoir » indistinctement son effet. »

Mais, pour que ce raisonnement eût été parfaite- ment juste, il eût fallu que le Legs de la chose d'autrui, lorsqu'il était valable, emportât pour l'héritier l'obligation absolue d'acheter cette chose, et de l'acheter à tout prix, pour la délivrer au lé- gataire. On concevrait très-bien, dans cette hypo- thèse, que la validité d'un pareil Legs dépendît du point de savoir si le testateur savait ou ne sa- vait pas que c'était la chose d'autrui qu'il léguait, et il eût été tout naturel de laisser sans effet la dis- position du testateur qui, en léguant la chose d'au- trui croyait ne léguer que sa propre chose ; parce qu'on n'eût pas pu présumer qu'il eût voulu im- poser à son héritier une charge dont l'accomplis- sement pouvait être, ou moralement impossible, ou dispendieux au-delà de toute prévoyance et de tout calcul. Or, il s'en fallait de beaucoup que telle fût l'obligation résultant du Legs de la chose d'autrui, lorsqu'il était valable : l'héritier en était quitte pour la valeur de l'objet légué, non-seule- ment lorsqu'il ne pouvait pas en déterminer le pro- priétaire à le lui vendre à un prix quelconque, non-seulement lorsque le propriétaire en exigeait un prix excessif, mais même lorsque, pouvant l'a- cheter à juste prix, l'héritier s'y refusait (1) Qu'y

avait-il, dès-lors, dans le Legs de la chose d'au- trui, de plus onéreux pour l'héritier que dans le Legs de la valeur d'un bien appartenant au testa- teur ? Rien, évidemment rien. Mais d'après cela, qu'importait, pour la validité du Legs de la chose d'autrui, que le testateur eût ou ne sût pas à qui cette chose appartenait ? Dès qu'il n'y avait de lé- gué, dans les deux cas, que la valeur de cette chose, le testateur ne pouvait avoir aucune raison pour être plus ou moins difficile à léguer cette va- leur dans l'un que dans l'autre cas.

Il n'y avait donc qu'une incohérente subtilité dans la différence que mettaient les jurisconsultes romains entre ces deux cas. Il eût été beaucoup plus sage, ou de déclarer indistinctement valable le Legs de choses non appartenantes au testateur, ou de l'annuler dans tous les cas ; et de ces deux partis, le Code civil ayant pris le second, il ne reste plus de prétexte pour excepter de sa disposi- tion le Legs de la chose de l'héritier.

Aussi la cour supérieure de justice de Bruxelles qui, en 1817, avait, comme on l'a vu tout-à- l'heure, jugé valable le Legs de la chose de l'héri- tier, s'est-elle déterminée plus récemment à le ju- ger nul par un arrêt dont voici l'espèce :

Le 7 août 1790, contrat de mariage entre Jean- Baptiste Boutefeu et Marie-Josephe Despret, par l'art. 3 duquel il est conditionné que la future » épouse aura la jouissance, sa vie durant, des » biens de patrimoine, et pour tels réputés, du » futur conjoint, dans quels lieux ils puissent être » situés, en cas qu'il n'y ait génération dudit futur » mariage, pour, après le trépas de la future épouse, » lesdits biens retourner aux plus proches parens » dudit futur époux. »

Jean-Baptiste Boutefeu meurt sans enfans, en 1812, après avoir fait un testament par lequel,

1°. Il institue pour son héritière universelle Marie-Josephe Despret, son épouse, à laquelle il donne et lègue la généralité de tous ses biens meu- bles et immeubles qu'il laissera au jour de son dé- cès, pour par elle en jouir, savoir : des meubles et objets mobiliers, en toute propriété et des im- meubles en usufruit seulement, sauf quarante ares de courtil……; plus trente ares environ de terre…; finalement quarante un ares de terre…, des- quelles trois parties elle jouira en toute propriété ;

» 2° Il lègue à sa nièce, Marie-Thérèse Bache- lart, sa maison de résidence, grange, écurie, bâ- timens, jardin potager et courtil y contigu, con-

---

(1) *Res aliena legari potest, ita ut heres cogatur redimere eam et præstare, vel si eam non potest redimere, æstimationem ejus dare.* § 4, Inst. *de legatis.*
Qui confitetur se quidem debere, justam autem causam affer cur utique præstare non possit, audiendus est ; ut puto, si aliena res legata sit, negetque dominum eam vendere vel

immensum pretium ejus rei petere affirmet. Loi 71 ,3, D. *de legatis* 1°.
Sed si cui legatum relictum est, ut alienam rem redimat vel præstet, si redimere non possit, quod dominus non vendat, vel immodico pretio vendat, justam æstimationem inferat. Loi 14, § 2, D. *de legatis* 3°.
Si ædes alienas legari damnatus sis, neque eas ulla con- ditione emere possis, æstimare judicem oportet, Atteius scri- bit, quanti ædes sint, ut pretio soluto, heres liberetur Loi QUÆ JURIS EST, ET SI CUM POTUISSES EMERE, NON EMERES. Loi 30, § 6, D. cod. tit.

tenant environ quarante ares... ; plus trente ares environ de courtil....., *pour par elle en jouir en toute propriété, à dater dudit jour de son décès ;*

» 3°. Il révoque tous autres testamens, donations et dispositions qu'il pourrait avoir faits antérieurement à ces présentes, auxquelles seules il s'arrête comme étant ses dernières intentions. »

Marie-Thérèse Bachelart, assistée de son mari, fait assigner Marie-Josephe Despret, remariée à Basile Mairesse, devant le tribunal de première instance de Charleroi, en délaissement des immeubles qui lui sont légués.

Marie-Josephe Despret acquiesce à cette demande en ce qui concerne la nue propriété, mais elle la conteste en ce qui concerne l'usufruit ; et elle soutient que cet usufruit lui était acquis en vertu de son contrat de mariage du 7 août 1790 ; que le testateur, en le comprenant dans le Legs qu'il a fait à Marie-Thérèse Bachelart, a disposé d'une chose qui ne lui appartenait point, et que par conséquent le Legs est nul, à cet égard, d'après l'art. 1021 du Code civil.

Marie-Thérèse Bachelart réplique

Que l'art. 1021 du Code civil n'est point applicable au Legs de la chose de l'héritier ou du légataire ; qu'il n'entend par *chose d'autrui* que ce qui n'appartient ni au testateur ni à l'héritier, mais à un tiers ;

Qu'il n'est même pas vrai de dire que le testateur, en disposant de l'usufruit litigieux, ait légué une chose appartenante à son héritière ou légataire à titre universel ; que Marie-Josephe Despret n'avait droit à cet usufruit qu'après la mort de son mari, et *en cas de non génération* ; qu'ainsi, au moment du testament, Boutefeu avait la pleine propriété de ses biens, et que, par conséquent, il disposait de sa propre chose ;

Qu'au surplus, la veuve Boutefeu doit opter entre son contrat de mariage et le testament de son défunt époux ; qu'elle ne peut cumuler les avantages qui résultent de l'un et de l'autre, sans acquitter les charges dont est grevé son Legs à titre universel ; que ce Legs doit être censé fait en compensation de la portion d'usufruit dont le testateur a disposé en faveur de sa nièce ; et qu'enfin sa veuve, en recueillant les avantages de ce Legs, a virtuellement renoncé à cette même portion d'usufruit.

Le 31 juillet 1819, jugement qui ordonne à la veuve Boutefeu de déclarer, dans l'espace de huit jours, si elle entend s'en tenir aux avantages qui lui ont été assurés par ses conventions matrimoniales, ou bien à ceux qui ont été faits par le testament de son mari.

La veuve Boutefeu ne satisfait point à cet interlocutoire.

En conséquence, le 29 janvier 1820, jugement définitif par lequel,

« Considérant que le droit assuré à la dame Mairesse (veuve Boutefeu) par contrat de mariage avec feu son mari, à l'usufruit de tous les biens de celui-ci n'était qu'un droit éventuel qui ne dé-

pouillait point le mari de la propriété ni de la jouissance, et qu'en conséquence il n'est pas vrai qu'en disposant, par son testament, de la propriété d'une partie de ses biens, en faveur d'une tierce personne, il ait disposé du bien d'autrui ;

» Considérant que, par son testament, le même Boutefeu a disposé en faveur de son épouse de la propriété de quelques biens ; que celle-ci en acceptant ce Legs de propriété, s'est soumise à l'exécution du testament pour la jouissance d'une autre partie léguée en toute propriété à la demoiselle Bachelart ; et que le refus fait par ladite dame Mairesse de s'expliquer conformément au jugement du 31 juillet 1819, indique assez qu'elle regarde le testament de son premier époux comme lui étant plus avantageux que son contrat de mariage ;

» Par ces motifs, le tribunal condamne les défendeurs à laisser suivre aux demandeurs la propriété et *jouissance* de la maison de résidence de feu Jean-Baptiste Boutefeu, avec grange, écurie, etc. »

La veuve Boutefeu appelle de ces deux jugemens ; et le 17 octobre 1821, arrêt qui,

« Attendu qu'il a été formellement stipulé par le contrat de mariage passé entre Jean-Baptiste Boutefeu et l'appelante Marie-Josephe Despret, le 7 août 1790, devant les hommes de fief du pays et comté de Hainaut, dans la ville de Chimay, *que la future épouse aurait la jouissance, sa vie durant, des biens de patrimoine, et pour tels réputés, du futur conjoint, dans quels lieux ils puissent être situés, au cas qu'il n'y ait pas génération dudit futur mariage ;*

» Attendu que les biens immeubles de l'usufruit desquels il s'agit, étaient situés dans le ressort des coutumes générales du bailliage de Vermendois, et que ledit Boutefeu a eu le pouvoir, aux termes de ces coutumes, de disposer de l'usufruit des biens prémentionnés au profit de l'appelante, par leur contrat anténuptial prérappelé ;

» Attendu qu'il est de principe, que le lien qui dérive d'une convention conditionnelle, ne peut pas plus être rompu par les parties, que celui qui a son origine dans une convention pure, et que lorsque la condition arrive, elle a un effet rétroactif au temps du contrat ; et qu'ainsi le droit qui résulte d'une convention matrimoniale conditionnelle, lorsque la condition existe, est censé avoir été acquis dès l'instant du mariage. (Lois 18 et 144, § 1, D. *de regulis juris* ; 11, D. *qui potiores in pignore* ; 8, D. *de periculo et commodo rei venditæ*) ;

» Attendu que l'art. 1021 du Code civil statue, en termes généraux et indéfinis, sans aucune exception, que le Legs de la chose d'autrui est nul, soit que le testateur ait reconnu ou non qu'elle ne lui appartenait pas ; de sorte qu'il est évident que le Legs de la chose de l'héritier qui, selon le droit romain, était valable, encore que le testateur n'eût pas connu qu'elle ne lui appartenait pas, est compris dans la règle générale consacrée dans l'article précité, laquelle imprime, dans tous les cas, le caractère de nullité au Legs de la chose d'autrui ;»

sous laquelle expression générique est évidemment comprise la chose de l'héritier;

» Attendu que les lois 198, D. *de bonorum possessione secundum tabulas*, 6, § 2, D. *de heredibus instituendis*, et 49, § 1, *eod. tit.*, consacrent le principe élémentaire, qu'il y a deux époques à considérer pour régler le sort des dispositions de dernière volonté, celle de la confection du testament, et celle de la mort du testateur; d'où il suit que le Legs de la pleine propriété des biens immeubles dont il s'agit, laissé à l'intimée par le testament dudit Jean-Baptiste Boutefeu, son oncle, reçu par le notaire Pierson, à Chimay, le 3 mai 1812, lequel renferme aussi un Legs à titre universel au profit de l'appelante, est entaché d'une nullité radicale, quant à l'usufruit desdits biens, stipulé en faveur de ladite appelante par le contrat de mariage sus-mentionné; d'autant que la condition à laquelle cette stipulation d'usufruit était subordonnée, a existé au moment du décès dudit Boutefeu arrivé sans qu'il y eût génération de son mariage avec ladite appelante, et que le moment de la mort est compté dans la vie; et qu'en conséquence, la chose léguée n'a pas appartenu audit Boutefeu au temps de son décès, par la raison que l'usufruit appelé en droit *usufructus causalis*, c'est-à-dire, celui qui est réuni à la propriété, ne se trouvait pas alors dans sa personne, l'usufruit nommé en droit *usufructus formalis*, c'est-à-dire, celui qui est séparé de la propriété, étant alors constitué dans le chef de l'appelante, en vertu de la susdite stipulation, d'après la maxime, *purificata conditione*, *purificatur actus*, avec un effet rétroactif au temps du contrat, ainsi qu'il a été dit;

» Attendu qu'il est notoire en droit, que l'héritier institué qui a *adié* (accepté) l'hérédité, n'est pas assujetti à l'accomplissement des dispositions irrégulières ou illégales du testateur, lorsqu'il ne les a pas reconnues et approuvées de son propre mouvement, d'autant que la loi 55, D. *de legatis* 1°, dit nettement, sans aucune distinction, que le pouvoir du testateur doit toujours être soumis à la puissance de la loi, à laquelle il ne peut se soustraire; *nemo postest in testamento suo cavere ne leges in suo testamento locum habeant;* que ce n'est pas seulement quand il s'agit du droit public que cette règle doit être suivie, mais encore quoique les lois n'aient pas le bien ou le droit public pour objet (loi 27 D. *ad legem falcidiam*); que, d'autre part, le quasi-contrat qui intervient dans l'adition d'hérédité entre l'héritier et les légataires, lequel est le principe des obligations qu'il contracte envers eux, et qui est une créature de la loi, ne peut évidemment pas faire naître en lui l'obligation d'accomplir des Legs que la loi elle-même frappe de nullité; qu'au surplus, il est certain que, sous l'empire du Code civil, l'exécution du testament n'emporte approbation que relativement aux vices qui tiennent à la forme;

» Attendu que les intimés n'ont pas vérifié ni même articulé, que l'appelante ait reconnu et approuvé de son propre mouvement le Legs de l'usufruit dont il s'agit;

» Attendu qu'il résulte de tout ce qui précède, que, lors même que l'appelante eût accepté le Legs à titre universel dont elle est gratifiée par le testament de son premier mari Jean-Baptiste Boutefeu, et quoiqu'en qualité de légataire à titre universel, elle fût tenue d'acquitter le Legs pour sa part et portion héréditaire, elle ne serait toutefois pas obligée à la prestation de Legs de l'usufruit dont il s'agit, et que, par une suite ultérieure, elle a le droit de cumuler le susdit Legs à titre universel, et l'usufruit des biens immeubles dont il est question;

» Statuant sur l'appel du jugement du 29 janvier 1820, met ce jugement au néant; émendant, déclare les intimés non fondés dans leurs conclusions introductives d'instance; moyennant quoi vient à cesser l'appel du jugement du 31 juillet 1819; condamne lesdits intimés aux dépens des deux instances (1). »

Le principe de la nullité du Legs de la chose de l'héritier, sous le Code civil, a encore été proclamé par deux arrêts rendus, l'un par la cour royale de Paris, l'autre par la cour de cassation, dans l'espèce suivante.

En 1811, le sieur Roland, propriétaire par indivis avec sa femme, d'une rente perpétuelle de 1,200 francs qui leur avait été léguée conjointement en 1809 par le sieur de Courbeton, fait un testament par lequel il la lègue en totalité à ses héritiers *ab intestat*, à la charge d'en laisser l'usufruit à son épouse qui y avait droit par leur contrat de mariage, et qu'il institue d'ailleurs sa légataire universelle.

Après la mort du testateur, le sieur Loiseau, cessionnaire des héritiers *ab intestat*, demande à la veuve, légataire universelle, la délivrance, en propriété nue, du Legs de la rente de 1,200 fr.

La veuve répond, le testament du sieur de Courbeton à la main, que son mari n'était propriétaire que de la moitié de cette rente; que c'est à elle qu'appartient l'autre moitié; et que, d'après l'art. 1021 du Code civil, le Legs est nul quant à celle-ci.

Le sieur Loiseau réplique que la veuve étant légataire universelle du testateur, la moitié qu'elle a, de son chef, dans la rente léguée par lui à ses héritiers *ab intestat*, ne peut pas, aux termes mêmes des Institutes de Justinien, être considérée comme la chose d'autrui; que la disposition de l'art. 1021 du Code civil n'est donc pas applicable à l'espèce, et que la doctrine enseignée à cet égard par M. Toullier, ne peut être combattue par aucune raison solide.

Le 17 juillet 1819, jugement du tribunal de première instance du département de la Seine, qui déclare le Legs nul, quant à la moitié qui appar-

(1) Jurisprudence de la cour supérieure de justice de Bruxelles, année 1821, tome 2, page 157.

tient à la veuve Rolland, dans la rente léguée par son mari à ses héritiers *ab intestat*;

« Attendu que les termes de l'art. 1021 du Code civil sont généraux; et qu'ainsi, dans le sens de cet article, le Legs que le testateur fait de la chose de son héritier ou de son légataire, soit qu'il ait ou non ignoré que cette chose ne lui appartenait pas, est *le Legs de la chose d'autrui*; qu'un pareil Legs ne pourrait *être valable qu'autant qu'il serait fait comme charge expresse de l'hérédité ou du Legs principal*;

» Attendu, en fait, que Rolland, en léguant à ses héritiers, par le testament qui institue son épouse sa légataire universelle, la rente de 1,200 fr., au capital de 24,000 francs dont il s'agit, a énoncé cette rente comme étant sa propriété personnelle en totalité, quoiqu'elle appartienne pour moitié à son épouse; et que, dès-lors, il a légué la chose d'autrui;

» Attendu qu'il n'a point exprimé que le Legs particulier était une condition du Legs universel. »

Appel de ce jugement de la part du sieur Loiseau; mais par arrêt du 7 juin 1820, la cour royale de Paris, « adoptant les motifs des premiers juges, » met l'appellation au néant. »

Le sieur Loiseau se pourvoit en cassation, mais sans succès; son recours est rejeté par arrêt de la section des requêtes, du 19 mars 1822, « attendu » que l'arrêt, loin d'avoir violé ou mal interprété » l'art. 1021 du Code civil, en a fait, au con-» traire, la plus juste application (1). »

On voit qu'en motivant spécialement leur décision sur la circonstance que le testateur Rolland n'avait point exprimé que *le Legs particulier était une condition du Legs universel*, le tribunal de première instance et la cour royale avaient, sinon reconnu implicitement que le Legs de la chose de la légataire universelle eût été valable, s'il eût été fait sous la forme d'une condition imposée à celle-ci, avaient au moins insinué que, dans cette hypothèse, la question eût souffert plus de difficulté.

Et en effet, la légataire universelle convenait elle-même dans sa défense, que le Legs de la chose de l'héritier, ou même d'un tiers, est valable, *lorsque le testateur en a fait l'objet d'une condition à laquelle il a subordonné l'effet de son institution d'héritier, ou de son Legs universel*; et elle ajoutait que cela avait été ainsi jugé par un arrêt de la cour d'appel de Turin, du 26 août 1806, rapporté dans la *Jurisprudence de la cour de cassation*, tome 6, partie 2, page 778.

Mais elle se trompait sur ce dernier point. Dans l'espèce de l'arrêt cité de la cour d'appel de Turin, il s'agissait du Legs qu'un testateur avait fait à sa femme de l'usufruit d'une maison appartenant à l'héritier qu'il avait institué; et le testateur n'avait pas dit : *j'institue un tel mon héritier, s'il consent à laisser ma femme jouir pendant sa vie de l'usufruit de sa maison*; il avait dit simple-

(1) Journal des audiences de la cour de cassation, année 1822, page 207.

5e. TOME IX.

ment : *je charge mon héritier de laisser jouir ma femme de sa maison tout le temps qu'elle vivra*. Le Legs n'était donc pas une *condition*, mais seulement *une des charges* de l'institution d'héritier. Aussi n'est-ce qu'en le considérant comme tel, que la cour d'appel de Turin l'a jugé valable.

A-t-elle bien jugé à cet égard? Nous osons penser que non.

Si l'on admet que, pour valider le Legs de la chose de l'héritier, il suffit de le revêtir de la forme d'une charge, il faut de toute nécessité admettre aussi qu'il suffit de revêtir de la même forme le Legs de la chose que le testateur sait appartenir à un tiers, pour le soustraire à la nullité dont l'art. 1021 frappe indistinctement tout Legs de la chose d'autrui.

Mais alors que devient la disposition de l'article 1021? Rien qu'une loi ridicule. Quelle différence y a-t-il, en effet, entre dire : *Je lègue à Pierre telle maison appartenant à Paul*, ou bien : *je charge mon héritier d'acheter de Paul telle maison et de la livrer à Pierre*? Aucun, si ce n'est que, dans la seconde formule, le testateur exprime en toutes lettres ce qu'il sous-entend nécessairement dans la première. Et l'on voudrait que, par l'emploi de la seconde formule, le testateur eût fait valablement ce qu'il n'aurait pas pu faire par l'emploi de la première! Disons-le franchement, c'est insulter au législateur que de lui prêter une distinction aussi absurde.

Mais reste la question de savoir comment on doit prononcer, lorsque le Legs, soit de la chose de l'héritier, soit de la chose d'un tiers, est fait en forme de condition, ou, en d'autres termes, lorsque le testateur a dit : *j'institue Pierre mon héritier, s'il donne à Paul la maison de Jacques ou la sienne propre.*

Si cette condition est une de celles qu'il est libre à tout testateur d'imposer à l'héritier ou légataire universel qu'il institue, nul doute qu'elle place l'institué dans l'alternative de renoncer à son institution, ou d'exécuter le Legs dont il s'agit.

Mais ne doit-elle pas, d'après l'art. 900, être réputée non écrite comme contraire à la loi, c'est-à-dire à l'art. 1021?

On verra au nº suivant, que j'ai énoncé l'affirmative comme constante, dans des conclusions du 17 janvier 1811; et je n'aperçois encore aujourd'hui rien qui puisse être efficacement opposé à cette opinion.

La disposition de l'art. 900 est-elle limitée aux conditions qui sont contraires aux lois d'ordre public? Non : il est généralement reconnu qu'elle porte également sur les conditions contraires aux lois d'intérêt privé. Ainsi, vainement un testateur apposerait-il à l'institution qu'il ferait d'un légataire universel, la condition de ne pas accepter sa succession sous bénéfice d'inventaire, ou celle de ne pas disposer lui-même par testament des biens qu'il lui laisse : ces conditions seraient incontestablement tenues pour *contraires aux lois*, et l'instilution serait exécutée comme si elles n'y eussent pas été apposées.

Et pourquoi n'en serait-il pas de même de la condition de donner la chose d'autrui ? Que fait l'art. 1021, en déclarant nul le Legs de la chose d'autrui, *soit que le testateur ait connu ou non qu'elle ne lui appartenait pas ?* Bien certainement il prohibe cette sorte de Legs. Faire un pareil Legs, c'est donc contrevenir à l'art. 1021. Le Legs de la chose d'autrui est donc *contraire à la loi* que renferme cet article. Faire du Legs de la chose d'autrui la condition d'une institution d'héritier, c'est donc imposer à cette institution une condition que l'art. 900 répute non écrite.

D'ailleurs, comme le remarque très-bien M. Maleville sur l'art. 1021, « cet article est lié » avec l'art. 1599, qui dit aussi que la vente de la » chose d'autrui est nulle; » et c'est ce qu'explique parfaitement M. Grenier, dans son *Traité des donations*, n° 319 ; les dispositions des lois romaines concernant le Legs de la chose d'autrui, dit-il, « étaient liées à celle qui avait lieu, d'après » les mêmes lois, relativement à la vente. On » pouvait vendre la chose d'autrui, au moins dans » le sens qu'on était garant de la vente, et que, » si le vendeur ne pouvait délivrer la chose ven- » due, il devait des dommages-intérêts à l'acqué- » reur. Mais notre législation ayant réformé cette » ancienne jurisprudence relativement à la vente, » ainsi qu'on peut le voir dans l'art. 1599 du » Code, ce qui était revenir à des idées plus saines » et plus morales, il était dans l'ordre qu'il en fût » de même pour le Legs. »

Or, si je faisais avec vous un marché sous la condition que vous me vendriez dans tel délai, et moyennant tel prix, tel immeuble appartenant à Pierre, ce marché serait-il obligatoire pour moi, et pourriez-vous m'en demander l'exécution, en achetant et en offrant de me vendre, dans le délai convenu, l'immeuble dont vous n'étiez pas propriétaire lorsque nous avons traité ensemble ? Non, évidemment non : là s'appliquerait l'art. 1172, aux termes duquel *toute condition prohibée par la loi, est nulle et rend nulle la convention qui en dépend.*

Donc et par la même raison, l'art. 900 doit s'appliquer également au legs de la chose d'autrui, lorsqu'il forme la condition d'une institution d'héritier.

Aussi M. Toullier, qui, après avoir soutenu la validité du Legs de la chose de l'héritier en thèse générale, se rabat à dire qu'*il est du moins certain que ce Legs serait valide, s'il était fait en forme de condition*, se garde-t-il bien de faire l'application de cette doctrine au cas où un testateur s'exprimerait ainsi : *j'institue Paul mon héritier, s'il donne sa maison à Charles ;* il ne l'applique qu'au cas où le testateur dirait : *je veux que Paul, mon héritier, donne sa maison à Charles ; et s'il ne la donne pas, je donne à celui-ci tous mes biens, ou telle partie de mes biens.* Mais pourquoi, dans cette hypothèse, l'héritier institué serait-il tenu, ou de donner sa maison à Charles, ou de lui laisser prendre, soit tous les biens, soit telle partie des biens du testateur ? Parce qu'à la vérité, il peut se jouer de la condition que lui a imposée le testateur de donner sa maison à Charles, et dire qu'étant contraire à la loi, elle est réputée non écrite : mais que Charles partira de la même pour répondre que, cette condition étant écartée, il ne reste dans la disposition du testateur qui le concerne, qu'un Legs pur et simple de tous ses biens, ou de telle partie de ses biens, et que, par conséquent, si l'héritier veut profiter de la nullité de la condition, pour se dispenser de lui donner sa maison, il faut qu'il lui abandonne le Legs que le testateur a inutilement subordonné au cas où la condition ne serait pas accomplie.

Au surplus, de ce que, sous le Code civil, le Legs de la chose d'autrui est nul dans tous les cas, s'ensuit-il qu'un testateur ne peut pas valablement léguer la part qu'il a dans une chose commune et indivise ? Peut-on dire qu'il est alors censé léguer la chose d'autrui, parce qu'il peut arriver, par l'effet du partage, que l'objet légué ne tombe pas dans son lot ?

Les héritiers de Jeanne Delattre, veuve Lecomte, ont soutenu l'affirmative, en 1815, devant le tribunal de première instance de Metz, au sujet d'un Legs qu'elle avait consigné, en ces termes, dans son testament, le 11 juin 1813 : « je donne et » lègue au sieur Dominique Lecomte, propriétaire, » demeurant à Trouville, fils du premier mariage » du sieur François Lecomte, mon mari défunt, » les deux chambres qui font partie de ma mai- » son, avec les cabinets de derrière et les deux » greniers au-dessus... ; plus l'usoir de devant, et » de la largeur desdites deux chambres ; plus » encore ma part dans les ruches que nous possé- » dons ensemble à l'extrémité de nos jardins ; je lui » donne aussi ma part dans les ruches de miel qui » s'y trouvent. »

Assignés en délivrance de ce legs, les héritiers de la testatrice ont prétendu que la nullité en était prononcée par l'art. 1021 du Code civil : léguer une portion déterminée dans une chose indivise (ont-ils dit), c'est bien léguer la chose d'autrui, puisque le partage peut faire tomber cette portion dans le lot du copropriétaire du testateur. Un pareil Legs est donc nécessairement nul, et il ne faut pas même, pour le juger tel, attendre l'issue du partage : il suffit, pour le vicier dès son principe, que la chose qui en est l'objet soit, par l'état d'indivision où elle se trouve, exposée à être un jour réputée ne lui avoir jamais appartenu. Il est d'ailleurs écrit textuellement dans l'art. 1860 du Code que *l'associé qui n'est pas administrateur, ne peut engager les choses, même mobilières, qui dépendent de la société.* Or, l'indivision établit une véritable société entre les copropriétaires ; et si l'un des copropriétaires ne peut pas engager le bien commun, à plus forte raison ne peut-il pas en disposer.

Il était impossible d'imaginer un système plus

absurde ; aussi a-t-il été proscrit par un jugement du 20 mai 1815, et sur l'appel, ce jugement a été confirmé par un arrêt de la cour royale de Metz, du 30 mars 1819,

« Attendu qu'il a été dérogé à l'ancienne jurisprudence par l'art. 1021 du Code civil ;

» Que Jeanne Delattre a légué une partie d'une maison dont elle était propriétaire par indivis avec son petit-fils ; qu'en cette qualité de propriétaire par indivis, elle avait des droits sur la totalité et sur chaque partie de la chose ; qu'il pouvait arriver que par l'effet du partage, la partie par elle léguée devînt sa propriété ; qu'ainsi, l'on ne peut pas dire qu'elle ait légué la chose d'autrui, et d'autant que ce dont elle a disposé, ne formait pas la moitié de ce qui lui appartenait dans la totalité ;

» Que l'art. 1423 du Code civil a consacré cette distinction, puisqu'il porte que, si le mari a donné par testament un effet de la communauté, le donataire ne peut le réclamer en nature qu'autant que l'effet, par l'évènement du partage, tombe au lot des héritiers du mari ; que cet article ajoute que, si l'effet ne tombe point au lot de ses héritiers, le légataire a la récompense de la valeur totale de l'effet donné sur la part des héritiers du mari dans la communauté et sur les biens personnels de ce dernier ;

» Que ce que la loi a réglé par rapport au mari qui dispose par testament d'un effet de la communauté, doit s'appliquer à tout propriétaire par indivis ; que la seule différence qui existe entre l'un et l'autre, c'est que le mari peut disposer de la totalité d'un immeuble, parce que, y ayant communauté, les autres biens peuvent compenser la valeur de cet immeuble, au lieu que le simple propriétaire par indivis ne peut disposer que de la part qui lui appartient dans l'immeuble, puisqu'il n'y a pas communauté d'autres choses ; que d'ailleurs les droits sont les mêmes ;

» Que, si l'on ne peut contester au propriétaire par indivis celui de disposer de sa part dans la chose, on ne peut non plus lui contester celui de disposer d'une portion déterminée de la chose, si elle n'excède pas sa part, parce qu'il est possible que cette portion déterminée tombe dans le lot de ses héritiers ; que, si le contraire arrive, ou si les experts décident que la chose n'est pas partageable, il faut, conformément à l'art. 1428 du Code civil, que la volonté du testateur s'exécute autant que possible, en indemnisant le légataire de la valeur de la chose à lui léguée ;

» Qu'à la vérité, l'art. 1860 du Code porte que l'associé qui n'est point administrateur, ne peut aliéner ni engager des choses, même mobilières qui dépendent de la société ; mais que cet article dont les héritiers se sont prévalus, ne paraît pas être applicable à la question ; qu'il n'y a aucune analogie entre des associés commerçans et des copropriétaires d'une chose par indivis ; qu'il y a de très-fortes raisons d'empêcher des associés qui ne sont pas administrateurs, de disposer de choses dépendantes de la société, et qu'il n'y en a point pour empêcher le copropriétaire de disposer de sa part dans la chose indivise ; que toutes les choses dépendantes de la société sont affectées aux charges de cette même société, exclusivement aux charges qui peuvent grever chaque associé en particulier (1). »

L'arrêt aurait pu ajouter que l'art. 1860 n'empêche même pas l'associé non administrateur d'aliéner à son préjudice personnel et au préjudice de ses héritiers, la part qu'il a dans les choses dépendantes de la société, et à plus forte raison, d'en disposer par testament.

V. Quel est, sous le Code civil, l'effet des Legs que le testateur fait de sa propre chose, dans le cas où serait contesté celui qu'il fait de la chose d'autrui ? Est-il, par là, censé léguer sa propre chose, dans le cas où le Legs qu'il fait de la chose d'autrui, serait annulé ? Les héritiers du testateur qui n'ont ni contesté, ni fait annuler le Legs de la chose d'autrui, sont-ils tenus de délivrer le Legs de sa propre chose en remplacement du Legs de la chose d'autrui que le propriétaire de cette chose a refusé d'exécuter ?

Le général Rioult-d'Avenay possédait, pour toute fortune, un majorat en Westphalie qu'il tenait de la munificence du chef de l'état, ses équipages et des capitaux de la valeur d'environ 65,000 francs.

Le 24 avril 1808, il fit un testament olographe ainsi conçu :

« Je déclare, par le présent, que mon intention et dernière volonté est, en cas de mort, donner à Aimar de Gonneville, mon aide-de-camp, pendant sa vie durante seulement, la jouissance des biens que le chef du gouvernement m'a donnés dans le royaume de Westphalie, ou tout autre qui y serait substitué ; après le décès dudit Gonneville, lesdits biens retourneront à mes héritiers directs ou collatéraux.

» Je donne du plus audit sieur Gonneville, en toute propriété, le plus beau cheval de mon écurie tout enharnaché ; de plus 3,000 francs pour son entretien. J'entends encore et déclare que, sur mes économies, dont est dépositaire M.... à Paris, ou tout autre, il soit donné à chacun de mes quatre cousins, ses enfans, Henri, Georges, Ernest et Amédée, chacun, dis-je, 3,000 francs, pour en être disposé par eux à leur gré et comme gage de mon souvenir et de mon amitié. Je donne également à chacun de mes domestiques, présens près de moi et à mon service à l'armée ou en garnison, lors de ma mort, chacun 1,500 francs une fois payés ; et de plus à mon valet de chambre tous mes nankins et linges que j'aurai avec moi à l'armée, le reste de mes uniformes et armes devant être reconduits à ma famille.

» M. Aimar de Gonneville sera chargé de l'exé-

_____

(1) Jurisprudence de la cour de cassation, tome 19, partie 2, page 50.

de l'usufruit, comme de la propriété, de biens réversibles au domaine extraordinaire de la couronne. Mais si cette condition est regardée comme non écrite, si elle est censée ne pas exister, que reste-t-il dans le testament? Un Legs pur et simple des économies du testateur. C'est donc comme si le testateur avait légué purement et simplement ses économies; et certainement s'il les avait ainsi léguées en termes exprès, ses héritiers n'auraient aucun prétexte pour en refuser la délivrance au légataire.

» Il est vrai, et nous croyons l'avoir démontré, que le Legs des économies n'est pas simplement conditionnel, mais véritablement pénal. Il est vrai encore que, dans le droit romain, il y avait cette différence entre la disposition pénale et la disposition simplement conditionnelle, que, si la condition était contraire aux lois, on la regardait comme non écrite, sans que la disposition qu'elle modifiait en souffrît aucune atteinte; au lieu que, si la loi prohibait le fait auquel la peine était attachée, la disposition pénale était nulle pour le tout; et que telle était la décision expresse de la loi 1, C. *de his quæ pœnæ nomine.*

» Mais, d'une part, en jugeant que le Legs des économies n'était point purement pénal, en jugeant que ce Legs devait être considéré comme subordonné à la condition de la nullité du Legs de l'usufruit du majorat, la cour de Caen n'a violé aucune loi, et n'a commis qu'une erreur d'interprétation.

» De l'autre, la loi 1, C. *de his quæ pœnæ nomine,* n'a plus parmi nous d'autorité législative; et dès-là, quand même la cour de Caen aurait appliqué au Legs purement pénal la disposition de l'art. 900 du Code civil, on ne pourrait pas encore l'accuser d'avoir violé cet article. Car tout Legs pénal est essentiellement conditionnel; et le général Rioult-d'Avénay a fait un Legs conditionnel, par cela seul qu'il a fait un Legs pénal, lorsqu'il a donné ses économies, en cas que ses héritiers contestassent le Legs de l'usufruit de son majorat.

» Ainsi, en dernière analyse, la cour de Caen a souverainement mal jugé; mais les lois qui nous régissent, n'ont reçu par son arrêt aucune espèce d'atteinte; et il n'appartient pas à la cour de cassation de réformer des erreurs qui ne vont pas jusqu'à violer les lois. »

» Nous estimons en conséquence qu'il y a lieu de rejeter la requête des demandeurs, et de les condamner à l'amende de 150 francs. »

Arrêt du 17 janvier 1811, au rapport de M. Vergès, par lequel,

« Considérant, sur le premier moyen, que la cour dont l'arrêt est attaqué n'a pas validé le Legs de la chose d'autrui; que par conséquent l'art. 1021 du Code civil n'a pas été violé; considérant, sur le second moyen, que l'arrêt attaqué n'a maintenu aucune condition impossible ni contraire aux mœurs; que par conséquent l'art. 900 du même Code est ici sans application;

« Considérant, sur le dernier moyen, que la cour dont l'arrêt est attaqué, n'a fait qu'interpréter le testament dont il s'agit au procès, et que cette interprétation était essentiellement dans les attributions de ladite cour;

» La cour rejette le pourvoi du sieur Rioult de Villaunay..... »]]

§ IV. *Quel est l'effet du Legs d'une chose qui ne se trouve ni dans le patrimoine du testateur, ni dans celui d'une autre personne désignée?*

Il ne s'agit pas ici des choses qui consistent en quantité, comme l'argent, le blé, le vin, etc.; nous avons indiqué ci-devant, sect. 2, § 2, n° 5, les cas où le défaut d'existence de ces choses vicie les Legs qui en sont faits. C'est des corps certains et des espèces déterminées que nous avons à parler en ce moment.

Lorsqu'un testateur a légué des choses de cette nature, et qu'elles ne se trouvent, ni dans son patrimoine, ni dans celui d'une certaine personne, il faut distinguer s'il les a désignées spécifiquement ou non.

Au premier cas, le Legs est incontestablement nul : la loi 32, § 5, D. *de legatis* 2°, le décide ainsi en termes très-clairs : « Si les espèces léguées » nommément ne se trouvent point, et qu'il n'y » ait pas de preuves que l'héritier les ait sous- » traites, le légataire ne pourra pas en faire la » demande. »

Si cependant la chose léguée se retrouvait dans la suite, l'héritier serait tenu d'en faire la délivrance au légataire. *Res testatoris legatæ quæ in profundo esse dicuntur, quandocumque apparuerint, præstantur,* dit la loi 15, D. *de legatis* 3°.

Par la même raison, quoique la chose léguée n'existe pas au temps du testament, ni même à la mort du testateur, le Legs ne laisse pas d'être valable, lorsqu'il y a espérance qu'elle existera un jour. Voici comment s'explique là-dessus l'empereur Justinien, § 7, *de legatis,* aux Institutes : « On peut léguer une chose qui n'existe pas, » pourvu qu'elle puisse exister un jour; par » exemple, les fruits qui proviendront d'un tel » fonds, et les enfans qui naîtront d'une telle es- » clave. »

On sent néanmoins qu'un pareil Legs ne peut avoir d'effet qu'en cas d'existence de la chose future qui en est la matière.

Dans la seconde hypothèse, c'est-à-dire, lorsque le testateur n'a pas désigné spécifiquement la chose qu'il a léguée, et que cette chose n'existe, ni dans sa succession, ni dans le patrimoine d'une personne déterminée, le Legs est encore nul. La loi 71, D. *de legatis* 1°, en contient une disposition expresse : « Si une maison a été léguée à quel- » qu'un simplement sans désignation de celle » que le testateur avait en vue, les héritiers se- » ront obligés de choisir entre toutes les maisons » qu'il possédait, et d'en donner une au légataire. » Mais si le défunt n'avait point laissé de maison, » le Legs serait plus dérisoire qu'utile. »

§ V. *Quelles sont les règles propres aux Legs de purs faits?*

Justinien décide, dans le § 21, *de legatis*, aux Institutes, qu'on doit regarder comme valable un Legs qui serait conçu en cette forme: *Je condamne mon héritier à rebâtir la maison d'un tel*, ou *à payer ses dettes*.

On infère de là, et avec raison, qu'on peut léguer des faits comme des choses. C'est ce que prouve encore la loi 11, § 23, D. *de legatis* 3°: « Si un testateur (ce sont ses termes) a laissé » quelque chose pour la construction d'un ou- » vrage public, chacun des héritiers est tenu so- » lidairement, suivant le rescrit des empereurs » Marc et Vérus à Procula: ces princes ont cepen- » dant enjoint au cohéritier de celle-ci de faire » travailler à l'ouvrage ordonné, dans un certain » terme; mais, ce terme écoulé, ils ont voulu que » Procula supportât seule tous les embarras et les » frais de la construction, sauf à se faire rembour- » ser par son cohéritier la part pour laquelle il » devait contribuer. »

Le § 24 ajoute: « L'empereur Marc a encore » décidé la même chose par rapport à une statue » que l'héritier est obligé de faire faire pour quel- » qu'un, à une servitude qu'il est tenu de souf- » frir, et généralement à tout ce qui est d'une » nature indivisible. »

Le § 25 mérite une attention particulière: « Si » l'héritier que le testateur a obligé de faire faire » quelque ouvrage pour le public, offrait aux of- » ficiers municipaux les deniers nécessaires pour » qu'ils y fissent travailler eux-mêmes, il ne devrait » point être écouté, parce que le défunt a voulu » qu'il prêtât ses soins paternels. »

Vendre et acheter est un fait: ainsi, un testateur peut léguer à quelqu'un le droit d'obliger son héritier, soit à lui vendre un effet qui lui convient, soit à acheter de lui une chose dont il est inté- ressé à se défaire. Écoutons le jurisconsulte Gaïus dans la loi 66, D. *de Legatis* 1°: « On regarde » encore comme utile le Legs par lequel le testa- » teur ordonne à son héritier d'acheter ou de ven- » dre à juste prix: en effet, ne peut-il pas arriver » que le légataire de qui l'héritier est condamné » d'acheter un fonds, soit obligé, par le mauvais » état de sa fortune, de vendre ce bien, et ne » trouve néanmoins personne pour en faire l'achat? » Ou réciproquement le légataire ne peut-il pas » avoir intérêt d'acquérir l'héritage que le défunt » lui a donné le droit d'acheter? Dans ce cas, ne » lui est-il pas avantageux que l'héritier ne puisse » pas refuser de vendre? »

Au reste, dit la loi 49, § 8, D. *de legatis* 1°, « il faut toujours se souvenir que l'héritier con- » damné à vendre, n'est point tenu de le faire gra- » tuitement; mais qu'il a droit de tirer de son bien » un prix réel. »

Lorsque le testateur n'a point exprimé le prix de la vente ou de l'achat qu'il a ordonné à son hé- ritier de faire, on présume toujours qu'il a en-

tendu parler d'un prix raisonnable; et si les par- ties n'en conviennent pas, c'est à des experts à le fixer. « Mais si le prix a été déterminé par le tes- » tament, l'héritier est obligé de s'y tenir. » Ce sont les termes du § 9 de la loi citée.

La loi 30, § 3, D. *de legatis* 3°, décide une question qui peut se présenter fort souvent sur ces sortes de Legs: « Si (dit-elle) vous avez été con- » damné par le testateur à me vendre un fonds » moyennant un prix qu'il a fixé, vous ne pourrez » rien prétendre aux fruits qui étaient pendans » lors du décès, parce que ce prix est relatif à » toute la consistance du bien. »

Lorsque deux personnes sont colégataires du droit d'acheter un fonds du testateur ou de l'héri- tier, le refus de l'une d'exercer ce droit, ne pré- judicie pas à l'autre; et celle-ci peut se faire vendre la moitié du bien. C'est ce que porte formellement la loi 41, § 9, D. *de legatis* 3°.

[[Quel est l'effet de la disposition par laquelle un testateur impose à ses héritiers l'obligation de laisser administrer, pendant un certain temps, les biens qu'il leur laisse, et dont il pourrait les pri- ver, par un préposé de son choix à qui il attribue tant pour cent sur les sommes qu'il recevra ou paiera?

V. l'article *Héritier*, sect. 7, n° 2 bis.]]

SECTION IV. *De l'étendue, et de l'interpré- tation des Legs.*

Cette matière est aussi importante que difficile; pour la traiter avec le plus d'ordre qu'il est pos- sible, nous tracerons d'abord les règles générales qui doivent servir comme de boussole dans l'in- terprétation des Legs; nous discuterons ensuite les espèces les plus remarquables auxquelles ces règles s'appliquent.

§ I. *Règles générales pour déterminer ce qui est compris dans un Legs.*

I. Lorsque la volonté du testateur est claire, on doit la suivre sans faire attention aux paroles dont il s'est servi pour l'exprimer. *In conditioni- bus testamentorum, voluntatem potius quàm verba considerare oportet.* Ce sont les termes de la loi 101, D. *de conditionibus et demonstratio- nibus.*

Si, au contraire, l'intention du testateur est embarrassée de quelques nuages, la première chose à faire pour les éclaircir, est de se placer dans la situation où il se trouvait lorsqu'il a dis- posé. Par là, on découvre ses affections, on pé- nètre ses vues, on saisit ses motifs, on balance ses habitudes, et tout cela fait, il devient presque toujours facile de répondre à cette question: « De » quelle manière me serais-je exprimé moi-même, » et quelle étendue aurais-je attribué intérieure- » ment à telles paroles, si je m'étais trouvé dans » tel état, si j'avais été habitué à tel genre de vie, » si j'avais été affecté de telle sorte et envers telle » personne, etc.? »

II. Il ne faut néanmoins, dans cet examen,

s'écarter du vrai sens des termes employés par le testateur, que lorsqu'il paraît certain qu'il a pensé autrement qu'il n'a parlé : *Non aliter à significatione verborum recedi oportet, quàm cùm manifestatum est aliud sensisse testatorem.* (Loi 69, D. *de legatis* 3°.) « Dans le doute, dit Ricard, il vaut beaucoup mieux s'arrêter à ce qui se trouve par écrit, que d'avoir recours à des circonstances incertaines. »

Prenons garde au surplus d'apporter dans l'interprétation d'un Legs, toute la subtilité d'un grammairien. C'est l'usage, plutôt que la signification exacte et originaire des termes, que nous devons consulter.

Ce que nous disons de l'usage, s'entend de celui qui est observé dans le lieu où le testateur était domicilié, comme de celui qui était particulier au testateur même. La loi 69, § 1, D *de legatis* 3°, justifie clairement cette proposition : *Titius codicillis ita cavit : Publio Maevio omnes juvenes quos in ministerio habeo, dari volo. Quaero à quâ aetate juvenes et in quam intelligi debeant. Marcellus respondit, quos verbis quae proponerentur demonstrare voluit testator, ad notionem ejus qui de eâ re cogniturus esset, pertinere. Non enim in causâ testamentorum ad definitionem utique descendendum est, cum plerumque abusivè loquantur, nec propriis nominibus aut vocabulis semper utantur. Caeterum, existimari posset juvenis is qui adolescentis excessit aetatem, quoad incipiat inter seniores numerari.* La loi 18, § 5, D. *de instructo*, dit également : *Optimum ergo esse Pedius ait, non propriam verborum significationem scrutari, sed imprimis quod testator demonstrare voluerit : deinde in quâ praesumptione sunt qui in quaque regione commorantur.*

III. La relation que peuvent avoir entre elles les différentes clauses d'un testament, est souvent d'une grande ressource pour leur interprétation mutuelle. Quelquefois même d'une disposition expresse il en naît une tacite qui a une entière efficacité. Par exemple, un père qui a un fils et une fille, déclare, par son testament, qu'il les fait ses légataires universels, le premier pour les deux tiers de ses biens, la seconde pour l'autre tiers seulement : au moment de sa mort, sa descendance se trouve composée de deux fils et d'une fille : ce n'est point le cas prévu par ces dernières dispositions ; mais ce qu'il a dit pour les circonstances dans lesquelles il se trouvait en testant, prouve assez que son intention a été de donner à chacun des mâles une portion double de celles des filles : ainsi, les biens seront partagés en cinq parts ; chaque garçon en prendra deux, et la fille une. C'est ce que décide la loi 57, § 1, D. *ad senatusconsultum Trebellianum.*

IV. C'est une question si, dans le doute, on doit pencher pour le légataire plutôt que pour l'héritier.

Ricard et Bourjon répondent que celui-ci doit être préféré, « parce qu'à l'égard de l'héritier insti-

tué, suivant le droit romain, le testateur est » censé l'avoir plus considéré, attendu qu'il lui a » donné une qualité qui témoigne davantage son » amitié envers lui, s'il n'apparaît du contraire : » et pour ce qui est de l'héritier *ab intestat* parmi » nous, duquel le légataire prend son Legs, la » proximité du sang lui donne la présomption de » préférence, suivant même la volonté du testa- » teur, si elle ne se trouve expliquée d'une autre » sorte en faveur du légataire. »

Cette règle paraîtra sans doute trop générale. En effet, lorsqu'on demande si, dans l'interprétation d'un Legs, il faut accorder plus de faveur à l'héritier qu'au légataire, on peut avoir deux vues différentes :

« Car (dit M. d'Aguesseau, tome 4, pages 631, » 632, 633) cette question se forme, ou pour » réduire simplement le Legs dans les bornes où » on prétend que le testateur l'a renfermé, ou » pour l'anéantir absolument et priver le léga- » taire du fruit de la libéralité de son bienfaiteur. » Au premier cas, « la cause de l'héritier peut » être favorable. C'est alors qu'il peut alléguer » ces maximes communes, *parcendum heredi, in* » *dubio pro herede respondendum, semper in* » *obscuris quod minimum est sequimur*; parce » qu'il y a au moins une des deux volontés qu'on » suppose dans le testateur, qui aura son exé- » cution.... »

Au second cas, « on présume que le testateur » n'a pas voulu faire un Legs inutile et dérisoire, » qu'il a voulu au contraire que sa volonté fût » exécutée aussi pleinement qu'elle pourrait l'être, » et c'est pour cela que les jurisconsultes nous » disent que l'interprétation doit toujours se faire » dans l'esprit de faire valoir l'acte, plutôt que » de l'anéantir..... (1) »

En un mot, « il faut, avant toutes choses, que » la volonté du testateur soit accomplie. Quand » on peut l'exécuter en ménageant les intérêts de » l'héritier, cette voie doit être préférée ; mais » quand, pour épargner l'héritier, il faudrait » anéantir la loi du testateur, jamais on ne peut » l'écouter. »

Du second membre de cette maxime, il résulte que les dispositions ambiguës ou obscures doivent être interprétées de la manière qui paraît et la plus conforme à l'intention présumée du testateur, et la plus propre à empêcher qu'elles ne soient annulées (2). Ce n'est que quand on se trouve dans une impuissance absolue de leur donner un

(1) *Quoties in actionibus aut exceptionibus ambigua oratio est, commodissimum est id accipi quo res de quâ agitur, magis valeat quàm pereat.* Loi 12, D. *de rebus dubiis.*
Ubi est verborum ambiguitas, valet quod acti est, veluti cum Stichum stipules, ut sint plures Stichi.... Semper in dubiis id agendum est ut quam tutissime res sit bonâ fide contracta : nisi cum aperto contra legem scriptum est. Loi 21, D. *cod. tit.*

(2) *Cum in testamento ambigue aut etiam per perperam scriptum est, benigne interpretari, et secundum id quod credibile est cogitatum, credendum est,* Loi 24, D, *de rebus dubiis.*

sens raisonnable, qu'il faut en venir là : alors, il est vrai, on les regarde comme non écrites, et elles ne produisent aucun effet. « Autrement (dit » Bourjon), ce serait former une disposition, et » non l'interpréter; ce qui ne peut être admis..... » Il vaut mieux anéantir une telle disposition, » que de lui donner un effet, ou ridicule, ou » contraire à l'intention du testateur. »

Cette doctrine n'est presque que l'écho de la loi 2 , D. *de his quœ non pro scriptis* : « Les » choses qui sont écrites dans un testament (porte- » t-elle) et dont le sens est inintelligible, ne doi- » vent pas plus être considérées que si elles n'é- » taient pas écrites. »

La loi 188, D. *de regulis juris*, décide égale- ment que, « lorsqu'un testament contient deux » dispositions qui se contrarient, on ne doit avoir » égard ni à l'une ni à l'autre. »

V. l'article *Institution d'héritier* , sect. 4 , n° 10.

§ II. *Questions particulières sur l'inter- prétation des Legs universels.*

I. Il s'élève peu de contestations dans les Legs universels sur l'étendue que le testateur est censé avoir voulu leur donner. La nature de ces dispo- sitions en écarte presque toutes les difficultés de cette espèce. En effet, un Legs conçu en ces ter- mes, « Je nomme un tel pour mon légataire uni- » versel », comprend nécessairement tout ce que son auteur possédait de disponible; la volonté de l'homme n'a pas alors d'autres bornes que celles de la loi; c'est donc dans les dispositions de la loi que le légataire doit chercher la mesure de ses droits.

II. Il y a cependant une exception à cette règle dans la coutume de la châtellenie de Lille. Sui- vant l'art. 4 du tit. 9 de cette loi municipale, les immeubles sont indisponibles par testament, on n'en peut léguer que le revenu pendant trois ans, et l'on n'est tenu de le faire que par une disposition qui frappe expressément sur ce revenu : « Fiefs et » héritages ne se peuvent donner, charger ou au- » trement disposer par testament et ordonnance » de dernière volonté, fors seulement les profits » et revenus d'iceux de trois ans, en usant par » exprès de ces mots, *profits et revenus de trois* » *ans :* car autrement lesdites charges, dons et » dispositions sont nuls. »

On a voulu étendre cette exception à la cou- tume d'Artois, qui limite pareillement la dispo- nibilité des propres au Legs du revenu qu'ils pro- duisent dans les trois ans après la mort du testa- teur : mais cette prétention a été rejetée, « parce » que (dit Maillard) cette disposition de la cou- » tume du bailliage de Lille est une loi pénale » contraire au droit commun; elle doit par con- » séquent être restreinte à l'étendue de son terri- » toire. Cette coutume de Lille a été homologuée » le 1er juin 1565; ainsi, elle ne peut pas avoir » servi d'exemple à celle d'Artois, puisque celle- » ci avait été homologuée dès le 3 mars 1544.....

» Sur ce principe, par sentence rendue aux re- » quêtes du palais, le 10 mai 1701, confirmée le » vendredi 22 juillet de la même année, à l'au- » dience de la grand'chambre, par arrêt rendu » suivant les conclusions de M. l'avocat-général » Portail, il a été décidé que le revenu, pendant » trois ans, des biens régis par la coutume d'Ar- » tois, était entré dans le Legs universel, ou » plutôt dans le fidéicommis universel, dont la » mère du testateur avait été chargée par testament » passé à Lyon, le 1er octobre 1668. »

[[Au surplus, la disposition de la coutume de la châtellenie de Lille est devenue sans objet, par l'effet des lois du 4 août 1789, qui, convertissant les fiefs et les censives en alleux, ont mobilisé tous les biens de l'une et de l'autre nature qui étaient alors régis par cette coutume. *V.* l'article *Franc-alleu*, § 31 et 32.]]

III. Dans le cas de renonciation à la commu- nauté de la part d'une veuve, le Legs universel fait par le mari, comprend-il la part de la femme, ou cette part accroît-elle aux héritiers?

Voici ce que répond Dufresne sur l'art. 103 de la coutume d'Amiens :

« Si le mari prédécédé avoit fait un légataire universel de tous ses meubles et acquêts, il serait juste que la part et portion de la femme apparti- tint, non aux héritiers, mais au légataire univer- sel , cette part ayant toujours appartenu au mari *jure non decrescendi;* et par conséquent elle est comprise au Legs, par argument de la loi unique, § *sin vero non omnes*, au Code, *de caducis tol- lendis.*

» Et cela a été ainsi jugé par arrêt du 10 avril 1607, à la troisième chambre des enquêtes, sur un procès parti dans la seconde, au rapport de M. Baron, nonobstant qu'il eût été dit que la part de la femme qui a renoncé à la communauté, étant un gain adventif survenu depuis le décès du mari, il devait appartenir à ses héritiers, et être réuni à la masse de ses biens, dont ils sont saisis dès l'instant de sa mort, sauf les charges et les Legs auxquels ils sont tenus de satisfaire, qui, aussi depuis ce temps, doivent demeurer en l'état qu'ils sont, sans pouvoir s'accroître au préjudice des héritiers, ni aussi diminuer. Mais cette ob- jection n'exclut point les choses qui aviennent à un légataire universel par droit d'accroître, ou plutôt de non décroître, lesquelles sont réputées être toujours demeurées au défunt, et n'être ja- mais parties de lui, selon les maximes de la jurisprudence romaine, fondée en très - grande raison. »

IV. L'action en remploi des propres de la femme, aliénés pendant la communauté, tombe-t-elle dans le Legs universel que la femme elle-même a fait au mari ?

La négative a été adoptée par un arrêt du parle- ment de Paris, du 12 août 1677, qui est rap- porté au *Journal des Audiences.*

On disait pour le mari, que l'action en remploi était mobilière, et que par conséquent elle devait entrer dans la donation de tous les meubles et acquêts.

» Mais on répondait (disent les rédacteurs du » recueil cité) que quand on dit que l'action de » remploi est une action mobilière, cela est bon » à l'égard des héritiers de la femme, mais non » pas pour dire qu'un mari qui avait fait vendre » tous les propres de sa femme, puisse faire en- » trer dans un Legs universel de tous meubles et » acquêts, le remploi des propres aliénés. Si cela » avait lieu, il arriverait qu'un mari dépouille- » rait, par de semblables dons, les héritiers de » sa femme, non-seulement des meubles et ac- » quêts, mais aussi de tous les propres, en fai- » sant que la femme les aliénât et vendît pendant » le mariage. »

Malgré ces considérations et l'autorité de l'ar- rêt qui les a adoptées, on juge aujourd'hui que, toute circonstance à part, le Legs universel opère, dans la personne de l'époux à qui il est fait, la confusion de la dette du remploi dont il était tenu.

C'est ce qui a été décidé, notamment dans la cou- tume de Montdidier, par un arrêt du 29 décem- bre 1739, rendu à la grand'chambre du parlement de Paris, sur les conclusions de M. Joly de Fleury, avocat-général.

La contestation était entre le sieur Gambard, docteur en médecine à Montdidier, et les parens collatéraux de Madelaine Sonnet, son épouse.

Le sieur Gambard soutenait que l'action en rem- ploi des propres de sa femme, aliénés pendant la communauté, était comprise en entier, comme une chose mobilière, dans le Legs universel qu'elle lui avait fait de tous ses meubles, effets mobiliers, acquêts, conquêts, et du tiers de ses propres, suivant la faculté qui lui en était accordée par la coutume.

Les héritiers de la dame Gambard prétendaient au contraire que cette action en remploi ne devait entrer dans le Legs universel que pour une partie, c'est-à-dire jusqu'à concurrence de la portion dont elle avait pu disposer de ses propres réels.

Sur cette contestation, sentence des requêtes du palais, qui juge en faveur du sieur Gambard.

Appel.

Pour les héritiers, on invoquait la note célè- bre de Dumoulin : *hoc est indistincte verum con- tra maritum, non respectu aliorum*; et l'arrêt du 12 août 1677, dont nous venons de parler.

α Mais (répondait le sieur Gambard) 1° il est certain que l'action en remploi ayant pour objet la répétition de purs deniers, est de sa nature mobilière : *actio ad mobile consequendum est mobilis.*

» La simple stipulation de remploi n'a que deux effets : le premier, de réaliser les deniers provenus des propres aliénés, pour les exclure de la com- munauté, et empêcher à jamais le mari d'y pren- dre part, *jure communionis*; le second, d'empêcher le mari d'y succéder comme héritier mobilier de ses enfans.

» Mais l'action en remploi n'est point *propre de disposition* par sa nature, et elle ne le peut deve- nir fictivement que par l'effet d'une clause expresse et formelle.

» 2° L'art. 3 de la coutume de Montdidier fait marcher les époux d'un pas égal avec les étran- gers, elle leur accorde la même capacité de dispo- ser en faveur l'un de l'autre; ainsi, nul doute que tout ce qui est disponible, relativement aux étrangers, ne le soit également entre époux. Or, il est incontestable que la dame Gambard aurait pu disposer de la totalité de l'action en remploi de ses propres, en faveur d'un étranger; elle a donc pu le faire au profit de son mari.

» 3° Tous les auteurs reconnaissent que cette note de Dumoulin, *hoc est indistincte verum con- tra maritum, non respectu aliorum*, est limitée à la succession et à la communauté; et qu'elle ne s'étend pas jusqu'à la disposition. Tel est singu- lièrement le langage de Renusson, *des Propres*, chap. 4, sect. 6, et chap. 6, sect. 2; de Ricard, *des Donations*, part. 5, nos 1429 et 1430; et de Lebrun, *des Successions*, livre 2, chapitre 1, n° 60.

» C'est aussi ce qui a été jugé par plusieurs an- ciens arrêts que rapportent Ricard et Renusson aux endroits cités; par un arrêt du 27 août 1695, qui est inséré dans le *Journal des Audiences*; enfin, par un arrêt récent du 17 février 1738, au rapport de M. de Montgeron, dans la coutume de Montdi- dier, en faveur du sieur Roche, légataire universel de Madelaine Flamand. Ce dernier arrêt, en infir- mant une sentence du bailliage de Montdidier, a dé- bouté les héritiers de leur demande à fin de rem- ploi des propres de la femme, aliénés pendant le mariage.

» Au reste, si le sieur Gambard avait fait le rem- ploi des propres de sa femme, cela n'aurait produit qu'un acquêt dont elle aurait pu pareillement dis- poser en sa faveur. »

Sur ces moyens respectifs, arrêt du 29 décem- bre 1739, qui met l'appellation au néant.

Peut-être opposera-t-on à cet arrêt celui qui a été rendu dans la coutume de Douai, le 3 août 1780, au rapport de M. Franqueville de Bourlon.

Cet arrêt, en effet, a jugé, en confirmant une sentence de la gouvernance de Douai, du 2 mai précédent, que les héritiers de Jacques Franque- nelle, légataire universel des meubles et actions mobilières de Marie-Claire Gaquer, son épouse, étaient tenus de restituer aux héritiers de celle-ci le prix des propres de son côté qui avaient été aliénés, tant dans la coutume d'Artois, prohibi- tive des avantages entre époux, que dans celle de Douai, qui autorise cet avantage. Mais le cas était particulier; en voici les détails.

Le 22 août 1744, contrat de mariage, portant que « les biens immeubles, terres, maisons et hé- » ritages tenus en échevinage ou autrement, en- » semble les lettres de rente portées en mariage » par la future épouse, et tous tels autres sembla- » bles biens qui pourraient succéder et échoir aux

» futurs époux pendant le mariage, leur seront et
» demeureront respectivement propres, et aux
» leurs de leur estoc, côté et ligne, si avant qu'au-
» trement ils n'en auront disposé. »

Le 26 octobre 1769, testament de la dame Franquenelle. Elle lègue à son mari « tous ses meu-
» bles, or, argent, argenterie, avec toutes ses
» dettes actives, droits, noms, raisons et actions,
» et aussi l'usufruit, sa vie durant, de tous les
» biens immeubles, terres, maisons, héritages et
» lettres de rente qu'elle délaissera à son trépas,
» de telle nature, condition et situation qu'ils
» soient...; entendant que, s'il arrivait *qu'elle vînt*
» *à vendre ou à aliéner quelque partie de ses biens,*
» *les deniers en procédans fussent remployés par*
» *sondit mari au profit de ses héritiers :* au cas
» qu'ils ne l'eussent pas été de son vivant, à charge
» néanmoins de l'usufruit à sondit mari, comme
» dessus. »

Le 5 décembre suivant, vente de différens propres de la dame Franquenelle, qui produit près
de 40,000 livres.

Le 22 janvier 1770, codicille par lequel la dame
Franquenelle déclare, entre autres choses, que le
remploi de cette somme a été fait *à son entier apaise-
ment.*

Mort de la testatrice, suivie, en 1782, de celle
de son mari.

En ce moment, procès entre les héritiers respectifs sur le remploi qui reste à faire des biens
vendus avant et depuis le testament du 26 octobre 1769.

Les héritiers de la femme emploient deux moyens.
Dans le droit, disent-ils, l'action en remploi, quoique mobilière, ne tombe pas dans le Legs universel que fait à son époux celle à qui il appartient.
Dans le fait, le testament prouve que la dame
Franquenelle a toujours eu l'intention de nous
conserver cette action, et qu'en donnant à son mari
l'universalité de ses meubles et dettes actives,
elle n'a pas entendu y comprendre les biens qu'une
aliénation faite par convenance aurait convertis en
meubles.

C'est sur ces deux raisons qu'a été rendu l'arrêt
cité. Si celle de droit avait été isolée, les héritiers du sieur Franquenelle l'auraient pulvérisée
fort aisément; mais celle de fait était inexpu-
gnable.

§ III. *Questions sur l'interprétation des Legs particuliers.*

C'est sur les Legs particuliers que s'élève le
plus grand nombre des questions de volonté dont
les dispositions testamentaires sont comme le siège.

I. Lorsqu'un testateur lègue un bien dont il
n'est que copropriétaire par indivis, est-il censé
donner le tout, ou seulement la part qui lui appartient?

La loi 5, § 1 et 2, D. *de legatis* 1°, s'explique
là-dessus dans les termes les plus formels :

« Labéon dit : Lorsqu'un Legs est fait de cette
manière : *j'ordonne à celui qui sera mon héritier à*

ma mort, de donner telle chose, et que cette chose
est commune entre le testateur et un tiers, l'héritier en doit la totalité, suivant Trebatius; mais
Cassius soutient que la portion du défunt est seule
due; et cette opinion est la plus vraie.

» Le Legs d'un fonds commun que le testateur a
appelé *mien,* sans désigner la partie dont il entendait disposer, ne vaut que sa portion. »

La loi 30, § 4, D. *de legatis* 3°, confirme cette
décision :

« Un particulier avait acheté par mon ordre un
» fonds pour lui et pour moi; il l'avait divisé en
» deux parties égales par des bornes, et avant de
» me faire la tradition de ma part, il vous l'a lé-
» gué en ces termes : *Je donne mon champ à un
» tel.*

» Ce Legs ne vous donne droit qu'à la part de
» mon associé, parce qu'il n'est pas vraisemblable
» que le testateur ait eu l'intention de tester d'une
» manière à faire retomber sur son héritier l'action
» de mandat que j'avais contre lui. »

C'est dans ce sens qu'il faut entendre la loi 74
du même titre : « Si quelqu'un (porte-t-elle) lègue
» ses esclaves, ceux dont il n'a la propriété que
» par indivis avec des tiers, sont aussi compris
» dans le Legs. » Il est clair, d'après les deux
lois précédentes, que les esclaves dont parle celle-
ci, ne sont pas compris en totalité dans le Legs,
et qu'ils ne le sont que jusqu'à concurrence de la
portion pour laquelle ils appartiennent au testateur.

En vain objecterait-on que, [[dans le droit ro-
main]], le Legs d'une chose qui appartient entièrement à autrui, vaut pour le tout; et qu'ainsi,
il devrait, à plus forte raison, en être de même du
Legs d'une chose qui appartient en partie au testateur.

Cette objection trouve sa réponse dans un principe développé ci-dessus, § 1, n° 4.

Lorsqu'un Legs a pour objet un bien sur lequel
le défunt n'avait aucun droit, il faut qu'il vaille
pour le tout, ou qu'il soit entièrement nul : or,
nous l'avons déjà dit, quand on ne peut pas ménager les intérêts de l'héritier sans anéantir toute la
disposition du testateur, les lois veulent que, dans
le doute, le légataire soit préféré. Rien donc de
surprenant si le Legs de la chose d'autrui doit être
exécuté dans toute son étendue.

Il en est tout autrement du Legs d'une chose
commune : ce n'est pas pour anéantir et détruire
la volonté du testateur, qu'on examine l'effet que
doit avoir un pareil Legs, c'est uniquement pour la
renfermer dans certaines bornes; il est alors bien
naturel de croire qu'il n'a voulu léguer que ce qu'il
possédait; et la qualité d'héritier doit reprendre
toute la prépondérance qui lui est due, dans ces
sortes de cas, sur celle du légataire.

La loi 24, D. *de instructo,* justifie clairement
cette interprétation : « Un testateur avait une mé-
» tairie qu'il affermait; il l'a léguée avec les us-
» tensiles qui s'y trouvaient : ce Legs, suivant
» Paul, comprend les ustensiles qui appartiennent

» au fermier. Mais cette décision est-elle vraie ?.
« Doit-on étendre le Legs aux ustensiles du fer-
» mier, ou le borner à ceux du testateur ? C'est à
» ce dernier parti qu'il faut se tenir, à moins que
» le testateur n'eût eu aucun ustensile dans sa mé-
» tairie. »

La loi 16, § 3, D. *de alimentis legatis*, trouve
naturellement ici sa place ; en voici les termes :
« Un homme qui avait été, pendant plus de qua-
» rante ans, en société de tous biens avec sa femme,
» l'a instituée héritière conjointement avec son
» petit-fils, chacun pour une moitié, et il a fait
» un legs conçu en cette forme : *Item, je lègue à*
» *mes affranchis, à qui j'ai donné la liberté de*
» *mon vivant, les mêmes choses que je leur four-*
» *nissais.* On a demandé si les esclaves qui avaient
» reçu la liberté pendant la durée de la société
» universelle, et qui, par ce moyen, étaient de-
» venus des affranchis communs aux deux époux,
» pouvaient, en vertu de leur Legs, demander la
» totalité des mêmes choses que le testateur leur
» avait fournies, et il a été décidé qu'ils ne pou-
» vaient les exiger que jusqu'à concurrence de la
» part pour laquelle celui-ci contribuait dans les
» prestations. »

Ne peut-on pas conclure de ces différens textes,
que le Legs d'un meuble ou d'un conquêt de communauté ne doit valoir que pour la portion du
testateur dans l'effet légué ?

Cela ne paraît devoir souffrir aucune espèce
de difficulté : cependant Lebrun décide le contraire :

« Le mari (dit-il) ayant légué des conquêts par
testament, le légataire qui est évincé de moitié,
en doit-il avoir récompense ? Il faut distinguer :
car si le mari, ayant pour 40,000 livres de conquêts, où il doit avoir moitié, dispose d'un seul
conquêt, comme d'une maison de la valeur de
2,000 livres : ou il faut faire tomber cette maison
dans son lot, pour la livrer au légataire, ou il
faut le récompenser par d'autres effets.

» Mais si, en ce même cas, le mari lègue un
effet de 25,000 livres, c'est alors qu'on peut demander si le Legs est nul, en ce qu'il excède les
20,000 livres que le testateur avait droit de prendre dans la communauté ? Et on a passé dans
l'usage, qu'il n'y avait point de nullité dans le
Legs, et même que, supposé qu'on évinçât le légataire, il lui était dû récompense sur le quint des
propres, ou sur telle autre quotité dont la coutume permet de disposer. La raison qu'on en a
dit, est que le mari a disposé en cela de choses
dont il était déjà en possession de son vivant, et
qui étaient les fruits de son travail, mais qu'il
savait parfaitement ne lui pas appartenir pour le
tout ; d'où on conclut qu'il a entendu que son légataire serait récompensé....... »

On cite communément deux arrêts à l'appui de
cette doctrine.

Le premier nous est retracé en ces termes par
Lebrun : « On a jugé qu'un mari, ayant légué la
» moitié de sa maison et la moitié de ses meubles,

» et la maison étant un conquêt de sa commu-
» nauté, il appartenait au légataire une moitié
» dans la maison et dans les meubles, et non pas
» un quart seulement. L'arrêt est du 8 février
» 1724. »

Mais il faudrait être bien prévenu en faveur de
l'opinion de Lebrun, pour croire que cet arrêt
l'ait confirmée. Qu'avait fait le mari dans l'espèce
sur laquelle il est intervenu ? Il avait restreint son
Legs à la part que la coutume lui assignait dans le
bien acquis en communauté ; il était donc juste
que ce Legs fût au moins exécuté jusqu'à cette
concurrence.

Le second arrêt est mieux appliqué ; c'est l'Epine
de Grainville qui le rapporte : « Jugé (à la qua-
» trième chambre des enquêtes, le 1er février
» 1729) qu'un Legs fait par un mari d'un con-
» quêt de communauté, dans le cas même du don
» mutuel, est valable ; il vaut premièrement pour
» la propriété de la moitié qui appartient aux hé-
» ritiers du mari ; et ces mêmes héritiers sont
» tenus de pourvoir à l'indemnité de la veuve ou
» du légataire par rapport à l'usufruit. Et ils
» doivent l'estimation de l'autre moitié qui appar-
» tient à la veuve comme commune, si elle ne
» veut pas le céder. *Res heredis, vel etiam aliena*
» *legari potest.* »

Cette décision n'a, comme on le voit, d'autre
fondement que la confusion du Legs du bien d'autrui avec le Legs d'un bien commun. Nous avons
prouvé, par les textes les plus clairs, qu'il existe
une différence très-sensible entre ces deux espèces
de dispositions ; et la loi 16, § 3, D. *de alimentis*
legatis, fait voir que les principes établis par
rapport aux Legs de biens communs entre deux ou
plusieurs étrangers, s'appliquent aussi aux Legs
de biens communs entre un mari et sa femme.
D'après cela, il est, ce semble, permis de croire
que l'arrêt dont nous venons de rendre compte,
ne fera pas jurisprudence, et que tôt ou tard on
reviendra aux véritables maximes.

Cet arrêt serait cependant exact dans la coutume d'Amiens : « Si l'un des deux conjoints par
» mariage (porte-t-elle, art. 63) fait un Legs de
» quelque espèce de meubles, le Legs doit avoir
» lieu pour le total de ladite espèce, combien que
» la moitié dût appartenir au survivant : mais les
» héritiers du testateur sont tenus de récompenser
» ledit survivant de la moitié dudit meuble. »

On trouve la même disposition dans la coutume
de Vermandois, art. 66.

[[On a d'ailleurs vu plus haut, sect. 3, § 3,
n° 4, que l'art. 1423 du Code civil érige en loi
la doctrine de Lebrun. En voici la teneur :

« La donation testamentaire faite par le mari,
ne peut excéder sa part dans la communauté.

» S'il a donné en cette forme un effet de la
communauté, le donataire ne peut le réclamer en
nature qu'autant que l'effet, par l'événement du
partage, tombe au lot des héritiers du mari ; si
l'effet ne tombe point au lot de ses héritiers, le
légataire a la récompense de la valeur totale de

l'effet donné , sur la part des héritiers du mari dans la communauté,et sur les biens personnels de ce dernier. »]]

V. ci-après, n° 21.

II. Un testateur lègue un fonds qu'il tient en emphytéose : sa disposition est-elle bornée au domaine utile de ce bien , ou en comprend-elle aussi le domaine direct ?

Voici ce que répond la loi 71 , § 5 et 6 , D. *de legatis* 1° : « Un fonds tenu en emphytéose d'une » communauté d'habitans , peut-il être légué va- » lablement à cette même communauté , et peut- » elle être admise à la demande d'un pareil Legs ? » C'est ce qu'il faut examiner ; et Julien a dit , » qu'encore que le fonds appartienne aux habi- » tans , le Legs que le testateur en a fait , ne laisse » pas de valoir jusqu'à concurrence du droit qu'il » avait sur ce bien. Et si le défunt avait légué à » un particulier , au lieu d'en disposer en faveur » de ceux dont il le tient , le Legs n'aurait pas lieu » pour la pleine propriété du fonds , mais seule- » ment pour le droit qu'on a dans de pareilles pos- » sessions. »

III. Je lègue à Titius un fonds qui doit une servitude réelle à un tiers : mon héritier sera-t-il obligé d'acheter l'extinction de cette servitude , pour livrer le bien franc et libre au légataire ?

La loi 80 , § 6 , D. *de legatis* 2° , aux mots *non idem placuit de cæteris servitutibus* , décide que non.

Mais cette décision aurait-elle lieu , si c'était à l'héritier chargé de la prestation du Legs , que fût due la servitude réelle ?

L'affirmative est clairement établie par la loi 70 , D. *de legatis* 1° : « Si l'esclave de Titius m'a » volé , et qu'ensuite Titius vous l'ait légué en » m'instituant héritier , il est juste que cet esclave » vous soit livré (*noxæ deditus*) dans l'état où il » était entre les mains de Titius , c'est-à-dire » avec la charge de m'indemniser du vol qu'il m'a » fait , lorsqu'il appartenait à Titius. Car si vous » étiez légataire d'un fonds qui était soumis à une » servitude envers le mien , je ne serais obligé de » vous en faire la délivrance que sous la condition » de demeurer en possession de cette servitude. »

La raison de toutes ces décisions est que le testateur qui a quelque droit dans la chose qu'il lègue, n'est censé donner que ce droit ; et c'est , comme on le voit , une conséquence naturelle du principe , qu'on doit plus favoriser l'héritier que le légataire , toutes les fois qu'il ne s'agit pas de détruire la volonté du défunt , mais seulement d'en restreindre les effets.

IV. Ce que nous venons de dire des servitudes réelles, s'applique sans difficulté aux autres charges foncières , telles qu'une redevance emphytéotique, un cens , etc. C'est ce que nous avons établi au mot *Légataire*, § 7 , art. 2 , n° 5. Mais en est-il de même des servitudes personnelles, comme l'usufruit , l'usage , l'habitation ?

Le droit romain ne laisse aucun doute sur la négative. Ecoutons le jurisconsulte Papinien dans la loi 66 , § 6 , D. *de legatis* 2° : « Vous me lé- » guez un fonds dont l'usufruit appartient à un » étranger : je serai en droit de contraindre votre » héritier à me procurer la propriété pleine et en- » tière de ce bien ; car , quoique l'usufruit soit » plutôt un droit qu'une partie du fonds , il ne » laisse pas d'en faire tout le profit..... Mais il en » est autrement des servitudes réelles. »

Cette décision doit - elle être suivie dans nos mœurs.

Le parlement de Paris l'a adoptée, en ordonnant, par l'arrêt du 1er février 1729, rapporté ci-devant , n° 1, que les héritiers d'un mari qui avait légué un conquêt soumis à l'usufruit résultant du don mu- tuel , seraient « tenus de pourvoir à l'indemnité » du légataire ou de la veuve par rapport à l'usu- » fruit. » : du légataire , au cas qu'ils ne pussent pas obtenir le rachat de ce droit à des conditions raisonnables , et qu'il fallût le donner en estima- tion ; de la veuve , au cas qu'elle consentît à leur vendre son usufruit , pour les mettre à même de le fournir en nature au légataire.

Cependant Ricard , et , après lui , Serres , pré- tendent que cette jurisprudence ne doit pas être observée parmi nous ; et il paraît , par ce que dit Grœnewgen, *de legibus abrogatis*, sur la loi ci- tée, qu'elle ne l'est plus depuis long-temps dans la Belgique : « Puisque nous ne sommes pas obligés » absolument à la décision des lois romaines (dit » le premier des auteurs cités) , j'ouvrirai mon » sentiment avec liberté , et dirai que j'ai de la » peine à me rendre à cette résolution...... Car , » quoiqu'il soit vrai que l'usufruit fasse partie de » l'héritage , ou du moins de l'émolument , cela » est bon dans la rigueur et dans une dispute de » critique, où on s'attache particulièrement à la » propre signification des mots....; et de fait, le » même jurisconsulte, dans la suite de la loi , dé- » cide, qu'à l'égard des autres charges réelles , » elles font diminution de la chose léguée, et tou- » tefois je ne vois pas de différence pour ce regard » entre l'usufruit et une charge réelle , si ce n'est » que la charge et la servitude réelle fait bien plu- » tôt une partie de l'héritage, que non pas l'usu- » fruit, étant certain que celui qui a un droit réel » sur un fonds , en est propriétaire jusqu'à concur- » rence de son droit. »

V. La maxime que le testateur n'est pas censé, dans le doute, léguer plus de droit qu'il n'en avait lui-même, s'applique, dans toute son étendue, au Legs des choses litigieuses. L'effet d'une pareille disposition dépend de l'événement du procès : s'il vient à être jugé que le défunt était propriétaire du bien revendiqué par ou contre lui, le légataire doit en avoir la délivrance ; si , au contraire, on décide en faveur de la partie adverse, le légataire n'aura rien à prétendre. C'est ce qu'établit formel- lement le chap. 1 de la Novelle 112 (1); et c'est

_____

(1) *Decernimus ut si contigerit unum pro tali causâ litigan- tem ab humano consortio recedentem , per ultimam voluntatem res aliquas de quibus dominii dubitatio vertitur, legati nomine*

avec cette distinction qu'il faut entendre la loi 4,
C. *de litigiosis.*

VI. Mais est-ce à l'héritier ou bien au légataire
à faire juger le procès ?

Voici la réponse de Furgole : « Il est clair que
» le procès peut être repris et continué contre le
» légataire par celui qui avait intenté l'action *rei*
» *vindicationis* contre le défunt, parce que la chose
» ne peut avoir passé sur la tête du légataire qu'a-
» vec la charge du procès à raison duquel le léga-
» taire, possesseur actuel, est légitime contradic-
» teur, et tenu d'ailleurs de l'action réelle, qui ne
» peut être intentée que contre le possesseur... Et
» si l'action était intentée contre les héritiers du
» testateur, ils devraient être absous, comme n'é-
» tant plus possesseurs, suivant la loi 42 et la
» loi 52, D. *de rei vindicatione.* »

Mais cet auteur confond ici deux cas très-diffé-
rens. Sans doute, l'héritier ne serait pas tenu de
défendre à une action réelle qui ne serait intentée
contre le légataire qu'après la mort du testateur ;
c'est la disposition des deux lois citées : mais l'héritier, quoi qu'en dise Furgole, est obligé de reprendre et de faire juger le procès qu'il a trouvé
entamé, et dont le défunt a allégué l'événement.

La loi 3, C. *de litigiosis,* le décide ainsi dans
les termes les plus clairs. *Eamdem litem ipsi heredes peragunt, suarum actionum periculo ea quæ
litigiosa fuerant relicta vindicantes.*

La même chose résulte de la Novelle 112 : si
cette loi parle du gain ou de la perte du procès
que le défunt a laissé ouvert, c'est pour ou contre
l'héritier qu'elle suppose le jugement rendu : *Si
quisdam heres judiciali sententia dominus earum
fuerit demonstratus, tunc legatarius quod ei relictum est modis omnibus consequatur. Si vero
heres in judicio victus exstiterit,* etc.

Et ce qui achève de démontrer qu'elle charge
l'héritier seul de tout le fardeau du procès, c'est
la faculté qu'elle accorde au légataire d'intervenir
dans la cause, pour empêcher qu'on ne lui préjudicie par collusion ou négligence ; *unde damus
licentiam legatario, si hoc prodesse sibi puta-
verit, litis participem fieri, ut ne aliquam forte
negligentiam seu proditionem heredi possit obji-
cere.*

Enfin, c'est ce qui a été jugé par un arrêt du
parlement de Flandre.

Denis de La Hamaide avait deux frères, Pierre
de La Hamaide de Warnave, et François-Joseph
de La Hamaide de Soubrechies. Par son testament
du 28 juin 1691, il institue celui-ci héritier universel, et déclare que, « pour ce qui concerne la
terre et seigneurie de Lusignies dont il a intenté le
retrait à la cour souveraine de Mons, en cas que
ledit retrait lui en soit adjugé, il la laisse à Pierre

---

*cuicumque relinquere : si quidem heres judiciali sententiâ do-
minus earum fuerit demonstratus, tunc legatarius quod et relictum est modis omnibus consequatur. Si verò heres in judicio
victus exstiterit, non habeat legatarius licentiam aliam rem pro
eodem legato ab herede exigere : quoniam sciens testator rem
litigiosam esse, litis eventum legatarium dereliquit.*

---

de La Hamaide de Warnave, son frère aîné. » Le
testateur étant mort sans que l'instance en retrait
soit terminée, l'héritier qui n'a aucun intérêt à la
reprendre, demeure dans le silence et l'inaction
pendant plusieurs années ; mais son frère se pourvoit pour le faire condamner à poursuivre le jugement en sa présence ; et le 23 juillet 1697, arrêt
qui l'ordonne ainsi.

VII. Lorsqu'un testateur lègue une créance dont
il détermine le montant, et que le débiteur n'en
est tenu ou ne peut le payer qu'en partie, le légataire
peut-il obliger l'héritier de lui fournir le surplus ?

Si je lègue dix mesures de vin de tel tonneau,
ou les fruits d'un tel champ, et que le tonneau
contienne moins de dix mesures, ou que le champ
ne produise pas de fruits, quel sera l'effet de ma
disposition ?

Vous me léguez une rente de deux cents livres
que vous dites avoir sur l'état, et cette rente est
de cent écus : pourrai-je en prétendre la totalité,
ou serai-je borné à la partie que vous avez exprimée ?

Toutes ces questions se réduisent, comme on le
voit, à celle-ci : dans quel cas le Legs fait par *assignat,* est-il *limitatif* ; dans quel cas est-il *démonstratif* ; question très-ardue et très-épineuse
que nous avons déjà effleurée dans la seconde section de cet article, et qu'il est important d'approfondir ici.

Les docteurs nous donnent plusieurs règles pour
juger de la qualité de l'assignat apposé à un Legs.

La première est une distinction imaginée par un
attachement servile à l'écorce et à l'arrangement
des mots. Si l'assignat, disent quelques auteurs,
est écrit le premier dans le testament, le Legs est
limitatif ; si, au contraire, il n'est écrit que dans
le second membre de la phrase, le Legs est fait par
simple démonstration.

On sent qu'une pareille distinction est plus digne
d'un mauvais sophiste que d'un jurisconsulte, et
que, loin d'aider à pénétrer l'intention du testateur, elle n'aboutirait souvent qu'à la contrarier.

La seconde règle est plus raisonnable : c'est à
Bartole que nous la devons ; Dumoulin l'a adopté ;
et Loyseau, qui a traité cette matière avec plus de
solidité que tous les autres auteurs, la regarde
comme une grande ressource dans l'interprétation
des Legs. Il faut, disent ces jurisconsultes, et,
après eux, M. d'Aguesseau, « il faut distinguer
» entre ces deux cas différens : ou le corps certain
» qui est le sujet de la contestation, est placé dans
» la substance même du Legs, dans les termes
» énergiques qui contiennent la disposition, et
» alors le testateur est censé avoir voulu limiter sa
» libéralité en la réduisant à ce corps unique, qui
» a été le premier objet de ses intentions ; ou le
» corps certain, au contraire, ne se trouve point
» dans le Legs, dans la disposition même, mais
» dans la clause qui concerne l'exécution du Legs,
» qui indique la manière de le payer ; et en ce cas,
» tous les docteurs décident unanimement que ce
» corps certain dont le testateur a parlé, ne forme

» point une condition nécessaire ; que ce n'est
» qu'une démonstration favorable, faite par le tes-
» tateur pour apprendre à son héritier ou à son lé-
» gataire, et peut-être à tous les deux, en quelle
» nature d'effets sa volonté pourra être plus faci-
» lement accomplie. »

Cette distinction est fondée sur les textes les
plus clairs et les plus formels : la loi 108, § 10,
D. *de legatis* 1°, et la loi 8, § 2, D. *de legatis* 2°,
en confirment le premier membre ; le second est
justifié par la loi 96, D. *de legatis* 1°, et par la
loi 27, § 2, D. *de legatis* 3°.

La jurisprudence des cours souveraines vient à
l'appui de ces textes.

Un mari lègue à sa femme tout le profit qu'il a
fait pendant le mariage dans l'administration d'un
cabal, et qu'il croit revenir à 7,200 livres. Ce cabal
est estimé, après la mort du testateur, et se trouve
au-dessous de la valeur indiquée par le testament.
La femme demande le surplus aux héritiers ; mais,
par arrêt du parlement de Toulouse, du 2 septembre 1615, elle est déboutée de sa prétention.

Par un autre arrêt rendu au parlement d'Aix,
le 12 mars 1652, et rapporté par Boniface, il a
été jugé que le Legs d'une somme certaine, *étant
dans un coffre* désigné par le testateur, ne comprend que ce qui se trouve dans ce coffre ; en sorte
que si toute la somme n'y est pas, l'héritier n'est
tenu d'aucun supplément.

Le même auteur cite un troisième arrêt, du 23
janvier 1671, par lequel le parlement d'Aix a encore jugé que le Legs fait à un hôpital, d'une rente
de trois cents livres, due à la testatrice par une
confrérie devenue insolvable après sa mort, ne pouvait pas être demandé sur les autres biens qu'elle
avait laissés à ses héritiers.

Le Journal du Palais nous en fournit un quatrième du 1er septembre 1681, dont voici l'espèce.

Le sieur de Souillac de Montmège lègue à
la dame de Peyreaux, sa sœur, *la somme de*
40,000 *livres, à lui due par les trésoriers de l'extraordinaire des guerres, Charron, Leclerc et
Barbe, qu'il veut et entend qu'elle retire.* Ce sont
les termes du testament.

Après la mort du testateur, quelques-uns de
ses créanciers font saisir entre les mains des débiteurs, la somme de 40,000 livres, dont on vient
de voir qu'il avait disposé au profit de sa sœur.

Le comte de Montmège, héritier institué, fait
toutes les diligences nécessaires pour obtenir le
paiement de cette somme.

De leur côté, les trésoriers de l'extraordinaire
des guerres, accablés de dettes, et harcelés par une
foule de créanciers, sollicitent des arrêts de surséance : le conseil leur en accorde autant qu'ils en
demandent ; et par là ils fatiguent tellement leurs
créanciers, qu'ils les réduisent tous à la nécessité
de souscrire à un accommodement par lequel ils
sacrifient une partie de leurs créances.

Le comte de Montmège est obligé, comme les
autres, de souffrir une réduction considérable, et
au lieu de 40,000 livres, on ne lui en paie que

vingt-sept mille qui sont touchées par les créanciers
saisissans.

Les choses en cet état, la dame de Peyreaux,
qui avait demandé la délivrance de son Legs, obtient au Châtelet une sentence par défaut, du 27
avril 1667, par laquelle le comte de Montmège,
faute d'avoir fait lever la saisie pratiquée entre les
mains des trésoriers de l'extraordinaire des guerres,
est condamné, en son propre et privé nom, à lui
payer la somme de 40,000 livres avec intérêts.

Le comte de Montmège interjette appel de cette
sentence.

« Ce qui formait la difficulté (disent les rédacteurs du recueil cité,) est qu'on prétendait, de la
part du comte de Montmège, qu'il n'était point
garant des 40,000 livres léguées par le testament,
et que tout ce que pouvait légitimement espérer la
dame de Peyraux, légataire, était la somme de
27,000 livres pour laquelle on avait composé avec
les trésoriers de l'extraordinaire des guerres, par
la transaction faite avec tous leurs créanciers ;
qu'en un mot, le Legs, de la manière qu'il était
conçu, n'était pas un Legs démonstratif de la
somme de 40,000 livres, mais un Legs taxative-
ment limité aux 40,000 livres dues par les trésoriers de l'extraordinaire des guerres.....

» Sur les raisons alléguées de part et d'autre, est
intervenu arrêt, au rapport de M. Hervé, le 1er
septembre 1681, par lequel l'appellation et ce ont
été mis au néant ; et en conséquence, le sieur
comte de Montmège condamné seulement, suivant
ses offres, à payer à la dame de Peyraux la somme
de 27,000 livres, par lui reçue des trésoriers de
l'extraordinaire des guerres ; et aux intérêts des
jours des paiemens. »

Il existe un arrêt semblable, quoique dans le cas
inverse, du parlement de Flandre, du 21 janvier
1703. Voici le sommaire qu'en donne le président
Desjaunaux, à la tête du chapitre où il en rapporte
les circonstances : « Mévius lègue par son testa-
» ment à Caïus la rente de 1,600 florins que lui doit
» Seïus : Seïus ne doit point de rente de 1,600 flo-
» rins, mais en doit une de 1,800 florins. L'héri-
» tier sera obligé de fournir la rente entière que
» doit Seïus. »

Ces cinq arrêts prononcent, comme on le voit,
sur des espèces où l'assignat était placé dans la
substance même du Legs ; et par cette raison, ils le
déclarent limitatif.

En voici d'autres qui, prenant toujours la distinction proposée pour boussole, ont jugé le Legs
simplement démonstratif, parce qu'il était placé,
non dans la disposition même, mais dans la clause
qui en réglait l'exécution.

Maynard en rapporte deux : l'un, du parlement
de Paris, du 13 juillet 1568 ; l'autre, du parlement
de Toulouse, du mois de juin 1555.

Dans l'espèce du premier, le testateur avait légué à une fille une somme à prendre sur une plus
grande qui lui était due par un particulier. L'héritier, assigné en délivrance, offrait de céder la
dette à la légataire jusqu'à la concurrence du Legs :

mais la cour a rejeté cette offre, et condamné l'héritier au paiement de la somme léguée.

L'espèce du second arrêt était la même, sauf qu'il s'agissait d'un Legs fait à un domestique.

Nous en trouvons un troisième dans le *Traité des donations de* Ricard : « La cour (dit cet au-» teur) a jugé par un arrêt de la grand'chambre, » le 26 mars 1615, conformément aux conclusions » de M. l'avocat-général Servin, au profit de l'Hô-» tel-Dieu d'Orléans, que le Legs fait par un testa-» teur des acquisitions qu'il avait faites et qu'il fe-» rait à l'avenir, mentionnées dans son papier-jour-» nal, comprenait tous les acquêts qu'il avait faits, » même ceux dont il n'avait pas fait mention dans » son journal. »

Voici l'espèce d'un quatrième arrêt qui a été rendu le 10 janvier 1645. Le sieur de Maurepas lègue aux capucins d'Amiens une somme de 3,000 livres à-*prendre* sur une rente que lui doit le nommé Chaulatte : dans la suite, il vend cette rente, mais ne révoque point le Legs. Après sa mort, les capucins demandent les mille écus que le testateur leur a laissés : on leur oppose l'aliénation de la rente sur laquelle devait être fait le paiement de cette somme ; mais l'arrêt cité condamne les héritiers à la leur payer.

Le *supplément du Journal des Audiences,* dans lequel on trouve cet arrêt , nous en retrace un cinquième, du 11 avril 1647; la question y est proposée en ces termes : « Si le Legs d'une somme à » prendre sur une plus grande due au testateur, est » limitatif ou démonstratif. » Voici la décision : « Un tel Legs fait par un nommé Godefroy au » nommé Legrand, fut jugé simplement démon-» stratif par arrêt du 11 avril 1647, confirmatif » d'une sentence des requêtes du palais. »

Sixième arrêt du 7 février 1650. « Pocquelin » avait fait un Legs de 1,200 livres aux augustins » réformés de Paris, à prendre, savoir, 800 livres » sur une obligation de 3,000 livres à lui due par » un particulier; et il avait ajouté, que le surplus » serait payé sur les biens clair des biens de sa suc-» cession ; ce qui semblait restreindre et limiter les » 800 livres léguées à la dette. Cependant le débi-» teur sur lequel les 800 livres étaient assignées, se » trouvant insolvable, les héritiers furent con-» damnés, par arrêt, à payer non-seulement les » 400 livres, mais encore les 800 livres sur tous » les biens de la succession. » C'est ainsi que s'expriment les rédacteurs du *Journal du Palais,* tome 1, page 711.

Les mêmes auteurs nous ont conservé un septième arrêt rendu dans cette espèce. Le marquis de la Bose avait fait à l'Hôtel-Dieu de Beauvais un Legs ainsi conçu , *Donne le testateur à l'Hôtel-Dieu de Beauvais la somme de* 30,000 *livres* à PRENDRE *sur ce qui pourra lui être adjugé sur les biens de la succession de Jean Moniot, son dé-biteur.* La succession de Moniot s'étant trouvée insolvable , l'héritier bénéficiaire prétendit n'être point tenu d'acquitter le Legs. De leur côté, les administrateurs de l'Hôtel-Dieu de Beauvais soutin-

rent que ce Legs n'étant point limitatif, mais seulement démonstratif, ils avaient droit, au défaut de l'assignat désigné par le défunt, d'en demander le paiement sur les autres biens qu'il avait laissés : et il a été ainsi jugé par arrêt du 31 août 1675.

Il y a un huitième arrêt du 13 mai 1686, rapporté dans le Recueil de Boniface, tome 5, liv. 2, tit. 2, chap. 3, et par lequel le parlement d'Aix a jugé qu'un Legs, pour fondation de messes, à prendre sur une pension annuelle et perpétuelle de 600 livres, au capital de 12,000 livres, due au testateur par un particulier, devait être payé par l'héritier, au cas d'insolvabilité du débiteur.

Neuvième arrêt du 1er juillet 1698, rapporté par Brillon , au mot Legs, n° 58. Un homme lègue à une église une rente à prendre sur une maison qu'il designe. La maison tombe en ruine ; les héritiers prétendent n'être plus assujétis à la rente : mais l'arrêt les condamne à en continuer le paiement.

Dixième arrêt du 17 mars 1702, rendu au grand conseil, sur les conclusions de M. de Saint-Port, en faveur des prêtres de l'oratoire de Montmorenci, légataires d'une rente de 60 livres à prendre sur certains héritages. « Il y avait (dit Brillon, au » même n°,) une circonstance particulière : la tes-» tatrice avait ajouté que les 60 livres ne pourraient » être rachetées que par une somme de 1,500 liv.; » ce qui montrait que son intention était plutôt » d'étendre que de restreindre sa libéralité. Une » autre circonstance plus précise est que la testa-» trice avait chargé les mêmes héritages de trois » autres Legs, et qu'elle avait stipulé qu'en cas » que le prix provenant d'iceux ne pût suffire à » l'acquit desdits Legs, les autres biens de la suc-» cession y seraient obligés. »

Onzième arrêt (sans date) du parlement de Flandre. « (Jugé dit M. le premier président de » Blyte,) en la cause de Charlotte Dupuich, ap-» pelante de la gouvernance de Douai, contre l'a-» vocat Remy, que la clause apposée en un testa-» ment en ces termes, *Je lui donne cinquante flo-» rins de rente, sa vie durant, à prendre sur la » rente que j'ai à la charge de N.,* ne produisait » point limitation du Legs à ladite rente ; que ces » mots *à prendre,* mis à l'exécution, n'étaient que » démonstratifs. »

Plusieurs auteurs, entre lesquels on remarque Ferrière sur Guypape, et d'Olive, ont soutenu qu'on ne doit point appliquer aux Legs pieux ou alimentaires la distinction entre l'assignat placé dans la disposition, et l'assignat placé dans l'exécution ; et que ces sortes de Legs doivent toujours être réputés démonstratifs dans le premier cas, comme dans le second cas, à moins que le testateur ne les ait déclarés expressément limitatifs.

D'Olive cite à l'appui de cette opinion un arrêt du parlement de Toulouse, du 28 juin 1630 ; mais il n'en rapporte pas l'espèce précise : ainsi, nulle possibilité de vérifier si la citation qu'il en fait, est exacte. Ferrière se fonde pareillement sur un arrêt du parlement de Grenoble, mais qui ne prouve rien : car le Legs sur l'espèce duquel il a été rendu, était purement démonstratif, puisqu'il consistait dans une redevance de six setiers de blé *à prendre sur un moulin.*

Les lois que citent ces mêmes auteurs, ne sont pas plus favorables à leur doctrine.

Les lois 2, 3 et 8, D. *de alimentis legatis*, sont absolument étrangères à la question.

La loi 12 du même titre est dans le cas d'un Legs démonstratif; on en jugera par les termes dans lesquels son texte est conçu :

« Licius Titius a légué à ses affranchis des pensions alimentaires, et à la fin de son testament, il s'est exprimé ainsi : *je veux que tels et tels fonds soient obligés par le Legs fait ci-dessus à mes affranchis, afin qu'ils prennent, sur les revenus qui en proviendront, les alimens que je leur ai laissés.*

» On a demandé si, les fruits de ces biens ne suffisant pas pour remplir les Legs, on pouvait obliger les héritiers à fournir le supplément, ou si, en cas que les fruits d'une année excédassent le montant de ces mêmes Legs, on devait prendre sur cet excédant de quoi dédommager les légataires de ce qu'ils avaient eu de moins l'année précédente. Le jurisconsulte Paul a répondu :

» Les alimens légués aux affranchis, sont dus en entier; et le droit d'hypothèque que le testateur a donné aux légataires sur certains fonds, pour en toucher les revenus jusqu'à concurrence de leur Legs, n'a apporté aucune diminution ni augmentation à ce qu'il leur avait laissé. »

On cite encore la loi 21, § 3, la loi 23, la loi 24, D. *de annuis legatis*, et la loi 10, D. *de pollicitationibus;* mais elles n'ont aucune espèce de rapport à la thèse que nous examinons.

On pourrait tirer plus d'avantage de l'opposition qui paraît régner entre la loi 5, D. *de tritico*, et la loi 13 du même titre. Dans l'une, le testateur lègue une certaine quantité de fruits qui croîtront sur son héritage : si le Legs ne vaut que pour une fois, et que l'héritage ne produise rien l'année qui suit la mort du testateur, le légataire perd son droit.

Mais, dit l'autre texte, le testateur a-t-il légué la même quantité annuellement, en sorte que le légataire ait droit de la prendre toute sa vie? Alors il faut compenser la stérilité d'une année avec l'abondance d'une autre, et quoique la terre ait trompé cette année les espérances du cultivateur, il est tenu de payer le Legs en entier sur les revenus de l'année précédente.

Ne peut-on pas ainsi raisonner d'après ces deux lois? Le Legs dont il s'agit dans la seconde, est conçu de même forme que celui dont parle la première; dans l'une comme dans l'autre, le testateur ne donne qu'une partie des revenus d'un bien; donc, dans celle-ci, comme dans celle-là, le Legs devrait être regardé comme limitatif : cependant on vient de voir qu'il n'est tel, que lorsqu'il est borné à une année, et qu'il est démonstratif quand il est annuel. Pourquoi cette différence? C'est que, dans ce dernier cas, le Legs est censé

fait pour alimens, et qu'il n'en est pas de même dans l'autre.

Ce raisonnement serait sans réplique, si, comme l'ont cru plusieurs auteurs, et même Furgole, qui cependant rejette l'opinion adoptée par Ferrière et d'Olive, la loi 13, D. *de tritico*, déclarait vraiment démonstratif le Legs annuel d'une certaine quantité de fruits à naître d'un héritage. Mais la distinction proposée entre ce texte et la loi 5 du même titre, « empêche-t-elle (dit M. d'Agues-
» seau) que, dans l'un et dans l'autre cas, le Legs
» ne soit vraiment limitatif? Quel est son effet,
» si ce n'est de faire voir que, dans un cas, le Legs
» est limité sur une seule année, au lieu que dans
» l'autre il est limité, comme dit Cujas, sur l'u-
» niversalité, sur la masse de tous les revenus qui
» écherront annuellement pendant la vie du léga-
» taire? Mais, dans ce dernier cas comme dans le
» premier, on ne donne véritablement qu'un droit
» borné, un droit restreint, un droit attaché à
» une certaine espèce de biens ; et cependant le
» Legs est annuel. »

Il en est donc des Legs annuels, soit pieux, soit alimentaires, comme de tous les autres : et nous en trouvons même la preuve dans la loi 38, D. *de usu et usufructu legato.* Un testateur lègue à sa femme les fruits qui proviendront d'une terre pendant sa vie; voilà sans difficulté un Legs qu'on peut regarder comme alimentaire : cependant que décide la loi? Que l'héritier n'est point garant de la valeur des fruits, si ce n'est qu'ils diminuent par sa faute : *Respondit, si heredis facto minores reditus facti essent, legatarium recte desiderare quod ob eam rem diminutum sit.* Donc le Legs est véritablement limitatif, puisque toutes les pertes, tous les retranchemens que souffre la chose léguée, ne regardent que le légataire.

On a aussi vu plus haut qu'un arrêt du 23 janvier 1671 a jugé limitatif un Legs fait à un hôpital, de 3,000 livres de rente, sur le fondement que l'assignat que le testateur avait donné à ce Legs, n'avait point trait à l'exécution, mais était placé dans la disposition même.

Écartons donc des Legs alimentaires et pieux, les prétendus priviléges dont on a voulu les investir en cette matière. « Nos pères (dit Furgole), par
» une espèce de vénération qui dégénérait en su-
» perstition, avaient attribué à la cause pie un nom-
» bre infini de priviléges qui n'ont aucun fonde-
» ment dans le droit. Tiraqueau en a fait un recueil
» très-ample. A présent qu'on examine les choses
» avec plus d'attention, et qu'on s'attache plus
» exactement aux règles, on ne considère plus la
» cause pie avec cette faveur que les anciens au-
» teurs lui avaient attribuée : l'article 78 de l'or-
» donnance de 1735 (rapporté ci-devant, sect. 7),
» nous donne lieu de penser que la cause pie doit
» être mise au niveau des personnes étrangères,
» par rapport aux dispositions testamentaires. »

Mais la règle que nous avons tirée de la distinction entre le cas où l'assignat est placé dans la disposition, et celui où il ne se rapporte qu'à l'exécution, cette règle est-elle tellement infaillible, qu'elle exclue toute exception ?

Écoutons Furgole : « Comme les doutes qui » peuvent se former sur les Legs démonstratifs ou » limitatifs, dépendent principalement de l'inter- » prétation de la volonté du testateur, cette vo- » lonté, qu'il faut rechercher dans les circonstan- » ces qui paraissent par le testament, doit être la » première règle : et l'on ne doit avoir recours à » celles que les lois ont établies, et que nous avons » expliquées, que quand les circonstances tirées » de la volonté, ne déterminent pas les Legs » comme limitatifs ou démonstratifs. »

C'est sans doute à des circonstances de cette espèce qu'il faut attribuer un arrêt du 19 janvier 1616, rapporté par Ricard. « Un testateur (dit-il) » avait légué aux Cordeliers d'Amiens 100 livres » de rente à prendre en deux parties ; savoir, 50 » livres sur un apothicaire du lieu, et pareille » somme sur le sieur d'Aiglebec. Ce dernier étant » devenu insolvable, les Cordeliers firent assigner » les neveux du défunt, ses héritiers, à ce qu'ils » fussent condamnés à leur fournir l'estimation de » 50 livres de rente. Le bailli d'Amiens, qui con- » nut de ce différent en première instance, pro- » nonça en faveur des légataires. De cette sen- » tence y ayant eu appel à la cour...., intervint » arrêt, lequel, en infirmant la sentence, renvoya » les héritiers absous de la demande intentée par » les Cordeliers. »

Ricard ajoute : « J'ai vu pareillement limiter » notre proposition générale par un arrêt rendu le » 2 avril 1647, dans un cas auquel il paraissait » que ce qui avait vraisemblablement porté le tes- » tateur à faire le Legs dont il s'agissait, était la » qualité de la dette sur laquelle il l'avait assi- » gné. »

C'est encore sur le fondement de la volonté du testateur, que, par l'arrêt suivant, le parlement de Toulouse a jugé limitatif un Legs que la règle établie ci-dessus aurait dû faire regarder comme simplement démonstratif.

Marthe Privat avait fait à Anne Privat, sa nièce, un Legs « de la somme de 700 livres, icelle somme » à prendre sur le légat fait à la demoiselle testa- » trice par feu noble Jean-Jacques de Tourtoulon, » seigneur de Bannières, son cousin, pour en » elle se faire payer, comme la testatrice pourrait » faire ; et avec ce veut qu'elle soit contente et » autre chose ne puisse demander sur ses biens, » la faisant son héritière particulière. »

Vingt-six ans après la mort de la testatrice, Anne Privat, légataire, demanda le Legs de 700 livres à l'héritier institué : celui-ci soutint que, moyennant le consentement qu'il donnait à ce qu'elle se fît payer sur les sept cents livres léguées à la testatrice par le sieur de Tourtoulon, il devait être renvoyé des conclusions prises à sa charge.

Et il a été ainsi jugé par arrêt du 7 août 1742, confirmatif d'une sentence de la sénéchaussée de Nîmes, du 9 juin 1733.

La dame de Swartembourg avait légué à la dame de Rosse, sa nièce, une somme de deniers à prendre sur un fief désigné. L'héritier féodal ayant fait juger que ce fief était affranchi, par la coutume de sa situation, de la charge pécuniaire dont la défunte avait voulu le grever, la dame de Rosse se pourvut contre l'héritier des rotures : elle se fondait sur la règle générale, qui ne rend limitatifs que les Legs dont l'assignat affecte la subsistance même ; et sous ce point de vue, le succès de sa cause ne paraissait pas susceptible de doute. Néanmoins, par arrêt du grand conseil de Malines, du mois de novembre 1615, « il fut jugé (ce » sont les termes de Dufief) que cet assignat était » taxatif, parce qu'il constait assez que la volonté » de la défunte avait été de charger seulement ledit » fief, et suivant ce, l'héritier des rotures fut dé- » chargé. »

Si, comme le prouvent tous ces arrêts, la règle que nous avons établie, est imparfaite, en ce qu'elle cesse dans tous les cas où elle est combattue par des présomptions de volonté, elle ne l'est pas moins en ce que souvent il est impossible d'en faire l'application. En effet, il se trouve des clauses si obscures, si équivoques, si compliquées, qu'on ne peut plus y distinguer ce qui regarde la disposition, de ce qui concerne le paiement ou l'exécution.

« Dans tous ces cas (dit M. d'Aguesseau) si les docteurs sont muets, la justice ne doit pas l'être ; il faut qu'il y ait une règle générale, supérieure à la diversité des espèces, indépendante de l'ordre et de l'arrangement des dispositions.

» La droiture de la raison naturelle (continue ce magistrat) a montré cette règle à Me Charles Loyseau ; et, après s'être égaré pendant quelque temps avec les docteurs, il est revenu enfin dans la seule route sûre et naturelle, dont le chemin lui était tracé par les oracles de la jurisprudence romaine.

» Ils ne sont point entrés, comme les docteurs modernes, dans la distinction de l'assignat limitatif ou de l'assignat démonstratif. Ces expressions dures, inconnues, mises dans la poussière de l'école, leur étaient inconnues. A quoi s'attachaient-ils donc uniquement ? A la volonté du testateur. Lorsqu'il paraissait clairement que sa volonté avait été de léguer un corps certain, ils ne l'étendaient point au-delà des bornes qu'il avait plu au testateur d'imposer à sa libéralité. Lorsqu'au contraire, on voyait que son but principal avait été de léguer une somme, une rente, un revenu fixe et annuel, alors, de quelque terme qu'il se fût servi, en quelque ordre qu'il eût arrangé la suite de ses pensées, on ne regardait jamais le corps certain dont il avait parlé, que comme un moyen, une voie plus sûre qu'il avait ouverte au légataire, et qui, bien loin de rendre son Legs plus faible, plus chancelant, plus incertain, ne servait qu'à lui donner un nouveau degré de faveur, d'assurance et de fermeté.

» En effet, les lois ne peuvent que suivre, qu'i- miter, que perfectionner la raison ; et après avoir épuisé toutes les subtilités des docteurs, toutes les couleurs des interprètes, tous les raisonnemens des compilateurs d'arrêts, il faut toujours en revenir à ce que la lumière naturelle inspire également à tous les hommes. Les testateurs ne sont point assujétis à une certaine formule, à un ordre marqué, à un arrangement inviolable de paroles. Libres dans leurs dispositions, ils le sont encore plus dans leurs expressions. Ainsi, à quoi se réduisent toujours toutes les questions de testament? A tâcher de pénétrer, dans les conjectures, la volonté du testateur. »

« C'est par ces réflexions que M. d'Aguesseau préludait à l'examen des clauses les plus difficiles que l'on puisse rencontrer dans toute la matière des Legs démonstratifs ou limitatifs. Voici l'espèce.

Le marquis de Fervaques, par son testament fait à l'instant où il allait rendre le dernier soupir, « donne et lègue à madame de Ventadour, la terre » de Biéville, située en Normandie, moyennant la » somme de 13,300 livres, pendant sa vie durant, et » après le décès d'icelle dame de Ventadour, retour- » nera ladite somme aux héritiers dudit seigneur » testateur. »

La marquise de Ventadour demande la délivrance de ce Legs: les héritiers prétendent qu'il est renfermé dans l'usufruit de la terre de Biéville; qu'ainsi, il est nul aux termes de la coutume de la situation, qui exige trois mois de survie aux dernières dispositions, pour qu'elles puissent avoir leur effet; et que, quand il serait valable, il faudrait au moins le réduire au tiers de la seigneurie de Biéville, attendu que la coutume limite à ce taux la disponibilité testamentaire des acquêts.

De son côté la marquise de Ventadour soutient que le Legs dont le testateur l'a honorée, porte toutes les apparences d'un Legs démonstratif; que ce n'est point l'usufruit de la terre de Biéville, c'est-à-dire, un corps certain, qu'on a voulu lui laisser, mais une rente annuelle, une pension viagère à prendre par forme de désignation, de démonstration, sur une terre dont le revenu était égal à cette rente.

La cause est plaidée pendant douze audiences aux requêtes du palais; elle y est appointée; on appelle de la sentence, et l'on demande l'évocation du principal.

Moyens des héritiers. 1° Le testateur *donne et lègue la terre de Biéville*: voilà le Legs accompli; *moyennant la somme de 13,300 livres*: ces termes ne sont qu'une indication, une désignation, une circonstance accessoire, qui ne sert qu'à déterminer la qualité et la valeur de la terre; en un mot, la terre est dans la disposition, et la somme dans l'exécution. Ainsi, rien n'est plus éloigné d'un Legs démonstratif.

2° La volonté du testateur est claire et précise. Il donne *la terre de Biéville pendant la vie durant de madame de Ventadour.* Il ne pouvait pas exprimer plus nettement un Legs limitatif.

3° La donation d'un corps certain est ce qui forme le caractère distinctif d'un Legs limitatif; et c'est ce que le testateur a fait dans l'espèce.

4° Que l'on compare ce testament fait à la hâte et au moment, pour ainsi dire, de la mort, avec les deux testamens olographes qui l'ont précédé, et qui ont été faits avec beaucoup de maturité et de réflexion, et l'on y verra clairement l'intention que le testateur a toujours eue de léguer l'usufruit de la terre de Biéville, et conséquemment un corps certain. En effet, de ces deux testamens, le premier porte: « Je donne à madame de Ven- » tadour ma terre de Biéville, sa vie durant, seu- » lement l'usufruit, ladite terre étant affermée à » présent 13,200 livres. » Le second est encore plus formel: « Je donne... ma terre de Biéville, » affermée présentement 13,200 livres par an. Je » lui donne le revenu, sa vie durant seulement, et » prétends qu'après sa mort le fonds retourne à » mes héritiers. »

5° On ne peut pas dire que ce soit un Legs d'une rente viagère, puisque le testateur parle tantôt du nombre rompu de 13,200 livres, tantôt de celui de 13,300 livres. Dans son intention, le Legs augmente à proportion du revenu de la terre; donc c'est le revenu de la terre qui est compris dans le Legs; donc le Legs est d'un corps certain; susceptible d'augmentation et de diminution; et par conséquent très-différent d'une rente fixe et invariable, qui ne suit point les progrès du revenu d'une terre.

6° Si l'on oppose ces termes, *moyennant la somme de 13,300 livres*, il faut y suppléer le mot *affermée*, qui se trouve dans le premier testament, et sans lequel la clause n'a aucun sens.

7° Si le testateur dit que cette *somme de 13,300 livres retournera à ses héritiers*, ce n'est pas pour donner lieu à penser que c'est cette somme qu'il a léguée, puisqu'il ordonne qu'elle retournera à ses héritiers, mais pour marquer toujours la valeur des fruits de la terre, la valeur de l'usufruit qu'il désigne par la somme de 13,300 livres.

Moyens de la légataire. 1° La difficulté consiste en ce que le testateur a confondu la terre et la somme; mais le corps ne s'y trouve pas pour la sûreté de la somme ou de la quantité léguée. S'il eût dit: *Je lègue la somme de 13,3000 livres à prendre tous les ans sur ma terre de Biéville*, le Legs serait démonstratif. S'il eût dit: *Je lègue ma terre de Biéville à madame de Ventadour, sa vie durant*, le Legs serait certainement limitatif. Mais il a joint l'un avec l'autre, en disant *Je lègue ma terre de Biéville, moyennant la somme de 13,300 livres*; et c'est ce qui rend sa volonté douteuse, parce qu'il s'agit de décider si la terre doit l'emporter sur la somme, ou la somme sur la terre.

Il faut prendre la disposition entière et l'envisager d'une seule vue: « Donne et lègue à madame de Ventadour la terre de Biéville, située en Normandie, moyennant la somme de 13,300 livres, pendant sa vie; et après le décès d'icelle dame de Ventadour, retournera ladite somme aux héritiers du testateur. » Cette clause, ainsi envisagée, découvre l'intention du testateur. Les termes, *moyennant* ou *pour la somme de 13,300 livres*, composent un sens parfait, auquel on ne peut ni on ne doit rien ajouter. C'est donc la terre qui est donnée en paiement, pour ainsi dire; c'est elle qui est assignée à l'exécution du Legs : donc la somme est le principal objet ; donc la terre n'est que l'accessoire : donc la somme est véritablement dans la disposition, et la terre dans la démonstration ; donc, suivant l'intention du testateur, qui doit être ici la loi souveraine, le Legs est démonstratif, et non limitatif.

2° Cette interprétation s'accorde avec les principes du droit. Toutes les fois qu'on donne un fonds pour un certain prix, l'estimation prend la place de la chose. Ainsi, le mari, en termes de droit, devient irrévocablement maître du fonds dotal, lorsque le contrat de mariage en contient l'estimation, et il n'est plus débiteur que du prix. Ainsi, dans l'espèce présente, le fonds paraît d'abord avoir été donné ; mais comme il n'est légué que pour tenir lieu d'une certaine somme, c'est véritablement la somme qui compose l'essence, la nature et la substance du Legs.

3° Le testateur ajoute qu'après la mort de madame de Ventadour, *ladite somme retournera* à ses *héritiers*. Ces paroles forment une espèce de démonstration : car, qu'est-ce qui doit retourner aux héritiers ? C'est ce que le testateur a légué : ce qui doit retourner est la somme ; donc c'est la somme qui a été donnée directement, immédiatement, principalement ; donc l'intention du testateur, douteuse et obscure au commencement de la clause, incertaine en apparence entre la terre et la somme, entre le corps et la quantité, se détermine évidemment, à la fin de la clause, pour la somme, pour la quantité.

4° Si l'on dit que la qualité d'une somme exprimée par un nombre rompu, ne convient point à l'idée d'une rente, il est aisé de répliquer que le même testament contient un Legs de la même somme de 13,300 livres au profit de madame la maréchale de La Mothe, à prendre sur tous les biens du testateur.

Ainsi, il est vrai, dans un sens, que le revenu est légué, et cependant il est vrai, dans un autre, que c'est une rente que lègue le testateur ? comment concilie-t-on ces deux propositions ? Le testateur a eu en vue de donner 13,300 livres de rentes ; il a cherché, pour la commodité de la légataire, un effet certain qui produisît à peu près la somme de 13,300 livres tous les ans. Il a trouvé ce revenu dans la terre de Biéville, c'est pour cela qu'il la donne, et qu'il l'assigne au paiement du Legs.

5° En comparant ensemble les trois testamens, ils ne sont pas moins favorables à la légataire qu'aux héritiers. Dans les deux premiers testamens, on lègue nommément et directement l'usufruit ; on ne trouve rien de pareil dans le dernier. Dans les premiers, on marque seulement la valeur de la terre : ce n'est que dans le dernier, que le testateur la donne pour une certaine somme. Dans le premier, on dit que le fonds retournera aux héritiers après la mort de la légataire; on dit dans le second, que c'est *la somme*, c'est-à-dire, la rente, qui retournera.

6° Enfin, si le prix du bail augmentait, madame de Ventadour ne serait certainement pas fondée à demander cette augmentation. On lui dirait que le revenu ne lui est donné que pour tenir lieu d'une somme de 13,300 livres. Elle ne pourrait jouir des droits honorifiques, ni s'enrichir des profits casuels de la terre ; donc elle n'est point légataire de l'usufruit ; donc tout son droit se réduit à prendre une rente sur le fonds d'une terre ; donc le Legs est démonstratif, et non limitatif.

Motifs des conclusions de M. d'Aguesseau.

Que résulte-t-il de ces moyens respectifs ? Beaucoup de doute et d'incertitude de part et d'autre. Ne peut-on pas tirer la décision du doute même ? Dumoulin dit que, dans le doute si la disposition est taxative ou démonstrative, il faut décider qu'elle est démonstrative. *Expressio in dubio censetur facta causa demonstrationis, nisi hoc exprimatur et clare de mente appareat.* (Sur l'ancienne coutume de Paris, glose 3, § 2, n° 7.)

« On présume que le testateur n'a pas voulu faire un Legs inutile et dérisoire ; ce qui serait dans l'espèce, attendu que la terre est située en Normandie, et que le testateur est mort une heure après avoir fait son testament. Au contraire, si le Legs est démonstratif, s'il s'étend sur tous les biens disponibles qu'il avait en grand nombre, sa volonté sera pleinement exécutée. Ici s'applique encore la maxime établie plus haut, qu'il faut interpréter contre l'héritier les Legs équivoques, lorsqu'on ne peut le faire en sa faveur sans anéantir les dispositions du défunt.

» De plus, quelle est, dans l'espèce, la personne de la légataire relativement au testateur ? C'est une cousine germaine, de l'alliance de laquelle il se trouve honoré, une parente pour laquelle sa volonté a toujours paru également persévérante. Il dit qu'il lui lègue, *parce qu'elle en a plus besoin que les autres*; ce Legs est donc une espèce de pension viagère, presque comparable à des alimens. Or, s'il est vrai que, dans le doute, on doit toujours présumer que le testateur a voulu faire une disposition démonstrative plutôt que taxative, avec quelle force cette présomption ne doit-elle pas s'appliquer à un Legs aussi favorable que celui dont il s'agit ?

» Enfin, il est au moins douteux, dans l'espèce, si le Legs est limitatif ou démonstratif. Il ne s'agit que d'un simple Legs d'usufruit, qui n'oblige l'héritier qu'à donner un revenu viager. Ce Legs, en portant les choses à la plus grande rigueur, réunit les considérations les plus favorables, telles que la proximité dans la légataire, et des héritiers qui jouissent de biens immenses dont le testateur aurait pu les priver.

Par ces raisons, M. d'Aguesseau a conclu en faveur de la marquise de Ventadour (qui était défendue par le célèbre Nivelle) ; et la cour, adoptant son avis, a ordonné, par arrêt du 3 avril 1699,

« que le testament dont était question serait exé-
» cuté selon sa forme et teneur, et en conséquence
» que la partie de Nivelle aurait délivrance de son
» Legs de 13,300 livre par chaque an, sa vie du-
» rant. »

[[*V.* l'article *Acte sous Seing privé*, § 2.]]

VIII. Lorsque l'assignat est limitatif, c'est, sans
difficulté, au légataire à le discuter à ses frais, et
à en tirer tout le parti qu'il peut; car l'héritier
n'est obligé que de lui céder les droits et de lui remettre les titres du défunt, concernant la chose
sur laquelle cet assignat est placé. C'est ce que décide la loi 88, § 8, *de legatis* 2°, au Digeste :
*Civibus meis do, lego chirographum Caii Sei....
Respondi heredes reipublicæ adversus duntaxat
debitorem.... actionem prœstare debere.*

Le parlement de Toulouse s'est conformé à cette
décision par deux arrêts des 26 juin 1584 et 16 mai
1651.

Il s'agissait, dans le premier, rapporté par Laroche, d'un Legs fait par un mari à sa femme,
de la moitié d'une somme qui lui était due par un
tiers.

Voici l'espèce du second, telle que nous la retrace Catellan : « Si le testateur lègue une telle
» somme qu'un tel lui doit, l'héritier n'est tenu
» à autre chose qu'à délivrer au légataire les actes
» qu'il a pour établir cette dette, ou jurer qu'il
» n'en a pas. C'est ainsi que cette question fut dé-
» cidée par arrêt du 16 mai 1651, contre une sœur
» de testateur, à qui il avait légué la somme de
» 1,000 livres due par un tel. Cette sœur ne trou-
» vant point d'acte pour demander cette somme au
» débiteur nommé par le testateur, en demandait
» le paiement à l'héritier, de quoi elle fut débou-
» tée ; et il fut ordonné seulement que l'héritier
» remettrait les actes, ou jurerait qu'il n'en avait
» pas.»

Observez à ce sujet, que le légataire n'a besoin
d'un acte de transport de la part de l'héritier, que
pour intenter une action directe contre le débiteur
dont la dette lui est léguée; car s'il veut se borner
à une action utile, dont l'effet est le même que
celui d'une action directe, il peut l'exercer sans
cession ni transport. C'est ce que porte la loi 18,
C. *de legatis.*

IX. Lorsque l'assignat est démonstratif, le légataire est-il obligé, avant de se pourvoir personnellement contre l'héritier, de discuter, soit le débiteur, soit le bien indiqué par le testateur pour
le paiement de son Legs ?

Cette question n'est pas sans difficulté : des lois
qui paraissent opposées les unes aux autres, et des
arrêts rendus pour et contre, la rendent fort épineuse.

Pour la négative, on cite d'abord la loi 95,
D. *de legatis* 1°, qui dit que, dans le cas du Legs
d'une somme fixe à prendre sur un tiers, la démonstration n'est faite que pour indiquer *à l'héritier* un moyen facile d'acquitter le Legs. *Respondi : verisimilius est patremfamilias demonstrare potius heredibus voluisse unde aureos qua-*

*dringentos sine incommodo rei familiaris contra-
here possint, quam condictionem fideicommisso
injecisse quod initio pure datum esset ; et ideo
quadringenta Pamphilœ debebuntur.*

La loi 27, § dernier, D. *de legatis* 3°, porte la
même chose; et finit par ces termes si décisifs en
apparence *et ideo heres Severi hœc prœstare debet.*

Il y a plusieurs arrêts qui ont adopté cette opinion.

On a déjà vu plus haut, n° 7, que Maynard
en rapporte deux des........ juin 1555 et 13 juillet 1568.

Dulauri nous en fournit deux autres du grand
conseil de Malines, des 12 septembre 1598 et
25 octobre 1625.

Dans l'espèce du premier, Charles de Brienne
était légataire d'une rente de trois cents florins, assignée par simple démonstration sur le comté de
Brienne; il se pourvut contre le duc d'Arschot,
héritier, pour avoir paiement de cette rente. Celui-
ci prétendit que le légataire ne pouvait pas le poursuivre personnellement, avant d'avoir dirigé son
action sur la terre de Brienne, et en avoir discuté
les revenus : mais on ne l'écouta point, et il fut
condamné purement et simplement à payer la
rente dont il s'agissait.

Dans l'espèce du second, le nommé Cuypers
avait déclaré par son testament, « que son inten-
» tion était d'augmenter les bourses par lui fon-
» dées au nombre de quarante, jusqu'à cinquante, et
» au lieu de cinquante florins, jusqu'à soixante flo-
» rins par an, pour chacune desdites bourses, dont
» il chargea ses héritiers de fournir moitié par
» moitié, au moyen des actions reprises et expri-
» mées au dernier feuillet de son testament.»

Les échevins de Bergues-Saint-Vinox, administrateurs de cette fondation, ayant demandé aux héritiers le paiement des sommes léguées pour la
soutenir, les héritiers prétendirent n'être tenus que
de céder les actions assignées par le testateur.

Mais, par sentence du conseil provincial de Gand,
ils furent condamnés à payer le Legs, et cette décision fut confirmée par l'arrêt cité, les chambres
assemblées, « parce qu'on reconnut l'intention du
» testateur avoir été, que ledit Legs subsisterait
» par soi, en chargeant d'icelui lesdits héritiers ;
» et qu'il leur baillait seulement instruction pour
» plus facilement trouver le moyen de l'accom-
» plir. »

Pour l'opinion contraire, nous ne citerons pas,
comme Furgole, la loi 13, D. *de tritico*, ni la
loi 17, § 1, D. *de annuis legatis*, parce que nous
avons établi ci-dessus, n° 7, que les Legs dont
parlent ces textes, ne sont pas démonstratifs,
mais limitatifs.

La loi 12, D. *de alimentis legatis*, recevrait ici
une application plus exacte, si, comme le croit
Furgole, elle décidait que, dans le cas de la disposition démonstrative qui en est le sujet, les légataires dussent attendre après une année abondante, pour prendre sur les revenus assignés à leurs
Legs, ce qui pourrait manquer dans les années

stériles. Mais ce n'est point là ce que veut la loi; il ne faut même qu'un peu d'attention pour se convaincre qu'elle décide précisément le contraire.

Voici en effet l'alternative qu'on propose au jurisconsulte Paul, auteur de ce texte : « On a demandé si les fruits de ces biens ne suffisent pas » pour remplir le Legs, on pouvait obliger les héritiers à fournir le supplément; ou si, en cas que » les fruits d'une année excédassent le montant » de ces mêmes Legs, on devait prendre sur cet » excédant de quoi dédommager les légataires de » ce qu'ils avaient eu de moins les années précédentes. »

Le second membre de cette alternative tend précisément à savoir si les Legs dont il s'agit, sont limitatifs; car, on l'a vu plus haut, le caractère des Legs limitatifs, lorsqu'ils sont annuels, est d'obliger les légataires d'attendre après les revenus d'une année subséquente, pour compenser la stérilité de l'année actuelle, et cela, parce qu'ils sont limités à l'universalité, à la masse des fruits qui naissent annuellement pendant la vie des légataires.

Ainsi, dans la loi citée, le jurisconsulte Paul répondant que le Legs est dû en entier, et que la stérilité ou l'abondance des fonds sur lesquels il est assigné par simple démonstration, n'en diminue ni n'en augmente le montant, c'est comme s'il disait que les héritiers sont tenus de fournir chaque année ce qui manque aux revenus pour remplir le Legs, et que le légataire n'est pas obligé d'attendre qu'une année abondante lui rende ce que lui a ôté une année stérile. C'est donc inutilement que Furgole croit trouver dans cette réponse une preuve de l'obligation du légataire de discuter l'assignat démonstratif avant d'agir personnellement contre l'héritier.

La loi 26, D. *quando dies legatorum cedat*, n'est pas mieux appliquée par cet auteur.

Un testateur dit : « Je veux que mon héritier » donne à un tel cinquante écus qu'il prendra sur » les revenus qui proviendront de mes biens *futuri* » *anni*. » Ce Legs est, sans contredit, démonstratif; aussi la loi décide-t-elle que la stérilité des biens dans l'année qui suit la mort du testateur, n'en opère pas la caducité; *non videri conditionem additam respondit*. Mais, ajoute-t-elle, il y a un délai pour le paiement; et c'est pourquoi, s'il n'y a pas assez de fruits pour payer cette somme la première année, ce qui manquera devra être pris sur les revenus de la seconde : *fructibus fini relictæ pecuniæ non perceptis, ubertatem esse necessariam anni secundi.*

On sent la raison sur laquelle porte ce texte : la prorogation qu'il accorde, n'aurait pas lieu, si le testateur avait assigné les revenus de l'année qui suivrait sa mort, *anni proximi*, au lieu d'assigner vaguement ceux d'une année à venir, *anni futuri*; parce qu'alors le délai ne serait pas indéfini, mais limité à un certain terme.

D'après cela, que peut-on conclure de cette loi? Rien de favorable, ni même d'analogue au sentiment de Furgole, puisqu'elle ne roule que sur la question de savoir en quel temps le légataire par assignat démonstratif peut agir, en cas d'apposition de délai à l'assignat même, de la part du testateur.

Si Furgole n'est pas heureux dans le choix des textes qu'il emploie pour fonder son opinion, il est au moins exact dans les raisons qu'il fait valoir pour en démontrer la justice. « Il est vrai » (dit-il) que la démonstration du paiement à » prendre sur un tel, ne rend pas le Legs limitatif; mais il est également vrai que le testateur » veut que la somme léguée soit prise sur le débiteur indiqué, et que la forme du paiement marqué par le testateur, fait partie du Legs; par » conséquent, sa volonté ne doit pas moins être » exécutée sur ce point, que pour le chef qui contient le Legs de la somme fixe : car il n'y a » point de loi qui dispense le légataire de suivre » l'indication que le testateur a faite, quand il » peut agir utilement et se procurer le paiement » par cette voie. »

Il serait difficile de donner une réponse plausible à cette raison, et elle suffit sans doute pour établir la nécessité de la discussion de l'assignat démonstratif, avant que le légataire puisse agir personnellement contre l'héritier.

Mais comment répondre à la loi 96, D. *de legatis* 1°, et à la loi 27, § dernier, D. *de legatis* 3°, qui paraissent si décisives pour l'opinion contraire?

Rien de plus simple. Écoutons encore Furgole : « Dans l'espèce de la loi 96, D. *de legatis* 1°, » un testateur avait légué 400 écus à prendre, savoir, tant sur Julius, son agent, tant sur les fermiers de tel domaine, tant en argent comptant que le testateur avait. Depuis, le testateur avait disposé à d'autres usages des sommes qu'il avait indiquées pour le paiement du Legs. On demande au jurisconsulte Julien, si le Legs est dû? Il répond que le Legs est dû; parce que le testateur n'y avait point ajouté de condition, qu'il avait seulement désigné le lieu d'où les héritiers pouvaient en faire le paiement. Dans le cas de cette loi, le doute ne pouvait pas rouler sur la discussion, puisque le testateur, depuis son testament, avait dénaturé toutes les sommes indiquées; il ne restait donc aucune action qu'une action sur les héritiers, qui étaient demeurés seuls débiteurs du Legs...... Et s'il est dit que le testateur avait indiqué aux héritiers d'où ils pourraient faire le paiement, c'est parce qu'ils devaient avoir une action directe sur les débiteurs indiqués, pour les contraindre à payer; et que le légataire, en vertu du Legs, ne pouvait avoir qu'une action utile, suivant la loi 18, C. *de legatis.*

» La loi 27, § dernier, D. *de legatis* 3°, est aussi dans le cas d'un débiteur indiqué qui avait cessé d'être débiteur : de là vient que le jurisconsulte dit que la somme léguée devait être payée par l'héritier : car le débiteur indiqué ayant vidé ses mains, il ne restait plus aucune action, même utile, au légataire, ni par conséquent aucune nécessité de discuter l'assignat. Il est même remarquable que la loi dit que le testateur avait indiqué, non à l'héritier, mais au légataire, d'où il pourrait prendre son paiement ; ce qui servirait à favoriser l'opinion de la discussion, plutôt que l'avis contraire. »

X. La dame de Clinchamp étant morte en 1762, on trouva sous son scellé un codicille qui contenait cette seule disposition : « Je donne à made- » moiselle de Saint-Quentin, en cas que Dieu » dispose de moi, mille écus que mes héritiers » paieront en argent, ou bien lui en feront la rente » pendant sa vie, à leur volonté. »

La demoiselle de Saint-Quentin ayant formé sa demande en délivrance, l'héritier offrit de lui constituer une rente viagère au denier vingt. La légataire prétendit qu'on devait, ou lui assurer le fonds de son Legs, soit en lui payant mille écus comptant, soit en lui faisant une rente annuelle et perpétuelle, ou lui en faire une pension viagère au denier dix.

Sur cette contestation, sentence intervint au Châtelet, qui déclara suffisantes les offres de l'héritier.

La légataire en interjeta appel ; et voici les moyens qu'elle fit valoir.

« Lorsqu'il y a dans un testament quelque obscurité, quelque ambiguïté, ou tout autre défaut d'expression qui peut avoir un sens différent de la volonté apparente du testateur, il faut préférer l'intention du testateur à cet autre sens...... Ce principe établi, il est impossible, en jugeant de la volonté de la dame de Clinchamp par les termes mêmes de sa disposition, de ne pas penser que son intention ait été de léguer à la demoiselle de Saint-Quentin une rente perpétuelle de 150 livres, et non pas une rente viagère. La testatrice commence par dire : Je donne mille écus : voilà le corps du Legs ; jusque-là l'intention est claire, et la disposition n'a pas besoin d'interprète. La testatrice continue : que mes héritiers lui donneront en argent, ou bien lui en feront la rente pendant sa vie, à leur volonté ; il est visible qu'elle a voulu seulement, par ces termes, faciliter à ses héritiers le paiement du Legs qu'elle faisait. Il faut donc distinguer la disposition même d'avec son exécution. La difficulté de l'interprétation ne tombe point sur la disposition : encore une fois, l'intention de la testatrice est certaine ; elle lègue mille écus. Si, dans la suite, elle donne à ses héritiers le choix de payer ces mille écus en argent ou en rente, ce choix ne touche point à la disposition, mais seulement à la manière dont se fera le paiement des mille écus légués.

» Suivant les principes établis par Dumoulin sur l'art. 11 de l'ancienne coutume de Paris, glos. 1, n° 21, lorsque le doute ou la difficulté de l'interprétation tombe sur l'exécution du Legs, et non pas sur la disposition, la disposition subsiste, et l'on n'a point d'égard à l'exécution désignée par le testateur, quand elle peut donner

atteinte à la disposition. Or, la dame de Clinchamp lègue mille écus ; voilà la disposition. Il faut donc que la légataire ait un fonds de mille écus, ou en argent ou en rente, au choix des héritiers : mais s'ils prennent le parti de faire le paiement en rente, ce ne peut être qu'une rente perpétuelle, puisqu'une rente viagère de 150 livres ne remplit point la disposition, qui est de mille écus, et à laquelle on ne doit point donner atteinte.

» En effet, on ne peut présumer que la testatrice ait eu en vue une rente viagère de 150 livres, puisqu'après avoir légué mille écus, elle compare, lorsqu'il s'agit de l'exécution de sa volonté, mille écus en rente avec mille écus en argent ; preuve manifeste qu'elle a voulu garder une juste proportion dans le choix qu'elle a laissé à ses héritiers pour le paiement du Legs. Si elle a donné lieu à quelque doute en ajoutant ces mots, pendant sa vie, si contraires au fond de sa disposition, on ne peut attribuer cette ambiguïté qu'à l'ignorance où elle était de la force du juste usage de ces termes, puisque, par sa disposition même, on est convaincu que son intention a été que ses héritiers payassent à la légataire une rente proportionnée aux mille écus qu'elle a légués. »

Les moyens de l'héritier combattaient avantageusement ceux de la légataire.

« Les expressions parfaitement claires (disait-il) ne souffrent aucune interprétation ; or, telles sont celles dont s'est servi la dame de Clinchamp : il en résulte deux Legs marqués bien distinctement, l'un de la propriété, l'autre de l'usufruit. La testatrice n'a pas plus tôt légué la propriété, par ces termes, je donne mille écus que mes héritiers paieront en argent, qu'elle change de volonté, qu'elle restreint sa propriété à un simple usufruit par les mots suivans : ou dont ils lui feront la rente pendant sa vie. L'usage et la signification ordinaire de ces termes restrictifs et limitatifs, pendant sa vie, ne présentent point d'autre idée que celle d'une rente viagère. La testatrice ne pouvait marquer son intention plus précisément : elle laisse le Legs incertain quant à la chose, et elle donne à ses héritiers le pouvoir de le déterminer.

» Mais, dit-on, si l'on réduit sa libéralité à une rente viagère, sa disposition se trouve contradictoire ; car quelle proportion y a-t-il entre une propriété et un simple usufruit ? On convient qu'un légataire peut trouver l'alternative dure ; mais elle n'est pas sans exemple. Les titres de legatis, au Digeste, nous en fournissent plusieurs, et les jurisconsultes ont toujours décidé pour la validité de ces dispositions, qu'ils ont regardées comme faisant deux Legs différens, ou de la propriété, ou de l'usufruit, et dont l'option appartenait à celui auquel le testateur la déférait. Or, dans l'espèce de la cause, le Legs de la propriété est exprimé par ces termes : Je donne mille écus que mes héritiers paieront en argent. Le Legs de l'usufruit se trouve dans ceux-ci : ou bien lui en feront la rente pen-

dant sa vie. Enfin, l'option est déférée aux héritiers par ces autres termes, *à leur volonté.* Les parties se trouvent donc dans l'espèce de la loi 54, § 14, D. *de legatis* 1°, qui admet ces dispositions de la propriété ou de l'usufruit : ainsi, point de contradiction. »

M. l'avocat général de Lamoignon, qui porta la parole dans cette cause, a dit :

« La volonté de la testatrice étant claire, ne doit point être interprétée : elle lègue mille écus ; il faut donc commencer par donner cette somme à la légataire. Mais comment la lui paiera-t-on ? *Que mes héritiers paieront en argent, ou bien lui en feront la rente pendant sa vie, à leur volonté.* Ces termes, *pendant sa vie,* semblent faire quelque difficulté ; mais il faut considérer que la disposition est le don de mille écus ; l'alternative accordée aux héritiers, n'est que dans l'exécution ; ce qui paraît par ces termes, *en feront la rente.*

» Et de quoi fera-t-on la rente, si ce n'est des mille écus légués ? Il faut donc délivrer à la légataire mille écus, ou, suivant le choix des héritiers, lui en faire la rente : mais le Legs ne peut être rempli, que cette rente ne soit perpétuelle. »

Sur ces raisons, la cour, par arrêt du 27 mai 1710, rapporté dans le recueil d'Augeard, a infirmé la sentence du Châtelet, et condamné l'héritier à payer à la demoiselle de Saint-Quentin la somme de 3,000 livres en argent, ou de passer contrat de constitution à son profit, de 150 livres de rente annuelle et perpétuelle.

XI. Lorsqu'un testateur qui possède plusieurs choses d'une même espèce, en lègue une indéterminément, quel est l'effet de sa disposition ?

Il y a là-dessus deux questions à examiner : l'une de savoir en quel cas un tel Legs est valable ou nul ; l'autre, comment ce Legs est valable, on doit régler les droits respectifs de l'héritier et du légataire.

De ces deux questions, la seconde est traitée au mot *Option.*

A l'égard de la première, il faut distinguer si l'espèce léguée est limitée en soi-même, comme un esclave, un cheval, une maison, ou toute autre chose semblable ; ou si, au contraire, elle n'a point de bornes physiques ni morales, comme un fonds, un héritage.

Au premier cas, le Legs est valable, parce que le silence du testateur peut être suppléé par ce qu'on appelle *arbitrium boni viri.*

Au second, il est nul, parce qu'il n'est pas possible de déterminer, même par approximation, quelle a été la volonté du testateur : car un héritage, en général, peut être supposé aussi grand ou aussi petit qu'on le veut ; et comme le Legs qui en est fait, « pourrait être réduit à une si petite portion, qu'il serait entièrement inutile au légataire, il doit passer pour un Legs dérisoire et pour une vélitation d'esprit du testateur. » Ce sont les termes de Ricard.

La loi 69, § 4, D. *de jure dotium,* confirme cette décision. « Un gendre (dit-elle) stipule de

» son beau-père une dot qu'il ne fixe pas : cette » stipulation est valable, quoique le Legs d'un » fonds non désigné soit nul ; car il y a cette dif- » férence entre la constitution d'une dot en gé- » néral et le Legs d'un héritage indéterminé, » qu'une dot est toujours censée constituée eu » égard aux facultés du père et à la condition du » mari. »

En est-il de même du Legs d'une partie indéterminée d'une chose qui a des bornes certaines ?

Bourjon soutient l'affirmative. A l'entendre, « si le testateur a dit, *je lègue à Titius une partie* » *de ma maison,* sans qu'on puisse connaître quelle » portion il a voulu léguer, le Legs est nul, tant » par l'incertitude absolue de la portion, que par » la faveur de l'héritier qu'on ne pourrait assujetir » à quelque délivrance que ce fût, sans l'exposer à » perdre au-delà de ce que le testateur a voulu lé- » guer. »

Mais en quel cas l'incertitude vicie-t-elle un Legs ? Nous l'avons déjà dit, c'est lorsqu'elle ne peut pas être levée par une présomption raisonnable de la volonté du testateur. Que le Legs d'un fonds en général ne soit régulièrement d'aucun effet, on en sent la raison : c'est que les circonstances ne peuvent aider que très faiblement à en fixer l'étendue : mais le motif qui fait valoir le Legs d'une maison en général, doit aussi rendre effectif celui d'une partie indéterminée de telle maison ; ce motif est, que le testateur, en léguant une maison, semble toujours avoir en vue de procurer au légataire une habitation conforme à son état, et qu'ainsi un tel Legs a des bornes, sinon physiques, au moins morales : or, on sent qu'il en doit être de même à cet égard de la partie indéterminée d'une maison désignée.

Ce que nous disons du Legs d'un héritage non désigné, il faut également le dire du Legs d'une quantité que le testateur n'a point fixée, comme du pain, du vin, du blé ; on peut en tirer la raison de la loi 75, § 1, D. *de legatis,* aux mots, *quia non apparet quantum fuerit legatum.*

Si cependant on pouvait connaître la volonté du défunt par l'application qu'il aurait faite de la chose léguée, sa disposition serait exécutée sur la mesure que les circonstances feraient adopter : ainsi, le Legs d'un fonds en général pour fournir à la subsistance du légataire, ou celui d'une pension viagère indéfinie, doit être déclaré valable et réglé suivant les biens du testateur et les besoins du légataire. C'est la décision expresse de la loi 14, *de annuis legatis,* au Digeste : *Si cui annuum fuerit relictum sine adjectione summæ, nihil videri huic adscriptum Mela ait. Sed est verior Nervæ sententia, quod testator præstare solitus fuerat id videri relictum; si minus, ex dignitate personæ statui oportebit.*

Il y a encore d'autres circonstances qui peuvent aider le juge à déterminer un Legs que le testateur a laissé indéfini. Ainsi, deux arrêts du parlement de Paris, des 30 mars 1622 et 6 mars 1675, cités par Brillon, ont déclaré valable, et arbitré d'après l'usage le plus ordinaire, des Legs en blanc que des testateurs avaient faits à leurs domestiques.

XII. C'est une question assez intéressante si le Legs de tout un certain genre n'est point restreint par l'énumération de quelques espèces ou de quelques individus. Par exemple, je lègue ma vaisselle à Titius, et, soit avant, soit après, je lui lègue encore mes plats d'argent. Cette seconde disposition est-elle restrictive ou seulement explicative de la première?

C'est qu'on ne peut décider que par des conjectures : et pour ne point les former au hasard, il faut connaître les règles que les jurisconsultes nous ont tracées sur cette matière.

Si le testateur ignorait ou doutait que les choses individuelles qu'il a léguées spécialement, fussent comprises dans le genre dont il avait disposé immédiatement auparavant, le second Legs n'apporte aucune restriction au premier, et on le regarde comme surérogatoire. C'est ce que décide la loi 9, *de suppellectili legata*, au Digeste : *Legata suppellectili, cum species ex abundanti per imperitiam enumerentur, generali legato non derogatur.* Et l'on ne peut entendre qu'en ce sens la loi 2, § 46, D. *de instructo*, qui dit : *Si quis fundum, ita ut instructus est, legaverit, et adjecerit cum suppellectili, vel mancipiis, vel una aliqua re quæ nominatim expressa non erat, utrum minuit legatum adjiciendo speciem, an vero non, queritur. Et Papinianus respondit non videri minutum, sed potius ex abundanti adjectum.*

Mais si le testateur savait que les espèces dont il a placé le Legs après celui du genre y étaient comprises, et qu'il n'y ait là-dessus aucune difficulté dans le droit, on présume que son intention a été de restreindre sa libéralité aux choses individuelles qu'il a exprimées. C'est ce qui résulte de la loi 18, § 13, *de instructo*, au Digeste : *Quidam cum ita legasset* : Villam meam ita ut ipse possedi, cum suppellectili, mensis, mancipiis, quæ ibi deputabuntur, urbanis et rusticis, vinis, quæ in diem mortis meæ ibi erunt, et decem aureis, *et quæreretur cum in diem mortis ibi libros et vitreamina et vesticulam habuerit, an eadem omnia legato cederent, quoniam quædam enumerasset. Scævola respondit specialiter expressa quæ legato cederint.*

Cette distinction n'a lieu, suivant Voët, que quand le Legs du genre précède le Legs des espèces; car, dans le cas contraire, dit-il, on ne doit pas regarder celui-ci comme explicatif de celui-là.

Écoutons cependant le jurisconsulte Proculus, dans la loi 16, § 2, D. *de tritico* : « Si je lègue » mes vins en bouteilles, ceux de tel et tel coteau, » et toutes les *choses douces* que j'ai, ma libéra-» lité ne comprendra de choses douces que celles » qui servent à la boisson; la mention que j'ai » faite d'abord des vins en bouteilles, explique » ainsi ma volonté. » On voit que ce texte attribue au Legs d'espèces, placé avant celui de genre, la vertu d'en restreindre l'étendue; car, suivant le

§ 1 de la même loi, le Legs générique des *choses douces* comprend non-seulement toutes les boissons, mais encore tous les fruits de cette qualité.

La loi 2, D. *de auro*, nous fournit une autre preuve que la distinction établie ci-dessus doit avoir lieu dans le cas où le Legs des individus précède celui du genre, comme dans le cas où il le suit : « Si je lègue à l'un tous les vêtemens » qui m'appartiennent, et à l'autre tous les ha-» billemens de femme que j'ai, on tirera de ma » garde-robe tous les habillemens de femme qui » s'y trouvent, on les donnera à celui à qui je » les ai légués spécialement, et le reste, appar-» tiendra au légataire des vêtemens en général. » Par la même raison, si je vous lègue deux sta-» tues de marbre, et tout le marbre que j'ai, » vous ne pourrez prendre que deux statues dans » toutes celles de cette matière que je laisserai. »

Le premier membre de notre distinction admet une exception remarquable. Quoique le testateur ignorât que le genre légué par lui comprenait les individus qu'il a ensuite spécifiés, si cependant il a réduit ces individus à un certain nombre, le second Legs restreint le premier, au moins quant à l'espèce dont ces individus font partie. Cette règle est fondée sur le texte même de la loi 9, *de suppellectili legata*, au Digeste : *Si tamen species certi numeri demonstratæ fuerint, modus generi datus in his speciebus intelligitur. Idem servabitur instructo prædio legato, si quædam species numerum certum acceperint.*

Et nous en trouvons un exemple dans la loi 18, § 1, D. *de instructo* : « Un testateur a disposé » de tels et tels esclaves attachés à un fonds, au » profit de la personne à qui il avait légué le » fonds même avec tous ses ustensiles. Quoique » les esclaves soient considérés comme des usten-» siles du fonds auquel ils sont attachés, on ne » peut cependant regarder comme légués, que » ceux dont le testateur a fait une mention ex-» presse, par la raison qu'il paraît avoir ignoré » que le Legs des ustensiles comprenait les es-» claves. »

Au reste, la meilleure règle qu'on puisse donner sur cette matière, est de peser attentivement toutes les clauses du Legs, et de considérer la position du testateur et du légataire; car le plus souvent ce sont les circonstances qui décident ces sortes de questions.

Par exemple, un testateur dispose en ces termes : « Je lègue à ma femme l'usufruit de la mai-» son que j'ai en tel endroit, de tous les meubles » meublans qui s'y trouvent, de tels et tels hé-» ritages, et des fruits et usufruits de la moitié » de mes autres biens, en quelque lieu qu'ils soient » situés, soit prés, terres, maisons, vignes, » pressoirs, ou quelque espèce qu'elle soit. »

La femme, en vertu de cette disposition, se prétend légataire de l'usufruit de la moitié de l'argent comptant et des dettes actives de la succession.

L'héritier répond que sa demande serait fondée,

si le testateur s'était borné à ces mots , *et des fruits et usufruits de la moitié de tous mes autres biens* ; mais qu'ayant en outre parlé de près , de terres, de maisons, de vignes et de pressoirs, il avait fait une énumération restrictive ; en sorte que les termes, *ou quelque espece qu'elle soit*, ne doit s'appliquer qu'aux choses semblables à celles qui sont spécifiées ; ce qu'il fonde sur la loi 16, § 2, D. *de tritico*, rapportée ci-devant.

On ne pouvait, sans contredit, rien de plus conforme aux principes que cette défense ; mais la faveur de la légataire, l'affection que le testateur avait eue pour elle, et qui était manifestée par le grand nombre de Legs dont il l'avait gratifiée, ont fait juger que son usufruit s'étendait aux objets contestés. L'arrêt a été rendu au sénat de Chambéry, le 25 février 1590 ; c'est le président Favre qui le rapporte dans son Code, liv. 6, tit. 18, défin. 2.

XIII. Quel est l'effet du Legs fait à un débiteur de ce qu'il doit au testateur ? *V.* l'article *Libération* (*Legs de*).

XIV. Quelle étendue doit-on donner à un Legs de meubles ? *V.* l'article *Meubles* (*Legs de*).

XV. Que comprend le Legs d'une maison ?

Il faut distinguer si la maison est léguée purement et simplement, ou si elle l'est avec les ustensiles et les choses qui s'y trouvent.

Dans le premier cas, tout ce qui est inhérent au fonds, tout ce qui tient à fer ou à cheville, tout ce qui y est incorporé, soit de fait, soit par accession, en un mot, tout ce qui est réputé immeuble, fait partie du Legs, et doit être adjugé au légataire. *V.* l'article *Biens*, § 1.

On doit pareillement comprendre dans le Legs d'une maison, le jardin, le verger, les pièces d'eau, etc., qui y sont annexés.

Mais en serait-il de même, si ces sortes d'accessoires étaient séparés de la maison par une rue ?

Nous voyons, dans le *Journal des Audiences*, qu'il a été jugé pour l'affirmative , par arrêt du » 15 juin 1712, sur un appel de Mâcon, à la » grand'chambre, au rapport de M. Portail. On » peut (y est-il ajouté) tirer à ce sujet des argu-» mens de la loi 4, D. *finium, regundorum*, sur-» tout du § dernier, où il est parlé de lieux séparés » par un chemin public. Ce qui entre le plus en » considération dans une telle occasion, c'est la » destination du propriétaire. »

A l'égard du cas où la maison est léguée avec les meubles et les ustensiles qui s'y trouvent, *V.* l'article *Meubles* (*Legs de*).

XVI. Ce que nous venons d'établir relativement aux choses que l'incorporation ou l'accession fait comprendre dans une maison léguée, doit avoir également lieu quand elles n'y ont été ajoutées qu'après le testament. Le § 19, *de legatis*, aux Institutes, le décide clairement ainsi : « Nous di-» sons enfin (porte-t-il) que, si le testateur a légué » une maison, les colonnes et le marbre qu'il y a » fait ajouter, font partie du Legs. »

Par la même raison, si le testateur a bâti sur un fonds qu'il avait légué précédemment, le bâtiment appartiendra au légataire. C'est la disposition de la loi 39, D. *de legatis* 2°.

V. le numéro suivant, et ci-après, sect. 6.

XVII. Peut-on conclure de là que, pour régler l'étendue d'un Legs, on doit avoir égard au temps de la mort du testateur, et non à celui où le testament a été fait ?

Cette conséquence paraît infaillible à la première vue ; on peut même l'appuyer sur d'autres textes que ceux que nous venons de citer.

La loi 24, § 2, *de legatis* 1°, porte : « Si, après » avoir légué un fonds, le testateur y ajoute un » nouveau terrain, dans l'intention de l'augmenter, » le terrain ajouté pourra être demandé par le léga-» taire. Il en serait de même en cas d'alluvion. »

La loi 10, D. *de legatis* 2°, confirme cette dis-» position : « Lorsqu'un fonds a été légué nommé-» ment, ce que le défunt y a ajouté après le tes-» tament, accroît au Legs, quoique le Legs » soit conçu en termes qui n'ont nullement trait » à l'avenir, comme, *l'héritage que j'ai*, pourvu » cependant que le testateur n'ait pas possédé sé-» parément cette partie, et qu'il l'ait au contraire » confondue, et, pour ainsi dire, identifiée avec le » fonds légué. »

Il y a, dans les *Œuvres* de Duperrier, un arrêt conforme à cette loi ; voici comment s'explique ce jurisconsulte : « Par arrêt donné au rapport de.... » le 22 mars 1580, il fut jugé (au parlement de » Provence) que le Legs d'une chose universelle, » comme d'une terre et seigneurie, quoique fait » par paroles de présent, pourvu que ce soit (en » termes universels), comprend les biens acquis » par le testament. »

On trouve dans le *Dictionnaire de Brillon*, un arrêt semblable du parlement de Paris, du 5 juin 1709 :

« Un homme ayant 200 livres de rente sur l'hôtel-de-ville, lègue à une personne en ces termes : *Je lègue ma partie de rente de* 150 *livres*.

» Les héritiers prétendirent que le Legs était nul, ou que le légataire ne pouvait prétendre que 150 livres de rente.

» Le légataire prétendit au contraire que toute la rente lui avait été léguée, et il obtint gain de cause, sur les conclusions de M. l'avocat-général Joly de Fleury, qui dit que la faveur du Legs méritait quelque considération ; que le testateur n'avait pas prétendu donner des bornes à sa libéralité ; que ce qui pouvait faire quelque équivoque, était que le testateur n'avait alors que 150 livres à toucher, mais que, l'ayant depuis augmentée par une conversion, il était censé avoir donné la rente telle qu'elle se trouverait. »

On peut encore appliquer ici la loi 28, § 6, et la loi dernière, § 4, D. *de liberatione legata*, suivant lesquelles le Legs de la libération de ce que doit le légataire au testateur, comprend les intérêts qui ont couru depuis le testament.

D'un autre côté, la loi 35, § 1, D. *de legatis* 3°, semble faire entendre qu'il ne faut considérer, pour

fixer l'étendue d'un Legs, que le temps où l e testament a été fait : « Un testateur a laissé à sa femme
» un Legs conçu en ces termes : *Je lègue à ma*
» *femme tout ce que je lui ai donné ou acheté pour*
» *son usage de mon vivant.* On demande si cette
» disposition s'étend aux choses qui ont été données
» après le testament. Et il faut répondre, que les
» paroles dont s'est servi le testateur, ne peuvent
» s'entendre de l'avenir. »

La loi 7, D. *de auro*, n'est pas moins formelle :
« Un Legs fait de cette manière, *j'ordonne à mon*
» *héritier de donner à un tel mon habit, mon ar-*
» *genterie*, ne comprend que l'habit et l'argenterie
» que le défunt avait lors de son testament, parce
» qu'une disposition doit toujours s'entendre du
» temps présent, à moins qu'elle n'ait évidemment
» trait à l'avenir. Car lorsqu'un homme dit, *mon*
» *habit, mon argenterie*, le terme *mon* restreint
» clairement le sens de sa phrase au temps présent.
» Il en est de même d'un Legs conçu en cette forme,
» *mes esclaves.* »

La loi 28, § 1 et 2, D. *de liberatione legata*,
reçoit encore ici une application directe et entière :
elle décide que le Legs de la libération ne comprend que les dettes dont le légataire est redevable
au temps de la confection du testament.

Maynard nous a conservé un arrêt du parlement
de Toulouse, qui est parfaitement calqué sur ce
texte.

Un testateur lègue à un de ses cousins la troisième partie de tous ses meubles et acquêts ; quelque temps après, on lui fait une donation considérable ; il meurt. Procès entre le légataire et l'héritier : le premier veut prendre le tiers de tous les
meubles et acquêts qui se trouvent dans la succession, l'autre au contraire soutient qu'il n'a droit
qu'au tiers des meubles et acquêts que le défunt
possédait à l'époque de son testament. La cause
portée devant des arbitres, sentence intervient en
faveur de l'héritier ; et, sur l'appel du légataire,
elle est confirmée par arrêt du mois de mars 1578.

Catellan propose la question « si dans le Legs
» des terres et possessions acquises en un tel lieu,
» sont comprises les acquisitions faites depuis le
» testament, » et voici sa réponse : « Il a été dé-
» cidé pour la négative ; l'arrêt est du 6 mai 1665,
» en la première chambre des enquêtes, au rapport
» de M. de Guillermin. »

Mais comment accorder ces différentes décisions
avec celles qui indiquent le temps de la mort du
testateur, comme la mesure sur laquelle il faut régler l'étendue d'un Legs ?

Écoutons l'additionnaire de Duperrier :

« Il y a une distinction à faire à cet égard entre
le Legs de certains effets mobiliers, et celui d'un
fonds ou domaine. Il est décidé par la loi 7, D. *de*
auro, et par la loi 28, D. *de liberatione legata*,
qu'il faut considérer le Legs dans l'état où il était
lors du testament ; ce qui reçoit application, suivant les interprètes, à ce cas : un testateur lègue ce
qu'il a mis en certain lieu ; ce Legs ne s'étendra pas
à ce qu'il y a mis depuis le testament.

» Au contraire, si après le testament par lequel il a légué un fonds, il y ajoute partie d'un
autre fonds, elle appartiendra aussi au légataire ;
loi 24, § 2, D. *de legatis* 1° ; loi 20, D. *de lé-*
gatis 2°. S'il lègue une place à bâtir, et qu'il y
fasse ensuite bâtir une maison, le légataire en pro-
fitera ; loi 39, D. *de legatis* 2°. »

On trouve la même idée dans Catellan ; mais elle
y est mieux développée.

Suivant ce magistrat, il faut distinguer si les
choses qui se trouvent de plus au temps de la mort
qu'à celui du testament, subsistent par elles-mêmes,
ou si elles ne forment que des accessoires des effets
légués.

Dans le premier cas, le légataire ne peut y rien
prétendre ; mais dans le second, c'est à lui qu'elles
appartiennent.

Les lois et les arrêts que nous venons de citer,
se concilient facilement par cette distinction.

« Ainsi, dit Catellan, les intérêts qui ont couru
depuis le testament jusqu'à la mort, sont un accessoire du capital dont la libération est léguée ;
ils doivent suivre et augmenter le Legs de la libération.

» Il en est de même si le testateur ajoute au
Legs un nom commun et général, comme accessoire, par exemple, s'il lègue *un fonds garni* ; car
il comprend tout ce que le testateur a acquis depuis le testament, pour rendre ce fonds mieux
garni ; loi 5, loi pen. D. *de instructo* ; loi 28,
D. *quando dies legatorum.*

» Je crois qu'il en sera de même du Legs d'un
corps, comme d'une métairie, qui comprendra ce
que le testateur a ajouté à sa métairie depuis le
testament (1), comme on peut inférer de la loi 24,
§ 2, D. *de legatis* 11° ; il s'agit dans ces deux derniers cas de l'accessoire du Legs, de quoi il n'est
pas question dans le cas de l'arrêt de 1665, où
une pièce nouvellement acquise n'est pas accessoire
des pièces de terre léguées, et fait un corps à
part.

» Mais le Legs fait au serviteur de tout ce qu'il
devra de l'administration par lui faite, ne comprend pas ce qu'il devra de l'administration faite
depuis le testament, suivant M. Laroche ; ce n'est
pas non plus alors le cas de l'accessoire, c'est l'administration d'un autre temps que celui dont le
testateur a parlé. »

[[L'art. 1019 du Code civil porte : « Lorsque

_____

(1) Il y a cependant un arrêt du parlement d'Aix, rapporté par Duperrier, sous la date du 21 octobre 1570,
qui a jugé « que le Legs fait d'une métairie avec ses
» appartenances et son afferme, indiqué par tel contrat
» passé devant tel notaire, ne comprenait pas les pièces
» de terre que le testateur avait, puis après arrentées
» conjointement avec la métairie, et confondues dans un
» seul prix. » Mais cette décision particulière ne détruit
pas le principe qu'établit ici Catellan : l'indication du
contrat où les fonds légués se trouvaient désignés, annonça évidemment que le testateur n'avait voulu léguer
que ce qui était afferme au temps de la confection du
testament.

celui qui a légué la propriété d'un immeuble, l'a ensuite augmenté par des acquisitions, ces acquisitions, fussent-elles contiguës, ne seront pas censées, sans une nouvelle disposition, faire partie du Legs.

» Il en sera autrement des embellissemens, ou des constructions faites sur le fonds légué ou d'un enclos dont le testateur aurait augmenté l'enceinte. »]]

D'après cette théorie, il ne peut plus y avoir d'embarras dans la pratique, que sur la question de savoir si les choses survenues après le testament, sont accessoires à la chose léguée, ou non.

Mais il n'est guère possible de donner là-dessus des règles générales; c'est par la nature de chaque Legs qu'il faut décider ces sortes de questions.

Nous observerons seulement que tout ce qui survient à ce qu'on appelle en droit *universalité*, en est réputé accessoire, ou plutôt partie intégrante, et conséquemment en augmente le Legs. Le § 20 *de legatis*, aux Instituts, contient la preuve et l'exemple de cette assertion : « Si l'on a légué le » pécule d'un esclave (ce sont les termes de ce » texte,) tout ce qui y arrive d'augmentation ou » de diminution du vivant du testateur, est au » profit ou à la perte du légataire. »

C'est aussi ce que prouve le § 18 du même titre : « Julien dit que les brebis qui ont été ajoutées au » troupeau depuis le testament, font partie du » Legs. En effet, un troupeau est un corps, un as- » semblage, un tout composé de plusieurs têtes » séparées les unes des autres, de même qu'un édi- » fice est un corps composé de plusieurs pierres, » jointes ensemble. »

Les lois 64, D. *de legatis* 3°, et 88, D. *de le- gatis* 2°, décident, d'après le même principe, que le Legs d'un *calendrier*, c'est-à-dire, d'un journal de dettes actives, comprend les créances que le testateur y a inscrites depuis le testament.

On doit, par la même raison, étendre le Legs d'une bibliothèque aux livres que le testateur a acquis dans l'intervalle du testament à son décès; mais il faut pour cela qu'il les ait destinés à faire partie de sa bibliothèque : car les lois que nous venons de rapporter, ne fondent leur décision que sur la circonstance que c'étaient les testateurs qui avaient fait entrer eux-mêmes les choses particulières dont il s'agissait, dans les choses universelles léguées par eux précédemment.

La *Collection de Jurisprudence* de Denisart nous fournit un arrêt qui autorise cette exception :

« M. Fugères, conseiller à la cour des aides, qui, par son testament fait environ dix ans avant sa mort, avait légué sa bibliothèque à son exécuteur testamentaire, se trouvant au moment de sa mort, légataire de la bibliothèque de M. Goguet, conseiller au parlement, son ami, décédé le 2 mai 1758, trois jours avant M. Fugères, il s'est agi de savoir si Me Forri, nommé exécuteur du testament de M. Fugères, pouvait demander les deux bibliothèques, ou seulement celle du testateur.

» Par arrêt rendu le 9 avril 1759, la cour a jugé

qu'il ne pouvait demander que celle du testateur, parce que l'autre n'était pas présumée appartenir à la succession, laquelle n'avait qu'une action pour en demander la délivrance. Il était d'ailleurs évidemment certain que le testateur était mort sans savoir qu'il était institué légataire de la bibliothèque de M. Goguet. »

La même exception résulte de la loi 52, § 3, D. *de legatis* 2°. Un testateur avait légué tout ce qui se trouverait dans son grenier; et le légataire avait, à son insu, transporté beaucoup d'effets dans ce grenier. On a demandé si ces effets étaient compris dans le Legs. Le jurisconsulte Modestinus a répondu que non.

La loi 39, § 2, D. *de auro*, décide une espèce à peu près semblable. Je lègue toute l'argenterie qui se trouvera à ma mort dans ma maison de campagne. Avant mon décès, mes gens transportent, de la ville à ma maison de campagne, de l'argenterie qui ne s'y trouvait pas à l'époque du testament : cette argenterie appartiendra-t-elle au légataire? Le jurisconsulte Javolénus répond qu'elle lui appartiendra, si le transport en a été fait par mes ordres, sinon qu'elle demeurera à l'héritier.

On peut encore voir à ce sujet la loi 18, § 12, D. *de instructo*, et la loi 34, § 1, D. *de legatis* 3°.

Voici une espèce qui se rapporte naturellement à la matière des augmentations survenues, après le testament, à la chose léguée.

Le 2 janvier 1700, le sieur de Bregy avait fait un testament et y avait inséré cette clause : « Je » prie M. l'abbé de Courtenay de vouloir bien » recevoir de moi un diamant de 300 louis d'or » que je lui donne. Pour l'exécution de mon pré- » sent testament, je nomme M. Boulin, conseiller » de la cour des aides, le priant de vouloir bien » agréer un diamant de 300 louis d'or que je lui » donne. » Le louis d'or ne valait, au temps de ce testament, que 13 livres 15 sous : le 1er avril de la même année, le gouvernement le réduisit à 13 livres 5 sous, et en 1709, il le porta à 20 livres.

Le testateur mourut en novembre 1713. De là des difficultés entre l'héritier et les deux légataires. Le premier prétendait n'être obligé de payer les Legs que sur le pied de la valeur des louis au temps du testament; les seconds, au contraire, soutenaient qu'on devait les payer en louis d'or.

La cause portée à l'audience de la grand'chambre du parlement de Paris, sur l'appel d'une sentence qui avait adopté la prétention de l'héritier, M. l'avocat-général Joly de Fleury a observé que la question ne pouvait se résoudre que par les circonstances; et il en a remarqué quatre dont l'ensemble formait, selon lui, une présomption violente de la volonté du testateur pour le parti embrassé par la sentence :

1° Tous les autres Legs étaient exprimés en livres numéraires; les deux seuls dont il s'agissait, l'étaient en louis d'or. Cette différence semblait annoncer que le testateur avait voulu que MM. de Courtenay et Boulin profitassent de l'augmentation des monnaies.

2° Le testateur avait laissé une fortune considérable, que ne diminuait guère l'obligation imposée à l'héritier par les premiers juges, de payer les louis d'or à 20 livres.

3° Les deux légataires avaient été unis au défunt par les nœuds de l'amitié la plus étroite ; il avait fait l'un dépositaire de grandes sommes d'argent, et nommé l'autre son exécuteur testamentaire.

4° Le testateur avait encore vécu trois ans depuis que les louis d'or avaient été portés à 20 livres, et il n'avait rien changé à son testament.

Par ces considérations, M. l'avocat-général a estimé qu'il y avait lieu de mettre l'appellation au néant ; et la cour s'est conformée à ses conclusions par arrêt du 22 février 1714, rapporté au *Journal des audiences*.

XVIII. Le Legs de la pratique d'un procureur comprend-il les frais et salaires dont ses cliens lui étaient redevables à son décès, et qui ne lui étaient pas encore acquis lors de son testament ? Oui, parce que la pratique du procureur est une universalité. (*V.* le n°. précédent.)

Mais en serait-il de même, si, au lieu de léguer sa *pratique*, un procureur léguait son *étude*, ou, comme on parle en quelque pays, son *comptoir* ?

On trouve dans le recueil de Wynants, § 162, un arrêt d'expédient du conseil de Brabant, du 8 juillet 1708, qui juge pour l'affirmative.

XIX. Un commissaire au Châtelet de Paris, qui laissait beaucoup de biens et point d'enfans, fait, en faveur du fils d'un de ses confrères, une disposition conçue en ces termes : « Je donne et lègue » à Mathieu Tierce, mon filleul, la somme de » 5 livres tournois. »

Le légataire prétend qu'il y a erreur dans le testament, et qu'au lieu de 5 livres, il faut lire 500 livres : il fonde cette interprétation sur la présomption qu'un testateur opulent ne lègue point une somme aussi modique à une personne de même état que lui, et sur le fait que, dans notre langue, on ne dit point *cinq livres*, mais bien *cent sous*. L'héritier soutient, au contraire, que le Legs ne peut pas être étendu au-delà des expressions du testateur. Ces expressions, dit-il, sont claires ; elles ne présentent ni obscurité ni équivoque ; elles forment un sens complet ; et il n'est personne qui ne les entende. C'est donc le cas de la loi 5, *de legatis* 3°. au Digeste : *cùm in verbis nulla est ambiguitas, non debet admitti voluntatis quæstio.*

La cause portée aux requêtes du palais, sentence qui ordonne qu'au lieu de 5 livres écrites dans le testament dont il s'agit, il sera payé au légataire la somme de 500 livres.

Mais, sur l'appel, cette sentence est infirmée, et l'héritier est déchargé en payant 5 livres au légataire. L'arrêt est rapporté au *Journal des Audiences*, sous la date du 20 juillet 1678.

XX. Un arrêt du parlement de Toulouse, du 27

août 1728, a jugé, suivant le témoignage de Serres, « qu'un Legs conçu en ces termes : *Je* » *lègue aux enfans de mon frère à chacun deux* » *cents livres*, devait être de deux cents livres » pour chacun, quoique l'héritier prétendît qu'il » ne devait être que de cent livres pour chacun » d'eux. »

La même chose avait été jugée par un arrêt du parlement de Paris, du 11 mars 1616, rapporté par Mornac.

L'héritier prétendait, dans l'une et l'autre espèce, qu'il fallait mettre une apostrophe au mot *deux*, et lire, *à chacun d'eux cent livres ;* ce qu'il fondait sur la maxime *in obscuris quod minimum est sequimur*. Mais les paroles du testateur étaient trop claires pour souffrir cette interprétation.

XXI. Voici une note que Maillart, commentateur de la coutume d'Artois, a insérée dans le *Dictionnaire des Arrêts de Brillon* : « Dans une » coutume où les avantages sont permis entre con- » joints, un mari lègue sa part des meubles à sa » femme : il décède ; elle renonce, et veut tout » avoir. Les héritiers n'en offrent que la moitié. » M°. Le Vassor le jeune, procureur au parlement, » m'a dit, le 8 octobre 1717, que MM. Lebrun » et de Riparfond avaient estimé que la veuve de- » vait avoir tout ; qu'au contraire, MM. de la » grand'chambre, au rapport de M. Dreux, » avaient estimé qu'elle ne devait avoir que la » moitié, sans qu'il y ait eu de jugement. »

V. ci-devant, n°. , [[et mon *Recueil de Questions de droit*, aux mots *Chose jugée*, § 9.]]

XXII. Un testateur lègue plusieurs fois une même chose à une même personne : cette chose est-elle due plusieurs fois ?

Il faut distinguer : ou c'est un corps certain qui est l'objet du Legs, ou c'est une quantité.

Un corps certain, quoique légué plusieurs fois à une même personne, n'est cependant dû qu'une fois, à moins que le légataire ne prouve que le testateur a voulu lui laisser la chose en nature, et obliger son héritier de lui en payer encore l'estimation. C'est ce que décident la loi 66, § 5, D. *de legatis* 1°. ; la loi 21, § 1, D. *de legatis* 3°. ; et la loi 42, § 1, D. *de usufructu.*

Lorsqu'une même quantité est léguée plusieurs fois à une seule personne, il faut sous-distinguer : ou les Legs sont renfermés dans une même disposition, ou ils sont consignés dans différens testamens.

Au premier cas, les Legs ne sont dus qu'une fois, à moins que le testateur n'ait voulu les multiplier, ce qui doit être prouvé par le légataire.

Au second cas, la présomption est que le défunt a voulu léguer plusieurs fois la même somme; mais l'héritier peut la détruire par une preuve contraire.

Ces deux propositions sont justifiées par la loi 34, § 3, D. *de legatis* 1°. et par la loi 12, D. *de probationibus.*

[[La première de ces lois est remarquable par le caractère qu'elle exige dans la preuve dont elle charge le légataire : lorsque la même somme (porte-t-elle) est léguée plusieurs fois *par le même testament*, elle doit être payée autant de fois que le Legs est répété, *si le légataire peut prouver avec la plus grande évidence que telle a été l'intention du testateur : Si non corpus, sit legatum, sed quantitas eadem in eodem testamento sœpius divus pius rescripsit tunc sœpius præstandam summam, si evidentissimis probationibus ostendatur testatorem multiplicare legatum voluisse.*

La seconde loi, c'est-à-dire, la loi 12, D. de *probationibus*, ne mérite pas moins d'attention pour le cas où c'est dans deux ou plusieurs actes de dernière volonté que la même somme se trouve léguée plusieurs fois à la même personne. Elle compare le légataire, en faveur duquel chacun des deux actes prouve par soi que telle somme lui est due par l'héritier, au créancier porteur d'un titre auquel le débiteur oppose l'exception de paiement ; et elle décide que, de même que la preuve du paiement est à la charge du débiteur, de même aussi c'est à l'héritier à prouver que des deux actes dont se prévaut le légataire, il y en a un auquel le testateur n'a voulu donner aucun effet : *quinquinta testamento tibi legata sunt ; idem scriptum est in codicillis postea scriptis : refert duplicare legatum voluerit, an repetere ; et oblitus, se in testamento legasse, id fecerit. Ab utro ergo probatio ejus rei exigenda est ? Prima fronte æquius videtur ut petitor probet quod intendit ; sed interdum probationes quædam à reo, exiguntur ; nam si creditum petam, ille respondeat* SOLUTAM ESSE PECUNIAM, *ipse hoc probare cogendus est. Et hic igitur cùm petitor duas scripturas ostendit, heres posteriorem inanem esse ipse hæres id approbare judici debet.*

Et c'est assez dire que l'héritier ne peut être dispensé de payer la somme léguée autant de fois qu'il y a d'actes qui en contiennent le Legs, qu'autant qu'il établit, non par de simples conjectures, mais par des preuves proprement dites, que le testateur n'a voulu la léguer qu'une seule fois.]]

La loi 24, D. *de legatis* 1°, et la loi 22, D. *de legatis* 3°, nous fournissent un exemple remarquable de la manière dont un héritier peut prouver que le testateur n'a point eu l'intention de multiplier les Legs : elles décident qu'il n'est dû qu'un Legs, lorsque le testateur a dit : *Si je fais deux Legs à un tel, je veux qu'il n'en soit dû qu'un seul*, à moins qu'en multipliant les Legs, le testateur n'eût déclaré spécialement qu'il avait changé de volonté, et qu'il entendait que le légataire eût tous les Legs qu'il lui faisait.

Furgole fait là-dessus une observation importante :

« Quoique les interprètes aient fondé sur ces lois les clauses dérogatoires et leurs effets, et que ces clauses dérogatoires soient abrogées par l'ordonnance de 1735, je ne pense pas que l'objet du législateur, en abrogeant une jurisprudence qui s'était glissée contre la pureté du droit, a été de déroger aux lois dont nous venons de rapporter le cas, parce qu'il n'y a rien qui ne soit raisonnable. Il a proscrit les abus et les mauvaises conséquences, sans toucher à la source qui y avait donné occasion. »

[[Du reste, nul doute que le Code civil ne laisse parfaitement intacte la disposition de la loi 12, D. *de probationibus*. En effet, l'art. 1036 de ce Code porte que « les testamens postérieurs qui ne révoqueront pas d'une manière expresse les précédens, n'annulleront dans ceux-ci que celles des dispositions y contenues qui se trouveront incompatibles avec les nouvelles, ou qui seront contraires. » Or, il est évident que si, après avoir, par un premier testament, légué à Paul une somme de 10,000 francs, je lui lègue encore la même somme par un second testament qui ne révoque pas expressément le premier, les deux Legs n'ont rien *d'incompatible* ni de *contraire* ; ils doivent donc recevoir tous deux leur pleine exécution, à moins que mon héritier ou légataire universel n'ait quelque moyen de prouver que mon intention a été de ne faire à Paul qu'un seul Legs.

C'est sur ce principe qu'est fondé l'arrêt rendu dans l'espèce suivante.

Le 9 janvier 1804, testament olographe, par lequel Ignace Argenterode Bagnasco, après avoir institué le sieur de la Turbie, son héritier universel, ajoute : « Je laisse une pension viagère de 300 livres par an à celui qui sera mon secrétaire » à l'époque de mon décès.

Le 30 janvier 1805, le sieur de Bagnasco fait un second testament, également olographe, par lequel, sans rien changer aux dispositions du premier, il s'exprime ainsi : « Je nomme Philippe » Murialdo, mon secrétaire, exécuteur testamentaire, auquel je donne la saisine de mes biens ; » et, pour récompense de ses soins à cet égard, je » lui lègue la somme de cent francs annuels. »

Enfin, par un troisième testament, en date du lendemain, il lègue au sieur Murialdo une pension viagère de 300 livres.

Et il meurt quelque temps après, ayant toujours le sieur Murialdo pour secrétaire.

Celui-ci réclame trois pensions viagères montant ensemble à 700 livres, savoir, l'une de 300 livres en vertu du premier testament, une de 100 livres en vertu du second, et une de 300 livres en vertu du troisième.

Nulle difficulté de la part du sieur de la Turbie, héritier institué, quant aux deux pensions, l'une de 300 livres, l'autre de 100 livres, léguées par les deux premiers testamens, mais il se refuse au paiement de celle de 300 livres léguée par le troisième ; et il soutient que l'intention du testateur n'a pas été d'exercer par son troisième testament, une nouvelle libéralité envers le sieur Murialdo, mais seulement d'appliquer au sieur Murialdo personnellement, et par conséquent de renouveler purement et simplement le Legs qu'il avait d'abord fait à celui qui serait son secrétaire à l'époque de son décès,

Le sieur Murialdo répond que le Legs auquel il a droit comme secrétaire du testateur au moment de sa mort, n'offre rien d'incompatible avec celui qui lui est fait personnellement par le troisième testament, ni qui y soit contraire; et que, dès-lors, ils doivent, aux termes de l'art. 1036 du Code civil, recevoir tous deux leur exécution.

Jugement du tribunal de première instance de Turin, qui condamne l'héritier institué à payer au sieur Murialdo la pension léguée par le troisième testament, conjointement avec les deux autres.

Et sur l'appel, arrêt de la cour de Turin, du 24 février 1807, qui confirme ce jugement,

« Attendu que, comme il a paru au tribunal de première instance que la loi 16, D. de dote prælegatā, présente une espèce bien différente de celle dont il s'agit, on doit également reconnaître, d'après l'opinion commune des auteurs, une diversité entre l'espèce actuelle et celle qui est proposée dans la loi 34, § 3, D. de legatis 1°, vu qu'il est question dans cette loi d'une même somme que le défunt avait léguée in eodem testamento sæpius, au lieu qu'en notre espèce, comme aussi dans celle de la loi 12, D. de probationibus, citée dans le jugement dont est appel, il est question de Legs faits par des actes différens;

» Attendu qu'une diversité encore plus sensible existe dans le cas dont il s'agit et celui de la loi 18, D. de alimentis et cibariis legatis; en effet, le Legs d'alimens dont il y est parlé, n'avait de sa nature d'autre but que celui de subvenir purement et simplement à la subsistance des individus affranchis au profit desquels il avait été fait : par le codicille postérieur, le défunt ayant, à ce même titre d'alimens, fait un Legs plus ample que celui résultant du testament précédent, en pareille espèce, ce fut adopter l'interprétation la plus vraisemblable et la plus adaptée à la nature du Legs duquel il était question, que de prononcer que le Legs d'alimens porté par le testament avait été remplacé par le Legs résultant du codicile, ab iis quæ testamento cibariorum nomine legata essent, recessum et propter ea quæ codicillis relicta sunt; et ce d'autant plus encore, qu'il était à présumer que le défunt eût voulu par sa libéralité rendre égale la condition de tous ses affranchis, sans différence entre ceux qui avaient été affranchis par testament et ceux qui l'avaient été par acte entre-vifs;

» Attendu que la libéralité beaucoup plus modique exercée par le défunt envers Debernocchi, dans son testament du 11 fructidor an 12 (testament qui fut expressément révoqué), ne peut prêter à aucune induction plausible contre l'intimé Murialdo;

» Qu'au contraire, la libéralité plus grande exercée envers celui-ci, peut facilement s'attribuer à ce que peut-être a-t-il mieux réussi à se gagner l'affection du testateur, quoique son service auprès du même testateur n'ait pas duré aussi long-temps que celui de Debernochi;

» Attendu, d'une part, qu'il suffit de parcourir les autres dispositions concernant les Legs de service, consignées dans le même acte du 18 nivôse an 12, pour se convaincre de la générosité du testateur dans ses Legs, et pour en faire, en conséquence, ressortir d'autres argumens favorables à l'intimé (1). »

Mais que serait-ce si le testateur, après avoir légué à une personne, par son testament, une somme quelconque, lui avait légué par un codicille, ou par un autre testament confirmatif ou non révocatoire du premier, une somme plus forte ou plus faible? Pourrait-on dire qu'il n'a réellement légué que la somme portée dans son codicille ou son dernier testament?

M. d'Aguesseau, dans son premier plaidoyer (tome 2, page 21), regardait l'affirmative comme établie par la loi 18, D. de alimentis legatis, que l'on a déjà vue citée plus haut dans l'arrêt de la cour d'appel de Turin, du 24 février 1807, et il en faisait une règle générale qu'il exprimait ainsi : Quod si major quantitas codicillis quam testamento legata sit, major minor inesse intelligitur, nisi aliter probaverit legatarius.

Pothier, dans ses Pandectæ Justinianæ, titre de legatis, part. 2, professe la même doctrine et la fonde sur le même texte, après avoir retracé, n° 218, le principe établi par la loi 12, D. de probationibus, que multiplicatā intelligitur quantitas legata cum diversis scripturis relinquitur, il ajoute, n° 219 : aliud, ambiguitatis genus est, si diversæ quantitates diversis scripturis relictæ sint. Non præsumitur autem testator legata multiplicasse, sed potius priùs legatum per posteriorem scripturam auxisse vel minuisse.

Il ne paraît pas cependant que la loi 18, D. de alimentis legatis, puisse justifier une assertion aussi générale, et que la décision qu'elle renferme, n'est applicable qu'au cas où le testateur a donné au Legs contenu dans son codicille, la même destination qu'à celui qui est porté dans son testament, comme lorsque, par l'un de ces actes, il laisse à quelqu'un une rente viagère de 200 livres, pour lui servir d'alimens, et que, par l'autre, il lui lègue une rente viagère de 300 livres pour la même fin. Voici en effet ce qu'elle porte : « Un testateur avait, par son testament, légué » à chacun des esclaves qu'il avait affranchis par le » même acte, une pension alimentaire de dix » pièces de telle monnaie par mois; ensuite, par » un codicille, il avait légué généralement à tous » ses affranchis une pension de sept pièces de cette » même monnaie par mois pour leur nourriture, » et une pension annuelle de dix pièces de la » même monnaie pour leur habillement. Ques- » tion de savoir si les héritiers devaient payer aux » affranchis ce qui leur était légué par le testa- » ment, en même temps que ce qui leur était lé- » gué par le codicille? Il a répondu qu'il n'y avait

---

(1) Jurisprudence de la cour de cassation, tome 7, partie 1, page 205.

» aucune raison pour que les héritiers ne dussent
» pas payer ce qui avait été donné par le codicille :
» car ce qui avait été légué par le testament à titre
» de pension alimentaire, a été révoqué et remplacé
» par ce qui a été légué dans le codicille. *Libertis*
» *quos testamento manumiserat, alimentorum*
» *nomine., menstruos decem legaverat : deinde*
» *codicillis, generaliter omnibus libertis mens-*
» *truos septem, et annuos vestiarii nomine denos*
» *legavit. Quæsitum est an ex testamento et ex*
» *codicillis libertis fideicommissum heredes præs-*
» *tare debeant? Respondit : nihil proponi cur*
» *non ea quæ codicillis data proponerentur, præs-*
» *tari deberent. Nam ab iis quæ testamento ci-*
» *bariorum nomine legata essent, recessum est*
» *propter ea quæ codicillis relicta sunt.* »

Aussi Bruneman, dans son commentaire sur les
Pandectes, liv. 34, tit. 1, remarque-t-il, sur la
loi dont il s'agit, que le motif en est pris de la
nature des alimens qui, fournis une fois en vertu
d'un titre, ne peuvent pas être exigés une seconde
fois en vertu d'un autre titre : *Ratio hujus in na-*
turâ alimentorum quæ non iterantur.

Cette loi ne s'oppose donc pas à ce que, hors le
cas spécial qui en est l'objet, le légataire de deux
quantités homogènes, mais différentes quant à
leur taux, ne puisse exiger à la fois l'une et l'autre ; et d'ailleurs le droit qu'il a de les exiger en
effet est clairement établi par l'art. 1036 du Code
civil.

Voici au surplus un arrêt qui le juge ainsi formellement.

Le 15 mars 1806, le sieur Béard fait un testament par lequel, en révoquant un testament mystique antérieur qu'il avait déposé chez un notaire,
il donne à Philippine Martin, sa nièce, une somme
de 10,000 francs.

Le 8 avril 1808, il fait un troisième testament
par lequel il confirme la révocation du premier,
révoque le second, et donne à Philippine Martin,
sa nièce, une somme de 12,000 francs.

Enfin, par un quatrième testament, il révoque
le troisième, et lègue à Philippine Martin, sa
nièce, une somme de 6,000 francs, payable après
la mort de son épouse, qu'il institue son héritière
universelle.

Après la mort du testateur, Philippine Martin demande la délivrance actuelle du Legs de 10,000 fr.
qui lui a été fait par le testament du 15 mars 1806,
sans préjudice de celui de 6,000 francs qui devra
lui être payé en vertu du quatrième testament,
après la mort de l'héritière instituée.

La veuve Béard répond que le testateur n'a fait,
par son quatrième testament, que réduire à la
somme de 6,000 francs, payable après la mort de
son héritière, le Legs qu'il avait fait par le testament du 15 mars 1806, et qu'il avait élevé par cet
acte à 10,000 francs.

Philippine Martin réplique que le Legs fait par
le testament du 15 mars 1806, n'est point exclusif
du Legs de 6,000 francs que le quatrième testament contient en sa faveur, et que cela suffit,

d'après l'art. 1,036 du Code civil, pour qu'ils lui
soient dus tous deux.

Jugement qui condamne l'héritière instituée au
paiement du Legs de 10,000 francs.

L'héritière instituée en appelle, mais, par arrêt
du 14 juin 1810, la cour de Grenoble met l'appellation au néant.

« Attendu qu'il n'existe point d'incompatibilité
entre le Legs de 10,000 francs du testament olographe, et celui de 6,000 francs du dernier tes-
ment, puisque, formés l'un et l'autre d'une somme
d'argent, le dernier Legs devient un accroissement
de libéralité en faveur de Philippine Martin, et
que les deux Legs peuvent cumulativement être
demandés, suivant la disposition de la loi 34, § 3,
D. *de legatis*, 1° (1) ;

» Attendu que l'on n'aperçoit point dans le dernier testament, de volonté ou d'intention qui soit
contraire à l'exécution du second testament, quant
au Legs de 10,000 francs ;

« Que, dans le second et le troisième, l'intention
de bienfaisance s'est progressivement accrue envers
Philippine Martin, qu'il voulait marier à Cha-
moussel, son propre neveu, institué héritier dans
le troisième testament ;

» Que, dans le quatrième, Claudine Martin,
femme Béard, est nommée héritière ; d'où il résulterait, dans le cas de non-paiement du Legs de
10,000 francs du second testament, qu'on ferait
révoquer tacitement au testateur les libéralités
qu'il entendait faire à Philippine Martin pour ses
bons et répétés services, et à son neveu qu'il af-
fectionnait, lorsque surtout ces deux jeunes gens
se sont unis par le lien du mariage, selon le vœu du
testateur ;

» Attendu enfin, que les forces de la succession
permettent de concilier, soit le paiement des Legs,
soit le titre de légataire universelle assuré à Claudine Martin, qui ne doit d'ailleurs payer le Legs
de 6,000 francs, qu'après son décès et sans intérêts ; que, par là, l'intention du testateur ne présente, dans ses dispositions non révoquées, rien de
contraire, rien d'incompatible, ni dans la nature
des Legs, ni dans les résultats de leur exécution (2). »]]

XXIII. On a vu plus haut, que la coutume d'Artois limite à un usufruit triennal la disponibilité
des propres qu'elle régit : de là naît la question de
savoir ce que comprend le Legs de cet usufruit.

« Il comprend (répond Maillart) tout le produit ordinaire, extraordinaire ou casuel, qui échet
durant trois années ; de sorte, par exemple, que
si, à cause des cas imprévus, il n'y avait rien à percevoir, le légataire ne pourrait pas prétendre la ré-

_____

(1) Cette loi n'est relative qu'au cas où le Legs de la
même somme est répété plusieurs fois, dans le même
testament, et où, par suite, c'est au légataire à prouver que l'intention du testateur a été de lui faire plusieurs Legs. Ce n'était donc pas cette loi qu'il fallait
citer, mais bien la loi 12, D. *de probationibus*.

(2) Journal des audiences de la cour de cassation,
année 1811, supplément, page 63.

compense des années stériles, sur celles qui suivraient la fin de son usufruit, parce que le Legs n'est pas d'une certaine quantité de fruits à prendre sur celle de chaque année, auquel cas il faudrait suppléer les années stériles par les suivantes; mais d'une généralité de fruits, laquelle recevant augmentation ou diminution, est sujette au hasard : l'usufruitier y est soumis comme le propriétaire l'aurait été ; car l'usufruit général met l'usufruitier à la place du propriétaire.

» Le bénéfice des saisies féodales où il échet perte de fruit, appartiendra au légataire du revenu pendant trois années : ainsi le légataire pourra les exercer, pourvu qu'il fasse insérer dans les procédures le nom du propriétaire.

» Mais les saisies féodales qui ne produisent pas la perte des fruits, et qui ne tendent qu'à la conservation des droits honorifiques de la seigneurie, ne peuvent être faits qu'à la requête du propriétaire, et non pas à celle de l'usufruitier, parce qu'il ne lui en doit rien avenir.

» Quant aux fruits dont la récolte n'est faite que de temps en temps, par exemple, les poissons des étangs, les bois taillis, à moins qu'il n'y ait des coupes réglées par chaque année, le légataire aura le produit entier durant chacune de ces trois années.

» Un arrêt du 14 février 1619, rendu au grand conseil de Malines (et rapporté par Dufief et Dulauri) a déclaré que le légataire de trois ans devait avoir la coupe entière du bois qui écherrait en l'une desdites trois années, en conséquence de l'usage de couper le bois taillis de neuf ans en neuf ans : et cela sans en donner aucune portion à l'héritier *ab intestat.*»

Sur la question de savoir ce que comprend le Legs d'usufruit en général, et en quoi il diffère du Legs des revenus annuels, *V.* l'article *Usufruit.*

XXIV. Denisart dit «qu'au mois de juillet 1761, » on a plaidé la question de savoir si le Legs fait » par le cardinal de Tavannes à ses valets de cham- » bre, de sa *garde-robe, aubes, rochets, habits de* » *chœur et d'église*, comprenait les habits pontifi- » caux, c'est-à-dire, les chapes, mitres, étoles, etc., » et que la cour a jugé qu'il ne les comprenait » pas.»

Suivant le même auteur, il a été jugé, par arrêt du 16 juillet 1762, « que le Legs fait par une » maîtresse à sa femme de chambre, en ces termes : » *Je laisse à ma femme de chambre ma garde-robe,* » *c'est-à-dire, mes robes, garnitures, hardes et linges,* » ne comprenait pas les draps et linges de table, » ni un manchon de queue de martre valant » 400 livres.»

XXV. Voici une espèce qui a quelque rapport avec les deux précédentes.

La dame de Beauvilliers, décédée au mois de décembre 1780, avait fait un testament olographe au mois de décembre 1776.

Ce testament contenait, entre autres dispositions, un Legs au profit de trois femmes de chambre, conçu en ces termes : «Je donne et lègue à ladenmoi- » selle de Caux et aux deux demoiselles Graillot,

» mes femmes de chambre, toute ma garde-robe, » consistant tant dans mon linge de corps et den- » telles, servant à mon usage, comme dentelles à » l'aune, manchettes, coiffures, fichus, couvre- » pieds, manteaux de lits et toilettes, que dans mes » habits de cour et autrement, ceux d'or et d'ar- » gent, à l'exception de celui dont j'ai disposé » par l'art. 55 de mon présent testament, pour » faire un ornement à l'église de Notre-Dame de » Cléry; et pour que ce don soit profitable à mes » trois femmes, j'ordonne qu'il soit partagé entre » elles par tiers et portions égales.»

La dame de Beauvilliers avait ajouté : « Je veux » que toutes les pensions que je fais aux gens qui » sont actuellement à mon service, et que je nomme » et désigne, ainsi que l'argent que je leur donne » au jour de ma mort, ne leur soient payés et don- » nés qu'autant qu'ils seront alors à mon service, » ou qu'ils s'en seront retirés de mon consente- » ment.»

Ces dispositions ont donné lieu à deux questions :

La première, de savoir si deux des trois femmes de chambre dénommées dans le testament, qui ne s'étaient plus trouvées au service de la dame de Beauvilliers à l'instant de son décès, étaient appelées à recueillir le Legs de la garde-robe;

La seconde, si le Legs de la garde-robe comprenait les dentelles non employées, et toutes celles qui étaient échues à la dame de Beauvilliers, comme dame d'honneur de mesdames Henriette et Adélaïde de France.

Les héritiers soutenaient que les termes, *servant à mon usage,* limitaient le Legs aux ajustemens à l'usage de la défunte, et excluaient toutes les dentelles d'un prix considérable, qui garnissaient les couvre-pieds, les manteaux de lit, les toilettes et les taies d'oreiller, qu'elle avait retirés des appartemens des princesses, en qualité de dame d'honneur.

Les légataires disaient au contraire que l'intention de la testatrice était claire et précise, qu'elle avait donné *toute sa garde-robe, toutes ses dentelles;* qu'elle avait désigné les dentelles à l'aune, les manteaux de lit, les couvre-pieds, les toilettes, et qu'il était impossible de leur refuser ces objets, sans aller contre le texte formel du testament.

Les deux femmes de chambre qui avaient quitté la testatrice, prouvaient d'ailleurs, par des titres écrits de sa main, qu'elle leur avait conservé ses bontés.

Les deux questions avaient été jugées en faveur des légataires, par une sentence du Châtelet, du mois d'août 1781. Cette sentence a été confirmée par arrêt du 20 décembre suivant.

XXVI. Le légataire d'une rente a-t-il droit aux arrérages échus avant la mort du testateur à qui elle était due ?

Cette question a partagé les suffrages des auteurs.

Surdus, décision 88, soutient l'affirmative, et l'appuie sur cinq argumens.

Le premier est tiré de la loi 34, D. *de legatis* 3°,

dont voici les termes : « Uu testateur a disposé en
» cette forme d'une dette active : *Je lègue à Ti-*
» *tius les dix écus d'or que me doivent les héritiers*
» *de Caïus Seüs, et je veux que mon héritier lui*
» *transporte les actions et lui cède les gages que*
» *j'ai pour cette créance.* On demande si l'héritier
» ne sera tenu que de donner dix écus d'or à Titius,
» ou s'il faudra qu'il lui cède toute la dette, c'est-
» à-dire, les intérêts qu'elle a produits ? La réponse
» est que le Legs comprend généralement tout ce
» que doivent les débiteurs. On demande en outre
» si les gens d'affaires du testateur ayant, à son
» insu, stipulé une nouvelle créance des arréra-
» ges dus par les débiteurs, cette créance doit ap-
» partenir à Titius en vertu du Legs transcrit ci-
» dessus ? La réponse est qu'elle lui appartient. »
Le second argument résulte de la loi 77, § 9, D.
de legatis 2°. Ce texte décide qu'une fille à qui son
père a légué une chose provenant de sa mère, ne
peut pas prétendre à ce titre les fruits que le testateur a perçus et qu'il a consumés dans l'intervalle
du testament à son décès ; d'où il suit, selon Surdus, que, si les fruits n'étaient pas consumés, ils
appartiendraient à la légataire.
Le troisième argument est fondé sur le § 20 de
la même loi, dont voici les paroles : « Un père
» s'exprime ainsi dans son testament : *Je veux,*
» *mon fils, que vous abandonniez à mes chers frères,*
» *vos oncles, tout ce que je possède dans la Lycie*
» *dans la Pamphilie ou ailleurs, du chef de ma mère,*
» *afin que vous n'ayez avec eux aucune contesta-*
» *tion.* Ce Legs embrasse tous les biens maternels
» que le testateur a possédés spécifiquement comme
» tels ; mais il ne s'étend ni aux deniers qu'il en
» a tirés et versés dans son propre patrimoine, ni
» aux choses qui lui ont été adjugées par droit de
» partage ; parce que son intention n'a été que de
» prévenir les discordes des parens dont la commu-
» nauté de possession est la source. » Il résulte de
ce texte, dit Surdus, que le légataire doit avoir
toutes les dépendances de la chose léguée que le
testateur n'en a point séparées et qu'il n'a point
incorporées à son patrimoine : or, tels sont les arrérages d'une rente que le testateur n'a point exigés de son vivant : ils doivent donc appartenir au
légataire.
Pour quatrième argument, Surdus cite la loi 59,
D. *de legatis* 3°; la loi 44, § 5 et 6, D. *de legatis* 1°,
et la loi 18 § 2 D. *de mortis causa donationibus*,
qui établissent que le Legs d'un billet appartient
au testateur, n'a pas seulement pour objet le corps
du papier, mais la dette dont il renferme la preuve,
et tout ce qui doit provenir de l'action à laquelle
il sert de base.
Enfin, et c'est son cinquième argument, Surdus
dit que les arrérages d'une rente sont de purs accessoires de la rente même ; qu'il est de la nature
d'un accessoire de suivre la condition du principal;
et que le testateur donnant au légataire le droit
d'exiger les revenus de la chose léguée, il n'y a pas
de raison pour ne pas appliquer sa libéralité aux
revenus échus comme aux revenus à échoir.

Cette opinion est incontestable dans deux cas :
1° lorsque la rente est léguée *avec ses arrérages*,
avec ses cours, avec ses canons, ou en d'autres termes
équivalens ; 2° lorsque le testateur s'est servi de
quelques expressions qui indiquent, de sa part, une
volonté évidente de léguer tous les droits qu'il avait
contre le débiteur de sa rente.
Mais, dans la thèse générale, c'est-à-dire, quand
le testateur a légué purement et simplement une
rente, il faut dire avec Roderic, *de annuis rediti-*
bus, liv. 3, quest. 6, n° 55, Oléa, *de cessione ju-*
rium et actionum, tit. 6, quest. 6, Vivius, *dé-*
cision 8, *lib.* 1, et plusieurs autres auteurs, que
les arrérages échus avant la mort du testateur appartiennent à l'héritier. C'est ce qu'a jugé un arrêt
du conseil souverain de Brabant, du mois de juillet 1711, rapporté par Winants ; et cette décision
est justifiée par les raisons les plus précises.
C'est une maxime constante que le légataire n'a
aucun droit aux émolumens qu'a produits la chose
léguée du vivant du testateur. La loi 91, § 6, D.
de legatis 1°, porte que le Legs fait et échu à un
esclave pendant la vie de son maître, n'appartient
pas au légataire de cet esclave, mais à l'héritier
du maître. Le § 1 de la même loi décide la même
chose par rapport aux arrérages dus par le fermier
d'un fonds légué, quoique, dans l'espèce dont il
parle, il soit question d'un Legs conçu en ces termes : *Je donne tel fonds, comme je l'ai possédé*
jusqu'au jour de ma mort; paroles qui semblent
comprendre tous les droits du testateur, mais qui,
dans le vrai, se réfèrent uniquement à la propriété.
Il n'est pas difficile de répondre aux textes qu'oppose Surdus.
Il ne s'agit dans la loi 34, D. *de legatis* 3°, que
des intérêts d'un simple prêt ; le jurisconsulte décide qu'ils appartiennent au légataire, parce que
ce sont de purs accessoires : en effet, ils ont par
eux-mêmes si peu de consistance, qu'aux termes
de droit, on ne peut pas en former la demande sans
agir en même temps pour le principal ; c'est ce que
prouve la loi 4, C. *depositi*; et comme, dans le
cas d'un Legs, le principal n'appartient pas à l'héritier, mais au légataire, il évident que ce n'est point
au premier, mais au second à les exiger. Il en est
tout autrement des arrérages d'une rente ; on doit
considérer un contrat de constitution comme un
acte par lequel le créancier achète une redevance
annuelle pour un certain prix qui forme le capital : ainsi, les arrérages d'une rente ne sont pas
plus accessoires du capital, que la chose vendue ne
l'est du prix ; ils sont et doivent être regardés
comme autant de capitaux séparés (1).
D'après cela, l'argument que tire Surdus de la
loi 34, D. *de legatis* 3°, se rétorque contre lui-
même ; en effet, ce texte fait entendre très-clairement que le légataire n'a régulièrement aucun droit
aux intérêts échus avant la mort du testateur, lors-

—————

(1) Cette idée sera développée à l'article *Rente con-*
stituée, § 11, n° 5.

qu'ils ont perdu leur qualité d'accessoires ; c'est ce qui résulte de ces termes : « On demande si les » gens d'affaires du testateur ayant, *à son insu*, » stipulé une nouvelle créance des intérêts dus par » les débiteurs, cette créance doit appartenir à » Titius en vertu de son Legs ? La réponse est » qu'elle lui appartient. » On voit que le jurisconsulte ne décide ainsi, que parce que le testateur ignorait que les intérêts avaient cessé d'être accessoires, et formaient un capital existant par soi ; et ses termes ne permettent pas de douter qu'il n'eût répondu autrement sans cette circonstance.

La loi 77, § 19 D, *de legatis* 2°, n'est pas plus favorable au sentiment que nous combattons. Tout ce qu'il en résulte, c'est que le légataire d'un fonds a droit aux fruits que le testateur a mis en réserve, *in separato habuit*, parce que ce fait annonce, de sa part, une volonté constante de faire accroître les fruits du Legs du fonds.

Le § 20 de la même loi n'a aucun rapport à la question : il ne parle ni de fruits, ni de revenus, ni d'accessoires, mais seulement de corps certains.

A l'égard des lois citées à l'appui du quatrième argument, elles ne peuvent s'appliquer qu'au second des cas où nous avons dit qu'on doit admettre l'opinion de Surdus.

XXVII. Si, comme on vient de le prouver, le légataire n'a régulièrement rien à prétendre sur les fruits et les arrérages échus du vivant du testateur, au moins n'a-t-il point droit à tous ceux que la chose léguée a produits depuis le décès, ou ne courent-ils à son profit que du moment où il forme sa demande en délivrance.

Cette question souffre de grandes difficultés dans le droit romain.

D'un côté, la loi 3, la loi 32, § 2, la loi 54, D. *de usuris*, la loi 23, D. *de legatis* 1°, la loi 84, la loi 87, § 1, *de legatis* 2°, décident que les fruits et les intérêts des choses léguées courent de plein droit du jour que l'héritier est en demeure d'acquitter les Legs ; ce qui paraît devoir s'entendre du jour de leur échéance.

La loi 40, D. *de acquirendo rerum dominio*, paraît confirmer cette interprétation, en obligeant l'héritier à la restitution des fruits qu'il a perçus d'un fonds héréditaire, depuis qu'il a eu connaissance du Legs que le testateur en avait fait.

D'un autre côté, les lois 1 et 2, C. *de usuris et fructibus legatorum*, portent que les fruits et les intérêts des choses léguées sont dus au légataire du jour de la contestation en cause ; ce qui amène naturellement la conséquence, que le légataire ne peut pas les prétendre d'un temps antérieur.

La loi 4 du même titre est encore plus précise. « Dans les Legs de fidéicommis (dit-elle), on » n'adjuge les fruits que du jour de la contestation » en cause, et non de celui du décès, soit que les » légataires et fidéicommissaires se pourvoient par » action réelle, soient qu'ils agissent personnelle- » ment. »

Accurse et Voët restreignent ce texte au Legs de biens d'autrui ; mais cette restriction n'est pas seu-

lement dénuée de toute espèce de fondement, elle est encore condamnée par le texte même : car on a vu à l'article *Légataire*, § 6, qu'on ne peut demander par action réelle que les Legs des choses qui appartenaient au testateur lors de son décès.

Ces différentes décisions, quoique contraires en apparence les unes aux autres, peuvent cependant être ramenées à un certain point d'uniformité.

D'abord, il est certain que les lois qui adjugent les fruits et les intérêts du jour que l'héritier a été mis en demeure, ne doivent pas s'entendre du jour que les Legs sont échus : car ce n'est point l'échéance des Legs qui détermine la demeure de l'héritier. Un légataire ne peut pas se plaindre de n'avoir pas reçu son Legs avant d'en avoir fait la demande ; et conséquemment il n'y a point de retard tant que l'héritier n'a pas été interpellé d'une manière légale, de délivrer la chose léguée. *Mora fieri intelligitur, non ex re, sed ex personâ, id est, si interpellatus opportuno loco non solverit* : ce sont les termes de la loi 32, D. *de usuris*.

La loi 40, D. *de acquirendo rerum dominio*, n'est peut-être pas aussi contraire à ce principe qu'elle le paraît : elle exige, pour que l'héritier soit tenu à la restitution des fruits, qu'il ait eu connaissance, en les percevant, du Legs que le testateur avait fait du bien qui les a produits ; or, comment peut-il acquérir légalement cette connaissance, si ce n'est par la demande que lui en a faite le légataire ? Avant cela, il peut, à la vérité, savoir que le testateur a disposé ; mais il ignore si sa disposition sera acceptée, et par conséquent, on ne peut pas dire qu'il ait connaissance du Legs ; car le mot *Legs* doit être entendu avec effet.

Mais comment concilier ces lois avec les deux premières et la dernière du titre *de usuris et fructibus legatorum*, au Code ?

Accurse, Bartole et le président Favre répondent qu'il faut sous-entendre dans celles-ci la restriction, *nisi mora præcesserit litis contestationem*. En effet, il est évident que, si elles parlent de la contestation en cause, c'est uniquement par opposition à l'époque du décès : elles ne font aucune mention du temps de la demeure, parce qu'il arrive souvent que l'héritier n'a pas été mis en retard avant d'être appelé en justice, et que, lors même qu'il a essuyé une interpellation préalable, on n'en a pas toujours la preuve sous la main.

Ainsi, on peut dire que toutes les lois citées sont d'accord entre elles sur le point essentiel, c'est-à-dire sur le refus qu'elles font au légataire des revenus produits par la chose léguée antérieurement au retard de l'héritier ; elles sont peut-être divisées relativement à la question de savoir comment et à quelle époque se forme ce retard ; mais cette question est plus de fait que de droit, suivant la loi 32, D. *de usuris*.

[[Il reste cependant une loi qui fait courir les fruits au profit du légataire, à compter du jour de l'ouverture du Legs, et qui n'est susceptible d'aucune conciliation avec les autres : c'est la loi 42,

D. *de usuris.* *V.* l'article *Légitime*, sect. 8, § 3, art. 1, n° 12.]]

Quoi qu'il en soit, dans nos usages, la demeure s'encourt par une demande portée en justice : pour en fixer l'époque précise, il ne faut, ni remonter jusqu'à l'échéance du terme, ou au moins jusqu'à l'interpellation extra-judiciaire, ni descendre jusqu'à la contestation en cause : c'est l'exploit d'ajournement qui la forme, et par conséquent, c'est du jour que le légataire a intenté son action en délivrance, que courent à son profit les fruits ou les intérêts de la chose léguée. Bacquet a soutenu cependant qu'on devait les adjuger du jour de la mort ; mais son opinion a été rejetée par tous les tribunaux français ; et l'on a toujours jugé, conformément à l'esprit plutôt qu'à la lettre des lois romaines, que l'héritier fait sien tout ce qu'il perçoit avant que la demande du légataire ait été formée.

Montholon rapporte un arrêt du parlement de Paris, prononcé solennellement en robes rouges, le 7 septembre 1584. Il s'agissait du Legs d'une rente de 300 livres. Le légataire voulait obliger l'héritier à lui rembourser les arrérages échus avant l'exploit d'ajournement, et il a été débouté de sa prétention.

Dans l'espèce rapportée ci-devant, n° 10, la demoiselle de Saint-Quentin soutenait que l'héritier, prenant le parti de lui constituer une rente en acquit de son Legs, suivant la faculté que lui en laissait le testament, devait lui en payer les intérêts depuis le jour du décès de la testatrice : mais, par l'arrêt cité, du 27 mai 1710, l'héritier n'a été condamné à ces intérêts que du jour de la demande.

« La cour (dit Denisart) a jugé, par un arrêt » du 15 février 1729, rendu à la grand'chambre, » sur les conclusions de M. l'avocat-général d'A- » guesseau, qu'un héritier collatéral qui renonçait » à la succession, pour se tenir au Legs universel, » ne pouvait prétendre les fruits que du jour de la » demande en délivrance. »

Winants, § 118, rapporte pareillement un arrêt du conseil du Brabant du..... août 1701, qui a jugé que les intérêts d'une somme léguée ne sont dus que du jour de la demande.

Enfin, l'ordonnance de 1747, tit. 1, art. 40, porte que *les fruits ne seront dus en conséquence du fidéicommis, que du jour de l'acte par lequel l'exécution de la substitution aura été consentie, ou de la demande qui sera formée à cet effet.* On a établi ci-devant, sect. 1, un principe nécessite l'application de cet article aux légataires.

[[Et en effet, l'art. 1015 du Code civil soumet les légataires particuliers à la même règle. Quant aux légataires universels, *V.* l'article *Légataire*, § 5, n° 18.]]

XXVIII. Il y a cependant plusieurs exceptions à cette jurisprudence.

« La première est (dit Ricard), si le testament n'en a autrement ordonné, en déclarant que son intention était que l'héritier payât les intérêts et

restituât les fruits des choses léguées, du jour de son décès ou de tel autre terme que bon lui a semblé. Loi 43, § 2, D. *de legatis* 2°....

» En ce cas, les fruits et les intérêts peuvent être exigés par les légataires, non pas directement comme étant accessoires du principal et comme étant dus par la nature de la chose, mais indirectement et par le moyen de la fiction que le testateur a voulu léguer le bien de l'héritier ; de sorte que ces fruits et intérêts composent d'eux-mêmes un principal, et doivent en conséquence entrer en considération et en ligne de compte, pour voir si le testateur, dans la quantité de ses Legs, n'a pas excédé ce qui lui était permis par la coutume ; au lieu qu'autrement, et si ces fruits et intérêts étaient dus directement, il ne faudrait considérer que le fonds du Legs, et réputer les fruits et intérêts accessoires du principal. »

Cet doctrine a été confirmée par un arrêt du grand conseil du 10 janvier 1708, rapporté dans le recueil de Brillon. Le sieur de Molac avait fait à ses domestiques plusieurs Legs terminés par cette clause : « Et où ils ne seraient payés trois mois » après mon décès, j'ordonne qu'ils auront l'in- » térêt desdites sommes, duquel je leur fais pareil- » lement don et Legs. » Les héritiers prétendaient, malgré une disposition aussi précise, ne devoir les intérêts que du jour de la demande ; mais l'arrêt cité leur a ordonné de les payer du jour de l'expiration des trois mois.

Il y a plus : quoiqu'un testateur n'ait pas légué expressément les intérêts, à compter du jour de son décès, s'il résulte des termes dont il s'est servi, que son intention a été de les léguer effectivement à compter de cette époque, les héritiers doivent être condamnés à les fournir. C'est ce qui se prouvent la loi 3, § 3, D. *de usuris*, et la loi 43, § 2, D. *de legatis* 2°.

Et c'est ce qu'a jugé un arrêt du parlement de Paris, du 15 avril 1768, rendu sur les conclusions de M. l'avocat-général Joly de Fleury. Un testateur avait légué aux pauvres de sa paroisse une somme de 4,000 livres pour en faire un fonds, et cette somme était payable dans un an, à compter du jour de son décès, sans intérêts jusqu'à ce temps. Les 4,000 livres n'ayant point été payées au terme prescrit, il s'est agi de savoir si les intérêts en étaient dus depuis l'année du décès révolue, ou seulement du jour de la demande en délivrance du Legs ; et la cour a adopté le premier parti, d'après l'intention du testateur, prouvée par la décharge d'intérêts qu'il avait accordée à ses héritiers pour un an seulement. Cet arrêt est rapporté par Denisart.

[[Pourrait-on encore juger de même depuis que l'art. 1015 du Code civil a exigé une *déclaration expresse* de la part du testateur pour que les fruits ou intérêts de la chose léguée, au lieu de n'être dus au légataire qu'à compter du jour de la délivrance a été, soit demandée par lui en justice, soit consentie volontairement par le successeur chargé du paiement du Legs, le soient à compter du jour où le testateur est décédé ?

Oui sans doute, parce que la *déclaration expresse* dont parle la loi, n'est assujétie à aucune formule sacramentelle, et que le Code civil n'a eu, en la prescrivant, d'autre but que d'exclure les clauses obscures ou ambiguës d'après lesquelles on aurait pu prétendre, en invoquant la maxime du droit romain, *largius voluntates testatorum interpretandæ sunt*, que l'intention du testateur était de faire courir les fruits ou intérêts de ces Legs, à compter du jour de son décès.

Mais pourrait-on considérer comme une *déclaration expresse* de la volonté du testateur, de faire courir les fruits ou intérêts au profit des légataires, à compter du jour de son décès, la clause par laquelle il dirait simplement *qu'ils seront saisis de leurs Legs* dès ce jour-là même ?

Cette question s'est présentée devant la cour royale de Bourges, dans une espèce où un testateur s'était ainsi exprimé : *sitôt mon décès*, *l'exécuteur testamentaire et tous les intéressés à qui je remets mes droits, seront saisis desdits droits dès l'ouverture, exécution et connaissance du présent.*

Les légataires, qui n'avaient formé leur demande en délivrance que long-temps après la mort du testateur, n'en réclamaient pas moins les fruits et intérêts de leur Legs à partir de cette époque : en nous accordant (disaient-ils) la *saisine* de ses biens, *sitôt son décès*, le testateur a évidemment entendu nous en accorder la jouissance immédiate; les mots *saisine* et *jouissance* étaient nécessairement synonymes dans sa pensée; interpréter autrement le premier, ce serait le rendre sans effet, et par conséquent contrevenir à la règle qui veut qu'un testateur ne soit jamais censé faire une disposition absolument inutile.

Mais cette prétention a été rejetée par un arrêt du 16 janvier 1821, confirmatif d'un jugement du tribunal de première instance de Château-Chinon, « Attendu qu'aux termes de droit, le légataire particulier ne peut prétendre aux fruits de la chose léguée, qu'à compter de la demande en délivrance; mais qu'ils lui sont dus du jour du décès, et sans qu'il ait été formé de demande en justice, si le testateur a expressément déclaré sa volonté à cet égard dans son testament ; qu'ainsi tout se réduit à savoir si le testateur s'est expliqué sur ce point...... ;

» Qu'il y a deux espèces de saisine, l'une du droit de demander la chose léguée, droit transmissible à ses héritiers, l'autre du droit d'en percevoir les fruits; et que le testateur n'explique pas de laquelle il a voulu parler ;

» Qu'à la vérité, dans l'usage, le mot *saisine* s'entend quelquefois de la *possession* qu'on acquiert ; mais qu'il suffit qu'il puisse s'entendre du seul droit à la propriété, pour que cette expression , quand elle n'est point accompagnée d'autres indices , ne forme pas cette *déclaration expresse* qu'exige la loi pour que le légataire soit dispensé de demander la délivrance;

» Qu'aux termes de droit, les fruits appartiennent à l'héritier ; que ce n'est que du jour de la demande en délivrance qu'il est mis en demeure ; mais que, jusque-là, ils sont à lui comme possesseur de bonne foi ;

» Qu'il en serait autrement, sans doute, si le testateur l'avait dit expressément, comme l'exige la loi, ou au moins manifesté sa volonté , de manière à ne laisser aucun doute ; mais que , hors ce cas, il faut préférer la règle aux conjectures , et décider que le légataire ne gagne les fruits que du jour de la demande en délivrance, et que, dans l'espèce , cette demande n'a été formée que le 5 janvier 1812 (1). »

Il semble pourtant que , dans cette espèce, le testateur s'était expliqué assez clairement pour justifier la prétention des légataires. Leur accorder la *saisine* de leur Legs *sitôt son décès* , c'était manifestement les dispenser de la demande en délivrance ; c'était les placer au même point que si la délivrance eût été , à cet instant même , consentie en leur faveur par l'héritier ; c'était par conséquent vouloir que les fruits et intérêts leur fussent dus dès ce moment.

Inutile d'objecter que, suivant Pothier (*Traité des donations testamentaires*, chap. 5 , sect. 2 , § 2) , l'obligation imposée aux légataires de demander à l'héritier la délivrance de leurs Legs « a » lieu quand même le testateur aurait ordonné par » son testament, que les légataires seraient saisis » de plein droit des choses qu'il leur lègue , et » qu'ils pourraient s'en mettre d'eux-mêmes en » possession ; (que) le testateur ne peut pas , par » sa volonté , transférer aux légataires la posses-» sion des choses que la loi transfère à son héri-» tier ; (qu'il) ne peut pas non plus permettre une » voie de fait , en permettant aux légataires de se » mettre , de leur autorité privée , en possession » des choses dont l'héritier est saisi ; (que) c'est » le cas de la maxime , *nemo potest cavere ne le-*» *ges in suo testamento locum habeant*; et de » celle-ci, *non est privatis concedendum quod pu-*» *blice per magistratus auctoritatem fieri debet.*»

D'abord, il est évident que cette doctrine, indistinctement vraie dans l'ancienne jurisprudence, ne l'est plus sous le Code civil, que dans le cas où il existe des héritiers à réserve. Pourquoi, en effet (comme le remarque très-bien M. Toullier, liv. 3, tit. 2 , chap. 5 , n° 540), le testateur qui, n'ayant que des héritiers collatéraux, peut se créer , sous le titre d'héritier institué ou de légataire universel, un successeur qui (aux termes de l'art. 1006), *est saisi de plein droit, sans être tenu de demander la délivrance*, ne pourrait-il pas dispenser de la demande en délivrance le légataire particulier à qui il laisse un corps certain , et ordonner qu'il pourra se mettre de lui-même en possession ? C'est bien évidemment le cas de la maxime, qui peut le plus , peut le moins : *non debet ei cui plus licet, quod minus est non licere*, dit la loi 12 , D. *de regulis juris.*

(1) Journal des audiences de la cour de cassation, année 1822 , supplément, page 102.

Ensuite, lors même qu'il y a des héritiers à réserve, la clause par laquelle le testateur accorde à ses légataires particuliers la saisine de leurs Legs, ne peut pas être considérée comme absolument nulle : elle ne les autorise sans doute pas à se mettre d'eux-mêmes en possession des objets qui leur sont légués, parce que le testateur ne peut pas, par sa seule volonté, priver son héritier à réserve de la saisine de ses biens ; mais elle a du moins tous les effets qui ne dépendent que de la volonté du testateur ; elle a par conséquent celui d'assurer, de plein droit, aux légataires tous les avantages qu'ils pourroient se procurer par une demande en délivrance ; et, par conséquent encore, elle a celui de faire courir à leur profit les intérêts ou fruits de leurs Legs, dès le jour de la mort du testateur.

Dire avec l'arrêt qu'*il y a deux espèces de saisine , l'une , du droit de demander la chose léguée , l'autre , du droit d'en percevoir les fruits ,* c'est créer une distinction absolument étrangère à la jurisprudence, et toute nouvelle ; jamais le mot *saisine* n'a signifié autre chose que la possession (1). Est-ce donc en prêtant arbitrairement aux expressions d'un testateur une acception que leur refuse invariablement l'usage, que l'on peut judicieusement convertir en clause obscure ou ambiguë, une clause qui, par elle-même, est d'une clarté exclusive de toute espèce de doute ? Le peut-on surtout, lorsque, comme dans l'espèce dont il s'agit, le testament démontre par son propre texte, qu'en employant à la fois le mot *saisine*, et pour les légataires particuliers et pour l'exécuteur testamentaire, il a nécessairement entendu désigner, non la propriété, mais la simple possession ? N'est-ce point là plus que jamais le cas de la règle, *non aliter a significatione verborum recedi oportet quam cùm manifestum est aliud sensisse testatorem ?* Qu'auroit d'ailleurs fait le testateur, dans cette espèce, si, comme l'a jugé la cour royale de Bourges , il n'eût entendu, en conférant à ses légataires la *saisine* de leur Legs *sitôt son décès*, que les investir du droit de propriété, à l'instant même de sa mort ? Rien autre chose, comme le disaient très-justement les légataires, qu'une disposition inutile. Car c'est un principe élémentaire, que la propriété de l'objet légué est acquise dès le moment où le testateur rend son dernier soupir. Or, était-il bien raisonnable de supposer que le testateur avait inséré dans son testament une clause qui n'y formait qu'un pléonasme ? Et ne doit-on pas appliquer aux testamens comme aux contrats, la règle écrite dans l'art. 1157 du Code civil, que, *lorsqu'une clause est susceptible de deux sens , on doit plutôt l'entendre dans celui avec lequel elle peut avoir quelque effet , que dans le sens avec lequel elle n'en pourrait produire aucun ?*]]

XXIX. La seconde exception est lorsque le Legs

(1) *V.* le *Traité de la compétence des juges de paix*, par M. Henrion de Pense , chap. 36.

est destiné à tenir lieu d'une chose qui produit des fruits et des intérêts de plein droit. C'est ce qu'on voit, par exemple, dans les dispositions qui ont pour objet de doter des filles : car les fruits ou les intérêts en sont dûs dès le moment du mariage.

Ricard dit que le parlement de Paris « l'a jugé » de cette sorte , par arrêt du 7 janvier 1603, » dans le cas du Legs d'une somme de mille écus, » fait par un père à chacune de ses filles, payable » lors de leur mariage. »

La même chose a été jugée par un autre arrêt de la même cour, du 12 août 1606, rapporté par Brillon, au mot *Intérêts.*

Le président Favre nous en fournit deux semblables, rendus au sénat de Chambéry, les 26 août et 17 décembre 1592 (1).

Par la même raison, les intérêts d'un Legs fait pour tenir lieu de portion héréditaire ou de légitime courent de plein droit du jour que la succession a été ouverte.

« C'est (dit Ricard) l'espèce d'un arrêt du 2 janvier 1609. Il s'agissait d'un Legs fait par Philippine Lescot à ses filles , de la somme de trois cents écus pour chacune, qui leur tenait lieu de légitime , et dont les intérêts furent adjugés du jour de la mort de leur mère , encore que les sommes qui leur avaient été léguées, ne leur fussent payables qu'en trois paiemens égaux , lorsqu'elles seraient colloquées par mariage. »

» Il a aussi été jugé (continue Ricard), par arrêt intervenu à l'audience de la grand'chambre,

(1) Il y a cependant un arrêt du parlement de Toulouse , du mois de mai 1666, qui juge que « les intérêts d'une somme léguée pour aider à marier la fille » de l'héritier, et ensuite constituée par l'héritier à la » fille en la mariant , ne sont pas dus sans interpellation par le substitué. »

Les motifs qui ont déterminé les juges, sont ainsi exposés par Catellan : « La destination faite par le testateur de la somme léguée , pour aider à marier une » fille , ne change point la nature du Legs , et ne fait pas » que la somme léguée soit due *ex causâ dotis* ; la constitution faite par l'héritier, la rend bien débiteur *ex causâ dotis* , mais non l'héritier ni le substitué qui n'a pas fait la » constitution , comme la légataire ne se constituant elle-même » cette somme léguée , n'aurait pu rendre l'héritier débiteur » *ex causâ dotis* , quoique cette constitution lui eût été notifiée, s'il n'y avait pas eu d'assignation , de même la constitution faite par l'héritier n'a pu changer la nature du » Legs à l'égard du substitué, ni empirer sa condition ; et » si l'instance faite contre l'héritier en paiement du Legs , » charge le substitué des intérêts qui ont couru depuis , » c'est parce que le légataire ayant fait ce qu'il pouvait » pour être payé de son Legs , il est juste que cette diligence et ce soin lui procurent les intérêts qui sont toujours dus sur le même patrimoine qui doit le capital. »

Ces raisons sont sans réplique , si l'on suppose que les Legs des sommes pour doter des filles , ne produisent jamais d'intérêts de plein droit. Mais cette supposition est-elle exacte ? Ne peut-on pas dire qu'elle contrarie l'intention présumée du testateur ? Celui qui lègue une somme de deniers à une personne du sexe , avec la clause qu'elle lui tiendra lieu de dot , n'est-il pas censé vouloir que la légataire tire de sa libéralité les mêmes avantages que d'une constitution dotale ? N'est-ce pas ici un de ces cas où l'on peut dire, *subrogatum capit naturam subrogati.*

du 14 février 1648, que du Legs fait par un père à sa fille, de la somme de 18,000 livres, à prendre sur ses meubles, à la charge qu'elle ne pourrait rien prétendre au surplus de ses biens, les intérêts étaient dus du jour de la mort du père. »

Le parlement de Toulouse a jugé la même chose par un arrêt du 6 juin 1586, rapporté par Larocheflavin; et le président Favre en cite un pareil du sénat de Chambéry, du 26 août 1592.

Il y a des auteurs qui étendent cette jurisprudence à tous les Legs faits aux descendans; et c'est en adoptant leur opinion, que Denisart a dit que la *nécessité de la délivrance du Legs pour que le légataire profite des fruits, n'a pas lieu quand il est fait à un héritier en ligne directe.* Mais Ricard, qui voyait tout en jurisconsulte, soutient, avec plus de raison sans doute, « qu'il en faudrait dire autrement si le Legs était au-delà de la portion héréditaire du fils légataire : car pour lors, comme la raison du privilège cesserait pour ce qui se trouverait excéder la part qui devait appartenir au légataire, en vertu de la loi, il ne pourrait en prétendre l'intérêt que du jour de la demande. » L'art. 40 du tit. 1 de l'ordonnance de 1747 confirme ce sentiment.

On a élevé à ce sujet la question de savoir si le Legs fait à une fille qui a renoncé par son contrat de mariage, porte intérêt du jour du décès? La raison de douter est que cette fille n'a plus rien à prétendre, comme héritière ni comme légitimaire. Cependant il faut dire avec Lebrun, « que l'intérêt est du jour du décès du père, parce qu'un tel Legs est un rappel jusques à concurrence, et est un véritable supplément de légitime, sous le titre d'une donation testamentaire; suivant la loi 1, C. *de imponendâ lucrativâ descriptione*, qui dit : *In tam enim necessariis conjunctisque personis, sub liberalitatis appellatione debitum naturale persolvitur.*»

XXX. La troisième exception est en faveur d'un Legs des revenus annuels ou d'une pension viagère. Comme, en ce cas, les fruits et intérêts composent toute la chose léguée, il faut nécessairement qu'ils soient dus à compter du jour que le Legs échoit. Autrement, on dérogerait à la règle (établie à l'article *Légataire*, § 5) qui fait remonter la propriété du légataire à l'époque de l'échéance du Legs.

Au reste, les arrêts ne laissent là-dessus aucune difficulté.

Il y en a un du 28 août 1708, rapporté au *Journal des Audiences*, qui adjuge un Legs de 200 liv. de pension viagère, *avec les intérêts du jour du décès.*

Denisart en cite deux autres : « Le Legs d'une rente viagère (dit-il) court du moment du décès du testateur, *et il en est de même d'un Legs d'usufruit.* La cour l'a ainsi jugé par un arrêt du 6 septembre 1742. Le 16 juillet 1762, la cour a pareillement jugé que le Legs d'une rente viagère de 200 livres, non saisissable, fait par une maîtresse à sa femme de chambre, aurait

» lieu du jour du décès, et non du jour de la demande en délivrance. »

Ce que j'ai mis en *italique* dans ce passage, renferme une erreur qui n'a pas pu être sentie par Denisart, parce que cet auteur n'était pas jurisconsulte. Rien n'est aussi ressemblant pour un praticien, qu'un Legs d'usufruit et un Legs de revenus annuels; mais on verra, au mot *Usufruit*, qu'il existe une très-grande différence entre l'un et l'autre. Pour nous borner ici à la matière des restitutions de jouissances, comment un légataire usufruitier pourrait-il prétendre celles qui sont antérieures à sa demande en délivrance? Ne serait-ce pas aller directement contre la lettre et l'esprit de tant de lois qui bornent le droit d'un usufruitier aux fruits qui ont été perçus en son nom.

[[Cependant le Code civil adopte l'opinion de Denisart; l'art. 604 de ce Code adjuge les fruits à l'usufruitier *du moment où l'usufruit a été ouvert.*

C'est sans doute faute d'attention à cet article, que M. Grenier, dans son *Traité des donations*, n° 203, soutient que, même sous le Code civil, le légataire de l'usufruit n'a droit aux revenus qu'à compter du jour où il a obtenu la délivrance de son Legs. Il est évident, en effet, que dire que les fruits sont dus à l'usufruitier *du moment où l'usufruit est ouvert*, c'est dire, en d'autres termes, que l'usufruitier n'a pas besoin de demande en délivrance pour avoir droit aux fruits, puisqu'il est physiquement impossible qu'il forme sa demande en délivrance à l'instant même où l'usufruit s'ouvre, et qu'il faut, de toute nécessité, qu'il y ait un intervalle quelconque entre l'une et l'autre.

Objectera-t-on que l'art. 604 ne fait qu'établir une règle générale; que, se trouvant en opposition avec l'art. 1014, spécial pour les Legs, sa disposition doit fléchir devant celui-ci, et que, par conséquent, elle doit être restreinte au droit d'usufruit constitué, soit par la loi, soit par un acte entre-vifs?

Pour se convaincre que l'art. 604 embrasse dans sa disposition même, l'usufruit constitué par le Legs, il suffit de se reporter à l'art. 579, où il est dit que *l'usufruit est établi par la loi ou par la volonté de l'homme*, sans distinguer entre la volonté de l'homme consignée dans un acte entre-vifs, et la volonté de l'homme consignée dans un testament. Aussi M. Toullier (*Droit civil français*, liv. 2, tit. 3, chap. 1, n° 423) n'hésite-t-il pas à dire que l'article 604 forme, pour le légataire d'un droit d'usufruit, une exception à l'art. 1014.

L'art. 600 porte, il est vrai, que *l'usufruitier ne peut entrer en jouissance qu'après avoir fait dresser, en présence du propriétaire ou lui dûment appelé, un inventaire des meubles et un état des immeubles sujets à l'usufruit.*

Mais ce texte ne pouvant pas être considéré comme formant une antinomie avec l'article 604, il doit nécessairement exister un moyen de les concilier l'un avec l'autre; et ce moyen se trouve tout naturellement dans l'exacte intelligence de ce que l'art. 600 entend par les mots *ne peut entrer en jouissance*.

Si l'article 600 était isolé, ces mots pourraient y être pris comme synonymes de *n'a droit aux fruits*. Mais l'art. 600 devant être mis en harmonie avec l'art. 604, qui donne les fruits à l'usufruitier, *du moment où le droit d'usufruit est ouvert*, il faut de toute nécessité entendre le premier comme ne signifiant pas autre chose, si ce n'est que l'usufruitier ne peut jouir, par ses propres mains, des fruits qui lui sont dus, qu'après avoir fait dresser l'inventaire et l'état dont parle cet article; et que, lors même qu'il tarde à faire dresser cet inventaire et cet état, les fruits lui sont toujours dus; en sorte que, si le propriétaire les perçoit dans l'intervalle, il a le droit de les répéter contre lui, et que, s'il les perçoit lui-même, le propriétaire ne peut pas en exiger la restitution.

Mais, dira-t-on, l'art. 600 se trouvera donc dénué de sanction! L'usufruitier pourra donc le violer impunément! Point du tout. Si l'usufruit porte sur des immeubles, l'usufruitier qui s'en sera mis en possession sans en avoir fait dresser un état, « sera censé (dit M. Toullier, à l'endroit » cité, n° 421) les avoir trouvés en bon état, et » obligé de les rendre tels à la fin de l'usufruit. » Si l'usufruit porte sur des meubles, le propriétaire pourra les faire évaluer au moyen de la preuve *par commune renommée*; et par là, l'usufruitier se trouvera exposé à l'obligation de les rendre à la fin de son usufruit, non-seulement en plus forte quantité, mais encore en meilleure qualité qu'ils n'étaient au moment où son droit s'est ouvert. L'usufruitier a donc, dans l'un comme dans l'autre cas, un véritable intérêt à se conformer à l'art. 600; et c'en est assurément bien assez pour que cet article ne soit pas dénué de sanction.

Il faut d'ailleurs bien remarquer la différence qui se trouve entre la rédaction de l'art. 600, telle qu'elle était lorsqu'elle fut communiquée au tribunat, et celle qui fut proposée par le tribunat lui-même, et qui est passée dans le Code civil. La première portait d'une manière absolue: *l'usufruitier ne peut entrer en jouissance qu'après avoir fait dresser*, etc.; au lieu que, dans la seconde, cette disposition est précédée d'une autre qui tout à la fois en indique le motif et en restreint l'objet. *L'usufruitier*, y est-il dit, *prend les choses dans l'état où elles sont : mais il ne peut entrer en jouissance*, etc.; manière de s'exprimer qui a eu pour but, comme l'attestent *les observations* du tribunat sur cet article, « d'annoncer que c'est » seulement pour établir l'état des lieux, et pour » le laisser de même, que l'usufruitier doit faire » dresser procès-verbal (1). »

Et il résulte de là une preuve bien claire que l'art. 604 est tout-à-fait étranger à la question de savoir quelle est l'époque où l'usufruitier a droit aux fruits.]]

Mais en est-il, à cet égard, d'une somme léguée pour alimens, comme d'une pension viagère ou d'un droit d'usufruit ?

« Le sieur de Saint-Jean d'Artiguelouta, faisant son testament en 1716, légua à une fille naturelle 1,200 francs, et mourut en 1717. Cette fille étant âgée de cinq ans, le sieur Andichon, héritier institué, la retire et la nourrit jusqu'en 1731, qu'elle se maria et se constitua les 1,200 francs; Andichon lui promit quelques habits et du linge. En 1735, cette femme demande qu'il soit condamné au paiement des *intérêts* qui ont couru depuis la mort de Saint-Jean. Andichon répond qu'il faut les compenser avec l'entretien, les enfans naturels ne devant pas être traités plus favorablement que les légitimes, qui ne peuvent demander les intérêts de leurs droits que depuis qu'ils ont quitté la maison. La femme réplique que les enfans légitimes sont traités comme étant de la famille, et qu'ils profitent même du temps pour se faire un *cabal*; les enfans naturels sont traités comme domestiques, et cette fille aurait gagné des gages, si elle eût servi ailleurs.

» Là-dessus, arrêt du parlement de Navarre, du mercredi 26 septembre, qui condamne Andichon à payer les intérêts des 1,200 francs depuis que la fille avait atteint l'âge de 12 ans. Les intérêts des Legs ne sont dus régulièrement que depuis la demande; il en est autrement lorsqu'il s'agit d'alimens. » (*Recueils manuscrits des anciens avocats au parlement de Pau.*)

[[*V.* l'art. 1015 du Code civil, rapporté à l'article *Légataire*, § 5, n° 18.]]

XXXI. Il y a une quatrième exception pour les Legs pieux : la loi 46, § 4, C. *de episcopis et clericis*, et la novelle 131, chap. 12, en font courir les intérêts sans interpellation et de plein droit, du moment que le testateur est décédé; et on le juge ainsi au sénat de Chambéry, suivant le témoignage du président Favre.

Mais doit-on juger de même dans nos tribunaux ?

Ricard soutient la négative. « Encore que nous » déférions beaucoup à la disposition du droit écrit, » ce n'est toutefois qu'aux choses qui sont con- » formes à la raison, et non point par nécessité; » ce qui fait que nous n'y avons point d'égard pour » ce qui est des établissemens et des privilèges par- » ticuliers qu'il a introduits pour servir d'excep- » tion aux maximes générales, sinon en ce que » nous les avons jugés raisonnables, et avons trouvé » à propos de leur donner lieu parmi nous; et pour » lors, nos rois les ont admis particulièrement » dans leur ordonnances, ce qui ne paraissant pas » avoir été fait en cette occasion, et d'ailleurs l'é- » glise étant sujette au droit commun, lorsqu'il » s'agit de profiter, je ne crois pas qu'elle doive » jouir de cette prérogative, aux termes de notre » jurisprudence. »

On trouve dans le *Journal des Audiences*, un arrêt du 22 mars 1708, qui l'a jugé ainsi; en voici le sommaire : « Legs pieux, en deniers pour faire

(1) Conférences du Code civil, par M. Favart, tome 1er, page 204.

» un fonds, ne portent intérêt que du jour de la
» demande, soit qu'on les prenne de la main de
» l'héritier ou du légataire universel, quoique le
» légataire universel profite des intérêts de son
» Legs universel du jour de sa demande anté-
» rieure de vingt ans à la demande des Legs
» pieux. »

Il y a dans le même recueil, un arrêt du 28
août suivant, qui *fait délivrance à l'hôpital général et aux enfans trouvés, d'un Legs particulier
de 5,000 livres à chacun, avec les intérêts, du jour
de la demande.*

Brillon en cite un semblable du 21 avril
1698.

Il semble que les parlemens de droit écrit devraient juger le contraire; et c'est ce que fait effectivement la cour d'Aix, comme le prouve un arrêt
qu'en rapporte Boniface sous la date du 28 mars 1670.

Mais on suit à Toulouse la même jurisprudence
qu'à Paris; écoutons Catellan : « L'hôpital géné-
» ral Saint-Joseph de la Grave demandait que les
» intérêts d'un Legs fait à ses pauvres par la nom-
» mée Grateloup, leur fussent adjugés depuis la
» mort de cette femme, mais (par arrêt rendu le
» 17 novembre 1670, à mon rapport), ils ne le
» firent que depuis l'interpellation. La raison fut
» que le Legs provenant d'une libéralité pure, et,
» comme on dit, d'une cause lucrative, est encore
» moins favorable pour ce qui est des intérêts,
» qu'une créance qui est un droit établi à titre oné-
» reux, et qui cependant ne produit point d'inté-
» rêts, même pour l'église, les pauvres, et autres
» causes pies, que le jour de l'interpellation. »

Le parlement de Bordeaux juge de même,
comme le prouvent deux arrêts rendus par cette
cour, les 4 février 1677 et 6 septembre 1713.
Ils sont rapportés dans les décisions de La Peyrère.

Si cependant il y avait des charges attachées
aux Legs pieux, et qu'elles eussent été acquittées
par les légataires du jour de la mort du testateur,
l'héritier ne pourrait pas refuser de payer les intérêts de ces Legs, à compter de la même époque,
parce qu'autrement, il serait censé jouir à la fois
de la chose et du prix. « Je l'ai vu juger ainsi plu-
» sieurs fois (dit Catellan), entre autres, le 8 fé-
» vrier 1681, à mon rapport, au profit des reli-
» gieux de Lautrec, et le 7 août 1698, au rapport
» de Prohenques. »

XXXII. La cinquième exception est en faveur
de la minorité.

Le droit romain accorde aux mineurs le même
privilège qu'à la cause pie : il décide que les intérêts des Legs qui leur sont faits, courent dès
l'instant de leur échéance. C'est ce qui résulte de
la loi 87, § 1, D. *de legatis* 2°; et c'est ce qu'a
jugé le sénat de Chambéry par trois arrêts rapportés dans le Code du président Favre.

Mais on jugerait autrement parmi nous : car les
raisons qui nous font rejeter cette décision par
rapport à la cause pie, militent également contre
les mineurs.

5°. TOME IX.

Il y a cependant un arrêt du parlement de Paris, du 19 décembre 1717, qui a décidé, suivant
Augeard, « qu'une mineure à qui l'on n'a point
» créé de tuteur, est recevable à demander, lors-
» qu'elle est en majorité, dix-neuf ans d'arrérages
» d'une rente de 60 livres à elle léguée. » Mais cet
arrêt a été motivé par l'intention présumée du
testateur, plus que par la qualité de la légataire.

Il s'agissait d'un Legs de 60 livres, laissé par
Jacqueline le Puillier à Marguerite Gelé, avec la
clause expresse qu'aucun héritier ne pourrait rien
prendre dans la succession, que cette rente ne fût
payée.

Au jour du décès de la testatrice, Marguerite
Gelé n'était âgée que de quatre ou cinq ans ; on
ne lui avait point créé de tuteur, et personne n'a-
vait formé pour lui la demande en délivrance de
Legs pendant toute sa minorité.

Devenue majeure, elle a conclu contre les héritiers à ce qu'ils fussent tenus de lui payer la rente
qui lui avait été léguée, avec les arrérages depuis
l'ouverture de la succession.

Les héritiers ont soutenu d'abord qu'ils n'étaient
point obligés au paiement du Legs, et subsidiairement qu'ils n'en devaient les arrérages que du jour
de la demande en délivrance.

Le légataire, après avoir détruit le premier
moyen, répondait au second en ces termes : « On
» ne peut m'opposer le défaut de demande, je l'ai
» formée aussitôt que j'ai connu mon droit : j'étais
» mineure quand le Legs m'a été fait, et l'on ne
» m'avait point nommé de tuteur. D'ailleurs, la
» clause même du testament me tire de la règle :
» les héritiers ont été possesseurs de mauvaise foi,
» dès qu'ils ont pris les biens de la succession,
» puisqu'il était porté par le testament qu'aucun
» héritier ne pourrait rien prendre dans la suc-
» cession, que mon Legs de 60 livres ne fût ac-
» quitté. »

Sur cette contestation, *sentence de la justice de
Calais, qui condamne les héritiers solidairement*
à payer la rente et les arrérages qu'elle a produits
depuis le décès de Jacqueline de Puillier; et par
l'arrêt sur l'appellation et dont
est appel au néant, en ce que les appelans ont
été condamnés *solidairement* à payer à l'intimée
» les sommes portées par la sentence; émendant
» quant à ce, condamne les appelans personnelle-
» ment pour telle part et portion qu'ils sont héri-
» tiers, et hypothécairement pour le tout, à payer
» à l'intimée la somme de 60 livres de rente an-
» nuellement et à toujours, la sentence au résidu
» sortissant effet. »

XXXIII. La sixième exception est pour le cas
où l'héritier a empêché, par une réticence frauduleuse, que le testament ne vînt à la connaissance des légataires. Alors, ceux-ci doivent obtenir sans difficulté la restitution de tous les fruits et
le paiement de tous les intérêts qui ont couru depuis la mort du testateur.

Le droit romain allait plus loin : il déclarait indigne des biens de son père, le fils qui en avait

92

supprimé le testament, pour s'approprier toute la succession. (Loi 26, D. *ad legem Corneliam de falsis.*)

Mais comment peut-on trouver cette réticence frauduleuse ?

Lehrun répond que « l'héritier et l'exécuteur « testamentaire étant obligés de faire faire lecture » du testament, incontinent après le décès du tes- » tateur, et d'en donner connaissance, autant » qu'il se peut, aux légataires ; s'ils n'ont point » satisfait à cette formalité, mais ont tenu le tes- » tament secret, n'exécutant que ce qui les con- » cernait ou leurs parens et amis ; et si le testa- » ment était sous seing-privé, quoique reconnu » peut-être par-devant notaires ; et si le légataire » était absent lors du décès ; qu'enfin les circons- » tances soient telles, que quand le légataire eût » voulu savoir la chose, la découverte ne lui eût » pas été facile : en ce cas, les fruits et intérêts » du Legs seront dus du jour du décès, par forme du » dommages et intérêts. »

Par la même raison, si la réticence venait de la part du légataire, c'est-à-dire, si, ayant le testa- ment en sa possession, il n'en donnait connais- sance à l'héritier que dans le cours de l'action en délivrance de Legs, les fruits ou les intérêts ne lui seraient dus que du jour de la production de l'acte dont il tire son droit, parce que, jusqu'à ce moment, l'héritier n'aurait fait, en jouissant des choses léguées, qu'user d'un droit légitime, et qu'il avait tout sujet de croire incommutable. Le sénat de Chambéry l'a ainsi jugé par un arrêt du 20 août 1612, rapporté dans le Code du président Favre.

XXXIV. Il y a, suivant quelques auteurs, une septième exception par rapport aux fruits qui se trouvent pendans par racine au moment du décès du testateur.

Comme ils font partie du fonds légué, et que le légataire doit recevoir son Legs dans l'état où le testateur l'a laissé, il paraît hors de doute à Ri- card et Lebrun, qu'ils doivent lui être rendus par l'héritier, quand même la demande en délivrance ne serait formée qu'après la récolte. La loi 9, D. *ad legem falcidiam*, semble le faire entendre par le motif sur lequel elle s'appuie pour décider que les fruits pendans lors du décès doivent être imputés dans la quarte falcidie : cum augerent, porte-t-elle, *hereditatis œstimationem, fundi no- mine, qui videtur illo in tempore fuisse pretiosior.* C'est ce qui paraît encore résulter de plusieurs lois qui chargent l'héritier de réparer les diminutions arrivées par son fait aux biens légués.

Mais Pothier rejette ce sentiment et avec raison. D'abord, les textes du droit romain, qui fixent la restitution des fruits à l'époque précise de la de- meure de l'héritier, n'exceptent pas expressément de cette règle les fruits qui étaient pendans lors de l'ouverture de la succession ; et leur silence forme un préjugé bien puissant contre cette pré- tendue exception : car si elle avait été dans l'in- tention des législateurs, ils l'auraient sans doute placée à la suite du principe qu'elle eût modifié.

On dira peut-être avec Ricard, que cette excep- tion se trouve dans la loi 27, D. *de usufructu*, la- quelle en effet déclare que les fruits pendans et ve- nus à maturité par les soins du défunt, appartiennent au légataire de l'usufruit sur lequel ils se trouvent.

« Mais (répond Pothier) il est absolument né- » cessaire de supposer que, dans l'espèce de cette » loi, le légataire avait eu délivrance de son Legs, » et était entré en possession de l'héritage avant la » récolte ; puisque, suivant les principes du droit » romain les plus connus, les fruits n'étaient acquis » à l'usufruitier que lorsqu'ils avaient été perçus par » lui, ou par quelqu'un, en conséquence de son » ordre. Loi 13, D. *Quemadmodum usufructus amit- » tatur.* »

Quant aux lois qui obligent l'héritier de faire rai- son au légataire des diminutions qu'il a causées par son fait au bien légué, il est clair qu'elles doivent être restreintes dans leur espèce précise, ou qu'au moins elles admettent une exception par rapport au cas où l'héritier n'a fait qu'user de son droit, comme dans l'espèce dont il s'agit, où sa qualité de juste possesseur, légitime incontestablement la percep- tion qu'il a faite des fruits.

XXXV. Ricard demande « si le Legs étant d'un » meuble meublant ou d'autre chose qui n'est de soi » capable de produire aucun profit dans le commer- » ce, les intérêts en seront dus dans les cas auxquels » ils doivent être payés lorsqu'il s'agit d'une somme » de deniers. »

Il répond que, « si les meubles légués sont pour » l'usage du légataire, il n'en est pas dû d'intérêt ; » mais que s'ils lui sont laissés pour en profiter, et » qu'il soit en état de les vendre ou de les donner » à loyer, l'intérêt doit en être payé par l'héritier » comme d'une somme de deniers. »

Cette distinction est tirée mot pour mot de la loi 3, § 4, D. *de usuris.*

XXXVI. La raison qui oblige un héritier à la res- titution des fruits qu'il a perçus et des intérêts qui ont couru depuis que le légataire l'a constitué en demeure, l'assujétit également à réparer, comme nous l'avons déjà dit, tout le dommage qu'il a oc- casionné, par sa faute ou sa négligence, à la chose léguée. La réparation de ce dommage est censée comprise dans le Legs. *Is qui fideicommissum de- bet, post moram, non tantum fructus, sed etiam omne damnum quo affectus est fideicommissarius, præstare cogitur.* Ce sont les termes de la loi 36, *de legatis 3°.* V. l'article *Faute.*

Section V. *Du paiement des Legs.*

D'après ce que nous avons dit au mot *Légataire*, § 5 et 6, il ne nous reste plus ici que deux choses à examiner par rapport au paiement des Legs, sa- voir, le temps où il est exigible, et la manière dont il doit être fait.

§ I. *En quel temps le paiement des Legs est- il exigible ?*

I. Pour qu'une dette contractuelle ou testamen- taire soit exigible, il faut qu'elle soit formée, et que le terme en soit arrivé. De ces deux conditions, les jurisconsultes romains expriment la première par les mots *dies cedit*, et la seconde par ceux-ci, *dies venit*. Ainsi, on peut dire, dans leur langage, *dies cedit*, lorsqu'il est certain qu'une dette existe; *dies venit*, lorsqu'on est parvenu au jour où le paiement en est fixé. On peut voir là-dessus la loi 213, D. *de verborum significatione*.

Pour décider avec certitude en quel temps le *dies cedit* et le *dies venit* peuvent s'appliquer à un Legs, il faut distinguer s'il est pur et simple, ou conditionnel, ou à temps.

II. Dans l'ancien droit romain, le Legs pur et simple était dû (*dies cedebat*) aussitôt après la mort du testateur. La loi Papia, pour multiplier les Legs caducs qu'elle adjugea au fisc, mit en principe qu'aucun Legs ne pouvait être dû avant l'ouverture du testament, et détruisit ainsi pour un temps les règles établies par les premiers législateurs de Rome. C'est ce que nous voyons dans les fragmens d'Ulpien, tit. 24, § 31. Mais Justinien a abrogé cette loi bursale, et a ordonné, en remettant les anciennes maximes en vigueur, que tout Legs pur et simple serait dû au moment où le testateur rendrait le dernier soupir.

Cette innovation est l'ouvrage de la loi 1, § 5, D. *de caducis tollendis*.

Le motif et l'effet de cette jurisprudence sont de rendre les Legs transmissibles aux héritiers du légataire, lorsque celui-ci meurt avant d'en avoir reçu le paiement, ou même avant d'avoir pu l'exiger par le défaut d'échéance du terme.

III. Une loi cesse ordinairement dans tous les cas où la raison qui l'a fait introduire, n'a point d'application. Ainsi, l'on ne doit pas trouver surprenant que Justinien ait excepté, de la disposition dont nous venons de rendre compte, les Legs qui, par leur nature, sont bornés à la personne du légataire, et conséquemment ne peuvent pas se transmettre à ses héritiers. Le § 6 de la loi citée porte en termes exprès : « Le Legs de la liberté ne sera dû, même »après la présente constitution, qu'après l'addition »d'hérédité, parce qu'il ne peut être exécuté sans »le ministère de l'héritier. Nous exceptons pareille- »ment l'usufruit, parce que sa nature résiste à toute »espèce de transmission aux héritiers de celui à qui »on l'a légué; et à cet égard, il ne peut être re- »gardé comme dû (*dies ejus non cedit*), ni au mo- »ment de la mort du testateur, ni à l'époque de l'ad- »dition d'hérédité. »

Il ne faut pourtant pas conclure de ces dernières expressions, que le Legs d'usufruit ne soit pas encore dû au jour de l'adition d'hérédité; car Justinien ne s'exprime ainsi que par rapport à la transmission, *quantum ad transmissionem*, c'est-à-dire pour faire voir que le Legs d'usufruit ne se transmet pas même après l'adition : du reste, les différens textes placés sous le titre *quando dies usufructus*, décident très-clairement que c'est à cette époque qu'il commence à être dû.

Ce que nous disons de l'usufruit, il faut également le dire de l'usage et de l'habitation : cela ré-

sulte des lois 2, 3 et 9, D. *quando dies Legatorum vel fideicommissorum cedat*.

Il y a plus : lorsque l'usufruit, au lieu d'être légué en termes simples et ordinaires, l'est expressément pour chaque année que vivra le légataire ; comme on multiplie idéalement le Legs autant de fois qu'il y a d'années dans la vie de celui à qui il est fait, la dette qu'il forme est censée s'éteindre à la fin de chacune de ces années, et renaître au commencement de la suivante : *Quanquam usufructus ex fruendo consistat, id est , facto aliquo ejus qui fruitur et utitur, tamen semel dies cedit : aliter atque si cui in menses, vel in dies, vel in annos singulos quid legetur : tunc enim per dies singulos vel annos dies legati cedit. Unde quæri potest si usufructus per dies singulos legetur, vel in annos singulos, an semel cedat : et puto non cedere semel, sed per tempora adjecta ut plura legata sint : et ita libro quarto Digestorum, Marcellus probat in eo cui alternis diebus usufructus legatus est*. (Loi 1, D. *Quando dies usufructus Legati cedat*.)

Il y a quelque chose de plus singulier à l'égard d'un Legs d'ouvrages journaliers; il n'est jamais dû avant le jour que les ouvrages sont demandés : *Operæ testamento relictæ quando cedere debeant ? Utrum ex quo petitæ eas legatarius, an ex quo adita hereditas est? Et cui pereant dies quibus æger servus fuit ? Et puto ex die petitionis eas cedere. Quare si post petitas æger esse servus cæperit, legatario peribunt*.

Pourquoi donc les Legs annuels sont-ils dus au commencement même de la mort du testateur (car c'est ce que décide la loi 12, § 3, D. *quando dies Legatorum* ? D'où vient cette différence entre une telle disposition et un Legs d'usufruit ? C'est, répond Voët, parce que l'usufruit est toujours personnel, et qu'au contraire un Legs annuel passe souvent aux héritiers, comme on le verra ci-après, sect. 6. D'après cela, il ne faut pas s'étonner que, sur la question de savoir quand un Legs annuel est dû, on suive plutôt les maximes propres aux Legs de propriété, que celles qui sont particulières aux Legs d'usufruit. *Nam ad ea potius debet aptari jus quæ et frequenter et facilè, quam quæ perraro eveniunt*, dit la loi 5, D. *de legibus*.

Ce que les lois romaines avaient établi par rapport au temps où le Legs d'usufruit commence à être dû, est encore observé dans nos mœurs, suivant Grotius (*Manuductio ad jurisprudentiam Hollandiæ*, part. 2, cap. 39, n° 13), Sotomajor (*De usufructu, cap.* 8), et Voët (*Ad Dig., lib.* 7, *tit.* 4). Mais il n'en résulte presque plus aucun effet dans les pays où l'on observe la règle, *le mort saisit le vif* : car cette maxime, identifiant en quelque sorte le temps du décès avec celui de l'adition d'hérédité, il est clair que c'est à peu près la même chose pour un légataire d'usufruit, d'avoir son Legs acquis lorsque l'héritier prend qualité, ou lorsque le testateur décède.

[[L'on a vu plus haut, sect. 4, § 3, n° 30, que, d'après l'art. 604 du Code civil, les fruits appartiennent, dans tous les cas, à l'usufruitier, *du moment où l'usufruit a été ouvert*. Ainsi, nul doute

que, suivant l'esprit de ce Code, le Legs d'usufruit ne soit dû dès l'instant de la mort du testateur.]]

IV. Quand un Legs a pour objet une propriété
quelconque, il importe peu que l'héritier, à la charge
duquel en est le paiement, soit institué purement ou
sous condition : dans un cas comme dans l'autre,
c'est toujours du moment de la mort du testateur
qu'il est censé dû. La loi 7 et la loi 19, § 2,
D. *quando dies Legatorum*, sont formelles sur ce point.

La condition attachée à une dette active que le
testateur a léguée purement, n'empêche pas non
plus que ce Legs ne soit dû aussitôt après le décès.
C'est ce que décident les § 3 et 4 de la dernière des
lois citées. Les termes de ces textes sont remarquables :

« Lorsqu'un débiteur conditionnel est nommé
légataire de sa dette, son Legs est censé *présent* ;
et il peut agir aussitôt en vertu du testament pour
se faire libérer par acceptation : et s'il meurt après
le testateur, il transmet à son héritier l'action qu'il
a pour cet effet. »

« Il faut décider la même chose par rapport au
Legs d'une dette conditionnelle qui serait laissée à
tout autre qu'au débiteur. »

V. Voyons maintenant à quelle époque est censé
arriver le terme des Legs purs et simples : *quando
dies venisse dicatur.*

Nous avons là-dessus une règle très-précise dans
la loi 32, D. *de legatis 2°* : « Toutes les dispositions
» (*y* est-il dit) qui sont faites par un testament,
» sans condition ni temps, doivent être acquittées
» du jour de l'adition d'hérédité. »

La loi 7, D. *quando dies Legatorum*, n'est pas
moins formelle : « Le retardement de l'héritier à
» prendre qualité, peut bien différer la demande
» du Legs, mais non pas reculer l'époque à laquelle
» il est dû. »

Voilà bien la distinction du *dies cedit* d'avec le
dies venit : l'un a lieu dès le moment du décès, l'autre ne peut exister avant l'adition.

Pourquoi le Legs pur et simple n'est-il exigible
qu'après l'adition d'hérédité ? C'est que tout Legs
est sujet à délivrance de la part de l'héritier, et que,
suivant le droit romain, il ne peut pas y avoir d'héritier sans adition. Dans nos usages, la maxime *le
mort saisit le vif*, fait qu'à certains égards, tout héritier présomptif est censé prendre qualité au moment
même du décès ; ainsi, on n'est pas obligé d'attendre qu'il ait accepté la succession, pour agir contre
lui en délivrance de Legs ; il suffit qu'il soit saisi
de la chose léguée, pour qu'on soit recevable à lui
en faire la demande, sauf à lui cependant à requérir, s'il est encore à temps pour cela, un délai pour
délibérer.

Lorsqu'une succession est vacante, la demande
en délivrance des Legs doit être dirigée contre le
curateur créé à cette succession.

VI. Le Legs conditionnel n'est dû, *dies non ce-
dit*, qu'après l'accomplissement de la condition.
C'est ce que porte la loi 5, § 2, D. *quando dies
Legatorum.*

Si cependant la condition était du nombre de
celles que la loi dispense le légataire de remplir,
le Legs étant réputé pur et simple, serait dû au
jour du décès du testateur. Les § 3, 4 et 5 du texte
cité en contiennent une décision expresse. (*V.* l'article *Condition.*)

On traitera au mot *Option* (Legs d') la question
de savoir quand est dû un Legs alternatif dont
un membre est conditionnel, et l'autre pur et
simple.

VII. À l'égard du terme, celui d'un Legs conditionnel dont la condition a été remplie avant l'adition d'hérédité, est toujours fixé, dans notre jurisprudence, au moment même de l'accomplissement
de la condition ; mais dans le droit romain, lorsque
la condition était remplie avant l'adition d'hérédité,
il fallait attendre que l'héritier eût accepté, pour lui
demander le Legs.

VIII. Quant aux Legs à temps, pour décider à
quelle époque ils sont dus, il faut distinguer si le
temps est certain ou incertain.

Au premier cas, le Legs est dû dès le moment
du décès du testateur. C'est ce que décide la
loi 1, § 1, D. *de conditionibus et demonstrationibus.*

Au second cas, le Legs est régulièrement réputé
conditionnel, et, par une conséquence nécessaire,
il ne peut être dû avant que le temps soit arrivé :
dies incertus conditionem in testamento facit, dit la
loi 75 du titre que nous venons de citer. Ainsi, le
Legs fait à quelqu'un *lorsqu'il se mariera, lorsqu'il
aura atteint l'âge de puberté, lorsqu'il sera nommé
à un tel emploi, lorsque telle personne mourra*, ne
donne aucun droit au légataire que celui-ci
n'est pas parvenu au temps fixé par le testateur ;
s'il décède auparavant, il ne transmet rien à ses
héritiers. La loi 1, § 2, D. *de conditionibus et demonstrationibus*, les lois 21 et 22, D. *quando dies
Legatorum*, et la loi 3, C. du même titre, ne laissent
là-dessus aucune espèce de doute.

IX. Cette règle admet cependant plusieurs exceptions.

1.° Elle ne s'applique point au cas où il est certain que le légataire parviendra au temps dont le
testateur a parlé : car c'est l'incertitude de la survie du légataire qui fait dégénérer le jour incertain
en condition. Ainsi, le Legs fait à Titius, *lorsqu'il
mourra*, est pur, et ne renferme qu'un délai, parce
que la mort de Titius est un événement infaillible,
quoique l'époque en soit incertaine. La loi 4, § 1,
D. *quando dies Legatorum*, le décide ainsi nettement.

2.° Lorsque le temps n'est pas exprimé dans la
disposition, mais qu'il résulte seulement de la nature de la chose léguée, il ne rend pas le Legs conditionnel, et conséquemment il n'empêche pas que
le légataire n'ait un droit acquis dès l'ouverture de
la succession. « Si je donne (dit Ricard) toutes mes
» marchandises qui arriveront dans le navire *la For-
» tune*, qui est aux Indes ; bien que l'exécution du
» Legs dépende du temps de l'arrivée de ce navire,
» le Legs ne laisse pas d'être certain dans son effet ;

»parce que, ne paraissant point, par les termes
»avec lesquels le testateur a rédigé sa volonté, qu'il
»ait eu l'intention de faire une donation condition-
»nelle, elle ne se présume pas, si elle n'est expresse.
» Et ainsi, encore que le légataire vienne à mourir
»avant l'arrivée du navire, il ne laisse pas de trans-
»mettre le Legs à ses héritiers. »

5° « S'il paraît (dit le même auteur), par les
»circonstances du fait, que l'apposition du temps
»ait été en considération du légataire, le Legs est
»pur et simple, et le temps ne produit que la pro-
»rogation du paiement. » C'est ce que porte expressément la loi 46, D. *ad senatus-consultum Trebellia-*
num; et c'est ce que la loi 26, § 1, D. *quando dies*
Legatorum, décide dans l'espèce d'un Legs fait à
un mineur, lorsqu'il aura atteint l'âge de vingt-cinq
ans, à la charge de lui en payer les intérêts jusqu'à
cet âge.

4° « Si le temps est séparé de la disposition, et
»qu'ils soient contenus en deux clauses distinctes
»(c'est encore Ricard qui parle), pour lors le Legs
»est pur et simple, et le temps n'est considéré que
»pour un terme qui est dilatoire, et qui diffère seu-
»lement l'exécution du Legs, et non pas l'effet.
»Comme si le Legs est conçu en cette manière : *Je*
»laisse à Marie cent écus, laquelle disposition elle re-
»cevra lorsqu'elle aura atteint l'âge de vingt-cinq ans;
»par ces mots, *je laisse à Marie cent écus*, voilà la
»disposition parfaite purement et simplement, sans
»condition : ce qui est ajouté, *laquelle disposition*
»elle recevra, etc., n'est qu'accessoire, et ne touche
»pas à l'essence du Legs; si bien que cette addition
»ne peut opérer que dans ces termes, c'est-à-dire
»le délai du paiement qu'elle contient. »

Cette doctrine est fondée sur deux textes très-
précis.

On demande dans la loi 6, D. *de annuis Legatis,*
si un particulier ayant légué une rente annuelle de
cent écus à une ville, pour célébrer des jeux auxquels ses parens présideront, cette dernière clause
ne contient pas la condition d'un temps incertain,
et ne doit pas opérer la caducité de la disposition,
au cas qu'il n'y ait plus de parens en état de présider
aux jeux : la loi répond que non, et décide que le
Legs est perpétuel.

La loi 5, C. *quando dies Legatorum*, porte que
ces paroles, « je lègue à Ælia Severina, ma fille,
« dix écus lorsqu'elle aura atteint l'âge de majorité, »
ne renferment point une condition, mais apportent
seulement un délai à l'exécution de la libéralité :
c'est pourquoi, ajoute-t-elle, si la fille du testateur
vient à mourir avant l'échéance, son héritier aura le
droit d'exiger son Legs au temps où elle aurait eu
vingt-cinq ans accomplis, si elle n'était pas décédée

Bouvot et Brillon citent un arrêt du parlement
de Bourgogne, du 28 mai 1599, conforme à cette
disposition.

Boniface en rapporte un autre du 12 juin 1639,
par lequel le parlement d'Aix a jugé qu'un Legs
payable après le décès de l'héritier, n'était pas devenu caduc par la mort du légataire, arrivée avant
celle de l'héritier même.

[[Le Code civil réduit toutes ces règles aux deux
articles suivans :

« 1040. Toute disposition testamentaire faite
sous une condition dépendante d'un évènement incertain, et telle que, dans l'intention du testateur,
cette disposition ne doive être exécutée qu'autant
que l'évènement arrivera ou n'arrivera pas, sera
caduque, si l'héritier institué ou le légataire décéda
avant l'accomplissement de la condition.

» 1041. La condition qui, dans l'intention du testateur, ne fait que suspendre l'exécution de la disposition, n'empêchera pas l'héritier institué, ou le
légataire, d'avoir un droit acquis et transmissible
à ses héritiers. »]]

X. Ces principes répandent un grand jour sur
la matière des Legs auxquels est apposé, soit expressément, soit virtuellement, un terme concernant le mariage ou l'établissement du légataire

Je laisse à une fille cent écus, *lorsqu'elle se ma-*
riera, ou *payable lorsqu'elle se mariera,* ou *pour aider*
à la marier : ce Legs est-il conditionnel, ou ne ren-
ferme-t-il qu'un délai?

On peut élever la même difficulté par rapport au
Legs fait à un jeune homme *lorsqu'il se mettra en*
métier, ou *payable lorsqu'il se mettra en métier,* ou
pour aider à le mettre en métier.

Chacune de ces espèces offre, comme on le voit,
trois questions : il faut les discuter séparément.

1° Il est certain que le Legs fait à une fille *pour*
aider à la marier, ou à un garçon *pour se mettre en*
métier, n'est point conditionnel. Cela résulte du
principe établi ci-dessus, que le temps non exprimé dans un Legs, n'emporte point condition, quoiqu'il semble résulter de la nature de la disposition.
D'ailleurs, l'établissement du légataire n'est, dans
le cas dont nous parlons, qu'une cause impulsive
qui n'empêche ni l'acquisition, ni la transmission
du Legs, suivant la loi 61, D. *de conditionibus et*
demonstrationibus, et la loi 22, § 1, D. *de alimentis*
legatis; en sorte que, dans notre hypothèse, non
seulement le Legs commence à être dû à la mort
du testateur, mais même la fille peut en exiger le
paiement sans se marier, et le garçon sans se mettre en métier. C'est ce qui a été jugé par plusieurs
arrêts.

Le Journal des Audiences nous en fournit un du
11 mars 1624, qui a décidé « qu'une donation tes-
» tamentaire de 600 livres, faite par une tante à sa
» nièce, *en faveur de mariage*, n'était conditionnelle,
» et fut l'héritier condamné à faire délivrance de la-
» dite somme purement et simplement. »

Le même recueil en contient un autre du
24 mars 1626, qui juge absolument la même
chose.

Il y en a un troisième de 1632, rapporté par
Lelet, sur l'article 284 de la coutume de Poitou,
dans l'espèce d'un Legs de 1,500 livres, fait à un
jeune homme pour étudier et se rendre capable
des fonctions du sacerdoce.

On en trouve un quatrième, rendu dans des
circonstances semblables; voici comment il est

rapporté au *Journal des Audiences*, tome 7, p. 55 du supplément : « Adam Hyver, légataire par testament de dame Suzanne Mongin, d'une somme »de 1,500 livres, *pour lui aider à faire ses études*, » étant décédé peu de mois après la testatrice, et » Adam Hyver père, au nom et comme héritier »mobilier de son fils, ayant demandé les 1,500 li-»vres, intervint sentence par laquelle le Legs fut »déclaré caduc, et Mongin déchargé du paiement. »La cour, en infirmant par arrêt du 16 août 1632, »condamna Mongin, intimé, au paiement des » 1,500 livres. »

Le parlement de Grenoble a aussi jugé, par arrêt du 29 janvier 1580, rapporté dans le Recueil d'Expilly, que le Legs fait par un père à ses filles *pour dot*, n'était pas conditionnel, et devait être payé avant que les légataires fussent mariées.

Cette jurisprudence n'est cependant pas aussi universellement reçue qu'elle devrait l'être ; l'additionnaire de Duperrier la regarde comme fort *controversée* ; et il oppose aux autorités sur lesquelles on l'appuie, un arrêt du parlement d'Aix, du mois de mai 1754, qui a « jugé qu'une fille, en » faveur de qui le testateur avait ordonné que, le » cas de la substitution par laquelle les seuls mâles » étaient appelés à recueillir ses biens arrivant, il » serait pris sur ces mêmes biens la somme de » 50,000 livres *pour sa dotation*, n'avait pas profité » de ce Legs, ni pu par conséquent le transmet-»tre à sa mère, son héritière étant morte en bas » âge. »

La loi 71, § 3, D. *de conditionibus et demonstrationibus*, semble aussi fortifier l'opinion contraire à celle que nous avons adoptée : « Je charge mon »héritier (y est-il dit) de donner cent écus à Ti-»tius, mon gendre, au nom de ma fille Seïa. Ce » Legs tombe en caducité par le décès de Titius » ou de Seïa avant le mariage. »

Mais ces décisions particulières ne peuvent pas être étendues hors de leurs espèces précises. Quelque certaine que soit la règle qui veut qu'on ne répute point conditionnelle une disposition faite en faveur du mariage ou de l'établissement du légataire, on ne peut disconvenir qu'elle doit céder à la volonté contraire du testateur. Ainsi, disent Papon et Furgole, lorsqu'à un Legs fait *pour se marier*, sont ajoutés les termes restrictifs *et non autrement*, la libéralité du défunt doit nécessairement être regardée comme conditionnelle ; c'est ce qui résulte tant de la loi 72, § 6, D *de conditionibus et demonstrationibus*, que de la doctrine établie ci-devant, sect. 2, § 2, n° 14 ; et c'est dans cette restriction qu'il faut chercher le motif de l'arrêt et de la loi qu'on oppose à notre sentiment.

Dans l'espèce de l'arrêt, le testateur n'avait fait que liquider la dot que son héritière aurait pu distraire de plein droit de la substitution dont il l'avait grevée ; et comme cette distraction ne pouvait avoir lieu, aux termes de l'ordonnance, que dans le cas d'un mariage effectif, il était naturel de penser que le testateur avait voulu attacher la même condition à son Legs : cela résultait de la maxime, qu'un testateur est censé conformer ses dispositions à celles de la loi, quand il ne montre pas une intention manifeste d'y déroger.

A l'égard de la loi 71, § 3, D. *de conditionibus et demonstrationibus*, « elle n'est pas (dit Furgole) »dans le cas simple du Legs fait pour dot, mais »d'un Legs d'une certaine somme qui devait être »constituée à la fille en se mariant avec Titius, que »le testateur avait désigné pour gendre, et qui, par »conséquent, avait imposé à sa fille la condition de »se marier avec Titius. Voilà pourquoi le jurisconsulte »sulte fait, dans ce cas, les mêmes distinctions que »les autres lois font lorsqu'il s'agit de la condition »de se marier avec une personne certaine ; et il »ajoute : *ce Legs tombe en caducité par le décès de* »*Titius ou de Seïa avant le mariage* ; mais cela ar-»rive non parce que le Legs pour dot renferme une »condition, mais le Legs devient inutile dans ce »cas lorsque Titius ou la femme décèdent avant le »mariage, parce que la disposition, dans la forme »que le testateur l'a conçue, renferme une vérita-»ble condition imposée à Titius et à la fille du tes-»tateur de se marier ensemble ; ainsi, on n'en peut »pas tirer un argument, pour dire que le Legs fait »pour dot simplement et sans autre addition qui »puisse intéresser un tiers, affecte la substance du »Legs, ni que le mariage soit la cause finale, la »condition ou le mode qui rende le Legs inutile ; »ce n'est qu'une clause impulsive qui n'empêche »pas la transmission, quoique le légataire meure »avant le mariage, et même avant de parvenir à »l'âge nubile. »

2° Lorsque le testateur a ajouté expressément un terme au Legs d'une somme pour doter une fille ou pour mettre un garçon en métier, et que ce terme, au lieu d'affecter la substance du Legs, n'en concerne que l'exécution, sa disposition forme un droit acquis au légataire dès que l'hérédité est ouverte ; mais ce droit ne peut être exercé qu'après le laps de temps auquel il est d'usage de prendre l'établissement désigné par le testateur.

Ainsi l'ont jugé plusieurs arrêts de différentes cours souveraines.

Le parlement de Paris en a rendu un, le 13 janvier 1663, dans cette espèce. Un testateur avait légué une partie de son bien à l'hôpital de Troyes, à la charge d'en laisser jouir chacune de ses petites-filles pendant un an, *lorsqu'elles seraient pourvues par mariage ou autrement*. L'une des petites-filles étant parvenue à l'âge cinq ans, déclara aux administrateurs de l'hôpital qu'elle voulait vivre en célibat, et sur ce fondement, demanda la délivrance de son Legs. On lui opposa qu'elle n'était ni mariée ni religieuse ; qu'ainsi, elle n'avait point rempli la condition sous laquelle le testateur l'avait appelée, et que par conséquent elle devait être déclarée non-recevable quant à présent. Le juge de Troyes prononça de la sorte ; mais l'arrêt cité infirma la sentence, et ordonna purement et simplement que l'appelante aurait la délivrance de son Legs.

Le parlement de Toulouse a jugé la même chose

par arrêt du 7 juillet 1594, rapporté dans le Commentaire de Jacques de Ferrière sur le sénatus-consulte Trébellien.

Cambolas nous en a conservé un autre du 21 février 1623, par lequel un Legs fait à une nièce, payable quand elle se marierait, et non plustôt, a été adjugé au père de la Légataire décédée à l'âge de dix ans. Dans cette espèce, la demande en délivrance avait été formée dans un temps où la fille aurait eu quatorze ans si elle eût vécu; et comme elle eût été nubile à cet âge, l'action du père n'a point été déclarée prématurée.

Néanmoins, ajoute Cambolas, si la légataire avait été vivante, elle n'aurait pas été recevable avant son mariage ou sa majorité (1), comme l'a jugé un arrêt du 15 mai 1628, rendu dans une autre cause.

Nous lisons dans les *Institutions au Droit français* de Serres, que « par un arrêt du parlement de »Toulouse, du 22 août 1731, rendu au rapport de »M. de Rosseguier, en faveur de la demoiselle Bou-»cher, à laquelle le sieur de Saint-Aurens avait »légué 3,000 livres, payables quand elle se marie-»rait ou se ferait religieuse ; le sieur de Saint-Au-»rens fils fut condamné à payer ce Legs à cette »demoiselle, qui venait de passer l'âge de trente »ans, sans être mariée ni faite religieuse. »

La chambre de l'édit de Castres a également jugé, par un arrêt du 10 juillet 1645, rapporté dans le Recueil de Bonné, que le Legs fait à une fille pour lui être délivré quand elle se marierait, devait lui être payé à l'âge de vingt-cinq ans, quoiqu'elle ne fût pas mariée.

Le parlement de Bordeaux a rendu plusieurs décisions de la même espèce.

Un testateur lègue à Catherine Audrou 4,000 l., *pour aider à la marier, et payables lorsqu'elle aura trouvé parti de mariage.* Catherine Audrou meurt à l'âge de trois ans. Par arrêt du 14 mars 1652, le Legs est déclaré transmis à ses héritiers; et il est ordonné que le paiement leur en sera fait au temps où la légataire aurait eu douze ans, si elle eût vécu.

Un père lègue à ses filles 500 écus, et les *demoices et habits nuptiaux*, payables la veille de noses : elles meurent en célibat. Par arrêt du 30 septembre 1661, les Legs sont adjugés à leurs héritiers.

Une tante lègue à sa nièce 300 livres, payables lorsqu'elle se mariera, et un an après. La légataire, un an après sa majorité et sans être mariée,

demande le paiement de son Legs aux héritiers de la testatrice : et par arrêt du 3 juin 1668, confirmatif de deux sentences successives, ceux-ci sont condamnés purement et simplement à lui en faire la délivrance.

De ces trois arrêts, deux sont rapportés par Lapeyrère, et l'autre se trouve dans le *Journal du Palais*.

Telle est aussi la jurisprudence du parlement d'Aix : « Le 17 juin 1585, fut jugé qu'un Legs fait »par le père à sa fille pour sa dot, *cùm nubet*, »doit être payé quand elle est en âge nubile, »quoiqu'elle ne soit pas mariée. » Ce sont les termes de Dupeyrère, tome 2, page 310, édition de 1750.

Nous avons cité, aux mots *Etat honorable*, deux arrêts semblables, du parlement de Flandre.

Il y a cependant une circonstance où le Legs payable quand on se mariera, est réputé conditionnel : c'est lorsque le testateur a marqué par des signes non équivoques, que son intention était de n'avantager le légataire qu'en cas d'un mariage effectif. C'est ce qui a été jugé par un arrêt du parlement de Toulouse, du 11 février 1584, que rapporte Maynard, dans l'espèce d'un Legs conçu en ces termes : « Je donne à Titia 100 écus, payables » à la solennisation de son mariage, pourvu qu'elle »épouse un gentilhomme. »

3° Si le temps apposé par le testateur à sa disposition, affecte la substance du Legs, au lieu d'être borné, comme dans l'hypothèse que nous venons d'examiner, à la clause qui en concerne l'exécution, la chose léguée n'est acquise au légataire que lorsque le temps est arrivé. Ainsi, dit Ricard, « quand le testament porte, *lorsqu'il se mariera*, »le temps du mariage est essentiellement le but de »la disposition; l'un se trouve, par les termes du » Legs, indispensablement attaché à l'autre, qui »est ce qui produit la condition. »

On peut appliquer ici la loi 22, *quando dies Legatorum*, au Digeste : *Nec interest*, porte-t-elle, *utrum scribatur, si annorum quatuordecim factus erit, an ita, cùm ; priore scriptura per conditionem tempus demonstratur, sequenti per tempus conditio. Utrobique tamen eadem conditio est.*

Les arrêts viennent à l'appui de cette doctrine. Ricard et Bardet en rapportent trois, des 20 janvier 1609, 9 mai 1615 et 20 janvier 1639, par lesquels le parlement de Paris a jugé que des Legs faits à des filles lorsqu'elles se marieraient, étaient devenus caducs par le décès des légataires en célibat.

Le parlement de Bordeaux a préjugé la même chose par deux arrêts des 18 février 1655 et 13 juillet 1663.

Un oncle lègue à sa nièce 100 écus quand elle se mariera, et institue son frère héritier.

Les biens de celui-ci sont mis en décret; la nièce s'oppose pour son Legs, et en demande le paiement : les créanciers la soutiennent non-recevable quant à présent, attendu qu'elle n'est point

_____

(1) C'est sans doute avec cette alternative du mariage ou de la majorité, qu'il faut entendre deux arrêts du parlement de Paris, des 1er août 1513 et 2 juillet 1618, par lesquels il a été décidé « suivant Rousseaud de Lacombe, qu'un « Legs fait à certaines filles pour leur être baillé quand elles « seront mariées, n'est dû que lors du mariage ; car cette proposition, prise à la lettre, serait évidemment fausse : Rousseaud de Lacombe l'appuie sur la loi 24, C. *de nuptiis,* qui dit effectivement que, *si quis nuptiarum fecerit mentionem in qualicumque pacto, conditionem intelligi ut ipsa nuptiarum accedat festivitas;* mais le texte même de cette loi fait entendre très-clairement qu'il faut en restreindre la disposition au cas où le mariage a été mis pour condition.

mariée. Les arrêts cités le jugent ainsi, et cependant ordonnent qu'il sera fait emploi de la somme léguée, pour le fonds appartenir à la légataire lorsqu'elle sera mariée, et les intérêts qui courront jusqu'à ce temps être perçus par les créanciers.

La Peyrère dit, en rapportant ces arrêts, qu'on doit juger autrement à l'égard d'un Legs fait par un père à ses enfans; et l'on trouve, dans le recueil de Larochefluvin, un arrêt du parlement de Toulouse, du mois de mai 1602, qui a adopté cette restriction. Mais elle ne peut être admise que dans le cas où le Legs tient lieu ou fait partie de la portion légitimaire, qui est affranchie par la loi de toute espèce de condition.

« Hors de là (dit Ricard), et lorsque le Legs fait par un père à ses enfans, n'est pas une dette imposée par la loi, comme est la légitime, mais une pure libéralité, il doit être traité de la même façon que les dispositions faites aux étrangers.... La loi *Titio centum* (71, § 3, D. *de conditionibus et demonstrationibus*), qui est formellement dans cette espèce, déclare caduc un Legs fait par un père à sa fille pour cause de dot, en considération de ce qu'elle était morte avant d'avoir contracté mariage, et que la condition sous laquelle le Legs était fait, avait manqué....

» Le parlement de Paris a donc mieux rencontré, lorsqu'il a jugé, par son arrêt du 15 mai 1615, ci-dessus mentionné, que les Legs dont nous parlons, sont conditionnels aussi bien à l'égard des enfans que des étrangers, lorsque les enfans ont d'ailleurs leur légitime. »

La faveur de la religion introduisit autrefois une exception au principe que nous venons d'établir.

Si la personne appelée à un Legs pour le temps où elle se marierait, renonçait au monde pour embrasser la vie claustrale, on considérait sa profession comme un mariage spirituel, et en conséquence on lui adjugeait le Legs, comme si elle eût été mariée. C'est ce que nous apprennent la Novelle 123 de l'empereur Justinien, chap. 3; un arrêt du parlement de Toulouse, du mois de mai 1602, rapporté par Bouchel, et un autre du parlement de Bordeaux, du 23 mai 1671, rapporté par Lapeyrère.

Cette jurisprudence n'avait pour but, dans son origine, que l'augmentation du bien temporel des monastères; et comme ce motif ne peut plus avoir lieu dans nos mœurs, puisque les biens des religieux ne sont plus déférés à leurs cloîtres, mais aux héritiers que la loi leur donne ou qu'ils se choisissent valablement, il est clair que nous ne devons plus donner à la profession religieuse l'effet de remplir une condition testamentaire de mariage. Telle est d'ailleurs la disposition textuelle de l'ordonnance de 1747, tit. 1, art. 25.

§ II. De quelle manière doit se faire le paiement d'un Legs?

I. Il est de principe qu'un créancier ne peut régulièrement être contraint de recevoir une chose au lieu d'une autre, et qu'au contraire il a droit de forcer le débiteur à remplir son obligation dans sa forme spécifique.

De là il suit qu'un Legs doit être acquitté en nature, et par conséquent si un Legs n'est pas au pouvoir de l'héritier de payer en valeur numéraire une espèce qui a été léguée par le défunt. (Loi 11, § 17, D. *de Legatis* 3.) Ainsi, par arrêt du parlement de Paris, du 7 septembre 1643, rapporté dans les Œuvres de Henrys, il a été jugé que le Legs annuel fait à un hôpital d'une certaine quantité de sel, devait être payé en nature, nonobstant l'offre de l'héritier d'en fournir la valeur chaque année.

On a demandé si un Legs de vin fait à des prisonniers, par forme de fondation perpétuelle, pouvait être converti en argent. Voici le fait.

Une femme légua, en 1550, par testament, quatre-vingt-huit pintes de vin aux pauvres prisonniers de la sénéchaussée d'Angers, en affecta le paiement sur différens héritages, et le déclara payables en nature par le légataire et ses descendans à perpétuité.

Depuis 1617, les détenteurs des héritages avaient néanmoins été autorisés par différentes sentences à acquitter le Legs en argent, moyennant 4 livres 8 sous, à raison d'un sou la pinte; et cette charge continuait de s'acquitter ainsi par ceux qui avaient successivement acquis les fonds affectés.

En 1777, le procureur du roi d'Angers se rendit tiers-opposant aux sentences qui avaient dénaturé le Legs dont il s'agit, et fit assigner les détenteurs des héritages, pour se voir condamner à le payer en vin.

Sentence qui, sans s'arrêter à la tierce-opposition, autorise à continuer le paiement du Legs en argent.

Appel au parlement de Paris; et, le 31 juillet 1779, arrêt, sur les conclusions de M. d'Aguesseau, avocat-général, qui reçoit M. le procureur-général appelant de la sentence de la sénéchaussée d'Angers; émendant, condamne les détenteurs actuels des héritages à acquitter le Legs en nature, et à tous les dépens.

[[Le Legs d'une somme d'argent peut-il être acquitté malgré le légataire, par la délivrance d'un contrat de rente produisant un revenu annuel égal à l'intérêt de cette somme?

Le peut-il, lorsque le légataire est, ou un hospice, ou une généralité de pauvres, ou un établissement d'utilité publique?

Voici ce qu'a prononcé sur ces deux questions un arrêt de la cour de cassation, du 8 fructidor an 13.

« Le procureur-général expose qu'il est parvenu à sa connaissance un arrêt de la cour d'appel de Riom, qui applique à faux certaines lois, et en viole ouvertement d'autres. Voici les faits.

» Le 5 octobre 1785, la dame veuve Galien a fait un testament par lequel, après avoir institué pour son héritier le sieur Capelle, son neveu, elle a légué *aux pauvres de l'Œuvre de la Miséricorde de la ville d'Aurillac*, une somme de 80,000 francs.

» La testatrice est morte en 1789.

» L'Œuvre de la Miséricorde d'Aurillac n'a fait aucune démarche pour obtenir la délivrance du Legs.

» Mais le bureau de bienfaisance, qui, en vertu de la loi du 7 frimaire an 5, remplace aujourd'hui cet établissement, s'est pourvu, en l'an 9, devant le tribunal civil d'Aurillac, pour faire condamner le sieur Capelle au paiement des 80,000 francs.

» Le sieur Capelle a décliné ce tribunal; et par là s'est formé une instance en règlement de juges, sur laquelle il est intervenu, le 4 pluviôse an 10, un arrêt de la cour qui a renvoyé les parties devant le tribunal civil de Saint-Flour.

» Le 18 messidor an 10, le gouvernement a pris, sur la demande du bureau de bienfaisance d'Aurillac, un arrêté ainsi conçu:

» Art. 1. *Le Legs de 80,000 francs fait à l'Œuvre de la Miséricorde de la ville d'Aurillac, par... Françoise Dorothée..., veuve Galien..., sera accepté au nom des pauvres de ladite ville, par le bureau de bienfaisance remplaçant aujourd'hui l'Œuvre de la Miséricorde, pour la distribution des secours à domicile.*

» 2. *Le montant de ce Legs sera réuni aux autres biens et revenus des pauvres de la ville d'Aurillac, pour être administré et régi par les membres du bureau de bienfaisance, à l'instar des autres biens des établissemens de charité.*

» 3. *Le Legs étant fait en argent, il sera employé en acquisitions de rentes sur l'État.*

» 4. *Les administrateurs du bureau de bienfaisance feront, sur les biens de la succession de la testatrice, tous les actes conservatoires qu'exigera la garantie des droits des pauvres d'Aurillac.*

» 5. *En cas de contestation ou de refus de la part des héritiers, les administrateurs du bureau de bienfaisance poursuivront la délivrance du Legs devant les tribunaux, en s'y faisant préalablement autoriser dans les formes voulues par les précédens arrêtés.*

» D'après cet arrêté, les administrateurs du bureau de bienfaisance se sont fait autoriser par le conseil de préfecture du département du Cantal, à continuer les poursuites qu'ils avaient commencées contre le sieur Capelle; et la cause a été plaidée contradictoirement devant le tribunal de première instance de Saint-Flour.

» Le sieur Capelle a soutenu d'abord que le Legs était nul; en second lieu, qu'il devait au moins être réduit; et subsidiairement, qu'on devait l'admettre à le payer en rentes sur l'État.

» Le 20 floréal an 11, jugement qui déclare le Legs nul, et les administrateurs du bureau de bienfaisance non-recevables dans la demande qu'ils en ont formée.

» Appel.

» Devant la cour de Riom, le sieur Capelle conclut à la confirmation pure et simple de ce jugement, et reproduit néanmoins les conclusions subsidiaires qu'il a prises en première instance. Il soutient notamment que, dans le cas où le Legs serait jugé exigible en totalité, on devrait l'auto-

riser à le payer en rentes sur l'État; «qu'il serait » extraordinaire qu'on voulût le contraindre à ver- » ser la somme en numéraire, pour ensuite être » employée par les administrateurs en acquisition » de rentes sur l'État; que ce serait vouloir qu'il » versât des deniers dans les coffres du gouverne- » ment, tandis que l'intention de la testatrice n'a- » vait pas été telle; qu'à l'époque de l'ouverture » du testament, l'art. 18 de l'édit de 1749 interdi- » sait aux gens de main-morte le droit d'acquérir » autre chose que des rentes constituées sur le roi, » sur le clergé, diocèses, villes ou communautés; » que l'art. 13 de la déclaration du 20 juillet 1762 » autorisait les héritiers et représentans des dona- » teurs ou testateurs, à donner en paiement des » remboursemens, des rentes de la nature de celles » dont il est permis aux gens de main-morte de » faire l'acquisition, par l'article 18 de l'édit de » 1749. »

» Par arrêt du 20 messidor an 12, la cour d'appel de Riom a réformé le jugement du tribunal de Saint-Flour, et a ordonné l'exécution du Legs de 80,000 francs. Mais (a-t-elle dit), «en ce qui » touche le mode de paiement, attendu qu'en vertu » des lois qui avaient lieu au temps de l'ouverture » de la succession, l'héritier avait le droit de s'ac- » quitter, en offrant des capitaux de rentes sur » l'État; que c'est aussi en cette espèce de rente, » que doit être converti le montant du Legs, aux » termes de l'arrêté du 18 messidor an 10; mais » que l'héritier doit être maintenu dans le droit de » faire cette conversion lui-même, ou d'en laisser » le soin aux administrateurs...; la cour condamne » la partie de Pagès (le sieur Capelle) à payer » dans l'année, à compter de ce jour..., à la caisse » du bureau de bienfaisance de la ville d'Aurillac, » la somme de 80,000 francs, montant du Legs, » si mieux n'aime ladite partie de Pagès remettre, » dans ledit espace d'un an, des rentes sur l'État, » pour le capital de ladite somme de 80,000 francs, » et au revenu fixe de 4,000 francs annuellement; » et, faute, par ladite partie de Pagès, de remettre » dans ledit temps des contrats de rentes sur l'État, » comme dessus, audit cas, après l'année expirée, » sans qu'il soit besoin d'autre arrêt, il en demeu- » rera déchu, et sera tenu de payer les 80,000 fr. » en argent..., à la charge par les administrateurs » d'employer et d'administrer ladite somme con- » formément aux intentions de la testatrice et à » l'arrêté du 18 messidor an 10. »

» Ainsi, la cour d'appel de Riom a jugé que le sieur Capelle pouvait se libérer en rentes sur l'État, d'un Legs que la testatrice l'avait chargé de payer en numéraire; et il est aisé de faire voir que, par là, elle a fait une fausse application des lois relatives aux dispositions en faveur des gens de main-morte, en même temps qu'elle a violé les lois générales concernant le mode de paiement des Legs.

» Quelles sont les lois relatives aux dispositions en faveur des gens de main-morte, d'après lesquelles la cour d'appel de Riom a jugé que le sieur

Capelle pouvait acquitter en rentes sur l'État, le Legs dont la veuve Galien l'avait grevé envers les pauvres de l'Œuvre de la Miséricorde d'Aurillac? La cour d'appel de Riom n'en a cité nommément aucune; elle s'est contentée de dire vaguement que telle était le vœu de ces lois; et sans doute elle n'a eu en vue, en parlant ainsi, que les lois dont le sieur Capelle avait réclamé les dispositions, c'est-à-dire, l'art. 18 de l'édit du mois d'août 1749 et l'art. 13 de la déclaration du 20 juillet 1762.

»Or, 1° par l'art. 18 de l'édit du mois d'août 1749, le législateur se borne à déclarer *n'avoir entendu comprendre les rentes constituées sur l'État, ou sur le clergé, diocèses, pays d'État, villes ou communautés, dans la disposition des art.* 14, 15, 16 et 17 de la même loi, portant défenses aux gens de main-morte d'acquérir, soit des biens-fonds, soit des droits réels, soit des rentes constituées sur particuliers, sans y avoir été préalablement autorisés par des lettres-patentes; et certainement, s'il résulte de là que les gens de main-morte n'ont pas besoin de lettres-patentes, comme le dit expressément le même article, pour *acquérir* et *recevoir* des rentes sur l'État, ce n'est pas à dire pour cela qu'il leur soit défendu de recevoir de l'argent comptant, d'acquérir des effets mobiliers; ce n'est pas à dire pour cela que ceux qui leur doivent de l'argent comptant, que ceux qui se sont obligés de leur fournir des effets mobiliers, puissent les forcer de prendre en paiement des rentes sur l'État.

»2° La déclaration du 20 juillet 1762 n'a jamais été enregistrée au parlement de Paris, dont le ressort comprenait notoirement la province d'Auvergne. On n'aurait donc pas dû la citer devant la cour d'appel de Riom.

»Il est vrai qu'elle a été remplacée, pour le ressort du parlement de Paris, par une autre déclaration du 26 mai 1774, qui n'en est que la répétition littérale. Mais il s'en faut de beaucoup que l'on trouve dans ses dispositions, ce que la cour d'appel de Riom a cru y voir.

»C'est dans les art. 8, 9, 10, 11, 12 et 13 de cette loi, que sont consignées toutes ses dispositions concernant les *hôpitaux, fabriques, tables ou bouillons des pauvres de paroisses, et autres établissemens de charité.*

»Par l'art. 8, *désirant pourvoir à ce que les deniers comptans qui appartiennent à ces établissemens, et provenant, soit des remboursemens qu'ils auront reçus, soit des dons et Legs qui leur auront été faits, soit de leurs épargnes,* ne demeurent pas inutiles entre les mains des administrateurs, le législateur autorise ceux-ci à remettre ces fonds au trésor public, pour y demeurer en dépôt, moyennant un intérêt de quatre pour cent, jusqu'à ce que les administrateurs aient trouvé un emploi convenable.

»On voit déjà par ces mots, *des dons et Legs qui leur auront été faits,* que les établissemens de charité étaient, avant la publication du Code civil, capables de recevoir des deniers comptans par don ou Legs; et, en effet, il est inouï qu'avant la pu-

blication du Code civil, on leur ait jamais opposé à cet égard la moindre difficulté.

»L'art. 9 va plus loin : *En considération de la faveur que méritent les hôpitaux et autres établissemens énoncés en l'article précédent, voulons que les dispositions de dernière volonté, par lesquelles il leur aurait été donné, depuis l'édit du mois d'août 1749, ou leur serait donné à l'avenir, des rentes, biens-fonds, et autres immeubles de toute nature, soient exécutées; dérogeant à cet égard à la disposition de l'art. 9 dudit édit, sous les clauses, conditions et réserves énoncées dans les articles suivans.*

»Et les articles suivans, voici ce qu'ils portent :

»Art. 10. *Les rentes ainsi données ou léguées aux hôpitaux et autres établissemens mentionnés en l'art. 8, pourront être remboursées par les débiteurs, quand même elles auraient été stipulées non rachetables; et ce, sur le pied du denier vingt, quand elles n'auront pas de principal déterminé : voulons pareillement qu'elles puissent être retirées par les héritiers et représentans des donateurs, dans un an à compter du jour de l'enregistrement des présentes; pour les dispositions de dernière volonté antérieures à la présente déclaration; et à compter du jour de l'ouverture des successions, pour celles qui seront postérieures.*

»11. *Les héritiers et représentans de ceux qui auront donné, par disposition de dernière volonté, des immeubles aux hôpitaux et aux autres établissemens ci-dessus énoncés, pourront aussi, dans les mêmes délais portés par l'article précédent, retirer lesdits immeubles, en payant la valeur d'iceux, suivant l'évaluation qui en sera faite.*

»12. *Faute par lesdits débiteurs, héritiers et représentans, d'avoir fait ce remboursement des rentes, ou payé la valeur desdits immeubles, dans le délai ci-dessus, ordonnons que les administrateurs desdits hôpitaux et autres établissemens ci-dessus énoncés, seront tenus d'en vider leurs mains, dans l'an et jour, à compter de celui où le délai ci-dessus sera expiré, sous les peines portées par l'art. 26 de l'édit du mois d'août 1749....*

»13. *Les débiteurs des rentes, et les héritiers et représentans des donateurs et testateurs qui auraient donné ou légué lesdites rentes ou des biens-fonds et immeubles de toute nature, seront admis à donner en remboursement desdites rentes, ou pour le prix des immeubles légués ou donnés, qu'ils sont autorisés de rembourser ou de retirer par les art. 10 et 11 ci-dessus, des rentes de la nature de celles dont il est permis au gens de main-morte de faire l'acquisition, par l'article 18 de l'édit du mois d'août 1749; au moyen de quoi, ils en demeureront libérés, comme s'ils avaient fait les paiemens en deniers comptans.*

»On voit que ces dispositions, parfaitement liées entre elles et toutes corrélatives les unes aux autres, n'ont pour objet que les donations ou Legs faits aux établissemens de charité, en rentes foncières ou constituées sur particuliers, en biens-fonds et immeubles quelconques.

»Ainsi, que le sieur Capelle eût pu s'en prévaloir, pour rembourser en rentes sur l'État, dans l'année de la mort de la veuve Galien, les rentes foncières ou constituées sur particuliers, que celle-ci eût pu léguer à un établissement de charité, à la bonne heure.

» Mais qu'il ait argumenté de là pour dire qu'on devait l'admettre à payer en rentes sur l'État, un Legs absolument mobilier, et qu'on devait l'y admettre *quinze ans après l'ouverture de la succession de la veuve Galien*, c'est ce qui ne peut se concevoir.

» Ce que l'on conçoit encore bien moins, c'est que la cour d'appel de Riom ait adopté un aussi étrange système; c'est qu'elle l'ait adopté sans en donner aucun motif, et uniquement dans la vue de transporter au sieur Capelle l'avantage que le gouvernement avait voulu procurer au bureau de bienfaisance d'Aurillac, en l'obligeant, par son arrêté du 18 messidor an 10, d'employer lui-même en rentes sur l'État le montant du Legs dont il l'avait autorisé à poursuivre la délivrance et le paiement.

» Mais en jugeant ainsi, la cour d'appel de Riom n'a pas seulement appliqué à faux les dispositions de l'édit du mois d'août 1749 et de la déclaration du 26 mai 1774; elle a encore violé formellement les lois romaines, qui, à l'époque de l'ouverture de la succession de la veuve Galien, et même à celle de la demande formée en justice par le bureau de bienfaisance d'Aurillac, avaient, dans la ci-devant Auvergne, une autorité véritablement législative.

» Il est de principe, dans le droit romain comme dans le droit français, qu'un créancier ne peut être contraint de recevoir une chose au lieu d'une autre, et que tout débiteur doit remplir ses obligations dans leur forme spécifique.

» De là il suit qu'un Legs ne peut être acquitté que par la prestation réelle et effective de la chose même que le testateur a léguée. *Ex his apparet*, (dit la loi 11, § 17, *de legatis* 32, au Digeste), *cum per fideicommissum aliquid relinquitur, ipsum præstandum quod relictum est.*

» Ainsi, l'héritier ne peut pas forcer le légataire d'une somme de deniers à prendre en paiement des biens de la succession; il ne le peut même pas, lorsque le testateur n'a pas laissé cette somme en nature, qu'il est à lui à se le procurer de la manière qu'il jugera la plus expéditive, pour la verser entre les mains du légataire : *Si pecunia legata in bonis legantis non sit, solvendo tamen hereditas sit, heres pecuniam legatam dare compellitur, sive de suo, sive ex venditione rerum hereditariarum, sive undè voluerit.* Ce sont les termes de la loi 12, D. *de legatis 2°.*

» Par la même raison, il n'est pas au pouvoir de l'héritier de substituer le paiement d'une valeur numéraire à la délivrance d'une espèce léguée par le défunt; et cette maxime est si constante dans le droit romain, que l'affection particulière de l'héritier pour les choses qui viennent de ses ancêtres, n'est pas un motif suffisant pour l'autoriser à les retenir et à en donner l'estimation au légataire :

Cùm alicui poculum legatum esset, relictque heres æstimationem præstare, quia iniquum esse aiebat id separari à se, non impetravit id à prætore. C'est ce que nous apprend la loi 71, § 4, D. *de legatis 1°.*

» Ce considéré, et attendu que les administrateurs du bureau de bienfaisance d'Aurillac ont acquiescé à l'arrêt de la cour d'appel de Riom, du 27 messidor an 12, et que, par leur acquiescement, ils ont ouvert à l'exposant le droit qui lui est attribué par l'article 88 de la loi du 27 ventose an 8,

» Il plaise à la cour, vu l'art. 18 de l'édit du mois d'août 1749, les art. 8, 9, 10, 11, 12 et 13 de la déclaration du 26 mai 1774, la loi 11, § 17, D. *de legatis* 3°, la loi 12, *de legatis* 2°, et la loi 71, § 4, D. *de legatis 1°*, casser et annuler, pour l'intérêt de la loi, et sans préjudice de son exécution entre les parties intéressées, la disposition dudit arrêt qui autorise le sieur Capelle à acquitter en rentes sur l'État, le Legs de 80,000 francs y mentionné; et ordonner qu'à la diligence de l'exposant, l'arrêt de cassation à intervenir sera imprimé et transcrit sur les registres de la cour d'appel de Riom.

» Fait au parquet, le 7 messidor an 13. *Signé* Merlin.

» Oui le rapport de M. Bailly, l'un des juges;

» Attendu l'acquiescement donné par les administrateurs du bureau de bienfaisance d'Aurillac, à l'arrêt de la cour d'appel de Riom, du 27 messidor an 12, la cour, faisant droit sur le réquisitoire ci-dessus, au désir de l'art. 88 de la loi du 27 ventose an 8;

» Vu l'art. 18 de l'édit du mois d'août 1749; les art. 8, 9, 10, 11, 12 et 13 de la déclaration du roi du 26 mai 1774; la loi 11, § 17, D. *de legatis* 3°; la loi 12, au même titre, § 2; et la loi 71, aussi du même titre, § 4;

» Considérant que le Legs porté au testament de la dame veuve Galien, du 5 octobre 1785, au profit des pauvres de l'Œuvre de la Miséricorde de la ville d'Aurillac, était d'une somme fixe de 80,000 fr. qui, d'après les lois romaines qui viennent d'être rappelées, ne devait être payée qu'en numéraire; qu'aucune loi n'a autorisé le débiteur d'un Legs en argent à s'en libérer en rentes sur l'État; que les lois françaises ci-dessus énoncées, n'ont eu pour objet que des donations ou Legs faits aux établissemens de charité, en rentes foncières ou constituées sur particuliers, en biens-fonds et en immeubles quelconques;

» D'où il suit que le sieur Capelle, neveu et héritier de la veuve Galien, n'était point fondé à s'en prévaloir pour payer en rentes sur l'État un Legs purement mobilier; et que la cour d'appel ne pouvait point en exciper, pour lui transporter l'avantage que le bureau de bienfaisance avait à espérer de l'emploi de 80,000 francs argent, en acquisition de rentes sur l'État, ainsi qu'il y était autorisé par l'arrêté du gouvernement du 18 messidor an 10;

»La cour casse et annulle, dans l'intérêt de la loi, et sans préjudice de la transaction résultant de l'acquiescement du bureau de bienfaisance d'Aurillac, ledit arrêt du 27 messidor an 12, tant pour fausse application desdits articles de l'édit du mois d'août 1779 et de la déclaration du 26 mai 1744, que pour contravention aux lois romaines ci-dessus indiquées, qui veulent qu'un Legs ne puisse être acquitté que par la prestation réelle et effective de la chose même qui a été léguée, lors même que le testateur n'a pas laissé en nature la somme qui est l'objet du Legs. »]]

La maxime qui a servi de fondement à ces arrêts, l'emporte même sur l'affection particulière que l'héritier peut avoir pour une chose qui vient de ses ancêtres; et il faut, malgré cette affection, que l'héritier délivre la chose en nature. C'est ce que prouve la loi 71, § 4, D. *de Legatis* 1°, [[qui est déjà citée dans le réquisitoire sur lequel a été rendu l'arrêt de la cour de cassation du 8 fructidor an 15; présentons ici sa disposition tout entière]] : *Cùm alicui poculum legatum esset, velletque heres æstimationem præstare, quia iniquum esse aiebat id separari à se, non impetravit id à prætore. Alia enim conditio est hominum, alia cæterarum rerum. In hominibus enim benigna ratione receptum est quod supra probavimus.* (1)

Cependant la coutume d'Amiens déroge à cette rigueur : « Toutefois (porte-t-elle, art. 64) si c'était » meuble précieux qui fût dès long-temps de la mai- » son, et venu de père en fils, audit cas l'héritier le » peut entièrement retenir et avoir, en baillant au » légataire l'estimation d'icelui. »

L'art. 67 de la coutume de Vermandois contient la même disposition.

[[Mais l'une et l'autre ne se trouvant pas dans le Code civil, sont, par cela seul, abrogées. *V.* la loi du 30 ventose an 12, art. 7.]]

II. Les lois romaines renferment aussi plusieurs exceptions à la règle dont il s'agit.

Écoutons le jurisconsulte Pomponius, dans la loi 26, § 2, D. *de legatis* 1° :

« Lorsqu'un testateur a légué une quote de ses biens, l'héritier est-il obligé de fournir les parties de chaque chose en nature, ou lui est-il permis de les payer en estimation ? Ce dernier parti a été soutenu par Sabinus et Cassius; le premier a eu pour défenseurs Proculus et Nerva.

» Pour moi, je pense qu'il faut ici favoriser l'héritier, en lui donnant le choix de payer de l'une ou de l'autre manière; on ne doit cependant permettre à l'héritier de payer en nature que les parties de la chose dont la division n'altère point la qualité, car s'il se trouve des effets indivisibles ou qui ne puissent se diviser sans détérioration, on doit obliger l'héritier à en fournir la valeur (2). »

Le choix que donne ici la loi de payer en nature ou en estimation, dans le cas particulier dont elle parle, le testateur peut aussi le donner, dans toute autre hypothèse, par une disposition spéciale; mais alors il faut que le paiement se fasse, ou tout-à-fait d'une façon, ou tout-à-fait d'une autre : la multiplicité même, soit des choses comprises dans un Legs, soit des héritiers qui en sont chargés, ne pourrait pas servir de prétexte pour le payer, partie en nature, et partie en estimation. La loi 8, § dernier, D. *de legatis* 1°, et la loi 15, D. *de legatis* 2°, le décident ainsi; et c'est une conséquence nécessaire du principe général, qu'une obligation alternative doit être pleinement exécutée dans un seul de ses membres. (*V.* l'article *Catteux*, section 3, § 1.)

Il y a aussi quelques cas où le Legs ne pouvant pas être acquitté en nature, il faut nécessairement le payer en estimation.

C'est 1° lorsque la chose léguée ne se trouve pas dans le patrimoine du testateur, mais dans celui d'une personne étrangère qui ne veut pas la vendre à l'héritier pour un prix raisonnable (*V.* ci-après, sec. 3, § 3) ;

2° Lorsque le légataire, sans être privé du commerce de la chose léguée, ne peut pas néanmoins la posséder (*V.* ci-devant sect. 3, § 1) ;

3° Lorsqu'il l'a acquise à titre onéreux du vivant du testateur (*V.* ci-devant, sect. 3, § 2) ;

4° Lorsque l'héritier l'a laissé périr, par sa faute ou sa négligence.

III. La raison qui, dans la thèse générale, empêche l'héritier de payer en deniers ce qu'il doit en espèce, lui ôte réciproquement le droit de payer en espèce ce qu'il doit en deniers. C'est ce que décide la loi 12, D. *de legatis* 2° : « Si les deniers » légués (porte-t-elle) ne se trouvent pas dans le » patrimoine du testateur, et que cependant la suc- » cession soit solvable, l'héritier est tenu de fournir » les deniers mêmes, soit qu'il les tire de son propre » fonds, soit qu'il se les procure par la vente des » effets héréditaires, ou d'ailleurs. »

La disposition de ce texte a été adoptée par trois arrêts des parlemens de Dijon, de Paris et de Bordeaux. Le premier, qui est du 12 juillet 1604, se trouve dans le Dictionnaire de Brillon; le second est rapporté par Soëfve, sous la date du 10 janvier 1551; et le troisième, rendu le 4 septembre 1692, fait partie des *Décisions* de Lapeyrère.

Cette jurisprudence n'a pas moins lieu contre un héritier par bénéfice d'inventaire, que contre un héritier pur et simple. Le parlement de Grenoble l'a ainsi jugé par trois arrêts, des 10 décembre 1634, 22 novembre 1635 et 3 juin 1636, qui sont insérés dans le Recueil de Basset.

IV. Voici une espèce dans laquelle on a agité la question de savoir où doit se faire le paiement d'un Legs.

_____

(1) Ces derniers mots annoncent qu'un héritier pouvait quelquefois payer en estimation le Legs d'un esclave; et cela avait lieu, suivant le § 3 du même texte, lorsque cet esclave était un de ses proches parens.

(2) A cette décision importante, la loi 27 en ajoute une

_____

autre non moins remarquable, que nous avons rapportée au mot *Douaire*, sect. 5, § 1, n° 2.

Le sieur Jayet, prêtre à Beaucroissant, fit, en 1717, un testament, par lequel il légua *à huit pauvres dudit lieu, les plus nécessiteux, annuellement et perpétuellement, huit quartaux de blé froment, mesure de Lemps, laquelle distribution serait faite par le sieur curé dudit lieu, ou ses successeurs, conjointement avec un des officiers de la communauté, qui en passerait quittance à son héritier.*

Joseph Roud, comme représentant l'héritier du testateur, a élevé une contestation sur la forme du paiement de ce Legs annuel. Le sieur Gouvath, curé de Beaucroissant, convenait qu'avant d'être pourvu du bénéfice, il ignorait comment ses prédécesseurs avaient fait exécuter la fondation; que lui-même n'avait pas fait difficulté, dans le principe, de délivrer au débiteur des certificats qui attestaient la distribution de l'aumône en grains; mais que le hasard lui ayant fait découvrir le titre constitutif, il se croyait obligé d'en réclamer l'exécution; et qu'en conséquence il avait exigé, conjointement avec le procureur des pauvres, que les grains fussent apportés à la cure, pour être ensuite distribués.

Sur le refus du débiteur, qui prétendait au contraire assujétir les exécuteurs de la fondation à venir prendre et distribuer les grains chez lui, et offrait de les distribuer lui-même sur leurs mandats, l'affaire s'est engagée au parlement de Grenoble, où le curé a soutenu que, dans la règle générale, lorsque le titre n'explique pas en quel lieu la dette doit être acquittée, elle doit l'être au domicile du créancier, pourvu qu'il réside dans la même juridiction que le débiteur; ce qu'il appuyait sur l'autorité de la glose et l'opinion des commentateurs, sur la loi 18, D. *de pecuniâ constitutâ*, et sur le sentiment de Dumoulin, coutume de Paris, § 85, glose 1, n° 104; que dans le fait, ce principe recevait son application à la cause; qu'en raisonnant sur les termes de la disposition du Legs, il était sensible que le testateur n'avait pas entendu soumettre les exécuteurs de la fondation à une espèce de servitude onéreuse; qu'en rendant les pauvres nécessiteux l'objet de ses libéralités, et en confiant la distribution au curé, assisté d'un officier de la communauté, il n'avait pas sans doute voulu obliger les pauvres honteux à se montrer chez un particulier, où quelques motifs pourraient les empêcher de se présenter; que la quittance que le curé et l'administrateur devaient donner à l'héritier, supposait la réception de l'objet à distribuer; qu'il y aurait aussi un inconvénient sensible à rendre le débiteur maître de cette distribution sur de simples mandats comme il le prétendait, parce qu'il serait dangereux de le laisser libre de distribuer à sa fantaisie des grains de mauvaise qualité; que, quand même cette forme d'acquittement serait justifiée par avoir été pratiquée depuis long-temps, ce ne serait qu'un abus contraire à l'intérêt des pauvres, aux intentions du fondateur, à la disposition de son testament.

Sur ces moyens, arrêt du 18 juin 1716, qui condamne le sieur Roud à porter à l'avenir les grains légués chez le curé, qui lui en donnera quittance, et aux dépens.

Des précautions prises par les réglemens pour assurer le paiement et l'exécution des Legs pieux.

Le parlement de Paris a ordonné, par quatre arrêts, des 28 novembre 1662, 28 janvier 1668, 7 septembre 1702, 28 février 1785, et par l'article 118 de celui du 7 septembre suivant, rendu pour l'administration des biens des fabriques et des charités des paroisses situées dans l'étendue du diocèse de Reims, que les « notaires et autres per-»sonnes publiques qui recevront des testamens et »autres actes contenant des Legs, aumônes ou »dispositions au profit des pauvres, des églises et »d'hôpitaux (seront tenus), d'en donner avis aux »substituts du procureur-général du roi, ou aux »procureurs fiscaux, incontinent après que les tes-»tamens ou autres actes auront eu lieu, et de leur »en remettre des extraits en bonne forme, pour »faire les recouvremens et poursuites nécessaires, »sous telle peine qu'il appartiendra, et de répondre »en leur propre et privé nom, des dépens, dom-»mages et intérêts. »

Le même arrêt enjoint pareillement « aux héri-»tiers, exécuteurs testamentaires et tous autres qui »auront connaissance de semblables testamens et »dispositions de dernière volonté, faites sous seing »privé, d'en faire la déclaration dans huitaine, à »peine d'être condamnés, en leurs noms, au paie-»ment du double envers les pauvres. »

Le parlement de Provence a aussi rendu, le 26 juin 1702, un arrêt qui « enjoint à tous curés, vi-»caires, notaires et autres personnes publiques qui »recevront des testamens ou autres actes contenant »des Legs, aumônes ou dispositions au profit des »hôpitaux, églises, communautés, prisonniers et »personnes qui sont dans la nécessité, d'en donner »avis au procureur-général du roi, aussitôt que »ces testamens et autres actes auront lieu, et se-»ront venus à leur connaissance, et lui en met-»tre ès mains des extraits en bonne forme, pour »faire les poursuites nécessaires; même aux exé-»cuteurs testamentaires de l'en avertir; le tout à »peine de 300 livres d'amende, applicables, moitié »à l'hôpital général de la charité, et l'autre moitié »aux pauvres prisonniers, et de répondre en »leurs noms de tous les dépens et dommages-in-»térêts. »

Ces réglemens ont été adoptés par le conseil supérieur du Cap-Français, qui en a étendu les dispositions à son ressort par trois arrêts, des 6 mai 1704, 14 novembre 1770 et 10 février 1778. Voici une lettre circulaire que M. François (de Neuf-Château), procureur-général de cette cour, a écrite à ce sujet, en 1785, à tous les curés, greffiers et notaires de son département :

« Il a été enjoint, par différens arrêts de la cour, à tous greffiers, notaires et autres personnes publiques qui recevraient des testamens ou d'autres actes contenant des Legs pieux, aumônes, ou donations au profit des hôpitaux ; églises ou communautés du ressort de la cour, d'en donner avis au procureur-général du roi, incontinent après le décès des testateurs, ou la passation desdits actes. En conséquence, il doit m'être adressé deux extraits, en bonne forme, des articles contenant lesdites dispositions, pour en faire les poursuites nécessaires. Les héritiers, exécuteurs testamentaires et tous autres qui auraient connaissance desdits testamens ou actes, sont tenus de m'en faire la déclaration dans la huitaine.

» L'inexécution de règlemens aussi sages me mettrait dans le cas de requérir les peines sévères qu'ils ont prononcées ; mais avant de déployer la rigueur de mon ministère, j'ai cru pouvoir me borner à vous rappeler d'abord vos obligations sur ce point. J'espère que vous n'y manquerez pas à l'avenir. Quant au passé, je crois ne pas trop exiger de votre zèle, en vous exhortant à faire dans vos régistres, une recherche très-exacte des Legs pieux, aumônes, et autres dispositions de charité, contenues dans les testamens et les actes passés depuis six ans ; ce qui remonte à l'année 1779.

» Il faut comprendre, dans le nombre des Legs pieux, les libertés données aux esclaves par testament. Ces dispositions de dernière volonté, qui devraient être sacrées, sont souvent sans effet, par la négligence des héritiers, des exécuteurs testamentaires, des légataires ou des curateurs aux successions vacantes. Cet abus a donné lieu à beaucoup de plaintes. Pour y remédier, vous me ferez passer également les dispositions d'affranchissement dont vous aurez connaissance, à partir de l'époque ci-dessus fixée. »

[[C'est à ces règlemens que se réfère l'art. 2 de l'arrêté du gouvernement du 4 pluviose an 12, lorsqu'il dit : « Conformément aux anciens réglemens constitutifs de l'administration des hospices, » les notaires et autres officiers ministériels appelés » pour la rédaction des donations et actes testamentaires, auront soin de donner avis aux administrateurs, des dispositions qui seront faites en leur » faveur. »]]

Section VII. De l'extinction des Legs.

I. Un Legs valable en lui-même peut devenir inutile par la suite.

Les causes qui produisent ordinairement cet effet, peuvent être réduites au nombre de sept : ce sont :

1° La révocation expresse ou présumée du testateur,

2° L'indignité du légataire,

3° Sa mort,

4° Le défaut d'accomplissement de la condition ou du mode attaché à la disposition ;

5° Le laps du temps fixé par le testateur pour la durée des Legs,

6° La prescription ;

[[7° L'anéantissement de la chose léguée.]]

Nous ne parlerons ici que de la seconde, de la troisième, de la cinquième, de la sixième et de la septième cause : on peut voir sur les autres, les articles *Révocation*, *Condition* et *Mode*.

[[II. On a vu au mot *Indignité*, quelles sont les causes qui peuvent rendre un légataire indigne de son Legs.

Mais il reste à savoir si le légataire qui a attaqué et fait annuler les dispositions du testament qui lui portaient préjudice, peut encore réclamer le Legs que le défunt lui avait fait par cet acte, ou si, en attaquant et faisant annuler ces dispositions, il s'est rendu indigne de la libéralité dont le testateur l'avait gratifié. Voici une espèce dans laquelle cette question a été profondément discutée.

Le 19 juillet 1747, Lancelot-Ignace de Gottignies, domicilié à Bruxelles, fait un testament par lequel il dispose, en faveur des enfans à naître de son fils unique Lancelot-Ignace-Joseph de Gottignies, d'une grande quantité de biens et de rentes, de tout son mobilier, et de tout ce qui, dans sa fortune, est mobilisé par la coutume de son domicile.

Il veut que tous les deniers qui se trouveront dans sa succession, et ceux qui proviendront tant de ses *actions et crédits* que de la vente de ses meubles, soient employés en acquisitions de rentes ou de biens-fonds, « selon l'occasion et d'après la volonté et bon plaisir de son fils, étant sa volonté » que soudit fils jouisse sa vie durant desdites rentes » et biens. »

En cas de mort de son fils sans postérité, il ordonne que tout ce qu'il a laissé à ses enfans à naître, passera aux trois branches des descendans de feu Guillaume-Louis Devisscher-Celles, qu'il leur substitue à cet effet.

Enfin, il autorise son fils à disposer, soit par testament, soit par actes entre-vifs, entre ses enfans, et à leur défaut, entre les descendans de Guillaume-Louis Devisscher-Celles, de tous les biens qu'il leur a laissés.

Le 25 juin 1748, décès de Lancelot-Ignace de Gottignies.

Le 6 juillet suivant, Lancelot-Ignace-Joseph de Gottignies, son fils, accepte son testament, et déclare aux chefs de trois branches des descendans de Guillaume Devisscher-Celles, qu'il l'exécutera.

Le 5 juin 1783, Lancelot-Ignace-Joseph de Gottignies, n'ayant point d'enfans, fait un testament dans lequel il débute en ces termes : « Pour procé- » der à la disposition de nos biens, nous employons » les octrois que nous avons obtenus du conseil de » Brabant et du conseil privé de S. M., pour dis- » poser de nos fiefs, et spécialement la faculté qui » nous est conférée par le testament de notre très- » honoré père, du 19 juillet 1747, de pouvoir dis- » poser selon notre volonté entre les descendans » de Guillaume-Louis Devisscher-Celles. »

Il ordonne que plusieurs fiefs situés en Hainaut, et dont il s'était *déshérité*, seront vendus dans l'année de sa mort, et que le prix en appartiendra à ses *héritiers universels*.

Il lègue 20,000 florins au sieur Devisscher-d'Hoves, 32,000 florins au sieur Debrouchoven de Bergeyck, 20,000 florins à un autre Debrouchoven, 20,000 florins à la dame Debrouchoven-Wonsheim, et 20,000 florins à la dame Debrouchoven-Lickerke, tous descendans de Louis-Guillaume Devisscher-Celles.

Enfin, il institue pour héritiers universels les enfans de Joseph-Albert-Ferdinand-Ghislain Devisscher-Celles.

Par un codicille fait peu de temps après, il lègue à Florence Deruyschen, autre descendante de Guillaume-Louis Devisscher-Celles, une somme de 35,000 florins, comme un gage de sa satisfaction du mariage qu'elle a contracté avec le sieur Vandernoot-Duras.

Dans l'un et dans l'autre acte, il omet Charles-François-Hyacinthe Devisscher, Joseph-François Hippolyte-Ghislain Debrouchoven et les deux frères Dormer, qui cependant sont aussi au nombre des descendans de Guillaume-Louis Devisscher-Celles.

Après sa mort, qui suit presque immédiatement la confection du codicille, les enfans de Joseph-Albert-Ferdinand-Ghislain Devisscher-Celles, institués héritiers universels, se mettent en possession de tous les biens, sans distinction de ceux qui avaient été frappés de substitution par le testament de Lancelot-Ignace de Gottignies père, d'avec ceux qui avaient été libres dans la personne de Lancelot-Ignace-Joseph de Gottignies, son fils.

Mais bientôt ils sont assignés en délaissement des deux tiers des premiers, par dix des descendans de Guillaume-Louis Devisscher-Celles, savoir, les quatre qui sont omis dans le testament et dans le codicille, et les six qui n'ont été gratifiés par ces deux actes, que de Legs particuliers.

Les quatre prétérits exposent qu'à la vérité, Gottignies fils a reçu de son père, relativement aux biens fidéicommissés par lui, le pouvoir de les diviser et partager par portions égales ou inégales, entre toutes les personnes composant la descendance de Guillaume-Louis Devisscher-Celles; mais que chacune de ces personnes avait une vocation individuelle à une part quelconque de ces biens; que Gottignies fils n'a donc pu la neutraliser et la rendre sans effet à l'égard d'aucunes d'elles.

Quant aux six légataires, ils soutiennent que les Legs dont ils sont gratifiés par le testament et le codicille de Gottignies fils, devant être pris sur sa propre succession, ne peuvent pas être considérés comme formant leur part dans les biens dont il ne jouissait qu'à la charge d'un fidéicommis.

Les sieurs Devisscher-Celles, héritiers institués, y répondent que Gottignies père n'a pas appelé à la partie fidéicommissée de sa succession, les trois branches de la descendance de Guillaume-Louis Devisscher-Celles, et chacune des personnes appartenant à chacune de ces branches; qu'il ne les y a appelées que dans le cas où son fils ne disposerait pas; que les individus de chaque branche n'avaient qu'une expectative, qu'une espérance éventuelle,

et subordonnée à une condition que le testament de Gottignies fils a fait faillir; qu'il a donc pu omettre quatre de ces individus, et ne laisser que des Legs aux six autres qui se plaignent.

Sur ces débats, deux arrêts du conseil souverain du Brabant, des 11 avril 1787 et 6 mars 1788, décident, l'un en faveur des quatre prétérits, l'autre en faveur des six légataires, que le testament de Gottignies fils doit être mis à l'écart, en ce qui concerne les biens affectés par son père à toute la descendance de Guillaume-Louis-Devisscher-Celles; et que, sans s'arrêter ni à la prétérition des premiers, ni aux Legs faits aux seconds, ces biens doivent être partagés en trois lots, à raison d'un pour chacune des trois branches, sauf la subdivision entre les personnes qui les composent.

Les sieurs Devisscher-Celles, se pourvoient en révision contre ces arrêts, mais inutilement: par arrêts des 30 mars 1789 et 10 septembre 1790, il est dit qu'erreur n'y est intervenue.

En conséquence, par acte du 24 décembre 1790, tous les biens fidéicommissés par Gottignies père, sont détachés de la succession du fils, et partagés entre les trois branches des descendans de Guillaume-Louis Devisscher-Celles.

Les choses en cet état, la dame Vandernoot-Duras forme, contre les quatre héritiers universels, une demande en délivrance de son Legs de 35,000 florins.

Les quatre héritiers universels lui répondent qu'elle a eu à choisir entre le Legs qui lui avait été laissé par Gottignies fils, et les droits qu'elle tenait personnellement du testament de Gottignies père; qu'ayant réclamé et obtenu ceux-ci, elle ne peut plus obtenir ceux-là.

Les cinq autres légataires demandent également leurs Legs respectifs de 30,000 et de 20,000 florins: on leur oppose la même défense.

Le 24 janvier 1794, le conseil souverain de Brabant, statue par deux arrêts séparés, sur ces deux demandes, et il les déclare toutes deux non-recevables et non-fondées.

Le 21 février suivant, la dame Vandernoot-Duras proteste de révision contre le premier de ces arrêts; et le 12 avril de la même année, une protestation semblable est faite contre le second par les cinq autres légataires.

De là, deux demandes en révision, qui, converties en appel par l'arrêté des représentans du peuple dans la Belgique, du 3 vendémiaire an 4, sont portées, après plusieurs procédures dont il est inutile de rendre compte, l'une devant le tribunal civil du département de l'Escaut, l'autre devant la cour d'appel de Bruxelles.

Sur la première, intentée par la dame Vandernoot-Duras, il intervient, le 5 ventôse an 8, un jugement en dernier ressort qui infirme le premier arrêt du 21 janvier 1794, et condamne les quatre héritiers universels à payer à la dame Vandernoot-Duras le Legs de 35,000 florins qui lui est assigné par le testament de Gottignies fils.

Les motifs de ce jugement sont que le Legs de

35,000 florins n'a pas été laissé à la dame Vandernoot-Duras pour lui tenir lieu de part dans les biens auxquels elle était appelée à titre de substitution, mais par pure libéralité et dans la seule vue de prouver à la légataire combien son mariage avait été agréable au testateur ; qu'ainsi, la légataire ne s'est pas privée, en prenant sa part dans les biens substitués, du droit d'en faire la demande ; que d'ailleurs, on ne peut pas dire qu'en prenant sa part dans les biens substitués, elle ait agi contre la volonté du testateur, et par suite encouru la déchéance de son Legs ; qu'en effet, le testateur a lui-même annoncé, par le préambule de ses dernières dispositions, qu'il se regardait comme autorisé par son père à disposer comme il lui plairait de tous les biens substitués, pourvu qu'il le fît en faveur d'un ou de quelques-uns des descendans quelconques de Guillaume-Louis Devisscher-Celles ; que c'était sans doute une erreur de sa part ; mais que cette erreur-là même a rendu sa volonté nulle et inefficace ; et que par conséquent, la légataire ne s'est pas mise en opposition avec la volonté du testateur, lorsqu'elle a fait valoir ses droits sur les biens substitués.

Les quatre héritiers universels se pourvoient en cassation contre ce jugement. Mais, par arrêt du 11 thermidor an 9, rendu au rapport de M. Cassaigne, leur requête est rejetée, *attendu que ce jugement n'a contrevenu à aucune loi.*

Quant à la seconde demande en révision, les héritiers universels représentent d'abord qu'elle est irrégulièrement formée par l'un des cinq légataires, Devisscher-d'Hoves, représenté par le mineur Ferdinand Devisscher, procédant sous l'autorité de la dame Barret, sa mère et tutrice ; et sur cette observation, celle-ci se désiste de l'instance, sauf à se pourvoir de nouveau comme elle avisera.

La cause se plaide donc entre les autres légataires et les héritiers universels. Et le 2 fructidor an 12,

« Considérant qu'il résulte du proême (préambule) du testament dont il s'agit, que Lancelot-Ignace-Joseph de Gottignies a été persuadé qu'il pouvait disposer selon sa volonté, entre les descendans de Guillaume-Louis Devisscher, des biens auxquels ils étaient substitués par le testament de son père, c'est-à-dire qu'il pouvait laisser tous ces biens aux uns et rien aux autres de ces descendans, et que c'est par suite de cette opinion qu'il les laisse tous aux intimés, à l'exclusion des appelans ;

» Que ledit Gottignies fils n'a dit nulle part dans son testament, qu'il laissait les Legs dont il s'agit aux appelans, en remplacement de la part qui aurait pu leur compéter dans lesdits biens substitués, qu'il s'est servi au contraire d'une énonciation pure et simple ; qu'il a dit *qu'il donnait et léguait ;* que, lorsqu'un testateur s'est servi de termes clairs et précis pour exprimer sa volonté, on ne peut recourir aux conjectures pour interpréter cette volonté, d'après la loi 25, § 1, D. *de legatis* 3°, qui

porte : *cùm in verbis nulla ambiguitas est, non debet admitti voluntatis quæstio;*

» Qu'on peut d'autant moins supposer que les Legs dont il s'agit, ont été laissés par le testateur aux descendans de Guillaume Devisscher, en compensation des biens qui, à sa mort, leur échéaient dans la succession de Gottignies père, qu'on voit que les motifs des différens Legs qu'il ordonne, sont des motifs d'affection envers les légataires qui n'ont point de rapport avec la substitution, et qu'on voit que d'autres substitués n'ont été gratifiés d'aucuns Legs :

» Qu'il résulte du proême prérappelé du testament de Gottignies fils, qu'il croyait avoir la libre disposition des biens substitués par le testament de son père, *employant*, y dit-il, *la faculté qui nous est conférée par le testament de notre très-honoré père, de pouvoir disposer selon notre volonté, entre les descendans de Guillaume-Louis Devisscher, baron de Celles ;* que c'est par l'effet de cette erreur, qu'il a disposé de ses biens en faveur des intimés ; que, où il y a erreur, il n'y a pas de volonté ;

» Qu'ainsi, la disposition de Gottignies fils en faveur des intimés, est nulle, faute de volonté ; et que, sous ce rapport, elle doit être considérée comme non avenue ; qu'ainsi, les appelans, en revendiquant les biens dont le testateur avait disposé par erreur, n'ont pas combattu sa volonté, ni improuvé pour le surplus ses dispositions de manière à s'être rendus indignes de ses libéralités ;

» Par ces motifs, la cour d'appel de Bruxelles, (1re section) dit mal avoir été jugé par la sentence du conseil de Brabant, du 24 janvier 1794, bien et avec griefs appelés ; émandant et faisant ce que le juge *à quo* aurait dû faire, condamne les intimés à payer aux appelans les Legs à eux respectivement laissés par le testament de feu Lancelot-Ignace Gottignies, en date du 5 juin 1783, avec les intérêts des sommes léguées, depuis la demeure judiciaire, à raison de cinq pour cent, sauf la déduction de la quarte falcidie, s'il y a lieu. »

A la vue de cet arrêt, et comptant sur un semblable succès, la dame Barret, tutrice du mineur Ferdinand Devisscher, met en règle sa demande en révision, et la cause est portée devant la 3e section de la même cour.

Mais par arrêt du 18 janvier 1806,

« Attendu que Gottignies fils a reconnu dans le préambule de son testament, l'obligation qui lui était imposée dans le testament de feu son père, de distribuer entre les descendans de Guillaume-Louis Devisscher, les biens compris dans la substitution, et manifesté la volonté de s'y conformer ; attendu que les dispositions du testateur doivent être prises dans le sens du principe dont il est parti, à moins qu'il n'ait formellement exprimé le contraire ;

» Attendu que le Legs de 20,000 florins fait à Ferdinand Devisscher-d'Hoves, avec l'expression, *je donne et lègue*, est en parfaite harmonie, dans la pensée du testateur, avec la déclaration qu'il avait faite, en commençant l'acte de ses dernières vo-

lontés, en ce sens qu'il avait cru que comme dis-
pensateur des dispositions de son père, il pouvait,
non-seulement distribuer en portions inégales entre les descendans de Guillaume-Louis Devisscher,
mais même exclure ceux de cette descendance qu'il
ne jugerait pas à propos d'appeler au partage; d'où
il suit que ceux qu'il appelait, étaient réellement
gratifiés, puisqu'ils étaient préférés à d'autres de
la même descendance, qui ont été préférés;

» Attendu que de l'arrêt du conseil de Brabant,
du 29 février 1788, confirmé en grande révision, il
résulte seulement que le testateur se serait mépris
sur l'étendue de son pouvoir, c'est-à-dire qu'il y
eut de sa part erreur d'opinion; mais qu'il n'en
résulte nullement qu'il y a eu erreur de volonté,
deux choses essentiellement distinctes, et dont la
confusion fait toute la base des prétentions de l'appelante; qu'ainsi, en nommant Ferdinand Devisscher-d'Hoves son légataire d'une somme de
20,000 florins, il a entendu et voulu disposer dans
la vue et en acquit de la substitution; attendu que
Ferdinand Devisscher-d'Hoves ayant demandé et
obtenu une part absolue dans les biens substitués,
il a réellement impugné la volonté du testateur,
en préférant la chose à la somme qui lui avait été
léguée pour lui en tenir lieu, et s'est par là privé
du droit de réclamer les dispositions contenues en
sa faveur dans le testament de Gottignies fils; ce
qui s'applique à l'appelante, exerçant les droits dudit d'Hoves;

»Par ces motifs, la cour met l'appellation au
néant; avec amende et dépens. »

Avant que cet arrêt fût rendu, et dès le 18 pluviose an 13, les héritiers universels avaient pris
contre la voie du recours en cassation.

« L'arrêt de la cour d'appel de Bruxelles, du 2
fructidor an 12 (ai-je dit à l'audience de la section civile) vous est dénoncé comme irrégulier
dans la forme, et comme violant au fond plusieurs
lois.....

» Au fond, il s'agit principalement, et peut-être
s'agira-t-il uniquement de savoir si la cour d'appel
a violé quelque loi, en jugeant que les Legs assignés aux sieurs Debrouchoven et consorts par le testament de Gottignies fils, leur étaient dus concurremment avec la part qu'ils avaient prise dans les
biens substitués dont ce testament les excluait.

» Cette question se divise en trois branches; et
d'abord, la cour d'appel a-t-elle violé les lois qui
commandent un respect irréfragable à l'autorité
de la chose jugée? Ensuite, a-t-elle violé ce que
les demandeurs appellent *la loi du testament?*
Enfin, a-t-elle violé les différentes lois romaines
dont les demandeurs invoquent les textes?

»Sur le premier point, il ne faut qu'un mot:
c'est que les arrêts du conseil de Brabant, des 21
avril 1787, 6 mars 1788, 30 mars 1789 et 10 septembre 1790, sont absolument muets sur la question de savoir si les sieurs Debrouchoven et consorts peuvent cumuler leurs Legs avec la distraction des biens fidéicommissés à leur profit par le
père du testateur.

» Sur le second point, il y aurait beaucoup de
choses à dire contre l'arrêt attaqué, si l'on pouvait
ici le réviser dans ses élémens; et si le mal jugé,
en cette matière, formait une ouverture de cassation.

» Mais en fait d'interprétation de testament, la
loi ouvre aux magistrats une carrière très-vaste:
elle remet elle-même à leur conscience le jugement
de toutes les questions de volonté qui tiennent à
cette interprétation, et qu'elle n'a pas décidées
textuellement : *Voluntatis quæstio in æstimatione judicis est,* dit la loi 7, C., *de fideicommissis;* et de là il suit nécessairement que, si la cour
d'appel a mal jugé, en interprétant, comme elle l'a
fait, le testament de Gottignies fils, elle a pu du
moins ne contrevenir en cette partie à aucune disposition législative; et que, s'il n'existe en effet
aucune disposition législative qui condamne l'interprétation qu'elle a donnée au testament de Gottignies fils, son arrêt doit être maintenu.

» C'est donc dans le troisième point que réside
toute la difficulté; et à cet égard, deux questions
se présentent: l'une, si parmi les lois romaines
dont les demandeurs se prévalent, il y en a quelqu'une qui proscrive l'interprétation donnée au
testament de Gottignies fils, par la cour d'appel
de Bruxelles; l'autre, si le droit romain fait tellement loi à Bruxelles, dans les contestations qui
dérivent d'actes antérieurs au Code civil, qu'il
nécessite la cassation des jugemens en dernier ressort, auxquels ses dispositions sont contraires.

» Pour parvenir à nous fixer sur la première
question, nous croyons ne pouvoir rien faire de
mieux que de parcourir successivement toutes les
lois romaines qui ont été invoquées devant vous,
peser les conséquences que les demandeurs en
tirent, et les comparer avec l'espèce sur laquelle
il s'agit de prononcer.

» Les demandeurs vous citent d'abord les lois
relatives à la plainte d'inofficiosité, c'est-à-dire,
à l'action que le droit romain donnait au fils illégalement déshérité pour faire annuler le testament
de son père; et voici ce que portent ces lois :

» La loi 10, § 1, D. *de inofficioso testamento,*
veut que, si l'on a reçu un Legs en vertu d'un testament, on ne soit plus admis à intenter contre ce
testament la plainte d'inofficiosité : *illud notissi-
mum est eum qui Legatum perceperit, non rectè
de inofficioso testamento dicturum :* elle n'en
excepte que le cas où l'on a touché le Legs pour
le remettre en entier à un autre : *nisi id totum alii
administravit.*

» La loi 12 du même titre décide que, pour
exclure le fils exhérédé de la plainte d'inofficiosité,
il importe peu que le Legs qu'il a reçu lui ait été
fait à lui-même, ou qu'il l'ait été, soit à l'enfant
qu'il a sous sa puissance, soit à son esclave; et
que, dans l'un et l'autre cas, il doit être déclaré
non-recevable : *nihil interest sibi relictum Legatum filius exheredatus agnoverit, an filio servove
relictum consecutus sit; utrobique enim præscriptione summovebitur.*

» Le § 1 de la même loi ajoute que, si le fils déshérité a commencé, contre un esclave affranchi par le testament de son père, sous la condition de lui donner une certaine somme d'argent, des poursuites tendantes au paiement de cette somme, il est censé avoir, par-là approuvé ce testament : *Si à statu libero exheredatus pecuniam petere cœperit, videri agnovisse parentis judicium.*

» La loi 32 du même titre dit encore qu'on doit déclarer non-recevable dans la plainte d'inofficiosité, le fils exhérédé qui a défendu comme avocat, ou a représenté comme procureur un étranger poursuivant la délivrance du Legs que lui avait laissé son père : *Si exheredatus petenti legatum ex testamento advocationem præbuit, procurationemve susceperit, removetur ab accusatione : agnovisse enim videtur qui quale judicium defuncti comprobavit.*

» La loi 8, § 1 du même titre, au Code, déclare que la plainte d'inofficiosité ne doit plus être reçue de la part du fils qui, étant majeur, a satisfait, pour la part qui lui a été laissée, quoique inférieure à celle qui lui était due, aux dettes de la succession de son père, parce qu'il ne peut pas revenir contre la volonté à laquelle il a donné son approbation : *Qui autem agnovit judicium defuncti, eo quod debitum paternum pro hereditaria parte persolvit, vel alio modo legitimo satisfecit; etiamsi minus quàm ei debebatur, relictum est : si is major 25 annis est, accusare ut inofficiosam voluntatem patris quam probavit, non potest.*

» De ces cinq textes, les demandeurs infèrent qu'il y a incompatibilité entre l'action qui tend à faire annuler un testament, et l'action qui tend à faire exécuter une disposition quelconque; qu'ainsi, en exerçant la première, on renonce nécessairement à la seconde; que, dès-là, les sieurs Debrouchoven et consorts, en faisant annuler la partie du testament de Gottignies fils qui les privait de leurs parts dans les biens substitués, avaient nécessairement renoncé aux Legs qui étaient écrits en leur faveur dans ce même testament; et que, par conséquent, la cour d'appel de Bruxelles a violé ouvertement le principe consacré par ces cinq textes.

» Mais, en raisonnant ainsi, ne donne-t-on pas à ces cinq textes une extension contraire à leur esprit? Sur quoi ces cinq textes sont-ils fondés? Uniquement sur l'injure que fait à la mémoire de son père, le fils qui intente contre son testament la plainte d'inofficiosité. Car l'objet de la plainte d'inofficiosité est de faire déclarer par le juge, que le père était dans une sorte de démence, lorsqu'il a exhéréré son fils. *Hoc colore inofficioso, testamento agitur, quasi non sanæ mentis fuerunt, ut testamentum ordinarent.* Ce sont les termes de la loi 2, D. *de inofficioso testamento.* La loi 5 du même titre dit encore : *isque illo colore defenditur apud judicem, ut videatur ille quasi non sanæ mentis fuisse, cum testamentum iniquè ordinaret.* Et sur ce fondement, la loi 36, D. *de Legatis 3°,*

décide que les fidéicommis particuliers laissés *ab intestat* par un père dont le testament a été jugé inofficieux, ne sont pas dus, parce qu'en déclarant son testament inofficieux, on l'a considéré lui-même comme frappé de fureur, et incapable, non-seulement de tester, mais encore de faire aucune disposition de dernière volonté : *Nec fideicommissa ab intestato data debentur ab eo cujus de inofficioso testamento constituisset : quia crederetur quasi furiosus testamentum facere non potuisse; ideoque nec aliud quid pertinens ad suprema ejus judicia valet.*

» Que signifient donc les cinq textes cités par les demandeurs? Une seule chose : c'est que le fils ayant reconnu son père pour sain d'esprit, en recevant un Legs ou en exécutant une disposition quelconque de son testament, ne peut plus l'accuser de démence et de fureur : principe aussi juste que moral, mais qui évidemment ne peut recevoir ici aucune application.

» Après les lois sur la plainte d'inofficiosité, les demandeurs invoquent celles qui concernent ce qu'on appelait dans l'ancien droit romain, *bonorum possessio contra tabulas*, ou, en d'autres termes, l'action que les fils émancipés et exclus comme tels de la plainte d'inofficiosité, obtenaient du préteur, à l'effet d'être mis en possession de l'hérédité de leur père qui les avait passés sous silence dans son testament.

» La loi 5, § 2, D. *de Legatis præstandis contrà tabulas bonorum possessione petita*, porte que le fils émancipé à qui son père a laissé un Legs sans l'instituer héritier, ne peut pas obtenir à la fois ce Legs et l'envoi en possession de l'hérédité paternelle; qu'il doit opter entre l'un et l'autre; et que, par le choix qu'il fait de celui-ci, il renonce à celui-là : *constituere apud se debet utrum contra tabulas bonorum possessionem petat, an vero legatum persequatur : si elegerit contra tabulas, non habebit legatum : si legatum elegerit, eo jure utimur ne petat bonorum possessionem contra tabulas.*

» Le § 4 de la même loi dit qu'on refuse à celui qui a obtenu la possession des biens *contra tabulas*, non-seulement le Legs que lui a fait le testateur, mais encore tout ce qui peut lui être dû par la volonté de celui-ci : *non solùm autem Legatum denegari ei qui bonorum possessionem accepit, verùm etiam si quid aliud ex voluntate accepit.* Et c'est pourquoi, continue le même paragraphe, si l'enfant qui a obtenu la possession des biens *contra tabulas*, avait été substitué pupillairement à son frère, il ne pourrait pas lui succéder, en cas de mort avant l'âge de puberté : *cui consequens est quod Julianus scripsit, si fratri suo impuberi substitutus sit, acceperitque contrà tabulas bonorum possessionem, denegari ei persecutionem honorum hereditatis fratris impuberis mortui, cui à patre substitutus est.*

» La loi 30, D. *de minoribus*, confirme ces décisions par la fin de non-recevoir dont elle frappe, par l'effet de l'acceptation d'un Legs en majorité;

la demande en relief, pour cause de minorité, du défaut d'avoir obtenu dans le delai fatal la possession des biens contre le testament paternel : *Si filius emancipatus, contrà tabulas non accepta bonorum possessione, post inchoatam restitutionis quæstionem, Legatum ex testamento patris major 25 annis petiisset, liti renunciare videtur; cùm et si bonorum possessionis tempus largiretur, electo judicio defuncti, repudiatum beneficium prætoris existimaretur.*

» Toutes ces décisions sont parfaitement d'accord avec celles qui contiennent, sur les mêmes points, les lois relatives à la plainte d'inofficiosité; et cela n'est pas étonnant : la demande en possession des biens *contrà tabulas*, n'est, dans l'ancien droit romain, qu'une plainte d'inofficiosité, exercée, sous un nom moins odieux, par un fils émancipé contre le testament de son père; elle doit donc être sujette, dans la personne du fils émancipé, aux mêmes exceptions et aux mêmes résultats, que la plainte d'inofficiosité elle-même. Mais, par la même raison, les règles qui la concernent, doivent être aussi étrangères à notre objet, que le sont celles qu'on trouve dans le Digeste et dans le Code, sous les titres *de inofficioso testamento*.

» Les demandeurs réclament ensuite la loi 43, D. *de hereditatis petitione*; et nous devons remarquer avec Furgole (*Traité des Testamens*, chap. 6, sect. 3, n° 130 et suivans), que cette loi contient trois décisions différentes.

» Elle décide d'abord (ce sont les termes de Furgole), « que lorsque celui qui a reçu le Legs » fait dans un testament, demande le délaissement » de l'hérédité, il ne doit pas être écouté, à moins » qu'il ne rende le Legs qu'il a reçu » : *postquam Legatum à te accepi, hereditatem peto. Atilicinus quibusdam placuisse ait, non aliter mihi adversus te dandam petitionem, quam si Legatum redderem.*

» Elle ajoute (dit encore Furgole) « que le lé- » gataire obligé de rendre le Legs, peut deman- » der, de son côté, que le possesseur de l'hérédité » lui baille caution de restituer le Legs, si le de- » mandeur de l'hérédité vient à succomber, n'étant » pas juste que le possesseur retienne le Legs après » qu'il a été maintenu en l'hérédité, surtout si le » demandeur n'a pas agi par un esprit de vexa- » tion, par supercherie, mais seulement par er- » reur » : *Videamus tamen ne non aliter petitor hereditatis Legatum restituere debeat, quam ut ei caveatur, si contra eum de hereditate judicatum fuerit, reddi ei Legatum; cùm sit iniquum eo casu possessorem hereditatis Legatum quod solverit, retinere; et maximè si non per calumniam, sed per errorem hereditatem petierit adversarius; idque et Lætius probat.*

» Enfin (c'est toujours Furgole qui parle), elle » annonce que l'empereur Antonin a déclaré par » un rescrit, que la demande de l'hérédité devait » être refusée avec connaissance de cause, à celui » qui avait reçu le Legs, c'est-à-dire, si son droit » était visiblement mal fondé, si sa demande n'é-

» tait formée que pour vexer, et si elle ne portait » que sur une mauvaise subtilité » : *imperator autem Antoninus rescripsit ei qui Legatum ex testamento abstulisset, causâ cognitâ hereditatis, petitionem negandam esse, scilicet si manifesta calumnia sit.*

» Telles sont les trois décisions de la loi dont il s'agit; et l'on voit, du premier coup d'œil, qu'elles ne peuvent recevoir ici aucune application. Elles portent toutes trois sur le cas où, d'une part, l'héritier institué est chargé d'un Legs à prendre sur ses propres fonds, et, de l'autre, le légataire est en même temps héritier *ab intestat*; et, de toutes trois, il résulte que, dans cette double hypothèse, l'héritier *ab intestat* ne peut pas à la fois garder le Legs que l'héritier institué lui a payé de ses propres fonds, et, en faisant déclarer l'institution nulle, obtenir le délaissement de l'hérédité entière.

» Mais, dans notre espèce, quelles sont les qualités des parties? Les sieurs Debrouchoven et consorts sont bien légataires de Gottignies fils; mais, de quoi le sont-ils? De sommes à prendre sur la succession du testateur, et non de sommes à puiser dans la bourse personnelle des héritiers institués. Ce n'est point d'ailleurs comme héritiers *ab intestat*, que les sieurs Debrouchoven et consorts ont demandé et obtenu leur part dans les biens substitués que Gottignies fils avait laissés dans sa succession; ils ne l'ont demandée et obtenue que comme fidéicommissaires particuliers, appelés par le testament de Gottignies père.

» Enfin, et c'est ici le nœud de la question, les sieurs Debrouchoven et consorts n'ont pas évincé les demandeurs de la totalité de la succession de Gottignies fils, ils ont seulement fait condamner les demandeurs à leur abandonner une portion de biens substitués qui, de droit, se détachait de cette succession, et conséquemment ne lui appartenait pas. On ne peut donc pas leur appliquer le motif pour lequel la loi citée oblige l'héritier *ab intestat* de rendre à l'héritier institué qu'il évince, le Legs qu'il en a reçu.

» Les demandeurs invoquent encore la loi 16, § 1, C. *de testamentis*, qui assujétit à l'accomplissement de toutes les dispositions même irrégulières ou illégales du testateur, l'héritier, soit institué, soit *ab intestat* qui les a reconnues et approuvées de son propre mouvement : *Illud etiam adjiciendum est, ut qui ex testamento vel ab intestato heres exstiterit, et si voluntas defuncti circa Legata, seu fideicommissa, seu libertates, legibus subnixa non sit, tamen si suâ sponte agnoverit, implendi eam necessitatem habeat.*

» Mais, encore une fois, les sieurs Debrouchoven et consorts n'ont agi dans cette affaire, ni comme héritiers *ab intestat*, ni comme héritiers institués : cette loi ne leur est donc pas littéralement applicable; et, dès-là, quoiqu'on puisse dire qu'en demandant leur Legs, ils ont approuvé le testament de Gottignies fils, après l'avoir précédemment impugné en demandant leur part dans les biens substitués, on ne peut cependant pas dire qu'ils se soient, par cette approbation, placés textuellement dans la position contradictoire que condamne cette loi.

» Mais, si de toutes les lois que nous venons de passer en revue, il n'en est pas une seule que l'on puisse adapter à notre espèce, n'y en a-t-il pas d'autres qui s'élèvent formellement contre la conduite tenue dans cette affaire par les sieurs Debrouchoven et consorts ?

» Qu'ont demandé les sieurs Debrouchoven et consorts dans cette affaire ? Deux choses : le délaissement des biens substitués à leur profit par le père du testateur, et dont le testateur avait disposé à leur préjudice, et les Legs dont le testateur lui-même les avait gratifiés. Or, pouvaient-ils exiger ces deux choses successivement ?

» Il est certain que, s'ils avaient commencé par demander leurs Legs et se les faire payer, ils auraient été non-recevables à critiquer la disposition que le testateur avait faite de leur part dans les biens substitués. C'est un principe universellement reconnu, que le légataire qui accepte son Legs, se met, par cela seul, dans l'impossibilité de réclamer utilement contre les dispositions du testateur qui, sans blesser le droit public ni les bonnes mœurs, porte atteinte à ses droits personnels ; et ce principe est consacré par les textes les plus précis du droit romain.

» Ainsi, quand un testateur a dit : *Je lègue à Pierre mille écus ; et je lègue à Paul telle maison qui appartient à Pierre ;* si Pierre reçoit les mille écus qui lui ont été légués, il ne pourra, sous aucun prétexte, se dispenser de donner sa maison à Paul. En vain même prétendrait-il que sa maison vaut plus de mille écus ; en vain, d'après cela, voudrait-il, pour conserver sa maison, rendre à Paul les mille écus qui lui ont été comptés par l'héritier du testateur ; on ne l'écouterait pas : *Enim verò si, pecuniâ acceptâ, rogatus sit rem propriam, quanquam majoris pretii est, restituere, non est audiendus legatarius, Legato percepto, si velit computare : non enim œquitas hoc probare patitur, si quod Legatorum nomine perceperit legatarius, offerat :* ce sont les termes de la loi 70, § 1, D. *de Legatis* 2°.

» Il y a pourtant une exception à cette règle ; mais elle est restreinte au cas où le Legs fait à la charge de donner sa propre chose qui vaut plus que la somme léguée, a été recueilli par un mineur ; et la loi qui établit cette exception, déclare expressément que le légataire majeur à qui une pareille charge a été imposée, n'a que l'option entre son Legs et la conservation de sa chose ; qu'il peut bien conserver sa chose en répudiant son Legs ; mais qu'en acceptant son Legs, il contracte irrévocablement l'obligation d'abandonner sa chose. *Si minor viginti quinque annis* (dit la loi 53, *de minoribus,* au Digeste) *servum suum qui pluris quàm in testamento ei legatum sit, manumittere rogatus fuerit, et Legatum acceperit : non cogendum præstare libertatem, si Legatum reddere paratus sit Julianus respondit : ut quemadmodum majoribus liberum sit non accipere, si nolint manumittere, sic huic reddendi Legatum necessitas manumittendi remittatur.*

» Aussi le premier chapitre de la première Novelle décide-t-il, dans les termes les plus généraux et les plus absolus, que le simple légataire doit, comme le fidéicommissaire particulier, comme le fidéicommissaire universel, comme l'héritier institué, respecter et exécuter toutes les dispositions du testateur de qui il a reçu une libéralité quelconque, pourvu qu'elles ne soient ni contraires aux bonnes mœurs, ni prohibées par la loi : *Sancimus eos qui ab aliquibus scripti sunt heredes, aut meruerunt fideicommissa per universitatem forsan aut per speciem,* ᴀᴜᴛ ʟᴇɢᴀᴛᴜᴍ, *necessitatem habere, quæcumque testator aut honorans eos disposuerit, omnimodo ea complere, si quod præcipitur legitimum sit, aut si non illud aliqua lex prohibeat.* Et pour ne laisser aucun doute sur l'applicabilité de cette loi aux légataires qui, dans le fait, y sont assez clairement désignés par les mots, *meruerunt fideicommissa,* Justinien a encore soin d'y revenir dans le § 4 du même chapitre : tout ce que nous venons de prescrire (dit-il), devant avoir lieu, *his omnibus obtinentibus,* quoique ce ne soit pas à son héritier, mais à son légataire, ou à son fidéicommissaire, ou à son donataire à cause de mort que le testateur a imposé la charge de donner ou faire quelque chose au profit d'un tiers : *Licet non ab herede sed* ᴀ ʟᴇɢᴀᴛᴀʀɪᴏ, *aut fideicommissario, aut mortis causâ præcipiente dari aliquid aut fieri testator voluerit.*

» Objectera-t-on que cette novelle et les deux lois citées du Digeste, dont elle retrace les décisions, ne portent que sur le cas où le testateur a grevé directement le légataire, de la disposition à l'accomplissement de laquelle celui-ci se refuse ; que, dans notre espèce, il n'y a, de la part de Gottignies fils, aucun ordre donné, aucune prière adressée aux sieurs Debrouchoven et consorts, d'abandonner à ses héritiers universels qu'il institue, les parts qu'ils peuvent prétendre dans les biens substitués par son père ; qu'ainsi, on ne peut pas regarder les Legs dont il les gratifie, comme grevés de la charge de cet abandon, et que conséquemment les textes dont il s'agit, ne sont pas applicables à ces Legs ?

» Nous répondrons que le fait et le droit concourent également ici à écarter cette objection.

» Dans le fait, le testateur a mis dans son testament tout ce qu'il fallait pour équipoller à l'ordre qu'il aurait pu donner, à la prière qu'il aurait pu adresser directement aux sieurs Debrouchoven et consorts, d'abandonner à ses héritiers institués les parts qu'ils avaient à prétendre dans les biens grevés de substitution ; et en effet, il y a dit en termes exprès : *Nous déclarons ceci être notre ordonnance de dernière volonté, que nous voulons valoir en la meilleure forme et manière qu'elle pourra subsister ;* et dans l'acte notarié du lendemain, par lequel il a reconnu authentiquement, pour son

propre ouvrage, le testament qu'il avait fait la
veille en forme olographe, il a encore dit : *Vou-*
lant et ordonnant qu'il sorte son plein et entier
effet, soit par forme de testament, codicille, do-
nation à cause de mort et disposition de dernière
volonté, ou autrement, en la meilleure forme que
faire se pourra; déclaration qui constitue bien
clairement ce qu'on appelle en droit la *clause co-*
dicillaire, c'est-à-dire, la clause par laquelle le
testateur est censé prier ceux au préjudice desquels
il dispose, et au besoin leur ordonner d'exécuter
comme fidéicommis les dispositions qu'il fait en
faveur d'autres personnes.

» Dans le droit, il n'est pas vrai que les deux
lois du Digeste et la novelle dont nous venons de
rappeler les expressions, soient restreintes au cas
où le testateur, en disposant des propres biens de
son légataire, lui a expressément imposé la charge
d'exécuter sa disposition. Elles décident, au contraire, simplement et en général, que le légataire
des biens duquel le testateur a disposé, doit, après
avoir reçu son Legs, abandonner ses biens à la
personne à qui le testament les défère : elles n'exigent point pour cela que la charge de les abandonner soit littéralement écrite dans le testament; et
comment pourraient-elles faire dépendre d'une pareille clause, le sort de la disposition faite par le
testateur des biens du légataire? une clause de cette
nature est nécessairement sous-entendue dans un
testament qui contient à la fois et la disposition
d'un bien qui n'appartient pas au testateur, et un
Legs au profit du propriétaire de ce bien. Il est
évident que le testateur, en honorant d'un Legs
le propriétaire du bien dont il dispose, entend le
mettre dans l'alternative, ou d'exécuter la disposition qu'il fait de son bien, ou de renoncer au Legs
dont il l'honore. Les lois et la novelle citées seraient
souverainement ridicules, si elles disaient autre
chose; mais la vérité est qu'elles ne disent que cela.

» Il peut bien y avoir là-dessus quelque équivoque dans la loi 70, § 1, D. *de legatis* 2°, qui dit:
Si, pecuniâ acceptâ, rogatus sit rem propriam res-
tituere; ces termes peuvent bien signifier : « Au
» moyen de telle somme que je vous lègue, je vous
» prie de donner à un tel telle chose qui vous ap-
» partient. »

» Mais la loi 33, *de minoribus*, s'exprime d'une
manière qui embrasse à la fois et le cas où le testateur a fait du Legs du bien du légataire, la condition du Legs dont il gratifie celui-ci, et le cas
où le testateur s'est contenté purement et simplement de léguer telle chose qui lui appartient, à
Paul, et de léguer à Pierre telle chose qui appartient à Paul lui-même : *Si minor viginti quinque*
annis servum suum qui pluris quam in testamento
ei legatum sit, manumittere rogatus fuerit.
Mais la novelle 1re veut, dans les termes les
plus absolus, que les légataires accomplissent toutes les volontés du testateur qui les a honoré de ses
bienfaits : *necessitatem habere quacumque testator*
aut honorans eos disposuerit, omnimodo ea complere;
mais ces lois et cette novelle ne sont que la con-

séquence immédiate et l'application directe d'un
grand principe de droit que nous trouvons consigné dans la loi 149, D. *de regulis juris*, savoir,
que l'on ne peut pas diviser les dispositions simul-
tanées d'une même personne, accepter celles qui
sont favorables, et rejeter celles qui sont onéreuses : *Ex quâ personâ quis lucrum capit, ejus*
factum prœstare tenetur : elles ne sont que la conséquence immédiate et l'application directe de cet
autre principe, non moins conforme au bon sens
et à l'équité naturelle, que l'on ne peut pas jouir
des profits sans supporter les charges, et qu'en
acceptant les uns, on se soumet nécessairement aux
autres; *Qui sentit commodum, sentire debet onus.*

» Nous avions donc bien raison de dire que, si
les sieurs Debrouckoven et consorts avaient commencé par se faire payer leurs Legs, ils n'auraient
plus été recevables à s'élever contre la partie du
testament qui disposait, à leur préjudice, de tous
les biens substitués par Gottignies père. Mais cela
posé, comment ont-ils pu, après avoir fait annuler cette partie du testament, obtenir la délivrance
de leurs Legs? Comment la cour d'appel de Bruxelles a-t-elle pu ne pas leur dire : *Vous aviez l'op-*
tion entre vos Legs et votre part dans les biens substi-
tués; vous avez demandé, vous avez obtenu votre part
dans les biens substitués, il n'y a donc plus pour vous
de Legs à réclamer : vous avez consommé votre choix;
vous ne pouvez plus varier? Et n'a-t-il pas toujours
été de principe, qu'un majeur ne peut plus revenir
sur une option qu'il a faite volontairement?

» Prétendra-t-on, du moins, qu'en jugeant
ainsi, la cour d'appel de Bruxelles ne s'est écartée
d'aucune loi expresse?

» Mais quoi! y a-t-il des lois plus expresses que
celles qui interdisent aux majeurs toute variation
en matière de choix ? Cette interdiction n'est-
elle pas écrite dans toutes les lois romaines qui
s'occupent notamment de dispositions testamentaires? N'est-elle pas consignée en toutes lettres
dans la loi 5 et dans la loi 84, § 8 et 9, D. *de*
legatis 1°; dans la loi 11, D. *de legatis* 2°; dans
la loi 20, D. *de optione vel electione legatâ* ?

» Ne sait-on pas d'ailleurs que les lois romaines
déclarent formellement indigne des bienfaits d'un
testateur, le légataire qui s'est refusé à l'accomplissement de ses volontés ? *Cur enim* (dit la loi 55,
§ 3, D. *ad senatus-consultum Trebellianum*) *non*
videretur indignus, ut qui destituit supremas defuncti
preces, consequatur aliquid ex voluntate ?

» Le chapitre premier de la première novelle
n'est pas moins positif là-dessus. Après avoir,
comme nous le disions n'y a qu'un instant, établi que les héritiers et les légataires ne peuvent se
dispenser d'accomplir toutes les dispositions du
testateur qui les tiennent leurs institutions ou
leurs Legs; après avoir par là, décidé que les
sieurs Debrouckoven et consorts n'auraient pas été
recevables, s'ils avaient commencé par accepter et
recevoir leurs Legs, à demander leur portion dans
les biens substitués dont Gottignies fils les avait
entièrement exclus; Justinien prévoit le cas où les

dispositions du testateur demeureraient sans exécution , soit de la part des héritiers institués, soit de la part des légataires qui en étaient chargés.

» Et d'abord , il déclare que l'héritier institué doit être privé de l'hérédité, si , averti juridiquement, il laisse écouler une année sans se mettre en devoir d'obéir à la volonté du défunt : *Si non implens quod dispositum est, sed dùm competat ei qui honoratus est, quod relictum est, etiam ex decreto judicis admonitus, annum totum protraxerit, non agens hoc quod præceptum est.*

» Il règle ensuite le sort de l'hérédité dont est ainsi privé l'héritier réfractaire ; il la fait passer à ses coinstitués ; à leur défaut, à ceux que le défunt lui a substitués vulgairement ; au défaut de ceux-ci , aux légataires et aux fidéicommissaires , et enfin , au défaut de ceux-ci , au fisc.

» Puis, venant aux légataires, aux fidéicommissaires et aux donataires à cause de mort, qui vont pareillement contre les dernières volontés de leur bienfaiteur, il veut qu'on leur applique tout ce qu'il vient d'ordonner contre l'héritier institué ; qu'on les prive de leur Legs, de leurs fidéicommis , de leurs donations ; que ces Legs, ces fidéicommis (ces donations passent à ceux que le testateur a appelés à leur défaut ; et qu'en cas que le testateur n'en ait point appelé , le fisc en recueille tout l'avantage : *His omnibus obtinentibus , licet non ab herede , sed à legatario aut fideicommissario aut mortis causâ præcipiente, dari aliquid aut fieri testator voluerit ; eodem ordine in occasione* ABLATARUM RERUM *servando, et inchoando quidem à subtitutis legatariis , terminante vero in fisco.*

» Nous savons bien que cette loi est tombée en désuétude relativement à celles de ses dispositions qui concernent les intérêts du fisc, et que depuis long-temps le fisc ne profite plus des effets de l'indignité qu'encourt un légataire par sa résistance aux dernières volontés du testateur. Mais l'indignité elle-même n'en subsiste pas moins ; mais les effets qu'elle produisait dans le droit romain, n'en sont pas moins reconnus par notre jurisprudence ; mais il n'en est pas moins constant parmi nous , comme il l'était à Rome, que le légataire ne peut pas conserver ce que le testateur lui a légué, lorsqu'il ne fait pas ce que le testateur lui a ordonné ; lorsqu'il fait ce que le testateur lui a défendu ; lorsqu'il se met , d'une manière quelconque , en opposition avec l'intention formelle et bien prononcée du testateur.

» Or, dans notre espèce, qu'a voulu Gottignies fils par son testament, et qu'ont fait les sieurs Debrouchoven et consorts ?

» Gottignies fils a voulu, il est vrai, par son testament, que les sieurs Debrouchoven et consorts reçussent les Legs dont il les gratifiait ; mais il a voulu en même temps qu'ils ne prissent rien dans les biens que son père avait grevés de fidéicommis en leur faveur. Et certes, sa volonté était indivisible ; on ne pouvait pas la scinder, on ne pouvait pas en accepter la partie avantageuse, et la rejeter dans ce qu'elle avait d'onéreux. En un mot,

les sieurs Debrouchoven et consorts avaient à choisir entre l'acceptation de leurs Legs et l'exercice des droits que leur donnait la substitution créée par Gottignies père.

» Eh bien ! le choix qu'ils avaient à faire , ils l'ont fait : ils ont combattu , ils ont fait détruire la disposition du testateur qui les privait des biens substitués ; ils se sont donc rendus eux-mêmes indignes des Legs que le testateur leur avait laissés ; ils ne peuvent donc plus réclamer ces Legs ; ils en sont donc irrévocablement exclus ; la cour d'appel de Bruxelles a donc , en jugeant le contraire , violé la loi 55 , § 3, D. *ad senatus-consultum Trebellianum*, et le chap. 1 de la première novelle de Justinien.

» Mais, a dit la cour d'appel de Bruxelles , c'est par erreur que Gottignies fils a privé les sieurs Debrouchoven et consorts des biens substitués : il ne les en a privés que parce qu'il croyait erronément en tenir le pouvoir du testament de son père; il n'a donc pas voulu les en priver réellement : car *errantis nullus est consensus ;* on doit donc considérer son testament comme disposant au profit des sieurs Debrouchoven et consorts , non-seulement des Legs qui y sont écrits , mais encore des biens auxquels ils étaient appelés par substitution ; les sieurs Debrouchoven et consorts peuvent donc réclamer à la fois et ses biens et leurs Legs.

» Est-ce bien sérieusement , messieurs, que la cour d'appel de Bruxelles a consigné un pareil argument dans son arrêt ? Est-ce bien sérieusement qu'elle a dit que Gottignies fils avait donné aux sieurs Debrouchoven et consorts ce qu'il leur avait expressément ôté ? Est-ce bien sérieusement qu'elle a présenté ces mots *donner* et *ôter* comme synonymes dans l'intention de Gottignies fils ?

» Mais ces cas quels sont-ils ? Ce sont ceux où l'erreur est l'unique cause finale, non-seulement de la disposition , mais encore de la volonté de celui qui dispose.

» Sans doute il est des cas où , dans les testamens comme dans les conventions , l'erreur est , aux yeux de la loi , exclusive de la volonté, et où , par suite, le testateur est , par la loi , réputé n'avoir pas voulu ce qu'il a écrit.

» Ainsi, un testateur institue un particulier dont il se croit le père, et qu'il désigne comme son fils, *quasi filium suum.* On découvre après sa mort, la source de l'erreur qui lui faisait considérer comme son fils , une personne qui ne l'était pas ; et il s'agit de savoir si , nonobstant la preuve de cette erreur, l'institution doit subsister. La loi 5 , C. *de testamentis*, et la loi 4 , C. *de heredibus instituendis,* répondent que non, parce qu'il n'est pas à présumer que le testateur eût voulu disposer comme il l'a fait, s'il ne se fût pas cru père de l'institué.

» Androsthènes , par un premier testament, appelle à son hérédité Pactuméia, sa nièce, fille de son frère. Quelque temps après, son frère vient à mourir, et le bruit se répand que sa nièce est morte en même temps. Frappé de cette nouvelle , il fait un second testament dans lequel il dit : « Parce « que je n'ai pu avoir les héritiers auxquels j'avais

» destiné mes biens, j'institue Novius Rufus. »
Après la mort du testateur, Pactuméia, sa nièce,
reparaît, et demande l'exécution du premier testament; et la loi dernière, **D.** *de heredibus instituendis*, prononce en sa faveur, sur le fondement
que, par les termes mêmes du second testament,
il est prouvé que le testateur n'aurait pas institué
Novius Rufus, s'il n'eût été trompé par la fausse
nouvelle de la mort de sa nièce.

» Pourquoi, dans ces espèces, le testateur est-
il censé n'avoir pas eu la volonté dont son testament renferme l'expression? Ce n'est pas seulement
parce que la cause finale de cette volonté se trouve
fausse; c'est encore, et c'est surtout parce que la
cause finale de cette volonté est absolument seule;
c'est parce qu'il est évident que, s'il eût connu la
fausseté de cette cause, il n'aurait pas eu cette volonté.

» En est-il de même dans notre espèce? Il est
aisé de sentir que non. A la vérité, le testateur
annonce lui-même qu'il se croit investi par son
père, de la faculté de donner tous les biens substitués à ceux des appelés à la substitution qu'il lui
plaira de choisir. Mais ce n'est point dans cette
opinion qu'est la cause finale de la disposition
qu'il fait de tous ces biens au profit de Joseph-
Albert-Ferdinand-Ghislain Devisscher-Celles; la
cause finale de cette disposition est dans son affection pour ceux-ci; elle est dans l'intention qu'il a
de les avantager; elle est dans son dessein clairement manifesté de leur laisser l'universalité de ses
biens. Et dans cette affection, dans cette intention,
dans ce dessein, il n'entre point d'erreur; tout y
est vrai, tout y est réel. Il n'y a d'erreur que dans
le moyen à employer pour accomplir ce dessein,
pour exécuter cette intention, pour satisfaire cette
affection; ou, en d'autres termes, il n'y a d'erreur que dans l'opinion de l'existence d'un pouvoir qui n'existe pas, et sans lequel son affection
ne peut pas être satisfaite, sans lequel son intention
ne peut pas être remplie, sans lequel son dessein ne
peut pas être exécuté, mais au défaut duquel son affection, son intention, son dessein restent toujours.

» Et ceci nous conduit nécessairement à dire que,
si la disposition faite par Gottignies fils, des biens
substitués, a été déclarée nulle par les arrêts de
1787 et 1788, ce n'a pas été par défaut de volonté, mais par défaut de pouvoir : deux choses qu'il
est aussi important que facile de bien distinguer,
et que la cour d'appel de Bruxelles a cependant
confondues.

» Est-il d'ailleurs jamais venu à la pensée d'un
seul jurisconsulte, que la disposition testamentaire d'un bien indisponible fût nulle par défaut de
volonté? Et n'a-t-on pas, au contraire, toujours
dit, en pareil cas, que le seul défaut de pouvoir
annulait cette disposition? N'a-t-on pas toujours
dit du testateur qui avait ainsi disposé, *fecit quod
non potuit* ?

» S'il en était autrement, qu'arriverait-il? Une
chose absurde. Supposons, par exemple, qu'un
père, sous l'empire du Code civil, lègue à un étranger une quotité de ses biens qui excède la portion
disponible, et que son fils approuve cette disposition. Si le légataire n'avait pas pour lui la volonté
du testateur, si ce n'était pas en vertu de la volonté du testateur que la totalité de son Legs lui
est déférée, à quel titre pourrait-il la conserver,
et qu'aurait-il à répondre aux parens collatéraux
du défunt qui viendraient réclamer l'excédant de
la portion disponible, sous le prétexte que le testateur étant censé n'avoir pas disposé de cet excédant, cet excédant est resté dans la succession *ab
intestat*, laquelle leur est dévolue par la renonciation du fils? Ainsi, dans cette hypothèse, l'excédant de la quotité disponible n'appartiendrait
pas au fils, parce qu'il y aurait renoncé; il n'appartiendrait pas non plus au légataire, parce que le
testateur serait considéré par la loi comme ne le lui
ayant pas légué; il appartiendrait nécessairement
aux héritiers collatéraux : disons plus, il appartiendrait nécessairement au fisc, si les héritiers
collatéraux ne le réclamaient pas; le fisc pourrait
s'en emparer comme d'un bien vacant.

» Voilà où conduit le système qui sert de base
à l'arrêt attaqué; et c'en est assez pour nous
faire sentir que ce système est aussi ridicule dans
ses résultats, qu'il est incohérent et faux dans ses
élémens.

» Mais d'ailleurs, comment peut-on ne pas voir
que ce système tend directement à détruire même
les Legs dont l'arrêt attaqué ordonne la délivrance?
S'il était vrai, en effet, que le testateur fût censé
n'avoir pas disposé des biens substitués, par cela
seul qu'il se serait trompé sur l'étendue du droit qu'il
tenait à cet égard de son père, il serait vrai aussi,
et il faudrait nécessairement reconnaître qu'il n'a
point fait aux sieurs Debrouchoven et consorts les
Legs dont il s'agit. Car, dans un testament comme
dans un contrat, toutes les dispositions, toutes les
clauses dépendent les unes des autres; il existe
toujours entre les unes et les autres un lien qui,
quoique non apparent, n'en est pas moins réel; le
testateur n'a voulu ceci à la fin de son testament,
que parce qu'il avait voulu cela au commencement.
Gottignies fils n'a donc fait des Legs aux sieurs
Debrouchoven et consorts, que parce qu'il les excluait des biens substitués; telle est du moins la
présomption à laquelle les principes veulent qu'on
se tienne à défaut de preuve du contraire; et de là
suit évidemment la conséquence que les sieurs Debrouchoven et consorts n'ont plus eu de titre pour
demander leurs Legs, du moment qu'ils ont pris
part aux biens substitués.

» Il n'y a donc aucun prétexte qui puisse couvrir ni pallier la contrariété qui existe entre l'arrêt
de la cour de Bruxelles et les lois romaines que
nous venons de rappeler.

» Mais cette contrariété est-elle de nature à entraîner la cassation de l'arrêt dont il s'agit? Ici se
présente notre seconde question, celle de savoir
si, avant la publication du Code civil, les lois
romaines avaient à Bruxelles une autorité véritablement législative.

» Nous disons *à Bruxelles*, car c'est dans cette ville que s'est ouverte la succession de Gottignies fils ; et tout le monde sait que les Legs mobiliers , tels que sont tous ceux dont l'arrêt attaqué ordonne le paiement, se règlent uniquement par la loi du lieu de l'ouverture de la succession sur laquelle ils doivent être pris ; tout le monde sait que, pour juger, ou si ces Legs sont valables ou non , ou si la demande en est ou n'en est pas recevable , on ne doit s'attacher qu'à cette loi ; tout le monde sait que, sur ces points , on ne doit avoir aucun égard aux lois des autres territoires dans lesquels sont situés les immeubles du testateur.

» Nous disons , *une autorité véritablement législative* : car il ne suffirait pas, pour motiver ici une cassation , que le droit romain eût été obligatoire à Bruxelles par la seule force de l'usage ; il faudrait qu'il l'eût été par l'effet d'une loi expresse qui eût enjoint aux tribunaux de cette ville de prendre le droit romain pour règle de leurs décisions. C'est la conséquence nécessaire du principe constitutionnel, qu'un jugement en dernier ressort ne peut être cassé que pour contravention à une loi précise; et c'est ce que la cour a jugé le 5 vendémiaire an 11 , en rejetant, au rapport de M. Audier et sur nos conclusions, la demande du sieur Boubert en cassation d'un arrêt de la cour d'appel de Douai, par lequel il avait été décidé, contre le texte formel de la loi 67 , § 2, D. *pro socio*, que les avances de fonds entre associés ne produisaient pas des intérêts sans stipulation. La contestation s'était élevée dans la ville de Dunkerque, qui était soumise à la coutume de Bruges, et le demandeur en cassation ne manquait pas d'observer qu'en violant une loi romaine, la cour d'appel de Douai avait violé les lettres-patentes approbatives de la coutume , qui lui donnaient pour supplément le droit romain. Mais ce n'était pas comme loi territoriale, que la coutume de Bruges gouvernait la ville de Dunkerque; elle ne la gouvernait que comme loi d'adoption , introduite dans cette ville par un usage , à la vérité immémorial , mais non écrit , et dépourvu de la sanction du législateur. Ainsi, violer le droit romain, à Dunkerque, ce n'était pas, comme à Bruges, violer les lettres-patentes approbatives de la coutume ; c'était tout simplement violer un usage ; et, comme vous l'avez dit vous-mêmes, messieurs, en rejetant, par l'arrêt dont il s'agit, la réclamation du sieur Boubert, *la violation d'un usage qui n'a été fixé et reconnu par aucune loi, n'est pas un motif pour autoriser la cassation*.

» La question n'est donc pas ici de savoir si, avant le Code civil, le droit romain était observé à Bruxelles au défaut de la coutume et des ordonnances : l'affirmative est constante, et jamais on ne l'a mise en controverse. Mais à quel titre était-il observé ? L'était-il *vi legis*, ou ne l'était-il que *vi usûs* ? Dans la première hypothèse , la contravention au droit romain dans la ville de Bruxelles , peut motiver la cassation d'un arrêt. Dans la seconde, elle ne peut y former qu'un

moyen d'appel ; elle ne peut y motiver que la réformation d'un jugement de première instance.

» Or, d'une part, la coutume de Bruxelles ne renvoie ni expressément ni implicitement au droit romain la décision des cas sur lesquels elle est restée muette; de l'autre, quand elle l'y renverrait effectivement , quand elle l'y renverrait de la manière la plus positive, ce renvoi ne suffirait pas par lui-même pour donner force de loi au droit romain dans le territoire de cette coutume; il ne pourrait avoir cet effet, qu'autant qu'il eût été sanctionné par le législateur; et personne n'ignore que la coutume de Bruxelles n'a jamais été revêtue de lettres patentes des ci-devant ducs de Brabant.

» Mais si , avant le Code civil , le droit romain n'avait pas force de loi à Bruxelles, en vertu de la coutume , ne l'avait-il pas du moins en vertu des lois générales de la province de Brabant, dont Bruxelles était la capitale.

» Devant la section des requêtes , nous avons présenté l'affirmative comme non douteuse, et nous nous sommes fondés sur la doctrine de Stockmans, dans le premier chapitre de ses *Decisiones Brabantinæ*. Ce magistrat, en effet, demande quelle est, dans le Brabant, l'autorité du droit romain? *Quatenus Brabantia adstricta sit juri Romano?* Et voici sa réponse : *A principibus nostris* CENTIES *constitutum est ut, deficiente jure proprio, hoc est , constitutionibus patriis et constitutionibus regis, recurratur ad leges Romanas uti jus commune , quod non tantum* INNUMERIS EDICTIS *insertum est , quæ passim nos eo remittunt, sed in omnium municipalium legum confirmatione adjectum , ut quæ ibi decisa non sunt, judicentur ex jure Romano.*

» Ainsi, selon Stockmans, ce n'est pas seulement par les lettres-patentes dont ils ont revêtu certaines coutumes que les ducs de Brabant ont donné force de loi au droit romain, c'est encore par des édits communs à tous leurs états, et par des édits sans nombre, *innumeris edictis;* et si cette assertion est exacte, nul doute que pour tout ce qui est antérieur au Code civil, la contravention aux lois romaines ne soit, à Bruxelles, comme dans les autres parties du Brabant, un moyen péremptoire de cassation.

» Mais cette assertion est-elle aussi exacte qu'on le croit communément? Est-elle aussi exacte que nous l'avons cru nous-mêmes devant la section des requêtes? Ne porte-t-elle pas au contraire le cachet de l'erreur, et ne se dément-elle pas elle-même par l'une des preuves qui paraissent l'étayer?

» S'il en faut croire Stockmans, toutes les coutumes de la Belgique qui ont été approuvées par le législateur, portent , dans leur approbation même, la clause expresse que, dans les cas où elles seront en défaut, on aura recours au droit romain: *In* OMNIUM *municipalium legum confirmatione adjectum , ut quæ ibi decisa non sunt, judicentur ex jure Romano.* C'est ce qu'on remarque notamment, ajoute-t-il, dans les coutumes de

Gueldres, d'Artois, de Flandre, de Malines, de Louvain, de Nivelles, et dans les autres que le prince à revêtues du sceau de son autorité : *Ita videre licet in Geldrensibus, Arthesiensibus, Flandris, Mechleniensibus, Lovaniensibus, Nivellensibus, aliisque auctoritate principali confirmatis.* La coutume du Hainaut est la seule, à ma connaissance, qui ne renferme pas une pareille clause : *Solæ quod sciam Hannonienses non habent adjectionem.*

» Eh, bien! il n'est pas vrai que l'on trouve cette clause dans la coutume d'Artois; il est même très-notoire que le droit romain n'a jamais été considéré en Artois que comme raison écrite.

» Quant à la Flandre, elle n'a point de coutume générale ; et il s'en faut beaucoup que toutes les coutumes particulières qui en régissaient les différentes contrées avant le Code civil, s'en réfèrent au droit romain pour les cas qu'elles laissent indécis. Les coutumes de Douai, de Bailleul, d'Ostende, de Tenremonde et de Bouchaute ne s'y réfèrent certainement pas.

» Il en est de même de la coutume du ci-devant duché de Luxembourg.

» Et cependant toutes ces coutumes étaient rédigées et approuvées par le souverain long-temps avant que Stockmans écrivît son Recueil d'arrêts.

» Le Brabant n'a pas non plus de coutume générale ; et de toutes ses coutumes particulières, il n'y en a que trois, celle de Louvain, celle de Nivelles et celle de Sandhoven qui renvoient au droit romain.

» Qu'on juge, d'après cela, si Stockmans mérite une confiance aveugle, quand il assure que des *édits innombrables* ont enjoint aux tribunaux de se conformer au droit romain dans les cas non prévus par les coutumes et par les ordonnances du prince? Où sont donc ces édits? Il n'y en a pas un dans le recueil des placards de Brabant, pas un dans le recueil des placards de Flandre, pas un dans le *Tribonianus Belgicus* d'Anselmo; et à qui persuadera-t-on que des édits aussi importans, s'ils existaient, eussent échappé aux recherches des auteurs de ces collections?

» Peut-être Stockmans a-t-il voulu dire que, dans une multitude innombrable d'édits relatifs à des objets particuliers, le prince renvoie les points qu'il ne règle pas expressément, à la décision du droit romain.

» Mais 1° cette prétendue multitude innombrable d'édits, à quoi se réduit-elle? A cinq lois : savoir, l'édit de l'archiduc Maximilien, de 1487, concernant l'amirauté ; l'édit du duc d'Albe, du mois de juillet 1560, concernant la procédure criminelle; l'ordonnance du duc de Parme, du 15 mai 1587, concernant les militaires; l'édit de Philippe II, de 1590, qui renouvelle celui de 1487 ; l'édit perpétuel des archiducs Albert et Isabelle, de 1611, art. 10, 38 et 42.

» 2° De ce que, sur des objets particuliers, le prince a voulu, par les cinq édits qui les règlent, que le droit romain fît loi dans ses états, il ne s'en-

suit certainement pas qu'il ait donné au droit romain une autorité législative sur tous les autres objets indistinctement.

» Mais ce qui achève de ruiner le système de Stockmans, surtout par rapport au Brabant, c'est que ce magistrat convient lui-même que dans le quatorzième siècle, on ne connaissait point le droit romain dans ce pays, et qu'il s'en trouve notamment aucune trace dans les chartes du duc Jean, de 1312 et 1313, qui, en érigeant le conseil de Brabant, lui prescrivent la manière dont il doit juger les cas qu'elles ne prévoient pas : *Inter cætera his tabulis statuitur, deficientibus rebus ibi decisis, recurrendum fore ad id quod simillimum erit inter decisa et inde decisionem formandam,* NULLA FACTA MENTIONE JURIS ROMANI.

» Si le conseil de Brabant n'a pas reçu, par la loi de son institution, l'ordre de se conformer au droit romain, il faut nécessairement de deux choses l'une, ou que cet ordre lui ait été donné par des lois postérieures, ou qu'il ait conservé et qu'il ait transmis aux tribunaux qui l'ont remplacé, la liberté de s'écarter de ce droit sans exposer ses arrêts à la cassation.

Or, des lois postérieures qui lui aient donné un pareil ordre, il n'en existe que pour quelques coutumes ; il n'en existe pas pour la coutume de Bruxelles.

» On ne peut donc pas casser un arrêt rendu dans la coutume de Bruxelles, sous le prétexte qu'il contrevient au droit romain.

» Mais, dit-on, le Brabant faisait partie de l'empire germanique; et il est notoire que l'empire germanique reconnaissait le droit romain pour loi, non par le seul effet de l'usage, mais en vertu des décrets formels de la diète, notamment en vertu de celui de 1495, qui, établissant à Spire une chambre impériale, transférée depuis à Wetzlaer, lui enjoignait de régler ses jugemens sur les lois romaines.

» Le Brabant faisait partie de l'empire germanique! Distinguons les lieux et les temps.

» Il y avait dans le Brabant quelques villes, quelques cantons, que les ducs de cette province tenaient effectivement en fief de l'empire d'Allemagne. Tels étaient notamment la ville d'Anvers, sous le nom du marquisat du Saint-Empire, celle d'Utrecht, l'abbaye de Nivelles, Grave et Guyck. Mais il n'en était pas de même de la ville de Bruxelles. *Verum non est,* dit Stokmans, décis. 1, *Brabantium imperii Romani Germanici membrum unquam planè fuisse; cùm ditio Lovaniensis,* BRUXELLENSIS, *Sylvœducis, Diestensis, Thenensis, Arschetana, Walonica, aliæque ejus imperii majestatem nunquam agnoverint, aut jure clientelari imperatori paruerint.*

» Il est vrai que, par la transaction d'Ausbourg, du 26 juin 1548, le Brabant entier, les seize autres provinces belgiques et la Franche-Comté furent érigés en cercles de l'Empire, sous le nom de *cercle de Bourgogne.* Mais bien loin que, par là, les parties du Brabant qui précédemment n'avaient pas relevé de l'Empire, aient été soumises à ses lois, celles même qui en avaient relevé jusqu'alors, furent affranchies et des lois et des tribunaux germaniques. Car le cercle de Bourgogne ne fut associé à l'empire d'Allemagne, que sous la condition « qu'à la réserve des cas concernant les contribu- » tions de l'Empire, auxquelles le souverain et les » États du cercle de Bourgogne auraient nommé- » ment consenti, ces provinces demeureraient » exemptes de toutes sortes de juridictions de » l'Empire et de ses tribunaux. » Ce sont les termes de M. de Néni, chef-président du conseil privé de Bruxelles, dans ses *Mémoires historiques et politiques sur les Pays-Bas autrichiens*, chap. 1, art. 6.

» Mais, dit-on encore, les art. 58 et 59 de la *joyeuse entrée*, c'est-à-dire du serment que chaque duc de Brabant prêtait, lors de son avénement, aux états du pays, confirmaient expressément tous les *usages* de ce pays même. Ils confirmaient par conséquent l'usage où l'on était dans le Brabant, et spécialement à Bruxelles, de recourir au droit romain dans le silence des lois nationales.

» Pour apprécier cet argument, nous devons bien peser les termes dans lesquels sont conçus les articles dont il s'agit. Par l'art. 58, « Sa ma- » jesté confirme en général aux prélats, nobles, » villes et à tous les sujets du pays du Brabant et » d'Outre-Meuse, tous les droits, franchises, privi- » léges, chartes, coutumes, *usages* et autres droits » qu'ils ont et qui leur ont été donnés par les ducs » et duchesses de Brabant, *ainsi que ceux dont* » *ils ont joui et usé....*; » et l'art. 59 ajoute : « Sa » majesté n'alléguera pas qu'elle n'est pas tenue » d'observer lesdits droits, priviléges et *usages* » confirmés en général, par la raison qu'elle ne » les aurait accordés ou promis en particulier. S'il » arrivait que sa majesté cessât d'observer les pri- » viléges en tout ou en partie, elle consent qu'en » ce cas, ses sujets cessent de lui faire service jus- » qu'à ce que les contraventions aient été ré- » parées. »

» Vous voyez que, par ces articles, le duc de Brabant s'obligeait de respecter les coutumes et *usages* dont avaient *joui et usé* les habitans du pays, même sans qu'il eût en rien concouru à leur établissement.

» Mais 1° de quels usages s'agit-il dans ces articles ? Bien évidemment il n'y est question que d'usages relatifs aux objets de la *joyeuse entrée*, c'est-à-dire aux priviléges des Brabançons, à leur constitution politique. La *joyeuse entrée* était un pacte entre le prince et les sujets; et l'on sait assez que, dans ces sortes de conventions, il n'entre jamais rien que de constitutionnel. C'est ainsi que, bien que, par les art. 5 et 52 de la capitulation de Lille, du 27 août 1667, Louis XIV eût promis et même juré de conserver aux habitans de la Flandre gallicane et à ceux de la ville de Lille en particulier, *leurs droits, usages et priviléges*, on n'a jamais entendu inférer de là autre chose, si ce n'est qu'en tout ce qui tenait à la constitution du

pays, il ne serait rien innové au préjudice des habitans : jamais on n'a pensé à en conclure que les habitans fussent en droit de s'opposer à ce que le législateur apportât des changemens à leurs usages de pur droit privé.

» 2° Quand on pourrait étendre jusqu'aux usages de pur droit privé, ce qui est dit dans les art. 58 et 59 de la *joyeuse entrée* du Brabant, quelle conséquence pourrait-on en tirer ? En s'obligeant de respecter ces usages, le duc de Brabant leur au- rait-il imprimé le caractère de lois proprement dites ? Ou les aurait il laissés dans leur état de simples usages, dans leur état de coutumes non écrites, revêtues du sceau de l'autorité législative?

» C'est demander, en d'autres termes, dans cette hypothèse, si les divers usages non écrits que sui- vaient les Brabançons, pouvaient, nonobstant la confirmation qu'en faisait la *joyeuse entrée* à cha- que changement de règne, être changés ou modi- fiés par les Brabançons eux-mêmes, de leur propre mouvement et sans l'intervention du prince. Il est clair, en effet, que si ces usages étaient devenus *lois du Brabant* par l'effet de la *joyeuse entrée*, les Brabançons n'auraient pas pu seuls les changer ni les modifier; qu'ils n'auraient pu les changer, les modifier, qu'avec le concours du pouvoir lé- gislatif.

» Eh bien ! consultez, à la suite de la coutume de Bruxelles, un statut fait par le corps municipal de cette ville, sur la tutelle des mineurs, à une époque dont la date n'y est pas rappelée, mais qui est postérieure à l'année 1540, puisqu'on s'y ré- fere, art. 43, à un placard de l'empereur Charles- Quint, du 4 octobre de cette année; et vous y verrez que ce statut, confirmé par l'art. 273 de la coutume elle-même, contient un grand nombre de dispositions introductives d'un droit nouveau. Donc par ce statut, qui n'a jamais eu d'autre autorité que celle que lui a donnée l'usage dont il a été régi, il a été dérogé aux usages précédemment observés en matière de tutelle; donc ces usages n'avaient pas été érigés en lois proprement dites par les ar- ticles 58 et 59 de la *joyeuse entrée*; donc ces usages étaient restés, nonobstant ces articles, dans leur état de simples usages.

» C'est ainsi, qu'encore que, par l'édit du mois d'avril 1668, portant création du conseil souverain de Tournai, nommé depuis parlement de Flandre, il fût dit que cette cour serait tenue de juger *con- formément aux lois, ordonnances, usages et cou- tumes des lieux*, les *usages* des lieux qui n'avaient pas été spécialement approuvés par le législateur, ont continué d'être considérés comme simples usages, sans que jamais on ait pu tirer de leur in- fraction une ouverture de cassation contre un ju- gement en dernier ressort.

» Par exemple, il a toujours été d'usage, dans le ressort du parlement de Flandre, comme dans les autres parties de la France, que nul autre que le gouvernement ne peut plaider par procureur; et cet usage a été notamment confirmé par un arrêt du parlement de Flandre lui-même, du 9 juillet

1697, rapporté dans le recueil du président Desjaunaux, tome 2, § 171. Cependant la dame de Tauftkirck s'étant pourvue en cassation contre un arrêt de la cour d'appel de Douai, du 16 germinal an 10, sur le fondement que cet arrêt avait admis le comte de Gimes, espagnol, à plaider contre elle par procureur, la section des requêtes, par arrêt du 22 brumaire an 12, au rapport de M. Cassaigne et sur nos conclusions, a rejeté ce recours, attendu, a-t-elle dit, *qu'on n'invoque qu'une maxime fondée sur un usage, et que la simple violation d'un usage ne suffit point pour opérer la cassation d'un jugement.*

» La même chose avait été jugée long-temps auparavant pour la province d'Artois, qui, en rentrant, dans le dix-septième siècle, sous la domination française, avait été également maintenue, par les capitulations, dans ses anciens privilèges et *usages.*

» Une sentence du conseil d'Artois, du 30 septembre 1677, avait décidé (conformément à la loi 1, § 13, D. *de separationibus*, et à la jurisprudence du grand conseil de Malines, auquel ce tribunal avait précédemment ressorti) que la demande en séparation du patrimoine d'un défunt d'avec celui de son héritier, n'était plus recevable après cinq ans, à compter du jour de l'adition d'hérédité.

» Sur l'appel, il fut « produit (dit Brunel, *Observations sur le droit coutumier*, chap. 6, nº 40) » quantité de jugemens et actes de notoriété, tant » du conseil d'Artois que des autres siéges et bail» liages de la province, par où il était prouvé que, » suivant l'usage y observé, les créanciers person» nels du défunt n'étaient plus reçus, après les » cinq ans, à demander séparation des biens de » leur débiteur d'avec ceux de l'héritier; *à quoi la* » *cour du parlement ne s'est point arrêtée.* »

» Et en effet, par arrêt du 4 juillet 1679, la sentence du conseil d'Artois fut infirmée, et il fut jugé que la demande en séparation des patrimoines était recevable tant qu'n'étaient pas prescrites les créances de ceux qui la formaient.

» Cet arrêt fut dénoncé au conseil du roi, et par les parties intéressées, et par les états d'Artois eux-mêmes, comme subversif d'un usage confirmé par les capitulations du pays, et d'un usage d'autant plus respectable qu'il était fondé sur le droit romain, constamment et imperturbablement observé en cette matière dans les dix-sept provinces belgiques.

» Et quel fut le résultat de ce recours? Brunel nous apprend qu'il fut rejeté, et que l'arrêt contre lequel il était dirigé, fut suivi de plusieurs autres qui firent absolument disparaître l'usage qu'il avait proscrit.

» Loin de nous donc l'idée que, par les art. 58 et 59 de la *joyeuse entrée* du Brabant, l'usage de recourir au droit romain dans le silence des ordonnances du prince et des coutumes écrites, ait été converti en loi formelle; et de là, la conséquence nécessaire que, si l'arrêt que vous dénoncent les demandeurs, a jugé contre les dispositions du droit

romain, il n'a du moins pas jugé contre une loi proprement dite du Brabant; qu'il aurait pu, qu'il aurait même dû, sous l'ancien régime du pays, être réformé par la voie de révision, si cette voie eût été ouverte contre un arrêt rendu en révision même; mais que la cassation ne peut pas l'atteindre, parce que la cassation ne peut jamais être prononcée que pour contravention expresse à une loi véritable; parce que jamais l'infraction d'un usage, quelque constant qu'il soit, ne peut motiver la cassation d'un arrêt; en un mot, parce qu'aux termes de la loi du 27 novembre 1790, institutive de la cour de cassation, aucun jugement ne peut être cassé, sans que le dispositif de l'arrêt de cassation, soit transcrit le texte de la loi violée; et que bien certainement un usage non écrit ne peut être représenté par aucun texte que l'on puisse transcrire dans un arrêt de cassation.

» Par ces considérations, nous estimons qu'il y a lieu de rejeter le recours des demandeurs, et de les condamner à l'amende. »

Par arrêt rendu après un délibéré prolongé pendant plusieurs mois, et vidé le 9 février 1808, au rapport de M. Chasle,

« Attendu, sur le premier moyen, que les juges de la cour d'appel de Bruxelles n'ont violé ni le testament qui fait l'objet du procès, ni aucune autre loi, en interprétant, ainsi qu'ils l'ont fait, ledit testament;

» Attendu, sur le second moyen, qu'en statuant sur le mérite des Legs pécuniaires faits aux défendeurs, l'arrêt attaqué ne peut pas être en contravention à l'autorité de la chose jugée par les jugemens et arrêts du conseil de Brabant de 1787, 1788, 1789 et 1790, puisque ceux-ci n'avaient prononcé que sur la revendication des biens substitués;

» Attendu, sur les troisième, quatrième et cinquième moyens, qu'il est constant au procès, soit par la nature des faits, soit par l'autorité de la chose jugée par les jugemens et arrêts ci-dessus, que les défendeurs n'étaient point les héritiers nécessaires de Gottignies fils, dernier testateur; que, comme descendans de Guillaume-Louis Devisscher-Celles, ils avaient droit à une part quelconque dans les biens substitués en leur faveur par Gottignies père; que Gottignies fils, avait disposé par erreur de ces biens à leur préjudice comme les croyant siens; qu'ils n'ont fait que revendiquer leur part de ces biens, sans litiguer ni combattre au surplus aucune des dispositions de son testament;

» Qu'on ne peut pas dire que, dans une telle espèce, les lois romaines invoquées par les demandeurs, soient positivement applicables, ni qu'il y ait été contrevenu....;

» La cour rejette le pourvoi..... »

Quant à l'arrêt du 18 janvier 1806, qui avait jugé, en faveur des sieurs Devisscher-Celles, le contraire de celui du 2 fructidor an 12, la tutrice du mineur Ferdinand Devisscher l'a aussi attaqué par un recours en cassation, sur lequel je me suis ainsi expliqué à l'audience de la section des requêtes, le 14 juillet 1808 :

« Deux moyens de cassation vous sont proposés par le sieur Devisscher : violation de la *loi du testament* ; fausse application des lois qui déclarent indignes des libéralités du testateur ceux qui ont combattu sa volonté.

» Le premier de ces moyens pourrait être écarté d'un seul mot : Il en est de la *loi du testament* comme de la *loi du contrat* ; or, il est certain , et c'est une vérité que la cour a reconnue par son arrêt du 12 février 1808, rendu sections réunies (et rapporté à l'article *Société*), que la fausse interprétation de la *loi du contrat* ne forme plus un moyen de cassation , depuis la loi du 16 septembre 1807 , relative au troisième recours en cassation : il en doit donc être de même de la fausse interprétation de la *loi du testament*.

» Mais entrons dans quelques détails , et bientôt nous demeurerons convaincus que , par l'arrêt attaqué , non-seulement la cour de Bruxelles , en interprétant , comme elle l'a fait , le testament du sieur de Gottignies fils , a usé d'un droit qui appartient essentiellement à tous les juges , et de l'exercice duquel ils ne sont comptables qu'à leur propre conscience , mais même que, bien loin de violer les dispositions de ce testament , elle leur a donné le sens le plus naturel et le plus conforme aux lois.

» D'une part, en effet, la loi 7, C. *de Fideicommissis*, nous dit en toutes lettres , que le législateur abandonne à la conscience des juges les questions de volonté qui naissent des testamens : *voluntatis quæstio in æstimatione judicis est*. Et de là il suit nécessairement que, de quelque matière qu'une question de volonté soit jugée par un arrêt, il ne peut jamais en résulter contre cet arrêt une ouverture de cassation.

» D'un autre côté, qu'a dit la cour de Bruxelles pour déclarer le sieur Devisscher non-recevable dans sa demande en paiement du Legs de 20,000 florins que lui avait fait le sieur de Gottignies fils ? Une chose très-simple : le sieur de Gottignies fils a reconnu , dans le préambule de son testament, l'obligation qui lui était imposée par celui de son père , de distribuer entre les descendans de Guillaume-Louis Devisscher , les biens compris dans la substitution : il y a même manifesté l'intention dans laquelle il était de se conformer à cette obligation. On doit donc croire qu'en léguant 20,000 florins à Ferdinand Devisscher , il n'a pensé qu'à s'acquitter de cette obligation envers celui-ci. A la vérité, il savait bien qu'il ne s'en acquittait pas de la manière prescrite par son père , puisque la substitution créée par son père portait sur des biens-fonds, et non sur des deniers; mais il croyait pouvoir s'en acquitter par équipollence, il croyait pouvoir donner de l'argent comptant au lieu de biens-fonds; et il le croyait si bien, que son testament même prouve qu'il pensait n'être tenu qu'à laisser les fonds substitués à des descendans quelconques de Guillaume-Louis Devisscher ; il le

croyait si bien , que de son testament même il résulte qu'il pensait avoir le droit d'exclure ceux des descendans de Guillaume Devisscher qu'il ne jugerait pas à propos d'appeler au partage. Qu'importe qu'il se soit mépris sur l'étendue de son pouvoir , Toujours est-il vrai qu'il n'a donné 20,000 florins à Ferdinand Devisscher , que pour se conformer , comme il l'a dit lui-même , à la volonté de son père , que pour remplir Ferdinand Devisscher de la part quelconque à laquelle celui-ci était appelé dans la substitution. Toujours est-il vrai , par conséquent, que Ferdinand Devisscher ne peut pas à la fois réclamer dans la substitution une part en nature , et recueillir le Legs qui ne lui a été assigné que pour en tenir lieu.

» Voilà ce qu'a dit la cour de Bruxelles ; voilà ce que le conseil de Brabant avait jugé avant elle par ses deux arrêts du 24 janvier 1794; et certes , il n'était pas possible de raisonner avec plus de justesse.

» Il est certain que, si Ferdinand Devisscher avait commencé par demander son Legs et se le faire payer, il aurait été non-recevable à critiquer la disposition que le testateur avait faite de sa part dans les biens substitués..... (1)

» En voilà autant qu'il en faut pour détruire le premier moyen de cassation du demandeur ; et que devient, après cela , le deuxième ?

» S'il était vrai, comme le prétend le demandeur, que la cour de Bruxelles a faussement appliqué les lois romaines qui déclarent indignes des libéralités des testateurs ceux qui ont combattu leur volonté, qu'aurions-nous à dire ? Rien autre chose, si ce n'est que la cour de Bruxelles aurait mal à propos ajouté au motif sage et judicieux qu'elle a tiré de l'interprétation du testament du sieur de Gottignies fils , un motif irréfléchi qu'elle a tiré des lois romaines concernant l'indignité des légataires ? Et assurément un arrêt, pour être surabondamment fondé sur un mauvais motif, n'en serait pas moins juste , n'en devrait pas moins être maintenu.

» Mais il y a plus , et vous allez voir que le second motif de l'arrêt attaqué est tout aussi conforme que le premier à l'esprit des lois de la matière.

» Sans doute, la cour de Bruxelles aurait fait une fausse application des lois relatives à la querelle d'inofficiosité, si , de ce que ces lois déclarent déchu de l'action ainsi appelée , le fils de famille qui a reçu un Legs en vertu du testament qui le déshérite, elle avait conclu que Ferdinand Devisscher s'était rendu , en attaquant le testament du sieur de Gottignies fils, indigne du Legs de 20,000 florins que cet acte lui assignait. Mais ce n'est pas sur ces lois , quoi qu'on en dise, que s'est fondée la cour de Bruxelles pour établir l'indignité de Ferdinand Devisscher : elle s'est bornée à dire « que Ferdinand Devisscher ayant demandé et

_____

(1) *V.* le plaidoyer qui précède celui-ci.

» obtenu une part absolue dans les biens substi-
» tués, il avait réellement impugné la volonté du
» testateur, en préférant la chose à la somme à
» lui léguée pour en tenir lieu, et s'était par là
» privé du droit de réclamer les dispositions con-
» tenues en sa faveur dans le testament de Got-
» tignies fils. » La cour de Bruxelles n'a donc cité
aucune loi; elle n'a donc pu en appliquer aucune
à faux.

» Ce n'est pas, au surplus, qu'elle n'eût pu
en citer deux qui sont, à cet égard, très-posi-
tives.

» La première est la loi 53, § 3, D. *ad senatus-
consultum Trebellianum*, où il est dit expressément que celui-là est indigne de recueillir les bienfaits du testateur, qui a méprisé quelques-unes de
ses dernières dispositions : *Cur enim non videretur
indignus, ut qui destituit supremas defuncti preces,
consequatur aliquid ex voluntate?*

» La seconde est le chap. 1er de la première novelle de Justinien....... (1)

» L'arrêt attaqué par le demandeur est donc parfaitement d'accord avec la saine raison, comme il
l'est avec l'esprit des lois romaines; eh! comment,
d'après cela, pourriez-vous accueillir une requête
tendante à ce qu'il soit cassé?

» C'est, dit le demandeur, que déjà la cour a
rejeté les demandes en cassation de deux jugemens
qui avaient décidé le contraire; c'est que, le 11
thermidor an 9, au rapport de M. Cassaigne, en
cette section même, la requête des sieurs Devisscher-
Celles, héritiers universels de Gottignies fils, en
cassation du jugement rendu le 5 ventose an 8,
par le tribunal civil du département de l'Escaut,
en faveur de la dame Vandernoot-Duras, a été
rejeté, *attendu que ce jugement n'a contrevenu à
aucune loi*; c'est que, le 9 février dernier, au rapport de M. Chasle, la section civile a rejeté la requête des mêmes héritiers, en cassation d'un arrêt
rendu par la cour de Bruxelles, le 2 fructidor an 12,
en faveur des sieurs Debrouchoven.

» Mais d'abord ces deux arrêts sont étrangers
au demandeur : le demandeur n'a été partie ni
dans l'un ni dans l'autre; il ne peut donc tirer
ni de l'un ni de l'autre une exception de chose
jugée.

» Ensuite, il est vrai que, par votre arrêt du 11
thermidor an 9, vous avez rejeté la requête en cassation du jugement du tribunal civil de l'Escaut,
du 5 ventose an 8; mais dans cette requête, quels
moyens les héritiers universels employaient-ils pour
faire casser le jugement dont ils se plaignaient ?
Ils n'y employaient que de prétendus vices de
forme, c'est un fait constant, et dont nous nous
sommes assuré par nos propres yeux. Votre arrêt
du 11 thermidor an 9 ne peut donc pas être ici invoqué, même comme simple autorité.

« Quant à l'arrêt de la section civile, du 9 fé-

(1) *V.* le plaidoyer précédent.

vrier dernier, quoiqu'il aille plus loin, quoiqu'il
déclare que Gottignies fils ayant disposé par erreur
des biens substitués aux sieurs Debrouchoven,
comme les croyant siens, et les sieurs Debrouchoven n'ayant fait que revendiquer leur part dans
ces biens, *sans litiguer ni combattre au surplus
aucune des dispositions de son testament*, on ne
peut pas dire que, dans une telle espèce, les lois
romaines invoquées par les demandeurs (les héritiers universels), *soient positivement applicables,
ni qu'il y ait été contrevenu*; il n'en faut cependant pas conclure que la section civile ait, en
confirmant ainsi l'arrêt de la cour de Bruxelles,
du 2 fructidor an 12, rien préjugé contre l'arrêt
de la même cour, du 18 janvier 1806, dont il est
en ce moment question.

» 1o L'arrêt du 18 janvier 1806 n'est pas seulement motivé, comme nous l'avons déjà dit, sur
la maxime que tout légataire est rendu indigne de
son Legs, par la résistance qu'il oppose aux dernières volontés de son bienfaiteur, c'est-à-dire sur la
maxime tirée des lois romaines auxquelles la section civile a jugé qu'il n'avait pas été contrevenu
par l'arrêt du 2 fructidor an 12; il est encore basé,
il l'est même en première ligne, il l'est principalement sur une interprétation du testament de
Gottignies fils, laquelle ne peut, sous aucun prétexte, donner prise à la cassation.

» 2o En disant que les lois romaines qui établissent
l'indignité du légataire dans le cas dont il s'agit,
n'étaient pas *positivement applicables* aux sieurs
Debrouchoven, et qu'il n'y avait pas été taxé de
contravention capable d'entraîner la cassation de
l'arrêt du 2 fructidor an 12, la section civile a-
t-elle entendu que, si cet arrêt eût jugé dans le
sens opposé à celui qu'il avait adopté, elle eût pu
et dû le casser? Non assurément; et nous pouvons,
au contraire, affirmer qu'il n'y a eu, dans la section civile, qu'une voix sur le mal jugé de cet
arrêt. Qu'a-t-elle donc entendu, en s'expliquant
comme elle l'a fait? Elle a voulu dire que les lois
romaines qui établissent l'indignité du légataire
rebelle aux dernières volontés du testateur, ne
peuvent pas être invoquées comme moyen de cassation, par l'héritier chargé du paiement du Legs,
parce que ce n'est pas au profit de l'héritier
qu'elles établissent cette indignité, mais au profit
du fisc; et que, lorsqu'un arrêt vient à déclarer
que cette indignité n'est pas encourue au profit de
l'héritier, il peut bien y avoir contravention à
l'usage général qui, en cette matière, a transféré
à l'héritier les droits du fisc; mais qu'il n'y a pas
et qu'il ne peut pas y avoir contravention aux lois
romaines elles-mêmes.

» Enfin, messieurs, quelles sont les lois que
le demandeur accuse la cour de Bruxelles d'avoir
violées, par l'arrêt qu'il vous dénonce aujourd'hui?
Ce n'est pas la coutume de Bruxelles; ce ne sont
pas les ordonnances des anciens législateurs du
Brabant : il ne cite en effet, comme violés par cet
arrêt, que des textes du droit romain.

» Eh bien! supposons pour un moment qu'il

existe, entre le droit romain et cet arrêt, une véritable contrariété : le demandeur pourra-t-il tirer de cette contrariété une ouverture de cassation ? Bien évidemment, il ne le pourrait qu'autant que les lois romaines auraient eu, à Bruxelles, avant le Code civil, une autorité véritablement législative.....

» Par toutes ces considérations, nous estimons qu'il y a lieu de rejeter la requête du demandeur, et de le condamner à l'amende. »

Arrêt du 14 juillet 1808, au rapport de M. Cassaigne, par lequel,

« Attendu qu'en décidant que le Legs de 20,000 florins a été fait à Ferdinand Devisscher-d'Hoves, dans la vue et en acquit de la substitution, la cour d'appel de Bruxelles n'a fait qu'interpréter une disposition dont l'appréciation lui était dévolue;

» Attendu qu'en jugeant que Ferdinand Devisscher-d'Hoves ayant demandé et obtenu sa part absolue dans les biens de la substitution, et ayant préféré la chose à la somme qui lui avait été léguée pour lui en tenir lieu, s'est par là privé du droit de réclamer ladite somme, la cour d'appel n'a fait que se conformer à l'intention du testateur, par elle reconnue et constatée;

» Attendu, enfin, qu'en interprétant le testament et en admettant la fin de non-recevoir de la manière qu'elle l'a fait, la cour d'appel n'a contrevenu à aucune loi;

» La cour rejette le pourvoi..... ».]]

III. Le légataire peut mourir avant ou après le testateur. Dans l'un et l'autre cas, sa mort produit, par rapport à la libéralité dont il est honoré, des effets qu'il est important de connaître.

Le décès du légataire arrivé avant celui du testateur, anéantit le Legs : c'est ce que décident une foule de textes, et entre autres la loi unique, C. de caducis tollendis. [[«Toute disposition testamentaire sera caduque (porte également l'art. 1039 » du Code civil), si celui en faveur de qui elle » est faite, n'a pas survécu au testateur. »]]

Si cependant le légataire était désigné dans le testament sous le nom de sa dignité, et que le Legs ne fût pas laissé à sa personne, mais à sa place, son prédécès ne porterait aucune atteinte à la disposition du testateur. La loi 56, D. de legatis 2°, le déclare ainsi dans l'espèce d'un Legs fait au prince.

Il en serait de même, si le testateur avait voulu que les héritiers du légataire profitassent de sa libéralité, en cas qu'il survécût à celui-ci. Un arrêt du 23 juin 1671, rapporté au Journal du Palais, a jugé « qu'un Legs fait dans la coutume de Poitou , en ces termes à lui et aux siens et ayant » cause à perpétuité, ne devient point caduc par » le prédécès du légataire avant le testateur. »

Mais il faut, pour cela, des signes certains de la volonté du testateur; une simple conjecture ne suffirait pas. Un arrêt du conseil souverain de Brabant, du 11 mars 1653, rapporté par Stockmans, a déclaré caduc un Legs prétendu par les enfans

du légataire prédécédé, quoiqu'ils alléguassent que la testatrice, qui était leur grand'tante , avait été dans un état de démence depuis la mort de leur père jusqu'à la sienne, et qu'ainsi elle n'avait pas pu les appeler au défaut de son neveu, comme elle l'avait fait antérieurement à l'égard des enfans d'autres légataires décédés avant elle.

On a aussi prétendu exempter de la caducité pour cause de prédécès, un Legs fait à un domestique , sous prétexte qu'une telle disposition étant censée rémunératoire, on devait présumer que le testateur avait eu l'intention d'étendre les effets de sa reconnaissance jusqu'aux enfans du légataire; mais ce système a été proscrit par un arrêt du parlement de Paris , du 5 juin 1631 , inséré dans le recueil de Bardet.

Lorsque le légataire décède après le testateur, sans avoir obtenu la délivrance de son Legs, il faut, pour savoir s'il le transmet à ses héritiers, distinguer le cas où ce Legs lui a été dû, d'avec celui où il n'y a eu aucun droit. Dans la première hypothèse, il ne transmet rien; dans la seconde, ses héritiers succèdent à son action. Ce que nous avons dit ci-devant, sect. 5, § 1, éclaircit et développe suffisamment cette distinction.

Il fut un temps où la perpétuité tenait tellement à l'essence des Legs, que tout Legs à temps, c'est-à-dire, dont le testateur avait limité la durée, était regardé comme nul. Mais cette jurisprudence, qui n'avait été introduite que par les subtilités des anciens jurisconsultes, a été abrogée par l'empereur Justinien. Voici ce que porte la loi 26, D. de legatis, au Code : Illud quod de Legatis vel fideicommissis temporalibus utpote irritis, à legum conditoribus definitum est , emendare prospeximus , sancientes etiam talem legatorum vel fideicommissorum speciem valere et firmitatem habere. Cùm enim jam constitutum sit fieri posse temporales donationes et contractus , consequens est etiam Legata vel fideicommissa quæ ad tempus relicta sunt , ad eamdem similitudinem confirmari : post completum videlicet tempus ad heredem iisdem Legatis vel fideicommissis remeantibus.

Lorsqu'usant de la faculté que lui laisse cette loi , le testateur a limité à un certain temps la jouissance que le légataire doit avoir de la chose léguée, il est clair que le laps de ce temps opère de plein droit l'extinction du Legs.

Il n'est même pas toujours nécessaire que la limitation soit expresse; il en est certains cas où elle résulte de la nature de la disposition du défunt. Ainsi, un Legs annuel est censé borné à la vie de celui à qui il est fait ; c'est ce que prouvent les lois 10, 11, 12, D. quando dies Legatorum, et 4, D. de annuis Legatis.

Il faut cependant remarquer, d'après ces mêmes lois , et comme l'a jugé un arrêt du parlement de Paris , du 7 septembre 1622, rapporté par Bouguier , lettre L , n° 1 , que le Legs d'une pension annuelle échoit le premier jour de chaque année; et que par conséquent le légataire qui meurt avant la fin, transmet à son héritier le droit de demander l'année entière.

Lorsque le testateur a laissé une pension annuelle *à un tel et à ses héritiers*, le Legs n'est pas borné à la vie du légataire, ni même à celle de ses héritiers immédiats; la loi 22, C. *de Legatis*, le déclare perpétuel, et conséquemment transmissible aux héritiers des héritiers à l'infini.

La perpétuité forme pareillement le caractère des Legs annuels qui sont faits au profit des établissemens ou corps de main-morte; la loi 6, la loi 20, § 1, la loi 23, *de annuis Legatis*, la loi 46, § 9, et la loi dernière, C. *de episcopis et clericis*, en fournissent la preuve et l'exemple; et c'est sur ce fondement qu'un arrêt du parlement de Grenoble, du 10 décembre 1612, rapporté par Basset, a jugé perpétuelle la fondation qu'un testateur avait faite d'une messe à célébrer chaque jour de la semaine.

On opposera sans doute à ces décisions, qu'un usufruit légué *à un tel et à ses héritiers*, finit dans la personne des héritiers immédiats, suivant la loi 14, C. *de usufructu*; et que la loi 56, D. même titre, limite à cent ans la durée d'un usufruit légué à une communauté d'habitans. Mais, répond Voët, il y a une grande différence entre un Legs d'usufruit et celui d'une simple prestation annuelle. Le premier absorbe tous les émolumens de la propriété; et comme il serait absurde qu'un propriétaire fût réduit à ne tirer jamais aucun profit de son bien, il a fallu nécessairement fixer des bornes à la durée des dispositions de cette nature. Le second, au contraire, laisse le plus communément au propriétaire une très-grande partie de ses revenus, il n'en emporte qu'une portion, et, par conséquent, on n'a pas eu la même raison de le limiter à un certain temps. Si cependant, continue Voët, il en résultait le même inconvénient que d'un Legs d'usufruit, c'est-à-dire, s'il rendait la propriété de l'héritier tout-à-fait inutile, on pourrait y appliquer la disposition des lois que nous venons de citer : *eadem ratio, idem jus.*

Un testateur avait laissé un Legs annuel *à un tel, étudiant.* Le légataire ayant fini ses études, l'héritier prétendit que le Legs était éteint par le laps de temps que le testateur avait, suivant lui, apposé à sa disposition par le mot *étudiant;* mais ce terme n'était évidemment que démonstratif : aussi l'héritier a-t-il été condamné, par arrêt du parlement d'Aix, du 19 novembre 1643, à continuer le paiement du Legs pendant toute la vie de celui que le défunt en avait gratifié. Cette espèce est rapportée par Boniface.

IV. Nous avons mis la prescription au nombre des causes extinctives des Legs; et en effet, il est certain que, quand un légataire a laissé passer, sans agir en délivrance, un temps suffisant pour la prescription d'une action personnelle-hypothécaire, on doit regarder ses droits comme non-avenus.

Justinien a modifié cette règle par deux exceptions.

1° Il a voulu, par la loi 23, C. *de sacrosanctis ecclesiis*, que l'action en paiement de Legs faits pour le rachat des captifs, ne pût être prescrite que par cent ans.

2° Il a ordonné la même chose à l'égard des Legs faits aux églises et aux cités. La loi que nous venons d'indiquer, en contient une disposition expresse. Néanmoins, quoique ce législateur ne l'ait pas révoquée nommément à l'égard des cités, mais seulement par rapport aux églises, il y a bien des auteurs qui, par identité de raison, la regardent comme entièrement abrogée, et leur opinion a prévalu dans l'usage.

[[Au surplus, les deux exceptions dont il s'agit, sont abrogées par l'art. 2262 du Code civil, suivant lequel, « toutes les actions, tant réelles » que personnelles, sont prescrites pour trente » ans. »]]

Il y a quelques particularités sur la prescription des Legs annuels, mais on les trouvera au mot *Prescription.*

[[Quant à l'extinction du Legs, qui s'opère par l'anéantissement de la chose léguée, indépendamment de ce qui a été dit ci-devant, sect. 3, § 3, n° 17, ce que porte l'art. 1042 du Code civil :

« Le Legs sera caduc, si la chose léguée a totalement péri pendant la vie du testateur.

» Il en sera de même, si elle a péri depuis sa mort, sans le fait et la faute de l'héritier, quoique celui-ci ait été mis en retard de la délivrer, lorsqu'elle eût également dû périr entre les mains du légataire. »

Section VIII. *À qui profite la nullité ou l'extinction d'un Legs?*

Cette question est traitée dans le plaidoyer du 12 août 1811, rapporté au mot *Légataire*, § 2, n° 18 *bis*; et dans le plaidoyer du 4 novembre 1807, rapporté aux mots *Révocation de donation*, § 2 : j'en dis aussi quelque chose à l'article *Institution contractuelle*, § 5, n° 9.]]

Au surplus, *V.* les articles *Légataire, Accroissement, Prélegs, Usufruit, Usage (droit d'), Habitation, Institution d'héritier, Alimens, Intérêts, Fruits, Héritier, Légitime, Condition, Mode, Meubles (legs de), Libération (legs de), Option (legs de), Inofficiosité, Testament, Révocation*, etc.

[[LEHEN, mot allemand, synonyme de *fief. V.* l'article *Fief*, sect. 2, § 7.]]

[[LEIBGEWINN, mot allemand, synonyme d'usufruit concédé à vie.

I. Un avis du conseil d'état, du 14 juillet 1807, approuvé par le chef du gouvernement le 18 août suivant, résout ainsi la question de savoir si les redevances créées par des baux à *Leibgewinn*, sont féodales ou purement foncières, et conséquemment abolies ou conservées.

« Le conseil d'état, qui, d'après le renvoi ordonné par sa majesté, a entendu le rapport de la section des finances, sur celui du ministre de ce département, relatif aux redevances dues sur des biens-fonds concédés originairement à titre de Leibgewinn, dans les quatre départemens de la rive gauche du Rhin, et sur la question de savoir si ces sortes de redevances sont comprises dans celles présumées foncières par l'art. 1er du décret du 9 vendémiaire an 13 ;

» Vu le décret susdaté, ensemble les observations de l'administration des domaines, et les autres pièces jointes au rapport ;

» Considérant que la concession de fonds à titre de Leibgewinn est usitée depuis un temps immémorial dans les pays de la rive gauche du Rhin, et principalement dans les ci-devant provinces de Clèves, de Meurs et de la Marck ; que ces fonds ayant toujours été considérés dans l'origine comme biens allodiaux au propres, que les bailleurs ne cédaient que pour la vie seulement des preneurs, ainsi qu'il résulte de la définition même de ce mot, donné par les auteurs qui ont écrit sur le droit germanique, et notamment par le glossaire de Scherz, qui s'exprime ainsi : *Leibgewinn, usufructus ad dies vitæ : præcia rustica, sic plerumque conceduntur tò Leibgewinn, ca ratione, ut, mortuo agricola, ad ejus liberis nova domini concessio impetrari debeat ;*

» Qu'en outre, cette allodialité est attestée par deux certificats de la régence royale de Munster et de l'université de Duisbourg, des 26 février et 27 mars 1805 ;

» Que les détenteurs ou possesseurs desdits biens ne pouvaient les vendre ou échanger, ni même les grever d'hypothèques, sans le consentement des bailleurs ; que ces biens n'entraient pas dans l'ordre ordinaire des successions, puisque, pour la transmission du père aux enfans, le même consentement du bailleur était absolument nécessaire ;

» Que de plus, ces mêmes biens ont toujours été considérés comme restant dans le domaine direct et utile du bailleur ; et que les redevances provenant de leur concession, étaient souvent désignées sous la dénomination de fermages ;

» Qu'on ne peut considérer les redevances dont il s'agit, comme dérivant généralement de la puissance féodale, puisqu'il est prouvé que tous les propriétaires indistinctement ont concédé leurs biens aux mêmes titres et conditions ;

» Enfin, que lesdites redevances ont été souvent confondues sous la dénomination d'*Ersbacht* ou de *Zimes* ; que ces dernières, qui provenaient de concessions à titre héréditaire, ayant été réputées foncières et non seigneuriales, par l'art. 1er du décret du 9 vendémiaire an 13, celles provenant de concessions à titre de Leibgewinn ou bail à vie, doivent, à plus forte raison, être rangées dans la même classe, puisque, indépendamment de la similitude qui existe entre elles, ces dernières ont conservé, d'une manière plus marquée, la nature de leur origine et le signe de la propriété en faveur des bailleurs du fonds ;

» Est d'avis 1º que les redevances fixes, soit en argent, soit en nature, dues par les détenteurs actuels de biens concédés originairement à titre de Leibgewinn, doivent être comprises dans la classe des redevances présumées foncières par l'art. 1er du décret du 9 vendémiaire an 13 ;

» 2º Que, vu les circonstances et les doutes qui ont pu s'élever sur la nature de ces redevances, les redevables qui se conformeront, dans le délai de six mois, à compter de la publication du présent avis, aux dispositions de l'art. 9 du décret du 9 vendémiaire an 13, doivent jouir de la faveur accordée par cet article pour le paiement des arrérages échus ;

» 3º Et que le présent avis doit être imprimé et publié dans les quatre départemens de la rive gauche du Rhin. »

V. les articles *Cens, Emphytéose*, § 5 ; *Quart-raisin*, et *Rente seigneuriale*, § 5, nº 10.

V. aussi les décrets du 24 juin 1808 et 6 mars 1810, relatifs au rachat des *Leibgewinn* dues à l'État.]]

LÉPREUX. C'est celui qui a la lèpre.

Dans la multitude des dispositions que renferment les chartres ou coutumes générales de Hainaut, on en remarque de fort singulières sur les Lépreux.

Suivant l'art. 1er du chap. 135 de ces lois, lorsque quelqu'un est soupçonné d'être infecté de la lèpre, les échevins du lieu de sa résidence sont tenus *de le mener aux épreuves aux dépens des paroissiens.*

S'il est jugé Lépreux, la table des pauvres, ou, à son défaut, la communauté des paroissiens doit lui fournir *un chapeau, manteau gris, cliquottes et besace*, et célébrer ses funérailles comme s'il était mort. C'est la disposition de l'art. 2.

L'art. 3 ajoute que « la ville sera tenue faire à » la personne lépreuse une maison *sur quatre es-* » *taques*, à charge d'être brûlée après sa mort, » avec le lit et habillement ayant servi à son » corps. »

Suivant l'art. 12, il faut qu'il y ait, entre cette maison et le chemin le plus proche, une distance d'au moins vingt pieds.

L'art. 14, en ordonnant au seigneur haut-justicier de la faire brûler, avec tout ce qui s'y trouve, après la mort du Lépreux, lui permet de *réserver l'étain, plomb, fer, chaudrelage, et autres semblables biens non infectés.*

Lorsque la personne jugée lépreuse n'est point native de la paroisse dans laquelle elle fait sa résidence, « les échevins du lieu (dit l'art. 8) se-» ront tenus de la mener au bout et extrémité de » ladite seigneurie au lez vers le lieu de sa nais-» sance, et l'y renvoyer, lui administrant et four-» nissant les parties ci-devant déclarées, recom-» mandant, sur peine de ban, de ne retourner en » la seigneurie dont elle est partie ; et si telle » personne est native d'autre pays que du Hainaut, » on la devra mener au bout et extrémité de notre-» dit pays de Hainaut, du côté de sadite nais-

» sance; et si elle y retournait, la bannir sur » peine de sa vie. »

Lorsqu'un Lépreux a reçu le jour dans un endroit et le baptême dans un autre, c'est le lieu de sa naissance qui doit en être chargé, « à quoi de» vront contribuer tous les manans des villages » sortissans en une paroisse, lorsqu'à ladite pa» roisse y aura plusieurs seigneuries et jugemens » appendans. » Ce sont les termes de l'art. 9.

L'art. 19 défend aux cabaretiers, aubergistes, et autres de pareille profession, de recevoir des Lépreux dans leur maison *pour boire et manger*, à peine de correction arbitraire.

L'art. 20 défend aux Lépreux d'aller dans la ville de Mons *pour faire leurs quêtes*, si ce n'est les jours de Pâques, de Pentecôte, de Noël, de la Toussaint, de l'Assomption, et les veilles de la fête de la ville, de Saint-Martin, des Rois et du dimanche gras, *se regardant lors de converser entre les gens, et de n'uriner sinon arrière d'iceux et hors rues publiques.*

L'art. 7 porte que la personne jugée lépreuse doit le meilleur cattel à son seigneur, comme si elle était morte, à la charge néanmoins de le reprendre en cas de guérison. (*V.* l'article *Meilleur Cattel.*)

On croirait, d'après une telle disposition, que les Lépreux sont regardés par les lois du Hainaut comme morts civilement; mais l'art. 6 prouve le contraire; il déclare que « le Lépreux pourra suc» céder comme autre personne, et les hoirs dudit » Lépreux à lui, et se peut aider de son héritage » comme un autre. »

* **LÈSE-MAJESTÉ.** On distingue deux sortes de crimes connus sous cette dénomination.

I. Le crime de Lèse-Majesté divine est une offense commise directement contre Dieu, comme l'apostasie, l'hérésie, le sacrilége, le blasphême, etc. Ce crime est puni plus ou moins grièvement, et même quelquefois de mort, ce qui dépend des circonstances. [[*V.* les articles *Blasphême* et *Sacrilége.*]]

II. On appelle *crime de Lèse-Majesté humaine*, un attentat commis contre le souverain ou contre l'État.

On distingue, par rapport au crime de Lèse-Majesté humaine, plusieurs chefs ou degrés différens qui rendent le crime plus ou moins grave.

Suivant la déclaration donnée à Villers-Cotterets, le 10 août 1539, quiconque attente à la personne du souverain ou à celle des enfans de France, doit être regardé comme coupable de Lèse-Majesté au premier chef.

Il faut en dire autant de ceux qui conspirent ou font des entreprises contre l'État, soit en se soulevant avec armes contre les ordres du roi, soit en rassemblant des troupes contre lui, soit en excitant le peuple à la rébellion, soit en entretenant des intelligences avec les ennemis de l'État, soit en formant quelque complot pour faire rendre une place contre le gré du gouverneur et de son conseil, soit en donnant du secours à l'ennemi, en lui fournissant des soldats, des chevaux, des vivres ou de l'argent, etc. C'est ce qui résulte des différentes lois, telles que les déclarations des 16 août 1563 et 11 novembre 1584, l'ordonnance de Blois, la déclaration du 27 mai 1610, de l'ordonnance du mois de janvier 1629, etc.

On répute coupables de Lèse-Majesté au second chef, les militaires qui désertent du royaume pour se retirer chez l'ennemi, ceux qui injurient le souverain ou font rébellion à ses ordres; les infracteurs de sauve-gardes ou sauf-conduits donnés par le prince aux ennemis, ou à leurs ambassadeurs, ou à leurs otages; ceux qui refusent de payer les impôts publics; ceux qui font la guerre, quoique contre les ennemis de l'État, sans en avoir obtenu la permission du souverain; ceux qui, sans pouvoir ni mandement du prince, s'assemblent pour délibérer sur les affaires de l'État, sous prétexte du bien public ou autre quelconque; ceux qui, sans permission du roi, enrôlent des gens de guerre, fortifient des places, ou en démolissent les fortifications, font des amas d'armes, de poudre ou autres munitions de guerre, ou font fondre des canons ou d'autres pièces d'artillerie; ceux qui, de leur autorité privée, établissent ou lèvent des impôts, ou disposent des deniers royaux; ceux qui fabriquent de la fausse monnaie; ceux qui falsifient le scel royal; ceux qui, de leur propre autorité ou sous de fausses provisions, exercent les fonctions de magistrats, de gouverneurs, d'intendans, etc.; ceux qui commettent des excès contre les juges, ou même contre les huissiers qui sont dans leurs fonctions; ceux qui, sans permission du roi, transportent hors du royaume, des armes, de la poudre ou d'autres munitions de guerre, etc. Telles sont les dispositions de plusieurs édits, ordonnances et déclarations, et particulièrement de l'édit du mois de juillet 1534, des déclarations des 29 novembre 1565, 25 août 1570, 27 mai 1610, 14 avril 1615 et 14 juillet 1682; des édits de décembre 1601 et d'août 1669; et des ordonnances de Blois, de Moulins, du mois de janvier 1629, et du mois d'août 1670.

On regarde encore comme crime de Lèse-Majesté d'un autre ordre, le crime de péculat, le crime de concussion, les malversations des officiers dans leurs fonctions, les assemblées illicites, attroupemens et ports d'armes contre la disposition des ordonnances, et l'action de briser les prisons pour en faire sortir des prisonniers.

[[Le Code pénal du 25 septembre 1791, part. 2, tit. 1, sect. 1 et 2, et à son exemple, le Code pénal de 1810, liv. 3, tit. 1, sect. 1 et 2, qualifient de *crime contre la sûreté extérieure et intérieure de l'État*, ce que nos anciennes lois appellent *crimes de Lèse-Majesté au premier chef.* Et à l'égard de ce que nos anciennes lois appelaient *crimes de Lèse-Majesté au second chef*, ils en font deux classes : l'une dans laquelle ils rangent *les délits particuliers contre le respect et l'obéissance dus à la loi, et à l'autorité des pouvoirs constitués pour la faire exécuter*; l'autre, dans laquelle ils placent les *crimes des fonctionnaires publics dans l'exercice des pouvoirs qui leur sont confiés.*]]

III. Quelles sont les peines du crime de Lèse-Majesté au premier chef ?

Chez les Romains, les criminels de Lèse-Majesté, et leurs complices qui étaient de basse condition, devaient être condamnés à être dévorés par les bêtes ou à être brûlés vifs ; et ceux qui étaient d'une condition honnête, à perdre la vie par le fer : les biens des uns et des autres devaient être confisqués au profit de l'empereur.

En France, la peine du crime de Lèse-Majesté au premier chef, est d'être tenaillé vif avec des tenailles rouges, d'être tiré à quatre chevaux, etc.

En 1593, Pierre Barrière, convaincu d'avoir conspiré contre la personne du roi, fut condamné à avoir le poing coupé, à être tenaillé avec des tenailles ardentes, à être ensuite rompu vif et brûlé, etc.

Depuis, on a puni à peu près de même, en 1594, Jean Châtel, pour attentat commis sur la personne du roi Henri IV ; Ravaillac, pour avoir tué le même prince ; et Robert-François Damiens, pour avoir attenté à la vie de Louis XV.

L'arrêt rendu contre ce dernier criminel, le 26 mars 1757, est ainsi conçu :

« La cour, garnie de princes et de pairs, faisant droit sur l'accusation contre ledit Robert-François Damiens, déclare ledit François Damiens dûment atteint et convaincu du crime de Lèse-Majesté divine et humaine au premier chef, pour le très-méchant, très-détestable parricide commis sur la personne du roi ;

» Et pour réparation, condamne ledit Damiens à faire amende honorable devant la principale porte de l'église de Paris, où il sera mené et conduit dans un tombereau, nu en chemise, tenant une torche de cire ardente du poids de deux livres ; et là, à genoux, dire et déclarer, que méchamment et proditoirement il a commis le très-méchant, très-abominable et très-détestable parricide, et blessé le roi d'un coup de couteau dans le côté droit, dont il se repent ; et demander pardon à Dieu, au roi et à la justice ; ce fait, mené et conduit dans ledit tombereau à la place de Grève, et sur un échafaud qui y sera dressé, tenaillé aux mamelles, bras, cuisses et gras de jambes, sa main droite, tenant en icelle le couteau dont il a commis ledit parricide, brûlée de feu et de soufre ; et sur les endroits où il sera tenaillé, jeté du plomb fondu, de l'huile bouillante, de la poix résine brûlante, de la cire et du soufre fondus ensemble ; et ensuite son corps tiré et démembré à quatre chevaux, et ses membres et corps consumés au feu, réduits en cendres, et ces cendres jetées au vent ;

» Déclare tous ses biens, meubles et immeubles, en quelques lieux qu'ils soient situés, confisqués au roi : ordonne qu'avant ladite exécution, ledit Damiens sera appliqué à la question ordinaire et extraordinaire, pour avoir révélation de ses complices ;

» Ordonne que la maison où il est né, sera démolie, celui à qui elle appartient préalablement indemnisé ; sans que sur le fonds de ladite maison, il puisse à l'avenir être fait autre bâtiment. »

Par un autre arrêt du 29 du même mois, le père, la mère et la fille de Damiens ont été bannis à perpétuité du royaume, avec défense à eux d'y revenir, sous peine d'être pendus sans aucune forme de procès ; et il a été enjoint aux frères et aux sœurs du même criminel de changer le nom de Damiens.

Quand une femme se rend coupable du crime de Lèse-Majesté au premier chef, on la condamne à être brûlée vive. Au mois de juin de l'année 1600, le parlement fit subir ce supplice à Nicole-Mignon, convaincue d'avoir conspiré contre la vie d'Henri IV.

On punit aussi de la peine du crime de Lèse-Majesté au premier chef, ceux qui attentent à la vie des enfans de France. Sébastien de Montécuculli, accusé, en 1530, d'avoir empoisonné François, dauphin de France, fut tiré à quatre chevaux à Lyon.

Salcide, qui avait conspiré contre la vie du duc d'Alençon, frère de Henri III, fut condamné par arrêt du parlement de Paris du 26 octobre 1582, à être tiré à quatre chevaux ; ce qui fut exécuté en place de Grève.

On punit encore du même supplice ceux qui conspirent contre l'État, qui entrent dans des ligues contre le souverain, qui lui font la guerre ou livrent aux ennemis quelque place du royaume.

C'est ce qu'éprouva, en 796, sous Charlemagne, un gentilhomme, qui fut condamné à être tiré à quatre chevaux, pour avoir trahi l'État, et occasionné la déroute de l'armée française.

En 1548, François de Lavergne, l'un des principaux chefs de la conjuration de Bordeaux, fut condamné, par arrêt du parlement de cette ville, à être tiré à quatre chevaux.

En 1602, Fontanelles, complice de la conjuration du maréchal de Biron, accusé d'avoir traité avec l'Espagne pour lui livrer l'île de Tressan en Bretagne, fut condamné, par arrêt du grand conseil, à avoir les quatre membres rompus en place de Grève.

[[On peut voir dans le Code pénal de 1810, art. 75 et suivans, quelles sont les peines dont sont actuellement punis les crimes contre la sûreté extérieure et intérieure de l'État.]]

IV. Quelles sont les peines du crime de Lèse-Majesté au second chef ? Ces crimes sont, comme on l'a remarqué, ceux qui offensent la dignité du souverain ou qui attaquent son autorité. Le plus souvent on les punit du dernier supplice.

C'est ainsi que, par arrêt du 1ᵉʳ décembre 1584, un gentilhomme protestant fut condamné à être pendu et ensuite brûlé en place de Grève, pour avoir composé des libelles diffamatoires contre le roi. Par un autre arrêt du 22 novembre 1586, le nommé François Lebreton fut pendu devant les degrés du Palais, pour un crime du même genre.

Quant à ceux qui exposent en vente des libelles contre le souverain, ils doivent être condamnés au fouet et au bannissement, conformément au douzième des articles arrêtés dans l'assemblée de Saint-Germain-en-Laye, au mois de novembre 1583.

Les infracteurs de sauve-garde doivent être punis comme criminels de Lèse-Majesté, relativement aux excès qu'ils ont commis. L'ordonnance du 1er juillet 1727, concernant les délits militaires, défend à toute personne quelle qu'elle soit, à peine de punition corporelle ou de la vie, selon l'exigence des cas, d'attenter ou entreprendre contre les personnes, villes, bourgs ou villages, châteaux, hameaux, ou autres biens et lieux qui sont sous la sauve-garde du roi.

Plusieurs lois ont établi que ceux qui feraient des levées de gens de guerre sans commission du roi, seraient punis comme criminels de Lèse-Majesté, leurs corps et biens confisqués, et leur postérité déclarée incapable de tout état, office, honneur et privilége.

L'ordonnance du mois de janvier 1629 a prononcé les mêmes peines contre ceux qui, sans commission du roi, fortifieraient des places ou qu'elles appartinssent à sa majesté ou à des particuliers.

Suivant l'art. 27 de l'assemblée de novembre 1583, ceux qui rasent ou démolissent des places ou fortifications sans permission du roi, doivent être condamnés à les rétablir, et à perdre leur droit de justice.

Ceux qui font des amas de poudre et de plomb, ou qui en fabriquent sans la permission du roi, doivent être condamnés à deux mille écus d'amende, conformément à l'art. 173 de l'ordonnance du mois de janvier 1629. Et l'article suivant veut que ceux qui font fondre des canons et d'autres pièces d'artillerie, ou qui en gardent chez eux sans permission, soient punis de peines corporelles, outre la confiscation des choses prohibées.

Les ordonnances de Moulins et de Blois et les déclarations des 27 novembre 1565 et 25 août 1570 déclarent criminels de Lèse-Majesté au second chef ceux qui font des levées de deniers sur le peuple sans lettres-patentes du roi. La peine, en cas pareil, est la confiscation de corps et de biens.

Il doit en être usé de même à l'égard de ceux qui falsifient les sceaux du roi ou qui fabriquent de la fausse monnaie.

Ceux qui attentent à la personne des magistrats dans leurs fonctions, ou même des huissiers lorsqu'ils font des actes de justice, doivent être punis de mort, sans aucune espèce de grâce. C'est ce qui résulte de l'art. 1 de l'édit d'Amboise du mois de janvier 1572, de l'art. 190 de l'ordonnance de Blois, et de l'art. 4 du tit. 16 de l'ordonnance criminelle du mois d'août 1670.

Mézerai rapporte que le sieur Jourdain, seigneur de Lille, ayant tué un huissier qui l'avait

assigné à comparaître au parlement, fut condamné, par arrêt, à être traîné à la queue d'un cheval et pendu au gibet de Paris.

L'art. 22 de l'assemblée de novembre 1583 défend à tout officier du roi de sortir du royaume sans permission par écrit de sa majesté, à peine de privation d'office. Et l'art. 23 fait la même défense aux prélats du royaume, à peine de saisie de leur temporel et de la perte des fruits de leurs bénéfices pendant leur absence.

L'édit du mois d'août 1669 et la déclaration du 14 juillet 1682 ont défendu aux sujets du roi, de quelque qualité et condition qu'ils fussent, d'aller s'établir dans les pays étrangers et d'y transporter leur famille, sous peine de confiscation de corps et biens.

[[V. les sect. 4 et 5 du tit. 1 de la seconde partie du Code pénal du 25 septembre 1791, la loi du 27 germinal an 4, le Code pénal de 1810, liv. 3, tit. 1, chap. 2 et 3, et les mots *Anonyme*, *Concussion*, *Emigration*, *Monnaie*, *Péculat*, *Poudre*, *Rébellion*, etc.]]

V. On observe, pour la punition du crime de Lèse-Majesté, différentes règles qui n'ont pas lieu dans la punition des autres crimes.

1° Les biens de ceux qui sont condamnés comme criminels de Lèse-Majesté au premier chef, doivent être confisqués au profit du roi, à l'exclusion des seigneurs hauts justiciers; cette confiscation doit avoir lieu même dans les coutumes qui rejettent la confiscation; et elle est déchargée de toute dette, hypothèque, douaire et substitution. C'est ce qui résulte d'une déclaration du 10 août 1539.

[[Mais V. l'article *Confiscation*.]]

2° On supprime le nom et les armes de ceux qui sont coupables du crime de Lèse-Majesté au premier chef, et l'on ordonne que leur maison sera rasée, leurs bois de haute futaie coupés jusqu'à une certaine hauteur, leurs armes brisées, et leur nom supprimé.

[[On ne fait plus rien de tout cela aujourd'hui.]]

3° Quoiqu'en matière de crime on tienne pour principe qu'il n'y a que celui qui l'a commis qu'on puisse punir, on étend néanmoins, en matière de crime de Lèse-Majesté au premier chef, la punition aux ascendans et aux descendans du coupable, afin d'inspirer plus d'horreur d'un tel crime. C'est ainsi qu'on en a usé envers les ascendans et la postérité de Ravaillac et de Damiens.

[[Cette jurisprudence est abolie par l'art. 1 de la loi du 21 janvier 1790.]]

4° La punition du crime de Lèse-Majesté au premier chef, a lieu contre les coupables, même après leur mort; et elle s'exécute contre leur cadavre et contre leur mémoire, par la suppression de leurs noms et de leurs armes, en les traînant sur la claie, etc.

[[Mais V. l'article *Cadavre*, n° 5.]]

5° Non-seulement on punit les complices du crime de Lèse-Majesté au premier chef de la même manière que les principaux auteurs, mais encore

774   LÉSION, § I.

ceux qui ont approuvé ce crime. C'est ainsi que, par arrêt du 26 juin 1590, Edmond Bourgoin, prieur des jacobins de Paris, fut condamné à être tiré à quatre chevaux, pour avoir loué publiquement Jacques Clément, assassin de Henri III.

[[*V.* l'article *Complice*, n° 1.]]

5° Suivant l'ordonnance du 22 décembre 1477, et l'art. 2 de l'assemblée de novembre 1585, on doit punir de mort ceux qui, ayant eu connaissance d'une conspiration contre l'État ou contre la personne du roi, ne l'ont point révélée.

C'est ainsi qu'en 1523, le parlement de Paris condamna le sieur de Saint-Vallier à avoir la tête tranchée, parce qu'ayant su l'entreprise de Charles de Bourgogne lorsqu'il quitta la France, il ne l'avait point révélée.

Par un autre arrêt du mois d'octobre 1603, un jardinier de Henri IV, à qui un gentilhomme du Dauphiné avait proposé de l'argent pour empoisonner ce prince, fut condamné à être pendu, pour n'avoir point révélé cette proposition.

Par un troisième arrêt du 12 septembre 1642, M. de Thou fut condamné à avoir la tête tranchée, pour avoir su la conspiration de M. de Cinq-Mars, son ami, et ne l'avoir point révélée.

[[*V.* le Code pénal de 1810, liv. 3, tit. 1, chap. 3, sect. 3, et les mots *Confession sacramentelle.*]]

7° On punit pareillement de mort ceux qui ont eu la pensée de commettre le crime de Lèse-Majesté au premier chef, quoique cette pensée n'ait produit aucun effet : il suffit pour cela qu'elle soit justifiée par témoins ou par l'aveu de celui qui l'a eue.

C'est ainsi qu'un gentilhomme, revenu d'une maladie dangereuse, durant laquelle il s'était confessé d'avoir eu la pensée de tuer le roi Henri II, fut, sur cette confession dont le confesseur avait donné avis au procureur-général, condamné à être décapité aux halles ; ce qui fut exécuté.

Par un autre arrêt du 11 janvier 1595, un vicaire de Saint-Nicolas-des-Champs fut condamné à être pendu, pour avoir dit, *qu'il se trouverait quelqu'un de bien, comme le frère Jacques Clément, pour tuer Henri IV, ne fut-ce que lui.*

Par un autre arrêt du mois de novembre 1591, le grand-conseil condamna à mort un jeune novice carme, âgé à peine de douze ans, pour avoir dit, en tenant un couteau, qu'il pourrait bien un jour être un autre Jacques Clément.

[[*V.* les articles *Confession sacramentelle, Conspiration* et *Tentative de crime.*]]

8° Il n'y a, suivant l'art. 1 de l'ordonnance du mois d'août 1670, que les baillis et sénéchaux royaux qui puissent connaître du crime de Lèse-Majesté humaine en tous ses chefs.

Observez néanmoins que cette règle reçoit une exception à l'égard du crime de Lèse-Majesté au premier chef : le parlement en connaît seul, la grand'chambre assemblée. Cet usage est fondé sur l'ordonnance de Charles VII, du mois de juillet 1493, qui a permis à cette cour de connaître

immédiatement en première instance, des faits graves qui intéressent l'ordre public et la police générale. Ce même usage se trouve confirmé par plusieurs exemples. En effet, c'est la grand'chambre du parlement qui a jugé Jean Châtel, Guignard, Ravaillac, Damiens, etc.

[[Aujourd'hui, c'est à la cour des pairs qu'appartient la connaissance de ces crimes, mais elle n'est pas absolument interdite aux tribunaux ordinaires. *V.* l'article *Cour des pairs.*]]

9° On admet toutes sortes de personnes, même les infâmes, à dénoncer le crime de Lèse-Majesté ; et si les dénonciateurs viennent à succomber faute de preuves, on ne doit pas prononcer de dommages et intérêts contre eux : cette règle a été établie, afin que la crainte de payer des dommages et intérêts ne pût pas être un obstacle à la découverte d'un crime tel que celui dont il s'agit.

Cependant, si la calomnie était évidente, ou prouvée, on punirait de mort le dénonciateur. C'est ainsi qu'en 1617, le sieur de Gigné fut condamné à avoir la tête tranchée, pour avoir dit faussement que le duc de Vendôme voulait attenter à la personne du roi.

Par un autre arrêt du 14 mai 1585, le grand-conseil condamna le sieur Montand à être décapité, pour avoir dit faussement que le duc d'Elbœuf lui avait fait offrir dix mille écus, afin de faire mourir le roi.

[[Mais *V.* l'article *Calomnie.*]]

10° On punit aussi de mort ceux qui donnent de faux avis en matière de crime de Lèse-Majesté au premier chef.

C'est ainsi que, par jugement souverain rendu au présidial d'Orléans, le 23 novembre 1669, Anne Tavernier fut condamnée à être pendue, pour avoir donné avis par écrit que le sieur Rossignol et le sieur Morry, habitans de Châteaudun, avaient formé le projet d'attenter à la personne du roi.

Par arrêt du 1er février 1762, le parlement de Paris condamna un garde du roi à être pendu, pour avoir faussement assuré qu'on voulait attenter à la personne de Louis XV.

[[Il y avait, sous le Code pénal de 1791, un cas où ces faux avis pouvaient être punis. (*V.* la loi du 6 floréal an 2, rapportée à l'article *Calomnie*, n° 3.) Aujourd'hui il n'en existe plus aucun, le Code pénal de 1810 étant absolument muet là-dessus.]]

11° Le crime de Lèse-Majesté ne se prescrit par aucun laps de temps, quel qu'il soit. (M. GUYOT.)*

[[Aujourd'hui, ce crime se prescrit par le même laps de temps que les autres. *V.* l'article *Prescription*, sect. 3, § 7, art. 3 et 4.]]

*LÉSION. Dommage, tort, préjudice qu'on souffre en quelque transaction, en quelque marché, en quelque contrat.

§ I. *De la Lésion dans la vente.*

I. Lorsque, dans la vente d'un immeuble, il y

a une Lésion énorme, c'est-à-dire, d'outre moitié du juste prix, le vendeur a une action pour faire rescinder le contrat de vente : d'où il suit que, quand le vendeur a fait prononcer cette rescision, il peut répéter l'immeuble qu'il avait vendu, de même que l'acheteur peut répéter le prix qu'il en avait payé.

Cependant, comme la rescision de la vente n'est fondée que sur le préjudice exorbitant qu'en éprouve le vendeur, il faut en conclure que l'acheteur peut empêcher cette rescision, en faisant cesser ce préjudice par des offres de suppléer ce qui manque au juste prix. Un tel supplément ne laisse plus aucun sujet de plainte au vendeur, et rend le contrat valable, pourvu qu'il ne renferme pas d'autre vice, car, s'il est infecté de dol ou de violence, etc., les offres de faire cesser la Lésion, n'en peuvent pas empêcher la rescision.

[[Tout cela est ainsi réglé par un rescrit des empereurs Dioclétien et Maximien, qui forme la loi 2, C. *de rescindendâ venditioné*, au Code : *Rem majoris pretii si tu vel pater tuus minoris distraxerit, humanum est ut, vel pretium te restituente emptoribus, fundum venundatum recipias, auctoritate judicis intercedente; vel, si emptor elegerit, quod deest justo pretio recipias. Minus autem pretium esse videtur, si nec dimidia pars veri pretii soluta sit.*

Cette loi a été constamment observée dans toute la France, jusqu'au 14 fructidor an 3. Mais à cette époque, il est intervenu une loi par laquelle «l'ac- »tion de rescision des contrats de vente ou équi- »pollens à vente entre majeurs, pour Lésion »d'outre-moitié (a été) abolie à l'égard des ventes »qui seraient faites à compter du jour de la publi- »cation de la présente loi.»

Le Code civil a rétabli cette action, mais seulement pour le cas où la Lésion excéderait les sept douzièmes du prix. Voici ses termes :

« Art. 1674. Si le vendeur a été lésé de plus de sept douzièmes dans le prix d'un immeuble, il a le droit de demander la rescision de la vente.

» 1677. La preuve de la Lésion ne pourra être admise que par jugement, et dans le cas seulement où les faits articulés seraient assez vraisemblables et assez graves pour faire présumer la Lésion.

» 1678. Cette preuve ne pourra se faire que par un rapport de trois experts, qui seront tenus de dresser un seul procès-verbal commun, et de ne former qu'un seul avis à la pluralité des voix.

» 1679. S'il y a des avis différens, le procès-verbal en contiendra les motifs, sans qu'il soit permis de faire connaître de quel avis chaque expert a été.

» 1680. Les trois experts seront nommés d'office, à moins que les parties ne se soient accordées pour les nommer tous les trois conjointement.

» 1681. Dans le cas où l'action en rescision est admise, l'acquéreur a le choix, ou de rendre la chose en retirant le prix qu'il en a payé, ou de garder le fonds en payant le supplément du juste prix, sous la déduction du dixième du prix total. Le tiers-possesseur a le même droit, sauf sa garantie contre son vendeur.

II. La décision de la loi 2, C. *de rescindendâ venditione*, suivant laquelle le contrat de vente d'un immeuble peut être rescindé pour cause de Lésion d'outre-moitié du juste prix, ne doit pas être étendue aux ventes d'immeubles qui se font par décret forcé. C'est ce qu'observe Dumoulin, sur l'art. 487 de la coutume de Bourbonnais.

Cette coutume, et celles d'Auvergne, de Cambrésis, d'Anvers et de Ruremonde, ont prévu le cas dont il s'agit, et elles ont toutes prononcé en faveur de l'adjudicataire. En effet, comme il n'a contracté qu'avec la justice, on ne peut pas supposer qu'il ait trompé le propriétaire de l'immeuble décrété; d'ailleurs, il est présumable qu'un tel immeuble a été porté à sa juste valeur dans les enchères auxquelles les juges ont admis quiconque s'est présenté. Enfin, la foi publique, sous laquelle se font ces sortes de ventes, doit les mettre hors de toute atteinte.

[Le parlement de Flandre a jugé conformément à cette jurisprudence, dans l'espèce suivante.

Les créanciers du nommé Morel avaient fait décréter sur lui un héritage qu'il possédait à Pecquencourt, en Hainaut; Isidore Agache s'en était rendu adjudicataire pour le prix de 2,500 livres. Huit ou neuf années après, Jean-Baptiste Morel, fils et cessionnaire du débiteur, prit des lettres de rescision contre la vente, sous prétexte qu'elle avait été faite à vil prix; et comme le décret avait été poursuivi au parlement de Flandre, il présenta requête à cette cour, et demanda à prouver qu'il y avait Lésion d'outre-moitié.

Il citait *Curtius Burgensis*, liv. 9, chapitre 10; les *Institutions au droit belgique* de Deghwiet, le *Traité des prescriptions* de Dunod, un arrêt du parlement de Flandre, du 19 juillet 1675, deux autres du grand-conseil de Malines, du mois d'octobre 1622 et du 19 avril 1624.

Je répondais pour Isidore Agache, que s'il y a un principe constant dans toute la jurisprudence, c'est celui qui met les ventes par décret forcé à l'abri de la rescision, pour cause de Lésion d'outre-moitié.

« Ce principe (ajoutais-je) est fondé en raison : la foi publique, sous laquelle sont faites ces ventes, les met hors de toute atteinte; les enchères, les différentes remises qui s'y observent, font nécessairement présumer que l'héritage a été porté à son juste prix : d'ailleurs, l'adjudicataire ne contracte qu'avec la justice, et par conséquent, on ne peut jamais dire qu'il ait trompé le propriétaire du bien décrété.

» Ce n'est pas tout : le droit romain proscrit formellement toute demande en rescision contre ces sortes de ventes. La loi 1, C. *de prædiis decurionum*, et plusieurs autres, y sont précises.

» Nous avons six coutumes qui en décident de

même, Cambrésis, Anvers, Ruremonde, Auvergne, la Marche, Bourbonnais.

» Loisel en a même fait une de ses règles de droit coutumier.

» Enfin, la jurisprudence des arrêts met le sceau à cette maxime : Dumoulin, sur la coutume de Bourbonnais, dit en avoir vu rendre plusieurs conformes à la disposition de cette loi municipale. Brodeau sur Louet, lettre D. § 33, en rapporte deux, des 5 janvier 1601 et 3 mai 1640. Denisart, au mot *Enchères*, nous en fournit un autre du 21 avril 1760. Maynard, liv. 7, chap. 74, en rapporte un semblable rendu au parlement de Toulouse en 1572. Bouvot, tom. 2, article *Criées*, quest. 42, assure qu'il a été jugé de même au parlement de Dijon, le 22 septembre 1600. C'est aussi ce qu'a fait le conseil souverain de Hollande, par un arrêt du 10 mai 1594, qui est inséré dans le Recueil de Neostadius, décis. 75. »

Par arrêt du 7 mai 1781, Morel a été débouté de sa demande, et condamné aux dépens.]

[[L'art. 1684 du Code civil confirme et étend cette jurisprudence : la rescision pour Lésion, porte-t-il, « n'a pas lieu en toutes ventes qui, » d'après la loi, ne peuvent être faites que d'auto- » rité de justice. »]]

III. Observez que le juste prix que l'acheteur peut suppléer pour empêcher l'effet de la Lésion, n'est pas le prix de ce que la chose vendue vaut actuellement, mais celui qu'elle valait au temps du contrat. C'est une conséquence de ce que ce supplément a pour objet de réformer ce qu'il y avait d'injuste dans la convention.

Il suit de là qu'on ne doit pas, dans l'estimation de cet héritage, avoir égard à la découverte que l'acquéreur a pu faire d'un trésor ou d'une mine depuis le contrat. Cette découverte est une bonne fortune sur laquelle le vendeur n'a rien à prétendre.

[[L'art. 1675 du Code civil porte que, « pour » savoir s'il y a Lésion de plus de sept douzièmes, » il faut estimer l'immeuble suivant son état et » sa valeur au moment de la vente. »]]

IV. L'acheteur qui supplée le juste prix, doit-il aussi les intérêts du supplément à compter du jour qu'il est entré en jouissance de la chose vendue ?

Cujas a adopté l'affirmative, sur le fondement que les intérêts du prix sont l'équivalent de la jouissance de la chose, et qu'il ne serait pas juste que l'acquéreur jouît tout à la fois et de la chose et du prix.

Mais cette opinion n'a pas prévalu, et l'on a décidé que la loi citée plus haut n'assujétissant pas l'acheteur à ajouter au supplément les intérêts, ils ne peuvent être dus que du jour de la demande. Expilly rapporte un arrêt du parlement de Grenoble, qui l'a ainsi jugé. Tel est aussi l'avis de Despeisses et celui de Domat. La raison en est qu'on ne doit pas présumer que l'acheteur ait connu la Lésion, tant que le vendeur ne s'en est pas plaint et ne le lui a pas fait connaître : ainsi, l'acheteur doit être

réputé avoir été, jusqu'à ce temps, possesseur de bonne foi de l'héritage, et avoir eu, en cette qualité, le droit d'en jouir, sans être obligé de payer cette jouissance par les intérêts du supplément du juste prix.

[[Cette opinion est consacrée par l'art. 1682 du Code civil :

« Si l'acquéreur (ce sont ses termes) préfère garder la chose en fournissant le supplément réglé par l'article précédent, il doit l'intérêt du supplément, du jour de la demande en rescision.

» S'il préfère la rendre et recevoir le prix, il rend les fruits du jour de la demande.

» L'intérêt du prix qu'il a payé lui est aussi compté du jour de la même demande, ou du jour du paiement, s'il n'a touché aucuns fruits. »]]

V. Lorsque le vendeur a laissé plusieurs héritiers, chacun d'eux ne peut intenter l'action qui résulte de la Lésion d'outre-moitié du juste prix, ni prétendre la restitution de l'héritage vendu, que relativement à la part dont il est héritier ; et si quelques-uns des cohéritiers ne se plaignent pas du contrat, l'acheteur est le maître de garder leurs parts.

Remarquez néanmoins que l'acheteur n'ayant acquis l'héritage que pour le posséder en totalité, il peut, lorsqu'il est assigné de la part d'un héritier, appeler les cohéritiers, et conclure à ce qu'ils aient à se régler entre eux pour reprendre l'héritage en entier et lui en restituer le prix, sinon qu'il soit renvoyé de la demande. Cette décision est fondée sur ce qu'il faut, par la nature de l'action dont il s'agit, que les parties soient remises en même état qu'elles étaient avant l'acte dont la rescision est demandée ; or, il est évident que si l'acheteur était obligé de conserver une portion de l'héritage qu'il n'eût pas voulu acheter sans les autres, il ne serait pas remis au même état qu'il était avant le contrat de vente.

Si c'était l'acheteur qui eût laissé plusieurs héritiers, le vendeur pourrait incontestablement exercer l'action qui résulte de la Lésion d'outre-moitié du juste prix, contre l'un de ses héritiers, sans qu'il fût obligé de l'exercer contre les autres ; et il en serait de même si l'héritage avait été vendu à divers acheteurs.

[[L'art. 1685 du Code civil déclare que « les » règles expliquées dans la section précédente, » pour les cas où plusieurs ont vendu (avec faculté » de rachat) conjointement ou séparément, et pour » celui où le vendeur ou l'acheteur a laissé plu- » sieurs héritiers, sont pareillement observées pour » l'exercice de l'action en rescision. » V. l'article *Faculté de rachat*, n° 16.]]

VI. Pour qu'un vendeur lésé puisse faire rescinder le contrat de vente, il faut que ce soit un immeuble ou un droit immobilier qui ait été vendu : car s'il ne s'agissait que d'une vente d'effets mobiliers, la Lésion d'outre-moitié du juste prix ne suffirait pas pour la faire rescinder.

Dumoulin a prétendu qu'il fallait accepter de cette règle les meubles de prix qui ne sont pas d'un commerce ordinaire, comme une pierre précieuse, un tableau de quelque peintre célèbre, etc. ; mais la jurisprudence n'a point adopté cette exception. [[Elle est également proscrite par l'art. 1674 du Code civil. *V.* ci-devant, n° 1.]]

VII. Régulièrement une vente de droits successifs ne doit pas être rescindée pour cause de Lésion d'outre-moitié du juste prix. [[*V.* l'article *Droits successifs*, n° 7.]]

VIII. La Lésion ne peut guère non plus être un motif suffisant pour faire rescinder une vente faite afin de créer une rente viagère. La raison en est que cette Lésion ne peut exister à l'instant de la vente, et qu'elle dépend d'un événement incertain. En effet, si le vendeur peut tout perdre en mourant immédiatement après le contrat est passé, il peut gagner beaucoup par une longue vie. Il faudrait, pour qu'il y eût lésion en pareil cas, que la disproportion entre le produit de l'immeuble et la rente viagère qui en serait le prix, fût très-considérable, ou que le vendeur fût menacé d'une mort très-prochaine.

Dans le second cas, en effet, on peut dire que le malade s'oblige seul, et que l'acquéreur contracte avec la certitude de ne rien payer.

[Le sieur Malfilastre devait au sieur Viguier, curé de Brionne, une rente de 150 livres.

En 1773, le sieur Viguier s'étant fait faire l'amputation d'une loupe qu'il avait à l'épaule, il se forma, à l'endroit même, un cancer communiquant à la poitrine, qui fit un tel progrès, qu'au mois d'août 1776, il tombait journellement de la plaie des parties de chair corrompue qui, occasionnant des hémorragies, mettaient la vie du malade dans le plus grand danger.

Le 7 octobre de la même année, le sieur Malfilastre fit avec le sieur Viguier un acte par lequel celui-ci reconnut avoir précédemment reçu la somme de 500 livres sur le capital de la rente de 150 livres, et convint qu'au lieu des 125 livres restans, le sieur Malfilastre lui ferait 250 livres de rente viagère.

Le sieur Viguier mourut le 25 novembre suivant.

Les sieurs Hélène et Leboucher, héritiers du sieur Viguier, obtinrent contre l'acte dont il s'agit, des lettres de rescision, fondées sur les faits que l'on vient de rapporter.

Le premier juge entérina ces lettres.

Sur l'appel qu'en interjeta le sieur Malfilastre au parlement de Rouen, il disait que le sieur Viguier ne lui avait rien vendu; qu'il avait seulement consenti à l'extinction d'une rente qui lui était due; qu'une libération était favorable; qu'une quittance expédiée par un créancier à son débiteur, n'est point du nombre des actes qui peuvent être rescindés pour cause de Lésion, à moins qu'il n'y ait de dol personnel; que la quittance était du 7 octobre, et que le sieur Viguier n'était mort que quarante-quatre jours après, d'une fièvre putride, qui lui était survenue au commencement de novembre; enfin, que les héritiers n'alléguant ni

violence, ni surprise, ils étaient non-recevables dans l'obtention de leurs lettres, parce que le principe de la rescision ne peut se rencontrer dans un contrat dont la perte ou le profit dépend d'un hasard absolument incalculable.

Nonobstant ces raisons, par arrêt du 1er juillet 1779, la sentence a été confirmée.]

[Nous reviendrons sur cette question à l'article *Rente viagère*, et l'on y verra quelles sont là-dessus les dispositions du Code civil.]]

IX. Le juste prix d'un héritage pour la vente duquel il faut payer des droits seigneuriaux considérables, le centième denier, etc., peut être envisagé sous deux rapports : ou relativement au vendeur qui pourrait conserver son héritage sans payer aucun de ces droits, ou relativement à l'acheteur pour qui ces droits font partie du prix de la vente. Il est clair que l'héritage ne doit pas être vendu le prix qu'il vaut en soi, et que les droits à payer pour l'acquisition doivent diminuer ce prix. Par exemple, en supposant qu'un héritage féodal, sujet au droit de quint en cas de vente, ait une valeur réelle de 30,000 livres, le juste prix est, eu égard à ce qu'il en coûte pour l'acquisition, d'environ 24,000 livres.

On demande en conséquence si, pour qu'il y ait lieu à rescinder le contrat, il faut que le prix pour lequel l'héritage a été vendu, soit au-dessous de 12,000 livres, ou s'il suffit qu'il soit au-dessous de 15,000 livres faisant la moitié de ce que l'héritage vaut en soi et relativement au vendeur.

Dumoulin cite un arrêt du 31 décembre 1557, qui a jugé que, pour une telle rescision, il suffisait que le prix fût au-dessous de ce qu'au temps du contrat l'héritage valait en soi et par rapport au vendeur. Ainsi, dans l'espèce proposée, il suffirait que l'héritage n'eût été vendu que 14,900 livres pour qu'il y eût Lésion d'outre-moitié du juste prix. La raison en est, que le vendeur a réellement souffert une perte de plus de moitié de ce que l'héritage valait relativement à lui, et que c'est par rapport à lui que la Lésion s'estime.

Observons néanmoins que, si, par le contrat, l'acquéreur s'est chargé d'un risque dont le vendeur aurait été tenu s'il eût conservé l'héritage, il faut, pour déterminer si la vente a été faite au-dessous du juste prix, ajouter au prix principal la somme à laquelle peut être apprécié le risque dont s'est chargé l'acquéreur à la décharge du vendeur. Tel serait, par exemple, le cas où l'acquéreur aurait pris à sa charge une certaine espèce d'éviction, ou se sera obligé de revendiquer à ses risques une partie de la chose vendue, dont un usurpateur se serait emparé.

X. L'action qui résulte de la Lésion d'outre-moitié du juste prix, doit être exercée dans les dix années à compter du jour de la vente; et il faut, pour cet effet, prendre des lettres en chancellerie; parce qu'en France, les personnes capables de contracter ne peuvent être admises à revenir contre leurs propres contrats, que par l'autorité du souverain. Quand le vendeur a laissé quelque héritier mineur, ce temps ne court pas durant sa minorité.

[[L'art. 1676 du Code civil établit là-dessus des règles tout-à-fait nouvelles :

» La demande (porte-t-il) n'est plus recevable après l'expiration des deux années, à compter du jour de la vente.

» Ce délai court contre les femmes mariées, et contre les absens, les interdits, et les mineurs venant du chef d'un majeur qui a vendu.

» Ce délai court aussi et n'est pas suspendu pendant la durée du temps stipulé pour le pacte de rachat. »]]

XI. L'action dont il s'agit pourrait-elle être exercée, dans le cas où il aurait été stipulé, par le contrat, que le vendeur renonçait au bénéfice de la restitution accordée par la loi 2, C. *de rescindenda venditione*?

Faschiné prétend qu'en pareil cas, le vendeur doit être déclaré non-recevable, sur le fondement qu'il est permis à chacun de renoncer aux lois qui sont introduites en sa faveur, et qui ne concernent qu'un intérêt particulier; et qu'un tel vendeur doit être assimilé aux cautions, lesquelles peuvent valablement renoncer à l'édit d'Adrien, qui leur accorde le bénéfice de division, et à la novelle de Justinien qui leur accorde le bénéfice de discussion.

Mais Pothier pense fort bien, d'après Covarruvias, que la renonciation à la restitution accordée par la loi citée, ne doit être d'aucune considération pour empêcher la rescision du contrat. En effet, l'erreur dans laquelle était le vendeur sur la véritable valeur de l'héritage, ou les circonstances qui l'ont obligé de vendre à vil prix, l'ont pareillement déterminé à faire la renonciation dont il s'agit : d'où il suit qu'il ne doit pas moins être restitué contre cette renonciation que contre le contrat de vente. S'il en était autrement, la loi par laquelle on a voulu réprimer la cupidité de ceux qui profitent du besoin des autres pour les dépouiller de leurs biens, en les achetant beaucoup au-dessous de la valeur réelle, serait une loi illusoire, attendu que ces sortes d'acheteurs ne manqueraient pas de faire insérer dans le contrat, la renonciation du vendeur au bénéfice de cette loi. Automne rapporte d'ailleurs un arrêt de 1563, qui a jugé conformément à cette dernière opinion :

[[Et l'art. 1674 du Code civil l'érige en loi : il admet le vendeur à demander la rescision de la vente pour Lésion de plus de sept douzièmes du prix, « quand même il aurait expressément renoncé, » dans le contrat, à la faculté de demander cette » rescision, et qu'il aurait déclaré donner la plus » value. »]]

XII. L'acheteur qui, à cause de la Lésion d'outre-moitié du juste prix, est obligé de rendre l'héritage, doit aussi rendre tout ce qui y est accessoire, à l'exception des fruits : c'est pourquoi, si, depuis son acquisition, on a trouvé un trésor dans l'héritage, le tiers qui lui a été attribué dans ce trésor,

en qualité de propriétaire du fonds, doit être rendu avec l'héritage au vendeur, attendu que ce trésor est, pour cette patie, une sorte d'accessoire de l'héritage, et qu'on ne peut pas dire que c'en soit un fruit.

Si l'héritage a été dégradé par l'acheteur contre qui l'action rescisoire est exercée, il doit faire raison des dégradations dont il a profité. Ainsi, dans le cas où l'acheteur aurait abattu un bois de haute futaie ou vendu les matériaux d'un édifice, il faudrait qu'il rendît le prix qu'il aurait tiré de cette futaie ou de ces matériaux.

Mais il en serait différemment, si l'acheteur n'avait point profité des dégradations, qu'elles n'eussent pour cause que sa négligence, et qu'il pût être réputé possesseur de bonne foi : en cas pareil, il ne serait pas tenu de faire raison de ces dégradations. Cette décision est fondée sur ce qu'on peut négliger un héritage dont on se croit propriétaire légitime et incommutable.

Quelques docteurs ont pensé que le vendeur qui exerçait l'action rescisoire, n'était pas obligé de rembourser à l'acheteur les impenses qu'il avait faites sur l'héritage : ils ont fondé leur opinion sur ce que ce dernier est, en pareil cas, maître de ne pas perdre ses impenses, attendu qu'en suppléant le juste prix, il peut retenir l'héritage. Mais cette raison est insuffisante : il est possible que la situation des affaires de l'acheteur ne lui permette pas de suppléer le juste prix; et si, pour cela, il perdait ses impenses, le vendeur en profiterait et s'enrichirait à ses dépens; ce qui serait injuste. Il faut donc, au contraire, tenir pour principe, que le vendeur qui exerce l'action rescisoire, doit faire raison à l'acheteur des impenses qu'il a faites sur l'héritage.

Mais pour connaître jusqu'où doivent s'étendre, à cet égard, les obligations du vendeur, il faut distinguer trois sortes d'impenses : savoir, celles qui sont nécessaires, celles qui ne sont qu'utiles, et celles qui ne sont que de pur agrément.

Celles de la première espèce doivent sans difficulté être remboursées à l'acheteur : cependant, s'il les a payées beaucoup plus qu'elles ne valent, le vendeur ne doit pas en souffrir, et il n'est obligé de les rembourser que jusqu'à concurrence de ce qu'elles ont dû coûter légitimement.

Les impenses nécessaires doivent être remboursées, non-seulement lorsqu'elles existent, mais même lorsqu'il n'en reste plus rien : comme dans le cas où l'acheteur aurait reconstruit une digue qu'une inondation aurait détruite depuis : la raison en est que le vendeur est toujours censé en profiter; en ce qu'il a conservé les deniers que ces impenses, qu'il eût été obligé de faire, lui auraient coûté s'il n'eût pas vendu son héritage.

Quant aux impenses inutiles, comme l'acheteur a pu se dispenser de les faire, le vendeur ne serait pas tenu de les lui rembourser, si elles ne subsistaient plus au moment que s'exerce l'action rescisoire; et si elles subsistent, le vendeur n'en est tenu que jusqu'à concurrence de la valeur dont

elles ont augmenté l'héritage. Il faut même observer que, si ces impenses étaient de telle conséquence que le vendeur ne pût les rembourser, et
qu'il parût que l'acheteur les a particulièrement
faites pour empêcher l'exercice de l'action rescisoire, le juge pourrait dispenser le vendeur de les
rembourser, en permettant à l'acheteur d'enlever
ce qui pourrait s'enlever. En cela, l'acheteur n'aurait pas à se plaindre, attendu la liberté qu'il aurait de conserver l'héritage avec les améliorations,
en suppléant le juste prix.

A l'égard des impenses qui ne sont que de pur
agrément, il est constant que l'acheteur n'est
nullement fondé à en répéter la valeur; il doit
seulement lui être permis d'enlever ce qui peut
être enlevé. *V.* les articles *Améliorations* et *Impenses.*

XIII. Quand le vendeur rentre dans son héritage, en vertu de l'action qui résulte de la Lésion
d'outre-moitié de juste prix, il le reprend tel
qu'il était avant la vente qu'il en a faite, c'est-à-
dire, exempt des hypothèques, servitudes et droits
réels que l'acquéreur ou ses successeurs y ont
imposés.

[[Le Code civil suppose clairement, dans son
1681e article rapporté ci-dessus, n° 1, que la restitution peut être demandée contre le *tiers-possesseur*; et l'art. 2125 du même Code, rapporté au
mot *Échange*, n° 2, prouve, d'une manière sans
réplique, que les hypothèques dont l'acquéreur a
grevé l'immeuble pendant sa jouissance, s'évanouissent du moment que le contrat de vente est rescindé
pour cause de Lésion.]]

§ II. *De la Lésion dans l'achat.*

Si l'acheteur souffre une Lésion énorme dans le
prix, a-t-il aussi une action rescisoire pour faire
annuler le contrat?

Dumoulin, Pothier et plusieurs autres soutiennent l'affirmative; comme il est, disent-ils, de la
nature des contrats commutatifs qu'une des parties
ne donne ce qu'elle donne que pour en recevoir
l'équivalent, ces contrats sont vicieux, et, comme
tels, doivent être rescindés, lorsqu'une des parties y souffre une Lésion énorme; ils prétendent
que cette décision ne doit pas moins s'appliquer à
l'acheteur qu'au vendeur.

Cujas et Automne sont d'une opinion contraire,
et pensent que l'acquéreur majeur ne peut faire
résoudre la vente sous le prétexte de la Lésion
qu'il souffre, attendu, dit Automne, que cette
Lésion est dans le prix, qui est une chose mobilière, et que, selon notre droit français, les conventions relatives aux choses mobilières, ne peuvent pas être rescindées pour cause de Lésion. On
présume d'ailleurs que l'acquéreur n'a acheté que
par une suite de son affection, et pour payer celle
que le vendeur avait lui-même pour la chose vendue, ce qui ne peut pas s'apprécier.

On peut ajouter que, selon la jurisprudence antérieure aux empereurs Valentinien et Maximien,
un contrat de vente, revêtu de ses formalités, ne

pouvait plus être rescindé, même pour cause de
Lésion énorme, et que ces empereurs ayant jugé
à propos d'accorder le bénéfice de restitution en
faveur du vendeur lésé d'outre-moitié de juste
prix, ce n'a été qu'en sa faveur qu'ils ont fait une
exception à la règle générale : en effet, la loi 2,
C. *de rescindendâ venditione*, ne parle que du
vendeur, et non de l'acheteur; elle n'est par conséquent qu'une exception en faveur du premier :
or, il est de principe que les exceptions sont de
droit étroit et doivent être restreintes au cas qu'elles
décident : d'où il faut tirer la conséquence que la
loi citée n'ayant pas dérogé au droit commun en
faveur de l'acheteur, il ne peut point exercer d'action rescisoire pour cause de Lésion.

Cette dernière opinion a prévalu : au moins
voyons-nous que, par arrêt du 10 juillet 1675,
rapporté au *Journal du Palais*, le parlement de
Paris a confirmé une sentence du présidial de Poitiers qui avait débouté un acquéreur de sa demande
en entérinement des lettres qu'il avait obtenues
pour être remis au même état qu'il était avant
l'acquisition qu'il avait faite de certains héritages.

Maynard atteste que la même jurisprudence
est suivie au parlement de Toulouse : Salvaing
et Chorier en disent autant du parlement de Grenoble.

Nous dirons encore que, par sentence du 29
août 1760, le Châtelet de Paris a débouté l'acquéreur d'une terre située en Beauce, de sa demande
en entérinement des lettres de rescision qu'il avait
obtenues sous prétexte de Lésion énorme.

[La question s'est représentée depuis, et elle a
encore été jugée de même.

Le sieur C..... était propriétaire d'une maison
agréable, située dans un des faubourgs de Lyon :
il l'avait acheté 16,000 livres, et avait payé de plus
6,000 livres pour les meubles. Depuis il avait dépensé 16,000 livres en réparations. En 1776, le
sieur de M..., chanoine de..., fort âgé et valé-
tudinaire, a loué cette maison moyennant 1,200
livres par an. Le propriétaire s'y est réservé, par
le bail, un logement au premier.

Quelque temps après, le sieur de M.... voulut
s'assurer une plus longue jouissance; il se fit
passer un second bail de neuf ans, pour commencer à la suite du premier : le prix en fut porté à
1,800 livres.

La perspective d'une jouissance de dix-huit ans
ne satisfaisait point encore le sieur de M...; il
craignait que cette maison n'excitât l'envie de
quelques riches particuliers, qui proposassent au
sieur C.... d'acheter sa maison à des conditions si
avantageuses qu'il ne pût s'y refuser.

Il fit proposer au sieur C....., de lui vendre sa
maison à vie. Celui-ci y consentit moyennant
24,000 livres, et 4,000 livres d'épingles, payables
en quatre lettres de change de 1,000 livres chacune. Pour payer le principal de cette acquisition,
le sieur de M..., n'ayant de fortune réelle que le
revenu de ses bénéfices, montant à 35,000 livres,

prit le parti d'en déléguer 8,000 livres à prendre pendant trois ans.

Harcelé par des créanciers qu'il ne pouvait satisfaire, le sieur de M... leur fit part de sa situation, et leur proposa l'abandon des revenus de ses bénéfices, avec la réserve d'une pension; il leur déclara qu'ils étaient grevés, pendant trois ans, de 8,000 livres, pour payer la maison qu'il avait achetée à vie du sieur C...

Les créanciers acceptèrent l'abandon et le firent signifier aux fermiers des revenus des bénéfices, pour qu'ils eussent à payer entre leurs mains.

Ceux-ci dénoncèrent les oppositions du sieur C.... Les créanciers en demandèrent la main-levée, et engagèrent le sieur de M... à prendre des lettres de rescision contre la vente qui lui avait été faite de la maison dont il s'agit. Le sieur de M... obtint en effet ces lettres, et en demanda l'entérinement à la sénéchaussée de Lyon.

Les créanciers du chanoine sont intervenus pour adhérer à ses conclusions.

Le sieur C... a soutenu le chanoine et ses créanciers non-recevables dans leurs lettres de rescision, et a formé en même temps une demande en condamnation au paiement des lettres de change échues.

Sur cette contestation, sentence qui déclare le chanoine et ses créanciers non-recevables dans leur demande en entérinement des lettres de rescision; en faisant droit sur la demande du sieur C...., condamne le chanoine au paiement des lettres de change.

Le chanoine et ses créanciers en ont interjeté appel.

La cause portée à l'audience de sept heures de la grand'chambre du parlement de Paris, le sieur de M.... a cherché à établir en point de droit, qu'un acquéreur pouvait, ainsi qu'un vendeur, se pourvoir par lettres de rescision contre les acquisitions ruineuses qu'il avait faites; il a dit que cette question était, à la vérité, controversée, mais que l'affirmative était soutenue par Dumoulin dans son Traité de usuris; par d'Argentré, et par Pothier, dans son Traité du contrat de vente.

Il a rapporté à ce sujet deux arrêts, l'un de 1606, l'autre du 30 août 1658.

Mais, a-t-il ajouté, indépendamment du moyen tiré de la Lésion, il en est un autre qui résulte d'un principe constant : c'est que tous les contrats qui sont les fruits du dol et de la mauvaise foi, doivent être rescindés, quelle que soit la personne qui s'en plaigne; c'est ce qu'établit Pothier en son Traité du contrat de vente; or, ici, la Lésion est prouvée par l'énormité du prix : vente à vie faite à une personne plus que sexagénaire, infirme, déjà frappée deux fois de paralysie et d'apoplexie, pour un prix excédant celui que le vendeur a lui-même acheté. A l'égard du dol, le vendeur a profité de la faiblesse d'un vieillard infirme, attaché à sa maison, pour lui donner des inquiétudes mal fondées, et l'engager à acheter, tandis que les deux baux qu'il avait souscrits en faveur du vieillard,

assuraient à celui-ci une jouissance excédant le temps que son âge et ses infirmités pouvaient naturellement lui promettre.

Les créanciers ont adhéré aux conclusions du sieur de M...; ils ont représenté l'intérêt qu'ils avaient à diminuer les charges dont il avait grevé le revenu de ses bénéfices, revenu qui formait leur seule ressource, et serait insuffisant pour les remplir de leurs créances, si leur débiteur venait à mourir promptement.

Le sieur C..... a écarté en peu de mots les moyens de dol et de Lésion.

« C'est (a-t-il dit) librement, volontairement et en pleine santé de corps et d'esprit, que le sieur de M..., se plaisant dans la maison du sieur C....., et désirant s'assurer toute sa vie le droit d'y rester, a proposé de l'acheter à vie. Le propriétaire a mis à sa maison le prix qu'il a jugé à propos; l'acquéreur l'ayant agréé, est non-recevable à prendre des lettres de rescision contre un achat que rien n'a pu le forcer de faire. La question de savoir si l'acquéreur est recevable à revenir contre son acquisition par lettres de rescision, a été à la vérité controversée par les auteurs; mais la jurisprudence actuelle décide toujours contre les acquéreurs.

» Au surplus, ce n'est pas ici une acquisition pure et simple : c'est une acquisition à vie, dont le prix est délégué sur des revenus de bénéfice. Dès-lors, c'est une véritable contrat aléatoire, puisque la durée de la vie est incertaine, ainsi que la délégation du paiement; le vendeur aurait pu perdre, si l'acquéreur n'eût pas vécu le temps suffisant pour le payer : or, il est certain que les contrats aléatoires ne sont pas susceptibles d'être rescindés pour cause de Lésion. »

Ces moyens ont prévalu : par arrêt du mardi 18 décembre 1781, l'appellation a été mise au néant, avec amende et dépens.

Le parlement de Flandre avait autrefois une jurisprudence différente. Deghewiet, dans ses Institutions au droit belgique, rapporte des arrêts de cette cour, qui ont étendu aux acheteurs le bénéfice de la loi 2, C. de rescindendâ venditione. Mais cette jurisprudence a été réformée en 1771, par un arrêt rendu en très-grande connaissance de cause, au rapport de M. Eloy, doyen du parlement; et depuis, on tient constamment à Douai comme à Paris, qu'un acheteur est non-recevable à se plaindre de l'énormité du prix de son achat. »

[[L'art. 1683 du Code civil met le sceau à cette jurisprudence : « La rescision pour Lésion (porté » t-il), n'a pas lieu en faveur de l'acheteur. » V. l'article Effet rétroactif, sect. 3, § 3, art. 6.]]

§ III. De la Lésion relativement aux mineurs.

Un mineur lésé par trop de facilité, soit dans une vente, soit dans un achat, soit dans tout autre acte, même sans dol de la part de celui avec lequel il a contracté, peut être restitué, quelque légère que soit la Lésion. Il peut même l'être pour une simple *Lésion d'affection*.

[On entend par *Lésion d'affection*, celle qui ne consiste que dans la perte d'une valeur arbitraire que l'on attache à certains biens, à cause de l'affection particulière que l'on a pour ces biens.

Le principe que cette espèce de Lésion est, à l'égard des mineurs, un moyen suffisant de restitution, est fondé sur la loi 35, D. *de minoribus*, qui décide que le mineur doit être relevé de l'éviction qu'il souffre par une surenchère faite sur lui, lorsqu'il prouve qu'il était intéressé à la conservation du bien qu'il avait acquis ; par exemple, lorsque c'est un bien de ses pères : *Implorans restitutionem in integrum audietur, si ejus interesse emptam ab eo rem fuisse adprobetur, veluti quod majorum ejus fuisset.*]

[[Nous reviendrons là-dessus à l'article *Mineur*, et nous y retracerons les dispositions du Code civil sur cette matière.]]

§ IV. De la Lésion dans les partages. — Cas dans lesquels il est ou n'est pas permis de l'alléguer. — Un héritier peut-il s'en prévaloir contre un légitimaire ? — Est-elle admissible à l'égard d'une vente par licitation ?

I. Dans les partages entre cohéritiers majeurs, la Lésion du tiers au quart suffit pour donner lieu à la rescision.

On entend par *Lésion du tiers au quart*, celle qui a lieu lorsque celui qui se prétend lésé, est en perte d'une portion qui est entre le quart et le tiers de ce qui devait lui revenir. Il n'est pas nécessaire qu'il s'en faille d'un tiers entier, mais il faut que la Lésion soit de plus d'un quart : par exemple, s'il devait revenir à l'héritier 12,000 livres pour sa part, et qu'il n'eût reçu que 8,500 livres, la Lésion ne serait pas d'un tiers, qui ferait 4,000 livres, mais elle serait de plus d'un quart, puisque le quart ne serait que 3,000 livres, et qu'elle se trouverait de 3,500 livres : ainsi, dans ce cas, elle serait du tiers au quart. (M. GUYOT.) *

[La raison pour laquelle on n'exige pas, en cette matière, une Lésion plus forte pour donner lieu à la rescision, est très-sensible : l'égalité parfaite doit être l'objet et le résultat de tout partage ; l'intention des copartageans n'est pas de gagner les uns sur les autres, mais de retirer chacun ce qui lui appartient ; si donc il se rencontre quelque inégalité dans un partage, ce ne peut être que par l'effet d'une erreur ; et cette erreur une fois découverte, rien n'en peut empêcher la rectification. *Majoribus etiam per fraudem vel dolum vel perperam sine judicio* (1) *factis divisionibus, solet subveniri ; quia in bonæ fidei judiciis, quod inæ-*

qualiter *factum esse constiterit, in melius reformabitur.* C'est le texte de la loi 3, C. *communia utriusque judicii*, tàm *familiæ erciscundæ*, quàm *communi dividendo*; et l'on voit qu'elle a été placée sous ce titre du Code, pour montrer que la restitution qu'elle ouvre contre de pareils actes, est commune à l'action *familiæ erciscundæ*, qui tend à la division des biens héréditaires entre les héritiers, tout comme à l'action *communi dividendo*, qui n'a pour objet que la division d'un objet commun à plusieurs coportionnaires étrangers, c'est-à-dire que cette restitution a lieu toutes les fois que les parties ont fait un acte sur une chose qui leur appartenait, soit à titre d'hérédité, soit à titre de simple communion.

Cette loi s'applique même aux majeurs, *majoribus etiam*. Que l'inégalité survenue dans le partage, procède du dol, de la fraude, de l'erreur, peu lui importe : elle ne voit qu'un seul fait, que l'un des partageans a trop reçu ou trop donné : cela lui suffit pour ordonner la réformation du partage : *Quod inœqualiter factum est, in melius reformabitur*. Et cette décision a été trouvée si équitable, que tous les tribunaux français, sans exception, l'ont adoptée.

« Nous avons reçu en France (dit Leprêtre, » cent. 3, chap. 123), qu'il suffit, pour rescin- » der le partage, qu'il y ait Lésion notable, comme » du tiers ou du quart, parce que sa vraie essence » est de bailler à chacun des copartageans, des hé- » ritages par divis qui soient de pareille valeur que » la portion indivise qu'il avait avant le partage. » Le partage n'est qu'un expédient pour donner à » chacun sa juste portion. »

II. Il est des pays où l'aîné des héritiers fait les lots, qui sont ensuite tirés au sort entre lui et ses cohéritiers. Dans ce cas, l'aîné trouvant dans le lot que le sort lui a assigné, mais qu'il a fait lui-même, une Lésion du tiers au quart, peut-il revenir contre le partage et en provoquer la rescision ?

Le président Favre, dans son Code, livre 3, tit. 27, déf. 5, dit que la question s'est présentée au sénat de Chambéry le 28 janvier 1594 ; l'on opposait à l'aîné, demandeur en rescision, que l'inégalité dont il se plaignait, provenait de son propre fait ; qu'il ne l'avait vraisemblablement ménagée que dans l'intention secrète d'en profiter, en cas que le lot le plus avantageux lui fût échu, et qu'il n'était pas recevable à réclamer contre une Lésion dont ses frères n'auraient pas pu s'apercevoir, si le lot le plus faible eût été assigné par le sort à l'un d'eux ; mais que ces raisons furent repoussées, parce que le sénat admit la rescision, *eâ potissimùm ratione, quod non sit probabile per dolum fraudemve quidquam factum esse ab eo qui dedit optionem. Prior enim ille incurrit in periculum damni quod fratri ex inconsideratâ electione possit accidere.*

Despeisses, tome 1, page 164, dit la même chose : « L'aîné qui a fait à ses frères les portions » de l'hérédité paternelle, peut également être » restitué, s'il a été lésé : car, entre frères, l'on

_____
(1) Godefroy remarque, sur cette loi, que les termes *sine judicio* n'étaient pas dans le texte du rescrit dont elle est composée ; qu'ils y ont été ajoutés par Tribonien ; et qu'ils doivent être entendus comme désignant, non un partage extrajudiciaire, ce qui exclurait les partages faits en justice, mais un partage fait inconsidérément, *sine consilio*.

» observe l'égalité; et puisque c'est l'aîné qui a
» donné le choix à ses cadets, on ne peut pas pré-
» sumer qu'il ait fait frauduleusement les portions
» inégales. »

Même langage dans les observations de Bretonnier sur Henrys, tome 2, page 949 : « comme il
» n'est pas croyable que l'aîné ait affecté d'appor-
» ter de l'inégalité dans le partage, puisqu'il cou-
» rait le danger de la supporter, il s'ensuit qu'il
» peut être restitué contre cette inégalité, car elle
» est censée procéder de l'erreur. »

Castellan, tome 2, livre 5, chap. 72, traite la
même question. Il défend d'abord la cause de l'aîné;
mais ensuite il décide en jurisconsulte et en magistrat : « Il a néanmoins été jugé (dit-il) que l'aîné,
» faiseur des lots, pouvait revenir contre la divi-
» sion, s'il s'en trouvait lésé d'une Lésion suffi-
» sante. Quoique aîné et faiseur des lots, il a pu
» se tromper et se tromper de bonne foi : car que
» gagnerait-il à la mauvaise foi dans l'inégalité des
» portions ? Il suffit qu'il se soit trompé, quoiqu'il
» n'ait pas à se plaindre de ses frères, parce que
» le dol réel ou la Lésion effective suffisent en pa-
» reille rencontre. Cela a été jugé à mon rapport,
» en la première chambre des enquêtes (du parle-
» ment de Toulouse), le 20 mars 1659, au procès
» des sieurs de Savignac frères. »

III. La voie de la rescision est-elle ouverte à
l'héritier qui, dans la liquidation d'une légitime à
laquelle il était tenu, a été lésé de plus d'un quart?

Cette question, lorsqu'on l'examine sans être
trop prévenu par la faveur qu'inspirent si justement
les légitimaires, ne souffre pas la moindre difficulté. Les droits à la restitution étant réciproques,
pourquoi l'héritier ne jouirait-il pas, à cet égard,
du même privilège que les légitimaires ? Mais pour
faire mieux ressortir cette vérité, rappelons les
principes.

Quand un père meurt, il a pour héritiers universels ou successeurs particuliers, tous ses enfans
héritiers universels, s'il n'a point fait de testament;
héritiers généraux avec des successeurs particuliers,
s'il a testé et fixé la légitime de ses enfans en instituant un héritier principal.

Si, dans ce dernier cas, il plaît au légitimaire
de renoncer au legs que lui a fait son père, il peut
demander la portion qui lui est déférée par la loi,
faire composer la masse de tous les biens, et prendre ce qui lui revient sur chacun des effets de
l'hoirie, avec les modifications cependant que la
convenance et la raison ont introduites pour ne
pas morceler les biens, mais qui ne portent aucune atteinte à la règle générale qu'on vient d'expliquer.

Or, quand les enfans font un règlement de famille avec l'héritier universel, pour fixer et déterminer leur portion légitime, soit que, pour la
prendre en corps héréditaire, ils rejettent leurs
legs, soit que, s'en tenant à leurs legs, ils exigent
un supplément proportionnel à ce qui leur revient,
ce n'est toujours qu'une masse de biens communs
qu'ils se divisent, un partage qu'ils font entre eux,
pour fixer les parts qu'ils y avaient indivisément.
Il doit donc résulter de ce partage une égalité aussi
parfaite que de tout autre acte de la même nature
qui serait passé entre des cohéritiers universels; et
si cette égalité ne s'y trouve pas, il y a ouverture
à rescision.

C'est ce qu'enseigne Bretonnier, à l'endroit déjà
cité : « Il y a lieu à la restitution (dit-il), quand
» l'héritier *institué* donne à ses frères et sœurs des
» héritages de la succession en paiement de leur
» *légitime*, et qu'il en souffre une Lésion. »

Nous trouvons la même doctrine dans le *Journal du Palais du parlement de Toulouse,* qui est
l'ouvrage d'un magistrat de ce tribunal.

« Transaction sur un supplément de légitime
(y est-il dit, tome 1, page 320) est réputée partage. Le 23 septembre 1732, en Sabatine, entre
Philippe Vialès, Jacques-Antoine Rouch, et Dar-
noy, mariés, et Jacques Mourouse, rapporteur de
M. de Projean. La sentence du sénéchal de Bé-
ziers a été confirmée. Il s'agissait de la cassation
d'une transaction demandée par Vialès, sous prétexte que c'était un partage ou règlement entre
un héritier et un légitimaire. La cassation a été refusée, parce qu'on n'a pas établi qu'il y eût eu
Lésion. L'examen de cette prétendue Lésion ne
dépendait pas du ministère des experts; ainsi, il
n'a pas été nécessaire d'y rien renvoyer, ni par
conséquent de faire aucun interlocutoire.

» J'observe sur cette affaire, que, pour soutenir
la transaction, on disait que les transactions pas-
sées entre l'héritier et le légitimaire; en second lieu, et que cela ne
devait avoir lieu que dans le partage d'une héré-
dité entre des cohéritiers ou testamentaires, ou *ab
intestat.* Cette distinction n'a pas été approuvée,
et il a été convenu que la maxime a lieu entre les
frères, soit que le légitimaire ait eu un legs pour
sa légitime, ou qu'il ait été question d'une division de l'hérédité. »

Il est vrai qu'un arrêt du parlement de Paris,
du 14 août 1784, vient de rejeter une demande en
rescision, formée par un héritier contre un acte
par lequel il avait fait à un légitimaire une dation
en paiement de ce qui devait lui revenir à titre de
légitimaire. Mais j'apprends de l'un des avocats qui
avaient écrit au procès (M. Robin de Mozas),
qu'il y avait, dans l'espèce de cet arrêt, des circonstances tout-à-fait particulières.

IV. Au surplus, la maxime que la Lésion du
tiers au quart est à la fois suffisante et nécessaire
pour faire rescinder un partage, n'est pas admise
partout.

Le président Fayre, liv. 3, tit. 27, déf. 3,
nous assure qu'au sénat de Chambéry, on ne l'admet qu'entre frères ; et qu'entre autres cohéritiers, il faut une Lésion d'outre-moitié.

Et au contraire, Catellan, à l'endroit cité, dit :
« régulièrement et généralement on peut revenir
» contre les divisions par la seule raison de la Lé-
» sion, *qu'il suffit qu'elle soit du quart, suivant
» notre usage.* »

V. Quelquefois, pour prévenir ces sortes de réclamations, on donne à l'acte de partage la forme d'une vente, et le plus souvent celle d'une transaction. Mais, précaution vaine. Pour trancher toutes les disputes qu'élevaient autrefois à ce sujet d'ignorans praticiens, la jurisprudence a établi pour règle constante, que tout premier acte entre cohéritiers, au sujet de la succession qui leur est dévolue en commun, est réputé partage.

Mornac, sur le titre du Digeste *familiæ erciscundæ*, atteste cette maxime comme certaine : *Eo jure utimur*, dit-il, *ut quocumque nomine denominetur contractus, seu transactio vocetur, seu non, tamen pro divisione hereditatis rerumque communium accipi debeat.* Il rapporte l'espèce d'une contestation célèbre où l'on avait consulté tout ce qu'il y avait d'avocats distingués, et de magistrats instruits : tous convinrent et l'arrêt jugea qu'une transaction de l'année 1580, quoique faite en connaissance de cause et sur les titres de la famille, ne devait cependant être considérée que comme un partage qui n'empêchait point que l'on en vînt à un nouvel examen pour rétablir l'égalité.

Le même auteur, sur la loi 20 du même titre, ajoute qu'il n'y a rien de plus véritable que cette règle : « *Nihil est vulgarius in quotidianis familiæ erciscundæ quæstionibus ; si enim inveniatur Læsio* du » quart au tiers, l'on aura jà à nouveau par- » tage, et prendre lettres à cet effet. »

« Nous tenons encore pour maxime au palais » (dit également Leprestre à l'endroit cité), que » le premier acte qui se fait entre les héritiers, » quoiqu'il soit déguisé du nom de contrat d'é- » change, même de transaction, est néanmoins » tenu pour partage ; et qu'il y a restitution en » icelui, s'il y a Lésion. »

Bretonnier, sur Henrys, tome 2, page 944, tient le même langage : « C'est une maxime con- » stante dans tous les tribunaux, que l'on peut » revenir contre le partage, *quoique fait par* » *transaction*, et quoique la transaction soit in- » tervenue sur un procès intenté pour parvenir au » partage : car l'acte qui finit cette discussion, est, » toujours un partage, quelque nom qu'on lui » donne : ...... on ne peut appliquer à cette ma- » tière les ordonnances qui excluent tout recours » contre les transactions, même pour Lésion, parce » qu'on ne peut se servir de leur disposition contre » une transaction qui n'a véritablement rapport » qu'à un partage. »

C'est aussi ce qu'ont jugé plusieurs arrêts, outre celui dont nous avons déjà parlé d'après Mornac.

L'Hommeau, liv. 9, maxime 36, en cite un rendu au parlement de Paris, le 27 février 1577.

Deghewiet, dans ses *Institutions au droit Belgique*, § *des Transactions*, art. 2, nous en fournit un autre du parlement de Flandre, en date du 31 décembre 1697.

En voici encore un de la même cour, qui est plus récent.

Le 22 juin 1784, Martin Noureux et consorts ont présenté requête contre Jacques-Philippe Noureux, demeurant à Doignies en Cambrésis, pour le faire condamner « à entrer en partage des biens » de leurs père et mère communs. » Au lieu de comparaître sur l'assignation, Jacques-Philippe Noureux s'est rapproché de ses cohéritiers ; et le 7 juillet de la même année, il a été fait entre eux, un partage qualifié de *transaction*. Bientôt Jacques-Philippe Noureux s'est aperçu que cet acte lui inférait une Lésion considérable. Pour le faire rescinder, il a obtenu, à la chancellerie près le parlement de Flandre, des lettres de restitution en entier, et il les a présentées à l'entérinement aux bailli et hommes de fief du chapitre métropolitain de Cambrai, juges communs de toutes les parties. Par sentence du 28 janvier 1785, les lettres ont été rejetées, et Jacques-Philippe Noureux a été condamné aux dépens. Appel au parlement de Flandre. Par arrêt du 29 juillet 1785, rendu à la seconde chambre, au rapport de M. Le Boucq, il a été prononcé en ces termes : « La cour a mis et » met l'appellation et ladite sentence au néant ; » émendant, entérine les lettres de restitution en entier dont il s'agit au procès ; ce faisant, remet les parties dans le même état où elles étaient avant l'acte du 7 juillet 1784 ; condamne les intimés aux dépens tant de la cause principale que de celle d'appel. »

[[VI. Voici quelles sont, sur tout cela, les dispositions du Code civil :

» Art. 887. Les partages peuvent être rescindés pour cause de violence ou de dol.

» Il peut aussi y avoir lieu à rescision, lorsqu'un des cohéritiers établit, à son préjudice, une Lésion de plus du quart. La simple omission d'un objet de la succession ne donne pas ouverture à l'action en rescision, mais seulement à un supplément à l'acte de partage.

» 888. L'action en rescision est admise contre tout acte qui a pour objet de faire cesser l'indivision entre cohéritiers, encore qu'il fût qualifié de vente, d'échange et de transaction, ou de toute autre manière.

» Mais, après le partage, ou l'acte qui en tient lieu, l'action en rescision n'est plus admissible contre la transaction faite sur les difficultés réelles que présentait le premier acte, même quand il n'y aurait pas eu à ce sujet de procès commencé.

» 890. Pour juger s'il y a eu Lésion, on estime les objets suivant leur valeur à l'époque du partage.

» 891. Le défendeur à la demande en rescision peut en arrêter le cours et empêcher un nouveau partage, en offrant et en fournissant au demandeur le supplément de sa portion héréditaire, soit en numéraire, soit en nature.

» 892. Le cohéritier qui a aliéné son lot en tout ou partie, n'est plus recevable à intenter l'action en rescision pour dol ou violence, si l'aliénation qu'il a faite est postérieure à la découverte du dol, ou à la cessation de la violence. »

Ce dernier article limite, comme l'on voit, au cas de dol ou de violence, la fin de non-recevoir qu'il fait résulter de l'aliénation que le cohéritier lésé par l'un ou l'autre moyen, a faite de son lot en tout ou en partie avant sa réclamation.

Et de là il suit que la même fin de non-recevoir ne pourrait pas être opposée dans le cas de simple Lésion. C'est aussi ce que le sénat de Chambéry avait déjà jugé par deux arrêts du 28 janvier et du mois de mars 1594, rapportés dans le Code du président Favre, liv. 3, tit 27, déf. 10.

VII. La vente par licitation qui n'est, comme on l'établira au mot *Licitation*, qu'un mode de partage, est-elle soumise aux règles qui, en matière de Lésion, gouvernent le partage proprement dit ?

Il faut distinguer : ou la licitation n'a eu lieu qu'entre les cohéritiers ; ou bien des étrangers y ont été admis.

Au premier cas, non-seulement la vente par licitation peut être rescindée pour cause de Lésion dans le prix ; mais il suffit, pour en opérer la rescision de ce chef, que de la Lésion que souffre l'un des cohéritiers, relativement au prix du bien licité, il résulte une Lésion de plus d'un quart sur la totalité de sa portion héréditaire. C'est la conséquence nécessaire des art. 887 et 888 du Code civil.

Il en est de même dans le second cas, si l'adjudication a eu lieu au profit de l'un des cohéritiers.

Mais si c'est au profit d'un étranger qu'elle a eu lieu, il y a une autre distinction à faire.

Ou la licitation a été faite entre des cohéritiers qui étaient tous majeurs, maîtres de leurs droits, et présens ou dûment représentés ; ou elle a été faite entre des cohéritiers qui tous ou dont quelques-uns étaient mineurs, interdits ou absens.

Au premier cas, la vente par licitation peut, comme toute autre vente, être rescindée pour cause de Lésion de plus de sept douzièmes dans le prix.

Au second cas, point de rescision, parce que, d'un côté, l'art. 1684 du Code civil affranchit de cette action *toutes ventes qui, d'après la loi, ne peuvent être faites que d'autorité de justice* ; et que, de l'autre, l'art. 839 du même Code veut que si tous les cohéritiers ne sont pas présens, ou s'il y a parmi eux des interdits ou des mineurs, même émancipés, la licitation ne puisse *être faite qu'en justice, avec les formalités prescrites pour l'aliénation des biens des mineurs.*

En serait-il de même dans le premier cas, si la licitation avait été ordonnée par un jugement ?

Non : l'art 1684 du Code civil ne met à couvert de la rescision pour cause de Lésion, que *les ventes qui, d'après la loi, ne peuvent être faites que d'autorité de justice.* Or, la licitation que des héritiers majeurs et présens ont fait ordonner par le juge, il dépendait d'eux d'y procéder sans son autorité ; elle n'est donc pas comprise dans l'article 1684 ; elle demeure donc sous la règle commune.

On le jugeait même ainsi avant le Code civil.

Le 13 messidor an 3, en vertu d'un jugement rendu par un tribunal de famille, deux maisons dépendantes de la succession du sieur Cartouzières, sont vendues par licitation à la chaleur des enchères, et adjugées à un étranger.

Après la publication de la loi du 19 floréal an 6, relative à la rescision des ventes faites pendant le cours du papier-monnaie, l'un des héritiers Cartouzières fait assigner l'acquéreur en rescision de la vente pour cause de Lésion d'outre-moitié.

L'acquéreur le soutient non-recevable, parce que la licitation a été ordonnée par un jugement et faite à la chaleur des enchères.

Arrêt de la cour d'appel de Montpellier qui rejette cette fin de non-recevoir et rescinde la vente.

L'acquéreur se pourvoit en cassation ; mais, par arrêt du 4 janvier 1808, au rapport de M. Cochard,

« Attendu que la vente dont il s'agit, bien qu'elle ait été faite par forme de licitation, n'en est pas moins une vente privée, passée entre particuliers, qui ne peut être assimilée ni confondue avec les ventes judiciaires par expropriation forcée ; d'où il suit que la cour d'appel de Montpellier, en admettant la rescision, pour cause de Lésion d'outre-moitié légalement constatée, n'a pu contrevenir à aucune loi ;

» La cour rejette le pourvoi... »

§ V. *De la Lésion qui peut intervenir dans les autres actes.*

Un échange peut-il, comme une vente, être rescindé pour cause de Lésion ? *V.* l'article *Echange*, n° 4.

La Lésion peut-elle être employée comme moyen de rescision, pour faire rétracter une addition d'hérédité ? *V.* l'article *Héritier*, sect. 2, § 1, n° 3.

Règle générale : les lois qui admettent la rescision pour cause de Lésion à l'égard de certains actes, ne peuvent pas être étendues à des actes d'une autre nature : « les majeurs (dit l'art. 1313 » du Code civil,) ne sont restitués pour cause de » Lésion, que dans les cas et sous les conditions » spécialement exprimés dans le présent Code. »

§ VI. *Pour demander utilement la rescision d'un acte pour cause de Lésion, est-il nécessaire d'articuler des faits positifs, desquels il résulte que la Lésion a eu lieu ? La seule offre de prouver qu'il y a eu Lésion, suffit-elle pour imposer au juge l'obligation d'en ordonner la preuve ?*

Le 4 vendémiaire an 14, les sieurs de Lannoy et consorts, représentés par le sieur Didier, leur fondé de pouvoir, d'une part, et le sieur Guillon, acquéreur des droits de leurs cohéritiers, de l'autre, font entre eux le partage de la succession du sieur Labaume-Montrevel.

En 1809, les sieurs de Lannoy et consorts font assigner les sieurs Didier et Guillon au tribunal de première instance de Bourg, pour voir dire que ce partage sera déclaré nul, tant pour dol et fraude, que pour défaut de pouvoir et omission des formalités prescrites par le Code civil.

Le 28 novembre de la même année, jugement qui les déboute.

Sur l'appel, en persistant dans leurs moyens de dol, de fraude et de nullité, ils concluent subsidiairement à ce que, dans le cas où la cour ne trouverait pas suffisamment justifiée la Lésion dont ils se plaignent, ils soit ordonné une expertise pour la constater.

Le 22 août 1810, arrêt de la cour de Lyon qui, attendu 1° que le dol et la fraude articulés par les appelans, ne sont pas prouvés; 2° que le partage est valable dans la forme; 3° que les appelans l'ont *approuvé, ratifié et exécuté;* confirme le jugement dont est appel, et, *sur toutes plus amples fins et conclusions des parties, les met hors de cour.*

Les sieurs de Lannoy et consorts se pourvoient en cassation contre cet arrêt, et soutiennent, entre autres choses, qu'en rejetant leurs conclusions subsidiaires, il a violé l'art. 887 du Code civil, aux termes duquel *il peut y avoir lieu à rescision d'un partage, lorsqu'un des cohéritiers établit, à son préjudice, une Lésion de plus du quart.*

« Il faut convenir (ai-je dit à l'audience de la section des requêtes, le 6 juin 1811) que ce moyen serait victorieux, si les demandeurs avaient fait, devant la cour de Lyon, tout ce qu'ils auraient dû faire pour rendre admissible leur demande en rescision du partage.

» Dans ce cas, en effet, il serait impossible de justifier le *hors de cour* prononcé sur cette demande; par le fait énoncé dans l'arrêt attaqué, que les sieurs de Lannoy et consorts avaient *tous approuvé, ratifié et exécuté le partage,* postérieurement au 4 vendémiaire an 14.

» Il n'en est pas de la Lésion qu'un majeur peut opposer à un acte, comme de la nullité de l'acte même.

» La nullité d'un acte, lorsqu'elle n'est pas absolue et d'ordre public, se couvre, d'après l'article 1338 du Code civil, par l'approbation, par la ratification, par l'exécution volontaire, que donne à cet acte une partie qui, le connaissant, est à portée d'en faire prononcer l'annulation. Et la raison en est aussi simple que palpable : c'est que les nullités sont établies par la loi; que la loi est censée connue de tous; et qu'ainsi, approuver, ratifier, exécuter un acte nul, et renoncer au droit de le faire annuler, c'est évidemment la même chose.

» Mais la Lésion est un fait. On peut très-bien connaître l'acte par lequel on est lésé, et ne pas soupçonner la Lésion qu'il renferme. On peut donc très-bien aussi approuver, ratifier, exécuter cet acte, sans renoncer au droit de le faire rescinder pour cause de Lésion.

» Aussi voyons-nous que jamais on n'a prétendu faire déclarer un vendeur non-recevable à réclamer contre le contrat de vente, pour cause de Lésion, soit d'outre-moitié, soit des sept douzièmes, sous le prétexte qu'il avait exécuté ce contrat, soit en délivrant à l'acquéreur la chose qui en avait été l'objet, sait en recevant de lui le prix convenu entre eux.

» Et c'est sur ce fondement, que l'article 892 du Code civil ne comprend pas la Lésion de plus du quart, dans la disposition par laquelle il dit, que « le cohéritier qui a aliéné son lot en tout ou en » partie, n'est plus recevable à intenter l'action en » rescision pour dol ou violence, si l'aliénation » qu'il a faite est postérieure à la découverte du » dol ou à la cessation de la violence; » c'est sur ce fondement que, par là, il déclare implicitement que le cohéritier qui a approuvé et exécuté le partage, en aliénant son lot en tout ou en partie, n'en est pas moins recevable à intenter l'action en rescision pour Lésion de plus du quart.

» On objecterait inutilement qu'aux termes de l'art. 1311, le mineur n'est plus recevable à revenir, par restitution en entier, pour cause de Lésion, *contre l'acte qu'il a souscrit en minorité, lorsqu'il l'a ratifié en majorité.*

» Cette disposition ne se refère qu'à ce que l'article 1505 appelle *la simple Lésion,* c'est-à-dire, à la Lésion qui, dans un partage, ne s'élève pas au-dessus du quart; à la Lésion qui, dans un contrat de vente, ne s'élève pas aux sept douzièmes du prix. Elle ne se refère qu'à la Lésion, tant soit peu notable, qui donne à tout mineur le droit de se faire restituer en entier.

» Et l'on conçoit le motif de cette disposition, ainsi entendue, ainsi restreinte. Celui qui, parvenu à l'âge de vingt-un ans, ratifie un acte qu'il a souscrit au-dessous de cet âge, est censé le souscrire de nouveau. Il est par conséquent, censé le souscrire en majorité; il se place, par conséquent, dans la même position où il se serait trouvé, s'il eût été majeur au moment où il l'a souscrit. Il renonce, par conséquent, au droit de l'attaquer comme mineur, et pour une simple Lésion. Mais il conserve le droit de l'attaquer comme majeur, et pour une Lésion qui ouvrirait à un majeur l'action rescisoire.

» Il faut donc convenir que l'arrêt attaqué par les demandeurs, ne pourrait pas se soutenir, si, pour le justifier du reproche d'avoir violé l'art. 887 du Code civil, l'on était réduit au seul de ses motifs que l'on puisse appliquer au *hors de cour* sur leurs conclusions subsidiaires, c'est-à-dire au fait qu'ils avaient, postérieurement au 4 vendémiaire an 14, approuvé, ratifié et exécuté le partage dont il s'agit.

» Mais à ce motif que la loi et les principes désavouent, ne pouvons-nous pas en substituer un autre plus conforme aux principes et à la loi?

» Que devaient faire les demandeurs pour mettre la cour de Lyon dans la nécessité d'accueillir leurs conclusions subsidiaires en rescision du partage, pour cause de Lésion?

» Ils devaient d'abord articuler que la Lésion dont ils se plaignaient, était de plus du quart; et ils ne l'ont pas fait.

» Ils devaient ensuite préciser les faits sur les- » quels ils prétendaient établir la Lésion. La preuve » de la Lésion (porte l'art. 1677 du Code) ne » pourra être admise que par jugement, et dans le » cas seulement où les faits articulés seraient assez » vraisemblables et assez graves pour faire présu- » mer la Lésion. »

» Et quoique cet article ne parle que de la Lé-sion qui peut intervenir dans un contrat de vente, on sent assez que sa disposition doit être appliquée à la Lésion qui peut intervenir dans un partage : *ubi eadem ratio, ibi idem jus.*

» Or, quels faits les demandeurs ont-ils articulés pour établir la Lésion, dont ils arguaient le par-tage du 4 vendémiaire an 14? Aucun. Leurs con-clusions subsidiaires en rescision de ce partage, pour cause de Lésion, n'étaient donc pas receva-bles. La cour de Lyon les a donc justement reje-tées, par le *hors de cour* qui termine son arrêt.

» Et par ces considérations, nous estimons qu'il y a lieu de rejeter la requête des demandeurs, et de les condamner à l'amende de 150 francs.

Arrêt du 6 juin 1811, au rapport de M. Aumont, par lequel,

« Attendu que, s'il est vrai que, dans l'acte d'appel du 12 février 1810, la Lésion est au nombre des vices reprochés au partage du 4 vendé-miaire an 14, il est constant aussi que, dans les conclusions prises postérieurement, il n'est plus question de Lésion; que, dans celles déposées sur le bureau, le 28 juin 1810, les appelans demandent que le susdit partage, qu'ils déclarent attaquer qu'en ce qui concerne la masse de cinq sixièmes à diviser entre les cohéritiers, soit cassé et annulé, *comme étant le fruit du dol et de la fraude*....., *comme ayant été effectué frauduleusement, sans aucune estimation préalable par experts, sans tirer au sort, de concert entre Didier, Guillon et Fénéon, qui tous trois avaient formé une société clandestine, pour les acquisitions faites par Guillon*, etc. ;

» Qu'au surplus, et en supposant que le moyen pris de la Lésion n'ait pas été abandonné, jamais du moins il n'y a eu, de la part des appelans, de conclusions précises et formelles, afin d'être admis à la preuve d'une Lésion de plus du quart, qu'au-cuns faits tendans à établir une semblable Lésion, n'ont été articulés; et qu'il n'y a eu, à cet égard, qu'une allégation vague et insignifiante, que la cour de Lyon a pu ne pas juger susceptible de vé-rification, sans contrevenir aux disposition citées du Code civil ;

» La cour rejette le pourvoi.... »

V. les articles *Partage*, § 7 ; *Nullité*, § 9 ; *Droits successifs*, n° 7 ; *Rescision*, *Effet rétroac-tif*, sect. 5, § 7 ; *Transaction*, *Vente*, etc.]]

* **LETTRE.** C'est une épître, une missive, une dépêche.

[[I. L'administration de la poste a le droit ex-clusif de faire transporter, moyennant une taxe déterminée par la loi, toutes les Lettres qui partent d'un lieu pour un autre. C'est la disposition ex-presse d'un arrêt du conseil du 18 juin 1681, dont l'exécution est ordonnée par l'art. 4 de la loi du 26 août 1790, par la loi du 21 septembre 1792, par deux arrêtés du directoire exécutif, des 2 nivose an 6 et 26 vendémiaire an 7, et par un arrêté du gouvernement consulaire, du 27 prairial an 9; voici les termes de ce dernier arrêté :

« Art. 1. Les lois des 26 août 1790 (art. 4) et 21 septembre 1792, et l'arrêté du 26 vendémiaire an 7, seront exécutés : en conséquence, il est dé-fendu à tous les entrepreneurs de voitures libres et à toute autre personne étrangère au service des postes, de s'immiscer dans le transport des Lettres, journaux, feuilles à la main et ouvrages pério-diques, paquets et papiers du poids d'un kilo-gramme (deux livres) et au-dessous, dont le port est exclusivement confié à l'administration des postes aux Lettres.

» 2. Les sacs de procédures, les papiers unique-ment relatifs au service personnel des entrepreneurs de voiture, et les paquets au-dessus du poids de deux livres, sont seuls exceptés de la prohibition prononcée par l'article précédent.

» 3. Pour l'exécution du présent arrêté, les di-recteurs, contrôleurs et inspecteurs des postes, les employés des douanes aux frontières, et la gen-darmerie nationale, sont autorisés à faire ou faire faire toutes perquisitions et saisies sur les passa-gers, piétons chargés de porter des dépêches, voi-tures de messageries et autres de même espèce, afin de constater les contraventions : à l'effet de quoi ils pourront, s'ils le jugent nécessaire, se faire assister de la force armée.

» 4. Le commissaire du gouvernement près l'ad-ministration des postes, les préfets, sous-préfets et maires des communes, et les commissaires de police sont chargés de veiller à l'exécution du pré-sent arrêté.

» 5. Les procès - verbaux seront dressés à l'in-stant de la saisie ; ils contiendront l'énumération des lettres et paquets saisis, ainsi que leurs adresses. Copies en seront remises avec lesdites Lettres et paquets saisis en fraude, savoir : à Paris, à l'ad-ministration des postes; et dans les départemens, au bureau du directeur des postes le plus voisin de la saisie, pour, lesdites Lettres et paquets, être envoyés aussitôt à leur destination avec la taxe or-dinaire (1). Lesdits procès - verbaux seront, de suite, adressés au commissaire du gouvernement près le tribunal civil et correctionnel de l'arron-dissement, par les préposés des postes, pour pour-

(1) Il est dérogé à cette disposition par un décret du 2 » messidor an 12, lequel porte que « ces Lettres et paquet » seront expédiés par le bureau le plus voisin du lieu de la » saisie, en rebut à Paris, d'où ils ne pourront être rendus » que sur réclamation, et à la charge de payer le double de » la taxe ordinaire. »

suivre contre les contrevenans la condamnation en l'amende de 150 fr. au moins, et de 300 fr. au plus, par chaque contravention.

» 6. Le paiement de ladite amende, dont il ne pourra, dans aucun cas, et sous quelque prétexte que ce soit, être accordé de remise ou de modération, sera poursuivi, à la requête des commissaires près les tribunaux et à la diligence des directeurs des postes, contre les contrevenans, par saisie et exécution de leurs établissemens, voitures et meubles, à défaut de paiement dans la décade du jugement qui sera intervenu.

» 7. Le paiement sera effectué à Paris, à la caisse générale de l'administration des postes; et dans les départemens, entre les mains du directeur des postes qui aura reçu les objets saisis. Il portera en recette le produit desdites amendes, sur lesquelles il jouira de sa remise ordinaire.

» 8. Le produit des amendes appartiendra, un tiers à l'administration, un tiers aux hospices des lieux, et un tiers à celui ou ceux qui auront découvert et dénoncé la fraude, et à ceux qui auront coopéré à la saisie : celui-ci sera réparti entre eux par égale portion ; ils en seront payés par le directeur des postes chargé du recouvrement de l'amende, et à Paris par le caissier général de l'administration des postes, d'après un exécutoire qui sera délivré à leur profit par le commissaire du gouvernement près le tribunal : lesdits exécutoires seront envoyés par le directeur, à l'appui de son compte.

» 9. Les maîtres de postes, les entrepreneurs de voitures libres et messageries, sont personnellement responsables des contraventions de leurs postillons, conducteurs, porteurs et courriers, sauf leur recours. »

On a prétendu, il y a quelques années, que les tribunaux ne devaient ni ne pouvaient avoir égard à cet arrêté ni appliquer les peines qu'il prononce. D'une part, disait-on, il n'est fondé que sur d'anciennes dispositions pénales qui avaient été abrogées avant qu'il parût; de l'autre, il ne peut pas avoir par lui-même l'autorité d'un acte législatif.

Ce système a été accueilli par un jugement du tribunal correctionnel de Châlons-sur-Saône, du 15 juin 1818, infirmatif d'un jugement du tribunal correctionnel de Louhans, qui avait condamné le messager Baudot à 150 francs d'amende, pour contravention non contestée aux lois qui défendent aux messagers de se charger de Lettres particulières. Les motifs de ce jugement étaient « que le » fait imputé à Baudot, n'est puni par aucune loi; » qu'à la vérité, ce fait est réputé délit par l'arrêté » du gouvernement consulaire, du 27 prairial an 9, » et serait punissable d'une amende de 50 à 300 fr., » d'après la disposition finale de l'art. 5 de cet ar- » rêté ; mais que la constitution de l'an 8 ne don- » nait pas aux consuls le pouvoir de faire des lois, » et surtout des lois pénales; qu'ils l'ont eux- » mêmes reconnu tacitement en basant leur arrêté » sur les lois des 26 août 1790, art. 4, 21 septem-

» bre 1792, et sur l'arrêté du 26 ventose an 7 ; » dont ils ordonnent l'exécution; mais 1° que l'ar- » ticle 4 de la loi du 26 août 1790 ne prononce » aucune peine; qu'il dispose seulement que tous » les réglemens d'après lesquels les postes étaient » alors administrées, continueraient à être exé- » cutés jusqu'au 1er janvier 1792; et qu'ainsi, à » partir de cette époque, tous les anciens régle- » glemens, et notamment un arrêt du conseil, du » 18 juin 1681, relatif à la matière, avaient été » abrogées; 2° que la loi du 21 septembre 1792 ne » prononce non plus aucune peine; qu'elle ordonne » seulement l'exécution provisoire des lois non » abrogées, et que par là, loin de faire revivre les » anciens réglemens abrogés depuis le 1er janvier » précédent, d'après la loi du 26 août 1790, elle » consacre, au contraire, cette abrogation; 3° que » l'arrêté du 26 ventose an 7 ne prononce égale- » ment aucune peine, et qu'il ordonne seulement » l'exécution des arrêts et réglemens des 18 juin et » 29 novembre 1681 ; mais que, d'après la con- » stitution de l'an 3, le directoire, de qui émane » cet arrêté, ne pouvait faire des lois ni établir des » peines, et ne pouvait davantage faire revivre des » réglemens que la loi du 26 août 1790 avait » abrogés à compter du 1er janvier 1791. »

Mais ce jugement a été cassé, le 30 juillet de la même année.

« Vu 1° l'arrêt du conseil d'état, du 18 juin 1681, faisant très-expresses prohibitions à tous maîtres de coches, carrosses, litières, etc...., ba- teliers, rouliers, voituriers tant par terre que par eau, et à toutes autres personnes de quelques qua- lité et condition qu'elles soient, autres que ceux qui auront droit et pouvoir dudit Patin et de ses intéressés, de se charger ni souffrir que leurs va- lets ou postillons, ou même les personnes qu'ils conduiront par leurs voitures, se chargent d'au- cunes Lettres ni paquets de Lettres, mais seule- ment de Lettres de voitures des marchandises qu'ils voitureront, qui seront ouvertes et non cachetées, comme aussi à toutes personnes de se charger de la distribution desdites Lettres et paquets de Lettres, autres que ceux qui seront commis par lesdits Patin et ses intéressés, à peine de 300 livres d'a- mende et d'en être informé ;

» 2° L'arrêt du conseil, du 29 novembre de la même année, réitérant les mêmes inhibitions sous les mêmes peines ;

» 3° La déclaration du roi, du 3 février 1728, qui les renouvelle ;

» 4° L'ordonnance du roi, du 12 mai 1765, por- tant défense aux courriers ou va-de-pieds, de se charger de Lettres, à peine d'un an de prison ;

» 5° Vu également la loi des 26 et 29 août 1790, 1re partie, art. 4, portant : *le tarif de 1759 et tous les réglemens d'après lesquels sont actuellement admi- nistrées lespostes aux L et tres et les postes aux che- vaux, continueront à avoir leur pleine et entière exé- cution jusqu'au 1er janvier 1792; avant cette époque, et d'après les instructions que le pouvoir exécutif four- nira, il sera procédé par le corps législatif à la recti fication du tarif, à celle des réglemens et usages des postes; art. 5 : pour faciliter au pouvoir exécutif les moyens de fournir les instructions dont il est chargé par l'article précédent, pour assurer l'exactitude du service des postes, et réduire pour l'avenir cette administration à l'économie dont elle est susceptible, l'assemblée a cru devoir en établir les véritables bases ; en conséquence, à dater du 1er janvier 1792, l'administration générale des postes aux Lettres, des postes aux chevaux et des messageries, sera régie par les soins d'un directoire des postes, composé d'un président et de quatre administrateurs; l'art. 4 de la 3e partie, portant n° 1er : les fermiers auront seuls le droit des départs à jours et heures fixes, et de l'annonce desdits départs, ainsi que celui de l'établissement des relais à des points fixes et déterminés ; n°s 2, 3, 4 et 5 : les fermiers, ni tous autres entrepreneurs de voitures ou transports, ne pourront se charger d'aucune Lettre ou papier autres que ceux relatifs à leur service personnel et particulier, et ceux des procédures en sac ;*

» 6° Vu enfin la loi du 21 septembre 1792, portant *que les lois non abrogées seront provisoirement exécutées ; que les pouvoirs non révoqués ou non suspendus seront provisoirement maintenus, et que les contributions publiques existantes continueront à être perçues et payées comme par le passé;* l'art. 7 de la loi du 9 avril 1793, portant : *le service de la poste aux Lettres, des messageries et de la poste aux chevaux sera fait exclusivement par les agens et préposés de la nation;* l'art. 6 du tit. 2 de la loi des 23 et 25 juillet suivant, portant *que le service du transport des Lettres et dépêches ne pourra être fait par aucune voiture de messagerie;* l'art. 2 de la loi du 23 vendémiaire an 3, *qui permet à tout particulier de conduire ou faire conduire librement les voyageurs, ballots, paquets et marchandises;* et l'art. 3, portant *que les entrepreneurs des voitures libres ne pourront se prévaloir des différentes lois relatives aux voitures nationales;* enfin, l'art. 4 de la loi du 27 nivose an 3, portant *que les art. du tit. 2 de la loi des 23 et 24 juillet 1793 seront exécutés en ce qui n'y est point dérogé par la présente;*

» Attendu que, par les arrêts du conseil des 18 juin et 29 novembre 1681, ayant force de loi dans le temps et pour la matière sur laquelle ils ont été rendus, et par la déclaration du roi du 3 février 1728, il était prohibé à tous autres qu'aux régisseurs des postes ou à leurs préposés de porter des Lettres, à peine de 300 livres d'amende; que la limitation de l'exécution provisoire des réglemens sur les postes, jusqu'au 1er janvier 1792, portée par la loi des 26 et 29 août 1790, article 4, 1re partie, n'est relative qu'à l'organisation intérieure de ce service; et que la prohibition du transport des Lettres est au contraire maintenue par l'art. 4, 3e 5, de la troisième partie de cette loi; qu'elle l'est également par les art. 7 de la loi du 9 avril 1793, 6 du titre 2 de celle de 23 et 24 juillet suivant, 2 et 3 de celle du 23 vendémiaire an 3, et 4 de celle du 27 nivose suivant; que de la maintenue expresse de cette prohibition il résulte que la disposition pénale des arrêts du

conseil des 18 juin et 29 novembre 1681, punissant de 300 livres d'amende l'infraction de cette prohibition, loin d'avoir été abrogée, a au contraire été implicitement et nécessairement conservée; qu'elle le serait d'ailleurs par la disposition générale de la loi du 21 septembre 1792;

» Vu ensuite 1° l'art. 3 de l'arrêté du directoire exécutif, du 2 nivose an 6, portant que les contrevenans à la défense de porter des Lettres, faite par le réglement du 18 juin 1681, confirmé par la loi du 24 décembre 1790, seront poursuivis pour être condamnés à 300 francs d'amende pour chaque contravention; 2° l'arrêté du 7 fructidor suivant, art. 5, renouvelant la même disposition; 3° celui du 26 ventose an 7, art. 1er, ordonnant l'exécution des arrêts de réglement des 18 et 29 novembre 1681, dont il énonce le texte; 4° l'arrêté des consuls, du 27 prairial an 9, ordonnant (article 1er) l'exécution des lois des 26 août 1790 (art. 4,) 21 septembre 1792 et de l'arrêté du 26 vendémiaire an 7, et renouvelant (art. 5) les défenses relatives au transport des Lettres, sous peine d'amende de 150 fr. au moins et de 300 fr. au plus.

» Attendu que ces arrêtés ont eu pour objet d'assurer l'exécution des lois et réglemens en vigueur, pouvoir attribué au directoire par l'art 144 de la constitution de l'an 3, et aux consuls par l'art. 44 de la constitution de l'an 8; que de là il résulte que la prohibition à toutes personnes, autres que celles chargées du service des postes, de porter des Lettres ou paquets cachetés, à peine de 150 livres au moins, est établie par des règlemens, maintenue par des dispositions législatives, et renouvelée par des arrêtés de l'autorité exécutive, ayant force de lois actuellement en vigueur ;

» Et attendu que, dans l'espèce, d'après le procès-verbal du 29 mars dernier, comme d'après le jugement du tribunal de première instance de Louhans, du 5 avril suivant, le sieur Baudot s'est immiscé dans le service des postes, en portant de Dijon à Louhans des Lettres; en quoi il était en contravention aux dispositions de l'arrêté du 7 prairial an 6, et punissable de 150 francs d'amende au moins, d'après le même arrêté; que néanmoins le tribunal de Châlons a décidé qu'il n'était punissable par aucune loi, et en conséquence a réformé le jugement du tribunal de Louhans, condamnant Baudot à 150 francs d'amende, et a mis ledit Baudot hors d'instance; en quoi il a méconnu et violé les dispositions de l'art. 4, 3e partie, de la loi du 27 août 1790; de la loi du 21 septembre 1792; de l'art. 7 de celle du 9 avril 1793; de l'article 6, titre 2 de celles du 23 et 24 juillet suivant; des art. 2 et 3 de celle du 25 vendémiaire an 3, et de l'art. 4 de celle du 27 nivose suivant, qui renouvellent les prohibitions portées par les arrêts de réglement du 1681, et par la déclaration du roi, du 3 février 1728, et maintiennent implicitement et nécessairement les peines portées contre leur infraction; que, par suite, il a également violé la disposition des arrêts de règlement de 1681, et la déclaration du 3 février 1728 (1). »

1°. Les peines prononcées par les lois et les réglemens dont il s'agit, sont-elles applicables aux personnes étrangères aux services des postes, qui ne transportent que des Lettres non cachetées ?

La négative avait été adoptée par deux jugemens du tribunal correctionnel de Vannes, du 19 janvier 1820, confirmatifs de deux jugemens rendus le 16 décembre 1819, par le tribunal correctionnel de Quimper, en faveur des nommés Moreau et Guingamp, commissionnaires-voituriers, sur lesquels des gendarmes, qui en avaient dressé procès-verbal, avaient saisi plusieurs Lettres adressées à diverses personnes, mais non cachetées.

Mais chacun de ces deux jugemens a été cassé par un arrêt du 18 février de la même année,

« Vu les arrêts du conseil, des 18 juin et 29 novembre 1681, rapportés dans l'arrête du directoire exécutif du 26 ventose an 7; la loi du 26 août 1790, sur la direction et administration générale des postes, deuxième partie, art. 4, n° 5; la loi du 21 septembre 1792; les arrêtés du directoire exécutif, des 2 nivose et 7 fructidor an 6; l'arrêté des consuls du 27 prairial an 9;

» Attendu que, par les arrêts de règlement précités, d'après les lois et arrêtés qui en ordonnent l'exécution, il est défendu à tous les entrepreneurs de voitures libres et à toute personne étrangère au service des postes, de s'immiscer dans le transport des Lettres......, paquets et papiers du poids de deux livres et au-dessous, dont le port est exclusivement confié à l'administration des postes aux Lettres, à peine d'une amende de 150 à 300 francs;

» Attendu que, dans l'espèce, il est reconnu constant, par le jugement qu'a confirmé le jugement attaqué, que le prévenu, commissionnaire étranger à l'administration des postes, a transporté des Lettres dont le port était exclusivemens confié à cette administration; que, dèslors, il était en contravention aux arrêts de réglement, lois et arrêtés défendant aux entrepreneurs de voitures libres et à toutes personnes étrangères au service des postes, de s'immiscer dans le transport des Lettres, confié à cette administration;

» Qu'il devenait conséquemment passible de la condamnation de l'amende de 150 à 300 francs;

» Que néanmoins le jugement du tribunal correctionnel de Quimper, confirmé par celui du tribunal correctionnel de Vannes, l'a renvoyé de la citation à lui donnée par le ministère public, dans l'intérêt de la direction des postes, sous le prétexte que les Lettres dont il fut porteur, n'étaient pas cachetées;

» Mais que, dans les prohibitions qu'ils prononcent, les lois, arrêts de règlement et arrêtés pré-

cités, ne font point de distinction entre les Lettres non cachetées et celles qui le sont; et qu'au transport des unes comme des autres, ils appliquent les mêmes peines;

» Que, dès-lors, le jugement attaqué a violé les dispositions des arrêts des 18 juin et 29 novembre 1681, des lois des 29 août 1790 et 21 septembre 1792, des arrêtés du directoire exécutif, des 2 nivose et 26 ventose an 7, et de l'arrêté des consuls du 27 prairial an 9 (1). »

L'affaire renvoyée, en exécution de cet arrêt devant la cour royale de Rennes, il y est intervenu, le 10 avril suivant, deux arrêts qui ont jugé comme l'avait fait le tribunal de Vannes, et par les mêmes motifs, en y ajoutant qu'en fait, les Lettres saisies sur les prévenus ne pouvaient être considérées que comme des billets, des factures, des échantillons et des notes relatives aux marchandises dont ils étaient chargés, et qu'au surplus il était présumable qu'ils avaient agi de bonne foi et sans intention de fraude.

Ces deux arrêts ont été frappés d'un nouveau recours en cassation par le procureur-général de la cour royale de Rennes; et la cour de cassation, sections réunies, les a également annulés, par un arrêt dont j'ignore la date, mais qui est rappelé dans le réquisitoire de M. le procureur-général à la cour de cassation, du 15 novembre 1820, dont il sera parlé au numéro suivant.

1°. Les procès-verbaux qui ont pour objet de constater les contraventions aux lois et règlemens dont il s'agit, sont-ils assujétis à d'autres formes que celles qui sont prescrites par l'art. 5 de l'arrêté du 27 prairial an 9? Le sont-ils notamment à celles dont l'observation est prescrite, à peine de nullité, dans les procès-verbaux en matière de douanes et de contributions directes ?

La cour royale d'Angers, devant laquelle les nommés Moreau et Guingamp avaient été renvoyés par les sections réunies de la cour de cassation, dans l'affaire retracée au numéro précédent, avait jugé pour l'affirmative, par deux arrêts du 4 août 1820, et avait en conséquence confirmé chacun des deux jugemens du tribunal correctionnel de Quimper, du 16 décembre 1819,

« Attendu (avait-elle dit) que, dans l'affaire dont il s'agit, les gendarmes ont fait les fonctions de préposés de l'administration de la poste aux Lettres, que cependant leur procès-verbal n'a été ni enregistré, ni signifié à la partie; qu'il ne constate point qu'on l'ait rédigé en sa présence, et qu'on l'ait requise d'y assister, non plus qu'au dépôt des objets saisis; que conséquemment elle a été hors d'état d'y faire consigner sa déclaration;

» Qu'il incombait à la partie poursuivante de constater le délit par l'exécution immédiate de toutes les formalités voulues par la loi, en son procès-verbal, ou de détruire pour l'avenir la possibilité d'une déclaration contraire au fait qu'il

(1) Bulletin criminel de la cour de cassation, tome 22, page 300.

(1) Ibid., tome 37, page 65.

avait pour objet de constater, en assurant la représentation des papiers saisis avec des moyens propres à en rendre l'identité irrécusable ; que, ne l'ayant pas fait, il n'existe contre le prévenu que des présomptions auxquelles la loi n'attache pas un caractère suffisant pour légitimer l'application d'une disposition pénale ;

» Que les juges d'appel, comme ceux de première instance, ne sauraient considérer la saisie faite à bon droit ;

» Que vainement on querelle comme tardive la déclaration du prévenu, consistant à dire que les papiers sur lui saisis étaient nécessaires au service personnel de son entreprise ; qu'en droit, elle ne l'est pas, parce qu'il avait la qualité de défendeur, et qu'il n'a pas été mis en état de la consigner avant sa comparution devant la justice ; qu'elle ne l'est pas non plus en fait, parce qu'il a employé à sa défense cette déclaration à l'audience, simultanément avec le moyen qui se trouve seul exprimé dans le *considérant* du jugement de Quimper ;

» Que la présomption tirée de ce que les papiers saisis portaient, sur leur suscription, des adresses à des tierces personnes, ne saurait attaquer la véracité de la déclaration ; puisque celui qui l'a faite est un commissionnaire portant habituellement des marchandises d'un lieu à un autre, et forcé, pour sa garantie et la sûreté de la remise des articles, d'exiger de ceux qui lui donnent leur confiance, des directions et des adresses convenables ;

» Attendu enfin que, s'il est du devoir des magistrats de réprimer la fraude, ils ne le peuvent qu'autant qu'on leur présente une preuve régulière et complète, les présomptions étant inadmissibles à cet égard. »

Ces deux arrêts n'ayant pas été attaqués dans le délai fatal, M. le procureur-général à la cour de cassation en a provoqué l'annulation dans l'intérêt de la loi, par un réquisitoire du 15 novembre 1820.

« Les motifs donnés par la cour royale d'Angers (a-t-il dit), ne mettent point son arrêt à l'abri de la censure de la cour. Si M. le procureur-général près la cour d'Angers ne s'est pas pourvu, c'est par suite d'un mal-entendu dont il donne l'explication dans une lettre ci-jointe.

» Les formalités indiquées comme nécessaires par la cour d'Angers, ne sont prescrites que par les lois *spéciales* des douanes et des contributions indirectes.....

» Les lois générales, en matière de police, non-seulement n'exigent pas toutes les formalités dont la cour d'Angers a voulu faire une obligation, mais même elles établissent qu'une condamnation peut intervenir sur la seule preuve testimoniale qui supplée, soit à la nullité, soit à l'absence même du procès-verbal. (Art. 154 et 189 du Code d'instruction criminelle.)

» Ce n'est point d'après les règles générales que la cour d'Angers a pu décider.

» Elle n'a pu non plus tirer valablement aucune

induction des lois sur les douanes et sur les contributions indirectes, parce que, d'un côté, ce sont des lois spéciales, et parce que, de l'autre, il y a aussi spécialité de législation sur l'administration des postes.

» L'arrêté du 27 prairial an 9 a prescrit toutes les formalités pour le service des postes et pour la rédaction des procès-verbaux constatant les délits. C'est donc un excès de pouvoir que d'ajouter à ses dispositions. »

Ce réquisitoire a été suivi d'un arrêt du 28 décembre 1820, au rapport de M. Rataud, par lequel,

« Vu le réquisitoire ci-dessus et les pièces y jointes, et l'arrêté du gouvernement, du 27 prairial an 9 ;

» Faisant droit sur ledit réquisitoire, et d'après les motifs qui y sont exprimés, la cour casse et annulle, dans l'intérêt de la loi, les deux arrêts rendus, le 14 août dernier, par la cour royale d'Angers, en faveur des nommés Moreau et Guingamp, à l'occasion de la contravention dont ils étaient prévenus (1). »

II. Une déclaration du 8 juillet 1759, enregistrée au parlement de Paris le 17 du même mois, a ordonné que les droits pour les ports et paquets des Lettres seraient à l'avenir payés et perçus conformément au tarif attaché sous le contre-scel de cette déclaration.

[[Ce tarif a été successivement remplacé par d'autres. *V.* les lois des 17 août 1791, 27 nivose, 21 prairial et 3 thermidor an 3, 6 nivose, 6 messidor et 5 thermidor an 4, 5 nivose an 5, 27 frimaire an 8, 14 floréal an 10, et l'art. 20 de celle du 14 avril 1806.

Il y a des Lettres dont la taxe doit être payée à l'avance par ceux qui les confient à la poste : ce sont celles qui sont destinées pour certains pays étrangers. *V.* ce que porte là-dessus un arrêté du gouvernement, du 14 fructidor an 10, qui est inséré dans le *Bulletin des lois.*

III. Les Lettres confiées à la poste, sont pour elle, pour ses agens et pour tous, un dépôt dont il n'est pas permis de violer le secret.

Témoin le décret du 10 août 1790, par lequel l'assemblée constituante,

« Considérant que le secret des Lettres est inviolable, et que, sous aucun prétexte, il ne peut y être porté atteinte, ni par les individus, ni par les corps ;

» Improuve la conduite de la municipalité de Saint-Aubin, pour avoir ouvert un paquet adressé à M. Dogny, intendant-général des postes, et plus encore, pour avoir ouvert ceux adressés au ministre des affaires étrangères et aux ministres de la cour de Madrid ; et charge son président de se retirer devers le roi, pour le prier de donner les ordres nécessaires, afin que le courrier porteur de ces paquets soit mis en liberté, et pour que le mi-

_____

(1) *Ibid.*, tome 23, page 445.

nistère du roi soit chargé de témoigner à M. l'ambassadeur d'Espagne les regrets de l'assemblée, de l'ouverture de ses paquets. »

Par un autre décret du 10 juillet 1791, la même assemblée,

« Considérant que les précautions qu'elle a ordonnées pour la sûreté de l'État, par son décret du 21 juin dernier, ont été exagérées en plusieurs lieux ; que, par l'effet d'un zèle inconsidéré, des corps administratifs et des municipalités avaient cru pouvoir, en conséquence, soumettre à leur surveillance et à leurs recherches la correspondance des particuliers ; que l'arrestation qui a été faite en plusieurs villes, des courriers des malles, les dépôts forcés de leurs paquets en autres lieux qu'aux bureaux auxquels ils étaient destinés, les perquisitions faites chez les directeurs des postes, la vérification des Lettres, les sursis ordonnés à leur distribution, ne peuvent qu'interrompre les relations commerciales, et sont autant d'abus qu'il est indispensable d'arrêter ; que ces moyens illégaux, qui ne peuvent être tolérés que dans un moment d'alarme universelle et dans un péril imminent, ne peuvent être plus long-temps employés, d'après les mesures qui ont été arrêtées pour la sûreté et la défense de l'Empire ;

» Décrète qu'il est enjoint aux corps administratifs de surveiller l'exécution du décret du 10 août 1790, concernant le secret et l'inviolabilité des Lettres, et de se conformer aux dispositions de l'art. 10 du titre des *Attributions*, faisant partie du décret du 26 du même mois d'août, qui défend aux corps administratifs et aux tribunaux d'ordonner aucun changement dans le service des postes. »

La peine de la violation du secret des Lettres confiées à la poste, était ainsi réglée par le Code pénal du 25 septembre 1791, part. 2, tit. 1, sect. 3, art. 23 :

« Quiconque sera convaincu d'avoir volontairement et sciemment supprimé une Lettre confiée à la poste, ou d'en avoir brisé le cachet, et violé le secret, sera puni de la peine de la dégradation civique.

» Si le crime est commis, soit en vertu d'un ordre émané du pouvoir exécutif, soit par un agent du service des postes, le ministre qui en aura donné ou contre-signé l'ordre, quiconque l'aura exécuté, ou l'agent du service des postes qui, sans ordre, aura commis ledit crime, sera puni de la peine de deux années de gêne. »

Cette disposition avait été renouvelée par l'article 638 du Code des délits et des peines, du 3 brumaire an 4, avec une modification très-remarquable : « il n'est porté, par le présent article, » aucune atteinte à la surveillance que le gouvernement peut exercer sur les Lettres venant des » pays étrangers ou destinées pour ces mêmes » pays. »

Mais l'art. 187 du Code pénal de 1810 ne punit que d'une amende de 16 à 300 francs, « toute suppression, toute ouverture de Lettres confiées à » la poste, commise ou facilitée par un fonction- » naire ou un agent du gouvernement ou de l'admi- » nistration des postes. » Il ajoute seulement que « le coupable sera, de plus, interdit de toute fonc- » tion ou emploi public, pendant cinq ans au » moins et dix ans au plus. »

V. l'arrêt de la cour de cassation du 4 juin 1807, rapporté au mot *Intention.*

IV. Le principe qui nous oblige de respecter le secret des Lettres et des paquets cachetés, a donné lieu, en 1778, à une contestation fort singulière.

Le sieur Mecflet de Valsemey confia, en mourant, trois paquets cachetés au sieur Lesseline, pour les remettre, après sa mort, chacun à son adresse. Le premier de ces paquets était adressé au sieur Anereville; le second à la demoiselle Vauquelin; et le troisième au sieur Mierville. Après le décès du sieur de Valsemey, le sieur Lesseline refusa de remettre les paquets à leurs adresses, à moins que ce ne fût en la présence des héritiers du défunt.

Le sieur Anereville, la demoiselle Vauquelin et le sieur Mierville firent assigner le sieur Lesseline, pour le faire condamner à leur remettre à chacun son paquet. Les sieurs Mecflet de Pleinemert et d'Asseville, héritiers du sieur Valsemey, intervinrent au procès pour demander qu'avant la remise des paquets, le juge les ouvrît et les examinât lui-même, pour voir s'ils ne renfermaient rien d'illicite et de contraire aux lois.

Le premier juge l'ordonna ainsi, malgré l'opposition de ceux à qui les paquets étaient adressés, et par arrêt du 30 avril 1778, le parlement de Rouen confirma la sentence.]]

V. On dit assez communément qu'une Lettre n'est point obligatoire ; mais cette assertion est trop générale. Sans doute, si je vous écris pour vous prier de me prêter une certaine somme, ma Lettre ne vous suffira pas pour prouver que vous avez fait le prêt. Mais si j'ajoute que *ma Lettre vous servira de reconnaissance*, vous aurez alors un titre suffisant pour exiger le paiement de la somme y énoncée. Je pourrai seulement demander que vous soyez tenu d'affirmer que ce que vous répétez, vous est légitimement dû.

Lorsqu'il s'agit de savoir si un contrat synallagmatique a été formé, la Lettre missive de l'une des parties qui contient ses propositions ne suffit pas seule pour la lier. C'est ce qui a été jugé par un arrêt rendu au parlement de Paris, le 6 juin 1735, dans une espèce que rapporte ainsi l'auteur de la *Collection de Jurisprudence :*

« Le sieur de Sailly sachant que le sieur Pasquier avait deux chevaux qu'il voulait vendre 1150 livres, manda par écrit de les lui envoyer le lendemain à neuf heures du matin, et qu'il paierait les 1150 livres à celui qui amènerait les chevaux.

» Au lieu de les envoyer à neuf heures au sieur de Sailly, chez lui, le sieur Pasquier ne les lui envoya qu'à midi, dans une maison tierce : le sieur de Sailly les refusa; sur ce refus, il fut assigné au Châtelet, où le sieur Pasquier obtint sentence par défaut.

« Sur l'appel, la cause fut portée à la tournelle civile. Le défenseur du sieur de Sailly soutint qu'il n'y avait aucune vente de la part dudit sieur Pasquier; que comme le sieur de Sailly n'aurait pas pu le faire condamner à livrer les chevaux, de même le sieur Pasquier ne pouvait pas le contraindre de les recevoir; que la Lettre n'obligeait pas les parties réciproquement, puisque le sieur de Sailly y parlait seul, et qu'elle n'obligeait point le sieur Pasquier, qui n'avait d'ailleurs pas envoyé les chevaux à l'heure et au lieu indiqués.

« Sur cela est intervenu l'arrêt cité, qui a infirmé la sentence du Châtelet, et a déchargé le sieur de Sailly de la demande, avec dépens. »

[[Mais lorsqu'à une proposition faite par une Lettre missive, celui à qui elle est adressée a répondu par une autre Lettre missive, de manière à ne pas laisser de doute sur son acceptation, le contrat est formé, et il oblige les deux parties ni plus ni moins que si elles avaient stipulé en présence l'une de l'autre. C'est ce que fait clairement entendre le Code de commerce, lorsqu'il dit, art. 109, que les achats et ventes se constatent par la correspondance. V. les articles Double écrit, nᵒ 11, et Lettre de change, § 4, nᵒ 10.

Le consentement porté par une Lettre mise à la poste, est-il efficacement révoqué ou modifié par une Lettre postérieure qui parvient à son adresse en même temps que la première?

V. l'article Vente, sect. 1, § 3, nᵖ 11 bis.

Quel est l'effet d'une Lettre par laquelle une partie condamnée écrit à son adversaire, qu'elle désavoue les poursuites faites sous son nom pour obtenir la réformation ou l'annulation du jugement de condamnation?

V. le plaidoyer du 15 janvier 1806, rapporté au mot Viduité, nᵒ 4.

V. Aussi l'article Péremption, § 1, nᵒ 16.]]

VI. On n'est pas toujours autorisé à se servir des Lettres missives dans les affaires : elles ne sont surtout d'aucune considération pour établir une preuve, lorsqu'elles renferment quelque confidence, et que la personne à qui on les a écrites, n'a pu les mettre au jour sans manquer à la bonne foi. Les juges ont coutume d'ordonner, en cas pareil, que les Lettres seront rendues, nonobstant le rapport qu'elles peuvent avoir avec l'affaire au sujet de laquelle elles ont été produites. (V. l'article Injure, § 4, nᵒ 8.)

C'est ainsi que, par arrêt du 24 juillet 1717, le parlement de Paris a renvoyé un curé d'Orléans de l'accusation qu'avait formée contre lui l'évêque de cette ville, sur le fondement d'une Lettre que ce curé lui avait écrite sur des difficultés relatives à la bulle Unigenitus.

Catellan, liv. 9, chap. 4, rapporte un autre arrêt du même genre, rendu au sujet d'une accusation de simonie. La partie chargée d'en faire la preuve, la trouva complète dans une Lettre dont elle s'était saisie, et qui avait été écrite à son procureur avant le procès; mais le parlement de Toulouse rejeta cette preuve : il lui parut trop dangereux d'asseoir un jugement sur une Lettre qu'on n'avait pas adressée à celui qui voulait s'en prévaloir. (M. Guyot.) *

[[Cet arrêt, qui a été rendu au mois de mars 1666, fait, par forme de règlement, « inhibitions » et défenses à toutes parties de prendre des études » de procureurs, des actes sans leur su et consen- » tement; et ordonne qu'audit cas, les parties ne » pourront s'en servir. »

VI. Mais c'est bien mal à propos que l'auteur de cet article cite ces deux arrêts comme décidant pour l'affirmative la question de savoir si une Lettre écrite confidentiellement à un tiers, peut être employée comme preuve contre son auteur : ni l'un ni l'autre n'ont jugé rien de semblable.

1ᵒ Dans l'espèce de celui du parlement de Paris, du 24 juillet 1717, ce n'était pas à un tiers que le curé avait écrit la Lettre dont il s'agissait; il l'avait écrite à son évêque; et c'était au nom de son évêque qu'il était poursuivi pour l'avoir écrite; c'était au nom de son évêque qu'on lui opposait cette Lettre. Or, que pouvait-il y avoir de d'illégal? Toute Lettre missive ne devient-elle pas, aux termes de la loi 14, § 17, D. de furtis, la propriété de celui à qui elle est écrite, non-seulement du moment où elle lui est remise, mais même du moment où elle est délivrée à son fondé de pouvoir? Et qui est-ce qui peut contester au propriétaire d'un titre quelconque le droit d'en faire usage pour justifier une demande qu'il forme en justice?

Cet arrêt aurait-il donc jugé que la personne à laquelle est adressée une Lettre qui lui est injurieuse, ne peut pas s'en servir pour prouver qu'elle a été injuriée? C'est ce qu'on ne peut pas raisonnablement supposer, car des injures consignées dans une Lettre adressée à celui qu'elles attaquent, ne peuvent pas être plus à l'abri d'une demande en réparation, que des injures proférées verbalement dans un tête-à-tête contre la personne qui en est l'objet. Il ne peut y avoir de difficulté relativement aux unes et aux autres, que pour la preuve; et les premières portent leur preuve avec elles-mêmes, comme les secondes peuvent être prouvées, sinon par des témoins (puisqu'il ne s'en est pas trouvé à l'instant où elles ont été proférées), du moins par l'aveu de la partie ou par tout autre moyen que le hasard peut fournir; l'arrêt cité ne peut donc avoir été déterminé que par des circonstances particulières. (1)

_____

(1) Du reste, voici un arrêt de la cour de cassation qui reconnaît formellement qu'une Lettre injurieuse à la personne qui l'a reçue, constitue un fait punissable, et qu'elle peut être employée comme preuve contre son auteur.

Un juge de paix reçoit du sieur Savin une Lettre qui contient de graves injures contre lui relativement à l'exercice de ses fonctions.

Il la transmet au ministère public, et le sieur Savin est en

Quant à l'arrêt du parlement de Toulouse, du mois de mars 1666, il suffit de recourir au Recueil de Catellan, pour se convaincre qu'il est totalement étranger à la question de savoir si une Lettre confidentielle écrite à un tiers, et livrée par lui à la partie qui a intérêt de s'en servir, peut être produite en justice par celle-ci.

Dans l'espèce sur laquelle il a été rendu, il s'agissait de Lettres que le bénéficier Buffevant avait écrites à Cabrol, procureur, et que le dévolutaire David avait furtivement enlevées de l'étude de celui-ci à une époque où il en était le client.

David demandait que Buffevant et Cabrol fussent tenus de reconnaître, l'un l'écriture de ses Lettres, l'autre la cote qu'il y avait opposée au dos.

Cabrol et Buffevant se réunissaient pour soutenir qu'ils n'étaient pas obligés de s'expliquer là-dessus, et concluaient à ce que les Lettres fussent rendues au premier d'entre eux.

Le syndic des procureurs et le procureur-général du roi étaient intervenus pour demander que David fût condamné à restituer les Lettres, et qu'il fût pourvu, par un réglement, à ce que de pareils abus ne se renouvelassent plus.

» Ils représentaient (dit le magistrat cité) l'intérêt public, qui fait qu'on doit regarder les études des procureurs comme des lieux de dépôt où sont déposés les actes les plus importans aux familles, que les procureurs laissent souvent exposés sur la foi publique; que c'est un vol dont la reintégrande est inévitable.

» Il était répliqué par David qu'il lui avait été permis de prendre ces missives, les trouvant dans l'étude de son procureur; qu'elles prouvaient évidemment la jouissance des deux bénéfices incompatibles, défendue par les lois de l'église, et la confidence de Buffevant avec son prétendu résignataire : que l'intérêt public exige la punition de ces crimes; que celui de confidence est semblable à celui de simonie, et qu'ainsi, il est sujet aux mêmes preuves, et que celui qui en est accusé est obligé de remettre ses livres et autres actes, de même que celui qui est accusé du crime d'usure, quoique régulièrement *nemo teneatur edere contra se.*

---

conséquence poursuivi devant le tribunal correctionnel de Tours, comme coupable du délit prévu par l'art. 222 du » Code pénal, ainsi conçu : « Lorsqu'un ou plusieurs magistrats » de l'ordre administratif ou judiciaire auront reçu, dans » l'exercice de leurs fonctions, *où à l'occasion de cet exercice*, » quelque outrage *par paroles* tendant à inculper leur honneur » ou leur délicatesse, celui qui les aura ainsi outragés, sera pu- » ni d'un emprisonnement d'un mois à deux ans. Si l'outrage » a eu lieu à l'audience d'une cour ou d'un tribunal, l'empri- » sonnement sera de deux à cinq ans. »

L'affaire portée à l'audience du 3 janvier 1817, le sieur Savin répète publiquement les injures contenues dans sa Lettre.

Jugement qui, à raison de cette répétition publique seulement, le condamne à un emprisonnement de deux mois.

Il en appelle devant le tribunal correctionnel de Blois; et là, jugement intervient, le 1er mars de la même année, qui déclare qu'il a été bien jugé,

« Attendu que, *si la Lettre écrite le 18 décembre dernier au juge de paix de Tours par le prévenu, ne présente pas le caractère de délit prévu par l'art.* 222 du Code pénal, soit que les reproches qu'elle contient soient mérités, soit qu'ils soient faux et calomnieux, le jugement du 3 janvier dernier n'a pas compris cette Lettre dans les faits dont il a déclaré le prévenu coupable;

» Attendu, d'une autre part, qu'il est constaté, par le procès-verbal inséré dans ce jugement, que le prévenu n'a pas attendu l'interrogatoire qu'il avait à subir à l'audience pour y répéter publiquement l'outrage que, par sa Lettre, il avait fait au juge de paix; que, dans l'une de ses réponses, il a même ajouté à la gravité des premières injures, en disant, après avoir persisté dans les termes de sa Lettre : *c'est l'exacte vérité, je crois en avoir assez dit pour le peindre comme il le mérite ;*

» Attendu que ces faits caractérisent le délit prévu par l'art. 222 déjà cité; considérant que ce délit a été commis dans l'enceinte et pendant la durée de l'audience; que le procès-verbal de cette audience le constate suffisamment et sans qu'il fût besoin d'une instruction; que, conformément à l'art. 181 du Code d'instruction criminelle, le tribunal a dû appliquer, sans désemparer, la peine prononcée par la loi;

» Attendu que le prévenu, loin d'avoir à se plaindre de ce jugement, aurait à s'applaudir de ce que le tribunal n'avait pas appliqué la peine portée par ledit paragraphe dudit art. 222, contre l'outrage qui a eu lieu à l'audience d'une cour ou d'un tribunal, dont le ministère public ne s'est pas plaint et dont il ne s'est pas rendu appelant, ne l'ayant pas requis lui-même. »

Le sieur Savin se pourvoit en cassation contre ce jugement; et fait valoir plusieurs moyens, dont le second et le sixième consistent à dire que la Lettre qu'il avait écrite au juge de paix, était confidentielle, et ne pouvait pas, par conséquent, donner lieu à des poursuites correctionnelles.

Mais, par arrêt du 10 avril 1817, le jugement attaqué est maintenu, « attendu sur les deuxième et sixième moyens, tirés de ce que la lettre écrite au juge de paix de Tours (Nord) était purement confidentielle, et ne pouvait par conséquent donner lieu à des poursuites correctionnelles ; que, *si cette Lettre n'ayant pas acquis de publicité, et étant jusqu'à l'introduction de l'instance, demeurée confidentielle, elle ne* pouvait rentrer que dans l'application de l'article 376 du Code pénal, et ne donner lieu qu'à des peines de police; que, si le tribunal correctionnel a donc été primitivement mal à propos saisi par la plainte du ministère public, la diffamation que s'est permise le demandeur devant ce tribunal et à l'audience, contre le juge de paix, à raison de ses fonctions, a constitué un nouveau délit, qui a eu le caractère correctionnel, et que le tribunal correctionnel était investi, par l'art. 181 du Code d'instruction criminelle, du pouvoir d'y statuer. » *(Jurisprudence de la cour de cassation,* tom. 18, p. 23.)

Cet arrêt reconnaît, comme on le voit, que les injures contenues dans la Lettre était la véritable question, puisque, abstraction faite de la publicité que le sieur Savin leur avait donnée à l'audience, le faire condamner au moins à une peine de simple police.

Mais est-il bien vrai, comme il le déclare (en copiant, sur ce point, le jugement attaqué, qu'il ne pouvait pas annuler de ce chef, parce que la cassation n'en était pas demandée par le ministère public); qu'elles ne constituaient pas par elles-mêmes le délit prévu par l'art. 222 du Code pénal? Cet article punit *d'un emprisonnement d'un mois à deux ans*, et par conséquent, d'une peine correctionnelle, quiconque outrage un magistrat, non-seulement *dans l'exercice de ses fonctions*, mais encore *à l'occasion de cet exercice, par des paroles tendantes à inculper son honneur ou sa délicatesse*; et il ne distingue pas entre le cas où ces paroles ont été proférées publiquement ou en présence de témoins, et le cas où elles l'ont été dans un tête-à-tête. Or, outrager un magistrat par une Lettre qu'on lui adresse, n'est-ce pas la même chose que de l'outrager de vive voix? *Per epistolam præsens absenti loquitur,* dit Mascardus, Traité *de probationibus,* concl. 557, n° 6.

» D'où David concluait qu'il avait pu prendre en ce cas des papiers favorables qui s'étaient fortuitement trouvés sous ses yeux et sous sa main , et qui lui servaient à prouver un fait où la preuve est admise *per quoscumque testes* , et où les reproches sont exclus par les constitutions des papes; ce qui fait voir clairement que , dans un cas si grave , si difficile à prouver , et peut-être par là si ordinaire , toutes preuves étaient bonnes et devaient être reçues , encore mieux une preuve littérale , aussi précise et aussi hors de soupçon que celle que la procédure même semblait avoir offerte pour empêcher que le crime ne fût impuni , ou plutôt que son auteur n'en recueillît le fruit. »

Ce fut sur ces raisons qu'intervint , après partage , l'arrêt dont il s'agit ; et voici le motif qu'en donne Catellan : « Rien n'intéresse si sensiblement » le public que la conservation de la confiance » attachée à un ministère public et nécessaire ; » cette considération prévalut sur toutes les rai- » sons contraires. »

Le seul point jugé par cet arrêt , est donc que la justice ne doit avoir aucun égard aux Lettres écrites à un tiers , lorsque c'est sans son aveu et par de mauvaises voies qu'elles sont tombées dans les mains de la partie qui s'en prévaut.

Et c'est ce qu'avaient déjà décidé précédemment deux arrêts du parlement de Paris , des 22 et 31 décembre 1593 , rapportés par Brillon , aux mots *Lettre missive* , n° 40 (1).

(1) Voici les termes de cet auteur :

« M. Michel Gallé , lieutenant du bailli de Dunois , avait des Lettres interceptées , sur lesquelles il voulait faire le procès à M. Antoine Thoaut , avocat fiscal. Par arrêt du parlement de Paris , du 22 décembre 1593 , il est dit que Gallé comparaîtra par-devant le commissaire , pour être oui et interrogé sur les faits et articles qui seront baillés par le procureur-général sur les moyens par lesquels il a recouvré les missives envoyées par Thoaut à Bigar , bailli de Dunois , par lui présentement reconnues avoir été écrites et signées de sa main.

« Un particulier écrit à un ami qu'il craignait qu'un voleur constitué prisonnier par le prévôt des maréchaux de Loches , n'échappât , comme il était échappé déjà une fois , et quelques autres propos blessant l'honneur du prévôt. Les Lettres sont interceptées , portées au prévôt , qui se plaint , et demande réparation d'honneur. Ce particulier demande que le prévôt ait à dire qui lui a donné les Lettres; il déclare néanmoins que ce qu'il a écrit n'a point été en intention d'offenser le prévôt , lequel il reconnaît pour homme de bien , et avoir été toujours un bon juge , mais dans la crainte qu'il avait que le voleur ne s'évadât. Le juge de Loches ordonne que préalablement le prévôt nommera qui lui a baillé les Lettres. Appel par le prévôt , qui dit que ses conclusions étaient plus étendues que celles de sa partie adverse , et qu'il y fallait faire droit préalablement. Mornac , pour l'intimé , supplie la cour d'évoquer le principal , et , en vertu de procuration , faire pareille déclaration que dessus. Par arrêt du 31 décembre 1593 , à la tournelle , le principal évoqué , les parties mises hors de cour et de procès , M. l'avocat-général. Séguier allègua l'arrêt de Gallé , donné depuis huit jours. (*Bibliothèque civile de Bouchel,* aux mots *Lettres interceptées.*)»

Ces deux arrêts ont jugé , comme l'on voit , que des Lettres interceptées ne peuvent pas faire preuve , non-seulement en faveur de celui qui s'en est emparé par des voies illicites , mais même dans l'intérêt de la vindicte publique , et à l'effet d'en faire punir l'auteur à raison du délit qu'elles constituent , ou dont elles renferment la preuve.

Il est vrai qu'à cet égard , ils sont en opposition avec un

Mais ne doit-on pas juger autrement lorsqu'il s'agit de Lettres que le tiers à qui elles ont été écrites , a livrées spontanément à la partie qui les produit en justice ?

Non ; car , dans cette hypothèse , ce n'est qu'à la déloyauté du tiers à qui ces Lettres ont été écrites , que la partie qui les produit en justice , en doit la possession.

Rien de plus déloyal , en effet , que le procédé de ce tiers ; et l'on sait avec quelle énergie l'orateur romain s'expliquait là-dessus dans sa seconde philippique , § 4 , en reprochant à Antoine l'abus qu'il avait fait de ses Lettres en les divulguant : *at etiam Litteras quas me sibi misisse dicit, recitavit homo et humanitatis expers et vitæ communis ignarus. Quis enim unquam , qui paulummodo bonorum consuetudinem nosset , Litteras ad se ab amico missas , offensione aliqua interposita , in medium protulit palamque recitavit ? Quid est aliud tollere in vita vitæ societatem , tollere amicorum colloquia absentium ? Quam multa joca solent esse Epistolis , quæ prolata si sint , inepta videantur? Quam multa seria , neque tamen ullo modo divulganda? Sic hoc inhumanitatis tuæ.*

Or , la déloyauté du tiers à qui les Lettres ont été écrites , la perfidie dont il a encouru le juste reproche par la remise spontanée qu'il a faite de ces Lettres à la partie qui les produit en justice , peut-elle profiter à celle-ci ? Il est évident que non. Si le fait illicite d'autrui ne peut pas nous nuire , nous ne pouvons pas non plus en tirer avantage. *Alterius circumventio alii non præbet actionem,* dit la loi 49 , D. *de regulis juris.*

Aussi existe-t-il plusieurs arrêts qui jugent formellement que les Lettres écrites à des tiers et livrées par ceux-ci aux parties intéressées à en faire valoir le contenu , ne peuvent pas être produites en justice contre ceux qui les ont écrites.

Il y en a deux des 9 mars 1645 et 3 août 1735 , qui sont rapportés , le premier , au mot *Preuve,* sect. 2 , § 2 , art. 2 , n° 9 ; le second , au mot *Injure,* § 4 , n° 8.

En voici de plus récens.

Dans une affaire pendante devant la cour d'appel de Rome , et dans laquelle il s'agissait de savoir si la maison de commerce Spadafora avait donné ses pouvoirs au sieur Lucchini , la maison Saba-

arrêt du parlement de Bretagne , dont Brillon lui-même présente ainsi l'espèce un peu plus haut :

« Debonabry fut condamné en cent sous d'amende pour avoir intercepté des Lettres missives , de Perrin , sa partie , sans note d'infamie ; dans les Lettres il y avait quelques mots indiscrets contre les arrêts de la cour , pour lesquels Perrin fut condamné en pareille somme de cent sous et la missive lacérée. Arrêt du parlement de Bretagne , du 5 mars 1574. (*Du Fail, liv.* 2 , *chap.* 460.) »

Mais , il faut le dire , il y a dans cet arrêt une contradiction choquante. Du moment que l'on condamnait Debonabry à la peine qu'il avait encourue pour avoir intercepté les Lettres de Perrin , la raison et la justice voulaient que l'on procédât à l'égard de Perrin comme si le secret des Lettres n'eût pas été violé , et par conséquent , que l'on fermât les yeux sur ce qu'elles pouvaient contenir de répréhensible.

{onni produisait, pour établir l'affirmative, une Lettre adressée par la maison Spadafora à une tierce-personne.

La maison Spadafora demandait le rejet de cette Lettre, qui, appartenant, disait-elle, à un tiers, « n'a pu passer que par abus de confiance entre » les mains de la maison Sabatonni ; abus contraire » à la morale, surtout à la bonne foi qui vivifie » le commerce et qui en est l'ame ; abus enfin qu'on » ne saurait tolérer sans autoriser l'immoralité » chez les plaideurs, pour se créer des titres à eux-» mêmes, et multiplier par là le nombre des chi-» canes, ce qui occasionnerait de graves inconvé-» niens que la justice doit prévenir en proscrivant » un pareil abus. »

La maison Sabatonni répondait qu'entre négo-cians, les Lettres qu'ils s'écrivaient respectivement, étaient à leur égard des titres communs qu'ils pou-vaient se communiquer réciproquement sans le moindre abus de confiance ; qu'ainsi, la Lettre dont il s'agissait, étant adressée à un négociant, un autre négociant avait pû, sans immoralité aucune, la prendre en communication et la produire en justice.

Sur ces débats, arrêt du 4 décembre 1810, par lequel,

« Considérant que c'est abuser de la confiance et de la bonne foi que de publier et produire en ju-gement des Lettres adressées à des tierces-personnes ; qu'en donnant poids à ces Lettres, les tribunaux concourraient à fomenter un inconvénient des plus graves et des plus opposés aux liens sacrés qui doivent unir les hommes entre eux ;

» La cour ordonne que la Lettre dont il s'agit sera rejetée et mise hors du procès (1). »

Le 6 décembre 1788, le sieur Bajard, domicilié dans le Forez, pays de droit écrit, fait un testa-ment mystique par lequel, entre autres dispositions pieuses, il lègue aux pauvres de Saint-Chamont une somme de 4,000 livres, et nomme, pour son exécuteur testamentaire, le sieur Damichon, curé de Saint-Paul.

Le 17 du même mois, et quelques jours après la mort du testateur, le sieur Damichon passe une procuration au sieur Vincent, notaire, « pour re-» cevoir et exiger des débiteurs de la succession, » passer quittance aux débiteurs, employer les » sommes qu'il recevra à acquitter les legs faits » par le testateur ; en un mot, pour représenter le » constituant dans toutes les affaires quelconques, » prévues ou imprévues, concernant la succession, » déclarant le constituant approuver, dès à présent, » tout ce qui sera fait par le fondé de pouvoir. »

En vertu de cette procuration, le sieur Vincent passe avec des parens du défunt, qui s'en préten-dent les héritiers, différens traités par lesquels il leur accorde, entre autres choses, la distraction de la quarte falcidie ; et par suite de ces traités, les pauvres de Saint-Chamont ne reçoivent pas leur legs de 4,000 livres.

Long-temps après, les administrateurs du bu-reau de bienfaisance de Saint-Chamont actionnent à ce sujet le sieur Damichon, exécuteur testamentaire, devant le tribunal de première instance de Saint-Etienne, et demandent qu'il soit personnellement condamné à leur payer ce legs, comme s'en étant rendu responsable par les traités qu'il a imprudem-ment conclus avec les soi-disant héritiers du testateur.

Le sieur Damichon met en cause le sieur Vincent, et soutient qu'en consentant au prélévement de la quarte falcidie sur la totalité de la succession, par de prétendus héritiers dont la qualité n'était au-cunement constatée, il a excédé les pouvoirs qui lui avaient été confiés par la procuration du 17 dé-cembre 1788.

Le sieur Vincent répond qu'il n'a rien fait que du consentement du sieur Damichon, son commet-tant ; et il produit, pour le prouver, une Lettre écrite par celui-ci à un curé de son voisinage, le 26 janvier 1792, et ainsi conçue : « Je viens d'ap-» prendre que vous étiez cité à comparoir à Saint-» Etienne, relativement à un legs fait à vos pauvres » par feu Jean Bajard, mon paroissien, qui m'a » institué son exécuteur testamentaire. Le legs » était de deux mille francs pour votre paroisse et » autant pour celle de Saint-Pierre : le testament, » par défaut de formalités, n'a valu que comme » codicille ; les héritiers de droit l'ont attaqué ; et, » d'après plusieurs consultations, ils ont levé le » quart de la succession : plus de difficulté sur cet » article ; mais un autre... »

Le 29 août 1818, jugement qui, « attendu qui » la Lettre du 26 janvier 1792, étant adressée à » un tiers, est réputée confidentielle, et qu'en » principe, l'inviolabilité des secrets que ces sortes » de Lettres renferment, ne permet pas à des per-» sonnes étrangères de s'en prévaloir dans leur in-» térêt, » déclare que le sieur Vincent a excédé ses pouvoirs par les traités dont il s'agit, et l'en rend responsable.

Le sieur Vincent appelle de ce jugement à la cour royale de Lyon, qui le confirme, par arrêt du 21 juillet 1819.

Il se pourvoit en cassation, et soutient que, par cet arrêt, la cour royale de Lyon a violé l'arti-cle 1998 du Code civil, aux termes duquel le » mandant est tenu d'exécuter les engagemens con-» tractés par le mandataire, conformément au » pouvoir qui lui a été donné, » ou qu'il a rati-fiés expressément ou tacitement ; qu'en effet, il résultait de la Lettre du sieur Damichon, du 26 janvier 1792, que celui-ci avait ratifié les traités passés avec les parens du sieur Bajard ; qu'il im-portait peu que cette Lettre fût adressée à un tiers et non pas au sieur Vincent lui-même, puisqu'elle était relative à une affaire qui intéressait également ce tiers, et que, dès-lors, elle appartenait en quel-que sorte au sieur Vincent comme au curé de Saint-Chamont, qui la lui avait communiquée ; qu'ainsi, elle ne renfermait rien de secret, et n'avait aucun des caractères d'une Lettre confidentielle dont le secret doit être inviolable.

(1) Jurisprudence de la cour de cassation, tome 13, partie 2, page 87.

Mais, par arrêt rendu à la section des requêtes, le 4 avril 1821, au rapport de M. Liger de Verdigny,

« Sur le moyen pris de la violation de l'art. 1998 du Code civil,

» Attendu qu'il est de principe invariable que les Lettres adressées à des tiers sont réputées confidentielles, et que l'inviolabilité des secrets qu'elles renferment, s'oppose à ce que des personnes étrangères puissent s'en prévaloir...,

» La cour rejette le pourvoi...., (1) »

Dans cette espèce, le demandeur en cassation convenait du principe que *le secret des Lettres confidentielles doit être inviolable* ; et il se bornait à soutenir que la Lettre du 26 janvier 1792 ne pouvait pas être réputée confidentielle. Mais l'arrêt qui a rejeté son recours, a jugé tout à la fois, que cette Lettre devait être réputée confidentielle, par cela seul qu'elle avait été adressée à un tiers, et qu'elle ne pouvait pas, comme telle, faire preuve contre son auteur.

Cette double décision est encore confirmée par les deux arrêts que la cour royale d'Amiens et la cour de cassation ont successivement rendus dans une espèce rapportée à l'article *Maternité*, et qui, outre les questions traitées en cet endroit, présentait celle de savoir si la règle d'après laquelle les Lettres écrites à un tiers, ne peuvent pas être produites en justice par la partie à qui elles ont été remises volontairement, est applicable au procès sur l'état des personnes, comme aux contestations ordinaires.

Dans cette espèce, les héritiers de la demoiselle de Bellengreville de Pelvert s'aidaient, pour prouver qu'Adeline Caron, à qui elle avait laissé toute sa fortune, était sa fille naturelle, de vingt-deux Lettres écrites par la défunte à la veuve Dongez, dans le temps où celle-ci était chargée de l'entretien et de l'éducation de cette jeune personne.

Adeline Caron opposait à ces Lettres un certificat de la veuve Dongez elle-même, du 20 juillet 1821, portant que, lorsqu'elle les avait remises à la famille de Bellengreville, elle n'avait point eu l'intention d'en autoriser la publicité, ni surtout la production en justice contre les intérêts de son élève, et qu'elle priait M. le procureur-général d'en requérir le rejet.

De leur côté, les héritiers de la demoiselle de Bellengreville exposaient que la veuve Dongez n'avait signé ce certificat que par complaisance ; et pour le prouver, ils produisaient une Lettre qu'elle leur avait écrite, six jours après, en leur transmettant d'autres Lettres de la demoiselle de Bellengreville qu'elle venait de retrouver, et en faisant des vœux *pour le succès de leur juste réclamation.*

Il paraît que la cour royale d'Amiens n'a tenu aucun compte de cette Lettre, et qu'elle n'en a

_____

(1) Journal des audiences de la cour de cassation, année 1821, page 601.

_____

pas moins considéré le certificat qui l'avait précédée, comme une preuve que c'était contre l'intention de la veuve Dongez que les Lettres écrites à celle-ci, par la demoiselle de Bellengreville, avaient été produites ; car, par arrêt du 26 juillet 1821, sans examiner ce qu'il y aurait eu lieu de prononcer dans le cas où la veuve Dongez eût consenti d'une manière non équivoque à la production de ces Lettres, elle en a ordonné le rejet pur et simple du procès,

« Attendu qu'il est de principe établi, par la morale et la jurisprudence, que des Lettres confidentielles écrites à des tiers, ne peuvent devenir pièces de procès contre le vœu de ceux qui les ont écrites, et contre celui des personnes à qui elles ont été adressées et qui en sont dépositaires ;

» Attendu que, dans la cause, il résulte des circonstances, et spécialement des fragmens de Lettres attribuées à la défunte demoiselle de Bellengreville de Pelvert, qui ont été lues à l'audience, ainsi que des Lettres et déclarations émanées de la femme Dongez, lesquelles Lettres et déclarations ont été enregistrées, que lesdites prétendues Lettres de la demoiselle de Bellengreville étaient confidentielles, et que l'intention de la femme Dongez, qui en était dépositaire, n'a jamais été, en les remettant aux héritiers de Bellengreville, qu'on en fît usage contre Adeline Caron. »

Les héritiers de la demoiselle de Bellengreville se sont pourvus en cassation contre cet arrêt, et l'ont attaqué, non comme mal à propos fondé, en fait, sur le certificat de la veuve Dongez, du 21 juillet, démenti par sa Lettre du 26 du même mois (ils sentaient trop bien qu'il était, sous ce point de vue, à l'abri de toute attaque) ; mais comme violant, en droit, *les principes concernant les preuves admises en justice*, et spécialement *les art. 324 et 1347 du Code civil, qui définissent le commencement de preuve, soit en matière ordinaire, soit relativement à l'état des personnes.*

« Il s'agit d'examiner, en point de droit (ont-ils dit), s'il est vrai que, *dans les questions d'état*, des Lettres confidentielles, écrites à des tiers, soient dépourvues de toute force probante, quoique émanées d'une partie qui est ou qui serait, si elle n'était pas décédée, intéressée dans la contestation.

» C'est ce qu'il nous semble impossible d'admettre. Non-seulement cette doctrine ne peut s'appuyer sur aucune disposition de la loi ; mais elle est repoussée par l'esprit général de la législation sur les preuves en matière d'état.

» Ce serait élargir inutilement le cercle de la discussion, que de rechercher si, en thèse générale, et dans les matières ordinaires, il est ou non permis à un tiers de se prévaloir d'une Lettre qui, sans lui avoir été adressée, renferme des aveux qui l'intéressent. Nous ferons seulement observer que cette question, qui, à la différence de la nôtre, s'est déjà plusieurs fois présentée, reste encore susceptible de controverse. Si quelques arrêts ont fait fléchir le principe qui assigne le caractère de commencement de preuve par écrit à *tout acte* émané de la partie à qui on l'oppose, ou de ses auteurs, et rendant vraisemblable le fait allégué, s'ils y ont admis une exception pour les Lettres confidentielles, il en existe plusieurs autres par lesquels cette exception a été rejetée, comme on peut le voir dans le *Dictionnaire* de Brillon, aux mots *Lettre missive* (1).

» Mais il importe peu de savoir ce qu'il faut penser de la question en général, si nous parvenons à établir que, dans la matière spéciale qui nous occupe, il y a des raisons invincibles pour la résoudre autrement que la cour d'Amiens ne l'a décidée.

» La moindre attention suffit pour reconnaître que le législateur, en traçant, lorsqu'il s'est occupé de l'état des citoyens, des règles spéciales sur la nature des preuves admises en justice, a voulu tempérer la rigueur des principes établis à cet égard dans les matières ordinaires. C'est ainsi qu'il dispense l'enfant de représenter l'acte de célébration de mariage de ses père et mère décédés (art. 197 du Code civil). C'est ainsi encore qu'il permet à l'enfant qui n'a ni titre, ni possession constante, de prouver sa filiation par témoins, même sans commencement de preuve par écrit, s'il a en sa faveur quelques graves présomptions (art. 323). C'est par la même raison que, dans l'art 324, il admet, comme commencement de preuve par écrit, les titres de famille, les registres, les papiers domestiques, en un mot, une infinité de documens auxquels il est douteux qu'on puisse attribuer ce caractère dans les contestations ordinaires régies par l'art. 1347.

» Cette volonté manifeste dans la loi de faciliter les preuves en matière d'état, ne serait-elle pas méconnue, si l'on refusait de considérer comme telles les Lettres missives qui peuvent avoir été adressées à un ami ou à un parent par les père et mère de l'enfant sur l'état duquel il y a contesta-

tion? On créerait ainsi des obstacles là où le législateur a entendu les aplanir; on rendrait même, le plus souvent, la preuve impossible, car c'est le plus souvent dans des documens semblables qu'on trouve les premières traces d'une filiation ignorée.

» Dira-t-on, avec la cour royale d'Amiens, que des Lettres écrites à des tiers ne peuvent devenir des preuves qu'autant qu'il n'a point été manifesté une intention contraire par la personne de qui elles sont émanées, ni par celle qui les a reçues? Nous répondons que c'est de la force de la loi, et non de la volonté de leurs père et mère, que les enfans tiennent leur état, et que cette volonté ne saurait leur ravir ce qu'elle ne leur a point conféré.

» Est-il rien de plus contraire aux principes consacrés en cette matière, que ce système d'après lequel l'état serait ou non tenu pour constaté, non selon le plus ou moins d'évidence des preuves, mais selon la nature de l'écrit où elles seraient consignées? Comment ne pas reculer devant les dangers d'une pareille théorie? S'il en fallait un exemple frappant, c'est dans cette cause elle-même qu'on le trouverait. Quoi! parce qu'une fille, devenue mère sans avoir été épouse, n'aura pas abjuré tout sentiment de pudeur; parce que, comme la demoiselle de Bellengreville de Pelvert, elle aura sacrifié, au soin de sa réputation et à l'honneur de sa famille, le bonheur de s'entendre appeler du doux nom de mère, les écrits par lesquels elle aura fait connaître la vérité à ses parens, ou l'aura déposée dans le sein de l'amitié, n'auront plus aucun caractère de preuve; l'enfant ne pourra pas plus s'en prévaloir qu'il ne pourra les lui opposer; ils seront frappés de réprobation par les tribunaux, sous le prétexte du respect dû à la morale et à l'ordre public, comme si les premiers principes de l'ordre public et de la morale ne réclamaient pas, avant tout, la libre manifestation de la vérité et l'attribution à chacun de l'état dans lequel le sort l'a fait naître!

» Quant aux personnes auxquelles les Lettres ont été écrites, nous accorderons, si l'on veut, qu'on ne saurait les contraindre à les mettre au jour, quoique ce soit un point susceptible d'être sérieusement contesté (1); mais en reconnaissant que, dès l'instant où celui qui a reçu les Lettres, les a, comme dans l'espèce, volontairement remises à ceux qu'elles peuvent intéresser, il n'est plus en son pouvoir de détruire ni même d'atténuer les preuves qui en résultent, par des déclarations ultérieures qui, indépendamment de la suspicion qu'elles doivent naturellement inspirer, sont formellement démenties par le fait même de la remise volontaire dont elles ont été précédées.

» Ainsi donc, en laissant à l'écart la question de savoir si, dans les matières ordinaires, des Lettres adressées à des tiers peuvent faire preuve en justice, il est, ce nous semble, incontestable, 1° que cet effet ne saurait leur être refusé dans les

(1) Quels sont donc ces arrêts? Parmi tous ceux que cite Brillon au mot *Lettres*, je n'en trouve qu'un seul auquel le défenseur des héritiers de Bellengreville ait pu faire allusion en s'exprimant ainsi: mais cet arrêt, comment Brillon le rapporte-t-il? Écoutons-le lui-même.

« Bréhaut avait écrit des Lettres à un nommé Leblanc, par lesquelles il parlait indiscrètement d'un conseiller; la cour le rend prisonnier; et quelques jours après, sur ce qu'il demande deux heures le jour pour aller à ses affaires, il est élargi, on ordonne que les Lettres, comme témérairement et indiscrètement écrites par Bréhaut, seront lacérées en sa présence, en la chambre du conseil, auquel elle défend tout exercice de solliciteur, tant en causes civiles que criminelles pendantes en la cour, sur peine de punition corporelle, et sans note d'infamie, lui enjoint de prendre un autre train de vivre à l'avenir. Arrêt du parlement de Bretagne, du 7 octobre 1562. (*Du Fail, liv.* 2, *chap.* 179.) »

Pour que l'on pût citer cet arrêt comme jugeant que des Lettres écrites à un tiers qui s'en est dessaisi spontanément, peuvent être opposées en justice à celui qui les a écrites, il faudrait que, dans l'espèce sur laquelle il a été rendu, c'eût été par la déloyauté du nommé Leblanc, et non par un pur hasard, que les Lettres, dont il s'agissait, fussent sorties de ses mains; or, c'est ce qu'on ne voit pas dans le compte que Brillon rend de cet arrêt, et c'est ce qu'on ne peut pas raisonnablement supposer.

(1) Il y a effectivement un moyen légal de les y contraindre. *V.* ci-après, n° 7.

questions d'état, où les preuves ont une plus grande latitude, et ne résultent le plus souvent que de documens de cette nature; 2° que, comme l'état des personnes est régi par la loi elle-même dans l'intérêt de l'ordre social, et non par la volonté de l'homme dans un intérêt purement privé, il importe peu que l'auteur des Lettres ait entendu ou non que le secret fût gardé sur leur contenu; 5° que, par la même raison, il est indifférent que le tiers auquel ces Lettres ont été adressées, vienne réclamer contre leur production en justice, postérieurement à la remise volontaire qu'il en a faite aux parties intéressées à s'en prévaloir, lorsque, surtout, comme dans l'espèce, cette remise n'a été déterminée par aucun subterfuge, par aucun moyen que la délicatesse ne puisse avouer.

» De tout cela, il faut conclure qu'en écartant sans examen les Lettres écrites par la demoiselle de Bellengreville de Pelvert, et produites par ses héritiers, comme formant la preuve complète, ou tout au moins un commencement de preuve par écrit de sa maternité, l'arrêt du 26 juillet 1821 a violé les principes généraux sur les preuves, et spécialement les art. 324 et 1347 du Code civil, qui, bien loin d'exclure les Lettres missives, les embrassent évidemment, surtout en matière d'état, dans la définition qu'ils donnent du commencement de preuve par écrit.

» Nous terminerons sur ce point par une observation qui se présente d'elle-même, mais qu'il importe de ne pas perdre de vue : c'est que la question qui se présente aujourd'hui à l'occasion d'une recherche de maternité dirigée contre l'enfant, serait absolument la même, soit dans le cas où ce serait, au contraire, de la part de ce dernier, que la recherche aurait lieu, soit dans celui où il s'agirait de prouver une filiation légitime. Notre espèce disparaît. Il s'agit de poser un principe général et applicable à toutes les hypothèses, où, dans quelque intérêt que ce soit, un état quelconque pourra être allégué ou contesté. Supposons maintenant qu'un enfant, voulant établir sa filiation naturelle ou légitime, présente à la justice des Lettres écrites à des tiers par la femme ou par les époux dont il dit être issu, et dans lesquelles abondent les preuves des faits qu'il articule. Lui déniera-t-on son état en présence de ces témoignages qui ne permettent pas d'en douter? Et lorsqu'il vient en dénoncer la suppression, lui opposera-t-on le secret au moyen duquel la suppression a été consommée? Ce serait, il faut le dire, une sorte de barbarie contre laquelle se récrient la raison et l'équité! Mais si l'on est forcé de convenir que, dans ce cas, le système de la cour d'Amiens serait inadmissible, il l'est également dans le nôtre. Encore une fois, les principes sont les mêmes, la solution ne saurait être différente. »

Ce dernier argument était spécieux; mais une distinction très-simple suffisait pour faire disparaître la difficulté qu'il présentait.

Ou les Lettres adressées à des tiers par la femme ou les époux dont un enfant se prétend issu, an-

noncent par elles-mêmes qu'elles ont été écrites dans son intérêt, et dans la seule vue de pourvoir à sa conservation, à son entretien, à son éducation, sans que rien y décèle l'intention de lui dérober le secret de sa naissance; ou il résulte de leur contenu qu'elles ont été écrites avec une intention toute contraire.

Au premier cas, l'enfant est évidemment fondé à dire que les tiers à qui elles ont été adressées, ont fait à son égard, en les recevant, les fonctions de *negotiorum gestores*, et par conséquent rien ne peut l'empêcher, ni de les retirer de leurs mains, ni de les produire en justice comme preuves de sa filiation.

Au second cas, elles ont, par rapport à lui, tous les caractères de Lettres confidentielles écrites à des tiers, et il ne résulte, ni de l'art. 324, ni de l'art. 1347, ni d'aucun autre texte du Code civil, que de pareilles Lettres puissent faire plus de foi, dans une question d'état que dans tout autre procès, en faveur de la partie entre les mains de laquelle un défaut de délicatesse les a fait parvenir.

Le recours en cassation des héritiers de Bellengreville ne pouvait donc être accueilli sous aucun rapport; aussi a-t-il été rejeté par la section des requêtes, le 12 juin 1823

« Attendu que le secret des Lettres est un principe que la justice ne peut méconnaître, parce qu'il dérive de la nature des choses, qui ne permet pas qu'une confidence privée devienne l'objet d'une exploration publique;

» Qu'une Lettre est la propriété de celui à qui elle est adressée; que, s'il en est dessaisi malgré lui, il y a violation de cette propriété; que, si on en fait un usage qu'il n'a pas consenti, il y a abus de confiance et violation du dépôt; qu'il y a aucun de ces titres, la justice ne peut en tolérer la production;

» Que, dans l'espèce, la dame Dongez, à qui feu la demoiselle de Bellengreville de Pelvert avait adressé les Lettres dont il était question au procès, a déclaré qu'elle ne les avait pas confiées pour qu'il en fût fait usage en justice, et qu'avertie de l'abus qu'on en voulait faire contre son intention, elle les a revendiquées par le ministère du procureur-général; qu'ainsi, en déférant à son réquisitoire, et rejetant ces Lettres du procès, l'arrêt de la cour d'Amiens n'a pu contrevenir à aucune loi (1). »

Comment cet arrêt aurait-il prononcé, si la cour royale d'Amiens n'eût pas jugé, en fait, que c'était contre l'intention de la veuve Dongez que les Lettres dont il s'agissait avaient été produites en justice?

Il est permis de croire que les héritiers de Bellengreville auraient également échoué.

En effet, ce n'était pas précisément parce qu'il y avait eu, de leur part, ~~abus de confiance et violation de dépôt~~, que la justice n'avait pas dû tolérer la production de ces Lettres; car en leur

(1) Journal des audiences de la cour de cassation, année 1823, page 251.

remettant ces Lettres purement et simplement, la veuve Dongez n'était pas censée les en avoir constitués dépositaires; elle était, au contraire, censée leur en avoir transféré la propriété, puisqu'une Lettre est certainement un effet mobilier, et qu'aux termes de l'art. 2279 du Code civil, *en fait de meubles, la possession vaut titre.*

C'était donc uniquement à raison du *principe du secret des Lettres*, que n'avait pas dû être tolérée la production des Lettres de la demoiselle de Bellengreville à la veuve Dongez; et ce principe n'aurait pas cessé d'être applicable au cas où la veuve Dongez eût expressément consenti, en remettant ces Lettres aux héritiers de leur auteur, à ce qu'ils en fissent usage dans le procès qu'ils soutenaient contre Adeline Caron.

Mais ce principe n'est-il pas contrarié, du moins relativement aux matières de commerce et aux Lettres écrites entre négocians, par l'arrêt de la cour de cassation, du 24 juillet 1821, que M. Sirey rapporte, tome 22, page 321, comme prononçant sur la question de savoir si, *en matière commerciale, une Lettre missive peut être invoquée par un tiers comme élément de preuve contre celui qui l'a écrite?*

Non; et il suffit, pour s'en convaincre, de faire bien attention à l'espèce et aux motifs de cet arrêt.

Le 26 décembre 1817, le sieur Bahuaud, négociant à Nantes, vend au sieur Cellier, négociant à Sablé, trois barriques d'eau-de-vie, avec d'autres marchandises; et il les expédie quelques jours après.

Ces marchandises arrivent le 20 janvier 1818; et le sieur Cellier refuse de recevoir les trois barriques d'eau-de-vie, parce qu'elles sont *chargées d'odeur.*

Le lendemain, le sieur Cellier fait part au sieur Bahuaud de ce refus et de son motif, par une Lettre qu'il lui adresse.

Le 3 février suivant, il fait dresser, par le juge de paix de Sablé, un procès-verbal duquel il résulte que les trois barriques d'eau-de-vie *ont une odeur répugnante, telle qu'il n'est pas présumable qu'elles soient loyales et marchandes.*

Armé de cette pièce, le sieur Cellier demande la résolution de la vente, et il produit, à l'appui de ses conclusions, un certificat du sieur Vielle, par lequel celui-ci atteste que le sieur Bahuaud lui a écrit « de terminer cette affaire à l'amiable avec » Cellier, et s'il n'y pouvait pas parvenir, de ven- » dre à un autre pour son compte. »

Le sieur Bahuaud répond que le sieur Cellier est non-recevable, faute d'avoir fait constater l'état des marchandises, suivant le mode prescrit par l'article 106 du Code de commerce; qu'en effet, c'est le juge de paix seul qui a dressé le procès-verbal du 3 février, et que l'article cité porte : « en cas de » refus ou de contestation pour la réception des » objets transportés, leur état est vérifié et constaté » *par des experts nommés par le président du tri-* » *bunal de commerce;* ou à son défaut par le juge » de paix, *et par ordonnance au pied de la re-* » *quête.* »

Sur ces débats, jugement qui, avant faire droit, ordonne qu'il sera vérifié par experts si l'eau-de-vie est loyale et marchande.

Les deux parties appellent de ce jugement; et le 10 mars 1818, arrêt de la cour royale d'Angers qui le réforme, et évoquant le principal, prononce définitivement en faveur du sieur Cellier,

« Attendu qu'il a été mal procédé par le juge de paix, lorsqu'il a procédé à la visite et examen des eaux-de-vie dont il s'agit......, parce qu'il devait les faire comparer à l'échantillon envoyé par Bahuaud, et dont l'envoi est établi par la facture et la Lettre de voiture qui étaient adressées à Cellier;

» Mais, considérant que Cellier, qui a reçu les marchandises le 20, a témoigné par sa Lettre du lendemain 21, qu'il ne voulait pas les recevoir en totalité; que cette Lettre doit être assimilée aux protestations exigées par l'art. 430 du Code de commerce; que cette Lettre a été suivie d'une correspondance, entre Bahuaud et Cellier, qui n'est pas désavouée par Bahuaud, et qu'enfin ce dernier avait écrit à un tiers de terminer cette affaire à l'amiable avec Cellier, et s'il ne pouvait pas y réussir, de vendre à d'autres, pour son compte, ces mêmes eaux-de-vie; que cela résulte d'une déclaration fournie par le sieur Vielle, qui déclare en même temps que Bahuaud avait retiré de ses mains la Lettre qu'il lui avait écrite à ce sujet; que cette déclaration donnée par le sieur Vielle, mérite d'autant plus de confiance, que c'est un tiers négociant qui n'a aucun intérêt dans l'affaire; que le sieur Bahuaud, présent à l'audience, n'a point offert de représenter cette Lettre; qu'au contraire, Cellier en a offert la preuve en cas de désaveu; que, de cette conduite de Bahuaud, il résulte qu'il est non-recevable à laisser pour le compte de Cellier les eaux-de-vie qu'il lui avait envoyées et que ce dernier n'a pas voulu recevoir. »

Le sieur Bahuaud se pourvoit en cassation, et propose trois moyens : 1° violation des art. 100 et 106 du Code de commerce, en ce que l'arrêt a admis comme formant preuve de la mauvaise qualité des marchandises, un procès-verbal dressé tout autrement que ne le prescrivent ces articles; 2° fausse application de l'art. 436 du même Code, qui n'est relatif qu'au commerce maritime, et que l'arrêt a cependant appliqué au fait dont il s'agit; 3° fausse application des art. 1165 et 2103 du Code civil, en ce que l'arrêt a accueilli l'exception que le sieur Cellier tirait du droit d'un tiers et de l'effet du mandat donné à ce tiers, et nonobstant la révocation de ce mandat.

Les développemens auxquels le sieur Bahuaud se livre sur les deux premiers de ces moyens, sont étrangers à notre question; mais voici comment il s'exprime sur le troisième.

« La cour d'Angers a déclaré en fait que, dans le cours de la correspondance, le sieur Bahuaud a chargé un tiers (le sieur Vielle) *de terminer cette affaire à l'amiable avec Cellier, et s'il ne pouvait pas réussir, de vendre à d'autres ces mêmes eaux-*

de-vie... : que l'existence de cette Lettre est attestée par un certificat ou déclaration privée du sieur Vielle, qui a aussi déclaré que le sieur Bahuaud lui avait retiré cette Lettre; d'où la cour a induit qu'il y avait fin de non-recevoir contre l'action du sieur Bahuaud.

» Mais en admettant comme vrais et prouvés, tous les faits déclarés par l'arrêt, il n'existerait pas, en droit, de fin de non-recevoir contre la demande du sieur Bahuaud.

» Quel était l'effet légal de la Lettre écrite au sieur Vielle? De lui conférer le mandat de transiger sur les débats existans entre le sieur Bahuaud et le sieur Cellier.

» C'est une procuration donnée à un tiers ; elle n'obligeait le commettant qu'à exécuter la convention ou transaction qui aurait été faite légalement entre le mandataire Vielle et le sieur Cellier.

» Or, il n'y a point eu de transaction faite entre Cellier et le mandataire prétendu du sieur Bahuaud; l'arrêt ne le déclare pas, et ne peut pas le dire, puisqu'une pareille convention n'a jamais été articulée au procès, et n'a jamais existé, ni en droit, ni en fait.

» S'il n'y a pas eu transaction consommée par le mandataire au nom de son mandat, celui-ci avait le droit de révoquer sa procuration (Code civil, art. 2,500). Il a donc pu retirer la Lettre confidentielle et tous ses pouvoirs à ce mandataire, sans changer légalement sa position vis-à-vis du sieur Cellier.

» Cet adversaire n'a ni droit ni qualité pour s'approprier la relation privée du mandant avec son mandataire ; c'est *res inter alios acta, quæ alteri nec prodest nec nocet*. Il y aurait eu convention directe entre le sieur Bahuaud et le sieur Vielle, que le sieur Cellier ne serait pas recevable à s'en emparer d'après l'art. 1165 du Code civil; à plus forte raison ne peut-il se prévaloir de simples propositions demeurées à son égard sans effet et sans exécution. Le sieur Cellier n'était pas lié par les Lettres du sieur Bahuaud au sieur Vielle, et par réciprocité le sieur Bahuaud n'était pas lié non plus envers le sieur Cellier, par sa correspondance particulière avec son propre mandataire.

» Ainsi, quelle que soit l'étendue des pouvoirs et instructions confiés au sieur Vielle, il suffit qu'il n'ait pas transigé avec le sieur Cellier, pour que le sieur Bahuaud, révoquant ses pouvoirs et retirant sa Lettre missive adressée à un tiers, ait eu la liberté d'exercer la plénitude de ses droits contre le sieur Cellier. En jugeant que le certificat illégal du sieur Vielle et le retirement de la Lettre missive à lui adressée par le sieur Bahuaud, opéraient *une fin de non-recevoir* contre l'exercice de l'action du demandeur, la cour d'Angers a donc excédé ses pouvoirs, et violé les lois relatives au mandat et aux droits des tiers. Elle a erré en droit en attribuant à des faits insignifians une autorité que la loi leur refusait, et en identifiant le mandataire particulier du sieur Bahuaud avec le sieur Cellier, son adversaire. »

Par arrêt du 24 juillet 1821,

« Sur le moyen tiré d'une prétendue fausse application de l'art. 1165 du Code civil et de l'article 2003 relatif au mandat, attendu que, dans une instance commerciale, la cour, dont l'arrêt est attaqué, a pu sans violer aucune loi et sans donner lieu au reproche de fausse application, qui fait l'objet du dernier moyen, exciper d'une correspondance personnelle au demandeur avec le défendeur présumé, correspondance qu'il n'a pas désavouée, et de sa conduite dans l'instance, pour déclarer que les marchandises litigieuses étaient non loyales et marchandes;

» La cour rejette le pourvoi.... »

Il est clair que cet arrêt ne porte aucune atteinte au principe qu'une Lettre écrite confidentiellement à un tiers qui s'en est dessaisi spontanément, ne peut pas être produite comme preuve par celui qui s'en trouve détenteur par un procédé déloyal, contre celui qui l'a écrite; et que l'on ne pourrait pas, quoi qu'en dise M. Sirey, en argumenter pour soutenir, en opposition à ce qu'a jugé l'arrêt de la cour d'appel de Rome, transcrit ci-dessus, que ce principe n'est pas applicable aux matières de commerce; car le sieur Bahuaud ne niait pas qu'il eût chargé le sieur Vielle de retirer ses marchandises et de les vendre pour son compte; il en convenait au contraire formellement, et il soutenait, non pas que le sieur Cellier n'avait rapporté aucune preuve illégale de ce point de fait, mais que ce point de fait, tout prouvé qu'il avait paru à la cour royale d'Angers, ne pouvait être d'aucune conséquence dans la contestation.

Ajoutons que, quand même l'arrêt de la cour royale d'Angers eût jugé contre ce principe, on ne pourrait pas encore inférer de l'arrêt de la cour de cassation qui l'a maintenu, que les tribunaux ne doivent pas prendre ce principe pour règle de leurs jugemens.

En effet, ce principe n'est écrit dans aucune loi, et c'en est assez pour que les tribunaux puissent s'en écarter sans donner prise à la cassation ; mais il n'en est pas moins vrai que la morale leur fait un devoir de s'y conformer.

VII. De ce qu'une Lettre confidentielle dont le tiers à qui elle avait été adressée, s'est dessaisi spontanément, ne peut pas être produite en justice contre celui qui l'a écrite, s'ensuit-il que la partie à qui il importe qu'elle soit produite, n'ait aucun moyen pour arriver à ce but? Supposons, par exemple, que, dans l'espèce sur laquelle a été rendu l'arrêt de la cour de cassation du 4 avril 1821, le sieur Vincent, informé par hasard qu'il existait entre les mains du curé de Saint-Chamont, une lettre du sieur Damichon dans laquelle celui-ci s'était expliqué de manière à prouver qu'il avait ratifié les traités passés précédemment avec les prétendus héritiers du sieur Bajard, eût pris, d'après l'art. 839 du Code de procédure civile, la voie du compulsoire pour s'en procurer une copie collationnée : le sieur Damichon eût-il pu s'y opposer, sur le fondement que sa Lettre n'avait été écrite que confidentiellement, et que des Lettres écrites confidentiellement à un tiers, ne peuvent pas être produites en justice contre leurs auteurs? Et le curé de Saint-Chamont aurait-il pu s'y opposer lui-même, par le motif que la Lettre était sa propriété?

Je n'hésite pas à dire que l'opposition de l'un et de l'autre eût dû être rejetée.

Celle du curé de Saint-Chamont eût dû l'être, parce qu'il est de principe, comme je l'établis aux mots *Représentation d'acte*, n° 11, que tout tiers qui peut être forcé à déposer comme témoin d'un fait dont il a connaissance, peut également être forcé à représenter un acte qui lui appartient et dans lequel est renfermée la preuve de ce fait.

Et la même raison eût dû faire rejeter l'opposition du sieur Damichon, parce que, de ce qu'un témoin assigné pour déposer d'un fait, n'en a eu connaissance que sous le sceau du secret, il ne s'ensuit pas qu'il puisse se dispenser de le révéler à la justice, à moins que le secret ne lui ait été confié à raison de son état ou caractère public; ni, et à plus forte raison, que la partie contre laquelle il est cité en témoignage, puisse s'opposer à ce qu'il soit entendu (1).

[[*V.* les articles *Anonyme*, *Correspondance*, *Injure*, *Preuve*, sect. 2, § 2, art. 2, n° 9; et *Timbre.*]]

[[**LETTRE CLOSE.** *V.* l'article *Lettre de Cachet*, n° 3.]]

* **LETTRE DE CACHET.** C'est une Lettre écrite par ordre du roi, contre-signée par un secrétaire d'état, et cachetée du cachet du roi.

I. La Lettre commence par le nom de celui ou de ceux auxquels elle s'adresse; par exemple: M.*** (ensuite sont les noms et les qualités), *je vous fais cette Lettre pour vous dire que ma volonté est que vous fassiez telle chose dans un tel temps; si n'y faites faute. Sur ce, je prie Dieu qu'il vous ait en sa sainte et digne garde.*

La suscription de la Lettre est à celui ou à ceux à qui la Lettre est adressée.

Ces sortes de Lettres sont portées à leur destination par quelque officier de police, ou même par quelque personne qualifiée, selon les personnes auxquelles la Lettre s'adresse.

Celui qui est chargé de remettre la Lettre, fait une espèce de procès-verbal de l'exécution de sa commission, en tête duquel la Lettre est transcrite; et au bas, il fait donner à celui qui l'a reçue, une reconnaissance comme elle lui a été remise, ou, s'il ne trouve personne, il fait mention des perquisitions qu'il a faites.

II. L'objet des Lettres de cachet est souvent d'envoyer quelqu'un en exil, ou pour le faire enlever et constituer prisonnier, ou pour enjoindre à certains corps politiques de s'assembler et de faire

quelque chose, ou pour leur enjoindre de délibérer sur certaine matière.

III. Ces sortes de Lettres ont aussi souvent pour objet l'ordre qui doit être gardé dans certaines cérémonies, comme pour les *Te Deum*, processions solennelles, etc.

IV. Lorsqu'un homme est détenu prisonnier en vertu d'une Lettre de cachet, peut-on recevoir les recommandations que ses créanciers voudraient faire, et peut-il être retenu en prison en vertu de semblables recommandations? *V.* l'article *Recommandation.*

V. Celui qui a été privé injustement de sa liberté, en vertu d'une Lettre de cachet surprise à l'autorité souveraine, peut demander à faire preuve de cette injustice; et s'il la prouve, il doit obtenir des dommages et intérêts proportionnés à l'offense et au préjudice qui lui ont été faits. C'est ce qu'on peut induire de l'article 91 de l'ordonnance d'Orléans de l'an 1560, qui est ainsi conçu: « et parce qu'aucuns abusant de la faveur de nos » prédécesseurs, par importunité, ou plutôt sub- » repticement, ont obtenu quelquefois des Lettres » de cachet closes ou patentes, en vertu desquelles » ils ont fait séquestrer des filles, et icelles épou- » sées ou fait épouser contre le gré et vouloir des » pères et mères et parens, tuteurs ou curateurs, » chose digne de punition exemplaire; enjoignons » à tous juges de procéder extraordinairement, et » comme en crime de rapt, contre les impétrans et » ceux qui s'aideraient de telles Lettres, sans » avoir aucun égard à icelles. »

Et c'est pareillement ce qui a été jugé par un arrêt rendu au parlement de Paris, le 9 juin 1769, dans une espèce que rappporte ainsi l'auteur des additions faites à la *Collection de Jurisprudence.*

La dame veuve du sieur Condé avait été enfermée, en vertu d'une Lettre de cachet, aux Dames du Calvaire de la ville de Poitiers; il paraissait que, pour parvenir à l'obtention de cet ordre, il avait été présenté, par le chevalier de Condé, son fils, un mémoire signé de lui et de plusieurs autres personnes, par lequel la dame Condé était représentée comme une femme très-déréglée dans ses mœurs. Après l'obtention de la Lettre de cachet, le fils obtint du juge de Civray une ordonnance par laquelle il fut établi au régime et administration des biens et revenus de sa mère, à la charge d'en rendre compte aux personnes indiquées par l'ordonnance du juge; plus, de payer sa pension et fournir à son entretien convenable à son état. La mère se fit recevoir appelante de cette ordonnance. Sur l'appel, le fils répandit dans sa requête les propos les plus injurieux contre sa mère; il l'accusa de prostitution, et s'avoua pour être celui qui avait présenté, signé et fait signer le placet pour obtenir la Lettre de cachet. Cependant la dame veuve Condé parvint, après deux ans de détention, à faire révoquer la Lettre de cachet; elle épousa même en secondes noces le sieur Louchard, gentilhomme. Il n'était plus question que de l'appel de l'ordonnance du juge de Civray. La dame Lou-

(1) *V.* l'article *Témoin judiciaire*, § 1, art. 6.

chard, sous l'autorité de son mari, concluait à l'infirmation de l'ordonnance, à une réparation d'honneur, à la suppression des termes injurieux, à 3,000 livres de dommages-intérêts contre son fils, et à 1,200 livres contre plusieurs particuliers, se disant parens d'elle ou de son fils, qui étaient intervenus sur l'appel, et adhéraient aux conclusions du fils.

» Quoique cette cause ne fût point communiquée, M. Séguier, avocat-général, après avoir entendu les avocats, prit la parole : il observa que deux motifs excitaient son ministère : le premier, l'ordonnance du juge de Civray; le deuxième, les termes injurieux répandus dans les requêtes du fils et des intervenans. Sur le premier objet, M. l'avocat-général fit. connaître l'irrégularité de l'ordonnance du juge de Civray : il dit à cet égard qu'une Lettre de cachet ne privait point celui contre qui elle était rendue, des effets civils; que, par conséquent, le juge de Civray avait rendu abusivement une ordonnance qui, en même temps qu'elle privait la mère de l'administration de ses biens, sans qu'il apparût d'aucune procuration de sa part, la déférait à celui qui s'était avoué l'auteur de sa détention. Sur le second, M. l'avocat-général s'éleva avec la plus grande force contre le manque absolu de respect de la part du fils à l'égard de sa mère; respect et révérence violés par les termes injurieux proférés dans sa requête et dans celle des intervenans. Après avoir fait connaître combien le fils et ses adhérens méritaient l'animadversion de la cour, il termina par observer que les procureurs qui avaient prêté leur ministère et servi la passion de leur partie, en signant de pareilles requêtes, n'étaient pas moins coupables; raison pour laquelle il conclut à l'interdiction des deux procureurs.

» Par l'arrêt cité, la cour, sur l'appel de l'ordonnance du juge de Civray, mit l'appellation et ce dont était appel au néant ; émendant, faisant droit sur le réquisitoire des gens du roi, reçut M. le procureur-général appelant de l'ordonnance du juge de Civray, lui fit défenses de ne plus en rendre à l'avenir de pareilles; ayant aucunement égard aux requêtes et demandes de la dame Louchard, ordonna la suppression des termes injurieux; condamna le sieur Condé, son fils, à 600 livres de dommages-intérêts envers elle, et les intervenans à 400 liv.; fit défenses aux deux procureurs (dont l'un, s'étant trouvé par hasard à l'audience observa qu'il n'avait aucune connaissance de cette affaire, ne faisant que prêter son nom à son confrère), de ne plus à l'avenir signer des requêtes contenant des termes injurieux; leur enjoignit à chacun d'être plus circonspect, et condamna le sieur Condé et les intervenans, chacun à leur égard, aux dépens.»

Dans une autre espèce, la dame de Lancize s'étant plainte de l'enlèvement illégal et irrégulier qui avait été fait de sa personne et de ses papiers, et ayant justifié que cet attentat avait été provoqué sans motif suffisant par le sieur de la Tour du Roch, et avait été exécuté sous sa direction, le 16 mai 1769, obtint contre celui-ci 20,000 livres de dommages et intérêts, par arrêt rendu à la grand'chambre du parlement de Paris, le 9 avril 1770. (M. Guyot.) *

[[V. la loi du 16 mars 1790, le Code pénal du 25 septembre 1791, part. 2, tit. 1, sect. 3, article 19 ; le Code des délits et des peines du 3 brumaire an 4, art. 634; les art. 114 et suivans du Code pénal de 1810; et le mot Commission, section 5, n° 3.]]

LETTRE DE CHANGE. V. l'article Lettre et Billet de change.

* LETTRE DE CRÉDIT. C'est une lettre missive qu'un marchand, négociant ou banquier, adresse à un de ses correspondans établi dans une ville, et par laquelle il lui mande de fournir à un tiers, porteur de cette lettre, une certaine somme d'argent, ou bien indéfiniment tout ce dont il aura besoin.

Il est facile d'abuser de ces lettres, quand l'ordre de fournir de l'argent est indéfini, ou quand il est au porteur; car la lettre peut être volée : on doit donc prendre des précautions pour limiter le crédit qu'on donne, et pour que le correspondant paie sûrement, en lui désignant la personne de façon qu'il ne puisse être trompé. (M. Guyot.)*

[[LETTRE DE MARQUE. C'est un acte du gouvernement qui contient l'autorisation d'armer et équiper en guerre un vaisseau ou bâtiment quelconque pour courir sur les ennemis de l'État.

§ I. Disposition de l'arrêté du gouvernement du 2 prairial an 11, concernant les Lettres de marque.

» Art. 15. Les Lettres de marque, soit pour des armemens en course, soit pour des armemens en guerre et marchandises, ne peuvent être délivrées en Europe que par le ministre de la marine et des colonies.

» Chaque Lettre de marque sera accompagnée d'un nombre suffisant de commissions de conducteurs de prises.

» Ces Lettres de marque et ces commissions seront conformes aux modèles annexés au présent règlement.

» 16. Nul ne pourra obtenir de Lettre de marque pour faire des armemens en course, ou en guerre et marchandises, s'il n'est citoyen français, ou s'il n'est, en pays étranger, immatriculé comme citoyen français sur les registres des commissariats des relations commerciales.

» 17. S'il est reconnu qu'un armement en course a été fait, et qu'une Lettre de marque a été délivrée sous un nom autre que celui du véritable armateur, la Lettre de marque sera déclarée nulle et retirée.

» La peine de 6,000 francs d'amende prononcée par l'art. 15 de la loi du 27 vendémiaire an 2, relative à l'acte de navigation (1), sera appliquée à l'armateur et à l'individu qui lui aura prêté son nom.

» Le produit de cette amende sera versé dans la caisse des invalides de la marine.

» 18. Les demandes de Lettres de marque seront faites aux administrateurs de la marine ou aux commissaires des relations commerciales, qui les transmettront au ministre de la marine et des colonies : mais lesdites Lettres ne pourront être par eux délivrées aux armateurs, qu'après qu'il aura été vérifié si le bâtiment est solidement construit, gréé, armé et équipé; s'il est d'une marche supérieure; si son artillerie est en bon état; si le capitaine désigné par l'armateur est suffisamment expérimenté, et si l'armateur et ses cautions sont reconnus pour solvables.

» La solvabilité de l'armateur et celle des cautions seront certifiées par les tribunaux connaissant des affaires de commerce. Dans les ports étrangers, cette solvabilité sera attestée par le commissaire des relations commerciales, et, autant que possible, par l'assemblée des négocians français immatriculés dans le lieu.

» Les capitaines désignés pour commander des corsaires, seront tenus de produire des certificats sur leur conduite et leurs talens, de la part des officiers sous les ordres desquels ils auront servi, ou des armateurs qui les auront déjà employés.

» 19. La durée des Lettres de marque commencera à compter du jour où elles seront enregistrées au bureau de l'inscription maritime du port de l'armement.

» D'après la nature des croisières, et sur les propositions transmises au ministre par les administrateurs de la marine, ou les commissaires des relations commerciales, la durée des Lettres de marque pourra être de six, douze, dix-huit et vingt-quatre mois.

» 20. Tout armateur de bâtiment armé en course, ou en guerre et marchandises, sera tenu de fournir un cautionnement par écrit de la somme de 37,000 francs.

» Et si l'état-major et la mestrance, l'équipage et la garnison comprennent en tout plus de cent cinquante hommes, le cautionnement sera de 74,000 francs.

» Dans ce dernier cas, le cautionnement sera fourni solidairement par l'armateur, deux cautions, non intéressées dans l'armement, et par le capitaine.

» 21. La même personne ne pourra servir de caution pour plus de trois armemens non liquidés; et à chaque acte de cautionnement, la personne qui le souscrira, sera tenue de déclarer ceux qu'elle aurait pu souscrire précédemment pour la même cause.

» Lorsque les cautions ne seront pas domiciliées

dans le port de l'armement, l'armateur sera tenu de produire un certificat du tribunal connaissant des affaires de commerce dans le lieu. où seront domiciliées les cautions présentées, lequel certificat constatera leur solvabilité; et une copie légalisée du pouvoir donné par la caution absente à celui qui la représentera, restera annexée à l'acte de cautionnement.

» Les noms, professions et demeures des personnes qui auront cautionné des armateurs de corsaires, seront désignés sur un tableau qui restera affiché dans le bureau de l'inscription maritime du port où les armemens auront eu lieu.

» Les actes de cautionnement seront déposés audit bureau, et enregistrés à celui de l'inspection de la marine du chef-lieu de la préfecture maritime.

» 22. Il est expressément défendu aux préfets, officiers supérieurs et agens civils, militaires et commerciaux, de prolonger la durée d'une Lettre de marque, sans y être spécialement autorisés par le ministre de la marine et des colonies; et cette autorisation, lorsqu'elle sera accordée, sera, ainsi que sa date, mentionnée sur la Lettre de marque.

» 23. Les administrateurs de la marine et les commissaires des relations commerciales seront personnellement responsables de l'emploi des Lettres de marque qui leur seront envoyées par le ministre de la marine, et qui ne seront, conformément à l'art. 18 ci-dessus, par eux remises aux armateurs et capitaines, qu'après que les vérifications prescrites par cet article auront été remplies, l'acte de cautionnement souscrit, et le rôle d'équipage arrêté.

» 24. Tout individu convaincu d'avoir falsifié ou altéré une Lettre de marque, sera jugé comme coupable de faux en écritures publiques; il sera de plus responsable de tous dommages résultans de la falsification ou altération qu'il aura commise.

» 25. Tant qu'un bâtiment continuera d'être employé à la course, il est défendu de lui donner un autre nom que celui lequel il aura été armé la première fois; et si un même corsaire était réarmé plusieurs fois, chaque nouvel armement pour lequel il aurait été délivré une Lettre de marque, devra être indiqué numériquement sur la Lettre de marque et sur le rôle d'équipage. »

§ II. *La caution d'un armateur en course est-elle de plein droit, et sans stipulation ad hoc, responsable envers la caisse des invalides de la marine, de ce qui lui revient du produit des prises faites par le corsaire ?*

Le 18 prairial an 5, un acte de cautionnement fut passé en ces termes au bureau du contrôle de la marine de Marseille : « Se sont présentés les ci-» toyens Bonafoux frères, de cette commune, les-» quels, en leur qualité de propriétaires et arma-

» teurs du corsaire *la Junon*, ayant obtenu des
» Lettres de marque du directoire exécutif, et
» pour se conformer à l'art. 6 de la loi du 23 ther-
» midor an 3, portant que *les armateurs en course*
» *fourniront un cautionnement de* 50,000 *francs*,
» ont offert le cit. Pierre Amyot, de cette com-
» mune, pour être leur caution ; à l'effet de quoi,
» le susdit citoyen Pierre Amyot engage tous ses
» biens présens et à venir, jusqu'à concurrence de
» la susdite somme de 50,000 francs. »

Le corsaire *la Junon* fit différentes prises qui
furent jugées valables, et que le consul de France
à Malaga (où elles avaient été conduites), liquida
provisoirement en l'an 7.

Le 18 ventose an 10, sur la poursuite du préfet
maritime de Toulon, le tribunal de commerce de
Marseille condamna les frères Bonafoux, armateurs, à verser dans la caisse des invalides de la
marine, 1° la somme de 9,740 francs 15 centimes,
montant de la liquidation des droits attribués aux
invalides sur le produit net des prises ; 2° celle de
463 livres 17 sous 9 deniers, pour les droits des
invalides sur la commission ; 3° et, conformément
à l'arrêté du gouvernement du 17 floréal an 9,
celle de 12,614 francs, montant du produit de la
prise du navire *l'Espérance*.

Les frères Bonafoux ne satisfaisant pas à ces
condamnations, le préfet maritime fait citer le
sieur Amyot devant le même tribunal, pour les
voir déclarer exécutoires contre lui, en sa qualité
de caution des armateurs.

Le 23 frimaire an 13, jugement qui déboute le
préfet. Appel.

Par arrêt du 14 février 1806,
« Considérant, en droit, que l'objet du cautionnement du sieur Amyot n'est déterminé ni par
sa soumission, ni par la loi du 23 thermidor an 3 ;
que le décret du 31 janvier 1793 autorisa l'armement en course, sans parler du cautionnement à
fournir par les armateurs ; que la loi du 14 février suivant déclara, art. 5, que les lois concernant les prises, continueraient à être exécutées
jusqu'à ce qu'il en fût autrement ordonné ; que
la loi du 23 thermidor an 3 exige des armateurs
en course un cautionnement de 50,000 francs,
sans en déterminer l'objet ; et l'art. 6 ordonne
que *les ordonnances, lois de police et de disci-*
pline, relatives à la course et à la répartition des
prises faites par les corsaires, continueront à être
exécutées en tout ce qui ne serait pas contraire à
ladite loi ; qu'en cet état, l'objet du cautionnement du sieur Amyot n'étant déterminé ni par sa
soumission, ni par la loi du 23 thermidor an 3,
il est indispensable d'en rechercher la nature,
l'objet, l'étendue et les limites dans les lois anciennes ;

» Considérant qu'en remontant aux anciens réglemens, on trouve dans celui du mois de février
1650, qu'il soumet les armateurs à bailler caution,
pour obvier aux pilleries et déprédations qui se
commettent journellement sur la mer, et de ne

méfaire *aux nationaux, amis ou alliés* ; qu'une
ordonnance du 23 février 1674 voulut que la caution répondît des dommages et intérêts dus par les
armateurs, pour prises faites sur les alliés, en cas
qu'elles fussent faites sans une raison apparente et
légitime ; et que les corsaires fussent trouvés saisis
de plusieurs pavillons ; que l'art. 2, tit. *des Prises*,
de l'ordonnance de 1681, exige une caution de
15,000 francs, de la part de l'armateur qui aurait
obtenu la permission d'équiper un vaisseau de
guerre ; que M. Chardon, procureur-général du
roi au conseil des prises, en rapportant cet art. 2,
le rapproche de l'édit de 1584, de la déclaration
du 1er février 1674, de l'ordonnance du 23 février
1650, et autres, comme obligeant les armateurs
en course à donner caution, *pour le paiement des*
dommages et intérêts auxquels ils pourraient être
condamnés pour les prises faites sans raison ap-
parente et légitime, et que le corsaire fût trouvé
saisi de plusieurs pavillons ;

» Que Valin, dont le ministre de la marine et
des colonies a invoqué l'opinion dans une Lettre
écrite au préfet maritime, et dont son défenseur s'est prévalu, a dit que *l'objet de l'article 2,*
titre des Prises, est de donner une sûreté au pu-
blic, à l'occasion des abus, malversations et dé-
prédations qui pourraient être commises par les ar-
mateurs en course ou par leurs agens ; que l'auteur, en développant ensuite son idée, dit que les
anciennes ordonnances étaient en défaut ; qu'elles
se contentaient de faire jurer l'armateur, le maître
et ses quatre compagnons de quartier, *de gou-*
verner le navire bien et à droit, sans porter dom-
mage à nos sujets, amis, alliés ou bienveillans :
ce qui ne s'applique qu'aux abus, déprédations
et malversations commises en mer ; que l'auteur rappelle les ordonnances des 1er février 1650
et 23 février 1674, comme les dernières, qui,
pour faire cesser les plaintes contre les armateurs, les soumirent à donner caution, *pour*
les dommages et intérêts et amendes auxquels ils
pourraient être condamnés à raison de leur course ;
il ajoute que *la caution, d'après l'ordonnance de*
1681, répond jusqu'à concurrence de 15,000 *fr.,*
de tous les dommages et intérêts, en cas de mal-
versations, ou que la prise se trouve vicieuse ;
enfin il estime que les armateurs répondent des
prises faites des vaisseaux alliés, ou neutres, ou
français, dès qu'il s'agira de quelque délit commis en faisant la course ;

» Que Brillon, dans le *Dictionnaire des arrêts*,
au mot *Armateur*, déclare, comme Valin, que la
caution de 15,000 francs est requise de l'armateur,
pour répondre des malversations qu'il pourrait
commettre pendant sa course ; que la Lettre de
M. de Sartine à l'amirauté, du 15 juillet 1778,
n'a que le même objet en vue ;

» Considérant que l'analyse de tous les règlemens maritimes prouve que le seul objet du cautionnement qu'ils exigeaient, était de prévoir les
abus de la course, et de donner aux puissances

neutres ou alliées, et même aux sujets français, une garantie contre la violation des lois, de la cause des droits des neutres et des privilèges dérivans des traités ; que l'objet unique de ce cautionnement exigé par les lois françaises en faveur des autres nations, était aussi garanti à la France par les autres gouvernemens ; si l'on consulte en effet l'art. 30 du traité de navigation, de commerce et de marine, entre la France et les États-Généraux des Provinces-Unies des Pays-Bas, du 21 septembre 1697, l'article 29 du traité de navigation et de commerce, entre Louis XIV et la Grande-Brétagne, conclu à Utrecht, les 31 mars et 11 avril 1713, l'article 37 du traité entre la France et les villes anséatiques, du 28 septembre 1716, l'article 26 du traité de commerce et de la marine entre la France et la ville de Hambourg, du 1er avril 1769; enfin, l'art. 15 du traité d'alliance générale et défensive entre la France et la république helvétique, conclu à Soleure, les 28 mai 1777, on trouve partout que les diverses puissances contractantes s'obligeaient à soumettre les armateurs à un cautionnement de 15,000 francs, pour répondre des malversations qu'ils pourraient commettre *dans leur course*, et des dommages et intérêts pour les prises qui seraient faites en contravention aux divers traités; que cet objet unique du cautionnement exigé au moment de l'expédition des Lettres de marque, était donc une espèce de droit de réciprocité admis entre les gouvernemens de tous les peuples naviguans; qu'il était donc dirigé contre les abus et malversations de la course;

» Considérant que, si un cautionnement plus étendu avait été exigé des armateurs, après l'arrivée des prises et de leur valeur totale, par une ordonnance de 1400, rappelée dans le règlement de François Ier, du mois de juillet 1517, art. 21, et dans l'arrêt du conseil d'état du 16 janvier 1780, ces règlemens n'eurent pour objet, ainsi qu'il résulte de leur texte, qu'une garantie contre les abus de la course et les contraventions aux traités ;

» Que de là il résulte que le cautionnement fourni par le sieur Amyot, conformément aux règlemens anciens, n'avait pas pour objet de le rendre responsable des parts des équipages et des droits dus à la caisse des invalides ; que restreindre à cela l'objet des règlemens anciens, ce serait supposer, a dit le défenseur du préfet maritime, qu'ils eussent abandonné à l'administration arbitraire de l'armateur, les intérêts, et des marins, artisans nécessaires à la course, et de l'établissement chargé de pourvoir à l'entretien de ces marins que leurs blessures, leurs services, leurs infirmités rendent incapables de service ; que cette objection est sans fondement, parce que, d'une part, si les règlemens anciens se taisaient à ce sujet, ce ne serait pas un motif pour étendre l'objet du cautionnement limité par leur texte et par les lois en vertu desquelles le sieur Amyot a fourni sa soumission ; et d'autre

part, un cautionnement de 15,000 francs eût été bien peu de chose pour garantir les parts importantes des équipages, et les droits non moins importans de la caisse des invalides ; que les règlemens anciens y avaient pourvu d'une manière plus efficace et plus complète pour la part des équipages, puisqu'ils veillèrent à leur paiement exact, d'abord en soumettant les armateurs à faire procéder dans de très-courts délais à la liquidation du produit des prises, ainsi qu'au paiement des parts des équipages, *hic et nunc*, dès l'instant de la liquidation générale; et de plus, en autorisant les amirautés, en cas de contravention, à adjuger, par manière de provision, aux matelots, une somme pareille à celles qu'ils avaient reçue pour leurs avances, suivant la disposition textuelle des règlemens des 25 novembre 1689 et 25 novembre 1693; et ensuite, en soumettant les armateurs à des amendes et à des contraintes par corps, là où ils ne feraient pas procéder à une liquidation générale, et qu'ils ne paieraient pas les parts des équipages dans le délai fixé d'après les dispositions de l'arrêt du conseil, du 15 décembre 1782 :

» Considérant qu'une garantie plus entière fut acquise aux équipages pour leurs parts, par la loi du 3 brumaire an 4; que l'art. 28 ordonna que les ventes des prises seraient faites en présence des agens de la marine, et que les sommes en provenant seraient versées dans les caisses des trésoriers de la marine et des invalides; que l'art. 55 défendit aux gardes-magasins des cargaisons vendues, de délivrer aux acheteurs aucun des objets vendus, que sur la représentation de la quittance du paiement qui en aurait été fait entre les mains du trésorier des invalides de la marine; que l'article 41 voulut que, quinzaine au plus tard après la vente de chaque prise, les administrateurs des ports établissent le montant net de son produit, au vu des procès-verbaux de vente et de livraison; qu'enfin, l'art. 44 ordonna qu'aussitôt après la liquidation du produit de la vente de chaque cargaison, il fût procédé au rôle des répartitions générales, et que dès que le rôle aurait été arrêté, les parts des marins présens fussent payées, et celles des absens adressées, sans délai, dans leurs quartiers respectifs, pour leur être distribuées, ou à leurs familles; que, d'après l'art. 47, le paiement dû aux intéressés, devait être fait par le trésorier des invalides, sur les mandats du commissaire de la marine; que les droits dus à la caisse des invalides, furent établis par un édit du mois de mai 1709, confirmé par ceux des mois de décembre 1712, article 14, et juillet 1720, art. 1er, 2, 4 et 6; que l'édit de 1709 voulut, art. 13, que les 4 deniers pour livre sur le montant des prises faites en mer, fussent remis entre les mains du trésorier qui serait établi dans le lieu où elles auraient été conduites après la vente d'icelles, et par ceux qui seraient chargés de la vente, qui demeureraient responsables en leur nom du montant desdits 4 deniers pour livre, que l'édit du mois de mars 1713 ayant porté le droit de la caisse des invalides à 6 deniers, en ordonna la retenue dans la même forme; qu'enfin, la loi du 3 brumaire an 4 donna à la caisse des invalides la même garantie, d'une manière plus sûre et plus complète encore, en ordonnant le versement dans la caisse même des invalides, du produit total de la vente des prises.

» Considérant que, d'après ces règlemens, il est tout simple que ceux relatifs au cautionnement, n'aient pas eu pour objet d'assurer, par l'engagement d'une somme de 15,000 francs, le paiement des parts des équipages et des droits de la caisse des invalides; et que c'est un motif de plus pour la cour de ne pas donner au cautionnement, limité par le texte des règlemens, une extension contraire à leur Lettre, autant qu'à sa nature et à son objet, que l'arrêté du gouvernement, du 2 prairial an 11, et la Lettre explicative du ministre de la marine, laquelle a exigé de la caution des armateurs, la soumission expresse de répondre, et des parts des équipages, et des droits des invalides, ne peuvent avoir aucune application à la cause, parce que ce serait leur donner un effet rétroactif contre la prohibition de l'art. 2 du Code civil; que la cour reconnaît qu'en matière de prises, les décisions ministérielles ont force de loi, puisque le Code des prises recueillies par Chardon, en offre un grand nombre d'exemples; mais que le pouvoir incontestable du gouvernement à ce sujet, ne s'exerce jamais contre les droits acquis aux tiers, parce qu'il ne dénature pas les obligations individuelles contractées sous la foi des règlemens antérieurs;

» Considérant qu'il est inutile d'examiner comment et pourquoi les parties des équipages et les droits dus à la caisse des invalides, furent laissés par le consul de Malaga dans les mains des armateurs, et pourquoi la retenue n'en fut pas faite à cette époque, ni à celle de la liquidation définitive faite à Marseille, lieu de l'armement; que les armateurs ne furent poursuivis qu'en pluviose an 10; que le sieur Amyot lui-même ne fut attaqué qu'en germinal an 12, à l'époque où les armateurs étaient déjà en faillite; qu'en cet état, il faudrait une loi bien précise, existante à l'époque de la soumission du sieur Amyot, pour autoriser l'étendue que le préfet maritime a cru pouvoir donner à son cautionnement, et pour déterminer la cour à prononcer contre lui une condamnation que le retard des poursuites dirigées contre les armateurs, et leur faillite, rendraient personnelle et sans aucune garantie, contre eux;

» Par ces motifs, la cour (d'appel d'Aix) a mis l'appellation au néant; ordonne que ce dont est appel tiendra et sortira son plein et entier effet...»

Le préfet maritime se pourvoit en cassation. L'affaire portée à l'audience de la section des requêtes, j'ai dit :

« L'arrêt attaqué par le préfet maritime de Toulon, nous paraît n'avoir violé aucune loi, et même avoir bien jugé.

» C'est un principe constant et justifié par les textes les plus précis, que les lois nouvelles sont toujours censées se référer aux lois antérieures qu'elles n'abrogent ni ne contrarient formellement; et qu'en conséquence, c'est par les dispositions de celles-ci qu'on doit suppléer au silence de celles-là. *Posteriores leges ad priores pertinent, nisi contariæ sint*, dit la loi 28, *de legibus*.

» Or, l'art. 7 de la déclaration du 1er février 1650 limite expressément à l'obligation *de ne méfaire aux sujets, amis et alliés de l'État*, l'objet du cautionnement que doivent fournir les armateurs en course. C'est donc dans le sens de cette disposition, que doivent être entendues celles de l'ordonnance de 1681 et de la loi du 23 thermidor an 3, qui déterminent la somme à laquelle doit s'élever ce cautionnement.

» Et ce qui prouve invinciblement qu'on les a toujours ainsi entendues, non-seulement à l'époque où a été fourni le cautionnement dont il est ici question, mais encore depuis, c'est que le modèle de cautionnement qui est annexé à l'arrêt du gouvernement, du 2 prairial an 11, sur les armemens en course, ne renferme que l'obligation *de payer les dommages-intérêts et amendes auxquels* l'armateur *pourrait être condamné par fait de jugement des pertes qui seront faites par son navire*.

» Il est vrai que, par sa lettre circulaire aux préfets maritimes, du 8 messidor an 11, le ministre de la marine annonce que *les administrateurs chargés de recevoir les cautionnemens....., ne doivent pas perdre de vue que le cautionnement est applicable à tous les cas résultans de la course; et qu'il est, avec la fortune de l'armateur, la garantie, non-seulement des infractions aux règlemens, mais des intérêts de l'équipage et de la caisse des invalides*.

» Mais tout ce qu'on peut inférer de cette lettre, c'est que, depuis qu'elle a été écrite, les administrateurs des ports ont dû exiger des armateurs en courses que leurs cautionnemens fussent conçus de manière à comprendre les intérêts des équipages et ceux de la caisse des invalides de marine, comme les infractions aux règlemens; il n'en résulte certainement pas que l'on doive étendre jusqu'à ces objets un cautionnement souscrit en l'an 5.

» Par ces considérations, nous estimons qu'il y a lieu de rejeter la requête du préfet maritime de Toulon. »

Arrêt du 26 août 1807, au rapport de M. d'Outrepont, par lequel,

« Attendu que le règlement du mois de février 1650, soumet les armateurs à donner caution *pour obvier aux pilleries et dépradations qui se commettent journellement sur la mer et de ne méfaire aux nationaux, amis ou alliés*; que l'ordonnance de la marine de 1681 n'a changé ni étendu cet objet du cautionnement; et que la loi du 23 thermidor an 3 en a simplement augmenté la quotité;

» La cour rejette le pourvoi..... »

[[*V.* l'article *Prises maritimes.*]]

[[LETTRE DE MER. C'est ainsi que l'on appelle, dans le royaume des Pays-Bas, les actes que les lois françaises qualifient de *congé*. *V.* l'article *Congé-Marine*, et l'article *Navire*, § 4, à la note sur l'art. 228 du Code de commerce.]]

* LETTRE DE RECOMMANDATION.

C'est une Lettre écrite par un particulier à un autre, en faveur d'un tiers, par laquelle celui qui écrit, recommande à l'autre celui dont il lui parle, le prie de lui faire le plaisir de lui rendre service. Ces sortes de lettres ne produisent aucune obligation de la part de celui qui les a écrites, quand même il assurerait que celui dont il parle est homme d'honneur et de probité, qu'il est bon et solvable, ou en état de s'acquitter de tel emploi. Il en serait autrement, si celui qui écrit ces Lettres, marquait qu'il répond des faits de celui qu'il recommande, et des sommes qu'on pourrait lui confier. Alors ce n'est plus une simple recommandation, mais un cautionnement. *V.* l'article *Caution.* (M. Guyot.) *

* LETTRE DE VOITURE.

C'est une Lettre ouverte qui contient un état des choses qu'un voiturier dénommé est chargé de conduire à la personne à laquelle elles sont envoyées.

I. Une Lettre de Voiture est communément en cette forme :

« A *Paris*, le 1er décembre 1778.

» Monsieur, à la garde de Dieu et conduite d'Alexandre Boyer, voiturier par terre, de Meaux, je vous envoie trois balles d'étoffes de laine, marquées et numérotées comme en marge, pesant ensemble quinze cents livres, lesquelles ayant reçues, bien conditionnées et en temps dû, vous lui paierez pour sa voiture, à raison de huit livres du cent pesant, comme par avis de votre très-humble serviteur, André.

» A Monsieur George Chollet, marchand sur la place des Terreaux, à Lyon. »

Il y a dans ce modèle de Lettre de Voiture, trois clauses essentielles qu'il ne faut jamais omettre :

1º Que les balles seront reçues bien conditionnées;

2º Qu'elles arriveront en temps dû ;

3º Que c'est *comme par avis* qu'on écrit cette Lettre.

Par la première clause, on entend le voiturier doit rendre les balles de marchandises saines et entières, sans être mouillées ni gâtées, et qu'autrement il sera garant des dommages arrivés aux marchandises par sa faute : car si c'est par un cas extraordinaire et fortuit, il n'en doit pas être tenu.

Par la seconde clause, on oblige le voiturier de remettre les marchandises à celui auquel elles sont adressées, dans un temps proportionné à la distance des lieux : mais pour éviter les contestations qui peuvent arriver à l'occasion de ce temps, il est plus sûr d'en faire mention dans la Lettre de Voiture, et d'y marquer que, si les marchandises ne sont pas rendues dans un tel temps, il sera rabattu une telle somme sur le prix de la voiture. Les Lettres où cette condition est exprimée, se nomme *Lettres de Voiture à jour nommé.*

Enfin, lorsqu'on met à la fin de la Lettre, *comme par avis*, c'est pour faire connaître qu'on a déjà écrit séparément par la poste, pour donner avis du départ de la marchandise, et que cette Lettre du voiturier n'est proprement qu'un *duplicata* de l'autre.

Les marchands, négocians et commissionnaires doivent observer de mettre entre les mains des voituriers, les acquits, passavans, certificats et autres expéditions des bureaux et fermes du roi, lorsqu'il y en a, ou de les joindre à la Lettre d'avis, afin qu'il n'arrive aucune difficulté pour retirer les marchandises des douanes au bureau où elles peuvent être déchargées; mais s'ils ont laissé au voiturier le soin d'acquitter les marchandises dans les bureaux qui se trouvent sur la route, il faut qu'ils ajoutent dans la Lettre de Voiture cette quatrième clause : *et lui rembourserez les droits qu'il aura payés, en vous représentant les acquits.* M. Guyot.) *

[[Le Code de commerce contient, sur les Lettres de Voiture, les dispositions suivantes:

« Art. 101. La Lettre de Voiture forme un contrat entre l'expéditeur et le voiturier, ou entre l'expéditeur, le commissionnaire et le voiturier.

» 102. La Lettre de Voiture doit être datée.

» Elle doit exprimer la nature et le poids ou la contenance des objets à transporter, le délai dans lequel le transport doit être effectué.

» Elle indique le nom et le domicile du commissionnaire par l'entremise duquel le transport s'opère, s'il y en a un; le nom de celui à qui la marchandise est adressée; le nom et domicile du voiturier.

» Elle énonce le prix de la voiture, l'indemnité due pour cause de retard.

» Elle est signée par l'expéditeur ou le commissionnaire.

» Elle présente en marge les marques et numéros des objets à transporter.

» La Lettre de Voiture est copiée par le commissionnaire sur un registre coté et paraphé sans intervalle et de suite. »

II. Les Lettres de Voiture ne peuvent être écrites que sur papier timbré, lors même qu'elles ne sont produites devant aucune autorité, devant aucun officier public. C'est ce qui résulte de l'art. 22 de la loi du 6 prairial an 7; et c'est ce qu'ont jugé trois arrêts de la cour de cassation des 13 messidor an 9, 2 brumaire et 21 germinal an 10. *V.* mon *Recueil de Questions de Droit*, aux mots *Voiture* (*Lettre de*) § 1.

On trouvera dans le même *Recueil* et aux mêmes

mots, § 2, un autre arrêt du 2 brumaire an 10, qui juge que le voiturier sur lequel a été saisie une Lettre de Voiture sur papier libre, ne peut pas éluder la peine de sa contravention, en représentant un double timbré de cette Lettre de Voiture.

Au surplus, *V.* les articles *Commissionnaire, Mandat et Voiturier.*]]

FIN DU NEUVIÈME VOLUME.

FALAISE, IMPRIMERIE DE P. BRÉE,
PLACE DE LA POISSONNERIE.

www.ingramcontent.com/pod-product-compliance
Lightning Source LLC
Chambersburg PA
CBHW030011220326
41599CB00014B/1776